Den leichtfertigen Christen
und
überzeugten Theologen
ins
Stammbuch gelegt

Titelbild:

Der heilige Wolfgang und der Teufel. Außenflügel aus einem Kirchenväter-Altar, der um 1483 entstanden ist. Der Heilige zwingt den Teufel, ihm das Meßbuch vorzuhalten. Damit wird symbolisiert: der Glaube (das angenommene Gute) bezwingt das Böse (den Teufel und die Dämonen).

Mit diesem Buch wird der Spieß einmal herumgedreht. Der Kirche werden »ihre« Sünden vorgehalten, damit sie darin lese.

Hans-Jürgen Wolf

Sünden der Kirche

Ein Lesebuch für mutige Christen

Historia
im **EFB**-Verlag

Die Deutsche Bibliothek –
CIP-Einheitsaufnahme

Wolf, Hans-Jürgen:
Sünden der Kirche :
ein Lesebuch für mutige Christen /
Hans-Jürgen Wolf. – Erlensee :
EFB-Verl., 1995

ISBN 3–88776–077–8

1. Auflage 1995
Copyright © bei EFB-Verlagsgesellschaft Erlensee
Printed in Germany
ISBN 3–88776–077–8

»*Wenn der Ursprung zweifelhaft ist, ist das Zeugnis verdächtig.*«

Dr. Weyer, 16. Jh.

»*Zu irgendeinem Zeitpunkt des Lebens stolpern die meisten Menschen einmal über die Wahrheit. Der größte Teil von ihnen springt auf, klopft sich den Staub von den Schultern und eilt seinen Geschäften nach, als wäre nichts geschehen*[1].«

»*Ihr werdet die Wahrheit erkennen, und sie wird euch freimachen*[2].«

»*Wer zur Quelle gehen kann, der gehe nicht zum Krug*[3].«

»*Sollte Dir, Heiligster Vater, dieses Büchlein gefallen und Du mir solches öffentlich zu erkennen geben, so will ich mich bemühen, mit ähnlichen Geschenken aufzuwarten.*«

Ulrich von Hutten

Geleitwort

Die katholische Kirche steht als letzte autoritäre Bastion vor dem selbstverschuldeten intelektuellen Zusammenbruch. Ihre fossile Geschichtsauffassung mit dem Ziel der Glaubensweltherrschaft hat sich als Illusion herausgestellt. Wenn es eine historische Gerechtigkeit gibt, so scheint der Zeitpunkt gekommen, wo sie den Kopf für die von ihr zu verantwortenden Ungerechtigkeiten hinzuhalten hat. Der Zusammenbruch des Katholizismus: Unmöglich! Und doch sprechen gewichtige Fakten dafür.

Wenn wir die Geschichte näher betrachten, stellen wir fest, daß die Dummheit ihre aufdringlichste Begleiterin ist. Fehlende Fähigkeit zum logischen Denken, Geistesträgheit und das Eingebundensein in eine manipulierte Gruppe, haben nahezu alle von den Erkenntnismöglichkeiten abgehalten. Dies gilt vor allem in Glaubensfragen. Es betrifft in besonderer Weise die Geistlichkeit selbst. Sie haben sich Illusionen einreden lassen, daran festgehalten und geglaubt und sich dadurch selbst betrogen. Im Brustton ihres Halbwissens haben sie sich und anderen geschadet und Unrecht zugefügt.

Die römisch-katholische Kirche hat zu keinem Zeitpunkt die geistige Entwicklung der Christen gefördert. Man kann sie nicht davon entlasten, daß die Verantwortlichen bewußt, vorsätzlich und unter Ausnutzung der menschlichen Trägheit durch falsche Jenseitsvorstellungen, Drohungen, Morde, Verbreitungen von Geschichtsverdrehungen und Unwahrheiten, gezielt eine umfassende Angstpsychose aufgebaut haben, damit sie ungehindert egoistische Interessen ausleben kann. Nahezu alle gutgläubigen Christen sind der Auffassung, daß die ihnen vermittelten Glaubenslehren wahr sind; sie werden getäuscht.

Daß das Papsttum mit seinem Anspruch, eine göttliche, von Christus herrührende Einrichtung ist, ausgestattet mit göttlicher Irrtumslosigkeit in allen Fragen des Glaubens und der Sitten, ist unwahr. Immer mehr Historiker, Theologen, Soziologen und Archäologen tragen Steinchen für Steinchen des Trümmerfeldes ab, das sich Kirchengeschichte nennt. Zum Vorschein kommt ein durch und durch weltliches Gebilde. Jeder ernstzunehmende Geistliche, der die Dokumente prüft, kommt zum gleichen Ergebnis.

Wieder ist die Authentizität des Turiner Grabtuches im Gerede. Sollte es nun doch echt sein, so wäre Jesus von Nazareth als Schwerverletzter oder Scheintoter begraben worden; und dann ist er aufgestanden und nicht etwa auferstanden. Es ist ein bemerkenswerter Unterschied. Vielleicht läßt sich die Himmelfahrtslegende auf einen einfachen Übertragungsfehler zurückführen. Allein dann müßte das monströse Kurialgebäude in sich zusammenbrechen.

Die Geschichtsforschung ist keinesfalls die Magd der Theologie, sondern sie ist ihr haushoch als geistige Disziplin überlegen. Sie zerstört das Bild von der mütterlichen Fürsorge und zeigt die darunterliegenden Strukturen. Die Macht der Kirche ruht auf der Unkenntnis ihrer Geschichte. Schon Erasmus von Rotterdam sagt: »Man soll die Theologen übergehen, denn sie verbreiten nur sophistische Haarspaltereien, die für den Rest der Welt keine Bedeutung haben.«

Die Kirche hat zu lange und zu hoch gepokert. Alle wesentlichen Errungenschaften auf geistig-kulturellem Gebiet werden gegen ihren Widerstand durchgesetzt. Begriffe wie Liberalisierung, Demokratisierung, Meinungs-, Rede- und Pressefreiheit, Sexualität, Anerkennung der Frauen und Andersdenkender, sowie Kritikfähigkeit, sind ihr ein Greuel. Ihr Ziel ist es, die tributpflichtigen Christen auf der niedrigst möglichen Denkstufe zu belassen. Im kommenden Europa kann sie diesen fossilen Status nur noch aufgeben. Die europäischen Bürger sind religionsmüde. In unserer glaubensarmen Zeit schießen Sekten wie Pilze aus dem Boden. Jährlich treten Tausende aus dem Interessenverband. Nur ein geringer Prozentsatz geht in die Kirche und ein noch geringerer glaubt zu Recht an das dort

Gebotene. Wenn dieses Interesse nachläßt, geht die schon schwache Bindung gänzlich verloren.

Man kann Glauben nicht erzwingen, wenn keiner mehr vorhanden ist. Es gibt Tausende unzufriedener Geistlicher und die qualifizierte Kritik innerhalb der eigenen Reihen ist unüberhörbar. Die Christen sind nur noch Wachs in den knetenden Händen der Demagogen Gottes. Nietzsche ist der Meinung: »Wir stehen am Sterbebett des Christentums. Die aktiven Menschen sind innerlich ohne Christentum. Gott ist tot, wir müssen seinen Schatten besiegen.«

Die Kirche trägt zu viele Fehler nach außen. 1976 haben katholische Priester in Klingenberg ein 23jähriges Mädchen totgebetet, anstatt ihr rechtzeitig medizinische Hilfe zukommen zu lassen. Papst Paul VI. hat mit seinen Äußerungen zum Thema Teufel Unheil angerichtet. Die Kölner Bischofswahl 1989 wird trotz bestehendem Konkordat autoritär von Rom aus entschieden. Das jüngste Geplänkel zur Dogmatisierung des Teufelsglaubens und das des momentanen Paderborner Erzbischofs gegen den klugen Theologen und Psychoanalytiker Eugen Drewermann setzen dem klerikalen Starrsinn die Krone der Unvernunft auf.

Zu allen Greueln und kriegerischen Auseinandersetzungen schweigt die Kirche. Alle zwei Minuten verhungert ein Kind. Der Papst schweigt nicht nur dazu, sondern verhindert die weltweite Verbreitung der Pille und provoziert dadurch einen Hungerkrieg!

Die Kirche wirft noch immer jeden aus dem schmutzigen Nest, der den von ihr verbreiteten Unwahrheiten mutig entgegentritt. Sie blutet aus, weil sie die fähigsten Köpfe verliert und nicht zum Dialog bereit ist. Sie hat immer gegen die Masse gewonnen und gegen Einzelne verloren. Das Mittel des Scheiterhaufens steht ihr heute nicht mehr zu Gebote.

Die Glaubensvariante des Islam nimmt mehr als proportional zu. Das Christentum steht dieser für sie bedrohlichen Entwicklung machtlos gegenüber. Es hat das politische Geschehen Europas nicht mehr in der Hand. Die Kreuzritter sind ausgestorben und die Kirche bekommt die Millionen von Vasallen niedrigster Intelligenz nicht mehr zusammen, die für sie in den Religionskrieg ziehen. Sie hat die Auseinandersetzung verloren und wird – Klugheit vorausgesetzt – diesen Krieg nicht beginnen.

Die aufwendigen Reisen des jetzigen Papstes sind der verzweifelte Versuch, das sinkende Glaubensschiff zu retten. Ein Jahr zum »Jahr der Bibel« zu erklären, ist lächerlich, weil heute jedes Schulkind, weiß, daß die in ihr verbreiteten Glaubenslehren auf wackeligen Beinen stehen. Die fundierten Recherchen eines Karlheinz Deschner, Erich Bromme oder Franz Buggle können nicht übergangen werden. Dies bedeutet, daß mit jedem verkauften Exemplar der Bibel die Unwahrheit verbreitet wird.

Man darf sich nicht täuschen. Im Vatikan setzt man sich ausschließlich für die Interessen der Katholiken ein; allein schon ein Protestant zu sein, ruft ihren Widerwillen hervor. Wäre man klug, würde man den Priesterberuf auf Zeit ebenso aktivieren wie eine wesentlich stärkere Integration der Frauen im kirchlichen Dienst.

Wenn das Christentum eine glaubhafte Religion sein will, muß es von sich aus so stark und fest sein, daß es nicht mehr nötig ist, die Kirchensteuer von Staatswegen einzuziehen. Wie in allen Gesellschaftssystemen sind die Geistlichen nach nachweisbaren Leistungen und nicht nach dem staatlichen Wohlwollen zu bezahlen.

Bedeutende Seher reden vom Untergang des Papsttums nach der Amtszeit des jetzigen oder des nächsten Inhabers. Der letzte von ihnen wird eine heftig verfolgte Kirche zu leiten haben. Dann wird die »Siebenhügelstadt«, die »ewige Stadt« völlig zerstört und ein »schrecklicher Richter« wird das Volk richten: das jüngste Gericht ist gekommen. Einer von ihnen mag sich täuschen, aber nicht viele. Da sie fast auf den Tag genau die Schrecken der Bartholomäusnacht und Auflassung des

Kommunismus vorausgesehen haben, sofern es kein Wunder in Sinn der kurialen Politik ist, steht die Befürchtung oder die Hoffnung an, daß sie auch diesmal Recht behalten.

Auferstehen wird ein neues und gesundes Christentum, das der päpstlichen Machtgelüste, Willkürakte und politischen Ränke, das der Ungerechtigkeiten und tausendfältigen Unwahrheiten nicht mehr bedarf. Zur Zeit brechen die kirchlichen Strukturen zusammen.

Die Ereignisse in der jüngsten Zeit sind erschreckend. Wieso, so ist zu fragen, begibt sich der Papst nicht nach Sarajewo um seine Christen vom Morden abzuhalten. Er zieht eine Reise nach Kolumbien vor, um zu dokumentieren, wieviel Elend und Unrecht die römisch-katholische Kirche allein dort seit der Wiederentdeckung vor 500 Jahren angerichtet hat. Es ist nicht damit zu rechnen, daß sich der Papst entschuldigen wird.

Der Verfasser richtet sich weder gegen die Religion im allgemeinen noch gegen die katholische im Besonderen. Seine Meßlatte ist der gesunde Menschenverstand. Er will nicht die Religiösität des Einzelnen verletzen. Er sieht in seinem Buch einen bescheidenen Beitrag für eine menschenwürdigere Welt ohne Haß, Intoleranz, Gewalt, Unterdrückung, Folter, Diskriminierung und Glaubenszwang.

Eine rationale Grundlage kann dem Einzelnen helfen, sich von autoritären Zwängen zu lösen, um nicht weiter einem fremdbestimmten, auf egoistische Ziele ausgerichtetem Glauben ausgeliefert zu sein, in dem er die Funktion eines Zahlmeisters hat. Der Katholizismus soll zum Guten und zu den evangelischen Grundsätzen zurück. Dazu gehört die sachgerechte Aufklärung ihrer historischen Mißgriffe.

Die Verfolgung Einzelner, Gruppen und Völker hat bis heute nicht aufgehört. Der Mensch ist bei allen seinen Fortschritten und dank der Regsamkeit der Kirchen auf einer niedrigen Stufe stehengeblieben. Die Kirche kann mit Kritikern nicht umgehen, denn sie hat Angst, ihren zu Unrecht erworbenen Machtanspruch ganz oder teilweise aufgeben zu müssen. Aufgrund ihrer eigenen Unfähigkeit wird sie dazu gezwungen.

Der Verlag hat sich zur Herausgabe des Buches entschieden, weil es zu viele wichtige Tatsachen und Gesichtspunkte enthält, als daß es in der Diskussion fehlen darf.

Der Autor
Hans-Jürgen Wolf

Vorwort

Hans-Jürgen Wolf geht mit der Kirche streng zu Gericht, indem er dieser Institution schonungslos den Spiegel ihrer Verfehlungen vorhält. Hat sie doch aus Gläubigen Abhängige gemacht. Falsche Ergebenheit geziemt dem Menschen nicht, weil sie vom Geiste ist. »Ergib Dich«, spricht der Sieger zum Besiegten, so daß in meinem Sinn über Dich verfügen kann.

Früh erfährt die Kirchenleitung, daß sie erfolgreich wird, wenn sie der menschlichen Bequemlichkeit entgegenkommt. Sie pflastert einen breiten und ihr bequemen Weg, der angeblich zum Lichte führt und vergewaltigt die Menschen, ihn zu gehen.

Die Kirche nimmt den Gläubigen die eigene Geistesarbeit ab und vergibt ihnen alle Sünden, wenn sie ihr irdisch und äußerlich gehorsam sind; wenn sie den Willen der Kirche tun. Dies ist ein Verbrechen wider die Menschlichkeit.

Sie manipuliert die Wahnvorstellung, daß für alles, was sie für die Kirche tun, himmlischer Lohn entsteht. Davon kann keine Rede sein. Sie spielt sich zum Richter über sündige Menschen auf; so als ob sie ein Recht hätte, himmlische Plätze zu vergeben!

Wer wird da nicht stutzig? Die Leistungen der Gläubigen verbindet sie nur mit ihrer Kirche, nicht mit ihrem Gott! Wie darf die Kirche den Menschen derartiges glaubhaft machen wollen? Sie schafft es nur bei geistig Abhängigen und dies ist der Grund, weshalb sie seit Jahrhunderten die Fortschritte unserer Entwicklung hemmt. Einfachstes Nachdenken muß jedermann erkennen lassen, daß eine solche Anmaßung nicht einmal mit Dünkel und Größenwahn erklärbar ist: Darin liegt eine schwere Gotteslästerung.

Die Kirche beraubt ihre Mitglieder der Denkfreiheit und verwehrt ihnen die Möglichkeit des Prüfens. Sie zwingt den Gläubigen Deutungen auf, deren strikte Einhaltung lediglich dem Klerus Nutzen bringt. Gefordert wird die sinnentlehrte Unterwerfung unter die bischöfliche und päpstliche Allgewalt, von der heute jedes Schulkind weiß, daß sie auf tönernen Füßen steht. Eine solche Gewalt gibt es nicht und ein Papst ist ein Mensch wie jeder andere.

Und doch können die Menschen nur mit dem Regewerden ihres eigenen Geistes dem Schöpfer dienen. Allein er, der hell und wach in dieser Schöpfung steht, ist Gott wohlgefällig. Nur er erfüllt den Daseinszweck, den jeder Menschengeist in diese Schöpfung trägt.

Statt frohe, kritische, ehrliche und freie Gottesverehrer, die innerlich mit ihr verbunden sind, hat die Kirche Kirchensklaven rekrutiert. Sie hat den Geist des Individuums geknebelt und gebunden, anstatt ihn zu erwecken und befreien.

Wie die Kirchen ob der Erreichung dieser grausamen Ziele schon früher vor dem Quälen, Foltern und Morden nicht zurückschrekken, so scheuen sie sich heute nicht, Mitmenschen zu verleumden, zu hetzen und Unsinniges als glaubenswahr hinzustellen. Sie wirken mit unlauteren Mitteln für ihre so vergängliche irdische Macht. Dies zeigt, wie weit davon entfernt sie sind, Gott demütig zu dienen. Er ist ihr Schutzschild, um egoistische Triebe auszuleben und die Menschen zu knechten.

Endlose Scharen ließen sich durch Lokkung zugelassener Trägheit des Geistes zum einschläfernden Schoß der Kirche ziehen. Die gottfeindliche Selbstherrlichkeit aller Kirchen trennt ihre Gläubigen, anstatt sie zu ihm zu führen.

Der breite und bequeme Weg, den die Kirchen bis heute um des eigenen Vorteils willen vortäuschen, ist falsch.

Hans-Jürgen Wolf legt die Hand der Versöhnung in offene Wunden. Er legt die Sünden der Kirchen bloß, begangen an den von ihr in die geistige Irre Geführten und Geblendeten.

Friedrich Doepner

Kapitel

⇒

Adam und Eva vor dem Sündenfall. Die listige Schlange löst sich vom Baumstamm und züngelt dem gängigen Aberglaube zufolge: »An dem Tage, da ihr von den Früchten des Baumes mitten im Garten esset, werden eure Augen aufgetan, und ihr werdet sein wie Gott und wissen, was gut und böse ist. Und sie nahm von der verbotenen Frucht und aß und gab ihrem Mann, er bei ihr war, auch davon, und er aß (1. Mose 3.1-24).« Bild von Lucas Cranach dem Älteren, 1537.

Einführung

Das Büchlein *Historische Denkmale des christlichen Fanatismus*, das 1845 in der Gebauer'schen Buchhandlung in Leipzig erschienen ist, gab Anlaß, sich mit der Kirchengeschichte eingehender zu beschäftigen. Hinter diesem Werk verbirgt sich Otto von Corvin und sein *Pfaffenspiegel*. Er berichtet in erfrischendem Ton, ohne Quellen und von Polemik die Feder geführt, Dinge, die dem seinerzeitigen und heutigen Klerus wie den gutgläubigen Christen kaum zur Ehre gereichen. Der Pfaffenspiegel erreicht, bei umstrittenem Ruhm, legendäre Auflagen. Eine Überarbeitung wird in Angriff genommen, zumal wir heute präzisere Aussagen über das *historische Verhängnis* Christentum machen können und weil sich herausgestellt hat, daß Otto von Corvin nicht über-, sondern eher untertrieben hat.

Streit der Konfessionen um die Bibel; Holzschnitt; anonyme Karikatur aus dem 17. Jahrhundert.

Gegenüber seiner Epoche hat inzwischen die begründete Kritik am Christentum erheblich zugenommen; längst ist sie innerhalb der eigenen Reihen laut geworden. Autoren wie Deschner, Leist, Bultmann, Drewermann, Buggle und andere können nicht unter den Tisch des Herrn gefegt werden. Die Kirche muß sich mit ihnen auseinandersetzen, obwohl es für sie bitter und schmerzhaft ist.

Von Corvin bis heute sind 150 Jahre gelebte Geschichte vergangen und es hat sich gezeigt, daß sich die Kirche weiter abgekapselt hat. Den unter Bismarck begonnenen Kulturkampf hat sie verloren und die gewaltsame Durchsetzung des Dogmas der Unfehlbarkeit war ein nicht wieder gutzumachender Fehler. Die Kirche hat in diesem Zeitraum den intellektuellen Fortschritt der Massen verhindert. Die Auseinandersetzung über § 218 war von Corvin unbekannt. In dieser Diskussion spielt sich der römische Stuhl zum Moralapostel über die sündige Menschheit auf, wobei er Grund genug hat, erst vor der eigenen Tür zu kehren. Wenn sich der momentane Papst für Sondergesetze wider die Ausbreitung der Pornographie einsetzt, verschweigt er, daß es das Christentum gewesen ist, das die falsche und doppelte Moral, das die sexuelle Entfaltung des Einzelnen und insbesondere die der Frauen, diskriminiert hat. Die propornographische Bewegung ist ein Aufschrei der von der Kirche Unterdrückten.

Tatsache ist, daß zwar von Corvin bis heute einige Päpste versucht haben, Licht in das Kircheninnere zu bringen und zur Wahrheit und Liberalität zurückzufinden, aber es ist ebenso eine dramatische Tatsache, daß die Kirche immer konservativer geworden ist. Man gibt sich nach außen liberal, unternimmt weitgespannte Reisen und plänkelt über die Rocklänge der Nonnen; doch im Kern pflegt man den Starrsinn und das Erzkonservative.

Heute scheint man so weit zu sein, daß man die fähigsten Köpfe gehen läßt, um die Unwahrheit zu retten. Dadurch blutet das einst so gigantische Unternehmen Kirche aus. Es läßt sich absehen, daß dies nicht mehr lange gutgehen kann und daß diesmal die Kirche das Spiel verliert.

Sie selbst geht dem Teufel ein Stück entgegen und als 1973 der in den Laienstand abgewanderte Jesuitenpater Joseph Schierse dem 1963 zum göttlichen Statthalter erkorenem Giovanni Battista Montini alias Papst Paul VI. rät, sich einen exegetisch

Geiler von Keysersberg als Prediger; Holzschnitt, Straßburg 1513.

informierten Ratgeber zuzulegen, damit er dem größten Feind des menschlichen Geschlechts, dem Teufel, besser begegnen kann, läuft das Glaubensfaß über.

Dieses teuflische Gebaren, denn der Papst meinte zu wissen, daß »... der Rauch des Satans durch eine Ritze (*da qualche fessura*) in den Tempel Gottes eingedrungen ist«, hat Konsequenzen, denn heute kann man selbst die Geistlichen nicht mehr für so töricht wie in früheren Jahrhunderten halten. Es folgt eine regelrechte Austrittswelle; viele quittieren dem Heiligen Vater den Dienst.

Dies beginnt 1969 mit Monsignore Musante, dem Träger der Sänfte und einem direkten Mitarbeiter des Papstes, der später eine reiche Witwe heiratet. Dann geht der Geheimkämmerer Armando Fattinnanzi. Der Schweizer Priester August Bernhard Hasler wendet der Kirche den Rücken zu und schreibt ein treffliches Buch über die angebliche Unfehlbarkeit der Päpste. Aus merkwürdigen Gründen stirbt er kurz danach. Im Sekretariat für die Nichtgläubigen bricht der amerikanische Jesuit Gerald Philan unter der Meinungsdiktatur seiner Vorgesetzten zusammen. Der deutsche Jesuit und Theologieprofessor Karl Rahner tritt aus der Internationalen Theologenkommission aus und stellt fest: »Ich bin ja hier der Hofnarr ... die lassen mich reden, aber hören nicht zu.« Der Chef des vatikanischen Büros für jüdisch-katholische Beziehungen, der holländische Professor Cornelius Rijk, tritt von seinem Posten zurück, weil er die latenten antisemitischen Ressentiments des Staatssekretariats satt hat.

Von Corvin weist nach, daß das Papsttum auf Betrug gegründet ist und verbrecherische Mittel eingesetzt hat, um die Welt tributpflichtig zu machen[4]. Er kritisiert nicht nur die Geistlichen, sondern – mehr noch – die Christen, denen er Einfalt vorwirft. Er meint dazu: »Die Statthalter Gottes mochten es noch so arg treiben, den dummen Menschen gingen die Augen nicht auf. Fürsten und Völker ließen sich von den Päpsten das Fell über die Ohren ziehen und küßten dafür den Tyrannen noch immer demütig den Pantoffel.« Schmitz ergänzt treffend: »Aber die gläubigen Schafe fraßen die von den Pfaffen dargebotene Kost als echte und wahrhafte Götterspeise.«

Die Ethik des christlichen Evangeliums stammt aus der philosophischen Struktur der Spätantike; sie beinhaltet Widersprüche und zeigt ein ausgeprägtes Freund-Feind-Denken. Der weitgehend unbekannte Jesus verbietet Mord, Eid, den Krieg und das Töten. Er verlangt den Gewaltverzicht. Die praktizierende Kirche tut das Gegenteil.

Es gehört nicht zur Aufgabe dieses Buches, die oft in größter Schärfe geführten Auseinandersetzungen um die Lauterkeit des Christentums zu schildern oder eine damit verbundene Wertung abzugeben, zumal die Sachlage eindeutig ist. Es ist auffallend, daß das Handeln eines Jesus von Nazareth genannten Mannes im Gegensatz zu dem steht, was daraus geworden ist.

Es ist merkwürdig. Seine Liebe wendet sich grundsätzlich an alle, meint in der Praxis jedoch nur die Christen. Gegnern gegenüber offenbart er sich als unbarmherziger Richter. Nur der wird als selig erklärt, der an den göttlichen Sohn und den Erlösertod glaubt. Einen solchen Tod hat es niemals gegeben. Wie verhält sich der christliche Gott – als einer von vielen – gegenüber Andersdenkenden? Ein Blick in die Kirchengeschichte verdeutlicht es. Ist er ein liebender Vater oder ein Tyrann, der an denen Rache nimmt, die ihm nicht folgen? Die Aussagen der vermutlich nie stattgefundenen Bergpredigt stehen im Gegensatz zur Kirchengeschichte, die sich nicht verleugnen läßt, weil sie an weltliche Fakten gekoppelt ist. Es genügt nicht, wenn Kleriker mit erhobenem Finger auf andere zeigen; sie erheben nicht den Anspruch, ewige Hüterin von Sitte und Moral zu sein. Sie sind als *weltliche* Bürger weit davon entfernt, sich als irrtumslos zu bezeichnen.

Der Katholik Adolf Hitler wirft dem Vatikan vor: »Die Kirche soll nicht die Moral des Staates kritisieren, wenn sie genügend Grund hat, vor der eigenen Tür zu kehren.«

1984 wird die Göttinger Atheistin Birgit Römermann wegen Beschimpfung des religiösen Bekenntnisses nach § 166 StGB angeklagt, weil sie in einer Aufklärungsbroschüre unter Hinweis auf die Mordbilanz der katholischen Kirche die Schlußfolgerung zieht, daß es sich bei dieser Institution um eine der größten Verbrecherorganisationen der Geschichte handelt. Der sie verurteilende Richter meint: »Es ist bekannt, daß die Kirche im Lauf ihrer Geschichte Verbrechen begangen hat. Aufgrund ihrer allgemeinen Formulierung hat die Angeklagte jedoch unterstellt, daß sich der Vatikan nicht geändert und auch in der Neuzeit Verbrechen begangen hat. Dies ist nachweislich unwahr und stellt deshalb eine Beschimpfung dar[5].« Es bleibt festzustellen, daß am dortigen Amtsgericht, wie an vielen anderen, ein Bildungsdefizit besteht. Außerdem sagen Thomas und Gertrude Sartory in ihrem Buch *In der Hölle brennt kein Feuer* das gleiche. Gegen sie wird kein Verfahren angestrengt.

Im übrigen hat Birgit Römermann keine Straftat begangen, sondern nur eine Meinung vorgetragen: sie hat die Auffassung gefestigt, die in vielen Büchern offen ausgesprochen ist. Sie hat eine eigene Ansicht und allein dies ist nach klerikalem Verständnis strafbar. Man sieht, welch infiltrierende Wirkung die Kirche auf die Jurisprudenz hat. Ein christlicher Richter urteilt eben auch im Sinne des verfälschten Christentums,

Kinderlehre; Holzschnitt von Georg Scherer, München 1614.

weil er sich von den anerzogenen und dogmatischen Zwängen nicht frei machen kann. Besonders deutlich wird dies in den Epochen des christlichen Hexenwahnes, der Tausende das Leben gekostet hat.

Die Kirche greift seit Jahrhunderten mit der größten Selbstverständlichkeit in alle Lebensbereiche ein und mischt die Karten der europäischen Politik, während sie sich einen optimalen Freiraum geschaffen hat. Warum sollte sie sich plötzlich geändert haben?

Historische Aspekte

Der Ausspruch »Ecclesia non sitit sanguinem (die Kirche dürstet nicht nach Blut)« kann nicht aufrecht erhalten werden, denn er entspricht über Jahrhunderte nicht der geschichtlichen Wahrheit. Es ist eine Tatsache, daß man in Kirchenkreisen über Tausende von Leichen gegangen ist, um seine Ziele zu verfolgen. »Der Kirchenhistoriker darf die unübersehbare Schar jener nicht übersehen, die Opfer des Papsttums geworden sind; die Zahllosen an Leib und Seele Geschundenen, Gefolterten und Verbrannten, die in kirchlichen Kerkern dahindämmern mußten, die als Kinder der Kirche Übergebenen und im Namen eines erbarmungslosen Kirchenrechts ein Leben lang Vergewaltigten. Noch im 19. Jahrhundert wird bei Ordensprozessen auf die Folter erkannt. Nicht zu reden von der Verweigerung der Gewissensfreiheit[6].«

»Einen furchtbaren Weg sind wir gegangen, einen Weg des Grauens und Entsetzens. Rechts und Links ist er gesäumt von Tausenden von Scheiterhaufen und Blutgerüsten. Prasselnd schlagen die Flammen zum Himmel. Unser Fuß überschreitet rinnende Bäche von Menschenblut. Leiber krümmen sich in der Glut und Köpfe rollen über den Weg. An unser Ohr dringen furchtbare Laute, Wehklagen und Todesröcheln. Die Luft ist erfüllt vom qualmenden Rauch, vom scheußlichen Gestank verbrannten Menschenfleisches ... an uns werden unzählige Jammergestalten vorübergeschleppt. Ihre Augen sind erloschen vom langen Dunkel des Kerkers. Ihre Glieder sind von der Folter verrenkt, ihre Seelen sind geknickt, entehrt und geschändet ... beladen mit dem Fluch der Gottlosigkeit, mit dem angedichteten Unrat einer entarteten Phantasie. Verlorene in jeder Beziehung, als der Auswurf des Menschengeschlechts betrachtet ...

Dieser Weg führt an den Brennpunkten der christlichen Frömmigkeit vorbei. Über Städten und Ortschaften lagert der Druck des Schreckens, des Bangens vor der Zukunft. Mißtrauen und Argwohn sind an die Stelle des Vertrauens und der Liebe getreten[7] ... Tausende verlassen Haus und Hof. Sie flüchten vor der entfesselten Grausamkeit. Sie flüchten vor dem Christentum, um Schutz vor dem religiösen Wahnsinn und der christlichen Mordlust zu finden. Folter, Scheiterhaufen und Schwert sind die Apostel der christlichen Religion geworden. Männer, die sich der Vollkommenheit geopfert haben, üben unter Lobpreisungen Gottes Verbrechen. Nicht zu reden von der Rolle, die der Vatikan beim Zustandekommen der großen Kriege und ihrer unmenschlichen Durchführung übernommen hat[8].«

Vladimir Dedijer führt 1988/89 den Nachweis, daß unter Billigung des Vatikans in der Ortschaft Jasenovac, dem jugoslawischen Auschwitz, ein Todeslager bestand, in dem etwa 800 000 Andersgläubige umgebracht worden sind[9]: »Die grauenhaftesten Metzeleien, das Zerhacken und Verstümmeln, Aufschlitzen und Lebendverbrennen von ungezählten Tausenden geschah unter der Parole des Glaubens[10].«

Es sind nicht die Päpste allein, die die Verantwortung für die Verbrechen zu übernehmen haben. Es sind auch die Christen, die sich als williges Werkzeug gebrauchen lassen. Aber die Päpste sind es, die vorgeben, in Glaubensdingen unfehlbar zu sein. Das Dogma der Unfehlbarkeit muß angesichts der Kirchengeschichte zusammenbrechen.

Ein Blick auf die alten Griechen hätte sie vor dem akrobatischen Akt der Unvernunft abhalten können. Plato sagt in seinem Gastmahl:»Vollwissend ist nur der Tor, der zu wissen glaubt. Der wahre Denker bewegt sich zwischen den Polen, ewig unterwegs und nie im Lernen ermüdend[11].«

Im Bereich dieser Verantwortung liegt die gewaltsam durchgeführte Christianisierung, die gewaltsam inszenierten Kreuzzüge, die Hunderttausende das Leben gekostet und nichts gebracht haben[12], die mit Brachialgewalt durchgeführten Ketzer- und Inquisitionsprozesse, die ob der Aufrechterhaltung einer fragwürdigen Idee ausgefochten werden, die Anwendung der Folter und die Billigung der Todesstrafe, die Hexen- und Judenverfolgungen sowie die von Andersdenkenden, die permanente Unterdrückung von Freiheit und Forschung, wenn sie klerikalen Interessen widersprach und der Irrglaube an die Wirksamkeit von Engeln oder dem Teufel. Die Kirchengeschichte hat Verbrechen aufzuweisen.

»Erst der Zusammenhang mit der tatsächlichen und dogmatischen Stellung des Papstes, einerseits mit seinen Ausflüchten, Lügen und Entstellungen zu seiner unmöglichen Rechtfertigung, läßt die Macht der Schuldbeweise zur Geltung kommen[13].«

»Die Geschichte keines noch so schlecht verwalteten weltlichen Reiches ist derart erfüllt mit so vielen Verrätereien, hinterlistigen Giftmorden und blutigen Kriegen, als von den Päpsten des 15. und 16. Jahrhunderts angezettelt worden sind ... das Papsttum sinkt auf den niedrigsten Stand der sittlichen Verkommenheit ... Habgier und Herrschsucht, Mordlust und Unzucht werden an die Banner des Christentums geheftet.« Burchardus sagt über Papst Alexander VI.: »Wollte ich all die in Rom vorkommenden Mordtaten, Räubereien und Greuel aufzählen, so fände ich kein Ende. Wieviel der Vergewaltigung und Blutschande. Wieviel Verdorbenheit macht sich im päpstlichen Palast breit ... ohne Scheu vor Gott und den Menschen. Welche Herden von Kupplerinnen und Prostituierten treiben sich in St. Peter herum.«

Es haben sich zwei venezianische Giftringe erhalten, die vermutlich mit den Borgias in Zusammenhang gebracht werden müssen. Es sind zierliche Siegelringe mit einem kleinen Schieber auf der Emailplatte, der verrückt werden kann. In einem winzigen Fach befand sich das Gift. Der Sohn des Papstes soll es von hier unbemerkt in das Weinglas eines Feindes haben gleiten lassen, den er damit töten wollte. Ein anderer Ring soll aus dem päpstlichen Besitz stammen und hat die Form eines alten römischen Schlüsselringes. Er ist innen hohl und kann mit flüssigem Gift gefüllt werden. Ein Federdruck setzt ihn in Bewegung und läßt die Spitze einer Hohlnadel hervortreten. Manchmal trifft es die Unwürdigen selbst. So wird Papst Alexander VI. am 18.08.1503 vergiftet.

Da das Papsttum die Herrschaft über die ganze Welt beansprucht, erhebt es schon vor 500 Jahren Macht- und Besitzansprüche auf die von Kolumbus entdeckte Neue Welt. Die Missionierung dieser *neuen* Landesteile ist von unglaublichen Grausamkeiten begleitet.

Die Kirche huldigt dem krassen Aberglauben. Ein treffendes Beispiel zeigt der Taxil-Vaugham-Schwindel[14]. Hierbei führt Papst Leo XIII. einen Schriftwechsel mit einem weiblichen Pseudonym, empfängt den Schriftsteller privat und muß später kleinlaut zugestehen, daß man ihn mit den gleichen Waffen hereingelegt hat, die das kuriale Regiment seit Jahrhunderten in Anspruch nimmt.

»Die Weiberherrschaft«, Skulptur aus dem 16. Jahrhundert

Der Aberglaube macht vor der Kirchentür nicht halt, sondern kommt oft aus ihr heraus. Die Kirche geht zu weit. Sie unterstützt Veröffentlichungen hysterischer Weiber, die als Schwindlerinnen entlarvt werden, ja die selbst von der Kirche ertappt werden, wie z. B. die Muttergottes-Erscheinungen in Mettenbuch bei Regensburg und in Dietrichswald in der Diözese Kulm[15].

Noch im späten 19. Jahrhundert und weiter bis heute, gibt es eine ganze Reihe von katholischen Veröffentlichungen, die abenteuerliche Wunder auftischen, um den Teufelsaberglauben wachzuhalten. Dazu gehören der *Sendbote des göttlichen Herzens*, das *St. Antoni-Glöcklein*, die *Benediktus-Stimmen* und im speziellen der *Pelikan*. Er erscheint bis 1908 und muß dann im Zusammenhang mit dem Taxil-Vaugham-Schwindel eingestellt werden.

Der Pelikan war ein Organ der *Erzbruderschaft der ewigen Anbetung*, der eine Abonnentenzahl von 90 000 auf sich vereinigt hatte, deren geistiger Habitus nicht zu hoch eingeschätzt werden sollte. Kardinal Steinhuber sagt dazu: »Ich hege die Überzeugung, daß diese Zeitschriften viel Gutes stiften.« Werfen wir einen kurzen Blick in den Pelikan:

• »Die zwei Kinder von La Saletta, Melanie und Maximin, hatten je ein Geheimnis, das sie niemand als dem Papst anvertrauen wollten ... die heilige Jungfrau hat ihre Erscheinung in zahlreichen Wundern und plötzlichen Heilungen begleitet. U. a. soll sie zu den Kindern gesprochen haben: ›Die schlechten Bücher werden zahlreich auf der Erde sein ... die Geister der Finsternis werden allenthalben eine große Erschlaffung verbreiten für alles, was den Dienst Gottes betrifft ... es wird Kirchen geben, um diesen Geistern zu dienen.‹ Einzelne Personen werden durch die bösen Geister von einem Ort zum anderen getragen; sie werden Tote und selbst Gerechte wieder aufwecken ... die Auferstandenen werden nichts sein, als Teufel; sie werden ein anderes Evangelium predigen, das dem wahren Christus entgegen ist, und die das Dasein des Himmels zu leugnen versuchen[16].«

In jesuitischen Ausbildungsstätten werden die Novizen noch heute mit Märchen gefüttert. Im Buch *Übung der christlichen Vollkommenheit* des Jesuiten Alphons Rodriguez steht:

• Ein Mitglied, ein Mönch, der von der Eßlust versucht wurde und sie nach einem langen Kampf überwand, sah aus dem Brotkorb Rauch aufsteigen und durch das Fenster ziehen.
• Als ein Mönch sein Kloster verlassen und in die Welt zurückkehren wollte, sah er einen Drachen auf sich losfahren, der versuchte, ihn zu verschlingen.
• Ein Heiliger sah, wie sich kleine Teufel an die Augenlider hingen, um sie zum Schlafen während des Gebetes veranlassen zu können.

Der Jesuit Ludwig de Ponta sagt in seinem Buch *Das Leben der ehrwürdigen Maria von Eskobar*:

Geistlicher und Teufel am Bett eines Sterbenden. Zum letztenmal im Leben eines Menschen entspinnt sich der Kampf zwischen Gut und Böse. Aus dem zeitlichen Rahmen fällt die merkwürdige Darstellung des Teufels. Holzschnitt von H. Weidnitz aus dem 16. Jahrhundert.

- »Die Menschen führten mich in einem aschfarbenen Kleid vor den Herrn, wo ich nach einem auf den Rücken empfangenen Streich zu Boden fiel. Der Herr sprach: ›Führe sie in die Löwengrube.‹ Und ich verstand, daß ich einigen Teufeln zur Züchtigung übergeben werden sollte.
- Der Teufel erschien mir in der Gestalt eines schwarzen Mannes. Er hatte Füße wie ein Tier, schlanke Arme, viele kleine Hörner auf dem Kopf und einen langen, die Erde berührenden Schweif ... ein anderesmal sah ich, wie er den Leib zusammenzog und mit dem gehörnten Kopf durch die Brust dringend, ihn zum Rücken herausstreckte ... Zu anderen Zeiten erschien mir der Teufel gleich einem mit weißen und schwarzen Flekken an Kopf und Hörnern gesprengtem Stier ... er faßte mich auf die Hörner und warf mich aus dem Bett.«

Ein bedeutendes Intelligenzblatt sind die *Stimmen von Maria Laach*. In ihnen erscheint 1978 folgender Beitrag:

- Auch mit den Menschen stehen die Geister in einem natürlichen Bezug. Sie können durch angeborene Kraft vorübergehend Luftleiber annehmen und sich dem Menschen wahrnehmbar machen.
- Im Dekanat Bozen wurde 1295 ein totes Mädchen geboren, in dessen mißgestalteten Gesicht sich weder Augen noch Nase befanden. Zwei Personen trugen es zur wundertätigen Mutter Gottes nach der Kirche zu Riffian mit der Hoffnung, in der dortigen Wallfahrtskirche Lebenszeichen für sie zu erbitten. Dies geschah dann auch. Schon am 13. August zeigten sich erste Lebenszeichen. Sie trugen das tote Kind zum Pfarrer, um es taufen zu lassen ... konnten aber kein Lebenszeichen mehr wahrnehmen. So wurde das Kind begraben. Am 18. ließen sie es wieder ausgraben ... die Lebenszeichen wurden immer deutlicher und verschwanden erst langsam und allmählich wieder.

Papst Gregor der Große als Lehrer.

- In Stilfs ertrank am 3. Juli eine schwangere Frau. Die Leiche wurde am 5. Juli untersucht und geöffnet, und das Kind als tot befunden. Abends kamen viele Leute bei der Leiche zusammen, um durch die Fürbitte Marias die Taufgnade zu erbitten. Sie sahen, wie das Gesicht des Kindes Lebensfarbe erhielt, sich die Lippen und Wangen röteten und daß sich der Mund öffnete. Das Kind wurde bedingungsweise getauft. Bald danach schloß es den Mund und wurde bleich wie Wachs.

Dies ist Polemik und hat mit der Realität nichts zu tun. Die Kirche geht der Wahrheit aus dem Weg und beharrt auf fossilen, aus der Antike geschöpften Positionen. Sie versucht diesen Hokuspokus noch heute aufrecht zu erhalten. Es gelingt ihr nur noch bei den Leichtgläubigen.

Da ist zum Beispiel die noch offene Frage nach der göttlichen Existenz. Die Befürworter und die Gegner stehen sich gegenüber. Niemand kann Gott so bezeugen, wie es die Bibel des Christen einreden will. Selbst der philosophierende Wahrheitssucher und Seher Justus Hommel stellt fest, daß sich die christlichen Denker auf verschiedene und

23

Vorlesung; niederdeutscher Holzschnitt um 1490, Bibliothek des Börsenvereines Leipzig.

einem extrem heißen Uratom – oder kosmischem Ei, wie es der russisch-amerikanische Physiker George Gamow nennt – zusammengeballt. Dieser Energieklumpen ist 30mal größer im Durchmesser als die Sonne. Als er sich durch einen Urknall freisetzt, kühlt sich die freigesetzte Materie an einigen Stellen ab, verdichtet und verkrustet sich; sie zieht sich zu Sternen und Galaxien zusammen. Dieser Knall ereignet sich vor Milliarden von Jahren vor dem Entstehen von Leben auf der Erde.« Diese Theorie wird heute fast von der gesamten Wissenschaft anerkannt; nicht von den mittelmäßigen Theologen, denn sie denken nur theologisch. Es sind keine ernstzunehmenden Wissenschaftler.

Das Säugetier entwickelt sich vor Milliarden von Jahren aus einfachen Mikroorganismen, die unter Umständen nur durch eine zufällige Bekanntschaft entstehen. Der Mensch ist das momentane Endprodukt. Er entsteht vor 600 000 – 800 000 Jahren und gewiß hat er von einem göttlichen Wesen nichts gewußt.

Es ist der Jesuitenpater Pierre Teilhard de Chardin, der aufgrund umfangreicher paläontologischer Studien zu dem Ergebnis kommt, daß sich der Mensch durch Zufall aus der Materie entwickelt hat und demzufolge keine göttliche Schöpfung sein kann.

Heute läßt sich mit großer Wahrscheinlichkeit sagen, wie das Leben auf unsere Erde gekommen ist und wie es sich entwickelt hat. Zugegeben: vieles ist auch heute noch unerforscht und unsicher, aber es ist wahrscheinlich. Während das biblische Schöpfungsbild durch die wissenschaftlichen Erkenntnisse immer unwahrscheinlicher, ja sogar unmöglicher wird. Die christliche Schöpfungslehre wird durch jedes menschliche Individuum in sich selbst widerlegt.

Unser Körper trägt bis heute Bildungen aus der über 500 Millionen Jahre währenden Entwicklungsgeschichte der Wirbeltiere in sich. Der Mensch passiert bis zu seiner befleckten Geburt die wichtigsten Stadien und in jedem von uns wiederholt sich die Geschichte der Menschwerdung. Jeder Embryo der Säugetiere bildet in einem frühen

nicht befriedigende Art um den Gottesbeweis bemüht haben. Die Vorstellungen von Gott als einem höheren Geistwesen – als Schöpfer der Welt und des Lebens – sind heute nicht mit dem kosmologischen Gottesbeweis wissenschaftlich zu festigen. Die Theologen behaupten das Gegenteil und sagen; »Alles, was existiert, muß eine Ursache haben, also auch unsere Welt. Und irgendetwas muß diesen Anfang gesetzt haben. Eben das ist Gott.« Es ist in sich unlogisch, weil dann auch Gott eine Ursache gehabt haben muß!

Es ist der belgische Priester Abbé Georges Lemaitre, der eine den Erkenntnissen der Forschung und Wissenschaft entsprechende vernünftige Theorie über die Entstehung des Universums entwickelt, die mit der Bibel nicht übereinstimmt. »Alle Materie«, sagt er, »war ursprünglich in

Stadium Kiemenspalten aus, wie man sie bei den Fischen kennt. Sein Herz ist anfänglich ein einfacher Schlauch.

Dann wird es komplizierter und erreicht über die Entwicklungsstufen der Lurche und Krustentiere veränderte Formen. Jetzt wird das Herz in verschiedene Kammern untergliedert. Der menschliche Embryo durchläuft, so kann man vereinfacht sagen, ein Fischstadium, dann eine Phase der an Land lebenden Wirbeltiere und erreicht zuletzt die eines Säugetieres. Dies ist ein schlagender Beweis gegen die christliche Schöpfungslehre.

Außerdem hat die Forschung den Beweis geführt, daß es kein geistiges Leben im Neugeborenen gibt. Damit fällt die klerikale Theorie von der Existenz einer Seele in sich zusammen. Professor Delgado gelangt zu dem Schluß: »Wir müssen davon ausgehen, daß bei der Geburt eines Menschen keine feststellbaren Zeichen einer geistigen Tätigkeit vorhanden sind und daß die Menschen ohne Geist geboren werden.« Wie soll nun ein nichtvorhandener Geist von einem nichtexistenten Teufel besessen werden?

Der Mainzer Theologe Wolfhart Panneberg schreibt: »Mit dem Gedanken eines göttlichen Geistes aber fällt auch die herkömmliche Vorstellung von Gott als Person. Die Vorstellungen von Gott als geistiges Wesen und als selbstbewußte Persönlichkeit sind heute kaum noch anders denn als übersteigende Spiegelbilder des Menschen zu beurteilen. Die Kritik der letzten 150 Jahre hat also grundlegende Züge des traditionellen Gottesglaubens erschüttert.«

Was die Nachwuchsfrage anbelangt, hat Gott höchstens noch ein gelindes Mitspracherecht. Die Gen-Forschung schreitet immer weiter voran und weist die Religion in die Schranken. Der Nobelpreisträger Severo Ochoa stellt fest: »Jetzt fangen die Genetiker an, mit Gott zu spielen.«

Die Theologen winden sich wie eine Schlange und wollen ihren historischen Ansatz retten. »Aber das transzendentale Erleben schlechthin, die unveräußerlichen Werte des Gefühls, die Nächstenliebe, das Schuldempfinden, die Freude, das Geborgensein, der Kunstgenuß ... all das, was Gott in unserem Herzen lebendig werden läßt, all das zeugt doch für ihn!« Die moderne Gehirnforschung hat diese Ansichten widerlegt. Alle Gefühle werden künstlich im Gehirn durch Chemikalien oder elektrische Reize ausgelöst. Gerald Freiberg hält die Zeit für gekommen, daß die Wissenschaftler den Menschen klarmachen, daß die Hypothese von einem Gott innerhalb des wissenschaftlichen Bildes der Welt überflüssig ist. Nun: alle Aussagen der Wissenschaft sind Hypothesen und keiner von ihnen kann sagen: es gibt ihn oder es gibt ihn nicht. Aber daß es den lieben Gott der christlichen Kirchen nicht geben kann, sagt der gesunde Menschenverstand – weil die Wirklichkeit das Gegenteil dokumentiert. Wenn man das so betrachtet, ist Gläubigkeit ein Mangel an Verstand.

Moderne Theologen stellen sich der Wahrheit und erkennen, daß der christliche Gott schon lange tot ist. Zu den Verfechtern

»Vater-Tochter-Inzest als Werk des Teufels dargestellt«. Aus dem Volksbuch »Der Entchrist« aus dem Jahr 1475.

dieser Auffassung gehören Paul Tillich, Karl Barth, Rudolf Karl Bultmann und Dietrich Bonhoeffer. G. Vahinian, Th. J. J. Altizer und W. Hamilton bringen zum Ausdruck: »Gott ist heute für uns tot. Es gibt ihn nicht.« Herbert Braun kommt zu dem Schluß, daß die herkömmliche Vorstellung von Gott und seiner Welt, die das Neue Testament mit der Antike teilt, in dieser naiven Weise von uns nicht mehr nachvollzogen werden kann.

Für Dorothe Sölle ist es dem heutigen Christen unmöglich geworden, an ein supranaturales, überweltliches, personales und himmlisches Wesen zu glauben. Ein kindliches Verhältnis zum Vater droben im Sternenzelt ist nicht mehr möglich. Für die modernen Theologen ist der biblische Gott tot, ja niemals existent gewesen. Fast alle radikalen Theologen stellen Jesus Christus in den Mittelpunkt ihres Denkens: auch hier werden sie einmal eines Besseren belehrt!

Und: Wenn es keinen Gott gibt, dann gibt es auch keinen Teufel, der sich von Exorzisten verjagen läßt. Der Mensch selbst ist die Ursache des Bösen.

Moralische Aspekte

Es steht der Kirche nicht zu, sich in menschlich-intime Bereiche zu drängen und beispielsweise darüber zu befinden, welche Stellung beim Beischlaf läßlich, schwer oder todsündhaft ist. Mit unerhörter Kühnheit erörtern katholische Moraltheologen Dinge, die weitab ihrer zölibatären Kompetenz angesiedelt sind. Sagt doch schon das Konzil von Trient in seiner abartigen Weltfremdheit: »Die Ehe ist ein Sakrament, wodurch sich ein Mann und ein Weib gegenseitig ihre Leiber übergeben ... zum gemeinschaftlichen Leben, zur Kindererzeugung und als Heilmittel gegen die Begierlichkeit.«

Die Liebe, Wärme und Geborgenheit, die ein Partner vermitteln kann, spielen für sie keine Rolle. In der Ehe-Enzyklika von Papst Pius XI. heißt es 1931: »Gott verkündet erneut durch unseren Mund, daß jeder Gebrauch der ehelichen Rechte, bei denen der Akt, wie auch immer, durch menschliche Manipulation seiner natürlichen Kraft, Le-

ben hervorzurufen, beraubt ist, einen Angriff auf das Gebot Gottes und der Natur darstellt ... und daß diejenigen, die dies tun, sündigen.« Gott hat dies nie verkündet, weil er ein nachträglich von Menschen erdachtes Scheinwesen ist.

1968 erscheint die Enzyklika *Humanae vitae*, die die Geburtenkontrolle kirchlicherseits unterbindet. Am 29.12.1975 veröffentlicht die päpstliche Kongregation für die Einhaltung der Glaubenslehre eine Erklärung zur Sexualethik. Darin wird jede sexuelle Betätigung, die sich außerhalb des kirchlich abgesegneten Rahmens der heiligen Ehe vollzieht, als Unzucht oder wider die göttliche Ordnung gebrandmarkt. Wir lesen darin: »Homosexualität und Masturbation bedürfen der seelsorgerischen Betreuung ... es ist die Aufgabe der Kirche, über Sexualität und Ehe zu wachen, zu richten und darüber zu bestimmen, welche als abwegig einzustufen ist[17].«

Die tausendfachen eigenen Verfehlungen werden sittsam unter den Tisch des Herrn gefegt. Immerhin war (ist?) nach jesuitischer Moral Sodomie eine verzeihlichere Sünde als ein Diebstahl[18].

Dieser Standpunkt bleibt nicht unkritisiert. Der Schweizer Jesuit Peter Merz sagt dazu: »Wer könnte je den Anspruch erheben, den Allmächtigen zu einem Untersuchungsrichter machen zu wollen, der sich um die lächerlichen Angelegenheiten kümmert und der sich nicht scheut, zu den geringen Einzelheiten des Geschlechtslebens hinabzusteigen[19].«

1973 verfaßt der Wiener Universitätsprofessor Hubertus Mynarek das Buch *Herren und Knechte der Kirche,* das auf Betreiben deutscher Bischöfe zurückgezogen wird. Er hat dem Papst mitgeteilt, er werde von ihm keine Erlaubnis für seine Ehe einholen, weil es grotesk sei, für unantastbare Menschenrechte eine Lizenz zu beantragen[20].

Stephan Prüntner, der an der Universität Freiburg (Schweiz) den Lehrstuhl für theologische Ethik innehat, vertritt die Auffassung, daß keine Kirche oder Gesellschaft das Recht hat, in die Geschlechtsfreiheit des Menschen einzugreifen[21]. Die Kirche hat

Ein Teufel entführt die Seele eines Sterbenden. Holzschnitt aus dem Jahr 1508.

selbst bei der Mischehe einen besonderen Eid vorgesehen. Hier müssen der katholische und nichtkatholische Teil schwören, sämtliche aus dieser Verbindung stammenden Kinder katholisch taufen zu lassen und sie in diesem Sinne zu erziehen[22]. 1968 entzieht der Vatikan dem US-amerikanischen Moraltheologen Charles E. Curren die kirchliche Lehrerlaubnis, weil er über die Unauflöslichkeit der Ehe, künstliche Empfängnisverhütung, voreheliche und homosexuelle Beziehungen freier als die Amtskirche denkt[23]. Der Tenor ist unüberhörbar; die Kritik innerhalb der eigenen Reihen wächst.

1972 gibt Professor Hermann, Ordinarius für Kirchenrecht an der Universität Münster, das Buch *Ehe und Recht* heraus. Er wirft der Kirche in puncto Zölibat eine doppelte Moral vor.

Es steht der Kirche aufgrund ihrer historischen Vergangenheit nicht zu, über § 218 zu reden. Die Welt leidet an einer Überproduktion von Menschen. Um künftigen Hungerkriegen zu entgehen, ist eine Geburtenregelung unumgänglich, wie sie in fortschrittlichen Ländern praktiziert wird. Der menschliche Statthalter Gottes auf der sündigen Erde gebietet momentan etwa über 700 Millionen Menschen mit in der Regel schwach ausgebildeter Intelligenz. Er könnte, wollte er etwas Konstruktives zum Weltfrieden tun, problemlos einen Riegel vorschieben. Er kann es nicht, weil ihn politische Gründe hindern und weil er einen permanenten Parteikampf führt, der mit Religion in keinster Weise etwas gemeinsam hat. So hat man im Vatikan eine *höllische* Angst vor der weiteren Ausbreitung der anderen Weltreligionen, insbesondere des Islams.

Der Papst möge, bevor er den Zeigefinger hebt, erst die Ausschweifungen im eigenen Lager beseitigen. Aus dieser Sicht wird die heutige Position der Kirche zum Schutz des ungeborenen Lebens fragwürdig. Hinzu kommt die Tatsache, daß man in

Dreiständebild. Holzschnitt aus Lichtenbergers »Prognosticatio«, Jacob Meydenbach, Mainz 1492.

Kirchenkreisen schon anders über diese Dinge gedacht hat. Zu diesem Thema einige Beispiele:

- »Das Verbrechen gegen das keimende Leben und die Verleitung dazu im Beichtstuhl ist erlaubt.«
- »Eine ehrsame Jungfrau, die gegen ihren Willen geschändet ist, darf den Fötus vor seiner Beseelung entfernen, damit sie ihre Ehre, die ihr mehr wert als das Kind ist, nicht verliert[24].«
- »Wenn eine Frau im Begriff ist, Hand an sich zu legen, um der Schande der Schwangerschaft zu entgehen, ist es dann erlaubt, ihr zum Abortus zu raten? Der Kardinal de Lugo sagt Ja, wenn sie auf keine andere Weise von ihrem Entschluß abgebracht werden kann. Weil das nicht heißt, sie zu einer Sünde zu verführen, sondern nur zur Wahl des kleineren Übels zu verleiten[25].«

- »Es ist erlaubt, vor der Beseelung des Fötus den Abortus herbeizuführen, damit das Mädchen durch die Schwangerschaft nicht getötet oder entehrt werde[26].«

Noch 1974 geht in Deutschland der Teufel um. Der plötzliche Tod des Kardinals Danielour in der Wohnung einer Nachtclub-Tänzerin erregt ziemliches Aufsehen. Ein Jahr später erliegt Monsignore Robert Tort, Bischof von Montbauton, in einem zweifelhaften Etablissement einem Herzschlag. Vordem hat er an einem mehrtägigen Kirchentreffen teilgenommen. Wahrscheinlich erliegt er beim Kampf mit dem Mädchen dem arglistigen Teufel. Er trägt am Tatort seinen Bischofsring; also müssen seine Absichten lauter gewesen sein.

Geistige Aspekte

Noch heute ist die Freiheit des Katholiken zu lesen, was ihm immer beliebt, eingeschränkt. Werke, die sich kritisch mit dem Katholizismus und den Kernfragen der Religion auseinandersetzen, soll er nicht zur Kenntnis nehmen. Die Auswirkungen dieser geistigen Zensur sind verheerend. Unter dem Einfluß der Jesuiten kommt es schon 1599 so weit, daß Katholiken von Studien zurücktreten müssen, denn man darf Wörterbücher, Sammelwerke und Indices nicht mehr gebrauchen … hat man doch selbst den Bischöfen das Lesen aller von Rom verbotenen Bücher untersagt. Sie sollen über den Stand der Dinge, über vieles, was an klerikalen Mängeln bereits aufgedeckt war, in Unkenntnis gelassen werden!

Früh geht man an das Verbrennen unliebsamer Literatur. 325 schließt das Konzil von Nicäa den als Häretiker bezeichneten Arius aus der kirchlichen Gemeinschaft aus und verbietet die Verbreitung seiner Schriften. Das Zweite Konzil von Nicäa 787 verfügt die Konfiskation und Verbrennung aller Bücher, die gegen die Verehrung der heiligen Bilder verfaßt worden sind und werden. Es gibt keine heiligen Bilder.

Im Verbund mit der Reformation zeigt sich ein Ansteigen der als häretisch bezeichneten Schriften. Papst Paul IV. veranlaßt die Herausgabe des *Index der verbotenen Bücher*. Die Indexpraxis stellt einen Verstoß gegen die Menschenrechte und die Meinungsfreiheit dar. Sie verhindert den notwendigen Dialog und ist ein klassisches Eigentor; ein kümmerlich-geistiges Machwerk, auf dem man sitzen bleibt. 1572 eskaliert Papst Gregor XIII. den Unsinn und installiert die Index-Kongregation.

Philosophische Aspekte[27]

Wenn man unter der Philosophie die wahre und letzte oder besser höchste Wissenschaft von den Dingen versteht, muß gesagt werden, daß die Jesuiten im allgemeinen und die Geistlichen im besonderen unwissend sind. Übertriebener Intellektualismus ist ein Hindernis auf der Suche nach der Wahrheit. Der Mensch besteht nicht nur aus Verstand und Religiosität; er lebt nicht nur, um zu denken; die Wirklichkeit ist das Leben selbst. Die katholische Philosophie ignoriert es und verdreht dabei das Bild der Geschichte.

Verführung edler Frauen vor dem Spiegel zur Eitelkeit. Holzschnitt aus »Ritter von Thurn«, 1493.

Die klerikale, auf die eigenen Egoismen abgestimmte Philosophie ist ein Instrument zur Stützung eines dogmatischen Anspruchs der Religion und der politischen Herrschaft des Vatikans. Die katholische Lehre ist deshalb nicht in der Lage, Forschungsergebnisse neutral zu interpretieren. Die Wissenschaft entwickelt sich weiter, nicht aber die katholische Philosophie. Sie ist bei Aristoteles und Thomas von Aquin stehengeblieben. Sie ist auf parteipolitische Zwecke ausgerichtet; gebunden an einen jahrhundertealten dogmatisch-verstaubten Apparat … sie ist eine Verfälschung des Lebens. Sie ist gezwungen, Natur und Leben zu verdrehen.

Der Vatikan bedarf dieses unheimlichen Apparates, denn er hilft ihm, das Unrecht voranzutragen. Nur Geblendete können nicht erkennen, daß die Kluft zwischen der Wirklichkeit und der katholischen Philosophie offensichtlich ist. Nur sie können von einer Übereinstimmung zwischen den Aussagen des Evangeliums und der praktischen Kirchengeschichte sprechen.

Der Dozent für Ethik und Soziologie, Pater Charon, gesteht gegenüber dem Jesuiten Alighiero Tondi, dessen Ausführungen hier gefolgt wird: »Unsere Philosophie ist

Der Teufel raubt ein Kind aus den Armen der Mutter. Holzschnitt aus »Ritter von Thurn«, 1493.

nun einmal so; ein Nichts, das sich im Nichts bewegt. Die katholische Philosophie läßt sich auf nichts zurückführen. Glauben und beten Sie. Etwas anderes können Sie nicht tun.«

Die Priester aller Religionen stürzen sich kopfüber in Abstraktionen. Sie wandeln auf Wolken oder schweben durch den Äther. Sie stützen sich auf haltlose Argumente und sind bemüht, die Existenz eines transzendenten, von der Welt getrennten Gottes nachzuweisen. Ist so ein Wesen erforderlich?

Die Kirche behauptet: »Gott ist das allervollkommenste Wesen ... er ist unveränderlich. Er wandelt sich in keiner Weise. Gott ist die höchste Autorität. Gott ist unermeßlich groß.« Diese Worte sind grandios. Doch sie sind eine Schutzwand, hinter der nichts zu finden ist. »Ein großer Sumpf, wohin man den Eimer wirft. In jedem Fall ziehen wir ein leeres Gefäß heraus, höchstens gefüllt mit dem gewohnten endlosen Geschwätz und bekannten Nichtigkeiten.«

Die katholische Philosophie steht außerhalb des Lebens. Es ist ihr gelungen, im Lauf der Jahrhunderte und unter ihrem Machtapparat, ein harmonisch wirkendes und sorgfältig durchdachtes Scheingebäude zu errichten. Der philosophische Lehrkörper der Geistlichkeit stellt sich ein erbärmliches Zeugnis aus. Es ist eine Verschwörung des Schweigens. Die Ursache liegt in der Furcht vor entgegengesetzten Meinungen, denn man ist sich des Unrechts bewußt.

Die katholischen Philosophen begegnen neuen Erkenntnissen mit Angst. Die wenigen guten Wissenschaftler unter ihnen sitzen auf heißen Kohlen. In dem verstaubten Klima ersticken hervorragende Köpfe. Ihre Lehre war tot, ehe sie geboren wurde. Wie konnte man sie zur einzigen Wahrheit emporstilisieren, sie drohend der Welt aufzwingen und die Mühen anderer verspotten? Den Studenten wird eingeredet, gegnerische Theorien seien falsch und und gefährlich; folglich sei es nutzlos, ja schädlich, sich mit ihnen zu beschäftigen.

Es wird ihnen untersagt, die von der Kirche verurteilten Bücher zu lesen. Da es außerdem nur eine Wahrheit geben kann –

nämlich die der römisch-katholischen Lehre – sind feindliche Theorien schon darum automatisch widerlegt, ohne daß sie erst untersucht werden müssen. Diese Vorstellung ist naiv.

Den Priestern wird eingeredet (und die meisten glauben es irgendwann einmal selbst), ihre autoritäre Mission direkt vom Himmel erhalten zu haben. Als Bewahrer und Verkünder der einzigen Wahrheit dulden sie keine gedankliche Auseinandersetzung, denn sie müssen recht haben. Wer nicht mit ihnen ist, ist gegen sie und wird als verdammenswerter Gegner betrachtet. Toleranz ist ihnen fremd. Dies liegt in ihrer merkwürdigen Psychologie begründet. Sie gehen davon aus, Vertreter einer höheren Ordnung zu sein. Sie sind davon überzeugt, daß ihnen Gott die höchste Macht über alles verliehen hat; das ist eine Illusion. Wenn die Toleranz eines kleinen und nur schlecht bezahlten Landpfarrers schon solche Formen der intellektuellen Überheblichkeit annimmt, können wir uns vorstellen, wie es im Vatikan zugehen muß!

1925 wird in Rom das Heilige Jahr gefeiert, wobei den Pilgern dem Papst gegenüber folgendes Verhalten vorgeschrieben wird: »Bei der Privataudienz, wenn man allein vom Heiligen Vater in seinem Zimmer empfangen wird, geschieht die Einführung durch einen geistlichen Kammerherrn. Sobald man des Papstes ansichtig wird, kniet man mit dem rechten Fuß nieder, macht einige Schritte vorwärts und wiederholt die Kniebeugung. Dann kniet man mit beiden Knien vor dem Heiligen Vater und küßt ihm den Fuß. Während der Unterredung bleibt man kniend. Nach der Audienz geht man rückwärts, den Blick auf den Papst gerichtet, unter Wiederholung der doppelten Kniebeugung hinaus.«

Er ist der einzige Politiker, dem man so servil zu begegnen hat. Hier spiegeln sich frühmittelalterliche Strukturen und es bleibt unverständlich, weshalb sich heutige Menschen so verherrlichen lassen müssen, nur um den verfänglichen Schein zu wahren. Selbst der Einfältigste müßte merken, daß er an der Nase herumgeführt wird – sei es der Kirchenführer oder der Gelenkte selbst.

Die Geistlichen stehen im Dienst eines dogmatisch festgeschriebenen Gebäudes. Die Folge ist eine Verarmung des Geistes ... sie müssen huldigen und sollen nicht denken. Der einzige Daseinszweck ist, der Theologie als ergebene Magd Handlangerdienste zu leisten – zu dienen und zu schweigen.

Ein Wettiner Mönch predigte einst über die Priesterwürde und die sakramentale Gewalt der Geistlichen. Um die Hoheit seines Standes zu unterstreichen, stellte er heraus: »Der Geistliche ist mehr als ein Kaufmann, denn er handelt mit ewigen Waren. Er ist mehr als ein Kriegsmann, denn er streitet mit dem Satan. Er ist mehr als ein König oder Kaiser, denn er ist der Stellvertreter des Königs der Könige. Er ist mehr als ein Heiliger, denn vor ihm, wenn er erscheint, müssen sich die Knie aller beugen; im Himmel und auf Erden. Die Hoheit des geistlichen Standes ist unaussprechlich ... seht, welche Gewalt der katholische Priester hat[28].«

Am 28.8.1868 sagte Anton Häring in der Pfarrkirche von Ebersberg: »Mit der Absolutionsgewalt hat Jesus den Priestern eine Macht verliehen, die der Hölle furchtbar ist, der selbst Luzifer nicht zu widerstehen vermag. Eine Macht, die in die unermeßliche Ewigkeit hinüberreicht. Eine Macht, die die Fesseln zu brechen vermag, die für die Ewigkeit geschmiedet und für begangene Sünden geschmiedet waren. Die Macht der Sündenvergebung macht den Priester gewissermaßen zu einem zweiten Gott. Und doch ist das nicht die Spitze der priesterlichen Macht. Wenn er zum Altar schreitet ... erhebt sich gleichsam Jesus Christus, der da sitzt zur Rechten des Vaters, um auf einen Wink des Priesters hin bereit zu sein. Kaum beginnt er mit der Konsekration, da schwebt auch schon Jesus, umgeben von himmlischen Scharen, vom Himmel zur Erde auf den Opferaltar nieder und verwandelt auf die Worte des Priesters hin Wein und Brot in sein seliges Fleisch und Blut ... Fürwahr, eine solche Macht übertrifft selbst die Himmelsfürsten, ja sogar die der Himmelskönigin. Deshalb pflegte der heilige Franz von Assisi mit Recht zu sagen:

›Wenn mir ein Priester und ein Engel zugleich begegnen würden, so würde ich erst den Priester grüßen und dann den Engel, weil der Priester eine viel größere Macht und Hoheit besitzt.‹«

Unser Gewährsmann sitzt einem Irrtum auf. Niemand kann Sünden vergeben und man meint nur die zu vergeben, die man vorher den Leichtgläubigen aufgeschwatzt hat; auch gibt es keine Engel.

In einer Sitzung der katholischen Vereine Deutschlands vom 24.8.1862 spricht sich Professor Hettinger aus Würzburg über diese Beziehungen so aus: »Die Kirche hat alle Wandlungen überlebt und wird alle überleben. Keine andere Religion hat die Stürme der Zeit überdauert, die zerstörende Zeit und die Kritik an ihr. Descartes, Galilei und Newton sind gekommen mit ihren Naturgesetzen; die Kirche scheint mit ihnen aufzuleben. Sie wird ewig leben, weil sie den Begriff erfüllt, der in dem Wort Zivilisation liegt. Die Kirche war die Quelle aller modernen Wissenschaft.« Er stellt die Wirklichkeit ebenso auf den Kopf wie der katholische Moraltheologe Mausbach in seinem tausendseitigen Werk, indem er sich mit einer halben Seite der Hexenfrage zuwendet. Er versucht die Schuld der Kirche zu vertuschen und sagt: »Die wahrhaft großen Zeiten des Mittelalters und aller Zeitalter mit einem kräftig ausgebildeten Glauben haben den Hexenwahn nicht aufkommen lassen[29].«

Auf den Indexlisten stehen berühmte Namen, denen kirchliche Autoren und ideologische Verherrlichungsschreiber nie das Wasser reichen können, denn der Glaube hat sie ihrer wichtigsten Zierde beraubt: der Meinungsfreiheit. Das Spiel ist stets das gleiche; dickleibige Folianten müssen herhalten, um Unwahres abzusichern. Ströme von Tinte werden vergossen; man schreibt an der Ehrlichkeit vorbei. Die meisten Bücher der Geistlichen, mögen sie noch so albern wie die Höllendarstellungen von Bautz und Görres, noch so frivol und schlüpfrig wie die Moraltheologie des Redemptoristen Alphons Maria de Liguori oder so gehässig wie der *Malleus maleficarum* (Hexenhammer) der beiden Dominikaner

Sprenger und Krämer sein, sie werden auf Hochglanz poliert und mit klingenden Approbationen versehen, während man sich gleichzeitig den sehr viel besseren Werken der Kritiker verschließt.

Es war ein folgenschwerer Irrtum, dessen Zündstoff vorauszusehen war. Dadurch unterbindet die Kirche zu ihrem Nachteil Diskussionen und den Fortschritt der auf der Stelle tretenden Theologie in der Auseinandersetzung mit der Realität.

Ab der zweiten Hälfte des 15. Jahrhunderts erwächst dem Klerus ein Feind und Freund noch unbekannter Größe: das gedruckte Wort kommt auf. Sofort wird das zweischneidige Schwert geschmiedet. Der Kirche entsteht langfristig ein gefährlicher Gegner. Er wird sie besiegen, denn die Kirche kann sich der Wahrheit nicht für immer verschließen. Sie hat sich selbst in die Sackgasse gejagt, aus der sie heute nicht mehr herauskommt.

Die Einführung der Index-Kongregation war ein Eiserner Vorhang. Hätten wir ein redliches System vor uns, würde es nicht Tausende von Büchern und Opfern geben, die sich kritisch damit auseinandergesetzt haben. J. von Hontheim schreibt das Buch *Über den Zustand der Kirche und von der rechtmäßigen Gewalt des Papstes.* Im Alter von 80 Jahren wird er zum Widerruf gezwungen; er tut es, um Ruhe zu haben[30]. Warum verbietet die Kirche den Gläubigen, Gegenargumente kennenzulernen; hat sie Angst?

Es ist ein despotischer, auf Ängsten beruhender Willkürakt, der auf der Furcht der Kirche ruht, ihre Herrschaft ganz oder teilweise aufgeben zu müssen. Es ist die Angst des ob von ihr angerichteten Unrechts! Sie war es, die die Menschen über Jahrhunderte in ein geistiges Joch gezwängt hat und die es noch heute versucht.

Geistlicher Anachronismus und wirkliches Wissen prallen aufeinander, denn die Kirche vertritt rückschrittliche Ansichten. Die Forschung hat das kirchliche Wissen längst überholt. Es ist absurd, wenn sie behauptet, daß Geschichte und Philosophie Mägde der Theologie seien; sie sind ihr nicht nur ebenbürtig, sondern überlegen.

Papst Pius IX. versteigt sich in der Enzyklika *Oui pluribus* vom 9.11.1846 zu der Behauptung, daß die Theologie die echte Offenbarung Gottes sei. Dies könnte man so sehen, wenn die Echtheit der Offenbarung bewiesen wäre; dem ist nicht so. Tatsache ist, daß sich die Theologie mit Spekulationen beschäftigt und daraus höchste Ansprüche ableitet. Sie könnte aus dem Konsens der ernsthaften Wissenschaften gestrichen werden, es wäre für die Menschheit mit keinem Nachteil verbunden.

Naturwissenschaftler, Historiker und Archäologen tragen – verstärkt seit der Aufklärung – Steinchen für Steinchen des Trümmerfeldes beiseite, das sich Kirchengeschichte nennt. Immer deutlicher werden die antiken Strickmuster des Christentums, immer deutlicher schälen sich die Fakten heraus, auf denen es errichtet ist. Die Forschung reißt immer weitere Teile aus der sicher geglaubten Beute, die aus geistlichen Träumen, Illusionen und Spekulationen besteht. Längst ist der Nachweis erbracht, daß schon antike Priester Leichtgläubige hinters Licht geführt haben. Bemerkenswert sind u. a. die Funde über die Sekte der Essener, denn sie lassen das Frühchristentum in einem neuen Licht erscheinen. Die Christen werden ständig mit Unwahrheiten berieselt. Jahrhundertelang bedeutet es für die Kirche Sicherheit, Ansehen und Prosperität.

Was aber, wenn die Masse erfährt, wie geschickt und einfältig zugleich sie den tausendfältigen Machenschaften auf den Leim gegangen ist[31]? Immer mehr wenden sich vom Regiment des aus der Antike stammenden Krummstabes ab.

Den vom Papsttum ausgehenden geringen Wohltaten stehen eklatante soziale und kulturelle, fundamentale Verletzungen der Menschenrechte gegenüber. Überblickt man den Werdegang der Menschheit, wird deutlich, daß die wesentlichen Hemmnisse zu ihrem Fortschritt in der geistigen Bevormundung und der damit verwobenen Intoleranz zu suchen sind. Die Geistlichen halten die Menschen im Aberglauben gefangen, denn sie sind selbst abergläubisch. Sie ersticken jede freie Gedankenregung außerhalb ihres engen Horizontes. Der freie Geist ist den verstaubten Dogmen überlegen, denn er akzeptiert die Kritik.

Alle sozialen Einrichtungen der Neuzeit werden nicht durch die Kirche, sondern gegen sie geschaffen. Fast alle humanen Formen und Gesetze des Zusammenlebens verdankt die Menschheit außerkirchlichen Kräften. Das Christentum ist eine Religion der Intoleranz und Frauenfeindlichkeit, was sich mühelos dokumentieren läßt. Alle Versuche, das Elend der Massen auszurotten und grundlegende soziale Verbesserungen zu schaffen, wurden von der Kirche sabotiert und als ein Aufbäumen gegen eine gottgegebene Gesellschaftsordnung verstanden; eine solche gibt es nicht!

Überblickt man das Europa des 18. Jahrhunderts, so ist festzustellen, daß in all den Ländern, in denen Reformatoren der Kirche aktiv waren – Wyclef, Waldus, Hus, Luther, Calvin – die religiöse Freiheit zunächst Fortschritte gemacht hat, daß dagegen in katholisch gebliebenen Ländern alles wissenschaftliche Leben aufgehört hat. Dazu sagt der Historiker Oncken[32]:

»Als der Bourbone Karl III. im Januar 1734 die Königreiche beider Sizilien eroberte, fand er himmelschreiende Zustände vor. Der Klerus war der eigentliche Landesherr. Im Königreich Neapel gab es bei einer Bevölkerung von vier Millionen 22 Erzbischöfe, 118 Bischöfe, 56 500 Weltgeistliche, 31 800 Mönche und 25 600 Nonnen. In Neapel gab es 16 500 Geistliche ... dies war für das wirtschaftliche Leben unerträglich, denn nahezu alle taten nichts und lebten auf Kosten des Glaubens.«

Ähnlich sieht es um 1867 in Rom aus. Es hat ca. 200 000 Einwohner. Unter ihnen befinden sich Unfehlbarkeitsprimate und Bischöfe, über 1800 Priester und Seminaristen, 2600 Mönche und 2000 Nonnen, darunter allein 500 Franziskaner. Es bestehen 56 Mönchs- und 71 Nonnenklöster – also kommt auf 30 Seelen ein Geistlicher. Sie arbeiten nichts und wollen so gut wie möglich versorgt sein. Deshalb wird schon lange der Vorschlag gemacht, man möge die Geistlichen ausschließlich nach ihrer Leistung bezahlen; insbesondere die höheren Ränge. Es ist nicht richtig, daß die Bürger für die ihnen gezielt angetane Verdummung selbst noch die bezahlen müssen, die ihnen dies antun.

Der Glaube hat die Menschen versklavt und hindert sie daran, ihren Verstand zu gebrauchen. Stets galt es, die berechtigte Auflehnung gegen das doktrinäre System zu unterdrücken. Zunächst mußte man die Massen in Unwissenheit belassen. Wer sich dagegen stellte, wurde in die nichtexistente Hölle gewiesen. »Die Kirche hat immer das Unsinnige des Morgen auf sich genommen, um die Gefahr des Heute zu bannen!«

Um die Entwicklung der Machtfülle war das Papsttum stets besorgt, aber für die Anhebung des allgemeinen Bildungsgrades hat es so wenig getan wie für die Reinerhaltung der christlichen Ideale[33], für Sitte und Moral. Die Kirche proklamiert die Gewissensfreiheit, wenn sie unterdrückt wird und sie proklamiert den Zwang, wenn sie die Möglichkeit dazu hat. Hat sie es nötig, die staatliche Gewalt zu unterwerfen, beruft sie sich auf den Kirchenlehrer Athanasius. Bedarf sie des Gegenteils, erinnert sie sich an den Kirchenlehrer Augustinus. Pater Joseph Grisar, ein hervorragender Jesuit und Historiker, bekennt: »Die katholische Theologie ist ein Kerker, in den sich die Kirche eingeschlossen und dessen Schlüssel sie in einem Fluß versenkt hat ... getrieben von der Gier nach der Macht über die Gläubigen und aus Intoleranz gegenüber den Gegnern hat die allein-seligmachende Kirche die sogenannte Unfehlbarkeit mißbraucht, indem sie eine Anzahl von Glaubensartikeln genannt und diese später als glaubenswahr erklärte, die heute in einem tiefen Widerspruch zu Vernunft und Wissenschaft stehen ... einmal gezwungen, falsche Vorsätze zu verteidigen, zahlreiche andere gutzuheißen, die wieder neue Zugeständnisse erforderlich machten ... Es ist klar, daß die Kirche nicht mehr umkehren konnte und daß sie heute nicht mehr umkehren kann. Dann würde sich die sogenannte Unfehlbarkeit in Rauch auflösen. Also sieht sich die Kirche gezwungen, weiter durchzuhalten ... sie wandelt auf einer imaginären Straße ... wer sie verleugnet, ist ein Ketzer.«

»Wenn sie zugäbe, daß das Dogma der von ihr in die Welt gesetzten Unfehlbarkeit haltlos ist, so würde die doktrinäre Festung zusammenstürzen; die Kirche ist an erster Stelle Kerkermeisterin ihrer selbst; und sie ist die der anderen.«

Die Kirche behauptet, um sich aus der Schlinge zu ziehen, die päpstliche Unfehlbarkeit sei seit den frühesten Zeiten als offenbares Faktum anerkannt worden.

Das Gegenteil ist der Fall. Nie erwähnt Petrus in den ihm zugeschriebenen Briefen das Unfehlbarkeitsprimat. Die Frage bleibt bis 1870 umstritten und viele hochrangige Theologen sprechen sich dagegen aus. Selbst führende Katholiken hegen in diesem Punkt Zweifel. So kann man feststellen, daß das Dogma von der päpstlichen Unfehlbarkeit den Tatsachen widerspricht. Warum wird es als Glaubensgegenstand und als göttliche Offenbarung gehandelt? Beides gibt es nicht.

Mit rein menschlichen Mitteln wurden die Beratungen und Beschlüsse des Konzils vom Papst und seinen jesuitischen Beratern gelenkt, obgleich man das Walten des Heiligen Geistes im Munde führte. Der französische Gesandte spottete, daß dieser jeden Freitag mit dem Postsack aus Rom komme.

Der katholische Lord Akton, der Beobachter und Geschichtsschreiber des Konzils, nennt es *eine lange, mit List und Gewalt ausgeführte Intrige.* Bischof Hefele von Rottenburg sagt schon im November 1870: »Ich kann mir nicht verhehlen, daß das neue Dogma einer wahrhaften, biblischen und traditionellen Begründung entbehrt und die Kirche in unberechenbarer Weise schädigt, so daß letztere nie einen herberen und tödlicheren Schlag erlitten hat als am 18. Juli 1870.«

Allein die Anmaßung der Päpste, Stellvertreter Gottes zu sein, dessen Existenz nach wie vor umstritten ist, hätte von vornherein jeden Versuch der Anwendung von Gewalt als teuflische Versuchung aufdecken müssen. Die Kirche zog die politische Beherrschung der Welt vor, statt dem Evangelium zu folgen. Es sind legendäre Bücher, aber wer sich deren Inhalte auf die Fahnen heftet, sollte ihnen folgen. Die Evangelien können nicht in allen Teilen als glaubwürdig betrachtet werden. Über die Echtheit der verschiedenen Stellen wird bis ins Unendliche gestritten. Eines steht fest: so wie sie die Kirche anbieten will, sind sie keine historisch verwertbaren Dokumente, auf die sich ohne weiteres wissenschaftliche Untersuchungen stützen können.

»Es wirkt unbegreiflich, wenn die Kirche behauptet, die genannten Bücher seien in jedem einzelnen Teil wahrheitsgetreu und gegen den Irrtum gefeit … auf derart haltlosen Pfählen haben die Geistlichen einen riesigen Palast errichtet … dessen Fundamente haltlos sind.«

»Das Evangelium wurde durch eine Prozession von Gespenstern, durch ein erstickendes, inhaltloses und vernunftwidrig-doktrinäres Labyrinth ersetzt. Wir haben ein Phantom vor uns. Das tiefe Erfülltsein, das durch die Verkündigung des Evangeliums in die Seele dringt, hat die Kirche durch eine äußere Organisation, einen Kodex, einen hierarchischen Apparat ersetzt, durch eine Staatsregierung, durch Gerichte, Etikette, prunkvolle Gewänder, diplomatische Zeremonien, scharlachrote und goldene Throne, durch Ströme von Gold und die Freuden des Lebens … schließlich durch ein auf Zwang beruhendes, erstarrtes und unverständliches Lehrgebäude. Ein Zuchthaus für die Seele, in dem selbst Christus ein Gefangener ist … anstelle des Evangeliums tritt uns ein unbegreifliches Durcheinander entgegen.«

Zum Teufel mit dem Teufel

Der Dialog mit dem nichtexistenten, doch hochstilisierten Teufel ist der eines Gegengottes, der dem als richtig angesehenen den Thron streitig macht. Im Grund ist es der von der Kirche herübergerettete zoroastrische Dualismus zwischen Gut und Böse. Wir haben eine naive Vorstellung vor uns, wie sie allen Naturvölkern und Weltreligionen zugrundeliegt. Es ist absurd, an Fegefeuer, Hölle und die Wirklichkeit von Teufeln zu glauben, denn all dies gibt es nicht; es sei denn die Theologen würden einen schlüssigen Beweis dazu auf den Tisch ihres Herrn legen.

»Die auf die ständige Vermehrung der Teufelsfurcht bedachten Päpste und Kirchenfürsten begnügten sich nicht damit, den Aberwitz durch Wort und Schrift zu verbreiten. Maler und Zeichner stellen den fiktiven Teufel immer vehementer in seiner grausamen Gestalt heraus und inszenieren vor den Leichtgläubigen den Höllensturz, während sich die Bildersprache der Kirchenfenster stets von unten nach oben bewegt. Gewiß ist es kein Zufall.

Zahllose Holzschnitte mit plastisch dargestellten Höllenstrafen werden im Volk verbreitet. Der Teufel erscheint als Frau in der ihr zugedichteten Rolle einer Verführerin, an Sterbebetten oder er schickt sich an, nach den aus Sterbenden fliehenden (angenommenen) Seelen zu heischen.«

Nichts ist leichter für Geistliche, als unnötige Höllenqualen von der Kanzel zu posaunen. »Bald witterte man in jeder Krankheit und Versuchung, in jedem Mißgeschick eine teuflische List. Um den Klauen des Fabelwesens zu entgehen, stürzte das toll gemachte Volk an die Altäre und es verschrieb sein letztes Hab und Gut an die gütige Mutter Kirche.«

Aus dieser Quelle fließen ihr Milliarden zu. Durch die Erfindung der aberwitzigsten Andächteleien und tausend lächerlicher Thorheiten wird der gesunde Menschenverstand vernichtet, alle Freiheit des Denkens unterdrückt ... Einfalt und Aberglaube florieren.

Dazu meint Christian Thomasius: »Ich halte vielmehr dafür, daß die Geistlichen und Prediger, die anstatt der seligmachenden Lehre auf der Kanzel und in ihren Schriften lauter alte Weiber-Lehren und abergläubische Märchen erzählen, schuldig sind, daß sich viele Leute, die wenig Verstand und etwas von den fünf Sinnen übrig haben, gern von dem Schandfleck des Aberglaubens reinigen wollen.«

»Hinter einer schützenden Nebelwand ist ein phantastisches Ungeheuer, ein Trugbild, ein Gespenst, ein Monstrum, eine Schimäre, ein theologisches Untier entstanden. Es ruht auf Spekulationen, Phantasmen und Phantasien. Allein durch das immerwährende Hochhalten des Teufelswahns hat sich das Christentum ins geistige Abseits gestellt und gerichtet[34].«

»Der christliche Teufelsglaube war zu einer unzertrennlichen Einheit mit dem Gottglauben geworden, so daß es zu einer Katastrophe für die Theologie führen mußte, sobald ein Stück dieser Einheit zerbrach[35].« Der *Osservatore Romano* sagt: »Wenn man einen Pfeiler des Kirchengebäudes wegnimmt und die Existenz des Teufels abstreitet, bricht die Konstruktion zusammen.« Entsprechend wird das Nest verteidigt.

Loos, Bekker, Thomasius

An erster Stelle ist Cornelius Loos zu nennen, den man wegen seiner kritischen Ansichten über den Teufel dreimal verhaftet hat. 1691/92 erscheint in Amsterdam das Buch *De betooverde Wereld* von Balthasar Bekker. Es erregt ungeheures Aufsehen und wird eingezogen. Bekker wird seines Amtes enthoben und ergreift die Flucht, denn er hat es gewagt, die teuflische Macht in Zweifel zu ziehen. Für ihn ist er ein Wesen, das weder einen menschlichen Leib annehmen kann, noch ein Hagelwetter anzurichten imstande ist. Die Vorstellung des Teufelsbundes und der -buhlschaft (dem Herzstück der Hexenprozesse) bezeichnet er als Ausgeburt einer krankhaften Phantasie.

Christian Thomasius gilt als einer der bedeutendsten Rechtsgelehrten aus der Zeit des frühen 18. Jahrhunderts, einer Epoche der literarischen Auseinandersetzung und des Streites zwischen der Theologie und der Aufklärung. Thomasius steht in der Reihe der wenigen, die unter großen Schwierigkeiten, manchmal unter dem Einsatz ihres Lebens, den Mut aufgebracht haben, gegen die Hexenverbrennungen aufzutreten und damit Obrigkeit, Rechtsprechung und Theologie in Frage zu stellen.

Thomasius übernimmt für seine Beweisführung die Ansätze Bekkers und erschüttert dadurch das gängige Fundament der Hexenprozesse. Mit seinen Schriften ver-

Balthasar Bekker (1634-1698). Nach einem Gemälde von Zacharias Weber.

Christian Thomasius (1655-1728) gilt als der juristisch erfolgreichste Gegner des Hexenwahns.

setzt er dem Hexentreiben und klerikalen Obrigkeitswahn einen tödlichen Hieb und trifft in des Herz der Theologen. Ungerechtigkeiten beim Verfahren gegen eines der schlimmsten, doch fiktiven Scheinverbrechen konnte man zur Not als Justizirrtum in Kauf nehmen; erhebliche Zweifel an der Grundlage dieses Verbrechens jedoch nicht. Darin unterscheidet sich Thomasius von seinen Vorgängern und Mitstreitern. Er bringt den seither angenommenen Teufelspakt ins Wanken, indem er dem Teufel jeden Einfluß in materiellen Dingen abspricht.

Er trägt vor: »Ich leugne, daß Hexen und Zauberer Verträge mit dem Teufel aufrichten ... was nützt ein Bündnis mit ihm? Es ist nicht der geringste Effekt dabei, weder auf der Seite des Menschen, noch auf der des Teufels, ... nie hat er einen Leib angenommen. Es scheint, daß der Irrtum in den Evangelienbüchern seinen Ursprung hat ... Ich leugne und kann es nicht glauben, daß der Teufel Hörner, Klauen und Krallen hat, daß er wie ein Pharisäer, Mönch oder wie ein Monstrum oder wie man ihn sonst abmalet aussieht ... ich kann das nicht glauben.«

Für Thomasius war die Konfrontation mit der Geistlichkeit unvermeidbar, wenn er einen seiner fundamentalen Gedanken, der juristisch exakten Trennung von Kirche und Staat, verwirklichen wollte. Rasch erkennen die Theologen seine Gefährlichkeit und versuchen zu kontern. Am 16.10.1694 beschwert sich die theologische Fakultät über ihn, wegen seiner Eingriffe in theologische Angelegenheiten bei der Verteidigung von mystischen Schriftstellern.

Der Konflikt dringt bis zum Kurfürst und endet mit dessen Mahnung, künftig besser miteinander in Eintracht zu leben. Die Gotteskundler stempeln den qualifizierten Juristen zum Atheist und Ketzer ab, weil er ihre intellektuelle Schwäche bloßgelegt hat. Später wird ihm bei Strafe der Absetzung verboten, in seinen Vorlesungen theologische Angelegenheiten zu behandeln.

1702 greift ihn der Geistliche Joachim Lange mit einer *notwendigen Gewissensrüge* an. Sie wird ein Jahr darauf anonym beantwortet und mit widerlegenden Ant-

Eine »Hexenprozession« trägt eine Katze auf einer Leiter voran. Nach einem Holzschnitt von Ulrich Molitoris aus dem Jahr 1544. Schon im 12. Jahrhundert werden Ketzer von der römisch-katholischen Kirche beschuldigt, Luzifer in der Gestalt einer Katze zu verehren.

worten versehen. Die Polemik gegen Thomasius wird in die Liturgie getragen, denn am dritten Ostersonntag 1703 wird in der Leipziger Nikolaikirche das Lied gesungen: »Die Jünger sind nicht Thomas Art, zu zweifeln; Ob's Gespenster gäbe! Wenn andere mehr der Jünger Geist bekämen … ich zweifle, daß sie viel Teil am Irrtum nähmen.«

Thomasius entgegnet: »Ich muß mich nicht wenig wundern, daß ich hin und wieder fast nichts als unnützes Geschwätz und Fabeln, nirgends aber ein gründliches Werk angetroffen habe. Der törichte Aberglaube muß den einfältigen Pöbel vor Augen geführt werden. Die papistischen Irrtümer, die seither aller Leute Gedanken eingenommen, müssen ausgerottet werden. Heute wird niemand mehr daran zweifeln, daß das Papsttum nichts anderes als eine aus dem Heiden- und Judentum zusammengesetzte Fabel ist …

Papisten haben den Unsinn zusammengetragen, um die breite Masse auszunutzen. Die vergangenen Autoren haben ohne Unterschied die wahren und falschen Begebenheiten wie Kraut und Rüben hingeschmiert … ich bin sicher, daß alles, was diesfalls geglaubt wird, nichts als eine Fabel ist, die man aus dem Juden- und Papsttum zusammengelesen hat; Päpstler haben ohne jeden Verstand abgeschrieben.«

Der 1093 verstorbene Papst Leo XII. soll eine Vision gehabt haben derzufolge dem Satan eine letzte Frist von 75 Jahren für seine Herrschaft über die Welt eingeräumt wird, ehe die Zeit der Abrechnung mit dem Bösen käme. Es bleibt festzustellen, daß bislang keine religiöse Prophezeiung eingetroffen ist.

»Die Hölle ist nicht so heiß, wie sie der Pfaff macht.« In Frankreich predigte ein Missionar, freilich ohne zu sagen, woher er es so genau wisse: »Es stehen dort Millionen Kessel voll siedenden Wassers, dazu bestimmt, die verdammten Juden, Protestanten, Philosophen und Literaten weich zu sieden; die Wände der Hölle waren mit den Zungen böser Weiber austapeziert.«

Der Jesuit Raderus versichert seinen Zuhörern, daß, wenn sie Fleisch ohne Fastendispens äßen, in der Hölle siedendes Pech ihre Suppe, Basilisken, Krokodile und Drachen ihr Rindfleisch und Braten, Schlangen und Forellen sein würden. Danach scheinen die Jesuiten als Köche in der Hölle angestellt zu werden, wenn sie die dortige Speisekarte so gut kennen.

1967 beschimpft Prälat Janik, Chefredakteur des Passauer Bischofsblattes, seine Presseagentur und hebt hervor, daß sie durch die Ablehnung der tatsächlichen Existenz des Teufels ketzerische Auffassungen mit dem Ziel verbreitet haben, systematisch die gesamte katholische Glaubenslehre aufzuweichen.

Im gleichen Jahr veröffentlicht der Bibelexperte Haag aus Tübingen das Buch *Abschied vom Teufel*, in dem er den Höllenfürst als Fiktion nachweist. Er sagt hierzu:»Man soll sich vor Augen führen, zu welchen Verzerrungen der Glauben führt.«

Von Papst Paul VI. liegt eine eindeutige Erklärung über die Existenz des Teufels und seine Tätigkeit vor. Anläßlich einer Pontifikalmesse im Petersdom beklagt sich der 264ste Papst der Kirchengeschichte über die Abkehr von den Gläubigen und Priestern: »Wir haben das Gefühl, daß durch irgendeinen Spalt der Rauch des Satans in den Tempel Gottes eingedrungen ist. Es ist zum Angriff einer feindlichen Macht gekommen; ihr Name ist Teufel.«

Am 15.11.1972 sagt er anläßlich einer Generalaudienz:»Wir stehen unter einer finsteren Herrschaft, der des Satans, des Fürsten dieser Welt, des Feindes Nummer Eins ... dieses beunruhigende Wesen gibt es wirklich ... und zwar zugleich in einer furchtbaren Vielzahl.«

Will er die lädierten Bastionen des Teufelsglaubens aktivieren? Hat sie ihm Schweißperlen auf die Stirn getrieben, hat ihm die Angst den Unsinn in die Feder diktiert oder glaubt er wirklich an die Wirksamkeit von antiken Dämonen? Wenn man so viele Jahre Geistlicher ist wie er, muß eine geistige Erschöpfung eintreten, die solche Formen anzunehmen vermag.

Die Zeiten haben sich geändert und der heutige Kenntnisstand ist besser. Es läßt sich mühelos nachweisen, aus welcher Quelle das Christentum den Teufelsglauben fischt. Für die Theologie wird es zum Problem, denn sie geht der Realität aus dem Weg. Wie soll sie heute den sorgsam hochgepäppelten Teufel verändern? Sie kann nicht zugeben, daß sie sich in diesem Punkt getäuscht hat und doch ist es so.

Die Südwestpresse in Ulm berichtet am 21.8.1986:»Kritik an den Aussagen des Papstes über die Gegenwart des Teufels und die Möglichkeit der Besessenheit hat der Vize-Direktor der italienischen Jesuitenzeitschrift *Civilta Cattolicà,* Pater Giuseppe de Rosa (JS) geübt. Gegenüber der linksliberalen Tageszeitung *La Republica* erklärte er, der Satan sei zwar eine Realität, aber nur eine geistige Ordnung. Es sei falsch anzunehmen, daß der Teufel in Tiergestalt als Schlange oder Drache auftrete ...«

Kritisch äußert sich der Jesuit zu den Aussagen des Papstes über die Möglichkeit der Besessenheit, »... es ist schwierig, ihren Ursprung festzustellen. In den meisten Fällen handelt es sich um psychische Krankheiten, die von Ärzten behandelt werden können (KNA)[36].« Der Ordinarius für Moraltheologie, Dr. Karl Hörmann, wie der ehemalige Psychiater und dann als Priester tätige Dr. Johannes Torello vertreten die Ansicht, daß man zunächst den natürlichen Ursachen nachgehen muß.

Johann Semler (1752-91), ein Protestant, Professor der Kirchengeschichte in Halle, beschuldigt die katholische Kirche des Satanismus, »... der längst den Gottesglauben überflügelt hat.«

Die Kieler Zeitung berichtet im März 1981:»Die 24jährige Doris S. aus Neumünster war vor kurzem in einem Verhör geständig, ihre sechsjährige Tochter Daniela erwürgt zu haben, um ihr den Satan auszutreiben. Beim Verhör schrie sie wiederholt:›Der Teufel muß weichen.‹ Die junge Frau, die bis vor einiger Zeit bei den Zeugen

⇒

Spottblatt auf die katholische Geistlichkeit. Der Teufel, in dessen geöffneten Rachen Ordensleute tafeln, sitzt auf einer päpstlichen Bulle. Ein Fuß steckt in einem Weihwasserkessel in der rechten Hand hält er eine Almosenbüchse. Holzschnitt eines Unbekannten aus der ersten Hälfte des 16. Jahrhunderts; Kunstsammlungen der Veste Coburg.

Jehovas engagiert war, dann jedoch den Kontakt zu der Sekte abgebrochen hat, gab als Erklärung an, sie sei in den Bann einer Nachbarin geraten, die spiritistische Sitzungen hielt, weil sie glaubte, die kleine Daniela sei vom Bösen befallen, schüttelte sie das Kind erst kräftig, um den Satan aus ihr herauszubringen, und würgte es danach, bis es sich nicht mehr rührte, wie sie es zu Protokoll gab. Nachbarn, die zu diesem Vorgang befragt wurden, erklärten, daß Doris S. in letzter Zeit wie geistesabwesend gewesen sei und immer wieder vom Garten Eden und dem bösen Teufel gesprochen habe.«

Im Frühjahr 1989 macht sich der Teufel erneut in der Bundesrepublik bemerkbar. Magdalena Kohler wird in einen zweiten Prozeß der Teufelsaustreibung mit Todesfolge verwickelt. Das Gericht sieht es als erwiesen an, daß sie die Betroffene zusammen mit der inzwischen verstorbenen Schwester, der 66 Jahre alten Witwe Anna Wermuthäuser, unter dem Vorwand, ihr den Satan auszutreiben, zu Tode gequält hat. Die mit Blutergüssen übersäte Leiche der auf 40 Kilogramm abgemagerten Frau hat die Polizei nach einem anonymen Hinweis am 7.2.1989 im Haus der Angeklagten in Singen gefunden. Nach den Untersuchungsergebnissen wurde sie jahrelang durch Fußtritte sowie Schläge mit der Hand und einem Teppichklopfer mißhandelt; sie starb an den Folgen. Die Angeklagte wird zu einer Freiheitsstrafe von sechs Jahren und zur Einweisung in eine psychiatrische Klinik verurteilt.

Wie ernst erscheint die Mahnung, nun endlich den Teufelsglauben zu den Akten zu legen. Stellungnahmen der wirklich Schuldigen scheinen nicht erforderlich, denn sie pochen vehement auf ihrem Irrtum herum. Sie können sich nicht vorstellen, im Unrecht zu sein. Der Tübinger Professor Haag sagt dazu:»Ich protestiere dagegen, daß Christen im Namen der Heiligen Schrift verpflichtet werden, an den Teufel zu glauben. Eine Kirche, die ihre vordringlichste Aufgabe darin sieht, Menschen von heute auf den Teufelsglauben zu verpflichten, ist nicht glaubwürdig.«

Schlecht informierte Christen … Finanziers des Vatikans

Es wäre ungerecht, nur eine Seite zu sehen. Das Spiel der Kirche – in dieser Vehemenz und Perfektion – ist nur möglich, wenn es gelingt, die Tributpflichtigen weiterhin in geistiger Knechtschaft zu halten. Leon Taxil spricht 1885, kurz nach von Corvin, von der *bekannten und unergründlichen Dummheit der Katholiken*, was ihm von dem Kirchenkritiker Graf von Hoensbroech bestätigt wird[37].

Goethe sagt kurz vor seinem Tode zu Eckermann:»Es ist viel Dummes am Glauben der Kirche. Sie will herrschen und dafür braucht sie ein borniertes Volk.« Otto von Corvin sagt das gleiche mit derberen Worten:»Die Kirche ruht auf dem Fundament der Dummheit … deshalb wird sie ewig bestehen und alle Kriege überdauern.«

Der entscheidende Punkt ist nicht das klerikale Mißverständnis von Geschichte und Wahrheit, sondern die Tatsache, daß die meisten Christen nicht in der Lage sind, sich mit der Geschichte und der von ihr finanzierten Religion auseinanderzusetzen; man hat es ihnen über Jahrhunderte verwehrt.

Durch die stete Zuwanderung von Angehörigen anderer Staaten nehmen dortige Religionsvarianten bei uns überproportional zu. Auch sie erkennen selten die Grundlagen, auf denen Weltreligionen errichtet sind. Sie wissen zu wenig von dem Leid und Unrecht, das die römisch-katholische Kirche – mit Abstrichen auch die protestantische – auf den Wink fehlbarer Menschen hin angerichtet hat. Sie erkennen selten die Willkürakte, Aggressionen und Egoismen, die zum Rüstzeug des Christentums zählen. Sie begreifen nicht, daß sie nur ein Rädchen mit vorbestimmten Funktionen sind.

Die Kirchen – und insbesondere die römisch-katholische – haben es verstanden, seit Jahrhunderten ihre Schäflein in geistiger Abhängigkeit zu halten. Sie wollen und müssen es tun, um zu überleben. Fast alle Menschen sind denkfaul. Lieber tun sie, als ob sie glauben und zahlen dafür. Hier kommen erhebliche Summen zusammen.

Die Kirchensteuerzahlung allein der Katholiken liegt – vor dem Zukauf der neuen Bundesländer, was gewiß nicht ohne klerikalen Einfluß geschehen ist – pro Jahr deutlich über sechs Milliarden Mark.

Die Kirchenleitung hat Angst, daß sich dies einmal ändern könnte. »Viele Menschen sind zu naiv, um zu erkennen, daß die Kirche lediglich ihre Ziele verfolgt. Sie geht nicht den Weg der Wahrheit und den meisten ist es egal.« Churchill sah es so: »An irgendeinem Zeitpunkt ihres Lebens stolpern die meisten Menschen einmal über die Wahrheit. Der größte Teil von ihnen springt auf, klopft sich den Staub von den Schultern und eilt seinen Geschäften nach, als wäre nichts geschehen.«

»Die Menschen haben im allgemeinen nicht die Zeit und den Willen, noch die Fähigkeit, gründlich zu denken. Sie wollen glücklich sein, ohne den geringsten Beitrag zu leisten; man hat sich der Kirche anvertraut; denn sie hat vorgedacht; der Priester, der Vatikan und der Papst entscheiden. Sie werden euch sagen, was ihr denken sollt, wann ihr beten sollt, wie ihr beten sollt, wem ihr glauben sollt, wem ihr bei den Wahlen die Stimmen geben sollt, wie ihr euch im Intimbereich eurem Partner gegenüber verhalten sollt. Die Kirche schreibt euch vor, was gut und schlecht ist ... der Kirche müßt ihr vertrauen, denn sie ist die ewige Richtschnur.« Schon lange hätte der Einfältigste sehen müssen, daß davon keine Rede sein kann. Der kirchliche Apparat ist ein künstliches Gebilde.

»Die Menschheit liegt seit 20 Jahrhunderten im Schlaf, sie schläft und will nicht erwachen. Niemand will daran denken. Das katholische Christentum hat alles gelöst, alles geregelt und darum ist der Schlaf noch tiefer geworden. Vielleicht hat die Kirche übertrieben?«

Kurzum: überall auf der Welt wird der Leichtgläubige unterdrückt. Im Grunde genommen ist er selbst daran schuld. Auch der

Das Abendmahl; Holzschnitt aus dem Jahr 1523.

römisch-katholische Priester darf sich nicht über das zölibatäre Mäntelchen beschweren, denn er selbst hat es angezogen. Die Christen glauben in der Regel alles – doch nur, was ihnen zu glauben befohlen ist. Noch 1825 verkündet Papst Leo XII. ein Jubeljahr und lädt Gläubige ein, die Milch des Glaubens unmittelbar aus den Brüsten der römisch-katholischen Kirche zu saugen[38].

Die Milch ist abgestanden und vertrocknet; somit ungenießbar. Wenn die Katholiken intelligenter wären oder es werden wollten, würde das Kurialgebäude zusammenbrechen, denn sein größter Feind, die Klugheit, wäre erwacht. Dies bedeutet nicht den Untergang des Christentums. Es geht darum, seine wirklichen Werte wieder herauszustellen; dazu ist ein dogmatischer Apparat überflüssig.

Es fällt auf, daß die Bücher des Neuen Testaments abweichend über das Leben Jesu berichten und daß sich bereits innerhalb der ersten zwei christlichen Jahrhunderte unterschiedlich orientierte, christliche Sekten herauskristallisieren. Wie die Person Christi, so ist der Ursprung der ersten christlichen Gemeinden von Legenden umwoben.

Die griechische Bezeichnung *Chrestus* oder *Krestos* kommt mehrfach vor. Beispielsweise nennen sich in Ägypten die Verehrer des Gottes Serapis *Christians*. Osiris wird *Chrestos* (gütiger Gott) genannt. Nach den *Acta Apostolorum* (XI. 26) wurde die Bezeichnung *Christen* von einer in Antiochia entstandenen Sekte angenommen, deren Mitglieder sich als Brüder betrachteten. »Die Katholiken werden vom Klerus getäuscht, der mit Gleichmut und Seelenruhe die Lehre des Evangeliums als Deckmantel für politische Interessen nutzt.« Die einfachste Logik genügt, um so etwas zu durchschauen.

Es ist ein Wunder, daß dies auf breiter Front bis heute verhindert werden konnte. Die Quellen stehen jedermann zur Verfügung und es ist kein Vorrecht der Theologie, sie einseitig zu interpretieren. Wer sich ernsthaft mit der Geschichte des Christentums beschäftigt, wird feststellen, daß es überwiegend Theologen sind, die ihr

Regiment in Frage stellen. Hinzu kommen anerkannte Wissenschaftler, wie Darwin, Galilei und Newton und die größten Geister unserer Kulturgeschichte, wie Goethe, Schiller und viele andere.

Am 1.6.1502 führt Papst Alexander VI. die Bücherzensur ein, was mit dem Erstarken der Buchdruckerkunst zusammenhängt. Bemerkenswerterweise gehört zu den zum Lesen verbotenen Büchern auch die Bibel, vor allem Übersetzungen von ihr aus dem Urtext in die verschiedenen Sprachen der christlichen Länder. Schon 860 hat Papst Nikolaus VIII. das Lesen der Bibel verboten. Papst Gregor VII. erneuert 1073 das Bücherverbot.

Papst Innozenz III. erläßt 1198 den Befehl, daß alle Laien, die beim Lesen der Bibel angetroffen werden, mit dem Tod zu strafen sind. Das 1229 in Toulouse gehaltene Konzil verbietet den Besitz der Heiligen Schrift, ebenso das von 1545-68 gehaltene Konzil von Trient. Die Begründung ist so interessant, daß ihre Wiederholung hier nichts schaden kann: »Da viele der Übersetzungen noch ungenau sind, kann man das wahre Wort Gottes nicht richtig interpretieren. Es können falsche Zweifel und Interpretationen entstehen. Außerdem benötigt man ein Studium, daß das Verstehen der Bibel ermöglicht ... Es wäre dem Dümmsten aufgefallen, wie armselig der Bibel zufolge Christus gelebt hat und wie hurerisch, prasserisch, gierig und geil die Kurfürsten leben und handeln.«

Mit dem Freisetzen des Humanismus erhöht sich für den fossilen Kirchenstaat die Gefahr der Bloßstellung; es wird durch lutherische Aktivitäten eskaliert. Nicolò Machiavelli, ein bedeutender Staatsmann und Schreiber der Renaissance, meint: »Noch dieses Leben steht der Untergang der Kirche bevor. Infolge der von den Päpsten und Geistlichen gegebenen üblen Beispiele sind in Italien die Begriffe von Moral und Religion abhanden gekommen.«

Dem ist nicht nur in Italien so. Auch bei uns wird das Treiben der Geistlichen argwöhnisch registriert. Sebastian Frank sagt in seinem 1534 in Tübingen gedruckten *Weltbuchspiegel und Bildnis des ganzen*

Erdbodens: »Deutschland (Germania) hat jetzt viele Länder und vornehme Stände. Zuerst Geistliche und Pfaffen. Die Pfaffen tragen lange und weite Röcke, zirkelrunde Barette, auch Kappenzipfel genannt von seidenem und wollenem Tuch. Sie gehen üblicherweise müßig in Pantoffeln einher, ehrlos, unnütze Leute, die wenig studieren, die ihre Zeit mit Spielen, Essen, Trinken und schönen Frauen zubringen. Von den Päpsten haben sie größte Freiheiten; niemand darf sie strafen oder antasten. Nur wäre es viel zu sagen von ihren mehr denn heidnischen Privilegien, Leben, Rechten und was Gewalt und Listen sy alle Welt sich unterworfen; so gar, daß auch der Kaiser dem Bapst zu füß fallen und diese küssen … von welcher Büberei das geistliche Recht und alle ihre Bücher voll sind … wie in allen Ländern wird auch hier den Geistlichen wenig getraut. Dadurch sind beim gemeinen Mann viele böse Sprichwörter entstanden; es kumpt nimant von eim Pfaffen unbetrogen heim …«

Z. B. *Pfaffenrath streut üble Saat.* Dieser Spruch ruht auf dem Streit zwischen den Herzogtümern Gotha und Meiningen. Er hat seine Ursache darin, daß im Oktober 1746 eine Frau von Pfaffenrath vor der Frau von Gleichen in den Speisesaal tritt, worüber sich zwischen ihnen ein Rangstreit entspinnt. Die noch vorhandenen Nachrichten über den daraus entstandenen *deutschen Damenkrieg* füllen 30 Foliobände.

Der einfache Bürger, der seit Generationen gewohnt ist, katholisch zu denken und zu handeln, wird mehrfach getäuscht. Fast scheint sich der Ausspruch »Wer einem Pfaffen glaubt, ist seiner Sinne beraubt« zu bewahrheiten:

- Er geht davon aus, daß die ihm übermittelten Lehren wahr sind. Dies wird heute von namhaften Theologen angezweifelt. Die Bibel steht der gesamten Forschung uneingeschränkt zur Verfügung.
- Er muß an Engel, Götter, Dämonen und Teufel glauben. Dies ist ein künstlich inszeniertes Trugbild, das die Christen aus der Antike aufgenommen, modifiziert und hochstilisiert haben.

- Er muß glauben, daß der Papst unfehlbar ist. Dies ist eine Illusion, die durch die Geschichte widerlegt ist.
- Er muß die ihm übermittelten Glaubenssätze verteidigen. Es besteht Anlaß zum Zweifel. Gibt es tatsächlich eine Auferstehung, ein Ausgießen des Heiligen Geistes, eine Schöpfung im christlichen Sinn mit Adam und Eva? Gibt es eine jungfräuliche Geburt und die wirkliche Verwandlung von Brot und Wein? Es sind gleichfalls aus der Antike herübergelockte Versprecher, die man nachträglich als glaubenswahr hingestellt hat. Die Theologen behaupten das Gegenteil.
- Er muß an die Erbsünde glauben. Jesus kennt sie nicht. Bereits um das Jahr 400 wettern der irische Mönch Pelagius und sein Freund Coelestinus dagegen. Nach ihrer Meinung stempelt sie die Menschen zu Marionetten ab. »Sie dient lauen Christen als Entschuldigung.«

Aus dieser Kontroverse entsteht der *pelageanische Streit*, der keinen sittlichen Nährwert hat, weil er sich mit einem Phantom beschäftigt. Dann tritt Augustinus auf den Plan. Er ist der Vater des Erbsündendogmas. Kühn behauptet er, daß seit dem Sündenfall Adam, der nie erfolgte, die Menschen nicht mehr in ihrer ursprünglichen Reinheit geboren werden, sondern von diesem Zeitpunkt an eine Erbsünde mit sich herumtragen, »denn in Adam hat die ganze Menschheit gesündigt.« Die Schöpfungsgeschichte hat in dieser Form niemals stattgefunden. Die Entwicklung der Menschheit ist ein biologischer Vorgang und keine Tat Gottes.

Er verdient Entlastung, denn er schöpft aus der Geschichte. Vielleicht erinnert er sich an den sumerischen Dichter, der vor fast 4000 Jahren schreibt: »Nie war aus einer Mutter ein sündloses Kind geboren.«

Seitdem die legendäre Eva ihrem Partner Adam den berühmten Apfel angeboten hat, steckt er den sündigen Menschenkindern als Adamsapfel im Hals. Ähnlich wie die Spekulationen mit der Erbsünde verhält es sich mit der Lehre von der Prädestination.

Der römisch-katholische Christ

- muß an die lossprechende Wirkung nach der Beichte glauben und er nimmt an, daß der ihm zugesprochene Trost guten Willens ist. Es mag an der Nahtstelle des einfachen Priesters zum einfachen Gläubigen oder gar im Schatten des Beichtstuhles sein, doch beide werden getäuscht; sie sind nicht die Kirche.
- glaubt, daß seine Interessen im Konsens der Kurialpolitik gewürdigt werden und bezahlt dafür Milliarden. Tatsächlich wird hoch über seinen persönlichen Belangen Politik betrieben.

Der katholische Kirchenrechtler Horst Hermann, dem 1974 die Lehrerlaubnis entzogen wird, gelangt zu der Einsicht: »Ich war einmal davon überzeugt, daß den Mensch nichts mehr verbessern könne, als die Kirche. Doch im Lauf der Zeit habe ich bemerkt, daß sie dazu ungeeignet ist. Statt ein Sammelbecken der Entfaltung zu sein, terrorisiert sie ihre Mitglieder mit ihren selbstgestrickten Zwängen. Ihre Struktur ist vollkommen unmoralisch.«

»Die mißverstandene christliche Religion hat Europa über Jahrhunderte in ein Narrenhaus verwandelt ... die vom Klerus zu verantwortenden Gewalttaten haben nichts mit Religion zu tun[39], denn sie ist gewaltlos.« Gottfried Arnold verwirft die rigorosen Religionsmethoden des Christentums und sagt: »Jeder hat das Recht, den eigenen Weg zu wählen ... ein Irrweg ist nicht todeswürdig[40].« Er erwähnt die unseligen Wortkriege der Theologen, die immer nur Bosheit, Irrtum, Unfug und Verderben bewirkt haben. Den Priestern schreibt er ins Stammbuch, daß sie sich untereinander wie Fleischerhunde beißen würden.

Nach Pierre Bayle (1647-1716) steht der Atheismus auf einer höheren Erkenntnisstufe. Er trägt vor: »Viel verächtlicher als Religionslosigkeit ist eine abergläubische Religionspraxis, die Fanatismus und Grausamkeit erzeugt und die Jahrhunderte Scheiterhaufen geschürt hat[41].« Der Jesuit Tondi gelangt zu der Erkenntnis: »Die katholische Religion ist in ihrem innersten Kern falsch. Sie weist keine Grundlagen auf, auf denen eine rationale Lehre errichtet werden kann ... die Lehre entspricht nicht der Wahrheit. Es wird durch die Kirchengeschichte bestätigt. Das Verhalten der Päpste, des Vatikans im Verlauf der Jahrhunderte, die verkrampften Anstrengungen, die Welt politisch zu beherrschen, die Verfolgungen der Unschuldigen, der Andersdenkenden, die christlichen Scheiterhaufen, die Inquisition, das Verfolgen der Hexen, die gegenwärtige Politik des Klerus, des katholischen Laientums ... es erschien mir logisch in einem einzigen grundlegenden Irrtum eingeschlossen und verkettet ... Es ist eine unumstößliche Tatsache, daß die Christen nicht in Frieden leben können ... der Vatikan ist im Gegensatz zur religiösen Botschaft gegen die Interessen der Völker gerichtet, auf die Vereinigung des Katholizismus ... und auf die Vorbereitung eines Atomkrieges.«

Der Jesuit Gerlach, zeitweilig Professor und Rektor an Gregoriana, sagt im Frühjahr 1959: »Die Anwendung eines atomaren Krieges ist nicht absolut unsittlich ... der Papst ist sich sehr wohl über die Tragweite und deren Tatsachen bewußt.« Dies war vor 30 Jahren. Wer möchte bezweifeln, daß wir dem tödlichen Schlag ein Stück näher gekommen sind?

»Die katholische Hierarchie verteidigt die Interessen der Besitzenden und nicht die der Armen. Die Päpste lehren das Gegenteil von dem, was der biblische Jesus gesagt haben soll. Sie prozessieren bereits in vorkonstantinischer Zeit um ihren Besitz und treiben unnachsichtig Steuern ein.«

Tondi erhält von einem Ordensbruder die Antwort: »Arme hat es immer gegeben. Das lehrt selbst der Papst ... wir müssen die Seelen erleuchten. Die Körper kommen später. Es ist besser, eine halbe Million Lire für eine Vortragsreise nach dem Ausland auszugeben, als sie Bedürftigen zu schenken.«

In der Enzyklika an das Episkopat der Vereinigten Staaten, die am 1.11.1939 verkündet wird, unterstreicht Papst Pius XI.: »Die Erinnerung bezeugt, daß es immer Reiche und Arme gegeben hat ... der Ehre würdig sind die Armen, die Gott fürchten, denn ihrer ist das Himmelreich ... die Reichen helfen als Werkzeuge der göttlichen Vorsehung den Bedürftigen ... so können sie hoffen ... Gott, der in höchster Güte für alles sorgt, hat bestimmt, daß es zur Ausübung der Tugend und zur Erprobung der menschlichen Verdienste in der Welt Reiche und Arme geben soll.« Welch kühne Behauptung. Es ist die Bestätigung der klerikalen Ausbeutungstheorie.

Großmütig läßt Papst Leo XIII. wissen: »Die Reichen können behalten, aber sie müssen Almosen geben.« Offensichtlich ist die Kirche bei uns in Finanzschwierigkeiten, denn das Bistum Augsburg verklagt 1982 von Amts wegen einen Bauer zur Zahlung von DM 18, was den Wert von zwölf Laib Brot entspricht, der ihr nach altem Herkommen zusteht. Dazu muß man wissen, daß der Betroffene nicht nur DM 1500 Kirchensteuer auf den Tisch gelegt hat, sondern auch das zwielichtige Kirchgeld, das es noch in Bayern gibt. Der Etat des betreffenden Bistums beträgt zum gleichen Zeitpunkt DM 258 Millionen. Wo ist die evangelische Armut geblieben?

»Die Summen, die der Vatikan für Arme ausgibt, sind trotz ihrer enormen Höhe nicht mehr als ein Tropfen auf den heißen Stein ... und stets wurden sie von anderen zur Verfügung gestellt ... der Heilige Stuhl gab nie eine eigene Lira aus. Ich kenne diese Dinge sehr genau (Tondi).«

Er wird ob seiner realistischen Erkenntnisse auf eine spektakuläre Weise seines Amtes enthoben und auf die Straße geworfen. Man versucht, ihn mundtot zu machen und in eine Irrenanstalt einzuweisen; widerlegt ist er nicht! Mehr als 700 Millionen leben am Rand oder unter dem Existenzminimum; es wäre ein unerschöpfliches Reservoir für die Christenheit, ihm zu begegnen; nicht mit Illusionen, sondern mit Taten. Die Kirche hat keinerlei Grund zu ihrer Verherrlichung[42] ... ihre Macht und angebliche Stärke ruht auf der Tatsache, daß es ihr über Jahrhunderte gelungen ist, die Bürger zu täuschen[43]. Sie wissen nichts von den klerikalen Machenschaften und sie sind so naiv, an das Gute der Kirche zu glauben.

Zusammenfassung

Man wird behaupten, das Material sei von vornherein einseitig auf eine Kritik an den Kirchen ausgerichtet. Man wird – wie es üblich ist – so kontern: »Dies Buch stellt lediglich ein dichterisch überhitztes Phantasieprodukt der unverbindlichsten Art dar.«

Wer an die Bewertung von Ursachen tritt, die erhebliche Teile der europäischen Bevölkerung über Jahrhunderte in Schach gehalten haben und die es heute noch tun, kann nicht darauf verzichten, theologische Quellen zu nennen. Sobald die Geistlichen die theologische Brille abnehmen und gegenüber der wissenschaftlichen Forschung ehrlich sind, werden sie zum gleichen Ergebnis kommen; alles was an der Institution des Christentums historisch faßbar ist, all ihre Gedanken, Riten und Illusionen, gehen auf vorchristliche Formen der Religion und Philosophie zurück, denn wir alle schöpfen aus der Geschichte.

Diese Ausarbeitung reiht sich bescheiden neben den glänzenden Arbeiten eines von Hontheim, von Döllinger, Karlheinz Deschner, Franz Buggle und Vladimir Dedijer ein, der 1988 ein schauerliches Kapitel der Kirchengeschichte aufgedeckt hat. Dieses Buch soll aufklären und zur Versachlichung beitragen. Es soll wachrütteln, soll helfen, über die Religion im Guten wie im Schlechten nachzudenken: »Ich lehne den blinden Autoritätsglaube ebenso wie den an Dämonen (Teufel und Engel) ab ... ich will weder schmeicheln noch verletzen, sondern dienen, so gut ich kann und glaube, daß einmal die Zeit kommen wird, wo man der Betrachtung der objektiven Wahrheit näher kommen wird.«

»Legenden sterben langsam, historische Legenden werden manchmal Teil der Geschichte. Sie haben das gewisse Etwas, das den kalten Tatsachen gewöhnlich fehlt; die Menschen wollen an sie glauben – oft aus unterschiedlichen Gründen. Eine dieser Legenden ist der Glaube an die Wahrheit der Kirche bzw. deren historischen Kern.«

Es wird keinesfalls die Religion und die religiöse Überzeugung irgend eines Menschen angegriffen. Auch wenn das Credo

Roms unwahr ist, so ist religiöse Überzeugung keine Schande. Dies Buch wendet sich nicht gegen den Glauben des Individuums, denn er ist unantastbar. Geschrieben wird gegen die Unwahrheit, den normierten Zwangsglauben, der auf Irrtümern und Spekulationen ruht.

Die Kirche sollte zurück zum Guten und zu den Lehren des Evangeliums. Das Herausfiltern der Wahrheit würde seine Werte hervorkehren; es wäre der Untergang der politischen Kirche, der Aristokratie des Klerus.

Da hier nicht gegen die religiöse Überzeugung geschrieben wird, kann von Gotteslästerung keine Rede sein. Im Grunde genommen gibt es diesen Terminus nicht. Es stehen sich zwei Meinungen gegenüber und eine davon ist strafbar. Das Ablehnen Gottes kann nicht strafbar sein, weil seine Existenz unbewiesen ist; es stehen sich Thesen gegenüber.

Der Jurist Thomasius verdeutlicht dies im Zusammenhang mit der Anwendung der Folter und sagt: »Ihr Zweck ist, eine zweifelhafte Sache zu bestätigen ... sie ist ungerecht, denn ihre Anwendung setzt ein tatsächliches Verbrechen oder Unrecht voraus. Solange jemand zur Folter geführt wird, liegt kein unzweifelhaftes Verbrechen vor und es kann deshalb nicht als solches bezeichnet werden.«

Wer den vom Christentum proklamierten Gott ablehnt, lästert nicht und stört nicht das religiöse Empfinden der anderen. In einem Land, das die Meinungsfreiheit im Grundgesetz definiert hat, kann eine Meinung nicht strafbar sein. Deshalb gehört der Gotteslästerungsparagraph ersatzlos gestrichen und alle diesbezüglichen Verfahren revidiert.

Die bei den Recherchen gewonnenen Erkenntnisse waren der Grund, der römisch-katholischen Kirche den Rücken zuzukehren. Man kann auch so anständig durch das Leben gehen. Man folge dem Rat der Mutter des Jesuiten Tondi: »Mein Sohn, Du bist getäuscht, überlege doch, es gibt 1000 Religionen ... denn alles verändert und wandelt sich. Das ist Menschenwerk. Es genügt, wenn man ehrlich ist.«

Es sei für ein Zusammengehen aller plädiert, um nach der geschichtlichen Wahrheit zu forschen. Muß die Kirche auch Fehler eingestehen, so wird ihr Nutzen größer als die stete Hinhalte- und Vertuschungspolitik sein. »So bin ich mir im klaren, daß meine Untersuchungen Ablehnung und Angriffe seitens derer geben wird, die erkennen, daß das, was sie als untastbare Wahrheit aufgefaßt haben, in Wirklichkeit eine Vielzahl von Irrtümern ist. Ich fordere alle Historiker, Theologen und Fachleute zur sachlichen Widerlegung der vorgetragenen Ergebnisse auf. Ich möchte die Sonde der Kritik ansetzen, wo der blinde Glaube über Jahrhunderte eine exakte Forschung verhindert hat[44].«

Dieses Buch wird mit der Hoffnung auf den Weg geschickt, daß es kritisch beurteilt und verbessert wird. Es soll eine Diskussion entfachen, die es ermöglicht, die offenen Fragen über den Glauben der römisch-katholischen Kirche und ihrer Ableger besser und gerechter zu beurteilen; vor allem, um auszufiltern, ob er aufgrund seiner blutüberströmten Geschichte glaubhaft ist.

Das Vorgängerbuch, der *Neue Pfaffenspiegel*, hat einigen Staub aufgewirbelt und zu bissigen Kritiken geführt. Man hat das Buch typographisch und inhaltlich verworfen. Man hat es als dilettantisches Schmierwerk und als abgeschrieben bezeichnet. All dies hat Mut gemacht, auf dem eingeschlagenen Weg weiterzugehen und es hier in einer wesentlich erweiterten Form nochmals herauszugeben. Es sei insbesondere dem Richter ans Herz gelegt, der Birgit Römermann zu Unrecht verurteilt hat und dem Paderborner Bischof Degenhardt, der durch den Hinauswurf des Theologen Eugen Drewermann der Amtskirche unermeßlichen Schaden zugefügt hat. Es sei all denen gewidmet, die täglich unter dem Deckmantel der christlichen Nächstenliebe Unrecht begehen.

Kulturen sind versunken und mit ihnen ihre Glaubenslehren: so wird eines Tages auch die christliche Religion Vergangenheit sein; schon lange haben ihre Dogmen an Überzeugungskraft verloren.

Sünden der Kirche

Inhalt

Sünden der Kirche

Die Kirche hat über Jahrhunderte mit Selbstverständnis andere kritisiert und sich optimalen Freiraum beigemessen. So erscheint es gerechtfertigt, einmal auf ihre Sünden aufmerksam zu machen. Es sind einige Ränke nachweisbar, die zur geistigen Knechtschaft geführt haben. Es wird ein demokratisches Prinzip verfochten, es ist nicht gegen den Glauben des Einzelnen und nicht an einen Gott gewendet.

Blinder Gehorsam

Was die Kirche erwartet, ist der blinde Gehorsam, das Rezept aller Diktaturen. Toleranz und Nächstenliebe sind nicht gefragt. Der Gehorsam erinnert an militärische Strukturen. Jede Abweichung oder Verweigerung ist mit Schwierigkeiten verbunden. Er macht den Geist stumpf. Es ist kein Wunder, wenn es zu Stilblüten kommt und Otto von Corvin sagen kann: »Man öffnete die Rumpelkammer des päpstlichen Zeughauses ... und heraus flatterten mittelalterliche Fledermäuse und Eulenprozessionen, Heiligenbilder und wie der Gaukelapparat sonst heißen mag[1].« Es genügt der Hinweis, daß die heutige Forschung hoch über der spekulativen Theologie steht und daß Gehorsamseide im biblischen Widerspruch stehen, denn wir lesen unter Matthäus 5, 34: »Ihr sollt nicht schwören.«

Schon in der alten Kirche entsteht der Brauch, daß der Metropolit seinen Suffraganbischöfen einen Gehorsamseid abverlangt. Heute gibt es kaum ein kirchliches Amt, das ohne ihn auskommt. Nach dem seit 1981 geltenden *Codex Iuris Canonici*[2] ist der Kleriker in besonderer Weise dazu verpflichtet, seinem Bischof Ehrfurcht und Gehorsam zu erweisen.

Für Gregor VII. ist es selbstverständlich, daß die Bischöfe dem römischen Kollegen, der sich den Titel *papa universalis* zulegt, zum bedingungslosen Gehorsam verpflichtet sind. Eine Beschränkung der päpstlichen Macht scheint ausgeschlossen. Alle Glieder

Männer und Frauen bei der Ausübung der sieben Totsünden. Am Baum oben sitzt der Tod mit seinem symbolischen Stundenglas. Aus: »Tacunius, Schachtafeln der Gesundheit«, Straßburg 1533. Holzschnitt von Hans Weidnitz.

der Kirche sind ihm verpflichtet. Er steht über den Kirchengesetzen. Gekrönt wird seine Stellung durch die ihm später zugeschriebene Unfehlbarkeit[3]; sie ist bar jeder rationalen Grundlage und dokumentiert die historische Verblendung des kurialen Apparates.

Entsprechend wird der Papst in den Himmel gelobt. Der Jesuit Liberator sagt dazu: »Die lehramtliche und jurisdiktionelle Autorität der Kirche wird im römischen Pontifex zusammengefaßt. Von seinem Stuhl aus sprüht das Licht, das sich zerstreut und verbreitet, um das Universum zu erleuchten. Von seiner Tiara, mit der seine Schläfen umgeben sind, gehen die Strahlen aus, die die Infuln[4] aller Bischöfe erhellen[5].« Die Überheblichkeit steigert sich bis zur Farce, überträgt sich auf Untergebene und wirkt sich negativ aus.

Gotteskundler und -lämmer

Geistliche haben zu allen Zeiten Andersdenkende unterdrückt und versucht, ihnen ein Joch um den Hals zu hängen. Die Priester betrachten sich aufgrund der Ordination als halbgöttliche Wesen. Sie halten sich für auserkoren, am Steuerhebel eines göttlich gedachten Willen zu sitzen. Davon kann keine Rede sein. Seit eineinhalb Jahrtausenden halten sie an unbeweisbaren Spekulationen fest und verteidigen sie mit Gewalt.

Solange es ihnen gelingt, die Masse in Unkenntnis, Bann und Schrecken zu halten, haben sie ein leichtes Spiel. Sie wissen, daß nur wenige in der Lage sind, gegen den intellektuellen Strom zu schwimmen, um zu erkennen, wie naiv das religiöse Konzept ist. Schon antike Denker machen sich über religiöse Wesensinhalte lustig und werden dafür bestraft. Ein griechischer Sophist erklärt, daß er nicht wisse, ob es wirklich Götter gibt und wie sie beschaffen sind. Er muß fliehen und findet den Tod. Sokrates wird angeklagt, von der Staatsreligion abgefallen zu sein. 399 v. u. Z. wird er gezwungen, den todbringenden Schierlingsbecher zu leeren.

Die christlichen Priester übernehmen dieses Rezept aus der Antike. Die römisch-katholische Kirche hat es bislang durch alle Wirren verstanden, ihre Ideen und Interessen zu vermarkten. Es ist ihr gelungen, den Geist des Individuums zu knebeln; vor allem die rechtlose, gesellschaftlich und finanziell abhängige Geistlichkeit und die Frauen. Kann dies eine Religion der Toleranz und Nächstenliebe sein?

»Die Freiheit der katholischen Theologen gleicht der eines Vogels im Käfig. Die Dogmen sind die Gitter und der Käfig gehört dem kirchlichen Lehramt. Der Spatz darf von einem Stäbchen zum anderen hüpfen. Er trällert auf Kommando die geheimnisvolle Zaubermelodie der Kirche. Ihr verführerischer Gesang ruht auf Illusionen[6].«

Die Geistlichen sind Gefangene des Vatikans. Bis heute haben sich Theologen in Widersprüche verrannt, ohne daran zu denken, einen auszumerzen. Sie müssen von der generellen Richtigkeit der ihnen aufgetragenen Thesen ausgehen, dürfen weder wanken noch zweifeln. So hat sich im Lauf der Jahrhunderte ein Berg von Ungereimtheiten aufgetürmt. Ist ihr Pulver jetzt verschossen?

Ignorieren, Niederschreien, Ausrotten, Exkommunizieren, Interdikt, Bann und das Verwerfen nachweisbarer Fakten sind falsche Waffen in einer geistigen Auseinandersetzung.

Es gibt keinen Sinn, wenn sich Professoren kirchlicherseits am 29.6.1901 zum Antimodernisteneid verpflichten müssen. Es ist eine Knebelung des Geistes[7]. Sie müssen schwören, alle Entscheidungen – auch künftige – der Bibelkommission zu akzeptieren. Hier läßt sich ein verblendeter Papst Blankoschecks für die Zukunft ausschreiben. Er unterbindet die historische Forschung. Sie kann nicht darauf ausgerichtet sein, den Katholizismus einseitig zu verherrlichen, damit er sein eigenes Geschichtssüppchen kochen kann.

Gleich einem dressierten Pferd dreht sich der Geistliche im Zirkuszelt des Vatikans um die eigene Achse. Alle Nummern sind einstudiert. Scheuklappen hindern ihn, nach rechts und links zu sehen. Der Trott in den gleichen Bahnen hat ihn müde, blind, gehorsam und seinen Geist stumpf gemacht. Hat er einem Phantom zu dienen? Erst einem anzubetenden antiken Herrscher aus Fleisch und Blut, dann der Kurie und dann der Menschheit? Die Familie wurde ihm genommen. Wird er erst geistig in die Enge getrieben, dann sexuell unterdrückt und erst dann auf die sündigen Menschen losgelassen?

1773 stirbt in Frankreich der Geistliche Jean Meslier. Nach seinem Tod findet man in seinem Nachlaß das von ihm verfaßte Manuskript *Le Bon Sens* (Der gesunde Menschenverstand) und einen Umschlag, auf dem steht, daß er es nicht gewagt hat, die Erkenntnisse, zu denen er während seiner Priestertätigkeit gekommen ist, auszusprechen, dies aber nun sterbend tun wolle.

Er sagt: »Als Priester mußte ich meine Amtspflichten verrichten, aber wieviel habe ich an mir selbst gelitten, wenn ich gezwungen war, euch fromme Lügen zu predigen, die ich im Herzen verabscheute. Wie sehr habe ich mein Amt gehaßt und welche Gewissensbisse hat mir eure Leichtgläubigkeit verursacht. Tausendmal hatte ich die Absicht, euch die Augen zu öffnen, aber eine Furcht, die meine Kraft überwog, hielt mich zurück, bis zu meinem Tod zu schweigen[8].«

Ein weiterer trägt vor: »Gott sei Dank stehe ich am Ziel meines mühsamen Tagewerkes. Der ehelose Stand der Geistlichen ist eine verderbliche Sache, ein ohnmächtiges Gebäude verrosteter Mißbräuche, hinter deren Schutt nichts zu finden ist[9].«

Ein anderer: »Gott, ich zittere, mein graues Alter läßt mich nach der Ruhestätte meiner Väter sehnen ... für viele meiner jüngeren Brüder bedeutet der Zölibat Millionen stummer Sünden. Wie lange kann es die Politik des römischen Hofes wagen, sich über die Rechte der Natur zu erheben[10]?«

Um 1780 schreibt ein junger Geistlicher: »Der ehelose Stand ist eine verderbliche Sache. Mir ist eine Frau versagt, weil ich ein Priester bin. Ich muß mein Leben gleich einem Unfruchtbaren verstreichen lassen. Oh, wie grausam waren meine Eltern, da sie mich zum geistlichen Stand erzogen.«

Die zölibatären Aspekte werden erwähnt, weil sie eng mit der geistigen Entfaltung des Einzelnen verwoben sind. In einem geschundenen Körper kann sich kein gesunder Geist entwickeln. Gymnasiasten lernen dies heute am ersten Schultag.

Die kirchliche Geschichtsschreibung ist eine unter dem gleißenden Schein der Wissenschaft organisierte planmäßige Verschwörung gegen die Wahrheit. Sie ist heute selten und so kostbar wie das Gold der Bankiers. Wenn man sie immer mit derselben Leidenschaft und Sorgfalt gesucht hätte, sähe unsere Welt heute anders aus.

Ein höherer Wille zwingt die überzeugungstreuen Söhne der römisch-katholischen Kirche, sich die Vergangenheit so vorzustellen, wie sie sich sie vorzustellen haben[11]. De Madrigala sagt: »In einem totalitären Staat sind die Historiker mächtiger als der liebe Gott; sie können sogar die Vergangenheit ändern.«

Die Theologen sind nicht in der Lage, ihre Geschichte nahtlos und korrekt in die umgebende zu integrieren; sind sie unfähig, ihre Bibel zu erforschen? Sie ringen leidenschaftlich um unwichtige Details – z. B. was mit einer Maus geschieht, die Weihwasser getrunken hat –, doch sonst paddeln sie im vorgeschriebenen und streng überwachten Glaubensstrom[12]. Sie haben Ausgelegtes neu ausgelegt; sie haben Halbwissen im Brustton einer aufgezwungenen Überzeugung der nächsten Theologengeneration vermittelt; so, als wäre ihr Wissen vollendet und nicht mehr verbesserungsfähig[13].

Mit merkwürdiger Naivität klammern sie sich an die Worte der ihnen als wahr aufgetischten Bibel. Zitieren sie ein menschliches Glaubensbuch? Macht sie die Interpretation von nachträglich zusammengeschriebenen Texten zu Stümpern? Spielen sie mit sich und ihrer Geschichte Versteck? Verschwenden sie ihre Zeit ob der Erörterung von Spitzfindigkeiten? Werden sie angehalten, den Zugang zu einer Lösung zu erzwingen, die vatikanischen Absichten entspricht? Halten sie sich zum Narren?

Wenn man die theologische Tarnkappe abnimmt und das dünne Mäntelchen der christlichen Nächstenliebe weglegt, kommt ein weltliches Gebilde zum Vorschein, dem die Religion neben der Vermarktung ihrer Glaubensbücher Mittel zum Zweck ist. Das Wesen des kurialen Gängelbandes besteht nicht darin, dem Einzelnen den Weg in einen gedachten Himmel zu weisen oder ihn im logischen Umkehrschluß von gedachten Teufeln braten zu lassen, sondern darin, der Kirchenführung Mittel an die Hand zu geben, die sie benötigt, um ihre eigenen Interessen durchzusetzen. Es sind nicht die des kleinen Mannes, der pünktlich seine Kirchensteuer bezahlt – es geht um Macht: um was sonst auf dieser Welt[14]. Warum erkennen das junge Menschen in den Priesterseminaren nicht?

Deschner gibt eine Erklärung: »Viele sind von dem, was sie sagen, überzeugt. Fast alle stammen aus einem katholischen Elternhaus. Sie werden früh auf die Bahn des Irrtums gelenkt, auf der sie festhalten. Sie glauben, was schon die Großeltern glaubten. Fast alle zeigen eine übertriebene Achtung vor der Autorität. Es ist ihnen untersagt, die von der Amtskirche verurteilten Werke zu lesen. Diskussionen um heikle Themen werden unterbunden. Endlich werden ihre Publikationen von einer Druckerlaubnis abhängig gemacht, deren Maschen so eng sind, daß nur linientreue durchschlüpfen können. Sie liefern Tendenzdarstellungen, die zur Selbstbefriedigung geschrieben werden und außerhalb der eigenen vier Wände völlig wertlos sind.«

Warum sehen so etwas bestallte Geistliche nicht? Ist es ihre enge Bindung an den Hort der Kirche, sind es materielle Verluste, die Angst um den sicheren Arbeitsplatz für

Zur mittelalterlichen Religionsvorstellung: Gott, von Engeln umgeben, sitzt auf dem Thron. Darunter werden vier Dämonen in die Hölle gestoßen. Aus: »der selen wurczgart«. Druck von Konrad Dinckmuth in Ulm, 1487.

Linientreue, oder ist es die Furcht, sich in einem normalen Leben nicht zurechtzufinden. Ist es Leichtgläubigkeit, oder gehen sie in der Vorstellung auf, Mittler zwischen einem Menschengott und -kindern zu sein? Haben sie Identifikationsprobleme? Unbestritten wird heute die Kritik am kurialen Regiment in den eigenen Reihen hörbar; es gibt eine hohe Dunkelziffer von unzufriedenen Geistlichen, was nicht nur die zölibatären Reglementierungen anbelangt. Die römisch-katholische Kirche kann, wie andere Weltreligionen, nur bestehen, wenn es ihr gelingt, Andersdenkende davon abzuhalten, sich mit ihr und ihrer Geschichte zu beschäftigen.

Die Kirchenführung und die daran geketteten Geistlichen bilden die Spitze des Eisberges. Die Finanziers des Vatikan sind geblendete weltliche Herrscher, Regierungskörper und das religiöse Fußvolk. Geschickt nutzt der Klerus seit Jahrhunderten den Hörigkeitswahn und die menschliche Trägheit, wodurch sich nahezu alle Türen öffnen lassen: »Sie haben im allgemeinen weder den Willen noch die Fähigkeit, in religiösen Dingen gründlich zu denken.« Sie wollen glücklich sein und nichts dafür tun. Sie vertrauen auf die Kirche und die Kirche vertraut auf sie. Dort wird vorgegeben, was man wem zu glauben hat und wem man nicht über den Weg trauen soll.

Der Einzelne erkennt nur selten seine Funktion als Spielball kurialer Interessen. »Niemand würde daran denken, daß das demütig sanfte Mönchlein, das durch ein merkwürdiges Gelübde Armut und evangelische Barmherzigkeit zu verbreiten gezwungen wird, letztendlich Wahlpropaganda betreibt.« Nahezu alle verschließen ihre Augen vor dem Licht der Wahrheit oder wollen das mit ihrer Hilfe zustandegekommene Unrecht nicht zur Kenntnis nehmen.

Wer war es denn, der Andersdenkende zusammengetrieben, gefoltert, denunziert, verdorben und vernichtet hat? Wer hat Hexen gejagt und vor den Todesbunkern des Dritten Reiches gestanden?

Streng religiöse Menschen sind oft psychisch angeschlagen und auf fremde Denkansätze angewiesen. Sie spüren nicht die daran gekoppelte und erwartete Intoleranz. Sie sind bereit, für etwas so individuelles wie den Glauben, sich normen zu lassen und in der weiteren Konsequenz andere umzubringen. Es führt das religiöse Denken in ein Chaos.

Viele Christen sind Vasallen vatikanischer Ränke. Sie richten auf den Wink eines Oberen hin Verwüstung, Verheerung und Verzweiflung an. Die Kirchengeschichte ist mit solchen Beispielen gut versorgt. Nur so sind heute dem allgemeinen Kirchenkonto anzulastende Schandtaten erklärbar. Sie reichen von Inquisitionsprozessen des 13. Jahrhunderts über die Hexenverfolgungen des 16. bis 18. Jahrhunderts, über den Dreißigjährigen Glaubenskrieg, der die europäische Bevölkerung um 75 Prozent reduziert, bis zu gezielten Massenmorden des 20. Jahrhunderts.

Die Masse staunt beim sonntäglichen Gottesdienst ob des tiefen Geheimnisses, das sich hinter den biblischen Geschichten verbirgt. Es ist eine Fassade, hinter der sich Unwahrheiten türmen. Der Kirchgänger bemerkt den Schwelbrand kaum, denn er bekommt nur Fragmente aufgetischt, die ihm den Blick auf die Zusammenhänge verwehren. Bei der Denkfaulheit der meisten Menschen ist es kein Wunder, wenn der Hörung des göttlichen Wortes wenig Beachtung geschenkt wird.

Wirklich zuhören tun schon in der zurückliegenden Zeit nicht alle. Es gibt eine Reihe von Verordnungen gegen den Kirchenschlaf. So die von 1698: »Wenn einer schläft, sollen ihn die beiden Benachbarten vom Schlaf erwecken und in Unterlassung dessen, wenn der Schlafende schnarcht und mit dem Kopf hin- und herwanket, jeder gleichergestalt drei Albus zur Strafe geben. Damit sich aber einer des Schlafes desto besser enthalten kann, soll derselbe, den der Schlaf ankommen will, sich aufrichten und der Predigt stehend zuhören[15].«

In religiösen Dingen ist der Mensch sensibel. Über viele Jahrhunderte hat man den Glauben an die Realität von Göttern in ihm verankert. Seine Angst vor Begriffen wie Götterzorn, Hölle, Sünden und Fegefeuer sind künstliche Schreckmittel; es sind spekulative Begriffe aus der theologischen Trickkiste, um Leichtgläubige bei der Stange zu halten. Es ist längst vor dem Einsetzen des Christentums so und wird so bleiben, denn es ist ein probates Mittel.

Bemerkenswert ist, daß eine so umfassende, weltweit tätige Organisation wie die römisch-katholische Kirche gezwungen ist, zu unlauteren Mitteln zu greifen und trotzdem vorgibt, unfehlbare Hüterin von Sitte und Moral zu sein.

»Die Kirche hatte Grund genug, dem Volk die Bibel so lange vorzuenthalten. Was sollte ein armes Gemeindemitglied von der fürstlichen Pracht eines Bischofs denken, wenn er im Evangelium die Bedürftigkeit Christi sieht, der mit seinen Jüngern zu Fuß geht, während der Bischof in einer von sechs Pferden gezogenen Karosse daherbrauset[16]?« Soweit Goethe; gewiß kann man ihm mangelnde Intelligenz nicht unterstellen.

Pro und kontra Gott[17]

Es ist reizvoll, die Heilige Schrift einmal unbefangen vom theologischen Ballast und des an sie Glauben-Müssens zu analysieren, da das Vatikanische Konzil am 24.4.1870 in der dritten Sitzung hervorhebt, daß der Glaubensakt der Vernunft zu entsprechen hat. Gleichzeitig wird eingeworfen, daß er nicht lediglich mit dem menschlichen Verstand begründbar ist, sondern mit göttlicher Hilfe hevorgerufen wird. Was ist das, was von einem Großteil der Bevölkerung vergöttert wird?

Theologisch gilt Gott als vollkommenes Sein, an Verstand und Willen unendlich, der einzige Gott und das höchste Gut, zugleich von absoluter Heiligkeit und Güte; er steht ewig und unvergänglich außerhalb der von ihm geschaffenen Zeit; er ist allwissend und mächtig. »Er ist gerecht und barmherzig; er ist der Schöpfer der Welt ... alles Irdische ist nach seinem ewigen Heilsplan geordnet.«

Das kann man leicht in den Raum stellen. Die Theologen mögen den sachlichen Beweis für die Richtigkeit ihrer Ansichten beibringen. Sie haben verstanden, dies bis zum heutigen Tage zu vertuschen. Sitzen

Chronologie zur Geschichte des Alten Testaments[*]

926	Eintritt der Königreiche Juda und Israel in die Geschichte. Beginn der biblischen Geschichtsschreibung.
765-275	Bedeutende Zwangsumsiedlungen im arabischen Raum (Kanaan) und der Statthalterschaften in diesem Gebiet unter assyrischer, chaldäischer und persischer Oberhoheit.
758-724	Abram/Abraham: assyrischer Statthalter in Kannan.
715	Isaak: assyrischer Statthalter in Kanaan.
721-701	Esau: Heerführer in Kanaan.
701-681	Jacob: Heerführer und Statthalter in Kanaan.
587	Das Königreich Juda erlischt nach der Einnahme und Zerstörung durch Nebudkadnezar II.
586-553	Lebenszeit von Moses.
582	Einsetzen der Hauptphasen der sogenannten babylonischen Gefangenschaft. Zwangsevakuierung der restlichen Bevölkerungsteile. Dadurch verschwindet das jüdische Volk aus der Geschichte.
559-529	Lebenszeit von Kyros II.
539-332	Dauer des Alten Bundes. Er deckt sich mit der Perserherrschaft von der Vernichtung des Chaldäerreiches und der dadurch erfolgten Befreiung der Gefangenen ... bis zu ihrem Ende im März 332.
538/37	Kyros II. gründet die persische Provinz Kanaan. Durch einen Staatsstreich setzt sich der jüdische König David an die Stelle des letzten persischen Königs Dareios III.
332-275	Abfassung der Schriften des Alten Testaments.

*) *Zusammengestellt nach Bromme. Alle Angaben vor unserer Zeitrechnung*

sie einem Irrtum auf? Das Christentum verlangt in seiner grundlegenden Aussage den unbeirrbaren Glauben an außergewöhnliche Ereignisse und stützt sich dabei auf eine selbst zugewiesene Autorität[18].

Die Rückführung auf die Sachverhalte zeigt Zwänge und herrschaftliche Willensbekundungen. Was als Wille eines religiös gedachten Gottes hingestellt wird, kann der eines Menschen sein. Stützt man sich auf haltlose Argumente, um die Existenz eines transzendenten, von der realen Welt getrennten Gottes nachzuweisen? Liegt es im Interesse der Kirchenführung, Falsches zu hegen[19]?

»Das Phantasiebild des göttlichen Lehramtes fällt zusammen, wenn man einen Blick auf die geschichtlichen Realitäten wirft.« Die Kirche wünscht keine Kritik, denn sie ist sich ihrer Schwäche bewußt. Auf dem Gebiet der Geschichtsforschung vermittelt sie ein klägliches Bild. Antike Quellen dokumentieren, daß Großkönige mit dem Herrschaftstitel Gott belegt werden.

Im 3. Jahrtausend v. u. Z. begegnet uns in Ägypten die Vergottung des regierenden Königs; zugleich gilt er als Inkarnation des Sonnengottes Re. Er gilt als: »Gott Horus in Menschengestalt, von Göttern gezeugt und aufgegangen.«

Gott wird nachweisbar zur Zeit Sargons I. von Akkad als Titel geführt. Der altbabylonische Herrscher Hammurabi bezeichnet sich als »... ewig lebender königlicher Sproß ... Sonnengott von Babel ... der Licht aufgehen ließ über das Land der Sumerer und Akkader.« Um 2000 v. u. Z. preist man König Amenemhet I. von Ägypten als Heiland der Welt.

In der Alexandertheologie wird der historische Alexander als wahrer Gott in Menschengestalt erwähnt und als Sohn

Gottes bezeichnet. Sicher ist, daß das Aufkommen des menschengestaltigen Gottes in das 4. Jahrtausend v. u. Z. reicht und eng an Herrscherkulte geknüpft ist.

Noch im 19. Jahrhundert wird Papst Pius IX. von Katholiken mit folgenden Titeln belegt: *König, Papst, Souverän* und *Cäsar.* Sie machen ihn nicht nur zum *erhabenen König,* zum geliebtesten unter ihnen, zum *herrlichsten Fürsten und Regenten.* Einer spricht von ihm als *Vizegott der Menschheit.* Schlagen hier nicht Hörigkeitswahn, Imponiergehabe und Eitelkeit durch? Sind nicht alle Menschen gleich?

In der Gestalt eines herrschenden Königs, dem man besondere Attribute zuerkennt, spiegelt sich die Vorstellung des sogenannten Heilbringers. Selbst in spätmittelalterlichen Darstellungen – und darüber hinaus – erscheint der bildliche, nicht der biblische, Gottvater in der Gestalt eines Greises und damit gleichzeitig als der eines weisen und erfahrenen Herrschers. Er steht an der Spitze der Befehlsgewalt und zwingt den Untertanen seinen angeblich göttlichen Willen auf. Er regiert von oben. Daraus entsteht der Begriff *Gott im Himmel,* hinter dem sich ein menschliches Wesen verbirgt.

Es ist üblich, daß er seine wichtigsten Gefolgsleute kennzeichnet. Dazu gehört die Beschneidung, die im Alten Testament Erwähnung findet[20]. Sie ist die einem kleinen Personenkreis auferlegte Verpflichtung[21].

Der assyrische König Tiglatpileser III. führt sie 734 v. u. Z. für die Statthalter seiner Provinzen ein. Die Beschneidung hat mit religiösen Verpflichtungen nichts zu tun. Deshalb ist bemerkenswert, daß Katholiken noch zu Beginn des 20. Jahrhunderts in Calcata, der Nähe Roms, eine der angeblichen 13 Vorhäute von Jesus Christus als Reliquie anbeten.

König David gibt eine Kleiderordnung für Priester heraus. Sie tragen beim Betreten des inneren Tempelhofes Leinenkleidung und einen Kopfschmuck. Sie werden zu einer besonderen Haartracht verpflichtet. Daraus entstehen Talar und Tonsur. Sie sind nicht nur auf dem religiösen Feld tätig. Sie treiben Tribute für den Herrscher ein,

Jüdischer Oberpriester und seine Hilfspriester. Nach einer Darstellung in den Kostümbilderbogen von Braun & Schneider. Hirnholzschnitt aus dem 19. Jahrhundert.

übernehmen Teile der Rechtsprechung und unterrichten das Volk. Die Verbreitung der religiösen Lehren ist nur ein Teil der ihnen zugewiesenen Aufgaben.

Der Begriff *Jehova* (Jahwe = Herr = Gott) entsteht parallel und hat die gleiche Bedeutung. Der bibelgeschichtliche Begriff Jehova existiert etwa seit 540 v. u. Z. und bezieht sich auf eine mögliche Unterredung zwischen dem Perserkönig Kyros II., der als göttlicher Herrscher angesehen wird und dessen Grab noch heute in Pasargadae im iranischen Hochland steht, und einer Moses genannten Person[22].

Dieser Herrscherkult geht auf römische Machtstrukturen über. Der auf Jesus übertragene Kyros-Titel findet sich schon früher, denn vor der biblischen Christusgestalt tragen ihn römische Kaiser, so Claudius[23] und Nero[24]. Unter Domitian genießt die Prädikation *Unser Herr und Gott* für den Kaiser offizielle Bedeutung.

Das hebräische Wort *Messias* entspricht dem griechischen *Christos*[25] und bedeutet sinngemäß *Der Gesalbte*. Die Salbung eines antiken Herrschers ist gewöhnlich. Er wird entweder bei seiner Anwartschaft auf die Thronfolge oder bei seinem Amtsantritt gesalbt, d. h. im Rang erhöht und symbolisch von den übrigen getrennt. Also gibt es nicht nur den einen Messias. So gesehen ist der Messias Jesus von Nazareth das Glied in einer Kette. Die ihm nachträglich beigelegten Symbole Szepter, Weltkugel und Thron entstammen antiken Kaiserkulten.

Aus diesen Fakten ist zu folgern, daß jede auf einen übermenschlichen Gott abgestellte Religion ein künstliches Produkt ist, das von Einbildungen genährt wird. Gegen die theologische These steht, daß man sich über die Anzahl der Götter uneinig ist[26], daß die Gottesvorstellungen im Lauf der Geschichte wanken, daß eine religionsgeschichtliche Einordnung unmöglich ist und daß die christliche Form des sogenannten Hochgottglaubens jung ist[27].

Weltweit bekämpfen sich unterschiedliche Religionssysteme und -parteien ob des von ihnen ersonnenen Gottes. Kann dies die höchste unendliche Vollkommenheit sein? Mit dem Glauben an einen Gott stehen und fallen die sogenannte Offenbarung und die Schöpfung und damit die Grundlagen der katholischen Kirche. Wenn es keinen Gott gibt, gibt es keine Gottesschwüre, keine Gotteslästerung[28], kein Gottesvolk. Wenn während des Zweiten Vatikanischen Konzils den Christen diese Bezeichnung auferlegt wird, beinhaltet es eine Tendenzbewertung zugunsten des Katholizismus.

Die historische Tatsache, derzufolge ein Gott ein menschliches Wesen ist, verweist alle Theologie in das Reich der Spekulationen. So gesehen hat nie ein überirdischer Gott den Menschen Zwänge, Verherrlichung, Lob und Strafen auferlegt. Dann wird vieles verständlicher. Es ist zu vermuten, daß man irdische Verhältnisse auf eingebildete Gottheiten übertragen hat. Jetzt wird der menschliche Gottglaube verständlich.

Das Vorbild ist in schöner Regelmäßigkeit ein mächtiger Despot. Verhält sich die Kirche nicht ebenso? Wer gefügig und gehorsam ist, darf sich des kostenlosen Lobes eines antiken Menschengottes erfreuen. Wer anderer Meinung ist, ist ein Ketzer, Ungläubiger, Apostat oder Feind. Er wird verachtet, verfolgt und, wenn möglich, für seine aufrichtige Haltung bestraft. Handelt es sich nicht im logischen Umkehrschluß um das klassische Rezept der Willkürherrscher?

Anmerkungen zur Offenbarung

Wenn es keinen Gott im Sinn der Theologie gibt, ist der daran geknüpfte Begriff der Offenbarung eine Farce[29]. Trotzdem oder gerade darum muß sie den Katholiken schmackhaft gemacht werden; es werden alle Register der Verführung gezogen. Den Ausführungen Brenningmeyers im Berliner Petrusblatt ist nicht zu folgen.

»Es ist notwendig, daß wir uns diesem Geheimnis demütig nähern, indem wir ihm nicht mit menschlichen Vernunftgründen folgen, sondern mit fester Überzeugung der göttlichen Offenbarung anhangen. Bei der Begründung dieses Geheimnisses muß man dem Lehramt der Kirche folgen, dem der göttliche Erlöser das überlieferte Wort Gottes anvertraut hat, damit sie es bewahrt und auslegt ... bei der Offenbarung vermischen sich ein göttliches und himmlisches Element[31].« Auch diesen Ausführungen des Weihbischofs Kampe kann man nicht folgen, da er voraussetzt, daß man dem Lehramt der Kirche folgen muß; davon kann keine Rede sein.

»Der Papst ist der oberste Künder der göttlichen Offenbarung. Er ist der Lehrer der Wahrheit. Von Petri Hirtenamt kommt Segen in unsere Zeit ... darum steht er unter dem besonderen Schutz des Heiligen Geistes und hat für die endgültige Entscheidung in Glaubens- und Sittenfragen die Gabe der Unfehlbarkeit.[32]«

Nun schaltet sich Papst Johannes XII. in den Dialog ein: »Die katholische Kirche befiehlt, all das treu und fest zu glauben, was von Gott geoffenbart ist, d. h. was in der Heiligen Schrift, in der mündlichen und schriftlichen Überlieferung, enthalten ist, und was im Lauf der Jahrhunderte, von den apostolischen Zeiten angefangen, von den Päpsten auf den rechtmäßigen Konzilien bekräftigt und definiert worden ist[33].« So kann man das nicht stehen lassen; verwiesen sei auf Hunderte kirchenkritischer Werke, vor allem auf die Bücher von Hontheim, Döllinger, Drewermann, Deschner und Buggle, die zur Meinungsbildung herangezogen werden können.

Was ist, wenn die Kirche ein Täuschungsmanöver inszeniert? Das kuriale Ansinnen wird nach dem 18.11.1965 nicht haltbarer, als man während der letzten Tage des Zweiten Vatikanischen Konzils die *dogmatische Konstitution* über die göttliche Offenbarung verkündet, wobei sie erneut zum unabdingbaren Glaubensgut der Christen erhoben wird.

Folgern wir weiter: wenn es keine Offenbarung gibt, ist jede als heilig bezeichnete Schrift das Produkt des menschlichen Geistes und seiner Phantasie. Jede Verbal-Inspiration gleicht einer Wahnvorstellung, denn es gibt sie nicht[35]. Heilige Schriften sind Bestandteil aller Religionen, um selbstgestrickte Ansprüche zu verteidigen[36].

So tritt jede neue Variante in die Fußstapfen der vorausgehenden, indem sie ihre Ideen modifiziert und sie danach schriftlich – möglicherweise im Sinn eines definierten Auftrages – fixiert. Daraus ist zu folgern, daß alle als heilig bezeichneten Schriften nachträglich einer Glaubensschar als wahr vermittelt werden. Daraus folgt, daß dies mit eiserner Faust zu verteidigen ist, denn es ist das religiöse Herz. Warum sollte sich die römisch-katholische Kirche anders verhalten?

Aus dem Konflikt der religiösen Parteien entstehen Verdrängungswettbewerbe um die Gunst des Einzelnen, die an umfassende Glaubenskriege gekoppelt sind. Sie dienen der Verherrlichung der Religion, eines stets modifizierten, doch nicht existenten Wesens. Die Aufrechterhaltung dieser Theorie hat bislang Millionen das Leben gekostet und weitere werden ihr folgen.

Innerhalb der ägyptischen Geschichte reichen die göttlich inspirierten Schriften weit zurück. Die Perser schreiben dem Avesta, die Inder den Veden und die Mohammedaner dem Koran göttlichen Ursprung zu[37]. Es sind glaubensverpflichtende Zuschreibungen. Die Vorstellung des Himmelsbriefes ist geläufig. Mehrfach wird behauptet, heilige Schriften wären vom Himmel gefallen. Es ist verständlich, wenn auch das Christentum mit einer ähnlichen Theorie aufwartet.

Moses-Mythos

Hier geht die historische Forschung voran und rückt Steinchen um Steinchen des theologischen Traditionsballastes beiseite. Moses[38] gilt als Zentralfigur des Alten Testamentes[39]. Die Theologen haben ihn nicht enträtselt, sondern ihn gedeutet. Die heute bekannten Lebensdaten verbieten, in ihm einen Religionsstifter zu sehen[40]. Die Forschung hat erkannt, daß der Pentateuch nicht von ihm stammt. Trotzdem hält die Kirche unbeirrt daran fest. Möglicherweise handelt es sich mit Moses um einen mit militärischen Aufgaben betrauten jüdischen Königssohn.

Wie bei jedem Held bilden sich um ihn Legenden, die wirkliche Leistungen überwuchern. Das nachbiblische Judentum hat sein Leben mit Legenden geschmückt. So verfaßt bereits Philo ein Mosesbuch *de vita Mosis*. Zahlreiche Sagen überliefert Josephus Flavius[41]. Moses wird bereits in vorchristlicher Zeit für einen Magier gehalten und man sagt ihm nach, daß er einen Zauberstab besessen hat.

Für mittelalterliche Alchemisten gilt er als Verfasser geheimer Schriften[42] oder als Erfinder besonderer Elixiere. Noch heute kaufen Leichtgläubige das sogenannte 6. und 7. Buch Mose, das ein plumpes Machwerk alberner Redensarten ist. Die interessanteste Legende über Moses ist die um seine Auffindung.

Er soll im Alter von drei Monaten in ein Kästchen aus Schilf gelegt worden sein, das eine Dienerin der Pharaonentochter am Rand des Nils entdeckt haben soll: »Sie sah das Kästlein, öffnete es und erblickte das Baby.« Wie rührend. Es wird großgezogen und zur Tochter des Pharao gebracht. In der Bibel steht: »Es war ihr Sohn, sie hieß ihn Moses, denn sie sprach: ich habe dich aus dem Wasser gezogen[43].«

Es ist eine Geburtslegende, die auf das Märchen von der Geburt des Königs Sargon I. von Akkad (um 2350-2294 v. u. Z.) zurückgeht[44]. Die Parallelen sind offensichtlich. Auch er wird heimlich geboren. Seine Mutter, eine Gottesdienerin, legt ihn in ein Gefäß aus Schilf, dichtet es mit Erdpech ab und setzt es auf das Wasser. »Der Strom trug es fort und brachte ihn zum Wasserschöpfer Akki. Dieser nahm ihn als Sohn an und zog ihn groß.«

Es gibt mehrere ähnliche Legenden; so die Geburtslegende des Krischnan[45], die der Zwillinge Romulus und Remus[46], die von Perseus und seiner Mutter Danae[47]. Hinzu gesellt sich die Verfolgungslegende des späteren Jesus von Nazareth, dessen Eltern wegen eines nie befohlenen Kindermordes nach Ägypten fliehen[48].

Die Mühe, die sich biblische Autoren machen, um Moses zu heroisieren, trägt schlechte Früchte. Der Auserwähltenanspruch beschert den in alle Welt verstreuten Angehörigen des jüdischen Glaubens, sonderlich seitens der Christen, widrige Überraschungen. Wegen der historischen Lüge vom Gottesmord[49] sind sie seit Jahrhunderten grausamen Verfolgungen ausgesetzt.

Altes Testament ...
Grundlage oder Irrtum?

Gleich Moses ist das Alte Testament sagenumwoben. Sein Umfang hat lang geschwankt. Offiziell wird es auf der jüdischen Synode von Jamnia um das Jahr 100 festgeschrieben; es ist verhältnismäßig jung. Der Terminus *alt* wird erst notwendig, als sich das Neue Testament hinzugesellt.

Zwischen beiden zeigen sich verblüffende Parallelen. 1802 hebt Schelling in einer Vorlesung über das Studium der Theologie hervor: »Viele neutestamentliche Erzählungen sind jüdische Fabeln, erfunden nach der Anleitung messianischer Weissagungen des Alten Testaments[50].«

Die Autoren stiften keine Religion. Sie haben keine Ahnung von dem, was ihnen spätere Theologen zumuten. Nach den Recherchen des Althistorikers Bromme hat die Abfassung einen politischen Zweck und wird als historische Tendenzschrift von unbekannten Verfassern zwischen 332 und 275 v. u. Z. aufgezeichnet[51]. Im Jahr 332 unternimmt König David[52] mit Unterstützung von Alexander dem Großen einen Staatsstreich und setzt sich dadurch gewaltsam an die Stelle des letzten persischen Großkönigs Dareios III. So entsteht aus der ehemaligen persischen Reichsprovinz Kanaan das Königreich Israel[53].

Ist das Alte Testament der Versuch, dies historisch abzusichern? Muß man den neuen Machthaber heroisieren, ihm Glaubwürdigkeit und Ansehen verschaffen? Es ergibt sich von allein, daß der eigene König in den Himmel gehoben wird und daß man die anderen verdammt.

Nach Brommes Untersuchungen bestehen die Schriften des Alten Testaments im wesentlichen aus zwei in sich geschlossenen Komplexen, die durch eine Reichsteilung verbunden und chronologisch vertauscht sind. Brommes fünf Bände *Untergang des Christentums* werden sofort nach ihrem Erscheinen auf den Index gesetzt; widerlegt sind sie nicht. Die Verbreitung seines gut recherchierten Werkes wird unterbunden, was für die Qualität seiner Aussagen spricht.

Der erste Komplex behandelt die Geschichte der Zwangsumsiedlungen im arabischen Raum und der Statthalterschaften unter assyrischer, chaldäischer und persischer Hoheit. Sie beginnt um 765 v. u. Z und reicht bis zur Herrschaft Salomos um 275 v. u. Z. Zwei historische Daten sind markant:

- Der persische König Kyros schafft 538/37 die Provinz Kanaan.
- König David unternimmt 332 einen Staatsstreich, wodurch das Königreich Israel entsteht[55].

Der zweite Komplex umfaßt die politische Geschichte der Königreiche Israel und Juda. Der Zeitraum beginnt um 926 und reicht bis 721 bzw. 587 v. u. Z. Mit der Evakuierung der Bevölkerungsreste (babylonische Gefangenschaft) tritt das altjüdische Volk aus der Geschichte. Nach Bromme ist die Reichsteilung nötig, um die Schriften des Alten Testaments zusammenzukoppeln.

So verlegen die Auftragsschreiber die biblische Geschichte an einen unbiblischen Ort und erlauben sich einen geographischen Sprung über Arabien nach Westen. Sie vertauschen die Länder Ägypten und Babylonien. Sie ändern den Geschichtsverlauf[56]. Es handelt sich nach Bromme um eine Fehldatierung[57].

Zur Erfindung der Zehn Gebote

Die christliche Theologie schreibt Moses die Ausstellung der sogenannten Gebote zu. In diesem Punkt kann man über eine Verwechslung nachdenken, denn im Zusammenhang mit dem politischen Umsturz ist der Inhalt der damaligen Gesetzgebung bekannt. Es dreht sich um Teile des israelitischen Straf- und Zivilrechts auf der Basis eines zeitgemäßen, strengen Sittenkodexes. Es handelt sich um das Herrenrecht für die unterworfenen und verbündeten Völker. Die Herrscher manifestieren politische Ziele. Es ist unkorrekt, sie als

$\Rightarrow$

1) Erschaffung des ersten Menschenpaares nach der Auffassung der Kirche und der Sündenfall; symbolisierte Schlange; Eva wird aus der Rippe des Adam gemacht.
2) Aufenthalt im Paradies. Eva hat bereits die verfängliche Frucht genommen und will sie Adam reichen. Frühes Motiv der Verführung des Mannes durch die Frau.
3) Der an einer Säule gefesselte Teufel. Persiflage auf die Festnahme Christi (Leidensweg). Geweihte Kerzen werden vor ihm abgebrannt.
4) Vielleicht: Die Verführung bzw. die Entscheidung zwischen Gut und Böse. Auch Darstellung eines Liebeszaubers.

göttliche Gebote und als das sittliche Fundament der Menschheit hinzustellen, denn solche Vorstellungen sind Hunderttausende von Jahren alt. Wir reden nicht von Geboten, sondern von Gesetzen. Allein mit Geboten kann man kein Land regieren.

Sie können nicht auf Steintafeln gestanden haben. Das damalige Schreibmaterial besteht aus Tontäfelchen. Für besondere Zwecke werden Tonzylinder verwendet, in die man mit einem spitzen Griffel Zeichen ritzt. Durch das Aussetzen von Wärme werden sie steinhart. Es kann sich um eine Vielzahl solcher Täfelchen gehandelt haben. Ob die nachträglich Moses zugeschriebenen Aufzeichnungen von ihm stammen, ist unbekannt: man weiß nicht, ob er des Schreibens fähig war. Die Herrscher und damit auch die Königssöhne verfügen über Schreiber; von persönlichen Aufzeichnungen kann keine Rede sein.

Die alten Gesetze haben einen hohen moralischen Stellenwert. Es wäre das Beste, wenn sie die Geistlichen den Gläubigen vorleben: ein Blick in die Kirchengeschichte lehrt das Gegenteil.

Antike Vorbilder des Christentums

Antike Religionsformen, das zusammengetragene Wissen um sie und die damit verbundenen Machtstrukturen haben die Anschauungen der frühchristlichen Lehren beeinflußt. Es gibt ein Bündel von Ansatzpunkten:

- Babylonische Religionsvorstellungen
- Adapa-Mythos
- Mithraskult
- Buddhistische Legenden
- Berichte über andere Erlösergötter, wie Asklepios, Herakles und Dionysos
- Antike Standardwunder
- Heute bekannte Religionsvorstellungen der Essener von Qumran
- Gnostische Glaubensgrundsätze

Berücksichtigt man die zur Ausprägung einer Folgereligion notwendigen Vorformen, bleibt wenig Originäres am Christentum. Die Abfassung der biblisch genannten Texte entspricht üblichen Aufzeichnungsmethoden, wobei das Erzählen und Nacherzählen wichtige Rollen einnehmen. Die Autoren saugen sich das Wissen nicht aus den Fingern; sie schöpfen aus Umwelt und historischer Vergangenheit.

Sie verfassen ein Stück menschlicher Geschichte, die mit Religion, Heiligkeit, Inspiration und Göttlichkeit nicht in Zusammenhang gebracht werden darf. Historische Parallelen können nicht vertuscht oder unter den Tisch gefegt werden. Der christliche Jesus von Nazareth erscheint als Glied in einer Kette. Die ihm zugeschriebenen Deutungen können willkürlich sein. Sie lassen sich auf weltliche Fakten zurückführen. Hat man auf diesem Scherbenhaufen das Christentum errichtet?

Babylonischer Einfluß

Nahezu alles, was im Christentum unter einer neuen Flagge aufgezogen weht, ist in den religiösen Lehren der Babylonier und Akkader vorgezeichnet. Sie verfügen über zehn Urgötter, die den zehn – späteren – Urvätern der biblischen Legende entsprechen. Der babylonische Gott Marduk gilt als Weltschöpfer, als Gott der Weisheit, Heilkunst und des Beschwörungswesens, als der von einem Vater gesandte Erlöser und Erwecker der Toten. Er gilt als Herr aller Herren und Könige. Wie Christus in der späteren Bibel wird er gefangengenommen, zum Tod verurteilt, gegeißelt und zusammen mit einem Verbrecher hingerichtet. Eine Frau wischt sein Herzblut ab, das aus einer Speerwunde quillt. Marduk fährt wie Christus in die Hölle und erlöst die Gefangenen[59]. Ist dies eine Kopie der ursprünglichen Heilsidee?

Schon im 3. Jahrtausend v. u. Z. wird auf die Höllenfahrt der Ischtar verwiesen. Dem um 3150 v. u. Z. verstorbenen Urnia von Gagasch bringen die Babylonier göttliche Ehren entgegen.

Die Babylonier glauben an die Wirksamkeit von Schutzengeln und an die Auferstehung nach drei Tagen. Schon damals

Historische Parallelen zwischen Herakles und Jesus

Herakles[77]	*Jesus*
• Der menschliche Vater wohnt mit der Jungfrau Alkmene in Mykenai.	• Der menschliche Vater Josef wohnt mit der Jungfrau Maria in Nazareth.
• Er wird aus Angst ausgesetzt und später wieder zurückgebracht.	• Joseph flieht mit Maria nach Ägypten und kehrt später zurück.
• Herakles verläßt Vater und Mutter; er geht einen Weg des Leidens.	• Jesus verläßt Vater und Mutter; er geht einen Weg des Leidens.
• Er wandelt auf Wasser.	• Er wandelt auf Wasser.
• Er wird Heiland genannt und überwindet angeblich den Tod[78].	• Er wird Heiland genannt und überwindet angeblich den Tod.
• Bei seinem Tod befiehlt er seinem Gott: »Ich bitte Dich ... nimm hin meinen Geist ... zu den Sternen auf ... siehe, mein Vater ruft mich und öffnet den Himmel ... ich komme.«	• Im Lukasevangelium heißt es: »Da rief Jesus mit lauter Stimme die Worte aus: ›Vater, in Deine Hände befehle ich meinen Geist.‹ «
• Bei seinem Tod sind seine Mutter und sein Lieblingsjünger Hyllos anwesend.	• Bei seinem Tod sind seine Mutter und sein Lieblingsjünger Johannes anwesend.
• Herakles sagt: »Klage nicht Mutter ... ich gehe nunmehr in den Himmel ein.«	• Der auferstandene Christus sagt: »Frau, warum weinest du, ich fahre auf zu meinem Vater.«
• Er stirbt mit den Worten »Es ist vollbracht.«	• Er stirbt mit den Worten: »Es ist vollbracht.«
• Bei seinem Tod bebt die Erde und eine Finsternis tritt ein.	• Bei seinem Tod bebt die Erde und eine Finsternis tritt ein.
• Er schwebt zum Himmel empor und wird vom himmlischen Vater für alle Mühen belohnt.	• Er schwebt zum Himmel empor und wird vom himmlischen Vater für alle Mühen belohnt.

beschwört man Dämonen mit Pomp und Hokuspokus. Von besonderem Interesse sind die babylonischen Vorstellungen von der Sintflut und der Schöpfung der Welt, denn sie kehren in der Genesis des Alten Testamentes wieder.

Der babylonische Mythenbereich kennt den Lebensbaum und die *unsterblich machende Speise*. Der Adapta-Mythos führt zum christlichen Adam[60]. Die Rolle der Schlange als Verführerin stammt aus ähnlichen Vorstellungen. Die Legende vom Sündenfall ist eine Variante des Mythos von der Entstehung des Todes[61].

Die babylonische Schöpfungsgeschichte kennt die Urflut (Tiamat) und die biblische Schöpfungsgeschichte die Sintflut. Die Aufschlüsselung ist nicht schwer: Noah, der sich mit einer Arche rettet, entspricht dem babylonischen Utnapitschim[62]. Im wesentlichen lautet der Text: »Xisusthros erhält vom Gott der Wassertiefe den Befehl, ein Schiff von einer bestimmten Größe zu bauen, es gut zu verpichen, um dann seine Familie und allen lebenden Samen darin zu bergen. Es stößt hinaus in die alles vernichtenden Wogen ... (und) ... strandet schließlich auf einem Berg.«

Historische Parallelen zwischen Dionysos und Jesus

Dionysos	*Jesus*
• Er ist ein Sohn von Zeus und einer sterblichen Frau.	• Er ist ein Sohn Gottes und einer sterblichen Frau.
• Als Kind liegt er in einem heiligen Korb.	• Als Kind liegt er in einer Krippe.
• Er ist ein leidender, sterbender und wieder von den Toten auferstehender Erlösergott.	• Er ist ein leidender, sterbender und wieder von den Toten auferstehender Erlösergott.
• Er wird gekreuzigt[80].	• Er wird gekreuzigt.
• Er wird über einem Altartisch mit Weingefäßen am Kreuz verehrt.	• Er wird über einem Altartisch verehrt. Ihm zu Ehren wird angeblich Wasser zu Wein verwandelt.
• Die Dionysosmysterien bringen das Wunder von der Verwandlung von Wasser in Wein[81].	• Hochzeit von Kanaan.
• Bei den Dionysiden ist der Esel das Tier des Friedens.	• Jesus reitet auf einem Palmesel.
• Er ist der Lieblingsgott der Antike.	• Er wird zum Lieblingsgott der Christen emporstilisiert.

Diese Legende ist bereits 3000 Jahre vor dem Einsetzen der christlichen Heilsidee bekannt. Sie verbreitet sich im Vorderen Orient und wird weiter ausgesponnen[63]. Es ist naheliegend, wenn man sich zur Zeit der Gründung des Christentums bzw. in der Folge, an historische Geschichtsverläufe erinnert, die lange aus dem Bewußtsein der Allgemeinheit entschwunden sind. In der christlichen Schöpfungsgeschichte erkennen wir eine modifizierte Wiederholung des babylonischen Mythos *enuma elisch*. Auch hier haben wir ein Chaos, die Finsternis der Tiefe, den Ur-Ozean und einen schwebenden Geist Gottes. Über ihm befindet sich die Himmelsfeste, mit dem damals darüber gedachten Himmelsozean. Es heißt:»Marduk fuhr der Urflut entgegen und stellte Wächter hinein ... ihre Wasser nicht hinauszulassen, befahl er ihnen.«

Es müßte den Theologiestudenten im ersten Semester aufgefallen sein: auch in der christlichen Schöpfungsgeschichte, die in zwei unterschiedlichen Versionen vor-liegt, müssen erst die Wassermassen zur Erschaffung von Himmel und Erde getrennt werden.

Bromme vermutet, daß dem möglicherweise von ihm entschlüsselten Alten Testament – das kein Testament im eigentlichen Sinn, sondern ein modifiertes Gesetz ist – ein Stück der verlorengeglaubten altbabylonischen Chronik zugrundeliegt.

Ist die christliche Schöpfungsgeschichte abgekupfert?

In der Genesis finden sich zwei entgegenstehende Lesarten der Schöpfung der Erde durch ein göttliches Wesen, was allein durch die Betrachtung des Kosmos unglaubwürdig ist. Wie sollte ein von Menschen gemacher Gott nur einen von Zehntausenden Planeten geschaffen haben?

Einmal schafft er in Mühsal und Anstrengung das Unmögliche. Jahwe bildet den ersten Mensch aus einem Erdkloß, bläst ihm den Odem in die Nase, dann pflanzt er einen Garten Eden (späteres Paradies) und setzt ihn hinein. Nun folgt die Erschaffung des Weibes aus einer krummen männlichen Rippe, daraufhin der Baum der Erkenntnis und die Tiere ... schließlich folgt die Übertretung des göttlichen Verbotes und daraufhin die Vertreibung. Das kann nur ein Märchen sein.

Nach der zweiten Version entsteht die Erde im Lauf von sechs Tagen. Am fünften schafft Gott die Fische, Kriechtiere und Vögel; am sechsten gleichzeitig Mann und Frau[65]. So etwas kann nur ein Märchen sein.

Welche Variante ist die Richtige? Die von den Theologen pflichtgemäß verteidigte göttliche Schöpfungslehre entbehrt jeder sachlichen Grundlage. Es ist an dieser Stelle angebracht, auf die eklatanten Widersprüche zwischen der naturwissenschaftlich orientierten Anthropologie und der vatikanischen Abweisungspflicht aufmerksam zu machen.

Immer noch versucht man in klerikalen Kreisen, wissenschaftliche Forschungsergebnisse zu untergraben oder, wenn dies nicht gelingt, sie wenigstens so umzupolen, daß man sie den Christen schmackhaft machen kann. Die Entschärfung ist wertlos, denn es gibt nur eine Wahrheit. Aus wissenschaftlicher Sicht erweist sich der irdische Gott als handfeste Spekulation[66].

Dieses Faktum ist für die Theologie unauflösbar. Wie sollen sie sich ob solch frevlerischer Ansichten verhalten? Ihre Argumente sind lächerlich:

»Im Kampf gegen die christliche Schöpfungslehre wird oft behauptet, die Arten entstehen kraft eigener stammesgeschichtlicher Gesetzlichkeit; eines Gottes bedarf es dazu nicht. Eine solche Auffassung steht im Widerspruch zur christlichen Lehre. Gott ist es allein, der den Kosmos ins Dasein gerufen hat, der ihn erhält und lenkt[67].« Das ist eine kühne Behauptung.

Scharf kontert Charles Darwin: »Der katholische Glaube verpflichtet, daran festzuhalten, daß die Seelen unmittelbar von Gott geschaffen sind. Deshalb ist der Mensch als Leib-Seele-Ganzheit keine fortentwickelte Amöbe, nicht der Urenkel eines hypothetischen Urwurms, keine überspannte Tierart[68], kein modifizierter Großaffe, kein tapferes und listiges Raubtier[69], sondern ein von Gott geschaffenes Wesen.«

Historische Parallelen zwischen Pythagoras und Jesus

Pythagoras	*Jesus*
• Vor seiner Geburt wird dem Vater verheißen, sein Kind werde der ganzen Menschheit zum Segen gereichen.	• Verkündigung an die Jungfrau Maria.
• Er kommt auf einer Reise der Eltern zur Welt, beginnt seine Lehr- und Wundertätigkeiten mit einem Fischwunder, heilt Kranke an Leib und Seele, stillt einen Sturm auf dem Meer, wird verspottet und verfolgt. Er fährt zur Hölle und steht dann wieder von den Toten auf.	• Analogien in den sich widersprechenden Evangelien.
• Er besitzt für seine Jünger unbedingte Autorität.	• Er besitzt für seine Jünger unbedingte Autorität.
• Er ist ein Reformer, Prophet, Sittenlehrer und Wundertäter.	• Er ist ein Reformer, Prophet, Sittenlehrer und Wundertäter.

Gott Buddha; nach einer in Tibet gefertigten Handzeichnung.

Auf dem Feld der Anthropologie muß die Kirche Federn lassen. Darwin muß nicht nur darum recht haben, weil ein menschlicher Gott die Erde nicht geschaffen haben kann, sondern weil es seit mehr als 600 000 Jahren aufrecht gehende Menschen gibt, aber erst seit 2000 Jahren uneinige Christen. Wer hat unsere Vorgänger geschaffen? Sie waren ebenso religiös, sind aber ohne Bibel, Unbefleckte Empfängnis, Kirchensteuer und Index ausgekommen.

Zur kirchlichen Ablehnung gehört die Darwin'sche Lehre, weil sie ihre Glaubenssätze gefährdet. Es ist merkwürdig, die Priester versuchen noch heute, nach 2000 Jahre gelebter Geschichte, die unglaublichsten Dinge hartnäckig zu verbreiten; die von ihnen vorgetragenen Entwicklungslehren basieren auf antiken und heute beweisbaren Vorstellungen.

Ihrer Ansicht nach steht den teuflischen Irrlehren ihrer Gegner, die sie oft haushoch an Intelligenz übertreffen, der unwiderlegbare Schöpfungsbericht entgegen, über den allein zu zweifeln eine Todsünde ist[70]. Die Christen müssen an eine Legende glauben, die vor Tausenden von Jahren unwissende orientalische Nomaden beim Lagerfeuer entworfen haben: von der Erschaffung des ersten Menschen aus einem Erdkloß. Es wird von den Priestern als feststehende Tatsache zementiert und ist bar jeder Logik.

Vieles deutet darauf hin, daß die Wiege der Menschheit auf dem afrikanischen Kontinent zu suchen ist. Sie hat sich in Millionen von Jahren aus einfachen Organismen entwickelt. In der Oldoway- Schlucht in Tansania entdeckte L. Leacky (geb. 1903) vor wenigen Jahren die Überreste eines Frühmenschen, den er als *homo habilis* bezeichnete. Seine Lebenszeit wird nach wissenschaftlichen Methoden auf zwei Millionen Jahre vor dem Einsetzen der christlichen Religionsvariante angenommen. Er kann aufrecht gehen und einfache Werkzeuge nutzen.

In Cleveland/Ohio tagt 1925 die Generalversammlung des *Catholischen Central-Vereins* und nimmt folgende Resolution an: »Es ist die Pflicht eines christlichen Staates, die fundamentalen Prinzipien der Christenheit intakt zu halten … wir sehen mit Besorgnis den Versuch, sich zum Dolmetscher der Ergebnisse der Wissenschaft und der Offenbarung zu machen. Das Problem der Evolution hat bis jetzt noch keine beweisbaren Momente gefunden …

Wir ruhen in der Überzeugung, daß die Tatsache der Schöpfung nicht durch ihre Art zerstört werden kann. Wir bezeugen unseren Glauben an Gott und die Erschaffung des Menschen nach seinem Ebenbild. Wir verurteilen falsche Wissenschaftler, welche aus der reinen Theorie eine Tatsache machen wollen, damit die Religion untergraben und die die Kühnheit zu behaupten haben, daß sich Religion und Wissenschaft unversöhnlich gegenüberstehen[71].«

Hier genügt der Hinweis, daß auch die Theologen nur mit einer Theorie aufwarten. Sie hat eine spekulative Grundlage und ist

Historische Parallelen zwischen Buddha und Jesus

Buddha	*Jesus*
• Er wohnt vor seiner Herkunft als Geistwesen unter den Gottheiten im Himmel und begibt sich zum Heil der Welt freiwillig auf die Erde.	• Er wird vom Gottvater auf die Welt geschickt, um ihre Sünden zu sühnen. Später kehrt er in den Himmel zurück.
• Wunderbare Geburt.	• Wunderbare Geburt.
• Engel verkünden ihn als Erlöser.	• Engel verkünden ihn als Erlöser.
• Der Mutter wird verheißen: » Alle Freude kommt über dich, Königin ... jauchze und sei froh, denn dieses Kind, das du geboren hast, ist heilig[82].«	• Verkündigung an Maria.
• Er kennt in der Schule alle Schriftarten.	• Zwölfjähriger Christus im Tempel.
• Er beginnt etwa 30jährig seine Tätigkeit.	• Er beginnt etwa 30jährig seine Tätigkeit.
• Er wird vom Bösen versucht, das er mit dem Guten überwinden will.	• Er wird vom Bösen versucht, das er mit dem Guten überwinden will.
• Er verbietet das Töten, Stehlen, Lügen und den unerlaubten Geschlechtsverkehr.	• Er verbietet jede Anwendung von Gewalt.
• Er sagt: »Nur die, die an mich glauben und mich lieb haben, sind dereinst des Paradieses und der Erlösung gewiß.«	• Jesus sagt:»Wer an mich glaubt, der wird leben.«
• Er schreitet über den Ganges.	• Er schreitet über den See.
• Er zieht in freiwilliger Armut mit einer Jüngerschar umher, hat zwölf Hauptjünger und einen Verräter. In Pataliputra kommt es zu einem Apostelkonzil.	• Analogien in den sich widersprechenden Evangelien.
• Scherflein der Witwe. In der buddhistischen Erzählung spenden Reiche bei einer religiösen Versammlung kostbare Gaben. Eine arme Witwe hat nur zwei Geldstücke und opfert sie mit Freude. Der Oberpriester erkennt ihre gute Tat und rühmt sie, ohne die Geschenke der Anderen zu achten.	• Im Markusevangelium heißt es: »Als er sich dem Opferkasten gegenüber sah, sah er, wie das Volk Geld in den Kasten warf und viele Reiche taten viel hinein. Da kam eine arme Witwe und legte zwei Scherflein hinein. Er sagte nun zu ihnen: ›Wahrlich ... Dieses armselige Weib hat mehr eingelegt, als alle.‹«

aus der Luft gegriffen. Und doch schlägt dies mit unerhörter Kühnheit auf die ihr Überlegenen zurück. Sie verbreitet persönliche Schicksale, weil sie historische Unwahrheiten nicht zugeben will.

1926 wird in Dayton (Tennessee) der Gymnasiallehrer Thomas Scopes in einen Prozeß verwickelt, weil er es gewagt hat, seinen Schülern einen Abschnitt über Darwins Entwicklungslehre vorzulesen[72].

1925 wird der Bischof der protestantischen Episkopalkirche, William Montgomery Brown, seines Amtes enthoben, weil er sich gegen die theologische Lehre erklärt, wegen der von Adam begangenen Sünden wäre die Menschheit verflucht[73]. Er wird mit 95 gegen elf Stimmen abgesetzt. Während seiner Verteidigungsrede hebt er hervor:

»Die Konzilien haben nicht das Recht, ihre Priester in Glaubenssätzen zu binden, die mit der modernen Wissenschaft und Lebensanschauung nicht im Einklang stehen. Die Welt ist der Meinung, daß die Theologen an alte Phrasen glauben, für die nicht einmal göttliche Autorität beansprucht werden kann, gebunden sind und sich unnützen Wortklaubereien gegenüber den Forderungen der Gegenwart taub verhalten ... derjenige Richter möge den ersten Stein auf ihn werfen, der behaupten kann, von allen Zweifeln frei zu sein, wenn man ihm die Frage vorlegt, ob Gott einer Schlange erlaubt, seine Pläne über den Haufen zu werfen und ob ein gütiger Gott Billionen von Menschen für alle Ewigkeit zu den Qualen der Hölle verurteilt hat[74].«

Herakles, Dionysos, Buddha, Pythagoras

Es handelt sich um antike Erlösergottheiten, die von Menschen definiert sind. Herakles schält sich als eines der überraschendsten Vorbilder der biblischen Christusgestalt heraus[75]. Das philosophische Heraklesbild entsteht im 5. Jahrhundert v. u. Z. Hölderlin bezeichnet Christus als dessen Bruder. Ähnliche Parallelen ergeben sich zu Dionysos, einem Lieblingsgott der

Antike, wie zu den Lehren des Buddha und Pythagoras. So wird klar, daß wesentliche Elemente des Christentums keine Kreationen von Jesus sind, sondern dem Fundus antiker Religionsvorstellungen entsprechen. Die Autoren der christlichen Bibel besinnen sich auf zurückliegende und im Orient umlaufende Legenden.

Weltuntergang und Himmelstaube

Der christliche Weltuntergang steht in einer Traditionskette, denn schon Zarathustra spielt mit dem gleichen Gedanken. Es gibt keinen Weltuntergang; es sei denn der mittlerweile mögliche Vernichtungsschlag durch atomare Kraft oder eine kosmische Katastrophe. Die Ansicht der Theologen ist in sich unschlüssig. Wäre er je eingetroffen, so hätte er das Christentum mit sich in die Tiefe gerissen.

Bereits das Urchristentum sieht sich getäuscht und man hält den Religionsführern vor: »Das haben wir schon in den Tagen unserer Väter gehört. Und siehe da, wir sind alt geworden und nichts von alledem ist uns widerfahren[76].«

Die Erwartungshaltung ob des von einfältigen Kirchenführern beabsichtigten und immer wieder aufgewärmten nahenden Weltunterganges nimmt um das Jahr 1000 dramatische Formen an.

Wieder täuscht der Klerus seine Schäflein. Es wird zum Auslöser für die auf breiter Front einsetzenden Ketzerbewegungen, die der Kirche Unglaubwürdigkeit vorhalten. Sie reagiert nicht nach den Grundsätzen der Nächstenliebe oder der Wahrheit: sie inszeniert Vernichtungsfeldzüge gegen ihre Gegner.

⇒

Der Antropologe Charles Darvin, der wegen seiner Abstammungstheorie von der Kirche verteufelt wird. Das hier gezeichnete Spottbild spricht für sich.
Eingespiegelt: Charles Darvin im Alter von 40 Jahren. Zeichnung von T. Magire (1849).

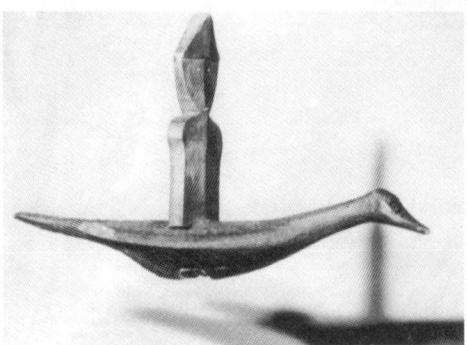

Seelenvogel, der die Seele des Schamanen ins Jenseits zur Beratung mit den Geistern tragen sollte. Nanaier, Fernöstliches Gebiet. Höhe 38,5 cm.

Als mit der Verwirklichung der antiken Gedanken in Kirchenkreisen kaum noch zu rechnen ist, greift man zum Federkiel. Aus der Nah- wird eine Fernerwartung konstruiert. Die Kirche hat die Wiederkehr Christi auf einen unbestimmten Zeitpunkt verschoben. Sie begründet es mit einem Beispiel theologischer Gelehrsamkeit: »Beim Herrn sind eben tausend Jahre wie ein Tag.«

Der Hamburger Orientalist Hermann Reimarus (gest. 1769) verfaßt ein 1400 Seiten starkes Manuskript mit dem Titel *Vom Zwecke Jesus und seiner Jünger.* Er schält den Widerspruch heraus, demzufolge das neue Reich bislang nicht eingetroffen ist. Man erkennt, daß sich Jesus bzw. dessen spätere Interpretatoren in dieser Frage geirrt haben. Ist dies der Grund, weshalb die heutige Kirche offiziell das Gegenteil ihrer früheren Ansicht lehren muß?

Der christlich programmierte Weltuntergang mit der daran gekoppelten Auferstehung und einem sogenannten Jüngsten Gericht sind theologische Wortspielereien.

Ähnlich ist es mit der göttlichen Taube und dem Pfingstfest: Wir haben eine Anlehnung an antike Berufungssagen vor uns, nach denen z. B. die Königswahl durch einen sich auf eine bestimmte Person niederlassenden Vogel bestimmt wird[84].

Die altjüdischen Theologen denken sich den Geist Gottes noch als Taube und geben deren Stimme für die eines Geistes aus.

Doch lange vor dem synoptischen[85] Jesus schweben Tauben über den Häuptern der ägyptischen Herrscher, sie kommen bereits in der babylonischen Sintflutlegende vor. Dort wird gesagt: »Am siebten Tag nahm ich eine Taube heraus und entließ sie. Sie flog hin und her, aber da ein Ruhepunkt nicht vorhanden war, kehrte sie wieder zurück[86].«

Die Vorstellung, daß ein heilig gedachter Geist herabkommt, ist alt; bereits asiatische Schamanen kennen ihn »bei einer nächtlichen Beschwörungsszene in der nur durch ein düsteres Feuer erhellten Jurte tobte der alte Schama im wilden Stampfen und heftigen Springen im Kreis herum, indem er die Geister in einem monotonen Gesang unter Wiederholung rhythmischer Kadenzen zitiert hatte, und so oft er sich dem Platz seiner Jünger näherte, fielen diese mit gefalteten Händen vor ihm nieder, worauf er ihr Haupt mit den beiden Stäben berührte, die er gleichförmig in seinen Händen umherschwang.« Zur Darlegung eines göttlichen Sachverhaltes bedient sich die Kirche einer Legende, die für alle Katholiken glaubensverpflichtend ist.

Antike Standardwunder

Während Celsus sagt, Jesus hat die Wunder in Ägypten erlernt[87], meint Strabon: »Weiber und das niedere Volk muß man durch Wundergeschichten zur Gottesfurcht bringen.« Es fällt auf, daß alle antiken Erlösergötter mit den gleichen Wundern aufwarten.

Längst weiß die historische Forschung, daß es in der antiken Literatur zahlreiche Gegenstücke zu den evangelischen Wundern gibt. Die typischen kehren in den Krankheitsgeschichten des Neuen Testamentes wieder[88].

Man kann sich des Eindrucks nicht erwehren, daß die dem Religionsgründer zugeschriebenen Wunder nur darum so hoch geschaukelt werden, um darzulegen, daß er antiken Heilanden überlegen ist. Zu diesem Thema seien einige Beispiele genannt:

Historische Parallelen zwischen dem Oberhaupt der Essener und Jesus

Beide strahlen eine große Frömmigkeit aus und beiden wird ein lauterer Charakter nachgesagt.

Beide gelten als Auserwählte und treten als Lehrer auf.

Beide stehen im Mittelpunkt ihrer Gemeinde. Sie predigen Buße, Demut, Keuschheit und Nächstenliebe.

Beide gelangen in einen scharfen Konflikt zu offiziellen politischen Kreisen.

Beide werden vor Gericht gestellt, unschuldig verurteilt und gekreuzigt[97].

Beide kennen ein Führerkollegium von zwölf Männern und die sakramentale Taufe sowie die Vergebung der Sünden.

Beide glauben an die Naherwartung des Gottesreiches.

- Asklepios (5. Jahrhundert v. u. Z.) heilt Lahme, Stumme und gibt Blinden das Augenlicht; er soll Tote erweckt haben.
- Appollonius von Tiana tritt als Gottgesandter auf und erweckt in Rom ein totes Mädchen. Er vermag böse Geister auszutreiben und heilt Blinde.
- Empedokles aus Agrigent auf Sizilien bezeichnet sich als unsterblichen Gott; er heilt Pestkranke und weckt Tote auf.
- Hinzu kommt das bereits bekannte Bauchreden, das Auflegen der Hände und das Austreiben von vermeintlichen Dämonen.

Etwa 300 Jahre v. u. Z. verkündet eine Inschrift von Epidauros, daß der von einer Schlange gebissene Midas nach seiner Rettung ein Bett aufnimmt, es wegträgt und daraufhin wieder gehen kann. Wer denkt nicht an die Parallelen bei den Christen?

Bekannt sind die wunderbaren Speisungen. Hier haben wir ein Beispiel aus dem Alten Testament: »Es erschien ein Mann von Baal-Salisa und brachte dem Mann Gottes Erstlingsbrot, nämlich 20 Gerstenbrote und zerstoßene Körner in einem Quersack. Dann befahl Elisa: »Gib den Leuten, daß sie essen. Er aber sprach: ›Wie kann ich das hundert Männern vorlegen?‹ Dann sprach Jahwe: ›Essen werden sie und noch übriglassen.‹ Da legte er ihnen die Brote vor und sie aßen und ließen noch übrig, wie ihnen Jahwe verheißen hatte[89].«

Auferstehung und Kreuztragung

Hier sind zwei Angelpunkte des christlichen Lehrgebäudes, mit denen versucht wird, das gewohnte Jesusbild aufrecht zu erhalten. Schon der babylonische Tammuz, der syrische Adonis, der phrygische Attis, der ägyptische Osiris und der thrakische Dionysos sind auferstanden. Mit jeder Auferstehung ist der Glaube an die menschliche Unsterblichkeit verbunden: wir haben eine menschliche Sehnsucht vor uns ... diese Vorstellung ist alt[90]. Mußte man Jesus von Nazareth mit den gleichen Attributen auftreten lassen?

Die Wiederkehr der antiken Erlösergötter ist nichts Besonderes. Der auferstandene Appollonius von Tiana zeigt sich zweien seiner Jünger und ein römischer Prätor beteuert unter Eid: »Ich habe die Gestalt des verstorbenen Augustus bei meiner Himmelfahrt gesehen[91].«

Die Kreuzigung ist eine damals übliche Strafe. Nach Cicero ist sie »die grausamste und scheußlichste Todesart.« Seit dem 2. Jahrhundert v. u. Z. wird nachweislich in Palästina gekreuzigt. 89 v. u. Z. läßt Alexander Jannai anläßlich eines Banketts vor seinen Mätressen 800 aufständische Pharisäer kreuzigen. 71 v. u. Z. läßt Lucius 6000 Sklaven entlang der Via Appia kreuzigen.

Bei den konkreten Rechtsvorstellungen der Römer ist es unwahrscheinlich, daß man Unschuldige ans Kreuz geschlagen hat.

Im Alten Testament steht: »Wer am Kreuz hängt, ist ein von Gott Verfluchter.« Wie konnte Gott seinen Sohn verfluchen, den er eigens auf die Erde gesandt hat?

Das Drama, das sich um die nur schwer denkbare Kreuzigung eines Jesus von Nazareth genannten Mannes rankt, ist unbewiesen. Die christliche Leidensgeschichte hat ein Vorbild im umrätselten 53. Kapitel des Jesaja. Die Texte stammen nicht von ihm. Sie sind jünger und deren Verfasser ist unbekannt. Hier wird erzählt, wie der Gottesknecht verachtet und gemartert wird. Er hat zur Vergeltung der Sünden Blut vergossen.

Einzelne Fachleute bezweifeln die Kreuzigung des Jesus: Deschner meint, daß die Leidensgeschichte des Herrn aus dem Alten Testament erdichtet ist[92]. Nicht einmal die Gestalt des Kreuzes ist nachweisbar, denn der griechische Begriff erwähnt lediglich einen Pfahl. Die ältesten Berichte sagen nichts darüber, ob man den Herrn daran gebunden oder genagelt hat. Hierher gehört die Legende vom Grabtuch Christi. Noch 1980 versucht man, es den Christen als wahr zu verkaufen. 1988 gelingt – zum Nachteil der Geistlichkeit – der Nachweis, daß es sich um eine Fälschung handelt.

Unter solchen Sachverhalten müssen alle christlichen Darstellungen zur Leidensgeschichte ihres Herrn vorsichtig interpretiert werden. Sie haben eher einen psychologischen und künstlerischen, denn realen Wert.

Hat man die grausame Kulisse bewußt nachträglich geschaffen, um den sündhaften Menschen den Erlöserwillen vorzugaukeln, sie mit erfundenen Sünden weichzukochen und ihnen darum das Geld leichter aus der Tasche ziehen zu können? Millionen von Menschen aller Altersklassen und Bildungsgrade beugen sich vor diesem Phantom.

Folgern wir weiter: Wie stellen sich die religiösen Gemeinschaften unmittelbar vor dem Eintritt des Christentums dar? Die Nähe zum Mithraskult, die Vorstellungen der Essener von Qumran und die Ansichten der Gnostiker sind so frappierend, daß man bestenfalls von einem christlichen Abkupferungsprozeß sprechen kann.

Mithraskult und Gnostizismus

Mithras ist eine Personifikation der Sonne und ein alter Kult. Er gilt als Gott des himmlischen Lichtes und soll bei seiner Geburt von Hirten angebetet worden sein. Man sagt ihm nach, er wäre in den Himmel aufgefahren. Der Tag des Sonnengottes, der *dies solis*, wird als erster Tag der Woche gefeiert. 312 erhebt ihn Kaiser Konstantin zum gesetzlichen Feiertag[94]. Aus ihm wird der Sonntag.

Die Mithrasreligion beruft sich auf eine Offenbarung. Sie setzt eine Sintflut an den Anfang ihrer Geschichte und ein Jüngstes Gericht an deren Ende. Die Anhänger glauben an eine Auferstehung des Fleisches[95]. Sie unterziehen sich einem strengen Sittenkodex und verfügen über eine straffe Organisation.

Ihr Oberhaupt wird *Vater der Väter* genannt. Sie kennen sieben Sakramente, zu denen Taufe, Firmung und Kommunion gehören. Die Hostien sind mit einem Kreuz versehen. Der Gottesdienst wird von Priestern zelebriert. Auf ihren Altären brennt eine Vorform des sogenannten *ewigen Lichtes*, das eine alte menschliche Kultvorstellung in sich birgt. Um die Mitte des 4. Jahrhunderts v. u. Z. ist der Mithraskult verbreiteter als das Christentum: »Von der Kirche aufgestachelt, haben Christen die Mithrasanhänger verfolgt, ihre Priester getötet und sie in geschleiften Tempeln vergraben.«

Der Mithraskult hat im deutschsprachigen Raum Stützpunkte. Die gewaltsame Zerschlagung seiner Kultstätten spricht für die Kammeier'sche These, daß es bis zur Gründung des Papsttums *romfreie* Kirchen gegeben hat. Die geistigen Querverbindungen zwischen dem Mithraskult und dem Christentum sind zu eng, um übersehen zu werden; es muß von einer Weiterführung religiöser Denkweisen gesprochen werden.

Schließlich wird die geringe Originalität des Christentums durch die ihm unmittelbar vorausgehende Religionsform der Gnostiker deutlich. Im Grund genommen verfassen sie die ersten ethischen Lehrbücher und Kommentare zur christlichen Religion.

Sie lehren die Herabkunft des erstgeborenen Sohnes, eines Gottes, eines Hades, und die Himmelfahrt. Der gnostische Mythos vom Heilsmenschen wird auf die Person von Jesus übertragen. Die Gnostiker fühlen sich als Fremdlinge auf dieser Welt, als Gefangene der Finsternis. Das Heil erwarten sie von der Preisgabe alles Irdischen, dem Aufstieg der Seele in ein Lichtreich, entweder nach dem Tod oder durch mystische Ekstase. Später zeigen sich Rangeleien und daraus sich ergebende Konflikte. Der erstarkende Katholizismus verschmäht den Gnostizismus, als ob er nichts mit ihm gemeinsam hat. Er bestreitet und verwirft ihn als Häresie.

Auch hier strafen inzwischen Wissenschaftler das Kirchendenken der Unwahrheit. Im frühen 20. Jahrhundert gelingt der Nachweis, daß der Gnostizismus[96] eine eigenständige Religionsform gewesen ist. Die Verdammung seitens der Kirche ist unhaltbar. »Die katholische Kirche sucht die Zersplitterung in christliche Sekten durch die Behauptung zu erklären, daß sie alle von der allein seligmachenden abgewichen sind. Aber sie war es, die im Verbund mit der weltlichen Macht jeden vernichtete, der etwas anderes glaubte, als das Papsttum ihm vorschrieb. Das Blut von Hunderttausenden ist im Namen des Christentums geflossen.«

Israelitisches Sektenwesen

Eine wesentliche Erscheinung der israelischen Religion ist das ausgeprägte Sektenwesen, in dem wir unterschiedliche Anschauungen und religiöse Varianten erkennen[99]. Josephus Flavius erwähnt die Pharisäer, Sadduzäer und Essener. Über die Sadduzäer ist wenig bekannt. Sie leiten sich von einer Priesterfamilie der Zadoquiden ab. Nach Josephus Flavius gehören sie der israelitischen Oberschicht an und haben im Volk wenig Anhänger[100]. Sie bestreiten den Glauben an Engel und Geister[101]. Nach der Zerstörung des Tempels von Jerusalem treten sie aus dem Blickfeld und verlieren an Bedeutung[102].

Der heilige Hieronymus in seiner Zelle; nach einem mittelalterlichen Heiligenbild.

Die Pharisäer bilden sich erst um die Mitte des 2. Jahrhunderts v. u. Z. Paulus bezeichnet sie als die strengste Sekte[103]. Des öfteren wird ihre Treue zum Gesetz hervorgehoben. Der Pharisäismus vertritt eine gemäßigte Haltung. Tokarew bemerkt: »Die Sekte ist bei der Masse angesiedelt, doch in Wirklichkeit sind sie Demagogen, die auf die gläubigen Teile der Bevölkerung durch eine zur Schau getragene heuchlerische Frömmigkeit und durch ein demonstratives Innehalten der rituellen Vorschriften wirken. Sie stehen mit den Synagogen in Verbindung, legen Gesetze aus und unterrichten das Volk. Sie glauben an ein Leben nach dem Tode[104].«

Die Essener bilden sich aus den untersten Volksschichten. Aramäisch nennt man sie die Frommen, man kann sie als legitime Nachfolger der Asidäer bezeichnen[105]. Die Glaubensgemeinschaft separiert sich um 150 v. u. Z. und besteht bis zum Jüdischen Krieg. Unsere Kenntnis über sie geht teilweise auf Philon von Alexandria und Josephus Flavius zurück.

Unter Simon oder Johannes Hyrkan entsteht die Gemeinschaft der Qumran-Essener. Sie geben ihre Tätigkeit in Jerusalem auf, ziehen in die Wüste Juda und errichten am Nordwestufer des Toten Meeres ein Gemeinschaftshaus von beachtlichen Dimensionen. Es wird zur Pflegestätte des messianischen Geistes. Die Essener zeich-

Widerspruchsvarianten am Beispiel einer christlichen Sünderin[*]

1) Johannes 8.1 ff.   Eine Sünderin wird von Pharisäern und Schriftgelehrten vor Jesus gebracht und angeklagt, von ihm aber losgesprochen und nicht mehr zu sündigen ermahnt.

2) Lukas 7.36 ff.   Eine Sünderin salbt Jesus die Füße; ein Pharisäer mißbilligt dies; Jesus nimmt sie in Schutz und verkündigt ihr die Vergebung ihrer Sünden.

3) Matthäus 26.6   Eine Frau in Bethanien salbt Jesu das Haupt, wird von den Jüngern angefochten, von Jesus aber in Schutz genommen.

4) Johannes 12.1   Maria, Marthas und des Lazarus Schwester, salbt in Bethanien Jesus die Füße, Judas tadelt sie. Jesus nimmt sie in Schutz.

5) Lukas 10.38 ff.   Maria, Marthas Schwester sitzt Jesus zu Füßen, wird von ihrer Schwester darüber getadelt, von Jesus aber in Schutz genommen.

) Zusammengestellt nach den Recherchen von David Friedrich Strauss

nen sich durch eine esoterische Grundhaltung aus und ergehen sich in der Hoffnung an eine Auferstehung. Sie wollen einen Messias einsetzen und führen ein streng asketisches Leben; sie verstehen sich als Erwählte der Endzeit. Die Sekte ist straff organisiert und untersteht einem Lehrer der Rechtschaffenheit.

Josephus Flavius erwähnt, daß sie sich verpflichtet haben, den Brüdern nichts zu verheimlichen bzw. den anderen keine Geheimnisse zu offenbaren. Die eintretenden Novizen schwören, »... erst Gott (Ordensoberhaupt, einem Wesen aus Fleisch und Blut) treu zu dienen und erst dann gegenüber den Menschen Gerechtigkeit zu zeigen.« Es herrscht Gütergemeinschaft und teilweise Ehelosigkeit.

Den Höhepunkt ihrer Zusammenkünfte bildet ein kultisches Mahl, wobei ein Priester Brot und unvergorenen Wein zelebriert. Die essenische Gemeinde soll mehr als 4000 Mitglieder umfaßt haben. Im Land bestehen mehrere Niederlassungen; eine von ihnen auf dem Ölberg im Osten von Jerusalem[106].

66 beginnt der Jüdische Krieg[107]. Münzfunde bestätigen, daß die Ordenszentrale von Qumran um 68 vernichtet wird. Kurz vorher werden Teile der Bibliothek in Sicherheit gebracht. Die Archäologie hat die

Geschichte der Essener seit 1947 zu neuem Leben erweckt. Damals suchen Beduinenkinder aus dem Stamm *Tá amire* eine verirrte Ziege. In einer zwei Kilometer vom Nordwestufer des Toten Meeres gelegenen Höhle finden sie Handschriften in hebräischer, aramäischer und griechischer Sprache: in Leinwand gehüllt und in Tonkrügen verschlossen. »Plötzlich fällt auf die Essener und vor allem auf ihre Beziehungen zur Jesus-Sekte das grellste Licht[108].«

Die Schriftrollen sind eine wesentliche Quelle zur Erforschung der israelitischen Geschichte, denn sie gestatten Einsichten in die Lebensformen und die damit verbundenen religiösen Ansichten. Sie schaffen eine

⇒

David Friedrich Strauss, Doktor der Philosophie und Rep, Rependent am evangelisch-theologischen Seminar in Tübingen. Verfasser des Buches: »Das Leben Jesu ... kritisch beleuchtet«. Er sagt im Vorwort: »Es ist an der Zeit, an die Stelle der veralteten Geschichte Jesu eine neue zu setzen, weil die alte der fortschrittlichen Bildung nicht mehr genügt.«

neue Basis für die Textkritik an der christlichen Bibel. Bedeutend ist vor allem eine Sektenrolle, in der die Regeln für die Gemeinde in den letzten Tagen aufgezeichnet sind. Hinzu kommt eine Sammlung von Hymnen, eine Darstellung des Krieges zwischen den Söhnen des Lichts und denen der Finsternis, die 1896 in der Genia der Synagoge von Kairo entdeckt wird, und die 1919 veröffentlichte Damaskusschrift sowie zwei ausgerollte Tafeln aus getriebenem Kupfer mit einem Verzeichnis märchenhafter Gold- und Silberschätze.

Durch die unterschiedliche Interessenlage der Sekten entstehen Spannungen[109]. Ein neuralgischer Punkt ist die diametral gelagerte messianische Hoffnung. Sie wird durch ein politisches Faktum mitbestimmt, denn 63 unterwirft Pompejus die Makkabäer oder Hasmonäer. Kurz danach beginnt der Jüdische Krieg. Danach rückt die Einsetzung eines israelitischen Messias in weite Ferne. So werfen die Essener den Pharisäern vor, daß sie nicht mehr an das unmittelbar bevorstehende Weltende glauben und bezeichnen sie als *Heuchellehrer*[110].

Die Essener beißen sich an ihrer Sehnsucht fest. Es ist nicht abwegig, die These aufzustellen, daß in der Ordenszentrale von Qumran Grundelemente des Christentums vorgezeichnet werden[111]. Der Lehrer der Rechtschaffenheit erweist sich als das autokratisch regierende Oberhaupt des Ordens[112]. Vermutlich erblickt die Qumran-Gemeinde in ihm einen eschatologischen Propheten[113].

Es ist denkbar, daß die Evangelisten – oder deren geistige Vorläufer – in diesem Umfeld entstehen. Lukas spricht von einer Belagerung Jerusalems. Es mag sein, daß einzelne Mitglieder des Ordens später als Jünger auftauchen, ja daß sie Zeitgenossen dieser kriegerischen Auseinandersetzung gewesen sind. Nicht nur David Friedrich Strauss hält an der Behauptung fest, daß den Evangelien geschichtliche Ereignisse zugrundeliegen.

Theorie von Bromme

Der Althistoriker gelangt zu dem Ergebnis, daß die Evangelien in verschlüsselter Form die vier essenischen Aufstände beschreiben. Seine Folgerungen erscheinen in sich logisch. Der erste essenische Aufstand wird niedergeschlagen, was Josephus Flavius bestätigt[114].

Beim Zweiten wird der Tempel von Jerusalem angegriffen. Er endet mit einer Niederlage. Nach dem Tod von Herodes dem Großen wird ein Publius Quintilius Prokurator in Syrien. Er schlägt einen weiteren

---

Die widersprüchliche Kreuzigung anhand der widersprüchlichen Evangelien

Angeblicher Vorgang	Markus	Matthäus	Lukas	Johannes
Kreuzigung	1	1	1	4
Teilung der Kleider	2	2	4	3
Inschrift am Kreuz	3	3	2	2
Kreuzigung der Schächer	4	4	5	8
Spott der Priester	5	5	3	9
Schmähen der Schächer	6	6	6	-
Finsternis	7	7	7	-
Soldat mit Essig	8	8	10	-
Tod des Jesus	9	9	9	-
Zerreißen des Vorhanges	10	10	-	-

Die Ziffern bedeuten die in den Evangelien gebrachte Reihenfolge

---

Wesentliche Aussagen von Bromme

- Was heute als Altes Testament bezeichnet wird, bietet keinen religiösen Ansatzpunkt, sondern beinhaltet politische Geschichte. Ein Ausfluß davon sind die sogenannten *Gebote*, die das damalige israelitische Straf- und Zivilrecht wiedergeben. In ihnen wird ein harter Sittenkodex verfochten.

- Im Mittelpunkt des Alten Testaments steht der Achämenide Kyros II. Er lebt von 559 bis 529 und wird der vergottete Mensch der Bibel.

- Der historisch gesicherte Zeitraum des Alten Testaments umfaßt 651 Jahre; er reicht von 926 bis 275 v. u. Z.

- Wir sind gezwungen, von der seitherigen biblischen Geschichte, die für die Zeit vor 926 v. u. Z. hinzugenommen, 1000 Jahre ersatzlos zu streichen, denn die biblische Geschichte beginnt erst mit dem Jahr 926.

- Weder Kyros II., noch Moses, noch deren Auftragsschreiber haben eine Religion gegründet.

Aufstand nieder und richtet u. a. den Essener Simeon hin. Was die späteren christlichen Autoren als Johannes der Täufer bezeichnen, kann ein Essener gewesen sein. Er wird, noch unter Herodes, gefangen und auf die Festung Machareus gebracht. Hier wird er um die Mitte des Jahres 28 enthauptet.

Dann hat sich ein Jesus von Nazareth Genannter in die politische Szene geschaltet[115]. Er kann mit dem Lehrer der Rechtschaffenheit identisch sein. Er war kein Christ. Er ist weder Religionsgründer, noch Wohltäter oder Sozialrevolutionär. Jesus hat keine Kirche gegründet. Nach Bromme ist er der Führer des letzten Aufstandes der Essener. »Die Bibel ist eine Schöpfung der Kirche und nicht die Kirche eine Schöpfung des Alten und des Neuen Testamentes[116].«

Nach Bromme kann Jesus nur kurze Zeit aktiv gewesen sein. Der von ihm inszenierte Aufstand wird von Josephus Flavius beschrieben[117]. Jesus wird gefangen und vor ein römisches Tribunal gestellt. Nach dem geltenden Recht ist er ein Hochverräter. Man sollte seine Verhörer nicht als Naivlinge hinstellen. Römische Machthaber stehen im Land und haben das politische Geschehen im Griff. Man macht Jesus den Vorwurf, daß er ein Christus, ein Messias sein wolle, weil die Israeliten von ihm die Befreiung von der Fremdherrschaft erwarten: er wäre ein Feind des römischen Statthalters.

Das literarische Tauziehen um Barrabas und ihn kann als Ausschmückung übergangen werden. Jesus wird nach der gängigen Vorstellung von den Römern rechtmäßig zum Tod verurteilt und gekreuzigt. Zu behaupten, es wäre in der dritten Stunde geschehen, sagt nichts, denn es gibt keine Zeiteinteilung im heutigen Sinn. Die Geschichte mit Maria Magdalena führt auf einen Nebenschauplatz. Der Aufstandsführer soll mit dem plötzlichen Schrei *Es ist vollbracht* gestorben sein.

Wir können es übergehen, weil schon Herakles mit den gleichen Worten gestorben sein soll. Es ist unbekannt, wo man ihn begraben hat. Vielleicht auf dem inzwischen von den Archäologen entdeckten Friedhof der Essener von Qumran. Mit dem Ableben von Jesus treten andere auf den Plan, die später als Jünger deklariert werden.

Erst danach entsteht das Urchristentum und nach merkwürdigen Umwegen das Christentum. Bewußt spricht Josephus Flavius von den Christianern[118]. Erst dann werden Veränderungen eingeleitet und erst dann geht man an die Abfassung der christlichen Bücher.

Sie beinhalten keine geschlossene Darstellung des Glaubensgutes. Dies muß Kirchenlehrer auf den Plan rufen, die versuchen, ihre Interessen literarisch durchzusetzen. Diese Unsicherheit, dieses Suchen nach den geistigen Grundlagen kennzeichnet die ersten *christlichen* Jahrhunderte weit über den Zeitpunkt hinaus, wo man das Christentum zur Staatsreligion erhoben hat. Es bedeutet: die absolut sicheren Aussagen der Kirche ruhen auf einem absolut unsicheren Fundament. Folglich ist das Ergebnis der Bibelforschung ein Chaos.

Die christlich verpflichtende Glaubenslehre besteht aus vielfältigen Interpretationen der Kirchenväter und -lehrer und der daraus abgeleiteten konziliaren Ab- und Ansichten. Trotz aller Bemühungen ist es Stümperwerk geblieben. Die Christen haben Gewalt, Mord, Zwang, Unterdrückung und Drohungen zu Rate gezogen, um das wenige, was sie als Glauben bezeichnen, hochzuhalten. Die Einheit der römisch-katholischen Kirche ist nie zustandegekommen, sondern immer ein Ziel geblieben. Manche Fälschung muß sich diesem Zweck unterordnen.

Evangelistische Ungereimtheiten

Die Theologen vertreten die Auffassung, daß die vergleichende Betrachtung der evangelistischen Texte ein harmonisches Gesamtbild ergibt. Mit dieser exklusiven Auffassung stehen sie allein im Raum[120]. Es wird früh erkannt, daß die Ungereimtheiten

⇒

1) Der Teufel beim Weinfaß.
2) Geistliche verlassen ein Kloster.
3) Der Teufel verläßt die Kirche (?) um einen Jüngling zu verführen.
4) Blick in ein Frauenzimmer des Mittelalters.

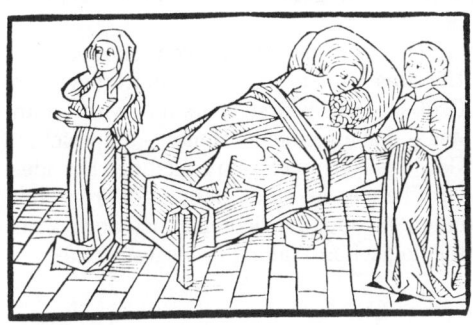

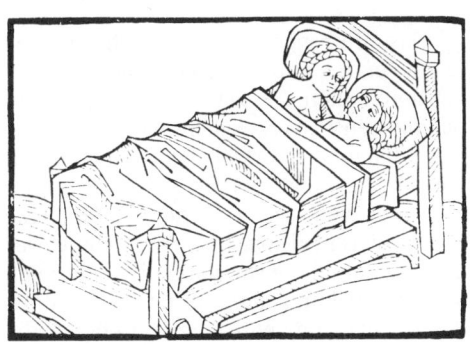

den gesamten Schriftbestand auszeichnen. Es wirft einen tiefen Schatten über den ihnen zugesprochenen Wahrheitsgehalt.

Die Widersprüche umfassen die gesamte Palette und reichen vom Abendmahl über die Taufe, von den Wirkungsplätzen bis zur Kreuzigung, von der Auferstehung über die Aktivität der Jünger und betreffen vor allem die Apostelgeschichte. Folgerichtig wird seit langem der christliche Unterbau bezweifelt.

Die Theologen bestätigen ihre Unsicherheit, denn im streng gehüteten Glaubensstrom bilden sich im Lauf der Zeit viele Evangelientheorien heraus, von denen eine widersprüchlicher als die andere ist[121]. De Wette hebt hervor: »Um die Glaubwürdigkeit eines Berichtes zu prüfen, muß man zuerst die Tendenz des Erzählers untersuchen[122].«

Treffend bemerkt Strauss: »Den gelehrtesten und scharfsinnigsten Theologen fehlt die Grunderfordernis; die innere Befreiung des Gemüts und Denkens von gewissen religiösen und dogmatischen Voraussetzungen[123].«

Hinzu kommen theologische Ausflüchte und sophistische Rechthabereien. Nicht nur Wilhelm Kammeier bemerkt[124], daß man bei der Vergleichung der Texte willkürlich mit wesentlichen Glaubensweisheiten umspringt.

Englische Deisten und Naturalisten bestreiten schon im 17. Jahrhundert die Echtheit und somit die Glaubwürdigkeit der Bibel[125]. Toland[126] und Bolingbroke erkennen in ihr eine Sammlung unechter Schriften. Kant[127] erkennt hinter den biblischen Schriften wohldenkende Volkslehrer, die die Inhalte mit den allgemeinen moralischen Glaubensansätzen übereinstimmend ma-

⇐

1) Der Teufel verfolgt einen geistlichen Würdenträger.
2) Brauthandel oder Verführung.
3) Überschlagen der Bettdecke. Besteigen des Brautbettes und Entfernen der Gäste.
4) Der eheliche Beischlaf.

chen wollen. Er deutet wesentliche Teile der christlichen Glaubenslehre im ethischen Sinne um und zieht sich dadurch die Ungnade seines Landesfürsten zu.

Es steht die grundsätzliche Frage an, weshalb man bei einer so wichtigen Angelegenheit nicht auf ein verbindliches, historisch prüfbares, wahres und nicht von Widersprüchen durchwobenes Dokument zurückgreifen kann.

Die Entstehungszeit der heiligen Bücher ist unbekannt. Kritisiert wird vor allem das Johannes-Evangelium. »Tatsache ist, daß die wissenschaftliche Forschung das Johannes-Evangelium seit über hundert Jahren verwirft[128].« Es wird durch mehrfache Überarbeitungen erst kirchenfähig[129]. »Es stammt von einem meditierenden Theologen und wird Jahrzehnte nach den anderen verfaßt. Es ist wegen seiner krassen Widersprüche ersatzlos aus dem Konsens der biblischen Schriften zu streichen.«

Die Theologen irren sich an handfesten historischen Orientierungen und stempeln antike Landesherren zu blutrünstigen Tyrannen ab. So den König

Herodes

wird 72 v. u. Z. geboren und mit 23 Jahren zum Statthalter von Galiläa ernannt. Mit 40 wird er zum König von Judäa ausgerufen. Nach der Stürmung von Jerusalem regiert er von 37 v. u. Z. bis ins Jahr 4.

Wenngleich er seinem Land einen langen Frieden sichert, geht er rücksichtslos gegen Widerstände vor[130]. Während seiner Regierungszeit findet vermutlich die Geburt des Jesus von Nazareth statt.

Man sagt Herodes nach, er habe zu sehr unter dem Einfluß seiner zweiten Frau Herodia gestanden. Spätere Päpste können ihm daraus keinen Vorwurf machen, denn etliche von ihnen waren vom weiblichen Geschlecht nicht nur beeinflußt, sondern abhängig. Im 10. Jahrhundert wird Rom streckenweise von Huren regiert. Papst Alexander VI. überträgt seiner Tochter Lukrezia im frühen 16. Jahrhundert vorübergehend die Amtsgeschäfte im Vatikan.

Von christlicher Seite aus wird Herodes als blutrünstiger Tyrann hingestellt, der den Kindermord in Bethlehem auf dem Gewissen hat[131]. Es gibt eine biblische Parallele. Pausianus berichtet von einem Kindergrab in Kaphay. Die Kinder hätten sich einst an einem Götterbild vergangen und seien von den Bewohnern gesteinigt worden. Als daraufhin eine Krankheit über die Frauen hereinbrach, befahl die Pythia, die Kinder zu begraben und ihnen jährlich ein Heroenopfer zu bringen[132]. Einen solchen Kindermord hat es vermutlich nicht gegeben; er ist sinnlos.

Die Kirche hat Herodes ohne sachliche Berechtigung abgekanzelt. Selbst wenn er den Kindermord veranlaßt haben sollte, wäre es nichts im Vergleich zu den Hunderttausenden, die die römisch-katholische Kirche im Lauf ihrer Geschichte in Religionskriege verwickelt, und aus dem Leben geschafft hat.

Es ist bemerkenswert, daß man weit bis ins 18. Jahrhundert hinein den Christen abortierte Kinderleichen als angebliche Reliquien der angeblich unter Herodes unschuldig umgebrachten Kindlein verkauft hat.

Zur Zeit des Jesus von Nazareth ist Herodes Antipas, ein Sohn von Herodes dem Großen, Landesfürst. Unter ihm wird Johannes – der angebliche Täufer – hingerichtet. Herodes Agrippa I., ein Enkel des Herodes, läßt Petrus in ein Gefängnis werfen und einen Jacobus hinrichten. Doch zurück zur theologischen Widerspruchsgeschichte.

Herrengebet, Abendmahl und Taufe

Das Herrengebet findet sich nur bei Lukas und Matthäus. Die anderen Evangelisten halten es nicht für nötig, darauf einzugehen[133]. Verzweifelt suchen die Theologen nach einer Erklärung, als man ihnen vorhält, daß eine der alten Handschriften nur fünf von sieben Bitten enthält. Sie proklamieren: »Hinsichtlich des Vater Unser liegt die Annahme vor, daß Lukas, der auch sonst oft gekürzt hat ... in der Erkenntnis, daß Jesus nur ein kurzes Gebet habe

Die christlichen Gemeinden im 1. Jahrhundert.

formulieren wollen, in der dritten und siebten Bitte Ausführungen der zweiten und ersten erblickt[134].« Mit solchen Argumenten kann man niemanden überzeugen.

Das Abendmahl – Herzstück des Christentums – wird von Johannes mit keiner Silbe gewürdigt. »Das Variantenbündel des christlichen Abendmahlberichts ist ein aus dogmatisch-theologischen Spannungen erwachsenes Kunstprodukt[135].«

»Der Text des Neuen Testaments hat während der ersten beiden Jahrhunderte nicht unanfechtbar festgestanden. Einzelne Kopisten haben sich unkorrekt verhalten. Sie haben nicht bloß mechanisch die Vorlagen abgeschrieben, sondern sie aufgrund eigenen Nachdenkens, verbessert, verdeutlicht und sie dadurch verständlicher gemacht. Die Abschreiber denken nicht an die Zukunft ihrer Schriften, denn nach ihrer Ansicht steht das Weltende bevor. Weshalb sollten sie dann auf besondere wörtliche Treue bedacht gewesen sein[136]?«

Die Taufe ist ein wesentlicher Angelpunkt des christlichen Glaubens. Warum heißt es nur am Schluß des Matthäus-Evangeliums: »Geht und machet alle Völker zu Jüngern, indem ihr sie taufet auf den Namen des Vaters, des Sohnes und des Heiligen Geistes[137].« Warum erwähnen es die anderen nicht? Hier kommen die Theologen in Verlegenheit und sagen: »Wir wissen, daß die Evangelisten keinen Bericht geben wollten, sondern nur Momentbilder von Jesus in ein konstruiertes Rahmenwerk stellen, das ein reines Verlegenheitsprodukt ist[138].«

Auferstehung und Himmelfahrt

Lediglich die Evangelisten Markus und Matthäus stellen die Kreuzigung einheitlich dar. Lukas bringt eine Verzerrung und Johannes tanzt aus der Reihe. Er schweigt von der Finsternis und vom Zerreißen des Vorhangs. Dafür wartet er mit einer Anmerkung auf, von der die Synoptiker nichts wissen wollen. Er sagt, daß die Mutter von Jesus am Grab ihres Sohnes gestanden haben soll.

David Friedrich Strauss bringt ein treffendes Beispiel, denn das *Bethanische Mahl* kommt in fünf Variationen vor. Ähnlich konfus wird die Auferstehung geschildert. Nach den Aufzeichnungen der Evangelisten hat ein Josef von Arimathäa den Gekreuzigten abgenommen und beigesetzt. Im

Widerspruch dazu behauptet man in der Apostelgeschichte, die Kreuzabnahme und Grablegung sei durch Juden erfolgt[139]. Matthäus erwähnt die Grabwache, doch Markus nicht. Nach Matthäus fährt ein Engel vom Himmel herab und die Wächter fallen *wie tot* um[140]. Bei Markus treffen die Frauen zwar den gleichen Engel, doch nun sitzt er still am leeren Grab. Nach dem Johannes-Evangelium verwenden die Frauen Spezereien, um den Herrn zu salben. Bei Markus besorgen sie sie einen Tag nach dem Sabbath und bei Lukas einen Tag davor[141].

Nach dem Markusschluß und dem Johannes-Evangelium erscheint der Auferstandene erst Maria Magdalena, bei Matthäus den beiden Marien und bei Lukas den Emmaus-Jüngern[142]. Nach Lukas erfolgt die Himmelfahrt Christi bei Bethanien, laut der Apostelgeschichte vom Ölberg aus. Das Matthäus-Evangelium kennt die Himmelfahrt nicht.

Markus nennt als erste Brüderpaare Petrus und Andreas bzw. Jacobus und Johannes. Die Tradition des Johannes-Evangeliums erwähnt einen namentlich Unbekannten, dann Petrus, Philippus und einen Nathanael; diesen kennen die anderen Evangelisten nicht. Paulus erwähnt im Ersten Korintherbrief, daß Jesus Christus nach seiner Auferstehung erst Petrus und dann den anderen Jüngern erschienen ist. Markus weiß von dem nichts, sondern bemerkt, daß Jesus seinen Jüngern auf einem ungenannten Berg in Galiläa erschienen sei; nach dem Lukas-Evangelium haben die Erscheinungen in Judäa stattgefunden.

Nach Matthäus schlagen die Mitglieder des Synedriums Jesus während dem Verhör. Nach Lukas sind es die Knechte des Hohen Rates.

Wie steht es mit der Heilung des Blinden? Markus sagt, sie wäre beim Verlassen der Stadt Jericho erfolgt und Lukas meint, das Wunder wäre geschehen, als sich Jesus der Stadt genähert hat.

Aufgrund vieler Fakten steht der Nachweis aus, ob die biblischen Texte wahr oder unwahr sind. Ist das Christentum ein Sammelbecken von antiken Religionsformen, gesteuerter Manipulationen oder ist es eine glaubwürdige Religion? Wenn man die Schrecken abzieht, die mit seiner teilweise gewaltsamen Verbreitung verbunden waren, bleibt wenig übrig, was tolerant und sittlich als hochstehend zu bezeichnen ist.

Die falschen und wahren Apostel Christi. Flugblatt aus dem frühen 16. Jahrhundert. Nach einem Holzschnitt von Albrecht Dürer.

Historische Kritik

Inhalt

Historische Kritik

Fälschungen und Legenden

Ein zentraler Fehler der kirchlichen Geschichtsschreibung ist es, bestimmten alten Werken den Mantel der Göttlichkeit zu verleihen, sie als inspiriert und frei von Irrtümern hinzustellen. Es ist unvorsichtig, weil die Probleme vorauszusehen sind. Also hat die Kirche geirrt; sie ist nicht unfehlbar. So löst sich das Lehrgebäude des Katholizismus auf.

Das Dogma der Unfehlbarkeit wird erst in der zweiten Hälfte des 19. Jahrhunderts mit unlauteren Mitteln durchgesetzt; von einem Neurotiker und zu einem Zeitpunkt, in dem die zivilisierte Welt – einschließlich des Papsttums – um die trügerischen Aktionen in der Weltgeschichte weiß. Die Kritik betrifft die zahllosen Manipulationen der als glaubenswahr hingestellten Bibel und die Person eines Jesus von Nazareth. Eigentlich ist nicht er, sondern Paulus der Gründer dieser religiösen Variante. Nach den neuesten Forschungen von Robert Sträuli prägt der Alexandriner Origenes (185-254) das frühe Christentum. Die Theologen haben an Jesus nur herumgedeutet. Sie wissen nichts.

Die von der römisch-katholischen Kirche vermarktete Bibel ist ein menschliches Werk, das der historischen Kritik nicht mehr standhalten kann. »Vielleicht bietet das Papsttum das hervorstechendste Beispiel für den verhängnisvollen Einfluß eines von sich selbst ernannten Siegers[1].«

Über den blinden Glauben triumphiert der gesunde Menschenverstand getreu dem möglichen Bibelwort: »An ihren Früchten werdet ihr sie erkennen, denn ein guter Baum kann keine schlechten tragen.« Seit die römisch-katholische Kirche eine gewisse Macht erreicht hat, sucht sie die geistige Freiheit der anderen – vor allem die ihrer Gegner – zu unterbinden, den Fortschritt zu hemmen, die tributpflichtigen Schäflein auf einer möglichst niedrigen Intelligenzstufe zu halten und alles zu tun, was dienlich ist, um eigene Fehler zu vertuschen.

Ein Priester predigt vor drei Männern und sieben Frauen. Aus »der selen wurcgart«; Druck des Ulmer Konrad Dinckmuth, 1483. Die historische Kritik am Christentum ist ihnen am Vorabend der Reformation nicht gestattet.

Dadurch hat sie vor Jahrhunderten die bösen Geister gerufen, die ihr heute zu schaffen machen. Die Kritik an ihrem Wahrheitsgehalt hat derart zugenommen, daß sie sich ihr stellen muß. Sie kann es nicht, weil sie die damit verbundene Auseinandersetzung verliert.

Die Theologen erkennen den Fremdkörper nicht in ihrer Lehre, sondern bei den Kritikern. Ihr Argument: »Die Geschichtswissenschaft ist eine Magd der göttlichen Theologie«, kann als Sprechblase übergangen werden, denn sie ist ihr haushoch überlegen. Aus dieser Fehlinterpretation, an der festzuhalten sie gezwungen ist, haben sich nahezu alle Konflikte entzündet.

»Ego sum Papa (Ich bin der Papst)«; zwei anonyme satirische, zeitgenössische Karikaturen des lasterhaften Papstes Alexander VI. Holzschnitte mit einer derben, doch realistischen Ausdruckskraft.

Das 16. Jahrhundert zeichnet sich im Umfeld der Reformation durch eine bissige Kritik am Katholizismus aus, in deren Mittelpunkt der Papst steht.

Die römisch-katholische Kirche hat sich zu früh zu konstruierten Glaubensunwahrheiten bekannt und sie tributpflichtigen Christen als wahr aufgezwungen. Deshalb lebt sie nicht aus einem inneren, sondern aus einem Zwangsglauben. Jeder Historiker und gute Theologe weiß, daß sich gestaute Zwänge freimachen.

Offene Einsicht in die Problematik der Kirchengeschichte – vor allem in die der Dogmatik und Exegese – sind unerwünscht. Mit der kritisch-historischen Theologie ist nur ein winziger Teil der Geistlichen vertraut, was gute Gründe hat[2]. Es ist die Angst vor der Wahrheit. Die wenigen vorurteilsfreien Theologen wissen, daß die als heilig bezeichneten, als frei von Irrtümern hingestellten Bücher voller Zusätze, Übertreibungen und Dingen sind, die nicht der Realität entsprechen.

Es ist ein Eigentor für die Kirche, wenn sie Theologen wie Drewermann die Lehrerlaubnis entziehen, nur weil sie recht haben. Damit provoziert sie weitere Kritik. Da sie unqualifiziert agiert und reagiert, muß die unwahre Kirche daran ersticken. Nur ein winziger Teil der Kirchgänger glaubt an die vermittelten Glaubensinhalte, denn sie sind unglaubwürdig.

Die Kirchengeschichte zeichnet sich dadurch aus, daß man sie wie einen Pfannkuchen nach allen Seiten drehen kann. »Manche Theologen verfahren mit ihr wie ein Taschenspieler mit seinen Karten … ein witziger Einfall und eine geschickte Wendung genügen, um wichtige Tatsachen zu beseitigen[3] … im Namen des biblischen Gottes kann man Scheiterhaufen preisen oder verwerfen, Juden verfluchen oder segnen, Heiden zwangstaufen, ihnen Gewissensfreiheit gewähren, Kreuzzüge verklären oder verabscheuen[4].« Die Geschichte der Kirche dokumentiert, daß sie die angenommenen Autoritäten, Gott und Jesus Christus, mißbraucht[5]. Ihre Macht ruht auf der Unkenntnis ihrer Geschichte[6].

Jede Religion liefert geschichtliche Verirrungen. Auch innerhalb des Christentums haben sich giftige Dünste ausgebreitet. Anstatt sie einzugrenzen, hat man sie kultiviert. Die Historiker zerstören das Bild der mütterlichen Fürsorge und zeigen die darunterliegenden Strukturen. Die frühe Zeit hat keine Vertuschungsaffairen nötig. Die Kirche steht im Zenit ihrer geistigen Ohnmacht. Sie macht keinen Hehl daraus und vernichtet ihre Gegner.

»Die Gewalt verdirbt die Menschen, wovon unsere Geschichte Zeugnis ablegt. Ist sie eine geistliche, so beherrscht sie das Gewissen der Menschen und in ihr liegt ein verführerischer Reiz … alles im Leben eines Papstes ist darauf berechnet, daß zwischen ihm und den übrigen Sterblichen eine unausfüllbare Kluft befestigt ist, und stets umnebelt von Weihrauchdüften, muß auch der festeste Charakter zuletzt einer der menschlichen Kräfte übersteigenden Versuchung erliegen[7].«

Die Geschichte verweist das Papsttum in die Reihe der menschlichen Institutionen. »Nicht Leben und Licht sproßt unter seinen Schritten auf, sondern der Tod in seiner grausigen Gestalt haftet an seinen Fersen … die Päpste haben Jahrhunderte an der Spitze eines Mord- und Blutsystems gestanden, das mehr Menschenleben als ein Krieg oder eine Seuche gekostet haben[8].« Voltaire ermittelt die bis zu seiner Zeit von den Christen beiseite Geschafften auf neuneinhalb Millionen.

Dem steht gegenüber, daß Europa zur Zeit des Dreißigjährigen Krieges von insgesamt 17 Millionen bevölkert wird. Nach dem sinnlosen Inferno sind es noch vier. Selbst wenn die Zahlen, wie die der als angebliche Hexen Umgekommenen, zu hoch gegriffen sind, so ist schon ein Opfer zuviel, denn der Sinn einer christlichen Religion kann weder der Zwangsglauben noch der gezielte Mord sein.

»Das Papsttum verdankt seine Bedeutung einer Reihe von Wahnideen sowie umfangreicher Geschichts- und Urkundenfälschungen. Hinter der Maske wird Selbstsucht deutlich[9].« Nur eine vom Papst begangene und festgehaltene Irrung auf dem Gebiet der Wahrheit, des Glaubens und der Moral – es gibt Hunderte negativer Beispiele – erweist den göttlichen Geburtsschein als Fälschung. »Das Papsttum mit seinem Anspruch, eine von Christus herrührende Einrichtung zu sein, ausgestattet mit göttlicher Irrtumslosigkeit in allen Fragen des Glaubens und der Sitten, ist der größte Irrtum der Weltgeschichte[10].«

Das Papsttum ist keine göttliche Einrichtung; wie keine Macht hat es Fluch und Verderben in die Religion getragen. Sein Wesen trägt lediglich einen religiösen Stempel unter dem dünnen Mäntelchen der Nächstenliebe. Das Gebäude der kurialen Machtfülle ruht auf Fiktionen und daraus abgeleiteten Schlüssen und Konsequenzen[11].

Eine endlose Reihe von Manipulationen kennzeichnet ihren Weg. Es ist eine zwangsweise Erscheinung, denn die sich selbst zugewiesene Autorität zwingt zur Verdrehung der Fakten. Die Lüge wird zum Wesensteil der katholischen Religion, denn das Fälschen gehört zum Handwerkszeug der Päpste[12]. Wie sonst kann der Venetianer Marsaglio zu bedenken geben: »Im Laufe der Zeit wird man den Schriften keinen Glauben mehr beimessen … die Kirche wird untergraben[13].«

Papst Leo X. (1513-1521) soll davon gesprochen haben, wieviel der Kirche die Fabel von Christus genützt hat[14]. Der Grieche Kritias sagt: »Die Religion ist von einem klugen Mann zur Wahrung des Rechts und der Gesetze erfunden worden.« Goethe stimmt dem später zu. Die Historiker sind diesem Phänomen auf der Spur und heute besteht keine Schwierigkeit nachzuweisen, wieviel Unmenschlichkeit im Lauf der Geschichte von der Kirche gedeckt, angestoßen und verteidigt worden ist[15].

Die Theologen verfügen über mangelhafte Geschichtskenntnisse und haben Schwierigkeiten mit dem Zählen, denn mit Johannes XVII. beginnt die falsche Zählung der Johannes-Päpste. Johannes XVI. ist ein Gegenpapst. Er wie seine beiden Nachfolger sind Schattenfiguren des allmächtigen Patriarchen Patricius Johannes Crescentius[16].

Die Theologen erlauben sich unglaubliche Übersetzungsfehler. Sie leiten das Hexenbrennen von einer falsch interpretierten Passage des Alten Testaments ab. Sie heben die Vulgata in den Rang eines glaubenswahren Buches, wobei nicht einmal die

Katholizität am Christentum originell ist. Andere Weltreligionen saugen ebenfalls die religiöse Umwelt auf, so daß man auch sie allgemein nennen kann, wie etwa die islamische und buddhistische Glaubensvariante.

Das Papsttum ist nicht das Reich des Friedens. In seinem Namen werden Kriege gefochten und fließen Ströme von Blut[17]. Wie dilettantisch die Kirchenleitung argumentiert, sehen wir daran, daß sie behauptet: »Selbst unechten Dokumenten kommt eine übernatürliche Authentizität zu, sobald sie von der Kirche rezipiert sind[18].«

Die proklamierte Unfehlbarkeit, in die sündige Welt gesetzt von einem senilen und vermutlich nicht mehr ganz zurechnungsfähigen Statthalter Gottes, bedeutet, daß ein Papst nicht nachgeben kann, denn jede Konzession ist die Herausnahme eines Steinchens aus dem künstlich zusammengesetzten Gebäude der Unwahrheit, und damit eine selbstmörderische Handlung[19]. Die Entwicklung vom gewöhnlichen Priester zum römischen Bischof geht weltlich zu.

Es ist bemerkenswert, daß Papst Leo I. der Große (440-461), um den sich die Leo-Legende rankt[20], die Kirche im Dorf läßt und dem damaligen Kaiser Unfehlbarkeit zuschreibt. Er versichert ihm: »Ihr seid vom Heiligen Geist erleuchtet und könnt deshalb in eurem Glauben nicht irren.« In einem zweiten Schreiben bescheinigt er ihm: »Ihr bedürft keiner menschlichen Belehrung und es ist meine Aufgabe, das auszusprechen, was ihr erkennt und das zu lehren, was ihr glaubt.« Später erzählt die Kirche das Gegenteil. Die Christen werden getäuscht und in die geistige Irre geführt. Sie vertreten eine Religionkomponente, die auf tönernen Füßen steht.

Das Mittelalter ist die klassische Zeit der Geschichtsfälschungen[21]. Überall ist man geneigter zu glauben als zu prüfen. Fast keiner trägt Bedenken, vorhandene Zustände durch erdichtete Geschichten oder eingeschobene Urkunden salonfähig zu machen. Manchem Aberwitz wird dadurch ein biblisches Alter zugewiesen und es versteht sich von selbst, daß sich für die Geistlichkeit ein Eldorado der Manipulation auftut.

Sie übertreibt in ihren sophistischen Haarspaltereien und so kann der Jesuit Alighiero Tondi sagen: »Es ist natürlich zu fragen, was die Ursache für eine Verhaltensweise ist, die die Unklugheit bis zum höchsten Grad der Torheit treibt, um einem Insekt nachzujagen, das auf dem Gipfel eines Berges endet.«

Während sich die weltlichen Staaten dem Bürgersinn nach und nach in kluger Voraussicht öffnen, seine Interessen respektieren, seine Wünsche fördern und seinen Freiheitsdrang akzeptieren, tut die Kirche das Gegenteil. Sie trägt nach wie vor Unwahrheiten wacker durch die Zeiten und hat den Mut, für die Durchsetzung ihrer Interessen Kriege zu inszenieren. Ihre Ziele liegen, wenn auch auf Unwahrheiten errichtet, klar auf dem Tisch:

- Man will die spekulativen Akten angeblicher Märtyrer beglaubigen.
- Man will den abgekupferten liturgischen Gebräuchen ein höheres Alter und dadurch mehr Wahrheitsgehalt verschaffen.
- Man will Papstfabeln als wahr hinstellen.
- Man will die Kompetenzen aller anderen Glaubensgemeinschaften unter denen der römisch-katholischen Kirche ansiedeln.
- Man strebt den Welt-Katholizismus an.
- Man will den Päpsten göttliche Kompetenzen zuweisen, obwohl sie Menschen wie andere sind.
- Das Papsttum erzwingt die Herrschaft über Wissen, Kultur und Bildung. Es räumt sich alle Freiheiten ein und verdammt die aller anderen.

Martin Luther kritisiert das Papsttum

Im frühen 16. Jahrhundert gehört der ehemalige Katholik Martin Luther zu den schärfsten Kritikern des Papsttums. Er vertritt den Wortschatz eines derben Bauern. Neben ihm formieren sich hervorragende Humanisten, denen Luther nicht das Wasser reichen kann. Es wird deutlich, auf welchem Niveau der Bergmannssohn argumentiert und auf welchem von Polemik getragenen Wissensstand gestritten wird. Es findet eine Parallele in den Auseinandersetzungen zwischen einigen Nationalsozialisten im frühen 20. Jahrhundert und geistlichen Würdenträgern. Es ist beschämend, wie menschlich es dabei zugeht.

In seinem Buch *Das Papsttum vom Teufel gestiftet,* nennt Luther die Kirche *Lerche* und den Papst einen *Kuckuck,* der Eier frißt und dafür Kardinäle hinscheißt. Er nennt seine Heiligkeit einen *Gaukler,* das *Leckerlein von Rom, päpstliche Höllischkeit* und *Spitzbube,* ein *epikureisch Schwein,* das vom Teufel hinten aus geboren ist und will, daß man ihm den Hintern küsse, einen *beschissenen und furzenden* Papstesel[22]. Er sagt über den Erzbischof von Trier, Richard von Greiffenklau: »Er ist leibhaftig vom Satan in die Hölle geschleppt worden ... er und die anderen sind jämmerlich gestorben ... wie die unvernünftigen Säue.«

Seine Gegner bleiben ihm nichts schuldig. Dr. Eck nennt den Reformator *Dreck* und *Dr. Sauhund* von Wittenberg. Der Jesuit Weislinger sagt über seine Tischreden: »Luther ist Zeremonienmeister bei Hofe, wo man Mist ladet, Advokat von Sauheim, wo nicht gar Stadtrichter von Schweinfurt[23].« Die Gehässigkeit überlebt ihn.

In einem anonymen Brief, der 1606 im Buch eines Franziskaners in Antwerpen gedruckt wird, lesen wir: »Als er erst wenige Jahre tot war, als schon das Gerücht von seinem Selbstmord umging, erzählte man ... unseren Herrn Martin am Bette hängend und erwürgt gefunden zu haben ... vor seinem Tod sei ihm eine Nonne erschienen. Katharina Bora habe ihn erdrosselt ... und ... der Teufel in der Gestalt eines großen Schäferhundes habe Luther umgebracht ... seine Leiche habe so gestunken, daß man den Sarg auf dem Weg habe stehen lassen müssen.«

An Martin Luther, dem Säulenheiligen der Protestanten, werden mehr und mehr Abstriche gemacht. Hinter ihm verbirgt sich wie hinter Jesus von Nazareth ein gewöhnliches Menschenkind, dem man später ungewöhnliche Fähigkeiten beilegt. Gut gemeint, angefeuert von den klerikalen Mißständen seiner Zeit und mit Überzeugung hat er

Martin Luther: »Wider das Papsttum zu Rom, vom Teuffel gestiftet«, Titelblatt 1545.

einen Fehler gemacht; er hat eine schon manipulierte Bibel in die deutsche Sprache übertragen und dadurch Glaubensfehler manifestiert. Alle Bibeln sind menschlich und andere gibt es nicht.

Narren um Christi Willen[24]

Spätere Interpreten legen Jesus von Nazareth den Ausspruch in den Mund: »Ich preise Dich, Vater des Himmels und der Erde, daß Du solches den Weisen und Klugen verborgen hast, und hast es den Unmündigen geoffenbart[25].« Wie ist das gemeint? Wird der Unmündige verherrlicht und soll damit dem Klugen verboten sein, sich mit den göttlichen Weisheiten auseinanderzusetzen? »Jesus Jubelruf, daß die Klugen ausgeschlossen sind und die Einfältigen bevorzugt werden, deutet eine neue Seinsordnung an[26].«

Die Heilige Dreifaltigkeit. Teil eines Holzschnittes aus »Wernherus, Liber defloratio-num« aus dem Jahr 1494.

Ist es kluge Voraussicht? Denn nur mit Einfältigen lassen sich Geschäfte machen, besonders, wenn es sich um religiöse Naivität handelt. Es ist leichter, einem geistig Armen zu schmeicheln, denn einem Vernünftigen.

Die Fälscher der christlichen Aufzeichnungen scheinen das Pauluswort überlesen zu haben: »Niemand betrüge sich selbst. Wer sich unter euch dünket, weise zu sein, der wird ein Narr in dieser Welt, daß er möge weise werden[27] ... denn die Weisheit dieser Welt ist eine Torheit bei Gott[28] ... denn dieweil die Welt Gott in seiner Weisheit nicht erkannte, gefiel es Gott, durch törichte Predigt selig zu werden, die daran glauben[29].«

Walter Nigg sieht es so: »Wer den Ersten Korintherbrief völlig unvoreingenommen und nicht als erbauliches Spruchkästlein liest, wird ihn peinlich empfinden ... die tiefgründigen Gedanken von der christlichen Narrheit spotten aller Theologie und Philosophie ... sie lassen sich mit einer logisch aufgebauten Weltanschauung nicht vereinbaren. Der Aufruf, ein Narr zu werden, ist keine nebensächliche Bemerkung des Apostels, die ihm in einem unbedachten Moment entschlüpft; er führt in die tragende Mitte der christlichen Botschaft[30].«

Jesus von Nazareth[31]

Die Kernfrage konzentriert sich auf die historische Schlüsselfigur des Christentums: Jesus von Nazareth. Er ist vermutlich der Sohn eines dörflichen Handwerkers und geht nicht durch höhere Schulen. Es ist absurd, wenn im 17. Jahrhundert der Wiener Jesuit Imhofer das Lateinische zu seiner Muttersprache macht: »Denn es ist die Sprache der Seligen im Himmel und deshalb kann der Herr auf Erden nicht anders gesprochen haben.« Es steht fest, daß seine Muttersprache das galiläische Aramäisch ist und es ist eine Übertreibung, wenn der Philosoph Paul Deussen 1913 behauptet: »Derjenige muß ein Narr sein, der an der Geschichtlichkeit von Jesus zweifelt[32].«

Die Theologen zeichnen kein Bild seiner Persönlichkeit, weder seines Aussehens noch seiner inneren Einstellung. Ernst Renan meint, daß er durch sein Erscheinungsbild auf seine Zuhörer eine gewisse Faszination ausgeübt hat[33] wie man das ja auch Hitler nachsagt. Ein gewisser autoritärer Gedanke muß ihn ausgezeichnet haben, denn er fordert die unbedingte Gefolgschaft und läßt wissen: »Wer Vater oder Mutter ... Sohn oder Tochter ... mehr liebet denn mich, der ist meiner nicht wert ... So jemand zu mir kommt und hasset nicht seinen Vater, Mutter, Weib, Kind, Brüder, Schwestern, auch dazu sein eigen Leben, der kann nicht mein Jünger sein.«

Einige Kirchenväter rechtfertigen ihre Ansichten mit einem biblischen Psalm, der in Wirklichkeit ein Hochzeitsgesang ist: »Du bist der schönste unter den Menschenkindern, voller Huld sind Deine Lippen[34].«

⇒

Der leidende Jesus von Nazareth. Gemälde von Albrecht Dürer, Öl auf Holz. Karlsruhe, Staatliche Kunsthalle. Niemand weiß, wie Jesus ausgesehen hat. Vielleicht so, wenn er wissen würde, daß seine Nachfolger die Abfassung eines solchen Buches ermöglicht haben.

Selbst hier formieren sich Gegner, die ihn als häßlich bezeichnen: »Er hatte keine Schöne ... da war keine Gestalt, die uns gefallen hätte. Er war der Allerverachtetste und Unwerteste, voll Schmerzen und Krankheit ... so daß man das Angesicht vor ihm verbarg; darum haben wir an ihm nichts geachtet[35].«

Daraus kann nur geschlossen werden, daß alle von ihm umlaufenden Bilder, plastischen und weiteren Darstellungen Phantasieprodukte sind; niemand weiß wie er ausgesehen hat. Die einzige Erzählung aus der Zeit vor seinem öffentlichen Auftreten, die Geschichte des Zwölfjährigen[36] im Tempel, ist eine Legende und kann nicht als Quelle für die psychologische Durchleuchtung verwendet werden[37]. »Als kluges Kind entdeckten wir ihn im Tempel mitten unter den Lehrern (Rabbinern) sitzend ... daß er ihnen zuhörte und sie fragte. Und alle verwunderten sich seines Verstandes und seiner Antworten[38].«

Ein Beweis für seine Existenz ist unerbringlich, sofern nicht neue Quellen hinzukommen. »Für eine umfassende Lebensbeschreibung reichen die Dokumente nicht aus. Sie sind Jahrzehnte nach seinem Tod niedergeschrieben und schöpfen aus der mündlichen Überlieferung. Die als Evangelisten Bezeichneten berichten nicht neutral und einheitlich, aus objektiv-historischem Interesse, sondern wollen durch ihre Schilderungen den christlichen Glauben begründen. Unter diesem Gesichtspunkt wählen sie aus. Dieses individuelle Beschreiben, Deuten und Vermuten von möglichen Vorkommnissen führt in einen undurchdringlichen Dschungel von Verdrehungen, aus dem sich die heutige Theologie gebildet hat und aus dem sie nicht mehr herausfindet.

Als Anton von Dale 1696 in seinen *Dissertationes* vorschlägt, die Bibel genauestens dahingehend zu untersuchen, ob sich nicht durch Fälschungen und Dummheiten Teufelsgeschichten eingeschlichen haben, die auszumerzen sind[39], ist es zu spät. Anton Mayer[40], Katholik und Professor der Soziologie, hat die Bibel mit Scharfsinn und über einen langen Forschungszeitraum analysiert. Er gelangt zu einem verblüffenden Ergebnis: katholische und protestantische Wissenschaftler und Theologen haben in den vergangenen 60 Jahren herausgefunden, daß von den zahlreichen, Jesus nachträglich in den Glaubensmund gelegten Aussprüchen nur etwa 70 von ihm stammen können. Wozu eine dicke Bibel in 200 Sprachen und Millionenauflagen, wenn ein Stück Papier reichen würde? Ist der bescheidene Rest wahr oder nicht?

Der Theologe Heinz Zahrnt sagt, daß ihm die Gemeinde Worte in den Mund legte, die er nicht gesprochen hat, und Taten von ihm berichtete, die er nicht getan hat[41]. Nach Schmitz ist er »... ein völlig unbedeutender Unruhestifter und Wanderprediger, der in schlechter Gesellschaft durch das Land zieht ... er beschimpft die offizielle Kirche, wettert gegen die Machthaber.« »Einer, der von zuhause davongelaufen ist und dem man besser aus dem Weg geht[42]«, will man dem Rat des Theologen Adolf Holl folgen.

Der evangelische Theologe Karl Friedrich Bahrt (1741-1782) erkennt in Jesus von Nazareth einen Visionär. Diese Hypothese wird mehr als ein Jahrhundert danach von dem jüdischen Gelehrten Joseph Klausner[43] aufgegriffen. Seine Lehre, den Armen und Unterdrückten Heil verheißend, stellt sich gegen die politischen Parteien und die Besitzenden. Er hat sich mit den Pharisäern zerstritten, die Schriftgelehrten schockiert und die Sadduzäer gegen sich aufgebracht. Schon der katholische Kaplan Holl[44] bezeichnet ihn als *Unmutserreger* und *Provokateur*. Seine wohl kurzfristige und vorübergehende Predigertätigkeit erfüllt seine Angehörigen nicht mit Stolz. Sie mißtrauen seinen Reden und sind eher darauf bedacht, ihn heimzuholen: »Dies um so mehr, als sie unter dem niederschmetternden Eindruck stehen: Er war von Sinnen[45].«

Daß er kein Gott ist, läßt sich aus der Bibel herauslesen. Er wird von Paulus in seinen Briefen an die Römer, an die Korinther und an Timotheus als Mensch bezeichnet. Seine Göttlichkeit ist eine nachträgliche Erfindung und dies betrifft auch seine Mutter, von der er nie angedeutet hat, daß sie zu verehren ist. Das Gegenteil ist der Fall, denn er verwirft sie und sagt: »Weib, was habe ich mit Dir zu schaffen?«

Philo von Alexandria und Justus Tiberias, Jesus' Zeitgenossen, äußern sich nicht über ihn. Josephus Flavius, der die Geschichte Palästinas während der später auf Jesus zurückgeführten Zeitenwende niederschreibt, hüllt sich in Schweigen. In seinen *Jüdischen Altertümern*, die in den Jahren 93/94 verfaßt werden[46], nennt er Christus einen Bruder des Jacobus. Doch ist die Stelle von einer christlichen Hand überarbeitet oder ein späterer Einschub. Man kann sie nicht ernst nehmen, weil der mögliche Religionsgründer zu diesem Zeitpunkt 60 Jahre tot ist.

Plinius der Jüngere spricht lediglich vom Christentum. In den *Annalen* berichtet Tacitus über den Brand von Rom und die partielle Christenverfolgung. Er sagt: »Der Urheber des Namens Christen ist während der Regierung des Tiberius durch den Prokurator Pontius Pilatus hingerichtet worden«, woraus man seine Kreuzigung ableitet. Es könnte ein ernst zu nehmender Hinweis sein, wäre die Quelle echt. Sie liegt in einer Handschrift aus dem 11. Jahrhundert vor.

Charles Guignebert räumt ein: »Die Armut an Zeugnissen über die Person und das Leben von Jesus ist unbegreiflich. Angesichts dieser Tatsache behaupten nicht wenige, er habe nicht existiert. Diese Ungewißheit wird durch jüdische Zeugnisse erhärtet.« So dramatisch können seine Lebensumstände nicht gewesen sein, wenn man sich erst Generationen nach ihm ausrichtet. Sein Weltbild ist das seiner Generation; mit ihr teilt er den Glauben und den Aberglauben. Nietzsche zieht folgenden Vergleich mit dem Urchristentum: »Wie aus einem russischen Roman, in der sich der Auswurf der Gesellschaft, Nervenleiden und kindliches Idiotentum ein Stelldichein zu geben scheinen[48].«

Der ihm zugeschriebene soziale Aufbruch in die Gerechtigkeit kann nicht mehr als ein Aufschrei gewesen sein. Seine Lehre ist unrealistisch, denn damals sind die Menschen nicht schlechter als heute. Er fordert den Verzicht auf allen Besitz; einen Narr nennt er den, der sich seiner Schätze rühmt: »Geh hin, verkaufe was Du hast und gib es den Armen ... umsonst habt ihr empfangen, umsonst sollt ihr es weitergeben ... wenn einer der Erste sein will, so sei er der Letzte und aller Knecht ... liebet Eure Feinde, tut Gutes denen, die Euch hassen, segnet, die Euch fluchen und bittet für jene, die Euch schmähen.« Ein solches Weltbild kann nicht funktionieren. Wer sieht nicht den Widerspruch? Aus dem wagemutigen Pflänzchen der Nächstenliebe ist eine gigantische Ausbeutungsmaschine geworden. »Jesus Gesellschaftslehre würde gleich einer Bombe in die bestehenden Staaten fahren, sobald ernsthaft das Christentum eingeführt würde[49].«

Ein gewissenhaftes Zuhören auf seine Botschaft hätte jede Form von Zwang und Gewalt als Verstoß gegen den Willen Gottes und als Verrat am Geist Christi erkennen lassen müssen[50]. »Seine Ansichten sind lauter und rein ... sie sind nichts als reine Religion ... die einfachste und höchste[51].« Das wirkliche Leben besteht nicht nur aus Religion: es ist rauh, unerbittlich und hart. Wie ungerecht es werden kann, dokumentiert die Geschichte des Christentums.

Steht doch in der Bibel[52]: »Da nahm Pilatus Wasser und wusch die Hände vor dem Volk und sprach: Ich bin unschuldig an dem Blute, sehet ihr zu, nehmet und richtet ihn nach Eurem Gesetze.« Selbst dies ist nicht abgesichert. Der Statthalter befindet sich im Recht, wenn er Aufwiegler verurteilt. Die Umstände zu seinem Tod sind beweislastig; so wie es die Kirche hinstellt, kann, muß es aber nicht gewesen sein. Er soll ausgerufen haben: »Mein Gott, mein Gott, warum hast Du mich verlassen[53].«

Der antike Staat verlangt die Verehrung der Staatsgötter. Opfert ein Angeklagter vor dem Richter, geht er straffrei aus. Bleibt er bei seinem Bekenntnis, ist er wirklich ein Gläubiger, doch mit einer anderen Glaubensauffassung, trifft ihn die Härte des Gesetzes. Dieses Rezept der Intoleranz übernehmen später die christlichen Machthaber von den römischen; sie kupfern die Gewalt ab.

Mit Jesus von Nazareth steht und fällt das Christentum[54]. Bis heute ist es nicht gelungen, eine glaubhafte Lebensgeschichte zu rekonstruieren[55]. Ist er eine Schlüsselfigur, eine moralische Größe oder ein Nichts? Kontrollierbare Berichte über ihn fehlen[56] und man muß zum zweifelhaften Glauben an ihn Zuflucht nehmen. Es ist für Theologen eine schlechte und für Kritiker eine ideale Ausgangsposition.

Seine Geschichtlichkeit wird früh innerhalb der eigenen Reihen angezweifelt. Tertullian (150-225), ein Vater der abendländischen Christenheit, spricht mehrfach von der *Christusfabel*[57]. »Die Theologen müssen davon ausgehen, daß man das Christentum in den Strudel der geschichtlichen Entwicklung gerissen hat, und daß es dabei verfälscht worden ist[58].«

Selbstverständlich geht ein Großteil der klassisch orientierten Theologen davon aus, daß die Jesus-Legenden einem weltlichen Tatsachenbericht entsprechen. Sie streuen sich katholischen Sand in die Augen und behaupten kühn: »In Deinem Inneren findest Du dennoch einen festen Glaubensboden, prüfe Dein Herz. Wer sich als verlorener Sünder erkennt und plötzlich die rettende Gnade des auferstandenen Christus erfährt, dem ist es nicht nur eine Wiedergeburt. Er spürt gleichzeitig die Gewißheit, daß Jesus lebt und wirkt.« Es ist eine These und bar jeder Logik.

Die Theologen proklamieren: »Die hohe Gestalt von Jesus und der religiöse Gehalt seiner Verkündigung sind unerfindlich. Hätte nicht die erschütternde Wirklichkeit dieses Leben auf den Boden Galiläas gemalt, hätte sie nie ein menschliches Hirn ersinnen können:« Das ist falsch, denn wenn die

⇐

Immer wieder wird berichtet, wie sich Geistliche ob ihres innigen Glaubens während der Messe vom Boden abheben. Bild unten: Der heilige Joseph von Copertino bei einer Levitation. Bildnachweise: Musée des Arts Décoratifs, Paris.

Menschen in der Lage sind, sich Götter zu schaffen, unter die sie sich nachträglich beugen, so ist es ein Leichtes, eine neue Person in Szene zu setzen.

Der *Deus ex machina* ist historisch keine Besonderheit und Jesus von Nazareth steht in einer Traditionskette. Man braucht sich nur umzudrehen, die Religionen und Philosophien der übrigen Welt zu betrachten und stilistische Korrekturen anzubringen; schon ist ein Religionsgründer fertig. Das Sektenwesen unterstreicht diese Möglichkeit. Die nachträgliche Verherrlichung macht Jesus weder realistischer, existenter, göttlicher, gerechter noch wahrer. Die römisch-katholische Kirche versucht, die Wahrheit zu vertuschen.

Dem steht die Auffassung von Werner Keller[59] gegenüber: »Die biblische Archäologie hat in den letzten 30 Jahren so umwälzende Erkenntnisse gewonnen , daß es heute möglich ist, die von den Kritikern und Zweiflern gestellte Frage nach dem geschichtlichen Wahrheitsgehalt der Bibel beweiskräftig zu beantworten: am Nil und Jordan, am Euphrat und Tigris, am Toten Meer und am Mittelmeer befreiten Hacken und Spaten eine so überwältigende Menge alter Zeugen biblischer Wirklichkeit aus dem Schutt der Jahrtausende, daß es den Wissenschaftlern gelang, die geschichtlichen Tatsachen der biblischen Erzählungen herauszuschälen.«

Er sitzt einem Irrtum auf, denn man hat nicht nur Positives, sondern noch mehr Negatives entdeckt; zwar nicht unter dem Sand der Wüste, aber in historischen Dokumenten; sie haben ungleich mehr Beweiskraft. All den Ungläubigen seien die fünf Bände des Althistorikers Erich Bromme *Der Untergang des Christentums* empfohlen.

Heute stehen wir vor einem vielfach gespaltenen Christentum und vor zahllosen religiösen Gemeinschaften. Jede meint, allein seligmachend zu sein und allein dies mahnt zur Vorsicht. Sie tragen alle nuanciert das Gleiche vor, berufen sich auf himmlische Botschaften und können sich nicht verständigen. Wenn schon, dann würde ein göttliches Wesen genügen.

Die christliche Zeitrechnung ist manipuliert

»Im sechsten Monat ward er gesandt von Gott in eine Stadt in Galiläa, die heißt Nazareth, zu einer Jungfrau, die vertrauet war einem Manne, mit Namen Joseph vom Hause David; und die Jungfrau hieß Maria. Und der Engel kam zu ihr hinein und sprach: ›Gegrüßest seist du, Holdselige. Der Herr sei mir dir, du Gebenedeite unter den Weibern.‹ Da sie aber ihn sah, erschrak sie über seine Rede und gedachte: ›Welch ein Gruß ist das?‹ Und der Engel sprach zu ihr: ›Du hast Gnade bei Gott gefunden. Siehe, du wirst schwanger werden im Leibe, und einen Sohn gebären, dessen Namen sollst du Jesus heißen. Der wird groß und ein Sohn des Höchsten genannt werden und Gott der Herr wird ihm den Stuhl seines Vaters David geben; und er wird ein König sein über das Haus Jakob ewiglich, und seines Königreichs wird kein Ende sein.‹ Da sprach Maria: ›Wie soll das zugehen, sintemal ich von keinem Manne weiß?‹

Der Engel antwortete und sprach zu ihr: ›Der Heilige Geist wird über dich kommen, und die Kraft des Höchsten wird dich überschatten, darum auch das Heilige, das von dir geboren wird, wird Gottes Sohn genannt werden. Und siehe, Elisabeth, deine Gefreunste, ist auch schwanger mit einem Sohn in ihrem Alter, und gehet jetzt im sechsten Mond, die im Geschrei ist, daß sie unfruchtbar sei. Denn bei Gott ist kein Ding unmöglich.‹ Maria aber sprach: ›Siehe, ich bin des Herrn Magd; mir geschehe, was du gesagt hast.‹ Und der Engel schied von ihr. Maria aber stund in den Tagen, und ging auf das Gebirge eilends zu der Stadt Judas, und kam in das Haus des Zacharias, und grüßte Elisabeth. Und es begab sich, als Elisabeth den Gruß Marias hörte, hüpfte das Kind in ihrem Leib. Und Elisabeth ward des Heiligen Geistes voll, und rief laut und sprach: ›Gebenedeiet ist die Frucht deines Leibes. Und woher kommt mir das, daß die Mutter meines Herrn zu mir kommt? Siehe, da ich die Stimme deines Grußes hörte, hüpfte mit Freuden das Kind in meinem Leibe. Und oh selig bist du, die du geglaubt hast. Denn es wird vollendet werden, was dir gesagt ist von dem Herrn.‹ Und Maria sprach: ›Meine Seele erhebt den Herrn und mein Geist freuet sich Gottes, meines Heilandes, denn er hat die Niedrigkeit seiner Magd angesehen. Siehe, von nun an werden mich selig preisen alle Kindeskinder. Denn er hat große Dinge an mir getan, der da mächtig ist, und des Name heilig ist; und seine Barmherzigkeit währet immer für und für bei denen, die ihn fürchten[60].‹

Und Maria bleibt bei ihr drei Monate; danach kehrte sie wiederum heim. Und Elisabeth kam ihre Zeit, da sie gebären sollte; und sie gebar einen Sohn. Und ihre Nachbarn und Gefreundten höreten, daß der Herr große Barmherzigkeit an ihr getan hatte, und freueten sich mit ihr. Und es begab sich am achten Tage, da kamen sie, zu beschneiden das Kindlein; und hießen ihn nach seinem Vater Zacharias. Aber seine Mutter antwortete und sprach: ›Mitnichten, sondern er soll Johannes heißen.‹ Und sie sprachen zu ihr: ›Ist doch niemand in deiner Freundschaft, der also heiße.‹ Und sie winkten seinem Vater, wie er ihn wolle heißen lassen. Und er forderte ein Täflein, und schrieb also: Er heißt Johannes. Und sie verwunderten sich alle. Und alsbald ward sein Mund und seine Zunge aufgetan, und er redete und lobete Gott. Und es kam eine Furcht über alle Nachbarn; und diese Geschichte ward ruchbar auf dem ganzen jüdischen Gebirge[61].«

Es war damals die Zeit, als das Gebot des römischen Kaisers Augustus ausging, daß alle Welt geschätzt würde: »Joseph begab sich mit der schwangeren Maria nach Bethlehem … und als sie daselbst waren, kam die Zeit, da sie gebären sollte. Und sie gebar ihren ersten Sohn, und sie wickelte ihn in Windeln und legte ihn in eine Krippe, denn sonst hatten sie keinen Raum in der Herberge[62].«

Das Geburtsjahr des Jesus von Nazareth läßt sich nicht exakt bestimmen. Es läßt sich selbst mit Hilfe der Astronomie nicht errechnen. Die um Jesus gewobenen Geburtslegenden können als für die Forschung wertlos übergangen werden. Die Sache mit dem Jesuskind in der Krippe kann nur als Legende gewertet werden, denn ein eben geborener Säugling liegt nach der Sitte der Zeit nicht in einem Stall. Noch heute halten die Nomaden ihre Tiere im Freien. Die Sache mit den Heiligen Drei Königen ist eine literarische Ausschmückung.

Es gibt nur einen vagen Anhaltspunkt. Das angenommene Jahr 1 wird durch den russischen Forscher Nikolas Notivitch bestätigt, der im Kloster Himis am Rand der Stadt Leh, der Hauptsadt Ladakan im Nordbereich des Himalaja, eine Schrift entdeckt, in der hinsichtlich der angeblichen Reise des Jesus von Nazareth nach Indien gesagt wird: »Jesus war 29 Jahre alt, als er in Indien ankam.«

Dieses Formulierung ist brisant. Hat er – wenn überhaupt – die beschwerliche Reise vor oder nach seiner unmöglichen Auferstehung übernommen. Und wieso geht er nach Indien? Ist es ein Fluchtversuch vor römischen Häschern? Es kann nicht ausbleiben, daß sich eine Geburtslegende gefestigt hat, die an christlichen Haaren herbeigezogen scheint: ihrzufolge hat er sich mit seiner leiblichen Mutter Maria, die unterwegs in Muree (Pakistan) begraben wird, seinem Zwillingsbruder Thomas, der in Südindien missioniert haben soll, nach Srinagar in Kashmir begeben, »… wo er viele Jahre lebte und lehrte, bis ihn der Tod nach einer erspießlichen Tätigkeit im 117. Jahr einholte.«

Er soll sich in Indien im göttlichen Wort noch vervollkommnet und zu armen Volksschichten gepredigt haben. Kam er erst dann nach Galiläa zurück, um sich den Essenern anzuschließen? Hat er erst dann die christlichen Missionskampagnen begonnen?

In Mohalla Anzmarah wird noch heute sein Grab in einem Sarkophag gezeigt. Einheimische, Mohammedaner und Buddhisten nehmen an, daß es sich um die Grabstätte von Christus handelt; dann jedoch kann er nicht auferstanden sein. Es ist merkwürdig; dieses Grab interessiert die Christen nicht; sie orientieren sich an Jerusalem. Es ist näher, es lassen sich leichter Glaubenskriege dorthin transponieren.

Die christliche Zeitrechung ist ein Produkt des 6. Jahrhunderts In unseren Zeittafeln wird 7 v. u. Z. als das mögliche Geburtsjahr von Jesus angegeben und hier wird in Erinnerung gebracht, daß der einst in Rom lebende skytische Mönch Dionysius Exigus 533 beauftragt wird, das Geburtsjahr von Jesus und damit den Beginn unserer Zeitrechnung festzulegen.

Israelitischer Ährenkalender

Die Ursprünge unseres Kalenders gehen in biblische Zeiten zurück. Als die Israeliten aus Ägypten ziehen, benutzen sie einen von Jahwe gestifteten Kalender (2. Mose 12, 1f. und 13, 4). Der altisraelitische Kalender beginnt mit dem 14. Tag vor dem Auszug aus Ägypten. An ihm wird die Neumondsichel im neu gestifteten Ährenmonat sichtbar. Es ist der, in dem die Gerste geerntet werden kann; es ist die Zeit von Mitte April bis Mitte Mai. In der 14. Nacht nach dem Neulicht, dem ersten Sichtbarwerden der Neumondsichel (Vollmond) ziehen die Israeliten aus Ägypten aus. Am Vorabend stärken sie sich durch das Passamahl. Die Israeliten beginnen mit der Tageszählung am neuen Kalender vom 27.4.1244 v. u. Z.

Der jüdische Kalender erreicht erhebliche Bedeutung, denn von ihm lassen sich Schlußfolgerungen auf den möglichen Sterbetag des Jesus von Nazareth schließen. Jesus stirbt wahrscheinlich im Jahr 28 nach dem damals gültigen Julianischen Kalender. Er ist das Werk des Julius Cäsar. Er wird am 1.1. des Jahres 45 v. u. Z. eingeführt. Nach den Recherchen von Robert Sträuli stirbt Jesus an einem 27.4. Gemäß den Evangelien muß dieser Tag ein Freitag gewesen sein. Ist es ein historischer Irrtum, denn nach den gängigen Umrechnungstabellen ist es ein Dienstag. Wie ist diese Dissonanz auflösbar?

Man geht lange davon aus, daß auf einen Montag stets ein Dienstag, auf einen solchen stets ein Mittwoch usw. folgt. Das ist falsch, denn der Kalendererlaß aus dem Jahr 331 des Kaisers Konstantin bringt eine Variante ein. Er erhebt die Woche mit sieben nach Sonne, Mond und den Planeten benannten Tagen im Römischen Reich zum Gesetz. Der *Tag der Sonne* soll der alle sieben Tage wiederkehrende Sonntag sein. Vorher gilt im römischen Reich die *Acht-Tage-Woche*. Konstantin macht aus dem *Tag des Herrn* einen Donnerstag. Der *Iovis dies*, der *Jupitertag*, der Tag des römischen Reichsgottes Jupiter, ist der Donnerstag.

Es ist eine merkwürdige Tücke der Geschichte. Konstantin macht aus dem Kreuzestod von Christi einen Kult, hinter dem kein anderer steht als Jupiter alias Baal, der erklärte Widersacher des Herrn der Bibel. Sträuli zieht folgende Schlußfolgerungen:

- Unter Kaiser Konstantin wird der ursprünglich erste Wochentag zum Donnerstag. Diese Entscheidung fällt im Jahr 331. Es ist eine Verschiebung um drei Tage.
- Also müssen die Historiker im davorliegenden Zeitraum jeweils drei Tage abziehen, um den wirklichen Geschehenstag zu ermitteln.
- Jetzt stimmt es wieder, zwischen dem Dienstag und Freitag liegen drei Tage; also kann Jesus an einem Freitag gestorben sein. Der 27. April des Jahres 28 ist ein solcher.
- Für Jesus Sterbezeit kommt Sträuli zu einem verblüffenden Ergebnis. Nach dem Zeugnis der Evangelisten stirbt er in der neunten Stunde, also ungefähr um 15 Uhr. Am 27.4.28 tritt nach den astronomischen Berechnungen in Jerusalem der Vollmond um 15.04 ein. Es ist offensichtlich eine exakte Angabe.

Möglicherweise stehen wir bezüglich der Geburt von Jesus vor einer sensationellen Fehldatierung. Das auf ihr errichtete Weihnachtsfest mit dem Jesuskind in der Krippe und dem viel später beigefügten Tannenbaum ist ein Märchen. Korrekter ist zu sagen *vor unserer Zeitrechnung* oder *unserer Zeitrechnung*.

Über die Eltern von Jesus weiß man fast nichts und das, was man zu wissen glaubt, ist nicht abgesichert. Es fällt schwer, sich mit dem christlichen Marienkult anzufreunden.

Maria und Elisabeth begegnen sich, beide schwanger, im Gebirge. Der »normal« empfangene Sohn Johannes frohlockt bereits im mütterlichen Bauch über den wohl erstmals »unnormal« empfangenen Jesus im Leib Marias. Unschlüssig ist noch die Frage, wie Johannes später Jesus am Jordan getauft haben soll. Kölner Schule um 1400 (Galerie Utrecht).

Bis zu seinem zwölften Lebensjahr soll er bei seinen Eltern gelebt haben, dann soll er nach Galiläa gegangen sein, dann wieder aufgetaucht sein. Niemand weiß, wo, wann und unter welchen Umständen er geboren ist: »Der einzig greifbare Punkt ist die Stelle ›Jesus war, als er anfing etwa 30 Jahre alt[63].«« Schließlich soll er in den christlichen Himmel aufgefahren sein, den man sich damals wie eine große Glocke vorstellt. Die Legende des leeren Jesusgrabes hat eine historische Parallele, denn es ist denkbar, daß sie auf den Roman *Chairea und Kallirhoe* zurückgeht[64]. Solche Vergleiche rufen immer noch mehr Kritiker auf den Plan.

Kritiker formieren sich

Der Karlsruher Philosoph Drews[65] bestreitet in seinem Buch *Die Christusmythe* die historische Existenz von Jesus. Friedrich Pszillas, ein katholischer Geistlicher, trennt sich von der mütterlichen Kirche und wird nach seiner Promotion Nachtwächter in Bonn. Er verfaßt ein kritisches Buch und sagt darin: »Die fragwürdige Person des Jesus ist wie die des Adam, Apollo und anderer ein legitimes Objekt der geschichtlichen Forschung … die Tatsache seines Wegfalles würde das monströse Gebäude zum Einsturz bringen.«

Goethe kontert: »Nicht Jesus ist der Gründer unserer Religion gewesen, sondern einige weise Männer haben sie unter seinem Namen verfaßt. Sie ist nichts anderes, als eine vernünftige politische Einrichtung[66].« In einem Brief vom Mai 1774 an Herder spricht er vom *Christusmärchen*. Trifft er damit den Nagel auf den Kopf? Für Friedrich von Schiller ist der christliche Gott »eine aus vielen Gebrechlichkeiten und schiefen Vorstellungen zusammengeflossene Mißgeburt[67].«

»Wie sich von einem berühmten Mann Anekdoten bilden, so wird Jesus in Dunkelheit verlebte Jugend, da er später so berühmt und endlich durch seinen Tod noch mehr verherrlicht war, mit wunderbaren Erzählungen ausgeschmückt[68].« Schon lange weiß die historische Forschung: »Die wirkliche Überlieferung ist bereits vom ersten Tag der urchristlichen Gemeinde an von Legenden durchwoben; Jesus wird glorifiziert … es muß als Tatsache angesehen werden, daß an seiner Botschaft wenig Originelles ist, denn man hat sie ihm nachträglich in die Sandalen geschoben[69].«

1799 erscheint eine anonyme Schrift über das Leben von Jesus. Wir lesen darin: »Das Leben Christi war lange vorher in der Idee und den Anschauungen der Juden vorgezeichnet. Jesus als Individuum war nicht da, lebte nicht wirklich, wie er nach den Evangelien und nach den Erwartungen des Volkes gelebt haben soll.« J. G. Fichte verfaßt 1798 einen kritischen Aufsatz zum Thema *Über den Bund unseres Glaubens an eine göttliche Weltregierung.* Kurz nach dem Erscheinen wird er des Atheismus bezichtigt und aus dem Amt gedrängt[70]. Feuerbach deutet die Gottesidee und die damit verbundenen Jenseitsvorstellungen als Projektionen menschlicher Wünsche und Ängste[71].

In kritischen Schriften wird sein Charakter nicht geschont[72]. Vor allem wird die unrealistische Auferstehung bestritten. Thomas Wollston[73] greift das Göttliche und die damit verbundenen Wunder an. Er tritt als Gegner des Christentums hervor und beschäftigt sich mit der allegorischen Auslegung der Heiligen Schrift[74].

In der Wolfenbüttel'schen Bibliothek befindet sich das Fragment eines Unbekannten, das Lessing der Öffentlichkeit zugänglich macht[75]. Der Fragmentist vertritt die Auffassung, daß Jesus einen politischen Plan verfolgt. Paulus verfaßt 1828 eine Schrift über das *Leben von Jesus*[76]. Nach ihm ist er ein weiser und tugendhafter Mensch. Er vollbringt keine Wunder, sondern Taten. Auch Venturini tendiert dahin, im Leben von ihm alles natürlich hinzustellen[77].

Eichhorn[78] räumt viele um ihn gesponnenen Erzählungen, vor allem die Versuchungsgeschichten, die von ihm verrichteten Wunder, die Auferstehung bei seinem Tod, die Wache bei seinem Grab usw. aus dem Weg. Es bleiben viele der Theologie peinliche Fragen offen.

David Friedrich Strauss, Doktor der Philosophie und Rependent am evangelisch-theologischen Seminar in Tübingen, deckt 1835 die Geschichtlichkeit von Jesus auf und verfaßt ein zweibändiges Werk[79]. Die Kirchenbehörde beabsichtigt die Entlassung des Herrn Stiftsrependenten und verfügt seine Versetzung als Lehrer an das Gymnasium seiner Heimatstadt Ludwigsburg. Hier lebt er als freier Schriftsteller, forscht über Ulrich von Hutten und Nikodemus Frischlin. Er schreibt ein Buch über Voltaire und beschäftigt sich mit der Hegel'schen Philosophie. Bereits als Vikar von Kleiningersheim verfaßt er eine Schrift über die *Auferstehung des Fleisches,* die von der philosophischen Fakultät Tübingen akzeptiert wird.

Gewiß ist Strauss ein kluger Kopf. In seinem *Leben Jesu* stellt er heraus: »Mögen die Theologen die Voraussetzungslosigkeit meines Werkes auch unchristlich finden, ich finde die gläubigen Voraussetzungen der ihren unwissenschaftlich.« Fast das gleiche sagt der Theologe Drewermann 160 Jahre später in einem Dialog mit Bischof Degenhardt. Die Zeit und der Geist machen vor der Kirchentür Halt. Strauss und Drewermann werden aus dem Amt gedrängt.

Im Vorwort seines Buches verpflichtet sich Strauss zu sagen, daß es an der Zeit sei, anstelle der veralteten Geschichte Jesu eine neue zu setzen, weil die alte der fortschreitenden Bildung nicht mehr genügt. Sofort nach dem Erscheinen erregt das teure Werk heftige Diskussionen und ein Zeitgenosse erinnert sich: »Ein elektrischer Schlag durchzuckte die deutsche Theologie ... das Aufsehen, welches dieses Werk vor allem in Tübingen und Württemberg erregte, verbreitete sich, lawinenartig anschwellend, durch ganz Deutschland und weit über die Grenzen hinaus.« Es wird in mehrere Sprachen übersetzt. Selbst in den römischen Jesuitenkollegien gehört es vor einem Jahrhundert zu einem wichtigen Gegenstand der theologisch-historischen Diskussion.

Die Berliner Sicherheitsbehörden erwägen ein Veröffentlichungsverbot. In einem Gutachten, ausgestellt von einem Mitglied der Berliner theologischen Fakultät, heißt es:»Man verkennt nicht die Gefahren, die mit einem Umgreifen der Strauss'schen Ansichten verbunden sind, doch kann eine Widerlegung nur auf dem Gebiet der Wissenschaft erfolgen.« Den öffentlichen Bibliotheken im Königreich Bayern und der damaligen Pfalz wird das Ausleihen und der Umgang des *gefährlichen* Buches untersagt.

Wilhelm Hofacker forciert durch einen Aufruf gegen Strauss, Vischer und deren Gesinnungsfreunde einen *Kampf für die Sache des Herrn.* Dagegen steht Mörike auf seiner Seite. Er nennt Strauss einen *tapferen und feinen Geist* und meint:»Es ist immer eine Freude, ihn in den Streitschriften zu hören.« Die Kernfrage ist, aus welcher Quelle das heutige Christentum die von ihm behauptete Wahrheit schöpft. Die Theologen

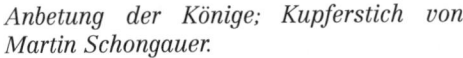

Anbetung der Könige; Kupferstich von Martin Schongauer.

Geburt Christi; Kupferstich von Martin Schongauer.

müssen glauben, was man ihnen vorschreibt. Halten sie fälschliche Prophetenweisheiten und damit verbundene Irrtümer wach? Huldigen sie verstaubten Dogmen und gehen am wirklichen Leben vorbei?

Erschwerend kommt hinzu, daß aus den Evangelien keine eindeutigen Aussagen und Schlüsse gezogen werden können. Wird ein gewohntes Jesusbild hochgeschaukelt? Wer sieht nicht den Widerspruch? Bei Markus ist die Gottessohnschaft erst von seinem Tod an datiert. Bei Matthäus wird Jesus bereits als göttliches Kind von einer Jungfrau geboren. Bei Lukas huldigt Johannes der Täufer im Mutterleib und bei Johannes wird Jesus vergottet.

Die religiöse Kernidee, das Erlöserdrama liefert das Rückgrat für die erdichtete Jesusgeschichte. Wundersamer Anfang und tragisches Ende der geschichtlichen Laufbahn eines Religionsgründers, den man erst nachträglich dazu stilisiert hat. Die Geburts- und Kindheitsgeschichten, die Kreuzigung, Auferstehung und die Palette der Wundererzählungen werden künstlich geschaffen, um die angebliche Göttlichkeit von Jesus zu beweisen. Entsprechen sie der Wirklichkeit oder nicht[80]?

Für den Rechtsanwalt Kammeier ist die Gründung des Christentums eine mittelalterliche Fälschung; dies beinhaltet in sich die Leugnung der Schlüsselfiguren und der Hauptargumente.

1904/1905 stellt die katholische Fakultät in München eine Preisfrage zum Thema *Die Dauer der öffentlichen Wirksamkeit von Jesus*. Es werden drei Arbeiten vorgelegt. Fendt ermittelt 1906 ein Jahr. Zellinger kommt unter der Verwendung der gleichen

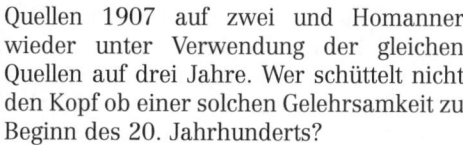

Flucht nach Ägypten; Kupferstich von Martin Schongauer.

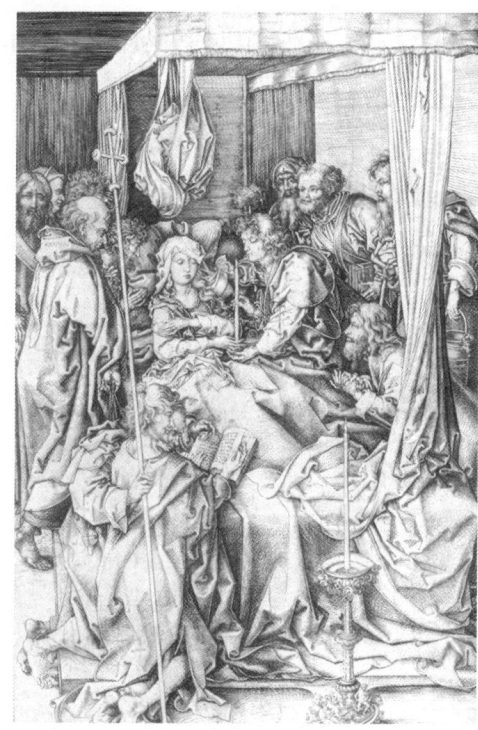

Tod Mariä; Kupferstich von Martin Schongauer.

Quellen 1907 auf zwei und Homanner wieder unter Verwendung der gleichen Quellen auf drei Jahre. Wer schüttelt nicht den Kopf ob einer solchen Gelehrsamkeit zu Beginn des 20. Jahrhunderts?

Unbefleckte Empfängnis und Marienkult

Der Heiligenkult gipfelt in der Verehrung Marias. »Ihre Verherrlichung ist eine Geschichte des Aberglaubens, der kecksten Fälschungen, Verdrehungen, Auslegungen, Einbildungen und den Machenschaften aus menschlicher Kläglichkeit und Bedürftigkeit, aus jesuitischer Schlauheit und kirchlichem Machtwillen zusammengewoben[81].« In Wirklichkeit hat die Kirche eine altheidnische Auffassung auf Hochglanz poliert.

Maria wird nach 1964 zum Abschluß des Zweiten Vatikanischen Konzils vom Papst *Mutter der Kirche* genannt. Es ist interessant, weil sie sonst den Frauen gegenüber nicht sonderlich konziliant gegenübersteht; doch gilt Maria als entsexualisiert. Dadurch ist sie über jedem christlichen Zweifel erhaben. Papst Paul VI. will, daß man ihre Jungfräulichkeit wörtlich nimmt, »… die eine gynäkologische Feststellung jederzeit erlaubt hätte.« Nach Wolfgang Ronner wird dies unmißverständlich im apokryphen Johannes-Evangelium dargestellt[82].

Die göttliche Zeugung aus einer Jungfrau geht auf alte Kulte zurück und die ersten greifbaren Religionen sind Mutterkulte. Man kennt sie in Ägypten, Babylonien, Persien, Griechenland und Rom. Im 3. Jahrtausend wohnt der ägyptische Amun-Re der Königin in der Gestalt ihres Gatten bei. In Babylonien

Feiertage zur marianischen Verehrung[*]

23. Januar	Verlobung Marias mit Joseph	11. September	Mariä Geburt durch acht Tage
2. Februar	Mariä Reinigung	18. September	Fest des allerheiligsten Namens Mariä
25. März	Mariä Verkündung		
26. März	Das Sieben-Schmerzen-Fest	19. September	Das Sieben-Schmerzen-Fest (nochmals)
2. Juni	Mariä Heimsuchung durch acht Tage	2. Oktober	Allerheiligstes Rosenkranzfest
16. Juli	Mariä vom Berge Camel	6. November	Präsentation Mariä
5. August	Mariä Schnee	5. Dezember	Empfängnis durch 8 Tage
21. August	Mariä Himmelfahrt durch acht Tage	19. Dezember	Erwartung der Geburt Mariä

*) Entnommen aus dem Breslauer Directorium

behauptet um 2850 v. u. Z. Sargon von Akkad in der Absicht, als Sohn einer Gottheit aufzutreten: »Meine Mutter war Jungfrau, mein Vater unbekannt«, obgleich jeder über seine Herkunft Bescheid weiß. In Indien hält man Buddha für den Sohn eines Königs und der Jungfrau Majy. Im alten Persien wird Zarathustra als Sohn einer Jungfrau verehrt.

Verbreitet ist die Sage von der wunderbaren Geburt Platons. Sein Vater Aristol soll mit seiner jugendlichen Gattin Peritikone auf göttlichen Befehl solang nicht verkehrt haben, bis sie den von Gott Apollon gezeugten Knaben geboren hat. Ähnliches wird von Alexander dem Großen berichtet, auf dessen Mutter die Bezeichnung *Gottesmutter* übergeht. Die Göttin Hera bringt Hephaistos jungfräulich zur Welt und im Herakleskult gilt die Mutter Gottes als Jungfrau und Mutter.

Den hellenistischen Juden sind Jungfrauengeburten bekannt. Der jüdische Philosoph Philon, der auf das entstehende Christentum Einfluß nimmt, überliefert die biblische Geschichte, derzufolge Gott Sara, Lea, Rebekka und Zippora den Schoß

wunderbar geöffnet und befruchtet hat, den von Sara noch im gesegneten Alter von 90 Jahren. Diese hellenistisch-jüdische Vorstellung wird von den Urchristen auf die Geburt von Jesus übertragen. Das religionsgeschichtliche Vorbild der christlichen Gottesmutter ist die Göttin Isis, die ihren Ursprung im alten Ägypten findet und dort u. a. das Ideal der Frau verkörpert.

Wir haben es mit einer berühmten Gottheit zu tun. Um die Mitte des 2. Jahrhunderts v. u. Z. saugt der um sie gewobene Kult alle anderen weiblichen Gottheiten in sich auf. Die griechische Welt beeinflußt sie etwa 800 Jahre; vom 4. Jahrhundert v. u. Z. bis etwa in das Jahr 400. Die letzte Isisprozession wird 394 in Rom gehalten und der Isistempel auf Philae wird 560 geschlossen.

Wie beim späteren Katholizismus kennt die Isisreligion eine Offenbarung, heilige Schriften, Traditionen, eine alle Tempel umfassende Kirchenorganisation, eine hierarchische Gliederung nach Laien, Geweihten und Priestern. Man kennt Fasten, Litaneien und Andachten. Die Parallelen sind offensichtlich.

Isis wird – wie der christlichen Maria – eine Gnadenwirkung zugesprochen; sie verspricht Hilfe und spendet Trost. Frauen und Mütter rufen sie in ihrer Not an. Die Dankbarkeit ihr gegenüber wird durch Inschriften, Votivtafeln, Gliedmaßen, Amulette und Weihegeschenke bezeugt; Statuetten der Isis gelten im Alten Ägypten als Massenartikel.

Es besteht kein Unterschied zwischen einem antiken Wallfahrtsort und Lourdes, Walldürn, Loreto oder Altötting, denn schon immer orientiert sich der Unschlüssige an gedachten Sehnsuchtsvisionen; den damit in der Regel verbundenen geistigen Rückstand bemerkt er nicht.

Wie Maria bekommt Isis unterwegs ihr göttliches Kind; in diesem Fall ist es Horus, Herodots Harporkrates, der Gott, den der Pharao verkörpert: Sie nimmt ihn wie jede Mutter auf den Schoß und reicht ihm die Brust. Die Empfängnis legt man in die gleiche Jahreszeit. Selbst ihren blauen, mit Sternen geschmückten Mantel vererbt sie ihrer Nachfolgerin. Ihre Attribute sind Halbmond und Stern. Wir dürfen uns nicht wundern, wenn die christliche Maria in Tausenden von Darstellungen auf diese Weise abgebildet ist.

Man verehrt sie als *Liebe Herrin, liebreiche Mutter, thronende Göttin, Himmelskönigin, sancta regina* und *Mutter Gottes*. Ab dem 3. Jahrhundert wird dieser Begriff führend auf die christliche Maria überschrieben.

Marcello Craveri[83] gibt einen interessanten Hinweis und sagt: »In einer Geschichte alexandrinischen Ursprungs heißt es, Jesus sei aus der Blutschande zwischen Maria und einem ihrer Brüder geboren worden.« Der evangelische Theologe Heinrich Eberhard Gottlob Paulus[84] stellt die Hypothese auf, daß sich Maria, beseelt von einer religiösen Begeisterung, dazu bereit erklärt hat, sich einem als Engel Deklarierten hinzugeben und K. H. Venturini[85] ist der Meinung, daß der Verführer Josef von Arimathia ist.

Er rechtfertigt diese Vermutung mit einem ähnlichen Fall, den der jüdische Geschichtsschreiber Josephus Flavius mitteilt, wonach es zur Zeit Jesus einem

römischen Edlen gelungen ist, die künftige Gattin eines adeligen Landmannes zu mißbrauchen, indem er sie von einem Priester der Isis in den Tempel der Göttin habe einladen lassen, unter dem Vorwand, der Gott Anubis begehre ihre Liebe. Vielleicht hat sie geglaubt, Mutter eines göttlichen Wesens zu werden, wie es noch in späterer Zeit in manchen Frauenklöstern zu solchen Erscheinungen kommt.

Nach einem absurden Dogmenstreit während des Konzils von Ephesus (431) muß die alte Isis der neuen Maria weichen. »Daß sie schön gewesen sei, behaupten alle Kirchenväter, obwohl sie niemand zu Gesicht bekommen hat (Corvin).«

Pro und kontra Jungfernschaft

Immaculata conceptio

Die Unbefleckte Empfängnis ist eine klerikale Legende, die keinen Sinn ergibt. Jesus von Nazareth hat sich, soweit rekonstruierbar, als Menschensohn bezeichnet. Die Evangelisten bezeichnen Joseph als seinen Vater[86]. Bei Paulus wird Jesus als Sohn dargestellt, der geboren ist vom Samen Davids. Später wird die göttliche Inkarnation durch hellenistische Einflüsse geprägt und modifiziert. Dies macht es notwendig, für die christliche Maria eine neue Überlieferung zu rekonstruieren, indem ihre Ehe mit Joseph abgewertet und ihr eine besondere Stellung eingeräumt wird. Man stellt in den Raum: »Gott kann als Gebärerin seines Sohnes nicht eine gewöhnliche Familienmutter gewählt haben, sondern nur eine Jungfrau, deren geistige und körperliche Vorzüge sie vor allen anderen Frauen auszeichnet[87].«

Es ist nicht nur unnatürlich und unlogisch. Nach Gustav Mensching ist es ein irrtümlicher Schriftbeweis und ein gelungenes Betrugsmanöver[88].

Schon nach Lukas 2, 7 gebar Maria Jesus ihren ersten Sohn. Dies gibt nur einen Sinn, wenn Geschwister folgen. Markus 6, 3 und Johannes 2, 12 reden davon. Um sich aus diesen vernünftigen Aussagen herauszuwinden, werden seit dem 4. Jahrhundert Jesu Geschwister als Brüder, Vettern und Söhne der Maria, Frau des Klopas, der Schwester der Mutter von Jesus, hingestellt[89]. Die Kombinationen sind willkürlich. Sie entspringen einem Wunschdenken und sind nicht mehr als dogmatische Scherzartikel.

Die Theologen ignorieren die Realität des Lebens, doch selbst wenn sie dem Zölibat frönen, muß ihnen klar sein, worin die wesentlichen Unterschiede zwischen Mann und Frau liegen; ein Blick in die Moraltheologien von Busenbaum und Liguori können ihnen dabei behilflich sein.

Eine alte syrische Handschrift sagt: »Joseph, dem die Jungfrau verlobt war, zeugte Jesus.« Bei Lukas 2, 5 nennt das syrische Palimpsest Maria nicht Verlobte, sondern Ehefrau des Joseph. So schimmert selbst in Codices des Matthäus- und Lukasevangeliums die geschichtliche Wahrheit durch. Das Johannesevangelium, der Hebräerbrief und die Apostelgeschichte erwähnen die Jungfräulichkeit Marias nicht.

In der christlichen Bibel spielt Maria eine untergeordnete Rolle. So soll Jesus auf der Hochzeit von Kanaan zu seiner Mutter gesagt haben: »Weib, was habe ich mit Dir zu schaffen[90].«

Aus dem Neuen Testament ergibt sich, daß Maria weder etwas von der übernatürlichen Geburt noch von einem höheren Beruf ihres später berühmten Sohnes gewußt hat. Ist doch selbst der Kirchenlehrer Irenäus, der Vater der kirchlichen Dogmatik, der Auffassung, daß Maria lediglich bis zu ihrer Geburt Jungfrau gewesen ist, und danach die Frau von Joseph. Tertullian pflichtet ihm bei.

Noch bis zur Mitte des 4. Jahrhunderts gibt es in der abendländischen Kirche keine Zeugen für den Glauben an Marias immerwährende Jungfräulichkeit. Der Bischof Bonsius von Sardica erklärt, Maria habe außer Jesus andere Kinder geboren. Helvidicus schreibt um 385 zur Verteidigung des Christentums ein Buch, in dem er sagt, daß Maria nach der Geburt von Jesus mit Josephus noch andere Kinder hatte[91]. Obwohl dies in jeder anderen Familie normal

ist, ist der als heilig angesehene Hieronymus (um 347-419) darüber verbittert. Er schreibt in seiner Abhandlung *Über die beständige Jungfrauschaft Marias*: »Doch zuerst muß ich den Heiligen Geist anrufen, damit er die Jungfräulichkeit der seligen Maria in seinem Sinne durch meinen Mund verteidigt. Unseren Herrn Jesus muß ich anrufen, damit er ihren heiligen Schoß, den er zehn Monde bewohnt hat, vor jedem Verdacht ehelichen Verkehrs schützt. Auch Gott Vater muß ich anflehen, er möge darum, daß die Mutter seines Sohnes Jungfrau gewesen ist nach der Geburt, wie sie auch Mutter war vor ihrer Vermählung[92].«

Jetzt erhebt sich ein erbitterter Kampf um die angebliche Jungfernschaft Marias. Jovinian wird in diesem Zusammenhang mit seinen Anhängern aus der christlichen Gemeinschaft ausgeschlossen. Ihre realistischen Auffassungen werden als ketzerisch niedergewälzt und gehen im christlichen Glaubenswahn unter. Mit den Disputen wachsen die Spitzfindigkeiten. So handelt Pater Suarez darüber »… ob Maria mit oder ohne Nachgeburt geboren hat.« Er berichtet, daß Fromme verschiedentlich Speisen in der Form von Nachgeburten gegessen haben. Dennoch meint er, daß es nicht der Fall gewesen sein kann, denn unter Berufung auf den Propheten Ezechiel heißt es: »Diese Tür wird verschlossen sein und nicht aufgemacht werden.«

Der Klerus versucht später, solche fundierten Interpretationen zu kaschieren. Auf einer falschen Übersetzung von Jesaja 7, 14 ruht bei Matthäus 1, 23 das Wort *Jungfrau*. Das dort stehende *alma* muß korrekt als *junge Frau* übersetzt werden. Lediglich Matthäus und Lukas verkünden an je einer Stelle Jesus' wunderbare Geburt. Namhafte

⇒

»Disputation der Kirchenväter über die Unbefleckte Empfängnis Mariä«. Gemalt um 1635 von Rene Guido (1575-1642); Leningrad, Eremitage. Veröffentlicht mit freundlicher Genehmigung der AGK, Berlin.

Forscher halten es für eine Interpolation und erklären damit den völlig heillosen Widerspruch zu den Stammbäumen der Evangelien.

Seit dem 3. Jahrhundert besitzt man angebliche Bilder Marias und ab diesem Zeitpunkt nennen Christen ihre Töchter so. Im 4. Jahrhundert entsteht unter Papst Liberius die erste Marienkirche in Rom. Mit dem ausgehenden 4. Jahrhundert wird sie anderen Heiligen gleichgestellt und im 5. entsteht das erste kirchliche Mariengebet. Seit dem 5. Jahrhundert besinnt man sich auf das Fest *Mariae Himmelfahrt,* das noch heute begangen wird, obwohl nie ein Mensch in den Himmel aufgefahren ist.

Nestorius, der Patriarch von Konstantinopel (gest. 415), verwirft die Legende der Maria als Gottesgebärerin (Theodokos) als irreligiös. Proklus, der Kanzelredner und nachmalige Primas (gest. 446), preist im Gegenzug in überschwenglicher Form die Heilige Jungfrau, »das unbefleckte Kleinod der Jungfräulichkeit, das geistige Paradies des zweiten Adam ... und die heilige Gottesgebärerin[94].«

Aus dieser Kontroverse wird das Maria-Märchen gestrickt. Papst Coelestin I. (422-432) erhebt auf der römischen Synode 430 Anklage gegen Nestorius und meint zu wissen: »Seine Auffassung enthält eine Irrlehre, der Gottmensch ist aus zwei verschiedenen Personen zusammmengesetzt.« Daraufhin verurteilt das Gremium Nestorius und ruft ihn zum Widerruf auf. Der Papst richtet einen Schmähbrief an ihn, »der in seiner Ungerechtigkeit und Verwegenheit das niederträchtigste Schreiben ist, das wir aus dem 4. und 5. Jahrhundert besitzen.«

Die von dem ursprünglich nestoriusfeindlichen Theodosius II. einberufene Kirchenversammlung von Ephesos entscheidet sich 431 für Coelestin I. und Cyrill. Sie erhebt die biologische Unmöglichkeit zum Gesetz und zur unumstößlichen Wahrheit. Nach Karlheinz Deschner wird in der Folge eine Chronique-Skandaleuse-Episode heraufbeschworen, die selbst die anrüchige Haupt-und Staatsaktion von Nicäa in den Schatten stellt.

Dann schießen zu Ehren der Gottesgebärerin Marien-Kirchen wie Pilze aus dem Nährboden des falschverstandenen Glaubens. Mit dem 5. Jahrhundert dringt ihre Verehrung in die christliche Theologie. Der Kirchenvater Augustinus erklärt Maria für sündenrein. Die Marienvisionen beginnen im 5. Jahrhundert. Sie soll sich damals während der Nacht in der Anastasiuskirche von Konstantinopel Kranken gezeigt haben, die daraufhin gesund geworden sind. Seit dem 6. Jahrhundert weist man ihr Reliquien zu. Eine der ältesten ist vermutlich ein Stein, auf dem sie vermutlich während ihrer beschwerlichen und vermutlichen Reise nach Bethlehem gerastet haben soll.

Um die Mitte des 6. Jahrhundert entsteht die Legende des Theophilus, in der Maria eine entscheidende Rolle spielt. Die dichtende Nonne Roswitha von Gandersheim hat sie im 10. Jahrhundert in Verse gekleidet. Aus der Brust Marias soll im 11. Jahrhundert Fulbert von Chartres Milch gekostet haben. Ein Jahrhundert später gelangt der Mönch Bernhard von Clairveaux in den gleichen Genuß.

Jetzt wird ihr der Amtstitel *Mutter Gottes* oder *Gottesgebärerin* beigelegt und ab nun beginnt man für ihre ewige Jungfernschaft als unanfechtbare Glaubenslehre einzutreten und die als Widersacher zu deklarieren, die mit gesundem Menschenverstand an die Sache herantreten. Natürlich sehen es die Theologen anders.

Selbst in diesem Punkt hat sich die Geistlichkeit verrannt. Da sich die Menschen ihre Götter selbst geschaffen haben, gibt es die *Mutter Gottes* als normale Frau. Wenn man das so sieht, ist der Begriff der *Gottesgebärerin* zutreffend. Aber es ist unmöglich, daß eine Jungfrau von Anfang an ein göttliches Wesen in die sündige Welt setzt.

Ohne Zweifel wäre das Christentum glaubwürdiger, wenn man seinem legendären Gründer ein normales Elternhaus, eine normale Geburt, eine normale Jugend und eine normale Familie zubilligen würde, denn anders kann es nicht gewesen sein. Das darauf errichtete Lehrgebäude ist eine haltlose Spekulation.

Die Dogmatisierung des Unmöglichen erfolgt 649 während des Laterankonzils unter dem Pontifikat Martin I. Man sagt: »Maria ist durch ein Wunder Jungfrau geblieben.« Das Konzil von Tolentino 675 festigt den Irrtum und ab diesem Zeitpunkt wird jeder Zweifler von der Kirche mit einem Bann belegt. Jeder Geistliche, Theologe, Poet oder Scholastiker, der etwas auf sein Ansehen hält, fühlt sich dazu verpflichtet, ein Weihrauch-Scherflein zu der Absurdität beizusteuern. Selbst wenn daraus große Bibliotheken erwachsen, können sie vor der historischen Wahrheit nicht bestehen. Die verzerrten klerikalen Manipulationen beweisen, daß sie selbst auch nicht an die Jungfräulichkeit glauben; soweit die Meinung des Heinz Schmitz.

Jahrhunderte bleiben für die Erforschung Marias zwei Streitfragen im Raum; wie hat sie als Jungfrau geboren und wie ist sie in den Himmel aufgefahren? Basilius stützt das Dogma von der Geburt der Jungfrau ohne leichteste Verletzung ihrer Jungfernschaft durch den Hinweis auf die Geier, »die größtenteils ohne Begattung Junge bekommen, sogar noch im Alter von 100 Jahren.« Mittelalterliche Schriftsteller neigen eher zu der Ansicht, daß die Empfängnis durch das Ohr erfolgt ist. Nach einer 831 verfaßten Schrift des Abtes Radbertus vollzieht sich Jesus Geburt beim geschlossenem Leib der Jungfrau Maria.

St. Damiani (gest. 1059) erzählt, daß Gott durch die Schönheit der Heiligen Jungfrau in heftiger Liebe zu ihr entbrannt ist. »In einem hierauf einberufenen himmlischen Konvent hat er den verwunderten Engeln von der Erlösung des menschlichen Geschlechts und der Erneuerung aller Dinge erzählt und ihnen von Maria Kunde gegeben. Sogleich erhält der Engel Gabriel einen Brief, in dem ein Gruß an die Jungfrau, die Fleischwerdung des Erlösers, die Art der Erlösung, die Fülle der Gnade, die Größe der Herrlichkeit der Freuden enthalten sind. Gabriel kommt zu ihr, und sobald er mit ihr gesprochen hat, fühlt sie den in ihre Eingeweide gefallenen Gott und in der Tiefe ihres jungfräulichen Bauches seine Majestät[95].«

Man streitet sich bis auf das Blut darüber, ob Maria nach der Geburt noch Jungfrau gewesen ist. Tausende von Theologen ergehen sich in suspekten Haarspaltereien über das unerschöpflich-himmlische Thema. So behaupten die Dominikaner, daß sie mit der Erbsünde empfangen hat und die Franziskaner ohne. Aus diesem Aberwitz leiten sich manche Anekdoten ab: »Als einmal ein Dominikaner gegen die Unbefleckte Empfängnis predigt, ruft er die Himmelskönigin auf, gleichsam ein wirkliches Zeichen zu geben, falls es nicht wahr ist, was er geredet hat. Kaum hat er die Lästerung ausgesprochen, da kracht der Kanzelboden herunter und der dicke Pater bleibt halbbekleidet darin hängen … was das Gelächter der Gemeinde herbeiführt.«

Der heilige Ambrosius verteidigt die Auffassung, daß Maria nach der Geburt von Jesus eine Jungfrau geblieben ist und untermalt es so: »Da Jesus gesagt hat: ›Ich mache alles neu‹, so ist er auch von einer Jungfrau auf unbefleckte Weise geboren worden, damit man ihn desto eher dafür halte, dann ist Gott mit uns; als Jungfrau hat sie ihn empfangen, aber nicht als Jungfrau geboren. Ist das eine möglich, so ist auch das andere möglich, denn die Empfängnis geht voraus, und die Geburt folgt nach. Man soll den Worten Jesu und der Engel glauben, daß bei Gott kein Ding unmöglich ist. Man soll dem apostolischen Symbolum glauben. Sagt doch der Prophet, eine Jungfrau werde nicht nur empfangen, sondern auch gebären. Jene Pforte des Heiligtums, welche verschlossen bleibt, durch welche niemand gehen wird, als allein der Gott Israel, was ist das anderes als Maria, durch die der Erlöser in diese Welt eingegangen ist? Sind doch soviele Wunder gegen die Gesetze der Natur geschehen, was ist denn eines, wenn eine Jungfrau wider den Lauf der Natur einen Menschen geboren hat[96].«

Im 18. Jahrhundert läßt Christoph Selhamer, der Stadtpfarrer von Weilheim im Augsburgischen, von der Kanzel herunter wissen: »Alle anderen Weiber gebären mit Schmerzen, mit grausamen Wehetagen, mit allerhand Wust, Blut und Wasservergießung, mit Abmergelung ihrer Kräfte, mit

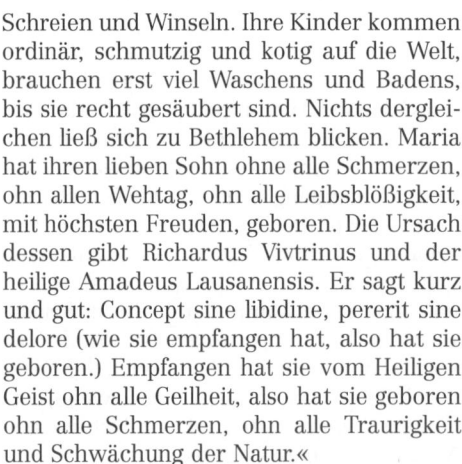

Beweinung Christi; aus der großen Holz-
schnittpassion von Albrecht Dürer.

Die heilige Dreifaltigkeit; Holzschnitt von
Albrecht Dürer aus dem Jahr 1511.

Schreien und Winseln. Ihre Kinder kommen ordinär, schmutzig und kotig auf die Welt, brauchen erst viel Waschens und Badens, bis sie recht gesäubert sind. Nichts dergleichen ließ sich zu Bethlehem blicken. Maria hat ihren lieben Sohn ohne alle Schmerzen, ohn allen Wehtag, ohn alle Leibsblößigkeit, mit höchsten Freuden, geboren. Die Ursach dessen gibt Richardus Vivtrinus und der heilige Amadeus Lausanensis. Er sagt kurz und gut: Concept sine libidine, pererit sine delore (wie sie empfangen hat, also hat sie geboren.) Empfangen hat sie vom Heiligen Geist ohn alle Geilheit, also hat sie geboren ohn alle Schmerzen, ohn alle Traurigkeit und Schwächung der Natur.«

Das Neue Testament schweigt über die Himmelfahrt Marias; ebenso die Kirchenväter bis in das 6. Jahrhundert hinein. Erst im folgenden sprechen sich die Theologen Johannes von Thessalonich, der Erzbischof von Jerusalem und im 8. Jahrhundert. Andreas von Kreta, Johannes von Damas-

kus, Germanus von Konstantinopel u. a. vertreten diese Lehre. Sie stützen sich auf einen Roman des 5. Jahrhunderts, die *Transitus-Legende.* Sie wird im *Decretum Gelasianum,* dem ältesten Index der verbotenen Bücher, verurteilt. Breviere der katholischen Kirche enthalten über Jahrhunderte Abschnitte, die energisch von der Annahme einer leiblichen Himmelfahrt Maris warnen. Selbst Thomas von Aquin (1225-74) verwirft das Himmelfahrtskommando, wartet aber mit folgendem Geistesblitz auf: »Auch die Geburt Marias aus ihrer Mutter, der heiligen Anna, ist auf eine unbefleckte Empfängnis zurückzuführen.« Die alljährlich am *Fest Mariä Himmelfahrt* verkündeten Mitteilungen werden aus der römischen Liturgie erst im 16. Jahrhundert durch Papst Pius V. beseitigt.

Papst Alexander V. führt die Marienandachten zu ihrer Verherrlichung ein. Der Mitverfasser de Hexenhammers, der Dominikaner Jacob Sprenger, gründet eine Marienbruderschaft. Inzwischen ist Maria zum professionellen Gegenspieler des nichtexistenten Satans emporstilisiert und wir haben zwei Schattenboxer vor uns. Folglich werden der Gottesmutter immer mehr Wunder gegen den imaginären Feind unter den christlichen Rock geschoben. Um einen Blick in die Vielfalt der unnötigen Marienmessen zu bekommen, genügt ein Blick in das *Breslauer Directorium.*

Große Kirchenleuchten haben die Feiern zur Himmelfahrt Marias und die Unbefleckte Empfängnis seit dem 8. Jahrhundert als Aberglauben bekämpft. Papst Sixtus IV., ein ehemaliger Franziskaner, verbietet 1482 den Glauben an die Unbefleckte Empfängnis. 1568 verbietet Pius V. ihre Feier aufs neue, doch der katholische Glauben ist stärker. 1848 beweist der Jesuit Peronne die Unbefleckte Empfängnis aus der Bibel, dem unergründlichen Reservoir aller theologischen Spekulationen.

Seit 1861 sollen dem Vatikan über acht Milionen Unterschriften vorgelegt worden sein, mit der *Ergebenheitsformel*, die *hingestreckt zu den Füßen Eurer Heiligkeit*, die Dogmatisierung der leiblichen Himmelfahrt der Assumpta erflehen. Darin werden die, die Jesus Geschwistern aus der Ehe Marias mit Joseph akzeptieren, Tiere genannt, die sich im Schmutz wälzen.

Sechs Jahre später, am 8.12.1854, verkündet Papst Pius IX. durch die Bulle *Ineffabilis Deus* die Lehre der *immaculata conceptio*, der Unbefleckten Empfängnis der seligsten Jungfrau, als von Gott geoffenbart; ab diesem Zeitpunkt müssen die Katholiken an das historisch rekonstruierbare Märchen glauben.

Nachdem Pius IX. das Dogma der Unbefleckten Empfängnis durchpeitscht, entstehen in rascher Folge Marien-Wunderstätten. So in Lourdes und Fatima. Noch 1950 will Papst Pius XII. das Wunder von Fatima neu erlebt haben. 1954 verkündet er das Dogma von der Auffahrt der jungfräulichen Gottesmutter in den Himmel[97].

Das Dogma der *Assumptio corporalis* stützt sich auf den *consensus ecclesiae,* eine fromme Meinung des Mittelalters. Die Kirche produziert damit eine neue Glaubens-

Die »babylonische« Hure; Holzschnitt aus der »Apokalypse« von Albrecht Dürer.

unwahrheit, die nicht nur mit dem Glauben der Urchristenheit nichts gemeinsam hat, sondern auch nichts mit der kirchlichen Lehre in einer entscheidenen Phase ihrer Geschichte.

Am vernünftigsten ist wohl folgendes Denken: Jesus von Nazareth ist als normales Kind in eine normale Familie hineingeboren, dort mit Geschwistern aufgewachsen, trennt sich später von ihnen, rebelliert gegen die staatliche Ordnung, wird zur Rede gestellt, gefangen, verurteilt und hingerichtet.

Möglicherweise wird er auf dem Friedhof von Qumran begraben, der wiederentdeckt ist. Weder er noch seine Mutter sind in den Himmel aufgefahren. Nicht nur, weil dies physikalisch unmöglich ist, sondern weil es einen wirklichen Himmel nach der realen Vorstellung nicht gibt. Es ist eine weltliche Geschichte, die die Theologen bis zur Unkenntlichkeit verzerrt haben. Nur so sind ihre Spekulationen erklärbar.

Auseinandersetzung mit Jovinian

Jovinian[98)] stellt sich die Frage, ob Jesus seine Zeugungsglieder benutzt hat[99)]. Dieses harmlose Argument schlägt wie eine Bombe im Glaubenslager ein; rasch besinnt man sich zur Gegenwehr, denn ein Einzelner darf es nicht wagen, sich gegen eine ungefestigte Lehrmeinung zu stellen, und sei sie noch so falsch.

Rasch wird der Kirchenbann gegen ihn geschleudert; rasch stempelt man Kritiker zu Ketzern ab und meint, sie wären *Abtrünnige des wahren Glaubens*, obwohl es im Grunde genommen anders ist. Diesen Stilbruch begeht die Kirche hundertfach, denn die Worte Toleranz, gegenseitiges Verstehen, das Ringen mit Kritikern um die Wahrheit, sind ihr fremd; sie windet sich lieber in gekünstelten Sachverhalten, sie widersetzt sich der Forschung und dem gesunden Menschenverstand, als einen Fehler zuzugeben[100)]. Sie argumentiert mit dem Niveau eines Kleinkindes.

Papst Sirius verdammt die jovianischen Ansichten und dringt darauf, daß man ihn mit seinen Anhängern von der kirchlichen Gemeinschaft ausschließt. Kühn stellt er in den Raum: »Der alte Widersacher läßt uns keine Ruhe. Er ist ein Lügner und Feind der Wahrheit.«

Bei Licht betrachtet stimmt es nicht, denn der als Widersacher deklarierte Teufel ist eine Fiktion und der Statthalter des menschlichen Gottes geht selbstredend davon aus, daß die Wahrheit auf seiner Seite ist. Diesem Irrtum sitzt die Kirche noch heute auf.

Ambrosius, der während der Mailänder Synode Opportunisten mit dem Bann belegt[101)], schlägt vor: »Weil Jovinian nicht anerkennt, daß Jesus von einer Jungfrau geboren ist, muß er auch glauben, daß Christus nicht wahrhaft geboren ist; darum muß er ein Ketzer sein.« Wenn das nicht theologisch ist.

Der Kirchenvater Hieronymus sieht die Felle des Christentums davonschwimmen und nennt Jovinian einen Knecht der Laster, der sich rühmt, ein Mensch zu sein. Er wäre vor lauter Wollust so fett geworden, daß er kaum ein verständiges Wort hervorbringe. Er nennt ihn einen Liebhaber des Fleisches und sagt: »Du hast in Deinem Lager Amazonen, die mit entblößten Brüsten und nackten Armen zur Wollust reizen[102)] ... es wäre eine an Wahnwitz reichende Unvernunft, der weiblichen Schönheit nachzulaufen.«

Das weitere Schicksal Jovinians läßt sich nicht erschließen[103)]. Als Anhänger und Verteidiger seiner Ideen gelten die Mönche Sarmatorius und Brabantinus, denen die Flucht nach Mailand gelingt. Ambrosius kontert und schreibt an den dortigen Bischof: »Ich höre, die beiden Lügenredner sind zu Euch gekommen, die lehren, daß die Sittlichkeit keinen Verdienst hat, die Jungfräulichkeit keine Gnade sei, daß alle den gleichen Wert haben und daß die wahnsinnig sind, die im Fasten das Fleisch kasteien. Was ist verworfener, als andere zur Wollust zu reizen[104)]?«

Dann schaltet sich Vigilantius mit seinen Schriften gegen den christlichen Aberglauben ein. Er verwirft die Verehrung der Märtyrer und Heiligen, den Glauben an Wunder, die prunkvollen Zeremonien und den Wahn von der Verdienstlichkeit des Fastens. Hätte man auf ihn gehört, wäre das heutige Christentum um einiges glaubwürdiger.

Sofort kontert Hieronymus: »Oh, deine Zunge, die abgeschnitten und in kleine Stücke gehauen werden muß ... einen solchen Frevel hat die christliche Kirche noch nicht gehört. Tue Buße, hülle Dich in Sack und Asche und wische Dein großes Verbrechen mit immerwährenden Tränen ab ... die Ärzte mögen Deinen Kopf heilen, damit derjenige, der nicht zu hören weiß, einmal schweigen lernen möge. Ich wollte einen Rasenden mit den Zeugnissen der Schrift überzeugen, aber er entfernte sich und schrie gegen mich[105)] ... was werden wir tun, wenn sich die Lehre des Vigilantius[106)] weiter ausbreitet ... er läßt der Wollust die Zügel schießen. Er löscht die Brunst des Fleisches durch den Beischlaf mit Weibern.«

Zu welchen Verirrungen der christliche Glauben führt, sehen wir an der Auseinandersetzung um die

Hochheilige Vorhaut Christi

»Der Fund hat die Geistlichen sichtbar berührt. Alle Künste werden aufgeboten, um den Eklat zu vertuschen; doch dann siegt das christliche Gewissen. Die kirchlichen Behörden sollen von dem Verdacht gesäubert werden, den Unsinn gefördert zu haben. Und doch tragen sie die Verantwortung für die unerhörte Schande[107].«

Die christliche Welt wird im 20. Jahrhundert auf das päpstliche Raritätenkabinett aufmerksam und es zeigt sich, welch krasse Blüten religiösen Irreseins es hervorbringt. Vermutlich kommt das Paradestück zwischen 1073-1118 mit anderen Reliquien in den Lateran. Ein Reliquienführer des Lateran wird nach 1073 veröffentlicht.

Die angebliche Vorhaut ist in ein Kreuz geschlossen, das jährlich am Fest der Kreuzerhöhung, dem 14. September, gesalbt wird. Der Prälat Marangoni sagt dazu in einem Papst Benedikt XIV. gewidmeten Werk:»Weit angebrachter ist es, daß unser Kirchlein *Sancta Sanctorum* genannt wurde, denn in ihm verwahrt man einen Teil des wahren und wirklichen Fleisches Christi, des wahren Gottesmenschen … es ist eine Reliquie, die über jede andere erhaben ist[108].« Zu Beginn des 16. Jahrhunderts werden die Lateran-Reliquien unter Papst Leo X. zum letztenmal öffentlich gezeigt, dann hüllt sie die Geschichte in das Dunkel der Jahrhunderte[109].

Alphons Maria de Liguori beschäftigt sich mit der Frage der christlichen Vorhaut und meint:»Da das Dogma lehrt, der ganze Christus, mit allen seinen Gliedern, werde in der Kommunion gegessen, erörtern einige Theologen die Frage, ob Christus als Jude beschnitten worden ist … ob also die konsekrierte Hostie die Vorhaut besitzt oder nicht.«

1903 kommt der Jesuit und gleichzeitige Professor Jubarn von Paris nach Rom. Er gilt als Spezialist, denn er sucht den Nachweis zu führen, ob die heilige Agnes, deren Kopf ebenfalls bei diesen Schätzen ruht, bereits als Kind, wie es die Tradition will, oder erst als geweihte Jungfrau, den Märtyrertod gestorben ist[110]. 1905 wird sein Glaubens-

Das Martyrium der als heilig angesehenen Dorothea. Aus Jacob von Viroggios »Leben der Heiligen«, 1471.

bruder Grisar in die Raritätenkammer gelassen. Er legt einen schriftlichen Bericht über die eingelagerten Kostbarkeiten der lateranischen Pfalzkapelle vor und darin finden sich:

- Die Vorhaut und Nabelschnur Christi.
- Ein Brot mit dreizehn Linsen vom letzten Abendmahl.
- Ein Stück des Feigenbaumes, auf dem Zachäus gesessen hat.
- Kohlen vom Blut des heiligen Laurentius besprengt.
- Das Rohr und den Schwamm, mit dem Christus am Kreuz Essig gereicht wurde.
- Ein Stück vom Schleier Marias und einige Haare von ihr.
- Milch von der allerseligsten Jungfrau.
- Der Bußgürtel aus Kamelhaaren von Johannes dem Täufer.

Unter der Mensa des Hochaltars befinden sich folgende alttestamentarische Reliquien:

- Der siebenarmige Leuchter und der Schaubrottisch.
- Das goldene Rauchfaß und die Bundeslade.

Wegen der hier aufgefundenen Lade muß folgende Ergänzung eingefügt werden: »Inmitten der Südsee hat sich ein merkwürdiger Lasten- oder Kastenkult erhalten. Man trägt an langen Stangen ein stuhlartiges Gerüst, mir Hörnern und Büscheln des Yak-Ochsen behangen, von Dorf zu Dorf, in dem man Kultspenden sammelt.« So berichtet der Missionar Prochnow[111]. Es ist ein Beweis für die kulturelle Verschmelzung der alten Völker und dokumentiert, daß die Bundeslade nichts Einmaliges ist. Weiter finden sich an kostbaren Reliquien:

- Die goldene Urne mit dem Wüstenmanna und die Rute Aarons, die geblüht hat.
- Die Rute, mit der Moses Wasser aus dem Felsen schlug.
- Die Gesetzestafeln.
- Ein Stück von der Krippe des Herrn.
- Ein Stück vom Abendmahltisch.
- Das Tuch, mit dem Jesus die Füße seiner Jünger abgetrocknet hat.
- Der ungenähte Rock Christi und sein Purpurmantel.
- Zwei Flaschen mit Blut und Wasser aus der Seite des Herrn gefüllt.

Dies sind nur die wichtigsten Funde, eine weitere Aufführung wäre endlos. Man kann davon ausgehen, daß das Brot mit den 13 Linsen des letzten und vermutlich nie stattgefundenen Abendmahls nicht so bedeutungsvoll wie die hochheilige Vorhaut Christi ist, obwohl die Palme der Religionsgründung eigentlich seinem späteren Widersacher Paulus gebührt.

Im Lauf der Zeit wird Christi Vorhaut in Poitiers, Antwerpen, Paris, Brügge, Bologna, Besancon, Nancy, Le Puy, Conques, Perugia, Hildesheim und Calcata verehrt. Erst stößt der wertvolle Fund auf dogmatische Bedenken, doch der theologische Scharfsinn reicht aus, sie zu entkräften.

Schwieriger als die Vorhaut gestaltet sich die Begründung der Nabelschnur, da Jesus ja gleichsam:»wie ein Sonnenstrahl durch das Fenster« hervorgegangen ist. Die glücklich entdeckte Nabelschnur droht das gekünstelte und komplizierte – in allen Teilen unheilbare – Dogma zu erwürgen[112].«

Doch die Sache mit der Vorhaut ist delikat, denn nach der damaligen Sitte werden die Knaben beschnitten. War Jesus also schon vor vornherein unvollkommen. Oder man hat ihn nicht beschnitten; nur so ist der Fund erklärbar. Lukas 2, 21 erwähnt die Beschneidung: schon deshalb müssen sich die Theologen um die Sache kümmern. Fest steht:

- Daß man Ablässe verliehen hat, um die Verehrung der Jesus-Vorhaut zu aktivieren.
- Daß es in Antwerpen Vorhaut-Kapläne gegeben hat und daß man hier die Vorhaut,»die freilich im Lauf von 1500 Jahren ein wenig ledern geworden ist ... in einem feierlichen Umzug durch die Stadt geführt hat.«
- Daß schwangere Frauen zur hochheiligen Vorhaut nach Charroux pilgern: »... um ihrer schwersten Stunde ohne Besorgnis entgegenzusehen.«
- Daß man noch zu Beginn des 20. Jahrhunderts in Calcata mit päpstlicher Billigung eine der angeblich 13 christlichen Vorhäute angebetet hat.

Jesuiten decken die Vorhaut-Theorie

Fast 500 Jahre vertritt die Kirche die Auffassung: »Es ist unnütz zu fragen, wo dieses abgeschnittene Partikel ist; denn worüber die Schrift schweigt, sollen wir keine Nachforschungen anstellen[113].« Mit Scharfsinn wird das Dogma der unversehrten Auferstehung umgedeutet. In Schriften, Gedichten und Predigten wird die Echtheit der Vorhaut zementiert.

Brigitta von Schweden gilt als eine bedeutende Heilige. Sie stirbt am 23.6.1373 und wird 1391 von Bonifaz IX. heiliggesprochen. Ihre Offenbarungen gehören zu den sichersten, auf die die römisch-katholische Kirche verweisen kann: »Sie wurden zu allen Zeiten als wahr, fromm, nützlich und den Anforderungen der katholischen Kirche genügend angesehen und von allen Gläubigen mit Ehrfurcht gelesen[114].« Sie sagt in diesem Zusammenhang:

»Und Maria sprach: Als mein Sohn beschnitten wurde, bewahrte ich die Membrane mit der größten Ehre auf, wo ich auch hinging. Wie hätte ich sie der Erde übergeben können, die von ihr ohne Sünde gezeugt worden ist. Als die Zeit der Abberufung kam, übergab ich sie dem heiligen Johannes, meinem Beschützer, zugleich mit dem gebenedeiten Blut, das an seinen Wunden geblieben war, als sie ihn vom Kreuz genommen haben. Die Gläubigen versteckten später diese Dinge an einem reinen Ort unter der Erde. Lang bleiben sie unbekannt, bis sie endlich der Engel Gottes den Freunden offenbart. Rom, wenn Du weinen könntest, so würdest Du ohne Unterlaß weinen, weil Du einen so teuren Schatz hast und ihn nicht verehrst[115].«

Die zweite bedeutende Verehrerin ist die 1315 in Wien gestorbene Agnes Blanbekin. Ihre Offenbarungen werden 1731 von B. Bez in Wien herausgegeben. Das 37. Kapitel trägt den Titel *Vom Praeputium* (der Vorhaut) *des Herrn*. Tiefschürfend bemerkt unser Gewährsmann: »Die fromme Person pflegte fast von Jugend an am Fest der Beschneidung innig den Blutverlust zu beweinen, den Christus so früh zu erleiden sich herabgelassen hat. Das tat sie auch, als sie ihre Offenbarung hatte, nachdem sie am Fest der Beschneidung ihre Kommunion empfangen hat ... so fing sie an, darüber nachzudenken, wo die Vorhaut ist. Und siehe da. Bald fühlte sie auf der Zunge ein kleines Häutchen, gleich dem eines Eies, voll übergroßer Süße ... und sie schluckte es hinunter ... da fühlte sie wiederum das Häutchen mit seiner Süßigkeit auf der Zunge. Dann wurde sie versucht, es mit dem Finger zu berühren. Als sie dies wollte, ging es selbst die Gurgel hinab ... Es wurde ihr geoffenbart, daß die Vorhaut mit dem Herrn auferstanden ist ... die Süße war beim Hinterschlucken so groß, daß sie an allen Gliedern und Muskeln eine Umwandlung fühlte ... innerlich war sie voller Licht. Später hat sie das Geheimnis einem Kaplan erzählt.«

Jeder Kommentar schwächt die plastische Schilderung ab. Ist es ein hysterisch-sexueller Fluchtversuch? Das Sich-Vertiefen in geschlechtliche Dinge unter dem Vorgeben, eine kirchliche Ansicht zu stabilisieren, ist geistige Onanie, ein Schwelgen in erotischen Gefilden, geboren aus einer verdrängten sexuellen Gier, »die sich auch die Ohrenbeichte zur Befriedigung des sinnlichen Verlangens schafft[116].«

Agnes Blanbekin hat eine Vorgängerin in der als heilig angesehenen Roswitha von Gandersheim (935-975). Teile ihrer erhaltenen Dramen lesen sich wie ein pornographischer Bestseller. Sie beschreibt Notzuchtszenen, das Treiben in einem Bordell, das Leichenschänden und einige Spielarten des Masochismus: »Sie hat sich nicht gescheut, auf eben die Art, wie die Geilheit unzüchtiger Weiber erzählt wird, die löbliche Keuschheit christlicher Jungfrauen zu schildern ... oft ist sie von Schamesröte übergossen worden, wenn sie den abscheulichen Wahnsinn unerlaubter Liebe hat darstellen müssen.«

Dazu eine Kostprobe: »Kallimachus, ein schöner heidnischer Jüngling, drang in die geschlossene Gruft der von ihm geliebten Christenfrau Drusiana ... um sie noch einmal nach ihrem Tod zu genießen, da sie sich ihm zu Lebzeiten verweigert hat ... eine aus der Gruft dringende Schlange verhinderte rechtzeitig das Verbrechen[117].«

Die Kirche interpretiert es so: »Sie kann sich gegenüber der gewagten Situation mit dem Gedanken trösten: je größer die Anfechtung, umso schöner der endliche Triumph des Guten.« Ihre Werke werden zur sittlichen Erbauung in Klöstern vorgetragen und fallen auf fruchtbaren Boden.

Mit der Reformation setzt eine massive Kritik an der Reliquienverehrung ein. So macht sich Calvin in seinem *Goldenen Büchlein* darüber lustig[118]. Eine Generation später treten die Jesuiten auf den Plan. Sie nutzen geschickt die Epoche der religiösen Verunsicherung zur Durchsetzung ihrer politisch-religiösen Interessen. Da sie das Pferd der Intelligenz reiten, überholen sie alle anderen Orden und selbst die mütterliche Kirche. Sie sind die Beherrscher des Vatikans. Sie halten die Verehrung der Vorhaut-Reliquie hoch und bestärken das Volk in seiner Naivität.

Gebet am Ölberg; Kupferstich von Martin Schongauer.

Gefangennahme Christi; Kupferstich von Martin Schongauer.

Der gepriesene Salmeron, eine Leuchte der Gesellschaft Jesu, bezeichnet die Vorhaut als Verlobungsring, den Christus seiner Braut geschickt hat. Er trägt vor: »Endlich wurde diese Vorhaut, wie aus einer äußerst sicheren Tradition hervorgeht, der ersten Braut Christi. d. h. der römischen Kirche, gebracht, die die Mutter und Lehrmeisterin aller anderen ist. Im Tempel des Laterans wurde sie über viele Jahrhunderte auf das Religiöseste aufbewahrt.«

Sein besonderes Interesse zeigt sich in seinem mystischen Erguß *Des fleischlichen Beschneidungsringleins höchst elegante Beschreibung.* Am Rande sei erwähnt, daß auch Perugia mit religiöser Ehrfurcht den besagten Verlobungsring aufbewahrt[119].« Deutet es auf eine Doppelhochzeit?

Überzeugt ist sein Ordenskollege Johannes Ferrandus: »Die Sektierer (Protestanten) wollen die alte Verehrung für dieses göttliche Unterpfand untergraben.« Anders denkt darüber die katholische Kirche. Unter

Berufung auf Kardinal Toletus, auf päpstliche Aktenstücke, die jährlichen Ablässe am Beschneidungstag und die vorkommenden Wunder ist es sicher, daß »Christus der Welt seine Vorhaut zurückgelassen hat und daß sie noch heute vorhanden ist, und zwar unversehrt und unverwest, durch keinen Makel beschmutzt, so daß, was vom ganzen Körper gilt, auch auf die Vorhaut Anwendung findet. Du willst nicht zugeben, daß Dein Heiliges die Verwesung schaut.«

Der Jesuit Franz Suarez untersucht, ob sich die Vorhaut in der konsekrierten Hostie befindet. Er kann es mit gutem Gewissen bejahen, »da in der Eucharistie mit der Vorhaut auch Christus gegessen wird ... denn eine Vorhaut gehört zu der Vollkommenheit des menschlichen Lebens[120].«

Der Jesuit Franz Costerus sagt in seinem *Betrachtungsbuch über das Leben der seligsten Jungfrau Maria*[121]: »Sie hat bei der Beschneidung die Vorhaut Christi mit großer Sorgfalt an sich genommen und auf-

Christus vor Annas; Kupferstich von Martin Schongauer.

Geißelung Christ; Kupferstich von Martin Schongauer.

bewahrt ... sie ist bis 1556 in Antwerpen fromm verehrt worden, dann ist sie durch die Wut der Ketzer (Protestanten) verloren gegangen[122].«

Ein weiteres Mitglied der Gesellschaft Jesu aus der zweiten Hälfte des 17. Jahrhunderts, der Theologe Reynaldus, sagt: »Die Erzählungen um die Vorhaut Christi sind falsch, geht nicht an ... wegen der christlichen Bescheidenheit und der Wunder, die an manchen Orten zur Förderung der Frömmigkeit von Gott gewirkt werden[123].« Der 1757 gestorbene Dominikaner Billuat erklärt: »Nach der allgemeinen Meinung der Theologen hat Christus die Vorhaut auf der Erde zurückgelassen, damit sie der Verehrung der Gläubigen dient[124].« Bischof Sarnelli von Biseglis ist der gleichen Auffassung und sagt: »Sicher ist, daß sich die Vorhaut unseres Herrn erhalten hat[125].«

Inzwischen haben sich 13 Vorhäute angesammelt und allein dies ist delikat. »Mag Italien sie besitzen, Deutschland sie zeigen, Belgien und Lothringen sie für sich beanspruchen, und Frankreich sich ihrer rühmen ... je mehr Teile des göttlichen Karbunkels an den verschiedenen Orten gezeigt werden, umso herrlicher und verschwenderischer unter den Menschen wird das Unterpfand der Liebe Christi aus seiner ersten Kindheit dastehen und von dieser zeugen, solange die Welt bestehen wird[126].« Der Jesuit ist der Meinung, daß es möglich sei, daß Gott auf wunderbare Weise die Vorhaut vervielfältigt hat, was er nach der Bibel auch mit dem Wein, dem Brot und den Fischen getan hat.

Aufgrund der Fakten kann die Kirche den peinlichen Zwischenfall nicht so hinunterschlucken wie die christliche Befürworterin. Noch um die Mitte des 18. Jahrhunderts erteilt Papst Benedikt XIII., einen Ablaß zur Förderung der Vorhaut-Andacht. Um die Sache auf die Spitze zu treiben, schreibt er: »Was immer andere über den Aufbewahrungsort der Vorhaut Christi glauben ... in

Italien ist es eine fromme Tradition, daß sie sich bis zum heutigen Tag in der Kirche des Städtchen Calcata befindet[127].« Bislang sind mehr als zehn Vorhäute aufgetaucht, deren Finder behaupten, daß ihre die echte sei. Im Vordergrund stehen die von Charroux und Antwerpen.

Etwa zehn Jahre nach dem Erscheinen des ersten lateranischen Reliquienführers 1073 fabrizieren Benediktiner in Charroux dieses Zugstück mit anderen Reliquien nach. Die Abtei fällt 1022 einem Brand zum Opfer und die Mönche kommen in finanzielle Schwierigkeiten. Durch das Vorzeigen falscher Reliquien – und alle sind falsch – ist man in der christlichen Welt in der Lage, dieses Loch zu stopfen, denn der menschlichen Torheit ist nichts teuer genug.

Das Nachbarkloster St. Jean d'Angely ist das verführerische Vorbild, denn es bewahrt einen der zwei Köpfe von Johannes dem Täufer auf. Der Abt gesteht: »Von wem, wann und woher er übertragen worden ist … und ob es seiner ist, steht nicht fest[128].« Es spielt keine Rolle, denn es ist wichtiger, daß er verehrt wird. Ungeachtet dieser Verdrehung strömen Tausende von Pilgern dorthin, um ihre religiöse Phantasie auszuleben. Unter ihnen befinden sich Könige, Herzöge und Grafen. Rasch blüht die Abtei auf und gelangt zu Wohlstand. Es ist naheliegend, daß die konkurrierenden Mönche von Charroux neidisch herübersehen, obwohl sie als Christen eigentlich nicht neidisch sein dürfen.

Sie erfinden und fälschen bestehende Quellen, um nachzuweisen, daß ihre Vorhaut-Reliquie die einzig echte ist. Die Fälschung erfolgt zwischen den Jahren 1081 und 1082 und gelingt: Mit ein wenig Propaganda läuft das Geschäft mit der christlichen Einfalt: »Schwangere Frauen pilgern zu ihr, um sich einen vorhautlichen Segen zu erbitten.«

Die Fälschung des Exemplars in Antwerpen entsteht vermutlich zum Ende des 15. Jahrhunderts oder kurz danach. Hier läßt sich der Bischof von Cambrai, dem Antwerpen untersteht, während einer Messe die Vorhaut zeigen, und, um sie besser betrachten zu können, auf ein Kelchtuch legen. Jetzt beten der Bischof und das versammlte Volk um ein himmlisches Zeichen ihrer Echtheit. Und siehe da: auf einmal rinnen drei Tropfen Blut aus ihr. Wir haben ihn wieder: den klassisch-theologischen Beweis, der sich später in Walldürn wiederholen wird. Ein solches Gebaren ist sinnlos.

Der Apostelfürst Petrus[129]

Die Institution des Papsttums wird auf die Worte zurückgeführt, die der unbekannte Verfasser des Matthäus-Evangeliums im 16. Kapitel[130] überliefert: »Du bist Petrus und auf diesen Felsen will ich meine Kirche bauen … Dir werde ich den Schlüssel des Himmelreiches geben … und die Pforten der Hölle werden sie nicht überwinden.« Sie zieren in vergoldeten Lettern die Kuppel des weitgehend aus Ablaßgeldern finanzierten Petersdomes in Rom.

Dem steht gegenüber, daß unbekannt ist, ob Jesus einen solchen Satz gedacht oder ausgesprochen hat, denn er ist widersprüchlich. Es spricht vieles dagegen, denn zwischen seinem möglichen Wirken und der Errichtung der Kuppel liegen eineinhalb Jahrtausende.

Nach der Auffassung der frühen Christen wird das Weltende erwartet. Daran koppelt sich die gedachte Auferstehung. Warum soll man in die Zukunft sehen? Selbst der *Große Brockhaus* gibt abgeschwächt zu: »Ein besonders heftig umstrittenes Problem stellt das Wort Jesus an Petrus dar. Die protestantische Forschung bezweifelt, daß es sich um ein echtes Jesuswort handelt[131].«

Über Petrus ist so gut wie nichts bekannt. Zur Zeit der ihm unterstellten Berufung ist er verheiratet und wohnt in Kapernaun[132]. Er unternimmt verschiedene Reisen nach Judäa und Samaria. Es ist unbekannt, ob er *das* oder *ein* Evangelium predigt. Um das Jahr 43 wird er von König Herodes Agrippa I. zum Tod verurteilt. Mit Gleichgesinnten wird er durch einen Engel aus dem Gefängnis befreit. Durch die Fürsprache des einflußreichen Pharisäers Gamali entgehen sie dem Tod[133].

Später wirkt er außerhalb Palästinas, in Antiochia am Orontes, wo er wegen seines Verhaltens von Paulus getadelt wird[134]. Die Evangelisten berichten über sein Versagen nach der Gefangennahme Jesus[135]. Er dringt mit Gleichgesinnten in einen Tempel und führt Streitgespräche. Daraufhin wird er von bewaffneten Sadduzäern gefangen[136]. Um die Mitte des Jahres 48 treffen möglicherweise in Jerusalem einige Apostel zusammen. Überheblich konstatiert daraus die römisch-katholische Kirche das erste Apostelkonzil, wovon keine Rede sein kann.

Petrus wird bei dieser Gelegenheit letztmalig erwähnt. Zeit und Umstände seines weiteren Lebens sind so unbekannt wie seine Todesursache und der -zeitpunkt. Nach der Überlieferung wird er zwischen den Jahren 64 und 67 während der Verfolgung durch Nero hingerichtet[137]. Nach der Auffassung der Kirche erleidet er den obligatorischen Tod eines Märtyrers.

Es ist vermutlich falsch, ihm dieses Mäntelchen umzuhängen. Für den Althistoriker Bromme ist er – wie Jesus – ein Unruhestifter, der nichts mit religiösen Ambitionen zu tun hat. Petrus soll als erstem der auferstandene Jesus erschienen sein[138]. Da eine menschliche Auferstehung unmöglich ist, ist die Interpretation mit Vorsicht zu genießen.

In den Apostelverzeichnissen steht Petrus an erster Stelle, was auf eine gewisse Dominanz schließen läßt oder nur ein Zufall ist. Der *Liber Pontifikalis* wird erst um das Jahr 160 verfaßt und Petrus ist zu diesem Zeitpunkt etwa 100 Jahre tot. Obwohl davon auszugehen ist, daß Jesus von Nazareth seine Botschaft allen Aposteln mit auf den Weg gegeben hat, wird Petrus der geschichtliche Stifter der römisch-katholischen Kirche.

In Wirklichkeit ist er es nicht. Nach dem heutigen Kenntnisstand hat er in Rom keine Funktion ausgeübt; er hat die römische Gemeinde weder gegründet noch geleitet. Es entspricht nicht der Wahrheit, wenn ein katholischer Theologe hervorhebt: »Der Aufenthalt des Petrus wird heute von der gesamten Forschung, wie von allen katholischen Gelehrten, anerkannt.[139]«

Johannes der Täufer und Johannes der Evangelist. Schrotblatt um 1450.

1940 wird versucht, das Petrusgrab unter dem Petersdom zu finden. Der Versuch scheitert und man gibt abgeschwächt zu: »Die Stelle, an der Petrus begraben wurde, ist gefunden, doch die Reliquien des Apostels konnten nicht identifiziert werden.« Vielleicht handelt es sich um die Gebeine eines gänzlich Unbekannten. Selbst wenn er dort begraben wäre, hat er nicht auf der *Cathedra Petri* gesessen, denn er fungiert nicht als Bischof von Rom. Heute weiß man außerhalb der Theologie, daß er sich nicht in Rom aufgehalten hat; es liegt eine Verwechslung mit Paulus vor.

Das Papsttum ist derzeit unbekannt und fast alle historischen Daten dieser Zeit sind unsicher; sie werden um die Mitte des 3. Jahrhunderts präziser. Die Vorstellung von der päpstlichen Würde entwickelt sich langsam mit dem Ende des 4. Jahrhunderts, und so steht die Frage im Raum, ob sich das Christentum nicht schon zu Beginn mit einer gigantischen Fälschung in Szene setzt.

Karthäuser Madonna; Holzschnitt von Albrecht Dürer, 1515.

Der Apostelfürst Paulus[140]

Was über ihn bekannt ist, stammt aus seinen Briefen und sich widersprechenden Angaben der Apostelgeschichte. Nach der christlichen Lehre bezeichnet man ihn als *Heidenapostel*. Geboren in Tarsos (Kilikien) um etwa 10, entstammt er einer jüdischen Familie und ist möglicherweise Zeltmacher. Er erbt das tarsische und römische Bürgerrecht. Zur theologischen Ausbildung kommt er nach Jerusalem und studiert bei dem Pharisäer Gamaliel.

Zunächst gilt er als Verfolger der christlichen Lehre, da er die jüdische Religion in ihren Grundlagen angegriffen sieht. Ein Wunder läßt ihn zum Botschafter Christi werden. Während eines Marsches in der Wüste wird er durch ein überirdisches Licht zu Boden geschleudert und erblindet. Danach erscheint ihm der erhöhte Christus und beruft ihn zum Missionar der Heiden. In theologischen Kreisen spricht man vom sogenannten *Damaskuserlebnis,* das dazu herhalten muß, um die göttliche Macht zu dokumentieren. Ob es wirklich stattgefunden hat, ist eine andere Frage.

Nach einer Durchsicht der Quellen spielt nicht Petrus die entscheidende Rolle, sondern sein Gegenspieler Paulus. Es ist unmöglich, sie als friedfertiges Apostelpaar nebeneinanderzustellen, wie es in Tausenden christlicher Kirchen der Fall ist; sie sind sich uneinig. Paulus bezeichnet seinen Glaubensbruder als Heuchler.

Wenn überhaupt, dann ist Paulus der Initiator des Frühchristentums. Mit ihm tritt eine heftig umstrittene Figur der Kirchengeschichte in den Vordergrund. Schon Bauer[141] hebt hervor, daß der *Ur-Evangelist* der Schöpfer des Christentums ist. Von den sogenannten *Paulusbriefen* sind mehrere gefälscht oder gestückelt[142]. Sie erhalten erst nachträglich den Glorienschein; erst sie machen aus ihm einen Mann der römisch-katholischen Kirche. Nach dem Theologen Camphausen ist die Fälschung in der ersten Hälfte des 2. Jahrhunderts angesiedelt. Die Redekünste des Paulus werden kritisiert, denn wir lesen in der Apostelgeschichte 26, 24: »Paulus, du rasest, Deine große Gelehrsamkeit macht Dich verrückt.« Dies ist ein sehr kritischer Hinweis.

Bei Paulus, der ohne Zweifel klüger als Jesus von Nazareth ist, läßt sich der Einfluß der griechischen Philosophie nachweisen. Er entlehnt den Terminus des Gewissens der griechischen Popularphilosophie. Dennoch ist umstritten, ob er im vollen Umfang die schlichte Lehre von Jesus in ein so kompliziertes Gedankengebilde verwandelt hat. Deutlich wird die hellenistische Philosophie, was sich vor allem im selbst unter den Theologen heftig umstrittenen Johannesevangelium bemerkbar macht. Jesus von Nazareth weiß von allem nichts.

Später gelangt Paulus nach Neapel. Er wird von kaiserlichen Vertretern nach Rom gebracht und dem Statthalter Caesarena überstellt. Sein weiteres Schicksal ist unerschließbar. Möglicherweise bleibt er bis zu seiner möglichen Hinrichtung im Jahr 63 in Haft. Wenn Clemens[143] feststellt, Paulus habe als Missionar die ganze Welt bekehrt, so ist das übertrieben. Die Päpste Innocenz I. und Gelasius I. sprechen sich gegen seine spanische Reise aus[144].

Genauso unkorrekt ist es, wenn in den *Acta Vercelliana*, die man etwa in das Jahr 200 datiert, behauptet wird, daß die römischen Christen klagen, daß sie den Apostel Paulus verlieren und ihn bitten, nicht länger als ein Jahr fortzubleiben, und dann eine himmlische Stimme antwortet: »Es ist ihm bestimmt, in Rom unter Nero zu sterben[145].«

Theologen stellen heraus: »Durch seine Leistung als Missionar, kirchlicher Organisator und Theologe sei Paulus die bei weitem bedeutendste Gestalt des Urchristentums.« Es ist bemerkenswert, denn er weicht in allen wesentlichen Aussagen von den Jesus unterstellten ab. Zu seiner Zeit kann von einer kirchlichen Organisation keine Rede sein.

Paulus macht die Regierung zur verkörperten Gerechtigkeit und das, obwohl sie Jesus zum Tod verurteilt hat. Der Kontrast zum biblischen Jesus ist eklatant. Es ist Paulus, in dem das Christentum fortlebt, und nicht Jesus. Paulus erscheint in seinen wesentlichen Aussagen als Schöpfer der christlichen Theologie. Mit ihm setzt der Übergang vom ursprünglichen zum sakramentalen Christentum ein. Der Gegensatz wird bereits vom englischen Philosophen Bolinbroke (gest. 1715) beschrieben. Er erkennt im Neuen Testament zwei Religionen; die von Jesus und die von Paulus. Welche ist die Richtige?

Es ist anzunehmen, daß nach der Zerschlagung der christlichen Urgemeinden diametrale Strömungen entstehen; eine hellenistische und hebräische Gruppe mit eigenen Wortführern. Der führende Kopf der jerusalemitischen Gemeinde ist Jacobus. Er wird in den gefälschten Bischofslisten als der erste Bischof von Jerusalem geführt.

Der hellenistische Christ Stephanus beschwört durch offenherzige Reden eine Katastrophe herauf. Er wird von der aufgebrachten Menge im Jahr 62 gesteinigt, weil er es gewagt hat, die künftige Geltung des jüdischen Gesetzes und die damit verbundenen Tempelkulte abzustreiten. Nach ihm übernimmt Simeon die Leitung. Erst danach

beginnt das Christentum zu keimen; in einer Ausformung, die von der urchristlichen Lehre abweicht.

Fest steht, daß die Urgemeinden über kein in sich geschlossenes Glaubensbekenntnis verfügen. Ihr ursprünglicher Text, das *Symbolum Romanorum,* wird erst im späten Mittelalter dogmatisiert; mehr als 1000 Jahre hat man es als bare Münze hingenommen. Ein Mann aus den eigenen Reihen, der Kurialbeamte und Humanist Laurentius Valla, deckt die Fälschung auf.

Paulus ignoriert den geschichtlichen Jesus. Nach der einmütigen Feststellung der *kritischen* Forschung weicht das von ihm gekennzeichnete Christusbild von den ursächlich Jesus zugeschriebenen Ansichten ab. Paulus radikalisiert die christliche Lehre und polt die Ansichten des Christentums ins Negative. Nietzsche nennt ihn einen Apostel der Rache. Er lehrt den Haß und sagt im Ersten Korintherbrief:»Wer den Herrn nicht liebt, der sei verflucht.«

Dieser Gedanke verwandelt später die abendländische Kirche in ein loderndes Feuer. Die daraus resultierende Differenzierung nach Recht- und Ungläubigen führt zu grausamen Morden, den Kreuzzügen, dem Judenhaß, den Ketzer- und Inquisitionsprozessen, zu den Folterkammern und Hexenbränden[146]. Die von einer persönlich gefärbten Denkweise bestimmte Meinung provoziert den christlichen Verfolgungswahn.

Mit Paulus tritt der Frauenhaß in die christlichen Kirchen. Nach ihm wird das Fleisch zum *Sitz der Sünde.* Paulus befiehlt die Verschleierung der Frauen beim Gebet und beim Gottesdienst. Nach seiner Version ist lediglich der Mann ein Abbild Gottes. Paulus macht die Frauen zu Menschen zweiter Klasse. Ist er ein Frauenhasser? Die Ehe bedeutet ihm nicht mehr als eine Konzession an das *sündige Fleisch.* Diese Ansicht diskriminiert bis heute das weibliche Geschlecht und knechtet über Gebühr die katholische Geistlichkeit.

Der Zug der sexuellen Neurotik zieht sich wie ein roter Faden durch die Geschichte der römisch-katholischen Kirche. Die natürlich ausgelebte Sexualität zwischen Frau und Mann, die daraus resultierende Zuneigung, Liebe und Herzenswärme, sind die wichtigsten partnerschaftlichen Voraussetzungen. Die römisch-katholische Kirche greift mit der größten Selbstverständlichkeit in diese Intimsphäre, um sie rücksichtslos zu ignorieren. Was kann aus einer krummen Rippe schon mehr gemacht werden, als ein Opfer des Mannes?

Paulus rückt die Lehre von der Verderbnis der Menschen in den Vordergrund seiner Überlegungen. Nach ihm sind sie von *Natur aus böse, Kinder des Zorns* und *Knechte der Sünde.* Sie stecken in *Schmutz und Unsittlichkeit,* sowie in *schandhaften Leidenschaften.* Er nennt sie *Ohrenbläser, Verleumder, gottfeindlich, gewalttätig* und *hoffärtig.*«

Ist die katholische Welt einem unduldsamen, rechthaberischen und fanatisierten Bekehrungseiferer, einem geistig Unreifen, auf den christlichen Leim gegangen? Erkennen wir nicht in ihm einen Bigottling und Besserwisser, der sich selbst nicht leiden kann und deshalb auf die Barrikaden steigt? Wie war es möglich, auf seinen Schultern die christliche Lehre auszubreiten? Wie war es möglich, die humanitären Ideen eines Jesus von Nazareth so schnell zu vergessen?

Apostelgeschichte

Seitens der historischen Forschung werden an der gängigen Vorstellung immer mehr Abstriche gemacht. Die Apostelgeschichte täuscht eine friedlich-harmonische Entwicklung vor, doch in Wirklichkeit prallen konträre Meinungen aufeinander. Wir finden einen lückenhaften Bericht über den Ablauf der Reisen und die damit verbundene Propagandatätigkeit vereinzelter Christen aus den Jahren 58 bis 92 vor. Über die Reisetätigkeit der als Jünger Bezeichneten liegen von einander abweichende Berichte vor und es steht die Frage im Raum, welche die richtigen sind?

Zu ihren Lebzeiten kann von einem intakten Christentum keine Rede sein. Die apostolische Tradition ist von Fälschungen, Mißverständnissen und Irrtümern durch-

woben. Goethe sagt: »Die Apostel haben Dinge geschrieben, die die christliche Kirche bis heute nicht versteht.«

Der Terminus *Apostel* ist späterer Prägung und die Apostellisten des Neuen Testaments stimmen nicht überein. Zwar kehren elf Namen bei den Synoptikern wieder, aber ein zwölfter heißt bei Matthäus *Thaddäus,* bei Marcus *Lebäus* und bei Lukas *Judas Jacobi.*

Durch das Tor der Apostelgeschichte betreten wir das Wunderland des Christentums. Lukas schildert, daß er über die von ihm berichteten Wahrheiten genaue Nachforschungen unter zuverlässigen Zeugen angestellt hat. Wir kennen sie nicht. Im wesentlichen wird gesagt, daß die Apostel vom Pfingstfest an öffentlich agieren und vor der Stadt Ansprachen halten und daß sie alles in Bewegung setzen, um das Andenken ihres Meisters wachzuhalten[147]. Dies führt zu Konflikten mit der Obrigkeit. Einige von ihnen werden verhaftet und es wird ihnen untersagt, weiter zu predigen.

Die Apostel verharren am Krisenherd. Die Jünger klagen öffentlich das Synedrion des Justizmordes an einem Unschuldigen an und erklären, daß ihr Meister vom Tod auferstanden ist und unter ihnen lebt; er sei von Jahwe in den Himmel geholt worden und sitze zur Rechten Gottes. Sie behaupten: »Nur der kann von der ewigen Verdammnis gerettet werden, der an den Gekreuzigten, Auferstandenen und den Erhöhten Jesus glaubt.« An diesem Märchen wird bis heute verbissen festgehalten.

Damals greifen sie in die offizielle Glaubenslehre der römischen Machthaber ein, indem sie ihr eine neue theologische Variante an den Rockzipfel hängen. Warum werden sie nicht ebenfalls gekreuzigt? Man bringt nicht den Führer um, um zuzusehen, wie seine Anhänger eine für von Staatswegen auszurottende Idee propagieren.

Es kann keinem Zweifel unterliegen, daß man in der rauhen Wirklichkeit diese Bewegung im Keim erstickt hätte[148]. Merkwürdigerweise zeichnet sich das Gegenteil ab. Da ein plötzlicher Gesinnungswandel den römischen Machthabern kaum unterstellt werden kann, stolpert der missio-

Der Tod Marias. Um das Bett der sterbenden Gottesmuter sind elf Apostel versammelt (dem abwesenden Apostel Thomas überreicht am linken Bildrand ein Engel den Gürtel der Mutter Gottes als Zeichen ihrer Aufnahme in den Himmel). Erkennbar wird die christliche Fürsorge, die Maria wohl das Sterben erleichtern soll. Diese Tafel stammt von einem nicht mehr erhaltenen Altar der Nikolaikirche in Kalkar. Durch den erkennbaren Wandzettel datiert man sie auf den 9.11.1460. Bildnachweis: Katalog Marienbild in Rheinland-Westfalen; Essen 1968, Nr. 341.

narische Eifer bereits über eine gedanklich unüberwindbare Hürde und es ist denkbar, daß die Kampagne der nachträglich als Jünger Bezeichneten in anderen Bahnen verlaufen ist.

Es mag sein, daß sich nach dem Ableben des Jesus von Nazareth einzelne urchristliche Gemeinden bilden, um in seinem Sinn zu wirken; von einem kometenhaften Aufstieg kann von damals bis heute keine Rede sein; es ist eine Zeit des ewigen Kampfes.

Das Frühchristentum entsteht frühestens zum Ende des 2. Jahrhunderts und schon unter Tertullian werden einzelne wegen ihrer Irrlehren angeprangert. Merkwürdigerweise zählt Lukian die Christen zu den Atheisten. Celsus schreibt im 2. Jahrhundert: »Seit die Christen zu einer Menge angewachsen sind, entstehen unter ihnen Parteien und Spaltungen … jede will seiner Ansicht Geltung verschaffen.« Irenäus nennt zum Beginn des 2. Jahrhunderts 20 christli-

che Konfessionen. Hippolyth zu Beginn des 3. Jahrhunderts 32. Ende des 4. Jahrhunderts bekämpft der Kirchenvater Epiphanias 60 sich rivalisierend gegenüberstehende christliche Sekten.

Es kann nicht so gewesen sein, daß sich nur eine Glaubensströmung im Denken des Volkes eingenistet hat. Das Gegenteil ist der Fall; es ist ein heilloses Durcheinander und es wird zur Aufgabe der Staatsführung, ordnend einzugreifen.

Der Katholizismus setzt sich nicht wegen der von ihm behaupteten Rechtgläubigkeit durch, sondern weil er den religiösen Wettkampf gewinnt und offensichtlich fundierte Beziehungen zum kaiserlichen Hof unterhält. Erst danach entsteht die Kirche von Amts wegen mit dem hierarchischen Aufbau, Strukturen, Ämtern und der wachsenden Organisation. Es ist unglaublich, daß man auf einem so schwachen und widersprüchlichen Fundament die Staatsreligion zimmert.

Kreuzigung (oben) und Grablegung Christi (unten). Kupferstiche von Martin Schongauer.

Schon damals greift man auf eine dreihundertjährige Spekulation zurück; sie wird zum Verhängnis der Zukunft. Hier befinden sich die wesentlichen Nebelschwaden, die heute nicht mehr zu durchschauen sind. Man kann die daraus abgeleiteten Formulierungen glauben, aber man kann sie nicht glauben müssen.

Die christliche Bibel entsteht

Die Bibel gilt als das Fundament der römisch-katholischen Kirche. Den gleichen Anspruch erheben andere Glaubensgemeinschaften auf ihre als heilig definierten Schriften. Für alle ist existentiell, daß sie in der Lage sind, möglichst viele Menschen an deren Glaubwürdigkeit zu binden. Stellt sich heraus, daß die in der Regel nachträgliche Fixierung brüchig ist, bricht das auf ihr errichtete Lehrgebäude zusammen.

Was das Christentum anbelangt, so ist es bis heute gelungen – gleichsam wie durch ein Wunder – den Einsturz zu verhindern. Man weiß um die morschen Balken und wer die Bastion der christlichen Bibel anzweifelt, ist ein Ketzer und Apostat. Über Jahrhunderte konnte dies tödliche Folgen haben. »Die Kirche empfängt in der Heiligen Schrift das Wort Gottes und damit die Wahrheit. Das kann nicht geändert werden, weil die Kirche sonst aufhört, sie selbst zu sein[149].«

Die Bibel gilt für die Christgläubigen als die von Gott geoffenbarte Weisheit. Deshalb müssen die Kirchenführer den unanfechtbaren und lückenlosen Nachweis führen, daß der Inhalt dieser Aufzeichnungen echt und daß er eine göttliche Willensbekundung ist[150].

Dieser Nachweis kann nicht erbracht werden. Ob Jesus von Nazareth etwas aufgeschrieben hat, und wenn, dann wann: wie er es gemeint hat, ist unbekannt. Weil er das baldige Weltende erwartet, ist eine schriftliche Fixierung eher unwahrscheinlich.

Die Verfasser der neutestamentlichen Schriften wissen nichts von der übernatürlichen Einwirkung bei der jeweiligen Niederschrift. Lukas erklärt, daß er seinen

Bericht in menschlicher Weise zusammen-gestellt hat[151]. Es ist nicht anders vorstellbar, als daß die Autoren aufgrund ihres mensch-lichen Verstandes schreiben; demzufolge sind sie nicht inspiriert. Man sieht es schon daran, daß jeder etwas anderes schreibt; mit der Koordinierung muß es gehapert haben.

Das Wort *Evangelium* ist Homer bekannt und bedeutet *Überbringen einer guten Nachricht*. Ob Jesus von Nazareth diesen Terminus kennt, ist unbekannt und unwich-tig. Ob die überbrachten Nachrichten gut sind, ist schwierig zu beurteilen. Eines sind sie mit Sicherheit: uneinheitlich und voller Widersprüche.

Die Autoren sind unbekannt und keiner der Apostel kann gesichert als Evangelist bezeichnet werden. Vielleicht sind es Mit-glieder der Schreiberschule von Qumran, von deren Existenz auszugehen ist. Wer weiß, ob es Schwärmer oder Realisten waren? Wer weiß, ob sich hinter den Texten reales Geschehen oder orientalische Begei-sterung verbergen? Der exakte Zeitpunkt der Niederschriften läßt sich nicht ermitteln, doch es ist die Epoche des Jüdischen Krieges.

Die ersten Aufzeichnungen gelten nicht von Anfang an als heilig und unantastbar. Es wird permanent ergänzt, neue Wunder werden eingefügt und Standardwunder ge-strichen. Die Verwilderung der Inhalte macht sich breit und bis zur Mitte des 3. Jahrhunderts hat die noch junge christli-che Gemeinschaft keine einheitliche Glau-bensauffasung und deshalb kein einheitlich zu interpretierendes Glaubensbuch.

Es besteht keine Einigung über den Umfang und die Bedeutung der aufgenom-menen Texte. Die ältesten Aufzeichnungen datieren Jahrzehnte, wenn nicht Jahrhun-derte nach dem Ableben des mutmaßlichen Religionsgründers und seiner mutmaßli-chen Jünger; über alle schweigen die Quellen.

Die Exegeten besitzen kein Original, sondern etwa 3000 unvollständige Abschrif-ten und Teile von solchen, von denen nicht zwei miteinander übereinstimmen. Jede Handschrift hat verschiedene Lesarten, in

Christus im Limbus (oben) und Auferste-hung (unten). Kupferstiche von Martin Schongauer.

Judas erhängt sich an einem Holdrinbaum. Aus dem Reisetagebuch des Johannes de Montevilla. Druck von Bernhard Richel in Basel 1481.

dem Worte durch Überschreiben entstellt sind und damit eine heute nicht mehr erklärbare Änderung erfahren haben. Deshalb kann niemand angeben, was an diesen Fragmenten mit den denkbaren Originalen der unbekannten Verfasser des Neuen Testamentes übereinstimmt. Dieser Punkt betrifft die Analytiker und die Theologen.

Kein Buch der Welt hat im Lauf seiner Geschichte so viele Änderungen und Fälschungen erfahren, wie die christliche Bibel[152]. Aufgrund ihrer genialen Vermarktungspolitik bleibt sie über Jahrhunderte das Buch mit der höchsten Druckauflage. Welche Worte, Sätze und Kapitel darin von Kopisten, ab- oder unabsichtlich ausgelassen, nach eigenem Gutdünken geändert oder bewußt gefälscht worden sind, kann selbst der beste Kenner nicht beurteilen. Hinzu kommt die Tatsache, daß keiner der uns bekannten Schreiber im Besitz des ursprünglichen Textes ist, sondern nur Abschriften von Abschriften vor sich hat. Daraus kann nichts Vernünftiges entstehen. Die Theologen sollten sich nichts vormachen.

Die Verschiedenheiten beziehen sich nicht auf sekundäre Passagen des biblischen Textes, sondern berühren oft die Grundlagen des christlichen Glaubensbekenntnisses[153]. Nachweisbar werden falsche Übersetzungen angefertigt[154]. Wir haben zu fragen, ob es eine daraus ableitbare Glaubenswahrheit gibt, bei der man sich mit dem Gefühl der Sicherheit auf die Bibel berufen kann, zumal die Lehre von ihrer Inspiration eine Behauptung ist.

Treffend formuliert Kammeier[155]: »Handelt es sich um konstruierte Unwahrheiten, sind wir in einem Märchenland oder handelt es sich um gelebte Geschichte? Kann ein solches Sammelsurium von unlösbaren Widersprüchen das Fundament einer Weltreligion sein? Tritt die römisch-katholische Kirche mit einem literarischen Betrugsmanöver in das Rampenlicht der Geschichte[156]?«

Entsprechend früh regt sich die Kritik: »Um das Jahr 150 bezweifelt der Bischof Papias die Echtheit der als heilig bezeichneten Schriften.« Eine Generation später erkennt der Philosoph Celsus die Mixtur aus stoischen, platonischen, jüdischen, persischen und ägyptischen Elementen, aus denen sich die christlich-biblischen Inhalte zusammensetzen. Er entlarvt die Jesus unterstellten wunderbaren Leidens- und Todesweissagungen als nachträgliche Erfindungen. Er erkennt die Ungereimtheiten und betont: »Ihr widersprecht Euch selbst.«

Vielleicht nennt ihn deshalb Origenes eine Leuchte am Himmel des Frühchristentums, einen *Wirrkopf ersten Ranges.* Schon regt sich die geistige Unterdrückung, denn man weiß in den eigenen Reihen um die Unlauterkeit.

Porphyrius (233-304), ein Schüler des Origenes, ist ebenfalls nicht von der christlichen Frohbotschaft überzeugt. In seinen 15 *Büchern gegen die Christen* bezeichnet er die Evangelisten als Lügner und Fälscher. Mit Sachverstand zeigt er innerkirchliche Widersprüche auf[157]. Mit dem Moment, als die Christen in einem politischen Ränkespiel den Status einer Staatsreligion erhaltenund dadurch Vorteile erheischen, wendet sich das Blatt; aus der Toleranz wird Intoleranz und aus der Nächstenliebe Unterdrückung. Porphyrius wird mit seinen Schriften verdammt. Recht hat er dennoch. Die letzten Exemplare landen im 5. Jahrhundert unter Theodosius II. auf den Scheiterhaufen. Das Papier oder Pergament ist verbrannt; der Geist glimmt bis heute.

Wir haben ein frühes Beispiel der Zensur vor uns. Anstatt den notwendigen Dialog in einer fairen Auseinandersetzung aufzugreifen bzw. ihn zu fördern, hat ihn die langsam erstarkende Kirche immer in ihrem Sinn interpretiert. Pflichteifrig bezeichnen die späteren Kirchenlehrer Porphyrius als *tollen Hund*. Und doch hat ihm die Geschichte rechtgegeben. Sagte nicht schon Augustinus: »Wäre es nicht wegen der Autorität der Kirche, so würde ich den Evangelien keinen Glauben schenken.«

Die Vulgata entsteht – Damasus I.

Um den schädlichen Widersprüchen ein Ende zu bereiten, beauftragt 370 Papst Damasus I. den Dalmatiner Hieronymus[158] mit der Vereinigung der bis dahin gestauten vorbiblischen Aufzeichnungen. Freimütig gesteht er:

»Es ist eine gefährliche Anmaßung, eine Bibel schreiben zu wollen, die den richtigen Text wiedergibt, denn die vorhandenen Abschriften des Urtextes weichen voneinander ab ... würde man nun eine Bibel herausgeben, so würde sie von den übrigen abweichen und die Folge würde sein, daß man mich einen gotteslästerlichen Fälscher nennt, weil ich Worte und Sätze geändert, hier etwas ausgelassen, dort etwas hinzugesetzt und sonstige Verbesserungen vorgenommen habe ... so wie die Bibel jetzt vorliegt, kann von einer göttlichen Wahrheit keine Rede sein[159].«

Also liefert der Kirchenvater auftragsgemäß Flickwerk. Dieser Übersetzung und Zusammenfügung gibt man den Namen Vulgata (die allgemein Verbreitete). Der päpstliche Sekretär ändert dabei den Wortlaut der Vorlagen, die er für seine Berichtigung nutzt, an etwa 3500 Stellen[160]. So hat beispielsweise Hieronymus die für die katholische Trinitätslehre so wichtige Stelle im Ersten Johannesbrief: »Drei sind im Himmel, die Zeugnis geben« nicht aufgenommen, denn keine der ihm vorliegenden Abschriften enthält diese Aussage. Doch in der Version, die dem Konzil von Trient zur Prüfung vorliegt, ist sie enthalten. Inzwischen erkennen selbst die Theologen darin eine Fälschung. Wer wundert sich, wenn die Indexkongregation am 15.1.1897 im päpstlichen Auftrag erklärt, daß diese Feststellung einen integrierenden Bestandteil des Neuen Testaments bildet und darum vom Heiligen Geist inspiriert ist.

Es gehört zu den Ungeheuerlichkeiten der römisch-katholischen Kirche, daß sie die Vulgata während des Konzils von Trient als inspiriert erklärt und ihr den Wert eines Originales beimißt[161]. Professor Louis de Leon von der Universität Salamanca ist der Meinung, daß der Urtext der Bibel höher als die im Auftrag der Päpste veranlaßte Vulgata ist. Wegen dieser Ansicht wird er für fünf Jahre in einen Kerker gesteckt.

Es lohnt sich, einen Blick auf Damasus I. (366-384) zu werfen. Die Quellen bezeichnen ihn als schwer durchschaubaren, harten und skrupellosen Charakter; auf unklare Weise Papst geworden – sein Gegenkandidat ist Ursinus –, erkennt er den Wert der Macht. Ihm gelingt der Schachzug, daß die Imperatoren auf ihren seitherigen Titel *Pontifex Maximus* verzichten und ihn an die Bischöfe von Rom übertragen. So wird der Papst zum Repräsentanten einer neuen Kaiseridee.

Zudem legt er die Lehre der Trinität endgültig fest. Mit einer neuen umfassenden Definition schafft er auf einer weiteren Synode eine Basis für kommende Machterweiterungen. Den *primus inter pares* macht er illusorisch, als er den römischen Bischofssitz *Sedes apostolica* nennt.

Er stellt die Behauptung auf, die Kirche Roms sei von den Aposteln Petrus und Paulus gegründet worden, was falsch ist, denn beide leiten eine möglicherweise nur bescheidene Gemeinde. Damasus I. erläßt ein Dekret von der gesetzgebenden Gewalt des Papstes. Mit ihm gerät der historische Apostel Petrus in Vergessenheit.

Um 1749 findet der Mailänder Bibliothekar Muratori den nach ihm benannten *Kanon Muratori*. Er stammt aus der Zeit um 200 und gestattet einen realistischen Blick in die verschwommenen Glaubensansichten der noch jungen Christenheit. Die römische Gemeinde zählt folgende Schriften nicht zum Glaubensbestand; den Hebräerbrief, den Ersten und Zweiten Paulusbrief und den Dritten Johannesbrief. Im Kanon des 202 verstorbenen Kirchenlehrers und Bischofs von Lyon fehlt außer den vorgenannten der Judasbrief.

Es ist merkwürdig festzustellen, daß diese Schriften heute zum Glaubensbestand des Neuen Testaments zählen[161]. Auf der anderen Seite rechnet Clemens von Alexandria, der zwischen den Jahren 190 und 210 schreibt, zur Heiligen Schrift das Hebräer- und Ägypterevangelium, den Ersten Clemensbrief, den Barnabasbrief und die Didache[162]. Es ist sonderbar, daß diese Schriften im Neuen Testament fehlen[163].

Ungeachtet dessen wird an den biblischen Texten manipuliert. Wesentliche Teile werden von der Kirchenführung über Jahrhunderte abgelehnt. Der Begriff *Neues Testament* taucht erst um das Jahr 192 auf, als man es begrifflich vom Alten abzusetzen sucht. Erst um die Wende zum 5. Jahrhundert wird der Umfang des Neuen Testaments bestimmt. Von nun an gelten 27 Schriften als vom Heiligen Geist inspiriert, göttlich und irrtumslos. Erst zu diesem Zeitpunkt proklamiert man auf breiter Basis ihren göttlichen Ursprung.

Innerkirchliche Wirren halten die seinerzeit schwache Kirchenleitung ab, diesen Faden weiterzuspinnen. Simonie, Ämterschacher, Nepotismus, Gewaltakte, sexuelle Ausschweifungen und die Hörigkeit gegenüber weltlichen Herrschern beherrschen über weite Strecken das kuriale Feld. Nur wenig Statthalter sind stark genug, um die traditionsreichen Ideen auszubauen.

Seit dem 12. Jahrhundert wird die erweiterte Bekanntschaft mit der bis dorthin mehrfach umgestalteten christlichen Bibel, vor allem die Kenntnis des Neuen Testamentes, als die gefährlichste Ursache der Ketzerei angesehen, denn man ist sich der

intellektuellen Schwäche bewußt. Folgerichtig beginnen um diese Zeit die großen Kampagnen gegen Andersdenkende. In dieser Zeit setzt auch eine massive oppositionelle Bewegung ein, die den allmählichen Untergang des mittelalterlichen Katholizismus einläutet.

Wyclef sagt: »Und wenn es hundert Päpste gäbe und alle Bettelmönche Kardinäle würden, dürfte man ihnen in Glaubensdingen nur insoweit beipflichten, als sie mit der Heiligen Schrift übereinstimmen. Manche Geistlichen kennen sie nicht; andere verheimlichen alles, was darin über die Armut des Klerus gesagt wird. Es ist für die Kirche das beste, wenn sie die Gläubigen über den Sinn der Heiligen Schrift aufklärt ... das muß in der Sprache geschehen, die sie verstehen. Auch Christus und die Apostel haben zum Volk in der Landessprache gepredigt. Deshalb muß Gottes Wort wieder lebendig und in beiden Sprachen verkündet werden; in der Lateinischen für die Gelehrten und in der Englischen für die kleinen Leute ...Freilich behaupten manche; Laien können leicht irren ... Aber ach, welche Grausamkeit ist es, einem Reichen alle Lebensmittel wegzunehmen, weil einige Toren gefräßig sind und sich durch unmäßigen Genuß Schaden antun können; gerade so kann ein stolzer Priester dem lateinisch geschriebenen Evangelium zuwidersein, als ein einfacher Laie dem englischen Text. Ist es vernünftig, Kinder nicht das Lesen zu lehren, blos weil sie am Anfang Fehler machen? Jeder muß das Evangelium lesen, damit er selig werden kann.« Folgerichtig übersetzt er die Bibel ins Englische.

⇒

Der Kirchenvater Hieronymus (354-430) wird von Papst Damasus I. (370) beauftragt, die Vulgata zu verfassen. Es gehört zu den Ungeheuerlichkeiten der römisch-katholischen Kirche, daß sie die Vulgata während des Konzils von Trient als »inspiriert« erklärt und ihr den Wert eines Originales beimißt.

Seine Handlungsweise ist ein Schritt mit unvorhersehbaren Folgen für die römisch-katholische Kirche. Seine kühnen Gedanken übertragen sich nach Prag und infiltrieren ganz Böhmen. Hus greift seine Gedanken auf. Er geht zwar für seine Aufrichtigkeit in den Glaubenstod, aber die Saat seines Denkens überträgt sich auf viele andere.

1468 droht der Mainzer Erzbischof Berthold denen die Exkommunikation an, die es wagen, biblische Bücher in die Landessprache zu übersetzen. Eine Generation später macht ihm der einstige Augustinerchorherr Luther einen Strich durch die Glaubensrechnung. Er beginnt 1521 auf der Wartburg unter dem Schutz des protestantischen Fürsten Friedrich III. der Weise, von Sachsen mit einer breit angelegten Übersetzung der vorliegenden Bibel in die deutsche Sprache. Seine Arbeiten werden 1534 abgeschlossen. Luther soll inquisitorisch belangt werden, doch man schätzt die Gefahr in Rom dilettantisch ein. Eine Folge davon ist, daß die römisch-katholische Kirche von dem über weite Strecken unredlich erworbenen Glaubenskuchen etwa 50 Prozent abzugeben gezwungen wird.

Weiß Luther, daß das ihm zur Verfügung stehende Material in sich widersprüchlich ist? Im übrigen ist er nicht der Einzige, der sich dieser Aufgabe unterzieht; zu seiner Zeit liegen 20 ähnliche Versionen vor – wenn auch in geringerem Umfang und mit weniger Bedeutung.

Es ist für die katholische Kirche unmöglich, dies abzuwehren, weil sie nichts vernünftiges in der Hand hat. In rascher Folge gewinnen die Bürger Einblick in das unbiblische Geschehen. Sie werden wach und erkennen, daß man sie über Jahrhunderte in ein geistiges Joch gezwungen, wenn nicht gar für dumm verkauft hat. Dieser Schritt birgt in sich ungeheure Folgen für die weitere Entwicklung des schwer angeschlagenen Christentums.

Papst Pius IV. (1559-1565) erkennt die damit verbundene Gefahr. Mit der *professio tridentina* zwingt er dem Klerus einen Glaubenseid auf, der sie verpflichtet, die Heilige Schrift niemals anders, als nach dem Konsens der Väter auszulegen[165].

Wer verbirgt sich hinter diesem göttlichen Statthalter? In erster Linie sucht er seine etwa 20 Nepoten abzusichern. Um seine eigenen drei Kinder kümmert er sich wenig. Der Papst eröffnet und schließt erneut das Konzil von Trient, dessen letzte Periode aus neun Sitzungen besteht. Unter seinem Pontifikat beginnen acht französische Religionskriege, während sich die Verhältnisse im deutschsprachigen Raum nach dem Augsburger Religionsfrieden vorläufig beruhigen. Die französischen Religionskriege dauern 36 Jahre. Der Entwicklung der Glaubensspaltung in Deutschland, Frankreich, England und Schottland steht der Papst machtlos gegenüber: und nun soll er sich auch noch um eine glaubenswahre Bibel kümmern?

Ein pikanter Schachzug: Bibelversion von Papst Sixtus V.

Nun leistet sich die katholische Kirche einen bemerkenswerten Winkelzug, denn sie verfügt, ein halbes Jahrhundert nach Luther, noch immer nicht über eine authentische Version der Bibel. Sie wird 1590 von Papst Sixtus V. geliefert und erscheint mit der unverhüllten Drohung: »Die von mir eigenhändig korrigierte Ausgabe muß als die einzige wahre und echte bei der Strafe des Bannes von Jedermann allein gebraucht und allen folgenden Auslegungen zugrundegelegt werden. Jede Änderung, und sei es nur die eines Wortes, wird mit der Exkommunikation belegt[166].«

Der Unfehlbare bringt etwa 2000 Änderungen ein. Zum Bedauern der Geistlichkeit dringt der Eklat an das Licht der Öffentlichkeit[167]. Sollten allein die beiden Fakten, das Flickwerk des Hieronymus und die willkürlichen Änderungen unter Papst Sixtus V. nicht hinreichen, um das Glaubensbuch der Kirche kritisch zu beurteilen?

Es handelt sich um einen ehemaligen Franziskaner. Er wendet sich gegen das umfassende Banditenwesen und setzt die Todesstrafe auf Abtreibung, Diebstahl, Blutschande, Sodomie und Kuppelei. Er bannt die Hugenottenführer in Frankreich und löst dadurch den achten dortigen Religionskrieg aus. Er dauert 13 Jahre und verursacht unendliches Leid.

Auf der positiven Seite seines Pontifikates stehen wirtschaftliche Überlegungen, wie die Trockenlegung der Pontaischen Sümpfe und seine staatsmännische Klugheit. Er führt das schlichte Leben eines Ordensmannes und begünstigt die Juden durch die Bulle *Christiana pietas*. In seine Zeit fällt die Hinrichtung von Maria Stuart. In seiner Amtszeit wird der letzte Stein in die Kuppel der Peterskirche eingefügt.

Daß die Bibel schon damals nicht Jedermanns Sache ist, wird von der Kirche eingestanden. Papst Agatho (678-681) ist der Meinung: »Im römischen Klerus ist das echte Verständnis für die Heilige Schrift nicht zu finden.« Papst Innocenz X. gesteht, daß er von der Theologie nichts versteht. Ungeachtet dessen begründet er einen 100 Jahre anhaltenden Streit mit der Anmaßung: »Ich habe eine so große Geistesöffnung empfangen, daß mir plötzlich der Sinn der Heiligen Schrift klar geworden ist[168].«

Papst Innocenz X. – Giambattista Pamfili – stammt von einem Bastard des Papstes Alexander VI. ab. Er steht zeitlebens unter dem würdelosen Einfluß seiner Schwägerin Olympia Maidalchini. In seiner Amtszeit geht der Dreißigjährige Krieg zu Ende. Da den Protestanten im Zusammenhang mit dem Westfälischen Frieden in Münster Rechte eingeräumt werden, erklärt er ihn in der Bulle *Zelus domini* für *null und nichtig* »ohne allen Einfluß und Erfolg für die Vergangenheit, Gegenwart und Zukunft.« Vor seinem Tod kann er noch daran gehindert werden, einen siebenjährigen Nepoten zum Kardinal zu erheben. Nach seinem Tod raubt die Maidalchini die beiden letzten noch vorhandenen Kisten mit Gold, nachdem sie vorab alle greifbaren Werte aus dem Vatikan und dem Quirinalspalast fortschleppen läßt und eigenhändig Pfründe verkauft. Tagelang läßt man die päpstliche Leiche in einem Abstellraum liegen.

Der Spanier Alfons de Castro sagt: »Denn es ist bekannt, daß viele unter den Päpsten nicht einmal die Grammatik, ge-

Der heilige Domenikus empfängt von der Madonna den Rosenkranz.

schweige denn von der Bibel etwas verstehen[169].« Was will man dann von den Untergebenen erwarten?

Balthasar Bekker (1654-1698) tritt nicht nur den damaligen Teufelsvorstellungen mutig entgegen. Er gehört zu den Bibelkritikern und sagt: »Vieles ist nur sinnbildlich zu verstehen. Matthäus, Markus, Lukas und Johannes haben sich dem Geisteszustand, den Anschauungen und Vorstellungen jener biblischen Zeit anpassen müssen, um verstanden zu werden und um ihr Heilswerk durchzusetzen.« Nach dem Erscheinen seines Buches *Bezauberte Welt* wird er seines Amtes enthoben und man untersagt ihm die Teilnahme am kirchlichen Abendmahl. Er flüchtet mehrfach vor der ihn verfolgenden Geistlichkeit.

Es ist kein Geheimnis, daß sich der Klerus über Jahrhunderte in tiefer Unkenntnis befindet. Viele Geistliche können weder Lesen noch Schreiben. »In ihren Häusern findet man Waffen, Konkubinen und Kinder ... der Gebrauch der Sakramente ist verlorengegangen[170].«

Die protestantischen Pfarrer sind nicht besser. Die Reformation bringt allein wegen ihrer raschen Ausbreitung Probleme mit sich. Luther ordiniert Buchdruckergesellen und weist sie an, die Bibel – freilich die protestantische – zu verlesen[171]. Kurz danach sieht sich der sächsische Kurfürst Johann Georg zu dem Befehl veranlaßt: »Zum Predigeramt sollen nicht, wie bis dahin geschehen, Schneider, Schuster und andere verdorbene Handwerker und Lediggänger, die ihre Grammatikam nicht studieret, viel weniger recht lesen können und allhier, weil sie ihren Beruf nicht gewartet und nirgends hinaus gewußt, Not halber Pfaffen geworden waren ... gestattet noch aufgenommen werden[172].«

Schon immer hat man sich Mühe gegeben, den korrekten Wortlaut der biblischen Texte herauszufiltern. So entsteht die Berufssparte der Exegeten oder Bibelforscher. Sie toben sich in den unnützesten Haarspaltereien aus und spekulieren im Nichts. Es ist eine sinnlose Tüftelei, die für das Wohl der Menschheit wertlos ist[173]. Die Theologen haben die biblischen Inhalte entstellt. An vorgeschriebenen Fixpunkten haben sie das Rechts und Links nicht gesehen; dadurch verliert die Theologie, die auf Spekulationen positionierte Basis und der gewaltsam verbreitete Gottglauben seine Existenzgrundlage[174].

Es ist nicht damit getan, alte Texte einfach zu übersetzen und sie wie ein Eichhörnchen die Schlange anzustarren, so als würde man sie verstehen; sie müssen aus der Zeit heraus interpretiert werden. Dies ist aufgrund der Quellenlage und der großen Zeitspanne nicht mehr möglich. Das theologische Geplänkel um eventuelle Glaubenswahrheiten hat im Lauf der Jahrhunderte eher zu einer Verzerrung denn zu einer Bereinigung geführt. Geistige Sophistereien, mit denen man Tausende dickleibiger Folianten gefüllt hat, sind als unwesentlich zu übergehen; sie haben nichts zur Klärung des Gottglaubens beigetragen. Die Theologie ist nicht ernstzunehmen.

Es ist ein Dschungel von politischen, sittlichen, sozialen und vielleicht religiösen Ansatzpunkten. Das als heilig bezeichnete Buch der Christenheit wimmelt von Widersprüchen, gegeneinanderstehenden Lesarten, Zusätzen und Auslegungen. Niemand kann sich darin zurechtfinden und man muß daran glauben.

Die Erforschung des Textes ist ungewöhnlich schwer, weil man ihn innerhalb der eigenen Reihen entstellt hat[175]. Hinzu kommen offensichtliche Schreibfehler und verschiedene Darstellungen in der gleichen Sache. Ein solches Fundament ist nicht tragfähig. Die lange unberechtigte Tabuisierung der biblischen Inhalte, die über Jahrhunderte bewußt gesteuert wird, hat eine sachgerechte Aufarbeitung verhindert. Da die Suche nach der geschichtlichen Wahrheit zu- und nicht abnimmt, muß sich die römische Kirche der Verantwortung stellen.

Was bleibt übrig, als die altkirchliche Literatur zu bemühen? Sie bietet keine historische Sicherheit, weil es Sekundärquellen sind. Die Lehre der Apostel Didache wird erst 1875 von Theophil Bryennis, dem Bischof von Nikomedia, entdeckt. Ihr Verfasser ist so unbekannt wie der des Damaskusbriefes. Der Brief an die Korinther wird dem römischen Bischof Klemens zugeschrieben. Gewißheit gibt es darüber nicht.

Wenn man die Ungereimtheiten bewertet, war es ein Irrtum, die christliche Bibel als irrtumslos hinzustellen[175], denn damit hat man sich die Zwangsjacke selbst angezogen und sie von innen zugeknöpft.

⇒

Darstellung des Gottvaters (um 1514) mit der segnenden Geste und der symbolisierten Weltkugel: Er wird immer als alter Mann mit gütigem Blick und einem Bart dargestellt. Es ist eine Phantasiefigur. Der unbeirrbare Glaube an ihn fällt den heutigen Generationen schwer. Veröffentlicht mit freundlicher Genehmigung der Kunsthalle Bremen.

Marter des heiligen Simon von Trient. Bildnachweis: Kunstmuseum Kopenhagen.

Eigentlich haben die Kirche die Umstände und die menschliche Unzulänglichkeit zu diesem Schritt gezwungen. Papst Leo XIII. verbietet noch 1897 die Übersetzung der Heiligen Schrift zusammen mit dem Lesen von unzüchtigen Schriften[176].

Wieder mißt man mit zwei Ellen. Die Bibel zu lesen ist im Grunde genommen unnötig, denn sie vermittelt nicht die wirkliche christliche Wahrheit aufgrund der in sie eingebrachten Verzerrungen. Die klassische unzüchtige Schrift des Christentums ist die Moraltheologie des Redemptoristen Alfons Maria de Liguori, die in den höchsten Tönen verherrlicht wird.

In der Enzyklika *providentissimus Deus* verteidigt Leo XIII. die Auffassung, daß die Bibel unter der Eingebung des Heiligen Geistes verfaßt sei und Gott zum Urheber

hat.. Der Heilige Geist habe die Bibelschriftsteller mit seiner übernatürlichen Kraft zum Schreiben angeregt und ihnen so zur Seite gestanden, daß sie alles, was er ihnen sagte, im Geist richtig aufgefaßt und mit unfehlbarer Weisheit ausgedrückt haben[178].« Heute würde man einen Erstklässler wegen dieser wahnwitzigen Gelehrsamkeit von der Schule schicken.

Der Papst zeichnet sich durch eine tiefe historische Unkenntnis aus und er ist zu viel mit politischen Konflikten beschäftigt. Dennoch: sicher scheint sich die Kirchenspitze ob seiner fehlbaren Auffassung nicht zu sein, denn inzwischen nimmt die theologische Forschung einen menschlichen und göttlichen Verfasser der als von ihr heilig bezeichneten Schriften an[178]; doch jede Heilige Schrift stammt von Menschenhand.

Papst Pius X. erläßt den Antimodernisteneid, der 1969 wegen Undurchführbarkeit zurückgezogen wird und damit ein Beispiel für die päpstliche Fehlbarkeit darstellt. Mit ihm zwingt er die Geistlichen, sich an die Vorstellungen der päpstlichen Bibelkommission zu halten, die im Nebel stochert. Ein zusätzlicher Widerspruch besteht darin, daß das Zweite Vatikanische Konzil unter Papst Pius XII. die Erforschung der biblischen Inhalte lehramtlich anerkennt[180].

Die retrospektive Arbeitsweise kann zu keinem vernünftigen Ergebnis führen, denn man kann 2000 Jahre verzerrte Theologie nicht mehr glaubhaft rekonstruieren, ohne das Gesicht zu verlieren. Unter diesem Blickwinkel ist es absurd, wenn nach dem geltenden Kirchenrecht die Katholiken die Bibel nur in der amtlichen Version benutzen dürfen.

Sie ist ein Buch wie jedes andere und hat sich wie jedes andere der Kritik zu stellen, zumal sie von der Geistlichkeit provoziert ist. Es ist lächerlich zu meinen: »Andere Ausgaben darf man nur lesen, wenn sie keine dogmatischen Irrtümer enthalten.« Welch Elendszeugnis wird hier mit welcher Überheblichkeit ausgestellt? Weshalb bemüht man sich nicht erst, die Irrtümer auszumerzen, mit denen die christliche Bibel reich gesegnet ist?

Der Jesuitenpater Tondi faßt zusammen: »Tatsache ist, daß man in den Zeiten blinden und unwissenden Glaubens der Kirche festgesetzt hat, daß die Schriften des Neuen Testamentes vollständig, authentisch und wahrhaft sind. Heute kann man sie nicht mehr umkehren. Deshalb müssen die Ergebnisse der modernen Wissenschaft abgelehnt und als falsch bewiesen werden. Die falschen Entscheidungen der Kirche müssen als wahr hingestellt werden. Deshalb muß man heute sagen, daß Weiß Schwarz entspricht. Was ist das für eine Religion, die sich die Menschen mit der Hilfe eines Buches zurechtgelegt haben? Der Heide schnitzt sich einen Gott aus Holz ... der Christ aus der Bibel[181].«

Wir haben keine Gewißheit, ob die in der Bibel abgeleiteten Deutungen Menschengedanken enthalten[182] »Für den pietätvollen Bibelleser ist es ein natürliches Bestreben, die erkannten Widersprüche aufzudecken. Es gibt keine andere Chance, als sich der Kritik zu stellen[183].« Heute ist die christliche Bibel in zweihundert Sprachen und Dialekte übersetzt. Es ist mehr ein verlegerischer Erfolg, denn ein Beweis für ihren Wahrheitsgehalt.

Als im letzten Jahrhundert die großen Bibelgesellschaften entstehen, verfolgen sie das Ziel, der Masse ein Glaubensbuch als glaubhaft nahezubringen. Heute haben wir zu fragen, ob es klug gewesen ist, denn man hat Unwahres als glaubenswahr vermarktet. Eigentlich müßte die Bibel auf dem Index stehen. Deshalb schlägt ein kritischer Zeitgenosse vor: »Man möge den weiteren Verkauf der Bibeln solang einstellen, bis man zu einem vernünftigen Ergebnis gekommen ist.«

Damit ist kaum zu rechnen, denn die Aufrichtigkeit im christlichen Lager wird stets einseitig interpretiert. Heute ist es so, daß mit jedem verkauften Exemplar, und es sind Millionen, theologische Unwissenheit verbreitet wird. Treffend sagt Karlheinz Deschner: »Im Christentum gibt es nur ein Buch, das aufgrund seiner Geschichte, seines Charakters, seiner Entstehung und Überlieferung, wie der Fülle seiner Ungereimtheiten, unglaubhaft ist, einen solchen Glauben hervorgerufen hat[184].«

Den Christen wird glaubhaft gemacht, daß die Bibel die Grundlage des einzig wahren Glaubens ist. Steht doch in ihr: »Wer da glaubt und getauft wird, der wird selig werden[185].« Doch was ist und bedeutet es? Vielleicht ist folgendes Zitat treffender: »Selig sind die, die nicht sehen und doch glauben[186].« Es kommt der Realität näher.

Die Bibel soll unter Außerachtlassung aller wissenschaftlichen Gesichtspunkte gelesen werden, obwohl erst die fundierte Betrachtung den Wert eines Buches ausmacht. Über die vermittelten Inhalte nachzudenken, wird nicht gestattet. Die Masse der Bibelleser – und dies dürften sehr wenige sein – versteht es ohnehin nicht: »Wer die Fülle der Widersprüche und die daraus abgeleiteten Ungereimtheiten kennt, weiß, warum die Kirchen den unbedingten

Glauben an sie verlangen muß[187].« Es ist eine Floskel, wenn der *Große Brockhaus* berichtet: »In einer großen Fülle von Kommentaren und wissenschaftlichen Untersuchungen sind durch die Jahrhunderte alle Bücher der Bibel mit großem Scharfsinn untersucht worden[188].«

Er ist stumpf, weil man bislang die geistige Auseinandersetzung mit den Kritikern scheut. Tondi[189], der 16 Jahre lang als Professor an der Päpstlichen Hochschule wirkt, sagt dazu: »Wenn man die Dokumente analysiert, ist es alles andere als leicht, zu positiven Ergebnissen für die Kirche zu kommen ... wohin man den Eimer wirft ... immer zieht man ein leeres Gefäß heraus ... bestenfalls gefüllt mit dem gewöhnlichen Geschwätz und längst bekannten Nichtigkeiten. Die Kirche hat das Evangelium durch eine Prozession von Gespenstern, durch ein erstickendes, inhaltloses, vernunftwidriges Labyrinth ersetzt ... so war es falsch, die alten Dokumente als frei und inspiriert hinzustellen ... die katholische Theologie ist ein Phantom, die kirchliche Lehre ist von Anfang an auf parteipolitische Zwecke ausgerichtet. Ihre politischen Tugenden sind mit den evangelischen Grundsätzen nicht vereinbar. Niemals würde Jesus ein Reich begründet haben, dessen Fundamente auf Mord, Betrug, Habgier und Totschlag ausgerichtet sind. Es ist absurd, den Armen das Evangelium zu predigen, wenn man vielfacher Milliardär ist und Beteiligungen an Rüstungsfabriken hält ... die Lehre des Katholizismus entspricht nicht der Wahrheit. Das despotische Verhalten der Päpste, die Verfolgungen seitens der Katholiken, die von ihnen entzündeten Scheiterhaufen und die gegenwärtige Politik des Vatikans (1960) ... erscheinen mir in sich logisch und in einen grundlegenden Irrtum eingebunden.«

Wenn man 1500 Jahre an einem für eine Glaubensgemeinschaft existentiellen Buch herumdeutet, wenn es Tausende von Gegenstimmen provoziert, kann die Basis nicht stimmen. Das Unvermögen, ihrer Geschichte einen sauberen Anstrich zu geben, muß dazu führen, Alternativen aufzuzeigen, wie beispielsweise das Engagement von Wyclef

und Luther. David Strauss legt im letzten Jahrhundert eine grundlegende Schrift zu dieser Sache auf den Tisch[190]. Grebner schreibt seine eigene Bibel und meint, daß die Geisterwelt Gottes die einzige Quelle der Wahrheit sei[191]. Auch der Rechtsanwalt Kammeier macht sich Gedanken und bezeichnet die evangelischen Aufzeichnungen als bewußt eingeschobene Fälschungen[192]. Bromme[193] vermutet hinter den evangelischen Texten politische Winkelzüge.

Keiner von ihnen hat den Glauben als solchen kritisiert, sondern nur die damit verbundenen Strukturen; alle warten auf eine schlüssige Antwort. Es ist eine Blamage für eine weltumspannende Organisation, die sich die christliche Wahrheit an die Fersen geheftet hat, in diesem fundamentalen Punkt versagt zu haben. Sie unterdrückt das Recht der freien Meinung und es kommt ihr zugute, daß sie die tributpflichtigen Schäflein über Jahrhunderte geistig unterdrückt hat; sie haben sich mittlerweile an den finanziellen und geistigen Ausbeutungsmechanismus gewöhnt.

Noch immer sieht die höhere Geistlichkeit den Fehler bei den anderen und ignoriert das Jesus von Nazareth untergeschobene Wort: »Erkennst Du nicht den Splitter in des Nächsten Auge und den Balken in Deinem?« Schon vor 150 Jahren stellt David Friedrich Strauss die dazu entscheidende Frage: »Zählt die Bibel zu den Spezies der eitlen Unterhaltungslektüre, die selbst den Namen Geschichte nicht verdient[194]?«

⇒

Das Religionsgespräch zwischen jesuitischen und protestantischen Theologen 1601 in Regensburg. Miniatur aus dem Jahr 1606. Die hier zelebrierte Haarspalterei ist widersinnig, denn die Redeschlacht wird haushoch von den Jesuiten gewonnen. Vereinfacht kann man sagen: die Jesuiten setzen auf die Intelligenz, die Protestanten auf den Bürgersinn und den gesunden Menschenverstand.

Große Kreuztragung; Kupferstich von Martin Schongauer.

Wundersame Trinität[195)]

Die Gotteskundler sitzen einer falschen Übersetzung auf, wie bei ihrer Begründung der Jungfernschaft Marias und anläßlich der Hexenverfolgungen. Was dokumentiert ihre Fehlbarkeit besser? Trinität heißt *Dreiheit* und nicht *Dreieinigkeit*. Überspitzt bedeutet es kaschierter Polytheismus. Jesus von Nazareth kennt die Trinität nicht und sein späterer Aktivator, Mohammed, lehnt sie ab.

Die Vorstellungen von der Trinität reichen weit in das Heidentum zurück, das zahlreiche Götterdreiheiten verehrt. Aristoteles sagt: »Die Dreiheit ist die Zahl des Ganzen, sofern sie Anfang, Mitte und Ende umschließt.« Xenokrates setzt im 4. Jahrhundert v. u. Z. eine Dreieinigkeit an die Spitze des Weltganzen. Alle hellenistischen Religionen besitzen eine Trinität. In Italien gibt es die kapitolinische Trias, Jupiter, Juno und Minerva. Man kennt die Theologie des Hermes Trismegistos, des dreimal großen Hermes, der dreieinigen Weltgottheit. Der Götterbote Hermes gilt als vom Himmel gesandter Logos, als Offenbarer, Erlöser, Hirt, Heilbringer, Lehrer und Mittler zwischen Gott und den Menschen. Das Symbol der Dreigottheit ist dem Hinduismus und Buddhismus geläufig. Es ist naheliegend, daß das Christentum aus diesem Fundus schöpft. Christus hebt hervor: »Der Vater ist größer als ich.« Im 2. und 3. Jahrhundert ist die Identität von Jesus und Gott weitgehend unbekannt. Jesus wird unter Gott angesiedelt. Irenäus und Tertullian meinen gleichlautend: »Der Vater steht über allem und ist größer als der Sohn.«

Noch während der zweiten Hälfte des 2. Jahrhunderts betet man in gebildeten Kreisen zum Gott Vater, während sich die Masse dem Sohn Christus zuwendet. Origenes hält Jesus für einen geringeren Gott. Theophilus von Alexandria verdammt ihn 399 unter dem Druck von mit Knüppeln ausgerüsteten Mönchshaufen. Seine endgültige Verdammung erfolgt während des Fünften Allgemeinen Konzils im Jahr 553.

Schlacht des heiligen Jacobus bei Clarijo; Kupferstich von Martin Schongauer.

Hier geht es theologisch zu. Cyrillus, der Bischof von Alexandria, betont, daß die menschliche und göttliche Natur in Christus vermischt sind, und daß man sie nicht unterscheiden kann. Der Abt von Konstantinopel, Eutyches, meint, daß Christus mit einem Leib höherer Art geboren worden ist. Eine vorläufige Entscheidung in dieser weltbewegenden Frage wird durch einen Brief des Bischofs Leo von Rom herbeigeführt und das Konzil von Chalcedon setzt 451 fest, daß in Christus zwei Namen unvermischt und unverändert, aber auch ungeteilt und ungetrennt enthalten sind.

Der aus Alexandria kommende Athanasius setzt sich für die volle Gottheit Christi ein. Der Streit dreht sich um eine Lapalie: ist der Gottvater Jesus Christi wesensgleich oder nur wesensähnlich? Es ist für die Geistlichen ein unerschöpfliches Reservoir der suspekten Streitereien. Die göttliche Existenz unterstellen sie und die Figur des Jesus stilisieren sie so hin, wie er ihren momentanen Wünschen entspricht.

Dann entsteht der Streit, wie es mit dem Heiligen Geist zu halten sei, an den zu glauben der Vorstellung primitiver Volksstämme entspricht. Manche Kirchenväter halten ihn für eine Gott zwar gleichstehende, doch ihm untergordnete Persönlichkeit, für ein Einzelwesen. Andere denken sich ihn als einen besonderen Gott und wieder andere betrachten ihn als eine von Gott ausgehende Wirkung, die von Ewigkeit an durch den Willen Gottes bestanden hat. Es gelingt während der endlosen Debatten nicht, zu einer definitiven Entscheidung zu kommen.

Während des Konzils von Konstantinopel im Jahr 381 kommt es zu einem Streit. Als Bischof Macedonius meint, daß der Heilige Geist nicht Gott gleich dem Sohn sei, und daher nicht Herr genannt werden könne; er sei ein Geschöpf und Diener des Vaters. Das Konzil definiert: »Er ist lebendigmachend vom Vater ausgegangen ... darum Herr und ebenso wie der Vater anzubeten und zu verehren.«

Den vorläufigen Abschluß enthält die Lehre vom Heiligen Geist durch den von Augustin ausgesprochenen Satz: »Er geht nicht bloß von Gott, sondern auch von seinem Sohn aus.« Dieses Ausgehen habe man sich als ein Aushauchen von seiten des Vaters und des Sohnes im Gegensatz zu der Zeugung des Sohnes durch den Vater vorzustellen. Auf diese Weise wird die unnötige Auseinandersetzung um das große Mysterium der Christenheit geschmiedet und damit die Lehre von der Dreieinigkeit beigelegt.

Selbst hier finden wir eine versteckte Fälschung, denn das Wort *filioque* (und vom Sohn) wird nachträglich eingefügt. Es geht um die Frage, ob der Heilige Geist nicht vom Vater ausgeht. Später setzt man die Behauptung in die Welt, daß Hosius 325 im Auftrag des Papstes das Reichskonzil geleitet hat.

Wie dem auch sei; die dritte göttliche Persönlichkeit wird spät für das Christentum entdeckt. Der Matthäus in den Mund gelegte Befehl »zu taufen im Namen des Vaters, des Sohnes und des Heiligen Geistes« wird von der kritischen Forschung als Fälschung gewertet. Im Laufe des 4. Jahrhunderts kommt es zu einer gewagten Interpolation, dem *Comma Johanneum*, einer in mehrere Codices eindringenden Fälschung.

Man ändert die Stelle im Ersten Johannesbrief: »Drei sind, die da zeugen im Himmel, der und das Wort und der Heilige Geist, und die drei sind eins.« Die Lehre vom Glauben an den Heiligen Geist entsteht erst im Lauf des 2. Jahrhunderts. Zum Dogma erhoben wird die Tüftelei 381 während der Zweiten Ökumenischen Synode von Konstantinopel.

Die Trinitätslehre der römisch-katholischen Kirche wird zur Staatsauffassung gekürt; sie widerspricht in allen Punkten der Vernunft. Noch 1553 rekapituliert der Spanier Michael Servet in seiner Schrift *Wiederherstellung des Christentums* mit großer geistiger Kraft alle entscheidenden Argumente gegen die Lehre der Dreieinigkeit. Er stirbt noch im gleichen Jahr, vergebens zum Widerruf gezwungen, auf Betreiben Calvins auf dem Scheiterhaufen.

Von der Trinitätslehre zum mittelalterlichen Ständestaat

Vielleicht ist es gewagt, von der theologischen Dreieinigkeit einen Bogen auf das mittelalterliche Ständesystem zu spannen. Es bestimmt die Sozialstruktur über Jahrhunderte und diese hat Ausstrahlungen auf die klerikale Macht, denn sie wähnt sich auf der Seite der Besitzenden.

Eadmer, der Kaplan des Anselm von Canterbury, erwähnt in seinem *exemplum*: »Die Schafe sind dazu da, um Milch und Wolle zu geben; die Ochsen, um die Erde zu pflügen; die Hunde, um die Schafe und die Ochsen gegen die Wölfe zu verteidigen. Erfüllt jede dieser Tiergattungen ihre Aufgabe, so beschützt sie Gott ... ebenso erhält er die Stände, denen er die verschiedenen Ämter in dieser Welt übertragen hat ... die Geistlichen und Mönche hat er bestellt, auf daß sie für die anderen beten, sie voller Sanftmut, wie die Schafe, mit der Milch der Verkündigung tränken und ihnen durch die Wolle des guten Beispiels eine glühende Liebe zu Gott einflößen. Die Bauern hat er bestellt, auf daß sie wie die Ochsen durch ihre Arbeit für den Lebensunterhalt ihrer und der anderen Sorge tragen. Die Krieger hat er bestellt, auf daß sie im Maß der Notwendigkeit die Macht zu Schau tragen, und daß sie diejenigen, die die Erde bearbeiten, vor den Feinden und Wölfen schützen.«

Auch Bischof Adalbert von Laon setzt sich für die Dreiklassentheorie ein. In seiner um 1020 erschienenen Biographie Roberts des Frommen vom *dreigeteilten Haus*

⇒

Bischöfe und Kirchenväter. Scheibenzeichnungen von Hans Suess von Kulmbach. Oben: Heilige Bischöfe (Frankfurt, Städel'sches Kunstinstitut). Darunter: Heiliger Ambrosius (Dresden, Kupferstichkabinett) Darunter: Heiliger Hieronymus (Dresden, Kupferstichkabinett). Unten: Heiliger Augustin (Dresden, Kupferstichkabinett).

Thomas von Aquin, der Schüler des Kölner Rhabanus Maurus, gilt in der römisch-katholischen Kirche als einer der bedeutendsten Interpreten. Bei Licht betrachtet ist er allen Fehlern und Mängeln seiner Zeit unterworfen.

Gottes spricht er von »den einen die beten, die anderen kämpfen und den dritten die arbeiten ... diese drei Teile dürfe man nicht auseinanderreißen, da sie sich notwendigerweise ergänzen.«

Diese klerikale These von der dreigeteilten Gesellschaft erreicht die Kraft eines Glaubenssatzes. Die Einteilung in *oratores*, *bellatores* und *laboratores* gilt als heilig. Sich gegen diese Ordnung aufzulehnen bedeutet, gegen Gott zu rebellieren, so Pört-ner. Im Alltag bedeutet es, daß die Bauern und späteren Arbeiter – der Status des Bürgers ist unbekannt – geknechtet werden, damit es den geistlichen und weltlichen Herrschern gut geht. Diese Aspekte sollte man berücksichtigen, wenn man die Sozialenzykliken der Päpste des ausgehenden 19. Jahrhunderts beurteilt.

Arianischer Streit, Konzil von Nicäa

Konstantins Glaubensbekenntnis

Die antiochenische Synode ist ein Auftakt zu der vom Kaiser Konstantin zunächst in Ankar geplanten, dann aber 325 in seiner Sommerresidenz zu Nicäa im nordwestlichen Kleinasien abgehaltenen Kirchenversammlung, dem Ersten Allgemeinen Konzil, das sich durch ein niedriges Niveau auszeichnet. Es geschieht nichts gegen den kaiserlichen Willen. Vermutlich geht es ihm um die Wiederherstellung des religiösen Friedens, denn eine gespaltene Kirche ist ein schlechtes Werkzeug in seinen Händen.

Der Kaiser bestimmt den Verlauf der Debatten. Als ihm die Bischöfe zum Beginn der Veranstaltung gegenseitig ketzerische Bitt- und Klageschriften überreichen, bestimmt er zur Verhandlung einen Tag, an dem die Schreiben ungeöffnet verbrannt werden, »damit keinem der Streit der Priester bekannt werde.«

Hier wird den Erzbischöfen das Nicänische Glaubensbekenntnis aufgetischt. Es müßte das Konstantinische heißen, denn der Kaiser hat es durchgesetzt. Es proklamiert die Idendität der göttlichen Substanz in beiden Personen. Der Kaiser versichert: »Was 300 Bischöfe miteinander beschlossen haben, ist nichts anderes als das Urteil Gottes«, was in sich unschlüssig ist, denn Bischöfe sind gewöhnliche Menschenkinder.

Neben Arius aus Alexandria, der die Wesensgleichheit behauptet und damit die Gottheit des Sohnes bestreitet, verweigern zwei arianische Bischöfe, Secundus von Ptolemais und Theonas von Marmarika das ihnen aufgezwungene Glaubensbekenntnis. Sie werden während des konziliaren Verlaufs verurteilt. Arius droht neben seiner Absetzung die Verbannung und Verfluchung[196]. Er muß mit den in Nicäa exkommunizierten Episkopaten nach Illyrien ins Exil.

Im Spätherbst des Jahres 327 wird eine weitere Synode in Nicäa abgehalten. Hier hat man Arius, Eusebius und Theonas wieder in die Gemeinschaft der Gläubigen aufgenommen. Athanasius, der Patriarch von Alexandria, weigert sich, Arius in sein kirchliches Amt einzusetzen, weil er über das in der Christenheit seltene Merkmal einer eigenen Meinung verfügt.

Athanasius, in jungen Jahren Diakon und Begleiter seines Bischofs Alexander auf dem Konzil von Nicäa, besteigt nach dessen Tod am 8.6.328 den alexandrinischen Bischofsstuhl; er wird unter Eidbruch von sieben der 54 anwesenden Bischöfe gewählt und geweiht. Man stellt einen Gegenbischof auf und es kommt zu Straßenschlachten. Bald nehmen die Ausschreitungen dermaßen zu, daß sich Athanasius 332 am Hof und vor der Kirchenversammlung verantworten muß. Man streitet um ein vom weltlichen Kaiser definiertes und den Geistlichen angeratenes Glaubensbekenntnis. Die Entscheidung des Weltenherrschers spielt sich über den Köpfen der jungen Christenheit ab.

Nachdem der Patriarch auf einer 324 in Caesarea einberufenen Synode nicht erscheint, zieht ihn der Kaiser Konstantin ein Jahr später durch die Synode in Tyrus zur Rechenschaft. Nach anfänglichem Zögern erscheint der Patriarch mit seinem Gefolge. Man konfrontiert ihn mit seinen Schandtaten und es kommt zu skandalösen Szenen. In Alexandria stellt man gegen den von der Synode in Tyrus rechtmäßig abgesetzten Athanasius zwei Bischöfe auf. Es kommt zu blutigen Tumulten, bei der die Kirche des Dionysius in Flammen aufgeht. Schließlich flieht der Geschmähte 339 auf einem Schiff nach Konstantinopel.

Athanasius droht mit der Aushungerung der Hauptstadt, indem er Kornlieferungen zu unterbinden sucht. Am 6.11.336 muß er auf Befehl des Kaisers Konstantin seine Verbannung nach Trier antreten. Als 336 Konstantin dem Bischof von Konstantinopel befiehlt, den aus der Verbannung zurückgekehrten Arius zum Abendmahl zuzulassen, wird er von seinen Gegnern vergiftet. Sie bezeichnen seinen Tod als gerechtes Gottesurteil. Es entstehen Parteikämpfe, die mit Blutvergießen verbunden sind. In einer Kirche in Konstantinopel sollen 350 Menschen gestorben sein. »Das Blut glich einem Bach … das aus dem Gotteshaus in den umgebenden Hof gelaufen ist[197].«

Arius stirbt 336 in Konstantinopel. Seine Gegner verbreiten Gerüchte um ihn: »Bei einem Stadtbummel ist es ihm plötzlich übel geworden. Er barst, wie der Verräter Judas nach der biblischen Version, mitten entzwei. Unter Qualen lösen sich sein Mastdarm, die Leber und das Ketzerherz von ihm … endlich schrumpft er immer mehr zusammen, bis er endlich durch die Öffnung des Aborts mit einem Plumps in der Jauche veschwindet.« Gregor von Tours führt den Tod des Arius als Beweis für seine schlechte Lehre an.

In einem Brief überschüttet Athanasius Arius mit einer Flut von Schimpfwörtern. Er nennt ihn *Galgenstrick* und *Lügenmaul*. In einem Brief, den Athanasius auf Konstantins Namen fälscht und etwa 15 Jahre nach dessen Tod, um 350, veröffentlicht, will der Kirchenlehrer alle Menschen mit den sofortigen Tod bestraft sehen, die eine Schrift von Arius aufbewahren. In einer weiteren Urkundenfälschung veranlaßt er die ihm später übel genommene Gegnerschaft des ersten christlichen Kaisers.

Unter dem Namen von Konstantin II. richtet der Patriarch einen Brief an die katholische Gemeinde von Alexandrien, indem er ihr durch den jungen Kaiser mitteilt, Bischof Athanasius sei von seinem Vater nur scheinbar verdammt worden, um ihn den Angriffen seiner Gemeinde zu entziehen. Konstantin II. hebt die Verbannung im Juni 337 auf und der Bischof kann nach dem Tod von Konstantin I. zurückkehren. Der Patriarch nutzt die Rückreise, um Intrigen zu spinnen; mit ihm kehren die übrigen verbannten orthodoxen Bischöfe zurück, was mit dem Ausbruch neuer Unruhen verbunden ist.

Auf der Synode von Sofia 324, an der etwa 80 Bischöfe aus dem Osten und 90 aus dem Westen teilnehmen, ziehen die Orientalisten ab und tagen in Phillipol weiter. Jede Partei bekennt sich zu ihrem Glauben und verketzert den des anderen; man bedroht einzelne Bischöfe mit dem Tod. Die Synode hätte Frieden stiften sollen, hat aber Feindschaften vertieft. Hier zeigt sich der Bruch der beiden Glaubensblöcke, was zur Trennung zu Beginn des 2. Jahrtausends führt.

Stifter der mittelalterlichen Welt: Kaiser Konstantin der Große und Papst Sylvester I.

In Rom ist inzwischen Julius I. gestorben. Als Liberius Papst wird, erreichen die Auseinandersetzungen zwischen den Arianern und Athanasiern den Höhepunkt. Der Arianer Konstantin II. verfolgt die Kirche. Auf Wunsch von Liberius ruft er 353 zur Klärung des Streites ein Konzil nach Arles ein, wo er gerade Hof hält. Hier läßt er Athanasius und das Niceanum verurteilen. Der Papst setzt die Synode von Mailand durch, zu der ihn der Kaiser gewaltsam aus Rom herbeibringen läßt.

Bei dieser Gelegenheit billigen mehr als 300 Bischöfe unter kaiserlichem Druck die Verurteilung des alexandrinischen Patriarchen. Sechs von ihnen weigern sich und werden nach Aleppo verbannt. Zu ihnen gehört Liberius. Als ihn der Kaiser vor die Alternative stellt, entweder zu unterschreiben oder zu gehen, bleibt der Katholik standhaft und erklärt: »Die kirchliche Ordnungen sind mir wichtiger als mein Verbleib in Rom.«

Die Position des Papstes während der Verbannung ist nicht eindeutig. Er schreibt kleinlaute Briefe an Gleichgesinnte, anerkennt die Lehre der Arianer und bittet sie, sich für seine Rückkehr nach Rom zu verwenden. Seine Haltung ist so jämmerlich, daß katholische Kirchenhistoriker die Echtheit seiner Briefe bestreiten. Liberius kann später zurückkehren, was mit der Flucht seines Gegenpapstes verbunden ist.

Athanasius, inzwischen vom Papst verdammt, schickt zwei kaiserliche Kommissare nach Hause, die ihn aus Alexandrien entfernen sollen. Erst als Konstantin Anfang des Jahres 356 die Theonaskirche, die Kathedrale des Athanasius, stürmen läßt, verschwindet er aus der Stadt. Unter seinem Nachfolger Georg folgen blutige Zusammenstöße mit der Garde des abwesenden Patriarchen. Man belagert Kirchen und sprengt Gottesdienste. Es gibt Schwerverwundete und Tote. Bischöfe werden in diesem Zusammenhang verbannt: 30 ergreifen die Flucht.

Athanasius II. und die Honoriusfrage

Papst Athanasius II. wird der Nachwelt als ein der Häresie zuneigender Mann geschildert, der rechtmäßig zurückgetreten ist »und dessen plötzlicher Tod allein noch größeres Unheil von der Kirche abgewendet hat.« Nach Gratian wird er von der römischen Kirche verworfen. So sagt der Anonymus von Zwetl in seiner Papstgeschichte: »Die Kirche verwirft ihn und Gott hat ihn geschlagen.«

Er soll gesagt haben, daß die Wirksamkeit der Sakramente nicht von der Beschaffenheit des Spenders abhängt. Ist er deshalb häretisch? Wenn ja, so bedeutet es, daß ein häretisch gewordener Kirchenmann gültige Sakramente austeilen kann. Diese Haltung wird als Beispiel einer vom Papst ausgegangenen falschen Glaubensentscheidung bewertet.

Die Basler Kirchenversammlung meint, daß Päpste, die der Kirche nicht mehr angehören, von ihr wie Heiden und Zöllner behandelt werden, »wie man übrigens von Liberius und Athanasius ließt.« Domenico von Torcello erwähnt in einer an den Papst Calixtus III. (1455-58) gerichteten Schrift: »Einige Päpste haben in ihrem Glauben geirrt, wie Liberius und Athanasius II., und sind deshalb von Gott gestraft worden.«

Alvaro Pelayo meint: »Ein häretisch gesinnter Papst muß einem weit schwereren Gericht wie jeder andere unterworfen werden, des Strafgerichts, welches den Athanasius getroffen hat[198].«

Während er unverdienterweise und am Rand des kirchlichen Geschehens als Häretiker gilt, den die Geschichte zur Dokumentation ihres Unrechts hochgeschaukelt hat, wird das Andenken von Honorius in Ehren gehalten und die Tatsache, daß ihn drei allgemeine Konzile des Ostens, dem von Konstantinopel unter dem Papst Agatho, dem von Nicäa unter Hadrian I. und dem von Konstantinopel unter Hadrian II. wegen seiner nachweisbaren Gesinnung und Begünstigung zur Irrlehre mit dem Bann belegt haben, im Mittelalter und darüber hinaus verdrängt.

Was steckt dahinter? Um das bis heute unaufhaltsam expandierende Reich des Islams auszuweiten, pokert der Patriarch Sergius von Konstantinopel mit dem *Monotheletismus*, der Lehre von einem einzigen Willen in Christus, was man immer darunter verstehen mag. Es geht um den göttlichen Willen des menschlichen Christus. Mit dieser Gedankenbrücke gewinnt Sergius Papst Honorius. Er stimmt, zweifellos übereilt und ohne präzise Kenntnis der komplexen kirchenpolitischen Zusammenhänge dieser Auffassung in Byzanz zu. Konstantin sagt später in einem Edikt: »Honorius hat nicht nur irrig gelehrt, sondern er widerspricht sich selbst.«

Lang versucht man, Honorius zu entschuldigen. Papst Johannes IV. (640-642) meint in einer Schutzschrift: »Mein Vorgänger hat nur den Wahn von zwei sich widersprechenden Willen vertreten, als ob nämlich Christus auch einen von der Sünde infizierten Willen gehabt hätte.«

Auf der Synode von 680 wird Honorius als Teilnehmer an der monothelitischen Ketzerei den anderen schon in Rom verdammten Prälaten während der Synode von 649 gleichgestellt und mit ihnen dem Anathem unterworfen. Die Synode läßt es sich nicht nehmen, den Häretiker Honorius namentlich zu verwünschen: »Er hat unter dem katholischen Volk die Häresie des Einen Willens verbreitet; er hat es verdient, mit Sergius dem Anathem unterworfen zu werfen.«

Er wird mehrfach kirchenrechtlich verurteilt. Leo II. hat seine Verdammung ausgesprochen, der ja die Akten des Konzils aus dem Griechischen übersetzt hat. Hincmar von Reims erinnert sich: »Honorius muß das Anathem im Leben verdient haben, sonst werden die, welche über ihn zu Gericht gesessen, mehr sich als ihm schaden.«

Nach ihm erlischt die Erinnnerung an diese für die These der Unfehlbarkeit peinliche Tatsache. So ist es gekommen, daß keiner der zahlreichen Verfasser der Papstgeschichten und -kataloge die geringste Andeutung von diesem so bedeutsamen Ereignis, dem einzigen seiner Art macht.

Erst im 16. Jahrhundert sinnt man wieder über den Vorfall nach. Als Ausweg fällt einem ein, daß man vorgeben kann, die Akten der sechsten Synode seien von späteren Griechen gefälscht und alles, was sich auf Honorius bezieht, sei interpoliert. Dann müßten auch die Schreiben der päpstlichen Kanzlei für untergeschoben erklärt werden. Zu diesem Taschenspielertrick entschließen sich Baronius, Bellarmin, Hosius, Binius, Duval, sowie die Jesuiten Tanner und Gretser. Es ist eine klar ersichtliche Fälschungsabsicht mit dem Hintergedanken, das Papsttum nicht beflecken zu wollen. Die grundsätzliche Frage ist, ob die auf einem vollständigen ökumenischen Konzil repäsentierte Kirche die dogmatischen Schreiben eines Papstes für häretisch erklärt und dadurch seine Fehlbarkeit anerkennt.

Unvollständige Papstreihe

Symmachische Fälschung

Die Verherrlichungsschreiber der katholischen Kirche verweisen auf eine ununterbrochene mit Petrus beginnende Papstreihe. Bei einer nüchternen Betrachtung kann davon keine Rede sein, zumal der historische Petrus eine andere Wertung erfahren muß, wenn sie gerecht sein soll. Besonders auffällig ist die Unsicherheit in der Frühphase und die Epochen, in denen es gleichzeitig mehrere Päpste gegeben hat und selbst die, in der niederträchtige Statthalter im 9. und 10. Jahrhundert von Huren beherrscht und in ihrer Entscheidungsfreiheit dirigiert werden.

Das Ziel dieses Wunschdenkens ist, den Nachweis zu führen, daß es, ausgehend von Petrus bis heute in ununterbrochener Tradition einen Papst gegeben hat. Dieser Nachweis läßt sich nicht führen, weil sich das Papsttum historisch nicht auf Petrus zurückführen läßt. Um die Löcher zu kitten, werden Päpste erfunden und andere, die der damals offiziellen Kirchenmeinung nicht angenehm sind, ersatzlos gestrichen.

Eines kommt hinzu: wenn das Christentum wirklich eine revolutionäre Erscheinung gewesen wäre, wäre die Quellenlage anders und ernstzunehmen. Von Anfang an sind zu viele Ungereimtheiten da; aus ihnen kann nur ein Sammelsurium an widersprüchlichen Meinungen entstehen, die der nachträglichen Deutung und Kanalisierung bedürfen. Ein zweites Ziel ist die Dokumentation, daß ein einmal gewählter Papst von keinem gerichtet, verurteilt, kritisiert oder abgewählt werden kann, weil er seine Aufgabe einem göttlichen Wesen verdankt, das weit über den menschlichen Herrschern steht.

So fällt unser Blick auf das zwielichtige Leben des Papstes Symmachus (498-541), der seine Wahl nachweisbar durch die Bestechung einer Reihe Höflinge Theoderichs des Großen beeinflußt hat. Als Gegenkandidat steht der ihm von Anastasius I. von Byzanz favorisierte Laurentius feindlich in Rom gegenüber. Senat und Klerus sind gespalten und es kommt zu Unruhen. Vor 505 ist Rom vier Jahre lang der Schauplatz eines blutigen Kampfes um die Papstwürde. Die Anhänger von Symmachus und die seines Gegners Laurentius ermorden sich auf den Straßen zur Ehre des Christentums.

Symmachus stellt die Behauptung in den Raum: »Ein Papst kann von niemand gerichtet werden.« Die symmachischen Fälschungen sind ein Fabrikat im Dienst des Primats, der Papstmonarchie und der absolutistischen Machtentfaltung[199]. Sie zeigen in erschreckender Weise die Skrupellosigkeit der Kirche. Sie hat keinen Grund, Tatsachen zu bagatellisieren und zu umgehen, am wenigsten den Papst Silvester I. untergeschobenen Satz *Prima sedes a nemine judicatur*. Symmachus wird von König Theoderich angeklagt; er soll abgesetzt werden. Seine Anhänger greifen zu den unlauteren Mitteln der Fälschung.

Die Fabelwesen
Marcellinus und Cyriakus

Wahrscheinlich wird zur Absicherung dieser These das weitgehend unbekannte Leben des Papstes, dessen Existenz umstritten ist, verzerrt. Er soll im Zusammenhang mit den diokletianischen Verfolgungen dem Herkules, Jupiter und Saturn im Tempel der Vesta geopfert haben. Daraufhin sollen 300 Bischöfe ihre Gemeinden verlassen haben, um sich in Sinuessa zu einem Konzil zu versammeln. Zeitgenossen berichten nichts über diese Synode; auch sonst findet sich keine Spur von diesem Märchenpapst.

Marcellinus wird von 72 Zeugen des Götzendienstes angeklagt. Er bekennt sich für schuldig und nimmt am 23.8.303 seinen Hut. Der älteste Katalog der Päpste, der bis zum Tod von Felix III. reicht, und nicht nach

dem 7. Jahrhundert verfaßt ist, hat die Fabel von der Apostasie des Marcellinus aufgenommen[200].

So greift man unerlaubt zum probaten Mittel, um den Nachweis zu führen, daß die Unantastbarkeit des Papstes anerkannt und historisch erwiesen ist. Die *gesta de Xysti purgatione et Polychronii Jerosolytani episcopi accusatione* ist durch die gleiche Hand zum gleichen Zweck angefertigt. Hier wird der Satz eingeschärft, daß der Papst keinen irdischen Richter über sich hat; lastet ein schwerer Verdacht auf ihm oder wird er angeklagt, muß er sich selbst für schuldig erklären, sich selbst absetzen oder – wie Marcellinus – er reinigt sich durch die einfache Versicherung seiner Unschuld[201].

Um die gleiche Zeit wie die Päpstin Johanna wird Cyriakus eingeschoben[202]. Die Berechtigung daraus zieht man aus den

Geistliche Narrenmühle; Holzschnitt aus dem Kupferstichkabinett Berlin. Katholische Geistliche werden von einem in den polemischen Darstellungen der Reformation immer wieder verwendeten Mühlrad zermahlen. Monogrammist HR.

hellseherischen Fähigkeiten der Nonne Elisabeth aus dem Kloster Schönau (Trier)[203]. Chronisten des 13. Jahrhundert machen darauf aufmerksam[204] und die Oberrheinische Chronik geht darauf ein[205].

Es ist naheliegend, daß der *erfundene* Cyriakus, der als 19. Papst fungiert und residiert haben soll, dazu herhalten muß, um den wirklich designierten Coelestin V. rechtlich abzusichern. Deshalb bemüht sich der Verfasser der *glossa ordinaria* dem Dekret des Bonifazius VIII., das den Rücktritt eines Papstes gestattet, auf das sichere Beispiel des Cyriakus, den es nicht gegeben hat.

Im 15. Jahrhundert erscheint Cyriakus in allen bedeutenden Geschichtsbüchern und geht in die älteren Ausgaben des römischen Breviers ein. Die Kanonisten verharren in diesem Irrtum und selbst Sylvester Prierias stimmt der Fälschung zu. Sollte hier der Nachweis erbracht werden, daß der Papst von keinem gerichtet werden kann, doch selbst die Möglichkeit hat, von seinem Amt zurückzutreten?

In Coelestin V. haben wir den über 80jährigen Einsiedler Pietro Angelari vor uns, der jahrelang in einer Zelle am Monte Murrone bei Sulmona in den Abruzzen lebt. Er wehrt sich vergeblich gegen seine Wahl

⇐

GREGORIVS·PP·V·GERMANVS

144

Oben: Papst Sergius III., Bischof von Caere. Er gelangt am 29.1.904 auf den Heiligen Stuhl. Seine Vorgänger läßt er umbringen. Er macht aus dem Vatikan ein Bordell; ebenso die Engelsburg, wo er mit seiner Maitresse Theodora Rom beherrscht. Sergius III. stirbt am 14.4.911. Er läßt die bei einem Erdbeben eingestürzte Lateran-Basilika wieder aufbauen.
Unten: Papst Gregor V., ein Sohn Herzogs Otto von Kärnten. Er wird am 3.5.996 als erster deutscher Papst des Mittelalters gewählt. Er spricht als erster ein Interdikt aus, in dem er Frankreich mit dem Kirchenbann belegt. Gregor V. stirbt am 18.2.999 im Alter von 27 Jahren an Malaria.

ALEXANDER TERTIUS
PONTIFEX ROMANUS CLXX.

und entschließt sich nach einer fünfmonatigen Amtszeit zu einer mißlungenen Flucht.

Sein Nachfolger, der sich durch Brutalität auszeichende Bonifazius VIII.[206)] läßt ihn auf der Festung Fumone einkerkern, weil man seine Wahl nicht anerkennen will. Coelestin V. hat im Dezember 1294 abgedankt und ist im Mai 1296 gestorben. Dante bezeichnet ihn als *Feigling der Hölle*. Petrarca lobt ihn« wegen seiner Entsagung.

Päpstin Johanna

Es kann nicht ausbleiben, daß man in den teilweise bissigen Verhöhnungskampagnen den Päpsten ein weibliches Wesen unterschiebt. Die Fabel von der Päpstin Johanna gehört zu den römischen Lokalsagen, von denen im Mittelalter ein ganzer Zyklus existiert. Die Sage fällt in die Zeit der großen Kämpfe zwischen dem Papst und dem Kaiser; vermutlich wird sie um die Mitte des 13. Jahrhunderts aufgezeichnet. Etwa 50 Zeitgenossen nehmen sich der Legende an[208)].

Die ersten Berichte erwähnen ihren Namen nicht, der ohnehin ein Verlegenheitsprodukt ist. Das Ereignis soll sich um

⇐

Oben: Papst Alexander III. (Orlando Bandinelli) aus Siena, Lehrer der Rechte in Bologna. Er wird 1153 zum Kardinal ernannt und am 7.9.1159 zum Papst gewählt. Er hat sich gegen drei Gegenpäpste zu behaupten. Alexander III. stirbt am 11.8.1181 in Bologna und wird dort in der Kirche San Francesco beigesetzt.
Unten: Papst Paul III. (Pietro Barbo, 1418 in Venedig geboren), kommt durch seinen Onkel, Papst Eugen IV., zur geistlichen Laufbahn. Am 30.8.1464 besteigt er den päpstlichen Stuhl. Er gilt als Feind der Wissenschaften, führt den Türkenkrieg fort und gilt als Begründer der »Liberia Edictrice Vaticana«. Am 26.6.1471 stirbt er.

Papst Julius II. (1503-13), vorher Giuliano della Rovere, geboren am 5.12.1443 in Savona, gestorben am 21.2.1513 in Rom. Er wird von seinem Onkel, Papst Sixtus IV. 1471 zum Kardinal erhoben. Unter Alexander VI. flieht er nach Frankreich.

IVLIVS·II·PAPA·SAVONENSIS·LIGVR·
fu fatto del 1503 nise ani 9 mesi 4 giorni 20   18

Martin Polonus wird die Passage mit der Päpstin Jahre nach seinem Tod eingeschoben[210]. Hinzu kommen die Aufzeichnungen in der Chronik *Flores temporum*[211]. Man findet die Fabel in einigen Handschriften und in Van Maerlants *Historischem Spiegel.* Er sagt 1283: »Ich bin nicht sicher, ob es sich um eine Fabel handelt oder ob es wahr ist ... aber in der Päpste Chronik findet man sie gemeiniglich nicht[212].«

Der Dominikaner Tolomeo von Lucca sagt, daß diese Geschichte um 1312 in keinem der schon vielen bestehenden Papstverzeichnisse enthalten ist. Das stimmt nicht, denn der Dominikaner Leo von Orvieto trägt zur Verbreitung des Märchens bei, indem er es in die bis auf dem Papst Clemens V. reichende Geschichte der Päpste und Kaiser aufnimmt.

In der ersten Hälfte des 14. Jahrhunderts folgen der Dominikaner Johann von Paris, Siegfried von Meißen, Occean der Minorit – der die Päpstin in seiner Polemik gegen Papst Johannes XXII. verwertet – der Grieche Baarlam, der englische Benediktiner Ranulph Hidgen, der Augustiner Amalrich Augerii, Boccaccio und Petrarca.

Eine Chronik der Päpste von Aimery, Abt von Moissac, verfaßt 1399, hat den *Johannes Angelicus* in die Reihe der Päpste mit der Bemerkung eingeschoben: »Einige sagen, daß dieser Papst eine Päpstin ist. Sie soll zweieinhalb Jahre im Amt gewesen sein und hat ihre päpstliche Funktion wahrgenommen.«

Im 15. Jahrhundert taucht verstärkter Zweifel an dieser Legende auf. Zum Beginn dieses Jahrhunderts wird in der Kathedrale von Siena die Büste der Päpstin in der Reihe der übrigen angebracht und niemand stört sich daran. Erst 200 Jahre danach wird auf die dringende Bitte Papstes Klemens VIII. die angebliche Päpstin Johanna in Papst Zacharias verwandelt[213].

Selbst Hus erwähnt den Vorgang während des Konstanzer Konzils und erhält keinen Widerspruch. Der Kanzler Gerson von der Pariser Universität erwähnt die Päpstin als Beispiel für die Fehlbarkeit der Kirche[214]. Heinrich Korner, ein Dominikaner aus Lübeck (1402-37) nimmt die

das Jahr 1100 zugetragen haben. Vielleicht in Erinnerung an die Jahre, als Rom von herrschsüchtigen Huren dirigiert wird. Es ist die gleiche Zeit, in der zuerst auf den Gebrauch der durchbrochenen Stühle bei der Papstwahl angespielt wird[207].

Es soll sich um eine geschickte Schreiberin oder Konzipistin gehandelt haben, die sich als Notarius allmählich hocharbeitet. Viele Legenden ranken sich um sie. Sie führt einen frommen Lebenswandel, wird durch zu viel Nahrung zu üppig, wird durch eine satanische Versuchung zu Fall gebracht und von einem Vertrauten geschwängert. Später wirft man ihr vor, daß sie ein Buch über Nekromantie geschrieben hat.

Der erste ist der Verfasser einer Chronik, die sich ohne nähere Angaben auf Stephan de Bourbon bezieht[209]. In die Chronik des

CLEMENS. VII. PAPA. FLORENTINVS.

PIVS ·V· PAPA ·ALEXANDRINVS·

Papst Klemens VII. (19.11.1523-25.9.1534) widmet sich den Staatsgeschäften zu. Seine unentschlosene und wankelmütige Kurial-politik führt zur Schwächung der Kirche. Nach Ranke ist er der unheilvollste aller Päpste.

Papst Pius V. läßt Ketzer grausam verfolgen. Mit rigoroser Strenge setzt er sich für die Reform der Kirche und die Durchführung der Tridentiner Beschlüsse ein. Er stirbt am 1.5.1572 an einem Steinleiden. Am 22.5. 1712 wird er heiliggesprochen.

Sache mit der angeblichen Päpstin in seine Chronik auf und meint, sein von ihm vielfach abgeschriebener Vorgänger, der Domini-kaner Heinrich von Herford, habe um 1350 diese Angelegenheit absichtlich verschwie-gen, damit den Laien kein Ärgernis gegeben wird.

Aeneas Sylvius, der spätere Papst Pius II., erwidert gegenüber den Taboriten: »Die Geschichte ist doch nicht gewiß.« Aber sein Zeitgenosse, der große Verteidiger der päpstlichen Gewalt, Kardinal Torremata, nimmt als wahr an, daß einmal ein Weib von allen Katholiken als Papst angesehen wor-den sei.

Um die Mitte des 15. Jahrhunderts fließt das Märchen in die dogmatischen Auseinan-dersetzungen der Epoche. Nun bemächtigen sich der Griechen dieses unmöglichen Ereig-

nisses. Chalcondylas beschreibt die Form der Papstwahl und in diesem Zusammen-hang den angeblichen Geschlechtersprung; hier erzählt er den Vorgang mit der Päpstin. Er dramatisiert die Sache, indem er er-wähnt, daß ihr Kind gerade während des von der Päpstin gehaltenen Hochamtes zum Vorschein gekommen sei und von dem versammelten Volk gesehen worden ist[215].

Im 15. und 16. Jahrhundert zirkuliert die Geschichte in zahlreichen in Italien verfaßten oder abgeschriebenen Chroniken. Gedruckt erscheint sie in der italienischen Papstchronik des Ricobaldo di Filipo de Lignamine 1474, die er Papst Sixtus IV. widmet. Zudem erscheint sie in der Papst-geschichte des venetianischen Priesters Stel-la. Viele weitere, auch Deutsche[216], flechten die Sage in ihre theologischen Erörterungen.

Nach einem Zyklus der italienischen Lokalsagen soll sich unter die Schar der Päpste eine Frau gemischt haben. Man gibt ihrden Namen Johanna. Sie soll während einer Prozession ein Kind bekommen haben. Auch mit diesem Bild wird auf die klerikalen Mißstände hingewiesen.

Ein Bischof von Chiemsee führt die Katastrophe als Beweis dafür an, daß die Päpste mitunter vom bösen Geist umgetrieben werden[217].

In der handschriftlichen Chronik der Päpste von Kempten steht: »Zu diesem Papst Johannes, der ein Weib war, und hintenach mit einem Kind ging, kam der böse Geist und sprach: ›Oh, du Papst, der du sollst ein Vater unter allen Vätern sein, du wirst offenbaren in deiner Geburt, daß du eine Päpstin bist und darum werde ich dich mit Leib und Seele zu mir und meiner Gesellschaft nehmen[218].‹«

Stephan de Bourbon meint, daß die Päpstin gleich nach der Wahl und während des Zuges zum Lateran das Kind geboren hat. Das römische Gericht läßt sie an die Füße eines Pferdes binden und aus der Stadt schleifen, worauf sie vom Volk gesteinigt wird. Die übliche Version besteht darin, daß sie bereits mehr als zwei Jahre regiert und dann, während einer Prozession auf der Straße ihr Kind bekommt. Bei Boccaccio verliert sie einige Tränen und zieht sich in das Privatleben zurück.

Im *Eulogium historiarum* eines Mönches von Malmesbury, das 1366 entsteht, ist eine weitere Variante zu finden. Hier wird sie auf die Geburt eines Mädchens von Mainz gelegt, das seine Eltern männlichen Lehrern zum Unterricht in den Wissenschaften übergeben. Sie verliebt sich in einen von ihnen und geht dann in männlicher Kleidung nach Rom. Dort wird sie vom Papst zum Kardinal erhoben. Als sie Papst wird und während der Prozession ihr Kind verliert, setzt man sie ab.

Die Darstellung der Päpstin Johanna, die in jeder Weise Unsinn ist, macht deutlich, wie locker man im Lauf des Mittelalters Geschichte macht und interpretiert. Die römisch-katholische Kirche beherrscht die Szene meisterhaft, wie an einigen Beispielen deutlich wird.

So wird im Missale und Brevier, in dem Gebet am Fest der *Cathedra Petri* das Wort *Seelen* getilgt, weil es in Rom als anstößig gilt, daß die römische Kirche die Bindegewalt Petri auf die Seelen beschränkt hat, während man für den Papst das volle Recht, die Leiber zu binden, in Anspruch nimmt.

Papst Leo läßt in der Stelle, wo die Verdammung des Honorius durch die sechste Synode erwähnt ist, den Namen des Papstes streichen; denn seitdem die Päpste unfehlbar sein wollen, soll diese unbequeme Tatsache aus dem Gedächtnis des Klerus verschwinden[219].

Gegen Ende des 6. Jahrhunderts wird in Rom eine Fälschung unternommen, deren durchschlagende Wirkung später deutlich wird. Die berühmte Stelle in Cyprians Buch von der Einheit der Kirche wird in einem Brief Papstes Pelagius II. an die istrischen Bischöfe mit Zusätzen versehen. Cyprian hat gesagt: »Alle Apostel haben die gleiche Gewalt und Autorität wie Petrus von Christus empfangen.« Jetzt schaltet man ein: »Der Primat wird dem Petrus gegeben, um die Einheit der Kirche und der Cathedra zu zeigen.« Noch zu Beginn des 13. Jahrhunderts behauptet Papst Innocenz III. in einem Brief an den Patriarchen von Konstantinopel und an die Bulgarenfürsten: »Der Herr hat dem Petrus nicht nur die Leitung der Kirche, sondern die der ganzen Welt hinterlassen.«

Donatio Constantini

Es handelt sich um eine Manipulation, die etwa 800 Jahre lang als wahr angesehen wird und von der die Kirche heute zugibt, einer Fälschung aufgesessen zu sein. Es fällt ihr nicht schwer, denn sie hat Jahrhunderte Nutzen daraus gezogen[220]. »Die berüchtigte, dem Kirchenstaat als ein Geschenk des ersten christlichen Kaisers ausgegebene, mit Datum und Unterschrift versehene Urkunde, spielt als klassisches Beweisstück eine hervorragende Rolle im Kampf der Päpste gegen den Kaiser.«

Die Donatio Constantini geht in das *Dekretum Gratiani* ein. Es gilt während des Mittelalters als entscheidende Autorität. An den hier genannten Fakten wird nicht gezweifelt. Trotzdem weiß man um einige Ungereimtheiten. Eine Kommission empfiehlt Papst Julius III.: »Das Dekretum Gratians ist ein gefährliches Buch. Es verringert Dein Ansehen … es leugnet an vielen Stellen, der Papst könne zur Lehre Christi und der Apostel auch das Geringste hinzutun.

Cyrill und Methodius vor Christus kniend. Wandgemälde in der Unterkirche von St. Clement in Rom aus dem 9. Jahrhundert.

Aufgaben der Kongregationen

Religion: Gegründet 1586. Sie regelt Angelegenheiten zwischen den Bischöfen und den Gläubigen, die interessanterweise gesondert bewertet werden.

Zeremonien: Sie befaßt sich mit der Etikette am päpstlichen Hof. Ihr Präfekt ist der Dekan des Heiligen Kollegiums.

Riten: Sie befaßt sich mit Fragen der Seligsprechung und Kanonisation.

Sakramente: Gegründet 1908. Sie befaßt sich mit Angelegenheiten der sakramentalen Disziplin unter besonderer Berücksichtigung der Ehe.

Seminare und Universitäten: Gegründet 1588 als *Heilige Kongregation der Studien*. Ihre jetzige Bezeichnung erhält sie 1915. Sie überwacht die Lehrtätigkeit in den päpstlichen Besitzungen.

Orientalische Kirche: Gegründet 1917. Bis dahin ist sie eine Unterabteilung der *Propagande Fide*. Aufgrund ihrer Bedeutung wird die Kongregation vom Papst geleitet.

Konzile: Ursprünglich setzt sich diese Kongregation aus den acht Kardinälen zusammen, die mit dem Konzil von Trient betraut sind. Heute beschäftigt sie sich vor allem mit der kirchlichen Disziplin.

Konsistorialien: Gegründet 1588. Sie ist verantwortlich für den Aufbau der kirchlichen Oberbehörden, für die Ernennung der Bischöfe und für die Struktur und Existenz der Diözesen. Sie leitet kirchliche Disziplinarmaßnahmen ein, so z. B. die Bestrafung von Priestern. Manhattan bezeichnet sie als *kirchlichen Scotland Yard*.

Index: Gegründet 1571 unter Papst Pius V. 1587 überträgt ihr Sixtus V. diktatorische Vollmachten. Die Indexkongregation überwacht das kirchenkritische oder gegen sie gerichtete Schrifttum.

Außerordentliche Angelegenheiten: Gegründet 1793 unter Pius VI. Hier wird die vatikanische Politik geplant und die diplomatischen Beziehungen des Vatikans zu anderen Staaten überprüft. Sie führt Konkordatsverhandlungen. Ihr Präfekt ist der Kardinalsekretär.

Heiliges Offizium: Die Inquisitionsbehörde ist der kirchliche Gerichtshof. Ihm obliegt die Aufdeckung, Bestrafung und die Verhütung der Häresie. Hier wird über die schwerst angeschlagene Glaubensmoral gewacht. Der Präfekt der Kongregation ist der Papst. Man glaube nicht, daß dieses Machtinstrument zu den Akten gelegt ist. Wenn ihr auch heute nicht mehr das Gebot des Scheiterhaufens zur Verfügung steht, so beherrscht sie gekonnt das Inszenario des kalten Krieges.

Die Heilige Römische Vota ist ein Gerichtshof. Er behandelt alle Fälle, die die katholische Hierarchie betreffen und ein zivil- oder strafrechtliches Urteil erfordern.

Fürwahr, nicht ein Schatten der apostolischen Lehre ist in unserer Kirche mehr übrig … eine andere Lehre und Disziplin haben wir herbeigeführt. Das wichtigste ist, dahin zu streben, daß niemand auch nur das Geringste aus dem Evangelium, vorzüglich in der Volkssprache, zu lesen erlaubt wird. Es genügt das Wenige, was in der Messe gelesen wird. Jeder, der fleißig erwägt, was in den Kirchen zu geschehen pflegt und es einzeln betrachtet, wird finden, daß unsere Lehre von jener des Evangeliums verschieden, wohl ihr gerade entgegen ist … Vor allem sorge, wie Du es ohnehin zu tun pflegst, daß die erwählten Bischöfe unwissend und dumm, in den Angelegenheiten der Kurie aber erfahren und für Dich besorgt sind. Ein Konzil meide, so viel Du kannst, mag auch der Kaiser noch so sehr darauf bestehen.«

Das Rechtsbuch des Gratian ist bis 1918 das geltende Gesetzbuch der römisch-katholischen Kirche und, aus heutiger Sicht, hat man den Eindruck, daß man zumindest die Formulierung ernst genommen hat.

Einen früheren Hinweis auf die Schenkungslegende finden wir im Dekretale des Papstes Gelasius I. (492-496) *le libris recipiendis et non recipiendis*. Darin steht: »Man kennt zwar nicht den Namen des Verfassers, aber man hat erfahren, daß die Schenkung von vielen in der Stadt Rom gelesen wird.« Da sie zu Lebzeiten dieses Papstes noch 300 Jahre in der Ferne liegt, ist es ein späterer Einschub im Sinn einer beabsichtigten Rückdatierung, also einer Zusatzfälschung.

Die geistigen Grundlagen liegen in dieser Zeit, denn in ihr ringen die schwachen Päpste um die Vorstellung, daß sie von frühesten Zeiten an die Gesetzgeber der gesamten Kirche gewesen sind. In dieser Wahnvorstellung liegt die Verpflichtung zu weiteren Unkorrektheiten und es ist erkennbar, daß sie gegenüber den weltlichen Herrschern bestenfalls zweitrangig sind.

Die Länder werden von Kaisern und Königen beherrscht. Bischöfe, hohe kirchliche Würdenträger und vor allem die Geistlichen sind von ihnen abhängig und gebärden sich oft unterwürfig. Die Kirche gilt als Glied

Die apokalyptischen Reiter; Holzschnitt von Albrecht Dürer.

des Staates und deshalb bemüht sie sich, sich von den damit verbundenen Reglementierungen zu befreien. Von einer politisch wirksamen Macht des Papstes kann keine Rede sein. Erst um die Mitte des 9. Jahrhunderts gelingt es der kurialen Organisation, die immer mehr dem Rand des Abgrunds zutreibt, unter Zuhilfenahme weiterer Manipulationen, einen vernünftigen Stellenwert zu bekommen. Die entscheidende Figur ist kurz nach der Jahrtausendwende Papst Gregor VII.

Ehe der Papst die Kirche beherrscht, beherrschen die Kaiser die Kirche. Bis zur zweiten Hälfte des 5. Jahrhunderts treten sie kaum hervor. Zunächst treffen die weltlichen Herrscher ohne Befragung des Konzils Glaubensentscheidungen. Das beste Beispiel ist das Konstantinische Glaubensbekenntnis. Kaiser Basiliskus verdammt 476 die Beschlüsse des Allgemeinen Konzils von Chalcedon und 500 Bischöfe pflichten ihm bei.

Der Tote spricht mit Gott. Der hier liegende Tote, umgeben von den Attributen des Todes, empfiehlt Gott seinen Geist, und Gott verspricht ihm sein Heil am Tag des Gerichtes. Aus: »Grandes heures de Rohan«; Cod. lat. 9471 fol. 159. Um 1430. BN Paris.

Unser Blick fällt auf Papst Gelasius I. (492-496). Bemerkenswert ist, daß er das letzte noch heidnische Fest, die *Luperkalien*, abschafft, aber an ihrer Stelle (?) das Fest *Mariä Lichtmeß* einführt[222]. Athanasius II. folgt auf Gelasius I. Er erlaubt sich einen Winkelzug, denn sein angeblicher Gratulationsbrief an den vom Heidentum zum Katholizismus konvertierten Frankenkönig Chlodwig I. ist als Fälschung des Oratorianers Jeremo Vignier aus der Mitte des 17. Jahrhunderts erwiesen[223].

Auf den zwielichtigen Charakter des folgenden Papstes Symmachus ist nicht weiter einzugehen. Die Fabel von der römischen Taufe ist bereits in den ältesten,

bis ins 6. Jahrhundert reichenden Katalog der Päpste eingegangen. Sie hat nicht stattgefunden.

Die Konstantinische Schenkung wird zwischen den Jahren 774 und 750 in Italien von einem römischen Geistlichen fabriziert. Die Urkunde entsteht nicht, wie lange angenommen, in Griechenland[224]. Alle inneren und äußeren Merkmale deuten auf die zweite Hälfte des 8. Jahrhunderts. Hier muß nach dem heutigen Kenntnisstand die Abfassung erfolgen sein[225]. Aus guten Gründen: dem Fälscher schwebt ein ganz Italien umfassendes Reich unter päpstlicher Herrschaft vor, statt des zwischen Langobarden und Griechen geteilten Landes, in dem Rom den Angriffen beider Seiten ausgesetzt ist. Der byzantinische Einfluß ist in Rom noch deutlich, was u.a. aus der Papstreihe erkennbar ist[226].

Papst Gregor II. macht 728 den Versuch, eine den Griechen wie Langobarden gegenüber sich selbständig behauptende Städte-Konförderation zu bilden, deren Mittelpunkt der päpstliche Stuhl ist. So reift in sich schlüssig durchdacht, der Gedanke, die päpstliche Gewalt an die Stelle der zerfallenen griechischen und nur widerwillig ertragenen langobardischen zu setzen. 721 hat Papst Stephan III. den griechischen Kaiser aufgerufen, daß er mit einem Heer zur Verteidigung Italiens gegen die Langobarden erscheinen soll.

Der Grund zum Kirchenstaat wird unter Papst Stephan III. (752-757) gelegt. Seine Wahl wird durch zwei aufgestellte Gegenpäpste erschwert. In diesem Zusammenhang werden Bischöfe verstümmelt und geblendet. Stephan III. veranlaßt den fränkischen König Pippin III. zu zwei Feldzügen gegen die ihn bedrängenden Langobarden. Das daraufhin eroberte Gebiet soll Pippin III. 756 der Kirche geschenkt haben. Über den Umfang dieser Schenkung besteht ebensowenig Klarheit wie über die folgenden Schenkungsversprechen Karls des Großen.

An dieser Nahtstelle und in diesem geistigen Klima entsteht die Idee zur Realisierung des lang gehegten Wunsches und deshalb sucht man die Sache so hinzustellen, als ob eine längst vom Kaiser selbst

Konstantinische Schenkung

- Konstantin will den Stuhl Petri über das Reich erheben. Sein irdischer Sitz soll kaiserliche Gewalten und Ehren erhalten.

- Der Stuhl Petri soll über die Patriarchenstühle Alexandrien, Antiochien, Jerusalem und Konstantinopel … und über alle Kirchen der Welt stehen.

- Er soll die Entscheidungen über Gottesdienst und Glauben treffen.

- Der Kaiser verleiht dem Papst – und dessen Nachfolgern – das Phrygium (= Tiara) und das den kaiserlichen Hals schmückende Lorum, sowie die übrigen farbigen Gewänder und Insignien des Kaisertums.

- Der römische Klerus erhält die Vorrechte des kaiserlichen Senats.

- Die Ämter der Concubari, Cubicubarii, Ostiari und Execubiatae sollen für die römische Kirche bestehen.

- Die römischen Kleriker sollen auf Pferden, die mit weißen Decken behangen sind, reiten und sie sollen gleich dem Senat weiße Sandalen tragen[221].

- Wenn ein Mitglied des Senats mit päpstlicher Zustimmung Kleriker werden will, soll ihn niemand daran hindern.

- Der Kaiser überläßt die bleibende Herrschaft über Rom und die Provinzen, die Städte und Burgen Italiens Papst Silvester und seinen Nachfolgern.

---

gewollte Form dahintersteckt. Die Fälschung muß vor 774 entstanden sein, denn nach der Gründung des fränkischen Königreiches Italien fällt jede Möglichkeit zur Realisierung eines päpstlichen Gesamtstaates weg.

Eine erste Bezugnahme auf die gigantische Betrugskampagne findet sich in einem Brief des Papstes Hadrian I. an Kaiser Karl den Großen aus dem Jahr 778[227]. Man hält ihm die *Verheißungen des Vaters* vor, aus denen hervorgeht, daß der größte Teil von Italien ohnehin dem Papst gehört. Dieses Dokument ist der Donatio Constantini ähnlich. Hinzu komt etwas später eine angeblich dritte Schenkung: das Paktum von Kaiser Ludwig dem Frommen aus dem Jahr 817. Es trägt innere Zeichen der Echtheit, ist aber durch Zusätze verfälscht[228]. Sie stammen aus dem Ende des 11. Jahrhunderts wobei der Kaiser Spoleto und die Inseln Korsika und Sardinien an Papst Paschalis I. geschenkt haben soll[229].

Der feierliche Übertritt eines weltlichen Herrschers zum Christentum soll rückdatiert konstruiert werden und es ist kein Zufall, daß der Blick auf Konstantin, den Alleinherrscher des ost- und weströmischen Reiches fällt. Geht es doch darum, die dortige Religion einzuverleiben, was scheitert.

Das Vorhaben setzt eine Taufe und dafür einen Grund voraus. Ein Kaiser erkennt den *wahren* Glauben, läutert sich, gibt kleinlaut bei, läßt sich von einem hochgestellten Kirchenmann taufen, wird von einer Krankheit geheilt und verschenkt daraufhin aus Dankbarkeit wesentliche Rechte und riesige Ländereien, während er sich bescheiden mit einem kleinen Rest begnügt[230].

Das Strickmuster ist zu einfach, um nicht sofort durchschaut zu werden. Der Umfang der Schenkung ist so groß, daß er unrealistisch ist. Folgekaiser sind etwas sparsamer; Justinus und Justianus sollen im 6. Jahrhundert lediglich Gefäße geschenkt haben; hinzu kommt das unbegreifliche Schweigen der Zeitgenossen.

Die damaligen Kaiser sind keine Naivlinge und Konstantin schon gar nicht. Das Denkmodell hat einen weiteren Vorteil, denn man kann auf diese Weise den völlig bedeutungslosen Papst Silvester I., der im kaiserlichen Schatten steht, aufwerten[231].

Die Ökumenischen Konzile und ihre wichtigsten Beschlüsse

325	1. Konzil von Nicaea	Gottheit Christi
381	1. Konzil von Konstantinopel	Gottheit des Heiligen Geistes
431	Konzil von Ephesus	Gottesmutterschaft Marias
451	Konzil von Chaldecon	Christus – eine Person in zwei Naturen
553	2. Konzil von Konstantinopel	Dreikapitelstreit
680/81	3. Konzil von Konstantinopel	Letzte Klärung der Christologie Verurteilung des Monotheismus
787	2. Konzil von Nicaea	Erlaubtheit der Bilderverehrung
869/70	4. Konzil von Konstantinopel	Das Schisma des Photius wird beseitigt
1123	1. Laterankonzil	Bestätigung des Wormser Konkordates im Investiturstreit
1139	2. Laterankonzil	Schisma Anaklet II.
1179	3. Laterankonzil	Zweidrittelmehrheit bei der Papstwahl notwendig
1215	4. Laterankonzil	Glaubensbekenntnis gegen die Katharer; Wesensverwandlung in der Eucharistie
1245	1. Konzil von Lyon	Bannung und Absetzung Kaisers Friedrichs II.
1274	2. Konzil von Lyon	Kreuzzug; Konklaveordnung; Griechenunion
1311/12	Konzil von Vienne	Reformdekrete; Armutsstreit der Franziskaner; Aufhebung des Templerordens
1414 – 1418	Konzil von Konstanz	Beseitigung des Abendländischen Schismas, Rücktritt Gregors XII.; Absetzung Johannes' XXIII. und Benedikts XIII.; Verurteilung Johannes Hus'; Dekret über die Oberhoheit über den Papst
1431 –1442	Konzil von Basel	Reformen; Union mit den Griechen, Armeniern und Jakobiten
1512 – 1517	5. Laterankonzil	Reformdekrete gegen das schismatische Konzil von Pisa (1511/15)
1545 – 1563	Konzil von Trient	Lehre von Schrift und Tradition, Erbsünde und Rechtfertigung, Meßopfer, Heiligenverehrung
1869/70	1. Vatikanisches Konzil	Definition der Lehre vom katholischen Glauben und vom Primat und der Unfehlbarkeit des Papstes
1962 – 1965	2. Vatikanisches Konzil	Konstitutionen über Liturgie, göttliche Offenbarung, die Kirche; Dekrete über das Laienapostolat, das Priesteramt u. a.; Erklärungen über die nichtchristlichen Religionen

Konstantin als Staatsmann

Die Figur des Konstantin ist im Zusammenhang mit der Festigung des Christentums von zentraler Bedeutung[232]. Konstantin I. der Große wird um 280 in Naissus geboren und stirbt am Pfingstmontag, den 22.5.337 zur Mittagsstunde bei Nikomedia. Er ist der Sohn des Kaisers Constantinus I. und der Helena. Er wird zunächst in der Thronfolgeordnung von 305 übergangen, aber nach dem Tod seines Vaters (27.5.306) im britischen Eburacum (York) von römischen Truppen zum Augustus ausgerufen. Er zählt zu den Heiligen der armenischen, griechischen und russischen Kirche.

Parallel zu ihm ist der römische Kaiser Valerius Licinius (308-324) zu werten. Konstantin bindet seinen späteren Gegner durch die Heirat mit seiner Schwester Konstantia an sich. Es ist ein politischer Akt. Sie muß einen Knaben adoptieren, den Licinius mit einer Sklavin gezeugt hat. Im Einvernehmen mit Licinius schlägt er am 2.10.313 vernichtend Maxentius an der Milvischen Brücke (Ponto Milvio). Zu dieser Zeit soll Konstantin noch den Sonnengott verehrt haben.

Auf Konstantin geht die erwähnte Kalenderreform zurück. Er läßt wissen: »Alle Richter, das städtische Volk und alles Gewerbe sollen am Tag der verehrungswürdigen Sonne ruhen. Die Bauern aber sollen sich frei und ungebunden um die Bewirtschaftung ihrer Felder kümmern ... weil es häufig vorkommt, daß dieser Tag der geeignetste ist, um Getreide auszusäen oder Weinstöcke zu pflanzen; andernfalls könnte der vom Wetter her gesehen günstigste Zeitpunkt verpaßt werden.« Gemeint ist der dem Sonnengott (lat. Sol) geweihte Tag der Sonne (lat. Solis dies), nicht der *Tag des Herrn,* wie es immer noch irreführend dargestellt wird.

Konstantin ist kein blauäugiger Pazifist. Er läßt viele, darunter seine Frau, töten, nur weil sie nicht bereit sind, den Staatsgöttern zu opfern. Man sagt ihm nach, daß er die Schlacht unter dem Zeichen der Christen gewonnen hat. Nach den Ausführungen von Lactanz erscheint ihm das christliche Symbol im Traum und nach der Version des Eusebius am Tag. Er läßt es auf den Schilden seiner Soldaten anbringen. Von da ab soll er sich zum christlichen Glauben bekannt haben. Vermutlich sitzen wir einer Legende auf, wenn wir den Ausführungen des bekannten Basler Kulturhistorikers Jacob Burckhardt (1818-1897) folgen.

Sein politischer Schachzug ist es, sich zum Beschützer des Christentums aufzuspielen; eine Minderheit, die er vordem grausam verfolgt. Bis mindestens 332 läßt er Münzen mit den heidnischen Symbolen des *Sol invictus,* des *unbesiegten Sonnengottes,* also des aus Persien stammenden stiertötenden Gottes Mithra und mit dem Bild des Jupiter prägen. Doch schon zu diesem Zeitpunkt findet sich auf seinen Münzen ein Kreuz und ein fragwürdiges Christus-Monogramm.

Es besteht aus den beiden verschlungenen griechischen Buchstaben X und P (Chi und Rho). Dieses *Henkelkreuz* ähnelt dem magischen Lebenssymbol der ägyptischen Pharaonen, das ihnen Gott Amun verliehen haben soll. Man findet es auf jüdischen Denkmälern aus der Zeit des Todes des Jesus von Nazareth. »Sollte sich dieses Zeichen tatsächlich auf Christus beziehen, so ausschließlich im Sinn einer Verwünschung (Sträuli).«

Dieses Monogramm soll auf eine Vision Konstantins zurückgehen, wobei er sich auf das Orakel der Sibylle beruft. Jacob Burckhardt zeigt den fragwürdigen Charakter der angeblich christlichen Münzen Konstantins auf und sagt: »Dagegen müssen die Münzen mit unzweideutigen christlichen Emblemen, die er geprägt haben soll, noch gefunden werden.« Auch Licinius aktiviert die alte Religion.

Der Konflikt zwischen den Herrschern steigert sich und wird durch ihre unterschiedlichen religiösen Ansichten vertieft. Das Jahr 323/324 führt zum offenen Bruch. Nach der Schlacht bei Chrysopolis wird Licinius mit seinem Sohn gefangen. Die Schlachten vom 3.7. und 18.9. enden mit einer Niederlage des Licinius. Auf Fürbitte seiner Schwester schont Konstantin den Schwager. Er sichert ihm das Leben zu und schickt ihn nach Thessaloniki. 325 wird er hier zusammen mit seinem Sohn Licianus umgebracht.

Noch zehn Jahre vorher haben die Herrscher zusammen in Mailand ein Edikt erlassen, das jedem die religiöse Freiheit sichert. Damit verbunden ist eine Rückgabe aller kirchlichen Gebäude und Grundstücke. Aufgrund der widersprüchlichen Interessenlage, die jede Glaubensgemeinschaft für sich beansprucht, behauptet und verteidigt, entstehen Rangeleien und neue Glaubenslager, wie die der Arianer, Athanasier und Nestorianer.

Folgerichtig entschließt sich Hilarius von Tours, an den Kaiser folgende Frage zu richten: »Wir haben gegenwärtig so viele Glaubensbekenntnisse als Meinungen, weil wir sie ebenso willkürlich aufstellen wie Schiedsprüchen unterwerfen. In jedem Jahr erfinden wir neue Glaubensbekenntnisse und unbegreifliche Mysterien. Wir bereuen, was wir soeben getan haben und verteidigen, was wir soeben bereut haben. Wir verdammen die, die wir in Schutz genommen haben. Wir bekämpfen unsere eigenen Anschauungen, sobald wir sie bei anderen finden. Kurz: wir reißen uns gegenseitig in Stücke und verursachen dadurch alles Unheil.«

Durch die gewaltsame Beseitigung des Licinius wird Konstantin Alleinherrscher; es bedeutet zugleich den späteren Sieg des Christentums im ganzen römischen Reich. An die Stelle des alten Byzanz wird Konstantinopel zur neuen kaiserlichen Residenz ausgebaut. Der Kaiser lebt mit seinen Söhnen Konstantin, Constantius und Constans verschwenderisch. Er liebt den orientalischen Prunk und den unermeßlichen Luxus. Günstlinge und Schmarotzer umschwirren ihn wie die Motten das Licht. In diesem Punkt folgt ihm später der päpstliche Hof. Wie immer man seinen Glauben interpretiert; in erster Linie ist er ein politisch denkener und handelnder Staatsmann.

Er teilt den Aberglauben seiner Epoche. Er setzt harte Strafen auf die, die unter dem Schein der Gesundheit anderen Schaden zufügen bzw. in ihnen *böse Begierden*

wecken. Das römische Recht bestraft nicht das Zaubern, sondern nur den dadurch vermuteten Schaden. Im gleichen Atemzug erklärt der Kaiser die Anwendung zauberischer Mittel zur Heilung von Kranken bzw. um Felder und Fluren zu schützen, für erlaubt. Plinius erwähnt den Kornzauber, Giftbereiter und böse Verwünscher. Sie werden durch den Tod bedroht.

Kaiser Konstantin untersagt die Ausübung aller magischen Künste unter Androhung hoher Strafen. 357 verhängt Constantius die Todesstrafe über die, die Astrologen, Zeichendeuter, Auguren, Chaldäer oder Magier nach der Zukunft fragen. Noch 392 erklärt Theodosius II. als Verbrechen, »wenn sich jemand über das Gesetz der Natur erhebt, Unerlaubtes erforscht, Verborgenes erkundet, Verbotenes versucht, einem anderen Verderben bereitet oder die Schädigung einem Dritten zu versprechen sich unterfange.«

Zum Beginn des 5. Jahrhunderts wird von Honorius allen Magiern, das Handwerk gelegt, indem er sie vertreiben und ihre Bücher verbrennen läßt. Durch diese Maßnahme wird der Dämonen- und Teufelsglauben nicht ausgerottet, sondern aktiviert.

Der Historiker Zosimus schreibt: »Konstantin war eine Last für die Steuernden. Er machte Leute reich, die untauglich waren. So konnte man bei jeder neuen Vierteljahresfrist, an der die Steuern bezahlt werden mußten, Wehklagen hören, Geißelhiebe und Folterungen derer vernehmen, die sie nicht bezahlen konnten. Schon verkauften Mütter ihre Kinder und Väter prostituierten ihre Töchter, um aus deren Erwerb Geld für die Eintreiber zu beschaffen.«

Daß ein solcher Staatsmann je etwas verschenkt haben soll, entspricht weder seiner Moral- noch Rechtsauffassung. Die Aufgabe eines Weltenherrschers ist nicht, das Reich zu teilen. Und wenn, dann unter seine Nachfolger und nicht an Fremde, die ihm gefährlich werden können und denen er kritisch gegenübersteht. Daß er sich, vom Aussatz befallen, um zu genesen, in einem mit frischen Knabenblut gefüllten Teich gebadet haben soll, aber durch die Tränen seiner Mutter erweicht wird, daß ihn eine himmlische Vision belehrt und er sich folgerichtig der gütigen Mutter Kirche zuwendet, sind unnötige literarische Ausschmückungen.

Konstantin schafft sich eine Reichskirche und sucht dies mit der Hilfe der Christen zustandezubringen, die er favorisiert. Er bekämpft die christlichen Sekten zugunsten der Idee einer Großkirche, die die alten Götterkulte ersetzen soll und die dem Gerangel unter der Sektenvielfalt ein Ende bereitet. Er kommt der allgemeinen christlichen Kirche mit Rechten, Gütern und Geschenken entgegen.

- 312/313 vermacht er dem römischen Bischof einen seit Cäsars Zeiten bekannten, einst dem Geschlecht der Laterani, dann seiner Frau, der Kaiserin Fausta, gehörenden Palast, den Lateran. Fausta, die vermutlich mit ihrem Stiefsohn Ehebruch begangen hat, läßt er in einem Bad erstikken. Er sorgt dafür, daß sein Schwiegervater, Maximianus, erdrosselt wird.
- 313 befreit er den christlichen Klerus von den Personallasten.
- 316 bevollmächtigt er die Bischöfe zur Freilassung der Kirchensklaven.
- 318 wird die geistliche Rechtssprechung der staatlichen gleichgestellt und der Kaiser erlaubt jedem, der Kirche Stiftungen zu machen.

Ein solcher Mann tut nichts ohne Berechnung, Überlegung und Verstand. Seit 312 regiert er über die von ihm wesentlichen Punkten gestaltete römisch-katholische Kirche wie über seinen Staat. Konstantin besucht Synoden und steuert das dortige Geschehen. In den Bischöfen erkennt er beratende Diener. Sein Bemühen um die kirchliche Einheit läßt ihn 313 in den afrikanischen Donatistenstreit eingreifen. Zur Schlichtung des arianaischen Streites beruft er 325 das bekannte Konzil von Nicäa ein. Er befördert Christen in hohe Staatsstellungen.

Freilich interpretiert die Kirche ihren Sponsor anders, denn ohne sein Zutun wäre sie nicht in dieser Weise gewachsen. Lactanz berichtet: »Konstantin hat außergewöhnli-

Kaiser Heinrich II. empfängt von Christus die Krone, die Heilige Lanze und das Reichsschwert. Aus dem Missale Heinrichs II. in der Staatsbibliothek München.

che Beispiele von Tugend und seiner Heiligkeit gegeben.« Eusebius preist den Kaiser als Idealtyp eines christlichen Regenten, als Liebling und Abbild Gottes; dies zu einem Zeitpunkt, wo er bereits zahlreiche Verbrechen auf sich geladen hat.

Nachdem man einen christlichen Kaiser hat, was überdies eine weitere Fälschung ist, wird er ebenso wie seine Mutter in den christlichen Himmel gelobt. Sie beginnt ihre Karriere als Schankwirtin und als Konkubine ihres späteren Mannes. Später verstößt er sie, um Theodora, die Stieftochter des Kaisers Maximius, zu heiraten.

Tatsache ist, daß Konstantin, erst ein Feind der Christen, ein Despot im Sinn früher heidnischer und folgender christlicher ist. Die wesentlichen Quellen zur Geschichte des 4. Jahrhunderts, die *historia tripartia*, die *Chronik des Hieronymus* und des Isidors, sagen, daß Konstantin nicht in Rom, sondern auf seinem Schloß in Nikomedia, nicht vom Papst, sondern vom arianischen Bischof Eusebius, nicht bei seiner Abkehr vom Heidentum, und nicht christlich, sondern arianisch getauft worden ist. Dies geschieht nicht während seiner Regierungszeit, sondern direkt vor seinem Tod.

Jacob Burckhardt (1818-1897) sagt über ihn: »Man hat öfters versucht, in das religiöse Bewußtsein Konstantins einzudringen, von den vermutlichen Übergängen in seinen religiösen Ansichten ein Bild zu entwerfen. Dies ist eine überflüssige Mühe. In einem genialen Menschen, dem der Ehrgeiz und die Herrschsucht keine ruhige Stunde gönnen, kann von Christentum und Heidentum, von bewußter Religiosität und Irreligiosität keine Rede sein; ein solcher ist unreligiös, selbst wenn er sich einbilden sollte, mitten in einer kirchlichen Gemeinschaft zu stehen. Das Heilige kennt er nur als Kindheitserinnerung oder als abergläubische Anwandlung.«

Das christliche Kreuz wird gefunden

Im Jahr 326 unternimmt Helena, die Mutter Kaiser Konstantins, trotz ihres Alters von 79 Jahren, eine Pilgerfahrt von Byzanz nach Palästina, wo sie wunderbare Entdeckungen macht. Sie findet die angebliche Geburtsstelle des Jesus von Nazareth und ein Grab, in dem er nach der christlichen Auffassung drei Tage geruht hat, bevor er auferstanden sein soll. Außerdem findet sie drei intakte Holzkreuze. Mit theologischem Scharfsinn kombiniert sie, daß eines davon Jesus zugewiesen werden muß[233].

Findige Kleriker raten ihr, sie soll sich auf die Kreuze legen und das für sie am bequemsten müsse das des Herrn sein. Nach dieser theologisch fundierten Beweisaufnahme hat man eine der wichtigsten Reliquien des Christentums zur Hand. Zum Dank für diese *herrliche* Großtat wird Helena 324 in den Rang einer Heiligen erhoben.

Das Kreuz, an dem Jesus gestorben sein soll, ist mehr als begehrt. Weil viele Klöster und Gnadenstätten wenigstens einen Teil

davon haben wollen, wird es schon kurz nach der Entdeckung in Partikel geteilt. Cyrill von Jerusalem klagt darüber, daß die ganze Welt mit den Splittern des Kreuzes erfüllt sei. Der heilige Paulinius versichert: »Es hat sich trotz der Zerstückelung immer wieder von selbst regeneriert[234].« Corvin meint, man könne ein Schiff daraus bauen.

Papst Gregor I. (590-608) schickt Königen Kruzifixe mit eingelegten Splittern vom nunmehr wahren Kreuz Christi, aber auch echte Haare von Johannes dem Täufer. Zudem verschickt er Schlüssel zum Aufhängen gegen Zauberei mit den Feilspänen von den Ketten des Petrus, der die christliche Kirche nicht begründet hat[235]. Infolge der glücklichen Reise der Kaiserin-Mutter kommen zahllose Gläubige in das Gelobte Land. Ein Reliquienhandel und -schmuggel blüht auf.

Der König von Frankreich, der durch zwei Kreuzzüge Unheil angerichtet hat, bringt einige Splitter vom Kreuz Christi, einige Nägel, den Schwamm, den Purpurmantel und die Dornenkrone des Herrn ins christliche Abendland. Über Heinrich den Löwen kommen die Reliquien nach Braunschweig. Für Einzelstücke werden Höchstpreise gefordert und bezahlt.

So bieten die Venetianer für den angeblichen Daumen des Markus 100 000 Dukaten. Knut von England bezahlt für einen angeblichen Arm des heiligen Augustinus, der nicht einmal ein Märtyrer gewesen ist, 100 Silbertaler. Doch zurück zu den markanten Fälschungen der römisch-katholischen Kirche.

Sie erkauft ihren Sieg mit dem Verlust ihrer Freiheit[236]. Prosperität und Kriegslust ziehen auf die christlichen Kanzeln. Konstantins Sieg über Lincinius wird als Religionskrieg geführt. Der Kaiser rückt mit einem Gebetszelt ins Feld, indem er vor der Schlacht zu beten pflegt. Bald begleiten Bischöfe das Heer und das schon 317 geschaffene Labarum, das Feldzeichen mit den Initialen Christi auf der Fahnenspitze, leuchtet den Soldaten des ersten christlichen Heeres voran. Die damaligen Kirchenväter passen sich der neuen Gangart an: »Es fällt ihnen leichter, den kaiserlichen Truppen

Trauungsszene vor der Kirche. Aus einem Holzschnitt von Hans Sebald Beham, 1535.

den Segen zu geben, als ihnen den Krieg zu verbieten, wie es der (ur)christlichen Idee entspricht.«

Wie man bisher Götter zu Schlachthelfern macht, so tut man künftig unter Anrufung des christlichen Gottes alles, was einem politisch oder kirchlich nicht ins Konzept paßt. Selbst Hitler hat seine Reden zu Beginn des Überfalls auf Rußland mit einer Anrufung des Allmächtigen gewürzt und mit einem biblischen Zitat beschlossen[237]. Mit der staatlichen Anerkennung des Christentums kommt die Notwendigkeit zum Kriegsdienst und die der Todesstrafe[238]; es steht im Widerspruch zu den Aussagen des frühen und ursprünglichen Christentums, das den Mord, das Blutvergießen und den Krieg aus Gewissensgründen ablehnt.

Solange die Kirche am kürzeren Hebel sitzt, finden die Christen kein Ende, aus der Not eine Tugend zu machen und aller Welt zu versichern, wie gut sie sind[239]. Sobald der Staat das Christentum privilegiert, ist es mit den Ansichten nach Toleranz und religiöser Freiheit vorbei. Um 317 verkündet der Kirchenhistoriker Eusebius, daß endlich Christus die Christen vor aller Welt verherrlicht habe. Die erste im Namen der Kirche durch den Staat ausgeübte Christenverfolgung ist die des Bischofs Cäcilian gegen die Donatisten und Circumcellionen.

Mit dem Tod Kaiser Konstantins gelangt das noch instabile Christentum in eine Krise. Der Sohn Constantius favorisiert die arianische Glaubensvariante. Innerhalb weniger Stunden nach dem Ableben seines Vaters läßt er seine beiden Onkel und sieben Vettern aus dem Weg schaffen. Zwei Brudersöhne läßt er am Leben, den zwölfjährigen Gallus und den siebenjährigen Julian – den späteren Kaiser. Jetzt teilen sich die Söhne das Reich, wodurch die Idee der Schenkung ad absurdum geführt wird[240].

Der junge Kaiser stirbt 341 im Alter von 24 Jahren und kann sein Ziel, die Ausbreitung des Arianismus, nicht verwirklichen. Dann gelangt Julian an die Macht. Er ist zunächst christlicher Gesinnung und wendet sich dem Studium der griechischen Philosophie zu. Er meint, daß die christliche Theologie nur darin besteht, »die bösen

Geister durch Pfeifen zu erschrecken und an das Kreuz zu schlagen.« Die enthüllten Mordtaten seiner Verwandten bestätigen seine ablehende Haltung gegenüber dem sich nun ausweitenden Christentum.

Er strebt eine Reform des Priesterwesens an und zu Beginn des Jahres 362 versucht er, den Sonnenkult wieder zur Reichsreligion zu erheben. Er verbietet den Christen die Ausübung des Lehramtes. Es kommt zu Plünderungen, Mißhandlungen und der Profanisierung der als heilig angesehenen Gefäße.

Kaiser Julian stirbt am 26.6.363 um Mitternacht in seinem 32. Lebensjahr in einem Zelt während des Feldzuges gegen die Perser an einer Speerwunde. Die Christen in Antiochia feiern seinen Tod mit Schmähungen und Tanzveranstaltungen. Die ihm zugeschriebenen Taten sind menschliche Haßtiraden[241]. Schauen wir nochmals auf die angebliche Schenkung.

Die Fälschung wird manifestiert – Trennung von Ost- und Westkirche

Zunächst macht man sich keine Mühe, das Dokument gezielt zu verbreiten. Gregor von Tours (gest. 598) und Beda (gest. 729) spielen auf die Fabel an. Beda lenkt durch seine Chronik die Taufe Konstantins in die abendländischen Jahrbücher. Von Papst Hadrian I. bis zu Papst Leo IX. (776-1053) findet sich in den päpstlichen Schreiben keine Spur. Pseudo-Isidor nimmt die Legende als bereits älteres Dokument auf. So verbreitet sich ab 840 deren Kenntnis außerhalb des italienischen Sprachraumes.

Bonizo, der Bischof von Sutri und Piacenza (gest. 1089) sagt in seiner Geschichte der Päpste: »Konstantins Taufe durch Silvester glaubt die katholische Kirche[242].« Aeneas, der Bischof von Paris, und Hincmar von Reims, nehmen sie bereitwillig an. Ada (gest. 875) geht in seiner Weltchronik auf das Ereignis ein und Hugo von Fleury erwähnt sie in seinem Werk. Italienische Chronisten greifen die Fabel auf und tragen zu ihrer Verbreitung bei; sie durchzieht wie ein roter Faden das Mittelalter.

Papst Leo IX. beruft sich auf die Donatio Constantini. Er gestattet sich, vermutlich aus Unkenntnis, einen Formfehler. Er teilt 1054 dem Patriarchen Michael Keluarios von Konstantinopel fast den gesamten Text der angeblichen Schenkung mit, »damit er sich von dem himmlischen und irdischen Imperium des römischen Stuhles überzeuge, und ihm keine Spur des Verdachts bleibt, daß man sich durch abgeschmackte und altvetterische Fabeln Gewalt anmaßen will.« Erst hierdurch wird die Kritik an der angeblichen Schenkung provoziert[243].

Seine Wahl erfolgt auf der Synode der deutschen Bischöfe in Worms und auf Weisung Heinrich III., mit dem er verwandt ist. Der Papst wird während einer Schlacht gegen die Normannen gefangen. In seine Regierungszeit fällt ein wichtiges Ereignis: die formelle Trennung der römisch-katholischen Kirche von Byzanz. Kardinal Humbert von Silva-Candida, ein Mönch aus Cluny, Geschichtsphilosoph, Rechtstheoretiker der Reform und ein Befürworter des Primats, steht dem Patriarchen Michael Kerularios unversöhnlich gegenüber.

Am 16.7.1054 geschieht etwas Ungeheuerliches. Kardinal Humbert, der Beauftragte des Papstes Leo IX., legt nach einem Streitgespräch mit Michael Kerularios, dem Patriarchen von Konstantinopel, in der Hagia Sophia vor dem versammelten Volk und der Geistlichkeit auf dem Hauptaltar eine Bannbulle gegen ihn nieder um danach abzureisen. Der Patriarch von Konstantinopel wird von seinem römischen Kollegen exkommuniziert. Er reagiert auf die gleiche Art und exkommuniziert den Papst in Rom.

Dies bedeutet die endgültige Trennung in eine Ost- und Westkirche, obwohl der Streit absurd ist. Es geht um die Frage, ob man beim Abendmahl im Gottesdienst gesäuertes oder ungesäuertes Brot zu essen hat, ob man am Samstag zu fasten hat und ob Priester niederen Standes heiraten dürfen. Und es geht um das rechte Verständnis der Trinität. Byzanz meint, der Zusatz *und dem Sohne* sei eine Abweichung vom biblischen Glauben. Das Schisma ist so bedeutend, daß wir es im Verbund mit den Kreuzzügen zu berücksichtigen haben.

Die Patriarchen Roms lassen sich künftig *papa* (Vater/Papst) nennen. Erst ab diesem Zeitpunkt verbreitet sich der Terminus Papst in erweiterter Form und ist ein klassischer Beweis für ihre davorliegende geringe Wertigkeit.

Auffallenderweise macht Papst Gregor I. der Große keinen Gebrauch von der angeblichen Schenkung, obwohl er nichts unversucht läßt, um die Macht der Kirche zu stärken. Doch schon Papst Urban II. stützt das Eigentumsrecht der katholischen Kirche über diese Trasse ab. Er kann das von einem Gegenpapst mit Hilfe der Normannen besetzte Rom erst nach neun Monaten betreten. Sein Herrschaftsbereich ist lediglich die Tiberinsel, wo er von frommen Gaben lebt. Später muß er in der Stadtfestung der Frangipani Zuflucht suchen und kann erst sechs Jahre nach seiner Wahl zum erstenmal vom Lateran Besitz ergreifen.

Zum geschichtlichen Verhängnis wird sein Pontifikat, als ihn Kaiser Alexios I. Komnenos von Byzanz, um Hilfe gegen die Türken ruft. Es begründet das blutige Zeitalter der Kreuzzüge, die als *heilige Kriege* zu einer der massivsten Hypotheken für das Papsttum und die Kirche werden[244]. Die Kreuzzüge sind das klassische Beispiel dafür, anstelle der Lehre Christi Blutvergießen und Leid zu setzen[245].

Man steigert sich in die Vorstellung, das Grab des Jesus von Nazareth müsse von den Christen zurückerobert werden, obwohl sie es nie erobert haben und Jerusalem bereits viereinhalb Jahrhunderte in der Hand des Islam ist und dort Christen, Moslems und Juden friedlich zusammenleben.

Selbst im Umfeld der Kreuzzüge werden gezielte Fälschungen begangen. Um den ersten zu rechtfertigen, und um ein wirksames Propagandamittel zur Hand zu haben, läßt man im Kloster Pierre de Moissac eine Kreuzzugsbulle fälschen, sie in das Jahr 1009 zurückdatieren und Papst Sergius IV. unterschreiben.

Auch in Neapel versucht die Geistlichkeit, die Urkunde im kirchlichen Sinn auszuschlachten. In einer Chronik der Kirche S. Maria del Principio wird berichtet: »Constantin hat dem Papst Silvester nebst den übrigen Besitzungen das ganze Königreich Sizilien dies- und jenseits des Faro geschenkt. Konstantin ist mit Silvester nach Neapel gekommen. Hier hat der Kaiser Landgüter und Besitzungen verschenkt[246].«

Gottfried meint in seinem Papst Urban II., gewidmeten *Pantheon*: »Um der Kirche größeren Ruhm zu gewähren, ist Konstantin mit seinem Pomp nach Byzanz zu den Griechen gezogen und hat dem Papst die Regalien und kraft derselben, wie es scheine, Rom, Italien und Gallien geschenkt.«

Im ganzen gesehen steigt das Ansehen der Schenkung im 12. Jahrhundert. Die Päpste reagieren engagierter, denn ihr Ansehen klettert wie auf dem Fieberthermometer nach oben. Ab den gewaltsam durchgesetzten Reformen unter Gregor VII. geben sie sich selbstbewußter und energischer; schon erlaubt sich Papst Gregor IX., Kaiser Friedrich II. Vorschriften zu machen[247].

Seitdem das harmonische Verhältnis zwischen Kaiser und Papst zerrüttet ist, seit dem Tod von Friedrich II. bis zum Tod Ludwig des Bayern (1250-1346) wird die Schenkung oft erwähnt. Clemens V. bezieht sich in der Kaiser Heinrich VIII. 1312 auferlegten Eidesformel[248] darauf und Papst Innocenz IV. erwähnt sie im Zusammenhang mit der Absetzung Friedrichs II. auf der Synode von Lyon[249].

In den *Otia imperalia* (Mußestunden), die Gervasius von Tilbury um 1211 für Otto IV. schreibt, wird ausgeführt: »Konstantin hat die königliche Gewalt über die westlichen Länder Silvester verliehen, ohne ihm damit das Reich selbst übertragen zu wollen. Der Gebende sei höher als der Nehmende ... so ist Gott der Urheber des Kaisertums ... der Kaiser aber der Urheber der päpstlichen Unfehlbarkeit[250].« Der Dominikaner Tolomao zieht den Schluß: »Die Schenkung Konstantins hat einer förmlichen Abdankung zugunsten Silvesters entsprochen, so daß Fürsten ihre Kraft von der Wirksamkeit der Päpste haben.«

Um die Wende des 13. zum 14. Jahrhundert drücken zwei päpstliche Hoftheologen, Agostino Trionfo und Alvara Pelajo, jener

Meilensteine auf dem Weg zum Vatikan-Staat

67	Der Überlieferung nach soll Petrus auf dem Vatikanhügel gekreuzigt worden sein. Neue Forschungen widerlegen diese Theorie. Die unter dem Petersdom gefundenen Skelettreste können nicht zweifelsfrei identifiziert werden. Es ist nicht sicher, ob sich Petrus in Rom aufgehalten hat. Möglicherweise sitzt das Christentum bei seiner Standortfrage einem gigantischen Irrtum auf. Später soll hier ein Nachfolger – Sankt Linus – begraben worden sein. Dessen Nachfolger, der Bischof (?) Anakletus, errichtet eine Kapelle. Kaiser Konstantin trifft eine politische Entscheidung wegen des latenten Religionsgerangels und verpflichtet das Christentum zur Staatsreligion.
314	Kaiser Konstantin weist Papst (?) Miltiades eine Residenz auf dem vatikanischen Hügel zu. Symmachus siedelt mit seiner Hofhaltung dorthin.
800	(um) Der pro-christliche Karl der Große errichtet mit den Päpsten Hadrian I. und Leo III. auf dem vatikanischen Hügel kirchliche Gebäude. Aufgrund einer fingierten Schenkung ist man der Meinung, daß dies kirchliches Territorium sei.
846	Araber dringen zur Tibermündung vor und greifen Rom an; der Vatikan wird besetzt.
848	(-852) Papst Leo IV. beginnt mit der Errichtung eines 40 Fuß hohen Festungs-ringes. So entsteht die nach den nichexistenten Engeln benannte Burg. Das umschlossene Gebiet erhält die Bezeichnung *Leo-Stadt*.
1400	(ab) Anfänge des Staatssekretariats (Camera secreta); die Breven erhalten diplomatischen Charakter. Es bildet sich die Position des *Secretarius Domesticus* heraus. Leo X. schafft sich zusätzlich einen Privatsekretär an.
1505	Aufstellung der Schweizer Garde durch die Anwerbung von 150 Mann aus dem Schweizer Kanton Zürich.
1506	Papst Julian II. legt den Grundstein der heutigen Basilika St. Peter. Der Bau wird unter Papst Sixtus V. vollendet. Die Baukosten werden über den trügerischen Ablaßhandel und den Peterspfennig aus Leichtgläubigen gepreßt. Schon vordem baut Nikolaus V. den Hauptteil es Vatikanspalastes. Sixtus IV. errichtet die nach ihm benannte Sixtinische Kapelle.
1512	Julian II. ernennt die Schweizer Garde zu *Difensori della Libertá della Chiesa* (Verteidiger der Freiheit der Kirche).
1602	Das Amt des Staatssekretärs im Vatikan existiert. Sixtus V. sagt dazu: »Der Ministerpräsident des Vatikans muß alles wissen. Er muß alles gelesen haben und alles verstehen, aber er darf nichts ausplaudern.«
1798	(10.2.) General Berthier erobert im Namen der Französischen Revolution die Stadt Rom, um den Tod von Duphot zu rächen. Papst Pius VI. wird ausgewiesen. Die päpstliche Herrschaft wird durch eine römische Republik ersetzt.

ein italienischer, dieser ein spanischer Minorit, die Theorie aus: »Christus ist der Herr des Erdkreises. Bei seinem Hingang hat er die Herrschaft seinem Stellvertreter Petrus ... und seinen Nachfolgern ... hinter-lassen. Somit liegt die Fülle der geistlichen und zeitlichen Gewalt in den Händen der Päpste.« Die Spitze setzen zwei weitere Geistliche auf. Nikolaus Tudesci, den man seinerzeit für den größten Kanonisten hält, sagt: »Wer die Schenkung leugnet, ist der Ketzerei verdächtig.« Diese Auffassung ver-treten auch Kardinal Parisius und der spanische Bischof Albert: »Wer die Schen-kung für ungültig erklärt, kommt der Ketzerei nahe. Aber wenn man behauptet, sie hat nicht stattgefunden, so ist das noch schlimmer[251].«

Meilensteine auf dem Weg zum Vatikan-Staat

1797   (19.2.) Pius VI. unterschreibt einen Friedensvertrag. Er muß Bologna, Ferrara und Ravenna an Frankreich abtreten. Es ist das erste Mal, daß der Heilige Stuhl Teile seines Herrschaftsgebietes abtreten muß. Eigentlich sind es nicht einmal seine, denn er hat sie durch eine manipulierte Fälschung erschlichen.

1814   Der gekränkte Papst Pius VI. kommt nach Rom zurück. Ab diesem Zeitpunkt wird die Kirche aggresiver und leistet sich eklatante Fehler. Sie kann mit der Liberalisierung Europas nicht umgehen.

1816   Unter Pius VII. wird die Gendarmerie ins Leben gerufen.

1849   (9.2.) Beginn des italienischen Unabhängigkeitskrieges. Dem Papst werden wertvolle Garantien zugesprochen. Die Macht über Rom wird ihm genommen und er flieht.

1860   Im Vatikan erscheint die erste Zeitung *Osservatore Romano*. Sie ist ab 1890 das offizielle Organ der römisch-katholischen Kirche.

1861   Graf Cavour verkündet, daß Rom die Hauptstadt eines vereinigten italienischen Nationalstaates werden muß. Das Papsttum geht auf diese Vorstellung nicht ein und erklärt das Königreich Italien zum *Verfolger der katholischen Kirche*, was aus der Luft gegriffen ist.

1870   (20.9.) Italienische Truppen besetzen Rom und das Volk begrüßt den Zusammenbruch des päpstlichen Regimes. Der Papst muß vor der aufgebrachten Menge geschützt werden. Damals residiert der möglicherweise im Alter nicht mehr zurechnungsfähige Pius IX., dem die sündige Welt die Durchsetzung des Dogmas der Unfehlbarkeit verdankt. Das Volk haßt ihn und sagt bei seinem Tod: »Werft das Schwein in den Tiber.«

1871   Die italienische Regierung verkündet ein Garantiegesetz, in dem u. a. die Vorrechte des *Pontifex maximus* in großzügiger Weise geregelt werden. Der weltlich entmachteten Kirche wird angetragen: »Man soll die religiösen Fragen in völliger Freiheit regeln.«

1922   Pius XI. verlangt den Abschluß eines Konkordates, weil er dubiose Zustand unhaltbar geworden ist. Erwartet wird, daß der Katholizismus Staatsreligion wird und daß die römisch-katholische Kirche das Recht erhält, das Erziehungswesen zu kontrollieren. Dies führt zum Lateranvertrag, der mit der originellen Formulierung *Im Namen der Heiligen Dreieinigkeit* beginnt. Dies ist deshalb originell, weil es eine solche nicht gibt.

1927   (Februar) Der Vatikanstaat entsteht und ab diesem Zeitpunkt wird – gegenüber früher – eine veränderte Politik betrieben. Das wichtigste Hilfsmittel dazu sind die Konkordate, über die die römisch-katholische Kirche Einfluß auf die weltliche Politik zu nehmen sucht.

Gegenstimmen

Trotz aller Hinhaltetaktik und dem despotischen Wollen, einer Lüge nach vorn zu helfen, die der Kirche unendlich viel genutzt hat, melden sich früh Gegner. 1152 schreibt der Arnoldist Wetzel an Friedrich I.: »Jene Lüge und ketzerische Fabel, daß Konstantin dem Papst Silvester die kaiserli-chen Rechte in der Stadt Rom abgetreten habe, ist nun so aufgedeckt, daß selbst Tagelöhner und Weiber die Gelehrten zu überführen möchten ... und daß sich der Papst mit seinen Kardinälen vor Scham nicht mehr zu zeigen getraut[252].« Bereits im Verlauf 12. Jahrhundert erkennt ein Anhänger Arnolds von Brescia den gut inszenierten Betrug.

Der französische Advokat Dubois von Coutance äußert sich in einem Gutachten über eine Bulle des Papstes Bonifazius VIII. an Philipp den Schönen:»Die Schenkung ist von Anfang an rechtlich ungültig gewesen ... alle Rechtsgelehrten behaupten es einmütig.« Der Pariser Theologe Jacob Almain hebt hervor:»Es ist die gemeine Lehre der Doktoren, daß Konstantin dem Reich nicht wirklich entsagt hat.«

Im 14. Jahrhundert sagt Ludwig von Bebenburg in einer dem Erzbischof Balduin von Trier (1307-1354) gewidmeten Schrift:»Alle Kanonisten behaupten, daß die Schenkung rechtskräftig nicht widerruflich ist ... doch ich durchschaue deren Geschichtlichkeit. Ich weiß, daß die Kaiser nach Konstantin so wie früher das Land beherrschen, doch ich wage nicht, mich zu einer eigenen Auffassung durchzuringen.«

Jetzt, nach 800 Jahren, sind die Tage der Schenkung gezählt. Um 1443 hat Enea Silvio Piccolomini, der spätere Papst Pius II., damals Sekretär Friedrichs III., die Berufung eines Konzils empfohlen, auf dem u. a. die *viele Geister verwirrende Frage* der Schenkung auf Friedrichs Antrag zur Entscheidung gebracht werden soll. Er ist von ihrer Unechtheit überzeugt.

Um diese Zeit erheben sich Johann Reginald Pecock, der Bischof von Chichester, der Kardinal Cusa und Lorenzo Valla, um historisch zu dokumentieren, daß es sich um eine Fälschung handelt. Er veröffentlicht 1440 eine Schrift über die fälschlich als wahr angesehene Schenkung des Kaisers Konstantin. Er wendet sich mit unerhörter Kühnheit gegen die päpstlichen Ansprüche[253]. Seine Schrift ist ein rhetorisches Kunstwerk. Es ist bemerkenswert, daß sie keinen Widerspruch erfährt. Nachdem Kardinal Baronius ihre Unechtheit eingesteht, läßt man die Sache auf sich ruhen.

Es ist mehr als Ausrutscher zu betrachten, wenn der Straßburger Pfarrer Johann Hugo von Schlettstadt in seiner dem Kardinal Raymund von Gurk (1493-1505) gewidmeten *Wagenfuhr der heiligen Kirche und des Römischen Reiches* die Konstantinische Schenkung als glaubenswahr verteidigt.

Pseudo-Isidorische Dekretalen

Um 845-850 werden in Reims die Pseudo-Isidorischen Dekretalen in die Welt gesetzt. Die fingierte Sammlung beinhaltet, neben der Donatio Constantini, etwa 100 angebliche Niederschriften der ältesten Päpste, zugleich mit anderen Schreiben und Synodalakten. Die Urheberschaft wird irrtümlich oder absichtlich dem Bischof Isidor von Sevilla unterstellt, der 636 stirbt.

Diese gezielte Fälschung bringt eine Umgestaltung der kirchlichen Verfassung und Verwaltung mit sich.»Es dürfte in der gesamten Geschichte kein zweites Beispiel einer so vollständig gelungenen und dabei so plump angelegten Fiktion geben.« Es ist unrichtig zu behaupten:»Die Pseudo-Isidorischen Dekretalen sind eine harmlose Dichtung und haben keinen Einfluß gehabt[254].« Das Gegenteil ist der Fall, denn die römisch-katholische Kirche zieht seit Jahrhunderten Nutzen aus der Spekulation.

Die Echtheit der Dokumente wird im 15. Jahrhundert durch den in Kues an der Mosel geborenen und späteren Kardinal Nicolaus von Cues in Zweifel gezogen. Ab 1660 beginnen französische Gelehrte den Schleier dieser Fälschung zu lüften. Pseudo-Isidor steht unter dem Schutz des Index. Als der Kanonist Contius den Nachweis der Unechtheit führt, wird die Vorrede, in der er davon berichtet, von der Zensur unterdrückt. Doch als das berühmte Werk von Blondel, die vollständige Zergliederung der Dekretalen, erscheint, ist der letzte Zweifel über den Charakter des gigantischen Betruges beseitigt. Dennoch unternimmt 1682 der

⇒

Marterszenen; Scheibenzeichnungen von Hanss Suess von Kulmbach. Oben: Marter des heiligen Erasmus (Bremen, Kunsthalle). Darunter: Marter des heiligen Sebastian (Bremen, Kunsthalle). Darunter: Marter des heiligen Stanislaus (Bremen, Kunsthalle). Unten: Johannes der Täufer (Wien, Fürstentum Liechtenstein).

spanische Benediktiner Aguirre den Versuch, Pseudo-Isidor zu retten. Er wird mit der päpstlichen Würde ob seiner Aufrichtigkeit belohnt.

Zu seiner Zeit besteht kein Zweifel mehr daran, daß es sich um ein Machwerk handelt. Im Lauf des 18. Jahrhunderts erkennt man selbst in Rom, daß es unmöglich ist, den Betrug weiterhin als wahr hinzustellen. Er wird 1789 von Papst Pius VI. eingestanden.

Der Jesuit Peter Regnon konstatiert: »Der Betrüger hat sein Ziel erreicht, er hat die Disziplin der Kirche verändert, doch er hat ihren allgemeinen Verfall nicht aufgehalten. Gott segnet nicht den Betrug. Die falschen Dekretalen haben nur Böses hervorgebracht[255].«

Zweck der Fälschung ist die Sicherung des päpstlichen Stuhles: »So daß die Kirche die Gestalt einer absoluten Willkürherrschaft annehmen mußte und dadurch ein Grundstein zum Gebäude der päpstlichen Unfehlbarkeit gelegt wird[256].« Folgerichtig läßt Pseudo-Isidor die alten Päpste sprechen: »Die römische Kirche bleibt bis zu ihrem Ende vom Makel des Irrtums befreit[257].« Die wesentlichen Aussagen sind:

- Jede Synode bedarf der Genehmigung oder Bestätigung ihrer Beschlüsse durch den Papst.
- Die Fülle der Macht steht allein dem Papst zu.
- Die Bischöfe sind dienende Gesellen.

Papst Nikolaus I. (858-867) greift diese Formulierung auf und deutet sie als echte Dokumente. Zu seiner Zeit ereifert sich die christliche Welt über die Doppelehe Lothars II. von Lothringen. Er hat seine rechtmäßige Frau Theutberga verstoßen und lebt mit der Maitresse Walrada zusammen, mit der er mehrere Kinder zeugt. Papst Nikolaus I., ein Gegner von Gewalt und Folter, lenkt sein Interesse auf die Christianisierung Bulgariens, die mit der Taufe des Khan Michael-Boris einsetzt.

Der Reformpapst Gregor VII. zieht einen Grundpfeiler seiner Machtfülle aus den falschen Dekretalen. Pseudo-Isidor hat Julius I. (etwa 338) an die östlichen Bischöfe schreiben lassen: »Durch ein singulares Privilegium hat die römische Kirche die Macht, die Pforten des Himmels zu schließen und zu öffnen, wenn sie will[258].«

Damit läßt sich ein neues Glaubensimperium zimmern und Gregor VII. ist der erste, der es begreift. Er geht daran, die weltlichen Monarchen systematisch kaltzustellen. Er ringt sich zu der Formulierung durch: »Mir ist die Gewalt zu Lösen und zu Binden gegeben.« Ein Mann wie er weiß das Prädikat der später hinzugedichteten Unfehlbarkeit zu nutzen, denn er leitet daraus seine weltherrschaftlichen Ansprüche ab[259].

Das Gewicht der Fälschung wird dadurch unterstrichen, daß die mittelalterlichen Theologen annehmen, Augustinus habe die Dekretalbriefe den biblischen Schriften gleichgesetzt. Folgerichtig berufen sich die Kardinäle Turrecremata und Cajetan um 1450 bis 1516 auf das ehrliche Zeugis des Augustinus, als sie die Lehre von der päpstlichen Unfehlbarkeit in eine Schulform zwängen.

Schon der Jesuit Bellarmin erkennt: »Es wäre ohne diese Fälschung und die späteren des Dominikaners völlig unmöglich gewesen, auch nur den Schein eines traditionellen Beweises zustande zu bringen. Für Bellarmin steht fest, daß alle erdichteten Sätze bereits im 1. und 2. christlichen Jahrhundert in voller Blüte stehen.

Zusammen mit Baronius geht er daran, weitere historische Entstellungen zugunsten des von ihm verherrlichten Papsttums zu verbreiten. Baronius benutzt dazu die Ausgabe eines römischen Martyriologiums. Er will beglaubigen, daß die römische Kirche die Stammkirche aller übrigen ist.

So macht er gedankenlos aus dem Bischof Chalons Memmius einen Bürger und läßt ihn dann eigens von Petrus zum Bischof weihen. Dionysius von Paris lehrt nach der Mitte des 13. Jahrhunderts in St. Gallen. Baronius sieht das anders. Nach ihm wird der Apostel Paulus zum Bischof von Athen geweiht. Gleichzeitig erklären Bellarmin und Baronius alle Dokumente über das sechste Konzil, aus denen die Verdammung Honorius' I. abgeleitet wird, als gefälscht.

Erdichtete Traditionsketten

Um die Mitte des 13. Jahrhunderts wird eine weitere Fälschung in die Welt gesetzt. Sie dringt in die dogmatische Theologie und beherrscht deren Schulen[260]. Ein lateinischer Theologe, vermutlich ein Dominikaner, stellt eine fiktive Traditionskette von griechischen Konzilien und Kirchenvätern zusammen, in denen die neuen päpstlichen Ansprüche eine dogmatisierte Basis erhalten. Sie werden 1261 Papst Urban IX. vorgelegt.

Dieser Sohn eines Schusters aus Troyes, bleibt in Viterbo und hat Rom nie betreten. Einer seiner Mißgriffe ist, daß er Karl von Anjou, den unmenschlichen Bruder von Ludwig IX. von Frankreich, das päpstliche Lehen Sizilien überschreibt. Er leitet als erster französischer Papst eine enge Bindung an Frankreich ein. Außerdem führt er mit der Bulle *Transiturus* für die Kirche das Fronleichnamsfest ein.

Man versucht stümperhaft zu beweisen, daß die gefälschten Texte angeblich 800 Jahre alt sind und daß der apostolische Thron »die einzige und alleinige Autorität der Lehre ist.« Papst Urban, vermutlich selbst getäuscht, stellt die Schrift Thomas von Aquin vor, der das den Primat betreffende Stück in seine Schrift gegen die Griechen einrückt, ohne Verdacht zu schöpfen. Er führt die Lehre vom Papst und seiner Unfehlbarkeit, wie er sie zum Teil mit den gleichen Worten aus den fingierten Beweisstücken ableitet, in die christliche Dogmatik ein. Ein Schritt, dessen Wichtigkeit und vollständiger Erfolg kaum zu übersehen ist[261].« Thomas von Aquin leitet daraus ab:

- Christus hat Petrus die Gewaltfülle bestätigt, so ist es der Papst allein, der zu gebieten, zu lösen und zu binden hat. Ihm gehorcht jedermann, geradeso, als ob er selbst Christus sei.
- Der apostolische Stuhl regiert allein und unerschütterlich im Glauben Petri stehend, während andere Kirchen durch den Irrtum beschimpft sind. Die römische Kirche ist die Sonne, von der die anderen Kichen das Licht empfangen.

- Ein Konzil hat seine gesamte Autorität einzig und allein vom Papst. Wer sich der päpstlichen Autorität nicht unterwirft, ist ein Häretiker.

Als man späteren Theologen die Unwahrheit vorhält, klammern sie sich daran, daß man Thomas hintergangen hat[262]. Sie machen es sich zu leicht, denn er gilt als einer der fähigsten Köpfe der römischkatholischen Kirche und als solcher sollte er gegenüber solchen Angriffen immun sein.

Papst Johannes XXII. versichert in einer Bulle:»Thomas hat seine Werke nicht ohne spezielle Eingießung des göttlichen Geistes geschrieben«, erklärt aber nicht, was das in Wirklichkeit ist. Papst Innocenz VI. meint zu wissen:»Wer eine Lehre des Thomas bestreitet, wird allein dadurch verdächtig[263].«

Die Pariser Universität deckt einige Irrtümer dieses Kirchenvaters auf. Ihrer Ansicht nach habe jeder Bischof nach dem göttlichen und menschlichen Recht die Befugnis, in Glaubenssachen zu urteilen. Demzufolge verwirft 1388 die damals noch einflußreichste wissenschaftliche Körperschaft Europas, die angesehene Universität von Paris, die päpstliche Unfehlbarkeit[264].

Martin von Troppau

wird 1278 von Papst Nikolaus III. zum Erzbischof von Gnesen erhoben. Er unterzieht sich der Aufgabe, das päpstliche System abzufangen. Juristen und Kanonisten sollen sein Werk mit Gratian und den Dekretalen, die Theologen mit den biblischen Geschichten des Petrus Comestor zusammenbinden. Natürlich erscheinen darin die Päpste als Gebieter und Gesetzgeber der gesamten Kirche. Die pseudo-isidorischen Fiktionen und Gratian sollen beseitigt werden; die päpstliche Hoheit über den Kaiser soll zum Ausdruck kommen.

Er schreibt eine synchronistische Geschichte der Päpste und Kaiser anhand kritiklos übernommener biographischer Notizen. Allein wegen der Stellung des Verfassers, der lang am päpstlichen Hof als Kaplan und Pönentiar tätig ist, bekommt sein Buch eine erhebliche Aufwertung. Es gilt, obwohl es von Fehlern, Entstellungen und Übertreibungen wimmelt, gewissermaßen als offizielle, von der Kurie ausgegangene Papstgeschichte.

Dieses Buch ist von allen Geschichtswerken des Mittelalters das verbreiteste, unwahrste und fabelhafteste, wenn man von der Bibel absieht. Viele der darin enthaltenen Dichtungen sind Erzeugnisse des Mangels an historischem Sinn und der zeitbedingten Leichtgläubigkeit. Das Buch ist auf dem Gebiet der Geschichtsschreibung ein Rückschritt. Die Tatsache, daß ein so schlechtes und lückenhaftes Werk, wie das des Martinus, zu einer so allgemeinen Geltung gelangt, ist der Beweis für den geistigen Verfall der europäischen Kultur, dem auch die Kirche unterliegt.

Thomas Tolomeo von Lucca, der Bibliothekar des päpstlichen Stuhles, den Papst Johannes XXII. 1318 zum Bischof von Torcello ernennt, unternimmt den Versuch, die Geschichte im Sinn des Papsttums zu fälschen. Seine Kirchengeschichte reicht bis in das Jahr 1313. Für die ersten zwölf Jahrhunderte ist sein Buch der Versuch, die Dichtungen und Fälschungen des Pseudo-Isidor, des Gratian und der falschen Dekretalensammlung zusammenhängend umzusetzen. Er sucht den Nachweis der Machtfülle der Päpste über die weltlichen Herrscher. Tolomeo ist der erste, der die Fabel der Einsetzung der Kurfürsten durch Gregor V. in päpstlichen Interesse verbreitet.

Verlassen wir jetzt das Gebiet der Fälschungen. Über ihnen schwebt eine noch mächtigere Dunstglocke. Die katholische Kirche nimmt sich das Recht heraus, alle ihr unangenehmen Werke zu verdammen. Dazu schafft sie sich eine Kongregation und daraus erwächst der Index.

⇒

Dornenkrönung (oben) und Christus vor Pilatus (unten); Kupferstiche von Martin Schongauer.

Anmerkungen zum Index

Vereinfacht gesagt, versteht man darunter eine umfangreiche Liste von Büchern, die ein römisch-katholischer Christ weder lesen noch besitzen darf, um nicht in die göttliche Ungnade zu fallen. Es ist ein gravierender Einschnitt in die Grund- und Menschenrechte, denn jeder kann lesen, schreiben und denken was er will. Eine Meinung darf nicht strafbar sein. Sie ist so frei wie der Vogel im Wind und es ist unbestritten, daß die hohe Geistlichkeit dieses fundamentale Grundrecht nicht noch länger für sich allein beanspruchen kann.

Daß die Verbreitung kirchenkritischer Literatur beim Ausgangswert der klerikalen Lehren nachteilig ist, versteht sich von selbst; es wird früh erkannt. Der Index gehört abgeschafft, denn er ist eine geistige Zensur. Die Indexlisten beinhalten Namen von Autoren, denen theologische Schönschreiber nie das Wasser reichen können. So die 38 Bände von Voltaire, die Bücher von Leibnitz, Descartes, Heine, Galilei und Kant; die Bücher von Rousseau, Victor Hugo und etwa 7000 andere. Es ist davon auszugehen, daß die *Sünden der Kirche* in den Genuß der geistigen Abartigkeit gelangt.

Christen stellen sich vor den Unsinn und proklamieren so ihre intellektuelle Schwäche. Der Kardinalstaatssekretär Merry del Val sagt noch 1930: »Die teuflische Presse ist gefährlicher als ein Schwert ... alle, die unsere heiligen Bücher ohne Sicherung an die Menschen verteilen wollen, sind Verteidiger des freien Denkens, das absurder und schädlicher ist als alles andere. Der Liberalismus ist eine tödliche Pest.«

Der Jesuit Hilgers erkennt in der Presse die größte soziale Gefahr, »weil sie der Ansteckungsträger und Krankheitserreger jedes geistigen Siechtums und Verderbens

⇐

Die Verspottung Christi (oben) und die Kreuztragung (unten); Kupferstiche von Martin Schongauer.

ist ... heute noch mehr als am Abend des 18. Jahrhunderts ... der Unglaube wird aus den Gebieten der Naturwissenschaft, der Philosophie und des Protestantismus genährt.«

Das ist der neuralgische Punkt; die eigene Literatur wird – obwohl sie Anlaß zu Bedenken gibt – nicht in Frage gestellt, denn man wähnt sie über allem Zweifel erhaben. Leo XIII. läßt die Glaubenskatze aus dem Sack der geistigen Finsternis und doziert in der Enzyklika *Immortale Dei*: »Die unumschränkte Freiheit des Denkens und die öffentliche Bekanntmachung der Gedanken gehören nicht zu den Rechten der Bürger ...« In der Enzyklika *Sapatientae Christianae* läßt er wissen: »Es ist ungerechtfertigt, die unbegrenzte Freiheit des Denkens, der Rede, des Schreibens oder des Gottesdienstes zu fördern, zu verteidigen oder zu gewähren, als handle es sich dabei um Rechte, die dem Menschen von Natur aus verliehen sind.« Er sollte es in das

Stammbuch der christlichen Apostel schreiben, denn sie haben sich so verhalten, wie er es noch zum Ende des 19. Jahrhunderts verbieten will. Damit macht sich der Unfehlbare so lächerlich, daß man sich bestenfalls eine Sekunde lang mit der Marginalie beschäftigen kann. Die Gedanken sind frei: nicht umsonst haben die Menschen Jahrtausende für die Freiheit gekämpft und geblutet.

Der irische Geistliche Timothy Hurley meint zu wissen: »Es ist den römisch-katholischen Gläubigen bei der Strafe des Begehens einer Todsünde oder Exkommunikation verboten, Bücher zu lesen, die sich gegen die katholische Kirche richten.« Der französische Exekutivbeamte Abbé Bethleem rechtfertigt den Aberwitz so: »Die katholische Kirche hat vermag der Macht, die von ihrem göttlichen Gründer auf sie gekommen ist, das Recht, die Pflicht, den Irrtum und die Bosheit zu verdammen, wo immer sie angetroffen werden. Sie hat das

Satirisches Spottblatt auf die römisch-katholische Geistlichkeit. Unter dem erhobenen Zeigefinger der Reformatoren sinken katholische Kirchenführer in den Höllenschlund. Holzschnitt aus dem frühen 16. Jahrhundert.

Recht, Bücher zu verdammen, die gegen den Glauben und gegen die christliche Moral gerichtet sind oder die, ohne bösartig zu sein, von diesem doppelten Standpunkt aus gefährlich werden können.«

Hier genügt der Hinweis, daß die Kirche keine Macht von einem Gott bekommen hat, daß sie unwahr ist und den Glaubensirrtum fördert. Das Recht der Verdammnis würde ihr erst dann zustehen, wenn sie frei von Fehlern und glaubwürdig ist.

Wenn man die Anfänge des Index sucht, braucht man nur lange genug in der verfälschten christlichen Bibel zu blättern. Wir lesen in der Apostelgeschichte (XIX.19): »Gar manche aber von denjenigen, welche Vorwitziges angestrebt hatten, trugen die Bücher zusammen und verbrannten sie angesichts Aller.« Dieses Feuer ist bis heute nicht erloschen, denn die römisch-katholische Kirche täuscht sich, wenn sie meint, damit den dahintersteckenden Geist auslöschen zu können. Sie erreicht das Gegenteil; je despotischer sie sich verhält, desto größer wird der Widerstand; so schnürt sie sich selbst den Strick immer fester um den Glaubenshals. Es kann nur zu ihrem Schaden sein.

325 verdammt das Konzil von Nicäa die Schriften des Arius und vor allem sein lesenswertes Buch *Thalia*. Im Jahr 400 verbietet das Konzil von Karthago, heidnische Bücher zu lesen. Die erste Bücherliste, die man als Vorläufer des heutigen Index bezeichnen kann, wird unter Papst Gelasius I. zusammengestellt. Sie enthält merkwürdigerweise die Geschichten der Offenbarung und der Apokalypse. Man wird sich doch nicht getäuscht haben?

Die *Monarchia* von Antonio Roselli und die *Thesen* des Pico della Mirandola werden 1491 verurteilt. 1519 veröffentlicht Luther seine 488 Seiten umfassende Schrift gegen den Ablaß. Sie wird unmittelbar darauf von den Universitäten Paris und Köln verboten. Der Papst läßt Luthers Schriften in Belgien, an den Ufern des Rheins und in Rom verbrennen.

1543 werden der Kardinal Caraffa und fünf weitere zu Glaubensinquisitoren *diesund jenseits der Alpen* ernannt. Ein Jahr davor erläßt der spanische König Philipp II. ein Dekret, das jeden, der verbotene Bücher verkauft, kauft oder besitzt, mit dem Tod bedroht.

Die Indexkongregation wird 1571 unter dem Pontifikat des Papstes Pius V. geschaffen. Kurz danach erhält sie unter Sixtus V. diktatorische Vollmachten. Auch in diesem Punkt hat sich der klerikale Starrsinn verrannt: Es ist merkwürdig, wenn der konservative Papst Leo XIII. noch 1897 zu wissen vorgibt: »Aus mütterlicher Barmherzigkeit der Kirche werde die Strenge der alten Indexbestimmungen gelockert und den heutigen Verhältnissen angepaßt.« Klüger wäre es, wenn sich die römisch-katholische Kirche den heutigen Verhältnissen anpaßt. Der Index untergräbt die Geistesfreiheit. In diesem Zusammenhang kann man zugleich den Zölibat streichen, denn er untergräbt die Menschenwürde. Das Aneignen von Wissen ist kein Vorrecht der Kirche; sie beschäftigt sich nicht mit Wissen, sondern mit Spekulationen.

Daß es die römisch-katholische Kirche mit dem Bücherverbrennen ernst meint, sehen wir daran, daß am 27.5.1923 in Rom protestantische Bibeln verbrannt werden. 1932 wird eine protestantische Übersetzung der vier Evangelien in Dublin auf den Scheiterhaufen geworfen. 1940 zieht der spanische Staat mehr als 100 000 nichtkatholische Bibeln ein. Ein solches Unterfangen grenzt an Despotismus und ist wertlos; denn bereits die erste christliche Bibel, das Flickwerk des Hieronymus, ist menschlich; folglich können die daraus errichteten Ausgaben nicht besser oder wahrer sein.

Schon im 17. Jahrhundert trauen sich die Päpste ein sicheres Urteil (motu propio) und ein untrügliches Gefühl über den Wert einzelner Bücher zu. Heute spielt sich dieses Geplänkel mehr im Stillen ab. Der Kirche als kritisch vorkommende Bücher werden von Konsultatoren gelesen, deren Gutachten Kardinälen vorgelegt wird. Ihren geistigen Maschen kann kein ihnen unangenehmes Buch durchfallen, denn es sind theologische Brillenträger. Nur ein vom christlichen Geist duchwobenes Buch ist gut.

Was ein Anhänger der römisch-katholischen Kirche nicht lesen darf[*]

1. Alle von Nichtkatholiken veranstalteten Ausgaben des Originaltextes und der alten katholischen Übersetzungen der Heiligen Schrift.
2. Alle von Nichtkatholiken veranstalteten oder herausgebenen Übersetzungen der Heiligen Schrift in die Volkssprache. Hier genügt der Hinweis, daß die schon von Hieronymus pflichtgemäß erstellte Vulgata menschliches Flickwerk ist. Er selbst gesteht es ein. Es gehört zu den Ungeheuerlichkeiten der römisch-katholischen Kirche, daß sie diese plumpe Fälschung als göttlich inspiriert vermarktet.
3. Schriften, die die Häresie oder das Schisma verteidifgen oder solche, die Grundwahrheiten, wie z. B. den Glauben an Gott oder an die Unsterblichkeit,untergraben. Hier genügt der Hinweis, daß der Gottglaube eine menschliche Erfindung ist und daß es keine wirkliche Unsterblichkeit im Sinn der römisch-katholischen Kirche gibt.
4. Schriften, die sich mit der Religion beschäftigen und der römisch-katholischen zu nahe treten.
5. Schriften aus dem Bereich der Heiligen Schrift, Gebets-, Andachts- und Erbauungsbücher, Übersetzungen, Werke der Theologie, der Kirchengeschichte, des Kirchenrechts usw. die keine kirchliche Vorzensur tragen.
6. Schriften, die ein katholisches Dogma bekämpfen, oder verspotten, die vom Apostolischen Stuhl verworfene Irrtümer in Schutz nehmen, den Gottesdienst herabsetzen und die kirchliche Disziplin zu erschüttern suchen.
7. Schriften, die den Aberglauben lehren oder empfehlen. Dazu zählen Weissagungen, Zauberei, Geisterbeschwörungen und ähnliche Dinge. Hier genügt der Hinweis, daß nirgends wo mehr auf der Welt als in der römisch-katholischen Kirche gegaukelt wird, jedoch hier unter angeblich positiven Vorzeichen.
8. Schriften, die das Duell, den Selbstmord und die Auflösung der Ehe als erlaubt hinstellen. Sämtliche Schriften über die Freimaurerei oder Geheimbünde, sofern sie den Ansichten der römisch-katholischen Kirche zu nahe treten.
9. Schriften, die laszive und obszöne Dinge lehren, wie Romane. Wenn ein römisch-katholischer Christ einmal ein Buch lesen möchte, das nahe bei der Pornographie angesiedelt ist, so seien ihm die Moraltheologien von Busenbaum und Liguori empfohlen.
10. Geistliche Werke, die inhaltlich von den Originalausgaben abweichen.
11. Schriften, in denen die vom Heiligen Stuhl verworfene und widerrufene Ablässe gewährt werden.
12. Bilder von Jesus Christus, der seligsten Jungfrau Maria, den Erzengeln, den Engeln und sonstigen Dienern Gottes, die den kirchlichen Ansichten und Vorschriften widersprechen. Hier genügt der Hinweis, daß niemand weiß, wie die als realistisch angenommenen Personen ausgesehen haben. Alle Bilder von ihnen sind menschliche Phantasieprodukte.

*) Deutscher Text von Eichmann: Lehrbuch der Kirchengeschichte. Paderborn 1926, S. 469. Dieser Eichmann hat nichts mit dem gleichnamigen zu tun, der als christlicher Kapitalverbrecher unter dem Katholiken Adolf Hitler nach dem Zusammenbruch des Dritten Reiches mit klerikaler Unterstützung nach Südamerika ausgeschifft wird, um sich hier noch ein paar schöne Jahre zu machen. Die Anhänger der römisch-katholischen Glaubenslehre werden geistig unterdrückt.

Verbrennung ketzerischer Schriften vor einem Fürsten. Schon 1520 wurden die Schriften Luthers u. ä. verbrannt. Dieser Prozeß zieht sich durch die weitere Geschichte. Heute ist eine Verbrennung zwar nicht sinnvoll, doch der Index besteht, der im Extremfall großen Schaden anrichten kann. Wo ist die Meinungsfreiheit geblieben?

Die urteilenden Kardinäle können es verdammen, sie können die Beschwerde abweisen, sie können die Herausgabe bis zur Korrektur verbieten und sie können ihre Entscheidung vertagen. Den Autoren wird die Rechtfertigung verwehrt. Wie kann nur das Forschen, Suchen, Prüfen, Wollen und Niederschreiben, die Leuchte unserer Kultur, vor dem despotischen Gehabe einer Kardinalsgruppe scheitern, die selbst das Unwahre hegt und die aus Kirchensteuern finanziert wird?

Bis dahin spielt sich das Prozedere in einem vatikanischen Hinterstübchen ab. Doch wird die Kirche nicht müde, ihren Schäflein auf alle nur erdenkliche Weise einzuschärfen, was sie zu lesen und nicht zu lesen haben. Dazu hat sie sich ein Presseimperium geschaffen, Rundfunkstationen, tausende Kanzeln und hunderttausende mehr oder weniger gelungener Kirchenblättchen dienen der Verherrlichung ihrer Ideen. Alle anderen Schriften werden verdammt.

Sie stellt nicht die anderen ins geistige Abseits, sondern sich. Im Grunde genommen fürchtet sie die Auseinandersetzung mit der Wirklichkeit. Die Führer der römisch-katholischen Kirche leben noch immer im mittelalterlichen Mystizismus, was sich an einigen Stilblüten ablesen läßt.

Nach ihrer Auffassung darf die Wissenschaft nicht in die Domäne des Glaubens eindringen oder ihn verdrängen. Pius XII. unterstreicht es in der Enzyklika *Humani Generis* (1950), die sich mit den Beziehungen zwischen dem Glauben und der Wissenschaft beschäftigt. Er doziert:

- daß alle Gläubigen bereit sein müssen, sich dem kirchlichen Urteil selbst in wissenschaftlichen Fragen zu beugen.
- Alle Christen haben an die Existenz von Teufeln zu glauben und müssen die Existenz von Adam und Eva respektieren. Diese Geschichte sei wahr, weder ein Mythos noch eine Allegorie, und man müsse sie wörtlich nehmen.

Wallfahrer am Grab des heiligen Sigismund. Bildnachweis: Katalog Bayern – Kunst und Kultur, 1972, Nr. 257.

- Die katholischen Gläubigen müssen (da die Stimme des Papstes Irrlehren, Götzendienste und den Aberglauben verurteilt) ohne Widerspruch als Wahrheit hinnehmen, daß der Körper der Jungfrau Maria die natürlichen Gesetze der Schwangerschaft außer Kraft setzt.

Vielleicht bezieht er sich auf den Himmelsforscher Galilei Galileo, dessen Buch *Dialoge* seit 1633 auf dem Index steht. Es wird mit folgenden Geistesblitzen abgeschmettert:

- Die Behauptung, daß die Sonne der Mittelpunkt der Welt sei und unbeweglich auf ihrem Platz steht, ist philosophisch absurd und formell häretisch.

- Die Behauptung, daß die Erde nicht der Mittelpunkt der Welt sei, sondern sich in zweifacher Weise bewege, ist unphilosophisch absurd und falsch und theologisch gesehen, mindestens ein Glaubensirrtum.

Zur Ehrenrettung der Geistlichkeit muß gesagt werden, daß sie 1822 zur Erleuchtung gelangt und einsieht, einen Fehler gemacht zu haben. Es ist nicht schlimm, denn damals ist sie noch nicht unfehlbar.

Die wenigen angeführten Beispiele aus der historischen Trickkiste reichen hin, um das Papsttum mit dem darauf errichteten Imperium als unwahr zu verwerfen. Es ist eine künstliche Religion mit einem künstlichen Machtapparat.

Kreuzzüge

Inhalt

Kreuzzüge[1]

Der Begriff ist eine spätere Wortschöpfung. Anfänglich nennt man sie die *Krieger Christi* oder *Pilgerkrieger Christi*. Die Kreuzzüge sind die folgenreichsten Kriegsunternehmen des hohen Mittelalters. Es handelt sich um reine Eroberungskriege unter frommen Vorzeichen; die einfältige Masse, die an die sündentilgende Kraft der Pilgerschaft glaubt, ist unterwegs an Entbehrungen, Hunger, Auszehrung oder kriegerischen Scharmützeln gestorben. Die Kirche hat das Gewissen der Menschen mißbraucht und unhaltbare Versprechungen gegeben. So hat sie parallel oder im Vorfeld der Ketzerbewegungen die Blutschuld an Tausenden auf sich geladen, um einer fiktiven und absurden Idee zu frönen.

Eine gerechte Beurteilung der Kreuzzugsidee ist schwierig, denn folgende Strömungen müssen miteinander verknüpft werden:

Der Apostel Johannes empfängt auf der Insel Patmos eine himmlische Vision. Im Jahr 1000 soll der Satan endlich besiegt werden, was leider nicht gelingt. Eine Folge davon sind die Ketzerverfolgungen und die Kreuzzüge.

- Es sind religiöse Vernichtungsfeldzüge gegen Andersdenkende, an dessen Ende hunderttausende Tote stehen.
- In der Frühphase ist das Wüten von Judenpogromen bestimmt; sie wiederholen sich in Jerusalem, das damals unter ägyptischer Herrschaft steht.
- Gregor VII. will in einem geschickten Schachzug die Ostkirche zurückgewinnen, die er durch Haarspaltereien verloren hat.
- Es sind wirtschaftlich begründete Beutezüge im Zusammenhang mit dem Landhunger Europas und der ihn begleitenden Hungersnot.
- Es ist ein religiös begründetes Aufbegehren der Massen, die Endzeiterwartung, die Urban II. geschickt in kirchliche Bahnen zu lenken versucht[2].
- Es ist das Freiwerden eines Blutrausches, dem die Menschheit in unterschiedlichen Intervallen unterliegt, und der sich u. a. in den von Christen inszenierten und geführten Krematorien des Dritten Reiches im frühen 20. Jahrhundert zeigt.

- Es beginnt ein Zeitalter, in dem die Massen mit Hilfe von Weltanschauungen bewegt und gelenkt werden. »Die Kirche liefert der europäischen Gesellschaft ein ideelles Motiv für ihre reale Expansion (Milger).«

»Die Kreuzzugsidee entwickelt sich zum wichtigsten politischen Instrument der Kirche und der ihr verbündeten weltlichen Herren ... die Lenker der katholischen Christenheit entwickeln ... eine folgenreiche Utopie; die Welt ist erst dann wirklich gut und von allem Bösen befreit, wenn sie ausschließlich von rechtgläubigen Katholiken bevölkert wird.« Jedes Mittel ist dazu recht; selbstverständlich auch Mord, Plünderung und Haß. Und wieder wäscht Pilatus seine Hände in Unschuld.

Geistiges Vorfeld

Als der arianisch gesinnte Kaiser Konstantin die Lehre des Christentums zur Staatsreligion erhebt, um Ruhe zu haben und weiteren Verzettelungen vorzubeugen, gerät es in den Zwang der Anpassung. Das betrifft sowohl die Staatsetikette und ihre Organisation, wie das Denken der Verteidigung. Bald erkennen die Christen den Heeresdienst als legal an. Eine Folge davon sind Gebete gegen Andersgläubige; die Auffassung von der Notwendigkeit der Nächstenliebe wird zu den Akten gelegt.

Ambrosius ruft Kaiser Gratian zum Kampf gegen die *verruchten* Goten auf. Der heilige Augustinus verfaßt nach der Eroberung von Rom durch Alarich den *Gottesstaat*, eine Kampfschrift gegen die Heiden. Es handelt sich um die Geburtsstunde der christlichen Geschichtsphilosophie. Bezüglich der Kriegsführungen werden Differenzierungen vorgenommen; man unterscheidet den *gerechten* vom *ungerechten* Krieg. Augustinus proklamiert den *heiligen* Krieg und meint die Donatistenverfolgung seiner Epoche.

Die Beschäftigung mit dem Krieg führt die christliche Idee ad absurdum. Lehmann hat recht, wenn er feststellt:»Je mehr sich die Kirche militarisiert, desto mehr reserviert sie ihren Vasallen Plätze im Jenseits zu … so entsteht der Eindruck, als habe sich das sündenschwere Abendland durch die Kreuzzüge von dem moralisch gestauten Ballast reinigen wollen, um als geläuterte und siegreiche Christen heimzukehren[3].«

Cluny und Gorze

Im 11. Jahrhundert entsteht eine vom Kloster Cluny (Burgund) und der Benediktinerabtei Gorze (Lothringen) ausstrahlende Kirchenreform. Sie verfolgt u. a. das Ziel, im schwer durch simonistische Umtriebe und sexuelle Verirrungen angeschlagenen Christentum einen kämpferischen Geist zu verankern. Der Beginn des zweiten Jahrtausends ist von großen Ketzerbewegungen im südfranzösischen Sprachraum geprägt, die die noch schwache Kirche vor existentielle Probleme stellen. Letztendlich löst sie sie militärisch, d. h. mit Gewalt.

Cluny profiliert sich zum *Gewissenshüter* der westlichen Christenheit. Die Christianisierung Ungarns erleichtert den Reiseweg. Dank der Aktivitäten Clunys ziehen ab dem frühen 11. Jahrhundert immer mehr Wallfahrergruppen ins Heilige Land. Radulph Glaber, der Chronist des Klosters, berichtet, daß außer kleinen Leuten Könige, Grafen und Prälaten zum Grab des Heilandes wallfahren; viele begehren dort zu sterben. Der als heilig angesehene Bischof von Konstanz besucht dreimal das Heilige Land. 1054 reist Bischof Lietbert von Cambrai mit 3000 und zehn Jahre danach der Erzbischof Siegfried von Mainz mit 7000 Mann ins Heilige Land, ohne es zu erreichen.

Nie wäre es jemand eingefallen, zu seiner Eroberung zu schreiten, wären nicht schon Jahrhunderte vor Clermont-Ferrand immer wieder Menschen dorthin gewallfahrt: wenn wir den Worten des Evangelisten Matthäus Glauben schenken, ist selbst Jesus von Nazareth dort eingezogen[4].

Auch südfranzösische Aristokraten befinden sich unter den Pilgern. Mit Bischof Gunther von Bamberg sollen 1065 etwa 7000 Gläubige nach Jerusalem gewandert sein. Dies geht als *Bamberger Pilgerzug* in die Geschichte ein. Aus Cluny rekrutieren sich die Päpste Gregor VII. und Urban II.

Jerusalem … die gottgeliebte Stadt

Jerusalem ist eine Stadt mit einer reichen kulturellen, historischen und religiösen Vergangenheit. Bereits das Alte Testament beschreibt die Stadt Davids als Mittelpunkt der Welt. Der Prophet Ezechiel soll gesagt haben:»Mitten unter die Völker habe ich es gesetzt und ihre Länder ringsherum.« Im Zentrum der Stadt liegt der berühmte jüdische Tempel und hier befindet sich die Bundeslade. Jerusalem gilt als Stadt der Auserwählten und Gerechten; sie wird als Pforte zum himmlischen Paradies bezeichnet.

Westliche Expansionspolitik der Kurie

- Papst Gregor I. (590-604) neigt zur Härte.

- Papst Leo IV. übernimmt 849 das Kommando eines Heeres, das den an der Tibermündung liegenden Piraten entgegenzieht. Er stellt den Verteidigern himmlischen Lohn in Aussicht.

- Papst Johannes VIII. versichert um 880 denen, die im Kampf gegen Heiden und Ungläubige fallen, den Frieden des *ewigen* Lebens.

- Papst Nikolaus I. erklärt den Krieg als Teufelswerk.

- Papst Johannes X. rühmt sich, 915 nach seinem Sieg über die Araber am Garigliano, persönlich am Gefecht teilgenommen zu haben.

- Die Enzyklika des Papstes Sergius, derzufolge er angeblich mit einer päpstlichen Flotte nach Syrien segeln will, ist als Fälschung entlarvt.

- Der Mönch Brun von Querfurt, der 1009 als Märtyrer stirbt, vertritt unter Kaiser Otto III. die Idee des christlichen Bekehrungskrieges.

- Papst Leo IX. inszeniert einen Feldzug gegen süditalienische Normannen. Dieses päpstliche Heer fungiert als *ecclesia militans*. Der Papst wird bei dieser Gelegenheit gefangen.

- Kaiser Heinrich III. bemüht sich, den Feldzug gegen die christlichen Ungarn 1044 als *heiliges* Unternehmen zu deklarieren.

- 1053 führt Papst Leo IX. seine Truppen gegen christliche Normannen. Bei Civitate kommt es zur Schlacht. Der Papst wird gefangen.

- 1061 beginnt Robert Guiskard »Von Gottes und Sankt Peters Gnaden Herzog von Apulien und Kalabrien« mit der Eroberung der ihm bereits überschriebenen Insel. Man versteht die Offensive als *heiligen* Krieg, um die auf Sizilien lebenden Christen vor der Tyrannei der Sarazenen zu befreien.

- Papst Alexander II. verspricht 1063 all denen, die in Spanien gegen die Muslims kämpfen, die Vergebung der Sünden.

- Truppen der christlichen spanischen Königreiche, unterstützt von französischen Rittern, erobern 1064 Barbastro, die seit über 200 Jahren von Muslims regiert wird.

- Papst Gregor VII. faßt 1074 den Plan, persönlich einen Feldzug gegen die Türken zu führen.

- 1087 landen Seestreitkräfte der italienischen Städte Pisa und Genua in Nordafrika und plündern die muslimische Stadt Mahdia. Ein Teil der Seefahrer verbindet es mit einer Wallfahrt nach Jerusalem.

- Papst Gregor VII. gewährt 1080 Rudolf von Rheinfelden, dem Gegenkönig seines Erzfeindes Heinrich, die Absolution von allen Sünden. Den Fürsten Robert Guiskard und Wilhelm von Hochburg sichert er das *ewige* Leben zu.

- Urban II. wuchert 1095 bedenkenlos mit dem himmlischen Lohn, der eine Illusion ist.

326 pilgert die Kaiserinmutter Helena nach Jerusalem. Kurz davor hat ihr Sohn auf dem Konzil von Nicäa verfügt, daß die dortigen heidnischen Tempel abzureißen sind, um an deren Stelle christlich-würdige Bauten zu errichten. Helena stiftet 28 Gotteshäuser aus der Privatschatulle ihres Sohnes, u. a die Geburtskirche von Bethlehem.

Sieben Jahre später macht sich der Pilger von Bordeaux auf die Reise, um biblische Stätten zu besuchen. Man zeigt ihm die Säule, an der Christus gegeißelt worden sein soll und er besteigt den Ölberg, den Konstantin mit einer Kirche schmücken läßt. Der Höhepunkt ist ein Besuch der Felsengruft, in der man nach der christlichen Tradition den Leichnam des Gekreuzigten vor seiner Himmelfahrt aufbewahrt haben will. In den Augen des aquitanischen Wanderers ist es ein Bau von wunderbarer Schönheit.

386 besucht die heilige Paula im Gefolge des Kirchenvaters Hieronymus die heiligen Stätten. Sie betet auf dem Golgatha-Hügel mit einer solchen Inbrunst, »als ob sie den Herrn noch am Kreuze sähe.« Sie läßt sich in Bethlehem nieder, gründet ein Kloster und stirbt 404.

Eine weitere fromme Pilgerin ist die Nonne Aetheria aus der spanischen Provinz Galicien; sie hört die Gottesdienste des Bischofs von Jerusalem. 438 besucht Kaiserin Eudokia, die Tochter eines Athener Gelehrten und Frau des zweiten Theodosius, das *himmlische* Jerusalem. Sie verfaßt geistliche Hymnen, sammelt Reliquien und stiftet Kirchen, Klöster und Hospitäler. Sie stirbt 460 und wird in der von ihr errichteten Stephansbasilika beerdigt.

Jerusalem mausert sich zum berühmtesten Wallfahrtsort der Christenheit. Die älteste Bildkarte, ein aus dem 6. Jahrhundert stammendes Fußbodenmosaik, das 1897 in den Ruinen einer Kirche in Medeba in Jordanien entdeckt wird, zeigt eine Vielzahl von Kirchen, Klöstern und Herbergen. Das Pilgerwesen bringt Probleme mit sich. Hieronymus klagt darüber, daß sich an den Stätten des Kreuzes und der Auferstehung Soldaten, Possenreißer, Komödianten und Huren tummeln würden. Bischof Gregor von Nyssa ist der Meinung, daß hinter den Mauern der Heiligen Stadt alle Laster dieser Welt zuhause sein.

Nach der justinianischen Blütezeit wird sie 614 von Persern und später von Arabern erobert; Moslems halten Einzug. Der tolerante Kalif Omar nimmt die Grabkirche unter seinen Schutz.

Um 670 unternimmt der fränkische Bischof Arculf eine mehrjährige Pilgerfahrt. Sie führt ihn über Ägypten, Palästina und Syrien nach Byzanz. Selbst Mohammed, der mit seinem Flügelroß Al Burak nach Jerusalem reitet, verrichtet am heiligen Fels ein Gebet, bevor er von hier aus zum siebenten Himmel aufsteigt. Zu Ehren dieser Legende errichtet Kalif Abdal Malik den 691 geweihten Felsendom.

Von 723 bis 726 durchwandert der angelsächsische Mönch Willibald den Vorderen Orient und gelangt viermal nach Jerusalem. Er schildert die Erschwernisse einer solchen Reise, die nicht nur christliche Demut, sondern vor allem Robustheit, Geld und den Mut zum Risiko voraussetzt. Auch die christlichen Legendenschreiber nehmen sich Jerusalems an. Karl der Große stiftet mit Billigung des Kalifen Harun al Raschid Hospize.

Die deutsche Gräfin Hilda von Schwaben stirbt 969 auf der Reise ins Heilige Land. Für Herzogin Judith von Bayern ist eine Reise dorthin für das Jahr 970 bezeugt. Aus Italien kommen der Bischof von Olivolo und der heilige Johannes von Parma. Selbst aus dem hohen Norden wird Jerusalem aufgesucht. Ein Araber bescheinigt 985: »Von allen Provinzstädten ist keine größer als Jerusalem ... hier gibt es alle Arten von gelehrten Männern und Ärzten ... das ganze Jahr hindurch sind die Straßen voll von Fremden. Thorvald Kodransson, der Apostel Islands, hält sich 990 am Grab Christi auf. König Harald der Harte von Norwegen weilt 1034 in der Heiligen Stadt.

Kalif Al Hakim läßt als Moslem im Jahr 1009 die christliche Grabkirche abreißen, was auf die Pilgerzüge keinen Einfluß nimmt.

Konzile von Piacenza und Clermont

Auf dem Konzil von Piacenza nehmen laut Bernold Bischöfe aus Italien, Burgund, Frankreich und Deutschland teil. 4000 Kleriker und 30 000 Laien sollen zusammengekommen sein. Das Konzil ist eine neue Kampfansage an Kaiser Heinrich IV. Der Gegenpapst Klemens wird erneut der Häresie beschuldigt und exkommuniziert. Das zentrale Thema ist die Simonie und die fehlgeleitete Moral der Kleriker.

Boten des byzantinischen Kaisers Alexios sollen während des Konzils ein Hilfeersuchen vorgelegt haben. Bernold von Konstanz, der die konziliaren Erlasse überliefert, sagt dazu: »Ebenso kam eine Gesandschaft von Konstantinopel zu dieser Synode, die den Papst und alle gläubigen Christen demütig anfleht, ihm gegen die Heiden Hilfe zur Verteidigung der heiligen Kirche zu bringen.«

Das muß nichts mit einem möglicherweise beabsichtigten Kreuzzug zu tun haben. Der byzantinische Kaiser hat die normannische Invasion abgewehrt und faßt die Vertreibung der Türken aus Kleinasien ins Auge. Dazu muß er die Kampfkraft seiner Truppen erhöhen und dazu wendet er sich – wie früher – ans Ausland, um Söldner anzuwerben. Ein namenloses Pilgerheer hätte ihm wenig genützt.

Es ist denkbar, daß solche Überlegungen die Vorstellungen des Papstes bestärken, einen religiös motivierten Kreuzzug zu inszenieren. Die Beschlüsse von Piacenza bleiben Papier, sofern es dem Papst nicht gelingt, die Unterstützung der französischen Kurie zu erlangen.

»Im Juli 1095 begibt sich Urban II. über Cremona, Mailand und Asti nach Frankreich. Von Le Puy ruft er im August 1095 die französischen Bischöfe und Äbte zu einem Konzil nach Clermont ein ... er zieht nach Cluny und geht dann nach Clermont.« Wohl reift während dieser Reise sein Kreuzzugsplan und es mag sein, daß seine Rede eine spontane ist. Es ist wahrscheinlicher, daß er auf den geistigen Schultern seines Vorgängers, des Papstes Gregor VII. steht. Er hat ihn 1078 zum Kardinalbischof von Ostia

und Velletri erhoben. Dann jedoch ist nicht Jerusalem das wirkliche Ziel, sondern Byzanz. Dann ist es der Versuch, die tragische Spaltung des *Imperium Romanum* rückgängig zu machen.

Unter der Führung Urbans II. findet vom 18. bis zum 27. November 1095 in dem kleinen Bischofssitz Clermont in der Auvergne eine Kirchenversammlung statt. Die behandelten Themen entsprechen dem Geist der Zeit. Finanzielle und organisatorische Aufgaben der Kirche werden besprochen. Der Papst erläutert die Beschlüsse des letzten Konzils, wettert gegen den Kaiser und den Gegenpapst; er fordert die Befreiung der Kirche von der weltlichen Gewalt und die Einhaltung des Gottesfriedens. Der diesbezügliche Erlaß lautet: »Mönche, Kleriker und Frauen und deren Begleiter genießen an jedem Tag den Schutz des Gottesfriedens. Für andere Personen gilt es nur als Bruch des Gottesfriedens, wenn sie von Donnerstag bis Sonntag angegriffen werden.« Darunter versteht man das Fehdeverbot an gewissen Tagen. Man spricht über die Laieninvestitur, den Zölibat und die Simonie.

Der Kirchenbann gegen den ehebrecherischen König Philipp I. von Frankreich wird erneuert. Auf dem Konzil wird ein Dekret über den Erlaß der Bußstrafen für Kreuzfahrer beschlossen. Urban II. hat die versammelten Äbte und Bischöfe aufgefordert, den Kreuzzug in Frankreich zu predigen.

Inwieweit er seitens des Volkes und der Geistlichen auf die Kreuzzugsstimmung trifft, ist umstritten, denn die damalige Kirche befindet sich in einer tiefen Krise. Fest steht, daß Urban II. wie sein Vorgänger die weltliche Oberherrschaft im römischen Reich im Auge hat.

Fulcher von Chartres sagt: »Der Papst sah, wie alle, Klerus und Laien, auf dem Glauben der Christenheit ungeheuerlich herumtraten. Wie der Frieden mißachtet wurde, denn die Fürsten der Ländern führten ständig Krieg untereinander. Er sah, wie sich die Menschen gegenseitig bestahlen. Er sah, wie viele Gefangene zu Unrecht gehalten wurden und auf barbari-

Dekrete des Konzils von Clermont[*]

- Kleriker dürfen keine Waffen tragen.

- Laien, niedere Kleriker oder Subdiakone dürfen nicht zum Bischof gewählt werden.

- Keiner darf sich eine Kirchenstelle kaufen und niemand darf für ein Begräbnis etwas verlangen.

- Bei der Strafe der Absetzung ist den Geistlichen ein unenthaltsames Leben verboten.

- In den Häusern der Kleriker dürfen sich keine Frauen aufhalten (nur solche, als die durch die Kanones erlaubt sind).

- Uneheliche Kinder dürfen weder zu Weihen noch kirchlichen Würden zugelassen werden; außer wenn sie Mönche oder Kanoniker geworden sind.

- Kein Kleriker darf fortan in zwei Sädten Pfründen erhalten .... ein Kleriker muß bei der Kirche bleiben, für die er sich anfangs entschieden hat; selbst dann, wenn er höhere Weihen erlangt.

- Könige und Fürsten dürfen keine Investitur erteilen.

- Kein Bischof oder Priester darf dem König oder sonst einem Laien das *ligium fidelitatis* (strenger Vasalleneid zum unbedingten Beistand gegen jeden) schwören.

- Die Laien dürfen den Zehnten nicht vorenthalten und ihn nicht selbst beziehen ... sie dürfen keine Altäre oder Kirchen für sich behalten (gemeint sind daraus resultierende Einkünfte).

- Kein Laie darf das einem anderen gehörige Erbe sich anmaßen, hat er es getan, so darf ihn kein Priester zur Buße annehmen, bis er Genüge getan hat ... ebenso niemanden, der eine unvollständige Beichte abgelegt hat.

- Kein Christ darf von Aschermittwoch bis Ostern Fleisch essen ... am Karsamstag muß das Fasten bis in die Nacht fortgesetzt werden.

- Die Söhne von Priestern, Diakonen, Subdiakonen und Kanonikern dürfen nicht zu den Weihen zugelassen werden, außer wenn sie Mönche oder regulierte Chorherren sind.

- Niemand darf kommunizieren, ohne Leib und Blut gesondert zu genießen, außer wenn Not und Vorsicht es anders verlangen.

- Auch die Kreuze am Weg gewähren Asyl ... wer sich dahin geflüchtet hat, darf der Gerechtigkeit nur überliefert werden, wenn ihm zuvor Sicherheit für Leben und Glieder gewährt ist.

- Kein Kleriker darf sich das Eigentum des Bischofs oder eines anderen Klerikers bei dessen Lebzeiten oder nach seinem Tod aneignen.

- Wer einen Bischof gefangennimmt und einkerkert, verfällt ewiger Infamie und darf keine Waffen mehr tragen.

) Nach C. H. Hefele, Conziliengeschichte

sche Weise in finstere Verliese geworfen wurden und nur gegen ein hohes Lösegeld freikamen oder durch Übel gemartert wurden, nämlich durch Hunger, Durst und Kälte heimlich getötet wurden. Er sah, wie heilige Stätten entweiht wurden, wie Klöster und Landhäuser in Flammen aufgingen und nichts Sterbliches geschont wurde.«

Der Papst predigt für Krieg und Frieden: »Gegen die Ungläubigen, sagt der Herr, sollen jetzt diejenigen in den Kampf ziehen … die gewöhnlich ihre Privatfehden verbrecherisch gegen Christen ausdehnen. Wer eben noch ein Räuber war, möge jetzt ein Krieger Christi werden; wer früher gegen Brüder und Verwandte kämpfte, soll nun rechtmäßig gegen Barbaren kämpfen. Wer noch für ein paar Münzen Söldner war, soll jetzt den ewigen Lohn gewinnen … Ja, hier werden die Unglücklichen sein, dort aber die Glücklichen; hier die Feinde Gottes, dort aber seine Freunde.«

Am Ende ruft der Papst, selbst ein Franzose, die anwesenden Kirchenführer auf, einen Kreuzzug zur Vertreibung der Türken aus Kleinasien zu predigen. So zumindest ist die Version des Chronisten Fulcher von Chartres. Wie es sich wirklich abgespielt hat, läßt sich nicht rekonstruieren, denn von der päpstlichen Rede liegen mehrere voneinander abweichende Ausführungen vor. Die landläufige Meinung ist:

Im November 1095 treten die Mitglieder des Konzils zu einem feierlichen Gottesdienst zusammen und der Papst begibt sich an die Spitze mehrerer Hundertschaften zu einer öffentlichen Kundgebung vor das Osttor der Stadt. Dem Ereignis sollen 14 Erzbischöfe, 225 Bischöfe und mehr als 400 Äbte beigewohnt haben. Am 27.11.1095 ruft er zum Kampf gegen die Ungläubigen auf und soll in diesem Zusammenhang gesagt haben: »Sie haben die Länder der Christen mehr und mehr besetzt und sie siebenfältig besiegt, wobei viele getötet oder gefangengenommen wurden, Kirchen zerstört worden sind und das Reich Gottes verwüstet wurde. Wenn Ihr sie weiter gewähren laßt, werden sie noch viel weiter die Oberhand über die Getreuen Gottes gewinnen[5].«

»Sie beschneiden die Christen und das Blut gießen sie auf den Altar oder in die Taufbecken. Es gefällt ihnen, andere zu töten, indem sie ihnen die Bäuche aufschneiden, ein Ende der Därme herausziehen und es an einen Pfahl binden. Unter Hieben jagen sie sie um ihn, bis die Eingeweide hervordringen und sie tot auf den Boden fallen … Ihr solltet von dem Umstand berührt sein, daß das Heilige Grab unseres Erlösers in der Hand eines unreinen Volkes ist, das die heiligen Stätten schamlos und gotteslästerlich mit seinem Schmutz besudelt[6].«

Noch 1965 sagt der Historiker Eberhard Mayer in seiner Geschichte der Kreuzzüge: »Daß die Türken die östlichen Christen verfolgten, ist unbeweisbar … sie galten als religiöse Minderheit und unterlagen gewissen Einschränkungen: mehr nicht.«

Ein Dekret des Konzils von Clermont verspricht himmlischen Lohn: »Wer nur aus Frömmigkeit und nicht zur Erlangung von Ehre oder Geld zur Befreiung der Kirche Gottes nach Jerusalem aufgebrochen ist, dem soll die Reise auf jede Buße angerechnet werden … allen jedoch, die dorthin gehen, wird die Vergebung der Sünden zuteil, wenn sie auf den Marsch, bei der Überfahrt oder im Kampf gegen die Heiden die Fesseln des Erdenlebens ablegen[7].«

Nach der Vision Roberts von Flandern schildert der Papst das Elend der Armen: »Das Land, das ihr bewohnt, vom Meer und Gebirgen eingeschlossen, ist durch eure große Zahl zu eng geworden. Es enthält keinen Überfluß an Reichtum und die Nahrung reicht kaum für ihre Erzeuger aus … macht euch auf den Weg zum Heiligen Grab, entreißt dieses Land dem frevelnden Volk, unterwerft es euch. Es ist von Gott den Söhnen Israels zum Eigentum gegeben worden, wo Milch und Honig fließen, wie die Schrift sagt. Jerusalem ist der Nabel der Welt, das Land ist fruchtbarer als andere, ein zweites Paradies der Lustbarkeiten.«

Der Papst spricht von den Nöten der christlichen Brüder im Orient, denen beizustehen ist. »Ich bitte euch demütig, nein, nicht ich, sondern Gott, daß ihr als Herolde

Christi Leute jeden Standes, Reiter wie Fußsoldaten, Reiche wie Arme, ständig auffordert, um dieses verbrecherische Volk rechtzeitig aus unseren Ländern zu verjagen und den Christen beizustehen. Das sage ich den Anwesenden, den Abwesenden trage ich es auf, Christus aber befiehlt es[8] ... das gemeine Gezücht der Araber und Türken aus dem Heiligen Land zu verjagen ... verpflichtet euch ohne zu zögern ... dies gewähre ich mit der Macht, die mir verliehen wurde ... verpflichtet euch ohne zu zögern ... wenn der Winter endet und der Frühling kommt, sollen sie sich fröhlich auf den Weg machen unter der Führung des Herrn.«

Möglicherweise schließt Urban II. mit den Worten *Gott will es*. Er nennt als Ziel der Reise das Heilige Grab in Jerusalem, den Mittelpunkt der christlichen Welt. Es kann ein geschickter Schachzug sein. Zum Schluß betet die angefeuerte Menge das Konstantinische Glaubensbekenntnis. Urban II. erhebt sich von seinem Thron, erteilt die Absolution und schickt das Volk nach Hause. Wie unterschiedlich die Chronisten über das Ereignis in Clermont berichten, in einem Punkt sind sie sich einig; es ist eine flammende Rede voll Begeisterung.

Der Feldzug soll eine Unternehmung der Kirche sein, doch er rutscht ihr später durch die Hände. Der Bischof Adhemar von Le Puy wirft sich vor den Heiligen Vater und bittet spontan um die Erlaubnis, am Krieg gegen die Ungläubigen teilnehmen zu dürfen, was ihm auf der Stelle gewährt wird. Es ist ein Widerspruch, denn während des Konzils von Clermont wird festgelegt, daß die Kleriker keine Waffen tragen sollen.

Kardinal Gregor beichtet im Namen aller Anwesenden. Die Masse fällt auf die päpstliche Sprechblase herein. Tausende sinken auf die Knie und stimmen ein gemeinsames Gebet an; etwa 150 000 werden es mit dem Leben bezahlen.

Dann laufen detaillierte Vorbereitungen außerhalb der klerikalen Kontrolle an. Zum geistigen Führer ernennt Urban II. den aus dem Geschlecht der Grafen von Valentinois stammenden Bischof Adhemar von Le Puy. Dann treffen Boten des Grafen Raimund von Toulouse ein und lassen bestellen, daß ihr Herr begierig sei, am Krieg gegen die Ungläubigen teilzunehmen. Sie sind keineswegs ungläubig, sie glauben nur etwas anderes.

Raimund von St. Gilles, der Graf von Toulouse und Marquis der Provence, hat schon als junger Mann auf den heiligen Petrus geschworen und sich als Lehnsmann im päpstlichen Auftrag mit den Arabern in Spanien geschlagen. Er wird erhebliche Teile seines Vermögens in eine absurde Idee investieren.

Zum Führer des Ersten Kreuzzuges wird Fürst Gottfried von Bouillon emporstilisiert. Auch er verkauft, verpachtet und verpfändet Ländereien, um ein Heer zu bilden. Es gelingt ihm, seinen jüngeren Bruder, Balduin von Boulogne, zu begeistern. Er hat die Domschule von Reims besucht und sich einige Bildung angelesen. Der Erste Kreuzzug sollte am 15.8.1096 beginnen.

Der Dialog mit Heinrich IV.

Damals liegt Rom im Streit mit dem deutschen Heinrich IV., denn er hält Verbindung zum Gegenpapst Klemens III. Fulcher von Chartres berichtet: »Der Teufel bot gegen ihn (Urban II.) einen Gegner namens Guibert auf ... unterstützt durch die Frechheit des bayerischen Kaisers (Heinrich IV.) hatte sich ... das apostolische Amt widerrechtlich angeeignet. Aus diesem Grund standen Rom zwei Päpste vor, die meisten aber wußten nicht, wem sie gehorchen sollten. Es verwundert nicht, daß die ganze Welt in Unruhe und Verwirrung gestürzt wurde ... In allen Teilen Europas wurden Güte und Glauben niedergebeugt, in und außerhalb der Kirche, durch Hohe und Niedere. Es war notwendig, daß sie zur Beseitigung dieser Übel die ständig unter sich geführten Kämpfe gegen die Heiden richteten – vom Papst zu diesem Beginnen gemahnt.«

Also versteht sich Urban II. als Hüter der Christenheit. Dies setzt ihn automatisch gegen Heinrich IV. der auf der Seite von Klemens III. steht.

Deutsche sind zunächst wenig vertreten. Ihre Machthaber sind mit dem Papst zerstritten und haben innere Angelegenheiten zu klären. Der Chronist Eckehard von Aura sagt dazu: »Man hat im rechtsrheinischen Deutschland zunächst nichts vom Papstaufruf erfahren und die ersten Pilgerzüge Peter des Einsiedlers als einen Haufen Narren verhöhnt, die abenteuernd ins Ungewisse ziehen.«

Die ersten militanten Kreuzfahrergruppen bilden sich in Süd- und Westfrankreich. Graf Robert von der Normandie verpfändet sein Land für 10 000 Mark in Silber und stellt mit dem Erlös eine Privatarmee zusammen.

Am 2.12.1095 verläßt Urban II. Clermont. Weihnachten verbringt er in Limoges. Dann geht er über Poitiers nach Tours, dann weiter über Carcasonne nach Nimes, wo er eine weitere Synode leitet. Bei jeder Gelegenheit ereifert er sich für das klerikale Wollen: über zahlreiche Sendschreiben mobilisiert er halb Europa:

- Im Februar 1096 wendet er sich an die Fürsten von Flandern und erklärt ihnen: »Das barbarische Wüten hat die Kirchen Gottes im Orient zerstört ... man kann durch die Teilnahme am Kreuzzug seiner Sünden ledig werden.«

- Im September 1096 sichert er den Bürgern von Bologna zu: »Ihr mögt aber wissen, daß wir all denen, die sich nicht aus Habgier nach irdischem Vorteil, sondern nur für das Heil ihrer Seele und zur Befreiung der Kirche auf den Weg machen, die gesamten Bußstrafen der Sünden, über die sie aufrichtig und vollständig gebeichtet haben, erlassen ... Wir räumen aber weder Klerikern noch Mönchen die Möglichkeit ein, dorthin zu gehen, ohne die Erlaubnis ihres Bischofs oder Abts. Weiterhin mögen die Bischöfe dafür sorgen, ihre Pfarrkinder nicht ohne Rat und Fürsorge ihrer Geistlichen ziehen zu lassen. Bei verheirateten jungen Männern ist dafür Sorge zu tragen, daß sie eine solche Reise nicht leichtfertig ohne die Nachsicht ihrer Ehefrauen antreten.«

- Den Bürgern von Genua stellt er den himmlischen Lohn und wirtschaftlichen Gewinn in Aussicht; den Bischof der Seehandelsstadt Pisa nimmt er für seine Pläne ein.

- Das den Päpsten ergebene Süditalien begeistert sich ab dem Frühjahr 1096 für die militante Aktion gegen die Religions- und Meinungsfreiheit.

In Aquitanien, der Gascogne, der Bretagne und der Normandie, in Spanien, Irland, England, Schottland und Dänemark »erheben sich die Herzen aller dank dem wunderbaren Ratschluß Gottes ... in gemeinsamer Liebe glühend zu dem einen Körper Christi zusammen[9].« Tausende lassen sich mitreißen, nehmen das Kreuz, verkaufen ihren Besitz und verlassen ihre Familien, um sich den Himmel zu verdienen.

Dieses spontane Erwachen ist ein noch ungeklärtes Phänomen. Gewiß liegt es teilweise in der religiösen Frömmigkeit begründet[10]. Johannes, der vierte und umstrittendste Evangelist, hat in seiner Offenbarung auf der Insel Patmos die Zukunft der Welt und die Wiederkehr Christi gesehen. »Zunächst kommen 1000 Jahre christlicher Herrschaft ... wenn diese vollendet sind, wird der Satan loswerden aus dem Gefängnis und verführen die Völker an den vier Enden der Erde ... und sie zogen herauf und umringten das Heerlager der heiligen und geliebten Stadt[11].«

Islamische Expansionspolitik

Die Beurteilung wird unrecht, wenn man lediglich die Bewegungen von Cluny und Clermont aus betrachtet. Inzwischen hat sich der Islam als Religionsvariante spürbar gemacht und er verbreitet sich wie ein Steppenbrand. Auch er proklamiert den *heiligen* Krieg und betreibt eine religiöse Expansionspolitik. Hier entsteht ein Spannungsfeld von erheblicher Brisanz.

Zwei Männer aus Mohammeds engstem Kreis, Gläubige der ersten Stunde, sind die ersten Kalifen – die Stellvertreter des

Östliche Expansionspolitik ...
Die Ausbreitung des Islam

- 635 fällt Damaskus (das von 661 bis 750 die Hauptstadt des arabischen Reiches ist).
- 636 wird Antiochia erobert.
- 637 zieht Omar auf einem weißen Kamel in Jerusalem ein, um zehn Tage zu weilen.
- 641 werfen Omars Krieger das persische Sassanidenreich nieder. Kairo wird gegründet und nach einer zweijährigen Belagerung fällt Alexandria mit seinen 4000 Palästen.
- 644 Syrien und Ägypten befinden sich in den Händen einer arabischen Oberschicht. Omar wird in der Moschee von Median von persischen Sklaven erdolcht.
- Um 660 beginnt eine zweite Expansionswelle unter dem Kalifen Moawija, der Mohammeds Schwiegersohn Ali ablöst. Er verlegt die Hauptstadt von Median nach Damaskus. Zypern, Rhodos und Kos werden überrollt. Der Kaukasus und das Kaspische Meer werden erreicht. Man steht vor den Toren Byzanz.
- 664 Karthago in Nordafrika wird von den Muselmanen eingenommen.
- 711 der Berger Tarik setzt über die Straße von Gibraltar (712 wird Sevilla und 716 Lissabon erobert).
- In der Doppelschlacht von Tours und Poitiers werden die Araber von Karl Martell geschlagen.
- 827 landen die Araber auf Sardinien.
- 827 dringt ein türkisches Heer von Ostia bis vor die Tore Roms und 849 versuchen sie über der Zitadelle der westlichen Christenheit die grüne Fahne des Propheten aufzustecken.
- Muselmanen stecken 884 das Kloster Monte Cassino in Brand.

Propheten – Abu Bekr und Omar ibn al-Chattab. Er soll so religiös gewesen sein, daß er mit seiner Peitsche den eigenen Sohn totgeschlagen hat.

Um 900 reichen die Länder der arabischen Welt weit. Ähnlich wie im großrömischen Reich bringt das Wachstum Schwierigkeiten mit sich. Die Expansionspolitik des Westens und Ostens laufen bedrohlich aufeinander zu. Erschwert wird die Lage, da das Byzantinische Kaiserreich längst ein Eigenleben führt, was sich auch in Kulthandlungen äußert. Rom hat den Nahen Osten und Nordafrika verloren.

Kräftefeld Byzanz

Am Beginn der byzantinischen Geschichte steht Konstantin, der 324 Alleinherrscher des von Diokletian geteilten Reiches wird. Er geht an den systematischen Ausbau seiner Hauptstadt Byzantion. So erhebt sich ein zweites Rom und damit ein Gegenpol. Der hier amtierende Kaiser Theodosius I. stellt 394 durch seinen Sieg über den westlichen Gegenkaiser Eugenius die Rechts- und Glaubenseinheit des Reiches wieder her.

Byzanz nennt sich zur Zeit des Kaisers Konstantin Konstantinopel; das Zentrum des antiarabischen Widerstandes, denn es ist religiös an das Christentum gekoppelt. Justinian strafft mit seiner Frau Theodora, der Tochter eines Bärendompteurs, die Verwaltung, zentralisiert die Rechtssprechung und verfeinert das höfische Zeremoniell. Kaiser Heraklios nimmt den Titel eines Basileus an, schafft die lateinische Hof- und Heersprache zugunsten des Griechischen ab und macht sich an die byzantinische *Themenverfassung*. Leon III. geht als Steuergenie in die byzantinische Geschichte ein. Er verstärkt die Staatsgewalt durch eine konsequente Gesetzgebung. Die byzantinische Staatskunst erhebt sich über andere, die Rechtssprechung gilt als vorbildlich für den Rest der Welt.

»Nirgendwo sind so viele Giftmorde begangen, so viele Augen ausgestochen, so viele Glieder zerbrochen worden wie in

Byzanz.« Die Kaiserin Irene (797-802) läßt ihren Sohn einkerkern und blenden. Von den 88 Kaisern, die von 324 bis 1453 das Byzantinische Reich regieren, finden viele ein grausames Ende.

Die Religionssysteme entfremden sich. Erschüttert wird es durch den Streit des alexandrinischen Presbyters Arius, der die Stellung der Trinität innerhalb der christlichen Lehre antastet. Dann bricht der Religionskampf um das Wesen des menschgewordenen Gottessohnes aus. Die Entscheidung des Ökumenischen Konzils von Chalcedon soll 451 eine Klärung herbeiführen. 638 will der byzantinische Kaiser Heraklios die Auseinandersetzung durch ein Machtwort beenden, das die Lehre von der doppelten Natur Christi für obligatorisch erklärt.

In seinem Machtbereich stellt er die päpstliche Autorität in Frage. Er erhebt sich zum Stellvertreter und Erzpriester Gottes und beansprucht für sich das Recht, die Patriarchen von Konstantinopel ein- und abzusetzen und die kirchlichen Angelegenheiten der Staatsräson zu unterwerfen; theologische Zänkereien sollen kraft kaiserlicher Entscheidung aus der Welt geschafft werden. Er will die Herrschaft des Staates über die Kirche staatsrechtlich verankern und steht damit diametral gegen die Auffassung der damals noch schwachen Kurie in Rom.

Ein weiterer Konfliktpunkt ist der Bilderstreit. Man ergötzt sich an der albernen Frage, ob eine Abbildung Christi und seiner Jünger als Ketzerei anzusehen ist. Leon III. verbietet 726 die Verehrung religiöser Bilder und zieht sich Feindschaften zu. Obwohl Rom damals kulturell und intellektuell weit unter Byzanz steht, muckt man auf und klammert sich an die Prinzipien des päpstlichen Primats. Papst Gregor II. schreibt an Leon III.: »Die Dogmen sind Sache der heiligen Kirche und der Päpste, nicht die der Kaiser.«

Sein Nachfolger, Gregor III., geht einen Schritt weiter und droht dem Kaiser, nachdem er sich durch ein Konzil in Rom im November 731 der Unterstützung durch die kirchlichen Würdenträger versichert hat,

Byzantinische Kaiser, die gewaltsam starben

- 477 verhungert Basilikos im Gefängnis.
- 491 wird Zeno lebendig begraben.
- Maurikios wird 602 enthauptet.
- Phokas stirbt 610 durch Vierteilung.
- 641 wird Herakleonas verstümmelt.
- 641 vergiftet man Konstantin III.
- 668 wird Konstans II. erschlagen.
- Leontios wird 705 enthauptet.
- 705 wird Tiberios III. geköpft.
- Justinian II. wird 711 enthauptet.
- 713 wird Philippikos geblendet.
- 797 stirbt Konstantin III. an Blendung.
- Leon V. wird 820 erdolcht und enthauptet.
- Michael III. findet 867 durch Erdolchung den Tod.
- 959 wird Konstantin VII. vergiftet.
- 963 stirbt auch Romanos II. an Vergiftung.
- Nikephoros II. wird 969 erdolcht und enthauptet.
- Johannes I. stirbt 976 an Vergiftung.
- 1034 wird Romanos III. vergiftet und ertränkt.
- 1042 wird Michael V. geblendet.
- Romanos IV. stirbt 1071 an einer Vergiftung.
- Alexios II. wird 1183 erwürgt und geköpft.
- Andronikos I. wird 1185 gefoltert und verstümmelt.
- 1193 findet Isaak II. durch Blendung den Tod.
- Alexios IV. wird 1204 erwürgt.
- Alexios V. stirbt 1204 durch Verstümmelung und Blendung.
- Johannes IV. wird 1261 geblendet.
- Auch Andronikos IV. stirbt 1374 an Blendung.
- 1374 wird Johannes VII. geblendet.

den Zorn der Kirche an: »Wenn von dieser Stunde an einer, der jene verachtet, die am alten Brauch der Apostolischen Kirche festhalten, im Zorn auf die Verehrung der heiligen Bilder ... diese abschafft, zerstört, profaniert oder schmäht, so ist er vom Fleisch und Blut unseres Herrn Jesus Christus und aus der Einheit und dem Gefüge der Kirche geschlossen.« Die Antwort des Basileus ist eindeutig: er mobilisiert eine Flotte gegen den Heiligen Vater, die jedoch wirkungslos bleibt. Ab 732 nimmt der Bilderstreit den Charakter eines theologischen Stellungskrieges an.

Im Alltag haben sich die Kirchen auseinandergelebt. Liturgische Ungleichheiten tun sich auf. Das griechische Kreuz ist gleichschenklig, die Griechen beten stehend und die Christen kniend, die Griechen tauchen den Täufling ins Wasser und die Christen besprengen ihn. Die Ehe ist den römischen Klerikern verboten und den orthodoxen in den niederen Rängen erlaubt. »Die römische Geistlichkeit spezialisiert sich auf die Politik und die griechische auf die Theologie[12].«

Es ist klar, daß eine endgültige Trennung bevorsteht, was eine erhebliche Machteinschränkung für den Katholizismus bedeutet. Seit 1054 gibt es zwei Christenheiten; doch einen offenen Kampf können sich damals beide nicht leisten. Und doch passiert etwas Entscheidendes.

Schlacht bei Mantzikert

Aus Byzanz wird Konstantinopel und später Istanbul. Als der byzantinische Kaiser Konstantin X. 1067 stirbt, hat er erhebliche Teile seiner Armee aufgelöst, denn die prunkvolle Hofhaltung und damit verbundene Bestechungen und Schmiergelder verschlingen erhebliche Posten des Staatshaushaltes. Dann übernimmt seine Frau Eudokia Dukaina die Regentschaft, denn der Thronfolger Michael VII. Dukas ist noch nicht regierungsfähig. Sie heiratet ein Jahr später den Oberbefehlshaber Romanos Diogenes und ruft ihn bald darauf zum Kaiser aus.

Er will im Frühjahr 1071 ein Heer ausrüsten, um gegen die ihn bedrängenden Seldschuken vorzugehen. Er schart 100 000 Mann um sich. Das Unternehmen bricht zusammen, denn es ist zu bunt gewürfelt; türkische Truppen desertieren ins gegnerische Lager und so erfährt Romanos eine vernichtende Niederlage.

Am 19.8.1071 besiegt Sultan Alp Arslan, der *starke Löwe* mit seinen Seldschuken – die Vorläufer der Türken sind – den byzantinischen Kaiser Romanos IV. Diogenes bei Manzikert am Vansee in Armenien. Er läßt ihn in Fesseln vorführen. Seitdem steht das byzantinische Reich ungefestigt da. Nach der Schlacht bei Manzikert rücken sie bis Konstantinopel vor. Sie besetzen und beherrschen Jerusalem und damit das als heilig angesehene Grab.

Gegen ein Lösegeld ist man zur Freilassung Romanos bereit. Er ist moralisch gerichtet. Man erklärt ihn für abgesetzt und zwingt seine Frau in ein Kloster. Kurz danach wird der Sohn für volljährig erklärt und besteigt als Michael VII. Dukas den kaiserlichen Thron. Romanos rebelliert gegen seine Absetzung, inszeniert einige Scharmützel und so läßt ihm sein Stiefsohn die Augen ausstechen.

Rückgewinnung der Ostkirche ... ein politischer Schachzug

Papst Gregor VII.

Michael VII. Dukas ist zu jung und unerfahren, um sich gegen Angriffe zu wehren. Anatolien geht für Byzanz verloren. Er bittet Papst Gregor VII. um Hilfe und signalisiert Verhandlungsbereitschaft um die Wiedervereinigung der West- und Ostkirche. Gregor VII. schickt den Patriarchen Domenicus von Venedig zu Gesprächen nach Byzanz. Der päpstliche Legat kommt im Spätherbst 1073 zurück und bestätigt, daß das griechische Reich Hilfe bedarf.

Gregor VII. erkennt die Chance, will er doch selbst an der Spitze eines Heeres das Heilige Land zurückgewinnen, um nach

Karte des gelobten Landes zur Zeit des Neuen Testaments.

dem Sieg über Byzanz ein Konzil zu veranstalten, auf dem die *gerettete* Ostkirche zur römischen zurückgeführt werden soll. Ihm geht es um die Integration des zweiten Roms, was gewiß sein größter politischer Sieg gewesen wäre.

Was Byzanz durch die Glaubensspaltung an Einfluß gewinnt, verliert Rom. Gregor VII. soll gesagt haben: »Ich möchte lieber mein Leben an die Befreiung der heiligen Stätten setzen, als die Welt regieren.« Weltliche Schwierigkeiten halten ihn davon ab, diesen Faden zu verfolgen. Er wird 1076 während der Synode von Worms für abgesetzt erklärt und belegt im Gegenzug den deutschen König Heinrich IV. mit dem Bann. Gregor VII. berichtet 1074 »von den schlimmen Heidenvölkern, die gewaltsam gegen das christliche Imperium von Byzanz vorgehen und die hier lebenden

Glaubensbrüder bedrängen ... ich selbst treffe Vorbereitungen, um den Orientalen zu helfen und ich rufe die abendländische Christenheit auf, mir nachzueifern. Dort werden die Christen zu Tausenden niedergemetzelt ... man muß die Faust gegen die Feinde Gottes erheben, um bis zum Grab Christi vorzudringen ... das aber stachelt mich in besonderem Maße zu diesem Werk auf, daß die Kirche von Konstantinopel, die in der Frage des Heiligen Geistes mit uns in Spaltung lebt, sich nach Einigkeit mit dem Sitz des Apostels sehnt.« Gregors Kreuzzugpläne bleiben in der Schublade, aber virulent, bis Urban II. 1095 zu einem solchen gegen die Ungläubigen aufruft.

Kaiser Michael VII. Dukas geht 1078 ins Kloster und profiliert sich zum Metropolit von Ephesus. Als er 1078 gestürzt wird, nutzt Gregor VII. die Gelegenheit, gegen dessen Nachfolger, Nikephoros III. Botoneiates den Bann zu schleudern. Drei Jahre danach überträgt er ihn auf Kaiser Alexios I. Komnenos, der daraufhin die lateinischen Kirchen im byzantinischen Reich schließen läßt. Als Gregor VII. 1085 stirbt, sind die Beziehungen zwischen Rom und Byzanz auf einem Tiefpunkt.

Papst Urban II.

tritt ein schweres Erbe an. Er hebt den Bann seines Vorgängers gegen Alexios I. auf und dann formieren sich wieder diplomatische Beziehungen zwischen Byzanz und Rom. Alexios I. wendet sich im Frühjahr 1095 an den Papst mit der Bitte um Hilfe. Auf dem Konzil von Piacenza verschafft der göttliche Statthalter des Westens der byzantinischen Delegation die Möglichkeit, ihr Anliegen vorzutragen. Er fällt auf fruchtbaren Boden.

Zehn Jahre nach der Schlacht von Mantzikert übernimmt Alexios I. aus der Dynastie der Komnenen die Macht. Er regiert 37 Jahre lang, bricht 1095 die Macht der Seldschuken und dann geschieht das für ihn Unerwartete: Urban II. ruft in Clermont zum Kreuzzug auf.

Mühle mit unterschlägigem Wasserrad. Zwischen den Radkränzen sitzen wohl ausgehöhlte Schaufeln. Nach Herrad, um 1159.

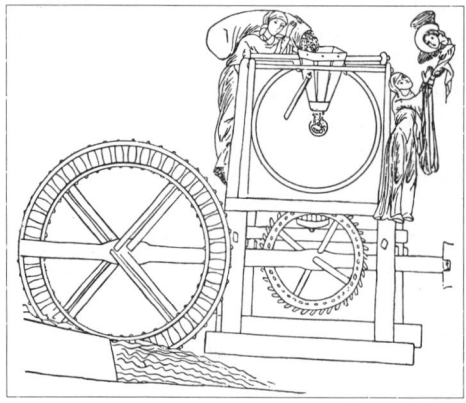

Armut und Landhunger

Es ist eine weitere Strömung zu berücksichtigen. Ist auch die damalige Zeit religiöser als unsere, so ist das nicht alles. Mancher Desperado schließt sich dem Kreuzzug an, um in der Fremde sein wirtschaftliches Glück zu machen. Es betrifft vor allem den Vorkreuzzug unter Peter dem Einsiedler. Urban II. weiß um die wirtschaftliche Komponente. Sicher macht er nicht umsonst darauf aufmerksam, daß im goldenen Jerusalem außer dem ewigen Leben auch irdische Güter zu erwerben seien.

Die Werber sind nicht zimperlich mit ihren Versprechungen, zumal zwischen den bekannten Wallfahrten und der Kreuzzugsideologie eine Brücke besteht. Die Aufbrechenden fühlen sich als Soldaten Christi und werden in dieser irren Vorstellung bestärkt. Das christliche Gesetz wird vergessen, demzufolge sie während der Reise waffenlos sein sollen. Hier gelangt die Ritteridee des 11. Jahrhunderts zum Durchbruch. Der Erzbischof Turpin verkündet den in die Schlacht ziehenden Rittern ebenfalls das ewige Leben. Man glaubt an die reinigende Kraft der gebeichteten Sünden.

Die damaligen Chroniken berichten vom unglaublichen Hunger, von Verzweiflung, Mißwuchs und -ernten. Da liegt es nahe, in das Land zu gehen, wo Milch und Honig fließen sollen, um mit einer reichen Beute heimzukommen. Wirtschaftliche Motive haben vor allem der niedere Adel, der zuhause von Erbrangeleien und dem Vorrecht des Erstgeborenen Nachteile zu erwarten hat.

Nach der Jahrtausendwende werden bedeutende technische Fortschritte erzielt; es findet eine Agrarrevolution statt[13]. Der Räderpflug wird eingeführt, das Pferd tritt an die Stelle der Zugochsen und die Wassermühle tritt den Siegeslauf an. Dörfer, Märkte und Gewerbezentren entstehen, was zum Bevölkerungswachstum führt. Dies setzt Expansionsgedanken frei. Dieser Trend spricht für einen Teil der Kreuzfahrer. Religiöse und wirtschaftliche Kräfte dringen nach Entfaltung. Die Gedanken des Gregor VII. wirken wie ein Staudamm.

Peter der Einsiedler

ein Prediger aus Amiens, ist nach den Ausführungen Albert von Aachens der Initiator der Kreuzzugsidee. Er sagt: »Ein Priester und früherer Einsiedler mit dem Namen Peter ... hat zuerst zu diesem Zug aufgerufen. Während einer Pilgerfahrt nach Jerusalem sei ihm in der Grabeskirche Jesus im Schlaf erschienen und habe zu ihm gesagt: ›Eile so rasch du kannst in deine Heimat und erzähle dort, was mein Volk und die heiligen Stätten an Schmach und Elend zu erleiden haben und entflamme die Herzen der Gläubigen, Jerusalem und die heiligen Stätten zu säubern.‹«

Der Patriarch von Jerusalem soll ihm diese Visionen bestätigt haben, die er dem Papst vorweist, der erst darauf aktiv wird. Unabhängig davon soll er dem Volk gepredigt haben: »Ein Priester und früherer Einsiedler, der Peter hieß und aus Amiens stammte, das drüben im Westen, in Frankreich, liegt, hat zuerst mit aller Leidenschaft, die er besaß, zu diesem Zug aufgerufen und zu Berry im genannten Königreich als Prediger mit allen Redekünsten das Volk dafür gewonnen. Seinem nimmermüden Ruf folgten Bischöfe, Äbte, Kleriker und Mönche, die vornehmsten Weltleute, die Fürsten verschiedener Reiche und endlich die ganze Menge des Volkes, Keusche und Unkeusche, Ehebrecher, Mörder, Diebe, Meineidige, Räuber; die ganze Christenheit, ja selbst das weibliche Geschlecht, eilte froh, vom Geist der Buße getrieben, zur Teilnahme an diesem Zug[14].«

Kreuzzug der Narren

Nach einem Bericht der byzantinischen Kaisertochter Anna Komnena hat Peter der Einsiedler bereits 1094 eine Wallfahrt nach Jerusalem unternommen. Er soll in die Hände von türkischen Landstreichern gefallen und verprügelt worden sein. Man sagt ihm nach, daß er auf das Waschen verzichtet hat und sich fast ausschließlich von Fischen und mit wasserverdünntem Wein ernährt hat.

Der Wandermönch Peter von Amiens, der »Einsiedler« genannt, glühend in Eifer und Überzeugungskraft, wirbt für die Kreuzzugsidee und schart die Massen um sich zu einem »Kreuzzug des Volkes«. Nach einem Gemälde von N. de Keyser.

»Er hypnotisiert die Armen und Kranken, Erniedrigten, Geschundenen und Geschlagenen ... und schon sieht man in ihm einen Wundermann ... wer einen Fetzen seiner schmutzstarrenden Kutte erwischt, dünkt sich im Besitz einer kostbaren Reliquie. Selbst ein ausgerissenes Haar seines knochigen Esels, der den unterernährten Propheten durch das Land trägt, gilt als wundertätig[15].«

Guibert von Nogent spricht ihm eine gewisse Heiligkeit zu und bestätigt die Faszination, die von seinen Reden ausgegangen ist ... er erzählt dem einfachen Volk von seinen wundersamen Visionen und von einem Himmelsbrief. Er erreicht Trier und Köln und schon folgt ihm eine Armee von Desperados, Tagdieben, Strolchen, Hemd- und Hirnlosen, Gläubigen und Spöttern,

Männern, Frauen, Alten, Krüppeln und Kranken. Ihnen folgen lockeres Weibsgesindel und Dirnen. Dazu stoßen einige Ritter und die Grafen Hugo von Tübingen, Heinrich von Schwarzenberg, Walter von Teck und der Straßenräuber Emicho von Leiningen. Hinzu kommen die drei Söhne des Grafen von Zimmern. So entsteht eine merkwürdige Truppe; eine Armee ohne Zucht, Ordnung, Waffen und Verstand.

Nach der Schätzung des Mönches Albert von Aachen finden sich etwa 15 000 zusammen. 1106 sagt Abt Ekkehard: »Die Menschen unseres Volkes besaßen zwar den Eifer für Gott, aber nicht nach der Weisheit Gottes, denn auf der Heerfahrt, die Christus zur Befreiung der Christen bestimmt hatte, hatten sie begonnen, statt dessen andere Christen zu verfolgen ... das ist der Grundsatz dafür, daß einige einfältigere Brüder, die die Sache nicht durchschauten, Ärgernis nahmen, das ganze Kreuzzugsunternehmen voreilig verurteilten und es für eitel und vermessen erklärten.«

Graf Emicho von Leiningen und die Judenpogrome

Hegel sagt seinen Vorlesungen über die Philosophie der Geschichte: »Die Kreuzzüge fingen sogleich unmittelbar im Abendlande selbst an, viele Tausende von Juden wurden getötet und geplündert ... erst nach diesem fürchterlichen Anfange zog das Christenvolk aus.« Graf Emicho von Leiningen kann der Klügste nicht gewesen sein, denn es ist ein Weg ins Verderben. Gewiß war die Gans nicht unnötig, denn die meisten Desperados und Landstreicher wissen nicht, wo Jerusalem liegt.

Ein Chronist konstatiert: »Auch ein anderes abscheuliches Verbrechen beging das törichte, leichtsinnige und verblendete Fußvolk ... von einer Gans behaupteten sie, sie sei vom göttlichen Geist durchdrungen, und ebenso sollte auch eine Ziege davon erfüllt sein. Diese beiden Tiere machten sie zu ihren Führern auf dieser heiligen Fahrt nach Jerusalem, und sie erwiesen ihnen über die Maßen fromme Verehrung. Ein

großer Teil der Pilger richtete sich in tierischer Weise nach ihnen und glaubte aus vollem Herzen an ihre göttliche Sendung. Das aber ist fern vom Herzen der Christen zu glauben, daß es der Wille des Herrn Jesus ist, daß das Grab unseres allerseligsten Leibes von blödem oder vernunftlosen Vieh besucht werden und daß es der Führer jener christlichen Seelen selbst ist, die er selbst mit seinem wertvollen Blut vom Unflat der Abgötterei gnädig erlöst hat ... Jesus bestimmte den Christen ... als Lenker, Führer und Lehrer höchst heiligmäßige, ehrwürdige Prälaten und Äbte und nicht blödes, unvernünftiges Vieh.« Und doch kann er sich auf bedeutende Gewährsmänner berufen.

Peter von Cluny meint: »Was aber nützt es, die Feinde des christlichen Glaubens in den fernen Ländern zu suchen und zu bekämpfen, wenn die liederlichen und lästernden Juden, die weitaus übler als die Sarazenen sind, nicht in fernen Landen, sondern hier in unserer Mitte so ungehemmt und verwegen Christum und alle christlichen Sakramente ungestraft schmähen, sie mit den Füßen treten und verächtlich machen? Wie soll Gottes Eifer die Kinder Gottes beseelen, wenn die Juden, diese allerschlimmsten Feinde Christi und der Christen, ungeschoren davonkommen ... Gott will nicht, daß sie getötet werden, sondern zur größeren Schmach und Qual wie der Brudermörder Kain zu einem Leben schlimmer denn der Tod bewahrt werden ... das Leben mag ihnen bewahrt bleiben, doch das Geld soll ihnen genommen werden.«

Gottfried von Bouillon meint im Zusammenhang mit den offiziellen Kreuzzugsvorbereitungen: »Ich will erst einmal alle Juden umbringen.« Als sie es erfahren, wenden sie sich an den Oberrabiner von Mainz, um ihn zu bitten, Kaiser Heinrich IV. um ein Verbot der Judenverfolgung zu bitten. Die jüdischen Gemeinden von Köln und Mainz bieten Gottfried von Bouillon je 500 Silberstücke an. Er nimmt an und verwendet das Geld, um einen Teil des kostenaufwendigen Kreuzzuges zu finanzieren.

Graf Emicho von Leiningen geht in die christlichen Annalen als Verbrecher ein. Der Mainzer Jude Elezier ben Nathan erwähnt in seinem Bericht über die Leidensverhängnisse: »Es war im Jahre 4856 nach Erschaffung der Welt (nach unserem Kalender 1096) ... da trafen uns viele und schwere Leiden, die in diesem Reiche, seitdem es gegründet wurde, bis jetzt nicht vorgekommen waren ... denn es erhoben sich freche Menschen, ein fremdländisches Volk, eine grimmige, ungestüme Schar von Franzosen und Deutschen aus allen Ecken und Enden, die sich vorgenommen hatten, nach der Heiligen Stadt (Jerusalem) zu ziehen, um das Grab des Heilandes aufzusuchen, die Ismaeliten (Araber) von dort auszutreiben und sich des Landes zu bemächtigen. Als sie nun auf ihrem Zug durch die Städte kamen, in denen Juden wohnten, sprachen sie in ihren Herzen ›Sehet, wir ziehen dahin, das heilige Grab aufzusuchen und Rache an den Ismaeliten zu nehmen; und hier sind die Juden, die ihn umgebracht und gekreuzigt haben ohne Grund. Laßt uns erst an Ihnen Rache nehmen und sie austilgen, so daß sie kein Volk mehr bilden, daß der Name Israel nicht mehr erwähnt werde, oder sie sollen unseresgleichen werden und sich zu unserem Glauben bekennen.‹ Als die Gemeinden solches hörten, da überfiel sie Zittern, Angst und Wehe.«

Der Pilgerzug des Einsiedlers erreicht Anfang April 1096 Trier. Der jüdische Chronist Solomon bar Simson sagt dazu: »Als er hierher kam, verloschen unsere Seelen, wir begannen zu zittern und unser Fest verwandelte sich in Trauer ... wir versorgten den Priester Peter und er zog weiter.«

Emicho von Leiningen zieht am 3.5.1096 in das nahegelegene Speyer, um elf Juden zu erschlagen, die sich nicht zum Christentum bekehren wollen, während sich eine Jüdin aus Angst vor der Vergewaltigung entleibt. Obwohl der Bischof von Speyer daraufhin einige Mörder fangen und ihnen zur Strafe die Hände abschlagen läßt, gehen die Häscher auf dem blutigen Weg weiter. Sie kommen am 18.5. nach Worms,

Der heilige Bernhard von Clairvaux umarmt den gekreuzigten Christus. Andachtsbild in Pergament aus der deutschen Meßauslegung eines unbekannten Autors von 1471.

wo man den Juden aufgrund eines Gerüchts eine Brunnenvergiftung nachsagt. Zwar bietet auch hier der Bischof den Juden Schutz in seinem Palast, doch manche von ihnen bleiben in ihren Häusern und werden zum Opfer einer Lynchjustiz.

Elizier ben Nathan sagt: »Sie brachten sie um ... Männer, Frauen und Kinder, Jünglinge und Greise; sie rissen die Häuser nieder, stürzten die Treppen um, machten Beute und plünderten ... sie nahmen die Heilige Thora, traten sie in den Straßenkot, zerrissen und zerfetzten sie, schändeten sie und trieben Spott und Scherz mit ihr ... Dann zogen sie zum Bischofsplatz und drückten die Türen ein und begannen ihr gottgefälliges Werk ... sie mißhandelten sie und übergaben sie dem Schwerte ... sie legten daselbst Hand an sich ... alle nahmen ungeteilten Herzens das himmlische Verhängnis an, indem sie ihre Seele dem Schöpfer übergaben, riefen sie: ›Höre Israel, der Ewige ist unser Gott, der Ewige ist einzig.‹ Die Feinde zogen sie nackt aus und schleiften und warfen sie umher und am Neujahrsmontage blieben nur wenige am Leben. An 980 betrug die Zahl der an jenen beiden Tagen um der Heiligung des göttlichen Namens willen Umgekommenen; sie wurden nackt zu Grabe getragen ... Gott möge ihrer zum Guten gedenken.«

Fünf Tage danach kommen die Massenmörder nach Mainz, stehen aber vor geschlossenen Stadttoren. Hier hat der Erzbischof beschlossen, die Nichtchristen vor Anfeindungen zu schützen.

Elezier ben Nathan trägt vor: »Damals, als der Wüterich nach Mainz kam, um nach Jerusalem zu ziehen, waren die Ältesten des Volkes der Juden zu ihrem Bischof Ruthard gegangen und hatten ihn mit 300 Mark Silber bestochen ... daß er hierbleibe, obgleich er eine Visitationsreise beabsichtigt hatte. Er versprach: »Ich willige ein, euch beizustehen ... wir werden ... sterben oder am Leben erhalten.‹«

Emicho geben die verängstigten Juden extra sieben Pfund Gold, um mit dem Leben davonzukommen; doch alles war umsonst. Es geschieht am 26.5.1096: »Es war um die Mittagszeit, da kam Emicho, der Bösewicht und Judenfeind mit seinem ganzen Heer vor das Tor, und die Bürger öffneten es ihm. Da sprachen die Feinde des Ewigen einer zum andern; seht, das Tor hat sich uns selbst göffnet, das hat der Gekreuzigte für uns getan, lasset uns sein Blut an den Juden rächen.

Sie gehen in die Opposition, legen ihre Panzer an und nehmen ihre Waffen ... Rabbi Kalonymos bar Meschellaum, ihr Vorsteher, an der Spitze ... im inneren Hof des Bischofspalastes treten alle ans Tor, um mit den Kreuzfahrern und Bürgern zu kämpfen, und sie kamen ins Handgemenge mitten im Tor. Aber unsere Sünden verursachten, daß die Feinde siegten und die Tore einnahmen. Die Hand des Ewigen lag schwer auf unserem Volk ... und wieder begann das Gemetzel ... auch der Bischof

floh aus seiner Kapelle, denn ihn wollten sie töten, weil er Gutes für Israel versprochen hatte ... Der erste, den das Schicksal traf, war der Rabbi Isaak bar Mosche, ein scharfsinniger Gelehrter ... er bot ihnen seinen Hals an, worauf sie ihm als erstem das Haupt abschlugen ... die übrigen saßen, in ihre Gebetsmäntel gehüllt, gottergeben im Hofe, um schnell den Willen des Schöpfers zu erfüllen ... sie warteten auf den Tod, der unweigerlich kam; mit Steinen, Pfeilen und Schwertern wurden sie von den Christen umgebracht ... die Frauen gürteten mit Kraft ihre Lenden und töteten ihre Söhne und Töchter und dann sich selbst. Viele Männer töteten ihre Familien ... selbst die sanfte zarte Mutter schonte ihres Lieblingskindes nicht. Wer nur solches hört, dem werden die Ohren gellen.«

Emich und seine Wüter stürmen den bischöflichen Palast. Dann ist der Burggraf von Mainz an der Reihe. Sie setzen sein Schloß in Brand, um die dorthin geflüchteten Juden umzubringen; schließlich fällt die Synagoge in Schutt und Asche; ein Jude hat sie angezündet, um sie vor weiterer Schändungen zu bewahren. Nur etwa 50 Juden können unter der Führung des Oberrabbiners Kaloymos nach Rüdesheim flüchten, wo sie den Erzbischof um Asyl bitten; doch mit dem Hintergedanken, sie dem Christentum zuzuführen, gewährt er ihnen diese Gunst. Daraufhin stürzt sich Kaloymos aus Verzweiflung mit einem Messer auf den Erzbischof ... in der weiteren Folge werden die noch überlebenden Juden auf seinen Befehl hin getötet.

Jetzt brennen die Fanatiker Emichs die Kölner Synagoge nieder ... dann legen sie in Trier eine Schreckenspause ein. Die hier lebenden Juden haben vor Schreck die Nerven verloren, sie zerfleischen sich untereinander, stürzen sich in die Mosel und ertrinken. In Metz werden 22 Juden ausgehoben; Ende Juni ziehen sie nordwärts den Rhein hinab, um auf dem Weg in Neuß, Wevelingshofen, Eller und Xanten die Juden beiseitezuschaffen.

Graf Emicho gelingt die Flucht und die Legende berichtet, daß man ihn nach seinem Tod in der Gegend von Worms mit glühenden Waffen bekleidet habe herumirren sehen, die flehende Bitte ausstoßend, man möge durch Almosen und Gebete die himmlischen Strafen mildern, die er für sein sträfliches Leben erhalten hat.

Der Vorkreuzzug beginnt

Nach diesem Morden beginnt der Kreuzzug in Richtung Orient. Den ersten Trupp führt Peter der Einsiedler und einen parallelen mit einer etwa 14tägigen Verzögerung Walter Sans-Avoir.

Als Reiseweg wählt man die Route durch Ungarn, den Balkan und Kleinasien. Ohne Zwischenfälle erreicht man die ungarische Grenze. Ende Mai 1096 erreicht ein Vortrupp des Walter Sans-Avoir die Grenze zum Byzantinischen Reich bei Belgrad. In der ungarischen Grenzstadt Semlin kommt es zu Zwischenfällen mit Einheimischen.

Dann setzen die Kreuzfahrer nach Belgrad über. Es ist eine Geisterstadt, denn die Bewohner sind geflohen. Der byzantinische Statthalter weiß nichts von einem Kreuzzug und weigert sich, den Trupp mit Lebensmitteln zu versorgen. Daraufhin greifen sie zur Selbstversorgung. »Walter und seine Begleiter wurden zornig und raubten mit Gewalt das Vieh, das vor der Stadt weidete. Es kam zu Feindseligkeiten zwischen den Griechen, die ihre Herden zurückgewinnen wollten und den Pilgern, und man hob an, die Klingen zu kreuzen[14].« Die Berichterstattung ist unpräzise; nach Albert von Aachen sollen 140 Pilger in einer Kirche verbrannt worden sein. 2000 Wagen und die Truhe mit der Kriegskasse werden erbeutet. Peter flieht in einen nahen Wald.

Das Hauptheer zieht der Donau entlang und Guibert von Nogent notiert: »Die Armen beschlugen ihre Ochsen mit Eisen, spannten sie vor zweirädige Karren, luden darauf ihre winzigen Vorräte und kleinen Kinder und zogen sie hinter sich her. Sobald die Kleinen eine Burg oder Stadt sahen, fragten sie, ob das Jerusalem sei.«

Ende Mai überqueren die Kreuzfahrer die ungarische Grenze bei Ödenburg. Guibert von Nogent berichtet: »Während die Ungarn als Christen ihren Brüdern alles anboten, was sie zu verkaufen hatten, konnten die Fremden ihre Leidenschaft nicht zügeln ... angetrieben von abscheulicher Wut setzten sie die öffentlichen Getreidespeicher in Brand, entführten junge Mädchen und vergewaltigten sie, schändeten die Ehen, indem sie den Männern ihre Frauen raubten und rissen ihren Wirten den Bart aus oder versengten ihn. Jeder lebte nach Möglichkeit von Mord und Plünderung und alle brüsteten sich mit unvorstellbarer Frechheit, sie würden mit den Türken ebenso verfahren.«

In Semlin entdeckt Peter der Einsiedler die Kleider und Waffen der 16 beraubten Kreuzfahrer an den Stadttoren. Er entschließt sich zu einem Racheakt. Semlin wird geplündert. Dann plündern die Kreuzfahrer Belgrad und zünden es an. Als Peter erfährt, daß sich ein ungarisches Heer nähert, um die Toten von Semlin zu rächen, zieht er in die Stadt Nisch im heutigen Serbien, dem Geburtsort Kaiser Konstantins, weiter. Die Chronisten berichten daß die Kreuzfahrer sieben städtische Mühlen eingeäschert haben, was einem schweren Rechtsbruch gleichkommt. Deshalb berichtet Albert von Aachen: »Peter und seine Gefährten sind falsche Christen, es sind Räuber und keine friedlichen Menschen ... sie haben diesen Brand gelegt und danken so für die genossene Wohltat.«

Weitere Marodeure versuchen, Nisch zu stürmen, doch hier verbrennen sie sich die Finger. »Zwei Meilen weiter wird das Heer überfallen. Viele werden erschlagen oder gefangen. Der Wagen Peters, mit unermeßlichen Mengen von Gold und Silber, wird erbeutet und mit den Gefangenen nach Nisch geschickt. Viele Männer werden getötet. Kinder werden ihren Müttern entrissen und unzählige Frauen und unverheiratete Mädchen weggeschleppt.«

Am 12.7. kommt der Zug in Sofia an. Zwei Tagesreisen vor Adrianopel (Edirne) trifft Peter der Einsiedler auf eine kaiserliche Gesandschaft. Alexios I. Komnenos läßt sie wegen ihres ungebührlichen Verhaltens tadeln. Sie treffen am 1.8.1096 in Konstantinopel ein.

Anna Komnena sieht in ihren Geschichtswerk, der *Alexiade*, eine unermeßliche Menge von Männern, Frauen und Kindern: »Sie tragen rote Kreuze auf den Schultern … es waren mehr als die Sandkörper am Ufer des Meeres und der Sterne am Himmel … so daß ein Gewühl entstand, wie man es seit Menschengedenken nicht mehr gesehen … ihre Gesichter verrieten den Wunsch, den Weg des Himmels zu gehen.«

Kaiser Alexios I. weist ihnen als Quartier die verlassene Stadt Nikomedia zu, wo sie am 7.8.1096 eintreffen. Nikomedia wird 15 Jahre zuvor von Türken verwüstet. Ein französischer Haufen dringt bis in die Vororte von Nicäa vor, der Residenz des Seldschukensultans Kilidsch Arslan in Suleiman. Hier inszeniert er ein grausames Massaker. Dann greifen Peters Horden, durch die Gebete von mitziehenden Geistlichen bestärkt, die Burg Xerigordon an und nehmen sie im Handstreich. Man versiegt den Brunnen und dies führt zu einer Hungerkatastrophe, die die Besatzer nach acht Tagen zur Aufgabe zwingt. Die Quellen sagen: »Man trank das Blut von Eseln und Pferden … man warf Lappen in die Latrine, um sie gegen den Mund zu drücken … andere urinierten in die Hand von Gefährten, um daraus zu trinken.« Das namenlose Heer bewegt sich weiter und zieht am Golf von Nikomedia entlang nach Westen, bis in die Nähe von Helenopolis. Hier hat Alexios I. ein Feldlager bei Kibotos errichtet, das die Kreuzfahrer Civetot nennen. Sie werden immer dreister, treiben das Vieh weg, brennen Vorstädte nieder und massakrieren Einwohner.

Im Morgengrauen des 21.10. rückt das restliche Kreuzfahrerheer mit über 20 000 Mann aus Civetot aus. Bei dem Dorf Drakon liegen Türken im Hinterhalt. In wenigen Minuten ist die Schlacht geschlagen und ein Chronist berichtet: »Vom Dorf Drakon bis zum Meer hinter lagen die Leichen der Kreuzfahrer, nahezu 20 000. Nur etwa 3000 gelingt die Flucht in ein verlassenes Schloß am Meer … es ist das Ende des Kreuzzuges von Peter dem Einsiedler, den man gewöhnlich den des Volkes nennt.«

Die gebleichten Gebeine sieht Fulcher von Chartres noch ein Jahr später: »Wie viele gespaltene Schädel und Knochen der Abgeschlachteten sahen wir auf den Feldern in der Nähe des Sees bei Nikomedia. In diesem Jahr (1096) hatten die Türken unsere Leute vernichtet, welche Pfeil und Bogen und ihren Gebrauch garnicht kannten.«

Albert von Aachen erkennt eine göttliche Niederlage und sagt: »Dies alles war wohl Gottes Hand gegen die Pilger, die vor seinem Angesicht durch Unkeuschheit und allzugroße Schändlichkeit gesündigt und die heimatlosen Juden, wenn schon sie Feinde Christi sind, nicht mehr aus Habsucht als aus Gottesfurcht in blutigem Morden hingeschlachtet hatten.«

Das christliche Abendland registriert den Zusammenbruch dieser unsinnigen Aktion im Zeichen des Kreuzes. Tausende sind bei dem Spektakel ums Leben gekommen und schon mehren sich die Stimmen, das Vorhaben fallen zu lassen.

Urban II. hätte vielleicht den Rat befolgen sollen, den Saladin seinem Sohn mit auf den Lebensweg gegeben hat: »Vergieße kein Blut, denn vergossenes Blut kommt nicht zur Ruhe. Suche Dir die Herzen des Volkes zu gewinnen und wache über seinen Wohlstand; denn darum bist Du von Gott und mir eingesetzt, daß Du um das Glück deines Volkes besorgt seiest.«

Die päpstliche Armada

In Clermont wird beschlossen, ein qualifiziertes Kreuzfahrerheer zusammenzustellen, was einer gewissen Vorbereitung bedarf. Es soll sich am 15.8.1096, am Tag Maria Himmelfahrt, in Bewegung setzen. Gewiß ist es übertrieben, von 300 000 Kampfgenossen zu sprechen. Hinzu kommt ein unübersehbarer Troß von Frauen, Kindern, Mitläufern und Mönchen. Eine Führerfigur fehlt, obwohl die Fäden bei Adhemar von Le Puy zusammenlaufen. Es wird beschlossen, fünf Gruppen zu bilden, die sich getrennt auf den beschwerlichen Weg machen.

Der Chronist Wilhelm von Tyros schildert in seiner Geschichte der Kreuzzüge die Belagerung von Antiochia.

Dieser Kreuzzug, der eigentlich der zweite ist, doch als erster gezählt wird, trägt die Handschrift Frankreichs, wenn man von der Führerriege ausgeht. Der französische König Philipp I. ist exkommuniziert und scheidet als Teilnehmer aus. Doch sein Bruder, Hugo von Vermandois, nimmt das Kreuz auf sich. Er zieht mit seiner Mannschaft über Rom nach Bari. In Rom läßt er sich vom Papst den Banner des heiligen Petrus reichen und zieht weiter. Einige Schiffe werden das Opfer eines Sturmes. Mit ihnen versinken Hunderte von Kreuzfahrern. Hugo wird bei Kap Palli schiffbrüchig und an Land gespült. Er erreicht mit einem Konvoy Konstantinopel.

Raimund IV. von Toulouse und Saint Gilles verkaufen einen Teil ihrer Güter, um am Kreuzzug teilzunehmen. Sie schwören, den Rest ihres Lebens im Heiligen Land zu verbringen. Die Grafschaft mit der Stadt Toulouse übergibt Raimund IV. seinem Sohn Bertrand. Er führt durch Lehnseide an ihn gebundene Adelige Südfrankreichs an. Kleriker, Söldner, Bauern, Händler und Dirnen reisen auf eigene Rechnung und meist zu Fuß. Sie benutzen den Landweg durch Südfrankreich und ziehen über die Alpen über Norditalien zur istrischen Küste, durch Oberitalien und das heutige Jugoslawien.

Die Route ist beschwerlich. Anfang Februar 1097 erreichen sie byzantinisches Gebiet. Von Dyrrhachium (Durazzo, Albanien) werden sie auf der Via Egnatia von byzantinischen Polizeitruppen begleitet. Der Chronist Raimund schildert das Schicksal der Bewohner von Poussa, das direkt vor Konstantinopel liegt: »Wir erreichten Roussa (Keshan, Türkei), wo die Feindseligkeit der Bewohner unsere übliche Geduld so strapazierte, daß wir zu den Waffen griffen und die äußersten Wälle zerstörten. Die Stadt ergab sich, und wir machten große Beute.«

Raimund trifft als letzter am 16.4.1097 in Konstantinopel ein. Es kommt zu Plünderungen und byzantinische Einheiten schlagen die Franzosen in die Flucht. Auch er setzt sich ab, um vorab nach Konstantinopel zu gelangen.

Der griechische Geschichtsschreiber Niketas Choniates (1140-1214) überliefert die Kreuzzüge aus byzantinischer Sicht.

Graf Robert von der Normandie, der Sohn des englischen Königs Wilhelm dem Eroberer macht sich mit einer großen Armee von Normannen, Engländern und Bretonen auf die Reise. »Mit ihm ziehen sein Schwager Stephan, der edle Graf von Blois und Robert, Graf von Flandern und viele Edle[17].«

»Oh wieviel Kummer es gab, welch Seufzen und Weinen, welch Klagen, unter Freunden, wenn der Ehemann seine geliebte Frau verließ, seine Kinder, seine Habe, wie groß sie auch war, seinen Vater, seine Mutter, Brüder und die anderen Verwandten ... Traurigkeit war das Los der Zurückbleibenden, Begeisterung das der Abreisenden ... Wir Westfranken zogen durch Frankreich, reisten durch Italien und kamen in die berühmte Stadt Lucca. In der Nähe trafen wir den Papst Urban. Robert der Normanne, Stephan von Blois und andere sprachen mit ihm. Nachdem er uns

gesegnet hatte, zogen wir voller Freude nach Rom. Als wird die St. Peter Basilika betraten, trafen wir dort die Leute von Guibert (Klemens), diesem falschen Papst, vor dem Altar an. Mit Schwertern in der Hand schnappten sie bösartig nach den Opfergaben auf dem Altar ... Andere warfen mit Steinen nach uns, als wir zum Gebet niederknieten ... Viele, die mit uns soweit gekommen waren, zögerten nun nicht länger und machten sich auf den Weg in die Heimat, von Feigheit geschwächt.«

Der Zug bewegt sich weiter nach Apulien und erobert ein Haar von der seligsten Jungfrau Maria. Man überwintert in Kalabrien. Anfang April sammelt sich der Heerhaufen bei Brindisi, um nach Dyrrchaion einzuschiffen. Ein Lastensegler mit 400 Rittern, Knechten, Pferden, Maultieren und Goldkisten versinkt in der aufgewühlten Adria. Die anderen marschieren auf der berühmten alten Heerstraße, der Via Egnar, weiter.

Fulcher von Chartres schildert die Nöte: »Viele einfache Leute, die auf ihre eigenen Mittel angewiesen waren und zukünftigen Mangel fürchteten, verkauften ihre Waffen, nahmen wieder ihren Pilgerstab und kehrten als Feiglinge heim ... als im April die Flotte bereit war ... gingen wir in Brindisi an Bord. Aber wie unerklärlich sind die Wege des Herrn ... wir sahen ein Schiff am Strand, das ohne ersichtlichen Grund in der Mitte zerbrach. So kamen 400 Männer und Frauen durch Ertrinken um ... doch sie fanden sogleich Eingang bei Gott, denn als die Herumstehenden so viele Körper wie möglich eingesammelt hatten, fanden sie bei einigen zwischen den Schultern das Kreuzzeichen eingeprägt.«

Der begabteste Anführer ist Bohemund von Tarent, der aus der normannischen Adelssippe der Hautevilles stammt. Robert Guiscard ist sein Vater. Er profiliert sich zu einem tüchtigen Heerführer. Nach anfänglichen Schwierigkeiten mit der Kurie kommt es zu einer Verständigung und die Beziehungen zwischen Papst Gregor VII. und Robert Guiscard werden besser. Der Chronist Wilhelm von Malmesbury wird später behaupten, dem Papst zum Kreuzzug geraten zu haben. Im August 1096 belagern die Truppen unter der Führung von Bohemund und Roger Amalfi. Der Autor der *Gesta Francorum* nennt als Gründe für die Kreuznahme:

»Bohemund, der große Kriegsheld, belagerte Amalfi, als er von der Ankunft einer Armee französischer Kreuzfahrer hörte, die sich zum Heiligen Grab begeben wollten und zur Bekämpfung der Heiden bereit waren. Man erzählte ihm: ›Sie sind gut bewaffnet, tragen das Zeichen des Kreuzes auf ihrem rechten Arm oder zwischen den Schultern und als Schlachtruf schreien sie Gott will es, Gott will es.‹ Daraufhin wurde Bohemund vom Heiligen Geist inspiriert, ließ das wertvollste Tuch holen und daraus Kreuze schneiden. Die meisten Ritter des Belagerungsheeres folgten ihm und der Herzog Roger blieb fast allein zurück.«

Ende Oktober 1096 überqueren die Normannen in einzelnen Abteilungen die Adria. Um Weihnachten 1096 erreichen sie die byzantinische Stadt Kastoria. »Wir blieben einige Tage, um Proviant zu kaufen. Aber die Einwohner wollten uns nichts verkaufen, weil sie uns nicht für Pilger sondern für Plünderer hielten, die ihr Land verwüsten und sie töten wollten. So ergriffen wir Ochsen, Pferde, Esel und alles, was wir finden konnten.«

Der Weitermarsch folgt auf der Via Egnatia, der alten Rönmerstraße von Albanien nach Konstantinopel: »Wir zogen weiter nach Palagonia, wo es eine Ketzerburg gab. Wir griffen von allen Seiten an und eroberten den Platz. Wir legten Feuer und verbrannten die Burg mit ihren Einwohnern. Bohemund trifft am 9.4.1097 in Konstantinopel ein. Es ist zu spät, um Anschluß an die weiteren Kreuzfahrer zu finden, denn Gottfrieds Truppen befinden sich bereits in Kleinasien.

Gottfried von Bouillon wird als Sohn eines Adeligen zum Ritter ausgebildet. Er erbt die Grafschaft Antwerpen und die Burg Bouillon in den Ardennen. Als Vasall des Königs nimmt er an mehreren Feldzügen in Deutschland und Italien teil. Heinrich IV. setzt ihn dafür als Herzog von Niederlothringen ein.

Kaiser Manuel I. Komnenos (1143-1180) und seine zweite Gemahlin Maria von Antiochia.

Um die Reise zu finanzieren, verkauft er einen Teil seines Besitzes. Im August 1096 bricht er an der Spitze nordfranzösischer, rheinischer und lothringischer Kreuzfahrer auf. Sein Heer scheint das qualifizierteste gewesen zu sein, denn Albert von Aachen berichtet: »Es fanden sich nicht mehr als drei Schiffe, auf denen 1000 gepanzerte Ritter vorausgeschickt wurden. Die übrige Menge der Pilger überfuhr das Flußbett auf Flößen aus Holzstämmen und Weidenruten.«

Anfang Oktober treffen sie in Leitha ein, wo Gottfried seinen Bruder Balduin mit dessen Frau und Kindern als Geisel dem ungarischen König Koloman überstellt. Da man inzwischen um die Ausfälle der Kreuzfahrer weiß, droht Gottfried Plünderern mit der Todesstrafe. Das Heer erreicht ohne weitere Zwischenfälle Belgrad. Sie ziehen weiter nach Nisch, »... dort fanden sie eine erstaunliche Menge von Lebensmitteln, Getreide, Gerste, Wein, Öl und viel Wild als Geschenk des Kaisers an den Herzog. Für alles andere wurde die Erlaubnis zum freien Kauf und Verkauf gegeben. Und so erholten sich die Pilger vier Tage lang in Üppigkeit und Überfluß.«

Mitte Dezember 1096 erreicht der Heerzug das Marmarameer bei Selymbria. Am 23.12.1096 schlägt es vor den Mauern Konstantinopels das Lager auf. Hier kommt es zu einer kriegerischen Auseinandersetzung.

Damit ist das Ziel der ersten Etappe – Konstantinopel – erreicht und es ist klar, daß Alexios I. Komnenos Forderungen einbringt und den Führern den Lehenseid abzwingt. Damit stehen sie weitgehend in seinem Dienst. Es ist ein diplomatischer Sieg für den byzantinischen Kaiser. Für Urban II. und die römisch-katholische Kiche hat sich das Unterfangen bis jetzt nicht positiv ausgewirkt. Der weitere Feldzug wird im wesentlichen von Byzanz getragen und finanziert.

Das nächste Ziel ist Nicäa. Die Stadt erlangt Berühmtheit durch das Konzil im Jahr 325, obwohl es dabei nur um eine theologische Haarspalterei gegangen ist. Nicäa wird 1078 kampflos mit einer türkischen Garnision belegt. Regiert wird sie vom Seldschukensultan Kilidsch Arslan. Im Mai 1097 erreichen die Horden Gottfrieds von Bouillon Nicäa und kurz danach wird sie von den Kreuzfahrern eingeschlossen.

Sie stellen sich zur Schlacht, nachdem sie Geistliche darin bestärken. »Mitten im Schrecken dieses wütenden Kampfes hielt der Bischof von Le Puy an die ins Gefecht eilenden Scharen folgende tröstliche Ansprache: ›Du gottgeweihtes Volk. Alles hast du Gott zuliebe verlassen, Reichtümer und Äcker, Weinberge und Burgen. Und nun ist das ewige Leben dem bereitgestellt, dem es vergönnt ist, die Krone des Martertodes zu erringen. Greift ohne Verzagen die Feinde an, die Widersacher des lebendigen Gottes. Denn heute werdet ihr mit Gottes Gnade den Sieg erringen[18].‹ Durch diese Worte angefeuert ... fliegen sie auf raschen Pferden und mit verhängten Zügeln mitten unter die Feinde; durchbohren sie mit der Lanze, werfen sie von den Pferden ab und rufen immer wieder mit mannhaften Worten des Trostes und mahnender Stimme den Gefährten zu, die Feinde niederzumachen.

Da wurde im Schlachtgetümmel ein gewaltiges Krachen der Lanzen und das Klirren von Schwertern auf den Helmen gehört. Das Türkenheer wurde von diesen tapferen und jungen Helden und ihren Gefährten zu einem riesigen Trümmerhaufen geschlagen. Und da das christliche Volk nach Gottes gnädigem Willen diesen Sieg errungen hatte, flohen Kilidsch Arslan und die Seinen in die Berge. Wie sie die Berge herunterkamen, wurden sie von unseren Männern enthauptet. Sie warfen die Köpfe der Erschlagenen mit Schleudern in die Stadt, um Schrecken unter den türkischen Garnisionen zu verbreiten.«

Die Byzantiner verfügen über Steinschleudern und Albert von Aachen schildert den Einsatz einer hölzernen Ramme: »Als nun die Türken sahen, wie die Mauern durch den ständigen Stoß des Widders erschüttert ins Wanken gerieten und wie der Turm von Haken gepackt und durchlöchert wurde, schütteten sie Feuer, Öl und Pech mit Werk und brennenden Fackeln vermischt von den Mauern herunter, wodurch der hölzerne Bau des Widders und sein Flechtwerk aus Reisig in Brand gerieten und völlig in den Flammen aufgingen. Andere töteten viele Pilger durch Pfeile und hölzerne Bogen, wieder andere verletzten sie draußen vor den Mauern und Türme durch Steinwürfe und bedrängten sie hart.«

Inzwischen gelangt eine kleine byzantinische Flotte ein und die türkische Garnision muß sich ergeben. Die Byzantiner nehmen die restlichen Türken gefangen und die Kreuzfahrer müssen die neue Situation akzeptieren, denn sie haben einen Lehenseid geschworen und dürfen sich keines byzantinischen Besitzes bemächtigen. Kurz danach zieht das Kreuzfahrerheer weiter.

Die Durchquerung Anatoliens legt ihnen Strapazen auf. Wieder kommt es zu Überfällen seitens türkischer Truppen, doch wieder beherrschen die Kreuzfahrer das Feld. Um sich besser versorgen zu können, marschieren die Heere getrennt.

Im Juni erreichen die Normannen unter Bohemund die verlassene Stadt Dorylaion (Eskisehir, Türkei). Hier werden sie von den Streitkräften des Sultans Arslan angegriffen. »Die Türken schossen aus erstaunlicher Entfernung mit Pfeilen auf uns. Wir hatten keine Aussichten, ihnen zu widerstehen oder der Wucht des Angriffs so vieler Feinde standhalten zu können. Die Frauen im Lager waren an diesen Tagen eine große Hilfe für uns, denn sie brachten unseren Kämpfern Wasser zum Trinken und ermunterten die Streiter und Verteidiger.« Nach der Version Alberts bieten sich die Frauen den Gegnern an, um sie umzustimmen.

Von Chartres malt die Niederlage aus: »Wir waren eingepfercht wie die Schafe, furchtsam und zitternd, von allen Seiten vom Feind eingeschlossen … es war uns bewußt, daß es unserer Sünden wegen geschah. Einige von uns waren vom Luxus beschmutzt. Geiz und andere Laster hatten andere verdorben. Ein großes Lärmen erhob sich zum Himmel, das nicht nur von unseren Männern, Frauen und Kindern kam, sondern auch von den Heiden, die über uns herfielen. Wir hatten keine Hoffnung mehr, mit dem Leben davon zu kommen. Wir bekannten, daß wir Sünder waren … und baten Gott demütig um Gnade. Der Bischof von Le Puy, unser Herr, vier weitere Bischöfe und viele Priester waren dabei, alle in Weiß gekleidet. Sie baten Gott demütig, er möge die Macht der Feinde zerstören.«

Dies gelingt schließlich nur deshalb, weil inzwischen die Lothringer und Franzosen am Schlachtfeld eintreffen, um den Kreuzfahrern beizustehen. Nun werden die Türken in die Flucht geschlagen: »Wir verfolgten sie und töteten sie den ganzen Tag, und wir machten große Beute, Gold, Silber, Pferde und Esel, Kamele, Ochsen, Schafe und viele andere Sachen, die wir nicht kannten.«

Kilidsch Arslan zieht sich entmutigt ins Hinterland zurück und das Kreuzfahrerheer zieht nach einer kurzen Pause weiter. Die Durchquerung der phrygischen Wüste legt den Kreuzfahrern viele Strapazen auf.

»Wir litten sehr an Hunger und Durst … wir verloren fast alle Pferde, so daß viele Ritter als Fußsoldaten weiterziehen mußten[19] … während eines Samstags war der Mangel an Wasser sehr groß … weshalb, wie Augenzeugen erzählten, ungefähr 500 Pilger beiderlei Geschlechts ihre Seele aushauchten, erdrückt von der Angst des Verdurstens. Es gab viele schwangere Frauen, denen die Kehle heiß war … in der Sonnenglut und Hitze der ausgebrannten Landschaft trockneten ihnen alle Adern des Leibes aus. Jetzt gebaren sie auf dem freien Feld vor aller Leute Augen und ließen die Leibesfrucht am Boden liegen. Andere der Armen wälzten sich zwischen den Neugeborenen mitten auf der Straße und entblößten in ihrer schlimmen Not des Durstes schamvergessen ihre geheimen Körperteile[20].«

Dann gelangt der Hauptzug auf die Innere Hochebene Anatoliens. Wieder stellen sich Hunger und Durst ein, zumal die Türken die Brunnen eingerissen oder sie mit Tierkadavern verseucht haben. Dann dringen sie auf armenisches Gebiet vor: »Sie dursteten und fieberten nach dem Blut der Türken.« In Heraklia verläßt ein Trupp unter Gottfrieds Bruder Balduin das Heer, um Eroberungen zu machen. Dann nimmt Balduin die Stadt Tankred ein.

Dann geht der Zug weiter nach Mamistra. Die Inbesitznahme vormals byzantinischer Städte verstößt gegen den Vasalleneid gegenüber Alexios I. Der Weitermarsch des Haupttheeres wird so beschrieben: »Wir überquerten ein verwünschtes Gebirge. Es war so hoch, daß auf dem engen Pfad niemand wagte, den anderen zu überholen. Die Pferde stürzten in den Abgrund und ein Lasttier zog das andere mit sich hinab. Die Ritter standen traurig herum, wrangen voll Kummer und Schmerz ihre Hände und wußten nichts mit sich und ihrer Rüstung anzufangen. Sie boten ihre Schilde und wertvollen Brustpanzer für ein paar Silberstücke an … wer keinen Käufer fand, warf seine Waffen weg und ging zu Fuß weiter.« Im Oktober lagert das Kreuzheer vor der Stadt Marasch. Dann geht Balduin nach Edessa, das sich in der

Hand armenischer Christen befindet. Der Statthalter empfängt Balduin überschwenglich und macht ihn zum Mitregenten. Da kurze Zeit danach Thoros von Armeniern umgebracht wird, ernennt sich Balduin zum Grafen von Edessa; es ist die Geburtsstunde des ersten lateinischen Kreuzfahrerstaates.

Nun zieht das Haupttheer von Marasch nach Süden zur türkischen Regentschaft von Antiochia. Im Oktober erreicht die Spitze den Orontes vor Antiochia. Kommandeur ist der Turkmene Yaghi-Siyan. Er hat genügend Zeit, um sich auf die erwartete Belagerung einzustellen. Nach Albert von Aachen ergreift der päpstliche Legat das Wort und sagt: »Erhebt euch gegen die bissigen Hunde. Denn seht, heute wird Gott für euch kämpfen.«

Mitte Oktober erreichen die Kreuzfahrer Antiochia, das einmal im römischen Reich die drittgrößte Stadt gewesen ist. Hier gründet der Apostelfürst Petrus das erste Bistum der Christenheit. Die Türken haben 1085 kampflos die byzantinische Herrschaft abgelöst. Als die Kreuzfahrer ankommen, leben noch Christen in der Stadt. Sie ist außerordentlich gut befestigt, wird von 400 Türmen gesichert und gilt als unüberwindlich. Die Kreuzfahrer stoßen auf eine türkische Garnision, die verbissen kämpft und über große Vorräte verfügt.

Der turkmenische Kommandeur Yaghi-Siyan ersucht die muslimischen Nachbarn um Hilfe. Es stellt sich als schwierig dar, weil die türkischen Regenten unter sich befehdet sind. »Yaghi-Syan schickt seinen Sohn zu Al-Malik Duquaq in Damaskus ... und in andere Städte und Distrikte, und bittet um Hilfe und Unterstüzung und fordert sie auf, zum Dschihad (dem heiligen Religionskrieg des Islam) herbeizueilen, während er Antiochia befestigt und die Christen aus der Stadt weist.« Jetzt ergibt sich eine Belagerung. Raimund von Aguilers beschreibt das Schicksal fliehender Kreuzritter: »Die Türken jagten sie schnell und gnadenlos, metzelten die Lebenden nieder und beraubten die Toten.«

Der Stellungskrieg führt zur Zermürbung und Langeweile: »Manche vertrieben sich die Zeit mit dem Würfelspiel ... da

geschah es eines Tages, daß sich Adalbero, Kleriker und Archidiakon von Metz ... mit einer Frau vornehmster Abstammung und großer Schönheit in einem mit Obstbäumen und Kräutern bepflanzten Garten ergötzte ... da werden sie von Türken überfallen. Sie schneiden dem Archidiakon den Kopf ab ... die Dame schleppen sie unverwundet in die Stadt und quälten sie schonungslos und unmenschlich in ihrer maßlosen Wollust im ehebrecherischen Umgang ... dann führten sie die Geschändete auf die Mauer, um sie zu enthaupten. Danach legten sie ihren Kopf zusammen mit dem des Klerikers auf eine kleine Wurfmaschine und schleuderten sie über die Felder ... täglich kam es zu neuen Angriffen, Klagen und Überfällen und täglich hörte man im Lager Klagen und Weinen über die Erschlagenen ... da begannen allmählich beim Volk Gottes die Lebensmittel knapp zu werden ... denn die ungebenden Landstriche waren durch den Verbrauch eines so großen Heeres erschöpft ... der Hunger wurde täglich größer und viele starben, vor allem Pilger aus dem niederen Volk ... die Hungersnot wurde immer größer und schlimmer, und es begann ein unglaubliches Sterben, welches das Heer immer mehr schwächte. Das war kein Wunder, denn ein kleines Stückchen Brot, das man früher für einen Denar nach der Währung von Lucca kaufen konnte, kostete jetzt den Notleidenden zwei Goldstücke.« Im Lager blühen unchristliche Sünden.

Sittenspiegel vor Antiochia

»Da überdachten die christlichen Fürsten die Niederlage Bohemunds und die Vernichtung seiner Leute, die Pest des Hungers und die Plage der Sterblichkeit im Volke und alle sagten, dies geschehe wegen der Menge ihrer Sünden. Daher hielten sie Rat mit den Bischöfen und dem Klerus und bestimmten, daß alle Sünde und Ungerechtigkeit im Heer ausgetilgt werden müsse, daß niemand in Gewicht und Maß, im Wechseln von Gold noch bei einem Tausch oder Geschäft seinen christlichen Bruder betrügen dürfe, und daß niemand einen

Diebstahl wagen, und keiner sich mit der Unzucht beflecken darf ... Wer aber dieses Gebot übertritt und dabei ertappt wird, den sollen die grausamsten Strafen treffen. So soll das Volk Gottes von Schmutz und Sünde gereinigt sein. Sehr viele aber vergingen sich gegen diese Bestimmungen und wurden streng von den bestellten Richtern bestraft.

Die einen wurden in Fesseln gelegt und die anderen mit Ruten geschlagen, andere geschoren und gebrandmarkt, zur Besserung des ganzen Heeres. Darunter wurden auch ein Mann und eine Frau beim Ehebruch ertappt. Man zog sie vor dem Heer nackt aus und band ihnen die Hände auf den Rücken. Sie waren von Geißlern mit Ruten blutig gepeitscht und so um das ganze Lager herumgetrieben, damit jeder ihre grausamen Qualen sehe und sich von so sündigen Verbrechen abschrecken lasse[21].«

»Die Franken vertrieben die Frauen aus dem Heerlager, sowohl die verheirateten als die unverheirateten, damit sie nicht beschmutzt und verkommen durch ihr zügelloses Leben dem Herrn mißfallen. Sie suchten Schutz in den benachbarten Städten[22].« »Ihr befriedigt eure Lüste sowohl mit christlichen, als auch mit heidnischen Frauen, daß es zum Himmel stinkt.«

Antiochia wird verraten

Ridwan von Aleppo zieht mit einem Heer nach Antiochia, um die Kreuzfahrer zu vertreiben. Im Zelt des päpstlichen Legaten beraten die Anführer Gegenmaßnahmen und beschließen einen Überraschungsangriff. Ihr Heer ist geschwächt und viele Reittiere sind verendet und wieder kommt es zu einer Schlacht: »Wer nicht lebend über die Brücke kam ... erlitt den ewigen Tod bei dem Teufel und seinen Engeln ... das Wasser des Flusses schien rot zu strömen vom Blut der Türken. Der Lärm und die Schreie unserer Männer hallte vom Himmel wider. Der Schauer der Geschosse und Pfeile bedeckte den Himmel. Die Christinnen in der Stadt kamen an die Fenster und auf die Mauern und als sie das

erbärmliche Schicksal der Türken sagen, klatschten sie heimlich Beifall ... Zwölf Emire der türkischen Armee erlitten den Tod an Leib und Seele, zusammen mit 1500 ihrer tapfersten und entschlossendsten Soldaten ... so wurden unsere Feinde durch die Macht Gottes und des Heiligen Grabes geschlagen ... am nächsten Tag kamen die Türken aus der Stadt, sammelten die stinkenden Leichen ... und begruben sie bei der Moschee hinter der Brücke ... zusammen mit Kleidern, Goldstücken, Pfeilen und Bogen. Als unsere Leute bemerkten, daß die Türken ihre Toten begraben hatten, eilten sie zu dieser Kapelle des Teufels, zerrten die Toten heraus und zerstörten die Gräber. Sie warfen die Kadaver in einen Graben und brachten die Köpfe zu unseren Zelten, so daß sie die Anzahl genau zählen konnten. Als die Türken das sahen, waren sie traurig und zu Tode bekümmert, sie jammerten den ganzen Tag und heulten und weinten nur noch. Am dritten Tag kamen wir zufrieden zusammen ... und bauten eine Festung aus den Grabsteinen der Türken. Als sie fertig war, bedrängten wir von allen Seiten den Feind, dessen Stolz gebrochen war. In Sicherheit konnten wir nun gehen, wohin wir wollten, zu dem Tor oder in die Berge, unseren Herrn, Gott liebend bis an das Ende der Zeit. Amen[22].«

Nun rückt die Eroberung von Antiochia in greifbare Nähe. Bohemund führt Verhandlungen mit einem Wachturmkommandanten namens Firuz und er wird zum Verrat überredet. Sein verräterisches Verhalten läßt sich vielleicht damit begründen, daß man ihn unter Yaghi Siyan gefoltert hat.

»Im Morgengrauen (des 3.6.1098) näherten sie sich dem Turm, den Firuz in der Nacht bewachte. Bohemund stieg herab und sagte zu seinen Männern: ›Geht mit Zuversicht und glücklicher Eintracht und erklimmt auf der Leiter Antiochia, denn wenn es Gott gefällt, ist es sogleich unter unserer Herrschaft.‹ Die Männer kamen zu der Leiter, die schon angebracht war ... und fast sechzig von ihnen stiegen hinauf und besetzten die Türme. Aber als Firuz sah, daß sie wenige Männer oben waren, fürchtete er, sie könnten in die Hände der Türken

In der Kirche zu Antiochia wird die heilige Lanze entdeckt, mit der die Seite Christi am Kreuz durchbohrt wurde. Holzschnitt nach einer mittelalterlichen Darstellung.

fallen und rief ... wir haben wenig Franken (so werden die Kreuzfahrer verallgemeinert von den Muselmanen genannt).«

Die Bewacher werden umgebracht und etwa 700 Krieger dringen auf diese Weise in die schlaftrunkene Stadt. Die Tore werden geöffnet und es beginnt ein unglaubliches Blutbad. »Sie rannten so schnell sie konnten, drangen durch die Tore ein und töteten alle Türken und Sarazenen, außer denen, die in die Zitadelle fliehen konnten ... die Straßen der Stadt lagen voller Leichen. Man konnte es vor Gestank kaum aushalten. Niemand konnte in den engen Gassen der Stadt laufen, außer über die Kadaver der Toten[23] ... kein Alter und Geschlecht der heidnischen Bevölkerung wird geschont, bis die Erde mit dem Blut und den Leichen der Erschlagenen bedeckt ist. Darunter mischen sich auch die Leichen erschlagener und entseelter Christen, Franzosen wie Griechen, Syrer und Armenier ... denn in der Todesangst suchten viele Türken und Sara-

zenen die Pilger durch christliche Worte und Zeichen zu täuschen und so verloren viele beim allgemeinen Morden ihr Leben[24] ... Wir können die Zahl der abgeschlachteten Türken und Sarazenen nicht schätzen, und es wäre quälend, über die neuen und vielfältigen Todesarten zu berichten[25].«

Yaghy Siyan flieht aus der Stadt, wird von einheimischen Christen gefangen und enthauptet. Sein Kopf wird Bohemund präsentiert. Dann rückt das türkische Heer unter Kerbogha heran. Der Hunger wütet und Albert von Aachen berichtet: »Selbst steinhartes und faules Leder, das drei oder sechs Jahre in den Häusern gelegen hatte, und das sie nun fanden, feuchteten sie an, machten es im heißen Wasser weich und verzehrten es. Ebenso aßen sie frischen Kot und Mist des Viehs, den sie mit Pfeffer, Kümmel und anderen Spezereien zubereiteten. So erdrückend war die Hungersnot ... für ein Hühnerei, so man eines finden konnte, zahlte man sechs Denare.«

Auffinden der Heiligen Lanze

Die Kreuzfahrer sind in einer schwierigen Lage und sie läßt sich nur noch durch ein Wunder meistern. Der Mönch Bartholomäus, ein Knecht des Ritters Wilhelm Petri, enthüllt am 10.6. dem Grafen Raimund und dem Bischof Adhemar von Le Puy: »Da sind zwei Männer in leuchtenden Kleidern zu mir getreten, einer mit einem langen braunen Bart und schwarzen durchdringenden Augen, der andere schlanker und mit einem Gesicht, wie man es nicht beschreiben kann ... der mit dem braunen Bart hat mir gesagt: ›Ich bin Andreas, der Apostel, fürchte dich nicht, sondern folge mir.‹ Da bin ich aufgestanden und bin mit ihnen über die Stadtmauer ins feindliche Antiochia und von hier aus bis in die Kirche des heiligen Petrus gegangen ... nur zwei Lampen haben in dem düsteren Gewölbe gebrannt und doch ist es so hell wie zu Mittag gewesen. Dann mußte er ein Weilchen warten. Dann kommen die Führer zurück und sagen: ›Siehe, mit dieser Lanze ist die Seite geöffnet worden, aus welcher das Heil geflossen ist für alle Welt. Gib acht, wo ich sie verberge, damit du sie nach der Einnahme Antiochiens dem Grafen von Toulouse nachweisen kannst ... zwölf Männer müssen graben, bis man sie findet ... jetzt aber verkünde dem Bischof von Le Puy: er möge nicht ablassen von der Mahnung und Gebet, denn der Herr sei mit euch allen.‹ Danach hat mich der Apostel wieder in sein Zelt zurückgeführt.«

Weitere Offenbarungen folgen. Priester Stephan von Valenca beschwört einen Tag danach, während eines nächtlichen Gebetes in der Marienkirche, dem Heiland begegnet zu sein, begleitet von der Gottesmutter und dem Apostel: »Schließlich hat sich Christus dazu bewegen lassen, Hilfe für den bevorstehenden Kampf zuzusagen ... zu allem Übel erhebt sich dann noch ein großer Stern über der Stadt.«

Raymund von Aguilers schildert: »An diesen Tag sammelten zwölf Männer und Bartholomäus geeignete Werkzeuge und begannen in der Kirche des Apostels Petrus zu graben, nachdem alle anderen Christen hinausgehen mußten. Der Bischof von Orange, Raimund von Aguliers, der Autor dieses Werkes, Raimund von Toulouse ... und andere gehörten zu den Männern.«

Dann steigt Bartholomäus barfüßig und im Hemd in die Grube, entdeckt die Reliquie und reicht sie hinauf. Sie wird in Purpurseide gehüllt, zur Schau gestellt und dann wird Leichtgläubigen zugerufen: »Freut euch über den sicheren Sieg.« Jetzt kehrt sich der Mißmut ins Positive um. Natürlich unterstellt man deren Echtheit, wenngleich der muslimische Chronist Ibn al-Atir hervorhebt, daß man sie eigens zur Auffindung drei Tage vorher vergraben hat.

Jetzt rüstet man sich zur Entscheidungsschlacht. Wieder ist psychologische Unterstützung dabei: »Unsere Bischöfe, Priester, Kleriker und Mönche legten die heiligen Gewänder an und gingen mit und hinaus, trugen Kreuze, beteten und beschworen Gott, uns zu retten und zu hüten und uns von allen Übeln zu bewahren. Andere standen über den Toren, hielten Kreuze in den Händen, machten das Zeichen des Kreuzes und segneten uns. Wir riefen den wahren und lebendigen Gott an und ritten gegen sie (am 28.6.1098) und nahmen die Schlacht auf im Namen von Jesus Christi und des Heiligen Grabes, und mit Gottes Hilfe besiegten wir sie.«

Bartholomäus kann so klug nicht gewesen sein, denn am 8.4.1099 unterzieht er sich freiwillig einer Feuerprobe, an deren Folgen er zwölf Tage danach stirbt.

Die Schlacht wird durch einen taktischen Fehler des türkischen Feldherrn Kerbogha zugunsten der Kreuzfahrer entschieden. Dann bricht eine Seuche in der Stadt aus, der u. a. der Legat des Papstes, Adhemar Le Puy, zum Opfer fällt. Überstürzt wird Antiochia verlassen. Bohemund ergreift von der Stadt Besitz, was einen Eidbruch gegenüber Kaiser Alexois I. voraussetzt und so wird das zweite lateinische Fürstentum auf byzantinischem Gebiet gegründet.

Eine Stellungnahme des Papstes zu diesem Willkürakt liegt nicht vor, doch eines ist sicher: Der Kreuzzug ist ihm aus den Händen geglitten und schon lange kein christliches Unternehmen mehr. Es ist müßig, über die Eskapaden Peter des Einsiedlers zu sprechen, denn die päpstliche Armada verhält sich nicht besser. Auch hier blühen Gewalt, Mord, Totschlag, Plünderung und Unmenschlichkeit, zumal selbst der päpstliche Legat zur Gewalt auffordert. Von ihm stammt der Erlaß: »Man soll jedem eine Belohnung von zwölf Denaren bezahlen, der den Kopf eines Türken bringt.«

Dann bewegt man sich weiter nach Maarat an-Numan, einer Festung südöstlich von Antiochia. Am 27.11.1098 beginnen die Kreuzfahrer unter Raimund von Toulouse und Robert von Flandern mit ihrer Belagerung. Die Stadt wird geplündert und wieder bricht der Hunger aus: »Unsere Männer drangen in die Stadt ein und jeder nahm seinen Anteil der Beute an sich … und töteten jeden, den sie antrafen, ob Mann oder Frau … Bohemund nahm denen, die er in den Palast befohlen hatte, ihre Habe ab, Gold, Silber und andere Wertsachen. Einige ließ er töten, andere als Sklaven nach Antiochia bringen, um sie zu verkaufen … die Franken blieben einen Monat und vier Tage … sie waren durch den langen Aufenthalt sehr hungrig …sie schnitten die Körper der Toten auf, um in ihren Därmen Goldstücke zu suchen.

Einige Bewohner flüchteten in wehrhafte Häuser und boten die Kapitulation an. Die Franken willigten ein und verlangten eine Steuer für jedes Haus, dann drangen sie mit Gewalt ein und verbrachten die Nacht … am nächsten Tag fielen sie über sie her, mit dem Schwert in der Hand … es kamen in Maarat 20 000 Menschen um, Männer und Frauen, Frauen und Kinder … es entkamen nur wenige … die Franken folterten viele zu Tode und nahmen ihnen die Habe ab[26] … andere schnitten Fleisch von Toten zu Streifen und kochten es als Nahrung.«

Wieder zeigt sich das despotische Walten der unchristlichen Fürsten und die Armen erheben sich. Raimund von Aguliers berichtet: »Als die Nachricht, Graf Raimund wolle in Maarat eine Besatzung von Rittern und Fußsoldaten hinterlassen, sagten die Armen: ›Das ist es also, Streit in Antiochia, Streit in Maarat.‹ Soll denn an jedem Fleck, den Gott uns gibt, das Gezänk der Fürsten ausbrechen und die Armee Gottes geschwächt werden?« Die gedrückte Stimmung hält an und die Strapazen und Entbehrungen der Reise wirken sich aus, berichten doch die Chronisten: »Nun herrschte ein so großer Hunger im Heer, daß das Volk gierig die stinkenden Leichen der Sarazenen verspeiste, die sie zwei Wochen vorher in die Sümpfe geworfen hatten. Dieses Geschehen erschreckte viele von unserem Volk und auch Fremde … tatsächlich hatte uns Gott zum Schrecken der Völker gemacht, aber wir merkten es nicht.«

Man fordert den sofortigen Aufbruch nach Jerusalem. Von Antiochia nach Jerusalem sind es etwa 600 km. Schon damals gibt es die Brieftaubenpost und eine auf diese Weise verschickte Botschaft gelangt auf der letzten Wegstrecke in die Hände der Kreuzfahrer. Der Statthalter von Akkon ruft darin die Mohammedaner zum Widerstand gegen die Kreuzfahrer auf: »Suche dem dummen zänkischen und zuchtlosen Geschlecht so viel zu schaden, als dir möglich. Es wird dir leicht werden, sobald du nur willst.«

Auf dem Weg nach Totosa werden die syrischen Städte Hama und Shaizar gegen Geld und Verpflegung geschont. Dann wird Arqa belagert und dann treffen aus Kairo Botschafter der Fatimiden ein und bieten die Kreuzfahrern in Gruppen von 200 bis 300 freien Zugang zu Jerusalem an. In ihrem Sinn ist es nicht, denn sie sind ausgezogen, um Jerusalem zu erobern. Am 19.5.1099 erreichen die Kreuzfahrer die fatimidische Grenze am Hundefluß auf dem Weg nach Beirut.

Am 20.5.1099 wird Sidon erreicht und dann die muslimische Stadt Ramla, deren Einwohner geflohen sind. Jetzt ist die heilige Stätte nur noch einen Tagesmarsch entfernt und die Stimmung schlägt wieder ins Positive um. Nur etwa ein Fünftel der Aufgebrochenen kommt an. Am Abend des 7.6.1099 schlagen die Kreuzfahrer das Lager bei Jerusalem auf, um es bald darauf zu stürmen.

Jerusalem: Das Ziel ist erreicht

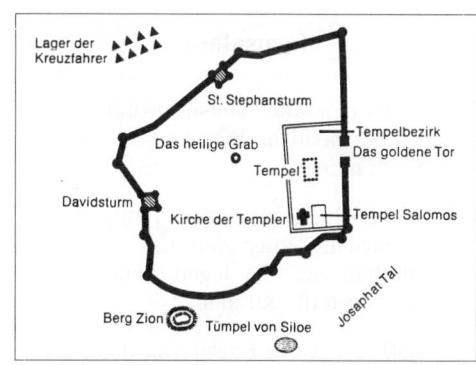

Der Sturm auf Jerusalem im Juli 1099.

Nun zieht eine Delegation der christlichen Einwohner der Stadt Bethlehem den Kreuzfahrern entgegen. Todesdrohungen aus Jerusalem haben sie vertrieben. Sie flehen Gottfried von Bouillon an: »Er möge im Namen unseres Herr Jesu Christi den Marsch beschleunigen und ihnen unverzüglich Hilfe bringen.« Noch in der gleichen Nacht schickt er etwa 100 gepanzerte Ritter nach Bethlehem: »Die christlichen Bürger ziehen ihnen mit Hymnen und Lobgesängen und unter Austeilung des heiligen Wassers entgegen, nehmen freudig die christlichen Ritter auf und küssen ihnen Augen und Hände.« Johannes Lehmann berichtet, daß sie bedeutende Reliquien mit sich geführt haben; u. a. einige Windeln Jesu und Kreuze aus der Geburtskirche.

Die meisten der Kreuzfahrer sind dem Zug wie Schafe gefolgt und haben von Jerusalem keine Vorstellungen, außer denen, die ihnen fälschlichweise die Geistlichen vermittelt haben. Viele sind mitgezogen, um am Ziel der beschwerlichen Reise persönlichen Nutzen zu ziehen. Noch einmal müssen die Kreuzfahrer das blutige Christenmesser wetzen, um das Unrecht vollständig gelingen zu lassen.

Jerusalem ist damals mit etwa 40 000 Verteidigern unter dem fatimidischen Statthalter Iftikar gegen den zu erwartenden Angriff gerüstet. Die Garnision besteht aus Arabern und Sudanesen. Hier entzündet sich der zentrale Konflikt. Graf Raimund von Toulouse besichtigt die Umgebung von Jerusalem und bezieht sein Lager auf dem Berg Zion. Am kommenden Tag erzählt ein Einsiedler dem Fürsten: »Der Herr wird euch Jerusalem geben, wenn ihr es morgen in der neunten Stunde stürmt ... Gott ist allmächtig und ihr werdet die Mauern erklimmen.«

Gesagt, getan; doch die Attacke wird blutig zurückgeschlagen, denn Jerusalem ist stark befestigt. Der Fatimide hat in weiser Voraussicht die hier friedlich lebenden Christen ausgewiesen, rund um die Stadt die Brunnen zugeschüttet oder vergiftet. Außerdem schickt er Boten nach Ägypten um Hilfe. Ohne Rammböcke und Belagerungsmaschinen ist Jerusalem uneinnehmbar.

Nur eine stadtnahe Quelle ist nutzbar: »Die Quelle von Siloam, am Fuß des Berges Zion, fließt nur jeden dritten Tag ... der Durst zwang viele, sich hinein zu werfen. Viele Lasttiere und Vieh gingen im Gedränge unter. Die Starken schoben und stießen sich todbringend durch das Becken, das mit toten Tieren verstopft war und gefüllt ist mit kämpfenden Menschen, zu der Stelle, an der das Wasser aus dem Felsen fließt ... die Schwachen lagen ausgestreckt bei der Quelle, und ihre aufgerissenen Münder waren sprachlos wegen der trockenen Zungen. Mit ausgestreckten Händen baten sie die Glücklicheren um Wasser ... fünf Silbermünzen reichten nicht aus, um eine Tagesration Wasser zu kaufen.«

Die Kreuzfahrer errichten mit Hilfe genuesischer Schiffsleute Belagerungsmaschinen. Albert von Aachen hält dies fest: »Eiligst machten sich die Handwerker an die Arbeit, die Maschinen, Wurfgeschütze und Widder herzustellen, die einen mit Axt und Beil, die anderen mit Bohrern, bis nach vier Wochen das ganze Werk, Sturmmaschine, Widder und Wurfgeschütze bis auf den Nagel vollendet war ... dann wurden Jünglinge und Greise, Knaben, Mädchen und Weiber aufgefordert, nach dem Tal von Bethlehem zu laufen und von dort auf Maultieren und Eseln oder auf den eigenen Schultern Gesträuch und Buschwerk her-

Jerusalem

- Es ist eine alte Jebusiterfestung, die König David erobert und zu seiner Stadt macht.

- 614 richten persische Truppen in Jerusalem unter den Christen ein Blutbad an. Sie legen Feuer und zerstören die Kirchen.

- 630 bringt der Kaiser Heraklios die von den Persern eroberte Kreuzreliquie nach Jerusalem zurück. Der Kaiser ordnet die Zwangstaufe der Juden an.

- 638 wird Jerusalem ein Jahr lang belagert. Die Stadt wird dem Kalifen Omar übergeben. Juden und Christen müssen sich durch ihre Kleidung zu erkennen geben und dürfen keine Waffen tragen; Schmähungen des Islam werden unter Strafe gestellt. Jerusalem ist eine heilige Stadt des Islam. Der Legende nach ist hier Mohammed beim Temel Salomons in den Himmel aufgestiegen. Als Reiseziel für die Pilger wird die Felsmoschee gebaut.

- Die Dynastie der Fatimiden machen 973 Palästina und Jerusalem zu einer ägyptischen Provinz.

- 1004 wird unter der Herrschaft des fatimidischen Kalifen Hakim u. a. die Grabeskirche zerstört. Sie wird ab 1027 wieder aufgebaut.

- 1071 besetzt der türkische Truppenführer Atsiz Jerusalem kampflos.

- 1098 beschießen unter dem Wesir Al-Afdal ägyptische Truppen 40 Tage lang Jerusalem. Ein großer Teil der Stadt gehört den Christen; sie wird vom orthodoxen Klerus verwaltet.

- Am 7.6.1099 schlagen die Kreuzfahrer ihr Lager bei Jerusalem auf.

beizuschleppen. Als dreifaches Geflecht geknüpft, sollte es den ganzen Bau umkleiden, um die sarazenischen Geschosse abzuwehren. Es wurde mit Leder bedeckt … damit diese Maschinen weniger leicht durch feindliches Zündwerk in Brand gesteckt werden kann.«

Während die Handwerker die Kriegsmaschinen bauen, beraten sich die Anführer, wer von ihnen zum ersten Fürsten oder gar König von Jerusalem gewählt werden solle. Moralische Bedenken kennen sie nicht, denn es sind Christen. Als die Belagerungsmaschinen fertig sind, rüstet man sich zum Angriff. Er beginnt in der Nacht vom 13. zum 14.7. mit etwa 12 000 Mann Fußvolk und 1200 Reitern:

»Um den Zusammenbruch und die Zerstörung der Mauern zu beschleunigen, wurden die Widder herbeigeschleppt, eine Maschine von schrecklichem Gewicht und Bau, mit Flechtwerk und Reisig bedeckt … mit ihm zertrümmert man den Vorwall und die äußeren Mauerwerke der Stadt … sie brechen unter der Wucht der arbeitenden Männer zusammen.«

Die Angegriffenen wehren sich mit dem *griechischen Feuer*: »Schoß man es in Fässern mit Katapulten durch die Luft, so glich es einem fliegenden Drachen … mit einem brennenden Schweif gleicht es dem Anblick eines Kometen. Die Wunderwaffe besteht aus einer Mischung aus Erdöl, Schwefel, Harz, Salz und gebranntem Kalk, die in Verbindung mit Wasser ein explosives Gemisch ergeben, das nur mit Essig gelöscht werden kann.«

Der ägyptische Kommandant hatte einen Gehilfen nach Kairo geschickt und Hilfe erbeten. Jetzt gelingt es den Belagerern, zwei zurückkehrende Boten abzufangen. Einer wird von einer Lanze durchbohrt und stirbt. Dem anderen pressen sie die Botschaft ab: Der König habe zugesagt, innerhalb von 14 Tagen ein großes Heer nach Jerusalem zu schicken, um die Franken zu vernichten. Dann legen sie ihn mit gebundenen Händen auf eine Schleudermaschine, um ihn über die Mauern zu schleudern, »alsbald fiel er von einer Mauer nieder und brach sich das Genick.«

Alle christlichen Chronisten stellen den Mut der Kreuzfahrer heraus. »Ja sogar die Weiber vergaßen ihr Geschlecht und ihre Gebrechlichkeit und wagten es, mehr als ihre Kräfte es vermochten, sich männlichen Arbeiten zu unterziehen und die Waffen zu ergreifen[27].« Schließlich verschaffen sich die Christen Zugang und es beginnt ein entsetzliches Blutbad.

Blutrausch

»Unsere Männer betraten die Stadt und schlugen die Sarazenen bis zum Tempel Salomos tot, wo diese Zuflucht suchten und den ganzen Tag erbittert gegen unsere Männer kämpften, so daß der ganze Tempel von ihrem Blute schwamm[28].«

»Im Tempel Salomos standen die Kreuzritter bis zu den Knien oder den Zügeln ihrer Pferde im Blut. Wahrlich ein gerechtes Gericht, daß der Ort das Blut derjenigen empfing, deren Gotteslästerung er solange erdulden mußte[29].«

»Pferde wurden durch das entsetzliche Menschengewühl scheu gemacht und fielen mit weit geöffnetem Maul und schweißgebadet mehrere Pilger mit den Zähnen an. Etwa 16 Männer wurden durch die Hufe der Pferde und Maultiere und durch die Füße der Menschen zertreten und hauchten ihren Lebensatem aus … alle scharten sich zusammen und liefen zu dem Palast und metzelten die Sazarenen im grausamen Morden nieder … so ungeheuer viel Blut wurde dort vergossen, daß ganze Bäche über die Fließen der königlichen Halle rannen und die Pilgern bis zu den Knöcheln im Blut wateten[30] … Vor den Toren dieses Palastes lag der königliche Brunnen, breit und tief ausgehölt wie ein See, von einem Dachgewölbe bedeckt, das überall auf Marmorsäulen ruhte. Zu diesem liefen viele der Sarazenen, über die Stufen, die zum Wasserschöpfen herunterführten. Viele ertranken im Brunnenwasser, andere wurden beim Heruntersteigen von den sie verfolgenden Christen erschlagen. In der kopflosen Flucht und im blinden Lauf aber fielen manche Christen wie Sarazenen

durch die Öffnungen, die durch das Dachgewölbe hindurch wie Brunnenrinnen herunterführten, ertranken im Wasser oder blieben mit zerbrochenem Genick und zerschmetterten Gliedern oder zerissenen Eingeweiden tot am Boden liegen[31].«

»Nach dem fürchterlichen Hinmorden der Sarazenen, von denen 10000 erschlagen wurden, kehrten die Christen siegreich zum Palast der Stadt zurück und machten nun viele Scharen von Heiden, die in ihrer Todesangst versprengt durch die Gassen irrten, mit dem Schwert nieder[32].«

»Als sich die Unsrigen schon der Mauern und Türme bemächtigt hatten, konnte man Wunderbares erblicken. Den einen wurden, was leichter war, die Köpfe abgeschlagen, andere wurden mit Pfeilschüssen gezwungen von den Türmen zu springen. Wieder andere wurden mit dem Feuer gequält und verbrannt. Man sah Haufen von Köpfen, Händen und Füßen in den Häusern und Gassen. Überall liefen die Menschen und Pferde auf den Leichen hin und her[33].«

»Niemand wurde am Leben gelassen. Weder Frauen noch Kinder wurden verschont[34] … scheußlich war es anzusehen, wie überall Erschlagene umher lagen und Teile von menschlichen Gliedern, und wie der Boden mit vergossenem Blut bedeckt war und die verstümmelten Leichname und die angeschnittenen Köpfe. Den größten Schauer mußte es erregen, daß die Sieger selbst von Kopf bis zu den Füßen mit Blut bedeckt waren[35].«

»In der Al-Aqsa-Moschee töteten die Franken mehr als 70000 Muslims, unter ihnen Imame, Religionsgelehrte, Fromme und Asketen, die ihr Land verlassen hatten, um an diesem geheiligten Ort zu beten[36]. Mit einer unglaublichen Mordgier wird das Leben in der Stadt gelöscht. Der Blutrausch ist unvorstellbar. Die Christen reißen Kleinkinder von den Brüsten der Mütter und schleudern sie gegen Torpfosten, so daß ihnen das Hirn herausspritzt. Anderen schneidet man die Bäuche auf, um zu sehen, ob sie Gold oder Edelsteine verschluckt haben. Für eine Sekunde denkt man an die christlichen Schergen im Todeslager von Jasenovac und in den deutschen KZs; alle sterben im Namen des christlichen Kreuzes.« Es ist nicht nur so, daß sie wahllos Tausende umbringen, sondern danach noch die gesamte Stadt plündern, so als wollten sie sich für die Strapazen der Reise entschädigen. Es ist unbekannt, wie wenige oder ob überhaupt welche das Massaker überlebt haben.

Die christliche Lehre verbietet das Töten. Aber Jerusalem wird zum Opfer einer Propagandamaschine. Das von den Christen ausgehende Feindbild wird auf die ganze Stadt übertragen. Es kann nicht ausbleiben, daß die Eroberung Jerusalems stürmisch von der abendländischen Welt gefeiert wird; jetzt gehörte den Christen Jerusalem: die Hölle war überwunden[37].

Papst Urban II. erlebt die Krönung seines Aufrufes nicht mehr, denn er stirbt am 29.7.1099 in Rom, zwei Wochen vor der Eroberung Jerusalems. Er hat kurz vor seinem Tod als päpstlichen Legaten den Erzbischof Daimbert von Pisa auserkoren, »einen mit allen Ölen gesalbter Kirchenmann[40]«, denn der einer Seuche zum Opfer gefallene Le Puy muß ersetzt werden. Daimbert hat sich 1098 einer pisanischen Flotte anvertraut, am Grab des Herrn zu beten. Er wird zu Weihnachten 1099 als mit dem päpstlichen Segen versehener die Nachfolge Le Puys antreten.

Die Flotte läuft im Frühjahr 1099 die griechische Insel Korfu an, um sie zu plündern. Kaiser Alexios I. ist verbittert und schickt eine Gegenflotte aus. Im Sommer 1099 treffen die beiden Flotten vor Rhodos aufeinander, Die Byzantiner erobern ein pisanisches Schiff, doch ein Sturm ermöglicht den Pisanern die Flucht. Dann segeln sie weiter nach Laodicea. Auch diese Stadt wird angegriffen.

Albert von Aachen entlastet Bischof Daimbert: »Darauf wurde von den getreuen Pilgern dem würdigen Bischof folgendes erwidert: ›Wenn ihr euch um des Glücks der Christen willen freut und froh seid über ihr Wohlergehen, warum habt ihr dann christlichen Brüdern von Laodicea zu Unrecht Gewalt angetan, habt ihnen die Türme weggenommen und ihre Besatzung niedergemacht? Und warum haltet ihr noch

immer diese Stadt umzingelt?‹ Und da er dies hörte, entschuldigte sich der Bischof überaus freundlich und in aller Geduld seines Herzens und gestand, daß er und die Seinigen nur aus Unwissenheit gesündigt hätten. ›Unschuldig sind wir an diesem Blute, denn da wir blöde und ganz unbekannt in euren Dingen zu Schiffe in diese Gegend kamen, zog uns Bohemund von Antiochien aus entgegen und sagte uns, die Bürger von Latakia seien falsche Christen … wir aber haben seinen Worten geglaubt und haben diese Bürger für höchst verbrecherisch gehalten … wir haben geglaubt, wir seien Gott Gehorsam, wenn wir diese erschlügen.‹«

Dann geht Bischof Daimbert nach Antiochia und schließt mit Bohemund ein politisches Bündnis. Die Grabeskirche bleibt in dem Wüten erhalten. »Der Herzog von Bouillon geht zum Grab unseres Herrn und verharrt dort in Tränen, Gebet und frommer Lobpreisung, Gott Dank sagend, daß er ihn gewürdigt hat, zu sehen, was ihm stets seine höchste Sehnsucht gewesen ist[38] … endlich war die Stadt des lebendigen Gottes und unserer Mutter ihren Kindern wiedergegeben worden.«

»Welch ein Tag, so lange herbeigesehnt. Oh Zeit, von allen Zeiten erinnerungswürdig. Tat vor allen Taten. Von allen Rechtgläubigen im Inneren war ja herbeigesehnt worden, daß der Ort … durch die an ihn Glaubenden nach dem Maß der ehemaligen Würde wiederhergestellt werde, durch die Reinigung von der Befleckung durch die heidnischen Bewohner, durch deren Aberglauben er solange vergiftet worden war.[39]« Dies ist eine Theorie, denn dann ist auch christliche Lehre abergläubisch. Selbst wenn jemand abergläubisch wäre, darf man ihm kein Leid zufügen.

Dann steht eine große Säuberungswelle an, denn Tausende von Toten müssen beseitegeschafft werden, damit die Leichen der Erschlagenen nicht die Luft verpesten und die Stadt bewohnbar wird.

»Der Gestank war fürchterlich. So zerrten die überlebenden Sarazenen die Toten vor die Stadttore und türmten sie so hoch wie möglich auf … sie wurden auf Scheiter-

Zeittafel im Umfeld des Ersten und Zweiten Kreuzzuges[*]

1095	(27.11.) Papst Urban II. ruft in Clermont zum Kreuzzug auf.
1096	(12.4.) Peter der Einsiedler stellt ein Pilgerheer zusammen, das u. a. Köln ansteuert. Kurz danach erfolgt der Aufbruch in das als heilig deklarierte Land; parallel dazu werden die Juden im Rheinland und weiteren Städten grausam verfolgt.
1096	(3.5.) Emicho von Leiningen beginnt mit seinen Vasallen die Juden in Speyer, Worms, Mainz, Trier u. a. zu verfolgen.
1096	(1.8.) Das Heer von Peter dem Einsiedler erreicht Konstantinopel.
1096	(15.8.) Offizieller beginn des Ersten Kreuzzuges.
1096	(21.10.) Das Heer von Peter dem Einsiedler wird bei Civetot vernichtet.
1096	(23.12.) Winterlager bei Konstantinopel.
1097	(26.4.) Gottfried von Bouillons Heer überschreitet den Bosporus. Er führt Eidverhandlungen mit dem byzantinischen Kaiser Alexios.
1097	(3.6.) Fünf Kreuzritterheere vereinigen sich vor Nicäa; am 19.6. Belagerung und Einnahme der Stadt.
1097	(30.6.) Sieg der Kreuzfahrer bei Dorylaion über die Seldschuken Kilidsch Arslans.
1097	(3.7.) Gemeinsamer Marsch des Kreuzfahrerheeres durch Anatolien und dann auf getrennten Wegen über den Tauros.
1097	(20.10.) Das Kreuzfahrerheer erreicht die Eiserne Brücke von Antiochia.
1097	(21.10.–3.6.1098) Beginn der Belagerung von Antiochia. Kurz danach wird die Stadt eingenommen.
1098	(15.6.) Entdeckung der heiligen Lanze.
1099	(13.1.) Aufbruch des Ritterheeres nach Jerusalem unter der Führung Raimunds von Toulouse. Bohemund bleibt in Antiochia.
1099	(7.6.) Beginn der Belagerung von Jerusalem.
1099	(13.6.) Der erste Angriff schlägt fehl.
1099	(14.7.) Jerusalem wird erobert und versinkt in einem Blutrausch; Gottfried von Bouillon gibt sich als Schutzherr des Heiligen Grabes aus.
1099	(29.7.) Tod Papstes Urban II. in Rom.
1099	(10.8.) Sieg der Kreuzfahrer über die Ägypter bei Askalon.
1100	(25.7.) Haifa in der Hand der Kreuzfahrer.
1100	(9.–11.11.) Balduin zieht in Jerusalem ein und nimmt den Titel eines Königs von Jerusalem an. Er wird am 25.12. in der Geburtskirche von Bethlehem gekrönt.
1101	(Juli) Lombardenzug von Kilidsch-Arslan wird geschlagen.
1101	(September) Der Kreuzzug der Aquitanier und Bayern unter Welf IV. wird in Anatolien geschlagen.
1102	Balduin I. erobern Akkon.
1110	Die Kreuzritter erobern Sidon und Beirut.
1116	(2.4.) Tod von Balduin I. bei el-Arisch.
1120	Konzil von Balus.
1124	Die Kreuzfahrer erobern Tyros.
1144	Zenghi erobert Edessa zurück.

*) *Zusammengestellt nach Johannes Lehmann: »Die Kreuzfahrer – Abenteurer Gottes«*

haufen verbrannt, die so groß waren wie die Pyramiden ... Gott allein weiß, wie viele es waren.« Noch Monate später liegt der Leichengeruch über der Stadt.

Das sinnlose Morden führt zu einem Zusammenbruch von Handel, Wirtschaft, Gewerbe und der rechtlichen Seite. Eine Geisterstadt ist entstanden. »Als sechs oder sieben Tage vergangen waren, begannen die Führer am achten feierlich zu verhandeln, um einen König zu wählen, der für alles sorgen und die Abgaben eintreiben sollte.«

Die Kleriker fordern die Wahl eines geistlichen Statthalters und erst danach die eines Königs: »Wenn es anders geschieht, so halten wir eure Wahl für unwirksam.« Und wieder sehen wir das römische Geplänkel zwischen den Zeilen. Folgerichtig kontert Wilhelm von Tyrus:»Einige aus dem Klerus scharten sich zusammen, aufgeblasene Menschen, denen nicht die Sache Jesu Christi am Herzen lag, sondern ihre eigene.« Nachdem der Graf Raimund von Toulouse dankend ablehnt und sagt: »Ich wünsche nicht König in Christi heiliger Stadt zu werden«, entscheidet man sich für den Herzog Gottfried von Niederlothringen. Er wählt den ehrfurchtsvollen Titel eines *Advocatus Sancto Selpulchri*; eines Anwaltes und Verteidigers des Heiligen Grabes. Er wird der erste christliche König von Jerusalem.

Nachdem das weltliche Amt besetzt ist, fehlt noch das kirchliche Oberhaupt. Es waltet über die Seelsorge die Armenpflege und er verwaltet die erheblichen Opfer der Pilger, die die größte Einnahmequelle der Stadt sind. Später kommen Kirchenzehnte und Einnahmen aus kirchlichem Landbesitz dazu.

Am 1.8.1099 wird Arnulf von Rohes, der Beichtvater des Herzogs Robert von der Normandie, zum Patriarchen gewählt. »Das ist gegen den Willen der guten Kleriker, die einwenden, Arnulf sei nicht einmal Subdiakon und der Sohn eines Priesters ... man erzählt schmutzige Geschichten über ihn.«

Er entdeckt, obwohl er die Echtheit der Heiligen Lanze anzweifelt, kurz danach das *echte* Kreuz Christi. Orthodoxe Priester hatten es versteckt und nach der Anwendung der Folter (?) wieder ausgeliefert. Den wertvollen Fund der Kaiserinmutter Helena hat man vergessen oder imitiert, denn es ist mehr als unwahrscheinlich, daß Jesus von Nazareth an einem solchen gestorben ist. Es stärkt die Bedeutung Jerusalems als Wallfahrtsort.

Die Belagerung, Plünderung und Niedermetzelung Jerusalems ist ein schweres Vergehen gegen die Fatimiden, denen die Stadt rechtmäßig gehört. Eine ägyptische Armee macht sich auf dem Weg und rückt 1099 bis Askalon vor.

Die Schlacht bei Askalon ist das letzte gemeinsame Unternehmen der Kreuzfahrerheere. Die Kreuzritter werden ob ihrer Grausamkeiten angeklagt und man droht mit Vergeltungsschlägen. Schon wieder steht die Existenz ihres ungefestigten Staates auf dem Spiel. Man rüstet zum Gegenangriff und am 12.8.1099 beginnt die Schlacht. Der Patriarch Arnulf segnet mit der *echten* Kreuzreliquie die Waffen und Panzer und der Autor der Gesta berichtet:

»Die Schlacht war schrecklich, doch Gottes Macht war mit uns. Die Feinde Gottes waren verwirrt und blind ... ein Teil der Ägypter wird hingemetzelt ... einige kletterten in ihrer Angst auf die Bäume , um sich zu verbergen, aber die Unseren töteten sie mit Pfeilen, Lanzen und Klingen[41] ... ein großer Teil der Heiden wandte sich der Küste zu und hoffte zu entkommen. Dort aber stieß ihnen Graf Raimund entgegen, hieb sie grausam nieder und verfolgte sie bis tief ins Meer hinein, wo 3000 von ihnen den Tod des Ertrinkens fanden[42] ... der Tod wurde den Fußleuten zuteil, den Freiwilligen und dem Stadtvolk, etwa 10 000 Seelen ... das Lager wurde geplündert und Al-Afdal suchte Zuflucht in der Stadt[43].« Im Triumphzug werden von den Siegern Viehherden, Waffen, Gold und den Banner des ägyptischen Wesirs Emir Af-Afdal eingebracht.

Die Verluste auf der ägyptischen Seite sind erheblich. Trotz der Niederlage bleibt Askalon noch ein halbes Jahrhundert in ägyptischem Besitz: es zahlt Tribute an den Sieger und bleibt unbehelligt.

Wilhelm von Tyrus: Ein historischer Berichterstatter

hat eine Geschichte Jerusalems hinterlassen. Er berichtet von stets neuen und noch höheren Steuern und er sagt:»Zur Strafe der Menschheit kam dann der (ägyptische) Kalif an die Regierung. Dieser Mensch, der alle seine Vorgänger und Nachfolger an Bosheit übertraf ... er war in allen Arten der Gottlosigkeit und Schlechtigkeit so einzig ... zu seinen schändlichen Taten gehört die Zerstörung der Auferstehungskirche ... von diesem Tage an verschlimmerte sich der Zustand der Stadt ... für ein unbedeutendes Wort wurden die Untertanen ohne Untersuchung ihrer Habe beraubt und zu Tod und Martern geschleppt. Söhne und Töchter holte man aus den Häusern der Eltern und suchte sie bald mit Schlägen bald mit Schmeicheleien und Versprechungen dazu zu bringen, ihrem christlichen Glauben abzuschwören ... wenn sie widerstanden, wurden sie an den Galgen gehängt.

Nachdem dieser nichtswürdige Fürst aus der Welt genommen war, kehrte unter der Regierung seines Sohnes teilweise Ruhe zurück. So wurde die Kirche zur heiligen Auferstehung im Jahr 1048 erbaut ... das gläubige Volk mußte sich fortwährend schlagen, anspeien, ins Gefängnis werfen lassen, kurz: es mußte alle Arten der Peinigung aushalten ... aber nicht nur im Morgenlande wurden die Gläubigen von den Gottlosen unterdrückt, auch im Abendlande, ja fast in der ganzen Welt. Hinterlist, Trug und Heimtücke hatten weiterhin alles in Besitz genommen ... die Liebe war in vielen Herzen erkaltet und kein Glaube war in der Welt zu finden.

Der kirchenräuberische Handel unterschied nicht zwischen Heiligtum und Profanem, die Bekleidung der Altäre, die Gewänder der Priester und die Gefäße des Herrn dienten als Beute ... auch trieb man überall ungestraft Unzucht als etwas Erlaubtes und ohne Scham. Der gottgefälligen Enthaltsamkeit gab man als einer unnützen Sache den Abschied ... auch die Geistlichen führten kein besseres Leben als das Volk, es

war, wie es im Propheten heißt: ›Die Bischöfe waren nachlässig geworden, stumme Hunde, die nicht zu bellen wagten und nach dem Ansehen der Personen handelten. Sie salbten ihre Häupter mit dem Öl des Sünders und verließen wie Söldlinge ihre Herde, wenn der Wolf kam.‹

So drohte den Bürgern täglich neues Verderben und eine unerhörte Last ... die Ungläubigen rissen selbst den Herrn Patriarchen am Bart und behandelten ihn als geringen und verworfenen Menschen ... oft schleppten sie ihn wie einen gemeinen Sklaven ohne alle Ursache ins Gefängnis ... ein viertel Teil der Stadt gehörte ihm[44].

Unterdessen entstand in Jerusalem durch die Bemühung einiger Böswilliger ein Streit zwischen dem Herrn Patriarchen und dem Herzog. Der Patriarch forderte nämlich von ihm die heilige, Gott geweihte Stadt Jaffa ... er gibt dann den vierten Teil von Jaffa an die Kirche zur Heiligen Auferstehung ab. Am nächsten Osterfest übergab er auch die Stadt Jerusalem mit der Davidsburg und allem, was dazugehört ... was wir hier erzählen, ist uns von anderen berichtet worden.«

Vom Werden eines Königreiches

Zu Weihnachten beten Bohemund, Herr über Antiochia, Balduin, Herr von Edessa, Tankred, Herr über Galiläa und Gottfried, der Herr über Jerusalem, feierlich in der Geburtskirche von Bethlehem. Kurz danach wird Daimbert vom Adel und dem Klerus zum neuen Patriarchen von Jerusalem gewählt; es ist das päpstliche Lehen obwohl, Albert von Aachen sagt: »Er erreichte es mehr durch Bezahlung von Geld, als durch die Wahl der neuen Kirche.«

Dieser bedeutende Rechtsakt wird am Dreikönigstag des Jahres 1100 mit einem gemeinsamen Bad im Jordan bei Jericho abgeschlossen.

Dann schließt Gottfried von Bouillon mit den ägyptischen Küstenstädten Tributverträge. Weitere Vereinbarungen werden mit den Scheichs von Transjordanien geschlossen. Ihr Kernland liegt östlich des Sees

Genezareth und wird von einem muslimischen Potentaten beherrscht. Allmählich nimmt der Kreuzfahrerstaat Profil an.

Gottfried verhandelt mit einer Delegation aus Venedig und es wird beschlossen, die Hafenstadt Akkon anzugreifen. Die Venezianer verlangen als Beute ein Drittel der Stadt, eine Straße und eine Kirche. Gottfried beauftragt, da er bereits kränklich ist, den Grafen Werner von Gray, zur Vertretung auf dem Feldzug. Da Akkon zu stark befestigt ist, wird erst Haifa im Sturm genommen. Der Patriarch reißt mehr Macht an sich.

Gottfried von Bouillon stirbt am 18.7. 1100, »nachdem er unter Tränen gebeichtet hat ... mit dem geistlichen Schild bewaffnet, aus dem Licht des Lebens.« Seine Leiche wird in der Grabeskirche beigesetzt. Auf seinem Sarkophag stehen die Worte: »Hier ruht Gottfried, der berühmte Graf von Bouillon. Er eroberte dieses Land für den christlichen Kult. Daß seine Seele mit Christus regiere. Amen.«

Nun soll Gottfrieds jüngerer Bruder Balduin, der Herr von Edessa, die Nachfolge antreten: »Er soll mit dem ganzen Heer nach Jerusalem kommen, um das Reich in Besitz zu nehmen, ehe ein anderer Erbe Gottfrieds den Thron des Reiches besteige.«

Hier liegt möglicherweise eine Intrige zugrunde, denn nach den Ausführungen des Werner von Gray geschah diese Botschaft mit Hinterlist: »Darum zürnte Gott und der Träger der Botschaft, der Geheimschreiber des Patriarchen namens Morelus fiel in Laodicea in die Hände des Grafen Raimund. Und so waren Brief und Botschaft umsonst und nutzlos und die ganze Treulosigkeit kam an den Tag.«

»Als Balduin erfuhr, daß die Bewohner Jerusalems von ihm erwarteten, als erblicher Fürst im Königreich Jerusalem die Nachfolge anzutreten, so trauerte er etwas über den Tod seines Bruders, aber er freute sich mehr über die Erbschaft. Nachdem Rat gehalten worden war, verlieh er seine Ländereien an den Grafen Balduin, seinen Cousin. Er versammelte eine kleine Armee von etwa 200 Rittern und 700 Fußsoldaten und begann seine Reise nach Jerusalem am 2. Oktober[45].«

Daimbert und Tankred sehen die Bedrohung auf sich zukommen. Daimbert zieht sich in ein Kloster zurück und Tankred flieht nach Galiläa. Als Balduin mit seinem Gefolge in Jerusalem ankommt, wird berichtet: »Als wir uns der Stadt näherten, kamen alle aus der Stadt, um Balduin zu begrüßen, Kleriker wie Laien, Griechen und Syrer und trugen Kreuze und Kerzen. Sie geleiteten ihn in die Grabeskirche in großer Freude und in Ehren und priesen Gott mit frohen Stimmen[46].«

Am 11.11.1101 nimmt Balduin den Titel des Königs von Jerusalem an. Er läßt sich den Eid der Treue schwören. Da die Staatskasse leer ist, unternimmt er Feldzüge in den Süden des Landes. Innenpolitisch bemüht er sich um Ruhe und dann kommt Daimbert aus seinem Kloster zurück. Er salbt Balduin zu Weihnachten in der Geburtskirche in Bethlehem.

Der König von Jerusalem beschuldigt den päpstlichen Legaten der Untreue. Balduin wendet sich an den Papst Paschalis und bittet um eine Klärung. Er schickt den Kardinal Moritz von Porto nach Jerusalem. Vor der Versammlung der Bischöfe, Äbte und Gläubigen klagt Balduin den Patriarchen des Mordversuches und Diebstahls an.

»In Gegenwart des Legaten der heiligen römischen Kirche beschuldigt Balduin den anwesenden Patriarchen auf Grund des abgefangenen Briefes der Untreue, des Verrats am Königreich Jerusalem und des Mordes, weil nämlich Balduin auf der Fahrt von Edessa nach Jerusalem hätte erschlagen werden sollen ... Der Patriarch kann sich von diesen Vorwürfen nicht reinigen, vor allem nicht von dem gottschänderischen Diebstahl am heiligen Holz des Kreuzes, von dem er Stücke abgeschnitten und verteilt hatte, und so ist er seines heiligen Amtes enthoben worden.«

Daimbert bedrängt den König, die Anklage fallenzulassen und er hilft mit einem Geschenk von 300 Dukaten nach. So kommt der päpstliche Legat wieder zu Amt und Würden und die Beziehungen werden besser. Daimbert scheint ein üppiges Leben zu führen, denn man wirft ihm vor:

Anspannung eines Rinderpaares vor den Pflug. Die Rinder sind in ein Genickdoppeljoch eingespannt; der Beetkehrpflug hat ein umsetzbares Streichbett und eine Umstellvorrichtung für das Sech. Oben rechts ein Engel. Herrad von Landsberg, Hortus deliciarum, 12. Jahrhundert.

»Wer am Altar dient, der soll auch vom Altar leben. Oder erfrechst du dich, zur Söldnerin und Magd die heilige Kirche zu machen, die unser Herr Jesus Christus, der Sohn Gottes, durch sein heiliges Blut aus einer Magd zur freien Herrin gemacht und der Obhut der Apostel vertraut und hinterlassen hat.«

Letztlich geht es um Finanzen. Kirche und Staat wollen auf Kosten der anderen leben und der König erwartet vom Patriarchen, daß er sich an den Kosten für die Armee beteiligt. EIn Kardinal bewegt den Patriarchen, 30 Ritter zu stellen. Daimberts Verhalten ist eines Bischofs würdig.

Erneut wird er angeklagt, dem König eine Geldspende für das Krankenhaus unterschlagen zu haben. Mittlerweile wird Daimberts Kämmerer und Diener verhaftet. Unter der Folter gibt er das Versteck der gehorteten Schäzte preis. Nach Albert von Aachen soll es sich um 20 000 Goldstücke und große Silbermengen gehandelt haben.

Kardinal Moritz stirbt im Frühjahr 1102. Schon damals steht im Mittelpunkt ein politisches Ränkespiel.

Da das Gemeinwesen wächst, ist Balduin ständig in finanziellen Nöten. Als eine Flotte aus Genua eintrifft, eröffnet Balduin im Mai 1101 die Offensive gegen die fatimidischen Küstenstädte. Er nimmt die Genuesen unter Vertrag und sichert ihnen ein Drittel der Beute zu. Dann wird Arsuf eingenommen und nun wagt man sich an die Hafenstadt Caesarea. Nach einer 14tägigen Belagerung geht man zum Sturmangriff über: »An diesem Tag trug der Herr Patriarch des Kreuz des Herrn zum Schutz und zur Verteidigung des katholischen Volkes voran, mit einem weißen Priestergewand als einem Panzer angetan[47].«

»Sie überstiegen auf Leitern die Mauern und richteten ein schweres Blutbad unter den Sarzenen an ... sie plünderten eine große Menge an Gold, Silber und kostbaren Purpurstoffen.« »Es geschah, daß unsere

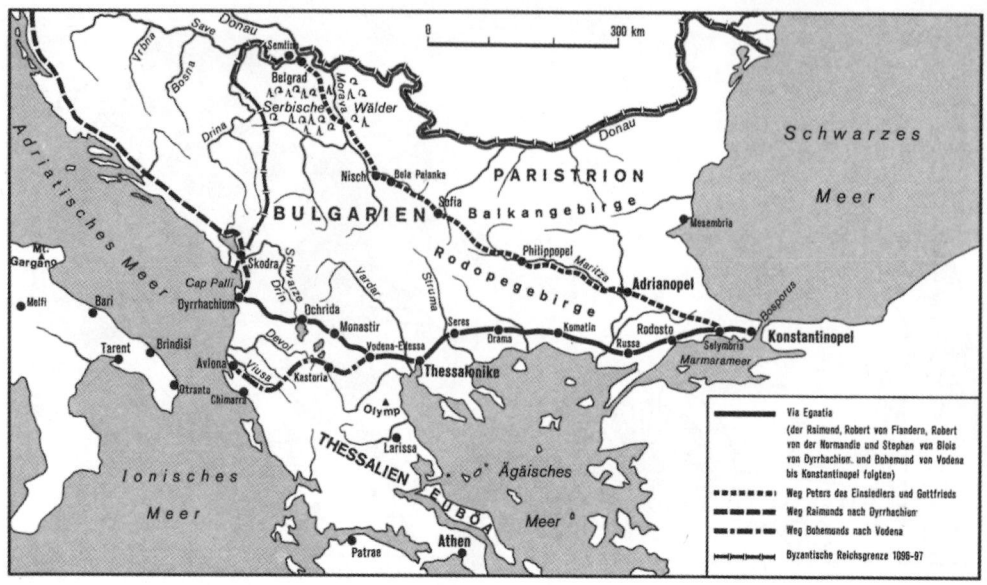

Die Balkanhalbinsel zur Zeit des Ersten Kreuzzuges. Die Balkanhalbinsel ist schon damals als Bindeglied zwischen dem Abend- und Morgenland ein kritischer Landstrich. Entnommen aus Johannes Lehmanns »Die Kreuzfahrer – Abenteurer Gottes«. Veröffentlicht mit freundlicher Genehmigung.

Männer einen Sarazenen mit der Faust ins Genick schlugen, und zehn bis 16 Goldstücke aus seinem Mund geschleudert wurden. Die Frauen versteckten auch schamlos Goldstücke in sich in einer Art, die böse war, und es ist für mich noch schamvoller, es zu erzählen.«

»Fast alle Männer wurden getötet. Aber sehr viele Frauen wurden verschont, weil man sie zur Bedienung der handgetriebenen Mühlen gebrauchen konnte. Die gefangenen Frauen, ob schön oder häßlich, kauften und verkauften sie untereinander ... Männer ebenso[48].«

Im Herbst 1101 rückt eine ägyptische Armee mit etwa 30 000 Mann gegen Ramla vor und auch hier kommt es zu einer ungleichen Schacht, denn Balduin verfügt nur über sehr wenige Truppen. Fulcher beschreibt ihre Kampfmoral: »Vorwärts, christliche Streiter, seid guten Mutes und fürchtet nichts. Verhaltet euch mannhaft und ihr werdet stark sein in der Schlacht. Ich beschwöre euch, kämpft für die Rettung eurer Seelen. Preist den Namen Christi, den diese Heruntergekommenen schmähen und nicht an seine Geburt und Auferstehung glauben. Wenn ihr erschlagen werdet, seid ihr unter den Gesegneten. Das Tor des himmlischen Königreiches steht euch schon offen. Wenn ihr als Sieger überlebt, wird euer Ruhm vor allen Christen erstrahlen. Wenn ihr allerdings zu fliehen wünscht; vergeßt nicht: Frankreich ist weit.«

»Da ist nur Grausamkeit, Unheil und nirgends Liebe. Mit schrecklichem Getöse hauen sie aufeinander ein; der eine wird niedergestoßen, der andere tödlich verwundet ... der menschliche Verstand empfindet Abscheu, wenn er dieses Elend vernimmt.«

Daimbert bleibt abgesetzt und nach der Ankunft des neuen römischen Legaten, Robert von Paris, holt Balduin zum letzten Schlag aus, denn er klagt Daimbert vor einem Konzil an. Alle Bischöfe Palästinas sind anwesend, dazu die Bischöfe von Tarsus und Mamistra. Albert meldet 22 Bischöfe und Erzbischöfe: hinzu kommen

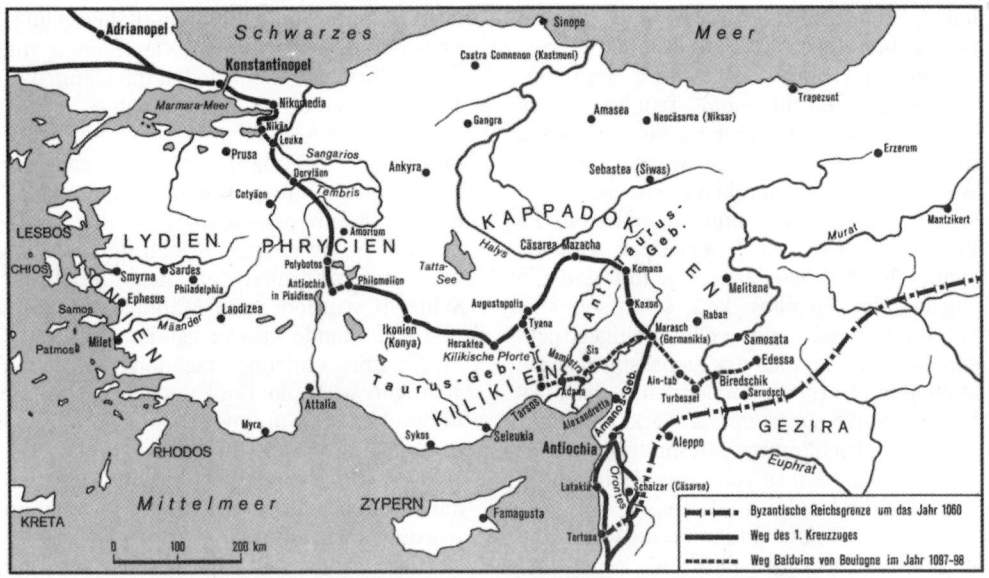

Kleinasien zur Zeit des Ersten Kreuzzuges. Ein wesentliches Problem ist die Versorgung und diplomatische Abstimmung des Reiseweges. Mangelhafte Koordination führt zu Konflikten. Entnommen aus Johannes Lehmanns »Die Kreuzfahrer – Abenteurer Gottes«. Veröffentlicht mit freundlicher Genehmigung.

acht Äbte aus Frankreich. Der Kardinal von Paris führt den Vorsitz und die Bischöfe von Piacenza und Laon assistieren ihm. Er wird beschuldigt und es zeigt sich, daß er in Jerusalem eine Miniaturausgabe des klerikalen Imperiums Roms aufzurichten sucht; verbunden mit Ämterschacher, Mord, Intrigen, Luxus und einer laschen Moral. So wird Daimbert abgesetzt und gebannt. Zum neuen Patriarchen wird Ebermar erhoben.

Balduin II.

ist bei seinem Regierungsantritt etwa 60 Jahre alt. Am Ostersonntag, dem 14.4.1118, setzt ihm der Patriarch Arnulf die Krone aufs Haupt. Er ist verheiratet mit der Armenierin Morphia. Seine Regierungszeit ist von steten Kämpfen begleitet. König Balduin II. von Jerusalem war als Lehnsherr von Tripolis und Edessa und als Regent von Antiochia nunmehr Herrscher des *östlichen* Roms.

Um 1120 wird eine Ratsversammlung im samaritanischen Neapolis (Nablus) gehalten, die man in gewisser Weise als konziliäre Veranstaltung bezeichnen kann.

In 25 Beschlüssen werden die wichtigsten Rechtsgrundsätze zusammengestellt: für den Beischlaf mit sarazenischen Sklavinnen werden Strafen auferlegt. Christen sollen keine Ungläubigen heiraten. Dies wächst sich zum Problem aus, denn es herrscht christlicher Frauenmangel ... abgesehen von einem Schiff voller Huren. Der Sekretär des Sultans Saladin, Imad ad-Din al-Isfahani sagt dazu:

»Mit einem Schiff kamen 300 schöne fränkische Frauen im Schmucke ihrer Jugend, die sich jenseits des Meeres gesammelt und der Sünde verschrieben hatten; sie hatten ihr Vaterland verlassen, um den in der Fremde Weilenden zu helfen; sie hatten sich gerüstet, um die Unglücklichen glücklich zu machen ... sie brannten vor Lust auf das Zusammensein und die fleischliche Vereinigung. Alle waren zügellose Dirnen, hochfahrend und spöttisch, die nahmen und gaben, fest im Fleisch und sündig, Sängerinnen und kokett, feurig und entbrannt, gefärbt und bemalt. Trunkene junge Mädchen, die nach der Liebe verlangten und sich verkauften ... sie waren außergewöhnlich und dümmlich ... sie verteilten sich auf die Zelte ... und sie öffneten die Pforten der Genüsse ... vernähten sich die spaltenden Schlitze, tauchten unter in die Quellen der Zügellosigkeit, schlossen sich ein im Gemach und wollten hingestreckt sein auf dem Teppich des Liebesspiels ... sie stillten den Durst der Liebenden ... das alles hielten sie für ein frommes Werk, dem kein anderes gleichkommt, besonders gegenüber denen, die fern von ihrem Heimatland und von den Frauen weilen.«

In den Hafenstädten weitet sich die Prostitution aus, so daß der Papst den Klerus warnen muß, an Dirnen zu vermieten. »Denn«, so der Bischof Jacob von Bitry, »da die Dirnen hohe Mieten zahlen, vermieten nicht nur Laien, nein, sogar Geistliche und Mönche in allen Stadtvierteln ihre Häuser an notorische Huren.«

Über die Bevölkerung Akkons, deren Bischof er ist, sagt er: »Sie halten den Ehebruch nicht für eine Todsünde ... von Kind auf sind sie den fleischlichen Lüsten ergeben ... Männer erwürgen nachts ihre Frauen, weil sie ihrer überdrüssig sind; Frauen bedienen sich der alten Methode des Giftmischens, um ihre Männer umzubringen, damit sie andere heiraten können ... ja selbst die Priester wälzen sich im Kot und schrecken vor den ärgsten Sünden nicht zurück.« Dann kommt es zur Schlacht bei Harran, die die Kreuzfahrerstaaten erheblich schwächt. Jetzt greift Ridwan von Aleppo die geschwächten Kreuzfahrerstaaten des Nordens an. Alexios I. setzt eine Armee in Bewegung, die im Sommer 1104 die Städte Tarsus, Adana und Mamistra zurückerobert.

Bohemund erkennt seine schwierige Position. Er reist 1105 mit Daimbert nach Italien, um Streiter für die Kreuzfahrerstaaten anzuwerben. Bohemund stirbt in Apulien. Immer wieder steht die Existenz der Kreuzfahrerstaaten auf dem Spiel. 1110

wird Sidon erobert. Balduins Kriegsgelüste bringen immer neue Schwierigkeiten mit sich; so bricht er den Frieden mit Damaskus 1113 und Ibn al-Qalanisi berichtet:

»Balduin fuhr fort, ständige Raubzüge im Distrikt Al-Bathaniya, einer Provinz von Damaskus, zu unternehmen ... beide Seiten fochten Mann an Mann. Gott der Großherzige, er sei gepriesen, gab den Muslins nach drei Angriffen den Sieg. Bei dieser Schlacht wurden 2000 Männer von Rang und bedeutende Krieger getötet.

Balduin entkam, nachdem er schon gefangen war. Die Tiere und die Habe der Fußsoldaten wurden erbeutet und eine große Zahl wurde im See ertränkt. Das Wasser war so mit Blut durchmischt, daß die Truppen für einige Tage angehalten wurden, nicht daraus zu trinken.« Wieder werden Friedensverträge geschlossen und gebrochen. Balduin läßt 1115 die Grenzburg Monréal errichten, mit der er die Handelsstraße Mekka-Damaskus kontrolliert.

Ritterorden – Mönche im Panzerhemd

In die Regierungszeit des zweiten Königs von Jerusalem fällt die Entstehung der Ritterorden. Sie haben zunächst mit den Kreuzfahrern nichts zu tun, denn ihr Ziel ist, die Pilger auf den öffentlichen Straßen zu überwachen und zu schützen.

Um 1070, ein Vierteljahrhundert vor dem Beginn der Kreuzzugszeit, gründen einige fromme Kaufleute aus Amalfi nach der Zustimmung des ägyptischen Kalifen nahe an der Grabeskirche ein Mönchskloster zu Ehren der *Heiligen Jungfrau Maria*, das den benediktinischen Regeln folgt. Daraufhin wird ein Nonnenkloster zur *Heiligen Maria Magdalena* gebaut und schließlich das *Hospital zum Heiligen Johannes*. Sie können täglich etwa 2000 Leute beköstigen. Daraus entstehen die Johanniter, ein Kombinat zwischen Wallfahrtsherberge und Krankenhaus. Es wird dem barmherzigen Johannes Elemosynarius geweiht, einem Kleriker des 7. Jahrhunderts. Als die Kreuzfahrer in Jerusalem ankommen, steht das Hospiz unter der Leitung eines Gerhard. Er gründet eine 1113 bestätigte Bruderschaft. Sie widmen sich der Pflege der Kranken und nennen sich Hospitaliter. Sie trösten Sterbende und bestatten Tote. Gerhard stirbt 1118.

Doch ihnen ist Konkurrenz durch die Templer erwachsen. Diese Bruderschaft geht auf den Bund der beiden Ritter Hugo von Payens und Gottfried von Saint-Omer zurück, die um 1100 ins Heilige Land gekommen sind und beschlossen haben, ihre Waffen in den Dienst der immer zahlreicher heranströmenden Pilger zu stellen.

Hugo von Payens wirbt sieben Ritter für den Pilgeschutz an und erhält, wohl schon von Balduin I., die Erlaubnis, sich mit seinen Genossen in einem Flügel des salomonischen Tempels einzuquartieren. Damit ist der erste Schritt zu dem militärisch orientierten Orden getan; der planende Kopf des Unternehmens ist Hugo von Payens. Die Templer gelangen rasch zu Reichtum, sie erwerben sich die Gunst des Königs und erhalten Privilegien. Durch den Grafen Hugo von der Champagne, dem neunten Tempelritter, gelingt es, Beziehungen zu Bernhard von Clairveaux herzustellen. Der Statthalter schreibt an ihn: »Balduin II., durch die Gnade Jesu Christi König von Jerusalem und Fürst von Antiochien, dem ehrwürdigen Vater Bernhard, Abt von Clairveaux, ehrerbietigen Gruß. Die Tempelbrüder, die Gott gerufen hat zu der Verteidigung unseres Landes und denen er seinen besonderen Schutz gewährt, wünschen apostolische Approbation und ihre eigene Ordensregel zu erhalten ... sie möge so sein, daß sie für Männer paßt, die in den Wirren des Krieges leben ... doch auch so, daß sie für christliche Fürsten annehmbar sind. Soweit es an Dir liegt und es Gott gefällt, führe diese Sache zu einem schnellen und glücklichen Ausgang.«

Er reist 1128 nach Frankreich, um zu erreichen, daß die Satzung auf der Synode von Troyes beraten wird. Bernhard verfaßt unter dem Titel *Vom Lob der neuen Ritterschaft* eine Werbeschrift. Er unterwirft die Mitglieder einer strengen Zucht, den Geboten der Armut und der Ehelosigkeit. Hugo von Payens würzt sie mit militärischen Komponenten und nachdem der Patriarch Stephan von Jerusalem weitere Änderungen einbringt, tritt die Satzung in Kraft. Der Orden ist dem Papst unterstellt. Sie sind kaserniert, tragen zum Zeichen der Unschuld weiße Mäntel mit einem roten Kreuz, das für den Märtyrertod steht und gegen die Feinschaft der Ungläubigen gerichtet ist, unterscheiden sich nach Rittern, Dienern und Kaplänen. Außerdem ist er eine Kampftruppe gegen die Muselmanen; also im christlichen Sinn gegen die Ungläubigen.

Der heilige Bernhard empfiehlt den Anhängern, sich selten zu waschen, keine Briefe zu schreiben, sich nur mit der Hilfe von Knappen an- und auszuziehen, an keinen Falkenjagden teilzunehmen und sagt: »Wer einen Heller besitzt, ist selbst keinen wert.« Zwar leuchtet hier das Christentum durch, doch es wird festgeschrieben: »Der Christ, der den Ungläubigen in einem heiligen Krieg tötet, ist seines Lohnes sicher ... der Christ frohlockt über den Tod des Heiden, denn er gereicht Christus selbst zum Ruhme.«

Durch Privilegien werden sie zum Staat im Staate. Aufgrund des wachsenden Reichtums können sie das Gebot der Armut nicht mehr aufrecht erhalten. Für das Jahr 1180 wird die Zahl der Johanniter mit 300 und die der Templer mit 600 angegeben.

Die Johannesbrüder sehen in ihnen eine Konkurrenz und beginnen ihnen nachzueifern. Ihre Satzung lehnt sich an die Regel der Augustiner an und sie erhalten sie erst 1115. Sie tragen einen roten Mantel mit einem weißen Kreuz. Daraus formieren sich die Johanniter, nach Johannes von Alexandria. Schon 1135 wird den Johannitern die Burg Betgibelin an der Straße von Hebron nach Askalon anvertraut.

Auch die dritte große Rittergemeinschaft, der Deutsche Orden, wurzelt in der Frühzeit des Königreiches Jerusalem. 1118 errichtet ein unbekannter Deutscher zusammen mit seiner Frau eine Pilgerpension für Deutsche in Jerusalem. Kurz danach erwirkt er vom Patriarchen die Erlaubnis zum Bau einer Marienkapelle. 1127 for-

miert sich daraus eine deutsche Bruderschaft mit einem eigenen Regelwerk; sie tragen einen weißen Mantel mit einem schwarzen Kreuz.

Überschneidungen können nicht ausbleiben. Bei Akkon unterhalten die Orden der Templer und Johanniter am gleichen Wasserlauf Getreidemühlen. Als die Templer einen Damm errichten, kommt es zum Streit mit Johannnitern, in den der Papst eingreift.

Die Ritterorden sind in gewisser Weise ein kleines stehendes Heer und deshalb für die Staatslenkung von Bedeutung. Hier verbinden sich Moral und Schlagkraft. In rascher Folge entstehen mächtige Kreuzfahrerburgen. Sie werden Zentren der inneren Kolonisation. Außerdem folgen eine Reihe von Klostergründungen, z. B. Bethanien am Fuß des Ölberges. Aus diesen Orden entstehen Großorganisationen. Sie erheben in eigener Regie Steuern.

Wilhelm von Tyrus schreibt über sie: »Die Besitzungen der genannten Brüder dies- und jenseits des Meeres sind groß … ihr Vermögen soll königlich sein … Lang blieben sie ihren guten Vorsätzen treu und übten den Beruf mit großer Klugheit … nachher aber legten sie ihre Demut ab, die die Hüterin aller Tugenden ist … selbst den Kirchen wurden sie beschwerlich … indem sie Eingriffe in Kirchenbesitz vornahmen.«

Es bildet sich ein *öffentliches* Leben in Jerusalem heraus. Bunter und vermischter als vordem. Sprach- und Religionsgemeinschaften verschmelzen und die Sitten verbinden sich zu einem friedlichen Durcheinander. Es dauert etwa 40 Jahre, bis Ruhe einkehrt, doch dann bricht die waghalsige Konstruktion zusammen.

⇐

Jacques de Maillé, Marschall der Templer, und viele andere Ritter finden einen ehrenvollen Tod im Heiligen Land. Stich von Gustave Doré für »L'Histoire des Croisades«. Bildnachweis: Biblithèque Nationale (Estampes).

Balduin II. hat keine Söhne, dafür aber vier Töchter. Er will in Armut sterben, legt eine Mönchskutte an und stirbt am 21.9. 1131. Drei Wochen später wird in der Grabeskirche am 14.10.1131 König Fulcho und Königin Melisendis gekrönt. Es kommt zu Rangeleien und Morden. Dann geschieht das längst Fällige: Türken und Byzantiner gehen gegen die Kreuzfahrerstaaten vor.

Kaiser Johannes von Byzanz, seit 1118 Nachfolger des Kaisers Alexios I., beschließt, die eroberten Gebiete zurückzugewinnen. Am 28.11.1144 schließt Zengi mit einem großen Heer Edessa ein und der dort residierende Erzbischof muß die Verteidigung organisieren. Die Stadt wird Sonnabend dem 26. Guamada (23.12.1144) gestürmt und der arabische Chronist Ibn al-Kalasani sagt: »Es war ein riesiges Blutbad und Tausende werden getötet. Man zieht Männer und Frauen nackt aus und zwingt sie vor den Pferden herzulaufen … die Straßen waren mit Leichen bedeckt.«

Zwischenspiel

Der Sieg über Jerusalem führt zu einer europäischen Landflucht in Richtung Naher Osten. Neue Glücksritter machen sich auf die beschwerliche Reise, um das unchristliche Glück zu suchen. Unter ihnen befindet sich der Graf Stephan von Blois. Wieder wagen sich Zehntausende – Albert von Aachen berichtet von 20 000 – die Donau entlang nach Konstantinopel, um in das Gelobte Land zu ziehen.

Im Frühjahr 1101 machen sich die Kreuzfahrer in drei Kolonnen auf den Weg durch Kleinasien. Tausende kommen im Hagel türkischer Pfeilschützen um, Tausende werden erschlagen, verdursten und verkrüppeln als von den Türken in die Gefangenschaft geführt. Nur wenige von ihnen, unter ihnen der Graf Raimund, erreichen die Stadt Sinope am Schwarzen Meer und schiffen sich nach Konstantinopel ein.

Ein zweiter Troß unter dem Grafen Wilhelm II. von Nevers nimmt den üblichen Weg, wird von türkischer Reiterei umzingelt

Die Templer errichten mächtige Bollwerke, wie den Krak des Chevaliers. Nach einem Modell des 19. Jahrhunderts. Quelle: Musée des Arts Décoratifs.

und vernichtend geschlagen. Ein dritter Zug unter Wilhelm IX. von Poitiers und Welf IV. von Bayern werden von türkischen Bogenschützen aufgerieben. Auch er endet mit einem Blutbad. Am 5.9. endet der Kreuzzug der Lombarden, ein Anhängsel des ersten, mit einer Katastrophe.

Graf Raimund von Toulouse ist der Verlierer. Er spekuliert, Tankred Antiochia wegzunehmen. Er geht in Tarsus an Land, wird von Häschern gefangen und nach dem Versprechen freigelassen, auf Antiochia zu verzichten. Kurz danach beginnt er mit etwa 400 Mann Tripolis zu belagern: er besitzt kein Schiff; aus diesem Grund ist es ein unmögliches Unterfangen. Er errichtet gegenüber der Stadt die Felsenburg Mont Pélerin (Pilgerberg), wo er zwei Jahre danach, am 28.2.1105 stirbt, ohne daß er und sein Gefolge das Geringste erreicht haben.

Fall von Edessa

Der Verlust von Edessa ist der erste große Rückschlag im Kampf der Kreuzfahrer um die Länder des Nahen Ostens. Die Nachricht schlägt wie eine Bombe im Abendland ein. Der Fall Edessa löst den nächsten Kreuzzug aus. Die Eroberung Edessas wird in der islamischen Welt als Triumph gefeiert.

Der Dritte Kreuzzug

Papst Eugen III. hält sich im Frühjahr 1145 in Viterbo auf. Hier begegnet ihm eine Delegation der Kreuzfahrerstaaten mit der Bitte um Beistand. Der eine Wortführer ist der lateinische Bischof Hugo von Daschbala, der andere vertritt die kilikischen Armenier. Sie schildern ihm, wie ihnen Bischof Otto von Freising mit tränenerstickter Stimme den Fall von Edessa geschildert hat. Da seine Möglichkeiten eingeschränkt sind, schreibt er im Dezember an den französischen König Ludwig VII. Er fordert ihn zu einem Kreuzzug auf und verspricht ihm im Gegenzug die Vergebung seiner Sünden. Er meint die, die er sich im Zusammenhang mit Vitry aufgeladen hat.

Hier läßt er 1142 mehr als 1000 Bewohner hinmetzeln, weil er wegen der Besetzung des bischöflichen Stuhles in Bourges aneinandergeraten ist. Damals hat der Papst erfolglos Ludwig VII. exkommuniziert. Die Gehetzten fliehen voller Angst in eine Kirche und werden umgebracht; es ist ein Bruch des Gottesfriedens.

Obwohl der König spontan und positiv reagiert, verweigern ihm die Feudalherren die Zustimmung, ohne die er hilfslos ist. Deshalb wird die Entscheidung auf den nächsten Hoftag verschoben, der für Ostern 1146 in Vézélay vorgesehen ist. Zur Seele und zum Propagandisten des folgenden Kriegszuges profiliert sich

Bernhard von Clairveaux

Er wird 1091 als Sohn eines burgundischen Ritters in Fontaines bei Dijon geboren. Er stirbt 1153 als Abt und wird 1174 heiliggesprochen. Es handelt sich um eine der faszinierendsten Gestalten der Kirchengeschichte des 12. Jahrhunderts.

Als die Wirkung von Cluny nachläßt, melden sich Kritiker, deren Wortführer die Zisterzienser sind, so genannt nach *Cistertium*, dem lateinischen Namen von *Citeaux*, ihrem Mutterkloster. Sie verzichten auf die Sklavenhaltung und pflügen ihre Äcker selbst. Wegen ihrer einfachen und ungebleichten Kutten nennt man sie die *grauen Mönche*.

Der Adelige ist dank seines rednerischen Talents und wohl wegen seiner organisatorischen Fähigkeiten rasch im Orden aufgestiegen. Er gilt als der größte Prediger aller Zeiten (Hauck) und handelt sich darum vereinzelt die Bezeichnung *Der Honigsüße* ein.

Er gründet 1115 das Kloster Clairveaux und schafft hier als Abt eine umfassende Organisation von Tochterklöstern. Er gehört zu den wenigen, die etwas schaffen und ihrem Leben einen Sinn geben wollen, die verändern, kämpfen und gestalten. Obwohl er sich bescheiden gibt, sich als *gemeinen Wurm* und *als das bißchen, das ich bin* bezeichnet, verfügt er über ein bannendes Charisma. »Eine genau dosierte Leidenschaft geht von seinen Worten aus … so dringt er in die Herzen der Zuhörer und entwickelt demagogische Fähigkeiten.«

Trotz seines Reformeifers ist er ein konservativer Geist, der die weltlichen Aktivitäten der Kirche einzudämmen sucht. Er versteht sich als Wächter des Glaubens, als Sachwalter einer inbrünstigen Christusmystik und einer schwärmerischen Marienverehrung. Über ihm schwebt eine gewisse dogmatische Starre.

Bernhard von Clairveaux bestärkt den Papst in seiner Haltung und so wendet er sich im März 1146 ein zweites mal an den französischen König. Jetzt werden die Privilegien für die Kreuzfahrer definiert:

- Vergebung ihrer Sünden
- Schutz für Eigentum und Angehörige
- Zinserlaß

Bernhard von Clairveaux erhält den Auftrag, den Kreuzzug zu predigen; einen besseren hätte die Kurie nicht finden können. Er widmet sich dieser Aufgabe mit einer unglaublichen Leidenschaft und wird zum Wortführer einer aus heutiger Sicht absurden Idee.

Vorfeld

Zu Ostern 1146 finden sich Tausende in Vézélay ein, um den Worten des begabten Abtes zu lauschen: »Du tapferer Ritter, du Mann des Krieges, jetzt hast Du eine Fehde ohne Gefahr, wo der Sieg Ruhm bringt und der Tod Gewinn. Bist Du ein kluger Kaufmann, ein Mann des Erwerbes in dieser Welt, einen großen Handel sage ich Dir an. Sieh zu, daß er Dir nicht entgeht. Nimm das

Kreuzeszeichen und für alles, was Du reuigen Herzens beichtest, wirst Du auf gleiche Weise Ablaß erhalten. Das Holz selbst kostet wenig, wenn man es kauft. Wenn es demütig auf die Schulter genommen wird, ist es ohne Zweifel das Reich Gottes wert[49].«

»Jetzt bewirken es unsere Sünden, daß dort die Feinde des Kreuzes ihr gottloses Haupt erhoben haben und mit der Schärfe des Schwertes das gesegnete Land verwüsten ... Was tut ihr, tapfere Männer? Werdet ihr das Heilige den Hunden und die Perlen den Säuen vorwerfen ... der Herr entlohnt seine Streiter durch den Nachhlaß der Vergehen und die ewige Herrlichkeit ... Selig nenne ich die Generation, die den Zeitpunkt derart reichlicher Vergebung ergreift ... Gürtet euch mannhaft und ergreift im Eifer für den christlichen Namen die glückbringenden Waffen.«

Mit solchen Worten werden die französischen Machthaber überzeugt. Schon nimmt der König Anleihen zur Finanzierung des waghalsigen Unternehmens auf und verhandelt mit den Byzantinern wegen der Durchreise.

Am 22.12.1146 predigt der Abt im Straßburger Münster, um sich dann auf einem Rheinschiff mit hochrangigen Geistlichen nach Speyer zu begeben. In Hagenbach, in einem kleinen Gasthaus, wo man Quartier bezogen hat, wird dem als heilig Angesehenen eine gelähmte Frau vorgeführt: »Bernhard erhebt sich, um sie zu segnen ... und jene begann sogleich ohne Stock zu wandeln, überfließend von Segenswünschen und Lobpreisungen.«

Bernhard von Clairveaux will in der damals größten Kirche der deutschen Christenheit das Geburtsfest des Erlösers feiern, sofern dies kein Vorwand ist, denn er will

Bernhard von Clairveaux gilt als der wortgewaltigste Redner des hohen Mittelalters. Er ruft zum Zweiten Kreuzzug auf, der mit einer klerikalen Niederlage endet. Bernhard von Clairveaux beeinflußt den deutschen Kaiser Konrad III. zur Teilnahme am Kreuzzug.

den deutschen Stauferkönig Konrad III. parallel zur Teilnahme am beabsichtigten Kreuzzug bewegen.

Konrad III. ist seit 1138 König und und vor allem damit beschäftigt, politische Wogen zu glätten. Der bayerische Herzog Heinrich XI. Jasomirgott macht ihm Probleme und Roger II. baut in Sizilien seine Machtposition aus.

In Speyer ist die Geistlichkeit gut vertreten. Die Bischöfe von Speyer, Worms, Straßburg, Konstanz, Basel und Lausanne sind anwesend, die weltliche Seite durch den Herzog Konrad von Burgund und den jungen Herzog von Hohenstaufen – den späteren Kaiser Barbarossa – und natürlich der Machthaber selbst. Obwohl er dem Vorhaben kritisch gegenübersteht, beginnt er umzufallen, denn Bernhard von Clairveaux sagt am Schluß seiner Predigt: »Oh Mensch, was habe ich nicht alles für Dich getan ... habe ich Dir nicht Gesundheit und Geisteskraft verliehen und habe ich Dich nicht reich und zum König und Monarchen gemacht? Und Du, Mensch, was hast Du für mich getan?« Die rhetorische Attacke bringt das königliche Herz zum Schmelzen und er soll unter Tränen gesagt haben: »Ich bin bereit, Gott zu dienen ... denn er selbst hat mich gerufen.«

Obwohl das keine Zusage ist, wird es von den Geistlichen so interpretiert. Bernhard segnet ihn, bezeichnet ihn mit dem Kreuz und überträgt ihm den Banner des Reiches, »den er selbst mit eigener Hand dem Heere des Herrn vorantragen soll.« Bernhard von Clairveaux unternimmt eine regelrechte Kundgebungsreise, die ihn von Burgund über Lothringen nach Frankfurt führt.

Anläßlich des Reichstages in Frankfurt kommt der Abt den Interessen sächsischer Fürsten entgegen. Er billigt einen Kreuzzug gegen die Slawen im Osten und gewährt den Teilnehmern die Vergebung ihrer Sünden. »Wir verlangen auf den Rat des Herrn Königs und der Bischöfe und Fürsten hin, die in Frankfurt versammelt sind, daß die Heeresmacht der Christen gegen die Slawen bewaffnet wird und das Heilszeichen nimmt. Um jene Heiden völlig zu vernichten

oder sicher zu bekehren ... wir verheißen ihnen die Vergebung ihrer Sünden ... bis mit Gottes Hilfe ihr religiöser Brauch oder ihr Volk vernichtet ist.«

»Wo Bernhard auch auftritt, strömen die Menschen zusammen, um verzückt und gebannt seinen berauschenden Tiraden zu lauschen.« Ob sich in Kardinal Faulhaber wohl ein würdiger Nachfolger gefunden hat?

Erneute Judenpogrome

Jetzt wiederholt sich das Schauspiel des Ersten Kreuzzuges, denn durch das unchristliche Aufstacheln des fanatisierten Abtes werden die Massen aufgewiegelt. Wieder wendet sich der Haß des Volkes gegen die Juden; in Worms, Köln, Mainz, Speyer und weiteren Städten werden sie diffamiert; es betrifft auch Würzburg. »Alle eilen denn zu dem Ort, den einst die Füße Jesu berührten, heften sich vermessen das Zeichen des Kreuzes an, zwingen fast auf dem ganzen Marsch die angetroffenen Juden zur Taufe und töten die Widerspenstigen auf der Stelle ... als im Februar die Kreuzfahrer in Würzburg zusammenströmten, wurde der Leichnam eines zerschnittenen Mannes aufgefunden ... man ergreift gleichsam die Gelegenheit, die Juden anzugreifen. Bürger wie Fremde dringen voller Wut in ihre Häuser, gehen auf sie los und töten sie; Greise, Männer, Frauen und Kinder ohne Unterschied.«

Es geht soweit, daß der Erzbischof von Mainz Bernhard von Clairveaux bittet, »schleunigst ins Rheinland zu kommen, um den gefährlichen Umtrieben entgegenzuwirken.« Der Zisterziensermönch Radulf hat hier ohne Erlaubnis einen Kreuzzug gepredigt. Der heilige Bernhard verweist ihn in sein Kloster und stellt sich teilweise schützend vor die Juden: »Sie dürfen nicht verfolgt und getötet werden und nicht einmal verjagt ... sie sind in alle Himmelsrichtungen zerstreut, damit sie Zeugen unserer Erlösung sind, solange sie überall die gerechte Strafe für eine so große Untat erleiden.«

Aufbruch in Regensburg

Der deutsche Kreuzzug bricht Ende Mai 1147 unter Konrad III. auf, nachdem sich das Heer bei Regensburg gesammelt hat. Es handelt sich um etwa 20 000 Kreuzfahrer mit einer soliden Ausrüstung. Die Herzoge Friedrich von Schwaben, Heinrich von Österreich und Welf von Bayern, die Markgrafen Wilhelm von Montferrat und Hermann von Baden sowie die Bischöfe Otto von Freising, Stephan von Metz und Heinrich von Toul folgen dem Troß. Die Zusammensetzung ist problematisch, weil nationale Emotionen das Feuer schüren und unterschiedliche Herrschaftsgelüste zusammentreffen. An eine einheitliche Disziplin ist nicht zu denken.

Ohne größere Schwierigkeiten wird Ungarn erreicht. Zwischen Belgrad und Philippopel, schon auf byzantinischem Gebiet, verliert der König die Kontrolle und es kommt zu Plünderungen. »Als die Deutschen in den Wirtshäusern (von Philippopel) saßen, setzte sich ein Gaukler zu ihnen … er begann zu trinken und zog dann eine an seiner Brust verborgene Schlange hervor …die Deutschen zerreißen ihn in Stücke, weil sie behaupten, die Griechen hätten sie mit Gift töten wollen … die Byzantiner fliehen in die Stadt, holen ihre Bogen und vertreiben die Deutschen aus der Vorstadt … besonders in den Herbergen sind viele getötet worden. Als sie aber Verstand und Waffen wiedererlangt hatten, kamen sie zurück und brannten außerhalb der Mauern fast alles nieder, um ihre Ehre und den Mord an den anderen zu rächen[50].«

Bei Adrianopel (Edirne) wird ein deutscher Ritter von Einheimischen umgebracht. Friedrich von Schwaben unternimmt einen Rachefeldzug. Ein Kloster wird gestürmt, niedergebrannt und deren Mönche getötet.

Kurz vor Konstantinopel werden die Kreuzfahrer von einem schweren Unwetter heimgesucht:»Wir rannten trotz der großen Überschwemmung mit unseren Rossen und jeder versuchte, über den Fluß zu kommen. Da sah man die einen schwimmen, die anderen sich an die Pferde klammern, wieder andere ließen sich von den Stricken jämmerlich fortziehen, um der Gefahr zu entrinnen … andere stürzten sich kopflos in die Fluten und versanken, weil sie sich mit anderen umschlangen[51].« Am 10.9.1147 wird Konstantinopel erreicht.

Aufbruch der Franzosen

Schlacht bei Dorylaion

Das französische Heer der Kreuzfahrer tritt am 8.7. 1147 vom Kloster St. Denis aus dem Zug ins Heilige Land an. Die Königin nimmt an der Seite ihres Mannes an diesem Vorhaben teil. Es ist Eleonore von Aquitanien. Sie ist 24 Jahre alt und schön, wenn wir den Chronisten folgen … doch ihr Ruf bereits ein wenig angeknackst; dem untüchtigen Ludwig ist sie an Intelligenz und Tatkraft überlegen.

Ende Juni 1047 erreicht man den Rhein bei Worms und am 29.6 Regensburg. Hier erwartet sie eine Gesandschaft aus Konstantinopel. Der Marsch durch Ungarn und den Balkan verläuft friedlich. Nach vereinzelten Plünderungen treffen die Franzosen im Oktober in Konstantinopel ein.

Man zieht der Küste entlang in das byzantinische Gebiet nach Syrien. Im Oktober 1147 hält man sich in Nicäa auf, wo der König den schwerfälligen Heerwurm teilt. Er bricht mit Rittern am 15.10.1147 zur Durchquerung Anatoliens auf. Zehn Tage danach erreicht man Dorylaion. Hier kommt es zur Schlacht mit Sarazenen.

»Da plötzlich erhebt sich aus der Stille der tiefsten Nacht Lärm im Lager. Die Geschosse der Bogenschützen zeigen an, daß eine große Sarazenenschar da ist. Während jeder versucht, für sein Leben zu sorgen und sich in eilender Flucht dem Schwert, das seinem Halse droht, zu entziehen, ergießt sich plötzlich eine Menge Barbaren ins Lager der Christen und bringt die vor Mühsal kaum noch atmenden Glieder der Pilger zum Erschlaffen. Es werden die Diener Christi von den Götzendienern niedergehauen, und keiner konnte sich wehren[52].«

Ein erheblicher Teil des deutschen Ritterheeres, das ausgezogen ist, um den Ungläubigen das Fürchten zu lehren, ist vernichtet und von den Truppen des seldschukischen Sultans Masud I. geschlagen. König Konrad von Schwaben gelingt die Flucht. Das Lager mit allen darin befindlichen Wertsachen fällt den Türken zu. Ein Teil der Überlebenden hat des Streitens genug und geht nachhause zurück.

Nun trifft der französische König mit seinem Heerhaufen im November in Nicäa ein und die beiden Herrscher beschließen, gemeinsam vorzugehen. Man wählt den weniger gefährlichen Weg entlang der Küste. Wieder trifft sie der unerbittliche Hunger und Durst: »Als sie schließlich fast alle dahinsiechten und auch viele durch Hunger, Durst, Krankheit und tägliche Mühe gestorben sind, da stürzten sich die Sarazenen ... plötzlich gegen sie hervor, zerfleischen sie widerstandslos, zerstreuen sie und töten die Älteren. Die Jüngeren führen sie in Gefangenschaft, um sie mit erbarmungswürdiger Knechtschaft zu bedrücken.« Schließlich erreicht die Rumpfarmee das Meer bei Ephesus, der Stadt des Apostels. König Konrad wird krank und geht nach Konstantinopel, wo sich Kaiser Manuel I. um ihn kümmert.

Den Franzosen geht es nicht viel besser: Sie beginnen in Ephesus zu plündern und dies führt zu Konflikten. Dann folgt ein weiterer Angriff: »Diesmal kämpften die Feinde nicht bloß mit Pfeil und Bogen, sondern sie drangen mit Schwertern auf die Fliehenden ein ... am Ende gewannen die Feinde wegen unserer Sünden die Oberhand ... der König rettet sich durch einen Zufall aus der Gefahr ... der hohe Ruhm der Franzosen sank zum Gespött der unreinen Völker, die Gott nicht kennen[53].«

Der französische König schifft sich mit einigen Adligen ein und landet dann in St. Simeon. Mit seiner Frau entsteht ein sexuelles Geplänkel und Wilhelm von Tyrus schreibt ihr ins Stammbuch: »Die Königin war ein unvorsichtiges Weib ... sie war nicht auf ihre königliche Würde bedacht und nahm wenig Rücksicht auf ihre Frauenehre.«

Akkon und Damaskus

In Akkon tritt ein Kronrat zusammen. Zur Besprechung versammelt sich im Juni der Hochadel des Königreiches mit dem des Abendlandes. Man berät über zwei kriegerische Alternativen:

- Aleppo oder Damaskus. In Aleppo regiert Nur ad-Din, ein entschiedener Gegner der Kreuzfahrer. Damaskus scheint lohnender; es ist reicher, doch militärisch schwächer als Aleppo.

Aus heutiger Sicht ist es eine gravierende Fehlentscheidung. Am 24.7.1148 stehen die vereinigten Streitkräfte vor Damaskus. Der dortige Machthaber Unur hat sämtliche Truppen zur Verteidigung angefordert und es kommt zu einer verlustreichen Schlacht.

»Die Ungläubigen behielten die Oberhand über die Muslims, denn sie waren ihnen an Zahl und Waffen überlegen ... an diesen Tag sollen viele von den Unseren umgekommen sein ... jeder, der das Lager der Franken verließ, wurde von einem Pfeilregen oder vom Stoß einer Lanze getroffen ... die Damaszener töteten alle, die sie fangen konnten und schleppten die Köpfe davon, um vom Himmel die Belohnung dafür zu fordern. Eine große Anzahl von Köpfen kam in die Stadt[54].« Nach fünf Tagen ziehen sich die Kreuzfahrer zurück.

Nach dieser Niederlage beschließen die Könige die Umkehr, denn sie sehen die Nutzlosigkeit ihres Unterfangens ein, »so wurden also Könige und Fürsten, wie sie seit Jahrhunderten nie beisammen waren, in Furcht und Bestürzung versetzt und mußten auf dem selben Weg, den sie gekommen waren, unverrichteter Dinge wieder zurückkehren ... Verfolgt von den triumphierenden Muselmanen ... sie töteten viele Männer, Pferde und Tragtiere ... unzählige Leichen Gefallener lagen am Wege ... auch viele ihrer herrlichen Rosse, deren Kadaver so stanken, daß fast die Vögel fielen[55].«

Heinrich III. besteigt am 18.9.1147 mit seinen Halbbrüdern und seinem Neffen Friedrich von Hohenstaufen in Akkon ein

Friedrich II., der Enkel Barbarossas, zieht in das seit 1187 verloren gewesene Jerusalem ein, wo er sich 1229 selbst zum König krönt.

Schiff, um nach Thessaloniki zu segeln. Im Februar 1149 tritt Konrad die Heimreise nach Deutschland an. Der französische König Ludwig VII. verläßt im Frühsommer 1149 Jerusalem. Das sizilianische Geschwader wird unterwegs von Kriegsschiffen angegriffen. Die Byzantiner kapern ein Schiff, auf dem sich Ludwigs Wertsachen und einige französische Adelige befinden.

Nochmals: Bernhard von Clairveaux

wird zum Anführer eines neuen Kreuzzuges gewählt. Zumindest fragt er bei Papst Eugen an, ob er die Rolle übernehmen soll. Er zögert in der Gewährung der damit verbundenen Privilegien. »Ein unbegreiflicher, unrealistischer und aberwitziger Beschluß, den selbst der Papst als *imbecillta personea abbatis Bernhardi* (vom Schwachsinn des Abtes), bezeichnet.«

Das Volk ist des Schwachsinns müde und so ziehen die mönchischen Redekünste wenig. Tausende waren getäuscht worden und sind bei den aberwitzigen Vorhaben umgekommen. Die Einwände des Abtes, daß lediglich die Sünden der Christen das Unglück heraufbeschworen haben, hilft nicht mehr. In einem Brief führt Bernhard von Clairveaux Klage über die mangelnde Bereitschaft der Fürsten.

Jetzt erkennen manche den Sündenbock in ihm. Friedrich Heer bescheinigt ihm »eine zu beobachtende außerordentliche Schwäche hochfliegender kirchlicher Ideologien ... die Welt der Politik war ihm ein Buch mit sieben Siegeln ... er reagiert mit der Einfalt der verbitterten Toren, der sie die Welt für das Mißlingen seiner wohlgemeinten Pläne verantwortlich macht.«

Wie verhält sich der Gesundbeter an der Bahre seines Opfers? Nach dem Zusammenbruch des Kreuzzuges setzt eine massive Kritik an solchen Unternehmen ein. Gerloh von Reichersberg und der Annalist von Würzburg bezeichnen diese Art der Kriegsführung »gar als Werk des Teufels und des Antichrist ... die Glaubwürdigkeit des christlichen Königreiches Jerusalem ist angeschlagen.«

In Wirklichkeit dauert diese *Landpartie* nur fünf Tage. Das Kreuzfahrerheer hat versagt. Bernhard von Clairveaux fügt sich und meint: »Aber auch die Widerwärtigkeiten kommen von oben herab und ich will lieber die Vorwürfe tragen, als daß Tadel und Hohn gegen Gott ausgesprochen wird.«

Otto von Freising versucht die Niederlage zu kaschieren: »Wenn unser Feldzug nicht gut war in der Ausweitung unserer Grenzen, noch für die Wohlfahrt unseres Leibes, so war er dennoch gut für das Heil vieler Seelen.«

Rückeroberung: Ein heiliger Kampf

Die permanenten Feldzüge der konkurrierenden Fürsten lassen keine Ruhe aufkommen. Der kulturelle Konflikt zwischen Ägyptern, Türken und Christen spitzt sich zu. Ein Sieg über Ägypten bedeutet die Vorherrschaft im Nahen Osten. Im Sommer 1168 trifft ein Aufgebot von Rittern unter dem Grafen Wilhelm von Nevers in Jerusalem ein. Der byzantinische Kaiser Manuel tritt der syrisch-ägyptischen Machtzusammenballung entgegen und setzt eine Flotte nach Akkon in Marsch.

Ende Oktober beginnt eine Offensive gegen die ägyptische Hafenstadt Damiette. In Ägypten wird ein Staatsstreich unternommen. Der Siegeszug Saladins beginnt und schließlich wird Tiberias angegriffen, das von Kreuzfahrern gehalten wird. Templer schlagen vor, gegen Saladins Armee vorzurücken und so kommt es zur Schlacht bei Tiberias, in der die Kreuzzügler vernichtend geschlagen werden. Imad ad-Din besichtigt das Schlachtfeld:

»Nur wenige Feinde hatten sich gerettet. Alle Räume waren mit Gefangenen gefüllt, die mit Stricken gebunden wurden. Die Toten lagen weithin über Berg und Tal verstreut ... der Leichengeruch verbreitete sich in der Umgebung Hattins ... ich sah sie da liegen, nackt oder in zerfetzten Kleidern, mit zerbrochenen Kreuzen, abgeschnittenen Köpfen, Füßen, Nasen und sonstigen Extremitäten, mit ausgestochenen Augen und aufgeschnittenen Leibern. Wie Steine unter Steinen lagen sie durcheinander.«

Am Abend des 4.7.1187 hat das Heer des Königreiches aufgehört zu existieren; fast alle waffenfähigen Männer sind tot oder in Gefangenschaft. Auch die Ordensritter trifft ein hartes Schicksal: »Am Montag ... befahl er, die Gefangenen der Templer und Johanniter vorzuführen und rief aus: ›Ich will die Erde von diesen beiden schmutzigen Arten reinigen ... sie sollen nicht in der Gefangenschaft dienen, denn sie sind schlimmer als die Ungläubigen.‹

Dann ließ er einen jungen Templer und Johanniter vortreten und hinrichten. Die anderen Gefangenen erkannten, daß es keine Erlösung aus dieser verzweifelten Lage gäbe und daß sie sterben müßten. Als Saladin 50 goldene Denare für jeden Gefangenen festsetzte, brachte man sofort Hunderte zu ihm, die er enthaupten ließ. Von den Kriegsfreiwilligen durfte jeder einen töten.«

Andere Gefangene werden auf den Sklavenmärkten zu Spottpreisen verkauft. Nach der Abschlachtung der Ordensritter wendet sich Saladin der Rückeroberung Palästinas zu. Der Sultan Saladin stirbt in Damaskus im Alter von 75 Jahren. Er hinterläßt 17 Söhne und eine Tochter.

Schließlich können ausgelöste Franken Jerusalem verlassen. Etwa 11 000 Christen bleiben zurück. Imad al-Din berichtet, daß 7000 Männer und 8000 Frauen versklavt worden sind. Plastisch wird Vergewaltigung junger Christinnen geschildert: »Wie viele behütete Frauen wurden entehrt, herrschende beherrscht, junge Mädchen geheiratet, wieviel keusche mußten sich hingeben, wieviel Verborgene verloren ihre Scham, wievel Ernste wurden verhöhnt, wieviele Freie genommen, wieviel Begehrliche erschöpft. Wieviele Anmutige wurden verführt, wieviele Jungfrauen entjungfert,

Kriegsschiff mit Schaufelrädern, etwa aus dem Jahr 565. Während den Kreuzzügen wurden schon wesentlich modernere Segelschiffe mit Steuerrudern verwendet.

Anmaßende geschändet, Rotlippige ausgesaugt, Braune hingestreckt und Unbezähmbare gezähmt. Glühende entflammten sich an ihnen, Ledige befriedigten sich, Erregte verbrauchten ihre Glut.« Die Rückeroberung der heiligen Stätten löst in den islamischen Ländern Jubel aus. Als Zeichen des Triumphes wird das heilige Kreuz vom Felsendom entfernt und im Innern wieder eine Moschee eingerichtet.

Mit den Flüchtenden erreicht die Nachricht vom Fall Jerusalems Europa. »Trauer und Entsetzen erfüllt das Abendland[56].« Ein Kölner Christ stellt heraus: »Sie badeten im Blute der unseren … Das heilige Grab ist wieder in den Händen der Ungläubigen.«

Kaiser Barbarossa

Schon ein Jahrzehnt vor dem Fall gibt es neue Kreuzzugsgerüchte. 1177 wollen König Ludwig VII. von Frankreich und König Heinrich II. von England das Kreuz nehmen.

Am 27.3.1188 finden sich in Mainz nahezu alle deutschen Fürsten und hochrangigen Geistlichen mit ihren Vasallen ein; die Nachricht aus Palästina hat sie beunruhigt. Ein päpstlicher Legat sinnt auf Vergeltung und stachelt die Anwesenden zu einer

neuen Attacke auf. Der Staufer Friedrich I. Barbarossa, etwa 60 Jahre alt, fühlt sich als Beschützer der Christenheit und geht das Risiko eines Feldzuges ein, das er mit dem Leben bezahlen wird.

Nach einem Sieg Venedigs über die kaiserliche Flotte unterwirft er sich im Juli 1077 auf dem Markusplatz Papst Alexander III. und seitdem kommen sich die Kontrahenten näher. Die Vereinigung in Mainz, die Friedrich I. als *Hoftag Christi* bezeichnet, wird von einzelnen Chronisten als gigantisches Fest mit großen Auswirkungen beschrieben.

Der Kölner Chronist vermerkt: »Der Kaiser stellte die Frage, ob er sofort das Kreuz nehmen solle oder erst später. Er wollte nämlich erst nach einem Jahr ausrücken. Da ihn nun alle zuriefen, er möge es nicht verschieben, empfing er das Kreuz von Bischof Gottfried von Würzburg unter dem äußersten Jubel, unter Lobsprüchen und Freudentränen. Vor ihm hatte sein Sohn, Herzog Friedrich von Schwaben, das Kreuz genommen … viele Bischöfe und Fürsten folgten ihm.«

Der deutsche Kaiser sendet Botschaften an den von Konstantinopel und den Sultan von Ikonion (Konya), um sein Vorhaben anzuzeigen. Auf dem Nürnberger Reichstag 1189 nehmen seine Pläne konkrete Gestalt an. Der Kaiser legt auf dem Reichstag zu Regensburg als Abmarschtag den 11.5. fest. Nur waffenerprobte Teilnehmer werden zugelassen, die in der Lage sind, sich zu versorgen. Der Kaiser und die Fürsten mit ihrem Hofstaat reisen zunächst mit dem Schiff. Herzog Leopold V. von Österreich gibt nach der Ankunft der Kreuzfahrer am 22.5. in Wien ein Fest. Am 4.6. kommen sie in Gran, der Residenz des ungarischen Königs Bela III., an.

Ende Juni lagert das Heer vor Belgrad. Hier werden zwei Adelige aus dem Elsaß enthauptet, weil sie den Frieden gebrochen haben. »Sie kamen auf das Gebiet der Bulgaren, die ihnen mit angeborener Tücke einen unerwartet feindlichen Empfang bereiteten. Sie setzten die Unseren hart mit Pfeilen und Wurfspießen zu und wüteten mit unmenschlicher Grausamkeit.

So durchzogen sie Bulgarien in großer Not und Gefahr. Einen gefangenen Bürger aus Aachen durchbohrten sie mit einem Pfahl die Eingeweide. Daher wurden fünf, die man gefangen hatte, schmählich erhängt.«

Am 24.7. kommt das Heer in Nisch an. Dann umgehen die Deutschen die von den Byzantinern aufgestellten Straßensperren und besetzen Philippopel. Da sich inzwischen der Hunger breit macht, greift man zum unchristlichen Mittel der Plünderung. Und nun sucht man das weitere Vordringen der Kreuzfahrer einzugrenzen. Kaiser Friedrich verlegt einen Teil des Heeres nach Adrianopel und läßt ein Winterquartier einrichten. Kriegszustände machen sich breit und die Bewohner von Dimotika werden gemetzelt.

»Als sie sich weigerten, ließ der Herzog von Schwaben voller Zorn die Seinigen zu den Waffen greifen, unternahm in der neunten Stunde des Tages einen Sturm auf die Stadt und errang einen so schnellen Sieg, daß gegen Abend die Eroberung der Stadt fast alle Einwohner getötet hatten ... so groß war in der Stadt der Überfluß an allen Dingen, daß er dem Heer zehn Wochen zum Lebensunterhalt ausreichte. Viele Ritter schweiften weiter in Haufen umher und töteten alle, die sie fanden[57].«

Dann beabsichtigt Friedrich I. Konstantinopel zu erobern und er ruft die ihm verbündeten italienischen Städte auf, seinen Angriff mit Kriegsschiffen zu unterstützen. Zu dieser Auseinandersetzung kommt es wegen des Einlenkens des Kaisers Isaak II. nicht. Die Marschroute, die Anzahl der Transportschiffe, der Wechselkurs für die Münzen, die Stellung der Geiseln und die Entschädigung für Inhaftierte werden definiert. Anfang März bricht das deutsche Heer in Adrianopel auf. Das nächste Ziel sind die Dardanellen. Am 21.3. wird die Hafenstadt Gallipoli erreicht.

Trotz schlechten Wetters setzt man zur Überfahrt an, was etwa vier Tage beansprucht. Während der Kaiser auf besseres Wetter wartet, kommt eine Delegation aus Pisa an und bietet ein Bündnis gegen Byzanz an.

Kurz danach bricht man nach Kleinasien auf und am 21.4. lagert man vor der byzantinischen Stadt Philadelphia, wo es zu Räubereien kommt. Schon haben einige Bogenschützen Griechen von den Mauern geschossen. Ende April gelangt das Heer nach Laodikeia. Immer näher rückt das Heer auf Sultan Kilidsch Arslan vor.

Dann bewegt man sich durch turkmenisches Gebiet. Nomaden greifen die Kreuzfahrer an und es kommt zu Scharmützeln, u. a. bei der Stadt Sozopolis. »In dieser Gegend töteten wir bei einem engen Übergang ... wieder eine große Menge von Türken. Wir verspürten einen Mangel an Pferden, denn viele von ihne waren tot oder verwundet. Wegen der Kälte des Landes fanden wir kein Getreide und Gras ... als wir weiter vorrücken wollten, hatten die Türken ... auf dem Weg nahe an den Bergen mit Steinen gefüllte Wagen aufgestellt und stürzten diese den Abhang hinab auf die Vorüberziehenden, jedoch durch einen Wink Gottes ... nahmen sie zwei Türken gefangen. Der eine davon wurde sofort getötet. Der andere versprach der Führer zu sein ... Er führte sie treulos über ein hohes Gebirge. Hier erlagen nicht nur viele Menschen, sondern auch starke Pferde der Last des Gepäcks und der Hitze ... viele von unseren Rittern wurden verwundet und einer von ihnen getötet. Viele Saumtiere gingen zusammen mit Geld, Kleidern und Gefäßen verloren und wurden getötet.«

Schlacht von Ikonion

Dann lagert das Heer vor Philomelion. Die Deutschen finden weder Bewohner noch Lebensmittel vor; die Stadt geht in Flammen auf. Die türkische Armee marschiert ihnen entgegen und wird am 13.5. von christlichen Spähern entdeckt. Am 17.5. kommt es zur Schlacht von Ikonion: »Viele Priester umgaben ihre Nacken zum Zeichen ihres Amtes mit der Stola, um sich dem höchsten Priester als Schlachtopfer anzubieten, weil sie begehrten mit der Stola der Unsterblichkeit bekleidet zu werden. Sie sprachen mit dem Apostel: ›Wir wollen

---

Das Edikt von Le Mans im Januar 1189[*]

- Jeder gibt in diesem Jahr den Zehnten seiner Abgaben und beweglichen Habe zur Unterstützung des Königreiches Jerusalem ... die Exkommunikation wird über Jeden ausgesprochen, der den festgesetzten Zehnten nicht gegeben hat.

- Dieses Geld soll in den einzelnen Pfarreien in Anwesenheit des Pfarrpriesters, des Archipresbyters, eines Templers, Johanniters, eines Dienstmannes des Königs, eines Geistlichen des Barons, sowie des Geistlichen eines Bischofs gesammelt werden.

- Geistiche und Ritter, die das Kreuz genommen haben, sollen nichts von diesem Zehnten geben.

- Bürger und Bauern, die ohne Erlaubnis ihres Herrn das Kreuz genommen haben, sollen trotzdem den Zehnten bezahlen.

- Auch wurde angeordnet, daß keiner übermäßig Eide leiste, keiner Würfelspiele treibt, keiner nach dem nächsten Osterfest Pelze, Zobel oder Scharlachstoffe benutzt, keiner eine Frau auf die Pilgerfahrt mitnimmt, außer vielleicht einer Wäscherin zu Fuß, die über jedem Verdacht erhaben ist und daß keiner zerschnittene oder zerissene Kleider tragen soll.«

*) Nach Peter Milger in seinem Buch »Krieg im Namen Gottes«, S.247 ist dies ein Meilenstein der christlichen Finanzpolitik.

---

vernichtet werden und mit Christus zusammensein.« »Der Herzog (von Schwaben) bezwang tapfer durch die Gnade Gottes mit seinen Truppen das erste Stadttor, das von einer Kriegerschar gehalten wurde ... Er verfolgte alle, die er in der Stadt fand, bis zum Tor der stark befestigten Burg und durchbohrte sie mit seinem Schwert. Er nahm die Stadt ein und tötete ihre Einwohner. Nur die Schwäche der Ritter verhinderte die Eroberung ... sie hatten 15 Tage lang unter einer unglaublichen Hungersnot gelitten ... und während der Herzog in der Stadt triumphiert hatte, war der Heerhaufen des Kaisers außerhalb der Gärten der Stadt ... von einer zahllosen Türkenschar umzingelt ... deren Stoßkraft sehr groß war.«

Die Deutschen gewinnen die Auseinandersetzung, füllen die Bestände auf, erholen sich und ziehen nach einer Woche weiter. Am 1.6. wird in Laranda Quartier gemacht und dann beginnt der Abstieg zum Meer. Es ist heiß und einige ältere Bischöfe werden von ihren Knappen getragen. »Der Kaiser überschreitet auf einer Abkürzung der Berge ein reißendes Wasser, das ihn heil an das andere Ufer ließ ... nach den unendlichen und unerträglichen Strapazen ... hielt er ein Mahl. Als er dann in diesem Wasser baden wollte, versank er bei einem beklagenswerten Unfall durch Gottes verborgenen Ratsschluß.«

Ein anonymer englischer Berichterstatter sagt in seiner Chronik *Itinearium Regis Ricardi*: »Aus dem Wunsch heraus, den Marsch früher aufzunehmen, beschließt er, den nahegelegenen Fluß zu durchqueren ... Oh Meer, Erde und Himmel. Jener stets erhabene Lenker des Römischen Reiches, durch den der Ruhm des alten Roms wieder erblühte ... ach, er ging in den Wassern zugrunde. Wenn auch von allen Seiten seine Vertrauten herbeieilten, so löschte doch der plötzliche Tod das Flämmchen des greisen Lebens aus.«

Kaum ist der tote Kaiser geborgen, begeben sich die ersten Kreuzfahrer nachhause und das Heer wählt seinen Sohn, den Herzog Friedrich von Schwaben, einen Mann von außerordentlicher Tatkraft und Klugheit zum Feldherrn. Der Rest des Heeres marschiert der Küste entlang und in

Tarsus werden einige Teile des Kaisers beigesetzt. Man marschiert in drei Abteilungen in Richtung Antiochia. Entkräftet wird es Anfang Juli erreicht. Dann bricht eine Seuche aus und die restlichen Gebeine des Kaisers werden in der St. Peter-Kathedrale beigesetzt. Nur wenige hundert Kreuzzügler gelangen nach Akkon. Hier stirbt im Januar 1191 der Herzog von Schwaben, der ein sehr keuscher Mann gewesen sein muß, denn der Kölner Chronist bemerkt:

»Wie groß im Herzen dieses Mannes die Ehrfurcht vor Gott gewesen war, kann jeder aus dem Folgenden erkennen: auf dem Krankenbett wurde ihm von den Ärzten eröffnet; er könne geheilt werden, wenn er sich dem Liebesgenuß hingeben würde. Er antwortete, er wolle lieber sterben, als auf der Pilgerfahrt Gottes den Leib mit Wollust zu beflecken.«

Es ist zugleich das Ende des unrühmlichen Kreuzzuges, denn der Kölner Chronist bemerkt: »Vereinsamt, niedergebeugt und ohnmächtig wie Schafe, welche keinen Hirten mehr haben, trennten und zerstreuten sie sich voneinander und ein jeder machte sich auf den Weg in die Heimat, die Gesunden zuerst. So endet dieser Kreuzzug durch den Willen Gottes in seinem unerforschlichen Ratsschluß, ohne den nichts rechtes begonnen und ohne den nichts Heiliges vollführt wird, erfolglos und nichtig.«

Richard Löwenherz

wird vermutlich am 8.9.1157 auf Schloß Beaumont in Oxford geboren. Sein Vater ist Heinrich von Anjou, seine Mutter Eleonore von Aquitanien. Diese Dame ist uns schon einmal begegnet, war sie doch einst die Frau des französischen Königs Ludwig VII. und kurz vordem geschieden worden. Der junge Heinrich II. wird im Dezember 1154 zum König von England ausgerufen. 1180 stirbt Ludwig VII. in Paris. Nachfolger wird sein Sohn Philipp II.

Als im Herbst 1187 Nachrichten über die Schlacht bei Hattin eintreffen, gelobt Richard in der Kathedrale von Tours eine Kreuzfahrt. Der Bischof von Tyrus ist angereist und hält eine bewegte Predigt. Sie überzeugt Philipp II. und so nehmen beide Könige das Kreuz.

Im Edikt von Le Mans verfügt Heinrich Ende Januar 1189 eine Steuer, die *Saladin-Zehnte*. Sie verpflichtet jeden zum Tribut, der nicht am Kreuzzug teilnimmt. Da es eine bemerkenswerte Art der Geldschöpfung ist, werden die wichtigsten Punkte zusammengefaßt:

Der Beginn des Kreuzzuges von Richard I. Löwenherz und Philipp II. wird auf das Frühjahr 1190 festgelegt. Wieder ist das ganze von Judenpogromen begleitet, was sich zunächst auf London beschränkt. Doch: »Die anderen Orte und Städte des Landes eiferten dem Glauben der Londoner nach und entsandten mit gleicher Hingabe ihre Blutsauger blutig zur Hölle ... Nur Winchester schonte seine Würmer, die Bevölkerung war klug und vorsichtig[58].«

Die Verwaltung seines Landes überträgt Richard für die Zeit seiner Abwesenheit dem Kanzler William Longchamp. Im Sommer 1190 sind die Vorbereitungen abgeschlossen und am 2.7. versammeln sich die Heere vor Vézélay. Der französische König Philipp ist 25 Jahre alt und der englische Richard 32. Von hier aus ist ungefähr 50 Jahre vorher der französische König Ludwig VII. zu einem erfolglosen Kreuzzug aufgebrochen.

Richard I. kommt mit seinen Mannen im Juli in Marseille an. Seine etwa 100 Schiffe umfassende Flotte wird in Lissabon aufgehalten. Ein Teil der Besatzung hat die Stadt geplündert und dabei Frauen vergewaltigt; der König von Portugal läßt die Übertreter verhaften. Richard mietet sich ein Schiff und erreicht im September Messina. Hier stößt er auf Philipp, der sich inzwischen im Stadtpalast eingenistet hat. Richard schlägt das Lager vor der Stadt auf. Es kommt zu Zwischenfällen. Richard erobert Messina und läßt seine Flaggen hissen. Die Wintermonate verbringt man hier.

Frühjahrstürme treiben die Flotte auseinander. Richard bleibt einige Tage auf Rhodos. Drei Schiffe werden nach Zypern abgetrieben und zwei von ihnen stranden

Das hohe Mittelalter verfügt über ein ausgeprägtes Verkehrsnetz; eine wesentliche Position nimmt dabei die Schiffahrt ein. Kreuzfahrerschiff aus dem 12. Jahrhundert mit Ruderblatt. Schon damals gibt es Lastensegler mit aufklappbarem Bug zur Aufnahme von Gütern. Einige Schiffe gehen wegen Überladung unter.

Ende April 1191 an der Südküste. Da die Bewohner die gestrandeten Kreuzfahrer einfangen, sinnt Richard auf Rache.

Seine Flotte nähert sich am 8.5. der zyprioischen Küste. Es kommt zur Schlacht: »Die kräftigen Männer eilten nach oben und waren nicht sanfter als Löwinnen, denen man das Junge weggenommen hat ... die Schwerter auf beiden Seiten waren trunken vor Blut. Die Zyprioten mit ihrer Stadt und der Burg wurden eingenommen. Der Herr der Insel (Isaak) wird gefangen und vor den König gebracht[59].«

Später wird Richard Zypern für 100 000 Goldstücke an den Templerorden verkaufen. Dann segelt seine Flotte nach Tyrus. Als er am 6.6.1191 ankommt, wird ihm der Zugang zur Stadt verwehrt. So landet er bei Akkon. Seine Flotte besteht noch aus etwa 25 Schiffen.

Akkon wird eingenommen. Der Statthalter bietet 200 000 Goldstücke, die Güter der Stadt, die Freilassung der Gefangenen und die Rückgabe des Kreuzes Christi an, um Schonung zu erreichen. Die Kreuzfahrer nehmen am 12.7.1191 die Stadt Akkon in Besitz.

Da die Verpflichtungen seitens der Muslims nicht eingehalten werden, inszeniert Richard ein Massaker. Am 22.8.1191 bricht sein Heer in Richtung Jerusalem auf. Widrige Umstände halten ihn von weiterer Aktivitäten ab. Richard schließt mit Saladin einen Waffenstillstand. Die eroberten Küstenstädte bleiben im Besitz der Christen. Pilgern wird der freie Zugang zu Jerusalem ermöglicht und Anfang Oktober 1192 tritt Richard I. von Akkon aus die Heimreise an, ohne das Ziel, die Eroberung Jerusalems, erreicht zu haben.

Die Rückreise ist mit einigen Komplikationen verbunden. So wird er von Leopold von Österreich gefangen und auf die Festung Dürnstein gebracht. Der Kaiser setzt ein Lösegeld von 125 000 Mark fest. In England wird deshalb eine Einkommenssteuer erhoben, um den König loszukaufen. Im März kommt Richard Löwenherz auf die staufische Burg Trifels. Nach einem Fürstentag im Mai gehen zwei Drittel des Geldes ein und für den Rest stellt Richard Geiseln.

Nächste Kampagne

Jetzt kann man wohl nicht mehr von religiösen Ambitionen sprechen, denn die christliche Kreuzzugsidee ist totgebetet. Im September 1197 stirbt Kaiser Heinrich VI. in Sizilien während der Vorbereitungen eines Kreuzzuges. Friedrich II., der spätere Kaiser, ist damals drei Jahre alt.

Papst Innocenz III. hat im August 1198 zu einem weiteren Kreuzzug aufgerufen. Er wendet sich an den Klerus, den Adel und an die italienischen Seestädte, denn diese Kampagne soll wieder eine kirchliche sein. Es ist eine religiös aufgewühlte Epoche und die Kirche wird einer heftigen Kritik unterzogen.

Der französische Prediger Fulco von Neuilly gehört zu denen, die das sexuelle Lotterleben und die Begierlichkeit der Geistlichen anprangern. »Der Ruf des heiligen Mannes war so verbreitet, daß er bis zum Papst Innocenz dringt. Er sendet einen Boten nach Frankreich und beauftragt den ehrwürdigen Mann, in seinem Namen den Kreuzzug zu predigen[60].«

Doch das Volk ist argwöhnisch. Die Reichen sehen keine Perspektive im neuen Handeln, die Armen können sich die Beteiligung nicht leisten und sie können sich vor allem nicht wehren. So bringt der Papst kein willfähiges Kreuzfahrerheer auf die Beine, denn lang hat die Geistlichkeit an Spannkraft erloren.

»Der Papst entsandte einen seiner Kardinäle, den Herrn Peter von Capua, der schon das Kreuz genommen hatte, um in seinem Namen die Vergebung zu verkünden. Alle, die das Kreuz nehmen und ein Jahr lang im Dienst Gottes in der Armee bleiben, werden die Vergebung all ihrer Sünden erlangen, die sie gebeichtet haben … Anfang Advent (1199) findet im Schloß Ecry in der Champagne ein Turnier statt. Bei dieser Gelegenheit geschah es durch Gottes Segen, daß Theobald, Graf der Champagne, zusammen mit Ludwig von Blois das Kreuz nahmen … mit diesen beiden großen Baronen nahmen es Simon von Montfort und Reinald von Montmiral. Es machte überall einen großen Eindruck[61].«

Danach hielten die Barone eine Konferenz in Soissons ab, um den Termin des Aufbruchs und den Reiseweg festzulegen. Sie können sich nicht einigen, denn nicht genügend Leute scheinen das Kreuz genommen zu haben. »Zwei Monate des Jahres 1201 waren verstrichen, da versammelten sie sich zu einer weiteren Konferenz in Compiègne … am Ende wurde beschlossen, die besten Gesandten, die sie finden könnten, auszuwählen. Mit allen Vollmachten versehen, sollten sie alles vorbereiten, als wären sie die Herren.«

Diese Delegation reist nach Venedig, um über die Anmietung von Schiffen zu verhandeln. Sie werden vom Dogen Enrico Dandolo empfangen. »Wir werden Transportschiffe für 4500 Pferde und 9000 Knappen und weitere Schiffe für die Versorgung von 4500 Rittern und 20 000 Fußsoldaten bauen. Wir werden in diesen Vertrag den Proviant für die Mannschaft und das Futter für die Pferde für neun Monate einschließen … die Kosten betragen 85 000 Mark. Aber wir werden noch mehr tun. Wir werden aus der Liebe zu Gott 50 Kriegsschiffe stellen, ohne daß es die Barone etwas kostet. Die Bedingung ist, daß während unseres Bündnisses das eroberte Land und das erbeutete Geld geteilt werden.«

Der Vertrag kommt zustande und man läßt verlautbaren, nach Palästina zu gehen, was eine Finte ist, denn das erklärte Ziel ist Kairo. In der Kirche von Soissons bitten die Kreuzfahrer den Markgrafen Bonifazius I. von Montferrat, den Zug anzuführen:

Wurfschleuder für Bienenkörbe, Milimete 1326. Im hohen Mittelalter bringt eine völlige Umgestaltung der Kriegs- und Waffentechnologie mit sich. Es liegt an der Herausbildung der Städte und veränderter Burganlagen.

Wurfschleuder für Feuerbrände, Milimete 1326. Bei der Entwicklung der feuerspeienden Wurfschleuder fließen Kenntnisse der chinesischen Militärtechnologie ein. Sie kennt seit Jahrtausenden fliegende Drachen.

»In Tränen fielen sie alle vor ihm nieder. Nun kniete auch er vor ihnen und sagte, er wäre dazu bereit. So übernahm er das Kommando und ging in Begleitung des Bischofs von Soissons und des ehrwürdigen Herrn Fulco ... in die Kirche, wo sie ihm das Kreuz auf die Schulter hefteten.«

Als Abreisetermin wird der April 1202 festgelegt. Die Flotte steht bereit und dann stellt sich heraus, daß nicht etwa 30 000 Kreuzfahrer ankamen, sondern bestenfalls ein Drittel. Die Armen haben ihr Geld für die Anreise ausgegeben und die Reichen wollen nicht mehr bezahlen. Schließlich fehlen den Geldeintreibern 34 000 Mark. Der Doge ist zur Stundung bereit, fordert aber eine unglaubliche Gegenleistung:

Die vor etwa 15 Jahren von Venedig abgefallene Stadt Zara soll zurückerobert werden. Im Markusdom nimmt der Doge Dandola das Kreuz und schwingt sich zum Anführer des venezianischen Kontingentes auf. Er ist neunzig Jahre alt und blind.

Das christliche Zara wird eingenommen

Die Belagerung beginnt am 11.11.1202. Warnungen, den Überfall zu wagen, werden nicht akzeptiert, denn Venedig pocht auf seinen Vertrag. Es nützt nichts, wenn die Bewohner von Zara, die das Übel auf sich zukommen sehen, einen päpstlichen Schutzbrief vorweisen können. Nach drei

Tagen wird kapituliert. Die Stadt wird geplündert und wie besprochen, hälftig unter den Angreifern geteilt.

Jetzt exkommuniziert Innocenz III. die Kreuzfahrer, weil sie eine christliche Stadt erobert haben. Später macht er einen Rückzieher, schickt eine Grußbotschaft an die Kreuzfahrer, segnet sie und erteilt ihnen die Absolution. Venedig und die Kirche haben ein Geschäft gemacht, und dies ist die Hauptsache. Dann trifft eine deutsche Gesandschaft ein. Sie fordert die Kreuzfahrer auf, den Kaiserthron in Konstantinopel für den gestürzten Isaak II. zurückzugewinnen. Im kommenden April bricht das Kreuzfahrerheer auf.

»Am Ostermontag waren die Schiffe beladen und die Truppen lagerten in der Nähe des Hafens. Inzwischen zerstörten die Venetianer die Stadt mit ihren Mauern und Türmen.« Der größte Teil der Flotte bewegt sich in Richtung Korfu, wo sie Anfang Mai vor Anker geht und etwa einen Monat später zehn Kilometer vor Konstantinopel. Als die Kreuzfahrer vorbeisegeln, kommen sie aus dem Staunen kaum heraus: »Viele, die Konstantinopel noch nie gesehen hatten, starrten die Stadt an, weil sie nicht glauben konnten, daß es eine so reiche geben könne. Sie sahen die vielen Türme und die hohen Mauern, welche sie umgaben, die reichen Päläste und die hohen Kirchen … diese Stadt war größer als alle anderen. Und wißt, daß keiner so beherzt war, daß er nicht am ganzen Leib gezittert hätte.«

Die Kreuzfahrer beginnen ohne Kriegserklärung mit dem Angriff. Alexios III. kann eine offene Feldschlacht nicht riskieren. Durch einen Gesandten bietet er Geld und Proviant für die Weiterreise an. Die Kreuzfahrer akzeptieren es nicht, denn sie wollen den Thron.

Man bereitet sich auf den Angriff vor, nachdem man auf dem freien Feld eine Messe zelebriert hat. In der Frühe des 5.7.1203 setzt das Heer über den Bosporus und geht vor den Mauern von Galata an Land. Es kommt zu Scharmützeln, Stadtteile werden angezündet und das Unrecht wütet. Der Kaiser weicht zurück. »Alexios III. war der erbärmlichste von allen Menschen. Die Zartheit seiner Kinder erweichte sein Herz nicht, die Liebe seiner Gattin ließ ihn kalt, und das Schicksal der Stadt rührte ihn nicht[62].« Den Staatsschatz hat er mitgenommen. Die kaiserlichen Schatzverwalter holen Isaak II. aus dem Gefängnis und rufen seine Würde aus. Die Lateiner fordern 200 000 Mark und die Anerkennung der kirchlichen Autorität des römischen Stuhles: so bekommt das Spektakel den Touch eines verspäteten Bilderstreites. Isaak bekommt die geforderte Summe nicht zusammen.

»Da stürzte er sich auf die Gotteshäuser. Die heiligen Ikonen Christi wurden mit Beilen von der Wand geschlagen und zu Boden geworfen, ihr Schmuck wurde schonungslos, wie es gerade ging, abgebrochen und eingeschmolzen, die verehrten, hochheiligen Geräte wurden ehrfurchtslos aus den Kirchen geschleppt, ins Feuer getan und wie gewöhnliches Silber und Gold den feindlichen Herren gegeben.«

Da die Spannungen zunehmen, wird Konstantinopel geplündert und angezündet. »Sie zerstreuten sich auf sehr viele, weit auseinanderliegende Plätze und zündeten die Häuser an. Und der Brand schlug höher empor, als sie gedacht hatten … das Feuer griff um sich und verzehrte alles … es wälzte sich wie ein glühender Strom daher. Hallen stürzten ein, die Herrlichkeit der Marktplätze sank in sich zusammen … Glutstücke des unwiderstehlichen Brandes rissen sich los, flogen durch die Luft und setzten weit entfernte Häuser in Brand … hinweggeschleudert über weite Strecken zogen sie wie Sternschnuppen am Himmel ihre Bahn[63] … das Feuer dauerte zwei Tage und Nächte, ohne daß es gelöscht werden konnte … niemand kann ermessen, wieviele Männer, Frauen und Kinder verbrannten.«

Dann wird der Kriegszustand hergestellt, was einer Plünderung der Landgüter und Päläste rechtfertigen soll. Jetzt kommt es zu einer dramatischen Szene um die Macht. Isaak II. ist gestorben, Alexios V. Murtzuphlos heischt nach der vergänglichen Würde. Das Problem ist der im Kerker sitzende junge Kaiser Alexios IV.:

»Zweimal bot ihm Alexios V. einen Becher mit tödlichem Gift. Da der Jüngling aber dem Gift widerstand, weil er heimlich Gegenmittel nahm, zerriß Alexios V. ihm den Lebensfaden durch Erwürgen.« Er setzt eine byzantinische Tradition fort.

Die Christen machen aus dem Mord ein Geschäft und sagen: »Wer einen solchen Mord begeht, hat nicht das Recht, Land zu besitzen … (die vielen Morde, die das Papsttum auf sich geladen hat, werden verschwiegen), zudem haben sie sich der Autorität des Papstes entzogen. Deshalb sagen wir, daß der Krieg gegen Konstantinopel legal und gerecht ist … dann predigen die Bischöfe von Soissons, der Bischof von Troyes und der von Halberstadt: ›Die Griechen sind nichts als treulose Verräter, weil sie ihren rechtmäßigen Herrn ermordet haben … sie sind schlimmer als die Juden.‹ Allen wird im Namen Gottes und des Papstes vergeben, die die Juden angreifen.«

Allen ist klar, daß in dem reichen Konstantinopel Schätze lagern. Zu ihnen werden bedeutende Reliquien gezählt. Vor dem Angriff wird über die Verteilung der eventuellen Beute gesprochen: »Alle vom Heer wurden gezwungen, auf die heiligen Reliquien zu schwören, daß sie die Beute an Gold, Silber und neuen Kleidern … zur gerechten Teilung abliefern würden … sie sollten den Frauen keine Gewalt antun und sie nicht ihrer Kleider berauben. Wer sich dessen schuldig machen würde, werde mit dem Tod bestraft. Und sie mußten auf die schwören, keine Hand an Mönche, Kleriker oder Priester zu legen, außer zur Selbstverteidigung, und in keine Kirche oder Münster einzudringen[64].«

Das Folgende entspricht dem üblichen Blutbad. Alle frommen Vorsätze werden über Bord geworfen. »Was soll ich erzählen von all dem, was die besudelten Männer sich anmaßten. Alle hatten Schwerter in den Händen … welche Schändung, die sie anrichteten … andere starrten die schönen Frauen unverwandt mit begehrlichen Blicken an, als wollten sie diese sogleich rauben und mißbrauchen … den jüngeren befahlen wir, ihr Gesicht mit dem Schmutz der Straße

zu beschmieren und die Glut ihrer Wangen, die sie früher durch Schminken zu erhöhen pflegten, zum Verlöschen zu bringen … den ganzen Tag schwärmten die Eroberer herum, tranken ungemischten Wein und fraßen … das waren die Männer, die frommer waren als die Griechen, so viel gerechter im Befolgen der Gebote Christi, das waren die Männer, die, was noch schwerer wiegt, das Kreuz auf ihren Schultern tragen … die oft auf dieses und die Heilige Schrift den falschen Eid geschworen hatten, sie würden Christenländer ohne Blutvergießen durchziehen … das sind die Männer, die gelobt haben, keine Frau zu berühren … weil sie als Gott geweihte Schar im Dienst des Allerhöchsten zögen … in Wahrheit erwiesen sie sich als Schwätzer und Verfertiger leerer Worte. Im Namen des Kreuzes stürzen sie ruchlos das Kreuz und schaudern nicht davor zurück, wegen einer Handvoll Gold und Silber das gleiche Zeichen, das sie auf den Schultern tragen, mit den Füßen zu treten[65].«

Jetzt haben die Verbrecher ihr Ziel erreicht. Sie wählen am 16.5.1204 Balduin I. von Flandern zum ersten Kaiser des Lateinischen Kaiserreiches. Er wird in Konstantinopel gekrönt.

»Man führt ihn in der ehrwürdigen Hagia Sophia vor den Altar, nimmt ihm den Mantel ab, dann das Pallim und er bleibt im einfachen Rock. Man knöpft ihm die goldenen Knöpfe von hinten auf, und als die Brust nackt war, schritt man zur Salbung … später nahmen zwei Bischöfe die Krone vom Altar … segneten sie, um sie ihm dann gemeinsam aufzusetzen.«

Venedig übernimmt das Patriarchat von Konstantinopel, doch die griechische Bevölkerung bleibt ihrem Glauben treu. Reliquien werden geraubt, zerstückelt und sinnlos verteilt. Diese Kampagne fordert ihren Tribut, den sie ist im Unrecht begründet.« Balduin I. von Flandern kann sich seines Glückes nicht lange freuen. Er gerät 1205 bei der Schlacht gegen die Bulgaren in Gefangenschaft und ab 1225 werden Thessaloniki und weitere Besitzungen in Kleinasien bereits wieder von Byzantinern beherrscht. Der byzantinische Kaiser in Nicäa,

Drachen zum Abwerfen einer Bombe, zwei Seiten aus Milimete, 1326.

Michael VIII. Palailogos, beendet mit Unterstützung der Genuesen die lateinische Herrschaft in Konstantinopel im Juli 1261.

Dann zerfällt das byzantinische Reich. 1339 erobern die Türken Nicäa und kurz danach stehen sie am Bosporus. 1356 setzt ein osmanisches Herr über die Dardanellen und macht sich an die Eroberung Thraziens.1452 bringen die Osmanen auf einer Festung bei Konstantinopel drei Kanonen in Stellung.

Dies löst im Abendland Bestürzung aus. Papst Nikolaus V. versucht den europäischen Adel zur Intervention zu bewegen. Er selbst finanziert 200 Bogenschützen und ordert sie nach Konstantinopel. So kämpfen hier zwei Ideologien.

Janitscharen, die Elitetruppen des Sultans, dringen in die Stadt ein, die kurz danach zur Plünderung freigegeben wird. In kurzer Folge werden Tausende von Christen abgeschlachtet. Die Hagia Sophia wird in eine Moschee verwandelt. Später erstreckt sich das osmanische Reich von Ägypten bis Ungarn und hat in etwa eine Ausdehung wie das byzantinische Reich vor dem ersten Ersten Kreuzzug. Also ist alles sinnlos gewesen.

Kinderkreuzzüge

Innocenz III. soll gesagt haben: »Die Knaben beschämen uns. Sie ziehen aus, um das Heilige Land zu erobern, während wir schlafen.« Der Königschronik von Köln ist zu entnehmen: »Um Ostern und Pfingsten haben aus Deutschland und Frankreich ohne irgend einen Antrieb oder eine Predigt, man weiß nicht von welchem Geist getrieben, viele tausende Knaben im Alter von sechs Jahren bis zum Mannesalter, gegen den Willen ihrer Eltern, Verwandten und Freunden, das Kreuz genommen ... so

*1453 erobert der türkische Sultan Moham-
med II. (1430-1481) Konstantinopel. Die
Stadt wird erst einmal drei Tage geplündert. Zur Soldaufbesserung oder als Prämie
für die siegreichen Truppen ist dieser
Vorgang zu dieser Zeit durchaus üblich.
Dann errichtet Mohammed II. eine straff
organisierte türkische Militärdiktatur und
macht Konstantinopel zur Hauptstadt des
Osmanischen Reiches. Mit dem Fall der
byzantinischen Hauptstadt hat das Byzantinische Reich aufgehört, politisch zu
existieren.*

begannen sie zu 20, 50 oder 100 mit
aufgerichteten Bannern nach Jerusalem zu
ziehen ... Sie bezeichneten sich mit dem
Kreuz und erklärten, es sei ihnen von Gott
aufgetragen, zur Unterstützung des Heiligen
Landes nach Jerusalem zu ziehen ... auch
einige schlechte Menschen mischten sich
unter sie ... einer von ihnen wurde in Köln
ergriffen und seines Lebens durch den
Strang beraubt. Von jenen aber gingen viele
in Wäldern und Einöden durch Hitze,
Hunger und Durst zu Grunde. Andere
wurden, sobald sie die Alpen überschritten

haben und Italien betraten, von den Lombarden beraubt und zurückgejagt ... sie
kehrten mit Schande heim.«

1212 ziehen in Nordfrankreich Prozes-
sionen durch die Dörfer und Städte, die der
Hirtenjunge Stephan anführt[66]. Jungen und
Mädchen, doch auch Erwachsene, tragen
Fahnen und Kerzen, schwingen Kreuze und
Weihrauchfässer und sie rufen: »Herr Gott,
erhöhe die Christenheit.«

Stephan aus Cloyes bei Orléans gelangt
im Mai 1212 an den Hof Philipps II. von
Frankreich und legt einen Brief vor, den ihm
angeblich Jesus beim Hüten der Schafe
übergeben hat, damit er den Kreuzzug
predige: »Ich soll einen Zug von Kindern zur
Rettung des Christenheit anführen. Wie
Moses und die Kinder Israel trockenen
Fußes durch das Mittelmeer ins Heilige
Land kamen, weil das Meer vor uns
austrocknen wird.«

Innocenz III. hat solche Bittgesänge für
die Befreiung Jerusalems angeordnet. Später werden die Jugendlichen von den
Behörden zur Heimkehr gezwungen und es
steht die Vermutung an, daß der daraus
abgeleitete französische Kinderkreuzzug eine Legende ist[67]. Anders ist es wohl mit
dem deutschen, denn im Rheinland kommt
eine vergleichbare Bewegung zustande.

»Sie wurden von vielen gefragt, auf
wessen Rat sie sich auf den Weg begeben
hätten, zumal vor wenigen Jahren viele
Könige, sehr viele Fürsten und unzählige
Volksscharen mit starker Hand dorthin
gekommen, aber ohne Erfolg heimgekehrt
sind ... Sie sagten ihnen auch, daß sie in
ihrem kindlichen Alter noch nicht die Kraft
hätten, etwas auzurichten und daß deshalb
diese Sache töricht und ohne Überlegung
unternommen wäre ... sie antworteten, daß
sie darin dem göttlichen Willen gehorchen
würden.«

Angeführt wird der deutsche Troß von
einem Jungen namens Nikolaus. Als eine
kleine Grupe Rom erreicht, erklärt ihnen
Papst Innocenz III., daß sie für ein solches
Vorhaben zu jung seien und heimkehren
sollen. Doch es ist zu spät. Vom Kölner
Kinderkreuzzug erreicht Ende August weniger als ein Drittel die Hafenstadt Genua. Sie

Weitere Daten zu den Kreuzzügen[*]

1146	(1.3.) Papst Eugen III. ruft zum Kreuzzug auf. Am 31.3. predigt Bernhard von Clairveaux in Vézélay.
1147	(Mai) Das deutsche Heer unter Konrad III. bricht in Regensburg auf.
1187	(20.10.) Urban III. stirbt nach der Nachricht vom Fall Jerusalems.
1187	(Oktober) Gregor VIII. ruft zum Kreuzzug auf; er stirbt nach einem zweimonatigen Pontifikat am 17.12.1187.
1187	(9.12.) Papst Klemens III. ruft zum Kreuzzug auf.
1188	(7.3.) Kaiser Friedrich I. Barbarossa entscheidet sich zum Kreuzzug und bricht am 11.5. von Regensburg aus auf.
1190	(4.7.) Richard I. Löwenherz von England und Philipp II. Augustus von Frankreich brechen von Vézélay aus zum gemeinsamen Kreuzzug auf.
1195	Der deutsche Kaiser Heinrich VI., der Sohn Barbarossas, nimmt das Kreuz. Er stirbt kurz danach in Messina.
1198	(August) Papst Innocenz III. ruft zum Kreuzzug auf.
1202	Die christliche Stadt Zara wird von Kreuzfahrern überfallen, geplündert und angezündet.
1203	(17.3.) Sturm auf Konstantinopel. Kaiser Alexios III. flieht.
1204	(16.5.)Balduin I. von Flandern wird in der Hagia Sophia zum Kaiser gekrönt; Ende des Vierten Kreuzzuges.
1212	(Mai) Beginn der sogenannten Kinderkreuzzüge.
1215	Lateran. Die Inquisition wird offziell eingeführt.
1227	(8.9.) Friedrich II. begibt sich auf den Kreuzzug; später wird er vom Papst gebannt
1239	Gregor IX. predigt den Kreuzzug.
1244	Ludwig IX. der Heilige entschließt sich zum Kreuzzug.
1248	bricht er auf und überwintert in Zypern. Er will über Ägypten das Heilige Land erobern.
1270	Ludwig IX. unternimmt einen zweiten Anlauf und begibt sich nach Tunis, um von hier aus den Mamelukensultan Baibars von Ägypten anzugreifen. Ludwig IX. stirbt in Tunis an einer Seuche.
1289	Fall von Tripolis. Keiner folgt dem Kreuzzugsaufruf des Papstes Nikolaus IV. Jerusalem ist totgebetet.

[*] *Zusammengestellt nach den Recherchen von Johannes Lehmann in seinem Buch »Die Kreuzfahrer – Abenteuer Gottes.«*

ziehen weiter nach Ancona und Brindisi. Ein Teil von ihnen glaubte wohl, daß sich das Meer vor ihnen auftun würde, da niemand bereit war, ihnen Schiffe zu geben. Ob sie überhaupt übergesetzt sind oder nicht, kann man nicht mit Bestimmtheit sagen. Es steht nur fest, daß von vielen Tausenden nur wenige heimgekehrt sind.

Doch auch hier lichtet sich später die Legende. 1230 berichtet ein aus dem Orient nach Frankreich zurückkehrender Geistli-cher: »Zwei der sieben Schiffe mit den Kindern sind an der Insel San Pietro an der Südwestecke Sardiniens im Sturm zer-schellt und die Reisenden sind ertrunken. Die Kinder auf den übrigen Schiffen wurden von Kaufleuten nach Algerien gebracht und in die Sklaverei verkauft. Viele von ihnen soll der ägyptische Statthalter erworben haben, um sie auf seinen Gütern arbeiten zu lassen; andere werden nach Bagdad ge-bracht[68].«

Aufzug für Krieger, nach Valturio, 1472.

Ein neuer Versuch wird gestartet

Während des Laterankonzils im November 1215 bereitet Innocenz III. einen weiteren kirchlichen Kreuzzug vor. Die Geistlichen müssen fünf Prozent ihres Einkommens abführen und wieder verspricht man den Teilnehmern den vollständigen Nachlaß ihrer Sünden. Später kann man ein Kreuzzugsgelübde durch eine Zahlung an die Kirche ablösen und selbst weltliche Herren, die das Kreuzzugsgelübde abgelegt haben, dürfen Kreuzzugssteuern erheben.

Während eines Konzils in Rom wird verfügt, daß sich die Kreuzfahrer im Juni 1217 auf den Weg machen sollen. Da Innocenz III. im Sommer 1216 stirbt, läßt sein Nachfolger, Honorius III., die Kampagne fortsetzen. Erst im September sticht ein kleines Heer unter Leopold von Österreich von Split aus in See.

Im April 1218 treffen friesische und niederrheinische Kreuzfahrer in Akkon ein. Im Mai beginnt die Belagerung von Damiette, der zweitgrößten ägyptischen Hafenstadt.

Nun spaltet sich das Lager der Kreuzfahrer und der päpstliche Legat Pelagius beansprucht im Sinn der Kurie die Oberherrschaft. Daraus entspinnt sich ein neuer Streit und schließlich neigt man dazu, erst einmal Ägypten zu erobern, um sich dann auf das verarmte Jerusalem zu konzentrieren. Aus dem Abendland rollt intellektueller Nachschub an, denn der Franziskaner Franz von Assisi erläutert im ägyptischen Lager Al-Kamil die Vorteile der christlichen Lehre.

Dann besinnt man sich des Kaisers Friedrich II., der 1220 bei seiner Krönung versprochen hat, das Kreuz zu nehmen. Er schickt vorab 500 Ritter auf seine Kosten nach Damiette. Dann marschiert das Kreuzheer am 17.7. dem Nil entlang in Richtung Kairo und bezieht kurz danach bei Mansura ein befestigtes Lager.

Durch einen strategischen Trick werden die Kreuzfahrer eingeschlossen, denn die Ägypter durchstoßen Flußdeiche und überschwemmen die Umgebung das Lagers, das sich in einen Sumpf verwandelt. Der Legat Pelagius kapituliert und bietet die Räumung von Damiette gegen den freien Abzug der Kreuzfahrer an; die Folge ist ein Waffenstillstand. Pelagius hat verspielt. Da die Kirche wieder einmal das Nachsehen hat, steigern sich die politischen Konflikte im italienischen Raum, denn Friedrich II. hat in

⇒

Der Franziskanermönch Johannes Kapistran gilt als bedeutendster Wanderprediger des 15. Jahrhunderts. Er heilt Kranke, spricht gegen die Juden, organisiert karitative Werke und ist politischer Ratgeber der damaligen Päpste. Im Jahr 1456 hält er eine Kreuzzugspredigt wieder die Türken. Die Rettung Belgrads wird ihm zugeschrieben.

*Gottfried von Bouillon, Herzog von Nieder-
lothringen, bricht – dem Aufruf Papst
Urbans II. folgend – im Frühjahr 1096 mit
seinem Kreuzfahrerheer ins Heilige Land
auf. Miniatur aus Wilhelm von Tyros'
Kreuzzuggeschichte. Bildnachweis: Bibliothèque Nationale, Estampes.*

Sizilien seine zentralistische Verwaltung
gestärkt; das Papsttum sieht sich von
mehreren Seiten bedroht.

Nachdem Honorius III. von der Niederlage erfährt, will er das angeschlagene
Image mit Hilfe Friedrichs II. aufpolieren.
Im Vertrag von St. Germano erklärt sich der
Kaiser bereit, im August 1227 aufzubrechen. Kommt er der Verpflichtung nicht
nach, drohen ihm der Kirchenbann in
Verbindung mit einer hohen Geldstrafe. Im
Herbst 1225 erwirbt er sich durch eine
politische Heirat mit der 14jährigen Isabella II. durch einen Ehevertrag den Titel
des Königs von Jerusalem.

Im August 1227 versammelt sich ein
deutsches Kreuzzugsheer in Brindisi. Die
Malaria bricht aus. Friedrich II. wird krank
und kehrt zurück. Unter dem Kommando
des Patriarchen von Jerusalem segelt die
Flotte nach Akkon. Nun stirbt Honorius III.
Sein Nachfolger, Gregor IX., will die Machtentfaltung des Kaisers Friedrich II. unterbinden und greift zum probaten doch
lächerlichen Mittel der Exkommunikation.
Der Papst verbietet ihm, den Kreuzzug ohne
Absolution fortzuführen. Der Kaiser läßt
sich von diesem Geplänkel kaum beeindruk-
ken und reist nach Akkon. Er wird von der
Bevölkerung stürmisch empfangen, doch
die Templer, die Johanniter und der Klerus
versagen ihm die Unterstützung. Im Februar 1229 ist der Kaiser in Jerusalem.
Keineswegs ist man davon begeistert. Der
Patriarch Gerald verbietet die Gottesdienste
in Jerusalem, um Kaiser Friedrich II. an
einer kirchlichen Feier seines Triumphes zu
hindern. Der Kurie fällt nichts besseres ein,
als nun einen Kreuzzug gegen den Kaiser zu
predigen.

Türkische Söldner stürmen 1244 Jerusalem. Tausende Christen bleiben auf der
Strecke und die Grabeskirche geht in
Flammen auf. 1244 beginnt der französische König Ludwig IX. der Heilige mit den
Vorbereitungen zu einem Kreuzzug und im
August 1248 sticht die französische Flotte
mit mehr als 10 000 Söldnern und Lehns-
pflichtigen von Auguiers-Mortes in See in
Richtung Zypern. Der König wird von
Ägyptern festgenommen. 1254 geht ihm
das Geld aus und er kehrt nach Frankreich
zurück.

Zusammenfassung

Die Zeit der Kreuzzüge umfaßt etwa eine
Zeitspanne von 200 Jahren. Man schätzt die
Gesamtzahl der damit verbundenen Opfer
auf zwei Millionen Menschen, ohne Plünde-
rungen und Sachwerte zu berücksichtigen.
Die Kreuzzüge sind ein großer Fehlschlag,
denn die Kurie in Rom hat nichts erreicht.
Die damit verbundenen Greuel führen die
christliche Lehre in den Abgrund. Noch
1458 ruft ein göttlicher Statthalter zu einem
Kreuzzug auf. Es geht um die Macht und
nicht um den Glauben auf dieser Welt. Die
Kirche hat aus all ihren Fehlern nichts
gelernt. Auch die Kreuzzüge sind ein
Beispiel für ihre heute noch bestehende
Intoleranz.

Ketzerei

Inhalt

Ketzerei[1)]

Die Entwicklung der Ketzerei ruht nicht auf spontanen Ereignissen, wenn sie auch durch solche verschärft und differenziert wird. Sie ruht auf Mißgriffen der Kirchenführung, die den Geist der Opposition hervorrufen. Es formieren sich etwa ab dem Jahr 1000 verschiedene, in sich abgegrenzte und verwobene Bewegungen. Einig sind sie sich im Haß gegen die offizielle Lehre der Kirche, in der sie Mängel erkennen. Die Blutspur der Ketzer läßt sich bis zu den Anfängen der Geschichte der römisch-katholischen Kirche zurückverfolgen.

Der Vernichtungskampf gegen Glaubensgegner nimmt dramatische Formen an, weil die Kirche auf ihrer Autorität bestehen muß. Staat und Kirche verbinden sich, um ihre Gesellschaftsordnung zu verteidigen. Ob sie legal ist, bleibt sekundär. Die Aufstände werden unterdrückt, aber das Verlangen der Menschen nach der Wahrheit bleibt bis heute erhalten. Die angeblichen Ketzer wenden sich gegen das Verbrechen und werden zu Verbrechern abgestempelt. Die Kirchenfürsten befehlen die Vernichtung ihrer Gegner, weil sie ihre gewinn-orientierte Position gefährdet sehen.

Lange vorher streiten sich die unterschiedlich gelagerten frühchristlichen Sekten um die Gunst des weltlichen Herrschers. Seit den Zeiten des Kaisers Konstantin I. (306-337) wendet sich das Blatt zum Negativen. Ein Gesetz aus dem Jahr 407 deklariert die Ketzerei als Majestätsverbrechen und droht die Todesstrafe an. Der heilige Augustinus, eine Leuchte des christlichen Abendlandes (354-430) sagt in diesem Zusammenhang: »Es gibt eine ungerechte Verfolgung, die der Kirche Christi durch die Gottlosen; und es gibt eine gerechte, die der Gottlosen durch die Kirche Christi.« Dennoch neigt er zur Milde. 408 schreibt er an Donatus:

»Wir bitten Euch, wenn man euch kirchliche Rechtsfälle vorlegt, wie schwer die Beleidigung auch sein möge, die der Kirche angetan ward, Eure Macht über Leben und Tod zu vergessen, aber nicht

Darstellung der Häresie. Verstanden als eine der kirchlichen Lehre widersprechende Meinung. Die Anhänger heißen Häretiker oder Ketzer. Nach dem katholischen Kirchenrecht ist formeller Häretiker jeder Getaufte, der ein Dogma leugnet oder bezweifelt. Das Glaubenbekenntnis von Papst Paul VI. übergeht den Begriff der Häresie.

unsere Bittschrift. Teurer und ehrwürdiger Sohn, betrachte diese Bitte, die wir an Euch richten, jene, für deren Bekehrung wir zu dem Herrn beten, nicht sterben zu lassen, nicht als niedrig und verächtlich. Möge Eure Klugheit eingedenk sein, daß allein die Geistlichen das Recht haben, kirchliche Fälle vor Euer Gericht zu bringen. Wenn Ihr also glaubt, Menschen für derartige Verbrechen zum Tod führen zu können, hindert Ihr uns, Euch solche zur Kenntnis zu bringen. Wenn unsere Feinde das bemerken, werden sie uns doppelt frech zu verderben suchen, da sie um unseren Entschluß und um unsere Wahl wissen, lieber durch ihre Hand zu sterben, als sie Euren Todesurteilen auszuliefern.«

Angriffspunkte oppositioneller Gruppen

Angriffspunkte	1	2	3	4
Die römische Kirche stammt nicht von Jesus ab.	•			
Der Papst ist das Haupt aller Irrtümer.	•			
Wegen der von ihm und seinen Bischöfen geführten Kriege ist er als Totschläger zu bezeichnen.	•			
Die römische Kirche ist eine Hure der Offenbarung. In ihr herrschen Sünden und Laster.	•			
Gott hat die Welt nicht erschaffen. Himmel und Erde sind ewig und haben immer bestanden.	•			
Die kirchliche Lehre vom dreieinigen Gott ist zu verwerfen.		•		•
Christus wurde nicht von einer Jungfrau geboren.	•	•		
Christus hat nicht für die Menschen gelitten. Er lag nicht im Grab und ist nicht auferstanden.	•	•		
Das Anrufen von Bekennern ist überflüssig.	•	•		
Die Verwandlung von Brot und Wasser in den Leib Christi sind zu verwerfen.	•	•		
Nach dem Tod nutzen weder Bußübungen, Gebete, Almosen und Meßopfer.	•	•		
Kirchliche Begräbnisse an geweihten Orten sind ohne Bedeutung.	•	•		
Johannes der Täufer ist ein Dämon.		•		
Die äußere Kirche ist verdorben und verfallen.	•	•	•	•
Die kirchlichen Einrichtungen sind unnütz. Ihre Sakramente haben keinen Sinn.		•		
Das Taufwasser ist gewöhnliches Flußwasser.		•		
Beichte und Konfirmation sind frivol und unnötig.		•		
Ein Leib kann nicht auferstehen.		•		
Beichte und das Vergeben von Sünden gegen Bezahlung sind zu verwerfen.			•	
Alle äußeren Zeremonien der Messe sind ungültig.			•	•
Bei der Taufe sind der Exorzismus, das Anblasen und das Zeichen des Kreuzes unnötig[2].			•	
Das mosaische Gesetz ist strikt zu beachten. Sabbath und Beschneidung sind gesetzlich.				•
Christus ist nicht dem Vater gleich. Die drei Personen sind nicht Gott und ein Wesen.				•

1: Manichäer; 2: Albigenser; 3: Waldenser; 4: Judäische Ketzer

Vielleicht zum letztenmal hören wir das Echo der evangelischen Überlieferung um 1048 in einem Brief des Bischofs Wazo von Lüttich an seinen Amtsbruder in Chalons:

»Der Herr will den Tod des Sünders nicht … Genug der Scheiterhaufen. Töten wir nicht mit dem weltlichen Schwert die, die unser Schöpfer leben lassen will, damit sie sich befreien aus den Fesseln der Dämonen. Die, die heute Ketzer sind, können sich morgen bekehren und noch größer als wir im himmlischen Vaterland werden … die Bischöfe sind die Gesalbten des Herrn, nicht um den Tod zu geben, sondern um Leben zu bringen.«

Bis zum 10. Jahrhundert befindet sich die römisch-katholische Kirche in einem desolaten Zustand. Ihre Aufbauphase, die Jahrhunderte in Anspruch nimmt, wird durch Willkürakte, Simonie und Ämterschacher gestört. Es schwächt ihre Organisation.

Dramatisch für sie ist der weltliche Einfluß auf ihr Tun und Wirken. Trotz erheblicher Missionierungskampagnen hat sie so gut wie nichts zu sagen; das Papsttum spielt nur intern die Geige. Die Kirche steuert in Intervallen dem Bruch zu, den 500 Jahre danach der Augustinerchorherr Martin Luther auslöst.

An der Wende vom 1. zum 2. Jahrtausend wird die Glaubensmetropole Rom über längere Strecken von Unfähigen, ja Huren, regiert und verwaltet. Einher geht ein krasser Imageverlust. In rascher Folge formieren sich oppositionelle Gruppen und zur Zeit von Papst Innocenz IV. sind mehr als 40 Ketzergruppen bekannt, die gegen die offizielle Kirchenlehre angehen. Es handelt sich um manichäisch-arianische, bibelgläubige, Waldenser, judäische und philosophisch orientierte Gemeinschaften mit einer jeweils eigenständigen Organisation, die die offizielle Kirche reflektiert. Diese hat Sorge, daß ihre Machtposition weiter beschnitten wird. Um diese Zeit findet das Religionsgespräch von Papiers statt.

Unter den Teilnehmern befindet sich Durand von Huesca[3]. Er erhält die Erlaubnis, sich nach Katalonien zurückzuziehen und ein Kloster zu gründen. Er wird zum

Leichengottesdienst; Holzschnitt von H. Burgmair in »Weißkunig«.

Führer der waldensischen Ketzerei in Aragon. Er stirbt im Mai 1202 und hinterläßt seine Habe den Pilgern. Es formieren sich die *armen Katholiken*, die sich vor allem im französischen Gebiet ausdehnen.

Sie leben in freiwilliger Armut und beschäftigen sich mit der Bekehrung von Häretikern. Sie wählen ein weißes oder graues Gewand mit Sandalen. Bald mischen sich dubiose Elemente ein und der Papst richtet am 5.7.1209 ernsthafte Mahnungen an sie. 1212 verschwinden die *armen Katholiken* aus dem Blickfeld der Geschichte. 1237 befiehlt Papst Gregor IX. dem Dominikanerprovinzial von Tarragona, sie zu reformieren und zu veranlassen, eine der approbierten Mönchsregeln anzunehmen.

In rascher Folge entstehen ausgedehnte Klosteranlagen. Sie werden zum Sammelplatz für Gottesfürchtige, Denunzianten, Spekulanten, Heuchler und Verbrecher[4]. Abgesehen davon blühen hinter den Mauern Laster und Begierden.

Wer erinnert sich nicht an die Offenbarung der heiligen Brigitta, derzufolge die Mönchsorden, obwohl zum Gelübde der Armut verpflichtet, Reichtümer häufen, so daß sich ihr Sinn auf dessen Vermehrung richtet: »Sie kleiden sich wie Bischöfe und tragen viel mehr Juwelen zur Schau als die reichsten unter den Laien.«

Schon immer sind die Amtstrachten ein Panoptikum der Eitelkeit. Sie sind Voraussetzung für den Erfolg breit angelegter Hierarchien. Sie fördern den Hörigen wie den Streber, erleichtern das Manipulieren und das Ausleben despotischer Wesensarten wenig Gebildeter und vieler Ungebildeter. Sie tragen dazu bei, Illusionen wachzuhalten. Regelmäßig bleiben zwischenmenschliche Beziehungen auf der Strecke und die christliche Nächstenliebe wird zur Farce, wenn ein talargeschmückter Bischof einer Bauersfrau gegenübersteht.

Religiöse Schwärmer, Fanatiker und Bigotte erheben ihre Stimmen, verunsichern verunsicherte Christen und fordern ihre Aggression heraus. Dazu gibt es ein frühes Beispiel. Das Mainzer Konzil von 847 beschäftigt sich mit der Prophetin Thiota, die aus Oberdeutschland nach Mainz gekommen ist. Sie verkündet den nahen Weltuntergang und löst im Bistum Konstanz Unruhen unter der Bevölkerung aus. Man bringt ihr Geschenke, empfiehlt sich ihrer Gebete und Kleriker binden sich an ihre Ansichten; sie betrachten sie als eine vom Himmel gesandte Lehrerin. Von einer Synode über ihr Benehmen zur Rede gestellt, bekennt sie, daß sie schändliche Gewinnsucht und der Rat eines unwürdigen Priesters dazu gebracht habe: »So ward ihren Prophezeiungen ein Ende gemacht.«

Alle verweisen auf das kuriale Krebsgeschwür: Enttäuschung über deren leere Versprechungen, Laster und Ausschweifungen. Einig sind sich die Gegner in nur zwei Punkten: Widerstand gegen die sie bedrängende Glaubenspflicht und in der Durchsetzung ihrer religiösen Interessen.

Lange bevor es Ketzerprozesse *per inquisitionem* und eine festgefügte Inquisition gibt, erfolgen kirchlicherseits Versuche, mit dem immer brennender werdenden Problem der sich ausweitenden Häresie fertig zu werden[5]. Es ist nicht so, daß die Inquisitionsprozesse auf mögliche Ketzer beschränkt sind. »Es gibt nicht den In-quisitionsprozeß an sich, er ist der Idealtypus, an dem sich die verschiedenen Ausformungen zeigen lassen[6].«

Unter der Ketzerinquisition, und nur davon wird gesprochen, versteht man Verfahren, bei denen vom Papst autorisierte Richter auf unbestimmte Zeit zur Verfolgung von Andersdenkenden aufgerufen und abgestellt werden. Da – wohl wegen der Verknüpfung der Bischöfe mit den Lokalgewalten – die bischöfliche Ketzeraufspürung unbefriedigend ist, werden von Papst Gregor IX. Angehörige der Bettelorden als selbständig fungierende Richter mit der Verfolgung der als Ketzer Deklarierten beauftragt; mit ihnen wird 1231 das Tribunal der Inquisition geschaffen.

Lange vor der offiziellen Einführung der Todesstrafe für Ketzer wird sie praktiziert, »überraschend schnell und gutwillig wird sie anerkannt. Die Glaubensväter tragen dazu bei, die Todesstrafe in Kirchenkreisen zu legitimieren[7].« Auf die Idee, daß dies wider die Grundsätze der Nächstenliebe ist, kommt keiner, denn es geht um Macht.

Die kirchliche Ketzerbekämpfung ist in der Frühphase reaktiv. Die Bischöfe greifen erst ein, wenn ein Ketzer aufgespürt ist. In der Regel ist er das Opfer einer Denunziation. Nach der Überführung liegt es an ihnen, den Häretiker durch Disputation über die Schriftauslegung[8] oder mit Ordalien[9] als heterodox zu entlarven. Die offizielle Kirche verteidigt ihre Position nach einer zögernden Phase mit Aggression und Überheblichkeit. Sie versichert sich vorab der Hilfe des weltlichen Armes. Erst ist die Kirche der Meinung, daß die Bestrafung von Andersdenkenden ihre Angelegenheit ist.

Die Konzilien von Reims[10] 1049 und Toulouse[11] 1058 gehen auf die Problematik ein. Man versucht, die Abtrünnigen erneut dem rechtmäßigen Glauben zuzuführen. Treten Komplikationen auf, droht der Klerus mit der Fülle seiner Macht. Geistliche Strafen und die Exkommunikation werden ins Feld geführt. Erste Fälle von Ketzerhinrichtungen fallen unter den Begriff der Lynchjustiz, der die Geistlichkeit inoffiziell beiseite steht, denn für die Kirche steht die Todesstrafe noch in weiter Ferne[12].

Ein Leuthard behauptet, daß er eine göttliche Offenbarung empfangen hat. Unter Berufung auf die widersprüchlichen Evangelien trennt er sich von seiner Frau und verwirft die Anbetung des Kreuzes. Er soll in einem Brunnen ertrunken sein. Dadurch bleibt es dem in dieser Sache verwickelten Bischof erspart, zu entscheiden, wie mit ihm zu verfahren ist[13].

Berthold von Regensburg, Agobard von Lyon

In Kirchenkreisen greift nun immer mehr die Polemik um sich, denn sie muß den Oppositionellen pari bieten. Immer deutlicher stellt man heraus, daß Gott und nicht Luzifer die Welt erschaffen hat. So überlegt man sich in Kirchenkreisen, weshalb nur die Menschen aufrecht gehen. Eckbert sagt dazu:

»Allein der Mensch ist so gemacht, daß er gerade dahergeht und sein Antlitz der Art ist, daß er zum Himmel blicken kann ... und glaubt ihr, der Teufel ... der unser Glück beneidet, würde, wenn die menschlichen Glieder nach seinem Gutdünken bereitet wären, uns eine solche Ehre vor den übrigen Geschöpfen erteilt haben? Er würde uns lieber so erschaffen, daß wir mit dem ganzen Leib auf der Erde kriechen oder die Füße emporrichten und mit dem zur Erde gewandten Haupt mit Hilfe der Hände einhergehen müssen.«

Er doziert weiter: »Durch einen göttlichen Beschluß ist bestimmt, daß nach dem ersten Sündenfall alle, die von Adam abstammen, der Erbsünde unterworfen sind.« Spottend fordert er zur Bekehrung der Manichäer auf: »Errichtet ein starkes Feuer mitten in eurem Saal, nehmt den Novizen, den ihr reinigen wollt, stellt ihn in die Mitte und Du, Erz-Katharer, lege Deine Hand, wie Du zu tun pflegst, auf sein Genick und gebe ihm den Segen und dann, wenn Du Deine Nägel nicht abgebrannt hast, und wenn jener unverletzt aus dem Feuer hervorgegangen ist, dann will ich bekennen, daß Du ein Katharer und gut getauft worden bist.«

Die künstliche Erbsünde ist eine unsinnige Zweckbehauptung der herrschenden Kirche. Soll doch nach ihr der gerechte Gott ein neugeborenes Kind allein schon deswegen mit Sünde belegen, weil die christliche Phantasiegestalt Adam einen wurmstichigen Apfel verspeist hat. Bultmann macht darauf aufmerksam: »Welch primitive Mythologie, daß ein Mensch gewordenes Gottwesen durch sein Blut die Sünden der Menschen sühnt.«

Berthold von Regensburg gehört dem Orden der Franziskaner an und gilt als der größte Prediger seiner Zeit. Zeitweise sollen ihm mehr als 10 000 zugehört haben. Sein Vorbild ist David von Regensburg, ein Asket und Schriftsteller. Berthold von Regensburg wettert in einigen seiner Predigten gegen die Zauberei und den Aberglauben. Er leitet das Wort *Ketzerei*, wie Allanus von Issel, von *Katze* ab; doch mehr wegen der Gleichheit der Eigenschaften als aus sprachlichen Gründen. Er führt als Kennzeichen der Ketzer an, daß sie den Sonntag nicht feiern und vorgeben, mit Geistern zu verkehren. Er nennt die Ketzerei eine *Mordaxt des Teufels*[14]. Daneben führe er eine kleinere, um die Dorfleute zu töten. Das sei der Aberglaube, den er als Unglauben und Todsünde charakterisiert. Er spottet gegen den angeblichen Liebeszauber und schaltet sich in den Dialog zur Ketzerei mit einem trefflichen Beispiel ein:

»So sprechen etliche Ketzer und glauben fein, daß der Teufel den Menschen geschaffen, aber der Herr die Seele darin schuf. Pfui, verfluchter Ketzer! Wann wurden sie je gemeinen Sinnes? Nun seht, ihr seligen Gotteskinder, daß Euch der Allmächtige Gott Seele und Leib erschaffen hat. Und das hat er recht mit Buchstaben an das Antlitz geschrieben, daß ihr nach ihm gebildet seid. Die zwei Augen, das sind O. Ein H ist das nicht ein rechter Buchstabe, er hilft nur den anderen; als homo mit dem H, das spricht Mensch. So sind die Augenbrauen darüber gewölbt und die Nase dazwischen herab, das ist ein M, schön mit drei Stäbchen. So ist das Ohr schön gezirkelt ... so sind die Nasenlöcher und das Zwischenfach schön geschaffen, recht als ein griechisch E. So ist

Verurteilung eines Ketzers, byzantinisch; Miniatur um das Jahr 1000.

der Mund ein schön gezirkelt I. Nun seht, ihr reinsten Christenleute, wie tugendlich er Euch mit diesen sechs Buchstaben gezieret hat, daß ihr sein eigen seid und daß er euch geschaffen hat. Nun sollt ihr lesen ein O und ein M und aber ein O zusammen, so lautet es homo. So lesen wir auch ein D und ein E und ein I zusammen; so lautet es dei. Homo dei, Gottes Mensch, Mensch Gottes.« Durch die ständigen Vergleiche mit der angeblich göttlichen Allmacht wird das Selbstvertrauen der Bürger zurecht gestutzt.

Agobard von Lyon warnt vor ihm: »Daß keiner sich im Geringsten auf seine eigenen Kräfte verlasse, sondern auf den Beistand Gottes, um im Guten zu beharren. Wer von diesem Haus Christi und von der Gesellschaft oder Lehre der katholischen Priester abtritt, ist ein Ketzer.« Claudius, der Turiner Bischof, geht einen Schritt weiter und sagt: »Nur aus Gnaden können wir selig werden, ohne alles Verdienst von unserer Seite, sondern nur allein durch den Glauben an Jesus Christus.« Hier bastelt man an der

späteren Lehre der Prädestination, die in Wirklichkeit ein Hirngespinst ist und vor allem von Luther und Calvin nach oben gekehrt wird.

Bei Licht betrachtet geht man an der Sache vorbei, denn es ist vor allem die Kirche selbst, die dem Verkehr mit Engeln, Teufeln und Dämonen huldigt. Hier sitzt sie einer Illusion auf, die sie griechischem Gedankengut abgekupfert hat.

Der Prediger Ungar

Um Ostern 1251 tritt der geheimnisvolle Prediger Ungar auf den Plan der Kirchengeschichte. In seiner geschlossenen Hand trägt er ein Papier, das ihm, wie er sagt, die Jungfrau Maria gegeben hat und das besondere Instruktionen erhält. Er richtet Angriffe gegen den Klerus; die Bettelorden sind ihm Vagabunden und Heuchler; die Zisterzienser gierig nach Geld und Gut; die Benediktiner stolz und gefräßig; die Dominikaner weltlichen Interessen und ihrer Sinneslust ergeben; die Bischöfe und ihre Beamten sind habgierige Geldsucher, die vor keinem Mittel zurückschrecken, um es zu erlangen.«

Die Hirten verlassen ihre Herde, die Bauern die Pflüge und folgen taub ihren Herren, unbewaffnet dem Mann, ohne an den morgigen Tag zu denken und ohne sich um etwas anderes zu kümmern. Die Bewegung schwillt an, bis die wandernden Scharen mehr als 10 000 zählen und 50 Banner mit sich führen. Am 11.6.1251 ziehen die Banden in Orleans ein. Vom Volk werden sie stürmisch begrüßt. Ein Student unterbricht Ungar in seinem Redefluß und schimpft ihn einen Lügner. Sogleich wird er von Fanatikern totgeschlagen. Jetzt erhebt sich ein Tumult und wir stehen vor einem Justizmord unter der Fahne der Nächstenliebe.

Die meisten Menschen werden, damals wie heute, bei ihrer Suche nach einem sicheren Angelpunkt in ihrem Leben, durch religiöse und halbreligiöse Bewegungen verunsichert. So erheben sich damals französische Bauern und schweifen bandenmäßig umher. »Wie viele edle Menschenfreunde und unverdrossene Pfleger der Wissenschaft von Rom aus komprommitiert, drangsaliert, um das Lebensglück gebracht, gefoltert, erdrosselt, gehängt und verbrannt worden sind, ist unbekannt … die Mönche, die sich am Fett ihrer Opfer mästeten, erhielten, was sie wünschten[15].«

Theologie der »neuen« Manichäer

Der Mittelpunkt ihrer religiösen Auffassung wird von einem dualistischen Prinzip bestimmt, wobei sich Gutes und Schlechtes gegenüberstehen. Das Gute schafft die menschliche Seele, das Schlechte den Körper, die Materie, alles Vergängliche und Sichtbare. Hier offenbart sich der Gegensatz zwischen Geist und Materie. Der schlechte Teil schafft die Elemente, den sichtbaren Himmel mit seinem Schmuck. Aber dies tut auch der gute Teil. Er verfügt über ein eigenes Himmelsvolk, das aus Geist, Leib und Seele besteht. Die Seele befindet sich im Leib, nicht aber der Geist. Jede vom guten Gott geschaffene Seele hat einen Leibwächter.

Über Adam wird die Meinung vertreten, daß sein Geist, der ein himmlischer Engel ist, aus göttlichem Auftrag auf die Erde gekommen ist, und zwar noch vor den Menschen, um zu sehen, wie Luzifer die Elemente eingeteilt hat. Luzifer hat Adam ergriffen, »wie ein Gefäß ihn in einen fleischlichen Körper geschlossen und zu ihm gesagt. ›Bezahle mir, was Du mir schuldig bist … unterwirf Dich menschlichem Fleisch.‹« Adam soll flehentlich gebetet haben: »Habe Geduld mit mir … laß mich frei und schließe mich nicht in dieses tönerne Gefäß, so will ich Dir alles bezahlen und Dir dienen«, bis er sich mit Eva in fleischlicher Lust vereinigt hat.

Die klerikale Opposition wird durch die eigenständige Organisation der Katharer verstärkt, denn hier formiert sich eine unliebsame Konkurrenz. An ihrem Lebenswandel und der religiösen Grundeinstellung ist wenig zu tadeln. Verfolgt werden sie, weil sie den Mut haben, die damals noch wankende Kirche zu kritisieren.

Gerbert spricht 991 bei seiner Wahl zum Erzbischof von Reims im ebenfalls noch schwankenden Glaubensbekenntnis: »Ich glaube, daß Christus wahrhaft gelitten hat, gestorben und auferstanden ist, daß Gott der einzige Urheber des Alten und Neuen Testamentes ist, daß der Teufel durch seinen eigenen Willen böse geworden ist, daß die Ehe nicht verboten und der Fleischgenuß nicht tadelswert ist.« In der zentralen Aussage ist es lang überholt.

Zur Gruppe der Manichäer gehören die Patarener, Bulgarer, Josephisten, Weber (Texeranten), Piphler, Paulicianer, Publicarer und Populicarer. Sie gehen von dem aus der Antike erprobten dualistischen Denken aus, aus dem sich u. a. die Weltreligionen formieren. Sie vertreten ein gutes und böses Prinzip. Lusabel gilt als abgefallener *guter* Engel, der mit unumschränkter Gewalt regiert; von ihm sind die Leiber der Menschen und von Gott die Seelen geschaffen. Dagegen wettert u. a. Berthold von

Verbrennung von Ketzern in einer Grube. Derber Holzschnitt (Nürnberg) aus dem Jahr 1494.

Regensburg. Zu dieser Gruppe gehören möglicherweise die *Texeranten*, falls sie nicht mit den *Webern* identisch sind.

Hier wird ein frühes Beispiel von Hexerei vermerkt: »Ein junges Mädchen von der Sekte der Texeranten aus der Gegend von Trier wird wegen Zaubereien bezichtigt, ergriffen und verbrannt.« Als man ihre Lehrmeisterin ergreifen will, »entkommt diese an einem Zwirnfaden durch das Fenster.«

Die Haltung nach Gut und Böse führt auf Umwegen zu der das Mittelalter bestimmenden spiritistischen Haltung, der Trennung von Geist und Materie, Kirche und Staat. Die *Armen von Lyon* zeigen manichäische Elemente, bleiben aber der Mutterkirche verbunden. Sie anerkennen Innocenz III., leben in Armut, erklären die fleischliche Vermischung als Todsünde und darum verlassen Männer ihre Frauen.

Die Katholiken ereifern sich bald in der Formulierung: »Die Haltung der Manichäer ist unbiblisch und unphilosophisch ... sie bekämpfen das von Gott geschaffene Evangelium und widersetzen sich den angenommenen Begriffen.« Es genügt der Hinweis, daß der christliche Gott kein Evangelium geschaffen hat. Jede schriftliche Aufzeichnung ist ein mehr oder minder gelungenes Menschenwerk. Die Bibeln der Weltreligionen sind davon nicht ausgenommen.

Die neuen Manichäer werden der jungen und sich langsam festigenden Kirche aus mehreren Gründen hinderlich. Zum einen organisieren sie sich eigenständig. Ihr Klerus setzt sich aus dem *Episkopus*, einem *filius major* bzw. *minor* und einem *Diakon* zusammen. Sie setzen Sakramente in die Welt, so das Auflegen der Hände (consolamentum), die Einsegnung des Brotes und die Pönitenz. Zum anderen verwerfen sie die christliche Lehre an wunden Punkten; sie suchen das Flickwerk einzustürzen, das sich die *Rechtgläubigen* in nahezu 1000 Jahren mit zunehmend größerem Widerstand gezimmert haben. Allerdings gibt es keine Rechtgläubigen, sondern nur Gläubige.

1017 wird in Aquitanien eine Sekte von manichäischem Charakter entdeckt. Sie verwerfen die Taufe und die Verehrung des Kreuzes, verlangen Enthaltsamkeit und enthalten sich bestimmter Speisen. 1020 stößt man in Arras auf eine oppositionelle Vereinigung. Die *boni homines* verwerfen das Alte Testament, die Sakramente, das Abendmahl und den Eid. 1022 wird in Orleans eine Ketzergruppe entdeckt[16]. Ihr gehören Kleriker, Hofbeamte und der königliche Beichtvater an.

König Robert II. schreitet aufgrund einer Denunziation ein und verhängt Todesurteile durch Verbrennen. Warum er sich für den Scheiterhaufen entscheidet, ist unschlüssig[17]. Vermutlich handelt es sich um die erste bewußte Ketzerverbrennung im französischen Sprachraum.

1025 erfährt Bischof Gerhard von Cambrai in Arras während einer Visitationsreise von Ketzern. Sie werden verhört und haben sich gegenüber einer Synode zu verantworten[18]. Sie schwören ihrem Glauben ab und wenden sich wieder dem Katholizismus zu. Um 1030 entdeckt Erzbischof Heribert von Mailand ketzerische Elemente in seinem Sprengel. Sie sind der Meinung, daß sich die Menschen wie Bienen vermehren. Als Bekehrungsversuche scheitern, werden sie auf Betreiben des Adels verbrannt[19].

Daniela Müller aus Würzburg nennt als Grund für die Ausweitung der Häresie, die im Zug der *Gregorianischen Reform* erfolgte Abwertung des Laienstandes. Die Formel *Libertas ecclesiae* umfaßt eine Disqualifizierung der Laien. Man geht in der Vorstellung auf, daß die Heilsaufgaben der Kirche von Geistlichen wahrgenommen werden müssen, während den Laien eine dienende Funktion zugewiesen wird[20]. Deren Betätigung auf Randgebieten[21] führt zu einer Stärkung des Papsttums, die mehr als notwendig ist.

Obwohl Gratian sich zunächst der augustinischen Toleranzforderung für die Behandlung von Ketzern anschließt, billigt er Maßnahmen, die weit über geistliche Strafen hinausreichen. Er spricht sich für Enteignung und für Körperstrafen aus, ja er zieht die Todesstrafe in Betracht[22]. Er fordert die weltliche Macht zur Unterstützung der kirchlichen Interessen auf[23].

Hier setzt eine verhängnisvolle Entwicklung ein und es zeigt sich, daß die Kirche nicht in der Lage ist, selbst ihrer Probleme Herr zu werden. In der Folgezeit werden geistliche Bußen durch das kirchliche Recht verhängt und materielle Strafen durch das weltliche. Bereits das Zweite Laterankonzil von 1139 schärft die Pflicht der weltlichen Gewalt auf Ketzerverfolgungen ein[24]. Den Gregorianern gelingt die kirchenrechtliche Formulierung, daß Häresie nicht nur allgemein die Abweichung vom rechten Glau-

Zur mittelalterlichen Religionsvorstellung: Christus sitzt auf einem Baum, auf dem die Marterinstrumente hängen. Aus: »Geistliche Auslegung des Lebens Jesu Christi«; Druck von Johann Zainer, Ulm.

ben, sondern ganz speziell die Nichtübereinstimmung mit der römisch-katholischen Kirche sei[25].

1157 fordert das Konzil von Reims die Exkommunikation und Konfiskation als Strafe für Ketzer. Häresieverdächtige müssen ihre Unschuld durch das Ordal des glühenden Eisens beweisen. Im Fall des Mißlingens werden sie gebrandmarkt und vertrieben[26].

1179 vertieft das Dritte Laterankonzil diese Bestimmungen und verschafft dem Ketzerkreuzzug Eingang in das Kirchenrecht[27]. Friedrich I. erklärt die Reichsacht für Ketzer[28]. Damit hat der Klerus einen wichtigen Schachzug gewonnen. Papst Lucius III. setzt mit seiner Bulle *Ab abolendam* einen zusätzlichen Meilenstein auf dem Weg der Verfolgung Andersdenkender[29]. Jetzt tauchen Anweisungen für ein geregeltes Gerichtsverfahren gegen Ketzer auf. Gestützt auf die Installation eines bischöflichen Ketzergerichts wird das Rügeverfahren des deutschen Sendgerichts zum Vorbild genommen[30].

Geistlichen Oberhirten wird die Pflicht der Visitation auferlegt. In Gemeinden, in denen das Gerücht über Ketzer umgeht, sollen ehrenwerte Männer unter Eid über das Vorhandensein von Ketzern befragt werden. Beschuldigte sollen sich durch einen Eid reinigen. Weigern sie sich, so werden sie als Ketzer angesehen und unterliegen den dafür vorgesehenen Strafen[31]. Dann schließt sich die Zange. Nicht sogleich Reuige werden dem weltlichen Arm übergeben. Rückfällige verfallen der weltlichen Gewalt[32]. Ihr fällt die Aufgabe der Güterkonfiskation und Vertreibung zu[33].

Papst Innocenz III. befürwortet Folter und Todesstrafe[34]

Jetzt tritt Innocenz III. auf den Plan der Geschichte. Mit ihm kommt eine schärfere Gangart in die Ketzerverfolgung. Er baut die Anwendung der Folter und die Todesstrafe in den Prozeßverlauf, außerdem ein summarisches Verfahren, aus dem sich Strafverschärfungen ableiten lassen. Nun stellt

man die Ketzer römischen Majestätsverbrechern gleich. Verbrechen gegen die Religion werden als Sakrileg verstanden. Nach dem römischen Recht und der päpstlichen Dekretale ist es ein *crimen publica*; die Todesstrafe wird als angemessen betrachtet[35]. Das Geschäft der Bekehrung erhält eine neue Dimension, denn Innocenz III. stellt sich folgende Aufgaben:

- Das Papsttum zu stärken.
- Das Heilige Land von Ungläubigen zu befreien.
- Die Ketzer zu vertilgen.

Während Kirchenhistoriker hervorheben: »Man darf ihn unbedenklich den größten aller Päpste nennen, der je auf dem Stuhl Petri gesessen hat«, wird dieses Bild von seinen Gewalttätigkeiten Lügen gestraft. »Ist doch die Kirche, für die er streitet, nicht die Kirche Christi, sondern das Papsttum mit seinen Flecken und Mängeln. Er strebt nicht eine freie, sondern eine erzwungene Gemeinschaft an. Er schlägt einen grauenhaften und blutigen Weg ein. Die von ihm angewendeten Mittel sind nicht göttlich oder gottgefällig, sondern unchristlich. Die ihn leitenden Triebfedern sind nicht lauter, sondern gehen aus einem herrschsüchtigen Sinn hervor. Er sucht die Weltherrschaft. Seine Weisheit kommt nicht von oben, sondern ist nur menschliche Klugheit. Sein Mut und seine Festigkeit werden zum trotzigen Eigensinn[36].«

Der Unfehlbare hat sich durch die unter ihm zum Dogma erhobene Lehre von der Transsubstantation und der Ohrenbeichte in die finsteren Annalen der Kirchengeschichte eingeschrieben. Als Beispiel für seine Intelligenz möge der Hinweis genügen, daß er mit den Albigensern darüber streitet, ob Christus mit zwei, drei oder vier Nägeln ans Kreuz geschlagen worden ist[37].

Es wird immer deutlicher, daß sich das kuriale Wollen über die weltlichen Interessen schiebt. Die weltlichen Herrscher zeigen relativ wenig Widerstand gegen die klerikalen Vasallen und dies hat gute Gründe, denn auch ihnen nützt der hörige Bürger mehr als der aufsässige.

Nach dem Dritten Laterankonzil werden alle, die sich gegen die heilige, rechtgläubige und allgemeine Kirche stellen, verurteilt. Innocenz III. greift auf die alte Vorschrift *Ab abolendam* von 1184 und auf zwei von ihm zuvor erlassene Dekretalen: *Vergentins in senium* (1199) und *Ad Elimendam* (1207) zurück[38]. Danach sollen die Söhne der Ketzer dem gleichen Schicksal verfallen. Im wesentlichen wird propagiert:

- Die wegen Ketzerei Verdammten werden dem weltlichen Arm zur Bestrafung überstellt.
- Geistliche Übertreter werden ihrer Würden degradiert, damit ihre weltlichen Güter eingezogen werden können. Dies ist bemerkenswert, denn damals verfügen viele Geistliche über weltliches Gut.
- Verdächtige müssen sich innerhalb eines Jahres reinigen. Tun sie es nicht, werden sie als Ketzer angesehen und verurteilt.
- Weltliche Gewalten dürfen keine Häretiker dulden. Wenn sie diesem Verlangen nicht nachkommen, werden sie exkommuniziert.
- Reinigen sie sich nicht, löst der Papst seine Vasallen vom Treueeid und gibt den Rechtgläubigen deren Land.
- Laienprediger werden exkommuniziert.
- Die Visitationspflicht der Bischöfe wird ausgebaut. Nötigenfalls müssen sie die gesamte Nachbarschaft schwören lassen, alles was über Häretiker, die geheimen Zusammenkünfte und die abweichende Glaubensmeinungen bekannt ist, anzuzeigen.
- Nachlässige Bischöfe werden ihres Amtes enthoben und durch geeignete Personen ersetzt[39].«

In der Dekretale *Qualiter* von 1206 ist eine frühe Ausformung des kanonischen Inquisitionsprozesses erkennbar. Nun kann der jetzt durch eine *mala fama* entstandene Verdacht nicht mehr nur mit der Purgation abgetan werden. Was die Wahrheit ist, entscheidet die Kirche. Es scheint so, als daß es sich hier um Disziplinarverfahren gegen rebellische Geistliche handelt.

Der *kanonische* Inquisitionsprozeß ist noch nicht ausgeprägt. Mit Beginn des Jahres 1207 sieht sich der amtierende Papst veranlaßt, weltliche Fürsten zum Beistand zu bewegen. Daraus entwickelt sich der Albigenserkrieg, in dessen Umfeld die christliche Inquisition den letzten Schliff erhält. Das Krönungsgesetz von Friedrich II. aus dem Jahr 1220[40] übernimmt explizit die Auffassung Innocenz' III. von der Ketzerei als Majestätsverbrechen im ganzen Reich. Vier Jahre danach erfahren wir in der Lombardei von einer Strafverschärfung. Erwähnt werden der Zungenverlust und Feuertod.

Unbestritten stehen bei Friedrich II. im Zusammenhang mit der Einführung der Todesstrafe noch andere Vorbilder Pate: 1194 hat sein Vorgänger, König Alfons II. von Aragon, ein neues Verfahren eingeschlagen. Er setzt für Ketzer die Landesausweisung fest, »da sie als Feinde der Kirche auch die des Staates sind.« 1232 setzt Kaiser Friedrich II. fest[41]:

- Alle Ketzer, die von der Kirche verdammt werden, verfallen der Todesstrafe durch den weltlichen Arm.
- Diejenigen, die aus Todesangst in die kirchliche Gemeinschaft zurückkehren, werden mit ewigem Gefängnis bestraft.
- Begünstiger von Ketzern erleiden die gleiche Strafe.
- Rückfällige haben ihr Leben verwirkt.
- Nachkommen und Erben der Ketzer werden enterbt und verlieren bis in den zweiten Grad die öffentlichen Ämter.

»Schnell hat die kirchliche Gesetzgebung diesen Erlaß anerkannt und rezipiert, anfangs ohne ausdrückliche Billigung der Todesstrafe[42].« Der Parteigänger Gregors, Mangold von Lautenbach, vertritt die Auffassung, daß ein Ketzer dem Antichrist gleichzusetzen sei[43], der nur ein Fabelwesen ist. »Tatsächlich entsteht bei einer Prüfung der Quellen der Eindruck, daß die päpstliche Gesetzgebung bewußt unpräzise, auslegungsbedürftige Formulierungen für die den Ketzern angemessene Strafe verwendet.«

Papst Martin V. überreicht König Sigismund auf dem Konzil von Konstanz die goldene Rose. Aus Ulrich von Reichenhalls Conciliumbuch vom 2.9.1483. Druck von Anton Sorg in Augsburg.

Papst Martin V. verläßt Konstanz nach beendetem Konzil. Seinen Rang betont ein Baldachin. Aus Ulrich von Reichenhalls Conciliumbuch vom 2.9.1483. Druck von Anton Sorg in Augsburg.

Kreuzzug in Südfrankreich

Kirche im Untergrund

Parallel zu den christlichen Unterdrükkungskampagnen im Nahen Osten wird ein Kreuzzug gegen Andersdenkende im südfranzösischen Raum installiert. Der einzige Unterschied ist, daß hier keine Muselmanen leben, sondern Christen. Sie bezeichnen sich als *bonshommes*, als *gute* Menschen. Die Reinen oder Katharer lehnen das klerikale Sündenbewußtsein und den daran geknebelten Strafkatalog ab. Sie verachten die Sakramente und lassen Frauen zum Priesteramt zu; es ist eine Kirche im Untergrund, die den klerikalen Machtanspruch in Frage stellt.

1116 gestattet der Bischof von Le Mans dem Mönch Heinrich, die Fastenpredigt zu übernehmen. Er spricht aus, was viele über die Kirche denken. Es kommt zu antikirchlichen Tumulten; schließlich jagen die Vasallen des Bischofs den Aufwiegler aus der Stadt.

Das Walten der Amtskirche bleibt nicht unkritisiert. Viele Mönche halten die Nähe zum Volk und nehmen Einfluß. Der Kölner Chronist sagt: »1163 kamen einige Häretiker von der Sekte der Katharer aus Flandern nach Köln. Sie fingen an, nahe bei der Stadt verborgen in einer Scheune zu wohnen. Da sie nicht einmal sonntags zur Kirche gingen, wurden sie von Anwohnern ergriffen und angezeigt. Sie wurden vor die katholische Kirche gestellt und über ihre

Oben: Auf dem Konzil von Konstanz ernennt König Sigismund den Grafen Adolf von Cleve zum Herzog. Unten: König Sigismund heilt eine Torin. Aus Reichenhalls Conciliumbuch vom 2.9.1483.

Oben: Der Feuertod des Johannes Hus auf dem Konstanzer Konzil. Unten: Seine Asche wird in den Rhein gestreut. Aus Ulrich von Reichenhalls Conciliumbuch vom 2.9.1483. Druck von Anton Sorg in Augsburg.

Sekte befragt. Sie ließen sich durch keine beweiskräftigen Zeugnisse belehren, sondern beharrten auf ihrer Lehre. Daher wurden sie aus der Kirche gestoßen und den Händen der Laien übergeben. Diese führten sie am 5.8. aus der Stadt und überlieferten sie dem Feuertod, vier Männer und ein Mädchen ... Das Mädchen wäre durch das Mitleid des Volkes fast gerettet worden, wenn sie nach dem Schreck über den Tod der anderen auf guten Rat gehört hätte. Doch plötzlich riß sie sich los und stürzte sich freiwillig in das Feuer.«

Peter von Vaux de Cernay sagt über sie: »Sie alle, Glieder des Antichrist, Erstgeborene des Satans, schlechte Saat, Verbrecher, heuchlerische Lügner, Verführer schlichter Herzen, hatten mit dem Gift ihrer Perfidie fast die ganze Provinz Narbonne verseucht. Sie sagten, die römische Kirche gleiche einer Räuberhöhle und jener berüchtigten Hure, von welcher in der Offenbarung die Rede ist. Die Sakramente der Kirche hielten sie für nichtig und lehrten in der Öffentlichkeit, das Wasser der Taufe würde sich keineswegs vom fließenden unterscheiden und die Eucharistie keineswegs vom Brot für den profanen Gebrauch. Solche Gotteslästerungen träufelten sie in die Ohren der Schlichten; der Leib Christi wäre seit langem verfallen, auch wenn er die Größe der Alpen gehabt hätte. Firmung, letzte Ölung und Beichte hielten sie für frivole Sachen. Die Ehe, so lehrten sie, sei Hurerei und in diesem Stand könne keiner sein Heil erwirken, indem er Kinder zeuge.«

Der französische König läßt in Paris Häretiker öffentlich verbrennen. Während des Konzils von Tours (1163) klagt Papst Alexander III. über die Zunahme der Häresie in der Grafschaft Toulouse. Hier werden Maßnahmen zur Ausrottung der Ketzerei ergriffen. Raimund von Toulouse ist von hier aus in den Ersten Kreuzzug ins Heilige Land aufgebrochen. 1165 sprechen Vertreter der Katharer vor einem Untersuchungsausschuß der Kirche. Sie erscheinen freiwillig und bekennen sich zu ihrem Glauben, den Peter von Vaux-de-Cernay so umschreibt:

»Man sollte auch wissen, daß unter diesen Häretikern einige vollkommene oder gute *Menschen* genannt werden, andere Gläubige der Häretiker. Die Parfaits tragen schwarze Gewänder. Die Lügner sagen, sie würden in Keuschheit leben. Sie verweigern jede Aufnahme von Fleisch, Eiern und Käse. Sie wollen als ehrliche Menschen gelten, lügen aber ständig, wenn es um Gott geht. Sie sagen, man dürfe in keinem Fall einen Eid schwören. Die Gläubigen leben in dieser Welt und versuchen nicht, den Lebenswandel der Parfaits anzustreben. Aber sie hoffen, der Glauben jener würde ihr Seelenheil erwirken. Auch wenn sie sich wegen des Lebenswandels uneins sind, in ihrem Glauben waren sie sich eins, sie ergeben sich dem Wucher, dem Raub, dem Mord, dem Meineid und allen Heimtücken. Sie sündigen mit einer Selbstsicherheit und Wut, die umso größer war, als sie glaubten … ohne Beichte und ohne Sühne.

Sie mußten nur in der Stunde ihres Todes in der Lage sein, das Vaterunser zu beten. Die häretischen Parfaits hatten Amtspersonen, die sie *Diakone* oder *Bischöfe* nannten. Deren Handauflegen (Consolamentum) war erforderlich, um für die Sterbenden das Heil zu erwirken … so daß er ohne jede Buße, ohne jegliche Abbitte für seine Sünden in den Himmel flog.«

In Saint Felix, östlich von Toulouse, tagt 1167 ein überregionales Konzil der katharerischen Kirche. Ihre Haltung wird von den weltlichen Herren des Languedoc weitgehend geduldet: so auch von Trencavel, dem Vizegrafen von Carcasonne und Béziers. In

Carcasonne findet 1204 ein Disput zwischen Katholiken und Katharern statt. Carcasonne entwickelt sich in den Herzen der Katholiken immer mehr zum Bollwerk des Unglaubens und zum Hort der Rebellion. Im Languedoc und in Toulouse breiten sich ketzerische Gedanken aus.

Einer der Führer ist ein Olivier. Die dortigen Häretiker stehen eine Zeitlang unter dem Schutz des Grafen von Beziers. Graf Raimund V. von Toulouse erkennt die Gefahren. Schon 1177 hat er die Mönche des Klosters Citeaux aufgefordert, gegen Häretiker zu missionieren. Dann wendet er sich unter klerikalem Einfluß an das Generalkapitel der Zisterzienser und bittet um Hilfe bei der Unterdrückung der Ketzerei. Er stellt heraus:

»Die Häresie hat so überhand genommen, daß Zwietracht unter den Familien herrscht. Die Priester haben sich verführen lassen, von ihren Kirchen zu gehen. Sie zerfallen wie Ruinen. Man weigert sich, die Taufe zu verrichten. Das Nachtmahl ist ihnen verhaßt und die Beichte wird verachtet. Man glaubt nicht an die Schöpfung des Menschen und an die Auferstehung des Fleisches. Mit einem Wort: alle Sakramente sind beiseitegesetzt … was mich betrifft, der ich mit zwei Schwertern bewaffnet bin und mich rühme, Rächer und Diener des göttlichen Zorns zu sein, suche ich vergeblich ein Mittel, um so großen Übeln ein Ende zu bereiten. Ich erkenne, daß ich nicht stark genug bin, um dieses Ziel zu erreichen, weil die Angesehendsten unter meinen Untertanen verführt sind; mit ihnen eine große Menge des Volkes. Demütig flehe ich um Eure Hilfe, Euren Rat und Euer Gebet, um die Ketzer zu vertilgen … Da das geistliche Schwert unwirksam ist, muß das weltliche zu Hilfe eilen. Überzeugt, daß meine Anwesenheit dazu beitragen wird, die Ketzerei mit der Wurzel auszurotten, verwende ich mich beim König von Frankreich und suche ihn zu bewegen, sich dorthin zu begeben.[45].«

Der Wunsch fällt auf christlichen Boden. Mit dem Einverständnis von Papst Alexander III. begeben sich 1178 der Kardinallegat Peter, Erzbischof Guarin von Bourges, die

Bischöfe Reginald von Bath und Johann von Poitiers, wie der Abt Heinrich von Clairvaux zum Krisenherd, um Widerspenstige zu zähmen bzw. Andersdenkende zu strafen.

Die Mission zeigt keinen Erfolg. In Predigten wettern Christen gegen die Lehre der Albigenser, die sie selbst verbreitet haben. In der weiteren Folge veranstaltet der Papst des Dritte Laterankonzil und läßt im 27. Kanon wissen: »Weil in der Gascogne und in den Gebieten von Albegois, Toulouse und an anderen Orten die verdammte Lehre der Ketzerei so überhand genommen hat, daß sie sie öffentlich an den Tag legen und dadurch bei schwachen und einfältigen Seelen Eingang finden, beschließen wir, daß sie dem Bann unterliegen sollen. Bei der gleichen Strafe verbieten wir jedem, sie in sein Haus (Gebiet) aufzunehmen oder sie zu begünstigen.«

1181 reist der Erzbischof in das Ketzergebiet und versucht, die nach seiner Auffassung Ungläubigen mit Worten und Taten zu bekehren. Er erobert Labour und nötigt den dortigen Graf zur Unterwerfung und seinen religiösen Irrtümern abzusagen, womit er die eigenen ausschließt. Weil auch die zweite Bekehrungsreise erfolglos bleibt, erläßt Peter II. von Aragonien ein scharfes Edikt.

1198 wird in Rom als neuer Papst Innocenz III. gewählt. Er wendet sich den südfranzösischen Angelegenheiten zu und beauftragt Peter von Castelnau aus den Zisterzienserkloster Fontfroide mit der Bekämpfung der Ketzer. 1203 kommen die Legaten Peter von Castelnau und Raoul nach Toulouse. Innocenz III. hat ihnen die bischöfliche Gerichtsbarkeit übertragen und hintergeht damit die bischöfliche Amtsgewalt. Sofort beschwert sich der Bischof von Narbonne, »wie unbillig sich die Legaten gegen ihn und geringere Geistliche benehmen.«

1205 treffen sie mit Graf Raimond VI. von Toulouse zusammen, über den ein Mönch berichtet: »Vor allem ist zu sagen, daß er gleichsam von der Wiege an die Ketzer liebte, schützte und ehrte. Bis heute führt er, wie versichert wird, wohin er geht, Häretiker in gewöhnlicher Kleidung mit

sich, um unter ihren Händen zu sterben. So bezeugt er sich stets als Glied des Teufels, als Feind des Kreuzes und als Verfolger der Kirche, Unterdrücker der Rechtgläubigen, als Diener des Verderbens, seinem Glauben nach meineidig, und gegen alle voll Verbrechen und Sünde.«

Er wird zum Opfer einer Ideologie. Im Mai 1205 leistet er den von der Kirche erzwungenen Eid, aktiv gegen Ketzer vorzugehen. Da der päpstliche Legat wenig erfolgreich ist, macht er Raimund VI. von Toulouse für seinen Mißerfolg verantwortlich. Innocenz III. läßt ihn wissen:

»Überlege doch, Unsinniger, Überlege. Gott der Herr über Leben und Tod, kann plötzlich deine Tage beenden, damit sein Zorn den, den seine Legaten nicht zur Reue führte, ewigen Qualen überliefere ... Er werde allen umliegnden Fürsten befehlen, gegen ihn als Feind Christi und Verfolger der Kirche aufzustehen ... und ihnen erlauben, alles, was sie in seinem Land erobern, zu behalten[46].«

Er wirft ihm vor, daß er die Häretiker schone, anstatt sie zu verfolgen. 1207 wird er deshalb vom päpstlichen Legaten exkommuniziert. Er trifft im Januar 1208 mit ihm auf dem Stammsitz in Saint-Gilles zusammen. Raimund erklärt sich bereit, aktiv gegen die Häresie vorzugehen. Kurz danach wird der päpstliche Legat bei Arles ermordet. Peter von Vaux-de-Cernay schildet ihn:

»Nachdem die Messe wie üblich zelebriert worden war, machten sich die tugendvollen Ritter Christi am nächsten Tage beim Morgengrauen daran, über den Fluß zu setzen. Da Verletzte hinterrücks einem dieser Trabanten des Satans (Raimund) mit einem Speer den Legaten Peter zwischen den Rippen, der auf Christus wie auf einen festen Fels gestützt, auf derartigen Verrat nicht gefaßt war. Treuherzig blickte er seinen Angreifer an und sagte, eingedenk des Beispiels seines Herrn Jesus Christus und des seligen Stephans: ›Möge Gott dir verzeihen, wie ich Dir verziehen habe.‹ Er wiederholte mehrmals die frommen und hingebungsvollen Worte, und dann ließ ihn die Hoffnung auf den Himmel den bohrenden Schmerz seiner Wunde vergessen.

Während des Augenblicks seines Hinscheidens nahte, fuhr er fort, mit seinen Gefährten Maßnahmen zur Förderung des Friedens und des Glaubens zu besprechen und entschlief nach mehreren Gebeten im Herrn.«

Zwei Monate nach dem Mord exkommuniziert Papst Innocenz III. erneut den Grafen und schreibt an die Barone des Nordens: »Was nun den Grafen von Toulouse angeht, gegen den der Bann wegen schwerer und zahlreicher Vergehen geschleudert wurde, so ergibt sich seine Verantwortung für die Ermordung des heiligen Mannes aus sicheren Verdachtsmomenten. Nicht nur, daß er öffentliche Todesdrohungen gegen ihn ausgestoßen und ihn in einen Hinterhalt gelockt hat. Er hat vielmehr, so hört man, seinen Mörder im vertrauten Kreis empfangen und ihm eine große Belohnung gegeben, von anderen Vermutungen ganz zu schweigen, die für uns klar belegt sind. Er werde aus diesem Grund von obengenannten Erzbischöfen und Bischöfen öffentlich mit dem Bann belegt ... es sollen alle, die dem Grafen durch Treue- und Bündnisschwüre verbunden sind, kraft unserer apostolischen Autorität aus dem Schwur entlassen werden. Es sei jedem Katholiken, vorbehaltlich der Rechte des ranghöheren Herrn, nicht nur gestattet, den Grafen in Person zu bekämpfen, sondern seine Güter zu besetzen und zu behalten, damit die Weisheit eines neuen Besitzers die Häresie in diesem Land vertilgen möge, mit der es durch die Schuld des Grafen bis zum heutigen Tage besudelt ist.«

Kaum sitzt Innocenz III. auf dem Stuhl Petri, richtet er an die Erzbischöfe folgendes Schreiben: »Es betrübt unseren Geist, daß sich die teuflische Lehre gegen den wahren Glauben erhebt. Sie verstricken auf eine bejammernswerte Weise die Seele der Einfältigen, ziehen sie mit sich ins Verderben und bemühen sich, die Einheit der katholischen Kirche zu zerstören, indem sie das Verständnis der Heiligen Schrift durch abergläubische und erdichtete Erfindungen verkehren. Da aber die Pest des Irrtums in der Gasgogne und den umliegenden Län-

dern immer mehr an Kraft gewinnt, wollen wir, daß durch deine und der anderen Bischöfe Bemühungen dieser Krankheit wirksam entgegengetreten wird.«

In scharfer Form wendet er sich an die Erzbischöfe von Aix, Narbonne, Vienne, Arles, Embrun, Tarragon und Lyon, an die Prinzen, Barone, Grafen und an das Landvolk in deren Provinzen. Er proklamiert, gegen Waldenser vorzugehen; ebenso gegen Katharer und Patharener. Er läßt mitteilen, daß er die Zisterzienser Rainer und Gui bestimmt hat, seine Interessen wahrzunehmen. Delegierte werden mit Vollmachten ausgestattet. Sie haben das Recht, Bann und Interdikte zu verhängen. Das probate Trostpflaster ist auch hier das gleiche: »Er gewähre ihnen dieselbe Vergebung der Sünden, die sie erhalten würden, wenn sie den Tempel des heiligen Petrus und Jacobus besuchen.«

Wieder schürt Innocenz III. die Glaubensflammen: »Scheut euch nicht, in einem so herrlich-glorreichen Kampf nach dem Beispiel der Meister die Seelen für Christus zu opfern.« Er ruft dem französischen König zu: »Vereinige das Schwert, das du zur Strafe für die Übeltäter und zum Lob der Rechtschaffenheit von Gott empfangen hast, mit dem unsrigen, damit wir zusammen an den so frevlerischen Übeltätern Rache nehmen.« Die Gläubigen werden ermuntert, »freudig und reichlich einen Teil ihrer jährlichen Einkünfte zur Unterstützung der Heere anzubieten und sich dadurch den Eingang in den Himmel zu verschaffen.« Er trägt nichts dazu bei und wieder fallen Tausende auf seine leeren Worte herein.

Der Papst fordert die Feudalherren auf: »Voran, nun, Ritter Christi! Voran, tapfere Rekruten des christlichen Heeres! Möge der Aufschrei der heiligen Kirche euch mitreißen. Möge euch ein frommer Eifer entflammen, eine solche Beleidigung eures Gottes zu rächen! ... der Glaube, so sagt man, ist dahin, der Frieden tot, die häretische Pest und kriegerische Wut sind zu neuen Kräften gekommen. Dem Boot der Kirche droht ein Schiffbruch, falls ihm in diesem Sturm keine tatkräftige Hife zuteil wird. Wir bitten euch daher, unsere Mahnungen zu erhören, wir fordern euch mit Wohlwollen im Namen Christi auf und versprechen euch angesichts solchen Unheils Vergebung für eure Sünden, damit ihr Abhilfe schafft in der großen Gefahr.«

»Widmet euch der Vernichtung der Häresie mit allen Mitteln, die Gott euch eingeben wird. Seid gewissenhafter als bei den Sarazenen, denn sie sind gefährlicher. Bekämpft die Häretiker mit starker Hand und hoch erhobenem Arm. Wenn der Graf von Toulouse ... der Kirche und Gott keine Genugtuung leistet, dann verjagt ihn und seine Mittäter aus den Zelten des Herrn. Nehmt ihm seine Ländereien weg, damit katholische Einwohner die vernichteten Häretiker ersetzen können.«

Gegenüber dem Abt von Citeaux, Arnold, und dem Papst Innocenz III., soll der Abt geäußert haben:»Laßt in Frankreich und der ganzen Welt bis Konstantinopel den Ablaß verkünden. Wer das Kreuz nicht nimmt, soll nicht mehr das Recht haben, Wein zu trinken und am Tisch zu essen ... wenn er stirbt, anders begraben zu werden als ein Hund.« Der Papst kürt den Abt zum Anführer des Kreuzzuges und gibt ihm mit: »Schlag den Weg nach Carcasonne ein ... du wirst die Armeen gegen das bösartige Volk führen, im Namen Jesus Christus.«

Vorboten des Kreuzzuges

In Villeneuve bei Paris trifft der König Anfang Mai 1209 mit dem Anführer des Kreuzzuges, dem Abt von Citeaux zusammen. Erneut lehnt der König seine Beteiligung ab. Er hat gute Gründe, denn an seinem Puls sitzen der deutsche Kaiser Otto IV. und Johann ohne Land, der englische König; somit kann er Nordfrankreich wegen eines solchen Geplänkels nicht verlassen. Doch der Chronist Peter von Vaux-de-Cernay berichtet, daß aufgrund der päpstlichen Sendschreiben eine große Anzahl von Gläubigen in Nordfrankreich das Zeichen des Kreuzes auf sich genommen haben. Jetzt wird die Position für den Grafen von Toulouse gefährlich. Um den Einmarsch in sein Gebiet zu verhindern, unterwirft er sich am 18.6. 1209 vor der Kathedrale von Saint-Gilles der Kirche.

»In Anwesenheit des Legaten, der Bischöfe und Erzbischöfe ... schwört der Graf auf die Hostie und die heiligen Reliquien, welche die Prälaten zahlreich und mit großer Ehrfurcht vor dem Portal ausstellen, in allem den Befehlen der heiligen römischen Kirche zu gehorchen. Dann legt der Legat seine Stola um den Hals des Grafen, holt ihn damit heran, peitscht ihn mit Ruten

Die Qualen der Hölle; Holzschnitt aus dem 16. Jahrhundert.

Die Qualen der Hölle; Holzschnitt aus dem 16. Jahrhundert.

und zieht ihn in die Kirche hinein ... er muß in die Krypta steigen und nackt am Grab des allerheiligsten Märtyrers, des Bruders von Castelneau, vorbeigehen, dessen Mord er veranlaßt hat.« Trotz dieses Zugeständnisses gehen die Kriegsvorbereitungen weiter. Das Heer sammelt sich im Juni in Lyon unter der Beteiligung hochrangiger Bischöfe. Das päpstliche Lockmittel hat gewirkt:

- Wer das Kreuz nimmt, dem werden die Schulden gestundet.
- Wer sich 40 Tage lang am Kreuzzug beteiligt, dem sind die Sünden erlassen.

Massaker von Béziers

»Beziérs war eine wundersame Stadt, die aber ganz und gar vom Gift der Häresie verseucht war. Ihre Einwohner waren nicht nur Häretiker, sondern im höchsten Maße Räuber, Ungerechte, Ehebrecher, Schurken, und aller Sünden voll ... ein Beispiel ihrer Grausamkeit; eines Nachts, beim Morgengrauen, begab sich der Pfarrer dieser Stadt in die Kirche, um die Messe zu feiern. In seinen Händen trug er einen Kelch. Einige Bewohner von Béziers überfielen den Priester aus dem Hinterhalt, schlugen ihn mit aller Gewalt und verletzten ihn, indem sie ihm den Arm brachen. Sodann bemächtigten sie sich des Kelches und ließen darin ihr Wasser ab.«

Als die Unseren vor Béziers angekommen waren, entsandten sie in diese Stadt den Bischof derselben, Meister Rainald von Montpellier ... der ihnen entgegengekommen war ... wir sind gekommen, die Häretiker zu verjagen. Wir fordern die katholischen Einwohner, so es welche gibt, auf, die Häretiker auszuliefern ... ist dies nicht möglich, so sollen sich die Katholiken aus der Stadt begeben und die Häretiker zurücklassen, damit sie deren Schicksal nicht teilen und nicht mit ihnen sterben ... Doch die Bewohner verwarfen diese Bedingungen, lehnten sich gegen Gott auf, schlossen ein Bündnis mit dem Tod und zogen es vor, lieber als Häretiker zu sterben, denn als Christen zu leben.«

Dann beschreibt der Chronist das Massaker: »Sobald sie in die Stadt gedrungen waren, metzelten sie die gesamte Bevölkerung, groß und klein, nieder und legten die Stadt in Flammen. Béziers wurde am Festtag der heiligen Maria Magdelena eingenommen. Oh, höchste Gerechtigkeit der Vorsehung ... gerade in dieser Kirche hatten die Einwohner einen Vizegrafen getötet und dem Bischof die Zähne ausgeschlagen. Diese widerlichen Hunde wurden also mit Fug und Recht ... in der Kirche, die sie mit dem Blut ihres Vizegrafen und ihres Bischofs besudelt hatten, niedergemetzelt ... in dieser Kirche wurden an einem Tag mehr als 7000 von ihnen getötet ... die Kirche wurde angezündet.«

Anfang August stehen die Kreuzfahrer vor Carcasonne. Die Zitadelle und die Vorstädte sind stark befestigt. Nach einer scharfen Auseinandersetzung geht die zweite Vorstadt in Flammen auf. Dann wird die Stadt erbeutet. Der Vizegraf wird eingetürmt und exkommuniziert. Simon von Montfort läßt sich die Grafschaft überschreiben. Kurz danach löst sich das Kreuzzugsheer auf, doch der Krieg wird fortgesetzt. Einige Städte unterwerfen sich dem neuen Herrn von Carcasonne, um seinen Ausbrüchen zu entgegnen.

Am 12.7.1210 ziehen Kreuzritter in Minerve ein: »Das Kreuz wurde vorangetragen, es folgten die Banner der Grafen. Alle sangen ›Gott wir loben Dich‹ und begaben sich in die Kirche. Christus hatte die Stadt erobert ... auf dem Marktplatz starben 180 Parfaits in den Flammen für den katharischen Glauben und die Unabhängigkeit Okzitaniens ... man errichtete einen großen Scheiterhaufen und warf sie alle hinein. In Wahrheit hatten die Unseren es nicht nötig, sie hineinzuwerfen. Sie stürzten sich selbst ins Feuer, so sehr beharrten·sie auf dem Bösen.«

Im September 1210 steht das Heer der christlichen Kreuzfahrer vor der Burg Puivert im Vorland der Pyrenäen. Die Bewohner fliehen durch einen Geheimgang. Im Mai 1211 wird Lavaur erobert und Peter von Vaux-de-Cernay berichtet: »Aimery und 80 seiner Ritter wurden aus der Stadt

Satirisches Spottbild auf die mißratenen Priester aus dem Straßburger Münster; Holzschnitt aus dem 15. Jahrhundert.

geführt. Der edle Graf entschied, daß sie alle gehängt werden sollten. Sie wurden schneller getötet, als man es erzählen kann[47]. Die Herrin von Lavaur, eine abgefeimte Ketzerin, wurde in einen Brunnen geworfen. Zuletzt verbrannten die Bekreuzten mit größter Freude eine Unzahl von Häretikern.«

Im Juni 1211 beginnt die Belagerung von Toulouse. Auch Deutsche beteiligen sich am Wüten: »In diesem Jahr zog wieder eine Menge Edler aus dem Oberland mit einer unzähligen Schar aus Schwaben und Alemannien gegen die Katharer. Sie eroberten viele Städte und Burgen und töteten eine große Anzahl der Häretiker durch Feuer und Strang.«

Toulouse ist zu stark befestigt, um im ersten Anlauf genommen werden zu können. Der Papst kritisiert das Vorgehen der Kreuzfahrer gegen kirchentreue Adelige und überlegt sich, den Kreuzzug abzublasen. Am 12.6.1219 stürmen 10 000 Bogenschützen die Stadt Marmande. Sie wird zur Plünderung freigegeben, obwohl hier viele Christen leben. »Barone und Damen, die kleinen Kinder, Männer und Frauen, nackt und bloß, in Stücke geschlagen mit blutigen Schwertern. Rot glänzt der Boden, als sei Regen gefallen. Die Stadt versinkt in Feuer und Asche.«

Einige Bestimmungen auf den Konzilien von Montpellier (19.1.1246) und Beziérs sind von Bedeutung, weil sie die Grundlage des späteren Inquisitionsverfahrens bilden. Die allgemeine Rechtslage ist so:

- Eine kleine Gruppe auserwählter und vereidigter Männer spürt die Ketzer auf.
- Baillis verhaften sie und übergeben sie dem kirchlichen Gericht. Dabei handelt es sich um gräfliche oder königliche Beamte.
- Das kirchliche Gericht fällt das Urteil.
- Die Baillis nehmen die Konfiskation und die Hinrichtung der Ungläubigen vor.

Petrus von Bruyns, Tanchelin und Endo von Stella

Petrus von Bruyns gehört vor seinem Auftreten als Kirchengegner dem Klerus an. Er wirkt etwa 20 Jahre. Erst tritt er in den Diözesen von Arles, Embrun, Die und Gap auf. Doch sind seine Aktivitäten zögernd. »Seine Anhänger wagen sich lediglich an entlegenen und unbedeutenden Orten zu versammeln.« Später zieht er nach Toulouse und findet Anhänger: jetzt verbreitet er seine Ansichten öffentlich und mit vollendeter Schärfe. Seine Häresie besagt:

- Glaubt den Bischöfen, Priestern und Geistlichen nicht, die euch verführen. Wie in vielen anderen Sündenstücken, so betrügen sie euch beim Opferdienst des Altars, bei dem sie lügenhafter Weise vorgeben, sie brächten Christus hervor.
- Kinder, bei denen der Verstand nicht entwickelt ist, können nicht durch die Taufe Christi zur Seligkeit gelangen. Erst wenn ein Mensch seinen Gott erkennen kann und an ihn zu glauben bereit ist, soll er getauft werden.
- Die Erbauung von Tempeln ist überflüssig, weil die Kirche nicht aus der Menge der zusammengesetzten Steine, sondern aus der Einheit der Gläubigen besteht. Man kann Gott auch in einer Schenke oder in einem Stall anrufen. Die vorhandenen Kirchen sind abzureißen.
- Die heiligen Kreuze müssen zerbrochen und verbrannt werden, weil das Instrument, durch das Christus gemartert und grausam getötet worden ist, nicht die Anerkennung wert ist.
- Was die Diener des Altars tun, ist überflüssig. Opfer, Gebete, Almosen und was die Gläubigen für Verstorbene tun, ist zu verspotten, denn sie nützen den Toten nichts.
- Gott hat keinen Gefallen am Kirchengesang. Er kann weder durch lautes Geschrei, noch durch musische Klänge besänftigt werden[49].«

Petrus von Bruyns wird 1124 verbrannt. Der Jünger Heinrich hält sich vor seiner Anhängerschaft in einem Kloster der Cluniazenser auf und schreibt sich den Grad eines Diakons zu. Er wird gefangen und 1148 während des Konzils von Reims zu lebenslanger Haft verurteilt. Kurz danach stirbt er.

Der Schwärmer Tanchelin »War einer der Wölfe im Schafspelz, die das schlechte Betragen der Geistlichen, die Lauigkeit und häufige Abwesenheit der Bischöfe, den Leichtsinn, die Leichtgläubigkeit und Unwissenheit des gemeinen Volkes nutzend, unter dem Schein religiöser Verbesserung schädliche Irrlehren ausstreuen.«

Von Geburt ist er Holländer oder Friedländer. Er entwickelt sich zu einem einflußreichen religiösen Laien und hält sich vor allem in den Niederlanden auf; erst 1112 bis 1115 an den an der Küste gelegenen Orten und später in Utrecht. Seine ersten Anhänger sind Fischer, die er durch sein frömmlerisches Wesen für sich einnimmt. Er besitzt die Eigenschaft eines satanischen Schwärmers. Wie Peter von Bruyns rügt er das schlechte Verhalten der Kleriker. Er macht die Wirkung der Sakramente von der Heiligkeit des Spenders abhängig; heilige Gebräuche verwirft er als Unsinn.

Sein Ansehen beim Volk klettert nach oben. Bald zieht er mit einer Rotte von 3000 Mann, »wie ein König mit einer Leibwache, mit Schwert und Fahne, voran ... um zu predigen.« In einem Bericht der Utrechter Kirche wird vermerkt, daß er sich für Gott ausgegeben hat. Er erklärt, er habe von Jesus die Fülle des Heiligen Geistes empfangen und sei folglich nicht geringer als er. Das Wasser, mit dem er sich gewaschen hat, wird von anderen als Göttertrank angesehen. Die Frauen rühmen sich der besonderen Gnade, wenn er sich mit ihnen vermischt.

Das Volk ehrt ihn wie einen rettenden Engel und Reformator der Kirche. Aus der Menge seiner Anhänger wählt er zwölf Männer und eine Frau aus, bemessen nach der Zahl der Jünger und der Mutter Jesu. Endlich sagt er, daß er sich mit der heiligen Jungfrau Maria verlobt hat und daran denkt, sie in kürze zu heiraten. Die Kosten müßten die Seinigen tragen. Deshalb stellt er neben dem Muttergottesbild auf beiden Seiten eine Opferbüchse auf, die eine für Männer und die andere für Frauen und er sagt:»Jetzt wird sich zeigen, wer mich und meine Braut am meisten liebt.«

Die Einfältigen werfen Schmuck, goldene Ringe und Silber in den Kasten, so daß er innerhalb kürzester Zeit reich wird. Er wandert nach Rom und wird auf der Rückreise vom Kölner Erzbischof (1112 oder 1113) mit seinen Anhängern gefangen. Unter ihnen befindet sich der Schmied Manassas. Er kann sich befreien und geht nach Brügge und Antwerpen. Drei der

Anhänger werden in Bonn zum Feuertod verurteilt. Tanchelin wird 1125 oder 1126 von einem Priester erschlagen.

Endo von Stella ist ein unwissender Laie und tritt als Führer einer Sekte auf. Er versammelt Anhänger und geht »in königlicher Pracht daher.« Lange wird ihm nachgestellt, bis es dem Erzbischof von Reims gelingt, ihn mit einigen seiner Schüler gefangenzusetzen. 1148 wird er auf dem Konzil von Reims vor Papst Eugen III., geführt und befragt, wer er sei. Er antwortet: »Ich bin der, welcher kommen soll, zu richten die Lebendigen und die Toten ... und die Welt durch das Feuer.« Er trägt in der Hand einen Stab, oben mit zwei Spitzen und unten mit einer. Darüber zur Rede gestellt sagt er: »So lange beide Spitzen – so wie jetzt – in den Himmel reichen, besitzt Gott zwei Teile der Welt und ich den dritten. Kehre ich die Spitzen um und richte die eine himmelwärts, so behalte ich zwei Teile für mich und überlasse den dritten Gott.« Darüber wird er verspottet. Auf die Bitte des Bischofs wird ihm das Leben geschenkt. Über seine Lehrinhalte weiß man nichts, doch es ist anzunehmen, daß er gegen den römisch-katholischen Klerus wettert.

Waldenser

Ihr Ursprung wird teilweise bis auf Papst Silvester I. (314-335) zurückgeführt, denn spätestens ab diesem Zeitpunkt separieren sich größere und eigenständige Glaubensgemeinschaften. Die Gruppen der Waldenser halten sich bis ins 11. Jahrhundert im Hintergrund und treten dann massiver in Erscheinung. Waldenser bilden sich in Piemont (Talleute) und Gallien. Sie entwickeln die folgenden Religionsvorstellungen:

- Die Anbetung von Maria ist eine falsche Lehre.
- Beichte und Sündenvergebung um Geld sind zu verwerfen.
- Die äußeren Zeremonien (Messen) sind ungültig.

- Bei der Taufe sind nicht notwendig der Exorzismus, das Anblasen, das Zeichen des Kreuzes auf Brust und Stirn, das Salz in den Mund, der Speichel, der in die Ohren und in die Nase getan wird, die Salbung auf dem Scheitel und alle ähnlichen durch den Bischof geheiligten Dinge, die Kerzen in der Hand, das weiße Kleid, das Weihen des Wassers, das dreimalige Eintauchen der Kinder und das Befragen der Taufpaten.
- Das Wirtshaus ist eine Quelle der Sünde und eine Schule des Teufels. Gott hat die Gewohnheit, seine Tugenden in einer Kirche zu zeigen ... aber der Teufel tut das Gegenteil im Wirtshaus. Denn wenn ein Schlemmer dahin geht, geht er aufrecht; wenn er zurückkehrt, kann er sich nicht halten und hat gleichsam das Gesicht, das Gehör und vor allem seine Sprache verloren. In dieser Schule lernt man Leckerei, Schwören, Meineid, Lüge, Schmähung, Gotteslästerung und andere Sünden.
- Der Tanz ist eine Prozession des Teufels. Wer auf den Tanz geht, geht in seinem Gefolge. Der Teufel ist Anführer, Mitte und Ende des Tanzes. So viele Schritte der Mensch auf dem Ball macht, so viele Sprünge tut er der Hölle zu. Man sündigt beim Tanz auf mehrfache Weise. Im Gehen, Berühren, durch Schmuck, mit Hören, Sehen, Sprechen, Singen, Lügen und Eitelkeit. Der Ball ist nichts als Elend, Sünde und falsche weibliche Eitelkeit.
- Der Schmuck, den die Frauen beim Ball tragen, ist eine Krone mehrerer Siege, welche der Satan über die Kinder Gottes durch sie davongetragen hat. Denn der Satan hat nicht nur ein einziges Schwert auf dem Ball, sondern soviele schöne und geschmückte Personen daselbst sind. Denn das Wort des Weibes ist ein gefährliches Schwert ... an diesem Orte schlägt der Teufel mit einem geschliffenen Schwert; denn die Frauen kommen nicht ohne Schmuck und Pracht zum Ball. Dieser Schmuck aber ist der Stein, auf dem der Teufel sein Schwert schärft.

- Diejenigen, die ihre Töchter schmücken, sind gleich denen, die trockenes Holz ans Feuer legen, damit es umso besser brenne. Denn solche Frauen zünden das Feuer der Wollust in den Herzen der Männer an. Die stärksten Waffen, die der Teufel hat, das sind die Frauen, was sich daraus ergibt, daß der Teufel die Frau erwählte, um den ersten Menschen zu verführen ... der Teufel versucht den Menschen durch die Frauen auf eine dreifache Weise, nämlich durch die Berührung, Sehen und Hören, durch die Berührung der Hände, das Ansehen der Schönheit und die Lieblichkeit der Gesänge und Töne. Der Ball ist die Pracht des Teufels und wer auf ihn, gibt zu in seiner Pracht und in seine Messe.

- Welches große Übel der Tanz ist, kann man aus der Menge der Sünden ersehen, die diejenigen begehen, die tanzen ... ja, man wisse, daß der Tanz die Prozession des Teufels ist und daß, wer auf den Ball geht, sich in seinem Gefolge befindet. Wer gut und weise auf den Ball geht, verläßt ihn verderbt und schlecht.

- In der Kirche muß eine Kirchenzucht eingeführt werden. Diejenigen, die ihres Glaubens oder Lebens nicht treu sind, müssen bestraft und entfernt werden. Entweder wegen ihres schlechten Lebens oder wegen ihres irrigen Glaubens, oder wegen Mangel an Liebe.

Daniel Specklin schreibt: »Anno 1230 regt sich der Waldenser Ketzerei wieder hie, und ward der fürnembst, Johannes Guldin, ein Priester zu Straßburg, verbrannt; andere büßten im Gefängnis und wurden aus der Stadt gewiesen[50].«

Die kirchliche Verfolgung der Waldenser setzt früh ein. Als ihre Lehre in Straßburg Fuß faßt, ruft Heinrich II. den Beschlüssen der Synode von Verona zur Folge (1184) Dominikaner als Inquisitoren gegen diese ketzerische Bosheit auf. Rasch hat man 500 beisammen, um ein Exempel zu statuieren. Im Anblick des nahenden Todes liest man ihnen in 17 Artikeln erdichtete Sünden vor; beispielsweise, daß sie nachts zum Buhlen mit Weibern zusammenkommen.

Der Priester Johannes, ein waldensischer Wortführer, beteuert: »Ihnen, wenn sie auch Sünder sind, ist nichts gegen den christlichen Glauben vorzuwerfen ... sie erwarten von der göttlichen Barmherzigkeit die Verzeihung ihrer Fehler.« Es nützt nichts, denn nun wird der Kirchenbann gegen sie erhoben und in einer großen Grube ein Scheiterhaufen aufgerichtet, auf dem die Unglücklichen verbrannt werden. Bis weit in das 16. Jahrhundert hinein hat sich im Volksmund die Bezeichnung Ketzergrube dafür erhalten.

Die Waldenser operieren vor allem im Südosten des Landes. Die Annalen von Klosterneuburg aus dem Jahr 1210 berichten, daß viele pestilenzische Pataner (Patarener) getötet worden seien. Vermutlich bezieht es sich auf die Verfolgungswellen durch Herzog Leopold VI. von Österreich zwischen 1198 und 1230, dem man nachsagt, daß er einzelne habe sieden lassen.

Eine Kampagne gegen sie findet 1380 auf Betreiben des in Avignon residierenden Papstes Clemens VIII. statt. Hier tut sich der Inquisitor Franz Borelli aus dem Orden der Franziskaner unrühmlich hervor. Die Welle der Verfolgung dauert 13 Jahre. Ein Teil ihrer Anhänger wird umgebracht.

Eine Handschrift aus dem 14. Jahrhundert verrät Hinweise auf anhängige Prozeßverfahren und wir lesen: »Vor der Folter soll der Angeklagte entkleidet werden. Hat er sein Geständnis widerrufen, so soll er, sobald ihm der Schmerz noch frisch in Erinnerung ist, aufs neue gefoltert werden. Man soll ihn in einen fürchterlichen Kerker sperren und (ihn) schlecht ernähren, denn Hunger und finsteres Gefängnis sind wirksam. Waldenser können nur mit der Folter besiegt werden.«

Bei einer Verfolgung um 1400 wird die Behauptung aufgestellt: »Die Kinder der Talleute würden mit einem Auge auf der Stirn und vier Reihen schwarzer Zähne geboren.« Herzog Philipp VII. ist klug genug, sich einige Proben dieser Menschensorte zeigen zu lassen.

1454 werden die Waldenser unter Herzog Karl von Savoyen drangsaliert. Der französische König Franz I. mahnt: »Sie

Der satanbesessene Papst fährt zur Hölle. Holzschnitt von Hans Sebald Beham, 1524.

sollten den Gesetzen der römischen Kirche gemäß leben, widrigenfalls als hartnäckige Ketzer bestraft werden; er lasse die Ketzer nicht in Frankreich verbrennen, um sie in den Alpen zu dulden.«

1460 wird ihre Verfolgung unter Pius III. wieder aufgenommen und Innocenz VIII. setzt dem Wüten die Spitze auf. Unter seinem Legaten Albert von Capitanien werden sie 1488 bewaffnet angegriffen und neben der Ketzerei der Hexerei beschuldigt. So wird der in Douai verbrannten Denisette Greniere ein Bündnis mit dem Teufel vorgeworfen. Prozesse aus dem Jahr 1460 in Arras lauten auf Teufelsbuhlschaft. Der Dortrechter Domherr, Johannes Tinktoris, beschuldigt in einer Predigt die Waldenser, daß sie aus den ermordeten Kindern Salbe bereiten, die sie fähig macht, mit dem Teufel auf Buhlschaft durch die Luft zu fliegen[51].

Um 1650 wird in Turin eine Gesellschaft zur Ausrottung der Waldenser gegründet[52]; die Gesellschafter sind fromme Christen! Es ist die *Propagande fide extirpandis haereticis*. Ihre Mitglieder ersinnen diverse Verführungskünste, um Andersdenkende zu diskriminieren. Der Ansatzpunkt ist die Vertreibung der Mönche von Villard (1653): In diesem Zusammenhang dringen Fanatisierte unter der Führung des Grafen Tedesco vor, um Villard zu überfallen und zu verbrennen. Sie bekennen sich zum offenen Widerstand und vertreten ihre Interessen gewaltsam. Etwa 5000 finden den unnötigen Glaubenstod. 1694 wird ihnen Religionsfreiheit zugestanden. Die Kirche hat den Kamp verloren.

Judaisierende Ketzerei ... Synagoge Satans

Schon immer waren den *rechtgläubigen* Christen die *ungläubigen* Juden ein Dorn im Auge, wenngleich es dazu keine Veranlassung gibt. Kaum eine andere Illusion hat mehr Verwirrung in der bisherigen Geschichte der römisch – katholischen Kirche verursacht und keine hat einen dunkleren Schatten auf sie geworfen. Die Behauptung, daß Juden den historischen Jesus umgebracht haben, ist eine Unterstellung.

Über die judaisierenden Sekten, die vor allem im 12. Jahrhundert in Oberitalien auftreten, haben sich nur wenige Nachrichten erhalten. Die Bezeichnung Passagier[53], die zuerst auf dem Konzil von Verona gebraucht wird, deutet auf ein Wanderleben. Aus dem *passagium* kann man auf Reisen zum Heiligen Grab schließen. Die Bezeichnung Circumcisi[54] scheint realistischer, weil hieraus die im christlichen Sinn falsch verstandene Sitte der Beschneidung ableitbar ist. Ihre wesentlichen Lehren sind in der Schrift *Adversus Haereticos qui Passagi nuncupantur Bonacursus* aufgezeichnet. Sie verfolgen zwei Richtungen:

- Das mosaische Gesetz wird buchstäblich beachtet; Sabbath und Beschneidung sind gesetzlich.
- Christus, der Sohn Gottes, ist nicht seinem Vater gleich; die drei Personen sind nicht ein Gott und ein Wesen.

Die Bildung einer judaisierenden Sekte im Rahmen der katholischen Kirche läßt sich verstehen. Nicht nur, weil sie alttestamentarische Kulte abkupfert, sondern vor allem, weil sie Bekehrungsversuche an Juden vornimmt und deshalb Juden zum Christentum übertreten; frei- und unfreiwillig. Die Juden gehören schon immer zu den Gehetzten der katholischen Kirche. 1096, zur Zeit des Ersten Kreuzzuges, werden sie verfolgt. Unter Philipp II. von Frankreich werden sie gejagt. Zum Ende des 12. Jahrhunderts müssen sie England verlassen. Im 13. Jahrhundert werden in Spanien, Frankreich und Deutschland jüdische Gräber entweiht und geplündert, »die heiligen Steine werden zum Schimpf auf die Straßen geworfen.«

Noch 1992 schänden fanatisierte Christen jüdische Gräber, ohne sich über die Schande bewußt zu sein. Die Kirche hüllt sich in Schweigen. Agobard berichtet, »wie Christenkinder von den Juden aus Frankreich und Spanien verkauft und zu Handlungen mißbraucht worden sind.«

Der fränkische Landmann Rindfleisch veranlaßt in Nürnberg und an anderen Orten umfassende Judenmassaker. Viele werden zum Christentum gezwungen. Kinder werden ihnen weggenommen und christlich getauft. Findige Inquisitoren stellen Regeln auf, an denen sie die judaisierenden Ketzer meinen, erkennen zu können:

- Daß sie Fleisch vom Unschlitt säubern, das Blut absondern, das Fleisch waschen und einzelne Teile davon wegschneiden.
- Daß sie das Schlachtmesser fein abziehen und es am Nagel proben.
- Daß sie durch das Auflegen der Hand ihre Kinder segnen.
- Daß sie das Schicksal der neugeborenen Kinder astrologisch untersuchen lassen.
- Daß sie einen Toten waschen, scheren, ihn weiß kleiden, ihm ein Kopfkissen mit Erde füllen, eine Münze in den Mund stecken und dergleichen mehr.

Es kommt zu Klagen, daß Christen von Juden zum Unglauben gezwungen werden. Deshalb beklagt sich Papst Nikolaus VII. 1288 in einer Bulle, daß viele Christen die Wahrheit des christlichen Glaubens leugnen und sich jüdischen Gebräuchen zuwenden.

Fanatiker sagen ihnen Unwahrheiten nach, wie z. B.: »Sie besitzen ein Zaubermittel und suchten damit alle Christen zu vergiften ... mit den christlichen Ammen, die sie in ihren Häusern aufnehmen, treiben sie Schändlichkeiten und nehmen ihnen die Milch weg ... sie erlauben Schmähungen und Spottreden gegen die Christen ... sie sind dem Wucher ergeben und übervorteilen die Christen ... sie haben die Gewohnheit, am Passahfest Christenkinder zu rauben.«

Hinzu gesellt sich ein alter Vorwurf, der seit 1419 Gegenstand eines Streites ist. 1236 soll ein Christenkind von einem Juden beim Kloster Fulda getötet worden sein. Kaiser Friedrich II. dem sein Körper nach Hanau gebracht wird, hat angesehene, gebildete Männer zusammengerufen und sie befragt, ob denn die Sache wirklich wahr sei, daß die Juden an ihren hohen Feiertagen das Blut von Christen verwenden.

Philosophierende Ketzerei

Im hohen Mittelalter gilt die Universität von Paris als geistiges Zentrum des Abendlandes. Das aristotelische Denken bestimmt die Gedanken der Gelehrten und solcher, die sich dafür halten. Es entspricht nicht der klassisch-christlichen Theologie. Hier formieren sich einige *philosophierende* Ketzer, in denen die Kirche besonders gefährliche Gegner erkennt.

David von Dinant, Amalrich von Bena, Joachim von Floris und Ortlieb von Straßburg

Dinant gibt sich religiösen Spekulationen hin, die er aus den Ansichten von Aristoteles und arabischen Kommentaren schöpft. Er fügt dem christlichen Denken neuplatonische Elemente bei, die den griechischen Theismus in eine Art mystischen Pantheismus lenken. Dinant wird 1204 zum Abschwören gezwungen. Vier seiner Mitläufer werden lebenslang in einen Kerker geworfen und zehn weitere zum Tod auf Scheiterhaufen verbrannt.

Amalrich von Bena[55)] wird in Chartres geboren und kommt als Lehrer der Theologie nach Paris. Seine Anschauungen werden von der Universität verdammt. Deshalb reist er zu seiner Verteidigung nach Rom. Er vertritt die Auffassung, daß jeder Mensch ein Stück von Christus ist und daß niemand, der eine andere Meinung vertritt, selig werden kann. Aus diesem vermeintlichen Pantheismus erfolgt die von ihm scheinbar angenommene Lehre der Transsubstantation.

Vermutlich hat er sein Lehrsystem aus der neuplatonischen Schule (Scotus Erigena) aufgebaut. Bena hat sich nicht förmlich vom Katholizismus getrennt; doch er stellt eine von der offiziellen Lehrmeinung abweichende These von der Dreifaltigkeit auf. Durch verschiedene Weissagungen gilt er als Vorbote der Reformation. Er hat nicht das Glück, in der Epoche Luthers zu leben, in der der alte Katholizismus weitgehend verbannt ist.

Amalrich wird ein Opfer der Glaubenswut. Man verbrennt ihn und meint damit das Problem gelöst zu haben. Er stirbt 1207. Seine Gebeine werden ausgegraben und Hunden zum Fraß vorgeworfen.

Das Schritentum von Aristoteles wird verboten und an der Pariser Universtät wird das Studium der Naturwissenschaften für drei Jahre ausgesetzt. Das gegen die aristotelischen Schriften erlassene Urteil wird zwar 1215 vom Kardinallegat Coucon wiederholt, aber im April 1231 von Papst Gregor IX. eingeschränkt. Es gerät in Vergessenheit und seit 1230 beherrscht die Aristotelische Philosophie das Abendland. Der Klerus steht ihr machtlos gegenüber. Seine Werke werden öffentlich verbrannt. Es ist ein frühes Beispiel einer Bücherzensur.

Joachim von Floris wird 1145 in Cälium geboren. Er steht mit Simon von Tornay und Amalrich von Bena auf einer Linie. Er hat sich nicht förmlich von der katholischen Kirche getrennt. Joachim ist ein Gegner der scholastischen Philosophie. Nach seiner Auffassung ist der Zustand der Kirche verdorben und dies zeige sich am Verfall des Klerus. Er nennt »eine unangemessene Herrschsucht, Geldgier, und die verbreitete Sünde der Simonie.« Joachim von Floris sagt den Patarenern nach: »Sie haben an verschiedenen Orten nächtliche Zusammenkünfte, in denen sie diabolische Werke treiben … sie lehren, daß alle Leiber vom Teufel erschaffen sind und also auch Christus nicht fleischlich auf die Erde gekommen ist.« In einer Entgegensetzung gegen Paulus Lombardus stellt er eine in Bezug auf die Dreieinigkeit abweichende Lehre auf. Seine Häresie bezüglich der Trinität besteht darin, daß er gegen die nach seiner Ansicht durch den Lombarden eingeführte Quarternität die Einheit der drei Personen nur als Ideal ansieht; es ist eine theologische Haarspalterei.

Joachim von Floris errichtet später mit seinem Freund Rainerius ein Bethaus und das Kloster Floris mit strenger Regel. Zahlreiche Mönche treten bei und es folgen weitere Klostergründungen. Er stirbt 1201 oder 1202.

Die Ortliebenser (Brüder des freien Geistes) vertreten zuerst in Deutschland eine eigentümlich-freigeistige Richtung und werden durch deren Hartnäckigkeit ein ernster Ansatzpunkt für die Inquisitoren. Die Bewegung geht vom Pariser Professor Dinant aus, der sich religiösen Spekulationen hingibt. Schon 1204 verurteilt die Universität die Lehren der Ortliebenser, deren Ansichten den klerikalen Interessen zuwiderlaufen. Die Universität von Paris ist ein zentraler Angelpunkt des europäischen Geistes. Hier hört Ortlieb von Straßburg von den Bewegungen. Unter ihm formieren sich die *Brüder des freien Geistes*. Sie haben im wesentlichen folgende Vorstellungen:

- Das Universum ist nicht erschaffen, sondern seit Ewigkeit da.
- Sie versprechen sich ein ewiges Leben.
- Sie leugnen die Auferstehung des Fleisches.
- Sie stellen die Dreieinigkeit auf mystische Weise dar.
- Sie üben in der Ehe die strengste Enthaltsamkeit.
- Mord, Lüge und Eide sind ihnen verboten.
- Sie lehren die Unfähigkeit der Sünde.
- Alle Wesen kehren zu Gott zurück und sind dann in ewiger Ruhe mit ihm vereint.

Ihre Verfolgung im Straßburger Raum kann die Bewegung nicht stoppen. Um die Mitte des 13. Jahrhunderts verbreiten sie sich von Schwaben aus, so in der Gegend um Nördlingen und Öttingen. Albertus Magnus erstellt ein Verzeichnis der ihnen unterstellten Irrtümer. Wegen einigen ihrer Ansichten handeln sie sich die Bezeichnung *Luziferianer* ein. Man sagt: »Sie sind die unsinnigsten Abergläubischen, Abgötterer und die abscheulichsten Phantasten, und was dabei am verwunderlichsten ist, waren die ersten Anhänger nicht aus der Hefe des dummen Volkes, sondern aus der Geistlichkeit.«

Der Mönch Alberich[56)] berichtet zum Jahr 1223: »Ein gewisser Meister von Toledo, ein Schwarzkünstler, der sich dem Teufel ergeben hat, kam nach Maastricht, zwischen Brabant und Köln. Als er dort zwischen Geistlichen zu Tisch saß, machte er, daß die, so er wollte, aßen und andere, so er wollte, schliefen. Worauf sich bald darauf acht nichtswürdige Geistliche anschlossen und von ihm begehrten, daß er ihnen zur Befriedigung ihrer Lüste verhelfen solle ... Daraufhin zog er einer Katze die Haut ab und hieb zwei Tauben mittendurch. Darauf rief er drei Teufel, die er für drei Könige hielt, und zuletzt den Großfürsten, Epanamon genannt, und sagte: »Er hat sie zu einem kleinen Nachtessen geladen, damit sie diesen Geistlichen zu ihren Bitten verhelfen möchten.« Er legte den Teufeln die abgezogenen Katzen vor, die sie sogleich fraßen; die zwei Tauben stellte er dem großen Teufel vor, die auch sogleich gefressen waren. Nunmehr schwor er dem großen Teufel, sich so klein zu machen, daß er in ein Glas gehe; da dies geschehen war, versiegelte er es mit Wachs und setzte das Alpha und Omega darauf. Jetzt sollen die Geistlichen begehren, was sie wollen; der eine begehrte die Zuneigung einer gewissen adeligen Frau, einer die Zuneigung eines adeligen Jünglings. Der Teufel antwortete: »Das steht nicht in meiner Macht und er dürfe ihm nicht zur schändlichen Lust behilflich sein ... er möge sich zu etwas anderem wenden. Und weiter:

Durch diese Geistlichen ist die Abgötterei des Luzifer verbreitet worden. In Köln war eine Schule dieser Ketzer. So hat der Teufel eine Geliebte Luzifers, als sie zum Scheiterhaufen geführt wurde, plötzlich ergriffen und weggerissen, so daß sie nicht mehr zum Vorschein gekommen ist ... Diese verruchten Menschen empfangen jährlich zu Ostern den Leib des Herrn, nehmen ihn mit dem Mund nach Hause und werfen ihn zur größten Beschimpfung des Erlösers in den Abfluß. Sie lästern dem Schöpfer und Regierer der Welt und sagen in ihrer Tollheit, der Gott des Himmels habe auf ungerechte Weise Luzifer aus dem Himmel zur Hölle gestürzt. Diesen halten sie für ihren Schöpfer und glauben, er werde wieder zu seiner Herrlichkeit gelangen, wenn der Herr herabgestürzt sein werde.«

Verfolgung einzelner

Im Sog der Ketzerbewegungen versucht die katholische Kirche sowohl Gruppen als einzelne zum Schweigen zu bringen. Das Verfolgen einer Meinung steigert sich kirchlicherseits bis zum Fanatismus. Sie handelt nach der unkontrollierten und unchristlichen Devise: »Und willst Du nicht mein Bruder sein, so schlag ich Dir den Schädel ein.«

Das 13. Jahrhundert schenkt den Menschen Thomas von Aquin. Er macht ohne Umschweife deutlich:»Die Ketzerei ist eine Sünde, durch die man verdient, nicht nur von der Kirche durch die Exkommunikation, sondern von der Welt durch den Tod ausgeschlossen zu werden. Bleibt der Ketzer bei seinem Irrtum, soll die Kirche es aufgeben, ihn zu retten und für das Heil der anderen Menschen sorgend, indem sie ihn durch ein Exkommunikationsurteil aus ihrem Schoß schließt; das Übrige überläßt sie dem weltlichen Richter, damit er ihn durch den Tod von dieser Welt verbannt. Ketzer, die bereuen, werden von der Kirche zur Buße zugelassen, es wird ihnen nicht das Leben geschenkt.«

Wir begegnen Heinrich Minneke, dem Probst im Zisterzienserkloster Neuwerk bei Goslar. Er lebt in Armut und bettelt »… von finsterem Wesen und beschränkten Geiste treibt er seine Bigotterie bis zum Gipfel des Wahnsinns.« Um den 1.10.1224 herum wird er von weltlichen Behörden ergriffen und wegen folgender Ansichten verbrannt:

- Er habe den Nonnen Glauben machen wollen, daß er größer als irgend ein anderer von einem Weib Geborener sei.
- Er habe in vielen Beziehungen die strenge Zisterzienserregel gemindert.
- Er habe in seinen Predigten erklärt, daß der Heilige Geist der Vater des Sohnes sei.
- Er habe sich in seinem Lob der Jungfräulichkeit bis zu der Behauptung verstiegen, daß Heirat eine Sünde sei.
- Er habe behauptet, in einer Vision gesehen zu haben, daß Satan Gott um Verzeihung gebeten hat[59].

Von der böhmischen Pest

Wyclef und Hus

Zum Ende des 14. Jahrhundert entsteht in England eine oppositionelle Bewegung unter der Führung von John Wyclef. Er ist ein Mann von scholastischer Bildung, mit einem klaren und scharfen Verstand, theologisch und philosophisch geformt. Er stellt die Herrschaft der römisch-katholischen Kirche in Frage, die sie gewaltsam über das dies- und jenseitige Leben ihrer Vasallen zu erringen sucht. Seine grundsätzlichen Auffassungen sind:

- Die Päpste der Epoche sind die Verkörperungen des Antichrist.
- Die Hierarchie, vom Papst abwärts, muß wegen ihrer Habgier, Simonie, Grausamkeit und Herrschaftssucht und wegen ihres schlechten Lebenswandels verflucht werden.
- Geistliche dürfen nicht in Pracht und Üppigkeit leben, sondern wie die Armen.
- Man braucht dem Papst keinen Gehorsam leisten. Seine Dekretalen sind nichtig.
- Um die Exkommunikation von ihm oder seinen Bischöfen braucht man sich nicht zu kümmern.
- Die Ablässe, die jedem für Geld angeboten oder den Kreuzfahrern für die Erschlagung christlicher Männer und Mitbrüder verliehen werden, sind falsch.
- Die Ohrenbeichte mag nützlich sein, aber notwendig ist sie nicht, denn die Menschen sollen ihr Vertrauen auf Christus setzen.
- Die Bilderverehrung ist gegen das Gesetz. Darstellungen der Dreieinigkeit sind zu verbieten.
- Die Anrufung der Heiligen ist nutzlos.
- Das Gebet ist überall wirksam.
- Alle Kirchen sind beschmutzt und von Gott verflucht, weil darin die Ehre verkauft wird und weil auf die Bücher falsche Eide geleistet werden. Es sind Räuberhöhlen und Wohnungen böser Geister.

John von Wyclef (1324-1384), englischer Reformer, Professor der Theologie in Oxford und Pfarrer in Lutterworth. Er nimmt 1374 als königlicher Gesandter in Brügge am Friedenskongreß teil, bei dem über kirchliche Mißstände gesprochen wird. Seinen Widerspuch erregen der politische Anspruch des Papsttums und das Finanzsystem von Avignon. Er richtet scharfe Angriffe auf die Verdorbenheit des Klerus. Papst Gregor IX. erläßt 1377 fünf Bullen gegen ihn.

Bemerkenswert ist der Lebenslauf des Aufrichtigen. Er wird wegen einer winzigen Albernheit exkommuniziert. Er will das *Geheimnis der Eucharistie,* das keines ist, weil es sie nicht gibt, mit der handgreiflichen Tatsache in Einklang bringen, daß nach der Konkresation Brot Brot und Wein Wein bleibt. Er stellt die Theorie dazwischen, daß sich dabei auf göttlichen Einfluß

die Elemente mit ihnen verbinden. Er kann sein Leben relativ ungestört verbringen und stirbt 1384 auf seinem Rektorat in Luttersworth.

1405 stellt eine Synode die Lehre der Transsubstantation in exakter Form fest und von da müssen die rechtgläubigen Christen an ein weiteres Märchen glauben. Jeder der es anders erklärt oder interpretiert, wird als Ketzer bezeichnet und verworfen. Es gilt auch für Verstorbene. Deshalb werden, 1413, auf dem Konzil von Rom, die Schriften von Wyclef verurteilt und auf dem von Konstanz (1415) wird er als Erzketzer verdammt. Seine Gebeine werden ausgegraben und verbrannt. Seine Ansichten werden nachträglich zur Irrlehre herabgewürdigt, dennoch tragen sie konstruktive Früchte. Während die Pariser Universität zum Zentrum der aristotelischen Geisteshaltung und zugleich eine theologische Hochburg mit mittelmäßigem Lehrkörper wird, geht es in Prag weltlicher zu.

Als hier 1393 ein päpstlicher Ablaß gepredigt wird, wagt ihn der Pfarrer an der St. Martinskirche in der Altstadt, als Betrug zu bezeichnen. Die Lehren von Wyclef erreichen die Prager Universität und es wird gesagt, daß viele rechtgläubige Böhmen den Weg von ihm eingeschlagen haben.

Hus steht auf seinen Schultern. Er wird der erste Märtyrer (im wirklichen Sinn) des Wyclefcismus in Böhmen und ein Opfer der Kirchenpolitik. Hus wird 1369 geboren und 1393 Baccalaureus der Freien Künste, 1394 der Theologie und 1396 Magister. Seit 1398 hält er Vorlesungen an der Prager Universität. 1400 wird er zum Priester ordiniert und zwei Jahre darauf zum Prediger an der Behtlehemskapelle ernannt.

Kurz danach setzen seine donnernden Strafreden und Angriffe auf den Lebenswandel der Geistlichen ein. 1401 ist er Dekan der philosophischen Fakultät und 1402 Rektor. 1407 erheben die Geistlichen gegen ihn eine formelle Klage. Hus, der schon damals Anhänger um sich geschart hat, wird aus seiner Stellung gedrängt. Seine engsten Mitarbeiter sind Stephan von Palecz und Hieronymus von Prag u. a.

Ein politisches Ereignis von weitragender Bedeutung gesellt sich hinzu, denn 1408 bricht ein Streit zwischen den Gegenpäpsten aus. König Wenzel nimmt eine neutrale Stellung ein. Er veranlaßt die Universität, Boten an die Kardinäle zu schicken, die sowohl Benedikt XIII. wie Gregor XII. die Gefolgschaft aufsagen. In Bologna fallen sie dem päpstlichen Legaten Balthasar Cossa – dem späteren Papst Johannes XXII. – in die Hände, der sie einsperren läßt. Rasch verbreitet sich das Gerücht, Böhmen wäre ein einziges gottloses Ketzernest ohne christlichen Glauben.

Hus wendet sich inzwischen gegen kuriale Machenschaften. Mit großen Schritten geht er dem Bruch mit Rom entgegen. 1410 macht Papst Johannes XXIII. Kardinal Otto Colonna die Mitteilung, daß Klagen über Hus nach Rom gelangt sind. Deshalb wird er aufgefordert, persönlich in Rom zu erscheinen. Die zuerst von ihm geschickten Vertreter werden in einen Kerker gesteckt und Hus wird im Februar 1411 von Colonna exkommuniziert. Der Gewaltakt wird am 15.3 in den Prager Kirchen – bis auf zwei Ausnahmen – bekanntgemacht.

Weil die Bevölkerung auf der Seite *ihres* Religionsführers steht, wird das Interdikt über die Stadt verhängt. Keiner kümmert sich darum und Hus predigt unverdrossen weiter. Neuer Zündstoff wird herangeschafft. Papst Johannes XXII. läßt gegen Ende des Jahres 1411 gegen den auf Seiten Papstes Gregor XII. stehenden König Ladislaus von Neapel einen Kreuzzug mit Ablässen vom Heiligen Land predigen. Hus reagiert scharf. Er sagt in diesem Zusammenhang:

- Wie können die vielen Päpste, die Ablässe gewährt haben und selbst verurteilt sind, ihre Sünden und Vergebungen vor Gott rechtfertigen? Die Ablaßkrämer sind Diebe, die durch schlaue Lügen nehmen, was sie durch Gewalt nicht bekommen können.
- Der Papst und die gesamte streitende Kirche begehen oft Irrtümer; eine ungerechte Exkommunikation durch den Papst braucht nicht beachtet zu werden.

Einige Tage danach verbrennt er die päpstlichen Ablaßbullen: es ist die Kampfansage an Rom. Noch ist Rom stärker, doch ab Luther hat das Papsttum vorübergehend seine auf Macht, Lügen, Verdrehungen und Ungerechtigkeiten ruhende Spannkraft verloren. Jetzt bestraft der Statthalter Gottes Hus mit der großen Exkommunikation und spricht die Drohung aus: »Alle, die nicht innerhalb von 30 Tagen ihre Ketzerei abschwören, sollen sich vor der Kurie verantworten.« Man versucht den predigenden Hus zu verhaften. Er veröffentlicht *De ecclesia*:

- Der Papst und die Kardinäle sind keine wahren Nachfolger Christi, solange sie Petrus nicht nachahmen. Ein Papst, der dem Geiz ergeben ist, ist der Stellvertreter des Juden Ischariot.

Jan Hus (1370-1415), tschechischer Kirchenreformer. Er übernimmt von Wyclef die Prädestinationslehre und den Kampf gegen den Güterbesitz und Verweltlichung des Klerus und der Klöster. Er wird auf Geheiß der herrschenden Kirche ermordet.

Hieronymus von Prag (1365-1416), begeisterter Vertreter der Gedanken Wyclefs, die er während seiner Studien in Oxford kennenlernt und dessen Hauptwerk er 1410 nach Prag bringt. Er wird Gesinnungsgenosse von Hus und daher als Ketzer verbrannt.

Jetzt brechen weitere Krisen aus. In Prag werden die Gottesdienste eingestellt. Neugeborene werden nicht mehr getauft und Tote bleiben unbeerdigt. Hus zieht sich auf die Burg zurück. Jetzt dreht sich der Streit nicht mehr um die Ursachen der Verderbnis der Geistlichkeit, sondern um die zentrale Frage: ist die Schlüsselgewalt des Papstes wahr oder ist es eine Lüge, die dazu herhalten muß, um die Herrschaftsgelüste und Habgier der Kleriker zu befriedigen. Nur eine Partei kann siegen; fernab von Rom beherrschen Hus und seine Mitläufer das Feld. Nun entspinnt sich ein gewaltiger und folgenschwerer Machtkampf zwischen den Interessen der klerikalenund weltlichen Macht. Die Folgen sind bis heute spürbar.

Das große Schisma

Es geht nicht nur um Ketzerbewegungen.Vergeblich bemüht sich Papst Johannes XXIII., der zu König Sigismund geflüchtet ist, auf einem italienischen Konzil Streitigkeiten beizulegen. Deshalb wählt König Sigismund, der vor seiner Wahl 1410 König von Böhmen und Markgraf von Brandenburg ist und sich stets für die Einheit der Kirche eingesetzt hat, als neuen Tagungsort für das einzuberufende Konzil Konstanz.

1413 veröffentlicht Johannes XXIII. eine Bulle, die die Kirchenversammlung auf den 1.11.1414 dorthin ruft:»Es sollen nicht nur alle Bischöfe und religiösen Körperschaften vertreten sein, sondern auch alle Fürsten und Herrscher persönlich oder durch Bevollmächtigte.« Einem Chronist zufolge, sollen außer den konziliaren Mitgliedern etwa 65 000 Personen, darunter 16 000 Männer adeligen Blutes angereist sein: es erscheinen Hunderte von Freudenmädchen.

Papst Johannes XXIII. löst sein Versprechen ein und kommt nach Konstanz, weil er sich die Bestätigung seines Pontifikates erhofft. Der gleichzeitig regierende Papst Benedikt XIII. kann nicht zum Verzicht bewogen werden. Er geht nach Spanien. Seine Anhänger verlassen ihn und so wird 1417 Kardinal Odo Colonna zum Papst Martin V. gewählt.

Es ist merkwürdig, doch wahr: damals stehen sich zeitgleich *drei* rivalisierende Päpste gegenüber. U. a. soll auf dem Konstanzer Konzil der Fall Hus behandelt werden. Das Konzil bedeutet gleichzeitig das Ende des großen Schismas der römisch-katholischen Kirche, die in weiteren Schritten ihrer Auflösung entgegenschreitet.

Es ist ein Wendepunkt für Hus. »Hätte er jetzt geschwankt, so wäre dies ein Eingeständnis, daß er es nicht wagt, der Kirche paroli zu bieten und er hätte sich damit selbst zum Ketzer abgestempelt.« König Sigismund sichert ihm freies Geleit. Er bricht am 11.10. in Prag unter dem Schutz der Brüder Johann und Heinrich von Clum und Wenzels von Duba auf. Der Troß besteht aus mehr als 30 Pferden und Wagen. Er erreicht am 3.11. Konstanz und wird von 12 000 Menschen begrüßt. Der Reformator wird am 28.11.1414 verhaftet und kurz danach auf einem christlichen Scheiterhaufen verbrannt. Ein Augenzeuge berichtet:

»Hus muß sich auf ein paar Reisigbündel stellen und wird dann mit Stricken an einen dicken Pfahl gebunden. Als man merkt, daß er nach Osten blickt, was sich für einen Ketzer nicht geziemt, wird er nach Westen gedreht. Mit Stroh vermischte Reisigbündel werden bis zu seinem Kinn gehäuft. Dann nähert sich Pfalzgraf Ludwig III., der die Hinrichtung leitet, mit dem Marschall von Konstanz und fordert Hus zum Widerruf auf. Als er sich weigert, ziehen sie sich zurück und geben durch Händeklatschen dem Henker das Zeichen, den Holzstoß anzuzünden.

Später nimmt man den halbverkohlten Leichnam, zerstückelt ihn, bricht die Knochen und wirft die Überreste und die noch erkennbaren Eingeweide auf einen neuen Holzstoß, um sie zu vernichten. Nach der Bluttat wird vorgeschlagen, auf Böhmen das Inquisitionsverfahren auszudehnen.

Es führt zu den Hussitenkriegen. Papst Martin V. macht den Versuch, die bei seiner Wahl übernommenen Pflichten, die Unterdrückung der Ketzerei und die Reformation der Kirche, zu erfüllen, indem er 1421/1422 Kardinal Branda als Legaten nach Prag sendet. Es vergehen fünf Jahre ohne Ergebnis. Es gelingt weder die Ketzerei zu unterdrücken noch die Kirche zu reformieren. Nun soll das für 1423 zusammengerufene Konzil von Siena Abhilfe schaffen. Hier werden alle Fürsten der Christenheit aufgefordert, unverzüglich Hilfe bei dem guten Werk zu leisten, wenn sie der Rache Gottes und den von den Gesetzen vorgesehenen Strafen entgehen wollen. Jeder Kontakt mit den Ketzern wird verboten, vor allem der Tausch oder Kauf von Lebensmitteln, Bekleidung, Waffen, Pulver und Blei.

Es haben sich Beispiele von mutigen Einzelkämpfern erhalten, die für die Sache der ohnehin geknechteten Bauern streiten. Zwei von ihnen sind

Johann Malkaw und Hans Böhm von Niklashausen

Johann Malkaw ist Weltgeistlicher und Magister der Theologie, »gelehrt und gewandt in der Debatte.« Mit Begeisterung vertritt er die Sache der römischen Päpste gegen deren Rivalen in Avignon. Er pilgert nach Rom und macht in Straßburg Station. Hier hat man sich für Papst Urban VI. und seinen Nachfolger erklärt. Sein Gegenpapst in Avignon ist Clemens VII. Malkaw predigt in Straßburg: »Clemens VII. sei weniger als ein Mensch und er wäre schlimmer denn der Teufel; sein Platz sei beim Antichrist, seine Anhänger seien verurteilte Schismatiker und Ketzer.« Mit schonungsloser Strenge geißelt er die sittliche Verkommenheit des Straßburger Klerus, der Kloster- und Weltgeistlichen. Durch dieses unvorsichtige Verhalten zieht er sich nicht nur Freunde zu. Eine Verzettelung gegen ihn wird in Rom vorbereitet.

Er soll bei seiner Ankunft von Inquisitoren verhaftet und verbrannt werden. Er erreicht wohlbehalten die zentrale Anlaufstelle des Christentums, entgeht seinen Häschern und reist zurück, gelangt nach Straßburg und beginnt unter dem Schutz des damaligen Bürgermeisters Johann Bock von neuem zu predigen.

Dann wird er ohne Vorwarnung und Vorladung verhaftet und in ein Gefängnis geworfen. Man führt ihn in Ketten zum bischöflichen Schloß Benfeld, wo man ihm Bücher, Papier und Tinte entzieht. 1391 wird er für schuldig befunden und er soll sich für seine Verbrechen rechtfertigen. Daraufhin wird er aus der Diözse verbannt; dann verlieren sich die Spuren.

Wenn Georg von Heimburg, der bürgerliche Luther des 15. Jahrhunderts, die Empörung der herrschenden Klassen gegen Rom verkörpert, zeigt Hans Böhm von Niklashausen den rastlosen Geist des Widerspruchs gegen das Christentum, wie er sich in den unteren Schichten des Volkes bemerkbar macht.

Hans Böhm von Niklashausen ist ein umherziehender Trommler und Pfeifer aus Helmstadt, der sich in Niklashausen bei

Der Pfeifer Hans Böhm von Niklashausen predigt zum Volk.

Würzburg niedergelassen hat. Er empfängt die angeblichen Offenbarungen von der Heiligen Jungfrau, die den Wünschen des Volkes so entspricht, daß sich im März 1476 Scharen von Zuhörern um ihn sammeln. Er meint:

- Die Heilige Jungfrau verkündet durch ihn ihrem Volk, daß Christus nicht länger den Stolz und die Sinneslust der Priester dulden kann und daß die Welt infolge der Verderbnis des Klerus zugrundegehen wird, sofern sie sich nicht bessert.
- Zehnten und Steuern müssen freiwillig sein.
- Die Jagd soll nicht länger Einzelnen vorbehalten sein.
- Rom habe kein Recht auf den Vorrang der Kirche.
- Das Fegefeuer ist eine Erfindung.
- Er habe die Macht, die Seelen aus der Hölle zu befreien und denen, die ihm folgen, vollkommene Ablässe zu erteilen.

Volksscharen aus den Rheinlanden, Bayern, Thüringen, Sachsen und Meißen strömen herbei, um dem *gotterleuchteten Prediger* zu lauschen. Am 8.7. wird in diesen Gegenden das Fest des Heiligen Kilian, des Märtyrers von Würzburg, gefeiert. Am vorausgehenden Sonnabend, gibt Hans Böhm seinen Zuhörern den Befehl, bewaffnet zurückzukommen, aber Frauen und Kinder zuhause zu lassen.

Der hellhörig gewordene Bischof läßt den Prediger am 12.7. ergreifen und auf die Festung Marienberg bringen. Er wird ob seiner Frevel gefoltert und zum Tod auf dem Scheiterhaufen verurteilt. Seine Beichte ist kurz. Auf dem Platz der Hinrichtung warten seine Anhänger auf Gott und ein Einschreiten seinerseits: »um einer etwaigen Zauberei vorzubeugen, schneidet ihm der Henker vor der Hinrichtung die Haare ab … und … um zu verhüten, daß seine Asche als Reliquie verehrt wird, wirft man sie in den Main.« Wie so oft in der Geschichte der katholischen Kirche kommt Niklashausen in den Geruch eines Wallfahrtsortes.

Inquisition

Inhalt

Inquisition

Blutarbeit im Namen Christi

Das Urchristentum schließt den Zwang aus und so formieren sich 40 oder mehr verschiedene Glaubensvarianten mit diametralen Anschauungen. Es ist der Glaubenstopf, aus dem das spätere Christentum die Suppe löffelt. Das Tribunal der Inquisition kann von der Gewaltanwendung ob des *rechten* Glaubens wegen nicht entlastet werden. »Das vergossene Blut fällt dem Papsttum zur Last, denn … die Statthalter Christi haben jahrhundertelang an der Spitze eines Mord- und Blutsystems gestanden, das Verwüstung verbreitet und den christlichen Glauben geschändet hat[1].«

Die Kirchenführung stellt die These auf: »Ihrem Oberhaupt fällt die Aufgabe zu, den ihr von Christus anvertrauten Glaubensschatz zu hüten.« Die Inquisition wird eingerichtet, um die Rechtgläubigkeit des einzelnen zu überwachen. Darin liegt ihr Verhängnis, denn die gewaltsame Verteidigung eines solchen Begriffes ist absurd, zumal fraglich ist, ob Jesus von Nazareth einen *Glaubensschatz* hinterlassen hat. Die Inquisition ist ein unchristliches Mittel, um sich nicht mit der Wahrheit auseinandersetzen zu müssen.

Guidonis sagt dazu: »Das Amt des Inquisitors ist, die Ketzerei zu zerstören. Dies geht nicht, ohne die Ketzer und ihre Begünstiger auszurotten[2].« Das kann man nicht stehen lassen, denn eine glaubwürdige Religion bedarf keiner Inquisition. Bald besinnt man sich auf den Inquisitor Christus, der keiner gewesen ist. In dem Innocenz XII. gewidmeten *sacra arsenale* von Menghini wird der Stammbaum der Inquisition festgeschrieben: »Gott war Inquisitor, als er Adam und Eva züchtigte. Inquisitor waren Johannes der Täufer und der Apostel Petrus, der den Tod über Ananias und sein Weib verhängte[3].«

Die Inquisition öffnet der Denunziation die Tür. Alle von der Geistlichkeit für die Inquisition eingebrachten Argumente sind haltlos und es ist unwahr, wenn man

Spanische Justiz unter Philipp II. Aus K. Th. Griesingers »Die Geheimnisse des Escorial, 1869.

behauptet: »Sie hat höchstens kirchliche und geistliche Strafen verhängt[4].« Moralisch kann die römisch-katholische Kirche von tausenden Verbrechen gegenüber Unschuldigen nicht entlastet werden.

Die Kirche geht davon aus, daß es allein ihr zusteht, sich zum Richter über Leben und Tod aufzuspielen: »Wie eine dunkle Wolke überzieht die christliche Inquisition das Land mit einem Leichenteppich.« Rasch finden sich Zuträger, Hörige, Denunzianten, Heuchler und Lügner, die eines winzigen und oft nur theoretischen oder theologischen Vorteils willen Verbrechern die Stange halten. An dieser Situation und menschlichen Grundhaltung hat sich bis heute nichts geändert.

Das Geschichtsbild wird verdreht

In einer Literaturflut wird – analog zum später folgenden Hexenwüten – versucht, alle Schuld abzuschieben. Es trifft vor allem auf die Inquisition in Spanien zu, wo der Verteidigungshebel des bereits angeschlagenen Christentums im 2. Jahrtausend seiner Geschichte ansetzt.

Der Benediktiner Pius schreibt: »Die spanische Inquisition war ein Werkzeug der Staaten«. Bischof Hefele von Rottenburg gelangt zu der Erkenntnis, daß die spanische Inquisition von der gleichlautenden kirchlichen verschieden sei. Er meint: »Die Angestellten erhielten ihre Bestallung von weltlichen Herrschern; die Päpste waren diesem Institut abgeneigt[5].«

In einer theologischen Monatsschrift steht: »Mit vollem Recht hat das kirchliche Gesetz gegen die Ketzer gekämpft, damit die Schafherde nicht durch Wölfe verwüstet wird; kommt sie aber in Schafspelzen an, um die Lämmer zu zerreißen, dann sollen sie mit Schwert und Feuer aus dem Stall getrieben werden. Fort mit den Redensarten der damaligen Zeit, von der Härte der Sitten und dem übertriebenen Eifer, als ob unsere Heilige Mutter, die Kirche, entschuldigt werden müßte wegen der Taten der Inquisition. Ihrer glücklichen Wachsamkeit ist die Glaubensfestigkeit zuzuschreiben, die das spanische Volk ziert. Oh, ihr gesegneten Flammen der Scheiterhaufen. Durch euch wurden, nach Vertilgung weniger und verdorbener Menschen, tausende Seelen aus dem Schlund der ewigen Verdammnis gerettet; dadurch blieb die bürgerliche Gesellschaft glücklich erhalten[6].«

Vor allem sucht man, sich von den Eskapaden in den spanischen Inquisitionsgefängnissen reinzuwaschen. Diefenbach sagt: »Die Kerker waren nicht jene schrecklichen, finsteren, kalten, voll Ungeziefer wimmelnden Verliese, wie wir sie zur Zeit der Hexenprozesse kennengelernt haben[7].«

Sein Glaubenbruder Hefele betont: »Es ist gewiß, daß seit langer Zeit von der Inquisition nicht mehr auf die Folter erkannt wurde, so daß man sie heute als abgeschafft bezeichnen kann[8].«

Schon seit der Festigung der römisch-katholische Kirche im Mittelalter versucht sie, die Geister an sich zu binden; durchaus mit inquisitorischen Absichten. So zieht sie einzelne Herrscher in ihren Bann. Karl der Große setzt *missa domine* ein, die den Auftrag haben, das Land zu durchstreifen, um nach Fällen von Unordnung, Verbrechen und Ungerechtigkeit zu forschen. Sie verfügen über richterliche Gewalt, halten nach Ermessen Sitzungen, hören sich Klagen und Beschwerden an und verfügen die Bestrafung der Täter. Geebnet wird die Inquisition durch kuriale Instruktionen, wie z. B. durch die des christlichen Glaubensvertreters Guido Fuldocius[9].

Organisatorischer Aufbau

1184 bestimmt Papst Lucius III.: »Die staatliche Obrigkeit soll auf Verlangen der Bischöfe die Verfolgung der Ketzer eidlich geloben.« Damit kommt ein trügerischer Stein ins Rollen. Der organisatorische Aufbau der Inquisition hat sich in mehreren Stufen entwickelt und die Inquisitoren gelten als unverletzlich. Papst Urban IV. betont, daß die Tätigkeit der Inquisitoren nicht behindert werden darf[10]. Papst Innocenz VIII. stellt den Grundsatz auf, daß die staatlichen Behörden ohne Einsichtnahme der Unterlagen ihre Urteile auszuführen haben. Der menschliche Statthalter auf dem angeblich göttlichen Thron macht die Regierungen zum Scharfrichter kurialer Interessen[12]; viele beeilen sich mangels Unkenntnis, seinem Wollen nachzueifern, da-

⇒

Mit der Wende zum 2. Jahrtausend christlicher Geschichte regen sich die oppositionellen Gruppen. Sie wollen den Ruin der Kirche aufhalten und zu den »evangelischen« Grundsätzen zurück. Sie werden von der Kirche verfolgt und unterdrückt. Es ist die Zeit der Ketzer- und Inquisitionsprozesse.

Organisatorischer Aufbau der Inquisition

1. Innocenz III. (1198-1226) hebt hervor: »In Kraft des heiligen Gehorsams wollen, befehlen und verordnen wir, daß die Bischöfe, wenn sie der kanonischen Strafe entgehen wollen, sorgsam in ihren Sprengeln wachen. Wer von ihnen in der Entfernung des Sauerteiges der ketzerischen Bosheit nachlässig ist, wird seines Amtes entsetzt[11].«

2. Mit Gregor IX. (1227-1241) bis Bonifazius VIII. (1294-1300) setzt die noch von den Bischöfen und Mönchen geprägte Inquisition ein.

3. Der offizielle Einsatz der Inquisition erfolgt 1229 während der Synode von Toulouse. Der Vorsitz wird vom päpstlichen Legaten, Kardinal Romanus übernommen. Er betont:

   • Die Bischöfe sollen Priester und Laien eidlich verpflichten, nach Ketzern zu forschen.

   • Alle männlichen Personen vom 12. und alle weiblichen vom 14. Lebensjahr an, müssen schwören, ihnen bekannte Ketzer anzuzeigen.

   • Dieser Eid ist jedes Jahr zu erneuern.

   • Wer nicht jährlich dreimal beichtet, gilt als der Ketzerei verdächtig.

   • Die weltlichen Herren werden angewiesen, die Wohnstätten der Ketzer zu zerstören.

   • Wer der Ketzerei abschwört, soll in eine rechtgläubige Ortschaft siedeln.

4. Die förmliche Übertragung der Inquisition an die Dominikaner erfolgt durch ein an Raimund von Pennaforte gerichtetes Breve vom 20.10.1248. Hinter ihm steht der in Glaubensdingen fehlbare Papst Innocenz IV.

5. Von Bonifazius VIII. bis Benedikt XI. (1303-1304) wird die Inquisition theoretisch abgesichert und fundamentiert.

6. Mit Klemens V. (1305-1314) geht das Geschehen in die Aktivität der Bettelorden über: von hier aus verbreitet sich der Schrecken über halb Europa. Die Bettelorden haben eine besondere Nähe zum Volk und sind für solche Aktivitäten der beste Garant.

mit sie desto eher in den Himmel kommen. Immer mehr wird der Staat zum Henkersknecht herabgewürdigt.

Der *geistliche* Prozeß kennt die Verfahren *accusatio, denunciatio* und *inquisitio*[13]. Beim Letztgenannten läßt der Ordinarius ggf. den Beschuldigten einziehen, um ihm die *capitula* (Anklage) mitzuteilen und (ihn) daraufhin zu verhören. Gesteht er nicht, werden weitere Zeugen gehört. Dem Beschuldigten werden ihre Namen und Aussagen mitgeteilt. Steht seine Schuld fest, wird die *purgatio canonica* (Reinigungseid) von ihm verlangt, die er – schon fast in den unentrinnbaren Klauen der Geistlichkeit – mit einer festgeschriebenen Zahl von Stan-despersonen leistet. Dieser zeitbedingte Rechtsgang (Übersieben) wird im Laufe der Zeit aufgeweicht. Diese Haltung wird von mehreren Päpsten weiterentwickelt.

Sicher ist, daß die am 20.4.1233 von Papst Gregor IX. erlassene Bulle nicht als Geburtsstunde der christlichen Inquisition anzusehen ist. Er sucht gegen Kleriker vorzugehen, die die Ketzerei begünstigt haben[14]. Später revidiert er seine Meinung und sagt: »Es sind gelehrte Dominikaner auszusenden, die gezielt gegen Ketzer vorzugehen haben.«

Immer schneller rollt der Stein des falschverstandenen Glaubens. Papst Alexander IV. hebt die bischöfliche Jurisdiktion auf, indem er 1257 die Inquisitoren unabhängig macht und sie von der Notwendigkeit befreit, sich mit den Bischöfen abzustimmen. Er unterbindet das noch unter Papst Gregor IX. geltende bischöfliche Mitsprache, ja Entscheidungsrecht. Daraus ergeben sich heftige innerkirchliche Rangeleien. Am 15.5.1252 erläßt Innocenz IV. an alle Prälaten und italienischen Herrscher die Bulle *ad extirpanda*, ein erwogenes und sorgfältig ausgearbeitetes Gesetz, »das die systematische Unterdrückung Andersdenkender salonfähig macht.[15]« Es besagt im wesentlichen:

- Die Staatsoberhäupter haben Ketzer und Zauberer auf eine Stufe zu stellen und sie in öffentlichen Versammlungen zu ächten.
- Die weltlichen Herrscher und deren Beamte haben einen Eid zugunsten der Inquisition zu leisten[16].
- Wer einen Ketzer findet, darf sich seines Besitzes bemächtigen. Seine Güter sind einzuziehen und dem Bischof zu übergeben.
- Die mit der Wahrnehmung dieser Aufgabe Betrauten werden von allen öffentlichen Pflichten befreit, die mit ihrer Tätigkeit unvereinbar sind. Ihnen steht ein Drittel der den Ketzern auferlegten Geldstrafen und Konfiskationen zu.
- Der Staat muß alle Verdächtigen verhaften, einkerkern, sie unter sicherem Geleit dem Bischof bzw. Inquisitor überantworten und innerhalb von 14 Tagen die Urteile fällen.
- Kommen sie dieser Anweisung nicht nach, werden Exkommunikationen über sie verhängt[17].
- Die Statuten sollen in alle weltlichen Bestimmungen eingeflochten werden, und zwar zusammen mit den Dekreten, die spätere Päpste in diesem Zusammenhang erlassen.

Die Geschichte der Inquisition macht deutlich, wie intensiv sich einzelne Bevölkerungsteile gegen das willkürliche Verhalten stellen. Viele verlassen ihre Häuser oder wechseln vorübergehend den Wohnsitz, um

abzuwarten, bis der schändliche Menschenfänger vorbeigezogen ist. Der Schauplatz seines Wirkens sind entweder die Gemächer eines als heilig bezeichneten Offiziums oder für diesen Zweck beschlagnahmte öffentliche Gebäude. Von hier aus prostituiert der Glaubensheld seine Vorstellungen im Brustton klerikaler Überzeugung; passieren kann ihm nichts!

Er erscheint in den Gewändern seines Ordens vor dem Territorialherr, weist auf seine Bestallung hin und verpflichtet ihn, ihm beim Einfangen der angeblichen Ketzer, Hehler und Gönner beizustehen. Dann werden die weltlichen Beamten gezwungen, dem Knecht Gottes bei der Ausrottung der *ketzerischen Schlechtigkeit* zu helfen[18]. Sich Widersetzende werden mit der Exkommunikation bedroht und gegebenenfalls ihrer Ämter und Würden enthoben. Danach werden die Ortsgeistlichen verpflichtet. Sie verschicken ein Zirkular und verkünden:

»Wann es dem angekommenen Inquisitor beliebe, einen Sermon über den *rechten* Glauben zu halten bzw. zu proklamieren ... wer ihm aufrichtig zuhöre, würde einen 40tägigen Ablaß bekommen[19].«

Prozeßverlauf und -verfahren

Das prozessuale Verfahren der Inquisition ruht nur bedingt auf den Grundsätzen des *allgemeinen* oder *öffentlichen* Rechts, weil über den Strafbestand des *rechten* Glaubens nur in Kirchenkreisen gefiebert wird. Der Inquisitor geht davon aus, daß er allein den rechten Glauben schützt. Ob dieser Naivität begeht er Unrecht und meint, den imaginären Christengott rächen zu müssen, den seine Vorfahren erfunden haben. Ihm obliegt die schwierige Pflicht, menschliche Gedanken zu erraten, denn: »Jeder kann in seinem Herz ein Ketzer sein, trotzdem gibt es in Wirklichkeit nur wenige, die sich offen dazu bekennen.« Hinzu kommen falsch verstandener Glaubenseifer und willkürliche Grausamkeiten[20].

Kaum einer vermag sich in dieser glaubensschwangeren Zeit der Verpflichtung entziehen, vor dem Glaubenstribunal zu erscheinen. Soziologische Strukturen, enge Familienverbände, Unwissenheit und Analphabetentum tragen zur Verschärfung der Situation bei. Vereinzelt wird es von Inquisitoren ausgenutzt. Die Konzile von Toulouse, Beziers und Albi setzen das Schwuralter mit 14 Jahren für das männliche und zwölf Jahren für das weibliche Geschlecht fest. Andere entscheiden sich für sieben Jahre oder bestimmen neuneinhalb bei den Mädchen und zehneinhalb für die Knaben.

Die kirchliche Gewalt stellt den Inquisitor als unparteiischen und geistlichen Richter hin, dessen Tätigkeit auf die Rettung frommer Seelen ausgerichtet ist. Sein Handeln wird durch fremde Kompetenzen nicht beschnitten. Jeder dubiose Punkt wird zugunsten des Glaubens der römisch-katholischen Kirche entschieden. Der Stärkere hält die Waagschale des Rechts.

Üblicherweise werden den Inquisitoren die Informationen von Abtrünnigen und Denunzianten zugespielt. Es versteht sich von selbst, daß jeder schon im nächsten Moment der nächste sein kann; daraus resultiert eine *unglaubliche Angst* unter der Bevölkerung. Ist ein Denunzierter fluchtverdächtig, wird er eingezogen oder muß Bürgschaften stellen. Oft wird er solange eingesperrt, bis sich der Gerichtshof geneigt sieht, zu seiner Verurteilung zu schreiten. Das Gesetz schreibt drei Ladungen vor, doch es bürgert sich die Formel *einmal für dreimal* ein; der Rechtsgang wird aufgeweicht.

Das Geständnis wird zur Überlebensfrage der Inquisition. So rückt allmählich neben der körperlichen die geistige Tortur in den Mittelpunkt des Denkens. Von hier bis zur praktischen Anwendung der Folter ist es nur ein Schritt.

Die Verhöre entsprechen einem Spiegelfechten zwischen der andressierten Schlauheit eines Theologen mit dem um sein Leben ringendem Bauer. Trotzdem bleibt festzustellen, daß nicht alle Inquisitoren borniert Fanatiker sind: »Es gibt solche, die wirklich glaubten, eine heilige Pflicht zu erfüllen, wenn sie einen Unbußfertigen dem Feuertod preisgaben.« In den Verhandlun-

gen wechseln sich Drohungen und Schmeicheleien ab. Man bringt die Gefangenen aus übelriechenden Gefängnissen in scheinbar bessere und entlockt ihnen die Namen Anderer. Ein wirksames Mittel ist der *Aufschub*.

Hier wird der Betroffene in eine Zelle geführt, »um in der Einsamkeit des dunklen Verlieses über seine Taten nachzudenken ... drei, fünf oder zehn Jahre sind keine Seltenheit, um den Geist des ohnehin Betrogenen zu brechen.« 1308 beklagen sich zehn Gefangene bei Papst Klemens V., daß sie nach einer achtjährigen Haft noch nicht verurteilt oder freigesprochen sind. Wilhelm Salavert wird am 24.2.1309 zum erstenmal verhört und am 30.9.1319 verurteilt.

Dazu gesellt sich die unerträglich harte Gefangenschaft, wenngleich Gratian die Regel aufstellt, daß mit Folterqualen kein Geständnis erzwungen werden soll. Es ändert sich durch eine Bestimmung des Laterankonzils von 1215 und dem gleichzeitigen Verbot der Gottesurteile (Gottesgerichte). Papst Innocenz III. plädiert in der Bulle *ad extirpanda* für die Anwendung der Folter. Er befürwortet sie in höchstem Maße zum Auffinden von Ketzern.

Beweise und Verteidigung

Man ersinnt das Verbrechen *Verdacht auf Ketzerei* und diffamiert damit die Menschen nach einem leichten, mittleren und schweren Grad ihres Fehlverhaltens. Zunächst gilt als Regel, daß keiner als Ankläger zugelassen werden darf, der ein Ketzer ist, der Ketzerei verdächtigt wird, exkommuniziert, ein Mörder, Dieb, Zauberer, Wahrsager, Mädchenschänder, Ehebrecher oder falscher Zeuge vor Gericht ist[21].

Rasch verwischt sich die Auffassung und Gesindel wird in den Zeugenstand gerufen, um den Status der katholischen Kirche abzusichern. Frauen, Kinder und Angehörige werden zugelassen, wenn ihre Aussagen belastend sind. Advokaten, die die Verteidigung von Ketzern übernehmen, werden als glaubensabtrünnig angesehen.

Auf diesen zwei Bildern, die symbolisch durch eine Säule getrennt sind, werden einige der inquisitorischen Folthermethoden beschrieben. Links das Strangulieren und Schleifen durch die Straßen; rechts eine besondere Variante der Feuerfolter. Die Foltermethoden werden im spanischen Raum ausgeprägt.

Ein drastisches Zeugnis für die inquisitorische Logik erkennen wir am Ausspruch Zaccinis: »Ein Zeuge, der eine dem Gefangenen ungünstige Aussage zurücknimmt, muß bestraft werden.« Falsche Zeugen werden zum Zeichen ihres Verbrechens beauftragt, sich Stoffstücke in der Form von kleinen Zungen auf Brust und Rücken zu heften, damit sie jedermann erkennt.

An einem Pranger werden sie öffentlich zur Schau gestellt; ansonsten ist ihr Platz im Kerker. Es liegt in der Natur des Verfahrens, daß eine Verteidigung bzw. Rechtfertigung, so gut wie ausgeschlossen ist. Der Angeklagte braucht weder ein Ketzer, noch besonders christlich zu sein, um in den Sog von Intrigen zu kommen. Wer sich weigert, das ihm Angedichtete anzuerkennen und abstreitet, wird als überführt angesehen und dem weltlichen Arm zur Bestrafung überstellt. Er beeilt sich in der Regel, dem klerikalen Wollen nachzueifern: so schließt sich der teuflische Kreis der Ungerechtigkeit.

Eine ähnliche Welle des Irrsinns erlebt das Christentum in einer späteren Phase bei der Verfolgung von angeblichen Hexen. Hier hängt ihnen der Klerus eine Buhlschaft mit dem Teufel an den Rockzipfel.

Im Idealfall hat der Denunzierte die Chance der Bewährung, d. h. er wird zum lebenslangen Kerker begnadigt. In der Folge ergeht die Weisung: »sich ins Gefängnis zu begeben, sich bei Brot und Wasser einzuschließen und dort aufrichtig Buße zu tun. Wenn er den Kerker verläßt, zieht er automatisch die Exkommunikation auf sich und wird als Rückfälliger betrachtet.« Dies bedeutet das Verbrennen auf dem Scheiterhaufen, da aus der kirchlichen Sicht jeder, der flieht, ein Geständnis ablegt.

Kirchenbußen

Neben dem Inquisitionsverfahren gibt es traditionelle Kirchenbußen; sie dienen der angeblichen Rettung der angenommenen christlichen Seele. Manche Urteile lauten: »Zum besten der irrenden Seele und zur Tilgung der Sünden.« Sie sind von der Sache her und zum Vergleich mit der Inquisition oft beschwerlich. Sie bestehen aus dem Sprechen von Gebeten, Kirchenbesuchen, Geiselungen, Fasten und aufwendigen Pilgerfahrten. Geldzahlungen oder Wachsspenden gehören in begrenztem Umfang dazu.

Problematisch im Umfeld des inquisitorischen Bemühens zeigt sich das Verhängen von Geldstrafen. Geld ist knapp bemessen und vor allem bei der Schicht, die im größeren Stil verfolgt und ohnehin schon ausgepreßt wird. Schuldzahlungen ziehen sich oft über Generationen hin und so bleiben viele viel zu lange im Joch der Peiniger. Die Ableistungspflicht geht auf die Angehörigen des Verstorbenen über.

1239 befiehlt die Inquisition von Carcasonne die Ausgrabung und Verbrennung der Gebeine von sieben Menschen, »weil sie die auferlegte Buße nicht ausgeführt haben und infolgedessen in der Ketzerei verstorben sind.« Oft werden die Häuser der als Ketzer Bezeichneten und die ihrer Begünstiger dem Erdboden gleichgemacht. Das Baumaterial fließt der gütigen Mutter Kirche zu.

Die Pilgerfahrten sind im Zeichen der Zeit mit Erschwernissen verbunden; man unterscheidet die kleinen von den großen Fahrten. In der Frühzeit besteht die Pilgerfahrt regelmäßig im Besuch von Palästina. 1242 oder 1243 wird es durch ein päpstliches Dekret untersagt. Zu den großen und späteren Pilgerfahrten zählen in erster Linie Zwangsreisen nach Rom, Santiago de Compostella, Canterbury oder zu den Heiligen Drei Königen nach Köln. Die kleineren erstrecken sich zu den Kirchen der Ortsheiligen und sind in der Regel barfuß zu bewältigen. Die am Weg liegenden Klöster üben Gastfreundschaft aus und erlauben dem Ärmsten das Weitergehen.

Ihnen folgen die *poena confusibiles*. Es sind demütigende und entehrende Strafen, von denen die schwerste das Tragen gelber Kreuze ist, die man auf die Kleider näht.

Während die Pilgerfahrt keinen Ehrverlust bedeutet, wird die Strafe des Tragens von aufgenähten Kreuzen als Demütigung empfunden. Hat ein Priester einen Meineid geleistet, wird den Kreuzen ein zweiter Querarm aufgenäht. Ist er ein *vollkommener* Ketzer, wird ein dritter hinzugefügt. Hier überträgt sich die mittelalterliche Bildersprache, vom Klerus inszeniert und beherrscht, auf die Bürger.

Wer gegen eine Bürgschaft auf freiem Fuß bleibt, muß einen Hammer tragen. Rote Zungen für falsche Zeugen und das Symbol eines Briefes für den Fälscher sind weitere *Leibzeichen*. Sie dürfen nicht beseitigt werden. Wenn sie abgetragen sind, muß sie der Verurteilte auf seine Kosten erneuern. Zunächst schwanken die Tragzeiten zwischen einem und sieben Jahren; später werden sie auf Lebenszeit zuerkannt.

Ein Charakteristika der spanischen Inquisition ist das Tragen eines Spottkleides, das man *sacro benito* nennt. Parallel dazu kennt man die *zamarra*. Hinzu kommen mit Feuerzungen bemalte Kleider, mit christlichen Symbolen bemalte Schandmützen, die der Verurteilte vor der Vollstreckung des Urteils zu tragen hat. Das Konfiszieren der Güter wird als Nebenstrafe verstanden, und ist, wie das Verbrennen, weltlichen Gerichten überlassen; hier zeigt der Klerus als Initiator des Unrechts vornehme Zurückhaltung.

Die strengste Strafe, die ein Inquisitor einem Glaubensuntreuen auferlegen kann, ist die des Kerkers. Er ist ebensowenig eine Strafe wie die Folter, sondern ein Mittel zum Zweck. Der Kerker ist eine Vergünstigung für reuige Sünder. Die 1229 von Papst Gregor IX. erlassene Bulle *ex communi cautionis* bestimmt, daß alle, die nach ihrer Verhaftung aus Furcht vor dem Tod zum wahren Glauben zurückkehren, lebenslänglich einzukerkern sind.

Das Dekret von Ravenna gibt dieser absurden Vorstellung Gesetzeskraft. So stellen die Inquisitoren das Einkerkern als besondere Gnade für diejenigen hin, die noch nicht alle christlichen Ansprüche auf das menschliche Mitleid verwirkt haben.

Man unterscheidet zwei Kerkerstrafen; den *murus largus* und dem *murus strictus*; leichtere und schwerere Haft. Der Verkehr mit den Eingeschlossenen ist untersagt, weil man befürchtet, daß dadurch weitere mit dem Gift der Ketzerei angesteckt werden, da sie hier mit Ungläubigen konfrontiert sind. Beim *murus strictus* wird der Gefangene in einer kleinen, dunklen und schmutzigen Zelle angekettet.

Der nachträglich zum Heiligen ernannte Dominikus, der Jahre seines kostbaren Lebens für die Bekehrung der Ketzer verwendet, legt während seiner Tätigkeit unter dem Legaten Arnold (um 1208) dem Katharer Pontius Roger folgende Buße auf:

»Er soll bis zum Gürtel entblößt, an drei aufeinanderfolgenden Sonntagen von einem Priester gegeißelt werden, und zwar von seinem Kerker bis in die Stadt Treville zur Kirchentür. Für immer muß er sich des Fleisches, der Eier und des Käses enthalten, ausgenommen an Ostern, Pfingsten und Weihnachten. Er muß vollständig fasten, wenn es seine Gesundheit erlaubt. Er muß Mönchskleider mit kleinen auf die Brust genähten Kreuzen tragen. Wenn möglich, muß er täglich eine Messe hören und an den Festtagen der Vesper beiwohnen. Siebenmal am Tag muß er die Stundengebete sprechen, zehnmal das Vater Unser und das gleiche zwanzigmal pro Nacht. Außerdem hat er die strengste Keuschheit zu beachten ... Jeden Monat muß er die Vorschriften dem Priester zeigen, der die Erfüllung der Buße zu überwachen hat. Falls er sie nicht einhalte, werde er als Meineidiger angesehen und aus der Gemeinschaft der Gläubigen geschlossen.«

Die Kirchenleitung sieht diesem Treiben ungern zu. 1244 befiehlt das Konzil von Narbonne den Inquisitoren, sich solcher Bußen zu enthalten. 1245 vertritt Innocenz IV. die Auffassung: »Um den guten Ruf der Inquisition zu schützen, sollen alle Geldbußen an zwei vom Bischof ernannte Personen bezahlt und zum Bau von Gefängnissen bzw. zum Unterhalt der Gefangenen verwendet werden.« 1249 tadelt er einige Inquisitoren wegen der Höhe der von ihnen auferlegten Strafen und sagt: »Zur Schande des Heiligen Stuhles und zum Ärgernis der Gläubigen soll man davon absehen.« 1251 verbietet er das Erheben von Geldstrafen, »falls irgend eine andere Art der Strafe gefunden werden kann.« Letztlich erlangen Geistliche auf Schleichwegen das Recht, solche Bußen nach ihrem Ermessen festzuschreiben, womit weiteren Ungerechtigkeiten Tor und Tür geöffnet ist.

Hinzu kommt die Sitte, hohe Bürgschaften zu verlangen. Gewöhnlich wird das Vermögen des Betroffenen und das von zwei Zeugen verpfändet. Jede Verurteilung bringt die Konfiskation der Güter mit sich. Man geht davon aus, daß sie mit dem Tag dem Fiskus verfallen, an dem der Ketzer sein Verbrechen geplant hat. Papst Innocenz III. befiehlt 1163 den weltlichen Herren, »in den Ländern, die unserer Jurisdiktion unterworfen sind, das Eigentum aller Ketzer einzuziehen ... auch in den anderen soll diese Regelung eingeführt werden. Wenn sie säumig sind, sollen sie durch kirchliche Zensuren gezwungen werden[22].«

1231 kommt Verwirrung in die Rechtssprechung, denn der Wormser Reichstag bestimmt, daß Allodialgüter[23] und das persönliche Eigentum der Verurteilten den rechtmäßigen Erben und nicht mehr der Kirche zufällt. Es bestimmt, daß die Lehnsgüter für den Lehnsherr bestimmt sind. Außerdem sollen die Kosten für das Verbrennen eines Ketzers, wie die dem Gerichtsherr zustehenden Gebühren, vom Vermögen abgezogen werden.« Es wird deutlich, was ein Menschenleben wert ist.

1233 protestiert man auf dem Mainzer Konzil gegen die Ungerechtigkeit, »den Angeklagten für schuldig zu betrachten und sein Vermögen einzuziehen.« 1252 bestimmt Papst Innocenz III.: »Zwei Drittel sollen die Beamten der Inquisition und ein Drittel der Bischof erhalten[24].«

1260 befiehlt Papst Alexander IV. den Inquisitoren von Rom und Spoleto, »das konfiszierte Vermögen zu verkaufen und den Erlös dem Papst zu entrichten.« 1369

Papst Johannes XXII. (1244-1334). Er wird 1316 zum Papst gewählt.

bestätigt der kirchentreue Kaiser Karl IV., daß ein Drittel der Güter den Inquisitoren zufallen soll.«

Christliche Schreiber versuchen, das Bild zu fälschen, wenn sie behaupten: »Die Kirche nimmt keinen Anteil an der körperlichen Bestrafung der Ketzer. Die, die elend umgekommen sind, wurden wegen ihrer Verbrechen bestraft und von Richtern verurteilt, die die königliche Gerichtsbarkeit innehatten.« Tatsache ist, daß der Klerus für das Klima verantwortlich ist: »Wohl nirgends in unserer Geschichte hat sich der Eifer, aus dem Unglück der Menschheit Gewinn zu schlagen, so stark gezeigt, als bei denen, die den Spuren der Inquisition folgten, um sich an dem von ihr angerichteten Unglück zu mästen[25].« Ein kluger Kopf kann nicht bis zum Blutvergießen über Glaubensfragen streiten.

Willige Weltenherrscher

Politisch gesehen, ist der deutschsprachige Raum damals schwach besetzt. Einige der deutschen Könige und Kaiser kommen der Kurialmacht in unbeschreiblich leichtsinniger Weise entgegen; so zeichnen sie mitverantwortlich für die Folgen.

1194 setzt der Kaiser Heinrich IV. strenge Strafen auf die Ketzer. Er ordnet an, ihr Eigentum einzuziehen und deren Häuser zu zerstören. Friedrich II. trägt zur Verschärfung bei. Am 12.7.1213 gibt er Innocenz III. und im September 1219 gegenüber Papst Honorius III. das Versprechen, gegen Ketzer vorzugehen[26].

Im März 1232 erläßt er von Ravenna aus ein Dekret an die Fürsten seines Reiches, um zu gebieten, zur Ausrottung der Ketzerei beizutragen. Nach dem heutigen Kenntnisstand ist der Nachweis erbracht, daß es auf eine Beeinflussung von Dominikanern zurückgeht[27]. In einer Konstitution vom März 1224 setzt er den Feuertod oder den Verlust der Zunge als Strafe für die Ketzerei an. Das kaiserliche Beispiel macht den direkt Untergeordneten Mut und die natürliche Folge ist, daß die Herrscher immer mehr zu Knechten des kurialen Wollens werden. In den ersten Jahrhunderten der christlichen Geschichte war es anders. Weitere Zuträger sind Otto II. und Otto IV. Der Herzog von Bayern befiehlt um 1233 seinen Beamten, die Dominikaner bei der Ausrottung der Ketzer zu unterstützen. »Durch Jahrhunderte haben Fürsten dem Statthalter Christi Henkerdienste geleistet[28] ... armes Deutschland, wie weit ist es mit Dir gekommen, daß Du vor geldgierigen Dominikanermönchen und deren Spießgesellen zittern mußt[29].«

Besonders ehrerbietig verhält sich der deutsche Kaiser Karl IV. gegenüber dem Klerus; eigentlich müßte sie ihn zu einem Heiligen machen, denn ohne sein Zutun hätte die Geistlichkeit nie die starke Position erreicht, die sie noch heute im deutschsprachigen Raum einnimmt. Nachdem er am 5.12.1368 mit Papst Urban V. in Rom zusammenkommt, befiehlt er von Lucca aus, daß die Obrigkeit die Begharden und

Beguinen als die schlimmsten Feinde des Reiches anzusehen hat; sie wären Ketzer und Geächtete. Außerdem verleiht er der Inquisition Privilegien, Rechte und Freiheiten[30]. Am 17.6.1369 drückt er seine Freude über die Tätigkeit des Inquisitors Kerlin in den Bistümern Magdeburg und Bremen, wie in Hessen und Thüringen aus.

Er bestimmt, daß die von Ketzern infizierten Häuser den Inquisitoren zu übergeben sind, »damit man aus ihnen weitere Kerker schafft.« Am 17.6.1369 gibt der Kaiser einen Erlaß gegen die Ketzer heraus. Ihmzufolge wird allen Geistlichen und den weltlichen Obrigkeiten befohlen, den Inquisitoren Beistand zu leisten.

Gleichzeitig verbietet man den Laien, kanonische Schriften zu lesen. Papst Gregor XI. bestätigt am 9.6.1371 diese Bestimmung. Kurz vor dem Tod des weltlichen Herrschers setzt er sich noch einmal für die Interessen der kurialen Schergen ein. Am 17.2.1378 bestellt er von Trier aus Konservatoren, um ihnen Beistand zu leisten.

Vor dem Abschluß des *corpus iuris canonici* führt Eymericus zehn zu Gunsten der Inquisition erlassene päpstliche Schreiben an[31]. Seiner Auffassung nach haben die Päpste nie ihre Macht überschritten, zudem stehe der Kirche das Recht zu, äußeren Zwang anzuwenden[32]. Wer wundert sich, wenn Papst Bonifazius VIII. 1302 in der Bulle *unam sanctam* erklärt:

- Wir bestimmen als zur Seligkeit notwendig, daß jeder Mensch dem Papst unterworfen ist. Seine Gewalt ist göttlich[33].
- Kein Sterblicher unternehme es, den Papst einer Schuld anzuklagen Er kann von niemand gerichtet werden[34].
- Wer die Dogmen, Befehle, Verbote, Bestimmungen und Beschlüsse des apostolischen Stuhles verachtet, den treffe der Bann[35].
- Kirchliche Rechte können nicht durch weltliche Richter aufgehoben werden[36]. Gott hat uns über die Könige und deren Rechte gesetzt[37], um auszureißen, zu zerstören, zu verderben, zu zerstreuen, zu bauen und zu pflanzen[38].

Papst Johannes XXIII. Er wird 1410 gewählt und dankt 1415 ab.

Durch solche Proklamationen setzt sich beim einfachen Mann auf der Straße die irrige Auffassung durch: »Man muß Gott mehr als den Menschen glauben[39].« Er übersieht, daß sich die Menschen ihre Götter selbst geschaffen haben, und daß sie sich den Gelüsten der Priester beugen, die sich daraus ein treffliches Machtinstrument gezimmert haben.

- Damals schändet Papst Gregor VII. Kaiser Heinrich IV. im Büßerhemd.
- Papst Alexander III. stellt Kaiser Friedrich I. Barbarossa den Fuß auf den Nacken.
- Papst Coelestin III. fühlt sich berechtigt, Heinrich IV. die aufgesetzte Krone mit dem Fuß wegzustoßen.
- Papst Klemens IV. verflucht Ludwig den Bayer und verlangt seine Absetzung.

- Papst Hadrian VI. schreibt 1332 an den Markgraf Friedrich II. von Meißen: »Du bist ein Schaf, untersuche nicht lange den Hirten, wirf Dich nicht länger zum Richter über Gott (den Papst) auf [40].«

Friedrich II. soll durch das Auferlegen von Kirchenstrafen gezwungen werden, einen Beitrag zum zugesagten Kreuzzug zu leisten. Weil er dem kurialen Ansinnen nicht nachkommt, wird er am 29.9.1227 exkommuniziert, woraus sich eine Kontroverse formiert.

Seit der umstrittenen Wahl von Ludwig dem Bayern 1314 sind die Beziehungen zwischen Reich und Papst gespannt. Der Sieg von Mühldorf sichert dem weltlichen Herrscher die Krone, die die Kirche nicht anerkennt. Ein Jahr später folgt der Bruch mit Papst Johannes XXII. Hier entspinnt sich ein Kampf um Leben und Tod; ein Kampf zwischen konkurrierenden Machtblöcken.

Jeder erklärt seinen Gegner zum Ketzer. Der Papst läßt Bannflüche, Exkommunikationen und Interdikte über Deutschland regnen. Ludwig verfolgt die Geistlichen grausam und hart. Doch die meisten deutschen Herrscher sind auf lange Sicht gesehen zu schwach, um sich den klerikalen Vorstellungen zu widersetzen. Ein Beispiel aus der jüngsten Zeit (1989) ist die Einsetzung eines hohen geistlichen Würdenträgers in Köln, den die Weltlichkeit zu respektieren hat, obwohl sie im Gegensatz zu ihrem Willen und einem geltenden Konkordat steht.

Damals bewegt sich die Kirche auf der Woge eines scheinbaren Erfolges und sie begnügt sich nicht damit, andere politisch zu knechten. Mit Vehemenz widersetzt sie sich im Umfeld der zusammenfallenden Scholastik neuen Erkenntnissen aus der Naturlehre. Papst Bonifazius VIII. verbietet das Präparieren von Skeletten. Das Studium der Naturwissenschaften wird den Welt- und Ordensgeistlichen untersagt. Man versagt den Mönchen die Ausübung der Medizin durch das Lateranische Konzil von 1139 und das *sündhafte* Lesen physikalischer Schriften.

Die Bildung des Volkes wird niedrig gehalten. Wie sonst ist folgende Äußerung zu verstehen: »Damit nicht durch die Buchdruckerkunst Dornen unter dem guten Samen aufschießen und nicht Gift unter die Arznei gemischt wird, unterstehe sich niemand, wer es auch sei, ein Buch oder eine Schrift zu drucken, ohne daß er über die Erlaubnis des päpstlichen Vikars, Bischofs oder Inquisitors verfügt; bei Strafe von zehn Dukaten an die päpstliche Kammer, der Verbrennung der Bücher und der Exkommunikation [41].«

Die Geschichte der Inquisition verdeutlicht, daß es der unbeugsame Sinn der Kirche ist, sich in die vorderste Reihe zu zwängen, anstatt sich auf die Grundlagen der christlichen Nächstenliebe zu besinnen.

Deutschland

Lange vor der Installation der deutschen Inquisition tobt der Kampf gegen angebliche Ketzer. Nach einer bischöflichen Verordnung aus dem Jahr 1051 werden in Goslar mehrere Kartharer zum Flammentod verurteilt [42]. 1112 läßt Erzbischof Bruno von Trier zwei Priester als Ketzer hinrichten. 1163 werden unter Bischof Reinold sechs Männer und zwei Frauen verbrannt [43].

1164 gelangen in Trier einige Ketzer auf den Scheiterhaufen. 1209 kommt der Bischof von Straßburg, Heinrich II. von Behringen im Gefolge Kaisers Otto IV. nach Rom. Einige Begleiter zeigen sich über die *fast offene* Duldung der Ketzerei in der heiligen Stadt empört. Otto IV. gelangt zu der Auffassung, daß sein Land voll Ungläubiger sei. Papst Gregor IX. soll gesagt haben: »Der Glauben ist in Deutschland selten. Man soll in allen Provinzen Ketzer und Verdächtige ergreifen und nach dem päpstlichen Dekret von 1231 gegen sie vorgehen.«

Das *Glaubensgericht* hat im deutschsprachigen Raum wenig Glück und Bestand und es bleibt trotz Zuarbeit der weltlichen Vasallen Flickwerk. Die Tribunale zeigen wenig Wirksamkeit, was mit der besonderen politischen Situation zusammenhängt.

Beispiele der Ketzerverbrennung in Deutschland

1285	In Krems werden 16, in St. Pölten 11 und in Wien 102 Personen verbrannt.
1315	Bischof Heinrich I. von Breslau läßt 50 Ketzer verbrennen.
1378-1379	In Nürnberg werden 15 Ketzer verbrannt.
1378-1384	Der Domdechant Heinrich von Regensburg läßt als päpstlicher Inquisitor Frauen als waldensische Ketzer verbrennen.
1392	Der päpstliche Inquisitor Martinus läßt mehrere Ketzer in Erfurt verbrennen.
1397	Die Klosterannalen von Garten berichten: »Im nahegelegenen Steywr waren mehr als 1000 Personen wegen Ketzereien eingekerkert und man hat zwischen 80 und 100 Personen von ihnen verbrannt.«
1399	In Nürnberg werden sechs Frauen und ein Mann wegen Ketzerei verbrannt.
1402	Der Inquisitor Eylard Schönefeld läßt in Lübeck und Wismar zwei Ketzer öffentlich verbrennen.
1411-1467	In Wien werden zwei Ketzer verbrannt.
1429	Der Inquisitor Johann von Frankfurt berichtet: »Am 4. Juni habe ich in Würzburg den Ketzer Johann Fuyge öffentlich verbrannt, ... unter großen Feierlichkeiten, an einem öffentlichen Ort und nach einer hinreißenden Predigt übergab ich ihn dem weltlichen Gericht[45].«
1438	In Zürich werden Ketzer verbrannt.
1450-1487	In der Diözese Regensburg kommt ein merkwürdiger Fall zutage, der zwischen inquisitorischen Gehabe und Zauberei einzuordnen ist[46]. Hier werden einige unbußfertige Ketzer zum Flammentod verurteilt. Das Feuer läßt sie unversehrt. Durch ein neues Urteil will man sie ertränken, aber selbst das Wasser schadet ihnen nichts. Schon wagen einige, ihren Glauben rechtmäßig anzuerkennen. Nun legt der kluge Bischof seiner Herde ein dreitägiges Fasten auf. Schließlich entdeckt man bei einem der Unschuldigen ein sogenanntes *maleficium*. Es wird entfernt und glücklicherweise können die Bösewichter jetzt verbrannt werden[47].
1485	wird von Ketzerverfolgungen in Berlin berichtet. Hier sind zur Zeit Friedrichs II., der Bischof Stephan von Brandenburg und der Franziskaner Johann Kannemann als Inquisitoren bestellt. Sie verurteilen am 28.4. einen Matthäus Hagen als Ketzer zum Feuertod und übergeben ihn feierlich den kurfürstlichen Beamten zum Verbrennen[48].

Das inquisitorische Bemühen scheitert teilweise an den übergangenen Bischöfen. Sie erkennen einen Eingriff in ihre Kompetenzen, als man ihnen Inquisitoren vor die Nase setzt.

Zum andern entspinnt sich ein hartnäckiger Kampf zwischen Kirche und Staat. Nähere Angaben über die Inquisition in Deutschland verdankt man dem anonymen Schriftsteller David von Augsburg, der vermutlich um 1260-66 zur Feder greift.

Die von ihm vorgetragenen Instruktionen lassen auf ein ausgeformtes Prozeßverfahren schließen.

Es haben sich nur wenige Namen von deutschen oder hier wirkenden Inquisitoren erhalten. Zu ihnen gehören Martinus, Eylard Schönfeld und Johann von Frankfurt, Konrad von Marburg, der Dominikanerprovinzial Konrad und ein Walter Keerling. Zu ihnen gesellen sich später die Verfasser des Hexenhammers, Sprenger und Krämer.

Am 1.5.1318 geht ein päpstlicher Erlaß an die Bischöfe von Olmütz, Meißen und Krakau, an den böhmischen König, den Markgrafen von Meißen, wie an die Herzöge von Krakau und Breslau. Darin wird die Ernennung eines päpstlichen Inquisitors angezeigt. Um 1381 gibt es in den Diözesen Regensburg, Bamberg und Meißen keine offiziell aktiven Inquisitoren mehr; von da an wird vermutlich kein Ketzergericht mehr bestellt[44].

Konrad von Marburg

ist der Beichtvater der heiligen Elisabeth von Thüringen. Mit 18 Jahren vertraut sie sich ihm an, der »dieses Himmelskind mit der Grausamkeit eines Dämons zu knechten beginnt[49].« Sechs Jahre später sinkt sie ins Grab. Aufgrund verschiedener Visionen und der Tatsache, »daß ihr Körper noch im Tod gut roch und Wunder auf Wunder geschah«, wird sie auf sein Betreiben heilig gesprochen.

Konrad von Marburg erhält 1214 den Auftrag, in Deutschland einen Kreuzzug zu predigen. Dies aktiviert seine Beziehung zu Rom. Viele nehmen an seinen Predigten teil und ergreifen das christliche Kreuz.

1277 wird er beauftragt, in Deutschland die Inquisition durchzuführen. Der Papst ermächtigt ihn, »wen auch immer zu seinem Beistand zu ernennen, um mit seiner Hilfe eifrig nach allen zu fahnden, die von der Ketzerei angesteckt sind ... damit das Unkraut aus dem Weinberg des Herrn gerottet werde.«

Acht Tage danach, am 20.6., erteilt ihm Gregor IX. die Befugnis, »die Verordnungen des Kardinallegaten Konrad von Potho gewaltsam durchzuführen.« Im Oktober 1231 erreicht ihn das Lob des Statthalters der Christenheit auf der sündigen Erde. Nun besinnt er sich der verlotterten Kirchenzucht und jagt gottlose Nonnen aus dem Kloster von Nordhausen.

Er erinnert sich des weltlichen Armes, um mit der Blutarbeit im Namen Christi zu beginnen. Konrad von Marburg geht ohne Zögern ans Werk. Er kennt nur die Alternativen: gestehen und verbrennen oder: nicht gestehen und verbrennen[50]. In Marburg werden Verdächtige ergriffen: unter ihnen Ritter und Priester. Einige widerrufen, andere werden verbrannt. Während einer Reise nach Erfurt im Jahr 1232 nimmt der Knecht Gottes die Chance wahr, weitere den Flammen zu übergeben.

Konrad von Marburg sendet an Gregor IX. einen tendenziösen Bericht über das angebliche Treiben der Luziferianer. Darin stellt er die Behauptung auf: »Es gibt eine Sekte, die den Teufel anbetet, sich unzüchtig mit ihm vermischt, der ein schwarzer Kater erscheint und die Hostien zur Schande des Erlösers in den Abguß werfen.« Es muß davon ausgegangen werden, daß der Papst diese Anmerkungen in seine Bulle aufgenommen hat[51], die bei der Interpretation des späteren Hexentreibens nach oben gespült werden.

Am 10.6.1233 teilt der Papst Konrad mit, daß er zu einem Kreuzzug wider sie aufrufen soll. Der Mainzer Erzbischof, der Bischof von Hildesheim und der deutsche Kaiser mit seinem Sohn Heinrich, erhalten die päpstliche Order, »ihre Kraft aufzubieten, um die elenden Ketzer auszurotten.«

Schließlich erleidet Konrad von Marburg die gerechte Strafe und eine persönliche Niederlage, indem er gegen den Grafen von Sayn, einen mächtigen Adeligen aus der Diözese Trier, vorzugehen sucht. Der Gottesknecht wird am 30.7.1233 auf freiem Feld erschlagen[52] und ist damit ein würdiger Nachfolger des längst zu Staub verfallenen heiligen Bonifazius, der den christlichen Blutacker vorbereitet hat. Einer der Helfer des Konrad von Marburg wird in Freiburg gehängt. Konrad Dorso wird erschlagen, als er den Junker von Mühlheim vorzuladen versucht[53]. Wegen seiner Verdienste wird Konrad von Marburg an der Seite der heiligen Elisabeth beigesetzt:

»Der Enthusiasmus eines solchen Mannes mußte zur Katastrophe führen. Er ist nicht allein für das angerichtete Elend verantwortlich. Die Schuld tragen die, die sich kaltblütig eines solchen Werkzeuges bedienten, und die seinen Eifer auf die Spitze trieben.«

In Rom ist man über das Erschlagen des Treuen erschüttert. Papst Gregor IX. läßt sich zu der Bemerkung herab: »Der Tod Konrads ist ein Donnerschlag für ihn, der das Heiligtum der Christenheit erschüttert. Ich kann keine Worte finden, die stark genug sind, um die himmlischen Tugenden und Verdienste dieses Märtyrers zu würdigen. Ich kann keine Strafe ausfindig machen, die für den Mörder zu streng ist[54].«

Auf einer Synode tritt der Groll der deutschen Bischöfe zutage, vor allem wegen des Ansehens, das die geistlichen Kurfürsten von Mainz, Trier und Köln besitzen, das man ihnen durch das Vorschieben des unseligen Inquisitors genommen hat. Die aufgrund einer historischen Legende in den Ruf zu Kurfürsten Gelangten geistlichen Würdenträger reichen beim Papst eine Beschwerde ein.

Darin wird Konrad von Marburg getadelt von 25 Bischöfen verurteilt. Einer meint, er müsse ausgegraben und als Ketzer verbrannt werden[55]. Erneut weisen sie darauf hin, daß ihnen die Gerichtsbarkeit über Glaubensabtrünnige zusteht, die sie doch selber sind, weil sie einem Zwangsglauben aus Trug und Gewalt anhängen. Die Bischöfe weisen die Mönche in die Schranken und untersagen ihnen, sich in die öffentlichen Geschäfte wie in die bischöfliche Gerichtsbarkeit zu mischen[56].

Der gekränkte Papst macht im Juli 1235 seinem Unwillen Luft und verurteilt in heftigen Gemütsbewegungen die Mainzer Synode, »weil sie gewagt hat, die freizusprechen, die Konrad von Marburg verfolgte.« Sein Urteil ist plump: »Man soll sich im folgenden März dem nach Palästina aufbrechenden Kreuzzug anschließen und eine Bürgschaft stellen. Mittlerweile sollen sie barfüßig und nackt bis auf die Beinkleider, mit einem Strick um den Hals und mit einer Rute in der Hand, alle größeren Kirchen im Umkreis ihres Verbrechens besuchen und gegeißelt werden.«

Am 21.10.1233 erhält der Dominikanerprovinzial Konrad von Rom aus den Befehl, in Gemeinschaft mit den Bischöfen die Inquisition in Deutschland einzuführen.

Das Ketzervolk der Stedinger[57]

Damals gehört ein Teil des heutigen Oldenburg zu Bremen, deren Bischöfe das Jagdrecht und den Zehnten über den teils zu Delmenhorst, teils zu Oldenburg gehörenden Steding beanspruchen. Chroniken berichten, daß ein Priester beim Abendmahl der Frau des Gutsbesitzers anstelle der Hostie einen Beichtgroschen in den Mund gelegt hat, weil er ihm als Opfergabe für den Herrn zu gering erscheint[58].

Ihr Mann ärgert sich darüber und verklagt den Priester. Weil er von dieser Seite Vorwürfe erntet, erschlägt er den Beleidiger. Jetzt kommt ein verfänglicher Stein ins Rollen und der daraus resultierende Streit nimmt Ende des 12. Jahrhunderts dramatische Formen an.

Der Erzbischof Hartwig II. von Bremen fordert von den Stedingern die Auslieferung des Priester-Mörders und wird abgewiesen. 1197 schickt er Geistliche ins Land, um den Zehnten einzutreiben. Sie werden unter Beschimpfungen über die Grenzen gejagt.[59]

Daraufhin reicht der Bischof eine Klage in Rom ein und verschärft die geistlichen Strafen. Erzbischof Ludwig II. erwirkt die Erlaubnis, einen Kreuzzug gegen die Stedinger zu predigen. Hartwig II. plant 1207 einen Überfall auf ihr Gebiet[60], denn mit vernünftigen Argumenten kann er nicht umgehen. Er stirbt 1209 und sein Neffe, Gerhard II., folgt ihm im Amt. Die Fehden werden fortgesetzt und es gelingt den Häschern, die Burg Schlutter (castrum sluttere) aufzureiben. Um 1230 sammelt sich unter der Führung des Grafen Hermann von der Lippe ein Heer gegen die Aufsässigen und inszeniert einen blutigen Angriff. Er unterliegt mit seinen Mannen; Hermann liegt mit 200 Erschlagenen auf dem Feld. Jetzt steigert sich die Verbitterung auf beiden Seiten. Priester und Mönche müssen das Land der Stedinger verlassen. Das Volk ist gezwungen, Gottesdienste einzurichten.

Gregor IX. veranlaßt durch eine Bulle die Bischöfe von Minden, Lübeck und Ratzeburg, ihrem Bruder beizustehen und das Kreuz gegen die Stedinger zu nehmen:

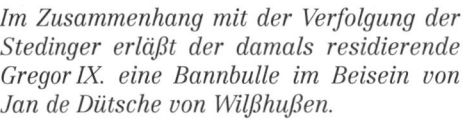

Im Zusammenhang mit der Verfolgung der Stedinger erläßt der damals residierende Gregor IX. eine Bannbulle im Beisein von Jan de Dütsche von Wilßhußen.

Kreuzpredigt gegen die Stedinger. Sie werden wegen eines klerikalen Mißverständnisses grausam verfolgt; etwa 4000 werden abgeschlachtet.

dies reicht nicht hin, um deren Widerstand zu brechen. Deshalb weitet der Papst die Order auf die Bischöfe von Paderborn, Hildesheim, Verden, Münster und Osnabrück, wie an den Mainzer Erzbischof aus. In einem zusätzlichen Breve, das in den Kirchen der benachbarten Diözesen zu verlesen ist, werden streitbare Männer zum Wehrdienst gerufen. Bereits ein Jahr später ist ein christliches Heer zusammengetrommelt, das die Grundsätze der christlichen Nächstenliebe vergessen hat. Es ermöglicht der Kirche, die unduldsamen Widersacher auszurotten.

Sie werden am 2.5.1234 bei Altenesch geschlagen und es sollen 4000 gewesen sein. Die Verbliebenen müssen Papst Gregor IX. Genugtuung leisten und dem Erzbischof von Bremen Gehorsam schwören. Der Stedingergau wird zwischen dem Erzbischof von Bremen und den Grafen Otto II.

und Christian III. von Oldenburg geteilt. Um diese Zeit gehört dem Klerus ein Siebtel des Bodens alleine auf deutschsprachigem Gebiet.

Nachdem die Stedinger geschlagen sind, wird in deren Parochien ein Verzeichnis aufgestellt, das alle männlichen Personen

- vom 14. und alle weiblichen vom 12. Lebensjahr an aufwärts verpflichtet, eidlich zu bestätigen, daß sie jeden Ketzer zu verfolgen bereit sind.
- Es wird ihnen untersagt, Bücher des Alten Testamentes zu besitzen,
- daß sich ein Kranker, der der Ketzerei verdächtig ist, sich eines Arztes bedienen darf und
- daß jeder als der Ketzerei verdächtig anzusehen ist, der nicht dreimal im Jahr zur Beichte schreitet bzw. das christliche Abendmahl empfängt.

Spanien

In Spanien hat die Kirche ein leichteres Spiel als im deutschsprachigen Raum; umso verheerender sind die Folgen. Vor allem hier erlangt die Inquisition erhebliche Bedeutung.[61] 1197 verordnet Peter II., König von Aragonien, daß die Ketzer sein Land verlassen sollen, und, wer diesem nicht nachkomme, seine Güter verliere.

Die Ausformungen der spanischen Inquisition unterscheidet sich in der praktischen Ausübung von der in den anderen Ländern. Wegen der damit verbundenen Hartnäckigkeit und Grausamkeit, der Länge ihres Wirkens, wie in den einzelnen Foltervarianten muß sie als widerlich und unchristlich angesehen werden. Die zur Anwendung gekommene *Wasser- oder Feuerfrage*, die der *spanischen Stiefel* oder der Einsatz einer *madre dolorosa*, eines Tötungsmechanismus, ausgestattet mit einer immensen Machtfülle und einer verbrecherischen Geisteshaltung führt in Spanien zu Auswüchsen. Tausende tragen den *San Benito*, das Spottkleid der Unschuldigen.

Die Klagen über die Grausamkeiten der spanischen Inquisition dringen an das Ohr des Papstes Sixtus IV.[62] Er fühlt sich betroffen und tadelt das Vorgehen in einem Breve vom Januar 1481. Darin sagt er: »Ohne Innehaltung irgendwelcher Rechtsverfahren haben sie viele eingekerkert, schrecklichen Folterqualen unterworfen, sie ungerecht als Ketzer ausgegeben und beraubt, um sie verbrennen zu lassen.«

Der spanische Inquisitor Lucere geht so weit, daß man ihn anstelle seiner Opfer in einen Kerker wirft. Ein anderer Inquisitor wird am Altar erschlagen. Die Vergewaltigung weiblicher Gefangener hat so überhand genommen, daß man die Todesstrafe darauf setzt[63].

Ein für seine Grausamkeit bekannter Inquisitor ist Nicolaus Eymericus. Er fungiert seit 1388 in Aragonien, hat sein Amt 44 Jahre inne und genießt das Ansehen eines vorbildlichen Christen: »Er hat alles getan, um seinen Artgenossen die Blutarbeit zu erleichtern, denn er hinterläßt einen praktischen Leitfaden für den Umgang mit Ketzern.« Der Mühe, eine Bibliothek grausamer Vorschriften mit sich herumzuschleppen, hat er sie enthoben. Sein Brevier, ein Kruzifix im Felleisen, und der *Mann Gottes* hat alle Requisiten für die Menschenjagd zusammen[64]. Aufgrund seines Henkerbuches sind viele in den Gefängnissen verfault, um ihr Vermögen, ihre Gesundheit und ihr Leben gebracht worden[65]. Eymericus stirbt 1393 am Schauplatz seines Wirkens. Der Jesuit Mariana gelangt zu der Auffassung: »Die Inquisitoren gingen mit der Folter gegen die Ketzer vor. Nach langen Qualen wurden sie mit dem Feuer getötet. Ihren Familien wurde hierauf dauerhafte Infamie eingeprägt und deren Güter wurden eingezogen.«

In Spanien sind die Dominikaner Träger der Inquisition. Mit den Vollmachten der Päpste Gregor IX., Innocenz IV., Urban IV., Klemens IV. und V. ausgestattet, üben sie ab der ersten Hälfte des 13. Jahrhunderts das inquisitorische Amt in den Königreichen Kastilien, Leon und Aragonien aus. Die spanische Inquisition ist eine kirchliche Angelegenheit.

Der Jesuit Blötzer sagt im Lexikon der Görres-Gesellschaft: »Der kirchliche Charakter der spanischen Inquisition läßt sich heute kaum mehr in Zweifel ziehen[66].« Der Jesuit Grisar bekennt: »Alle Großinquisitoren erhielten die Vollmachten vom heiligen Stuhl. Eine Tatsache, die niemand in Abrede stellen kann.« Es wird von höchster Stelle aus bestätigt, denn Papst Sixtus V. sagt 1588: »Es ist unsere Absicht, daß in der Inquisition der spanischen Länder … die durch die Vollmacht des päpstlichen Stuhles eingesetzt worden ist, und durch die wir auf dem Acker des Herrn täglich reiche Früchte zeitigen sehen … ohne unser oder unserer Nachfolger Wissen darf nichts daran geändert werden[67].« Der Inquisitor Peronne schreibt: »Unsere Vollmachten erhalten wir vom Papst.« Caesar Carena erklärt: »Die Inquisitoren sind vom Papst bestellt.«

Hinzu kommt eine Inschrift am ehemaligen Inquisitionsgefängnis von Sevilla, die besagt: »Im Jahre des Herrn 1481 unter

Beispiele der Ketzerverbrennung in Spanien

1257	Die Dominikaner Peter de Tonones und Peter de Cadiere lassen die ketzerischen Gebeine des Grafen Raimund ausgraben und in Barcelona verbrennen.
1269	Die Gebeine des Grafen von Castelbon und die seiner Tochter Ermesinda werden ausgegraben und verbrannt; sie sind seit 28 Jahren tot[68].
1302	Der Dominikanerinquisitior Bernhard übergibt mehrere Ketzer dem weltlichen Arm zur Verbrennung.
1334	Der Dominikanerinquisitor Wilhelm de Coast läßt den Mönch Bonato verbrennen.
1360	Bernhard Ermengol, Inquisitor von Valencia, läßt mehrere Ketzer verbrennen.
1441	Der Dominikaner Michael Ferriz, Inquisitor von Aragonien, läßt mehere Ketzer verbrennen.
1477	Die spanische Inquisition wird offiziell installiert, indem sie Kardinal Pedro Gonzales de Monzoda mit Genehmigung von Papst Sixtus IV. zu einer königlichen Einrichtung erhebt.
1481	Während des ersten Inquisitionsgerichtes von Sevilla werden sechs Ketzer lebend verbrannt; bis zum November steigt die Zahl auf 298.
1484	In Cinbad Real werden 40 Verstorbene wegen Ketzerei verurteilt, deren Leichen ausgegraben und verbrannt werden.
1487	In Sevilla werden fünf Ketzer verbrannt.
1491	Die Inquisitoren von Avila verkünden das Todesurteil gegen Juce Franco. Es umfaßt zehn Druckseiten. Er wird lebend verbrannt[69].
1501	In Toledo werden 38 Ketzer verbrannt.
1507	Die Inquisitoren von Calahorra lassen 30 Frauen als Zauberinnen verbrennen[70].
1546	Unter Kardinal Laossa werden 120 Ketzer lebend verbrannt.
1559	Während eines Autodafé in Valladolid werden 13 Personen lebend verbrannt.
1559	In Sevilla werden 14 Personen lebend verbrannt.
1560	Während der Hochzeitsfeierlichkeiten von Phillip II. und Elisabeth von Valois wird eine größere Anzahl von Ketzern verbrannt.
1561	In Toledo werden vier Lutheraner verbrannt.
1571	In Toledo werden zwei Menschen lebend verbrannt.
1593	In Granada werden fünf Menschen verbrannt.
1610	In Logrono werden sechs Ketzer lebend verbrannt.
1660	In Sevilla werden drei Personen lebend verbrannt.
1680	Zur Feier der königlichen Hochzeit von Karl II. mit Marie-Louise von Bourbon werden 19 Ketzer offiziell verbrannt.
1700	(bis 1746) In Spanien werden durch die Inquisitoren 1546 Menschen verbrannt und ca. 14000 bestraft.
1745	Aus einem Protokoll wird deutlich, daß man Lebende verbrannt, ihre Leichen ausgegraben und sie dann erneut auf den Scheiterhaufen geschleppt hat[71].
1775	(bis 1783) Die öffentlichen Verbrennungen gehen unter dem Einfluß der Aufklärung zurück. Es sind in diesem Zeitraum nur zwei Fälle bekannt.
1802	Das letzte Todesurteil wird von der spanischen Inquisition in Saragossa über den Pfarrer von Esco gesprochen, jedoch nicht vollstreckt.
1809	Das Inquisitionsgefängnis von Madrid wird ausgehoben und gesprengt.

dem Pontifikat Sixtus' V. und unter der Herrschaft Ferdinands und Isabellas nahm hier die heilige Inquisition ihren Anfang. Bis 1524 haben mehr als 20 000 Ketzer ihre scheußlichen Verbrechen abgeschworen. Fast 1000 sind dem Feuer überliefert worden, unter Billigung der Päpste Innocenz VIII., Alexander VI., Pius III., Julius II., Leo X., Adrian VI. und Klemens VII. Der Lizentiat de la Cueva hat, auf Befehl und Kosten des Kaisers unseres Herrn, diese Inschrift anbringen lassen, die verfaßt ist von Diego von Cortegano im Jahr 1524.«

Prokatholische Kirchenschreiber versuchen, das Bild zu drehen und tragen vor, daß die spanische Inquisition eine Angelegenheit des Staates, somit der Weltlichkeit, gewesen ist. Sie beziehen sich auf das Königspaar Ferdinand II. und Isabella I., die Papst Sixtus IV. um die Einführung der Inquisition bitten. Durch ein Breve vom September 1478 kommt der angebliche Statthalter Gottes diesem Wunsch nach. Er erteilt der spanischen Krone die Erlaubnis, Inquisitoren zu benennen. Sie wird eingeführt, »um die dogmatische und sittliche Reinheit der Religion zu schützen.«

Der gleiche Papst teilt am 23.2.1483 der spanischen Königin mit: »Mir liegt die Einführung der Inquisition am Herzen ... sie soll meine Bemühungen unterstützen, weil sie dadurch unserem Gott wohlgefälliger wird als durch alles andere.«

Brand von Valladolid

Valladolid ist die Hauptstadt der gleichnamigen spanischen Provinz. Wegen ihrer günstigen Lage wird sie von den kastilischen und später spanischen Königen zur Residenz erhoben. Hier sitzt die Heilige Inquisition; noch heute steht das Inquisitionsgebäude. Heute ist dort eine Nonnenschule der *Kongregation der Englischen Fräulein* eingerichtet.

Der Lizentiat Diego González, apostolischer Inquisitor in Valladolid, schreibt an seinen Kollegen Fulano Mengano in Murcia und schildert ihm den Großbrand von Valladolid:

Die spanische Inquisitionsfahne.

»Verehrter lieber Freund ... es drängt mich Euch zu schreiben ... daß Ihr in seinem heiligen Dienst noch ungezählte Jahre wirken könnt und ich habe aus Eurem letzten Schreiben mit viel Freude entnommen, daß sich dort viele Prozesse in Vorbereitung befinden ... von der großen Brandkatastrophe in Valladolid werdet Ihr gehört haben. Aber was ihr nicht wisset: der Teufel erschien persönlich in Valladolid ... Er hat sich in der Gestalt eines lebenden Menschen gezeigt. Sub sigille silentii, denn es soll darüber nicht gesprochen werden, gebe ich Euch alle Einzelheiten kund, damit Ihr einen neuen Beweis den vielen anderen hinzufügen könnt ... Obdachlose Bettler haben, um sich zu wärmen, in der Costanilla auf einem Bauplatz ein Feuerchen angezündet, dann wären sie fortgegangen ohne es auszutreten, worauf es der starke Nordwind entfacht hat ... Ich erwachte als die Feuerglocke von San Miguel ertönte (denn ich habe einen leisen Schlaf) und damit begann

CXCV . BONIFASIVS . VIII .

Papst Bonifazius VIII., Erfinder des Jubeljahres. Er wird 1294 zum Papst gewählt und stirbt 1303.

eine unbegreiflich schreckliche Nacht ... Tausende von Männern, Frauen und Kindern liefen und rannten immerzu hin und her und gebärdeten sich wie Irrsinnige, und viele beichteten ihre Sünden auf der offenen Straße; weil sie meinten, die Welt gehe unter. Beinahe hätte man das glauben können: überall Feuer, Funken, Flammen, Glut und Rauch, die Häuser stürzten ein, die Priester und Mönche sangen Bittpsalmen und donnernde Explosionen vervollständigten das höllische Bild.

Sechs Stunden nach dem Ausbruch des Brandes war die Constanilla und die Cantaranas-Gasse ein Raub der Flammen geworden ... inzwischen war es hell geworden, aber es war noch immer halb dunkel, denn mächtige Rauchwolken verfinsterten das Sonnenlicht, und mitten in dieser ihm gemäßen Umgebung erschien der Teufel ... wo die allerschwersten Todsünden in

wilden Lüsten begangen werden ... In der Wohnung eines höchst übelbeleumdeten Weibsbildes, welches eine gemeine Buhlerin und feile Dirne war.

Jene Buhlerin, welche in der Stadt und in ihrem Häuschen blieb, war nicht mehr jung, sondern schon Mitte 30, aber von großer Schönheit, voller Reize, und mit langen dunkelroten Haaren ... Nun ist sogar mitten am Tag ein junger Mann zu ihr gekommen, von welchem sie behauptet, er sei ihr Bruder, aber keiner glaubte das, weil dieser Bursche auch rothaarig war, konnte sie es behaupten. Da niemand wußte, wie sie hieß, gab man ihr allerhand Namen *die rote Fröschin*, weil sie am Wasser wohnte und ihrer Haarfarbe wegen, oder *das kalte Feuer,* weil dieses sündige Weib seit Jahren alle Werbungen zurückwies ... und wie der Sattler sagte, habe man sie für eine Zauberin gehalten und es war in aller Munde, daß sie vor zwei oder drei Jahren beim heiligen Gericht als Hexe angezeigt worden war, sie sei aber in Ruhe gelassen worden ... man hat sie mehrfach bei Dunkelheit in eine weit entlegene Kirche gehen sehen, tief verschleiert, und sie habe mehrmals namhafte Beträge für die Armen des Stadtviertels gegeben, was freilich zur Hexerei wenig paßt, aber sie wird es getan haben um zu dissimulieren; dieses schandvolle Weib ... welche ihre gerechte Strafe erlitt ... unvermutet schien eine weibliche Stimme überlaut inmitten des Brandes und sie schrie und schrie.

Da rief ein Mann: ›Die ist ja nackt‹, und der Student und der Sattler liefen hin aber im Nu war das Weib verschwunden und erst jetzt sagte der Sattler zum Studenten, das war die Rothaarige ... Lieber Freund, wie erfinderisch ist doch der Teufel, denn es glückt ihm immer wieder, auf die verschiedenste Art, sich die Seelen derjenigen zu holen, welche nach Ablauf der im Pakt gestellten Frist ihr Leben verwirkt haben und er weiß es immer so einzurichten, daß sie ohne Beichte und Absolution sterben. Und der Alkalde sagte, vielleicht ist sie ohnmächtig, man solle Brechstangen und Zangen holen, denn ein Menschenleben sei zu retten und keine noch so sündige Seele dürfe verloren gehen, ohne die Tröstungen und Rettungsmittel unseres heiligen Glaubens zu empfangen … und dann schauten sie in das vom Rauch erfüllte Zimmer und sahen ihn: den Teufel … riesengroß stand er da in einem roten Mantel, aber wild funkelten seine Augen, und das züngelnde Feuer war neben ihm und über ihm und unter ihm … und er hielt das Weib fest umfaßt und es schrie kläglich: Santa Maria, und brach zusammen. Und der Teufel faßte ins Feuer und mit einer langen dünnen Flamme in der Faust ging er wie mit einem glühenden Degen auf die drei los, welche zum Fenster hereinschauten und der Student rief: ›Der Satan, der Satan, der Satan ist dort drinnen.‹

Von den drei Männern, welche den Teufel mit eigenen Augen gesehen haben und dies sind: der Alkalde jenes Stadtviertels und ein Sattler, welcher dort wohnt, und außerdem ein junger Mann, welcher sich jetzt bei seinen Eltern hier befindet, sonst aber in Salamanca Theologie studiert. Bei ihm handelt es sich um einen frommen und gebildeten Mann.

Man griff zu den besseren Mitteln, indem man zunächst das wundertätige kleine Steinbild der Heiligen Jungfrau von Llorente in einer Prozession zum Ochavo trug und auf einen Altar stellte; wie einen Wellenbrecher gegen das Feuermeer. Und alle lagen dort auf den Knien und beteten … doch der Brand weitete sich immer weiter aus … weil wahrscheinlich die Gläubigen nicht intensiv genug beteten; die schweren gegen unseren heiligen Glauben begangenen Sünden durch ein hartes Strafgericht zu vergelten … wir hatten Angst, daß durch das Feuer selbst das Gebäude unseres Heiligen Tribunals in Gefahr kommen könnte. Bald aber waren die Wunderwirkungen der gebenedeiten Jungfrau von Llorente deutlich erkennbar.

Die spanische Inquisitionsbehörde bei Anwendung der Feuerfolter.

Blick in ein überfülltes spanisches Inquisitionsgefängnis.

Aber der Corregidor befahl, daß das Häuschen sofort ausgeräumt werde und man fand das halb verkohlte Gerippe des Weibes und zwischen ihren Rippen lag ein Dolch, mit welchem sie der Teufel erstochen hat, aber der Griff war weggebrannt.«

De Morillo und S. Martino

Nach der offiziellen Einsetzung der Inquisition werden am 17.7.1480 die Dominikaner Michael de Morillo und Johannes de S. Martino als Glaubensrichter für die Stadt und Diözese Sevilla ernannt. Papst Sixtus IV. dehnt am 17.10. deren Gewalt auf Kastilien und Leon aus und läßt verkünden: »Kraft apostolischer Vollmacht bestellen wir Michael und Johannes zu Inquisitoren in diesen Ländern. Wir ernennen den Erzbischof Inigo von Sevilla zum päpstlichen Appellationsrichter. Keinem Menschen ist gestattet, sich unserer Willenserklärung zu widersetzen. Wer dies tut, der wisse, daß er den Zorn des allmächtigen Gottes wie den der Apostel Petrus und Paulus auf sich gezogen hat[72].«

Torquemada, »König der Henker«

1483 verschafft Papst Sixtus IV. die Würde eines Großinquisitors für Spanien dem Dominikanerprior von St. Cruz in Segovia, Thomas de Torquemada. Am 27.10.1483 unterstellt er ihm zusätzlich das Königreich Aragonien. Torquemada gilt als Günstling Ferdinands II. Er führt kurz danach das Glaubensgericht in Aragonien und Kastilien ein. Die Spanier nennen ihn *König der Henker*. Er installiert eine eigenständige Inquisitionspolizei, in der besondere Aufnahmebedingungen gelten, so z. B. *die Reinheit des Blutes*. Es wird herausgestellt, daß kein Vorfahre von der Inquisition bestraft worden ist[73]. Torquemada proklamiert die Fahne der Inquisition, der *Miliz Christi*, die im Kern schon 1208 vom Gründer des Dominikanerordens in Frankreich eingeführt worden ist.

Torquemada ist ein Fanatiker, der sich bei jedem Vorgehen auf die Ketzer durch Geißeln und Fasten vorbereitet[74]. Vor Beginn des Verhörs muß der Beschuldigte auf das Evangelium schwören, von dem wir heute wissen, das es von Widersprüchen und Ungereimtheiten wimmelt. Er inszeniert 1484 ein grausames Inferno und verurteilt 40 Tote wegen des Vergehens der Ketzerei. Es ergeht das Urteil: »die Leichen auszugraben und sie den gerechten Flammen zu übergeben.« Er frohlockt: »Da wir wissen, daß die Genannten in geweihter Erde liegen, und da kein Ketzer, Apostat, Exkommunizierter ... dort liegen darf, da wir wissen, wie man sie fortschaffen kann, ohne daß die Gebeine der treuen Katholiken berührt werden, so befehlen wir, daß sie ausgegraben und den Flammen übergeben werden.«. Dieses Urteil wird am 15.3.1485 vollstreckt.

Der Chronist Molens berichtet: »Wenden wir unsere Augen weg ... bei dem man Skelette und faulende Leichen an 40 Pfählen den zweiten Tod, den des Feuers, erleiden machen will. Sind das die Milderungen, die durch die Inquisition bei den weltlichen Gerichten eingeführt sein sollten[75]?« Sixtus IV. beurteilt die Lage positiver und schreibt an Torquemada: »Deine

Taten erfüllen mich mit großer Freude ...,
wenn er so fortfährt, wird er die höchste
päpstliche Gunst erwerben[76].«

Torquemada hat die Verantwortung am
Tod von etwa 2000 Menschen. Ungeachtet
dessen lesen wir 1895 in einer katholischen
Zeitschrift: »Oh, erlauchter Torquemada,
der durch seinen klugen Eifer und uner-
schütterliche Standhaftigkeit, indem er Juden und Ungläubige nicht nur zur Taufe
zwang, die Getauften durch heilsamen
Schreck vom Abfall zurückhielt und dadurch seinem Vaterland Wohlstand verschaffte[77].«

Der spanische Inquisitor Peter Arbues
wird das Opfer einer Verschwörung und
während einer Messe am Altar erstochen[78].
Ungeachtet seiner christlichen Fähigkeiten
wird er 1661 von Papst Alexander VII. selig
und von Papst Pius IX. heiliggesprochen.

Der Spanier Diego Deza kühlt seinen
Glaubenseifer durch die Einführung der
Inquisition in Sizilien. Das neu eroberte
Königreich Granada kommt unter seiner
Amtszeit in den Genuß der Inquisition.
Deza bleibt acht Jahre in dieser Position
und rühmt sich, etwa 2500 Menschen
lebend verbrannt zu haben. Auf ihn folgt
Franz Ximenes de Cineros, der Kardinal-
bischof von Toledo. Der Ritter Gonzalode de
Ayora berichtet dem Geheimschreiber Kö-
nigs Ferdinand II.: »Die Inquisitoren Deza,
Lucero und Johann de la Fuente haben das
Land entehrt. Die meisten ihrer Beamten
kennen weder Gott noch die Gerechtigkeit.
Zur Schande und zum Schaden der Religion
morden und stehlen sie.«

Auf Cisnero folgt Kardinal Hadrian, der
1522 zum Papst Hadrian IV. erhoben wird.
Unter seinem Banner werden etwa 1600

Pedro Arbues verurteilt eine Ketzerfamilie zum Feuertod. Nach einem Gemälde von Wilhelm Kaulbach.

Bekehrte und zur Erdrosselung vor der Verbrennung begnadigte spanische Ketzer im Ketzergewand.

Zeitgenossen verbrannt. Unter dem siebten spanischen Großinquisitor, Kardinal Loassa, werden mindestens 120 lebend als Ketzer verbrannt. Sein Nachfolger ist Kardinalerzbischof Valdes, dem es vor allem um die Unterdrückung der protestantischen Bewegung in Spanien geht[83]. Er verurteilt seine Opfer zu *ewigem* Kerker bzw. zum Tragen eines Bußkleides.

Wie intelligent die Glaubensbrüder sind, bestätigt folgender Bericht: »Zwei Mädchen im Alter von neun und elf Jahren tragen dem Inquisitor der Stadt Navarra vor: ›Wenn man uns begnadigt, werden wir alle übrigen Zauberinnen zur Anklage bringen, denn wir erkennen sie an ihrem linken Auge.‹ Die Geistlichen gehen auf diesen nützlichen Hinweis ein: so durchzieht eine Beamtenschar mit den Kindern und 50 Bewaffneten im Schlepptau die Gegend[84].«

Inquisitionsgefängnisse

Es haben sich Dokumente erhalten, die einen Blick in das damalige Gefängnisleben vermitteln: »Das menschliche Elend ist grenzenlos … die Schmerzensschreie der Gefolterten, das Todesröcheln der Gemordeten, das Wehklagen der Witwen und Waisen … die Kirche windet sich wie eine Schlange, um nicht zugeben zu müssen, was sie angerichtet hat.«

Molinier sagt über das Inquisitionsgefängnis von Carcasonne: »Jedes beschreibende Wort ist eine leere Phrase gegenüber der Wirklichkeit. Man kann darüber zweifeln, ob der Tod oder der Kerker die schwerere Strafe ist.« Papst Gregor IX. sieht sich genötigt, die Inquisitoren zu ermahnen, die Gefangenen nicht verhungern zu lassen. Im Kerker ist strenges Schweigen vorgeschrieben. Wer jammert oder um Gottes Hilfe bittet, wird rücksichtslos geschlagen[85]. Ein Franzose, der zwei Jahre im Inquisitionsgefängnis von Goa eingepfercht ist, berichtet:

»Der Kerker bestand aus zwei Räumen. Zur Befriedigung der natürlichen Bedürfnisse war in der Mitte des Raumes eine Senkung angebracht, in die wir das Wasser ließen. Für die übrigen Ausleerungen war ein großer Trog aufgestellt, der zweimal in der Woche geleert wurde. Aus dem über uns liegenden Frauengefängnis sickerte der Urin in unseren Kerker. Jeder Raum war 40 Fuß lang und 15 Fuß breit ... in ihm waren 40 Personen eingezwängt[86].«

Ein anderer berichtet: »Die Gefängnisse der Inquisition liegen tief, wahre Gräber von mehr als 20 Fuß unter der Erde. Die kräftigsten Personen schlafen auf dem feuchten Boden, die schwächeren kauern sich auf einem Feldbett. Ein Gefäß, das der Befriedigung der natürlichen Bedürfnisse dient, wird alle acht Tage oder nach zwei Wochen gelehrt. Es befindet sich in einer Ecke und verunreinigt die Luft, die ohnehin durch die Ausatmung der Unglücklichen verdorben ist[87].«

Marschall Soult läßt 1809 das Inquisitionsgefängnis von Madrid ausheben. Bei einer Untersuchung stellt er fest: »Wir gingen daran, das Höllengefängnis zu untersuchen und entdeckten unter einer Platte eine Treppe. Unten angelangt, betraten wir einen großen und viereckigen Raum, den *Saal des Gefängnisses.* Um ihn herum befanden sich viele kleine Zellen. In ihnen waren die Opfer des inquisitorischen Hasses eingeschlossen, bis sie der Tod von ihren Henkern befreite. Dort blieben die Leichname bis zur Zersetzung liegen, obwohl die Zellen gleichzeitig mit anderen Gefangenen besetzt waren ... für den Geruch der faulenden Leichen waren Abzugsrohre vorhanden. In den Zellen fanden wir Überreste einiger Menschen, die erst kürzlich verstorben sein konnten, während sich in den anderen noch angekettete Skelette fanden. In anderen fanden wir lebende Opfer jeden Alters und Geschlechts, vom Jüngling über das Mädchen bis zum 70jährigen Greis ... dann fanden wir die Folterinstrumente. Wir erhielten ein Beispiel jesuitischer Verlogenheit. Der Generalinquisitor und die Patres kamen aus ihren Zufluchtsorten, die Arme über der Brust gekreuzt und die Finger auf den Schultern ruhend; so als hätten sie nichts vom Lärm des Angriffs vernommen, erkundigten sie sich, was vorgefallen sei[88].«

Zur Verbrennung auf dem Scheiterhaufen verurteilte spanische Ketzer im Ketzergewand.

Foltermethoden der Spanier

Bei der *Wasserfrage* wird der Beschuldigte auf eine Bank geschnürt, ein Stück feuchtes Leinen wird ihm in den Mund oder in die Nasenlöcher gestopft. Dann läßt man sich diese Tücher langsam mit Wasser aufsaugen. Je intensiver es der Fall ist, desto unmöglicher wird das Atmen. Bei den auftretenden Qualen schneiden sich mitunter die Fesseln bis auf die Knochen des Ungläubigen ein.

Bei der *Feuerfrage* wird der Beschuldigte ausgestreckt auf ein hölzernes Gestell gebunden. Seine Füße hängen ein wenig über das untere Ende der Lagerstatt heraus und werden von einem Block eingeschlossen. Vermummte Geistliche stellen ihm ein Becken mit glühenden Kohlen unter die Füße. Zur Steigerung der unermeßlichen Qualen wird ihm von Zeit zu Zeit Öl über die Beine geträufelt. In anderen Fällen setzt man ihm ein glühendes Becken auf den Brustkorb. Hinzu kommen Auspeitschungen, das Annageln der Hände an eine Wand und die spanischen Stiefel. Die Handbücher der Inquisition erweitern dieses Arsenal der christlichen Denkart.

1808 berichtet General Lasalle über das Inquisitionsgefängnis von Toledo: »In einem Gewölbe stand in einer Mauerblende eine hölzerne Bildsäule, die Mutter Gottes darstellend. Ein vergoldeter Strahlenkranz umgab sie. Bei genauer Betrachtung zeigte sich, daß ihre Vorderseite aus vielen, mit den Spitzen nach außen gekehrten Nägeln und Messerklingen bestand. Arme und Füße der Figur hatten Gelenke. Eine hinter einer spanischen *Wand* angebrachte Maschine leitete ihre Bewegungen ... der Gefangene wurde zu ihr geführt ... dann begann die Bildsäule ihre ausgebreiteten Arme zu heben.

Allmählich, fast nicht bemerkbar, drangen die Spitzen mehr und mehr in seinen Körper. Der namenlose Schmerz entlockte entweder das Geständnis oder der Delinquent blieb zerstückelt.« Diesen Mechanismus nennen die Spanier *madre dolorosa*, der einen perfekten Tötungsmechanismus darstellt.

Frankreich

Der südfranzösische Raum hat neben dem spanischen für die Ausformung der Ketzerei und Inquisition zentrale Bedeutung, zumal sich in Südfrankreich die Albigenser als oppositionelle Glaubensgemeinschaft festigen. Papst Alexander III. schickt 1180 Kardinal Heinrich nach Südfrankreich, um hier gegen sie vorzugehen. Papst Innocenz III. inszeniert nach der Ermordung des päpstlichen Legaten Peter von Castelnau im Jahr 1208 einen Vernichtungsfeldzug. In glühenden Worten fordert er die Vertilgung der seiner Ansicht nach Gottlosen. In einem Schreiben an seine Legaten mahnt er den Graf von Toulouse, die Ketzer schlau zu täuschen, so als ob man es nicht auf sie abgesehen habe. Vielleicht beruft er sich auf den Apostel Paulus, der gesagt haben soll: »Dieweil ich tückisch war, habe ich Euch mit Hinterlist gefangen[89].«

Im Juli und August 1209 werden Béziers und Carcasonne von Inquisitoren erobert. Der Legat ruft aus: »Tötet sie alle, Gott wird die seinen zu erkennen wissen.« Die in Laveaux versammelten Bischöfe schreiben am 20.2.1213 an Innocenz III.: »Wir bitten Eure Gütigkeit mit gebührender Ehrfurcht, kniend und unter Tränen, daß ihr gemäß Phineas diese Stadt Toulouse mit all ihren Verbrechen, ihrer Unreinheit und ihrem Schmutz, von Grund auf der gebührenden Vernichtung anheim fallen lasset.«

Auch Papst Honorius III. zeigt sich gegen die Albigenser verbittert. Die Bischöfe von Béziers und Saint raten ihm, sämtliche Einwohner töten zu lassen. Diesem Akt despotischer Gewalt fallen 5000 Menschen zum Opfer. Um die Hetzjagd attraktiver zu machen, hebt Papst Martin IV. das kirchliche Asylrecht auf. Papst Gregor IX. ordnet den Bau von Gefängnissen an und hat den Mut, die Gläubigen, die ihm dabei behilflich sind, mit einem trügerischen Ablaß zu belohnen[90].

Auch in Südfrankreich werden die Gefangenen oft in unterirdische Kerker gesperrt. Über eine Maueröffnung wird ihnen die Nahrung zugeschoben und ab und zu

Die Anwendung der »Feuerfrage« vor einem Inquisitionstribunal.

Die Anwendung der »Wasserfrage« vor einem Inquisitionstribunal.

ein frisches Hemd gereicht. Sie befinden sich monate- wenn nicht jahrelang in Finsternis. Wahnsinn und Selbstmord sind die natürlichen Folgen. Ihre Häscher nennen solche Gefängnisse *casa sancta*.

In der Kirche von Cabriers werden zwischen 400-500 Ketzer niedergemetzelt. Um sich vor den Häschern zu verbergen, flüchten einige von ihnen in eine Höhle. Der päpstliche Vizelegat läßt an ihrem Eingang Feuer legen, so daß sie qualvoll ersticken[91].

Der Dominikaner Wilhelm Pelhisso

Der als Inquisitor eingesetzte Mönch berichtet in schlichten Worten von den Greueln, die im Namen Christi, seiner Heiligen und des göttlichen Stellvertreter auf der Erde gewirkt werden. Er trägt vor: »Zum Ruhm und Lob Gottes und der seligsten Jungfrau Maria und des heiligen Dominikus ... und der ganzen himmlischen Heerschar will ich einiges aufzeichnen, das der Herr in der Gegend von Toulouse erwirkt hat. Damals starb ein ketzerischer Kleriker, der im Kreuzgang der Kirche beerdigt wurde. Als dies (der) Magister Rollandus hörte, ging er mit seinen Brüdern hin. Sie gruben ihn aus, schleiften ihn durch die Straßen und verbrannten ihn ... Zur gleichen Zeit starb ein Ketzer namens Galvanus. Das entging dem Meister nicht. Er rief seine Brüder (die Dominikaner), den Klerus und das Volk zusammen. Sie gingen in das Haus, wo er gestorben war, zerstörten es von Grund auf und machten daraus ein Dungstätte; den Galvanus gruben sie aus und schleppten seinen Leichnam durch die Stadt und verbrannten ihn außerhalb von ihr. Das ist geschehen im Jahr 1231 zu Ehre unseres Herrn Jesus Christus ... Arnoldus Catalanus verurteilte die Ketzer Peter von Puechperdut und Peter Bomassipio zum lebendigen Brand; sie wurden zu verschiedenen Zeiten verbrannt.

Außerdem ließ er einige Verurteilte ausgraben und verbrennen. Der Inquisitor Bruder Ferraris ließ viele Ketzer einmauern; einige ließ er unter dem Beistand des gerechten Gottes verbrennen. In Montesegurum ließen sie Johannes de Garda mit

Beispiele der Ketzerverbrennung in Frankreich

1022	In Orléans werden die ersten Katharer, zehn Domherren, öffentlich verbrannt.
1077	In Cambrai wird ein Katharer von Bischöfen, Äbten und Klerikern zum Tode verurteilt und verbrannt.
1166	Der Bischof Hugues von Auxerre verfolgt heftig die Ketzer: »Er beraubt sie ihrer Güter und ließ sie dann verbrenen.«
1167	Auf Veranlassung des Abtes von Bezelay werden zu Ostern zahlreiche Albigenser im Tal Ecouan lebend verbrannt.
1172	In Arras wird ein Geistlicher als Ketzer zum Feuertod verurteilt, nachdem er durch die Probe des glühenden Eisens überführt war.
1180	Der Erzbischof von Reims verurteilt zwei Personen zum Feuertod.
1183	wird berichtet: »Viele, darunter Adelige, Bürgerliche, Geistliche, Jungfrauen und Witwen wurden vom Erzbischof von Reims und dem Grafen von Flandern dem Flammentod überliefert.«
1209	In Carcassonne werden 400 Ketzer verbrannt und 50 weitere gehängt.
1211	Beim Blutbad von Lavaux kommen mehr als 100 Ketzer durch Schwert und Feuer ums Leben.
1222	In Besancon werden Ketzer als *Diener des Teufels* verbrannt, um mit dem *ewigen Feuer* gereinigt zu werden[79].
1232	Der Dominikaner Raimund de Falguaire läßt 19 Albigenser in Toulouse verbrennen.
1234	Der Dominikanerinquisitor Peter Cellani läßt in Toulouse mehrere Ketzer dem Scheiterhaufen überantworten.
1239	In Mont-Aime bei Chalons-sur-Marne werden 183 Ketzer lebend verbrannt. Der Chronist Alberich vermerkt: »Ein großes und Gott gefälliges Brandopfer[80].«
1244	Nach der Einnahme von Montsegur werden 200 Ketzer lebend verbrannt.
1308	In Toulouse werden Ketzer und ausgegrabene Ketzerleichen verbrannt.
1310	In Paris wird Margaretha la Porete als Ketzerin verbrannt.
1312	In Toulouse werden 34 Ketzerleichen gemeinsam mit drei Männern und Frauen verbrannt.
1318	Der Inquisitor von Marseille, der Franziskaner Michael, läßt vier Brüder *vom armen Leben* lebend verbrennen[81].
1322	Bernhard Gui läßt sechs Waldenser verbrennen.
1339	In der Dauphiné werden verstorbene Waldenser ausgegraben und verbrannt.
1339	80 Waldenser aus den Tälern von Freysenniers und Argentiere, wie 150 Waldenser aus Valloise werden zum Feuertod verurteilt.
1348	Der Erzbischof de Sarrats läßt vor der Domkirche von Embrun zwölf Waldenser verbrennen.
1373	In Paris wird Johanna Dauberton als Ketzerin verbrannt. Auf dem gleichen Scheiterhaufen befindet sich die Leiche eines Ketzers, der einige Tage vor der Urteilsverkündigung gestorben ist. Sein Leichnam war fünf Tage lang in gelöschtem Kalk gelegen, »um ihn möglichst unversehrt verbrennen zu können.«
1382	Der päpstliche Franziskanerinquisitor verbindet sich mit einer 22köpfigen Räuberbande, um Ketzer zu ergreifen und verbrennen zu lassen. Er setzt Kopfgelder aus[82].

210 anderen verbrennen. Inzwischen ließ der Bruder Pontius de S. Egidio den Handwerker Sancerius vorfordern, doch er leugnete alles. Aber der Prior und die Brüder verurteilten ihn. Er wurde zum Scheiterhaufen geführt und verbrannt.

Als 1234 die Heiligsprechung unseres Vaters, des heiligen Dominikus in Toulouse verkündet wurde, ging der Bischof unmittelbar nach den Festessen zu einer kranken Frau ans Bett. Er meinte zu erkennen, daß sie eine Ketzerin sei. Darauf ließ er sie mit dem Bett, auf dem sie lag, zum Scheiterhaufen tragen und verbrennen. Dann gingen die Brüder zum Speisessal zurück und aßen mit großer Fröhlichkeit.

In jenen Tagen wurden einige verstorbene Ketzer ausgegraben. Ihre Gebeine und stinkenden Körper wurden durch die Stadt geschleift und ein Posaunenbläser verkündete: ›Wer Gleiches tut, wird auf gleiche Weise zugrunde gehen.‹ Schließlich wurden sie zur Ehre Gottes und der seligsten Jungfrau verbrannt. Hier endet was aufgeschrieben hat der Bruder Wilhelm Pelhisso, der alles selbst gesehen hat und dabeigewesen ist.« Er ist 1268 gestorben.

Der erste Ketzerrichter in Frankreich ist Robert le Bougre. Er wird von Gregor IX. zum Generalinquisitor erhoben und bereist das mittlere und nördliche Frankreich. Schreckensbotschaften eilen ihm voraus und brennende Scheiterhaufen kennzeichnen seinen Weg. 1239 läßt er eine Ketzerin verbrennen, die unter der Folter bekennt, daß sie nachts vom Teufel nach Mailand entführt worden ist, um bei den Katharern am Tisch zu sitzen. Den Platz an der Seite ihres schlafenden Mannes habe inzwischen ein Teufel eingenommen[92].

Der südfranzösische Sprachraum ist für die Entwicklung der Kultur und insbesondere der Religionsausformungen von Bedeutung. Von hier und von Südtirol aus springt der Hexenglaube in den deutschen Sprachbereich über.

Blick in eine inquisitorische Folterkammer. Links der Notar, der jeden Schrei, jede Bewegung und Handlung des Delinquenten zu notieren hat. Diverse Marterinstrumente und in der Bildmitte die »Wasserfolter«. Rechts die »spanischen Stiefel« und ein Kohlebecken.

Johanna von Orléans
… eine Tochter Gottes?

Die maßgebliche Arbeit über Johanna von Orléans verfaßt im 19. Jahrhundert Jules Quicherat. Auf sie bauen Hunderte weiterer Schriften auf und doch ist das Schicksal dieser Visionärin nicht restlos geklärt. Die Existenz der Johanna von Orléans ist von Zeitgenossen verbürgt und ihre Lebenswege lassen sich rekonstruieren.

Ihr Vater, Jaques d'Arc, wird um 1375 geboren, wahrscheinlich in Ceffonds in der Champagne. 1420 erscheint er als Pächter des Chateau d'Ille, einer Burg auf einer der Inseln der Maas, an der Domrémy liegt. 1423 unterzeichnet er einen Vertrag als Dorfältester. Er bekleidet einige amtliche Stellen. Johannas Mutter, Isabelle Romeé stammt aus einem Dorf unmittelbar südwestlich von Domrémy. Der Beiname Romeé läßt sich möglicherweise aus einer von ihr unternommenen Pilgerfahrt nach Rom ableiten. Sie ist in ärmlichen Verhältnissen auf dem Land aufgewachsen.

Über die Jugend Johannas ist wenig bekannt. Sie trägt vor, daß sie während der Verhandlungen 19 Jahre alt gewesen sei. Es deutet auf einen Geburtszeitraum zwischen 1412 oder 1413. Einmal sagt sie, daß sie ein einfaches Bauernmädchen sei, das nicht wisse, wie man reite oder Krieg führe. Sie kann weder lesen noch schreiben. Sie wächst unter Geschwistern auf, hilft der Mutter beim Spinnen und soll Schafe gehütet haben. Bei dem gegen sie geführten Prozeß sagt sie, daß es nicht wahr sei, »Schafe und andere Tiere gehütet zu haben … zumindest solange nicht, bis ich größer geworden war und die Jahre der Vernunft erreicht habe·.«

Früh fällt ihre ungewöhnliche Frömmigkeit auf. »In der Kirche sieht man sie manchmal vor dem Kruzifix ausgestreckt mit dem Gesicht zum Boden liegen, oder sie kniet mit gefalteten Händen, die Augen zum Bild Christi und der heiligen Jungfrau erhoben.« Sie geht oft zur Beichte. Den Richtern trägt sie vor, daß sie ihre Sünden jährlich ihrem Gemeindepfarrer oder einem anderen Priester beichtet.« Von Messire Guilleaume Fronté ist die Äußerung überliefert, daß er nie einer besseren Katholikin begegnet sei und daß es in seiner Gemeinde keine bessere gab.

Vielleicht ist sie als Kind mit emotionellen Störungen aufgewachsen. Sexualität bedeutet ihr nichts. Sie läßt zwei *Jungfrauenproben* über sich ergehen und trägt in der entscheidenden Lebensphase Männerkleidung. Sie verläßt das Haus ohne elterliche Zustimmung und sagt: »Gott hat es mir befohlen und so habe ich es tun müssen.« Zudem soll ihr Vater einen prophetischen Traum gehabt haben. Sie hat von Ihrer Mutter gehört, daß ihr Vater den Brüdern gesagt habe: »Wenn ich dächte, daß die Sache geschehen würde, die ich für meine Tochter befürchte, wünschte ich, ihr würdet sie ertränken, und wenn ihr es nicht tätet, so würde ich sie selbst ertränken.«

»Als sie 13 Jahre alt wird, hört sie eine Stimme von Gott, die ihr half, zu wissen, was sie tun soll.« Es kann mit der Plünderung ihres Dorfes zusammenhängen, die im Juli 1425 erfolgt; gewiß ist es für ein sensibles Kind ein schreckliches Erlebnis. Das Dorf Domrémy wird mit der Kirche in Schutt und Asche gelegt. Kurz danach müssen die Bewohner das Dorf aufgrund eines englisch-burgundischen Einfalls verlassen. Möglicherweise hat sie schon vor den Visionen ein Keuschheitsgelübde abgelegt und dies ist der Grund, weshalb sie sich den Verheiratungsbemühungen ihrer Eltern widersetzt.

⇒

Jeanne d'Arc (Jungfrau von Orleans), geboren zwischen 1410 und 1412 in Domrémy, gestorben am 30.5.1431 in Rouen. Obwohl sie die römisch-katholische Kirche zum Feuertod durch den weltlichen Arm verurteilt, rollt man den Prozeß gegen sie 1456 erneut auf. Die katholische Kirche spricht die als Ketzerin Verurteilte 1909 selig und am 30.5.1920 heilig.

Die Jungfrau von Orléans, die sich zweimal einer Jungfräulichkeitsprobe unterzieht, wettert gegen die den Kriegstroß begleitenden Dirnen. Auffallend ist die Körperhaltung der Dargestellten; man erkennt, daß das räumliche und realistische Sehen der Maler noch nicht ausgeprägt ist.

»Die Stimme kam zur Mittagsstunde zur Sommerzeit im Garten ihres Vaters ... sie hörte sie ohne begleitende Helligkeit auf der rechten Seite, auf die Kirche zu ... und sie hatte große Angst.« Die Stimmen identifiziert sie mit denen des Sankt Michael, der Sankt Katharina und Sankt Margarete. Sie sprechen auf französisch mit ihr. Sie behauptet, daß sie die beiden als heilig angesehenen Frauen, die von einem wunderbaren Duft umgeben seien, umarmt haben.

St. Michael soll ihr gesagt haben: »Du sollst ein gutes Mädchen sein, dann wird dir Gott helfen ... und du wirst dem König von Frankreich zu Hilfe kommen.« Nachdem sie die Stimmen öfters gehört hat, begreift sie, daß es die von Engeln sind. Im Gefängnis beklagt sie sich, daß sie der Lärm, den die Wachen machen, daran hindern, die Stimme der heiligen Katharina zu hören.

Dann hält sich Johanna eine Zeitlang in Neufchâteau auf. Als sie nach Domrémy zurückkommt, hat die Vorstellung von ihrer Mission feste Formen angenommen; Damit wächst ihr Entschluß, nach Frankreich zu gehen und den König zu retten. Vielleicht erinnert sie sich an die vorausgegangene Prophezeihung: »Hast Du nicht gehört, daß Frankreich, das durch eine Frau verlorenging, durch eine Jungfrau gerettet wird?« Vielleicht nimmt sie dies Ansinnen für sich in Anspruch?

Sie verläßt Domrémy mit dem Bemerken, »um einer Frau im Wochenbett behilflich zu sein.« Sie geht zu Durand Laxart nach Vaucouleurs, ihrem ersten Vertrauten und von ihr bekehrten. Dann begibt sie sich zu Robert de Baudricourt, einem Soldaten, der dem lothringischen Adel entstammt. Möglicherweise verfolgt sie das Ziel, auf diese Weise zum König vordringen zu

Die Jungfrau von Orléans wird, obwohl sie ihre angeblichen Glaubensirrtümer widerrufen hat, öffentlich als Ketzerin verbrannt. Diese Darstellung entspricht nicht dem wirklichen Tötungsritual; inszeniert wird ein gigantischer Schauprozeß. Die Verurteilte wird später heilig gesprochen.

können. Sie trägt ihm vor: »Ich komme von meinem Herrn, damit du dem Dauphin sagen kannst, er soll guten Mutes sein und nicht mit dem Krieg gegen die Engländer aufhören. Vor der Mitte der Fastenzeit wird ihm der Herr Hilfe senden ... er will, daß der Dauphin zum König gemacht wird und das Königreich regiert ... ich bin es, der ihn zur Krönung führen wird.«

Baudricourt entschließt sich, Johanna mit sechs Begleitern nach Chinon zu schikken, wo der König residiert. Zwei davon gehören zu ihren Mitläufern; die Edelleute Jean de Nouillonpont und Bertrand de Pulengny. Mit ihnen reiten Colet de Vienne und sein Diener, Richard der Bogenschütze. Baudricourt läßt die Mitglieder der Gruppe schwören, daß sie Johanna gut und sicher leiten. Am 13.2.1429, dem ersten Sonntag in der Fastenzeit, bricht die kleine Gruppe zu der beschwerlichen Reise auf.

Karl VII. wird am 22.2.1403 in Paris geboren. Er ist das elfte Kind seiner Eltern. Sein Vater ist König Karl VI. und seine Mutter die deutsche Prinzessin Isabelle von Bayern. Frankreich ist damals von Kriegen und Seuchen geplagt. Nach dem Sieg der Engländer bei Maupertius wird der französische König Johann II. der Gute vier Jahre lang in England gefangengehalten. Ihm folgt 1364 sein Sohn, Karl V. auf den Thron. Während seiner Regierungszeit kommt es zu einer Beunruhigung der inneren Verhältnisse und die Monarchie kann ihr Ansehen zurückgewinnen. Unter Karl V., der den Beinamen *der Weise* erhält, erleben Kunst und Literatur eine Blütezeit. 1380 besteigt sein Sohn als Karl VI. den Thron.

1414 dringen die Engländer erneut in Frankreich ein und haben innerhalb von sechs Jahren Paris und den König in ihrer Gewalt. Es kommt zu einer Doppelregierung, da sich der Sohn Karls VI. mit seiner Mutter zerstreitet und im Tal der Loire Zuflucht sucht. Er geht nach Chinon mit seinen drei Schloßanlagen. Der Dauphin nimmt 1422 nach dem Tod seines Vaters den Königstitel an, wird aber nur südlich der Loire anerkannt.

In dieses politische Umfeld platzt die Visionärin Johanna. Der Ruf der Heiligkeit weht ihr voraus und Gott soll ihr aufgetragen haben:

- Die Belagerung von Orléans aufzuheben, das die Engländer seit 1429 bedrohen.
- Den nur zum Teil anerkannten König zu seiner Salbung und damit der völligen Anerkennung nach Reims zu führen.

Dem königlichen Rat fällt die Entscheidung schwer, das Bauernmädchen zum König vordringen zu lassen. Einige Berater erklärten, der König soll ihr keinen Glauben schenken. Andere sind der Meinung: »Er soll sie wenigstens hören, nachdem sie die Auffassung hat, daß sie von Gott gesandt ist, um dem König etwas zu sagen.«

Johanna trifft mit den Begleitern am 23.2. in Chinon ein. Wer wundert sich, wenn ihr Einreiten von einem angeblichen Wunder begleitet wird. Als sie über die Zugbrücke reitet, soll ein Wachmann gerufen haben:»Ich leugne Gott ... ist das nicht die Jungfrau? Wenn ich sie eine Nacht hätte, bliebe sie keine?« Johanna gesteht später einem Beichtvater, daß sie damals gesagt haben will:»In Gottes Namen, du leugnest ihn,wenn du dem Tod so nahe stehst? Binnen einer Stunde fiel er ins Wasser und ertrank.

Johanna von Orléans ist nicht die einzige Visionärin der damaligen Zeit. Zu den heiligen Frauen des 14. und 15. Jh. in Frankreich gehören Maria, (Gasque d'Avignon). Sie tritt gewisserweise als Vorläuferin auf.

Die von der heiligen Birgit von Schweden auf Frankreich bezogenen Prophezeiungen werden auf dem Konzil von Konstanz bestätigt; sie wird 1415 heiliggesprochen.

In den Annalen werden weitere Pucelles erwähnt. Zu ihnen gehören die von Lyon, die von Scheidam und die von Rom. Catherina von Montpellier fällt in Ungnade der Kirche und wird 1417 verbrannt.

Letztlich wird Johanna vor den König gebracht und sie beweist Zivilcourage, wenn sie ihm vorträgt:»Sehr edler Herr Dauphin, ich bin gekommen und von Gott gesandt, um Dir und Deinem Königreich zu Hilfe zu kommen ... ich sage Dir im Namen Gottes, daß Du der wahre Erbe Frankreichs und der (legitime) Sohn des Königs bist.«

Karl VII. läßt ihr eine Kammer im *Tour du Coudrai* anweisen. 1308 dienen die Räume als Gefängnis für die Führer des Templerordens, nachdem sie von Philipp dem Schönen aufgrund eines Gerüchts wegen Ketzerei und Hexerei unter Anklage gestellt und verhaftet worden sind. Johanna wird dem Majordomus des Königs anvertraut und erhält einen Pagen. Der König verhält sich zögernd und läßt sie auf ihre Glaubwürdigkeit hin überprüfen. Sie wird nach Poitiers geschickt und dort von einem kirchlichen Komitee geprüft, das Karl VII. ernennt.

Zu dem Mitgliedern der Kommission in Reims gehören der Erzbischof von Reims, zwei Bischöfe sowie die Beichtväter des Königs und der Königin. Dabei sind der Rektor und der Vizekanzler der Universität von Paris und Séguin, der Dekan der Fakultät der Universität von Poitiers. Ein Prüfer sagt später, daß Johanna mit großer Weisheit, wie ein großer Kirchenmann, gesprochen hat.

Ein Prüfer ist der Professor der Theologie namens Jean Érault, der sich der Prophezeiung erinnert, die die Gasque d'Avignon Karl VII. gegenüber vor mehreren Jahren gemacht haben will. Sie hat dem König gesagt:»Das Königreich Frankreich wird große Leiden erdulden und viele Unglücksfälle erleben ... ich habe Visionen über die Trostlosigkeit gehabt ... ich befürchte, daß sich der König eine Rüstung wird anlegen müssen ... doch er soll sich nicht fürchten, denn eine Jungfrau wird nach ihr kommen, und das Königreich Frankreich von seinen Feinden befreien.«

Der Geistliche erkennt in Johanna die Retterin. Später sagt sie ihren Richtern in Rouen: »Ich bin von Geistlichen in Chinon und Poitiers drei Wochen lang befragt worden ... die meiner Partei sind der Meinung, daß in dem, was ich tue, nur Gutes ist.«

Johanna wird von Yolanda von Aragon, der Titular-Königin von Sizilien, einer intimen Untersuchung unterzogen. Dabei sind drei Hofdamen und die Quellen sagen: »Die besagte Jungfrau wurde gesehen, besucht, insgeheim beobachtet und an den intimen Teilen ihres Körpers untersucht; nachdem sie sie aber gesehen und betrachtet hatten, was in einem solchen Fall zu sehen ist, erklärte besagte (Yolanda), daß sie sicherlich eine wahre und vollkommene Jungfrau sei, an der kein Makel und keine Spur von Gewalt festzustellen sei.«

Nun fängt Johanna an, den König zu bedrängen, daß sie mit ihrer Mission beginnen will. Séguin gibt darüber einen bemerkenswerten Bericht: »Dann prophezeite sie mir und den Anwesenden vier Dinge, die sich noch ereignen sollten, und sie trafen ein, genau wie sie es vorausgesagt hatte;

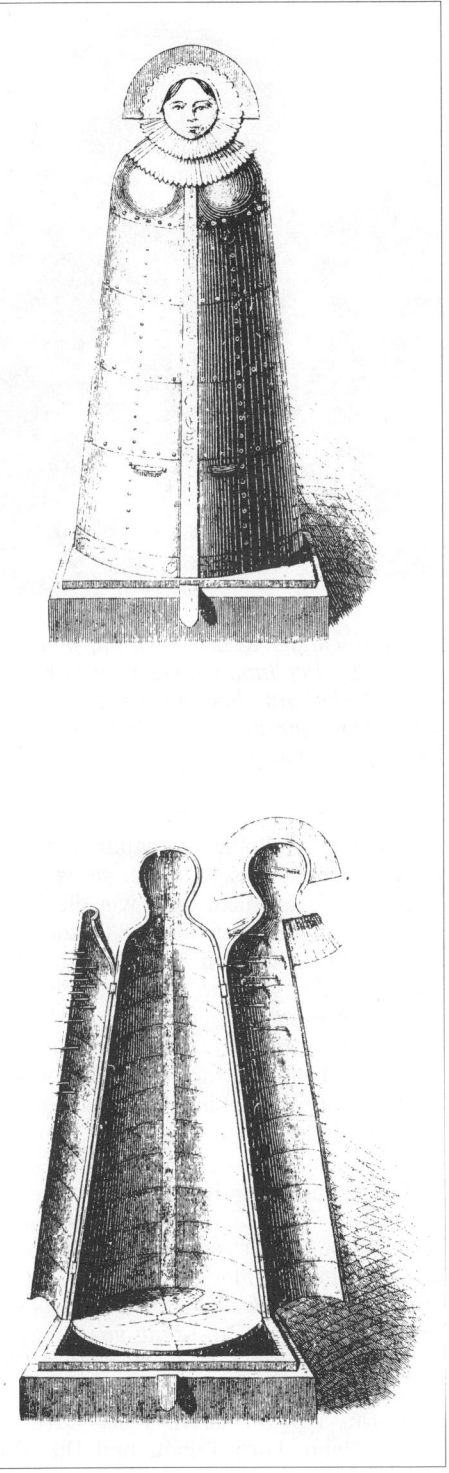

- Die Engländer werden geschlagen und die Belagerung, die sie gegen Orléans eröffnet haben, wird aufgehoben werden.
- Der König wird in Reims gesalbt.
- Paris wird wieder unter die Herrschaft des Königs zurückkehren.
- Der Herzog von Orléans wird aus England zurückkommen.

⇒

Die eiserne Jungfrau geschlossen und geöffnet. Die eisernen Spitzen dringen unter anderem in die Augen und die anderen Körperteile. Die eiserne Jungfrau schnappt beim Übertreten einer Kontaktschwelle zu. Die Leichenteile werden in einen Fluß geschwemmt.

Ein verdächtiger Ketzer wird auf dem Rad gebrochen. Der Inquisitor wartet mit erhobener Feder auf das unvermeidliche Geständnis, während der Folterknecht das Feuer unter ihm schürt.

Johanna hat keine geographischen oder kriegstechnischen Kenntnisse; sie ist keine Strategin. Es ist nicht klar, wie die König Karl VII. zur Seite stehenden Offiziere einem solchen Mädchen Glauben schenken und mit ihr in den Krieg gegen die englischen Besatzer ziehen können. Hat sie der König geduldet, weil ihre Visionen seinem Wollen entsprach oder war er dem Zeitgeist nach zu schwach, sich ihr zu widersetzen?

Aufforderung zur Kapitulation

Johanna von Orléans hat eine Aufforderung an die Engländer gerichtet. Sie beginnt mit den Worten *Jhesus Maria*, und besagt im wesentlichen: »Du, König von England, und Du, Herzog von Bedford, der Du Dich Regent des Königreiches Frankreich nennst; Du, William de la Pole, Earl von Suffolk, John, Lord Talbot, und Du, Tho-

mas, Lord Scales, die ihr Euch Stellvertreter des besagten Herzogs von Bedford nennt, erkennt den Ruf des Königs vom Himmel und liefert der Jungfrau, die von Gott, dem Herrn des Himmels, hierher gesandt ist, die Schlüssel aller guten Städte aus, die Ihr in Frankreich genommen und verletzt habt. Die Junngfrau ist durch Gottes Willen hierher gekommen, um das königliche Blut zurückzufordern. Sie ist bereit, Frieden zu schließen, wenn Ihr anerkennt, daß sie recht hat, indem Ihr Frankreich verlaßt und für das bezahlt, was Ihr gehabt habt.

Und ihr Bogenschützen, Kriegsgenossen, Gewappnete und Ihr andern, die Ihr vor der Stadt Orléans liegt, bei Gott, geht weg in euer eigenes Land, und wenn Ihr es nicht tut, erwartet Nachricht von der Jungfrau, die euch in Kürze und zu eurem Schaden aufsuchen wird.

König von England, wenn Du es nicht tust, so bin ich Oberbefehlshaberin, und wo ich Deine Männer in Frankreich erreiche, werde ich sie zwingen, es zu verlassen, ob sie wollen oder nicht. Und wenn sie nicht gehorchen, so werde ich sie alle erschlagen lassen; ich bin von Gott, dem König des Himmels, gesandt, um euch alle, Mann für Mann, aus ganz Frankreich zu vertreiben: Aber wenn Eure Männer gehorchen, werde ich ihnen gnädig sein.

Und denkt nicht anders, denn ihr besitzt Frankreich nicht von Gott, dem König des Himmels und dem Sohn der heiligen Maria, wie König Karl, der wahre Thronerbe, es besitzen wird. Denn Gott, will es so, und das wird enthüllt von der Jungfrau, die mit stattlichem Gefolge nach Paris kommen wird. Wenn ihr die Nachricht nicht glaubt, die Euch von Gott und der Jungfrau gesandt wird, schlagen wir auf jeden Platz los, wo wir Euch finden, und machen ein so großes Gemetzel, wie es in Frankreich seit tausend Jahren keines gegeben hat, wenn ihr dem Recht nicht weicht und glaubt, daß der König des Himmels der Jungfrau mehr Kraft senden wird, als ihr sie mit all euren Angriffen gegen sie und ihre Gewappneten aufbringen werdet, und in allen vier Himmelsrichtungen wird man sehen, wer vom König des Himmels das bessere Recht hat.

Du, Herzog von Bedford, die Jungfrau bittet Dich und fordert von Dir, daß Du Dich nicht vernichten läßt. Wenn Du ihr Recht billigst, kannst Du in ihre Gesellschaft kommen, wo die Franzosen die größte Waffentat volbringen werden, die je für die Christenheit geleistet wurde. Und gib Antwort, wenn Du in der Stadt Orléans Frieden machen willst; und wenn Du es nicht tust, magst Du durch Deinen sehr großen Schaden daran denken ... Geschrieben an diesem Dienstag der heiligen Woche.«

Weitere Entwicklung

Die Eingangsworte *Jhesus Maria* stoßen den Richtern in Rouen auf. Man erkennt in ihnen blasphemische Gedanken. Es ist nicht außergewöhnlich, da schon die franziskanische Reformerin Colette von Corbie diese Wendung in Briefen verwendet, die sie mit den Mitgliedern des Dritten Ordens des heiligen Franziskus wechselt. Im Ring Johannas sollen sie eingraviert gewesen sein. Die Prüfungskommission gelangt zu einem positiven Ergebnis und sagt:»Angesichts unserer drängenden Not und der Gefahr der Stadt Orléans könne der König Johanna verwenden und sie in die Stadt schicken.« Dies stärkt ihre Autorität und sie bricht am 10.4.1429 auf.

Nach ihrem zweiten Besuch in Chinon reitet Johanna nach Tours. Sie trifft Vorbereitungen für den bevorstehenden Krieg. Zu ihrem Gefolge gehört Jean d'Aulon,der ihr Hofmeister wird. Er dient vordem als Predigerbruder im Kloster von Tours als Lektor. Sein eigentlicher Name ist Jean Pasquerel. Er begleitet sie und wird mit ihr bei Compiégne gefangen. Vielleicht ist er mehr der Typ eines religiösen Ratgebers. Es ist wahrscheinlich, daß damals Johannas Brüder Jean und Pierre zu ihr stoßen. Pierre wird ein ständiges Mitglied der militärischen Kampagnen. Er ist in Orléans bei ihr, während der Vorbereitungen des Marsches nach Reims, auf dem Marsch selbst und gehört zu denen, die mit ihr gefangen werden. In Tours läßt der König für sie eine Rüstung fertigen. Ein passendes

Schwert soll in der Kirche der heiligen Katharina hinter dem Altar für sie gefunden worden sein. Es erinnert an die angeblich heilige Lanze, die Kreuzfahrer auf ihren religiösen Beutezügen in Antiochia gefunden haben wollen.

Außer der Rüstung läßt man Johanna ein Banner anfertigen. Darauf wird das Bild des Erlösers, wie er in den Wolken zu Gericht sitzt, gemalt; dazu ein Engel mit einer Lilie in der Hand, der das Bild segnet. Auf dem Banner sollen zu beiden Seiten die Worte Jhesus Maria aufgestickt worden sein.

Auf der anderen Seite des Banners befindet sich ein zweites Bild, das aus einem azurnen Schild besteht, der von zwei Engeln gestützt wird und eine weiße Taube trägt. Sie hält eine Schriftrolle im Schnabel, auf der die Worte *de pare le Roi du Ciel* (Im Namen des Königs des Himmels) stehen. Außer dem Banner läßt Johanna einen kleinen Wimpel anfertigen. Er ist mit einer Verkündigungsszene geschmückt; die Jungfrau mit einem Engel, der ihr eine Lilie reicht. Die Fahne und der Wimpel werden vom König bezahlt. Die Belege dafür sind vorhanden und der Name des Malers ist bekannt. Johanna läßt das Banner öffentlich in der Kirche Saint-Saveur weihen.

Dann verbringt Johanna einige Tage in Blois. Hier wird der Proviant für den Feldzug zusammengestellt, und es wird viel gebetet; Kirchenlieder und Hymnen werden zum Lob der heiligen Jungfrau gesungen. Von Blois aus schickt sie den Kommandeuren der englischen Armee, die Orléans belagern, den Brief mit ihrer Aufforderung zur Kapitulation, den sie in Poitiers aufgesetzt hat. Er wird durch Herolde überbracht. Dann bricht der unselige Haufen am 27.4.1429 unter dem Voranritt der Priester und Johanna nach Orléans auf. Sie singen *Veni Creator Spiritus* und andere Hymnen.

In England geht es unterdessen weltlich zu. Falls der Traum des dortigen Königs Heinrich V. von einer englischen Monarchie in Frankreich realisiert werden soll, bedarf es vieler Anstregungen. Alternativ wird überlegt, Angriffe auf Angers und Orléans durchzuführen.

Darstellung eines großangelegten Autodafé. Solche Veranstaltungen werden ihres Umfangs wegen vom Kircheninneren auf den Marktplatz verlegt und dadurch zum öffentlich-schauerlichen Schauspiel degradiert.

Ein Sieg über Orléans wäre ein Stoß in das Herz des französischen Königreiches, weil die Stadt die Loire beherrscht. So wäre es ein kluger Schachzug, die Stadt zu übernehmen. Orléans liegt nur knapp 100 km südlich von Paris.

Die Belagerung von Orléans durch die Engländer beginnt im Oktober 1428. Der Anführer der Streitkräfte ist Thomas Montacute, Earl of Salisbury. Er wird später durch ein verirrte Kanonenkugel getötet. Er verfügt über etwa 4000 Mann, die später durch 1500 Burgunder verstärkt werden. Sein Nachfolger ist William de la Pole, Earl of Suffolk, der sich für die Einschließung von Orléans entscheidet, was nicht vollständig gelingt. Johanna sagt später, ihre Armee habe aus 10 000 bis 12 000 Mann bestanden, während die der Belagerer bei etwa 7000 Mann anzusiedeln ist. Unter Johannas Banner dient Gilles de Rais, ein eiskalter Kindermörder.

Gilles de Rais

stammt aus einem einflußreichen französischen Geschlecht. Er ist ein Enkel Jeans von Craon, des mächtigen Vasallen des Herzogtums von Anjou. Seine Erziehung ist, wie er später bekennt, nicht dazu angetan, seinen Gelüsten Zwänge aufzulegen.

Familienbindungen führen ihn früh an den Hof Karls VII. Eine seiner engsten Beziehungen ist die zu La Trémoille. Er läßt ihn schon im frühen Alter von 23 Jahren zum Marschall machen. Im April 1429, direkt nach der Ankunft von Johanna, und vor dem Feldzug zur Befreiung von Orléans, schwört er einen feierlichen Eid, auf der Seite La Trémoilles zu stehen. Vermutlich ist er mehr als Günstling und Informant zu begreifen

Gilles de Rais ist ein Einzelgänger und seine Beziehungen zu den *Schwarzen Messen* sind strittig. Er ist Ritter in der

Gemeinde Saint-Marie (Nantes). Hier klagen Bürger über das Verschwinden ihrer Kinder: »Sie sollen gefangen, auf unmenschliche Weise gewürgt, getötet, zerstückelt und verbrannt worden sein. Man habe sie teils tot, teils sterbend auf schändliche Weise gequält und ihre Leichen den bösen Geistern geopfert. In widernatürlicher Weise habe man Unzucht mit ihnen getrieben, wobei er bei Mädchen die natürliche Leibesöffnung verschmähte.« Der Verdacht fällt immer stärker auf den Ritter Gilles de Rais, der dieses grausame Spiel etwa 14 Jahre lang getrieben haben soll. Die Klagen, Anschuldigungen und Gerüchte gegen ihn werden massiv.

Die Aussagen werden überprüft und es stellt sich heraus, daß der Edelmann Verbrechen begangen hat. Vom 29.7.1440 hat sich eine Notiz über die geheime Untersuchung und eine Erklärung über die Schändlichkeiten Gilles de Rais erhalten. Außerdem existiert die Anklageschrift, die von J. Delaunay, J. Petit und G. Lesné unterzeichnet ist. Die wesentlichen Punkte sind:

- Er habe mit dem ungefähr zehn Jahre alten Knaben, Sohn des Jean Lavary, die Sünde der Sodomie begangen ... bevor er ihn tötete und sterben sah. Er mißbrauchte den Jungen auf schändliche und unanständige Weise. Anschließend tötete er ihn grausam im Haus eines Nachbarn.

- Er habe während eines Zeitraumes von etwa 14 Jahren in den Schlössern Camstocé in der Diözese Angers, Macheoul und Tiffauges, wie in Vannes und in verschiedenen privaten Häusern ... 140 oder mehr Kinder, Knaben und Mädchen, auf meuchlerische, grausame und unmenschliche Weise getötet. Während sie im Sterben lagen, beging er die abscheuliche Sünde der Sodomie, die den Himmel besudelt ... er mißbrauchte sie auf eine der Natur entgegengesetzte Weise zur Befriedigung seiner unerlaubten und verdammenswerten Fleischeslust; dann verbrannte er die Leichen dieser Unschuldigen ... oder ließ sie verbrennen.

- Er habe mit seinen Komplizen Kupplerinnen beauftragt, für ihn (sie) Kinder unter Vorwänden einzufangen und sie ihm (ihnen) zuzuführen.

- Er habe mit einem 15jährigen Jungen oft die widernatürliche Sünde der Unzucht begangen. Ihn dann selbst getötet und seinen Körper auf das Schloß Macheol bringen lassen, damit er dort verbrannt würde,

- Er esse köstliche Speisen und trinke schwere Weine wie Würzwein, Bleichert und andere Arten, um sich zur besagten Sünde der Sodomie anzustacheln; damit er sie noch ausschweifender begehe.

- Er habe in seinem Zimmer auf dem Schloß Tiffauges die Hand, die Augen und das Herz eines der besagten Kinder zusammen mit dessen Blut in ein Glas getan und es daraufhin einem Dämon angeboten.

- Er sei aber wie ein Hund zu seinem Erbrochenen zurückgekehrt und habe weiterhin mehrere Kinder auf eine unmenschliche Weise getötet und seine widernatürliche Unzucht an ihnen fortgeführt. Er wurde rückfällig und beharrte in den oben genannten Verbrechen.

- Er sei gewaltsam in die Gemeindekirche Saint-Etienne de Memorte eingedrungen und gegen Jesnil Le Feron, einen Geistlichen aus Nantes, vorgegangen. Er ließ ihn einfangen und hielt ihn tage-, ja monatelang an Händen und Füßen gefesselt und gefangen. Dadurch habe er die Immunität der Kirche verletzt und sich dem Urteil der Exkommunikation ausgesetzt.

- Die Meinung der Menschen, die ihn kannten, sei, daß er ein Apostat, Götzendiener, Würger Unschuldiger, Wahrsager und Hexenmeister sei. Er hat sich seiner Verbrechen offen bekannt.

Die Anklage fordert vom Bischof von Nantes und dem Bruder Jean Blouyn, dem Stellvertreter des Inquisitors, daß Gilles de Rais und seine Komplizen bestraft werden. Der Hauptanklagepunkt ist nicht der Mord an den Kindern, sondern daß er das Sakrileg der kirchlichen Immunität verletzt hat und darum die Strafe der Exkommunikation und anderer kirchlicher Strafen verdient hat ... er soll bis zu seinem Heil gezüchtigt werden.«

Am 15.10.1440 erwidert Gilles de Rais, daß er zu den besagten Artikeln keine Einwände hat und nichts hinzufügen will. Er gesteht die von ihm begangenen und böswillig verübten Verbrechen. Er bittet demütig, ergeben und weinend um Verzeihung und gesteht seine Scham. Er widerspreche der Anklage nur in dem Punkt, daß er keine bösen Geister beschworen hat. Im weiterführenden Prozeß wird er durch die Aussagen des Geistlichen Francois Prelati belastet. Für die Schandtaten wird er einen Tag später gehängt.

Labil wie Gilles de Rais war, kennt er die Extreme der Ergebenheit und der Frömmigkeit wie die des Verbrechens. Er verschwendet Geld für eine Privatkapelle und unterhält einen Kinderchor, mit dem er von Schloß zu Schloß zieht. Obwohl er Johanna nach ihrem Fehlschlag von Paris im Stich läßt, ist seine Beteiligung an dieser Aktion ein Höhepunkt in seinem Leben. Die Stadt beginnt bald, das Gedenken an ihre Befreiung mit dem *Mistére du siége* zu feiern. Im September 1434 erscheint Gilles in Orléans. Er verbringt fast ein Jahr in dieser Stadt.

Johanna: eine dilettantische Strategin

Ihre Armee verläßt Blois und marschiert zwei Tage lang in Richtung Orléans. Man schläft auf Feldern und führt auf 60 Karren und 435 Packtieren Vorräte mit. Johanna ereifert sich an den mitziehenden Dirnen. Am Freitag, den 29.4. gelangt die Nachricht nach Orléans, daß eine wesentliche Hilfe unterwegs sei.

Als Johanna in Orléans ankommt, geht sie in die Kathedrale, um Gott zu danken. Sie empfängt die Kommunion. Sie hat den Wunsch, den Gegner sofort anzugreifen. Schon beim Herannahen ihrer Herolde läßt man ihr bestätigen, daß man sie verbrennen werde, wenn sie die Engländer in ihre Gewalt bekommen. Sie sind darauf fixiert, daß sie eine Hexe ist.

Daß sie von der Kriegskunst keine Ahnung hat, geht daraus hervor, daß sie sich unmittelbar vor der Schlacht auf eine Brücke stellt und die Engländer auffordert: »Sie sollen sich in Gottes Namen zurückziehen, andernfalls würde sie sie vertreiben.« Ein Engländer spöttelt herüber, »ob sie erwartet habe, daß sie sich einem Weib ergeben.«

Am folgenden Morgen erkundet Johanna die gegnerischen Stellungen. Soweit bekannt ist, muß die kriegerische Auseinandersetzung nebulös und katastrophal begonnen haben. Sie legt hastig die Rüstung an und stürmt auf den Kampfplatz . Wider Erwarten der militärischen Führer gewinnt die Prophetin dieses Scharmützel. Es gelingt ihr, die Stadt zu befreien und sie wird zur Heldin emporstilisiert.

Auf ihren Befehl werden die Gefangenen nach Orléans gebracht. Es wird deutlich, daß die sie begleitenden Kriegsfachleute strategische Entscheidungen oft gegen den Willen des Bauernmädchens treffen. Etliche Besprechungen finden ohne sie statt. Am 8.5. wird die Belagerung von Orléans aufgehoben. Damit hat sie den ersten Teil ihrer Mission erfolgreich beendet. Sie läßt nicht locker.

Jetzt soll der nur teilweise anerkannte König Karl VII. nach Reims gehen, um sich in der Kathedrale salben und krönen zu lassen. Am Mittwoch den 23.6. bricht er auf. Johanna lernt in Reims den Prediger Bruder Richard, einen Franziskaner, kennen. Er hat in den Diözesen Troyes und Chalons im Advent 1428 gepredigt. Er hält *sensationelle* Predigten, die Massen von 5000 bis 6000 Personen anlocken. Sein Thema ist das Kommen des Antichrist. Er behauptet, aus Jerusalem zu kommen; als er im Orient gewesen sei, habe er Horden von Juden getroffen, die unterwegs nach Babylon waren, wo der Antichrist geboren worden sei.« Er war ein Bewunderer des heiligen Bernardino von Siena. So gesehen ist er ein Vorgänger von Savonarola und verdammt die Eitelkeit. Richard entwickelt sich zum religiösen Schwärmer und Phantasten. Er wird zum Sammelbecken von Visionärinnen.

Inquisition; alter französischer Stich. Dargestellt wird das mit der Verbrennung einhergehende öffentliche Spektakel.

Die Vorbereitungen für die Krönungszeremonie werden getroffen. Karl betritt die Kathedrale um drei Uhr morgens, um die vorgeschriebene Nachtwache zu halten. Um neun Uhr werden die Tore der Kathedrale geöffnet und die festliche Zeremonie beginnt. Dazu bedient man sich der *Heiligen Ampulle*, einer Glasflasche, die wohl aus dem 12. Jahrhundert stammt. Sie enthält das heilige Öl, das verwendet wird, um französische Könige zu salben.

Karl VII. leistet den Krönungseid, die Menschen vor Ausbeutung und Ungerechtigkeit zu schützen und mit Gerechtigkeit und Gnade zu regieren. Er wird zum Ritter geschlagen. Als die Zeremonie der menschlichen Prahlsucht vorüber ist, wird Johanna von Rührung überwältigt: »Als die Jungfrau sah, daß der König gekrönt und gesalbt war, kniete sie in Anwesenheit aller Herren vor

ihm nieder, umfaßte seine Knie, weinte heiße Tränen und sagte: ›Sanfter König, nun ist der Wunsch Gottes erfüllt, der wollte, daß die Belagerung von Orléans aufgehoben und Du in diese Stadt Reims gebracht werden solltest, um Deine heilige Weihe zu empfangen und zu zeigen, daß Du der wahre König bist und der, dem das Königreich Frankreich gehören soll.‹ Und alle, die zusahen, waren tief bewegt.«

Johanna hat vor, den beabsichtigen Angriff auf die Hauptstadt zu führen und wird ungeduldig. Paris wird am Tag der Geburt Mariä, am 8.9., angegriffen. Johanna soll den Gegnern zugerufen haben: »Ergebt euch in Jesu Namen ... wenn ihr es nicht bis zum Einbruch der Nacht tut, werden wir mit voller Macht kommen, und ihr werdet getötet.« Der Schlag geht daneben und führt zu Spannungen und zur

Entfremdung zwischen dem König und dem Bauernmädchen. Karl VII. entscheidet sich für den Rückzug. Dies bedeutet einen Imageverlust für sie. Ihr Ruf schwankt im Wind der Geschichte und das Vertrauen des Königs in sie ist erschüttert. Karl VII. schließt sie immer mehr von seinen Entscheidungen aus; ja, er läßt sie fallen. Merkwürdigerweise wird Johanna von Orléans 1429 von Karl VII. mit ihrer Familie geadelt.

Von Anfang an beflügelt sie die Phantasie des einfachen Volkes. In den Anklageartikeln des Prozesses findet man die Anspielung, daß Johanna wie eine Heilige verehrt worden ist und daß man Messen für sie gelesen und Kollekten für sie veranstaltet hat. »Weitere nennen sie größer als alle Heiligen Gottes nach der Gesegneten Jungfrau; sie stellen in den Basiliken der Heiligen Bilder und Darstellungen von ihr auf und tragen auf ihrem Körper Bilder von ihr aus Blei und anderem Metall, wie es zum Gedächtnis der Heiligen geschieht, die durch die Kirche kanonisiert werden; sie predigen öffentlich, daß sie eine Gesandte Gottes und mehr ein Engel als eine Frau sei.«

Die Puchelle Rochelle behauptet willkürlich: »Eine weiß gekleidete weiße Dame besuchte sie und sagte ihr, sie solle durch die guten Städte reisen und der König solle ihr Herolde und Trompeter geben, um ausrufen zu lassen, daß jeder, der Gold, Silber oder verborgene Schätze besaß, sie sofort herbeischaffen soll, damit man damit Johannas Soldaten bezahlen kann.«

Sicher ist Catherina von Rochelle von einer ähnlich religiösen Glut erfüllt, wie Johanna. Als sie vor das geistliche Gericht in Paris zitiert wird, sagt sie: »Wenn der köstliche Leib unseres Herrn geweiht wird, sehe sie die großen und geheimen Wunder Gottes, unseres Herrn.«

Eine dritte Visionärin, Pironne, die in Tours Unruhe stiftet, wird am 3.9.1430 in Paris verbrannt, weil sie gesagt haben soll: »Gott erscheine ihr oft in menschlicher Gestalt und spreche mit ihr wie ein Freund zu einem anderen«, was als Blasphemie ausgelegt wird.

Um Johanna ranken sich christliche Legenden. Eine Frau bringt ein offensichtlich totgeborenes Kind zur Welt. Die Mädchen der Stadt gehen in die Abteikirche von Saint-Pierre, um vor einer wundertätigen Statue der Jungfrau zu beten, die schon seit den Zeiten einer Pest vor dreihundert Jahren dort verehrt wird. Man bittet Johanna, sich an dem Gebet zu beteiligen. Sie geht mit den anderen hin und betet, und schließlich zeigt sich Leben in dem Kind, das dreimal gähnt und anschließend getauft wird. Dann stirbt es und wird in geweihter Erde bestattet.

Johanna scheint die Wende in ihrem Leben zu spüren und hat wieder eine Vision; sie soll gesagt haben: »Meine Kinder und lieben Freunde, ich verkünde euch, daß ich verkauft und verraten worden bin und daß ich bald dem Tod überliefert werde. Ich bitte euch daher, für mich bei Gott zu beten, denn ich werde bald nicht mehr die Macht haben, dem König oder dem heiligen, über alles geliebten Königland Frankreich zu dienen.«

Sie geht nach Compiégne und will das burgundische Lager angreifen. Sie hat etwa 500 Mann bei sich. Johanna wird der Rückzug abgeschnitten. Sie wird aus dem Sattel gezerrt und vom Ritter Guilleaume de Wandonne gefangen. Der Herzog von Burgund trifft kurz danach am Schauplatz ein. Die Nachricht von ihrer Gefangennahme verbreitet sich sehr schnell. Am 26.5.1430 schreibt der Generalvikar des Inquisitors aus Paris an Philipp den Guten: »Johanna soll zu einer Verhandlung nach Paris geschickt werden … sie ist mehrerer Verbrechen verdächtig, die nach Ketzerei riechen.«

Die Pariser Universität zeigt sich seit längerem an ihr interessiert. Im November 1429 berichtet der Venezianer Pancrazius Giustiani, daß man an den Papst geschrieben hat, um Johanna der Ketzerei anzuklagen, mit der Begründung, daß sie gegen den Glauben gesündigt hat, indem sie vorgab, Dinge zu wissen, die erst noch kommen.

Das große Schisma, das das Papsttum spaltet, hat der Pariser Universität die Position einer unabhängigen Macht einge-

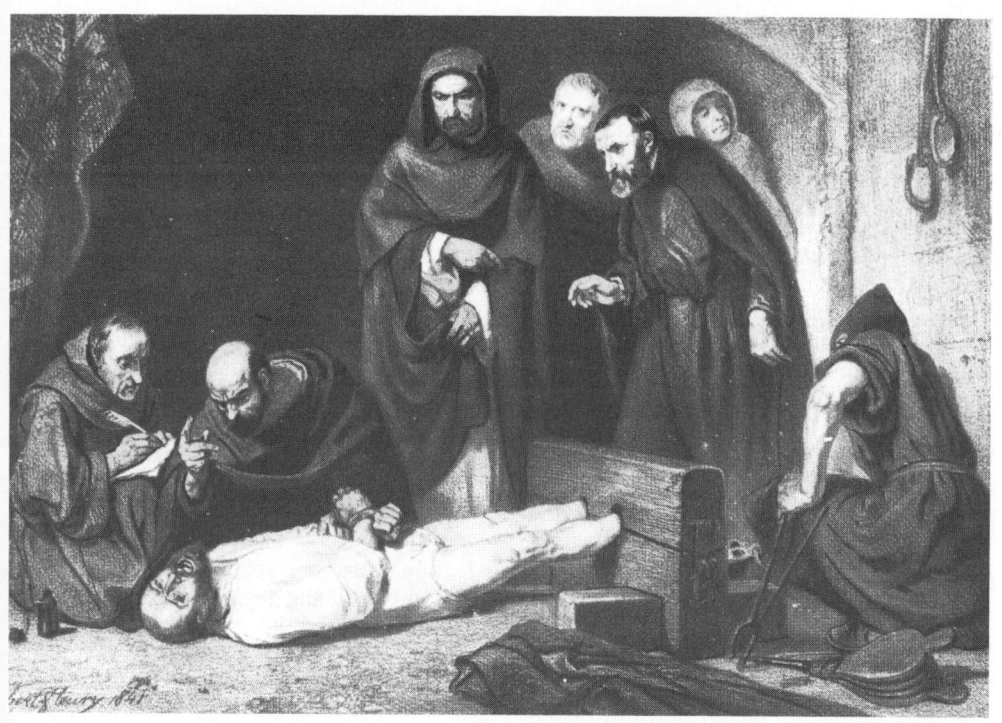

Methoden, mit denen das Heilige Offizium seine Fragen stellte (nach B. Picard. Quelle: Bibliothèque Nationale; Estampes).

tragen; sie wird die Stütze der Konzilientheorie. Die Universität ist damals wie jede andere eine maskuline Institution, weil die, die sie leiten, heiligen Orden angehören, die nur Männern offenstehen; die Universität ist von Männern und von einem Mißtrauen gegen die Weiblichkeit beherrscht. Jean Beaupère behauptete, Johanna sei sehr intelligent.

Johanna hat Paris angegriffen und damit die Doktoren der Universität in Schwierigkeiten gebracht. Der Unmut gegen sie ist verständlich. Die Jungfrau wird gegen ein hohes Lösegeld an die Engländer verkauft, um die Kriegskassen zu füllen. Die Engländer sind von einer anderen Motivation gegen sie geleitet. Sie haben ihr eine schwere Niederlage zu verdanken. Sie bezahlen 10 000 écus für sie. Ihr Ziel ist es, sie verbrennen zu lassen. Das Haus Lancaster,

das sich bewußt ist, wie unsicher sein Anspruch auf den englischen Thron ist, verhält sich in diesem Umfeld paranoid. Die Ketzerverfolgungen unter Heinrich IV. und Heinrich V. leben 1428 wieder auf, als Kardinal Beaufort vom Papst mit der Führung eines Kreuzzuges gegen die Hussiten beauftragt wird.

Als die englischen Behörden Johanna der Ketzerei beschuldigen, scheint es rechtens. Schon 1419 wird Johanna von Navarra, die Witwe Heinrichs IV. und die Stiefmutter Heinrichs V., deshalb verhaftet, weil man ihr zur Last legt, Hexerei zu betreiben. Johanna wird nach Clairoix geschafft. Später kommt sie in das Schloß Beaulieu-Les-Fontes in der Nähe von Noyon. Sie unternimmt einen Fluchtversuch. Jetzt wird sie in das Schloß Beaurevoir gebracht, das mehr Sicherheit bietet.

Schon damals laufen die Verhandlungen über ihre Auslieferung. Nach ihrem Haftantritt werden für sie in Orléans, Tours und Blois öffentliche Gebete gesprochen. In Tours veranstaltet man Prozessionen und der Regnault de Chartres empfiehlt den Bürgern von Reims einen neuen Wundertäter und Propagandisten: den jungen Schäfer aus den Bergen von Gévaudan.

Johanna unternimmt einen erneuten Fluchtversuch und springt von dem etwa 18-20 Meter hohen Turm. Sie kommt mit einigen Abschürfungen davon. Dann wird sie von Beaurevoir nach Arras gebracht. Hier wird sie im *Cour le Comte*, im Zentrum der Stadt, eingekerkert.

Am 21.11. schreibt die Universität von Paris an Heinrich VI., das heißt an die englische Regierung in Frankreich, und drückte ihre Freude über die Nachricht aus, daß Johanna nun in der Gewalt des Königs sei. Sie trägt die Bitte vor, Johanna der geistlichen Gerichtsbarkeit und dem Inquisitor auszuliefern.« Johanna wird später mit einer Eskorte in das Schloß von Rouen geschafft. Hier wird sie während ihres Prozesses festgehalten. Es ist ein weltliches Gefängnis.

Es werden 70 Anklagepunkte gegen sie zusammenstellt, die man später auf zwölf reduziert. Der König von England hat sein Hauptquartier in Rouen. Während ihrer Haft stecken ihre Beine in Fußeisen und tagsüber ist sie bisweilen an einen Holzbalken gekettet. Ursprünglich ist vorgesehen, sie in einen eisernen Käfig zu sperren, was mit ihrem Ruf als Zauberin in Verbindung steht. Johanna wird rund um die Uhr von englischen Soldaten bewacht. Obwohl sie unter englischer Schirmherrschaft vor Gericht gestellt wird, wird sie von Franzosen verurteilt.

Man droht ihr die Folter an und sie wird dem Henker gegenübergestellt. Jetzt nähert sich der Prozeß gegen sie dem Ende zu. Am 19.5. läßt Cauchon die Entscheidungen der Pariser Universität den versammelten Doktoren verlesen. Man gibt ihr den Inhalt von zwölf gegen sie gerichteten Artikeln bekannt. Sie wird nicht aufgrund anderer, sondern vor allem eigener Aussagen verur-

teilt. Sie hat sich selbst ins Gerede gebracht. Die zwölf Artikel sprechen Johanna vom Vorwurf der Zauberei frei.

Johannas Tragödie gipfelt in zwei öffentlichen Szenen von außergewöhnlicher Dramatik: ihrem Widerruf und ihrer Hinrichtung. Im Grund genommen richtet sich ein zentraler Angriffspunkt nicht gegen sie, sondern gegen Karl VII. Er habe sich »ketzerisch und schismatisch an die Worte und Taten einer bösen und schändlichen Frau geklammert.« Man wirft ihr vor:»Du bist es, Johanna, zu der ich spreche, und ich sage Dir, Dein König ist ein Ketzer und Schismatiker.« Vielleicht will man über den politischen Schauprozeß Karl VII. in Mißkredit bringen. Man zwingt sie, sich den Ansichten der Kirche zu unterwerfen. Die von der Kirche als Ketzerin verbrannte Jeanne d'Arc wird später von der derselben Einrichtung heilig gesprochen.

Hinrichtung

Am Donnerstag, den 24.5., wird Johanna, kurze Zeit nach ihrer Rückkehr von dem Tumult in Saint-Quen, im Gefängnis vom Vize-Inquisitor besucht. Sie erhält Frauenkleidung und wird vollkommen rasiert. Sie bleibt unter der Bewachung von fünf Engländern. Ihre Beine sind im Bett durch zwei Eisen festgehalten und ihr Körper durch eine Kette, die das Fußende des Bettes kreuzt, an einem langen Holz befestigt und durch einen Schlüssel versperrt.

⇒

Hinrichtung der Jeanne d'Arc. Sie wird 1430 gefangen und gegen eine hohe Summe an die Engländer ausgeliefert. In dem vom Bischof von Beauvais in Rouen geleiteten kirchlichen Prozeß verteidigt sich die Jungfrau unerschrocken gegen die Anklage der Ketzerei, wird aber am 24.5.1431 zu lebenslanger Haft verurteilt. Als rückfällige Ketzerin wird sie schließlich verbrannt und 1920 heiliggesprochen.

Die Jungfrauenprobe im Frankreich des 19. Jahrhunderts.

Johanna wird der weltlichen Gerichtsbarkeit übergeben und dies bedeutet ihr sicheres Ende. Man sucht nach dem Wahrheitsgehalt ihrer Erscheinungen und noch einmal sagt sie: »Ach, soll ich so schrecklich und grausam behandelt werden, daß mein Leib, der nie verdorben wurde,heute verzehrt und zu Asche verwandelt wird ... Oh, oh, Ich ließe mich siebenmal lieber enthaupten, als verbrannt zu werden ... Ach, wenn ich in dem geistlichen Gefängnis gewesen wäre, dem ich mich selbst unterworfen habe, und wenn ich von Männern der Kirche bewacht worden wäre, wäre dieses Unglück nicht so erbärmlich über mich gekommen ... oh, ich wende mich an Gott, den großen Richter, wegen des großen Unrechts und wegen der Ungerechtigkeit, die mir angetan wird.«

Kurz vor neun Uhr vormittags setzt sich die Prozession zum Vieux Marché in Bewegung und Johanna wird auf den Henkerkarren gesetzt. Sie trägt ein schwarzes Hemd und ein Tuch auf dem Kopf und

weint. Man führt sie auf den Richtplatz . Dort hat man ein Gerüst gebaut. An dem Pfahl ist ein Schild genagelt, auf dem zu lesen ist: »Johanna, die sich selbst eine Jungfrau nannte, eine Lügnerin, bösartige Betrügerin des Volkes, Zauberin, Abergläubige, Lästerin Gottes, Entehrerin des Glaubens an Jesus Christu, prahlerisch, götzendienerisch, liederlich; Beschwörerin von Dämonen, Apostatin, Schismatikerin und Ketzerin.«

Die Predigt hält Nicolas Midi und er wählt den Text aus dem Ersten Korintherbrief: »Wenn ein Glied leidet, leiden alle Glieder.« Dann verliest der Bischof den Spruch der Kirche, die Johanna ausstößt und sie damit den weltlichen Behörden übergibt. Midi soll ihr gesagt haben: »Johanna, geh in Frieden. Die Kirche kann Dich nicht länger schützen und übergibt Dich dem weltlichen Arm.« Sie kniet nieder und betet. Im Gegensatz zur üblichen Praxis wird kein weltlicher Spruch gefällt. Der Bailli gibt ein Zeichen mit der Hand und sagt: »Nehmt sie.« Dann schleppt man Johanna zu dem Pfahl, und die anwesenden Kleriker ziehen sich zurück. Als Johanna an den Pfosten gekettet ist, ruft sie zum heiligen Michael und einer der Zuschauer hörte sie rufen:»Rouen, Rouen, soll ich hier sterben?« Als sie die Arme noch frei hat, bittet sie um ein Kreuz ... dann wird das Feuer entfacht und der Henker sagt nachher selbst, daß die Hinrichtung grausam gewesen sei.

Niederlande

Die Quellen zur Ketzergeschichte in den Niederlanden fließen spärlich. Ein bischöfliches Dekret aus Doornick nennt unter denen, die der Exkommunikation verfallen: »Wer mit dem Leib des Herrn Zauberei treibt, alle Zauberer und Hexen, Wahrsager und Beschwörer des Teufels[94].« In den Niederlanden faßt die Inquisition spät Fuß. Erst als ihr der katholisch gesinnte Kaiser Karl V. die mächtige Hand zum Bund reicht, beginnt das Blutbad gegen Andersdenkende und -gläubige. Interessant ist sein Schrift-

Beispiele der Ketzerverbrennung in den Niederlanden

1164	In Utrecht werden einige Ketzer verbrannt.
1172	Auf Befehl des Bischofs von Arras wird der Priester Robert als Ketzer verbrannt.
1183	Zahlreiche Ketzerverbrennungen in Flandern. Unter ihnen befindet sich ein junges Mädchen, das sich ein Kleriker zur Buhlin aneignen will. Weil sie sich seinen Lüsten gegenüber weigert, wird sie angeklagt und auf Befehl des Erzbischofs verbrannt[93].
1217	Auf Befehl des Bischofs von Cambrai werden mehrere Ketzer verbrannt.
1235	Der Dominikanerinquisitor Robert läßt in Cambrai und Douais Männer und Frauen als Ketzer verbrennen.
1238	In Brabant werden mehrere Ketzer verbrannt.
1329	Auf Befehl flandrischer Bischöfe wird ein Ketzer verbrannt.
1416	Der Bischof von Tournay und der Dominikaner Peter Floure lassen einen Ketzer verbrennen.
1421	In Douanis und Arras werden mehrere Ketzer durch den Bischof und gleichzeitigen Inquisitor verbrannt.
1429	In Lille werden vier Ketzer verbrannt.
1460	In Utrecht werden mehrere Ketzer verbrannt.
1512	In Haag wird der Ketzer Hermann Rijswyk *zu Pulver und Asche* verbrannt.
1517	In Bouvignes bei Namur wird eine Ketzerin verbrannt.
1523	Der Laie Franz van der Hulst wird von Papst Hadrian als Inquisitor bestätigt. Er läßt in Brüssel die ersten lutherischen Ketzer verbrennen.

wechsel mit dem Papst. Der Kaiser schreibt am 22.8.1523 an den Glaubensbruder: »Ich suche das niederländische Volk vom Irrtum zu befreien, indem ich die der Gottlosigkeit überführten hinrichten lasse[98].« Papst Hadrian VI. läßt antworten, daß sein irdisches Glück von der Inquisition abhänge und daß er die Welt wissen lassen soll, daß er ein Feind der Ketzer ist; er soll mit Eisen und Feuer die unreine Ketzerei vertilgen.

Wer wundert sich, wenn der Kaiser postuliert, daß er die Pest mit der Wurzel auszurotten gedenkt. Am 28.2.1546 wird von Maastricht aus eingeschärft, daß die weltlichen Richter die von der Kirche Verurteilten sofort hinzurichten haben.«

Karl V. ernennt am 22.4.1522 den Laien Franz van der Hulst zum Bevollmächtigten, »um die ausfindig zu machen, die von Gift der Ketzerei ergriffen sind.« Hadrian VI. bestätigt seine Ernennung und erteilt ihm per 1.6.1523 inquisitorische Vollmachten. Papst Klemens VIII. ernennt am 19.3. die Geistlichen Buedens, Houseau und Coppin

zu Inquisitoren. Peter Tilman, der Dechant von Renaix, ist apostolischer Inquisitor des heiligen Glaubens, Bevollmächtigter des heiligen Stuhles und durch den Willen Seiner Majestät Unterinquisitor von Flandern. »Hinter dem hochtrabenden Titel verbirgt sich ein Mörder.«

Er benachrichtigt am 4.10.1550 den flandrischen Rat: »Er hat den Henker von Gent bereitzuhalten, um einen Ketzer aus Sotteghem hinzurichten[99] ... er wäre nicht bereit, die Prozeßakten von den weltlichen Gerichten einsehen zu lassen.«

Freimütig gesteht der Katholik Poullet: »Die niederländischen Inquisitoren erhalten ihre Anweisungen vom päpstlichen Stuhl. Keine Bestimmung eines weltlichen Herrschers begrenzt die Form noch den Inhalt ihrer Gerechtigkeit.« Auch hier versuchen prokatholische Schreiber das Blatt in ihrem Sinn zu wenden. Es ist unwahr, wenn der klerikale Abgeordnete Dümortier am 20.12.1876 sagt: »Nie hat die Inquisition in Belgien existiert[100].«

Italien

Das klassische Land des Katholizismus war neben Spanien für lange Zeit Italien. Nach wie vor wird behauptet, daß man in Rom keine Ketzer hingerichtet hat. Widerlegt ist es durch die Prozesse gegen Giordano Bruno oder Savonarola. Immerhin bewegen wir uns im Zenit des Glaubensterrors. Das Nachschlagewerk von Moroni, an dem Papst Gregor XVI. mitgearbeitet hat, nennt die römische Inquisition »eine heilsame und gütige Einrichtung ... überaus süß und väterlich[101].«

Die prokatholischen Schreiber beziehen sich vermutlich auf den Jesuit Petra Santa, denn dieser meint: »Zu Rom wird niemand wegen Ketzerei mit dem Tod bestraft, wenn er nicht ein Häresiarch ist. Er wird vielmehr gezüchtigt und entlassen. Nur die, die in die Ketzerei zurückfallen, werden zum Tode verurteilt. Sie werden nicht lebendig verbrannt, sondern erst erdrosselt. Dies geschieht nicht aus Härte, sondern in der Hoffnung, ihnen den Starrsinn auszukochen und sie durch die Größe der Strafe zum Bekenntnis des rechten Glaubens zu bewegen[102].«

Papst Paul III. setzt ein Kollegium aus sechs Kardinälen ein, das als Berufungsinstanz in Glaubenssachen tätig ist. Papst Pius V. schärft später den Gehorsam gegenüber ihnen ein und sagt: »... alle weltlichen Obrigkeiten hätten sich nach *seinem* Befehl zu richten und jeden der Ketzerei Verdächtigen anzuzeigen.«

Handbücher der Inquisition

Eine zusätzliche Bestätigung für das umfassende Netz der inquisitorischen Aktivitäten sind die in diesem Umfeld erschienenen Handbücher. Sie stammen alle aus geistlichen Federn, zeigen alle das gleiche Strickmuster, sind in mehreren Auflagen gedruckt und in der Regel Päpsten zugeschrieben, bzw. von ihnen gegen unerlaubte Nachdrucke geschützt. Es ist davon auszugehen, daß ein Teil dieser Literatur nicht auf uns gekommen ist, sondern nur *die*

Standardwerke erhalten blieben. Wir müssen sie parallel zur christlichen Bibel beurteilen: Praxis und Theorie klaffen unvereinbar auseinander.

Die Handbücher und die dazu geschriebenen Kommentare sind praktische Leitfäden der Ungerechtigkeit. Sie gehen dem *Hexenhammer* der Dominikaner Sprenger und Krämer voraus. Solche Haßbücher zirkulieren nachweisbar vom 14. bis in das 18. Jahrhundert hinein.

Von einer gewissen Bedeutung ist das Lehrbuch von Bernhard Guidonis, von dem sich die Inquisitoren von Bordeaux eine Abschrift erbitten. Nicolaus Eymericus[103] verfaßt einen dreiteiligen Wegweiser für das schmutzige Geschäft des Glaubens. Sein *directorium inquisitorum* ist, obwohl es als Privatarbeit zu verstehen ist, ein regelrechtes Mordbrevier. Soweit bekannt ist, erscheint die erste gedruckte Auflage 1503 in Rom, weitere folgen. Die von 1585 ist Papst Gregor XIII. gewidmet. Der Herausgeber ist Franz Pegna, ein päpstlicher Theologe von höherem Rang[104].

Papst Gregor XIII. hat sie unter dem 13.8.1578 auf zehn Jahre mit einem Privileg gegen den Nachdruck unter Androhung von Geldstrafen und der Exkommunikation geschützt[105]. Eymericus hinterläßt seinen Glaubensbrüdern ein komplettes Verzeichnis aller nur erdenklichen Ketzereien, »der gründlichste Kenner der Ketzergeschichte erstaunt über den ungeheuren Vorrat von Anklage- und Verteidigungsstoff. Allein der Buchstabe A bringt 54 Kennzeichen der Ketzerei; das Alphabet umfaßt 432 Positionen. Das Netz ist so dicht, daß selbst der Frömmste nicht hindurchschlüpfen kann.«

Auf Eymericus folgt Thomas Carena, der unter Papst Urban VII. als römischer Inquisitor fungiert[106]. Sein Elaborat erreicht mehrere Auflagen. Er sagt im Vorwort: »Die Ketzer müssen mit Feuer, Tod und Schwert bezwungen werden, denn sie werden leichter überwunden als überredet. Unbußfertige sind dem weltlichen Gericht zu übergeben, damit man sie lebend verbrennt.« Auf ihn folgt Antonius Diana, der Konsultor der Inquisition im Königreich

Beispiele der Ketzerverbrennung in Italien

1424   In Rom wird die Hexe Finicella verbrannt, »weil sie in teuflischer Weise so viele Kreaturen getötet und so vielen anderen geschadet hat.« Ganz Rom geht hin, um dem Spektakel beizuwohnen. Es geschieht im gleichen Moment, in dem der Bußprediger Bernhardino von Siena vor dem Capitol auf dem Scheiterhaufen Frauenputz, Glücksspiele, Musikinstrumente und weltlichen Tand verbrennt[95].

1432   In Rom wird der Karmelitermönch Thomas Concecto als Ketzer verbrannt[96].

1533   In Rom werden der Minorit Mollio und ein Prediger gehängt und dann verbrannt.

1558   Der in Kalabrien verhaftete Waldenserprediger Gianoldo vico Pasquali wird lebend in Rom verbrannt.

1566   Der vatikanische Gesandte berichtet: »Am letzten Sonntag wurden in der Kirche Minerva in Gegenwart aller Kardinäle die Urteile der Inquisition gegen 15 Anwesende erkündet. Sieben wurden als falsche Zeugen zu Galeerenstrafen verurteilt. Sieben, die öffentlich Ketzer gewesen, schworen ab. Einer wurde als Rückfälliger dem weltlichen Arm übergeben.« Es ist Don Pompeo Dimonti, ein Bruder des Marche de Carricliano, ein naher Verwandter des Kardinals Colonna.

1567   In Rom ergeht folgendes Todesurteil: »Unter Aufrufung des Namens Gottes verkünden und erklären wir, daß du, Gregor Perrini, ein Rückfälliger und Unbußfertiger bist: wir erklären deine beweglichen und unbeweglichen Güter gemäß dem heiligen Canons für beschlagnahmt und stoßen dich aus unserer kirchlichen Forum und unserem heiligen und unbefleckten Kirche aus. Wir übergeben dich dem weltlichen Gericht, dem Gouverneur von Rom. Wir bitten ihn aber, daß er das Urteil mäßigen möchte, daß es nicht laute auf Blutvergießen und Leibesgefahr[97].

1567   Der vatikanische Gesandte berichtet: »Am Sonntag fand der feierliche Akt der Inquisition in Gegenwart vieler Kardinäle statt, die seine Heiligkeit im letzten Konsistorium ermahnt hatte zu kommen. Von den 17 Schuldigen schworen 15 ab und wurden teils zur Einmauerung, teils zu lebenslänglichem Gefängnis verurteilt. Die beiden anderen wurden mit einem mit Flammen bemalten Gewand angebracht und in die Sakristei geführt, um degradiert zu werden, denn es waren Geistliche. Carnesecci und der Franziskaner sind enthauptet und dann verbrannt worden.«

1569   In Gegenwart von 22 Kardinälen werden vier Unbußfertige zum Feuertod verurteilt.

1570   Antonia Paleario wird gehängt, obwohl er sich auf einen Widerruf eingelassen hat. Vor seinem Tod muß er die schriftliche Erklärung abgeben, daß »nicht nur die Kirche das allgemeine Recht hat Ketzer zu töten, sondern daß in gewissen Fällen der Papst selber Hand anlegen kann.«

1581   In Rom wird ein Engländer lebend verbrannt, weil er sich einer Hostie bemächtigen wollte und aus dem Kelch Wein gegossen hat, den er einem Priester entriß.

1583   Drei rückfällige Ketzer werden in Rom zum Tod verurteilt.

1591   In Rom werden einem Engländer beide Hände abgeschlagen, ihm ein Maulkorb umgelegt und nach einem anderen Bericht zusätzlich die Zunge abgeschnitten. Dann wird er zum Campo die Fiori geführt.

Papst Hadrian VI. (1522-23). Seit 1507 Erzieher des späteren Karl V., seit 1517 Kardinal.

Spanien und der gleichzeitige Verfasser der *Resolationes morales*. Im 16. Jahrhundert erscheint eine *Richterliche Anleitung für den Orden der Mineren Brüder des heiligen Franziskus*, um in *heiliger* Weise Gerechtigkeit zu üben[107].

1693 erscheint das *sacra arsenale* des Dominikaners Thomas Menghini. Es ist Papst Innocenz XII. gewidmet und beschäftigt sich u. a. mit der praktischen Anwendbarkeit der Folter. Schauen wir kurz hinein:

- Die hartnäckigen Ketzer können durch die Qualen der Folter, jedoch ohne Verstümmelung und Beinträchtigung ihres Lebens, als Räuber, Seelenmörder und Sakramentschänder dazu gebracht werden, sowohl ihre Irrtümer wie andere Ketzer anzugeben.
- Die Häuser aller Ketzer sind zu zerstören.

- Es werden die Eide der weltlichen Beamten entgegengenommen. Die Formel lautet: »Wir schwören bei den heiligen Evangelien Gottes, daß wir den Glauben unseres Herrn Jesus Christus und der heiligen römischen Kirche bewahren und ihn mit allen unseren Kräften verteidigen. Wir schwören, daß wir die Ketzer und deren Begünstiger verfolgen und ergreifen ... und daß wir sie den Inquisitoren auf ewiglich anzeigen. Außerdem schwören wir, daß wir solchen pestilenzischen Personen kein öffentliches Amt übertragen und daß wir keine Ketzer in unseren Familien aufnehmen werden. Wir werden in allem der Inquisition gehorchen; so wahr uns Gott helfe[108].«
- Bei verstorbenen Ketzern muß man sich damit begnügen, ihre Leichen auszugraben, um sie danach zu verbrennen[109].
- Man soll Gnade walten lassen ... denn dadurch würde der Beschuldigte veranlaßt, andere anzuzeigen. So locke man die listigen Schlangen aus ihren Schlupfwinkeln.

Guidonis[110] empfiehlt seine Ordensbrüdern, dieses Buch bei sich zu tragen, um eventuellen Komplikationen aus dem Weg zu gehen. Eymericus eskaliert das inquisitorische Denken und bringt unheilvolle Varianten ein, indem er beispielsweise betont: »Den rechtmäßigen Kindern der Ketzer darf das Vermögen der Eltern nicht überlassen werden.« Papst Innocenz III. gelangt zu der Auffassung: »Gerechterweise wird den Verächtern der irdischen Majestät (ihm) das Leben nur aus Barmherzigkeit gelassen. Die Enterbung der katholisch gebliebenen Kinder soll in keiner Weise unter dem Vorwand des Mitleids geändert werden, da oft nach der göttlichen Anordnung Kinder für die Sünden der Eltern bestraft werden[111].«

Um den Glauben der Beschuldigten zu erforschen, läßt Eymericus Spitzel und Notare vor den Kerkertüren postieren, um eventuelle Gespräche aufzuschnappen[112]. Er betont, daß die ohnehin selten zugelassenen Verteidiger Eiferer für den *rechten*

Glauben sein müssen. Er gelangt zu dem Schluß: »Auch derjenige, der sein Verbrechen beharrlich leugnet und den katholischen Glauben bekennt, wird, wenn er von Zeugen der Ketzerei überführt wird, dem weltlichen Arm zur Bestrafung übergeben[113].« Seiner Vorstellung nach müssen die weltlichen Obrigkeiten den Eid an die Inquisitoren kniend erfüllen.

Franz Pegna eskaliert das Wüten, denn er vertritt folgende Thesen[114]:

- Es ist eine allgemeine Rechtsregel, daß mit dem Tod des Verbrechers die Verfolgung der Strafe aufhört. Aber wegen der Unmenschlichkeit der Ketzerei ist dies nicht so; man läßt die Gebeine ausgraben und verbrennen.Die Ausgrabung der ketzerischen Leichen ist an keinen Zeitraum gebunden[115].
- Die Vermögensbeschlagnahme zugunsten der Kirche kann noch nach 40 Jahren stattfinden.
- Exkommunizierte werden als Zeugen gegen Ketzer zugelassen. Auch deren Frauen, Diener und Kinder, falls ihre Aussagen belastend sind.
- Reumütige Ketzer werden normalerweise zu lebenslangem Kerker verurteilt. Rückfällige werden dem weltlichen Arm übergeben. Das Konzil von Narbonne sagt, weshalb die reumütigen Ketzer nicht in den Schoß der Kirche zurückkehren können:»Denn es ist wahrlich genug, daß sie durch ihre falsche Bekehrung die heilige Kirche einmal getäuscht haben.«

Pegna bezeichnet die Wohnorte der Ketzer *als Schlupfwinkel des Schmutzes und des Abfalls.*

Nach dem vollständigen Abriß ihrer Häuser sollen alle Steine, Balken und der angesammelte Mörtel der Inquisition zufallen. Er sagt:»Nach altem Brauch kann der Boden, auf dem es stand, unter Verwünschungen mit Salz bestreut werden ... da die Ketzerei ein kirchliches Verbrechen ist, steht es ihr allein zu, darüber zu urteilen ... wenn sich die Herrscher nachlässig verhalten[116].«

Die Ketzerfolter in der praktischen Anwendung

Die von der Inquisition angerichteten Verwüstungen sind verheerend und oft innerhalb der geschädigten Familien nicht wieder gut zu machen. Die kurialen Vorstellungen reichen bis unter die Bettdecke der Ehepartner. So können ketzerische Frauen von ihren Männern verlassen werden.

Das Inquisitionshandbuch der Franziskaner nimmt Bezug auf die Folter:»Im Folterraum, wo alle Werkzeuge aufbewahrt werden, soll der Angeklagte, die Hand auf den heiligen Evangelien, den Eid leisten, die Wahrheit zu bekennen. Der hochwürdige Pater spricht zu ihm:»Gestehe freiwillig, sonst zwingen wir Dich.«

Der Protokollant hat jeden Schrei des Gequälten, jeden Seufzer und jede Träne festzuhalten und man sagt ihm:»Wenn Du hartnäckig bist, ist es unnütz, Dich zu beneiden.« Darauf wird der Angeklagte nackt ausgezogen, mit Stricken gebunden und vor- oder rückwärts aufgezogen. Später renkt man ihm die Knochen ein und bringt ihn in sein Gefängnis. Am nächsten Tag wird er erneut in die Folterkammer geführt und der fromme Pater spricht:»Da wir mit Deinen Antworten nicht zufrieden sind, haben wir uns entschlossen, Dich aufs neue zu foltern.«

Verliert der Delinquent während der Tortur sein Bewußtsein, so stehe im Protokoll:»Der Angeklagte, in den Stricken hängend, blaß und mit kaltem Schweiß bedeckt, schrie fortwährend; oh mein Gott, mein Gott.« Der hochwürdige Pater lasse ihn auf eine Bank legen und man träufle ihm Essig und Schwefeldämpfe ein. Erst wenn es sich zeigt, daß der Betroffene ohnmächtig ist, wird er in sein Gefängnis zurückgebracht.« Ist es nur eine Scheinohnmacht, wird die peinliche Befragung fortgesetzt. Dann soll es im Protokoll heißen:

»Daraufhin ließ ihn der ehrwürdige Pater wieder in die Höhe ziehen.« Manchmal kommt es vor, daß der Delinquent während der Folter einschläft und schmerzunempfindlich wird. Dann soll es im Protokoll heißen: »Da sich der Angeklagte unempfindlich gemacht hat und der hochwürdige Pater dahinter eine Arglist des Teufels vermutet, gibt er den Befehl, den Angeklagten zu entblößen und unter den Armen, im Mund, zwischen den Haaren und an anderen Teilen des Körpers nachzusehen … ob nicht irgendein Mittel verborgen ist, das solche Wirkungen hervorrufen kann. Dann werden die Haare an seinem Körper geschoren … vollständig nackt und rasiert wird er aufs neue aufgezogen[117].«

In gewisser Weise als Nachzügler zu verstehen ist *Sacro arsenale* des Dominikaners Thomas Menghini, das 1693 in Rom erscheint. Im 6. Teil der Ausführungen geht er detailliert auf die Anwendung der Folter ein. Er trägt mit kirchlicher Approbation vor:

- Hat der Angeklagte sein Vergehen geleugnet und ist es nicht gelungen, ihn zu überführen, entsteht die Notwendigkeit, zur Folter zu schreiten … sie ist der kirchlichen Milde und Sanftmütigkeit nicht entgegen, wenn die Schuld des Angeklagten eindeutig ist.
- Der Angeklagte wird aus dem Kerker in die Folterkammer geführt und von dem erlauchten Pater Inquisitor befragt. Gesteht er nicht, wird er auf die Folterbank gebunden. Die Folter soll angewendet werden, um ein Geständnis seiner Taten, der inneren Ansichten, bzw. um die Namen von Mitschuldigen zu erfahren.

Sein *Arsenale* führt vier Folterarten auf:

- Feuerfolter: Dabei werden die nackten Füße des Beschuldigten mit Schweinefett bestrichen und darunter ein Feuer angesetzt. Schreit er stark, wird zwischen seine Beine und das Feuer ein Brett geschoben. Gesteht er nicht, wird es wieder weggezogen.
- Folter durch Fußschrauben: Dabei werden dem Angeklagten verstellbare Eisenschuhe angelegt. Parallel gibt es die Daumenschrauben. Sie werden so eng geschraubt, daß die Knochen mitunter splittern.

Im Verbund mit den Ketzerverfolgungen des hohen Mittelalters werden Tausende unschuldig des Glaubens wegen verbrannt. Bei dieser Abbildung wird ein sogenannter Ketzer vom päpstlichen Schlüsselsoldaten flankiert. Man hat ihm eine Schandmütze aufgesetzt und die Verurteilung an dei Brust geheftet. Das Indiz der »Schlüsselsoldaten« sind die Schlüssel auf den Schilden.

- Folter durch Rohrstückchen: Es werden die Hände des Angeklagten gebunden und zwischen seine Finger Rohrstückchen geklemmt. Daraufhin preßt der Henker dessen Hände zusammen.
- Geißelung unschuldiger Kinder:

Keine Silbe ist notwendig, um dieses Verhalten zu kommentieren. Unter dem hauchdünnen Mäntelchen der scheinbaren Nächstenliebe wird gemordet, gefoltert, denunziert, vergewaltigt, geheuchelt und diffamiert. Der Preis ist hoch und wird von der damaligen Kirchenführung mit ihrem verblendeten Absolutionsanspruch falsch eingeschätzt.

Es führt zu einer Aushöhlung des Christentums. Man darf nicht vergessen, daß die römisch-katholische Kirche auch im Zusammenhang mit den Eroberungskampagnen in der neuen Welt nicht zögert, Gewalt an den Tag zu legen.

Simonie und Nepotismus

Inhalt

Simonie und Nepotismus

Kardinal Geldsack[1]

»Wenn du vollkommen sein willst, geh, verkaufe deinen Besitz und gib das Geld den Armen; also wirst du einen Schatz im Himmel haben, dann komm und folge mir nach[2].«

»Die Reichen gehören nicht zu Uns, aber Uns ist anvertraut, das Gut der Armen zu bewahren und gerecht zu verteilen (Papst Gregor I. der Große).«

»Du sollst von deinem Bruder nicht Zinsen nehmen, weder mit Geld noch mit Speise noch mit allem, womit man wuchern kann[3].«

»Da aber Simon sah, daß der Heilige Geist gegeben ward, wenn die Apostel die Hände auflegten, bot er jenen Geld an und sprach: ›Gebt auch mir die Macht, so daß ich jemand die Hände auflege, derselbe den Heiligen Geist empfange.‹ Petrus aber sprach: ›Du wirst verdammt mit Deinem Geld und meinest, Gottes Gabe werde dadurch erlangt[4].‹«

Dieser Anspruch läßt sich nicht verwirklichen, denn nirgends wird mehr Geld gehortet, als bei den Kirchen. Der Jesus unterstellte Satz, daß man keine Zinsen nehmen darf, bleibt unbeachtet. Wenn man heute vor dem kirchlichen Imperium steht, kommt man an der Vermutung nicht vorbei, daß die Verantwortlichen an ihm vorbeigewirtschaftet haben. Der Kirchenlehrer Johannes Chrysostomus sagt: »Ohne Unrecht kann man nicht reich werden … es ist unmöglich, in Ehren reich zu sein.«

Der Begriff der Simonie wird in Kirchenkreisen unterschiedlich interpretiert[5]. Man versteht darunter das Erkaufen einer priesterlichen Befähigung um Geld. Die einfachste Form ist der Verkauf der Priesterweihe oder einer kirchlichen Stelle.

Die Simonie führt zur Stückelung des Besitzes. Früh lehnt sich die Kirche dagegen auf, ist aber über Jahrhunderte zu schwach, weil sie selbst keine Macht auf sich vereinigt. Kanonische Vorschriften bleiben tote Buchstaben. Die Simonie ist tief verwurzelt

Karikatur auf das Papsttum aus der Reformationszeit.

und die Kleinen tun es den Großen nach. Es eskaliert zu einem Kampf aller gegen alle. Die Kirche muß daran ersticken, wenn es ihr nicht gelingt, das Übel einzugrenzen.

Der heilige Bonaventura, Kardinal und General seines Ordens, erklärt Rom zur Buhlerin, die mit dem Wein ihrer Hurerei Fürsten und Völker trunken macht. »Dort werden die Kirchenstellen ge- und verkauft; dort kommen die Fürsten und Beherrscher zusammen. Gott verachtend, der Unzucht dienend, dem Satan anhängend und den Schatz Christi plündernd. Rom steckt durch seine verdorbenen Prälaten den Klerus an … er läßt durch sein böses Beispiel und durch seine Nachlässigkeiten das christliche Volk vergiften und elend verkommen[6].«

Gerbert schildert die Situation treffend und sagt: »Allenthalben sieht man in der Kirche Priester, die ohne Verdienst, Würde und Bildung, durch Geld den Priestergrad erräubert haben. Fragt man sie, wer sie dazu gemacht hat, so sagen sie: ›Der Erzbischof … 1000 Solidi habe ich (ihm) dafür bezahlt; hätte ich sie ihm nicht gegeben, so wäre ich heute nicht Bischof. Mein Geld soll nicht verloren sein. Ich weihe einen zum Priester und bekomme Geld; ich mache einen zum Diakon und empfange Silber ... ebenso gedenke ich aus allen anderen Ämtern, Abteien und Kirchen Geld zu schlagen[7].«

Die Kleriker orientieren sich an ihren Vorbildern und tragen vor: »Es wird uns von Jugend an eingeschärft, daß die römische Kirche die Lehrmeisterin für alle anderen (Kirchen) ist. Was sie billigt und tut, müssen wir nachahmen; warum sollen wir nicht die geistlichen Dinge und die Sakramente als Finanzquelle gebrauchen, da wir mit den Pfründen die Vollmacht für teures Geld in Rom gekauft haben und die dort gemachten Schulden nur so abtragen können[8].«

Der Chronist Burchard von Ursberg sieht im Geld die einzige Gottheit der Kirche: »Freue Dich, oh Mutter Rom. Die Schleusen der Schätze der Welt haben sich Dir geöffnet ... von allen Seiten fließt das Geld als ein Strom zu Dir und es häuft sich zu Bergen. Es gibt kein Bistum, keine religiöse Würde und keine Pfarrkirche, um die nicht ein Prozeß geführt würde, der Dir nicht Leute mit gespicktem Geldbeutel zuführt. Die Schlechtigkeit des Menschen ist die Quelle Deines Wohlergehens. Aus ihr ziehst Du Deinen Vorteil.«

Lange stehen die Bischöfe unter königlichem Schutz. Kirchengut ist Reichsgut. Die Kirche muß sich die Macht erkämpfen. So entwickelt sich die Gewohnheit, einen Preis für die Erhebung zum Bischof oder Abt zu verlangen. Die Kirche wird zur Ware; sie muß den Kampf nach vorn antreten, um zu überleben[9]. Bald dreht sich die Auseinandersetzung um ihre Existenz.

Die Kirche wird gezwungen, den weltlichen Besitz auszuschließen, damit sie Herrin im eigenen Haus werden kann, um danach die Simonie ihrer Geistlichen auszumerzen[10]. Es ist ein Kampf der Zermürbung und Zersetzung. Er beansprucht Jahrhunderte und schon scheint es, als habe die Kirche die Kraft verloren. Bald steht ihre Existenz auf dem Spiel.

Stück für Stück fällt das Kirchengut, schwindet die Anerkennung und damit ihr Einfluß auf allen Gebieten. Erst als man das Chaos der wirtschaftlichen und moralischen Verwüstung mit klaren Augen sieht, erhebt sich der Schrei nach Rettung. Wäre die Kirche unterlegen, hätten sie die weltlich-politischen Mächte zermalmt. Erst danach entsteht eine neue Geistlichkeit. Sie ist nicht das Werk grüblerischer Denker; sie ist aus der Not geboren.

Daraus folgt, daß vor dem 2. Jahrtausend unserer Zeitrechnung, nicht von einer einheitlich faßbaren Papalmacht gesprochen werden kann, denn die Vorherrschaft Roms ist nicht gegeben. Fast drei Jahrhunderte vergehen, bis die Bibel des Neuen Testaments als echt umrissen wird. Bis dahin sind unzählige Schriften und Abschriften im Umlauf.

Schon zeigt sich die arianische Ketzerei und es machen sich Auflösungstendenzen bemerkbar. Die Kirche kann, will sie überleben, nur gewaltsam reagieren. Mit christlicher Nächstenliebe ist nichts zu machen. Sie hat die Gegenbewegungen provoziert, denn sie ist kein Vorbild und gespalten. Verfolgen wir den Weg der Simonie als eines herbeigerufenen Fluches für die mittelalterliche Kirche.

Anfänge

Mag auch der wandernde und predigende Sohn eines Zimmermanns, Jesus von Nazareth, ohne Geld ausgekommen sein, seine Nachfolger nicht. Schon Paulus, der Gründer des Christentums, bezeichnet den Besitz als positiv. Clemens von Alexandrien verheißt den Kapitalisten das Paradies auf Erden und weist die Armen zurecht. Ihm gelingt der göttliche Geistesblitz, daß die Menschheit nicht existieren kann, wenn niemand etwas hat.

Im 4. Jahrhundert faßt Gregor von Nazianz den Reichtum als göttlichen Segen für Fromme auf. Er übersieht, daß die wirklich Frommen besitzlos sind. Augustinus steht auf der Seite der Besitzenden und sagt. »Die Armen teilen mit den

Reichen nicht die Welt, sondern nur den Himmel. Sie sollen sich mit dem begnügen, was sie haben ... sie würden sorgenfreier schlafen, als die gequälten Reichen.« Nach ihm sind die Armen dazu verurteilt, »im ewig harten Joch des niederen Standes zu verharren ... sie sollen arm bleiben und viel arbeiten.«

Die Organisation der christlichen Glaubensgemeinschaften ist einfach. An der Spitze stehen die angeblichen Apostel, die Jesus von Nazareth ausgeschickt haben soll, um seinen Glauben zu verkünden. Nach dem Vorbild der jüdischen Synagogen nennen sich die lokalen Gemeinschaften Versammlungen. Sie werden von einem Presbyterex (Ältestenrat) geleitet. Ursprünglich wird aus der Mitte der Gläubigen ein Vorsteher gewählt, dessen Status vordem keine Rolle spielt. Ignatius, der Bischof von Antiochia, schreibt in seinen Briefen aus der ersten Hälfte des 2. Jahrhunderts »Jede Kirche werde von einem Episcopus (Aufseher oder Bischof) betreut, dem eine Anzahl von Ältesten und Helfern (Diakonos) zur Seite stehen.« Finanzielle Probleme scheint es nicht zu geben. Der Kirchenvater Justin sagt in einem Brief an den Kaiser Antonius: »Brot und wasserverdünnter Wein werden dem Bischof vorgesetzt; er preist und ehrt den Vater des Universums im Namen des Sohnes und des Heiligen Geistes und er dankt Gott in einem langen Gebet für diese Gaben.«

Camera Apostolica

Von einer zentralisierten Finanzverwaltung kann man erst sprechen, als Kaiser Konstantin das Christentum als offizielle Staatsreligion anerkennt; erst danach folgt man der Verwaltungsmaschinerie des Römischen Kaiserreiches (fiscus). Daraus formiert sich die Apostolische Kammer als Verwaltungsorgan der katholischen Kirche. Sie verwaltet die päpstlichen Domänen und die klerikalen Einnahmen. Seit dem Verfall des Karolingerreiches im 9. Jahrhundert stellen sich viele Klöster und Kirchen samt ihren Besitzungen unter den Schutz des

Papstes und zahlen ihm dafür jährlich eine Abgabe (census). 1192 stellt der Camerarius Cencio in *Liber censuum* eine Liste aller Abgaben zusammen, die der Heilige Stuhl von Königen, Fürsten, Feudalherren, Städten, Schlössern, Herbergen, Kirchen und Klöstern einzuziehen berechtigt ist. Dem Camerlenge werden mit den wachsenden Aufgaben ein Schatzmeister und ein oberster Geldeinnehmer zur Seite gestellt. Nur wenig später gesteht Papst Innocenz III. ein: »Die Verderbtheit des Volkes hat ihre Hauptquelle im Klerus. Hieraus entspringen die Übel des Christentums; der Glauben schwindet, die Religion nimmt ab, die Freiheit ist in Fesseln gelegt, die Gerechtigkeit mit Füßen getreten, die Ketzer vermehren sich, die Schismatiker werden kühn, die Ungläubigen stark und die Sarazenen siegreich.«

Simonistische Umtriebe

Schon im 4. Jahrhundert sieht das Volk im Bischofsamt eine fette Pfründe. Der Historiker Ammianus Marcellinus sagt dazu: »Wer Bischof in Rom werde, gewinnt Reichtümer und kann ein feudales Leben führen ... es sei der Grund für die hartnäckigen Kämpfe um diesen Platz.« In rascher Folge weitet sich der kirchliche Grundbesitz aus und im 5. Jahrhundert gilt der römische Bischof als Großgrundbesitzer.

Als die Institution nach außen reicher wird, ergreift sie die Partei der Besitzenden, zu der sie noch heute gehört. Zum Ende des 5. Jahrhunderts stellt der Kaiser Glycerius fest, daß der größte Teil der Bistümer für Geld vergeben und nicht durch Verdienste erworben sei. Die Justinianische Gesetzgebung wendet sich gegen die gottlose Simonie. Mit der kurialen Machtfülle kommt der Brauch auf, freigewordene Stellen von oben her zu besetzen. Erst nach Vergabe und Bezahlung kann der im Rang Erhöhte aktiv werden.

Und doch sind nicht alle habgierig. Basilius (um 330-379) stellt besitzende Christen mit Mördern auf eine Stufe. Er tut sich dabei nicht schwer, denn er verschenkt

Der Bapstesel zu Rom

»Der Papstesel zu Rom«; eine Karikatur auf mittelalterliche Papsttum. Flugblatt aus der Reformationszeit, in der man häufig mit solchen Flugblättern Kritik an der Kirche ausübte.

riesige Besitzungen und lebt – ähnlich wie sein Bruder Gregor von Nyssa (gest. 394) – als Bischof bedürfnislos.

Früh werden Klagen laut, daß für die Erteilung eines Palliums in Rom Geld genommen wird. Zwar erklärt der damalige Statthalter Zacharias es für eine Verleumdung, daß der Apostolische Stuhl eine Gabe, die ihm durch die Gnade des Heiligen Geistes verliehen worden ist, verkauft haben soll.

Seit 475 gibt die römische Gemeinde ein Viertel der kirchlichen Einkünfte an den Bischof ab. Ein weiteres bekommt der Klerus, eines wird an Arme verteilt und das letzte verwendet man zur Erhaltung der kirchlichen Gebäude, wobei de facto die Kirchenführung wieder drei Viertel hat.

Donatio Constantini

Immer wieder wird vorgetragen, daß Konstantin der kirchlichen Armut ein Ende bereitet hat. Papst Silvester habe durch sein Geschenk dem Klerus ein schlechtes Beispiel gegeben, denn er habe der Kirche das Streben nach Reichtum eingeimpft. Tatsache ist, daß Konstantin weder etwas verschenkt, noch Papst Silvester etwas angenommen hat.

Die Ansicht, daß mit dieser Schenkung das Verderben in die Kirche eingezogen ist, gestaltet sich zu Fabeln. Unbekannte Engel sollen angeblich vom Himmel gerufen haben: »Wehe, wehe. Heute ist der Kirche Gift eingeträufelt worden.« Der Straßburger Chronist Königshofen sagt: »Da ward eine Stimme gehört über Rom … die sprach … heute wurde die Galle und Vergiftung eingegossen … in die heilige Christenheit … und wisset, daß dies eine Wurzel allen Krieges zwischen den Päpsten und den Kaisern sei.[11]«

Johannes von Paris schließt daraus, daß die Schenkung Gott mißfallen hat. Dietrich Brie, ein Augustiner aus Osnabrück, meint: »Freilich sei der Kirche damals Gift gegeben worden, aber doch nur durch den Mißbrauch der Schenkung … an und für sich seien Reichtümer für die Kirche kein Unglück[12].«

Den klerikalen Gegenströmungen des 10.-13. Jahrhundert gilt die konstantinische Schenkung und die damit verbundene Bereicherung der Kirche. Er leitet ihren moralischen Untergang ein. »Mit dem Ende der kirchlichen Armut endet die Existenz der Kirche, der Besitz war das Gift für sie, an dem sie gestorben ist.«

Bei dieser Betrachtung ist Silvester der in Daniel 8, 24 geweissagte mächtige, freche und hinterlistige König, der das Volk zugrunderichtet. Er ist der Antichrist, der Mensch der Sünde und der Sohn des Verderbens, zu dem Paulus geredet haben soll. Die *Dulcinisten* (Apostelbrüder) zum Beginn des 14. Jahrhunderts stellen heraus: »Silvester ist es, der dem Satan die Pforten der menschlichen Gesellschaft und der Kirche geöffnet hat.«

Zur gleichen Zeit klagt der Chronist von Piacenza: »Es wäre in Wahrheit vor Gott und der Welt besser, wenn die Päpste die weltliche Herrschaft (dominium temporale) niederlegen, denn seit der Schenkung Konstantins sind die Folgen des weltlichen Besitzes zahllose Kriege und der Untergang von Völkern und Städten; sie haben mehr Menschen verschlungen, als heute in Italien leben ... sie werden nie aufhören, solange Priester weltliche Rechte behalten[13].«

Dante bezeichnet die Habgier und Simonie als Frucht jener Schenkung. Ottokar von Horneck meint: »Constantin habe den Pfaffen zu der Stola das Schwert gegeben, das sie nicht zu führen verstehen; damit habe er die Macht des Kaisertums gebrochen.«

Nachdem Bruno von Segni gegen die Verdorbenheit der Welt, die Üppigkeit und Verbuhltheit der Priester wettert, nennt er die Simonie das Schlimmste aller Übel. Der gleichen Auffassung ist Wide von Ferrara. Dem heiligen Ariald geht die Bekämpfung der Simonie über die der Priesterehen, denn er meint: »Ob sie Frauen haben, kümmert uns wenig.«

Schon die ältesten Sammlungen kanonischer Vorschriften enthalten Bemerkungen über das Verbrechen der Simonie. Papst Gregor der Große, der erste Mönch auf dem Heiligen Stuhl, wird 30jährig Prätor von Rom und legt dieses Amt zwei Jahre später nieder. Er lebt als einfacher und bescheidener Mönch und gibt seinen bis Sizilien reichenden Landbesitz für Klostergründungen und wohltätige Zwecke hin. Lang sträubt er sich, die ihm angetragene Papstwürde anzunehmen und er gestattet sich den Hinweis, daß sich nicht einmal Petrus *universalis apostolus* genannt hat. Er versteht sich in erster Linie als Seelsorger. Als Regent und Gesetzgeber verwaltet er das *Patrimonium Petri*, die der Kirche übertragenen Schenkungen. Der Gregorianische Gesang trägt seinen Namen zu Unrecht, obwohl er die Messe und die römische *schola cantorum* reformiert hat. In einer ihm *zugeschriebenen* Predigt wird von *vielen* Simonisten gesprochen, die sich innerhalb der Kirche tummeln.

Spirituali ab annexum

Noch immer herrscht die Auffassung, daß die römisch-katholische Kirche durch die Schenkungen Leichtgläubiger und Bigotter reich geworden ist. Es kann am Phänomen der Simonie korrigiert werden. Fast keine Schenkung ist eine bedingungslose Hingabe. Es ist falsch anzunehmen, daß Schenkungen, in diesem Stadium und Umfang, ohne Vorbehalt oder Gewinnabsicht erfolgt sind. Wenn ein Gotteshaus gegründet oder ausgestattet wird, ist der Schenker (collator) Entscheider (Patron) und nicht die Kirche.

Der Patron hat Vorrechte oder räumt sie sich ein. Er verfügt über das Aufsichtsrecht und oft ist das Eigentums- oder Vorbehaltsrecht erblich. Häufig werden Kirchen aus weltlichem Besitz verkauft, getauscht, verpfändet oder vererbt. So werden sie, wie Deschner bemerkt: »Gegenstände des privatrechtlichen Verkehrs.« Oft verfügen die Schenker über weitreichende Befugnisse innerhalb der klerikalen Verwaltung. So behalten sie sich das Recht vor, den Geistlichen ein Einkommen zu geben bzw. unqualifizierte zu entlassen oder sie gegen tüchtigere auszutauschen. Es ist verständlich, wenn der Schenker eine Vergütung für die Übertragung der Stelle und ihrer zeitlichen Vorteile verlangt. Am einfachsten kann man es sich in der Form eines Pachtvertrages vorstellen.

Solange es der Kirche nicht gelingt, sich aus dieser Abhängigkeit zu befreien, kann sie sich nicht entfalten. Oft steht ihr Besitz nur auf dem Papier und noch öfter sind solche Dokumente gefälscht. »Nirgends ist sie die alleinige Herrin oder Besitzerin. Güter, Kirchen, Zehnten und Oblationen sind vergeben ... es rührt an ihrer Substanz.« Selbst reiche und wirkliche Schenkungen vermögen nicht, diesen für sie unheilvollen Weg aufzuhalten. Befremdlich ist, daß sie – wie alle Mächtigen – zu unlauteren Mitteln greift, denn Geschäft ist Geschäft und Glauben ist Glauben.

Sie operiert mit einem Taschenspielertrick und erweitert den Begriff der Simonie dahingehend, daß sie das Kirchengut zu

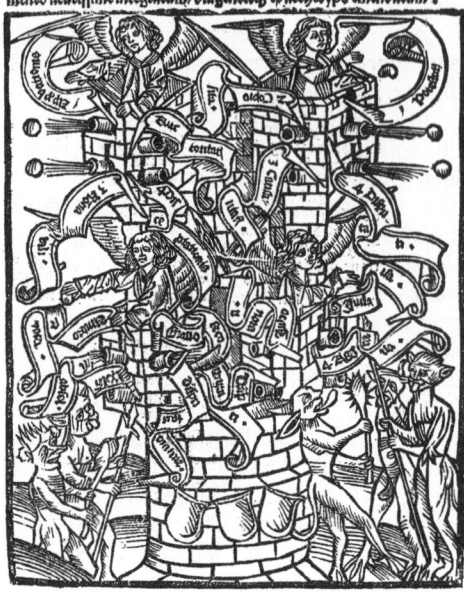

Lob des Ablasses. Der Augustinereremit mit Johannes von Paltz hat vier seiner Ablaß-predigten zu einem 1490 erschienenen deutschen Seelsorge-Traktat zusammenge-faßt. Niedersächsische Staats- und Univer-sitätsbibliothek Göttingen.

einem *spirituali ab annexum* erklärt, das mit der kirchlichen Würde verbunden ist. Es ist merkwürdig, hat doch der angeblich Heilige Geist nichts mit dem Kirchengut zu tun. Jetzt läßt sich die Lanze wenden. Nun werden die deutschen Kaiser bis auf Heinrich IV. als Simonisten verstanden und Donozio sagt: »Die deutschen Könige verkaufen den Bischöfen des höchsten Herren Gut um Geld. Laien verschachern an verruchte Priester die Kirchen Christi.«

Atto von Vercelli wirft den Fürsten vor, daß sie bei ihren Leuten nicht nach den Kardinalstugenden, sondern nach deren Vermögen, ihrer Verwandschaft und dem Gehorsam fragen[14]. Der Bischof Notker von Verona rühmt dem König Berengar nach, daß er ihn aus Pietät zum Bischof gemacht hat. Heinrich IV. versichert bei der Verleihung des Bistums Triest an den Patriarchen

Heinrich von Aquileia im August 1082: »Nicht Habsucht, sondern die Achtung vor der Freiheit der Wahl habe Nehmer und Geber beseelt[15].«

Die Macht der italienischen Könige ist erheblich. Sie erstreckt sich über große Klöster und Bistümer. Es besteht kein Zweifel über das dort umfassende simonistische Treiben. Doch eine Frage ist entscheidend: wie verhalten sich die deutschen Könige auf ihren dort liegenden Territorien? Sie sind schlecht erreichbar und deshalb schlecht zu verwalten. Unter Konrad II. erreicht die Simonie eine krasse Ausformung. Er sieht in der Kirche ein Mittel zur Erreichung seiner Ziele und verkehrt mit dem simonistisch geprägten Papst Benedikt IX.

Vermutlich überläßt er eine Abtei gegen Bezahlung dem Bischof Alberich von Como (981-1028). Der Kaiser leistet das Gelübde, fortan die Simonie nicht mehr zu stützen. Sein Sohn Heinrich läßt Rudolf Glauber in einer 1046 gegen die Simonisten gerichteten Rede sprechen: »Sein Vater könne durch die Ketzerei dem Heil seiner Seele geschadet haben.«

Papst Benedikt IX. verkauft den apostolischen Stuhl

»Bei den damaligen Papstwahlen ist nicht der Heilige Geist wirksam, sondern das Geld. Der Vatikan wird durch das Aufführen frivoler Komödien entweiht[16].« Die Parteien beschimpfen sich gegenseitig und tragen vor: »Die jeweils andere hat versucht, durch riesige Zahlungen auf den päpstlichen Thron zu gelangen.« Mit Sicherheit kommt es zu Bestechungsaffairen[17]. Papst Benedikt IX. empfiehlt sich mehr durch seine Prosperität, als durch Alter, Würde oder Heiligkeit. Er ist zehn Jahre alt, als man ihm die päpstliche Krone anvertraut. Man sagt ihm nach: »Er wäre eine Gestalt, die an Niedertracht seinem Onkel Johannes XII. gleicht ... er führt im Lateranpalast ungehindert das Leben eines türkischen Sultans ... mit seiner Familie erfüllt er Rom mit Raub und Mord.«

Er hat die Tiara in bestürzender Weise zum Handelsobjekt für Meistbietende gemacht. Später muß er aus Rom fliehen und dann geschieht das Unmögliche: am 1.5. 1045 verkauft er den apostolischen Stuhl an Johann, den Erzpriester des Vatikans, den späteren Papst Gregor VI. Später wird Benedikt IX. von Leo IX. exkommuniziert. Todesursache und -jahr dieses Despoten sind unbekannt; möglicherweise befindet er sich im christlichen Himmel.

Bei der Erhebung des Kardinalbischofs von Velletri, Benedikt X. werden erhebliche Summen verteilt. Seinerzeit findet man in Rom kaum einen Geistlichen, der nicht mit dem Ämterschacher befleckt ist. Ein Indiz dafür sind die zahlreichen Synodalbestimmungen gegen das Wesen der Simonie[18]. Sie fruchten nicht, denn Damiani stellt heraus:

»Man hätte vergessen, die Simonie als Sünde anzusehen … Geistliche würden glühender als die Flammen eines Vulkans nach Kirchengütern streben … sie geraten als unterwürfige Sklaven in eine schimpfliche Abhängigkeit der Mächtigen[19].« Anselm von Lucca gelangt zu der Auffassung, daß manche jahrelang darauf warten und Hofleute bestechen, um ein geistliches Amt zu erheischen.«

Graf Meinard aus Tirol (1288-92) sagt: »Meine Bischöfe sind keine Hirten, sondern Wölfe. Statt zu lehren, suchen sie sich zu bereichern, Bastarde in die Welt zu setzen, zu tafeln und zu zechen. Sie sind schlimmer als Juden, Türken und Tartaren. Sie blenden das Volk durch Zeremonien; es genügt ihnen nicht, die Schafe zu melken und zu scheren, sie schlachten sie[20].« Tezo soll sich gerühmt haben: »Beim Barte des heiligen Syrius. Nicht eine Mühle kann einer im Haus meines Herrn ohne Geld bekommen. Geschweige denn ein Bistum erlangen; 3000 Pfund habe ich ihm auf dem Brett dahingezählt.«

Der Erzbischof Gottfried erwirbt sein Amt vermutlich um 1000 Pfund. Der Bischof Landulf von Tortiboli (ein Sprengel von Benevent) soll nach der Ablegung seiner Kutte durch Simonie und Ehrgeiz zu einem Bistum gelangt sein. Ohne Scheu wird Erzbischof Guido von Mailand (1045-1075) der Simonie bezichtigt. Bischof Hubert I. von Rimini zahlt nach dem Zeugnis seines Nachfolgers 900 Pfund Pavener Münze für sein Bistum. Um 1000 Pfund gleicher Währung erhandelt der ehemalige Bischof Alberich von Marserland von einigen Mönchen und gottvergessenen Laien die Abtei Monte Cassino.

Zöckler führt den Nachweis[21], daß sie ein jährliches Einkommen von 500 000 Dukaten hatte. Die unbeweglichen Güter umfassen 54 Bischofssitze, zwei Fürstentümer, 20 Grafschaften, 350 Schlösser, 440 Dörfer, 336 Pfleggüter, 23 Hafenplätze, 33 Inseln, 200 Mühlen und 1662 Kirchen. Überall wird produziert, etwas bewegt und vermarktet; es ist nicht nur bei dieser Benediktinerabtei so.

Der Grundbesitz des Klosters Maulbronn umfaßt zu Beginn des 16. Jahrhunderts 60 Ortschaften im heutigen Württemberg, 40 im Badischen und 17 in der Rheinpfalz. Dazu kommen Güter in Worms, Kolmar und Lüneburg, 137 Morgen an Fischseen, 83 an Gärten, ausgedehnte Weinberge, Getreidefelder und Waldungen. Um den Überschuß an Wein abzufahren, lassen die Mönche das ganze Jahr hindurch ein zollfreies Schiff den Rhein befahren. Der deutsche Sprachraum ist seinerzeit zu etwa einem Drittel im Besitz der römisch-katholischen Kirche.

In der ersten Hälfte des 11. Jahrhunderts versichert Desiderius: »Die Priester hätten die Weihe allgemein um Geld erworben.« Der Bischof Tedald von Arezzo soll ausgerufen haben: »Ich will 1000 Pfund für das Papsttum zahlen … um die verfluchten Simonisten hinauszuwerfen.« Dem Bischof Regimbald von Fiesole werden die simonistische Erlangung des Bistums und die Gewohnheiten simonistischer Konsekration vorgeworfen. Wegen der gleichen Vergehen setzt Papst Alexander II. den Bischof Lancius von Nocera ab.

Bereits im letzten Viertel des 8. Jahrhunderts ist im Briefwechsel zwischen Karl dem Großen und Papst Hadrian I. von simonistischen Weihen die Rede. Ein Kapitular von Lothar (um 825) nennt es eine Gewohnheit,

Der habgierige Mönch; Holzschnitt aus der Reformationszeit. Letztendllich entzündet sich der Haß der Reformatoren an der unersättlichen Habgier der Geistlichkeit.

daß die Bischöfe für die Konsekration und für das Einweihen von Kirchen Geld nehmen. Das römische Konzil von 983 unter Benedikt VII. untersagt allen Geistlichen, künftig Kaufpreise anzunehmen; der Ausblutungsprozeß wird nicht unterbunden.

Bischof Durand von Mende stellt heraus: »Die päpstliche Kurie hat alles an sich gerissen … sie sendet fort und fort sittenlose, von ihr mit Benefizien versehene Kleriker in die Diözesen. Sie preßt fortwährend Geldsummen von den Prälaten, die zwischen dem Papst und den Kardinälen geteilt werden. Durch Simonie verdirbt sich die Kirche alles. Solange es bei der Kurie so zugeht, sind alle Heilmittel verderblich[22].«

Als Papst Leo IX. während der Ostersynode im Jahr 1049 die Absetzung aller simonistisch gewählten und geweihten Geistlichen, wie die aller im Konkubinat lebender Priester fordert, ist dies ein Akt der Verzweiflung. Hätte er sich durchgesetzt, hätte nicht nur in Rom alles religiöse Leben aufgehört.

Mailand, Lucca, Verona

Man glaube nicht, Rom wäre der Mittelpunkt der Christenheit. Die Metropole Mailand steht ihm rivalisierend gegenüber. Schon im 7. und 8. Jahrhundert hat man Rom verspottet und steht dem apostolischen Stuhl ablehnend gegenüber. Man kennt die Liederlichkeit, die sittliche Verkommenheit, die Bestechungsaffairen, Liebeshändel und Mordanschläge auf die Geistlichkeit in der ewigen Stadt. Um die Autorität Roms ist es damals nicht gut bestellt. Erzbischof Leo von Ravenna hält 1771 die Städte der Emilia in seiner Gewalt. Er setzt eigene Beamte ein und vertreibt die Vasallen Hadrians.

Das 9. Jahrhundert bringt eine offene Fehde zwischen der Mailändischen Kirche und Papst Johannes VIII. Erst in der zweiten Hälfte des 11. Jahrhunderts (1059) wird Mailand unter den Gehorsam Roms gezwungen[23].

Ein zusätzlicher Tummelplatz ist Oberitalien, wo um die Mitte des 11. Jahrhunderts ein Sturmlauf gegen das simonistische Treiben eröffnet wird. Schon bezeichnet man die Kirchen als Ställe, droht die Priester durchzuprügeln und sie von den Kanzeln zu zerren. Brand, Plünderung, Blutvergießen und Gewalt sind an der Tagesordnung. So klagen die Mailänder in einer Botschaft an ihre Florentiner Gesinnungsgenossen: »Viele Jahre hätten sie nicht beichten können, weil sie mit den Simonisten nichts zu tun haben wollen … und weil kein katholischer Priester bei ihnen zu finden sei.«

Hier gibt es Taxen zur Erlangung der einzelnen Ämter. Das Subdiakonat kostet 12, das Diakonat 18, das Presbyterat 26 Goldstücke.

Daraus wird verständlich, daß Mailand geschlossen gegen die Reform gerichtet ist, denn ein Durchgreifen hätte ihr korruptes System zunichte gemacht. Der Erzbischof wird von Geistlichen beschämt. Sie werfen ihm Opfergaben vor die Füße und entfernen sich unter höhnischen Gebärden. Die Kirche Sancta Maria Secreta wird um zwölf Pfund Silber an den Abt von Sanct Victor verkauft.

Das mailändische Provinzialkonzil setzt 1098 eine Anzahl wibertinischer Bischöfe als Simonisten ab. Die Metropole Ravenna wird von der Simonie heimgesucht. Hier verkaufen Subdiakone den Bischöfen zur Zeit der Konsekration Hostien. Nach der Meinung des Einsiedlers Teuze ist es in der Toskana unmöglich, der simonistischen Pest zu entfliehen. In den Sprengeln von Florenz, Pisa, Pistoja und Siena zeigen sich Spuren der Simonie; ganz Italien ist von dieser Seuche infisziert. Von Papst Gregor VII. liegt eine Notiz vor, aus der erkennbar wird, wie offen lombardische Bischöfe die simonistische Ketzerei verteidigen und hegen.

Die Bischofsstadt Lucca wird simonistisch geführt. Hier scheint sich die Simonie auf alle kirchlichen Ämter ausgedehnt zu haben. Papst Leo IX. richtet sich um 1051 in einer Bulle an das Domkapitel und spricht den Wunsch aus, der Bischof möge die Kanoniker nicht bei der Vergebung von Pfründen belästigen.

Papst Alexander II. sticht in das Wespennest. Er eröffnet einen Kampf gegen die Simonisten und erläßt mehrere Bullen gegen sie. Darin wird gesagt: »Seit langer Zeit sei in der Lucceser Kirche das verabscheute Übel festgewurzelt ... daß man selbst dem religiösesten, kenntnis- und sittenreichsten Geistlichen kein Amt übertrage, wenn er es nicht vorher mit Geld bezahlt ... die Kirche und ihr Besitz sind käuflich wie jede Ware, die von Händlern zum Verkauf angeboten wird.« Der Papst leitet es von der Vergeudung des Kirchenguts und der daraus resultierenden Armut der Priester ab.

Er weist seine Bischöfe an: »Künftig die Diener der Kirche ohne Käuflichkeit zu weihen ... man soll nicht den wählen, der den vollen Beutel bringt, sondern den, der reich an Sittenstrenge, Wissen und dadurch imstande ist, die Kirche zu stützen.«

Seine Reformen bleiben im Ansatz stecken. Papst Gregor VII. schaltet sich in den Dialog, indem er 1076 Lucca besucht. In einem am 11.8.1077 erlassenen Dekret stellt er fest, daß die Priester beim Erwerb ihrer Pfründen gegen die apostolischen Vorschriften, vor allem gegen die Bullen Leos IX. gehandelt haben ... etliche seien für zeitlichen Gewinn und der Befriedigung ihrer Begierden rückfällig geworden. Er untersage ihnen das Betreten des Domes und den weiteren Besitz ihrer simonistischen Kanonikate.

Selbst dies bringt nicht den gewünschten Erfolg. Daraufhin verurteilt er die Simonisten am 1.10.1079 zu Sklaven des gräflichen Hofes; Gräfin Mathilde schreitet zur Vollstreckung. Kanoniker greifen zu den Waffen. Bischof Petrus Mezzabarba von Florenz, in der irrigen Meinung, einen Mönch im Kloster San Salvio zu finden, schickt seine Soldaten dorthin, die in der Kirche mit Schwertern hantieren, Mönche verwunden, Altäre zerstören, Kirchen plündern und ein Feuer legen.

Die Veroneser Geistlichkeit geht in den Kirchen mit Fäusten und Knüppeln aufeinander los. Hinzu kommt eine Vorliebe der Geistlichkeit für das Führen von Prozessen. Papst Alexander II. sagt in diesem Zusammenhang: »Statt sich mit göttlichen Gesetzen und dem Seelenheil zu beschäftigen, tönt es aus ihrem Mund fortwährend von Prozessen und Streitsachen, von Geschrei und Beleidigungen.«

Nepotische Simonie

Inzwischen sind Bischöfe, Äbte und hochrangige Geistliche tief in politische Händel verstrickt. Das führt zur Vernachlässigung ihrer Pflichten. Der Wohlstand und Schacher führten zur Leichtlebigkeit. Das Übel weitet sich aus und es zeigen sich simonistische Sonderformen.

Es geht um den Verkauf geistlicher Gegenstände und die Vergabe kirchlicher Stellen um der Verwandschaft willen. Ihr Grund ist die Tatsache, daß die Geistlichen mit beiden Beinen im Leben stehen und so versteht es sich, daß sie ihre Angehörigen versorgt wissen wollen. Die Simonie ist eine menschlich verständliche Seite, die die klerikale Organisation in den Abgrund treibt und der sie über Jahrhunderte machtlos gegenübersteht.

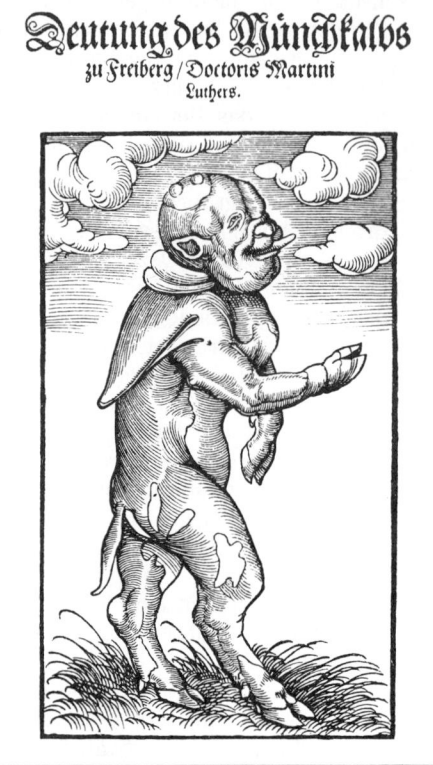

Deutung des Münchkalbs
zu Freiberg / Doctoris Martini
Luthers.

Karikatur auf die Unwissenheit der mittelalterlichen Mönche; Flugblatt aus der Reformationszeit.

Die Vetternwirtschaft ist nicht nur auf den Papst beschränkt, sondern umfaßt die gesamte Kirchenhierarchie. Kardinäle, Bischöfe, Äbte, Ordensobere, hohe Vollzugsbeamte der Apostolischen Kammer bis hinunter zum ergebenen Sprengelpriester tun alles in ihrer Macht stehende, um ihren Brüdern, Neffen und anderen Verwandten gute, einträgliche Positionen zu verschaffen. Es ist unmöglich, das Ausmaß des Schadens zu überblicken, den sich die römisch-katholische Kirche mit ihrem Nepotismus zugefügt hat.

Immer neue Geldquellen werden erschlossen. Man nimmt Geld für das Salböl, das zur Weihe der Bischöfe noch heute verwendet wird. Hinzu kommen Abgaben für den Taufhandel und das Wirksam-werden bei Begräbnissen. Man verkauft die Stimmen der Geistlichen auf Synoden und Konzilien. Einzelne Äbte erheben ein klösterliches Eintrittsgeld und sie nehmen Gebühren für das Schleiern der Nonnen. Geschachert wird bei der Bestechung in geistlichen Gerichtsverfahren. Papst Alexander II. sagt dazu: »Selbst von den Toten verlangt der Klerus von Lucca mit widrigem Geschrei eine Abgabe.«

Unbeschadet davon wissen die Geistlichen auf ihr Äußeres zu achten. »Man trägt Röcke von feinen Tüchern, besetzt sie mit Borten und ähnlichem. Wird darüber ein Gewand angelegt, so läßt man durch einen Schlitz oder durch das dünne Gewebe den darunterliegenden kostbaren Stoff erscheinen. Das Unterkleid reicht bis an die Füße und goldene Spangen halten es zusammen. Statt des Priesterhutes bedeckt man sich mit einer pelzgefütterten *ungarischen Mütze*; gegen den Sonnenbrand muß ein Strohhut nach sächsischer Art herhalten. Das Pelzwerk ist aus Hermelin, Fuchs und Marder (ausländische Maus) gearbeitet. Die Geistlichen tragen Ringe und Schmuck in verschwenderischer Art. Man trägt passende Beinkleider und Schnabelschuhe

Wie sich die Damen wohlriechende Stoffe in die Zähne reiben, bedienen sich die Geistlichen des Parfüms.« Wer wundert sich, wenn ihnen Papst Urban II. 1089 das Tragen prächtiger Kleider untersagt?

Hinzu kommen Paläste und stolze Burgen. Ein Schwarm von Dienern umgibt die Geistlichen. Ihre Mahlzeiten bestehen aus weltlichem Geschwätz, Völlerei, Saufen und Huren ... Hinzu kommen die Spiele: Knöchel, Würfel, Brett und Schach. Außerdem gesellt sich dazu eine Vorliebe für schlüpfrige Frauen und die Jagd. Wo ist die evangelische Armut geblieben?

Von Bischof Wilhelm von Turin (1080-89) wird erzählt, er habe in der Nacht viermal und am Tage ebensooft nach Speisen verlangt; es sei für drei Bären genug gewesen.

Die Frauen beginnen verschwenderisch mit dem Gut der Kirche umzugehen. In Cesena verbrauchen die Kanoniker das Vermögen des Kapitels mit Liebhaberinnen.

»Sie wollten nicht nur anerkannt und unterhalten, sondern geputzt, beschenkt und verwöhnt werden ... alles hat die Kirche zu bezahlen.« Papst Johannes XII. schenkt seiner Geliebten, der Witwe des Ritters Rainer, zahlreiche Städte, goldene Kreuze und Kelche aus St. Peter. Die Mönche von Farva machen aus den goldenen und silbernen Decken und aus den Kleiderbesätzen ihres Klosters Schmuckstücke für Konkubinen oder Frauen.

Neben ihnen gilt das Wohl und die Sorge um die Verwandschaft. Für die Söhne rafft man nach Gütern, Rechten und Einkünften auf Kosten der Kirche. Man setzt Kinder testamentarisch als Erben ein und heischt nach Pfründen, um sie ihnen später zu überschreiben. Töchter werden bei ihrer Verheiratung mit kirchlichen Gütern ausgestattet. Atto von Vercelli meint:»Um eine Familie zu bereichern, werden die Geistlichen begehrlich, räuberisch, wucherisch, habgierig, neidisch und betrügerisch.«

Bischöfe versuchen, ihren Angehörigen hohe Stellungen zu verschaffen. So sichert der Erzbischof Alfanus von Benevent zu seiner Lebzeit die Nachfolge seinem gleichnamigen Neffen. Hier wird die kanonische Vorschrift umgangen, die besagt, daß ein Bischof zu seiner Lebzeit keinen Nachfolger wählen darf.

Als Teuerade, die Äbtissin von San Salvatore, in Lucca wegen Altersschwäche außerstande ist, das Regiment zu führen, schlägt sie zur Nachfolge ihre Nichte Grimma vor, die gewählt und vom Bischof Korad geweiht wird. Der Abt Johannes von Monte Cassino übergibt auf dem Sterbebett das Kloster seinem Neffen Rotundulus. Der Bischof von Marserland übergibt seinem Sohn das Bistum. Papst Alexander II. sagt dazu:»Sie schonen die heiligen Altäre nicht in ihrer Gier, wie Diebe und Tempelschänder legen sie ihre unheiligen Hände an sie ... Zehnten und Opferspenden, die nach Recht und Vorschrift den Armen und Kirchenbauten gehören ... werden von ihnen nach Räuberart geplündert.« Der Klerus erfindet immer wieder neue Schliche und Hintertürchen, um das ohnehin schon gebeutelte Volk auszunützen.

Kriegerische Bischöfe

Die Not des Tages und der Egoismus drängen die Geistlichen zur politischen Aktivität; daraus entstehen ihr kriegerischer Sinn und ihr streitsüchtiges Betragen: sie fallen mit Raub und Mord über andere her. Bischöfe setzen Äbten bewaffnet nach und nehmen sie gefangen, um ihre Machtansprüche zu befriedigen. Immer mehr gerät in Vergessenheit, daß es letztlich um *geistlichen* Besitz geht. Manchmal sind die Geistlichen die Herausforderer, die den Krieg beginnen. Arnulf, der Bischof von Bergamo, entreißt zur Zeit Papst Gregors VII. dem Ritter Gerzo durch Gewalt und List eine Burg und plündert einen Priester.

Es gibt Fälle, wo ein Priester seinen Bischof erschlagen hat und wo Mönche den Abt grausam mißhandeln. So verfolgen Hildebrand und Campo den Abt Ratfred von Farfa, obwohl er ein Wohltäter ist, um sein Kloster in Besitz zu nehmen. Der Farfaser Abt Dagibert wird von niederträchtigen Mönchen aus dem Weg geräumt.

Verwegene und ruchlose Kleriker ziehen umher, um andere mit Messern zu überfallen, sie zu erwürgen und aus dem Fenster zu werfen; die Epoche ist voll verbrecherischer Grausamkeit. Papst Johannes XII. umgürtet sich mit einem Schwert, bekleidet sich mit Helm und Panzer[24]. Papst Johannes XIII. blendet seinen Beichtvater; daraufhin entmannt ihn ein Subdiakon. Papst Leo IX. setzt sich an die Spitze eines Kriegszuges gegen die Normannen.

Damiani beobachtet das widersinnige Treiben und meint:»In diesem Zeitalter könne man nicht ohne Lebensgefahr an der Spitze eines Klosters stehen ... da reitet er (der Bischof) voraus, wie der Heerfürst seiner heidnischen Heerschar, in voller Rüstung. Nach ihm drängen sich die Haufen der Schild- und Lanzenträger. Statt daß er mit Zucht im Chor einhergeht, muß er auf das Klirren der Waffen hören.«

Von Hildebrand erzählen die *römischen Jahrbücher*, er habe den bereits abgesetzten Papst Benedikt X. unter dem Vorsitz Nikolaus II. auf ein Konzil in der Salvatorkirche

345

führen lassen und ihm eine Schrift in die Hand gegeben, die alle erdenklichen Verbrechen enthielt. Er mußte sie vortragen. Seine Mutter soll mit entblößten Brüsten dabeigestanden haben. Daraufhin wird er abgesetzt. Haben wir auch eine christliche Legende vor uns, so ist sie für den Geist der Epoche kennzeichnend.

Äbte halten sich bewaffnete Leibwachen oder Ritter. Als Bischof Peter III. wegen der Burg Civitella und einiger anderer Streitgegenstände prozessiert, erklärt er während der Gerichtsverhandlung, er kümmere sich nicht um solche Befehle. Er sprengt die Verhandlung, zieht mit anderen das Schwert und reitet davon.

Wo es um die Mehrung des ohnehin über weite Strecken unrechtmäßig erworbenen Besitzes geht, vertauschen einzelne Bischöfe oft ihre Meßgewänder mit funkelnden Harnischen und ziehen an der Spitze von Landsknechten den sich ihren Forderungen Widersetzenden entgegen. Vor allem gilt es für die Gaue des Rheins. Die *Pfaffengasse* hallt beständig wider vom Geschrei der streitsüchtigen Mainzer, Trierer und Kölner Erzbischöfe. Die Auseinandersetzungen ziehen sich über Jahrhunderte hin. Der Kölner Erzbischof schont nicht einmal die Bewohner seiner Stadt.

Der Kölner Erzbischof Siegfried von Westerburg legt während seiner von 1275-97 dauernden Regierung nur selten Helm und Panzer ab. Er wird von den Bewohnern seiner Länder unter der Beteiligung Kölns zu einer Verteidigungsschlacht gezwungen, die am 12.6.1288 bei Worringen stattfindet. Der Gottessohn segnet früh seine 5000 Mann starke Streitmacht, verflucht seine Gegner, belegt Köln mit dem Interdikt und stürmt an der Spitze seiner Einfältigen gegen die Feinde an. Der Tag nimmt einen unglücklichen Verlauf. Erst nach stundenlangem Ringen wird der Erzbischof in die Flucht geschlagen und der *geistliche Kampfhahn* wird verhaftet. Nachdem er sich eidlich zur Begleichung aller Schäden bereit erklärt, wird er schmählich freigegeben. Kurz danach entbindet ihn der Papst von seiner Zusage und spricht ihn frei[25].

Habsucht ist es, die die römischen Kardinäle zur Zeit des Papstes Alexander II. schon vor Tagesanbruch Messen lesen lassen. Aus Habsucht teilen die Geistlichen in Cesena die Einkünfte der Opferdarbringungen ihrer Kirche wie eine Beute. Papst Stephan IX. läßt sich den Gold- und Silberschatz eines Klosters bringen, um seinem Bruder Gottfried von Tuscien die Krone zu verschaffen, damit er ihn für politische Zwecke mißbrauchen kann.

Albrecht von Brandenburg, der Erzbischof von Mainz und Magdeburg, der Bischof von Halberstadt, beschränkt sich darauf, den ihm besonders zusagenden Ort zur Residenz auszubauen und Pfründe einzustreichen, während die Verwaltung der ihm anvertrauten Kirchen in die Hände schlecht bezahlter Stellvertreter gelegt wird. Es führt zum

Verfall der Kirchenzucht

Aus ihr resultiert der Ungehorsam der Geistlichen. Dem Bischof von Valva entlockt es einen Schrei der Verzweiflung: »Nur einem sehr mächtigen, reichen und harten Bischof, der eher ein Tyrann sei, gestehen die Geistlichen Rechte zu; sie möchten alle Bischöfe unterworfen sehen.«

⇒

Zum Verhalten der Gläubigen in der Kirche. Links oben zelebriert ein Priester die Messe, während die in den Kirchenbänken Sitzenden schwatzen und schlafen. Andere bringen einen Hund mit in die Kirche. Vorn links eine seltene Darstellung eines Beutelbuches. Die vordere Reihe soll wohl persönliche Beziehungen andeuten; Geldgeschäfte und ein Liebespaar werden gezeigt. Übergeordnete Teufel halten die Schandtaten der sündigen Menschen fest. Oben treibt symbolisch Jesus die Händler aus dem Tempel. Metallschnitt aus dem 15. Jahrhundert.

blipßla
li kla
u wei

Niemand kan vol fagen noch schreiben · das schwatzen der bose
hen · Noch vil großer schann · wann es thud die Mann ·

Bischöfe und Äbte schalten und walten nach Belieben mit dem Kirchengut, während die minder Bemittelten die Arbeit verrichten. Daraus entwickelt sich Unmut, Ablehnung und Widerstand. Er setzt sich bis unten fort und die Zeche bezahlen Leichtgläubige. Es ist kein Wunder, wenn das Verhältnis zwischen den Geistlichen und der Kirche turbulent wird. Die Kirche ist bis heute eine Versorgungsanstalt für unzufriedene Abhängige. Es ergeben sich soziale und persönliche Spannungen, denn das Geld hat sie verdorben. Es wird beim hochmütigen Bischof so deutlich wie bei hörigen Landpfarrer; die Kirche ist in einen Auflösungsprozeß verwickelt.

Immer deutlicher zeigt sich der Faktor der Zersetzung. Immer eklatanter setzen sich Geistliche über kirchliche Vorschriften hinweg. Dadurch treiben sie einen Keil in das kirchliche Gerüst, der geeignet ist, die Organisation zu zerstören. Die Kirche leidet aufgrund ihres weitgestreckten Besitzes und der Tatsache der mangelnden Fähigkeit, sich gegen weltliche Eingriffe zu wehren und die Verrohung innerhalb der eigenen Reihen aufzuhalten. Geistliche werden systematisch ausgebeutet und tun das Gleiche.

Immer klarer tritt die Unordnung hervor; man erkennt es an der Verachtung alles Religiösen. Humbert äußert sich verbittert: »Indem er auf die halbzerstörten Kirchen und Klöster weist und daran erinnert, daß viele von ihnen menschenleer, Tieren und unreinen Vögeln überlassen und von Unrat gefüllt sind. Dazu komme, daß einzelne Kirchen als Ställe benutzt werden.« Tatsächlich gehen in Rom im Kloster St. Paul und in der Peterskirche das Vieh ein und aus; Frauen wirtschaften im Refektorium.

In Oberitalien wird nicht nur die Ernte in den Kirchen gehäuft, was Armen zum Schutz gegen Räuber gestattet ist; wir haben regelrechten Marktverkehr. Hier wird diskutiert, gegessen, getanzt und geschlafen. Hier finden Prügeleien, Streitigkeiten und weltliches Geschwätz statt. Wenn an Festtagen die Kanoniker von St. Donat in Arezzo in die Kirche kommen oder wenn man ihre Diener schickt, um

Spenden zu empfangen, »entsteht unter ihnen Diebstahl, Raub, Streit, Geschwätz und Teilung ... oft werden Kerzen und Brote aus Habgier zerissen.«

Vikare lassen es geschehen, daß die Diener den Landleuten, die durch Übertragung der Gebeine von Heiligen in die Kirche geführt werden, die Vorratssäcke abnehmen, sie aufschneiden und die Geplünderten verjagen. Das Wegnehmen von Vieh und Getreide ist an der Tagesordnung. Den Mönchen von Montamiata fängt Graf Hugo die Esel, gefangene Kirchensklaven werden zu einer Räuberbande organisiert. Einmal wird der Erzbischof Guido von Mailand in der Nähe seiner Kirche halbtot geschlagen[26]. »Wir hören von geistlichen Tartüffs, die unter der Maske der Frömmigkeit einhergehen und nachts in den Armen unzüchtiger Frauen schwelgen.«

Im Farfaser Kloster haust Abt Hubert mit Dirnen und Hunden. Der Markgraf Bonifaz jagt die Mönche aus dem Kloster St. Michaela del Poggio Marturi, der im klösterlichen Gebäude mit Liebhaberinnen und Mägden haust. Er läßt als heilig angesehene Geräte zu Bechern umarbeiten. Pandulf von Capua raubt den Klosterschatz von Monte Cassino. Der Brescianer Raimund vertreibt die Mönche eines Klosters, um mit unzüchtigen Personen darin zu wohnen[27].

Die Geistlichen leben teilweise mit Dirnen zusammen, begehen unnatürliche Verbrechen, hausen mit rechtmäßigen Ehefrauen und in wilden Ehen. In Mailand schleppt man Priester, die sich widernatürlich verhalten, unter Schimpf und Schande ins Theater. Hier brennt man ihnen ein Mal auf die Stirn. In Cremona trifft man einen Geistlichen bei einer Dirne und zwingt ihn, mit ihr auf den Schultern durch die Stadt zu gehen. In Benevent peitscht man einen Einsiedler öffentlich aus, weil er mit einer Frau geschlafen hat.

Manchmal lachen die Bischöfe beim Lesen der göttlichen Worte. Priester beginnen die Messe an ungeweihten Orten zu lesen. Oft sind die Kirchenkelche verrostet, die Tücher schmutzig und die priesterlichen Gewänder zerissen. Aus den Kirchen wird gestohlen, was zu haben ist; Gewänder und Kreuze, Kronen und Kelche, Siegel und Bücher. Bischof Alberich steckt seine Buhlerin beim Nahen der Truppen Ottos III. in Nonnenkleider. Nachdem der Kaiser abgezogen ist, führt er mit ihr seinen liederlichen Lebenswandel fort. Die Anerkennung vor den Geistlichen schwindet und es läßt sich erklären, daß ein Diakon vor der Kirche von einem Diener geohrfeigt wird.

Schon erreicht die Mißachtung den Nullpunkt und Ratker verordnet: »Man soll keinen zum Geistlichen machen, der zum Lernen einen harten Kopf habe, stammle oder auffallend ldisple.« Eine Synode von 1059 setzt fest, daß kein Laie unvermittelt zu einer kirchlichen Würde erhoben wird. Mit *Weihehindernissen* sucht man das Übel einzugrenzen. Dazu zählen:

- Nicht tadelloser Lebenswandel
- Unreifes Alter[28]
- Unbildung, Schande, Körperschwäche
- Verstümmelung der Gliedmaßen
- Ehrlose Dienstleistung
- Habgier und Unzucht
- Bigamisten, Hörige und Laien werden ausgeschlossen

Freilich gibt es wie überall Hintertürchen. Um der Versorgung willen sind viele Geistliche bereit, sich über Vorschriften hinwegzusetzen. Sie dringen in Privatkapellen, weil es lukrativ und mit wenig Arbeit verbunden ist. Hier ist man der Obrigkeit entzogen und hier fragt man kaum, ob der Priester die vorgeschriebenen Weihen abgelegt hat und ob er geweiht ist. 1089 berichtet das Konzil von Melfi: »Sie liefen an die Höfe, zu Dienern vornehmer Männer und Frauen ... sie drängten sich ihnen als Seelsorger auf[29].«

Stundengebete und Psalmen werden in Rekordzeiten heruntergerasselt, was zur Vernachlässigung der Messe führt. Berechtigt hebt ein Konzil hervor, daß die Bischöfe und Priester schuld daran sind, daß Lehre und Predigt in einem so schlechten Zustand seien[30]. Geistliche Pflichten werden sträflich vernachlässigt. Die Kanoniker von St. Donat nehmen sich, als sie zum Wohlstand gekom-

Siegel des Ablaßpredigers Sanson, das sich auf Daniel in der Löwengrube bezieht.

men sind, Frauen, teilen sich die Kirche untereinander und halten sie im erblichen Besitz. Als man ihnen Schlamperei vorwirft, bequemen sie sich, schlechtere Stellvertreter einzuschalten. Dieses Krebsgeschwür bleibt nicht auf auf den Kirchenbetrieb beschränkt, sondern findet eine

Parallele im klösterlichen Bereich

Die Reformisten weisen auf die Klöster und auf deren sittliche Verkommenheit; doch weit gefehlt, denn hier geht es nicht besser zu. Mönche zerstören Klosterbauten, um die Rückkehr zur strengen Zucht zu unterbinden. Damiani behauptet, daß der Mönchsstand unaufhörlich verfalle und daß die Mönche unter dem Anschein der Religion zu weltlich leben. Einige Übertretungen dringen nach außen: die drückenden Vorschriften über die Enthaltsamkeit, die im Essen und Trinken, das Auftreten in der Kirche, beim Sprechen, Lesen und Hantieren am Altar. Dies alles zählt nicht mehr. Man übertritt die Fasten, treibt im Kloster weltliche Possen, schwatzt und säuft. Mönche verfügen über Privateigentum. Die Nachtwachen, das Kniebeugen und das

Schweigen werden wenig beachtet. Gebete und Psalmen werden unordentlich heruntergeleiert.«

Während des 10. und 11. Jahrhundert befinden sich viele Klöster in Unordnung und Verwirrung. Sie zeichnen sich durch den Müsiggang der Äbte und Klosterinsassen aus. Viele Klöster werden zerstört und zu weltlichen Zwecken umgebaut. Im Kloster Maguzani am Gardasee haust der Abt mit seiner Frau. Manche Klöster verwildern. Das schlechteste Beispiel geben nicht die Kleinen der Branche, sondern die Statthalter Gottes ab.

Simonistische Päpste

Papst Johannes XII. wird nachgesagt, daß er Bischöfe für Geld geweiht hat[31] und das Konzil vom Reims berichtet 991 über den göttlichen Statthalter, er habe sich in den Lüsten gewälzt. Mit dem knapp 16jährigen wird eine erbärmliche und niederträchtige Figur Papst und *Princeps Romanorum*, der je in der Geschichte Roms und der Kirche von Bedeutung ist. Unter seiner zynischen Tyrannei wird der Lateran zum Bordell; das Ausmaß seiner Laster ist grenzenlos. In einem Pferdestall läßt er einen Diakon zum Priester weihen. Später plündert er den Kirchenschatz.

Otto I. hält in der Peterskirche eine Synode. Bei dieser Gelegenheit wird Johannes XII. abgesetzt und damit die konstruierte These des Symmachus aus dem 5. Jahrhundert *prima sedes a nemine judicatur* außer Kraft gesetzt. Man wirft ihm vor: »Wisset denn, nicht wenige, sondern alle, Weltliche und Geistliche, haben Euch des Mordes, des Meineids, der Tempelschändung, der Blutschande mit Eurer Verwandten und mit zwei Schwestern angeklagt. Sie erklären noch anderes, wovor sich das Ohr sträubt ... daß ihr dem Teufel zugetrunken und beim Würfeln Zeus, Venus und andere Dämonen angerufen habe[32].«

Kaum hat der Kaiser Rom den Rücken gekehrt, nimmt der Gekränkte grauenhafte Rache an seinen Gegnern. Er leistet sich einen weiteren Ehebruch und wird darauf-

hin von dem gehörnten Ehemann so zugerichtet, daß er innerhalb einer Woche, am 14.5.964, stirbt. Daß ein solcher Mann nicht mit Geld umgehen kann, versteht sich von selbst.

Mit Gregor V. wird erstmals ein Deutscher auf den Heiligen Stuhl gesetzt. Später wird er in die Flucht getrieben. Er hält sich in der Champagna auf, wo er in einem Turm entdeckt, entstellt und nach Rom zurückgebracht wird. Ohne Augen, Ohren, Nase und Zunge, doch in päpstliche Gewänder gehüllt, muß er auf den Befehl des regierenden Papstes vor einer Synode erscheinen. Hier wird er formell abgesetzt, ehe man ihn, rückwärts auf einem Esel sitzend, durch die gaffende Menge zieht. Der Verstümmelte wird in ein Kloster abgeschoben, wo er noch 15 Jahre vegetiert.

Papst Innocenz III. stellt das Axiom auf, er sei weniger als ein Engel, doch mehr als ein Mensch[33]. Unbekümmert und rücksichtslos weiß er den Vorteil der Kirche zu wahren. »Er hat die höchste moralische Autorität zu billigen Zwecken eingesetzt. Er hat heute gutgeheißen, was er gestern verworfen hat ... mit der Wahrheit hat er es nicht genau genommen[34].«

⇒

Papst Innocenz VIII. (1432-1492). »Es bedurfte des durch Sixtus IV. völlig korrumpierten Kardinalskollegiums, damit Guiliano della Rovere, der spätere Julius II., die simonistische Wahl von Innocenz VIII. durchsetzen konnte, den er sodann beherrschte und der zu den erbärmlichsten Figuren gehört, die je eine Tiara getragen haben.« Innocenz VIII. erläßt die als »Hexenbulle« bekannt gewordene Vorschrift »Summis desiderantes effectibus« und legalisiert damit das Wüten gegen Unschuldige; er hat mehrere Kinder, wobei er zeitweise seiner Tochter Lukrezia (Bildmitte unter ihm) die Amtsgeschäfte im Vatikan anvertraut. Er läßt u. a. die Waldenser verfolgen.

Als er 37jährig zum Papst erkoren wird, erhebt Walter von der Vogelweide seine Klage über die allzugroße Jugend dieses Papstes. Es ist aus nachträglicher Sicht ungerecht, denn Innocenz III. zeigt sich politisch geschickt und erfahren. Er ist ein Mann von *staatsmännischen* Fähigkeiten. Er ist ein juristisch denkender, politisch und finanztechnischer Papst, ein Menschenverächter und Theoretiker der Theokratie[35]. Wenn man sein Pontifikat nach christlichen Elementarformeln bewertet, so bleibt nicht viel Gutes. Er nennt die Juden *gottverdammte Sklaven.* Sein Makel ist die Begeisterung für die Mordidee der Kreuzzüge. Er ist für den berüchtigten Kinderkreuzzug verantwortlich.

Ferdinand Gregorovius charakterisiert ihn so: »Ein vollendeter Herrscher, ein Staatsmann von durchdringendem Verstand, ein Hohepriester voll Glaubensgut und zugleich von unermeßlichem Ehrgeiz und Furcht verbreitender Willenskraft, ein kühner Idealist und doch ein praktischer Monarch, ein kalter Jurist. Dem Papsttum gab er durch die kluge Ausbeutung der geschichtlichen Verhältnisse, durch die geschickte Anwendung von kanonischen Gesetzen, Erdichtungen und die Leitung des religiösen Gefühles eine so gewaltige Kraft, daß er in seiner Machtströmung die Staaten, Kirchen und die bürgerliche Gesellschaft mit sich riß. Nie mehr hat ein Papst ein so hohes und reelles Bewußtsein seiner Macht gehabt als Innocenz III. Der Heilige Stuhl wurde mit ihm der Thron der dogmatischen und kirchenrechtlichen Gewalt, zum politischen Völkertribunal Europas[36].«

1311 berät das in Vienne gehaltene Konzil über eine Beschwerde: »Göttlichen und menschlichen Gesetzen gemäß soll an ein und dieselbe Person nur ein kirchliches Amt vergeben werden. Jetzt aber werden vier bis fünf, bisweilen zehn bis zwölf Ämter auf eine Person, und zwar oft an eine unfähige, vergeben, so daß dieselbe alle Einkünfte und Ehren empfängt, die 50-60 wohlvorbereiteten und geschulten Männern Beschäftigung und Nahrung geben könnten.«

Die Eingabe hat zur Folge, daß Papst Johannes XXII. in seiner am 30.7.1322 ausgegebenen Bulle *Execrablis* verordnet, daß in Zukunft kein Geistlicher mehr als *ein* Amt bekleiden soll. Er trifft die Entscheidung, daß, wo mehrere Ämter auf eine Person fallen, wobei die zusätzlichen zu streichen sind. Der florentinische Staatsmann und Historiker Villani führt den Nachweis, daß er sich durch diese Bestimmung 18 Millionen Goldgulden erschlichen hat[37].

Dem von 1342-52 in Avignon residierenden Papst Klemens VI. wirft Trevelyn[38] vor, daß an seinem lasterhaften Hof von in allen katholischen Ländern Europas gelegenen Pfarreien an den Meistbietenden geboten und ihm dadurch unermeßliche Geldbeträge zugeflossen sind und diese verpraßt worden seien. Kurz nach seinem Amtsantritt finden sich in Avignon Tausende ein, um sich an dem widerlichen Schacher um die Gunst der Kirchenämter zu raufen. Es ist eine rauhe Zeit.

Papst Urban VI. (1378-89) läßt sechs Kardinäle, die sich gegen ihn verschworen haben, in einer Zisterne versenken, foltern und fast verhungern ... dann schleppt er die Gemarterten mit sich, um schließlich fünf von ihnen, nachdem er mit einem Schiff nach Genua gelangt ist, bestialisch am 15.12.1386 hinzurichten[39].

Nach Otto von Corvin läßt er sie teils in Säcke stecken und ins Meer werfen, teils lebend verbrennen, erdrosseln oder enthaupten. Einer soll erwürgt worden sein. Die Leichen von zwei weiteren werden in Öfen getrocknet und zu Staub gestoßen. Die Asche wird in Säcke getan und zusammen mit den roten Hüten der Kardinäle bei seinen Reisen auf Mauleseln vor ihm geführt, »den anderen zum schrecklichen Exempel.«

Papst Bonifaz VII. wird vorausgesagt: »Er wird sich einschleichen wie ein Fuchs, regieren wie ein Löwe und sterben wie ein Hund.« »Er starb wie ein Hund und lebte wie ein Schwein[40].« Er erklärt, daß Hurerei, Ehebruch und Unzucht keine Sünden sind, weil Gott die Weiber und Männer dazu gemacht hat. Er lebt mit einer Verheirateten mit deren Tochter zusammen; er mißbraucht seine Pagen zur unnatürlichen Wollust, so daß sie sich untereinander die *Huren des Papstes* nennen. Er erfindet das Jubeljahr und setzt auf die Tiara eine zweite Krone, die Otto von Corvin sarkastisch als *päpstliche Narrenkappe* bezeichnet. Auf dem Konzil von Reims wird 991 über ihn gesagt, er sei ein schreckliches Vieh gewesen und habe alle Sterblichen an Nichtswürdigkeit übertroffen.

Der ungebildete Neapolitaner beschäftigt sich überwiegend mit der eigenen und der Bereicherung seiner Verwandten. Er versteht, nahezu jede erdenkliche Geldquelle auszuschöpfen, vor allem den bis zur Schamlosigkeit perfektionierten Ablaßhandel. Um sich zu bereichern, teilt er die Regionen des Kirchenstaates in Vikariate ein, die er an zahlungskräftige Familien verpachtet. Es ist der Beginn der kleinen Erb-Tyranneien.

Papst Martin V. läßt den 90jährigen Greis auf seinem spanischen Meerschloß Peniscola vergiften. »Unbegreiflich ist, wie dieser sich in Wollust wälzende Heilige Vater ein so hohes Alter erreichen konnte.«

Geistliche predigen öffentlich gegen sein abscheuliches Leben. Zur Wahl des Papstes Martin V. bedarf es 45 Sitzungen. Wir haben einen Bastard des Kardinals Agapito Colonna und seiner Maitresse Catharina Conti vor uns. Dem Papst ist nichts wichtiger als die Festigung seines Primats. Er denkt nicht daran, konziliäre Beschlüsse zu bestätigen.

Daß dem persönlich bescheidenen Papst nicht viel an Reformen liegt, zeigt sich an seinem Nepotismus. In kurzer Zeit befindet sich fast ganz Latium im Besitz der Colonna, die sich aus Feldherren in eine mächtige Dynastie verwandeln und bis zur Mitte des 16. Jahrhunderts als Verfolger und Verfolgte eng mit dem Papsttum verbunden sind[41]. Unter Papst Hadrian V. setzen 1420 die Hussitenkriege ein, zu denen er den Anstoß gibt.

Papst Sixtus IV. der einstige General der Franziskaner, hat sich die päpstliche Würde mit allen Mitteln simonistischer Umtriebe erkauft; er ist korrupt; mit ihm setzt der moralische Zusammenbruch des Renaissance-Papsttums ein. Scharen von Nepoten und zweifelhaften Günstlingen werden auf Kosten der Kirche versorgt. Er erhebt sechs Nepoten zu Kardinälen. Zu ihnen gehört Pietro Riario, der ein jährliches Einkommen von etwa 2,4 Millionen Francs mit seiner Maitresse verpraßt, vier Bistümer plündert und als Patriarch von Konstantinopel tituliert wird. Als er 28jährig seinen Lastern erliegt, tritt sein Bruder Girolamo, später der Mann der Catharina Sforza, an seine Stelle. Es ist wahrscheinlich, daß beide Kinder dieses Papstes sind.

Papst Sixtus IV. fördert die Einrichtung öffentlicher Bordelle in der Ewigen Stadt und erhebt Jahrestaxen in der Größenordnung von 80 000 Golddukaten. Hier sind die Zahlungen zu nennen, die Geistliche an die Oberen bezahlen müssen, um sich eine Konkubine halten zu können. An vielen Orten zahlen Prostituierte kontinuierlich Abgaben an die Kirche[42]. Nach von Corvin hat Sixtus IV. unendlich viele Schandtaten begangen[43]. Bedenkenlos verbirgt er seine dynastischen Pläne unter dem Vorwand der päpstlichen Autorität und der Religion. Er trägt die moralische Verantwortung an einer Kette von Kriegen, Morden und Verschwörungen, die Italien während seines Pontifikates heimsuchen[44].

Machiavelli hat seiner Skrupellosigkeit höchste Anerkennung gezollt und berichtet: »Dieser Papst war der erste, der zu zeigen begann, wieviel ein Papst vermochte, und wie viele Dinge, die hinterher als Irrtümer bezeichnet wurden, sich unter der päpstlichen Autorität verbergen konnten.«

Er hat das Papsttum um den letzten Rest seines Ansehens gebracht. Die Korruption nimmt unter ihm abgrundtiefe Formen an. Am Ende sieht er die Träume seines Nepotenreiches zerrinnen. Das politische Unheil verschlimmert sich durch wahllos ausgesprochene Bannflüche. Kirchenpolitisch macht er bedenkliche Zugeständnisse, deren folgenschwerster die bis 1810 gültige Inquisitionsbulle ist, die die katholischen Könige des spanischen Reiches, Ferdinand von Aragonien und Isabella von Kastilien gefordert haben und die dem Großinquisitor Torquemada zur Machtergreifung verhilft.

Das vom Papsttum ausschließlich aus politischen und familiären Rücksichten aufgebaute Kardinalskollegium hat unter ihm den Tiefstand rechtloser Verweltlichung erreicht. Nach Leopold von Ranke bietet der Heilige Stuhl 1471 etwa 650 Ämter an, die ihm annähernd 100 000 Scudi einbringen. Papst Sixtus IV. verkauft sie alle und zudem erfindet er neue Ämter. Über Nacht schießen Sekretäre, Notare, Anwälte, Boten und Diener des Papstes wie Pilze aus dem Boden. Simonie und Korruption unter diesem Papst, der nicht nur die Abgaben an ihn, sondern auch die käuflichen Ämter verdoppelt, wird später nur noch durch den Borgia-Papst übertroffen.

Dennoch gibt es im Wesen dieser Männer etwas Merkwürdiges: während sie auf der einen Seite allen Lastern frönen, fördern sie auf der anderen Künste und Wissenschaften. Papst Sixtus IV. ist der Erbauer der Sixtinischen Kapelle, der Neubegründer der Vatikanischen Bibliothek und der Römischen Museen.

Papst Innocenz VIII. (1484-92) soll bald nach seinem Amtsantritt 52 neue Sekretariatsstellen geschaffen haben. Jede von ihnen kostet 2500 Goldgulden. Papst Innocenz VIII. soll einmal so knapp bei Kasse gewesen sein, daß er seine Tiara versetzt. Er soll 26 Sekretäre gegen eine Zahlung von 60 000 Scudi eingestellt haben. Dieser Papst ist zugleich die Initialzündung für das dann einsetzende Wüten gegen die angeblichen Hexen, denn er autorisiert die Dominikaner Krämer und Sprenger im Zusammenhang mit dem Hexenhammer.

Schon zum Ende des 13. Jahrhunderts haben die Konfirmations- und Bestätigungsgebühren eine immense Höhe erklommen. Die Erzbistümer Toulouse und Sevilla müssen jeweils 5000, Cambrai 6000, Longres 9000 und die Erzbistümer Mainz, Trier und Salzburg 10 000 und Rouen 12 000 Goldgulden an den päpstlichen Stuhl entrichten. In der Folgezeit werden die Gebühren nach oben gesetzt. Für das Erzbistum Mainz steigen sie auf 30 000 Goldgulden. Da das Bistum innerhalb von acht Jahren dreimal frei wird, muß es jedesmal neu erkauft werden.

Mit den Schandtaten des Spaniers Rodrigo Borgia, der sich als Papst Alexander VI. (1492-1503) nennt, könnte man ein Buch füllen[45]. Er soll zu Pico de Mirandola gesagt haben: »Ich fühle wohl, daß ich nicht durch den Glauben, aber durch meine Werke selig werden kann.« Daraufhin soll ihm der Prinz geantwortet haben: »Ew. Heiligkeit haben ja die Schlüssel des Himmelreiches.« Er wiederum: »Wie ginge es mir dort, wenn ich mit meiner Tochter geschlafen, mich des Dolches und der Carantella (Gift) so oft bedient habe[46]?«

In seinem Werk *Promenades dans Rome* schreibt Stendhal über das Kardinalskollegium des Borgia-Papstes: »Frömmigkeit war selten im heiligen Kollegium; Atheismus ziemlich allgemein.« Über den Papst sagt er: »Roderic Borgia war der beste Vertreter des Teufels auf Erden.« Deutlicher ist ein Papst nie gekennzeichnet worden. Er entwickelt sich zu einem vollkommenen Verbrecher[47].

»Von der Dämonie seines Sohnes Cesare getrieben und versunken in seiner nur als pathologisch zu kennzeichnenden Erotomanie, steuert er auf die Säkularisierung des Papsttums zu. Er ist seinem Sohn bis ins Detail jeden verbrecherischen Planes zur Steigerung der Macht hörig. Bis zu seinem Ende bleibt er ein Sklave seiner Laster. Cesare Borgia ist der uneheliche Sohn, den Vanozza Gaetani dem Papst geboren hat. »Der junge, wohlgestaltete, erbarmungslose, schlaue, unerschrockene Heerführer und Staatsmann erobert die Romagna und die Herzogtümer Urbino und Camerino mit Tapferkeit, Diplomatie, aber auch mit Tücke und Verrat.« Sein Vater hat die Kirche an den Rand des Ruins gebracht[48] Papst Alexander VI. nominiert 80 Brevenschreiber, von denen jeder 750 Scudi zu bezahlen hat und ein Chronist äußert:

»Ein Mann wie er wäre in der alten Kirche nicht einmal zur niedrigsten Klerikerstufe zugelassen worden.« Er hat neun Kinder verschiedener Maitressen; ein Sohn avanciert zum dritten General der Jesuiten (der spätere Heilige Francisco Borgia) und seine Tochter Lucrezia verwaltet vorübergehend die Amtsgeschäfte im Vatikan, während ihr Vater in Castel Gandolfo weilt. Zu den von ihm versorgten Scharen von Borgia, die Rom tyrannisieren, gehören vier Kardinäle. Vater und Söhne denken nur an die Erweiterung ihrer Hausmacht und ihr Nepotismus wird zur grenzenlosen Eroberungspolitik. Er enteignet die großen römischen Familien der Colonna, Gaetani, Savelli und konfisziert deren Vermögen. Die Gelder zu seinen Plänen verschaffen ihm nicht nur das Jubeljahr 1500, sondern auch Zahlungen im Zusammenhang mit Kardinalsernennungen und -morden, da die Opfer vom Papst beerbt werden. Zwei Ermordete sind die Kardinäle Michael und Orsini. Die Tyrannis der Borgia bricht plötzlich zusammen und dem Papst wird die Absetzung angedroht.

Der zusätzlich von Neapel im Stich Gelassene flieht in die Engelsburg und sieht sich zu einem Vergleich gezwungen. Nach neueren Forschungen muß als erwiesen gelten, daß Vater und Sohn durch den Kardinal Adriano Castelli vergiftet worden sind[49]. Cesare kann gerettet werden. Er wird später als Gefangener nach Sizilien gebracht.

»Die ständigen Versuche, den Borgia-Papst mit allen Mitteln der Fälschung und Unterstützung des reichen Materials an authentischen Dokumenten zu einem liebevollen Apostel zu manipulieren, sind wie alle Versuche in dieser Richtung, gescheitert. Die Kirche bedeutet für den Papst Alexander VI. nicht mehr als eine Kostümfrage.«

Nach seinem Tod und einem Zwischenspiel des Papstes Pius III. kommt Kardinal Giuliano della Rovere, ein lebenslanger Feind der Borgias, auf den Thron Petri. Er beseitigt Cesare Borgia und unterstellt dessen Besitztum dem Heiligen Stuhl. Danach erobert Papst Julius II., der sich in Helm und Harnisch malen läßt, mit seiner Armee die Territorien des Cesare Borgia zurück und erweitert die Grenzen des Kirchenstaates.

Papst Julius II. begründet die Tradition des Papstes als eines Mäzens der Schönen Künste. In den zehn Jahren seiner Regierung (1503-13) erleben die römische Architektur, Malerei und Literatur eine Blüte. Julius II. legt den Grundstein zum Petersdom nach dem Entwurf von Bramante. Michelangelo schafft in seinem Auftrag die Fresken der Sixtinischen Kapelle, während Raffael die Fresken in den Stanzen des Vatikans ausführt. 1510 veröffentlicht Papst Julius II. eine Bulle, die allen Menschen Ablaß in *forma jubilaei* verspricht. Er will damit die Kosten des Petersdomes decken.

Sein Nachfolger, Papst Leo X. gibt jährlich etwa 100 000 Dukaten für die Schönen Künste aus. Nach dieser kurzen Episode der Kulturförderung bricht ein neues Unglück herein, denn Papst Leo X., 1513-1.12.1521: Giovanni de Medici, leitet eine verderbliche Periode ein. Auf der einen Seite zeigt er doppelzüngiges Lavieren in den Fragen der europäischen Politik und auf der anderen durch noch keine noch so bedrückende Kriegslage zu beirrenden Nepotismus im machtpolitischen Interesse des Hauses Medici. Mehr Bankier als Papst, entwickelt der uneheliche Sohn von Lorenzo il Magnifico den Ablaßhandel zum Wirtschaftssystem größten Ausmaßes. Er bezieht aus 2550 Benefizien drei Millionen Goldgulden. Er schafft 39 neue Kardinalsämter, wodurch ihm 5 411 000 Dukaten zufließen. Sie haben nur solange Gültigkeit, wie der Papst am Leben bleibt.

Teuer sind die Lizenzen für die roten Kardinalshüte. Ihr Preis liegt zwischen 10 000 und 30 000 Goldgulden pro Exemplar. Im Rausch seiner krankhaften Vergnügungsgier und einer wahllosen Verschwendungssucht läßt er religiöse Fragen untergehen[50].

Papst Leo X. betreibt den Ämterverkauf bis zum Extrem. Er verkauft insgesamt 1200 neue Ämter. Ihre Inhaber erhalten die merkwürdigsten Namen wie *Ritter des heiligen Petrus, Portionarius, Knappe* oder *Janitschar*. Auf diese Weise sichert sich der göttliche Statthalter etwa 900 000 Scudi. Man sagt ihm nach, er habe die Einkünfte von drei Pontifikaten durchgebracht; das seines Vorgängers, das eigene und das seines Nachfolgers, dem er einen riesigen Schuldenberg hinterläßt. Leo X. leiht sich hohe Geldbeträge aus Privatkreisen: 32 000

CHRISTE ELEYSON.

Ecce MARIANI tibi panditur ara facelli,
QUIDVE ROGARE QVEAS cernua turba præit,
scilicet ad Gnati quoties placet ire penates,
per Matri effusas quibis adire preces.

Marienverehrung; Stich von J. Gallver in den Elogia Mariana von P. F. Isaacus Cloviensis, Augsburg 1700.

Scudi von Alvise Gaddi, 200 000 von Bernardo Bini und weiteres Geld von Freunden wie Salviati und Ridolfi.

Für Ungehorsame fordert er die Todesstrafe und er profiliert sich als Fälscher. Es wird aus dem von ihm herausgegebenen Dekret *Pastor Aeternus* deutlich. Es beinhaltet Dichtungen und Verdrehungen und entlehnt ältere und spätere Fiktionen, zum Teil aus dem Pseudo-Isidor gezogen. Sie schließt mit der Erneuerung der von Bonifazius VIII. erlassenen Bulle *Unam Sanctam*. Döllinger führt den Nachweis; kirchenamtlich werden sie totgeschwiegen[51].

Seinem Nepoten Lorenz de Medici, verschafft er das Herzogtum Urbino mit allen Mitteln der Verschlagenheit. Er ruiniert die kirchlichen Finanzen aus Eigen-nutz. Ein Anschlag, sich Ferraras zu bemächtigen, scheitert am Alptraum aller nepotisch gesinnten Päpste, einem von ihnen das Erbrecht der Krone von Neapel zu verschaffen[52]. Während seines Pontifikates kommt es zu einer breit angelegten Kardinalsverschwörung und zur Exekution ihres Anführers, des 27jährigen Kardinals Alfonso Petrucci.

Wenn auch das Wort des Papstes zu seinem Bruder Giuliano, des Herzogs von Nemours: »Laßt uns das Papsttum genießen, da es uns Gott verliehen hat« nicht verbürgt ist, richtet er sein Leben danach aus.

Papst Leo X. beschäftigt 683 Höflinge und Bedienstete, deren Ränge sich vom Erzbischof-Almosenpfleger bis zum Elefantenwärter, vom Hofkomponisten bis zu den Hofnarren erstrecken, mit denen er persönlich zu scherzen beliebt. Er schätzt die Jagd und verläßt Rom zuweilen für mehrere Wochen, 200 Reiter in seinem Gefolge, unter ihnen Kardinäle, Musiker und Kommödianten. Als Liebhaber der Musik komponiert er und beschäftigt ein Hausorchester. Er erwirbt kostbare Instrumente und veröffentlicht die Partitur der 15 schönsten Messen jener Tage, das *Liber quindecim missarum*. Zum Hofstaat des Papstes gehört eine Theatertruppe. Sie muß ständig neue Stücke einstudieren. Zu ihrem Repertoire gehört das freizügige *Mandragola* von Machiavelli.

Ein Dominikaner preist den Papst als Sonnengott. Kein Papst ist je in einem so unnötigen Übermaß durch Verse und Inschriften in den Himmel gelobt worden: Heerscharen von Literaten und Improvisatoren drängen sich um die päpstliche Futterkrippe, holen sich trügerischen Lohn für ihre Eintagserzeugnisse und werden Grafen. Sie erhalten Titel, Posten und Pfründe. Erasmus von Rotterdam läßt sich zu peinlichen Schmeicheleien für diesen Papst herab, dem Christen und Atheisten, Könner und Nichtskönner ihre Werke widmen. In seine Amtszeit fällt der Wormser Reichstag und der Dialog mit Martin Luther, der der römisch- katholischen Kirche für eine gewisse Zeit das Genick bricht.

Als Papst Leo X. 1522 stirbt, werden die einst von ihm geschaffenen Ämter von seinem Nachfolger Hadrian VI. mit einem Federstrich für vakant erklärt. Sie müssen neu gekauft werden. Besonders hart trifft es Kardinal Cibo, einen seiner Günstlinge.

Dieser verfügt über 10 Bistümer. Fürstbischof Johann IV. von Lothringen bekleidet gleichzeitig drei Erzbistümer, zehn Bistümer und fünf Abteien[53]. Hadrian VI., der letzte nichtitalienische Papst, der 1522 auf Papst Leo X. folgt, erkennt das Chaos und sucht die vatikanischen Finanzen zu ordnen. Adrian Florensz wird 1459 in Utrecht als Kind armer Leute geboren.Er entwickelt sich zu einem strengen, gebildeten Mann und wird Lehrer Karls V. von Frankreich, der später seine Erhebung zum Papst fördert. Hadrian VI. gehört zu den tragischen Gestalten der Kirchengeschichte. Er muß die trümmerhafte Erbschaft seines sybaritischen Vorgängers antreten. Der ätzende Hohn der Römer ergießt sich über den strengen Papst, der sein Pontifikat Christus unterordnet, während sein Vorgänger Leo X. nach dem von ihm überlieferten Grundsatz »wieviel uns die Fabel von Christus genützt hat[54]« ausrichtete.

Hadrian VI. entwickelt eine Abscheu gegen den seitherigen Lauf der Dinge, gegen Simonie, Nepotismus, gewissenlose Stellenbesetzungen und die Verschwendungssucht der Kurie; sein Ziel ist es,das Papsttum den ursprünglichen Aufgaben zuzuführen. Die Römer hassen ihn so wie die Kurie und man legt ihm alle erdenklichen Hindernisse in den Weg. Er ist vielleicht der einsamste Papst gewesen.

Er regiert nur ein Jahr und sieben Monate. Er stirbt am 14.9.1523 als enttäuschter, verbitterter Mann. Sein Grabstein in der deutschen Kirche *Santa Maria dell Anima* trägt das trübsinnige Fazit seines Lebens, von ihm selbst verfaßt: »Ach, wie muß auch der Beste unter der Zeit leiden, in der er lebt«.. Jacob Burckhardt bezeichnet ihn als *Brandopfer des römischen Hohnes.* Obwohl sich Hadrian VI. um eine Sanierung bemüht, muß er selbst den Ämterverkauf als Ausweg wählen, als er zum Feldzug gegen die Türken rüstet.

Beim Tod der Päpste und Bischöfe entsteht eine vakante Situation und der kirchliche Besitz scheint so lange herrenlos, bis die Position wieder besetzt ist. Allein daran ist abzulesen, daß von einer gefestigten Struktur innerhalb der Kirche keine Rede sein kann. In solchen Fällen greift die Plünderung um sich.

Bereits im 6. Jahrhundert informiert uns ein Erlaß des Papstes Deusderit über die Papstwahl und von den Gewalttaten, die die römische Kirche beim Tod eines Papstes zu erleiden hat. Um 900 spricht ein Konzil von der eingeschulten Gewohnheit, daß beim Tod eines Papstes nicht allein der päpstliche Palast geplündert wird, sondern daß sich die Räubereien auf die ganze Stadt erstrecken.

Papst Leo X. publiziert einen Erlaß, der die fluchwürdigen Gewohnheiten einiger Gemeinden verdammt, nach dem Tod eines Bischofs feindlich in sein Haus einzudringen, seinen Besitz nach Räuberart zu plündern, die Landhäuser in Brand zu stecken, die Weinberge und Pflanzungen *in mehr als tierischer Roheit* zu zerstören[55].

Faßt man die bisherige Finanzpolitik zusammen, so ruht sie auf Betrug, denn sie kennt die Eigenleistung nicht. Jeder versucht sich habgierig auf Kosten der unter ihm stehenden zu bereichern, die die milliardenschwere Zeche zahlen. Die Einfältigen verkaufen ihr letztes Hemd, um das autoritäre und antiquierte System zu hegen. Es ist klar, daß es in sich zusammenbrechen muß.

Dies geschieht unter dem Nachfolger Papst Hadrians VI. Es ist Giulio de Medici, ein Bruder von Lorenzo des Prächtigen. Er regiert unter dem Namen Klemens VII. von 1523-34. Sein Pontifikat ist Zeuge vieler Katastrophen für die römisch-katholische Kirche, die sie jedoch durch ihr Gebaren herbeigerufen hat.

- Rom wird 1527 durch die Söldnerheere Karls V. von Bourbon geplündert. Der Papst wird bei dieser Gelegenheit gefangen.
- Im deutschsprachigen Raum breitet sich der Protestantismus aus.

- In Frankreich breitet sich der Calvinismus aus.
- In England heiratet Heinrich VIII. Anna Boleyn (1533). So bildet sich die Anglikanische Kirche heraus.
- Skandinavien und ein Teil der Schweiz treten zum Protestantismus über.

Das Blatt wendet sich, Verkauf der Monti

Papst Klemens VII. belebt den Ämterverkauf durch den Verkauf der *Monti*. Man versteht darunter eine regelmäßige Einnahmequelle, wie etwa die Mehl-, Salz- oder Olivensteuer, Liegenschaftssteuern, Zolleinnahmen usw. Die Apostolische Kammer verkauft die Montis ganz oder teilweise gegen bar zu zahlende Pauschalen an Privatleute. Man unterscheidet die *Monti vacabili* und die *Monti non vacabili*. Bei ihnen wird das erkaufte Recht der Steuereintreibung beim Tod des Besitzers auf seine Erben übertragen. Die Folge dieser Politik ist eine steuerliche Ausblutung der Beherrschten. Innerhalb von etwa 70 Jahren verdreifachen sich die Einnahmen der Kurie. Das System des Verkaufs der Monti dehnt sich rasch über den gesamten Kirchenstaat aus und hat verheerende Auswirkungen.

Papst Gregor XIII. (1572-85) wirtschaftet ebenso schlecht wie seine Vorgänger. Er sucht als *Jünger der Jurisprudenz* nach *rechtmäßigen* Methoden der Geldbeschaffung. Er läßt die vatikanischen Archive nach Unregelmäßigkeiten abtasten. In solchen Fällen konfisziert er den Besitz dieser Vasallen, sei es legal oder gewaltsam. Mit Stolz verkündet er, daß er dadurch die Einnahmen des Heiligen Stuhles jährlich um 100 000 Scudi vermehrt hat.

Seinem Nachfolger, Sixtus V. (1585-90) gelingt ein finanztechnisches Wunder. Er ist ein einst demütiger Franziskanerprediger und hinterläßt als Papst annähernd fünf Millionen Scudi in Gold. Er weiht die Summe in einer feierlichen Zeremonie der Heiligen Jungfrau Maria und den Aposteln Petrus und Paulus. Die päpstliche Bulle, in der von diesem Kirchenschatz die Rede ist, berichtet: »Der Papst achtete nicht nur auf die Wogen, die das Schiff Petri zuweilen herumwerfen, sondern auch auf den Sturm, der aus der Ferne droht; der Haß der Ketzer ist unerbittlich; der mächtige Türke, Assuerus, die Geißel göttlichen Zorns, bedroht die Gläubigen; und Gott, auf den der Papst an diesen Gefahren vertraut, hat ihn ermahnt, daß der Vater auch bei Nacht über die Familie wachen muß. Der Papst folgt dem Beispiel der Väter des Alten Testaments, die beträchtliche Geldsummen im Tempel des Herrn aufzubewahren pflegten.«

Tatsache ist, daß er diese Summe auf dem gleich unreellen und betrügerischen Weg seiner Vorgänger zusammenträgt. Er erfindet neue Posten für Referendare und Notare in den wichtigsten Städten des Kirchenstaates und er bildete neue Montis. Sie belasten oft die Ärmsten der Armen. Seltsamerweise wird der Papst bei seinen Verwaltungsoperationen von einem portugiesischen Juden namens Lopez beraten, der aus Furcht vor den Inquisitionstribunalen aus Portugal geflohen ist. Sixtus V. bestimmt, wann man über dieses Geld verfügen kann:

- Im Fall eines Kreuzzuges zur Eroberung des Heiligen Landes.
- Im Fall eines Krieges aller christlichen Nationen gegen die Türken.
- Im Fall einer Hungersnot oder Seuche.
- Im Fall des möglichen Verlustes einer katholischen Provinz oder eines drohenden Angriffes auf den päpstlichen Stuhl.
- Bei der berechtigten Aussicht, eine Stadt für den Heiligen Stuhl einzunehmen.

Er droht seinen Nachfolgern mit dem göttlichen Zorn, falls sie dieses Kapital zu anderen Zwecken nutzen. Es dauert nicht lange, bis dieses Geld verschwendet ist. Er ist mit seinen Reformbestebungen nicht zimperlich. Er verhängt über Inzest, Abtreibung, Sodomie und Ehebruch die Todesstrafe. Zum Schutz der einheimischen Küsten gegen Piraten setzt er eine päpstliche Flotte ein.

Konsequent ist der ehemalige Franziskaner nicht und auch er gibt sich der Vetternwirtschaft hin. Er macht seinen Großneffen zum Kardinal und überschreibt ihm eine kirchliche Pfründe im Wert von 100 000 Scudi. Einem anderen Kardinal verleiht er Titel und Besitz eines Marquis von Mentana, Prinzen von Venefro und eines Herzogs von Celano. Papst Klemens VIII. (Ippolito Aldobrandini) schenkt seinen Neffen während der 13 Jahre seiner Regierung über eine Million Scudi in bar. Seine Verwandten erhalten hohe und gut dotierte Verwaltungsposten, das Fürstentum Sulmona, Paläste und Villen in Rom und viele Privilegien.

Unter Papst Urban VIII. (1623-44) erreicht der Nepotismus Ausmaße, die selbst dem Papst Gewissensnöte bereiten. Er ernennt ein Komitee zur Durchleuchtung der finanziellen Situation. Das Prüfungsergebnis wird vom Generaloberen der Jesuiten, Pater Vitelleschi, bekräftigt.

Trotzdem geht Maffeo Barberini, alias Urban VIII. auf dem verführerischen Weg weiter. Er macht seinen Bruder Antonio und seine drei Neffen Francesco, Antonio und Lorenzo Magalotti zu Kardinälen. Sein Bruder Antonio hat drei Söhne: Francesco, Antonio und Taddeo. Sie werden Urbans Camerlengo, Vizekanzler und Präfekt der päpstlichen Regierung. Sie verfügen über Schlüsselpositionen mit den entsprechenden Einkünften.

Papst Alexander VII. (1655-67) unternimmt zum Beginn seines Pontifikates den Versuch, der hoffnungslosen Situation Herr zu werden. Er nimmt einen Kredit auf und kauft die einst vergebenen *Monti vacabili* zu ihren Marktwerten zurück. Später kauft er noch die *Monte non vacabile* zurück. Unter seinen Nachfolgern bricht dieser kluge Ansatz in sich zusammen. Papst Alexander VII. findet einen Nachahmer in Papst Innocenz XII. (1691-1700), der 1692 eine Verordnung *Ad hoc unxit* herausgibt, mit

Luther schlägt an der Schloßkirche von Wittenberg seine Thesen gegen den Ablaß an; nach einem zeitgenössischen allegorischen Holzschnitt.

Der Pfaffenstand; Aus: »Das Papsttum abgemalt in feinen Gliedern« von Lukas Cranach d. Ä. mit Texten von Martin Luther.

Der Domherr; Aus: »Das Papsttum abgemalt in feinen Gliedern« von Lukas Cranach d. Ä. mit Texten von Martin Luther.

der er der Apostolischen Kammer den Ämterverkauf untersagt. 1735 führt Papst Klemens XII. wieder eine Reform für die Apostolische Kammer ein. Papst Benedikt XIV. ahmt ihn elf Jahre später nach. Der Oberste Schatzmeister muß detaillierte Auflistungen über die Einnahmen und Ausgaben vorlegen.

Verlust der weltlichen Macht

1798 besetzt General Berthier auf Befehl Bonapartes Rom, ruft die Republik aus und entrechtet Papst Pius VI. als Souverän. Man hat bereits ein Jahr vorher den Papst gezwungen, den Vertrag von Tolentino zu unterschreiben, mit dem er auf die päpstliche Domäne Avignon verzichtet.

Pius VI. stirbt im August 1799 auf einer Reise nach Paris, wohin man ihn als Gefangenen bringen will. Napoleon gibt

seinem Nachfolger, Pius VII., 1801 im Vertrag von Lunéville die päpstlichen Gebiete zurück, um sie ihm 1809 wieder zu nehmen, als die Franzosen zum zweitenmal in Rom einmarschieren. Wieder wird der Papst gefangen und nach Savona ins Exil geschickt.

Jetzt zeigt sich der Nachteil, chaotische Finanzsysteme zu haben. Jetzt ist die Kirche gezwungen, Geld aufzunehmen und zudem noch eigene Werte und einstige Monopole zu verkaufen. Die Kurie kann keine Zinsen mehr nehmen, sondern muß welche bezahlen. Von den Rothschilds in Paris leihen sie sich zwischen 1831 und 1846 14 000 000 Scudi. Die ökonomische und politische Situation des Kirchenstaates verschlechtert sich und die Steuerlasten steigen ins Unerträgliche.

Wirklich dramatisch ist jedoch eine andere Strömung, denn das Bürgertum ist erwacht; es formiert sich eine Opposition gegen den Despotismus der Kurie und sie muß, nach der Reformation, einen zweiten empfindlichen Schlag hinnehmen.

Die Kirche gestattet weder die Presse-, noch Redefreiheit. Bücher werden zensiert und verboten. Universitäten werden geschlossen. Papst Leo XII. (1823-29) geht in seiner Verblendung so weit, daß er das Impfen gegen Pocken als naturwidrig verbietet. Wieder einmal werden die Juden in Ghettos gepfercht. Die Konfusion innerhalb der kirchlichen Zentralverwaltung bricht aus. Der Kirchenstaat wird schlecht, despotisch und engstirnig verwaltet; seine Untertanen befinden sich in einem Zustand der selbstverschuldeten Verzweiflung. Die europäischen Großmächte, denen das Spektakel nicht verborgen bleibt, senden am 10.5.1831 ein Memorandum an den Heiligen Stuhl mit der formalen Aufforderung, man möge die Mißstände beheben.«

Papst Gregor XVI. (1831-46) bleibt nichts anderes übrig, als das Memorandum zu akzeptieren. Sein Nachfolger, Pius IX. (1846-78) beginnt sein Amt mit einer Amnestie für politische Verbrechen. Er proklamiert eine neue Verfassung. Unter seinem Pontifikat entwickelt sich das *Ewige Licht* der Apostolischen Kammer zu einem bescheidenen Flämmchen. Doch Pius IX. kommt mit seinen Reformen zu spät, um noch etwas zu bewegen. 1848 bricht ein Aufstand aus und er flieht nach Gaeta im Königreich Neapel. Daraufhin rufen die Römer die Republik aus. Im Dezember 1869 ruft Pius IX. das Erste Vatikanische Konzil zusammen, mit dem er u. a. seine Unfehlbarkeit dokumentieren will. Fehlbar ist er im Hinblick auf die vatikanischen Finanzen, denn dazu soll er ironisch bemerkt haben: »Ich mag wohl unfehlbar sein, aber auf jeden Fall bin ich bankrott.«

Mit dem Sieg der Preußen über Napoleon III. bei Sedan verliert der Papst den stärksten Beschützer. Der italienische König Viktor Emmanuel II. ergreift die Gelegenheit und fällt in den Kirchenstaat ein. 1870 schlagen die Kanonen des Generals Cadorna eine Bresche in die Aurelianische Mauer bei der Porta Pia und geben den Weg frei, um die Ewige Stadt zu besetzen.

Der Kardinalstand; Aus: »Das Papsttum abgemalt in feinen Gliedern« von Lukas Cranach d. Ä. mit Texten von Martin Luther.

Dubiose Geldquellen des Vatikans

Der unermeßliche Luxus der göttlichen Statthalter, die Finanzierung der Vernichtungsfeldzüge gegen Andersdenkende- und gläubige kostet Milliarden. Sie werden aus tributpflichtigen Christen herausgequetscht. Um die Menschen gefügig zu halten, wird ihnen immer wieder das Sündenbewußtsein vor Augen geführt und vor allem eine *teuflische* Angst eingeredet.

Schmitz gelangt zu der Auffassung: »Die allgemeine Dummheit bezieht ihre kräftigsten Impulse aus der Machtergreifung der geoffenbarten Religion; sie ist ein blinder Fleck im Spiegel des menschlichen Wesens.« Welcher Christ kennt nicht das Stoßgebet: »Maria, Mutter Gottes, bitte für mich in der Stunde meines Todes. Amen.«

Die christliche Religion darf für sich in Anspruch nehmen, daß erst mit ihren Lehren die Entwicklung der menschlichen

Vernunft auf allen Gebieten der Wissenschaft sichtbar gedrosselt wird. Die Jahre des geistigen Aufstiegs der Menschheit, wie er in Griechenland und den hellenistischen Geisteszentren begonnen hat, hat sie ausgewischt und die Zeiten naiver Weltbetrachtung und magischen Denkens wird durch sie wieder nach oben gekehrt. Sigrid Hunke sagt dazu:

»Auf allen Plätzen des Wissens um die Erde senkte die Kirche das Niveau ... wo das Christentum Fuß faßte, in Alexandrien und Byzanz, in Griechenland und Rom, in Gallien und Britannien, setzte ein ungeheuer Schwund der Bildung ein. Und dabei hatte doch gerade erst der seit Hannibals Tagen unaufhaltsame kulturelle Niedergang des Römischen Reiches während der weisen und gerechten Herrschaft Theoderichs überraschend in eine allmähliche Aufwärtsentwicklung aus der Talsohle gekehrt. Kulturelle Werte waren wieder im Kurs gestiegen. Die verwaisten kaiserlichen Palastschulen belebten sich neu und mußten erweitert werden.

In öffentlichen Vorlesungen wurden unter seiner toleranten Regierung die Werke des Hippokrates und Galen gelehrt. Gebildete Goten traten als studierte Ärzte auf, betrieben Physik und Astronomie. Nach Theoderichs Tod dauerte die Regsamkeit fort. Eine Zeit der Genesung und des spürbaren Wachsens schien ein Versprechen auf die Zukunft, auf das, was hätte werden können, wären diese hoffnungsvollen, wenn auch bescheidenen Triebe nicht jäh im Keimen geknickt worden.

In Gallien, wo Apollinaris ein reges kulturelles Leben vorfand und in seinen Briefen von der *königlichen Gelehrsamkeit* der gallischen Urbanitas des 5. Jahrhunderts schwärmte, verblaßten ebenso wie in Britannien nach dem Eintreffen der kirchlichen Boten hellenistische Bildung, griechische Sprache und weitläufige römische Geselligkeit. Das geistliche Rom suchte gerade diese heidnisch-antiken Elemente auszumerzen, auch jene, die es bereits in sich aufgenommen hatte. Der heilige Hieronymus hielt das griechische Denken für einen *Fluch der Menschheit* und übertrug

die Bibel ins Lateinische, auf daß die Vulgata Homer und Vergil aus den Köpfen vertreibe ... Nichts offenbart diese Gesinnung augenfälliger, dramatischer als die Feuersbrünste und Rauchsäulen über Alexandrien, dem jahrhundertealten Hort griechischen und hellenistischen Wissens, jetzt neben Rom der Hauptsitz der christlichen Kirche. Rot färbt sich der Himmel über der Wissensmetropole am Nildelta, während unersetzbare Werte aus griechischer Dichtung und Philosophie aus den hellenistischen Wissenschaften den Vernichtungsaktionen christlicher Eiferer zum Opfer fallen. Die Verbrennung der alexandrinischen Bibliothek hat sich als ein Werk christlichen Vernichtungseifers und antiislamischer Propaganda erwiesen.

Schon im Jahre 47 v. u. Z. sind bei der Belagerung durch Julius Cäsar 700 000 Buchrollen der alexandrinischen Bibliothek des Museions in Flammen aufgegangen. Aber im 3. Jahrhundert setzten die planmäßigen Zerstörungen ein. Ein christlicher Patriarch schließt das Museion und vertreibt seine Gelehrten. Unter dem byzantinischen Kaiser Valens wird 366 das Caesarum in eine Kirche umgewandelt, seine Bibliothek geplündert und verheizt, werden seine Philosophen wegen Magie und Hexerei verfolgt. 391 erwirkt Patriarch Theophilos vom Kaiser Theodosios die Erlaubnis, den großen Wallfahrtsort der antiken Welt, die letzte und größte Akademie Alexandriens, das Serepeion, zerstören und seine kostbare Bibliothek von 300 000 Buchrollen den Flammen überliefern zu dürfen.

Das Vernichtungswerk von fanatisierten Christen ist damit nicht beendet. Der Freund des Patriarchen Severus von Antiochia bekennt ohne Scham, daß er heidnische Gelehrte und heidnische Kulturstätten überfiel, ihre Götterbilder zerschlagen und ihre kulturellen Einrichtungen zerstört hat. 529 wird die letzte Philosophenschule in Athen geschlossen, um 600 in Rom die von Augustus gegründete Palatinische Bibliothek eingeäschert, die Lektüre der Klassiker, die Reste antiker Bauwerke der Zerschlagung preisgegeben.«

Ablaßhandel, nach Hans Holbein dem Jüngeren.

Die Kirche weiß, wie heiß inzwischen der geschichtliche Boden für sie geworden ist, denn Autoren wie Drewermann, Küng, Leist, Buggle, Schmitz, Deschner und andere können nicht mehr unter den Tisch des Herrn gefegt werden. Dazu gesellt sich eine inzwischen unübersehbare Schar von Geistlichen und Theologen, die sich vehement gegen die Willkür- und Gewaltakte des fossilen Systems aufbäumen.

Denarius St. Petri

Der Peterspfennig gilt als eine der bedeutendsten Einnahmequellen des Heiligen Stuhles. Die Geschichte des Peterspfennigs ist untrennbar mit den politischen und religiösen Stürmen verknüpft, die die Kirche von Rom im Laufe der Jahrhunderte durchstehen muß. Er hat seinen Ursprung bei den Angelsachsen. Papst Gregor I. (590-604) schickt den heiligen Augustinus nach England, um sie zu bekehren. Im Gegenzug entsteht eine regelrechte Völkerwanderung in den Süden, denn viele Engländer pilgern nach Rom. Hier entsteht zum Ende des 8. Jahrhunderts die *Schola Saxonum* in der Nähe des Petersdomes. König Ina von Wessex (689-726) dankt nach 37 Jahren ab, um in Rom zu sterben. Er unterstützt die Rompilger finanziell, indem er von jeder Familie im heimischen Königreich Wessex eine Jahressteuer in Höhe eines Pennys erhebt; es ist die Geburtsstunde des Peterspfennigs.

Unter König Ethelwulf wird die Abgabe gesetzlich verankert. Er schickt jährlich 300 *Mangons* nach Rom, mit der Anweisung, sie wie folgt zu verteilen: 100 um Öl für die Lampen des Petersdoms zu kaufen, 100 für das Öl, das in St. Peter vor den Mauern gebraucht wird und 100 für den persönlichen Gebrauch des Papstes.

Allmählich schließen sich andere Länder dieser Regelung an. Karl der Große führt sie in Frankreich ein. Er zwingt die Haus- und Grundbesitzer zu dieser Abgabe. König Knut der Große (1014-33) führt die Steuer in Dänemark ein. Der englische Kardinal Nicholas Breakspeare, der spätere Hadrian IV. bringt die Sitte nach Norwegen, zumal er sich hier von 1148-54 als päpstlicher Legat aufhält. Spanien schließt sich 1073 an, Böhmen 1075, Kroatien und Dalmatien 1076, Portugal 1144.

In England wird der Peterspfennig abgeschafft, als sich Heinrich VIII. 1534 zum Haupt der Kirche von England erhebt. Zwar führt ihn Maria die Blutige wieder ein, doch er wird endgültig 1558 von der Königin Elisabeth I. als Steuerabgabe abgeschafft. Die protestantische Reformation lehnt die Zahlung ab. Beide Maßnahmen reißen ein Loch in die vatikanische Finanzpolitik.

Erst im 19. Jahrhundert lebt dieser Brauch wieder auf, um den nach Gaeta geflohenen Papst Pius IX. zu unterstützen. Damals verteilen die Geistlichen in vielen Ländern Europas, vor allem in Deutschland und Irland, Bilder an ihre Gläubigen, auf denen der Heilige Vater im Elend dargestellt ist, ausgestreckt auf einem dürftigen Strohlager in einem finsteren Verlies; die daraus resultierenden Opfergaben, denn ein Unfehlbarer kann doch so schlecht nicht sein, fließen dem Heiligen Stuhl als Einkommen zu, der es in seiner Güte angenommen hat. Heute wird der Löwenanteil des Peterspfennigs von den historisch blinden Amerikanern aufgebracht.

Zehnten, Dispensgelder und Annaten

Mit dem Peterspfennig allein ist es nicht getan, denn er würde den Geistlichen bestenfalls einmal pro Woche eine karge Suppe ermöglichen. Die *Zehnten* sind eine schon im Alten Testament bekannte Einrichtung. Auf sie berufen sich die Kirchenväter des 2. Jahrhunderts. Später wird mit dem Bann bedroht, wer dieser Verpflichtung nicht pünktlich nachkommt. Sowohl Karl der Große wie die englischen Könige Ethelwolf und Edward der Bekenner, machen auf Ansuchen ihrer Beichtväter den Zehnten zum Gesetz. Es kann nicht ausbleiben, daß die Geistlichen dieses Recht zu ihren Gunsten ausdehnen. Bald verlangen sie den Zehnten von den Feldfrüchten, Ziegen, Hühnern und dem Erwerb.

Hinzu kommen die Dispensgelder der Priester, Dispensationen von Fasten usw. Da die Kurie Ehen unter Blutsverwandten bis zum 14. Grad herunter, können Dispensgel-

der nicht fehlen. Papst Johannes XXII. ist der Erfinder der schändlichen Listen für Dispensationen und Absolutionen zu entrichtenden Taxen. Bei seinem Tod hinterläßt er 16 Millionen gemünztes Geld und 17 Millionen in goldenen Barren. Hinzu kommt die Kreuzzugs- und Türkensteuer; ganz spät kommt die den Tributpflichtigen abgezogene Kirchensteuer, die 1989 bereits die Fünfmilliardengrenze überschritten hat.

Eine weitere Geldquelle für die Statthalter Gottes sind die *Annaten*. Man versteht darunter die erste Jahreseinnahme, die ein Bischof oder Abt dem Papst zu überlassen hat. Für das Mainzer Erzbistum bedeutet es einst 175 000 Gulden. Gewiß hat sie der Bischof nicht selbst verdient. Man hat ausgerechnet, daß der Kirche aus diesem Fundus bis etwa 1850 300 Millionen Taler zugeflossen sind. Hinzu kommen Ablaßgelder in der Größenordnung von Milliarden. Feudalismus kostet Geld. Im Fall der Kirche sehr viel; da sie selbst nichts hat, aber gut leben will, muß sie es erschleichen oder aus den Christen quetschen.

Agnus Dei, Länge Christi, Himmelspaß

Bereits in ägyptischen Gräbern hat man Talismane und Amulette gefunden. Der Skarabäus gilt als Symbol des Gottes Khepher, der täglich den Sonnenball vom östlichen Horizont zum westlichen rollt. Er wird als Gott der Ewigen Wiedergeburt verehrt. Die Juden schreiben den Namen ihres Gottes Jahwe auf Pergamentstreifen, die, in kleine Kapseln geschlossen, an den Gewändern befestigt oder an einer Schnur um den Hals getragen werden. Die Griechen und Römer tragen kunstvoll gearbeitete Götterfigürchen. Den Kindern werden nach der Geburt runde oder herzförmige Kapseln um den Hals gehängt. Sie enthalten ein gegen Verhexung und Verzauberung wirksames Amulett, das von den Mädchen bis zur Heirat getragen wird.

Schwierig ist die Abgrenzung zwischen Religion und Aberglauben. Kardinal Benno ist der Meinung, daß Gerbert ein Zauberer sei, der den Dämonen opfert. Zudem würde Erzbischof Lorenz von Amalfi (1040-48) Unterricht in der Schwarzen Kunst erteilen und aus dem Gesang der Vögel Schlüsse ziehen.

Papst Benedikt IX. soll es verstanden haben, verschiedene Frauen durch Zauberkünste in sich verliebt zu machen. Den Gegnern der Reformbewegung erscheint Papst Gregor VIII. als Diener von bösen Dämonen. Benno erwähnt Papst Alexander II. und Hildebrands magische Künste. Hildebrand legt er die Schutzgöttin Medea bei und schreibt Papst Gregor VII. die Fähigkeit zu, Funken aus den Ärmeln schütteln zu können. Anselm behauptet von Rotiland, er könne seine ihm hinderliche Mutter unbedenklich durch giftige Froschlungen aus der Welt schaffen.

Am Johannistag tauft man Kraut und Laub. Diese Gebräuche sind zur Zeit Damianis in vollem Gang; selbst hohe Geistliche frönen dem Aberglauben. Einen Schritt weiter und wir befinden uns mitten in der Religion. Die christliche Welt ist voll hineinkonstruierter Teufel und die Zahl ihrer Diener ist unendlich. Schon beginnt die römisch-katholische Kirche, sich selbst zum Narren zu halten.

Unter dem Namen *Gotteslamm* werden seit Jahrhunderten von der römisch-katholischen Kirche geweihte Stückchen aus Wachs vertrieben. Die Weihe findet im ersten Jahr der Regierung des Papstes,und dann in der Regel alle sieben weiteren Jahre statt. Das Wachs stammt von Bienen; es muß zuvor an einer Osterkerze gebrannt haben, die in einer Kirche stand. Darauf wird das Bild eines Lammes geprägt.

Bereits 1471 läßt sich Papst Paul II. in einem an alle Gläubigen gerichteten Hirtenbrief über die außerordentliche Wirkung dieses Schutzmittels aus und sagt: »Es hat sich nicht nur in allen Gefahren, bei Feuersbrünsten, Schiffbrüchen, Stürmen, Blitz- und Hagelschlägen bewährt, sondern selbst Gebärenden in schweren Stunden geholfen.« In mehreren Klöstern Frankreichs werden *Gürtel der heiligen Margaretha* an Schwangere verkauft, um ihnen die Niederkunft zu erleichtern. Der Statthalter Gottes versäumt nicht darauf hinzuweisen, daß er sich und seinen Nachfolgern das alleinige Recht vorbehält, solch wunderkräfte Talismane herzustellen und zu vertreiben[56].

Leo X. läßt sich die Verbreitung eines weiteren Schutzmittels angelegen sein; er empfiehlt den Ankauf von Karten, die mit einem Kreuz gestempelt sind und den Aufdruck tragen: »Vierzigmal vergrößert, entspricht dieses Kreuz der wirklichen Größe des Kreuzes Christi. Wer es küßt, ist für sieben Tage gegen Unfälle, Krankheiten, Schlagfluß und plötzlichen Tod geschützt.«

»Der katholische Pöbel trägt die Länge Christi, um gegen den Schuß sicher zu sein. Die Länge ist ein elendes Gebet, in ein Tuch von fünferlei Farben gewickelt, das, wenn es auf dem bloßen Leib getragen wird, dem Träger nicht nur Festigkeit und Unverletzlichkeit gewähren, sondern ihm auch, mag er sterben wie er will, die Seligkeit verschaffen soll. Es ist ein Papier, eine Hand breit und fünf Fuß lang, denn so groß soll Jesus gewesen sein.. Man will es 1665 zu Jerusalem beim Heiligen Grab gefunden haben. Klemens VIII. soll die Nachricht gutgeheißen und bestätigt haben.«

»Den 3. Juni 1790 auf Fronleichnam der Katholiken wurde ein Bischöflich-Straßburgischer Untertan, der auf Wildschießen ausgegangen war, von einem Markgräflich-Baden'schen Freijäger erschossen. Man fand bei der Leiche die Länge Christi mit folgenden Worten: ›Gelobet sei der allerheiligste Name Jesu und seine heilige Länge in Ewigkeit.‹« Eine Variante des *Schußfestmachens* ist das Einnähen von geweihten Hostien im Arm.

Man darf nicht nur die Ausbeuter sehen. Die Zeit ist so abergläubisch wie unsere. Ab dem frühen 16. Jahrhunderts werden mehr und mehr Amulette für unterschiedliche Zwecke verbreitet. Thurneysser fertigt sie für alle Stände. Es handelt sich um *Sigilla solis* und die *Sigilla signorum*. Unter einem Verzeichnis Philipp des Großmütigen wird ein Jacob Grunnings von Rittmannshausen angeklagt, mit *Erdmännchen* umgegangen zu sein; er soll damit Betrügereien begangen haben.

1676 wird Georg Merkel aus Abtrode bei Allendorf gefangen. Er hat sich »die Dummheit der Leute zunutze gemacht, und mit *Glücksmännchen* gehandelt.« Noch 1764 wird in einer deutschen Universitätsstadt ein Verbrecher zum Galgen geführt, der in der einen Hand eine Zitrone und in der anderen einen versiegelten, vom Pater unterschriebenen Paß an den heiligen Petrus bei sich trug.

Jubeljahr, Heilige Pforte

Dann setzt der Papst Bonifazius VII. das *Jubeljahr* in die Welt. Er erinnert sich daran, daß sowohl die Juden wie die Römer den Beginn eines neuen Jahrhunderts mit Pomp gefeiert haben. Mit dem Jahr 1300 wird das Jubeljahr eingeführt. Bonifazius VII. läßt verkünden, daß sämtliche Pilger, die in diesem Jahr eine Wallfahrt nach Rom unternehmen und ein Opfer auf dem Altar der Peterskirche niederlegen, einen *vollkommenen* Ablaß für alle begangenen Sünden empfangen sollen. Mehr als 200 000 Leichtgläubige strömen daraufhin in die Heilige Stadt; sie nehmen eine beschwerliche Reise auf sich, um sich hinter das Licht führen zu lassen.

Später wird die Spanne von ursprünglich 100 auf 50 Jahre verkürzt. Deshalb, weil der zwischen Ostern und Pfingsten liegende Zeitraum lediglich 50 Tage betragen darf. So ordnet Papst Klemens VI. an, daß das nächste Heilige Jahr bereits 1350 zu feiern ist. Es werden mehr als eine Million Pilger gezählt und man schätzt den Gewinn in den päpstlichen Kassen auf 22 Millionen Goldgulden.

Daraus resultiert, daß Papst Urban VI. die Wiederkehr des Heiligen Jahres auf 33 Jahre reduziert, denn er will auf die lukrative Einnahmequelle nicht verzichten. So wird denn in Erinnerung zum *Andenken der Lebensjahre Jesu Christi* – er soll 33 Jahre alt geworden sein – in diesen Intervallen gefeiert. Endlich gelingt es Papst Sixtus IV. *wegen der Kürze des menschlichen Lebens*, die Spanne auf 25 Jahre zusammenzustreichen. Er läßt verkünden,

daß auch diejenigen, die nicht in der Lage sind, eine Reise nach Rom anzutreten, einen ebenso vollständigen Ablaß erlangen, wenn sie lediglich den dritten Teil der Reisekosten an einen päpstlichen Vertreter zahlen. Es gab Tausende, die den für sie so günstigen Vorschlag angenommen haben.

Papst Alexander VI. eskaliert den klerikalen Ausbeutungsmechanismus. Er läßt einen Eingang an der Peterskirche vermauern und bestimmt, daß diese *Heilige Pforte* beim Beginn eines jeden Heiligen Jahres durch den residierenden Papst mit einem Hammer geöffnet wird. »Wer nun während des Heiligen Jahres durch diese Pforte in die Peterskirche geht, soll aller Sünden ledig sein. Je nach Hinterlegung einer Geldsumme könne er die Pforte im Namen seiner Angehörigen passieren und sie dadurch von deren Sünden befreien.«

Ablaßhandel

Antike Vorläufer

Das Geschäft mit der menschlichen Einfalt ist schon Jahrhunderte vor dem Einsetzen des Christentums geläufig. Daß der Ablaßhandel bereits im Altertum bekannt ist, ist aus den Schriften Platons (428-348) zu ersehen. Er beschreibt das Agieren der damaligen Bettelpriester treffend: »Sie und drei Wahrsager kommen vor die Türen der Reichen, vorgebend, daß ihnen von den Göttern die Gabe verliehen worden sei, durch Zaubersprüche und Opfer jedes Vergehen in vergnügtester Weise zu sühnen. Möge das Vergehen von jemanden selber oder von seinen Eltern begangen worden sein.«

»Sie beschwatzen nicht nur Einzelne, sondern auch ganze Städte, die sich auf diese Weise durch Opfer von ihren Sünden reinigen wollen. Sie haben nicht nur Sündenerlaß für noch Lebende, sondern auch Weihen für bereits Verstorbene, um dieselbigen in der jenseitigen Welt von allem Bösen zu befreien. Sie behaupten dabei, Schreckliches stehe denjenigen bevor, die sich weigerten, die Opfer zu errichten.« Die christlichen Priester übernehmen diese betrügerische Sitte und perfektionieren den Ablaßhandel zu ihren Gunsten.

Schon in der Antike legt man Nachbildungen von erkrankten Körperteilen neben Altäre und wartet auf ein Wunder. Unfruchtbare Frauen offenbaren ihre Wünsche durch das Darbringen von aus Wachs geformten Wickelkindern. »Wie die christlichen Priester manches von den ägyptischen, jüdischen und denen aus dem hellenistischen Altertum erdachten und eingeführten Verordnungen, Zeremonien und Einrichtungen übernehmen, haben sie beim Ablaß aus dieser Quelle gefischt.«

Christliche Ablaßpolitik

»In der Lehre vom Ablaß steckt bis heute ein ungeheurer Wust des tollsten Aberglaubens[57] ... und im Ablaßwesen mit seinen Medaillen, Kreuzen und Skapulieren wuchert ein Fetischismus auf. Allein die Tätigkeit der römisch-katholischen Kirche im Umfeld des Aberglaubens reicht hin, um die angemaßte Göttlichkeit des Papsttums als Lüge zu erkennen[58].«

Die Kirche redet den Leichtgläubigen ein, sie sollen dafür bezahlen, um sich aus den erdichteten Qualen von Fegefeuer und Hölle zu befreien. Diese Qualen gibt es nicht; es sind künstlich injizierte und hochgehaltene Phantasieprodukte einer neurotisch veranlagten Geistlichkeit.

Es geht um den *frömmsten Betrug* und die Kirchenleitung bemerkt zu spät, daß sie die Toleranzgrenze überschreitet, zu einem Akt der geistigen Erniedrigung und Volksverdummung aufruft, zu dem sie keinesfalls berechtigt ist. Der Ablaßhandel hat der römisch-katholischen Kirche Milliarden eingeschwindelt ... er ist so unerschöpflich wie die Dummheit der Menschen[59]. Nach den Recherchen Otto von Corvins sollen durch den Ablaßhandel im Lauf der 600 Jahre seines Bestehens etwa eine Milliarde Gulden nach Rom geflossen sein[60].

In der päpstlichen Taxe ist der Preis für die aberwitzigsten Dinge festgeschrieben. Taxen für Eltern- und Geschwistermord,

Blutschande, Abtreibung, Ehebruch, unnatürliche Wollust und Meineid. Ablässe konnten selbst für Verbrechen erkauft werden; ausgenommen für feindliche Anschläge gegen den Papst und die Geistlichkeit.

Für willkürliche Änderungen päpstlicher Verordnungen und Erlasse, für den Waffenhandel mit den Feinden der Kirche und für den Vertrieb von Gegenständen, die im päpstlichen Monopolbereich begründet waren. »Die schamloseste und frechste Nichtswürdigkeit enthält der Schluß der Taxe, der besagt: ›Dergleichen Gnaden können Arme nicht teilhaftig werden, denn sie haben kein Geld ... also müssen sie des Trostes entbehren[61].‹«

»Vom religiösen Nimbus umgeben, ohne jeden Widerpart und mit einem minimalen Aufwand war der Ablaßbrief eine mit höchstem Gewinn vertreibbare Ware. bei den von den eingeredeten Höllenqualen geplagten Menschen der Zeit mußte er reißenden Absatz finden[62].«

Der Schwindel wird nach und nach ausgebaut[63]. Für die Bezahlung von 12 Dukaten wird es den Priestern erlaubt, nach Gefallen Hurerei, Ehebruch, Blutschande und Sodomie zu betreiben[64], während man die übrigen Christen an ihren Sünden mißt. Allmählich wird selbst einzelnen Fürsten und Herrschern der Hokuspokus zu bunt.

Einzelne verbieten den Ablaßpredigern den Zutritt in ihre Länder oder nehmen ihnen die erschlichenen Schätze ab. Nun wettern die Päpste – deren Machtfülle schon damals umstritten ist – mit den zwar probaten aber immer stumpfer wirkenden Bannflüchen und Aussperrungen aus der kirchlichen Gemeinschaft. Die Reformatoren setzen dem Ablaßhandel den gesunden Menschenverstand entgegen, doch glaube man nicht, es gebe diesen Unsinn heute nicht mehr.

Papst Alexander II. gewährt den Kriegern, die sich in den Dienst der spanischen Reconquista stellen, erstmals einen Ablaß. Unzählbare Christen ziehen mit der Devise in den Kampf: »Wir sind Gottes Mannen, ihm zu Treue und Gefolgschaft verpflichtet. Gott ist unser Herr, seinem Befehl müssen wir gehorchen. Wir haben seine Sache zu der unseren gemacht.« Welch suspekter Standpunkt! Die damaligen und heutigen Christen folgen nicht etwa einem göttlichen Ruf, sondern klerikalen Machtgelüsten.

Die Kreuzzüge sind bewaffnete Wallfahrten. Einzelne Päpste begünstigen diese Entwicklung, denn sie profitieren in doppelter Weise; sie stärken den katholischen Glauben des kleinen Mannes und sie verdienen dabei. Sie predigen, daß alle Sünden, die ein Mensch je begangen hat – und möchten sie noch so groß sein – vergeben sind, sobald man sich ein Kreuz auf den Rücken heftet und an einem Kreuzzug teilnimmt.

Der Blick fällt auf Papst Innocenz III. Er führt 1215 die Ohrenbeichte ein, aus der sich der *professionelle* Ablaßhandel entwikkelt. Die von den Priestern den Beichtenden auferlegten Bußen bestehen je nach ihrer Schwere in Gebetsübungen, Fasten und Wallfahrten, oder in anderen als verdienstlich angesehenen Leistungen wie Almosen, Geldspenden, Stiftungen und Vermächtnissen zugunsten der gütigen Mutter Kirche.

Es dauert nicht lange, da wird der Ablaßhandel mit dem Fegefeuer in Verbindung gebracht. Die Purgation (Reinigung) wird zum praktischen Katalysator. Im Fegefeuer sollen die menschlichen Seelen geläutert werden, um danach *rein* in den gedachten Himmel zu gelangen. Deshalb bezeichnet es Otto von Corvin als *himmlische Seelenwaschanstalt*. Die Wartezeiten im *höllischen Vorzimmer* sind je nach der beigemessenen Strafe unterschiedlich lange; 100 000 Jahre sind keine Seltenheit. Je nach der Dicke des Geldbeutels können sie verkürzt werden.

Papst Sixtus IV. verkündet 1477 in einer Bulle: »Ich bin in meiner Eigenschaft als Vertreter Christi auf Erden auch der Verwalter der Gnadenmittel, die armen Seelen zugute kommen sollen ... zwar geht die Strafe des Fegefeuers auf ein göttliches Urteil zurück ... nach der Strafverbüßung werden die Seelen aus dem Fegefeuer in die ewige Glückseligkeit überführt. Es kommt darauf an, ihnen im Purgatorium zu helfen, damit sie sobald als möglich in den Himmel hinaufsteigen könnten. So kann man gegen bare Münze einen Ablaß, nämlich Erlaß der Sündenstrafen im zeitlich begrenzten Fegefeuer erlangen.«

Ob dieser irrigen Vorstellung steigen die bezahlten Seelenmessen für Verstorbene sprunghaft an. Dadurch erhält der Ablaßhandel ungewöhnlichen Auftrieb, denn seine Basis ist das ängstliche Volk. Hinzu gesellt sich die Erfindung des Druckes mit beweglichen Lettern[65], und so gibt es bald gedruckte Ablaßbriefe, die das Verfahren vereinfachen. Es haben sich eine Reihe dieser Dokumente erhalten:

»Es möge sich Deiner Erbarmen und Dir vergeben unser Herr Jesus Christus durch seine heiligste und gütigste Barmherzigkeit. kraft seiner Machtvollkommenheit und seiner glückseligen Apostel Petrus und Paulus, sowie der Kraft der mir übertragenen apostolischen Machtvollkommenheit spreche ich Dich frei von allen Deinen reuig gefühlten, begangenen und in Vergessenheit geratenen Sünden und Ausschreitungen, wie schwer sie auch sein mögen. Desgleichen von jeglichen Strafen der Exkommunikation, des Interdikts und anderer kirchlichen oder vom Gesetz der Menschen verhängten Strafen, in die Du geraten bist. Indem ich Dich in die Gemeinde der Gläubigen und in die Sakramente der Kirche wieder einsetze, erlasse ich Dir die Strafe des Fegefeuers und erteile Dir eine vollständige Vergebung all Deiner Sünden, soweit die Schlüssel der heiligen Mutter Kirche in diesem Teil reichen. Im Namen des Vaters, des Sohnes und des Heiligen Geistes.«

Portiunkula-Ablaß

Im Oktober 1221 soll der heilige Franz von Assisi der Portiunkula-Kirche eine Erscheinung Jesus Christi, der allerseligsten Jungfrau und einer großen Schar himmlischer Geister gehabt haben. Er richtet daraufhin an die erlesene Schar die Bitte, allen, die in dieser Kirche andächtig beten, einen *vollkommenen* Ablaß zu bewilligen. Der regierende Papst Honorius III. sieht es ein und bestätigt 1223 den Ablaß auf *ewige Zeiten*. Papst Benedikt XIV. meint dazu »Es wäre verwegen, diesen Ablaß anzuzweifeln und die Kirchen, die den Portiunkula-Ablaß besitzen, müssen nach einem Dekret der heiligen Ablaßkongregation vom 15.11. 1878 wenigstens eine italienische Meile (1000 Schritte) voneinander entfernt sein. Der Portiunkula-Ablaß bringt den Franziskanern Millionen ein.

Medaille des heiligen Benedikt[67]

Bruno von Egisheim, der spätere Papst Leo IX. und inzwischen als Heiliger verehrt, wird als Jüngling von einem giftigen Tier gebissen. Da sah er auf einmal von seinem Bett eine Strahlenleiter bis zum Himmel reichen und auf ihr einen ehrwürdigen Greis im Mönchsgewand herniedersteigen, der mit einem Kreuz sein giftverschwollenes Antlitz berührte und danach wieder verschwand. Der plötzlich auf diese wunderbare Weise Genesende erkennt in ihm den heiligen Benedikt.

So ist es nur eine Frage der Zeit, bis von ihm eine Medaille geprägt wird. Sie verbreitet sich rasch über das christliche Europa und wird von den Gläubigen als Schutzmittel gegen höllische Geister verehrt. Auf der Medaille steht die Beschwörungsformel: »Weiche zurück, Satan, nie verlocke mich zu Eitlem.Übel sind es, die Du bietest, trinke selbst das Gift hinein.« Unzählbare Gnadenerweisungen werden dieser Medaille an Leib und Seele zugesprochen. Um einer solchen Gnade anteilig zu werden, genügt es, die Medaille andächtig zu tragen. Gebete sind dazu nicht erforderlich.

Papst Benedikt XIV. hat durch ein Breve vom 12.3.1742 diese Medaille in der beschriebenen Form gutgeheißen[68]. Zur Gewinnung der Ablässe muß sie aus Gold, Silber, Bronze, Kupfer oder sonst einem festen Metall sein. Sind die Beschwörungsformeln nicht deutlich ausgeprägt, ist die Ablaßweihe zweifelhaft. Mit dieser Medaille sind mehrere *vollkommene* Ablässe verbunden. Sie reichen von 40 Tagen bis zu 20 Jahren. Diese Medaille soll wirken:

- Um Zaubereien und teuflische Einwirkungen zu verhüten.
- Um Zaubereien vom Ort abzuhalten.
- Um Tiere, die von der Pest oder einer Seuche befallen sind, zu heilen.
- Um Menschen, die vom bösen Feind geplagt werden, Schutz zu gewähren.
- Um die Bekehrung von Sündern zu erlangen.
- Für Mütter, damit durch göttlichen Beistand deren Kinder zur rechten Zeit und gesund geboren werden.
- Zum Schutz der Menschen vor dem Blitz.

Ein Gewährsmann verfügt über eine treffliche Phantasie und sagt:»Eine Frau berührte mit der Medaille die Weinflasche ihres dem Trunk ergebenen Mannes; dieser fand daraufhin den Wein abscheulich und ging in eine Schenke, kam aber nach einer Viertelstunde zurück und sagte, daß der Wein dort noch schlechter sei. In den nächsten Tagen trank er nur Wasser und die Frau benutzte es, um die Zusage von ihm zu erlangen, daß er hinfort seine religiösen Pflichten erfüllen will[69].«

Blutstropfen und Skapuliere

Papst Klemens VI. gibt 1342 in einer Bulle folgende Erklärung ab: »Das ganze Menschheitsgeschlecht hätte schon durch einen einzigen Blutstropfen Jesu erlöst werden können; er hat aber soviel vergossen, daß dieses Blut – das doch gewiß nicht umsonst vergossen ist – einen unermeßlichen Kirchenschatz ausmacht ... vermehrt durch die gleichfalls nicht überflüssigen Verdienste der Märtyrer und Heiligen.« Papst Benedikt XIV. erklärt, daß er die Erscheinung gern als wahr annehme und daß er es glaube[70].

Bemerkenswert ist das Skapulier *zur baldigen Befreiung aus dem Fegefeuer*. Bei dieser Gelegenheit ist die heilige Jungfrau dem Papst Johannes XXII. erschienen »die Seelen der Mitglieder des Karmeliterordens sobald als möglich, namentlich am Samstag nach ihrem Hinscheiden, aus dem Fegefeuer zu befreien.« Johannes XXII. veröffentlicht das *Privilegium Sabbatinum*, mit der Bulle vom 3.3.1322. Die heilige Ablaßkongregation hat die Bulle des Benedikt XV. gegen Kritiker und Tadler verteidigt. Er hat am 27.4.1887 bestimmt, daß dieses Skapulier wegen seiner besonderen Bedeutung gesondert getragen und geweiht wird. Die damit verbundenen Ablässe sind zahlreich.

Mit vielen Ablässen ist das Tragen eines Skapuliers verbunden. Beringer sagt dazu: »Es besteht aus zwei Stücken wollenen Tuches, welches durch zwei Schnüre oder Bänder miteinander verbunden sind, daß der eine Tuchstreifen vorn auf der Brust, der andere hinten zwischen den Schultern herabhängt. Der Stoff des Skapuliers muß aus Wolle sein. Die Farbe ist für verschiedene Skapuliere verschieden. Als man die Ablaßkongregation fragt, ob auch runde, ovale oder viereckige Skapuliere gültig geweiht werden können, lautet die intelligente Antwort: ›Es sind keine Neuerungen durchzuführen ... man muß das Skapulier immer tragen, Tag und Nacht. Wäre man einen Tag ohne dasselbe, so würde man einen ganzen Tag des Ablasses verlustig sein.‹«

Das rote Passionsskapulier findet bei vielen Gläubigen Eingang infolge einer Erscheinung, die der göttliche Heiland 1846 einer barmherzigen Schwester zuteil werden läßt; Papst Pius IX. genehmigt am 25. 6.1847 das Passionsskapulier und versieht es mit vollkommenen und unvollkommenen Ablässen.

Das *blaue Skapulier der Unbefleckten Empfängnis* wird zu Beginn des 17. Jahrhunderts der ehrwürdigen Ursula Berincasa (Neapel) geoffenbart. Papst Klemens X. genehmigt am 30.1.1671 dieses Paradestück. Er und andere Päpste versehen es mit Ablässen.

Das *Herz-Jesu-Skapulier* wird durch die selige Maria Alacoque unter der Christenheit bekannt. Papst Benedikt XIV. genehmigt es und Papst Pius IX. stattet es mit Ablässen aus. Vor allem im Deutsch-Französischen Krieg (1870/71) soll es vielen Christen beigestanden haben. Die Andacht zum *braunen Skapulier* (Karmeliter) verdankt ihren Ursprung einer berühmten Erscheinung der Mutter Gottes, die am Sonntag, den 26.7.1251 in Cambridge dem heiligen Simon Stock, dem Generaloberen der Karmeliter, zuteil geworden ist. Die Heilige Jungfrau zeigt dem Heiligen ein Skapulier und spricht: »Wer mit diesem stirbt, der wird das ewige Feuer nicht erleiden.«

Bruderschaften, privilegierte Altäre, Ablaß der Spinne

Ein zusätzlich frommer Schwindel wird mit den Rosenkranzbruderschaften getrieben. Hier gibt es Ablässe bis zu 100 Jahren. Die Mitglieder solcher Bruderschaften gewinnen bei jedem Ave Maria und fünf Quadragenen Ablaß, wenn sie hinterher den Namen Jesus beifügen. Entscheidend ist, den Namen an der richtigen Stelle auszusprechen, weil sonst der Ablaß unwirksam wird[71].

Bei den Rosenkränzen sind die Ablässe mit den Körnern verbunden; darum hebt das Zerreißen der Schnur oder der Kette solche Ablässe nicht auf. Man kann also ohne Bednken die Körner in eine neue Schnur fassen und/oder die verloren gegangenen durch andere ersetzen.

Papst Sixtus V. errichtet am 19.11.1585 die Bruderschaft vom *Gürtel des heiligen Franz von Assisi*. Ihre Mitglieder tragen beständig einen Gürtel. Wenn und solange man ihn ablegt, verliert man die Ablaßwirkung. Papst Leo XIII. bestätigt am 26.5. 1883 diese Gürtelbruderschaft und stattet sie mit neuen Ablässen aus. Hier gibt es eine Parallele in der *Mariä-Trost-Gürtel-Bruderschaft*, die einen wirksamen Ablaß von 1000 Jahren auf sich vereinigt.

Papst Alexander VI. führt die *privilegierten Altäre* ein. »Es sind solche, mit denen der Papst an demselben für die Seele eines Christgläubigen, welcher in der Gnade Gottes aus dem Leben geschieden ist, die Heilige Messe liest, diese Seele aus dem Schatz der Kirche einen *vollkommenen* Ablaß schrittweise erhält, so daß sie um die Verdienste Jesu Christi, der allerseligsten

Jungfrau und aller Heiligen willen aus der Pein des Fegefeuers befreit wird[72]). Hier macht die Ablaßkongregation am 18.7.1840 die wichtige Einschränkung: »… die Wirksamkeit des Ablasses hänge vom Wohlgefallen Gottes ab.«

Ein merkwürdiger Ablaß ist der *Ablaß der Spinne*, der u. a. am 13.3.1610 von Papst Paul V. bewilligt wird. Als ein Franziskanerpater die Messe las, fiel eine giftige Spinne in den konsekrierten Kelch. Er überwindet aus Ehrfurcht vor dem Blut Christi den Ekel und die Furcht vor der Vergiftung und schluckt die Spinne. Doch da geschieht das Wunder. Die Spinne kommt lebend aus einem seiner Schenkel heraus. Diese angebliche Tatsache veranlaßt einige fromme Brüder, eine Bruderschaft ins Leben zu rufen.

Bemerkenswert sind die Ablässe, die in Rom zu gewinnen sind. 1491 wird ein Ablaßbuch veröffentlicht, das folgende Ablässe aufführt:

- An den Tagen, an denen die Häupter der Apostel Petrus und Paulus im Lateran gezeigt werden, gewinnen die Römer 3000 Jahre, die Bewohner der Umgebung von Rom 6000 und die übrigen Völker 12 000 Jahre Ablaß.
- Als Papst Gregor I. die Laterankirche weiht, bewilligt er so viele Ablässe, als Regentropfen bei einem drei Tage und Nächte anhaltenden Regen fallen.
- Wer in frommer Gesinnung die Stufen von Sankt Peter hinaufsteigt, gewinnt auf jeder Stufe 1000 Jahre Ablaß.
- 14 000 Jahre Ablaß gewinnt man am Hochaltar des Chores; zugleich kann man dort seine Seele aus dem Fegefeuer befreien.
- In der Kirche Santa Maria del Popolo steigt der Ablaß auf 555 293 Jahre und 285 Tage an.
- Wer einen Monat die Kirche der heiligen Praxedis in Rom besucht, erlangt einen Ablaß von 360 000 Jahren. Ein diesbezüglicher Denkstein wird erst 1775 auf Betreiben des fortschrittlich denkenden Papstes Pius IV. von der katholischen Kirche entfernt.

Ablaßpächter, Johann Tetzel

Im Zusammenhang mit dem Bau des Petersdomes unter Papst Julius II. entsteht für die Kurie ein unvorstellbarer Kapitalbedarf, der aus dem korrupten System der vatikanischen Finanzen nicht gedeckt werden kann. 1510 publiziert er Papst eine Bulle, die allen Menschen einen Ablaß in *forma jubilaei* verspricht, die das Bauvorhaben finanziell unterstützten.

Papst Julius II. verleiht in seiner Bulle *Liquet* vom 11.1.1509 den Christgläubigen einen Ablaß, die an dem an der Peterskirche angebrachten Opferstock eine Gabe für den Bau in Geld oder Geldeswert niederlegen oder diese Gabe dem päpstlichen Schatzmeister, Erzbischof Heinrich von Tarent, übergeben. Um es den Auswärtigen leichter zu machen, wird Pater Hieronymus de Torniello, Professor und Generalvikar der Minoriten von der Observanz ein päpstlicher Kommissar eingesetzt, der die Ablaßverkündigung in den 25 Provinzen des Franziskanerordens zu proklamieren hat. Nach seinem Tod tritt der Generalvikar Franziskus Zeno von Mailand an seine Stelle.

Papst Leo X. dehnt die Ablaßverkündigung 1514 auf die gesamte Christenheit aus. Er veröffentlicht die Ablaßbulle und bestimmt die Bevollmächtigten. In der Regel gehören die autorisierten Ablaßprediger dem Orden der Franziskaner oder Dominikaner an. Barfüßermönche kommen auf päpstliche Anweisung mit Ablaßbullen in die Schweiz. Papst Leo X. erneuert am 14.9.1517 diese Bulle und läßt darin wissen: »Als dann bäpstliche Heiligkeit Barfüßermünch herußgeschickt mit etlichen pullen vnd ablaß den buw sant Peters kilchen, weist jeder pott (Bote), was In ze antwurt worden vnd wie sy abgefertigt sind.«

Die Ablaßprediger werden angehalten, ein ehrbares Leben zu führen, Wirtshäuser und verdächtigen Umgang zu meiden und keine unnützen Ausgaben zu machen. Doch es sind leere Worte bei einem Geschäft mit der menschlichen Dummheit. Das Dekretale des Papstes Leo X. über den Ablaß von 1518

Johann Tetzel gilt als profilierter Ablaßkrämer im sächsischen Raum. Sein Handel
fordert den Augustinerchorherr Martin
Luther zum Handeln heraus. An dieser
Stelle läuft das Glaubensfaß über.

läßt keinen Zweifel zu. Es wird darin gesagt,
der Papst habe als Nachfolger des Schlüssel-
trägers Petrus und als Statthalter Christi auf
Erden durch die ihm übertragene Gewalt
der Schlüssel die Macht, den Christgläubigen sowohl die Schuld hinwegzunehmen,
als auch für die begangenen Sünden ver-
diente Strafe durch einen kirchlichen Ablaß
zu nehmen.«

Für den deutschsprachigen Raum betraut Leo X. den Erzbischof von Mainz mit
der Aufgabe, in den Provinzen Mainz,
Magdeburg und in der Diözese Halberstadt
Ablaßgelder zu kassieren. Dadurch wird der
abergläubische Markgraf Albrecht II. von
Brandenburg zum Ablaßpächter emporstilisiert. Er zeichnet sich durch eine gi-

gantische Reliquiensammlung aus, mit der
er dem Kurfürst Friedrich dem Weisen in
Wittenberg Konkurrenz zu machen versucht. Albrecht schuldet dem Papst 30 000
Dukaten an Palliengeldern und hofft: »Diese
Summe wieder dabei zu gewinnen, die ihm
gegen Verpfändung des Ablaßerlöses von
dem Grafen Fugger in Augsburg vorge-
schossen worden ist[73].«

Der wenig intelligente Kardinal hat von
Rom weiterführende Instruktionen bekommen, auf welche Weise der Ablaß ein-
gescheffelt werden soll:

- Vollkommener Ablaß für alle begangenen Sünden, einschließlich der Verbüßung im Fegefeuer, zu erreichen, indem
  man nach erfolgter Beichte und Reue
  mindestens sieben Kirchen mit dem
  päpstlichen Wappenschild aufsucht, um
  in jeder fünf *Pater noster* und fünf *Ave
  Maria* zu beten, und indem man, *dulcis
  in fundo*, einen Betrag zwischen einem
  und 25 Goldgulden bezahlt.
- Vollkommener Ablaß für alle Sünden
  einer Seele, die bereits im Fegefeuer
  schmachtet, zu erkaufen mit einer Spende, deren Höhe dem Vermögensstand
  derjenigen Person entspricht, die sich
  für die verstorbene Person einsetzt.

Der habgierige Kardinal Albrecht findet
in dem Dominikaner Johann Tetzel aus
Pirna ein williges Werkzeug seiner Phantasie. Er ist Wanderprediger und ein glühender Vertreter des ausblutenden Katholizismus. Er ist der richtige, um im Namen der
Kirche die Menschen zu betrügen.

Sein Ruf ist nicht sonderlich gut. Kaiser
Maximilian I. hat bereits den Befehl erteilt,
ihn in einem Sack zu ertränken. Auf die
Fürbitte des Kurfürsten Friedrich von Sachsen bleibt er am Leben. Bemerkenswert ist
die ihm mitgegebene Instruktion:

»Zuerst sollen die Ablaßprediger dem
Kurfürsten schwören, daß sie ihn nicht
betrügen. Dann gibt er ihnen die Gewalt,
nach einem aufgerichtetem Kreuz und
aufgehängtem Wappen des Papstes in den
Kirchen den Ablaß zu verkünden und ihn
den Personen zu erteilen, die von ihren

ordentlichen Geistlichen in den Kirchenbann gelegt sind. »Daraufhin wird dem Ablaßprediger befohlen, in jeder Predigt dem Volk drei bis vier Stücke aus der Ablaßbulle nach Möglichkeit zu erklären und den Ablaß anzupreisen ... damit die päpstliche Gnade nicht in Verachtung gerate und die Leute nicht einen Ekel vor dem Ablaß bekommen mögen ... ferner möchte der Kurfürst, daß den Leuten gesagt wird, es gelte sein Ablaß in den folgenden acht Jahren; aber durch ihn erlange jeder die völlige Vergebung seiner Sünden ... er komme zudem nach dem Tod nicht in das Fegefeuer ... den Kranken zuhause könne der Ablaß auch dort erteilt werden, allerdings erst nach Hinterlegung einer größeren Summe. Außerdem soll man die Leute zum Kaufen des Ablasses durch Fangfragen bewegen. Vor allem müsse man den Gläubigen vorreden, daß diese Gnade niemals zu teuer bezahlt ist ... weil die Beschaffenheit der Menschen zu sehr verschieden und wir demnach gewisse Taxen nicht zu bestimmen vermögen, so vermeinen wir doch, daß in der Regel die Taxen also könnten höher gesetzt werden; große Fürsten geben 25 rh. Goldgulden, Äbte, höhere Prälaten, Grafen, Freiherren und ihre Frauen zahlen für jede Person 10 rh. Gulden. Andere Leute, die jährlich 500 Goldgulden einzunehmen haben, zahlen 6 Goldgulden; Frauen und Handwerker einen, noch geringere einen halben Gulden ... wenn arme Weiber und Töchter die Taxen von anderen erbetteln können, sollen sie solche ebenfalls in den Ablaßkasten liefern. Wer einen Beichtbrief von den Ablaßpredigern kauft, wird teilhaftig aller Almosen, Fasten, Wallfahrten nach dem Heiligen Grab, Messen, Reinigung und guten Werke, die in der christlichen Kirche verrichtet werden, obgleich er weder bußfertig ist noch ob er gebeichtet hat[74].«

Tetzel führt einen eisernen, mit dem päpstlichen Wappen versehenen Kasten mit sich herum. Damit zieht er von Markt zu Markt und singt: »Sobald das Geld im Kasten klingt, die Seele aus dem Fegefeuer springt.« Er rühmt sich, durch seine Ablaßpredigten mehr Seelen aus der Hölle gerettet zu haben, als der Apostel Petrus Heiden bekehrt hat und er wagt zu sagen: »Es gibt keine Sünde, die nicht durch ihn getilgt werden kann.« Selbst wenn jemand vorgibt, die Mutter Gottes vergewaltigt oder geschwängert zu haben!

Man erzählt viele seiner Lausbubereien, die seine grenzenlose Unverschämtheit dokumentieren. So hat er in Sachsen innerhalb von zwei Tagen 2000 Goldgulden eingetrieben. In der Schweiz soll er einem reichen Bauern, der einen Mord verüben will, dies nach Hinterlegung einer größeren Summe gestattet haben.

Tetzel hat sich in Görlitz ausgezeichnet, wo er innerhalb von drei Wochen 48 000 Taler gesammelt hat, damit das Dach der Paterskirche gedeckt werden kann. Es wird die Nahtstelle zu Martin Luther. Dies gelangt zu seiner förmlichen Lossagung von Rom, als Papst Leo X. einen Ablaß ausschreibt, um mit dem zurückfließenden Geld den Ausbau der Peterskirche voranzutreiben, denn: »Sie solle an Pracht, Reichtum und Größe alle anderen Kirchen übertreffen und damit verdeutlichen, welche Macht und welchen Glanz das Papsttum habe.«

Da die Peterskirche auf einem abergläubischen Platz steht, denn es kann nicht als erwiesen gelten, daß man sie über dem Grab des angeblichen Apostelfürsten errichtet hat, und da sie überdies mit der Dummheit der Christen bezahlt ist, so ist sie lediglich ein architektonisches Dokument für klerikale Machenschaften.

Tetzel gefällt sich in nichtssagenden Reden: »Oh, ihr unsinnigen und verstockten Menschen, die ihr fast den Tieren gleich seid und die große Verschwendung und Ausgießung der päpstlichen Gnade nicht zu würdigen versteht. So viele könnt ihr aus dem Fegefeuer erlösen. Oh, ihr Hartnäckigen und Saumseligen. Ihr könnt mit 12 Groschen euren Vater aus dem Fegefeuer reißen und ihr seid so undankbar, daß ihr selbst euren Eltern in der großen Not nicht beisteht. Ich will am Jüngsten Tag die Schuld davon nicht auf mich nehmen ... er habe den Schlüssel zu diesem Schatz und könne zur Entsündigung der Menschen ablassen, soviel er wolle, ohne Furcht, solchen jemals zu erschöpfen.«

er dife figur eret mit einem pater noster der het
rriij dufent iar ablas vnd von iij vnd rl bepſten der
gab iegklicher vi iar vnd von rl biſchoffen von igk=
che rl tag vnd de ablaſh at leſterg bapſt Clemens

»Wer diese Figur ehret mit einem Pater noster, der hat 14 000 Jahr Ablaß, und von 43 Päpsten der gab jeglicher 6 Jahr, und von 40 Bischöfen, in jeglichen 40 Tag, und den Ablaß bestätigt Papst Klemens.«

Bernhardin Sanson[75]

Durch ein päpstliches Breve vom 15.11. 1517 erteilt der Franziskanergeneral Christopherus de Forlivio dem Guardian der Barfüßer oder Franziskaner von der Observanz zu Sanct Angelo in Mailand, Bernhardin Sanson, den Auftrag, »den Ablaß in den Kantonen der geliebten Söhne der Helvetier, bei ihren verbündeten und in den Diözesen des Wallis und Graubündens zu verkünden … und die Almosen zum Bau der Peterskirche und zum Krieg gegen die Türken zu sammeln.«

Sanson stammt aus Brescia. Sein Geburts- und Todesjahr ist unbekannt. Das Geschlecht läßt sich bis ins 17. Jahrhundert zurückführen. Sein Siegel stellt den Juden Samson dar, wie er den Löwen bändigt. Der

Franziskaner-General nennt ihn in einem Schreiben einen Mann »reich an Wissenschaft und guten Sitten.« Als er 1518 mit der Ablaßbulle in die Schweiz kommt, nimmt niemand Anstoß daran.

Valerius Rüd, der im Auftrag der Berner Regierung 1529-40 an seiner Berner Chronik arbeitet, berichtet über die Wirksamkeit Sansons in Bern. Heinrich Bullinger, der sich mit der Geschichte der schweizerischen und vor allem der Züricher Reformation beschäftigt, weist nach, daß Sanson Uri, Schwyz, Zug, Luzern, Unterwalden, Bern, Burgdorf, Aargau, Lenzburg, Baden, Bremgarten und Zürich bereist hat.

Sanson reist im Juni 1518 von Mailand nach Lugano, der ersten Schweizer Station seiner Ablaßverkündigung. Hier hält er sich mindestens vom 26.6. bis zum 14.7.1518 auf. Unter diesem Datum hat er einen Ablaßbrief dem »Edelgebornen unndt Vorgeachten Johanes Fährlin von Schaffhausen und Frau Else seinem Eheweib mit ihrer ganzen Haushaltung sowie dan auch Ihren Verstorbenen, welche in dem Fegfüer sind, Vollkommenen Ablaß zugestanden.«

Dann bereist er die Diözese Konstanz. Der dortige Bischof Hugo sucht ihn abzuhalten. Einmal, weil er Komplikationen voraussieht und zum andern, weil es der italienische Mönch versäumt hat, die Ablaßbulle und den Vollmachtsbrief dem Bischof zur Unterzeichnung vorzulegen. Er ordnet an, dem Ablaßprediger die Kirchen und Kapellen zu schließen.

Sanson kommt im August mit dem Pferd über den St. Gotthard nach Uri. Hier hält unter dem Geläute der Glocken in einer Prozession feierlichen Einzug, wie es sich für einen päpstlichen Gesandten gebührt. Im September finden wir ihn in Schwyz. Hier sind seine Einahmen nicht groß, zumal Zwingli in Einsiedeln Sansons Ablaßverkündung entgegenarbeitet. Größeren Zulauf findet er in Zug, wo er sich vom 20. bis zum 22.9.1518 aufhält. Hier soll er inmitten der Kirche ein rotes Kreuz mit der päpstlichen Fahne aufgerichtet und seinen Klimperkasten daneben gestellt haben. Weil das Gedränge ziemlich groß gewesen sein soll, soll er ausgerufen haben: »Belästigt einander doch nicht. Zuerst haben diejenigen Zutritt, die Geld haben (qui pecunia sunt instructi), dann erst die Armen (pauperum postea habebitur ratio).

Von Zug begibt er sich nach Luzern. Hier unterzeichnet er am 3.10.1518 einen Ablaßbrief. Von hier aus reist er durch Unterwalden, durch das Berner Oberland, bis nach Bern. Hier wird er anfänglich abgewiesen. Inzwischen verhandeln die Städte Bern, Freiburg und Solothurn über ein gemeinsames Vorgehen im Zusammenhang mit der päpstlichen Ablaßpolitik. Nachdem die Regierung von Bern in Verbindung mit Geistlichen und Gelehrten Einsicht in die päpstlichen Bullen und die Vollmachten Sansons genommen hat, nimmt sie *Freitag nach Simon und Judas* den Ablaß an. Daraufhin kann Sanson Bern wieder betreten. Er logiert im Gasthof zum Löwen.

Er hat am Vorabend des Festes Allerheiligen bis nach St. Othmar (16.11.) erheblichen Zulauf, vor allem seitens des Landvolkes. Die Regierung zahlt ihm am Mittwoch nach Othmari 15 Kronen und beköstigt ihn. Am Mittwoch nach Allerheiligen hat das Vinzenzstift den »Doctor Thoman geordinirt zu einem Prokurator, zu erscheinen vor den bäpstlichen Commisarien umd ein absolution de irregularitae et contractibus nec non de venditionibus decimarum prius factis.« Sansons Fürsprecher ist der Prediger und Chorherr am Vincenzmünster, der gelehrte Humanist Heinrich Wölflin.

Anselm schreibt über die Person Sansons: »Er hat aller unbäbstlicher sachen gwalt, ouch witer dan (als) sine bull inhielt, uß muntlichem, wie er sagt, bevelch sines almächtigen Vaters, des babsts. Gab iedem, und wie der man (Mann) was (war) oder begert, ouch wie gerüempt zimlich wolfeil, absolutionen, dispensationen, commutationen, restitutionen, stationen, meß-, bicht- und spisfriheiten, fegfürselen, confessionalia, kurz und lang. Verbannet tief und streng alle widersprächer, also daß der ersam Bartholome Mey, des rats, um ringer worten willen knüwend gand kum erbat. Er schwur hoch bi Gott und siner sel, der Luther wäre ein verdampter erzkätzer. Nun schlug er sinen krom mit des babsts und aller orten der Eidgnossen wapen in S. Vincensen münster herlich uf an aller heiligen abent, hielt S. Peters buw emsige mess (Markt), in stat und land hoch verkint, bis nach S. Martins jarmarkt, mit senlichen geding, daß ein person um vergangener sachen willen müßt bichten, und darnach gnad und bus mit ufgelegtem gelt abtragen, aber um künftiger sachen willen ouch on bicht.

Einen ablas brief koufen, zum geringsten um 2 batzen, bis uf und uber kronen … etliche brief waren bermentin, etliche papiere, mit ufgetrukten oder angehenkten, ouch vergulten siglen … Der kleine Jacob von Stein kouft um einen kutgrawen (apfelgrau scutulatus) hengst, vom commisari begert, einen vollen ablasbrief für sich und 500 knecht, under siner hoptmanschaft fänli reisend, item und ein absolutz aller seelen siner vordren und siner herschaft zu Belp. Uf letsten Sontag, zu end sinder gnadrömschen mess, berüft

Wappen des Papstes Leo X. mit dem u. a. die gängigen Ablaßbullen versehen werden.

Allegorie auf den christlichen Glauben. Links: Die Himmelstaube beflügelt die Menschen. Rechts: Wer ungehorsam ist, wird in die Hölle gesteckt. Holzschnitt aus dem 16. Jahrhundert.

er nach immiß mit der großen gloken in sin koufhus zusamen alles volk, stund do uf den mitlen altar vorm kor und lies da durch sinen dolmetschen, mit namen meister Heinrich Wölflin, korher, so nebend im stund, usrüefen dri ungehörte gnaden ... Die erst, daß uß dem schaz des verdiensts Kristi und aller heiligen, durch bäbstlicher heiligkeit macht und gnad, alle hie gegenwärtig, so knüwend ire schuld bekantod und 3 Pater und Ava sprächit, von al irer sünden schuld und pin absolviert und wie vom touf rein wärid.

Die ander, daß alle dies, so des tags dristen (dreimal) um die kilchen bätende giengid, ein begerte sel uß den fegfür erlöst hättidd. Die drit, nachdem iederman knüend 5 Pater und Ave zum trost der selen hat gebetet, schrei (schrie) er lut: Jetzan diß ougenblicks sind aller Berneren selen, wo und wie joch (welchermaßen) abgeschei-

den, alle mittenandren uß der hellischen pin des fegfürs in die himmelische fröud des himmelrichs ufgefaren.

Nun zum abscheid sagt er, diß uberschwänkliche, ja himmelsche gnaden und gaben gäbe er uß bäbstlicher heilikeit volmächtigem gwalt einer loblichen und dem heiligen Römschen stul sunders andächtigen stat Bern zu letzte;darum sie ewig sölle Got loben, dem allerheiligesten Vater dem Römschen babst, und der heiligen muter der Römschen kilchen wie gutem kind gepürt, gehorsam und dankbar sin. Er schankt ouch räten und burgern ein gmein (gemeinsames), wol ufgebuzt confessional (Ablaßbrief), dargegen ward er kostfrei vom wirt zum löwen gelöst.«

Wenn man dieses Agieren richtig deutet, kommt man nicht umhin, daß Sanson seine Kompetenzen überschritten hat. Wenn einer dreimal um die Kirche geht, kann er

keinen Ablaß erteilen. Ein Berner Ablaßbrief hat sich erhalten. Sanson hat ihn am
15.11.1518 auf Anton Spilmann von Bern,
seine Frau Dorothea Rossin, ihren Töchter
und seinem Vater, Aegidius, ausgestellt. Er
kostet 13 rh. Gulden.

Von Bern geht Sanson Anfang Dezember
nach Solothurn. Hier hält er sich einen
ganzen Monat auf. Zwei soloturnische
Ablaßbriefe tragen das Datum vom 20.12.
1518. Die Regierung gibt dem Ablaßprediger zwölf Kronen und bezahlt dem
Wirt Ulrich Nägeli zur Krone für seine Zeche
95 Liber und 12 Schillinge. Im Januar 1519
hält sich Sanson in Freiburg auf. Im
Februar 1519 wirkt er im Aargau.

In Lenzburg verweigert ihm der Magister Johann Frey von Baden, Kapitels-
dekan und Pfarrer auf Staufberg, den
Zugang zur Kirche, gestützt auf das ergan-
gene Verbot des Bischofs Hugo von Konstanz, Sanson die Kirchentüren zu öffnen;
»denn dieser hat sich dem rechtmäßigen
Diözesanbischof nicht vorgestellt und seine
Bullen und Vollmachten nicht von demselben vidimieren lassen.«

Am 21.2. stellt Sanson in Baden dem
weisen Manne Kaspar Bodmer, seiner Ehefrau Venerna Brunner, seinen Kindern
Kaspar, Jacob, Dorothea, Regula, Elisabeth,
Barbara, Anna und seiner ganzen Familie
einen Ablaßbrief aus.

In Baden sei Sanson nach der feierlichen
Messe täglich auf den Kirchhof gegangen,
habe öfters in die Höhe geschaut, als sähe er
die aus dem Fegefeuer erlösten Seelen gen
Himmel schweben, und dabei wiederholt
ausgerufen »Ecco volant« (sehet, sie fliegen
empor). Ein einfältiger Mensch sei auf den
Kirchturm gestiegen und habe *ecco volant*
schreiend, ein Kissen von Flaumfedern in
den Wind hinausgestreut, worauf Sanson
verärgert abgezogen sei.

Von Baden aus reist er nach Bremgarten. Hier hält er sich am 28.2. und am
18.4.1519 auf. Ein Ablaßbrief von ihm ist
am 18.4.1519 in Zofingen für die Pfarrkirche von Bremgarten ausgestellt worden.
Ihm widersetzt sich der Dekan Heinrich
Bullinger, der Vater der Geschichtsschrei-
bers und Pfarrers Bullinger in Zürich, des

Nachfolgers von Zwingli. Sie können sich
nicht verständigen und daraufhin belegt
Sanson Bullinger mit dem Kirchenbann mit
der Erklärung, er könne diesen nach
Zahlung von 300 Dukaten wieder lösen.
Bullinger soll gesagt haben »ich frage dem
Banne nichts nach«, worauf Sanson nach
Zürich reitet.

In Zürich wirkt seit Neujahr Zwingli als
Pfarrer und er hat schon vorher gegen die
Ablaßverkündung Sansons gepredigt. Der
Bischof von Konstanz ersucht darum, Sanson den Zugang zur Stadt zu verwehren. Als
Sanson vor dem Stadttor erscheint, reicht
man ihm als Abgesandten des Papstes und
als Mönch den Ehr- und Letze-Wein. Dennoch gelingt es ihm, die Stadt zu betreten.

In einem schmeichelhaften Schreiben an
Sanson vom 21.3.1519 erneuert Papst
Leo X. dessen Vollmachten in Helvetien. Er
läßt ihn wissen: »In der Hoffnung, daß Du
durch Fleiß die Seelen der Christgläubigen
für Gott gewinnst, wie wir wünschten,
haben wir Dich als Verkündiger und Kom-
missär aller Ablässe und Vergünstigungen
zu Gunsten der Kirche des Apostelfürsten in
alle Orte, Städte und Kantone der geliebten
helvetischen Söhne, abgeschickt … und sind
in unserer Hoffnung nicht enttäuscht worden. Denn wir haben eingesehen, daß Du
bei denselben, unter Gottes Beihülfe, mit
dem Seelenheil der Christgläubigen am
meisten vorwärts gekommen bist und ausgerichtet hast …Wir bestätigen und billigen
Dir alles und Einzelnes, was Du bisher bei
denselbigen gethan, dispensirt und absol-
virt hast.« Immer noch verhält man sich
ihm gegenüber zögernd. Man führt Klagen
gegen seine Ablaßverkündung und bestreitet die Kompetenz des Papstes, Ablässe zu
erteilen.

Die antiklerikale Bewegung in Deutschland ist damals weit vorangeschritten und
trägt Wellen bis in die Schweiz. Schließlich
setzt es der Konstanzer Bischof beim
Nuntius durch, daß der Ablaßprediger vom
Papst zurückgerufen und zur Verantwortung gezogen wird. Sanson schlägt den
Heimweg über Graubünden ein. Möglicherweise wird er vom Abt von Beinwil begleitet.

Lukas Cranach der Jüngere: Gegenüberstellung der rechten und der falschen Kirche. Holzschnitt um 1555. In der Mitte steht der predigende Luther auf der Kanzel der Wittenberger Schloßkirche, während er mit einer Hand auf den Gekreuzigten weist, verdammt er mit der anderen das Papsttum.

Jüngste Entwicklung

Der Ablaß ist noch im 19. und 20. Jahrhundert wirksam. In den *geistlichen Neujahrgeschenken der Diözese Le Mans* wird um 1820 folgende Rechnung aufgemacht: »Wenn man einen geweihten Rosenkranz hat, sagte die heilige Brigitte, erlangt man 100 Tage Ablaß, so oft man das Credo, das Gloria Patri, das Paternoster und das Ave Maria bete.« Dies macht bei einem gewöhnlichen Rosenkranz 6600 Tage aus, den man den Seelen im Fegefeuer zuwenden kann.«

Für eine Viertelstunde frommer Betrachtung erhält man 7 Jahre und 289 Tage Ablaß; für die Begleitung des Sanctissimus, wenn es zum Kranken getragen wird, 5 Jahre und 200 Tage, wenn man es aber mit einer Kerze begleitet, erlangt man 2 Jahre und 83 Tage mehr. Ganz ausgelöscht ist das Spektakel selbst in unserer Zeit nicht, denn 1967 sagt der Katholische Katechismus:

»Alle 25 Jahre verkündet der Heilige Vater ein heiliges Jahr. Er lädt die Gläubigen ein, in die Ewige Stadt zu kommen, um sich von ihren Sünden zu bekehren und den Leib des Herrn zu empfangen. Allen, die dies tun, wird ein *vollkommener* Ablaß verliehen.«

Aberwitzig erscheint einem eine Notiz, die 1985 in der pfälzischen Zeitung *Rheinpfalz* zum Abdruck kommt: »Sündenerlaß per Fernsehen und Rundfunk.« Vatikanstadt: »Katholiken können den völligen Ablaß für ihre Sünden erhalten, wenn sie *mit Sammlung* den päpstlichen Segen in einer Fernseh- oder Rundfunksendung hören.«

Der vatikanische Rundfunk berichtet am Dienstag, ein entsprechendes Dekret sei vom Vatikan unterzeichnet worden. Die Bestimmung tritt Weihnachten in Kraft, gilt aber nur für Gläubige, die *vernünftige* Gründe haben und nicht zur Messe gehen können.«

Das falsche Weltbild

Inhalt

Das falsche Weltbild

Und sie bewegt sich doch

Unter den astrologischen Werken der Chaldäer findet sich eine Tafel über Sonnen- und Mondfinsternisse. Den Astrologen ist bekannt, daß ein Sonnenjahr 365 1/4 Tage hat und daß die Umlaufzeit des Mondes 30 Tage beträgt. Es ergeben sich zwölf Monate zu je 30 Tagen. Sie wissen, daß sich nach 223 Mondumläufen oder 18 Sonnenjahren Sonnen- und Mondfinsternis wiederholen. Es sind erstaunlich exakte Kenntnisse, wenn man berücksichtigt, daß sie 3000 Jahre zurückliegen.

Der nachträglich als heilig bezeichnete Augustinus bezeichnet das Suchen nach den Gesetzen des Himmels und den Bau der Welt als *unziemliche* Neugier, die vom Heil der Seele ablenkt. Sein Wollen ist Anachronismus, denn Jahrtausende vor seiner Zeit machen sich bedeutende Geister auf, um nach der Wahrheit zu suchen.

Jahrhunderte ist man der durch Thales von Milet und seinem Schüler Anaximander vertretenen Ansicht, daß der Himmel eine große, über die Erde gespannte Kristallglocke ist, an der die Sterne mit goldenen Knöpfen befestigt sind. 600 v. u. Z. gelingt Parmenides, einem Schüler des Pythagoras, der Nachweis, daß die Erde keine Scheibe ist, wie seither angenommen, sondern eine Kugel. Philolaus lehrt im 5. Jahrhundert v. u. Z., daß die Erde nicht der Mittelpunkt der Welt ist. Hiketas folgert später, daß sie sich um ihre Achse dreht. Demokrit erwähnt den unendlichen Raum und spricht sich dafür aus, daß die Milchstraße aus einem Gewimmel *ferner* Sterne besteht. 300 Jahre v. u. Z. bestimmt Aristipp die Lage der hauptsächlichen Sterne am Himmel.

Der Naturphilosoph Anaxagoras behauptet: »Die Sonne ist eine feurige Masse und tausendmal größer als Griechenland.« Er vertritt bereits die Auffasung, daß es einen einen von der Materie gelösten Weltgeist gibt, gewissermaßen den Urgroßvater des Gottvaters. Er landet aufgrund seiner Ansichten in der Verbannung.

Astrologen; Miniatur in der Londoner Handschrift des erdichteten Reiseberichtes »The Travels of Sir John Mandelville« zu Anfang des 15. Jahrhunderts.

Aristarchus von Samos versucht, die Entfernung von Sonne und Mond zu berechnen. Er äußert um 250 v. u. Z. den Gedanken, daß die Erde drehend um die Sonne kreist.

Etwa um 140 v. u. Z. stellt der in Alexandria lehrende Ptolemäus ein Werk zusammen, das den damaligen Stand der Sternenforschung zum Inhalt hat. Er berechnet die Sonnen- und Mondfinsternis und er stellt ein Weltsystem auf, in dessen Mittelpunkt die Erde ruht. Sonne, Mond und Planeten umkreisen sie.

Nach der mittelalterlichen Weltanschauung ist die Welt nicht geworden, sondern fertig erschaffen; es ist der *sichtbare Hauch Gottes*. Die Erde steht im Mittelpunkt des Weltalls. Sonne, Mond und fünf Planeten bewegen sich in sieben übereinandergelagerten Himmeln mit unterschiedlicher Geschwindigkeit um die Erde, die als Kugel in ihrem Zentrum schwebt. Die anderen leuchtenden Sterne sind unkörperlich und schwerelos. Sie hängen frei im himmlischen

Der Sterndeuter; nach einem Holzschnitt von 1610.

Raum der 8. Sphäre. Über ihr befindet sich der 9. kristallinische Himmel, das *primum mobile*. Über ihm das *Empyrium*: die stillstehende Atmosphäre. Hier thront Gott mit seinem Sohn und den *Auserwählten*. Andere Selige sind auf andere Sphären verteilt.

Das Weltbild der Kirche ist konstruiert

Der Mensch ist der höchste Zweck der Schöpfung und ein Meisterwerk Gottes. Seinetwegen ist die Welt erschaffen, für ihn leuchten Sonne, Mond und Sterne. Um ihn dreht sich die Geisterwelt. Der Mensch schwankt unaufhörlich in seiner Haltung zwischen dem Guten und dem Bösen. Gott und Teufel streiten um seine Seele. Obwohl der Mensch das letzte Glied der Schöpfung ist, so ist er nicht für die Erde geschaffen. All sein Sehnen ist in und nach dem Himmel gerichtet. Deshalb hat Gott seinen Sohn zu den Menschen geschickt, damit er den Teufel besiegt und ihm zur Seligkeit verhelfen kann.

Im 12. Jahrhundert erklärt Johann von Salisbury die Sternkunde für eine von der Kirche verbotene und strafwürdige Kunst, weil sie den Menschen den Glauben an ein blindes Geschick einimpft und den Hang zum Götzendienst begünstigt, indem sie die Allmacht des Schöpfers auf seine Gesetze überträgt. Dieses aberwitzige Ansinnen wird allmählich zur Ansicht der Kirche in der von Thomas von Aquin auseinandergesetzten Form. Alfons X. der Weise von Kastilien (1252-84) rechnet die Astrologie zu den freien Künsten. Es ist beachtenswert, daß sie während des 13. und 14. Jahrhunderts nicht zu den verbotenen Künsten gehört, da sie im Verhörsprotokoll der Inquisition nirgendwo erwähnt ist.

1290 wird vom Pariser Bischof im Einklang mit dem Erzbischof von Sens und Magistern der Universität ein Verdammungsurteil erlassen. Es wendet sich gegen das Buch *Zehn Ringe der Venus*, die Bücher des *griechischen und germanischen Babylon*, das Buch der *Bilder des Ptolomäus* und das des Zauberers *Hermes* an Aristoteles.

Nikolaus Kopernikus

Das Zeitalter der großen Entdeckungen im Lauf des 14. und 15. Jahrhunderts zwingt zu neuen Überlegungen über das Weltganze. So hat im 2. Jahrhundert der alexandrinische Astronom Claudius Ptolemäus ein umfassendes System der Planetenbewegungen ausgearbeitet. Er erklärt den Lauf der Himmelskörper durch eine Zusammenfassung der Kreisbewegungen, wie sie Appolonius von Perga im 4. Jahrhundert v. u. Z. ersonnen hat. Danach führt jeder Planet eine Eigenbewegung in einem kleinen Kreis aus.

Kopernikus lehnt das Weltbild des Ptolemäus ab und macht die Sonne zum Mittelpunkt des Sternensystems. Er degradiert die Erde zum *gewöhnlichen* Planeten und läßt sie die Sonne umkreisen.

Nikolaus Kopernikus, dessen Theorie von den Bewegungen der Planeten im späten 16. Jahrhundert das naturwissenschaftliche Denken revolutioniert, wird am 19.2.1473 in Thorn geboren. Es ist eine alte Hansestadt, die unter der Oberlehensherrschaft des polnischen Königs steht. Über seine Jugend ist so gut wie nichts bekannt. Sein Vater stirbt, als Nikolaus zehn Jahre alt ist. Zusammen mit seinem Bruder Andreas und den beiden Schwestern wird er von seinem Onkel Lukas Watzelrode adoptiert und erzogen. Der Onkel wird sechs Jahre nach der Adoption Bischof von Ermsland. Er residiert im alten Ordensschloß von Heilsberg; seine Kathedralkirche steht in Frauenburg am Frischen Haff.

1494, als Nikolaus Kopernikus 18 Jahre alt ist, wird er zusammen mit seinem Bruder auf die Universität von Krakau geschickt. Hier studiert er Mathematik und Astronomie. Schon als Student beginnt er astronomische Bücher zu sammeln. Die Kirche betrachtet sein Tun wohlwollend, denn damals steht die Kalenderreform zur Diskussion und die Wissenschaft von den Sternen im Ansehen. Als Kopernikus Krakau verläßt, will ihn sein Onkel zum Domherr in Frauenburg machen. Es zerschlägt sich und Kopernikus geht nach Bologna, um sich an der berühmten Rechtsschule einzuschreiben.

Damals wohnt er im Haus des Professors der Astronomie, Domenico Maria de Novara. Nikolaus bleibt eineinhalb Jahre in Bologna; dann reist er nach Rom, um an den Feierlichkeiten des 1500sten Jahrestages der Christi Geburt teilzunehmen. In Rom hält er vereinzelt Vorträge über die Eklipse des Mondes, Astronomie und Mathematik. Dann geht er nach Frauenburg zurück, um die freigewordene Domherrenstelle zu besetzen. Er wird am 27.7.1501 in sein Amt eingeführt, aber kurz danach beurlaubt, um in Padua Medizin zu studieren und das Jurastudium zu beenden. In Ferrara wird er 1503 Doktor des Kanonischen Rechts. Dann geht er an die Medizinische Fakultät in Padua. Hier ergibt sich ein wichtiger Zusammenhang, denn man ist damals noch der Auffassung, daß die Himmelkörper auf den menschlichen Körper Einfluß nehmen. 1506 wird Nikolaus Kopernikus Leibarzt seines Onkels. Im

März 1512 stirbt Bischof Watzelrode und im Juni des gleichen Jahres tritt Kopernikus die Domherrenstelle in Frauenburg an.

Hier nimmt er eine Reihe kirchlicher und weltlicher Aufgaben wahr. Er richtet sich ein astronomisches Observatorium ein. 1514 wird Kopernikus nach Rom geladen, um bei der Kalenderreform mitzuwirken. Seine letzten Lebensjahre widmet er der Astronomie. Zu seinen Lebzeiten ist sein Ruf als Arzt bedeutender denn der als Astronom.

In seiner Jugend baut die Theorie vom Weltraum auf den Lehren der griechischen Philosophen. Sie geht davon aus, daß die Erde der unbewegliche Mittelpunkt des Universums ist. Um sie bewegen sich auf konzentrischen Bahnen Mond, Merkur, Venus, Sonne, Mars, Jupiter und Saturn. Der Himmel wird als hinter allen Sternen liegend gedacht.

Die damaligen Astrologen erkennen, daß es notwendig ist, die Bewegungen der Sonne, des Mondes und der Planeten exakt zu berechnen. Schon während der Antike werden immer wieder Versuche unternommen, um die beobachteten Unregelmäßigkeiten zu begründen. In den Tagen von Kopernikus ist das System des Ptolemäus mit den Ansichten von Aristoteles verwoben. Er stellt sich das Universum aus einer Reihe von konzentrischen Sphären vor, mit der Erde als ihrem Mittelpunkt. Den natürlichen Stoff der Himmelsmaterie bildet die Luft.

Schon als Student zeigt sich Kopernikus von der traditionellen Anschauung unbefriedigt. Er entschließt sich, die griechischen Autoren zu lesen. Dabei entdeckt er, daß mehrere von ihnen die geozentrische Sicht des Weltalls nicht teilten. Zumindest ein kühner Denker war so weit gegangen, die Hypothese aufzustellen, daß Erde und Planeten um die Sonne kreisten. Letztendlich steht Kopernikus auf seinen Schultern. Er verbringt Jahre damit, die mathematischen Aspekte der neuen Theorie zu vervollkommnen und sie mit exakten Zahlen zu belegen. Er erarbeitet eine lückenlose Beweiskette, um sein Modell des neuen Himmelssystem abzustützen. 1530 verfaßt

Aus Furcht vor der Opposition der Theologen gegen das Werk gibt der protestantische Geistliche Osiander ohne Rücksprache mit dem Autor seinem Buch einen anderen Namen. Es erscheint nun unter dem Titel *Über die Umdrehungen der Himmelsphären*. Osiander fügt ein anonymes Vorwort bei, in dem er den Anspruch auf eine physikalische Realität der Bewegungen der Erde aufgibt und die Theorie von Kopernikus lediglich zu einem genialen Modell zur Berechnung künftiger Planetenstellungen erklärte. Dieses Buch erscheint 1543. Es setzt die Sonne anstelle der Erde in den Mittelpunkt des Planetensystems.

Einige protestantische Theologen verwerfen vom religiösen Standpunkt her die kopernikanische Theorie, indem sie die Bibel zitieren, die vom Erdstillstand spricht. Kopernikus hat sein Werk Papst Paul III. gewidmet. Die Kirche hat zunächst keine Vorbehalte gegen seine Thesen; und doch ist sie ein tiefgreifender Bruch mit der Wissenschaft. Es war die erste dramatische neue Sicht des Weltalls seit fast 2000 Jahren. Kopernikus stirbt im Alter von 70 Jahren als Domherr. Später wird der Theologe Friedrich Heer dazu sagen: »Die Auferstehung des Jesus von Nazareth ist weder ein physikalisches noch ein geschichtliches Ereignis ... es ist kein Auffahren in jenen Himmel, den Kopernikus und Galilei zu erobern begannen.«

Längst hat sich das klerikale Weltbild in den Leichtgläubigen festgebissen, zumal es einfacher ist mit Legenden zu leben, als sich mit Fakten auseinanderzusetzen. In der Kirche muß man anders denken. Sie geht vom Einfluß der himmlischen Körper aus und trägt vor: »Ihr Einfluß kann nicht verworfen werden, denn sie werden von geistigen Substanzen bewegt und regiert, wie dies von allen Theologen und Philosophen angenommen wird. Die Seelen der Himmelskörper sind größer als die unsrigen; folglich können sie in uns wirken.«

Schon steht Meinung gegen Meinung. Selbst Freunde von Kopernikus halten nicht viel von seinen Erkenntnissen, denn sie steht im Widerspruch zur Lehrmeinung der Kirche. Luther betont es und nennt ihn

Nikolaus Kopernikus (1473-1543), Astronom und Begründer des heliozentrischen Weltbildes. Er vollendet 1543 eine Revision der Lehre von der Planetenbewegung. Seine Lehren bleiben von der Kirche bis zum Erlaß der Indexkongregation 1616 unbeanstandet.

er ein Werk, in dem er die wesentlichen Tatsachen seiner Entdeckungen zusammenfaßt. Diese Schrift nennt er *Commentariolus*. 1533 erfährt der päpstliche Sekretär Johannes Widmanstad davon. Er trägt dem Papst und einigen Kardinälen Passagen daraus vor. Opposition von der Kirche kommt erst nur von den Protestanten, die glauben, die These des Kopernikus sei mit der Interpretation der Bibel unvereinbar.

Auf Drängen des protestantischen Gelehrten Georg Joachims läßt Kopernikus seine Theorien und Berechnungen drucken. 1543 geht ein erweitertes Manuskript bei Johann Petreius ein, einem Nürnberger Verleger, der bereits seine *Narratio prima* herausgebeben hat.

einen Narr. Der *Index librorum prohibitorum* verbietet per Dekret vom 5.3.1661 alle Bücher, in denen die Unbeweglichkeit der Sonne verteidigt wird.

Außer Nikolaus Kopernikus finden wir viele berühmte Schriftsteller darin. Die antiquierte Kirche bäumt sich gegen das Wissen auf und akzeptiert die Lehres des Naturforschers kleinmütig als Hypothese. Bis 1758 steht sein Werk auf dem Index der verbotenen Bücher.

Galilei und die Inquisition

Zur Zeit Galileis wogt der Kampf um die Überwindung der Scholastik. Sie stützt sich auf die Überlieferung der altgriechischen Texte, vor allem auf Aristoteles, und sie ordnet die der Theologie nahe und angeglichene scholastische Wissenschaft dem Überirdischen unter. Das Irdische gilt als Vorbereitung auf das Jenseits. Ähnlich wie die Theologie ihre Erkenntnis aus der Erklärung von Texten gewinnt, sieht die scholastische Naturkunde das Ziel in der Auslegung ihrer Texte; sie gelten als Quelle der Erkenntnis. Die Stärke der Scholastik ist die klare Formulierung des Vorhandenen. Ihre Schwäche liegt darin, daß sie sich Neuem gegenüber nur schwer erschließt.

Humanismus und Renaissance bringen dieses Bild ins Wanken. Jetzt sucht man durch Beobachtungen und die Ansätze der Vernunft die Forschung zu mehren. Man greift wieder auf die antiken Grundsätze und Weisheiten zurück: man besinnt sich des Verstandes, obwohl schon Aristoteles sagt: »Nichts ist im Verstand, das nicht irgendwo und irgendwie in der Erfahrung ist.« Die festgebissene Scholastik empfindet dieses neue Denken als störend, denn sie ist in Sorge, daß dadurch ihre geistigen Ansätze zusammenbrechen. An die Stelle von Überlieferung und Auslegung sollen das Beobachten, Denken und die methodische Naturforschung treten.

Es löst die gewünschte und enge Bindung an die Theologie und es beraubt die Kirche des außerordentlichen Machtmittels über die von ihr angenommenen Seelen.

Jetzt wird klar, weshalb der kuriale Apparat so empfindlich auf die Forschungsarbeit von Galilei reagiert. Er entwickelt Ansichten, die von der kirchlichen Tradition abweichen. »Es berührte tief die aufs Überirdische eingestellte Seelen, die gewöhnt waren, an die Worte der Heiligen Schrift zu glauben und die jedes Abweichen von dem in sich geschlossenen Bau von Wissenschaft und Religion als Lästerung empfanden.«

Die Kirche kontert in der vierten Sitzung des Tridentiner Konzils am 8.4.1546: »Um zügellosen Geistern eine Schranke zu setzen, befiehlt der heilige Kirchenrat, daß niemand im Vertrauen auf eigene Einsicht die Heiligen Schriften in den Fragen des Glaubens und der Sitten, welche zum Aufbau der christlichen Lehre gehören, nach seinem Sinne zu verdrehen, und sie auszulegen wage gegen den Sinn, den die katholische Kirche, als welcher allein die Entscheidung über den wahren Sinn und über die richtige Auslegung der Heiligen Schriften zusteht, stets festgehalten hat und festhält, oder auch gegen die übereinstimmende Auslegung der Väter; auch dann soll er es unterlassen, wenn solche Interpretationen niemals der Öffentlichkeit übergeben werden sollen. Die Zuwiderhandelnden sollen durch die Ordinarien zur Anzeige gebracht und mit den gesetzlichen Strafen geahndet werden.«

Weltbild der Babylonier; W: Weltmeer, E: Gewölbe der Erde, L: Luftraum, F: Feste des Himmels mit dem Himmelswasser darüber, A/U: Anfangs- und Untergangstore der Sonne, T: Totenreich.

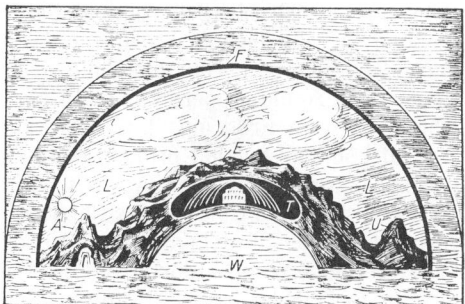

Papst Urban VIII. Nach dem Gemälde von Andrea Sacci; Galerie Barberini, Rom.

Jetzt erheben sich Wissenschaftler, um die Lehren der Priester zu widerlegen. Wie sollte man ihnen begegnen? Was das Buch des Deutschen Kopernikus 1543 als mathematische Theorie in einer nur wenigen verständlichen Form und in lateinischer Sprache vorgetragen hat, das aktualisiert Galilei in der Sprache des Volkes in einer populären und zugleich einleuchtenden Weise.

Während Aristoteles und Ptolemäus davon ausgehen, daß die Erde der Mittelpunkt der Welt ist, sagt Kopernikus, daß sich nicht alles um die Erde dreht und sie selbst drehe sich ebenfalls einmal in 24 Stunden um die eigene Achse von West nach Ost. Außerdem ruht nicht die Erde, sondern die Sonne. Kopernikus und Galilei lehren, daß die Erde ein Himmelskörper wie jeder andere ist und bringen dadurch das theologische Weltbild ins Wanken. Lehrt doch die Bibel, daß Gott auf das Gebet von Josua die Sonne still stehen ließ, um so den Tag zu verlängern und so Josua die Zeit zum Sieg in der Schlacht zu gewähren. Nun

lehren die Ketzer, daß sich die Sonne nicht bewegt: Sie strafen die Heilige Schrift Lügen, sie zweifeln am göttlichen Wort und an dem was die Kirchenväter lehren. So kommt das Verfahren gegen Galilei ins Rollen. Er mißt Zeiten und Geschwindigkeiten und er bestimmt die Gesetze des freien Falles. »Galilei greift mit seiner neumodischen Afterweisheit nach dem Himmel.«

Tatsache ist, daß Galilei ein gläubiger Sohn der Kirche ist. Seine Beobachtungen werden durch ein zentrales Ereignis erschüttert, denn 1604 erscheint ein neuer Stern – weit außerhalb in der Fixsternsphäre – am Himmel, der von verschiedenen Stellen aus gesehen und beobachtet wird.

Kurz danach erfährt Galilei, daß man in Holland ein mathematisches Gerät gebaut hat, durch das man entfernte Gegenstände besser sehen kann. Dann baut er in seiner Werkstatt in Padua selbst ein solches, das ihm eine neunfache Vergrößerung gestattet. Nie zuvor gesehene Sterne leuchten auf, deutlich sind Berge und Schluchten auf der Mondoberfläche zu bemerken, zu Seiten des Jupiter tauchen vier Wandelsterne auf, die ihn umkreisen.

Galilei gibt diese Entdeckungen 1610 in seinem *Sternbote* bekannt und die Geistlichkeit horcht auf. Galilei bestätigt damit die Ansichten des Kopernikus. Schon melden sich kritische Stimmen und man merkt, daß die Entdeckung der vier neuen Planeten der Bibel entgegensteht, die nur sieben Wandelsterne kennt. Galilei entscheidet sich, die päpstlichen Astronomen zu überzeugen.

⇒

Der Astronom Galileo Galilei schreibt an Kepler: »Die Professoren am Gymnasium von Florenz verschlossen die Augen vor dem Licht der Wahrheit … diese Menschengattung glaubt, in der Natur sei keine Wahrheit, sondern nur in der Vergleichung der Texte. Ich denke, wir lachen über die Dummheit des Pöbels.« Nach einem Gemälde von Justus Susermans, Florenz, Uffizien.

Robert Bellarmino (1542-1621), ein Führer der Gegenreformation, Neffe des Papstes Marcellus II. Er verfaßt die Kampfschrift »Disputationes de controversiis christianae fidei adversus huius temporis haeretiocus« und den »Kleinen Katechismus«.

Er wendet sich an Pater Clavius, einen Jesuiten aus Bamberg, dem Astronom am Jesuitenkollegium in Rom. Er bittet ihn, nach Florenz zu kommen, damit er ihm seine Beobachtungen vorführen kann. Clavius bestätigt sie ebenso wie die Entdeckung Galileis von den Lichtphasen der Venus, doch er vermeidet, sich näher darauf einzulassen. Später schreibt er: »Da sich das alles so verhält, so mögen die Astronomen sehen, wie die Himmelskreise einzurichten sind, damit diese Erscheinungen gerettet werden können.« Dieses zögerliche Verhalten des Jesuiten bewegt Galilei nach Rom zu gehen, um hier die Richtigkeit seiner Beobachtungen durchzusetzen. Er wird von Kardinälen und von Papst Paul V. empfangen.

In der Zwischenzeit hat sich Kardinal Bellarmino von Pater Clavius und seinen Gehilfen ein Gutachten beschafft, das die Richtigkeit der Beobachtungen von Galilei bestätigt. Bellarmino ist nicht geneigt, gegenüber dem Naturwissenschaftler zuzugeben, daß eine solche Anerkennung im Interesse der Kirche liegt. Nicht einmal die Duldung seiner Lehre scheint ihm mit den Interessen der Kirche vereinbar. Und schon verdächtigt man ihn einer Menge unlauterer Dinge.

1611 taucht erstmals eine Notiz über Galilei in den Akten über die Inquisition auf. »Es soll nachgesehen werden, ob im Prozeß des Dr. Cremonini der Professor Galilei genannt wird.« Cremonini ist Philosoph in Padua und hat über den Himmel geschrieben. Galilei geht nach Florenz zurück, um weitere Forschungen zu betreiben. Er findet das *spezifische Gewicht* und beobachtet die Erscheinungen der Sonnenflecken.

Galileis Brief an den Mathematiker und Benediktiner Castelli

Galilei läßt ihn wissen: »Zunächst stimme ich Ihnen darin zu, daß die Heilige Schrift nie lügen oder irren kann, daß vielmehr ihre Sätze vollkommene und unverletzliche Wahrheiten sind. Ich möchte aber noch hinzufügen: Wenn auch die Schrift nie irrt, so können doch ihre Ausleger in mancherlei Hinsicht irren. Der schwerste und häufigste Fehler ist es, wenn man am wörtlichen Sinn der einzelnen Sätze der Schrift festhält. Daraus können sich Widersprüche, ja schwere Ketzereien und Gotteslästerungen ergeben. Dann müßte man Gott Füße, Hände und Augen zuschreiben, ihm menschliche Empfindungen beilegen, wie Zorn, Reue, Haß und sogar oft Vergessen der Vergangenheit und Unkenntnis der Zukunft. So finden sich in der Schrift viele Stellen, die wörtlich genommen eine falsche Vorstellung erwecken. Aber sie wurden gewählt zwecks Anpassung an die geringe Fassungskraft der Menge. Für die wenigen, die sich hervorheben, müssen die weisen Ausleger den Sinn herausschälen und die besonderen Gründe auffinden, die dazu führten, gerade diesem Wortlaut den Vorzug zu geben.

Da so die Schrift eine vom Wortsinn abweichende Auslegung vielfach nicht nur gestattet, sondern sogar nötig macht, so muß ihr meines Erachtens in Erörterungen aus der Naturkunde der letzte Platz angewiesen werden. Denn die Heilige Schrift und die Natur entstammen beide dem Wort Gottes. Die eine ist vom Heiligen Geist inspiriert, die andere ist eine peinlich genaue Ausführung göttlicher Gebote. Die Schrift muß sich allgemeinverständlich ausdrücken und daher vieles sagen, was dem Wortlaut nach der absoluten Wahrheit nicht entspricht. Die Natur dagegen ist unerbittlich und unveränderlich und kümmert sich um nichts anderes als um ihre verborgenen Gründe und Abläufe, ganz einerlei, ob sie die Fassungskraft der Menschen entsprechen oder nicht.

Niemals darf sie die Grenzen der ihr auferlegten Gesetze überschreiten ... Was uns also die Sinneserfahrung von den Naturerscheinungen vor Augen rückt oder was zwingende Beweise daraus erschließen, kann in keiner Weise durch Stellen der Schrift in Zweifel gezogen werden, auch wenn diese scheinbar anderes besagen. Denn nicht jedes Wort der Schrift ist an so strenge Vorschriften gebunden wie eine jede Naturerscheinung. Aus dem einzigen Grunde, auch rohen und ungebildeten Leuten verständlich zu sein, scheut sich die Schrift nicht, von ihren wesentlichen Dogmen abzuweichen und Gott Eigenschaften beizulegen, die seinem Wesen durchaus fremd, ja entgegen sind. Wer möchte dann verlangen, daß die Schrift, wenn sie beiläufig von der Erde, der Sonne oder irgendeiner Kreatur spricht, sich scharf an den strengen Sinn des Wortlauts halten müßte?

Besonders trifft das bei Dingen zu, die weit ab vom eigentlichen Zweck der Schrift liegen und die, in nackter und unverhüllter Wahrheit vorgetragen, die eigentliche Absicht behindern, indem sie die Menge für die Heilswahrheit unzugänglicher machen.

Kometenflugblatt von 1577.

Da dem so ist, und da sich selbstverständlich zwei Wahrheiten nie widersprechen können, ist es die Pflicht der weisen Ausleger der Schrift, mit allem Eifer nach dem wahren Sinn der Schriftstellen zu suchen. Sie müssen sich dabei an die Naturtatsachen halten, die vor allem deutlich sind und ... deren Herleitung bestimmt und sicher ist. Wie gesagt, enthält die Heilige Schrift, trotz ihrer Inspiration durch den Heiligen Geist, aus den dargelegten Gründen vielfach Ausführungen, die dem Klang der Worte nicht entsprechen. Da überdies sicher nicht alle Ausleger der Schrift aus göttlicher Eingabe sprechen, würde ich es für klug halten, niemanden zu gestatten, auf Schriftstellen bindende Behauptungen über die Wahrheiten von Naturtatsachen aufzustellen. Denn Erfahrung und schlüssige Beweise könnten einmal das Gegenteil ergeben. Wer will dem menschlichen Genie Grenzen setzen?

Es erscheint mir daher ein guter Rat, nicht ohne Not andere Sätze neben die Stellen zu setzen, welche sich mit den Heils- und Glaubenswahrheiten befassen und gegen deren Gewißheit sicher nie etwas Triftiges wird vorgebracht werden können. Wenn dem so ist, was wäre das für eine Unordnung, wenn man solches Ermessen von Leuten anheim geben wollte, die ganz abgesehen davon, daß sie schwerlich aus göttlicher Eingebung sprechen, sicher nicht über das Maß an Verstand verfügen, um, ich will nicht sagen, zu widerlegen, aber doch wenigstens zu verstehen, was die exakten Wissenschaften an Beweisen für ihre Erkenntnisse vorbringen.

Ich möchte glauben, daß die Autorität der Heiligen Schrift nur den Zweck hat, die Menschen von den Glaubenssätzen zu überzeugen, die für ihr Heil nötig sind, und die über jede menschliche Erkenntnis hinausgehen, und die daher durch keine Wissenschaft und durch kein anderes Mittel als durch den Mund des Heiligen Geistes dem Glauben nahe gebracht werden können. Es erscheint mir nicht glaubhaft, daß derselbe Gott, der uns Sinne, Vernunft und Verstand geschenkt hat, der uns ihren Gebrauch befohlen hat, gewollt hat, daß wir

mit anderen Mitteln Aufschlüsse erhalten, die wir mit jenen erlangen können. Das dürfte insbesondere für die Wissenschaften zutreffen, über die man nur weniges an zerstreuten Stellen der Schrift findet. Aus der Astronomie z. B. findet sich so wenig, daß nicht einmal alle Planeten aufgezählt sind. Wenn die heiligen Schreiber beabsichtigt hätten, das Volk über die Verteilung und Bewegung der Himmelskörper zu belehren, so hätten sie darüber nicht so wenig vorgebracht, ein Nichts im Vergleich zu den vielen herrlichen, bewunderswerten Tatsachen dieser Wissenschaft.

Sie sehen also, wie unordentlich, wenn ich nicht irre, diejenigen Verfahren, welche sich bei Auseinandersetzungen mit der Naturkunde, die doch nicht unbedingt zum Glauben gehören, in erster Linie auf Schriftstellen und dazu noch auf schlecht verstandene Stellen berufen. Aber wenn jene tatsächlich glauben, im Besitz des wahren Sinnes einer Schriftstelle zu sein, und sich infolgedessen im Besitz der absoluten Wahrheit über den Gegenstand der Erörterung fühlen, so sagen Sie mir bitte, ob nicht auch Ihrer Meinung nach in der Naturkunde, der, der das Richtige vertritt, einen großen Vorteil vor einem anderen hat, der das Falsche verteidigen muß? Sie werden sicher mit Ja antworten und sagen, daß, wer das Richtige vertritt, tausend Erfahrungen und schlüssige Beweise auf seiner Seite hat, während der andere nur Sophismen, Trugschlüsse, Fehlschlüsse vorbringen kann. Wenn sich aber jene beim philosophischen Streit innerhalb der Naturkunde so überlegen fühlen, warum greifen sie dann bei der Erörterung mit einem Male zu so furchtbaren Waffen, deren bloßer Anblick schon den

⇒

Girolamo Savonarola (1452-1498), italienischer Reformator. Er wird das Opfer seiner Religion und auf einem Scheiterhaufen verbrannt. Gemälde von Bartholomeo (Della Porta). Veröffentlicht mit freundlicher Genehmigung der AKG, Berlin.

Astrologenschule; Holzschnitt des 15. Jahrhunderts

geübtesten und erfahrendsten Mann in Schrecken versetzen muß? Wenn ich die Wahrheit sagen soll, so glaube ich, daß jene die Angsthasen sind. Da sie sich den Angriffen des Gegners nicht gewachsen fühlen, so suchen sie nach Mitteln, ihn nicht nahe heranzulassen.

Da aber, wie ich schon sagte, der Fechter für die Wahrheit den größten Vorteil vor seinem Gegner hat, und da es unmöglich ist, daß zwei Wahrheiten einander widersprechen, so brauchen wir uns vor dem Ansturm keines Gegners zu fürchten, wer es auch sein mag, wofern uns nur Gelegenheit gegeben wird, uns gegenüber verständigen Leuten zu äußern, die nicht unter dem überragenden Einfluß eigentümlicher Leidenschaften und Interessen stehen … da wir aber übereinkamen, der Wortlaut der Schrift solle nicht geändert werden, so muß man zu einem anderen Aufbau des Weltsystems kommen und sehen, ob ihm entsprechend der nackte Sinn der Worte in Ordnung geht. Das werden wir sehen.«

Die Inquisitionsbehörde wird hellhörig

Dieser Brief wird in einigen Abschriften verbreitet. Der Dominikaner Caccini erklärt darauf von der Kanzel in Florenz, daß Galilei ein Ketzer sei. Der Erzbischof von Florenz versucht im Auftrag der Inquisitionsbehörde in den Besitz des Originalbriefes zu kommen. Galilei bemerkt, daß Turbulenzen auf ihn zukommen und nochmals geht er aus eigenen Stücken nach Rom, um seine Ansicht zu verteidigen. Er will den Nachweis führen, daß er ein treuer und gehorsamer Sohn der Kirche ist. Obwohl ihm vom Papst Paul V. bestätigt wird, daß gegen ihn persönlich nichts vorliegt, läuft zeitgleich ein Prozeß mit dem Ziel, schlüssig die Stellung der Kirche zur kopernikanischen Lehre festzuschreiben. Galilei ist davon überzeugt, seine Ausführungen an Castelli würden die Kirche von der Richtigkeit der kopernikanischen Lehre überzeugen.

Am 25.2.1615 stellt das Heilige Offizium fest, daß dieser Brief von Galilei falsche Auffassungen über den Sinn und die Auslegung der Schrift enthält. Galilei bringt sich in Schwierigkeiten, da er das Original, das ihm Castelli zurückgegeben hat, im Vertrauen an seine Redlichkeit, Kardinal Bellarmino geschickt hat. Am 19.2.1616 werden auf päpstlichen Befehl die Theologen des heiligen Offiziums aufgefordert, sich zu den beiden Sätzen zu äußern:

- Die Sonne ist das Zentrum der Welt und unbeweglich in örtlicher Bewegung.
- Die Erde ist nicht das Zentrum der Welt und nicht unbeweglich, sondern bewegt sich in bezug auf sich selbst als Ganzes und auch in täglicher Bewegung.

Am 25.2.1616 erhält Kardinal Bellarmino als Leiter des Prozeßverfahrens den päpstlichen Befehl, »Galilei zu sich zu rufen und ihn zu ermahnen, seine Meinungen aufzugeben; falls er dem Ansinnen nicht nachkommt, soll man ihn einsperren.« Galilei wird nicht eingesperrt, doch man beschließt eine ausdrückliche Verurteilung seiner Lehre. Das Dekret wird am 5.3.1616 ausgegeben. Es besagt: »Es ist zur Kenntnis der eingangs genannten heiligen Kongregation gekommen, daß jene falsche pythagoräische, der Heiligen Schrift widersprechende Lehre von der Bewegung der Erde und der Unbeweglichkeit der Sonne, die Nikolaus Kopernikus in seinem Buch über die Umläufe der Himmelskörper und Didacus Astunica im Kommentar zum Hiob lehren, neuerdings verbreitet und von vielen angenommen wird. Das ergibt sich aus besagtem Brief des Karmeliterpaters Paul Anton Foscarini über die pythagoräisch-kopernikanische Ansicht von der Bewegung der Erde und der Unbeweglichkeit der Sonne und das pythagoräische Weltsystem, Neapel, bei Lazarus Scorrigi, 1615.«

Darin sucht jener Pater zu zeigen, daß die genannte Lehre von der Unbeweglichkeit der Sonne im Zentrum der Welt und von der Bewegung der Erde mit der Wahrheit übereinstimme und nicht der Heiligen Schrift zuwider sei. Damit nun eine solche Lehre nicht zum Schaden der katholischen Wahrheit gereicht, wird angeordnet, daß die genannten Schriften des Nikolaus Kopernikus über die Umläufe der Himmelskörper und des Didacus Astunica zum Hiob zu verbieten sind, bis man sie verbessert hat. Das Buch des Karmeliterpaters Paul Anton Foscarini indessen ist völlig zu verbieten und zu verdammen. Alle anderen Bücher, die das lehren, sind zu verbieten.«

Der Name Galileis taucht in diesem Dokument nicht auf; vielleicht aus Rücksicht auf die Beziehungen zum toskanischen Hof oder darauf, daß er mehrfach seine katholische Gesinnung bezeugt hat. Dann wird das Gerücht verbreitet, Galilei habe in die Hand des Kardinals Bellarmin abschwören müssen und er sei mit einer Kirchenbuße belegt worden. Sofort kontert der Beschuldigte und bittet den Kardinal um ein Attest, in dem die Wahrheit bezeugt wird:

»Ich, Robert Kardinal Bellarmino, habe vernommen, daß Herr Galileo Galilei verleumdet wird durch die Behauptung, er habe in meiner Hand abgeschworen und sei mit heilsamen Bußen bestraft worden. Zur Steuer der Wahrheit erkläre ich, daß jener Herr Galilei nicht in meine oder eine andere Hand hier in Rom irgendeine seiner Meinungen und Lehren abgeschworen hat und daß dies meines Wissens nicht anderen Orts geschehen ist. Er hat auch keine heilsamen Bußen oder andere Strafen erhalten. Es ist ihm lediglich die von seiner Heiligkeit erlassene und von der Indexkongregation veröffentlichte Verordnung zur Kenntnis gebracht worden, in der festgestellt wird, daß die dem Kopernikus zugeschriebene Lehre, daß die Erde sich um die Sonne bewege und daß die Sonne der Mittelpunkt der Welt ruhe ohne Bewegung von Ost nach West, der Heiligen Schrift widerspreche und daher nicht verteidigt oder für wahr gehalten werden könne. Zum Zeugnis dessen habe ich dies eigenhändig geschrieben und unterschrieben am 26. Mai. 1616.«

Bellarmino hat sich einige Tage vor der Abfassung des Attestes mit dem Karmeliter Foscarini auseinandergesetzt. Seine wesentlichen Aussagen sind:

- Ich stelle fest, daß Sie und Herr Galilei klug handeln würden, wenn Sie sich darauf beschränken, hypothetisch und nicht absolut zu sprechen. Das Gegenteil schadet dem heiligen Glauben, da es Stellen der Heiligen Schrift falsch erscheinen läßt.
- Das Konzil verbietet, die Schrift gegen die übereinstimmende Ansicht der Kirchenväter auszulegen. Nicht nur sie, sondern alle neuen Kommentare über die Genesis, die Psalmen, die Bücher Jesus Sirach und Josua stimmen darin überein, daß sie wörtlich auslegen und feststellen, daß die Sonne am Himmel steht und mit großer Geschwindigkeit die Erde umkreist, daß die Erde weit vom Himmel entfernt ist und unbeweglich im Mittelpunkt der Welt ruht.
- Gäbe es wahre Beweise dafür, daß die Sonne im Mittelpunkt und die Erde im dritten Himmel steht und daß die Erde um die Sonne und nicht die Sonne um die Erde kreist, dann müßte man sich mit viel Beredsamkeit um die Auslegung der Schriftstellen kümmern, die dem zu widersprechen scheinen.

Die Mathematiker; nach einem Holzschnitt aus dem 15. Jahrhundert.

Es sind fadenscheinige Ausflüchte und Bellarmino geht es mehr darum, den Bestand der katholischen Kirche zu sichern. Auch wenn sich Galilei in der Folgezeit mit Äußerungen bedeckt hält, so ist die Bresche geschlagen. Galilei läßt für eine Zeitlang davon ab, am Beispiel des Planetensystems die Methode der neuen Naturwissenschaft zu erhärten. Die Zeit ist gegen ihn gerichtet.

1623 besteigt der ehemalige Kardinal Maffeo Barberini als Urban VIII. den päpstlichen Thron; er ist ein Vertrauter Galileis. Galilei reist 1624 nach Rom, um dem neuen Papst zu huldigen. Auch Urban VIII. bleibt auf der Tradition sitzen und sagt: »Da die Lehre des Kopernikus nun einmal verboten ist, so muß es dabei bleiben.«

Mit zahlreichen Gunstbezeugungen des Papstes bedacht, kehrt Galilei nach Florenz zurück. Er schreibt jetzt an seinem großen Dialog über die beiden Weltsysteme. Es ist ein Meisterwerk der italienischen Literatur. Als er seine Arbeit abgeschlossen hat, bemüht er sich 1630 um die kirchliche Druckerlaubnis; er ist damals 66 Jahre alt. Er erreicht sein Ziel und zum Beginn des Jahres 1632 erscheint das Werk. Die Freude ist nur von kurzer Dauer, denn im August 1632 treffen in Florenz Befehle ein, den Verkauf des Buches einzustellen und die noch vorhandenen Bestände der Inquisitionsbehörde zu übergeben.

Kurz danach wird Galilei zum Inquisitor von Florenz gerufen und es wird ihm mitgeteilt, daß er noch im Oktober nach Rom zu gehen habe, um sich zu verantworten. Galilei weist auf sein vorgerücktes Alter und seine Krankheiten hin, reicht ärztliche Atteste ein und verweist auf die problematische Reisezeit; doch die Inquisitionsbehörde bleibt hart. Es ergeht ein neuer Befehl:

»Wenn er sich nicht ehestens auf den Weg mache, werde man ihm auf seine Kosten einen Amtsarzt schicken, der seine Reisefähigkeit prüfen werde. Werde er von ihm als reisefähig befunden, so würde man ihn verhaften und in Ketten nach Rom schaffen.«

Etwa einen Monat nach seiner Ankunft in Rom, am 12.4.1633 wird er zum Verhör in den Inquisitionspalast bestellt. Es geht für ihn glimpflich aus und als Haftlokal wird ihm ein Zimmer im Palast zugewiesen; ein Diener wird ihm zur Verfügung gestellt. Am 30.4. bittet Galilei erneut gehört zu werden.

»Ich habe viele Tage anhaltend und scharf über den Inhalt der mir vorgetragenen Fragen ... nachgedacht. In meinem Buch sind einige Fehler und ich gestehe ein, sie entsprangen eitlem Ehrgeiz, reiner Unwissenheit und meiner Unachtsamkeit.« Am 10.5. wird Galilei eine Frist von acht Tagen zur Einreichung seiner schriftlichen Verteidigung gesetzt. Darin führt er die Gründe an, die ihn veranlaßt haben, beim Einholen der Druckerlaubnis dem Palastmeister Riccardi nicht von dem Verbot von 1616 zu sprechen; »schließlich verbleibt mir noch, auf meinen kläglichen körperlichen Zustand hinzuweisen, in den mich die fortwährenden Aufregungen der letzten zehn Monate, die Beschwerlichkeiten einer langen anstrengenden Reise in der schlechtesten Jahreszeit in meinem siebzigsten Lebensjahr gebracht haben.«

Inzwischen haben die beiden von der Inquisitionsbehörde eingesetzten theologischen Sachverständigen Melchior Inchofer und Zaccaria Pasqualio Gutachten ausgearbeitet. Sie stimmen darin überein, daß Galilei in seinem Buch die verbotenen Sätze lehre und verteidige und daß er im hohen Maß verdächtig sei, sie für wahr zu halten.

Am 16.6.1633 verfügt der Papst, daß Galilei noch einmal zu verhören ist, und zwar unter Androhung der Folter. Danach soll er feierlich vor dem versammelten Heiligen Offizium abschwören und zu Gefängnis nach Belieben der Kongregation verurteilt werden. Es sei ihm zu verbieten, sich künftig in Wort oder Schrift in irgendeiner Weise über die Bewegung der Erde und die Ruhe der Sonne zu äußern. Andernfalls soll er als Rückfälliger bestraft werden. Man soll an alle apostolischen Nuntien und Inquisitoren eine Ausfertigung des Urteils und der Abschwörungsformel schicken; vor allem an den Inquisitor von Florenz.«

Dieses letzte Verhör findet am 21.6.1633 statt. Galilei wird gefragt, ob er irgendwann die verbotene Lehre für wahr gehalten habe und er sagt: »Es ist lange her.« Und jetzt zeigt sich seine Klugheit, denn er sagt: »Im übrigen bin ich in Ihren Händen, machen Sie mit mir, was Ihnen gut scheint ... ich bin hier um zu gehorchen.« Das Urteil gegen Galilei wird am 22.6.1633 im großen Saal des Dominikanerklosters Santa Maria sopra Minerva gesprochen und endet so:

»Damit aber Ihr schwerer Irrtum und Ihr schädlicher Fehltritt nicht gänzlich ungestraft bleiben und damit Sie künftig vorsichtiger sind und als abschreckendes Beispiel für andere, die ähnliche Verbrechen im Sinn haben, so verordnen wir durch ein öffentliches Edikt, daß die Dialoge des Galileo Galilei verboten werden ... Sie verurteilen wir zu förmlicher Haft in diesem Heiligen Offizium nach unserem Gutdünken. Als heilsame Buße legen wir Ihnen auf, daß Sie drei Jahre lang wöchentlich einmal die sieben Bußpsalmen sprechen. Wir behalten uns das Recht vor, im ganzen oder im einzelnen die gegen Sie festgesetzten Strafen und Bußen zu verschärfen, zu verändern oder zu erleichtern.«

Dann spricht Galilei die Absprechungsformel: »Ich Galileo, Sohn des Vincenz Galilei aus Florenz, siebzig Jahre alt, stand plötzlich vor Gericht und ich knie vor Euch Eminenzen, die Ihr in der ganzen Christenheit die Inquisitoren gegen ketzerische Verworfenheit seid. Ich habe vor mir die Heiligen Evangelien, berühre sie mit der Hand und schwöre, daß ich immer geglaubt habe, auch jetzt glaube und mit Gottes Hilfe auch in Zukunft glauben werde, alles was die heilige katholische und apostolische Kirche für wahr hält, predigt und lehrt ... ich schwöre mit aufrichtigem Sinn und ohne Heuchelei ab, verwünsche und verfluche jene Irrtümer und Ketzereien und darüber hinaus ganz allgemein jeden irgendwie gearteten Irrtum, Ketzerei oder Sektiererei, die der Heiligen Kirche entgegen ist. Ich schwöre, daß ich in Zukunft weder in Wort noch in Schrift etwas verkünden werde, das mich in einen solchen Verdacht bringen könnte ... ich, Galileo Galilei, habe abgeschworen, geschworen, versprochen und mich verpflichtet ... Zum Zeugnis der Wahrheit habe ich diese Urkunde meines Abschwörens eigenhändig unterschrieben und sie Wort für Wort verlesen, in Rom im Kloster der Minerva am 22. Juni 1633 ... Ich, Galileo Galilei, habe abgeschworen und eigenhändig unterzeichnet.«

Als Gefängnis wird ihm zunächst ein dem Großherzog von Toskana gehörendes Haus in Rom angewiesen. Dann wird ihm gestattet, sich nach Siena zu begeben und dann darf er ein Landhaus in der Nähe von Florenz bewohnen. Er befindet sich in unmittelbarer Nähe des Klosters, in dem seine beiden Töchter Nonnen sind. Hier bleibt der Pionier der Naturwissenschaft bis zu seinem Tod. Seit 1637 ist Galilei erblindet. 1642 schließt er für immer die Augen. Die Beisetzung im Familiengrab in der Kirche Santa Croce wird ihm versagt.

Im Lauf der Zeit wird selbst in Rom erkannt, daß Galilei recht haben könnte und daß das heilige Offizium mitsamt dem unfehlbaren Papst einem Irrtum aufgesessen ist. Mit unendlicher Bitterkeit gesteht die Kirche ein, daß sie sich in diesem Punkt getäuscht hat. Sie rechtfertigt sich auf eine merkwürdige Weise und sagt: »Der Papst hat die Verurteilung zwar gebilligt, aber er hat nicht vorgehabt, *ex cathedra* zu sprechen. Überdies hat die Schuld allein Galilei. Dieser halsstarrige Mensch ist spitz und aufreizend gewesen ... er hat in drei Worten sechs Albernheiten gesagt.«

Redondi entdeckt 350 Jahre nach der Verurteilung Galileis in den Archiven der Inquisitionsbehörde ein bislang verdeckt gehaltenes Dokument. Es weist nach, daß man ihn offiziell wegen seiner Sympathie für die Lehren des Kopernikus angeklagt hat, um ihn vor der Überführung der Ketzerei mit dem sicheren Todesurteil zu bewahren.

Es ist ein nahezu liberaler Anflug im Ansinnen der hohen Geistlichkeit. Galilei endet nicht auf dem christlichen Scheiterhaufen. Sein Ausspruch »Und sie bewegt sich doch« ist nicht verbürgt. Die Verbreitung seiner Schriften wird untersagt und damit der Widerstand gegen die klerikalen Ansichten forciert.

Herbert Pietschmann, Ordinarius für Physik an der Wiener Universität, sagt noch 1980: »Die von Galilei vertretene Erdbewegung um die Sonne ist streng genommen unbeweisbar. Galilei hat geirrt, wenn er seine Behauptung mit den Gezeiten zu beweisen suchte. Deshalb kann man behaupten, daß die Kirche Galilei vor einer großen Blamage bewahrt hat.«

Goethe sagt: »Schien durch die Verulamische Zerstreuungsmethode die Naturwissenschaft auf ewig zersplittert, so ward sie durch Galilei sogleich wieder zur Sammlung gebracht.« Werner Heisenberg meint: »Der Ausgangspunkt der Physik Galileis ist abstrakt und liegt auf der von Platon für die Naturwissenschaft vorgezeichneten Linie.« Albert Einstein und Leopold Infeld sagen: »Mit dem Übergang von den Gedankengängen des Aristoteles zu denen Galileis wurde der Naturwissenschaft einer ihrer bedeutendsten Grundpfeiler gesetzt. Als dieser Schritt einmal getan war, konnte es über die weitere Entwicklung keinen Zweifel mehr geben.« Gerhard Harig ist der Meinung: »Galilei hat es verstanden, die Isoliertheit des kopernikanischen Weltsystems zu überwinden. Das Neue erwies sich als unüberwindlich, setzte sich durch und führte zu einer Umgestaltung des naturwissenschaftlichen Weltbildes.« Carl Friedrich von Weizäcker urteilt folgendermaßen: »Indem Galilei die Wissenschaft der Mechanik begründete, brachte er die Mathematik

auf die Erde herab … was er wünschte war, die Kirche von einem Faktum zu überzeugen.« Max Born sagt: »Mit Galilei und Tycho Brahe waren 2000 Jahre alte eingefrorene Ideen über den Haufen geworfen. Es war eine vollständige Kehrtwendung.« Hans Blumenberg meint: »Galileis Mechanik bedeutet nicht nur eine Begründung einer neuen Wissenschaft, sondern die Fundierung eines neuen Selbstbewußtseins.«

Giordano Bruno

Schon vor Galilei tritt ein Mönch aus Nola, Giordano Bruno, auf. Er gilt als Anhänger der kopernikanischen Lehre und verbreitet die Auffassung, daß die Sterne der Erde ähnliche Welten sind. Viele wären von uns ähnlichen Geschöpfen bevölkert. Für die katholische Kirche ist es ein Schlag wie eine Bombe; ein Mann aus den eigenen Reihen stellt sich gegen die christliche Lehre. Da er über die Unbefleckte Empfängnis eine andere Auffassung als die Kirche hat, wird er sieben Jahre gefangengenommen, obwohl er Geistlicher ist und der veralteten Meinung des Klerus voraus ist.

Weil Bruno den kirchlich geforderten Widerruf verweigert, wird er zum Ketzer abgestempelt und am 17.2.1604 in Anwesenheit von 50 Kardinälen und des christlichen Oberhauptes, Klemens VIII., auf dem Campo de Fiori in Rom öffentlich verbrannt. Um zu verhindern, daß er nicht durch ein Wunder zu neuem Leben erwacht, wird seine Asche in einen Fluß geworfen.

⇒

Giordano Bruno (1548-1600) wird als erster monistischer Philosoph der neueren Völker bezeichnet. 1584 verfaßt er eine Lehre von der Weltseele. Den durch Italien, Frankreich, England und Deutschland umhergetriebenen Dominikaner schickt das Richterkollegium der Inquisition nach siebenjähriger Gefangenschaft auf den Scheiterhaufen.

Zeichen an Sonne, Mond und Sternen. Holzschnitt nach Jonas Philognasius. Aus: »Practica practicarum«, Ingolstadt (1506).

Der Salvatorianer Joseph Spelucci behauptet in einem nach dem Zweiten Vatikanischen Konzil aufgelegten Rom-Führer: »Unweit des Farnese-Palastes breitet sich ein belebter Marktplatz aus. Während der Freimaurer-Herrschaft fand dort 1889 unter heftigem Protest des Papstes Leo XIII. und der ganzen katholischen Welt die Aufstellung eines Denkmals für den Apostaten Giordano Bruno statt. Seiner pantheistischen Ideen wegen aus dem Orden des Heiligen Dominikus gestoßen und von der römischen Inquisition angeklagt, floh er nach Genf, wurde 1592 in Venedig ergriffen und am 17.2.1600 auf dem Campo dei Fiori zu Recht verbrannt.«

Nicolo del Re bescheinigt der römischen Inquisition, daß sie in der Justizgeschichte des päpstlichen Roms Seiten beschrieben habe, die großer Beachtung würdig sind, vor allem, wenn man die Prozesse betrachtet, die gegen Pietro Carnesecchi 1567 und gegen Giordano Bruno geführt worden sind.

Regiomontanus, ein Deutscher namens Müller, gründet 1471 in Nürnberg eine Sternwarte und macht ausgezeichnete Beobachtungen. Die parallel laufende Erfindung der Buchdruckerkunst wirkt sich auf die Verbreitung der Wissenschaften aus; sie beflügelt das Geistesleben. Wenngleich es sich positiv auf das kirchliche Schrifttum auswirkt, so entsteht doch ein Feind von immenser Bedeutung: das gedruckte Wort.

Kepler und Newton

Johannes Kepler, 1571 in Weil der Stadt geboren, ist sein Leben lang auf der Suche nach dem *großen* Weltgesetz. Er vermutet im Lauf der Sterne eine göttliche Harmonie und macht sich deren Erforschung zur Lebensaufgabe. Seine Eltern wünschen, daß er ein geistlicher Herr wird und so gelangt er an die Klosterschule von Maulbronn. Er darf ohne Entgelt das theologische Seminar von Tübingen besuchen und betreibt naturwissenschaftliche Studien; er schafft der Freiheit eine von der Theologie verschüttete Gasse. Nicht mit dem Schwert, sondern mit dem Geist des Genies, den die Kirche immer verurteilt hat. Zusammen mit seinem Zeitgenossen Galilei durchbricht er die Dogmen der Kirche.

Fußend auf den genauen Beobachtungen und Aufzeichnungen der Planetenkompositionen des dänischen Astronomen Tycho Brahe zwischen 1576 und 1597 hat Kepler die Planetenbahnen analysiert. Er kommt zu dem Ergebnis, daß die Planeten um die Sonne nicht, wie seither angenommen, in kreisförmigen, sondern in elliptischen Bahnen laufen. Aus diesem Wissen resultieren die drei Kepler'schen Gesetze, die zwischen 1609 und 1621 veröffentlicht werden.

Galilei schreibt an Kepler: »Du bist fast der Einzige, der meinen Angaben Glauben beimißt. Als ich den Professoren am Florenzer Gymnasium die Trabanten des Jupiter durch mein Fernrohr zeigen wollte, wollten sie weder dieses noch das Fernrohr

⇒

Johannes Kepler (1571-1650), Astronom. Er studiert Theologie und geht 1600 nach Prag, da er Graz wegen dem Vordringen der Gegenreformation verlassen muß. In Linz wird er in konventionelle Streitigkeiten verwickelt. Er kommt nach Württemberg zurück, um erfolgreich einen seiner Mutter aufgedrängten Hexenprozeß abzuschließen; er endet mit Freispruch.

IOANNIS KEPPLERI
Mathematici Cæsarei
hanc Imaginem.

RGENTORATENSI BIBLIOTHECÆ
Consecr.

François Marie Voltaire (1694-1778), der große französische deistische Philosoph des 18. Jahrhunderts, der sich mit seinem Rationalismus gegen die Lehren der katholischen Kirche wendet.

sehen. Sie verschlossen die Augen vor dem Licht der Wahrheit. Diese Menschengattung glaubt, in der Natur sei keine Wahrheit, sondern nur im Vergleich der Texte. Ich denke ... wir lachen über die Dummheit des Pöbels.«

Außer den Kepler'schen Gesetzen hat die Gelehrtenwelt um 1660 auch das Bild vom Aufbau des Alls beifällig aufgenomen, das Descartes 1644 publiziert hat. Vor allem in Cambridge hat man ihn gelesen.

Der Theologe Hafenreffer hat die Auffassung: »Gott verhüte es, daß Du Deine Hypothesen mit der Heiligen Schrift in Übereinstimmung zu bringen suchst. Ich fordere von Dir, daß Du lediglich als Mathematiker handelst und die Ruhe der Kirche ungestört läßt.« Hört man nicht zwischen den Zeilen die Kirche?

Es ist sicher, daß Newton die Theorie von Descartes im Detail gekannt hat. Nach Descartes besteht das All aus Materie, die in riesigen Wirbeln *Vortices*, konzentriert ist. Im Zentrum eines jeden dieser Materiewirbel soll sich ein Stern befinden, um den sich kleinere Körper, Planeten, infolge des Wirbels bewegen. Es ist sicher, daß Newton bei seinen Überlegungen auf die cartesianische Theorie zurückgreift. Zusammen mit Sir Christopher Wren und dem Astronomen Edmond Halley ist Newton der Meinung, daß die Planeten durch die Anziehungskraft der Sonne, die sich mit zunehmender Entfernung vermindert, auf ihrer Bahn gehalten werden: doch sie können es nicht beweisen.

Isaac Newton gibt 1687 das Buch *Die mathematischen Grundbegriffe der Naturphilosophie* in London heraus. Es erlebt allein zu Newtons Lebzeiten drei Auflagen und begründet seinen Ruhm. Er beweist, daß alle Himmelskörper mechanischen Gesetzen unterliegen. Sie kreisen nach mathematischen Gesetzen. In seiner *Allgemeinen Naturgeschichte und Theorie des Himmels*, hat Kant der Vorstellung des Weltalls als einem göttlichen Schöpfungsakt endgültig ein Ende bereitet.

Es benötigt einige Zeit, bis das Werk von Newton mit den darin vertretenen Lehren vollumfänglich anerkannt wird. Es gilt vor allem für Frankreich, wo sich Voltaire das Verdienst erwirbt, die Öffentlichkeit für Newtons Gravitationstheorie zu gewinnen. Das Buch hat Newton stark beansprucht. Nach seiner Vollendung wendet er sich vor allem der Chemie und Alchemie zu; zudem beschäftigt er sich mit theologischen Fragen. 1693 erleidet er infolge geistiger Überanstrengung einen Nervenzusammen-

⇒

Isaac Newton (1643-1727), englischer Physiker und Professor der Mathematik in Cambridge. Mit ihm wird deutlich, daß alle Himmelskörper mechanischen und nicht göttlichen Gesetzen unterliegen.

MATTHIAS HAFENREFFER S. TH. D. PROFESSOR ET ACAD. TUBINGENS. CANCELLARIUS.

Melchior Haffner

Sculpsit. Aug.

Erscheinung eines Kometen. Stich von Abraham à Santa Clara, »Huy und Pfuy der Welt«, Würzburg 1707.

bruch. 1701 verzichtet er auf seinen Lehrstuhl in Cambridge. Später wird er Vorsitzender der Royal Society. Mit Leibniz führt er eine Jahre dauernde Kontroverse über die Urheberschaft für das Konzept der Inifinitesimalrechnung.

Hinzu kommt der Astronom Pierre Laplace (1749-1827). In seinem Werk *Darlegung des Weltsystems* werden alle theolo-

⇐

Der Tübinger Theologe Matthias Hafenreffer läßt den Astronom Johannes Kepler wissen: »Gott verhüte es, daß Du Deine Hypothesen mit der Heiligen Schrift in Übereinstimmung zu bringen suchst. Ich fordere von Dir, daß Du lediglich als Mathematiker handelst und die Ruhe der Kirche ungestört läßt.«

gischen Vorstellungen von einem einmaligen Schöpfungsakt in das Reich der Fabel verwiesen. John Locke (1632-1704) und David Hume (1711-76) haben den christlichen Gott aus dem Weltlauf verbannt.

In klerikalen Kreisen setzt man sich über Jahrhunderte darüber hinweg. Bis 1797 wird an der von Jesuiten beherrschten Universität Löwen gelehrt, daß sich die Sonne um die den Mittelpunkt des Weltalls bildende Erde dreht. Erst im 19. Jahrhundert erlaubt die christliche Kirche die Verbreitung von Büchern, die die Realität beschreiben.

1941 steigt der Marburger Theologe Rudolf Bulthaupt von der Himmelsleiter und trägt vor: »Erledigt ist durch die Erkenntnis der Kräfte und Naturgesetze der Geister- und Dämonenglauben. Man kann nicht elektrisches Licht einschalten und gleichzeitig an die Wunderwelt des Neuen Testamentes glauben.«

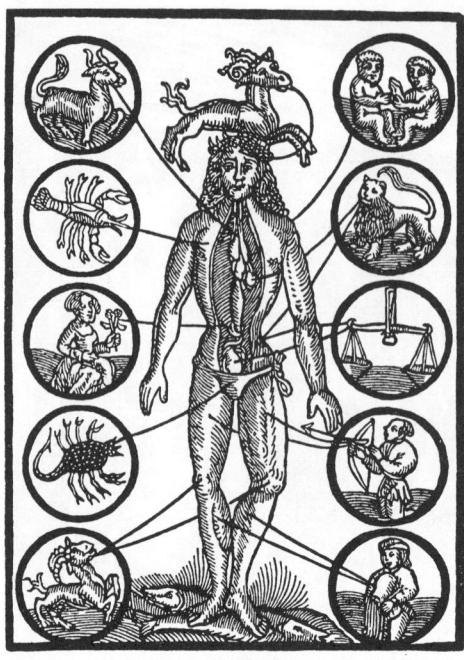

Was die Sterne nicht alles beeinflussen sollen. »*Aderlaßmännchen*« *aus einem Kalender des 17. Jahrhunderts.*

Göttlicher Zorn …
Klerus, Medizin und Aberglaube

»Wie Gott die Welt geschaffen hat, so regiert er sie auf seine direkte Weise durch Eingriffe in den Lauf der Natur. Er läßt Sterne und Zeichen am Himmel erscheinen, macht Regen und Schnee, Hagel und Ungewitter, schickt Erdbeben, Wasserfluten und Heuschreckenschwärme; er leitet die Schicksale der Menschen, ihre Sinne und Gedanken, ihre Kämpfe und Schlachten. Er schickt Seuchen, Pest und Hungersnöte[1].«

»Gott der Allmächtige hat seine Allmacht und Kraft wider die Pestilenz wunderlich verstecket, in Wurzeln, Kräutern, Samen, edlen Gesteinen, Holzwerk … und in unvernünftigen Tieren allerlei Gattung mehr.« Es ist Unsinn und in den Köpfen neurotischer Theologen gewachsen. Man sollte es, zumindest heute, nicht mehr ernst nehmen.

Das Laterankonzil von 1215 verbietet Ärzten unter Androhung von Strafen, Kranke zu behandeln, die vorher nicht gebeichtet haben. Anatomie, Chirurgie, das Sezieren von Leichen wie das Erkennen von Krankheitsherden gelten bis ins 18. Jahrhundert hinein als Sünde, ja als todeswürdig[2]. Hebammen dürfen nur praktizieren, wenn sie ein frommes Leben führen und selbst ein Kind geboren haben. Sie können ohne bischöfliche Sentenz keiner Schwangeren beistehen[3]. Jahrhunderte dürfen Ärzte Unterleibskranke nur unter verhüllenden Decken touchieren. Noch 1850 erfolgt ein Sturm des Protestes, als der amerikanische Gynäkologe P. White vor Medizinstudenten die Entbindung an einer nackten Frau vollzieht[4]. Rhabanus Maurus (780-856) erwähnt die Mondsucht. Damals soll es so viele Mäuse gegeben haben, daß sie selbst seine Bibel aufgefressen haben sollen.

Die Kirche geht über Jahrhunderte in die Irre, obwohl sie früh über Kapazitäten auf diesem Feld verfügt. Nach Cassidor, einem Schüler des heiligen Benedikt (560), der in seiner *Cura fratrum infirmium* den Benediktinern das Studium des Hippokrates bzw. seiner Lehre von den vier Säften und ihrer gesunden Mischung, des Galenus, Coelius, Aurelianus und Discorides empfiehlt, ist der später zum Heiligen erkorene Isidor (gest. 630) die bedeutendste Erscheinung seiner Zeit. Seine 20 Bücher *De Origene* und sein Werk *De Natura rerum* geben Zeugnis von seiner ärztlichen Bildung. Schon damals wird erkannt, daß vier Dinge den Körper zugrunderichten:

- Überfüllung des Magens
- Baden mit vollem Magen
- Das Essen von schweren Speisen
- Der Beischlaf mit abgelebten Weibern

⇒

Gebet zum Heiligen Dyonisius um Heilung von der Franzosenkrankheit. Nach einem vermutlich aus Regensburg stammenden Flugblatt.

Aller heyligister vater vñ großmechtiger nothelfer Dyonisi:ein ertz
bischoff vñ loblicher martrer.O du himelischer lerer:der von fränck-
reich apostel:vñ teutzscher landt gewaltiger regierer.Wehuet mich vor der
ersch:ecklichen krancheit mala franzos genant: von welcher du ein grosse
schar des christenlichen volks in franckreich erlediget hast:So dy kosten
das wasser des lebédigen prunnen der onder deiné aller heiligisten korper
entsprang:Wehuet mich vor diser gewerlichen kranckheit:O aller genedi
gister vater Dyonisi:biß ich mein sundt mit dem ich got meinen herreñ be
laidigt hab: pussen müg:vñ nach dysem lebé erlangen:dy freud der ewigé
saligkeit:das verleich mir xps iesus der dich in dé aller vinstersten kercker
verrschlossen trostlichen haym gesuecher:vñ mit seiné aller heiligisten leich
nam ond pluet dich speiset sprach:dy lieb vñ guttikait dy du hast zu mir al
lerzeit:dar omb wer wirt bitten der wirt gewert:Welcher sey gebenedeit in
ewigkait Amen.

Arzneikräuterhandlung in Deutschland um 1530. Bildnachweis: Musée des Arts Décoratifs.

Hunger- und Notjahre

Neben der religiösen Opposition gibt es eine weitere, seither kaum beachtete Strömung, die die Menschen hörig und der Kirche gewogen macht: es ist der Hunger. Die Technologie von Ackerbau und Viehzucht ist unterentwickelt. Die Ernteerträge sind durch Witterungseinflüsse gefährdet. Dürre- und Kälteperioden wechseln sich ab und gegen epidemisch auftretende Pflanzenkrankheiten ist kein Kraut gewachsen. Seuchen dezimieren die Viehbestände.

Um die Jahrtausendwende sind die Länder der westlichen Christenheit hauptsächlich bewaldet. »In den unerschlossenen Hirnen der mittelalterlichen Waldmenschen ist kein Platz für wirtschaftliche Erwägungen, Profit- und Produktivitätsgesetze, und für zweckhaftes Denken. Ökonomie gilt als

Sache des Teufels ... es fehlt an jeder Vorsorge und man lebt von der Hand in den Mund und am Rand des apokalyptischen Schreckens, wenn Gott seinen Segen versagt.«

Das Mittelalter ist eine Welt des Hungers und der Nöte, der Knappheit und des immerwährenden Mangels. Die Heiligenlegenden quellen über von Berichten über himmlische, durch Gebete und Gottvertrauen bewirkte Fleisch-und Brotspenden. Alle dramatischen Schilderungen verblassen gegenüber den Notjahren 1032, 1033 und 1034. Der Mönch Radulph Glaber aus Cluny hat folgendes aufgezeichnet:

»Unablässige Regenfälle haben das Erdreich so aufgeweicht, daß man drei Jahre lang keine Frucht ziehen kann ... Nachdem die Menschen die wilden Tiere und Vögel verzehrt haben ... beginnen sie Aas zusammenzutragen. Manche sammeln, um dem Tode zu entgehen, im Wald die wilden Wurzeln und in den Flüssen das Wasserkraut ... In ihrem wütenden Hunger verschlingen die Menschen Fleisch von ihresgleichen. Reisende werden von Kräftigeren fortgeschleppt, ihre Glieder abgehauen, am Feuer gebraten und verzehrt. Viele, die sich von einem Ort an den anderen begeben wollen, um dem Hunger zu entgehen, werden des Nachts von den Gastgebern erwürgt und dienen ihnen als Nahrung...

Viele zeigten einem Kind eine Frucht oder ein Ei, locken es an einen entlegenen Ort, bringen es um und verschlingen es. Und auch die Leiber der Toten wurden vielerorts aus der Erde gescharrt, um den Hunger zu stillen.«

Auch in Deutschland plagt der beißende Hunger die Menschen. Zwischen 1066 und 1072 regiert er in Bremen dermaßen, daß viele Arme tot in den Gassen gefunden werden. Im Jahr 1083 ist in Sachsen der Sommer so heiß, daß zahlreiche Kinder und Greise an der Ruhr sterben. 1094, ein Jahr vor dem Aufruf zum ersten bewaffneten Kreuzzug in Clermont, berichtet der Chronist Kosmas: »In den germanischen Ländern ist eine solche Sterblichkeit, daß die Bischöfe, die von einer Synode in Mainz über Amberg heimreisten, nicht in die

Pfarrkirche gelangen konnten, um dort die Messe zu zelebrieren, denn der Fußboden war überall mit Leichen bedeckt.«

Dem Hunger folgen auf dem Fuß Seuchen und Krankheiten. Weil es viel zu wenig Ärzte und keine Medikamente gibt und weil Gebete und Wallfahrten untauglich sind, sterben die Menschen zu Tausenden. Das ständige Flehen zu den *Nothelfern* der Kirche bleibt wirkungslos.

Die giftigen Alkaloide des Mutterkorns zeigen verheerende Wirkungen. Sie verursachen das heilige *Feuer*. Durchblutungsstörungen, begleitet von Schwindel und Erbrechen, führen innerhalb weniger Tage zum qualvollen Tod. »Von einem unsichtbaren Feuer befallen«, beschreibt Abt Ekkehard diese Krankheit: »Brannte man an irgendeinem Teil des Körpers so lange und so schwer, ja, in unvergleichlicher Qual, bis man entweder das Leben und damit diese Marter oder die Marter zusammen mit dem befallenen Glied verlor. Es sind noch heute einige bekannt, die durch dieses Leiden an Händen und Füßen verstümmelt sind.«

Hauptsächlich verrennen sich die philosophierenden Ärzte des Mittelalters in Spekulationen und in der kanonischen Auslegung des Hippokrates und Galenus. Chalinde Vinario führt die Merkmale der Pest auf astralische Ursachen zurück und meint: »Zusammenstoß der Wandelsterne, Entstehung der Kometen, feurige Erscheinungen am Himmel, Irrlichter an jenen Orten, an denen die Pest zu beginnen droht.« Für ihn ist Avignon ein *Rattennest*, das er als Ausgangspunkt der Pest hinstellt. Vincenz Swofheim von Liegnitz verlangt noch um 1430 in erster Linie die Reinigung der Seele.

Durch Schreckbilder und Trugmittel wird das verängstigte Volk eingeschüchtert. Man redet ihm ein: »Die bösen und leichtfertigen Menschenkinder haben durch ihre Verfehlungen den Zorn des gerechten Gottes heraufbeschworen. Somit ist dies eine gerechte Strafe für ihren Leichtsinn.« In den Zeiten der Armut fließen der Kirche unermeßliche Schenkungen, Stiftungen und Vermächtnisse zu. Es geht nicht immer mit lauteren Mitteln zu: in einer um 1400

ausgebrochenen Pestepidemie stellt sich in Stralsund die Sitte ein, daß Bürger für geistliche Handlungen übermäßig große Opfer bringen und sie am Altar niederlegen. Weil dies vor allem den Ärmeren schwerfällt, läßt der Stadtrat zum Nutzen der Kleriker eine geringere Münze schlagen, denn zahlen muß jeder. Die Geistlichkeit ist darüber aufgebracht, denn es schmälert ihren Beutel. Der Priester Conrad von Bonow verläßt die Stadt, sammelt 300 Reiter, kehrt zurück und fängt außerhalb Beschäftigte ein, die er an Händen und Füßen verstümmeln läßt. Die über diesen Akt von Roheit verbitterten Untertanen sperren daraufhin 16 Geistliche ein und verbrennen drei von ihnen.

Bann und Interdikt sind die natürlichen Folgen. Nach einem langen und harten Kampf muß sich Stralsund zur Sühne bekennen. Die wirklichen Übeltäter, die habgierigen und unmenschlichen Geistlichen, gehen straffrei aus. Eine Parallele hat

Pestarzt beim Beulenausschneiden. Nach einem Nürnberger Holzschnitt aus dem Jahr 1482.

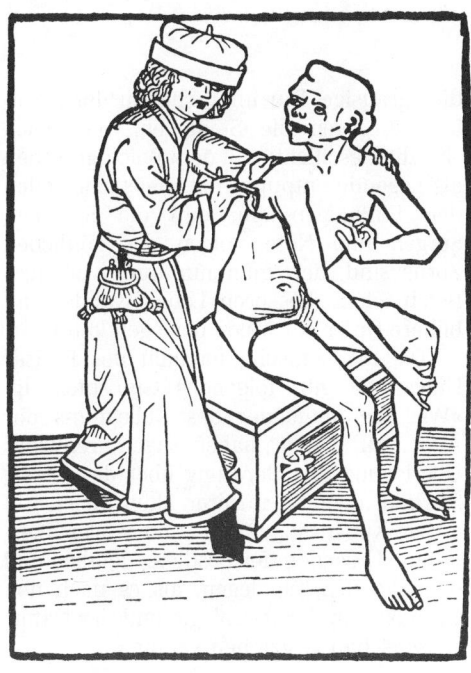

Pestarzt in Schutzkleidung; »Dr. Schnabel von Rom«. Im Schnabel werden purgierende Kräuter gelegt, um der Ansteckungsgefahr entgegenzuwirken. Der Stab in der Hand des Arztes dient zum Klopfen an Häusern, in denen Infizierte vermutet werden. Nach einem Stich von Paul Fürst.

dies grausige Tun im Verhalten der Geistlichkeit gegen die Stedinger, wenngleich sich die Geschichte mit dem Beichtgroschen als Legende entpuppt hat. Geistliche reden den Einfältigen ein, daß die Seuchen, Sorgen und Nöte Folgen des göttlichen Zorns sind, den man nur durch fleißiges Beten, einen besseren Lebenswandel und höhere Opfer zur Milde bewegen kann.

Die medizinische Fakultät der Pariser Universität gibt folgendes Gutachten ab: »Wir, die Mitglieder des Kollegiums der Ärzte zu Paris, haben nach reiflicher Überlegung und Beratung über das jetzige Sterben, den Rat unserer alten Meister in dieser Kunst eingeholt ... und wollen hiermit die Ursachen der Pestilenz deutlich und offen an den Tag legen, als es nach den Grundsätzen der Astrologie und der Naturwissenschaft geschehen könnte.«

Sie erkennen die Ursache in der Sonnenenergie und der Wärme des himmlischen Feuers: »So entstehen Dämpfe, die die Sonne verhüllen und ihr Licht in Finsternis umwandeln. Es wiederholt sich ständig und so wird ein Teil unserer Gewässer verdorben. Dies kann das Sonnenlicht nicht verzehren. Der Dampf breitet sich in allen Weltgegenden aus und hüllt sie in Nebel ... wir sind des Dafürhaltens, daß sich die Gestirne mit Hilfe der Natur bestreben, durch ihre göttliche Macht das Menschengeschlecht zu schützen und zu heilen ... der Weiber muß man sich bei Todesgefahr enthalten, und denselben weder beiwohnen noch mit ihnen in einem Bett schlafen; das soll sich jeder wohl gesagt sein lassen.«

Die Syphilis in theologischer Deutung

Das englische Schweißfieber (Franzosenkrankheit) kommt im letzten Jahrzehnt des 15. Jahrhunderts, also etwa zur Zeit des Erscheinens des Hexenhammers, auf. Die Bekämpfung liegt lang im Dunkel und man steht ihr machtlos gegenüber. Gebete und das Allheilmittel Theriack nützen nichts. Die Geistlichen bemühen sich die Lustseuche mit einem anderen Namen zu kaschieren und bezeichnen sie als *sacre mal.* Sie nennen sie Ardentes, Krankheit der Brennenden und Lüstlinge. Der Volksmund macht daraus ein *mal du saint Main* und ein *feude saint Antonie.*

Die Pesthelfer oder -patrone sind die Heiligen Rochus und Sebastian. Papst Urban II. hört von den Wundern des heiligen Antonius. Er gründet unter seiner Anrufung einen Orden, der sich die Bekämpfung der Syphilis zur Aufgabe macht. Die Antoniter stellen vor der Reformation den beliebtesten und volkstümlichsten Spitalorden. Nachdem die Bekämpfung des *Antoniusfeuers* eingedämmt werden kann, geht man hier zur Heilung anderer Krankheiten über. Sofort greift der wilde, von der Geistlichkeit gesteuerte Aberglauben um sich.

1606 spielt sich in Aschaffenburg folgendes ab: »Also haben sich in der höchsten Not die 200 übriggebliebenen Bürger auf den negsten Freytag vor Michaelis zu Gott dem Allmechtigen begeben und geschrieen um Abwendung (der) großen Plag und die Feuer all gelöscht im Flecken, ein Zugfeuer gemacht und diesen abgedachten Freytag Gott gelobt zu einem heiligen Feyer zu ewigen Tagen zu fasten und zu feyern.«

Frauen geloben, an Sonn- und Feiertagen schwarze Joppen mit schwarzen Rökken und die Männer graue Kleider zu tragen[5]. In der Grafschaft Hohenberg faßt die geistliche und weltliche Obrigkeit das Gelübde, jährlich am 20.1. eine Betstunde zur Abwendung der Seuche zu halten[6]. Bürger von Kraiburg verloben sich wegen der Todesgefahr mit dem heiligen Sebastian in Ebersberg, wo man aus dessen angeblicher Hirnschale, Rettung erhoffend, mittels eines gehöhlten Pfeiles Wein schlürft[7].

Es läßt sich ausmalen, welchen Einfluß das theologische Geplänkel auf das einfache Volk hat; dies in einer Epoche, die von Kritiklosigkeit und Aberglauben geprägt ist: »Im Bayerischen Wald nimmt der Aberglauben derart zu, daß die Regierung 1642 Volkskommissionen durch Jesuiten und Kapuziner zur Aufklärung des Volkes aussendet.«

Anton Klump zitiert zu Beginn des 16. Jahrhunderts: »Der Engelisch Schweyss wirt darum genant: In dem Künigreich Engellandt ist die kranckheit schnelliglich endet in dem schweiss, entweders zu leben oder todt ... ist auch ein vrsach dieser krankckheit eyn verborgen neigung des gestirns von den Planeten, dieselbigen mit etlichen Influss die sie habent in die cörper hernieder, bringen sie anzündung in das Blut ... darnach ist auch diss jahr (1496), dass Gott darinne ein new Exempel seines grausamen Zorns wider die Sünde der Menschen, sonderlich aber wider Vnzucht und Vnkeuschheit erzeiget hat, Spanier haben die Frantzosen mit List und Behendigkeyt beykommen müssen ... und schikketen aus ihrem Lager den Frantzösischen Kriegsleuten, die zur Vnzucht geneigt, spanische Bälge (Dirnen) zu. Dadurch nahm diese schreckliche Kranckheyt in ganz Europeam ... schnell und behende vberhand[8].«

»1496 ist die schreckliche und unerhörte Krankheit, die Franzosen genannt, oder die flechtende indianische Seuche, die in Schlesien zum erstenmal eingeschlichen und vermerket worden. Die Jahr zuvor brachte sie ein Weib, so von Rom gewallet, gen Krakau; zwei Jahre zuvor war sie in Spanien, Welschland und Frankreich gemein und bekannt[9].« Sigmund Kröll erklärt die Ursache so:

»Haben geursacht, Finsterniss des Mondes vnd der Sonnen, geuerliche vnd swere Coniunction oder Zusammenfügung der Planeten, grosse Nebel, dicke Finstere wolcken durch die winde von Mittag vnd Niedergang der Sonne versamelt.«

Sebastian Frank sagt: »Um die Herbst Mess in Frankfurt a. M. im M.D.XXIV. jar Erst und auss verschulter sünde vnd billichem zorn Gottes, ein unerhört, nuew, erschrecklich plag und kranckheit, welche man die Englisch such(t) oder Krankheyt nennet.«

Noch 1617 bezeichnet der Glöckner in der Gegend von Naumburg eine Ruhr als *Zornwut Gottes*. Von den Kanzeln predigen die Geistlichen gegen die *letzte Brut des Teufels* und versagen den Kippern und Wippern das ehrliche Begräbnis. Wegen der Geldverschlechterung werden Münzen eingeschmolzen und an deren Stelle Kupfergeld geschlagen und in Umlauf gebracht.

Der Guajakkrämer; im Mittelalter gilt Theriak als Allerwelts-Heilmittel.

In Italien verbreitet sich das Gerücht, daß vom Teufel verführte Bösewichter mit vergifteten Salben und Pülverlein die Eingänge der Kirchen und Wohnungen, die Schlösser und Türklinken, Stühle, Fenster und Kleider infisziert haben, und daß die geringste Berührung damit unweigerlich den Tod herbeiführt.

Die Annalen der Innsbrucker Kongregation berichten 1596, daß die Soldaten Karfreitag und -samstag in schwarzen Bußsäcken mit Ruten zu den verschiedenen Kirchen zogen, um sich zu geißeln.

1601 kommen in Konstanz am Karfreitag 28 vornehme Männer im Jesuitenkolleg zusammen. Sie hüllen sich in Säcke und ziehen mit Geißeln in der Hand abends im tiefen Schweigen zu den Kirchen der Stadt. Sie werden von Trauermusik begleitet. 1603 gibt der Dompropst Jacob Fugger Geld zur Bezahlung der Bußsäcke. Er selbst geht mit, »schwarz gekleidet und begleitet von den Domherren[10].«

Mainz 1613: »... hier werden von der marianischen Kongregation zwei Prozessionen gehalten. Die bischöfliche Behörde bezeichnet als Zweck: Abwendung der Pest, glücklichen Ausgang des Reichstages und Ausrottung der grassierenden Zauberei. Im Programm der zweiten Prozession werden aufgeführt: König David im Bußgewand, dem drei Engel eine Geißel, ein gezücktes Schwert und einen hohlen Menschenkopf vorantragen, während drei Knaben mit den königlichen Insignien folgen. Dann erscheint der heilige Bonifazius. Mädchen stellen verschiedene Heilige dar. Die Kongregationen tragen die Statuen ihrer Patrone. Dem Allerheiligsten folgen die Geistlichkeit und die Bürgerschaft[11].«

Pesttote vor den Toren der Stadt. Dieses Motiv aus der Barockzeit verdeutlicht die hygienisch-sozialen Zustände der Epochen. Anstatt aufklärend zu wirken, verängstigt die Geistlichkeit das ohnehin ausgebeutete Volk mit der angeblichen göttlichen Rache. Sie deklariert die Krankheiten als natürliche Folge ihres Lebenswandels. Übergangen wird, daß Tausende Geistliche der Hurerei ergeben sind.

Juden- und Frauenhaß

Inhalt

Juden- und Frauenhaß

Mach Mores, Jud[1]

Durch den ungerechtfertigten Judenhaß stellen sich die Christen, ihre Ableger und Wortführer ein Armutszeugnis höchster Potenz aus. »Leider hat der fanatisierte Aberglaube nur allzuoft die Anlässe der Pestbrände wahrgenommen, um Lynchjustiz an Juden, Ketzern und Hexen zu üben, denn man hat ihnen eingeredet, Gott habe Strafen über sie verhängt, weil er die Ungläubigen und Frevler gestraft wissen wolle.«

Schon immer sind die Juden den Christen ein Dorn im Auge, wenngleich dazu weder Grund noch Veranlassung besteht. Keine andere Illusion hat mehr Grauen, Verbitterung und Verwüstung in der Geschichte des Christentums verursacht. »Die Juden werden zu Tausenden erschlagen, lebendig verbrannt, gehenkt, zerhackt, erwürgt und verscharrt. Die Kirche hat seit ihrem Bestehen in zahllosen Traktaten, päpstlichen Schreiben und konziliaren Beschlüssen den Judenhaß geschürt.«

Die 449 in Ephesus gehaltene Kirchenversammlung erhält den Namen *Mörderversammlung*, weil man den Glauben erzwingen will. Cyrillus von Alexandria ruft zur Judenhetze auf. Er läßt ihre Synagogen niederreißen und »jeden niederhauen, der in ihre Hände kommt.«

Am Rhein stachelt der Mönch Radulph im 12. Jahrhundert zu einem Kreuzzug gegen die Juden auf. Im 14. Jahrhundert werden sie innerhalb kurzer Zeit im süd- und mitteldeutschen Raum so gut wie ausgerottet. Im 17. Jahrhundert haben die Christen Unschuldige in Hexenöfen verbrannt, die sich lediglich im Brennmaterial von den christlichen Krematorien des frühen 20. Jahrhunderten unterscheiden. Vor den Bunkern der KZs verrichten Christen die entwürdigende Arbeit, während der Klerus seinen Geschäften nachgeht.

Pius IX. gibt 1858 der päpstlichen Polizei den Befehl, der jüdischen Familie Mortara von Bologna den siebenjährigen Edgar

Ritualmord; aus einer Handschrift der Konstanzer Chronik um 1470 in der Stiftsbibliothek St. Gallen. Möglicherweise aus der Werkstatt Gebhard Dachers.

wegzunehmen und ihn in ein christliches Internat zu stecken, weil er kurz nach seiner Geburt von einer christlichen Magd getauft worden ist. Später führt er ihn im Seminaristengewand den Juden Roms vor. Im Kirchenstaat müssen die Juden, ausgenommen einer zweimaligen Ausweisung, bis zum Einmarsch der italienischen Truppen in Ghettos leben.

Von Paulus bis Hitler haben die Christen, bis auf wenige Ausnahmen, in ununterbrochener Reihenfolge gegen Juden polemisiert. Am 21.1.1933 wettert der Bischof Gfölner in einem Hirtenbrief gegen das Judentum und beklagt ihren »schädlichen Einfluß auf allen Gebieten des modernen Kulturlebens. Er fordert einen Damm gegen den Unrat und die sittliche Schlammflut, die vom Judentum aus die Welt zu überschwemmen droht[2].« Paulus beschuldigt die Juden, daß sie stehlen, ehebrechen und die Tempel plündern. Ihren geistigen und

Spottbild auf die Juden. Das Schwein wird als geistige Nährmutter der Juden dargestellt. Hier wird deutlich, wie früh der Haß seine Kreise zieht. Nach einem anonymen Holzschnitt aus dem Jahr 1475.

religiösen Besitz nennt er *Dreck*. Er hält ihnen den Tod Jesu und die Verfolgung der Propheten vor[3]. Es zieht sich wie ein roter Faden durch die christliche Literatur und entbehrt der Grundlage.

Es ist kein Wunder, was im Tausendjährigen Reich passierte. Die Hitler'sche Judenausrottungsmaschinerie wäre so wenig wie die gegen orthodoxe Serben in Jugoslawien denkbar, ohne das von der Kirche über Jahrhunderte gelegte Strohfeuer. Der Theologe Küng gelangt zu dem Schluß: »Der Nationalsozialismus wäre unmöglich gewesen, ohne den Jahrhunderte alten Antisemitismus der christlichen Kirchen[4].«

Für Hitler sind die Juden Untermenschen. Er bezeichnet sie als Internationale Schlange, Urheber allen Leidens und als Todfeind der Christenheit, getragen von bestialischer Grausamkeit und unerläßlicher Lügenkunst[5]. Hitler atmet den Geist seiner inquisitorischen Vorgänger und wirft

sich zum Streiter Gottes auf. Er proklamiert: »Ich glaube im Sinn des allmächtigen Schöpfers zu handeln. Indem ich mich der Juden erwehre, kämpfe ich für das Werk des Herrn[6].«

Unter dem Volk wird die Meinung verbreitet, daß die Juden Christus umgebracht haben und deshalb zu verachten und zu töten sind. Jesus von Nazareth wird, wenn überhaupt, wegen religiöser Ansichten, die der offiziell-römischen Glaubenslehre entgegenstehen, verurteilt. Dieses Urteil hat der römische Statthalter Pontius Pilatus gefällt. Wenn schon, dann ist er an seinem Tode schuld und nicht seine Handlanger. Außerdem war Jesus von Nazareth wohl selbst ein Jude. Daraus folgt: Juden haben den Religionsführer nicht aus der Welt geschafft. Die jüdische Religion bringt den Monotheismus mit sich. Jahwe gilt als Schöpfer und Erhalter der Welt. Die Bedeutung seines Namens ist unklar. Ursprünglich handelt es sich um einen Berggott der

Sinaihalbinsel. Die geistige Leistung, nur noch einen Gott zu verehren und in logischer Konsequenz Unter- und Nebengötter auszuschließen, reicht nicht hin, um gleichzeitig den Glauben an Dämonen auszurotten.

Nahezu allen Christen ist unbekannt, daß das Christentum über weite Strecken aus dem Judentum hervorgeht. Die Christen entwenden den Juden das *Alte Testament* und gebrauchen es gegen sie. Sie setzen demonstrativ ein *Neues Testament* dagegen, obwohl beides keine Testamente sind. Fast der gesamte christliche Wortgottesdienst kommt aus der Synagoge.

Das *Vater Unser* setzt sich aus einem Synagogengebet zusammen. Das Handauflegen wird übernommen. Ostern und Pfingsten gibt es im jüdischen Festkalender. Das Fasten wird gleichen Vorbildern abgekupfert. Die jüdischen Engelheere werden zu christlichen Erzengeln umfunktioniert[7].

Wo liegt die Wurzel des christlichen Hasses? Vielleicht ist es der Glaube an die Auserwähltheit *eines* Volkes. Nach Deschner münzt man den Absolutionsanspruch des jüdischen Messianismus zur Wiederkehr Christi um.

Messias ist eine Umformung des Wortes *Der Gesalbte*. Der Messiasglaube tritt in Form einer Weissagung auf. Man erwartet von ihm die Befreiung vom Joch der Fremdherrschaft, eine Wiederherstellung des Monotheismus, eine Umbildung der politischen Lage und die Übernahme der Weltherrschaft; das, was man Jesus später in die Sandalen geschoben hat[8].

Frühe Polemik macht sich breit

Die Apostelgeschichte schimpft die Juden Verräter und Mörder. Das umstrittene Johannes-Evangelium ist die judenfeindlichste Schrift des Neuen Testaments. Sie steckt voller Polemik. Darin erscheinen die Juden als Inbegriff der Schlechtigkeit. Der johanneische Christus bestreitet die Abstammung der Juden und setzt an seine Stelle den Teufel. Auf der einen Seite die Kirche, auf der anderen die Synagoge. Auf der einen Seite die Kinder Gottes, auf der anderen die des Teufels. Auf der einen Seite Gott, Wahrheit und Licht, auf der anderen Finsternis, Lüge und Ketzerei.

Der um 130 entstandene Barnabasbrief ist die schärfste antijüdische Schrift des Urchristentums. Der Verfasser spricht den Juden den Bund mit Gott ab: »Sie sind wegen ihrer Sünden nicht würdig, ihn zu empfangen.« Er spricht den Juden das Heilige Buch ab, »weil sie es nicht verstanden haben.«

Justin verfaßt um 160 den *Dialog mit dem Juden Tryphon*. Er nennt sie »schlimme Menschen, seelisch krank, Götzendiener, verschmitzt und verschlagen, blind und lahm, ungerecht und sündhaft, hartherzig und verständnislos. Sie hurten und sind voller Schlechtigkeit ... ihre Sündhaftigkeit steigerte sich ins Maßlose ... alles Wasser des Meeres würde nicht reichen, um sie zu reinigen. Sie haben die Propheten getötet und die Anhänger von Jesus ermordet ... sie haben andere Völker gegen die Christen aufgehetzt.«

Einer der ersten Bischöfe, Viktor I. (192-201) verlangt, daß die Christen das Osterlamm am Auferstehungstag von Jesus und nicht mehr am jüdischen Passahfest zu sich nehmen[9]. Der Kirchenlehrer Chrysostomus attackiert vom Jahr 386 an in acht Predigten die Juden, die nach ihm nicht besser als Böcke und Schweine sind. Er vergleicht ihre Synagoge »mit einem Hurenhaus, einer Mördergrube, einer Herberge wilder Tiere« und meint, »ihre Herbergen sind aber auch die Seelen der Juden. Mit ihnen darf man ebensowenig verkehren, wie mit dem Teufel. Die Juden töten ihre eigenen Kinder ... außerdem haben sie, was schlimmer ist, Christus getötet[10].«

Justin zitiert das Alte Testament, um die Juden abzukanzeln. Er erkennt in ihrer Niederlage gegen die Römer ein göttliches Strafgericht und lobt die Verwüstung Palästinas, die Zerstörung seiner Städte und das Gesetz, das den Juden das Betreten Jerusalems verbietet. Er sagt dazu: »Es ist recht, daß euch dieses zugestoßen ist, ihr verkommenen Söhne, ehebrecherisches Gezücht, Dirnenkinder[11].« Nach Tertullian kommen

Moses zeigt den Israeliten die Gesetztafeln, die er von Gott auf dem Berg Sinai erhalten hat.

die Juden nicht in den Himmel und haben nicht mit den Christen den Gott gemeinsam. Cyprian ist der Auffassung, daß der Teufel der Vater der Juden sei. Nach dem Kirchenlehrer Ephräm sind sie »gotteslästerlich, schmutzig und gefährlich wie eine ansteckende Krankheit, Sklavennaturen, Teufelsdiener und Mörder mit einem unersättlichen Blutdurst.« Er sagt: »Fliehe vor den Juden, denn nichts gilt ihnen dein Tod und dein Blut ... ihre Führer sind Verbrecher und ihre Richter Schurken ... sie sind 99 mal schlechter als Nichtjuden[12].«

Konstantin, der erste von einem Arianer getaufte Kaiser, nennt die Juden ein verworfenes Volk und blutbefleckte Menschen. Immer wieder wirft er ihnen den Mord an Jesus vor. Er untersagt ihnen das Halten von christlichen Sklaven, »weil es ein Unrecht ist, wenn Christen unter der

Knechtschaft von Prophetenmördern und des Herrn litten«. Er meint: »Wir wollen nichts gemeinsam haben mit dem verhaßten Haufen der Juden.« An dieser Stelle wird der Einfluß auf seine Gesinnung durch christliche Zuträger deutlich.

Von Konstantins Söhnen wird der Übertritt eines Christen zum Judentum mit der Einziehung seines Besitzes geahndet. Die Heirat eines Juden mit einem Christen, wie die Beschneidung von Sklaven wird unter Todesstrafe gestellt. 404 entfernt man die Juden aus dem Heer.

Nachdem das Christentum zur Staatsreligion emporstilisiert ist, wird der Antijudaismus handgreiflich. Christliche Kaiser wie Theodosius II. (gest. 450) und Justinian I. (gest. 565) schränken die Freiheit der Juden ein. Sie folgen dem Einfluß der Kirchenführer. Zu Beginn des 4. Jahrhunderts verbietet die Synode von Elvira Mischehen zwischen Christen und Juden. Klerikern und Laien wird der Umgang mit ihnen unter der Anordnung vom Ausschluß der Kommunion untersagt.

Nach dem Kirchenlehrer Isodorus Pelusiotes (gest. 435) sind fast alle Juden Verbrecher. Der Diognetbrief verhöhnt das jüdische Fasten, die Beschneidung und die Sabbatgebote. Er nennt Juden »dumm, heuchlerisch und lächerlich.«

Origenes ereifert sich: »Die Juden haben ihn ans Kreuz genagelt ... mit der Verfolgung von Jesus begingen sie den allerschlimmsten Frevel. Dabei ist Jerusalem mit Recht bis auf den Grund zerstört und das jüdische Volk seiner Wohnsitze beraubt worden.«

Die ersten Synagogen werden auf Anweisung christlicher Bischöfe angezündet. Nach erhaltenen Dokumenten wird die erste Synagoge des 4. Jahrhundert in Norditalien von Bischof Innocentius von Dertona zerstört, wobei man vermutlich den jüdischen Besitz beschlagnahmt. Die Niederbrennung einer Synagoge erfolgt 388 am Euphrat auf Befehl des Bischofs von Kallinikon. Als Kaiser Theodosius I. die Bestrafung der Brandstifter und den Wiederaufbau des Gebäudes fordert, verteidigt Bischof Ambrosius die christlichen Synagogenstür-

Historische Repressalien gegen Juden

506	verbietet in Frankreich die Synode von Agde den Christen unter Androhung der Exkommunikation das Essen mit Juden.
538	Die dritte Synode von Orleans untersagt ihnen in der zweiten Hälfte der Karwoche das Betreten der Straße.
581	Während der Synode von Macon wird verlangt, daß die Juden devot die Priester zu grüßen und vor ihnen aufzustehen haben.
589	Das Konzil von Toledo verbietet den Juden die Sklavenhaltung, die man den Christen gestattet. Sie mußten daraufhin ihren Landbesitz verkaufen.
633	Das Vierte Konzil von Toledo beschäftigt sich ausführlich mit der Strafzumessung für getaufte, doch wieder abgefallene Juden, mit deren Bestrafung der Bischof beauftragt wird. Kinder von Abgefallenen, die beschnitten sind, müssen den Eltern weggenommen und in christlichen Familien erzogen werden.
694	Das Siebte Konzil von Toledo erklärt alle Juden wegen staatsfeindlicher Umtriebe und wegen Beleidigung des Kreuzes zu Sklaven. Ihr Vermögen wird eingezogen. Kinder vom siebten Lebensjahr an werden ihnen genommen; später werden sie als Christen verheiratet.
1179	Das Dritte Laterankonzil droht denjenigen Christen die Exkommunikation an, die mit Juden oder Sarazenen zusammenwohnen[13].
1182	Der katholische König Philipp August vertreibt die Juden aus Frankreich und beschlagnahmt deren Eigentum; der Erlaß wird 1394 wiederholt.
1215	Das Vierte Laterankonzil schließt die Juden von öffentlichen Ämtern aus. Juden und Sarazenen müssen sich durch das Tragen bestimmter Kleidung in der Öffentlichkeit auszeichnen[14]. In unserem Sprachraum kommt dieser menschenunwürdige Beschluß erst durch das Agieren des Kardinals Nikolaus von Kues zum Tragen (um 1468). Den Juden wird bei großen kirchlichen Festen das Betreten der Straße verboten.
1331	Das Konzil von Zamora befiehlt die Verknechtung aller Juden und fordert die Durchführung dieses Beschlusses von den weltlichen Behörden unter Androhung des Kirchenbannes.
1337	ermorden aufgrund eines angeblichen Hostienfrevels die Katholiken von Deggendorf (Niederbayern) sämtliche Juden der Stadt[15].
1349	werden in Straßburg 2000 Juden verbrannt und ihr Vermögen unter den Christen geteilt. Damals töten Katholiken in mehr als 50 deutschen Gemeinden nahezu sämtliche Juden, meist durch Verbrennen.
1378	(um) stachelt der stellvertretende Erzbischof Martinez zur Judenverfolgung auf. 1391 werden unter seiner Führung in Sevilla 4 000 Juden getötet und 25 000 versklavt. Er befiehlt: »Diejenigen Juden, die nicht Christen werden wollen, werden totgeschlagen[16].«
1426	vertreibt man »zur Ehre Gottes und der Heiligen Jungfrau« die Juden aus Köln.
1458	vertreibt man die Juden aus Erfurt.
1487	Alle ungetauften Juden werden aus Spanien vertrieben; 1492 aus Portugal.
1519	rottet man die Juden in Regensburg aus.
1648	werden in Polen bei einer antisemitischen Welle etwa 20 000 Juden umgebracht.

Marterung von Juden, die auf ein Rad geflochten werden. Ein christlicher Scherge legt brennende Scheite unter sie. Derber Holzschnitt aus dem Jahr 1475.

Marterung von Juden, die zum Richtplatz gefahren werden. Ihr Erkennungsmerkmal ist der typische Judenhut. Derber Holzschnitt aus dem Jahr 1475.

mer und leugnet deren verbrecherische Tat mit der Anmerkung: »Es ist recht geschehen ... damit es keinen Ort mehr gibt, wo Christus geleugnet wird[17].«

Um 415 beschlagnahmt in Ägypten Erzbischof Kyrill die Synagogen und macht christliche Kirchen daraus. Im 6. Jahrhundert brüstet sich Johannes von Ephesus, der Bischof von Asien, sieben Synagogen in Kirchen verwandelt zu haben; lauter illegale, mit List und Gewalt vollzogene Aktionen[18]. Papst Gregor I. der Große untersagt den Juden den Bau weiterer Synagogen und das Halten von christlichen Sklaven.

1938 werden in der *Reichskristallnacht* in Deutschland 191 Synagogen von Christen in Brand gesteckt und 76 weitere demoliert. 1961 antwortet ein Kölner Synagogenschänder auf die Frage des Gerichtsvorsitzenden, was ihn an den Juden so ärgere, daß sie keine Deutschen sind und daß sie Christus ans Kreuz geschlagen haben.«

Hostienschändung, Ritualmorde, Brunnenvergiftung

Ein zentraler und willkommener Vorwurf gegen die Juden ist die ihnen unterstellte Hostienschändung. Die Juden von Röttingen in Bayern beschuldigt man 1298 einer Hostienschändung. Ein von Gott beauftragter Edelmann namens Rindfleisch sammelt daraufhin Gleichgesinnte und tötet nicht nur die Juden Röttingens, sondern vergiftet bis zum Herbst des gleiches Jahres beinahe 140 jüdische Siedlungen. Man schließt die christlichen Knechte und Diener der Juden von der Kommunion aus und setzt die Todesstrafe auf den Diebstahl von Hostien.

1370 sollen in Brüssel zwei Hostien gefunden worden sein, aus denen Blut tropft. Juden werden verdächtigt, doch es kommt kein Geständnis zustande. Jetzt läßt der Klerus, aufgestachelt und vom

Pöbel unterstützt, die in der Stadt lebenden Juden verhaften und foltern; mehrere Hundert werden lebend verbrannt; die übrigen aus der Stadt getrieben[19].

Unter Joachim I. hat 1510 ein Kirchendieb von Knobloch, einem Dorf im Havelland, eine Monstranz mit zwei Hostien gestohlen, und, wie er sagt, eine von ihnen an einen Juden verkauft, der sie mehreren anderen gegeben haben soll. Sie werden eingezogen und gefoltert. Die Sache wird so weit getrieben, daß 38 Juden und der Kirchendieb verbrannt und zwei, die sich bekehrt haben, zur Enthauptung begnadigt werden.

Ein weiterer, den man für einen Augenarzt hält, »hat sich in das Mönchskloster begeben, die Religion verändert, und war daselbst angenommen.« Dadurch bleibt er am Leben. Andere werden nach dem Schwören der Urfehde aus dem Land gewiesen.

Verschiedene gestehen, daß sie Christenkinder von fremden Leuten gekauft und ihr Blut haben auslaufen lassen. Sie haben es teils wegen Krankheiten getrunken, teils mit Paradiesäpfeln, Ingwer und Honig eingemacht. Andere haben das Christkind im Backofen gesehen, worin ein Kuchen eingelegt war, in dem ein Stück einer Hostie eingebacken schien. Wieder anderen ist Maria mit vier weiteren erschienen. Der Erzbischof von Lyon meint, daß die jüdischen Ältesten mit dem Geschmack prüfen, ob das Blut der Menstruierenden unrein sei. Auf ihn geht die nationalsozialistische Parole *Kauft bei keinem Juden* zurück[20].

Bis zur Mitte des 18. Jahrhunderts wirft man den Juden Hostienschändungen vor. Als auf ihr Ersuchen Papst Benedikt XVI. ein Gutachten in Auftrag gibt, läßt der Papst das für sie günstig lautende Dokument nicht veröffentlichen. 1891 kommt es zum *Xantener Ritualmord*, bei dem die Staatsanwaltschaft für Freispruch plädiert. Ein Vertreter der Kirche, der Berliner Hofprediger Stöcker, sagt: »Keiner, der die Geschichte kennt, wird leugnen, daß Christen, vor allem Kinder, jahrhundertelang durch die Hand von Juden aus Fanatismus oder Aberglauben umkamen[21].«

Weitere Vorwürfe zirkulieren darum, die Juden hätten Brunnen vergiftet[22]. Rasch verbreitet sich das Gerücht und man folgert daraus, so wäre eine verheerende Pest entstanden. Die Limburger Chronik berichtet: »Doch will ich der Juden Bosheit nicht verfärben, denn sie sind unserer Frauen und aller Christen Feind.« Innerhalb kurzer Zeit werden sie im süd- und mitteldeutschen Raum so gut wie ausgerottet.

Aus dem Jahr 1348 hat sich folgende Notiz erhalten: »Aus der Zeit, als die Polen die Stadt Lissa (Schlesien) gebrannt haben, erhält das Stadtbuch einen von dem Stadtrat Fellinger herrührenden Bericht, nachdem infolge des Zusammenströmens vieler fremder Leut, Christen und Juden ... ein allgemeines Wegsterben, eine Staupe entstanden ... und unter den Gestorbenen auch drei Totengräber gewesen. Nun mußte man einen neuen, Adam Henning, und zu seiner Unterstützung seine Frau Anna, die nach dem Pestgeruch sich nie recht bei Verstand befand (d. h. ständig betrunken war) annehmen. Sie sollen das Herz einer Kinderleiche gepulvert haben, dieses auf Straßen und Brunnen gestreut und so die Verbreitung der Pest bewerkstelligt haben.« Beide werden verbrannt.

Wir müssen eine Parallele sehen. Am 4.6.1349 findet in Nürnberg ein *Auflauf* statt, einer jener revolutionären Bewegungen der Zünfte gegen die Patrizier und Stadtherren, wie sie seit dem Vorgang in Straßburg aus dem Jahr 1332 in vielen deutschen Städten · üblich werden. Das erste, was man nach der Vertreibung der Geschlechter unternimmt, ist, die Juden zu brandschatzen. Schon 1348 erteilt Karl IV. die Erlaubnis zum Abbruch der Judenhäuser. Es ist denkbar, daß man seitens der städtischen Obrigkeit bemüht ist, sie auszugrenzen.

Der *Schwarze Tod* erscheint zu Beginn des Jahres 1348. Nach einer Notiz in einem Kodex der Wiener Stadtbibliothek werden die Juden in einer ungenannten Stadt der Provence in der Woche vom 11. bis 17.5. verbrannt. 1348 wird ein Jude am Genfer See durch die Anwendung der Folter zu einem Geständnis gezwungen.

1475 soll es in Trient zu einem Ritualmord seitens der Juden gekommen sein, die ein Christenkind umgebracht haben. Dieses Motiv, hier ein österreichisches Gemälde, geht in zahlreiche Holzschnitte ein.

In Zürich wird am 21.9. der feierliche Beschluß gefaßt, in Zukunft keine Juden mehr aufzunehmen. Schon im November des gleichen Jahres erhitzen sich die Gemüter. Judenbrände finden in Solothurn, Zofingen, Stuttgart und Augsburg statt. Im Dezember des gleichen Jahres werden sie in Landsberg, Buren, Memmingen, Lindau und Esslingen verbrannt. Im Januar des folgenden Jahres in Basel, Freiburg, Speyer und Ulm.

Fritz Klotz schreibt in seiner Stadtgeschichte: »Zu Speyr haben sich die Juden in ihren Häusern versammelt, dieselben angesteckt und sich sampt Weib, Kind und Gut verbrennt. Etliche seynd durch den gemeinen Pöbel hingerichtet worden. Solches ist geschehen am Samstag nach der Heiligen Drey Könige Tag Anno 1349. Die Toten sind hin und wieder in den Straßen gelegen.«

Im Februar werden sie in Straßburg, Schaffhausen, St. Gallen, Arnstadt, Ilmenau, Frankenhausen und Dresden umgebracht.

Im März in Worms und Konstanz, wo sie bereits seit Anfang Januar in Haft sitzen. Dann in Baden und Erfurt und im August in Mainz und Köln.

1349 werden in Colmar »undt in andern stetten die Juden verbrandt, und gieng ein sterben durch alle landt.« Straßburg wird im Juli 1349 erreicht. In Frankfurt findet am 24.7.1349 ein Judenbrand statt. Gleichzeitig halten sich Geißler in der Stadt auf. Johann Latomus berichtet aus Originalaufzeichnungen des Bartholomäus-Stiftes, daß am 14.9. eine allgemeine Bittprozession wegen des schrecklichen Wütens der Pest abgehalten worden ist.«

Der Rat der Stadt Lübeck schreibt 1349 dem Herzog von Lüneburg in Sachen der Juden, daß der Rat von Stralsund, Wismar und Rostock mit den Juden peinliche Verhöre vorgenommen habe. Der Rat der Insel Gothland habe einen Juden mit dem Tod durch das Feuer bestraft.« Am 5.12. 1349 bekundet Johann von Wesel, Vogt des

Markgrafen Ludwig dem Älteren, auf Befehl des Letzteren und mit der Unterstützung des Rates, »sämtliche in Königsberg (in der Mark) wohnende Juden zu verbrennen und deren Vermögen einzuziehen.« In Polen werden auf diese Weise etwa 10 000 Andersgläubige ausgerottet. Und doch gibt es auch positive Stimmen.

Am 26.11.1349 gebietet Markgraf Ludwig der Ältere dem Rat von Spandau, »die in der Stadt wohnenden Juden zu hegen und sie vor ungerechten Beleidigungen zu schützen.« Am 6.4. verschreibt er ihnen das Recht, Juden aufzunehmen. Er gewährt ihnen Handlungsfreiheit und Rechtsschutz.

Die Päpste sehen es anders. Schon im 15. Jahrhundert fordern sie die Absonderung der Juden, erwarten wirtschaftliche Einschränkungen seitens der ihren hörigen Weltlichkeit und das Verbrennen ihrer Literatur. Im deutschsprachigen Raum nehmen die Judenverfolgungen eklatante Formen an; es ist das *klassische Land des Katholizismus*.

Sie lassen sich weit zurück datieren und beginnen mit den Kreuzzügen. Die Kreuzfahrer haben in Metz, Trier, Worms, Mainz, Regensburg, Prag und anderweitig Tausende von Juden umgebracht. Im 14. Jahrhundert haben sich die Deutschen, selbst durch die Religion beängstigt, durch das widersinnige Morden und Brennen der Juden in die Annalen der Geschichte eingeschrieben.

Der Jesuit Spee trifft den Nagel auf den Kopf:»Pfui, was ist das für ein Eifer, der an den Deutschen zu loben ist.« Die Ausgrenzungsversuche werden unter klerikalem Einfluß immer deutlicher. In Straßburg wird während der Pest verboten, tote Juden in Kirchen zu begraben oder sie bei Nacht im Haus zu halten. In Wien werden sie außerhalb der Stadt in Gruben beigesetzt, d. h. hineingeworfen und mit Kalk überschüttet. Die Seuchen sind von unglaublichen Hungersnöten begleitet. So scharren hungernde Hunde und Katzen das Erdreich fort und fressen die Verstorbenen. Noch eines ist wichtig: zur gleichen Zeit werden Luxusgesetze gegen die herrschende Üppigkeit und Prosperität erlassen.«

Der Jude Pfefferkorn

Ein getaufter Jude, der in Halle bei Kardinal Albrecht in Dienst und Gnade steht. Er hat sich den Haß der Hofbediensteten und vornehmlich den des Hofnarren zugezogen. Dieser will 1514 gesehen haben, daß Pfefferkorn eines morgens, »in des Kardinals und Kurfürsten Albrechts Vorkammer gewesen und dort am Ofen gestanden ... in das Fenster dieses Zimmers hineingefahren wäre, worüber der Herr erschrocken und geschrien ... wo führet dich der Teufel zum Fenster hinein, kannst du nicht herauf gehen?«

Der abergläubische, von der Korruption und dem unwürdigen Ablaßhandel lebende Kurfürst und gleichzeitige Erzbischof hat hier Konfekt stehen, von dem er hin und wieder nascht. Pfefferkorn hat den Hofnarren des öfteren dabei erwischt, wie er seinem Gönner Konfekt gestohlen hat. Der Narr dreht den Spieß um und berichtet dem Kardinal von dem Vorfall.

Jetzt wird der Argwohn erregt, daß Pfefferkorn die Konfitüre habe vergiften wollen. Die Richter zeigen sich besonders sinnig. »Sie führen den Narr in den Weinkeller und lassen ihn sich tüchtig vollsaufen, und wie er, seiner Trunkenheit ohnerachtet, noch immer bei seiner Rede bleibt, wird seine Aussage als wahr angesehen.« Daraufhin wird der Beklagte gefänglich eingezogen und peinlich befragt. Man foltert ihn solange, bis er gesteht, was seine Peiniger zu hören wünschen:

- Er habe den Konfekt vergiftet und wollte dadurch den Kardinal aus der Welt schaffen.
- Man habe ihm einen verbrannten Teufel für fünf fl. verkauft, der einem fränkischen Priester gestohlen worden sei.
- Er habe sämtliche Untertanen des Erzbischofs von Magdeburg und des Bistums Halberstadt vergiften und ihre Häuser verbrennen wollen.

Pfefferkorn wird zu einem bestialisch anmutenden Tod verurteilt. Er wird mit glühenden Zangen gerissen und an eine

Dieser Druck aus dem 18. Jahrhundert verdeutlicht, wie Juden in Rom gezwungen werden, eine christliche Predigt anzuhören, durch die sie bekehrt werden sollen. Am Abend des Versöhnungstages (Jom Kippur) wird in der Synagoge für die Juden, die gezwungen worden waren, ihrer Religion abzuschwören, ein besonderes Gebet gesprochen.

lange Kette geschmiedet, die an einem Pfahl festgemacht ist. Um ihn herum wird ein Kohlefeuer angelegt, in dem er sich durch ständiges Herumlaufen selbst braten mußte, »welches Richtern und Geistlichen ein erbauliches und rechtsbegründetes Trauerspiel verursacht … bis er seinen Geist aufgegeben … die Geistlichkeit sah dergleichen Grausamkeiten der Richter mit kaltem Blute an und waren mit ihrem Rat und Beistand behilflich.«

Münzjude Lippold

Anderweitig sitzt der Münzjude Lippold in Untersuchung. Die Chronik berichtet über ihn: »Sein eigenes Weib brachte ihm das Verderben. Einmal besuchte sie ihn im Gefängnis, wo die beiden in Streit gerieten. Plötzlich vernahm der Wachhabende von der grellen Stimme der Jüdin folgende Worte: »Ja, wüßte der Kurfürst, was du für ein Schelm bist, so würdest du schon lange gerichtet sein.« Sie zeigt es der Obrigkeit an und das Übel nimmt seinen Lauf.

Auf die Folter gespannt, bekennt sich Lippold der Zauberei schuldig. In seinem Haus wird ein Zauberbuch gefunden. In hebräischen Lettern und magischen Charakteren enthält es Anweisungen, Teufel zu bannen, Gold zu finden u. ä. Zudem gesteht er, daß er sich Haarlocken und Gewandteile von Joachim II. verschafft und diese an der Schwelle der Wendeltreppe im Schloß Grimnitz vergraben hat. Am Mittwoch vor Fastnacht 1572 wird vor dem Berliner Rathaus die Hauptverhandlung gegen ihn gehalten. Er wird sechsmal gefoltert und gesteht. Daraufhin wird er hingerichtet. Er wird mit glühenden Zangen gezwickt, dann zermalmt man ihm die Glieder auf dem Rad und dann wird er gevierteilt.

Seine Eingeweide werden verbrannt, die übrigen Körperteile an den Stadttoren aufgesteckt und seine *erwucherten* Reichtümer eingezogen und zur Tilgung der Gerichtskosten, sowie zur Tilgung einiger des Hingerichteten selbst, verbraucht. Seine Witwe bekommt einige tausend Taler für sich und die Kinder ausbezahlt, nachdem sie beim Kaiser darum nachgesucht hat.

Die Titelschrift zu dem noch erhaltenen Holzschnitt von 1573 besagt: »Wahrhaftige Abkonterfeyung oder Gestalt des Angesichts des Leupold Jüden, samt Fürbildung der Exekution, welche an ihm, seiner wohlverdienten vnd vnmenschlichen Thaten halben, den 28. Januar 1572 zu Berlin nach innhalt Göttlicher und Kayserlicher Rechten vollzogen worden ist.« Es kommt zu merkwürdigen Stilblüten.

Der ewige Jude

Nach einer christlichen Legende irrt der *ewige* Jude rastlos um die Welt, weil er nicht gestatten wollte, daß Jesus, als er das Kreuz nach Golgatha getragen hat und vor des Juden Haus ausruhen wollte. »Von vielen wird das noch immer als wirklich gedacht und auf Marktplätzen erzählt.«

»Paulus von Eitzen sah, als er 1547 von Wittenberg, wo er studiert hatte und nach Hause reiste, eines Sonntags in der Kirche einen großen Mann mit langen, über die Schulter hangenden Haaren, gegen die Kanzel barfuß stehen, der die Predigt mit großer Andacht hörte … er sah wie ein Mann von 50 Jahren aus … und soll in vielen Ländern gesehen worden sein.«

Auf Befragen soll er geantwortet haben: »Ich bin ein geborener Jude, von Jerusalem gebürtig, mein Handwerk ist das eines Schuhmachers, ich bin bei der Kreuzigung Christi gewesen und habe dann von Christus und den Aposteln mehr erzählt, als die Evangelisten und andere Geschichtsschreiber gemeldet haben … ich selbst habe dazu beigetragen, daß Jesus, den er mit anderen Juden für einen Aufrührer und Verführer gehalten, möge getötet werden … Da nun Pilatus das Urteil gesprochen hat, bin ich

Noch zu Beginn des 17. Jahrhunderts kommt es zu Brandschatzungen der Juden und ihres Besitzes. Hier die Plünderung der Frankfurter Judengasse.

geschwind nachhause gegangen, da vorbei hat Jesus geführt werden müssen, damit mein Hausgesinde den vermeinten Betrüger recht hat betrachten sollen und ich habe auch zu dieser Absicht ein kleines Kind auf den Arm genommen. Da nun Jesus unter dem schweren Kreuz ist dahergeführt worden, habe ich mich an meinem Haus angelehnt, um zu ruhen, er aber hat mich weggetrieben, worauf mich Jesus angesehen und die Worte gesagt hat: ›Ich will allhier stehen und ruhen, aber Du sollst gehen bis an den Jüngsten Tag.‹

Daraufhin habe ich viele Länder durchzogen, mein Weib und meine Kinder habe ich nicht wiedergesehen ... was Gott mit mir vorhat, weiß ich nicht, jedoch glaube ich, Gott will an mir einen lebenden Zeugen bis an den Jüngsten Tag wider die Juden haben, um die Ungläubigen zu bekehren. Man hat mich niemals Lachen oder Fluchen gehört. Ich rede geschickt die Sprache des Landes, wo ich hinkomme.«

Luther und der Judenhaß

»Wenn ich Jude wäre und ihre Behandlung durch die Christen mit ansehen müßte, wäre ich lieber ein Schwein«, sagte Luther. Doch später wird er zum Antisemiten und man bemerkt, daß er analog seiner Ansichten zu Hexenbrennen und der Folteranwendung ein Kind seiner Zeit ist; er vermag sich von dem eingeimpften Glaubenszwängen nicht zu befreien: später wird er selbst unausrottbare in die Welt setzen. Mit verführerischer Beredsamkeit tischt er alte Lügen auf, die bereits von den Katholiken ausgetreten worden sind. Letztlich vertritt er die Meinung, daß die Juden schlimmer seien als eine Sau[23].

1543 verfaßt er die Schrift *Von den Juden und ihren Lügen*. Er fordert: »Man soll ihre Synagogen oder Schulen mit dem Feuer anstecken, und was nicht brennen will, mit Erde überhäufen und beschütten, so daß kein Mensch mehr einen Stein sieht ewiglich ... und solches soll man tun unserem Herrn und der Christenheit zur Ehre, damit Gott sieht, wie wir Christen ... solch

öffentlich Lügen, Lästern und Fluchen seines Sohnes und seiner Christen nicht wissentlich geduldet oder bewilligt haben ...

Man soll ihre Häuser dergleichen erbrechen und zerstören ... man nehme alle ihre Betbüchlein und Talmudisten, darin solche Abgötterei, Lügen und Lästerungen gelehrt wird ... man verbiete ihnen, bei uns öffentlich Gott zu loben, ihm zu danken, zu beten, bei Verlust ihres Leibes und Lebens.«

Die Protestanten stimmen in die Zaubermelodie der Kirche ein. »Es gehört zu den bemerkenswerten Zügen unserer kulturellen Entwicklung, daß die christlichen Konfessionen, die sich sonst als Feinde gegenüberstehen, auf dem Sektor des Teufelswahnes, des Judenhasses und der Hexenverfolgungen in Eintracht verharren; ja in der Verfolgung wetteifern.«

Widersprüche

Es ist unbestritten, daß die katholische Kirche zu einem scharfen Kampf gegen die Juden gedrängt hat[24]. Papst Hadrian I. tadelt im 8. Jahrhundert Gläubige, die mit den Juden speisen und Umgang mit ihnen haben. Der Versuch, Christen zum jüdischen Glauben zu bewegen, wird mit dem Tod und dem gleichzeitigen Vermögenseinzug gestraft[25].

Papst Leo I. der Große spricht von den ungeheuerlichen Verbrechen der Juden. Er nennt sie *fluchwürdig* und *hassenswert*. Im 9. Jahrhundert diffamiert sie Papst Stephan als *Hunde*. Papst Innocenz III. bezeichnet sie 1205 als *gottverdammte* Sklaven.

Papst Gregor I. zeichnet sich dadurch aus, daß er zugunsten der Juden einen Schutzbrief erlassen hat. Doch zugleich verteufelt er die Juden in seinen über

⇒

Der Hostiendiebstahl in Passau durch einige Juden 1495. Gleichzeitig beschreibendes Flugblatt; Flugschrift gegen die »ketzerischen« Juden.

Ein grawsamlich geschicht Geschehen zu passaw Von den Juden als hernach volgt

Hye stylt Cristoff acht particVel des sa=crament auß der kirche. legt das in sein salche. hat dy darinne drei tag behalte

Hye schuet er die sacrament den juden auff den tisch die vnuermaylgt gewel sen sein. darumb sy im ein gulde gaben

Hye tragen die lude vn schulklopffer. die sacrament yn ir synagog. vnd vber antwurden dye Juden.

Hye sticht pfeyl Jud das sacrament auff irem altar. ist plut darauß gangen das er vn ander juden gesehen haben.

Hye teylten sy auß dye sacramet schick ren zwen particVel gen Prag. Zwe gen Saltzpurg. zwen yn die Newenstat

Hye verprenten sy die sacramet versu chen ob vnser glaub gerecht wer floge auß dem offen zwen engel. vn.ij. taube

Hye vecht man all Juden zu Passaw die dy sacramet gekaufft verschickt ge stolen vnd verprant haben.

Hye furt man sy fur=gericht. verurtaylt die vier getaufft. fackel mand. kolman vnd walich. sein gekopft worden.

Hye zereyst man den pfeyl vnd vettel die das sacramet bebylte. dz darnach gestochen vnd verprant haben.

Hye verprent man sy mit sampt de ju den. die yn irem glauben blyben. vnd vmb das sacrament gewyst haben.

Hye wirt der Cristoff des sacramentz verkauffer. auff einem wage zerryssen mit gluenden zangen.

Hye hebt man an zw pawen. vnserm herren zu lob ein gotzhauß. Auß de juden synagog &c.

Nach christi gepurt. M.CCCC.LXX vij. jar Regirende zu den zeyte. der hochwirdig furst vn herr herr Ulrich zu passaw geboren vonn Nußdorff. Es hat sych begeben das ein leychtfertiger vn verzagter mensch weylant genant Cristoff erßen greißhamer/ vergessende seiner sel selygkayt/ nach Judas syten auß begyr zeytliche gute Adit den juden dye zeyt wonede hye zu passaw/ bey der Ilz alda hinder sant Jorgen perg/ feyndt vnd lester des gecreutzigten waren lebentigen gots vn Marie geporeryn yn ein vorred vertrag gemacht hat. Nach dem alo sy etwo offt in yren potschaffe genutzt vn gebraucht nahendt vnnd verr geschickt hetten. ob er yn precht das hochwirdig sacra ment. den leychnam vnsers herren Jhesu christi dy sy etlich kauffen wol ten. darzu sy ym alo die begyrigen hunot. auff grossem neyd so sy zu dem he ren Jesu vnserm heyland haben. antwort gaben. Er solt den pringe darum wolten sy ym ein benugen thun. nach solchem geving der verkauffer vnnd verstockt sunder yn seiner poßhayt nach dem hoch wirdigen sacrament stel let. des bemelten syben vnd sybenzigsten iars. Am freytag vor sant Micha els tag die kirchen vnser lieben frawen yn der freyung der abtey. das stock geheuß auff gebrochen. daryn. viij. particVel des hochwirdig sacramets gestolen. das mit seinen sunolgen henden an gegryffen. vnd yn ein tuchlein gewickelt von dem freytag byß an den suntag Jorgen bey ym getrage var nach den Juden falichafftig verantwurt. vmb eyn reynischen gulde ver kaufft. eyn particVel gepurt von Prewssig pfennig. zu Saltzpurg der heyligen christenlich kyrchen. dye Juden vnd lester gots das behalten. zu zweyfel yn ir synag pracht den leychnam christi mit iren sunvige benden. gryffen mit grymmiger gier zu creutzige. christe glaube zu be were. Ein jud ein schar pfes messer genume den leychna xpi auff irem altar in der synagog gestoche darauß plut geflossen. Eins kindes angesicht erschyne. Die jude sere erschra cken. wurde zu radt. vn schickte.ij. particVel gen Prag. ij. in die Newstat. gen Saltzpurg. ij. particVel worffen sy yn eine gluende packoffen. haben sy gesehen.ij. engel. ij. tauben auß dem ofen flyge. nachmals ist der vbeltetter vor der fasten im sybenundsybentzigste iare. bey eine kyrchstock zu Germel perg begryffen vn den gefange gefurt auff das oberhauß bey passaw. Da selbst er vngezwunge solch groß vbel gesagt vn mer auff die Judichayt. dar auff der obgenant hochwirdig yn got vater. vn herr Ulrich byschoff zu pas saw. Als ein christelicher furst vn herr solch vbel pillich zu bertzen ist gangen. vn rechtlich zu straffen erkant hat. schuff durch denkdeln vn gestrenge Rit ter heire Sebastian vö der alben. die zeit seiner genade marschalck. Die selb Juden bre zu passaw all zu fahen vnd vmb die warhayt zu frage. die doch also gemeynicklich einbellig vn bekantlich wurde. vn zaygte das messer. die stein. die stat vn den ofen da sy solch handlug mit dem hoch wirdigen sacra ment volbracht vn begange habe. Also bekerte sych yr vier zu dem Christe lichen glaube. vn wurde am Erichtag nach Judica yn der fasten des syben vnd sybentzig gste iars fur recht gestelt. Die newe christe mit dem schwert ge richt die Jude yn oem fewer. auch ir zwen mit zange geryssen. Nach de alle vber etlich woche wardt der verkauffer auch nach ordnug des rechte mit gluende zange gerissen. das er als mit grosser gebult rew vn andacht erlydte hat vnd das durch yn gehandelt ist. offenlich vor menigklich bekannt. got wol sych vber sein vnd alle glaubig sel erbarmen. Amen.

Der Hostiendiebstahl 1476 in Regensburg

Das Ende eines Hostienfrevels. 1476 hat ein 13jähriger Junge einen silbernen Hostienbehälter gestohlen und die Hostie in einen Keller geworfen. Später gesteht der Dieb seine Tat. Die hohe Geistlichkeit Regensburgs, der Bischof und der Abt von St. Emmeram, begeben sich an den Ort des Geschehens, einen Weinkeller. Sie betten die Hostie auf ein Tuch. Zwei Engel unterstreichen die Bedeutung des Wunders. Germanisches Nationalmuseum Nürnberg; Katalog: Martin Luther und die Reformation in Deutschland, 1983, Nr. 72.

Jahrhunderte gelesenen 35 Büchern *Moralia*. Obgleich er prinzipiell ihre Unterdrückung ablehnt, akzeptiert er die grauenhaften Judenverfolgungen, die im westgotischen Spanien unter dem katholisch gewordenen König Rekkared I. beginnen und die in der *Lex Visigothorum* kodifiziert sind. Der Kirchenlehrer Isidor von Sevilla hat sich in diesem Zusammenhang unrühmlich benommen.

Eine bedenkliche Rolle spielt Papst Alexander II., der den kirchlich verfolgten Juden im Vorfeld der Kreuzzüge zu helfen sucht. Er erteilt einem Heer französischer Kreuzzugsmarodeure im voraus die Absolution für einen Überfall auf die spanische Stadt Barbasto, in der Christen und Mohammedaner friedlich zusammenleben. Etwa 6000 werden ein Opfer des widersinnigen Blutrausches.

Und doch ist der Funke der Menschlichkeit nicht erloschen, denn einzelne Päpste sind für das Wohl der Juden eingetreten. Papst Martin V. stellt heraus: »Wir verbieten euch, allen hohen Weltgeistlichen und besonders den Oberen der Orden, Hetzpredigten gegen die Juden zu erlauben. Wir wollen, daß jeder Christ mit menschlicher Milde handelt und ihnen weder an Leib noch am Gut Unrecht zugefügt wird.« Er erläßt fünf Bullen zum Schutz gegen sie. Er verbietet Zwangstaufen und dehnt die bürgerliche Gesetzgebung für die Juden aus. Martin V. ist einer der wenigen aufrechten Christen.

Auch Papst Nikolaus V. (gest. 1454) bildet eine Ausnahme im Konsens der allgemeinen Kurialpolitik. Er verbietet provozierende Reden gegen die Juden und warnt in einer Bulle davor, Blutbeschuldigungen gegen sie zu erheben[26]. In ihm sehen wir eine im Zeichen der Zeit gebildete, gütige, tolerante und liberale Persönlichkeit vor uns, die im Vatikan Seltenheitswert hat . Er legt den Grundstein zur *Bibliotheca Vaticana* und konzipiert den Neubau der Peterskirche anstelle der alten konstantinischen Basilika.

Er krönt Friedrich III. mit der *Eisernen Krone* der Lombardei. Stefano Porcaro, dem er Wohltaten erweist, will ihn und seine

Marter des Andreas von Rinn 1724. Vergleiche: »Ausührliche Beschreibung der Marter … Eines heiligen und unschuldigen Kindes … welches von denen Juden aus angebohrnem Haß gegen Christum … und seiner Christenheit grausam gequälet und ermordet worden«, Augsburg 1724.

*Im Umfeld der nationalsozialistischen Pub-
likationen bezieht sich der »Stürmer« auf
angebliche Ritualmorde, die die Juden an
en Christen verübt haben sollen.*

Kardinäle ermorden und sich zum Tribun
erheben. Der Plan fliegt auf. Der Anstifter
wird mit seinen Helfern hingerichtet. Der
daraufhin tief gekränkte Papst versinkt in
Niedergeschlagenheit, Argwohn und Einsamkeit.

Der christliche Judenhaß entbehrt der
Grundlage und er ist ein Beweis für die
Intoleranz des Christentums. Der christliche
Judenhaß zieht sich durch die gesamte
Kirchengeschichte, obwohl die Juden den
Christen kein Leid zugefügt haben. Beson-
ders krasse Ausformungen erlebt der Ju-
denhaß im Verbund mit kriegerischen
Auseinandersetzungen des 19. und frühen
20. Jahrhundert.

1891 schüren wieder die Deutschen den
Judenhaß. Das katholische Würzburg führt
den Reigen an. Hier wird folgende Proklamation erhoben: »Brüder in Christo,
sammelt Euch, rüstet Euch mit Mut und
Kraft gegen den Feind unseres Glaubens, es
ist Zeit, das Geschlecht der Christusmörder
zu unterdrücken, damit sie nicht Herrscher
werden über Euch und Eure Nachkommen,
denn stolz erhebt schon die Juden-Rotte
ihre Häupter … nieder mit ihnen, ehe sie
unsere Priester kreuzigen, unsere Heiligtümer schänden und Tempel zerstören. Noch
haben wird die Macht über sie. Darum laßt
uns jetzt ihr selbst gefälltes Urteil an ihnen
vollstrecken. Auf, wer getauft ist … es gilt
der heiligen Sache. Nun auf zur Rache.
Unser Kampfgeschrei sey Hepp, Hepp,
Hepp. Aller Juden Tod und Verderben … ihr
müßt fliehen oder sterben[27].«

Während des Zweiten Vatikanischen
Konzils wird über die Judenfrage debattiert.
Es kommt zu dramatischen Szenen in der
Konzilsaula, und das unrühmliche Verhalten der Geistlichkeit kommt erneut zum
Vorschein. Und doch rührt sich ein Fünk-
chen der Moral. Die ein Jahr später
verabschiedete Erklärung bringt indirekt
eine gewisse Mitschuld an den unübersehbaren und unrühmlichen Ausschreitungen
gegen die Juden zum Ausdruck. Lapidar
wird angemerkt: »Die Kirche beklagt alle
Haßausbrüche, Verfolgungen und Manifes-
tationen, die sich gegen die Juden gerichtet
haben[28].«

Das erste Drittel des 20. Jahrhunderts
bringt ein Versagen der christlichen Kirchen
und all ihrer Vasallen mit sich. Dies hat sich
bereits um die Mitte des 19. Jahrhunderts in
deutlichen Umrissen abgezeichnet. Die Öffnung der Staaten, die Bismarck'sche Kultur
politik, die Revolutionen und der [...]
che Drang nach Freiheit sind ein S[...]
das autoritär-fossile Kontor der Gei[...]

Der klerikale Nonsens gipfelt i[...]
paragraph von 1933. Er legt fest: »[...]
nichtarischer Abstammung könne[...]
als Geistliche oder Beamte in die all[...]
kirchliche Verwaltung berufen werd[...]

Zu keinem Zeitpunkt zeigt s[...]
Schulterschluß zwischen weltlich[...]
kirchlichen Interessen deutlicher. [...]
halten der katholischen Geistlichkei[...]
über den Juden ist ein Beispiel [...]
Intoleranz.

Frauenhaß[30)]

Schon in der Antike geht man von der Vorstellung aus, daß Frauen empfindsamer für das Zauberwesen sind. Man unterstellt ihnen eine stärkere Neigung zum Mystischen, Phantastischen, Übersinnlichen und Geheimnisvollen. Gleichzeitig dokumentiert es ihr größeres Schutzbedürfnis. Es wird ihr bis zum Einsetzen des Christentums gewährt. Nach ihm ist nur der Mann das Ebenbild Gottes und sie wird gerade noch aus seiner krummen Rippe gemacht.

Es ist ein Verstoß gegen die Menschenrechte. Es bleibt dem Christentum vorbehalten, den Frauen das Brandmahl der Teufelsbuhlschaft aufzudrücken und sie zur *Schlange der Lust* zu degradieren.

»Es waren die weiberfeindlichen Mönche und Theologen, die die Verführung der Frauen mit den Teufeln auf eine Stufe stellten ... nur so konnten die Begriffe zusammenfließen.« Masters zählt den Hexenwahn zu den Ausflüssen dieser Politik und bezeichnet ihn als *Wahnidee mit ungeheuerlichen Folgen.* Das Christentum unternimmt im Lauf seiner Geschichte grauenhafte Versuche, um die natürliche Sexualität zu unterbinden bzw. sie innerhalb der eigenen Reihen zu vertuschen. Die Verteufelung des Weiblichen und die Unterdrückung der Sinnlichkeit gehen über weite Strecken auf das Konto der Kirche.

Die heutige Emanzipationswelle ist ein Aufschrei der über Jahrhunderte geknechteten Frau, wenngleich von ihr Knechtschaft ausgeht. Doch eines fällt auf: die Geistlichkeit redet immer nur vom Sex, den sie mit der Weiblichkeit in Verbindung bringen. Macht sich nicht hier der männliche Sexualneid bemerkbar? Geistige Leistungen scheinen sie den Frauen nicht zuzutrauen und ihre *verdorbene* Kirche halten sie, zumindest nach außen, rein von ihnen.

Der frauenfeindliche Zug bewegt sich durch alle christlichen Lager. Er umfaßt, ausgehend von den Anfängen der römisch-katholischen Kirche, deren geistige und geistlichen Ableger, die Töchter ·Protestantismus und Calvinismus. Es sind Haarspaltereien, die die Parteien trennen.

Da der Klerus von Anbeginn an die geistig-schulische Entwicklung mitbestimmt und sich insbesondere der Universitäten und Hochschulen annimmt, ist es kein Wunder, wenn unter dem Einfluß Juristen, Mediziner und Stadtväter in das gleiche Horn blasen; so wird das Kesseltreiben der christlichen Kirchen wider die Frauen deutlich.

Bemerkenswert ist das Agieren der protestantischen Kirche. Sie schafft den Zölibat ab und führt dadurch eine Liberalisierung der Klosterzucht herbei. Sie dokumentiert, daß selbst Frauen Menschen sind und sich frappanterweise so gut wie Männer für den Kirchendienst eignen. Der Protestantismus führt die zölibatäre Idee ad adbsurdum.

Umso befremdlicher ist es, daß die Protestanten seit Jahrhunderten genau wie ihre katholischen Amts- und Glaubensbrüder gegen die Frauen wüten. Auf der einen Seite wird der Haß gegen sie geschürt und auf der anderen das Teufelsdogma nach oben gefegt; in der Mitte sitzen die angeblichen Hexen.

Befremdlicher, wenn auch verständlich ist, daß die Geistlichen an den Frauen Gefallen gefunden haben: »Gar manchen hat man tagsüber auf der Kanzel über Sitte und Moral sprechen hören und ihn nachts in den Armen einer Dirne angetroffen.«

Anfänge

Zunächst gibt sich die christliche Religion, die diese Bezeichnung anfänglich eher denn heute verdient, tolerant, modern und aufgeschlossen. Sie läßt ihre Widersacher aufhorchen. Doch es brodelt unter der Oberfläche. Schließlich gibt es sechzig sich rivalisierend gegenüberstehende Gruppen und Grüppchen und schon hier zeigt sich eine Spaltung in prosexuelle und enthaltsame. Hier nimmt das Unrecht seinen Lauf.

Die *Nikolaiten* plädieren für das Abwerfen jeder geschlechtlichen Scham und behaupten, daß sexuelle Ausschweifungen heilsam sind. Ephiphanius schreibt, daß sich die *Adamiten* nackt versammeln und so

»Die Verführung«; zeitgenössischer Holz-schnitt aus der »Histria sapientu Romae«. Druck von Johannes Koelhoff, Köln 1490.

ihre Handlungen praktizieren. Hieronymus berichtet, daß die *Sarabiten* an den Fest-tagen Ausschweifungen nachgehen und Jungfrauen verfolgen. Die *Karpokratianer* und *Valensianer* setzen sich für die Promis-kuität ein.

Die *Valentianer* meiden alle Anreize der Sinneslust und ergehen sich in philosophi-schen Spekulationen. Der Araber Valesius, der diese Organisation ins Leben ruft, stellt die absurde Behauptung auf, daß die wahre Keuschheit nur in einem verstümmelten Körper möglich ist.

Es wird zum Verhängnis der Frauen, daß die Kirchenführer die negative Kompo-nente wählen, sich aber jede sexuelle Ausschweifung ermöglichen und sich somit widersprechen. Schon früh wird die Frau Spielball von kurialen Interessen und sie hat es bis heute schwer, sich mit dem Schicksal zurechtzufinden.

Heilige Dirnen

Im Verbund mit den hochgespielten Christenverfolgungen werden frühe Vertre-terinnen dieser Glaubensvariante zur Pro-stitution gezwungen. Zu ihnen gehören die sieben Jungfrauen von Ancyra. Sie sollen jeweils zwischen 70 und 80 Jahren alt gewesen sein und einer gewissen Knusprig-keit entbehrt haben. Viele der gefälschten Legenden bieten Beispiele von Kurtisanen, die ihr Seelenheil der Änderung des seit-herigen Lebenswandels verdanken. Zu ih-ren gehören Maria Magdalena, die im Mittelalter als Schutzheilige der Freuden-mädchen tätig ist.

Der frommkluge Jesuit Theophil Ray-nauld hat eine Legende über die *ägyptische* Maria hinterlassen. Sie soll dem Abt Zosi-mus gestanden haben: »In meinem zwölften Lebensjahr kam ich nach Alexandrien, wo ich 17 Jahre in einem öffentlichen Haus (Bordell) war. Als Leute aus der Gegend eine Reise nach Jerusalem antreten wollten, um die Religion des Kreuzes anzubeten, bat ich sie, mich mitzunehmen. Als sie mich fragten, welchen Preis ich für die Überfahrt zu zahlen bereit sei, da sprach ich zu ihnen: ›Ich habe nichts, was ich Euch geben könnte, außer meiner Gunst, mit der ich die Reise bezahlen will.‹ Als wir in Jerusalem ankamen und ich mich mit anderen an die Pforte der Kirche begab, fühlte ich mich plötzlich durch eine unsichtbare Hand zurückgewiesen, während die anderen oh-ne Schwierigkeiten eintraten … Ich über-dachte mein vergangenes Leben und ward inne, daß meine zahllosen Sünden die Ursache der Zurückweisung waren. Ich begann Reue zu empfinden und meinen Körper zu kasteien. Daraufhin legte ich das Keuschheitsgelübde ab, ließ mich taufen und floh in die Wüste, wo ich 47 Jahre einsam lebte.«

Auch Thais lebt in Ägypten. Ihre Schön-heit ist so betörend, daß sie sich darauf etwas einbildet und ihre rasche Vergäng-lichkeit ignoriert. Einzelne Anbeter verkau-fen ihre gesamte Habe, um ihre Gunst zu empfangen. Wer wundert sich, wenn Abt Paphnutius Thais annimmt und den Vorsatz faßt, ein anständiges Mädchen aus ihr zu machen.«Siegessicher führt er sie in eine Klosterzelle ... wo sie später wie eine Jungfrau gestorben ist.« Anatomisch ist es bemerkenswert.

Der ehemaligen Schauspielerin Pelagia erscheint ein Einsiedler, der sie zu einer einsamen Kirche führt. Die Chronisten sagen: »Dort haben sie ein neugeborenes Kind gefunden und es wie ihr eigenes angenommen.« Als das Gerücht entsteht, es handle sich um eines aus dem verbotenen Umgang mit dem Eremiten, trägt sie zum Beweis ihrer Unschuld glühende Kohlen im Gewand. Es ist ein frühes Beispiel für ein *Gottesurteil*, das die Menschen erfunden haben. Die daraufhin als heilig Deklarierte stirbt mit der als heilig angesehenen Afra, einer Augsburger Dirne, während der vielleicht niemals stattgefundenen Christenverfolgung unter Licinius um 308.

In den Auflistungen der Heiligen findet man den Kuppler Leno-Gesimus. Er soll um 619 gelebt und die Jungfrau Agneflede in seine Zelle gelockt bzw. veranlaßt haben, den Schleier zu nehmen und »von Stund an lebten sie zusammen.«

Weil nicht alle Menschen heilig sind, geht man kirchlicherseits gegen Abweichler vor. Predigten gegen die Gelüste des Fleisches sind ein permanentes, man könnte fast sagen, ein Lieblingsthema der Theologen. Origenes bezeichnet die Existenz des weiblichen Geschlechts als unnütz und meint zu wissen, daß nur das männliche von den Toten aufersteht.

Der heilige Augustinus sieht es anders und trägt vor: »Gott wird alles von den Auferstandenen nehmen, was lasterhaft ist, aber ihr Geschlecht wird er ihnen lassen, zumal er es selbst geschaffen hat.« Tertullian trägt vor: »Das Weib ist die Einfallspforte des Teufels. Sie hat zuerst das göttliche Gesetz im Stich gelassen. Sie ist es, die diejenigen betört hat, denen der Teufel nicht zu nahen vermochte. So leicht hast Du den Mann, das Ebenbild Gottes, zu Boden geworfen. Wegen Deiner Schuld mußte der Sohn Gottes sterben und da kommt es Dir noch in den Sinn, über Deinem Rock Schmuckstücke anzulegen.«

Cyprian schreibt um 320: »Es gibt keine Frömmigkeit mehr unter den Christen, keine Disziplin in ihren Sitten. Die Männer kämmen sich den Bart und die Weiber pudern ihr Gesicht. So verunstaltet man das göttliche Ebenbild, daß man sich sogar die Haare färbt. Man verheiratet sich mit Ungläubigen und die Prostitution ist im Gang.« Folgerichtig sagt der Rechtsgelehrte Ulpian: »Die Kurtisane ist ein Weib, das sich den Lüsten mehrerer Männer hingibt.«

In den *Apostolischen Konstitutionen*, die im Jahr 67 Clemens zugeschrieben werden, findet man Verhaltensmaßregeln für christliche Jungfrauen, damit man sie von den Heiden unterscheiden kann. Man verbietet ihnen, die Haare künstlich aufzustecken, sich mit Pomade zu salben, hohe Schuhe und goldene Ringe zu tragen oder mit lüsternen Blicken um sich zu werfen. Fernab dieser Sophisterei geht es auf der Welt normal zu.

Man sagt: »Wenn sich ein Priester einen Fehltritt zuschulden kommen läßt, muß er sein Amt niederlegen und an der Abtötung seines Fleisches arbeiten.« Wäre dies praktische Regel, so gäbe es fast keine Geistlichen mehr. Der heilige Basilius fordert für Ehebruch, Blutschande und Sodomie eine Buße von 15 Jahren.

Das Pönitential von Angers sieht Strafen für diejenigen vor, »die an Sonn- und Feiertagen, drei Tage vor der Kommunion und vier Wochen vor Ostern und Weihnachten nicht enthaltsam sind.«

Während des Konzils von Mailand unter dem Episkopat des Karl Borromäus wird festgeschrieben: »Damit die Prostituierten von den ehrbaren Frauen zu unterscheiden sind, sollen die Bischöfe darauf achten, daß sie beim öffentlichen Auftreten in einem besonderen Gewand, das ihren schimpflichen Stand kennzeichnet, bekleidet sind. Die Behörden sollen ihnen den Gebrauch von kostbaren Stoffen, von Schmucksachen und das Tragen von Seidenkleidern verbieten.«

Die Frauen sind nicht gut angesehen und sicher haben einige von ihnen zu dieser negativen Beurteilung beigetragen. Sie werden zur Verführerin deklariert.

Geistliche beurteilen die Frauen
– Von Haus-, Ehe- und Hurenteufeln

An einigen Beispielen soll gezeigt werden, wie negativ man in Kirchenkreisen im Lauf der Jahrhunderte über die Frauen denkt. Daraus wird deutlich, daß es ihr heute sehr schwer fällt, zuzugeben, daß sie sich in diesem Punkt getäuscht hat. Der römisch-katholische Glauben ist eine Männerreligion und es scheint, das soll so bleiben.

»Man darf nicht vergessen, daß das erste Weib aus einer krummen Rippe gemacht und deshalb ein unvollkommenes Geschöpf ist … sie wird immer betrügen … alle Hexerei kommt von der Fleischeslust … der Schoß einer Frau ist unersättlich … um ihre Lust zu stillen, verkehrt sie selbst mit dem Teufel.«

»Das Weib ist die Pforte zur Hölle, der Weg zur Unzucht, der Stachel des Skorpions, ein unnützes Geschlecht … auf der Welt würde ein göttliches Leben sein, wenn es ohne Weiber bestehen könnte.« Chrysostomus wird heute der Satz unterstellt: »Es

ist nicht gut, ehelich zu werden.« Alexander von Hales, eine Leuchte der Scholastik und der Lehrer von Thomas von Aquin, sagt über die Frauen: »Der Gang, wie sich die göttliche Lehre verbreitet, ist folgender. Sie stieg von Gott zu Christus, von Christus in den Mann und von ihm in das Weib hinab. In umgekehrter Weise verbreitet sich die teuflische Lehre; sie kam zuerst in das Weib, das weniger Unterscheidungsvermögen besitzt … wie schon Eva wegen ihrer geringeren Unterscheidungskraft vom Teufel verführt worden ist, so sind darum auch die Weiber der Zauberei gegenüber aufgeschlossener.«

Thomas von Aquin hat gut zugehört, denn er meint: »Wenn eine Seele heftig zur Bosheit erregt wird, wie es zumeist bei den Weibern geschieht, wird ihr Anblick giftig, besonders für Knaben, deren Körper zart und für Eindrücke leicht empfänglich ist … es ist dabei auch möglich, daß sie in einem Bündnis mit dem Teufel stehen.«

Kurz danach betont Wilhelm von Paris (gest. 1249), daß die Frauen von Natur aus empfänglicher für himmlische und teufli-

Die Empfängnis des Antichrist im Beisein des Teufels. Holzschnitt aus »Der Entchrist«, 1475.

sche Einsprechungen seien. Im 14. Jahrhundert bezeugt der Schriftsteller Nikolaus von Lyra, daß die größere Beteiligung der Frauen an der Hexerei in den mosaischen Büchern bezeugt sei. Zusammenfassend kann man sagen, daß die Periode der Scholastik erheblichen Einfluß auf die negative Beurteilung der Frauen hat.

Die 1404 in Langres gehaltene Diözesansynode stellt heraus, daß die Weiber schwächer als die Männer seien und deshalb vom Teufel leichter verführt werden könnten. Ähnlich argumentiert Johann von Frankfurt, ein Heidelberger Professor der Theologie, in einer 1412 veröffentlichten Schrift.

An ihn schließt sich Johannes Nider (gest. 1438) an, der zu der Auffassung gelangt: »Die Weiber sind leichtgläubig, wegen der Beweglichkeit ihres Naturells dem Einfluß der Geisterwelt zugänglicher und außerdem geschwätzig, schwach und rachsüchtig ... da sie von Natur aus zu schwach zur Rache sind, suchen sie es durch Zauberei zu erreichen.«

In seinem *Ameisenbuch* deutet er an: »Die zauberliebenden Weiber haben auf der Bahn des Bösen den Vortritt ... man darf sich nicht wundern, wenn sich das schwache Geschlecht im Verkehr mit dem Teufel vermessen zeigt, denn drei Dinge sind es, die, wenn sie die Schranken überschreiten, den Gipfel des Guten und Bösen erreichen; die Zunge, der Geistliche und das Weib.«

Etwa 20 Jahre nach dem Tod Niders (1456) schreibt Johann Hartlieb, der Leibarzt Herzogs Albrecht II. von Bayern, das Buch *Die verbotenen Künste*. Darin betont er, daß die Weiber leichtgläubiger sind, weshalb sich der Teufel umso eher mit ihnen vermische. Der westfälische Augustiner Gottschalk greift diesen Punkt auf und der spanische Minorit Alfons de Spina weist in einer 1459 verfaßten Schrift auf die gleichen Symptome. Bernhard Basin stellt sich in seiner 1482 erschienenen Schrift hinter Nider. Er hat erheblichen Einfluß auf den Inhalt des späteren Hexenhammers.

1486 erscheint das Buch des Rechtsgelehrten Ambrosius de Vignarte (Lodi) mit der Bemerkung: »Der Teufel besucht beson-

Unzucht, die erste der im Hexenhammer mit Todestrafe bedrohten Hexereien.

ders die Frauen, während dies bei Männern gewöhnlich nicht der Fall ist.« In Italien bezeugt Antonin von Florenz, daß der Teufel mehr die Frauen denn die Männer durch seine Zauberkunst verführe.

Ein früher Höhepunkt des Frauenhasses seitens der katholischen Kirche wird durch den *Malleus maleficarum*, den *Hexenhammer*, erreicht. Er ist ein Werk der Dominikaner Sprenger und Krämer. Sie schöpfen aus dem Fundus von etwa 50 vorausgegangenen Schriftstellern und tragen Unsinn zusammen. Einen würdigen Nachfolger finden sie später im Jesuiten Jean Bodin. Sprenger und der greise Krämer tragen vor:

»Fromme Kirchenlehrer meinen zu wissen, daß die Weiber eine schlüpfrige Zunge haben und die eigene Schande nicht verschweigen können, wenn sie es mit ihres-

Eine vom Teufel besessene Frau, Nach einem mittelalterlichen Holzschnitt.

gleichen zu tun haben. Wenn es ihnen an Kräften gebricht, sich heimlich zu rächen, nehmen sie Zuflucht bei der Zauberei. Deshalb sagt Salomo: »Es ist besser bei Löwen und Drachen zu wohnen, als bei einem bösen Weib. Eva spielte den ersten Betrug, deshalb kann man von ihren Töchtern alles erwarten. Sie wurde aus einer krummen Rippe geschaffen. Als ein unvollkommenes Tier betrügt sie immer. Das Weib taugt von Natur aus nichts, es zweifelt geschwinder und verleugnet den Glauben leichter ... wenn es blöde ist, verstellt es ihre Gebärde und wird schließlich wie ein Sack. Alle Bosheit ist gering gegen die der Weiber. Es geschehe ihr, was mit den Gottlosen geschieht. Die Sünde kommt von einem Weib.«

Die Schlechtigkeit des Weibes wird schon im Ecclesiasticus XXV. erwähnt: »Es gibt kein Haupt über dem der Schlange und

keinen Zorn über dem eines Weibes. Lieber würde ich bei einem Drachen wohnen, als das Haus mit einem Weib zu teilen. Alle Sündhaftigkeit ist gering im Gegensatz zu der eines Weibes ... was ist es sonst als ein Feind der Freundschaft, eine unentrinnbare Strafe, ein notwendiges Übel, eine Versuchung der Natur und ein begehrliches Unglück? ... wenn es eine Sünde ist, die Ehe zu brechen, bleibt es eine notwendige Folter, sie zu halten, denn entweder wir brechen sie, indem wir uns vom Weib scheiden oder wir müssen den täglichen Hader auf uns nehmen.«

Paul Grillandus spricht von der größeren Schwäche der Frauen und stellt deren Neugier heraus. Er habe es als Richter in Erfahrung gebracht: »Die Frauen frönen gerne der Hexerei, um dadurch noch besser der Fleischeslust nachgehen zu können.«

Der heilige Anselm von Canterbury verfaßt das Gedicht von der Eitelkeit der Welt. Die Frauen schneiden darin nicht sonderlich ab: »Das Weib ist ein süßes Übel. Es zerbricht die männliche Kraft durch ränkevolle Liebkosungen. Als teuflische Hefe geht es einher mit den schönen Kleidern geschmückt, das Haar gekämmt, um zu verderben, mit Schminke gefärbt seine Äugelein. Nichts Schändlicheres gibt es als das Weib, durch nichts richtet der böse Feind mehr Menschen zugrunde als durch sie.

Fliehe, heiliger Mann die Unterhaltung der Frauen. Feuer der Leidenschaft entzündet das Weib. Könntest du in sie hineinsehen, so würdest du sehen, welchen Schmutz ihre weiße Haut bedeckt. O Hirten, haltet die Wölfinnen von euren Herden fern. Das Weib ist der Tod der Seele. Glaube mir, Bruder, ein jeder Verheiratete ist unglücklich; hat er ein häßliches Weib, so haßt er sie. Hat er ein schönes Weib, so fürchtet er den Ehebrecher. Wird sie dann schwanger, so fürchtet er,daß das Kind nicht das seine ist. Das Weib schreckt vor nichts zurück, was immer ihr die Sinneslust eingibt.«

Der Augustiner Antonius Rampignolli sagt: »Die Weiber sind stets begierig nach verbotenen Sachen ... aber sie können kein Geheimnis bewahren. Sie sind begehrlich nach Rache ... sie sind voll Trug und verleiten die Männer zu allen Lastern. Trügerisch sind die Weiber, indem sie durch Lügen täuschen. Viele Künste wenden die Weiber an, um die Männer zur Unzucht zu bringen. Die Weiber kleiden sich schön, um die Männer zu verderben.«

Der Jesuit Sarasa weiß: »Das weibliche Geschlecht ist bei weitem minderwertiger als das männliche; es ist weichlicher und unbeständiger.« Der Jesuit Laymann: »Die Weiber sind vorwitzig und wegen ihrer geringen Urteilsfähigkeit leichtgläubiger als die Männer. Die Weiber sind neugierig; sie sind zur Unzucht und Verschwendung geneigt; sie sind kleinmütig und schwach.«

Jean Bodin, einer der bedeutendsten europäischen Philosophen des 17. Jahrhunderts sagt über die Frauen: »Viehisches Tun treibt das Weib dahin, daß es seinen Begierden genugtue ... weshalb es vielleicht Plato zwischen die Menschen und das Vieh setzt ... denn man sieht, daß die inneren Eingeweide bei den Weibern größer als bei den Männern sind ... hingegen sind aber der Mannsbilder Häupter größer ... darum haben sie mehr Verstand denn die Weiber.«

Der Dominikaner Concina meint zu wissen: »Von Natur aus sind die Frauen hochmütig. Sie verlegen sich darauf, die Männer in ihre Netze zu ziehen und sie zu unterjochen. Weil sie ferner in der Betörung der Männer sehr durchtrieben sind und aus Erfahrung wissen, daß die Entblößung ihrer Brüste und noch mehr die Berührung derselben geeignet ist, so geben sie auch mitten im Winter ihre Brust den Blicken der Männer preis. Sie überschreiten die Grenze

⇒

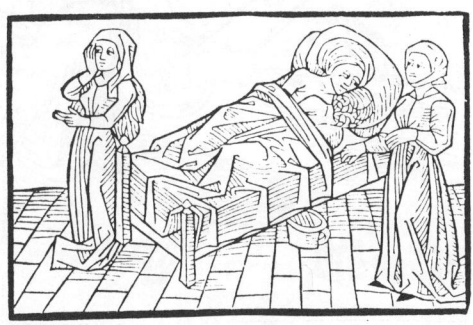

1) Brauthandel oder Hochzeitsnacht. Hinter dem angedeuteten Hügel der Geschlechtsverkehr.
2) Der eheliche Beischlaf.
3) Überschlagen der Bettdecke; Besteigen des Brautbettes und Entfernen der Gäste.
4) Eine Frau steht zwischen der Wahl zwischen Gut und Böse.

Der Teufel im Kampf mit einem alten Weib.

der Scham und schnüren ihre Seiten ein, damit die Brust noch mehr hervortrete, um durch solch schändlichen Künste die Männer zu bezaubern.«

Der Domprediger Geiler von Keysersberg (gest. 1510) sagt: »Zum ersten hüte Dich vor den Mönchen. Wenn Du einen semmelfarbigen siehst, so zeichne dich mit dem heiligen Kreuz, und ist der Mönch schwarz, so ist es der Teufel. Ist er weiß, so ist es seine Mutter. Ist er grau, so hat er an beiden teil. Zum anderen hüte dich vor den Pfaffen, die mache dir nicht geheim, besonders nicht die Beichtväter, Leutpriester, Helfer und Kapläne. Ja, sprichst du, meine Frau haßt Mönche und Pfaffen, sie schwört, sie habe sie nicht lieb. Es ist wahr, so wirft sie es weit weg, daß es einer in drei Tagen nicht mit einem Pferd errennen möchte. Glaube ihnen nicht, denn der Teufel treibt die Frauen … da sie der geweihten Lust begehren.« Es kann nicht ausbleiben, daß sich auch Martin Luther zu diesem Thema

äußert: »Wer mag alle leichtfertigen und abergläubischen Dinge erzählen, welche die Weiber treiben … es ist ihnen von der Mutter Eva angeboren, daß sie sich äffen und betrügen lassen.«

Am 14.5.1523 predigt er, daß der Teufel mit Vorliebe die Frauen zu verführen versucht. Da er die aus dem Kloster entsprungene Nonne Katharina Bora heiratet, kann er ein so schlimmer Weiberfeind nicht gewesen sein.

Der Pastor Adam Schubert sagt in seinem *Hausteufel*, daß die Weiber drei Häute hätten; eine Hunds-, Sau- und Menschenhaut. Er beschäftigt sich mit der körperlichen Wesensart der Frau und sagt: »Sie muß schon allein deshalb unter der Herrschaft des Mannes stehen, weil Eva erst nach Adam geschaffen worden ist; und zwar aus einer seiner Rippen.«

Andreas Musculus ist der Verfasser des *Eheteufels*. Wir lesen darin: »Ein Eheweib ist nichts anderes im Haus als ein schwarzes und ungestümes Wetter am Himmel ... kein Weib ist gut, auch das allerbeste nicht ... ein Weib heiraten bedeutet, des Unglücks Hosen anziehen.« Danach werden die Laster aufgezählt, zu denen der Teufel die Ehefrauen verführt; sie wären putzsüchtig, aufsässig, ungehorsam usw. Aber: »Wenn die Männer saufen, würfelten und sich mit anderen Frauen einließen, so geschieht es nur wegen der Boshaftigkeit der angetrauten Ehefrau.« Die Quintessenz seiner theologischen Gelehrsamkeit gipfelt darin: »Weiber sollten nicht vergessen, daß einst Eva den Adam zur Sünde verführt habe und darum mit ihren Töchtern von Gott degradiert worden sei. Deshalb hätten sie gegenüber den Männern das Joch der Untertänigkeit zu ertragen.«

Nikolaus Schmidt, ein Geistlicher und Amtsbruder des Musculus in Christo, verfaßt das Buch *Von den zehn Teufeln ... von denen die bösen Weiber besessen sind.* Aufgezählt sind: »Nichtbesuch der Kirche, Putzsucht, geschminktes Gesicht, falsche Haare, Schmutz und Unordnung in der Wohnung usw. Der Saufteufel veranlasse die Weiber, sich heimlich Bier holen zu lassen. Das ihres Mannes überdrüssige Weib ließe sich sogar vom Mordteufel zur Beseitigung ihres Gatten überreden.«

Pastor Schmidt sieht die ideale Ehefrau so: »Gottesfürchtig, gehorsam, demütig, züchtig, keusch, nüchtern und treu.« Er hält *weibliche* Tugenden für unmöglich und stempelt die Frau als immerwährendes Lockmittel und Instrument des Teufels ab. Kaplan Ellinger propagiert die Prügelstrafe für die unfolgsame Ehefrau und doziert: »Wenn der Mann aus Zorn schlägt, dann muß das Weib eben ihren Schmerz hinunterschlucken und ihn verdauen.«

Andreas Happenrodt schreibt den *Hurenteufel.* Darin stellt er heraus, daß das vom Teufel inspirierte Weib die Verführerin zur Unzucht ist, wobei von vornherein feststeht, daß die körperliche Liebe erstens Sünde und zweitens Teufelswerk sei.

Der lutherische Prediger Kaspar Huberinus widmet in seinem *Spiegel der Hauszucht* dem bösen Weib ein Kapitel und hebt darin hervor: »Da spüret man erst recht

Ausprügeln eines Diebes; aus dem Buch der Weisheit. Druck von Lienhard Holle in Ulm 1483: »Es waren drey Dieb auf dem Dach ... da stand der elter under vn auff vn gieng zu evm tag fenster ... vnf ließ sich zu tal und fiel auf sein antlitz auffb das hauß boden zuhand stund auff der wirt vn lieff aber vn mit einem großen bengel.«

Eine Frau beschaut sich im Spiegel; Holzschnitt aus dem Jahr 1591.

Der Volksprediger Berthold von Regensburg predigt seinen Zuhörern.

ihre Bosheit, wenn sie auch die anderen Leute vergiften, schießen, verderben, Hagel und Wetter machen ... wie der Satan sie zu seinen Werkzeugen braucht und sie etwas böser denn der Teufel sind ... es ist gütlich zu glauben, daß die alten Weiber zu Unholden werden ... denn da sie in ihrer Bosheit geübet und getrieben sind, kann sie Gott nicht höher strafen ... der Satan macht sie sich zur höllischen Braut, so daß sie ihm den Hintern küssen müssen, bis er ihnen den Hals bricht und den Henker, einen Brautführer, an den Strick gibt ... und in der Hölle das Bett mit ihnen einnimmt.«

Celichius sagt: »Sie sind wild und fürwitzig, von Natur aus stolz und üppig. Das *Ihr werdet sein wie Götter,* steht ihnen noch im Kopf ... ihre Putzsucht und stinkende Hoffart tun dem höllischen Leviathan Tor und Türen auf ... überdas sind alle Weibspersonen mehr auf auf die teuflische Zauberei verstürmet denn die Männer.«

1561 behandelt Jacob Ballik, ein Pfarrer aus Großen im Herzogtum Cleve, die Frage: »Wie kann es kommen, daß viel mehr Weiber Zauber'sche werden als die Männer? ... dessen sind drei Ursachen. Erstens, weil sie leichter glauben. Man sagt gemeiniglich: ... wer leichtlich glaubt, wird leichtlich betrogen. Zweitens, weil die Weiber neufindig sind; sie wollen alle Dinge wissen und erfahren. Drittens, sind die Frauen rachgierig. Sobald es ihnen an etwas mangelt, wollen sie sich rächen. Und da es ihnen an der Macht fehlt, ist alsbald der Satan dabei und lehrt sie solches. Die Weiber sind gemeiniglich geizig. Deshalb wollen sie reich sein, alle Dinge haben und mit der Pracht leben ... solches verheißt ihnen der Satan.«

Der protestantische Arzt Weyer meint, daß der Teufel vornehmlich das weibliche Geschlecht zu täuschen sucht und daß er mehr Erfolg bei den Frauen hat: »Das Weib ist von Natur aus unbeständig, leichtgläubig, seiner selbst nicht mächtig, neigt zur Melancholie und ist darum teuflischen Einflüssen eher zugänglich.«

Eine ähnliche Auffassung vertritt sein Landsmann Johann Ewich, erst Arzt in Duisburg und danach in Bremen. Er betont

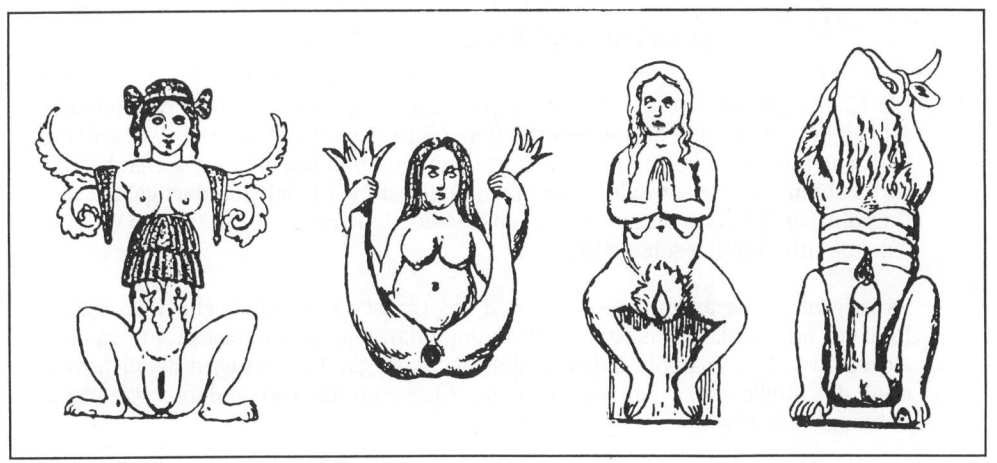

Kirchliche Skulpturen. Hauptsächlich an den gothischen Domen symbolisieren in Stein gehauene Skulpturen das Böse.

in einer 1584 erschienenen Schrift, daß die der Hexerei anhängigen gemeiniglich weiblichen Geschlechts sind: »Meistens sind die Weiber damit behafft ... welches denn geschieht in der Schwachheit ihrer Natur, in der des Alters oder in der Unerfahrenheit ihrer Jugend. Böse Auferziehung, unfleißiger Bericht Gottes, ein gottloses und unbändiges Leben, Haß und Angst wider Andere, Armut und Verzweiflung kommen hinzu. Der Satan hat mit der gleichen Kunst schon Eva angefochten.«

Der calvinistisch gesinnte Hermann Wilken, Professor der Mathematik in Heidelberg, ist ebenfalls der Ansicht, daß sich vorzugsweise Frauen mit der Hexerei beschäftigen: »Sie sind leichtsinniger und übertreten darum öfters das göttliche Gebot ... zudem sind sie über die Maßen rachgierig, schwätzig und könnten nichts verhehlen.«

Der Rostocker Gelehrte Gödelmann teilt diese Auffassung. Er zitiert und wiederholt Martin Biermann, einen Professor der Medizin aus Helmstedt. Der italienische Arzt Condrochinus anerkennt die zahlreichere Beteiligung der Frauen am Hexentreiben als feststehende Tatsache. Der französische Richter Pierre de Lancre schließt sich der Meinung an.

Der Baseler Doktor Jacob Wecker setzt sich für eine strenge Bestrafung der Hexen ein und er meint damit die Frauen, »weil sie von blöderer Natur als Männer sind.« Spizelius hebt die »sündigen Lüste und Neigungen der Weiber« hervor: »Allzu willig gehen die dummen Hurenvögel in das ihnen gelegte Netz ... so fliegen die Mücken haufenweise in das Gewebe der teuflischen Spinnerin, bis er sie zuletzt verschluckt und frißt.«

Damit schließt sich der Kreis. So beurteilen Männer die Frauen, denen sie ihr Leben verdanken und an denen sie sich gütlich tun. So argumentieren vor allem studierte Männer, Ärzte, Juristen und natürlich die Theologen; just die, die sich einer christlichen Erziehung rühmen. Auch die klügste Frau mit dem gesündesten Menschenverstand kann sich dieser Intrigen nicht erwehren.

Ein Blick der Katholiken in das Lager ihrer protestantischen Kollegen hätte sie darüber aufklären können, daß die Ehefrauen und Lebensgefährtinnen der Geistlichen sehr wohl eine Bereicherung für ihr Leben sind. Es hätte sie vor Tausenden heimlicher sexueller Eskapaden abgehalten und ihnen mehr Ansehen verschafft, als sie heute auf sich vereinigen können.

Entwicklungsstufen des Christentums

1. Die Glaubensgemeinschaft wächst extrem langsam, was auf viele Widerstände schließen läßt. So dienen die ersten 1000 Jahre der Festigung. Man ist bemüht, biblische Inhalte zu rechtfertigen und gewonnene Anhänger in diesem Glauben zu verpflichten. Er sind komplexe Vorgänge und erst im 11. Jahrhundert gelingt der Durchbruch des Katholizismus. Die entscheidende Kraft ist Papst Gregor VII. mit den von ihm durchgesetzten Reformen.

2. Es ist wichtig, darauf hinzuweisen, daß das Christentum erhebliche Teile seines Denkens aus antiken Ansätzen übernommen hat. Man kann ablesen, an was die einzelnen Völker geglaubt haben und sicher noch glauben. So wird deutlich, wie groß die intellektuelle Abhängigkeit des Christentums von anderen gläubigen Vorgängern wird.

3. Die Erhebung des Katholizismus zur Staatskirche führt zu weitreichenden Kompetenzen, Kraftakten und -ausbrüchen. An die Stelle der ursprünglich gedachten Nächstenliebe treten Zwänge, Habgier, Vermessenheit, Unrecht und Despotismus. Die Organisation wird unüberschaubar groß. Zur Verschleierung des Ehrenkodex beginnt man, eine eigene Geschichte zu schreiben und sich an Traditionen zu klammern.

4. Dem sich ausweitenden Christentum gelingt es nicht, das bestehende Volksbrauchtum abzunabeln bzw. es generell in ihrem Sinn umzupolen. Die alten Kulturen vereinigen auf sich eine 100 000jährige Geschichte, während das Christentum eine junge und neue Variante ist. Die erzwungene Vermischung religiöser Grundformen führt zu Verzerrungen.

5. Parallel dazu entsteht ein eigenes, das kanonische Recht. Es beeinflußt früh das abendländische Rechtsdenken. Die katholische Kirche entscheidet sich früh für die Anwendung der Folter. Im Zusammenhang mit großen Schenkungen werden bis weit in das 17. Jahrhundert hinein Sklaven gehalten. Mit zunehmender Vehemenz beginnt der Klerus, das weibliche Geschlecht zu verteufeln. Mehr und mehr werden die Frauen zur Sünderin verteufelt.

6. Staatskirchentum, eigenes Recht und eigene Geschichte führen zur eigenen Moral. Theoretisch-theologische Spekulationen bleiben in weltverbesserischen Ansichten stecken und führen zu weit und breit angelegten kriegerischen Auseinandersetzungen. Das damit verbundene Unrecht wird deutlich und im 16. Jahrhundert wachen die Menschen auf: sie lassen sich nicht mehr wie Marionetten bewegen.

7. Dies führt zu einer umfassenden Reformation der Kirche und zur Abspaltung des Protestantismus und Calvinismus. Mit der sog. Aufklärung kommt es zu weiteren Spannungen. Während sich die Staaten langsam öffnen, kapselt sich die Kirche ein. Ihre heutigen zentralen Probleme sind:

   - Absicherung des Imperiums durch das Gewinnen neuer Glaubensanhänger im Wettstreit mit anderen Weltreligionen.
   - Immer mehr Zwänge, wenigstens einige Fehlverhalten zugeben zu müssen. Dies ist heikel, denn damit fällt der proklamierte Wahrheitsanspruch.

Teufelstheologie

Inhalt

Teufelstheologie

Theologen erklären: »Der Mensch ist nun einmal für den Glauben geschaffen ... Unternimmt er es, ihn leichtfertig über Bord zu werfen, so verliert er den Kompaß in seinem Leben und klammert sich an Wahn- und Truggebilde[1].« Bei Licht betrachtet ist es andersherum, denn der christliche Glauben ist ein konstruiertes Trugbild. Das klassische Beispiel spiegelt sich im Hochhalten des antiken Glaubens an Teufel und Dämonen wieder.

Das Element des Bösen

Eine Untersuchung der Geschichte des Bösen in der Religion muß ansetzen, wo der Einzelne über sein Schicksal nachzudenken beginnt. Der frühe Mensch legt belebten und unbelebten Wesen, von denen er sich umgeben und beeinflußt sieht, übernatürliche und ihm teilweise artfremde Kräfte bei. Er erkennt einfache Steuerungsmechanismen in den Naturgewalten und vermutet dahinter höhere und später göttliche Wesen. Die Kräfte der Natur wohnen in der Luft, im Feuer, im Wasser und auf oder in der Erde. Das Gefühl seiner Machtlosigkeit führten zu Furcht und Anerkennung. Nach und nach umgibt er die gedachten Wesen mit Fähigkeiten, unterscheidet nach Gut und Böse, schafft sich Götter und versucht, sie durch Kulte zu beeinflussen.

Wo Bewegung ist, vermutet er die Seele. Der Tod bedeutet die Trennung von ihr. Die Seelen der Verstorbenen führen als unsichtbare Geister ein Eigenleben. Überall wähnt man die Elemente von Geistwesen beherrscht. Bald sucht man die Seelen durch Kulthandlungen günstig zu stimmen. Es ist die Geburtsstunde des Polytheismus, Dämonismus und Aberglaubens.

Es ist falsch anzunehmen, den Priestern die Entdeckung oder Erfindung der Kultbegriffe zuzuschreiben[2]. Die ersten Kulte werden ohne ihr Zutun ausgeübt. Der Kult wird zur Grundlage des Priestertums und

Versuchung der heiligen Justina durch den als Frau verkleidete Teufel. Tafelbild aus dem Ende des 15. Jahrhunderts.

nicht andersherum. Erst überwiegen Heilkulte; ihnen schließen sich Totenkulte an und dann formieren sich Kreise, die sich als Deuter der unerklärbaren Ereignisse verstehen oder es vorgeben. Diese Auffassung führt zu den Weltreligionen, zu Religionskriegen und Millionen von Toten.

Die Magie verliert sich in den ältesten Zeiten und in den verstecktesten Winkeln des Orients; dieser wird zur geistigen Heimat der magischen Künste. Ursprünglich bedeutet das Wort Philosoph *und* Priester. Die Magier studieren die Kunst, mit Geistern zu verkehren. Jeremias gebraucht das Wort zur Bezeichnung babylonischer Priester: »Magie nenne ich eine gewisse verborgene Kenntnis der Geheimnisse der Natur, wenn man sie, ihre Eigenschaften, die Kräfte, Sympathien und Antipathien erkannt hat, Dinge hervorrufen kann, die demjenigen, der mit ihnen nicht vertraut ist ... seltsam und wunderbar erscheinen[3].«

Magiere fungieren als Berater der Herrscher, legen Kulthandlungen fest und verstehen sich als Künder eines göttlichen Willens. Zu ihren Aufgaben gehört das Heilen der Kranken im übergeordneten Sinn. Zustände von ekstatischen Affektionen und des Somnambulismus sind bekannt: sie werden als unmittelbarer Einfluß des göttlichen Willens vermarktet. Bekannt sind das Hellsehen, Visionen, prophetische Träume und das Bauchreden; sicher auch die Anwendung von Narkotikas. Eine wichtige Rolle spielt das Auflegen der Hände, an dessen magische Wirkung noch heute Millionen glauben. Hinzu kommen das Anhauchen, Anblasen und das Tragen von geweihten Amuletten und Ringen. Die Magier legen bald danach theosophische Begriffe aus.

An sie werden früh von den weltlichen Herrschern hohe moralische Wertvorstellungen geknüpft. »Kambyses läßt einen Magier, der sich bestechen ließ, hinrichten, dessen Haut abziehen und über einen Stuhl spannen, auf dem sein Sohn und Nachfolger als Richter zu sitzen hatte.«

Es ist eine Frage der Zeit, bis die Magie ausartet und zu dubiosen Zwecken herangezogen wird; sie wird zu unredlichen Handlungen mißbraucht. Sie zerfällt in die Gruppen Theurgie und Goetik: in eine himmlische und satanische. Dieses Prinzip beherrscht noch heute die Weltreligionen.

Magier erfinden die Gottesherrschaft und bestrafen jeden, der es nicht zu glauben bereit ist. Verstöße gegen ihren theoretischen Status und das Beleidigen ihrer tabuierten Person werden drakonischen Strafen unterworfen. Daraus leitet sich ein weltgeschichtlicher Kampf mit verheerenden Folgen ab[4].

Frühe Priester schreiben die Erschaffung der Menschen Göttern zu. Demzufolge müssen sie ihnen das Leben geben, d. h. den Odem einblasen. Folgerichtig lesen wir bei Moses[5]: »Und Gott der Herr schuf den Menschen aus einem Erdkloß … er blies ihm den lebenden Odem in die Nase.«

Mit dem Tod des Menschen muß er wieder aus dem Körper weichen. So ergibt sich das Zurückkehren der Seele in das Reich der Götter. Früh entsteht die Symbolfigur des Seelsorgers, des Anwalts der entwichenen Seelen.

Parallel dazu blüht der Aberglaube. Gefährlich ist der theologische, weil er davon ausgeht, daß das Heil der Welt von einem bestimmten System abhängt. Immer weiter ufern die theosophischen Spekulationen aus. Sie führen das religiöse Denken schließlich ins Sinnlose. Alle traditionell eingestimmten Theologen gehen von künstlichen Vorstellungen aus:

- Es gibt einen Gott als Erschaffer und Lenker der Welt. Er proklamiert die sittlichen Normen des Lebens und Zusammenlebens. Er stellt das Gute dar. Er ist anzuflehen, anzubeten und anzuhimmeln.
- An der Schaltstelle zu dieser Verpflichtung sitzen Geistliche. An Gott glauben heute im wesentlichen nur noch die traditionsgebundenen Theologen, weil sie dazu verpflichtet sind.
- Diesem guten Gott wird ein negatives Wesen gegenübergestellt, aus dem sich der Teufel entwickelt.

Daraus resultiert die Denkweise, daß das Gute die Welt und die Menschen verbessert; das Schlechte kämpft dagegen. Der Glaube an eine ausgleichende Gerechtigkeit ist jedoch älter als die Frühformen der Naturreligionen[6]. Keiner Weltreligion oder religiösen Sekte ist es bislang gelungen, die menschlichen Wünsche, Sehnsüchte und Triebe dauerhaft zu kanalisieren.

Schwindet die abergläubisch-unrealistische Vorstellung bei der Masse des Volkes, sinkt die priesterliche Machtvollkommenheit. Das ist der Grund, weshalb der Hokuspokus gewaltsam aufrecht erhalten wird. Die Furcht vor dem Unbewiesenen, Unbekannten und Unbeweisbaren ist der Impfstoff der Religionen[7].

Um den Status der Priester zu stählen, werden die Qualen und Leiden der von ihnen Verdammten im furchtbaren Jenseitsgericht dramatisiert. »Ungefähr so, wie sich Quacksalber ergehen, wenn sie Krankheiten schildern, von denen sie keine

Ahnung haben ... es ist eine raffinierte Gnade zu Trösten und zu Verdammen[8].« Am Schalthebel der Legenden sitzen Geistliche. Sie zimmern ein Schrecksystem, weil sie die natürliche Angst vor dem Tod vor ihren Karren spannen.

Die Priester verbreiten irreführende Ansichten. Sie sind darauf bedacht, die Völker im *ewigen Bann des Aberglaubens* zu halten. Die im 17. Jahrhundert genannte Formulierung: »Wenn ein Mensch den Glauben besitzt, so ist er gereinigt. Wenn er aufgrund seiner Intelligenz und seines Charakters befähigt ist, ruft ihn Gott zum Priesterstand. Wir sind gewissenhafte, verantwortungsbewußte Menschen. Das Volk glaubt nicht, weil es nichts weiß ... wir aber haben das Wissen« geht an der Realität vorbei.

- Dionysium Halicarnassum schreibt, er wolle nicht urteilen oder entscheiden, ob den Erscheinungen und Taten, die man den Gottheiten zuschreibt, Glauben beizumessen ist und ob zwischen Göttern und Menschen eine vermittelnde Natur angenommen werden kann.
- Der Prophet Jesaja warnt: »Gehorchet nicht euren Weissagern, Traumdeutern, Tagwählern und Zauberern[9].«
- Die Dichter Äsop und Aristophanes erkennen das Treiben der antiken Priester und spotten darüber.
- Cicero sagt: »Die Wunder der Zauberer und Ägypter muß man mit den Irrtümern der Dichter vergleichen, denn es ist eine Torheit der gleichen Art[10].«
- Plutarch zieht gegen die Unwissenheit in religiösen Dingen ins Feld und sagt: »Fürchterlich ist es, wenn die Finsternis des Aberglaubens einen Menschen befällt und seine Vernunft verwirrt.«
- Im frühen 15. Jahrhundert berichtet Hartlieb: »Die Geistlichen darf ich nicht nennen, sie wollen strafen und ungestraft sein. Ich weiß gar vieler Prälaten, Erzbischöfe, Äbte, Pröpste und Priester, die dem Aberglauben anhängen. Sie glauben an die Wirkung des Gänsebeins. Dieser Unglaube ist ein Gespenst des Teufels.«

- Der Richter Hans Vintler betont: »Viele, die Zauberei treiben, sprechen: das hat mich der Pfaff gelehrt, wie möchte es böse sein? ... Einen solchen soll man hart strafen.«
- Luther reklamiert den schlechten Kenntnisstand der Geistlichen und betont, daß sie weder Lesen, Schreiben oder Denken können, geschweige denn von Theologie etwas verstehen. Zudem äußert er sich zu den kirchlichen Wundern: »Sintemal aber das Evangelium nun ausgebreitet, und aller Welt kund worden ist, ist es nicht vonnöthen, Zeichen zu thun, wie zu der Apostel Zeiten. Wenn aber die Noth erfordern würde, daß sie das Evangelium ängsten und dringen wollten, so müßten wir wahrlich auch Zeichen thun[11].«
- Schwager sagt 1783: »Der Glaube an einen allmächtigen Teufel herrscht noch in den Köpfen der meisten Christen. Geistliche sind es, die ihn gewöhnlich unterhalten und fördern[12].«

Betrachtet man die Entwicklungslinien, so führen sie zum christlichen Teufel. Es gibt Parallelen zwischen den Zauberpriestern der Indianer, den gestifteten Priesterschaften der Ägypter und den organisierten der katholischen Kirche. Sie haben die Macht des Aberglaubens gefördert, anstatt ihm sinnvoll zu begegnen.

Im Christentum werden dubiose Theorien als Traumgespinste verfochten, um sie als Krone der menschlichen Unvernunft zum verbindlichen Glaubensgut zu erheben. Aus dem Ritus der antiken Segens- und Gebetsformeln hat sich ein Teufelswahn entwickelt: »Mit dem christlichen Pflichtglauben an den Teufel ist eine unnötige Traurigkeit in die Welt gekommen. Duckmäuserei und Verkrampftheit erscheinen als Beweis für eine besondere Frömmigkeit ... es scheint, als wären die wahrhaften Begriffe und Gefühle der vermeintlich frohen Botschaft im aufsteigenden Schwefeldampf der Hölle erstickt[13].«

Der Teufel verwandelt nicht das Jenseits, sondern das Diesseits in eine Hölle. Weil bei einer kritischen Betrachtung der katholischen Kirche nicht Jesus, sondern sein Gegenspieler im Zenit der Interessen steht, ist es wichtig, sich mit dem Fabelwesen zu beschäftigen. Der christliche Teufelsglauben basiert auf der antiken Vorstellung zwischen Gut und Böse; er ist ohne religiöse Grundlage, denn viele Priester leben den Menschen das Böse vor.

Schamanen

Der Geisterglauben der Schamanen (indisch = cramana = Einsiedler) ruht in der Vorstellung, daß die Seelen der Verstorbenen als Gespenster durch die Luft ziehen oder sich über Schneefelder bewegen. Seelen stellt man sich in Gräbern wohnend vor. Der schamanische Priester vertreibt bei der Errichtung eines neuen Hauses, nachdem man ihn entlohnt hat, mit einer Fetischpuppe angebliche Geister. Der Schamane begleitet die Leiche zum Grab, weil man den Menschen eingeredet hat, daß die in der Erde wohnenden Geister ohne wirksame Verteidigung dem Ankömmling feindlich gegenüberstehen.

Die Schamanen zelebrieren in ihren Hütten einen Gottesdienst. Sie bilden noch keine in sich geschlossene Kaste, wohl aber eine Zunft, in die sich niemand gegen ihren Willen oder Interessen mischen kann. Sie plazieren einen kahlköpfigen Vater unter dem First des himmlischen Daches. Es ist die geistige Heimat des christlichen Gottvaters im Himmel.

Die asiatischen Schamanen wissen, welchen Einfluß der Pomp auf leicht erregbare Gemüter hat. »Um den Geistern wohlgefällig, dem Volk aber fürchterlich zu erscheinen, staffieren sie sich für ihre Arbeit wunderlich aus. Sie tragen lange, meist lederne Röcke und Strumpfstiefel, häufig mit Blechgötzen, Glöcklein, Ringen und anderem Klimperwerk. Adler- und Eulenfedern, Pelzen und anderen Sachen dieser Art besetzt und fast bedeckt. Die Mütze ist bald einer Kappe, bald einer Panzerhaube ähnlich … mit ausgestopften Schlangen behangen und mit Federn besetzt … ihr Hauptwerkzeug ist eine Trommel.«

Frühe Indianer

Bei den Nordamerikanern führen die Geister den Namen Manitu, was nicht einem göttlichen Wesen gleichzusetzen ist. Manitus spielen die Rolle schreckerregender Gespenster, die nach Menschenblut dürsten. »Das indianische Leben ist vom Gespensterglauben und der -furcht so durchwoben wie das christliche.«

Bei den Columbus-Indianern führen die Geister die Bezeichnung *Zemes*, die spukenden Toten entsprechen. Sie glauben an einen großen Geist und nennen ihn Manitulin oder Kitschi Manitu; er sammelt die Seelen der Verstorbenen und wird der Herr des Totenreiches. In der Regel wird ihm eine Mutter vorangesetzt, aus der die böse *Todesgöttin* entsteht. Sie ist allem Lebenden feindselig und bemüht, ihnen das Blut auszusaugen. In ihr findet die israelitische Lilith eine Parallele.

Die Indianer gehen davon aus, daß der erste Mensch ein Mischprodukt aus Sonne, Mond und ihm sei. Die alten Indianer kennen zwar nicht die Legende von Adam und Eva, doch die Vorstellung der *verbotenen* Frucht. Es ist die aprikosenartige des Mammaibaumes. Sie ist den nachts von den Höhen herabkommenden Geistern vorbehalten und darf von Menschen nicht gepflückt werden. Die Seelen der Ertrunkenen wohnen nach der Auffassung der Kariben auf dem Grund seines Sees.

Die Gräber auf dem freien Feld kennzeichnen sie mit einem Stein oder Pfahl. Vereinzelt werden die *Geistersteine* bemalt. Brasilianische Indianer stecken einen Pfahl in die Erde und legen an ihm Speisen für die Geister nieder. Im Abendland läuft die Entwicklung parallel. Das Aufkommen der Leichensteine, aus denen sich die Grabplatten entwickeln, haben zunächst den Zweck, den Toten oder deren Seelen das Herauskommen aus den Gräbern zu verwehren.

Stirbt ein Häuptling, wird seine Asche zu einem Trank gemischt und getrunken. Noch im 18. Jahrhundert haben Christen aus der Hirnschale des Pestheiligen Sebastian das gleiche getan, um Böses abzuwenden.

Akkader, Babylonier, Chaldäer

In den Religionsschulen der Akkader finden wir eine ausgebildete Lehre von den personifizierten Naturkräften. Die alte Magie wird gelehrt. Dazu zählen Zauberknoten und -tränke sowie die Verwendung von Talismanen. Sie grübeln über ein vollständiges mythologisches System. Auf den akkadischen Priesterschulen grassiert der Glaube an gute und böse Dämonen. Ihrer Auffassung nach wohnen die bösen auf Berggipfeln, in Sümpfen und einsamen Wüsten, just an den Stellen, an denen sich frühchristliche Asketen verrennen, um einem unnatürlichen Leben nachzugehen.

Solche Dämonen greifen in die menschlichen Schicksale ein. Sie werden für Sonnen- und Mondfinsternisse, Unwetter, Unfruchtbarkeit und Krankheiten verantwortlich gemacht. Der mit ihnen geschlossene Bund gilt als Verbrechen. Die Sterne gelten ihnen als Lenker des Weltalls und Verkünder besonderer Vorkommnisse. Ihre Dämonen zerfallen in gute und böse. Der mit den bösen Geistern geschlossene Bund gilt als Inkarnation des höchsten Verbrechens.

Wenn in der späteren christlichen Bibel von einem leitenden Stern die Rede ist, so findet er hier eine geistige Grundlage. Die religiösen Vorstellungen der Akkader beinhalten wesentliche Elemente des christlichen Hexenglaubens. Dazu gehören das Ausreiten auf einem Holz[14], gemeinsame Versammlungen und der Vampyrismus[15]. 5000 Jahre danach lodert das in der Antike gelegte Strohfeuer unter christlichen Vorzeichen, unter Einschluß des Teufels, als Flächenbrand auf.

Unter Sargon I. von Akkad (um 2000 v. u. Z.) gibt es eine Staatsreligion. Der Mondgott der Babylonier wird Sin und später Anu genannt. Enlil gilt als Götterherr. Enki, der Gott des als unterirdisch gedachten Süßwasserozeans, lebt als Ea, Vater des Marduk, Gott der Weisheit und Gelehrsamkeit, weiter. Schamasch wird zum Herr der Weissagung und des Gerichts. Er repräsentiert die segenspendenden Kräfte der Sonne.

Die zerstörenden Kräfte werden dem Feuergott Gibil zugeschrieben. Der Sturm- oder Gewittergott heißt Uschkur. Er wird als Afdas oder Mer, Bringer der Fruchtbarkeit, bezeichnet und verehrt. Die babylonische Götterlehre nimmt altakkadische Beschwörungsformeln und den damit verbundenen Dämonismus in ihre heiligen Schriften auf.

Marduk gilt als Erschaffer der Welt. Er wird gewöhnlich in Menschengestalt wiedergegeben und verehrt. Er gilt als Gott der Weisheit, der Heilkunst und des Beschwörungswesens, als von einem Vater gesandter Erlöser und Erwecker der Toten, als als Herr aller Herren und Könige. Wie Christus in der späteren Version, wird er gefangen, zum Tod verurteilt, gegeißelt und mit einem Verbrecher hingerichtet. Eine Frau wischt ihm das quillende Herzblut ab.

Die babylonische Religionslehre unterscheidet gute und böse Dämonen. Obwohl der Glauben an die Auferstehung fehlt[16], gilt die Welt der Toten als *Land der Rückkehr*. Die Babylonier glauben an die Wirksamkeit von Schutzengeln. Berosus verfaßt (ca. 280-270 v. u. Z.) unter Antiochus Soter die Babylonische Chronik. Sie wird zum Vorbild der christlichen Schöpfungsgeschichte.

Der babylonische Mythos kennt den Lebensbaum und die unsterblich machende Speise. Der Adapa-Mythos führt zum christlichen Adam und die Legende vom Sündenfall ist eine Variante des babylonischen Mythos von der Entstehung des Todes. Die babylonische Chronik wirft ein grelles Licht auf die historischen und geistigen Grundlagen des Christentums. Die

Ägypter

verfügen über einen ausgeprägten Dämonenglauben. Ihre Theurgie ist aus Papyri rekonstruierbar, so aus dem Totenbuch und dem Papyrus Harris. Hinzu kommen Schriften, die unter der Bezeichnung *Hermes Trismegistus* gesammelt sind.

Die ägyptische Magie ist die Verzerrung einer hochentwickelten Religionslehre. In der frühägyptischen Geschichte sind Medizin, Theologie und religiöse Kulte verwo-

Darstellung aus einem ägyptischen Totenbuch: Das Herz des Toten wird vor dem Osiristribunal gegen eine Feder, das Symbol der Wahrheit, aufgewogen. Der Schakalgott Anubis steht an der Waage, Thot, der Gott der Weisheit, und Maat, die Göttin des Rechts, überwachen den Vorgang. Wer die Prüfung besteht, bekommt ein anständiges Leben im Jenseits.

ben. Unter der Magie verstehen die Ägypter eine höhere Wissenschaft. Zu ihr zählen sie neben der Religionsphilosophie die Astronomie. Ihre Kenner werden als Weise bezeichnet. Herodot berichtet, wie sie darüber grübeln, welcher Tag welchem Gott heilig sei. Sie pflegen das Wahrsagen in den Tempeln. Die Ägypter vertreten die Auffassung, mit magischen Worten Dinge verwandeln zu können; das spätere Christentum wandelt in diesen Fußspuren und sitzt dem gleichen Irrtum auf.

Die Ägypter glauben an die Wirksamkeit von guten und bösen Geistern. Moses berichtet, wie ägyptische Zauberer durch Beschwörungen Stäbe in Schlangen verwandeln, Frösche hervorbringen und aus dem Wasser des Nils Blut zaubern. Man glaubt, mit magischen Zeremonien Dinge verwandeln zu können, wie die christlichen Priester glauben, daß es bei der Verwandlung von Wein und Brot ebenso geheimnisvoll zugeht.

Die ägyptischen Priester meinen, die Unglückseligen würden von Shemsu, den über die Seelen zu Gericht sitzenden Gottheiten, in unzählige Stücke zerhackt, dann in einen See von giftigen Schlangen geschleudert, aus dem es kein Entrinnen gibt. Die Herzen der Verdammten werden dem sogenannten *Verschlinger* dargeboten, einem scheußlichen Ungetüm. Es ist zwar nicht ein Vorbote des christlichen Teufels, aber auf der gleichen Linie liegend.

Die Ägypter kennen die *zweimal Gestorbenen*, die bis zu ihrer Verurteilung auf der Erde wandeln. Bei den Christen werden sie eine Etage tiefer im Fegefeuer angesiedelt. In der altägyptischen Vorstellung fehlt das Teufelsdenken, doch der Glaube an eine Art Hölle ist vorhanden, eine Folge des ausgeprägten Jenseitsglaubens.

Die Ägypter kennen bereits ein Herrengebet und seit dem 12. Jahrhundert v. u. Z. die Gebetsformel *Sutenhotpa* und vertreten die Auffassung, daß der reine und gerechte Mensch zugleich ein Einzelwesen und der höchste Gott selber sei, aber nur freiwillig die Existenz und Form des einzelnen Menschen angenommen habe, mit dessen Tod aber in seine göttliche Existenz zurückkehrt.

Die Ägypter verfügen über einen ausgedehnten Dämonenglauben; sie unterscheiden nach guten und bösen Geistern. In den bösen erkennen sie die Verursacher von

Krankheiten, die sie mit Hilfe der guten vertreiben. Die Gespenster, die die Menschen erschrecken, sind nach ihrer Vorstellung die Seelen der Verdammten, die auf die Erde zurückgekommen sind.

Nach der altägyptischen Auffassung steigt der Mensch in sein Grab, um wieder aufzustehen, denn seine Seele, der Ka, ist unsterblich und vereinigt sich nach der Bestattung wider mit der Lebenskraft, dem Ba. Sie gelangt nach dem Tod in die Unterwelt und wird von Osiris empfangen. Hier wird zwischen Gut und Böse abgewogen. Das Herz wird auf eine Waagschale gelegt, die von Maat gehalten wird. Auf der anderen Seite steht Thot, der Gott der Weisheit. Er hält das Resultat der Wägung fest. Verurteilte werden vernichtet und auf dem Nemma hingerichtet, wo ihnen eine Mischung aus Nilpferd, Krokodil und Löwe den Kopf abbeißt.

Indische Seher

Die religiösen Vorstellungen der Inder liegen nahe bei denen der Chaldäer und Perser: auch sie wahrsagen mit der Hilfe von Geistern und lehren eine schwarze und weiße Magie. Die Gesetze des Manu erklären:»Je aufrichtiger ein Mensch seine Sünden bekennt, desto vollkommener wirft er sie von sich ab, wie eine Schlange ihre Haut[17].«

Die ältesten theologischen Bücher der Hindus sind die *Bedas* und der *Codex des Menu*. Nach ihm kennt die Seele die Zustände Wachen, Träumen und die Ekstase. In den Aufzeichnungen ist die theologische Absicht des indischen Volkes aufgezeichnet. Sie enthalten ihre philosophische Doktrin und die Berücksichtigung der magischen und magnetischen Seelenzustände. Der indische Seher steht mit der Sonne und dem Mond in Verbindung; er wird von ihnen heraufgezogen bzw. herabgelassen. Die Priester der Bramanen drohen dem Volk, daß Ungläubige und Zweifler an einen nie von der Sonne erleuchteten Ort kommen, der acht übereinanderliegende Stockwerke hat.

- Im ersten müssen die Verdammten barfuß für unendliche Zeiten rotglühende Hügel hinaufsteigen.
- Im zweiten wird ihre Haut vom Körper gefeilt und die wunden Stellen mit einer ätzenden Flüssigkeit übergossen.
- Im dritten werden ihnen Haare, Nägel und Augen ausgerissen.
- Im vierten geht es um bittere Selbstvorwürfe.
- Im fünften macht sich Jamir das Vergnügen, die linke Körperhälfte und die Köpfe der Verdammten zu rösten.
- Im sechsten reißt man ihnen die Arme aus und wirft sie in ein bereits mit früher ausgerissenen Augen, Nägeln und Haaren gefülltes Faß, in dem die Masse zu einem scheußlichen Brei zerstampft wird.
- In der siebten Abteilung brät man die rechten Körperhälften und die Füße der Ketzer, worauf sie endlich
- Im achten Stock in den bodenlosen Abgrund der Verfluchung geschleudert werden. Hier bemühen sich die Verdammten, an Eisenwällen des Höllenrandes emporzuklettern. Sie fallen stets in das bodenlose Meer zurück, werden zerfressen, entstehen aufs neue, klettern wieder empor und fallen zurück.

Chaldäer

Die religiösen Vorstellungen der Chaldäer lassen sich rekonstruieren. Man hat eine Tafel mit 28 Zaubersprüchen und Werke magischen Inhalts gefunden. In den ältesten Quellen werden die Priester des Landes *Sinear Chasdim* genannt. Es herrschen dynastische Verhältnisse.

Die Religion der Chaldäer ist eine konsequent durchkonstruierte Geisterlehre. Bei ihnen werden die Dämonen als Ursache allen Übels angesehen. Bei den Chaldäern kommen Gnome und Kobolde vor, die in der Nähe der Menschen wohnen. Einige von ihnen werden die *nächtlich Bezwingenden* genannt, in deren Umarmungen sich Schlafende nicht wehren können. Hier liegen die geistigen Grundlagen des Nachtmahr[18].

449

Ein Mitglied der chaldäischen Priesterschaft, Berosus (ca. 280-270 v.u.Z.) unter Antiochus Soter, verfaßt eine babylonische Chronik. Sie beginnt mit der Weltschöpfung: Zum Beginn besteht das All aus Finsternis und Wasser. Es ist voll ungeheuerlicher Geschöpfe, die von dem weiblichen Urwesen Homoraka (Welt- oder Allmutter) beherrscht werden. Eine männliche Urkraft gestaltet den chaotisch gedachten Stoff. Bel, der Sonnengott, teilt Homoraka in Himmel und Erde, Tag, Nacht, Sonne, Mond und Sterne. Dann gehen die weltlichen Ungeheuer zugrunde, denn sie können das Licht nicht ertragen: die Erde wird entvölkert. Bel beißt sich den Kopf ab und befiehlt den Göttern, sein Blut mit Erde zu vermischen: daraus werden Menschen und Tiere geformt.

Der chaldäische Götterglauben ist gut entwickelt. Die Götter führen im Himmel, Wasser und auf der Erde das Regiment. Der Gott des Himmels ist Anu. Die Chaldäer verfügen über ein ausgefeiltes Beschwörungswesen. Auch bei ihnen bewirken die Geister das Gute und Böse. Sie wohnen in den Elementen und stehen untereinander in einem unversöhnlichen Kampf. Die Chaldäer kennen magische Handlungen, das Verwünschen und das böse Auge. Es ist die geistige Heimat des bösen Blicks, dem man noch heute in südlichen Ländern Bedeutung beimißt.

Die Chaldäer beobachten mantische Regeln des Vogelflugs und die Eingeweide von Opfertieren; sie kennen das Wahrsagen nach der Wolkenbildung und den Strahlen des Blitzes, nach dem Bewegen und Rauschen der Bäume und Sträucher, nach den Bewegungen der Schlangen, Hunde, Fliegen und Frösche, nach dem Vorkommen von Mißgeburten und überraschend klingenden Worten (wie die späteren Römer).

Zur Zeit Königs Sargon I. von Akkad findet eine Reform statt. Damals gewinnen die Chaldäer durch astronomische Studien und geschichtliche Aufzeichnungen eine veränderte Auffassung vom Weltganzen. Der religiöse Grundgedanke ist, daß nicht Dämonen, sondern Himmelskörper die Ursache dessen sind, was in der Welt geschieht. Die Chaldäer identifizieren ihre Götter mit Sternen. Die beweglichen Himmelskörper und hellsten Fixsterne bekommen die Namen der zwölf höchsten Götter und werden eins mit ihnen. Sie behalten ihre Herrschaft unverändert in der Gestalt der Gestirne bei. Zwar bleiben die Dämonen Ursache allen Übels, können aber nur mit der Einwilligung der Gestirne (Götter) tätig werden. Es bedeutet eine Umschichtung des seitherigen Dämonenglaubens. Zudem finden sich in Chaldäa frühe Formen der religiösen Prostitution, aus dem sich die weltliche entwickelt hat.

Babylonien wird 331 von den Persern erobert. Die Kulthandlungen pflanzen sich fort und werden durch das persische Volk übernommen. Nach der Eroberung durch Alexander den Großen wird Griechenland von Magiern überschwemmt und so setzt sich das Unheil fort.

Perser und Araber

Innerhalb der persischen Magie wird die Lehre ausgebildet, die für alle Folgereligionen von zentraler Bedeutung ist. Es sind die Zarathustra[19] (553-630) zugeschriebenen Vorstellungen von einem guten und bösen Prinzip, das in den herrschenden Geistern Ormuzd und Ahriman personifiziert ist. Er teilt die historische Auffassung. Zwischen beiden herrscht bis zum Ende der Welt Rivalität.

Später tritt eine veränderte Weltsicht ein, denn man kehrt das Dasein eines *gemeinsamen* Prinzipes in den Vordergrund. Ihmzufolge ist seit Ewigkeit ein höchstes, unabhängiges Wesen vorhanden. Unter ihm befinden sich zwei Engel; einer des Lichts und einer der Finsternis. Sie schaffen aus der Mischung von Licht und Schatten alle Dinge und bekämpfen sich bis zum Ende der Tage. Diesem schließt sich eine gedachte Auferstehung an.

Der Engel des Lichts geht mit seinen Anhängern in eine eigene Welt. Hier empfangen sie den Lohn für ihre guten Taten. Die persische Lehre stellt die

Tibetanisches Höllenreich[*]

Rechts: das große Bild des Höllenreiches mit dem Totenrichter in der Mitte. Links: schematische Übersicht zu den einzelnen Begriffen.

1) Dämonenköpfige Gottheit
2) Bullenköpfige Gottheit
3) Zweite dämonenköpfige Gottheit
4) Affenköpfige Gottheit
5) Tigerköpfige Gottheit
6) Wiedehopfköpfige Gottheit

7) Skorpionköpfige Gottheit
8) Hundsköpfige Gottheit
9) Löwenköpfige Gottheit
10) Eberköpfige Gottheit
11) Bärenköpfige Gottheit
12) Furienköpfige Gottheit
13) Schlangenköpfige Gottheit

*) *Entnommen aus Detlef-J. Lauf: »Geheimlehren tibetischer Totenbücher«, Aurum Verlag 1975.*

Aufhebung des Gegensatzes, den Sieg des Lichtes über die Finsternis, auf. Er taucht im Christentum als unversöhnlicher Kampf zwischen Christus und dem Satan (wieder) auf.

Nach der altpersischen Vorstellung ist der Schreckensort abgrundtief schwarz. Hier wohnt der Geist der Lüge, Finsternis und Zerstörung. Die Perser glauben an *Ahriman*, den Herrn der Finsternis. Er ist der Inbegriff des Bösen, der Lüge, Mißgunst und des Betrugs.

Sie halten an der zoroastrischen Version fest, glauben an Dämonen, das Erscheinen von Göttern und Toten, an Eingebungen und prophetische Verzückungen, an das Wahrsagen und die Kraft der Gebete. Unter Xerxes gewinnt die Magie Einfluß.

Über die religiösen Vorstellungen der Araber ist wenig bekannt. Sie verfügen über den Dualismus zwischen guten und bösen Geistern und glauben an Dschinnen, die sie sich auf Straußen reitend vorstellen. Die heidnischen Araber wissen nichts von einem Paradies und einer Hölle. Ihrer Vorstellung nach hat der Mensch nach seinem Tod nichts mehr zu hoffen und zu befürchten.

Griechen

Griechische Philosophen reisen zur Erweiterung ihrer Kenntnisse nach Indien und Ägypten. Hier werden sie mit der Religiösität, Magie und den Arten des Glaubens und Aberglaubens konfrontiert und vertraut. Zu ihnen zählen Pythagoras und seine Schüler Empedokles und Platon. Pythagoras scheint sich zu rühmen, in die Zukunft sehen zu können: »Große Magier waren Pythagoras und seine Schüler, die einen vertrauten Umgang mit Göttern und Geistern suchten. Sie befragten Tote, legten Zahlen und geometrischen Figuren geheime Kräfte bei. Gewöhnlich gilt Empedokles als der erste, der den Dualismus von den guten und bösen Geistern gelehrt hat, allein Hippokrates spricht von abergläubischen Leuten, die sich Tag und Nacht von übelwollenden Dämonen umgeben sehen.«

Sicher ist, daß die Griechen mit dem Beginn der Perserkriege ein mit den Etruskern übereinstimmendes System der Haruspicien besitzen[20]. Durch kriegerische Wirren vermischen sich deren religiöse Komponenten. Mit der griechischen Kultur gewinnt die antike Dämonenlehre praktische Bedeutung. Durch die Integration des alten Kulturgutes mit dem Aufbruch in eine neue Zeit, kommt es zu weiteren Verzerrungen.

Während der Perserkriege gelangt ein Zauberbuch nach Griechenland, das Plinius so umschreibt: »Es hat bei den Griechen nicht nur eine heftige Begierde, sondern einen rasenden Heißhunger hervorgerufen.« Die Griechen kennen den Somnambulismus und nennen in diesem Zusammenhang die *Hypobatheia*. Sie kennen die Totenbeschwörung, worüber der elfte Gesang der Odyssee berichtet. Polybius lobt den Glauben der Alten an die Götter und die Hölle, weil sie den Leidenschaften der Menschen einen Zaum angelegt und die Menge zu einem ehrbaren Lebenswandel angefeuert habe.

Aristoteles und Epikur widersetzen sich den abergläubischen Vorstellungen der Griechen. Aristoteles leugnet die Wirkung der magischen Künste. Epikur verwirft alle Gottheiten, denn er bestreitet die magischen Künste zusammen mit den Wundern. Dagegen spricht Hesiod vom Dasein unsterblicher Dämonengeschlechter, die zwischen Göttern und Menschen vermitteln; schon sitzt der Stachel zu tief im Volk und vor allen in den Hirnen der antiken Geistlichkeit.

Dann bildet Platon die Lehre von der göttlichen Einheit und sagt: »Wenn der Knabe zweimal sieben Jahre alt ist, nehmen ihn diejenigen zu sich, welche (die Perser) königliche Erzieher nennen. Einer von ihnen lehrt ihn die Magie des Zoroaster, des Sohnes des Oromazas … dieses ist der Dienst der Götter … er lehrt auch andere königliche Wissenschaften.«

Nach seiner Spekulation sind die Dämonen Zwischenwesen, wobei der höchste Gott mit dem höchsten Dämon identisch ist. Er nennt die Geister das *Luftgeschlecht* und schreibt ihnen die Rolle der Himmelsdolmetscher zu. In der Philosophie Platos nehmen die religiöse Schwärmerei und der nähere Umgang mit Schutzgeistern eine begünstigende Gestalt ein. Dämonen tragen die Gebete und Opfer der Menschen zu den Göttern bzw. bringen deren Befehle zurück.

Der griechische Glaube an Personaldämonen reicht weit zurück. Phokylides, Pindar und Meneander reden von Schutzdämonen. Nun wird die Lehre von guten und bösen Dämonen allgemeines Kulturgut.

Von Platon hat sich eine Jenseitsdarstellung erhalten. Er berichtet von einem Pamphylier, des Sohnes des Armenocos, der in einer Schlacht gefallen und zur Bestattung zurückgebracht worden sei. Zwölf Tage nach seinem Tod erwacht er in dem Moment, in dem man seinen Scheiterhaufen anzünden will. Er erzählt, was er in der Unterwelt gesehen und gehört hat.

Nach Xenokrates bewohnen die Dämonen die Regionen unter dem Mond. Die Guten sind Urheber aller guten Ereignisse und des Nützlichen, die Bösen alles Widerwärtigen und für die Menschen Unheilvollen.

Wie alle Völker des Altertums unterhalten die Hellenen einen ausgeprägten Gespensterglauben. Sie stellen sich die Götter in der Gestalt von Tieren und schrecklichen Ungeheuern vor. Zu ihnen gehören die Lamien, die thessalischen Weiber und die Mondgöttin Hekate. Man kennt Rachedämonen, Telchinen und Empusen. Sie haben ein feuriges Gesicht, einen eisernen und einen Eselsfuß. Die Gelluden fressen die Leber getöteter Kinder. Sie können fliegen und durch geschlossene Türen dringen. Die Larven sind spukende Geister der Verstorbenen. Hinzu kommen Lemuren und vogelartige Strigen. Die griechischen Heldensagen veranschaulichen, wie intensiv der Geisterglauben im Volk verankert ist.

Thales von Milet (650-560) sieht die Welt von Dämonen belebt. Er stellt die Frage nach dem Urstoff der Welt und sucht ihn im Wasser nachzuweisen, während ihn Heraklit (um 500 v. u. Z.) im Feuer zu finden glaubt. Stoiker versuchen, den religiösen Glauben zu bewahren und ihn mit der griechischen Philosophie in Einklang zu bringen. Es ist der Versuch, Glauben und Vernunft zu versöhnen. Die Stoiker verteidigen die Lehre von der Unsterblichkeit der Seele. Appolonius von Tyana versucht im Sinn der pyhthagoreisch-neuplatonischen Philosophie das sinkende Heidentum zu schützen. Er will es durch Verherrlichung, geistige Deutung seiner Kultformen, religiöse Symbole, durch Magie und Wunder aufpolieren. Er soll den Tod bestimmter Personen und deren Krankheiten vorausgesehen haben. Bei seinem Tod sollen sich die Pforten des Tempels von Kreta von alleine geöffnet haben[21].

Die Neuplatoniker betrachten das leiblich-sinnliche Wesen als nichtig und böse. Der Neuplatonismus ist der letzte Versuch der antiken Welt, ein philosophisches System des Weltganzen zu liefern[22]. In sich, nicht durch die Vermittlung des Denkens, durch mystisches Sichversenken, soll das Individuum zum unmittelbaren Erfassen und Anschauen allen Seins gelangen. Die Wirkung des Neuplatonismus führt zur Auflösung des griechisch-römischen Bewußtseins und an die Stelle der alten Mythologie treten religionspsychologische Systeme.

Dies bringt eine Aktivierung des religiösen Lebens mit sich und befruchtet das zeitgleich entstehende Christentum. Als Hochburg der wissenschaftlichen Zauberlehre fungiert Alexandria. Von hier aus ziehen Plotin, Plutarch und Philo ihre verführerische Bahn durch die Geistesgeschichte.

Der Jude Philo von Alexandria erwähnt eine Welt-Seele. Nach ihm gibt es ein Heer unkörperlicher Geister; sie vermitteln zwischen Göttern und Menschen. Der Mensch kann in vertrauten Umgang zu ihnen kommen, wenn er die Mittel dazu kennt.

Plotin (205-279) begründet die schwärmerische Philosophie und rühmt sich des wahrsagenden, in die Zukunft schauenden Blicks. Nach ihm sind die Seelen der Dämonen größer und stärker als die der Menschen. Sie verwalten im Auftrag einer All-Seele einzelne Teile des Weltalls. Er verliert sich im Dschungel der magischen

Spekulationen und der alten orientalischen Theologie, spricht von Engeln und Erzengeln; er weiß von in der Luft wohnenden Dämonen. Er teilt sie in irdische und feurige ein. Unter der *Theosophie* versteht er die höchste Glückseligkeit und die reinste Erkenntnis aller Dinge.

Jamblichius (gest. um 333) systematisert die Theurgie und arbeitet darauf hin, der heidnischen Religion durch seine Geisterlehre eine edlere Gestalt zu geben. Zum Beten soll er sich vom Boden abgehoben haben. Er geht von der realen Verbindung mit Göttern, Engeln, Dämonen und Geistern aus. Nach seiner Version besteht die Theurgie in der Lehre von den geheimnisvollen Handlungen, Zeremonien, Worten und Zeichen; mit ihm erreicht die neuplatonische Schule ihre endgültige Form.

Der Tartaros der Hellenen ist grauenhaft. Er liegt so tief unter der Erde, daß ein eherner Amboß zehn Tage und Nächte fallen muß, um den Boden zu erreichen. Der Strafort wird von Pluto regiert. Hier liegt Tityos, an dem sich die Göttin Lationa versündigt hat. Zwei Geier hacken ihm die immer wieder nachwachsende Leber aus.

Die dort Liegenden müssen unendliche Angst erdulden. Vom brennenden Durst gepeinigt, stehen sie bis zum Kinn im kühlen Wasser, das verschwindet, wenn man Trinken möchte. Hier muß der Verräter des Zeus, Sisyphos, unter Anwendung aller Kraft einen Felsen bewegen … aus seinen Gliedern fließt Angstschweiß. Furchtbar ist die Lage des Ixion, der mit vermessenem Gelüst nach der Liebe der Götterkönigin strebte und zur Strafe an ein geflügeltes Rad geflochten wird, das sich rastlos im Kreis dreht.

Etrusker und Römer

Die römische Kultur vermischt sich im wesentlichen ab dem 3. Jahrhundert mit der angestauten orientalisch-griechischen. Die Grundlage des römischen Götterwesens ruht auf der Naturreligion. Nun weichen altitalienische Gottheiten fremden Mythen. Der korbantynische Kult der Cybele kommt aus Kleinasien und der Isisdienst wird von den Griechen abgekupfert. Die Römer übernehmen ihre berühmteste Zaubergestalt, Medea, der griechischen Mythologie. Ihre Taten und Verwandlungen werden in Ovids *Metamorphosen* beschrieben[23]. Wer denkt nicht an die Zauberfahrt der christlichen Hexen?

Zur Kaiserzeit herrscht in Rom der krasse Aberglauben, was zu einer Verschärfung der Gesetze führt: »Wer abergläubische, in einem feierlichen Ton vorgebrachte Worte in der Form einer Verwünschung gegen einen Dritten ausstößt, wer ein wirkliches oder schlechtes Gift zubereitet oder einem anderen beibringt, soll des Todes sein[24].« Die Römer bestrafen nicht das Zaubern, sondern den damit verursachten Schaden[25].

Die Römer glauben an die Seelen böser Menschen, die zur Strafe für ihre Schlechtigkeit auf der Erde wandeln. Petronius erwähnt die Herumschweifenden (Stridentes). Die Seelen der guten Menschen werden als Laren verehrt und die der schlechten als Lemuren gefürchtet. Viele Römer beschäftigen sich mit der Beschwörung von Toten und betreiben Skyomantie: hier wird aus dem Blut der Leichen geweissagt.

Die Römer kennen den Tempelschlaf. Um den Zorn der Götter zu besänftigen, befragen sie die *sybillinischen* Bücher. Sie entwickeln eine Vorliebe für Prophezeiungen und einen gewissen Fanatismus für das Okkulte. Das Niesen schreiben sie einem Schutzgott zu. Man achtet auf das Klingen der Ohren, das Zittern des Körpers (sallationes) und selbst das Flackern einer Lampe erhält Bedeutung. Nach Plinius ist das Ohrenklirren das Echo der Gespräche Abwesender.

Die Etrusker stehen im vorzüglichen Ruf der Gottesverehrung. Römische Jünglinge reisen nach Etrurien, um sich in der Seherkunst zu vervollkommnen. Sie beobachten den Vogelflug, den Blitz und die Leber. Ihr Totenführer erscheint als wilde, halb tierische Greisengestalt mit vorstehenden Zähnen, rollenden Augen, Ohren und Sporen an den Beinen. Selbst das christliche Teufelsbild wird von den römischen Anschauungen beeinflußt.

Germanen, Druiden, Walküren

Parallel zu den orientalischen Strömungen müssen die nordischen bewertet werden, zumal zwischen den germanischen und indogermanischen Kulten eine Brücke besteht. Die Germanen glauben an Allvadur, ein göttliches Urwesen, das alle deutschen Mundarten als Gott bezeichnen[26]. Lange vor den römischen Eroberungszügen verfügen die germanischen Volksstämme über eine eigenständige Religion und Magie. Kriegerische Auseinandersetzungen führen zu einer Umschichtung im sozialen, rechtlichen und religiösen Bereich. Später kommt als negative Komponete die Christianisierung dazu.

Vermutlich hat der druidische Kult seine geistige Grundlage in Großbritannien, dem germanischen Totenland. Die Druiden sind die Priester der keltischen Völker und entsprechen den indischen Brahmanen. Sie bilden zur Zeit Cäsars in Gallien einen Stand, der mit den Freien die Herrschaft über das Volk ausübt. Die Druiden deuten religiöse Dinge und nehmen an öffentlichen und privaten Opfern teil. Sie kennen die Mittel zur Erzeugung der Ekstase, üben die Kunst der Weissagung und bewahren als Priester eine religiöse Geheimlehre. Sie übernehmen stern- und heilkundliche Aufgaben. Pomponius schreibt ihnen bedeutende Kenntnisse zu.

Kaiser Claudius hebt den druidischen Gottesdienst auf, weil er mit Menschenopfern verbunden ist. Er tritt langsam aus dem Bewußtsein, hält sich aber weit über das 3. Jahrhundert hinaus; dann wird er vom aufkeimenden Christentum verdrängt. Es ist denkbar, daß aus einer Wortverschiebung die Bezeichnung *Drude* entsteht. Man versteht darunter nächtliche Druckgeister. Sie ängstigen im Schlaf, schädigen Haustiere und können zaubern. Noch im 18. Jahrhundert werden vereinzelt in unserem Sprachraum Hexen als Druden bezeichnet. Als Schutzmittel gelten, schon bei den germanischen Volksstämmen, der Drudenfuß. Es ist ein magisches Zeichen zur Erlangung der Gesundheit. Bei den gnostischen Sekten gewinnt er an Bedeutung.

Tacitus spricht von einem Fruchtbarkeitskult jütischer Germanen, bei dem ein Bild der Göttin Nerthus, der *Erdmutter* in einem Wagen vorangezogen wird. Die Germanen pflegen ein reiches mythologisches Kulturgut. Es reicht von der Weltschöpfung durch die Götter aus den Gliedmaßen des Riesen Ymir, über die Erweckung des ersten Menschenpaares Ask und Embla, vom Krieg der Asen gegen die Wanen bis zur Versöhnung. Die germanischen Hauptgötter tragen die Namen römischer Gottheiten. Donar ist der bedeutendste. Er stammt aus dem Göttergeschlecht der Asen. Römische Schriftsteller nennen ihn Herkules oder Jupiter. Donar hilft und schützt.

Odin ist der oberste Gott der Asen. Sein Name ist abgeleitet von Wut und Erregung. Er erscheint als Gott der Ekstase, als Toten- und Kriegsgott. Der Sage nach hat er sich selbst umgebracht: »Neun Nächte hing er am *windigen* Baum ... mit einem Speer geritzt.« Odin kann seine Gestalt verwandeln; er reitet das achtbeinige Totenpferd Sleipnir.

Odins Sohn ist Fro, der frohmachende, schöne und heilige Herr. Er verfügt über die schöpferische Kraft des Odin. Fro ist der Gott der Liebe und des Friedens, der Ehe und der Fruchtbarkeit. Er ist der Gott der Sonne, er führt das von Odin geschaffene Sonnenlicht den Sterblichen zu. Mit Tieropfern versucht man seinen Zorn zu besänftigen.

Seine Gegenspielerin ist Hellia, die alle an Krankheiten Verstorbenen verschlingt: »Ihre Wohnung liegt tief im Dunkel der Erde. Hier thront sie in einer furchtbaren Gestalt, halb schwarz, halb menschenfarbig. Nach der Edda ist Hellia Loki, des Unheilstifters, und einer Riesin Tochter, die Schwester des Wolfes Fenrir und der erdumgürteten Schlange Midgard. »Ihr Saal heißt Elend, ihre Schwelle Einsturz und Unglück ihr Bett. Träge heißt ihr Knecht und Langsam ihre Magd. Sie ißt von der Schüssel des Hungers und schneidet mit dem Messer der unersättlichen Gier. Sie kennt keine Barmherzigkeit und läßt das Erfaßte nicht los.«

Glasyalabolas.

Aus diesen spekulativen Gedanken formiert sich später die deutsche Hölle. Die Walküren sind nach der nordischen Mythologie überirdische weibliche Wesen, die als Dienerinnen Odins in den Kampf eingreifen. Sie sind eine Variante der sonst geläufigen Engel. Sie bringen die von Odin bestimmten Toten nach Wallhalla und bewirten sie mit Met. Hier warten die Helden und die im Kampf gefallenen, um gemeinsam mit Odin am Weltende, der Ragnarök gegen die Feinde zu ziehen. Die Germanen kennen Holda und ihr Gefolge. Es sind übernatürliche Mächte, die vermittelnd in menschliche Schicksale eingreifen.

Die Snorra-Edda unterscheidet zwischen Licht- und Dunkelelfen. Sie erscheinen bald als Totenseelen, bald als Schutz- oder Hausgeister. Sie verkünden bevorstehendes Unglück, haben eine sinnberükkende Macht, können mit Blicken zaubern und Erblindung verursachen. Mehrfach wird ihr verführerischer Gesang erwähnt. Ihr Hauch bedeutet Gliedergeschwulst. Sie haben Verlangen nach kleinen Kindern und legen an deren Stelle Wechselbälge in die Wiegen.

Die Germanen sind der Auffassung, daß die Seelen unsterblich sind. Die Toten essen in den Gräbern und führen ihr irdisches Leben weiter. Sie bleiben mit den Lebenden in Verbindung, um sie zu trösten, zu beschützen, zu belehren und zu beruhigen. Die Germanen lassen ihre Toten in das Totenland Britannien schaffen. Claudius[27] spricht darüber. Der Fuhrlohn ist für den Schiffer bestimmt und besteht in einem Körperteil des Toten. Deshalb legt man in den Totenbaum hölzerne Hände oder Beine. Es ist eine Parallelerscheinung zum Reliquienkult. Nach Lucans Pharselia[28] haben die Druiden das Fortleben in einer anderen Welt gelehrt und er sagt: »Die Gallier haben den Tod nicht gefürchtet.«

Vergleicht man die germanische Mythologie mit den religiösen Vorstellungen der Perser und anderer orientalischer Völker, so erkennt man Parallelen. Ein schaffender Gott, Untergötter und der Dualismus zwischen Gut und Böse. Auffallend sind die Ansichten über die Schaffung des ersten Menschenpaares. Hinzu kommen spekulative Einflüsse und kulturelle Verzerrungen zu den römischen Ansichten.

Die römische Kultur zeigt typische Verfallserscheinungen. Als das Christentum in Rom bekannt wird, »ist Italien ein Sammelbecken syrischer, ägyptischer, armenischer, phrygischer und indischer Magier, Astrologen und Priester, die sich bettelnd herumtreiben, Sünden vor- und vergeben, Anweisungen erteilen und Frauen betrügen.«

Inwieweit diese Bewegungen Jesus von Nazareth bekannt sind, läßt sich nicht rekonstruieren. Es gibt einige Alternativen:

- Er weiß von alledem nichts und wendet sich agitatorisch gegen die herrschende Religionslehre der römischen Besatzer. Dies setzt Naivität voraus, denn er muß mit Schwierigkeiten rechnen.
- Er kennt das religiöse Vorfeld und setzt ihm bewußt eine neue Variante gegenüber, von dessen heilbringender Wirkung zumindest er überzeugt ist.
- Er wird von Dritten in diese Lage gedrängt.
- Niemand weiß, was sich wirklich abgespielt hat: das darauf Gebaute sind Legenden.

Doch für alle Varianten gilt: wie immer es war, die neue Religion kann nicht umhin, das angestaute Wissen wie ein Schwamm aufzusaugen. Es ergibt sich eine in sich schlüssige Entwicklung, die durch die Einflüsse der jüdischen Religion präzisiert wird. Deshalb läßt sich sagen: die religiösen Anschauungen des Christentums formieren sich aus dem Sammelsurium des Gestauten und beinhalten im wesentlichen nichts Neues.

Hebräer, Judentum

Die jüdische Religion bringt den Monotheismus mit sich. Jahwe gilt als Erschöpfer und Erhalter der Welt; er ist der Lenker der Geschichte. Nach der Überlieferung des Alten Testaments gilt Moses als Stifter der Jahwereligion, als eines gedachten Bundes zwischen Gott und Israel. Man sieht ihn als Befreier der Israeliten aus der ägyptischen Knechtschaft an. Das nachbiblische Judentum hat sein Wirken durch Legenden entstellt. Die geistige Leistung, nur noch einen Gott anstelle einer Vielzahl anzubeten, reicht nicht hin, um den Dämonenglauben, im guten wie im schlechten, auszurotten. In die jüdische Dämonologie fließen Elemente des chaldäischen Aberglaubens.

In der mosaischen Gesetzgebung wird der Ungehorsam gegen Priester als Gotteslästerung verstanden und mit Steinigung bestraft[29]. Selbst geringe Übertretungen werden als Lästerung empfunden[30].

»Der Mann oder das Weib, das vorgibt, einen pythonischen Wahrsagegeist zu haben, sollen des Todes sterben, mit Steinen sollen sie bedeckt werden. Ihr Blut sei über ihnen. Die Seele, die sich zu Zauberern und Wahrsagern wendet, soll getötet werden[31] ... der Wahrsager, der, vom Hochmut verführt, in meinem Namen jenes, was ich ihm nicht befohlen, oder auch im Namen fremder Götter zu weissagen sich erfrechen wird, soll getötet werden[32].«

Die älteste jüdische Jenseitsvision beinhaltet das Buch Henoch, das vermutlich vor der Zerstörung des Tempels in Jerusalem

Abraxas.

erscheint. Eine Abschrift enthält die Schilderung unter der Führung eines Engels. In diesem Zusammenhang wird der jüdische Totenengel erwähnt, der den zu Tötenden die Haare schneidet.

Das Buch Henoch enthält eine Darstellung vom Fall der Engel: »Es begab sich in den Tagen, als sich die Menschen vermehrt hatten, daß herrliche Töchter unter ihnen geboren wurden. Und da die Engel, Söhne des Himmels, dies sahen, entbrannten sie in Liebe zu ihnen und sagten: Komm, laß uns Weiber wählen unter den Nachkommen der Menschen und mit ihnen Kinder zeugen. Da sprach Samjaza, ihr Anführer: Ich befürchte, daß ihr euch von diesem Plan abschrecken laßt und daß ich allein ein so schweres Verbrechen erleiden muß. Sie erwiderten: Wir schwören alle und verpflichten uns durch gegenseitige Eide, unser Vorhaben auszuführen. Ihre Zahl betrug 200, die hinabstiegen auf Erdis, den Gipfel des Berges Armon. Da nahmen sie Weiber, und ein jeder wählte für sich. Sie näherten sich den Frauen und wohnten mit ihnen. Sie lehrten sie Zauberei, Beschwörung und die Anwendung von Bäumen ... Amazaral lehrte allen Zauberei und den Gebrauch von Wurzeln, Amers das Lösen des Zaubers, Brakajal die Beobachtung der Sterne.«

Der Teufel bei der Messe verführt Betende zu »geschwetz und gelechter«, Aus: »Ritter von Thurn«, 1493.

Kabbala und Talmud

Die Kabbala ist eine Religionsphilosophie, deren geistige Heimat im babylonischen Raum angesiedelt ist. Es ist eine antike Geheimlehre, die das Ziel hat, die alten Schriften zu entziffern. Die Kabbala soll Gott Moses auf dem Berg Sinai mitgeteilt haben. Nach ihr ist Adam Kadmon, der Urmensch, der erstgeborene Sohn Gottes. Gemäß dieser Lehre liegt es in der menschlichen Natur begründet, in das Reich des Übersinnlichen zu sehen. Die Kabbalisten teilen ihre Lehre in die Breschnith, die von den natürlichen, und in die Marcavah, die Lehre von den göttlichen Dingen ein. Gott regiert in einem gedachten Lichtäther. Von ihm gehen, wie verschiedene Glieder, Strahlen oder göttliche Wirkungen aus. Es handelt sich um die zehn Numerationen oder Sepirot.

Die Überlieferung umfaßt das Geheimnis Gottes, die Entstehung der Finsternis, das Chaos, die erneuerte Ordnung der Welt an sechs Tagen, die Schöpfung des sichtbaren Menschen, seinen Fall, die Fügungen Gottes zu seiner Erlösung, die Wiederherstellung der gestörten Harmonie und seine

Zurückbringung zu Gott. Die Kabbalisten erfüllen die Räume der Schöpfung mit guten und bösen Geistern, teilen sie in Ordnungen, setzen ihnen Oberhäupter vor und weisen ihnen Ämter zu.

Nach der Kabbala zerfallen die magischen Übungen in drei Klassen, die unterschiedlich gewichtet sind. Man kennt eine Variante des Hexensabbats und meint: »Es gibt Weiber, die einen Bund mit dem Schedim machen und zu gewissen Zeiten mit ihnen zusammenkommen, mit ihnen tanzen und den Geistern beiwohnen, die ihnen als Böcke erscheinen.«

Jesaja[33] erwähnt die *Nächtliche*, ein weibliches Nachtgespenst. Talmudisten geben ihr die Gestalt eines geputzten Weibes mit langen Haaren, das Kindern nachstellt. Daraus wird Lilith, das jüdische Nachtgespenst.

Man kennt eine Ordnung der Engel und der Elementargeister, denen teilweise eine bösartige Natur unterstellt wird. Die bösen Dämonen heißen Schedim, Seierim, Malache und Chaballa. Es sind die Engel des Verderbens. Die Vermutung, daß die Seirim aus Ägypten kommen, scheint annehmbar, da der Widderkopf bei der Darstellung mythologischer Figuren häufig angewendet wird.

Die bösen Dämonen halten sich in einem düsteren Raum unter dem Mond auf. Als Zwischenwesen leben sie in der Luft, in Flüssen, Morasten und auf Bergspitzen, wie schon ihre etwas angestaubten akkadischen Kollegen. Das Volk nennt sie *falsche Götter* oder *Feldteufel*. Sie können sich in einem Augenblick vom einen Ende der Welt zum anderen bewegen.

Nach der kabbalistischen Auffassung hat Gott vier weibliche Teufel geschaffen. Es soll am zweiten Tag geschehen sein. Namah gilt als die Frau des Teufels Schereon. Macolath soll über 470 Rotten von bösen Geistern befohlen haben. Der Teufel Iglereth soll mittwochs und freitags nachts mit jeweils 1800 Geistern herumschwärmen und dem Menschen schaden. Nach einer anderen Version soll Gott die Teufelin Litlith geschaffen haben, damit sie mit Adam weitere Teufel zeugt.

Wie es neun Engelsordnungen gibt, so gibt es neun teuflische. Teufel gelten als Wahrsagegeister, Erfinder der Würfel, Karten, Geschosse und der tödlichen Werkzeuge. An ihrer Spitze steht Belial. Die Ehestandsstörer, Anstifter des Neides und der Rache werden von Asmodes geführt. Nach Eliser sind sie auf den Menschen eifersüchtig und werden aus dem Paradies gewiesen.

Nach einer weiteren Version widersetzen sich die beiden Engel Schamusai und Usael, als Gott den ersten Menschen schaffen will. Gott verstößt sie und im Fall halten sie sich an den Flügeln des Erzengels Michael fest. Die Teufel leben noch heute und zeugen mit menschlichen Töchtern Nachkommen.

Der vornehmste und einflußreichste Dämon der Kabblisten ist Metatron. Von ihm erfährt Ismael die arithmetische Berechnung der Größe Gottes[34]: »Ich beteure es vor dem Gott Israels, dem lebenden und beständigen Gott, diesem Herrn und Beherrscher, daß es von dem Orte des Sitzes seiner Herrlichkeit aufwärts 1 180 000 Meilen, und von diesem Sitz abwärts ebensoviele Meilen sind. Seine Höhe beträgt 230 000 Meilen, und von seinem rechten Arm bis zum linken ist eine Entfernung von 77 000 Meilen. Die Entfernung von seinem rechten bis zum linken Augapfel beträgt 30 000 und der Umfang seines Schädels 3000 Meilen. Auf seinem Haupt hat er 60 000 Kronen und wird mit Recht der große, starke und furchtbare Gott genannt.«

Ein anderes Mal beschreibt Metatron dem Ismael die Größe Gottes so: »Die Höhe seiner Fußsohlen beträgt 30 000 Meilen. Von ihnen bis zum Knöchel ist die Entfernung 100 Millionen, von den Knöcheln bis zu den Hüften 10 000 Millionen, von den Hüften bis zum Hals aber 240 000 Millionen Meilen. Sein Hals ist 38 000 800 und sein Bart 11 500 Meilen lang. Jeder Aufapfel hat einen Umfang von 11 500 Meilen und jede Hand hat die Länge von 240 002 Meilen. Zwischen seinen Schultern mißt er 16 Millionen, zwischen den Armen 12 Millionen und jeder Finger ist 1 200 000 Meilen lang.«

Ein Unbekannter fügt der Mischna einen Kommentar bei, woraus der Talmud entsteht. Nach ihm bilden Teufelspakte und Buhlschaften die wesentlichen Bestandteile der jüdischen Magie. Aus dem Talmud ist zu entnehmen, daß die Hölle eines der sieben Dinge ist, die Gott vor der übrigen Welt erschaffen hat. Dazu wird gesagt: »Den Sündern kommen drei Scharen von Teufeln entgegen und rufen ihnen zu: Keine Ruhe dem Frevler, er liege in Qualen.« Talmund und Kabbala halten ein gutes und böses Prinzip aufrecht.

Hölle und Satan im Alten Testament

In deutlichen Umrissen erscheint Satan im Buch Hiob; er hat bestimmte Funktionen wahrzunehmen. Er erscheint inmitten seiner Göttersöhne, nicht als Widersacher des göttlichen Willens; er ist ein ohnmächtiges Werkzeug in seinen Händen und kann nur mit seiner Zustimmung tätig werden. Bei Zacharia tritt er als Ankläger in Erscheinung, als Widersacher, dem daran gelegen ist, Strafe und Unglück herbeizuführen. Er ist Strafengel und Vollstrecker des göttlichen Zorns.

Entfaltet ist die satanische Idee in den apokalyptischen Büchern, wo er außer in Sirach[35] und dem Buch der Weisheit[36] auftritt. Hier findet sich die Vorstellung, daß mit ihm der Tod in die Welt gekommen ist. Als Motivation wird Neid angegeben. Immer stärker wird sein Einfluß auf die Menschen. Diese Auffassung ist zur Zeit Jesus von Nazareth geläufig.

Fest steht, daß das jüdische Volk der Zeitenwende vom Dämonenglauben angereichert ist und es ist naheliegend, daß die frühen Christen aus dem Fundus schöpfen. Im Alten Testament ist das Element des Satans nicht das des moralisch Bösen. Er veranlaßt lediglich äußeres Übel und nähert sich deshalb den Menschen.

Im Alten Testament findet sich keine Beschreibung vom Aufenthaltsort der Verstorbenen; es kennt die Feuerhölle nicht. Im 5. Buch Moses[37] heißt es lediglich, daß ein Feuer ausgehen wird von Gott, das bis zum tiefsten Scheol brennen wird. Gewöhnlich wird es als Hölle übersetzt. Es bezeichnet einen düsteren und traurigen Ort unter der Erde, im Gegensatz zu dem über ihr gespannten Himmelszelt. Später tritt der Ge-Hinom, als abgegrenzter Strafort, als Hölle im jetzt üblichen Sinne, auf. Die Bezeichnung ist einem südlich von Jerusalem gelegenen Tal entlehnt, wo abgefallene Juden dem Baal oder Moloch Kinder geopfert haben sollen.

Es zeigt sich ein fundamentaler Unterschied zwischen dem jüdischen Ge-Hinom und dem griechischen Hades. In Sabbath 104 a spricht der Talmud von einem Fürsten der Hölle, der Gott um Seelen bittet. Nach dem Traktat *Von der Hölle* und dem Orchtah Chajim hat jede Höllenabteilung 6000 Räume mit je 600 Nischen. In jeder stehen 600 Gefäße voll Gift für Schmäher und ungerechte Richter[38].

Analog der persischen Höllenschilderung fällt bei den Hebräern die harte Bestrafung sexueller Vergehen auf. Nach jüngeren Höllenvorstellungen sind Ehebrecher an ihren Geschlechtsteilen aufgehängt. Frauen, die sich auf dem Markt entblößen, um Kindern die Brust zu reichen und dadurch Männer anlocken, sind an Haaren und Brüsten aufgehängt[39].

Ausführlich werden in der Tundal-Vision die sexuellen Sünden beschrieben: »Sowohl Männer als Frauen werden von Teufeln geschwängert. Sie gebären unter furchtbaren Qualen, durch Brust und Arme, Scheusale mit glühenden Köpfen, scharfen eisernen Schnäbeln und nach rückwärts gekrümmten Stacheln an den Schweifen, mit denen sie Gebärende durchbohren und zerreißen.« Diese Qualen, bemerkt der Chronist, »treffen vorzüglich Nonnen und Pfaffen, die Gott mit ihrem geistlichen Habit zu täuschen vermeinen[40].«

Auch im Islam dominiert der unbedingte Glauben an Allah, den einzigen Gott und an seine ihm dienenden Engel, an seine geoffenbarten Bücher und an das Weltgericht. Die Sure 81 schildert die Strafen der Hölle: »Die Frevler werden an Haaren und Füßen ergriffen und müssen im sengenden Wind, im siedenden Wasser und erstickenden Rauch wohnen. Die Kleider der Ungläubigen sind aus Feuer gewoben. Auf ihre Häupter und Leiber wird siedendes Wasser gegossen ... sie werden mit eisernen Keulen erschlagen.«

Im Gegenzug schildert die Sure 56 die den Gläubigen zuteil werdenden Wonnen des Paradieses: »Sie werden in wundervollen Gärten wohnen und auf mit Gold und Edelsteinen geschmückten Polstern sitzen. Blühende Knaben werden sie mit Kannen schäumenden Weines bedienen. Die köstlichsten Früchte stehen ihnen zur Auswahl. Als Gefährtinnen sind die schönsten Jungfrauen vorhanden, mit großen schwarzen Augen, die gleich Perlen in eben geöffneten Schalen schimmern. Noch unberührt, in unverwelklicher Schönheit und stets gleich geliebt, dienen sie den Seligen zur Freude.«

Die griechische Bildung hat das menschliche Bewußtsein empfindlicher gemacht; die Frage der Selbsterkenntnis steigt. Die satanische Idee hat das religiöse Bewußtsein durchdrungen und wir sehen einen weiterentwickelten Teufelsglauben. Der seinerzeitige Glauben an die Wirksamkeit der Dämonen ist fest im Bewußtsein des Volkes verankert[41].

Das theokratische System des Christentums kann sich nicht von den antiken Vorstellungen lösen[42]. So setzt frühzeitig ein geistiger Erstarrungsprozeß ein, der verhindert, auf den Pfad der religiösen Normalität zurückzukommen. Die Verschmelzung der heidnischen, jüdischen und christlichen Grundbegriffe konnte nur zu einer verzerrten Religion führen.

Die neue Religion entwürdigt heidnische Vorstellungen und ist bemüht, dem abergläubischen Geplänkel andere Vorzeichen zu geben. Man beginnt, gegen die dem Christentum entgegenstehenden Götter zu wettern, die seit Hunderttausenden von Jahren zum ethischen Volksgut zählen. Aberglaube prallt auf Aberglaube und alles beibt beim alten. Religion wird zur Frage des Klassenkampfes.

Immer wieder wird es so hingestellt, als hätte das aufkeimende Christentum die Fackel des Lichts und der Wahrheit gebracht. Es geht an der Sache vorbei, wenn

Fehr konstatiert: »Nur dem Einfluß der Kirche, die lehrend, weihend, leitend und regierend wirkte, ist es zuzuschreiben, daß den Germanen der Sinn für das Höhere bewahrt wurde.«

Hölle und Satan im Neuen Testament

»Der neutestamentarische Satan ist als spezifisches Produkt der veränderten Anschauungen zu betrachten und steht im Zusammenhang mit der messianischen Idee und Vorstellung eines solchen Reiches.« Das polytheistische Heidentum hat sich überlebt. Der Götterglaube wird schon damals von Gebildeten zur Fabel degradiert oder zur Einkleidung philosophischer Gedanken herangezogen.

Im Neuen Testament zeigt sich der Teufel als gefallener Engel, als früherer Inhaber der Herrlichkeit in seiner glanzvollen Herrscherwürde, der mit unzähligen Engeln, die sich verführen ließen, aus dem Himmel gestürzt worden ist. Der Fall des Teufels ist in der Bibel nicht erwähnt.

Die Bedeutung der Dämonen wird bei den Synoptikern in der Apostelgeschichte hervorgehoben. Entscheidend ist, daß in der neutestamentarischen Dämonologie das satanische Reich klar erfaßt ist[43]. Hier sehen wir eine organisierte Macht, an deren Schalthebel Satan sitzt. Der Name des Teufels stammt von dem Griechischen *diablos*, woraus im Altdeutschen Tiuval und im Hochdeutschen der Teufel wird. Es bedeutet Verleumder, Durcheinanderwerfer und Täuscher[44]. Jetzt tritt er als Oberhaupt des Bösen auf.

Von einem Äußeren des Teufels ist zunächst keine Rede. Die Kirchenväter geben ihm eine körperliche Gestalt, die sich im Glauben der Leichtfertigen verwurzelt. Der Teufel wird mit negativen Merkmalen ausgestattet. Er bekommt Schlitzohren, Fledermausflügel, spitze Hörner, lange Ohren, einen übelriechenden Bart, Geierkrallen, dürre Beine und Pferdehuf. Dann schreibt man ihm zu, einen feinstofflichen Körper annehmen zu können, denn so könne er die Menschen leichter verführen.

Zunächst erscheint er als Versucher der Frommen und Ankläger der Menschen. Er wird mit dem Tod und der Sünde in Verbindung gebracht[45], zum speziellen Feind Christi und damit zum Verderber und Widersacher der Christgläubigen erklärt. Der Teufel verdirbt den Verstand und verkehrt den Willen des Menschen[46]. Er sucht der Ausbreitung seines Feindes Christi entgegenzuwirken[47]. Auf dieser Plattform wird der Glauben der katholischen Kirche errichtet. Als von Christus Abgefallene werden nicht nur Sünder[48], sondern auch Irrlehrer[49] bezeichnet.

Es sind solche, die hinter die Kulissen und Webmuster der christlichen Lehre sehen und deren Machenschaften ankreiden: »Wer an Christus glaubt, entrinnt der Gewalt des nichtexistenten Teufels und wird in das gleichfalls spekulative göttliche Reich versetzt[50].«

- Der Teufel bedient sich der List, gibt sich den Anschein des Guten. Er verstellt sich zu einem Engel des Lichts[51].
- Er versucht die Schwachen durch Zeichen zu bewältigen[52].
- Als Feind Gottes ist der Teufel der Feind des Guten. Er sucht ohne Unterlaß den Samen des Bösen auszustreuen[53] und das Wort Gottes aus den Herzen zu reißen.
- Seine erste Tat ist die Verführung Evas zur Sünderin. Seine zweite die Verleitung Kains zum Brudermord. Daher ist er der Urmörder. Er ist der Urheber der Sünde und des Todes[54].

Bald ereifern sich die Theologen, wer denn nun wirklich der Stärkere sei. Über den Zeitpunkt der Bewältigung des Guten über das Böse gehen die Ansichten auseinander. Einige meinen, Christus sei von vornherein der Stärkere. Nach Johannes ist der Fürst der Welt gerichtet. Die Apokalyptiker erwarten seinen Sturz.

Nach einer weiteren Version geht der Teufel wie ein brüllender Löwe herum; bald ist er durch den Tod Christi besiegt, bald dauert sein Kampf bis zu seiner Wiederkehr.

Die Papstgetreuen sahen Luther Hand in Hand mit Luzifer. Holzschnitt in der Streitschrift des Peter Sylvius, 1535.

Standpunkt der Kirchenväter

Irenäus vertritt die Auffassung, daß sich der Mensch durch die Übertretung der göttlichen Gebote von selbst in die teuflische Gewalt begeben hat. Irenäus, ein Bekämpfer des Gnostizismus, setzt an die Stelle des Demiurg den Teufel und den von den Häretikern übernommenen Begriff von seiner Versöhnung nach dem Prinzip des Rechtes auf dem Boden der christlichen Dogmatik. Origenes meint, daß sich die Dämonen in einem steten Kampf mit dem Christentum und dem Reich Gottes befinden: Die Menschen wären Werkzeuge der Dämonen, deretwegen er aus dem Himmel gestoßen worden ist.

Tertullian stellt die These in den Raum, daß fast kein Mensch ohne unreine und böse Dämonen sei. Bemerkenswert ist, daß während des Zweiten Konzils von Brega 561 die These der Priscillianisten verworfen wird, derzufolge der Teufel kein von Gott geschaffener Engel sei; er sei aus der Finsternis aufgetaucht und habe keinen Schöpfer gehabt[55]. Die milde Auffassung, daß in ferner Zukunft die Qualen der Sünder, selbst die der Teufel, ein Ende nehmen und die Dämonen und Gottlosen in ihren Urzustand zurückversetzt werden, wird vom Siebten Konzil von Konstantinopel verworfen. In diesem Zusammenhang wird die Irrlehre des Origenes erwogen und 553 durchgesetzt. Er spricht von der Wirksamkeit der Gebete und der Gaben. Er beruft sich auf eine Stelle des Makkabäerbuches: »Judas Makkabäus hat 2000 Drachmen gesammelt und sie in den Tempel als Sühneopfer für die Verstorbenen geschickt.«

Der nächste Schritt ist konsequent, da Kirchenväter behaupten, daß der Mensch von bösen Dämonen umgeben sei; folgerichtig muß man sie austreiben. Just ersinnen die Kirchenväter Gegenmittel und wieder kämpft Aberglaube gegen Aberglaube. Hermes erkennt in der Gottesfurcht die nötige Sicherheit: »Der Teufel flieht vor dem Gebet des Christen[56] ... vor dem ausgesprochenen Namen Jesu[57] und vor dem Zeichen des Kreuzes[58].«

Nach Tatian sind die dämonischen Leiber von der Art der Luft oder des Feuers. Ohne Körper, heißt es in den Auszügen des Theodoret, während die Dämonen für keine Strafe empfänglich sind, heißen sie unkörperlich im Vergleich mit den geistigen Leibern der Seligen, wogegen sie ein Schatten sind. Die bösen Dämonen werden gleichzeitig mit den guten geschaffen. Sie wirken dem göttlichen Willen entgegen, unterliegen aber seiner Machtfülle.

Aus der Vorstellung der Leiblichkeit folgt die Erfordernis der Nahrung. Deshalb läßt sie Origenes den Dampf des Weihwassers und der Opfer einsaugen. Er ist davon überzeugt, daß Dämonen von menschlichen Leibern Besitz ergreifen. Dennoch macht er die Anmerkung, daß manche Ärzte solche Zufälle als natürlich ansehen. Nach Cyprian sind die Teufel die Erfinder der Ketzerei und der Schismen.

Tertullian weiß, daß der Teufel beim Götzendienst die Sakramente nachahmt, seine Getreuen tauft und sie an der Stirn kennzeichnet. Hier ist die geistige Heimat des *Stigma diabolicum*, das im Zusammenhang mit den christlichen Hexenbränden Bedeutung erlangt.

Andere erklären das höllische Reich als eine in seinen Ordnungen, Würdenträgern und Abstufungen nachgeahmte Monarchie des Teufels. Diese naive Auffassung prägt das Denken des Mittelalters und wirkt weit darüber hinaus: »Wie die Engel eine engelgleiche, so verfügen die Teufel über eine höllische Weisheit ... sie machen Donner, Schauer, Hagel, Schnee, Regen, Wind, Wolkenbruch, Erdbeben und seltsame Figuren am Himmel, und viel dergleichen Stücke mehr.[59]«

Die Teufel sind die Stifter der Abgötterei und lassen sich von den Heiden als Götter verehren. Ihr Ansinnen ist darauf gerichtet, die Menschen zu verderben. Der oberste der bösen Geister ist Satan, Luzifer, Beelzebub, Belial, Leviathan oder Samael, wodurch sie ihre geistige Herkunft andeuten. Meist erscheinen die Teufel in Tiergestalten ... einige der untergeordneten Geister haben besondere Kostüme. »Auch sind Teufel in ganzen Provinzen. Wie denn Welschland den Hoffartsteufel, in Teutschland der Freß- und Saufteufel, in Griechenland der Lügenteufel, in Frankreich und Hispanien der Huren- und Meineidsteufel reitet und regieret, so hat jeder Mensch eines jeden Lasters seinen.«

Schon dem Professor für Chemie, Natur- und Geheimphilosophie in London, Francis Barett, fällt der Unterschied zwischen Land- und Stadtteufeln auf.

Es kommt hinzu, daß man den menschlichen Schwächen und Neigungen dämonische Einflüsse beilegt. Clemens Alexandrinus hält den leckermauligen Bauchteufel für den bösartigsten Dämon, der mit den in Bauchrednern wirksamen identisch ist[60]. Aus dem gleichen Denken entstehen auf der positiven Seite die Schutzengel. Später setzt sich die Erkenntnis durch, daß sie unterschiedlich anzusehen sind: »Daher hat der Fürst noch immer einen größeren und stärkeren denn der gemeine Mann.«

Die dämonische Natur ist über der menschlichen erhaben. Es werden ihnen licht- und luftartige Körper beigemessen. In den *Clementinischen Homilien* hat ihnen Gott einen *feinen* Lichtkörper von unermeßlicher Schönheit gegeben. Hermes berichtet, daß ein Mensch von zwei Genien, einem Guten und Schlechten, begleitet wird. Die Schutzengel bewachen die Frommen und aktivieren ihre göttlichen Tugenden. Nach Origenes hat Raphael die Aufsicht über die Kranken, Gabriel über die Kriege und Michael über die Gebete. Der Erzengel Gabriel soll zu Maria gesagt haben: »Der Heilige Geist wird über Dich kommen und die Kraft des Höchsten wird Dich überschatten[61].«

Nach Origenes sind die bösen Dämonen im Besitz geheimer Kenntnisse. Ihren Aufenthaltsort erkennt er in der *dicken* Luft. Athenagoras leitet die Unordnung der Welt von teuflischen Dämonen ab. »Sie suchen den Menschen allerhand Übel zuzufügen, indem sie Landplagen, Mißwachs, Dürre, Pest, Viehseuchen, Krankheiten und sonstige Übel hervorbringen[62].«

Thomas von Aquin

gilt innerhalb der katholischen Kirche als *Fürst der Theologie*. Er verankert im christlichen Denken unauslöschbar den Engelswahn und den Glauben an die Wirsamkeit des Teufels. Innocenz IV. lobt ihn in den nichtexistenten Himmel: »Die Lehre des heiligen Thomas zeichnet sich vor allen anderen aus ... durch die Wahrheit der Lehrsätze, so daß diejenigen, die ihnen folgen, nie in einem Irrtum betroffen werden[63].« Papst Leo XIII. stellt in einem Schreiben an alle Patriarchen, Erzbischöfe und Bischöfe Thomas von Aquin als vorbildlichen Lehrer für die gesamte Philosophie und Theologie hin: »Der Sonne gleich hat er den Erdkreis mit dem Glanz seiner Lehre erfüllt. Man kann sagen, daß er mit unwiderstehlicher Kraft die Irrtümer der Ketzer und Rationalisten bekämpfte. Die Väter des Konzils haben aus seiner Summe Rat, Beweise und Aufschlüsse gezogen[64].«

Auch an diesem Heiligen sind Teile des Lacks abgegangen, denn er wird einseitig bewertet. Er ist wie alle anderen ein Kind seiner Zeit, d. h. den damit verbundenen Irrtümern unterworfen. Er schöpft aus der nebulösen Vergangenheit und es kann keine Rede davon sein, daß er irrtumslos ist. Bei Licht betrachtet, hat er durch das Manifestieren antiquierter Meinungen einen tiefen Schatten über die Christenheit gelegt. Es besteht kaum Grund zu seiner Verherrlichung, denn er vertritt folgende Ansichten:

- Er hält es für wahrscheinlich, daß Gott die Engel in seiner heiligmachenden Gnade erschaffen hat. Sie verwalten im Auftrag des Schöpfers das Universum, die Himmelskörper und halten das Planetarium in Ordnung.
- Wenn aus dem Beischlaf der Teufel mit den Menschen Kinder geboren werden, so sind sie nicht aus dem Samen des Teufels entstanden, sondern aus dem, den er sich von einem wirklichen Menschen verschafft hat, derselbe Teufel, der sich als Weib mit einem Mann geschlechtlich vergeht, kann dies auch als Mann mit einem Weibe tun.

Von hier zum Verfolgen der christlichen Hexen ist es nicht weit. Dieser Gedanke hat Tausenden das Leben gekostet. Nach dem Ordensgeneral der Franziskaner, Bonaventura, einem Zeitgenossen Aquins, sind die Menschen unterhalb der Engel angesiedelt, »wenn sie einst im Himmel wandeln.« Nach Thomas von Aquin gibt es tausendmal 1000 Millionen Engel[65]. Einer leuchtet dem anderen; er teilt ihm Wahrheit und Erkenntnis mit[66].

Fegefeuer

Bereits Zoroaster nimmt eine Wanderung der menschlichen Seele durch zwölf Stufen an, ehe sie vollständig gereinigt ist. Nach Platon werden sie solange an einem dunklen Ort zurückgehalten, bis sie makellos sind. Die Ausformung des christlichen Fegefeuers, das seine antiken Grundlagen nicht verleugnen kann, erfolgt unter Papst Gregor I. (590-604): »Die Leiber der Sünder bestehen in einem ... Feuer der Sehnsucht nach Gott ... Furcht, Verzweiflung und Mit-

leid mit den Qualen ihrer Angehörigen.« Er gestaltet den Läuterungsprozeß zu einem kirchlichen Reinigungsfeuer, durch das jede Seele für kürzere oder längere Zeit hindurchgehen muß, um *unbefleckt* das *ewige* Leben zu erlangen.

Die Irrlehre vom Fegefeuer ist jung. Erst während des Konzils von Florenz 1439 erhält sie kirchenamtliche Bedeutung. Danach unterliegt sie einem Gottesurteil und wird als zeitlich begrenzter Strafort angesehen. Spätestens seit dem 17. Jahrhundert liegt ein Augenzeugenbricht über die Hölle vor. Ein englischer Mönch hält sich hier auf; drei Tage lang sei er im Geist in das Fegefeuer verzückt gewesen ... dort habe er schreckliche Dinge gesehen. Der Kapuzinerprediger Martin Cochem[67] bürgt für die Authentizität einer glaubwürdigen Überlieferung, nach der in der Hölle »die armen Seelen von Würmern zerfressen und in Schwefel gebadet werden.« Ein irrsinniges Mädchen von Regensburg behauptet, der Teufel sei in der Gestalt einer Mücke in sie gefahren und sie habe in seiner Begleitung mehrmals die Hölle besucht[68].

1878 verbreitet die Bonifaziusdruckerei das Buch des Jesuiten Rosignoli, *Wunderbare Ereignisse aus dem Jenseits ... ermahnt euch der armen Seelen aus dem Fegefeuer.* Darin wird hervorgehoben: »Eine Tante des Kaisers Otto IV. hörte es an der Tür klopfen ... sogleich öffnete sie sich von selbst ... der Kaiser, der sehr fromm gestorben war, trat als Bittender ein und sagte: Ich schmachte in den Flammen des Fegefeuers ... ich fordere die Klöster auf, für mich zu beten.«

Teufelsvisionen

Es nützt nichts, wenn die theologische Gelehrsamkeit den Status einer Kathedralwissenschaft behält, das enorme Wissen muß unter den Leichtgläubigen ausgestreut werden, damit sie desto eher die göttliche Sonne erblicken. In Tausenden Proklamationen, Bildern, Predigten und Prozessionen wird der Teufelswahn im Volk verankert. Die Saat des Bösen wird ausgestreut und gezüchtet, um daraus Nutzen zu ziehen, den Aberglauben im Volk wachzuhalten und an ihrer Unkenntnis zu verdienen.

Johannes soll in seinen Offenbarungen gesagt haben: »Ich sah einen Engel vom Himmel fliegen, der den Schlüssel zum Abgrund und eine große Kette in seinen Händen hatte. Er hat den Drachen, die alte Schlange, ergriffen, die der Teufel in seinen Händen hat und hat ihn auf 1000 Jahre gefesselt[69].«

Kaum eine andere christliche Legende hat soviel Unheil angerichtet wie diese. Sie hat u. a. die großen Ketzerbewegungen des hohen Mittelalters beeinflußt, an deren Ende der Tod von Tausenden steht.

Eine frühchristliche Jenseitsvision ist die Apokalypse des Petrus[70], die aus der zweiten Hälfte des 2. Jahrhunderts stammen soll. Ihrzufolge werden die Verfertiger von Götzenbildern und Apostaten in Flammen gebraten. Im 4. Jahrhundert erwähnt Sazozemus in seiner Kirchengeschichte eine Apokalypse des Apostels Paulus, die angeblich in seinem Haus in Tarsus gefunden worden ist. Selbst wenn es so gewesen wäre, hätte sie keine Bedeutung, denn jede davon gemachte Vorstellung ist absurd.

Nach ihm »stecken die Seelen der Ungläubigen in einer unendlich tiefen Blutgrube, in die sie immer tiefer sinken, ohne je zum Grund zu gelangen. Sie flehen vergeblich um Erbarmen.« Etwa aus der gleichen Zeit stammt die Vision des Patriarchen und Einsiedlers, des heiligen Antonius. In seiner, wegen der Widmung an den Hofbeamten Lausus, *Lausiakon* genannten Sammlung von Heiligen- und Einsiedlerbiographien hat er, nachdem er Kämpfe mit Dämonen bestanden hat, ein ganzes Jahr zu Gott gebetet, er möge ihm die Aufenthaltsorte der Gerechten und Sünder offenbaren. Nach der Vision des Alberich müssen Eheleute, die an Sonn- und Feiertagen miteinander verkehren, eine 360 Ellen hohe, glühende Eisenleiter hinaufsteigen, von der sie in einem Kessel voll siedendem Öl, Pech und Harz stürzen[71].

Der Mönch Wetti aus dem Kloster Reichenau hat nach Aufzeichnungen kurz vor seinem Tod (3.10.824), von einem Engel geleitet, Himmel, Hölle und das Fegefeuer durchwandert, und gesehen, wie Karl der Große und Geistliche für ihre geschlechtlichen Sünden gepeinigt worden sind. Er berichtet, daß der Kaiser unter Berücksichtigung seiner sonstigen Frömmigkeit und der Kirche geleisteten Dienste später in das Paradies gelangen wird; es ist kein Wunder bei den angeblichen Schenkungen, die er der Kirche gemacht haben soll. In einer weiteren Version erkennt er eine arme Frau. Sie hat im Fegefeuer den christlichen Kaiser und die unter der Last von drei Mühlsteinen jammernde Kaiserin Irmgard (gest. 818) gesehen.

Dann gibt es die angeblich von Hinkmar aufgezeichnete, wahrscheinlich von ihm verfaßte, aber einem Berthold, einem Bürger von Reims, zugeschriebene Vision. Er sieht an einem finsteren Ort Karl den Kahlen in Schmutz und Fäulnis liegen. Er bittet den Erzbischof Hinkmar, sich für ihn zu verwenden und sagt: »Ich leide so, weil ich seine wohlmeinenden Ratschläge nicht befolgt habe.«

Augustinus sucht zu beweisen, daß die Sünder ewig in der Hölle brennen müssen, ohne verzehrt oder vernichtet zu werden, wie dies auch bei Vulkanen, Pfauenfleisch (Phönix) und gebrannten Kalk der Fall sei. Er nennt die Hölle *ewiges Sterben*.

Der Heilige Romuald (um 950-1027) wird fünf Jahre lang jede Nacht vom Satan besucht, der sich auf seine Beine setzt. Dem Ägidius Romanus, einem Schüler des Thomas von Aquin und wegen seiner Gelehrsamkeit *Doctor fundatissimus* genannt, springt der Leibhaftige auf die Schulter; andere erhebt er in die Luft. Francesca Romana will er an den Haaren hochgezogen und dann über glühende Kohlen gehalten haben. Er bindet sie mit einer faulenden Leiche zusammen und wälzt sie auf der Erde. Der Satan bedeckt sie mit einem Steinregen von hinten, sobald sie sich zum Gebet anschickt. Der heilige Antonius wird nachts von einer Teufelsschar angefallen. Die heilige Colette (1380-1446) traktieren die Teufel mit Stockschlägen; die satanischen Unholde tragen die Leichen von Erhängten in ihre Zelle.

*Erscheinung und Stigmatisierung der Ka-
tharina von Raconis. Quelle: Bibliothèque
Nationale (Estampes). Veröffentlicht mit
freundlicher Genehmigung.*

Die heilige Christina von Stomel besudelt er mit Kot. Dem Styliten Symeon (um
390-460) soll er ein Büschel Haare aus dem
Bart gerissen haben. Sankt Everhard wird
vom Satan Tag und Nacht (insgesamt 52
Tage lang) geohrfeigt.

Caesarius von Heisterbach[72] (gest. 1244)
behauptet in seinem Dialogus. »Ein Pilger
hat sich betrunken, daß man ihn für tot
hielt. Nachdem er seinen Rausch ausge-
schlafen … berichtet er, in der Hölle gewesen zu sein und dort gesehen zu haben, wie
man den Abt von Corvey dahin brachte, und
dem *Fürst der Finsternis* einen feurigen
Kelch heißen Schwefels zum Trinken gegeben hat[73].« Er erzählt, wie der Teufel einst
in Bonn die Tochter eines Priesters verführt
und bei ihr geschlafen hat. Das Mädchen

beichtet es ihrem Vater; er entfernt sie, um
das Verhältnis zu unterbinden. Nun kommt
der Teufel und kann seine Geliebte nicht
finden. Er stürzt sich auf den Vater und
schreit: Verfluchter Priester, warum hast du
mir meine Frau genommen? Dabei versetzt
er ihm einen solchen Stoß gegen die Brust,
daß er zwei Tage danach die Seele
aushaucht.

Äußeres Erscheinungsbild

Alle Fachleute sind der Auffassung, daß
der Teufel eine monströse und häßliche
Gestalt hat; seine Stimme ist schrecklich.
Vom 7. Jahrhundert an werden die Vorstellungen handgreiflicher. In den Akten der
heiligen Afra, der Schutzpatronin der
reuigen Sünderinnen, die man einst in
Augsburg verbrannt hat, wird der Teufel als
nacktes, rabenschwarzes Wesen gekennzeichnet.

Für Konstantonos Psellos (1018-78 oder
1096) ist der Teufel körperlich, stofflich und
sinnlich wahrnehmbar. Er kann gehen,
schlafen, sprechen und seine Opfer erwürgen[74] … seine Gestalten werden immer
makabrer. Der Dominikaner Thomas von
Canterbury tritt eines Tages an das Fenster
und sieht den Teufel in der Gestalt eines
urinierenden Priesters. Als er ihn anruft,
verschwindet er sogleich. Er erzählt, wie
man 1258 bei Köln eine große Schar von
Teufeln in der Gestalt von weißen Mönchen
auf einer Wiese tanzen sieht[75].

Caesarius von Heisterbach

Die Ausbreitung der großen Bettelorden
und des Mönchswesens trägt dazu bei, den
abergläubischen Unsinn im Volk zu verbreiten. Die *Legende Aurea* und andere Werke
bringen Passagen über teuflische Aktivitäten; sie werden geschickt genutzt, um die
Stärke des Christentums in den Vordergrund zu rücken. Dagegen wird das
teuflische Hauptquartier, die Hölle, in den
grausamsten Farben gemalt. Zu den Ver-
breitern des religiösen Aberglaubens gehört

Caesarius (1180-1244). Er lebt im Zisterzienserkloster Heisterbach im Siegkreis (Siebengebirge). Er veröffentlicht das erste praktikable Teufelsbuch der Kirche, den *Dialogus miraculorum* (etwa: Gespräche über Wunder).

Bei ihm erscheint der Teufel unter Windgeheul und dem Krachen von Bäumen als Pferd, Katze, Affe, Rabe oder Geier. »Dem Glöckner zu Köln erschien er in Ochsengestalt. Er kommt in menschlicher Form, anständig gekleidet oder als schöner Soldat, wenn es darauf ankommt, eine Frau zu verführen. Bald zeigt er sich als großer, dunkelgekleideter Mann von häßlichem Aussehen, bald als vierschrötiger Bauer, bald mit einem weiblichen Gesicht, schwarzen Schleier und einem schwarzen Mantel; auch tritt er als fliegender Drache auf, als schattenhafter Körper oder als Mohr. Die Dämonen, die auf der pomphaften Schleppe der prunkvollen Mainzerin sitzen, sind klein wie Glires (?), schwarz wie Mohren, kichern, klatschen in die Hände, wie Fische ins Netz springend. Eine Eigentümlichkeit des Teufels ist, daß er keine Hinterseite besitzt, wie er selbst bekennt: Licet corpora humana nobis assusmamus, dorsa tamen non habemus[76].« Seine rauhe Stimme kommt daher, daß er innerlich brennt. Er kann viele Vorteile verschaffen: Schönheit, Geld, Ruhm und Wissen; all die Dinge, die den meisten Menschen fehlen. Neben dem Teufel ordnet er jedem einen Schutzengel bei.

»Wie denn, daß der Mensch eine verderbte Natur in sich selber hat, so neidig, hässig, hoffärtig und zu allen Lüsten des Fleisches und der Seele geneigt. Dies alles weiß der Teufel, er siehet fleißig zu und freuet sich, wenn es im Menschen hervorquellet, wächset und zunimmt, bis er damit endlich kommt auf den höchsten Grad. Wenn er dann befindet, daß er ihm dienstlich und ein geschicktes Instrument zu aller Bosheit sein kann, so gibt er ihm ein: Haß, Hoffart, Geiz, zauberische Werke nach Art und Gelegenheit bei Personen und natürlichen Zuneigungen und Gewohnheiten, bis es ihm gelingt … und er den Spieß in die Hand erwischet.

Wenn gesagt wird, der Teufel ist in einem Menschen, so sei dies nicht von seiner Seele zu verstehen, sondern vom Leibe, in dessen Höhlungen und Eingeweiden, wo sich der Unrat befindet, er seinen Sitz aufschlägt. Der Prior erzählt ein Beispiel, wo der Teufel in ein fünfjähriges Kind gefahren ist, als es Milch getrunken hat. Er quälte sein Opfer bis zum reifen Alter, und erst durch den Kirchenbesuch kraft der Verdienste der Apostel Petri und Pauli wurde der Besessene davon befreit.

Denn wenn Besessene ihre Sünden bekennen, läßt der Teufel von denen, die er durch die göttliche Zulassung in seiner Gewalt hat … so erkläre sich auch, daß ein menschlicher Leib anstatt von der Seele vom Teufel befreit werden kann.

Ein Geistlicher hatte eine so schöne und süße Stimme, daß sie zu hören eine Lust gewährte. Als ein Geistlicher diese Lieblichkeit gehört hatte, sagte er: Das ist nicht die Stimme eines Menschen, sondern die des Teufels. In Gegenwart aller Bewunderer beschwört er den Dämon, der auch ausfuhr, worauf der Leichnam in sich zusammensank und stank. Da konnte man wahrnehmen, daß der Leib von einem Teufel lange Zeit hindurch belebt worden war.«

Der Teufel könne die Menschen durch die Fleischeslust quälen und er sei in der Lage, sexuelle Wunder zu vollbringen. »Wenn es ihm gelänge, sich in einem Menschen festzusetzen und ihn zu beherrschen, so säße er in den Höhlungen seines Leibes; … wenn ein vom Teufel Besessener in die Hölle geführt werde, spielten die Teufel vom Dienst mit seiner Seele im Schwefelpfuhl Ball[77].

Zuweilen belebt er jahrelang Leichen, so daß jeder glaubt, es mit einem Lebenden zu tun zu haben[78]. Aber der Herrgott lasse es zu, daß der Mensch die Gelegenheit zum Kampf um seine Tugend verdienen könne[79].« Als Heilmittel empfiehlt er Anspeien, sich bekreuzigen, geweihtes Wachs tragen, Weihrauch atmen, zu Reliquien flüchten und die Gottesmutter Maria anzuflehen. Seiner Sachkenntnis nach treibt ein Teufel sieben Jahre lang mit einer Frau Unzucht, während ihr Mann neben ihr im Bett liegt.

Die Darstellung des Fegefeuers zeigt die von Teufeln gemarterten Seelen der Engel. Altarflügel, Regensburg um 1480.

Der Abt Richalmus

erzählt in seinem Teufelsbuch: »Als wir eines Tages zum Bau einer Mauer Steine zusammenlasen, um sie auf einem Haufen zu werfen, hörte ich die Teufel hinter den Steinen sagen: Ist das eine schwere Arbeit. Dies sagten sie, um die Klosterbüder zum Murren und Auflehnen anzureizen. Und weiter: Indem ich an meinem Ärmel ziehe und dadurch ein Rauschen entsteht, sprechen die Teufel durch dieses Geräusch. Wenn ich mich kratze, sprechen sie durch das Gekratze. Wenn die Menschen husten, so ruft damit ein Teufel den anderen an; das

Husten ist das Gespräch der Teufel miteinander ... die Teufel sind die Ursache der Blähungen ... sie treiben den Bauch dermaßen auf, daß ich den Gürtel gewöhnlich auflassen muß. Wenn sie dann, vielleicht vergessend abstehen, ziehe ich den Gürtel zusammen in gewohnter Weise. Wenn sie dann wiederkommen und ihn so finden, quälen ... sie mich so, daß ich leide.«

Im 12. und 13. Jahrhundert erfährt der Teufelswahn eine Stärkung unter dem Einfluß der Scholastik; der Teufelshaß wird polarisiert. Es bilden sich Mirakelspiele heraus, in deren Mittelpunkt das Erlöserdrama steht. Der Kampf zwischen dem Teufel und Jesus von Nazareth. In der logischen Entwicklung formiert sich das mittelalterliche Teufelsdrama und daraus der nachmittelalterliche Hexenhaß. Immer und immer wieder wird von den Kanzeln suggeriert, wie schlecht das Böse sei und wie unabdingbar notwenig es ist, an den Katholizismus zu glauben[80].

Papst Gregor IX. erläßt am 13.6.1233 die Bulle *Vox in rama*, in der er auf den angeblichen Teufelskult im deutschsprachigen Raum eingeht. Papst Johannes XXII. (1311-34) sagt in der Bulle *Super specula*: »Auf der erhabenen Warte stehend ... und mit den göttlichen Tugenden geschmückt ... haben wir schmerzlich bemerkt und erwähnen es mit innerster Erregung, daß viele nur dem Namen nach Christen sind, daß sie so verwirrt sind, daß sie mit dem Fürsten der Hölle ein Bündnis eingehen. Sie opfern Teufeln und beten sie an, sie machen sich Bilder, Spiegel und Fläschchen und schließen darin zauberisch den Teufel ein.

Diese scheußliche Pest verwüstet die Herde Christi. Da wir kraft unseres Hirtenamtes die irrenden Schafe zum Schafstall Christi zurückführen müssen, so ermahnen wir ... den Kardinälen durch diesen für ewige Zeiten geltenden Erlaß, alle durch die Taufe Wiedergebotenen in kraft des Heiligen Gehorsams und unter Androhung des Bannes, daß niemand etwas von den genannten Scheußlichkeiten lehren und lernen soll. Wir verhängen über alle, die entgegen unserer heilsamen Ermahnungen und Befehle, etwas von dem Genannten tun,

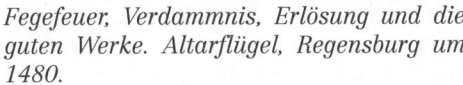

Fegefeuer, Verdammnis, Erlösung und die guten Werke. Altarflügel, Regensburg um 1480.

Das Schicksal der Seligen. Im Hintergrund die Auferstehung. Altarflügel, Regensburg um 1480.

die Exkommunikation. Wir setzen fest, daß gegen die, die sich gebessert haben, außer der Vermögensbeschlagnahme, die übrigen für die Ketzer bestimmten Strafen von den zuständigen Richtern verhängt werden sollen ... gegeben zu Avignon.«

Am 19.9.1398 spricht sich die theologische Fakultät der Pariser Universität über Zauberei und Teufelei aus: »Es muß als Tatsache hingestellt werden, daß die teuflischen Bündnisse eine Realität sind ... und daß man Verträge, Ringe oder Steine verwendet, um den Teufel darin einzuschließen ... um sich seiner Hilfe zu bedienen.«

Der inquisitorische Teufel

Je grausamer das Inszenario wird, desto detaillierter wird der Teufel beschrieben. In einem teuflischen Bericht eines Autodafé wird er als Wesen mit einem überaus traurigen Antlitz beschrieben, »häßlich und übelgelaunt. Er hat große runde Augen, weit aufgerissen, feurigrot glühend und furchterregend. Sein Bart gleicht dem einer Ziege. Körper und Wuchs liegen gleichsam zwischen dem eines Mannes und eines Bockes. Hände und Füße sind mit Fingern und Zehen versehen wie beim Menschen, jedoch sind alle gleich lang und nach vorne spitz zulaufend, mit reißenden Krallen. Die Hände sind gekrümmt wie die Klauen eines Raubvogels und wie die Füße beim Gänserich. Er hat eine schauderhafte und mißtönende Stimme und wenn er spricht, klingt es wie der Schrei eines Esels, jedoch eines solchen mit tiefer Stimme und die ausgestoßenen Worte sind schlecht artikuliert und nicht klar zu verstehen ... und immer spricht er mit einer traurigen und brummenden Stimme, wenngleich unwillig ... sein Gesichtsausdruck ist trübsinnig und er scheint zu jeder Zeit verdrießlich zu sein.«

Zwei Jahre später beschreibt ihn Pierre de Lancre[81]: »Er tritt öfter als stinkender und bärtiger Bock auf; die schrecklichste und scheußlichste Gestalt, die er unter allen Tieren entlehnen kann, und diejenige, mit welcher der Mensch den geringsten Umgang hat. Bisweilen ist er dort anzutreffen, zu sehen als schreckenerregender Baumstamm von der Form eines düsteren und ungeheuer großen Menschen ... wenn er aber als Mensch erscheint, dann als einer, der gequält, gepeinigt, rot und flammend wie das Feuer ist, das aus einem glühenden Ofen herausschlägt. Als verschwommener Mensch, dessen Gestalt bis zur Hälfte in Erscheinung tritt, mit einer gebrochenen, angekränkelten und unartikulierten Stimme, die gebieterisch, rollend und entsetzlich ist. Dergestalt, daß man bei seinem Anblick nicht gut zu sagen wüßte, ob er ein Baumstamm oder ein Tier ist.

Er sitzt auf einem Stuhl, der von Aussehen her golden ist, aber flammend: die Königin des Sabbats zu seiner Seite, die eine Hexe ist, die er verführt hat und die er prunkvoll erscheinen läßt, geschützt mit vielem falschen Putz und gekrönt als Königin, um die anderen anzulocken. Wobei er fast allen eine abscheuliche Gestalt gibt, die auf dieser fluchwürdigen Versammlung sind, deren Gesichter beim trügerischen Licht der Kerzen aus Pech, die dort zu sehen sind, düster, barbarisch oder verschleiert erscheinen; die Menschen scheinen von ungeheurer Statur und Größe oder von außerordentlicher und fehlerhafter Kleinheit.«

Teufelshaß unter Protestanten

Zu Beginn des 16. Jahrhunderts ergießt sich erstmals über den deutschsprachigen Raum eine Volksreligion. Das lutherische Wollen löst den dogmatischen Knoten und den Starrsinn des Katholizismus. Bei allem Positiven darf nicht übersehen werden, daß Luther aus dem Zeitgeist heraus agiert, handelt, denkt und operiert.

Die Lehre von der Macht des Satans und seines Gesindes über alle natürlichen Dinge, besonders über die Menschen, tritt als lutherische Fundamentallehre in den Vordergrund, denn sie soll in der Schule gelehrt und von den Kanzeln gepredigt werden[82]. Die Volksschule ist ein Kind in den Windeln und läßt neben dem lutherischen Katechismus kaum noch ein Plätzchen für das Lesen und Schreiben. Aus Meißen berichtet 1567 ein Prediger: »Allhier glaubt schon Jung und Alt mehr an den Teufel als an Gott und sein heiliges Evangelium[83].«

Im Herzogtum Preußen wird in einem Bericht veröffentlicht: »Weil das Volk bei allen Predigten fast nichts mehr hört, als vom Teufel reden und von seinen Anschlägen, wie er Ungewitter und Hagel stiftet, Verderben des Getreides, Vergiftung der Luft, Mord, Totschlag, indem einer den Hals bricht, glaubt es allgemein, daß nicht mehr Gott, sondern der Teufel die Welt regiert.«

Luther erzählt in seinen Tischreden, daß ein Torgauer Pfarrer zu ihm gekommen sei, heftig klagend, daß der Teufel des Nachts ein Polterstürmen, Schlagen und Werfen in seinem Haus hatte und daß er ihm Töpfe und Schüsseln an den Kopf werfe und sie zerbreche, plaget ihn und lachet noch fein dazu, daß er oftmals den Teufel lachen höre, er sehe jedoch nichts.

⇒

Schmerzensmann; über Jahrhunderte wird der leidende und dornengekrönte Jesus dargestellt. Vor ihm die Marterinstrumente: Geißelbesen und -rute.

»Wir sind alle mit Leib und Gut dem Teufel unterworfen und ein Fremdling in der Welt, dessen Fürst und Gott er ist. So das Brot, welches wir essen, den Trank, den wir nehmen, die Kleider, die wir gebrauchen, ja die Luft und alles, von dem wir leben, ist in seiner Herrschaft. ... Der Teufel ist ein solcher Meister, der aus einem Baumblättlein kann den Tod machen; er hat mehr Gefäß und Büchsen voller Gift, da er die Leute mit tötet, mehr denn alle Apotheker in der ganzen Welt.«

»Zauberei ist des Teufels Werk, damit den Leuten, wenn ihm Gott verhängt, nicht allein Schaden tut, sondern ganz und gar auch dadurch erwürget und umbringt, ja wir sind dem Teufel unterworfen ... er ficht mich oftmals so gewaltig und überlässet mich so plötzlich mit schweren und traurigen Gedanken, daß ich meines lieben Herrn Christo ganz vergesse oder ihn anders ansehe, denn er anzusehen ist[84].«

Luther sagt: »Ich habe auf der Wartburg einen Sack mit Haselnüssen verschlossen ... als ich des Nachts zu Bette ging, zog ich mich vorher in der Stube aus, löschete das Licht und ging in die Kammer ... da kommt ein Poltergeist über die Nüß und hebt an und quitzt eine nach der anderen an die Betten mächtig hart, rumpelt mir am Bett, aber ich fragte nichts danach. Wie ich ein wenig schliefe, da hebt es an der Treppe ein solches Poltern an, als würfe man einen Schock Fässer hinunter ... so ich doch wußte, daß ich die Treppe mit Ketten wohl verwahrt hatte ... so daß niemand heraufkommen konnte.«

Luther schreibt 1521 an Spalatin: »Wir sind endlich hier angekommen, obwohl der Satan es durch mehr als eine Krankheit zu verhindern gesucht ... denn den ganzen Weg von Eisenach bis hierher bin ich immer schwach gewesen und bin es noch immer auf eine solche Art, die ich früher nicht erfahren.« Oder: »Als man den Prediger Oecolampadius eines morgens tot im Bett findet und die Leute sagen, daß er an der Pest gestorben ist, ruft Luther aus: ... Nein, am Teufel ist er gestorben, der hat ihm den Hals umgedreht und singt (nun) ein Lob- und Dankeslied.«

Luther schreibt an Kurfürst Johannes: »Ich glaube, daß meine Krankheiten nicht alleweg natürlich sind, sondern daß der Junker Satan seinen Willen an mir übet durch Zauberei ... keine Krankheit kommt von Gott, der gut ist und jedermann alles Gutes tut; sondern sie ist vom Teufel, der alles Unglück stiftet, und der sich in alle Spiele und Künste mischt, schießt aus Pestilenz, Franzosenfieber usw.«

Sein Zeitgenosse Melanchthon sieht es ähnlich: »Ich trage keinen Zweifel, daß der Tanz der Ziegen, der Flug der Drachen und ähnliches ein Spiegelfechten böser Geister ist, um entweder die Leute zu erschrecken oder um sie zu betrügen ... das Schiffsvolk meint, das an den Masten sichtbare Feuer sei Castor und Pollux. Bisweilen erscheint Licht über den Ohren der Pferde. Es ist gewiß, daß dies alles Zauberwerk der Dämonen ist.«

»Als ich in Tübingen war, sah ich jede Nacht Flammen, die so lange brannten, bis sie in einem gewaltigen Rauch aufgingen. Gleichfalls erschienen mir in Heidelberg Gestalten wie fallende Sterne, die jede Nacht kamen. Das sind ohne Zweifel Teufel, die immerfort unter den Menschen umherschweifen.«

Nach Luther gibt es vor dem Jüngsten Tag keine Hölle, die gefallenen Engel wohnen in der Luft und in der Welt, wie die Wolken und die Hummeln: »Die Teufel haben nicht ihre Strafe und Pein, sondern gehen in einem verzweifelten Wesen umher als zum Unheil verdammt. Bis zum Jüngsten Tag ist kein Ort, da sich die Verdammten aufhalten ... die Teufel sind nicht in der Hölle[85].«

Der Teufel als Tröster

Die massivste Ausprägung erfährt der Teufelswahn im Verbund mit dem Wüten gegen die vermeintlichen Hexen, denn man unterstellt ihnen ein Bündnis mit dem Satan. Immer und immer wieder werden die wirtschaftliche Notlage und die Unwissenheit der Bürger und vor allem die der Frauen ausgenützt.

Sophie Kuon wird von ihrem Mann verlassen. Auf einen kargen Lohn angewiesen, arbeitet sie bei der Stubenwirtin. Als sie den Lohn haben will, bekommt sie zur Antwort, man habe sie nur deshalb beschäftigt, damit sie die Trinkschulden ihres Mannes abzahle. Traurig geht sie nachhause und denkt, wenn nur der Teufel das Waschen holte. Plötzlich spricht sie ein Fremder an und bringt sie nachhause. Später pflegt er unter einem Pfeiflinbaum die Liebe mit ihr. Von da ab steht sie unter seinem Bann. Nun wird sie vom teuflischen Willen abhängig, schadet anderen, tötet Kühe und verursacht an einem hohen Festtag auf dem Lindenrain einen Hagel, der die Felder verwüstet. Katharina Markgraf läßt sich mit dem Teufel ein, »weil sie von ihrem Mann schon so oft mißhandelt und geschlagen wird ... und sich aus Angst in einem Hofwinkel versteckt.«

Die Richter von Ortenberg ziehen im Oktober 1596 die Witwe Treyzschneider wegen verdächtiger Zauberei ein. In ihrer Not spinnt sie tags und nachts: »Als sie eines Tages traurig nach Hause geht, begegnet ihr in der Hohlgasse ein fein gekleideter Herr. Teilnehmend fragt er sie nach dem Grund ihrer Trübseligkeit. Sie läßt sich mit ihm ein: Leibeskälte und ein Gaißfuß machen sie stutzig. Jetzt bemerkt sie, mit wem sie es zu tun hat ... doch eine Schürze voll Geld ist der beglückende Lohn ... zu Hause angekommen, entpuppt er sich als Kehrricht.«

Im Oktober 1601 wird eine Mutter mit der Tochter ins Gefängnis gebracht, weil man beide als Traubendiebinnen ansieht. Der Rat will sie an den Pranger stellen, doch der Ratsherr Ruess versteht die Versammlung zu überreden, daß sie besser wegen ausgeübter Machination getötet werden. Es führt zur Folter und zu dem Geständnis:

- Vor zwei Jahren habe sie, als sie Hunger und Not leiden mußte, einem Mann im grünlichen Kleid und mit einem Geißfuß getroffen. Er habe ihr viel Geld versprochen, wenn sie ihm willig wäre. Dann gab sie sich ihm hin, »doch er ist kalt wie ein Eggezahn gewesen.«

- Das gereichte Geld habe sich später als Pferdekot erzeigt und der Teufel habe ihr das Geld in den Busen geschoben ... später fand sie es als Scherben.

Vereinzelt bringt man die Heilige Jungfrau Maria ins Spiel: »Ein Soldat führte einmal seine Frau in den Wald, wo er sie dem Teufel übergeben wollte, der ihm Geld dafür versprochen hat. Da geschah es, daß beide an einer Muttergotteskirche vorbeikamen, wo die arme Frau ihren Mann bittet, er soll ihr doch erlauben, die göttliche Mutter zu begrüßen. Alsbald kommt statt ihr die allerseligste Jungfrau, die ihre Gestalt angenommen hatte, heraus und besteigt ein Pferd. Den beiden begegnet nun der Teufel der spricht: Du Schelm, was hast du da gemacht, daß du mir anstatt deiner Frau meine größte Feindin, die Mutter Gottes bringst. Darauf antwortete Maria: Ich befehle Dir sogleich, daß Du in die Hölle zurückfährst ... Dann verschwand die göttliche Mutter. Der Sünder ging und änderte sein Leben[86].«

»An einem gewissen Ort in Deutschland geschah es, daß ein junges Mädchen, welches Agnes hieß, eine schreckliche Sünde mit ihrem eigenen Vater beging. Hierauf begab sie sich in die Wüste und brachte daselbst das Kind zur Welt. Daraufhin erschien ihr der Teufel in der Gestalt eines Ordensgeistlichen und brachte sie dahin, daß sie ihr Kind ins Wasser werfe. Die Jungfrau rief aus: ›Maria hilf mir.‹ Und sogleich verschwand der Teufel.«

Publizierter Teufelswahn

Wer wundert sich, wenn der Teufelswahn im 16. Jahrhundert auf die Volksmassen überspringt: »In Melchendorf, einem erfurtischen Pfarrdorf, kam eine Frau ins Kindbett. Einige Tage nach der Niederkunft hörte man des abends in der Mitternachtsstunde eine Kuh im Stall blöken. Der Mann stand auf, um nachzusehen, ob sich vielleicht ein Ochse losgerissen hat. Was, sagte die Frau, willst Du nachts zwischen elf und zwölf Uhr in den Stall gehen?... Können wir da nicht das größte Unglück haben?... Wer weiß, ob nicht der böse Feind die Kühe blöken macht, um Dich zu überfallen, wenn Du hinauskommst ... und mich könnte der Kobold bedüstern und mir einen Krüppel für mein gesundes Kind hinlegen ... wie es schon viele Exempel gibt. Der Mann hört auf seine katholische Frau und geht erst am kommenden Morgen in den Stall. Das Unglück ist geschehen, denn ein Dieb hat den Ochsen gestohlen.

»Köln, den 27.8.: Zu Itzehoe läßt sich der Teufel leibhaftig sehen. Er hat über zwanzig Ochsen die Hälse umgedreht und vielen von ihnen die Hörner in die Erde gedrückt. Es wurden alle tot gefunden ... er hat ihnen an etlichen Marketenderwägen die Deichseln zusammengebunden, so daß man sie auseinanderhauen mußte ... er hat das Stadttor ausgehoben und ist etliche hundert Schritte in die Stadt gekommen ... den Wachen hat er stark zugesetzt ... weitere Erfahrung gibt die Zeit.«

»Augsburg, 30.5.: Diesen Tag ist allhier ein bayerisches Bauern-Mensch verbrannt worden, so eine Hexe gewesen, und ihr Kind umgebracht, nachgehends hat sie solches den Teufel zum Lohn gegeben, weil er ihr für eine Hebamme gedienet.«

»Köln, vom 27.11.: Zu Etzdorf, unweit Ahrweiler, hat der leidige Teufel dieser Tage einen Sohn von achtzehn Jahren, der seine Mutter geschlagen, in solcher Tat hoch durch die Luft weggeholet ... und ist nimmermehr gesehen worden.«

»London, 30.4.: Dieser Tage duellierten sich zwei Priester im Hydepark. Jeder feuerte seine zwey Pistolen richtig ab, doch ohne den Gegner zu treffen ... bei der Aufklärung des Streites zeigte es sich, daß ein Mißverstand zu dem Zank Anlaß gegeben hat. Einer hatte sich nämlich unter dem Teufel ein Ding vorgestellt, das Hörner, Klauen und einen langen Schwanz hatte, der andere aber eine andere Figur.«

»Täglich höret man von greulichen Taten, die alle der Teufel zugericht; da werden etliche Tausend erschlagen, da geht ein Schiff unter auf dem Meer, da versinket ein Land, ein Dorf, da ersticht sich einer

selbst, da erhänget sich einer, da ertränket sich ein anderer, da fällt einem der Hals ab, da tut sich einer selbst den Tod an; diese Morde richtet der leidige Teufel an. Er ist unser Feind. Darum stellt er uns nach Leib und Leben. Nicht ermordet er allein die Menschen, sondern auch das Vieh ... verderbet alles, was zu der Menschen Notdurft dient, mit Hagel, Pestilenz, Krieg, Verräterei, Aufruhr und so weiter.«

Der betrogene Bauer

»In einem gewissen Dorfe wohnte ein wohlhabender, aber herrlich einfältiger Bauer. Er kam einmal im Dorf in eine Schenke ... in der gerade vom Teufel erzählt wurde. Er glaubte alles, geriet in Angst und kam so in Furcht, daß er nicht allein nachhause gehen wollte. Ein paar abgefeimte Burschen suchten sich den Einfältigen zunutze zu machen. Der eine verkleidete sich, wie der Teufel in der Schenke beschrieben worden ist, und kam des Nachts zur Tür des Bauern und kratzte daran und brüllte durch ein altes Horn, so daß es fürchterlich anzuhören war. Der erschrockene Bauer lief zum Fenster: Ach, wahrhaftig, der böse Leibhaftige ... und schlug geschwind das Fenster zu. Drei Nächte trieb der verkappte Teufel sein Spiel mit dem Bauer, bis sich dieser auf den Weg zu einem Kapuzinerkloster machte, um den vermeintlichen Teufel bannen zu lassen. Rechtzeitig erfahren es die Betrüger. Einer davon stellt sich, als wisse er nichts und verspricht, gegen eine gewisse Summe Geldes den Teufel zu bannen. Wer war froher als der einfältige Mann? An der Türe werden drei Kreuze gemacht. Da trat der Kerl ein, murmelte einige Worte, dann riß er die Tür auf und peitschte auf den Teufel Schlag auf Schlag. Ach, wie bedankte sich der Bauer und wie gern gab er das versprochene Geld. Doch die Regierung erfuhr davon und ließ einen in seinem Teufelshabit an den Pranger stellen.«

»In dem in der Nähe von Halle gelegenen Dorf Sennewitz zeigt man einen großen Stein von Petersberg, der etwa eine

Meile davon entfernt ist: ihn soll der Teufel auf die seinerzeit hier errichtete erste lutherische Kirche geworfen haben.«

In Straßfurth, einer kleinen Stadt im Magdeburgischen, wird die Mütze des Teufels dem leichtgläubigen Volk gezeigt. An dieser Stelle soll er einen lutherischen Schlosserjungen zur Hölle geführt haben, »weil er über die katholische Religion gespottet.«

»Als der heilige Dominikus in Carcasonne predigte, wurde ein Albigenser zu ihm geführt, der vom Teufel besessen war, weil er öffentlich eine Rosenkranzpredigt verspottet hatte. Daraufhin befahl der Heilige dem Teufel, er solle erklären, was er denn über den Rosenkranz gepredigt habe. Die Geschichte endet so: ›Ich bin der Teufel und diene schon seit 14 Jahren zu diesem gottlosen Mann und warte nur, daß er einmal sieben Ave Maria, welche er täglich zu beten pflegt, unterlasse, um ihn alsdann zu ersticken oder ihn mit mir in die Hölle zu ziehen.‹ Da befahl der Ordensmann dem Teufel, sogleich den Ort zu verlassen, worauf er plötzlich verschwand. Der Hauptmann fiel auf die Knie, bekehrte sich und führte daraufhin ein erbauliches Leben.«

Jesuitischer Teufelswahn

Ein Ziel der Jesuiten ist, die durch den Protestantismus abgefallenen Teile dem Katholizismus zurückzuerobern; es gelingt vor allem im süddeutschen Bereich. Sie ziehen alle Register der theologischen Verführung und scheuen sich keinesfalls, den Teufel die Karten mischen zu lassen:

Der Ingolstädter Georg Eberhard hat in seiner *Consilia* aus dem Jahr 1618 ein Beispiel jesuitischer Schläue hinterlassen: »Wer der schwarze Hahn gewesen, der um das Gefängnis geflattert ist, ist so klar, daß man es nicht zu erläutern braucht; der teuflische Buhle der Verhafteten. Wenn sie auf der Folter leugnet, ist sie lebend wilden Tieren vorzuwerfen. Nur wenn diese Strafe dort nicht üblich ist, sei sie dem Scheiterhaufen zu übergeben, sofern sie der Herzog nicht zum ewigen Gefängnis begnadige[87].«

Petrus Canisius, nach Faber der zweite Jesuit auf deutschem Boden, schreibt aus Augsburg: »Man bestrafe die Hexen, die sich merkwürdig vermehren. Ihre Freveltaten sind entsetzlich. Man sah früher nie so viele Leute sich dem Teufel ergeben. Unglaublich sind Gottlosigkeit, Unkeuscheit und Grausamkeit, die diese Weiber unter der Anleitung Satans getrieben haben.«

Canisius treibt einer Anna Bernauerin, einer Dienerin im Fuggerschen Haus, zehn leibhaftige Teufel aus: den letzten nach einem zähen Kampf in der Liebfrauenkirche von Altötting[88], die heute ein Zentrum des Aberglaubens ist und zu den begehrten Wallfahrtsorten zählt.

Den Jesuiten ist es nach außen hin gelungen, den Glauben zu verbreiten, als stünden sie den tausendfachen lächerlichen und dummgläubigen Hexen-, Geister-, Gespenster- und Spukgeschichten skeptisch gegenüber. Das Gegenteil ist der Fall. Sie sind von der Ausbildung her Sklaven ihrer Satzungen und teufelshörig.

1723 hat Professor Schuppart aus Gießen unter dem Teufel zu leiden: »Er rumort im Haus, wirft Möbel durcheinander, zerbricht Fenster, öffnet Türen und wirft sie wieder zu. Er bewirft den Professor mit Steinen, Messern und Gabeln, schlingt ihm Stricke um den Hals und sucht ihn zu erwürgen. Außerdem will er ihn gebissen und so hart geschlagen haben, daß es die Leute klatschen hörten ... die Spuren der Mißhandlung waren an ihm sichtbar ... der Teufel soll ihm Blätter aus der Heiligen Schrift gerissen haben.«

Teufelsbündnisse

Die Urchristen kennen den Glauben an Teufelsbündnisse nicht, denn er ist eine spätere Erfindung; die Vorstellung vom Geschlechtsverkehr mit dem Teufel ist nicht ausgeprägt[89]. Papst Silvester I. (314-355) erhascht den Teufel in einer tiefen Höhle, wo er die Gestalt eines Drachens angenommen hat. Er fesselt ihn mit einem Faden und versiegelt sein Maul mit dem Zeichen des Kreuzes.

Der Zauberer des 15. Jahrhunderts – die Teufel führen den Zauberer Hermoherens zum heiligen Jacobus dem Älteren. Tafelbild des Altars von St. Jacob in Nößbach. Ludwig Kornreiter um 1490. Gries am Brenner, Pfarrhof.

829 beschäftigt sich ein Konzil mit dieser Frage, wobei herausgestellt wird, es sei außer Zweifel, daß es Zauberer gebe, die mit der Hilfe des Teufels die Menschen behexen, die Hagel und Ungewitter erregen können; solche sind schwer zu strafen[90]. Vielleicht ist es ein Rückgriff auf den Kirchenvater Augustinus, der die verderbliche Gemeinschaft zwischen Menschen und Dämonen herausstellte.

Und doch haben sich Beispiele von Teufelsverschreibungen erhalten, die bis in das 4. Jahrhundert zurückreichen. »In den Zeiten des Kaisers Julianus, im Leben des heiligen Basilius, des Erzbischofs von Cäsarea und Kappadokien ... erhält ein Jüngling von einem Zauberer einen Empfehlungsbrief an den Satan, den er nachts

auf dem Grabmahl eines Heiden emporhalten soll. Er wird hingeführt, wo Satan, von seinen Geistern umgeben, auf einem Thron sitzt. Schließlich entsagt er Gott und legt seinem neuen Herrn das Gelöbnis ab. Später bereut er den Schritt und der heilige Basilius betet vierzig Tage lang für ihn ... da kam der Dämon und wollte seine Beute wiederhaben ... der Heilige rang mit ihm und entriß sie ihm aus den Klauen.«

Der heilige Cyprian verschreibt sich dem Teufel, um die schöne Justine zu erringen. Als er nicht in der Lage ist, die Christin zu bezwingen, sagt er sich von ihm los. Dann sendet ihr Cyprian eine Schar böser Geister und schließlich den Höllenfürst, welche sie durch den lockeren Zauber zu verführen suchten ... aber sie überwand denselben durch ihr frommes Gebet. Als Cyprian sah, daß selbst die Teufel nichts gegen die Christin vermochten, wurde er ein Mann der Kirche und erlitt den Märtyrertod.«

Theophilus

Nach einer Legende des Eutychianos lebte Theophilus, der ein überaus frommer Mann war, in einer Stadt in Cicilien (Cicilia secunda) als Oeconomus oder Vendedominus der Kirche ... zur Zeit der Persereinfälle. Nach dem Tod des Bischofs wird er gewählt, lehnt das Amt jedoch erst aus Demut ab, so daß es auf einen anderen fällt. Der neue Inhaber entsetzt Theophilus seines Amtes. Es kränkt ihn so, daß er sich an einen *gewaltigen* Zauberer wendet, durch dessen Hilfe er seine Position zurückerlangen will. Er führt Theophilus in den Zirkus der Stadt und mahnt ihn, vor keiner Erscheinung zu erschrecken, und sich gegebenenfalls mit dem Zeichen des Kreuzes zu schützen.

Hier treffen sich Männer mit brennenden Fackeln ... umherherziehend und Loblieder singend. In deren Mitte thront Satan, der die Huldigung seiner Getreuen gnädig entgegennimmt. Theophilus fällt auf die Knie und küßt die teuflischen Füße. Er sagt: »Ich will deinen Befehlen gehorchen.« Der Satan streicht ihm über den Bart und begrüßt ihn freundlich. Darauf sagt er Jesus und Maria ab; er wendet sich dem Teufel zu; eine von ihm geschriebene und mit Wachs versiegelte Urkunde überreicht er dem Fürsten der Hölle. Bereits am nächsten Tag wird er ehrenvoll eingesetzt und führt fortan als des *Satans Lehnsmann* ein übermütiges Leben. Doch dann packt ihn die Reue.

Er fleht 40 Tage und Nächte in der Kirche der Panhagia um göttlichen Beistand. Maria läßt sich erweichen, schafft die Urkunde herbei und legt sie ihm auf die Brust, während er in der Kirche eingeschlafen ist. Er erwacht, bekennt öffentliche Reue, rühmt die Gnade der Gottesmutter und stirbt drei Tage danach eines seligen Todes[91].

»Ein Jüngling aus Perugia verspricht dem Teufel, daß, wenn er ihm die Mittel verschaffe, die Sünde, die er zu begehen vorhat, ihm dafür seine Seele zu übergeben. Hierzu gibt er ein mit Blut unterschriebenes Versprechen ab. Später, als der Teufel seine Seele haben will, soll sich der Jüngling in einen tiefen Brunnen stürzen ... allein weil er das Skapulier der Schmerzhaften Mutter Gottes trägt, spricht der Teufel zu ihm: Wirf es zuerst weg, dann will ich Dich hinunterstürzen ... Nachdem sie eine Zeitlang gestritten, verließ ihn der Teufel beschämt.«

Sabellicus

Die Grundlage der späteren Version von Goethes Faust, bildet der umherziehende Taschenspieler und Scharlatan, Georg Sabellicus, der sich *Faust der Jüngere* nennt und nach der Volksmeinung ein Bündnis mit dem Teufel geschlossen hat. Trithemius und der Arzt Johannes Weyer bezeichnen ihn als einen Mann, den sie persönlich gekannt haben und von dem viel gesprochen worden sei. Melanchthon sagt in seinen Tischreden, er habe Faust gekannt, derselbige sei in Württemberg in Knittlingen 1540 von einem Teufel getötet worden.

Die älteste Darstellung zur Faustsage erscheint 1587 in Frankurt am Main, »zu einer Zeit, wo fast niemand die Existenz des Teufels bezweifelte.« Damals entwickelt sich aus ihm ein weit verbreitetes Erbauungsbuch, gerade in den Epochen der Hexenverfolgungen. In einer weiteren Ausgabe des Faustbuches von 1599 sind die Päpste Silvester II., Gregor VII., Leo IX., Alexander VI., Bischof Heinrich von Basel und Cornelius Agrippa von Nettesheym als Zauberer und Schwarzkünstler erwähnt.

Wichtig ist der angeblich mit dem Teufel geschlossene Bund: »Ich, Johannes, Faustus, bekenne öffentlich mit meiner Hand und bestätige kraft dieses Briefes; nachdem ich mir vorgenommen, die Elemente zu spekulieren ... aber aus den Gaben, die mir von oben herab beschert und gnädig mitgeteilt werden, solche Geschicklichkeit in meinem Kopf sich nicht befinde ... und solches von den Menschen nicht zu erlernen vermag.... so habe ich den gegenwärtigen gesandten Geist, der sich Mephistophles nennt, einen Diener des höllischen Prinzen im Orient, mich ergeben, auch den selbigen mir solches zu berichten und zu lehren mir erwählet, der sich auch gegen mich versprochen in allem untertänig und gehorsam sei.

Dagegen ich mich hinwieder gegen ihn versprochen und verlobet, so daß er 24 Jahre vom Datum des Briefes an, herum und fürüber gelaufen, er mir nach seiner Art und Weise seines Gefallens zu schalten, Walten, Regieren, Führen, gut Macht haben soll, mit allem ... es sey Leib, Seele, Fleisch, Blut und Gut. Und das auf Ewigkeit. Hierauf absage ich all denen, so das Leben, allem himmlischen Heer und allen Menschen ... und das muß sein. Zu festen verkundt und mehrer Beschäftigung habe ich diesen Receß mit eigener Hand geschrieben, unterschrieben und mit meinem hierfür gedrückten eygen Blut. Meines Sinnes Gedancken und Willen, verknüpft, versiegelt und bezeiget. Suspert. Johann Faustus, der Erfahrene der Elementen und der Geistlichen Doctor.«

Das Aufkommen einer nationalen Zaubergestalt ist nicht auf den deutschsprachigen Raum beschränkt. So haben die Spanier den Arzt Toralba, der ebenfalls im 16. Jahrhundert lebt und der behauptet hat,

Verschreibung des Herzogs von Luxemburg an den Teufel.

- Die Jahre, auf die der Vertrag geschlossen wird, sollen ordentliche Jahre sein, mit dem Jahr 1676 beginnen und mit dem Dato 1727 enden.
- Der Teufel soll ihm 100 000 Livres ausbezahlen.
- Zudem soll ihn der Teufel bei Königen und Großen-, Weibs-, und Mannspersonen beliebt machen.
- Jeden ersten Dienstag des Monats soll er ihm zusätzlich 1000 Livres Livres geben (nach einer anderen Version 100 Reichsmark).
- Das Geld soll gut und gangbar sein, und sich nicht in Stein, Kohlen usw. verwandeln (nach einer anderen Version soll dieses Geld, so er ihm bringen werde, nicht falsch und betrüglich, noch von einer solchen Materie sein, welches unter der Hand verschwindet oder zu Stein-kohlen werde, sondern es soll das-selbe von einem solchen Metall sein, welches von Menschenhänden ge-prägt worden ist und in allen Orten und Landen, wo es auch hinkom-men mag, gültig und gangbar sein ... auch die, denen er es gäbe, sollen es von Nutzen verwenden können).
- Sollte den Kontrahenten eine starke Extraausgabe treffen, so soll der Teufel gehalten sein, nicht etwas bloß einen verborgenen und vergra-benen Schatz auszuweisen, sondern er solle ihn auch heben und ihm diesen Schatz dahin bringen, wo er sich gerade aufhalten werde,
- Der Teufel soll den Kontrahenten nicht allein an seinem Leib nicht schaden, sondern ihm auch seine Gesundheit fünfzig Jahre vor aller menschlichen Schwachheit unver-sehrt erhalten (nach einer anderen Version nur 36 Jahre).

einen Dämon namens Zechiel zu haben und die Zukunft offenbaren zu können. Er kenne die Heilmittel und er habe ihn durch die Luft hinweg von Spanien nach Rom und dann von dort nach Venedig geführt, ihn aber dennoch nicht vor der Inquisition schützen können.

Die Verschreibungen werden immer kurioser. Auch hier machen es die Großen den Kleinen vor; während man die Kleinen bestraft, läßt man die Großen laufen. Der Herzog von Luxemburg soll sich dem Teufel verschrieben haben.

Gebete gegen den Teufel

Um zu sehen, auf welch niedrigem Niveau die Theologen taktieren, brauchen wir lediglich die von ihnen den leichtgläubi-gen Katholiken vorgeschriebenen Gebete anzusehen.

- Am Sonntag nach Pfingsten hören wir: »Oh Gott, schütze auf unsere Bitte hin dein Volk vor den teuflischen Anfech-tungen und ermahne es, Dir mit einem reinen Herzen zu folgen.«
- Einige Wochen danach ruft man aus: »Oh Herr, deine Sakramente mögen uns vor den teuflischen Anfechtungen si-cherstellen.«
- Und am 16. Mai: »Oh Herr, strecke durch die Fürbitte des heiligen Ubaldus Deine Hand über uns, damit uns die teuflischen Bosheiten nicht erreichen weren können.«
- Bei der Taufe und beim Sterben lassen es sich die Geistlichen nicht nehmen, die Weichen für das unbekannte Jenseits zu stellen: »Wenn wir zum Sterben liegen, setzen die Teufel allen Fleiß daran, uns vom rechten Glauben abzubringen; da-vor beschirmt uns der mächtige Gott. Darum seid gewarnt, daß euch am Ende der rechte Glaube nicht vom unseligen Teufel genommen wird ... damit wir nimmer schauen in das Himmelreich. Ein jeder soll täglich zweimal den Glauben sprechen, denn die ärgste Versuchung ist der Zweifel.«

Ignatius Feiler

zählt zu den bedeutenden Theologen aus der zweiten Hälfte des 19. Jahrhunderts. Er ist der Verfasser des Buches *Leben der ehrwürdigen Klosterfrau Crescentia Höß*, das auf den Recherchen zu ihren Seligsprechungsakten beruht. Er schildert eine obligatorische Teufelsaustreibung: »Eines abends bemerkte Schwester Beatrix auf dem Gang des Schlafhauses eine schauerliche Gestalt, in der Verkleidung eines Jägers, aber ohne Kopf, wie er in die Zelle der Crescentia trat ... nicht selten wurde sie mit Gewalt aus dem Bett gerissen und geschlagen.

Eines Nachts drang aus ihrer Zelle ein Höllenlärm von Pfeifen, Kettengerassel und Peitschenknall. Einst hatte sie ein Gefäß in den Händen, in dem kochende Milch mit Nudeln war. Da sah Schwester Johanna. daß ihr eine unsichtbare Macht das Gefäß entriß und ihr den Inhalt über den Kopf goß ... ein anderesmal wollte Crescentia Weinsuppe aufgeben. Da kam eine Gestalt, schwarz wie ein Neger, und begann, das Gefäß wegzutragen. Doch die unerschrockene Jungfrau eilte, mit ihrem Kochlöffel bewaffnet, dem Räuber nach, schlug auf ihn ein und entriß ihm das Gefäß[92].«

1873 erscheint in der zweiten Auflage das *Leben der gottseligen Anna Katharina Emmerich*. Autor ist der Redemptorist Schmöger. Sein Buch enthält die Approbation des Bischofs von Limburg. Er hält es *Zur Förderung des religiösen Sinnes und Lebens* für geeignet[93]. Er trägt vor: »Der Teufel suchte sie durch Gepolter, ja durch Schläge und Mißhandlungen vom Gebet abzuhalten. Sie fühlte sich manchmal von eiskalten Händen an den Füßen gepackt, zu Boden geschleudert und in die Höhe geworfen. Als ich, erzählte Katharina, einmal früh vor Tagesanbruch mit einer Freundin zum Beten über ein Feld ging, trat uns der Satan in der Gestalt eines dunklen Hundes in den Weg und wollte uns nicht vorüberlassen.« Katharina Emmerich hat am 9.10.1819 die Erscheinung einer armen Seele aus dem Fegefeuer. Papst Leo XIII. hat sie inzwischen selig gesprochen.

Scheeben, ein bedeutender katholischer Theologe des 19. Jahrhunderts, sagt in der von ihm veröffentlichten *Ehrwürdiges Leben der ehrwürdigen Dienerin Gottes Anna Maria Taigi*: »Wenn Anna Maria in der Nacht allein war ... ihr Mann kehrte gewöhnlich erst gegen Morgen aus dem Dienst zurück, sah er ihr Zimmer oftmals mit schrecklichen Dämonen angefüllt, die sich herumbalgten und äußerten, es wäre an der Zeit, sie zu erwürgen. Dann fielen sie über sie her und suchten sie auf die verschiedenste Weise zu martern. Auf diese grausame Behandlung folgten die lockendsten Versuchungen. Der Satan nahm die Gestalt eines schönen jungen Mannes an und suchte sie zu unlauteren Handlungen zu verlocken[94]... ihre Kammer füllte sich mit Teufeln, die ihr in den scheußlichsten Gestalten erschienen und sie unter Geheul, Geschrei und Verwünschungen überhäuften[95].«

Höllische Geographie

Trotz scharfsinnigen Nachdenkens der Theologen liegt über den Ort der Hölle noch keine dogmatische Entscheidung vor. Traditionell handelt es sich um einen abgeschlossenen Ort innerhalb der Erde[96], womit sie die Auffassung der alten Babylonier wieder erreicht haben. Hier müssen unaussprechliche Qualen erlitten werden. Zodiakus klagt Plutio, daß es bei ihm schon übervoll sei und doch Türken, Juden und die Mehrzahl der Christen, Priester, Mönche und andere Kirchendiener in Mengen täglich hinzukommen, während die wenigen Seelen unermeßlichen Wohnsitz im Himmel haben[97].

Totz der Erkenntnisse eines Kopernikus und Galilei, trotz dem heutigen Wissensstand der Physik über den Erdaufbau, suchen unzählige den Aufenthaltsort der Verstorbenen, soweit sie nicht in den Himmel aufgestiegen sind, an dem Ort, wo sich die alten Germanen ihr Niflheim, die Ägypter ihr Amenta, die Juden den Schoel und die Griechen den Hades dachten.

Nach der traditionellen Auffassung der Kirche ist die Hölle ein Gefängnis, in dem gefallene Engel und Verdammte zum Leiden

---

Rezept gegen die Macht der Hölle[*]

- »Erstlich nimm fünf Lot Traurigkeit, zehn Lot Geduld und 15 Lot Demut. Diese Indegrenzien stoße mittels des Stempfels der Stärke im Mörser des Gaubens wohl durcheinander. Alsdann gieße ein Viertheil Hoffnung hinein, gebe es mit dem Feuer der christlichen Liebe in die Pfanne der Gerechtigkeit, rühre es oft unter einem andächtigen Gebet und bewahre es im Geschirr der Beständigkeit, damit der Schimmel der Eitelkeit nicht dazu komme. Salbe Dich täglich damit ... es hilft wider die Hölle.«

- »Ich beschwöre Dich, Luzifer, Belzebub und alle Obersten, wie ihr (auch) heißen und Namen haben möget, bei der allerheiligsten Dreifaltigkeit, dem Vater, Sohn und dem heiligen Geist, Alpha und Omega, Raphael usw. Ja, ich beschwöre euch alle miteinander in der Hölle, in der Luft und auf der Erde, in den Steinklüften, unter dem Himmel, im Feuer, an allen Orten und Ländern, wo ihr seid und euern Aufenthalt habt, keinen Ort ausgenommen, daß ihr diesen Geist Aziel augenblicklich bestellet und von Stund an, so viel ich begehre, bringet[**].«

---

[*] Aus dem frühen 18. Jahrhundert
[**] Vergl. Rosskoff, 2. Bd., S. 158

---

eingeschlossen sind. In einem zeitgemäßen Katechismus wird dazu gesagt: »Die Seelen der Verdammten werden in einem furchtbar grauenhaften und finsteren Kerker im ewig-unauslöschlichen Feuer zugleich mit den unreinen Geistern gequält[98].«

Nach der Auffassung Papst Gregors I. ist die Hölle so tief unter der Erde, wie diese unter dem Himmel. Sie besteht aus zwei Abteilungen. Nach Meinung der Scholastiker befindet sich die Hölle wahrscheinlich, sicher sind sie nicht, im Erdinneren[99]. Im Laufe der Zeit kommt es zu einer unübersehbaren Zahl von Höllenschilderungen. In Predigten, Umgängen, bei Prozessionen, von Kanzeln, vom Beichtstuhl und direkt aus Rom wird das nichtexistente Höllenfeuer geschürt.

1621 erscheint das Werk *Fünf Bücher von der Hölle und dem Zustand der Dämonen vor dem Ende der Welt.* Verfasser ist der Doktor des ambrosianisch-theologischen Institutes in Mailand, Anton Ruska. Es ist dem *Erlöser der Menschheit* gewidmet und die kirchliche Zensurbehörde stellt heraus: »Es ist ein gelehrtes und gründliches Werk, in dem nichts gegen den reinen Glauben und die guten Sitten steht[100].« Es ist mit Plänen und Grundrissen ausgestattet.

Der hochwürdige und gelehrte Hieronymus Vitalis erklärt 1669 für unbezweifelbar, daß die feuerspeienden Berge nichts anderes als die Eingänge, gleichsam die Schornsteine der Hölle sind. Neu ist das nicht, denn das gleiche geht aus der Lebensbeschreibung Odilos (gest. 1049) hervor.

Gegenüber diesen profunden Zeugnissen theologischer Gelehrsamkeit behauptet der Mathematiker und Theologe William Whiston (1667-1752): »Die Hölle befindet sich in einem Kometen ... dessen größere oder geringere Entfernung von der Sonne verursacht die in Höllenvorstellungen erwähnte Abwechslung von schrecklicher Kälte und Hitze[101].«

Dagegen nimmt der englische Theologe Swinden, ein Pfarrer von Cuxton an: »Die Hölle befindet sich in der Sonne, weil es keinen anderen Ort gibt, der genügend Raum für die unendliche Zahl von Teufeln und sonstigen Verdammten bietet ... und weil die Sonne das Zentrum des Universums ist[102].«

Im Verbund mit einem Exorzismusprozeß im südlichen Elsaß um die Mitte des vergangenen Jahrhunderts, berichten die Buben Joseph und Theobald Burner: »Das Feuer der Hölle ist nicht so, wie ihr euch das vorstellt. Ihr könnt euch keinen Begriff davon machen. Ich werde euch sagen, daß es viel heißer und weit brennender ist, als man sich es vorstellen kann ... und daß die Verdammten dort auf eine gräßliche Weise leiden ... die Hölle ist nicht schön... seht zu, daß ihr hinkommt, dann werdet ihr es sehen.«

Zeitgemäßer Teufelswahn

Ein weiterer Teufelsexperte ist Jaques Albin Simon de Planchy aus dem ersten Viertel des 19. Jahrhunderts, der ebenfalls auf die Größe des Teufels eingeht: »Er ist acht Fuß groß und von ebener Gestalt ... seine Verunstaltungen hat er durch menschliches Handeln erhalten ... sie gehören nicht seiner Natur an, aber Gott hat entschieden, daß er das behalten muß, was ihm die Menschen zufügen.«

Professor Görres, der Autor des Buches *Christliche Mystik*, lehrt an der Münchener Universität. Er ist ein strammer Teufelsanbeter und widmet sich vor allem dem Dämonismus, wobei er sich durch tiefe Sachkenntnis auszeichnet:

- Groß war das Getümmel, das ein Spukgeist gegen Ende des Jahres 1746 in der Labarthischen Buchdruckerei in Konstanz angerichtet hat. Die Sache hat mit einem Seufzer in der Ecke angefangen. Man bat einen Kapuziner, diesen Geist zu beschwören ... in anderen Fällen aber tritt das Dämonische nackter und entschiedener hervor.
- Der Vertrag mit dem Teufel ist ein solcher, den die Rechtskundigen den Unbenannten nennen; zur Abschließung ist es keinesfalls nötig, daß sich beide Teile in Sicherheit gegenüberstehen. Die Angelegenheit kann auch schriftlich behandelt werden.

Bautz lehrt an der Universität Münster. Er steckt ungetauft verstorbene Kinder in einen Limbus, einen Vorraum oder zunächst nur in eine unterirdische Wohnung. Er beschimpft die Einfältigen, die ihn wegen

seiner Höllentheorie verlachen. Nachdem er bestätigt, die ewige Hölle sei ein absolutes Dogma der Kirche, scheint er zu wissen: »Es sind in der Hölle Schlote, die vor unseren Augen giftig qualmen ... es sind Riesenmengen eines Feuermeeres aus der Tiefe der Erde, die uns trägt, welche uns in banger Angst erzittern macht ... die Glut des Höllenfeuers wird durch Gott gemacht und durch seinen Hauch in Tätigkeit gehalten ... das Feuer hat ewige Dauer. Seine Glut ist so groß, daß es kein Mensch denken oder sagen kann.«

Professor Mausbach, ein katholischer Moraltheologe[105], ist der Auffassung, daß sich der Teufel lediglich innerhalb der Naturgesetze bewegen kann und dies ist schon ein leiser Angriff auf die verdeckten Ansichten der Theologen. Drexel[106] meint, »Die Hölle hat sieben Gemächer und drei Pforten. In jeder Wohnung sind sieben Flüsse und Hagel. In jeder Wohnung befinden sich 7000 Löcher und in jedem Loch 7000 Risse. In jedem von ihnen 7000 Skorpione, deren jeder sieben Gelenke hat und in jedem dieser Gelenke befinden sich 1000 Tonnen Gift. Die Hölle hat Raum für 100 Millionen Seelen.«

Noch heute ist der Teufelswahn in der katholischen Kirche aktuell. Nach der Meinung von Denis de Rougemont, eines französisch-schweizerischen Dämonologen, der 1950 Präsident des Europäischen Kulturzentrums in Genf wird, versucht der böse Feind alles, um seine Existenz zu verbergen; er ist ein Lügner, Versucher und Sophist, obwohl er niemand ist, kann er sich in allen Wesen verkörpern, die es gibt. So nimmt der Teufel auch im Geiste des Menschen immer neue Gestalten an, ganz im Gegensatz zu Gott, des eines guten und weisen Mannes, der durch die Jahrhunderte unverändert geblieben ist[107].«

Vincente Risco[108] verweist in seiner 1956 in Barcelona mit kirchlicher Imprimatur erschienenen *Geschichte des Teufels* auf 301 655 172 rebellierende Engel, die ein Rabbiner gezählt haben will. Belial hat allein 522 280 Teufel in 80 Legionen unter seinem Kommando. G. Papini schreibt 1955 das Buch *Der Teufel ... Anmerkungen für*

Kirchenbau des heiligen Wolfgang mit teuflischer Hilfe. Tafelbild 1510/1520.

eine künftige Teufelslehre. Er beruft sich auf den Säulenheiligen Origenes, der die Aufassung vertreten hat, daß Gott den abgefallenen Engeln einmal verziehen hat, um sie danach wieder aufzunehmen. Es steht im Gegensatz zur offiziellen Kirchenlehre. Deshalb wird Papini als Irrlehrer verdammt.

Der päpstiche Hausprälat L. Christiani[109] beschwört 1959 in Paris die Gegenwärtigkeit Satans in der modernen Welt. Er geht davon aus, daß der Teufel Massenmorde und Ausrottungen in Rotchina und anderweitig plant und durchführt. Nach seiner Auffassung ist das kommunistische China vom Teufel besessen. Siegessicher verweist der Theologe Alois Winkelhofer[110] auf die satanische Macht[111].

Ein französischer Teufelstheologe stellt 1963 die Höllenlehre als unumstößliche Wahrheit hin und meint: »Wer Gott, die unendliche und erhabene Majestät der Sünden beleidigt, die vom Teufel initiiert

sind, macht sich eines Verbrechens von so ungeheuerlichen Ausmaßes schuldig, daß nur das Brennen im ewigen Höllenfeuer als einigermaßen gerechte Strafe anzusehen ist.«

1966 schreibt die Katholikin Anette di Rocca ihr Buch *Über den Teufel und sein Wirken.* Sie bedauert das Nachlassen des Glaubens an die Wirksamkeit des Teufels. Sie gelangt zu der Erkenntnis, daß der Teufel heute ungestört arbeiten kann.

1970 tritt der protestantische Pastor W. C. van Dam mit seinem Buch *Dämonen und Besessene* auf den Plan des Aberwitzes. Er behauptet: »Heute hat der Teufel es leichter … auch wenn die Teufelstaten nicht mehr so sichtbar sind, wie in jenen schönen alten Hexenzeiten, so ist das nur eine arglistige Täuschung des Satans und desto gefährlicher:

- Es gehört zu den Lehren der Kirche, daß es den Teufel als personifiziertes Wesen gibt. Bei allen Übeln hat er seine Hand im Spiel, denn er ist von zuhause aus schöpfungsfeindlich[112].
- Wir stehen alle unter einer finsteren Herrschaft, der des Satans, des Fürsten dieser Welt[113].«

In Papst Pauls VI. Amtszeit nistet sich der Teufel selbst im Vatikan ein. In seiner Teufelsansprache 1972 bestätigt er seine Existenz: »Endlich geschaffener, durch eigene Schuld böser und verworfener Mächte personaler Art … es ist ein dringendes Bedürfnis der Kirche, den Teufel abzuwehren … denn der Hauch des Satans ist durch eine Ritze in den Tempel Gottes eingedrungen.«

Zusammenfassung

Nach Ansicht frommer Katholiken sind sie noch heute mitten unter uns: die bösen Dämonen und die guten Engel, die Phantasiewesen, die sich frühe Menschen vor Hunderttausenden Jahren selbst geschaffen haben, um sich vor ihnen zu verbeugen. Otto Hophan gelangt im 20. Jahrhundert

Ansichten des Höllenforschers Josef Bautz[*]

- Die Hölle befindet sich nicht in weitgelegener Ferne, sondern im Erdinnern, wie im Anschluß an die Heilige Schrift, die Kirchenväter und Theologen in großer Übereinstimmung lehren.

- Die Vulkane sind die Schlote der Hölle. Die Erdbeben stammen aus der Brandung des feurigen Höllenmeeres.

- Es ist eine Lehre der Theologen, daß es vier unterschiedliche Räume gibt, die zur Aufnahme der Seelen bestimmt sind. Der Standpunkt des vernünftigen Denkens entspricht dieser Ansicht.

- Für hochmütige Sünder geziemt sich ein tiefer Fall in die entlegendste dunkelste Tiefe.

- Daß die eigentliche Hölle am Tiefsten, dem Zentrum der Erde am nächsten liege, oder mit diesem identisch ist, wird von allen Theologen eingeräumt.

- Das Fegefeuer befindet sich in unmittelbarer Nähe der Hölle. Gegen die Annahme, daß in einem Teil des Erdinnern Feuer sei, kann die moderne Wissenschaft keinen Widerstad erheben und sie tut es auch nicht.

- Vom Standpunkt der Wissenschaft aus läßt sich annehmen, daß das Höllenfeuer durch gewisse chemische Prozesse verursacht wird, in dem kraft göttlicher Einrichtung Verbindungen zustandekommen. Wie dem auch sei, das Feuer der Hölle ist ein materielles Feuer ... durch Gottes Hauch entzündet.

- Es ist nicht unwahrscheinlich, daß jedem Teufel ein besonderes Arbeitsfeld zugewiesen ist.

- Durch die Kondensierung des Wasserdampfes erzeugt der Teufel Regenwolken und Regen ... entzündet Feuer durch elektrische Bewegungen und läßt es vom Himmel fallen ... daß derartige Dinge vorkommen, kann ohne Irrtum im Glauben nicht geleugnet werden[103].«

- Die Hölle wird lediglich von Geistern bewohnt.«...sollten ihre Dimensionen nach der Auferstehung der Leiber unzulänglich sein, wird unser Schöpfer Sorge tragen[104].«

*) Zusammengestellt nach seinen 1882 erschienenen Buch »Die Hölle«

zur Überzeugung: »Sie sind den Bildern in einem Film ähnlich. Die Engelsgestalten scheinen wie Darsteller auf einer Leinwand zu agieren. Sie reden, aber nicht durch den Mund. Durch die Kraft des Geistes bewirken sie Schallwellen, die sich zu einer menschlichen Stimme formen. Sie gehen, aber nicht mit den Füßen, sondern wie bewegbare Erscheinungen[114] ... wir werden sie einmal schauen, mit einem weißen Streifen an einem weißen Gewand.«

Nach ihm vollziehen sie am Tag der christlichen Auferstehung die Mobilmachung der Toten: »Sie blasen die Posauen, schlagen die Bücher auf, in denen die Sünden verzeichnet sind. Nach einer Prüfung der Akten wird das Urteil gesprochen (Himmel, Fegefeuer oder Hölle)[115].« Die ungetauft verstorbenen Kinder läßt er herumirren.

»Nicht die Bibel selbst, doch beachtenswerte Auffassungen mancher kirchlicher Schriftsteller behaupten, daß es Engel sind, die eine Durchglühung der noch nicht gereinigten Seelen vornehmen. Mitleidig, aber unbestechlich spenden sie Ungeklärten die Feuertaufe oder die letzte Läuterung[116].«

Selbst in diesem zentralen Punkt der theologischen Lehre scheiden sich die kritischen Geister der Gottes-Haarspalter. Abgeschwächt sagt der Katechismus der Bistümer Deutschlands 1967: »Bei der Auferstehung werden die Leiber der Toten für immer mit ihren Seelen vereinigt. Die der Bösen werden häßlich sein; sie werden Bosheit und Verzweiflung widerspiegeln. Die Leiber der Guten werden herrlich sein, denn sie werden dem verklärten Leib Christi gleichen.«

Im Apostolischen Glaubensbekenntnis steht im fünften Artikel: »Abgestiegen zur Hölle und am dritten Tage wieder auferstanden von den Toten.« Folgt man diesem Gedankengang, so hat Jesus von Nazareth eine Stippvisite in der Unterwelt gemacht, bevor er in den Himmel aufgefahren ist. Doch selbst in diesen nicht unwesentlichen Punkt widersprechen sich die Evangelisten. Lukas[117] meint: »Wahrlich, ich sage Dir, heute noch wirst du im Paradies sein.« Das schließt den Besuch aus. Nach der Apostelgeschichte folgt die Himmelfahrt erst vierzig Tag nach der Auferstehung. Unabhängig davon kann niemand in die Hölle hinab- und in den Himmel hinaufsteigen, denn beide gibt es nicht.

Heute scheinen die Geistlichen einige Formulierungen des nie de facto existierenden Apostolischen Glaubesbekenntnisses nicht mehr präzise genug zu sein. So soll es ab dem 1. Advent 1974 nicht mehr heißen: »Abgestiegen zur Hölle«, sondern nur noch in das *Reich des Todes* und statt *Auferstehung des Fleisches* soll man *Auferstehung der Toten* sagen. Die Theologen eilen mit diesen kühnen Gedankensprüngen ihrer Zeit weit voraus. In der Coburger Neuen Presse vom 24.11.1974 empfiehlt der fromme Pater Mickeluhn unter der Überschrift *Bekenntnis mit Spickzettel* den Kirchgängern, einen solchen in ihr Gesangbuch zu legen.

Der 1903 verstorbene Papst Leo XII. soll eine Vision gehabt haben, derzufolge, dem Satan eine letzte Frist von 75 Jahren für seine Herrschaft über die Welt eingeräumt wird, ehe die Zeit der Abrechnung mit dem Bösen kommt[118].

Der christliche Teufelsglauben beruht auf einer Fehlinterpretation der Geschichte und ist grundlos. Er ist menschenunwürdig und ergibt keinen Sinn. Da es keine Teufel gibt, gehört der Unsinn ersatzlos abgeschafft. Doch die Kirche beharrt mit dogmatischer Strenge auf dem theologischen Aberwitz.

Die Lehre von der höllischen Wirksamkeit wird in Frankreich durch den Theologen Georges Panneton[119] vertreten: »Die Hölle ist der Ort der Verdammung. Jeder Mensch, der im Zustand der Todsünde stirbt, wird zur Strafe ewig in die Hölle verdammt. Die Verdammten sind für immer der Anschauung Gottes beraubt und leiden ewige Qualen ... Ein Mensch, der mit einer Todsünde belastet stirbt, und sei es auch nur eine einzige von ihm nicht gebeichtete, kommt unweigerlich in die Hölle.

Am Ende der Welt wird der Tag des großen Weltgerichts kommen. Ein Tag des Triumphes für die Auserwählten, ein Tag des Schreckens und des Schmerzes für die Verdammten, deren Strafen noch bestärkt und deren Züchtigungen noch vermehrt werden. Dann werden die verfluchten Seelen wieder Gestalt annehmen, um auch den Leib an der ewigen Verdammnis teilhaben zu lassen ... die Barmherzigkeit Gottes kann weder die Qualen der Hölle lindern, noch die Verdammten von diesem Ort der ewigen Qual erlösen.«

Anton Böhm[120] proklamiert: »Ein objektives Urteil über den Teufels- und Höllenglauben besagt, daß er bislang Millionen Menschen vernichtet hat. Keine Statistik kann sie berechnen. Teufels- und Höllenangst haben christliche und nachchristliche Existenzen zerbrochen.«

Wenn bedeutende kirchliche Theologen wie Hans Urs von Balthasar[212] den Verlust der *Herrlichkeit* beklagen und vermerken, daß es so wenige ungebrochene schöpferische Charaktere in der Kirche gibt, dann ist dies auf die Brechung des Menschen bis in den innersten Personenkern hinein zurückzuführen. Teufelsangst und Höllenglauben haben das Christentum und die Kirche zu neurotischen und pathologischen Gebilden im Banne kollektiver Zwangsneurosen ge-

Bestrafung der sieben Todsünden in der Hölle. Dieser wirkungsvolle Hell-Dunkel-Holzschnitt verdeutlicht den verängstigten Menschen, was es bedeutet, während des weltlichen Daseins zu sündigen. Im Mittelpunkt eine eitle Frau, der ein Teufel den Spiegel vorhält. Holzschnitt, Ulm um 1485.

Aktuelle Zeitzeugnisse zur Stabilisierung des Teufelswahns

- Prof. Holböck aus Salzburg: »Für den katholischen, im Einklang mit dem kirchlichen Lehramt forschenden und lehrenden Theologen steht aus der heiligen Schrift ... aus der beständigen Lahre und Praxis fest, daß es gefallene personale Geistwesen gibt ... die Existenz des Teufels ist biblisch und kirchlich bezeugt.«

- Ratzinger: »Es wäre angesichts des Gewichtes, das die Heilige Schrift der Wirklichkeit des Teufels zuschreibt, unchristlich, wollte man nicht mit ihm rechnen ... er ist eine beständige und aktuelle Gefahr ... Jesus hat die Existenz des Teufels und der Dämonen als Realität hingestellt.«

- Rahner: »Die Existenz außermenschlicher böser Mächte und ihre Wirksamkeit ist eine Glaubenswahrheit.«

- Prof. Sigmund »Der Teufel ist und bleibt ein Vater der Lüge ... der Sturm des Teuflischen weht über der ganzen Welt.«

- Bischof Graber aus Regensburg in einem Brief vom 24.9.1976: »Gott ist die Güte und Liebe ... wenn es keinen Teufel gibt, gibt es keinen Gott.«

- Johann Weber aus Graz in einem Brief vom 12.8.1978: »Den Bischöfen ist es auch heute aufgegeben, die überlieferte kirchliche Lehre von den Engeln und dem personal Bösen als unverzichtbaren Teil der christlichen Frohbotschaft zu verkünden.«

- Kardinal Höffner: »Die katholische Theologie hält an der Existenz des Teufels und der dämonischen Mächte fest ... es besteht kein Grund, das Wirken Satans zu leugnen.«

- Der Osservatore Romano: »Im Hinblick auf die Dämonenlehre ist die Stellung der Kirche klar und fest ... wer sich weigert, diese Realität anzuerkennen, verläßt den Boden der biblischen und krichlichen Lehre.«

- Pater Sterzinger: »Den Teufel zu leugnen, ist Unglaube, ihm zuwenig Macht zuzuerkennen, ist Irrtum, ihm eine zu große Macht zuzuschreiben, ist Aberglauben.«

- Heim in seinem Buch *Jesus der Herr*: »Wenn wir die Wirklichkeit Satans als zeitgeschichtliche bestimmte, subjektive Täuschung ablehnen, erschüttern wir die Führungsautorität Jesus, die er in der letzten Frage für uns hat.«

macht, die mit immer neuen epidemischen Wellen die menschliche Gesellschaft infizieren.

Der reformierte Pfarrer, Arzt und Tiefenpsychologe Oskar Pfister[122] hat diese Prozesse im jüngster Zeit vorzüglich an der Geschichte der protestantischen Orthodoxie aufgezeigt[123].

Immer wieder haben einsichtige Theologen[124] den Kampf gegen die unsinnige Höllenlehre angetreten. Noch 1967 erbringt eine Umfrage unter Schülern eine teuflische Glaubensquote von 34 Prozent aller Befragten[125]. Desgleichen glauben noch 76 Prozent aller katholischen und 45 Prozent aller protestantischen Kirchgänger an die Wirksamkeit der Hölle.

Als der Tübinger Theologieprofessor Herbert Haag proklamiert: »Kein Mensch kommt auf den Gedanken zu leugnen, daß es das Böse gibt ... aber ist dafür ein außerirdisches Wesen zuständig? ... Daß in unserem Kulturkreis Dämonen keinen Platz haben, bedarf keiner Worte ... Die Kirche ist eine internationale Firma zur Herstellung von Angst und wer dagegen protestiert, daß die heutigen Christen noch immer an den Teufel glauben müssen«, wird entlassen.

Reformation

Inhalt

Der Bapst rvolt auch ein mauser ban
Den nam sich Doctoz Mauser an.
Abaust hyn vnd her vnd revderumb
Noch ist der Luther gerecht vnd frum.

Ich junckfraw Bock rvie slinchst so hart
Mach keüschuu in dem langen part.
Ich glaub das dein Theologey
Sey maiers teyls bochshanlerey.

Der rotisch Got vnd Antichrist
Hat vil geprauchet bisß her der list.
Abit gervalt vnd gern falsch Turnier
Ach Christ von hymel mach vns frey.

Recht rvie ein Sarv lebt Doctoz Eck
Wan er bar rvein vnd eselsveck.
Seia Loick thut probieren mer
Dan Bibel gschrafft vnd Chirstus ler.

Ibers Doctoz Lemp Euangelist
Abut neyd vnd zorn ein boser Christ.
Er rovet vnd pilt recht rvie ein hundt.
Der gschrifft hat er gar rvenig grundt.

Karikatur auf die Gegner Luthers: Murner, Emser in Leipzig, Leo X., Eckh in Ingolstadt und Lemp in Tübingen. Nach einem zeitgenössischen Holzschnitt.

Reformation

Viele meinen, Martin Luther habe das *Privilegium exclusivum* des Glaubenswandels in der katholischen Kirche herbeigeführt. Dem ist nicht so. Er bewegt sich ziemlich genau in der Mitte der Konflikte; vor ihm liegen etwa ebensoviele wie hinter ihm. Die katholische Kirche hat solche Niederlagen stets vertuscht, doch letztlich wird sie dadurch geschwächt. Entscheidungen von einer solchen Tragweite haben enorme Ausstrahlungen und sind nicht das Werk eines Einzelnen. Auffallend ist der unbeugsame Starrsinn der Mutterkirche.

So gut wie nie hat der versteinerte Katholizismus die Chance der Kritik für sich genutzt und so hat er Spaltungen direkt provoziert. Hätten wir eine lautere Religionsvariante vor uns, würde sie die Schreckmittel des Todes, der Verheimlichung, Vertuschung und Fälschung nicht bedürfen.

Luthers Kritik beschränkt sich keinesfalls auf den deutschsprachigen Raum; es zeigen sich europäische Tendenzen, gerade in Ländern, die die Priester der römisch-katholischen Kirche zum Teil seit Jahrhunderten in ein geistiges Joch gezwängt haben. Und doch trifft die deutsche Spaltung den Katholizismus besonders hart.

Durch die Geschichte der katholischen Kirche zieht sich wie ein roter Faden das Bedürfnis seiner Gegner, sich von den damit verbundenen Zwängen zu befreien. Das Gerangel reicht vom uneinsichtigen Dialog der frühchristlichen Sekten bis zum sich abzeichnenden Kirchenkampf zum Ende des 20. Jahrhunderts.

Die Kirche hat sich gegen Einzelkämpfer und Glaubensgruppen zu wehren, die sich teilweise überschneiden. Sie wehrt sich in Einzelentscheidungen und durch Beschlüsse von Synoden und Konzilien. Eine Durchleuchtung der Problematik macht die unter den Jesuiten geführte Gegenreformation verständlich.

Avignon, Konstanz, Pisa und Basel

In der zweiten Hälfte des 14. Jahrhunderts wird ein Franzose auf den päpstlichen Thron gehoben. Er verlegt seine Residenz nach Avignon. Die in Italien zurückbleibenden Kardinäle setzen sich zusammen und wählen am 9.4.1378 Papst Urban VI. mit Dienstsitz in Rom. Das damit verbundene Schisma dauert 40 'Jahre und ist mit endlosen Rangeleien verbunden. Die in Avignon residierenden Päpste werden von Frankreich, Schottland, Spanien und Portugal anerkannt, doch die weltlichen und geistlichen Behörden Italiens stehen auf der Seite der in Rom residierenden Statthalter Gottes. Es ist eine Frage der Zeit, bis sie sich gegenseitig bekriegen.

Um das Spektakel zu beenden, wird 1409 eine Kirchenversammlung in Pisa einberufen. Die versammelten Kirchenführer verstehen sich als eine über den derzeitigen Päpsten stehende Institution. Sie beanspruchen das Recht, Päpste ein- und abzusetzen und erwarten von den momentanen Statthaltern in Avignon und Rom die Abdankung, um weitere Entscheidungen abzuwarten.

Die konkurrierenden Päpste weigern sich und erklären das Konzil von Pisa für nicht existent. Inzwischen schreitet man zur Wahl eines neuen Papstes und es gibt drei Päpste gleichzeitig.

Kurz danach bäumt sich England gegen die Herrschaft, Herrschsucht und die ausbeutende Habsucht des Papsttums auf: Rom klagt eine rückständige Zahlung ein, die 1213 Johann Ohneland entrichtet hat, und die seit 33 Jahren offen ist. In diesem Zusammenhang erhebt der Oxforder Theologieprofessor Wyclef seine Stimme gegen das Papsttum.

1374 finden Verhandlungen mit päpstlichen Abgeordneten in Flandern wegen der Abstellung von Mißbräuchen innerhalb der englischen Kirche statt. Hier gewinnt Wyclef intime Einblicke in die katastrophalen innerkirchlichen Verhältnisse. Er verwirft das Papsttum in seinen wesentlichen Zügen. Den Papst bezeichnet er als *Antichrist* und bekräftigt die Ansicht, daß die Laien ein Recht darauf haben, die ihnen vorenthaltene Bibel kennenzulernen. Er kämpft gegen die Ehelosigkeit der Priester, die Heiligen- und Reliquienverehrung, die Ablässe und Wallfahrten. Außerdem bezeichnet er die päpstliche Hierarchie mit ihrem Stolz und der damit verwachsenen Gier nach Macht als ein die Kirche überwucherndes Gewächs. Seine Ansichten legt er in der Schrift *Trialogus* (Dreiergespräch) nieder.

Er zieht den Argwohn der Kirche auf sich, muß seine Professur aufgeben und geht auf seine Pfarrstelle nach Luttersworth zurück. Als er die Lehre von der Brotverwandlung bestreitet, erregt er Anstoß und eine Londoner Synode verurteilt einen Teil seiner Auffassungen als ketzerisch. Schon wird er als *größter Ketzer des Mittelalters* bezeichnet. Kurz vor seinem 1384 durch einen Schlaganfall herbeigeführten Tod wird er durch die päpstliche Anordnung überrascht, sich in Rom wegen der von ihm verbreiteten ketzerischen Ideen zu verantworten. Dennoch kann er sein Leben friedlich beenden. Erst während des Konzils von Konstanz wird er feierlich verketzert. Es wird befohlen, seine Bücher zu verbrennen und seine Gebeine auszugraben, um sie ebenfalls zu verbrennen.

Der Weltgeistliche und Magister der Theologie, Johann Malkaw, der 1392 an der Kölner Universität immatrikuliert wird und der römischen Obödienz treu bleibt, vertritt mit seiner feurigen Natur die Sache der Päpste gegen die Rivalen in Avignon. Er meint Klemens VII. sei weniger denn ein Mensch und schlimmer als ein Teufel, sein Platz wäre beim Antichrist, seine Anhänger seien verurteilte Schismatiker und Ketzer.

Gegen ihn werden Intrigen gesponnen. Er wird von Inquisitoren verhaftet und in das bischöfliche Schloß Benfeld gebracht, wo man ihm Tinte, Papier und Bücher entzieht. 1391 wird er verbrannt. Sein Verbrechen besteht darin, berechtigte Mißstände angeprangert und eine eigene Meinung zu haben, was damals todeswürdig ist. Er wird durch Kardinal Johann von Ragusa, den Legaten Gregors, während des Konstanzer Konzils, vom Vorwurf der Ketzerei freigesprochen.

Dann erhebt Johannes Hus seine Stimme gegen das verlotterte Papsttum. Er stützt sich auf Wyclef. Die Verbindung zwischen England und Böhmen liegt auf der Hand: des Böhmenkönigs Schwester wird Königin von England. Böhmische Studenten studieren in Oxford und bringen die Schriften und Ideen Wyclefs nach Prag.

Hus ist Professor der Philosophie an der Prager Universität und Prediger an der Bethlehemskapelle. Er wendet sich mit Leidenschaft gegen die Verehrung der Reliquien, das Fegefeuer, die letzte Ölung und gegen das Verbot, den Laien beim Abendmahl den Kelch zu reichen. Er wendet sich gegen den Papst als kirchliches Oberhaupt, gegen die Ohrenbeichte und den widersinnigen Ablaß, weil es weder mit der Heiligen Schrift noch mit dem Geist des Christentums zu vereinbaren sei. Er bestreitet die von den Päpsten behauptete Fähigkeit, Sünden vergeben zu können. Hus faßt diese Gedanken später in der Schrift *Von der Kirche* zusammen.

Er geißelt schonungslos die sittliche Entartung des geistlichen Standes und schon formieren sich seine Gegner. Der Erzbischof verbietet ihm das Predigen, so wie 1992 der Paderborner Erzbischof dem Theologen Drewermann. Beide sind keine Ketzer. Als sich Hus weigert, wird der Bann über ihn verhängt. Das Volk steht auf seiner Seite und legt beim König Fürbitte ein. Inzwischen wird über die Stadt das Interdikt verhängt und der Erzbischof stirbt wegen der damit verbundenen Aufregungen. Hus bezahlt seine Aufrichtigkeit während des Konstanzer Konzils mit dem Leben.

Da Papst Johannes XXIII. keine Chancen sieht, die kurialen Streitigkeiten zu beenden, publiziert er am 9.12.1413 eine Bulle mit dem Ziel, die Kirchenoberen nach Konstanz zu bestimmen. »Aus allen Himmelsrichtungen waren die Geistlichen zusammengeströmt, um über die bis zum Himmel schreienden, unhaltbar gewordenen Mißstände der Kirche zu beraten.« Die Auseinandersetzungen beanspruchen vier Jahre und als Schwerpunkte werden verhandelt:

- Die Sache des Glaubens (causa fidei)
- Die Einheit der Kirche (causa unionis)
- Die Verbesserung der kirchlichen Zustände (causa reformationis)
- Klärung der Papstfrage

Der in Rom herrschende Gregor XII. tritt zurück, um den konziliaren Fortgang zu ermöglichen. Der momentan in Spanien weilende, doch in Avignon residierende Papst Benedikt XIII. kann nach langwierigen Verhandlungen zum Abdanken gezwungen werden. Jetzt muß man nur noch den auf dem Konzil von Pisa gewählten Papst Johannes XXII. abwählen.

37 Zeugen sagen gegen ihn aus und werfen ihm vor, daß er nicht nur scheußlichen Ämterschacher, sondern auch Ehebruch, Blutschande und Sodomie getrieben hat; er habe mehr als 100 Nonnen verführt und seinen Vorgänger, Papst Klemens II. vergiftet. Niem, sein persönlicher Sekretär, sagt aus, der Papst habe in Bologna einen Harem von 200 Mädchen unterhalten.

Er bequemt sich am 1.3.1415, die ihm diktierte Abdankungsformel öffentlich zu verlesen. 20 Tage danach zeigt er sein wahres Gesicht. Er denkt nicht mehr an den zugesagten Rücktritt und übergeht die ihm angelasteten Verbrechen. Als Postknecht verkleidet flieht er nach Schaffhausen, widerruft seine Abdankung und erklärt kraft seines Amtes die konziliaren Beschlüsse für ungültig, denn schließlich sei er der *rechte* Papst. Dem Markgraf von Brandenburg gelingt es, den Entflohenen einzufangen. Das Konzil verhängt ein zweitesmal seine Absetzung.

Die Verhandlungen gestalten sich zäh. Erst nach 40 Sitzungen nimmt ein aus 23 Kirchenführern und 30 Mitgliedern des Konzils gewähltes Komitee die Entscheidung in Angriff. Am 11.11.1417 wird ein Mitglied der römischen Fürstenfamilie Colonna zu Papst Martin V. auserkoren. Er eignet sich die rauhe Tradition seiner Umwelt an; die große Politik rutscht ihm durch die päpstlichen Finger, denn er ist schwach. Auf dem Konzil von Konstanz wird nicht nur gebetet oder verhandelt.

Wenn wir den zur Übertreibung neigenden Chronisten Glauben schenken, tummeln sich auf dem Konstanzer Pflaster Hunderte von Freudenmädchen.

Das Verfahren gegen Hus wird angestrengt und zum bitteren Abschluß gebracht. Auf dem brennenden Scheiterhaufen soll er gesungen haben:»Christus, Du Sohn des lebendigen Gottes, erbarme Dich meiner« und dann schlägt ihm der Wind die Flammen ins Gesicht. Später nimmt man seinen halbverkohlten Leichnam, zerstückelt ihn, bricht die noch warmen Knochen und wirft die Überreste eines aufrichtigen Christen auf einen Holzstoß, um sie zu vernichten. Ein Jahr darauf lodert ein weiterer Scheiterhaufen in Konstanz auf. Hieronymus von Prag, ein Vertrauter von Hus, wird als Ketzer verhaftet. Nach einer Kerkerhaft und einem zurückgenommenen Widerspruch folgt er seinem Führer in den Glaubenstod. Hus gelangt inzwischen in den Genuß eines Märtyrers.

Zwischenzeitlich weitet sich in Böhmen die *ketzerische* Pest aus und Papst Martin V. entsendet 1421/1422 Kardinal Branda als Legaten nach Prag. Seine Bemühungen bleiben erfolglos und so soll das für 1432 zusammengerufene Konzil von Siena Abhilfe schaffen. Die Fürsten der Christenheit werden aufgefordert, unverzüglich ihre Hilfe bei dem guten Werk anzubieten, falls sie der göttlichen Rache entgehen wollen. Der Verkehr mit den angeblichen Ketzern wird verboten, vor allem der Tausch und Handel mit Waffen, Pulver, Blei, Lebensmitteln und Kleidern. In diesem Umfeld beginnen die Hussitenkriege. Mit dem Konzil von Basel gelingt es, vorübergend Ruhe und Frieden herzustellen.

Im 15. Jahrhundert zeichnet sich der intellektuelle Zusammenbruch der römisch-katholischen Kirche ab, denn sie zeigt sich unfähig, aus Glaubensfehlern zu lernen. Georg von Heimburg, von einigen als der bürgerliche Luther genannt, tritt während des Basler Konzils in Erscheinung.

Er vertritt nicht die Partei der Religiösen, sondern der Frühhumanisten. Es ist ein bislang zu wenig gewürdigter Aspekt. Das Faß des religiösen Übermutes läuft nicht nur darum über, weil es Reformatoren gibt, sondern vor allem deshalb, weil durch die Wiederentdeckung der antiken Gedanken eine Aktivierung des kritischen Denkens erfolgt. Dem steht die römisch-katholische Kirche machtlos gegenüber.

Girolamo Savonarola (1452-98) ist der wohl bedeutendste Sittenprediger des späten Mittelalters. Als Dominikaner fühlt er sich durch eine göttliche Stimme dazu auserkoren. Seine Prophezeiungen eines bald darauf hereinbrechenden Strafgerichts scheinen im Sturz der Medici-Herrschaft in Florenz 1494 und im Siegeszug Karls VIII. von Frankreich erfüllt. Savonarola möchte das städtische Leben in Florenz nach streng asketisch-kirchlichen Grundsätzen ausrichten. Er wendet sich empört gegen den sittlichen Verfall der Geistlichkeit. Dies führt zu einem Konflikt mit dem regierenden Papst Alexander VI., der ihm 1495 das Predigen verbietet.

Savonarola lehnt den Gehorsam unter Berufung auf sein Gewissen ab und wird 1497 exkommuniziert. Er akzeptiert selbst dieses nicht und verschärft seine Angriffe auf das Papsttum; vor allem geht es ihm um die Simonie und den Unglauben. Auf Betreiben seiner Gegner wird er gestürzt, verhaftet und gefoltert. Die Akten über das Verbrechen an dem Aufrichtigen sind gefälscht. Savonarola wird als Schismatiker und Häretiker gehängt und verbrannt. Sein geistiges Erbe hat sich bis heute erhalten.

Wittenberger Nachtigall

Martin Luther stammt aus einem thüringischen Bauerngeschlecht und ist ein Kind seiner Zeit. Sein Vater ist Bergmann und läßt sich mit seiner Frau Margarete 1483 in Eisleben nieder. Hier wird den Eltern am 10.11.1483 ein zweiter Sohn geboren. Am folgenden Morgen wird er in der Peterskapelle nach dem Heiligen des Tages auf den Namen Martin getauft. Die Kinder werden streng erzogen. Luther sagt später: »Mein Vater stäupte mich einmal so sehr, daß ich floh und ward ihm gram, bis er mich wieder zu sich gewöhnte.«

Protestantische Trauung und Taufe; Holzschnitte aus Martin Luthers »Enchiridion«, Heinrichstadt 1576.

Mit viereinhalb Jahren kommt Martin in die städtische Schule, lernt Lesen, Schreiben, Singen, die Zehn Gebote, das Glaubensbekenntnis und das Vater Unser sowie die Anfangsgründe der lateinischen Sprache.

Später geht er nach Magdeburg, vermutlich in die dortige Domschule. 1497 sehen wir ihn als Schüler in Eisenach. Seinerzeit haben die Kinder wohlhabender Eltern, vor den Türen der Bürger um Brot gesungen (Kurrendsingen), damit sie später nicht die Wohltätigkeit vergessen.

Im April 1501 bezieht er die Universität Erfurt und wendet sich auf väterlichen Wunsch der Jurisprudenz zu. Durch die Geisteshaltung des Humanismus freundet er sich mit lateinischen Schriftstellern an. Im Januar 1505 wird er Magister. Während eines Spazierganges soll ihn in der Nähe von Stotternheim ein heftiges Gewitter überrascht haben, worauf er verängstigt ausgerufen haben soll: »Hilf, liebe Sant Anna, ich will ein Mönch werden!«

Konsequent begibt er sich am 17.7. zur Pforte des *Schwarzen Klosters* der Augustinereremiten. Im April 1507 erhält er die Weihe zum Priester. Am 25.1 des gleichen Jahres liest er seine erste Messe. Dr. Johann von Staupitz, der Generalvikar des Ordens, soll zu ihm gesagt haben: »Man muß den Mann ansehen, der da heißt Christus.« Dankbar schreibt ihm Luther: »Durch Dich ist mir das Licht des Evangeliums in meinem Herzen aufgegangen.«

Im Herbst 1508 wird Luther vom Kurfürsten Friedrich dem Weisen von Sachsen auf Veranlassung von von Staupitz an die neugegründete Universität Wittenberg gerufen, um Philosophie zu lehren. Ende 1510 tritt er eine Reise nach Rom an und kommt im Spätsommer des folgenden Jahres in das Wittenberger Kloster zurück.

Staupitz rät ihm später: »Ihr müßt Doktor und Prediger werden.« 1512 sehen wir Luther als Dr. der Theologie; er erhält den silbernen Doktorring und einen Lehrstuhl für Bibelwissenschaft. Er erkennt: »Da

Johannes Oekolampadius. Gemälde von Hans Asper. Basel, Kunstsammlung.

Kaiser Karl V. Radierung von Cornelius Teunissen, 1548.

war es mir, als wär ich von ganz neuem geboren und durch geöffnete Türen in das Paradies getreten. Die Bibel hat für mich auf einmal ein anderes Gesicht bekommen.«

In Jüterbog im Magdeburgischen, an der Grenze zum Kurfürstentum Sachsen, vertreibt der Dominikaner Johann Tetzel seit 1517 den Ablaß. Er handelt im Auftrag des Mainzer Erzbischofs. Der sächsische Landesherr hat sein Land vor der Ausbeutung Tetzels verschlossen; so holen sich die frommen Bürger und Studenten Wittenbergs aus dem nahen Städtchen die neue Gnade, indem sie bezahlen, um ihrer Sünden ledig zu sein.

Luther spürt im Beichtstuhl, welche Leichtfertigkeit Tetzels Ablaßhandel im Volk hervorruft. Er wendet sich mit der vergeblichen Bitte an einige Bischöfe, den Unfug des Ablaßpredigers zu steuern. Darum schlägt er am Sonnabend, dem 31.10.1517, vor Allerheiligen, dem Kirchweihfest, in Begleitung eines seiner Studenten, 95 Thesen an die nördliche Eingangstür der Kirche. Damit will er eine Disputation über den Ablaßhandel bewirken.

Mit der Kirche und dem Papsttum will er nicht brechen. Am selben Tag schickt er die Thesen an seinen Bischof und den Mainzer Erzbischof. Zu einer Disputation mit Luther meldet sich keiner, und doch erregen seine Thesen ganz Deutschland; im guten wie im schlechten. Der Bischof von Merseburg erklärt, er freue sich, wenn sie an vielen Orten angeschlagen würden, damit das arme Volk vor Tetzels Betrug gewarnt wird.

Freilich wird Tetzel das lutherische Agieren zugetragen. Er frohlockt wie so viele einfache Menschen vorschnell: »Der Ketzer (Luther) soll mir in drei Wochen ins Feuer geworfen werden.« Er läßt sich von einem Professor 106 Gegenthesen verfassen.

Der Erzbischof Albrecht von Mainz wendet sich mit einer Eingabe an Rom, in der er Luther der Verbreitung neuer Lehren beschuldigt. Papst Leo X. hält dies für *Mönchsgezänk* und ordnet an, die Ordensoberen sollen Luther warnen. Erst als Tetzels Ordensbrüder Luther wegen des Verdachts auf Ketzerei in Rom anzeigen, läßt Leo X. den Prozeß gegen ihn eröffnen. Anfang des Monats August 1518 erhält Luther den Befehl, innerhalb von 60 Tagen in Rom zu erscheinen, um sich zu verantworten. Sein Landesherr verhindert es und bewirkt, daß sich Luther in Augsburg vor Kardinal Cajetan verantwortet. Luther ist nicht sonderlich zumute, denn er soll gesagt haben: »Ständig hatte ich den Scheiterhaufen vor Augen. Nun muß ich sterben ... welche Schande werde ich meinen lieben Eltern sein.«

Cajetan wohnt im Fuggerhaus. Ein Italiener sucht vor dem Beginn der Verhandlungen als Mittelsmann Luther im Karmeliterhof St. Anna auf und meint, es müsse ihm ein Leichtes sein, die sechs Buchstaben *revoce* (ich widerrufe) auszusprechen.

Am Vorabend des Verhörs schreibt Luther einen Abschiedsbrief an Melanchthon. Nach dem Eintreffen des kaiserlichen Geleitbriefes begibt sich Luther zu Cajetan. Es kommt zu keiner Verständigung und schließlich schickt ihn der Kardinal mit dem Bemerken fort: »Geh und komm mir nicht wieder vor die Augen, es sei denn, daß Du widerrufen willst.« Anderen gegenüber äußert er: »Ich mag nicht weiter mit der Bestie reden, denn sie hat tiefliegende Augen und wundersame Spekulationen im Kopf.«

Luther legt in den nächsten Tagen vor einem Notar und Zeugen Berufung ein. An Cajetan schreibt er, er wäre krank und sein Gewissen erlaube ihm nicht, zu widerrufen. Von Staupitz soll geplant haben, Luther zur Flucht nach Paris zu verhelfen. Ein Jahr nach dem Thesenanschlag trifft er wieder in Wittenberg ein.

Die Sache ist damit nicht erledigt. Mitte November wird der päpstliche Kammerherr Karl von Miltitz vom Papst nach Deutschland geschickt, um dem sächsischen Kurfürsten die *Goldene Tugendrose* zu überbringen, hinter der sich ein politischer Schachzug verbirgt. Er soll vor dieser Ehrung den *Sohn der Bosheit* ausliefern oder ihn verjagen. Friedrich der Weise lehnt es ab. Daraufhin kommt es zu einem verfänglichen Gespräch zwischen Miltitz und Luther.

Der Ingolstädter Professor Dr. Eck verfaßt gegen die lutherschen Thesen eine Streitschrift. Mit dem Hintergedanken einer Disputation mit Luthers Kollegen, dem Wittenberger Professor Andreas Bodenstein von Karlstadt, veröffentlicht er zwölf Thesen. Er will sich Eck in Leipzig persönlich stellen.

Vorab treibt er historische Studien über das Papsttum und gelangt zu der Auffassung, daß es keine göttliche, sondern eine weltliche Institution ist. Er erkennt, daß sich sowohl Päpste wie Konzilien geirrt haben und es wird ihm zur Gewißheit, wie schon Wylef und Hus, daß der Papst in Wirklichkeit der Antichrist ist. Die Disputation wird am 27.7.1519 in der großen Hofstube der herzoglichen Pleißenburg eröffnet. Tetzel ist verhindert, da er krank in Leipzig liegt.

Der Streit zwischen Luther und Eck dreht sich vor allem um das päpstliche Ansehen. Luther verteidigt seinen Vorgänger Hus und stellt heraus, daß unter seinen Artikeln viele durchaus nützlich, christlich und evangelisch seien. Ein gläubiger Christ kann nicht gezwungen werden, gegen die Heilige Schrift etwas anzunehmen. Eck müsse ihm beweisen, daß sich ein Konzil nicht irren kann, noch wirklich irre.

Hochmütig, doch kleingeistig, verkündet Eck: »Hochwürdiger Pater, wenn Ihr glaubt, daß ein gesetzmäßig zustandegekommenes Konzil geirrt habe oder irren könnte, so seid ihr wie ein Heide und Zöllner. Was ein Ketzer ist, brauche ich hier nicht auszuführen.«

Auf dieser Basis ist kein vernünftiges Gespräch möglich, denn die Möglichkeit einer historischen Kritik wird erst gar nicht erwogen und so bricht man nach drei Wochen ab. Der Disput endet mit einer Niederlage für Eck. Luthers Position ist gestärkt und er steht auf der Höhe seiner reformatorischen Erkenntnis.

Nun greift er zur Glaubensfeder und eine gesegnete Zeit als Schriftsteller zeichnet sich ab. Luther gibt um 1520 drei geharnischte Reformationsschriften heraus; es sind Kriegserklärungen an Rom, »nun ist die Zeit des Schweigens vergangen und die zu Reden gekommen.« In der Schrift

Erasmus von Rotterdam, bedeutender Humanist im Umfeld der Religionswirren des 16. Jahrhunderts. Er geißelt scharf die Theologen, dessen Haarspaltereien er als sinnlos bezeichnet. Gemälde von Hans Holbein dem Jüngeren 1523. National Gallery, London.

An den christlichen Adel deutscher Nation

zeigt sich Luther als vaterländischer Patriot und sagt, Rom habe sich mit drei Mauern umgeben, durch die es sich seither schütze, so daß eine durchgreifende Reform unmöglich war.

- Zum ersten behaupte Rom, daß den weltlichen Obrigen keine Gewalt über die Kirche zusteht, jedoch ihr über die weltlichen Machthaber.
- Niemand als der Papst hat das Recht, die Heilige Schrift auszulegen.
- Zum dritten dürfe keiner außer ihm ein Konzil einberufen.

Das Amt des Geistlichen ist lediglich ein Auftrag, den die christliche Gemeinde erteilt und kein besonderer Stand. Zudem stehe die Heilige Schrift über und nicht unter dem Papst. Die Reichsstände sollen das Recht bekommen, freie Konzilien einzuberufen, in denen die Mißstände abzustellen sind, die sich im Laufe der Zeit in die Kirche eingeschlichen haben: »Den Päpsten muß verwehrt werden, in Deutschland Kirchenämter mit im Ausland geborenen Fremden zu besetzen, die nicht mehr als Ölgötzen sind. Ein kaiserliches Gesetz soll verbieten, daß sich ein Bischof den Mantel (Pallium) aus Rom zu holen hat. Die weltlichen Angelegenheiten des Reiches sollen nicht länger Rom zur Entscheidung vorbehalten werden. Zudem solle der Papst nicht über dem Kaiser stehen. Er soll ihm weder huldigen, noch ihm die Füße küssen und treue Untertänigkeit schwören ... so wie es die Päpste unverschämt fordern ... denn darauf haben sie kein Anrecht.«

Luther fordert die Abschaffung des Götzendienstes, eine Reform des Papsttums, die Beseitigung der päpstlichen Vorrechte, das Abschaffen der Wallfahrten, der Bettelklöster, des Interdiktes, der vielen Messen, eine Neuordnung der Universitäten und die Errichtung von Mädchenschulen. Er wendet sich gegen die Geldgier der Päpste, die klerikalen Mißbräuche und nennt »den überschwenglichen Überfluß und Kosten der Kleidung, den Mißbrauch des Fressens, Saufens und der Unkeuschheit.«

Mit dem Zorn seines Herzens zieht er den Papst zur Rechenschaft, weil er durch den von ihm aktivierten Ablaß eine edle Nation treulos und meineidig mache. So solle man alle päpstlichen Gesandten aus dem Land jagen. »Laßt unser Land frei sein von allen unerträglichen Schwätzern und Schindern, gebt uns wieder die Freiheit, Gut, Gewalt, Ehre, Leib und Seele und laßt ein Kaisertum sein, wie es einem Kaisertum gebührt.« So starke Worte fallen auf den fruchtbaren Boden der Weltlichkeit. Hier stellt sich Luther als Geistlicher geschickt vor die weltlichen Interessen und vielleicht ist es das, was sein Leben vor dem Haß der römischen Inquisitoren retten wird.

Herzog Georg schreibt über die erste lutherische Kampfschrift nach Rom: »Es ist nicht alles unwahr, was darin steht, und auch nicht unnötig, daß es an den Tag kommt. Wenn sich niemand getraut, von den Übeln der Kirche zu reden und jedermann schweigen muß, so werden schließlich die Steine reden.«

Von der babylonischen Gefangenschaft der Kirche

Diese Schrift klang »wie eine Sturmglocke durch die abendländische Welt und erregte Entsetzen und Verbitterung.« So manch einer zieht sich jetzt, da der Bruch zwischen Luther und Rom immer deutlicher wird, von ihm zurück.

Erasmus von Rotterdam

hat gegenüber dem Klerus eine kritische Haltung und meint: »Vielleicht wäre es besser, die Theologen mit Stillschweigen zu übergehen. Sie quellen über von neuersonnenen Worten, von lächerlichen Ausdrücken. Die heiligen Geheimnisse legen sie nach ihrem Gutdünken aus; sie wissen, wie die Welt erschaffen und eingerichtet wurde; durch welche Kanäle der Schmutz der Erbsünde in den Nachkommen Adams geflossen ist; auf welche Weise, in welcher Größe und in welcher Zeit Christus im Schoß der Jungfrau entstand; wie in der Eucharistie Fleisch und Blut auch ohne Substanz bestehen.

In ihren Augen ist es eine kleinere Sünde, tausend Menschen hinzumetzeln, als am Sonntag einem Armen den Schuh zu flicken; es sei besser, die ganze Welt, wie man sagt, mit Mann und Maus untergehen zu lassen, als eine kleine und harmlose Lüge zu erfinden. Zahllose Schulen mit einer Vielfalt von Methoden, die ins Unendliche geht, machen die spitzfindigen Spitzfindigkeiten noch spitzfindiger; leichter fände man sich in den Windungen eines Labyrinths zurecht als in den Winkelzügen, in denen sich Nominalisten, Thomisten, Alber-

Spottblatt auf das Lasterleben der Geistlichkeit. Holzschnitt aus dem Jahr 1546.

Lukas Cranach der Ältere: »Der Antichrist«. Holzschnitt aus dem »Passional Christi und Antichristi«, 1521.

tisten, Ockamisten und Scotisten gefallen; dabei nenne ich nur die wichtigsten Sekten ... wer sonst hätte die Kirche von all den Irrtümern befreit, die kein Mensch jemals beachtet hätte, wären sie nicht durch ihre feierliche Verdammung der Dunkelheit entrissen worden ... doch dieses Geschäft erfüllt sie mit dem höchsten Glück.

Nach den Theologen sind am glücklichsten die, welche man gemeinhin Klosterbrüder und Mönche nennt; zwei höchst unpassende Bezeichnungen, denn die meisten sind nicht fromm, und an allen Ecken und Enden läuft man ihnen über den Weg. Das Volk verwünscht sie so sehr, daß es eine Begegnung mit ihnen als böses Vorzeichen wertet.

Indessen haben sie die allerhöchste Meinung von sich selbst. Sie halten es für die größte Frömmigkeit, die Unwissenheit so weit zu treiben, daß sie nicht einmal lesen können. Plärren sie mit ihren Eselsstimmen in den Kirchen ihre wohlabgezählten, doch unverstandenen Psalmen herunter, so halten sie das eine für Gott wohlgefällige Musik.

Viele bilden sich etwas ein auf ihren Schmutz und ihre Bettelei. Wie Ochsen brüllen sie vor der Tür und betteln um ein Stück Brot; keine Herberge, kein Wagen, kein Schiff, wo sie sich nicht zu Haufen drängen, zum großen Schaden der übrigen Bettler.

Diese liebenswerten Gestalten mit ihrem Dreck, ihrer Unwissenheit, ihrem ungehobelten Benehmen und ihrer Dreistigkeit halten sich für Ebenbilder der Apostel. Was gibt es Erfreulicheres als zu sehen, wie sie alles nach der Vorschrift tun? ... Ihre Sandalen müssen soundsoviel Knoten haben, so muß der Gürtel gefärbt, aus soviel verschiedenen Stücken die Kutte gemacht, aus solchem Stoff die Gürtel gemacht sein. So ist die Kapuze geformt und soviel Scheffel muß sie fassen. So viele Finger breit ist die Tonsur, und soundsoviel Stunden darf man schlafen.

Sie sind stolz auf diese Albernheiten ... Ihr ganzes Leben und Trachten geht darauf hinaus, ihr Leben nicht wie die anderen zu führen. Dabei geht es ihnen

nicht darum, Christus ähnlich, vielmehr darum, sich untereinander unähnlich zu sein. Ein gut Teil ihres Glücks besteht in ihren Namen. Die einen haben ihre Freude daran, Franziskaner zu heißen, und die scheiden sich noch in Coletaner, Minoriten, Minimiten, Bullisten. Dann gibt es die Benediktiner, Bernhardiner, Brigitiner, Augustiner, Wilhelmiten, Jacobiner usw.«

Besonders abgesehen hat es Erasmus auf die Abergläubischen und den Ablaßhandel: »Zur selben Kategorie zähle ich die, welche in dem falschen, doch süßen Glauben leben, daß einer, der zufällig die Figur oder ein Abbild der Polyphemsgestalt des heiligen Christopherus anschaut, an diesem Tag gegen den Tod gefeit bleibt; daß einer, der in den vorgeschriebenen Worten die Statue der heiligen Barbara anruft, den Wechselfällen des Kampfes entkommen wird.

Oder daß, wer an bestimmten Tagen bestimmte Kerzen vor dem Bild des heiligen Erasmus anzündet und dabei bestimmte Gebete spricht, bald ein reicher Mann sein wird ... was soll man erst von jenen sagen, deren Gewissen träg einschläft im Glauben an den trügerischen Ablaß; welche die Dauer des Fegefeuers mit der Uhr berechnen ... mit mathematischer Genauigkeit auf Jahrhunderte, Jahre, Monate, Tage und Stunden im voraus, ohne einen Irrtum zu befürchten?

Andere zählen auf zauberkräftige Sprüche oder Gebete, die ein frommer Betrüger zu seiner Belustigung erfand oder um Geld aus ihnen herauszulocken, und erhoffen davon alles: Reichtum, Ehren, Freuden, eine gute Tafel, beständige Gesundheit, ein langes Leben, rüstiges Alter und im Himmel den Platz neben Christus. Doch wohlverstanden: so spät wie möglich; sie ersehnen sich die ewigen Freuden erst für die Zeit, wo die irdischen zu ihrem großen Leidwesen und ihrer verzweifelten Wehr zum Trost verlassen haben.

Da opfert ein Händler, ein Soldat, ein Richter, einen Taler aus dem Gewinn so mancher Dieberei und glaubt, das sei genug, in einem einzigen Augenblick den ganzen Dreck seines Lebens wegzuwa-

Augsburger Reformationsblatt

Ein zweideutiges Religionsbekenntnis[*]

Ich sage gäntzlich ab	der Römisch Lehr und Leben
Luthero bis ins grab	will ich sein gantz ergeben
ich hasse und verspott	die Mes und ohren Beicht
Luthero sein gebot	ist mir gar Süs und Leicht
ich hass je mehr und mehr	all die das Papsttum lieben
die Lutherische Lehr	hab ich ins Hertz geschrieben.
Hinweg aus meinem Land	all Römisch Priesterschaft
was Lutherisch ist verwand	schütz ich mit aller Kraft
wer Lutherisch lebt und stirbt	der muß der Himmel Erben
in Ewigkeit verdirbt	der Römisch komt zum sterben.«

Dieses Gedicht ist von oben nach unten gelesen eine Verdammung der lutherischen Lehre,
von links nach rechts jedoch spricht es gegen den Katholizismus. Es ist ein Hinweis darauf,
wie oft zur damaligen Zeit die Herrscher ihr Glaubensbekenntnis gewechselt haben.

Luther und seine Freunde. Links Luther und rechts am Bildrand Philipp Melanchthon. Sie flankieren Johann Friedrich den Groß-mütigen, als einen der ersten Beschützer der neuen Religionsvariante. Gemälde von Lucas Cranach dem Älteren.

Klerikale Reaktionen

Wieder zurück zu den Luther'schen Schriften. Der kaiserliche Beichtvater hat beim Lesen das Gefühl, »als haue ihm der Kopf bis zu den Füßen mit einer Peitsche durch.«

Luther kommt zur Sache und greift an das schwach pulsierende Herz der römisch-katholischen Kirche: »Wohlan, ich weiß noch ein Liedlein von Rom.« Kühn fegt er vier katholische Sakramente vom Tisch; er anerkennt lediglich Taufe, Abendmahl und Buße; scharf wendet er sich gegen die Verwandlungslehre. Luther verurteilt den Mißbrauch des Gottesdienstes und den der Sakramente, »womit der Papst das Gewissen der Christen knechtet.«

Von der Freiheit des Christenmenschen

Luther läßt diese Publikation, die keine Streitschrift ist, Papst Leo X. zugehen und betont, daß seine Angriffe nicht persönlich gegen ihn gerichtet sind. Und doch erkennt er das Wesentliche, daß ein wahrer Christ ein freier Herr aller Dinge und niemand untertan sei, aber dennoch durch seine freiwillige Liebe jedermann dienstbar wäre. Es heißt im Klartext, daß die hierarchische Struktur des Papsttums überflüssig ist. Es ist ein Keulenschlag in das fossile Kirchenkontor. Es zwingt den Papst zu einer Reaktion.

Heiliger Fluch und Septemberbibel

Nun wird Dr. Eck zur Berichterstattung nach Rom befohlen. Auf sein Betreiben hin werden in der am 16.6.1520 erlassenen Bulle 41 lutherische Sätze als ketzerisch verworfen. Der gute Ton ist in diesem Zusammenhang zweitrangig, denn die Verteidigungsschrift hebt an: »Erhebe Dich, Herr … ein Wildschwein will Deinen Weinberg verwüsten.« Alle Schriften Luthers sollen verbrannt werden, neue dürfe man keine mehr drucken und Luther wird mit

schen; jeder Meineid, jede Ausschweifung, Völlerei, jeder Streit, Mord, Betrug, Verrat könne gleichsam vertraglich wieder gutgemacht werden, und zwar so gründlich, daß sie sogleich die ganze Reihe ihrer Verbrechen ganz von vorne beginnen dürften.

Gibt es aber eine größere und zugleich noch trostreichere Torheit, als sich der höchsten Glückseligkeit sicherzuwähnen, wenn man bloß jeden Tag sieben Verse aus den Psalmen dahersagt?«

seinen Anhängern mit dem Bann bedroht, falls er sich nicht bereit erklärt, innerhalb von 60 Tagen zu widerrufen. Noch immer hat die Kirche nichts aus ihren Fehlern gelernt und das Strickmuster ist schon wieder das gleiche. Es kann deshalb nicht funktionieren, weil die Zeit eine andere ist.

Eck wird mit der Vollstreckung des Urteils beauftragt. Er muß scheitern, denn in nur drei Städten gelingt ihm die Veröffentlichung des *Heiligen Fluches.* Luther schreibt seinem Freund Spalatin: »Ich verachte die Bulle und befehde sie als gottlose, lügnerische, ganz und gar Ecksche ... für meine Person bin ich ohne Furcht. Gottes Wille geschehe.«

Dann wird Luther zugetragen, daß der päpstliche Gesandte in den Niederlanden, wie in Köln und Mainz, einen Teil seiner Schriften habe verbrennen lassen. Am frühen Morgen des 10.12. läßt Luther durch Melanchthon einen Anschlag an die Tür der Wittenberger Pfarrkirche anbringen. Darin ... lädt er alle Freunde der evangelischen Wahrheit ein, sich um neun Uhr bei der Kreuzkapelle außerhalb der Stadtmauer einzufinden, wo nach dem apostolischen Brauch die gottlosen Bücher des päpstlichen Rechts verbrannt werden würden.

Zuerst werden die päpstlichen Rechtsbücher den Flammen übergeben und dann die gegen Luther gerichtete Bannbulle mit den Worten: »Weil du die Wahrheit Gottes verderbt hast, verderbe dich heute der Herr mit diesem Feuer.« Dies ist der endgültige Bruch mit dem Papsttum: »Deutschland ist in heller Aufruhr ... für neun Zehntel ist das Feldgeschrei *Luther,* für die übrigen, falls er ihnen gleichgültig ist, *Tod der römischen Kurie.*«

Am 3.1.1521 spricht Papst Leo X. den Bann über Luther aus und geht von seiner verängstigenden Wirkung aus, wenngleich er lediglich Riten der Naturvölker aufwärmt. Luthers Landesherr hält sich nicht an die sonst daran gebundenen Verpflichtungen. Er beabsichtigt Luther mit nach Worms zu nehmen, um die Angelegenheit hier, unter dem Schutz des Reichstages, durch unparteiische Sachverständige klären zu lassen.

Kaiser Karl V., von strenger katholischer Gesinnung, läßt Luther im Widerstand zu den kirchlichen Bestrebungen und unter der Zusicherung des freien Geleites, laden. Sein Beichtvater Clapio sucht Luther mit einem plumpen Winkelzug in eine Falle zu locken, indem er ihn vom Weg abbringen will. Luther läßt ihm bestellen: »Hat des Kaisers Beichtvater etwas mit mir zu reden, so mag er es in Worms tun ... wenn noch so viele Teufel in Worms wie Ziegel auf den Dächern wären, so wollte ich doch hinein.«

Für die katholische Geistlichkeit ist das kaiserliche Zugeständnis ein Problem; zum einen negiert es die kirchliche Inquisitionspolitik und zum anderen fürchtet man die offene Auseinandersetzung. Es kann einen größeren Flächenbrand bedeuten, zumal der päpstliche Gesandte Luther als *Ketzerobersten* bezeichnet hat.

Der Reichstag hält die Sitzungen in der bischöflichen Pfalz. Der Landsknechtoberst Frundbergs soll Luther auf die Schulter geklopft und gesagt haben: »Mönchlein, Mönchlein, du gehest einen schweren Gang, dergleichen ich und mancher Oberst auch in unserer allerschwersten Schlachtordnung nicht getan haben. Bist du aber rechter Meinung und Deiner Sache gewiß, so fahre in Gottes Namen fort und sei getrost, denn Gott wird dich nicht verlassen.«

Luther wird zur Rede gestellt, ob er sich zu den unter seinem Namen veröffentlichten Schriften bekenne und ob er davon etwas zu widerrufen geneigt sei. Er erbittet zur zweiten Frage Bedenkzeit. Einen Tag danach steht er wieder vor dem Tribunal. Mutig trägt er vor, er könne die gegen das Papsttum und dessen vorgetragenen Lehren gemachten Äußerungen nicht widerrufen, da er sonst die päpstliche Tyrannei stärken und den gottlosen Wesen nicht allein die Fenster, sondern auch Tor und Tür auftue, er könne nicht der Gottlosigkeit Vorschub leisten. Darum bittet er, ihn aus der Bibel zu widerlegen. Er glaube weder an den Papst noch den Konzilien allein, da es am Tage ist, daß sie sich öfters geirrt und sich widersprochen haben; er könne darum nur ausrufen: »Ich will nicht widerrufen ... Gott helfe mir ... Amen.«

»In Wollust lebt dieser und Üppigkeit« aus:
»Leiden Christi und Anti Christi« von Anti
Christi.

Damit ist die Entscheidung gefallen.
Karl V. gibt einen Wink, um Luther abzuführen. Hat er doch gesagt, ... er sei entschlossen, gegen ihn als wahren und überführten Ketzer vorzugehen. Spanische Knechte rufen ihm zu: »Ins Feuer, ins Feuer.« Am kommenden Tag versucht man ihn umzustimmen und er sagt: »Ich kann nicht weichen, es gehe mir, wie Gott es will.« ZehnTage später verläßt Luther ohne Aufsehen Worms.

Kurz vor seiner Abreise läßt ihm der sächsische Kurfürst die Information zuspielen, er werde ihn irgendwo unterwegs eintun, um ihn dadurch vor der zu erwartenden Reichsacht zu schützen.

So wird sein Reisewagen am 4.5. abends im Thüringer Wald in der Nähe des Schlosses Altenstein von einer Reiterschar umringt; ein Überfall wird konstruiert. Luther wird aus den Wagen gerissen und muß zu Fuß weitergehen. Auf diese Weise gelangt er auf die Wartburg.

In Worms zögert man offensichtlich und verliert kostbare Zeit. Nach 20 Tagen erreicht Luther die Nachricht der über ihn ausgesprochenen Reichsacht. Das kaiserliche Edikt besagt, »daß ihr nach dem Ablauf von 20 Tagen den Martin Luther nicht hauset, hofet, atzet, tränket, noch erhaltet (bewirtet), noch ihm mit Worten und Werken, heimlich oder öffentlich Hilfe, Anhang, Beistand oder Vorschub leistet, sondern ihn, wo ihr seiner mächtig werdet, gefangen nehmen und (ihn) uns wohlverwahrt zusendet ... Wer ihn und seine Anhänger diesem Schicksal überliefere, soll deren Güter behalten dürfen.«

Luther ist vogelfrei; mit diesem Status lebt er 25 Jahre, bis zu seinem Tod. Er bleibt zehn Monate auf der Wartburg, erlebt merkwüdiges im Zusammenhang mit dem erdichteten Teufel und wendet sich empört an Erzbischof Albrecht von Mainz, der den Ablaßhandel wieder aufgenommen hat, um seine Schulden in Rom bezahlen zu können.

Luther übersetzt das Neue Testament aus dem Griechischen ins Deutsche. 1522 geht das Werk als *Septemberbibel* mit der ungewöhnlich hohen Auflage von 5000 Exemplaren in Druck. Der Meißner Domherr Cochläus sagt: »Luthers Neues Testament war in so großer Zahl ausgesprengt, daß auch Schneider und Schuster, Weiber und andere Einfältige, so viel derer dies Evangelium angenommen, die auch nur einiges wenig Deutsch gelernt, dasselbe gleich als einen Brunnen aller Wahrheit mit der höchsten Begier lesen, etliche trugen dasselbe mit sich im Busen herum und lernten es auswendig.«

Auswirkungen

Luther schafft die lateinische Sprache während des Gottesdienstes, die Verehrung der Heiligen, den Zwang der Ohrenbeichte und die Meßopfer ab. Die Messe wird *bürgernah*. In ihrem Mittelpunkt steht die Predigt in der Landesprache. Dies setzt eine Bibelübersetzung voraus. Luther arbeitet etwa zehn Jahre an dieser Aufgabe. Damals gibt es schon 14 hochdeutsche Übertragungen. Es sind Übersetzungen der verfälschten *Vulgata* und *keine* Direktübertragung des hebräischen Urtextes, der nur fragmentarisch und gestückelt vorliegt.

Luther ist so ehrlich wie schon damals der Kirchenvater Hieronymus und erkennt die Schwierigkeiten einer korrekten Übertragung: »Kaum einer wird gewahr, wieviel Wacken und Klötze da gelegen sind, da er jetzt darübergeht wie über ein gehobelt Brett ... es ist gut zu pflügen, wenn der Acker gereinigt ist ... aber den Wald und die Stöcke roden und den Acker zu richten, da will niemand an ... man muß nicht nach den Buchstaben in der lateinischen Sprache fragen, wie man deutsch reden soll, sondern man muß die Mutter im Hause, die Kinder auf der Gasse, den gemeinen (einfachen) Mann auf dem Markt darum fragen und denselbigen auf das Maul schauen, wie sie reden, und danach dolmetschen. So verstehen sie es denn und merken, daß man deutsch mit ihnen redet.«

Gewiß ist es eine noble Auffassung, doch in ihr liegen viele Mängel. Bei einem so fundamentalen Buch kann nur Präzision das höchste Gebot sein und nicht die Stimme des Volkes. Dadurch hat sich das Glaubensbuch der Christenheit noch weiter vom Wahrheitsgehalt entfernt. Nun haben zwar viele eine Bibel und sie glauben auch an deren Inhalt; historisch ist und bleibt er beweislastig. 1534 ist die Luther'sche Bibelversion abgeschlossen. Der Wittenberger Hans Lufft fährt nicht schlecht dabei und verkauft innerhalb von 40 Jahren 100 000 Exemplare. Es ist ein Bestseller.

In kurzer Folge erscheinen Übersetzungen in Dänemark, Schweden und Holland. Luther verfaßt nun ein evangelisches Gesangbuch. Darum preist ihn der Nürnberger Hans Sachs als »die *Wittenberger Nachtigall*, die man jetzt überall höret.«

Die lutherische Bibel fordert die Gläubigen auf, einen *aktiven* Glauben zu leben und nicht in der *passiven* Hingabe der Gotthörigkeit zu verharren. Erstmals werden breite Volksschichten mit der Bibel konfrontiert, die man ihnen vordem aus Angst vorenthalten hat. Und nun gesellt sich eine zweite wichtige Strömung dazu.

Markgraf Georg von Brandenburg meint: »Ich wollte lieber den Kopf verlieren, als Gott und sein Evangelium verleugnen.«

Luther stellt 1520 die Forderung auf, daß die Heilige Schrift in den höheren und niederen Schulen die vornehmste und gemeinste Lektüre sein solle. 1524 schreibt er an die Ratsherren aller Städte des deutschen Landes, daß sie Schulen aufrichten und halten sollen. »Meine Meinung ist, daß man die Knaben des Tages eine Stunde oder zwei lasse zur Schule gehen und die andere Zeit im Hause schaffen, Handwerk lernen und wozu man sie haben will ... Ebenso kann ein Maidlein soviel Zeit haben, daß es des Tages eine Stunde zur Schule gehe und dennoch seines Geschäftes im Haus wohl warte. Es fehlt allein daran, daß man nicht Lust noch Ernst dazu hat, das junge Volk zu ziehen ... die Obrigkeit ist schuldig, die Untertanen zu zwingen, ihre Kinder zur Schule zu halten, daß Prediger, Juristen, Pfarrherren, Schreiber, Ärzte und dergleichen bleiben, denn man kann deren nicht entbehren.« Damit nimmt Martin Luther den Geistlichen das Bildungsmonopol aus der Hand und trägt es in die breiten Volksmassen. In rascher Folge entstehen Lateinschulen, wie 1526 das Melanchthon-gymnasium in Nürnberg und Hof.

Jetzt tritt es offen zutage, denn es stellt sich eine fundamentale Unkenntnis in religiösen Dingen heraus. Die Unwissenheit der Pfarrer ist unbeschreiblich. Er ruft mit Besorgnis aus: »Hilf, lieber Gott. Wie manchen Jammer habe ich gesehen, daß der gemeine Mann doch so gar nichts weiß von der christlichen Lehre, sonderlich auf den Dörfern ... und leider viele Pfarrherren sehr ungeschickt und untüchtig sind zu lehren ... sie kennen weder das Vater Unser noch den Glauben noch die Zehn Gebote.«

Melchanthon schreibt: »Mein Herz blutet, wenn ich diesen Jammer sehe. Ich gehe oft beiseite und weine meinen Schmerz aus, wenn wir mit der Untersuchung eines Ortes fertig sind.« Hier bezieht er sich auf die allgemeine Visitation des Kirchen- und Schulwesens im Kurfürstentum Sachsen.

Luther steuert dem Bildungsnotstand entgegen und verfaßt den *Kleinen Kate-chismus* für die Laien und den *Großen Katechismus* für die, die sich für klüger halten, für die Pfarrer und Lehrer.

Der protestantische Flächenbrand bedarf dringend der Kanalisation. An die Stelle der Bischöfe treten Landesherren als *Notbischöfe*. Dann gründet man landesherrliche Kirchenbehörden, die Konsistorien. Ihnen unterstehen die Superintendenten, die die evangelischen Pfarrer beaufsichtigen und führen. Das evangelische Pfarramt tritt an die Stelle des katholischen Priestertums.

Religiöser Mehrfrontenkrieg

Auf dem Nürnberger Reichstag 1522 erklären die Fürsten die Durchführung des Wormser Edikts, das die Rückeroberung des allein seligmachenden Katholizismus zum Inhalt hat, für unmöglich. Man fordert ein deutsches Konzil.

Der Kardinallegat Campeggi ruft 1524 mit einigen dem Papst Ergebenen in Regensburg zu einem Konvent zusammen.

Parallel versteht er es, Herzog Wilhelm Ludwig und Erzherzog Ferdinand zur Aufrechterhaltung des römischen Kirchentums zu bewegen. Neben ihnen sehen wir den Erzbischof von Salzburg, die Bischöfe von Trient und Regensburg, die Gesandten der Bischöfe von Bamberg, Straßburg, Augsburg, Basel, Freising, Passau und Brixen. Es ist das Fähnlein der Aufrechten, ohne deren Geburtshilfe der katholische Glauben im deutschsprachigen Raum möglicherweise in der Versenkung verschwunden wäre. Es sind vor allem bayerische Fürsten, die zusamen mit den Jesuiten den *alten* Katholizismus retten.

Die Gemeinschaft der papsttreuen Geistlichkeit schließt am 6.7.1524 ein Bündnis, bei dem als verbindlich erklärt wird, das Wormser Edikt und die beiden letzten Nürnberger Reichsabschiede in ihren Ländern zu vollziehen, gemeinschaftlich der Reformation entgegenzuwirken und alles anzuwenden, was der Ausrottung der Ketzerei dienlich ist; verheiratete Geistliche seien zu bestrafen. Es ist das sogenannte *Regensburger Bündnis*, dem 1525 das *Dessauer Bündnis* als Zusammenschluß der deutschen katholischen Fürsten zur Seite tritt.

Jetzt schließen sich die evangelisch gesinnten Fürsten, voran der sächsische Johann der Beständige, der Nachfolger von Friedrich dem Weisen, und der junge, politisch kluge und weitschauende Landgraf Philipp von Hessen zum *Torgauer Bündnis* 1526 zusammen.

Bereits ein Jahr zuvor hat Albrecht von Preußen und der Rat der Stadt Nürnberg nach einem Sieg der *Neugläubigen* die Reformation in Nürnberg eingeführt.

Der katholische Kaiser Karl V. wendet sich 1526 verstärkt der Klärung dieser Fragen zu und geht daran, die aufgestauten Religionswirren zu lösen. Sein Ziel ist, die Ketzerei in Deutschland zu unterdrücken, die keine ist. Er kann sich nicht behaupten. Nach dem Reichstagsabschied von Speyer 1526 entstehen zahlreiche evangelisch orientierte Landeskirchen. In der Markgrafschaf Brandenburg hält die Reformation Einzug.

Der Zweite Speyerer Reichstag 1529 scheint die evangelische Sache zu bedrohen. Die hier vertretene katholische Mehrheit ist erbittert über die Ausbreitung der lutherischen Lehre. Man faßt den Beschluß, daß die Messe in der alten Form in den evangelisch gewordenen Ländern wieder herzustellen sei und daß alle kirchlichen Neuerungen bis zu den Ergebnissen eines Konzils zu unterlassen sind. Gegen den für sie ungünstigen Beschluß stemmen sich die evangelischen Reichsstände, sechs Fürsten und vierzehn Reichsstädte. Sie widersprechen in feierlicher Form am 19.4. und tragen vor, in Sachen der Religion könne man sich keinem Mehrheitsbeschluß unterwerfen; jeder müßte für sich selbst Gott Rechenschaft abgeben. Seitdem nennt man die Anhänger der Reformation *Protestanten*, eben weil sie protestiert haben. Das für 1529 anberaumte *Marburger Religionsgespräch* soll eine Einigung herbeiführen, doch es kommt nicht zustande.

1530 kommt Kaiser Karl V. von seinen spanischen Besitztümern zurück. Die religiöse Frage soll auf dem Augsburger Reichstag entschieden werden. Karl V. hat dem Papst zugesichert, die Ketzerei zu bekämpfen und dadurch ein leichtfertiges Versprechen gegeben. Der kaiserlichen Forderung, daß den protestantischen Geistlichen das Predigen verboten wird, verweigern deren Fürsten den Gehorsam, falls auch nicht den Gegnern das Predigen untersagt wird. Markgraf Georg von Brandenburg-Ansbach kontert und meint, er wolle lieber den Kopf verlieren als Gott und sein Evangelium verleugnen.

Dann arbeitet Melanchthon die *Confessio Augustana* (Augsburger Bekenntnis) in deutscher Sprache aus, das den Nachweis bezweckt, daß die Evangelischen im Punkt der christlichen Lehre nicht den Boden der katholischen verlassen haben.

Der Kaiser meint, sich mit Anordnungen durchsetzen zu können. Dr. Eck soll die Konfession des Melanchthon widerlegen und so entsteht auf Umwegen die *Confutatio* (Gegenschrift). In Augsburg kommt ein strenger Reichsabschied zu Tage, nach dem die Evangelischen den Reichstag unter

ALBRECHT VON EYBE DOCTOR

Der Humanist Albrecht von Eyb. Titelholschnitt seines »Spiegel der Sitten«, Augsburg 1511

Protest verlassen. Die katholische Mehrheit erneuert das Wormser Edikt und füttert den Papiertiger. Eine Vernichtung des Protestantismus scheint bevorzustehen. Die feindselig-drohende Haltung des Kaisers gegen die Evangelischen bewirkt, daß sie sich 1531 zu einem Kriegsbündis, dem *Schmalkaldischen Bund*, zunächst auf sechs Jahre begrenzt, zusammentun.

Sie verpflichten sich zur gemeinsamen Verteidigung gegen jeden, der einen von ihnen wegen seines Glaubens angreifen würde. Dies bringt Karl V. zum Einlenken und der nächste Schritt ist der *Nürnberger Anstand*. Hier wird erstmals den Evangelischen Duldung zugebilligt. Dies führt zu einer Ausweitung des Protestantismus im deutschprachigen Raum und darüber hinaus. Im Norden halten die Protestanten bereits die Mehrheit und um 1570 scheint ganz Deutschland evangelisch zu sein. Das in Aussicht gestellte Konzil kommt nicht zustande. In diesem Umfeld werden einige Intrigen gesponnen.

Es gelingt den Katholiken, ihre Gegner in die Knie zu zwingen. Der als ehrgeizig bekannte Herzog Moritz von Sachsen tritt gegen das Versprechen der Kurwürde auf die Seite des Kaisers und handelt sich dadurch den ehrenvollen Titel *Judas von Meißen* ein.

Der sächsische Kurfürst wird bei Mühlberg vom Kaiser überrascht und gefangen. Der Landgraf von Hessen unterwirft sich freiwillig. Karl V. steht im Zenit seiner Macht und am Ziel seiner Wünsche. Luther bleiben die Religionswirren erspart, denn er stirbt am 15.2.1546. In tiefem Schmerz berichtet Melanchthon: »Ach, dahingegangen ist der Wagenlenker Israels, der die Kirche in diesem letzten Weltalter geleitet hat.«

Der Kaiser zwingt den Protestanten 1548 das *Augsburger Interim* auf. Nur die Priesterehe und der Laienkelch werden ihnen vorläufig als besondere Zugeständnisse gelassen. Das Interim wird im Süden Deutschlands gewaltsam durchgesetzt. Der Norden wehrt sich beharrlich, vor allem Magdeburg, *Unseres Herrgotts Kanzlei*, das 1550-51 eine Belagerung über sich ergehen läßt.

Kurz danach wird der *Augsburger Religionsfrieden* geschlossen. In ihm wird den Verwandten der Augsburger Konfession, also den Lutheranern, noch nicht den Reformierten, Religionsfreiheit zugestanden. Man hält sich an den Grundsatz *Cuius*

Kaiser Karl V. ist der wohl mächtigste Herrscher des 16. Jahrhunderts und zugleich der dem Katholizismus zugeneigteste. In seine Zeit fallen die religiösen Unruhen im deutschsprachigen Raum und der Konflikt mit Luther, über den die Reichsacht verhängt wird. Karl V. dankt am 25.10.1555 in Brüssel ab. Die Macht geht auf seinen Sohn Philipp I. über.

regio, eius religio (der Landesherr bestimmt die Religion seines Landes), was ein weiterer Willkürakt ist, denn wieder kann der Einzelne nicht entscheiden, was er glauben will. Andersdenkenden würde man jedoch die Auswanderung gestatten. Eine Einschränkung ist der geistliche Vorbehalt, nach dem geistliche Fürsten beim Übertritt zum evangelischen Bekenntnis ihr Gebiet verlieren sollen. Ab jetzt ist das deutsche Volk in zwei Glaubenslager gespalten.

Bruder Cornelius Adriansen

Die Sticheleien unter den Geistlichen gehen weiter. Der flämische Pater wird in Dordrecht geboren. Die Eltern bestimmen ihn zum geistlichen Stand. Nach Beendigung seiner Studien gelangt er 1549 in das Franziskanerkloster in Brügge. Die Oberen tragen ihm aufgrund seiner Redegewandheit das Predigeramt an. Am 15.12.1560 ereifert er sich, weil einige deutsch-protestantische Prediger und Anhänger der Augsburgischen Konfession nach Antwerpen gekommen sind. Und schon brüllt er los:

»Bah, ich möchte beinahe vor Zorn und Tollheit aus der Haut fahren. A Bah. Da sind nun zu Antwerpen, dem höllischen Pfuhl, dem teuflischen Abgrund, wo alles verfluchte Gift und stinkender Unflat zusammenkommt, wiederum neue Verräter, Verführer, Betrüger, neue Schelme und Bösewichter aus dem verdammten und verfluchten Deutschland angekommen und vermeinen, in diesen edlen Niederlanden, die sich jederzeit so standhaft im christlichen Glauben gehalten, bis die mageren, dürren, ledernen deutschen Arschkerben ihre beschissene Supplikation übergeben.

Ihre Augsburgische Konfession einführen und fortzupflanzen. Bah, seht doch, wie schnell sie damit gelaufen kommen, sobald sie gehört, daß diese verfluchten Geusen die Religion verändern wollen! Ei ja, eben recht! Wie? Wir sitzen da und warten darauf, bis ihr kommt! Bah! alles bereit! Ah, bah, es ist zu verwundern, wie ihr so lange geblieben seid mit eurer schönen Konfessi-

Spottbild auf das Lasterleben der Mönche.

on in Augsburg, welche erstlich so süß, lieb und betrüglich von dem falschen, verdammten, höllischen Ketzer, dem unbeständigen Zweifalter und Wetterhahn Philipp Melanchthon verfaßt und zusammengestellt, dann aber mit seinem teuflischen höllischen Gift so verdorben und nach seinem ketzerischen Sinn verfälscht worden, daß auch die Zwinglianer, Calvinisten und Sakramentierer sich damit behelfen und verteidigen können und wollen.

Darum scheiß ich in die Augsburgische Konfession. Bah! Die Zeit soll noch kommen, da diese Konfession an den Galgen gehängt und mit Kot und Dreck beworfen werden soll, daß alle Katholiken den Arsch daran wischen werden; bah, so seht! - Ah, bah! Die Wiedertäuferei ist 100mal besser als die Konfession von Augsburg! Bah!

Gott schände die Augsburgische Konfession. Der Teufel hole sie ... Wie, was meint ihr, daß wir toll und töricht seien und daß wir uns so von diesen ledernen Arschkerben sollen überteufeln und äffen lassen, von diesen deutschen Verrätern, den ersten Abtrünnigen und Ausgebannten von der römisch-katholischen Kirche?« Er schreit von der Kanzel: »Bah! darum haltet das Maul und laßt mich predigen, was mir der Heilige Geist eingibt.«

Unterschwellig geht die Auseinandersetzung um den rechten Glauben bis heute weiter, denn 1953 erklärt der Kurienkardinal Alfredo Ottaviani in Bezug auf die protestantischen Minderheiten in Italien und Spanien:»In den Augen eines wahren Katholiken ist die sogenannte Duldsamkeit nicht am Platz.« Selbst wenn die Protestanten heute etwa hälftig und friedlich im Lande sind, so sind sie doch seitens der katholischen Kirche Glaubensgegner, deren man sich am liebsten entledigen möchte.

Ein bedeutendes Ereignis kommt dem angeschlagenen Katholizismus auf dem deutschen und österreichischen Boden entgegen: Ignatius von Loyola, ehemals spanischer Offizier, ringt sich zur religiösen Innerlichkeit durch und gründet aufgrund einer verhinderten Pilgerfahrt nach Palästina die *Gesellschaft Jesu*, das festeste Bollwerk des alten Katholizismus. Doch trotz all ihrer Erfolge und weitgestreckten Bemühungen, Machenschaften und politisch-sittlichen Ränke bleibt der deutschsprachige Raum bis heute geteilt.

Karlstadt, Münzer, Zwickauer Propheten

Karlstadt lebt in einer Welt theologischer Spitzfindigkeiten. Er wird 1504 nach Wittenberg gerufen und beschäftigt sich mit Aristoteles und den Werken des Thomas von Aquin.»Er verbindet mit dem Studium der scholastischen Philosophie das des kanonischen und römischen Rechts, was schon von der Sache her so gut wie unmöglich ist.«

Dr. Scheurl, ein Rechtsgelehrter, Viel- und Lobredner, bezeugt in einer feierlichen akademischen Rede die Verdienste von Karlstadt:»Nennt ihn einen großen Philosophen, einen noch größeren Theologen und den größten Thomisten«, der er gewiß nicht ist. Die bei Scheurl auffallende Lobhudelei läßt die Oberflächlichkeit erkennen, mit denen der damalige Humanismus gehandhabt wird.

Karlstadt wird 1510 Archidiakonus an der Wittenberger Stiftskirche. Mit dem Amt ist die Professur der Theologie an der Universität verbunden. Das Stift umfaßt zwölf Kanonikate, deren Inhaber Universitätslehrer sind. Die sieben oberen Positionen sind Theologen vorbehalten, die nächsten vier für Juristen bestimmt, die ein theologisches Studium absolviert haben und die fünf niederen an Professoren der Philosophie und der freien Künste vergeben; sie müssen Bakkalaureus der Theologie sein. Daraus wird deutlich, welchen Stellenwert man seinerzeit der Theologie beimißt.

Luther kommt erst 1512 nach Wittenberg und es ist verständlich, daß er mit Karlstadt konfrontiert wird, der sich bald danach an ihm orientiert. Karlstadt geht 1515 nach Rom und wird im gleichen Jahr wegen einer Summe von zwölf fl. rückständiger Miete in einen Streit verwickelt. Das Stiftsgericht verurteilt ihn zur Zahlung und der Gekränkte wendet sich mit dieser Lappalie an den Papst, denn um solche Dinge wird er sich doch noch kümmern dürfen. Als ihm dies Ansinnen von Kurfürsten versagt wird, kommt er mit der Bitte ein, eine Romreise antreten zu wollen. Er wird daraufhin vier Monate freigestellt.

In einer späteren Schrift beruft er sich auf die Pracht und Üppigkeit des römischen Hofes. Als er von Italien zurückkehrt, scheint er wie verwandelt. Er wendet sich von der Scholastik der Heiligen Schrift zu und bemerkt, daß er sie vordem nicht verstanden, sondern nur an sie geglaubt hat. Durch die Lossagung von der Kirche wird Karlstadt durch die Bulle verdammt.

Er geht am 20.1.1522 eine Ehe ein und richtet im schon davorliegenden Oktober eine neue Art der Abendmahlsfeier ein. Er findet einen Mitstreiter in dem Augustinermönch Gabriel Didymus. Dann schließen sich im sächsischen Raum und weit darüber hinaus deutliche Auflösungstendenzen des Klerikalismus *alter* Manier an. Luther verfolgt die Entwicklung argwöhnisch von der Wartburg aus. Als Junker Jörg greift er später in das Geschehen ein.

Während Luther auf der Wartburg Bücher schreibt, zeigen sich in Wittenberg bedenkliche Auflösungstendenzen. Priester heiraten, Mönche und Nonnen verlassen die Klöster. Karlstadt führt eine neue Reform des Gottesdienstes ein. Man bricht Kirchen

Die Übergabe der Augsburger Konfession. Kupferstich von August Vindel, 1530. germanisches Nationalmuseum, Nürnberg.

auf, reißt Bilder herunter, zerstört Altäre und Kreuze. Es ist sinnlos und nicht von den Reformatoren gewollt. Luther und Melanchthon zeigen sich ratlos und verängstigt. Hier bricht die Volkswut durch, die so naiv ist zu meinen, daß Gewalt sinnvoll sei. Luther kommt für einen Tag nach Wittenberg und verfaßt dann die Schrift *Eine treue Vermahnung zu allen Christen, sich zu verhüten vor Aufruhr und Empörung.*

Etwas später kommt er nochmals nach Wittenberg, um in kraftvollen Worten die Dinge zu regeln; es ist für ihn gefährlich, denn er ist vogelfrei. Er predigt acht Tage lang von der Wittenberger Kanzel gegen die Schwarmgeister und verurteilt deren gewaltsames Vorgehen. Bald danach weichen

die *Zwickauer Propheten* aus Wittenberg, das sich zum reformatorischen Zentrum entwickelt hat. Die Wiedertäufer setzen im süddeutschen Raum ihre Aktivitäten fort.

Dann tritt der Prophet Thomas Münzer auf den Plan der Geschichte. In glühender Erregung setzt er sich für die Errichtung eines kommunistisch-republikanischen Gottesreiches ein. Er wird gefangen und hingerichtet.

Neben der deutschen Reformation entsteht in der Schweiz eine vergleichbare Bewegung unter der geistigen Führung von Zwingli und Calvin. Die Kontroverse wird ungleich schärfer geführt und ist weniger erfolgreich. Sie führt im französischen Raum die Hugenottenkriege herbei.

Opfer der Glaubenspolitik

?	Der Karmelitermönch Peter Recordi wird durch die Inquisitoren Heinrich von Chambray und Peter Bruni verurteilt: »Er hat verschiedene Wachsbilder angefertigt und dabei unter Beschwörungen den Teufel angerufen. Die Wachsbilder habe er mit Giftstoffen und Krötenblut vermischt, nächst dem Teufel geopfert, indem er sie in der Bauchgegend mit Blut und Speichel besprengte und sie unter die Schwellen der Häuser gelegt, in denen Frauen wohnten, mit denen er habe in geschlechtlichen Verkehr treten wollen. Er habe dieses Mittel erfolgreich benutzt. Er wird zum ewigen Kerker bei Wasser und Brot und mit eisernen Arm-und Beinfesseln begnadigt.
1323	In Paris wird ein Priester verbrannt, der, in der Absicht einen Schatz zu heben, eine Katze mit Weihwasser und Charisma gefüttert hat, um sie dann zu töten und aus ihrem Fell Riemen zu schneiden, die dazu bestimmt sind, zu einem Zauberkreis verbunden zu werden. Der Teufel soll ihm gesagt haben, daß er damit den Fundort des Schatzes erkenne.
1382	Der englische Priester Johann Ball wird ermordet. Er wettert gegen die Entartung der Geistlichen und über die von ihnen verübten Kindermorde.
1415	(6.7.) Johannes Hus wird in Konstanz als böhmischer Ketzer verbrannt.
1416	Hieronymus von Prag stirbt auf einem Scheiterhaufen.
1418	Die Gebeine des englischen Reformators Wylcef werden 30 Jahre nach seinem Tod ausgegraben und verbrannt.
1431	(30-5.) Jeanne d'Arc, die Jungfrau von Orleans, wird von einem geistlichen Gericht, an deren Spitze der Bischof von Beauvais und der vom Papst eingesetzte Inquisitor stehen, zum Tod auf dem Scheiterhaufen verurteilt.
1453	Der Benediktinerprior von St. Germaine en Laye, ein Mönch aus Poitiers, predigt, daß die satanischen Versammlungen Hirngespinste sind. Dafür wird er zum ewigen Gefängnis verurteilt, »weil sich ergeben, daß er selbst mit den Teufeln ein Bündnis geschlossen hat … wodurch er viele Richter zur Milde bewogen und darum das Unwesen so überhand genommen.«
1460	(um) Johann Ruchrat aus Oberwesel, ein bekannter Theologe, wettert wie Luther gegen den Ablaßhandel. Veranlassung ist vermutlich das Jubeljahr 1450. Die Kirche verbrennt seine Schriften und er wird zur lebenslänbglichen Haft im Mainzer Augustinerkloster begnadigt. Er stirbt 1481, einige Jahre vor dem Erscheinen des Hexenhammers.
1498	(23.5.) Der Dominikaner Girolamo Savonarola, der sich für die Reformation der römisch-kathlischen Kirche einsetzt, wird mit dem Bann belegt und bald danach den rächenden Flammen des Christentums übergeben.
1498	(28.6.) Vor der Peterskirche in Rom werden 180 Maranen über den rechten Glauben belehrt.
1522	In Bern wird ein Priester wegen konkubinarischer Vergehen enthauptet.
1523	Auf dem Marktplatz von Brüssel werden die beiden ersten protestantischen Märtyrer, die ehemaligen Augustinermönche Heinrich Voes und Johann Esch, verbrannt.
1525	(15.5) Thomas Münzer wird hingerichtet.
1527	(7.2.) Georg Wagner, (Carpentarius), wird im Münchener Falkenturm eingekerkert. Er bestreitet, daß ein Mensch Sünden vergeben kann. Kurz danach wird er als evangelischer Glaubenszeuge auf einen Scheiterhaufen gezerrt und verbrannt.

Opfer der Glaubenspolitik

1527	(11.7.) Leonhard Kaiser, ein Pfarrer aus Raab (Nähe von Passau) bekennt sich zum Protestantismus. Im Sommer 1524 wird er vom Passauer Bischof vorgeladen und in ein Gefängnis gesteckt. Später wird er wegen seines Glaubens zum Tod verurteilt und dem weltlichen Arm übergeben.
1531	(31.10) Huldreich Zwingli wird von einem fanatisierten Söldner als Ketzer bezichtigt und erschlagen.
?	Matthias Weibel, der Reformator des Allgäus, wird von Glaubensfanatikern an einer Buche gehängt. Er verkündet als Pfarrer von St. Lorenz (Kempten) ohne äußeren Bruch mit der Kirche die reine Lehre des Evangeliums. Er greift den Ablaß und die Pracht des Papstums wie der Geistlichkeit an.
1541	(1546) In Genf finden 57 Hinrichtungen statt. Der Arzt Bolsec, der Calvins Prädestinationslehre angreift, wird den Flammen übergeben. Der spanische Arzt Michael Servet, der der Lehre der Dreieinigkeit mit Spott begegnet, wird auf Calvins Befehl verhaftet und wegen Gotteslästerung verbrannt.
1550	(um) Bernhardino Ochio (1487-1565), ursprünglich Generalvikar der Kapuziner, tritt mit seinem 30 Dialogen für die bedingungslose Freiheit der religiösen Überzeugung ein. Er gerät als Volksprediger in die Hände der Inquisitoren. Jesuiten ergreifen ihn in Augsburg und drohen mit seiner Auslieferung nach Rom. Er kann fliehen und so entsteht unter der Bezeichnung der Sozinianer eine Pflegestätte des liberalen Geistes.
1562	Während des Konzils von Trient läßt der Kardinal Borromäus durch seine Miliz einige Konkubinen fangen und ins Gefängnis bringen.
1619	In Toulouse wird der Italiener Vanini des Atheismus bezichtigt. Man reißt ihm die Zunge aus und läßt ihn von christlichen Schergen verbrennen.
1631	(9.12.) Liborius Wagner soll unter der Amtszeit des Würzburger Bischofs Hatzfeld zum Protestantismus bewegt werden. Er stirbt den unnötigen Glaubenstod mit den Worten: »Ich lebe, leide und sterbe päpstlich-katholisch.«
1685	Der Erzbischof Maximilian zwingt mehr als 1 000 evangelische Salzburger, die nicht katholisch werden wollen, auszuwandern, sowie ihr Eigentum und ihre Kinder zurückzulassen.
1830	(um) Der katholische Philosoph Rosmini (1797-1855) meint: »... ein Priester, der sich durch Frömmigkeit und Geist auszeichnet, war gerade im Begriff, Kardinal zu werden. Da veröffentlichte er zwei kleine Werke, in denen er detailliert die Mißstände in den führenden Kreisen des Klerus anprangert. Daraufhin wird er per Dekret (30.5.1849) verturteilt. Seine Bücher gelangen auf den Index. Die Verurteilung Rosminis und das gegen ihn verhängte Scherbengericht sind durch das gleiche Motiv bedingt: Angst vor der historischen Wahrheit.
1868	Papst Pius IX. ordnet auf der Piazza del Popolo die öffentliche Enthauptung der italienischen Revolutionäre Monti und Togneti an, weil sie ein Sprengstoffattentat auf die päpstliche Kaserne verübt haben.
1870	(20.9.) Anläßlich der Belagerung Roms stürmen die Truppen die Porta Pia. Pius IX. befiehlt seinem General Hermann Kanzler, symbolisch Widerstand zu leisten. In diesem Zusammenhang werden 70 Menschen getötet.
1918	Der estländischen Pastor Hesse soll unterzeichnen, daß alles, was er gepredigt hat, gelogen sei. Er weigert sich und wird ermordet.

Karikatur auf das Lasterleben der katholischen Geistlichkeit im 16. Jahrhundert.

Huldreich Zwingli

ist knapp zwei Monate jünger als Martin Luther und wird am 1.1.1484 im Alpendorf Wildhaus des heutigen Kantons St. Gallen geboren. Der musiklaisch Begabte kommt zehnjährig nach Basel in die Schule; dann nach Bern, wo er in die griechischen und lateinischen Schriftsteller des Altertums eingeführt wird. Seine humanistische Ausbildung wird auf den Universitäten Wien und Basel vertieft. Die Gemeinde von Glarus wählt den 22jährigen zum Pfarrer. Von hier aus zieht er mehrfach als Feldprediger für den Papst in den Krieg.

Zehn Jahre danach wird Zwingli Pfarrer im Wallfahrtsort Mariä Einsiedeln. Er wendet sich vor Tausenden von Zuhörern gegen den Aberglauben, die Wallfahrten und vor allen gegen den von dem Franziskaner Bernhardin Sanson betriebenen Ablaßhandel. Ohne Scheu predigt Zwingli, daß die Vergebung der Sünden nicht von der Jungfrau Maria, sondern von Christus komme. Seit 1519 sehen wir ihn als Leutpriester am Großmünster von Zürich. Seine Tätigkeit beginnt mit fortlaufenden Predigten über das Matthäus-Evangelium. Von Zürich aus verbreitet sich die Reformation nach Basel, St. Gallen, Schaffhausen, Solothurn, Bern und in weite Teile der deutschsprachigen Schweiz.

Zwingli kennt die lutherischen Aktivitäten und wird mit ihnen fortgerissen. Auf seine Anregung hin brechen einige Bürger die bestehenden Fastengebote und erregen Anstoß. Dann schreibt Zwingli die Schrift zur Rechtfertigung *Vom Erkiesen der Freiheit der Speisen*: »Wer im Fasten und anderen äußeren Werken seine Gerechtigkeit sucht, zeigt Mangel am rechten Gottvertrauen.«

Bald darauf reihen sich zehn weitere schweizerische Geistliche um ihn; sie richten an den zuständigen Bischof von Konstanz eine Schrift, er möge die Predigt des Evangeliums nicht hindern und die Priesterehe gestatten. Der Rat schließt sich mit seinen *67 Thesen* an: es bedeutet den Sieg der Reformierten in Zürich.

Im Herbst 1523 beginnt ein Vorstoß gegen die Bilder in den Kirchen und den Meßdienst. Nicht nur die Messen und Prozessionen werden beseitigt, auch die Reliquien und Heiligentage werden abgeschafft. Aus ehemals katholischen Kirchen verschwinden die Kreuze und Bilder; die bemalten Mauern werden übertüncht. Das Spiel der Orgel hört auf. Die Gottesdienste bestehen aus dem Gebet, der Schriftlesung und der Predigt. Beim Abendmahl gehen hölzerne Schüsseln mit ungesäuertem Brot von Hand zu Hand.

Der Rat der Stadt übernimmt das Kirchenregiment und sorgt für die Einhaltung einer strengen Kichenzucht. Karten- und Würfelspiele werden untersagt, die Wirtshäuser abends um neun Uhr geschlossen. Das Tragen von Silber- und Goldschmuck, wie das von Samt, Seide und ausgeschnittenen Schuhen wird verboten. Ein unordentlicher Lebenswandel wird mit dem Verlust aller kirchlichen und bürgerlichen Rechte geahndet.

Klöster werden aufgehoben und Traditionalisten in die Ecke gestellt. Es ist klar, daß Zwingli nicht nur Sympathisanten hat. Im April 1524 heiratet er Anna Reinhard, eine Witwe. In kurzer Folge treten etliche Geistliche, Priester, Mönche und Nonnen in den Ehestand.

Bald verbreitet sich die Reformation in der Schweiz. Ständig neue Gesinnungsgenossen treten auf und dies zieht Mitläufer nach. In Basel predigt Johann Oekolampadius die neue Lehre. In St. Gallen verkündet Johann Keßler das Evangelium.

Zwinglis Vision ist eine Vereinigung aller evangelischen Staaten gegen die katholische Übermacht. Dieses Wollen scheitert u. a. am *Marburger Religionsgespräch* von 1529, das keine Einigung in der Abendmahlslehre bringt.

Die am Vierwaldstädter See gelegenen Urkantone Schwyz, Uri, Unterwalden und Luzern beharren am alten Glauben und schließen mit Ferdinand von Österreich ein Bündnis zum Schutz des Katholizismus. Es kommt zu unnötigen Konflikten, indem z. B. 1531 die Evangelischen ihren Gegnern die Lebensmittelzufuhr sperren. Sie überfallen am 31.10.1531 die unvorbereiteten Züricher bei Kappel und erleiden eine Niederlage.

Zwingli ist unter ihnen und wird durch einen Stein zu Boden geworfen. Ein Söldner versetzt ihm des Todestoß mit den Worten: »So stirb, Du verstockter Ketzer.« Am Tag darauf wird seine Leiche geviertelt, verbrannt und im Wind verstreut. Dadurch wird die weitere Entwicklung im Großraum Zürich gestoppt.

Hans Böhm von Niklashausen

Die größte und am meisten geplagte Schicht der Bevölkerung sind die Bauern; sie kämpfen seit langem um die Verbesserung ihrer Rechte und der damit verbundenen Lebensqualität. Dann brechen Protestbewegungen aus, die zu den blutigen Bauernkriegen und den Niederschlagungen führen. Luther weist in seiner Schrift *An den christlichen Adel* auf die bedrohliche Lage der Landbevölkerung hin. Die Bauern verlangen die Aufhebung der Leibeigenschaft und des Frondienstes, die freie Jagd, Fischerei und Nutzung des Waldes; sie erwarten die lautere Predigt des Evangeliums. Sie ziehen sengend und brennend durch das Land, zerstören Burgen und Klöster und verüben Gewalttaten. Luther bezeichnet sie als *mörderische und räuberische Rotten.*

In diesem Umfeld erhebt sich der Pfeifer Hans Böhm von Niklashausen. Unter Berufung auf die heilige Jungfrau hetzt er die Massen gegen die sie ausbeutende Obrigkeit auf. Er wird von bischöflichen Wachen ergriffen, auf die Feste Marienberg (Würzburg) gebracht, gefoltert und zum Tod auf dem Scheiterhaufen verurteilt. Seine Beichte ist kurz und sinnlos. Auf dem Hinrichtungsplatz warten die Anhänger auf das Einschreiten Gottes. Um der etwaigen Zauberei vorzubeugen, schneidet ihm der Hen-

Celtes überreicht Friedrich dem Weißen die Werke der Hroswitha.

ker die Haare ab und um zu verhindern, daß seine Asche als Reliquie verwertet wird, sammelt man sie und wirft sie in den Main. Später erläßt Bischof Rudolf von Würzburg mehrere Verbote gegen die zunehmenden Wallfahrten, aus denen immer und immer wieder das christlich-zähe Gewissen hervorschaut.

Es ist die Zeit, in der Luther den Priesterrock gegen das Ehebett tauscht. Mit 42 Jahren entscheidet er sich zur Heirat und am 13.6., inmitten der Wirren des Bauernkrieges, läßt er sich mit der aus einem Kloster entsprungenen Nonne Katharina von Bora von seinem Freund Bugenhagen im Beisein weniger Freude trauen. Er sagt über seine Ehe: »Wir haben treu in guten und bösen Tagen zusammengehalten und Freud und Leid miteinander geteilt.«. Es ist der klassische Beweis gegen den widersinnigen Zölibat.

Johann Calvin, Genfer Kirchenordnung

Calvin wird am 10.7.1509 in Rouen geboren. Sein Vater ist bischöflicher Beamter. Er wächst in einer adeligen Familie auf und soll Geistlicher werden, wendet sich aber dann mit Eifer dem Studium der Rechte zu, studiert an den Universitäten Paris, Orleans und Bourges. Mit neunzehn Jahren ist er Doktor.

Er schreibt über seinen Werdegang: »Seit meiner frühen Kindheit hatte mein Vater mich für die Theologie bestimmt; doch später überlegte er sich, daß die Rechtswissenschaft ihren Jüngern viel Geld einbringt, und diese Erwägung stimmte ihn plötzlich um. Deshalb mußte ich das Studium der Philosophie aufgeben und die Gesetze studieren; obwohl ich mir dabei, um meinem Vater gehorsam zu sein, redlich Mühe gab, ließ mich die unerforschte Vorsehung Gottes zuletzt doch noch einen anderen Weg einschlagen.

Obwohl ich starr am Aberglauben des Papsttums festgehalten hatte, so daß es ein hartes Stück Arbeit war, mich aus diesem abgrundtiefen Sumpf herauszuziehen, bezähmte er doch durch eine plötzliche Bekehrung mein Herz, das in meinem jugendlichen Alter noch ganz und gar verstockt war, und machte es sich zu Willen. Als ich erst einmal den wahren Glauben kennengelernt und Geschmack daran gefunden hatte, erfaßte mich das glühende Verlangen, meine Kenntnisse zu vertiefen, so daß ich meine übrigen Studien, wenn auch keineswegs aufgab, so doch nachlässiger betrieb. Zu meiner großen Verwunderung scharten sich noch vor dem Jahresende alle, die sich nach der reineren Glaubenslehre sehnten, um mich, um von mir zu lernen; dabei stand ich doch selbst sozusagen erst am Anfang. Da ich von Natur aus scheu und schüchtern bin, habe ich immer Abgeschiedenheit und Stille geliebt; so suchte ich denn einen Schlupfwinkel und Mittel und Wege, wie ich mich von den Leuten zurückziehen könnte ... Doch diesen Wunsch zu erfüllen, gelang mir nicht, im Gegenteil: jede Zufluchtsstätte und jeder abgeschiedene Ort wurden gleichsam öffentliche Schulen. Kurz, obwohl ich immer danach strebte, als unbekannter Privatmann zu leben, hat Gott mich so viel auf die Wanderschaft geschickt und in den Strudel mannigfacher Wechselfälle gerissen, daß er mich nirgends Ruhe finden ließ, bis er mich, ganz gegen meine Natur, ins Licht der Öffentlichkeit rückte und mir meine Rolle zuwies, wie man zu sagen pflegt.«

Nach dem Tod seines Vaters kehrt Calvin nach Paris zurück, um das Studium der Theologie fortzusetzen. In diesem Umfeld lernt er die Schriften Luthers kennen. Calvin sieht ein: »Ich war dem abergläubischen Wesen des Papsttums hartnäckig ergeben ... da hat Gott plötzlich meine Bekehrung erwirkt.« Daraufhin setzt er sich offen für die neue religiöse Überzeugung ein.

Weil er in Frankreich Verfolgungen ausgesetzt ist, verläßt er seine Heimat und geht nach Basel. Hier veröffentlicht der 25jährige 1536 ein Buch, das ihn in der protestantischen Welt berühmt macht, die *Institutio religionis Christianae* (Unterricht in der christlichen Religion), die er dem französischen König Franz I. widmet, der die Andersgläubigen seines Landes verfolgt, damit man erkennen kann, wie wenig gerechtfertigt seine Handlungen sind. In der Einteilung des Buches lehnt er sich an den Katechismus Luthers an.

Calvin verficht den Gedanken der unumschränkten Selbstherrlichkeit und Ehre Gottes. Aus der Auffassung des uneingeschränkten göttlichen Machtwillens ergibt sich seine Vorstellung von der Prädestination: »Gott erbarme sich, wessen er will, und wen er will, den verstockt er.«

Das Bewußtsein, Gottes Auserwählter zu sein, erfüllt Calvin und seine Anhänger mit einem unbeugsamen Willen und Tatendrang. Sie werden von der eigenen Religiosität fanatisiert, denn sie schrecken ob ihrer Durchsetzung nicht vor der Anwendung der Folter zurück.

Eigentümlich an Calvins Ansichten ist die Lehre vom Abendmahl. Zwinglis Auffassung scheint ihm zu profan … wie Luther lehrt Calvin die Gabe der Sündenvergebung, das Lebensbrot, welches die Seele zum ewigen Heil nährt. Im Unterschied zu Luther leugnet er die Gegenwart Christi in den leiblichen Elementen. Es sind sophistische Haarspaltereien und theologischer Intelektualismus, der den kleinen Mann nicht interessiert.

Calvin wird nach einem Aufenthalt am Hof der evangelisch erzogenen Herzogin Renate von Ferrara auf der Rückreise nach Genf vom dortigen Prediger Wilhelm Farel festgehalten; er will in Calvin eine Stütze haben: dieser beginnt mit biblischen Vorträgen, drängt jedoch immer mehr auf eine Reform der Sitten- und Kirchenzucht.

Die Bürger von Genf müssen feierlich einen Eid auf das von ihm verfaßte Glaubensbekenntnis ablegen. Öffentlicher Tanz wird verboten und die Schauspielhäuser werden geschlossen. Wer zuhause heimlich Karten spielt, wird öffentlich an den Pranger gestellt. Sittenlose sollen vom Abendmahl ausgeschlossen werden. Die Mehrzahl der Bürger widersetzt sich dem strengen Regiment. So werden die beiden Reformatoren ihrer Ämter enthoben.

Calvin geht nach Straßburg. Als Abgesandter zu den Religionsgesprächen von Worms und Regensburg tritt er in eine

Beispiel einer mittelalterlichen Fälschung. Im hohen Mittelalter spricht man von elf Märtyrerinnen. Durch einen Querstrich im Text werden daraus 11 000. Ilustration der »Koelhoff'schen Chronik«, Köln 1499.

dauernde Freundschaft zu Melanchthon. In Straßburg heiratet er im August 1540 die Witwe Idelette von Büren.

Calvin wird nach Genf zurückgerufen, um die dortigen Unruhen zu meistern. Er sagt: »Aber nur in der Überzeugung, daß ich um des Gewissens willen dazu verpflichtet bin, trat ich 1541 wieder als Hirte unter die Herde, freilich in großer Betrübnis, unter Tränen und mit großer Herzensangst.« Daraufhin errichtet er seine *Genfer Kirchenordnung.* Vier Ämter werden eingerichtet: Pfarrer, Älteste, Lehrer und Diakone. Dem aus Pfarrern und zwölf Ältesten gebildeten Konsistorium werden die Überwachung des sittlichen Lebens bis ins kleinste (Hausvisitationen) und der Kirchenzucht anvertraut. Mit harten Strafen geht man gegen Übertreter vor.

Wer nicht zur Kirche geht, wird bestraft. Wer beim Abendmahl fehlt, muß öffentlich Buße tun, ebenso wer drei Tage krank im Bett liegt, ohne einen Geistlichen rufen zu lassen. Ehebruch wird mit dem eisernen Halsband und doppelter Ehebruch mit dem Tod bestraft. Ein Mädchen, das seine Mutter schlagen wollte, wird ausgewiesen.

Calvin geht in der Wahnvostellung auf, Gottes Werkzeug zu sein. Bald regt sich Widerstand gegen sein aggressives Han-

In dem kleinen sächsischen Städtchen Wittenberg läuft das Glaubensfaß des klerikalen Übermutes über. Es entzündet sich an einer Kleinigkeit, den dubiosen Ablaßpraktiken Tetzels. Der ehemalige Augustinerchorherr Martin Luther schlägt seine 95 Thesen mit der Absicht zur Disputation an die Tür der Wittenberger Schloßkirche. Es löst einen Flächenbrand mit für den Katholizismus schwersten folgen aus. Anonymer Kupferstich aus dem Jahr 1645. Er zeigt Wittenberg vermutlich Wittenberg um 1546.

deln. Er läßt regelmäßig auf die Folter erkennen und die Todesstrafe verhängen. Trotz der unmenschlichen Reglementierungen bleiben positive Folgen nicht aus.

Im großen und ganzen bildet sich das Muster eines auf sittlich-religiösen Grundlagen errichteten vorbildlichen Staatswesens. Calvins Einfluß reicht bald über Genf hinaus. Er bildet evangelische Missionare aus und schickt sie auf den Weg, *seinen* Glauben zu verbreiten; er führt einen ausgedehnten Schriftwechsel mit Fürsten, Staatsmännern, Predigern und Gemeinden. Seine besondere Fürsorge gilt der Entfaltung und Organisation der Hugenottenkirche in Frankreich. Calvins Lehre dringt in die Niederlande und, von England ausgehend bis nach Amerika.

In Ungarn, Siebenbürgen, Polen, Mähren und Böhmen findet der Calvinismus Anhänger, in Deutschland vor allem in der Pfalz. Der Kurfürst von Brandenburg tritt 1613 zur reformierten Kiche über. Calvin setzt sich rast- und ruhelos für sein Lebenswerk ein. Er stirbt am 27.5.1554, vermutlich an Überarbeitung. Er wird ohne Gepränge begraben; einen Grabstein lehnt er ab.

So ist das 16. Jahrhundert von einem ständigen Seelenkampf durchwoben. Die Details spielen sich hoch über den Köpfen der Gläubigen ab. Alle damals eingeführten Religionsvarianten haben noch heute Bestand. Doch die römisch-katholische Kirche führt bis zum heutigen Tage einen endlosen Kampf gegen sie.

Klostergeschichten

Inhalt

Unterricht in einer Klosterschule. Hier werden die Klosterschüler schon frühzeitig auf die Bahn des Irrtums gelenkt.

Klostergeschichten

Narren der Wüste

Zu keinen Zeiten der Geschichte fehlt es an Eigenbrötlern, Glaubens- und sonstigen Fanatikern, die ihren in der Regel geringen Verstand an den Nagel hängen, um Phantomen nachzujagen. Zu ihnen gehören einige frühchristliche Mönche, die sich in der Hoffnung peinigen, um für die Sünden der Welt um Vergebung zu bitten.

Nach Schmitz beginnt mit diesen *Gott-Trunkenen* die lange Irrsinnsgeschichte der christlichen Sexual-Askese. Nach Maslowski wirkt sich hier die heuchlerische Sexual-moral am schlimmsten aus: »Wer selbstquälerisch tiefer in die Geheimnisse des Glaubens einzudringen glaubt, wähnt sich einer höheren Gottgefälligkeit sicher und sitzt einer Illusion auf … von hier aus gehen die neurotischen Vorstellungen den verhängnisvollen Weg in die Masse des sensationslüsternen und leichtgläubigen Volkes.«

Zwar kann man der Bibel entnehmen[1], daß es Jesus angeblich für angebracht gehalten hat, 40 Tage[2] in der Wüste Juda zuzubringen, doch können die Mönche dieses Schrifttum kaum gekannt haben. Ihre Motivation ist eine andere.

Die Wüste Juda ist eine trostlose Region[3]. Ein normaler Mensch meidet sie und selbst die überlieferungswilligen Exegeten räumen nach jahrzehntelangen Forschungen ein, daß sich Jesus mit Wurzeln und wildem Honig habe nähren können[4]. Die ihm folgenden Mönche nehmen freiwillig höhere Qualen auf sich, als es der Herr angeblich getan hat[5]. Von dieser Wahnvorstellung geht eine der gesunden Sexualität hinderliche und absurde Entwicklung aus, denn aus ihr formiert sich das christliche Mönchtum.

»Da hocken die ehrwürdigen Wüstenväter unter dem freien Himmel, setzen sich auf Berggipfeln der glühenden Sonne aus, sitzen wie Kröten in Löchern oder Brunnenschächten, lassen sich in kalten Höhlen einschließen, streifen nackt durch die Wälder, schließen sich in verlassene Gräber oder schleppen riesige Kreuze mit sich herum.« Vielleicht erinnern sie sich an den Jesus von Nazareth unterschobenen Satz: »Wer das Kreuz nicht auf sich nimmt, ist meiner nicht wert[6].« Sie ernähren sich von fast nichts, schnüren sich ein und verharren in widerlichen Körperstellungen, schlafen nackt auf Dornenzweigen oder setzen sich in Ameisenhaufen, sie starren vor Schmutz und stinken, daß es einem dem Atem verschlägt[7]. Simeon soll eine 40 Ellen hohe Säule errichtet und 30 Jahre darauf gesessen haben. Er ist der erste Säulenheilige des christlichen Abendlandes.

Und doch gibt es eine zweite Strömung. Jesus hat das nahe Weltende proklamiert. »Bald aber nach der Trübsal derselbigen Zeit werden Sonne und Mond den Schein verlieren, und die Sterne werden vom Himmel fallen, und die Kräfte der Himmel werden sich bewegen. Und alsdann wird erscheinen das Zeichen des Menschensohnes am Himmel. Und alsdann werden heulen alle Geschlechter auf Erden, und werden sehen kommen des Menschen Sohn in den Wolken des Himmels mit großer Kraft und Herrlichkeit. Und er wird senden seine Engel mit hellen Posaunen, und sie werden sammeln seine Auserwählten von den vier Winden, von einem Ende des Himmels zum andern[8].«

Vielleicht wollen sie bei den Auserwählten dabeisein und wenn schon nicht, so doch den Funken des Christentums weitertragen. Wie immer man die Sache wendet, das Ausleben der Sexualität hat keinen Sinn, wenn es mit unserer Welt zu Ende geht. Darum wohl sagt Dositheus: »Die Welt hat ihren Anfang zweifelsohne genommen mit der Ehe, durch die Enthaltsamkeit soll sie ihr Ende finden.« Diese Ansicht fällt auf den hier ausnahmsweise fruchtbaren Wüstenboden.

»So bestreichen einige, um sich den Kampf zu erleichtern, ihre rebellischen Glieder mit Schierlingssaft oder sie rotten die Wurzel ihres Übels einfach aus, wie es der frühe Kirchenvater Origenes (um 185-253/254) getan haben soll.« Er steht in den Fußstapfen der heidnischen Priester der

Kybele. Athanasius nennt den Presbyter Leontios, ein Priester aus Antiochia und Jacobus, ein syrischer Mönch, eifern ihm wohl nach. Über ihn berichtet die Sage, »er hat, weil er häufig Anfechtungen des Unzuchtsteufels zu bestehen hatte und im Kampf gegen ihn müde wurde, mit einem Messer seine Zeugungsglieder abgeschnitten[9].« Epiphanias teilt mit, daß die Entmannung unter Mönchen verbreitet gewesen sei; Kyrill von Alexandria, Justinus und Gregor von Nazianz warnen vor diesem Eingriff. Das Konzil von Nicäa faßt einen Beschluß dagegen.

Auch wenn die Selbstentmannung von der katholischen Kirche im allgemeinen verurteilt wird, so straft sie sich selbst in diesem Punkt der Unaufrichtigkeit. Über Jahrhunderte blüht im Vatikan das Kastratensängertum, »weil die Eunuchen das Loblied des Herrn süßer singen.« Zumindest bis 1920 singen in der Sixtinischen Kapelle Männer, die eigens zu diesem Zweck kastriert worden sind. Das Loblied der Verstümmelung geht auf Papst Sixtus V. (1585-90) zurück.

Wieder folgen sie der plastischen Sprache der damals noch unbekannten Bibel, denn Jesus soll gesagt haben: »Ärgert Dich aber Dein rechtes Auge, so reiß es aus und wirf es von Dir. Es ist dir besser, daß eines Deiner Glieder verderbe, und nicht der ganze Leib in die Hölle geworfen werde. Ärgert Dich deine rechte Hand, so hau sie ab und wirf sie von Dir. Es ist dir besser, daß eines Deiner Glieder verderbe, und nicht der ganze Leib in die Hölle geworfen werde[10].«

Wunder des Pachomius

Das Verstümmeln ist nicht jedermanns Sache. Manchmal scheint es einfacher, Höllenqualen in Kauf zu nehmen: »Den heiligen Pachomius trieb das innere Feuer in die Wüste, weil er es dort leichter zu ersticken meinte als in der Welt ... er kämpfte mit sich, ob er nicht besser durch den Tod seinen Qualen ein Ende machen sollte. Einst legte er sich nackt in eine Höhle, die von Hyänen bewohnt wurde, doch sie beschnupperten ihn nur. Eines Tages gesellte sich zu ihm ein hübsches äthiopisches Mädchen, setzte sich auf seinen Schoß und reizte ihn ... als das Ungeheuerliche geschehen war, bemerkte er, daß ihn der Teufel versucht hatte ... wütend rannte er in die Wüste, fand eine kleine Brillenschlange und setzte sie an sein Glied. Da selbst sie nicht zubeißen wollte, erkannte er darin ein Wunder und eine innere Stimme sagte ihm, daß er nun Ruhe haben sollte[11].«

Auch Johannes Massiliensis Cassinianus (360-435), ein in Palästina und Ägypten lebender Heiliger[12], der von 390 bis 397 die thebaische und sketische Wüste durchzieht, erklärt die Ehe für Unzucht. Ein Teil dieser Fanatiker betrachtet es als Sünde, ein Frau zu berühren. Der *Vitae Patrum* ist zu entnehmen:»Einer der Heiligen reist mit seiner Mutter. Als sie einen Fluß überqueren müssen, nimmt der Sohn sein Pallium, wickelt seine Hände hinein und trägt seine Mutter über den Fluß. Als sie den Grund für dieses Tun wissen will, erklärt er ihr: ›Einer Frau Leib ist wie Feuer.‹«

Ähnlich sieht es Evagrius:»Fliehe das Zusammensein mit Frauen, wenn du enthaltsam leben willst, denn es entzündet das Feuer der Lust. Der Anblick einer Frau ist wie ein giftgetränkter Pfeil, der die Seele verwundet[13].« Vom heiligen Wilhelm wird berichtet, daß er sich aus brennenden Kohlen ein kuscheliges Bett gemacht hat, als er von einer Frau angefochten wird. Daraufhin lädt er die Anfechterin ein, sich zu ihm zu legen[14].

Das verzweifelte Bemühen, die Natur mit den Füßen zu treten, führt zu wundersamen Verirrungen. »Jünglinge verlassen ihre Bräute, wie der heilige Alexis, der in der Brautnacht in die Wüste flieht. Ammo liest seiner Braut die Briefe des Paulus an die Korinther vor.«

Johannes Colybita entflieht der Brautnacht, doch das unüberwindliche Heimweh treibt ihn zurück: »Hier lebt er 17 Jahre als elender Bettler in einer Hundehütte, die er neben die Wohnung seiner trauernden Eltern gestellt hat, denen er sich erst in der Todesstunde zu erkennen gibt[15].«

Gottes-Närrinnen

Die Frauen eifern den männlichen Kollegen nach. Von Maria der Ägypterin ist eine Elevation überliefert. Der Mönch Zosimus erzählt, daß sich die Heilige gegen Ende ihrer ersten Begegnung nach Osten wandte, die Augen zum Himmel hob, die Hände ausbreitete und zu beten begann, wobei sie aber nur die Lippen bewegte, so daß man keines ihrer Worte vernahm, »dann sah Zosimus, wie sie sich eine Elle über der Erde erhoben hatte und auf diese Weise in der Luft schwebend betete ... gänzlich in Schweiß gebadet wirft er sich nieder und sagt: Herr erbarme dich meiner.«

Bevor Maria in diesen himmlischen Genuß kommt, verdient sie eher die Bezeichnung einer Sünderin. Heute kann man sie weitgehend von dem Vorwurf entlasten, denn nach den Recherchen des Jaques Lacarriére[16] sind ihre Heldentaten legendär: »17 Jahre lang lebt sie in Alexandria und bietet sich den Männern um der Lust willen an ... Sie sagt: Nicht der Geschenke wegen gab ich meine Jungfräulichkeit hin. Nein, ich wies das Geld, das man mir geben wollte, zurück, denn die rasende Leidenschaft, die mich bewegte, gab mir den Gedanken ein, daß weit mehr zu mir kommen würden, wenn ich für die Sünde keinen anderen Lohn begehrte, als die Sünde selbst.«

Später beschließt sie, ein Pilgerschiff nach Jerusalem zu begleiten, denn »da habe ich für meine Leidenschaft viele Komplizen gehabt.« Hier angekommen, verwehrt ihr eine unsichtbare Macht den Eintritt ins Kircheninnere. Von Entsetzen geplagt, sinnt sie über ihr vergangenes Leben nach. Sie beschließt, zu Gott zurückzukehren, d. h. in die Wüste zu gehen. Hier wird sie von Zosimus endeckt: »Er gewahrte eine Gestalt, eine Frau, deren Leib durch die Glut der Sonne tiefschwarz geworden war, und deren Haar so weiß wie Wolle, aber so kurz war, daß es ihr nur bis an den Hals reichte. Es kommt zu einer Begegnung:

Sie sagt zu ihm: ›Ich bitte Euch, vergebt mir, Abt Zosimus. Ich kann mich Euch nicht zuwenden, um mit Euch zu reden, denn ich

Die Mönche; nach einem Holzschnitt von Jost Amman.

Die Pfaffen; nach einem Holzschnitt von Jost Amman.

bin eine Frau und wie Ihr seht, bin ich nackt, aber wenn Ihr mit Euren Gebeten einer armen Sünderin beistehen wollt, so werft mir Euren Mantel zu, damit ich mich Euch zuwenden kann, um Euren Segen zu empfangen.«« Gesagt, getan. Dann erzählt sie von ihrem ausschweifenden Leben in Alexandria und der merkwürdigen Pilgerfahrt nach Jerusalem.

Sie ist eine Hungerkünstlerin, denn sie ernährt sich 17 Jahre lang von zwei steinhart gewordenen Broten ... sie habe genausolang damit zugebracht gegen die Begierden der Welt zu kämpfen: »Glühend begehrte ich Fleisch, den Fischen Ägyptens trauerte ich nach, und so gern hätte ich von dem Wein gehabt, den ich so sehr liebte, als ich noch in der Welt war, den ich im Überfluß genoß, bis mir die Sinne schwanden, und hier hatte ich nicht einmal einen Tropfen Wasser; da entflammte in meinen Adern einen so verzehrenden Durst, daß ich glaubte, daran sterben zu müssen ... Und ich verzehrte mich in dem Verlangen, die

lockeren Lieder zu singen, die des Teufels sind, die ich in der Welt kennengelernt hatte und die mir wieder in den Sinn kamen und meinen Geist mit Unruhe füllten.«

Zosimus nimmt sie ins Gebet und als er sie später wieder findet, »sieht er den Leib der Heiligen auf der Erde ausgestreckt ... die Hände gefaltet und das Gesicht nach Osten gewandt.« Sie schreibt folgende Worte in den heißen Wüstensand: »Vater Zosimus, begrabt den Leib der armen Maria, gebt der Erde, was der Erde ist. Fügt den Staub zum Staube.«

Apollinaria Syncletia lebt einige Jahre in der Wüste pseudonym als Jünger des Macarius des Älteren. Ihre Identität kann er erst bei ihrem Tod feststellen. Bemerkenswert ist die Geschichte der Athanasia. Sie lebt in geordneten Verhältnissen, ist verheiratet, hat zwei Kinder mit einem Andronicos und dann beschließt sie, mit ihrem Mann Gott zu dienen und in die Wüste zu ziehen. Im Wald Natrum trennen sie sich, um zwölf Jahre voneinander getrennt zu leben. Athanasia hat sich die Haare geschnitten, das Gewand eines Mannes angelegt und den Namen Athanasius angenommen.

Als nach zwölf Jahren ihr Mann Andronicos zufällig um Aufnahme in ihre Zelle bittet, erkennt er seine frühere Frau nicht mehr, »deren Schönheit durch die Kasteiungen so zerstört war, daß ihr Gesicht schwarz war wie das eines Äthiopiers. Gerührt über die Güte und Askese des Bruders Athanasius schlägt ihm Andronicos vor, bei ihm zu bleiben, ohne daß er bemerkt, mit wem er es zu tun hat. Auf dem Sterbelager enthüllt Athanasius ihrem einstigen Mann ihr wahres Geschlecht und ihren früheren Namen.«

Schenute von Atripe

lebt von 333 bis 451 und ist eine der fesselndsten und seltsamsten Gestalten des ägyptischen Christentums[17]. Er wird im Dorf Schenlaloet nördlich von Akhmin als Sohn armer Eltern geboren. Im Alter von acht Jahren betet er, bis zum Hals in einem Bewässerungskanal stehend, stundenlang. Mit vierzehn Jahren wird er zu seinem Onkel Apa Bgul gebracht, der unweit des Dorfes auf dem Berg Athribis ein Kloster leitet. Zwei Jahre danach hat er bereits so viel gefastet, schreibt Visa[18], daß sein Leib ausgetrocknet war, und ihm die Haut an den Knochen klebte; seine Kräfte ließen stark nach, sein Leib verlor Flüssigkeit und seine Tränen wurden so süß wie Honig. Dann läßt er sich an ein Kreuz heften, um eine Woche in dieser Stellung zu verharren.

Dann bricht er in die Wüste auf und entschließt sich, das sogenannte *Weiße Kloster* zu gründen und es nach *seiner* Regel auszubauen. Er fordert den unabdingbaren Gehorsam und die Beherrschung der menschlichen Reflexe. So soll er nach einem Schlangenbiß erst einmal zu Ende gebetet haben, bevor er sich um sie kümmerte. Stockschläge gegenüber den untergebenen Mönchen sind an der Tagesordnung. In diesem Reizklima geht manchen die Phantasie durch:

Der Kardinal; nach einem Holzschnitt von Jost Amman.

- Einmal läßt Schenute die Mönche wecken. Sie laufen in die Kirche und sehen drei Gestalten, die die Kirche abschreiten, ehe sie verschwinden. Er erklärt den Mönchen: »Das waren der heilige Johannes der Täufer, Elias und Elisa, die vom Himmel gekommen sind, um zu sehen, wie ihr hier lebt.«
- Ein Mönch sagt Schenute: »Abends, als die Stunde des Lichtes vergangen war, da mein Leib auf üble Weise zu zittern begann. Da sagte ich zu mir: Alle Gelenke springen mir aus dem Leib, ich werde bald sterben. Aber da verließ etwas meinen Leib, etwas, das so heftig stank wie der Eiter des Todes, und stieg auf über der Nacktheit des Steines.«

Schenute soll die Fähigkeit gehabt haben, mit Jesus zu plaudern. Er sagt in einer Predigt: »Ich plaudere nicht so sehr meinetwegen mit den Engeln, als vielmehr, um durch dieses Beispiel die Mönche zu zwingen, Gott zu lieben.«

Klostergründungen

Die Konzentration der Wüstennarren folgt zu Zusammenschlüssen oder Mönchskolonien. Parallel dazu entwickelt sich der Typus des koinobitischen Klosters[19]. Es hat sich als Legende herausgestellt, daß Antonius (um 286-356) der Stifter des Klosterlebens ist. Es ist ein in Koma bei Heraklia in Oberägypen geborener Nubier, der im Alter von zwanzig Jahren sein Vermögen an die Armen verteilt. Er zieht es vor, in einer einsamen Höhle zu leben. Er soll in einer Einöde gestorben sein.

Der heilige Pachomius[20] gründet 330 auf der Nilinsel Tanennä eine Hütte, die er zu einer klosterähnlichen Anlage erweitert, um Anachoreten (griech. zurückgezogen) zu einem gemeinsamen asketischen Leben zu vereinigen. Ein Engel soll ihm diesen guten Rat gegeben haben. Pachomius wird in dem oberägyptischen Dorf Esneh, etwa 50 km von Theben entfernt, geboren. Nach den Recherchen von Lacarriere[21] verlebt er eine heidnische Kindheit und wird mit 20 Jahren für das römische Heer gemustert. So gelangt er in die Garnison nach Antinoe. Hier erfährt er vom Christentum, ist davon begeistert und faßt den Entscluß sich Gott zu weihen.

Später gelangt er in das Dorf Shenessf. Hier begibt er sich in einen verlassenen Tempel, um zu beten und der Geist Gottes bewegte ihn:»Kämpfe und lasse dich hier nieder.« Er folgt dem Rat und läßt sich taufen. Dann begibt er sich zu dem Mönch Palamon, der unweit von Khenoboskion bei der kleinen griechischen Stadt Diospolis Parva haust. Sieben Jahre lang lernt er bei ihm die Geheimnisse von Askese, Gehorsam und das Wachen.

»Der Schlaf entführt den Asketen in eine Welt der Illusionen und Irrtümer, in das Reich des Satans. Jede Stunde Schlaf hindert seine spirituelle Befreiung.« Man sucht das Einschlafen zu verhindern oder schläft in ungewöhnlichen Körperstellungen. Die Nahrung dieser Mönche besteht aus Wasser, Brot, Salz und ungekochten Kräutern. Sie üben die Askese unter freiem Himmel, in den Einöden Khenoboskion und Diospolis Parva. Nach dem Tod von Palamon läßt sich Pachomius in der Wüste von Tabennisi nieder.

Die von ihnen verübten Kasteiungen sind unmenschlich: »Sie beten im Stehen, hüllen sich in Mäntel und stellen sich in die pralle Sonne, sie beten stundenlang und kasteien sich dabei. Sie bleiben regungslos stehen und plagen sich bis zur Erschöpfung[22].« Die merkwürdige Lebensweise wirkt hypnotisierend auf andere und so formiert sich das etwas abseits gelegene Kloster bei Diospolis Parva. Ein zweites wird bei dem Dorf Phebou (Pabau) begründet. Es liegt einige Wegstunden von Tabennisi entfernt.

Die grundlegende Einheit ist die Klosterzelle. Zwölf Zellen bilden ein Haus, vier Häuser einen Stamm und zehn Stämme ein Kloster. Ein Kloster beherbergt 144 Mönche; ihm steht ein Superior (Higumenos) vor. Die Mönche werden in Handwerksgruppen zusammengefaßt und unterliegen der strengen Askese. Pachomius gebietet über 1400 Mönche und führt über 7000 weitere die Aufsicht. Er gründet ein Frauenkloster. Der Bischof Areios von Eschmin bittet ihn, bei ihm ein Kloster zu bauen. Später gibt sich Pachomius infolge einer Vision zum Berg von Esne an den Ort Phenum. Dem hier gebauten Kloster steht Surus als Abt vor. Insgesamt soll er sieben Mönchs- und zwei Frauenklöster gegründet haben.

Beim Tod des Pachomius sollen die Klosterzellen dreimal gezittert haben. Er stirbt im Alter von 60 Jahren an der Pest. Seine Todeszelle strömt noch lange einen *himmlischen Wohlgeruch* aus.

In Syrien begründet angeblich der in Tabatha in Palästina geborene Hilarion das Mönchswesen. Er unterrichtet zunächst in Alexandria, bekehrt sich zum Christentum und verschenkt sein väterliches Erbe. Dann lebt er 22 Jahre in der Wüste auf der Sinai-Halbinsel als Einsiedler. Später geht er nach Ägypten. Er stirbt 371 in Cypern.

Im 4. Jahrhundert gibt es in Ägypten etwa 100 000 Mönche und Nonnen. Die Stadt Oxrhynchos am Westrand des Nildeltas, heute El-Behnesa, verfügt über mehr

Klöster als Wohnhäuser. Hier wirken und beten etwa 30 000 Mönche und Nonnen. Die Kirchenlehrer fördern die Entwicklung, indem sie das Einsiedlerleben preisen und es als *geraden Weg ins Paradies* bezeichnen[23].

Der als heilig angesehene Basilius (329-379) gilt als Förderer der Mönchskultur. Er wird in Cäsarea in Kappadokien geboren und christlich erzogen. Er studiert Rhetorik, Grammatik und Philosophie in seiner Vaterstadt, in Konstantinopel und Athen, wo er Freundschaft mit Eusebius schließt. 357 kehrt er nach Kleinasien zurück und reist dann durch Syrien, Palästina und Ägypten. Später lebt er als Mönch in der Nähe des Klosters seiner Schwester Macrina in Pontus, bis er 364 vom Bischof Eusebius von Cäsarea zum Presbyter[24] ernannt wird. Als Eusebius stirbt, wird Basilius sein Nachfolger.

Das einfache Volk beginnt diese Wunderlinge wegen ihres unnatürlichen Lebenswandels zu bestaunen. »Die christliche Welt fällt vor ihren Grabstätten nieder und die Zahl der ihnen zugeschriebenen Wunder steigt. Selbst Kaiser beugen sich der Absurdität. Theodosius bittet den Mönch Abrames an seinen Hof, um ihm zu sagen, daß sein derber Bauernkittel kostbarer als sein Purpurmantel sei[25]. Abramas, Bischof von Karra, verschmäht nach seiner Wahl Brot und gekochtes Gemüse.

Aus unerfindlichen Gründen macht sich die Auffassung breit, daß sich solche Sonderlinge eher zum Priester als gewöhnliche Kleriker eignen. Es wird zum Grundsatz erhoben: »Ein schlechter Mönch ist besser als ein guter Kleriker[26].« Siricius fordert 385 in einem Dekret an den Bischof Himerius: »Mönche, die gute Sitten und einen echten Glauben haben, sollen zu Priestern und Bischöfen geweiht werden.« Der ehemalige Mönch Paulinian wird gegen seinen Willen in diesen Rang erhoben; ihm wird der Mund gewaltsam zugehalten, damit er den Schwur auf Christus nicht verweigern kann[27].«

Ab dem 4. Jahrhundert besteigen vereinzelt Mönche Bischofssitze. Oft halten sie an merkwürdigen Gewohnheiten fest. Apothotis, der nach einem 40jährigen Einsiedlertum zum Bischof ernannt wird, ernährt sich von rohen Kräutern und läuft in einem Zottelgewand herum[28].

Der heilige Benedikt von Nursia (480-543) gründet den geregelten Mönchsstand im christlichen Abendland. Er wird in der Nähe von Spoleto geboren. Bereits im Mutterleib soll er Psalmen gesungen haben. Im Alter von 14 Jahren verläßt er das Elternhaus, um als Einsiedler in einer Höhle bei Subiaco zu leben. Um ihn spinnen sich viele unnütze Legenden; er soll mit Bischofsstäben gespielt und einen zerbrochenen Topf ganzgebetet haben.

Die Mönche von Vicovaro ernennen ihn zum Abt. Oft wird er vom Teufel angefochten und er überlebt einen Giftanschlag, »indem er den Giftbecher entzwei betet«, so Schmitz. Zudem kommt ein Rabe dahergeflogen, der das vergiftete Brot in die Wüste trägt[29]. 528 gründet er das Kloster Monte Cassino, das er nach der von ihm verfaßten benediktinischen Regel ausrichtet. Sie wird zur Grundlage einer Reformation[30] des abendländischen Mönchsleben. 534 bringt sie Placidus nach Sizilien, Augustinus 597 nach England. Im 7. Jahrhundert verbreitet sie sich nach Spanien und später durch das Wirken des Bonifazius nach Frankreich und Deutschland[31]. Die Benediktiner schwören Dürftigkeit, Keuschheit, Gehorsam und das Verbleiben im Kloster.

Der englische Mönch Winfried (um 680-755) wird im Südwesten von England in Kirton in Devonshire geboren. Erzogen und auf seine missionarische Tätigkeit vorbereitet wird er von Benediktinern in Exeter und Rhutscelle. Während eines Aufenthaltes in Rom nimmt er den Namen Bonifazius an und wird von Papst Gregor IX. zum Missionar Deutschlands bestellt. Er kehrt zurück, um in Thüringen und Bayern zu missionieren, dann in Friesland und Hessen. Hier gründet er die Klöster Amöneburg und Fritzlar. Er fällt bei Geismar in Nordhessen die Donareiche und wird später vom Papst in seinem Rang erhöht. Er stiftet in Bayern die Bistümer Passau, Freising und Regensburg und er errichtet in Oberfranken die

Erasmus von Rotterdam ist der Autor des »Narrenschiffes« in dem er mit beißendem Spott die Mißstände seiner Epoche anprangert

Bistümer Erfurt, Würzburg, Buraburg und Eichstätt. Nach einer aufreibenden Tätigkeit wird er mit dreiundfünfzig seiner Glaubensbrüder am Fluß Borne bei Dockum erschlagen.

Adalbert von Prag (997) ist der Sohn des böhmischen Fürsten Slavik. Er missioniert später Preußen. Der Erzbischof von Magdeburg ernennt ihn später zum Bischof von Prag. Dann geht er ins Kloster Monte Cassino und daraufhin in das avenatische Kloster in Rom. 993 kehrt er in sein Bistum zurück; später versucht er das Christentum in Ungarn zu verbreiten. Er wird ein Opfer der Heiden, die ihn am 23.4.998 mit sieben Wurfspießen in den Himmel befördern.

Der als heilig angesehene Bruno, ein Benediktiner, (um 970-1009), der bei den Slawen, Polen, Ungarn und Russen missio-

niert, wird mit 18 seiner Gefährten totgeschlagen. Robert von Arbrissel gründet 1109 den Orden von Fontrevauld. Merkwürdigerweise vereint er Nonnen und Mönche unter der Obhut einer Äbtissin. Der Orden zählt im Mittelalter 18 Konvente. Aufgrund der zahlreichen Unzuchtsdelikte, denn die Geschlechtergruppen werden dem gemeinsamen Schlaf verpflichtet, wird der Zuchtgürtel eng geschnallt[32].

Bernhard von Clairvaux (1091-1153) fördert das mittelalterliche Mönchswesen. Luther sagt von ihm: »War je ein wahrer, gottesfürchtiger Mönch, so war es Bernhard; seinesgleichen ich niemals wieder gehört noch gelesen habe, und den ich höher halte, denn alle Mönche und Pfaffen des ganzen Erdbodens.« Auf ihn gehen 160 Klostergründungen zurück. Sie zeichnen sich durch Fleiß und Sittenreinheit aus.

Zu Beginn des 2. Jahrtausends gesellen sich die großen Bettelorden dazu. Sie gehen auf Giovanni Bernadore (1182-1226), einen Kaufmannssohn aus Assisi in Umbrien zurück, der als Franz von Assisi in die Kirchengeschichte eingegangen ist. Um ihn ranken sich viele Legenden. Er soll sich mit Aussätzigen und Bettlern herumgetrieben haben. Er soll sich in Lumpen gekleidet und seinen Vater bestohlen haben, um mit diesen Mitteln eine verfallene Kirche der *Maria der Engel* bei Assisi[33] aufzurichten. Bettelnd zieht er umher, um das einfließende Geld in sein Kirchlein zu investieren. Als ehemaligem Kaufmann fällt es ihm nicht schwer, einen Bettelorden zu gründen.

Bald scharen sich Einfältige um ihn. Zunächst wird er auf seinen Bußwanderungen verspottet, doch dann nimmt seine Heiligkeit dermaßen zu, daß ihm, sobald er sich einer Stadt nahte, »feierlich die Geistlichkeit mit Glockengeläut entgegenzog.« Er doziert: »Die Almosen sind unser Erbe und unsere Gerechtigkeit, das Betteln unser Zweck, die Verachtung unsere Ehre und unser Ruhm am Tage des (Jüngsten) Gerichts.«

Neben rührenden Eßgewohnheiten werden ihm die wunderbarsten Wunder zugesprochen. Die Tiere nennt er Brüder und Schwestern. Er predigt Gänsen, Schweinen und Hühnern. Eine Laus, die sich auf seiner Kutte verlaufen hat, nimmt er sorgfältig zwischen die Finger, küßt sie und sagt: »Liebe Schwester Laus, lobe mit mir den Herren.« Schmitz meint: »Dann setze er sie sich auf seinen Kopf, woher sie gekommen war.«

Seinen Körper nennt er Bruder Esel. Er wälzt sich nackt auf Dornen, steigt bis zum Hals in gefrorene Teiche und legt sich in den Schnee. Er gründet auf einer 1211 unternommenen Missionsreise seine Orden in Arezzo, Pisa, Florenz, Perugia und Cortona. Er durchwandert bis 1215 Spanien, Portugal und Frankreich. 1216 schreibt er ein Generalkapitel nach Assisi aus; hier finden sich bereits 5000 Franziskaner ein. Einst bietet er Papst Paul III. 40 000 Franziskaner zum Türkenkrieg an und versichert, daß die geistlichen Verrichtungen darunter nicht leiden sollten[34].

1224 zieht sich Franz zur Meditation in die Apenninen zurück. Hier erscheint ihm ein Erzengel, um ihm die fünf Wundmale aufzudrücken; daraus leitet sich die Bezeichnung der *seraphischen* Brüder ab. Nach dem Tod des Ordensgründers übernimmt 1232 Elias von Cortona die Führung. Der Orden erlangt großen Reichtum, obwohl er auf Armut gegründet ist.

Kurz nach der Entstehung des Franziskanerordens stiftet der heilige Dominikus (um 1170-1221) einen weiteren. Er setzt sich vor allem die Verfolgung und Ausrottung der Ketzerei zum Ziel, was er erfolgreich betreibt.

Geißelungen

Nachdem die Legende vorgibt, man habe Jesus von Nazareth gegeißelt[35], eifert man ihr nach. Erweitert wird die Geißelung zum Zweck der Strafe, der freiwilligen Buße und der Askese. Es kann nicht verleugnet werden, daß sie der Abtötung des menschlichen Fleisches und damit der Selbstbefriedigung dient. Mitunter sind sadistische Züge unverkennbar. In einigen Klöstern brechen Geißelepidemien aus und vor allem in Zeiten der Not glaubt man an die Wirkung. Man will mehr büßen, damit sich Gott eher erbarmt. Obwohl es absurd ist, fördern Kirchenführer und Päpste den Aberwitz.

Da man sich unter den Theologen vor allem um Details streitet, entspinnt sich ein Kampf darüber, ob man sich beim Geißeln ausziehen soll oder nicht bzw. ob man mehr die obere Disziplin oder die untere bevorzugen soll. Die Gegner der unteren Disziplin sagen, es verstoße gegen die Schamhaftigkeit. In einigen Klöstern geißeln sich Männer und Frauen gemeinsam. Marnix, der Herr von St. Aldegone, berichtet in seinem *Bienenkorb*:

»Noch aber alle dise heylsame hülffmittel, haben die liebe andächtige Schwester zu Layden in Holland, und in allen Regularissenklöstern, noch etwas gefunden, das sehr artig ist. Den zwischen Remigy und aller Heyligentag, nachdem man die Vigilien von neun Lektionen sehr andächtig hat gesungen, so geht ihre Frau Mutter inn eyn finstern Kellerlein, mit eyner Ruten inn der hand, und da kommen die Schwesterlein, eyne vor, die ander nach, mit dem hintern bloshaupts, ja etliche auch wol gantz Mutternackend, und legen sich für sie, und empfangen die selige Disziplin oder züchtigung für die Seelen im Fegefeuer. Dann als manchmal sie zehn streich empfangen, so manche Seelen fliegen knapp inn schnapps dem Himmel zu, wie die Küe in eyn Mäusloch. Ist das nicht köstlich Ding, mit Nonnenärssen die Seelen aufplasen? Ei der kräfftigen Nonnenfütze, welche so feine Blasbälg inns Fegfeuer geben! Ich denk, die andern Nonnen, Beginen und Schwestern werdens inen auch nach thun müssen; und soll allein wolstandshalben geschehen; auch das es Pater oftmals thun muß, wann kein Maler vorhanden ist; denn malet schon der Müller nit bei tag, so versiehts doch die Müllerin bei nacht.«

Der Moralist Damiani hat einen Bericht über die Züchtigung der Mönche hinterlassen: »Sie müssen sich im Kapitel dreimal nackt vor den Brüdern ausziehen, um sich mit Riemen geißeln zu lassen. Gleichzeitig müssen sie ihre Sünden bekennen ... Während durch diese heilsame Disziplin das

Geißler im späten Mittelalter. Deutlich ist der fünfarmige Geißelbesen mit den Bleikugeln an der Spitze zu erkennen. Derber, doch realistischer Holzschnitt.

Fleisch gezüchtigt wird und der Leib vor den Menschen nackt erscheint, erscheint er Gott als mit Kleidern angetan.«

Ein berühmter Geißler ist der Mönch Dominikus. Petrus de Damiani, der Kardinalbischof von Ostia, berichtet über ihn: »Es vergeht kaum ein Tag, ohne daß er mit dem Geißelbesen in beiden Händen zwei Psalter hindurch seinen nackten Leib schlägt ... er ist ein wahrer Schmerzenssohn ... sein Körper habe ausgesehen wie die Kräuter, die ein Apotheker zu einer Ptisane zerstoßen habe.«

Eine besondere Form der Geißelung ist das *Ecco homo*, eine Art mittelalterliches Gesellschaftsspiel. Die Bußbedürftigen stellen sich im Refektorium auf und einer tritt bis zum Gürtel nackt hervor. Er schleppt ein Holzkreuz, trägt eine Dornenkrone und führt eine Geißel bei sich. Dann geht er sich geißelnd auf und ab singt dazu eigens verfaßte Gebete. Die anderen Geißler folgen ihm.

Ammann sagt noch im 19. Jahrhundert dazu: »Die Geißel, ein Instrument aus Eisendraht geflochten, ungefähr vier Schuh lang; ein Teil davon, den man beim Schlagen um die Hand windet, ist einfach, doch derjenige, den man auf den Leib schlägt, ist fünffach geflochten und an seinen Enden gewöhnlich mit eisernen Zacken versehen. Die Geißelung geschieht bei den Kapuzinern auf zwei Arten. Im Chor nachts bei der Messe heben sie die Kutten auf und klopfen sich auf den bloßen Steiß, bis der Obere das Zeichen zum Aufhören gibt. Da sie keine Hosen tragen, geht die Szene schnell auf das Kommando vor sich.

Wem die Strafe zuteil wird, der muß, bevor er zu Tische geht, das wollene Hemd und die Leinenschürze, die unter der Kutte getragen werden, ausziehen und sich dann mit den anderen zum Tischgebet einstellen ... der Sträfling wirft sich auf die Knie, legt die Geißel vor sich auf den Boden, faßt mit beiden Händen die Kapuze und zieht sich die Kutte über dem Kopf aus ... so daß der hintere Teil seines Leibes nackt ist. In dieser Lage hält er mit der linken Hand die Kutte und mit der rechten die Geißel. Auf das Zeichen des Oberen hin betet er laut die Bußpsalmen, das Misere, De profundis und lateinische Gebete. In dieser Zeit geißelt er sich, bis der Obere das Zeichen zum Aufhören gibt ... daß diese schamlose Haltung Anlaß zur naturwidrigen Unzucht gegeben hat, könnte jedem mannigfach bewiesen werden, der daran zweifeln sollte.«

Angela von Foligno, Theresia von Avila, Katharina von Genua

Man sagt der Heiligen Angela von Foligno (1248-1309) nach, daß sie das Waschwasser von Aussätzigen mit großer Wonne zu sich genommen hat. In solchen Momenten fühlt sie sich von Jesus geliebt, der sie angeschmachtet haben soll: »Meine süße, meine liebe Tochter, meine Geliebte und mein Tempel ... dein Leben gefällt mir. Ich werde in den Augen der Völker große

Dinge für dich tun ... meine süße Gattin, ich liebe dich sehr ... Gott hat aus dir seine Wonne gemacht.« Dies sind für eine bigotte Nonne einmalige Komplimente, die künstlich hochgespielt werden.

Die heilige Katharina von Genua (1447-1510), die Tochter des Vizekönigs Fieschi von Neapel, tritt dem Franziskanerorden bei. Auch sie ist in Jesus verliebt. Hinzu gesellt sich die Italienerin Katharina von Cardone und über sie berichten die Chronisten: »Sie war aus Liebe verrückt, wohnte in einer Höhle und trug ein Kleid von Ginster, mit Dornen und Eisendraht geflochten. Sie fraß Gras wie ein Tier, ohne sich der Hände zu bedienen ... einmal fastete sie gar 14 Tage lang.« Elisabeth von Genton beginnt ebenfalls aus Liebe zu rasen und ruft im Zustand des Verzückens: »O Gott! O Liebe, o unendliche Liebe! O Liebe, O ihr Kreaturen, rufet doch alle mit mir: Liebe! Liebe!«

Die heilige Passidea, eine Zisterziensernonne aus Siena, geißelt sich mit Dornen, um danach die Wunden mit Pfeffer, Salz und Essig zu waschen. Sie schläft auf Erbsen und Kirschkernen, trägt ein Panzerhemd von 60 Pfund. Sie steigt in eiskalte Teiche, um sich einfrieren zu lassen, ja sie soll sich mit dem Kopf nach unten stundenlang in einen rauchenden Kamin gehängt haben. Endlich gelangt sie in den Genuß der heiligen fünf Wundmale.

Die heilige Theresia von Avila (1515-82) schläft auf Dornen oder wenigstens im Schnee, trinkt aus Spucknäpfen, knabbert an toten Mäusen, taucht das Brot in faule Eier und durchsticht sich die Zunge mit Nadeln, wenn sie das Schweigen gebrochen hat. Nach ihrem allzufrühen Tod erscheint sie einer Mitschwester, um ihr zu gestehen, sie ist mehr aus Inbrunst der Liebe, als an der Heftigkeit ihrer Krankheit gestorben. Deschner würdigt diese wahre Christin[36]. Sie hat eine Vorgängerin in Maria der Ägypterin, denn auch sie frönt vor der Erleuchtung vermutlich dem Laster der Sinnlichkeit.

20 Jahre ist Theresia voll Frevel, die Schlimmste unter den Schlimmen und sie huldigt den höllischen Geistern. Sie findet zwei Jahrzehnte keinen Beichtvater, der sie versteht und zieht es vor, sich in eine Mitschwester zu verlieben, mit der sie *sehr lieb* umging. Sie leidet an Fieber, Kopfschmerzen, Erbrechen, Lähmungserscheinungen und sie spuckt Blut, wird häufig bewußtlos und schon glaubt man, daß sie zu Rasen beginnt. Zumindest hat sie der Herr mit der Gabe der Tränen begnadigt. Doch dann bangt sie, eben wegen dieser Gnade, zu erblinden. Einmal schreibt sie: »Schon seit einundhalb Tagen stand in meinem Kloster das Grab offen, das meinen Leichnam aufnehmen sollte.«

Maria Magdalena dei Pazzi (1566-1607), eine Karmeliternonne aus Florenz, wirft sich vor einer Novizin auf den Boden und bittet sie, auf ihrem Gesicht stehend, sie auszupeitschen. Sie wälzt sich in Dornen, bindet sich an einen Balken, peitscht sich, läßt sich heißes Wachs auf die Haut träufeln und stöhnt dabei: »Es ist genug, entfache nicht stärker diese Flamme, die mich verzehrt. Nicht diese Todesart ist es, die ich mir wünsche. Sie ist mit allzuviel Vergnügen und Seligkeit verbunden[37].«

Oft erscheint ihr der himmlische Bräutigam und sie vergießt so viele Tränen, daß man schon meint, man habe ihr Bett ins Wasser getaucht, dann fiel sie in Ohnmacht, blaß wie der Tod, und blieb lange regungslos liegen. Auch sie ruft: »Deine Größe ist unergründlich und Deine Weisheit unerforschlich, mein süßer, liebenswürdiger Jesus.« Dann geht sie in einen Stall, bindet Dornen los und wälzt sich solange darauf, bis sie am ganzen Körper blutet und der Unzuchtsteufel sie verläßt. Endlich befreit sie der Tod von ihren Wahnvorstellungen. Sie wird heiliggesprochen.

Maria Alacoque (1647-90) schneidet sich das Jesusmonogramm in die Brust und brennt sich die Narben mit einer Kerze aus. Sie trinkt Waschwasser, ißt faules Obst und verschimmeltes Brot. Sie berichtet über ihren Appetit: »Einmal tadelte mich Jesus wegen meiner Empfindlichkeit, so daß ich einmal, als ich den Auswurf eines Patienten aufwischte, mich nicht enthalten konnte, es mit meiner Zunge zu tun. Er ließ mich an dieser Tat so viel Freude finden, daß ich gerne Gelegenheit zur Wiederholung gehabt

Klösterliche gegenseitige Nächstenliebe von M. Greuber, 17. Jahrhundert.

hätte.« Diese Chance hat sie, indem sie ihren Mund mit den Exkrementen eines Mannes bereichert, der an Durchfall leidet[38].

Auch Antoinette Bouvignon kasteit sich im wohligen Lustgefühl, als sie Kot unter ihre Speisen mischt[39]. Ein ähnliches Phänomen taucht öfters im Zusammenhang mit dem christlichen Hexenwüten auf. Der Beichtvater verbietet Elisabeth von Thüringen, die Beulen von Aussätzigen zu küssen, um sie zu heilen.

Einige Nonnen steigern sich bis zum Exzeß in Wahnvorstellungen; sie kompensieren die ihnen nicht zugebilligte Sexualität mit Scheinerlebnissen oder Scheinschwangerschaften. Agnes Blanbekinn beschäftigt sich mit der Vorhaut von Jesus Christus und meint, sie hinunterschlucken zu müssen. Die heilige Katharina von Siena (1347-80) bildet sich ein, die Vorhaut Christi unsichtbar an ihrem Finger zu tragen. Für manche ist die Kommunion der Ort der fleischlichen Vereinigung. Mechthild von Magdeburg

sieht bei der Kommunion, wie Jesus alle Kommunikanten küßt. Einige Mystikerinnen beharren darauf, daß ihnen Jesus fleischlich beigewohnt hat. Eine sagt: »Gott erscheint mir zuweilen nachts unbekleidet im Bett und nimmt die Vermengung vor und erkläre mir alle Vorgänge auf Erden, die ich nicht begreife.«

Gewiß: Wir haben Grenzfälle vor uns und man darf die Abertausenden von Mönchen und Nonnen nicht übersehen, die einem geregelten Klosterleben nachgehen. Und doch ist unbestritten, daß das Laster blüht. Petrus Damiani (um 1007-72) berichtet in seinem *Liber Gomorrhianus* über das Schandleben der Geistlichen seiner Epoche. Er klagt über Hurerei, widernatürliche Unzucht, Sodomie, Unzucht mit Jünglingen, Knaben und Beichtkindern und er sagt: »Um ungestört fortsündigen zu können, absolvieren sie sich untereinander durch die Beichte.« Bei einer kritischen Betrachtung kann von der Wahrung des Beichtgeheimnisses keine Rede sein.

Sodomie

Über Jahrhunderte dominiert die Agrarwirtschaft und dies berührt das Klosterleben. Der Umgang mit Tieren ist selbstverständlicher als heute. Da die Klosterinsassen auf den Geschlechtsverkehr verzichten sollen, suchen sie ein Ventil bei den Tieren. Es gibt zahlreiche Verbote, zumindest weibliche Tiere aus den Mönchsklöstern zu schaffen, bzw. die Hunde aus Nonnenklöstern. 791 schreibt Papst Hadrian I. an Karl den Großen, daß der in Rom weilende Bischof gefragt wird, ob er Knabenschande getrieben, sich mit einem Vieh vermischt oder mit einer Nonne geschlafen hat[40]. Während einer Synode in Aachen wird bedauert, daß sich einige Mönche der Sodomie verschrieben haben[41]. Gleichzeitig wird den Nonnen das Herumschweifen, Schwelgen und die Unzucht verboten. Kanoniker dürfen weder Totschläger noch Hurer sein[42].

Der Abt Plato entfernt im 9. Jahrhundert zur Sicherheit alle weiblichen Tiere aus dessen Verantwortungsbereich[43]. Franz von Assisi verbietet in seiner zweiten Regel, daß sie in keiner Weise selbst oder bei anderen irgendein Tier halten dürfen. 1102 setzt eine Kirchenversammlung fest, daß Kleriker wegen Sodomie ihres Amtes entsetzt und eventuell mit dem Bann belegt werden sollen[44].

In den oberen Etagen ist man liberaler. Papst Sixtus VI. (1471-84) gestattet einigen Kardinälen, während der Sommermonate Sodomie zu treiben. Parallel dazu läßt er in Rom Bordelle anlegen. Leo X. (1513-21) erlaubt den Geistlichen, »ganz nach Gefallen Hurerei, Ehebruch, Blutschande und Sodomie zu treiben.«

Der Nuntius des Papstes Julius III. (1550-55), Johann à Casa, der Erzbischof von Benevent, verfaßt ein Buch über die Sodomie. Er hat es dem Papst zugeeignet und es erscheint 1552 in Venedig. Er nimmt diese sexuelle Variante lebhaft in Schutz. Kardinal Robert Bellarmino (1542-1621) wird nachgesagt, daß er sich viele Geliebte und vier schöne Ziegen gehalten habe.

Die Päderastie ist eine weltweite Erscheinung. Im Sambo-in-Tempel von Daigo hat sich eine *Lustknaben-Bilderrolle* erhalten, die auf die Moral der mittelalterlichen japanischen Mönche abhebt. Da in der christlichen Literatur immer wieder auf die widernatürliche Unzucht der Mönche, Priester, Bischöfe, Kardinale und seltener der Nonnen mit Tieren verwiesen wird, ist es sinnvoll, einen Blick auf die

Onanie und Päderastie

zu werfen. Zunächst ist darauf aufmerksam zu machen, daß der Mensch von den Tieren abstammt und kein gottgeschaffenes Wesen ist. Paarungen oder Paarungsversuche zwischen Menschen und Tieren reichen weit in die Antike zurück. In den griechischen und ägyptischen Mythen wird davon berichtet. Die schöne Pasiphae, die Tochter des Helios, Schwester des Aetes, entbrennt in einer heftigen Sehnsucht nach einem weißen Stier, durch den sie zur Mutter des Minotaurus wird. Auch in indischen Kulten paaren sich himmlische Schönheiten mit Tieren; selbst mit Elefanten. Da dies technisch nicht einfach sein dürfte, ist wohl ein Fruchtbarkeitszauber damit verbunden. In der altindischen Kunst ist der Geschlechtsverkehr zwischen Affen, Frauen und Männern dargestellt. Aus dem islamischen Kulturraum liegt eine bildliche Darstellung von Sodomie aus dem 13. Jahrhundert vor.

In der älteren Kunst Sumers und Ägyptens begegnet uns der Stiermensch. »Aus dem Gilgamesch-Epos ist Enkidu als Stiermensch bekannt, dessen Körper mit langen Haaren bedeckt ist, der mit Gazellen weidete und mit den Rindern trank.« Früh gehen solche Darstellungen in die erotische Kunst ein. Kultgegenstände, Wand- und Deckengemälde der Antike zeigen eindeutig sexuelle Darstellungen zwischen Halbgöttern und -tieren.

So bemächtigt sich dieses Themas auch die Literatur. Im 2. Jahrhundert erscheint Lukian von Samosata in seinem Roman *Der verzauberte Esel* die erotischen Abenteuer einer lüsternen Dame mit ihm und sie sagt: »Die ganze Nacht beanspruchte sie alle meine Kräfte und entließ mich erst bei Tagesanbruch. Doch ehe sie mich gehen ließ, mietete sie mich von meinem Aufseher um den gleichen Preis für eine weitere Nacht.«

Um die Mitte des 18. Jahrhunderts wird in Vanvres ein Jacques Ferrion gehängt, weil er eine Eselin *genotzüchtigt* hat. Deschner ergänzt, daß man das Tier freigesprochen hat, weil es sich nicht freiwillig an diesem Akt beteiligt und deshalb *nicht willentlich* gesündigt habe. Die Nonne des betreffenden Klosters und mehrere Bürger stellen der Genotzüchtigten ein vortreffliches Zeugnis aus und legen es schriftlich dem Gericht vor, das sich davon in seiner Entscheidung beeinflussen läßt.

Einmal ertappte man einen Mann, der, gleich nachdem er seine Frau befriedigt hatte, sich einer Ziege angenommen hat. 1835 wird Kaplan Eisenring in Eyl wegen Sodomie zu einer Zuchthausstrafe verurteilt. Die Sodomie ist zweifellos eine ungewöhnliche Sexvariante, aber sie kann nicht todeswürdig sein.

Sodomie im Hexentreiben

Bei all den Untaten, die man den Hexen an den Rockzipfel hängt und die sich Geistliche zuschulden kommen lassen, kann nicht ausbleiben, daß man den als Hexen oder Hexer Bezichtigten sodomitische Praktiken andichtet. Nahtlos verzahnt sich das theologische Sexualverhalten mit der Hexenjagd.

Johannes Pott aus Jena erklärt, daß die Teufel mit den unter ihnen stehenden Tieren Lebewesen zeugen können, was eine Paarung voraussetzt: »So auch Würmer, die der Meschheit im höchsten Grade gefährlich sind.« Die Teufel verkehren des öfteren in Tiergestalt und sprechen in Tierlauten zu den Christen. Es ist ein Problem für die Exorzisten, sich dann noch verständlich zu machen. Sinistrati entwickelt eine Theorie über den sodomitischen Verkehr zwischen Menschen und Dämonen.

Die Theologen greifen auf die Versuchung Evas durch die Schlange zurück. Deshalb berichtet Mantegazza über die seltsame Beschreibung von Hexen, die sich zu sodomitischen Zwecken in Schlangen verwandelt haben. Guazzo hebt hervor: »Dämonen verführen unschuldige Mädchen … schließlich geraten sie wie ein Huhn in die Klauen des Geiers und tun Dinge, an die sie vorher nicht einmal im Traum gedacht haben.«

1462 wird Peronette de Ochiis verurteilt, weil sie sich Männern und Dämonen gegenüber in Formen prostituiert hat, die *contra naturam* sind. Man setzt sie einige Minuten nackt auf einen glühenden Eisenrost, um sie danach hinzurichten. Colette du Mont legt das Geständnis ab, sich mit einem Hund gepaart zu haben; er habe während des Geschlechtsaktes auf den Hinterbeinen gestanden und sich mit den Vorderläufen auf ihren Bauch gestützt.

In einem Kloster der Diözese Köln werden die tugendhaften Nonnen nicht nur von Incubi heimgesucht, sondern auch von einem riesigen schwarzen Hund: »Er warf sie zu Boden, leckte ihre Geschlechtsteile und paarte sich mit ihnen … er schwächte sie so sehr, daß sie sich nicht mehr wehren konnten.« Auch die Schwestern eines Klosters in Nymwegen werden Opfer eines Hundes, der sie vergewaltigt.

Die Liller Nonnen berichten von der Unzucht mit Tieren. Die hier wirkenden *heiligen* Schwestern bekennen, daß sie wöchentlich ein paarmal an der Sabbatfeier teilnehmen und dort heterosexuelle Paarungen, donnerstags sexuelle Befriedigung mit dem Mund und am Samstag sodomitischen Verkehr mit Haustieren und Drachen ausüben. Im Kloster von Loudun sollen sich die Nonnen mit schwarzen Katern gepaart haben, deren Phalli so groß wie die eines Mannes waren.

1671 wird eine Frau aus Großseelheim im Amt Kirchheim peinlich verhört. Sie gesteht, sie habe von ihrer Base aus Kappel das Hexen gelernt. Sie habe ihr Gift gegeben, damit sie Menschen töte, der Teufel sei ihr in der Gestalt eines Hundes erschienen und habe mit ihr geschlafen.

»Ist sie es, die meiner Hilfe bedarf?« Satirischer Kupferstich auf die Klosterunzucht.

1673 steht eine Magdaleine vor Gericht und sagt gegen einen Priester aus, sie habe verschiedene Male mit dem Pater Säuglingsfleisch gegessen und außerdem sodomitischen Verkehr mit ihm gepflogen. 1676 wird Orthe, die Frau von Adrian Fleischer aus Wittelbach angeklagt, mit einem Hund Sodomie getrieben zu haben.

Francoise Fontaine berichtet, daß der Teufel als Edelmann zu ihr gekommen sei. Eine vornehme Erscheinung und sein höfisches Gebaren rissen sie derart hin, daß sie seinem herrischen Befehl, sich auszuziehen, sofort gehorchte. Nachdem er sie meisterhaft auf das Bett geworfen hatte, vereinigte er sich zweimal mit ihr, was jedesmal eine halbe Stunde dauerte. Anschließend biß er ihr so heißblütig in die Brust, daß sie die blutunterlaufenen Stellen noch den Richtern zeigen konnte. Sein Penis wäre so hart und dick wie ein Kieselstein, sein Samen wäre kalt gewesen und einmal hätten sie sich wie zwei kopulierende Hunde nicht voneinander trennen können.

Homosexualität und Masturbation

Schon Goethe sagt, daß die gleichgeschlechtliche Liebe so alt wie die Menschheit ist. Bei den Babyloniern gilt die Homosexualität als verächtliches Laster und steht unter harten Strafen. Die *Buhlknaben*, die männlichen Vertreter der käuflichen Liebe, spielen in vielen Kulturen des mesopotamischen Reiches eine Rolle. Johannes Fürstauer schreibt dazu: »Die verarmten Väter mögen ihre Söhne im zartesten Knabenalter an ein Unternehmen verkauft haben, das sie in allen Künsten der Verführung ihrer Geschlechtsgenossen ausbilden ließ. Auf den Marktplätzen der großen Städte konnte man sie zwischen der feilschenden Menge einherschlendern sehen, mit parfümierten Locken, geschminkten Lippen und verführerisch wiegenden Hüften, und in den Weinschenken lungerten sie, eine grellfarbene Blume nach Frauenart hinters Ohr gesteckt, und warfen feurige Blicke nach allen Seiten, an denen sich das

»Jesus Christus hat selbst seine Schäflein geweidet.« Aus »Leben Christi und Antichristi«, gezeichnet von Lukas Cranach mit Texten von Martin Luther und Melanchthon.

Verlangen der zechenden Gäste entzünden sollte. Je lauter der Lärm und das Gelächter anschwoll, desto lockerer wurden die Zeichen, desto offensichtlicher das Einverständnis. Da griff einer der Zecher nach einem der streunungswilligen Mädchen, ein anderer hingegen lockte mit deutlichem Münzengeklimper einen Buhlknaben an seine Seite, ließ ihm etwas Wein oder Bier einschenken und strich mit fahriger Geste seine glatten Muskeln entlang.

Die besseren der Knaben fand man in den Häusern der großen Herren, wo sie in kurzen Leinenkitteln und mit sorgfältig gesalbten Locken bei den Gelagen aufwarteten und auf einen flüchtigen Blick des Hausherrn bereit waren, mit jedem das Lager zu teilen, der ihrer begehrte.

Aber nicht nur in den üppigen Pfühlen der Paläste und im Halbdämmern billiger Kaschemmen und Kneipen blühte die Knabenliebe, nein, sie gedieh auch auf bedeu-

tend rauherem Boden draußen in der harten Wirklichkeit des Heerlagers ... so erwuchsen in der Umgebung der Zeltlager auch im babylonisch-assyrischen Raum jene merkwürdigen Liebesbande des mannmännlichen Eros. So spricht die Mutter zu Gilgamesch, als sie ihm einen Traum deutet: Die Axt, die du siehst, ist ein Mann. Wie ein Weib wirst du dich auf ihn legen, ich werde ihn dir gleich stellen.

Die hemmungslose Begierde des Mesopotamiers ... die entfesselte Flut des dämonischen Eros brach über den fruchtbaren Halbmond herein und trug bei zur Legende vom Ruhm und Verderben der großen Hure Babylon über die ganze damals bekannte Welt.«

Von den alten Persern wird ähnliches berichtet. Obwohl die Awesta die Knabenliebe als todeswürdiges Verbrechen ansieht, läßt sich der jüngere Artaxerxes von seinen Buhlknaben die Wangen schminken und sein schön gelocktes Haar mit Wohlgerüchen salben, ehe er in Weiberkleidern gehüllt, im Beisein seiner Sklavinnen und Weiber, mit seinem jüngsten Favoriten Mahl und Lager teilte, wenn er es nicht vorzog, die männlichen Gefährten seiner schier unersättlichen Sinnlichkeit Zeugen werden zu lassen, wie er ein neuerworbenes Weib umarmte.«

Auch in Griechenland blüht die Knabenliebe; es war eine *Pflegestätte der Päderastie*. Das Wort Pädagoge deutet noch darauf hin. Es bezeichnet einst einen Mann, der Knaben durch die Knabenliebe führte. Lykurgos, der Gesetzgeber Spartas, behauptet, niemand könne ein tüchtiger Bürger sein, der nicht einen Freund im Bette habe. Solon und seine Nachfolger empfehlen der Jugend den gleichgeschlechtlichen Verkehr. In Theben betreibt ein dreihundert Mann starkes Eliteregiment Homosexualität. In Sparta und Kreta gehört sie zur Ausbildung der jungen Krieger durch ihre Vorgesetzten.

Im griechischen Sprachraum scheint die Homosexualität ein Teil des normalen Lebens gewesen zu sein; jeder kann sich frei zu seinen Empfindungen bekennen. Und doch ist den Griechen der verkehrte Charakter der Homosexualität bekannt.

Bei den Juden wird Homosexualität mit dem Tod geahndet; hier gibt es neben der weiblichen auch eine männliche Tempelprostitution. Mit dem Christentum wird erbarmungslos Jagd auf die Homosexualität gemacht, wobei sich die Geistlichen ein *Privilegium exclusivum* erhalten.

Bereits Paulus warnt die sündigen Menschenkinder und sagt: »Darum hat sie Gott auch dahingegeben in schändliche Lüste. Denn ihre Weiber haben verwandelt den natürlichen Brauch in den unnatürlichen. Desselbigen gleichen auch die Männer, haben verlassen den natürlichen Brauch des Weibes, und sich aneinander erhitzet in ihren Lüsten, und haben Mann und Mann Schande getrieben, und den Lohn ihres Irrtums an ihnen selbst empfangen[45].«

Schon im frühen Mönchtum, um Deschner zu folgen, achtet man darauf, daß sich die Mönche nicht zu nahe kommen. Sie sollen nicht im Dunkeln miteinander sprechen, keinen mit der Hand ergreifen und nicht zu zweit auf dem nackten Rücken eines Esels reiten[46]. Ihre Schlafräume sind beleuchtet und werden bewacht[47]. Früh nehmen sich die Kirchenväter dieses Themas an.

Johannes Chrysostomos (347-407) verweist darauf, daß Homosexualität unnatürlich und darum von Gott verboten ist[48]. Er wettert gegen die *lustverirrten* Päderasten. Der heilige Basilius meint, daß die jungen Männer den Umgang mit anderen meiden sollen. Augustinus (353-430) brandmarkt die Homosexualität als »Vergehen gegen Gott und den Nächsten.« Er schreibt 423 an ein Frauenkloster, die zwischen ihnen bestehende Schwesternliebe könne sich leicht in gleichgeschlechtliche Fleischeslust verwandeln, wie sie von unanständigen Frauen geübt werde.

Das Konzil von Elvira stellt die *Beflekkung durch gleichgeschlechtliche Liebe* unter Strafe. Das Konzil von Ancyra (314) wiederholt den Beschluß und das von Tours (567) bekräftigt ihn. In Toledo (693) befaßt man sich mit Homosexualität. Ausdrücklich untersagt das Konzil von Paris (1212) den Mönchen, »zusammen in einem Bett zu liegen und Sodomie zu treiben.«

Im 12. Jahrhundert ist die Homosexualität in den von Strafen ausgeklammerten Lebenskreisen verbreitet. In Frankreich nennt man sie das Aristokratenlaster. König Philipp I. erhebt seinen Lustknaben Johannes 1098 zum Bischof von Orléans. Zwar belegt man im 12. Jahrhundert alle Homosexuellen jeden Sonntag mit dem Bann, weckt aber dadurch schlafende Hunde. Hier müssen sozial-sittliche Verflechtungen zu den Erfahrungen der Kreuzzügler beachtet werden. Unabhängig davon wuchert damals in Kirchenkreisen die Angst vor der Blutschande.

1409 werden in Augsburg vier Priester und ein Laie wegen Knabenschändung am Perlachturm aufgehängt. Das Laster blüht weiter und reicht bis in unsere Zeit hinein. Noch im 19. Jahrhundert schildert Ammann aus dem Schweizer Raum die unglaublichsten Dinge. Er bezichtigt den Pater Berchthold, die Klosterschüler und junge Mönche verführt zu haben und sagt: »In Sursen hat Pater Joseph einen bildschönen Jüngling so sehr entkräftet, daß derselbe unter schrecklichsten Schmerzen starb und noch auf seinem Sterbebett seinen Verführer und Mörder verfluchte.«

Selbstbefriedigung

Die Masturbation gehört im Gegensatz zur Sodomie zu den am meisten verwirklichten sexuellen Neigungen der Menschen. Die Vorstellung, daß dies eine Sünde sei, kommt erst spät auf und wird vom Christentum eskaliert. Doch schon im Judentum gilt die Masturbation als todeswürdiges Verbrechen. Z. B. ist es einem Juden aus Furcht vor einer ungewollten Pollution nicht gestattet, auf dem Rücken zu schlafen, enge Hosen zu tragen oder beim Urinieren seinen Penis zu berühren.

Doch die sexualfeindliche Haltung der katholischen Kirche prallt an der derben Realität des Mittelalters weitgehend ab. »Die Menschen leben in Familienverbänden, in Sippen zusammen; das Gesinde mit eingeschlossen, schlafen sie in einem oder zwei hallenähnlichen Räumen. Alle schlafen meist nackt. Es gibt noch keine Betten und keinen stört es, wenn koitiert wird. So wachsen die Kinder in einer natürlichen Umgebung auf und entwickeln ein natürliches Scham- bzw. Sexualgefühl. Noch aus dem 15. und 16. Jahrhundert haben sich Dokumente erhalten, die beweisen, daß Eltern ihre Kinder durch Masturbation befriedigen, um sie etwa vor dem Schlafengehen stillzuhalten.

Dies ist nicht nur beim Volk so, sondern ebenso an den Fürstenhöfen verbreitet. Der Hofarzt Ludwigs XIII. macht darüber minutiöse Aufzeichnungen. Schon der einjährige Prinz, so weiß der Hofarzt Hervart zu erzählen, lachte aus voller Kehle, wenn die Pagen mit seinem Penis spielten. Vor allem die Marquise de Verneuil erringt sich dadurch die Zuneigung des Knaben. Mit sieben oder acht Jahren hat er seine Freude daran, die Genitialien von Mademoiselle Mercier, seinem Zimmermädchen, zu befühlen.

Noch um die Mitte des 18. Jahrhunderts gelten die ärztlichen Thesen eines Galenus, Hippokrates und Paracelsus, daß der Körper regelmäßig von überflüssigen Dämpfen und Säften gereinigt werden muß. Das beinhaltet die Selbstbefriedigung.

Die Onanie wird von den Machthabern der katholischen Kirche scharf verurteilt. Nach Thomas von Aquin ist sie eine größere Sünde als die Hurerei[49]. Das einmalige Onanieren einer Frau bestraft die mittelalterliche Kirche mit einer dreijährigen Buße und einen Mörder mit 40 Tagen[50]. Im 13. Jahrhundert befragt Mönch Willibald von Stabo den Abt Rupert von Deutz, »ob jemand die Palme der Jungfräulichkeit verliert, wenn er oder wenn sie durch eigene Hand oder mit fremder Hand oder sonst auf irgendweise Weise ohne natürlichen Geschlechtsverkehr seinen Samen hervorlockt, und ferner, ob eine so befleckte Person geweiht werden darf[51].«

Luther gibt auch in diesem Punkt seine Erfahrungen über die greulichen Klosterpraktiken weiter und meint: »Pfui dich mal an! Sollte man doch nur um der schändlichen Pollution willen alle Klöster und Stifte zerstören, da müßige Leute in guten, faulen Tagen leben, sich mästen wie die Säurangen mit dem besten und köstlichen Essen und Trinken, damit sie solche Unreinigkeiten täglich reizen und mehren.«

»Auf dem Concilio zu Nicäa ist hart verboten gewesen, daß sich niemand selbst geilen soll, denn ihr viel aus großer Ungeduld, da sie die Unzucht und Brunst so plagte, haben sie sich selbst mit Gewalt gegeilet, auf das sie geschickt und tüchtig möchten bleiben zur Kirchenämtern und die Pfründe möchten behalten[52].«

Der Pietist Johannes Christoph Schwedlerin aus Greiffenberg in Schlesien sieht 1715 im Tanz eine Vorstufe der Onanie und bemerkt dazu: »Ach wehe, wehe, wehe der verfluchten Obrigkeit, welche so viele tausend Seelen durch den verfluchten Teuffelstanz zu Boden schläget! Es wird alles vors Gericht kommen, was Du gottlose Obrigkeit, Du Teufelsverfluchter Tänzer, Du Sündenknecht, Du Sündenmagd getan hast. Höre doch Gottes Wort, Du Volk von Gomorrha, Du Teuffelsvolk. Wehe, wehe, wehe.

Der Teufel hat kein ander Gespött können aufbringen, Jesum aufs neue ans Kreuz zu schlagen, als mit den verfluchten Teuffelskirmesfesten. Ihr wandert auch zu den verfluchten Teuffelskirmesfesten, ihr verfluchten Belialskinder! Wo bist du, Obrigkeit! Sollst du Dein Schwert, welches Dir Gott an Deine Seite gegeben hat, umsonst tragen? Wenn solche verfluchte Teufelskinder getanzet und gesprungen, gehurt und gesoffen und alle Boßheit angewendet haben, so straff sie darum. Wehe, wehe, solcher verfluchten gottlosen Obrigkeit, die es doch verbitten sollte, welche die Leute aber selber zum Tanze zwinget[53].«

Die Selbstbefriedigung unter Nonnen ist ebenso häufig wie unter den Mönchen. Zeitweise wird sie selbst mit dem Tod bestraft[54]. Es versteht sich von selbst, daß, wenn man die geistig und körperlich unterdrückten Gruppen zusammenfaßt, man mit den unglaublichsten sexuellen Espapaden zu rechnen hat. Auch hier kann man zur Rechtfertigung die alten Kirchenväter bemühen. Basilius der Große (um 330-379) ist der Ansicht: »Die Brüder haben im Frauenkloster Dienste zu leisten, die die Sorge der Seelen betreffen und die Bedürfnisse des Leibes; es kommt vor, daß die Schwestern ihre Hilffe nötig haben[55].« Der heilige Ambrosius sagt: »Die Kirche ist ein Leib, aber mit verschiedenen Gliedern; das eine Glied bedarf des anderen[56].« Ganze Generationen zehren vom Thema der *Nonnenverführung*. Der Humanist Bebel (1472-1518) rühmt sich, ein Nonnenkloster zu kennen, in dem nur *eine* keusche Nonne lebt, die noch kein Kind gehabt hat[57].

Jacob Frei[58] trägt die *Sorgen einer jungen Nonne* vor: »In das Kloster Krauchthal bei Burgdorf wurde vorzeiten eine junge Jungfrau aufgenommen. Da sie Profeß getan, ward sie der Äbtissin übergeben, sie in Zucht und klösterlichem Wesen zu unterweisen. Als sie nun anfing, zu ihren Jahren zu kommen, hob ihr das Haar an dem Bruntzfell zu wachsen. Sie sah es, meinte, es wäre ein Zeichen von einer künftigen Krankheit, fing an, sich zu fürchten, aber mochte es niemandem sagen. Zuletzt ward sie von der Äbtissin bei ihrem Gehorsam ermahnt, zu sagen, was sie denn habe.

So sagt sie: »Gnädige Frau, ich weiß nicht, was mir für ein Pelz unten am Bauch zwischen den Beinen wächst, und doch sind die Beine und der Bauch glatt und wächst dort ein Haar. Ich fürchte mich, daß es etwas Übles bedeute. Die Äbtissin gab ihr zur Antwort: Laßt mich sehen! Sie hob die Kutte und zeigt ihrs. Ja, sagte sie, du Närrin, läßt du dich also kümmern? Es ist ein kleines Kätzlein, und ich hab selbst eine Katz zwischen meinen Beinen. Die Jung wollts nicht glauben, sie hätts denn auch gesehen. So hob die Alte die Kutte und zeigt sie der Jungen. Als sie die Katze gesehen, sagt sie zur Äbtissin: Gnädige Frau, was hat Euer Katz ein so groß Maul? Liebes Kind, sagte die Äbtissin, sie hat ihr Lebtag so viele Ratten schlucken müssen. Wenn deine Katz, so hoff ich, so gut das Mausen lernt, wie es meine kann, wird sie auch einmal ein so groß Maul haben, wie die meine.«

Marina Warner berichtet von einer Äbtissin, die aus lauter Wollust mit ihrem Pagen ein Kind gezeugt hat. Als es ruchbar wird, fleht sie die Heilige Jungfrau um Hilfe an, die das Kind verschwinden läßt. Während die Äbtissin schläft, gibt sie es bei einem Eremiten zur Pflege ab. Später gesteht die Äbtissin in der Beichte, daß es sich dennoch zugetragen hat. Der Bischof läßt nach dem Kind schicken, das später in den Rang eines Bischofs erhoben wird.«

»Ein Mönch, der in einem Nonnenkloster einkehrt, wird von diesen freundlich aufgenommen. Er spricht vom Sinn der Tugend, der Gottesfurcht und Züchtigung. Die Nonnen erkennen in ihm ein Paradebeispiel der Enthaltsamkeit und weisen ihn in ihrem Schlafsaal ein Bett an. Mitten in der Nacht fängt er zu schreien an: Ich mag nicht! Ich mag nicht! Er erzählt den aufgeschreckten Nonnen, daß ihm eine himmlische Stimme befohlen hat, sich zu den jüngsten Nonnen ins Bett zu legen, denn sie wären dazu ausersehen, einen Bischof hervorzubringen; er jedoch wolle das nicht.

Die frommen Nonnen sind hocherfreut, bekehren ihn gegen die Stimme Gottes und führen ihn endlich an das Bett der glücklichen Schwester. Als diese Bedenken äußert, erklären sich andere dazu bereit. Das Ergebnis war eine Tochter. Als man den schlauen Mönch zur Rede stellt, schiebt er den Mißgriff darauf zurück, daß die Nonne nicht freiwillig zu ihm gekommen sei.«

In einem anderen Kloster kriecht der Mönch *Omnis mundus* in die Feueresse und brüllt durch ein Rohr in den Schlafsaal der Nonnen: »Oh ihr Nonnen, hört das Wort Gottes.« Die Nonnen erzittern, fallen nieder und meinen, einen Engel vernommen zu haben und singen: »O Engel, verkünde uns Deinen Willen.« Die Antwort lautet: »Haec est voluntas Domini ut Omnis mundus inclinet vel supponat vos.« Schon eilen die Nonnen zum Pförtner, um ihn zu fragen, was dies bedeutet. Sie lassen sich in der Hoffnung von ihm beschlafen, einen Papst oder wenigstens einen Bischof zu gebären.

Poggio Braccolini erzählt über den Pisaner Bettelmönch Paulus Beatus: »Er gehörte zu jener Sorte vornehmer Bettler, die man Apostel nennt, weil sie vor anderer Leute Türen zu sitzen pflegen, ohne Gaben und

Almosen zu erbitten, würdig einherwandeln und nichts tun, obwohl sie entweder noch gar nicht so alt oder rüstig genug sind, auch von ehrlicher Arbeit zu leben. So saß dieser einst auch vor der Tür einer noch gut erhaltenen Witwe, die ihm um Gottes Willen zu essen gab.

Sie sah ihn des öfteren an und betrachtete ihn genauer. Da er ein stattlicher Kerl war, verliebte sie sich endlich in ihn. Nachdem sie ihm wieder einmal zu essen gegeben hatte, sagte sie ihm, er möchte am nächsten Tag wiederkommen, sie werde für ein gutes Frühstück sorgen. Als er so nun fast jeden Tag zum Hause des Weibes kam, lud sie ihn endlich ein, einzutreten, er könne ja drinnen essen. Er hatte nichts dagegen und stopfte sich den Leib gehörig mit Speise und Tank voll.

Das Weib konnte die Lust nicht mehr zügeln, sie umarmte ihn, küßte ihn und sagte, er dürfe nicht gehen, bis er ihr ihren Willen getan hätte. Indem sie ihn schon abtastet, verwünscht er sie mit Worten und behauptet, ihm widerstrebe die wütende Gier, sie aber wird immer geiler und endlich gibt er dem Verlangen des Weibes nach. Wenn du schon, sagte er, eine so große Sünde auf dich laden willst, so nehme Gott zum Zeugen, daß es allein deine Sünde ist, dann bin ich ohne Schuld. Nimm denn dieses verfluchte Stück Fleisch und mach damit, was du willst. Ich rühre es nicht ein bißchen an. Sie legte sich hin und sie führte ihn selbst ein, so daß er das Weib gleichsam wider Willen vornahm und sein Fleisch nicht seine Hand, noch sein frommes Gewissen berührte.«

Corvin bringt ebenfalls treffliche Beispiele: »Ein Mönch versuchte auf alle Weise, eine hübsche Frau zu verführen. Sie stellte sich krank und verlangte den Mönch als Beichtvater ... er kam, blieb mit ihr allein und wurde erhört. Am anderen Tag kam er wieder und legte, um es sich bequemer zu machen, die Hose auf das Bett der Frau. Ihrem Ehemann schien die Beichte etwas zu lange zu dauern; er wurde neugierig und trat unvermutet ein ... der Mönch floh so rasch wie möglich und ließ im Eifer des Gefechtes seine Hose liegen.«

Der gehörnte Ehemann brach darauf hin ins Kloster ein, um den Sittenstrolch umzubringen. Ein alter und besonnener Pfarrer versuchte vergeblich den Hitzkopf zu beruhigen. Er sagt ihm, er brauche wegen der Hose keine Anstände zu machen und nichts Übles zu denken, denn dies wären die Beinkleider des heiligen Franziskus und sie würden die Krankheit, woran seine Frau litt, gründlich heilen. Man wolle diese Hosen feierlich abholen. »Alsbald zogen Mönche mit Kreuz und Fahne nach dem Haus des christlichen Dummkopfes, legten die heilige Reliquie auf ein seidenes Kissen, stellten sie zur Verehrung aus und reichten die heiligen Hosen des liederlichen Mönches den Gläubigen zum Kusse herum. Dann trug man sie in einem feierlichen Bittgesang nach dem Kloster zurück und legte sie zu den übrigen Reliquien[59].«

Viele der in Klöstern Neugeborenen werden getauft und dann umgebracht. Bereits der Moralist Daminia sagt: »Durch heimliche Gänge ließen die Nonnen nachts die Mönche zu sich kommen, um der Venus zu opfern ... wie es aus der unterschlagenen Klage gegen die Äbtissin aus dem Kloster der heiligen Justina zu Lucca hervorgeht.«

1212 wird in Paris ein Konzil gehalten, bei dem den Regularklerikern eingeschärft wird: »Die verdächtigen Türen in den Abteien, Prioraten und allen Aufenthaltsorten der Religiösen sollen verrammelt werden, damit der Teufel keine Gelegenheit hat ... Weiber sollen die Dormitorien der Klöster nicht betreten. Mönche und regulierte Kleriker sollen nicht zusammenliegen und Sodomie betreiben.«

Als das Kloster Mariakron abgebrochen wird, findet man »in den heimlichen Gemächern und sonst Kinderköpfe, auch ganze Körperlein versteckt und vergraben.« Bischof Ulrich von Augsburg erzählt, daß man einst aus einem Klosterteich 6000 Kinderköpfe herausgefischt habe[60]. Teils findet man ihre Überreste an jenen Orten, wo man für gewöhnlich seine Notdurft verrichtet[61].

Die Rezepturen der Klosterapotheken werden zu Abtreibungstränken genutzt. 1326 verbietet man während eines Konzils von Avignon den Geistlichen, anderen Gift oder tödliche Kräuter zu verabreichen, um die Leibesfrucht von Geschwängerten abzutreiben. Daraus muß auf eine eingespielte Praxis geschlossen werden, zumal die Verordnung 1337 wiederholt wird. 1368 bringt die Synode von Vaux das gleiche Thema auf den Tisch des Herrn. Heinrich von Hesse spricht 1381 in einem Gutachten »Vom Verfall der Kirche und der Unzucht unter den Priestern.«

Nikolaus von Clemangis sagt: »Die Mönche sind grundverdorben, geldgierig und ausschweifend. Sie laufen an unanständigen Orten herum. Nichts ist ihnen verhaßter als das Kloster, Beten, die Regel und die Religion. Die heuchlerischen Bettelmönche sind die Pharisäer der Kirche. Sie sind falsche Apostel und reißende Wölfe, die insgeheim wollüstig leben. Die Nonnenklöster sind Häuser der Wollust, und ein Mädchen in den Schleier kleiden, heißt, sie zur öffentlichen Dirne zu machen.«

Der Erzbischof von Besancon wuchert mit dem Kirchengut. Mit einer Verwandten, der Äbtissin von Reaumaix-Mont, treibt er Blutschande. Er schwängert eine Nonne und verübt mit einer weiteren öffentlich Unzucht. Er gestattet Nonnen und Mönchen die Ehe; sein gesamter Klerus frönt der Hurerei.

Der Erzbischof von Bordeaux hält sich eine Räuberrotte. Sie plündern auf seinen Befehl hin Häuser, fangen Menschen, rauben Kirchen und Klöster aus und erpressen Geistliche. In der Abtei des heiligen Epiarchus kommt der fromme Seelenhirte mit Huren und gottlosem Gesindel zusammen. Er bleibt drei Tage und plündert daraufhin das Kloster. Nach seinem Belieben trennt er die Ehen der Wüstlinge oder gestattet ihnen, sich andere Frauen zu nehmen. »Die Schamhaftigkeit verbietet, seine übrigen Schandtaten zu erzählen.«

1408 verbietet eine Diözesansynode in Halberstadt allen Geistlichen den Besuch von Nonnenklöstern und jungverheirateten Frauen: »Vor allem, wenn deren Männer abwesend sind ... sowie alles unehrbare Gespräch und Spiel in ihren Kammern. Wer dagegen handle, müsse außer der gesetzlichen Strafe drei Pfund Wachs für jedes Verbrechen bezahlen ... außerdem könne ihn der Bischof zusätzlich mit einer Gefängnisstrafe belegen.«

Die Nonnenklöster profilieren sich immer deutlicher zu Bordellen. Schon zur Zeit Karls des Großen (768-814) gibt es Verschleierte, denen der Kaiser das Umherziehen und Huren untersagt und die sich besonders bewachen lassen müssen[62]. Die Synode von Aachen erklärt, die Nonnenklöster seien mehr Hurenhäuser (Lupanaria) als Klöster. Propst Geroh von Reichersberg (1093-1169) meint gar: »Arg genug ist, was offen am Tage liegt[63].« Ein Benedikt XIII. nahestehender Theologe äußert: »Den Lebenswandel der Nonnen zu schildern, verbietet mir das Schamgefühl.«

Es besteht ein enger Zusammenhang zwischen Klöstern und Bordellen. Ein katholischer Theologe bezeichnet es als charakteristisch, daß Bordelle in früheren Zeiten als *Klöster*, *Abteien* und deren Insassinnen als *Nonnen* bezeichnet worden sind.

Avignon und Montpellier verfügen über solche Abteien und in Toulouse befindet sich das Bordell in der Rue de Comenge[64]. Im

Pater Girard in der Zelle der Jungfrau Cadière; zeitgenössische Darstellung.

12. Jahrhundert gesteht Bischof Stephan von Tournay[65], daß in diesem Zusammenhang viel totzuschweigen wäre. Auch die schwedische Nationalheilige Brigitte (1303-73) klagt darüber, daß die Pforten der Frauenklöster Tag und Nacht den Laien und Klerikern geöffnet seien[66]. Das Kloster der Nonnen am Chiemsee soll eher einem Bordell denn einem Bethaus[67] geglichen haben. Der 1116 gestorbene Bischof Ivo von Chartres bezeichnet das Frauenkloster zu St. Farfa als ein Hurenhaus satanischer Weiber.

Im Spätmittelalter nehmen die Frauenorden zu und dies eskaliert die Sexualisierung hinter und vor den Klostermauern. In manchen Frauenklöstern geht es unheilig zu. Schon aus der ersten Hälfte des 13. Jahrhunderts gibt es Eskapaden aus der Nonnerei zu berichten, wie die des Gauklers Heinrich Fiker, der sich als Mädchen verkleidet in ein Frauenkloster aufnehmen läßt, um unter den Insassinnen Unheil anzurichten.

Dietrich von Niem berichtet 1408 in einem ausführlichen Schreiben an Papst Gregor XII. vom schändlichen Treiben der Mönche und Nonnen in seiner Diözese: »Die Mönche halten sich Konkubinen und zeugen Kinder. Sie leben zusammen und machen aus den Klöstern Hurenhäuser, in denen schauderhafte Verbrechen ausgeübt werden. Nonnen töten die frischgeborenen Kinder.« Matthäus der Pariser klagt bitter über den sittlichen Verfall unter der Gesamtheit der Geistlichen.

Bei der Lebensweise der Priester scheint es müßig, auf die Mönche zu sehen, denn sie eifern ihnen nach. Der Abt von St. Prober in Reggio verkehrt mit einer Buhlerin. Der Abt von Farfesa, Adam, wird von den Leuten Johannes XII. bei der Ausübung der öffentlichen Unzucht angetroffen. Mönche machen aus Klosterschätzen Schmuckteile für ihre Liebhaberinnen. Sie ziehen sich auf die klösterlichen Höfe zurück, beginnen bei den Konkubinen zu wohnen, um sie zu heiraten. Der Abt des Klosters zur heiligen Pelagius, führt ein verworfenes Leben. Er gebietet über sechzig Konkubinen und verschwendet die Klostergüter. Später wird er abgesetzt. Von Papst Lucius III., der 1145 stirbt, hat sich ein Brief an die Mönche des Klosters zum Heiligen Pancratius erhalten, in dem er verbietet, daß die Söhne den Vätern in den Pfründen folgen.

Das Kloster Oberndorf im Thal bei Kirchheim unter Teck hieß das *Adelshurhaus*, ebenso das Kloster Kirchberg bei Sulz[68]. Im schwäbischen Gnadenzell (Offenhausen) stehen die Nonnen rund um die Uhr für wohlhabende Gäste zur Verfügung. In Klingenthal bei Basel wehren sie sich 1482 mit Prügeln und Bratspießen, als man sie *bessern* will.

Als offene Bordelle gelten die Klöster Interlaken, Frauenbrunn, Trub, Gottstadt bei Bern, Ulm und Mühlhausen[69]. Das verrufene Kloster Söflingen bei Ulm wird 1484 untersucht. Am 20.6. schreibt Bischof Gaimbus von Kastell an den Papst: »In allen Zellen sind Liebesbriefe unzüchtigen Inhalts, Nachschlüssel, weltliche Kleider, und die meisten Nonnen sind in gesegneten Umständen.«

Graf Hans von Lupfen schreibt 1428 der Priorin des Klosters Gnadenzell, die Klosterwände würden von Kindern beschrien. Dieser Ort der himmlischen Gnade wird 1480 unter Graf Eberhard im Bart, nachmals dem ersten Herzog von Württemberg, reformiert. In einem ähnlichen Zustand befindet sich das Frauenkloster Kirchheim unter Teck. Hier geht der Wüstling Eberhard der Jüngere ein und aus. Sein Vater schreibt ihm: »Vor kurzem bist Du gen Kirchheim kommen und hast zwei Stunden nach Mitternacht einen Tanz angefangen. Läßt auch Deine Buben und andere bei der Nacht mit Deinem Wissen und Willen in das Kloster steigen. Und hat Dir Dein schändliches Wesen nicht genügt, so hast Du Deinen Bruder mitgenommen. Ihr habt ein solches Tanzen und Schreien darinnen gemacht, daß, wenns ein offenes Frauenhaus gewesen wäre, so wär es noch zu viel.«

Wendelin Hoch fordert den Herzog von Württemberg auf, der Liederlichkeit der Pfaffen Einhalt zu gebieten, weil sonst das ganze Land verpestet wird. Bartholomäus Montagna, Professor der Heilkunde in Padua, hat an den Leiden seiner geistlichen Freunde Gelegenheit, die Auswirkungen der Lustseuche zu studieren. Er verfaßt ein Buch, indem er die Kardinal*krankheiten*; nicht etwa die Kardinal*tugenden* schildert. Papst Alexander VII. leidet ebenso darunter wie der Kardinalbischof Segovia, der die Aufsicht über die Freudenhäuser Roms führt. »Er widmet ihnen eine so große Aufmerksamkeit, daß er darüber sein Leben einbüßt.«

Der Arzt Johannes Weyer gehört 1565 einer Kommission an, die im Kloster Nazareth neue Verzauberungen untersucht. »Die Nonnen hatten Anfälle von Krämpfen, in denen sie mit geschlossenen Augen auf dem Rücken lagen, entweder stocksteif oder in Koitusbewegungen. Begonnen hatte es bei einem jungen Mädchen, das unter der Vorstellung litt, nachts von ihrem Geliebten aufgesucht zu werden.« Später werden die Ursulinnen von Auxonne vom Teufel begattet. Die sie untersuchenden Ärzte gelangen zu der Diagnose: »Eine Hitze, begleitet von einer unauslöschlichen Gier nach Geschlechtsgenuß … acht Nonnen wollen dabei von Geistern entjungfert worden sei.« Der Stadtrat von Lausanne empfiehlt den Nonnen, den Dirnen keinen Abbruch zu tun und der von Zürich erläßt 1493 eine Verordnung *wider das unzüchtige Geläuf in die Frauenklöster*[70]. 1526 eilen die Schwestern von St. Clara von ihrem Konvent ins Freudenhaus[71].

Dann tritt die Syphilis[72] auf, um verheerende Schäden anzurichten. Zehntausende, auch Geistliche, fallen ihr zum Opfer. Zu ihnen gehört Papst Julius II.

Der Niederländer Cornelius Adriansen, ein wortgewaltiger Prediger, der sich zudem über die Augsburger Konfession lustig macht, verstrickt sich mit seinen Beichtkindern in sexuelle Eskapaden. Eine Betrogene klagt ihn beim Magistrat an. Er wird nach Ypern versetzt und stirbt 1581. Giordano Bruno (1548-1600) spricht vom *schweinischen Mönchtum*[73] und Voltaire sagt: »Überall sind es die Mönche, die die Menschen verdorben haben.«

Besonders hart geht man gegen das Schwängern von Nonnen vor. Es wird herausgestellt: »Wer mit einem Instrument (mit einer Nonne) Unzucht treibt, soll sieben Jahre Buße tun. Wenn ein Weib mit sich oder einer anderen das gleiche tut, so soll sie drei Jahre büßen; den Konkubinen der Priester werde das kirchliche Begräbnis versagt … die Priester soll man züchtigen, wenn sie sich fleischlich vergangen haben.«

Wenn gerade kein Mönch zur Hand ist, man sich mit der Hand oder einer Kerze nicht befriedigen will, greift man zu Selbstbefriedigungsapparaten. Einen solchen hat man in einem österreichischen Frauenkloster gefunden und Otto Stoll[76] hat ihn beschrieben: »Ein Rohrstück von 21,25 cm Länge, das sich gegen das Ende hin etwas verjüngt, so daß der Durchmesser der breiteren Öffnung vier cm und der engeren dreieinhalb cm beträgt. Die Ränder beider Enden sind wulstig erhaben und eingekerbt, offenbar in der Absicht, die Friktion (Reibung) beim Gebrauch zu verstärken. Die Oberfläche ist mit obszönen Zeichnungen verziert, der eines erigierenden Phallus oder eines vorgebundenen Penis.«

Denksprüche des Volksmundes über die lasterhafte Geistlichkeit

- Dem Pfaffen lacht das Herz im Leib, wenn er sieht ein schönes Weib[74].
- Gefüllte Schnürbrust ist ein gutes Gericht, sagen die Pfaffen.
- Eben wie der Hering und die Tonnen, versammeln sich die Mönche und die Nonnen.
- Nonnenklöster und Bordelle, sind vielen Unheils Quelle.
- Wo kein Weib ist, da verschmachtet der Dürftige.
- Im Holsteinischen wurde das beste Stück aus dem Hinterteil des Tieres als *Pfaffenschnitzel* bezeichnet.
- Geistlich um den Kopf und weltlich um den Bauch, das ist der Nonnen Brauch.
- Gemalte Nonnen sind die frömmsten.
- Die Mönche halten ihr Gelübde auf dem Totenbett.
- Man muß in einem Kloster viel gesegnetes Fleisch essen, sagte die Tochter, als sie in anderen Umständen aus dem Kloster kam.
- Wer es mit Frommen hält, wird fromm! sprach der Mönch und schlief in einer Nacht bei sechs Nonnen.
- Wir fehlen alle, sagte die Äbtissin, als ihr der Bauch schwoll.
- Müßig gehen mag ich nicht, sagte die Nonne, da stieg sie zum Pater ins Bett.
- Der hurt wie ein Karmeliter.
- Drei Dinge sind stets in des Pfaffen Hand: das schönste Weib, das schönste Haus das schönste Land.
- Schließlich machen sie sich die *Kutten*- oder *Klosterhengste* lächerlich und einer von ihnen bemerkt: »Über euch lacht der Greis, über euch der Knabe und die geschwätzige Frau[75].«

In französischen Klöstern wird der künstliche Penis zur Selbstbefriedigung herangezogen; die Nonnen nennen ihn *Bijoux de religieuse* (Nonnenkleinod). Die Bordellbesitzerin Marguerite Gourdan fertigt sie in ihrer Penisfabrik an. Einige von ihnen kann man mit Füssigkeiten füllen. Als die Gesegnete 1783 stirbt, findet man Bestellungen aus Frauenklöstern vor[77].

Vereinzelt erfahren wir etwas über nymphomane Praktiken. Angela de Foligny und Jeanne de Chambray, zwei rasende Nymphomaninnen, behaupten, mit Christus verkehrt zu haben. Die Beichtväter lehren den Nonnen die lesbischen Techniken und sehen dann genußvoll zu, wie diese ihr Wissen in die Tat umsetzten: »Nackt zogen sie durch das Kloster, veranstalteten mit den Priestern und Mönchen gotteslästerliche Riten ... sie führten mit ihnen und Tieren Geschlechtshandlungen aus.«

Gegen die Schwester St. Coloman aus dem Kloster von Auxonne wird Anklage wegen Hexerei erhoben. Die Schwestern bezeugen, daß sie ihnen Zungenküsse gegeben, ihnen die Brüste gestreichelt und ihre Genitalien liebkost habe, sie besäße einen künstlichen Penis, mit dem sie sich und andere Nonnen befriedige, der Teufel erhitze die Geschlechtsorgane und breche dadurch ihren Widerstand.«

Johann Busch, Propst der regulierten Augustinerchorherren aus Soltau, ist Visitor des Erzbischofs von Magdeburg. Er berichtet, wie Mönche und Nonnen in den Klöstern Unzucht treiben, wie sie die Unglücklichen, die von ihnen geschwächt sind, an entlegene Orte und in Wälder schleppen und dann unzüchtig mit ihnen zusammenleben, »bis die mißhandelten Geschöpfe entstellt und entkräftet sind ... sie dann einem schändlichen Los preisgeben und nicht selten umkommen[78].«

Die sexuellen Ausschweifungen haben mitunter dramatische Folgen. Im Kloster Wattum hat um die Mitte des 12. Jahrhundert ein Mönch eine Nonne geschwängert. Obwohl sie es zu vertuschen sucht, entdecken es bald danach die Mitschwestern und beschimpfen sie, weil sie meinen, ein böser Geist habe ihr dazu geraten, die Verbrecherin zu schinden oder zu verbrennen. Wieder andere meinen, man soll sie besser auf glühende Kohlen legen. Schließlich wird sie gefesselt in ein Gefängnis geworfen, wo sie bei Brot und Wasser Mißhandlungen ausgesetzt wird. Der Mönch flieht.

Als die Stunde der Niederkunft heranrückt, fleht das arme Geschöpf darum, man möge sie aus dem Kloster entlassen, denn ihr Geliebter habe versprochen, sie aufzunehmen. Die Nonnen locken nun nach und nach den Namen heraus, und daß der Mönch sie auf erhaltene Nachricht an einer bestimmten Stelle in der Nacht und in weltlichen Kleidern erwarten würde. Diese Entdeckung ist den Megären willkommen. Ein handhafter Pater, begleitet von anderen, verbirgt sich verschleiert und mit einem Knüppel versehen, an dem bezeichneten Ort. Der Mönch wird ergriffen und im Triumph in das Kloster geschleppt.

Das arme Weib wird von den Nonnen gezwungen, den Geliebten zu entmannen. Danach schleppt man sie wieder ins Gefängnis. Das arme gequälte Geschöpf schläft dort, vom Fasten und Weinen ermattet, völlig erschöpft ein und träumte oder glaubte zu träumen, daß ein Bischof mit zwei Weibern zu ihr komme, und daß die letzteren bald darauf mit ihrem in glänzenden Windeln gehüllten Kind davongingen. Als sie wieder zu sich kommt, fühlt sie sich tatsächlich der Bürde entledigt. Die Nonnen untersuchen daraufhin ihre Brüste, ihren ganzen Leib und drückten alle Teile desselben und finden ihn weder irgendwo verletzt, noch eine Spur von der Ermordung des Kindes.

Klosterhengste

Es darf nicht übersehen werden, daß der allgemeine Bildungsstand derjenigen, die im Auftrag Roms das göttliche Wort verbreiten, nicht allzu hoch ist. Oft wird herausgestellt, daß die Geistlichen barfuß in zerrissenen Hosen und Jacken zum Gottesdienst kommen und daß sie im Alter keine obszönen Grimassen machen und schmutzige Lieder singen sollen[79].

Hans Baldung Grien: »Der heilige Sebastian.«

Meister mit dem Zeichen D. S.: »Das selige und das reuelose Sterben.«

Zum Abt wird erhoben, wer in seiner Verworfenheit dafür bürgt, daß dem Laster kein Abbruch getan wird: »In einem von Ausschweifungen versunkenen Kloster hatten die Mönche nach dem Tod des Abtes die Würde einem ihrer Brüder übertragen. Er ist zur Wahl nicht erschienen, denn er sitzt um diese Zeit in einer verrufenen Schenke. Man schickt eine Deputation zu ihm und erst nach langem Bitten bequemt er sich, das Amt anzunehmen. Daraufhin wird ein Gastmahl angerichtet, zu dem Konkubinen geladen sind. Die Schönste und Dümmste wird dem Abt zugedacht ... man besoff sich, trieb sein böses Spiel und setzte das Lotterleben fort, bis die höllische Schar bei einem Brand ums Leben kam[80].«

Zahllose Synoden gehen auf die geschwächten Nonnen ein, doch es nützt weder ihnen noch der Zukunft etwas. 1292 wird auf dem Provinzialkonzil von Aschaffenburg den Äbtisinnen und Äbten aufgetragen, den gefallenen Nonnen und Mönchen keine unmenschlichen Strafen aufzuerlegen, sondern die kanonischen Regeln zu beachten.

Merkwürdig ist, daß laut der vom Bischof Walter von Straßburg auf dem Konzil gemachten Anzeige der Magister Heinrich vom Medikantenorden öffentlich in Straßburg behauptet hat, daß eine Nonne, wenn sie von der Versuchung überwältigt wird und damit zur Verletzung ihrer Keuschheit getrieben wird, geringere Schuld hat und damit mehr Nachsicht verdient, wenn sie sich einem Religiösen, denn einem Weltlichen hingibt.«

Abt Clarembald von St. Augustin in Canterbury zeugt allein in einem Dorf siebzehn Kinder. Oder sie begatten ihre nächsten Verwandten, wie der Abt von Nervesa, Brandolinio Waldemario, der seinen Bruder ermorden läßt und mit seiner Schwester koitiert.

Ein Priester sieht sich wegen häufiger Unzucht mit einer Frau genötigt, aus der Pfarrei zu fliehen und so irrt er im Wald herum. Da erscheint ihm der Teufel in der Gestalt eines Mönches und spricht: »Wohin geht es, da Du so betrübt bist?« Daraufhin erzählt im der Sittenstrolch treuherzig sein

Leiden. Nun erwidert der verkappte Satan: »Nicht wahr, wenn Du das böse Glied nicht hättest, so könntest Du sicher in Deiner Pfarrei wohnen?« »Allerdings, mein Herr«. Nun erwidert der Teufel: »Heb Dein Gewand, damit ich es berühre, wie sie es auch getan hat.« Daraufhin verschwindet sein Glied alsobald. Erfreut kehrt der Mönch zurück. Man läßt die Glocken läuten und versammelt die Brüder, um sich zu seiner Unschuld zu bekennen[81].«

Daß die Mönche schon damals regen Appetit haben, läßt sich aus ihren Kochbüchern ableiten. Stets geht es den Mönchen und Nonnen besser als dem Bauer auf der Scholle. Selbst wenn einzelne Orden Landwirtschaft, Ackerbau und Viehzucht betreiben, so leben sie doch weitgehend vom Zehnten und milden Gaben der Landbevölkerung. Stets sind sie geneigt, sie gegen ein frommes Gotteswort anzunehmen, denn dies macht wenig Mühe.

Am Aschermittwoch, einem Fastentag des Jahres 1714, wird in der Klosterküche von Benediktbeuren aufgetragen: »Erstlich durchtriebene Erbssuppen mit Brotschnitten, Eier mit Schmalz auf etlichen Schüsseln, so viel nämlich erklecklich sind, auch so viel Schüsseln geröstete Hechte, alsdann ein guter Sudfisch, jedem seine Portion, etliche Stückel aber mehr, damit alles wohl erklecklich sei. Ebenso Speckkraut und auf jeder Schüssel vier Heringe. Nach diesen gebackene Dollen, ebensoviele Schüsseln Platois (?), darin in einer jeden wenigstens sechs liegen; mehr vier Schüsseln geschmelzten Stockfisch, vier Stück Lachs in süßer Brühe mit Zwiebeln und Mandeln, vier Schüsseln Schnecken in Häusern, vier Mandeltorten, vier Hasenöhrl und ebensoviel Krebs und Zwetschgen, zuletzt drei Schüsseln Obst[82].«

Freilich gibt es nicht nur Fische: »Die Herren des Klosters luden mich ein, zum Festtag bei ihnen zu essen. Zum Eingang kam eine Suppe mit jungen Erbsen und Kohlrabi, sodann Makronen und Käse; dann eine Pastete von Sardellen, Oliven, Kapern und stark aromatischen Kräutern; ferner ein Kompott von Oliven, Limonen und Gewürz; ferner einige große herrliche

Fische aus der See … ferner vortreffliche Artischocken. Das Dessert bestand aus Lattichsalat, schönen jungen Fenchelstauden, Käse, Kastanien und Nüssen. Das Brot war von der besten Qualität. Das nenne ich einen hervorragenden Fastentag[83].«

Es versteht sich von selbst, daß sie diese trockenen Speisen nicht hinunterwürgen: Wein und Bier kommen nicht zu kurz. Es ist verständlich, wenn solche lukullischen Genüsse den Kopf und die Sinne erhitzen.

Noch im späten 18. Jahrhundert gibt es Klostervorsteher, wie den Abt von Trauttmannsdorf im böhmischen Tepl, die jahrelang nicht Konvent und Chor betreten und die Kirche nur an den Hochfesten, im Kloster aber, umdient von Lakaien und in gleißenden Livreen, glanzvolle Feste und Bälle geben, kurzum große Vermögen verpraßten. Das gilt selbst für die Bettelorden, wie die irischen Franziskaner, die sogenannten Hiberner in Prag. In der Zelle ihres Guardians wird bis Mitternacht gesungen und getanzt, auch in der Sakristei neben dem Hochaltar getafelt, und während die alten Brüder die jungen blutig schlugen, strichen die Patres mit Frauen in den Weingärten herum.«

Die Nonne Alberta[84]

Zum Ende des 18. Jahrhunerts werden in einem deutschen Staat die Klöster aufgehoben. Der damit beauftragte Kommissar hat die Nonnen eines Karmeliterklosters aufgefordert, es zu verlassen. Sie kommen dem Wunsch nicht nach. Nun begibt er sich ein zweitesmal dorthin und wiederholt vor der Äbtissin und den geistlichen Töchtern den fürstlichen Befehl. Er läßt sich die Personalverzeichnisse vorlegen und stellt fest, daß eine Nonne fehlt. Die Ausflüchte der Äbtissin, sie wäre ernsthaft krank, ja wahnsinnig und könne darum nicht erscheinen, nimmt er ihr nicht ab und dringt darauf, sie persönlich zu sehen.

Der Kommisar ist starr vor Erstaunen, als er unter einem Bretterverschlag unter der Treppe die Nonne Alberta entdeckt, die sie dort seit acht Jahren gefangengehalten

und gegeißelt hatten. Aus dem Verschlag tritt ein großes bleichgelbes Mädchen von etwa 35 Jahren, mit bloßen Füßen und halbverfaulten Lumpen notdürftig gekleidet. Die langen schwarzen Haare flattern unordentlich um ihren Kopf und aus den tiefen Augenhöhlen blitzt die unheimliche Glut eines dunkles Augenpaares, dessen Feuer weder Tränen noch Leiden hatten auszulöschen vermocht.

Ihre Erscheinung erweckt das tiefste Mitleid. Mit einem herzzerreißenden Gewimmer wirft sich das Geschöpf dem Kommissar vor die Füße, umklammert seine Knie und bittet, sie nicht wieder so entsetzlich zu geißeln. Dann bittet sie um Rettung und Befreiung. Ihre Reden sind abgerissen und verwirrt. »Die Leiden haben den Geist des Mädchens gestört … sogleich bringt man sie ins Refektorium, läßt ihr reinliche Kleidung und ein ordentliches Bett zuweisen.« Am kommenden Tag verläßt der Kommissar mit ihr das Kloster und bringt sie in Pflege.

Es hat Erfolg und ihre körperliche Gesundheit kehrt zurück; aber nun zeigt sich der Grund ihrer Hysterie, die wohl des Übels ihres Wahnsinnes gewesen war … die Begierde nach der Befriedigung des Geschlechtstriebes. Er geht soweit, daß sie sich ihr nähernde Männer gewaltsam anpackte. In lichten Zwischenräumen gibt sie Aufschluß über ihren Leidensweg.

Sie stammt aus Würzburg, wo ihr Vater ein bedeutender Weinhändler ist. In seinem Haus sind Pfaffen willkommene Gäste, und dort hatten sich die barfüßigen Karmeliter eingenistet. Alberta ist auffallend schön.

Gern nehmen ihre Eltern den Vorschlag der Karmeliter an, sie in ein Kloster zu schicken. Erst behandelt man sie gut, zumal der Vater versprochen hat, das seiner Tochter zukommende Vermögen dem Kloster zu überschreiben. Als sie das Gelübde abgelegt hat und sich die Auszahlung des versprochenen Geldes verzögert, muß es Alberta büßen, »die ja ohnehin wegen ihrer Schönheit von den anderen Nonnen gehaßt wird. Mit ihr geht die Phantasie durch. Sie hat vom Baum der Erkenntnis gegessßen und die veränderte Lebensweise in den engen Klostermauern trägt dazu bei, ihre Sinnlichkeit anzustacheln. Alberta versucht ihre rebellischen Sinne durch Mittel zu besänftigen, die das Gegenteil bewirken, so daß sie endlich genötigt ist, sich dem Klosterarzt zu offenbaren. Es ist fast zu spät, denn ihre Hysterie ist beinahe in Mannstollheit umgeschlagen. Er kommt mit der Oberin überein, daß man versuchen soll, sie zu kurieren. Bald muß er der Oberin gestehen, daß er dieser Aufgabe nicht gewachsen und so rät er ihr, es mit der Geißel und häufigem Fasten zu versuchen.

Doch er schüttet damit Öl ins Feuer. Die Nonne geht beim Kampf mit der Sinnlichkeit fast unter und so beschließt die Oberin, sie von den übrigen abzusondern, damit der Ruf des Klosters nicht leide. Sie kommt in einen Holzverschlag unter der Treppe und man läßt sie täglich geißeln. So geht ihre Krankheit in beginnenden Wahnsinn über. Alberta wird krank und sie beendet ihr Leben in einem Irrenhaus. Es muß nicht immer so hartherzig zugehen, wie die Geschichte des

Frater Bigoce

aus dem 16. Jahrhundert beweist. Gianfrancesco Straparola berichtet: »Bruder Bigoce verfällt eines Tages im Kloster in einen Liebestaumel zu einem jungen Mädchen, so daß er nachts nicht mehr schlafen kann. Er magert ab und ist untröstlich. Um aus dem Kloster zu gelangen, fälscht er ein Schreiben, damit es so aussehe, als würde ihn sein sterbender Vater zu sich bitten. Dieser Brief gelangt in die Hände des Abtes, der wohlwollend ist und Verständnis zeigt.

Jetzt reist der Mönch nach Florenz und dann weiter nach Rom. Hier mietet er in der Nähe seiner Angebeteten eine Wohnung, tritt weltmännisch auf, kleidet sich nach der Mode und macht sich zuerst an den Vater des Mädchens heran. Er teilt ihm mit, daß er die Absicht habe, sich zu verheiraten und gern seine gut erzogene Tochter zur Ehe bitten wolle. Schließlich wird die Hochzeit beschlossen und der Lüstling führt die Jungfrau heim. Als sie nachts im Bett liegen,

gewahrt Bruder Bigoce, daß seine Frau Glicera Handschuhe anhat und er fragt sie erstaunt: »Aber Liebstes, was sollen diese Handschuhe, es ist unpassend, sie gerade im Bett anzuziehen.« »Aber Liebster, niemals werde ich mit nackten Händen anfassen, was Du zwischen den Beinen hast, bei der Jungfrau und den Heiligen habe ich zuviel Angst davor.« In kurzer Zeit wölbt sich ihr Bauch und sie ist schwanger. Der Mönch macht sich aus dem Staub, tauscht bei einem Freund seine Kutte ein und kehrt ins Kloster zurück.

Nun will es der Zufall, daß die Mutter des Kindes gerade in der Kirche die Messe hört, in der ihr Ex-Mann predigt. Sie erkennt ihn wieder und berichtet erzürnt dem Abt. So wird ihm der Prozeß gemacht und die junge Frau wird vom Kloster entschädigt. Ihr Kind wird auf Ordenskosten erzogen[85].

Die Nonne Magdalena

Der Wundarzt Friedrich Baumann, der in Hornstein in der Nähe der Prämonstratenserabtei lebt, hat eine Vorliebe für die Klöster und wird darin von seiner Frau bestärkt. Sie beschließen, ihre jüngste Tochter Magdalena dem Himmel zu weihen. Der Hausfreund Baumanns ist der Abt des benachbarten Klosters und er bestärkt die Eltern in ihrem Vorhaben. Er verwendet sich bei den Klarissinnen in der Hauptstadt für die Aufnahme des Mädchens. Nun wird sie in allen einer Nonne dienenden Schicklichkeiten unterrichtet.

Sie meldet sich nach dem vollendeten 16. Lebensjahr zur Aufnahme ins Kloster. Sie ist hübsch und bezaubert alle Herzen

⇒

Einmauern einer Nonne im Klosterkeller. Hier: Aus R. H. Brahams Geistergeschichte »Inglodsby Legends«. Diese Strafe ist z. B. in Nürnberg bis ins 17. Jahrhundert hinein bezeugt.

durch ihr anmutiges Wesen. Es fehlt nicht an Freiern. Doch Magdalena hat den festen Entschluß, in ein Kloster zu gehen, worin sie durch ihre Mutter bestärkt wird. Nun wird Magdalena eingekleidet und in die Mysterien des Geißelns eingeweiht. Die kleine Disziplin besteht aus 36 und die große aus 300 Hieben auf Rücken und Hintern.

Das Noviziat geht zur Zufriedenheit vorbei. Sie sieht aber bald Dinge, die ihr nicht gefallen und befremdlich vorkommen. Dann kommt mit dem Fest Maria Himmelfahrt die große Disziplin. Das Zimmer, in dem die Geißelung vorgenommen werden soll, ist verdunkelt. Nur mit dem größten Widerwillen löst die schamhafte Jungfrau den Gürtel und entblößt den untadelhaften wunderschönen Körper, an dem sich die lüsternen Blicke der alten Klosterkatzen und der Äbtissin weiden.

Magdalena geißelt sich mit allem Eifer und auch die anderen Nonnen ... Griselda geißelt sich so, daß das Blut über ihren Körper strömt.« Magdalena, die man zur Klosterapothekerin ernannt hat, eilt ihr zur Hilfe und stellt sie in Kürze wieder her. Später wird ihr das Schröpfen und Aderlassen zugesprochen. Sie hat nicht unterlassen, Griselda aufzufordern, sich nicht mehr so hart zu geißeln: dies kommt der Äbtissin zu Ohren. Herrisch fährt sie Magdalena deswegen an.

Sie bemerkt, daß sie fast monatlich die 22jährige Schwester Theodora zur Ader lassen muß und erkennt, daß ein so großer Blutverlust notwendig Wassersucht zur Folge hat. Die arme Nonne gesteht ihr weinend, daß sie es auf Befehl der Äbtissin tun müsse, um die Wallungen ihres Blutes und die damit verbundenen wollüstigen Träume und die verborgenen Gelüste, die die Folgen des häufigen Geißelns sind, zu unterdrücken, was ihr kurze Zeit nach dem Aderlassen gelänge, diese Unterhaltungen kommen der Äbtissin zu Ohren und erbittern sie ebenso wie die Mitschwestern.

Der Beichtvater hat seine Pläne auf das schöne Mädchen nicht aufgegeben. Er geht systematisch vor, um sein Ziel zu erreichen. Auf seine Veranlassung wird sie zur Ober-

krankenpflegerin des Klosters ernannt. Nun macht der Schurke allerhand Geschenke, so daß die anderen Nonnen argwöhnisch werden. Magdalena sucht sich von ihrem Amt zu befreien, um weitere Berührungen mit dem geilen Pater zu vermeiden. Er macht ihr darüber im Beichtstuhl bittere Vorwürfe.

Magdalena ist inzwischen drei Jahre lang im Kloster. Nun hat sie ihre Augen geöffnet. Mit Schaudern erkennt sie, daß die Rückkehr in die normale Welt für sie verschlossen ist und so fällt sie in in eine tiefe Schwermut: Sie machte immer mehr Fehler. Sie wird bestraft, was ihre Stimmung weiter verschlechtert.

Zu dieser Zeit ist die Tochter eines anderen Wundarztes Nonne geworden und hat einige Proben ihrer Geschicklichkeit abgelegt. Magdalena nimmt ihre frühere Position wieder ein. Jetzt beginnt man sie geringschätzig zu behandeln, man nennt sie ein lästerliches und unnützes Geschöpf.

In natürlicher Folge wird sie aggressiv. Es kommt, wie es kommen muß. Die Äbtissin pocht auf ihrem Recht und sinnt nach der Züchtigung der Widerspenstigen. Sie sagt, ein solches Benehmen der Bauerndirne könne sie nicht ungestraft hinnehmen, man müsse ihr den Nacken beugen und sie durch Zwang in ihre Schranken der Ordnung bringen. Daraufhin wird Magdalena die Strafe angekündigt. Die Äbtissin gebietet der Nonne, den Boden zu küssen. Kaum fällt sie auf die Erde, als eine Laienschwester über sie herfällt und die Rute gebraucht. Als es vorüber ist, muß Magdalena zur Demütigung ihre Hände küssen und sich für die gnädige Strafe bedanken.

Die Nonnen stehen auf der Lauer und begleiten sie mit Hohn, als sie in ihre Zelle geht. Sie wird zur Laienschwester degradiert. Nun begeht sie die Unvorsichtigkeit, einen Brief an ihre Eltern zu schreiben. Darin schildert sie die grauenvolle Lage und bittet in rührender Weise um Hilfe. Dieser Brief wird abgefangen und man zwingt sie, einen weiteren lügenhaften, den ihr der Pater in die Feder diktiert, abzuschicken.

Tafelnde Mönche; Hirnholzschnitt des 19. Jahrhunderts. Während die Landbevölkerung hungert und zum Großteil analphabetisch. Währenddem leben die Mönche im Überfluß von dem abgepreßten Zehnten und religiösen Spekulationen.

Für das Verraten der Klostergeheimnisse wird sie erneut bestraft, außerdem vier Wochen in einen Turm gesperrt. Ihre Lage verschlimmert sich, als die Äbtissin stirbt und die bisherige Priorin an ihre Stelle gelangt. Jetzt muß Magdalena als Laienmagd in der Küche Hilfsdienste verrichten. Für jedes kleine Vergehen bekommt sie die Rute zu spüren. Schließlich landet sie im klösterlichen Gefängnis.

Sie wehrt sich mit der Kraft der Verzweiflung und man muß einen Franziskanerbruder zur Hilfe rufen. Als ihr Gefängnis ausgebessert wird, wird sie in ein anderes verlegt, in dem Schwester Christiana bereits 13 Jahre sitzt. Sie ist zu einem Gerippe abgezehrt und vom steten Geißeln dem Wahnsinn nahe.

Die Einkerkerung Magdalenas hat nun unter Mißhandlungen drei Jahre und acht Monate gedauert, als endlich ein Schornsteinfeger, der ihr Gewimmer hört, die Sache der Obrigkeit anzeigt. Es wird eine Kommission ernannt, die im Klarissinnenkloster eine Untersuchung anstellt.

Magdalena wird aus dem Kloster entfernt und gelangt in die Behandlung des kurfürstlichen Leibarztes; der Hilfswundarzt übernimmt ihre Pflege. Ein Gutachten bestätigt die fortlaufenden Geißelungen; durch das lange Eingesperrtsein und die heftigen Schläge auf die muskulösen und tendenziösen Teile der Schenkel seien diese so entzündet, daß schwerlich Hoffnung bestehe, sie in Ordnung zu bringen. Während ihrer ärztlichen Behandlung wird Magdalena viermal verhört: dadurch kommen die klösterlichen Schandtaten ans Tageslicht.

Die Nonne Paschalia wird wegen der ihr angetanen Behandlung wahnsinnig und stirbt an einem Nervenschlag, aber einige von den fünf Nonnen, die den Mut zum Geständnis haben, behaupten, sie habe sich aus Verzeiflung in ihrem Gefängnis an ihrem Busenschleier erhängt, dennoch wissen sich die Schuldigen zu helfen.

Das Kloster wird verurteilt, Magdalena jährlich 200 Gulden zu geben und ihr die notwendige Ausstattung zu erteilen. Erst

Einmauerung einer Nonne.

nach fünf bis sechs Jahren kann sie wieder gehen und ihr geknickter Körper erholt sich allmählich. Im Kloster gelobt sie, eine Wallfahrt nach Loreto auszuführen. Diese unternimmt sie mit Erlaubnis der Behörde, kehrt aber nicht wieder in die Heimat zurück. Im August 1778 stirbt sie im Alter von 45 Jahren in einem Hospital in Narni (Italien).

Die preußische Regierung gestattet zum Beginn des 19. Jahrhunderts den Trappisten in Bieren und Walda im Paderbornischen Schulen zu errichten: »Die Kinder, meist im Alter von vier bis zehn Jahren, lebten in düsteren Zellen, deren ganzer Inhalt ein Strohsack, ein Totenkopf, Spaten und Hacke war, womit sie ihre Kartoffelfelder bearbeiteten, die sie neben Wasser und Brot nährten sie waren gekleidet wie die Trappisten und mußten ebenso leben. Sie durften nicht reden. Wenn so ein armes Kind zur Unzeit sprach, lachte, oder einen angeblichen Fehler machte, wurde es bis auf das Blut gegeißelt. Fortwährende Prügel war die Erziehung ... alle andere Wissenschaften wurden verachtet. Die ärmsten blieben bis zu ihrem 21. Lebensjahr im Besitz des Klosters.« Corvin kommentiert: »Es wäre besser gewesen, hätte man diese Kinder gleich nach der Geburt erstickt. Die Mütter wären wahnsinnig geworden, hätten sie es mit ansehen müssen.«

Klosterauflösungen

1563 erfolgt eine Klostervisitation der fünf niederösterreichischen Erbländer. Man findet Konkubinen, Ehefrauen und Kinder:

- Neun Mönche des Benediktinerklosters Schotten halten sich sieben Konkubinen, zwei Frauen und acht Kinder.
- 18 Benediktiner zu Garten haben zwölf Konkubinen, zwölf Ehefrauen und 14 Kinder.
- 40 Nonnen zu Anglar haben innerhalb der Klostermauern zehn Kinder[86).

Aus dem Protokoll der 1599 im Bistum Regensburg vorgenommenen Untersuchung der Weltpriester ergibt sich bei der Visitation von Straubing: Benefiziat Wolfgang Fuermann hat eine Köchin, dabei zwei

Kinder. Benefiziat Joh. Wild ist vierund-
sechzig Jahre alt und hat eine Köchin. Sie ist
zwanzig Jahre bei ihm gelegen[87].

Kaiser Josef II. löst in zwei Jahren von
1782-84 in Böhmen, Mähren und Ober-
österreich 78 Männer- und Frauenklöster
auf[88]. Der Propst Felix Hemmerlin berichtet
von einem alten Abt, der sich aus Baden bei
Zürich zwei Dirnen kommen ließ[89] und
dann ausgerufen hat: »Die verfluchten
Versuchungen: gerade jetzt bleiben sie aus
… dieses Glied des Körpers folgt so wenig
dem Befehl der Seele, daß es sich manchmal nicht regt, wenn sie nicht will[90].« Den
Äbtissinnen geht es nicht viel besser:»Auch
sie kosteten nicht gerade selten den Honig
der männlichen Lenden[91].«

Der Türsteher Balligant

Graf Robeis lebt in Burgund und gebietet
über eine große Grafschaft. Er hat einen
Türhüter, namens Balligant, der ein richtiger Tölpel ist, grob und lang von Gestalt.
Erst fängt eine von den Zofen an mit ihm zu
schlafen, und sie teilt den anderen mit, die
ebenfalls Lust bekommen; bis schließlich
die Gräfin davon erfährt. Sie will ihn erst
strafen lassen, doch als sie hört, daß er ein
über die Maßen großes Glied hat, überlegt
sie sich etwas anderes.

Was die Zofen wissen, das wissen bald
die Diener und eine Zofe, die selbst Balligant
gekostet hatte, erzählt ihren Mann, der des
Grafen Roßknecht war, ihre Freundin habe
getan, was sie in Wahrheit selbst tat und
wisse auch, daß selbst die gnädige Frau
… Auf Umwegen erfährt es der Graf. Er
gebietet ihm zu schweigen, läßt in der Nacht
den Henker mit seinem Knecht kommen
und dem Türhüter im Verlies den Kopf
abschlagen und sein Herz und Geschlecht
herauszuschneiden. Das gibt er dem Koch,
der es fein hacken und eine Pastete daraus
backen soll. Diese Leckerei bietet er am
folgenden Tag der Gräfin und den Zofen an,
um sie dann zu fragen:
»Wie hat es Euch geschmeckt?« »Gut
Herr.« »Das kann ich mir denken, denn es
ist ja kein Wunder, wenn der Balligant Eurer

Zunge so gut schmeckt, wie er Eurem Loch
geschmeckt hat.« Daraufhin fällt die Gräfin
in Ohnmacht und die Zofen beginnen zu
kreischen. Sie sehen ein, daß sie die Ehre
dieser Welt verloren haben und wollen in
ein Kloster gehen. Da sie keiner haben will,
gründen sie selbst eines.

1803 werden riesige kirchliche Landesteile säkularisiert und alle Klöster aufgehoben. Nun ergießt sich eine Flut schlimmster
Widerlichkeiten aus den Klosterpforten.
Unabhängig des Schadens scheint der
moralische Nutzen größer. Durch diesen
Staatsakt wird zahllosen weiteren Unzuchtsverbrechen ein Riegel vorgeschoben.

Raffaeli Cocci veröffentlicht 1846 in
Altenberg ein Buch und sagt in ihm:»Die in
den Klöstern herrschende Sittenlosigkeit
übertrifft die kühnste Phantasie. Um ihre
Folgen zu verbergen, werden häufig Mittelchen aus der Klosterapotheke in Anspruch genommen … und manches gefallene Mädchen blieb durch ihre Hilfe in den
Augen der Welt eine *reine* Jungfrau … aber
auch mancher Ehemann verschwand durch
sie.«

In einem russischen Frauenkloster des
späten 19. Jahrhunderts halten die heiligen
Frauen einen jungen Mann vier Wochen fest
und huren ihn fast zu Tode. Aus Furcht vor
einem Skandal wird er von den Nonnen
zerstückelt und portionsweise im Kloster-
brunnen versenkt[92].

Zum Schluß: Sexualdepressionen

Folgen wir den Fragen des Deutschen
Kirchenmeßbuches[93]. Der Priester hat zu
erforschen:

- Hast du mit der Schwester deiner Frau
  geschlafen?
- Hast du mit zwei Schwestern Unzucht
  getrieben?
- Hast du mit deiner Tochter gehurt,
  deinem Oheim, deiner Stiefmutter, mit
  der Frau deines Bruders, deines Vaters,
  mit deiner Mutter, mit der Tante mütterlicherseits, deiner Tante väterlicher-
  seits?

Mönch mit Schreibrohr und Federmesser; nach einem venezianischen Holzschnitt.

- Hast du gegen die Natur gesündigt, mit Männern oder Tieren koitiert, mit einer Stute, einer Kuh, einer Eselin oder irgendeinem anderen Tier?
- Hast du, wie es einige zu machen pflegen, derart gehurt, daß du eines andern Schamglied in die Hand genommen und der andere deins in seine Hand, und habt ihr so wechselweise die Schamglieder bewegt, daß du infolge deiner Lust Samen verspritzest?
- Hast du, wie es einige zu machen pflegen, derart Fornikation getrieben, daß du dein Glied in eine durchlöcherte Holzpuppe oder in irgend etwas derartiges gebohrt hast und so durch die Bewegung und Lust Samen verspritzest?

Auf diesen Punkt muß zurückgekommen werden. Nicht weil die vorerwähnten Vergehen mit 20 Tagen bei Wasser und Brot geahndet werden, ja beim *Coitus per anum* gar Buße an den *Feriae legitimae*, also jeweils Montag, Mittwoch und Freitag, und das 15 Jahre lang[94]. Solche irren Vorstellungen grassieren vor allem noch in den Klöstern des 19. Jahrhunderts.

An praktischen Ratschlägen zur Eindämmung der Selbstbefriedigung fehlt es nicht[95]. Für die Infibulation wird folgende Verhaltensmaßregel empfohlen: »Die Vorhaut wurde über die Eichel gezogen, durchbohrt und mit Draht verschlossen.« 1827 regt der Arzt und Staatsrat Weinhold beim preußischen Innenministerium an, bei allen unverheirateten ärmeren Männern unter 30 Jahren und bei allen Soldaten die Infibulation von Zeit zu Zeit durch eine Generalinspektion zu überwachen.

Als man sich zu der Erkenntnis durchringt, daß sich ja auch die Frauen selbst befriedigen, versucht man selbst hier eine Art Infibulation. Die großen Schamlippen werden durchbohrt und verschlossen. Das hat aber keinen durchschlagenden Erfolg. So empfiehlt der französische Arzt Garnier chirurgische Eingriffe vorzunehmen.

Dies hat schwerste Folgen, denn an die Stelle einer gesunden Sexualaufklärung tritt die Angst vor der Sünde. Der evangelische Prälat und Stiftsprediger Karpff[96] in Stuttgart warnt »den wider Gott sündigenden Selbstbeflecker, der sein Glied zur sündlichen und verderblichen Lust mißbraucht.«

Auch hier hat längst der gesunde Menschenverstand den klerikalen Übermut beseite geschoben. Der französische Enzyklopädist Denis Diderot sagt schon im 19. Jahrhundert: »Alle Praktiker sind sich darüber einig, daß die verschiedenen Symptthome hysterischer Erkrankungen bei Mädchen, Frauen und Männern eine Folge der Ehelosigkeit sind ... sie schwinden in dem Moment, wo sie sich abreagieren können.« Dem deutschen Arzt Dr. Hegerich drängt sich die traurige Überzeugung auf, daß die Keuschheit ein Frevel wider die Natur ist, die sich nicht selten in furchtbaren Leiden rächt[97].

Die Unterdrückung der Sexualität schafft kranke Menschen. »Die dauernde Sexualdepression, die unaufhörlich vom Klerus geforderte und geförderte Entfremdung schlägt oft in Inhumanität und Haß um.« Schon Voltaire hat erkannt: »Feinde des Menschengeschlechts verhindern, die Annehmlichkeit der Gesellschaft kennenzulernen, mußten sie diese wohl hassen. Beredt preisen sie die Härte, und ein jeder von ihnen seufzt und fürchtet: jener Mensch schwingt die Kette, zu der er sich verurteilt hat und schlägt damit seinen Mitbruder, wie er seinerseits damit erschlagen wird[98].«

Jesuiten

Inhalt

Jesuiten[1]

Blinde Intelligenz, Macht und Ohnmacht der »Jünger der Finsternis«

»Entstehung, Aufstieg, Blüte, Verfall, Zusammenbruch und erneute Aktivierung des Jesuitismus, sind eines der interessantesten geistesgeschichtlichen Schauspiele, die die abendländische Kirche zu bieten hat ... und doch ist eine gerechte Beurteilung der *Gesellschaft Jesu*[2] schwierig, denn die um sie gesponnenen Schauermärchen, Fabeln und Hymnen dürfen nicht überbewertet werden. Es bleibt eine schmerzhafte Ironie der Weltgeschichte, daß sich jeder Priester, der seinen Namen mit dem Zusatz *Societas Jesu* zu schmücken keine Bedenken trägt, zu einer Tradition und Moral bekennt, die das Verbrechen entschuldigt[3].«

Der Jesuitenpater Jacob Grätzer sagt: »Was die Lehre der Jesuiten ist, kann nicht aus unklarem Geschwätz, sondern nur aus ihren Büchern, die durch Gottes Gnade bereits in großer Zahl vorhanden sind, beurteilt werden[4].« Wohlweislich spricht er nur von ihrer Lehre. Das wesentliche ist ihre Ausstrahlung in die Bereiche Glauben, Moral und Politik. Es ist ein Staat im Staate, der sich ungern in die Karten schauen läßt.

Unsterbliche Jesuiten

Um die Jesuiten rankt sich das Gerücht, daß sie der besonderen Gnade Gottes sicher sind. Noch um 1632 herrscht in Italien die Ansicht vor, der Ordensgründer habe für die Jesuiten von Gott erwirkt, daß keiner von ihnen in der Todsünde sterben und verdammt sein werde, bis 300 Jahre verflossen sind.

Dieser Aberwitz ruht auf der Offenbarung von Franz Borgia, der von 1565-72 General der Gesellschaft ist und den man 1671 heilig spricht. Sein Diener Melchior Marcus findet ihn einst in seiner Zelle weinend vor. Auf seine Frage antwortet er:

Ignazius von Loyola, der Begründer des Ordens der Jesuiten. Der Orden zeichnet sich durch Hörigkeitswahn und blinden Gehorsam aus. Wegen seiner Machtfülle wird der jeweilige Ordensgeneral auch »schwarzer« Papst genannt.

»Wisse Bruder Marcus, daß Gott unsere Gesellschaft innig liebt, und ihr dieselbe Gnade erwiesen hat, wie früher dem Orden des heiligen Benedikt, daß in den ersten dreihundert Jahren niemand, der in ihr bis zu seinem Tod verharrt, verdammt werden wird.«

Die gleiche Offenbarung soll Vincenz Caraffa, der von 1646-49 als General fungiert, gehabt haben. Im Kolleg von Neapel hält er eine Exhortation über die Frage, ob einer, der als Jesuit stirbt, in die Hölle kommen kann. Er verneint es. Dieselbe Offenbarung erfahren P. Antonio Ruis, der Apostel von Paraguay, P. Castillo zu Lima und M. Paul de Salcedo. Als Eberhard Mercurian Provinzial von Flandern ist (ab 1573 General) stirbt dort ein Coadjutor. Als man die schon kalte Leiche in den Sarg legen will, wird der Tote wieder lebendig und schreit: »Ich komme aus der Hölle ... die Teufel trugen mich bereits in die Tiefe; da erschien die Heilige Jungfrau und gebot ihnen: Lasset ihn los, denn er ist aus der Gesellschaft meines Sohnes und hat Gehorsam geübt.«

Außerdem erhält Alphons Rodriguez (gest. 1617, 1825 selig und 1888 heilig gesprochen), im Oktober 1599 während eines Gebetes nach Tisch die Offenbarung, daß nicht nur alle im Refektorium Anwesenden, sondern auch alle damals lebenden Jesuiten, die bis zu ihrem Tod in der Gesellschaft bleiben, selig werden. Die gleiche Offenbarung widerfährt ihm 1614.

Zudem gibt es eine dritte Geschichte: Pater Matrez wird zu einem sterbenden Kapuziner gerufen, der im Ruf der Heiligkeit steht. Es ist Pater Laurentius de Mola (gest. 1857) Er sagt zu ihm: »Ich habe Sie rufen lassen, um Ihnen mitzuteilen, was mir Gott zu verkünden befohlen hat: daß alle, die in der Gesellschaft Jesu sterben, in den Himmel kommen ... die Sache verhält sich, wie ich es Ihnen gesagt habe ... Gott hat es mir zu sagen aufgetragen.«

Überdies bestätigt die Heilige Theresa aufgrund ihrer Vision das *Privilegium exclusivum*. Einmal sieht Pater Martin Guttierrez die Heilige Jungfrau mit einem weiten Mantel bekleidet und schließt daraus: »Woraus zu ersehen, daß es den Söhnen der Gesellschaft Jesu gegeben ist, unter dem Mantel der Heiligen Jungfrau zu leben und zu sterben.«

Pater Terrien behandelt dies fast wie einen Glaubensartikel. Er erkühnt sich, diesen Aberwitz theologisch durch Offenbarungen, historisch durch Zeugnisse von Heiligen und experimentiell durch authentische Tatsachen zu dokumentieren. Er hebt hervor, was bereits Cienfuegos gesagt hat: »Franz Borgia ist geoffenbart worden, bis zum Jahr 1840 wird kein Jesuit verlorengehen.« Aber unter Verweis auf Terriens Buch bezeichnet ein weiterer Jesuit den Glauben, daß alle Jesuiten selig werden, als eine begründete (fundissima) Meinung, die als probabel bezeichnet wird[5].

Ignatius von Loyola

wird 1491 auf dem Schloß Loyola in der spanischen Provinz Guipuzcoa geboren. Er erhält eine höfische Erziehung und ist von 1518-21 Offizier des spanischen Vizekönigs von Navarra. Am 20.5.1521 wird er bei der Verteidigung Pamplonas gegen die Franzosen verwundet. Die Quellen bezeichnen ihn als eitlen Höfling, der sich zur Innerlichkeit durchgerungen hat.

Seine religiöse Lebensführung tritt in den Vordergrund und er legt das Gewand eines Bettlers an. Zunächst in Montserrat (1522) und später in Manrese, durch mystisches Erleben geformt, entwirft er die Grundzüge seiner Exerzitien. Bei Manrese verkriecht er sich in einer feuchten Höhle und unterzieht sich Kasteiungen. Er lebt in Hospitälern, läßt sich Bart und Nägel wachsen. Vor dem Bild der Mutter Gottes hält er Nachtwachen; diverse himmlische Erscheinungen werden ihm zugeschrieben.

So gesehen ist er ein Nachfolger der Anachoreten, die sich bereits im 3. Jahrhundert in syrischen Wüsten und anderswo herumtreiben, um sich des *ewigen* Heils zu versichern. Der Jesuit Tondi beurteilt ihn im 20. Jahrhundert so: »Der heilige Ignatius ist eine starke und interessante Persönlichkeit. Sein Charakter ist ein Gemisch aus Licht und Finsternis. Menschliche Größe und Fähigkeiten stehen neben den Handlungen eines Geistesgestörten.«

1523-24 unternimmt Ignatius eine Wallfahrt nach Palästina. Er studiert in Barcelona, Alcala und Salamanca (1524-27), wo man ihn als Alumbrado verhaftet[6]. Um 1530 leben in Paris zwei Männer, die einander nicht kennen und die, jeder in einer anderen Richtung, kirchliche Reformen einleiten. Sie verkörpern die gegeneinanderstehenden Mächte: Katholizismus und Protestantismus. Ignatius von Loyola, der Gründer des Jesuitenordens, und Calvin, der Organisator der protestantischen Kirche in Frankreich. Ein Studienkollege sagt über Ignatius' Studium in Paris:

»Bald darauf kam das Fest des heiligen Remigius, das man am ersten Oktober begeht. Ignatius hat die Vorlesungen über

Philosophie bei einem Magister mit Namen Jean Pena belegt; seine Gefährten, die sich dem Dienste Gottes zu weihen beschlossen hatten, wollte er behalten, aber keine neuen mehr hinzuwerben, damit er sich bequemer seinen Studien widmen könne.

Kaum hatte er begonnen, die Vorlesungen der Fakultät zu besuchen, überkamen ihn dieselben Versuchungen wie damals, als er in Barcelona Grammatik studierte. Es war ihm unmöglich, sich während der Vorlesungen zu konzentrieren, da sich ihm jedesmal eine Fülle frommer Gedanken aufdrängte. Als er sah, daß er deshalb nur geringe Fortschritte in seinem Studium machte, suchte er seinen Lehrer auf und versprach ihm, während der ganzen Vorlesung aufmerksam zuzuhören, wenn er ihm nur Brot und Wasser für seinen Lebensunterhalt verschaffen wolle. Nach diesem Versprechen wichen die frommen Verzückungen, die ihn zu so unpassender Zeit überfielen, und er setzte seine Studien ungestört fort ... zu jener Zeit stand er in Verbindung mit Maitre Pierre Favre und Maitre Francois Xavier, die er später durch seine Exerzitien dazu bewegte, sich dem Dienst Gottes zu weihen.«

In Paris (1528-35) promoviert er zum Magister artium, hört Theologie bei den Dominikanern, schart die ersten Gefährten um sich und verbindet sich am 15.8.1534 durch ein Gelübde mit ihnen. Er läßt im Nonnenkloster Montmartre bei Paris durch den schon als Priester geweihten Jünger Lainez in einer unterirdischen Kapelle eine Messe lesen, das Abendmahl reichen und feierlich geloben, daß sie nach Jerusalem ziehen wollen, um die dortigen Heiden zu bekehren und allen Gütern bis auf das Entbehrlichste zu entsagen, »für den Fall einer Verhinderung aber dem Papst ihre Dienste anzutragen[7].«

Ignatius von Loyola wird 1537 in Venedig zum Priester geweiht. Da sich die geplante Reise ins Gelobte Land nicht verwirklichen läßt, geht er mit seinen Partnern Ende 1537 nach Rom und stellt sich Papst Paul III. zur Verfügung. Er genehmigt 1540 das Grundstatut des Ordens der Gesellschaft Jesu. Ignatius wird der erste Ordensgeneral der wachsenden Organisation. Er stirbt am 31.7.1556 an Entkräftung und wird bald darauf in den Himmel gelobt. 1609 wird er selig gesprochen und 1622 kanonisiert. Der ihm zugewiesene Tag wird sein Todestag sein.

Schon bald nach seinem Tod wird sein Wirken gelobt: »Ein Mann von durchdringendem Verstand, seltener Beharrlichkeit, einem Kopf voller Berechnung und einer alles durchschauenden Politik, der Gründer eines Gebäudes, dessen Größe bald alle ähnlichen zu zertrümmern drohte[8] ... daraus entsteht eine geistige Monarchie, die sich das Ziel setzt, das Luthertum zu bekämpfen ... dies muß auf den Papst günstig wirken[9].«

Das Ziel des Ignatius von Loyola ist u. a., dem Vatikan eine klerikale Organisation an die Seite zu stellen, die militärisch strukturiert ist, denn er bringt das Wissen eines spanischen Offiziers ein. Dies bedeutet: einheitliche Befehlsgewalt, Verpflichtung zum Gehorsam, Wendigkeit in den Bewegungen und eine starke intellektuelle Schlagkraft[10]. Auf ihren Banner heften sie: *Omnia ad maiorem Dei gloriam* (Alles zur größeren Ehe Gottes). Keiner stellt sich die Frage, einem weltlichen Irrtum aufzusitzen. Religiös ist Ignatius und der von ihm gegründete Orden keineswegs von tiefer Schöpferkraft; künstlerisch ebensowenig[11]. Die Jesuiten ringen dem Papsttum schrittweise folgende Präferenzen ab:

- Am 27.10.1540 bestätigt Paul III. den Orden mit der Anmerkung, daß die Zahl seiner Mitglieder nicht über 60 hinausgehen soll.
- Am 14.3.1543 gestattet er ihnen, soviele Mitglieder aufzunehmen, »wie es dem General richtig erscheint.«
- Am 3.6.1545 gibt er dem Orden die Bestätigung, überall zu predigen, zu lehren, die Beichte zu hören und vor allem von Sünden, selbst die, die sonst dem Heiligen Vater zur Absolution vorbehalten sind, loszusprechen[12].
- Durch eine Bulle vom 31.7.1548 bestätigt Paul III. die uneingeschränkte Gewalt des Ordensgenerals[13].

Jesuitische Gehorsamspflicht

§ 31 Es ist ersprießlich, daß sich alle einem vollkommenen Gehorsam beugen.

§ 32 Alle sollen die freie Verfügung über sich und ihre Angelegenheiten dem Subprior überlassen.

§ 35 All unser Sinnen und Trachten im Herrn geht dahin, daß in uns stets der heilige Gehorsam vollkommen sei, indem wir mit Freude alles tun, was uns aufgetragen wird. Jede entgegengesetzte Meinung wollen wir in einer Art blinden Gehorsams verleugnen.

§ 36 Jeder sei überzeugt, sich von der göttlichen Vorsehung durch die Subprioren so führen und leiten zu lassen, als wäre er ein Leichnam, der sich auf jede Weise drehen und wenden läßt. Oder der Stab eines Greises, den der, der ihn in der Hand hält, überall und zu seinem beliebigen Gebrauche dient.

Ohne Zweifel entwickelt sich die Gesellschaft Jesu zum bedeutendsten Instrument des Vatikans zur Durchsetzung seiner politischen Interessen[14]. Das Ziel der Jesuiten ist die Ausweitung und Festigung des katholischen Glaubens; vor allem ab der zweiten Hälfte des 16. Jahrhunderts vermag sie zu dokumentieren, zu welchem Einfluß diese Gemeinschaft fähig ist. Papst Gregor XIV. hat in einer Bulle von 1591 den Vorzug des Ordens als eines trefflichen Werkzeuges anerkannt[15].

Das ist kein Wunder. Die *Compagnie Jesu* tritt einen Eroberungs- und Siegeszug durch Europa, ja über die ganze Welt an, wie er glänzender und großartiger nicht gedacht werden kann. Durch seine Beichtväter beherrscht er um die Wende zum 17. Jahrhundert – damals ist er bereits in allen katholischen Ländern vertreten – die katholischen Fürsten Europas und deren politische Haltung. Durch zahllose Schulgründungen, die Überflutung der Universitäten und Lehranstalten mit jesuitisch gesinnten Professoren, sichert er sich eine Vormachtstellung im geistigen Leben der Völker.

Um 1710 fühlen sich bereits 20 000 Anhänger dem Jesuitismus verpflichtet. Diese kleine, im Vergleich zur Gesamtheit des Christentums, doch agile Gemeinschaft, hat innerhalb kürzester Zeit mehr bewegt als der fossile Koloß der katholischen Kirche. Die Jesuiten haben die geistige Struktur Europas verändert. Durch ihren Gehorsam und ihre Disziplin bilden sie ein Bollwerk gegen Andersdenkende[16].

Der jesuitische Erfolg ist zweischneidig; er bringt den Orden in Konflikte. Spielen sich die Jesuiten zu Drahtziehern der vatikanischen Interessen auf und tanzt der Papst nach ihrer Pfeife? Nicht umsonst nennt man den Ordensgeneral den *schwarzen Papst*. Wenn man ihren intellektuellen Einfluß bewertet, kommt man nicht umhin, sie als Beherrscher der katholischen Kirche zu bezeichnen. Deutlich wird es u. a. an ihrem Vorgehen im späten 19. Jahrhundert, als sie den schwachen Pius IX. am Gängelband führen und deutlich wird es durch ihre teilweise perfiden, von Kasuistik und Probabilismus geprägten Moral- und Rechtsvorstellungen.

Sie frohlocken: »Es wäre herrlich für die Kirche, wenn alle Bistümer von unserem Orden besetzt wären, ja wenn selbst der apostolische Stuhl in unserer Gewalt stünde, besonders wenn der Papst weltlicher Fürst aller Güter würde … es ist keine Hoffnung, es soweit zu bringen … so suche man nach Zeit und Umständen, die politische Lage der Staaten zu ändern und die Fürsten gegenseitig zu ungünstigen Kriegen anzureizen, damit unsere Gesellschaft überall angefleht … wird[17].«

Die jesuitische Religiosität entspricht dem Entwicklungsstand primitiver Völker. Im Grunde genommen lehren sie religiösen

Fanatismus, wenn sie sagen: »Der Mensch ist von Gott geschaffen und sein Eigentum. Gott ist der oberste Herr und Wohltäter. Zweck des menschlichen Lebens ist es darum, ihm zu dienen, seine Befehle und seinen Willen auszuführen und sich nach dem Tod seiner ewigen Liebe zu erfreuen[18].« Diese naive Erkenntnis ist das Fundament des jesuitischen Glaubens, wobei Gott und Satan als permanente Gegenspieler auftreten, was ihre Existenz voraussetzt.

Es ist denkbar, daß sich ihre Bezeichnung von den *Jesuaten* ableitet, einer um 1360 gegründeten und 1668 aufgehobenen Laiengenossenschaft zur Pflege von Kranken und Beerdigung von Toten. Die *Jesuatinnen* waren eine italienische Genossenschaft. Sie wirken von 1367 bis 1872. Unter den geistlichen Bruderschaften ragt der kurz zuvor gegründete Orden der Theatiner hervor: »Mit ihm tritt erstmals der neue Geist der katholischen Reform in Erscheinung; streng in den Grundsätzen, der Welt ein Beispiel von Tatkraft und Aufopferung zu geben, leisten sie in den Spitälern hingebungsvolle Hilfe.«

Zunächst stehen die Jesuiten in ihren Fußstapfen; auch sie beschäftigen sich mit der Pflege von Aussätzigen und venerisch Kranken. Gewiß ist es übertrieben, wenn behauptet wird: »Sie saugen ihnen die Geschwüre aus ... sie haben die ansteckendsten Kranken ohne Furcht und Scheu in ihre Betten aufgenommen und von dem Wasser, mit dem sie deren Wunden gewaschen haben, getrunken[19].«

Ignatius gründet ein Asyl für gefallene Frauen. In diesem *Marthahaus* leben Prostituierte unter Aufsicht. Sie können es nur verlassen, wenn sie gelobt haben, in ein ordentliches Leben zurückzukehren. Pietro Aretino sagt in diesem Zusammenhang über die Kupplerinnen: »Wie Uhus und Schleiereulen kommen sie des abends aus ihrem Nest hervor und klopfen Klöster, Höfe, Bordelle und Schenken ab; hier holen sie eine Nonne ab, dort einen Mönch, diesem führen sie eine Kurtisane zu, dem eine Ehefrau, dem andern eine Jungfer; die Lakayen befriedigen sie mit der Zofe ihrer

Allegorische Darstellung der Macht der Jesuiten in China. Eine Landkarte von China wird von Matteo Ricci, dem Begründer der Jesuiten-Mission in China (rechts) und von seinem Nachfolger, Johann A. Schall aus Köln präsentiert. Titelkupfer der China-Enzyklopädie von Athanasius Kirch.

Herrschaft. Der Haushofmeister bekommt zum Trost seine Gebieterin.« Bald verlassen die Jesuiten dieses nicht lohnenswerte soziale Umfeld und wenden sich lukrativeren Geschäften zu[20].

Jesuitischer Gehorsam

Die Grundlage aller religiösen Vereinigungen ist nicht etwa der Glauben, sondern der Gehorsam. Basilius, der Gründer des abendländischen Mönchtums, sagt: »Der Ordensmann muß in der Hand des Oberen liegen, wie eine Axt in der des Holzfällers.« In der Karthäuserregel steht: »Der Mönch

Luther'sche Karikatur auf die Jesuiten.

muß seinen Willen opfern, wie wenn ein Schaf geschlachtet wird.« Die Karmeliter sehen Widerstand gegen den Befehl eines Vorgesetzten als *schwere* Sünde an und es ist natürlich, wenn Ignatius von Loyola seine Gefolgsleute zum bedingungslosen Gehorsam verpflichtet; schließlich hat es ihm die Glaubensmutter, die katholische Kirche, vorgemacht.

Die neapolitanische Jungfrau Johanna Alessandro hat am 7.7.1598 in der Jesuitenkirche eine Offenbarung, über die sie einen Bericht verfaßt. Christus soll zu ihr gesagt haben:»Ich wünsche, daß alle die Gesellschaft besonders lieben, weil es meine ist und ich sie beständig im Herzen trage ... der wahre Gehorsam ist mir am liebsten, weiteres verlange ich nicht ... daß ich Dir Unwürdigen die Vision habe zuteil werden lassen, ist eine Belohnung für den Gehorsam, den Du dem Pater Ludwig geleistet hast; diesem sollst Du alles erzählen und seinen frommen Befehlen gehorchen.«

Ignatius berichtet an seine Ordensbrüder in Portugal:»Die untersten Wesen hat Gott nach den höheren, die höheren nach den höchsten bemessen, alles seinem Zweck entsprechend. So besteht zwischen den Chören der Engel eine Rangordnung. So sind bei den Sternen und allen bewegten Körpern die unteren auf die oberen und diese auf einen obersten und letzten Lenker abgestimmt ... nach festen innewohnenden Gesetzen. Die nämliche Erscheinung ist nicht zuletzt in der Hierarchie der Kirche zu beobachten, die im Papst, dem Statthalter Christi, gipfelt.« Er proklamiert das geläufige Weltbild seiner Epoche, von dem heute jedes Schulkind weiß, daß es überholt und unhaltbar ist.

Es ist ein Abbild des absolutistisch und autoritär eingestimmten Papsttums. Die Soldaten Christi werden einem aufwendigen Erziehungsprozeß unterworfen. Er zeichnet sich durch blinden Kadavergehorsam aus. Es ist unverständlich, daß es so viele Menschen gibt, die sich freiwillig dem geistigen Terror beugen. Unter Aufgabe des eigenen Verstandes marschieren Tausende geistiger Nullen im monotonen Schritt und einer trällert vorne die geheimnisvolle Zaubermelodie der Kirche. Und doch: was haben die Jesuiten in der abendländischen Kultur und darüber hinaus nicht alles bewegt. Ignatius nennt als Beispiel für den vollkommenen Gehorsam[21]:

- Daß man einen Stein, der nicht einmal von mehreren fortbewegt werden kann, wegschieben soll, wenn es der Subprior anordnet.
- Man soll in einen tiefen See springen, auch wenn man nicht schwimmen kann.
- Man soll gehen und eine wilde Löwin fangen.

»Der Jesuit soll, vom äußeren Widerstand zu schweigen, nicht einmal innere Bedenken aufkommen lassen, ob der Vorgesetzte recht hat.« Ist dies nicht ein Verstoß gegen die Menschenrechte? Ja und Nein. Niemand wird zum Jesuitismus gezwungen und auch niemand, sich das zölibatäre Mäntelchen umzuhängen. Doch wenn man es tut, muß man gehorchen.

Ignatius sagt über den Gehorsam: »Ich wünsche, daß durch wahren und vollkommenen Gehorsam und durch den freiwilligen Verzicht auf das eigene Urteil die hervorleuchten, die in der Gesellschaft Jesu unserem Herrn dienen ... daß sie nie die Person ansehen, der sie gehorchen, sondern in ihr den Herrn Christi ... weil der Vorgesetzte die Stelle einnimmt und die Gewalt Gottes hat, der da sagt: Wer euch hört, der hört mich und wer euch verachtet, der verachtet mich[22]. Den Anordnungen des Subpriors ist sein heiliger Wille; ihm ist blindlings, ohne Untersuchung, mit Schnelligkeit und der Bereitwilligkeit des Willens zu folgen.«

Der Jesuit sieht seine Aufgabe in der passiven Hingabe seiner Intelligenz. Das Opfer seines Verstandes ist ihm das edelste, gottgefälligste Opfer, das gemäß der Ordenslehre ein Christ erbringen kann; noch mehr ein Jesuit[23]. Ein solches Opfer ist unmenschlich, weltfremd und geistige Folter.

Die Ordensgenerale werden auf Lebenszeit gewählt; Widerstand gegen sie ist zwecklos, was der Jesuit Sigmund Kripp in seinem Buch *Als Jesuit gescheitert* untermauert. Der Jesuit Alighiero Tondi fällt ein

hartes, doch gerechtes Urteil: »In dieser Umgebung kann niemand atmen. Jeder ist ein Nichts. Das persönliche Leben ist der Gnade der Vorgesetzten ausgeliefert ... die Jesuiten sind Krückstöcke in den Händen der Vorgesetzten. Der schöpferische Geist des Individuums wird zur Unfruchtbarkeit verurteilt ... es sind Werkzeuge von Tyrannen und es ist unglaublich, wie Menschen in einem solchen Klima leben können; ein Ansatzpunkt, um ihre Intelligenz in Frage zu stellen.

Der Jesuit lebt in einer imaginären Welt. Jede freie Regung würde das Schiff zum Sinken bringen ... es sind blinde Soldaten. Legt ein Jesuit die Eigenschaften des religiösen Fanatismus ab und begreift er, wieder sein eigener Herr zu sein, wird er dem Vatikan gefährlich, zur Last, zum Störenfried und Hindernis ... man stößt ihn aus. Der Mensch gelangt ans Tageslicht ... denn mit einem solchen weiß man in der Gesellschaft Jesu nichts anzufangen[24] ... die Jesuiten sind Sklaven des Vatikans[25].«

»Die Erziehung der Novizen vollzieht sich in einer Atmosphäre erstickender Mittelmäßigkeit. Männer werden wieder zu Kindern gemacht, indem man ihnen die Frömmigkeit abergläubischer Weiber und eine erniedrigende Lektüre aufzuzwingen suchen. Im Noviziat wird ein mittelalterlicher Pietismus vorgetragen ... durch den Zwangsglauben an das Unglaubliche wird der Intellekt des Einzelnen ausradiert. Zunächst rebelliert er gegen das System, aber wenn der Druck anhält, unerbittlich und zäh, wenn der Mensch aus vielen Gründen nicht mehr den Mut aufbringt, sich ihm zu entziehen, verliert er immer mehr ... er wird künstlich irregeleitet; ein solcher Mensch ist ein Jesuit[26] ... an die Stelle seiner natürlichen Persönlichkeit wird eine gekünstelte irrationale, sektiererische und fanatische Handlungsweise gesetzt ... sie wird ihm aufgezwungen; zeitlebens muß er daran festhalten.«

Es hat fatale Auswirkungen auf die Forschung und deren Interpretation. So werden die jesuitischen Historiker in folgende Zwangjacke eingeschlossen. »Die jesuitische Zweideutigkeit wird auch in deren

Lehre getragen ... niemand lehre etwas, was nicht übereinstimmt mit dem Geist der Kirche und den hergebrachten Überlieferungen. Niemand verteidige eine Meinung, von der die meisten Männer urteilen, daß sie gegen die einmal angenommenen Lehrsätze der Philosophen und Theologen oder gegen die allgemeine Meinung der Schulen verstößt[27].«

»Die Lehrer oder Rektoren eines Lehrstuhles sind nicht gehalten, zu lehren, was ihnen wahrscheinlicher erscheint. Denn oft pflegt solches nicht genügend rezipiert und geprüft zu sein und würde darum Anstoß erregen. Den Professoren würde ein schweres Joch auferlegt werden, wenn sie die Verpflichtung hätten zu lesen, was ihnen wahrscheinlicher erscheine[28].« Die jesuitischen Historiker haben folgendes Gelübde abzulegen:

- Er muß sich bemühen, die Geschichte der Kirche sorgfältig abzuhandeln, um seinen Schülern das Studium der Theologie zu erleichtern und um in ihrem Geist die Glaubensdogmen und Statuten fester einzuprägen.
- Er bemühe sich nachzuweisen, daß die Rechte der Kirche und ihres Oberhauptes alte Fundamente haben: »Er macht ersichtlich, daß das, was die Neuerer schreiben, reine Erfindung ist.«
- Höchstes Ziel ist es, die Kirchengesetze gebührend zu erklären und deren Gerechtigkeit und Autorität zu verteidigen[29].

Exerzitien und freier Wille

Der Jesuitismus ist weitgehend von den persönlichen Ansichten seines Begründers geprägt. Er will die Lehre von der Willenskraft hervorheben. Es bedeutet eine Umkehrung der konventionellen Denkweise. Diese Auffassung macht den vorherrschenden Glauben an die besondere Berufung auserwählter Menschen zunichte. Jesus wird vom Sockel gehoben und zum Streiter gemacht. Er wendet sich an den Einzelnen und fordert Hilfe für den Feldzug gegen Luzifer. Die Jesuiten lehren, daß man durch Strenge und Mühe zur Vollkommenheit gelangen kann[30], wobei die höchste Vollkommenheit die irrationale Anbetung eines fiktiven Wesens ist.

Die jesuitische Ausbildung unterliegt einem strengen Drill, in dem die Begriffe von Denunziation und Hörigkeit keine Fremdworte sind. Ihre Ausbildung ist qualifiziert, wenn man die Theologie als ernst zu nehmende Wissenschaft akzeptieren kann, aber sie ist abgrundtief primitiv, wenn man die daran gekoppelten geistigen Einschränkungen sieht.

Die Gesellschaft Jesu wählt den Weg der Verinnerlichung und Meditation zur Ausbildung der Schlagkraft; gleichzeitig schaltet sie den Willen des Individuums aus. Im Vordergrund stehen Gedächtnisschulungen, Verstand und Wille; die drei jesuitischen Potenzen, zu deren Festigung Exerzitien dienen.

Benediktinische wie auch protestantische Kreise versuchen klarzulegen, daß das Exerzitienbuch auf frühere, asketisch-mystische Schriften zurückgeht. So auf die *Vita Christi* des Karthäusers Ludolf von Sachsen, das *Exerzitienbuch* des Benediktinerabtes Garcia de Cisneros oder die *Imitation Christi* des Thomas von Kempen.

In den Exerzitien wird die angebliche Höllendramatik gefestigt. Dies stärkt die Einbildungskraft der Schüler durch gezielte Übungen und sucht ihr Handeln durch bildliche Vorstellungen zu festigen. Das Ziel soll sein, sittliches Handeln vom unsittlichen zu unterscheiden; jedoch auf einer anderen Ebene als der gewöhnlich menschlichen. Psychologische Effekte unterwerfen das Gewissen mechanischen Regeln. Mit graphischen Kontrollsystemen und Linienrastern werden die Nachkömmlinge gefügig gemacht. Der Jesuit bezeichnet dies als *Examen particulare*. Die jesuitischen Exerzitien werden von ihren Kritikern und vor allem von den Protestanten kritisch gewürdigt.

Sie bezeichnen sie »als Teufelswerk, sie sprechen von heimlich zauberischen Künsten, durch welche die Jesuiten an gewissen Tagen seltsame Sachen zuwege bringen, in

Prozession der Jesuitenschüler von Mâcon für die Lehre und Autorität des heiligen Augustin.
Quelle: Biblithèque Nationale, Estampes.

sonderlichen Gemächern, daraus sie nach verrichteter Zauberei gar bleich und gleichsam von einem Geist verstört wiederkommen ... die Jesuiten verführen viele zu sonderlichen Übungen, die sie Exerzitien nennen. Da werden die Opfer, wie glaublich berichtet, mit Dampf und anderen Mitteln berauscht, daß sie den Teufel leibhaftig zu sehen vermeinen, brüllen gleich einem Ochsen, müssen Christo abschwören und dem Teufel dienen[31].«

Die von Ignatius einberufenen Übungen gelten noch heute. Der Jesuit hat sie im Leben zweimal 40 Tage durchzustehen ... so wie er sie jedes Jahr acht Tage durchführen muß. Hier werden Gedächtnis, Verstand und Wille für die Ordensziele gefügig gemacht ... durch den suggestiven Mechanismus erhält der Jesuit den letzten Ordensschliff; die Hingabe seiner Persönlichkeit und Menschenwürde wird auf die Schlachtbank der Illusion gelegt. Die Folge ist die Ausschaltung des *Ichs*, das Unterordnen unter eine Systematik und Ideologie. Er wird zu einer Puppe, der nur noch der bürgerliche Tod bleibt.

Stets vertreten sie die Interessen der Glaubensmutter und sagen: »Objektiv ist unter allen Kirchen die katholische allein daseinsberechtigt[32].« Oder: »Zweifellos betrachtet die katholische Kirche alle Religionsgemeinschaften als Ungläubige und alle nichtkatholischen Sekten als illegitim und ohne jede Daseinsberechtigung. Die gültig getauften Mitglieder der nichtkatholischen christlichen Sekten sind formelle Rebellen der Kirche, wenn sie hartnäckig in ihren Irrtümern verharren[33].«

Regeln zur Erlangung der kirchlichen Gesinnung

- Wir haben in allen Dingen der wahren Braut unseren Herrn Christus (der Kirche) zu gehorchen … dazu gehören die Riten, Sitten und Gebräuche unserer Vorgesetzten.

- Die Beichte ist zu loben und heilige Sakramente sind regelmäßig zu empfangen.

- Die Mönchsgelübde der Keuschheit, Armut und des Gehorsams sind zu beachten.

- Ebenso die Religion der Heiligen, die Pilgerfahrten, Ablässe, Jubeljahre und die Kerzen, die in den Kirchen angezündet sind.

- Das Fasten und die gebotene Enthaltsamkeit sind zu beachten.

- Die Gebote der Kirche sind zu beachten. Es sind bereitwillig Gründe zu suchen, um sie zu verteidigen.

- Um in allen Dingen der Wahrheit zu dienen, müssen wir glauben, daß das, was ich für weiß halte, stattdessen schwarz ist, wenn es die hierarchische Kirche so bestimmt … denn man muß ohne jeden Zweifel glauben, daß zwischen Christus unserem Herrn, dem Bräutigam und der Kirche, die seine Braut ist, derselbe Geist herrscht, der uns regiert und unsere Seelen zum Heile führt.

Man bezeichnet die Jesuiten als »geschickte Schmeichler der Schwäche anderer, aber unbeugsam in ihrem Inneren. Sie tragen eine große, vornehme Gedankenfülle und nachsichtige Toleranz zur Schau. In Wirklichkeit sind sie unnachgiebig. Der größte Teil von ihnen glaubt, durch ihr Verhalten Christi Sieg zu fördern … die Jesuiten führen einen nie endenden Kampf gegen die geistige Freiheit, die sie selbst nicht beanspruchen. Der Jesuit ist Gelehrter, Staatsmann, Krieger, Künstler, Erzieher und Kaufmann. Er versteht sich mit den Königen und Fürsten, um schon morgen mit einem Dolch auf sie loszugehen. Er bringt das Gewissen der Herrscher zum Schweigen, die mit der Tochter Blutschande getrieben, wie für die Damen, die mit dem Diener Ehebruch begangen haben.

Er führt an der einen Hand Dirnen an das Lager der prinzlichen Höflinge, während er mit der anderen durch die Drähte einer geheimnisvollen Maschinerie die Geschäfte leitet … er bewegt sich auf dem Parkett der Paläste und atmet gleichzeitig die Luft der Lazarette ein … er ist Engel und Teufel zugleich, so wie es der Zeitgeist erfordert … er ist überall zuhause, denn sein Vaterland ist der Orden.«

Rekatholisierung

Mit dem Konzil von Trient 1545 beginnt sich der angeschlagene Glaubensriese zu sammeln und ab diesem Zeitpunkt tragen die Jesuiten maßgeblich dazu bei, ihn am Leben zu erhalten. Sie beginnen systematisch und mit überzeugend vorgetragenen Argumenten ihre Aufbauarbeit und erwirken eine Stabilisierung der längst verfallenen Kirchenzucht. Die damalige Reformpolitik ist eine Bestätigung dafür, daß in der ersten Hälfte des 16. Jahrhunderts von einem katholischen Glauben nur noch Fragmente vorhanden sind; seine Verluste sind bedeutend. Die restlichen Gläubigen winden sich in ihrer Glaubens-Zwangsjakke. Viele Kanzeln sind verlassen und verwaist. Die Religiosität erreicht ihren Tiefstand: »Bischöfe lassen sich durch Mietlinge vertreten. Die Pfarrer betrachten ihr Amt als bequemes Gewerbe. Sie beschränken sich darauf, gegen Bezahlung Kinder zu taufen, Brautpaare zu trauen und Tote einzusegnen … sonst leben sie vergnügt mit ihren Konkubinen, ohne sich um die religiösen Zustände zu kümmern[34].« Contarini bezeichnet die Nonnenklöster als Bordelle[35]. Der Kontakt zur Masse wird überwiegend von großen Bettelorden gehalten. Kardinal Caraffa, der spätere Papst Paul IV., erscheint auf der Kanzel, um das Volk vor dem bevorstehenden Strafgericht zu warnen.

In diesem Umfeld ist es relativ leicht, die Massen mit neuen religiösen Ideen zu infiltrieren, zumal deren Argumente überzeugend sind. Die entscheidende Leistung der Gesellschaft Jesu im 16. Jahrhundert ist die Eindämmung der von Luther ausgegangenen Kirchenreform; vor allem im süddeutschen Raum, in Böhmen und Österreich. Im deutschen Norden behauptet sich der Protestantismus unter Glaubenskämpfen.

Es ist nicht schwer, den historischen Nachweis zu führen, daß es nicht die alte Kirche, sondern der neue Geist des Jesuitismus zuwege gebracht hat, das ewig ketzerische Deutschland so zu säubern, daß sich Rom wieder über Wittenberg erheben kann. Man erinnert sich an den Wormser Reichstag, wo der päpstliche Nuntius Luther zugerufen haben soll: »Wenn ihr Deutschen das römische Joch abschütteln wollt, werden wir dafür sorgen, daß ihr euch untereinander totschlagt[36].«

Oder: »Neulich war das Jahr 1617. Die Lutheraner zählten es als das 100jährige ihrer gottlosen Religion, weil damals die ersten Funken der pestilenzialischen Flammen erschienen, welche später durch den trostlosen Brand zuerst Deutschland, dann einige nachbarliche Provinzen im Sturm durcheilte ziehmt gegenüber Ignatius, dem Luther, dem Schandfleck Deutschlands, dem Schwein Epikurs, dem Verderben Europas, dem für den Erdkreis unheilvollen Ungeheuer, dem Auswurf Gottes und der Menschen ein Jahrhundertjubiläum[37].«

Daß das Vorgehen gegen die Reformierten ein zentrales Anliegen der römisch-katholischen Kirche ist, wird aus der Kanonisationsbulle des Papstes Urban VIII. deutlich, die er 1623 für Ignatius erlassen hat. Hier wird herausgestellt: »Die unaussprechliche Güte und Barmherzigkeit Gottes, die im wunderbaren Ratschluß für jede Zeit passend ist, hat ... als Luther, das scheußliche Ungeheuer (monstrum terri-

mum) und die übrigen gotteslästerlichen Zungen die alte Religion.« So kann Pater Andreas aus Wien von der Kanzel verkünden: »Es ist besser, mit einem Teufel eine Ehe einzugehen, als mit einem lutherischen Weib, weil jenes durch den Exorzismus zu vertreiben ist, an diesem aber Salböl und Taufe verloren geht ... so wie Luther der Sohn Satans und sein Spießgeselle ist[38].«

Entscheidend wird, daß die streng antievangelisch orientierte Politik der bayerischen Wittelsbacher und der österreichischen Habsburger unter dem Einfluß der Jesuiten erfolgt. Fanatisch nicht duldbare Ausländer wie die Franzosen Pierre Favre und Lejay, die Spanier Bobadilla und Salmeron, der Italiener Morone und der Holländer Canisius sowie zahlreiche weitere Jesuiten überschwemmen, von hiesigen Fürsten gerufen, seit 1550 die süd- und westdeutschen Höfe und Universitäten wie Ingolstadt, Dillingen, Wien, Prag und Köln, um sie vom *Gift der Ketzerei* zu befreien.

1542 lassen sich die Jesuiten in Deutschland nieder. Die bayerischen Herzöge Wilhelm V. und Albrecht V. errichten jesuitische Kollegien und vertreiben, den Weisungen jesuitischer Seelenführer folgend, die Protestanten und deren Gesinnungsgenossen mit unnachsichtiger Härte; sie erreichen im Verlauf einer Generation den fast vollständigen Sieg für die Katholiken.

Durch jesuitischen Einfluß wird in Bayern der Protestantismus unterdrückt. Es versteht sich von selbst, daß hier mehr politische als christliche Gesichtspunkte im Vordergrund stehen. Katholische Stifte schließen sich an[39].

1570 und 1571 treten die Markgrafen Philipp II., ein Jesuitenzögling, und Eduard Fortunatus von Baden-Baden dem Katholizismus bei. 1585 wird unter jesuitischem Einfluß an der Rückführung der Markgrafschaft Baden-Baden zum katholischen Glauben gearbeitet. Der Jesuit Vermat unterstützt die Bemühungen durch ein leibhaftiges Wunder, indem er in der Stiftskirche von Baden-Baden in Gegenwart hoher und niedriger Zuschauer aus einer Lübecker Predigerstochter sieben Teufel vertreibt. Sie hinterlassen beim Ausfahren

Szenen aus dem Leben des Gründers der Societas Jesus, des heiligen Ignatius von Loyola (1491-1556). Auf dem ersten und größten Teil des Bildes ist dargestellt, wie Paul III. die Regel der Jesuiten bestätigt (1540). Die zweite Szene zeigt den heiligen Ignatius, die Regel unter göttlicher Inspiration niederschreibend, und die dritte Abbildung zeigt Ignatius beim Segnen der Ordensmitglieder, die ausziehen, um das Evangelium in den verschiedenen Erdteilen zu predigen, wie es die Regel verlangt.

einen Schaum, der an den Kirchenfenstern hängenbleibt und von allen Anwesenden gesehen wird[40].

Auffallender ist die Erfolgskurve der Sendboten des Ignatius in den österreichischen Ländern. Hier scheint nach dem Tod des Kaisers Ferdinand I. (1564) der Sieg der Evangelischen nur eine Frage der Zeit zu sein. Lediglich ein Dreißigstel der Bevölkerung ist noch dem Katholizismus ergeben[41]. In der Steiermark, in Kärnten und Krain finden sich nur noch Fragmente der alten Religion. Graz ist protestantisch. Erzherzog Ferdinand, fünf Jahre in Ingolstadt von Jesuiten erzogen, sagt einst: »Ich will lieber ein verwüstetes als ein verdammtes Reich.« Folgerichtig ist um 1630 der Protestantismus in Österreich vernichtet; verbunden

damit sind unerhörte Ungerechtigkeiten. Die Schlacht am Weißen Berg, die die Habsburger wieder zu Herren über Böhmen macht, befreit das Land für immer von der *lutherischen Pest.*

Es ist nun zu fragen, wie die Jesuiten innerhalb so kurzer Zeit eine solche Leistung vollbringen können; selbst deren systematische Erziehung und die Aushöhlung ihrer geistigen Freiheit reichen nicht hin, um das Phänomen der Rekatholisierung vollständig zu erklären. Gewiß waren es auch Millionen verunsicherter Christen, die ihrem Teufelswahn ein gutes Stück entgegengelaufen sind.

So sorgfältig die Methodik ihrer Schulung auch gewesen sein mag ... auch nichtjesuitische Priester und Beichtväter beherrschen die Kunst der psychologischen Beeinflussung im Beichtstuhl und von der Kanzel herunter. Die jesuitischen Schulungsmethoden erklären nicht das geheimnisvolle Etwas der Jesuitenherrschaft über die labilen und ungefestigten Menschen. Sie ist nur zu verstehen, wenn man eine zweite Strömung berücksichtigt. Die

Jesuitische Beichtpraxis und Moral

Nach der jesuitischen Moral kommt es bei der Urteilsfindung zur Sünde nicht auf die persönliche Gesinnung, sondern auf die äußere Legalität der Handlung an. Die jesuitische Moral beweist ihre Popularität mit sittlichem Tiefstand[42]. Der Jansenist[43] Pascal[44] gibt sie 1656 in seinen *Lettres provinciales* dem Gespött und der Verachtung der Gebildeten preis. Bald erreicht ihre Popularität den Tiefststand.

Eine hochgeschraubte Ethik erobert niemals die Welt; dies ist ein Grund, weshalb das Christentum scheitern muß. Eine religiöse Ethik, die es dem Menschen bequem macht und ihn schmeichlerisch umhüllt: das zieht bei der Masse. So wird die Entscheidung sittlicher Fragen der subjektiven Willkür des Einzelnen überlassen; dies fördert den Selbstbetrug. Eine solche Haltung kommt den weltlichen Herrschern entgegen, denn sie können ungerecht sein, ohne ihren Glauben zu verletzen. Möglicherweise liegt darin das Geheimnis des Jesuitismus.

Die Läßlichkeitsmoral des jesuitischen Probabilismus erlaubt eine freizügige Umdeutung der Sünden zugunsten des beichtenden Christen im Sinne der jesuitischen Politik. Es bedeutet im logischen Umkehrschluß die Sanktion des Unsittlichen und Verbrechens.

In gewisser Weise geben die Jesuiten Anlaß zu moralischen und gesetzlichen Übertretungen, ohne den Buchstaben des Gesetzes zu verletzen. Noch heute definiert man unter *jesuitischer Schläue* Zweideutigkeiten, die man so oder so interpretieren kann, wenn man sie nur mit Überzeugung vorträgt.

Von jesuitischer Seite wird vorgetragen, daß die Moraltheologien des Escobar u. a. nicht für Laien, sondern für Beichtväter geschrieben sind. Eine Darstellung der christlichen Tugendlehre sei in ihnen nicht gewollt; es komme in diesen Büchern lediglich darauf an, den Beichtvätern einen brauchbaren Kommentar zum kirchlichen Strafrecht an die Hand zu geben. Daher rühre es, daß in diesen Büchern weit mehr von moralischen Dingen die Rede sei. Die Verfasser solcher Kommentare seien ehrenwerte, meist in strenger Askese lebende Männer, denen man ein geheimes Wohlgefallen am Bösen nicht zutrauen dürfte.

Hier werden die Fakten auf den Kopf gestellt, denn es stimmt keinesfalls, daß die Moraltheologien nur für Beichtväter bestimmt und geschrieben werden. In gewisser Weise sind sie die Vorläufer der pornographischen Literatur der vergangenen Jahrhunderte. Manche von ihnen, wie die *Medulla* des Jesuiten Busenbaum, sind in zahllosen Auflagen verbreitet und werden häufig von den Beichtkindern, die des Lesens kundig sind, heißhungrig verschlungen, so daß deren unmoralischer Inhalt in weite Volkskreise dringt, um ungeheuren Schaden anzurichten[45].

Nach der jesuitischen Lehre heiligt das Mittel den Zweck[46]. Dies bedeutet, daß z. B. unkeusche Lieder, wenn sie zu einem guten Zweck gesungen werden, keinesfalls eine Sünde darstellen[47]. Hier leiten sich merkwürdige Moralvorstellungen ab:

- »Ist es erlaubt, jemand zum Sich-Betrinken zu verleiten, um ihn vor einer größeren Sünde, z. B. einem Mord, abzuhalten? Ich halte es hinreichend für probabel, daß es erlaubt ist, einen anderen zu einer geringeren Sünde zu verleiten, damit er an der Ausführung seiner schwereren gehindert wird.«
- »Wer trotz des Trinkens noch zwischen Gut und Böse unterscheiden kann, obwohl er sich erbrechen muß und seine Zunge lallt, seine Augen doppelt sehen und die Häuser zu tanzen scheinen, so ist er eigentlich nicht betrunken ... er sündigt nur läßlich.«

*Das 1573 gegründete Grazer Jesuitenkolleg
mit der alten Universität, die zwölf Jahre
später errichtet wird.*

- Der Jesuit Fangduez: »Es ist einem Sohn erlaubt, sich über den in der Trunkenheit verübten Vatermord zu freuen, wegen der reichen Erbschaft, die ihm dadurch zufällt.«
- »Es ist erlaubt, etwas Falsches zu schwören, indem man mit leiser Stimme etwas hinzufügt, was das Falsche wahr macht. Es ist dann erlaubt, wenn es die anderen zwar irgendwie wahrnehmen können, aber den Sinn nicht verstehen.«

Die von den Jesuiten durchgeführte Beichtpraxis unterscheidet sich von der konventionellen, denn sie gibt sich wesentlich liberaler. Vielleicht haben gerade deshalb die jesuitischen Patres seitens der Herrscher, Möchtegern-Herrscher und Hofdamen gewonnen. Das Patentrezept dazu ist der Probabilismus.

Er ist die von den Jesuiten zwar nicht erfundene, aber angewandte und zur höchsten Vollendung entfaltete Lehre der Wortverdrehung. Nach ihm kann man ohne Gewissensbedenken eine Handlung begehen, die man für wahrscheinlich erlaubt hält, und für die man eine Autorität aus der jesuititischen Moraltheologie zitieren kann. Man ist aber nicht gehalten, sich im Zweifelsfalle für die wahrscheinlichere Meinung zu entscheiden, weil es zur Sittlichkeit genügt, wenn eine Handlung als lediglich wahrscheinlich erscheint.

Nach jesuitischer Auffassung liegt eine Todsünde vielleicht beim unentschuldigten Fernbleiben von der Messe vor, nicht aber, wenn Kinder wegen angeblicher Ketzerei ihre Eltern auf den Scheiterhaufen bringen. Eine Todsünde liegt vielleicht beim Ungehorsam gegen einen Priester vor, jedoch nicht, wenn ein vornehmer Lüstling die Opfer seiner Lüste im Stich läßt. Eine Todsünde liegt vielleicht auch dann vor, wenn man den Kirchenzehnten nicht bezahlt, jedoch nicht, wenn man einen Meineid leistet[48].

Solche Dubiositäten werden deutlich, wenn man den Probabilismus, die Lehre von der Heilung der Mittel durch den Zweck, die von der Erlaubtheit einer zweideutigen Rede (Amphibologie) und die von den Mentalstreitigkeiten betrachtet. Zur Ordensdoktrin gehört die Lehre vom geistlichen Vorbehalt (Reservatio mentalis oder Taciti mentis restrictio), wodurch jede Lüge und jeder Meineid möglich, d. h. im jesuitischen Sinne verantwortlich hingestellt sind.

Das gleiche betrifft die jesuitische Lehre von der Zweideutigkeit, wodurch jede Art von Unwahrhaftigkeit als erlaubt hingestellt und den Beichtvätern als probat empfohlen wird. Daraus ist abzuleiten, daß jede Art von Verbrechen wie Diebstahl, Hehlerei, Ehebruch, Meineid, Mord, Abtreibung, Kinderaussetzung, Sodomie u. a. in den Bereich der erlaubten Handlungen reicht[49]. Es kann nicht ausbleiben, daß man einzelnen Jesuiten sexuelle Ausschweifungen unter die Kutte schiebt. Der bekannteste Fall ist der um

Katharina Cadiere

Sie ist die Tochter eines wohlhabenden Kaufmannes aus Toulon, wird am 12.11. 1702 geboren und hat drei Brüder. Der älteste heiratet, der zweite wird Dominikaner und der dritte ein Laienpriester. Die Mutter ist bigott und der Vater früh gestorben; Katharina neigt aufgrund der Erziehung zur mystischen Schwärmerei, denkt an Visionen und Offenbarungen; in ihr bildet sich der Wunsch, eine Märtyrerin zu werden.

Im Alter von 25 Jahren kommt 1728 der Jesuit Johann Baptist Girard als Rektor des Königlichen Seminars der Schiffsprediger in Toulon an. Der Ruf eines ausgezeichneten Kanzelredners geht ihm voraus ... zahlreiche Mädchen treten dem Orden bei, um unter seiner Leitung Übungen zu veranstalten.

»Wie eine Spinne ihr Opfer mit unendlich vielen feinen Fäden umzieht, bevor sie ihm das Blut aussaugt, so ist auch der Jesuit bemüht, sein Opfer im Netz der raffiniertesten Sinnlichkeit zu fangen.« Als er merkt, wie die Mädchen immer heftiger für ihn schwärmen, beginnt er, seine Taktik zu ändern.

Die meisten von ihnen ahnen aus Einfalt nichts Böses. So wird ihm u. a. die Beichttochter *Fräulein Guiol* übergeben und sie läßt sich nach seinen Vorstellungen gebrauchen. Sie ist ein gescheites und durchtriebenes Geschöpf. Zu den Pönitentinnen gehört Katharina Cadiere. Das zu seiner vollsten Blüte prangende Mädchen erregt seine Sinnlichkeit. Nun macht der Pater die Guiol zu seiner Vertrauten, um so zu versuchen, an die schöne Cadiere heranzukommen. Er rühmt ihre besonderen Anlagen und prophezeit, daß er mit ihr Besonderes vorhat. Katharina ist längere Zeit krank und besucht Girard im Refektorium der Jesuiten. Er macht ihr auf zärtliche Weise Vorwürfe, daß sie ihn habe während der Krankheit nie rufen lassen, und er gibt ihr einen *glühenden* Kuß.

Katharina muß ihm in den Beichtstuhl folgen; hier erforscht er ihre Stimmungen, befiehlt ihr, täglich zum Abendmahl zu gehen und die Kirche fleißig zu besuchen. Er weissagt ihr Visionen und ermahnt sie, ihn ständig davon zu unterrichten. Bald stellen sich Verzückungen ein. Sie erhitzen ihr Blut und ihren Verstand. Endlich klagt sie ihm, daß sie nicht mehr imstande sei, die heftige Liebe zu ihm zu verbergen.

Er kontert geschickt: »Die Liebe, die ihr zu mir hegt, soll euch keinen Kummer machen, der liebe Gott will, daß wir beide miteinander vereinigt werden sollen. Ich trage euch in meinem Schoße und in meinem Herzen ... so lasset uns dann in dem heiligen Herzen Jesu miteinander inbrünstig lieben.«

Doch sein Bemühen ist teuflischer, denn er reizt ihre hysterischen Zustände. Bald darauf verfällt sein Opfer in Krämpfe und erlebt wundersame Visionen. Bereits zur Fastenzeit 1729 erlebt sie eine solche. Sie hört eine Stimme, die ihr zuruft: »Ich will dich mit mir in die Wüste führen, wo du nicht mehr mit Menschenkost, sondern mit Engelsspeise genährt werden sollst.«

Katharina fällt von einer Verzückung in die andere. Auf ihrem Gesicht stehen Blutstropfen und an ihrer linken Seite, an Füßen und Händen, werden blutige Stigmen und Wundmale sichtbar. Als ihr der Pater die Haare schneidet, bildet sich um ihr Haupt eine Art Heiligenschein und das Tuch, mit dem er ihr das Gesicht abgetrocknet hat, erhält davon das Bild des leidenden Christus mit der Dornenkrone.

Der Pater untersucht die Stigmen, nimmt jedoch stets ihren jüngeren Bruder bis zur Haustür mit, der Theologie studiert, und läßt sich nach der Visitation wieder von ihm abholen. Er schließt sich mit der Beichttochter ein. Verfällt sie in hysterische Krämpfe oder Ohnmachten, was damals noch als Besessenheit gewertet wird, befriedigt der Jesuit seine Lüste auf die gemeinste Weise. Wenn das Mädchen erwacht, findet man sie unanständig entblößt. Geschickt führt sie der Jesuit in eine weitere Beichte ein. Sie ist bereit, dafür jede Strafe auf sich zu nehmen.

Am anderen Morgen erscheint er mit einer sogenannte Disziplin in ihrem Zimmer und sagt: »Die Gerechtigkeit Gottes verlangt, daß ihr euch jetzt nackt ausziehen sollt. Ihr hättet zwar verdient, daß die ganze Erde davon Zeuge wäre, doch gestattet der gnädige Gott, daß nur ich und die Mauer, die nicht reden kann, Zeugen sind. Vorher aber schwört mir den Eid der Treue, daß Ihr das Geheimnis bewahren wollt, denn die Entdeckung könnte uns beide ins Verderben stürzen.«

Das Fräulein tut, was ihm befohlen ist, und als sie sich bis auf das Hemd entkleidet hat, gebietet er ihr, sich auf das Bett zu legen. Nachdem sie das getan hat, gibt er ihr wenige sanfte Hiebe auf den Hintern und auf die Hüften. Dann zwingt er sie, auch die letzten Hüllen zu entfernen.

Das Fräulein wird ohnmächtig und als sie wieder zu sich kommt, erklärt sie, ihm in allem gehorchen zu wollen und kniet nackt vor ihm nieder. Dann läßt er seiner Begierde freien Lauf. Katharina setzt ihm keinen Widerstand entgegen und der satanische Jesuit erreicht das Ziel seiner Wünsche.

Pater Girard bemerkt, daß seine Dirne schwanger ist. Unter einem Vorwand macht er ihr einen Trank. Es ist ein abtreibendes Mittel, das seine Wirkung tut. Durch den hohen Blutverlust rät ihre Mutter, daß es besser sei, jetzt einen Arzt zu holen. Durch die Unvorsichtigkeit einer Magd wäre die Sache beinahe geplatzt.

Jetzt beschließt der Geistliche, Katharina als Nonne in das St. Clara-Kloster von Oilioulles unterzubringen. Er schreibt der Äbtissin hinreißend von ihrer Tugend, Frömmigkeit und Gottseligkeit. Sie ist freudig zur Aufnahme des Mädchens bereit, falls ihre Familie die Einwilligung dazu gibt. Dies wird leicht erreicht.

Nun weiß der Jesuit von der Äbtissin die Erlaubnis zu erlangen, daß er ihr schreiben dürfe. Er begeht einige Unvorsichtigkeiten und macht so die Äbtissin und einige Nonnen mißtrauisch. Schließlich werden ihm die Besuche untersagt, aber bald danach durch die Vermittlung eines Freundes wieder aufgenommen.

So beobachtet der Jesuit ihre merkwürdigen Visionen. Manchmal schließt er sich stundenlang mit ihr ein. Bald fängt der

Lüstling an, ihrer überdrüssig zu werden. Er erklärt sie als für hinreichend heilig und beschließt, sie in ein entfernteres Kloster zu bringen. Die Nonnen setzen den Bischof von diesem Vorhaben in Kenntnis, der es nicht dulden will, daß ein Mädchen seines Klosters, das schon als Heilige angesehen wird, seine Diözese verläßt. Er schreibt Katharina und verbietet ihr, in Zukunft Pater Girard zu beichten oder sich an einen Ort zu begeben, wohin er sie weisen will. Er stellt ihr frei, zu ihrer Familie zurückzukehren.

So gelangt sie in ein Landhaus in der Nähe von Toulon. Der Pater sinnt jetzt darauf, die seinerzeit von ihm verfaßten Liebesbriefe zurückzubekommen, doch einer wird abgefangen. Daraufhin wird Katharina der Obhut eines neuen Priors der dortigen Karmeliter übergeben. In der Beichte vernimmt er merkwürdige Dinge, die ihn aufhorchen lassen. So entdeckt er den niederträchtigen Betrug, womit man das schwärmerisch veranlagte Mädchen betrogen hat. Er macht eine Anzeige beim Bischof. Dieser begibt sich zu ihr, um nähere Erkundigungen einzuziehen; jetzt erkennt sie das Spiel der Intrige, dessen Opfer sie war und noch andere sein werden.

Nun bildet sich ein *öffentlicher* Prozeß heraus. Der Orden bringt zur Bestreitung der Kosten eine Million Francs auf, was den Stellenwert des Skandals verdeutlicht. Auch dies ist ein Grund, weshalb das kritische Auge der Obrigkeit verstärkt auf die jesuitischen Machenschaften fällt. Es kommt wie es kommen muß:

Es beginnt eine Reihe nichtswürdiger Ränke und Intrigen, um Katharina als Betrügerin zu deklarieren, sie der Ketzerei und Zauberei zu beschuldigen. Für sie nimmt der Prozeßverlauf eine günstige

⇒

Der Jesuit Girard mit seinem Beichtkind, der »schönen« Cadiere. Antijesuitische Karikatur, die verdeckt auf die sexuellen Ausschweifungen der Geistlichen – hier vor allem der Jesuiten – aufmerksam macht.

Wendung. Der König erlangt Kenntnis und fordert durch ein Dekret des Staatsrates eine strenge Untersuchung. So gelangt die Sache vor den Gerichtshof von Aix.

Die Nonnen von Oilioulles werden durch jesuitische Einflüsse zu ungünstigen Aussagen gegen ihre ehemalige Schwester bewegt, denn Cadiere hat die besten Argumente, die einstigen Liebesbriefe, aus der Hand gegeben.

Nun wird sie in eine Kammer gesperrt, die vordem einer Wahnsinnigen als Wohnung gedient hat. Sie ist voll Moder und Gestank. Man foltert sie physisch und moralisch, gebraucht List, Haß, Betrug und Gewalt, um sie zum Widerruf zu zwingen. Dann steht das Urteil ins Haus; man verbringt sie erneut in ein Kloster. Sie appelliert wegen Mißbrauch der geistigen Gewalt und der Fall kommt vor Gericht.

Erneut setzen jesuitische Intrigen ein. Cadiere trägt vor, daß sie der Pater unschuldig mißbraucht hat, daß sie durch seine Drohungen und Quälereien während des Kriminalverfahrens zum Widerruf gezwungen worden sei. Der königliche Prokurator steht – vermutlich von Jesuiten beeinflußt – jedoch auf der anderen Seite. Er plädiert dafür, den Pater Girard loszusprechen, die Beichttochter aber zu foltern und hinzurichten.

Die Richter teilen diese Meinung nicht. Einige wollen den Jesuiten wegen geistiger Schwäche entlasten und die Klage gegen ihn abweisen. Andere wollen, daß Johann Baptist Girard zum Tod durch das Feuer verurteilt wird, »wegen vollkommen erwiesener geistlicher Blutschande, Fruchtabtreibung und Erniedrigung seiner geistlichen Würde durch schändliche Leidenschaften und Verbrechen.« Letztlich entscheidet der Gerichtspräsident wegen Stimmengleichheit, beide Parteien straflos zu entlassen.

Der Jesuit ist frei, doch von der öffentlichen Meinung gerichtet. Vor dem Gerichtshof werden die Richter mit Schimpf und Schande empfangen; Girard mit Steinwürfen. Die Cadiere ist kurz danach abgereist und so verläuft ihre Spur im Sand der Geschichte. Als der fromme Beichtvater ein

Jahr darauf stirbt, gehen die Jesuiten daran, ihn zu einem Heiligen emporzustilisieren.

Dies ist kein Einzelfall. Eine ähnliche Geschichte trägt sich kurz nach der Aufhebung des Ordens in Frankreich zwischen einem seiner Angehörigen und der Tochter eines Parlamentspräsidenten zu, die ebenfalls mit der Disziplin verführt wird. In diesem Fall bestechen die Jesuiten einen Wundarzt, um ungeschoren aus der Sache zu kommen. Kehren wir wieder zurück zum jesuitischen Probabilismus.

Selbst einer der Generale der Jesuiten, der Spanier Gonzales de Santalla (1624-1705) hat den Probabilismus wegen seiner unsittlichen Gefahren mißbilligt und erfolglos versucht, dieser Strömung entgegenzuarbeiten.

Politischer Probabilismus

Es wird deutlich, wie einfach der Mißbrauch der Macht unter dem Deckmantel der christlichen Nächstenliebe wird. Der politische Probabilismus erlaubt jedwede Umdeutung, bis auf eine: man verficht die These: Das Papsttum steht über den weltlichen Herrschern und dies ist eine zentrale Frage, denn die Jesuiten bedürfen des Papstes zur Ausbreitung ihrer Machtfülle. In einem Nebeneffekt stützt dies die Lehre der katholischen Kirche. Dieses Triumphirat sucht noch immer, die Welt zu behrrschen.

Schon Salmeron, ein Zeitgenosse und Freund Loyolas, behauptet um 1542: »Ein König verspricht, indem er die Taufe empfängt und der Welt und den Herrlichkeiten des Satans entsagt, daß er nie eine weltliche Macht gegen die Kirche wende; wenn er einen solchen Mißbrauch begeht, muß er gestehen, daß er mit Recht seines Reiches beraubt wird ... er ist der Taufe und des heiligen Abendmahles unwert.«

Der Jesuit Santarell sagt: »Dem Papst wird das Recht gegeben, ungerechte Fürsten (Principes iniquos) mit der Kirchenstrafe und ketzerische Monarchen mit weltlichen Büßungen zu züchtigen, sie ihres Reiches zu berauben und ihre Untertanen des Huldigungseides zu entlassen, den Kaiser wegen seiner Unbillen (Inquitates) abzusetzen und unfähigen Fürsten Curatoren zu geben sowie aus eigener Macht den Kaiser wegen seiner Vergehen (pro Delictis) abzusetzen, weil der Richterstuhl des Heilandes und des Papstes ein und derselbe sind; daß der Papst Obermonarch sein müsse, um die Fürsten zu zügeln, und daß derselbe gegen den Kaiser, wenn er die Kirche nicht beschützt, der Regierung für unwürdig erklären und das Kaisertum einem anderen übergeben müsse, so wie er ihn zum besseren Beispiel für andere durch die Todesstrafe aus dem Weg räumen dürfte.«

In einer Schrift von 1762[50] wird ausgeführt: »Der Nachfolger des heiligen Petrus, der Papst zu Rom, kann zum Heil seiner Herde, wo andere Mittel nicht ausreichen, mit einem Wort das körperliche Leben nehmen. Er hat die Gewalt, durch die katholischen Fürsten die Ketzer und Schismatiker zu bekriegen und sie zu verderben, denn, indem ihm Jesus Christus empfohlen hat, seine Schafe zu weiden, hat er ihm die Macht gegeben, die Wölfe zu zügeln und zu töten, wenn sie den Schafen schädlich werden ... also muß es ihm erlaubt sein, die Führer einer Herde, wenn er die anderen Schafe ansteckt, zu entfernen[51].«

Molina, eine Leuchte am Jesuitenhimmel, sagt: »Der Papst hat das weltliche und geistliche Schwert, er kann die Gesetze und Verordnungen der Monarchen umstoßen und einen König entmachten; doch muß er sich zu diesem Zweck weltlicher Fürsten bedienen[52].« Sein Ordensgenosse Suarez führt aus: »Der Papst hat die Gewalt, die Könige einzuschränken und sie zu zwingen, ja sie selbst ihrer Kronen zu berauben, wenn dies nötig ist. Sobald ein König gesetzlich entfernt ist, hört er auf, gesetzmäßiger Fürst zu sein ... er fängt an, den Namen eines Tyrannen zu tragen ... und kann von da ab von jedem Privatmann ermordet werden[53].«

Daraus resultiert die jesuitische Auffassung, daß es erlaubt sei, einen Tyrannen mit Gift zu töten[54], wenn es die christliche Liebe anrät[55]. Ihre Lehre gipfelt in der Formulierung, daß ein Königsmord nicht nur erlaubt, sondern ruhmvoll ist[56]. Der 19jährige Johann Castel, ein Jesuitenschüler, sticht am 27.12.1594 König Heinrich IV. in die Lippen, indem er, wegen einer Verneigung des Königs, dessen Kehle verfehlt. Nach eigenen Geständnissen haben ihn die Jesuiten gelehrt, den Königsmord als verdienstliches Werk zu betrachten.

Attentat auf die englische Königin

Die Wirren der Reformation erreichen auch England. Heinrich VIII. erwartet von der Kurie die Zustimmung zur Scheidung von seiner Frau, was ihm verwehrt wird. Da er sich mit Anna Boleyn liiert, belegt ihn der göttliche Statthalter aus dem fernen Rom mit dem Bann. Heinrich VIII. sagt sich vom Papsttum los, läßt Kirchen und Klostergüter einziehen und gründet mit Zustimmung des Parlaments und des Erzbischofs von Canterbury eine unabhängige englische Kirche, als dessen Oberhaupt er sich ausrufen läßt. Wieder muß die römisch-katholische Kirche ein Stück vom Glaubenskuchen abgeben.

Doch in England leitet nach dem Tod des nur zehnjährigen Königs Edward II. dessen streng katholisch orientierte Schwester Maria I., die mit dem bigotten Philipp II. von Spanien verheiratet war, während der Jahre 1553-58 eine Reaktion ein, indem sie die päpstliche Oberhoheit erneuert. Sie entscheidet sich für Massenhinrichtungen der Reformierten. Unter ihnen befindet sich Cranmer, der Erzbischof von Canterbury, der 1556 auf einen Scheiterhaufen gestellt wird. Der *Bloody Mary* folgt 1558 deren Schwester Elisabeth I., unter der die Reformation wieder Oberhand gewinnt, jedoch nicht ohne schwerwiegende Komplikationen.

Papst Pius V., ein inzwischen kanonisierter Heiliger, setzt mit seiner Bulle *Regnans ex excelsis*, per 25.2.1570 die englische Königin wegen angeblicher Ketzerei ab. Jacob I., der Nachfolger, bemerkt dazu: »Wieviele Machinationen und Nachstellungen gegen das Leben der verstorbenen Königin gemacht wurden, und zwar von Meuchelmördern, die dazu von ihren Beichtvätern im Auftrag des Papstes veranlaßt waren.« Was verbirgt sich dahinter?

Der päpstliche Legat Ridolfi wird mit päpstlichen Aufträgen an Philipp II. von Spanien geschickt. Herzog Alba sagt in einem Schreiben vom 7.5.1571, daß Elisabeth eines natürlichen oder anderen Todes sterben werde, und in einem weiteren Brief vom 14.7.1571 spricht er es offen aus: »Ridolfi hat mir Briefe und Instruktionen des Papstes übergeben und Mitteilungen über die Einzelheiten der Verschwörung. Der günstigste Zeitpunkt ist, wenn die Königin London verläßt, um auf das Land zu gehen. Diese Gelegenheit kann man dazu nutzen, eine Person zu bestimmen, die sie tötet. Der Heilige Vater hat dem König geschrieben und ihm durch den Erzbischof Rossano sagen lassen, daß er die Sache als sehr wichtig für den Dienst Gottes ansieht und ihn ermahnt, ihn zu unterstützen. Das Ziel ist, die Königin zu töten oder wenigstens gefangenzunehmen. Der Papst hat vorgeschlagen, daß dieses Unternehmen in seinem Namen erfolgen soll[57].«

Zudem hat sich der Schriftwechsel zwischen dem päpstlichen Nuntius von Paris, Castelli, und dem Kardinalsekretär, Kardinal Como, erhalten. Castelli schreibt am 2.5. 1583, »der Herzog von Mayenne habe ihm mitgeteilt, daß sie den Plan haben, die Königin von England durch die Hand eines Katholiken ermorden zu lassen. Sie sind übereingekommen, ihm oder seinen Söhnen 100 000 Francs dafür zu zahlen. Der Papst wird froh sein, wenn Gott in irgendeiner Weise seine Feindin straft.«

Der Kardinalsekretär antwortet ihm am 23.5: »Da seine Heiligkeit es nur billigen kann, daß dieses Königreich von der Unterdrückung befreit und Gott und seiner Heiligkeit zurückgegeben wird, so erklärt seine Heiligkeit, daß, wenn die Sache zur Ausführung kommt, die 80 000 Kronen ohne Zweifel gut angelegt sind[58].«

Man kommt der von Jesuiten inszenierten Verschwörung auf die Schliche, deren Ziel es ist, die streng katholische Maria Stuart auf den Thron zu setzen. Folgerichtig läßt Elisabeth I. Maria Stuart enthaupten.

Königsmörder

Der enorme Einfluß ihrer Tätigkeit, die in Westeuropa zunächst die Durchführung der Gegenreformation und eine damit verbundene Stärkung des Katholizismus bedeutet, bringt den Orden in Konflikte. Im jesuitischen Lager lassen sich zahlreiche staatsfeindliche Ideen, Intrigen, politisch gefärbte Morde und Verleumdungen großen Stils nachweisen[59]. »Nie hat die Menschheit ein gefährlicheres Instrument geschaffen, als den Jesuitismus[60].« Der Orden konnte allein von seiner Bestimmung her nicht auf dem halben Wege stecken bleiben; dies betrifft auch die Frage nach der päpstlichen Unfehlbarkeit. Als diese 1870 in einem heute leicht durchschaubaren Schach- und Winkelzug gewaltsam durchgesetzt wird, können die jesuitischen Ränke bereits auf eine jahrhundertelange Erfahrung zurückblicken. Hier geht es nicht mit rechten Dingen zu.

Der spanische Jesuit Marinana lehrt 1599 in seinem Buch *Der König*: »Der Fürst darf wegen Tyrannei abgesetzt und getötet werden, falls er sich eine Verletzung der Interessen des katholischen Glaubens zuschulden kommen läßt. Sagen sie doch, ... der Könige und Fürsten Gunst und Zutrauen durch uns zu verschaffen, sei das Hauptwerk unserer Bemühungen, damit niemand wage, wider uns aufzutreten, sondern daß vielmehr alle von uns abhängen müssen[61].«

In den *Secretis monitis*, einer Schrift zum geheimen Gebrauch der Jesuiten, heißt es unter der Überschrift: »Wie es anzufan-

⇒

Papst Klemens XIV. (31.10.1705-22.9.1774) wird das Opfer eines vermutlich von Jesuiten stammenden Giftanschlages, weil er am 21.7.1773 den Orden der Jesuiten aufhebt. Portrait von unbekannter Hand aus dem Vatikanischen Museum in Rom. Veröffentlicht mit freundlicher Genehmigung der AKG, Berlin.

Ausbildungsstufen der Jesuiten

- Kandidatur.
- Noviziat: zweijährig, schließt mit der Ablegung ewiger Gelübde ab; es gibt Brüder und Scholastikernovizen, je nachdem, ob der Weg zum Laienbruder oder Priester bestritten wird.
- Philosophiestudium: zwei bis drei Jahre.
- Interstiz: ein- bis dreijähriges Praktikum.
- Theologiestudium: vier Jahre; nach dem dritten Jahr Priesterweihe.
- Weitere Studien: je nach dem Ausbildungsziel, vier oder mehr Jahre.
- Dritte Probation (Terziat): Abschließende geistliche Ausbildungszeit.
- Letzte Gelübde: Als Profese oder Coadjutor spiritualis; je nach Studienerfolg.

gen ist, um die Gunst der Fürsten zu erlangen« und »darauf ist große Mühe zu verwenden. Wenn die Regenten nach verbotenen Heiraten gelüsten, sind sie dazu aufzumuntern und es sind ihnen die Gründe darzulegen, die ihre Begierden steigern. Wenn beispielsweise ein Fürst eine Ehe eingehen oder einen Krieg beginnen will, so ist sein Tun zu loben und sein Willen zu unterstützen. Die Großen des Reiches müssen überredet werden, den Fürsten zu willfahren ... durch Geschenke sind ihre Vertrauten zu verpflichten ... damit sie getreulich die Unsrigen über die Sitten und Launen der Fürsten unterrichten. Wenn sie unvermählt bleiben, sind ihnen Prinzessinnen vorzuschlagen, die unserem Orden zugetan sind[62].« Hierzu Beispiele jesuitischer Aufzeichnungen:

- Der Jesuit Benedikt Sattler lehrt noch um das Jahr 1791 in seiner *Christlichen Moral*, daß der Notleidende das Recht hat, dem Reichen heimlich oder durch öffentliche Gewalt Dinge abzunehmen. »Verleumder dürfen heimlich ermordet werden, wie man auf diese Weise einem unmöglichen Beleidiger zuvorkommen kann[63] ... Gott verbietet nur den Diebstahl, wenn man ihn als böse, nicht aber, wenn man ihn als gut erkannt hat[64] ... außerdem ist das Aussetzen von Kindern erlaubt[65] ... der Meuchelmord ist zu entschuldigen[66].«

- Der Jesuit Leonhard Leß[67] sagt: »Man kann zur Rettung seiner Ehre oder zur Ächtung von Kränkungen einen Gegner meuchlings töten. Dieses Recht steht Geistlichen wie Laien zu[68].«
- Der Jesuit Eskobar lehrt: »Man kann, wenn man einen Dieb sieht, der einen Bedürftigen berauben will, diesen davon abhalten und ihm einen Reichen nennen, den er statt dem Armen ausplündern möchte[69] ... was man durch einen Meuchelmörder erworben hat, braucht man nicht zurückzugeben[70] ... außerdem ist die Sodomie kein Verbrechen[71] ... nach der sehr probablen Meinung ist es erlaubt, den Dieb einer kostbaren Sache zu töten ... auch dann, wenn er die Sache schon in Sicherheit gebracht hat und sie nicht herausgeben will; selbst Geistliche und Ordensleute dürfen in einem solchen Fall den Dieb töten ... man darf jemand anraten, einen anderen zu töten, diesen beizustehen oder Unzucht zu treiben ... um ihn von einer größeren Sünde abzuhalten.«

⇒

Papst Pius VII. (14.8.1472-20.8.1823) setzt den Orden der Jesuiten neu ein. Gemälde von Jacques-Louis David (1805), Paris, Louvre. Veröffentlicht mit freundlicher Genehmigung der AKG, Berlin.

Der heilige Thomas à Kempis (1379-1471), dessen vierbändiges Werk »Von der Nachfolge Christi« zu den beliebtesten Erbauungsbüchern das ausgehenden Mittelalters gehörte, trat 1407 in das Augustinerkloster Agnetenberg bei Zwolle in Holland ein, wurde dort Priester und Subprior.

Der Königsmörder Jaques Clément

Im französischen Sprachraum haben die Jesuiten wenig Glück. Der Bischof von Paris stellt sich gegen sie und die Sorbonne vertritt die Auffassung: »Diese Gesellschaft schändet den Mönchsstand ... entziehe den Frommen den Gehorsam ihrer rechtmäßigen Seelsorger, beraubt weltliche und geistliche Obrigkeiten ihrer Rechte und verursacht in beiden Ständen Unruhen ... beim Volk aber Streitigkeiten und Zwiespalt, kurz: sie sind zur Gefährdung des Glaubens, zur Beunruhigung der Kirche, zur Untergrabung der Mönchszucht und mehr zum Einreißen als zum Aufbauen bestimmt[72].«

Der Advokat du Mesnil sagt: »Sie verderben die Sitten und Gesetze Frankreichs und behaupten, an keinen bischöflichen Befehl gebunden zu sein, sondern das Recht zu haben, die Gesetze nach Belieben zu entwerfen[73].« Der Gesandte Cany schreibt an Heinrich IV.: »Man hat Schriften bei den Jesuiten gefunden, die sich mehr auf die Einrichtung einer weltlichen Monarchie als auf das Himmelreich beziehen ... sie haben sich des Beichtstuhles bedient, um die Geheimnisse des Staates zu erforschen[74].«

Die Jesuiten werden bereits am 1606 als Störer der öffentlichen Ruhe aus Frankreich verbannt: »Sie haben die Republik, die ihnen Wohltaten erzeigt, mit Undankbarkeit überschüttet, haben im Beichtstuhl die Geheimnisse der Familien, den Vermögensstand und die Gesinnungen der Leute untersucht ... und alle sechs Wochen den Gereral informiert ... die Wahrheit dieser Anmerkungen wird durch die zu Bergamo und Padua aufgezeigten Jesuitenbriefe bestätigt[75].«

In diesem Zusammenhang ist die Bulle des Papstes Sixtus V. gegen den König von Navarra und den Prinzen von Condé zu sehen, die in die Weltgeschichte eingegangen ist. In ihr werden die Fürsten zu ohnmächtigen Vasallen des Papstes erniedrigt. Papst Sixtus V. befiehlt König Heinrich III., seiner Anordnung nachzukommen, doch dieser weigert sich: »So wurde er am 31.6.1589 durch den Mönch Clément erstochen und es besteht kein Zweifel, daß diese schändliche Tat auf Anstiften der Jesuiten erfolgt ist, was u. a. an ihren Rechtfertigungen ablesbar ist:

»Jaques Clémemt, ein Dominikaner, studierte im Kollegium seines Ordens Theologie. Als er auf eine Anfrage erfahren hatte, daß man einen Tyrannen zu Recht umbringen dürfe, brachte er Heinrich III. von Frankreich mit einem Messer, welches er mit dem Saft giftiger Kräuter bestrichen und mit der Hand bedeckt hatte, im Landhaus St. Cloud am 1.8.1589 eine tiefe Wunde im Unterleib bei.

O ausgezeichnete Dreistigkeit des Geistes, o denkwürdige Tat (o insignem animi confidentiam, facinus memorabile). Wirklich hat er (Clément) der sogleich von Höflingen erstochen wurde, sich durch den Mord des Königs einen außerordentlichen Namen gemacht ... so endete dieser, ein Jüngling von 24 Jahren, von einfachem Charakter und ohne körperliche Stärke ... aber eine größere Macht stärkte seine Kräfte und seinen Geist[76].«

Suarez sagt : »Durch des Königs Ermordung hat er sich einen unsterblichen Namen gemacht ... Mord durch Mord gesühnt ... er hat eine edle, ungemein denkwürdige und bewundersweŕte Tat begangen, durch die er die Fürsten der Erde lehrte, daß ihre ... Wagstücke nie ungestraft bleiben[77].«

Heinrich IV. wird am 14.5.1610 durch Franz Ravaillac ermordet. Die Jesuiten deklarieren es so: »Gibt es einen gerechten Grund, den Franzosen zu beseitigen? Der König ist ein Tyrann und Unterdrücker der Freiheit. Gibt es gegen dieses Raubtier keine Soldaten? Wird kein Papst dieses edle Reich mit dem Beile befreien und dem Leben zurückgeben[78]?«

Am 6.8.1782 entscheidet das Parlament: »Dieses verworfene Institut kann in keinem Staat aufgenommen werden, indem es dem Naturrecht und außerdem aller geistlichen und weltlichen Macht Hohn spricht und danach strebt, in Kirche und Staat, unter der Hülle eines religiösen Institutes, nicht einen Orden von evangelischer Vollendung, sondern eine politische Gemeinschaft zu bilden ... um auf krummen Wegen, heimlich und öffentlich, erst eine völlige Unabhängigkeit zu erreichen, dann aber Mißbrauch zu betreiben.«

Pulververschwörung

1570 schleudert Papst Pius V. eine Bannbulle gegen Königin Elisabeth I. von England, in der sie als Abtrünnige und faules Glied bezeichnet wird, das vom Körper der Kirche abgehauen werden muß[79].

Der englische Edelmann Robert Catesby zeigt seinen Mitverschworenen an, daß nur der katholischen Kirche wahrhaft genützt werden kann, wenn er den ganzen Hof, alle Vornehmen und Behörden auf einmal vertil-ge, indem er das Parlamentsgebäude zur Zeit einer Sitzung in die Luft sprenge. Er wendet sich an den Jesuitenprovinzial Garnet und dieser erklärt, es sei zum Heil der Religion erlaubt, sofern es zum Vorteil der Katholiken wäre, und die Zahl der Schuldigen die der Unschuldigen weit übertreffe, alle gleichzeitig zu ermorden.

Daraufhin schwören sie den Eid der Verschwiegenheit, nachdem ihnen der Jesuit Gerard, dem sie gebeichtet, das Abendmahl gereicht hat. Thomas Perca mietet zur Anlegung der Mine ein Haus in der Nähe des Parlaments. Am 7.2.1605 wird die Bombe fertig und man schafft 36 große Pulverfässer und eine Menge Brennstoff wie Steine dahin.

Titelseite von Kempis' »Von der Nachfolge Christi«, erschienen in Paris 1642.

DE
IMITATIONE
CHRISTI
LIBER PRIMVS.
Admonitiones ad ſpiritualem vitam vtiles.

CAPVT I.
De imitatione Chriſti, & contemptu omnium vanitatum mundi.

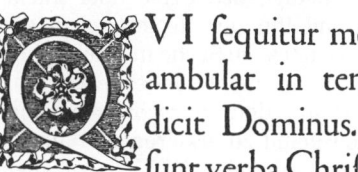VI ſequitur me, non ambulat in tenebris : dicit Dominus. Hæc ſunt verba Chriſti, quibus admonemur, quatenus vitam

A

Schließlich kann einer der Mitverschworenen nicht länger die Sorge um seine Freunde zurückhalten. Er schreibt an den Baron Mouneagle, daß er nicht an der Sitzung teilnehmen solle: »Gott will mit Hilfe der Menschen die Bosheit dieser Zeit strafen, das Parlamentsgebäude wird einen furchtbaren Schlag bekommen, ohne die Hand des Täters zu erkennen.«

Dieser Brief gelangt in königliche Hände. Man untersucht die Gebäude und findet die Pulverfässer. Viele der Verschworenen werden auf der Flucht getötet und andere gefangen. Sie gestehen ohne Folter. Die Königin erläßt unter dem 15.11.1602 ein Edikt, aus dem erkennbar wird, daß die Jesuiten eine Verschwörung gegen sie inszeniert haben. Garnet wird am 3.5.1605 nachgewiesen, daß er die Verschworenen aufgemuntert hat. Er wird zum Richtplatz geführt, gehängt und in Stücke gehauen.

Der Jesuit Osborne sagt später: »Die Pulververschwörung ist darum, weil sie mißlungen ist, noch kein strafbares Verbrechen, indem man vom Ausgang einer Sache noch nicht auf die Löblichkeit und Strafbarkeit derselben schließen kann[80].«

Kirchen- gegen Staatsgesetze

Immer wieder stellen die Jesuiten heraus, daß die Geistlichkeit den staatlichen Gesetzen nicht unterworfen ist.[81] Jedoch wären alle christlichen Fürsten dem Papst und der Kirche[82] unterworfen. Zudem könne ein weltlicher Eid jederzeit durch eine kirchliche Autorität gelöst werden[83]. Dazu tragen sie vor: »Wenn der Fürst das Heilmittel der Religion verschmäht und keine Hoffnung auf Besserung zeigt, so ist die Kirche befugt, das Urteil über ihn zu sprechen und ihn der Regierung zu entsetzen ... wenn es die Sache mit sich bringt, und der Staat nicht anders geschützt werden kann, den Fürsten für einen öffentlichen Feind zu erklären und ihn mit dem Schwert aus der Welt zu schaffen. Dasselbe Recht steht jedem Privatmann zu[84] ... das Geschlecht der Fürsten ist aus der ... Gesellschaft fortzuschaffen[85].«

»Nachdem der König rechtmäßig vom Papst abgesetzt ist, ist er nicht mehr legitimer Fürst. Wenn er nach der gesetzlichen Absetzung in seiner Hartnäckigkeit verharrt und die Regierung mit Gewalt festhält, fängt er an, dem Namen nach ein Tyrann (in titulo) zu sein. Mithin kann er von diesem Zeitpunkt an als ein solcher behandelt und von jedem um das Leben gebracht werden[86].«

»Es ist gewiß und eine Glaubenslehre, daß jeder christliche Fürst, der vom katholischen Glauben abweicht und andere davon abbringen will, augenblicklich aller Macht und Würde nach dem menschlichen und göttlichen Recht verlustig geht; und zwar ohne vorherige Erkenntnis des Papstes als oberstem Richter. Daß sämtliche Untertanen vom Eid der Treue, wenn sie ihm denselben geleistet haben, entbunden sind; daß sie solch einem Menschen als Abtrünnigen, Ketzer, Desserteur des Herrn Christi und als einen Widersacher und Feind des Gemeinwesens von der Regierung über Christenmenschen nicht nur verjagen dürfen, sondern müssen[87].«

Aus dieser Geisteshaltung wird die Position der katholischen Kirche gegenüber der Ketzerei verständlich. Grisar lehrt: »Die Todesstrafe gegen die Ketzer wird von den weltlichen Gerichten vollstreckt, aber im Auftrag und auf Befehl der kirchlichen Gewalt ... diese Strafe gilt nicht nur für Ketzer, die früher einmal katholisch waren, sondern auch gegen die, die die Ketzerei mit der Muttermilch eingesogen haben und sie hartnäckig verteidigen. Dies ist die allgemeine Lehre. Daß das Lebendigverbrennen den weichlichen Christen als Grausamkeit erscheint und dennoch die gerechte Bestrafung der Ketzerei ist, zeigt die alte Praxis[88] ... dem Ketzer geschieht kein Unrecht, wenn er von der Kirche zum Tode verurteilt wird ... Daß die Ketzer die Todesstrafe verdienen, ergibt sich aus der Schriftstelle: Das Böse sollst Du aus Deiner Mitte vertilgen. Die Ketzer müssen dem weltlichen Arm übergeben und von diesem getötet werden. Durch die Halsstarrigkeit ihres eigenen Willens ziehen sich die Unglücklichen selbst die Todesstrafe zu.«

Man unterscheidet formale (materielle) Ketzerei und Schismatiker; von den formalen Ketzern gilt: sie sind fest davon überzeugt und zweifeln nicht, daß jeder Schismatiker mit dem Teufel und seinem Anhang das ewige Feuer teilen wird[89].

Der Staat hat die Pflicht, den Ketzer auf Befehl und Antrag der Kirche mit dem Tod zu bestrafen. Der Todesstrafe verfallen nicht nur diejenigen, die als Erwachsene vom Glauben abgefallen sind, sondern all die, die der Ketzerei hartnäckig anhängen[90].

»Wir haben gesehen, daß die kirchliche Inquisition mit den modernen Ideen über Toleranz, Aufklärung und Humanität unvereinbar sind; aber dessen ungeachtet rufe ich aus: Es lebe die kirchliche Inquisition; denn jene Ideen sind nicht bloß unchristlich, sondern auch unterwürfig[91].«

Verbannungswellen

Aus dieser staatsgefährlichen Haltung erwächst seitens der weltlichen Herrscher, sofern man sie nicht schon im Beichtstuhl auf die gefährliche Linie eingestimmt hat, eine Gegenströmung. Deren Ziel ist, die Macht der Jesuiten zu beschneiden. Auch kritische Stimmen sind unüberhörbar.

»Möge der Himmel geben, daß der Jesuitenorden in jeglicher Gestalt vom Erdball verschwinde[92] ... sie schleichen wie lichtscheue Vögel im Finstern herum und verstreuen als marianische Brüder Gift ... sie bringen eine gräßliche Verheerung über die Menschen; es sind Heuchler, deren Egoismus der höchste Nutzen ist[93] ... sie sind Feinde der Fürsten und Völker ... zernagen den Wohlstand und verderben die Jugend[94] ... sie verführen Frauen und Mädchen, schänden Knaben ... es sind Menschen ohne Gesetz und Moral[95] ... ihre Religion ist eine Larve, denn sie heischen nur nach ihrem Vorteil[96] ... 1000 Folioseiten reichen nicht hin, um ihre Schändlichkeiten zu erfassen[97] ... es sind Jünger der Finsternis[98].«

Ein Spanier, der Jesuit und Bischof Hieronymus Baptista de la Ruz, erinnert sich an die Prophezeiung der heiligen Hildegard, demzufolge ein Bettelorden kommen wird, der den Armen Almosen entzieht, sich in Schmeichelei, Verleumdung und Mord nach oben schwingt, dessen Mitglieder Weiber verführen und Zwietracht säen ... dies wäre nun durch die Jesuiten in Erfüllung gegangen[99].

1583 wird Papst Sixtus V. zugetragen: »Die Bosheit und Verwegenheit einiger Ordensmitglieder geht so weit, daß sie selbst die Verfassung des heiligen Ignaz verachten[100].« Franz von Borgia, der dritte Ordensgeneral, stellt fest: »Es wird die Zeit kommen, wo der Orden die Grenzen seines Stolzes und Ehrgeizes überschreitet und nur noch nach Schätzen heischt[101].«

Seit der Gründung des Ordens sind die Klagen über die jesuitischen Ränke unüberhörbar. Die deutschen Stände wenden sich bereits 1599 mit einer Bittschrift an den Kaiser, in der sie herausstellen:

»Die Jesuiten sind schändliche Leute, die sich unter dem Deckmantel der Religion zu bereichern suchen[102].« Kaiserin Maria Theresia stimmt der Aufhebung zu, bereut es jedoch später. Vermutlich hätte ihre Weigerung angesichts der Konstellation der Mächte und Charaktere der Verantwortlichen, vor allem des Papstes, das damalige Schicksal des Ordens nicht mehr aufzuhalten vermocht. Der preußische König Friedrich der Große hat sie verachtet[103] und die Tochter des Königs Adolph, Christina von Schweden, sagt: »Ihr Bigottismus führt uns alle ins Verderben[104].«

Joseph II., deutscher Kaiser, schreibt an Erzbischof Rubertus von Salzburg: »Die Jesuiten sind die gefährlichsten und unnützesten Untertanen im Staat, da sie sich der Beobachtung der königlichen Gesetze zu entziehen suchen[105].« Der Bischof von Nanking teilt Papst Benedikt XIV. mit, daß sich die jesuitischen Missionare im Beichtstuhl und vor der Messe fleischlich mit Mädchen einlassen[106].

Tatsache ist, daß die Beschuldigungen gegen die Gesamtheit der Jesuiten Spaniens, Portugals und der Kolonien übertrieben sind. In Frankreich werden die bedenklichen Handelsgeschäfte der Jesuiten Antoine Lavaletta und Martinique Anlaß zu

Verfolgungen. Begreiflich ist die Feindschaft anderer Orden gegen die Schulweisheit der Jesuiten … auch sie haben als Beichtväter an den Höfen von Paris, Madrid und Lissabon verhängnisvolle Rollen gespielt, doch in der Regel zum Nutzen der Monarchen, die sie einst gerufen haben, um sie nun zu verfolgen[107].

Aufgrund politischer Ränke hat der portugiesische Staat am 3.9.1759 unter Pombal den Orden für sein Reich verboten und dessen Vermögen beschlagnahmt. Am 6.8.1762 beschließt das Pariser Parlament die Aufhebung des Ordens für Frankreich und der König erklärt die Ordensgüter zum Staatseigentum. Am 2.8. 1768 folgt Spanien mit der gleichen Maßnahme und verhaftet 60 000 der schwarzen Streiter Loyolas. Ähnlich stellt sich die Situation in Italien dar. Ein Edikt des Königs Ferdinand IV. von Neapel aus dem Jahr 1767 verbannt die Jesuiten aus seinem Reich. 1768 folgt ihre Ausweisung aus dem Königreich beider Sizilien und Malta; 1768 aus Parma.

Ein Chronist berichtet: »Zu dieser Zeit beschäftigen die Streitigkeiten über den Orden ganz Europa … sein unnatürlicher Reichtum, sein Ehrgeiz, seine Macht, seine verderblichen Lehren und Laster haben selbst denkfaule Christen in hartnäckige Positionen geteilt … schon wird der Orden erneut angegriffen, um seine Verfolgung einzuleiten[108].«

Scipio von Ricci, Bischof von Pistoja

wendet sich einst mit Enthusiasmus den Jesuiten zu[109] und sagt später: »Doch es fehlte mir die gehörige Einsicht, um die Eitelkeit und Nichtigkeit eines solchen Pfandes zu erkennen. Später sah ich die Klippen dieser Laufbahn … da ich mich über die Intrigen des römischen Hofes unterrichtet hatte, fühlte ich, daß es nirgends auf der Welt schwieriger sein würde, als hier sein Glück zu machen, zu hohen Stellen zu gelangen und gleichzeitig ein ehrlicher Mann zu bleiben … ich verabscheute die Umtriebe, von denen ich täglich Zeuge war[110] … ich glaube, daß die Liebe

zur Wahrheit und Gerechtigkeit das Niederschreiben erfordert … ich will keine Ungerechtigkeit begehen, indem ich die Wahrheit unterschlage, die die Nachwelt wissen muß, damit sie jeder nach seinem Verdienst würdigen kann.[111]«

Der Jesuit und Bischof von Pistoja, Scipio von Ricci [112], ist in gewisser Weise mit seinem späteren Ordensbruder Alighiero Tondi vergleichbar. Auch er wird ein Opfer der ihn verfolgenden Glaubenspolitik und auch er bringt Dinge ans Tageslicht, deren Vertuschung für die Kirche von Interesse ist; so die Originalpapiere des letzten Ordensgenerals; er lüftet das Geheimnis um den Tod des Papstes Klemens XIV.[113] und eine *Chronique scandaleuse* innerhalb der toskanischen Klöster. Er sucht den Nachweis zu führen, daß Papst Klemens XIV.[114] von den Jesuiten beiseitegeschafft worden ist, weil er die Aufhebung ihres Ordens verfügt hat.

Klemens XIII. hat noch versucht, den Orden der Jesuiten zu halten. Von ihm stammt der Ausspruch *Sint ut sunt aut non sint* (sie mögen bleiben wie sie sind oder gar nicht sein).

Giftanschlag auf Klemens XIV.

Klemens XIV., eigentlich Lorenzo Ganganelli, geb. am 31.1.1705 in Sant Angelo (Rimini), am 19.5.1769 zum Papst erhoben, erliegt am 22.9.1774 einem Giftanschlag. »Der mäßig gebildete Papst verbarg unter der Maske der Liebenswürdigkeit einen schwächlichen Charakter, ängstliche Geheimniskrämerei und einen ungewöhnlichen Ehrgeiz. Er war unfähig, den auf ihn zukommenden Problemen zu begegnen … seine einzigen Vertrauten waren ein Getreidewucherer und der korrupte Sohn eines Kochs, zwei Blutsauger.«

Als er erkannte, daß man als Feind der Jesuiten schneller vorankam, beginnt er mit ihrer Verfolgung. Er spricht am 21.7.1773 mit dem Breve *Dominis ac Redemptor* (Unser Herr und Erlöser) über den mächtigsten Orden, den die Kirche je gesehen hat, das vorläufige Todesurteil[115]. Er liefert den schon greisen Ordensgeneral Ricci mit seinen Konsultatoren dem sadistisch veranlagten Geistlichen Alfani aus. Ricci ist im Keller der Engelsburg gestorben. Der Nachweis ist erbracht, daß das berüchtigte Breve als Diktat des spanischen Botschafters festgesetzt worden ist und daß der Papst lediglich seine Unterschrift darunter setzt. Es war der billige Triumph über den Orden, der ihm, aus heutiger Sicht, nichts gebracht hat[116].

Unser Chronist unterhält zu Ricci einen ausgedehnten Schriftwechsel und bezeugt ihm gegenüber am 2.7.1775 sein Leid. Er betont, daß er sich nichts habe zuschulden kommen lassen und vor allem, daß er nicht den mindesten Grund zu seiner Verhaftung gegeben hat[117]. Außerdem hat sich das Verhörsprotokoll erhalten, das auf der Engelsburg niedergeschrieben ist. In einer Kongregation bittet der General um seine Freilassung, denn er seit bereits 71 Jahre alt, kränklich und unschuldig. 1775 wird der gegen ihn geführte Prozeß öffentlich in Rom bekannt. Über sein kurz davor erfolgtes Ableben hat sich ein interessanter Brief erhalten[118] und ein Schriftstück, das über die Verteilung seiner Habe berichtet[119].

Todesursachen

»1770 begann man die Prophezeiungen der Bäuerin Bernhardino Beruzzi aus Valentano zu diskutieren, die sie über die Jesuiten gemacht hat, ... daß die Gesellschaft nicht aufgehoben würde, daß Papst Klemens XIV. einem berühmten Jesuiten den Purpur übergeben und daß in kurzem die Jesuiten wieder in die Staaten zurückgerufen würden, aus denen man sie verjagt hat ... ja, daß der Papst seine Meinung über die Aufhebung des Ordens ändern würde ... für den 24.3. kündigt die Betrogene den Tod des den Jesuiten verhaßten Papstes an.

Wie kann eine einfältige Bäuerin um solche Dinge wissen, wenn man sie ihr nicht vorher eingeflüstert hat? Die Prophezeiung geht nicht in Erfüllung und auch eine weitere, die besagt, daß der Orden im August 1773 aufgehoben wird. Nun schal-

ten sich weitere Verleumder ein. Man munkelt, daß sich die Jesuiten wieder begründen und daß der Papst und die Fürsten, die an seiner Aufhebung schuld seien, sterben würden. Die Verbreiter dieser Nachrichten waren Jesuiten, die diese Gerüchte mit trefflicher Berechnung ausgestreut haben[120]. Ungeachtet dieser Ränke bleibt der Papst noch eineinhalb Jahre nach der Auflösung der Gesellschaft bei bester Gesundheit, wenngleich er um die ihn gesponnenen Spekulationen weiß.

»Der Papst hatte eine starke Konstitution, er war nur bisweilen Blähungen unterworfen, die sich in den starken Milzen bildete. Er hatte eine sonore und starke Stimme, ging mit der Leichtigkeit eines Jünglings zu Fuß, hatte immer eine muntere Laune und war leutselig ... er besaß eine große Lebhaftigkeit des Geistes, aß mit Appetit und schlief nachts nur selten einige Minuten länger als fünf Stunden.

Einige Tage in der heiligen Woche des Jahres 1774 empfing er während dem Mittagessen eine Art Erschütterung in der Brust und im Magen, gleichsam, als wenn es die Wirkung einer inneren Kälte war. Er schrieb es dem Zufall zu und achtete bald nicht mehr darauf. Doch fing man an, eine Abnahme der Stimme des Heiligen Vaters wahrzunehmen, die durch einen Katarrh von besonderer Art belegt schien. Jedermann fiel des Papstes sonderbare Heiserkeit auf. Hierauf klagte er über Entzündung und Brennen im Mund und in der Gurgel. Man bemerkte, daß er fast immer den Mund offenhielt. Von Zeit zu Zeit folgten Erbrechungen, stechende Schmerzen im Unterleib, Zurückhaltungen des Urins und eine immer weiter steigende Schwäche im Körper und in den Beinen.

Er war davon überzeugt, daß man ihm ein tödliches Gift beigebracht hatte, zumal man in seinem Zimmer Pillen von Gegengift fand, von denen er Gebrauch gemacht hatte. In diesem Zustand lebte er die Monate Mai, Juni und Juli. Überall verbreitete man, daß er bald sterben würde. Einige bestimmten den 16. Juli als Todestag. Als er vorüber war, sagten sie, daß der Papst nun im Oktober sterben würde.

Im Juli fing er eine Kur abführender Wasser an, die er jedes Jahr brauchte, um sich von den bösen Säften zu befreien, die sich auf seine Haut warfen und ihn jedes Jahr inkommodierten. Dieser Ausschlag trat im August verstärkt hervor. Dessen ungeachtet dauerte das Brennen in der Gurgel, die Gewohnheit, den Mund offen zu halten und das außerordentliche Schwitzen fort. Ende August empfing er die Minister. Während dieser Zeit schrieb der Generalvikar von Padua dem Sekretär der Kongregation *De rebus Jesuitrarum* (die Sache der Jesuiten), daß mehrere Ex-Jesuiten bei ihm gewesen seien, die heftige Ausfälle auf den Papst gemacht hätten und ihm erklärten, daß er Ende September sterben würde.

Den 10.9. abends bekam der Papst Fieber nebst einer Ohnmacht und eine gänzliche Erschlaffung aller Kräfte; man befürchtete, daß er sein Leben verlieren würde. Am gleichen Abend zapfte man ihm ungefähr zehn Unzen Blut ab, doch man fand kein Zeichen von Entzündung ... auch bei seinem Atemholen, am Urin und an der Brust bemerkte man nichts Beunruhigendes. Man sah, daß das Blut die gehörigen wässrigen Teile bildete, obgleich der Arzt erklärt hatte, daß die Krankheit aus Mangel an diesen entstanden sei.

Der Papst hatte am anderen Morgen um elf Uhr kein Fieber mehr, und so blieb es den ganzen Tag. Den folgenden 12.9. stellten sich seine Kräfte wieder ein, so daß er am 14. und 15. Spaziergänge machen konnte und glaubte, nach Castel Gandolfo reisen zu können.

Am 15.9. verfiel seine Heiligkeit in die vorige Schwäche, zu der sich außerordentlicher Schlaf gesellte ... der bis zum 18.9. dauerte. Am 19. bekam er wieder Fieber, eine Geschwulst am Unterleib und Zurückhaltungen des Urins. Man ließ ihn zur Ader ... aber das Blut zeigte keine Spur von Entzündung. Die Brust und der Atem waren frei. Dann stellten sich Entzündungen ein, so daß man es für nötig hielt, ihm das Abendmahl zu geben. Die Nacht verbrachte der Papst in großer Unruhe. Am 21. ließ man ihn nochmals zur Ader. Am gleichen

Abend gab man ihm die heilige Ölung ... er gab am 22.9. gegen 10.30 seine Seele in exemplarischer Frömmigkeit auf.

Ungefähr zur selben Stunde am folgenden Tag nahm man die Öffnung und Einbalsamierung des Leichnams vor. Ehe man dazu schritt, hatte man wahrgenommen, daß sein Gesicht bleifarbig, die Lippen und Nägel schwarz waren. Fast alle Teile des Körpers hatten blaue Flecken unter der Haut ... die Eingeweide, die krebsartig angefressen waren und entsetzlich rochen, hatte man in ein Gefäß getan, das um ein Uhr nachts sprang und das Zimmer mit einem abscheulichen Gestank erfüllte ... ungeachtet, daß man einige Stunden vorher alles einbalsamiert hatte. Den folgenden Morgen (24.9.) war man genötigt, einige Ärzte kommen zu lassen ... denn der Leichnam gab einen fürchterlichen Gestank von sich.

Das Gesicht war geschwollen und hatte jene schwärzliche Farbe bekommen, die Hände waren schwarz und hatten auf der äußeren Seite zwei Finger dicke Blasen. Außerdem lief eine wässerige Materie mit verdorbenem Blut vermischt beständig in großer Quantität vom Körper längs dem Bett auf den Fußboden herab, so daß er damit ganz bedeckt war. Über dieses Phänomen staunten die Ärzte, besonders in den letzten 24 Stunden nach seinem Ableben, nachdem man seinen Körper gereinigt, die Eingeweide herausgenommen und alles mit Sorgfalt einbalsamiert hatte. Man wollte ihn in den Sarg legen, was aber der Majordomus nicht zugeben wollte ... wegen des üblen Eindrucks, den dies auf das Publikum machen konnte; und er traf neue Vorkehrungen.

⇒

Ignazius von Loyola, der Begründer des Ordens der Jesuiten. Der Orden breitet sich in rascher Folge weltweit aus und stellt heute die meisten Missionare. Bei den Jesuiten verbinden sich in der Regel Intelligenz und blinder Gehorsam.

Am 12.1.1737 werden im Königreich Tanking vier Jesuitenmissionare hingerichtet, »weil sie sich fleischlich mit Mädchen eingelassen haben.«

Als man dem Leichnam päpstliche Kleider anzog, blieb ein Teil der Wundbinde und der Haut daran hängen und man merkte, daß der Nagel des rechten Daumens lose war; man berührte den anderen, um zu sehen, welche Wirkung es hervorbringen würde und man überzeugte sich im Beisein vieler Personen, daß eine leichte Berührung hinreichte, um alle Nägel abzulösen.

Außerdem bekam er am ganzen Körper, Schenkel und Beine ausgenommen, einen Ausschlag. Seine Haare blieben am Kopfkissen hängen. Endlich mußte der Leichnam ungeachtet der Mittel und den Einbalsamierungen auf eine Bahre gelegt werden.

Vieles von diesen merkwürdigen Vorfällen drang in das Publikum. Das römische Volk war aufs höchste skandaliert, in der Überzeugung, daß der Papst mit dem *Aquetta* vergiftet worden sei, das in Calabrien und Perugia verfertigt wird und das ... nach der allgemeinen Meinung, einen langsamen Tod herbeiführt, gerade auf die Art, wie es hier erzählt worden ist.

Nun verglichen die Beobachter die Prophezeiungen, die man verbreitet hatte, und die gewiß nicht von Gott ausgingen. Wenn man zu den falschen Verkündungen die Drohungen, die zu dieser Zeit erschienen und die sich auf diese Begebenheit beziehen, Bilder nimmt, ferner die Entzündungen in der Gurgel und im Mund ... dieses allmähliche Schwinden seiner Kräfte, das Aufschwellen seines Unterleibes, die Zurückhaltungen des Urins, die Heiserkeit seiner Stimme, die Erbrechungen, die blauschwarze Farbe des Leichnams, das Abfallen der Nägel und Haare, so kann man nicht begreifen, wie eine Entzündungskrankheit

⇒

»Während Jesus auf dem Berg die Verklärung erlebt ... konnten seine Jünger den Teufel nicht austreiben.« Gemälde von Raffael.

St. Stephanus aus dem Wiener Heiltumbuch 1514. Im Hintergrund rechts ist der Wiener Stephansdom erkennbar.

das Blut ohne sichtbare Merkmale gelassen und das Fieber neun Tage versteckt gehalten habe. Man deutet es auf die charakteristische Zeichen desjenigen Giftes, das Paul Zachhia, ein römischer Arzt, bezeichnete.

Fast alle Gifte verursachen ein Brennen in der Gurgel, Hitze und Entzündung, sagt Dardan. Sobald man das Gift genommen hat, entstehen Unruhe und Ekel. Wenn die Symptome mit großen Schmerzen im Magen, mit Herzklopfen, Verzückungen und ähnlichen Zufällen begleitet sind, ist dies ein untrügliches Zeichen eines tödlichen Giftes. Hierauf kommen stinkende Blähungen, ein unerträglicher Geruch aus dem Mund und von Zeit zu Zeit Erbrechungen. Auf diese folgt Husten, Aufschwellen des Bauches, Beängstigungen, ein schnelles Schwinden der Kräfte, Aufhören des Pulsschlages und Herzstiche.

Jetzt stellt sich kalter Schweiß und allgemeiner Frost ein, die Nägel werden blau, der Körper wird blaß, dann wechselt die Röte mit Blässe ab, die Zunge und die Lippen werden schwärzlich, ein nicht zu löschender Durst und Heiserkeit der Stimme begleitet, stellen sich ein. Bei einigen

bemerkt man einen ungewöhnlichen Hang zum Schlaf, die Zurückhaltungen des Urins und dessen Brennen, einen Gestank am ganzen Körper. Das Essen erfolgt mit besonderer Schwerfälligkeit ... hinzu kommen rote und bleifarbene Flecken und eine außerordentliche Zerüttung des Geistes.«

Die Beweise des Giftes nach dem Tod des Papstes sind vielfältig. Galilea bemerkt besonders die blau-schwarzen Flecken auf der Haut und den unausstehlichen Geruch. Cardan legt besonderes Gewicht auf die schwarzen, leicht abfallenden Nägel und die Haare, die von selbst abfallen[121].«

Nach der Vergiftung des Papstes wird Kardinal Braschi zum Statthalter Gottes auf der sündigen Erde erhoben. Es haben sich einige Briefe erhalten, die Licht auf seine zwielichtige Wahl werfen[122]. Er verdankt seinen Erfolg Lorenzo Ricci, der ihm noch unter der Regierung des Papstes Klemens XIV. den Posten eines Schatzmeisters verschafft hat[123].

Am 7.8. 1814 wird die Gesellschaft nach einer 41jährigen Geheimtätigkeit durch die von Papst Pius VII. erlassene Bulle *Sollcitudo omnium ecclesiarum* wieder hergestellt. Seitdem hat sich der Orden regeneriert und profiliert, sich aber auch weiteren Schwierigkeiten ausgesetzt. Es führt zu Konflikten. 1847 werden die Jesuiten aus der Schweiz ausgewiesen und aus Deutschland durch das Jesuitengesetz von 1872. Es wird 1904 gemildert und am 19.4.1917 aufgehoben. Damit ist der Orden erneut in Deutschland zugelassen, um moralische, politische und religiöse Fäden zu spinnen.

1968 zählt er 35 573 Mitglieder, die in 63 Provinzen leben, darunter drei deutsche mit 953 Mitgliedern in Deutschland und 254 im Ausland, 26 Vizeprovinzen und 25 Missionsgebieten. In der Mission sind etwa 7500 Jesuiten beschäftigt; es handelt sich um die größte katholische Missionsgesellschaft. Heute unterhalten die Jesuiten etwa 100 kirchliche Hochschulen, 60 Universitäten und Hunderte von Gymnasien. Daran ist ihre intelektuelle Stoßrichtung abzulesen und wenn man es so betrachtet, sind sie in gewisser Weise tatsächlich unsterblich.

Hugenotten

Inhalt

Hugenotten

Das frühe 16. Jahrhundert zeigt vielschichtige Wandlungen; sie beherrschen die Gebiete der Technologie, der Kunst und vor allem des Geisteslebens. »Politische, religiöse und wirtschaftliche Veränderungen verschlingen sich miteinander, um der Welt eine neue Gestalt zu geben … es scheint nicht ohne Tränen und Blut zu gehen, denn am Beginn jeder Revolution steht die Toleranz … oft ist sie nicht mehr als der Versuch einer Säuberung.«

Ein neuer Menschenschlag wird geboren; das Individuum tritt kritischer und selbstbewußter auf; es stellt sich und andere in Frage, erwacht aus der Lethargie des dogmatischen Stumpfsinns, entwickelt ein verändertes religiöses Bewußtsein und stellt sich gegen überkommene Autoritäten. Ein Verlierer dieses Wandels ist die in Tradition und Starrheit verwurzelte katholische Kirche. Eine Generation muß vergehen, bis sie zu Gegenschlag ausholen wird, der trotz momentaner Erfolge mit einer Teilung endet.

Der Protestantismus im deutschsprachigen und der Calvinismus im französischen Raum, die sich auf schweizerischem Gebiet überschneiden, entwickeln sich parallel, doch unter anderen Voraussetzungen. Das hat vor allem politische Gründe. Deutschland ist zersplittert und die königliche Macht hängt von der Gunst der Kurfürsten, Fürsten u. a. ab. In diesem Kräftefeld fällt der Protestantismus auf fruchtbaren Boden. Einzelne Herrscher sehen in der Religionsspaltung Vorteile. Sie streben die Unabhängigkeit und Selbständigkeit an und können aus den Konflikten Nutzen ziehen. Luther agiert unter dem Schutz des sächsischen Kurfürsten Friedrich des Weisen; dieser bewahrt ihn vor dem inquisitorischen Schicksal und unter seiner Obhut kann er auf der Wartburg die Bibel übersetzen und sie später in einer hohen Auflage den Landeskindern zugänglich machen. Im dezentralistisch orientierten Deutschland hat die Gewissens- und Glaubensfreiheit, selbst unter dem Vorbe-

Während Luther in Deutschland die Reformation verbreitet, erfolgt dies in Frankreich durch Johann Calvin. Beide Strömungen werden von Katholiken angeprangert. Hier: Spottblatt wider die calvinistische Lehre, 1598.

halt der *Cuius regio, eius religio* einen gewissen Spielraum. An die Stelle der alten Gläubigkeit tritt die Skepsis; erst hat man mit geschlossenen Augen gebetet, jetzt reißt man sie auf und wundert sich. Man beginnt über die Ursachen zu grübeln.

In Frankreich kann davon keine Rede sein. Eine Reformation paßt nicht in das Denken des herrschenden Gottkönigtums. Kirche und Staat sind eng liiert. Frankreich ist im 16. Jahrhundert ein fast geschlossener Nationalstaat. Hier schmückt sich die Krone mit dem Prädikat des *allerchristlichsten Königs* und Paris ist das Zentrum der Macht. Die Könige lehnen die neue Religion aus politischen und religiösen Gründen ab. Der Klerus ist absolutistisch orientiert und ein Spiegelbild des Königetums. So wird verständlich, daß sich die französischen Könige mit einer Öffnung schwertun. Von der Geistlichkeit ist kein Zugeständnis zu erwarten. Deshalb ist in Frankreich die Stoßrichtung gegen Reformen schärfer als im deutschsprachigen Raum. Der noch aus dem Mittelalter stammende Rigorismus der Kirche beherrscht in Frankreich die Menschen. An die Idee der Gewissensfreiheit ist kaum zu denken.

Calvin muß sich gegen königlich-klerikale Interessen behaupten, denn in einem zentralistisch orientierten Nationalstaat verbietet sich die Partnerschaft mit ihm von selbst. Allmählich blühen reformatorische Gedanken auf; das Heranreifen eines neuen theologischen Denkens in der Seele Calvins, seiner raschen Verbreitung in humanistischen, kirchlichen und akademischen Kreisen ist von großem Interesse zum besseren Verständnis der Kirchengeschichte des 16. Jahrhunderts. Calvin ist es ebenso nicht allein wie Luther, der den tiefgreifenden Wandel auslöst. Die liberalen Ideen werden von Franz I. und Heinrich II. verworfen. So haben die französischen Protestanten nur zwei Alternativen: den Weg der Märtyrer und den der Gewalt. Sie beschreiten beide und daraus formieren sich die Hugenottenkriege. Hugenotten – nach dem Bürgermeister Hugues – nennen sich die Genfer Protestanten. Erst um 1560 überträgt sich dieser Begriff, zunächst als Spottbezeichnung, auf die französischen Protestanten.

Es ist die Geschichte einer 36 Jahre während den Auseinandersetzung, die als Bürgerkrieg zwischen Katholiken und Protestanten beginnt und zu einem religiösen Machtkampf wird; ein Massaker der Religion, deren Höhepunkt die Bartholomäusnacht wird. Es ist ein Bruderkrieg ohne Sinn und wie immer nur von wenigen angezettelt. Er taucht Frankreich 30 Jahre lang in Blut und verwickelt das Land in politische Intrigen und Rangeleien. Henri Bosc meint: »Alle haben ihre Würde als Christen und Mensch verscherzt.«

Die Tatsache, daß die französische Reformation adelige Anhänger findet, macht sie zu einer politisch-militärischen Bewegung. In Deutschland ist es nur abgeschwächt der Fall. Die französischen Protestanten begehen den Fehler, Fürsten anzurufen und Gewalt anzuwenden. Eine weitere Triebfeder zum Verständnis ist der verwurzelte Haß gegen Spanien. Auf protestantischer Seite tritt Sebastian Castellion in seinem Werk *Le traité des hérétiques* früh und mutig für die religiöse Toleranz ein. Sein Gegner wird Calvin; so wird auch hier der Ruf der liberalen Propheten vom Zeitgeist erstickt. Calvin ist in der Durchsetzung der von ihm definierten Glaubensartikel rigoros und scheut selbst vor der Anwendung der Folter nicht zurück.

Stellung der Sorbonne

Unter Franz I. gewinnt die Krone an Autorität. Um gegen die festgefressene Theologie der Sorbonne vorzugehen und um ein Gegengewicht zu schaffen, ruft er das *Collège des France* ins Leben. Hier lehrt man die lateinische, griechische und hebräische Sprache, hier werden Vorlesungen über Medizin, Philosophie und Mathematik gehalten. Der einst so mächtige Ruf der Sorbonne wird verhöhnt und schon munkelt man, daß sich dort nur noch alte Weiber einfänden.

1520 werden der Sorbonne die Streitschriften Luthers vorgelegt. Für die Masse bleibt die Universität, obwohl sie ihren Glanz eingebüßt hat, noch immer die Hüterin der lateinischen Orthodoxie. Inzwischen ist sie eine Gefahr für den geistigen Fortschritt; devot und gehorsam hält sie die Satzungen des päpstlichen Stuhles aufrecht. Hier erkennt man nicht den Zug der Zeit. Man versteigt sich zu der albernen Anmer-

⇒

Johann Calvin (1509-1564) behauptet im Gegensatz zu Luther, auch die kirchliche Organisation sei von Gott gegeben und stellt die höchsten sittlichen Anforderungen an seine Abhänger.

kung, es wären nur törichte Leute in geringen Verhältnissen, die es wagen, öffentlich von der Häresie und der angeblichen Religion zu sprechen.

Sie hat Marsilius von Padua verdammt, Wyclef und Hus verfolgt und sie hat Reuchlin ausgestoßen; die Renaissance in Frankreich wird ihr unversöhnlichster Gegner. Die Sorbonne erklärt, daß das Studium griechischer und römischer Schriftsteller Häretiker züchte: »In ihren Mauern darf die griechische Sprache nicht gelehrt werden ... wer die hebräische zu erlernen gedenkt, wird ein Kandidat des Scheiterhaufens.«

Franz I. weicht Schritt für Schritt von der Kirche zurück und seine Position gegenüber den reformatorischen Bewegungen schwankt zwischen Nachsicht und Strenge. Ab 1538 wird seine Haltung abweisender, zumal er bei seiner Salbung geschworen hat, »die Kirche zu schützen.« Marino Cavalli, ein Gesandter der Republik Venedig, schildert ihn so: »Er hat nichts anderes im Sinn, als ein fröhliches Leben zu führen ... wie alle Könige in Frankreich, hat er von Gott die Gabe erhalten, durch seine Berührung von den Skrofeln zu heilen; er schlägt ein Kreuz über die Kranken, berührt sie und spricht: Der König berührt Dich, Gott möge Dich heilen.«

Die Prediger lutherischer Färbung, die er anfangs eingeladen hat, um an seinem Hof zu wirken, entläßt er unter Vorwänden. Einer von ihnen, der 50jährige Louis de Berquin, stirbt für seine Ideen auf dem Scheiterhaufen.

Paris ist dem Papsttum verbunden. Deutlich wird es an einem Vorkommnis aus dem Jahr 1528. Am 3.6. wird von einem Unbekannten der Statue einer Jungfrau mit dem Kinde aus Übermut der Kopf abgeschlagen und in den Straßenkot geworfen: »Das Volk ist auf das Höchste empört. Der König schaltet sich ein. Häscher und Armbrustschützen gehen von Haus zu Haus, um nach dem Übeltäter zu forschen. Dann begibt sich eine Prozession von mehreren 100 Leuten, voran hochgestellte Persönlichkeiten und gefolgt von Schülern, am Vormittag des Fronleichnamsfestes zur Rue de Petit Saint-Antoine, wo das schreckliche Verbrechen geschehen ist ... seit Menschengedenken konnte man die Universität nicht so zahlreich versammelt sehen ... selbst der König verrichtete ein frommes Gebet an der Gnadenstätte ... er stieg die reichgeschmückte Empore hoch und überreichte eine neue Heilige Jungfrau aus Silber als Geschenk ... sie soll für alle Zeiten hier verbleiben und schon geht in Paris das Gerücht um, daß sie sechs oder sieben Tage danach an einem totgeborenen Kind Wunder wirke.«

Es ist der königliche Gesinnungswandel; er kapituliert vor der Propaganda der Sorbonne und ruft in der Kathedrale: »Hier, dieser mein rechter Arm ... wäre er von der Häresie versucht, so schnitte ich ihn ab. Und wäre eines meiner Kinder so verdorben, daß es dem Ketzerglauben anhinge, so brächte ich es dem allmächtigen Gott als Opfer dar.« Der König gibt den Widerstand auf. Die Geistlichkeit hat eine Hürde genommen; jetzt kann sie vehementer Unrecht verbreiten.

1530 leben in Paris zwei Männer, die sich vermutlich nicht kennen, und doch die konträren Standpunkte deutlich machen. Ignatius von Loyola, der Begründer der Gesellschaft Jesu und Jean Calvin, der Aktivator der Glaubensspaltung in Frankreich. Beide studieren an der Sorbonne. Calvin profiliert sich zum Schützling und Freund des Rektors der Pariser Universität, Nicolas Cop. Im November 1533 erteilt er Calvin den Auftrag, die Vorlesung beim Semesterbeginn zu verfassen. Sie erregt heftigen Anstoß. Später muß Calvin zusammen mit Cop fliehen. Er geht nach Basel:

»Während ich in Basel weilte, wo ich wie in einem Versteck lebte und nur wenigen Leuten bekannt war, verbrannte man in Frankreich eine Reihe von Gläubigen und fromme Menschen ... ein großer Teil verurteilte diese Verbrennungen scharf und empörte sich über die Ausübung einer solchen Schreckensherrschaft. Zu seiner Beruhigung verbreitete man erbärmliche verlogene Büchlein, in denen behauptet wurde, daß man so grausam nur Anabaptisten und Aufrührer behandle ... die mit

Heinrich II. auf dem Sterbelager (1559). Der König stirbt an den Folgen einer schweren Verletzung, die er sich bei einem Turnier zugezogen hat.

ihren Ansichten Religion und politische Ordnung untergraben ... wenn ich mich nicht schon mutig dagegen auflehnte, glaubte ich mich nicht durch Schweigen aus der Sache ziehen zu können, sollte man mich nicht für feige und pflichtvergessen halten.«

Aus diesem Grund greift er 1536 zur Feder und verfaßt die *Christianae religionis Institutio*. Er will den boshaften Beleidigungen begegnen, die man den Glaubensbrüdern in Frankreich entgegenbringt.

Konfliktursachen

Das Niveau der französischen Geistlichen entspricht dem europäischen Standard. Brantome berichtet in seinen Memoiren ausführlich darüber. »Sexuelle Eskapaden, Streit, Mißgunst und Einfalt zeichnen sie aus. Die Klostermönche wären ein unnützes Volk, das zu nichts anderem tauge als zu Trunk und Schmaus, zu Zecherei und

Spiel, zum Drehen von Sehnen für Armbrüste, zum Basteln von Karnickelfallen und zum Ränkeschmieden, »das waren ihre Andachtsübungen.«

Claude Hatton, ein Priester aus Provins, unterstreicht es: »Je mehr Ketzer es in Frankreich gibt, desto unbekümmerter leben die Prälaten ... dies nehmen die lutherischen Ketzer zum Anlaß, Böses über die Kirche Christi zu sagen und ihr die Christen abspenstig zu machen.«

Ab 1523 breitet sich der Protestantismus immer mehr in Frankreich aus. Der Oberste Gerichtshof von Paris ordnet am 20.3.1524 an, daß die Lutherischen als *Blasphémateurs* (Gotteslästerer) zu bestrafen sind, denn die Begriffe von Königs- und Staatskirchentum verpflichten zu einer einheitlichen Religionsauffassung.

Die ersten einst katholischen Prediger streifen durch das Land, deuten auf Mißstände im Klerus hin und greifen die päpstliche Autorität an. Sie wollen nichts

Gaspard de Coligny (1519-1572), Herr von Chatillon, Admiral von Frankreich und Führer der Hugenotten. Er nimmt Einfluß auf Karl XI. und wird deshalb auf Veranlassung Katharinas von Medici in der Bartholomäusnacht ermordet.

Maler, Glasbläser, Feldmesser und erst dann reformierter Prediger. Er läßt sich 1543 in Saintes nieder. Hatton berichtet:

»Seit 20 Jahren gehören der neuen lutherischen Glaubenbewegung in Frankreich nur einfache Handwerksleute an. Dies provoziert den Widerstand der Geistlichkeit und des Adels. Es fordert eine Reaktion der Bischöfe heraus. Schon holt man zum Gegenschlag aus: Mit mohammedanischer Schläue gehen sie daran, mit Predigten das Herz des Volkes zu erobern … sie schicken Mönche und Doktoren der Sorbonne … die schäumen, geifern, drehen und wenden sich, gestikulieren und schneiden wunderliche Grimassen. Ihr Geschwätz ist ein einziges Gekläff gegen die neue Christenheit.«

In der Jakobinerkirche der Prediger in Provins herrscht am Festtag der heiligen Magdalena Aufregung. Charles Privé spricht wider die alte Lehre und sagt: »Jeder Christ ist schon gerechtfertigt und Gott wohlgefällig, selbst wenn er keine guten Werke verrichtet. Zuhörer und Honoratioren sind empört … sie murren gegen den Prediger und sagen, daß es nicht wahr sei, was er sage.«

Unrechtes, sondern zurück zu den Grundsätzen der christlichen Nächstenliebe. Sie tun das gleiche wie ihre Glaubenskollegen in Deutschland. Man beobachtet argwöhnisch das üppige Lasterleben vieler katholischer Geistlicher, die Verwahrlosung des Volkes in Lehre und Unterricht. Pfarreien sind verpachtet, damit sich die dafür Verantwortlichen ein schönes Leben machen können. Viele halten sich im Trubel des weltlichen Lebens auf. So gesehen wird von alleine der Ruf nach Reformen laut. Wieder einmal sucht man die Wahrheit und meint sie in der Auslegung des göttlichen Wortes zu finden.

Die Missionierung ist mit der deutschen vergleichbar. Die ersten Prediger der neuen Lehre kommen aus dem Stand der Handwerker; es sind Schuster, Schuhmacher, Schreiber, Korbflechter, Walker und Wollkämmer. Bernhard Palissy ist ursprünglich

Frühe Verfolgungen

Bischof Guillaume Briconnet, Comte de Montbrun, ein früherer Gesandter des Königs Franz I. beim Heiligen Stuhl, steht der französischen Reformation positiv entgegen, da er mit eigenen Augen sieht, wie in seinem Sprengel die Laster blühen. Er bildet in Meaux eine kleine evangelische Gemeinde; die erste in Frankreich. Sie versammelt sich im Haus eines Mengin, in dem der Wollkämmerer Leclerc 1546 unerschrocken das Evangelium verkündet. Rasch erlebt diese Keimzelle Aufschwung und lenkt das Auge der Obrigkeit auf sich. Am 8.9.1546 werden 62 Gemeindeglieder, die sich im Haus Mengins versammelt haben, durch den Stadtrichter und seine Schergen ausgehoben und ins Gefängnis gebracht. Sie singen den 79. Psalm: »Gott, es sind Heiden in dein Erbteil gefallen.« Sie werden nach

Paris zur Verurteilung gebracht. 14 von ihnen, darunter Leclerc und Mengin, werden zum Tod auf dem Scheiterhaufen verurteilt und am 18.10.1546 auf dem Marktplatz von Meaux lebend verbrannt. Das Haus wird gemäß dem Gerichtsurteil abgerissen und an dieser Stelle eine Kapelle errichtet.

In Frankreich werden die Anhänger des Protestantismus mit Nachdruck verfolgt. Ein frühes Opfer ist der Mönch Jean Valiéres, der 1523 in Paris den Glaubenstod erleidet. Ein Pariser Bürger, der darüber Notizen macht, schreibt dazu: »Mittwoch, 17. Tag des Monats Juni im Jahre 1534 ... ein Ketzer namens Jaques de la Croix, Alexander genannt; sein eigentlicher Namen: Lorent Canu ... das Gericht verurteilte ihn zum Feuertod bei lebendigem Leib. Er wird vor das Palamentsgericht von Paris geladen und gesteht, ein Mönch zu sein, weshalb er vom Erzbischof von Lyon und den beiden Äbten vor Notre Dame de Paris seiner geistlichen Würde entkleidet wird. Danach hielt der Doktor der Theologie, M. Barthon, der Domherr von Paris, in Anwesenheit des Klerus und vor dem ganzen Volk eine feierliche Rede. Daraufhin mußte er seinen Priesterrock aus- und ein kurzes, rot und gelb gestreiftes Kettenhemd anziehen.

Er soll auf dem Place Maubert am Galgen aufgeknüpft und dann bei lebendigem Leib verbrannt werden. Unmittelbar vor seinem Tod gestattet man ihm, eine kleine Ansprache zu halten. Er spricht über das heilige Sakrament des Altars und dann Unsinn, so daß ihn die Doktoren nicht zu Ende reden lassen wollten ... so wurde er mit den Prozeßakten lebend verbrannt ... noch im Feuer rief er das Wort *Jesus*.«

Aus dem Tagebuch des Honorat de Valbelle ist zu entnehmen, daß man am 27.3.1539 einen Pfarrer aus dem Languedoc verbrannt hat, weil er ein Lutheraner war; auch er sollte bei lebendigem Leib verbrannt werden. Er bekennt sich noch zu seinem Irrtum: »Ich habe den Tod verdient ... da ich dazu beigetragen habe, eine falsche Lehre zu verbreiten ... ich bitte nochmals um Verzeihung.«

Der katholische Student Eustachius von Knobelsdorff schildert in einem Brief an seinen Lehrer Georg Cassander eine Ketzerverbrennung im Sommer 1542, die sich durch besondere Grausamkeit auszeichnet.

»Sie bitten mich, hochverehrter Freund, Ihnen ausführlich mitzuteilen, was ich über die zum Scheiterhaufen verurteilten Lutheraner in Erfahrung bringen konnte ... der König riet, die Andersgläubigen, die man in das Gefängnis gesperrt hatte, wie gewöhnlich hinzurichten ... und man beeilte sich, dem Wunsch nachzukommen ... nach dem feierlichen Gottesdienst sollten acht Individuen, die den Päpstlichen Stuhl verleumdet haben, bei lebendigem Leib verbrannt werden ... ich sah, wie zwei von ihnen verbrannt wurden.

Der erste war ein ganz junger Mann und die meisten Zuschauer gaben ihm kaum 20 Jahre ... er war ein Schustersohn, der andere ein Greis von über 60 Jahren. Der Junge hat abfällige Reden über die wundertätigen Heiligenbilder geführt und er sagte zwischen ihnen und den steinernen Göttern der Heiden gebe es kaum einen Unterschied ... er war angeklagt, noch weitere Äußerungen gemacht zu haben, bei denen Luthers Lehren Pate gestanden haben ... sie redeten ihm zu, er solle widerrufen, doch er dachte nicht daran ... so wurde er dazu verurteilt, man solle ihm die Zunge abschneiden und ihn dann bei lebendigem Leib verbrennen. Ohne eine Miene zu verziehen, hielt der Junge seine Zunge dem Messer des Henkers hin, so weit er nur konnte ... er schnitt sie ihm ab und schlug sie dem armen Sünder ein paarmal links und rechts ins Gesicht. Die Umstehenden, so heißt es, bückten sich nach der noch zuckenden Zunge und warfen sie dem Jüngling an den Kopf. Dann stieß man ihn auf einen Karren und führte ihn zum Richtplatz ... ich kann Ihnen nicht sagen, mit welcher Gelassenheit er den Hohn der Masse ertrug, als man ihm die Kette um den Leib legte. Ab und zu spie er das Blut aus, das sich in seinem Mund gesammelt hatte, und hob die Augen in den Himmel, als erwartete er von dort wundertätige Hilfe. Nachdem man ihm Schwefel auf den Kopf gestreut hatte, erwartete er

Heinrich IV. (1553-1610), ab 1589 König von Frankreich (oben). Als Führer der Hugenotten vermählt er sich 1572 mit Margarethe von Valois (unten). 1593 tritt er zum katholischen Glauben über, erläßt jedoch das hugenottenfreundliche Edikt von Nantes.

heldenhaft den Tod ... Der Greis hatte ein etwas milderes Los ... er hat sich zu frei über die Mönche und die Anrufung der Heiligen geäußert und behauptet, jeder Christ sei ein Priester ... die Theologen brachten ihn mit Leichtigkeit zum Schweigen, denn er verstand es nicht zu diskutieren ... der Henker fesselte ihn und stieß ihn auf einen Karren neben zwei junge Leute, die man mit ihm zusammenband. Sie trugen weiße Hemden und in den Händen brennende Fackeln. Sie hatten gehört, wie der Alte gegen die Mönche sprach und hatten ihn nicht angezeigt. Das war ihr Verbrechen.

Der Alte mußte in der Kirche noch einmal zur Heiligen Jungfrau beten. Dann führten sie ihn zum Galgen ... hier wurde er erwürgt und halbtot in die Flammen geworfen. Viele Zuschauer hielten die Strafe für zu milde ... was gibt es Unwürdigeres, als einen Menschen ins Feuer zu werfen für einen Irrtum ... ich erfahre gerade, daß das gleiche Schicksal noch unzähligen anderen Opfern beschieden ist. Beten wir zu Gott, daß sich diese Leute bekehren, wenn sie sich irren; wenn sie jedoch im Recht sind, dann möge Gott ihnen geben, daß sie furchtlos kämpfen.« In Castres wird der calvinistische Prediger, ein Jacobiner, hingerichtet, weil er in einer Predigt das Fegefeuer verworfen hat.

Franz I. schließt 1538 mit Karl V. Frieden und eröffnet 1540 durch einen Erlaß die offizielle Jagd auf die Ketzer. 1541, im Jahr seines Regierungsantritts, legt Heinrich II. die Bekämpfung der Lutheraner in die Hände eines staatlichen Ausnahmegerichts (*Chambre ardente*). Hier werden Todesurteile ausgesprochen. Die Verfolgungen nehmen zu und durch die radikalen Edikte von Chateaubriant und Compiègne werden sie verschärft. Heinrich II. ist beunruhigt über das Anschwellen der Protestbewegung und rasch ist man mit dem einfältigsten Mittel, der Todesstrafe, herbei.

Pierre Sérisfontaine wird vom Amtsmann der Stadt Orléans der Gotteslästerung bezichtigt. Er erhält eine Prügelstrafe und wird mit entblößten Körper zum Schandpfahl der Stadt gepeitscht. Das Gericht verdammt ihn unter Androhung der Todesstrafe am Galgen für alle Zeiten aus dem Königreich und beschlagnahmt seine Habe. Das Gericht behält sich vor, ihn der Folter zu unterziehen, um zu erfahren, woher er ein ketzerisches Buch erworben hat.

Frankreich wird immer mehr durch Pamphlete und ketzerische Schriften infiltriert. Ein Teil von ihnen wird von illegalen Druckereien nachts in Kellern und Scheunen produziert; andere werden aus Genf eingeschmuggelt. Kaufleute verbergen sie in Warenballen, Buchhändler legen sie in andere Bücher ein und Studenten bringen sie aus Genf und Orléans mit. Mehrere Drucker werden zum Tod verurteilt.

Jean Morigan berichtet dem nach Genf geflüchteten Laurent de Normandie: »Durch Gottes Gnade wurde ich am 17.6. verhaftet, weil man in meinem Besitz zwei Exemplare der *Institutio* in Latein und eine *Harmonie* gefunden hat. Man brachte mich in ein Gefängnis ohne besondere Bedeutung ... dort verhörte man mich über meinen Glauben ... an das Sakrament ihrer Messe (wie sie es nennen), glaube ich nicht, denn alles, was das Menschenhirn ersonnen hat, und alle Wissenschaft, oder menschlicher Verstand in heiligen Dingen ist Feindschaft gegen Gott ... ich bitte Sie, mich in ihr Gebet einzuschließen, denn das habe ich wohl nötig ... Aus dem geistlichen Gerichtshof zu Paris, 2. Oktober 1569. Ihr ergebener und gehorsamer Jean Morigan.« Das calvinistische Schrifttum erreicht das Parlamentsgericht.

Der Fall Anne de Bourg

Der berühmteste Mißgriff in der Geschichte der französischen Märtyrer ist der Fall Anne de Bourg. Am 10.6.1559, an einem großen Gerichtstag, bei dem der König persönlich den Vorsitz des Parlamentsgerichts führt, tritt der Parlamentsrat Anne de Bourg für die Protestanten ein und verlangt ein Reformkonzil. Spontan läßt ihn der König festnehmen. Zwei Wochen später wird er von königlichen Kommissarien verhört.

Er ist damals 37 oder 38 Jahre alt, ist sich keiner Schuld bewußt und der Auffassung, daß er nichts gegen die göttlichen Gebote und die Kirche vorgebracht habe: »Glauben und Überzeugung gründen sich einzig und allein auf Gottes Wort ... ich habe gelernt, es gibt drei Wege, das Gesetz Gottes zu vernehmen: der erste ist das Buch der Propheten, der zweite das Evangelium aus dem Mund unseres Herrn Jesus Christus, der dritte das Buch der Apostel. Ich glaube an den Inhalt dieser Bücher und an das Apostolische Bekenntnis ... ich glaube an die heiligen Sakramente ... und das heilige Abendmahl ist von Jesus Christus eingesetzt worden.«

Er wird zum Tod verurteilt und am Samstag dem 23.12.1559 beschuldigt, er habe sich des Verbrechens der Ketzerei schuldig gemacht und sich hartnäckig und verstockt gezeigt. Er sagt. »Ich erleide den Tod mit Freuden, denn ich habe die Wahrheit gesagt und nehme das Todesurteil gelassen entgegen.« Danach stimmte er ein letztes Lied an, das sich wie ein Gebet anhörte.

Dann kommt es zu einem Gespräch mit den Herren Mochy, de Faber und de la Haye, Doktoren der theologischen Fakultät der Sorbonne. Sie wollen ihn an sein Seelenheil erinnern und zum heiligen katholischen Glauben bekehren. Dann redet ihm der Abt von Montebourg ins Gewissen, er solle bei ihm beichten, da er doch sein Beichtvater sei.

Dann wird ihm vorgetragen, ob er denn nicht wisse, daß man eine Verschwörung gegen ihn angezettelt habe, weshalb man ihn habe ständig von zwei Personen überwachen lassen. Nachdem ihm der Pfarrer von Saint-Barthélemy nochmals ins Gewissen geredet hat, um ihn auf den Weg des guten Katholiken zurückzuführen, er aber auf solche Belehrungen verzichtet, eröffnet er ihm, daß er die Anweisung habe, ihn auf der Stelle knebeln zu lassen, wenn er sich unterstehe, nach dem Verlassen der Conciérgerie von seiner Irrlehre zu sprechen oder etwas zu sagen, das gegen die Ehre Gottes oder die der heiligen Mutter Kirche gerichtet sei.

Dann ergreift ihn der Scharfrichter, führt ihn aus dem Gefängnis und auf einem Karren fährt man ihn zum Gréve-Platz. Noch einmal werden ihm die Anklagepunkte vorgetragen, er wird nochmals verhört und gemahnt, im Angesicht des Todes die Wahrheit zu sagen. Man holt ihn vom Karren herunter, stellt ihn unter den Galgen und zieht ihn bis auf das Hemd aus. Er weigert sich, das ihm vom Vikar Saint-Barthélemy vorgehaltene Kreuz zur Erinnerung und in Gedanken an die Leiden unseres Herrn zu küssen. Er weigert sich und wird jetzt hochgezogen und erwürgt, während die Zuschauer *Jesus-Maria* rufen. Dann wird unter dem Galgen ein Feuer angezündet, die Leiche heruntergelassen und verbrannt.

Ein protestantischer Augenzeuge berichtet: »Er wurde auf die übliche Weise gefesselt und auf einem Karren zu dem Platz gebracht, den man allgemein Jean-en-Grève nennt. Es folgten ihm vier- bis fünfhundert Bewaffnete. Auf dem Weg dorthin sang er unentwegt Psalmen und Lieder zur Ehre Gottes und zeigte sowohl auf dem Karren als auch unter dem Galgen ein ruhiges Antlitz, das über solche Grausamkeit gar nicht verwundert schien.«

Der Flächenbrand ist nicht mehr zu löschen, denn in Frankreich haben sich die ersten protestantischen Gemeinden etabliert. Um 1558 klettert die Zahl der Reformierten auf etwa 400 000.

Immer mehr hochstehende Franzosen öffnen sich gegenüber den Reformen. Außer dem Königspaar von Navarra und dem Prinzen Condé nennt Théodore Béza, der vertrauteste Mitarbeiter Calvins, den Admiral Coligny, seine Frau und dessen Bruder Andelaot, die Marquise von Rothlin, die Familie Rambouillet und Jean de Soubise.

Um 1555 wird in Paris eine reformierte Kirchengemeinde gegründet. Kurz danach kommt es zu ersten Zusammenstößen. Am 5.9.1557 geraten Katholiken und Protestanten in der Rue Saint-Jaques aneinander. Dazu berichtet die reformierte Kirche zu Paris: »Als sich etwa 400 Personen zum Abendmahl versammelt hatten, verschaffte sich eine Reihe von Geistlichen mit Gewalt

Eintritt, zusammen mit einigen anderen Kreaturen aus dem selben Sumpf ... am anderen Morgen regnete es Steine auf uns. Der allergemeinste Pöbel geht mit Waffen auf uns Unbewaffnete los und beginnt mit allen erdenklichen Grausamkeiten. Er hält es wohl für eine Heldentat, mit uns ein Ende zu machen oder in ein Gefängnis zu werfen ... sie bedachten uns mit Schimpfworten wie Lutheraner, Ketzer, Strauchdiebe und Meuchelmörder ... wir gäben uns in den Versammlungen den scheußlichsten Ausschweifungen hin ... würden Freß- und Saufgelage veranstalten und hätten vor, die Sorbonne zu stürmen ... an die 130 Leute unserer Leute, die der viehischen Gewalt des Pöbels nicht entkommen konnten oder wollten, wurden von Schnapphähnen gefesselt und ihres Geldes, ihrer goldenen Ringe und ähnlicher Dinge beraubt. Frauen und jungen Mädchen aus den besten und angesehendsten Familien zerzausten sie dreist das Haar und zerissen ihnen die Kleider ... allen schmierten sie Dreck ins Gesicht.

Wer noch etwas Respekt vor den Menschen besaß, konnte mühelos erkennen, was diese Kerle dazu trieb, sich gegen die Kinder Gottes zu verschwören ... anfänglich konnten wir unsere eingesperrten Glaubensbrüder nicht besuchen ... sie mußten täglich Leid erdulden ... Während die Gläubigen im Kerker grausam und abscheulich behandelt wurden, wählte der König etwa 20 Richter aus, sämtliche beseelt vom glühenden Haß gegen unsere Lehre ... sie verurteilten zunächst drei der Unseren zum Scheiterhaufen aus dem einzigen Grund, weil sie den Brauch unserer Väter mißachtet hätten ... sie forderten sie unentwegt auf, sich zu bekehren, anderenfalls zum Scheiterhaufen zu verurteilen und sie zu Tode martern zu lassen. Die drei Gläubigen antworteten, daß sie zum Widerruf bereit wären, wenn man sie durch das Zeugnis der Schrift widerlege. Da sie in ihrer Haltung unerschütterlich sind, werden sie am 26.9. öffentlich verbrannt.«

Geleitet werden die frühen Gemeinden von Pastoren, die ihre Ausbildung in Genf genossen haben. Von hier aus überträgt sich die Bezeichnung Hugenotten auf die Glaubensreform. Philibert Hamelin geht 1557 allein und furchtlos nach Saintes. Er trägt nur einen einfachen Stock in der Hand. Er wird in Allevert festgenommen und in ein Gefängnis geworfen.

An seine Stelle tritt ein Handwerker. Er schart Gleichgesinnte um sich und ermahnt sie an das mögliche Bibelwort: »Ihr sollt mein Gesetz verkünden wenn ihr geht, kommt, trinkt, eßt, wenn ihr euch niederlegt, wenn ihr aufsteht oder am Wege sitzt.« Es ist die Keimzelle der reformierten Gemeinde in Saintes. Der erste hier wirkende Pastor ist der Geistliche La Place: »Er ist so arm, daß sein Mittagsmahl oft nur aus Äpfeln und Wasser besteht.«

Machtwechsel

Im Gegensatz zu den Interessen des Franz I. besetzt Heinrich II. wichtige Staatsämter mit Personen, denen sein Vater das Vertrauen entzogen hat. Er ernennt Anne de Montmorency zum Connétable. Es ist eines der wichtigsten Ämter im Staat, denn deren Inhaber beherrscht die Armee. Montmorency ist in den 50er Jahren, viel erfahrener, reicher und rücksichtloser als der König selbst; er gilt als blinder Knecht der Kirche und der Monarchie. Seine bigotte Haltung führt zu dem geflügelten Wort: »Hüte dich vor des Connétables Rosenkranz«, denn während er betet, erteilt er Mordbefehle«, wenn wir den Ausführungen von Brantome folgen, der ihn gekannt hat.

An der Spitze der Partei, die die Ausrottung der Ketzerei auf ihr Panier geschrieben hat, steht das Haus Guise, ein Zweig der Familie Lothringen. Sie nennen sich nach dem in der Nähe von Quentin liegenden gleichnamigen Schloß. Franz I. hat eine gespaltene Meinung über sie, denn er sagt: »Das Rückgrat wird nicht krumm, wenn sie sich beugen ... und wenn sie gerade stehen, krümmt es sich.« Er warnt seinen Sohn, die Beziehung zu stabilisieren. Heinrich II. ignoriert dies und gerät zunehmend unter ihren Einfluß, vor allem unter den des Franz von Lothringen und des Kardinals Karl von Lothringen. Dieser ist 23 Jahre alt und hat in Reims eine Universität, ein theologisches Kollegium, ein Seminar und einen Klosterkonvent gegründet. Regelmäßig zieht er sich in ein Kloster zurück, um frommen Meditationen nachzugehen.

Der Gesandte Michieli sagt über ihn: »Der bedeutendste Mann des Geschlechts wäre ohne seine Fehler die größte politische Macht in diesem Königreich; niemand ist mit ihm zu vergleichen ... seine Geistesgaben sind bewundernswert, sein Gedächtis ist erstaunlich: er ist überaus gebildet, spricht Griechisch, Lateinisch und Italienisch ... vor allem in der Theologie ist er bewandert. Nach außen führt er ein untadeliges und seiner Würde angemessenes Leben, was man sonst von den Kardinälen und Prälaten nicht behaupten kann, denn ihr Lebenswandel ist geradezu empörend zuchtlos.

Sein Geiz ist schlimmer als der, durch den sich die französische Nation von Natur aus auszeichnet; schamlose Habgier ist es, die ihn, um zum Ziel zu kommen, selbst nicht vor verbrecherischen Mitteln zurückschrecken läßt ... man sagt, er sei rachsüchtig, neidisch und beleidigte ... überall sähe er Haß ... er war so gewalttätig, daß man im ganzen Königreich seinen Tod herbeiwünschte.«

Die Brüder Guise wenden sich gegen die Interessen des Montgomery. Während er Friedensinteressen fördert, aktivieren sie den Konflikt. Sie entziehen Heinrich II. nach und nach die Macht; letztendlich spekulieren sie mit einem Staatsstreich. Den Zielen des Hauses Guise stehen die der Bourbonen gegenüber. Der Herzog Anton von Bourbon, der König von Navarra, und Prinz Ludwig Condé sehen sich durch das Haus Guise bedrängt. Des Herzogs Frau, Johanna d'Albret, erklärt sich offen für die Protestanten.

Unabhängig von den staatspolitischen Rangeleien entfaltet sich der Protestantismus in Frankreich. Béza schreibt an Calvin: »Gott muß großes mit der Bewegung vorhaben ... es sind bereits Ströme, die dem Genfer Quell entflossen sind.« 1557 verwen-

Franz von Lothringen (1519-1563), Herzog von Guise, genannt »der Genarbte«, französischer Feldherr, militärischer Führer der Katholiken zum Beginn der Hugenottenkriege, ermordet von dem Protestanten Poltrot von Méré.

det sich eine schweizerische Gesandtschaft für die Glaubensgenossen und kurz darauf erneuern deutsche Fürsten diese Bitte; 1558 bekennt sich Anton von Navarra offen zur Reform. Er verkehrt mit den Predigern der Pariser Gemeinde, mit den Führern aus Genf und er sympatisiert mit den deutschen Fürsten.

Im Mai 1558 versammeln sich auf der vor Paris gelegenen Wiese Pré-aux-Clercs Reformierte. Heinrich II. greift nicht ein, denn ihn halten außenpolitische Sorgen ab; er eröffnet gleichzeitig den Krieg gegen England und Spanien. Die Kriegslasten und finanziellen Probleme sind erheblich. Gegenseitige Erschöpfung beendet 1559 die Feinseligkeiten und es kommt zum Friedenschluß von Chateau-Cambrésis.

Synode von Paris

Am Tag der Kriegsbeendigung verkündet Heinrich II., sich jetzt mehr religiösen Aufgaben zuzuwenden und dies eskaliert die Situation, denn 1559 wird zeitgleich in Paris eine Synode einberufen. Hier finden sich die Vertreter von 72 Kirchen ein, um über einen Entwurf Calvins zu debattieren. Obwohl selbst einst katholisch gesinnt, verdammt er die katholische Tradition und stellt die Gnadenwahl nach dem ewigen Ratsschluß als Dogma auf. In der Auffassung des Abendmahls rückt er von der lutherischen Auffassung ab. Nach Calvins Ansicht wird Leib und Seele Christi zwar wahrhaft mitgeteilt, doch nur auf spirituelle Weise; während der Mund das Brot empfängt, empfängt die Seele den Heiland. »Quod cum panee et vino vere exhibeantur corpus et sanguinis Christi vescentibus in coena domini.« Das ist die Formel, die Melanchthon gegen Luther aufstellt und die Calvin als mit der seinen übereinstimmend billigt; die Formel, die der Augsburger Konfession von 1541 zugrundegelegt ist.

Auf der Pariser Synode wird eine Verfassung gebilligt; die Kirchen sollen gleichgestellt und die Priester durch eine Wahl bestimmt werden. Im konservativ eingestimmten Parlament führt dies zu heftigen Debatten und man rangelt um drei Alternativen:

- Scheiterhaufen und Galgen für Glaubensabtrünnige.
- Abwarten, um ihnen Zeit zu geben, reuig in den Schoß der Mutterkirche zurückzukehren.
- Die Entscheidung eines Konzils abzuwarten.

Die Protestanten erkennen den Ernst der Stunde und flehen den König um Duldung an. Sie überzeichnen, klagen die Korruption der katholischen Kirche an und sagen, daß die Laster und Verbrechen der katholischen Priester ungesühnt bleiben, während man die Protestanten zu Tode hetzt. Der den Hugenotten feindlich gesinnte König spricht ein Machtwort.

Er hetzt die Parlamente und Gerichtshöfe zum Einschreiten auf und so formiert sich ein Flächenbrand unter dem katholischen Mob. Razzien, Plünderungen, Brandschatzungen und Glaubensmorde folgen auf dem Fuß; lähmendes Entsetzen trifft die Herzen der Protestanten.

Es zeichnet sich der Gegenschlag der Regierung ab. Vorab erschüttert ein anderes Ereignis die Bürger. Im Zusammenhang mit dem Friedensschluß von Cateau-Cambrésis findet ein Turnier statt. Brantome befindet sich unter den Zuschauern. Heinrich II. beteiligt sich daran und findet den Tod. Er unterliegt im Kampf gegen den Grafen von Montgomery, den er gewaltsam herausgefordert hat. Heinrich II. gilt als einer der besten und geschicktesten Reiter seines Reiches. Die Lanze seines Gegners bricht sich an seinem Visier, einige Splitter dringen in seine Stirn. Er stürzt vom Pferd, wird von einem Knappen aufgefangen und bewußtlos weggetragen. Man scheut keine Mühe, um ihm zu helfen. Die Chirurgen stehen vor einem Problem. Sie sezieren vier Köpfe von Verbrechern, die man im Eilverfahren hingerichtet hat. Die ungewöhnliche Operationspraxis ist vergebens, denn der König überlebt sie nicht: »er verschied nach einigen Tagen als guter Christ und Katholik, der er immer gewesen war.«

Die Protestanten nehmen das Ereignis mit Ergriffenheit auf; das Gericht Gottes hat gesprochen. Die Totenwache wird vom Connétable Montmorency und dessen Neffen, dem Admiral Gaspard von Coligny, übernommen.

Katharina von Medici und ihre Gegenspieler

Heinrich II. führt eine problematische Ehe. Er wird als 14jähriger mit der ebenso alten Katharina von Medici vermählt; schon als Mädchen ist sie nicht schön. Ihre Wangen sind zu voll geraten, ihre Lippen schwulstig und ihr Kinn zu kurz. Als 17jähriger verliebt sich Heinrich II. in Diana von Poitiers, die Herzogin von Valentinois, die den Titel Madame la Sénéchale führt

und etwa doppelt so alt ist als er. Sie kommt als junge Witwe an den königlichen Hof. Heinrich II. bleibt ihr bis zu seinem Tod verfallen.

»Sie war in allen Hof- und Liebeskünsten erfahren, listig und lüstern ... sobald sie sich ihrer Macht sicher war, überschreitet ihre zügellose Habgier alle Grenzen ... mit dem Ansteigen ihres Einflusses verblaßt der der Königin.« Sie glaubt, daß die Maitresse ein geheimes Mittel verfügt, um das Verlangen *ihres* Mannes zu erhalten.

Nach dem Tod ihres Sohnes steht die Regentin Katharina von Medici an der Spitze des Staates; eine Ausländerin, die bislang kaum in Erscheinung getreten ist. Rasch bilden sich Machtkämpfe und Sticheleien. In einem Brief an den Dogen entwirft der venezianische Gesandte Michieli ein Bild von ihr: »Als sie sah, daß ihrem Mann nicht mehr zu helfen war, riß sie sogleich die Staatsgeschäfte an sich ... sie handelte nicht wie eine Frau, sondern wie ein in Staatsgeschäften beschlagener Mann ... sie ist schwer zu durchschauen und beherrscht die Kunst der Verstellung ... sie ist den Annehmlichkeiten des Lebens zugetan ... trotz aller Leibesübungen ist ihre Gesichtsfarbe immer blaß oder olivgrün und ihre Körperfülle mächtig ... sie ist 43 Jahre alt, von ungemein lebhafter Intelligenz und leutselig ... sie weiß, daß man sie als Ausländerin argwöhnisch betrachtet ... ihre Meinung gibt den Ausschlag ... man kann sie schwer durchschauen.«

Der König hinterläßt unmündige Kinder. Der Dauphin ist schwach an Körper und Geist. Der venezianische Gesandte ruft aus: »Ein trauriges Reich, in dem Kinder den Thron besteigen.« Franz II. leidet an einer chronischen Mittelohrentzündung und hat eine merkwürdige Gestalt; er ist schweigsam und melancholisch. Wohl wartet Katharina von Medici auf das Ableben ihres Kindes, um seinen Bruder zum Regenten zu erheben. »Sie war eine reife Frau geworden, fleischlich und gefräßig, aber nicht ohne Witz, und zehnmal schlauer als all das, was um sie girrte und so tat, als ob es regieren könne ... nur sie konnte es, sie

Heinrich III. (1551-1580), von 1575-1589 König von Frankreich. Er kämpft zunächst gegen die Hugenotten, wendet sich dann gegen die Liga und verbindet sich Heinrich von Navarra, dem späteren Heinrich IV.

Heinrich von Lothringen (1550-1588), Herzog von Guise, Sohn des Franz von Guise. Er ist der Führer der Katholiken und Gründer der Liga. Auf Befehl Heinrichs III. wird er ermordet.

allein.« Sie setzt sich an die Spitze der Armee und stellt den erfahrenen Montmorency kalt.

Die Guise reißen die Regierungspolitik immer deutlicher an sich und bald machen sich ihre Einflüsse bemerkbar. Von den beabsichtigten Milderungen im Strafverfahren gegen Andersdenkende rückt man ab. Die Sorbonne verwirft alle diesbezüglichen Vorschläge als ketzerisch. Religiöse Zusammenkünfte werden unter Androhung der Todestrafe verboten; wer den Verfolgten Zuflucht gewährt, wird vor ein Gericht geschleppt. Noch immer gilt: Wer die Kirche hat, der hat das Reich.

Es entspinnen sich zahllose Intrigen. Katharina entledigt sich (verständlicherweise) der ihr verhaßten Nebenbuhlerin. Sie schickt Diana von Poitiers in die Verbannung und entreißt ihr die Herrschaft Chenanceaux. Der schwächliche, damals 15jährige König Franz II. zieht mit seiner Frau Maria Stuart nach Blois, weil er sich hier vor Anschlägen sicherer weiß.

Galgen von Amboise

Das Geschlecht der Bourbonen ist abgeschlagen und es versteht sich, daß sie die Partei der Reformierten wird. Das bedeutet, daß der Kampf um die Religion in den Rang eines Politikums erhoben wird. Am 22.2. 1560 ziehen König Franz II., seine Mutter, die Guise, und der Hof in das Schloß von Amboise, das über eine starke Befestigung verfügt. Die Bourbonen erkennen die Übermacht der Guise und sinnen auf einen

Schachzug: so reift der Gedanke eines Staatsstreiches. Calvin, der König von Navarra und Admiral Coligny stellen sich gegen diese Absicht und doch kommt es zu einer Verschwörung, deren Ziel es ist, die Macht der Guise zu beschneiden, Reichsstände einzuberufen und unterschiedliche Konfessionen zu dulden.

Als Herz des Aufstandes gilt Gottfried de Renaudie, ein Adeliger aus der Provinz Périgord, der Typ des mutigen Abenteuers. Er hat die Vorstellung, zur gleichen Zeit an verschiedenen Stützpunkten mit Operationen einsetzen. Man kommt in Nantes zusammen, um sich über das Vorgehen zu einigen. Schon eilen Verschworene auf verschiedenen Wegen nach Blois und schon wird ihr Agieren registriert. Der kindhafte König bricht in Tränen aus und ist ratlos.

Der spanische Gesandte Chantonay schreibt an Philipp II.: »Am 16.3.1560, nach dem Nachtmahl erfuhr man hier am Hof, daß ringsherum in den Dörfern und den umliegenden Wäldern Truppen versammelt stehen; Berittene und Fußvolk … ihre Zahl wuchs von Stunde zu Stunde … man schickte Trupps aus, um sie einzufangen … am Sonntagmorgen hat man damit begonnen, sie an den Zinnen des Schlosses aufzuknüpfen … von den fünfzig Hauptleuten hat man schon achtzehn gefaßt.«

Als die Guise bessere Informationen über den bevorstehenden Angriff haben, holen sie zum Gegenschlag aus. Dem König wird klargemacht, daß in dieser Stunde nur Härte die Lage meistern kann. Er macht einen entscheidenden Fehler und überträgt Franz von Guise die Generalstatthalterschaft, um das Übel abzuwenden, was zu einem Nervenzusammenbruch seiner Mutter führt. Doch es ist zu spät und Franz von Guise handelt.

Er läßt das Schloßtor vermauern und in das Haupttor eine Kompanie Freischützen legen. Als Renaudie vor dem Schloßtor ankommt, wird er abgewiesen. Sein Kompagnon Mazére gerät in einen Hinterhalt. Der Baron von Castelneau wird, obwohl er sein Wort und Seelenheil verpfändet, nach Amboise gebracht, in ein Gefängnis geworfen und gefoltert.

Im günstigen Moment führt Renaudie einen Angriff aus. Er wird bei dieser Gelegenheit erschossen und dies bedeutet das Ende der Verschwörung. Mit unmenschlichen Strafen werden die Verräter aus dem Leben geschafft. Auf dem Platz vor dem königlichen Schloß wird eine Tribüne errichtet. Der Tag der Exekution beginnt mit einer Andacht und dann findet das öffentliche Massaker statt. Bald fegt das Strafgericht über das ganze Land und mit der Religion hat es schon längst nichts mehr zu tun.

Notablenversammlung

Das sinnlose Abschlachten führt zu einer Stärkung der religiösen Bewegung. Obrigkeit und Klerus stehen ihr ohnmächtig gegenüber, denn es sind zu viele. Adelige, Handwerker, selbst Katholiken, Apotheker, Wirte, Landwirte, Studenten und Arbeiter stellen sich gegen das vom Gottkönigtum ausgepreßte und wirtschaftlich ausgeblutete Land. Es ist ein idealer Nährboden für soziale und religiöse Konflikte; hier gibt es keinen Sieger. Das Hugenottentum geht wie der Teig eines Kuchens auf; die alten Gewalten sind abgewirtschaftet, »die internationale Macht der päpstlichen Hierarchie hat einen tiefen Riß bekommen, die Macht des Königs scheint gebrochen … das Reich fällt in eine geistige und wirtschaftliche Ohnmacht und die Situation scheint aussichtslos.«

Franz II., belogen, betrogen, unwissend und hintergangen, ruft eine Versammlung seiner Räte nach Fontainbleau ein. Am 16.8.1561 zieht der Connétable mit einem Gefolge von 800 Pferden ein. Der König eröffnet die Sitzung mit der kläglichen Bitte um Rat. Coligny überreicht ihm zwei protestantische Bittschriften. Sie erbitten vom König einen eigenen Tempel oder um passende Stätten in jedem Flecken, um ihrem Glauben zu leben.

Coligny stützt dieses Verlangen und sagt, es sei die königliche Pflicht, die wahre Gottesverehrung herzustellen und die Untertanen gegen Mißbräuche zu schützen.

Nun geschieht ein Wunder: der König erwägt, sich das überlegen zu wollen. Hat er nicht bei seiner Inthronisation den Eid auf die katholische Kirche geleistet? Der Bischof von Valence klagt über die Korruption der Justiz und fordert ein Konzil, daß die Waffen der Gewalt die des Geistes ersetzen sollen.

Der traditionelle Klerus bäumt sich auf. Der Erzbischof von Vienne, Charles de Marilac, erhebt seine Stimme, um seine Vorredner an Leidenschaft und Kraft zu übertreffen. Er trifft den neuralgischen Punkt des Staates: »Morsche Zustände, morsche Menschen, morsche Institutionen … endlich soll man die Ständeversammlung (auch in Frankreich) wieder zu Wort kommen lassen (denn das Gottkönigtum allein hat versagt).« Coligny tritt ihm an die Seite; er fordert den Abbruch jeder Verfolgung, kirchliche Reformen und ein Konzil.

Der venezianische Gesandte Michieli schreibt in diesem Zusammenhang an seinen Dogen: »Wenn Gott nicht hilft, daß ihnen ein Interim gewährt wird, denn so wollen sie es und fordern es in aller Öffentlichkeit … die der verstorbene König Ende August in Fontainbleau einberufen hatte. Die Forderung des Admirals Coligny wurde, wie ich erfahren habe, bei der Ständeversammlung erneut erhoben. Entweder wird nun ihrem Wunsche entsprochen oder aber man hält fest am Gehorsam gegen den Papst und am katholischen Ritus, muß dann jedoch zu Gewaltmaßnahmen greifen, rücksichtslos das Blut der Adeligen vergießen, das Königreich in zwei Teile spalten, einen Bürgerkrieg entfachen, der beides, Land und Glauben, zerstören wird … religiöse Umwälzungen führen immer einen Umschwung in der Politik herbei.«

Die Hinrichtung der Verschwörer von Amboise im März 1560 am Galgen La Renaudie.

Coligny handelt nicht grundlos. Für seine Frau ist der Katholizismus nicht mehr als Götzendienst und Aberglauben, sagt sie doch zu ihm: »Wirf ihn ab, mach dich frei davon.« In Valleville wohnt der Admiral einer geheimen Predigt bei und nimmt das Abendmahl, hört die calvinistische Doktrin, die längst die Katholiken und Luther mitsamt Melanchthon hinter sich gelassen hat. Coligny kniet nieder, dankt für seine Bekehrung und wird von der Gemeinde aufgenommen.

Wider Erwarten trägt die gegen die katholischen Guise gerichtete Opposition einen Sieg davon. Die protestantische Lehre findet immer mehr Anhänger: »Viele, die früher kein Wort zu sagen wagten, geben sich furchtlos zu erkennen und erörtern offen religiöse Fragen ... die Protestanten kommen in den Häusern zusammen, wo man tauft, das Abendmahl empfängt, Trauungen vornimmt und Gebete nach dem Genfer Vorbild spricht ... bald werden die Privatversammlungen so gut besucht, daß sie nicht mehr alle zu fassen vermochten ... es gibt aber noch immer wenige Pastoren, die sich als solche zu erkennen geben ... sobald ein Gelehrter ankam, eilten die Protestanten herbei und liefen ihm nach wie einem Propheten.«

Ein königliches Edikt wird veröffentlicht, das auf dem 12.12. die Reichsstände und auf den 20.1. den gallikanischen Klerus einberuft. Der Kardinal von Guise klagt dem Nuntius, daß er *vorübergehend* das Spiel verloren hat, denn man habe ihm die Bewilligung der beiden Versammlungen abgerungen.

Ständeversammlung

Als La Sague, ein Vertrauter des unschlüssigen Königs von Navarra, von der Notablensitzung nach Béarn zurückreist, wird er in Estampes gefangen. Er wird nach Orléans gebracht, denn man vermutet, daß er wichtige Aufträge und Informationen bei sich führt. Unter Androhung der Folter sagt er, »es ist die Absicht des Prinzen von Condé, an der Spitze der Oppositionellen

Ermordung des Herzogs Franz von Guise durch Poltrot de Méré.

nach Orléans zu marschieren, um die Guise zu stürzen ... man will sich Paris und anderer Städte bemächtigen ... wenn die ihm abgenommenen Briefe des Stiftshauptmannes von Chartres durch das Wasser gezogen würden, könnte man alles, was er aussagt, in einer zutage tretenden Geheimschrift lesen.«

Unterdessen breiten sich die Hugenotten aus. Im Anjou finden sich mehr als 1000 zum gemeinsamen Abendmahl ein. Die Ständeversammlung ist nach Orléans einberufen. Die bourbonischen Prinzen Condé entscheiden sich zur Teilnahme. Sie werden eisig empfangen und kurz danach kommt es zu einer bitteren Aussprache mit dem kränklich-schwachen König. Er erteilt den Befehl, den Prinzen gefangenzunehmen.

Die Versammlung wird mit einer feierlichen Prozession eröffnet und der Großkanzler hält in der Gegenwart des Königs eine Rede. Er verliest das geschickt eingebrachte Verbot des Kardinals, Religionsfragen zur Diskussion zu bringen. Danach tritt man in die Verhandlungen ein.

Dann geht man massiv gegen den Prinzen von Condé vor. Er wird der Rebellion für schuldig erklärt und soll vor dem königlichen Schloß enthauptet werden. Der junge König fällt ob dieser Schrecken in Ohnmacht und es scheint, als würde seine Krankheit endgültig durchbrechen.

Man bedrängt die Königinmutter, vor dem Tod ihres Sohnes das Urteil an Condé vollstrecken zu lassen. Kurz danach, inzwischen hat er seine Stimme verloren, stirbt er am 5.12. An seinem Totenbett stehen sich zwei unversöhnliche Parteien gegenüber. Karl IX., der Bruder des Toten, ist gerade elf Jahre alt. Wer wird die Regentschaft übernehmen? Am Totenbett steht auch Coligny.

Parallel dazu bemüht sich Katharina von Medici, außerhalb des Ökumenischen Konzils von Trient ein nationales einzuberufen. Der Papst versagt die Erlaubnis und alternativ einigt man sich darauf, im September das

Religionsgespräch von Poissy

abzuhalten, bei dem die feindlichen Parteien in offener Diskussion dem König gegenübertreten. Der Hintergedanke ist, die Unruhen zu beschwichtigen, die durch religiöse Meinungsverschiedenheiten entstanden sind ... man will die Verirrten auf den rechten Weg zurückführen.

Das Gespräch findet im großen Refektorium des Nonnenklosters statt. Den Vorsitz führen der Herzog von Orléans, sein Bruder, und der König von Navarra, seine Mutter, die Königin von Navarra. Umschwärmt werden sie von Prinzen, Scheinprinzen und Mitgliedern des Hochadels. An den Längsseiten des Saales sitzen Kardinäle (Tournon, Lothringen, Bourbon, Armagnac und Guise). Etwas abgesetzt, 36 Bischöfe und Erzbischöfe, Vertreter der Kirche, Doktoren der Sorbonne und die weiterer Universitäten.

Der König leitet die Versammlung ein: »Meine Herren ... ich habe Sie hierher gerufen, um Ihren Rat zu hören in einer Sache, die Ihnen mein Kanzler nachher darlegen wird. Ich bitte Sie, nicht Ihre Leidenschaft sprechen zu lassen, damit wir zu einem Resultat kommen, das meinen Untertanen Frieden, Gott die Ehre, unserem Gewissen Entlastung und öffentliche Ruhe bringen möge ... Sie sollen den Ort nicht eher verlassen, bis Sie diese Angelegenheit in Ordnung gebracht haben.«

Dann werden die zwölf protestantischen Pastoren und 22 Abgeordneten der Kirchengemeinden in den Provinzen, die zu ihrer Unterstützung gekommen sind, hereingeführt und vorgestellt. Vor der Schranke bleiben sie mit entblößtem Haupt stehen. Seitens der Hugenotten erscheinen Théodore Béze , Peter Martyr, Franz von St. Paul, Johann Raymund und viele andere Prediger aus Genf und Deutschland. Dann ergreift Béze das Wort:

»Sire ... da der Ausgang eines jeden Unternehmens abhängig ist vom Beistand und von der Gnade Gottes, besonders wenn es um Fragen des Gottesdienstes geht ... so hoffen wir, daß Eure Majestät es weder als schlecht noch als befremdlich empfinden werden, wenn wir erst seinen Namen anrufen und mit folgenden Worten zu ihm flehen: Gott unser Herr, ewiger und allmächtiger Vater, wir bekennen und erkennen vor Deiner Heiligen Majestät, daß wir arme und elende Sünder sind, empfangen und geboren in Sünde und Verderbnis, geneigt das Böse zu tun und das Gute zu meiden, und daß wir, verstrickt in unsere Laster, unaufhörlich Deine Heiligen Gebote übertreten; dadurch ziehen wir durch Dein gerechtes Gericht Vernichtung und Untergang auf uns herab.« Nach diesem Präludium erläutert er die calvinistische Lehre.

Er beschuldigt die Sorbonne wegen der von ihr ausgehenden Vorwürfe und verteidigt sich gegen das, was ihnen die Katholiken vorwerfen. Man hört ihm aufmerksam zu und dann spricht er von der Gegenwart Christi im Abendmahl, behauptet, daß sein Leib, obwohl er wirklich dargereicht wird und wir seiner teilhaftig werden, dennoch vom Brot soweit entfernt sei wie das himmlische Gewölbe von der Erde. Dieser spekulative Gedankengang schlägt wie eine Bombe im katholischen Lager ein. Sie beginnen zu murren und zu flüstern und schon sagt einer, er hätte Gott gelästert, andere erheben sich, um den Saal zu verlassen, denn Schlimmeres können sie in der Anwesenheit des Königs nicht tun.

Als sich die Turbulenzen legen, überreicht Béze dem König das Glaubensbekenntnis der reformierten Kirchen. Er

Das Religionsgespräch von Poissy.

nimmt es huldvoll aus der Hand es Garde-hauptmannes entgegen und reicht es an die kirchlichen Würdenträger weiter.

Jetzt erhebt sich der Kardinal von Lothringen zur Gegenrede, ein Experte auf dem Feld antiker und zeitgemäßer Theologie, ein brillanter Diplomat. Er spricht über die Autorität der Kirche und die Lehre von der Transsubstantion. Er bittet den König, »nichts von dem zu glauben, was gerade vorgetragen worden ist ... ich mag der Religion meiner Vorfahren die Treue halten ... und darum bitte ich die glorreiche Jungfrau Maria und die Heiligen ... ich soll auf dem rechten Weg bleiben, anstatt in eine Irrlehre abzuweichen.« Als er endet, umringen ihn die geistlichen Vasallen und rufen dem König zu: »Sire, das ist der wahre Glaube, die reine Lehre der Kirche, wir sind bereit, es zu unterschreiben ... gar mit unserem Blut zu besiegeln.«

Ein zentraler Punkt des Streites ist der um die richtige Auffassung vom Abendmahl. Der Tag endet tumultarisch und die Sitzung wird unterbrochen.

Im Hintergrund der Versammlung reden die Deputierten und verlangen eine Umbildung der Kirche und der Bürokratie. Man will die verrotteten Staatsfinanzen durch eine Säkularisation des kirchlichen Besitzes erreichen: was den erbitterten Widerstand der Katholiken provoziert, die ihn unrechtmäßig erworben haben.

Das Religionsgespräch schließt ohne Resultat und jeder Kontrahent fühlt sich als Sieger. Der Kardinal und Béze können sich nicht verständigen. Am 18.10.1561 wird das Gespräch ohne Beschlußfassung beendet. Die Katholiken rühmen sich, es den Pastoren ordentlich gegeben zu haben und die anderen sehen es genauso. Außer dem Schlagabtausch ist nichts geschehen.

Im Januar 1562 wird ein Edikt verkündet, das den Protestanten das Recht auf Predigten, Gebete und die Ausübung ihrer Religion zugesteht. Es erregt den Zorn der Guise und dann schwört der Herzog, es mit seinem Degen zu durchbohren. Er weiß, daß dies politische Folgen hat; eine empfindliche Schwächung des Feudalsystems zugunsten der Büger – er spürt das Gift der auf ihn zukommenden religiösen Veränderungen.

Die Hugenotten weiten sich aus und sind genauso glaubensrünstig wie ihre römisch-katholischen Kollegen. Im September 1561 schreibt der Herzog von Joyeuse, der Statthalter des Königs im Languedoc, an den Connétabel Montmorency: »In den letzten Tagen haben sich unsere Herren Aufrührer allenthalben ans Werk gemacht und sich der größten Kirchen in den Städten bemächtigt ... diesen Spaß werde ich ihnen verderben, hoffe ich, doch glauben Sie mir, gnädiger Herr, das Lumpenpack ist so außer Rand und Band, daß man stündlich auf einen Kampf gefaßt sein muß. In Montpellier haben sie die Kirche Notre-Dame, die mitten in der Stadt liegt, an sich gerissen ... In der Gegend von Toulouse behaupten sie das Feld und laufen Sturm gegen die Städte und haben schon Lavour, Reaulmont, Rabastens, Revel, Castres und etliche andere eingenommen.«

Auch in Paris kommt es zu Konflikten. Als der Pfarrer von St. Médard am 27.12. 1561 die Glocken läuten läßt, hindert dies den Worten eines gleichzeitigen hugenottischen Predigers zu lauschen. Aufgrund dieser Lächerlichkeit entspinnt sich ein tobsuchtsartiger Glaubenskampf. Der Hugenotte Paquot wird getötet und der Pfarrer ruft aus: »Stürzt euch auf sie, schlagt zu, bringt sie um, hinter uns stehen die Mächtigen.« Einige von ihnen werden geschnappt und dem Stadtvogt Rougeoirolle und seinem Vertreter überantwortet, die sie im kleinen Chatelet hinter Schloß und Riegel setzen.

Ende Oktober 1561 geht Guise auf seine Güter zurück. Die Königin gibt ihren Plan nicht auf, die Religionsparteien zu versöhnen. Sie behält Béze und Coligny am Hof. Am 17.1.1562 erläßt sie das Edikt von Saint-Germain, das den Reformierten das Recht gibt, außerhalb der Städte öffentlich ihren Gottesdienst abzuhalten und innerhalb der Städte in Privathäusern.

Inzwischen ist die hugenottische Lehre in einem Großteil Frankreichs verbreitet. »Überall haben die Ketzer ihre Zusammenkünfte, die sie Versammlungen nennen, in denen sie nach dem Genfer Vorbild lesen, predigen und leben, ohne sich um die Pfarrer des Königs oder seiner geistlichen Orden zu kümmern ... nur wenige sind nicht von dieser Pest befallen ... als man erkannte, daß Gefängnisstrafen, Züchtigungen und der Feuertod die Sache nur noch schlimmer machten, erging die Anordnung, nur noch jene zu bestrafen, die Predigten halten, das Volk verführen und öffentliche Versammlungen abhalten. Die Kerker in Paris und in den anderen Städten des Königreiches sind geräumt worden ... viele Entlassene sind im Königreich geblieben und halten nun öffentliche Predigten, führen dreiste Reden und rühmen sich, die Papisten, so bezeichnen sie ihre Feinde, besiegt zu haben: es herrscht ein stillschweigend geduldetes Interim.

Blutbad von Vassy

Der bedeutendste Führer der Katholiken, der Herzog Franz von Guise, führt vom 15.-18.2.1562 in Saverne theologische und politische Gespräche mit dem Herzog von Württemberg. Am 1.3. tritt er die Rückreise nach Hause an, geht nach Joinville, wird aber vom Connétable nach Paris gerufen. Daraufhin macht er sich in Begleitung von zwei Lanzenkompanien, mit seinem Bruder, dem Kardinal, und Edelleuten auf den Weg. Sie gelangen nach Vassy, wo sich Hugenotten zum Gottesdienst zusammengefunden haben. Der Zug bewegt sich zum Haus ihrer Versammlung.

Obwohl der Herzog von Guise seine Reiter zur Ruhe gegen die Protestanten mahnen will, werden sie von ihnen mit Steinen beworfen und zurückgedrängt. Er wird dreimal von Pistolen, Armbrüsten oder Hellebarden getroffen. »Sie (die Hugenotten) taten, was in ihren Kräften stand, um mich und die Meinen übel zuzurichten. Obwohl ich meinen Leuten verboten hatte, Gewalt anzuwenden.« Trotzdem ist ein Blutbad die Folge. Es wird in der hugenottischen Literatur unterschiedlich bewertet.

Das Blutbad von Vassy am 1.3.1562.

Ein Hugenotte berichtet: »Der Herzog und seine Leute, die in der Überzahl waren, legten Arkebusen und Pistolen an und schossen durch die offene Tür auf die nächst Stehenden, die getötet oder verwundet wurden ... der Herzog und andere drangen in die Scheune, schossen wild in die Volksmenge und töteten oder verwundeten eine große Anzahl ... dann jagten sie die armen Männer, Frauen und Kleinkinder mit derben Schwert- und Säbelhieben hinaus ... so daß ein Teil von ihnen tot zusammenbrach. Das schreckliche und grauenhafte Spiel dauerte anderthalb Stunden, ehe es zu Ende war ... danach wurden zum Zeichen des Triumphes die Trompeten geblasen. Der Herzog von Guise nahm den schwerverwundeten Pfarrer gefangen, legte ihn in Ketten und führte ihn fort. Da er wegen seiner Wunden nicht gehen konnte, haben sie ihn auf einer Leiter getragen ... am drauffolgenden Dienstag waren 45 Personen gestorben und begraben, und es blieben nach 80 oder 100 Verwundete, von denen manche in Lebensgefahr schweben.«

Fanatisierte Katholiken hauen auf die ihnen verhaßten Protestanten ein, obwohl sie ihnen nichts getan haben. Sechzig ehemals friedliche Bürger finden den Glaubenstod. Der Herzog von Guise läßt den Bürgermeister zu sich rufen, um ihn anzuherrschen, wie er dazu komme, Ketzern den Gottesdienst zu gestatten? Er beruft sich auf das geltende Edikt. Das Blutbad von Vassy ist in gewisser Weise ein Signal. In Cahord wird das hugenottische Bethaus umzingelt und angezündet. In Toulouse beginnt man 4000 Andersdenkende abzuschlachten.

Nach dieser Tat reitet der Herzog von Guise am 16.3. in Paris ein. Er wird jubelnd von Katholiken und gleich einem Herrscher empfangen – Frauen streuen Blumen auf den Weg. Der Konflikt liegt in der Luft, man riecht den Braten und der Prinz von Condé versammelt die Getreuen. Man will die Toten von Vassy und Toulouse rächen.

Giovanni Correro, ein venezianischer Diplomat gibt folgende Erklärung: »Unter der Bezeichnung Hugenotten versteht man drei Klassen von Personen: die Mächtigen, die Bürger und die Leute aus dem Volk. Die Mächtigen sind der Sekte beigetreten, weil sie ihre Feinde vernichten möchten; die Bürger aus Sehnsucht nach der süßen Freiheit und der Hoffnung, Reichtümer zu erwerben; die Leute aus dem Volk aufgrund falscher Vorstellungen. Bei den ersten war es der Ehrgeiz, bei den zweiten Habsucht und bei den dritten Unwissenheit, denen die Religion nichts als eine Kupplerin bedeutet ... das niedrige Volk erhofft von der neuen Religion die ewige Seligkeit ... die reformierten Geistlichen üben ihr Amt mit einem geradezu unbegreiflichen Geschick und Eifer aus. Wenn unsere Priester sich nur halb so viel Mühe gäben, herrschte nicht ein solches Durcheinander in der Christenheit.«

Der Kardinal von Guise läßt seine Macht in Paris spüren und greift scharf gegen Andersgläubige durch. In einem Winkelzug entführen die Guise das königliche Kind und der Prinz von Condé weiß, daß es die Aufhebung des Ediktes bedeutet, und dies den Krieg. Der Bürgerkrieg bricht am 19.3.1563 aus.

Castres wird protestantisch

Im April 1562 versuchen Hugenotten, Castres unter ihre Gewalt zu bekommen. Sie dringen durch die Tore der Stadt, marschieren zum bischöflichen Palais, bemächtigen sich der Klöster und verhaften die hier lebenden Katholiken. In einem Aufruf wird ihnen verboten, ihre Häuser zu verlassen und Zusammenstöße anzuzetteln. Dann zelebrieren die Reformierten einen Gottesdienst in der Kirche Notre-Dame. An Mariä Lichtmeß zünden sie vor der Gemeindewaage ein Feuer an, um die Spielkarten und Lustbarkeiten zu verbrennen. Ostern feiern sie ein Abendmahl. Dann beginnen sie eine Kirchenordnung aufzustellen und halten in katholischen Kirchen Predigten »Die Reformation in jener Zeit ist etwas Wunderbares, und ein jeder trägt fleißig zur Ehre und zum Ruhm Gottes bei ... keiner lästert und flucht, und wenn sich einer vergißt, stellt man ihn zur Rede.«

Nachdem sie die Kirchenordnung nach dem Genfer Vorbild organisiert haben, besetzen sie militärische und politische Ämter. Man bestimmt Wachen und bildet einen Rat; man erstellt von dem silbernen Reliquienschrein in Saint-Vincent ein Verzeichnis. Um ihn rankt sich die Sage, daß, wer ihn öffne, auf der Stelle blind werde. Man öffnet ihn und findet einen Fetzen violetten Tafts sowie Lamm- und Ziegenknochen. »Man hat nie erfahren, wann und von wem die Reliquien gestohlen wurden und was aus ihnen geworden ist.«

In Annonay wüten die Reformierten schlimmer; hier werden als heilig angesehene Statuen zerschmettert und Kirchen im Zeichen des Calvinismus zerstört. Man geht bewaffnet zu den Predigten, Pfarrkirchen werden geplündert. Im Kloster der heiligen Klara schlagen sie das Chorgestühl zusammen.

In anderen Städten beherrschen die Katholiken das Feld. In Toulouse und Basacle schlägt man sich ob des rechten Glaubens auf beiden Seiten die Köpfe ein. In St. Servin erobern die Ketzer das Jacobiner- und Franziskanerkloster und das Kloster von Tryn. Im Jacobinerkloster brennen sie das Krankenhaus ab und zerschlagen teilweise die Weinfässer. Ein Jacobiner bringt sechs neue Christen um. Am Sonntagmorgen ergibt sich ein fürchterliches Gemetzel. Selbst Städte bekriegen sich gegenseitig, wie beispielsweise Villefranche und Montpazier.

Vergeblich suchen beide Parteien nach einer Verständigung. Es kommt in Toury in der Provinz Beqauce zu einer Begegnung zwischen der Königin und dem hugenottischen Führer. Er sammelt in Orléans 3000 Edelleute um sich. Die Auswirkungen strahlen bis nach Deutschland. Der alte Landgraf Philipp von Hessen gibt dem Marschall Rollshausen den Auftrag, *mit ein paar tausend* Reitern nach Frankreich aufzubrechen, »denn es gilt, den König und die Königinmutter aus den Händen der katholischen Partei zu befreien.« Da das Edikt zurückgenommen wird, verkündet es der Prinz anderweitig. Das Land ist gespalten und

Der Religionkrieg beginnt

Es ist ein Klassenkampf zwischen Autorität, Feudalismus und dem aufbegehrenden Bürgertum, das selbst entscheiden will, was es glaubt. Ein unerhörter Vorgang in Hirn eines Katholiken. Die zerbrechende Monarchie, der hohe Adel und Klerus, die Trinität der Machthungrigen steht mit dem Rücken an der Wand.

Die Königinmutter entscheidet sich begreiflicherweise für den Katholizismus und im königlichen Auftrag verliest der Großkanzler eine fanatische Anklage gegen die Hugenotten, »ihre Parteiführer werden zu Rebellen deklariert ... schon wird dem Volk erlaubt, sie niederzumachen und sich ihres Besitzes anzuzeigen, wo immer man ihnen begegnet.«

Die Hugenotten verstehen nichts von Kriegsführung und so steht die Entscheidung fest. Das königliche Heer bemächtigt sich am 26.10.1562 des gut befestigten Rouen und hier entspinnt sich ein entsetzliches Blutbad; einen Tag vorher trifft der König von Navarra ein und als er in einen der ausgehobenen Laufgraben pinkelt, trifft ihn ein Büchsenschuß in die linke Schulter. »Er empfängt den Leib des Herrn, beichtet in aller Stille und läßt sich die Geschichte von Hiob vorlesen ... dann verschied er.« Die Stadt wird geplündert und angezündet. Viele werden gevierteilt.

Schlacht von Dreux

Die königliche – katholische – Armee erhält Unterstützung von den Spaniern. Der kastilische Hauptmann Juan de Ayala schreibt an Don Francisco de Cisneros: »Wir zogen am 25.9. in Frankreich ein und marschierten die 150 Meilen bis Paris. Als wir 20 Meilen vor der Stadt entfernt waren, erfuhren wir, daß sie der Prinz von Condé belagerte und sämtliche königliche Truppen eingeschlossen waren: 6000 Schweizer, 4000 Deutsche, 2000 Franzosen und 1500 Reiter ... wir erreichten am 17.12. um vier Uhr nachts Paris. Am nächsten Tag schlugen wir unser Lager in Sichtweite der Feinde auf ... noch in der selben Nacht gab er die Belagerung auf ... wir folgten dem Feind auf dem Fuße.«

Am 19.12. stehen sich die beiden Parteien in Dreux gegenüber. Die Schlacht wird von den königlichen Truppen gewonnen, die mehr Soldaten und bessere Waffen haben. Juan de Ayala schildert den Verlauf und weiß: »In Religionsfragen herrscht in diesem Königreich ein solcher Wirrwar, daß nur Gott helfen kann.«

Dann wird Orléans angegriffen. Die Stadt ist nahezu lupenrein calvinistisch und wer sich der dort gepriesenen Moral widersetzt, muß sie verlassen. Orléans wird von Andelot verteidigt und da geschieht das Unerwartete. Der von den Calvinisten verhaßte Herzog von Guise, der das Massaker von Vassy zu verantworten hat, der in der Normandie englische und französische Protestanten erschießen läßt, der in Paris Todesurteile an protestantischen Gelehrten vollstreckt, wird ermordet.

Der Meuchelmörder ist ein Calvinist aus der Saintonge, Jean de Poltrot, Herr von Méré. Er ist 26 Jahre alt und sagt am 26.2.1563 bei seiner ersten Vernehmung, der Gouverneur von Roye und der Hauptmann Brion seien an ihn herangetreten und sagten ihm, wenn er jetzt bereit sei, im Dienste Gottes, zu Ehren des Königs und zu des Volkes Wohl eine gute Tat zu vollbringen, könne er Ruhm und Ehre ernten.

»Sie führten mich danach zum Admiral Coligny und er fragte mich, ob ich mir zutraue und bereit sei, in das Lager des Herrn von Guise zu gehen und ihn zu töten ... das wäre ihm aber zu gewagt gewesen ... bei einer späteren Begegnung kam Théodore de Béze herein und redete mir zu, ob ich denn nicht glücklich wäre, auf dieser Welt mein Kreuz zu tragen, wie es auch der Herr für uns getan hätte ... da ließ ich mich überreden und sagte dem Herrn von Chatillon, daß ich Gottes Willen tun wolle.

Ich erhielt 20 Taler und ritt ins Lager von Messas ... Um mich in meinem bösen Beschluß zu stärken, überreichte mir Chatillon 100 Taler, damit ich mir ein Pferd kaufen könne ... am letzten Donnerstag,

Der religiöse Machtkampf im Frankreich des 16. Jahrhunderts

1517	Martin Luther schlägt seine Thesen an die Tür der Wittenberger Schloßkirche.
1520	Der Sorbonne werden die Streitschriften Luthers vorgelegt. Sie begreift nicht den Ernst der Stunde und stellt sich gegen die Bestrebungen der Renaissance.
1523	Der Mönch Jean Valieres erleidet den Glaubenstod.
1528	(3.6.) In der Pariser Rue de Saint Petite wird einer Madonnenstatue der Kopf abgeschlagen. Im Umfeld der Säuberungsmaßnahmen werden 24 Schuldige oder Unschuldige dem Feuertod überantwortet.
?	Louis de Berquin stirbt im Alter von 50 Jahren auf einem Scheiterhaufen.
1534	(17.6.) Jaques de la Croix, ein Mönch, wird zum Tod bei lebendigen Leib auf dem Scheiterhaufen verurteilt.
1536	Calvin veröffentlicht seine *Christianae religionis Institutio* (Unterweisung in der christlichen Religion)
1539	(27.3.) Der Pfarrer aus dem Langeduoc wird lebend verbrannt, obwohl er sich zu seinem Glaubensirrtum (?) bekennt.
1541	Heinrich II. legt die Bekämpfung der Lutheraner in die Hände eines Ausnahmegerichtes (Chambre ardente); es spricht Todesurteile.
?	Pierre Sérisfontaine wird vom Amtsmann der Stadt Orleans der Gotteslästerung bezichtigt und erhält eine Prügelstrafe. Das Gericht behält sich vor, ihn zu foltern und zum Tod am Galgen zu verurteilen.
1542	(Sommer) Ein etwa 20jähriger junger Mann und ein etwa 60jähriger Greis werden erwürgt und auf einem Scheiterhaufen verbrannt.
?	In Castres wird ein jacobinischer Prediger hingerichtet, weil er abfällig über das Fegefeuer gesprochen hat.
1546	Unter dem Bischof Guilleaume Briconnet, Compte de Montbrun, wird in Meaux die erste protestantische Gemeinde gegründet. Hier verkündet Etienne Mengin unerschrocken das Evangelium. Am 8.9. werden 62 Gemeindemitglieder vom Stadtrichter ausgehoben. 14 von ihnen werden dem Scheiterhaufen übergeben.
1553	Der auch von den Katholiken verfolgte Arzt und Theologe Servet wird in Genf als Ketzer verbrannt.
1557	(26.9.) In Paris geraten Katholiken und Protestanten in der Rue Saint-Jacques aneinander. Drei Hugenotten werden von fanatisierten Richtern zum Tod auf dem Scheiterhaufen verurteilt.

dem 18. dieses Monats, nach dem Gastmahl in der Meierei, kam mir der Gedanke, an diesem Tag das Vorhaben auszuführen ... und zwar an der Stelle, wo er über den Loiret mußte ... als man das Trompetensignal vernahm, das man blies, als Herr von Guise zurückkam und ins Boot steigen wollte, um über das Wasser zu fahren, ritt ich ans Ufer ... ich folgte ihm und feuerte meine mit drei Kugeln geladene Pistole auf ihn ... dann gab ich meinem spanischen Pferd die Sporen und ritt mit Windeseile durchs Gebüsch davon ... später hat man mich in meinem Quartier auf einem Bauernhof verhaftet.« Poltrot wird hingerichtet. Eine Schlüsselfigur ist gefallen und die Folge ist ein Waffenstillstand. Am 19.3.1563 wird das Edikt von Amboise verkündet. Es geht im wesentlichen um drei Entscheidungen:

- Die Protestanten können ihren Gottesdienst in den Städten weiterführen, für die er ohnehin erlaubt ist.
- Die Edelleute erhalten das Recht, in ihren Häusern nach ihrem frei gewählten Bekenntnis zu leben.
- Paris und sein Umfeld bleiben der Reformation verschlossen.

Der religiöse Machtkampf im Frankreich des 16. Jahrhunderts

1559	(Ende Dezember) Der Parlamentsrat Anne de Bourg setzt sich für die Lutheraner ein und wird verhaftet. Er wird erwürgt und verbrannt.
1560	Beim Scharmützel von Amboise kommt es zu einer blutigen Revolte. Renaudie und viele seiner Anhänger werden umgebracht und an den Zinnen des Schlosses gehängt.
1561	(27.12.) Im Zusammenhang eines Glockenläutens kommt es zwischen Katholiken und Hugenotten zu einem Konflikt. Der Hugenotte Paquot wird umgebracht und ein Pfarrer schreit: »Stürzt euch auf sie, bringt sie um, hinter uns stehen die Mächtigen.«
1562	(1.3.) Im Umfeld des Blutrausches von Vassy werden mindestens 60 Menschen umgebracht; den Pfarrer führt man in Ketten weg. Kurz danach werden in Toulouse 400 Andersgläubige umgebracht.
1563	(26.9.) In Rouen findet ein Blutbad statt.
1563	(18.2.) Poltrot, der den Kardinal von Guise rücklings erschießt, wird hingerichtet.
1569	Charles de Lovier, Herr von Maurevert bringt den Hugenottenführer de Mouy um, weil er einen Anschlag auf den Admiral Coligny verübt hat.
1572	(23./24.8.) Bartholomäusnacht in Paris. Etwa 3000 bis 5000 Christen werden sinnlos umgebracht.
1574	Annibal von Coconnas, ein piemontesischer Hauptmann, wird wegen eines mißlungenen Komplotts hingerichtet. Er soll in der Bartholomäusnacht 30 Hugenotten vom Volk losgekauft haben, um sie nach seinem Vergnügen ins Jenseits zu befördern.
1574	Der Graf Montgomery wird aus dem Palastgefängnis geholt, nachdem man ihn vorab gefoltert hat. Er wird auf dem Gréveplatz enthauptet und geviertelt. Die Königin ist anwesend.
1584	(14.4.) Maurevert wird von Herr de Mouy in der Nähe der Kirche La Croix des Petits-Champs mit seinem Schwert zusammengestochen. Er stirbt in der darauffolgenden Nacht. De Mouy wird von einem Soldaten Maureverts erschossen.
1588	Der Schulmeister Mercier wird von dem Zinngießer Pocard und dem Schneider La Rue überfallen, erdolcht und in den Fluß geworfen.

Der König ist inzwischen 14 Jahre alt: Zeit, um ihn von der Mutter als volljährig erklären zu lassen. Um ihn beim Volk beliebt zu machen, entschließt sie sich zu einer Reise durch das Land mit ihm. Im Troß reisen 200 lüsterne Mädchen. Die Tochter der Königinmutter, Marguerite de Valois, noch ein halbes Kind, führt die Sitte ein, die Brust unverhüllt zu tragen; dies beeindruckt zumindest die Möchte-Gern-Männer und das einfache Volk. Die hohen Kosten eines solchen Unterfangens, denn der Trupp wird von Hunderten anderer, wie Schneider, Friseure, Zugehfrauen, Hand-langer, Diener, Reiter, Konditoren usw. begleitet, wird aus dem ausgebeuteten Volk gepreßt. Die Königinmutter hegt den Gedanken, eine Begegnung mit ihrem Schwiegersohn Philipp II. von Spanien herbeizuführen.

Der Herzog von Alba, der Herzog von Montpellier, Montluc und der Kardinal von Guise stehen den hugenottischen Bewegungen gegenüber. Man will sie aus dem Lande jagen: »Aus dem Lande. Wohin? ... nein, um die Aufrührer zur Ruhe zu bringen, gibt es nur eines: die großen Fische fangen, dann braucht man sich nicht mehr um die

Szene aus dem vierten Treffen der Schlacht von Dreux am 19.12.1562.

Frösche zu kümmern … sobald die Winde aufhören zu blasen, legen sich die Wellen von alleine.« Der Herzog von Alba besteht auf der Ermordung von sechs bis acht Hugenottenführern. Offensichtlich ist man in einer Warteschleife; die Stimme des Kardinals Guise wird wieder lauter. Die Pariser Miliz wird verstärkt und 6000 verläßliche katholische Soldaten werden ins Landesinnere geschafft.

Schon gehen den Hugenotten Warnungen zu, »man wartet ab, um sie erneut zu verfolgen.« So haben sie keine andere Wahl, als selbst zu den Waffen zu greifen. Im September 1567 bricht erneut der Krieg gegen und für sie aus. Im Zeichen des Kreuzes wird wegen der Verschiedenheit der Monstranz getötet. Man verwüstet Felder, äschert Dörfer ein und hängt Unliebsame an Bäume … Mönche werden gefoltert, Nonnen geschändet und Kirchen geplündert; wieder zeigt sich das Bestialische im Menschen. Ein Fanatisierter

macht sich aus den Ohren der Mönche, die er hingemetzelt hat, ein Halsband und einer schlägt mit den Knochen einer umgebrachten Nonne seine Trommel; Kinder werden aufgespießt, »im Namen des Himmels kehrt die Hölle auf der Erde ein.«

Das Ziel ist die Macht über Paris. Prinz Condé schnürt ihr die Lebensmittelzufuhr ab. Die königliche Armee in Paris wird unter der Führung des Connétable geführt. Der beißende Hunger treibt sie zum Angriff, um eine Entscheidung herbeizuführen. Der Connétable wird von dem Schottländer Robert Stuart mit einem Pistolenschuß niedergestreckt. Er stirbt mit 74 Jahren im Getümmel der widerlichen Schlacht.

Condé hat sich reorganisiert. Er verfügt über Geld und Geschütze aus England, hat deutsche Hilfstruppen, die der Markgraf von Baden und der Herzog von Zweibrücken geschickt haben. Anfang des Jahres 1569 ist seine Armee regeneriert, so daß er einen Feldzug wagen kann. Inzwischen hat Katharina von Medici durchgesetzt, daß ihr Sohn, Prinz Heinrich von Anjou, der spätere Heinrich III., das Oberkommando über die katholischen Truppen erhält; er ist ein verbissener Gegner der Reformation.

Der Prinz Condé fällt im Alter von 39 Jahren in der Schlacht von Jarnac: man hat ihm das Pferd unter dem Leib weggeschossen. Montesquieu tritt mit der Pistole auf ihn zu und zerschmettert ihm den Kopf. Unter dem Gejohle der Soldaten wird seine Leiche auf einem Esel nach Jarnac geführt und später in Vendome beigesetzt.

Attentat auf Admiral Coligny

La Rochelle wird nach dem Fall von Orléans der neue Sitz der Reformierten und Heinrich von Navarra wird das Haupt der hugenottischen Partei.

Karl IX., der bis zu seinem zehnten Lebensjahr im Zimmer seiner königlichen Mutter schläft, wird flügge. Er profiliert sich möglicherweise zu einem ungestümen und wilden, ja barbarischen Jäger, dem das Blut wichtiger als die Tiere sind. Er singt im Kirchenchor, verfaßt gefühlvolle Gedichte, diskutiert über die antike Kultur und die Entwicklung der französischen Sprache. Dieser feingeistige Barbar, ein Abbild der Renaissance, nimmt sich nun mit besonderer Vorliebe der Hugenottenfrage an. Es folgt eine Verschwörung gegen das Leben des Admirals Coligny. Die politisch orientierte Hochzeit der Marguerite de Valois leitet die Tragödie ein.

Am 3.3.1572 kommt die Königin von Navarra, Jeanne d'Albret, nach Blois, um über den Ehevertrag zu verhandeln. Aus einem Brief der Königin von Navarra an ihren Sohn Heinrich geht hervor, welchen Eindruck sie von Katharina von Medici hat: »Ich habe dreimal mit der Königin gesprochen, die sich aber nur über mich lustig macht ... sie ist mit ihrer Unschlüssigkeit an der Sache schuld ... sie hält mich in einem fort zum Narren ... man behandelt mich mit unvorstellbarer Kälte, hält mir eitle Reden und macht sich über mich lustig, anstatt ernsthaft mit mir zu verhandeln, wie ich es

verdiene ... um nichts in der Welt möchte ich, daß ich hier längere Zeit verbringe ... hier bitten die Frauen die Männer ... augenblicklich tragen die Männer Edelsteine in Mengen, doch zahlt man dafür hunderttausend Taler, und man kauft jeden Tag welche.«

Margarete erhält 300 000 Taler Mitgift von ihrem Bruder und 300 000 Livres von der übrigen Familie. Die Hochzeit soll in der Kirche stattfinden. Nun stirbt am 9.6. Jeanne d'Albret. »Es war ein Dolchstoß in des Prinzen Herz; er erhob sich nach dem Gebet und zog sich gefaßt in ein anderes Zimmer zurück ... wir fanden ihn in Tränen aufgelöst, jedenfalls in einer Haltung, die zugleich kindliche Liebe und Anhänglichkeit bewies.«

Heinrich von Navarra, Coligny und Heinrich von Condé, der Sohn des Prinzen Ludwig von Condé, der bei Jarnac den Tod gefunden hat, treffen am 7.7. in Paris ein. Es ist ihre Absicht, an den Hochzeitsfeierlichkeiten teilzunehmen. Da begegnet ihm eine Bäuerin aus Chatillon, wirft sie ihm zu Füßen und umschlingt inbrünstig seine Knie: »Ach, guter Herr, Ihr rennt in Euer Verderben, ich werde Euch nie mehr wiedersehen, wenn Ihr nach Paris reitet, denn dort werdet Ihr sterben, Ihr und alle, die mit Euch ziehen.« Er stößt sie als Närrin zurück und doch wird sie recht behalten.

Im Zug des Königs von Navarra reitet der Edelmann Agrippa d'Aubigné mit, der am 17./18.8. an der Hochzeit teilnimmt. Er hat einen Bericht über die Feierlichkeiten hinterlassen. Am 18.8. schreibt der Admiral an seine Frau: »Wäre ich nur auf mein Glück bedacht, so würde es mir viel mehr Freude bereiten, zu Ihnen zu kommen, als hier an Hof zu bleiben.«.

Die Feierlichkeiten dauern bis zum 21.8.: »Im übrigen besteht schon seit langem ein vertrauter Umgang zwischen den Edelleuten am Hof und den Hofdamen der Königinmutter ... alle lachen so zügellos und führen so unzüchtige Gespräche, daß es die anderen Nationen nicht zu glauben vermögen ... alle anständigen Leute sind davon überzeugt, daß die jungen Fräulein hier nicht am richtigen Ort sind,

Katharina von Medici (1519-1589), Tochter Lorenzos II. von Medici. Sie ist die Gemahlin Heinrichs II. und die Mutter von Franz II. und Karl IX. – für den sie die Regentschaft führt – und von Heinrich III. Sie ist für die Bartholomäusnacht verantwortlich.

um ihre Keuschheit zu bewahren ... besonders seit die Königinmutter die Herrschaft über das Königreich ausübt, hat sich ein wahrer Ameisenhaufen von Italienern eingenistet ... das tolle Treiben und die eitlen Vergnügungen des Hofes machen es dem Admiral unmöglich, mit dem König zu sprechen und über ernstere Dinge mit ihm zu verhandeln.«

Nun entschließt sich die Königinmutter, sich des Admirals zu entledigen. Charles de Louvier, Herr von Maurevert, hat die Aufgabe, auf ungewöhnlichem Weg die Todesurteile zu vollstrecken, die der König gegen die erläßt, die er nicht auf dem gerichtlichen Weg erlangen kann. Er hat bereits 1569 in der Nähe von Niocert den Hugenottenführer de Mouy umgebracht, der einen mißlungenen Anschlag auf den Admiral durchgeführt hatte.

Am 20.8. geht Maurevert mit seiner Arkebuse in das Haus des Domherrn Villemur, der mit den Guise befreundet ist. Am 21.8., als der Admiral zum Gottesdienst reitet, an diesem Haus vorbeikommt, gibt Maurevert einen Schuß ab. Er ist nicht tödlich. Der Attentäter entkommt durch die Porte St. Antoine. Hinter dem Attentat steckt wohl der Herr von Anjou, der spätere Heinrich III. Es ist klar, daß diese Bluttat die Rache der Hugenotten heraufbeschwört.

Dies zwingt den König zum Handeln und er beabsichtigt, den Fall gerichtlich untersuchen zu lassen. Nun sieht sich Katharina in die Enge getrieben. Sie weiß, daß sie dem nur durch ein neues Verbrechen zuvorkommen kann. Sie fädelt eine mörderische Intrige ein, indem der Günstling Condy ihrem Sohn, dem König, einredet, daß die Hugenotten eine Verschwörung gegen sein Leben planen und auftragsgemäß meint, ... es wäre an der Zeit, die Verschwörer aus dem Weg zu räumen. Er stürzt mit dem Ruf aus dem Zimmer: »Meinetwegen; aber dann tötet gleich alle.« Es ist die Geburtsstunde der

Bartholomäusnacht

Damals leben in Paris etwa 10 000 Hugenotten, obwohl die Stadt noch immer als katholisch und glaubenstreu bezeichnet wird. Um wirkungsvoll zuschlagen zu können, bedarf man der Hilfe des Magistrats und der Bürgergarde. Sie werden zum Schweigen verpflichtet, sie sollen Waffen und Lichter bereithalten. Das Ziel ist, auf einen Schlag alle Hugenotten von Paris auszurotten. Die Listen der Opfer gehen von Hand zu Hand. Die Sturmglocke von Saint-Germain l'Auxerrois, der Pfarrkirche der Könige von Frankreich, wird das Signal zum Angriff sein. Die Stadttore werden geschlossen. Die Katholiken sind durch ein weißes Kreuz oder durch eine Armbinde gekennzeichnet. Die nicht zu stürmenden Häuser werden gekennzeichnet.

Es geht den vernarrten Katholiken um die Rache an ihrem Führer Guise. Man will in erster Linie den Admiral Coligny, seinen

Schwiegersohn und seine Angehörigen umbringen. Coligny wohnt in der heutigen Rue de Rivoli, somit in der Nähe des Louvre. Der Arzt Katharinas von Medici, Filippo Cavriana aus Mantua, schildert die Ereignisse unmittelbar vor dem Ausbruch des Bürgerkrieges: »Man müsse dem Willen der Königin gehorchen und die Hugenotten umbringen. Dann verläßt Guise den Palast und sucht den Hauptmann der Bürgerwehr auf, um ihm den Befehl zu erteilen, zweitausend seiner Leute zu den Waffen zu rufen und den Faubourg Saint-Germain zu umzingeln, wo etwa 1500 Hugenotten wohnen, damit das Blutband gleichzeitig zu beiden Seiten des Flusses stattfinden kann.

Um drei Uhr früh läuten die Glocken von Paris. Der König, die Königin, und der Herzog von Anjou begeben sich in ein Zimmer vom Ballhaus, das auf den Hof hinausgeht, um den Beginn der Exekution mitzuerleben. Man dringt in das Haus des Admirals Coligny, um ihn zu töten. Seine Leiche wird aus dem Fenster geworfen. Er krallt sich an einem Stück Holz fest, das mit ihm in die Tiefe fällt. Nach der Version des Jesuitenpaters Joachim Opser, des Vorstehers des Collegé de Clermont, wird er mit einer Streitaxt erschlagen.

Ein Straßburger Bürger berichtet: »Im Morgengrauen, zwischen drei und vier Uhr, läuten sie Sturm, dazu noch zwei kleine Glocken … und augenblicklich geht das Gerücht um, der König habe erlaubt, allen Hugenotten die Hälse abzuschneiden und ihre Häuser zu plündern … das Blut floß aus jeder Gasse, so als habe es stark geregnet … in der Stadt häuften sich im Handumdrehen Leichen, jeden Geschlechts und Alters … es spielte keine Rolle mehr, wer denn wen umbringe und selbst einige Papisten müssen ihr Leben lassen … das Haus des Bischofs von Chartres bekam Bastard von Angoulême, dem man schon die Bischofswürde versprochen hat.

Es wurde aber nicht nur geplündert und gemordet, vielen Frauen und Mädchen wurde Gewalt angetan, jeglicher Unzucht waren sie ausgesetzt … in der Stadt wüteten Laster, Mord, Diebstahl und Unzucht. Es ist unbeschreiblich, mit welcher Grausamkeit man die anderen hingemetzelt hat … die meisten brachte man ums Leben, indem man sie erdolchte oder mit dem Schwert erstach, anderen hatte man die Glieder verstümmelt, sie verhöhnt und mit beißendem Spott beleidigt, der feiner stach als die Spitze einer dünnen Lanze … alten Leuten schlug man den Kopf an die Wand. Zehnjährige Knaben zerrten ein Wickelkind an einem Gürtel durch die Straßen, den sie ihm um den Hals geschlungen hatten. Ein anderer teuflischer Barbar erdolchte ein Kleinkind, um es danach ins Wasser zu werfen.

Das Papier würde weinen, wiederholte ich die entsetzlichen Gotteslästerungen, die diese Ungeheuer und blutgierigen Teufel in der Raserei des allgemeinen Gemetzels ausstießen … das Gebrüll der Mörder, das unaufhörliche Schießen der Arkubusen, die Leiber, die man aus dem Fenster warf, mit Hohngelächter und sonderbarem Gepfeife durch den Straßenkot zog, das Aufbrechen von Toren und Fenstern … das Plündern von mehr als 600 Häusern, können nur das Bild unvorstellbaren Unglücks heraufbeschwören.

Die Karren mit Leichen der Edelfräulein, Frauen, Mädchen, Männern und Kindern fuhr man zum Fluß und leerte sie dort aus. Schon war er mit Leichen bdeckt und ganz rot vom Blut, das selbst im Hof des Louvre-Palastes floß. Auch die Leiche des Admirals wird zunächst in den Fluß geworfen, dann aber wieder herausgezogen … diverse Körperteile werden ihr abgeschnitten und dann packten sie Taugenichste an den Füßen, schleppten sie durch die Stadt und hingen sie in Montfaucon am Galgen auf.

Es kommt zu dramatischen Familienszenen. Sie haben einen Zimmermann aus der Rue d'Espronelles nachts in den Fluß geworfen und er kann sich schwimmend ans andere Ufer retten und von dort die Brückenträger hinaufklettern. Nackt kommt er in die Nähe von Couture Dainte-Catherine, wo sich seine Frau bei einer Verwandten aufhält, um einigermaßen sicher zu sein. Anstatt ihn aufzunehmen, jagt sie ihn wieder fort, nackt wie er ist. Er wird bei Tagesanbruch geschnapppt und ertränkt.«

Die Hugenottenkriege im Überblick[*]

Erster Krieg (1562-1563)   Die Schlacht von Dreux (19.12.1562) bleibt unentschieden. Im Februar 1563 wird der Herzog Franz von Guise, der militärische Führer der katholischen Partei, von dem Protestanten Poltrot von Méré ermordet . Der Krieg endet mit dem Scheinfrieden von Amboise (12.3.1563). Katharina von Medici verbietet die reformierten Synoden. Der Herzog Alba von Bayonne gibt ihr den Rat, die Häupter der Hugenotten an einem Tag durch Meuchelmorde zu beseitigen. Der Prinz Condé versucht, den König in seine Gewalt zubringen und scheitert. Er bezieht mit 21 000 Mann eine Stellung bei Paris. Montmorency rückt mit 21 000 Mann an. Dies führt zum

Zweiten Krieg (1567-1568)   Er wird von deutschen Glaubensgenossen unter dem Pfalzgraf Johann Casimir unterstützt. Prinz Condé wird zum Frieden von Longjumeau (23.3.1569) gezwungen. Er fällt zugunsten der Hugenotten aus und provoziert dadurch den

Dritten Krieg (1568-1570)   Auf Drängen der Guisen hebt Karharina von Medici den Friedensvertrag auf und verbietet unter Androhung der Todesstrafe die Ausübung der reformierten Glaubens. Prinz Condé wird bei Jarnac geschlagen und findet den Tod. Jetzt erzwingt der neue Führer, Admiral Coligny, den Frieden von Saint-Germain-en-Laye (8.8.1570). Den Protestanten werden Sicherungsplätze zugewiesen (Villes d'Otage) La Rochelle, Cognac, La Charité und Montauban. Da Katharina von Medici um ihren Einfluß bangt, faßt sie 1572 den Entschluß, die hugenottische Führerschicht niedermetzeln zu lassen. Die Pariser Bluthochzeit (Bartholomäusnacht, 3./24.8.1572) macht die Hoffnung der verbleibenden Hugenotten vorerst zunichte. Katharina von Medici gibt sich einem Irrtum hin, denn sie kämpfen vor allem im Süden des Landes weiter.

Vierter Krieg (1572-1573)   Karl IX. versucht erfolglos, die stark befestigte hugenottische Stadt La Rochelle im Sturm zu nehmen. Er erläßt am 6.7.1573 das Edikt von Boulogne, das den Reformierten gewisse Freiräume läßt. Hausgottesdienste werden ihnen zugestanden. Erstmals taucht der Begriff *la religion prétendue réformée* (die vorgeblich reformierte Religion) auf. Nach dem Tod von Karl IX. besteigt dessen Bruder, Heinrich III. den Thron (1574-1589). Er bedrängt die Hugenotten und dies führt zum

Fünften Krieg (1574-1576)   Die Reformierten gewinnen die Oberhand. Heinrich III. schließt am 6.5.1576 den Frieden von Beaulieu. Die Abhaltung von Synoden wird ihnen wieder zugestanden. Paris bleibt von der Religionsfreiheit ausgeschlossen. Die Guise holen zum Gegenschlag aus und gründen die *Heilige Liga* zum Zweck der Ausrottung der Reformierten. Da sie zugleich den Frieden von Beaulieu für nichtig erklären, kommt es zum

Sechsten Krieg (April-Sept. 1577)   Er beschränkt sich auf unbedeutende Scharmützel und endet mit dem Frieden von Bergerac (17.9.1577). Katharina von Medici unternimmt eine Medienkampagne mit der *escadron volant* (150 Hofdamen = Huren), um auf diesem Weg Stimmung gegen die Hugenotten und für ihren Sohn zu machen. Ihr Treiben wird durch den

Die Hugenottenkriege im Überblick

Siebten Krieg (1579-1580) unterbrochen. Heinrich III. verbindet sich mit den Guisen, die ihn ihrerseits unter dem Druck der Liga zum Edikt von Nemours nötigen (1585). Den Hugenotten wird der Tod angedroht, wenn sie von den katholischen Kultvorstellungen abweichen. Sie sollen dem reformierten Glauben abschwören oder innerhalb von sechs Monaten das Land verlassen. Unter der Führung Heinrichs von Navarras erheben sich die Hugenotten wieder Erwarten und dies löst den

Achten Krieg (1586-1598) aus. Obwohl Heinrich von Navarra am 20.10.1587 die Feinde bei Coutras schlägt, erweist sich die Liga unter Heinrich von Guise als stärker. Heinrich III. verbindet sich mit Heinrich von Navarra. Mit einem Heer von 42 000 Mann ziehen sie bis vor die Tore von Paris. Der Dominikaner Jaques Clément bringt am 1.8. 1589 Heinrich III. mit einem vergifteten Dolch eine tödliche Wunde bei. Jetzt übernimmt Heinrich von Navarra als Heinrich IV. den französischen Thron. Er erläßt am 13.7.1589 das Gnadenedikt von Nantes, das den Hugenotten Glaubensfreiheit und genügend Sicherungsplätze einräumt. Sein Nachfolger, König Ludwig XIII. (1610-1643) bestätigt das Edikt. Doch weitere Rangeleien lösen den

Neunten Krieg (1621-1622) aus. Es kommt zum Frieden von Montpellier (16.10.1622). Der König bestätigt das Edikt von Nantes, erlaubt die Abhaltung von Synoden und läßt die Hugenotten im Besitz der Sicherheitsplätze Montauban und La Rochelle.

Zehnter Krieg (1625-1629) Kardinal Richelieu wird 1624 leitender Minister Ludwigs XIII. Er setzt alles daran, die reformierte Kirche in Frankreich zu vernichten. Unter ihm wird La Rochelle, das letzte Bollwerk der Hugenotten, belagert. Nach elf Monaten und drei Tagen muß die von Hunger geschwächte Besatzung aufgeben. Im Süden des Landes bittet der geschlagene Herzog von Rohan um Frieden. (Gnadenfrieden von Alais Juli 1629). Mit der politischen Macht der Hugenotten ist es am Ende.

1643 besteigt König Ludwig XIV. den französischen Thron. Kardinal Mazzarin, ein Schüler Richelieus, führt die Regierungsgeschäfte. Mit unerbittlicher Grausamkeit geht er gegen Andersdenkende vor. Ludwig XIV. hebt am 18.10.1685 das Edikt von Nantes auf. Die Ausübung der reformierten Religion wird unter Androhung der Todesstrafen verboten. Alle reformierten Geistlichen werden verbannt; die Kirchen der Reformierten werden eingerissen.

Die Verfolgung der Hugenotten ist nicht die erste Kampagne in Frankreich gegen Andersdenkende. Schon zu Beginn des 13. Jahrhunderts wird hier mit der Ausrottung der Katharer begonnen. Es ist die in sich logische Fortsetzung der hochmittelalterlichen Kreuzzugsidee.

*) Entnommen aus Julien Coundy: »Die Hugenotten in Augenzeugenberichten«, 1965 S. 374 ff.

Die Bartholomäusnacht (23./24.8.1572); ein von Katharina von Medici veranlaßtes Spektakel des Massenmordes, bei dem Tausende unschuldige Menschen um ihr Leben gekommen sind.

Der Meuchelmörder Thomas schneidet einem gewissen Roullard die Kehle durch und wirft ihn durch die Falltür in seinem Haus ins Wasser. Er rühmt sich besonderer Schandtaten und damit, daß er an einem Tag eigenhändig achtzig Hugenotten umgebracht habe; gewöhnlich ißt er mit blutverklebten Händen und behauptet, es sei für ihn eine Ehre, denn es sei das Blut von Ketzern. Der Giftmischer René geht in die Gefängnisse, um die dortigen Hugenotten umzubringen. Er selbst hat nicht viel Glück; er stirbt auf einem Misthaufen, zwei seiner Kinder werden gerädert und seine Frau endet im Bordell.

Vor allem auf die Anführer der protestantischen Partei wird Jagd gemacht. Der Graf de la Rochefoucauld wird von einem Maskierten erschlagen. Téligny wird von einem Unbekannten hingemetzelt. Lomenie, der Sekretär des Königs, wird auf unmenschliche Weise massakriert. Gegen Mittag befiehlt der König, das Morden einzustellen. Am 25. strömt das Volk

zusammen, um von einem göttlichen Wunder zu erfahren, mit dem man den Blutdurst zu rechtfertigen sucht. Auf dem Friedhof St. Innoccent entdeckt man einen blühenden Weißdornstrauch. Gegen Abend geht der König mit den engsten Angehörigen aus, um sich die Leichen anzusehen. Heinrich von Navarra und Condé sind mit dem Leben davongekommen; sie gehen schweigend zur Messe.

Am Dienstag den 26. rechtfertigt der König auf einem großen Gerichtstag das Massaker. De Olaegui berichtet:»Der Allerchristlichste König begibt sich sich im Krönungsornat in den Justizpalast und erklärt vor dem Parlament, daß der einst mit den Hugenotten geschlossene Friede ein erzwungener gewesen sei, denn sein Volk sei erschöpft und ruiniert gewesen; jetzt aber, da ihm Gott den Sieg über seine Feinde geschenkt habe, erkläre er das Edikt für null und nichtig, und sein Wille sei, daß das Vorhergehende wieder Gültigkeit habe, wonach nur die katholische Religion in seinem Lande ausgeübt werden dürfe.« Der Prinz von Condé schreit den Monarchen an, daß diese Tat eine Schande für ihn sei, »sie wird nicht ungesühnt bleiben … ich werde dafür sorgen.« Der König, wie alle Schwächlinge brutal und gemein, stellt ihn vor die Alternative, entweder innerhalb von drei Tagen den Übertritt zur katholischen Religion zu erklären oder zu sterben.

Obwohl der König die Verantwortung der Blutnacht auf sich nimmt, schickt er gleichzeitig an die Gouverneure der Provinzen Mordbefehle: Sie entfachen Massaker in Meaux, Charité, Orléans, Samur, Lyon, Bourges, Toulouse und Bordeaux. Der Henker von Troyes weigert sich, dem königlichen Wollen nachzukommen und sagt, es wäre nicht sein Beruf, ohne Urteilsspruch zu richten.

Am 30.8. hört das Morden auf. Wieviele Tote es gegeben hat, ist unbekannt. Es dürften zwischen 3000 und 5000 sein, die meisten von ihnen werden in die Seine gekippt. Nostradamus hat prophezeit: die Protestanten werden im Schlaf ergriffen und so ist es gekommen. Der Schlag gegen die Hugenotten ist sinnlos, denn den Katholiken ist es keinesfalls gelungen: sie auszurotten. Sie haben die Menschen getötet, aber nicht die Idee.

In Rom läßt Papst Gregor XIII. die Blutnacht jubelnd feiern. Der Bote, der als erster die glückliche Kunde übermittelt, erhält ein Geschenk von 1000 Talern. In Gegenwart des Kardinalskollegiums wird das Te Deum gesungen. Dem französischen Gesandten trägt Gregor XIII. auf, seinem König zu schreiben, daß ihm die Pariser Ereignisse mehr Freude bereitet hätten, als fünfzig solcher Siege, wie sie die vereinten

⇒

Oben: Gedenkmünze von Papst Gregor XIII. zur Erinnerung an die Bartholomäusnacht. Unten: Gedenkmünze Karls IX. zur Erinnerung an die Bartholomäusnacht. Beide Münzen stammen aus dem Berliner Münzkabinett.

623

Flotten bei Lepanto davongetragen. Rom wird illuminiert, eine prächtige Prozession veranstaltet und eine Medaille geprägt.

Der venezianische Gesandte am französischen Hof berichtet, daß alle verständigen Männer ohne Unterschied des Bekenntnisses über die Blutnacht entsetzt sind: »Es ist eine gesetzlose Tyrannei gewesen.«

Auf den 22jährigen Karl IX. wirkt es niederschmetternd. Sein geistiges Gleichgewicht ist ohnehin instabil. Er geht dem Wahnsinn entgegen und Agrippa d'Aubigné schreibt über seinen Zustand: »Seit der Bartholomäusnacht schreckte der Fürst immer wieder im Schlaf auf und stöhnte, stieß Verwünschungen aus und machte Äußerungen, aus denen die Verzweiflung sprach ... im äußersten Schmerz trat ihm das Blut aus den Poren, fast an allen Stellen seines Körpers.«

Der Venezianer Sigismondo Cavalli ergänzt: »Sein Blick ist düster geworden ... er senkt den Kopf, schließt die Augen ... man befürchtet, der Rachegeist habe sich seiner bemächtigt ... zwölf bis 14 Stunden sitzt er hintereinander im Sattel.«

Er klagt bei seinem Leibarzt Mazille über große Schmerzen, denn er werde »entsetzlich und grausam gepeinigt.« Direkt vor seinem Tod spricht er mit seiner Amme und sagt : »O mein Gott, soviel Blut, soviel Morde. Ach, welch bösem Rat bin ich gefolgt ... ich bin verloren, ich sehe es wohl.« Karl IX. ist abgemagert, erleidet einen Blutsturz und stirbt kurz darauf. Seine verschlagene Mutter windet sich wie eine zynische Schlange in ihrer unverbesserlichen Naivität. Ein französisches Sonett prangert diejenigen an, die zum Blutvergießen aufgerufen haben. Trotzdem ist es damit nicht getan.

Und doch liegt der Kern tiefer. Franz Hottmann, der den Mordversuchen von 1572 entkommt, Professor der Rechte in Straßburg und ein bedeutender Gelehrter, sagt es treffend: »Freie Menschen sind nicht dazu da, um sich der Herrschaft der Willkür zu unterwerfen ... die höchste Macht gehört dem Volk, daß von sich aus einen König wählt, erfüllt er die Voraussetzungen nicht, so kann er abgewählt werden.«

Dieser Gedanke ist nicht neu, doch nun dringt er in die Tiefen des Volkes hinab und dies sind Vorboten der französischen und anderer Revolutionen. Die Reformation des frühen 16. Jahrhunderts ist ein Wendepunkt. Sie hat das Gesicht Europas verändert. Papst Leo X. täuscht sich, wenn er darin nur das Aufbegehren eines Wittenberger Mönchleins erkennt und Karl IX. nur einen Versuch, den passiven Gehorsam zu durchbrechen; die Folge der Reformation ist eine veränderte Gesellschaftsordnung. Es bedeutet ein Entmachtung der Feudalsysteme – der Katholizismus hat als Wortführer der Unterdrücker den Teufel gerufen.

Frankreich gerät nach dem Tod des Monarchen in eine tiefe Unordnung. Des Königs jüngerer Bruder kommt aus dem Königreich Polen zurück. König Heinrich III. ist zwar eine stärkere Persönlichkeit als Karl IX., meistert die Lage jedoch nicht. Von Morosini meint, »er besteht aus lauter Widersprüchen ... er ist schwermütig und schon die geringsten Sorgen sind ihm unerträglich.«

Er ergeht sich in Ausschweifungen und ist von der Syphilis infiziert. Ein Problem ist nun, die Thronfolge neu zu regeln. Er ist der Auffassung, die radikale Politik fortzusetzen. Keine freie Religionsausübung, kein Frieden ohne bedingungslose Unterwerfung. Geistige Freiheit außer der eigenen ist ihm ein Fremdwort.

Weitere Entwicklung

Der Schlagabtausch in Paris ist nicht tödlich, bringt aber heftige Reaktionen hervor. Sie machen deutlich, daß sie zum Zusammenbruch des französischen Gottkönigtums führen, das sich durch die ständigen Morde und Intrigen selbst untergraben hat. Thédore de Bèze schreibt am 10.9.1572 an Tillet:

»Wir sind von Trauer und Schmerz erfüllt. Gott erbarme sich unser ... er hat noch niemals soviel Greueltaten gesehen ... wir haben Fasten angeordnet und besondere Gebete. Genf, das noch immer von der Pest und vom Fieber heimgesucht wird, füllt sich mit den Unglücklichsten der Welt ... Beten Sie für uns, denn wir müssen auf dasselbe Schicksal gefaßt sein.« Aus Angst, nicht aus Überzeugung, kehren viele wieder in den Schoß der katholischen Kirche zurück. Wieder andere verstecken sich und die meisten von ihnen kämpfen weiter; die Schwelbrände halten an: das Blutbad hat keine Lösung gebracht.

Heinrich von Navarra und Prinz Condé werden noch im Louvre gefangengehalten. Die Protestanten schauen sich nach neuen Führern aus und verteidigen die ihnen zugewiesenen Sicherheitsplätze. La Rochelle wird von königlichen Truppen bis zum Juli 1573 ergebnislos belagert. Dann werden Teile von Frankreich von einer unglaublichen Hungersnot heimgesucht und hier geschieht etwas merkwürdiges:

»Vor Hunger erkennt man, daß selbst Pergament genießbar ist. Da machen sich die Gewitztesten und Einfallreichsten daran, Pergament zu verarbeiten ... und die Hungrigen beginnen, es zu essen. Der Andrang danach war so groß, daß man sich nicht scheute, handgeschriebene und gedruckte Bücher zu verspeisen. Ja man scheute sich nicht, selbst 120 Jahre alte Bücher zu verzehren. Man legte sie ein oder zwei Tage in Wasser und schabte sie dann sorgfältig mit einem Messer ab. Dann kochte man sie einen halben oder ganzen Tag, machte sie zu Frikassee wie Kaldaunen und bereitete sie mit Kräutern oder Gewürzen zu einer Art Fleischragout. Die Soldaten von der Garde oder der Stadtwache rieben sie mit Kerzentalg ein, brieten sie kurz an einem Holzkohlenfeuer und aßen sie ... ich habe gesehen, wie man Pergament verzehrte, auf dem noch die Buchstaben der Schrift zu lesen waren.«

Der unerbittliche Hunger macht aus den Menschen Unmenschen und schon fällt der Gerichtshof von Dole über den Angeklagten Garnier folgendes Urteil: »In der Strafsache wegen Mord an mehreren Kindern, Verzehr ihres Fleisches, begangen in Wolfsgestalt sowie wegen anderer Delikte gegen Gilles Garnier, aus Lyon gebürtig ... der Angeklagte wird für schuldig befunden, kurz nach dem Fest des heiligen Michael in diesen

Die Prozession der Liga in Paris am 3.6.1590: Bewaffnete Mönche ziehen durch die Straßen.

Jahr in der Gestalt eines Wolfes ein kleines Mädchen von etwa zehn oder zwölf Jahren in einem Weinberg ... überfallen und es mit seinen Händen, die wie Pfoten aussehen, sowie mit den Zähnen umgebracht und getötet zu haben ... er habe es entkleidet und das Fleisch seiner Schenkel und Arme verzehrt.« Er wird rücklings geschleift und bei lebendigen Leib verbrannt.

Nach der Bartholomäusnacht hat Heinrich von Navarra den Lippen nach dem reformierten Glauben abgeschworen. Möglicherweise hängt es mit Spekulationen um die Thronfolge zusammen. Der Jesuitenpater, der ihm die geistige Gehirnwäsche verpaßt, ist sich über den Winkelzug im klaren. Er sagt: »Der König hat gegen seinen Willen daran teilgenommen, seine Gedanken waren woanders gewesen.« Ähnlich läuft es beim Prinzen Condé. Als sie beide wieder mehr geistige Freiheit haben, kehren sie zurück zum Protestantismus.

Heinrich von Navarra erhebt sich zum neuen Führer der Protestanten und richtet im Dezember 1576 einen Aufruf an den Adel und an das Volk von Guyenne. Er sagt, daß der König versucht habe, auf ungesetzlichen Wegen eine Religion auszurotten: »Dies hat dazu geführt, Frankreich mit Blut, Feuer, Grausamkeit und Ungerechtigkeit zu überziehen ... die Vernünftigsten und Erfahrendsten sind der Ansicht, daß nach so vielen Zusammenbrüchen und Verwüstungen das Wohl der Öffentlichkeit in einem dauerhaften Frieden liegt.« Der Herzog von Navarra missioniert im Süden des Landes für die Interessen der Reformation. Am 26.11.1580 wird der Vertrag von Fleix unterzeichnet, der den Hugenotten Sicherheitsplätze garantiert. Heinrich von Navarra ist der *starke Mann* der Calvinisten geworden, zumal Katharina von Medici, des Kriegsführens müde, mit ihm einen vorläufigen Waffenstillstand geschlossen hat.

Katholische Liga

Die königliche Autorität ist zersetzt und aufgeweicht. König Heinrich III. ist ein schwacher Herrscher und genießt beim Volk keine Achtung. So gründet 1576 Heinrich von Guise die katholische Liga, deren Ziel die Wiederherstellung des Katholizismus in Frankreich ist.

Parallel dazu ändert die römisch-katholische Kirche ihre Haltung, denn sie hat begriffen, daß sie auf der Seite der Schwankenden steht und dies ist wider ihre Natur. Immer steht sie an der Seite des Mächtigsten, um selbst noch mächtiger zu sein. Da sie von ihrer Autorität keinen Millimeter abweicht, inszeniert sie eine Gegenströmung, die Gegenreformation. Es ist ihre entscheidende Tat im 16. Jahrhundert. Ein ehemals spanischer Offizier ist dazu auserkoren: Ignatius von Loyola. So vollzieht sich im Hintergrund der europäischen und später weltumspannenden Geschichte ein kultureller und sozialer Wandel.

Als am 6.12.1576 die Ständeversammlung von Blois eröffnet wird, befinden sich durch ein raffiniert vom Kardinal von Guise ausgeklügeltes Wahlsystem nur Orthodoxe. Die Katholiken locken die Protestanten in eine geistige Mäusefalle. Schließlich fordern die Stände den König auf, nur eine Religion im Land zu dulden: die katholische. Die Liga zwingt dem König ihren Willen auf. Es kommt einer vernichtenden Niederlage für die Hugenotten gleich.

Im Februar 1577 fordern die Kardinäle erneut eine einheitliche Religion. Sie werden von Guise und Jesuiten aufgestachelt; es zeichnet sich ein neuer Kreuzzug wider den Glauben ab. Vorschnell stellen die Guise zwei Armeen auf und erobern die protestantischen Festungen La Charité und Issoire. Sie dringen in Poitou ein und denken an die Belagerung von La Rochelle. Den Katholiken geht das Geld aus und die Hugenotten sind zermürbt. Unter Heinrich von Navarra schließt man 1577 den Frieden von Poitiers. Den Hugenotten werden Rechte und Freiräume zugestanden. Der König erklärt feierlich, daß er die Exzesse der Bartholomäusnacht verdammt. Er bezeichnet sein Werk als königlichen Frieden, hat er ihn doch gegen die Interessen der Guise durchgesetzt, aber die Rechnung ohne den Wirt gemacht. Inzwischen ist auch hier ein Staat im Staate entstanden und der Frieden von Poitiers ist den Jesuiten Verpflichtung, sich fester gegen die Protestanten zu verbünden.

Die königliche Naivität kommt ihnen entgegen. Er wird vom Volk gehaßt, schart unwissende Günstlinge um sich, gerät im-

⇒

Oben: Der Protestantismus in Frankreich im 16. Jahrhundert. Hauptsächlich im Süden des Landes liegen die Zentren des Calvinismus.

Mitte: Die Sicherheitsplätze der französischen Protestanten. Sie werden ihnen 1570 im Frieden von Saint-Germain-en-Layer und durch das Edikt von Nantes zugesprochen.

Unten: Die wichtigsten Schlachten im Zusammenhang mit der Ausbreitung des Calvinismus in Frankreich.

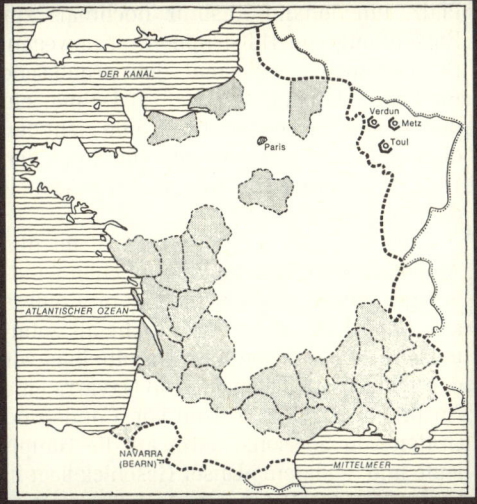

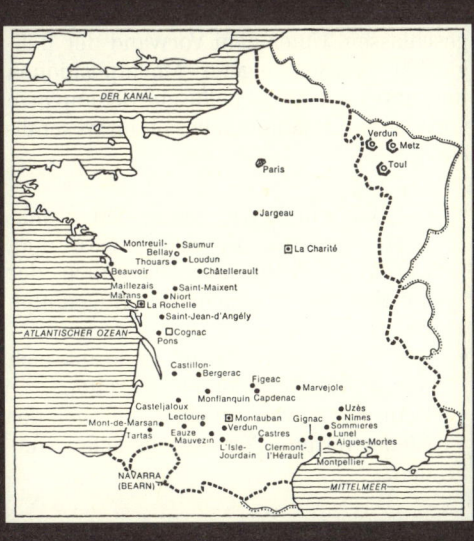

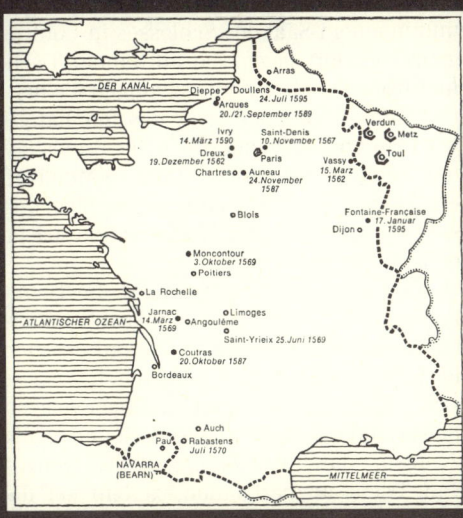

mer weiter in ihren verderblichen Einfluß und ergeht sich ansonsten in königlichen Ergötzlichkeiten. Der König gibt ein Bankett, bei dem die Hofdamen, zumindest vom Gürtel aufwärts, unbekleidet dienen, er jagt mit seinen Günstlingen als Mönche verkleidet durch die Straßen von Paris, um Passanten zum Spaß mit eisernen Ruten auszustreichen. Auf der anderen Seite schreitet er barfuß, einen Rosenkranz in den Händen haltend, demütig im Büßersack zur Kathedrale. Ein solcher Bigottling ist leicht zu steuern; man läßt ihn walten, sieht zu, wie er ins Verderben rennt und macht hinter seinem Rücken jesuitische Politik.

Im Januar 1585 wird die Liga im Schloß Joinville an der Grenze zu Lothringen geschlossen. Unter dem Vorwand der Religiosität werden eigene Machtpositionen hochgeschaukelt und politische Schauplätze verteilt. Das Abkommen besagt im wesentlichen:

- Nie darf ein Ketzer König von Frankreich werden ... die Krone wird dem Kardinal von Bourbon zukommen, der ein Katholik und Feind der Hugenotten ist.
- Der Protestantismus ist in Frankreich und den Niederlanden auszurotten.
- Dem König von Spanien soll bei der Niederwerfung Portugals geholfen werden.

Die Liga fordert den sofortigen Beginn eines Krieges gegen die Hugenotten. Man kehrt mit eisernem Besen und ist nicht zimperlich. Religionabweicher werden aus dem Land gewiesen oder sollen die Todesstrafe erleiden ... ihre Güter sind zu konfiszieren, denn der marode Staat ist um jede Mark verlegen. Man kehrt zum Wüten Heinrichs II. zurück. In Paris werden Männer und Frauen verbrannt und Kinder in verruchte Asyle gesteckt. Aus Rom kommt Schützenhilfe. Sixtus X. spricht die Exkommunikation über den protestantisch gesinnten Heinrich von Navarra aus.

Heinrich IV. antwortet dem Papst in einem hohnvollen Manifest, das er in Rom anschlagen läßt. Théodor Béza reist in die Pfalz, um Johann Kasimir nochmals zur Entsendung von Hilfstruppen zu bewegen. Befehlshaber ist diesmal der preußische Edelmann Fabian Burggraf zu Dohna, ein überzeugter Protestant. Der König zieht den deutschen Truppen entgegen, um ihnen den Weg zu Heinrich von Navarra abzuschneiden.

Der Südwesten des Reiches bleibt den Anhängern der Liga im wesentlichen feindlich gesonnen. In der Schlacht von Coutras am 20.10.1587 stehen sich mehr als zehntausend Mann gegenüber. Unmittelbar vor der Schlacht hält Heinrich von Navarra eine Ansprache an den Prinzen von Condé und Grafen von Soissons, dann an die Hauptleute und Soldaten: »Unser Geschick liegt in Gottes Hand ... Beten wir zu ihm, damit er uns beistehe. Diese Tat wird die größte unserer Taten sein; der Ruhm dafür gebührt Gott, unser Dienst dem König, unserem höchsten Herrn, uns die Ehre und das Heil dem Staat.« Dann läßt der König ein Gebet sprechen und man stimmt den 118. Psalm an: »Dies ist der Tag, den der Herr macht.«

Die Schlacht beginnt und die Folge ist ein weiteres Blutbad ... man sieht Leichen, Verwundete und blutende Pferde. Der Herzog von Joyeuse, ein königlicher Günstling, greift an der Spitze seiner Reiterei an und wird durch drei Pistolenschüsse niedergestreckt. Die Leichen von Joyeuse und Saint-Sauveur, seinem Bruder, werden unter einem Leichenhaufen hervorgezogen und in einem Saal des Schlosses in Coutras gebracht; dort liegen sie auf einem Tisch, nur bedeckt mit einem schäbigen Leinentuch, das man über sie geworfen hat. Es wird ein überzeugender Sieg der Protestanten, haben sie doch 3500 Katholiken erschlagen. Auch ist es der größte Sieg, den sie seit Beginn der Reformationskriege errungen haben.

Der Herzog von Guise reibt die Heimkehrenden auf und seine Popularität klettert nach oben. Schon wird er im katholischen Paris als *Retter* tituliert und schon zeigt er sich erkenntlich für den unterschwelligen Beistand der Kirche, man müsse den König zwingen, die Entscheidungen des Konzils von Trient anzuerkennen, zudem sei die

Inquisition in Frankreich einzuführen – nur so könne man die Häresie in Frankreich ausrotten.

Die schwächste Position in diesem Krieg hat der König selbst. Paris steht fast geschlossen hinter der Liga. Die Prediger machen von der Kanzel herab den König verächtlich und hetzen das Volk gegen ihn auf. In diesen Zusammenhang werden drei Prediger verhaftet. Die Pariser Ligisten schreiben einen Brief an von Guise, in dem sie ihn bitten, nun nicht mehr länger zu warten: »Unsere Leute sind bereit und er braucht nur zu kommen.« Man mustert Truppen und teilt die Stadt in fünf Bezirke ein. Der König wird über die Vorgänge zwar in Kenntnis gesetzt, sieht aber ohnmächtig dem Agieren zu.

Am 9.5.1588 trifft der Herzog von Guise mit acht Edelleuten in Paris ein und die Pariser rufen feierlich: »Es lebe der Herzog von Guise, es lebe die Stütze der Kirche.« Der König ist erzürnt und der Korse Alphonse sagt zu ihm: »Wenn Sie mir die ehrenvolle Aufgabe übertragen wollen, so werde ich Ihnen, ohne Sie zu belästigen, noch heute das Haupt des Herzogs von Guise zu Füßen legen.«

Der König holt schweizerische und französische Truppen in die Stadt; der Konflikt steht unmittelbar bevor. Früh um fünf Uhr beginnen die ersten Zänkereien, die Plätze der Stadt sind von Soldaten besetzt; die Kaufleute und Handwerker schließen ihre Läden. Dann werden überall in der Stadt Barrikaden errichtet; ganze Straßenzüge werden mit Ketten versperrt.

Wieder ist das Signal einer Sturmglocke das Zeichen zum Angriff. Die Liga nimmt in einem Staatsstreich Paris ein und am Abend ist der Herzog von Guise Herr der Stadt; er spielt sich zum großzügigen Retter auf.

Der König hält sich in den Tuilerien auf und erfährt, daß sich die Volkswut steigert. Da entscheidet er sich, auf ein Pferd zu steigen und die Stadt zu verlassen. Er reitet nach Saint-Germain-en-Laye und sagt: »Ich reite nicht zu meiner Geliebten, ich habe einen weiten Weg zu machen.« So begibt er sich nach Chartres. In kurzer Frist folgt ihm der Hof.

Ereignisse in Blois

Die Guise zwingen den König, die Generalstände einzuberufen. Der König wird gedemütigt und muß einen Eid auf das Unionsedikt leisten. Die Eröffnungsfeierlichkeiten bestehen aus Beichten, frommen Gebeten und Prozessionen. Der König zeigt sich unter einem hohen Baldachin und hört der vom Bischof von Evreux verfaßten Rede zu. Der Klerus tagt bei den Jacobinern, der Adel tritt im Palast zusammen und der Dritte Stand versammelt sich im Rathaus. Am 16.10. wird die große Versammlung im Saal des Schlosses von Blois eröffnet.

Der König ergreift das Wort und sagt: »Meine Herren, Sie kennen den Wortlaut meines Ediktes und seinen Inhalt, ebenso die Größe und Würde des Eides, den Sie alle sprechen sollen ... solange ich nach dem Willen Gottes auf dieser Erde weile, will und befehle ich, daß es für immer in meinem Königreich als das grundlegende Gesetz beachtet wird ... Sie sollen jetzt schwören, einmütig und einstimmig, dieses Edikt zu befolgen, und dabei mit erhobenen Händen den Himmel zum Zeugen anrufen.« Da erhoben alle ihre Hände und riefen: »Es lebe der König.« Daraufhin singt der in der Kirche Saint-Sauveur schon wartende Kirchenchor das Te deum laudamus.

Der ärmliche König, der sich immer wieder auf seine *Gottkönigschaft* beruft, steht ohne Rückendeckung an der Wand. Aus einem Monarchen wird ein Spielball, Heuchler, Mörder und Abhängiger. Heinrich III. kann die Demütigung nicht verzeihen und so beschließt er, den Herzog von Guise umzubringen.

Obwohl der Komplott unter der Schiene der größten Verschwiegenheit eingefädelt wird, erfährt der Herzog von Guise davon. Am 22.12. findet er während des Mittagessens unter seiner Serviette einen Zettel, auf dem steht: »Passen Sie auf, man will ihnen einen bösen Streich spielen.« Darunter notiert er: »Das würde man nicht wagen.« Er schlägt die Warnung in den Wind.

Dann geht der Herzog von Guise zu Bett, »um die Nacht bei einer seiner schönsten Hofdamen zu verbringen.« Und noch einmal wird er gewarnt, sich vor den Machenschaften des Königs zu hüten. In dieser Nacht ruft der König das Kabinett zusammen und eröffnet ihnen: »Sie wissen alle, wie sich der Herzog von Guise seit 1585 mir gegenüber verhalten hat ... anstatt sich für die vielen Wohltaten zu bedanken, hat er sich so vergessen, daß er jetzt maßlos und verblendet, einen Anschlag auf meine Krone und mein Leben wagen will ... entweder er oder ich müssen sterben, und das noch heute morgen.« Alle billigen sein mörderisches Vorhaben. Sariac schlägt sich vor die Brust und meint:»Bei Gott, Sire, den befördere ich ins Jenseits.«

Am anderen Morgen wird der Herzog von Guise gebeten, beim König vorzusprechen. Beim Eintreten packt ihn de Montfery der Ältere am Arm und sticht ihm gleichzeitig einen Dolch in die Brust. De Saint-Malines stößt ihm rücklings den Dolch unterhalb der Kehle tief in die Brust, de Loignach das Schwert ins Kreuz. Der Herzog von Guise bricht am Fußende des königlichen Bettes zusammen. Man deckt ihn mit einem grauen Mantel zu und legt ein Strohkreuz darauf. Später läßt ihn Richelieu abholen und verbrennen. Seine Asche wird in den Fluß geworfen.

Pierre d'Epinac, Erzbischof von Lyon, wird zusammen mit dem Kardinal von Guise, dem Bruder des Ermordeten, auf königlichen Befehl verhaftet. Der Kardinal von Guise wird in den Mühlenturm geworfen. Kurz darauf, am 24., findet er den Tod. Einige Tage Tage später, am 5.1.1589, stirbt die Königinmutter. Heinrich III. kann mit diesem Mord seine Position nicht festigen.

Königsmord

Die Liga ist über diese Machenschaften empört. Als Pierre Versoris, ein Advokat, die Nachricht vom Tod der beiden Fürsten erhält, stirbt er an einem Herzschlag. In Paris werden die Waffen wieder hervorgeholt und wieder setzen sich die Prediger für das Verbrechen des Glaubensmordes ein. Am 15.2. sagte Lincestre in einer Predigt, »ich predige nicht das Evangelium, denn es ist etwas Alltägliches und jeder kennt es ... ich will eine Predigt halten über das niederträchtige Leben des perfiden Tyrannen Heinrich von Valois ... ich rufe den Teufel an ... der König ist von Dämonen befallen ... der elende Tyrann betet sie als seine Götter an.«

Jetzt wird der Herzog von Mayenne, der jüngste Bruder Heinrichs von Guise, vom Allgemeinen Rat der Heiligen Union zum Statthalter des Reiches ernannt. Heinrich III. wird von der Liga abgesetzt. Wieder stehen sich die bewaffneten Parteien gegenüber: Ligisten wider die Königlichen. Jetzt bleibt König Heinrich III. nichts anderes mehr übrig, als sich mit Heinrich von Navarra zu verbinden und ihn als Thronerben anzuerkennen. Sein Gefährte, der Prinz von Condé, ist tot; vermutlich fällt er einer Vergiftung zum Opfer.

Die Liga fordert, daß dieser Fall vor die Gerichte kommt und aus Rom trifft eine Bulle des Papstes ein, die Heinrich III. den Bann androht, falls er nicht binnen zehn Tagen den Kardinal von Guise in Freiheit setzt. Er war jedoch schon ermordet. Die Geistlichen von Saint-Barthéleme lassen das Volk schwören, den letzten Tropfen Blut zu opfern, um die Ermordung zu rächen.

Währenddem rüstet sich der Herzog von Mayenne, um den Tod des Herzogs von Guise zu rächen. Er rückt mit einem Heer in Richtung Paris vor. Inzwischen haben sich der König und Heinrich von Navarra verständigt. 30 000 Königliche und Hugenotten marschieren jetzt vereint nach Paris. Heinrich schlägt sein Lager in Saint-Cloud auf.

Der Jacobiner Jaques Clément tötet den König

Von den Kanzeln fordert man den Tod Heinrichs III. Längst haben die Jesuiten proklamiert, daß der Meuchelmord eines Tryannen gottgefällig und erlaubt ist.

»In seinem Lager begegnet er einem Jacobinermönch, der von zwei Soldaten vom Regiment Comblanc flankiert ist. Der Mönch gibt vor, seiner Majestät Briefe und

Nachrichten von einigen seiner Diener in Paris überbringen zu wollen, er habe den Auftrag, ihm etwas Besonderes auszurichten.

Dieser Wunsch wird dem König vorgetragen. Er vergnügte sich des Abends davor im Haus des Wachhabenden beim Abendbrot und schnitt seine Bissen mit dem verhängnisvollen Messer ab, das solche Vögel ja bei sich zu tragen pflegen. Einer sagte sogar noch zu ihm, sechs Brüder seines Ordens hätten einem Gerücht zufolge einen Anschlag auf den König unternommen, und er antwortete ohne die Farbe zu wechseln, überall gebe es Gute und Schlechte.

Am anderen Morgen wünschte ihn der König zu sprechen. Er hieß den Mönch näherzutreten, um von ihm zu hören, was er zu sagen habe. Der Mönche wollte es mit ihm unter vier Augen besprechen. Dann wollte ihm der König aufmerksam zuhören und dann schreit er plötzlich auf: Ah, Unglückseliger, was habe ich dir getan, daß du mich umbringst? Und dann floß ihm das Blut aus dem Bauch und die Därme traten aus seinem Leib, wie er das Messer herauszog, um es dem elenden Mörder an die Stirn zu werfen. Die Leibwache machte seinem Leben auf der Stelle ein Ende. Auf der einen Seite der König, schwimmend in seinem Blut, sich die Eingeweide mit den Händen haltend und auf der anderen Seite seine treuen Diener ... die Luft füllte sich mit Jammern. Kurz danach stirbt der König, versehen mit den heiligen Sakramenten der katholischen Kirche.«

Belagerung von Paris

Die Nachricht vom Tod des Königs gelangt rasch nach Paris und löst hier mäßige Begeisterung aus. Freudenfeuer werden angezündet. Jetzt wird Heinrich IV. zum König von Frankreich erhoben. In seinem Zimmer ruht noch der tote Leib seines Vorgängers, zu dessen Füßen zwei Mönche die Liturgie beten. Der Marschall von Biron redet auf den bedrängten König ein.

In seiner Erklärung vom 4.8. verspricht Heinrich IV. die katholische Religion in seinem Reich zu schützen. So gewinnt er zwar einen Teil des Adels, nicht aber das Vertrauen der katholisch gestimmten Städte. Der König muß die Belagerung von Paris aufgeben. Er zieht sich in die Normandie zurück. Mayenne folgt ihm und am 20./21.9. kommt es zur Schlacht von Arques. Dann räumt Mayenne das Feld und der König macht sich wieder auf den Weg nach Paris. Aufgrund des Wintereinbruchs richtet er sich in Tours ein. Von hier aus unterwirft er die Städte an der Loire, die sich ihm noch widersetzen. Im kommenden Frühjahr belagert die königliche Armee Dreux, wo es zu einer neuen Schlacht kommt. Hierbei wird die Armee der Liga fast völlig vernichtet. Der König marschiert auf Paris zu, wo spanische und päpstliche Agenten gegen den König polemisieren.

»Kardinal Cajetan, der pästliche Legat, trifft in Begleitung mehrerer italienischer Bischöfe und anderer gelehrter Leute in Paris auf ... am Montag erschien er mit einer großen Zahl von Ligisten im Parlament. Die Abgeordneten empfingen ihn und führten ihn in den Audienzsaal ... dann hielt er eine lange Ansprache in Latein über die Macht und Größe des Papstes, über die Liebe, die er für das Königreich Frankreich empfinde und über den Eifer, mit dem die Franzosen, wie er hoffe, zur katholischen, apostolischen und römischen Religion hielten.«

Am 11.3.1590 wird in der Kirche und im Kloster der Augustiner in Paris öffentlich und feierlich der Eid der katholischen Union erneuert. Das einfältige Volk schwört vor dem im bischöflichen Ornat dasitzenden Kardinal Cajetan.

Die religiösen Verfolgungen gehen weiter. In Chataigneraie stürzen sich die Ligisten auf 200 Personen, um sie umzubringen. Unter den Opfern befindet sich ein Säugling, den man gerade zur Taufe trug: eine Wiederholung des Massakers von Vassy.

Währenddessen teilt Heinrich IV. der Gräfin von Gramont mit, daß er inzwischen vor Paris liege und bereits einen Vorort eingenommen habe. »Gewiß ich altere sehr. Unglaublich, wie viele Leute man mir auf den Hals schickt, die mich umbringen wollen, aber Gott wird mich beschützen.« Kurz danach folgt die Attacke auf Paris. Dann wird eine feierliche Prozession abgehalten, die Rose, der Bischof von Senlis, anführt. Die Vorgesetzten der verschiedenen Mönchsorden halten in der einen Hand ein Kruzifix und in der anderen eine Hellebarde. Hamilton, der Pfarrer von Saint-Come, ein Schotte, fordert sie auf, abwechselnd einen Choral zu singen und die Musketen abzufeuern; ein wahrhaftes Beispiel der streitenden Kirche. Selbst der Legat erscheint und billigt dadurch das alberne Spektakel.

Heinrich IV. wähnt sich seines Sieges über Paris sicher, zumal eine Hungersnot ausbricht. In dieser Periode sterben 50 000 Pariser den Hungertod, das zehnfache der Opfer der Bartholomäusnacht. Heinrich IV. versucht, Paris am 20.1.1591 in einem Überraschungsangriff zu nehmen.

Die nächsten Jahre sind von einem gegenseitigen Tauziehen gekennzeichnet. Heinrich von Navarra kann Paris nicht einnehmen und Heinrich IV. bekommt die Protestanten nicht in den Griff. Heinrich IV. zögert, offiziell zum Katholizismus überzutreten. Nun haben ihm die Spanier zur Seite gestanden; keinesfalls uneigennützig, denn ihre Ziele sind klar. Diese gehen aus einem Brief des Kardinals Dal Monte an den Großherzog von Toskana hervor.

- Das ganze Haus Bourbon als Verfechter des Ketzertums soll für unfähig erklärt werden, in Frankreich zu herrschen.
- Der gesamte katholische Adel, der auf der Seite Navarras steht, soll exkommuniziert werden.
- Seine Heiligkeit soll monatlich 50 000 Taler für die Unterhaltung des Krieges in Frankreich auslegen.
- Cajetan soll wieder nach Frankreich geschickt werden, nachdem man ihm 70 000 Taler gegeben hat, die er hier schon ausgegeben habe.
- Die französische Kongregation sei zu reformieren.

Jetzt geschieht wieder ein Wunder, denn der französische König wird Katholik. Es wird am 17.5.1593 offiziell bekanntgegeben und schlägt bei den Reformierten wie eine Bombe ein. Der Glaubenswechsel wird mit dem größten Pomp gefeiert. Die Parteien einigen sich darauf, daß der König alle römischen Dogmen über die Heilige Schrift anerkennt.

»Das Volk rief mit lauter Stimme: Es lebe der König. Es lebe der König. Es lebe der König. Dazu wurde der erhabene Lobgesang *Te Deum laudamus* angestimmt, so daß groß und klein weinte. Der feierliche Akt der Abschwörung wird durch eine königliche Beichte gefestigt. Seine Majestät, der König, küßte gar das Buch, das ihm der Kardinal hingehalten hat … er wurde unter Trommelwirbeln heimgeleitet.«

Am 31.7.1593 unterzeichnen Cajetan und Heinrich IV. einen Waffenstillstand für drei Monate. Kurz danach, am 27.2.1594, läßt sich der König in Chartres krönen. Er erläßt eine Amnestie und schließt Frieden mit dem Papst.

Selbst die bisher der Liga ergebenen Städte unterwerfen sich dem König und im April 1598 fühlt sich Heinrich IV. stark genug, das Edikt von Nantes zu erlassen, das seinen ehemaligen Glaubensbrüdern die uneingeschränkte Religionsfreiheit zusichert und das folgende Punkte enthält:

- Vollkommene Gewissensfreiheit für jedes Haus und jede Familie.
- Öffentliche Religionsausübung an allen Orten und in denen, an denen sie schon 1597 erlaubt war und in den Vororten der anderen Städte.
- Erlaubnis für die höheren Beamten der anderen, in ihren Häusern für die Bekenner Gottesdienste abzuhalten, für die Adeligen ebenfalls in ihren Schlössern; dem niedrigen Adel wird die Abhaltung privater Kulthandlungen gestattet.
- Zulassung der Reformierten zu allen öffentlichen Ämtern, der Kinder zu den Schulen, der Kranken zu den Hospitälern, der Armen zu den Almosen.

Deß HERREN Wort bleibt inn Ewigkeit

LUTHER. PABST CALVINUS — DER HERR ist mein Hirt/ mir wird nichts mangeln. Psalm. 23.

- Das Recht, protetantische Bücher in gewissen Städten drucken zu lassen.
- Errichtung gemischer Parlamentskammern.
- Vier Akademien für die höhere Ausbildung in Wissenschaft und Theologie.
- Sicherungsplätze für die Reformierten und ihr Recht, Synoden einzuberufen.

Als die Räte des Königs das Edikt in das Pariser Parlament bringen, erhebt sich die alte Agitation, denn es sind dem konservativen Adel gegenüber ungewohnte Verpflichtungen ... doch unter der königlichen Wachsamkeit wird das Edikt wirksam. Die etwa 2500 calvinistisch gesinnten Familien haben ihren festen Platz im Staatswesen gefunden. Der Preis war hoch: Frankreich ist verheert und verwüstet und man kommt darauf, daß es keine Rolle spielt, in diesem Punkt so intolerant gewesen zu sein.

Die letzten Jahre Heinrichs IV.

Heinrich IV. wird am 14.5.1610 von Ravaillac, einem gedungenen Katholiken, erdolcht. Dieser kommt aus der großen Schule des religiösen Fanatismus. Er kennt die Bücher der Jesuiten, die den Königsmord empfehlen und Ravaillac sagt unter der Folter, er habe jahrelang darauf gewartet, daß der König alle Häretiker mit Gewalt bekehren werde ... dann wird er auf der Place de Greve geviertelt. Um 1614 riecht es wieder nach Krieg in Frankreich und Maria von Medici wirbt bereits Truppen, um den Aufstand zu brechen. Im Oktober 1614 wird eine Ständeversammlung im Pariser Augustinerkonvent eröffnet. Kurz vorher hat man Ludwig XIII. für großjährig erklärt.

Damals ist er 17 Jahre alt. Zählte man ihn doch zu den Verlorenen, da ihn doch seine Mutter als 15jährigen öffentlich geohrfeigt hat. Er stottert und läßt sich von Soldaten Sperlinge fangen, um dann in seinem Zimmer mit kleinen Falken auf sie Jagd zu machen. Er ist krank. Waschungen, Purgationen, heiße und kalte Bäder wechseln sich ab, er schweigt stunden-, ja tagelang. Den Hugenotten schenkt er keine Sympathie, denn er fühlt sich dem Katholizismus verpflichtet. 1620 faßt er den Beschluß zum bewaffneten Widerstand.

Hat ihm doch der Papst unter jesuitischem Einfluß zugesagt, 200 000 Ecus zu bezahlen, falls es gelänge, die Einheit der Religion wieder herzustellen. Priester rufen von den Kanzeln: »Die Hugenotten müssen mit Kind und Kindeskindern ausgerottet werden.«

Montauban wird belagert. Schon hat man 20 000 Kanonenkugeln nutzlos auf sie gefeuert. Nach einer Belagerung gibt der König auf und tritt am 2.11.1621 den Rückzug an.

Es kommt es zu einer blutigen Rache. In Négrepelisse, einem Nachbarflecken, wird die gesamte Bevölkerung getötet und deren Straßen füllen sich mit Leichen. In Saint-Antonin, wo selbst Frauen mit Hellebarden kämpfen, werden die ersten zehn Bürger samt ihrem Pastor gehängt; die Gefangenen werden auf Galeeren geschickt. Montpellier widersteht dem königlichen Despotismus, obwohl deren Festungsanlagen geschleift werden. Es eine Wende im Schicksal der Hugenotten. Sie verfügen jetzt nur noch über zwei Sicherungsplätze: Montauban und La Rochelle, der Rest ist verloren.

Richelieu und Mazarin

Am Montag, dem 29.4.1624, versammelt Ludwig XIII. in seinem Schloß von Compiégne seine Minister. Er stellt Richelieu als neues Mitglied seines Conseils vor. Armand-Jean du Plessis, Herzog von Richelieu, dessen Familie in Poitiers zuhause ist, schlägt eine militärische Laufbahn ein und entschließt sich später, Geistlicher zu werden. Rastlos widmet er sich theologischen und staatspolitischen Disziplinen; früh wird er Bischof, wird Doktor an der Sorbonne.

Ein fanatischer Verfechter der konservativen Tendenzen und ein ebenso fanatischer Anwalt des geistlichen Standes, ein brillanter und geschmeidiger Redner ... er gibt sich den mönchischen Kasteiungen im Sinn der Karmeliter hin. Dann verweist man ihn nach Avignon. Ludwig XIII. haßt ihn später *wie einen Teufel.*

»Dieser Schurke und seidige Schleicher, kränklich, von Migräne geplagt, ein früher Rheumatiker, plötzlichen Ohnmachten hilflos ausgeliefert, von zu langen Nachtstunden, von Gebetsübungen, von Depressionen totenbleich wird der größte Staatsmann des Jahrhunderts ... sein Willen hält Europa in Atem. Er entwirft die Idee des Nationalstaates, mischt die Karten gegen Spanien, verbindet sich mit den deutschen und schwedischen Protestanten gegen Habsburg und Bayern und erzieht den König zu einem verantwortungsvollen Monarchen ... er erhebt Frankreich in die politische, künstlerische und wissenschaftliche Vormachtsstellung; ein Priester von höchstem Ehrgeiz ... er braucht die religiöse Ekstase, um seinen irdischen Ehrgeiz abzureagieren ... er ist ein verhaßter Einzelgänger.«

Richelieu ist kaum ein Jahr an der Macht, da verschwört sich die Situation gegen ihn. Unter seinem Einfluß wird La Rochelle besiegt. Im August 1629 wird der Frieden von Alis geschlossen und ihm folgt das Gnadenedikt von Nimes. Alle bürgerlichen Rechte und die religiöse Freiheit werden den Reformierten gewährleistet.

Mitte des 17. Jahrhunderts leben in Frankreich etwa eine Million Protestanten, vor allem im Languedoc, der mächtigsten aller Provinzen. Hier liegen die bedeutenden Hugenottenstädte Nimes, Montauban und Montpellier.

Der erneute Kampf gegen den französischen Protestantismus beginnt wieder unter Ludwig XIV. Unter ihm beginnt ein Kleinkrieg. Gotteshäuser und Kultstätten werden aufgelöst, die Zahl der Geistlichen wird vermindert, man sperrt die theologisch-protestantischen Fakultäten, übergibt viele Gymnasien den Jesuiten und schmälert den Andersgläubigen den Anspruch auf eine angemessene Schulbildung.

Heiligen- und Reliquienkult

Inhalt

Heiligen- und Reliquienkult

Die katholische Kirche übernimmt den Heiligenkult, die Verehrung der Reliquien, das Wallfahren, den Dämonen- vor allem den Teufelsglauben, und die Trug- und Schreckmittel aus einem antiken Fundus, modifiziert sie geringfügig und hält damit Millionen in Schach. Sie verfolgt und erreicht dabei zwei Ziele: neben der Verherrlichung des Aberglaubens schafft sie sich eine nie versiegende Einnahmequelle.

Es ist schwierig, den Glauben vom Aberglauben zu trennen. Vielleicht ist allein an die Wirksamkeit der Theologie zu glauben bereits abergläubisch. Die Priester aller Zeiten werden von der Erkenntnis geleitet, daß ihr Ansehen in erster Linie davon abhängt, daß die Masse das glaubt, was sie ihnen zu glauben vorschreibt.

Daraus ergibt sich die theologische Zwangsvorstellung, den Einfluß der Tributpflichtigen begrenzt zu halten. Keine Weltreligion hat die Intelligenz der Massen oder deren Fortschritt gefördert. Die katholische Kirche nimmt jede Chance wahr, um die geistige Freiheit zu unterbinden oder sie in ihrem Sinn zu polarisieren.

Das religiöse Fußvolk wird ständig mit Unwahrheiten berieselt und saugt sie begierig auf. Das bedeutet für die Geistlichen Prosperität und trügerische Sicherheit. Moralische Skrupel haben sie nur selten[1]:

»Die Pfaffen verdanken ihre Ohnmacht den menschlichen Schwächen. Es kann ihnen nicht verborgen bleiben, daß fast alle Narren sind und ausgenutzt sein wollen ... sie hätten Engel sein müssen, wenn sie die ihnen entgegengebrachte Dummheit nicht vermarktet hätten. Ihre Unverschämtheit kennt keine Grenzen, denn die Einfalt der Menschen schreitet ihr voran[2] ... alle großen Reiche sind zerfallen, aber die Kirche wird noch lange bestehen, denn sie ruht auf dem sichersten Fundament, der Naivität[3].«

Niemand steht es zu, einen Abergläubischen zu verurteilen; auch über uns wird man zu Gericht sitzen und mangelhafte Intelligenz ist nicht strafbar, sondern üblich.

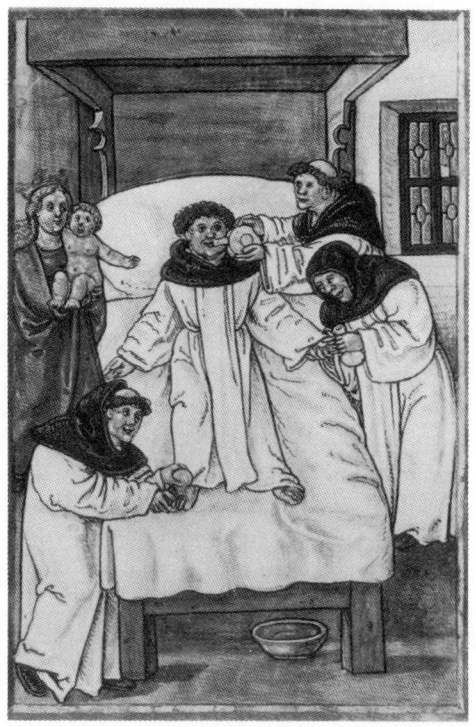

Ein geistlicher Betrüger. 1507 kommt es im Berner Dominikanerkloster zu Geistererscheinungen der heiligen Barbara und der Muttergottes. Hinter dem Scharmützel versteckt sich der Schneidergeselle Hans Jetzer.

Und doch brennt der theologische Aberglauben einen Schandfleck auf die schmutzige Weste der katholischen Kirche, denn er treibt wundersame Blüten.

Sie übernimmt alle Varianten des Aberglaubens der antiken Trickkiste, um sie weiter zu verzerren; sie hält damit Millionen in Schach und sie verdient ebensolche. Es sind die Vorstellungen von:

- Wallfahrten. Das ist intellektuelle Prostitution. Da es keine Heiligen gibt, gibt es auch keine Reliquien. Es gibt nur einige, die von Menschen nachträglich zu Heiligen erhoben worden sind; das ist etwas anderes. Wallfahrten halten den Aberglauben wach.

- Der Glaube an Götter, Dämonen und Teufel ist eine spezielle Variante des Aberglaubens. Der Glaube an die Macht des Weihrauchs, der Gebete und den Kirchengesang sind harmlose Anhängsel.
- Es ist Aberglauben, wenn die Kirche ihre Glaubensschäflein zwingt, an Absurdes zu glauben, wie an die Unfehlbarkeit, an die Jungfräulichkeit Marias oder an die reinigende Kraft der Beichte.

Die Reihe läßt sich beliebig fortsetzen: den Wahrheitsgehalt der Bibel, die inneren Strukturen der Eucharistie, die Macht der Sündenvergebung und mehr. Führt man die wesentlichen Inhalte der römisch-katholischen Glaubenslehre auf ihre Anfänge zurück, so enden sie im Aberglauben.

- Nahezu alle zeremoniellen Gebräuche des Christentums entstammen der Antike. Das Tragen des Kreuzes ist ein antiker Abwehrzauber. Der Weihrauch soll lange vor der christlichen Zeit Dämonen abwehren. Das ewige Licht brennt in römischen Heiligtümern und wird in der Gestalt der Göttin Vesta personifiziert. Das Glocken- und Grabgeläute hat eine dämonenabwehrende Funktion wie die Fratzen an den gotischen Kirchen.
- Alt und aus dem Orient übernommen ist die Sitte des Rosenkranzes (Rosarium). Die bei den alten Indern und Ägyptern gebräuchlichen Umzüge mit Bildern und Symbolen wuchern zu christlichen Prozessionen und Bittgesängen aus.

Orakel, Wallfahrten, antike Tempelkulte

Während die Theologen und Philosophen studieren, wie es denn möglich sei, Gott noch gefälliger zu sein, geht es auf der Welt realistisch zu. Es läßt sich der Nachweis führen, daß bereits die antiken Priester das Volk betrogen haben. Die griechischen Orakel nehmen Einfluß auf die damalige Welt. Die Epikuräer leugnen ihre Wirksamkeit und halten sie für Gaukelei. Plutarch führt sie auf natürliche Ursachen zurück. Christliche Autoren erklären sie als Werk der Dämonen und betreiben das gleiche unter veränderten Vorzeichen. Warum sollten sie sich anders verhalten oder besser sein? Mancher antike Tempel wird geschliffen, um eine christliche Kirche darauf zu errichten.

Altägyptische Totenopfer

Früh stellt man in den Raum, es wären Opfer notwendig, um das Wohlwollen der Götter zu erlangen. Folgerichtig führen die ägyptischen Priester, und nicht nur diese, das Totenopfer ein. Die Aufgabe des ägyptischen Totenkultes ist es, die Seele durch die Gefahren des menschlichen Lebens zu leiten. Man sagt: »Versage Deinem Vater und Deiner Mutter nicht das belebende Wasser des Totenopfers, sondern erneuere es, wenn Du Dich fern Deiner Wohnung befindest. Dein Sohn wird es in der gleichen Weise für Dich tun.«

Früh werden passende Gebete zusammengestellt: »Lob und Ehre Dir, göttlicher Vater Osiris. Ich preise Dich und bitte, daß Du mich nicht verderben läßt. Komm, mach meinen Odem stark und gestatte mir, in das Land des ewigen Seins einzugehen. Überlasse meinen Körper nicht den Würmern, sondern erhalte ihn, wie Du dich selber erhältst. Ich flehe Dich an, daß, wenn meine Seele ihr irdisches Haus verläßt, mein Leib nicht in Fäulnis übergehe und zum Fraß für allerlei Tiere und Reptilien werde. Laß meine Glieder nicht zerfallen, mein Fleisch nicht zu einer stinkenden Masse und übelriechender Flüssigkeit werden oder sich in eine Unzahl häßlicher Würmer verwandeln ... überantworte mich nicht jenem Schlächter, der in den Marterkammern haust, die Glieder zerschlägt und sie dem Verderben überläßt. Gib mich nicht in seine Hände. Laß mich nicht durch allerlei kriechendes Getier ein Ende finden. Laß mich leben und ich will Dich immerdar preisen, denn ich stehe unter Deiner Macht. Herr aller Götter.«

Oder: »O Herr des großen Wohnorts, höchster König der Götter, rette diesen Toten vor jenem Unhold, der das Gesicht eines Hundes hat, der die Herzen verschlingt und sich von Verfluchtem ernährt.«

Aus einem ähnlichen Denken entstehen die Stiftungen. Hier wird bestimmt, wann und in welcher Form Opfer darzubringen sind. Der Ägyptologe Brugsch weist nach, daß Ramses II. (ca. 1290-24 v. u. Z.) für seinen Vater Sethos I. in Abydos das Geld für einen vollständigen königlichen Haushalt aussetzt, mit Äckern, Weiden, Geflügelhöfen, Schiffen, Handwerkern, Knechten, Mägden und Einkünften aller Art.

»Um Dir darzubringen, was Dir gehört, setze ich eigene Einkünfte für Dich und Deine tägliche Verehrung ein. Ich stelle einen besonderen Priester für Dich an, der mit allem, was er benötigt, versehen ist und täglich das Weihwasser auf den Boden sprengen wird. Ich weihe Deiner Seele die Länder des Südens und des Nordens. Sie sollen Dir ihre Gaben vor Dein schönes Antlitz bringen.

Alle Deine früheren Dienstboten brachte ich zusammen und überwies sie Deinem Priester. Ich weihte Dir Schiffe samt ihrer Mannschaft auf dem großen See. Ich bestimmte die von den Feldern zu entrichtenden Abgaben und versah die Äcker mit Feldmessern und Ackersleuten, um das für Deine Seele bestimmte Getreide zu liefern. Ich weihte Dir die Barken samt ihrer Bemannung; ferner Arbeiter zum Fällen des Holzes, auch Herden und allerlei Vieh und Opfer, Geflügel und Fischen. Desgleichen versah ich Deinen Tempel mit Handwerkern aus allen Zünften sowie mit männlichen und weiblichen Sklaven zum Bestellen der Felder.«

Durch eine Verwechslung hält man ein frühes Königsgrab in Abydos für das des Osiris und über Jahrtausende wird es Zentrum des Osiriskultes und ein Wallfahrtsort. Im Neuen Reich wird Theben zum Wallfahrtsort des Reichsgottes Amun. In Bubastis, der heiligen Stadt der katzenköpfigen Göttin Pascht oder Sachmet, haben sich an den Jahresfesten Hunderttausende versammelt. So entsteht an den Herkunftsorten einer Gottheit ein Wallfahrtsort: je nach Anliegen besucht man Tempel bestimmter Götter und hofft, diese durch Opfer gnädig zu stimmen.

In der indischen Stadt Dschaggernaut ist der in Sandelholz verwandelte *wahre* Körper Krischnas als *Herr der Welt* zu sehen. Er wird gleichzeitig in der Nähe von Kalkutta verehrt. In Kandy, der Haupstadt der Insel Ceylon, wird ein angeblicher Zahn des Gautama Buddha, des Messias des Orients, angebetet.

Er hat einen Konkurrenten in der Zahnstadt Dantapura in Hindostan. Man hat sich bereits um die Gebeine Alexander des Großen gezankt und mit Körperteilen Buddhas geschachert. Warum sollte es bei den Christen anders sein?

Delphi: Das antike Rom

»Die Großen dieser Welt türmen in Jahrhunderten einen gigantischen Jahrmarkt auf und einer sucht den anderen in seiner Einfalt zu übertreffen. Wohin man sieht, vergoldete Eitelkeit, ein Panoptikum legendärer Überlieferung und religiöser Naivität, das antike Rom. Ganz Delphi lebt vom Betrug der Priester, Geschäftsleute, Andenkenverkäufer, bestallten Fremdenführern und listigen Dirnen. Schon damals fertigt man Körperteile wie Arme, Beine, Ohren, Augen, Zungen und Herzen nach. Mit ihnen werden die antiken Götterbilder behängt und ein Gebet soll helfen, die göttliche Gnade herabzuflehen; eine solche gibt es nicht: »Kaum haben sich die Gläubigen entfernt, tragen die Priester die Dinge fort, um sie anderen aufzuschwatzen[4].«

In Delphi leiten zwei als Propheten verkleidete Priester eine verschleierte Pythia zur Quelle Kastalia. Hier nimmt das keusche Mädchen ein kultisches Bad und trinkt aus einer weiteren Quelle, womit sie die Fähigkeit der Weissagung erhält. Ein Zicklein wird geschlachtet und auf dem Altar verbrannt. Der aufsteigende Rauch ist für die staunende Menge das Signal: das Orakel ist eröffnet. Noch heute wird auf dem

Petersplatz in Rom den staunenden Gläubigen die Wahl eines neuen Papstes durch aufsteigenden Rauch angezeigt.

In Delphi muß der Klient unmittelbar vor der Befragung einen Honigkuchen opfern, der ihm vom Orakelpriester verkauft wird. Schon die alten Hebräer kennen einen Reinigungseid in Eheangelegenheiten. Mann und Frau gehen zu einem Priester. Der Mann übergibt einen Eifersuchtskuchen. Der Priester legt ihn ihr in die Hände, sonst funktioniert es nicht. In seinen hält er das *bittere* Wasser, das er zur Beschwörung verwendet. Dann sagt er: »Wenn kein Mann bei Dir geschlafen hat, und Du Dich nicht verunreinigt hast, solange Du in seiner Gewalt bist, so soll Dir dieser bittere Trank nicht schaden; wenn Du Dich aber verschmutzt oder verunreinigt hast, und ein anderer als Dein Gatte bei Dir geschlafen hat, soll dieses Wasser, das die Verwünschung in sich schließen soll, wenn es in Deine Eingeweide tritt, Deinen Leib platzen und Deine Schenkel brechen lassen[5].«

Der dem Gläubigen beigestellte Assistent tut seine Dienste selbstverständlich nicht umsonst. Preise werden nach Stand und Ansehen berechnet. Der Betrug ist so plump, daß der Fabeldichter Äsop im 6. Jahrhundert dagegen wettert.

Er wird den Geistlichen so hinderlich, daß sie nach einer Möglichkeit suchen, ihn aus dem Weg zu räumen. Sie inszenieren ein göttliches Verbrechen, schieben eine Goldene Schale aus dem Tempelschatz in sein Gepäck und verbreiten die Nachricht des Diebstahls. Plötzlich findet man sie bei ihm. Nach Ansicht der Geistlichen hat er *zu Recht* den Tod verdient und wird vom *Hyampischen Felsen* gestürzt.

Als man 1925/26 das Heiligtum des Tanit aufdeckt, findet man eine Stele, auf der die Gestalt eines Priesters zu sehen ist, der warnend die Hände hebt. Darunter steht in punischer Schrift, daß derjenige, der es wagt, die heilige Stätte und die Stille des Tempels zu stören, verflucht sei und von Gott Baal zerschmettert wird. Es ist die geistige Heimat der viel späteren Gotteslästerungsparagraphen. Es ist einer der wenigen Fälle, wo Theologen die scharfsinnigen Juristen überlistet haben. Sie müssen für einen Tatbestand strafen, der sich nicht nachweisen läßt und allein dies kann nicht Rechtens sein. Die Illusion, daß die Priester die Fähigkeit haben, zwischen Gott und der Menschheit zu vermitteln, darf auch von ihnen nicht angetastet werden. Zweiflern droht die Götterrache und es ist ein Wunder, daß sie damit Erfolg haben.

Der Wundertäter Äskulapios wird bei Hafenstadt Epidauros geboren und verehrt. Die Ruinen des Heiligtums und Inschriften werden gefunden. Wir lesen: »Heräus war kahlköpfig. Während er schlief, erschien Gott an seinem Lager und rieb ihm den Kopf, worauf er beim Erwachen prächtige Locken besaß.«

Dem Valerus Apes, einem blinden Soldaten, wird geheißen, das Blut eines weißen Hahnes mit Honig zu mischen und sich mit dieser Salbe drei Tage lang hintereinander die Augen zu bestreichen. Dadurch wird er sehend und sagt den Göttern Dank.

In Pythien folgen die sybillinischen Schicksalsbücher, diesen die Auguren und diesen die Haruspex (Vorzeichendeuter). Sie verfügen über *Blitzbücher*. Aus ihnen werden absurde Entscheidungen abgeleitet und sie bilden eine antike Seitenlinie zu den Bibeln. Merkwürdig ist, daß dieses Verfahren später von einem Papst beansprucht wird, obwohl er seinerzeit diesen Titel noch nicht führt. Etrurische Haruspices geben 408 bei der Einschließung Roms unter Alarich das Versprechen, die Stadt durch herabgeschleuderte Blitze zu schützen[6].«

Der nächste Schritt ist folgerichtig. Antike Priester reden dem Volk ein, daß es nicht nur die Tempelgötter zu verehren hat, sondern auch die hier aufbewahrten sterblichen und sonstigen Überreste. Schon die alten Indianer trocknen Leichen auf Holzgerüsten und nehmen später Knochen bzw. die getrocknete Mumie zur Verehrung herab. An anderen Orten begnügt man sich, aus Haaren, Knochen und Nägeln der Toten Gegenstände zu formen, die diese Seele fesseln sollen; so entstehen die Reliquienbilder. Schon die Indianer bewahren Gebeine in Kürbisschalen auf. Daraus entsteht ihr Fetisch, und vor allem die *Zauberflasche* oder *Zauberkalebasse*. Sie enthält in einem ausgehöhlten, mit Federn geschmückten Kürbis ein klapperndes Phanteon von Fetischkörperchen. Hier wird vorgezeichnet, was die Christen später in ihre Reliquienbehälter schließen.

Reliquienkult

Die ältesten Spuren des Reliquienkultes führen zu den Gräbern der Antike. Die Perser und Lyder heben Leichen aus der Erde, um sie zu verehren. Dann setzt das Ausschmücken des Reliquienbehälters ein und dann wird eine weitere Sitte aus dem Orient übernommen: das Teilen der Leiche, bzw. der ihr entnommenen Reliquien.

Die Überreste sind wegen ihres Lebens als Teile von Heiligen zu betrachten: »Wer zu den Aufbewahrungsorten pilgert und hier zahlreiche Opfer bringt ... wird nicht nur Genesung finden, sondern auch die Vergebung aller Sünden erlangen[7].«

Bei all den Schrecken, die Priester seit Jahrtausenden der Masse einreden, beim Vorantragen höllischer Strafen und der göttlichen Rache ist es kein Wunder, wenn das Volk vor Furcht erstarrt und das ihm Vorgegaukelte als wahr ansieht. So ist es von hier bis zu den Wallfahrtsorten nur ein Schritt. Selbst wenn die daran geknüpften Verheißungen aus der Luft gegriffen sind, glaubt man an die damit verbundenen Wohltaten, denn allein der Glauben kann nach der theologischen Auffassung Berge versetzen. So finanziert man mit dem Aberglauben geschäftstüchtige Imperien. Im Laufe der Zeit kommt der Reliquienhandel auf, das Ausstellen im Reliquiar und das Tragen von Amuletten. Der Reliquienkult ufert aus.

Von Ägypten und Indien aus übertragen sich die Anschauungen auf die heiligen Stätten der Perser, Griechen und Römer. So ist die bewaffnete Göttin Pallas-Athene vom Himmel gefallen. Etwas später werden ihr Speer und Schild des Kriegsgottes Ares nachgereicht. Die Priester des Apollotempels in Kroton brüsten sich, die Waffen des Herkules zu besitzen. Im Tempel der Athene von Phaselis wird die Lanze des Achilles aufbewahrt. Im Tempel von Engynon zeigt man den Helm des Odysseus.

Das Schiff der Argonauten ist in Korinth zu sehen, Haare von Kopf der Medusa in Tegae, die Gebeine des Orpheus (aus der Unterwelt) in Dios (Mazedonien). Von ihm haben sich zwei Köpfe erhalten. Außerdem ist er im Besitz von zwei Leiern; eine wird im Apollotempel von Lesbos und die andere in Heraklia (Bythien) verehrt[8].

Die Königstochter Lea hat zwei Eier zur Welt gebracht. In einem befindet sich Kastor und im anderen Pollux, die sich noch heute als Sterne am Himmel bewegen. Pausianus sagt, daß diese berühmten Straußeneier[9] in Sparta gezeigt worden sind[10]. Es ist eine Tierreliquie, doch dies ist nicht außergewöhnlich.

Schon in der Antike hortet man Tempelraritäten und Reliquienschätze. Der frühe Kultraum ist in der Regel eine Sammelstätte von Kuriositäten. Es kann keine Frage sein, daß in vielen alten Tempeln Raritäten aufbewahrt werden[11]. So wird das Gerippe eines Seeungeheuers nach Rom gebracht[12]. Seit alters her werden Kuriositäten geweiht, so Gebeine und Panzer von Krokodilen, die man als Überreste von Lindwürmern ansieht.

Von Ägypten aus verbreitet sich die Sitte, an geweihten Orten Figuren hinzulegen, bis zu den Juden, Römern und Christen. Steht doch in der Bibel, daß die Philister dem Gott fünf aus Gold gefaßte Mäuse und ebensoviele goldene Beulen als Weihegaben brachten, um dadurch sowohl von der für ihre Felder so verderblichen Mäuseplage, wie von der Beulenpest verschont zu bleiben[13].

Die christliche Reliquienverehrung setzt im 3. Jahrhundert ein. Seit dem 4. Jahrhundert werden Reliquien manufakturartig hergestellt[14]. Rasch erkennt man ihren wirtschaftlichen Wert zur Aufrechterhaltung des Glaubens.

Das Zweite Konzil von Nicäa stellt die Forderung auf, daß fortan in jedem zum Gottesdienst verwendeten Altar der katholischen Kirche die Reliquie eines Heiligen einzuschließen ist. Ohne Vorhandensein einer solchen dürfe keine Messe gelesen werden[13]. Das Konzil von Trient schleudert gegen alle, die der Verehrung nicht nachkommen, den Fluch der Kirche. Früh melden sich Zweifler.

So verurteilt Vigilantius in einer um 420 verfaßten Schrift die Verehrung Toter und ihrer Überreste als einen aus dem Heidentum übernommenen Götzendienst. Er wird scharf zurückgepfiffen und seine kluge Stimme verhallt im Glaubenswahn.

Eine frühe Pilgerreise

Die Pilgerreisen setzen parallel zur Heiligenverehrung und dem Reliquienkult ein. Ein Pilger aus Aquitanien berichtet im Jahr 333 über seine Reise: In Kasseira wird ihm das Bild des Hauptmannes Cornelius gezeigt. Bald darauf sieht er die Quelle, durch deren Wasser Frauen, die darin baden, schwanger werden. Dezidierter berichtet er von Jerusalem:

In Sichem wird er an das Opfer Abrahams erinnert. Er sieht das Grab von Joseph, dessen Gebeine man aus Ägypten herbeigeschafft hat. Er sieht den Brunnen Jacobs, an dem Christus mit der Samariterin gesessen hat. In Jericho sieht er den Maulbeerbaum, auf dem sich der Zöllner Zachäus befand. Außerdem besichtigt er die Quelle, die Elias gesund gemacht hat. In der Nähe von Jericho wird der Ort gezeigt, wo Josua das Volk beschnitten hat und die zwölf Steine, die an den Übergang im Jordan erinnern. Am Jordan erhebt sich der Hügel, an dem Elias entrückt ist. In Bethlehem fließt die Quelle, mit deren Wasser Philippus den Eunuchen der Königin Kandaka getauft hat. Dann beginnt das Schachern. Die Kirche schaltet sich ein und beherrscht das Geschäft. Die Rechnung geht auf. Je zahlreicher man auf Reliquien verweisen kann, desto größer ist der Zulauf der Massen und desto schneller füllen sich die Kassen der Ausbeuter: »Denn umsonst waren Reliquien nirgends zu sehen[15].«

Die Einkünfte dienen der Aufrechterhaltung der Prosperität, dem Bezahlen des Lehrkörpers, dem Halten von Konkubinen und dem Ernähren der priesterlichen Familien. Sie dienen der Ausstattung der Kirchen, Klöster und Abteien.

Heute ist der Reliquienkult durch Dekrete geregelt. Die Theologen machen bemerkenswerte Unterschiede. Sie differenzieren nach Reliquien und Partikeln. Unter den *Reliquiare insignes* verstehen sie ganze Körper oder wesentliche Teile von ihnen, wie Kopf, Arme oder Beine. Die *Reliquiare non insignes* zerfallen in *Notabiles* (Hände oder Füße) und *Exiguae* (Zähne und Finger). Das ist eine sophistische Haarspalterei, die die Wissenschaft der Theologie bloßstellt.

Der Überfluß macht leichtsinnig. Bald streiten sich einzelne Kirchen, wer denn nun das jeweils echte Stück besitzt, und wäre es auch nur eine der 13 erhaltenen Vorhäute des Religionsgründers Jesus von Nazareth. Im Verbund mit dem Reliquienschacher ist festzustellen, daß immer mehr gleiche Teile an verschiedenen Gnadenstätten verehrt werden. Beispielsweise ist der vollständige Körper des heiligen Dionysius in St. Denis und St. Emmeram zu sehen. Außerdem rühmen sich die Kathedralen von Prag und Bamberg, Köpfe von ihm zu besitzen. Eine seiner fünf Hände wird in München verwahrt. Der Kopf von Johannes dem Täufer ist zweimal vorhanden.

Die heilige Ursula muß eine vierköpfige Mißgeburt gewesen sein, denn ihr vollständiger Leichnam wird in St. John d'Angely verehrt, während ihre Schädel in Köln, Mons und Bergerac zu bewundern sind. Der heilige Sebastian ist viermal vorhanden und der heilige Lazarus hat immerhin drei Leichen hinterlassen.

Die Schädel der heiligen Drei Könige werden in Köln und in Mailand verehrt. Das Skelett des heiligen Georg ist in 26 Exemplaren greifbar, obwohl 496 Papst Gelasius das irdische Dasein des Drachentöters als Legende bezeichnet. So werden die ekelhaftesten und unscheinbarsten Reste zersetzer Leichen zu gefragten Handelsobjekten.

Daß die Kirchen sich gegenseitig zu überbieten suchen, ist erwiesen. Ein Blick in ihre phantastischen Sammlungen lehrt ei-

Religiöse Schwingmaschine zum Vortäuschen des Engelsfluges in Verbindung mit Musik. Interessante Seilzugkonstruktion.

nem das Fürchten ob einer so hehren Religionsvariante. Dies wirft Fragen auf, das Ganze als unglaubwürdig abzutun. Merkwürdigerweise ist der christliche Glauben zäh. Deshalb können es sich die Kirchenführer erlauben, Dinge als Reliquien hinzustellen, die *an den Haaren herbeigezogen* sind; z. B.:

- Etwas vom Hauch Christi in einer Schachtel.
- Etwas Schall von den Glocken, die geläutet wurden, als Jesus in Jerusalem einzog.
- Ein Strahl von dem Stern, der den Weisen aus dem Morgenland den Weg geleuchtet hat.
- Etwas von dem zu Fleisch gewordenen Wort Christi.
- Einige Seufzer von Josef.

Damit keinesfalls genug. Die hereinbrechende Flut angeblicher Reliquien stellt die Geistlichkeit vor immer größere Probleme. Immer mehr wird über Nichtigkeiten debattiert, immer gewagtere Zuordnungskunststücke werden unternommen; immer mehr Absurditäten werden in den Rang des Göttlichen erhoben, um das sensationslüsterne Volk bei Laune zu halten bzw. dessen Spendenbereitschaft zu aktivieren.

Weil ein gewöhnlicher Mensch nach der theologischen Auffassung kaum in der Lage ist, Reliquien korrekt zu beurteilen, streiten sie bald über den schlimmsten Aberwitz. Man diskutiert darüber

- Ob Adam einen Nabel hatte?
- Ob sich Pontius Pilatus mit Seife gewaschen hat, als er das Urteil über Jesus sprach?

- Ob Gott wie ein Hund bellen kann?
- Ob eine Entjungferte von ihm wieder zur Jungfrau gemacht werden kann?
- Ob man notfalls auch mit Bier oder Sand taufen kann ... oder ob das bloße Anspucken genügt?
- Ob eine Maus, die Taufwasser getrunken hat, als getauft anzusehen sei?

Selbst dem Einfältigsten müßte klargeworden sein, auf welches Spiel er sich einläßt. Die Wittenberger Schloßkirche besitzt 5005 Reliquien; sie sind noch kurz vor Ausbruch der Reformation vorhanden. Das Heiltumsbuch hat sich erhalten[18]. In seinem Vorwort wird gesagt: »Es sollen alle christgläubigen Menschen zur Ablaß und Auslösung der Sünden, auch zur Erlangung ewiglicher Seligkeit gereizt und bewegt werden ... es möge auch ein jeder Mensch, der die Stiftskirche besucht, in seinem innigen Gebet und vor jedem Altar einen merklichen Ablaß verdienen.«

In Wittenberg ist der Schwindel so attraktiv, daß aus den Einkünften die Professoren der Universität bezahlt werden können. Hier werden die *Heiltumsschauen* jährlich am Montag nach dem Sonntag Misericordis durchgeführt, was mit einem großen Spektakel verbunden ist. Während von Wittenberg aus der Funken der Reformation durch Europa eilt, verharrt man in Halle noch bei der Tradition. Der dort residierende Kardinal Albrecht von Brandenburg frönt dem Laster und hortet Tausende von Reliquien; es ist in gewisser Weise eine Konkurrenzsammlung zu Wittenberg.

1645 bringt der Kölner Propst Gelenius eine Schrift heraus, in der die im Dom aufbewahrten Reliquien der Heiligen Drei Könige und die Reliquienschätze von fünfzehn weiteren Kirchen und sechs Klöstern der Stadt Köln beschrieben sind[19]. Hinzu kommt eine umfassende Sammlung von weiblichen Zähnen[20]. Vielleicht sind es die Überreste und Gebisse der 11 000 Jungfrauen, die es nicht gegeben hat. Als Reliquienreste kommen gelegentlich Maulwurfszähne, Mäuseknochen und Bärenfett in Umlauf[21]. In der Zeit, die sich in nichts

von der unsrigen unterscheidet, wird immer mehr als Reliquie ausgegeben. Es tauchen interessante Dinge auf. So erhöht man in den verehrungswürdigen Rang:

- Die heilige Lanze, mit der der römische Ritter Longinus Jesus in die Seite gestochen haben soll.
- Die Smaragdschüssel, aus der Jesus sein Opferlamm verspeist haben soll.
- Den Kelch Christi, den er beim Abendmahl benutzt haben soll.
- Einen der zwanzig Silberlinge und die Laterne, die Judas benutzt hat.
- Das Waschbecken, in dem sich Pontius Pilatus die Hände gewaschen haben soll.
- Die Ketten des Petrus.
- Den eingetrockneten Arm des heiligen Antonius, der sich als Brunstrute eines Hirsches erweist[22].

Oft wird innerhalb der christlichen Literatur herausgestellt, wie grausam und ungerecht der Kindermord zu Bethlehem gewesen sein soll. Bemerkenswert ist, daß der in diesem Zusammenhang genannte Sultan an Gläubige abortierte Kinderleichen als *Leichen der unschuldigen Kindlein* verkauft hat[23].

Allerseelentag

Obwohl die katholische Kirche über Jahrhunderte im Kampf mit anderen Religionsvarianten steht, muß sie ihnen gegenüber Verbeugungen machen; sie muß heidnische Bräuche aufgreifen und ihnen ein christliches Mäntelchen umhängen.

Ein Beispiel dafür ist der noch heute geltende Allerseelentag. Im Anschluß an den seit vielen Jahren üblichen und 835 vom Papst Gregor IV. allgemein gemachten Allerheiligentag (1.11.) hat Abt Odilo des Benediktinerklosters Cluny die Feier mit einem bestimmten Ritual eingeführt. Innerhalb von zwei Jahrhunderten wird daraus der *Allerseelentag*. Es geht aus der Lebensbeschreibung Odilos (gest. 1049) hervor, die der heilig gesprochene Petrus Damiani verfaßt hat: »Ein von Jerusalem heim-

Kuriose Kirchenschätze[*]

- Die Windeln unseres Herrn und Heilandes Jesus Christus.
- Das Schürzen- und Lendentuch desselben.
- Der Gürtel unseres Herrn und Heilandes.
- Ein Stück von der Geißelsäule des Herrn.
- Ein Stück von dem Rohr, das ihm bei der Dornenkrönung als Szepter diente.
- Ein Teil des Strickes, womit der Erlöser an die Geißelsäule gebunden war.
- Ein Stück vom Purpurmantel des Herrn.
- Mehrere Partikel vom heiligen Kreuz.
- Ein Stück des Kreuznagels.
- Ein Teil des Schweißtuches von Herrn.
- Haare von der allerseligsten Jungfrau Maria.
- Das Kleid der Mutter Gottes.
- Einen Teil des Gürtels von der allerseligsten Jungfrau Maria.
- Das Enthauptungstuch von Johannes dem Täufer.
- Ein Glied von der Kette, mit dem der heilige Petrus im Kerker zu Rom gefesselt war.
- Rippen des heiligen Stephen[16].
- Die Gesichtshaut des heiligen Bartholomäus.
- Teile von der Krippe Christi sowie Heu und Stroh.
- Ein Sack ägyptischer Finsternis (eine Exklusiv-Reliquie)
- Wachs von der Kerze, die die seligste Jungfrau Maria in ihrer Sterbestunde gehalten hat.
- 42 vollständige Leichname.
- Der *wahre* Körper Christi, den er zu Löschung der Sünden der Menschheit dargebracht hat.
- Eine Flasche Milch aus den Brüsten der Jungfrau Maria.
- Einen Krug von der Hochzeit zu Kanaan.
- Einen Teil der Erde, aus dem Adam geschaffen wurde.
- 20 Fragmente des Dornenbusches, den Moses brennen sah.
- Proben jenes Mannas, das den Kindern Israels als Speise diente.
- Ein Stück vom Stab Josephs, der wunderbare Knospen getrieben hat[17].

---

*) Aufgelistet sind ein Teil der Reliquiensammlungen aus dem Aachener Liebfrauen-kloster, der Wittenberger Schloßkirche und der Residenz Halle unter der Regentschaft des Kardinals Albrecht von Brandenburg.

kehrender Pilger wird auf dem Meer von einem Sturm überrascht und auf eine Felseninsel gespült, auf der ein frommer Eremit lebt. Er erzählt dem Angeschwemmten, daß sich in seiner Nähe ein feuerspeiender Berg befindet, in dem Verdammte Strafen erleiden. Zum Vollzug seien viele Teufel angestellt ... sie peinigten die Seelen bis zur Erschöpfung ... den meisten Abbruch täten ihnen der Abt und die Mönche von Cluny.

Schließlich bittet der Eremit den Pilger, nach Cluny zu gehen und die dortigen Mönche zu reicheren Almosen zu bewegen. Daraufhin verfügt Odilo, daß man einen Tag nach Allerheiligen einen Gottesdienst mit Geläute, Almosen und Bewirtung der Armen abhalten soll ... zum Heil aller Seelen seit der Erschaffung der Welt.«

Parallel entwickeln sich die Seelenmessen, die Seelgeräte und auch die knusprigen Seelen, die noch heute bei den Schwaben verspeist werden. Parallel dazu ist die Entwicklung des Seelsorgers zu bewerten. Die Existenz einer von antiken Gottheiten dem Menschen eingehauchten Seele wird ohne jede weitere Prüfung vorausgesetzt. Noch heute werden Seelenmessen gelesen, die den geistigen Habitus der Naturvölker wiederspiegeln. Die Kirche hat aus diesem Märchenfundus Milliarden gezogen.

Bruderschaft zum heiligen Leder

Eine gute Reliquie ist besser als ein Klosterschatz. Sie bedeutet für wenige Wohlstand auf Kosten der einfältigen Masse. Innerhalb der Klöster kommt es zu Überschneidungen, zur Überbietungssucht und unglaublichem Leichtsinn. Als Beispiel mag das Verhalten der Nonnen von Macon gesehen werden.

Ihr Kloster rühmt sich, die Haut des heiligen Dorotheus zu besitzen, den man einer Legende zufolge geschunden hat. Auf Umwegen gelangt die wertvolle Reliquie in den klösterlichen Besitz. Die Nonnen stopfen die Haut mit Baumwolle aus und stellen dadurch den Heiligen wieder her. Später

schenkt die Äbtissin diese merkwürdige Gestalt den Jesuiten. Rasch erkennen sie den Wert der Vermarktung.

Inzwischen haben die Jesuiten eine *Bruderschaft zum heiligen Leder* gegründet; sie lockt Christen an und diese bringen Geld ins Haus. Im Disput mit den Nonnen verstümmeln die Jesuiten die verehrungswürdige Leiche und geben sie unvollständig zurück. Die Nonnen wollen auch den Rest haben und appellieren an das Oberhaupt der Christenheit, ... man möge das Fehlende herausgeben. Als Ersatz schickt er ihnen zwei geweihte Muskatnüsse[24].

Christus-Reliquien

Noch 1981 ist die Informations- und Öffentlichkeitsstelle des Bischöflichen Ordinariates Limburg der Auffassung, daß manche Reliquien durch ihre lange Verehrung einen spirituell-zeichenhaften Charakter und Wert erhalten haben[25]. Gewiß ist die salomonische Antwort richtig, doch die Geistlichen hätten hier eine exzellente Gelegenheit, gegen den Aberglauben anzukämpfen. Die Kirche läßt sich bestenfalls in wenigen Ausnahmefällen dazu herab, die Unechtheit einzelner Stücke zuzugeben. Es gilt nicht für die des Religionsgründers, denn sie sind über allem Zweifel erhaben. Es ist verständlich, daß sich der christliche Reliquienkult auf ihn konzentriert. Im Laufe der Jahrhunderte ergibt sich, daß die meisten Habseligkeiten von ihm wieder zum Vorschein gekommen sind.

Ungenähte Röcke

»Die alten und beiseite gestellten Dogmen und Reliquien wurden aus der römischen Rumpelkammer hervorgesucht und mit mitleidsvollem Zorn sah der Genius des 19. Jahrhunderts die gläubige Herde zu Hunderttausenden nach Trier wallfahren, um einem vom dortigen Bischof ausgestellten, angeblichen Rock Christi anzubeten ... diese Rockfahrt empörte selbst die gebildete katholische Welt.[26]«

Jesus von Nazareth soll diesen Rock auf dem Weg zu seiner Hinrichtung getragen haben, obwohl niemand weiß, wie er hingerichtet worden ist. Vom Stand der Webtechnologie ist es für das Jahr 30 undenkbar; »Man hat den alten Lumpen so hochstilisiert, daß bereits ein einziger Blick auf ihn den vollsten Ablaß, ja selbst bei schweren Verbrechen, herbeiführt.«

Papst Leo X. bestimmt, daß der Rock in Zeitspannen von sieben Jahren ausgestellt werden soll. Später wird der Zeitraum vergrößert, denn der Andrang ist zu groß und dies könnte dem Stoffetzen schaden. Während des 19. Jh. gelangt der wertvolle Fund zum Leidwesen der Christen nur dreimal zur Ausstellung (1810, 1844 und 1890). 1844 bemühen sich eine Million Pilger zum Ausstellungsort[27].

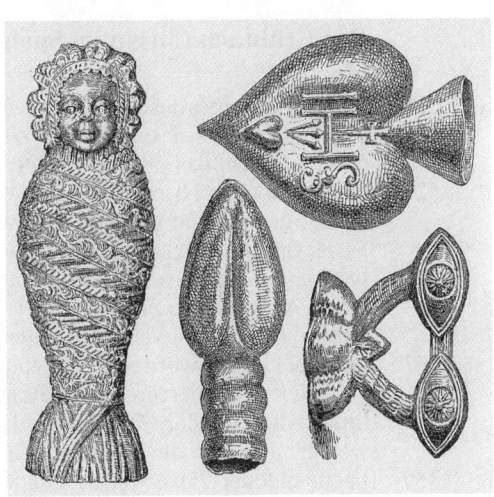

Ein Opfer-Wickelkind, ein Opfer-Herz, Opfer-Augen und eine Opfer-Zunge aus Wachs geformt.

Christi Tränen

In Vendome wird eine Träne von Jesus Christus, die er über den Tod von Lazarus vergossen hat, als hochheilige Reliquie verehrt. Das betreffende Kloster veröffentlicht ein Buch, das folgende Geschichte erzählt: »Ein Engel hat sie an der Wange Christi aufgefangen und Maria Magdalena zur Aufbewahrung übergeben. Sie bringt sie nach Frankreich, als sie sich mit ihrem Bruder in der Nähe von Aix niederläßt. Bei ihrem Tod schenkt sie sie dem dortigen Bischof. Von hier aus gelangt sie nach Konstantinopel. Zur Zeit der Kreuzzüge erhält sie Graf Geofroy von Vendome als Geschenk. Er übergibt sie dem ihm gehörenden Kloster *Zur heiligen Dreifaltigkeit*[28].«

Grabtücher, Veronika-Legende

1980 hat Ian Wilson ein Buch über das Turiner Grabtuch geschrieben. Mit dem Scharfsinn eines Dilettanten sucht er dessen Echtheit nachzuweisen[29]. Sicher ist er nicht, denn er schränkt ein: »Basierend auf der Theorie, daß das Grabtuch das gleiche ist, wie das Bild des *Mandylion*, das 1205 in Edessa verlorenging.« Weitere Ungereimtheiten ergeben sich aus der von ihm zusammengestellten Chronologie der wundersamen Ereignisse:

In gewisser Weise kann man das Grabtuch dem Bilderstreit zuordnen, der durch die Geschichte des Christentums geistert. Innerhalb der römisch-katholischen Kirche hat man mit Konkurrenten und Mitbewerbern Jahrhunderte erbittert darüber gestritten, obgleich eine solche Auseinandersetzung wertlos ist.

Kaiser Konstantin I. erklärt 741 alle Bilder für Götzenbilder. Bischof Claudius von Turin findet das Ei des Kolumbus und meint treffend: »Wenn man das Kreuz anbetet, an dem Christus gestorben ist, dann muß man auch den Esel anbeten, auf dem er geritten ist[30].«

Andere Kleriker sind dieser Auffassung nicht. Ihnen zufolge hat der Bilderdienst seinen Stellenwert, obwohl niemand weiß, wie die frühen Christen ausgesehen haben. »Ein Mönch hatte, um den Unzuchtsteufel zu besänftigen, das Gelübde abgelegt, das tägliche Gebet in seiner Zelle zu unterlassen. Im Zweifel darüber, ob er eine Sünde

Das Grabtuch Christi im Spiegel von Geschichte und Kritik

30	Kreuzigung eines Jesus von Nazareth genannten Mannes. Einer seiner Jünger reist nach Edessa und bringt ein geheimnisvolles Portrait mit, das kurz danach im Dunkel der Geschichte verschwindet.
525	wird es in einer Nische über dem Westtor von Edessa wiederentdeckt. Wilson dazu: »doch keiner erkennt seine wahre Natur.« Ohne geringsten Disput wird es als Original deklariert und folgerichtig als heilig angesehen.
1011	wird eine Kopie des Mandylion nach Rom gebracht. Papst Sergius weiht ihm einen Altar. Die Kopie wird in der Folgezeit als Veronika bekannt. Daraus entwickelt sich die Veronika-Legende.
1357	Erste bekanntgewordene Ausstellung des Grabtuches in seiner ganzen Länge von den Stiftsherren von Livrey. Damit kann die kostspielige Kirche unterhalten werden. Der Bischof Henry von Poitiers verlangt die Einstellung, weil er nicht von der Echtheit überzeugt ist.
1389	begünstigt der Papst weitere öffentliche Ausstellungen, indem er dem Bischof von Trojey, Pierre d'Arcis, zum »ständigen Stillschweigen« verpflichtet. Seine Appelation, daß das Grabtuch betrügerisch hergestellt worden sei, bleibt unbeachtet. Der Papst droht mit der Exkommunikation, falls er sich nicht nach seiner Weisung richte.
1506	setzt Papst Julius II. den 4.5. als jährliches Fest des heiligen Grabtuches fest, obwohl er keine Beweise für die Korrektheit seiner Entscheidung hat.
1535	wird das Grabtuch in Turin und 1536 in Mailand ausgestellt.
1578	(12.9.) Das Grabtuch wird nach Turin überführt.
1670	Die Ablaßkongregation gewährt den vollkommenen Ablaß; nicht für die Verehrung des Tuches, sondern für die Betrachtung seiner Passion (Borromäus) seines Todes und Begräbnisses.
1902	Ein französischer Professor für vergleichende Anatomie hält an der Sorbonne Vorträge über die Echtheit des Grabtuches.
1933	wird es auf Verlangen des Papstes Pius IX. ausgestellt und
1978	wiederum in Turin anläßlich der 400-Jahr-Feier seiner Überführung.
1988	wird die Unechtheit des Tuches auf wissenschaftlicher Basis festgeschrieben.

begangen hat, berichtet er dem Abt und erhält die Antwort: Ehe du das Gebet vor den heiligen Bildern unterläßt, gehe lieber in ein Bordell[31].«

Christi Blut ... eine antike Legende

Es kann nicht ausbleiben, daß sich von Jesus mehrere Geburtslegenden erhalten haben. Die markanteste ist die mit der weihnachtlichen Krippe. Bei einer weiteren begibt er sich mit seiner leiblichen Mutter Maria, die unterwegs in Muree (Pakistan) begraben werden muß, und seinem Zwillingsbruder Thomas, der in Südindien missioniert haben soll, nach Srinagar in Kashmir, »wo er viele Jahre lebte und lehrte, bis ihn der Tod nach einer ersprießlichen Tätigkeit im 117. Lebensjahr einholte.« Er soll sich in Indien im göttlichen Wort vervollkommnet und zu den armen Volksschichten gepredigt haben. In Mohalla Anzmarah wird noch heute sein Grab in einem hölzernen Sarkophag gezeigt. Einheimische, Mohammedaner und Buddisten nehmen an, daß es sich um die Grabstätte von Christus handelt.

Eine der größten Raritäten der römischkatholischen Kirche ist das angebliche Blut des vermeintlichen Religionsgründers. Der Legende zufolge hat Nikodemus ein wenig davon aufgefangen, als er Jesus vom Kreuz genommen haben soll, wie es eine Legende darstellt. Doch die Juden verfolgen ihn und er sieht sich gezwungen, das heilige Blut in einem Vogelschnabel zu verbergen und mit einer schriftlichen Nachricht versehen ins Meer zu werfen.

»Zum fleischlichen Herzen«

»Das Meßbuch ist ein reichhaltiges Magazin des Unglaubens, Aberglaubens und religiösen Afterdienstes ... es enthält zahlreiche Messen, die sich auf historische Irrtümer, Legenden und Märchen gründen[32].« Zu ihnen ghört die *Herzandacht*. Sie wird von Godwin in England erfunden. Ihm hat sie Pater Colombiara abgesehen und nach Frankreich verlagert. Ihre Grundlage soll eine göttliche Offenbarung sein, die der Nonne Alcoque[33] wiederfahren ist.

Aufgrund dieser fingierten Grundlage verlangen die Jesuiten 1679 und 1726 von Rom ein *Fest zum Herzen Jesu*. Auf Gesuch Papstes Benedikt XIV. wird es mit triftigen Gründen abgelehnt. 1764 wenden sich die Jesuiten an Klemens XIII. Hier gelangen sie ans Ziel ihrer Wünsche. Per 6.8.1765 wird der Feiertag *Zum fleischlichen Herzen* offiziell.

»So führen die Jesuiten einen neuen Afterdienst in die katholische Religion ein ... teilen Skapuliere aus, die Tag und Nacht an der Brust zu tragen sind und vertreiben fieberschützende Zettel zum Schlucken, halten Passionen und neuntägige Andachten zum *Herzen Jesu*. Das leichtgläubige Volk erkennt darin für sich eine Chance, ihren falschverstandenen Aberglauben auszuleben; doch nicht umsonst.

Außerdem gibt es eine Messe von der Versetzung des Hauses, in dem Jesus und Maria gewohnt haben sollen. Schon diese

Das älteste Heilig-Blut-Bild. Holzschnitt auf dem Titelblatt der ersten Werbeschriften für die Walldürner Wallfahrt.

Titelseite eines im Jahr 1512 bei der Ausstellung des Heiligen Rockes in Trier gedruckten Flugblattes.

Unterstellung ist für ein Nomadenvolk ein Novum. Hier liegt die Legende zugrunde, daß es von Engeln in Nazareth aufgehoben, über das Meer nach Dalmatien und von hier aus nach Loreto in Italien getragen worden sei. Es ist ein berühmter katholischer Wallfahrtsort, weil er auf einem unglaublichen Wunder, einer architektonischen Bravourleistung, ruht und aberwitzig ist.

Eindrückung der Wundmale

Die Messe von der Eindrückung der Wundmale des heiligen Franz ist auf eine historische Unkorrektheit der Franziskaner zurückzuführen. Papst Gregor IX. legt den Gläubigen zur Tilgung ihrer Sünden auf, an die Wundmale zu glauben, bzw. von all denen, die es nicht tun, die Ohren abzuwenden[34].

Dem Bischof Friedrich von Olmütz erteilt er einen Verweis, weil er in einem Hirtenbrief verboten hat, an das Spektakel zu glauben[35]. Papst Alexander IV. befiehlt 1255 allen Bischöfen, die Wundmale des heiligen Franz *bestmöglich* zu fördern. Wer wundert sich, wenn 1602 unter Klemens VIII. die *Erzbruderschaft der heiligen Wundmale* eingerichtet wird.

Blutwunder

Einer Legende zufolge liest der Priester Heinrich Otto eine Messe. Aus Unachtsamkeit stößt er den Kelch mit dem konsekrierten Wein um. Zu seinem Schreck wird er rot und formt auf dem darunterliegenden Korporale (Kelchtuch) das Bild des Gekreuzigten, umgeben von mehreren Christushäuptern mit einer Dornenkrone. Aus Besorgnis vor der Entdeckung versteckt der Geistliche das Tuch hinter einem Altarstein. Auf seinem Sterbebett packt ihn die Reue und er gesteht das Wunder. Vermutlich ereignet sich dieser in der Kirchengeschichte nicht einzige Vorfall um 1408.

Auch hier wird gefälscht, denn man sucht das Blutwunder auf 1330 zurückzudatieren. So kann man dem ohnehin unwahrscheinlichen ein höheres Alter verschaffen und es als noch glaubenswahrer hinstellen; schon bei der Konstantinischen Schenkung hat man solche Erfahrungen gesammelt.

Unter diesem Gesichtspunkt ist die 1980 erfolgte Zuordnung *650 Jahre Wallfahrt zum heiligen Blut nach Walldürn* unkorrekt. Es scheint dem dortigen Bürgermeister bei der Abfassung seiner lesenswerten Broschur entgangen zu sein[36].

Der Papst hat das Blutwunder feierlich bestätigt. Es genügt, um Leichtgläubige anzulocken. Die erste Bulle stammt vom 31.3.1445 und ist von Papst Eugen IV. erlassen. Er stellt das Blutkorporale einer besonderen Verehrung aus und erteilt einen Sündenerlaß von drei Jahren: »… damit die Christgläubigen desto lieber zur Andacht in dieser Kirche zusammenkommen.« 1846 wird der Ablaß in Rom erneuert. Papst Johannes XXIII. hat die Wallfahrtskirche in den Rang einer Basilika erhoben und damit weiterem Unsinn Vorschub geleistet.

Auch anderweitig gibt es Blutwunder. Selbst Johannes dem Täufer wird eines zugeschrieben: »Eine fromme Frau von St. Mauritius hat ihn zu ihrem Lieblingsheiligen auserkoren. Sie bittet drei Jahre um ein Teilchen von seinem Leib, doch Johannes läßt sich nicht erweichen. Die Frau geht in den Hungerstreik. Als sie sieben Tage lang gehungert hat, findet sie auf dem Altar einen Daumen des Täufers. Bedächtig legen drei Bischöfe die kostbare Reliquie auf eine Leinwand … und siehe da … es fallen drei Blutstropfen heraus.«

Ein Kloster, das sich in der Nähe Stadt Hales in der Grafschaft Glouchester befindet, rühmt sich einer besonderen Reliquie. Sie besteht aus mehreren Tropfen vom Blut Christi. Als das Kloster aufgelöst wird, gestehen zwei Mönche den Betrug ein und sagen, daß es sich um Taubenblut handelt, das wöchentlich erneuert wird.

Ein ähnliches Blutwunder spielt sich in der Kapelle des heiligen Januarius in der Kathedrale von Neapel ab. Hier stehen neben der angeblichen Reliquie dieses Heiligen zwei mit einer dunklen Flüssigkeit gefüllte Fläschchen. Man redet der Masse ein, es sei das getrocknete Blut eines Heiligen, das bei festlichen Anlässen flüssig wird. Wieder einmal scheint es soweit, doch mit der Wandlung geht es nicht recht vonstatten. Plötzlich zeigt es sich, daß es flüssig geworden ist.

Nun erklingt das Läuten der Glocken, das gemeinsame Te Deum und außerdem das Donnern von Kanonen. Rasch formiert sich die Prozession, in deren Mitte die Reliquie feierlich durch die Stadt getragen wird. Gläubige bestreuen den Weg mit frischen Rosenblättern und knien an Straßenrändern.

Es ist kein Wunder; der Schmelzpunkt des Flascheninhaltes, vorher sorgsam ausprobiert und berechnet, zwischen den dunklen Klostermauern und dem freien Himmel während des Umganges führen dazu, daß sich die Masse verflüssigt.

Trug- und Schreckmittel

Die Archäologen tragen durch wissenschaftliche Forschungen dazu bei, Teile des antiken und frühchristlichen Religionsmythos bloßzulegen. Sie führen parallel zu den Historikern den Nachweis, daß bereits im Altertum die Masse der Gläubigen betrogen wird. Es werden umfassende technische Hilfsmittel konstruiert und zu egoistischen Zwecken eingesetzt.

Die Priester des Altertums beschäftigen ausgezeichnete Technokraten. Das gesamte damalige Wissen steht ihnen zur Seite. Sie erzeugen künstliche Stimmen, das Rollen des Donners, sie konstruieren bewegliche Fußböden und schaffen verborgene Lichtquellen.

Hinzu kommen das Halbdunkel der alten Tempel, die Vernebelung durch Weihrauch, das längst bekannte Bauchreden und andere bewußt eingesetzte Täuschungsmanöver. In verschiedenen Tempeln findet man verborgene Sprachrohre. Damit läßt sich problemlos der staunenden Menge etwas vorgaukeln.

Aus den *Pneumatica* genannten Schriften des Hero von Alexandria wird ersichtlich, daß die Dampfmaschine prinzipiell bekannt ist und zu verschiedenen Zwecken eingesetzt wird. Damit lassen sich automatisch Türen öffnen und schließen.

Man kann mit der Hilfe des Dampfes Trompeten erschallen lassen. Zudem ist man in der Lage, wassergefüllte Figuren Wein, Wasser, Blut (gefärbtes Wasser) oder Milch spenden zu lassen.

Aus den Brüsten der Cybele fließen Milchstrahlen. Andere Götter läßt man schwitzen. Lucian beschreibt ein Götterbild, dessen Augen einem überall hin folgen; die optische Täuschung wird perfekt gehandhabt. Mit dem technischen Inszenario läßt sich eine Menge machen; gesteigert wird es durch das religiöse

Totenorakel von Ephyra, Stimmen von Dodona

Beim Totenorakel müssen sich die Klienten 29 Tage in unterirdischen Räumen aufhalten[37]. Hier werden sie für den anstehenden Betrug gefügig gemacht. Man redet ihnen ein, mitgebrachtes Blut von Opfertieren in eine Grube zu gießen. Dies müssen nach der priesterlichen Auffassung die Seelen der Verstorbenen trinken.

Das Orakel besteht darin, daß nach einem furchtbaren Krachen und menschenähnlichen Stimmen in einem unterirdischen Saal ein bauchiger Kessel heruntergelassen wird, in dem eine vernebelte Gestalt (der angeblich Verstorbene) ist. Er spricht das Orakel; danach geht der Kessel wieder langsam nach oben. Das ist zwar gut durchdacht, doch es bleibt religiöser Betrug. Inzwischen hat man den Kessel mit dem ausgereiften Hebelmechanismus gefunden. Tausende sind auf dieses Spektakel hereingefallen.

In Dodona werden ein halbes Jahrtausend v. u. Z. künstliche Stimmen erzeugt. Hier gibt es ein funktionierendes Windspiel. Zwei Säulen stehen nahe zusammen. Sie tragen einen Bronzekessel und die Statue eines Knaben. Er hat eine Peitsche in der Hand, jedoch anstelle des Riemens eine Kette. Schon bei einem leichten Windstoß schlägt sie an den Kesselrand und bringt

Albrecht Dürer. Domitian läßt den heiligen Johannes, den Evangelisten, in kochendes Öl werfen. Apokalypse, 1498.

Lucas Cranach d. Ä. Die Marter des heiligen Erasmus, dem mit einer Winde die Gedärme herausgedreht werden, Holzschnitt 1506.

das Gebilde zum Tönen. Daraus leitet sich das Sprichwort ab: »Du redest wir die korkyräische Peitsche.«

Auch hier wetteifern die Gläubigen, um am Spektakel teilzunehmen. Jeder will den Stimmen lauschen, die keine sind und viele sind bereit, einen Obolus dafür zu entrichten. Bemerkenswert ist, daß frühe Christen auf den Trümmern des antiken Heiligtums eine dreischiffige Basilika errichten und aus dem antiken Wallfahrtsort einen katholischen Bischofssitz machen.

Madre dolorosa

Bis jetzt ist das kirchliche Geplänkel nur Betrug und schuld sind auch die, die sich betrügen lassen. Doch man setzt in der Kirche technische Hilfsmittel ein, um Unliebsame aus der Welt zu schaffen. Zum Töten bedient man sich eines besonders raffinierten Instrumentes, das auch im weltlichen Bereich eingesetzt wird: es ist die *eiserne Jungfrau* bzw. die *schmerzensreiche* Gottesmutter, die *Madre dolorosa.*

»Vormals bestand eine Todesstrafe darin, daß der Verurteilte einem weiblichen Automaten entgegenschreiten mußte, der ihn umarmte und in eine Reihe von Messern und Spießen starrende Tiefe riß. Nach den meisten Überlieferungen ist die eiserne Jungfrau ein künstlich zusammengesetztes Werk in der Gestalt einer stehenden Jungfrau, mit beweglichen Schwertern in ihren Händen. Sie steht in einem Gewölbe über einer durch eine Falltür verdeckten Öffnung.

Darunter befindet sich ein Schacht mit möglichst fließendem Wasser. Wird der Verurteilte gezwungen, sich der Figur zu nähern, so breitet die Jungfrau die Arme aus und umschlingt den Delinquenten, den sie dabei gleichzeitig mit ihren Schwerten

Antonio Tempesta: Verbrennung christlicher Märtyrer. Aus dem Werk von R. P. Gallonio.

Antonio Tempesta: Christliche Märtyrer werden mit glühenden Fackeln gefoltert. Aus dem Werk von R. P. Gallonio.

durchbohrt. Der zerstückelte Leichnam fällt in die Tiefe, wo ihn das Wasser fortschwemmt[38)].

1808 berichtet Oberst Lasall über das Inquisitionsgefängnis von Toledo: »In einem Gewölbe steht in einer Mauerblende eine hölzerne Bildsäule, die Mutter Gottes darstellend. Ein vergoldeter Strahlenkranz umgibt ihr Haupt. Bei genauer Untersuchung ergibt sich, daß die Vorderseite dieser Statue mit einer Menge, mit den Spitzen nach außen gekehrter Nägel und Messerklingen besteht.

Arme und Beine verfügen über Gelenke. Eine hinter einer Spanischen Wand angebrachte Maschine leitet ihre Bewegungen. Der Gefangene wird zu ihr geführt ... dann beginnt die Bildsäule ihre ausgebreiteten Arme zu heben. Allmählich, kaum merkbar, dringen die Spitzen mehr und mehr in seinen Körper ... die Diener der Religion nennen diese Maschine *Madre dolorosa*[39)].«

Im Tower von London befand sich ein besonderes Torturwerkzeug. Man nannte es des *Gassenhauers Tochter*[40)]. Es erinnert ein wenig an die im deutschen Sprachgebrauch bekannte Eiserne Jungfrau. Es scheint eine Hinrichtungsmaschine für bevorzugte Personen gewesen zu sein. Im Volksmund bürgert sich die Bezeichnung ein: *die Jungfrau küssen.*

Der Nürnberger Jurist Siebenkäs erwähnt eine auf dem Schloß Heistritz in der Steiermark installierte Eiserne Jungfrau. Sie ist sieben Schuh hoch, aus Eisenblech gearbeitet und erscheint in der Nürnberger Zopftracht des 16. Jahrhunderts. Durch Gewichtsteile in Bewegung gesetzte Federn lassen sie aufspringen. In ihrem hohlen Rumpf starren Messer. Spitze Dolche, die in Brust und Arme dringen, töten das Opfer. Der Boden der Maschine verfügt über Rinnen und in der Mitte ein Loch zum Abfließen des gestauten Blutes. Sie soll

653

unweit von der Burg im Fröschturm als *heimliches* Gemach gestanden haben[41]. Weitere Exemplare befinden sich in den Gefängnissen des Salzburger Schlosses, auf dem Hradschin, im Roten Turm zu Wien, in Wittenberg, Schwerin und Köln. Die Kölner Jungfrau heißt im Volksmund *Wegschnapp* und steht in einem alten Wachturm.

In Mainz hat die Eiserne Jungfrau aus einem hölzernen Zylinder mit scharfen Messern an den Innenseiten bestanden, die beim Drehen das Opfer zerstückelte. Eine weitere Jungfrau soll sich im Dresdner Zwinger befunden haben.

Geheimgänge und Röhrensysteme

In vielen alten Tempeln werden Geheimgänge entdeckt. Sie dienen in erster Linie dazu, Kultstätten unerkannt zu betreten und zu verlassen. Der babylonische Gott Baal erhält täglich zwölf Malter Weizen, vierzig Schafe und drei Eimer Wein zum Opfer. Sie werden von Gläubigen bereitgestellt. Selbst der König unterwirft sich diesem Kult. Nun erhebt sich die Frage, ob Baal tatsächlich die Opfer verschlingt oder ob ein Betrug dahintersteckt, was die antiken Priester als göttliche Stellvertreter empört von sich weisen. Doch der König ersinnt eine List.

Man opfert, streut Asche in den dunklen Kultraum und versiegelt von außen die Türen. Nachts kommen die Geistlichen mit ihren Weibern und Kindern durch den Geheimgang in den Tempel ... nach ihrer Gewohnheit schleppen sie alles weg bzw., fraßen und soffen es aus. Am kommenden Morgen erkennt der König den Schwindel an den Fußspuren in der Asche. Er läßt sich den Gang zeigen und darauf alle Priester mit ihren Familien umbringen. Der Tempel wird zerschlagen.

Der Skythenkönig scheint konzilianter zu sein: »Sobald er krank wird, läßt er drei Wahrsager kommen, die im höchsten Ansehen stehen. Sie sagen ihm, wer bei der Herde des Königs falsch geschworen hat. Der Bezeichnete wird festgenommen und vorgeführt. Wenn er leugnet, läßt der

(gerechte) König drei weitere Wahrsager kommen, die das Urteil der ersten prüfen. Wenn sie zum gleichen Ergebnis kommen, schlagen sie dem Betroffenen den Kopf ab und teilen sich sein Vermögen. Wenn ihn die zweiten Wahrsager lossprechen, werden die ersten drei hingerichtet[42].«

Auch Jungfrauen läßt man auf galante Weise verschwinden. So wird dem von den Phöniziern verehrten Baal jährlich eine schöne Jungfrau zugeführt. Sie wird vor den versammelten Volk der im Hintergrund eines Tempels stehenden Bildsäule des Gottes auf den Schoß gesetzt. Darauf entfernen sich die Priester und lassen zur Demonstration ihrer angeblichen Macht einen wilden Löwen in den Tempel.

Freilich wäre es zu schade um das Sexobjekt. In ihrer Todesangst öffnet sich hinter ihr ein Türchen. Priesterhände zerren die Jungfrau die Treppen hinab in ihre Gemächer. Anstatt von einer wilden Bestie gefressen zu werden, was die Gläubigen annehmen, muß sie es vorziehen, den sinnlichen Lüsten der Priester zu dienen, bis sie durch die nächste Gottesbraut abgelöst wird. Vielleicht wäre das erste Übel das kleinere gewesen.

Weinende Madonnen, bewegliche Figuren und Sprachrohre

Die Zahl der Klöster verdichtet sich und bald werden Vorschriften erlassen, daß die Männer- von den Frauenklöstern mindestens 1000 Schritte entfernt sein sollen. Viele solcher Baulichkeiten sind durch unterirdische Gänge verbunden. Sie haben verschiedene Funktionen.

Es ist bekannt, daß in einigen Klöstern verborgene Sprachrohre installiert waren. Als man die Kathedrale von Trondheim (Norwegen) renoviert, stellt man etwas Merkwürdiges fest: Im Mittelalter wird hier eine wundertätige Quelle erschlossen, die dem Gotteshaus erhebliche Einnahmen verschafft. In ihrer Umgebung werden Engelsstimmen vernommen. Dafür findet sich eine einfache Erklärung: ein versteckt angebrachtes Sprachrohr.

Wie die Priester Baals die ihm geweihten Bräute verschwinden ließen. A ist der Versammlungsort für das Volk. Für dieses wird die Gottesbraut das Treppchen hinaufgeführt und zum Schoß des Gottes emporgehoben. Durch ein geheimes Schiebetürchen (B) wird die Braut durch einen Gang (C) zu den Priestergemächern (D) geführt.

Als vor einiger Zeit im württembergischen Kloster Maulbronn Renovierungsarbeiten anstehen, entdeckt man hinter alten Heiligenfiguren künstliche Röhrensysteme, die zur Vermutung Anlaß geben, daß die Holzheiligen zu gegebenem Anlaß weinen konnten[43].

Im ehemaligen oldenburgischen Kloster Rastede befand sich ein wundertätiges Muttergottesbild. Als 1416 die beiden oldenburgischen Grafen Moritz und Gerd die Waffen gegeneinander erheben, weinte die Gottesmutter so stark, daß Tränen über ihr Kleid herunterliefen; sie wurde vor Zorn rot im Gesicht[44].

Die in Bern seßhaft gewordenen Dominikaner stellen 1549 zur Förderung verschiedener Angelegenheiten ein Marienbild auf, das blutende Tränen weinen kann. Außerdem zitieren sie Heilige mit Himmelsbriefen herunter[45].

Auch bei dubiosen Exorzismuspraktiken greift man zur Täuschung. Während der Denunzierungen gegenüber dem Jesuiten Urban Grandier in Loudun (1634) behauptet der Teufel Beherit aus dem Mund einer Nonne, er werde das Käppchen vom Kopf des Exorzisten heben und es solange in der Luft halten, wie er das Misere spricht.

Mit vorgeschriebenen Ritualen wird versucht, das Gegaukle glaubwürdig zu machen. Tatsache ist, daß der fromme Kirchenmann in einer dunklen Ecke sitzt, über seinem Kopf ist ein künstliches Loch angebracht, wo an einem dünnen Faden ein kleiner Angelhaken befestigt ist. So soll versucht werden, für die Zuschauer nicht erkennbar, das Käppchen mittels der Helfershelfer abzuheben und so die Christen von der göttlichen Macht zu überzeugen. Es klappt nicht. Damit stellt sich der Klerus ein unrühmliches Armutszeugnis aus.

Statue »Unserer lieben Frau« von Loudun

Die Karmeliter von Loudun besitzen eine der unzählbaren Statuen *Unserer lieben Frau*, von der bestimmte Gnadenwirkungen ausgehen sollen. Sie läßt nichts unversucht, behaupten die Geistlichen, wenn man sie mit Andacht anbetet und sie unter Einhaltung der Vorschriften bittet. Es heißt im Klartext: hier Geld, dort Illusion. Dann wechselt die Figur ihren Standort. Nun verödet das Stadtviertel und mit ihm verliert der betrügerische Einfluß der Mönche an Gewicht. Die Einfältigen wandern nach Samur, um sich von den dortigen Mönchen melken zu lassen. Es bleibt den Zurückgefallenen nur die Chance eines neuen Betruges.

Die Mönche von Loudun brechen hinter der ehemaligen Statue ein Loch durch das Mauerwerk, stecken einen Weinstock hinein und geben vor, ... er werde nun regelmäßig Tränen über die Ungläubigkeit und Mißachtung ihres Gnadenbildes vergießen. Der plumpe Trick fliegt auf.

Schneider von Zurzach

Damit die Franziskaner nicht allein in den Genuß kommen, einen mit Wundmalen versehenen Leib Christi zu besitzen, verüben die vier Oberen des Berner Dominikanerklosters 1507 ein Bubenstück. Sie nehmen den einfältigen Schneider unter die Laienbrüder des Klosters auf, werfen ihm bereits in der ersten Nacht Steine ins Zimmer, bestärken den Verängstigten im Glauben an Geister und erscheinen ihm in der folgenden Nacht vermummt und ächzend, wie im Fegefeuer winselnde Seelen.

Ein andermal erscheinen sie ihm als heilige Jungfrau und dann wieder als heilige Barbara. Als sie ihren teuflischen Plan genügend abgesichert haben, stößt ihm nachts eine vermummte Maria auf Christi Befehl einen Nagel durch die Hand: »Da das Opfer vor Schmerzen schrie, gaben sie ihm Schlafmittel und ätzten (ihm) zusätzlich weitere Wundmale ein.«

Nun erzählen sie auf der Kanzel von dem Wunder; sofort strömt das Volk in die Kirche. Nun wird der Schneider überredet, die sorgfältig vorbereiteten Stellungen und Gebärden des Erlösers zu imitieren, von denen niemand weiß, ob es wirklich so gewesen ist. Um es zu erreichen, schließt man ihn tagsüber mit einem Gemälde der angenommenen Leiden Christi in eine Kammer, läßt ihn fasten und solange beten, bis er das ihm Vorgegaukelte als wahr ansieht. Mit Stimulationen fördert man sein Halluzinationsvermögen.

Um dem Volk zu gefallen, lassen sie einen getauften Juden, dessen sie sich bereits zum Färben einer Hostie bedient haben, einem Marienbild herabfließende Tränen aufmalen. Dann stellen sie den Schneider vor Tagesanbruch vor diesen Altar, wo er kniend das Bild zu umarmen hat. Hinter einem Vorhang steht der gütige Beichtvater und spricht, den echten Christus imitierend, warum denn seine Mutter weine, worauf Jetzer mit veränderter Stimme sagt, »ihre Tränen rühren daher, daß er solange zögert, die Sache zu vollenden.«

Durch gedungene Weiber wird das Gerücht in der Stadt verbreitet, *Maria habe geweint*. Wie ein Magnet das Eisen anzieht, strömen Einfältige in das Gotteshaus. Und doch gelingt der Plan nicht im Sinn der Mönche. Jetzer verschmäht eine vergiftete Hostie, die ihm ein Mönch am Altar reichen will, »damit er wie ein Heiliger aus der Welt scheide ... und sie vor der Entdeckung ihrer Schandtat sicher sind.«

Jetzt den Gipfel der Frechheit erklimmend, bereiten die Betrüger einen schrecklichen Sturz. Jetzer gelingt es, ihre Beratungen zu belauschen. Während sich die Mönche im Kloster die Zeit mit Dirnen und Gebeten vertreiben, ergreift er die Flucht, doch er wird eingeholt. Mehrfach versucht

⇒

Altdorfer Werkstatt. Die Votivbilder des Cunz-Seitz. Hier: »*die wundersame Heilung des Cunz Seitz*«. *Tafel aus dem frühen 16. Jahrhundert.*

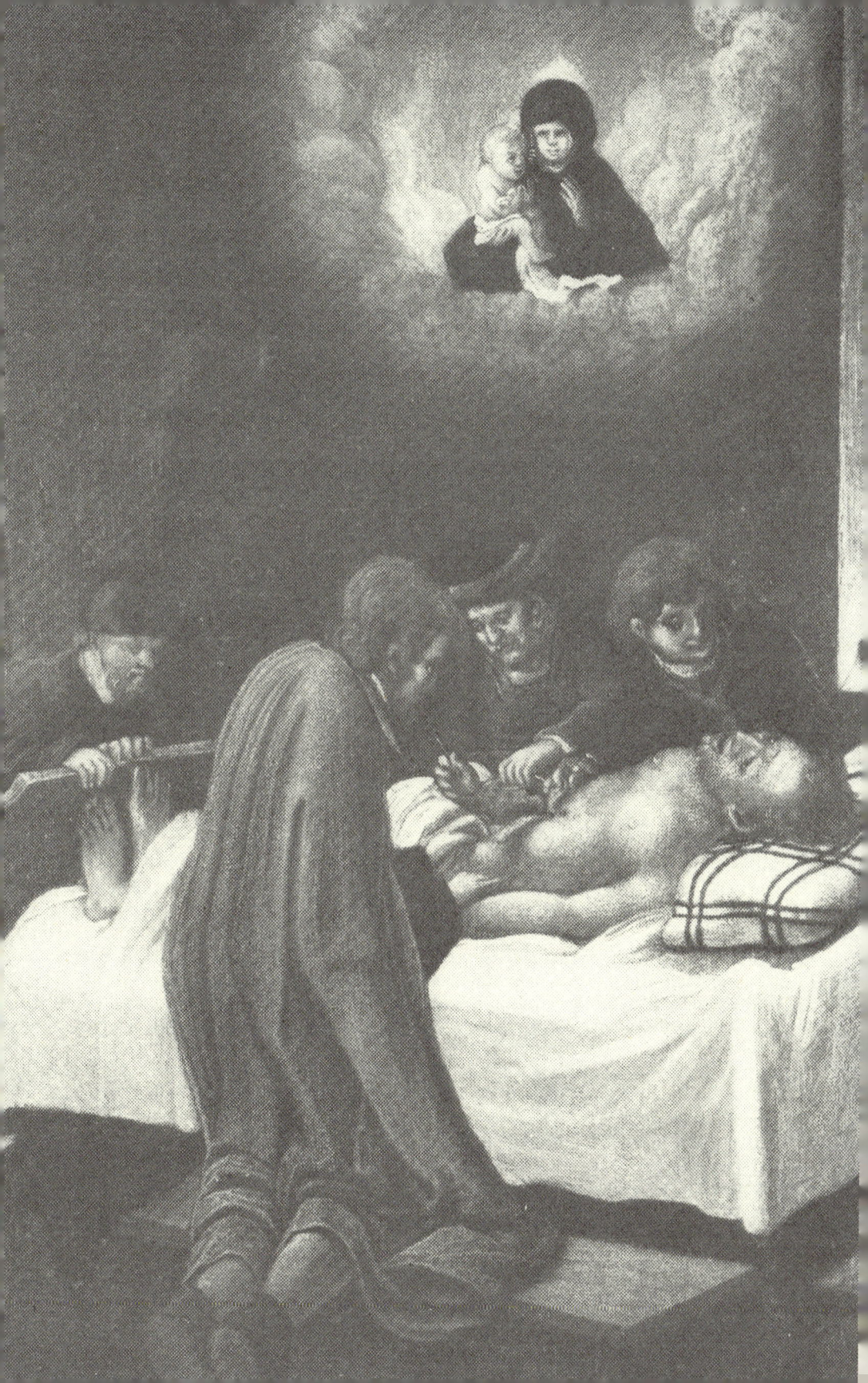

Die Fußprozession aus Montabaur und dem Limburger Land auf dem Weg nach Walldürn, dem Mainübergang bei Höchst zustrebend. Der Genre- und Trachtenmaier Jakob Fürchtegott Dielman malt um 1845 dieses Aquarell, das sich im Besitz des Städel'schen Kunstinstitutes Frankfurt am Main befindet.

man, ihn aus der sündigen Welt zu schaffen, u. a. setzen ihm die christlichen Brüder eine vergiftete Suppe vor. Ihr Verbrechen läßt sich nicht realisieren. Daraufhin schmieden ihn die Mönche an eine Kette und peinigen ihn solange, bis er verspricht zu schweigen. Dieser Zusage bleibt er ein Weilchen treu. Dann gelingt ihm die Flucht.

Das Resultat der eingeleiteten Untersuchung ist, daß vier Mönche zum Tod verurteilt werden. Man hat sie am Mittwoch vor Pfingsten des Jahres 1509 lebend verbrannt. Die Natur scheint sich an ihrem qualvollen Tod zu ergötzen: »Ein heftiger Wind läßt die Flammen nicht emporsteigen und verhindert das zu frühe Ersticken der Gotteskundler, so daß der untere Teil ihrer Körper vom Feuer verzehrt wird, ehe der Tod ihre Leiden beendet. Deutsches Volk, tue deine Augen auf[46].«

Hilsey, der Bischof von Rochester, öffnete in der Londoner St. Pauls Abbey, ein hier aufbewahrtes Kruzifix. Die Figur kann den Kopf bewegen, mit den Augen rollen und Tränen vergießen[47].

Scheinheilige

Der von der katholischen Kirche vertretene Heiligenkult ist eine Fortsetzung antiker Totenkulte. Ihnen liegt die Auffassung zugrunde, daß zu Lebzeiten besonders Begabte diese Fähigkeit nach ihrem Tod behalten und daß die Christen davon zehren können. Die Verehrung von Heiligen entspricht antiken Wanderungssagen. Später kommen Pilger als Fabulanten dazu. Früh organisierte Wallfahrten zur Verbreitung des Heiligenkultes tragen dazu bei: »Es gibt eine Vielzahl von Heiligen, an die die Christen genauso glauben, wie die Griechen an die Hereonen, die nicht lebten und die ihr mystisches Dasein undurchsichtigen Spekulationen verdanken … um die Heiligen, die gelebt haben sollen, hat sich im Lauf der Jahrhunderte ein Schwall von Legenden gelegt[48].«

Um sie am Leben zu halten, werden ihnen die meisten Wunder nachträglich beigelegt. Die Legenden der Heiligen und Märtyrer sind über weite Strecken Erfindungen religiöser Fanatiker oder blinder Nachbeter. Verdrehungen innerhalb der Kirchengeschichte lassen sich hundertfach dokumentieren.Die Prüfung der meisten Legenden dokumentiert ihre historische Unhaltbarkeit.

Nehmen wir als Beispiel die Hinrichtung des Petrus unter der Amtszeit von Nero: »Er hat, nachdem man bereits seinen Kopf mit einem Schwert abgeschlagen hat, den Namen Christi ausgerufen und drei Sprünge zu Ehren der heiligen Dreifaltigkeit gemacht … aus seinen Adern ist Milch geflossen.«

Einer anderen Quelle zufolge, … habe Petrus in seinem Haus in Rom gelebt und das Reich Gottes verkündet, ohne daß ihn jemand dabei gestört habe[49]. Eine weitere Quelle geht davon aus, daß der heilige Antonius den 113jährigen Paulus in der Wüste begraben hat. Zwei Löwen haben ihm bei der Bereitung des Grabes geholfen.

Während der ersten Jahrhunderte des Christentums ist die Heiligsprechung unbekannt. Man reiht zusammen, was sich irgendwie hervorgetan haben will oder soll: Apostel, Evangelisten, Johannes der Täufer, Makkabäer, einige nachträglich ernannte Kirchenlehrer und weltliche Herrscher, falls sie dem Christentum zu Füßen gelegen haben.

Die Verehrung im kurialen Sinn setzt erst mit dem 4. Jahrhundert ein, denn ab diesem Zeitpunkt kann von einer allmählichen Festigung des Katholizismus gesprochen werden. Später bemächtigen sich die Päpste dieser lukrativen Handlung. Seit dem 12. Jahrhundert ist ihre Erlaubnis Vorbedingung zur Verehrung. Sie bestimmt, ob der Betreffende ein *Sancti, Beati, Märtyrer* oder nur ein gewöhnlicher *Bekenner* ist[50]. Immer mehr Heilige werden zu Mittlern zwischen dem angenommenen Gott und den Menschen emporstilisiert. Bald reichen die Engel für diese Aufgaben nicht mehr aus.

Endlose Fabeleien und Ausschmückungen reihen sich an einen möglichen winzigen Funken einer möglichen Lauterkeit. Der Verehrungspflichtige muß in ein helles Licht gerückt werden, damit die Kirche umso heller glänze.

Der Heiligenkult ist ein von der römisch-katholischen Kirche mitgeschlepptes und künstlich aufrecht erhaltenes Trugbild. Die Geistlichkeit nimmt sich liebevoll der Heiligenpflege an. Die Heiligen der Kirche werden regelmäßig poliert, denn es bringt dem Klerus Millionen ein. Heute ist es schwierig, ein Heiliger zu werden. Die Grunderfordernis ist, mindestens 50 Jahre tot zu sein, um selig gesprochen zu werden.

Papst Alexander III. (1159-82) hat ein bis heute bei allen Kanonisierungen geübtes Verfahren eingeführt, nachdem ein Anwalt des Teufels Einwände gegen den Himmelskandidaten vorbringen kann. Er wird von der Kirche ernannt und bezahlt. Aufgrund der Bedeutung dieser Position handelt es sich in der Regel um einen Kardinal. Einst gehörte dieses Amt Salvatore Natuzzi, der am 16.12.1971 im gesegneten Alter von hundert Jahren und acht Tagen in den nichtexistenten Himmel aufgefahren ist.

Mandylion-Kopie aus der Zeit nach 1204 vom späteren, »herabhängenden« Typ, als das Manylion aus Konstantinopel verschwunden war.

Sprünge der Heiligen Dreifaltigkeit

An historisch gesicherten Gräbern baut man Tempel und Kirchen, bringt Kranke hin und erwartet deren Heilung durch Gott. In der weiteren Entwicklung entstehen Wallfahrtsorte. Wie ehedem an heidnischen Tempeln behängt man sie mit Wachsbildern, mit aus Silber und Gold geformten Nachbildungen der erkrankten Körperteile als Weihegaben. Bald blüht der schwunghafte Handel mit Devotionalien. Hier wird aus Glauben Geld gemacht. Die Leute sind so einfältig zu glauben, daß sie der Formel folgen: je mehr ich spende, desto höher ist die Gnadenwirkung; beim Ablaß verhalten sie sich ähnlich. Es ist nicht nur ein religiöses, sondern ein psychologisches Problem.

Zerrbild der Märtyrer

Nahezu alle Märtyrerakten sind ge- oder verfälscht und mit ihnen die Aufzeichnungen über die Verfolgungen der Urchristen. Es sind Übertreibungen von Schönschreibern und nachträglicher Verherrlichungsideologen. Steht doch schon in der Bibel: »Wenn man euch aber in der einen Stadt verfolgt, so flieht ihr in eine andere.« Die Christenverfolgungen sind unter dem Einfluß christlicher Geschichtsschreiber überzeichnet. Kämpfe zwischen Christen und Löwen im Kolosseum hat es nicht gegeben.

Tatsache ist, daß sich die christlichen Sekten untereinander bekriegen und für viele Auseinandersetzungen sorgen. Die Christen sind im Lauf ihrer blutüberströmten Geschichte nicht die Verfolgten, sondern die Verfolger. Jede andere Interpretation geht an der Wahrheit vorbei.

Man denke an die Kreuzzüge, an die Ketzer- und Inquisitionsprozesse, an die Hexenverfolgungen, die Hugenottenkriege, an den 30jährigen Krieg und an die christlichen Häscher vor den Todesbunkern des Dritten Reiches.

Die Christen haben nachweisbar Hunderttausende getötet. Die gegen *sie* gerichteten Verfolgungen nehmen sich dagegen bescheiden aus, womit sie nicht gerechtfertigt werden sollen. Sie könnten als unwesentlich übergangen werden, wären sie nicht für die Verherrlichung der Institution Kirche von Bedeutung.

Wem fällt nicht auf, daß alle Kirchenväter in das gleiche Horn blasen. Alle wollen und sollen den Eindruck zementieren, als habe man die aufrichtige Christenschar, die endlich die einzig wahre Religion verkündet, brutal zusammengeschlagen. Doch: »Sieht man von dem Brandstifterprozeß unter Nero ab, so lassen sich mit Sicherheit nur bei fünf von 50 römischen Kaisern zwischen Nero und Konstantin staatliche und nennenswerte Verfolgungen nachweisen ... sie dauern nur kurze Zeit und erklären die geringe Zahl der echten Märtyrer. Glaubenshelden sind damals so selten wie heute. Tatsache ist, daß bislang nur über eine Handvoll christlicher Märtyrer schriftliche und glaubhafte Überlieferungen vorliegen. Sie sind mit Vorsicht zu interpretieren.

Origenes gesteht: »Die Zahl der christlichen Blutzeugen ist klein und leicht zu zählen.« Aber er spricht in seiner Ermunterung zum Märtyrertum: »Wer würde nicht gern die zahllosen irdischen Plagen erdulden, um dann den Lohn des ewigen Lebens zu erlangen.« Damit provoziert er eine Ungerechtigkeit, denn es ist eine Verfälschung der moralischen Wertvorstellung.

⇒

Zum Ursprung der Walldürner Wallfahrt. Von oben nach unten: Priester Heinrich Otto verschüttet bei der Messe den konsekrierten Wein. Auf dem Kelchtuch erscheint das Bild des Heiligen Blutes. Der Priester versteckt das Tuch unter dem Altarstein. Unter Gewissensqualen berichtet der Priester auf dem Sterbebett von dem Wunder. Am angegebenen Ort wird das wunderbare Kelchtuch gefunden. Der Papst in Rom empfängt eine Gesandschaft aus Walldürn und begutachtet persönlich das Blutkorporale. Gemalt von einem Laienkünstler des 18. Jahrhunderts., jeweils 19 x 24 cm. Farbe auf Holz; Pfarrhaus Walldürn.

Öldruck des Heiligen Blutes, aufgeklebt auf einen zweiteiligen polnischen Gebetszettel vom Ende des 19. Jahrhunderts. Privatbesitz Pater T. Bednarczyk, Lezajsk.

Als erster römischer Bischof wird Fabian das Opfer einer Verfolgung. Trotzdem kann er nicht zu den Märtyrern gezählt werden, denn er stirbt am 20.1.250 im Gefängnis. Der *Liber Pontifikalis*, der zum Ende des 2. Jh. Viktor zum Märtyrer macht, ist eine Fälschung. Die Akten, die Kornelius als Märtyrer enthauptet wissen wollen, sind wertlos und die den römischen Bischof Stephan I. als Opfer der valerianischen Verfolgung nennen, sind gefälscht. Das Martyrium des Polycarp unter der Regierung des Kaisers Antonius Pius im Jahr 156 *gilt* als ältester Augenzeugenbericht eines christlichen Märtyrers.

Die Darstellung ist unglaubwürdig, weil alle Märtyrerakten das gleiche Schema zeigen. Sie zielen auf die Verherrlichung des christlichen Glaubens ab. So enthält eine im

8. Jahrhundert angefertigte Abschrift der Annalen des Tacitus einige von unbekannter Hand eingebrachte Zusätze über die Verfolgung von Christen unter Nero[51].

Es ist übertrieben, wenn die Geistlichkeit noch heute mit ihnen hausieren geht, denn dies allein besagt nichts. Rasch erinnert man sich an die widersprüchlichen Evangelien. Cyprian meldet kleinlaut, daß die Heilige Schrift keine Einwendungen erhebe, wenn sich ein Christ der Verfolgung durch seine Flucht entzieht. Und doch ist eine Flucht besser als ein sinnloser Tod wegen einer religiösen Ansicht; kein kluger Kopf stirbt allein wegen seines Glaubens. Auch Cyprian geht ins Versteck und verschickt von hier Trost- und Durchhaltebriefe an eingekerkte Kollegen geringeren Grades. Warum geht er nicht leichten Herzens voran, denn der christliche Gott ist doch auf seiner Seite?

Daß es bei der Verehrung der Heiligen menschlich zugeht, stellt der Theologe Leipolt fest: »Man schwatzt, trinkt und lacht nicht nur, hurt und mordet, überall herrscht Trunksucht, Ausschweifung und Zank ... dem Laster größter Sinnlichkeit huldigt man an heiliger Stätte. Jung und Alt salbt sich den Kopf und schminkt sich die Augen, wenn man zur Kapelle des Märtyrers zieht ... die Gräber und die dunklen Winkel der Kirche zeugen von vielen, die verbotenen Umgang haben[52].«

Wenn man sich die Legenden der angeblichen Märtyrer ansieht, überkommt einen das Grausen. Gleichzeitig staunt man über deren blendende Gesundheit, mit der sie, gleichsam lächelnd, Strapazen auf sich nehmen, die nicht jedermanns Sache sind.

Blandina soll um das Jahr 117 unter der Regierung des römischen Kaisers Marc Aurel wegen ihres christlichen Glaubens zu Tode gefoltert worden sein.

Erst haut man sie in Stücke, dann wird sie Torturen unterworfen, die selbst die Folterknechte ermüden. Sie trägt es geduldig und bleibt bei ihrem Bekenntnis: »Ich bin eine Christin und unter uns wird nichts Böses getan.« Wie gerne würde man diese einfache Formel in das Stammbuch der Päpste schreiben. Daraufhin wird sie weiteren Qualen unterworfen. Ihr Körper wird in einer glühend gemachten Pfanne gebraten. In einem Amphitheater wird sie an einen Pfahl gebunden.

Wilde Bestien werden auf sie losgelassen, doch sie rühren die Heilige nicht an. Schließlich wickeln sie die aufgebrachten Peiniger in ein Netz, das sie einem wilden Stier vorwerfen. Wiederholt stößt er sie mit seinen Hörnern in die Höhe. Es macht ihr nichts aus, denn sie fühlt keine Schmerzen. Bis zu ihrem letzten Atemzug steht sie in einem *innigen* Verkehr zu Jesus Christus[53].

Ähnliche Wohltaten erfährt der heilige Sanctus. Er wird an empfindlichen Körperstellen mit glühenden Kupferplatten bedeckt. Dessen ungeachtet steht er treu zum christlichen Glauben. Schmerzen hat er keine, denn ein himmlischer Tau fällt auf ihn herab. Weitere Torturen können seinen Tod nicht herbeiführen, denn das Gegenteil ist der Fall. Er wird in seinen Leiden bestärkt und kann nach stundenlangen Folterungen seine Glieder frei bewegen.

Ein klassisches Beispiel heldenhaften Christentums zeigt die Legende der heiligen Agnes[54]. »Agnes, eine junge und schöne Römerin, hat sich platonisch mit Christus verlobt. Als sie dreizehn Jahre alt ist, verliebt sich der Statthalter Sempronius in sie und begehrt sie zur Frau. Sie weist den Antrag zurück. Nun stellt der ergrimmte Vater die Bedingung, entweder eine Vestalin zu werden oder in ein Frauenhaus einzutreten. Selbst dies kann sie nicht erweichen.

So befiehlt der Vater, sie nackt auszuziehen und in ein öffentliches Haus (Bordell) zu schaffen. Ihr himmlischer Bräutigam läßt ihr plötzlich die Haare lang wachsen, das sie wie ein Mantel umgibt. Zudem empfängt sie ein himmlisches Kleid, so daß die Besucher vor Ehrfurcht ergriffen werden. Der Sohn des Statthalters stürzt sich lustvoll auf sie ... fällt aber tot zu Boden, als er sie berühren will. Durch ihr himmlisches Gebet wird er wieder erweckt. Später wird sie zum Feuertod verurteilt, doch statt ihr verbrennen der Henker und die Zuschauer. Schließlich wird ihr der Kopf abgeschlagen ... sie wird von himmlischen Jungfrauen

umgeben und in den Himmel getragen[55].« Es fällt auf, daß die christlichen Märtyrer über ihre Peiniger spotten. Sie bedauern das schnelle Ermatten der Folterknechte und bitten darum, doch wenigstens auf beiden Seite gebraten zu werden. Maria ruft aus der Tiefe des Kessels, man möge das Feuer besser unterhalten[56].

Eine große Rolle spielen Jungfrauen und Huren im Leben des Christentums, denn an ihnen kann man die Glaubenstreue dokumentieren bzw. sie mit erotischen Vorstellungen kombinieren. Man schneidet den als heilig angesehenen Jungfrauen die Brüste ab, die rasch nachwachsen. Ist doch Maria Magdalena im Mittelalter die Schutzheilige der Dirnen.

Francis Xavier

Der spanische Missionar hält sich in der zweiten Hälfte des 16. Jahrhunderts als Missionar in Indien auf. Spätere Chronisten dichten ihm die tollsten Wunder an:

- Durch das Schlagen des Kreuzes habe er das Wasser des Meeres in süßes Trinkwasser verwandelt.
- Er habe ein Erdbeben verursacht, das sämtliche Bewohner unter einem vulkanischen Aschenregen begraben hat.
- Lampen, die weihwassergefüllt vor seinem Bild gestanden haben, hätten gebrannt, gleichsam als ob sie mit Öl gefüllt gewesen wären.
- Einmal habe er während einer Fahrt über das Meer ein Kreuz verloren, das in die Fluten gefallen sei. Bei seiner Landung hat es ihm eine Krabbe gebracht.
- Einmal wird er beim Abendmahl vermißt. Man findet ihn freischwebend in einem tiefen Gebet versunken ... mit zum Himmel gerichteten Augen und von einem wunderbaren Glanz umgeben[57].

Aufgrund dieser Wunder wird er am 19.1.1622 von Papst Gregor XV. heiliggesprochen. Nach diesem Akt nehmen die Wunder zu. 1682 verfaßt Pater Dominic Bonhours eine Lebensbeschreibung des

Xavier. Ihrzufolge hat er vierzehn Tote zum Leben erweckt; damit nicht genug. Colderidge sagt in seiner 1872 erschienenen Lebensbeschreibung über den Sonderling:

- Er hätte eines Abends vor den Angehörigen verschiedener Stämme gepredigt, und jeder habe ihn in seiner Landessprache verstanden, woraus zu ersehen, daß bei einem wirklich Heiligen nichts unmöglich sei.
- Seine Leiche strömte noch nach Monaten einen süßlichen Wohlgeruch aus und konnte selbst durch den in seinen Sarg gestreuten Kalk nicht zerstört werden. »Das Fleisch blieb unversehrt ... (und) ... stets blieb der himmlische Geruch erhalten.«

Ein anderes Beispiel ist das Leben des unbekannten Judas, des angeblichen Verräters Jesus Christi. Man hat die Legende verbreitet, daß er sich wegen der Schandtat erhängt hat. Es ist lediglich eine Version des Evangelisten Matthäus. Da sich die Evangelien in vielen Punkten widersprechen, gibt es auch hier Variationen. Andere Stellen berichten: Judas habe von seinem Sünderlohn einen Acker gekauft ... ist aber kopfüber zu Boden gestürzt und mitten auseinandergeborsten ... so daß seine Eingeweide herausgetreten sind.

Schon im 2. Jahrhundert behauptet Bischof Papias, daß Judas erhängt worden sei. Nach seiner Version ist er so dick geworden, und habe Würmer und Eiter ausgeschieden und sein Schamglied sei überaus gewachsen und der Ort, wo er nach Qualen gestorben ist, sei unbewohnt gewesen. Keiner könne dort vorübergehen, ohne sich die Nase zuzuhalten.

⇐

Albrecht Altdorfer: Floriansfolge. Das wundertätige Brünnlein in St. Florian, um 1518. Privatbesitz. Altdorfer malt auch hier in seiner typischen Manier, aus dem sich begrifflich der Malstil der »Donauschule« entwickelt.

Patronatsverehrung

Der Heiligenkult führt zu einer weiteren Variante, denn einen besonderen Status nehmen die Schutzheiligen der römisch-katholischen Kirche ein. Sie haben viel zu tun, denn sie unterstützen die Engel bei ihrer interessanten Arbeit. Das wichtigste nach der christlichen Glaubenslehre ist, die sündigen Menschenkinder nach theologischer Ansicht vor satanischen Anfechtungen zu schützen. Viele ziehen für diese Illusion ihr letztes Hemd aus ohne jemals daran zu denken, daß der Teufel ein unbekanntes Wesen ist.

Ein propates Mittel dagegen ist das Anflehen eines Schutzheiligen, denn dann kann einem so gut wie nichts passieren. Es hat sich schon vor Tausenden von Jahren bewährt, warum sollten die Christen nicht auch dieses abkupfern? So bildet sich im Christentum eine umfassende Patronatsverehrung. Bald schießen die Schutzheiligen wie Pilze aus dem Nährboden des fehlgeleiteten Glaubens. Auch sie werden liebevoll gehätschelt.

- St. Lukas ist der Schutzheilige der Maler.
- St. Gertrude ist für die Rattenfänger zuständig.
- Die heilige Maria Magdalena für die Dirnen[58].
- St. Zita für die Küchenmägde.
- Peter von Mailand für die Bierbrauer.

Versetzen wir uns in die Zeit. Viele Krankheiten plagen die sündhaften Menschen und viele Ärzte stehen ihnen machtlos gegenüber. Wenn sie nicht mehr weiterwissen, schieben sie es auf den göttlichen Zorn. Es bedeutet im logischen Umkehrschluß: ein wirklicher Christ kann nicht krank werden, denn er hält sich an die Einhaltung der Zehn Gebote. Infolgedessen erfindet man die Schutzheiligen zur Abwendung diverser Krankheiten:

- Erasmus hilft gegen Schmerzen im Unterleib.
- St. Gumprecht gegen den Biß der tollen Hunde.

- St. Petronella gegen das Fieber.
- St. Rochus gegen die Pest.
- St. Margarethe gegen die Schwangerschaft.
- St. Blasius bläst das Halsweg weg.

»Daß sich die Kirche die allgemeine Todesangst zunutze macht, darüber legt eine Vielzahl von Testamenten Zeugnis ab. Selbst bei Seuchen und Pesten nutzt der Klerus geschickt seine Position. Er erkennt einen Fingerzeig Gottes und bezeichnet das Unglück als durch die Verdorbenheit der Menschen selbstverschuldet ... gerade jetzt gelte es, durch erhöhte Opfer und Stiftungen den göttlichen Zorn zu besänftigen[59]. Im Verbund mit Volkskrankheiten entstehen bemerkenswerte Formen von Tänzen.

Wieder andere wenden sich den Tieren zu. Ein erheblicher Teil der Nahrungsgrundlage ist in ihnen begründet. Tierkrankheiten und -seuchen führen zu empfindlichen Störungen der Versorgung. Auch hier können Schutzpatrone helfen:

- Der heilige Antonius schützt die Gänse und
- Der heilige Stephanus die Pferde.
- Johannes der Täufer kümmert sich um die Lämmer.
- Der heilige Antonius um die Schweine und
- St. Leonhardt ist der Vieharzt im Himmel.

Aus der Patronatsverehrung resultieren u. a. religiöse Bruderschaften. Der Heiligenkult gipfelt in der Verehrung Marias[60].

So hat sich im Laufe der Jahrhunderte ein Sammelsurium von Unsinn zusammengewoben, der jeder Grundlage entbehrt. Es ist der heutigen Kirche unmöglich zuzugeben, daß sie antiken Irrtümern aufgesessen ist. Der Heiligenkult der katholischen Kirche ist lediglich ein Mosaiksteinchen des theologischen Wissens[61]. Hier zieht selbst die Argumentation nicht mehr: »Wer das nicht glaubt, der hat ein Herz aus Stein und gehört zu den verworfendsten Leuten[62].

Eine Wallfahrt im Mittelalter.

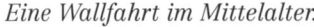

Hexenhaß

Inhalt

Hexenhaß[1)]

Einführung

Der Glaube an die Hexerei[2)] ist in der Volksethik verwurzelt und alt. Das Hexenwesen begleitet in unterschiedlichen Intervallen und Ausformungen die Kulturgeschichte der Menschen. Aus dieser Vorstellung entwickelt sich ein Ungeheuer von grausigen Dimensionen. Es gibt Epochen, da sind nahezu alle von ihrer Existenz und der Rechtmäßigkeit ihrer Bestrafung überzeugt. Schon der geringste Zweifel daran kann auf den Scheiterhaufen führen[3)].

Man rechnet das Hexenwesen zu den menschlichen Irrtümern und identifiziert sich ungerne damit. Wäre das Thema nicht so grausig, erotisch und pikant, ja würde es nicht die klerikalen Machenschaften berühren, so würde man gerne mit einem Achselzucken darüber hinweggehen; so wie beim Glauben an Gespenster und Werwölfe oder an das Goldmachen.

Der Stoff der Hexenverfolgungen ist schaurig. In wenigen Fällen ist er von Rührung und menschlicher Wärme getragen. Es lohnt sich, sich damit zu beschäftigen, denn nur so ist man in die Lage versetzt, der in uns liegenden Intoleranz, Inkompetenz, Überheblichkeit, Besserwisserei und Selbstsucht, oft nur um eines winzigen Vorteils willen, Herr zu werden.

Die ernsthafte Auseinandersetzung bestätigt, daß in der Vorstellung vieler der Aberglauben mit elementaren Kräften der Bildung streitet[4)]; oft zugunsten des einfacheren Weges: »Bald geht die Entwicklung der Menschheit langsam und bald schnell voran. Stets werden Vertreter einer höheren Stufe auf uns blicken. Über uns wird zu Gericht gesessen. Menschtum ist Irrtum und der Beste ist nur ein Kind seiner Zeit.«

Trotz vieler Errungenschaften wandeln wir nicht im Licht der Vernunft. Die Verbreitung des Christentums hat den Bildungsgrad der Massen reduziert.

Die Prozesse gegen angebliche Hexen haben immer wieder das Interesse der Historiker, Poeten und Tagesschriftsteller

Frontispitz »Über die wundersamen Händel und Gauckelwerke der bösen Geister und Gespenster«, 1693. Dargestellt ist die Verschreibung.

auf sich gezogen, wobei mancher nur auszieht, um noch mehr unnötiges Gift zu verspritzen[5)].

In der jüngsten Zeit drängt die Erforschung der Hexerei verstärkt in das Bewußtsein der Historiker und von hier in die breitere Öffentlichkeit. Mit ausgelöst wird es durch feministische Bewegungen. Das Thema ist *historisch* nicht aufgearbeitet. Mit Verdrängung, Schönfärberei und nachträglicher Verherrlichung ist es nicht getan. Die Hexen*prozesse* sind nicht das Hexen*wesen*.

Die Literatur ist unüberschaubar und findet eine Parallele in den christlichen Bibeln. Man hat Abgeschriebenes wieder abgeschrieben und das Ergebnis ist ein

Intelektuelle Entwicklung des Zauber- und Hexenwesens

Religiöse Vorstellungen der →

Religiös-kulturelles Betätigungsfeld	Naturvölker	Akkader	Babylonier	Ägypter	Inder	Chaldäer	Perser	Araber	Griechen	Römer	Hebräer	Germanen	Christen
Aufkommen des Götter- und Götzenglaubens	•												
Glaube an gute/böse Dämonen	•	•	•	•	•	•	•	•	•	•	•	•	•
Dämonen- und (Teufels)bündnisse		•	•	•	•	•	•	•	•	•	•	•	•
Magische Opferhandlungen/Goetik	•		•	•	•	•	•	•	•	•	•	•	•
Beschwörungen/Mantik/Theurgie		•	•	•	•	•	•	•	•	•	•	•	•
Strafen für Gotteslästerung		•	•	•	•	•	•	•	•	•	•	•	•
Seelenglaube/Mythologische Elemente	•	•	•	•	•	•	•	•	•	•	•	•	•
Zauberformeln		•	•	•	•	•	•	•	•	•	•	•	•
Hexenritt,Versammlungen, Sabbatformen		•	•	•	•	•	•	•	•	•	•	•	•
Vampyrismus/Lykantropie/Werwolfsagen		•	•	•	•	•	•	•	•	•	•	•	•
Reichsgott/Staatsreligion				•						•			•
Diverse Schutzgottheiten/Schutzengel		•	•		•				•	•			
Schöpfungsgeschichte		•	•			•					•	•	•
Unsterblich gedachte Seele					•						•	•	•
Narkotische Extrakte		•	•	•	•	•	•	•	•	•			
Schlaf-, Liebes und Abortivtränke									•	•	•	•	•
Religiöse Prostitution						•	•	•	•	•	•	•	
Gastlich Prostitution/Floralien/Luperalien							•	•	•	•	•	•	
Gnome/Kobolde				•					•			•	•
Vorstufe Jüngster Tag/Auferstehung			•			•							•
Engel des Lichts und der Finsternis							•						
Höllen- und Himmelsvorstellungen							•	•	•	•	•		•
Thessalische Weiber, Lamien, Empusen									•				
Gelluden, Eyrinnen									•				
Laren und Lemuren										•			
Hekate: Vorsteherin des Zauberwesens									•				
Schmelzen von Wachsbildern									•	•			•
Incubation/Traumheilung										•			•
Nachtvogel/Strigen										•		•	•
Feld- und Fruchtzauber										•			•
Skyomantie/Kinderopfer										•			•
Knüpfen von Knoten										•			•
Jenseitsdarstellungen				•							•		
Druiden/Alraunen/Drudenfuß												•	
Hexenkessel												•	•
Elben-, Schutz-, Hausgeister											•		
Fahren auf Wirbelwinden und Wetterwolken												•	•
Fahren auf Stöcken und Besen												•	•

Chaos. Das alte Standardwerk zu den Hexen*prozessen*, das von Soldan-Heppe, soll hier aufgearbeitet werden. Es erscheint etwa zeitgleich mit dem *Pfaffenspiegel* des Otto von Corvin um die Mitte des 19. Jahrhunderts. Trotz des umfassenden Engagements der Autoren, eines protestantischen Juristen und seines Schwiegersohnes, ist es ein problematisches Buch. Es behandelt nur den Hexen*prozeß*, den letzten Zipfel des Geschehens, geht mit Bildern und Quellen spärlich um und belastet bezüglich der Schuldfrage die Kirche über Gebühr. Unkorrektheiten wurden manifestiert.

Es ist die Phase des zwischen Bismarck und der katholischen Kirche herrschenden Kulturkampfes, die viele lesenswerte kirchenkritische Schriften hervorbringt. Die heutigen Kenntnisse über die Zusammenhänge sind besser als vor 150 Jahren. Die allgemeine Vorstellung über das Hexenwesen ist oberflächlich, denn »vereinfachte Pauschalurteile über geistesgeschichtliche Fakten treffen oft weit neben das Ziel.« Man meint:

- Das Wüten gegen die angeblichen Hexen gehört dem *finsteren* Mittelalter an.
- Man hat überwiegend Frauen verbrannt.
- Die Opfer gehen in die Hunderttausende.
- Die zum Tod verurteilten Frauen seien allesamt alt und häßlich gewesen. Auf ihrem Buckel sitze üblicherweise ein Rabe oder eine schwarze Katze.
- Die zum Tod verurteilten Frauen seien alle jung, hübsch und rothaarig gewesen.

Diese Vorstellungen gehen an der Wirklichkeit vorbei. Tatsache ist, daß die Frauen des hohen und teilweise späten Mittelalters Wertschätzung genießen. Man denke an den Minnesang oder an die von Frauen geführten Zünfte und Klöster. Tatsache ist, daß diesen Epochen das organisierte Wüten gegen angebliche Hexen fremd ist. In dieser Zeit wendet sich die katholische Kirche anderen Schandtaten zu.

»Es scheint, als habe die Glaubenswut der Christen von Zeit zu Zeit ein Abschlachten Andersdenkender verlangt, um

Der sogenannte »Wolfsritt«. Keine nähere Beziehung zur Lykantrophie und auch nicht zum Hexenwesen. Möglicherweise eine Verballhornung des damals bekannten »Eselsrittes«. Aus Ulrich Molitors »De laniis et phitonicis mulieribus«, Reutlingen.

sich in den zum Himmel schlagenden Flammen zu kühlen[6].« Das Hexenbrennen ist *nicht* auf das weibliche Geschlecht beschränkt. Es umfaßt Kleinkinder, Rats- und Chorherren, schöne und häßliche Jung- und andere Frauen, sowie Greise, die man auf einer *Ochsenhaut* oder *Bahre* zum Brandplatz schleift. Erste in diese Richtung weisende Aktivitäten deuten auf Lynchjustiz oder verdeckte Zaubereiprozesse.

So wird im April 1074 in Köln eine Frau von der Stadtmauer gestürzt, da sie im Verdacht steht, mit magischen Kräften umzugehen. 1409 soll in Frankfurt a.M. eine Frau ihr Kind an einen zaubernden Juden

Das »Anschießen« des Hexenschadens, aus dem sich bis heute der Begriff des Hexenschusses erhalten hat. Er hat nichts mit dem verwandten »magischen« Freischuß zu tun. Ulrich Molitoris: »De laniis et phitonicis mulieribus.

Zwei Hexen beim Wettermachen. Eine Schlange und ein Hahn werden in einen Kessel geworfen; alle drei sind alte Symbole kultischer Vorstellungen. Ulrich Molitoris: »De laniis et phitonicis mulieribus«, Reutlingen.

verkauft haben. Sie wird in einen Kerker gezerrt und er wird in Friedberg verbrannt[7].

Die Sphäre des Aberglaubens wuchert im Umfeld der christlichen Religion. Hinzu gesellt sich die geschürte Angst vor der Hölle, dem Teufel und dem Fegefeuer[8]. »Geistige Erschütterungen werden oft aus widersprüchlichen Quellen gespeist ... sie fließen aus Rinnsalen zusammen, brechen auf, suchen sich einen Weg ins Freie und so entsteht das widersinnige Wüten gegen vermeintliche Hexen.« Es läßt sich mit Logik und den menschlichen Verfehlungen allein nicht begründen; deshalb ist eine gerechte Bewertung schwierig.

»Auf die glänzende Seite der Geschichte des 15. Jahrhunderts mit ihren epochemachenden Erfindungen[9] fällt der Schlagschatten eines Ungeheuers, das an Furchtbarkeit alle anderen Greuel überragt, der Hexenprozeß.«

Das kann man so nicht stehen lassen, denn die angeschlagene Kirche hat schon mindestens drei gleichwertige Verfolgungswellen hinter sich gebracht: es sind die Ketzer- und Inquisitionsprozesse und es sind die etwa parallel laufenden Kreuzzüge. Auch hier werden Tausende diffamiert. Aus allen Kampagnen geht sie geschwächt hervor. Die Hexenprozesse sind lediglich eine Perle am christlichen Rosenkranz.

Buhlschaft mit dem Teufel. Er hat hier keine Hörner, aber Krallen an seinen Händen und Geisfüße. Dem Volksglaube nach verwandelt er sich nach dem Beischlaf und gibt sich zu erkennen. Ulrich Molitoris: »De laniis et phitonicis mulieribus«, Reutlingen.

Das »Ausfahren der Hexen«. Dargestellt sind keine Hexen, sondern auf einem Stecken reitende Tiere. Der Sinn wird nicht ganz deutlich, das sogenannte »Wilde Heer« kann es nicht sein. Oben: Andeutung des nahenden Gewitters.

Im späten Mittelalter wird das Hexen mit dem *schädigenden* Zauber gleichgesetzt. Man erkennt eine neu entstandene Sekte, die mit dem Satan einen Bund geschlossen hat. Jetzt entstehen Schriften, die das keimende Unglück heraufbeschwören. Zu ihnen zählen der *Formicarius* von Nider und der *Malleus maleficarum* der Dominikaner Sprenger und Krämer. Sie ahnen nicht, daß sie einen Schatten über Europa legen. Die ersten Verfolgungen setzen zaghaft im letzten Drittel des 15. Jahrhunderts ein. Längst steht die Kirche unter historisch gewachsenen Zwängen. Die wesentlichen Hinrichtungswellen erfolgen im 16. und 17. Jahrhundert.

Aus den noch vorliegenden Chroniken, Rechts-, Spruch- und Tagebüchern läßt sich *nicht* der Schluß ziehen, daß die Zahl der Verbrannten *in die Millionen* gegangen ist. Die Demographie lehrt, mit Angaben, die Bevölkerungsziffern betreffen, vorsichtig zu sein. Der Hexenwahn bedarf der Übertreibung nicht, er ist schlimm genug[10].

Jede pauschale Angabe über die Zahl der wirklich Verbrannten ist falsch: »Wie viele in Kerkern geschmachtet, zu Krüppeln geschlagen, zu Tode gefoltert, vergewaltigt, erwürgt, auf Scheiterhaufen gezerrt und verkohlt wurden, wie viele aus Angst vor Häschern das Land verlassen haben, ist unbekannt[11].«

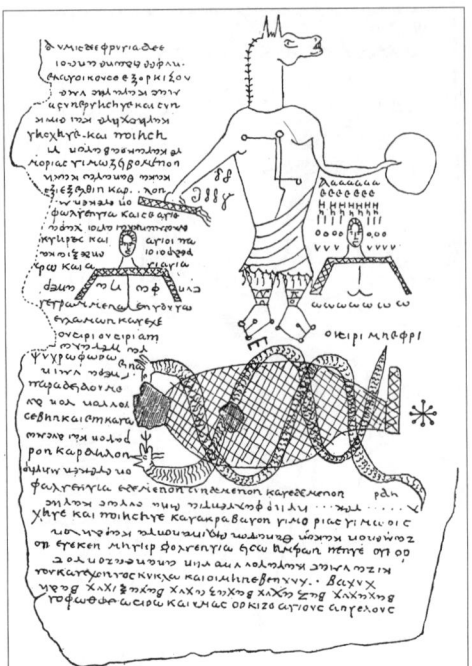

Römische Verwünschungstafel.

Wer die Hexenprozesse beurteilen will, muß sich vor Verallgemeinerungen und leichtfertigen Unterstellungen hüten; er hat anachronistisch scharfe Wertungen zu vermeiden, wenngleich es schwer ist, beim Lesen originaler Hexenakten objektiv zu bleiben.

Es ist falsch anzunehmen, daß die am 5.12.1484 von Papst Innocenz VIII. erlassene Bulle *Summis desiderantes affectibus* die Hauptschuld an den später breit angelegten Verfolgungen trägt. Schon damals hat man in Europa den Respekt vor der römisch-katholischen Kirche verloren. Die Bulle legalisiert zwar die Handlungsweise der Dominikaner Sprenger und Krämer, wird aber im Verbund mit dem *Hexenhammer* zu hoch bewertet[12].

Mit dem Christentum tritt der von der Antike abgekupferte Dämonenglaube in ein abartiges Licht[13]. Der von der römisch-katholischen Kirche ideologisch aufgebaute Teufel führt über die Brücke der Teufelsbuhlschaft zum Hexenbrand[14]. Der Kampf der Theologen gilt nicht den Hexen, sondern dem Teufel. Er ist über Jahrhunderte die Zentralfigur des Christentums. Ist er es noch heute? Man kann es wenden wie man will, mit der Verminderung des Glaubens an ihn verschwindet die Glaubwürdigkeit der angeblichen Hexen[15].

Rechthaberische Theokraten posaunen auf Tausenden von Kanzeln ihr kümmerliches Halbwissen über die Köpfe der Leichtgläubigen und Verängstigten. »Es gehört zu den bemerkenswerten Zügen unserer kulturellen Entwicklung, daß die christlichen Konfessionen, die sich sonst als feindliche Brüder gegenüberstehen, auf dem Sektor des Teufelswahns mit den daran geknüpften Hexenverfolgungen in schauerlicher Eintracht verharren, ja in ihrer Verfolgung wetteifern.«

Hier geben sich Katholiken, Protestanten und Calvinisten brüderlich die Hand, und so fließt der künstlich gestaute Haß über das *Teufelsgesind*, die *Hurenvögel* und die *vom rechten Glauben Abgefallenen* in einer kaum vorstellbaren Woge an die Obrigkeit zurück[16]; es zwingt ihr Handeln heraus, womit sich der teuflische Kreis schließt.

Die weltliche Obrigkeit erniedrigt sich zum Spießgesellen klerikaler Perversionen und beeilt sich, all die zu verfolgen, denen die Priester ein teuflisches Bündnis an den Rockzipfel gehängt haben. Dadurch wird der *Hexenkessel* weiter entfacht[17]. Seine Glut hält bis in unsere Tage vor. Die Kirche leiht dem Staat des Gewissen und kann nicht sagen, »sie selbst hat kein Todesurteil gefördert, angestoßen oder durchgeführt.«

Der Wahn des vernachlässigten Volkes wittert überall Hexerei und Zauberei. Engherzige Gelehrte und naive Geistliche geben dem Volksaberglauben nach, anstatt ihn zu bekämpfen. »Der dubiose Schild eines in die Irre geleiteten Glaubens, getragen von einer mehrbödigen Moral und einer zeitweise unsittlichen Rechtsauffassung[18] ist es ... kaum einer begreift heute die Grausamkeiten, mit denen die Völker von Priestern in die Enge geführt werden[19].«

Rechtlich gesehen kommen bei der Hexerei mehrere Tatbestände zusammen: Schadenszauber, Gotteslästerung, vereinzelt Sodomie, Kuppelei, Verleumdung und oft Ehebruch. Es ist unmöglich, sie zu trennen. Wer könnte heute bei der damaligen Rechtsterminologie[20] verantwortlich sagen, wie aus einem Giftmischer-, Abtreibungs-, Verleumdungs- oder Ehehandel ein Verfahren wegen angeblicher Hexerei entstanden ist? Vor allem Verwandte bezichtigen sich gegenseitig. Die Frauenzunge ist spitz und kampfeslustig.

Die Verteidigung hat über weite Strecken versagt. 1590 berichtet der Rentmeister von Felsberg über das Hexenwesen im dortigen Amt: »Die Witwe des Werner Gerlach wird für eine böse Zauberin gehalten. Nachbarn meiden die Metze (Dirne), weil sie nachts mit den Kindern als reißender Wolf ihr Unwesen treibt. Sie entheiligt den Sonntag und macht Heu oder rupft Hanf während der Kirchzeit.« Rasch reiht sich Denunziation an Denunziation und wie schnell hat man vergessen, daß man selbst der Nächste sein kann. Einmal in den Fangarmen der Obrigkeit, gibt es so gut wie kein Entrinnen.

Ab der zweiten Hälfte des 16. Jahrhunderts nehmen die Verfolgungen zu. Es hängt mit den diametralen Glaubensströmungen zusammen, der Gegenreformation, dem Jesuitismus und dem Konzil von Trient. Dann wird das Wüten durch die Flammen des 30jährigen Glaubenskrieges verdrängt. Danach brausen die Hexenbrände erneut auf und nehmen in der Folgezeit kontinuierlich ab. Das Banner des gesunden Menschenverstandes wird von der Aufklärung, im Widerstand zu den traditionellen Ansichten der Geistlichkeit, vorangetragen.

Schon ab der zweiten Hälfte des 18. Jahrhunderts versucht man den Teufelswahn zu Grabe zu tragen, doch das christliche Gewissen ist zäh. Die wenigen aufrichtigen Theologen wie Cornelius Loos, Balthasar Bekker und Juristen wie Christian Thomasius stellen die These auf, daß der Teufel kein *leibhaftiger*, sondern bestenfalls ein *imaginärer* Zeitgenosse ist. Dies rüttelt an der Kirchentür und die Kritiker werden rücksichtslos verfolgt. Nicht der Teufel, sondern die künstlich aufgebaute Furcht vor dem solchigen verwandelt das Diesseits in eine Hölle[21].

Diana oder Hekate.

Die Theologen ergehen sich in Tüfteleien und erörtern die Frage: »Ist es denn richtig, einer als Hexe Verurteilten eine geweihte Hostie zu reichen? ... sie bleibt vielleicht unverdaut in ihrem Magen und allein dies kann das Sakrament verunehren.« Sie haben sich einer Theorie verschrieben, die den Verstand beiseite schiebt, um dem Aberwitz zu frönen. Zur Aufrechterhaltung *ihrer* Thesen müssen Tausende dickleibiger Folianten herhalten und es werden Ströme von Tinte vergossen; wahrer wird das Vorgetragene nicht[22].

Entscheidend zum Verständnis des Hexenwahnes ist der unbeirrbare Fehlglaube an die Existenz von Teufeln. Freimütig bekennt ein Katholik: »Die Anbetung des Teufels muß als die größte Sünde und als Urbegriff der Gottlosigkeit angesehen werden[23].« Der Protestant Vilmar sagt: »Der Teufel ist ein kosmisch geschaffenes Wesen, das mit seiner persönlichen Macht die Erde umspannt. Er verfügt über ein organisiertes Reich und über eine Schar affilierter Gei-

Entwicklung des Hexenwesens

Antike	Schaffung der Grundlagen des späteren Hexenwesens. Assyrer und Babylonier kennen die auf Besen reitenden Hexen. Geistesgeschichtliche Entwicklung der Griechen mit den damit verbundenen philosophischen Ansätzen. Hier wird der Glaube an Zwischenwesen gefestigt, die man als Mittler zwischen Mensch und Gott versteht. Verzerrung dieser imaginären Vorstellungen innerhalb der römischen Götterlehre und ihrer Glaubensstrukturen. Jetzt festigt sich der Dämonenglaube im Bewußtsein des Volkes.
Ab 300	Als neue Komponente kommt die christliche Religion hinzu. Durch ihre Anerkennung als Staatsreligion wird sie im 4. Jahrhundert hoffähig und zeigt früh despotische Ansätze. Sie übernimmt und modifiziert antike Dämonologien. Nun beginnt das eigentliche Verhängnis; antike Ansätze werden aufgewärmt und als glaubenswahr hingestellt.
Ab 400	Festigung des Aberglaubens durch Kirchenlehrer und Scholastiker. Teilweise gewaltsame Christianisierung weiter Landstriche Europas. Be- und Verdrängung bestehender Glaubensformen. Parallel: negatives Herausstellen des weiblichen Geschlechts. Die Frauen werden zur Schlange der Lust degradiert.
Ab 1230	Fundamentierung des Hexenbegriffes auf gleichzeitiges Aktivieren des Glaubens an den Teufel innerhalb des kurialen Lehrgebäudes. Dem Volk wird dieses Denken aufgezwungen. Ketzer- und Inquisitionsprozesse.
Ab 1470	Jetzt steht der eigentliche Hexenbegriff. Er wird untrennbar an das Teufelsdogma gekoppelt. Kurz danach erscheinen verschiedene christliche Hexenbücher. Sie zielen auf eine Vernichtung der Hexerei ab, wobei der eigentliche Kampf dem Teufel gilt.
Ab 1500	Großangelegte Hexenverfolgungen durch Kirche und Staat. Noch haben die Erscheinungen lokalen Charakter.
1580	Höhepunkt der Hexenbrände im Verbund mit Reformation, Gegenreformation und Jesuitismus. Konzil von Trient: es tobt der Kampf um die Seelen. Nachlassen der Hexenverfolgungen und -brände.
Ab 1650	Der Dreißigjährige Krieg lenkt vom Hexenbrennen ab und führt eine Verschiebung des Geschehens herbei. Mit seinem Ende leben die Greuel auf. Es folgen weitere Höhepunkte menschlicher Grausamkeit. Jetzt buhlen Protestanten und Katholiken um die Gunst des Teufels.
Ab 1700	Beginn aufklärerischer Tendenzen; Verminderung der Prozesse durch die Zurücknahme der Folter.
Ab 1800	Nur wenige Fälle realer Hexenverfolgungen bekannt; Verschiebung des Hexenbildes ins Märchenhafte, Naive und Lächerliche. Integration der deutschen Hexe in die Märchenbücher. Jetzt spielt der Teufel eine untergeordnete Rolle.
1954	Letzter in England geführter Hexenprozeß unter Berufung auf ein Hexengesetz aus dem Jahr 1754.
20. Jh.	Deutliche Verschiebung; künstliche Wiederbelebungsversuche durch Freidenker und religiöse Fanatiker. Wiederbelebung antiker Fruchtbarkeitszeremonien in Verbindung mit sexuellen Wunschbildern. Das Hexenwesen spielt sich als modernes Identifikationsproblem in Zirkeln und Privatkreisen ab. Parallel nimmt der Trend zu schwarzen Messen zu.

ster ... es ist das *finstere* Reich der Zauberei, dem wir Realität zusprechen müssen[24].« Selbst hier haben die Jesuiten den Nährboden gelegt. Gury merkt an: »Maleficorum ist eine Realität. Man unterscheidet die Liebes- von der schädigenden Zauberei. Das Anzaubern der Liebe ist eine vortreffliche Kunst. Die schädigende Zauberei ist geeignet, dem Nächsten mit der Hilfe des bösen Feindes zu schaden[25].«

So bildet sich die Vorstellung heraus: »Wer den katholischen Glauben verleugnet, *muß* verloren sein ... es ist besser, ein Weilchen auf einem Scheiterhaufen zu brennen, als ewig verloren zu sein. Den Verurteilten steht zu, erst erwürgt und dann verbrannt zu werden. Bei Unbußfertigen braucht man diese Milderung nicht zu beachten[26].«

Nach wie vor ist das christliche Glaubensfundament beweislastig und die so hoch gepriesenen Kardinaltugenden sind durch die Geschichte widerlegt. Das Theologenzitat: »Ich bin der Glauben, das Leben und die Hoffnung« entbehrt der Grundlage.

Die Gotteskundler gehen mit Begriffen wie *Sünde*, *Fegefeuer*, *Hölle* und *Teufelswahn* auf dem Marktplatz der menschlichen Einfalt spazieren, statt dagegen anzugehen. Nach dem Pfarrer Schindler ist der Hexenprozeß eine Zuchtrute der Christenheit, getragen von einer Dogmatik, die neben Gott den bösen Geistern Gewalt beigemessen hat[27].«

Durch Indoktrination wird der Hexenwahn zur ideologischen Größe und zur alles beherrschenden Vorstellung. Es geschieht nichts ohne Kirche oder gegen sie. Sie liefert die moralische Begründung, und die Weltlichkeit gehorcht. An dieser Stelle sind die unterdrückten Begierden derjenigen zu nennen, denen die Kirche den Zölibat aufgezwungen hat und die ihre sexuellen Verklemmungen in das Volk projizieren.

Wem fällt nicht beim Studium von Hexenakten auf, wie gierig einzelne Hexenriecher im Aufspüren erotischer Details sind? Die Frauen werden als Negativum in das Kalkül theologischer Weisheit gepreßt. Es hält die Geistlichen keinesfalls davon ab, sie in Pfarrhäusern, Beichtstühlen oder

Hexennamen	
hagazussa *(Zaunsitzerin)*	alt-nordisch
hexse	deutsch (1293)
hess	deutsch (1387)
hezze	deutsch
haghetissen	deutsch
häxen	deutsch (15. Jahrhundert)
hächse	deutsch (1510)
hägs	deutsch
hag	englisch
hazessa	deutsch
hekse	holländisch
holzmuoia	deutsch
tunritha *(Zaunreiterin)*	alt-nordisch
zunrite *(Zaunreiterin)*	oberdeutsch
walriderske *(Zaunreiterin)*	niederdeutsch
wildaz wip *(wildes Weib)*	deutsch
wicca *(weise Frau)*	altenglisch
witch	englisch
sorcière *(Zauberin)*	französisch
strega *(Streicherin)*	italienisch
erbaria *(Kräuterfrau)*	italienisch
bruja *(Zauberin)*	spanisch
xorguina *(Zauberin)*	spanisch
maga *(Zauberin)*	lateinisch
striga *(Eule)*	lateinisch
venefica *(Giftmischerin)*	lateinisch
malefica *(Schadenszauberin)*	lateinisch
indivina *(Wahrsagerin)*	lateinisch
lamia *(weibl. Dämon)*	lateinisch
masca *(Maske)*	lateinisch
larva *(Totengeist)*	lateinisch

anläßlich von Hausbesuchen als *sexuelle* Leckerbissen zu kosten. Steht doch schon in den päpstlichen Dekretalen: »Den Christen soll alles gemeinsam sein, auch die Weiber.« Nietzsche ist der Auffassung, daß das abendländische Sexualverhalten durch das Christentum vergiftet worden ist.

Für das 18. Jahrhundert lassen sich immer weniger Hexenprozesse nachweisen, wobei unterschwellig der Gedanke an sie wachgehalten wird. Das 19. Jahrhundert bringt im Verbund mit *romantischen* Strömungen ein verändertes Hexenbild zum Vorschein. Die schwarzgekleidete alte bucklige Frau mit dem Rabe auf der Schulter taucht auf.

Nach vorsichtigen Schätzungen ist die Zahl der wirklichen Hexenopfer relativ gering, wenngleich schon eines zuviel ist.

Hexenritt, »ob sy sich selbs oder ander leut in ander gestalt mügen verwandeln«. Aus: »Tractatus von den bosen weibern, die man nennet die Hexen«. Druck von Johann Zainer, Ulm 1490. Deutlicher Nachschnitt von Molitor.

Buhlschaft mit dem Teufel: »ob der tüffel in menschlicher gestalt müge sich erscheinen und bey den frawen schlaffen«. Aus: »Tractatus von den bosen Weibern, die man nennet die Hexen«, Druck von Johann Zainer, Ulm 1490.

Über weite Strecken fehlen die originalen Dokumente[28]. Je weiter die Chronisten schreiten, desto dramatischer wird die Sache. Es ist nicht so, daß man *epidemieartig* daran gegangen ist, die als Hexen Denunzierten *systematisch* auszurotten. An Unterlagen sind greifbar:

- Kriminalratsprotokolle.
- Briefe.
- Bürgermeisterbücher und Aufzeichnungen der Ratskommissarien sowie Stimmeister.
- Akten über Untersuchungen und Abstrafungen bei peinlichen Verbrechen.

- Urgichten, Verhörsprotokolle und Fakultätsgutachten. Dies wird vor allem ab dem 18. Jahrhundert transparenter, da die Gerichte verstärkt Akten versenden, um *gerechtere* Entscheidungen zu treffen.
- Die aufgelaufene Literatur, die über weite Strecken unbrauchbar ist, und vereinzelte Dissertationen.

Für Köln, Esslingen und Werdenfels, um Beispiele zu nennen, liegen detaillierte Unterlagen vor. Die Originalakten über den Prozeß der Mutter des Hofastronomen Kepler haben sich erhalten. Für das ehemalige Bistum Bamberg weist Lambreg in der Zeit von 1624-30 785 Verfahren wegen *Drudnerei* nach, denenzufolge 307 Personen ihr Leben lassen müssen[29].

Ab 1627 macht er die Einschränkung, daß man sie aus mütterlicher Barmherzigkeit vor dem Verbrennen erwürgt, was einer Strafmilderung gleichzusetzen ist. In Büdingen werden in der Zeit von 1633-34 311 Personen wegen Zauberei aus der Welt geschafft[30].

Eine heikle Frage ist wie immer die nach der Schuld[31]. Hier herrscht eine Kontroverse und jeder versucht, den Schwarzen Peter weiterzureichen. Es hat eine Parallele in der Verfolgung rassistischer und anderer Minderheiten während des Dritten Reiches unter dem Katholiken Adolf Hitler. »Man versucht, sich auf Kosten anderer vom Blut der Unschuldigen reinzuwaschen, die ihr Leben auf der Schlachtbank der menschlichen Willkür gelassen haben[32].«

Schuld ist nur bedingt der Einzelne, wenn man von wenigen Ausnahmen absieht; schuld ist die Zeit mit ihrer kollektiven Einstellung. Habgierige und vor allem Juristen werden scharf ins Gebet genommen. Manche sprechen vom Justizmord als *stehender* Einrichtung[33] und heben hervor, die Richter wären engherziger Beschränktheit verfallen und hätten den Zauberwahn vorausgesetzt ... sie hätten die Tortur ersonnen[34] ... und unter Berufung auf das *göttliche* Recht grausame Verbrechen begangen[35] ... sie wären unfähig gewesen, sich von den Anschauungen des Zauberglaubens freizumachen.

Sicher wird in einzelnen Gerichtsstuben geschludert und einzelne Advokaten müssen sich den Vorwurf der Laschheit gefallen lassen[36]. Auch unter ihnen gibt es schwarze Schafe. Öfters werden Pauschalurteile gefällt oder Deliquenten mit Nummern bezeichnet. Es wiederholt sich im Dritten Reich.

Ein Dokument vom 28.11.1630 aus Camberg hebt hervor, daß man es, wenn man über die Zauberer Verhör halte, an nichts fehlen lasse, denn es gehe ja alles auf Kosten der Hexen ... der Wein würde beim Wirt geholt[37]. Vereinzelt putzen sich Scharfrichter wie eitle Weiber heraus und ziehen trotz ihres schmutzigen Geschäftes prunkvoll im Land herum. Die Richter behandeln die Hexerei als Ausnahmeverbrechen und man darf es nicht so hinstellen, als haben sie ausschließlich Hexen verurteilt. Die Hexenprozesse machen einen geringen Anteil der von ihnen in der Gesamtheit getroffenen Entscheidungen aus. Sie beziehen sich auf verbindliche Quellen, nach denen sie Recht zu sprechen haben, wie z. B. auf die *Carolina*, das bedeutendste Rechtsbuch der Epoche.

Der Seitenhieb der Kleriker geht ins Leere, weil die Juristen bis weit in das 18. Jahrhundert hinein durch das Studium des *römischen* Rechts innerhalb der christlichen Bannmeile stehen. Der Rechtsgelehrte Benedikt Carpzov, eine Leuchte am sächsischen Juristenhimmel, rühmt sich, die Bibel 53mal gelesen zu haben; er trifft unmenschlich harte Urteile.

Nur vereinzelt hört man aus dem kirchlichen Lager ein leises Stimmchen zum verursachten Unrecht, über das man sich dort noch immer nicht bewußt ist. 1657 erscheint in der Druckerei der apostolischen Kammer zu Rom eine Instruktion für die Prozesse in Sachen Hexen, Zauberer und Malefiker, in der zugegeben wird: »Wie die schweren Irrthümer gegen das Hexenwesen zum Nachtheile der Gerechtigkeit und der angeklagten Frauen begangen werden ... wie kaum ein Prozeß der Art regelmäßig und in Rechtsform geführt worden war ... wodurch es gekommen ist, daß viele ungerechte Todesurteile oder Übergaben an den weltlichen Arm erfolgt sind.«

Es ist ein Eingeständnis. in einer längst verstaubten Publikation. Sie ist nicht an die Öffentlichkeit gedrungen. Die Anwendung der Folter ist nicht außergewöhnlich. Ihre Handhabung ist ein Mittel, um ein Geständnis zu erzwingen. Mit ihr läßt sich das Hexenwesen nicht erklären[38].

Früh macht man dem kleinen Mann auf der Straße klar, daß ihm die Peiniger unerreichbar sind. Erlauchte Personen wie die weltliche Obrigkeit, Geistliche, Richter, Schergen, Henker, Häscher, Hexenriecher und -fänger werden von der Anwendung der Tortur befreit. So nachzulesen in der

Die christliche Dämonologie faßt Fuß – Pro und kontra Hexen

506	Während einer Kirchenversammlung wird betont: »Weiber, die behaupten, mit Dämonen auf gewissen Tieren zu reiten, sollen mit dem Bann belegt werden[52].«
742	Während des deutschen Nationalkonzils wird gesagt: »Jeder Bischof, der ein Schutzherr der Kirche ist, hat anzuordnen, daß das christliche Volk keine Zaubereien oder Hexereien mache, wie dies einfältige Menschen nach dem heidnischen Brauch bei der Kirche tun[53].«
785	wird notiert: »Wer vom Teufel geblendet ist und nach der Weise der Heiden glaubt, daß jemand eine Hexe sei und Menschen fresse und der diese Person verbrennt, soll mit dem Tod bestraft werden[54].«
799	hebt eine Bestimmung hervor: »Zauberer und Hexen sollen eingekerkert werden … doch am Leben darf ihnen nichts geschehen[55] … die Priester sollen das gläubige Volk ermahnen und ihnen sagen, daß die magischen Künste und Zaubereien Fallstricke und Nachstellungen des alten Feindes sind[56].«
9. Jh.	Ein irisches Konzil verdammt jeden Christen, der an das Dasein von Hexen glaubt und zwingt ihn zum Widerruf.
1009	bestimmt das Konzil von Aenham: »Wenn sich irgendwo Hexen, Zauberer und Weissager befinden, sollen sie des Landes verwiesen werden.«
1074	warnt ein Konzil die Gläubigen, in trüben Stunden Zuflucht bei Zauberern zu nehmen. Nach den Gesetzen der Könige Stephan und Ladislaus (997–1095) werden sie mit Prostituierten auf eine Stufe gestellt und unterliegen gleichen Strafen.
1000	Koloman wischt die Angelegenheit mit der einzig korrekten Anmerkung vom Tisch: »Es gibt keine Zauberer, infolgedessen sei von einem Verfahren gegen Hexen keine Rede.« Also bezweifelt man zumindest bis etwa zum Jahr 1000 den Glauben an sie.

Peinlichen Halsgerichtsordnung der Katholikin und gleichzeitigen Kaiserin Maria Theresia für die österreichischen Erblande.

Die Folter begleitet die Geschichte der Menschheit längst bevor die Päpste des 13. Jahrhunderts ihre *pünktliche* Anwendung gutheißen. Die Tatsache, daß noch heute gefoltert wird, beweist, wie wesensfremd uns die Gedanken der Toleranz sind. Wir leben inmitten moderner Barbaren und bezeichnen das Mittelalter als *finster*, obwohl in ihm kein einziger Hexenprozeß stattgefunden hat. Fast alle bezeichnen sich in diesen Perioden als Christen und sind es nicht.

Die Kirchenoberen sind nicht zimperlich. 1551 hält sich der Bischof von Breslau acht Henker. Die Mainzer Domkapitularkammer gewinnt durch das Hinrichten von 300 Menschen 1000 Morgen Land[39]. Dem Bamberger Bischof wird für 1631 vorgerechnet, daß er eine halbe Million Gulden durch das Verbrennen von Hexen eingestrichen hat. Ein Würzburger Fürstbischof läßt wissen, »Alle Wochen auf Dienstag, außer wenn hohe Festtage anfallen, einen Hexenbrand zu tun, jedesmal 20-30 Weiber, zum allerwenigstens 25 und nicht weniger als 15 auf einmal zu verbrennen … und solches wollen Ihre fürstlichen Gnaden durch das ganze Bistum kontinuieren[40].« Eine deutliche Sprache zeigt die Verordnung des Trierer Kurfürsten Johann VII. aus dem Jahr 1591.

Immer wieder halten die Richter den Beschuldigten vor, »daß sie sich mit leib und seel dem leidigen Satan hingegeben haben und darum mit dem feuer lebendig zum todt müssen gerichtet werden[41].« Die Juristen sind wie alle anderen Kinder ihrer Zeit.

Schuld ist nicht eine beabsichtige Ungerechtigkeit, sondern der an den Tag gelegte Übereifer[42], der die Massen so wie im frühen 20. Jahrhundert ergreift.

Der Psychiater Snell unternimmt den Versuch festzustellen, ob die als Hexen Verurteilten geisteskrank gewesen sind. Er gelangt zur Überzeugung, daß nicht sie wahnsinnig waren, es sei denn die wenigen, die sich selbst der Hexerei bezichtigen[43], sondern daß der Zeitwahn den Ausschlag gegeben hat.

Dann ersinnt man die Theorie, daß es sich bei den Hexen um Prostituierte oder leichtfertige Frauen gehandelt hat. Es entbehrt der Grundlage. Die Meinung, daß die damals als Hexen Verrufenen heidnischen Kulten anhängen[44], wie es Grimm sieht, steht auf tönernen Füßen. Wahnsinnig waren sie nicht[45] und die Folter hat sie nicht dazu gemacht.

Nun versucht man das Hexenwesen medizinisch zu erklären. Die Einnahme von Hexengetränken sind Marginalien im Konsens das allgemeinen Wütens. Eine dominierende Rolle nimmt dabei der Stechapfel ein. Mary Matossian von der Universität Maryland wartet im September 1982 mit der Vermutung auf, der Hexenwahn sei als Ausfluß einer Getreidekrankheit zu verstehen. Sie ist nicht in der Lage, in historischen Zusammenhängen zu denken[46].

In den letzten Jahren zeigt sich eine neue Aktivierung der Hexerei auf einem niedrigen Niveau. Diesmal ist es eine Verballhornung antiker Fruchtbarkeitskulte, die mit der sexuellen Liberalisierung einhergehen. Wieder steigt die Zahl derer, die meinen, eine Hexer oder ein Hexer zu sein. Erfreulicherweise denkt keiner mehr daran, sie auf einen Scheiterhaufen zu zerren. Zu keiner Zeit hat es wirkliche Hexen gegeben. Schuld ist nicht der Hexenhaß, sondern der davorgelagerte verpflichtende Glauben an den Teufel.

Deshalb hat der Tübinger Theologieprofessor Haag recht, wenn er sagt: »Die Kirche ist eine internationale Firma zur Herstellung von Angst … ich protestiere dagegen, daß die heutigen Christen noch immer an den Teufel glauben müssen.«

Frühchristlicher Dämonenglaube

Es ist natürlich, daß die Menschen um die Zeitenwende aus dem Fundus ihrer Geschichte schöpfen. Um sie tummeln sich syrische, ägyptische, armenische, phrygische und indische Magier, Astrologen und Scharlatane, »die sich bettelnd herumtreiben, angebliche Sünden vergeben und Frauen betrügen.« Heidnische, jüdische und frühchristliche Begriffe verschmelzen. Der festgefügte Glauben an eine Geisterwelt bekommt eine Wertung nach guten und bösen Kräften, über denen ein Weltschöpfer gedacht ist.

Wenn man Christus nachträglich die Formulierung unterstellt: »Ich bin der Weg, die Wahrheit und das Leben«, so werden die Fakten verdreht. Wer diesen Gedanken folgt, wandelt in geistiger Finsternis. Der Krummstab der christlichen Bischöfe geht aus dem ägyptischen Augurenstab hervor und die alten Ägypter verfügen über das Symbol des Kreuzes. Bereits in den antiken Kirchen brennt ein ewiges Licht, um die daran glaubenden zu erleuchten. Der Glauben an die Dämonen ist alt; das junge Christentum saugt ihn wie einem Schwamm auf, bringt aber eine Verzerrung ein.

Der heilige Augustinus führt als Beweis der Existenz von Dämonen die *Diomedischen Vögel* ein, die, einer antiken Sage folgend, Wasser in den Schnäbeln tragen und Fremde mißhandeln. Folgt man Origenes, so ernähren sie sich aus dem Dampf des Weihrauchs. Nach seiner Vorstellung befinden sich die bösen Dämonen in einer Auseinandersetzung mit dem Christentum. Die Menschen dienen ihnen als Werkzeuge. Origenes geht davon aus, daß der Name Jesus eine *magische* und *dämonenabwehrende* Wirkung hat: »Wer sich davon überzeugen möchte, braucht nur unter den Gaukeleien der Dämonen, dem Betrug der Orakel und den Wundern der Magier das Zeichen des Kreuzes zu schlagen … er wird sehen, wie sogleich der Teufel flieht, das Orakel schweigt und die Zauberei stockt[47].«

Nach Tertullian kann kein Mensch ohne Dämonen auskommen. Athenagoras meint: »Die Teufel suchen den Menschen allerhand

Burchard von Worms und das Zauberwesen

- Diejenigen, die Zauberer in ihre Häuser führen, um das Unheil zu bannen, erhalten eine fünfjährige Buße.
- Wer glaubt, daß die Menschen Gewitter machen können ... soll sieben Jahre büßen.
- Wer das Neue Jahr nach heidnischer Sitte begeht und auf den Gassen singt, wird mit dem Bann belegt.
- Christliche Weiber sollen bei den Wollarbeiten keine eitlen Dinge betrachten, sondern den göttlichen Beistand anrufen ... durch den sie ihre Kunstfertigkeit erlangt haben.
- Beim Sammeln von Arzneikräutern darf man keine Zauberformeln gebrauchen ... Weissager, die vorgeben, künftige Dinge zu wissen, sollen gepeitscht und aus dem Sprengel getrieben werden.
- Weiber, die vorgeben, die Gemüter der Menschen verändern zu können und die meinen, sie könnten ihre Gesinnung von Liebe und Haß und andersherum verändern, oder die sagen, daß sie des Nachts auf Tieren reiten können, sind aus der Pfarrei zu weisen.
- Wer nachts den Dämonen opfert oder Zauberer oder Wahrsager zu Rate zieht, soll, falls er ein Priester ist, von jeder geistlichen Handlung ausgeschlossen sein und drei Jahre Buße tun.
- Die Beichtkinder sind zu fragen: »Hast du Zauberer gefragt, heidnische Gebräuche beobachtet, und den Neumond angebetet ... um ein Haus zu bauen oder um dich zu verheiraten?«
- Hast du in dieser Nacht Brot gebacken, um, wenn es in die Höhe ging, dein Glück zu erkennen?
- Hast du geglaubt, daß es Weiber gibt, die durch Gebete Zauberkünste vorgeben, um die Gemüter der Menschen zu ändern[62]?

Übel zuzufügen, indem sie Mißwachs, Dürre, Pest, Viehseuchen, Krankheiten und sonstige Übel hervorbringen[48].«

Nach Tatian sind die dämonischen Leiber von der Art der Luft oder des Feuers. Theodoret meint zu diesem heißen Thema: »Sie heißen unkörperlich im Vergleich zu den geistigen Leibern der Seligen, wogegen sie nicht mehr als ein Schatten sind.« Lactantius umreißt zum Beginn des 4. Jahrhunderts das Denken seiner Epoche: »Das Streben der Dämonen und unreinen Geister zielt darauf ab, das göttliche Reich zu vernichten und den Menschen zu schaden. Doch ein Christ braucht sich nicht zu fürchten. Er kann sie vertreiben und zwingen, ihren Namen zu nennen und einzugestehen, daß sie keine Götzen sind, obgleich sie in ihren Tempeln als heidnische Götter verehrt werden[49].«

Die frühen Kirchenväter, konträrer in ihren Ansichten als heutige, sind nicht in der Lage, sich vom traditionellen Ballast zu trennen.

Der im 3. Jahrhundert lebende Jurist Paulus hebt hervor: »Wer einen gottlosen Gottesdienst vornimmt, um jemanden zu schaden, soll gekreuzigt oder wilden Tieren vorgeworfen werden. Das gleiche geschehe den Mitwissern der Magie[50].« Immer deutlicher schälen sich Reglementierungen heraus, die gegen die als *heidnisch* bezeichneten Gebräuche gerichtet sind[51].

Canon Episcopi, Magnum Decretum Volumen

Etwa um die gleiche Zeit entstehen der *Canon episcopi* und das 20bändige *Magnum decretum volumen* des Wormser Bischofs Burchard (gest. 1025). Auch andere Kirchenleuchten wie Regino von Prüm (um 900) und Ivo von Chartres (um 1100) geben vergleichbare, doch nicht so bedeutende Werke heraus. Sie kreisen wie ein Adler um die himmlische Taube und suchen den Dämonismus einzugrenzen.

Abt Pirmin ruft auf deutschem Boden das erste Nationalkonzil zusammen. In diesem Umfeld entsteht die Schrift: *De singulis libris canonicis scaraphus.* Hören wir kurz hinein: Rhabanus Maurus konstatiert, daß die Ungeheuer, die den Mond zerfleischen sollen, ein Unding sind, denn seine Abnahme entsteht durch den Schatten der Erde. In der Schrift *De universo* spricht er über Sybillen, *heidnische* Gebräuche und deren Götter[52]. Er nennt die Magier wegen der von ihnen verübten Werke *Malefici* und geht in einem Brief an Haribald, den Bischof von Auxerre, näher auf bemerkenswerte Sitten ein:

- Jede Frau, die den Samen des Mannes mit Speise vermischt, um dadurch seine Liebe zu gewinnen, wird mit einer Buße belegt[53].
- Denen, die den männlichen Samen mit Getränken und jenen, die den Hirnschädel eines Menschen verbrennen und ihn zur Vermeidung von Krankheiten einnehmen, wird eine einjährige Buße verhängt.
- Das Weib, das ihr Mädchen auf das Dach oder in einen Ofen legt, um das Fieber zu heilen, soll sieben Jahre büßen[54].

847 taucht die Prophetin Thiota auf und verkündet den nahen Untergang der Welt. Unter dem sensationsgierigen Volk löst es Beklemmung aus; schon betrachtet man sie als vom Himmel gesandte Lehrerin. Von einer Synode zur Rede gestellt, gibt sie kleinlaut zu, der Rat eines unwürdigen Priesters habe sie zu der schändlichen Gewinnsucht getrieben.

Das wichtigste Dokument, das die Stellung der Kirche zum damaligen Hexentreiben dokumentiert, ist der *Canon Episcopi*, der in einer Visitationsanweisung des Jahres 906 in Erscheinung tritt. Darin wird den Bischöfen zur Pflicht gemacht, unheilvolle, vom Teufel erfundene Künste aus den Parochien zu entfernen und deren Anhänger fortzutreiben.

Im wesentlichen wird gesagt: »Es gibt verbrecherische Weiber, die, durch Einflüsterungen und Vorspiegelungen der Dämonen verleitet, öffentlich aussprechen, daß sie zur Nachtzeit mit der heidnischen Göttin Diana oder Herodia und unzähligen anderen, auf gewissen Tieren über große Länderstrecken im Schweigen der unheimlichen Nacht dahineilen. Sie gehorchen den Befehlen ihrer Göttin und lassen sich in gewissen Nächten zu ihr rufen … eine große Menge des Volkes glaubt, daß dies wahr sei. Es weicht dadurch vom rechten Glauben ab und verfällt den Hauptirrtümern der Heiden, indem es außer dem einen Gott andere übermenschliche Wesen anbetet … deshalb sind die Priester verpflichtet, dem beim Gottesdienst versammelten Volk zu verdeutlichen, daß dies falsch ist und daß solche Einbildungen nicht von einem göttlichen, sondern einem bösen Geist den Seelen der Gläubigen eingeflößt werden.

Nachdem der Satan den Geist eines Weibes gefangengenommen hat, um sie zum Unglauben zu bewegen, verwandelt sie sich in verschiedene Personen. Es ist öffentlich anzukündigen, daß, wer solches oder ähnliches für wahr hält, den rechten Glauben verloren hat. Er gehört nicht dem Herrn, sondern dem Teufel an. Wer für wahr hält, irgendeine Kreatur könne in etwas Besseres oder Schlechteres verwandelt werden, ist ungläubig und steht tief unter den Heiden[55].«

Warum, so ist zu fragen, beharrt man nicht auf diesem Standpunkt?

Freilich frönen schon damals hochrangige Geistliche dem Aberglauben. Um 1016 schickt Erzbischof Popo von Trier einer Stiftsdame einen Ledermantel, um daraus Schuhe fertigen zu lassen, die er beim Lesen der Messe anziehen will. Kaum hat er sie anprobiert, bezaubern sie ihn so, »daß er sich unsterblich in sie verliebt.« In seiner Bedrängnis schenkt er sie einem Geistlichen, doch hier tritt die gleiche Wirkung ein. Jetzt kommt den Theologen der rettende Gedanke: die Sünderin wird aus dem Kloster getrieben und der Erzbischof entscheidet sich für eine Pilgerfahrt ins Gelobte Land, dessen gewaltsame Okkupation durch christlich gesinnte Menschen etwa 150 000 Zeitgenossen das Leben kostet.

Burchard, der Wormser Bischof, verfaßt ein 20bändiges Werk über den gängigen Volksaberglauben. Er wettert gegen angebliche Teufel und trägt vor: »Jeder, der sich damit beschäftigt, soll aus dem Sprengel gejagt werden. In jedem Fall muß die Kirche von einer solchen Befleckung bewahrt werden[56].« Schauen wir kurz hinein:

Der Erzbischof Agobard von Lyon erkennt: »Nun glauben immer mehr Christen an Albernheiten, die selbst den Heiden unmöglich gewesen wären, denen Gott als Schöpfer unbekannt ist.«[57] Wer mag sie nur in die sündige Welt gesetzt haben? Er trifft den Nagel auf den Kopf.

Gesetze gegen die Zauberei werden erlassen und so fließt das kuriale Wollen, Spekulieren und Träumen in die Hirne der weltlichen Herrscher. Dazu einige Beispiele:

- Konstantin I. untersagt die Ausübung der magischen Künste. 357 verhängt er die Todesstrafe über diejenigen, die Astrologen u.ä. nach der Zukunft fragen.
- 392 erklärt Theodosius II. als Verbrechen: »Wer sich über die Gesetze der Natur erhebt, Verborgenes erkundet, Verbotenes untersucht oder etwas Unerlaubtes zu bereiten versteht[58].«
- Zwischen 887 und 893 hebt Leo VI. in einer Verordnung hervor, »Man hat in Erfahrung gebracht, daß alle Zauberübungen (Incanta menta) die Menschen von Gott entfernen und sie dem Dienst greulicher Dämonen zuführen. Seelischer Schaden ist davon unzertrennlich[59].«
- In einem Synodaldekret der Bischöfe, das auf Befehl des Kaisers 790 publiziert wird, wird in Artikel 15 gesagt: »In Hinsicht der Zaubereien, abergläubischen Wahrsagereien, Vorbedeutungen und Hexereien hat das Konzilium verordnet, daß man sie verhaften soll, es soll mit Mäßigung geschehen und sie sollen ihr Leben nicht verlieren.«
- Der englische König Knut der Große verordnet 1032: »Zur Ehre Gottes gebieten wir, daß man anfange, das Gebiet ringsherum zu säubern. Falls Zauberer, Weissager und öffentliche Dirnen getroffen werden, schaffe man sie hinweg. Wenn sie von ihren Schlechtigkeiten nicht absehen, sollen sie auf höhere Weise büßen[60].«

Die nächsten Generationen sind von der Auseinandersetzung zwischen Kirche und Staat geprägt. Papst Gregor VII. kehrt mit dem eisernen Besen, um das sinkende Glaubensschiff vor dem tödlichen Untergang zu retten. Es folgen die Phasen der Ketzer- und Inquisitionsprozesse und es vollzieht sich eine Okkupationspolitik unerhörten Ausmaßes. Sie kostet Hunderttausenden *um des rechten Glaubens* das Leben.

Jetzt treten hexerische Gedanken vorübergehend in den Hintergrund. Aktiviert werden sie durch einige spätmittelalterliche Schriftsteller. Immer wieder bezeichnet man diese Zeit als literaturlos und darum ohne Bildung. Das Gegenteil ist der Fall.

Literarischer Hintergrund zum Hexentreiben

Das Zauberbuch des Johann von Hartlieb[61] entsteht auf Wunsch eines weltlichen Fürsten[62] und gewährt einen Blick hinter die Kulissen des gängigen Aber- und Wunderglaubens. Auf der geistigen Höhe seiner Zeit stehend, weitgereist, Arzt, Diplomat, Humanist und Literat, verrät er einen festgefügten Glauben an die Macht und Wirksamkeit des Teufels auf unserer Erde[63].

Er bleibt im Denken seiner Epoche verhaftet und sagt: »Tut man etwas, was die Kirche nicht erlaubt, so ist es eine Todsünde und Abgötterei. Der Teufel mischt sich in die Sachen, damit leichtfertige Menschen dem Unglauben verfallen. Die heilige Kirche hat es bemerkt und einen großen Verlust der Seelen darin erkannt. Deshalb hat sie solche Künste beim Feuer verboten. In den weltlichen Rechten sind sie noch schwerer verboten, denn die Bücher sagen, daß man solche Zauberer und Abgötterer mit glühenden Zangen und *Kaupen* ohne Gnade und Barmherzigkeit zerreißen soll ... fliehe deshalb vor der Trügerei. Der Teufel verleitet den Menschen mit bösen Gleichnissen. Sobald er seinen Willen dazu gibt, erdichtet er alles, woran ein Mensch Gefallen hat ... mancher gemeine Mann wird durch das böse Ebenbild des Teufels verleitet und verführt.«

Im gleichen Atemzug nennt er die Menschen, die auf einen solchen Unfug hereinfallen. Von den 132 Kapiteln seines Buches gehen zwei auf das Hexen ein. Er verweist auf die seinerzeit aktuellen *Heidelberger* Hexenprozesse. Hier geht es um zwei Verbrennungen, die 1475 in Tilberg vollstreckt werden. Es sind vor dem Auftreten der Dominikaner Sprenger und Krämer die einzigen der Literatur entnehmbaren. Er meint:»Hagel und Schauer machen ist eine ihrer verbotenen Künste. Wer damit umgeht, muß alle Heiligen und die christliche Gnade verleugnen. Niemand treibt diese Kunst mehr als die alten Weiber, die an Gott verzagt sind[64].«

»Mit Zauberlisten machen die Leute Rosse, die kommen (dann) in ein altes Haus, und so der Mann will, sitzt er auf und reist in kurzer Zeit viele Meilen weit. Das Roß ist in Wahrheit der Teufel. Zu solchen Zaubereien gehört das Blut von Fledermäusen. Damit verschreibt sich der Mensch dem Teufel. Zu solchen Fahrten benützen die Unholde die Salbe *Uguentum Pharelis*. Sie wird aus verschiedenen Kräutern gemacht, in die das Blut von Vögeln und Tierschmalz gemischt werden ... wenn sie wollen, bestreichen sie Bänke, Säulen, Rechen und Ofengabeln und fahren dahin. Das alles ist Schwarzkunst und verboten.«

Hartlieb nennt an abergläubischen Dingen:»Die Leute segnen Käse und meinen, wer an einem Diebstahl schuldig ist, könne nicht davon essen[65]. Sie besprengen ihr Vieh mit Weihwasser, damit es nicht von den Wölfen gefressen wird oder sie bespritzen Pflanzen, weil sie meinen, daß es nicht von Krautwürmern angegangen wird.«

Er nennt das *Kräutergraben* und das Anfertigen der *Atzmänner*, daß man die Eingeweide der Tiere verbrennt, um aus dem aufsteigenden Rauch zu weissagen. Er erwähnt das Sehen in den Parill (Kristallkugel) und das Lesen aus der Hand:»Ein Volk zieht in der Welt herum, das heißt Zygeiner, die treiben dies gar sehr und verführen einfältige Menschen; und doch hat diese Kunst keinen Grund. Die Sache ist allein, daß sie die Leute um ihr Geld bringen.«

Das Hexenmahl aus Ulrich Molitoris »De laniis phitonicis mulieribus«, Reutlingen.

Er meint,: Man beschaut mit Weihwasser oder Wein gewaschene Ochsenschultern, um die Zukunft befragen zu können, oder daß man zum gleichen Zweck ein Gänsebein betrachtet ... danach urteilen sie, wie der Winter werden soll ... die Geistlichen darf ich nicht nennen; sie wollen strafen und ungestraft sein. Ich weiß gar viele Prälaten, Erzbischöfe, Äbte, Pröpste und Priester, die dem Aberglauben anhängen. Sie glauben an die Wirkung des Gänsebeins ... es ist ein Gespenst des Teufels.«

In den Predigten von Johann Herolt (um 1450) ist zwar von Wahrsagerei, Teufelsbeschwörungen und Nekromantie, doch *nicht* von der Hexerei die Rede[66]. Eine wichtige Fundgrube des spätmittelalterlichen Volksglaubens beinhaltet die auf der Burg Runkelstein entstandene Dichtung *Plumen der Tugent* von Hans Vintler.[67] Sie stammt aus

Zwei Holzschnitte aus dem Buch von Ulrich Molitoris. Ein Bauer reitet rücklings auf einem Fabeltier. Es ist mit Sicherheit kein Wolfsritt, wie es verschiedentlich interpretiert wird. Rechts faßt ein Teufel eine Frau, die entweder auf dem Feld beschäftigt ist oder die »Gabel« zwischen die Beine genommen hat. Es sind zeitgenössische Abbildungen, die möglicherweise nichts mit dem Teufels- und Hexenglauben zu tun haben. Es fehlen die typischen Klauenfüße oder die Hörner, die dem Teufel sonst beigegeben werden.

dem frühen 15. Jh. Er nimmt gegenüber dem Hexenwesen eine aufgeklärte Position ein und legt seine Hand auf die offene Wunde: »Der Teufel ist nicht für Gott zu haben, wenn ihm ein altes Weib gebieten kann. Ob es sein kann, daß sie der Herr und er der Knecht ist? Leute, die solche Dinge glauben, sind der Wahrheit fern.«

Er bestreitet die Hexenfahrten: »Es fährt kein Mensch und doch mancher wähnt, daß er fahre, und doch sind sie daheim, als man dessen gute Beweise hat. Ihr Leib kommt nicht vonstatten ... sie werden lediglich in ihrem Sinn verrückt.« Er wettert über die Geistlichen: »Viele, die Zauberei treiben, sprechen ... das hat mich der Pfaff gelehrt, wie (möchte) es böse sein? ... einen solchen soll man hart bestrafen.« In Kirchenkreisen denkt man anders. Der Benediktiner Wilhelm de Lure, ein Mönch aus Poitiers, predigt, daß die satanischen Versammlungen Hirngespinste sind. Für diese richtige Ansicht wird er 1453 zu *ewigem* Gefängnis verurteilt: »Indem sich ergeben hat, daß er selbst mit den Teufeln einen Bund geschlossen ... wodurch (er) viele Richter zur Milde bewogen ... und darum das Unwesen so überhand genommen (hat)[68].« Vintler ist von den teuflischen Machenschaften überzeugt.

- Etliche haben mit der bösen (H)erodia Gemeinschaft und glauben an die falsche Göttin Diana.
- Viele alte Weiber können die Herzen der Menschen zu Liebe und Haß verwandeln.
- Etliche beten den Teufel, den Mond und die Sterne an.

- Viele sagen, daß sie Gewitter machen können.
- Manche sprechen, die Trutte sei ein altes Weib und komme, (um) die Leute (zu) saugen. Etliche glauben, der Alp minne die Leute.
- Etliche sagen, die Schrattel sei ein kleines Kind (und) so gering (leicht) wie der Wind ... er wäre ein verzweifelter Geist.
- Viele können salben den Kübel, (so) daß sie fahren oben hinaus, etliche fahren so behend, daß sie hundert Meilen in einer kleinen Weile zurücklegen.
- Etliche nehmen die Gestalt einer Katze an ... viele fahren mit der Ba(h)r, auf Kälbern und Böcken.

Matthias von Kemnat, Säkularkleriker und Hofkaplan des Friedrich dem Siegreichen von der Pfalz ist ein Nachbeter des inquisitorischen Hasses. Er gelangt zu dem Schluß: »Nun komme ich auf die Sekte der Unholden ... die bei Nacht auf Besen, Ofengabeln, Katzen, Böcken oder anderen sonderbaren Dingen fahren ... es sind die Allerverfluchtesten; es gehört viel Feuer und wenig Erbarmen dazu« Wer in diese Sekte kommen will, muß schwören:

- Auf den Ruf eines Mitglieds unverzüglich alle Dinge liegen zu lassen und mit dem Berufer in die Versammlung (Synagoga) gehen ... hier wird der Verführte dem Teufel überantwortet, der in der Gestalt einer schwarzen Katze, eines Bockes oder Menschen erscheint.
- Er hat zu schwören, daß er dem Ketzermeister und seiner Gesellschaft treu ist, Fleiß anwendet und soviel Mitglieder wie möglich wirbt ... verschwiegen zu sein, alle Kinder unter drei Jahren zu töten und sie dann in die Gesellschaft mitzubringen ... die Eheleute verwirrt und impotent zu machen ... und den Ketzermeister anzubeten und sich ihm hinzugeben.

Ausführlich geht Kemnat auf die Praktiken der angeblichen Hexen ein: »Das neue Mitglied wird gelehrt, den Stab mit einer aus dem Fett gebratener Kinder und vergifteter Schlangen, Kröten und Spinnen bereiteten Salbe zu schmieren. Durch das Bestreichen mit ihr können sie Menschen töten, durch Pulver aus aus den Eingeweiden die Luft vergiften und ein großes Sterben verursachen ... das ist die Ursache, daß in etlichen Dörfern die Pestilenz regiert und zu allernächst dabei ist man frisch und gesund[69]. «

Er empfiehlt, die in der Kirche bewährten Gegenmittel wie Quecksilber in einem Rohr oder Federkiel bei sich zu tragen. Kämpft hier nicht Aberglauben gegen Aberglauben?

Eine Münchener Handschrift aus dem Kloster Scheiern gibt eine Übersicht des volkstümlichen Aberglaubens, die vermutlich als Merkzettel für die Beichte anzusehen ist. Hier werden Abergläubische erwähnt, »die meinen, Liebe oder Haß unter den Menschen stiften zu können ... oder daß den Kühen die Milch geraubt werden kann.«

Der als heilig angesehene Antonius, Erzbischof von Florenz (gest. 1459) erteilt den Beichtvätern die Anweisung, die Büßlinge zu fragen, ob sie denn glauben, daß Frauen in Katzen und andere Tiere verwandelt werden können, bei Nacht fliegen und das Blut der Kleinkinder aussaugen. Diese Dinge seien unmöglich und eine Torheit.

Johannes Nider[70]

Der schwäbische Dominikaner, ein Eiferer des katholischen Glaubens, verfaßt den *Formicarius* um 1437-41. Er beinhaltet eine Sammlung von widersinnigen Hexen- und Gespenstergeschichten: »Will man sich die Verschrobenheit in den Köpfen der damaligen Geistlichen begreiflich machen, darf man nicht übersehen, daß die von albernen Wunder- und Teufelsgeschichten strotzende Literatur der Heiligenlegenden das tägliche Brot ihres Geistes sind.« Nider verfolgt das Ziel, aus der gängigen Theologie, dem Aberglauben und der Scholastik eine Mixtur zu machen, die das einfache Volk versteht.

Nider will Erkenntnisse der Theologie unter das Volk tragen, ohne die damit verbundenen Widersprüche zu erkennen. Seine Arbeit dokumentiert, wie fertig die Idee der Inquisition ist, als die Hexenverfolgungen in unserem Sprachraum ihren Anfang nehmen. Und doch weicht seine Arbeit von der des etwas späteren *Hexenhammers* ab. Er sagt: »Zu allen Zeiten wurde den Weibern gegen ihren Willen vom *Sucubus* und *Incubus* nachgestellt ... dagegen unterscheiden sich die *modernen* Hexen dadurch, daß sie sich freiwillig der Unzucht mit einem Teufel hingeben[71].«

Nider verweist auf Peter von Bern, einen Richter von Simmenthal am Thuner See, von ihm habe er wesentliche Erkenntnisse gewonnen ... nach ihm seien in seinem Bezirk in kurzer Zeit 13 Kinder verschwunden und eine gefangene Hexe habe mitgeteilt, sie seien in den Wiegen unter dem Hersagen von Zaubersprüchen getötet worden ... Nach dem Begräbnis habe man sie wieder hervorgeholt und in einem Kessel gekocht. Aus ihrem Fleisch werde Zaubersalbe bereitet, während die daraus gemachte Suppe die Kraft verleiht, der Sekte der Teufelsbeschwörer beizutreten.

Bei Nider scheint die Hexerei nicht scharf von der Zauberei getrennt. Nach ihm können Zauberer und Hexen auf siebenfache Weise schaden; sie können Liebe und Haß einflößen, Zeugung und Empfängnis verhüten, Siechtum an allen Gliedern erzeugen, den Menschen das Leben rauben und Tieren schaden. Er betont: »Zauberer und Hexen verleugnen Christus, können sich in Mäuse verwandeln, Getreide und Heu auf den eigenen Grund übertragen, Wetter machen, durch Blitze Kinder töten, sie vor den Augen ihrer Eltern ins Wasser werfen,

⇒

Oben: Der Teufel greift dem Novizen an die Stirn und drückt ihm das »Stigma diabolicum« auf. Mitte: Der »ospusculum infame«, ein Schandkuß, der sich historisch aus den alten Lehensrechten ableitet; zugleich eine Persiflage auf die Zeremonien der katholischen Kirche. Unten: Der Hexentanz in unrealistischer Darstellung, da die Hexen nicht mit »nach außen« gekehrten Gesichtern tanzen.

Unfruchtbarkeit erzeugen, Pferde mit dem Reiter in die Luft entführen, Verbotenes offenbaren und die Zukunft weissagen ... Abwesendes können sie sehen.«

Das erste Werk, das die Hexerei im heutigen Sinn beschreibt, ist das *Flaggelorum haereticorum*, das 1458 von Jaquier verfaßt ist. Er betont, daß die neuentstandene Sekte der Ketzer und Zauberer erst *modernis temporibus*, also in jüngster Zeit, entstanden ist[72].

Um diese Zeit machen zwei Prozesse von sich reden. 1434 schreiten die Behörden von Regensburg gegen eine Magdalena Walpotin ein, »die in sich die Jungfrau von Orléans erkennt ... gebenedeit durch Enthüllungen ... und als von Gott gesandte Mutter der Christenheit.« Daraufhin wird sie als Ketzerin eingezogen und in ein Gefängnis verbracht. Im grotesken Aufzug der Verurteilten, dem feuerfarbigen Kleid, mit einem aufgenähten roten Kreuz und auf dem Kopf eine Papiermütze mit der Aufschrift: »Dies Weib ward als Ketzerin befunden, aber durch Gottes Hilfe begnadigt,« wird sie im Regensburger Münster zum Abschwören gezwungen. Über ihren weiteren Lebensweg ist nichts bekannt.

Agnes Bernauer[73] die Tochter eines Baders, geboren 1440 und in *jungfräulicher* Blüte stehend ... entfacht das Herz des Herzogs Albrecht von Bayern. Die Folge ist eine Bilderbuchintrige, die jeden modernen *Lore-Roman* ins Abseits stellt. Man bezichtigt sie der Zauberei, sie wird verhaftet und zum Tod durch Ertränken verurteilt,

⇐

Oben: Symbolische Darstellung eines Hexensabbates oder eines alten Fruchtbarkeitsritus. In der Mitte ein gehörnter Gott oder der Teufel. Mitte: Eine eigenartige Darstellung, denn ein geflügelter Teufel reitet eine Frau. Möglicherweise Idee des Incubus. Unten: Darstellung einer Hexe mit den volkstümlichen Charakteristika: altes Weib, Krückstock und hervorstehende Augen.

»weil sie den Herzog zu sündiger Liebe betört und damit ein Staatsverbrechen begangen hat.« Sie wird von der Straubinger Brücke gestoßen und so lange unter Wasser gehalten, bis sie den christlichen Geist aufgibt. Ihre Leiche wird auf dem Friedhof St. Peter vergraben.

Der möglicherweise *geprellte* Ehemann heiratet daraufhin Anna von Braunschweig. Er erlangt den Titel *der Fromme,* und gibt sich den Spekulationen seiner Beichtväter hin; selbst während des Essens läßt er sich geistliche Bücher vorlesen. Er stirbt 1460 im obligatorischen Geruch der Heiligkeit und wird in der Benediktinerkirche von Andechs beigesetzt[74].

Eine weitere Strömung kommt hinzu: nachdem es im deutschsprachigen Raum schwierig ist, eine wirksame Inquisition aufzubauen, beginnt man trotzdem nochmals am Vorabend der Reformation das Unmögliche zu verwirklichen. Es tauchen die Namen Sprenger, Krämer, Cumanus[75], Heimstöckel, Johann Gremper und ein Magister Ramwein, Pfarrer aus Abensberg, auf. Jacob von Hochstraten, bis 1508 Inquisitor der rheinischen Gebiete, beschränkt seinen Fleiß auf das Verfassen wenig angesehener Bücher.

1510 veröffentlicht er ein Werk gegen den Aberglauben. Als krönender Abschluß des Inquistitionsgehabes im deutschsprachigen Raum wird die Herausgabe des *Hexenhammers* angesehen, in deren geistigem Vorfeld Papst

Innocenz VIII., Vater des Vaterlandes

zu beurteilen ist. Er (1484-92) gibt sich weltlich und ist wegen seiner Ausschweifungen berüchtigt. Fleury sagt über ihn: »Kein Mensch hat eine gute Meinung von ihm, denn er führt ein unordentliches Leben, indem er mit verschiedenen Weibern sieben Kinder zeugte.«

Mit diesen Attributen steht er nicht allein im Raum. Sein Vorgänger, Sixtus IV., führt am päpstlichen Hof ein schwelgerisch-wollüstiges Leben und befördert seine Söhne Peter und Hieronymus unter dem

Namen von Verwandten zu Kardinälen. Peter schafft es innerhalb von zwei Jahren, 200 000 Dukaten zu verprassen, bevor er wie sein Bruder, den übermäßigen Ausschweifungen erliegt.

Zeitgleich baut ihr Vater Bordelle im Vatikan, die ihm jährlich 80 000 Dukaten einbringen. Auf Innocenz VIII. folgt der lasterhafte Alexander VI. Von dessen Nachfolger Julius II. ist bekannt, daß er mehrere Kinder sein eigen nennt. Dies ist mit ein Grund, weshalb noch heute die Päpste der Renaissance verstärkt im Kreuzfeuer der Kritik stehen. Unsittlichkeit ist an der Tagesordnung und gewissermaßen eine Zeiterscheinung.

Der Karthäusermönch Dionysius von Lewis[76] klagt über den Verfall der Kirchenzucht und die lasterhaften Geistlichen. Er rügt die Unzuchtsverbrechen, den Konkubinat, die Erhebung eines *Hurenzinses*, die Ausschreitungen mit Nonnen und Ehefrauen. Was die Verhältnisse in Deutschland angeht, so sagt Johannes von Trithemius (1492-1516) in einer an Nicolaus geschriebenen Anleitung zum priesterlichen Leben: »Die Geistlichen verzichten lieber auf ihre Pfründe, denn auf den Konkubinat[77].«

Das Wirken des christlichen Papstes Innocenz VIII. steht lediglich als Beispiel im Raum. Er wettert gegen Johannes Lailier, der an der Pariser Universität Theologie studiert, weil er an der Rechtmäßigkeit des Zölibates zweifelt[78]. Innocenz VIII. schläft mit Dirnen und verfolgt fromme Waldenser; ein gespaltener Geist und eine gespaltene Kirche. Er kommt auch darum ins Gerede, weil er der sündigen Menschheit die Bulle *Summis desiderantes affectibus* zum Geschenk macht.

»Summis desiderantes affectibus«

Merzbacher bezeichnet sie als einen der letzten großen gesetzgeberischen Akte der *alten* Kirche. Im Grund genommen spiegelt sie den Kampf der übergangenen Bischöfe und den mit Sonderaufgaben betrauten Inquisitoren wider. Krämer und Institoris verweisen auf die *referendierende* Form des

Inhalts und betonen, daß es sich nicht um einen Glaubensgegenstand, sondern um die Klärung einer Rechtsfrage handelt. Zur gleichen Auffassung gelangt im 18. Jahrhundert Christian Thomasius[79].

Die Bulle ist als Appendix dem Hexenhammer beigefügt. Erst dadurch wird sie zum Zankapfel der Interessen. Daß der Papst auf ihre Wünsche eingeht, ist klar: vertreten die Bittsteller doch seine Interessen. Zugleich ist diese Bulle ein Beispiel für die ausgehöhlte Kurialpolitik ... es sind Keulenschläge eines Schattenboxers und verzweifelte Versuche, wieder einmal das Glaubensschiff in ruhiges Wasser zu bringen. Fast scheint es, als spüre man in Rom, daß es so nicht mehr weitergehen kann und daß sich ein Mann aus den eigenen Reihen erhebt, um dem kurialen Spektakel einen Denkzettel zu erteilen: es ist der Augustinerchorherr Martin Luther.

Am Wortlaut dieser Bulle haben sich Jahrzehnte, wenn nicht Jahrhunderte, die Gemüter erhitzt und es wird vergessen, daß sie so bedeutend nicht ist. In der Geschichte des Hexentreibens nimmt die Antwort des Papstes eine wichtige Position ein, schon wegen ihrer ungleichen Beurteilung: hart prallen Pro und Kontra aufeinander. Der weitschweifige Text ist unter den Anmerkungen zu finden[80].

Schlagworte wie *mißlungener Staatsstreich*[81], *verfluchter Kriegsgesang der Hölle*[82] oder *Beginn der Tyrannei eines Heuchlers* führen ins Nichts. Es ist absurd, wenn prokatholische Schreiber herauslesen: »Waren die aus Deutschland in Rom eintreffenden Berichte falsch, so mußte auch die darauf gebaute Darlegung des Papstes falsch sein ... denn in diesem Punkt kann er getäuscht werden[83].« Er kann es auch so, denn erst ab Pius IX. wähnen sich die geistlichen Oberhirten als unfehlbar. Richtiger ist der Hinweis: »Man muß einräumen, daß der Papst von leichtfertigen und kritiklosen Inquisitoren unterrichtet war und daß er durch seine Antwort der Ungerechtigkeit Vorschub geleistet hat[84].«

Der Papst bezeichnet sich als *Knecht der Knechte Gottes* und verlangt mit der höchsten Begierde, daß sich der katholische

Papst Innocenz VII., der Sprenger und Krämer unterstützt und eine Gesamtansicht Roms zu Innocenz' Regierungszeit.

Glauben vemehrt und daß im Gegenzug der ketzerischen Bosheit Einhalt geboten wird. Ihm sei zu Ohren gekommen, daß in den Erzbistümern Köln, Trier, Mainz, Salzburg und Bremen Personen beiderlei Geschlechts ihre Seligkeit vergessen und sich, um vom katholischen Glauben abzufallen, mit Teufeln vermischen, Zauberei und Verderben anrichten, Impotenz schaffen und leichtfertig in Sünde und Laster leben ... Gegenüber den geliebten Söhnen Institoris und Sprenger benehme man sich halsstarrig.

»Damit die Seuche des ketzerischen Unwesens nicht zunimmt und damit sich das verbrecherische Gift nicht ausdehnt, gebe ich den Genannten unseren geliebten Sohn Johannes Gremper bei, um das Amt des Inquisitors vollziehen zu können und die als schuldig Erkannten nach ihrem Verbrechen zu züchtigen ... an Leib und Vermögen zu strafen oder in Haft zu nehmen ... dies soll dem gläubigen Volk vorgetragen werden, so oft es nützlich erscheint.«

Parallel dazu befiehlt er dem Straßburger Bischof[85], daß er alle Widerspenstigen und Rebellierenden zu bezäumen habe und daß er ggf. den weltlichen Arm zur Unterstützung anruft. Die Bulle schließt mit der Anmaßung: »Keinem soll erlaubt sein, diese Verordnung zu übertreten oder gegen sie zu handeln. Würde sich jemand dazu erkühnen, soll er wissen, daß er den Zorn des allmächtigen Gottes auf sich zieht.« In Rom hat sich die Angst breitgemacht.

Heinrich Krämer[86]

Der Dominikaner Heinrich Krämer wird 1472 von den Ordensoberen mit Haft belegt, weil er eine *unerbietige* Predigt gegen Kaiser Friedrich III. gehalten hat. Zwei Jahre später wird er zum Oberinquisitor für Deutschland bestellt. Er wirkt als Prior des Dominikanerklosters von Schlettstadt, das später wegen seines *göttlichen* Eifers gelobt wird. 1482 erwirkt Papst Sixtus IV. einen Haftbefehl gegen ihn, weil man ihm nachsagt, er habe Ablaßgelder unterschlagen. Seine Tätigkeit ist von Mißerfolgen begleitet[87]. Die betreffenden Akten werden 1890 entdeckt

und publiziert[88]. Man findet in ihnen Anweisungen zur Prozeßführung und Zeugenaussagen, doch keine Bekenntnisse.

Georg Golser, der Bischof von Brixen, veröffentlicht am 23.7.1485 die von Innocenz VIII. ausgegangene Bulle und erteilt kurz danach das Inquisitionsmandat an Krämer. Er schaltet Sigismund Kramer, einen Pfarrer aus Axams, bei Innsbruck, ein und beginnt am 14.10.1485 mit den Recherchen.

Aus der Korrespondenz des Bischofs ist bekannt, daß er mit dem Vorgehen Krämers nicht zufrieden ist. In einem Prozeß gegen sieben Frauen, bei dem Johann Merwais aus Wendingen das Amt des Verteidigers führt, wird ein Freispruch erwirkt. Merwais ist Licentiat der Kirchenrechte und Doktor der Medizin. Der bischöfliche Generalkommissär weist eine von Krämer an eine Angeklagte gestellte Frage über sexuelle Geheimnisse als nicht zur Sache gehörend zurück und gibt einen Protest gegen seine Leichtfertigkeit zu Protokoll. Die Angeklagte Scheuberin sagt aus: »Ich wünsche dem Inquisitor das fallende Übel an den grauen Scheitel, weil er immer gegen die Hexen predigt.«

In einem Brief an den Pfarrer von Innsbruck äußert er sich besorgt über Krämer und führt aus: »Er scheint aus Altersschwäche kindisch geworden zu sein. Was er getan hat, ist unanständig.« Ein weiteres Schreiben trägt das Datum vom 8.2.1486. In ihm wird betont: »Eure Väterlichkeit sollte, wie ich ihm schon zugeredet habe, in sein Kloster zurückkehren und den anderen nicht zur Last fallen. Ich glaubte, daß er die Diözese lang verlassen hat[89].«

1491 berichtet der Regensburger Bischof Heinrich von Abensberg: »Er hat an mehreren Orten des Sprengels bemerkt, daß die Verwirrung Raum gewonnen hat, daß sich Menschen beiderlei Geschlechts die göttliche Ehre anmaßen, sich als Wahrsager gegen das Verbot der Kirche ausgeben, Einfältige täuschen und mit solchen Dingen Zauberei treiben.«

Kurz danach beauftragt er den Augustinerchorherr Wolfgang Heimstöckel, der als Granator des Klosters Rohr bei Augsburg tätig ist, diesen Aberglauben mit Hilfe seiner Seelsorger durch den christlichen niederzuwalzen. Widerspenstige sollen exkommuniziert, und ggf. unter Anrufung des weltlichen Armes vor den Bischof geladen werden.

1495 läßt Krämer in Nürnberg eine Sammlung von Traktaten gegen *Jüngst aufgetauchte Irrtümer bezüglich des Sakraments der Eucharistie* drucken. Im gleichen Jahr folgt er dem Ruf seiner Oberen, um in Venedig über eine Streitfrage zu diskutieren. Daraufhin kehrt er nach Deutschland zurück.

1497 erscheint der *fromme und ehrwürdige* Vater Heinrich Krämer im Kloster Rohr und weist sich als Inquisitor aus. Daraufhin bestellt er Heimstöckel zum Vikar und erteilt ihm am 4.7.1497 für den Regensburger Sprengel die Vollmacht, gegen Übeltäter vorzugehen und sie nach der *Lex multorum* zu strafen[90]. In diesem Zusammenhang ergibt sich ein bezeichnetes Taktieren des Bestallten, denn am 2.7.1499 schreibt er dem Magister Ramwein:

»Von glaubwürdiger Seite ist mir das Gerücht zugekommen, daß die Stadt voll Schändlichkeiten der Idolatrie[91] ist. Dort sollen viele sein, die zum Schaden ihrer Mitbrüder Hexereien verüben. Darum wundere ich mich, daß ihr, ein gelehrter und berühmter Prediger, ein beherzter Mann, solchen Verbrechen nicht Widerstand entgegenbringt? Warum schweigt ihr über das Übel des Götzendienstes, weshalb seid ihr wie ein stummer Hund[92], der nicht bellen kann? … mir scheint, daß ihr für eure Haut fürchtet, daß ihr Angst habt, die Hexen könnten euch verzaubern, daß ihr den alten Vetteln mehr glaubt als Gott, während es eine ausgemachte Sache ist, daß die Hexen Predigern und anderen Werkzeugen der Justiz nicht zu schaden vermögen.«

Alexander VI. ernennt am 31.1.1499 den greisen Krämer zusammen mit dem Abt von Neuburg zu Nuntien und beauftragt sie, gegen die böhmischen Brüder, Waldenser oder Pickarden in Böhmen und Mähren vorzugehen. Ein Breve vom 5.2.1500 weist Krämer an, das die römische Kirche angreifende Buch *Bild des Antichrist* von Peter von

Titelseite des »Hexenhammers«, der zu gewichtig angesehen wird. Vermutlich hat er für das Hexentreiben keine Bedeutung.

Chelcis zu konfiszieren und verbrennen zu lassen. Krämer schlägt ein Religionsgespräch vor, das im Kloster Olmütz stattfindet, doch zu keiner Verständigung führt.

Krämer schreibt ein Werk über die Sekte der Waldenser. Sein Blick ist geschärft, denn er meint zu wissen: »Die Brüder halten bei ihren Versammlungen den Mund offen, um den heiligen Geist in der Gestalt einer Fliege aufzunehmen.« Durch eidliche Aussagen sei ihm bezeugt, daß sie bis auf wenige Ausnahmen vom Teufel besessen sind[93].

Später kehrt er in das Kloster Rohr zurück. Die Quellen verlieren sich um 1503 und 1506 stirbt er im Alter von 75 Jahren. Es ist davon auszugehen, daß Krämer in seiner Funktion als Inquisitor die hauptsächlichen Abschnitte des Hexenhammers verfaßt.

Beispiele früher Hexenbrände im deutschsprachigen Raum

1390   In Berlin wird die Hexe Wolberg verbrannt.

1409   In Augsburg werden vier Geistliche gebunden, in Käfige gesteckt und bis zum Verhungern vor den Stadttoren aufgehängt.

1419   In der Urfehde eines Angeklagten und Gefolterten aus Luzern vom 20. Juli erscheint erstmals die Bezeichnung *Hexe* für schädigenden Zauber.

1423   In Basel wird eine Unholdin zum Tod verurteilt. Sie bestätigt eidesstattlich, daß sie eine Hexe ist und auf einem Wolf reitet.

1438   In Heidelberg wird eine Zauberin mit einer Schandmütze auf den Pranger gestellt, ihr die Zunge abgezwickt und ein Brandmal aufgedrückt.

1440   In Freiburg wird wegen eines unerklärbaren Hagelwetters ein Hexenprozeß inszeniert.

1444   In Hamburg werden zwei Frauen verbrannt.

1446   In Heidelbereg werden einige Frauen unter Beihilfe eins Ketzermeisters verbrannt.

1447   In Heidelberg wird eine Frau verbrannt, die als Lehrmeisterin der Vorgenannten angesehen wird.

1448   In Braunberg wird eine Frau der Zauberei überführt, aber lediglich zur Verbannung auf eine Entfernung von zwei deutschen Meilen verurteilt, nachdem eine dreifache Bürgschaft in Höhe von zehn Mark gestellt wird.

1456   (29.10) In Breslau werden zwei Frauen ertränkt, weil sie mit sogenannten *Liebesbissen*, durch die sie eine Heirat beeinflussen wollen, ihre Männer umgebracht haben.

1456   In Köln werden zwei Menschen wegen Fruchtzauber (Ernteschaden) verbrannt: »Zieglers Jutte soll ein Beichtbüchlein besessen haben, das Zaubersprüche beinhaltet.«

1458   In Hamburg wird eine Frau verbrannt.

1471   In Frankfurt am Main wird eine Zauberin ausgepeitscht, weil sie vorgibt, Diebstähle entdecken zu können.

1481   (1.10) In Breslau wird Anna Brommelshausin als Zauberin und Hexe ertränkt. Sie bekennt: »Ich habe Georg Kramer und Georg Beckern mein eigenes Wasser zum Trinken gegeben. Für Georg Kramer habe ich Kröten gesotten. Meinem eigenen Mann habe ich Schweiß zum Trinken gegeben.«

1481   In Eggersdorf wird eine Frau verbrannt, die mit einer Hostie Unfug getrieben hat.

1483   Unter Friedrich I. wird in Berlin eine alte Frau als Hexe verbrannt.

1486   In Frankfurt wird ein Messegaukler der Zauberei beschuldigt und daraufhin ertränkt.

1491   Am Pforzheimer Gericht sind Hexenprozesse anhängig.

1508   Eine Bürgerin aus der Nähe von Ulm klagt auf Schadensersatz wegen unmenschlicher Folterung in Folge des Verdachtes auf Zauberei.

1521   In Hamburg wird Dr. Viet als Zauberkünstler verbrannt, weil er eine Frau entbunden hat, die bereits von der Hebamme aufgegeben worden ist.

1545   »Eine Frau kocht Zaubersuppe und gießt sie in einen Torweg, den ein andere passieren muß.«

1553   In Berlin werden zwei Wettermacherinnen eingezogen, »die einer Nachbarin ein Kindlein gestohlen, es in Stücke gehackt und es daraufhin gekocht haben.«

Jacob Sprenger[94]

ist seit 1475 Professor der Theologie und zeitweise Dekan an der Kölner Universität. 1487 wird er Provinzial der deutschen Ordensprovinz. Er gründet eine Rosenkranzbruderschaft, an der maßgebliche Personen beteiligt sind[95]. 1489 wendet sich der Offizial der Kölner Kurie an einen hier lebenden Astrologen und an die Bewohner der Diözese, die mit Zauberern und Hexen in Verbindung stehen sollen. Sie werden dazu aufgefordert, vor einer inquisitorischen Kommission zu erscheinen, an deren Spitze der Prior des Kölner Dominikanerklosters, Sprenger, steht. Über den weiteren Verlauf der Auseinandersetzung ist nichts bekannt.

Der älteren Forschung zufolge[96] gilt Sprenger als Hauptverfasser des Hexenhammers. Es ist wohl eher so, daß er aufgrund seiner Nähe zur Universität mehr mit der Beschaffung der Approbation befaßt ist und als Autor sekundäre Bedeutung hat. Es ergibt sich aus vielen Bezugspunkten, daß der geistige Fundus des *Malleus maleficarum* mehr im oberdeutschen Raum angesiedelt ist, für den Krämer zuständig ist.

Sprenger hat eher das Verdienst, zur Fälschung der Approbation beigetragen zu haben, falls er sie nicht erwirkt hat. Siebel führt den Nachweis, daß sie nicht die Geisteshaltung des damaligen Lehrkörpers vertritt, die im Zeichen der Zeit als kirchliche Zensurbehörde verstanden wird[97]. Papst Sixtus IV. lobt sie 1479 wegen ihres Eifers in der Unterdrückung ketzerischer Schriften[98].

Hintergründe

Man kann Köln bis auf wenige kurze Zeitläufe als lupenrein katholisch bezeichnen. An der Universität treibt die Scholastik Blüten. Als ihr berühmtester Lehrer wird Albertus Magnus (1193-1280) angesehen, der in der Zauberfrage eine vorsichtige Haltung einnimmt und sagt: »Sie ruht oft auf Täuschungen. Lediglich das einfache Volk sieht aufgrund seiner mangelhaften Bildung einen Zusammenhang mit zauberischen

Ein sogenannter »Duckstuhl«, den man zum Eintauchen von Straftätern verwendet hat; z. B. für Bäcker, Korn- oder Obstdiebe. Mit dem Schwemmen der Hexen hat es nichts zu tun, auch wenn es immer wieder in der Hexenliteratur beton wird.

Handlungen.« Damit hat er zwar recht, doch er macht den Fehler einzugestehen, daß Wissen von oben nach unten gefiltert wird. Es sind Geistliche, die den Aberwitz weitergeben.

Albertus Magnus glaubt wie nahezu alle seiner Epoche an die Existenz von Teufeln. Sein Schüler Thomas von Aquin baut die teuflische Lehre aus und läßt sich von In- und Sucuben, der teuflischen Buhlschaft, dem Wettermachen und den nächtlichen Ausfahrten inspirieren. In sinnlosen Erörterungen spricht er über die Fähigkeit, zwar nicht seiner Frau, doch einer anderen geschlechtlich beiwohnen zu können.

Gegen Ende des 13. Jahrhunderts beschäftigt sich eine Kölner Synode mit der damals viel diskutierten Frage der *Impotentia ex maleficio* und exkommunziert diejenigen, die unter dem zauberischen Einfluß der christlichen Ehegemeinschaft schaden. 1357 verfügt der Erzbischof die Exkommunikation über Beschwörer, Looswerfer und Wahrsager.

Am 19.5.1487 versammeln sich die Professoren in der Amtsstube des Dekans Lambertus de Monte[99], mit ihnen die beiden Dominikaner, der Universitätspedell und ein Kleriker als Zeuge, der vereidigte Notar der Kölner Kurie und der Priester Kolich aus

Euskirchen als Schriftführer. Der Dekan bemerkt, ... daß er die dreiteilige Abhandlung eifrig durchgesehen habe und daß sie verglichen worden ist ... aber betreffs ihres ersten Teiles, wenigstens nach seinem bescheidenen Urteil, nichts enthält, was mit der Wahrheit des katholischen Glaubens in Widerspruch steht ... dennoch scheine es ratsam, daß der Traktat nur gottesfürchtigen und gewissenhaften Personen mitgeteilt wird.

Dieses Argument ruft den Argwohn der Dominikaner hervor. Sie legen vier redigierte Sätze vor, aus denen zu erkennen ist, daß es ihnen um die Sicherung ihrer Kompetenzen geht. Das ist legal und korrekt, denn sie sind im Besitz einer päpstlichen Bulle, die dieses Ziel unterstützt. Sie bringen folgendes ein:

- Die Inquisitoren verdienen als Abgesandte des Papstes Unterstützung in ihrem Amt.
- Daß es Hexen gibt, steht nicht im Widerspruch zur katholischen Lehre, sondern stimme mit den Aussagen der Heiligen Schrift überein.
- Es ist ein Irrtum anzunehmen, daß es keine Zauberer gibt. Andersdenkende hindern das Werk der Inquisition.
- Alle Fürsten und katholischen Priester seien zu ermahnen, das fromme Werk der Inquisition zu stützen.

Die Absicht der Autoren geht aus ihrem Bemühen um die Approbation hervor: »Unsere vornehmste Absicht ist, uns Inquisitoren soweit wie möglich von der Hexenverfolgung zu entlasten. Deshalb wollen wir die kirchlichen und weltlichen Richter über den Hexenprozeß belehren. Da die Hexerei ein gemischtes Verbrechen ist, gehört sie vor das weltliche und geistliche Gericht. Wo die Strafe an Leib und Leben geht, können die Inquisitoren ohne weltliche Gerichte nicht prozessieren.«

Zudem weist Krämer auf ein Pergament, das am 6.11. in Brüssel von der kaiserlichen Kanzlei unter der Regierung des Kaisers Maximilian I. gesiegelt ist. Es befiehlt, die päpstliche Bulle anzuerkennen und stellt die Inquisitoren unter den Schutz des Kaisers. Deshalb nimmt sie die Fakultät in Schutz und erklärt, ... daß aus göttlicher Zulassung durch die Hilfe des Teufels, Menschen zu Zauberern werden können. Gegner dieser Ansicht wären für das Verderbnis der Seelen verantwortlich. Daraus ist zu entnehmen, daß der Intelligenzblock einer anerkannten Universität nicht in der Lage ist, sich über den Zeitgeist zu stellen; er frönt dem gleichen Aberwitz wie der Einfältigste unter den Bürgern.

Die Billigung, die den Ausführungen des Hexenhammers zustimmt, ist von acht der Kölner Unversität angehörenden Theologen unterzeichnet, und muß, wie Hansen nachweist, als eine von Krämer und Sprenger in enger Zusammenarbeit mit einem Notar gefertigte Fälschung sein.

Johann Gremper

wird Krämer und Sprenger beigestellt und ist als Inquisitor im Konstanzer Sprengel tätig. Er wird im laufenden Text des Hexenhammers erwähnt, in dem gesagt wird: »Eine berühmte, von allen Einwohnern beschuldigte Hexe in der Grafschaft Fürstenberg im Schwarzwald verlangte auf der Folter, die Feuerprobe abzulegen. Der junge und unerfahrene Fürst erlaubte es und so trug sie das glühende Eisen nicht nur drei Schritte, zu dem sie verurteilt war, sondern sechs ... sie erbot sich, es noch weiter zu tragen[100].«

Thematisches Umfeld

Der Inhalt des Hexenhammers setzt eine intensive Beschäftigung mit der Materie voraus[101]. Es ist eine umfassende Zusammenstellung von Bezugspunkten aus der als heilig angesehenen Schrift und etwa 50 vorausgehenden Autoren, die vor allem im kirchlichen Bereich angesiedelt sind. Einen Vorrang nimmt Niders *Formicarius* ein. Dies bedeutet, daß es sich die Dominikaner nicht leicht machen, denn sie arbeiten das Wissen ihrer Epoche zu diesem aktuellen

Thema auf. Es ist eine Fleißarbeit, die falsch kanalisiert ist. Ähnliches unternimmt später der Jesuit Martin DelRio.

Die Autoren verraten eine enorme Belesenheit, doch ihr Weltbild steckt voller Teufel und Dämonen. Es geht ihnen wie nahezu allen Theologen: sie haben von der Richtigkeit der ihnen aufoktroierten Thesen auszugehen, wobei die Beziehung zur historischen Realität sekundär ist. Deshalb behaupten sie Unwahrheiten ihm Brustton ihrer pflichtgemäßen Überzeugung. Die Epoche ist glaubensschwanger.

Der Hexenhammer entsteht, als sich die Machtstrukturen der katholischen Kirche bedenklich auf die Seite neigen. Er trägt die kirchliche Auszeichnung *Sanctissimus liber* und ist approbiert. Nach der Methode der Zeit ist er so logisch in der Form und so fest auf die scholastische Theologie und das kanonische Recht abgestimmt, daß sein Ansehen verständlich wird. Trotzdem muß man berücksichtigen, daß nicht klar ist, ob wir ein Belehrungsbuch für unschlüssige Richter oder ein Handbuch zur gezielten Hexenverfolgung vor uns haben.

Die negative Beurteilung der Frauen nimmt eine bevorzugte Stellung ein. Es ist naheliegend, an die sexuellen Nöte zu denken, die den Autoren und ihren Glaubensbrüdern auferlegt sind ... es ist zu berücksichtigen, daß man dieses dickleibige, im schlechten Latein verfaßte Buch erst spät in die deutsche Sprache übersetzt. Es wird jahrelang nur von Theologen, Juristen, Ärzten und Akademikern benutzt. Freilich geht von ihrer Stimulanz eine gefährliche Wirkung aus.

Der Hexenhammer wird um 1486 abgeschlossen und erscheint 1487 in Straßburg. Der Speyerer Frühdrucker Peter Drach[102] der Mittlere besorgt zwei Ausgaben. Bis 1520 werden neun weitere gedruckt.

Der Hexenhammer gliedert sich in drei Teile. Erst werden in 18 Fragen die Dinge untersucht, die bei der Zauberei zusammentreffen. Dann wird gesagt, wie man sich davor schützen kann bzw. dämonischen Krankheiten vorzubeugen hat. Der dritte Teil widmet sich dem Hexenprozeß. Hier wird die Anlehnung an vorausgegangene Ketzer- und Inquisitionsprozesse deutlich. Die Autoren bringen interessante Veränderungen ein; vor allem bemühen sie sich um den Nachweis, daß es wirklich Hexen gibt[103]. Sie stellen das Laster der Hexerei über alle anderen und deklarieren es als Ausnahmeverbrechen, das eine besonders harte Strafe verdient. Ihre Hinrichtung und der Einzug ihres Vermögens zur Bestreitung von den Kosten bilden den förmlichen Abschluß des Verfahrens.

Sie sitzen einem Irrtum auf, denn sie stellen die Hexen außerhalb des gängigen Rechts und es bedeutet im Umkehrschluß: Sanktion der Folter, um das notwendige Geständnis zu *erpressen*. Die Autoren ignorieren die 400 Jahre alte, fortschrittliche Meinung des *Canon episcopi*. Es läßt sich nicht mehr nachweisen, ob sie über diesen literarischen Hintergrund verfügen.

Daß man den Hexenhammer überbewertet, ergibt sich daraus, daß Köln weitgehend von den Verfolgungswellen des Hexentreibens verschont bleibt. 1487, dem Erscheinen des Hexenhammers, verurteilt das Kölner Hohe Gericht eine Frau mit deren Tochter wegen eines gemeinsam verübten Mordes, nachdem die Tochter unter der Folter die Mutter denunziert und hervorhebt, daß sie anderen Frauen das Zaubern gelernt habe. Beide werden lebend verbrannt[104]. Die bekanntesten Prozesse in Köln sind die gegen Katharina Henot und Christina Plum.

Kritik

Es ist nicht verwunderlich, wenn die Kritiker wie himmlische Tauben über den Hexenhammer fallen. Sie bewerten ihn falsch, schlagen über die Stränge und stellen sich ein Elendszeugnis aus; sie tun das, was sie sonst ihren Gegnern vorhalten und unterstellen. Wir hören Argumente wie: »Des Papstes Tyrannen wüteten grausam wider die Weiber[105].« Sie waren Finsterlinge und behaupteten Dummheiten[106] ... proklamierten Geschwätz, Unbarmherzigkeit, Arglist, ekelhafte Sophistik, pfäffische Entmenschtheit, Folterlust und tigerhaften

Blutdurst[107]. Es sind *mörderische* Buben[108], pathologisch beschränkt, geistlich aufgeblasen und von einem schamlosen Zynismus getragen[109]. Sie verraten Kenntnisse des geschlechtlichen Lebens, die eine erfahrene Engelmacherin schamrot machen würde[110].

Im Hexenhammer vereinigen sich Buchstabenklauberei und kleinstädtische Borniertheit. Worte wie berüchtigt, spitzfindig, unverständlich, verrucht, unheilvoll, barbarisch in der Ausdrucksweise, scheußlich und fluchwürdig, sind an der Tagesordnung[115], werden aber der Sache nicht gerecht.

Die Argumente sprechen gegen die Kritiker, denn sie führen ins Nichts und es stimmt selbst nicht, wenn gesagt wird: »Hunderttausende wehrloser Unschuldiger sind durch ein wissenschaftliches Buch, durch dieses entsetzliche Machwerk des verirrten Geistes in gräßlichen Qualen einem grauenhaften Tod ausgesetzt worden ... damit hat sich die Menschheit besudelt.«

Fest steht, daß die Argumentation des Hexenhammers voll Widersprüchen ist. Der *Malleus maleficarum* spiegelt den Zeitgeist und er soll damit nicht verniedlicht werden. Pro-katholische Schreiber wenden selbst hier das Blatt in ihrer Kurzsichtigkeit und bringen hervor: »Der Hexenhammer ist ein in sich reines und untadelhaftes Werk, doch oft unvorsichtig auf die scharfe Seite neigend[112].«

Einfluß der Himmelskörper

Die Autoren stellen heraus: »Der Einfluß der Himmelskörper kann nicht verworfen werden, denn sie werden von geistigen Substanzen bewegt und regiert, wie dies von allen Theologen und Philosophen angenommen wird. Die Seelen der Himmelskörper sind größer als die unsrigen; folglich können sie in uns wirken. Der Mensch ist Gott, den Engeln und den himmlischen Körpern untergeordnet. Die Macht der Sterne kann keine Zauberei verursachen. Die Wirkungen bestehen darin, daß die Zauberer ihren Glauben verleugnen, Unzucht treiben, Kinder umbringen und boshaft sind.

Gott konnte die Kreatur nicht so vollkommen schaffen, daß sie nicht hätte sündigen können. Das Laster der Zauberei ist so groß, daß es selbst die Sünde und den Fall der Engel übersteigt. Die Sünden des Teufels können nicht vergeben werden. Aber die Hexen verleugnen den Glauben. Deshalb sündigen sie schneller und schwerer. Weil sie nirgends Frieden finden, gehen sie schneller als andere zur Kirche hinein und langsamer heraus[113]. Den himmlischen Einfluß verdeutlichen sie an einigen Beispielen:

- Drei Gesellen gingen miteinander über das Feld ... zwei wurden vom Donner erschlagen und der dritte hörte eine Stimme aus der Luft: »Laßt uns auch ihn erschlagen.« Da kam die Antwort: »Das geht nicht, denn heute ist das Wort Fleisch geworden (d. h. er hat die Messe gehört, so daß ihm der Teufel nichts anhaben kann).«
- Abt Serenus hatte mit seinem Fleisch ewigen Krieg und bat Gott, ihn keusch zu machen. Nachts kam ihm ein Gesicht vor, so als komme ein Engel zu ihm. Er öffnete ihm den Bauch und nahm ihm ein Ding weg, wie ein feuriger Kopf. »Siehe da«, sprach der Engel, »ich habe dir den Kitzel genommen und von heute an wirst du weniger Anfechtungen haben, als ein Junge an der Mutterbrust.«
- Ein Priester versicherte uns, daß er in der Nähe von Landsberg eine Luftfahrt gesehen hat. Bei einer studentischen Versammlung sollte einer weggeschickt werden, um Bier zu holen. Er kehrte um, als er vor dem Haus einen dichten Nebel sah. Da sprach der andere: »Und ich werde gehen, selbst wenn der Teufel zugegen wäre.« Und siehe da, kaum war er aus der Tür getreten, wurde er vor allen in die Luft entführt[114].

Jetzt ziehen die Dominikaner das As aus dem Ärmel und kommen zum Kern der Sache: »Die Hexerei geschieht mit der Hilfe des Teufels. Es ist ketzerisch zu behaupten, daß er mehr Macht als Gott hat. Leute die behaupten, es gebe keine Hexen, sind als Ketzer zu bestrafen. Um die Unwissenheit

»Hexe bei der Arbeit«; Illustration zur Neuauflage des »goldenen Esel« von Apuleius. Stich von Thomassin nach Demaretz, 1736.

zu besiegen, muß man sich Mühe geben, das Hexenwesen zu studieren. Es schmeckt nach Ketzerei zu behaupten, das Zaubern wäre nur eine Einbildung. Das Gegenteil läßt sich durch kirchliche und bürgerliche Gesetze beweisen. Das göttliche Gesetz befiehlt, die Zauberer zu töten[115]. Wer die Schrift anders erklärt, ist ein Ketzer.«

Hier sehen wir den blinden Autoritätswahn, der unsere Geschichte in die Irre führt, denn er ist nicht glaubenswürdig. Institoris und Krämer beziehen sich auf die Stelle im Exodus: »Zauberinnen sollst du nicht leben lassen.« Dies ist unchristlich, weil es zum damaligen Zeitpunkt keine Christen gegeben hat. Die Originalübersetzung bedeutet Giftmischer[116].

Kontrahexen

Die Autoren bringen eine Fülle ungereimter Varianten[117] ein. Es ist uns heute unverständlich, daß die damaligen Richter nicht auf die Idee kommen, die Aussagen zu prüfen. Die Dunstglocke eines falsch verstandenen Glaubens schwebt über der verängstigten Menschheit. Es wird deutlich, daß sie *nur* Kinder ihrer Zeit sind:

- Einer unserer Inquisitoren entdeckte eine fast ausgestorbene Stadt, in der das Gerücht ging, daß ein gewisses Weib nach und nach ihr ledernes Sterbekleid, in dem sie begraben worden, in sich fresse, bis daß sie es vollends verzehrt hätte. Nach einer Beratschlagung ließen der Stadtschulze und der Bürgermeister das Grab öffnen und fanden, daß es die Alte bereits zur Hälfte durch das Maul und den Hals in den Bauch geschluckt und verzehrt hatte. Der Schulze ergrimmte darüber, zog vom Leder, hieb ihr den Kopf ab und warf ihn in die Gruft, worauf die Pest nachließ. Nach der Untersuchung fand sich, daß das Weib eine Hexe gewesen.
- Die Ärzte schließen aus den Umständen, forschen nach der Ursache der Krankheit. Ist sie nicht zu entdecken, ist sie durch Dämonen verursacht. Die Kontrahexen gießen Blei in eine Schüssel mit Wasser. Findet sich die verlangte menschenähnliche Gestalt, so nimmt die kluge Frau ein Messer und schneidet das Bild in derjenigen Gegend, wo es die antuende Hexe haben will. Sie hat sogleich darauf an demjenigen Glied, worauf es gezielt war, so heftige Schmerzen, daß es nicht länger verborgen bleiben kann.
- Einige Ärzte halten flüssiges Blei über den Kranken und gießen es in eine mit Wasser gefüllte Schale. Erscheint dann ein einigermaßen deutliches Bild, so urteilen sie, daß die Krankeheit *ex maleficio* zustandegekommen ist. Die Theologen halten es für unerlaubt, da man nichts Böses tun dürfe, damit Gutes herauskommt.

- Als zu Innsbruck eine Hexe inquiriert war, erzählte ein gewisses Frauenzimer gegenüber dem Richter: Ich besuchte meine Freundin, die unerträgliche Kopfschmerzen und darum eine alte Frau bei sich hatte, die sie durch ihren Hokuspokus heilen wollte. Abergläubische Possen, sprach ich zu ihr, euch ist es doch nur ums Geld zu tun. Drei Tage später war kein Fleckchen mehr an ihr, wo es nicht geschmerzt hätte, wo nicht eine Beule voll weißen Eiters war. Eines Tages entdeckte ich über der Stalltür ein Päckchen in einem Tuch. Auf den Rat des Hausherrn nahm ich es herunter, öffnete es und warf alle ihre Siebensachen, Schlangenknochen, Kräuter usw. in das Feuer. Darauf ward mir stehenden Fußes besser.
- Viele Weiber kennen die Mittel, um eine Hexe zu entdecken. Wenn beispielsweise jemand ein Zauberinstrument unter der Türschwelle verbirgt, so ist dies Zauberei ... wenn sie eine Kuh auf die Weise lassen und auskundschaften wollen, wer eine Hexe ist, so hängen sie des Mannes Beinkleider an deren Hörner oder binden es auf deren Rücken.
- Wenn ein Stück Vieh krepiert und die Hexen zu wissen wünschen, ob es an einer natürlichen Krankheit oder durch Zauberei geschehen ist, und wenn sie den Täter heraushaben wollen, so gehen sie auf den Schindanger, schleppen die Eingeweide des abgedeckten Tieres bis in das Haus hinter sich, jedoch nicht über die Türschwelle, sondern unter derselben, legen sie auf einen Rost und braten es. Wo nun diese Caldaunen anfangen zu braten, so fangen im Leib der Hexe die Gedärme zu schmerzen an.
- Unerlaubt ist auch das Mittel, dessen sich einige Weiber hin und wieder in Schwaben bedienen. Sie gehen am 1. Mai vor Sonnenaufgang in den Wald, schneiden sich von Weiden oder anderen Bäumen Zweige, beugen sie in der Gestalt eines Zirkels zusammen, hängen sie beim Eingang im Kuhstall auf und versichern, daß nun das Vieh über das ganze Jahr nicht bezaubert werden kann.

»Macbeth und die drei Hexen«; entnommen N. Rowes illustrierter Ausgabe von William Shakespeares Theaterstücken, erschienen in London 1709.

Ehestandsgeschäft

»Die Weiber haben eine schlüpfrige Zunge und können ihre eigene Schande nicht verschweigen, wenn sie es mit ihresgleichen zu tun haben, und wenn es ihnen an Kräften gebricht, sich heimlich zu rächen, so nehmen sie Zuflucht zur Zauberei.« »Es ist besser bei Löwen und Drachen zu wohnen, als bei einem bösen Weib.« Eva spielte den ersten Betrug und deshalb kann man von ihren Töchtern alles erwarten. Sie wurde aus einer krummen Rippe erschaffen. Als ein unvollkommenes Tier betrügt sie immer. Das Weib taugt von Natur aus nichts, es zweifelt geschwinder und verleugnet den Glauben leichter.

Daß Ehebrecherinnen und Huren vorzüglich Hexen sind, ergibt sich aus dem Behexen, wodurch das Ehestandsgeschäft, ein Werk Gottes, bei gewissen Personen verhindert wird. Es ist eine orthodoxe Meinung der Kirche, daß durch den Beischlaf der Menschen Kinder erzeugt werden: »Ob die geilen Purschen von Engeln nicht wirklich bei den Töchtern der Menschen gelegen und eine Riesenrasse mit ihnen gezeugt haben[118]?« Nun kann der Teufel *semen virili* von irgendwoher bekommen und *ad ovarium* gebracht haben, wodurch das Weib wirklich empfing. Der Teufel ist nicht der Vater, sondern derjenige, dem der Samen entwendet ist. Es kann geschehen, daß sich ein Incubus unsichtbar zwischen zwei sich Umarmende schleicht und unbemerkt »*Semen loco feminisiri* injiziert, denn was können Geister und Engel nicht alles tun?«

»Es sind die Teufel der niedrigsten Klasse, die zum Frondienst der Hurerei verdammt sind. Viele Ehemänner verlassen die schönsten Weiber und hängen sich an einen säuischen und widerlichen Nickel.«

- Uns ist eine alte Vettel bekannt, die nach und nach drei Äbte eines Klosters in sich verliebt machte, so daß sie nicht mehr von ihr ablassen konnten. Sie gestand, daß sie es getan habe ... und zwar durch die Hilfe der eigenen Exkremente, »von denen die heiligen Väter ein armlanges Stück gespeiset.«
- Die Weiber sind untereinander selten gut. Und da ein beraubter Mann wohl mit anderen Weibern, aber nicht mit seiner eigenen halten kann, läßt sich die Sache leichter begreifen; das Weib sucht sich zu entschädigen und so bekommt der Teufel zwei Braten für einen.
- Wenn die männliche Rute sichtbar ist oder wenn sie sich keiner Erektion erfreuen kann, ist die Sache natürlich. Ist aber Bewegung und Erektion da, ohne daß das Werk vollbracht werden kann, so ist der Mann bezaubert. Dies betrifft auch die Weiber; dann können sie entweder nicht empfangen oder sie abortieren.

- Eine Hexe, die das Empfangen verhindert oder einen Abortus fördert, ist eine Todschlägerin und muß wie eine Mörderin bekämpft werden. Wenn es nicht innerhalb von drei Jahren gelingt, erklären einige Kirchenlehrer die Ehe für ungültig. Die sieben Künste der Weiber sind:
  ◊ Umstimmen des menschlichen Gemüts in ausschweifende Liebe oder in alles übertreibenden Haß.
  ◊ Verhinderung der Zeugungskraft.
  ◊ Weghexen der Zeugungsglieder.
  ◊ Menschen in Tiere verwandeln.
  ◊ Den Frauen eine unzeitige Geburt verschaffen (und) deren Kinder dem Teufel darbringen.
  ◊ Wallfahrten mit unbußfertiger Beichte.
  ◊ Unerlaubtes Beten und Bannsprechen.

Hebammen und Kinderfresserinnen

Die Hebammen schädigen die Frucht im Mutterleib, befördern eine unzeitige Geburt und loben die Kinder dem Teufel an, indem sie dieselben unter verschiedenen Vorwänden in die freie Luft oder aber unter den Schornstein tragen und sie dann in die Höhe heben »So geschah es in der Diözese Straßburg in dem Städtchen Zabern (Oppido Tabernio), wo eine Hebamme, weil sie nicht wieder genommen wurde, das Kind behexte, so daß es nach einiger Zeit Nägel, Dornen und Knochen spie. Hier fand man in den Köpfen der Kinder Nägel[119].«

Die Hexen haben uns bekannt, daß dem katholischen Glauben niemand schädlicher und gefährlicher sei, als die Hebammen, wenn sie Kinder auch nicht umbringen, so opfern sie sie doch dem Teufel. »Wie sich die Kinderfresserinnen verhalten, hat der Richter Peter im Berner Gebiet aus einer Hexe herausbekommen:

»Wir stellen, so sprach sie, vorzüglich ungetauften Kindern nach, auch getauften, besonders, wenn sie durch Gebete und das Zeichen des Kreuzes in Sicherheit gesetzt worden sind. Wenn die Kinder in den Wiegen oder bei den Eltern im Bett liegen und tot gefunden werden, so glauben diese,

Das Mittelalter war reich an Leib- und Lebensstrafen. Im Vordergrund wird gestäupt, enthauptet, gerädert, die Hand abgeschlagen. Dahinter steht ein Mann am Pranger, dem gerade ein Ohr abgeschnitten wird; andere werden ertränkt, geviertelt, verbrannt, gehängt oder geblendet. Die Strafen reichen weit über das Mittelalter hinaus und die Folter wird erst im 18. Jahrhundert abgeschafft.

sie hätten sie im Schlaf erdrückt oder sie wären auf eine andere Art ums Leben gekommen. Die Hebammen haben sie durch Zeremonien umgebracht. Sodann stehlen wir sie heimlich aus dem Grab, kochen sie mit Kalk, bis sich das Fleisch von den Knochen löst und gar geworden ist. Aus den festen Teilen machen wir eine Art Salbe und die flüssigen füllen wir in eine Flasche. Wer davon trinkt, wird einer von unserer Sekte.«

»Viele behaupten, die Hexensalben und -fahrten seien Phantasey und Einbildung. Diese Meinung ist wider Gottes Wort und gegen die Wohlfahrt der Kirche. Selbst schlafend können die Leute durch die Luft geführt werden. Das sieht man an denen, die nachts auf Dächer steigen, ohne Schaden zu nehmen, herumgehen und hinabsteigen, wenn sie von Zuschauern nicht bei ihrem Namen genannt werden. Man glaubt, daß hier der Teufel seine Finger im Spiel hat.«

Die eigentliche Art der Hexenfahrten ist diese: »Sie bereiten nach der Anweisung des Teufels aus den Gliedern kleiner Kinder und der ohne Taufe Verstorbener eine Salbe. Damit beschmieren sie ein Gefäß oder etwas Leinwand und werden gleich darauf in die Luft gehoben und hinweggeführt. Was die Zeit betrifft, wählt der Zauberer vorzüglich hohe Festtage, Weihnachten, Ostern oder Pfingsten, damit die Sünde und die Verdammung der Zauberer größer wird.«

An Festtagen ergeben sich die Mädchen dem Müßiggang: »Ein Mädchen aus Breisach setzte hinzu … wenn die Hexe in irgendeinem Fall nicht wirklich die Fahrten mitmache, doch wissen wolle, was in jenen Versammlungen vor sich geht … stütze sie sich in aller Teufels Namen auf den linken Ellenbogen, worauf ein gelblicher Rauch aus ihrem Mund geht … und sie darin alles sehen kann, was dort vor sich geht[120].«

Butter- und Wettermachen

»Die Hexen stoßen ein Messer in die Wand, nehmen einen Milcheimer zwischen die Beine und rufen den Teufel an ... er möchte ihnen doch von einer bestimmten Kuh Milch verschaffen. Mit der größten Geschwindigkeit melkt sie der Teufel, bringt der Hexe die Milch und weiß es so einzurichten, als wenn sie aus dem Messerstiel gezogen wäre[121].« Das Wettermachen geschieht auf folgende Weise:

»Zuerst rufen wir auf einem öffentlichen Feld den Obersten der Teufel an, daß er jemand sende, der ausrichte, was wir wünschen. Dann opfern wir ihm auf einem Kreuzweg ein schwarzes Füllen, werfen es in die Höhe, und, nimmt er es an, setzt sich sogleich darauf die Luft in Bewegung. Doch nicht jedesmal treffen die Blitze und Schlossen die Gegenden, die wir verlangen, weil Gott dies nicht immer erlaubt.«

»Von Ravensburg bis Salzburg wütete ein schreckliches Gewitter, einen Strich von 28 deutschen Meilen dergestalt, daß sich der Weinstock im dritten Jahr kaum wieder erholen konnte. Das Volk schrie mächtig über die Hexen, denn jeder hielt es für Zauberei. Da nahm man ein paar berüchtigte Weiber bei den Ohren, folterte sie und es fand sich, daß man die rechten getroffen hatte. Auf des Teufels Geheiß hatten sie das Grübchen gegraben, Wasser hineingegossen und unter Hersagung gewöhnlicher Formeln die Jauche mit dem Finger umgerührt ... das übrige hatte der Teufel besorgt.«

Hostienschändung, Teufelsbündnis

»Wir haben vor kurzem eine Hexe in Arbeit gehabt, die eine gesegnete Hostie aus dem Mund genommen und sie in einen Topf geworfen hat ... und in dem eine Kröte war und die sie an diesem Tag in einem Stall unweit der Scheune nebst anderen Zaubersachen vergraben hat. Am anderen Tag kam ein Arbeiter des Wegs und hörte ein Winseln, ... so als wäre es ein kleines Kind. Er glaubte, daß in der Nähe eine Mörderin versucht hat, ihr Kind umzubringen und zeigte es der Obrigkeit an. Man ließ nachgraben, wies die Zuschauer zurück und wartete, ob die Hexe nicht selbst kommen würde ... Sie kam, nahm heimlich einen Topf unter dem Mantel und wollte fortschleichen ... allein man nahm sie bei den Ohren, brachte sie auf die Folter und sie bekannte.«

Jene Wölfe, die bisweilen Menschen anfallen und Kinder aus der Wiege rauben ... das sind durch Hexen bewirkte magische Künste ... es sind wirkliche Tiere, jedoch vom Teufel besessen[122].

- Besonders gern stellt der Teufel Heiligen und Frommen nach. Eine Baderin wollte nachts ihren Geliebten besuchen, um bei ihm zu liegen. Sie kam an einen Teufel in menschlicher Gestalt. Nachdem er sie beschlafen hatte, fragte er sie, ob sie ihn wohl nicht kenne: »Nein«, gab er zur Antwort. »Ich bin der Teufel ... und wenn Du willst, werde ich Dir immer zu Gefallen leben und dich in keiner Not verlassen.« Sie ging mit ihm einen Vertrag auf 18 Jahre ein und lebte fortan mit ihm in teuflischer Unzucht.
- Die Hexen versammeln sich an einem bestimmten Tag, wo sie den Teufel in angenommener Menschengestalt sehen, der sie zur Treue gegen ihn ermahnt, ihnen Glück und ein langes Leben verspricht, worauf ihm die Hexen den Kandidat empfehlen. Findet ihn der Teufel willig und bereit, den heiligen Sakramenten zu entsagen, geben sie ihm die Hand und geloben ihm Treue. Dann verlangt der Teufel eine Huldigung, die darin besteht, daß der Aufgenommene verspricht, ihm in Ewigkeit mit Leib und Leben zu gehören, und daß er sich bemühen wolle, ihm soviel Rekruten wie möglich zu beschaffen. Zuletzt erinnert der Teufel daran, gewisse Salben aus den Knochen und Gliedern der getauften Kinder zu bereiten, durch die er alles ausrichten wolle, was man verlange.

Bis dahin kann man die Ausführungen des Hexenhammers als Spiegel des Zeitgeistes und dem damit verbundenen Volksaberglauben betrachten. Sie reihen Zitat an Zitat, dokumentieren eine enorme Belesenheit und sagen doch im wesentlichen nichts Neues aus.

Der Hexenhammer zeigt seine Schärfe erst in seinem dritten Teil. Er behandelt die rechtliche Seite der Hexerei. Sie rufen die Weltlichkeit auf, sich vor ihren abergläubischen Hexenkarren zu spannen. Es wird deutlich, daß den Autoren verschiedene inquisitorische Handbücher bekannt sind, die zumindest in einem Punkt identisch sind: dem gewollten Denunzieren.

»Man kann den Leuten Mut machen, andere anzuzeigen, indem man die Mitteilung einfließen läßt, daß derjenige Denunziant, der seine Anklage nicht beweisen kann, nichts zu befürchten hat.« Es steht dem gegenüber die gängige Rechtsauffassung, die den Verleumder straft. Die Vorgeforderten haben sich folgendem Protokoll zu unterziehen:

- »Im Jahre des Herrn nach der Geburt Christi ... am Tag ... des Monats ... erscheint vor mir, dem Notar und den unterschriebenen Zeugen ... vor einem hochlöblichen Gericht und übergab folgende schriftliche Anzeige: ›Ich zeige an, ich bin da und da gebürtig und bezeuge, daß ich dieses und jenes weiß.‹ Daraufhin läßt man ihn schwören, entweder auf die vier Evangelien oder auf das Kreuz ... mit drei ausgestreckten Fingern zur Erinnerung an die heilige Dreifaltigkeit und mit zwei eingezogenen in Rücksicht auf Seele und Leib.«
- Exkommunizierte, Mitschuldige, Infame und Lasterhafte wider den Herrn werden in Glaubenssachen jeder Art als Kläger zugelassen, in Ermangelung besserer Zeugen wird der eine Ketzer wider an den anderen angenommen und in jedem Fall kann die Frau wider den Mann, die Kinder wider ihre Eltern und vertraute Freunde wider ihre Feinde zeugen ... Meineidige sind nicht verwerflich, wenn sie die Vermutung für sich haben, daß sie aus Glaubensdrang die Wahrheit sagen. Dann werden ihnen folgende Fragen gestellt:

◊ Woher er gebürtig sei?
◊ Wer die Eltern sind?
◊ Ob sie noch leben oder ob sie (schon) verstorben?
◊ Ob sie eines natürlichen Todes gestorben ... oder ob man sie verbrannt habe?
◊ Wo Comparent erzogen und sich die meiste Zeit aufgehalten?
◊ Ob und warum er seinen Geburtsort verlassen?
◊ Ob er an besagten Orten von zauberischen Sachen gehört ... daß nämlich Zauberer und Hexen Gewitter machen, das Vieh bezaubern und den Kühen die Milch nehmen?
◊ Warum das allgemeine Volk so bange vor ihm sei?
◊ Ob sie zugibt, daß sie einen bösen Namen habe und daß sie gehaßt werde?
◊ Warum sie ihrer Feindin gedroht habe: Du sollst nie wieder einen gesunden Tag erleben.
◊ Aus welcher Absicht sie das Vieh berührt habe? Und wie es gekommen, daß es sogleich darauf krank geworden?

Die Fragen verdeutlichen, daß es einer Vorverurteilung gleichkommt. Es sind Fragen aus der inquisitorischen Trickkiste; später nehmen sich die Juristen und Jesuiten dieser Kasuistik an. Einmal im Kreuzfeuer des christlichen Kreuzes, gibt es kein Entrinnen aus den verfänglichen Armen der Unmenschlichkeit.

»Können die Angeklagten keine hinlängliche Bürgschaft stellen oder steht die Besorgnis an, daß sie die Flucht ergreifen, muß man sie gefänglich verwahren. Wird die Hexe in ihrem Haus gefangen, erlaube man ihr nicht, zuvor irgendeine Kammer aufzusuchen, damit sie keine Zaubersachen zu sich stecke, um sich verschwiegen zu machen. Das hartnäckige Schweigen während der Tortur verursacht entweder der Teufel unmittelbar, oder die Hexen haben andere Mittel. Z. B. braten sie zu diesem Zweck ein erstgeborenes Kind männlichen Geschlechts in einem Ofen ... Nachdem man die Zauberer zur Haft gebracht hat, erfordert es die Ordnung, erst den Entschluß des Richters zu hören, ob ihnen die Verteidigung gestattet wird oder nicht. Die Zeugen sind geheimzuhalten: ... es hat aber nicht jeder Inquisit die Freiheit, sich nach seinem Belieben einen Anwalt zu wählen, sondern der Richter muß einen beiordnen, der weder zänkisch noch frevelhaft ist oder der sich durch Geld bestechen läßt. Verteidigt man wider Gebühr einen der Ketzerei Verdächtigen, wird man für noch schuldiger gehalten ... noch schlimmer als ein ketzerischer Hexenmeister.«

Verhör in der Peinkammer

Dann wird der Angeklagte in die Folterkammer gebracht und befragt, jedoch nicht gefoltert, weil kein Bluturteil ohne Geständnis gesprochen werden darf ... man muß den Angeklagten durch die Tortur zum Bekenntnis bringen.

Dann spricht der Richter nach folgender Formel das Urteil: »Nachdem wir ... und Beisitzende den Prozeß wider Dich ... eingeleitet und Deine Sache wohl erwogen haben ... finden wir, daß Du in Deinen Aussagen nicht gleich geblieben bist, denn Du gestehst zwar, daß Du die und die Drohungen ausgestoßen hast, nicht aber, daß Du es in der Absicht zu schaden getan hast. Und doch sind verschiedene Indizien wider Dich vorhanden, um Dich auf die Folter zu bringen. Damit wir die Wahrheit aus Deinem Mund hören, und Du durch Einreden die Ohren der Richter nicht beleidigst ... erklären, verurteilen und verdammen wir Dich hiermit zur Tortur am heutigen Tag.«

Daraufhin wird der Inquisit mit dem Bemerken in das Gefängnis gebracht, daß ihm dies als Strafe angerechnet wird und nicht als Verwahrungskerker. Mit der peinlichen Frage wird folgendermaßen verfahren: »Zuerst machen die Büttel alle Anstalten zur Tortur, dann entkleiden sie den Inquisit. Ist es ein Frauenzimmer, verrichten es ehrbare Weiber. Die Kleider sind nach eingenähten Zaubersachen oder nach den

Eingeborene von Victoria. Unter der Leitung eines Priesters beschäftigt man sich mit dem peinigen vor einer aus Erde geformten Rachepuppe. Dieses Bild macht deutlich, das sich die Hexenanhänger bis heute kaum verändert haben.

Kindstötung, ein im Mittelalter gängiges Delikt. Handschrift zum Ende des 15. Jahrhunderts aus Dijon.

Folterkammer im 16. Jahrhundert. Im Vordergrund wird ein Liegender gestreckt und erfährt dabei die Wasserprobe. Rechts im Hintergrund das Strecken mit einem angehängten Stein. Links der sogenannte »Eiserne Stier«, in dessen Hohlraum der Deliquent zu Tode gequält wird. Der Stier wird glühend gemacht, was mit unerträglichen Schmerzen verbunden ist.

Gliedern ungetaufter Kinder zu untersuchen. Dann werden die Folterinstrumente zurechtgemacht und nun wird den Bütteln befohlen, ihn auf die Leiter zu schnüren oder die Folterinstrumente anzuwenden.

Wenn der Richter wissen will, ob sich eine Hexe durch Zauberkünste die Gabe des Stillschweigens erworben hat, lege er oder der Priester der Hexe die Hand auf den Kopf und beschwöre sie wie folgt: »Ich beschwöre dich durch die bitteren Tränen Christi, die er am Kreuz für unser Heil vergoß, durch die heißen Tränen der glorreichen Jungfrau, seiner Mutter, die sie zur Abendzeit so reichlich über die Wunden des Sohnes fließen ließ und durch alle die Tränen, die jemals alle Heiligen und Erwählten Gottes auf dieser Welt vergossen haben ... und die der Herr jetzt von ihrem Angesicht gewischt

hat, daß du, im Fall du unschuldig bist (jetzt) Tränen weinst, wenn du aber schuldig bist, keine. Im Namen des Vaters, des Sohnes usw.«

Damit der Richter nicht Schaden leide, ist es gut, beständig geweihte Kräuter bei sich zu tragen, dies gilt auch für geweihtes Wachs am Hals; man soll am Palmsonntag beschworenes Salz dabei haben. Man darf die Hexe nicht berühren. Man lasse sie rücklings in die Stube führen, damit sie den Richter und seine Gehilfen nicht eher ansehen kann, als diese den Angeklagten. Weiter muß man ihr alle Haare von Kopf scheren, damit sie keine Zaubersachen bei sich behalten kann ... diese Vorsicht muß sich auch auf die geheimsten Örter erstrekken, wie denn unser Bruder Cusanus (?) berichtet, der 1435 (?) in der Gegend von

Wormserbad 41 Hexen über und über rasieren und sie daraufhin verbrennen ließ. Beim Laster der Zauberei kann man die Rechtsordnung beiseite lassen, und summarisch verfahren.

Es ist nicht erforderlich, dem Richter eine ordentliche Klageschrift vorzulegen. Nun kann er das Urteil sprechen: In Kriminalsachen soll es gleich vollzogen werden, bei Schwangeren soll man die Exekution aufschieben, bis das Kind geboren ist. Eine Urteilsformel lautet:

- Zuerst verurteilen wir Dich, daß Du zur Strafe über Deine übrigen Kleider einen grauen Anzug tragen sollst, gleich einem Mönchskapulier, doch ohne Kappe, mit safranfarbigen ledernen Kreuzen, drei Handbreit lang und zwei breit. In ihm sollst Du an allen Festtagen vor der Kirchentüre stehen. Überdies sollst Du zum Kerker verdammt sein. Indessen behalten wir uns nach dem kanonischen Recht vor, diese Pönetienz zu lindern oder zu erhöhen, sie in eine Geldbuße zu verwandeln oder aufzuheben, wie es uns deucht.

Ist der Beklagte ein Geistlicher, wird er nicht degradiert, sondern der Barmherzigkeit des Bischofs überlassen. Er wird zum ewigen Gefängnis verdammt, wenn er seinen Irrtum abgeschworen hat. Dies muß an einem Festtag vor dem Volk in der Kirche geschehen. Er muß seine Verbrechen auf die Fragen des Offizials hin öffentlich bekennen. Daraufhin ist ihm folgendes Absolutionsdekret vorzulesen:

- Damit aber Dein Verhalten nicht ungestraft bleibt und Du dich fürs Künftige vorsichtiger zu verhalten lernst; condemnieren wir Dich auf ewig zum Kerker: damit Du bei Brot und Wasser des Trübsals gespeist werdest; Du sollst beständig Kreuze tragen und Dich auf die Treppe der Kirchentür stellen. Indessen verzweifle nicht mein Sohn, wenn Du dich gnädig in Dein Schicksal ergibst, wirst Du bei uns auch Barmherzigkeit finden.

Reaktionen

Der Hexenhammer ist als ein Werk von vielen im Geist der Epoche zu verstehen. Er hat bei weitem nicht die Auswirkungen, die ihm Kritiker bis heute unterstellen. Er ist ein Baustein und hat lediglich in seinem dritten Teil verfängliche Passagen, da sie die Rechtssprechung betreffen und damit unmittelbar die weltliche Macht tangieren.

Kurz nach dem Erscheinen des Buches gerät die römisch-katholische Kirche in die seit langem innerkirchlich vorbereitete Krise. Über Nacht werden einige ihrer fundamentalen Glaubensweisheiten vom Tisch des Herrn gefegt oder in Frage gestellt. Das Wüten gegen die angeblichen Hexen erhält nochmals Aufschub, wird aber durch die protestantische Lehre aktiviert. Wieder einmal sind es die Schriftsteller, die seismographisch die Szene durchleuchten und durch ihre Stellungnahmen den Zauberwahn aktivieren oder verurteilen.

Agrippa von Nettesheym[123]

ist ein kluger, bekannter und umstrittener Mann. Er spricht acht Sprachen, gründet mit 20 Jahren eine Gesellschaft zum Studium der geheimen Wissenschaften, kommt mehrfach mit der Geistlichkeit in Konflikt, widmet sich der Magie, schreibt Bücher, bereist Europa, wird Syndikus und befreit in dieser Eigenschaft eine der Hexerei Angeklagte vor den Häschern, verfaßt ein Buch über die Eitelkeit der Wissenschaften, wird während des Krieges gegen die Venetianer zum Ritter geschlagen, ist Historiograph bei Margaretha von Österreich, der Statthalterin der Niederlande, und wird daraufhin Leibarzt. Er stirbt 1535 im Haus eines Freundes. Viele Legenden um ihn belegen, daß das einfache Volk in ihm einen Zauberer erkennt.

Gehaßt und verfolgt von den Theologen und bewundert von den weltlichen Gelehrten; ein Anhänger des katholischen Glaubens, aber später als *Auctor primae classis* auf dem Index stehend. Wie Trithemius huldigt er kabbalistischen Spekulationen.

Sein wissenschaftliches Verdienst besteht darin, daß er in einer Arbeit über die okkulte Philosophie[124] die magischen Wissenschaften in eine abgerundete Form bringt. Im Zeichen der Zeit beinhaltet sie ein Gemisch von frommen Gedanken. In seinem Werk über die Eitelkeit der Wissenschaften läßt er erkennen:

»Gegen alle Vorschriften drängen sich die blutgierigen Geier (Geistliche) in die Rechtssphäre der Ordinarien und wüten gegen Bauernweiber, die wegen Zauberei angeklagt sind. Sie setzen sie Martern aus, bis sie durch das Geständnis Grund zur Verurteilung haben. Erst wenn sie die Unglücklichen verbrannt haben, bzw. wenn die Hand des Inquisitors mit Gold gefüllt ist, lassen sie von ihnen ab.«

Er kann für sich verbuchen, wenigstens eine angebliche Hexe vor dem todsicheren Glaubenstod gerettet zu haben. 1519 klagen betrunkene Bauern eine Frau aus dem Dorf Vapey der Hexerei an und der dortige Dominikaner Nicolaus Savini wittert bereits den teuflischen Braten. Agrippa schaltet sich ein und verlangt in zwei Briefen an den bischöflichen Vikar Einsprache gegen das fortgesetzte Betreiben des Mönches, Unschuldige auf einem Scheiterhaufen verbrennen zu lassen. Durch seine Beredsamkeit bewirkt er ihren Freispruch, die Verachtung des Mönches und die Bestrafung der Denunzianten. Er verwirft die Geistlichen:

»Mit solchen Hirngespinsten schleppst Du unschuldige Frauen zur Folter. Mit Geschwätz richtest Du andere als Ketzer. Du, selbst ein Zauberer und so schlimm wie Faust und Donatus. Ich sage Dir, unserem

⇐

Agrippa von Nettesheym (1486-1535) gründet 20jährig eine Gesellschaft zum Studium der Geheimwissenschaften. Er ist tätig als Sekretär, Offizier, Theologe, Arzt, Historiker, Astrologe, Philosoph und Schriftsteller. Er befreit 1519 gegen den Willen des Dominikaners Nikolaus Savini eine Frau aus den Armen der Hexenfänger.

Glauben gemäß sind wir alle sündhaft und auf Ewigkeit verflucht, Kinder der Verderbnis, Söhne des Teufels und Erben der Hölle. Nur durch das Heil der Taufe wurde Satan aus uns getrieben. Siehst Du nun ein, wie wertlos, leer und ketzerisch Dein Urteil ist?«

Savini gibt keine Ruhe und versucht später, die seinerzeit als Hexe Beschuldigte doch noch einzufangen. Er hat wenig Glück. Ein Freund berichtet Agrippa: »Savini sitzt in der Zelle, kaut die Nägel vor Ärger und wagt nicht auszugehen[125].« Clemens Donatus, sein Pariser Freund, läßt ihn wissen: »Ein Grund, weshalb Dir viele böse und unwissende Menschen feind sind, ist, weil Du neulich das der Zauberei angeklagte Weib so nachhaltig verteidigt hast. Harre aus in der Verteidigung der Wahrheit, bleibe tapferen Herzens gegenüber dem wahnsinnigen Haß der Unwissenden, damit die Wahrheit aufleuchtet.«

Johannes Trithemius[126]

ist Geistlicher und Verfasser einer *Steganographie*, in der mehr als 100 Geheimschriften zusammengetragen und beschrieben sind. Er will herausstellen, daß er der Gedankenübertragung über große Strecken fähig ist bzw. einem Menschen innerhalb kurzer Zeit eine Fremdsprache beibringen kann[127]. Dies bringt ihn in Verruf.

Nach einem mehrjährigen Streit muß er das Kloster Sponheim verlassen, geht nach Würzburg und lebt elf Jahre in Ruhe und Frieden. Seine Steganographie bleibt unvollendet; das Manuskript wird erst nach seinem Tod gedruckt. 1676 gelingt dem Jurist Heinel aus Worms die Entzifferung[128]. Es stellt sich heraus, daß es Scharlatanerie ist.

Es ist festzuhalten, daß die Idee nicht von Trithemius stammt, denn er schöpft aus der unergründlichen Kabbala. Graf Pico de Mirandola (geb.1461) verfaßt 1486 eine *Conclusiones cabbalistica*. Einer seiner Brüder weist Trithemius in die Gedankengänge ein. Außerdem steht er in freundschaftlicher Verbindung mit dem Mann, der mehr als irgendein anderer zur Verbreitung und

Trithemius nicht den Hexenglauben bekämpfen, wie es vereinzelt herausgestellt wird. Er ist von der diabolischen Zauberei überzeugt:

»Willst Du, o Christ, vor Dämonen und Hexen sicher sein, so stehe fest im Glauben und halte Dein Gewissen von Todsünden rein. Besuche an Sonn- und Feiertagen die heilige Messe und lasse Dich vom Priester mit Weihwasser besprengen. Nimm geweihtes Salz in den Mund, besprenge Dein Bett und Deinen Viehstall damit. Frühmorgens, wenn Du Dich vom Lager erhebst, bezeichne Dein Haus mit dem Zeichen des Kreuzes und bete den Glauben … wenn Du so lebst, wird keine Hexe Gewalt über Dich haben[131].« Außerdem geht auf ihn das

Rezept gegen teuflische Anfechtungen

zurück. Der fromme Mann trägt vor: »Der Behexte legt eine Generalbeichte ab und empfängt entweder in der Kirche oder in seinem Haus das heilige Abendmahl, wo dann der Priester die Messe S. Trinitate mit besonders eingelegten Gebeten auf einem Tragaltar liest. Das Bad ist an einem verborgenen Ort in einer reinen Badewanne aus Flußwasser herzurichten. Darin sind Weihwasser, geweihtes Wachs, Salz, geweihte Asche, Palmen, Friedhofserde und allerlei Kräuter zu tun. Der Mann steigt nackt in die Wanne, das Weib mit einem Hemd angetan, der Priester, die Wanne unten, in der Mitte und oben mit einer dreifachen Lichtmeßkerze beklebt. Dann bereitet er aus Weihwasser, geweihtem Salz und einem zurückgebliebenem Teil der Erde einen Teig und bindet diesen unter Gebeten dem Kranken an das leidende Körperteil. Daraufhin ruft der Behexte die göttliche Hilfe an, während der Priester verschiedene Beschwörungen über ihn spricht. Hierauf weiht er für den Kranken einen Wein, stellt aus 38 Pulvern das sog. Wachs in der Form eines Kreuzchens her, schließt dasselbe in eine Nußschale, welche er in ein Tuch näht und es dem Behexten um den Hals hängt. Dieses Bad hat der Kranke neun Tage hintereinander zu gebrauchen. Außerdem

Kenntnis der Kabbala in unserem Sprachraum und ihrer Methodik beigetragen hat: Johann Reuchlin[129]. Als Führer der deutschen Humanisten gerät er 1510 in eine Kontroverse mit den Dominikanern. Er gilt als der geistige Vater der später so benannten *christlichen* Kabbala[130].

Als Geistlicher vertritt Trithemius die Linie der katholischen Kirche. Als geistiger Ausfluß seines Denkens erscheint 1508 der *Antipalus maleficarum*, in dem er sagt: »Ein verabscheuungswürdiges Laster ist das der Zauberer, besonders der weiblichen, die durch die Hilfe der Geister oder Zaubertränke dem menschlichen Geschlecht Schaden zufügen. Leider ist die Zahl solcher Hexen in jeder Provinz groß; es ist kein Ort zu klein, wo man nicht eine Hexe findet. Durch ihre Schlechtigkeit sterben Vieh und Menschen. Niemand denkt daran, daß es von den Hexen kommt. Viele leiden fortwährend schwere Krankeiten und wissen nicht, daß sie verhext sind.«

Der *Antipalus* wird auf Befehl des Markgrafen von Brandenburg ausgearbeitet und am 16.10.1508 vollendet, doch erst 1585 in Ingolstadt gedruckt. In ihm will hat er morgens und abends das Pulver des Eremiten Pelagius im warmen Wein oder mit Brot zu sich zu nehmen und sich dabei von jeder Sünde fernzuhalten. Ist nach Ablauf der neun Tage der Kranke gesund geworden, wird er in die Kirche geführt, um Gott zu danken.

Ist der Zauber nicht gebrochen, muß man dafür Sorge tragen, daß fromme Leute Litaneien beten und Almosen geben und daß weitere neun Tage für den Behexten eine Messe gelesen wird. Bleibt der Zauber noch immer, muß wieder mit den Beschwörungen begonnen werden.«

Trithemius warnt davor, der Zauberei anrüchige Frauen als Hebammen anzunehmen: »Sie bringen nicht selten Kinder um und opfern sie dem Teufel. Sie vermählen neugeborene Mädchen mit Dämonen, machen Gebärende unfruchtbar und erfüllen das Haus mit teuflischem Spuk.« Er fordert für die Zauberer, die mit den Teufeln fleischliche Verbindungen eingehen, wegen der damit verbundenen Gottlosigkeit und Schändlichkeit das verbrennen auf dem Scheiterhaufen: »Selten findet sich ein Richter, der den offenbaren Frevel gegen Gott und die Natur rächt[132].«

Trithemius unterscheidet sechs teuflische Geschlechter und erwähnt, daß ihm der Teufel erschienen sei: »Priester, die mir durch die Anwendung geistlicher Mittel zu Hilfe eilen wollten, habe er mit Steinen beworfen und verwundet.« Mit seinen Ansichten und Veröffentlichungen verhilft Trithemius mit Sicherheit dem Hexenwesen zur Ausbreitung.

Johann Geiler von Keysersberg

ist Domprediger in Straßburg. Zwei Jahre vor seinem Tod hält er in der Fastenzeit eine Reihe von Predigten, die seine Ansichten zum Hexenwesen offenlegen, sofern es dieselben sind, denn er schöpft im wesentlichen aus der Dekalogserklärung des Nider und vertritt dessen Ansichten, die um 1500 die 20. Auflage erreicht[133], wie aus den Predigten des Tübinger Pfarrers und Professors Martin Plantsch[134].

Am Donnerstag nach Okuli des Jahres 1508 vertritt er in einer Predigt die Ansicht: »Du sollst lieber kranck seyn, denn mit der Zauberei gesund werden … denn der Teufel müßte dich selber gesund machen. So sollst du des Teufels müßig gehen, das ist, wider die Menschen, die zu den Teufelsbeschwerern einem Kälber-Arzt oder dem Schinder laufen, wenn sie die Krankheyt haben oder etwas verlieren. Gott gebe, sprechen sie, wer mir hilft, das soll nicht seyn[135].«

Geiler postuliert in seiner 17. Predigt, daß die Luftfahrten der Weiber Blendwerk des Teufels sind[136]. Hier orientiert er sich an Niders Formicarius[137]. In der 19. Predigt kommt er auf den Gedanken zurück, daß die nächtlichen Fahrten auf dem *Venusberg* nicht stattfinden. In der 33. Predigt nimmt er die Wirklichkeit des Hexenfluges an: »Daher kommt es, wenn eine Hexe auf der Gabel sitzt und spricht die Worte, die sie sprechen soll, so fährt sie dahin. Das tut die Gabel nicht von selbst (und) die Salbe tut es auch nicht. Darum tut es der Teufel[138].«

Geiler sucht nachzuweisen, daß die Hexen von den Qualen der Folter nichts spüren, denn er geht davon aus, daß sie der Teufel unempfindlich macht. Auch dies kupfert er von Nider ab[139]. Er ist davon überzeugt, daß die Hexen mit teuflischer Hilfe aktiv werden können. Dies reiht ihn zu den Befürwortern des jetzt aufblühenden Hexenwahnes ein.

In einer Predigt aus dem Jahr 1495 erklärt er: »Es spricht kein Gelehrter, daß das Hexenwerk nicht wahr sei oder nicht geschehe. Es geschieht recht und redlich. Sie selbst tun es nicht, aber der Teufel tut es. Ich antworte und spreche, daß die Wirkung der Hexen und Zauberer nicht die wirkliche Ursache des Werkes ist, das da geschieht. Was die Hexen tun, ist nur ein Zeichen. Doch dahinter steckt der Teufel[140].«

»Wie Christus seine Sakramente hat, so hat sie der Teufel. Hexen können fliegen, in der Stube Hagel machen und den Kühen die Milch entziehen (versiegen). Aber es ist ihnen unmöglich, Menschen in Tiere zu verwandeln.« Er glaubt an die Teufel in Wolfsgestalt, an Wechselkinder und an den Geschlechtverkehr mit dem Satan[141].

Weitere Stimmen

Der Hexenhammer bleibt weder unkritisiert noch unbeantwortet. 1486 schreibt Johann Rintler in seinem *Buch der Tugend*: »Wie sollte ein altes Weib, das sich der Zauberei rühmt, Gott gebieten können? Wie sollte er sich zum Knecht eines alten Weibes machen?« Gleichzeitig nennt der Wiener Propst Stephan von Lanzkrana in seiner *Himmelstraß* unter den Abergläubischen diejenigen, »die an Nachtfahrten, Druten, Schrätel, Werwölfe, den Alp und manche Läpperei und Gedichtung« glauben.

Unmittelbar nach dem Erscheinen des Hexenhammers folgt die Synode von Salzburg. Hier findet man es nicht der Rede wert, sich mit dem Zauberwesen zu beschäftigen[142]. Lediglich in der Liste derer, die von der Kommunion zurückzuweisen sind, werden Wahrsager und vom Teufel Besessene genannt. Der Franziskaner Murner, dessen Buch *Des Bruder Thomas Murner, der freien Künste sehr nützlicher Traktat über den Hexencontract* 1507 in Pforzheim erscheint, glaubt, daß er in seiner Jugend durch die Berührung eines Weibes gelähmt worden ist[143].

Ein Minorit aus Mailand, Samuel de Cassinis, veröffentlicht 1505 den Traktat *Quaestion de Strie*, in dem er den grundsätzlichen Kampf gegen die angenommene Realität des Hexenfluges aufnimmt und in diesem Part der Kirche die Stirn bietet. Seine Arbeit nimmt einen bevorzugten Platz als früher, systematischer und kluger Angreifer gegen die verhängnisvolle Lehre vom Hexenflug ein[144].

⇐

Geiler von Keysersberg, Domprediger in Straßburg. Er predigt des öfteren über das Thema Hexen, denn er ist davon überzeugt, daß sie mit teuflischer Hilfe aktiv sind. Er gehört zu den Befürwortern des Hexenwahns. Bayerische Staatsgemäldesammlung München. Ölgemälde auf Holz, 37,3 x 26,5 cm. Veröffentlicht mit freundlicher Genehmigung.

Mit dem 16. Jahrhundert schwappt das Faß des Glaubensübermutes über und die Reformation bestimmt für Jahrzehnte das weitere Geschehen im nun gespaltenen christlichen Lager Eines ist merkwürdig. Gerade in dem einen kritischen Punkt geben sie die verfeindeten Glaubensbrüder friedlich die Hand zum Bunde: auch diesmal werden Schuldige gesucht und gefunden. Es sind die Erbarmungswürdigen und Unschuldigen, es sind die, die sich kaum zu wehren vermögen, es sind diejenigen, die im Wettstreit der Konfessionen verstärkt auf die christlichen Scheiterhaufen gezerrt und hier christlichen Flammen überliefert werden: die angeblichen Hexen oder Hexer.

Geburtswehen des Protestantismus

Der Protestantismus bildet eine *neue* Epoche in der Geschichte des uneinigen Christentums[145]: als rechtmäßiges Kind der katholischen Glaubensmutter ist er gleichen Irrtümern unterworfen. Martin Luther löst den gordischen Knoten und die Folge ist ein überregionales Aufbegehren gegen die Unbeweglichkeit und den Starrsinn der Mutterkirche, mit all ihren Lastern, Ausschweifungen und der gängigen Ablaßpolitik.

Er möchte keinen Streit vom Zaun brechen, sondern der Sitte gemäß disputieren. Es ist nicht damit getan, ihn als *rassische* Persönlichkeit zu bezeichnen[146] und ihn nachträglich zum Vorkämpfer einer *neuen* Ideologie abzustempeln. Luther steht innerhalb der Bannmeile der nachmittelalterlichen Theologie; er ist kein Held und erst recht kein Heiliger.

Die neue Glaubenslehre öffnet Tausenden über Nacht die Augen. Sie erkennen, daß das Papsttum mit seinem Ablaßhandel, dem Zölibat, den göttlichen Statthaltern und den Konzilien, weltliche Einrichtungen mit dem Ziel sind, das Volk in Angst und Schrecken zu halten. Plötzlich erscheint der Papst, als das was er ist: als gewöhnlicher und fehlerhafter Mensch.

Da das Volk der eigentliche Träger der Reformation ist, steht ihm die Kurie machtlos gegenüber. Während sie vordem Widerständler zum Abschwören zwingt, mundtot macht, exkommunziert, denunziert, verbrennt, sie auf ewige Zeiten einmauert, ziehen diese probaten Schreckmittel nicht mehr. Luther entgeht dem inquisitorischen Schicksal, weil der Glaubensriese zu angeschlagen ist und weil man in Rom die Lage in Deutschland falsch einschätzt. Hier spielen nicht nur religiöse, sondern vor allem politische, soziale, ethische und wirtschaftliche Gründe mit.

Luther, Cajetan und die Reichsacht

Als der *Malleus maleficarum* seiner Vollendung entgegengeht, ist Luther ein kleiner Junge. Er ist der Sohn eines Bergmannes und erhält seine Schulbildung in Mansfeld, Magdeburg und Eisenach.

1501 bezieht er die Universität Erfurt. Auf Wunsch des Vaters beginnt er ein juristisches Studium, beendet es jedoch nach zwei Monaten. Auf seinem Weg von Mansfeld nach Erfurt donnert ein schweres Gewitter auf ihn nieder. Von der tödlichen Angst geplagt ‚legt er das Gelübde ab:»Hilf, heilige Anna, ich will ein Mönch werden.« Heute weiß keiner mehr, ob er es wirklich gesagt hat, doch schon Paulus in der Wüste und Adolf Hitler im Lazarett sollen ähnliche Begegnungen gehabt haben.

Im Juli 1505 tritt er in das Kloster der Augustiner-Eremiten in Erfurt ein. 1507 empfängt er die Priesterweihe. 1511 wird er in Ordensangelegenheiten nach Rom geschickt. Von dort zurückgekommen, versetzt man ihn zum Wittenberger Konvent. *Noch* ist er katholisch.

1512 promoviert er zum Doktor der Theologie und übernimmt als Nachfolger des Generalvikars Johann von Staupitz die Professur für Bibelauslegung. Sein noch heute diskutiertes *Turmerlebnis* bezieht sich auf das eifrige Studium der katholischen Bibel, die damals noch nicht in einer amtlichen Fassung vorliegt. Er meint in Lukas 1.17 zu erkennen, daß die göttliche Gerechtigkeit keine menschliche Leistung ist, sondern als *göttliches* Geschehen verstanden werden muß. Daraus zieht er den

Schluß, und bald nach ihm Millionen, daß der Mensch nichts anderes zu tun braucht, als dies in Dankbarkeit und Demut hinzunehmen. Die Bürger fragen nicht, ob es auf einer vernünftigen Basis ruht, doch es kommt ihnen so vor. In diesem Moment interessiert es vielmehr die Gegner in Rom.

Sein Vorgehen wird vom päpstlichen Legaten in Deutschland, Kardinal Cajetan, beobachtet. Der Generalauditor der apostolischen Kammer bezichtigt Luther kurz danach der Ketzerei. Cajetan schätzt die Situation leichtsinnig ein und meint:»Ich will die Sache selbst in die Hand nehmen … sie ist es nicht wert, um den Papst zu behelligen.«

Cajetan kommt dem päpstlichen Wollen, Luther als Ketzer zu verhaften, nicht nach. Deshalb sucht ihn der Leo X. als *notorischen* Ketzer vor den apostolischen Richterstuhl zu zerren,»ihn gewissenhaft zu verhören, und, je nachdem es die Lage erfordert, zu verurteilen oder zu absolvieren.«

Luthers Landesherr, Kurfürst Friedrich von Sachsen, setzt durch, daß sein Landeskind in Augsburg vor Cajetan, statt in Rom vernommen wird. Luther stellt sich 1518 der Verantwortung und lehnt den geforderten Widerspruch ab. Der Kurfürst vereitelt seine Auslieferung. Auf der *Leipziger Disputation* wird Luther klar, daß das Papsttum auf tönernen Füßen steht. Die Kurie antwortet am 15.6.1520 mit der Bulle *Exurge Domini*, die Luther, inzwischen religiös abtrünnig, zusammen mit anderen Schriften am 10.12. des gleichen Jahres vor dem Wittenberger Elstertor verbrennt. Unter diesen Dokumenten befinden sich Teile des *kanonischen* Rechts. So dokumentiert er den offiziellen Bruch mit der Lehre der römisch-katholischen Kirche. Ein kanonischer Prozeß gegen ihn wird 1518 angestrengt.

Am 23.10.1520 wird in Aachen Karl V. zum Kaiser ernannt. Mit Rücksicht auf die Reichsstände gibt er Luther unter der Zusicherung des freien Geleites Gelegenheit, sich vor dem Wormser Reichstag zu verantworten. Auch hier lehnt er während zweier Verhandlungen den Widerruf ab. Seine Rede endet vermutlich nicht mit den Worten:»So wahr mir Gott helfe«, trotzdem kapituliert die Geistlichkeit an dieser Formulierung. Wenn schon Gott persönlich keine Gelegenheit zur Hilfe sieht, sind dem Papst in Rom die Hände gebunden. Daraufhin wird über den Abtrünnigen und früheren Anhänger die Reichsacht ausgesprochen.

Um Luther der damit verbundenen Gefahr zu entziehen, läßt ihn Friedrich von Sachsen unter einem Vorwand festnehmen und auf die Wartburg bringen. Hier verharrt er zehn Monate und beginnt mit der Übersetzung des Neuen Testamentes. Luther ist über die weitere Entwicklung im Wittenberger Raum während der Zwangseinquartierung und über die damit verbundenen Unruhen verunsichert. Da ihn die Agitation von Karlstadt stört, der im Umfeld mit den *Zwickauer Propheten* Unruhe stiftet, verkleidet er sich als Junker Jörg und geht gegen den Willen des Landesvaters, denn er ist geächtet und kann von jedem straffrei angegriffen werden, zurück nach Wittenberg, um ordnend in die Verhältnisse einzugreifen.

Noch während der Wirren des Bauernkrieges heiratet er die aus einem Kloster entsprungene Nonne Katharina von Bora. Sie haben zusammen drei Söhne und eine Tochter. Die Hochzeit eines ehemaligen römischen Mönches mit einer ehemals katholischen Nonne schlägt wie eine Bombe im Lager der Konservativen ein. Von dieser Eheschließung geht Signalwirkung aus und viele Geistliche folgen ihr. Danach beginnt Luther mit dem Aufbau seiner Landeskirche in Kursachsen und den evangelischen Gebieten, für die der Reichstag von Speyer die Rechtsgrundlage schafft. Luther gerät mit Zwingli in einen heftigen Streit über die Wirkung des Abendmahls; eines Punktes, über den vernünftige Menschen nicht zu streiten vermögen.

Um 1530 sehen wir Luther als Geächteten auf der Feste Coburg. Sein weiteres Leben ist angefüllt mit einer aufreibenden Tätigkeit als Prediger, Organisator, Professor und Schriftsteller; sein Denken wird von einem starken religiösen Ernst getragen. Er arbeitet an der Übersetzung der Testamente und veröffentlicht ein Gesangbuch.

Martin Luther (1483-1546) legt das Klostergelübde am 2.7.1505 ab, während eines Gewitters bei Stotternheim. Im Bezug auf das Verbrennen von Hexen bezieht er sich nicht auf den Hexenhammer, sondern immer auf das Alte Testament.

Im Alter neigt er zur Schärfe und bissigen Aggression. Im Juli 1543 verfaßt er die Schrift: *Von den Juden und ihren Lügen* und zwei Jahre später droht er, Wittenberg für immer zu verlassen. Es geschieht, indem er hier am 18.2.1546 an einem Leberleiden stirbt. Er wird am 22.2. in der Schloßkirche beigesetzt. Mit ihm stirbt ein verfänglicher Teufelsanbeter.

Er gelangt in den Geruch des Satans. Benedict Carpzov erwähnt in seinen Aufzeichnungen das Gerücht, das *Papisten* über ihn verbreitet haben. Demzufolge habe sich der Teufel in der Gestalt eines Kaufmannes nach Wittenberg begeben und dort die Tochter eines Wirts geschwängert; aus dieser *fluchwürdigen* Verbindung sei er hervorgegangen[147].

Da sich die christlichen Parteien gegenseitig nichts schuldig bleiben, dürfen wir uns nicht wundern, wenn Luthers Mutter zur

Hexe deklariert wird, die einen Bund mit dem Teufel geschlossen haben soll. Der niederdeutsche Arzt Weyer verteidigt seinen Glaubensgenossen gegen diesen Vorwurf[148].

Jeder, der sich in den Verästelungen der Religionsgeschichte verirrt, gelangt zu der Erkenntnis der Mutter des Jesuiten Alighiero Tondi: »Mein Sohn gib auf, denn es gibt tausend Religionen und es genügt, wenn man anständig ist.« Angehimmelt werden von Menschen erdachte Phantome, jeweils in anderer Aufmachung und religiöser Verpackung. Man ereifert sich nicht am Grundsätzlichen, sondern spaltet schon mehrfach gespaltene Haare. Ein Beispiel ist die Auseinandersetzung um die Trinität, die für den Rest der Welt wertlos ist.

Nach der Lehre der katholischen Kirche ist das sittlich Böse im Menschen ein Defekt des Guten. Zu dieser Erkenntnis ist ein theologisches Studium überflüssig. Nach der lutherischen Auffassung, der ja aus dem katholischen Lager kommt, bewirkt die Ursünde die Inkarnation[149] des Bösen und ist demzufolge untrennbar mit der menschlichen Natur verbunden. Doch nach beider Auffassung ist der fiktive Satan das Prinzip des Bösen und schadet den Menschen, obwohl sie den Teufel herbeigeredet haben. Luther unterschlägt den *freien* Willen des Individuums und ist sich über die Tragweite seiner Proklamation im unklaren.

Doch sicher war es sein freier Wille, sich vom Katholizismus loszusagen. In seiner derben Sprache postuliert er: »Nun hat sogar die erdichtete Fabel vom freien Willen eingerissen. Gott hat ihn niemand gegeben, denn er kommt vom Teufel. Ich verwerfe alle Lehre als eitel Irrtum, so unseren freien Willen preiset … wir sind mit Leib und Leben dem Teufel unterworfen und ein Fremdling in der Welt, dessen Fürst und Gott er ist. Alles, von dem wir leben, steht unter seiner Herrschaft.«

Nach Luther gibt es vor dem Jüngsten Tag der katholischen Christen keine Hölle, »wie die Wolken und Hummeln[150].« Hier werden mit unerhörter Kühnheit Thesen in den Raum gestellt, die in kurzer Folge von Millionen nachgebetet werden und niemand daran denkt, sie inhaltlich abzusichern.

Luther liebt den Teufel

Aus dem lutherischen Briefwechsel wird deutlich, wie verbissen er am Teufelsglauben festhält. So in einem Schreiben an Spalatin[151], an den Kurfürsten Johann[152] oder beim Tod des Predigers Oecolampadius. In diesem Zusammenhang sagt er: »Am Teufel ist er gestorben. Er hat ihm den Hals umgedreht und singt jetzt ein Lob- und Dankeslied.« Während der Erklärung einer Epistel läßt Luther wissen: »Wir sind dem Teufel unterworfen. Er ficht mich oft so gewaltig an und überläßt mich schweren und traurigen Gedanken … daß ich meinen lieben Herrn Christus vergesse oder daß ich ihn anders sehe, als er anzusehen ist[153].«

Nach der Luther'schen Auffassung kann der Teufel mit einem Baumblättlein mehr Menschen töten, als alle Apotheker der Welt zusammen. »Ich trage keinen Zweifel, daß der Tanz der Ziegen, der Flug der Drachen und ähnliches die Spiegelfechterei von bösen Geistern ist, um die Leute zu betrügen. Das Schiffsvolk meint, an den Masten würden sie das Feuer von Castor und Pollux sehen. Bisweilen erscheint Licht über den Ohren der Pferde. Es ist gewiß, daß es ein Zauberwerk der Dämonen ist[154].«

In den Tischreden läßt er wissen, … ein Torgauer Pfarrer wäre zu ihm gekommen und klagte heftig, daß er nachts ein Polterstürmen, Schlagen und Werfen in seinem Haus hatte, daß ihm der Teufel Töpfe und Schüsseln an den Kopf werfe und daß er ihn lachen höre, doch ihn nicht erkenne[155].

Luther postuliert: »Auf der Wartburg habe ich einen Sack mit Haselnüssen verschlossen … als ich nachts zu Bette ging, kam mir ein Poltergeist über die Nüsse und hob an und quietzt eine nach der anderen an die Betten mächtig hart, doch ich fragte nichts danach. Wie ich ein wenig eingeschlafen war, da hob an der Treppe ein fürchterliches Poltern an, so als würfe man einen Schock Fässer hinunter … da ich doch wußte, daß ich die Treppe mit Ketten wohl verwahrt hatte … so daß niemand heraufkommen konnte. Da stand ich auf, um zu sehen, was dasei; da war die Treppe zu[156].

Älteste gedruckte Darstellung eines Wünschelrutengängers aus der »Cosmographia« von Sebastian Münster, erschienen 1544.

Sensationslüsternen Touristen zeigt man noch heute den mehrfach nachgearbeiteten Tintenfleck, der daher rühren soll, indem ihm der leidige Satan ein Tintenfaß nachgeworfen haben soll. Melanchthon sagt 1540 in der Schrift *Von den teuflischen Träumen*[157]: »Als ich in Tübingen war, sah ich in der Nacht Flammen, bis sie in einem gewaltigen Rauch aufgingen. Gleichfalls erschienen mir in Heidelberg Gestalten wie fallende Sterne[158].«

Johannes Lapäus veröffentlicht 30 Jahre nach Luthers Tod dessen Weissagungen. Sie sind bislang nicht eingetroffen. Er soll gesagt haben: »Wenn ich 100 Jahre leben sollte, so sehe ich wohl, daß unsere Nachkommen keine Ruhe haben werden, weil der Teufel lebt ... darum bitte ich euch um ein gnädiges Stündlein ... betet ernsthaft und treibet fleißig Gottes Wort. Seid gewarnt und gerüstet, als die da alle Stunden warten müssen, wo euch der Teufel eine Scheibe oder Fenster ausstoße, um das Licht zu löschen[159].«

Offensichtlich sind die Theologen besonders teufelsanfällig, denn sie müssen an ihn glauben und sich ein Leben lang mit diesem Fabelwesen auseinandersetzen. Kaum einer kann sich dem teuflischen Genuß entziehen. Trotzdem ist es kühn zu behaupten: »Niemand hat die Rolle des Teufels mehr gefördert als Luther, der sich förmlich in ihn verrannt hat[160].«

Wer wundert sich, wenn der Teufelswahn, auch von protestantischer Seite aus, auf das Volk überspringt. Die damalige Volksschule ist ein Kind in Windeln. In Württemberg wird berichtet: »Neben dem lutherischen Katechismus und Kirchengesängen bleibt in der Schule kaum ein Plätzchen für das Lesen und Schreiben.«

Kurz danach sagt ein Prediger in Meißen: »Allhier glaubt Jung und Alt schon mehr an den Teufel als an Gott und an das heilige Evangelium[161].« Im Herzogtum Preußen wird folgender Bericht veröffentlicht: »Weil das Volk in den Predigten fast nur noch vom Teufel und seinen Anhängern reden hört, glaubt man allgemein, daß nicht mehr Gott, sondern er die Welt regieret.« Es hat mitunter wirtschaftliche Folgen:

»In Melchendorf kam eine Frau ins Kindsbett. Einige Tage nach der Niederkunft hörte man des abends in der Mitternachtsstunde eine Kuh im Stall blöken. Der Mann stand auf, um nachzusehen, ob sich vielleicht ein Ochse losgerissen hat. Was, sagte da die Frau, willst du nachts zwischen elf und zwölf Uhr in den Stall gehen? ... Wer weiß, ob nicht der böse Feind die Kühe blöken macht, um dich zu überfallen, wenn du hinauskommst ... und mich könnte der Kobold bedüstern und mir einen Krüppel für mein gesundes Kind hinlegen ... wie es viele solcher Exemplare gibt.«

Luther haßt die Hexen

Luther beginnt Ende Juni 1516 seinen Hörern die Zehn Gebote zu erläutern, die vor ihm nur Neun gewesen sind, und die eher eine politische denn religiöse Grundlage haben. Daraus entwickelt er eine Dekalogserklärung, die 1518 im Druck erscheint und zwei Jahre später von einer fremden Hand ins Deutsche übertragen wird. Hier finden wir einen frühen Ansatzpunkt zum lutherischen Hexenhaß:

»Die mit dem Teufel ein Bündnis eingehen, können durch Zauberei die Leute blind, lahm und krank machen und sie töten, wie ich es öfters mit eigenen Augen gesehen habe. Zudem können sie Ungewitter hervorbringen, Früchte auf dem Feld verderben und das Vieh umbringen. Sie können den Leuten Butter, Milch und Käse stehlen, indem sie an Türpfosten zu melken scheinen.« »Wer in seiner Widerwärtigkeit mit Zauberei, Schwarzkunst, Teufels- und Bundesgenossen umzugehen sucht, wer Wünschelruten, Schatzbeschwörer, Kristallseher, Mantelfahren und Milchstehlen übet ... sündigt wider das das erste Gebot[162].«

Luther stimmt in den Affront gegen das weibliche Geschlecht ein und sagt: »Das Hexen ist ihnen von ihrer Mutter Eva angeboren, daß sie äffen und betrügen[163].« 1519 gibt er einen lateinisch verfaßten Kommentar zum Galaterbrief heraus. In ihm setzt er auseinander, wie es Hexen durch böse Blicke verstehen, Kinder zu bezaubern und krank zu machen. 1522 erklärt er in einer Kirchenpostille bezüglich der Hexen:

»Die Zauberer oder Hexen, das sind die bösen Teufelshuren, die Milch stehlen, Wetter machen, auf Böcken und Besen reiten, auf Mänteln fahren, die Leute schießen (Hexenschuß), lähmen, verdorren, Kinder in der Wiege martern und die Gliedmaßen verzaubern. Sie können den Dingen eine andere Gestalt geben, so daß eine Kuh als Ochse erscheint, was (aber) in Wahrheit ein Mensch ist. Sie können die Leute zu Liebe und Buhlschaft zwingen ... und des Teufels Dinge viel[164] ... die es nicht glauben, sind Klüglinge[165].«

1526 predigt er über Exodus 22.18: »Die Zauberinnen sollst Du nicht leben lassen« und weiter: »Es ist ein gerechtes Gesetz, daß sie getötet werden. Sie richten viel Schaden an ... sie können auch ein Kind bezaubern, daß es fortwährend schreie und nicht mehr esse noch schlafe. Schaust du solche Weiber an, wirst du sehen, daß sie ein teuflisches Gesicht haben. Ich habe deren etliche gesehen ... man töte sie nur[166].«

In der zweiten Predigt über Moses untermauert er den Schaden, den die angeblichen Hexen anrichten: »Durch Zaubertränke reizen sie die Menschen zur Liebe oder zum Haß. Sie richten Gewitter an, die in einem großen Umkreis Häuser und Felder verwüsten. Mit ihren Zauberpfeilen machen sie die Menschen hinkend, so daß ihnen niemand helfen kann. Auch findet man nachher Beine, Haare, Kohlen und dergleichen ... so daß man zu Recht sagt: Wo der Teufel nicht hinkommt, da schafft es sein Weib, die Hexe. Die Hexen soll man töten, denn sie verüben Diebstahl, Ehebruch, Raub und Mord. Etliche meinen wohl verächtlich, sie könnten solches nicht tun. Allein sie können es gewiß. Mit teuflischer Hilfe richten sie vielfachen Schaden an.«

Am 13.6.1529 warnt Luther seine Hörer und sagt: »Deshalb seid vorsichtig und enthaltet euch in der Sommerzeit den kalten Bädern; denn der Teufel bewohnt die Wälder und Flüsse ... er stellt uns überall nach, um uns zu verderben ... er schläft nicht[167].«

In seinem großen Katechismus (1529) sagt er: »Unser höchster Feind ist der Teufel, er trachtet ohne Unterlaß nach unserem Leben und kühlet sein Mütchen, indem er manchem den Hals bricht oder ihn von Sinnen bringt, etliche im Wasser ersäuft und viele dahin treibet, daß sie sich selbst umbringen[168].«

1531 sagt er in einem Kommentar zum Galaterbrief: »Zauberei und Hexerei sind des Teufels eigene Werke. Wir sind ihm alle unterworfen[169].« 1535 beginnt er in seinen akademischen Vorlesungen die Genesis zu erläutern. Das 6. Kapitel, das er vermutlich im Frühjahr 1536 erklärt, gibt ihm Anlaß, den Verkehr der Hexen mit den Buhlteufeln näher zu beschreiben: »Was die Buhlschaft anbetrifft, bin ich nicht dagegen, sondern glaube, daß es geschehen könnte, daß der Teufel entweder Incubus oder Sucubus sei, denn ich habe ihrer viel gehört, die ihre eigenen Erlebnisse erzählt haben, daß aber aus dem Teufel und den Menschen könnte etwas geboren werden, ist falsch. Wenn man von den teufelsähnlichen Kindern erzählt, von denen ich einige gesehen habe, so halte ich dafür, daß sie entweder vom Teufel entstellt, aber nicht von ihm gezeugt sind, oder daß es wahre Teufel sind[170].« Und an anderer Stelle:

»Darum Huren und Zauberinnen viel Schaden tun, als mit Herzdrücken und Blindheit. Ja, er kann wohl ein Kindlein stehlen und sich selbst an seiner Statt in die Wiege legen, wie ich gehört, daß so ein Kind in Sachsen gewesen sein soll, dem fünf Weiber nicht genug zum Saugen gaben.«

Doch nicht nur in seinen Predigten kommt er auf das *Hexengeschmeiß* zu sprechen, auch in seinem Tischreden, außerdem habe er die Historia gehört, daß der Kurfürst berichtet habe, daß es in Sachsen ein Adelsgeschlecht gäbe, das aus einer teuflischen Verbindung stammt.

Am 25.8. kommt seine Rede wieder auf die Hexen, wobei er von einer besonderes delikaten Teufelsaustreibung spricht, die der Wittenberger Stadtpfarrer Johannes Bugenhagen vorgenommen haben soll. Um diese Zeit ist Sebastian Fröschel als Prediger aktiv[171]. In der großen deutschen Tischredensammlung, die Aurifaber 1566 herausgibt, wird dieser Vorgang geschildert. Er dokumentiert den Teufelswahn besser als manches theologische Lehrbuch:

»Anno 1538, den 25.August, ward viel geredet von Hexen und Zauberinnen, die Eier aus den Hühnernestern, Milch und Butter stehlen. Dr. Martinus Luther aber sprach: ›Mit denselben soll man keine Barmherzigkeit haben. Ich wollte sie lieber verbrennen, wie man im Gesetz liest ... man sagt aber, daß gestohlene Butter stinkt und solche Weiber vom Teufel fixiert werden.‹ Aber Dr. Pomeranus Kunst ist die Beste, denn als seinen Kühen die Milch gestohlen wurde, streifte er flugs die Hosen ab und

setzte einen Wächter in eine Asch voll Milch. Er rührte es um und sprach: ›Nu frett Tüfel‹ (Nun friß, Teufel). Daraufhin ward ihm die Milch nicht mehr entzogen.« Zu dieser Geschichte gibt es eine Variante[172]. Zudem bestätigt sie Sebastian Fröschel in seiner Predigtsammlung von 1563[173], indem er sagt, daß man den Teufel durch Spott und mit Verachtung verjagen solle, wie unser lieber Herr Dr. Johann Bugenhagen sel. es getan habe.

1539 erscheint die lutherische Schrift *Von den Konzilen und der Kirche*. Darin wird betont, daß die Hexen wegen ihres Bundes mit dem Teufel zu recht verbrannt werden. Wo man die Teufelshuren kriegt (fangen kann) und mit dem Feuer verbrennt. Es ist nicht wegen des Milchdiebstahls, sondern um der Lästerung willen, die sie wider Christus tun[174].

Der lutherische Hexenglauben nimmt dramatische Formen an, denn er mündet in die Auffassung, daß man arme, blödsinnige und geistesgestörte Kinder, in denen man Teufelskinder zu erkennen glaubt, ertränken soll.

Luther aktiviert den Foltergedanken

Luther ist ein Gegner des kanonischen Rechts, das ihn während seiner kurzen Studienzeit und vor allem während seiner Zeit als Katholik beschäftigt und möglicherweise knechtet. Er hat es in Wittenberg mit der ihn und Karlstadt treffenden Bulle öffentlich verbrannt. Später meint er dazu: »Das römische Recht ist besser und ehrlicher, denn jenes der vermeintlichen Christen. Es wäre gut, das *geistliche* Recht vom ersten bis zum letzten Buchstaben auszutilgen[175].«

Im Zeichen seiner Zeit kann er sich nicht gegen das Foltern stellen, denn es ist zu fest im Rechtsdenken verhaftet. Es wird nicht als Strafe gesehen, sondern als Mittel, um ein Geständnis zu erzielen. Als Geistlicher hätte er auf die schwerwiegenden Folgen aufmerksam machen können, die daran geknüpft sind. Sein vager Ausspruch, den er an Albrecht von Brandenburg, den Kurfürsten von Mainz gerichtet haben soll: »Wo man die Wahrheit anderweitig ausforschen kann, darf man die Folter nicht anwenden, um Gott nicht zu versuchen«, reicht nicht hin, um seine Mildherzigkeit abzusichern. Luther verfügt über genügend juristische Kenntnisse, um die Tragweite seines Denkens zu begreifen.

»Magister Spalatino zeigte Dr. Martino anno 1538 an, wie ein Mägdlein aus Altenburg bezaubert wäre, daß sie Blut weinete, und, wenn die Zauberin an einem Ort wäre, und sie doch gleich nicht sehe, noch von ihr wüßte, wo sie doch deren Gegenwart fühlte. Darauf sprach Dr. Martinus: ›Mit solchen soll man zur Strafe eilen. Die Juristen wollen zuviele Zeugnisse und Beweise haben, sie verachten die göttlichen Gesetze. Ich habe dieser Tage einen Ehehandel gehabt, da ein Weib den Mann mit Gift umbringen wollte und das Eidechsen gebrochen hat. Und da man sie peinlich befragte, wollte sie dennoch nicht bekennen. Denn solche Zauberinnen sind stumm und verachten die Pein. Der Teufel läßt sie nicht reden. Solche Taten geben Zeugnis genug, daß man sie hart bestrafe, um andere zum Exempel davon abzuschrecken[176].‹«

»Wie die Juristen fein künstlich disputieren und von mancherlei Art der Rebellion und Mißhandlung wider die hohe Majestät reden und unter anderem erzählen, daß derjenige, wenn er vor seinem Herrn feldflüchtig und treulos wird und wenn er sich zu den Feinden begibt, all diejenigen erkennen sie zur peinlichen Frage an Leib und Leben. Also auch, weil die Zauberei ein schändlicher greulicher Abfall ist, da solch einer sich von Gott, dem er gelobt und geschworen ist, zum Teufel, der Gottes Feind ist ... so wird er sie billig an Leib und Leben strafen[177].«

1529 machen Luther die Teufelshuren zu schaffen: »Ich habe etliche zu vermahnen, daß viele Wettermacherinnen sind, die nicht allein die Milch stehlen, sondern auch die Leute schießen. Wir kennen einige von ihnen. Wenn sie sich nicht bekehren, werden wir sie den Folterknechten befehlen.« Wenig bekannt ist, daß der Protestant Luther zum Exorzismus greift, denn am Sonntag, 22.8., bannt er nach einer Nachmittagspredigt einige Hexen. Der Wittenberger Diakon G. Röhrer, der das Ereignis der Nachwelt erhalten hat, betont, daß dies die erste von ihm ausgesprochene Ex-Kommunikation gewesen sei. Am 12.9., drei Wochen danach, wiederholt er die Mahnung, daß man gegen die Hexen beten soll, damit sie entdeckt werden und damit die Henkersknechte ihren Lohn erhalten ... sie würden nicht nachlassen, in Wittenberg ihr Unwesen zu treiben[178].

Verwirrung nach Luther

Es versteht sich von selbst, daß die Protestanten Luther in Schutz nehmen und sagen: »Er war ein verehrungswürdiger Mann, der einen großen Teil des menschlichen Geschlechts, das in Aberglauben und Unwissenheit versunken war, aus diesem Schlummer riß und sich mit Macht und einem unbeschreiblichen Mut entgegenstellte[179].« Das ist nicht der Fall.

Als Kind seiner Zeit, befangen vom christlichen Dämonismus, bereinigt er lediglich Randgebiete des katholischen Glaubens und Aberglaubens. Er glaubt an den Teufel, anstatt den Wahn zu bekämpfen. Er aktiviert das Foltern, anstatt gegen dieses Verbrechen wider die Menschlichkeit anzugehen. Er verurteilt die als Hexen Denunzierten. So betrachtet, kann er nicht einmal ein Christ gewesen sein!

Gewiß: er war ein Mann der Tat und allein dadurch zeichnet er sich aus. Die von ihm *im guten Glauben* übersetzte Bibel in die deutsche Sprache geht von falschen Voraussetzungen aus.

⇒

Erzherzog Sigismund von Tirol (um 1480). Er wird mehrfach im Zusammenhang mit Hexenfragen konfrontiert. In Innsbruck ist der Dominikaner Krämer aktiv, einer der Autoren des »Hexenhammers«. Wien, Gemäldegalerie des kunsthistorischen Museums.

Das deutsche Volk ist des Papsttums müde und verlangt nach Predigern der neuen Religion. Die antiquiert-theologischen Denkmodelle liegen offen zutage; das Papsttum wird als plumpes Machwerk verstanden. Und doch ist eines zu beachten: Die plötzliche Kirchenspaltung in getrennte Lager verwirrt die Gemüter und trägt dazu bei, die sittliche Verwilderung zu steigern, zumal parallel dazu Humanisten das theologische Wissen der Lächerlichkeit preisgeben und das allgemeine Niveau nach unten drücken. 1530 schreibt Lambert an Butzer: »Mir schaudert vor den Sitten des Volkes, es sind Zeiten wie Sodom und Gomorrha. Überall herrscht Verderben; Religionsfreiheit und Unsittlichkeit suchen sich zu überbieten.«

Durch die Lossagung von der Mutterkirche wird die Polemik gegen absurde Bräuche nach oben geschwemmt. Der Zölibat, der Ablaß und bestimmte Formen des Gottesdienstes werden an den Pranger gestellt. Karlstadt verwirft die Pracht und Üppigkeit des römischen Hofes[180]. Luther bezeichnet die Verwendung des Weihwassers als Götzendienst. Die priesterliche Messe wird nicht mehr als Ausfluß kirchlicher Machtvollkommenheit betrachtet, sondern als *gemeinsame* Handlung. Damit fällt das künstlich hochgehaltene *Unnahbare* des römisch-katholischen Priesters in sich zusammen; seine Tabu-Position entfällt. Damit fällt die Einsicht in die Notwendigkeit der Beichte und die Anbetung der Bilder rückt in ein anderes Licht[181]. Karlstadt führt 1521 eine *neue* Form der Abendmahlsfeier ein und findet in dem Mönch Gabriel Didymus einen Mitstreiter.

Bartholomäus Feldkirch verlobt sich und heiratet kurz danach öffentlich. Karlstadt folgt ihm am 20.1.1522. Mit der Lossagung der erzwungenen Ehelosigkeit für Geistliche ist eine zwangsweise Reform des Gottesdienstes verbunden. Jetzt erscheint der Priester nicht mehr als von den Laien abgesondert, sondern als einer von ihnen; als einer der mitreden kann, selbst wenn es um familiäre und sexuelle Probleme geht. Die Pfarrer fühlen sich weniger an das Kirchenjoch gebunden, sie erscheinen freier, werden kritischer und äußern ihre Meinungen. Sie ignorieren das fossile Kirchenerbe; es ist ein harter Schlag für die katholische Kirche und zugleich ein Beweis dafür, daß sich unterdrückte Kräfte immer den Weg ins Freie suchen.

Verbunden ist die Epoche mit weiterer Auflösungstendenzen. Die Wittenberger Augustiner und Mönche der Klöster Sachsens ereifern sich an den reformatorischen Bewegungen und beschließen, ihre Orden aufzulösen. Hinzu gesellen sich Sekten, wie beispielsweise die der *Zwickauer Propheten.*

Während der explosionsartigen Verbreitung der reformatorischen Lehren zeigen sich Spannungen, Kontroversen und Unsicherheiten, deren logische Folge unüberlegte Schritte und vorschnelle Handlungen sind. Soll der Mann von der Straße nun am Sonntag das göttliche Wort bei der einen oder der anderen Partei hören? Und wieso: nur einer kann recht haben? Die gleiche Unsicherheit beginnt auf der Seite der Geistlichen, denn hier beginnt ein Gerangel um jede einzelne Seele, ein Tauziehen der Narren.

Luther erkennt die Spannungen und sagt: »Da viele Pfarrherren zu ungeschickt und zu untüchtig sind, um zu lehren ... es sollen doch alle Christen heißen, getauft sein und das Sakrament genießen. Sie kennen aber weder das Vater Unser, noch den Glauben noch die Zehn Gebote. Sie leben dahin wie das liebe Vieh und die unvernünftigen Säue[182].«

Die Reformierten können dem instabilen, aber noch umspannenden Lehrgebäude des Katholizismus nichts Gleichwertiges entgegensetzen. Der Kahlschlag des Katholizismus entsteht erst dadurch, daß sich einige Fürsten und Landesherren zur neuen Religion bekennen; zwangsweise damit ihre Landeskinder. So wird die Religion zum Politikum. Kaiser Karl V. ist von der Vorstellung beherrscht, im Kaiser- und Papsttum gleichberechtigte und übergeordnete Kräfte zu sehen, deren Ziel es ist, die Einheit von Glauben und Frieden zu sichern. Nach dem Erlaß des Wormser Edikts verläßt der Kaiser das Land, um erst 1530 zurückzukehren. Im Schmalkaldischen Krieg schlägt er die Protestanten und nimmt deren fürstliche Anführer gefangen. Nach dem Augsburger Religionsfrieden (1555) legt er die Krone nieder und zieht sich auf seine spanischen Besitztümer zurück.

Es ist so, daß das 16. Jahrhundert von protestantischen Bewegungen durchströmt wird. Der Katholizismus muß immer mehr Abstriche hinnehmen. Papst Pius IV. spricht 1547 von einem geringen Rest der Kirche in Deutschland[183]. 1545 fällt der bayerische Adel dem Protestantismus zu. Auf dem Landtag von 1563 werden 50-60 lutherische Adelsfamilien gezählt[184] und bei einem Münchener Buchhändler werden lutherische Schriften gefunden[185].

In Köln, einer katholischen Hochburg, schlägt die neue Religion Wurzeln. In Andernach bilden Protestanten die Glaubensmehrheit. Als 1582 Kurfürst Gebhard zur *neuen* Religion wechseln will, wird er vom Papst gebannt. Spanische Truppen rücken in sein Erzbistum vor. Er wird durch Intrigen aus dem Amt gedrängt; an seine Stelle tritt ein katholischer Prinz.

Am Rhein sieht es ähnlich aus. Im Herzogtum Jülich-Cleve-Berg ist der größte Teil des Hofes zum Protestantismus gewechselt. Bruder Göbel schreibt 1531 in seiner Chronik:»Wohin ich mich kehre und wende, findet man nichts anderes, als lutherische Ketzer in der gesamten deutschen Nation[186].«

In Trier ist fast der gesamte Adel protestantisch. In Würzburg haben die Reformatoren ihre Zelte aufgeschlagen und im Fürstbistum Bamberg erreicht die neue Lehre fast alle Gemeinden. Die Ritterschaft huldigt Luther und nicht mehr dem Papst. In Paderborn sieht es ähnlich aus. In der gefürsteten Abtei Fulda wird der Abt Balthasar von Dernbach von protestantischen Agitatoren vertrieben. Das gemischte Domkapitel von Straßburg wählt einen katholischen und protestantischen Bischof.

An allen Landesecken fehlen protestantisch und theologisch geschulte Prediger. Schmiede, Müller, Weißgerber, Maurer, Böttcher, Schneider und weitere Gesellen, die auf der Wanderschaft etwas von Luther gehört haben und die Bibel lesen können, werden in rascher Folge, vor allem in Kleinstädten und ländlichen Gemeinden, Seelsorger und Lehrer. Luther ordiniert Buchdruckergesellen und weist sie an, an den Orten, zu denen er sie schickt, die Bibel aufzuschlagen und vorzulesen: freilich die protestantische. In Nordhausen wird Anton Otto, ein Böttcher, Pastor Primarius und Johann Nürnberger, ein Weißgerber, zweiter Prediger. In Trebnitz verdingt sich der Maurer Clemens Fornfeist als lutherischer Prediger. In Freienwalde wirkt der Schmid Heinrich Duberke als Geistlicher. Hier zeigt sich eine Verwilderung, denn man erreicht nicht die Homogenität, mit denen die Priester der römisch-katholischen Kirche vorgehen.

Inmitten diesen Glaubenskampfes, in den auch viele Unbeteiligte verwickelt werden, wird der Siedepunkt des Hexentreibens erreicht. Die Kurie erkennt ihre Fehler und bläst zum Gegenangriff. Das Konzil von Trient und der Einsatz der Jesuiten bringen immer mehr Rückeroberungen der verloren gegangenen Glaubensbeute. Nun wetteifern katholische, protestantische und calvinistische Prediger im Bemühen,»das teuflische Hexengeschmeiß auszurotten.« In zahllosen Predigten gegen die bösartigen Hexen multipliziert sich der Haß im Volk. Geschickt werfen die Ideologen ihre Glaubensschlingen aus.

Protestantische Hexenprediger

Die Protestanten berufen sich nicht auf den Hexenhammer. Sie verweisen auf das Alte Testament und das dort genannte mosaische Gesetz, das einer erneuten Prüfung bedarf, um seine Lauterkeit zu beweisen. Dadurch kommt eine neue Schärfe in das Hexentreiben, dessen Gefährlichkeit hoch über dem *Malleus maleficarum* angesiedelt ist. Zudem ist die Lehre von der satanischen Allmacht ein fundamentaler Gedanke des Protestantismus:»Sie sollte in der Schule gelehrt und von allen Kanzeln verkündet werden[187]. Der Glauben an den beinahe allmächtig gedachten Teufel spukt in den Hirnen der Christen. Geistliche sind es, die ihn unterhalten und fördern[188].«

Johannes Brenz

stammt aus der Oberschicht von Weil der Stadt. Sowohl sein Großvater wie sein Vater sind hier Schultheiß und Richter gewesen. Johann Brenz besucht die dortige Schule und bildet sich in Vaihingen und Heidelberg weiter. 1513 wird er an der Heidelberger Universität immatrikuliert. Sein Lehrer ist Oekolampad aus Weinsberg, der spätere Basler Reformator. Zudem ist er maßgeblich an der Reformation in Ulm, Memmingen und Biberach beteiligt. 1522 erreicht Brenz durch die Vermittlung des Studienkollegen Isemann die Berufung an die Predigerstelle in Hall; er dient der Stadt über 25 Jahre.

Brenz macht sich ab 1525 an den *inneren* Aufbau des Haller Kirchenwesens. Ein Jahr danach bekommt Hall eine *evangelische* Kirchenordnung. Brenz sucht eigene Wege in der Kirchenzucht und nimmt eine neue Eheordnung in Angriff. Er wirkt mit bei der Schaffung des städtischen Schulwesens und sorgt mit seinem Katechismus, der später vom Land Württemberg übernommen wird, für die religiöse Unterweisung der Kinder.

Brenz ist einer der bedeutendsten württembergischen Reformatoren und gilt als Schöpfer der lutherischen Territorialkirche. Brenz bringt Hall durch die Wirren des Bauernkrieges und greift mäßigend auf die Rechtsprechung der Freien Reichsstadt ein; er wendet sich gegen die bedenkenlose Verfolgung der Denunzierten. Die Folter betrachtet er argwöhnisch, kann sich aber weder von ihr noch vom gängigen Teufelswahn trennen.

Brenz ist vom April 1537 bis zum folgenden als herzoglicher Kommissar mit dem Auftrag in Tübingen, die dortige Universität zu reformieren. Später wird versucht, ihn als Professor zu gewinnen. Brenz hat zu Melanchthon ein freundschaftliches Verhältnis. Der Heilbronner Rat beruft Brenz mehrfach zu theologischen Gesprächen. Man wählt ihn zum Sachverständigen im Religionsgespräch zwischen Luther und Zwingli (1529). Vor, während und nach dem Augsburger Reichstag ist Brenz einer der wichtigsten Repräsentanten des Luthertums. Markgraf Georg zieht ihn mehrfach bei der Reformierung seines Landes hinzu und nimmt ihn 1530 als Berater mit nach Augsburg.

Brenz anerkennt Gott als Schöpfer und Lenker der natürlichen Ordnung. Er fühlt sich an die Autorität der Gesetze gebunden. Konsequenter als Luther vertritt er die *Zwei-Reiche-Lehre*; die weltliche Ordnung ist für ihn eine die Kirche schützende und in ihrem Sinn gesetzgebende und rechtsprechende Ordnung. Er vertritt die Auffassung von der Prädestination. Zweifel an der göttlichen Vorsehung brandmarkt er als Abgötterei von Leuten, die das Vermögen Satans oder der Unholden höher einschätzen als die göttliche Macht:

1539 hält er eine Predigt *Von dem Hagel und Ungewitter*, die in der Traditionskette des Tübinger Universitätstheologen Martin Plantsch steht. Brenz beruft sich auf die viel strapazierte Passage Exodus 22.18 »Die Hexen sollst du nicht leben lassen.«

Nach seiner Vorstellung ist der Teufelspakt ein todeswürdiges Verbrechen; dabei seien die Unholde selbst die Betrogenen, denn der Teufel gaukle ihnen nur vor, daß sie Schaden herbeizaubern könnten, und er sagt: »Alles Verbrennen von Hexen nützt nichts, denn wir verurteilen uns selbst zum Feuer.«

Über seine persönlichen Lebensverhältnisse ist nur sehr wenig bekannt. Er hat um 1545 mit seiner ersten Frau Margarete sechs Kinder im Alter zwischen drei und 16 Jahren. Seine Frau leidet an einer Lungenkrankheit und stirbt früh. Seine Töchter heiraten zum Teil angesehene Theologen wie Dietrich Schnepf und Eberhard Bidenbach.

⇒

Johannes Brenz (1499-1570), der bedeutendste schwäbische Reformator, der viele Jahre in Schwäbisch Hall wirkt. Er nimmt zum Hexentreiben eine vorsichtige, doch letztlich positive Haltung ein. Er befürwortet den Hexenwahn gleich Luther. Epitaph in der Stiftskirche Stuttgart. Ölportrait von Jonathan Sauter.

»Hexenpriesterin auf einem Ziegenbock als Sinnbild von Donars blitzdurchzuckter Wetterwolke«. Aus dem »Compendium Maleficarum von Francesco-Maria Guazzo, 1608.

»Die auf den Kindestötungsvorwurf zugespitzte, zentrale Hexereianklage der Geburtenkontrolle«. Aus dem Compendium Maleficarum von Maria Guazzo, 1608.

Brenz Lebensaufgabe erweitert sich in dem Moment, da Württemberg 1544 evangelisch wird. Nach dem Sieg über den Schmalkaldischen Bund verfügt Karl V. im Jahre 1546 im Augsburger Interim, daß die katholische Lehre in den angefallenen (protestantischen) Gebieten wieder durchzusetzen ist, denn er fühlt sich dem kurialen Wollen verpflichtet. Brenz, dessen Ablehnung des Interims offensichtlich ist, soll verhaftet werden. Durch glückliche Umstände entgeht er dem Zugriff der kaiserlichen Truppen.

Herzog Ulrich, und nach seinem Tod, Herzog Christoph, verbergen ihn und gewähren im Schutz. Der Verfolgte versteckt sich zunächst in der Nähe von Hall und hält sich von 1549-51 auf der Burg Hohenwittlingen, in Basel, Stuttgart, Hornberg, Urach, Mägerkingen, Ehningen und Sindelfingen auf. Auf der Burg Hornberg residiert Brenz als württembergischer Vogt unter dem Decknamen Huldreich Engster, ähnlich wie Martin Luther unter dem Decknamen Junker Jörg. Hier schreibt er die Erläuterungen zum Katechismus und andere Werke.

Teufelsritual. Ein Mann tritt dem geflügelten Teufel gegenüber. Mit seiner erhobenen Hand schwört er dem Glauben ab.

Der Teufel tauft den Novizen in des Teufels Namen mit Wasser. In der Hexenliteratur wird oft eine Pfütze hierzu zitiert.

Zum Zeichen seiner Zugehörigkeit erhält der neu Aufgekommene ein Stück Tuch, eine seltene Darstellung. Dadurch dokumentiert er seine Unterwerfung zur »Teufelssekte«.

Ziehen eines magischen Kreises, also eines uralten Rituals. Es soll wohl die feierliche oder offizielle Aufnahme bedeuten, wie es noch heute bei den Wicca-Zeremonien ist.

Als die freie Ausübung der Religion durchgesetzt ist, beruft ihn Herzog Christoph zum Oberkirchenrat und Stiftspropst von Stuttgart. Seit 1553 ist er der erste Theologe des Landes. In dem Jahrzehnt zwischen 1550-60 vollzieht sich der innere Aufbau der württembergischen Landeskirche, der zusammengefaßt wird durch die große, 1559 durchgeführte württembergische Kirchenordnung.

1561 rät er schriftlich dem Waldenburger Pfarrer wegen einer der Hexerei Bezichtigten, dies sei eine verabscheuungswürdige Sünde, die sie erkennen und bereuen soll ... der Pfarrer soll ihr in Gottes Namen Barmherzigkeit vor Augen führen, sie zum Guten bekennen und nicht allein lassen, um sie vor neuen Anfechtungen zu hüten. Beim ersten Anzeichen der Reue sei ihr das Abendmahl zu reichen: beharre sie in ihrer Sünde, dürfe man die Obrigkeit nicht an ihrem Amt hindern. Dem Pfarrer bleibe dann nur noch wenig übrig, nur noch, wenigstens die Seele aus dem Rachen des Teufels zu retten, wenn auch ihr Leib nicht vor weltlicher Strafe bewahrt werden kann.

Übergabe eines schwarzen Buches. In der damaligen Zeit enthält das Teufelsbuch alle Namen der sündigen Getauften.

Ein Kind wird dem Teufel als Opfer gebracht. Der Novize muß schwören, zukünftig möglichst viele Kinder umzubringen.

Johannes Weyer ist einer der frühesten Gegener des Hexenwahns. Unten das Titelblatt seiner »De Praestigiis daemonum«.

Anläßlich der Reisen des Herzogs von Jülich-Cleve-Berg zu den Reichstagen nach Worms und Augsburg lernt der rheinische Arzt Weyer den schwäbischen Reformator kennen, mit dem er später einen Schriftwechsel pflegt. Als die Brenzsche Hagelpredigt 1564 neu aufgelegt wird, gelangt sie in Weyers Hände. Er schreibt an Brenz und versucht ihn zu überzeugen, daß man die armen Weiber nicht so unchristlich hart bestrafen darf: »Sünden im Geist soll man dem Gericht Gottes überlassen.« Brenz antwortet ihm:

»Wöllet derowegen, lieber herr, in euwerem angefangenem Beruff und Ampt, da ihr begeret, daß die armen bekümmerten Weibs Personen, entweder under euwre Cur der Artzeney oder unter meine der Theologische möchten gethan, unnd auf solche weise dem Hencker auß den Händen entwendet unnd von der straffe des Fewers erlöset werden, mit Fleiß fortfahren.«

Für Brenz gilt schon der Versuch zu schaden als sträflich. Wenn sich Zauberer einbilden, Schaden zuzufügen, seien sie allein deshalb für den bösen Vorsatz nach dem weltlichen und mosaischen Gesetz zu strafen. Weyer sieht es nüchterner und versucht Brenz in einem zweiten Brief von dieser Haltung abzubringen. Er trägt vor: »Die Unholden können nicht ein einziges Ungewitter machen, ein Tröpflein Wasser herausführen, ein Flieg ertödten oder einen Furtz, mit gunsten zu melden, lassen.« Damit endet der Briefwechsel, den Weyer später im Anhang seiner *Praestigis* veröffentlicht. Johannes Brenz stirbt 1570. Sein Grab befindet sich unter der Kanzel der Stuttgarter Stiftskirche.

Jacob Gräter

wird 1547 in Hall geboren. Er studiert in Tübingen Theologie und legt hier 1565 die Magisterprüfung ab. Danach wirkt er als Präzeptor an der Klosterschule von Hirsau. 1582 kommt er in seine Vaterstadt zurück. Er wird Stadtpfarrer von St. Michael, bis ihm 1588 das höchste Kirchenamt als Prediger und Dekan von Hall übertragen wird. 1594 wird er nach Geislingen am Kocher strafversetzt und tritt 1595 in den badischen Pfarrdienst in Gernsbach ein, wo er er am 24.1.1611 als Superintendent stirbt.

Gräter veöffentlicht in seiner Haller Zeit 1589 zwei Hexenpredigten, worauf ihm der Rat zu erkennen gibt, künftig kein Druckwerk mehr ohne seine Erlaubnis herauszugeben. Gräter leugnet die teuflische Existenz, predigt aber in seiner ersten Hexen- und Unholdenpredigt über Lukas 6.37: »Richtet nicht, so werdet auch ihr nicht gerichtet ... es ist jetziger weiler allenthalben, wo man hinsteht und geht, ein gmeine sag und klag von Hexen und Unholden ... Man stöckt und plöckt, man sengt und brennt sie auch an vilen ohrten ... und wo sie nicht getötet werden, richtet man sie mit Worten und behauptet, daß Hagel, Unwetter und aller Unfall von ihnen angerichtet werde. So werden auch viele fromme und unschuldige Leute greulicher und teuflischer Sachen beschuldigt.«

Nach ihm kommt es durch Mißtrauen und Unglauben zu Gott, durch Fürwitz, Neid und Haß dazu, daß manche Leute Gott verleugnen und dem Teufel Gehorsam versprechen.»Wer weiß, welche er angreifen soll, nämlich diejenigen, die seine List und Tücke nicht so leicht merken ... so greift er die Weibsbilder am meisten mit solcher teuffeley an, und werden viel mehr unholden weiber, als unholden menner gefunden ... jeder soll sich fleißig vor dem Hexenwerk hüten, denn es ist eine greuliche Sünde und Gott selbst spricht im Exodus 22.18: Man soll sie nicht leben lassen.«

»Viele Vorkommnisse begeben sich auf natürliche Art und Weise: Ohne das Zutun und ohne Zauberei und Hexenwerk. Auch in Krankheiten und Träumen kommt es vor, daß einem wunderbare und seltsame Sachen erscheinen, denn die Sinne lassen sich gar leicht betrügen.«

In einer zweiten Predigt spricht Gräter über Lukas I. Maria Heimsuchung. Hier stellt er klar, daß die Unholden und bösen Leute ihre Kraft und Wunderzeichen auf dem teuflischen Beistand haben, der nur mit göttlicher Erlaubnis möglich ist ... es könne

aber niemand auch nur ein Haar krümmen, wenn es von Gott nicht zugelassen werde, und ebenso könnten es die Hexen und Unholde nicht ... Gott straft aber mit ihnen den Un- und Aberglauben mancher Christen, die so tun, als ob es keinen Teufel gäbe. Diese Freunde das Menschengeschlechts sind zu strafen, aber dies zu tun, gebührt nicht den Kirchendienern, sondern dem Kaiser, den Fürsten und Reichsstädten. Nicht zu gebrauchen sind Nachrichter, die den Teufel mit Teufeln vertreiben, dadurch Richter betrügen und unschuldige Leute peinigen.«

Gräter erkennt die schwierige Abgrenzung zwischen dem Schuldigen und/oder Unschuldigen. Er rät den Frauen gut daran zu tun, ihrer Rolle als Hausfrau, Mutter und gläubige Christin zu genügen, »so wären sie vor den teuflischen Verfolgungen sicher.«

Milichius, Meigerius und Ellinger

1563 erklärt der Hamburger Pfarrer Ludwig Milichius, daß die Obrigkeit schuldig ist, denn ... die Zauberer zu strafen, lehrt uns der Befehl Gottes an vielen Orten der Heiligen Schrift. Alle Männer und Weiber, die mit dem Teufel ein Bündnis haben, sind am Leben zu strafen[189].

1587 verlangt Meigerius: Die Christenheit soll die Hexenberge fleißig durchsuchen und abstreifen, ob sie nicht etwa verdächtige Spuren zeigen.« In Tübingen lehrt 1593 der noch wenig bekannte Hexenschriftsteller Thomas Siegfried: »Zauberer und Zauberinnen sind zu verbrennen, weil sie sich dem Teufel ergeben, ihn ehren und anbeten[190].«

Johann Ellinger, Diakon von Allerheiligen bei Darmstadt, fordert die Behörden zur Vernichtung der Hexen auf und sagt: »Wir haben das unfehlbare Wort Gottes auf unserer Seite, welches uns leuchtet und berichtet, daß er selbst wider die Zauberer ein schneller Zeuge sei. Wer Gott fürchtet und ihn lieb hat, der folgt ihm auch. Man soll sich nicht äffen und betören lassen, daß das Hexenwerk nur eine Verblendung ist. Die Behörden brauchen bei der Verbrennung der Hexen keine Bedenken zu haben[191].«

»Der höllische Proteus« von Erasmus Francisci, Nürnberg 1695.

David Meder[192)]

aus Nebra in Thüringen veröffentlicht 1608 acht Hexenpredigten, die er in der Grafschaft Hohenlohe gehalten hat. Schon in der ersten bringt er den Beweis von Hexereien ein. In der zweiten fordert er die Obrigkeit auf, die Hexen aufzusuchen und hinzurichten. Er feuert die Richter an, sich von ihnen nicht bestechen zu lassen. In seiner dritten Predigt hebt er hervor:

»Es bekennen alle verblendeten Menschen, daß sie der heiligen Dreifaltigkeit, dem christlichen Glauben und der heiligen Taufe absagen, sie verleugnen … und sonderlich in den Kirchen, wenn der Pfarrherr den Text ließet, alle seine Worte bei sich selbst Lügen strafen und sich dadurch zu

Feinden Gottes erklären. So lange sie beim christlichen Glauben beharren, kann sie der Teufel nicht als seine Werkzeuge gebrauchen.«

Er ist der Meinung, daß päpstliche Mönche als geheime Schwarzkünstler im Beichtstuhl alten Weibern Unterricht im Zaubern erteilen: »Die Hexenwerke sind des Teufels Verrichtungen, als da sind: Luftfahrten, Ausfahrten, fleischliche Vermischung mit dem Satan ohne Nachkommenschaft, Wettermachen, Bezauberung der Menschen durch Pulver, das sie auf den Weg streuen, durch Schüsse (Hexenschuß), damit sie abwesende Menschen schädigen, zauberische Wachsbilder, womit sie Abwesende blind oder lahm machen, durch Nestelknüpfen und Schloßwerfen, wodurch sie Eheleute verderben oder durch anderweitiges, womit den Menschen an Leib und Leben, Eisen, Holz, Bein (Knochen), Haare usw. hineingezaubert werden. Die Tierverwandlungen sind eitle Betrügereien des Satans, indessen ist das Herbeischaffen von fremden Eigentum eine feststehende Tatsache.« Meder meint:

- Der Teufel tut dem christlichen Glauben Herzeleid an.
- Die Hexen müssen zugeben, daß sie Gott und allen Kreaturen Feind sind.
- Die Hexen müssen zugeben, allein den Teufel als ihren Gott anzuerkennen und ihm in allen Dingen gehorsam zu sein.
- Daraufhin werden sie in des Teufels Namen getauft, wobei andere Weiber siedendes Wasser auftragen.
- Die Taufe verrichtet entweder der Satan oder eine ihn vertretende Hexe: »Dies geschieht nicht allezeit mit besonderen Gespreng, sondern oft nur in einem Fahrgleis oder in einer Mistpfütze, da den neugetauften Hexen ein anderer Namen gegeben wird.«
- Dann wird ihr ein Buhlteufel beigegeben. Er hält mir ihr Hochzeit und das Beilager … die anderen Hexen sind dabei fröhlich.
- Der Huren- und Buhlteufel kommt oft zu ihr und treibt mit ihr Unzucht … und befiehlt ihr, dieses oder jenes Übel zu tun.

Meder schürt den Hexenhaß im Volk und entlarvt dabei seinen theologischen Scharfsinn: »Frei von Anfechtungen sind Fromme und Gottesfürchtige, Prediger und geistliche Personen, Obrigkeiten und Scharfrichter, Henker, Stock- und Kerkermeister, Büttel, Häscher und alle, die Hexen und Zauberer gefänglich halten oder zu verurteilen und die die Exekution an ihnen verüben[193].«

Protestantische Hexenfibeln

Vom höllischen Schauplatz der Blutpredigten

Inzwischen hat sich ein umfangreiches Pressewesen breitgemacht und täglich lesen die Bürger in der Zeitung teuflische Berichte. 1569 lassen 21 Pastoren und lutherische Theologen bei Sigismund Feierabend in Frankfurt eine Enzyklopädie des Satanismus herausgeben, unter dem Titel: *Theatrum diabolicum, das ist … ein sehr nützliches und verständiges Buch, daraus ein jeder Christ sonderlich und fleißig zu lernen, daß wir in dieser Welt nicht mit Kaisern oder anderen Potentaten, sondern mit dem allermächtigsten Fürsten, dem Teufel, zu kämpfen und zu streiten haben*

Das Elaborat umfaßt Vorträge, Schriftstücke, gesammelte Predigten und Äußerungen zum Thema Hexerei. Albrecht[194] betont: »Wer sieht nicht stündlich vor Augen, was der grosse Hauff unter denen, die sich Christen nennen, für ein leichtfertiges, bübisches und unbußfertiges Leben führen und dadurch dem heiligen Evangelium einen Schandfleck anhängen; wieviele sind derer, die Gott im Himmel verleugnen und sich dem Teufel in der Hölle ergeben? Mit Weinen und Klagen ist da nichts geholfen.«

Auf ihn folgt Waldschmidt[195] mit seinen *28 Hexen- und Gespenstergeschichten*. Er ist offensichtlich kein Freund Andersdenkender und meint: »Die Juden sind des Teufels Werkzeuge und haben Gott nicht.« Auch Meder profiliert sich in dieser Sammlung theologischer Gelehrsamkeit. Dann folgt Ellingers *Hexen-Coppel*[196]. Daraufhin äußert sich Hermann Samsonium mit seinen *700 Gewissenskrupeln*. Dann veröffentlicht der Magister Scriverius, ein Prediger aus Magdeburg, drei Predigten über die Zauberei unter dem sinnvollen Titel *Das verlorene und wiedergefundene, aber den Klauen des bösen Feindes entrissene Schäflein*.

Dann folgen die Predigten von Jacob Gräter: *Was in all diesen gemeinen Landplagen über Hexen und Unholden von selbigen wahrhaft und gottselig zu halten* (sei). In der ersten Predigt verbreitet er sich über die Entstehung der Unholden und über deren schwere Sünden: »Die Hexen wollen sich selbst eine Freude bereiten, aber anderen Menschen Schmerzen und Schaden. Sie machen Wetter, Hagel und Krankheiten.« In der zweiten Predigt gratuliert er sich, daß ihm die Teufelsbräute die Kirche gefüllt haben und meint, die Obrigkeit habe die Pflicht, gegen die Hexen einzuschreiten.

Dann folgen Ausführungen von Nicolaus Remigius, Joh. Jac. Faber und Joh. Knopf, bzw. seinem *Höllischen Schauplatz der Blutpredigten*. Unstreitig üben diese geistlichen Kunstwerke eine Ausstrahlung auf die Theologen und die aufgeschreckten Bürger aus.

In ähnlicher Weise wie das *Theatrum* ist das von Abraham Saur zusammengestellte *Theatrum de venificiis* zu beurteilen. In der Vorrede erklärt der Herausgeber: »Es gibt kein Laster von solcher Größe und Ausdehnung, wie das der Zauberei. Es tut vonnöten, daß die Obrigkeit nicht schlafe, sondern fleißig nachforsche und daß sie an den von Gott Abgefallenen weder Holz, Kohlen, Stroh und Feuer spare, damit den Grausamen kein Glück gewährt, Gottes Ehre gerettet und ihr Leib nicht geschont werde.«

Der Zweck solcher Publikationen ist, Richter und Obrigkeiten im Aufspüren der Hexen zu aktivieren. Hierin unterscheidet sich dies wenig von den Ausführungen des dritten Teils im *Malleus maleficarum*.

Beide Sammelwerke befruchten andere und so verbreitet sich das Unglück. Der Moralist Balduin schreibt 1628 vier Bücher, die auf 1281 Seiten ausschließlich Gewissensfragen über Religion, Glauben, Kult, Sakramente, Gelübde, Eide, gute und böse

Engel, Wahrsagerei usw. umfassen. Am Schluß mahnt er die Richter, es ist ihre heiligste Pflicht, Hexen aufzusuchen und zu verbrennen ... weil sie die Menschen verderben, selbst eigene Kinder dem Teufel opfern, Kinder im Mutterleib töten und durch ihr verruchtes Treiben den Staat schädigen.

Als Kuriosum sei hier noch zu erwähnen, daß die Protestanten Martin Luther unter die Heiligen einreihen, denn er vertritt die Meinung: »Bedenken wir, daß auch heilige Männer von Gespenstern heimgesucht werden, wie besonders Gregorius (der Papst), Antonius (ein Kirchenlehrer) und Martin Luther[197].«

Adam Francisi

ist zweiter Titularabt des ehemaligen Zisterzienserklosters Heilsbronn, einer Ortschaft in der Gegend von Ansbach. Er gibt eine *Generalinstruktion von den Trutten* heraus. Er plädiert für das Verfolgen der vermeintlichen Hexen und beruft sich auf die äußerst umstrittenen Offenbarungen des Johannes[198]: »Wehe der Erde und dem Meer, denn der Teufel ist zu euch hinabgestiegen mit großem Grimm, da er weiß, daß er nur eine kurze Zeit hat.« Es ist eine originelle und seltsame Glaubensquelle, die bislang von der Theologie wenig beachtet wird.

Francisi rät seinem Markgraf, das Hexengeschmeiß in seinem Fürstentum mit Ernst und Eifer auszurotten, da der Teufel mit Abgötterei, Krieg, Aufruhr und Drudnerei in seinen Landen wüten werde ... während die Zauberer von den Juden gesteinigt worden sind, sehe das kaiserliche Recht den lebenden Brand, vorausgehende Strangulierung und die anschließende Verbrennung der Leiche bzw. die Enthauptung, Staupenschlag, ewiges Gefängnis und Landesverweisung vor. Weil Gott in der Heiligen Schrift vor Zauberern und Hexen warnt, kann es sich bei dieser Erscheinung niemals um eine Täuschung handeln ... demzufolge müssen leibhaftige Dämonen vorhanden sein.« Hier irrt er sich.

Gutachten

Im Herzogtum Pfalz-Zweibrücken werden in den 30er Jahren des 16. Jahrhunderts der Prediger Johann Schwebel und seine Kollegen von der Regierung aufgefordert, ein Gutachten abzugeben, aus dem hervorgeht, wie man gegen Hexen vorgehen soll. Dem Zeitgeist entsprechend, berufen sie sich auf die Bibel und tragen vor: »Wohl würden die Hexen vom Teufel getäuscht, indem sie meinten, sie selbst würden das Unheil anrichten, obwohl es doch der Teufel ist. Doch allein ihr böser Wille und deren Verkehr mit ihm sind strafwürdig. Die Richter sollen gegen die Hexen Vorsicht gebrauchen und nicht allein den Gerüchten Glauben schenken.«

1598 erklärt Jacob Gräter, Dekan von Hall: »Die Hexen sind zu strafen wie Dr. Martin Luther schreibt, weil sie den Teufel wider die Christen bestärken.« 1602 werden einige Nürnberger Prediger[199] aufgefordert, ein Gutachten zur Hexenfrage abzugeben. Sie beziehen sich auf Exodus 22.18 und sagen: »Die göttlichen Bedrohungen und Strafen wider solche Leute sind von Gott promulgiert ... er hat über sie das Urteil gesprochen ... seine Gesetze wider die Zauberer und das ganze Ungeziefer müssen erhalten bleiben, doch soll man mit den von Teufel verführten Leuten Mitleid haben.«

Heidelberger Geistliche sprechen sich unter Berufung auf Exodus 22.18 für das Verbrennen der Hexen aus. In der gleichen Angelegenheit begründet die juristische Fakultät das Bestrafen der Hexen. Als 1574 Kaspar Corylicius, ein Prediger von Arfeld in der Grafschaft Wittgenstein, bei Hieronymus Zannchi, Professor für Theologie in Heidelberg anfragt, ob die Hexen mit dem Tod zu bestrafen sind, wird es bejaht[200].

1567 äußern sich zwei Prediger aus der Grafschaft Hanau zu diesem Thema[201]. Sie berufen sich auf das Alte Testament und schleichen sich dadurch aus der selbst auferlegten Verantwortung: »Daß die Hexen zum Tod zu verurteilen sind, ergibt sich aus dem Alten Testament. Solche Gebote sind nicht nur levitische oder mosaische, sondern zu allen Zeiten Gebote. Daraus folgt, daß die weltliche Obrigkeit die Hexen am Leben strafen soll, wenn sie wider Gott und das erste Gebot mit dem Satan einen Bund machen, sich ihm ergeben, ihn lieben, ehren und wenn sie ihm mit Herz und Seele dienen, wider Gott und seine Gebote fluchen, hassen und lästern wider den Teufel selbst ... Luther[202] bezeuge aus seiner Erfahrung, daß Hexen mit der Hilfe des Teufels Schaden anrichten.«

1602 werden Basler Theologen und Juristen anläßlich eines aktuellen Hexenprozesses zu einem Gutachten aufgefordert. Beide anerkennen die Strafbarkeit und Verurteilung, indem sie sich auf Exodus 22.18 berufen.

Es ist ein Verhängnis unserer kulturellen Entwicklung, daß es den meisten Menschen genügt, wenn sie jemand zitieren oder sich auf jemand berufen können: sie wähnen sich dann in ihrer Einfalt abgesichert und merken nicht, daß sie unrecht tun. Es betrifft die damaligen Hexenprediger genauso wie die christlichen Mörder, die die Opfer des rassistischen Hasses in die Todesbunker des Dritten Reiches geführt haben.

Rechtfertigung

Freilich versuchen die Protestanten, ihren Säulenheiligen von jedem Makel reinzuwaschen, doch sie haben sich dem Urteil der Geschichte zu stellen und es ist falsch zu behaupten: »Doch das möchten wir betonen, Luther hatte keine Veranlassung, sich pflichtgemäß mit der Hexenfrage auseinanderzusetzen, da sich zu dieser Zeit der Spuk nicht an die Oberfläche wagte[203].

Zwar fehlt bislang eine exakte Statistik der verurteilten Hexen, aber schätzungsweise läßt sich sagen, daß auf eine verbrannte protestantische Hexe gut 30-50 katholische kommen. Die protestantischen Prozesse wurden aus ehrlicher Überzeugung geführt und betrafen anrüchige Personen ... die anderen (die katholischen) wurden zur ergiebigen Einnahmequelle des Fiskus: der nicht unbedeutende Rest floß in die Kasse der gerichtlichen Landesherren[204] ... nein, hier konnte nur ein Mann helfen, der weder

Versammlung auf dem Blocksberg. In einem weiten Bogen kommen die Paare um die Bergspitze. Immer ist ein Buhle dabei. In der Mitte sitzt auf einem Thron der Bock, dem eine Hexe den Hintern küßt. In den Bildecken Hexenflug, Abwerfen einer Hexe und eine Hexenbuhlschaft. Holzschnitt aus dem 17. Jahrhundert.

Tod noch Teufel fürchtete, der aber mit seinem Herzen tief im Christentum verwurzelt war[205].«

Unser Gewährsmann täuscht sich und es ist falsch zu behaupten: »Luther glaubte an die Hexen ... aber seine Äußerungen zu diesem Thema waren nicht ernst gemeint. Im großen und ganzen kümmerte ihn der Aberglaube wenig. Er war ein Dorfkind, geringer Leute Sohn und unter der strengen Zucht wie in der geistigen Atmosphäre seines Elternhauses aufgewachsen[206] ... seine jugendliche Phantasie wird mit den Gespenster- und Hexengeschichten genährt, die unter den Dorfbewohnern im Schwang gehen. Deshalb darf man sich nicht wundern, wenn er später an verschiedenen Stellen über Zauberei und Teufelswerk berichtet. Die wichtigsten finden sich in den Erklärungen des Galaterbriefes und des ersten Buches Moses.«

Luther ist so abergläubisch wie seine Zeitgenossen und es ist absurd, ihn von dieser Selbstverständlichkeit befreien zu wollen. Erst durch das Hochstilisieren *seiner* Ansichten wächst die Ansicht ins Dramatische. Dem Zeitgeist entsprechend ist er nicht in der Lage, den Teufel zu verneinen, denn er ist das Rückgrat des Christentums.

Calvinisten und Zwinglianer[207]

In den Schriften Zwinglis ist nicht direkt von der Hexerei die Rede, aber aus zahlreichen Passagen seines Werkes geht hervor, wie stark sein Glauben an einen gedachten Teufel ist. Durch seine Vorstellung, daß Gott das Böse bewirkt, wird die Annahne eines bösen Geistes keinesfalls ausgeschlossen. Er lehrt ausdrücklich, Gott habe sich beim Sündenfall der ersten Menschen eines bösen Geistes als Werkzeug bedient[208].

Nachdem 1493 in Zürich ein Hexe lebend verbrannt wird, ruhen die Prozesse bis etwa 1525. Gleichzeitig steht Zwingli im Zenit seiner Glaubens(ohn)macht. Nun nehmen die Hexenbrände ein schreckliches Ausmaß an. Zwinglis Nachfolger, Heinrich Bullinger, steht von 1531 bis 1575 an der Spitze der Züricher Kirche. Er fühlt sich dem Teufelswahn verhaftet und proklamiert:»Zauberer sind die, die ein Bündnis mit dem Teufel machen, sich ihm verschreiben, sich des wahren Glaubens entziehen und durch seine Hilfe Wunder wirken. Weiber ergeben sich dem Teufel, empfangen nach der Verleugnung Gottes einen Biß oder ein Zeichen an ihrem Leib. Er hält mit ihnen Wunderspiele, tanzt und schläft mit ihnen … es ist kein Wahn, sondern wirkliches Geschehen[209].«

Merkwürdigerweise zählt Bullinger eine Quelle aus dem Alten Testament auf und sagt:»Zauberer und Hexen sind gottlose und verfluchte Menschen. Das alles magst Du als einen Spiegel in der Historie des Job sehen.«

In einer 1560 veröffentlichten Schrift gegen die Wiedertäufer setzt er sich für die harte Bestrafung der Hexen ein. Johann Haller veröffentlicht kurz danach ein Handbuch: »Darinnen begriffen werden 50 Predigten Heinrich Bullingers.« In der 30. läßt er wissen:»Die Teufel sind Instrumente des göttlichen Zorns, die seine Rache und Strafe vollführen[210].« So setzen im Großraum Zürich um 1570 massive Hexenbrände ein, an deren geistigen Schalthebeln Christen sitzen. Von 1571 bis 1598 werden von 79 Angeklagten 37 als Hexen verbrannt[211].

Petrus Martyr Vermigli hält an der Akademie von Zürich Vorlesungen über das Alte Testament und sagt, daß die Zauberer mit der Hilfe des Teufels außerordentliche Wirkungen hervorbringen können, ergibt sich aus der Heiligen Schrift. Gott hätte eine so schwere Strafe nicht verhängt, wenn die Zauberer und Hexen nichts ausrichten könnten. Namentlich alte Weiber seien die besten Werkzeuge. Männer und Frauen ergeben sich dem Satan mit schändlichem Laster; daher auch die Sucuben und Incuben, von denen schon Augustinus berichtet. Doch die Hexen frönen nicht nur der Unzucht. Sie sind grausam, denn unter der Gestalt von Katzen und Hunden dringen sie in die Häuser und entführen oder töten Kinder.

Nach dem Tod von Bullinger leitet Rudolf Walter zehn Jahre als Antistes die Züricher Kirche[212]. Er ist vom Hexenwahn angesteckt. Zu den bekannten Theologen der Epoche gehört Josias Simler. Er ist längere Zeit an der Züricher Akademie Professor für Exegese. In dieser Eigenschaft verfaßt er einen Kommentar über das 2. Buch Moses. Unter Berufung auf Exodus 22.18 sagt er:»Dieses Gesetz bezieht sich auf die Frauen, die sich mit verborgenen Künsten abgeben und die mit dem Teufel verkehren. Wohl gibt es auch einige angesehene Männer, die behaupten, an dieser Stelle wäre nicht von den Hexen, sondern von den Giftmischern die Rede; doch ihre Ansicht ist falsch. Moses spricht tatsächlich von Zauberinnen, die einen Bund mit dem Teufel eingehen. Die Urheber sind nicht die Hexen, sondern deren Teufel.«

Simlers Kollege, der Prediger und Theologieprofessor Johann Wolf, gibt später die *Kommentare Vermiglis* heraus. Wolf betont in einem Abschnitt, wie unheilvoll das Treiben der Hexen ist und wie streng die Zauberei von den göttlichen und vor allem weltlichen Gerichten geahndet wird[213].

Ludwig Lavater ist ab 1551 als Prediger in Zürich tätig. Er verfaßt mehrere Schriften von denen der *Bericht von den Gespenstern* weitere Verbreitung findet. Darin führt er aus, es wäre dem bösen Feind nicht schwer, in mancherlei Gestalten zu erscheinen und große, wunderbare und unglaubliche Dinge anzurichten. Ausführlicher behandelt er das Hexenwesen in seinen Predigten über die Teuerung und Hungersnot von 1570. Er billigt von der Kanzel herab das Verbrennen der Hexen.

Ähnlich wie die Zwinglianer denken die Calvinisten, denn sie schöpfen aus der gleichen Quelle. Der Prediger Théodor Béza meint, auf der Kanzel französische Richter des Unglaubens bezichtigen zu können, … weil sie es nicht wagen, Hexen zum Tod zu verurteilen[214]. Béza und Daneau gehören zu den führenden Calvinisten der Epoche.

Lambert Daneau[215]

verfaßt auf Anregung eines Juristen, des Amtsrichters Daniel in St. Bênoit an der Loire, eine Hexenschrift. Sie erscheint 1574 in französischer und lateinischer Sprache. Zwei Jahre später erscheint sein Werk beim Frankfurter Buchhändler Nikolaus Basse[216]. Es ist dem *Theatrum de venficiis* beigebunden. Im Vorwort wird behauptet: »Man findet bei ihm kein Fabelwerk oder Weibermärlein. Man finde nur, was durch die Historienbücher und durch das Urteil frommer Leute bezeugt ist … vor allem, was nach dem göttlichen Wort von dieser Streitfrage zu halten ist … er wisse vom Teufel und seinen Werkzeugen nicht mehr, als was darüber in der Heiligen Schrift gelehrt wird.« Sehen wir hinein:

»Zauberer sind Leute, die mit der Hilfe des Teufels den Menschen Schaden zufügen. Die Erfahrung hat gelehrt, daß es Leute gibt,

Von den
Zauberern /
Hexen / vnd Vnholden /
Drei Christliche verscheidene /
vnnd zu diesen vnsern vngefärlichen zeiten notwendige Bericht / auß Gottes wort /
Geistlichen vnd Weltlichen Rechten / vnnd
sunst allerley bewerten Historien gezogen / Durch die hoch vnd
wolgelehrte Herren /
LAMBERTVM DANAEVM,
IACOBVM Vallick / vnnd
VLRICVM MOLITORIS.
Viler vngleicher fragen vnnd meynungen halben / so in diser Matery vorfallen mügen / allen Vögten / Schultheissen / Amptleute
oder Ampts verwaltern / Regenten des weltlichen Schwerdts vnnd Regiments /
hochnützlich vnnd dienlich.
Gedruckt zu Cölln / durch
Johannem Gymnicum / im Einhorn
M.D.LXXVI.
Mit Röm. Key. Maie. Freyheit.

Titelblatt der deutschen Ausgabe der Hexenschrift von Lambert Daneau. Er ist einer der führenden Calvinisten seiner Zeit. Auch dieses Werk über die Hexen wird von der Gegenseite angezweifelt und kommentiert.

die durch teuflische Kunst zaubern können. Die glauben, daß die Zauberei erdichtet und erlogen sei, stecken in einem großen Irrtum[217]. Die Zauberer sind leibeigene Knechte des Teufels und werden von ihnen regiert. Sie brennen zu seinen Ehren wächserne Kerzen und küssen ihn, was eine Schande zu sagen ist, auf den Hintern … diese teuflische und listige Schelmenzunft kann alles auf der Erde, was der Eitelkeit unterworfen, sterblich und vergänglich ist, wo es von Gott nicht erhalten wird, vergiften und verzaubern … insbesondere richten sie ihre Angriffe auf Menschen. Ich habe gesehen, daß die Zauberer den Säugemüttern die Brüste vertrocknen. Sie töten das Vieh auf mancherlei Weise.

Ihre Bosheit hat nicht seinesgleichen. Sie vergiften die Luft und das Wasser, binden die Leute und hindern sie an den ehelichen Werken. Zudem können sie Menschen in Wölfe, Bären, Esel und dergleichen verwandeln.

Sie haben an ihrem Leib Wahr- oder Malzeichen, etliche unter den Augen, an geheimen Orten, im Mund oder im Gaumen, damit sie verborgen seien und von niemand erkannt werden. Darum pflegen die Richter, wenn sie die Leute gefänglich halten, sie über den ganzen Leib zu besichtigen und ihnen mit einem Schermesser alle Haare vom Leib schneiden zu lassen, damit die Wahrzeichen nicht verborgen bleiben.

Wenn die Hexen zusammenkommen, läßt sich der Satan als Prälat und Vorsteher, bisweilen als Mensch, bisweilen als stinkender Bock, sehen, so wie es ihm gerade einfällt. Dann müssen die anwesenden Zauberer ihr Bündnis mit ihm erneuern und ihm sagen, daß sie ihn als Gott ansehen.«

Auf die Einrede gegen die Ausfahrten der Hexen betont er: »Man hat oft ihre Leiber, die Stund wahrhaftig im Bett gefunden, wenn sie gesagt haben, daß sie anderswo gewesen sind … doch es sind falsche Leiber, die unterdeß vom Satan dorthin gelegt worden sind … es sind gedachte Larven.«

»Die Zauberer sind mit großer Strenge zu bestrafen, denn es sind öffentliche Feinde des menschlichen Geschlechts. Sie sind Abtrünnige und Verwegene, vom rechten Glauben abgewichen, Verleugner des allmächtigen Gottes, schändliche Teufelsdiener und Betrüger; in Summa: es ist nie ein verständiger Mensch gewesen, der sie nicht für die ärgsten Leute und der greulichsten Strafe würdig erachtet hat. Man muß sich wundern, daß etliche Richter so weichlich sind und die schrecklichen Bestien nicht ausrotten. Die Richter sind zu mahnen, daß sie die Zauberer fleißig aufsuchen und sie, wenn sie ihrer habhaft werden, mit aller Strenge bestrafen. Es gibt keine schlimmere Pestilenz als die teuflischen Zauberer[218].«

Der calvinistische Wilhelm Zeppe aus Herborn in der Grafschaft Nassau, fordert unter Berufung auf das mosaische Gesetz die Todesstrafe für Zauberer[219]. Als positiv ist herauszustellen, daß er gegen die Anwendung der Folter spricht. Joachim Zehner, Superintendent in der Grafschaft Henneberg in Schleusingen, fordert zur unnachgiebigen Hexenverfolgung auf. In seinen Hexenpredigten mahnt er die Richter, Weitläufigkeiten im Hexenprozeß zu vermeiden, … weil selbst Gott über sie das Urteil gesprochen hat, brauche man nicht den Ausspruch der Universitäten und Schöffenstühle abzuwarten.

Bevor wir uns dem Hexentreiben zuwenden, müssen wir zwei weitere Strömungen beachten: zum einen die Gegenreformation und dem daran gekoppelten Aufkommen des Jesuitismus und zum anderen ist die rechtliche Seite des 16.-18. Jahrhunderts mit der damit verbundenen Folter zu durchleuchten.

Jesuiten blasen zum Angriff

Im Grunde genommen taucht im ersten Drittel des 16. Jahrhunderts im deutschsprachigen Raum nochmals die Problematik des religiösen Denkens auf; eine in Kurven laufende Entwicklung, die über Jahrtausende von festgefügten theokratischen Systemen bestimmt ist. Schon griechische Philosophen beschäftigen sich mit dieser Frage und finden keine schlüssige Antwort[220]. Wieder einmal hat die Frömmigkeit unter den Gläubigen den Tiefpunkt erreicht.

Der Protestantismus reißt innerhalb kurzer Zeit erhebliche Teile aus der sicher geglaubten Glaubensbeute und die Verluste auf der katholischen Seite sind immens. Wem soll der Bürger nun glauben? Zwingli, Calvin, Luther oder haben gar die *Römischen* recht? Hier stoßen wir auf das Phänomen.

Das einfache Volk, seit Jahrhunderten auf geistiger Sparflamme gesotten, finanziell und religiös geknechtet, akzeptiert auch den religiösen Gehorsam. Es ist der Überlebensspiegel des Glaubens. Jetzt fehlt eine eindeutige Führerrolle. Wären nicht die Jesuiten auf den Plan getreten, wäre möglicherweise der alte Christenglauben in dem Zauberhut verschwunden, aus dem man ihn einst geholt hat. Der Jesuitismus entflammt den Seelenkampf in voller Stärke. Mit dem Konzil von Trient (1545-63) sammelt sich der angeschlagene Glaubensriese, um zum Gegenschlag auszuholen. Neben das antiquierte Papsttum stellt sich eine neue Kraft, die ihn bis heute geistig *durch und durch* beherrscht. Dieser Erfolg hat mehrere Ursachen:

- Vom Ordensgründer Ignatius von Loyola stammt die Erkenntnis: »In der Kirche gilt wie im Heer, so verschieden sie sein mögen, die Vorspielung, daß ein Oberhaupt vorhanden sei. In dieser Täuschung liegt alles. Läßt man sie fallen, zerbrechen die Institutionen.«
- Daraus folgt seine Forderung zum unbedingten Gehorsam und er sagt: »Der Jesuit soll, vom äußeren Widerstand zu schweigen, nicht einmal innerlich Bedenken aufkommen lassen, ob sein Vorgesetzter Recht hat ... lediglich offenbare Sünden sind von dieser Verpflichtung ausgenommen.«
- Ignatius bringt den freien Willen des Individuums in das ausgetrocknete Christentum. Damit kehren die Jesuiten die traditionelle Denkweise der Katholiken um. Danach ist Jesus von Nazareth nicht mehr der in der Glorie thronende Herr des himmlischen Reiches; von nun an gilt er als *streitender* König. Es ist ein revolutionäres Element in der Kirche. Gekämpft, geistig vergewaltigt und unterdrückt hat die Kirche schon immer, doch erst jetzt kommt das Entscheidende dazu: die Intelligenz.

Um die Mitte des 16. Jahrhunderts gilt religiöse Schlagkraft als angezeigt. Die Jesuiten lehren, daß der Mensch durch Strebsamkeit und Mühe der Vollkommenheit entgegenschreitet[221]; was selbst dem kleinen Mann auf der Straße einleuchtet. Die Ehre Gottes soll durch *sein* Mittun erhöht werden und das ist für die meisten ein vernünftiges Ziel.

Nach der jesuitischen Lehre unterscheidet das Individuum zwischen Gut und Böse; also zwischen dem angenommenen Luzifer und dem angenommenen Christus. Eine andere Alternative scheinen Christen nicht zu kennen. Der Einzelne möge selbst bestimmen, ob er nach der angenommenen Auferstehung in der Hölle schmoren oder im Himmel mit den Engeln flirten will? Die meisten entscheiden sich für den Himmel und dieses Wollen zu steuern, das nur auf einer Spekulation ruht, ist der zentrale Punkt der neuen religiösen Schlagkraft.

Ganz neu ist sie nicht, denn der Jesuitismus zeichnet sich durch Vorboten an. 1528 wird der Orden der Kapuziner gegründet, der zu den teufelsaustreibenden Organisationen zählt. Noch 1629 genehmigt ihnen Erzherzog Leopold von Vorderösterreich, in Offenburg ein Haus aus dem Vermögen hingerichteter Hexen zu bauen[222].

Gleichzeitig besteht der Orden der Theatiner, der Ignatius zum Vorbild dient. Hier tritt erstmals der *neue* Geist der katholischen Reformation ins Rampenlicht; streng in den Grundsätzen, den Gläubigen ein Beispiel von Tatkraft und Aufopferung, leisten sie in den Spitälern mit Hingabe Hilfe. Kurz danach gründet Ignatius *seinen* Orden. Der Boden ist geebnet. Gegenüber den traditionellen Anschauungen entwickeln die Jesuiten *schlagkräftige* Argumente, gewinnen Einfluß, potenzieren die Verluste im zu rasch aufgebauten protestantischen Lager und retten den *alten* Katholizismus vor dem selbstverschuldeten Niedergang. Sie bauen die Gegenreformation nach strategischen Gesichtspunkten auf.

1540 lassen sie sich in Österreich nieder, gewinnen Einfluß an den Universitäten Wien und Prag, bemächtigen sich des Schul- und Erziehungswesens und schaffen so die ersten Hürden. In rascher Folge sehen wir sie als Erzieher von Prinzen und Prinzessinnen. Sie fungieren als Hofbeichtväter und -prediger. Sie führen einen geistigen Umwälzprozeß herbei und gelten als aktive Schriftsteller.

Hier zeigt sich das lutherische und altkatholische Verhängnis; während sie dem Volk nur aufs Maul schauen, um es zu knechten, schlagen sich die Jesuiten auf die Seite der Mächtigen. Sie gehen den Weg des Einflusses und schon bald sitzen sie an den

Schalthebeln der verfänglichen Glaubensmacht. Die Protestanten werden in die Rolle einer Volkspartei gedrängt. Dies ist der erste und entscheidende Sieg des Jesuitismus.

Die Jesuiten ziehen aus, »um die sündige Menschheit mit dem neuen Geist zu erfüllen.« Doch schleicht sich etwas Fürchterliches ein. Nach der jesuitischen Auffassung wird der unabdingbare Glauben an den Teufel zur Verherrlichung des Katholizismus herangezogen[223]. Da haben wir es wieder: auf der einen Seite die unbestreitbare Intelligenz und auf der anderen die unbeschreibliche geistige Armut, denn man unterstellt sich einer wahrhaft *teuflischen* Fiktion.

Jesuitisches Engagement im Verbund mit dem Hexentreiben

Die Auseinandersetzung mit dem Hexenwesen tangiert den Jesuitismus nur wenig. Offiziell hat der Orden zu den Hexenprozessen keine Stellung genommen. Der Terminus *Hexe* oder *Zauberer* kommt nach dem Jesuiten Duhr, der ihre Geschichte geschrieben hat, soweit bekannt ist, weder in ihren Konstitutionen, Dekreten oder in der General-Konstitution vor[224]. Von Rom aus geht die Warnung an den Jesuiten Canisius: »Er soll sich keine Stunde mit Besessenen aufhalten, da eine solche Beschäftigung nicht dem Institut entspreche und dadurch andere nützliche Arbeiten verhindert werden.«

Peter Canisius, nach Faber der zweite auf deutschem Boden tätige Jesuit, schreibt am 20.11.1563 aus Augsburg: »(Hier) bestraft man die Hexen, welche sich merkwürdig vermehren. Ihre Freveltaten sind entsetzlich. Sie beneiden die Kinder um die Taufe und berauben sie derselben. Kindermörderinnen befinden sich in großer Armut darunter, ja einigen haben sie das Fleisch aufgezehrt, wie sie eingestehen. Man sah früher niemals so viel Leute so sehr sich dem Teufel ergeben und verschreiben. Unglaublich ist die Gottlosigkeit, Unkeuschheit und Grausamkeit, welche diese verworfenen Weiber unter der Anleitung Satans offen und

insgeheim treiben ... an vielen Orten verbrennt man die verderblichen Unholdinnen des menschlichen Geschlechts ... und Feindinnen des christlichen Namens. Sie schaffen viele durch die Teufelskünste und Kräfte hinweg. Der gerechte Gott läßt es wegen der schweren Vergehen des Volkes zu, welche man durch keine Buße sühnt.« Hier sehen wir Canisius in den geistigen Halbschuhen des Hexenhammers.

Wegen der vielen Fälle von Besessenheit, die Canisius 1569 in Augsburg beobachtet, erbittet er von seinen Oberen Verhaltensmaßregeln. Er treibt aus Anna Bernauerin, einer Dienerin im Fuggerschen Haus, zehn Taufel aus, »den letzten freilich erst nach einem harten Kampf in der Liebfrauenkirche von Altötting.«

Ihr Kolleg in Trier wird des öfteren in Sachen Hexerei befragt. Dabei wird hervorgehoben, daß die Hexenverfolgung nicht ihre Sache sei: »Man soll sich nicht einmischen ... und nicht danach dringen, daß irgendwelche bestraft werden. Endlich sollen die Hexen nicht zu dem Zweck exorzisiert werden, damit sie ihr bereits abgelegtes Geständnis widerrufen ... denn all das ist nicht unsere Sache[225].«

Paul Laymann erklärt unter Berufung auf Binsfeld, Jacob von Simanca und Grillandus: »Die Weiber treiben mehr Hexerei als die Männer, weil sie wegen dem Mangel an Urteil und Erfahrung leichtgläubiger und mehr der Täuschung unterworfen sind. Sie sind neugieriger und mehr zur Begierde und Üppigkeit geneigt, weil sie kleinmütiger und schwächer sind.«

Die Jahresberichte des Aschaffenburger Jesuitenkollegiums vermerken 1612: »Die schrecklichen Scharen der Hexen erfüllen alles ohne Furcht. Sie drohen nicht allein, sondern sie verursachen in der Tat Unfruchtbarkeit für die Äcker. Um ihre verderblichen Zaubereien abzuwenden, hat der Mainzer Erzbischof ein dreitägiges Fasten und eine feierliche Prozession verordnet, wobei er selbst das Allerheiligste getragen hat[226].«

Der Ingolstädter Jesuit Georg Eberhard gibt in seiner *Consilia* von 1618 ein Beispiel jesuitischer Intelligenz und sagt: »Wer der schwarze Hahn gewesen, der um das Gefängnis geflattert, ist so klar, daß es nicht zu erläutert werden braucht ... der teuflische Buhle der Verhafteten ... wenn diese auf der Folter läugnet, ist sie lebend wilden Tieren vorzuwerfen, wenn diese Strafe dort nicht üblich sei, ist sie dem Scheiterhaufen zu übergeben, sofern sie der Herzog nicht zum ewigen Gefängnis begnadigt.«

Polemik

Den zurückgeschlagenen Glaubensneidern kommt das jesuitische Gebaren merkwürdig vor. Die Protestanten schalten sich in den Dialog ein und bezeichnen deren Exerzitien als Teufelswerk. Sie sprechen von »heimlich zauberischen Künsten, durch welche die Jesuiten an gewissen Tagen seltsame Sachen zuwege bringen, daraus sie nach verrichteter Zauberei gar bleich und gleichsam von einem Geist zerstört wieder hervorkommen.«

»Die Jesuiter verführen viele zu sonderlichen Übungen, die sie Exerzitien nennen. Da werden die Opfer, wie man glaubhaft berichtet, mit Dampf und anderen Mitteln berauscht, so daß sie den Teufel leibhaftig zu sehen vermeinen ... sie brüllen wie Ochsen, müssen Christo abschwören und dem Teufel dienen[227].«

Von hier ist es ein Leichtes, den Jesuiten Zauberei zu unterstellen. Der Superintendent von Riga sagt 1626 : »Die Jesuiten sind gleichfalls in der Zauberei erfahren, wie Daneau bemerkt, daß ein vornehmer Jesuit mit dem Namen Maldonatus auf der Reise von Paris so ausführlich von der Zauberei gesprochen, daß sein Glaubensgenossse, der ihm zugehöret, sagt: »Ich habe nicht einmal, sondern oft erzählen hören, daß die Bayern den Jesuitenpater Jan für einen Zauberer gehalten, denn wenn er die Bauern zur Bäpstlerei nicht habe bewegen können, habe er er ihnen gedroht, das und das solle ihnen und ihrem Vieh widerfahren[228].«

Der protestantische Prediger Melchior Leonhard sagt 1599: »Die Jesuiter wissen sich oftmals der Hexen und Zauberer öffentlich anzunehmen und wollen Barmherzigkeit für das Teufelsgesind ... aus keiner anderen Ursache, daß man ihnen selbst nicht den Prozeß mache und sie nicht dem Meister Hämmerlein oder Auweh unter die Finger kommen[229].«

Die Jesuiten zeichnen sich ebenfalls nicht durch übertriebene Höflichkeit aus. Pater Andreas verkündet in Wien von der Kanzel herunter: »Es ist besser, mit dem Teufel eine Ehe einzugehen, als mit einem lutherischen Weibe ... weil jenes durch Exorzismus zu vertreiben ist, an diesem aber Kreuz, Salböl und Teufel verloren geht ... ebenso wie Luther ein Sohn Satans und sein Spießgeselle ist.« Für DelRio sind Luther und Melanchthon Scharlatane.

Die Auseinandersetzung der Jesuiten mit den Hexenprozessen im deutschsprachigen Raum wird bald einseitig glänzend und bald zu schwarz gezeichnet. Es wäre unbegreiflich, wenn eine religiöse Gemeinschaft, die inmitten des Hexentreibens groß wird, nicht davon infiltriert ist. Das kann man nicht erwarten.

»Sie haben Visionen, Madonnen- und Engelerscheinungen ... überall wittern sie satanische Einflüsse. Ohne zu registrieren, daß es einen solchen nicht gibt, huldigen sie einer Wahnvorstellung. Sie behaupten gar: »Die Kirche ist da, um seine Werke zu zerstören ... sie ist stärker als das satanische Reich.«

Adam Tanner[230]

gilt als anerkannter Jesuit auf deutschem Boden. Er wirkt als Professor und verfaßt die vierbändige *Universa theologica*[231]. Er fordert von den christlich gesinnten Fürsten eine Übereinkunft zur einheitlichen Führung der Hexenprozesse und beschäftigt sich mit der Frage, wie sich ihnen gegenüber ein Beichtvater zu verhalten hat. Tanner kämpft zusammen mit dem Moralisten Diana gegen die strenge Auffassung von Martin DelRio. Tanner selbst wird der Hexerei bezichtigt, weil man nach seinem Tod unter seinen Habseligkeiten ein Mikroskop gefunden hat[232].

Jean Bodin (1530-1596), Kupferstich des 16. Jahrhunderts, F. Stuerhelt zugeschrieben.

Tanners Ansichten zur Hexerei gehen vor allem aus seinem Büchern hervor. Im Zusammenhang eines Traktates über die Engel beschäftigt er sich mit dem Flug der Hexen und er brandmarkt im dritten Band seiner *Theologica scholastica* die Ungeheuerlichkeit der Hexenprozesse in kraftvoller Weise. Tanner stellt Meinungen nebeneinander und gelangt zur Auffassung, daß die Hexen nicht ausfahren[233], wie das schon der Canon Episcopi zum Ausdruck bringt. Auf der anderen Seite werde die Realität der Hexenfahrten durch die übereinstimmenden Geständnisse der Hexen und wirkliche Vorkommnisse dokumentiert ... denen man ohne Verwegenheit die Glaubwürdigkeit nicht absprechen kann. Der Canon Episcopi bestreitet nicht das Ausfahren, sondern nur die Art desselben ... dennoch ist moralisch gewiß, daß die Hexen zuweilen in Zusammenkünften vom Teufel getragen werden.

Tanner ist der Auffassung, daß der Teufel lediglich nach der göttlichen Zustimmung wirksam werden kann und er folgert daraus: »Wenn die Hexen vom Teufel eine schädliche Salbe erhalten, können sie anderen schaden; sofern Gott nicht ihrem Vorhaben widersteht ... so lehrte es schon Trithemius in der Beantwortung der kanonischen Fragen.«

Tanner plädiert für die Todesstrafe der Zauberer und Hexen und sagt: »Die Hexen müssen nach Möglichkeit ausgerottet werden ... nur wenn eine ernsthafte Gefahr für Unschuldige besteht, hat die Verfolgung zu unterbleiben[234] ... wenn der Grundsatz für alle Verbrechen gilt, so gilt er besonders für die Hexenprozesse wegen der furchtbaren Folgen.«

Tanner macht auf die Schande aufmerksam, die den christlichen Kirchen in diesem Zusammenhang zur Last gelegt werden muß[235] und weiß, daß man dieses Verbrechen nicht durch übertriebene Strenge ausrotten kann.

Er fordert kluge und gerechte Richter, denen jeweils ein Theologe beizuordnen ist: »Es ist besser, die verurteilten Hexen nicht immer nach der Strenge des Gesetzes zu bestrafen. Besser wäre es, sie zu Kirchenbußen zu begnadigen ... weil diese Demütigung den Teufel mehr als tausend Hinrichtungen ärgert ... oft vernachlässigt man zu prüfen, ob der behauptete Schaden wirklich eingetreten ist ... neulich wurde aus einer Stadt am Rhein an die juristische Fakultät Ingolstadt berichtet, daß beim Verlesen eines öffentlichen Hexengeständnisses, das sich auf das Ermorden einer bestimmten Person bezogen hat, diese selbst anwesend ... woraus die Unwahrheit der Aussagen hervortrat ... das Denunzieren genügt weder zur Verurteilung noch zur Anwendung der Folter.«

Tanner stellt einige Mittel zusammen, von denen er meint, das Hexen verhüten zu können. An erster Stelle sind es geistliche Zeremonien, die Anwendung des Exorzismus, den Gebrauch des Kreuzes, die Anbetung der Orts- und Schutzheiligen. Fluchen und schlechte Redensarten soll man unterlassen; die Kinder müssen sittlich erzogen werden[236]. Nach der Predigt soll die Gemeinde feierlich dem Teufel entsagen ... und dies soll auch im Beichtstuhl geschehen … man soll das Glaubensbekenntnis öffentlich ablegen und häufig beten.

Vor allem sei gegen die Unzucht einzuschreiten. Tänze, die Anlaß zum Schlimmsten geben, sind zu vermeiden. Nun macht er einen verfänglichen Vorschlag: »Aufpasser sollen in jeder Stadt und in jedem Dorf auf Anzeichen der Hexerei achten und sie dem Richter in angemessener Weise anzeigen.« Es ist nicht neu, denn schon das Buch des Calvinisten Bodin bemerkt auf Seite 552:

»Es sind Hexenkommissäre auszuschikken … auch sollte man einen Stock (Kasten) in den Kirchen haben, darin einem jedem freistände, ein gerollt Papierlein zu werfen, darinnen der Unholdinnen Namen geschrieben steht.« So wird die Kirche zum offiziellen Träger eines breit angelegten Denunziantensystems unter dem Deckmantel der unchristlichen Nächstenliebe.

Martin DelRio[237]

gilt neben Gregor von Valencia als der gelehrteste Jesuit auf dem spanischen Boden des 16. Jahrhunderts. Sein Buch *Disquisitiones magiae*[238] übt einen großen und negativen Einfluß auf die Hexenprozesse aus, dessen Blutspur sich im 17. und 18. Jahrhundert nachvollziehen läßt. Es erscheint 1599 in Löwen. Folgeausgaben 1600 und 1603 in Mainz. Die Ordensapprobation trägt das Datum vom 6.7.1598 (Lüttich). Der belgische Provinzial Olivierus Manareus hat sie unterzeichnet. Die königliche Approbation trägt das Datum (Löwen) 8.2.1599.

Sein Buch wird schon kurz nach dem Erscheinen von dem Dominikaner Thomas Malvenda kritisiert: »Sein Werk kann den Kindern gefährlich werden und die Leser möchten, während es nach dem Schein das Schändliche verbanne, eher das Gift als das Gegengift genießen.«

Gedanklich liegt sein Buch nahe beim Hexenhammer. Er ist erstaunlich belesen. Er zitiert die Hexenliteratur seiner Vergangenheit[239] und trägt alles Erdenkliche über den Aberglauben, Zauberei und Teufels-

dienste zusammen[240]. Er bringt religiöse und philosophische Grundlagen zur Beurteilung des Hexenwesens bei. Der Nachteil seines Buches ist, daß er unpräzise ist. Hinweise wie: »Man hat es erzählt oder einmal geschrieben, also ist es wahr«, bringen uns nicht weiter. Er verliert sich in Spekulationen. Den Arzt Weyer nennt er einen Hexenpatron und sagt: »Wer ihm folgt, macht andere zum Genossen der Schandtaten und vermehrt das satanische Reich auf Erden.«

DelRio anerkennt die verschiedenen Arten der Magie. Wirkliche Wunder geschehen nur durch Gott und sie dienen der Festigung des katholischen Glaubens. Die dämonische Magie gehe von den bösen Engeln aus, die einen Bund mit dem Teufel geschlossen haben[241]. Wieder einmal muß die Bibel herhalten, wenn er sagt: »Ich will Dir dies

Titelblatt der deutschen Übersetzung von Bodins »Demonomanie«.

alles geben, so du niederfällst und mich anbetest.« Matth. oder Hes. 28.12. »Sie haben einen Bund mit dem Tod und der Unterwelt gemacht[242].« DelRio ist der Meinung, daß man durch Anhauchen Wunder bewirken und Krankheiten heilen kann. Er glaubt an die Möglichkeit des Goldmachens.

Stramm verteidigt er das jesuitische Nest und ärgert sich darüber, daß andere die Jungfrau Maria und die Religion beschimpfen, daß man an *gewissen Tagen* Kinder rauben und töten, den Priestern keine vollständigen Beichten ablegen und ihren teuflischen Verkehr verheimliche ... Sie versündigen sich gegen die Mutter Kirche, denn die katholische Kirche bestraft nur sichere und offenbare Verbrechen. Seit vielen Jahren behandelt sie die Hexen als Häretiker und befiehlt, sie dem weltlichen Arm zur Bestrafung zu überstellen ... also irrt entweder die Kirche oder es irren sich die Zweifler. Wer sagt, daß die Kirche in Sachen des Glaubens irrt, der sei verflucht[243].« Heute können wir ihn korrigieren, denn die Kirche hat sich geirrt.

DelRio beschäftigt sich näher mit der Zaubersalbe, den Hexen, ihren Versammlungstagen und mit den Fragen der geschlechtlichen Vereinigung zwischen irdischen Frauen und christlichen Dämonen. Er erörtert, ob die Jungfernschaft unverletzt bleibt, wenn ein Dämon einer Jungfrau im Schlaf beiwohnt. Er kommt zu einem positiven Ergebnis: »Während die Weiber auf den Versammlungen sein sollen, finden sie sich zuhause. Aber warum sollte nicht ein Dämon zur gleichen Zeit an der Seite des Mannes gelegen haben?«

»Es erhellt sich aus verschiedenen Geständnissen und aus den Worten des Theologen Edelin[244], daß die Hexen ihre Männer in einen tiefen Schlaf verzaubern. In die Zaubersalbe mischen sie vornehmlich Nägel verstorbener Kinder. Sie salben nicht den Stock, sondern einen Teil ihres Körpers, denn ohne das Salben können die Hexen nicht zu ihren Versammlungen gelangen.

Ihr Tischgebet besteht aus lästerlichen Worten. Sie führen Tänze auf und singen obszöne Lieder; gewöhnlich finden ihre

Überfall auf ein Dorf, das wohl geplündert wird. Auch hier wird der Kampf zwischen Gut und Böse dargestellt.

Allgemeine Folterbelege für den deutschsprachigen Raum

1338	In Regenburg wird gefoltert.
1348	In Cham wird gefoltert.
1349	In Speyer scheint die Folter bekannt zu sein[261].
1350	In Nürnberg kommt die Anwendung der Folter auf[262]. In den ab 1371 beginnenden Stadtrechnungen nimmt sie eine bedeutene Stellung ein.
1353	Das Brünner Schöffenbuch erwähnt die Anwendung der Folter.
1354	Köln verfügt über die Folterpraxis.
1356	Die *Goldene Bulle* bestimmt im 24. Kapitel, daß man vor allem bei Majestätsverbrechen »zur Erforschung der Wahrheit nunmehr die Folter heranziehen soll[263].«
1361	Freiburg bekommt ein Privileg für den Gebrauch der Folter.
1378	(-79) Folternachweis für Frankfurt am Main[264].
1381	Anwendung der Folter in Bamberg. Hier entwickelt sie sich aus dem Leumundsverfahren und hängt eng mit der sogenannten *Blutbann* zusammen. Der Schultheiß leitet die Folter *nach Rat und Weisung* der Ratsabgeordneten und Schöffen[265].
1391	Für Büdingen ist die Anwendung der Folter nachweisbar.
1395	In Friedberg wird die Folter angewendet.
1396	Folternachweis für Köln[266].
14. Jh.	In Hamburg ist das Foltern geläufig.
1403	Nach dem Memminger Stadtrecht ist das Foltern zulässig.
1406	Folternachweis für Isny[267].
1416	Folternachweis für Schlettstadt[268].
1416	Die Mergentheimer Ratssitzung erwähnt den Gebrauch der Folter.
1427	In Hamburg wird der Ratsherr Kletze gefoltert.
1428	In München ist die Anwendung der Folter belegt.
15. Jh.	Die Folter wird in Radolfszell eingeführt.
15. Jh.	In Görlitz mehren sich die Zeugnisse für den Einsatz der Folter[269].
1450	Konstanz erwähnt die Anwendung der Folter in einem Spruchbrief.
1466	Die Halsgerichtsordnung von Ellwangen zeigt eine eingefahrene Folterpraxis.
1469	In Nürnberg wird der Oberste Losunger, Nikolaus Muffel, festgenommen und gefoltert. Es werden vier Foltergrade unterschieden[270].
1480	Folterpraxis in Basel. Geständnis des Hans Kiffer.
1486	Folter des Ratsherrn Riese in Würzburg.
1583	Folternachweis in Kronstadt[271].
16. Jh.	Mehrfacher Folternachweis für Frankfurt am Main[272].

Konvente zur Nachtzeit statt. Nach Cumanus ist es in Italien die Nacht vor der *feria sexta*, in Lothringen nach Remigius vor der *feria quinta* und am Sonntag. Diejenigen, die behaupten, die Luftfahrten der Hexen wären Träume, versündigen sich gegen die Kirche.«

»Zu den verbrecherischen Werken verwenden sie ein Pulver, das sie in Speisen mischen oder in den Kleidern verstecken … besonders haben sie es auf das Ermorden von Kindern abgesehen. Sie geben sich als Ammen aus und saugen ihnen wie Lilith, das Nachtgespenst der Hebräer, das Blut aus[245] … wenn einer die Hexen schützt und behauptet, die erzählten Geschichten seien Täuschungen, wie es Weyer und Loos getan haben, macht sich zum Mitschuldigen an den Verbrechen[246] … deshalb sind die Richter unter Sünde gehalten, Hexen zu verurteilen. Wer versucht, sie von der Verfolgung abzuhalten, ist zu ermahnen, damit er nicht zum Begünstiger der Verbrechen wird ... wer sich gegen ihre Todesstrafe ausspricht, gibt berechtigten Verdacht eines geheimen Einverständnisses.

DelRio ist belesen. Er untermauert sein spekulatives Wissen mit phantastischen Ausschmückungen. So beruft er sich auf eine Hexe, die 1523 in Schiltach im Schwarzwald ein Haus angezündet haben soll. Und er bezieht sich auf Friedrich von Österreich, der von Ludwig dem Bayern in einen Kerker gesteckt worden ist. Daraufhin soll ein Dämon zu ihm geflogen sein. Er habe ihn beauftragt, ihm auf einem schwarzen Pferd zu folgen ... doch Friedrich erschrak, bedeckte sich mit dem Kreuz und daraufhin wäre der Dämon verschwunden.

Und er verrät ein Geheimnis: »Der Teufel kann seine Produkte in den Uterus der Frauen schließen. Dahin gehöre auch die Kröte, die mit einem goldenen Kettchen zur Welt gekommen sei.« Außerdem können die Dämonen Ungeheuer hervorbringen. So gebar 1387 in Helvetien eine Frau eine nLöwen und 1471 eine andere in Brixen einen Hund. Ein Weib aus Basel gebar 1571 in der gleichen Geburt erst ein in Häute gehülltes menschliches Haupt und dann eine zweifüßige Schlange.«

DelRio beschäftigt sich mit der Frage nach dem Geschlechtsverkehr mit dem Teufel und überlegt, ob Nachkommen daraus entstehen können. Er zweifelt nicht daran und meint, daß die Teufel die Körper von Verstorbenen annehmen und daß sie aus den Elementen Körper bilden bzw. sich je nach dem Geschlecht in Männer oder Frauen spalten. Den Samen stehlen sie von schlafenden Männern. Nach dem Eingeständnis der Hexen ist er kalt: »Bei der Vermischung entsteht mehr Schmerz denn Vergnügen.«

DelRio bemerkt in seinen Untersuchungen: »Nur die Unverschämtheit kann leugnen, daß die Zaubergreuel den Ketzereien auf dem Fuß folgen, wie der Schatten dem Körper. Wie die verblühende Hure zur Kupplerin wird, wird die abnehmende Häresie zur Magie[247].«

Auf der positiven Seite ist zu sagen, daß er für eine milde Prozeßführung spricht: »Es hat eher Barmherzigkeit als Strenge zu walten ... in keinem Fall darf der Körper des Gefolterten, was Muskeln, Knochen und Nerven anbelangt, zerrissen werden. Die Folter darf nicht länger als eine Stunde dauern. Ungewöhnliche Praktiken, wie dünne Saiten, das Begießen mit eiskaltem Wasser auf den Rücken, das Anhängen von Gewichten, Sperren der Beine mit Hölzern usw. dürfen nicht zur Anwendung kommen. Doch kann man bei einem widerrufenen Geständnis noch einmal zur Folter schreiten. Bleibt der Beschuldigte standhaft, ist er zu entlassen[248].«

Friedrich Spee[249]

Neue Erkenntnisse[250] erlauben, den Jesuiten Friedrich von Spee korrekter als seither im Zusammenhang mit dem Hexentreiben zu würdigen. Friedrich von Spee wird in eine unruhige Zeit geboren. Kurz vor seiner Geburt wird der *Kölnische Krieg* (1582-84) geführt. Der Kurfürst Gebhard II. Truchseß von Waldburg tritt aus politischen Gründen dem Calvinismus bei. Als Friedrich Spee sechs Jahre alt wird, wird die Frau des Herzogs Johann Wilhelm von Jülich-Kleve-Berg im Düsseldorfer Schloß ermordet. Bis 1609 leidet die Region unter dem spanisch-niederländischen Krieg; es sind bereits die Vorboten des Dreißigjährigen Glaubenskrieges.

⇒

Friedrich Spee von Kaiserswerth, geboren am 25.2.1591, gestorben am 7.8.1635 in Paderborn an den Folgen eines Pestausbruches. Er ist der Verfasser der 1631 zunächst anonym geschriebenen »Cautio Criminalis«. Thomasius sagt dazu: »Dieser Spee hat die Ungerechtigkeit der Hexenprozesse so klar vor Augen gestellt, daß mit Recht den Verteidigern dieser Prozesse unter den Evangelischen die Schamröte ins Angesicht treiben muß.«

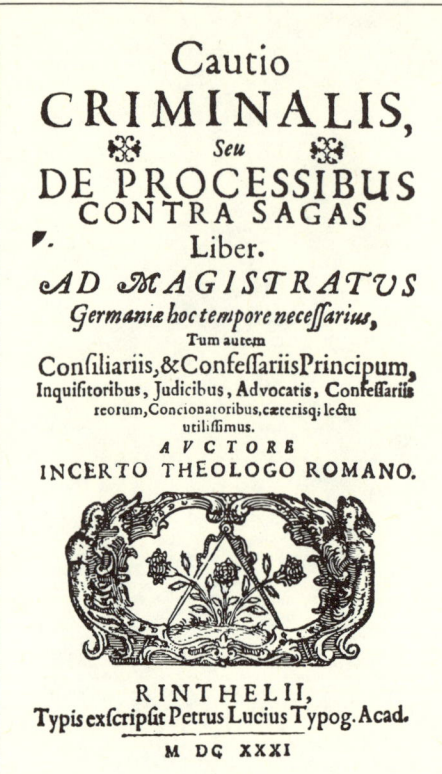

Titelblatt von Spees »Cautio criminalis«.

Friedrich Spee wird den Eltern Peter Spee und Mechthild Dückers von Altenkriegenbeek am 25.2.1591 geboren. Seine jüngeren Geschwister sind Adolf, Arnold, Sybilla und Elsa.

Das Geschlecht läßt sich weit zurückführen. In einer Urkunde des Kaisers Barbarossa ist der Ahne Bruno Spede erwähnt. Im geldrischen Lehnsregister aus dem Jahr 1326 wird ein Goose Spede von Langenveldt mit zwei Höfen und einem Gut in den Gemeinden Wanchem und Greefreide belehnt. Der Großvater Friedrich Spees, Friedrich Spee von Langenfeld, gelangt 1536 in den Dienst des Kölner Kurfürsten und wird Amtmann, Burgvogt und Kommandant der Festung Kaiserswerth. Sein Sohn folgt ihm in diesem Amt. Friedrich Spee soll Jurist werden, um die Nachfolge seines Vaters antreten zu können.

1603 kommt Friedrich Spee an das von den Jesuiten geleitete Dreikönigsgymnasium. Auch seine Brüder werden hier ausgebildet. In der Schule wird ein Leistungsbuch geführt und wir lesen darin »Der adelige freigebürtige Junker Friedrich Spee hat mit 14 Jahren bei der Versetzung in die nächsthöhere Klasse den ersten Preis für hervorragende Leistungen in der lateinischen Sprache erhalten.« Die Schule wird 1607 wegen eines Pestausbruchs geschlossen. Spee wechselt in das Kölner *Gymnasium Montanum*, wo er etwa 17jährig die Abschlußprüfung besteht. Er wird an der philosophischen Fakultät der Kölner Universität immatrikuliert und erreicht den Grad eines Baccalaureus.

Später bietet er dem Jesuitengeneral seine Dienste für die indische Mission an und mit 19 Jahren bewirbt er sich beim Leiter der Rheinischen Jesuitenprovinz in Köln um die Aufnahme in den Orden. So gelangt er ins Noviziat nach Trier.

Am 22.9.1610 beginnt er hier seine zweijährige Ausbildung und Probezeit. In dieser Zeit kann Spee von den zurückliegenden Hexenumtrieben und -verfolgungen erfahren haben, zumal der Bischof darin verwickelt war und das berühmteste Opfer, Dr. Flade, Professor der Rechte an der Trierer Universität und Stadtschultheiß gewesen ist. Man hat ihn am 18.9.1589 erdrosselt und verbrannt.

Im gleichen Jahr verfaßt der Trierer Weihbischof und Generalvikar Peter Binsfeld den *Traktat über die Bekenntnisse der Zauberer und Hexen,* das u. a. auf den Widerstand von Cornelius Loos stößt. Bevor Spee seine Noviziatszeit beendet, bricht 1612 in Trier die Pest aus. Die Studenten werden vorübergehend nach Fulda verlegt. Hier legt er die ersten Ordensgelübde ab.

Nach der Noviziatszeit folgt der Ausbildung ein dreijähriges Philosophiestudium in Würzburg. Hier hat der regierende Bischof Julius Echter von Mespelbrunn die nach ihm benannte Universität *Alma Julia* gegründet und deren philosophische und theologische Fakultät den Jesuiten anvertraut. Spee promoviert 1615. Dann wird er von Würzburg in das Jesuitenkolleg nach Speyer

---

Zweifelsfragen der »Cautio Criminalis« von Friedrich Spee

- Es gibt einige Zauberer und Hexen, doch nicht alle, die dafür angesehen werden, sind es. Es ist zweifelhaft, ob es Hexen gibt.
- Die hauptsächliche Ursache des Hexenbrennens sind Unverstand, Aberglauben, Mißgunst und Bosheit.
- Die von der Obrigkeit angewendeten Mittel sind falsch und verwüsten das Land mehr als jeder Krieg. Ein solches Übel kann nicht ausgebrannt werden. Selbst wenn die Zauberei als Ausnahmeverbrechen verstanden wird, darf man nicht willkürlich verfahren.
- Bei der Anklage ist mit Vorsicht vorzugehen, denn einer schiebt die Verantwortung auf den anderen. Die Hexenprozesse werden grausam und leichtsinnig geführt.
- Die Richter müssen streng gegen Lästerer und Verleumder vorgehen, damit Unschuldige geschützt bleiben. Betrug und Leichtfertigkeit haben dazu geführt, Teufelsmale als Indiz für die Hexerei anzusehen.
- Viele Richter sind frech, stolz, habgierig, unwissend und blutgierig. Zur Führung solcher Prozesse dürfen keine unverständigen Menschen und nicht mit gelehrten Titeln prunkende Männer zugelassen werden. Sie müssen klug, gerecht und wohlwollend sein.
- Das Konfiszieren der Hexengüter muß aufhören und damit die Straflosigkeit der ungerechten Richter. Es ist ein neuer Kriminalprozeß zu bestimmen, der allen Ungerechtigkeiten vorbeugt.
- Jedem Angeklagten steht ein Verteidiger zu. Das Recht der Appelation muß gesichert sein. Das Geständnis darf nicht erpreßt werden, denn die grausame Anwendung der Folter stürzt Umschuldige ins Verderben.
- Die Folter ist eine Schande vor Gott und gegen die Gerechtigkeit. Richter und Henker quälen die Unglücklichen so lange, bis sie sich für schuldig bekennen, obwohl sie nichts getan haben.
- Die Tortur ist eine unmenschliche Grausamkeit. Sie wurde erst durch die große Menge der Verurteilten hervorgerufen. Nie kann man mit der Folter die Wahrheit erforschen.
- Die Folter ist abzuschaffen. Mit dem Blut von Menschen darf man nicht spielen. Auch die Herrschenden müssen Rechenschaft über ihr Handeln ablegen.
- Die Beichtväter dürfen den Richtern nicht die Hand zum Bund reichen.
- Es ist ein schändliches Verbrechen, Gefangenen vor der Tortur die Haare zu schneiden, denn dies führt zu groben Mißbräuchen.
- Um zur Folter zu schreiten, ist das Gutachten einer juristischen Fakultät notwendig. Ihre Anwendung darf nicht der richterlichen Willkür überlassen bleiben.

---

versetzt, um als Gymnasiallehrer und Jugendseelsorger tätig zu sein. Kurz danach werden ihm die Oberklassen in Worms übertragen. In Speyer leitet er die *Engelssodalität St. Michael,* der er schon als Schüler in Köln angehört hat.

1617 kommt Spee nach Worms. Am 2.1. schickt der Generalobere, Pater Mutius Vitelleschi, ein Rundschreiben an die gesamte Gesellschaft und sagt darin: »Den glücklichen Stand der Mission in Japan und Indien empfehle ich aller Gebet und bitte Gott, daß er in den Herzen vieler Mitglieder ein glühendes Verlangen entflamme, diese ungeheuren unfruchtbaren Gebiete mit ihrem Schweiß, ja selbst mit ihrem Blut zu begießen.«

Spee antwortet dem General: »Gewiß hat schon vor langer Zeit ... irgendein Genius unmerklich meinen Sinn dorthin ausgerichtet, ganz von mir Besitz ergriffen und mir das als Lebensziel klar vorgezeichnet. Meine Eltern haben es schon bemerkt ... nur diese Sehnsucht und kaum etwas anderes hat mich getrieben, in diesen heiligen Orden einzutreten. In der Zwischenzeit habe ich davon geschwiegen, aber mein Ziel niemals aus den Augen gelassen. Da geschah es, daß ich kürzlich den von Eurer Hochwürden an den ganzen Orden gerichteten Brief las, und die Erwähnung Indiens darin mein Herz von neuem durchbohrte ... ich bitte kniefällig und um der Liebe Christi willen mit diesem Briefe, daß mir erlaubt werde, dorthin zu reisen, wo mein Herz schon längst ist, das aber nur, sofern Gott es will«

Spee wird die Genehmigung nicht erteilt, weil sich schon mehrere Patres vor ihm dafür entschieden haben. Kurz danach bricht durch den Prager Fenstersturz der Dreißigjährige Krieg aus.

1619 beginnt Spee in Mainz mit dem Studium der Theologie. Er empfängt am 28.3.1622 die Priesterweihe und beendet das Studium 1623. Er schreibt dazu in seinem *Güldenen Tugend-Buch*: »Gebenedeit sei die Stund, in der du mich unwürdigen Sünder zum priesterlichen Amt berufen hast, damit ich dir täglich all meine Lebenszeit ein unendlich großes Lob darbringen könne, genebenedeit sei die Stund in Ewigkeit.« In den Jahren 1620 bis 1622 erscheinen in Würzburg anonym vier kleine Liederdrucke von Spee. Kurz danach erscheint in Köln das Liederbuch *Auserlesene catholische geistliche Kirchengesäng,* das mehr als 100 Spee-Lieder für alle Zeiten des Kirchenjahres enthält.

1623 erhält Spee einen Lehrauftrag für Philosphie an der Paderborner Universität. Bis 1626 bietet er den dreijährigen Vorlesungszyklus der Philosophie dar. Nach den Ordensverzeichnissen ist er gleichzeitig Katecht an der alten Marktkirche St. Pankratius. Die Paderborner Universität muß zeitweilig wegen der Kriegsereignisse und den Pestausbrüchen geschlossen weren. Die Jesuiten nehmen sich der Lazarette an und bilden Pfleger aus. Dann verfolgt Spee die Absicht, nach Italien zu gehen, um die dortige Sprache zu erlernen.

Hexenzauber aus Ciceros »Officina«, *Augsburg 1531. Ein typisches* »Mehrfach-Bild«, *bei dem gleichzeitig verschiedenes vorgeführt wird: oben rechts das Wettermachen, im Hauptfeld wohl die Bezauberung durch eine Hexe unter teuflischem Einfluß.*

Zum Abschluß des Terziatjahres erhält Spee die Versetzung nach Wesel. Kurzfristig erhält er die Weisung, die Vertretung des erkrankten Philosophieprofessors Fekenius in Köln zu übernehmen. Aus der großen Kölner Bruderschaft *Schifflein St. Ursula* bildet sich 1606 eine Gemeinschaft von Jungfrauen und Witwen heraus, deren Ziel es ist, mit einem intensiven religiösen Leben eine apostolische Aufgabe zu verbinden. Unter der Leitung der aus Aachen stammenden Witwe Uda Schnabel ist die *Gesellschaft Ursula* auf mehr als 300 Frauen angewachsen. Viele von ihnen legen das Gelübde der Keuschheit ab. Wegen ihres Lebenswandels heißen sie *Devotessen*. Manchmal hört man den Namen *Jesuitessen*.

Friedrich Spee wirkt bei ihnen als Beichtvater und Seelsorger. Spees Kölner Episode ist von ordensinternen Konflikten begleitet. Er wendet sich wegen der Druckerlaubnis für seine Schrift *Vom immerwährenden Lobe Gottes* an den Ordensgeneral und erhält dafür am 24.4.1628 einen Verweis, weil er den Dienstweg über den Provinzial nicht eingehalten hat. Zudem soll sich Spee freigeistig über einige Mißstände innerhalb des Ordens geäußert haben. Spee wird daraufhin nach Peine versetzt.

Peine gehört zum Hochstift Hildesheim und ist lutherisch reformiert. Als 1600 der Kurfürst Ernst von Köln das Gebiet für eine Summe von 40 000 Talern erwirbt, sichert er der Bevölkerung die Beibehaltung der lutherischen Lehre zu. Doch sein Nachfolger Ferdinand widersetzt sich dieser toleranten Auffassung und verfügt 1617, daß die Bevölkerung nun doch wieder katholisch werden müsse, womit die religiöse Absurdität deutlich wird.

Am 6.3. 1628 läßt der Rat der Stadt Peine mitteilen, daß man jetzt die evangelischen Pfarrer durch katholische ersetzen werde ... die Bevölkerung müsse innerhalb von sechs Monaten durch Beichte und Kommunion zur katholischen Kirche zurückkehren.

In dieser Spannungsphase kommt Spee in Peine mit seinem Begleiter Theodatus Dyant an. Am 4.11. wird er zum Pfarrer der Dörfer Schemdenstedt und Munstedt ernannt. Für seinen Lebensunterhalt werden ihm wöchentlich sechs Reichstaler angewiesen. Mit der Fastenzeit läuft sein Auftrag in Peine ab. In dieser Stadt zieht sich damals ein Konflikt zuammen. Der evangelische Pfarrer Johannes Bissendorf steht als Verfasser einer Schmähschrift gegen die Irrtümer und Mißbräuche der katholischen Kirche und gegen die Jesuiten vor Gericht. Er soll ausgewiesen werden. Als sich die Nachricht verbreitet, daß man ihn am 28.3.1629 in Köln hingerichtet hat, kommen in Peine von neuem Haß und Verbitterung auf. Vielleicht sind dies die Zusammenhänge, die zu einem Attentat auf Spee führen.

Spee reitet am Sonntagmorgen zum Gottesdienst in das Dorf Woltorf. Auf dem Weg dorthin stellt sich ihm ein Reiter in den Weg und gibt zwei Pistolenschüsse auf ihn ab. Spee kann entkommen, erreicht blutüberströmt Woltorf. Während des Evangeliums bricht der Verletzte bewußtlos zusammen.

Spee gesundet im ehemaligen Kreuzbrüderkloster Lilienthal in Falkenhagen. Im Herbst 1629 ist er wieder so weit hergestellt, daß er eine schulische Aufgabe übernehmen

König Jakob VI. von Schottland verhört die Angeklagten in den Hexenprozessen von North Berwick 1590. Angebliche Hexen wurden in Großbritannien so grausam behandelt wie überall, die Inquisition war den Briten doch zu jeder Zeit fremd.

kann. Er erhält einen erneuten Lehrauftrag an der Universität von Paderborn als Professor für Moraltheologie. In der Zwischenzeit wird er mit dem Hexenunwesen konfrontiert, denn er sagt: »Persönlich kann ich unter Eid bezeugen, daß ich jedenfalls bis jetzt noch keine verurteilte Hexe zum Scheiterhaufen geleitet habe, von der ich hätte mit Überzeugung sagen können, daß sie wirklich schuldig gewesen ist ... Gott weiß, wie oft ich das in durchwachten Nächten überdacht habe und mir doch kein Mittel einfallen wollte, der Wucht der öffentlichen Meinung Einhalt zu gebieten.«

1631 wird er plötzlich seiner Professur enthoben. Der Ordensobere begründet seine Entscheidung mit dem Hinweis: »Spee verdreht den jungen Leuten den Kopf und zieht die Rechtmäßigkeit der Hexenprozesse öffentlich in Zweifel.«

Das Niederschreiben der *Cautio Criminalis* verlangt eine detaillierte Kenntnis der Situation. Als studierter Zeitgenosse kann er sich den Strömungen kaum verschließen und so fällt unser Blick auf den Innsbrucker Jesuiten und Professor für Theologie, Adam

Festnahme, Verhör und Hinrichtung von sogenannten Hexen. Hier wird die »Wasserprobe« demonstriert. Hände und Füße der Delinquentin werden zusammengebunden, danach wird sie mit einem Seil ins Wasser geworfen. Ging sie nicht unter, wurde sie als Hexe angesehen.

Tanner. Er räumt in der vierbändigen *Universalis scholastica, speculativa, practica* (1626/27) den Schadenszauber ein und daß es Hexensabbate gibt. Spee steht auf den geistigen Schultern Tanners und doch das ist es nicht allein:

Ritter überzeichnet in seiner verdienstvollen Arbeit über Spee, denn von einem Massenwahn, gerade in Köln, kann keine Rede sein. Wenn die erhaltenen Aufzeichnungen vollständig sind, kommt es hier nur zu wenigen Ausschreitungen gegen Hexen, bzw. Verbrennungen. Um 1630 zeichnet sich eine Aktivierung des Hexentreibens in Westfalen ab und dies berührt Paderborn. Und doch ist es übertrieben, wenn Ritter zu der Auffassung gelangt: »Von einem einzigen Hexenrichter des Herzogtums Westfalen wird berichtet, daß er nahezu 500 Zauberer zum Tod verurteilt haben soll.«

Die *Cautio Criminalis* erscheint erstmals anonym im April 1631 ohne Approbation. Gedruckt wird sie vom Universitätsbuchdrucker Peter Lucius in Rinteln an der Weser. Während der Öffentlichkeit der Namen des Autors zunächst verborgen bleibt, wissen die Jesuiten rasch um die Zusammenhänge. Im Juli 1631 bestätigt der Ordensgeneral dem Provinzial der niederrheinischen Provinz den Empfang eines vom Mai datierten Briefes, über einen von Spee verfaßten, aber ohne sein Wissen veröffentlichten Traktat. Der General wünscht zu wissen, welche Schuld Spee treffe und wie der Buchdrucker in den Besitz des Manuskriptes gekommen ist. Von einer Bestrafung Spees wird abgesehen, da man ihm nicht nachweisen kann, daß er die Drucklegung veranlaßt hat.

»Er möge jedoch ernsthaft ermahnt werden, in Zukunft seine Schriften besser zu verwahren.« Gleichwohl erheben sich inner- und außerhalb des Ordens bittere Vorwürfe gegen die Dokumentation der Gerechtigkeit. Der General erteilt die Weisung, von der Zensur des Buches abzusehen und Spee nicht weiter zu behelligen. Als im Juli des folgenden Jahres in Frankfurt am Main eine weitere anonyme Ausgabe, eine *Editio Secunda* der *Cautio Criminalis* erscheint, beginnt man im Orden, an der Aufrichtigkeit Spees zu zweifeln.

Hinzu kommen Streitigkeiten mit dem Rektor des Kölner Jesuitenkollegs, so daß erwogen wird, Spee aus dem Orden zu weisen. Man legt ihm nahe, diese Konsequenz selbst zu ziehen. Daraufhin bittet er um seine Versetzung in eine andere Ordensprovinz, erklärt sich bereit, auf ein Lehramt zu verzichten und ihn in das bereits von den Schweden besetzte Mainz zu ziehen. Hier ist die Pest ausgebrochen und er will pflegend und helfend eingreifen.

Statt dessen versetzt ihn der Ordensgeneral mit einem neuen Lehrauftrag für Moraltheologie nach Trier. Ende März 1635 steht er Verwundeten und Sterbenden bei. Bei der Pflege von Soldaten in den Hospitälern der Stadt wird er von einer im Hochsommer ausbrechenden pestartigen Seuche angesteckt. Nach einer kurzen Krankheit stirbt er 44jährig an deren Folgen. Noch am gleichen Tag wird er in der Krypta der Jesuitenkirche beigesetzt.

Vermutlich ist der tiefere Grund für die Abfassung der *Cautio Criminalis* seine Religiosität und sein intaktes Verhältnis zur Nächstenliebe, die *Charitas christiana*. Für ihn entscheidet nicht der tote Buchstabe der Bibel, sondern der Geist im Christentums. Friedrich Spee gehört zu den wenigen Einzelkämpfern, die den Mut haben, ihre Hand in die offene Wunde zu legen, was damals sehr gefährlich ist. Solche Menschen stoßen auf den erbitterten Widerstand der Theologie und Jurisprudenz. Sie werden bekämpft, zum Schweigen gebracht und unterdrückt.

Daß er als Verfasser einer so mutigen Schrift gegen den Hexenwahn Schwierigkeiten zu erwarten hat, ist ihm klar und dies macht die Anonymität verständlich. Die *Cautio Criminalis* leistet einen unentbehrlichen Beitrag zur Menschenwürde und Toleranz. Spee setzt sich kritisch mit den gängigen Formen des Aberglaubens und dem Autoritätswahn auseinander; er ist ein Wegbereiter der Aufklärung und stemmt sich in diesem Punkt gegen das kuriale Wollen.

Spee sagt, er trage nichts Anstößiges vor und wolle die Aufmerksamkeit der Gelehrten auf das im Hexenprozeß übliche Verfahren lenken und aufzeigen, wie wertlos die dabei verwendeten Indizien und Beweismittel sind; er wolle kein Verbrechen straflos ausgehen lassen, doch wolle er zur Vorsicht mahnen, um zahllose Unschuldige vor einem schrecklichen Schicksal zu bewahren ... er wisse schon längst nicht mehr, wieviel er einem Binsfeld, Remigio, DelRio und anderen glauben soll, die ihre ganze Lehre mit Ammenmärchen und mit den auf der Folter herausgepreßten Geständnissen stützen. Während es ihm früher nicht eingefallen sei, zu bezweifeln, daß es viele Hexen auf der Welt gebe, sei er nun, da er einen tieferen Einblick habe, dahin gekommen, daran zu zweifeln, ob es überhaupt welche gibt[251]. Spee ist ein Gegner des unsinnigen Wütens und er argumentiert eindeutig, obwohl er auf der schwankenden Plattform der Theologie steht.

Spee führt den Nachweis, daß der menschenunwürdige Hexenprozeß eine Folge von Zirkelschlüssen ist: »Ein unheimliches Netz, aus dem es kein Entrinnen gibt (Ritter).« Spee beklagt die Beschränktheit seiner Epoche und ist auf der Suche nach

deren Mündigkeit. Anstelle des alten Autoritätsglaubens will er mit *vernünftiger Überlegung* die Dinge prüfen und sie nicht einfach hinehmen. Mit Sicherheit sieht er Hexenakten ein und forscht sie nach Indizien durch, wohnt Verhören bei, hält sich in den Gerichtsstuben und Kerkern auf, befragt Gefangene und redet mit Richtern; so überschaut er immer deutlicher den gewaltsamen Mechanismus der Hexenprozese[252].

Spee prangert die Sorglosigkeit an, mit denen man gegen Unschuldige wütet. Er führt den Nachweis, daß die Angeschuldigten rechtlos sind und deshalb keine Chance haben. Er weist das willkürliche Ermessen der Henker und Richter nach und sagt, daß man mit der Folter zu jedem gewünschten Ergebnis gelangen kann. Spee bekennt, daß er noch keine Hexe zum Scheiterhaufen geleitet hat, von der er nach der Würdigung der Umstände habe sagen können, daß es wirklich eine sei.

Obwohl die Hintergründe für die Herausgabe der Frankfurter Ausgabe ungeklärt sind, übertreibt Johannes Gronaeus Austrius, wenn er behauptet: »Es haben bereits etliche Nationen und Fürsten nach der Lektüre und sorgfältiger Prüfung des Buches ihre Hexenprozesse abgebrochen.«

Tatsächlich kann es nur in zwei Fällen angenommen werden. Es gilt für Johann Philipp von Schönborn, der Leibnitz seinerzeit erzählt, daß er in seiner Jugend den Verfasser der *Cautio Criminalis* kennengelernt habe. Zudem kann angenommen werden, daß die *Cautio Criminalis* die Königin Christine von Schweden beeinflußt hat. Sie hat in einem Rescript von 1649 die sofortige Einstellung aller laufenden Prozesse, das Ende jeder Inquisition und die Freilassung aller in Haft befindlichen Hexen angeordnet.

Friedrich II. von Preußen, der 1740, kurz nach seiner Thronbesteigung, die Anwendung der Folter in seinem Land abschafft, schreibt das Verdienst daran, daß nun das weibliche Geschlecht in Frieden alt werden und sterben könne, Christian Thomasius zu. Aber dessen im Zeichen der Vernunft geführter Kampf gegen den Hexenwahn ist ohne die Existenz der *Cautio Criminalis* undenkbar. Thomasius äußert sich mehrfach positiv über sie und bekennt 1712: »Spee hat die Ungerechtigkeit dieser Prozesse so klar vor Augen gestellt, daß es mit Recht den Verteidigern dieser Prozesse unter den Evangelischen die Schamröte in die Augen treiben muß[253].« Der protestantische Rechtsgelehrte Brunnemann gesteht, daß *vor* ihm keiner so verständig über die Sache berichtet hat, »wie der Päpstler aus dem Jesuitenorden namentlich Henricus Spee[254].«

Wieder einmal und wie so selten, beginnt ein Buch die Welt zu verändern. Niemals sind es die Kugeln der Soldaten, sondern stets das Blei der Setzkästen und heute die Elektronik der PCs, die wirkliche Veränderungen herbeigerufen haben.

Spees Buch wird hart verworfen. Man wirft ihm vor, daß er es ohne Approbation herausgegeben habe, was nach den Statuten des Ordens einer Todsünde gleichkommt[255]. Der Paderborner Weihbischof Pelking bezeichnet es als *verruchtes* Buch, das voll Verleumdungen gegen Fürsten und Richter gemünzt ist[256]. Auch die jüngsten Vorkommnisse in der bischöflichen Kanzlei Paderborn lassen darauf schließen, daß hier die Zeit stehen geblieben ist. Neben der Cautio verfaßt Spee ein *Güldenes Tugendbuch*, die *Trutznachtigall* und vertont Lieder[257].

Die *Cautio Criminalis* findet weit bis in das 18. Jahrhundert hinein Verbreitung. In Bremen erscheint 1647 eine der schwedischen Königin und allen Offizieren des Heeres gewidmete Übersetzung. Gleichzeitig erscheint eine Ausgabe in Posen. 1649 erscheint eine weitere in Frankfurt am Main. Sie ist dem Grafen Moritz von Katzenellnbogen, Generalleutnant in Diensten der Vereinigten Niederlande, Gouverneur von Wesel, churfürstlich-brandenburgischer Statthalter über Cleve, Mark und Rabensberg, gewidmet. Weitere Übersetzungen enstehen 1657 in Amsterdam, 1660 in Lyon und 1680 auf polnisch in Posen, die 1714 nochmals aufgelegt wird. Die letzte lateinische Ausgabe erscheint nicht mehr anonym, sondern 1731 mit einer offiziellen Lizenz der Ordensoberen in Augsburg.

Die Spee'schen Kernsätze sind: »Ist ihre Blindheit nicht zum Erbarmen[258]? Ich schäme mich, weil man in einer so wichtigen Sache nicht besser zu argumentieren weiß. Pfui der Schande, das ist ein Eifer, der an uns zu loben ist[259] … laßt uns staunen über die Torheit der Deutschen und über die Unwissenheit deren, die den Namen Gelehrte tragen[260].«

Wir haben zu fragen, warum nicht die Kirchenoberen genauso wie ihr Glaubensbruder argumentiert haben? Wieso bleibt es einem Einzelkämpfer überlassen, die Hand in die offene Wunde zu legen? Spee erkennt vier Hauptgruppen als Verursacher des Hexenwahns:

- Theologen, die sich tiefster Ruhe erfreuen und von dem, was in den Kerkern und Folterkammern vor sich geht, dem Jammern und Schreien der Armen, keine Vorstellung haben. Sie halten die Histörchen von den Geständnissen für das Evangelium und lassen sich mehr von ihrem Eifer als von ihrer Einsicht leiten.
- Juristen, die aus dem Mord an den Hexen ein Geschäft machen.
- Der Pöbel, der Feindschaft, Nach- und Rachsucht durch Angeberei befriedigen will.
- Denunzianten, die die Obrigkeit aufhetzen, um vom Verdacht gegen sich abzulenken.

Affront gegen die Richter

Spee unterzieht die Jurisprudenz einer herben Kritik. Er stellt heraus, daß viele wegen Trunkenheit oder aus Böswilligkeit als Hexe gescholten werden und darum in das Mühlwerk der Inquisition gelangen, aus dem es kein Entrinnen gibt[273]. »Ich sah die Gewalttaten, die unter unserer Sonne geschehen und die Tränen der Schuldlosen, die keinen Widerstand mehr zu leisten vermögen, die aller Hilfe beraubten … ich preise mehr die Toten als die Lebenden und ich preise den als glücklich, der noch nicht geboren ist und dieses Tun nicht gesehen hat[274].«

»Die Richter haben jedes Gefühl für die Folter verloren, da sie in das Protokoll schreiben lassen, die Angeklagten haben ohne Folter bekannt: und doch sind alle gefoltert worden, aber nur mit einer eisernen, mit spitzen Furchen versehenen Presse, die scharf um die Scheinbeine gezogen wird, so daß das Blut von beiden Seiten herausspritzt und das Fleisch wie ein Kuchen zerdrückt wird. Ferner lassen die Richter den Henkern völlige Freiheit, einfach darauf los zu foltern. Diejenigen werden am meisten gelobt, die es am schlimmsten treiben.«

»Wenn man das hitzige Vorgehen der Richter beklagt und die große Zahl der Hexen in Zweifel zieht, wird man abgewiesen und verdächtigt; mein Blut kommt in Wallung, wenn ich höre, daß man selbst den frommen Tanner als reif für die Folter erklärt, weil er vernünftig über den Hexenprozeß geschrieben hat. Man möge mich zum Inquisitor machen. Sogleich werde ich gegen alle deutschen Obrigkeiten, Prälaten, Domherren und Ordensleute vorgehen: Verleumdung ist leicht bei der Hand. Wenn sie sich verteidigen wollen, werde ich nicht auf sie hören, sondern zur Folter schreiten. Sie werden nachgeben und schreien und ich rufe, wo sich die Hexen doch verbergen, wie schleicht dieses Verbrechen im Geheimen.«

Erster Druck der deutschen Übersetzung von Laymanns Traktat gegen die Hexenverfolgung.

Paul Laymann[275)]

zählt zu den bedeutenden Moraltheologen des 17. Jahrhunderts. Er ist der Verfasser der *Theologica moralis* und des *Processus juridicus contra sagas.*[276)] Laymann nimmt einen abwägenden, zur Milde neigenden Standpunkt zum Hexenwesen ein und ist insoweit ein literarischer Gegner seines Ordensbruders DelRio. Laymann bringt interessante Details und bezieht sich des öfteren auf Peter Binsfeld. Zu seiner Zeit stehen wir inmitten des Dreißigjährigen Krieges.

Der wirtschaftliche Niedergang ist extrem, wie die damit verbundene Armut und Ausschweifung: »Hunger, Krieg und Pestilenz grassieren allenthalben. Alles ist über-

teuert und der Übermut wird immer größer[277)].« Damals werden im deutschsprachigen Raum scharfe Luxusgesetze erlassen[278)], während man auf der anderen Seite Menschen als Hexen denunziert, verfolgt, foltert und verbrennt.

Laymann zählt zu den Befürwortern des Hexenmordens. Er schlägt vor, den Verurteilten einen Pulversack auf die Brust zu binden, damit ihre Qualen kürzer sind. Die anschließende Explosion zerreiße den Körper des Delinquenten und führe seinen Tod rascher herbei[279)] ... doch bei den Unbußfertigen brauche man diese Milderung nicht zu beachten.«

Unter Berufung auf seinen Kollegen Tanner fordert er, die Angeklagten nicht unmittelbar nach der Gefangensetzung zu foltern: »Man muß ihnen ein bis zwei Tage

Werwölfe und Hexen im Fürstentum Jülich.

Zeit lassen, damit sie sich fassen und überlegen können.« In seinem *Processus* finden wir den Satz: »Etliche wollen mit den Atheisten, Heiden und Türken behaupten, daß es keine Teufel und Zauberer gibt. Oder, wie Weyer, behaupten, es sei nur etlicher Leute Phantasie oder ein Traum ... dadurch machen sich diese böse Christen verdächtig[280].« Zu seiner Rettung muß man sagen, daß es umstritten ist, ob die Schrift von ihm stammt. In ihr wird vorgetragen:

- Der Beichtvater soll die Klagen lügenhafter Weiber über die Ungerechtigkeit des Gerichtsverfahrens nicht annehmen.
- Eine Hexe ist verpflichtet, Mitschuldige anzugeben, damit das Unwesen von der Obrigkeit ausgerottet werden kann.
- Die Anzeige von infamen Personen genügt nicht, um zum Gefängnis oder zur Anwendung der Folter zu schreiten.
- Zur Vornahme der Tortur müssen bis auf das Geständnis alle Indizien vorhanden sein.
- Die Folter darf nicht so hart sein, daß sie den Beschuldigten zu einem Geständnis zwingt.
- Wenn das Gesetz befiehlt, die Hexen lebend zu verbrennen, haben sich die weltlichen Richter daran zu halten.

Spee kann sich nicht durchsetzen, denn die Zeit ist noch nicht reif. Noch verharren die Menschen im Tiefschlaf des Katholizismus. Er gilt ihnen mehr als Verstand und Nächstenliebe.

Berühmte Hexenprozesse

Trier: Binsfeld, Cornelius Loos und Dr. Flade

Der Großraum Trier nimmt im deutschen Hexentreiben einen bevorzugten Platz ein, denn wie ein Schwelbrand verbreitet sich diese Wahnvorstellung von hier aus in das mittlere und südliche Deutschland[281]. Eine Schlüsselrolle gebührt Peter Binsfeld, der hier 1580 zum Weihbischof ernannt wird und acht Jahre danach während eines Krankenbesuches an den Folgen der Pest stirbt[282]. Er gilt als religiöser Fanatiker[283] und erhebt Trier zum Schauplatz von Hexenbränden. Er sagt: »Es ist eine Grausamkeit, Hexen zu schonen[284].«

Als Suffraganbischof veröffentlicht er 1558 eine Schrift über die Glaubwürdigkeit der Hexenbekenntnisse. Der Traktat erscheint kurz danach in einer zweiten und vermehrten Auflage. Der Einfluß seines Buches läßt sich weit bis in das 18. Jahrhundert hinein verfolgen, zumal es durch Bernhard Vogel, den Assessor des Münchener Stadtgerichts unter dem Titel *Von den Bekenntnissen der Zauberer und Hexen* in die deutsche Sprache übertragen wird.

Schon in der Widmung läßt er die Katze aus dem Sack: »Es gilt für die göttliche Ehre zu kämpfen, die durch solche Verbrechen beleidigt wird. Die Zauberer sind gänzlich auszurotten: so will es Gott ... wer die Schlechten walten läßt, der fördert sie.« Am Schluß seines Buches nennt er 20 Indizien, mit denen es möglich ist, jeden X-beliebigen in die Fangarme der Hexerei zu treiben.

Zu seinen geistigen Fehlleistungen gehört der von ihm *erzwungene* Widerruf des Kanonikers Cornelius Loos. Er ist der Meinung, daß das Wüten gegen die der Hexerei Bezichtigten vor allem durch ihn entfacht worden sei. Hinzu kommt der Prozeß gegen Flade, der mit zwei Bürgermeistern, Stadtherren und Priestern in Trier hingerichtet wird[284].

Der Niederländer Cornelius Loos[285] studiert und promoviert in Mainz. Dann geht er in seine Vaterstadt Gouda zurück. Wegen der Einführung des Protestantismus wandert er nach Köln und schreibt das Buch *Die falsche und wahre Magie*,[286] ein Thema, das die Gemüter erregt und ein Werk, das unmittelbar darauf von der Obrigkeit konfisziert wird. In ihm widerspricht der Autor in wesentlichen Punkten der Auffassung der Geistlichkeit. Er geht davon aus, daß die Hexenfahrten auf Einbildungen ruhen. Zudem gebe es keine Zauberer, die den Teufel verehren; all dies seien leere Träume. Man zwinge die Hexen mit der Folter zu absurden Geständnissen[287]. Loos ist einer der wenigen Christen und ein Vorkämpfer des Jesuiten Friedrich Spee.

Das Buch ist ein Affront gegen den fanatisierten Weihbischof Binsfeld. Er läßt es sich angelegen sein, seine Machtfülle auszuspielen und die Verbreitung korrekter Ansichten zu unterdrücken. Der Kanoniker wird auf Befehl des päpstlichen Nuntius, des Bischofs von Tricarcio, verhaftet und im Benediktinerkloster St. Maximilian in Trier verwahrt. Im Beisein des Erzbischofs und eines Abtes wird Loos am 15.3. 1592 gefoltert[288] und gezwungen, sich zu einem 16 Punkte umfassenden Widerspruch zu bekennen.

Binsfeld sonnt sich im Triumph seiner albernen Würde, versteht aber nicht, daß verbale Äußerungen, unter Zwang getan, nicht den dahinter liegenden Geist auszulöschen vermögen. Ähnlich geht man mit Galilei und anderen vor. Und: wie weit geht deren geistiger Horizont über den theologischen hinaus?

Loos bekennt unter den Qualen der unmenschlichen Folter: »All diese Sätze, zusammen und einzeln, die vielen Verleumdungen und Lästerungen, die ich leichtfertig, unverschämt und fälschlich ausgestoßen habe, und wovon meine Schriften über das Zauberwesen wimmeln, widerrufe und verdamme ich. Ich bitte für meine Missetaten um Verzeihung. Ich verspreche heilig, daß ich in der Zukunft, wo es auch sein mag, nichts derartiges lehren, ausbreiten, verteidigen und behaupten werde. Sollte ich dagegen handeln, unterwerfe ich mich allen Strafen der rückfälligen Ketzer, Widerspenstigen, Rebellen, Ehrenschänder und Majestätsbeleidiger ... ich unterwerfe mich jeder willkürlichen Strafe, sowohl des Erzbischofs von Trier als auch jeder anderen Obrigkeit, unter der ich mich aufhalte und die von meinem Rückfall und Eidbruch Kunde bekommt; damit sie mich an meinem Vergehen züchtige: Zur Bekräftigung habe ich meinen Widerruf eigenhändig unterschrieben.«

Daraufhin wird er freigelassen und findet als Vikar in Brüssel eine Anstellung. Bald danach steckt man ihn erneut in den Kerker. Wieder entlassen, sieht er sich zum drittenmal angeklagt. Sein Tod am 3.3.1593 entzieht ihn weiterer Verfolgungen. Obwohl man ihn vor allem in der jesuitischen Literatur als Ketzer betrachtet. Er ist der Vater des Widerstandes gegen eine verirrte theologische Ideologie.

Eines der bekanntesten Opfer des Hexenwahnes in Trier ist Dietrich Flade, Stadtschultheiß und hoher Richter, Universitätsprofessor und damaliger Rektor der Trierer Universität. Die ihn betreffenden Prozeßakten werden erst 1874 entdeckt, so daß eine Rekonstruktion möglich ist.

Die Familie Flade stammt aus St. Vith. Gegen Ende des 15. Jahrhunderts hat ein Hubert Flade, der Großvater Dietrichs, die Heimat verlassen, um in die Trierer Kanzlei einzutreten. Später wird er Kurfürstlicher Kellner zu Pfalzel. Sein Sohn Johann, der Vater Dietrich Flades, steigt 1517 in die Positionen des Trierer Stadtschreibers auf. Dietrich Flade wird 1534 in Trier geboren und in St. Laurentius getauft.

Nach der Beendigung seiner juristischen Studien praktiziert er am Reichskammergericht Speyer. 1559 ist er unter Johann VI. Kurfürstlicher Rat. Er reist dem vom Reichstag zurückkehrenden Kurfürsten entgegen, um über den Reformationsversuch Caspar Olevians in Trier zu berichten. Flade gehört der Kommission an, die der Kurfürst beauftragt hat, um die Unterdrückung des ihm verhaßten Protestantismus entgegenzuwirken. Zehn Jahre danach, 1569, wird Flade die Leitung des Trierer Schöffengerichtes übertragen. Er wird Beisitzer am Appellationsgericht in Koblenz, Schultheiß der Dompropstei in Trier und Schöffe des Hochgerichtes zu St. Maximin. Spätestens

Der Hexentanzplatz von Trier

1594 erscheint in Erfurt von einem Anonymus unter dem Namen Thomas Sigfridus S. L. ein Traktat unter dem langen Titel »Richtige Antwort auf die Frage, ob die Zauberer und Zauberinnen mit ihrem Zauberpulver Krankheiten oder den Tod herbeiführen können, was von ihrer Salbe, ihrer Zusammenkunft und ihrem Bekenntnis zu halten ist und ob ein Bezauberter sich durch Zauberei wieder helfen lassen kann.« Als Untertitel ist hinzugefügt: »Allen gutherzigen Christen zur Kenntnis und Warnung, mit wahren alten und neuen Begebenheiten, wie sie sich zum Teil noch in diesem Jahr zugetragen haben, kurz geschildert und mit einem Kupferstich dargeboten ...«
Die Abbildung vermittelt dem Betrachter all die Greuel, die man mit er Hexerei in Verbindung bringt. Gezeigt wird die Verschreibung, das Wettermachen, der Hexenflug, der Hexentanz und das Hexenmahl.

>»Hört an new schrecklich abenthewr
Von den unholden ungehewr:
Im Bistumb Trier der werden stat
Man jhrer vil gefangen hat,
Welche man auch nach Gottes gebot
Vom leben hatgericht zum dot.
Was ihr nun hie thut sehn und lesen
Ihr eigen bekenntnus ist gewesen.«

seit 1577 wirkt er als Professor an der juristischen Fakultät der Universität Trier. 1580 wird er Vertreter des Kurfürstlichen Statthalters in Trier und 1586 Rektor der Universität.

Über seine persönlichen Verhältnisse ist wenig bekannt. Seine zweite Frau ist eine verwitwete Reichwein, die ehemalige Frau des Arztes und Humanisten Simon Reichwein. Die Familie Flade ist begütert. Er verleiht an 74 Personen Geld in der Größenordnung von 26 000 Goldgulden und über 5 000 Taler. Der Stadt Trier gibt er zur Amortisation der Schulden, die durch die Auseinandersetzungen und den Prozeß mit dem Trierer Kurfürsten entstanden sind, 4000 Goldgulden als Darlehen. Anläßlich seiner Verhaftung befinden sich 20 Fuder Wein und 105 Malter Getreide in seinem Besitz, was auf seinen Reichtum deutet. Zudem ist er ein gebildeter Zeitgenosse, verfügt er doch über 107 Bücher, was einer stattlichen Bibliothek gleichkommt.

Bereits 1577 werden im Kurfürstentum Trier Hexen verfolgt und der Stiftsherr Johann Linden von St. Simeon in Trier, betont in den *Gesta Treverorum*, daß das Volk glaube, die durch viele Jahre anhaltene Unfruchtbarkeit sei von Hexen und Zauberern verursacht. Die Pest folgt dem Hunger und die Bürger suchen einen Schuldigen für ihr Unglück: »Man muß die Diener des Teufels bestrafen« und der Jesuit Brower schreibt: »Verhöhnte weibliche Falschheit vermittels Zauberei die öffentliche Not ... der Teufel habe sich in eine Hexe verwandelt, um grausames Leid den Menschen anzutun, das Vieh tödlich zu verzaubern, die Ernten zu vernichten und die Stürme zu entfachen.«

Eine Raupenplage und ein starker Winter hindern die eingefrorenen Mühlen am Mahlen des Getreides. Der Frühling des Jahres 1587 kommt zu spät und schon sind viele an Hunger, Auszehrung und Krankheiten gestorben. Es ist das *ideale* Reizklima zum Ausbruch des Hexenwahns.

Anfang des Jahres 1587, so sagt man, sei der Versuch unternommen worden, den Kurfürsten zu behexen. Ein 15jähriger Junge wird dazu in Beziehung gesetzt, später verhaftet und von Jesuiten exorzisiert. Das Protokoll vermerkt: »Ein junger Bub aus Weiskirchen namens Matthias sei auf Befehl des Trierer Statthalters nach Trier in Haft gebracht worden. Schon beim ersten Verhör gesteht er freimütig, »daß er, vom Teufel verführt, mehrere male auf dem Hexensabbat *der dantz platzen* gewesen sei, daß er dort eine Anzahl prächtig gekleideter Leute, darunter zwei vornehme Männer, gesehen habe ... Einer davon sei, um nach dem Protokoll zu urteilen, nach der Beschreibung seiner Kleider, der Körpergestalt und der übrigen geschilderten Umstände mit Dr. Flade identisch«

Erschwert wird Flades Position dadurch, daß ihn der offensichtlich geistesgestörte Junge später bei einer Begegnung erkennt. An dieser Stelle beginnt das Drama, das Flade mit dem Tod bezahlen wird.

Am 8.6. 1587 wird in Pfalzel eine Hexe, die als die alte Maria Meyers bekannt ist und aus Ehrang stammt, verbrannt. Ohne sie zu foltern, hat sie bezeugt, »daß Dr. Flade mehrere male zu der dantz platzen uff lehen, hinder Erang bey der Quintenz auf einem Pferd dahergekommen sei ... sie habe ihn auch auf der Hetzerader Heide gesehen, und zwar zu einer Zeit, da seine Frau noch gelebt habe.«

Am 3.8. 1587 wird Flade zusätzlich belastet, als ein Hans Loch aus Schweich ähnliche Aussagen macht. Hans Loch, der bei seiner Aussage bleibt, wird am 9.8.1587 verbrannt.

Der Jurist Flade reagiert geschickt. Er legt dem Kurfürsten eine Petition vor, um seine Unschuld zu beweisen. Er bittet ihn, ihm zu erlauben, vor dem Weihbischof, dem Statthalter, dem Offizial oder irgendeiner Kommission seine Unschuld zu belegen. Dies wird ihm in Koblenz gestattet. Doch nun begleitet den Aufrichtigen das Gerücht und er wird immer weiter in den Hexenbann gezogen. Insgesamt sagen sieben Personen gegen ihn aus, die zwischen dem August 1587 und dem April 1588 hingerichtet werden.

Ende April 1588 bezeugt Margarete Merten aus Euren, daß Dr. Flade am Donnerstag der Karwoche auf einem golde-

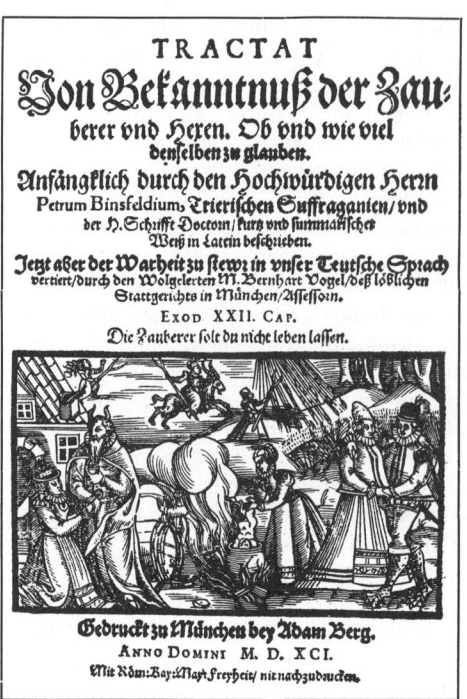

»Hexen und Teufelswerk«; Vignette auf dem Titelblatt der Übersetzung von Binsfelds »Tractatus«.

nen Wagen auf der Hetzerader Heide erschienen sei. Dort habe er Schnecken fabriziert und auf die Vernichtung der Ernte gedrängt ... als sie sich dem Plan widersetzt habe, sei sie von Flade geschlagen worden ... zudem hätten er und seine Anhänger das Gewitter veranlaßt, das vor neun Jahren 46 Kühe zu Pfalzel erschlagen habe, indem sie im Biewerer Bach gestanden und Wasser über die Köpfe von tausend Teufeln geschüttet häten ... Flade habe verlangt, den Eurener und Pfalzeler Wald zu vernichten, damit kein Holz mehr für die Scheiterhaufen vorhanden sei ... sie habe vor Jahren auf dem Friedhof ein vierwöchiges Kind ausgegraben, dessen Herz herausgerissen, in Stücken gebraten und es dann in einem Pfannenkuchen gegessen, woran sich Dr. Flade beteiligt habe ... schließlich habe er *Klötzer aus Erden* gemacht, die er in ein Faß getan hätte, um Schnecken daraus zu machen. Da sie bis zu ihrem Tod auf dieser

Aussage beharrt, zwingt es ein Einschreiten der Obrigkeit heraus. Am 4.7. 1588 befiehlt der Kurfürst, ein Verfahren gegen Flade einzuleiten, denn er sei von vielen inzwischen hingerichteten Personen als des Zauberwerks Mitschuldiger benannt. Mit der Untersuchung werden der Trierer Richter Christoph Fath und der Notar Peter Omsdorf beauftragt. Sie tragen etwa zwanzig Aussagen gegen ihn zusammen. Schauen wir uns einige an:

- Die am 4.1.1588 hingerichtete Bärbel Kirsten aus St. Menard sagt vor dem Mattheiser Gericht, daß sie mehrere Nächte auf dem Tanzplatz auf der Hetzerader Heide verbracht habe; es sei dort hell gewesen, denn die Teufel hätten Kerzen gehabt und ihnen geleuchtet. Dort habe sie Dr. Flade dreimal gesehen ... auch auf der Maiweide zu Kasel habe sie ihn mehreremale beim nächtlichen Hexensabbat getroffen.
- Die am 30.1.1588 hingerichtete Martins Trein aus Ruwer bezeugt: »Dr. Flade hat auf der Longericher Höhe mit einer schönen Jungfrau getanzt ... so schwartz und grose Gekröser umb den Halß gehabt.«
- Die am 26.3.1588 hingerichtete Margarete Iselsbacher, die die Gerichtsakten als vernünftige Frau hinstellen, sagt aus, ... daß Flade in vornehmer Kleidung und eine goldene Kette tragend, auf mehreren Tanzplätzen gewesen sei.

Flade sieht das Unglück auf sich zukommen. Er spricht bei den Mitgliedern des Trierer Gerichts vor und am 9.8.1588 wendet er sich an das Gericht von St. Maximin. Man bescheinigt ihm, daß er von Jugend an ein guter Katholik gewesen ist, besuche regelmäßig die Messen, Predigten und Vespern, er sei zu den Sakramenten gegangen und habe sich an Prozessionen beteiligt.

Flade habe stets treu zur katholischen Religion gestanden und sich während der Olevianischen Religionswirren für die katholische Sache bekannt. Sein Handel und Wandel wäre stets einwandfrei gewesen

... darum halte ihn der Rat für unschuldig ... da Flade als Richter selbst angebliche Hexen zum Tod verurteilt und deren Exekution beigewohnt hat, werde ihm dies zusätzlich als redlich angesehen.

Die Haltung schwankt und es scheint sich zum Guten zu wenden. Doch dann treffen neue Beschuldigungen ein.

- Die am 17.9.1588 verurteilte Anna Junghansen aus St. Matthias sagt aus, daß Flade, auf einem schwarzem Bock sitzend, auf der Hetzerader Heide erschienen sei und daß er sich mit anderen Personen verabredet habe, um den Wein zu verderben.
- Die am 8.10.1588 hingerichtete Maria Becker-Hansen sagt aus, Dr. Flade sei auf einem goldenen Sessel sitzend auf der Hetzerader Heide mit mehr als 100 Personen erschienen, wo man beratschlagt habe, wie man die Weinberge verderben kann ... auch sei er auf dem Tanzplatz bei Metzdorf erschienen.

- Die im Oktober 1588 hingerichtete Maria Schelinger aus Hentern sagt aus, sie habe gesehen, wie Flade ein halbfudriges Faß voll Schnecken aus schwarzer *Schmeer* gemacht. Die Schnecken seien in des Teufels Namen in den Kornsamen geworfen worden; Flade habe dabei den Anfang gemacht.

Wieder spitzt sich die Sache zu und nun macht Flade einen Fehler. Er bittet den Komtur des deutschen Ritterordens zu Trier Johann von Eltz, ihn auf einer Reise nach Beckingen an der Saar und Bolchen in Lothringen begleiten zu können. Am Morgen des 3.10.1588 kommt Johann von Eltz mit seinem Reisewagen vor Heiligkreuz an, um, wie verabredet, Flade aufzunehmen. Als man in Beckingen an der Saar ankommt, erreicht den Komtur eine Boschaft aus Trier, die erkennen läßt, daß er im Begriffe sei, *einem flüchtigen Zauberer* zu helfen. Daraufhin bricht Eltz seine Reise ab und kommt nach Trier zurück; am Stadttor setzt

Beschreibung der Vignette aus Binsfelds »Hexentraktat«. Dargestellt werden der Hexenflug, das Wettermachen, die Teufelsanbetung, den Schadenszauber und die Teufelsbuhlschaft. In der Mitte ist zu erkennen, daß eine Frau ein Kind ertränkt.

er Flade ab, der von hier aus zu seinem Haus in die Brückengasse geht. Inzwischen haben die beiden Bürgermeister der Stadt, Nikolaus Fiedler und Johann Ruland von Kesten, den Befehl erlassen, Flades weiteres Ausgehen zu unterbinden. Gleichzeitig haben sie den Statthalter Johann Zahndt über den angeblichen Fluchtversuch Flades in Kenntnis gesetzt, der daraufhin von Grimburg nach Trier zurückkehrt. Flade folgt dem Aufruf nicht, im Rathaus zu erscheinen. Das Geschehen eskaliert und er muß das *Handgelübde* leisten, die Stadt nicht mehr zu verlassen. Sein Haus wird rund um die Uhr von Stadtknechten bewacht.

Am 5.1.1589 beteuert Flade nochmals seine Unschuld gegenüber dem Kurfürsten. Er geht nicht auf seine Vorstellung ein, daß er sein restliches Leben in einem Kloster verbringen wolle. Der Kurfürst wendet sich am 14.1.1589 an die Theologische Fakultät der Trierer Universität und an die dortigen Juristen, »damit kein Unrecht geschehe.« Die Antwort ist nicht bekannt, aber wohl negativ, denn am 23.3.1589 gibt der Kurfürst von Wittlich aus dem Statthalter den Befehl, Dr. Flade zu verhaften und ihn im Rathaus einzusperren. Flade wird von zuhause abgeholt, und da er krank zu sein vorgibt, mitten am Tage auf einem Sessel von vier Stadtdienern ins Ratshaus getragen. Sein Wohnhaus wird versiegelt und die Hausschlüssel werden dem Statthalter übergeben. Über ihn wird eine Nachrichtensperre verhängt.

Am 10.5. wird er auf einem Wagen durch die Brot- und Hosenstraße in den Kurfürstlichen Palast gebracht, um zwei wegen Hexerei angeklagten und inhaftierten Priestern gegenübergestellt zu werden. Der Pastor von Mehring, Johann Waldrach, sagt aus, … er habe Flade vor vier Jahren auf der Hetzerader Heide nachts gesehen … er habe ein seidenes Wams und ein Samtbarett getragen … man habe zusammen an einem Tisch gesessen und geplant, den Wein und die Feldfrüchte zu verderben. Johann Rauwe, der Pastor von Fell, erklärt: »Flade ist schon vor Jahren mit einem Wagen, der von drei schwarzen Pferden gezogen wurde, zur Hetzerader Heide gefahren.«

Flade bestreitet die Aussagen und so bringt man ihn wieder in das Gefängnis zurück. Kurz danach legt ihm der Kurfürst 40 Fragen vor, die er beantworten soll. An der Befragung nehmen außer dem Statthalter der Schultheiß Heinrich Hutzbach, der Schöffe Carl Wolff und der Gerichtsschreiber teil. Der Statthalter stellt ihm die verfängliche Frage, ob er nicht durch die Anfechtung des Fleisches (*Luxuriam carnis*), durch seinen Geiz (*Avaritiam*), durch Neugierde (*Curiositates*) oder durch andere *pacta* in die Fallstricke des Teufels gelangt sei … er solle die Wahrheit sagen, denn nur dann könne er mit der kurfürstlichen Gnade rechnen.

Flade bestreitet dies und meint, er habe nichts zu bekennen … man unterstelle ihm lügenhafte und teuflisch erdichtete Dinge … die Versammlungsplätze der Hexen seien ihm bis auf die Hetzerader Heide unbekannt, über die er oft geritten sei. Dann muß er den *leiblichen Eid* leisten. Man reicht ihm das Kruzifix und das Neue Testament und er spricht die Schlußworte: »Ich gelobe und schwere, daß ich uff mir vurgehaltenen Puncten die wahrheit gesagt und so mir folgents vurgehalten werden, die lautere pure und eigentliche Wahrheit ussagen soll und will, als mir Gott helffe und seine haylige Evangelia.« Flade bittet um Bedenkzeit und möchte mit einem Beichtvater sprechen.

Die Obrigkeit wendet sich gegen ihn und man meint, … die Gerechtigkeit müsse ihren Lauf nehmen … somit müsse ihm der Prozeß gemacht werden. Das Gericht tritt am 5.8. im Rathaus *in der Knechtsstuben* zusammen und zwei Tage danach, am 7.8. kommen die Hochgerichtsschöffen ohne den Statthalter früh um sieben Uhr im Haus des Schultheißen Hultzbach zusammen. Der Kurfürst sagt noch, … es müsse in den Apfel gebissen werden … der Prozeß habe stattzufinden. Flade erkennt nun, daß er keine Chancen hat.

Das erste Verhör gegen ihn findet am 17.8.1589 im Rathaus statt. Nach eingehender Beratung rät man ihm nochmals die Wahrheit zu sagen, da er vieles verschwiegen … falls er dem nicht nachkomme, müsse man ihn nach der peinlichen Hals-

Trier, nach Merian 1646.

gerichtsordnung des Kaisers Karl V. befragen. Flade lenkt angesichts seiner aussichtslosen Position ein: »Ich habe viele Anfechtungen gehabt, man solle Gnade walten lassen und nicht die Schärfe des Rechts anwenden … man möge seinen Leib verschonen.« Nun bricht es aus ihm heraus:

»Er ist durch die Geilheit des Fleisches in die Sünde der Unkeuschheit gefallen. Eines Tages hat eine Jungfrau bei mir im Bett gelegen; sie ist mir zu Willen gewesen und ich habe Wollust empfunden: ›Quia semen emiserit, volens illam amplecti, nihil erat. Per illud jam dictum peccatum et quia circa multos fidei articulos hesitavit, firmiter credit, quod diabolus implictiam voluntatem per sonsensum ipsius acceperit.‹«

Dann wird er gebunden und aufgezogen. Ein zweites Verhör findet am nächsten Tag, dem 18.8. nachmittags statt. Er macht immer präzisere Zugeständnisse vor dem Schrecken der Folter … das Verhör wird abgebrochen und auf den kommenden Tag verschoben. Jetzt legt man Flade sechs konkrete Fragen vor:

- Da er sich schuldig bekenne, daß der Teufel über seinen Leib Gewalt habe, so soll er bekennen, wie es gekommen und geschehen sei.
- Der Coitus, die Umarmung und der Gebrauch der sucuba habe niemals ohne ausdrücklichen Pakt mit dem Teufel geschehen können. Flade solle sich dazu erklären und wie er Gott abgesagt habe.
- Er soll berichten, wie er geistig und körperlich dem Teufel verfallen sei.
- Er soll bekennen, was auf den Hexensabbaten geplant und ausgeführt worden sei.
- Er soll seine Komplizen nennen.
- Er soll bekennen, ob dabei die heilige Eucharistie geschändet oder profaniert worden sei.

Das Gericht gibt sich mit seinen Antworten nicht zufrieden. Wieder wird er *aufgezogen* und dann bekennt er, *er habe Gott widersagt* und sich dem Teufel durch einen Pakt verbunden … der Teufel habe ihm ein Pferd gebracht … er sei aufgesessen und auf

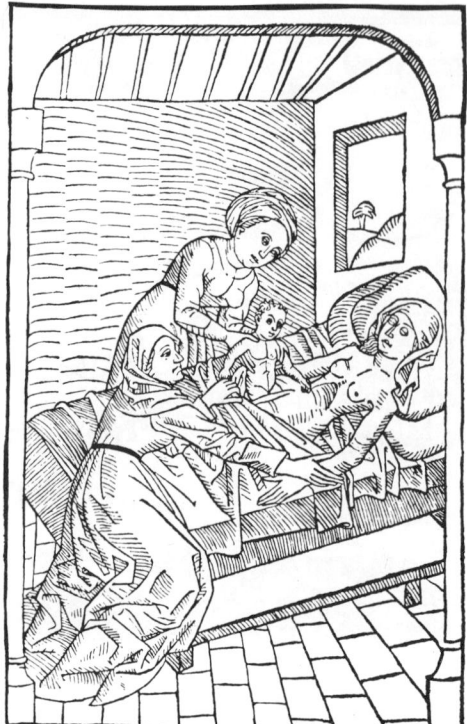

Geburt eines Kindes. Holzschnitt aus »der selen wurcgart«, gedruckt von Konrad Dinckmut in Ulm, 1483.

ihm zur Brücke geritten ... auch zuhause sei ihm der Teufel erschienen ... der Teufel habe gefordert, ihm zu folgen und ihm zu vertrauen ... neben dem Teufel seien auch Maria zum Drachen und Veltes Else bei ihm gewesen ... die Feldfrüchte zu verderben sei alleine Werk der Weiber gewesen ... die Hexen hätten ihn Doktor genannt und er habe sich vor ihnen geschämt ... bei einer anderen Hexengesellschaft habe er die schon hingerichtete Barbara Weißgerber aus der Neugasse gesehen. Gegen Abend wird das Verhör abgebrochen. Es tritt eine Prozeßpause ein, doch der Kurfürst besteht auf der weiteren Durchleuchtung und so kommt es am 12.9.1589 zu einem zusätzlichen Verhör.

Und wieder sagt er, nachts sei dann der böse Feind in der Gestalt einer Jungfrau in sein Schlafzimmer gekommen und habe sich zu ihm ins Bett gelegt. Die Jungfrau sei nackt gewesen und habe wie ein liebliches junges Mädchen von 26 oder 27 Jahren ausgesehen. Er fügte hinzu: »Quod etiam aliquando semen maneat, cum sit corpus aerium. Er habe die Jungfrau *schön Mädchen* geheißen ... sie habe eine heisere Stimme gehabt. Letztendlich gibt er alles zu, was die Denunzianten gegen ihn vorgebracht haben. Das Belastungsmaterial gegen ihn ist ausreichend, um ein Urteil fällen zu können. Es wird beschlossen, Flade am 18.9.1589 verurteilen und hinrichten zu lassen.

Er macht am 14.9. sein Testament, trifft die Dispositionen über sein Vermögen und äußert den Wunsch, auf dem Friedhof der Pfarrkirche St. Antonius begraben zu werden. Am Morgen des 17.9. wohnt er zwei Messen bei, die von den Jesuitenpatern Lukas Ellentz und Johannes Gilsius in der Rathauskapelle gelesen werden. An diesem Morgen empfängt er die Kommunion. Am Morgen des 18.9. um sechs Uhr suchen der Schultheiß Hultzbach und die Hochgerichtsschöffen Wolf und Tholess Flade auf.

Um neun Uhr tritt das Gericht im Rathaus zusammen, weil man wegen der grassierenden Pest das weltliche Gerichtshaus in der Grabenstraße nicht nutzen kann. Flade wird in den Gerichtssaal geführt, um das Urteil entgegenzunehmen. Sein Geständnis wird auf dem Gerichtshof öffentlich verlesen, damit kein Unrecht geschehe.

Die Schöffen geben das Urteil ab, der Schreiber gibt es bekannt, daß Dr. Dietrich Flade, der als Angeklagter vor Gericht stehe, wegen seines Verbrechens, wodurch er sich selbst dem Bösen hingegeben, diesem gedient, mit ihm gesündigt, sich mit Zauberei abgegeben und dadurch das öffentliche Wohl geschädigt habe ... mit dem Feuer vom Leben zum Tode gestraft werden soll, wie wir jenen hiermit dazu verdammen, verurteilen und condemnieren, die Seele dem allmächtigen Gott und seiner Barmherzigkeit empfehlend. Der Vorsitzende bestätigt das Todesurteil.

Der Verurteilte fällt auf die Knie, bittet um Gnade und darum, ihn gnädig und christlich zunächst zu strangulieren und dann seine

Leiche zu verbrennen. Als der Zug zum Scheiterhaufen gelangt, wendet sich Flade ungebrochen an die Menge, um sie zu ermahnen, »aus seinem Schicksal zu lernen, die Ränke und Tücken des Satans zu meiden.« Damit endet eine Ungerechtigkeit unter dem Deckmantel des falschverstandenen Glaubens.

Köln: Katharina Henot und Christina Plum

Die Verfolgungen lassen sich in Köln weit zurückführen. 1074 wird eine Frau von der Stadtmauer gestürzt, weil sie im Verdacht steht, mit magischen Knsten die Menschen zu betören. Aus dem 12. und 13. Jahrhundert liegen fragmentarische Nachrichten vor. 1163 wird vom Verbrennen eines Mannes berichtet, der kurz vor seinem Tod Brot und Wasser verlangt. Aus Angst vor dämonischen Einflüssen wird es ihm verweigert.

1453 schlüpft ein junges Mädchen in die Rolle der kurz vorher verbrannten Jungfrau von Orléans. Sie setzt sich in Männerkleidern und bewaffnet anläßlich des *Trierer Bischofsstreites* in Szene. Der deutsche Inquisitor Kalteisen versucht, die *historische* Emanze vor ein Glaubenstribunal zu zerren.

Für den 26.2.1446 ist der erste Kölner Hexenprozeß dokumentiert. Er endet mit einem Freispruch des Bezichtigten, nachdem er eine Urphede geschworen hat. Einige Jahre danach fällt das Hohe Gericht zwei Todesurteile wegen *ausgeübter* Zauberei. Die Betroffenen sollen ein Unwetter gemacht haben. Bis zum 16. Jahrhundert begnügt man sich im Kölner Gebiet, die als Hexen Bezichtigten mit Ruten auszustreichen.

Für 1509 ist ein erstes vor einem Kölner Gericht abgelegtes Geständnis einer Hexe überliefert. Tringin von Breising bekennt, der Teufel wäre ihr in ihrem Haus auf dem Heumarkt erschienen und dort habe sie Gott, der heiligen Mutter Maria und den Heiligen abgeschworen. Daraufhin habe sie der Teufel an der Stirn geritzt (Stigma diabolicum); daraufhin habe er Unzucht mir ihr getrieben. Einmal wäre sie auf dem Hexentanz gewesen, wo man gegessen habe und gesprungen sei (getanzt hat). Hernach habe sie ein Gewitter gemacht.

1536 verbietet eine Kölner Synode die abergläubische Anwendung des Weihwassers, Salzes, Wachses und der Kräuter zur Behandlung kranker Tiere. In Köln sind es vor allem Geistliche, die den Hexenwahn schüren. Der Generalvikar Johann Galenius verfaßt mehrere Gutachten zu diesem Thema.

»Von Ärztinnen induzierter Heilschlaf« aus dem »Compendium Maleficarum« von Francesco-Maria Guazzo, Mailand 1608.

Frauen betreuen eine Gebärende (links), kümmern sich um den Säugling (vorn) und feiern das »Hebammenfest« (rechts).

Scharfrichterordnung von Bessungen-Darmstadt

Einen Malefikanten in Öl gießen, thut dessen Lohn	24 kr.	
Einen Lebenden zu vierteilen	15 kr.	30 Hlr.
Eine Person mit dem Schwert vom Leben zum Tod richten	10 kr.	
... Sodann den Körper auf das Rad zu legen	5 kr.	
... desgleichen den Kopf auf Spitzen stecken	5 kr.	
Einen Mensch in vier Theile reißen	18 kr.	
Einen Mensch zu henken	10 kr.	
Einen Körper zu vergraben	1 kr.	
Einen Mensch lebend zu spießen	12 kr.	
Eine Hexe lebend zu verbrennen	*14 kr.*	
Bei der Tortur, so berufen wird	2 kr.	30 Hlr.
Einem die spanischen Stiefel anlegen	2 kr.	30 Hlr.
Einen Deliquenten, so in der Folter gezogen wird	5 kr.	
Von einer Person in das Halseisen zu stellen	1 kr.	30 Hlr.
Einen mit Ruten ausstreichen	3 kr.	30 Hlr.
Den Galgen auf den Rücken brennen	5 kr.	
Einer Person Ohren und Nase abschneiden	5 kr.	
Eine Person Land und Ort zu verweisen	1 kr.	30 Hlr.

Auf der Vernunftsseite steht der Jesuit Spee, der sich in der Zeit von 1627 bis 1628 am Kölner Dreikönigsgymnasium aufhält. Auch der Kölner Erzbischof Hermann von Wied entzieht den Hexenverfolgungen eine Stütze, indem er 1583 auf den längst vergessenen *Canon episcopi* aufmerksam macht[289]. Er verwirft den Glauben an die Luftfahrten der Hexen. Auch der Kölner Ratsherr Hermann Weinsberg[290] steht dem Hexentreiben kritisch gegenüber, wenn er sagt:»Ich weiß wohl, daß es böse, argwöhnische, niedrige, aufsässige, unzüchtige und schädliche Weiber gibt ... aber daraus folgt nicht, daß es Zauberinnen sind. Ich habe nie ein Weib gesehen, das imstande war, Hunde, Katzen, Schlangen oder Kröten zu machen oder in Weinkeller zu schlüpfen[291].«

Am 31.10.1589 wird in Köln Peter Stube geviertelt und verbrannt.»Er soll 25 Jahre mit einer Teufelin gebuhlt und sich mit der Hilfe eines Gürtels in einen (Wer)wolf verwandelt haben ... er habe schwangeren Frauen den Bauch aufgeschlitzt und die Herzen ihrer Kinder gefressen, um sich schußfest zu machen[292].« Zum Beginn des 17. Jahrhunderts greift die Obrigkeit schärfer durch. 1610 übt der Pöbel Lynchjustiz und schlägt auf der Straße eine der Hexerei Bezichtige mit Knüppeln tot. 1617 werden als Hexen Denunzierte auf Melaten verbrannt. 1631 geht eine verdächtigte Frau zum Markt und wird als *schwarze Hexe* angerufen. 1647 bis 1650 kommt es in Köln zu weiteren Prozessen. Eine Frau und ihr elfjähriger Sohn werden zum Tod verurteilt[293].

Der Prozeß gegen Catharina Henot ist der interessanteste seiner Art in Köln[294]. Es ist denkbar, daß er aus Neid um eine Postmeisterstelle ausgefochten wird; die Akten geben keine schlüssige Antwort. Die katholisch orientierte[295] Familie Henot steht im besten Ruf und gehört zu den wohlhabenden der Stadt. Catharinas Vater ist kaiserlicher Postmeister. Ihr Bruder Hartger, Doktor der Rechte, Kapitular am Domstift, Dechant von St. Andreas, Propst von St. Severin, kaiserlicher und kurfürstlicher Hofrat sowie apostolischer Protonotar.

Catharina ist verwitwet und bewohnt mit ihrem Bruder ein zum Kloster St. Andreas gehörendes Haus. Eine Tochter von ihr ist im St. Klara-Kloster als Nonne untergebracht. Von hier aus nimmt das Unglück seinen Lauf. 1626 geben einige vom Teufel besessene Schwestern während der Exorzismen an, daß Catharina der Ursprung ihres Leidens ist. Sie bezichtigen sie der Hexerei bzw. sagen, sie habe einen Pakt mit dem Teufel geschlossen ... ihre Quälereien würden nicht eher aufhören, bis man sie wie eine Hexe behandle[296].

Rasch verbreitet sich das Gerücht in Köln. Die begüterte Familie hat sowohl die Möglichkeit wie den Verstand, sich gegen eine übliche Denunziation zu wehren, doch ist es ein besonderer Fall. Am 29.8. bestreitet sie mit einer aus kurfürstlichen Räten gebildeten Kommission alle Anschuldigungen und droht jedem, der das Gerücht weiterträgt, mit der gerichtlichen Verfolgung. Der Kölner Erzbischof wird bemüht, um den ausgestreuten Gerüchten nachzugehen. Nun beantragt Catharina beim Hohen Gericht einen Reinigungsprozeß, um sich vor weiteren Anfechtungen zu schützen. Ihm wird nicht stattgegeben. Unabhängig davon beschließt der Rat im kurfürstlichen Einvernehmen, die Catharina Henot ins Gefängnis zu stecken.

Nun legen die Stimmeister eine Supplikation vor und bringen ein, ... daß eine der besessenen Schwestern die Henot ausdrücklich der Hexerei bezichtigt hat ... sie habe sich bereiterklärt, im anstehenden Prozeß als Klägerin aufzutreten. Erschwerend komme hinzu, daß die in Lechenich inhaftierte Langenbergerin sagt, die Henot habe im St. Clara-Kloster maleficios und Zauberwerk geübt und mit ihr Collusiones, Conspirationes und Tottschläg gehabt. Schließlich besinnt man sich auf das in der Stadt umlaufende Geschrei. Ein besonders intelligenter Jesuit erwähnt als zusätzliches Indiz ein an ihr gefundenes Hexenmahl.

Die Verhaftung der Henot stößt auf Schwierigkeiten. Da die Obrigkeit in kirchlichen Gebäuden keine Verhaftungen vornehmen kann, stellt der Offizial einen erzbischöflichen *Rodenträger,* der die Verhaftung übernehmen und die Gefangene den städtischen Behörden übergeben soll. So wird Catharina Henot zum Turm und dann unter dem Geschrei des Volkes in das Gefängnis gebracht.

Alle ihre Anträge, die ihrer Verwandten und vor allen die ihres Anwaltes, Laurentius Mey, auf Mitteilung der Indizien, bleiben erfolglos. Jede Begegnung mit ihr, mit ihm und dem Beichtvater werden unterbunden. Man macht den Vorschlag, das Gericht solle das Gutachten einer unparteiischen Universität einholen. All dies bleibt unbeachtet. Nachdem man die Denunzierte das erstemal foltert, richten ihre Freude und Vewandten am 9.2. eine weitere Anfrage um Erfahrung der Indizien an den Kölner Rat; damit wollen sie das Foltern vermeiden.

Schließlich übersteht sie drei Torturen, ohne ein Geständnis im Sinn ihrer Häscher abzulegen. So wird sie ohne das Bekenntnis einer Schuld (einem eindeutigen Rechts-

Scharfrichterordnung aus dem 18. Jahrhundert		
Die Leiter an den Galgen zu lehnen	1 fl.	
Stricke und Bänder		30 kr.
Den Scheiterhaufen aufrichten	1 fl.	
Die Asche des Verbrannten in fließendes Wasser zu werfen	1 fl.	
In den Bock spannen (ohne Rutenstreiche)	1 fl.	
Jeder Streich mit der Spitzrute		8 kr.
Jeder Knecht Gebühren		30 kr.
Für Schnüre zum Bockspannen, leer aufziehen und die Gewichte anhängen, die Stricke anziehen und die Beinschrauben anzulegen und an den Pranger zu führen ... je		30 kr.
Vor die Kirche mit brennener Kerze zu stellen		12 kr.
Ausrufen des Friedboten		15 kr.
Salben zum Einschmieren bei der Tortur		30 kr.
Einen Hexenbrand zu thun		*4 kr.*

Ein erschröckliche geschicht/ so zu Derneburg in der Graff-
schafft Reinstepn am Hartz gelegen von dreyen Zauberin vnnd zwapen
Mañen/Jf etlichen tagen des Monats Octobris Jm 1 5 5 5. Jare ergangen ist.

bruch) vom Hohen Gericht zum Tod verur-teilt. Unter den sie verurteilenden Schöffen befinden sich fünf städtische Juristen. Drei Tage vor der Vollstreckung verfaßt sie einen Brief an ihre Angehörigen. Er zählt zu den erschütterndsten Dokumenten des Hexen-treibens in Deutschland[297]. Sie schildert den Verlauf des ungerechten Prozesses und weist empört alle ihr vorgehaltenen Verbre-chen zurück. Auf Bitten ihrer Verwandten stellen sich der Notar und zwei Zeugen am Tag der Hinrichtung am Hospital an die Breite Straße, wo den zum Tod Verurteilten geistlicher Trost gespendet wird.

Nun wird die Witwe auf einem Karren dahergefahren. Sie sitzt zwischen den Jesui-ten Adrian Horney und Hermann Mohr. Der Zug bewegt sich nach Melaten zum dortigen Galgenberg. Ein Scharfrichter erdrosselt sie und daraufhin wird sie in einer Strohhütte verbrannt. »Wieder einmal frohlocken die Christen, denn sie haben es geschafft, eine Unschuldige unter Außerachtlassung aller Rechtsgrundsätze aus dem Leben zu schaf-fen.«

Sie leiten damit für Köln eine fünfjährige Phase der Hexenbrände ein. Nach der Hinrichtung legt ihr Bruder Hartger aus Protest alle Ämter und Würden ab. Schließ-lich gerät er mit einer Franziska Henot selbst in den Verdacht der Zauberei. Ver-mutlich ist der Jesuit Spee Augenzeuge dieser Vorgänge und wird auch dadurch zur Abfassung seiner *Cautio Criminalis* ange-regt.

Christina Plum[298] steht im Zusammen-hang und in einer Querverbindung zur Aburteilung der Catharina Henot. Dieser Prozeß bringt einige Besonderheiten mit sich. Einmal entschließt sich der Rat, durch einen Boten offiziell Denunzierte zu infor-mieren. Zum anderen versteht sich Chri-stina selbst als Hexe. Am 15.5.1632 werden die den Prozeß betreffenden Akten in einer eisernen Kiste deponiert.

Die 24jährige Christina Plum ist die Tochter eines Kölner Gürtelmachergaffer-boten. Sie leidet unter Wahnvorstellungen und hat einen zwielichtigen Ruf. Vor Geistli-chen bekennt sie sich zur Hexerei und meint, ... Catharina (Henot) habe sie dazu gebracht. Ihre Nervosität führe sie auf teuflische Einflüsse zurück. Offensichtlich ist sie geistesschwach, denn sie bittet um den Tod, den sie als Erlösung ansieht.

Am 27. und 29.4.1629 wird sie von den Stimmeistern und Syndici verhört. Sie sagt, die Henot wäre ihr ein halbes Jahr nach deren Tod erschienen und habe sie auf den Hexentanz mitgenommen. Bereitwillig denunziert sie während der Befragung zehn weitere Personen, unter ihnen stadtbekannte Bürger. Weil zwei Priester ihre Aussage als unbedenklich anerkennen, denunziert sie weiter. Nun ordnet der verunsicherte Rat ihre Inhaftierung im St. Gereonsturm an. Am 26.5. wird sie dem Hohen Gericht zur Aburteilung überstellt, doch gegen Auflagen entlassen.

Es wird ihr untersagt, die Namen der Beschuldigten bekanntzumachen. Für sie gilt es wenig und sie berichtet dem erzbischöflichen Vikar und Spiritualibus, dem Domdechanten Glimbach und einem Schöffen des Hohen Gerichts die Namen der Denunzierten. Weil sie sagt, sie habe auf dem Hexentanz einen Jesuiten getroffen ... so gelb von bardt und vollig von angesicht gewesen, der sie gequält (habe) und mit ihr habe Unzucht treiben wollen, bemüht sich Glimbach, an den Beichtstühlen vorbeizugehen, um den Betreffenden ausfindig zu machen[299].

Am 10.2. entschließt sich der Rat zu einem im Rahmen der bekanntgewordenen Hexenverfolgungen einmaligen Schritt und bestimmt, weil die Christina so viele Leute angesagt und diffamiert habe, deren guter Leumund dadurch geschmälert werde, soll den Betroffenen die Denunziation mitgeteilt werden.

Der Turmschreiber bekommt den Auftrag, Abschriften der Vernehmungsprotokolle zu überbringen. Unter den Beschuldigten befinden sich der Domherr Hartger Henot, zwei seiner Schwestern, der städtische Syndikus Dr. Wissius, ein Dr. Spiegel und die Frau des Bürgermeisters Hardenrath. Eine Ennen nennt den Domherrn, Fürst Franz von Lothringen, die Frau des Bürgermeisters Lyskirchen und den Erzbischof Ferdinand von Bayern, macht jedoch keine näheren Angaben. Das Beschuldigen von hochgestellten Personen zeigt sich immer wieder im Hexenwüten und fast scheint es so, als wollen die Kleinen Rache an den Großen nehmen und sagen: »Nehmt Euch auch die Reichen und Begüterten vor.«

Wieder wird die Plum in den Cunibertsturm gesperrt und von Soldaten bewacht. Man will verhindern, daß sie durch ihr Gerede weitere in die tödlichen Schlingen des Hexenwahns zieht; nicht einmal der Beichtvater wird zu ihr gelassen. Zur Jahreswende 1629/30 erreicht die Erregung einen weiteren Höhepunkt. Am 11.1. wird dem Rat vorgetragen, daß sich nach der Aussage der Plum mehrere Hexen zu einem Bündnis verschlossen (zusammengetan) haben, um Unschuldige zu denunzieren ... um auf diese Weise der Justiz hinderlich zu sein.

Daraufhin werden zwei Frauen verhaftet. Neue Nahrung erhält das Gerücht durch ein von Glimbach verfaßtes Flugblatt, das anonym erscheint und Verwirrung stiftet. Es vermittelt den Eindruck, daß die Stadt Köln voller Hexen sei und ihr bereits den heiligen Charakter nimmt ... der Rat würde nicht die geringsten Anstrengungen unternehmen, um das Laster auszurotten, so daß die Teufel ungehindert ihr Unwesen treiben können.

Unmittelbar darauf läßt der Rat die Druckpressen zerstören, die verfügbaren Exemplare beschlagnahmen und öffentlich verbrennen. Der weitere Verkauf des Flugblattes wird mit Strafen belegt. Glimbach wird gezwungen, sein Pamphlet zurückzuziehen. Währenddem verweigert die Plum die Nahrung: »Wodurch sie in Lebensgefahr geraten und ihr zur Vornahme der Tortur desto unbequemer mache.«

Geistliche werden zur Folter hinzugezogen. Sie haben die Aufgabe, die vom nichtexistenten Teufel bereiteten Hindernisse aus dem Weg zu schaffen. Wegen aufgetretener Schwierigkeiten, vor allem wegen der Uneinigkeit des Gerichts, gibt der Kurfürst am 28.12. Anweisung, das Verfahren ruhen zu lassen, bis man Vorkehrungen treffen kann. Schließlich wird die Sentenz erstellt und am Mittwoch, dem 16.1.1630 verfaßt. Die Angeklagte befindet sich im

Turmhof, inmitten eines von Soldaten gemachten Kreises. Das Urteil wird öffentlich
verlesen und lautet sinngemäß:

»In Sachen Christina Plum bekannten
Missetaten wird zu Recht erkannt, daß
Gedachte gegen der gestandenen Absagung
Gottes, der Allmächtigen und seiner lieben
Heiligen, der Verunehrung der hochwür-
digsten heiligen Sakramente ... wegen Vermischung mit dem leidigen Satan ... wegen
ihrer katholischen Religion schädlichen Verbindung ... sie betreibe teuflische Konspira-
tionen ... er habe ihr selbst bei einer Schein-
beichte beigewohnt ... und zugleich habe sie
andere der Hexerei beschuldigt ... sie habe
an Menschen und Früchten verbotene
Zauberei geübt. Deshalb soll man sie auf den
Scheit setzen. Sie soll an sicheren Orten mit
glühenden Zangen gespitzt werden ... zum
Galgenberg geführt und daraufhin mit dem
Feuer vom Leben zum Tod gerichtet werden ... weil uns aber die Geistlichen berichten, daß Christina ihre begangenen Sünden
herzlich beweine, wird in Erwägung ihrer
Constitution, Jugend und der hochbeklagten
Verführung die gerechte Strafe dahingehend gemäßiget, daß sie mit dem Strange
vom Leben zum Tod zu richten ist ... und
daß dann ihr toter Leib mit dem Feuer zu
Asche zu verbrennen ist.«

Christina Plum denunziert u.a. die Hebamme und Witwe Sybille Wilhelmsstein, die
trotz ihres *untadeligen* Rufs ins Geschrei der

⇒

*Oben: Der Gefangene wird dem Richter
vorgeführt. Die Position des Richters ist
durch den Richterstuhl erhöht. Mitte: Die
Beteiligten werden vereidigt und auf die
Folgen einer Falschaussage hingewiesen.
Unten: Blick in die Peinkammer oder
Folterstube. Im Beisein des Notars und/oder
Richters wird die Bestrafung durchgeführt.
Im Bildmittelpunkt vorne ein sogenannter
»Beschwerstein«, der dem aufgezogenen
Deliquenten zur Erhöhung der Qualen an
die Beine gehängt wird.
Die Bilder sind der »Bambergiana«, 1510
entnommen.*

768

Hexerei kommt. Am 12.1.1629 bezeugen 25 Bürger ihre treuen Dienste. Nun beschuldigt sie die vermutlich Besessene Mechthild von Bremerbroch in einem Verhör vom 9.3. der Hexerei. An der Verbreitung des Gerüchts beteiligt sich der Jesuit P. Belte, indem er meint, und sie wäre doch eine Zauberin. Am 12.5. wird sie den Schöffen übergeben und am 31. des gleichen Monats zur Strangulation und anschließenden Verbrennung verurteilt.

Bamberg

Das Bamberger Achtbuch erwähnt unter dem 24.8.1421, daß Jacob Vogler von Pleydenstein den Eid geleistet hat, die Stadt für zehn Jahre im Umkreis von zehn Meilen zu verlassen, da er versucht hat, den Leuten wahrzusagen, wer ihnen die Pferde gestohlen hat[300]. Bamberg nimmt für die Rechtsprechung Bedeutung ein, denn hier erscheint bereits 1510 die *Bambergiana*, eine Gerichtsreform, auf deren Schultern teilweise die *Carolina* steht. 1591 verfaßt Adam Francisis seine *Generalinstruktion von den Trutten*[301].

Am 30.3.1610 erläßt Gottfried von Aschhausen für Bamberg ein Mandat gegen »das hochsträfliche und gräuliche Laster der Zauberei ... wie gegen unnatürliche und verbotene Künste.« Vom Juni 1612 bis zum Herbst 1613 werden in Kronach, Hallstadt, Steinwiesen und Staffelstein Prozesse wegen Hexerei eingeleitet und durchgeführt. Ab 1617 häufen sich die Verfahren wegen Drudnerei.

Malefizhaus

Es ist bislang der einzig nachweisbare Fall im deutschsprachigen Raum, wo eigens für die Hexen und Zauberer eine Haftanstalt errichtet wird. Verantwortlich zeichnet der Bischof Georg II. Den Quellen zufolge soll das Marterhaus 1632 beim Einzug der Schweden voll belegt gewesen sein. Damals werden die Einsitzenden entlassen, müssen aber schwören, nichts über die Haftbedingungen zu erzählen[302]. Als Erbauungsjahr wird 1627 angesetzt. Man nimmt an, daß das Gebäude mit dem Tod seines Erbauers dem Erdboden gleichgemacht wird. Es ist beschämend, daß das Folterhaus die bischöfliche Handschrift trägt.

Im Bamberger Malefizhaus sollen sich besondere Vorrichtungen zur Vornahme der Folter befunden haben. Inquisitoren rühmen sie als wirksames Mittel, um Hexen zahm zu machen. Wahrscheinlich beziehen sie sich auf das *gefaltet Stüblein*. Am 18.9.1631 schicken die Bamberger Räte dem Kaiser einen Druck mit der Ansicht des Gebäudes, das in der Folgezeit oft reproduziert wird.

Man erkennt ein geräumiges Haus und, im Zusammenhang stehend, einen Seitenbau und das Nebengebäude, das nahezu fensterlos ist. Am Rand des Kupfers stehen die Worte: »Wahre und eigentliche Contrafractur des neugebauten Malefizhauses in Bamberg, welches zur Bestrafung derer von Gott entwichenen und verleugneten, boshaftesten Menschen der verdammten Zauberei und Übeltätern in diesem laufenden 1627. Jahr, so im Monat Juni angefangen und nächstfolgenden August ist aufgebaut worden« mit folgender Beschreibung:

C. Justicia, so über dem Portal stehend, welches den Vers »*Diligata justiciam monini et non temnere deos* trägt.
D. Anzeigung der Kapellen.
E. Die peinliche Frage.
F. Der Bach, so unter der Frag durchfließt.
G. Die Einfahrt im Hof.

Ein Dokument aus dem Jahr 1631 besagt, daß in diesem abscheulichen Haus die der Drudnerei Bezichtigten jämmerlich gequält werden[303]. Es handle sich um 33 Personen ... die unerhörte Speisen, Heringe mit Salz und Pfeffer zu einem Brei gesotten, zu sich nehmen müssen. Item so sie mit einem Wannenbad mit siedend Wasser, Salz, Pfeffer und anderen scharfen Mitteln zugerichtet werden, neben den anderen Torturen des Hungers und der Not ... hier kommen sie ohne christlichen Trost ums Leben[304].

In Bamberg setzen die organisierten Hexenbrände um 1625 ein. In diesen Zusammenhang ist der Suffragan Friedrich Forner zu nennen; ein Anhänger des Jesuitismus und demzufolge ein Teufelsanbeter. Er tritt als Schriftsteller gegen die Hexen in Erscheinung[305]. Forner will gegen die nachlässigen Magistrate vorgehen, die behaupten, daß es keine Hexen gibt. Sein Buch legt Zeugnis von seinem Intelligenzgrad ab, wenn er behauptet:

- Die Bäcker müssen das Brot mit teuflischer Salbe geschmiert haben.
- Der Bürgermeister Neydecker hat, um die Pestilenz anzustiften, den Stadtbrunnen vergiftet.
- Eine Frau wird bezichtigt, eine Kuh in einen Fiedelbogen verzaubert zu haben[306].

Bürgermeister Junius

wird in Niedermaisch (Wetterau) geboren und nimmt in der Zeit von 1614 bis 1628 das Amt des Bürgermeisters wahr. 1628 wird er denunziert und daraufhin als *Druttenmeister* eingezogen. Man spannt ihn solange unter die Folter, bis er ein *vollständiges Geständnis all seiner Verbrechen wider die christliche Religion* abgelegt hat. Wie seine Frau vorab wird er unsäglich gequält, dann mit einem Schwert hingerichtet und verbrannt. Er ist ein Opfer des christlichen Glaubens.

Kurz vor seinem Tod schreibt er aus dem Gefängnis einen Brief an seine Tochter Veronika. Er hat sich erhalten und zählt neben dem der in Köln verbrannten Catharina Henot zu den erschütterndsten Dokumenten des Hexenwesens im süddeutschen Sprachraum. Sein Brief trägt das Datum vom 24.7.1628 und besagt[307]: »Gute Nacht, meine liebe Tochter Veronika. Ich bin in das Gefängnis gekommen und werde unschuldig gemartert. Ich muß als Unschuldiger sterben. Denn wer in das (Hexen)haus kommt, muß ein Drudner (Hexer) sein oder er wird solange gefoltert, bis er es zugibt. Ich möchte Dir erzählen, wie es mir ergangen ist ... als

ich das erstemal gefragt wurde, da waren Dr. Braun, Dr. Kötzendörfer und fremde Doktoren anwesend[308].

Nun fragte mich Dr. Braun: Wie kommt Ihr hierher? Ich antwortete: Durch die Falschheit. Er sagte: Ihr seid ein Hexenmeister (und) wenn ihr nicht im Guten gestehen wollt, so werde ich Euch den Henker an die Seite stellen. Ich betonte, daß ich kein Hexenmeister sei und ein gutes Gewissen habe ... gern wäre ich bereit, die Zeugen anzuhören. Nun wurde mir der Sohn des Kanzlers[309] gegenübergestellt und ich fragte ihn: Herr Doktor, was wißt ihr von mir? ... In meinem ganzen Leben habe ich nichts mit Euch zu tun gehabt? Er gibt zur Antwort: Herr Kollege, wegen des Landgerichts ... ich habe euch in der Hofhaltung gesehen. Er konnte es nicht näher bestimmen.

Danach kam der Kanzler[310] und sagte wie sein Sohn, auch er habe mich gesehen, habe mir aber nicht auf die Füße geschaut, um zu erkennen wer ich sei. Danach kam die Hoppsen Elß, die Tagslöhnerin und behauptet, daß sie mich im Hauptmoor[311] habe tanzen sehen. Aber sie konnte es nicht näher beschreiben. Darum bat ich um Gottes Willen, die Zeugen nicht ernst zu nehmen. Man sagte mir, ... es nütze nichts, ich sollte mich lieber im Guten bekennen, sonst würde mich der Henker dazu zwingen.

Ich gab zur Antwort: Ich habe Gott niemals verleugnet und werde es auch künftig nicht tun. Da kam der Henker und hat mir die Hände zusammengebunden, den Daumenstock angelegt und ihn so fest zugeschraubt, daß das Blut unter den Nägeln hervorgekommen ist und ich meine Hände vier Wochen nicht gebrauchen konnte. Deshalb habe ich mich Gott und seinen heiligen Wunden empfohlen.

Danach hat man mich wieder aufgezogen. Ich dachte, der Himmel und die Erde gehen unter. Sie haben mich achtmal aufgezogen und wieder fallenlassen, so daß ich unselige Schmerzen empfunden habe ... dies alles ist nackt geschehen. Ich sagte ihnen: Verzeihe euch Gott, daß ihr einen ehrlichen Mann derart hart angreift, wollt ihr mich nicht allein an Leib und Seele,

Das Bamberger »Malefizhaus«, gebaut um die »von Gott endwichenen« zu beherbergen und abzustraffen.

sondern auch um Hab und Gut bringen? Da sagte Dr. Braun: Du bist ein Schelm. Ich sagte, ... seine falschen Zeugen sind vom Teufel angefochten.

Dieses ist am Freitag, den 30.6. geschehen. Ich habe die ganze Zeit weder etwas anziehen noch meine Hände gebrauchen können, ohne die anderen Schmerzen (zu erwähnen), die ich als Unschuldiger leiden muß. Als mich der Henker in das Gefängnis (zurück)führte, sagte er zu mir: Er denkt etwas, denn ihr könnt die Marter nicht aushalten ... und wenn es auch so wäre, so kämet ihr nicht wieder hinaus, wenn ihr gleich ein Graf wäret, so fängt eine Folter auf die andere an, bis ihr gesteht, daß ihr ein Hexenmeister seid.

Danach kam Georg Haan und sagte, die Kommissarien haben gesagt, mein Herr[312] möchte ein Exempel an mir statuieren, daß ich darüber staunen soll. Mehrmals sagte mir der Henker, ich solle mir nur irgend ewas ausdenken, um nicht wieder auf die Folter gespannt zu werden ... so habe ich um einen Tag Bedenkzeit und um einen Priester gebeten. Nun, herzliebe Tochter, was meinst du, in welcher Gefahr ich stehe?

Ich sollte sagen, daß ich ein Hexenmeister bin und bin es nicht. Ich sollte Gott verleugnen. Ich habe keinen Priester bekommen, mit dem ich mich beraten kann.

Dann habe ich mir etwas ausgedacht. Ich habe es getan, um der harten Folter zu entgehen, die ich hätte unmöglich länger aushalten können. Ich habe gesagt, ... ich sei auf ein Feld beim Friedhofsbrunnen gegangen und habe mich niedergesetzt. Da sei dann ein graßmedlin (?) zu mir gekommen und habe gesagt: Was macht ihr da, warum seid ihr so traurig? Ich habe geantwortet: Ich weiß es nicht. Also hat sie sich mir genähert. Daraufhin habe sie sich in einen Geißbock verwandelt und gesagt: Du mußt mein sein oder ich will dich jetzt umbringen. Danach ist sie auf einmal verschwunden, aber bald danach mit zwei Frauen und einem Mann zurückgekommen. Nun sollte ich Gott und das himmlische Heer verleugnen. So habe ich dies getan. Daraufhin hat mich der Teufel getauft und die beiden Frauen haben als Taufpaten fungiert[313]. Sie haben mir einen Dukaten eingebunden ... es sei aber blos eine Scherbe gewesen.

Einschmieren mit Hexensalbe und Hexen-
flug. Holzschnitt des frühen 16. Jahrhun-
derts. Interessanter als die Szene ist der
Einblick in die damaligen häuslichen Ver-
hältnisse.

Nun dachte ich, es wäre alles vorbei. Doch da stellt man mir den Henker wieder an die Seite. Er fragte mich, auf welchen Tänzen ich gewesen sei? Da wußte ich weder ein noch aus. Ich besann mich, daß der Kanzler, sein Sohn und die Hopffen Else das Hauptmoor genannt hatten ... und so nannte ich diesen Ort. Danach sollte ich sagen, welche Leute ich dort gesehen habe. Ich sagte: Ich habe keinen gesehen. Du alter Schelm, ich muß dir wohl den Henker an den Hals schicken, sage, ist nicht auch der Kanzler dort gewesen? Ja, sagte ich. Wer noch? Da habe ich endlich acht Personen nennen müssen.

Dann haben sie mich dem Henker übergeben. Er sollte mich ausziehen, die Haare abschneiden und mich auf die Folter spannen ... ich habe mich wohl ausgesonnen ... ich hätte auch noch meine Kinder umbringen wollen[314] ... aber an ihrer Stelle hätte ich nur ein Pferd umgebracht. Ich hätte eine Hostie genommen und vergraben. Erst als ich dies sagte, haben sie mich zufrieden gelassen.

Nun, mein liebes Kind, kennst du alle meine Aussagen und weißt, warum ich sterben muß. Es sind lauter erdichtete Sachen; so wahr mir Gott helfe. Man kann so fromm sein wie man will, sie lassen mit dem Martern nicht nach, bis man eingesteht, ein Hexenmeister zu sein. Ich sterbe so unschuldig wie ein Märtyrer. Herzliebes Kind, ich weiß, daß du genauso fromm bist wie ich. Ich rate Dir, nehm von dem Geld und den Briefen und ziehe für ein halbes Jahr weg, bis man sieht, worauf die Sache hinaus will. Mancher ehrliche Mann und manches ehrliche Weib gehen in die Kirche und treiben doch andere Geschäfte. Nichts desto weniger wird er im Drudenhaus angegeben. So geht es vielen. Mich haben die Neudecker, des Kanzlers Sohn, der Kandlgießer, Wolf Hofmeisters Tochter und die Hopfen Els angegeben[315].

Liebes Kind, halte dieen Brief verborgen, damit er nicht unter die Leute kommt. Sonst werde ich dermaßen gemartet, daß es zum Erbarmen ist. Die Wächter würden geköpft, so streng ist es verboten. Dem Vetter Stamer kannst du den Brief rasch zum Lesen geben, denn er ist verschwiegen. Liebe Veronika, verehre diesem Mann einen Reichstaler.

Ich habe etliche Tage an diesem Brief geschrieben ... meine Hände scheinen lahm und ich bin übel zugerichtet. Ich bitte um des Jüngsten Gerichtes willen: halte dieses Schreiben in guter Hut und bete nach meinem Tod. Laß auch Anna Maria grüßen[316]. Gute Nacht, denn deinen Vater siehst du nimmermehr.«

Fast unleserlich ist am Rand des Briefes vermerkt: »Liebes Kind, sechs auf einmal haben auf mich erkannt. Es sind alles falsche Zeugen, denn sie haben es sagen müssen. (Ich) kann keinen Priester haben, darum sehe dich vor, was ich dir geschrieben habe. Nimm dieses Schreiben wohl in Acht.«

Ähnlich wie in Köln schüren auch hier die Geistlichen den Wahnwitz. In Bamberg gibt eine Else Geiger an, daß sie von einer Margaretha Münchin zur Zauberei verführt worden sei. Sie wird danach zum Tod verurteilt. Danach lüftet der Beichtvater das Geheimnis, daß es nicht die Münchin gewesen sei, die die Else zur Zauberei verführt habe, sondern eine mit dem Namen Rüghammer. Die Angabe des zum Schweigen verpflichteten Priesters wird festgehalten[317].

1659 erscheint in Bamberg eine Broschur mit bischöflicher Genehmigung. Wir lesen darin: »Es sind etliche katholische Pfarrer darunter gewesen, die so große Zauberei und Kunst getrieben, daß nicht alles zu beschreiben ist. Die Bürgermeisterin Lambrecht und die dicke Metzgerin haben bekannt, daß sie den Zauberern eine Salbe gemacht haben ... dies macht im Jahr 600 Gulden. Die Zauberinnen haben bekannt, wie ihrer 3000 in der Walpurgisnacht auf dem Tanz gewesen sind. Es sind etliche Mägdlein unter ihnen gewesen, deren man 22 hingerichtet und verbrannt hat ... im Stift Bamberg sind über 600 Zauberinnen verbrannt worden ... und es werden täglich mehr.« Die 62jährige Anna Keurin gesteht nach einer mehrfachen Folter:

- Etwa vor 22 Jahren, als sie im Kindbett gelegen, sei des nachts ein fremder Mann zu ihr gekommen. Er habe sie so freundlich angesprochen, daß sie ihn in sein Bett gelassen habe ... dann habe sie mit ihm Unzucht getrieben. Es war aber nicht natürlich, sondern sein Glied wäre anfangs groß und kalt gewesen.

- Etliche Zeit danach, etwa sechs Tage, sei der böse Feind wieder zu ihr gekommen und habe Unzucht mir ihr getrieben. Sie habe ihn *Großfickhel* nennen müssen.
- Nach einer teuflischen Zusammenkunft habe er ihr gleich nach der Taufe in die Scham gegeben.
- Jedesmal war ein Überteufel zugegen, der befohlen habe, ihm die Referenz zu erweisen; dann habe man ihn auf den Hintern küssen müssen.
- Ungefähr drei bis vier Mal habe sie *modo mirabili* dergestalten leuchten müssen, in dem ihr der böse Feind das Licht (eine Kerze) sowohl in die Pritschen als auch in den Hintern gesteckt habe.

Nach diesem eindeutigen Geständnis wird sie als Hexe verbrannt. Jacob Mitterspacher wendet sich schriftlich an die fürstlichen Räte vom Bamberg, um mitzuteilen, daß eine Anna Hofmännin einem Albrecht Bußregen die *Mannschaft* weggezaubert habe: »Später habe sie ihm zweimal mit der Hand über die Beine gestrichen, wodurch sie wieder zurückgekommen.«

Abführung aus dem Gefängnis zur Richtstätte. Ein Mönch begleitet den Straftäter. Auffallend ist die Volksmenge. Aus »Bambergische Halsgerichtsordnung«, 1508.

Urteilsspruch und Hinrichtung. Verschiedene Lebensstrafen: Räern, Kopf abschlagen, Stäupen, Hängen. Aus »Bambergische Halsgerichtsordnung«, 1508.

Anna Schultzin verwittibe Hofmeyerin.
Wenn aus der Bosheit man die Quantessetz gebogen
So hatte man daraus mich völlig vorgebracht:
Mein leser. Zweifle nicht Raum wann du hast erwogen,
Was ich durch Neur und Mord ja sterbend noch gemacht:
So wirstu offentlich vor aller Welt bekennen,
Daß eine Märtrin ich des Satans sey zu nennen.

Die als Hexe eingezogene Anna Schultzin. Sie ist an die Wand des Gefängnisses gekettet, hat Beinfesseln, einen Eisenring um den Leib und dazu ein eisernes Gestell, das sie praktisch jeder freien Bewegung beraubt. Sie wird als »Märtyrerin des Satans« bezeichnet.

Großraum Stuttgart[318]

Neben Sachsen ist Württemberg das flächenmäßig größte Land, das sich für die *neue* Religion entscheidet. Eine gründliche Analyse des Hexentreibens im Großraum Stuttgart liegt noch nicht vor. Nachrichten haben sich von den Orten Wiesensteig, Fellbach, Vaihingen, Stuttgart, Möhringen, Sindelfingen, Magstadt, Hedelfingen, Tübingen, Weil der Stadt, Musberg, dem Weiler Heimbach, Endersbach und Esslingen erhalten[319].

An Versammlungsplätzen werden genannt: der Stuttgarter Wald, die Feuerbacher Heide, der Heuberg, der Sommerberg, die Fellbacher und Saeracher Heide, die Schoberngrube bei Oberesslingen und die Hoheweide bei Kirchheim/Teck. Auf der Alb bei Heubach hat sich bis heute ein *Hexenbäumchen* erhalten.

An Folterinstrumenten werden neben der Wippe, an die man Steine von 30, 50 oder 100 Pfund hängt, die Daumenschraube und die spanischen Stiefel eingesetzt. Bestrafte haben einen besonderen Platz in der Kirche; selbst allgemeine Dinge werden hier zum besten gegeben. 1548 wird von der Esslinger Kanzel gesagt: »Ein Weib, so den Erbgrind ohne alle Schmerzen heilen kann und ihrer Kunst gewiß ist, will jedermann gewärtig sein.«

Hier bündeln sich die negativen Erscheinungen: das Denunzieren, der Argwohn der Bürger, ihre Intrigen und Besserwisserei, ihr Haß und ihre Einfalt, der Neid und das Gewäsch der stets noch Schlaueren, Wichtigtuer und Heuchler. All dies treibt die Denunzierten in die unentrinnbaren Fangarme der Häscher; kaum einem gelingt es, den obrigkeitlichen Fängen zu entkommen.

Prediger und theologisch geschulte Juristen schlagen einen harten Kurs ein. Auch die schwäbischen Pfarrer, Mediziner und Rechtsgelehrten bewegen sich unter dem Damoklesschwert der verirrten Religion. Zu ihnen gehören Johannes Brenz, Matthäus Alber, der Theologieprofessor Jacob Heerbrand[320], der Abt von Blaubeuren, Johann Schopf, der Hofprediger Felix Bidenbach[321], Heinrich Bocer[322] und Thomas Kirchmair, ein Geistlicher aus Esslingen[323].

Die Tübinger Universität nimmt in dieser Frage eine vorsichtige Haltung ein. Hinzu kommen zwei im Druck erschienene Kirchenordnungen. Martin Plantsch lehrt als Professor an der Tübinger Hochschule und versieht gleichzeitig das Pfarramt an der Georgskirche. Seine Schriften werden u. a. vom Humanisten Bebel gerühmt. 1505 wird in Tübingen eine Frau als Hexe denunziert und verbrannt. Um die damit verbundene Aufregung zu dämpfen, will Plantsch zeigen[324], wie man man das leichtfertige Volk von diesem Gehabe ablenken kann:

»Ohne ihre Zulassung kann niemand den Menschen schaden. Die von den Hexen gebrauchten Zaubermittel sind wertlos.

Hinter ihnen stecken die bösen Absichten des Teufels, der Hexen durch die Luft tragen kann. Vor allem sollen sie sich auf dem Heuberg zusammenfinden, um nächtliche Tänze aufzuführen. Man soll ein christlich-tugendhaftes Leben führen und in rechter Weise die Sakramente der Kirche gebrauchen.«

Der Prediger Brenz wird des öfteren als Gegner des Hexenwahns bezeichnet. Dieser Standpunkt bedarf der Korrektur. Es geht u. a. aus seinem Schriftwechsel mit dem rheinischen Arzt Dr. Weyer[325)] hervor. Brenz hat sich mehrfach mit der Hexenfrage auseinandergesetzt. Es ist festzustellen, daß er zu den vorsichtigen Befürwortern und nicht zu den Gegnern des Hexentreibens zählt. Brenz hält 1538 an der Tübinger Universität Vorlesungen über das 2. Buch Moses und sagt, daß die Zauberinnen nach dem göttlichen Gebot und den alt-kaiserlichen Rechten mit dem Tod zu bestrafen sind.

1539 finden wir ihn als Pfarrer in Hall. Anläßlich eines schweren Gewitters hält er eine *Hagelpredigt* und betont: »Den abergläubischen Leuten gegenüber, die meinen, das Unwetter kommt von den Hexen und die darum ihre Verbrennung fordern, ist zu sagen, daß die Hexen kein Unwetter machen können. Der Hagel kommt nicht von ihnen, sondern von Gott, der auf diese Weise die Sünder straft und die Gerechten prüft. Also werden die Hexen lediglich vom Teufel getäuscht ... aber weil sie von teuflischer Gesinnung erfüllt danach trachten, den Menschen zu schaden, werden sie nach den Gesetzen bestraft.« Die 1557 gedruckte Predigt[326)] erscheint in einer deutschen Übersetzung.

Weyer erhält Kenntnis und schreibt am 20.10.1565 an Brenz, um ihn zu beglückwünschen, er habe sich gefreut zu vernehmen, daß er die Ansicht bekämpfe, die Hexen wären imstande, Hagel und Ungewitter hervorzubringen. Aber bezüglich der Bestrafung der Hexen könne er seiner Ansicht nicht zustimmen. In einem weiteren Brief vom 18.7.1566 sucht Weyer die Ausführungen des schwäbischen Pfarrers zu widerlegen.

1564 behandelt Brenz während der Erläuterungen des Galaterbriefes die Zauberei und proklamiert von der Kanzel der Stuttgarter Stiftskirche: »Die Strafe wird von vielen als ungerecht bezeichnet, da die Hexen mit Zaubermitteln keinen Schaden anfügen können ... Wie kann jemand wegen einer Einbildung mit dem Tod bestraft werden? Und doch muß es sein ... denn wer sich vom Teufel als Werkzeug gebrauchen läßt ... ist gleich den Räubern, Brandstiftern und Mördern zum Tod zu verurteilen.«

Außerdem bittet Philipp Knezel, Pfarrer in Waldenburg[327)], in der Grafschaft Hohenlohe, Brenz um eine Auskunft über eine Frau, die des teuflischen Umgangs bezichtigt wird. Er erhält von ihm eine eindeutige Antwort[328)].

Die Prediger Matthäus Alber und Wilhelm Bidenbach verfassen aus Anlaß eines heftigen Gewitters eine Predigt[329)] und geben sie später im Druck heraus. Sie orientieren sich an Brenz, den sie teilweise wörtlich zitieren und heben hervor: »Wegen der vielen Sünden, die die Menschen begehen, erlaubt Gott zuweilen, die undankbaren Geschöpfe mit Unglück zu versuchen ... dieweil sie den christlichen Glauben verleugnen, sich dem Teufel ergeben und weil sie in der weiteren Folge nichts anderes tun können, als anderen zu schaden ... wegen ihrer bösen Ansichten und des Bundes mit dem Teufel werden sie gerechterweise zum Tod verurteilt.«

Konrad Platz, der Prediger aus Biberach, spricht sich unter Berufung auf das göttliche Gebot für das Verbrennen der Hexen aus. Er orientiert sich an Luther, am Exodus 22.18 und an einem alten Kodex[330)] und meint: »Dieweil sie von Gott dem Allmächtigen abfallen und eine treulose Meinung wider die Gelübde haben, da sie sich mit dem Teufel auf ein Bündnis eingelassen, sind sie mit dem Tod zu strafen[331)].«

Interessant sind zwei protestantische Kinderpredigten. Neben Brenz ist Osiander an der *Nürnberger Kirchenordnung*[332)] beteiligt, nach der die deutsche Messe eingeführt wird. Die angehängten Kinderpredigten stellen heraus: »Zum 5. nennt man Gottes Namen vergeblich, wenn man damit Zauberei treiben will. Das ist nicht allein eine Sünde, sondern ein mächtige Torheit, denn das sollt ihr Kindlein für gewiß halten, daß es nichts mit der Zauberei auf sich hat. Es ist eitler Betrug und es sind vom Teufel erdachte Lügen, um die einfältigen Leute zu närren. Darum hütet euch davor, lernt es nicht und fürchtet euch nicht. Da der Teufel den göttlichen Namen mißbraucht, entstehen Feindschaften, Zorn, Neid und üble Nachreden. Deshalb hat es Gott verboten und gesagt: Man soll die Zauberinnen nicht leben lassen.« Diese verfängliche Passage ist fast wörtlich in die Kinderpredigten aufgenommen, die Joachim II. als Anhang zur Brandenburger Kirchenordnung[333] veröffentlicht.

Leonberg: Katharina Kepler[334]

»ist eine über siebzigjährige Frau, klein, mager, dunkelfarbig, unerfahren im Lesen und Schreiben, ein zahnloses Weib, das eine freudlose, einsame Jugend zäh und hart, die früh geschlossene Ehe zänkisch und streitsüchtig, das Alter aber unstet und schwatzhaft gemacht hat[335].« Ihr Vater ist Melchior Guldemann, der von 1567 bis 1587 Schultheiß in Leonberg ist. Ihre Mutter soll lethargisch gewesen sein.

Katharina heiratet am 15.5.1571 den am 19.1.1547 geborenen Heinrich Kepler. Sieben Monate danach bringt sie den Sohn Johannes zur Welt. Er ist der spätere Hofmathematiker und ein für das klerikale Denker kritischer Freigeist. Er wird seine Mutter vor dem Tod auf dem Scheiterhaufen bewahren. Es ist denkbar, daß sie nach den damaligen Ehrbegriffen zur Heirat bewegt wird. Damit lassen sich familiäre Spannungen und nachbarliche Konflikte erklären, die den von 1615 bis 1621 hinziehenden Prozeß begleiten.

Katharina Kepler bringt eine Tochter und sechs Söhne zur Welt, von denen drei früh sterben. Sie folgt ihrem Mann in den Landsknechtsdienst nach den Niederlanden. 1575 kommen sie in die Heimat zurück, wohnen erst in Ellmendingen und dann in Leonberg. Am 5.1.1589 wird sie von ihrem Mann für immer verlassen und man hält ihr vor, ohne Zweifel habe sie ihren Mann etlichemale daheim mit Unholdenwerk vertrieben, so daß er schließlich im Krieg habe sterben müssen. Bei einem ordentlichen und ehrlichen Weib dagegen, das ihren Mann tapfer und wohl halte, könne und möge ein Mann ja auch bleiben[336].

Katharina Kepler besitzt ein Haus in der Leonberger Kirchgasse sowie einige Wiesen und Felder. Im Alter vom Leben gezeichnet, will sie sich nützlich machen. Sie wendet sich der Krankenpflege und der Zubereitung von Salben, Heiltränken und Arzneien zu. Sie kennt einige Segenssprüche, die im Prozeß Verwertung finden[337], spricht mit dem Vieh im Stall und macht Hausbesuche. Sie ist einfältig, naiv und abergläubisch wie damals und heute die meisten Menschen. Während des Prozesses widerspricht sie sich des öfteren und kommt in zusätzliche Konflikte.

Auf dem Leonberger Friedhof bittet sie den Totengräber, ihr den Schädel des hier beerdigten Vaters auszugraben, ... sie wolle ihn in Silber fassen und ihrem Sohn geben, denn sie habe oft in Predigten gehört, daß es bei den Gelehrten Brauch sei, aus den Schädeln der verstorbenen Eltern zu trinken, um an die Vergänglichkeit der irdischen Dinge gemahnt zu werden[338].

Von ihrem ältesten Sohn werden ihr Schwatzsucht, Neugier, Jähzorn, Starrsinn und die Sucht zu Verwünschungen nachgesagt. Erschwerend kommt hinzu, daß ihr zweiter Sohn Heinrich sagt, ... daß seine Mutter eine Hexe sei ... er werde sie bei der Obrigkeit verklagen, sobald er nach Heumaden zurückkomme[339].

Sein früher Tod am 15.2.1615 führt dazu, daß er seiner Mutter nicht mehr schaden kann. Hinzu gesellt sich ein lange anhaltender Streit mit Ursula Reinbold, die nach der Durchsicht der Prozeßunterlagen alles daran setzt, um die Keplerin moralisch und physisch zu vernichten.

Parallel zeigt sich seitens der Obrigkeit der Hang, sich nun verstärkt dem Hexenwesen zuzuwenden. Die ersten Brände in Württemberg flackern auf und dies betrifft auch die reichsfreie Stadt Weil der Stadt,

Klagepunkte gegen Katharina Kepler

- Die Glaserin trägt vor: »Die Keplerin hat dem Schulmeister Benedikt Beutelspacher, das Leben versalzen … er will darauf sterben, daß sein Leiden von ihr stammt.«
- Der Schulmeister sagt: »Die Keplerin hat mich in den Jahren 1607 oder 1608 eines Sonntags zu sich geholt. Dabei hat sie mich und Margaretha, Bastians Meyers Hausfrau, gezwungen, aus einem Zinnbecher zu trinken. Daraufhin hat die Margaretha zu siechen begonnen, ist von da an nimmer gesund geworden und hat schließlich daran sterben müssen … ich dagegen bin glimpflich davongekommen, denn ich habe nur wenig von dem Wein getrunken … allerdings hat sie mir die Mannschaft ganz und gar benommen.«
- Die Verteidigung hakt ein und nennt ihn einen Fabelmann. Sie bezeichnet Beutelsbacher als einen gemeinen, unverständlichen Idioten und als abergläubischen Menschen: »Man hat bei ihm nicht soviel Hirn zu suchen, als daß man nicht annehmen müßte, es wäre seine Auslegung … selbst im Angesicht der Folterwerkzeuge hat Katharina Kepler vor Gott bezeugt, daß sie dem Schulmeister nichts getan.«
- Bastian Meyers lungenkranker und schon schwindüchtigen Frau wird von der Reinboldin nachgesagt: »Sie hat bei der Keplerin den Tod getrunken.« Dem widerspricht der Witwer und trägt vor: »Sein Weib ist an Dörrsucht und nicht durch das Hexenwerk ausgesocht und gestorben.«
- Margaretha, die Frau des Zieglers Endris Leibrand, sagt: »Damals habe ich, gerade als ich gesegneten Leibes gewesen, einen leidenden Schenkel (Rotlauf) bekommen und bei der Keplerin ein Bad genommen … ich habe dabei nicht nur mir, sondern auch meiner Leibesfrucht nach dem Leben getrachtet.«
- Johann Bernhard Buckh sagt aus: »Ich habe von Jörg Hallers Weib vernommen, daß sie von der Zieglerin gehört habe, es sei erst neulich ein Haar aus ihren offenen Geschwulst gekommen, das nicht heilen wollen.«
- Daniel Schmidt meint: »Die Keplerin hat sich über die Wiege meiner Kinder gelegt. Sie haben große Knochen bekommen und sind daran gestorben.«
- Christoph Frickh sagt aus: »Ich habe plötzlich Schmerzen an meinem Schenkel verspürt, gerade als die Keplerin vorbeigekommen … es ist ihm wie ein Nebel vor Augen geworden … dann habe ich mich damit behandelt, daß ich mich den Schenkel mit meinem eigenen Urin getränkten Tuch umwickelt habe.«
- Anna Maria Maisterlin sagt »Ich habe an der linken Hüfte einen heftigen Stoß erhalten … als ich mich umdrehte, sah ich die Keplerin über den Schloßplatz gehen, von der ich wußte, daß sie im bösen Verdacht steht … der Schmerz stelle sich jeweils bei Neu- und Vollmond wieder ein.«
- Der Sattler sagt aus: »Als die Keplerin bei den Schweinen vorübergangen ist, haben diese im Stall zu jammern begonnen und eines ist darüber gestorben.«
- Die Hausbäckin sagt: »Bei mir ist ein Kalb erkrankt … die Keplerin könnte es geritten haben, doch ich kann nicht unter Eid sagen, daß sie schuld daran ist … auch ist sie nicht im Stall gewesen.«
- Der Küfer von Leonberg, Jacob Koch, sagt aus: »Michael Stahl hat bei Martin Weißhaupt erzählt, Martin Nestler hätte nach gelungener Operation auf die Frage nach dem Grund seiner Krankheit auf eine Katze, die oben im Gebälk der Scheune lag, gewiesen und gemeint, er wollte, er könnte, mit einem nassen Finger auf sie zugehen, denn sie wäre seine Nachbarin.«

Leonberg; nach einem Stich von Matthäus Merian aus dem Jahr 1643.

wobei die herzoglich-württembergische Regierung die Ämter und Untervogteien durch Ermahnungen zur Hexenjagd aufstachelt[340].

Im Dezember 1615 werden vier Frauen und im Frühjahr 1616 zwei weitere aus der Umgebung Leonbergs als Hexen verbrannt. Jetzt wird das von Sensationslust und niedrigen Trieben bestimmte Volk hellhörig; für Ursula Reinbold eine Chance, ihre Triebe auszuleben.

Sie sucht mehrfach bei der fürstlichen Kanzlei in Stuttgart nach, … daß man die Keplerin verhaften, ihre Güter konfiszieren und sie foltern möge … denn sie sei in der Stadt als Hexe verschrien. Sie wird in Ansbach erzogen und hat hier in ihrer Jugend von einem *lieb gehaltenen Apothekergesellen*, um eine Schwangerschaft zu verhüten, ein *verbotenes* Mittel erhalten. Auch sie heiratet früh, wird bald danach Witwe und führt ein lasterhaftes und verhurtes Leben. Nach einer handgreifli-

chen Auseinandersetzung zwischen dem Kupferschmied Jörg Zürn und dem Glaser Jacob Reinbold, die wohl beide um die Einfältige buhlen, ist sie eine *ziemliche* Zeit wegen Unzucht verurteilt und im Diebsturm eingesperrt. Während ihrer Haft heiratet sie ein zweitesmal. In ihrer zweiten Ehe bleibt sie eine leichtfertige und lebenshungrige Frau, die sich von einem *vermeintlichen Medico* unfruchtbar machen läßt.

Dieser Eingriff hat gesundheitliche Folgen, zumal sie *allerhand unordentliche Mittel* von Marktschreiern und herumziehenden Quacksalbern zu sich genommen hat. Ein ihr in diesem Zusammenhang verabreichter Trank hat ihr fast das Herz abgestoßen und die Augen heftig aus dem Kopf getrieben, so daß sie halb von Sinnen war.

Deshalb sucht sie Rat beim Chirurgen Urban Kräutlein, ihrem Bruder, der im Dienst des Prinzen Achilles von Württemberg steht. Er gelangt zu der Auffassung, ... es könne wohl nicht mit rechten Dingen zugehen.

Nun besinnt sich die Reinboldin des Tranks, den ihr vor Jahren die Keplerin gegeben hat[341]. Er wird zur Grundlage des auf ihm errichteten Prozesses, der von umfassenden Denunziationen begleitet ist. In ihrem unversöhnlichen Haß schreckt die Kontrahentin vor nichts zurück. Sie bezichtigt die Keplerin der Hexerei und Giftmischerei; so hat das böse Gerücht »wie ein Feuer um sich gefressen.«

Die Keplerin kontert, ... daß ihr Leben aus ihrem lockeren Lebenwandel und den falschen Arzneien resultiert ... die Reinboldin könne Koppenschmalz, Bäder oder was sie wolle gebrauchen ... sie habe kein Kind, wolle aber gut leben ... und müsse dafür nun eben ihr Leid tragen.

Die Angehörigen von Katharina Kepler wollen die Verleumdungen als *Weiberreden* abtun. Erst als sich die Schmachreden verstärken, erscheint Christoph Kepler klagweis vor dem Vogt mit dem Begehren, der Glaserin Stillschweigen aufzuerlegen und ihr zu befehlen, Ruhe zu bewahren und künftig seine Mutter unbehelligt zu lassen.

In ihrem Namen wird vor dem Leonberger Stadtgericht eine zivile Verleumdungsklage gegen das Reinbold'sche Ehepaar angestrengt. Der Keplerin wirft man vor:

- Sie habe einem Mädchen, der Katharina Haller, einen Schlag auf den Arm gegeben.
- Sie hat ihrer Kontrahentin einen Schlag gereicht, der zur Ursache ihres Leidens geworden ist.

Jetzt reagiert die Gegenpartei. Die Hallers bringen eine zivile Schadensersatzklage ein und Schinda Burger behauptet:

- »Wer sonst als die Keplerin könne daran schuld sein, daß ihr ältester Bub ein krummer, bresthafter elender Krüppel war ... der sich alle Tage seines Lebens niemals sein Handbrot würde selbst verdienen können[342].«

Dem Gericht trägt sie vor, zu ihrem kranken Buben sei ein schwarzer Vogel mit schrecklichem Brausen und Sausen in die Stube gekommen, (er) habe sich auf die Schultern des Kindes gesetzt, mit grossen Augen angesehen. Erst habe sie ihn fangen wollen, doch er sei mit *Brasseln und Brausen* hinweggeflogen. Von den Bürgern wird die Keplerin vorverurteilt, denn die Hallerin erzählt im Städtchen, ihr würde ja ohnehin das gesamte Gut der Keplerin zugesprochen.

Die Familienangehörigen der Katharina Kepler sagen, daß sich nun das Ungewitter über dem Kopf ihrer Mutter zusammengezogen hat[343]. Ihr Ziel ist, die starrsinnige Mutter von Leonberg wegzuschaffen, um weitere Gerüchte zu ersticken. Schon im Sommer 1616 hat Johannes Kepler den Leonberger Kriegsvögten geschrieben und von ihnen begehrt, daß sie ihm die Mutter nach Österreich (Linz) schicken. Sie hat wohl auch die Reise angetreten, gelangt aber nur bis Ulm, kehrt dann wegen des schlechten Wetters um, bleibt kurz in Esslingen und geht dann zu ihrer Tochter nach Heumaden.

Am 21.11.1616 bringt sie ihr Sohn, wohl etwas widerständlich, zu seinem Bruder nach Linz, wo sie neun Monate bleibt. Die Verbringung zu ihrem ältesten Sohn wird von der gegnerischen Partei als ausweichende Flucht gedeutet, ... die sie unternommen, um sich der Verhaftung zu entziehen.

Der Sohn kontert, ... seine Mutter wäre keinesfalls heimlich fortgegangen, sondern habe den Bürgermeister, den Vogt und die Kriegsvögte unterrichtet. Sie wäre nicht als Beklagte, sondern als Klägerin gegangen. Zudem nicht an einen unbekannten Ort ... außerdem wäre sie aus eigenem Antrieb wieder nach Württemberg zurückgekehrt.

Jetzt schaltet sich der Amtsmechanismus ein. Am 2.12.1616 erteilt das fürstliche Ratskollegium in Stuttgart den Auftrag, das Vermögen der Keplerin, da sie *flüchtigen Fusses* sei, zu inventarisieren. Zum Beginn des Jahres 1617 bittet Jacob Reinbold schriftlich den Herzog von Württemberg, die *ausgetretene* Keplerin verhaften zu lassen, damit man von ihr erfahre, welches Gift in

Herzog Johann Friedrich von Württemberg (1582-1628), Regent des Landes seit 1608. Nach einem Kupferstich.

Christoph Besold (1577-1638), 1610-35 Professor in Tübingen und 1636 in Ingolstadt. Kupferstich von Wolfgang Kilian in Augsburg.

dem von ihr seiner Frau gereichten Trank gewesen sei ... um mit einem guten Mittel dagegen wirken zu können.

Immer deutlicher wird das Agieren von Johannes Kepler, der sich schützend vor die Mutter stellt. Er schreibt an Herzog Friedrich von Württemberg und unterbreitet sein Anliegen dem Vizekanzler Dr. Sebastian Faber. Für sich bestellt er Anwälte in Tübingen und Stuttgart, für die Mutter einen in Leonberg. Daraufhin ändert sich die Haltung in der landesfürstlichen Kanzlei. Sie befiehlt am 29.1., nach Zustimmung durch den Herzog, dem Leonberger Vogt, die Kinder und den Schwiegersohn der Keplerin vor sich zu fordern, damit er ihnen eröffnet, daß, im Falle sich die Mutter wieder stelle, ihr der Herzog ein sicheres Geleit geben wolle, damit der Prozeß zu Ende geführt werden kann die Verantwortung der Keplerin sollte durch den Vogt nach Stuttgart melden und dortigen Bescheids gewärtig sein; eine Inventarisierung solle nicht erfolgen.

Der Advokat von Jacob Reinbold trägt vor, ... die Keplerin habe sich durch ihr schlechtes Gewissen und offenkundige *Hexenstücklein* schuldig erwiesen, weshalb er nochmals darum bitte, ihr Hab und Gut inventarisieren zu lassen. Nun wird das fürstliche Hofgericht in Tübingen angerufen: es weist die Reinbold'sche Appellation zurück.

Dies bewegt Katharina Kepler, gegen den Willen ihres Sohnes nach Heumaden zurückzukehren. Am 20.11.1617 ersucht er den Herzog, seiner Mutter *per expressum* zu erlauben, ohne Verlust ihrer Ehre und gemäß seinem Wunsch ihm nach Linz zu folgen ... er würde sie unweigerlich in die Heimat zurückbringen, falls es der Herzog fordern werde.

Am 5.3. 1618 wendet sich die Reinbold'sche Partei in einer weiteren Klage an die Obrigkeit. Jacob Reimbold fordert im Namen seiner Frau Schadensersatz in Höhe von 1000 Gulden, für das ihr durch den Trunk angetane Unrecht und Wiedererstattung der Gerichtskosten[344]. Am 7.5. findet ein Zeugenverhör statt, wobei von vier ehrliebenden Gerichts- und Ratspersonen der gute Leumund der Keplerin hervorgehoben wird. Ihre Tochter beteuert, … ihre Mutter habe sie in der Gottesfurcht unterwiesen und führe einen ordentlichen Lebenswandel. Der Glaserin hält man vor, … daß sie mit abergläubischen Dingen umgehe und ihre Krankheit selbst verursacht habe.

Am 16.6. kommt die der Hexerei halben hochverdächtige Katharina Kepler wieder nach Leonberg zurück. Ursula Reinbold und ihr Mann erscheinen daraufhin vor dem Vogt und verlangen erneut die Verhaftung der Kontrahentin. Sie tragen vor, … wegen erneuter Fluchtgefahr soll man sie in Leonberg verwahren. Verfasser dieser später abgelehnten[345] Supplikation ist der Leonberger Stadtschreiber Werner Feucht. Am 8.10. hat das Gericht die Aussage zusätzlicher Zeugen publiziert:

- Habe sie dem Töchterlein eines Bürgers das Hexenwerk lehren wollen und diesem gegenüber die höchst ketzerische Ansicht geäußert, daß mit dem Tod des Menschen wie beim unvernünftigen Vieh alles aus wäre.
- Sie habe den Schulmeister und den Gesellen des Barbiers durch einen Hexentrunk beschädigt.
- So habe das Vieh des Metzgers durch sie Schaden gelitten.

Auf die Reinbold'sche Klage hat die gegnerische Seite einen Gegenklage eingebracht, die nach dem Württembergischn Landesrecht zusammen mit der anderen im gleichen Prozeß *gehandelt um zu ort gebracht und in einem Urteil* entschieden werden muß.

Dann bringt Jacob Reinhold, der den Eindruck erweckt, als habe er nur noch die Gehässigkeiten seiner Frau zu formulieren, Dr. Philipp Jacob Wehenmayer *49 allerschrecklichste und schändlichste Artikel* ein, mit denen er die *hexischen Untaten* der Keplerin zementieren will.

Von der Verteidigung werden zu jedem dieser Artikel Fragstücke verfaßt, die die Zeugen in die Enge treiben soll. So werden am 10.11.1619 vom Merklinger Amts-

schreiber 22 Zeugen vernommen; das Protokoll wird später der fürstlichen Kanzlei geschickt und dem Herzog vorgelegt.

Johannes Kepler bittet ihn, daß er zu den 49 Schmachpunkten Stellung nehmen kann. Doch im Konsilium fallen am 24.7.1620 die Würfel: die Reinboldsche Partei hat sich durchgesetzt und sonnt sich bereits im angenommenen Erfolg. Dem Leonberger Vogt wird befohlen, »Katharina Kepler zu verhaften, sie auf die *theologischen Artikel* hin fleißig zu examinieren und sie mit ihren Zeugen zu konfrontieren.« Nach darüber erfolgem Bericht sei, … falls sie nicht geständig werde … alsdann die Folter an die Hand zu nehmen.

Bei der überraschenden Verhaftung der Keplerin hat ihre Tochter »umworren im ersten Erwachen und Schrecken, warum es eigentlich zu tun, den Kopf verloren. In einem Hemd bekleidet geht Margareta Binder zu ihrer noch schlafenden Mutter. Sie weckt sie auf, sodann hat sie sie nackt samt einer Decke und einem Deckbett in eine offene Truhe gesteckt und so, um die ihr im Pfarrhaus widerfahrende Schande und den Spott der öffentlichen Abführung vor den Augen der Nachbarn zu verbergen, transportieren lassen.« Dies geschieht am 7.8. 1620 früh am Morgen. Veranlasser ist der Stuttgarter Vogt Marx Walter. Dann wird sie nach Stuttgart gebracht und schließlich nach Leonberg überstellt.

Die Verteidigung trägt später vor, daß es sich dabei um einen schmählichen Überfall *Ante citationem* gehandelt hat, der unnötig gewesen wäre, da die Keplerin mit dreijähriger unverrückter Wohnung bei ihrer Tochter in Heumaden gelebt habe[346].

Vier Tage später wird sie examiniert und mit 17 Zeugen konfrontiert. Das Protokoll vermerkt, die Keplerin habe den Zeugen nicht rechtschaffen ins Gesicht sehen können. Ihre Entschuldigungen seien gering und sie habe nicht geweint, als ihr gütlich und ernstlich zugeredet worden sei und selbst, als sie die theologischen Artikel gehört, seien ihr nicht einmal die Anzeichen des Weinens gekommen, die Keplerin habe sich überdies auf Appolonia, Jacob Wellingers Witwe berufen, die 1616 wegen überaus bösem Zeugnis und gräßlich auf sich geladenen Verdachts zur Hexerei zu Leonberg angeklagt und torquiert worden sei, nun aber mit einem Wirtsladen auf dem Lande streife[347].

Am 26.8. bittet ihr Sohn, der Kandelgießer Christoph, den Herzog von Württemberg, »es möge seine verhaftete Mutter von Leonberg an einen anderen Ort transferieret werden … weil sich deren Wider–sacher damit rühmen, ihr werde der peinliche Prozeß gemacht. Sie wird daraufhin in den Turm von Güglingen gelegt. Am 30.8. soll sie durch den Stuttgarter Scharfrichter Jacob torquiert werden.« Am 4.9. wird die Peinliche Klage vorgebracht; sie beinhaltet 23 Angriffspunkte und stellt im wesentlichen eine Wiederholung der Rein–bold'schen Zivilklage dar.

Wieder greift Johannes Kepler ein. Er alarmiert den Tübinger Juristen Christoph Besold: »Dieser kühle, den Hexenprozessen an sich abgeneigte Jurist[348] schreibt an Kepler: Die Schwere des Falles erfordere, sich jetzt an Dr. Bidenbach um Rat zu wenden, denn dieser sei der erste Berater des Fürsten und überdies wisse er, daß er Kepler und seiner Familie wohlgesinnt sei.«

Die Position von Johannes Kepler darf in diesem Zusammenhang nicht überbewertet werden. Für viele am Hof des Herzogs von Württemberg ist er einer, der sich theologisch nicht fügen will, der mit dem Brandmahl der Häresie gezeichnet wäre und dem, … man nicht einmal eine Professur in Tübingen habe geben können.

Kepler bittet um Aufschub, bis er in Güglingen eintrifft, was am 26.9. der Fall ist. Er will, daß seine Mutter in ein menschenwürdiges Gefängnis gebracht wird, … damit sie trotz ihres Alters den Winter lebend überstehen könne. Es wird bewilligt und so kommt sie in das *Torstüberl*, wo sie mit Ketten an ein eisernes Band gelegt wird. Die mündlich von Kepler eingebrachte Bitte, seine Mutter gegen eine Kaution freizulassen, wird abgelehnt.

Während ihrer Haft in Güglingen soll sie ein kleines *Geisslinger Messer* zum Zerkleinern ihrer Mahlzeiten benutzt haben. In diesem Zuammenhang fragt sie der Wächter

Jacob Bidermann: »Kätherlein, wo bringt ihr das Messer her? Wanns der Vogt inne würde, so würdet ihr hübsch anlaufen[349].« Der Verpflegungssatz der Eingeschlossenen beträgt täglich fünf Schillinge. Der Güglinger Stadtknecht heißt Martin Franckh.

Kepler erreicht, daß die gegen seine Mutter gerichtete Klage auf Zahlung von 1000 Gulden *aus bewegenden Ursachen* abgelehnt wird. Das Gericht läßt den Glaser am 24.11.1620 *zu Geduld weisen*.

Die landesfürstliche Kanzlei beauftragt den Kanzleiadvokat Hieronymus Gabelkover, die Anklage gegen Katharina Kepler rechtlich zu fundieren. Die Rechtstage finden am 8.1.1621 in Leonberg und am 13.1. in Güglingen statt. Johannes Kepler bittet am 10.7.1621 *flehentlich* den Landesvater, dieser möchte sich als gerechter Landesfürst und Vater in Huld und Gnad einer armen, alten, verlassenen, verwitweten, gefangenen Untertanin erbarmen.

Für den 20.8. wird ein weiterer Rechtstag bestimmt, bei dem die Verhaftete im Beisein ihres Sohnes Johannes erscheinen. Dann übergibt die Verteidigung dem Gericht eine Anklageschrift. Der Urteilsfindung durch die Tübinger Juristenfakultät steht nun nichts mehr im Weg. Der Antrag des klagenden Anwaltes lautet auf die Durchführung der Tortur[350].

Die Anklage macht es sich leicht und konstruiert unter Berufung auf juristische Autoritäten ein weiteres *Indicium post capturam*, die Verhaftete habe die vom Fürstlichen Anwalt am 4.9.1620 zusammengefaßten 21 Artikel, alle miteinander über einen Haufen geleugnet und dem Richter die Wahrheit wissentlich verleugnet … und sei dadurch bei der lügnerischen Tat handhaft ergriffen worden, was nur eine Behauptung ist.

Der vom Güglinger Vogt abgeschlossene, dickleibig gewordene Akt wird der Tübinger Juristenfakultät übersandt, die zu entscheiden hat, ob die Beklagte gefoltert werden soll oder nicht[351]. Die Juristen entscheiden am 10.9. nach Erlangung der *gründlichen Wahrheit* auf die Folter, allerdings nur im ersten Grad. Im Urteil heißt es ausdrücklich, daß sie vom Nachrichter nicht angegriffen, noch viel weniger gefesselt oder aufgezogen, auch noch sonst gemartert werden solle. Begründet wird es mit ihrem Alter und der Unzulänglichkeit der Indizien.

Die Publizierung und Vollstreckung des Urteils findet am 28.9.1621 früh gegen sieben Uhr statt. Doch bleibt die Keplerin, nach den Worten des Güglinger Vogtes, beim Leugnen und sagt, man mache mit ihr, was man wolle, wenn man ihr auch eine Ader nach der anderen aus dem Leib ziehen wolle, so habe sie doch nichts zu bekennen. Sie fällt auf die Knie, betet ein Vater Unser und bittet, Gott möge ein Zeichen geben, wenn sie eine Hexe oder Unholdin sei, wenn sie jemals etwas mit der Hexerei zu tun gehabt habe.

Sie wisse, Gott werde die Wahrheit an den Tag bringen und seinen heiligen Geist nicht von ihr nehmen. Gott werde die Zeugen strafen, welche sie in diesen Handel gebracht haben, denn es geschehe ihr Gewalt und Unrecht.

Daraufhin muß der sie der Güglinger Vogt in das Gefängnis zurückbringen, bis weitere Entscheidungen getroffen werden. Am 3.10. befiehlt Herzog Johann Friedrich von Württemberg den Endlichen Rechtstag anzusetzen und die Keplerin, die sich durch die ausgestandene *Territio* von den Vorwürfen gereinigt habe, freizusprechen. Seit der Überstellung der Keplerin von Leonberg nach Güglingen sind 450 Tage vergangen, was auch die Gerichtskosten nach oben treibt. Sie werden so aufgeteilt: Christoph Kepler 30 Gulden, der Glaser Jacob Reinbold 10 Gulden, die Amtstadt und das Amt Leonberg jeweils 40 Gulden. Die Eintreibung der Kosten zieht sich Jahre hin.

Katharina Kepler stirbt etwa ein halbes Jahr nach der Entlassung aus ihrer Haft am 13.4.1622. Ihr Vermögen beträgt nach dem Tod, das Inventar berücksichtigt, 773 Gulden und 46 Kreuzer, von denen nach Abzug der Verbindlichkeiten 54 Gulden und 51 Kreuzer übrigbleiben[352].

Sie hat Glück gehabt; doch wie stellt sich eine Verteilung im damaligen *Württemberg* dar? Ein Großteil der Kosten bilden die Zehrungen, eine Aufwandsentschädigung für die am Prozeß beteiligten Richter, Stadtknechte, Schreiber, Nachrichter usw. Die Höhe der jedem zustehenden Gebühr regelt die Peinliche Halsgerichtsordnung. Sie legt die Höchstsätze für die Verpflegung der Gefangenen fest. Pro Tag sind es sechs oder acht Pfennige für Brot, 24-28 Pfennige für sonstige Speisen und höchtens eine Maß Wein. Damit soll das übermäßig Anschwellen der Kosten bzw. die zu starke Belastung der Entlassenen oder deren Hinterbliebenen, vermieden werden.

Kinder werden beauftragt, den oder die Verurteilten zur Gerichtsstätte *hinauszusingen*. Glockengeläute und Schüsse begleiten die Obrigkeit mitsamt deren Opfern.

Für den Scheiterhaufen wird das Holz angekarrt. Verurteilte werden auf die darauf gesteckten Pfähle mit eisernen Bein- und Armbändern gekettet. Zur Beschleunigung des Todes bekommen sie später ein Säckchen Pulver umgehängt, das sich im lodernden Scheiterhaufen entzündet. Das Lebendverbrennen dominiert nur in krassen Fällen. Üblicherweise werden die Delinquenten vorher erdrosselt oder geköpft. Für die Scharfrichter erläßt man Schutzbestimmungen, »sollte ihm einmal ein Fehler unterlaufen.«

Keplers Stellung zur Hexenfrage

Johannes Kepler gehört zu den wenigen, die in der Lage sind, die Bannmeile der religiösen Schranken zu überschreiten. Er steht in freundschaftlicher Verbindung zu Galilei.

Kepler erkennt den menschlichen Hochmut und kämpft sein ganzes Leben dagegen an, gegen Wunder, Vorbedeutungen und Vorzeichen. In Bezug auf die Geister läßt er die Frage offen, ob es real ist, an solche zu glauben. Den Hexen dagegen legt er keine Macht bei, weil sie durch die Macht von Mißhandlungen hervorgerufen werden.

Den Luftflug der Hexen macht er lächerlich, denn in seinem Traum von der Beschaffenheit des Mondes erzählt er, daß man auf der im Äther gelegenen Insel Levania alte und ausgetrocknete Weiber kenne, denen von Jugend an dieser Glauben eingetrichtert worden sei, um nächtlich auf Böcken und Gabeln ungeheure Strecken nach der Erde zu durcheilen. Erläuternd fügt er hinzu, ... wenn das wahr sei, was die meisten Tribunale vom Luftflug der Hexen erzählen, so wäre es doch vielleicht möglich, daß ein gewisser Körper, von der Erde abgestoßen, bis zum Mond getrieben werde.

Kühn zeichnet er vor, was heute Technologie und Wissenschaft erreicht haben: die bemannte Weltraumfahrt. Im Weltall ist es dunkel und kalt; der von Engeln und lieben Christen bevölkerte Himmel ist ihnen nicht begegnet.

Würzburg: Renata Sänger[353)]

Der Prozeß ist von Interesse, weil er einer der letzten auf deutschem Boden unter der klassischen Teufelsideologie ist. Es ist einer der letzten Hexenprozesse mit tödlichem Ausgang. Im Mittelpunkt der Denunziationen steht die 70jährige Subpriorin des Klosters Unterzell bei Würzburg.

Renata soll als *unverständiges* Kind im Alter von sechs Jahren durch einen Offizier zur Zauberei verführt worden sein. Mit zwölf Jahren wird sie während eines gedachten Hexenkonventes zur Ehrendame erhoben und erhält einen Platz beim Thron des *Fürsten der Finsternis*.

Mit 19 Jahren bringen sie die Eltern in das Kloster der Prämonstratenser nach Unterzell bei Würzburg, das wegen seiner *greulichen Disziplin* und *außergebräuchlicher Unschuld und Tugend* bekannt ist. Viele Jahre gilt sie als fromm, sie ist die letzte im Chor und die erste beim Gottesdienst. Im Laufe der Zeit erlangt sie die Position einer Subpriorin.

Innerhalb ihres 50jährigen Klosteraufenthaltes behält sie angeblich die ihr unterstellte Zauberei für sich. Dann führen äußere und innere Zwänge eine Spaltung ihres Wesens herbei. Allmählich erhebt sich ein Tumult im Kloster. Kutschen scheinen durch den Schlafsaal zu fahren und im Garten hört man es schreien. Nonnen werden geschlagen, gezwickt und gewürgt. Andere werden hellsehend und fühlen sich

von Dämonen besessen; wiederholt deuten sie auf die Subpriorin: »Die nächtlichen Plagen werden so schlimm, daß man sie selbst in der Umgebung wahrnimmt ... derohalben verursachte der Teufel vier Closter-Frauen, theils durch zauberisches Anhauchen, theils durch Wurzeln und Kräuter. Nebst einer Layen-Schwester, so noch eine Novizin, zauberte sie durch erwehnte Mitel mehrere höllische Geister in den Leib.«

Zudem habe sie berauschende Tränke bereitet, Wein aus dem verschlossenen Festungskeller in das Kloster geholt, als Schwein auf den Klostermauern nächtliche Umzüge gehalten ... auf der Brücke habe sie vorübergehend Kühe gemolken und manchmal habe sie in London beim Theater mitgespielt. Sie habe sich in eine Katze verwandelt, und die anderen Nonnen solange gequält, bis man es durch blutige Spuren entdeckt.

Doch Gott ließ es nicht länger zu und veranlaßte eine der Kranken, die Subpriorin beim Propst anzuzeigen: er ermahnt sie, sich auf den seligen Tod vorzubereiten und läßt die Sache gehen. Schließlich nimmt eine der Chorjungfern ihre mit *scharfen Sporen bewaffnete Disziplin* und treibt die Hexe Maria Renata aus dem Zimmer. Wieder wird der Propst zum Handeln aufgefordert. Er nimmt die alternde Frau in Verwahrung: »Als man hernach ihr Zimmer durchsucht, findet man einen Schmierhafen, Zauberkräuter, sodann einen goldgelben Rock, in welchem sie zum gewöhnlichen Hexentanz gefahren.« Angesichts dieser Beweisstücke legt sie ohne Zwang ein Geständnis ihrer Untaten ab und verspricht, dem Teufel abzusagen. Auf Befehl des Fürstbischofs wird sie ihrer geistlichen Ämter degradiert und auf die Feste Marienberg gebracht. Hier legt sie vor zwei geistlichen Räten und Jesuiten eine Beichte ab. Daraufhin wird sie zum *gerechten* Tod verurteilt. Es gibt eine Verzögerung, denn der amtierende Fürstbischof stirbt am 9.2.1749.

Am 21.7. 1747, morgens zwischen acht und neun Uhr, enthauptet der Kitzinger Stadtrichter die 71jährige. Ihren Körper wirft man an einer Stelle vor dem Hochburger Wald, dem *Hexenbruch*, dem gemeinhin üblichen Brandplatz, auf einen Scheiterhaufen, während man ihren Kopf auf eine Stange steckt, um mit dem Blick nach dem Kloster Unterzell gehalten zu werden.

Der Jesuit Gaar hält vor dem Holzstoß eine Rede. Darauf wird die Leiche eingeäschert und der Gotteskundler referiert: »Zauberer buhlen mit dem Teufel ... weilen Maria durch 50 Jahre, welche sie im Kloster zugebracht, nach ihrer eigenen Aussag(e) keiner einzigen Closter-Seel habe schaden können, wollte der Satan durch diese seine Sklavo die Wut an denen Leibern ausgießen.«

Eine weitere Version

1924 erscheint in Würzburg die Publikation: *Geschichte, Namen, Geschlecht, Leben, Thaten und Absterben der Bischöfe von Würzburg und Herzoge von Franken.* Darin befindet sich eine bemerkenswerte Passage über das Leben und die Hinrichtung der Nonne Maria Renata Sänger:

»Während dessen hatte auch die traurige Begebenheit den Anfang von Karl Philipps Regierung betroffen. Das letzte unglückliche Opfer des heillosen Hexenglaubens, Maria Renata Singer von Mossau, Nonne des Klosters Unterzell, war am 21.7.1749 in Franken gefallen. Schon unter der Regierung der vorigen Regierung war die Unglückliche, als der Hexerei verdächtig, angegeben worden und schon war die Kommission niedergesetzt, die ihr aufgebürdeten Verbrechen zu untersuchen, als der plötzliche Tod des Fürstbischofs Anselm Franz den Anfang ihrer Thätigkeit hemmte. Doch nur auf wenige Tage.

Schon am 17.2. verfügte sich die Kommission, bestehend aus dem geheimen und geistlichen Rathe Dr. Barthel, dem geistlichen Rathe Dr. Wenzel und den beiden Jesuiten Staudinger und Munier, abermals nach Unterzell und begann die Vernehmungen der Angeschuldigten. Nachdem der Weg vom Kerker an bis zum Sprachzimmer, wo die Unglückliche vernommen werden sollte, mit Weihwasser besprengt war, wurde sie

selbst, weil sie vor Alter und Schwachheit nicht gehen konnte, von einigen Schwestern herbeigetragen. Merkwürdig sind ihre Antworten in bezug auf ihr Klosterleben, indem sie freimütig bekannte, daß sie nie Sinn für das Kloster gehabt, auch Gott nicht gedankt, als sie in dasselbe gekommen, im Gegentheile vorher gebeten habe, sie möge nicht aufgenommen werden.

Der einzige Zweck ihrer Eltern sei daher gewesen, sie versorgt zu sehen, sie habe aber Tag und Nacht darüber geweint. Sie habe auch später nicht zufrieden im Kloster gelebt, weil sie immer wieder in die Welt hinaus gedacht habe. Auf die Frage nach ihrem Gesundheitszustand erwiderte sie abermals, daß sie oft Melancholie überfallen habe, weil sie an nichts als an weltlichen Dingen Freude habe, die ihr aber natürlich im Kloster versagt gewesen seien. Sie habe solche Gedanken, trotz ihrem Vorsatze, nicht unterdrücken können. Deshalb habe sie in der Nacht häufige Träume, lustigen und traurigen Inhalts, so daß sie oft schreie und heule.«

Merkwürdig ist die Antwort auf die Frage, ob sie nicht glaube, daß die Hexerei viel in Einbildung bestehe? Sie sagt, vieles wäre in der Einbildung, vieles aber auch in der That. Die Geschichte ihrer Verschreibung an den Feind, der die Gestalt eines Offiziers angenommen hatte, ist höchst naiv. Sie habe, sagte sie, bloß ihren Namen auf ein Bild, worauf ein Vogel und ein Herz gemalt gewesen, mit den Worten *Ich bleibe Dir treu* unterschrieben. Dies alles war aber schon im 7. oder 8. Jahr ihres Alters geschehen, wo sie mit ihrem Vater, der gleichfalls Offizier war, in den Feldlagern herumzog. Auf eine weitere Frage, ob sie denn nicht glaube, daß der böse Feind durch ihre Verschreibung Gewalt über sie habe? entgegnete sie, gewiß wisse sie es nicht, es könnte aber wohl sein.

Derlei Fragen und Antworten folgten sich in Menge, aus allen geht des unglücklichen Weibes Widerwille gegen das Klosterleben und der hierdurch in ihr entstandene Wahnsinn hervor; durch übernatürliche Kräfte sich das verschaffen zu können, was ihr die unbarmherzigen Klostermauern

Darstellung eines Hexenrittes aus der Schedel'schen Weltchronik. Keine Inkubus- darstellung, wie es gedeutet wurde.

versagt hatten. Im Wachen und Träumen schwebte ihr nur der eine Gedanke vor, sie war daher zu der festen Überzeugung gelangt, daß sie wirklich eine Hexe sei.

Was Wunder, daß ihre Richter sie nicht über ihre eigenen, ihr freilich durch die Frage in den Mund gelegten Aussagen erheben konnten. Die Hauptbeschuldigungen, außer der allgemeinen, daß sie eine Hexe sei, waren, daß sie sechs ihrer Mitschwestern im Kloster mit dem Teufel besessen, den P. Georg zu Ebrach und den P. Nikolaus zu Ilmstadt in ihrer Vernunft verwirrt gemacht und die in der Kommunion empfangenen Hostien aus dem Mund genommen und weggeworfen habe.

»Sie hatte sie alle zugegeben und bekannt. Die geistlichen Richter übergaben sie daher vermittelst Urtheil vom 23.5.1749 dem weltlichen Gerichte, mit dem Ersuchen, daß gegen sie, die da seyende arme Sünderin weder zu einiger Tods noch anderer Gliederstümmelungsstrafen fürgeschritten werden möge.« Renata war indessen zu größerer Sicherheit aus dem Kloster Unterzell hinweg auf den Marienberg gebracht worden, wo sie schwer erkrankte, aber wieder genas.

Hier begann am 4.6. die weltliche Gerichtskommission, bestehend aus den Hofräthen Ebenhöch und Unger und dem Regierungs-Sekretär Sartorius, die Untersuchung, in der sich fast Wort für Wort Frage und Antwort der von der geistlichen Kommission geführten Protokolle wiederholten. So wurde sie auch vom weltlichen Gericht der Zauberei für schuldig erkannt und »am 18.6. zum Tode verurtheilt. Dieß Urtheil wurde am 21.6. auf folgende Weise vollstreckt:

Schon am Tage ihrer Verurtheilung an blieben Tag und Nacht Geistliche bei ihr, sie zum Tode vorzubereiten. Am Tag der Hinrichtung wurde sie früh zwischen 8 und 9 Uhr in den großen Saal des Schlosses geführt, wo ihr von dem fürstl. Malefiz-Sekretär in Gegenwart des Hofschultheißen und zweier Stadtgerichtsassessoren das Urtheil noch einmal vorgelesen wurde ... sie wurde hierauf, wegen ihres Alters und ihrer Schwäche, von zwei Nachtarbeitern in einen eigens hierzu verfertigten Sessel zum Richtplatze, welcher innerhalb des Hölzberger Thores in einer Bastei war, getragen und hierbei von einem Unteroffizier, mit sechs bewaffneten Soldaten, bewacht. Ihre geistliche Begleitung bestand in vier Jesuiten, zwei Kapuzinern und ihrem Beichtvater, dem P. Maurus von den Schotten.«

Schon auf dem Weg zeigte sie sich so bußfertig und ergeben, daß der Berichterstatter über die Hinrichtung sagt: »Woferne man wegen ihrer selbstigen Eingeständnis und es alltäglichen Augenschein deren Besessenen, ihrer getriebenen Hexerei nicht überzeugt gewesen war, wohl hette geglaubt, daß sie solche Boßheit und Mißethat nicht ausgeübet habe.« Auf dem Richtplatze angelangt, sagte sie nochmals öffentlich dem Teufel ab und versprach Christus getreue zu bleiben. Hierauf schlug ihr der Scharfrichter von Kitzingen mit einem Hieb das Haupt ab. Als eine besondere Bedeutung wollte man geltend machen, daß während der Dauer der Exekution ein Geier über der Richtstätte schwebte.

Die Leiche wurde dann, mit dem Kopfe, in einem Sarge an einem Ort vor dem Walde gegen Waldbüttelbrunn zu, wo schon ehemals Hexen verbrannt worden waren, geführt, dort auf einen Scheiterhaufen gelegt, der Kopf aber auf eine Stange gesteckt, das Gesicht gegen das Kloster Unterzell gewendet. Nachdem der Jesuit P. Gaar an das zahlreich verbreitete Volk eine, auch durch den Druck verbreitete Rede gehalten hatte, wurde der Scheiterhaufen an vier Ecken angezündet, das Feuer aber bis sechs Uhr abends unterhalten.

Im Widerspruche mit dem Berichterstatter, dem wir bis hierher in der Erzählung der Hinrichtung gefolgt, und welcher sagt, das nun Ruhe im Kloster Unterzell eingetreten sei, meldet ein anderer, doch ebenfalls gleichzeitig:

»Wunderlich ist, daß am letzthin angewichenen 21. Juni, da Renata wohlbekehrt gestorben, mithin dem Teufel aus den Zähnen gerissen worden, die besessenen fünf Nonnen zu Unterzell aus ihren Zellen in den Garten zum Tanzen geplagt mit Singen und Schreien veranlaßt worden vom Sathan; der Kaiser hat brave Soldaten, wenn sie bezahlt sind; Sie sprungen mit diesem Gesang an zusammengehängten Händen untereinander im Garten, als wenn sie thöricht wären: So endet dieß Trauerspiel, endlich das letzte der Art in Franken.«

Schauplatz Sexualität

Frauen und Dämonen

Vorgeschichtliche Funde bestätigen den Glauben der Urmenschen an seine Verbindung zu Dämonen[354]. Nach dem Talmud paaren sich die Dämonen untereinander. In der griechisch-römischen Götterwelt sind sexuelle Beziehungen zu Halbgöttern und Menschen an der Tagesordnung. Das Christentum saugt den antiken Dämonenglauben auf, verzerrt und vergiftet ihn. Es macht aus den gedachten *bösen* Dämonen noch *bösere* Teufel. Es sitzt einer Spekulation auf.

Es kann bei der theologischen Gelehrsamkeit nicht ausbleiben, daß zwischen den böswilligen Dämonen und den Frauen eine Brücke gebaut wird. Der als heilig angesehene Hilarius stellt die These auf, daß selbst Tiere von Dämonen besessen werden können; hat er doch erfolgreich ein Kamel exorzisiert.

Grelles Licht fällt auf Thomas von Aquin, der den Geschlechtsakt mit einem Dämon als *bestialis* bezeichnet und der eine Frau *versiegelt*, die vordem fünf Jahre lang täglich mit einem Dämon geschlechtlich verkehrt hat, so daß er nicht mehr in sie dringen kann. Thomas von Aquin untersucht in seiner Schrift *Über die Macht* die sexuellen Beziehungen zwischen Menschen und Dämonen. Er behauptet, auf diesem Feld persönliche Erfahrungen gemacht zu haben und er versteift sich zu der Formulierung: »Es ist eine Unverschämtheit, eine so unleugbare Tatsache in Zweifel zu ziehen.«

Bald unterscheiden die theologischen Haarspalter nach heißen und kalten Dämonen[355]. Mit der Scholastik wird die christliche Dämonologie bis zum letzten Zipfel ausgebaut. Gregor von Tours behauptet, daß es der leibhaftige Teufel nicht verschmäht habe, in eigener Gestalt die Menschen heimzusuchen.

In einer Nebenströmung sind die zölibatären Ängste und Zwänge zu bewerten. Werden die Frauen zur angeblichen Hexe, weil sie sinnlicher oder empfänglicher sind als der Mann, oder weil der oft gewalttätige Mann mit der von ihm geschaffenen Organisation ein Alibi für seine Schande benötigt? Mißhandlungen seitens der Männer lassen bei den Weibern im Teufel einen Tröster finden. Der Straßburger Domprediger Geiler von Keysersberg stellt sich die Frage, warum fraulich Geschlecht mehr mit der Hexerei verwütet sei, denn die Männer? … denn wenn man einen Mann verbrennt, so brennt man wohl zehn Frauen.

Das häusliche Unglück, die Erziehung der oft zahlreichen Kinder, die Versorgung der großen Haushalte bei einer oft schlechten wirtschaftlichen Ausgangsbasis, soziale Probleme, die häufige Abwesenheit der Männer, und die, ihrer Willkür ausgesetzt zu sein, spielen neben dem krassen Analphabetentum eine wesentliche Rolle. Schon 1320 berichtet Johann Andreas über Sterilitätsgetränke, entweder zur Beschrän-

---

Das Feindbild wird aufgebaut: Wie Geistliche über Frauen urteilen

- Unter Bezug auf die Bibel: »Man darf nicht vergessen, daß das erste Weib aus einer krummen Rippe gemacht und deshalb ein unvollkommenes Geschöpf ist ... darum wird sie immer betrügen, denn alle Hexerei entstammt der Fleischeslust ... der Schoß einer Frau ist unersättlich ... um ihre Lust zu stillen, verkehrt sie selbst mit Teufeln[362].«

- Alexander von Hales: »Wie schon Eva wegen ihrer geringeren Unterscheidungskraft vom Teufel verführt worden ist, so sind darum auch die Weiber der Zauberei gegenüber aufgeschlossener.«

- Wilhelm von Paris: »Die Frauen sind von Natur aus empfänglicher für die himmlischen und teuflischen Einsprechungen.«

- Johannes Nieder: »Die Weiber sind leichtgläubig, wegen der Beweglichkeit ihres Naturells der Geisterwelt zugänglicher und außerdem geschwätzig, schwach und rachsüchtig.« In seinem *Ameisenbuch* deutet er an, daß die zauberliebenden Weiber auf der Bahn des Bösen den Vortritt haben, man dürfe sich nicht wundern, wenn sich das schwache Geschlecht im Verkehr mit den Teufeln vermessen zeige, denn drei Dinge wären es, die, wenn sie die Schranken überschreiten, den Gipfel des Guten und Bösen erreichen: die Zunge, der Geistliche und das Weib[363].

- 1486 erscheint das Buch des Rechtsgelehrten Ambrosius de Vignarte. Er sagt darin: »Der Teufel besucht besonders gern die Frauen, während dies bei Männern gewöhnlich nicht der Fall ist.«

- Nach 1508. Der Richter Paul Grillandus betont: »Die Frauen frönen gern der Hexerei, um dadurch besser der Fleischeslust nachgehen zu können.«

- Luther gelangt zu der Erkenntnis: »Wer mag alle leichtfertigen und abergläubischen Dinge erzählen, welche die Weiber treiben ... es ist ihnen von der Mutter Eva angeboren, daß sie sich äffen und betrügen lassen[364].«

- Der Arzt Weyer: »Das Weib ist von Natur aus unbeständig, leichtgläubig, seiner selbst nicht sicher, neige zur Melancholie und ist darum den teuflischen Einflüssen eher zugänglich[366].«

- Der Basler Doktor Jacob Wecker setzt sich für eine strengere Bestrafung der Hexen ein: »Weil sie von blöderer Natur denn die Männer sind.«

---

kung der Kinderzahl oder um sich ungehemmter ausleben zu können. Oft führt es zum Tod oder Entstellung der Mütter, denn die medizinische Versorgung ist unterentwickelt. Hinzu kommen im zivilrechtlichen Bereich Prozesse wegen Ehehändeln, Abtreibungen, Scheidungen, die unter den Händen der Obrigkeit zu Hexenprozessen geschmiedet werden[356].

Vereinzelt sind es die Frauen selbst, die sich in der Schwatzsucht, sich selbst und anderen besser zu gefallen oder um wenigstens aufzufallen, andere wegen eines winzigen Vorteils denunzieren und in die Arme der Häscher treiben. Zum Beginn des 14. Jahrhunderts berichtet Arnold von Lüttich von einem dämonischen Hexenjäger, der jeder Dirne goldene Ringe schenkte, sobald sie bereit war, sich seiner Lust hinzugeben[357].

1486 wird in Bologna ein Mann zum Tod verurteilt, weil er ein Freudenhaus geleitet haben soll, in dem ausschließlich weibliche Teufel beschäftigt waren: »Die Unglücklichen bekennen einmütig, daß sie auf dem Feld beim Pilzesammeln beschäftigt waren, als ihnen der Teufel begegnete. Die Veranlassung war entweder ein bloses Ungefähr oder Traurigkeit, Not, Elend, Kummer oder Sorgen.«

Das Feindbild wird aufgebaut: Wie Geistliche über Frauen urteilen

- Der lutherische Prediger Kaspar Huberinus sagt in seinem *Spiegel der Hauszucht*: »Da spüret man erst recht ihre Bosheit, wenn sie auch die anderen Leute vergiften, schießen, verderben, Hagel und Wetter machen ... es ist gütlich zu glauben, daß die alten Weiber zu Unholden werden ... denn sie sind in ihrer Bosheit geübet und getrieben ... der Satan macht sie sich zur höllischen Braut ... bis er ihnen endlich den Hals bricht und dem Henker, einen Brautführer, an den Strick gibt ... und daraufhin im höllischen Feuer das Bett mit ihnen einnimmt[365].«

- Celicius sagt:»Sie sind wild und fürwitzig, von Natur aus stolz und üppig: und das Ihr werdet sein wie Gott, steht ihnen noch im Kopf ... ihre Putzsucht und stinkende Hoffahrt tun dem höllischen Levithian Tor und Türen auf ... überdas sind alle Weibspersonen mehr auf die teuflische Zauberei verfallen denn die Männer. Verdammt seien solch teuflische Wesen.«

- 1561 sagt Jacob Ballinck, ein Prediger aus Großen im Herzogtum Cleve:»Man sagt gemeiniglich ... die Weiber sind neufindig und rachgierig: wenn es ihnen an etwas mangelt, so wollen sie sich rächen. Und da es ihnen an der Macht fehlt, ist alsbald der Satan dabei und lehrt es ihnen. Die Weiber sind gemeiniglich geizig. Deshalb wollen sie reich sein ... sie wollen alle Dinge haben und mit der Pracht leben ... solches verheißt ihnen der Satan.«

- Der Arzt Johann Ewich: »Die der Hexerei anhängigen sind gemeiniglich weiblichen Geschlechts ... meistens sind die Weiber damit behafft ... welches denn geschieht aus der Schwachheit ihrer Natur ... unfleißiger Bericht in Gottes Wort, ein gottloses und unbändiges Leben, Haß und Angst wider Andere ... der Satan habe mit der gleichen Kunst der Überredung schon Eva angefochten.«

- Hermann Wilken, calvinistischer Gesinnung und Professor der Mathematik in Heidelberg: »Die Weiber sind leichtsinnig ... über alle Maßen rachgierig, schwätzig und könnten nichts verhehlen (für sich behalten).«

- Spizelius stellt heraus: »Sündige Lüste und Neigungen treiben die Weiber ... so gehen die dummen Hurenvögel in das ihnen gelegte Netz ... so fliegen die Mücken haufenweise in das Gewebe der teuflischen Spinnerin, bis er sie zuletzt verschluckt und frißt.«

Incubismus

Unter einem Incubi versteht man einen Dämon, der sich in männlicher Gestalt einer Frau nähert[358]. Michael Psellus sagt im 11. Jahrhundert, daß die Dämonen Menschen sexuell begehren können[359]. Dem widerspricht der als heilig angesehene Antonius, der meint, daß die Incubi und Sucubi nur eingebildete Körper sind. Philastrius, der Bischof von Brescia, vertritt die Meinung, daß die Dämonen nicht mit Menschen verkehren können:»Jede andere Denkweise ist Ketzerei.« Doch wie fast immer, setzt sich in der Theologie die falsche Meinung durch. Ulrich Molitoris verneint im 15. Jahrhundert die Möglichkeit der Befruchtung. Hexenjäger wie Remy und Bouguet vertreten die Auffassung, daß die Dämonen beim Geschlechtsverkehr keine Lust empfinden. »Da sie unsterblich sind, brauchen sie keine Nachkommen zu zeugen und demzufolge nicht begierlich zu sein ... Penis und Vagina wären unnötige Organe für sie.«

Rasch werden diesen Fabelwesen weitere Fähigkeiten zugesprochen. Sie verfügen über einen stofflichen Körper, können wunschweise Gestalten annehmen, formen sich aus kondensiertem Wasser oder aus

Der letzte Scheiterhaufen lodert in Deutschland vermutlich 1786. Es ist ein kunstvoll errichtetes »Hexenkrematorium«. Im Inneren ist ein Stuhl aufgestellt, auf dem der Sträfling, ein Brandstifter, gefesselt wurde.

Gasen, schlüpfen in Leichen und erwecken andere zum Leben. Sie können in behexte Menschen gelangen und bei ihnen das Gefühl einer sexuellen Vereinigung herbeirufen ... und daraus können wirkliche Wesen entstehen. Von hier bis zur Teufelsbuhlschaft ist es nur noch ein Katzensprung.

Sprenger macht darauf aufmerksam, daß solche Früchte in dem ganz besonders mit Hexen gesegneten Deutschland als Wechselkinder (Wechselbälge) bezeichnet werden. In Frankreich heißen die unglücklichen Geschöpfe *Champris*.

Jetzt wuchert die theologische Saat und Theophrastus Bombastus von Hohenheim (Paracelsus), meint, daß die In- und Sucubi aus dem Samen von solchen entstammen, die die Sünde des Onan begangen haben. Die Dämonen würden durch ihre verdorbene Phantasie Männer und Frauen zur Selbstbefriedigung treiben. DelRio vertritt eine andere Lehrmeinung und meint zu

wissen, daß der höllische Verführer dem sodomitischen und bestialischen Verkehr abgeneigt sei.

Die Dämonologen steuern einige Schilderungen von Frauen bei, die sich schamlos mit koitalen Bewegungen am Boden wälzen und in eine unflätige Sprache verfallen. Solche Vorkommnisse spielen sich selbst hinter Klostermauern ab. Zum Beginn des 17. Jahrhunderts pflegt sich eine Nonne des französischen Klosters Loudun inmitten der Zuschauer auf den Rücken zu legen, ihre Röcke zu heben, bis die Genitialen sichtbar sind und sich dann *wie besessen* mit den Händen zu befriedigen. Den anwesenden Männern soll sie so lange *Fickt mich* zugerufen haben, bis eine hartgesottene Dirne aus Marseille errötet ist. Eine junge Nonne meinte jeweils am Anschwellen ihrer Geschlechtsteile zu erkennen, wenn ihr Incubus kommen würde. Lange beschäftigen sich die Experten mit der Klärung der strittigen Frage, ob denn die Dämonen zeugungsfähig sind. Und was passiert, wenn sich eine Frau verweigert? Des öfteren wird gesagt, daß rachsüchtige Dämonen, deren Zuneigung nicht erwidert wird, den wirklichen Gatten impotent machen.

Erasmus von Rotterdam, dem man einen solchen Unsinn eigentlich nicht zutrauen sollte, berichtet: »In Schiltach hatte die menschliche Geliebte eines Dämons eine flüchtige Liebesaffaire mit dem Sohn eines Gutsbesitzers. Als dies ihr Incubus entdeckte, fuhr er zornig gen Himmel und brannte 1533 ein Dorf nieder.«

Zum letztenmal wird in Frankreich vom religiösen und wissenschaftlichen Standpunkt aus dieser Gegenstand in einer Disputation des Gelehrten Renaudot behandelt; so in der Sitzung vom 9.2.1637[360]. Hierbei äußern sich vier Experten zur Frage des Incubismus. Der erste verwirft die Möglichkeit, mit geistigen Wesen zu verkehren. Der zweite tritt ihm mit der theologischen Lehrmeinung entgegen. Der dritte hält die Tatsache des Incubismus für unleugbar, bestreitet jedoch die Möglichkeit der Befruchtung. Der vierte gibt eine rationale Erklärung der physiologischen Unmöglichkeit ab. Sie können sich leider nicht einigen. Erst im frühen 19. Jahrhundert gelangt man zu der Erkenntnis, daß der Incubusglaube auf erotische Träume zurückzuführen ist[361].

Sucubismus

Unter einem Sucubi versteht man einen Dämon, der sich in weiblicher Gestalt einem Mann nähert. Die Heiligenlegenden strotzen vor solchen Andeutungen. »Ein Eremit hatte begonnen, auf seine Frömmigkeit stolz zu sein und wurde darum eines Tages von einem Dämon heimgesucht, der in den Körper einer schönen Frau geschlüpft war ... sie reizte ihn und als er versuchte, in sie einzudringen, verschwand diese mit einem spöttischen Lachen. Daraufhin gab der Eremit sein frommes Leben auf, kehrte in die Welt zurück und verfiel dem Laster.« Epiarchus von Tuvergne besucht als Bischof

nachts seine Kirche und findet darin eine Versammlung der Dämonen. Der Satan sitzt in Frauenkleidern auf seinem Stuhl, um dem Vorsitz zu führen. Schon beschimpft ihn der Kirchenmann als unverschämte Hure. Daraufhin verspricht ihm der Teufel, ihm fortan alle Dirnen ins Bett zu legen, die er begehre, da er nun entdeckt habe, wie interessant es für ihn sei. Folglich stellt die Chronik heraus, daß der Bischof nun Nacht für Nacht von den Qualen der fleischlichen Begierde geschüttelt worden sei.

Zur Anatomie des Teufels

Es ist eine sehr schwierige Frage für die Theologen, denn weit klaffen die Meinungen der Experten auseinander. Bruder Rufius, ein Geistlicher des 4. Jahrhunderts sagt noch, der Teufel könne durchaus Christus ähneln. 1597 soll er sich der Hexe Anna Wobster in dieser Gestalt gezeigt haben[367]. Dabei bleibt es nicht, denn schließlich überwiegen die schlechten Attribute. Der lutherische Professor Meyfahrt betont, daß er nicht einmal einen Penis habe; er erscheine schmutzig und häßlich ... er verfüge über unnachahmliche Verstellungskünste, ja er könne sogar die Gestalt eines feuerspeienden Drachens annehmen. Brognoli konstatiert, des öfteren erscheine der Teufel als kleiner, schwarzer und struppiger Mann mit einem riesigen Phallus.

Einige der Hexerei Verurteilten bescheinigen, daß ihnen beim Geschlechtsverkehr mit dem Teufel aufgefallen ist, daß er keinen Rücken hat, sondern hohl wie ein Backtrog sei[368]. Anna Miolerin hat bekannt, als sie oft gefahren sei, habe der Teufel mit ihr zu schaffen gehabt, er sei aber feindselig und von kalter Natur gewesen, außerdem sei er auf dem Rücken hohl wie eine Malter[369].

Susanna Merz ist die Tochter des wegen Hexerei in Bamberg hingerichteten Bürgermeisters Dittmaier. 1629 gibt sie an, sie habe bei einer guten Bekannten einen Edelmann kennengelernt und mit ihm öfters das fleischliche Werk getrieben und zwar so oft, wie er sie habe zu sich rufen lassen. Einmal mußte sie mit ihm auf den Gang hinausge-

Mittelalterliche Rechtspflege: »Sitzen im Stock« und Anwendung einer Folterart, denn die Hände der Frau liegen zwischen Keilen – nicht zu verwechseln mit der Daumenschraube. Holzschnitt aus dem 16. Jahrhundert.

hen, und da habe er sich, während sie das fleischliche Werk verrichteten, in eine abscheuliche Gestalt verwandelt, feurige Augen, blökende Zähne, Hände und Füße wie Klappern bekommen, an welchen Kennzeichen sie sofort den Teufel erkannte, sich aber nicht losreißen konnte, weil er ihr den Hals umzudrehen drohte ... auch diesmal sey das fleischliche Werk ganz kalt gewesen[370].

Hans Petz aus Steinbach bekennt nach der Folter, er habe mit der Priestiklin aus Steinach mehr als hundertmal den Ehebruch begangen, teils im Stehen, und sie teils auf andere Art beschlafen. Einmal wäre er mit ihr am Brunnen gestanden und habe an ihren Körper herumgetappt, worauf er sich in eine Mannsperson veränderte, klappernde Füße und an rechten Bein einen Geisfuß bekommen ... woraus er ersehen, mit wem er es zu tun gehabt ... später sei sie ihm wieder im natürlichen Zustand begegnet ... und da haben sie wieder das fleisch-

liche Werk verrichtet, es sei aber kalt und unliebsam gewesen ... zudem habe er sich auf den Drudentänzen umtaufen lassen ... seine Buhlin habe ihm einen anderen Namen gegeben[371].

Es fällt auf, daß sich die Theologen und Fachleute mit besonderer Sorgfalt und Vorliebe der Größe des teuflischen Geschlechtsteiles zuwenden. Es gibt einen einleuchtenden Grund: die Größe des Gliedes wird auch darum als so gewaltig beschrieben, um dem männlichen Sexualneid zu schmeicheln. Um die Eitelkeit der Männer nicht allzusehr zu verletzen, *mußte* der Geschlechtsverkehr mit dem Teufel unangenehm sein. Die Potenz wird immer weiter vergrößert. Eine Hexe berichtet, daß ihr Incubus einen Samenerguß hatte, der der Menge des Spermas von 1000 Männern gleichgekommen sei.

Eine Hexe aus Labours behauptet 1609, die Gunstbezeugungen des Teufels seien so schmerzhaft, denn sein Penis wäre so lang wie ein Arm und mit Fischschuppen bedeckt, die sich nach dem Eindringen in die Scheide mit Widerhaken nach außen stellen[372]. Die Angeklagte Marie Marigrane, ein 15jähriges Mädchen, behauptet, ... der Penis des Teufels wäre je zur Hälfte aus Fleisch und Eisen[373].

Th. Paget gesteht, die Geschlechtsorgane des Teufels seien so lang und groß wie ein Finger. Der Coitus verursachte Schmerzen wie eine gewöhnliche Geburt[374]. Prierias schreibt um 1512, daß der Incubus beim Geschlechtsakt einen Phallus verwende, der wie die Zunge einer Schlange gespalten sei ... so wäre er in der Lage, gleichzeitig einen vaginalen und analen Akt durchzuführen. Der Penis eine Incubus mochte die Genitalien einer Frau wie ein Messer zu durchbohren oder die Wände ihrer Vagina wie mit Eisenspänen scheuern, wenn er die Scheide verließ, zog er des öfteren Fleisch und Blut heraus ... mit seinem ständig erigierten zweizackigen Glied konnte er die ganze Nacht lang gleichzeitig After und Vagina einer Hexe bearbeiten, ohne auf ihr Flehen zu hören. Manchmal wird ihm selbst ein dreifach gegabelter Penis zugeschrieben[375].

Alexeé Drigeé sagt, daß der Penis ihres Dämons bereits bei der halben Erektion so lang wie einige Küchengeräte sei und 1584 erzählt Claudia Fallet, daß sich das Glied eines Incubus wie eine riesige Spindel in ihr gedreht habe; manchmal wird der Penis als gewunden, elastisch oder schlangenartig beschrieben. Hexen sagen aus, das Glied eines Teufels wäre so unförmig wie ein Gansdarm oder so groß wie das Glied eines Pferdes.

Die dämonischen Liebhaber können die geheimsten Wünsche der Frauen erfüllen, was man den *normal* gebauten Männern selten unterstellt. Pico de Mirandola macht darauf aufmerksam, daß ein Dämon einen wesentlich größeren Penis hat und deshalb bei den Frauen mehr Lustgefühle erzeugen kann. Zudem würden Dämonen über bessere Sexualtechniken verfügen; beispielsweise können sie ihre Phalli in der Vagina rotieren oder pulsieren lassen. Ihre bevorzugte Stellung beim Geschlechtsverkehr ist wohl die, daß sich die Frau auf Hände und Füße stützte, während sie der Teufel von hinten in Besitz nahm[376].

Einige Hexen behaupten, daß die Geschlechtsteile ihrer Dämonen steinhart und riesig wären, so daß sie nur unter den größten Schmerzen in sie dringen können. Am 31.7.1588 berichtet Didata von Miremont, daß nach dem Verkehr mit den Teufel die Laken voller Blutflecken waren, obgleich sie schon viele Jahre Erfahrung im Umgang mit Männern hatte.

Das teuflische Glied wird in der Regel als eiskalt beschrieben. Bereits im Hexenhammer wird hervorgehoben, daß der Samen der Dämonen kalt (*Semen frigidem*) sei. Remy bestätigt in seiner *Daemonolatrie*, daß es nichts gäbe, was kälter und unangenehmer ist. Eine Verurteilte bezeugt im Juli 1586, daß sich der Körper des Teufels wie eine eiskalte Höhle angefühlt habe. Frauen, die noch keine Hexen waren und von einem Dämon umarmt worden sind, konnten bei der ersten Berührung mit seinem eisigen Geschlechtsorgan in Ohnmacht fallen oder kank werden.

Eine belgische Hexe namens Digna Robert erzählt 1565, daß der Teufel in allen Gliedern kalt gewesen sei. Auf dem North-Bewick-Sabbath im Jahr 1599 läßt er die gesamte Gesellschaft vor sich treten, »damit sie seinen Hintern küßt, der so kalt wie Eis gewesen.«

1649 erklärt eine Mutter aus Marton, der sie besuchende Teufel sei kalt und schwer gewesen, aber er wäre seiner Aufgabe als Mann nicht gewachsen gewesen, weil er keine Hoden gehabt hat. Der englische Philosoph Henry More versucht, diese aus dem Mittelalter stammende Ansicht wissenschaftlich zu untermauern und sagt, es wäre natürlich, da der Teufel aus gefrorenem Eis verfertigt sei, weshalb sich sein Penis wie ein Eiszapfen anfühle.

Deshalb hebt Francoise Secretain hervor, daß sie das Glied ihres Dämons wie Feuer im Leib gespürt habe. Sylvia de la Plainé entscheidet sich für einen Kompromiß, ... demzufolge das Glied des Teufels beim Eindringen in die Vagina eiskalt und beim Verlassen heiß wie Feuer gewesen sei.

Teuflische Samenräuber und Scheinschwangerschaften

Der Grabkult ist alt und so entwickelt sich die Vorstellung, daß nachts vereinzelt Leichen aus den Gräbern steigen, um auf der Erde zu wandeln. Desgleichen glaubt man, daß die Dämonen noch nicht allzusehr verweste frische Leichen zu sexuellen Zwecken mißbrauchen. Man unterstellt ihnen die Fähigkeit … kürzlich verstorbene Männer *anzuzapfen* oder sich des Samenergusses von frisch Gehängten zu bemächtigen. Deshalb geben die vorsichtigen Dämonologen den Rat, die Toten sofort zu begraben, denn es soll verhindert werden, daß sie deren Samen stehlen … es konnte auch der Fall sein, daß der Samen von achtlos liegengelassenen Toten durch die Luft geblasen wird, um auf diese Weise eine unschuldige Jungfrau zu befruchten … was der Bestäubung der Blumen nicht unähnlich sei.

Maria Sinistrati bekennt, daß die Zeugungskraft im Geist liege, den der Erzeuger gleichzeitig mit dem schaumigen und klebrigen Stoff aussende; daraus müsse gefolgert werden, daß der Samen eines Dämons ohne weiteres mit der stofflichen Beschaffenheit des menschlichen vermischt werden kann, wodurch die Zeugung vollzogen wird[377].

Peter von Palude, ein thomistischer Theologe des 14. Jahrhunderts und Martin von Arles, vertreten die Ansicht, daß Dämonen mit dem Samen von toten Männern Frauen befruchten. Remy kontert fachmännisch: »Das ist genauso lächerlich, wie der Furz eines toten Esels.«

Doch wer ist im Fall der wirklichen Befruchtung der Vater? Benedict Carpzov, ein berühmter sächsischer Jurist, gibt zum besten, … daß sich die Dämonen pro Woche zwei- bis dreimal mit den Menschen paaren. Er sagt, daß eine Hexe dem Teufel weiße Würmer mit schwarzen Köpfen und Schnäbeln geboren hat. Luther sagt, … daß sich der Teufel den Mädchen gerne unter Wasser nähert, um sie dort zu schwängern[378]. Der Bischof von Trier meint, daß sich die Incubi mit schönen Frauen paaren. Er rät ihnen in völliger Unkenntnis ihrer Auffassung:

»Keine prunkvollen Kleider zu tragen und sich nicht zu schminken.« Doch es existiert auch die Meinung, daß die Dämonen alte und häßliche Weiber bevorzugen, weil diese den Liebhaber richtig zu schätzen wissen und darum seinen Gelüsten eher nachgeben. De Lancre behauptet, daß sich Dämonen vor allem mit verheirateten Frauen beschäftigen und zwar wegen dem damit verbundenen Ehebruch »und eben aus diesem Grunde Jungfrauen und Kinder verschmähen.«

Aus diesem Aberwitz formuliert sich die Auffassung, daß es tatsächlich zu Schwangerschaften kommt. Weyer ist der Meinung, daß die aus einer solchen Verbindung stammenden Kinder ihrem Äußeren nach schwächer als normale sind. Die Abkömmlinge der Hexen würden selten das siebente Lebensjahr erreichen und unangenehme Charakterzüge tragen, … mit ihrem Geplärr ließen sie nachts keinen schlafen … sie würden mehr Milch trinken, als drei gute Ammen geben könnten, obwohl sie dabei nicht wachsen.

»1249 soll eine Frau aus Herfordshire ein Kind zur Welt gebracht haben, das im Alter von 6 Jahren so groß wie ein Mann war und über ein komplettes Gebiß verfügt hat. 1275 wird Angela von Labarethe, eine 56jährige Adelige aus Toulouse, von Inquisitoren bezichtigt, jede Nacht mit dem Teufel geschlafen zu haben; aus diesem Umgang sei ein Monstrum, oben Wolf und unten Schlange, hervorgegangen. Zu seiner Fütterung habe sie auf den nächtlichen Streifzügen kleine Kinder erbeutet, die sie, angeblich ohne mit der Wimper zu zucken, abgeschlachtet hat. Sie wird dem weltlichen Arm überstellt und auf dem Stephansplatz verbrannt[379].« Ein zu Frankfurt an der Oder 1687 hingerichtetes Mädchen gesteht, dem Teufel Eidechsen geboren zu haben.

Was nun, so fragen sich die Experten, soll man tun, wenn solche mit Dämonen gezeugte Kinder unter den Menschen aufwachsen? Das sicherste ist wohl einmal ein Blick in die christliche Bibel: »Es verhielte sich ja so, daß Gott sogar ungetaufte Kinder sterben lasse, die scheinbar unschuldig sind, jedoch wegen des geringsten ihm gegenüber begange-

Beispiele des Hexenwahns im 20. Jahrhundert

1927   Eine Hexengläubige in Franken lauert einer alten Frau nach dem Kirchgang auf und bringt ihr erhebliche Stichverletzungen bei.

1929   Ein Ehepaar aus Norddeutschland vertraut sich einem Pfuscher an. Um die für verhext gehaltenen Kinder am Einschlafen zu hindern, werden sie durch stundenlanges Schreien, Toben und Schlägen wachgehalten. Sie sterben unter dieser Prozedur. Schließlich versucht man mit einem Hexenbann, die wirklich Schuldigen ausfindig zu machen. Selbstverständlich führt dieser Versuch ins Leere.

1930   Dorfbewohner zünden ein nachbarliches Anwesen an, weil sie die Hofbäuerin für eine Hexe halten, die die Schuld am Unglück der eigenen Familie haben soll.

1944   In London wird ein Hexenprozeß gegen Helen Duncan geführt. Man beruft sich auf ein Hexengesetz aus dem 18. Jahrhundert. Sie wird in ein Gefängnis eingeliefert und stirbt anläßlich einer weiteren Verhaftung an einem Schock.

1950   Eine 39jährige Ehefrau unternimmt einen Selbstmordversuch in der Wahnvorstellung, eine Hexe zu sein. Sie wirft sich vor einen Zug und erleidet schwere Verletzungen.

1951   Ein 19jähriger Hilfsarbeiter erschlägt seinen Großvater, weil er durch seine Mutter in der Meinung bestärkt wird, er wäre ein Hexer und daß er ihm ein Magenleiden angehext hat. Daraufhin erhängt sich der Täter im Keller einer Scheune.

1952   Eine Frau behauptet, daß sie ihr Mann behext habe, nachdem die Scheidung ausgesprochen ist.

1954   Eine 34jährige Verwaltungsangestellte beschwört, daß sie an die Möglichkeit glaubt, »aus einem Handtuch Milch melken zu können« Sie meint:, man müsse es nur beherrschen.

1969   In Ungarn versuchen sechs Zigeuner, eine alte Frau als Hexe zu verbrennen.

1970   In Mexiko wird ein *Hexenring* aufgedeckt, der zwölf Personen mit rituellen Zeremonien umgebracht haben soll.

1973   In Indien git es die Sekte der Seelendiebe. Von ihnen wird behauptet, daß sie gelegentlich Kinder aus den Dörfern entführen, um sie zu magischen Kulten zu verwenden. Man sagt ihnen nach, wenigstens 30 Personen erschlagen zu haben.

1979   In Nairobi werden zwei Stammeszauberinnen beschldigt, einen Mann durch Hexenwerk impotent gemacht zu haben.

1979   Der 28jährige Benedict Polimon (Port Louis) auf der Insel Mauritius befolgt den Rat eines Wunderheilers, um seine Blutarmut zu kurieren. Man rät ihm, das Blut eines 13jährigen Jungen zu trinken, den man unmittelbar davor umgebracht hat.

1979   Ein Student der Theologie in Würzburg sticht in einem religiösen Wahnanfall einem Pförtner ein Auge aus und kastriert ihn.

1983   (März) In Basel lebt der Hexenmeister Johann Rühlin alias Sartorius. Er hält sich für den Stellvertreter Satans, mit dem er bereits 1980 gekämpft haben will.

1989   In Singen macht die Teufelsaustreiberin Magdalena Stocker ein zweites Mal von sich reden; sie wird lebenslänglich in eine psychiatrische Klinik verwiesen.

Die Urform des Fallbeils, aus dem später die Guillontine entsteht. Entnommen aus »Der Heiligen Leben«, erschienen in Straßburg 1501.

nen Verbrechens nicht mehr in den Himmel gelangen können ... es sei allerdings nicht die Aufgabe des Menschen, so rätselhaften Ratschlüssen nachzugehen ... die göttliche Güte sei vollkommen und es gäbe Situationen, wo sie das menschliche Verständnis überschreite.«

Lang bleibt in juristischen Kreisen umstritten, ab wann sich denn ein Kind dem Teufel hingeben kann und, was soll man tun, wenn es sich von selbst dem Teufel präsentiert? Guazzo, der Autor des *Compendium maleficarum,* berichtet von einem 12jährigen Mädchen namens Domenique Falvet, das mit seiner Mutter Binsen sammelte, als sich ihnen ein Dämon in menschlicher Gestalt genähert hat. Er paarte sich zuerst mit dem Kind und dann mit seiner Mutter.

1674 gesteht eine Hexe, sie habe schon als Fötus im Leib ihrer Mutter Unzucht mit den Dämonen getrieben und später, obschon sie verheiratet und ihrem Mann unfruchtbar gewesen, dem Teufel einige Kinder geboren.

Von hier zum Affront gegen die Hebammen ist es nicht weit. Eine solche aus Basel soll gestanden haben, daß sie 40 Neugeborenen, als sie eben erst aus dem Leib

geschlüpft, eine Nadel durch den Scheitel in das Gehirn gestoßen, um sie auf diese Weise zu töten.

In einer weiteren Strömung kristallisiert sich heraus, daß die Hexen ja ihre Kinder mit auf den Sabbat nehmen, um sie dem Teufel darzubringen, bzw. um sie hier als Leckerbissen zu verspeisen. Im 15. Jahrhundert gesteht Relesce, daß sie ungetaufte Kinder verzehrt und sich auch sonst nach der Art der Hexen schändlich betragen habe. Remy kennt sich hier aus und konstatiert:

»Neugeborene und ungetaufte Säuglinge werden gekocht. Manchmal enthauptet man sie, manchmal öffnet man ihnen die Adern, vereinzelt sammelt man das auslaufende Blut in Gefäßen ... stehen ganze Kinderleichen zur Verfügung, werden sie in Kesseln gekocht. Der dicke Teil des Schmorfleisches wird für Heilmittel und der Herstellung von Flugsalbe verwendet ... die restliche Boullion trinken die Hexen um ihres allgemeinen Wohlbefindens willen[380].«

Zusammenfassung

Es sollte verdeutlicht werden, zu was ein in die Irre geleiteter und von Theologen geschürter Glauben fähig ist. Die Kirche hat in diesem Punkt versagt, denn sie huldigt einem nichtexistenten Wesen und leiht weltlichen Staaten das Gewissen, blutrünstig andere abzuschlachten.

Selbst in der jüngsten Zeit kommt es immer wieder zu Exzessen in Sachen Teufelsaustreibungen. Der einzige, der zu diesen Spektakeln schweigt, ist die Geistlichkeit. Sie müßte ebenso machtvoll wie ehrlich dekomentieren, daß sie sich in diesem Punkt auf ein gefährliches Gleis gewagt, und damit den Tod von Tausenden mitverschuldet hat. Es hat zu keinem Zeitpunkt unserer Geschichte wirkliche Hexen gegeben. Es ist ein Trugbild, das sich die Geistlichkeit unter Zuhilfenahme eines erfundenen Teufels gezimmert hat, um die Masse im Bann des schrecklichen Aberglauben zu erhalten. Dadurch hat sich die Kirche gerichtet.

Schwarze Messen

Inhalt

Schwarze Messen

Trotz aller zu Gebote stehenden und genutzten Schreckmittel ist es den Führern der Christenheit in 2000 Jahren nicht gelungen, eine homogene Einheit zu bilden. Von Anfang an lassen sich oppositionelle Gruppen nachweisen. Eine Sonderstellung nehmen die Verfechter des *Satanskultes* und der damit im Zusammenhang stehenden *Schwarzen Messen* ein, deren geistige Grundlagen eng mit Ausformungen des Christentums verwoben sind. Die Phantasiegestalten Gott und Satan fungieren als Gegenspieler. Der Gotteskult zeigt eine Hinwendung zum Licht der Erkenntnis und der Satanskult zum anderen Pol, der Nachtseite[1]. Er stellt nicht nur eine Antithese zum christlichen Kult dar: Er ist Alternative und Protest[2]. Er ist nicht nur eine Pevertierung der christlichen Religion[3], für die sich zum Ende des 19. Jahrhunderts[4] der Terminus *Schwarze Messe* einbürgert. So werden hier teilweise anstelle der weißen Hostie schwarze Rübenscheiben oder dunkel gefärbte Hostien verwendet[5]. Die Schwarze Messe ist eine blasphemische und obszöne Möglichkeit, um den christlichen Gott zu verhöhnen und an seiner Stelle Satan zu verehren. Der Satanskult ist eine Umkehrung des orthodoxen Christentums[6], wobei die dabei zelebrierte Messe der wesentliche Charakterzug ihres Rituals ist.

Das Phänomen reicht bis zu den Anfängen der Geschichte zurück, als sich die Vorstellungen von Gut und Böse herauskristallisieren. Alle Weltreligionen sind dualistisch ausgerichtet und bei allen gibt einen guten Gott und einen schlechten Widersacher.

»Der Dämonenkult ist nicht wahnwitziger als der Gott geweihte; der eine schwärt im Eiter, der andere bricht in Strahlen aus.« Die Überwindung des Bösen steht auf den Bannern aller Weltreligionen, wobei es keine Rolle spielt, wenn mit dem angeblich guten Unheil, Mord und Totschlag verbunden sind. Gerhard Zacharias[7] hat dazu eine fundierte Arbeit verfaßt und gelangt zu folgenden Ergebnissen:

Henry Chaprout: »Die Schwarze Messe des Kanonikus Docre«, Stich von 1924.

- Der Satanskult entwickelt sich auf der Grundlage der dualistisch geprägten Einstellung des Christentums.
- Der Satanskult stellt eine kollektive Protestäußerung dar.
- Der Satanskult hat eine kompensierende Funktion gegenüber christlich-kirchlichen Traditionen.
- Der Satanskult ist ambivalent; er ist zerstörerisch und schöpferisch zugleich. Er tendiert wie das Christentum zu einer grandiosen Einseitigkeit.

Dennoch gehört er zu den bislang wenig erforschten Phänomen der Religions-, Sozial- und Kirchengeschichte. Hier äußert sich das Kompensationsverlangen nach mehr geistiger und körperlicher Freiheit in einer von den Kirchen über Jahrhunderte unterdrückten Gesellschaft. Die im 19. Jahrhundert einsetzende literarische Betrachtung des Satanskultes durch Baudelaire[8], Leopardi[9] und Carducci[10] kann nicht als krankhafte Strömung im Geist der Zeit

Öffentliche Baccus-Feier, nach einem Relief. Bildnachweis: Musée des Art décoratives.

angesehen werden, zumal die klassischen Beispiele dieser Ausformung davor angesiedelt sind.

1846 schließt sich in Paris eine Gruppe von jungen Leuten zusammen, die sich zum Zeichen der Revolte gegen die sozialen und religiös-greistigen Normen ihrer Zeit jeden Sonntag zum Satanskult versammeln. Charles Baudelaire steht diesem Zirkel nahe und schreibt aus dieser Atmosphäre seine *Litanie de Satan*.

»Der Hexen(sabbat) stellt eine mit Kraft erfolgte Reaktion auf die Zurückdrängung des Weiblichen in der christlichen Welt dar.« Die erstarkende Kirche predigt über Jahrhunderte den Haß auf alles Fleischliche und setzt es in eine direkte Beziehung zum Weiblichen; der von den Männern ausgehende Sexualdruck wird unter den Tisch des Herrn gefegt. Die Antisexualität der Kirche steht der Realität des Lebens entgegen.

Das Christentum hat die angeblichen Dämonen über Gebühr hochstilisiert und ist der intellektuelle Erzeuger der Gegenströmung. Geht es ihr darum, einen nichtexistenten Gegner zu erniedrigen und ihn mit unlauteren Mitteln zu bekämpfen, um sich selbst ins rechte Licht zu rücken? Ein klarer Fall, denn gäbe der erdichtete Satan die ihm zugeschriebene Rolle als Widersacher auf, würde die christliche Idee wie ein Kartenhaus einstürzen. Die Existenz des Christentums ist Voraussetzung zum Satanskult. Sobald die Kirche vom Teufelsdenken Abstand nimmt, wird dem Satanskult die Grundlage entzogen. Namhafte Theologen geben es unumwunden zu.

»Der Satanskult ist von Anfang an und bleibt es immer: Aufbegehren gegen das Monopol-Christentum mit seinen Machtansprüchen in allen Fragen des religiösen Kultes, gegen das Christentum der Intoleranz, das den Ungehorsam gegen Gott und die Kirche mit dem Tod verfolgt, gegen das Christentum in Partnerschaft mit dem Feudalsystem der wirtschaftlichen Ausbeutung der unteren Schichten, der leibeigenen Bauern und abhändigen Handwerker, gegen das Christentum und seine widersinnige Lehre von der Verdammung des Fleisches, die im Gegensatz zur Realität steht. Je mehr Macht die Kirche erhält, desto despotischer sie ihre Grundsätze vertritt, um so mehr Widerstand zeigt sich[11].«

Die Orgien haben eine Parallele in den gestört-hysterischen Gotteserlebnissen sexuell unterdrückter Nonnen, Mönche und Priester. »Die Orgie des unterdrückten Fleisches ... der Orgiasmus der entfesselten Instinkte ... ein Halleluja des ans Kreuz genagelten Heidentums (Przybyszewski).« Darum begleitet er nur die Geschichte des Christentums.

Anstatt er sich konstruktiv damit auseinandersetzt, stellt sich der Klerus dagegen: »Der Satanskult gewährt seinen Teilnehmern in hohem Maß die Möglichkeit, abnorme d. h. von der jeweiligen Normalgesellschaft abweichende Triebe auszuleben. Ihre Anhänger stehen der Gesellschaftsordnung frustrierend gegenüber. So ist einleuchtend, daß der Satanskult zum Sammelbecken psychopathisch Geprägter wird.«

Anfänge

Schon in vorchristlicher Zeit gibt es ähnlich gefärbte Rituale, bei denen der kultische Geschlechtsverkehr[12] in Gesellschaftsordnungen eingebettet ist. Sie führen über die Tempel-Defloration zu scheinheiligen Freudenmädchen, zu Heiligen Hochzeiten und sakralen Massenorgien. Bei den Kelten muß sich der künftige König mit einer Stute paaren[13]. Dieses Motiv begegnet uns auch im indischen ásva-medha (Pferdeopfer), das Deschner[14] beschreibt: »Nach einjähriger Vorbereitung erstickt man einen sorgfältig gehegten, brünstig gemachten Hengst und belegt ihn mit einer Decke, unter der die vornehme Gattin (mahishi) des Königs kriecht, um das Glied des Tieres in ihren Schoß zu nehmen[15].«

Ursprünglich folgen der Heiligen Hochzeit Massenbegattungen, wie bei den Vegetationsfesten im Istar-Kult, wo der König mit der Oberpriesterin vor den Augen des Volkes koitiert und sich die Versammelten danach mehr oder minder wahllos vermischen ... alle vereinigen sich vor den Augen aller, Mensch und Tier, Vater und Tochter, Bruder und Schwester, Mann und Frau, Frau und Frau, Kind und Kind[16]. Die Promiskuität wird als Opfer und Gottesdienst verstanden. So gesehen ist die Orgie ein heiliger Ritus der Religionen. Die christliche Welt hat sie ins Gegenteil verkehrt und zum Sammelbegriff der Teufelsdienste, Hexenritte und Schwarzen Messen herabgewürdigt.

Im 3. Jahrtausend kennen die zivilisierten Länder den Beischlaf im Tempel. Beim Kult der großen Mutter und ihm verwandter Vegetationsmysterien feiert man Orgien mit sakralem Koitus. »Der Sexualakt erfüllt ... einerseits die allgemeine Funktion einer Opferhandlung, durch die die Anwesenheit von Gottheiten beschworen und wiederbelebt werden; eine zweite Funktion ist strukturell mit der Eucharistie identisch; der Geschlechtsakt ist der Weg zur Teilnahme des Mannes am *sacrum*, das in diesem Fall von der Frau getragen und verwaltet wird[17].«

Solche Kulte bilden die Geburtsstunde der Schwarzen Messen[18]; die Bacchanalien. Sie verbreiten sich seit dem 5. Jahrhundert v. u. Z. von Griechenland aus nach dem übrigen Italien. Der römische Geschichtsschreiber Titus Livius (59 v.u.Z.-17) berichtet darüber[19].

Bacchanalien

»Es waren Weihungen, die erst nur wenigen mitgeteilt, danach aber allgemein unter Männern und Weibern verbreitet wurden. Die Reize des Weins und des Mahles wurden mit dem Gottesdienst in Verbindung gesetzt, um das Volk anzulocken. Wenn der Wein die Besinnung, die Nacht und das Gemisch der Männer mit Weibern, des zarteren Alters mit Bejahrten, jede schamhafte Zurückhaltung vernichtet hatte, kam es zu Verführungen aller Art, da jeder diejenige Art von Wollust, nach welcher er die stärksten Gelüste fühlte, bereit fand. Es blieb nicht die einzige Art von Verbrechen, daß freigeborene Knaben und Weiber ohne Unterschied Unzucht trieben; sondern falsche Zeugnisse, Siegel, Testamente und Anklagen gingen aus derselben Werkstatt hervor. Ebenso Vergiftungen und Familienmorde, bei welchen zuweilen nicht einmal die Leichname zum Begräbnis aufzufinden waren. Vieles wagte hier die List, das meiste die Gewalt; und die Gewalt blieb verhüllt, weil man vor vielfachen Geheule, vor dem Getöse der Pauken und Schallbecken bei allen Schändungen und Mordtaten keine Klagestimme hören konnte.

Dieses verderbliche Übel zog sich wie eine ansteckende Krankheit aus Etrurien nach Rom. Erst gewährte ihm die Größe der Stadt, für solche Übel geräumiger und empfänglicher, den Schutz der Verborgenheit; bis eine Anzeige zum Konsul Postumius gelangte.«

Er läßt Recherchen anstellen und bringt die Sache vor den Senat. Daraufhin wird verfügt: »Daß die Priester dieses Gottesdienstes, mochten sie Männer oder Weiber sein, nicht bloß in Rom, sondern in allen Marktflecken und Gerichtsorten aufgesucht werden sollen, damit die Konsuln sie in ihrer Gewalt hätten. Ferner sollen in Rom und durch Italien die Befehle ergehen, daß niemand, der bei den Bacchantinnen eingeweiht sei, sich zu diesem Gottesdienst einfinden oder zusammenkommen, noch so etwas gottesdienstliches verrichten soll. Es soll eine Untersuchung mit denen vorgenommen werden, welche sich zusammengetan oder eidlich verbunden haben, an anderer Unzucht oder Schandtat auszuüben.«

Konsul Postumius trägt auf einer Rednerbühne vor: »Es sind die Götter, deren Achtung, Verehrung und Anbetung eure Vorfahren angeordnet haben; nicht aber jene, welche die durch verkehrte und ausländische Religionsübungen eingenommenen Sinne, wie unter Furienschlägen, zu jeder Freveltat und Gelüstung antreiben ... daß es schon längst in Italien und jetzt in der Stadt an vielen Orten Bacchanalien gibt, habt ihr vernommen, nicht aber, was die

Sache zu bedeuten hat. Einige von euch glauben, es sei eine Art Gottesdienst; andere, es sei eine erlaubte Posse und Belustigung ... wenn ich in Rücksicht auf ihre Menge erkläre, daß es viele tausend Menschen sind ... ein großer Teil von ihnen besteht aus Weibern,und von ihnen rührt das Übel her; zweitens sind es weibliche Mannspersonen, Geschändete und Schänder, Nachtschwärmer, vom Weine, vom nächtlichen Getöse und Geheule betäubt ... wie stellt ihr euch diese nächtliche Vermischung von Weibern und Männern vor? ... Nie gab es im Staat ein Übel von dieser Größe, das mehr Personen, mehr Gegenstände umfaßte. Wisset, was in diesen Jahren durch Unzucht, Bosheit und Frevel gesündigt ist, ging aus diesem Heiligtum hervor ... das Übel wächst und greift täglich um sich ... es richtet seine Blicke auf den Staat.«

Daraufhin setzen gezielte Verfolgungen ein. Einige Männer und Frauen gehen in den Freitod. Die der Schande Enthaltsamen behält man in Haft und die sich durch Schändungen und Morde entweiht haben, bestraft man mit dem Tod. Die verurteilten Sünderinnen übergibt man ihren Verwandten oder denen, unter deren Aufsicht sie stehen, damit sie die Strafe an ihnen vollziehen können; findet sich kein Vollzieher ihrer Hinrichtung, so werden sie öffentlich gestraft.«

Gnostischer Kult des Phibioniten- und Ophitenmahls

Die in Syrien entstandene Sekte der Phibioniten (dort Koddianer genannt) verbreitet sich nach Armenien und Ägypten. Von hier aus dringt sie um 200 in die christliche Kirche. Aus der Verschmelzung ihrer ursprünglichen Riten mit der christlichen Eucharistiefeier bildet sich das Phibionitenmahl. Der Kirchenlehrer Epiphanius von Salamis (gest. 403) kommt 336 mit der Sekte in Berührung, löst sich nach dem Studium ihrer Schriften und hinterläßt eine überzeichnete Schilderung ihres Kultmahles[20]:

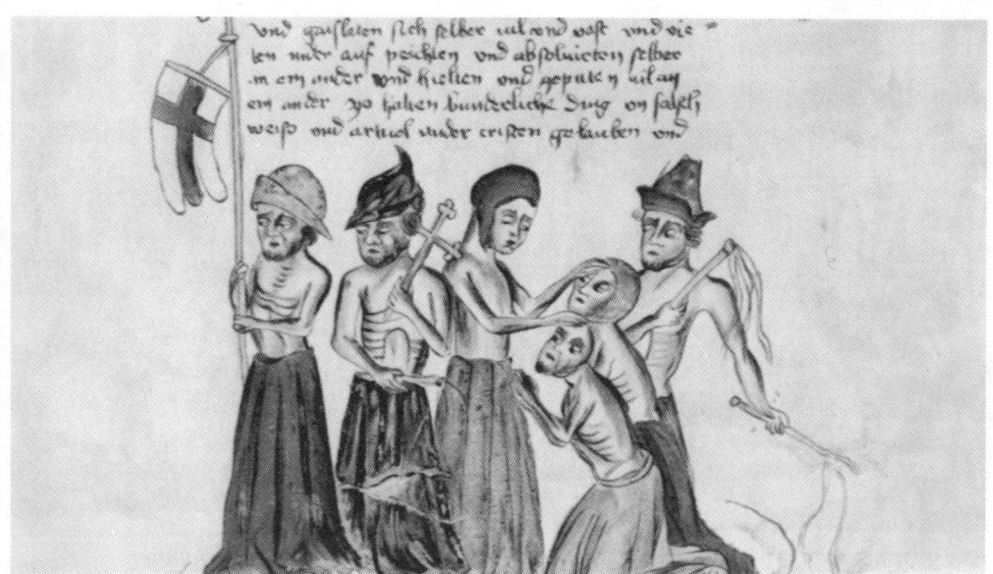

Geißelbrüder. Darstellung aus einer Chronik des 14. Jahrhunderts.

»Üppige Speisen tragen sie auf, essen Fleisch und trinken Wein, auch wenn sie arm sind. Wenn sie miteinander getafelt und die Adern mit ihrem Überschuß an Kraft angefüllt haben, gehen sie zur Anreizung über. Der Mann verläßt den Platz an der Seite seiner Frau und spricht zu seinem Weib: »Steh auf und vollziehe die Agape mit dem Bruder.« Die Unseligen vereinigen sich miteinander, und wie ich mich in Wahrheit schäme, ihre schimpflichen Handlungen zu erzählen … so werde ich mich nicht scheuen, das zu sagen, was sie zu tun sich nicht scheuen, damit ich in jeder Hinsicht bei den Lesern der von ihnen verübten Unzüchtigkeiten einen Schauder errege.

Nachdem sie sich vereinigt haben, erheben sie, nicht genug an dem Laster der Hurerei, ihre eigene Schande in den Himmel; Weib und Mann nehmen das, was aus dem Mann geflossen ist, in ihre Hände, treten hin, richten sich nach dem Himmel auf, mit dem Schmutz an den Händen und beten als Strationiker und Gnostiker, indem sie dem Vater, der Allnatur, das, was sie an den Händen haben, darbringen mit den Worten: Wir bringen dir diese Gabe dar, den Leib des Christus. Dann essen sie es, kommunizieren ihre eigene Schande und sagen: Das ist der Leib des Christus, und das ist das Passah, um dessentwillen unsere Leiber leiden und gezwungen werden das Leiden des Christus zu bekennen.

So machen sie es mit dem Abgang des Weibes, wenn es in den Zustand des Blutflusses gerät. Das von ihrer Unreinheit gesammelte Menstrualblut essen sie gemeinsam. Und sie sagen: Das ist das Blut Christi. Und wenn sie daher in der Apokalypse lesen:Ich sah einen Baum, der trug zwölfmal Früchte im Jahr,und er sprach zu mir: Das ist der Baum des Lebens: so deuten sie das allegorisch auf den in jedem Monat eintretenden weiblichen Blutgang.

Wenn sie sich miteinander vermischen, so lehren sie doch, daß man keine Kinder zeugen dürfe, denn nicht zur Kindererzeugung wird bei ihnen die Schändung betrieben, sondern um der Lust willen, da der Teufel mit ihnen sein Spiel treibt und das von Gott geschaffene Gebilde verhöhnt. Sie treiben die Wollust bis zur Vollendung, nehmen den Samen ihrer Unreinheit für sich und lassen ihn nicht zur Kindererzeugung tiefer eindringen, sondern essen die Frucht ihrer Schande. Wenn einer von

Eselsfest in einer französischen Kathedrale. Radierung aus dem 15. Jahrhundert.

ihnen dabei ertappt wird, daß er den Samenerguß tiefer einströmen ließ und das Weib schwanger wurde, so höre, was sie noch Schlimmeres unternehmen: Sie reißen den Embryo zu dem Zeitpunkt heraus, wo sie ihn mit den Händen fassen können, nehmen die Fehlgeburt und zerstoßen sie in einer Art Mörser mit der Keule, und mengen Honig und Pfeffer und andere bestimmte Gewürze und wohlriechende Öle hinein, damit es sie nicht ekelt. Dann versammeln sie sich, diese Genossenschaft von Schweinen und Hunden, und jeder kommuniziert mit dem Finger vor dem zerstampften Kind. Nachdem sie diesen Menschenfraß vollbracht haben, beten sie zu Gott: Wir ließen nicht Spiel mit uns treiben vom Archon der Lust, sondern sammelten die Verfehlung des Bruders. Das halten sie für das vollkommene Passah.

Noch vieles andere Abscheuliche wird von ihnen unternommen. Wenn sie unter sich in Ekstase geraten sind, besudeln sie ihre Hände mit der Schande ihres Samenergusses, strecken sich aus und beten mit den befleckten Händen und nackt am ganzen Körper, um durch diese Handlung eine freie Aussprache mit Gott zu finden. Ihre Leiber pflegen sie bei Nacht und bei Tag, Weiber und Männer, mit Salben, Baden und Speisen. Sie widmen sich dem Schlaf und dem Trunk. Wer fastet, den verwünschen sie und sagen: man darf nicht fasten; denn es ist ein Werk dieses Archons, der den Äon geschaffen hat. Man muß sich vielmehr nähren, damit die Körper kräftig sind, auf daß sie Frucht bringen zu ihrer Zeit.«

Sperma und Blut galten seit Urzeiten als Substanz der übermenschlichen Kraft. Darum werden sie früh tabuiert und in kultische Bahnen gelenkt. Aus dem Sperma entwickelt sich das eucharistische Brot und aus dem Menstruationsblut der ebensolche Wein. Die einstigen und jetzigen Kopfjäger sind am Hirn ihrer Gegner interessiert, weil sie meinen, das Wissen und Können der Getöteten geht nach dem Verzehr auf sie über. Aus einer ähnlichen Motivation trinken die von der Pest und Syphilis bedrohten Christen aus den angeblichen Hirnschalen der angeblichen Pestpatrone.

Der Genuß der Aschen-Reliquie ist ein mystischer Akt. Von hier zur Firmung ist es nur ein Schritt. Die den Leichtgläubigen am *Aschermittwoch* auf den Kopf gestreute Asche hat nach der Auffassung der Geistlichkeit eine reinigende und dämonenabwehrende, deshalb schützende Wirkung. Primitive Volksstämme reiben sich noch heute mit Asche ein, um ihrem Körper Kraft zu verleihen. Schon seit Urzeiten ist man der Ansicht, daß die Asche von Getöteten die Substanz des Lebens erhält. Man spricht ihr magische Kraft zu und schätzt sie als Zaubermittel.

Über das Mahl der Ophiten-Sekten, bei denen eine Schlange im Mittelpunkt der Lehren und Kultbräuche[21] steht, informiert uns Epiphanius[22]. Das Ophitenmahl ist eine Vorstufe des Satanskultes[23].

»Sie halten eine Schlange und ziehen sie in einem Behälter auf, die sie zur Zeit ihrer Mysterien aus dem Schlupfwinkel hervorholen. Während sie Brote auf einem Tisch anhäufen, rufen sie die Schlange herbei; wenn ihr Schlupfwinkel geöffnet ist, kommt sie hervor. Wenn sie vermöge ihrer Weisheit und Klugheit kommt, geht sie auf den Tisch und wälzt sich in den Broten. Sie sagen, dies sei das *vollkommene* Opfer. Und dann, wie ich von jemanden gehört habe, brechen sie nicht nur die Brote, in denen sich die Schlange gewälzt hat, und teilen sie an die Kommunizierenden aus, sondern jeder küßt die Schlange, da sie durch einen magischen Beschwörungsgesang zahm gemacht oder das Tier durch eine andere teuflische Kraft zu ihrer Täuschung mild gemacht worden ist. Sie werfen sich vor ihr nieder und nennen es Eucharistie, die das geworden ist durch sie (die Schlange), die sich herumgewälzt hat,und indem sie dann dem oberen Vater durch sie (die Schlange) wie sie sagen, einen Hymnus emporsenden, vollenden sie ihre Mysterien.«

Ekstatisch-orgiastische Tänze

Die früh veranstalteten Tänze an den Gräbern der Verstorbenen stellen eine Weiterentwicklung alter Riten dar. Der Leichenschmaus hat ursprünglich die Funktion, vermeintliche Dämonen günstig zu stimmen. Die Grabsteine verfolgen ursprünglich die Funktion, den Toten das Herauskommen aus den Gräbern unmöglich zu machen. Eng verwandt mit der Beschwörung von Dämonen und Teufel ist die Kunst der Nekromantie, der Beschwörung von Toten. Kurt Seligmann schreibt

dazu: »Oft erscheinen nachtwandelnde Abgeschiedene auch, ohne gerufen zu werden; zuweilen bilden sie gespensterhafte Prozessionen und ziehen stumm durch die erschreckte Stadt. In südeuropäischen Ländern lebt dieser Glaube noch heute fort, und in vielen Städten verbarrikadieren sich die Einwohner beim Einbruch der Dunkelheit in ihren Häusern aus Furcht vor herumziehenden Toten. Doch der Totenbeschwörer kennt Mittel, durch die er sie gefügig machen kann. Sie verschwinden wieder in den Gräbern, wenn er sie entläßt. Durch seine magischen Worte nimmt der Staub in zerfallenen Särgen wieder Gestalt an und erhebt sich aus einer längst vergessenen Vergangenheit.« Vielleicht ist dies in gewisser Weise eine Persiflage auf die christliche Auferstehungstheorie.

Dieser Hokuspokus wird jahrhundertelang lang auf Friedhöfen betrieben. Dazu ein Beispiel: Edward Kelly (Talbot) übt als angeblicher Totenbeschwörer einen so großen Einfluß auf John Dee (1527-1608) aus, daß der Gelehrte England verläßt, um okkulte und alchimistische Abenteuer zu erleben. Kelly hat vor seiner Abreise aus England die Toten auf einem einsamen Friedhof beschworen, wozu sich ein interessantes Bild erhalten hat.

Der Tanz in seiner freien Bewegung gehört zu den ältesten Kultformen. Bereits in der Antike beten nackte Mädchen auf dem persischen Hochland die Sonne an. Der Tanz ist den Christen ein Dorn im Auge, denn er verleitet ihrer Ansicht nach zur Sünde. Mehrere Synoden zählen den Beruf des Tänzers zu den für Christen verbotenen Tätigkeiten. Der Prediger Johannes Chrysostomus (um 345-407) wendet sich in einer Predigt zum Salome-Tanz gegen das satanische Übel: »Auch der Teufel half der Salome, durch ihren Tanz Wohlgefallen zu erregen und so den Herodes zu fangen. Wo ein Tanz ist, da ist der Teufel dabei. Nicht zum Tanz hat uns Gott die Füße gegeben, sondern damit wir des rechten Weges wandeln; nicht damit wir ausgelassen seien, nicht damit wir Sprünge machen wie Kamele (denn auch diese führen widerliche Tänze auf, nicht blos die Weiber), sondern damit wir mit den Engeln einen Chorreigen bilden[24].« Früh widmen sich die Kirchenväter dieser Problematik und es haben sich verschiedene Aufzeichnungen erhalten, die die unzüchtigen Tänze beschreiben. Die Geistlichen werden nicht müde, gegen den Tanz zu polemisieren[25].« Über die Unart des Tanzens berichtet der Kirchenlehrer und Bischof Basilius von Cäsarea im Pontus (um 330-379):

»Schamlose Weiber haben, vergessend die Furcht Gottes und verachtend das ewige Feuer, an dem Tag, an dem sie in Erinnerung an die Auferstehung hätten zu Hause bleiben und jener gedenken sollen, an dem der Himmel sich öffnen und der Richter vom Himmel her uns erscheinen wird, die Posaunen Gottes erschallen und die Toten auferstehen werden, gerechtes Gericht halten und einem jeden nach seinem Wollen vergolten wird, solche Weiber haben, anstatt sich mit solchen Gedanken zu beschäftigen und ihre Herzen von bösen Begierden zu reinigen, die früheren Sünden mit Tränen abzuwaschen und sich auf die Begegnung mit Christus am großen Tag seiner Ankunft vorzubereiten, das Joch der Dienstbarkeit Christi abgeschüttelt, haben sich jedem männlichen Blick schamlos ausgesetzt, die Haare schüttelnd, die Kleider schleppend, mit den Füßen trippelnd, mit lüsterndem Blick und ausgelassenem Gelächter wie rasend sich in den Tanz gestürzt, haben allen Mutwillen der jungen Leute gegen sich herausgefordert und vor der Stadt bei den Gräbern der Märtyrer Tänze aufgeführt und die heiligen Orte zur Werkstätte ihrer Schamlosigkeit gemacht. Sie haben die Luft mit ihren buhlerischen Gesängen entweiht, mit ihren unreinen Füßen die Erde, die sie bei ihren Tänzen stampften, haben einen Schwarm junger Leute als Zuschauer um sich versammelt, wahre Buhldirnen und ganz verrückt, daß sie verrückter nicht hätten sein können. Wie kann ich dazu schweigen? Wie das recht beklagen? Der Wein hat uns um diese Seelen gebracht, jene Gabe Gottes, die den Mäßigen zur Labung in der Krankheit gegeben ist, aber jetzt bei den Unmäßigen ein Werkzeug der Zügellosigkeit ward.«

Fest der unschuldigen Kindlein

Die Kirche erkennt zu spät, daß der von ihr ins Joch Gedrückte im Tanz ein Ventil aus den ihm auferlegten Zwängen sucht. Durch Verbote, Exorzismen und die Isolierung von *Befallenen*, wird versucht, der Sache Herr zu werden. Die orgiastischen Tänze entstehen vor allem in der überhitzten Phantasie einer bigott dressierten Bevölkerung und ihrer Interpreten. »Es läßt sich nachweisen, daß von den *rasenden* Frauen an den Märtyrergräbern ein gerader Weg zu den Hexen führt[26].«

Nach den Tänzen an den Märtyrergräbern kommt es im 7. und 8. Jahrhundert zu ähnlichen Erscheinungen spontan auftretender Tanzwut[27]. Im 11. und 12. Jahrhundert entwickeln sich daraus Massenpsychosen, die sich als Vorstufen des immer mehr eskalierenden Satanskultes ausweisen. Sie stehen in Verbindung mit den damaligen Seuchen, Volkskrankheiten, dem Schwarzen Tod, einer religiös überzogenen Atmosphäre, ungesunden hygienischen Zuständen und einer einseitigen Ernährung. Auffallend ist, daß solche Tänze in der Regel an kirchlichen Festtagen, den Sterbetagen von Angehörigen und auf Friedhöfen zur Ausführung kommen. Daraus entstehen nicht nur der Johannis- und Veitstanz, sondern auch der Tarantelismus, aus dem sich die Tarantella[28] entwickelt. Solche Tänze treten nicht nur in der Öffentlichkeit, sondern vermehrt hinter Klostermauern auf. Hier zeigt sich der Drang nach mehr Freiheit aus den kollektiven Zwängen der nahezu rechtlosen Insassen.

Der Klerus versteht es, solche *natürlichen* Ausbrüche als Warnfinger des gerechten Gottes umzupolen. 1212 tritt eine Tanz-Epidemie auf, die Justus Friedrich Hecker schildert: »Tausende junger Leute rotteten sich zu den sogenannten Kinderfahrten zusammen, zogen (1237) fort, bis sie erschöpft zu Boden fielen, wobei viele starben und die meisten bis zum Tod mit Zittern behaftet blieben ... Heulen, Schreien und das Aufblähen des Unterleibes zeichnete sie aus. Der fiebermäßige Hang zum Tanzen stellt sich ein.«

Als 1374 die Apostelkirche von Lüttich geweiht wird, bricht in der Rhein- und Moselgegend eine neue Welle der Tanzwut aus. »Die Menschen kommen scharenweise aus Oberdeutschland, vom Rhein und von der Maas nach Aachen, dann nach Utrecht und endlich nach Lüttich herangezogen. Männer, Frauen, halbnackt, Kränze auf den Häuptern und sich an den Händen fassend, wobei sie hoch aufsprangen, in ihren Liedern die Namen von Dämonen nannten und dann gewöhnlich in Krämpfe fielen. Diese Haufen schwollen vom September bis zum Oktober zu Tausenden an denn es kamen immer neue Tänzer herbei.. man hielt sie für besessen.«

Die Limburger Chronik sagt: »Und fand man, daß es eine Ketzerey war, und geschehe um Geld willen, daß ihr ein Theil Frau und Mann in Unkeuschheit mochten kommen ... und fand zu Cölln mehr denn hundert Frauen und Dienstmägde, die nicht eheliche Männer hatten. Die wurden aller in der Tanzerey kindertragend. Die Meister von der Heiligen Schrift, die beschworen die Tänzer, sie meynten, daß sie besessen wären von dem bösen Geist. Also nahm es ein betrogen end und währete wohl sechszehn Wochen in diesen Landen oder in der Maas ... und es war ein eitel Teuscherey, und ist verbottschaft gewesen an Christus nach meinem Bedünken.« Die dionysischen Tänze, Narren-[29], Eselsfeste[30] und Sabbatfeiern gleichen mehr einem lüsternen Spaß, wenngleich sie in ihrem Charakter eine Verhöhnung und Verspottung des Herrn in sich tragen.

Zur Kompensation der unterdrückten Freude am Tanz bilden sich vor allem in Frankreich Narrenfeste heraus. Harmlose Vorstufen sind einfache Tänze zwischen dem niederen Klerus und Kindern beim Fest der *Unschuldigen Kindlein* (festum innocentium). Sens berichtet 1445: »Zittern und erröten mögen die, die den ruchlosen Ritus einer gewissen Festlichkeit befolgen, den ihre Anführer das Fest der Narren nennen. Es ist eine teuflische Einrichtung unter dem ehrwürdigen Namen des Herrn. Sie überlassen sich zur Zeit des Gottesdienstes der Unflätigkeit, indem sie gespen-

stische und monströse Masken tragen und als Frauen, Kuppler und Schauspieler verkleidet Tänze in der Kirche aufführen, unanständige Lieder singen, Würfelspiele treiben, mit stinkendem Rauch weihräuchern und durch die Kirche rennen. Ohne zu erröten, springen Männer ohne Bedeckung der Schamteile auf schmutzige Wagen und fahren durch die Stadt, wo sie mit ihren Körpern schändliche Gesten aufführen. Mit Recht wird dieses schmähliche Zusammentreffen *Fest der Narren* genannt[31].«

Man glaube nicht, daß diese Stufe überwunden ist. In Echternach bei der *Springerprozession* wird noch heute zu Ehren einer Illusion gehüpft, gesprungen und getanzt, sogar vor- und rückwärts; obwohl ein qualifizierter Willibord-Forscher bestätigt, daß man eigentlich nur nach vorwärts hüpft. Wir danken für diesen wertvollen Hinweis.

Synode von Orléans, Guibert von Nogent

348 berichtet Cyrill von Jerusalem über eine Abschwörung des Satans, die beim Taufritus vollzogen wird: »Ich sage mich los von dir, Satan, dem schlimmsten, grausamsten Tyrannen, der schlauen und verschmitzten Schlange. O Satan, Urheber und Diener aller Bosheit. Zu deinen Werken gehört jede Sünde. Das, was in den Götzentempeln und auf festlichen Märkten ausgehängt ist ... weil durch die Aufrufung der unreinen Dämonen benutzt, zum teuflischen Pomp. Teufelsdienst ist das Beten in Götzentempeln und das, was zur Ehre der leblosen Götterbilder geschieht, das Anzünden der Lampen und das Räuchern. Wenn du dich vom Satan und dem Bund mit ihm losgesagt hast, öffnet sich dir das Paradies Gottes.«

Die Formulierung ist von Interesse, weil sie von irrealen Existenzen ausgeht und weil noch heute in den römisch-katholischen Kirchen *leblose* Bilder angehimmelt werden (müssen), *ewige* Lichter brennen (müssen) und bei jeder unpassenden Gele-

Die Bewegung der Geißelbrüder breitete sich von Süditalien bis nach Amerika aus. Quelle: Musée des Arts Décoratifs.

genheit *geweihräuchert* werden (muß). Zwischen den einst angebeteten Göttern, die man später zu Götzen herabgewürdigt hat und den heutigen besteht kein Unterschied.

Mit dem Fortschreiten der kulturellen Entwicklung büßen die *alten* Schutzgottheiten ihre *ordnende* Funktion ein und an deren Stelle treten *neue*. Es ist bekannt, daß christliche Missionare ihre Kirchen auf geschleifte Götzentempel bauen, so als wollten sie das damit verbundene Kulturgut unter sich vergraben. Erst als der Papst in Avignon residiert, schreibt Jules Michelet[32], nehmen die rauschähnlichen Entladungen schreckliche Formen des verzerrten Gottesdienstes an, bei denen Jesus verhöhnt und, wenn möglich, um seine Vernichtung gebetet wird. Unser Blick fällt auf die Enttäuschten, die die großen Ketzerbewegungen ins Leben gerufen haben.

Es waren keine Ketzer, sondern Mahner mit dem Ruf nach dem Guten. »Der Kampf gegen die Katharer, Albigenser, Bogumilen, andere Sekten und Religionsgemeinschaften ist der Kampf beider Mächte gegen *einen* Feind, der *beide* bedroht. Dabei liefert die Kirche die ideologische Begründung und Rechtfertigung, die weltliche Seite die Mittel zur Niederschlagung der störenden Minderheiten.«

Einige Bewegungen beinhalten satanische Kultformen. Die Synode von Orléans geht 1022 auf einige von ihr als häretisch bezeichnete Sekten ein. Die Manichäer, die dem jetzt stärker werdenden Christentum paroli bieten, vertreten die Auffassung, man könne die Sünden überwinden, indem man sie durch andere tötet. Von der Kirchenversammlung hat sich ein Bericht erhalten, der einige Kultgebräuche der Neu-Manichäer beschreibt[33]. Es wird behauptet, »daß sie sich in gewissen Nächten in einem bestimmten Haus versammeln, wobei alle Laternen in den Händen halten, daß sie die Anrufungen der Dämonen-Litanei hersagen, bis sie einen Dämon in der Gestalt eines Tieres unter sich herabsteigen sehen. Sogleich reißt jeder, nachdem alle Lichter gelöscht sind, eine Frau, die ihm unter die Hände kommt, zum Mißbrauch an sich; ohne Rücksicht auf Sünde, ob Mutter, Schwester oder Nonnen besessen werden, die Begattung wird von ihnen als etwas für sie Heiliges und Religiöses geschätzt; wenn in dieser schmutzigen Begattung ein Kind gezeugt wird, wird es am achten Tag in ihrer versammelten Mitte bei angezündetem Feuer geprüft, durch das Feuer nach der Sitte der alten Heiden geworfen und verbrannt.[34]«

Aus dem 12. Jahrhundert stammt der Bericht von Guibert von Nogent. »Die Versammlungen halten sie in geheimen Gewölben oder Innenräumen ab, ohne Unterscheidung des Geschlechtes, die bei angezündeten Kerzen einer nach vorn gebeugten Dirne mit, wie gesagt wird, entblößten Gesäß unter dem Blick aller sie (die Kerzen) von hinten darbringen; sobald sie gelöscht sind, verkünden sie das Chaos in jeder Weise, und jeder vereinigt sich mit der, die als erste unter seine Hände kommt ... wenn eine Frau schwanger wird, kehrt sie erst nach erfolgter Geburt zurück ... Ein großes Feuer wird angezündet, von den um das Feuer Sitzenden wird das Kind von Hand zu Hand durch die Flammen geworfen, bis es ausgelöscht ist. Darauf wird es zu Asche gemacht; aus ihr wird Brot bereitet; wem davon ein Teil als Eucharistie ausgeteilt wird, der kommt nach solchem Genuß fast niemals mehr von dieser Häresie zur Vernunft.«

Es muß als wahrscheinlich angesehen werden, daß die die Führung anstrebende Kirche den Andersgläubigen satanische Aktivitäten bewußt unterstellt, um sie gezielter zu verfolgen. Für die Adamiten, denen man vorwirft, daß sie die Gottesdienste nackt abhalten, ist der Satanskult *nicht* als historische Tatsache belegt.

Die Aufnahmeriten der Templer haben sich erhalten. Man erkennt in ihnen eine Anlehnung an antike Männerbünde und deren Initiationsriten. Die *geheimen* Aufnahmeriten *sollen* dem Satan geweiht gewesen sein. Einer gesteht: »Er hat sich bei seiner Aufnahme in Gegenwart der assistierenden Brüder nackt ausgezogen und man hat ihm befohlen, ihn auf das Gesäß zu küssen ... er hat abgelehnt, dies zu tun[35].« Befragt, wie lang er im Orden gewesen ist, sagt er: »Der genannte Bruder P., der ihn in einer Kapelle aufgenommen hat, hat ihm die Ordenskleider und einen Mantel übergeben ... er hat denselben auf den Mund, Nabel und das Rückgrat geküßt. Dann hat man ihm ein Kreuz gebracht und ihm befohlen, darauf zu spucken, es mit den Füßen zu treten und Jesus abzuschwören ... es gehöre zu den Riten des Templerordens.«

Um die blasphemischen Aufnahmeriten gruppiert sich das Anklagematerial im siebenjährigen Templer-Prozeß, der 1312 zur Aufhebung des Ordens durch den Papst Klemens V. führt und zwei Jahre danach mit der Verbrennung des Großmeisters Jacques de Molay, des Präzeptors der Normandie, Geoffroy de Charnay und anderer Ritter endet[36]. Die Vernichtung der Templer ist eine Tat Königs Philipp dem Schönen. Ihn stören die Macht und vor allem der unermeßliche Reichtum des 1119 gegründeten Ordens, während er sich in einer verzweifelten finanziellen Lage befindet[37].

Papst Gregor IX.

Die kirchliche Autorität beschreibt aufgrund *eingehender* Berichte ein *diabolisches* Ritual. Er berichtet in der Dekretale vom 13.6.1233 an König Heinrich VII. und in einem Pastoralschreiben an Erzbischof Siegfried II. von Mainz, wie an den Bischof Konrad von Hildesheim:

»Wenn ein Neuling aufgenommen wird und in die Schule der Verworfenen eintritt, erscheint ihm eine Art Frosch, den manche eine Kröte nennen. Einige geben ihm einen schmachwürdigen Kuß auf den Hintern, andere auf das Maul und ziehen die Zunge

und den Speichel des Tieres in ihren Mund. Es erscheint zuweilen in gehöriger Größe, manchmal so groß wie eine Gans oder Ente, meist jedoch nimmt es die Größe eines Backofens an. Wenn der Novize weitergeht, begegnet ihm ein Mann von wunderbarer Blässe, mit schwarzen Augen, so abgezehrt und mager, daß alles Fleisch geschwunden und nur noch die Haut um die Knochen zu hängen scheint.

Diesen küßt der Novize und fühlt, daß er kalt wie Eis ist ... nach dem Kuß verschwindet alle Erinnerung an den katholischen Glauben bis auf die letzte Spur in seinem Herz. Hierauf setzt man sich zum Mahl, und wenn man sich von ihm erhebt, steigt durch eine Statue, die in solchen Schulen zu sein pflegt, ein schwarzer Kater von der Größe eines mittelmäßigen Hundes rückwärts und mit zurückgebogenem Schwanz herab. Diesen küßt erst der Novize auf den Hintern, dann der Meister und so fort alle übrigen der Reihe nach, jedoch nur solche, die würdig und vollkommen sind, die unvollkommenen aber, die sie nicht für würdig halten, empfangen von dem Meister den Frieden.

Wenn alle ihre Plätze eingenommen haben, gewisse Sprüche hergesagt und ihr Haupt gegen den Kater geneigt haben, so sagt der Meister: Schone uns und spricht es dem Nächststehenden vor, worauf der dritte antwortet und sagt: Wir wissen es, Herr. und ein vierter hinzufügt: Wir haben zu gehorchen. Nach diesen Verhandlungen werden die Lichter gelöscht und man schreitet zur abscheulichen Unzucht ohne Rücksicht auf (die) Verwandschaft ... findet sich, daß mehr Männer als Weiber zugegen sind, so befriedigen Männer mit Männern ihre schändliche Lust. Ebenso verwandeln Weiber durch solche Begehungen miteinander den natürlichen Geschlechtsverkehr in einen unnatürlichen. Wenn die Ruchlosigkeiten vollbracht sind, die Lichter wieder

⇐

Oben: Minotaurus, Münze aus Knossos.
Unten: Abraxas, gnostische Gemme.

entzündet und alle auf ihren Plätzen sind, tritt aus einem dunklen Winkel der Schule, wie sie diese Verworfendsten aller Menschen haben, ein Mann hervor, oberhalb der Hüften glänzend und strahlender als die Sonne, wie man sagt, unterhalb aber rauh wie ein Kater, und sein Glanz erleuchtet den Raum. Jetzt reißt der Meister etwas vom Kleid des Novizen ab und sagt zu dem Glänzenden: Meister, dies ist mir gegeben, und ich gebs dir wieder, worauf der Glänzende antwortet: Du hast mir gut gedient, du wirst mir mehr und besser dienen, ich gebe in deine Verwahrung,was du mir gegeben hast. Unmittelbar nach diesen Worten ist er verschwunden.

Auch empfangen sie jährlich an Ostern den Leib des Herrn aus der Hand des Priesters, tragen ihn im Mund nach Hause und werfen ihn in den Unrat zur Schändung des Erlösers. Überdies lästern die Unglückseligen den Regierer des Himmels mit ihren Lippen und behaupten in ihrem Wahnwitz, daß der Herr im Himmel in gewaltiger, ungerechter und arglistiger Weise den Luzifer in die Hölle hinabgestoßen habe. An diesen glauben die Elenden und sagen, daß er der Schöpfer der Himmelskörper sei und einst nach dem Sturz des Herrn zu seiner Glorie zurückkehren werde, durch ihn und mit ihm und nicht vor ihm erwarten sie ihre eigene Seligkeit. Sie bekennen, daß man alles, was Gott gefällt, nicht tun solle, sondern vielmehr das, was ihm mißfällt.«

Diese Passage ist von Bedeutung, denn sie rückt Satan an die Stelle Gottes und tauscht zwei Fiktionen aus. Bis dahin wirft man den Ketzern die Verleugnung der christlichen Religion oder einen Teil ihrer Lehren vor. Doch hier gelobt man dem Teufel Treue und Ergebenheit; in ihm sieht man den Schöpfer und Lenker, der einst triumphieren wird.

Spätere Autoren bemühen sich, den angeblich göttlichen Statthalter von diesem enormen Geistesblitz zu entlasten, der heute nicht einmal von einem Erstklässler fabriziert werden könnte: und doch läutet dieses Dokument der höchstchristlichen Einfalt eine verhängnisvolle Entwicklung ein.

Der Frosch bedeutet bei den alten Ägyptern und beim koptischen Christentum das Symbol der Lebenserneuerung und Wiedergeburt[38]. Die nachchristliche Tradition stilisiert ihn mit dem Gleichnis: »Da er sich im Schlamm der niedrigsten Sinnlichkeit aufhält« zum teuflischen Abbild um. Hier spiegelt sich die aus der Antike herübergerettete Tiersymbolik und das Unvermögen des Christentums, aus eigener Kraft etwas auf die Beine zu stellen. Das Christentum benötigt dazu den Ziegenbock, die Schlange, den Frosch, die Taube und das Kamel, das durch ein Nadelöhr gezogen wird.

Panik von Logrono

1609 bricht in der spanischen Stadt Logrono eine Panik aus. Die Inquisitoren veranstalten ein Autodafé, bei dem sechs als Hexen verbrannt und 18 begnadigt werden. Fünf weitere Unschuldige sterben im Gefängnis. Wie so oft berufen sich die Geistlichen auf erfolterte Aussagen. Über das damit verbundene Blutbad hat sich ein Dokument erhalten. Es ist eine Persiflage auf die *römische* Liturgie[39]. Es wird berichtet:

»Um die schändliche Sekte auszubreiten, bedient sich der Teufel der längstgedienten Hexer, die andere in dieser Kunst unterweisen. Der Lehrmeister überredet den Kandidaten ... (ein) ... Hexer zu sein und (kommt) an sein Bett, salbt ihm mit einem dunkelgrünen stinkenden Wasser Hände, Schläfen, Brust, Schamteile und Fußsohlen ein ... und führt ihn auf der Stelle mit sich durch die Luft. Mit großer Eile und Geschwindigkeit gelangen sie zum Platz ihrer Zusammenkünfte. Hier sitzt der Teufel auf einem Thron. Er hat große und runde Augen ... weit aufgerissen, feurigrot, und furchterregend. Körper und Wuchs liegen zwischen dem eines Menschen und (eines) Bockes. Sein Bart gleicht dem einer Ziege. Er hat eine schauderhaft mißtönende Stimme, sein Gesichtsausdruck ist trübsinnig ... Alsogleich läßt man den Novizen abschwören. Zunächst Gott, dann der heiligen

Nicolas de la Reynie, Pariser Polizeikommissar unter Ludwig XIV. Aus Anlaß einer zufälligen Bemerkung über Giftmord, die während eines Festessens fiel, begann er eine Untersuchung, die viele der reichsten Mitglieder der französischen Gesellschaft in einen Skandal verwickelte.

Der Tod von La Voisin, einer Pariser Wahrsagerin, die von der Aristokratie aufgesucht wird. La Reynies Untersuchung enthüllt, daß La Voisin ihre Gönner mit Giften versorgt und sie mit einem Priester bekanntmacht, der durch Schwarze Messen teuflische Hilfe heraufbeschwört.

Jungfrau und (der) Mutter Maria, allen Heiligen, der Taufe, Firmung, seinen Paten und Eltern, dem Glauben und allen Christen. Nun empfängt er den Teufel als seinen Gott und Herrn. Er wird ihn retten und in das Paradies führen. Der Novize drückt ihm einen Kuß auf die linke Hand, die Brust und die Schamteile. Sogleich wendet er sich auf die Seite und entblößt jene Körperteile, die häßlich und bei ihm schmutzig und stinkend sind ... er wird unterhalb des Schwanzes geküßt. Daraufhin markiert der Teufel den Anwärter, indem er ihm mit seinen Krallen eine Wunde schlägt. Dieses Zeichen bleibt (ihm) sein ganzes Leben (stigma diabolicum).

An den Vorabenden gewisser Hauptfeste versammeln sie sich zum Hexensabbat, um den Teufel feierlich anzubeten und ihm zu beichten. Er macht ihnen Vorwürfe, daß es sich nicht gehöre, etwas christliches zu tun. Währenddem wird ein (schäbiger) Altar errichtet: der Teufel legt Meßgewänder an und singt eine Messe aus einem missalähnlichen Buch. In einer Predigt sagt er ihnen, sie sollen ruhmessüchtig und eitel sein ... sie sollen nur ihn als Gott anerkennen. Den Christen sollen sie so viel als möglich Übles tun. Dann werden Opfer dargebracht. Zwei Hexer, die das Amt der Schleppenträger wahrnehmen, heben (jetzt) das Unterteil der teuflischen Meßgewänder ... damit man seine Schamteile küssen kann. In dem Augenblick, da man den Teufel unterhalb des Schwanzes küßt, bläst er (einem) einen fürchterlich stinkenden Rauch ins Gesicht. Das ist des Teufels Furz. Dann setzt er die Messe fort, reicht den Hexen die Kommunion und gibt jedem ein schwarzes Stück, worauf das Konterfei des Teufels gemalt ist (und) das widerlich und schlecht zu schlucken ist. Sobald die Messe beendet ist, wohnt er nach Weise der Sodomiten allen Männern und Frauen fleischlich bei. Sie suchen eine Frau aus und bringen sie zu ihm. Er streckt sie mit der linken Hand zu Boden oder stemmt sie gegen einen Baum. In dieser Stellung wohnt er ihr bei, während die Männer Musik machen. Nach dem Abschluß des schändlichen Aktes geht er stolz davon.«

Maria Iriarte, die Tochter der Königin des Hexensabbats, erklärte, »daß es der Teufel mit ihr beidseitig im Fleische getrieben und sie (dabei) defloriert habe. Sie habe große Schmerzen ausgestanden und sei mit einem blutigen Hemd nachhause gekommen.« Martin Vizcar Bruco gibt zu Protokoll »daß er, als ihm der Teufel das erstemal beiwohnte, große Schmerzen empfand und (ebenfalls) blutig nachhause zurückkehrte. Um seine Frau zu beruhigen, was das für Blut wäre, habe er vorgegeben, sich an einem Busch verletzt zu haben.« Ohne Ansehen des Standes und der Verwandschaft vermischen sich Männer mit Frauen.«

Die 28jährige Maria de la Ralde sagt aus: »Ich habe auf dem Sabbat viel größere Lust und Befriedigung gehabt, als wenn ich zur Messe gegangen wäre.« Die 16jährige Jeanette d'Abadie hat ausgesagt, »daß sie den Teufel in der Gestalt eines schwarzen und scheußlichen Mannes gesehen habe … mit sechs Hörnern und einem großen Schwanz, einem Gesicht vorn und hinten am Kopf. Dann habe der Teufel sein Glied und Gesäß küssen lasen. Sie sei durch den Satan defloriert und von ihm (unzählige Male) fleischlich erkannt worden. Sie sei der Paarung mit ihm ausgewichen, weil die Erduldung seines aus Schuppen gebildeten Gliedes außerordentliche Schmerzen bewirke. Außerdem sei sein Samen so kalt, daß er nicht schwängere. Außerhalb des Sabbats habe sie nie etwas Schuldhaftes getan … aber auf ihm ein wunderbares Vergnügen gehabt. Die Ehefrau treibe ihr Spiel in der Gegenwart des Mannes ohne Argwohn und Eifersucht. Der Vater deflorierte ohne Scham die Tochter, und die Mutter raubt ohne Scheu die Unberührtheit ihres Sohnes, Bruders oder die der Schwester. Sie habe gesehen, wie sich jedermann auf inzestuöse Weise und gegen jede Ordnung der Natur vermischt habe.

Es würde sie nicht der göttlichen Gnade berauben. Sie glauben nicht, dadurch ihren Anteil am Paradies verloren zu haben. Falls sie von der Justiz angeklagt werden, würden sie weder weinen noch eine Träne vergießen. Ja, ein falsches Mysterium, sei es

Edward Kelly und John Dee beschwören eine Tote.

das der Folter oder das des Galgens, ist für sie so lustvoll, daß sie es kaum erwarten können, mit dem Teufel vereint zu sein«

De Lancre[40)] berichtet: »Der Sabbat ist wie ein Markt von zusammengewürfelten und außer sich geratenen Händlern. Ein Zusammentreffen von 100 000 blitzschnell vorübereilenden Dingen. Man sieht Reales und Blendwerk. Die unangenehmen Dinge sind voll Häßlichkeit und Greuel. Sie bezwecken Zügellosigkeit, Beraubung, Verderben und Zerstörung.

Die ordentlichen Kuriere des Sabbats sind die Frauen. Sie fliegen und eilen wie Furien zerzaust. Man sieht sie nackt und eingefettet … sie kommen und entfernen sich, indem sie auf einem Stock oder einem Besen sitzen …von einem Bock getragen, ein oder zwei Kinder auf dessen Kreuz (Rücken), wobei sie den Teufel bald vorn als Führer, bald hinten am Schwanz als derben Peitscher haben. Wenn sie niedergehen, stürzen sie herab … hundertmal schneller als ein Adler oder Milan (sich) auf eine Ammer stürzen kann.

Der Teufel als Gebieter der Versammlung tritt als stinkender und bärtiger Bock auf. Seine Stimme ist gebieterisch, rollend und entsetzlich. Er sitzt auf einem flammenden Stuhl. Als Königin des Sabbats sitzt eine von ihm verführte Hexe an seiner Seite. Man sieht dort einen großen Kessel, voll von Kröten und Vipern, den Herzen ungetaufter Kinder, dem Fleisch von Gehenkten und schauderhaftem Aas. Töpfe mit Fett und Gift, das bei diesem Jahrmarkt gebraucht und ausgegeben wird ... Die Frauen und Mädchen, mit denen sich der Teufel vermischen will, sind in einer Nebelwolke bedeckt, um die Abscheulichkeiten zu verbergen, die es dabei gibt und (um) das Mitleid fernzuhalten, das man mit dem Schreien und den Schmerzen dieser Unglücklichen haben könnte.«

Im Umfeld des Hexenwahns haben sich Fragmente von Sabbat-Predigten erhalten. »Indem Maria de Sains vom Sabbat sprach, sagte sie aus, daß man nach gelesener Messe eine heilige Hostie genommen ... und daß jeder gegen sie Blasphemien ausgesprochen habe. Während des Opfers begehe man 1000 Schändlichkeiten. Die einen streckten die Zunge heraus, andere lästerten, andere entblößten die Schamteile ... die größten der Synagoge begingen die größten Schändlichkeiten.« Oder: »Meine Freunde, heute feiern wir den Sabbat der Sodomie. Er ist ein dem Luzifer angenehmes Werk. Ich bitte euch, eure Pflicht zu tun und euch untereinander anzureizen. Wenn ihr das Werk oft vollbringt, werdet ihr den Lohn dieser Welt haben und in der anderen das *ewige* Leben.«

Daß es hinter Klostermauern ebenso intrigant, und unchristlich wie auf der sündigen Welt zugeht, steht außer Frage. Hier werden illuminatische Ideen gehegt; es kommt zu sexuellen Eskapaden. Viele Klosterinsassen sterben an grausiger Langeweile und leiden unter dem bigott-neurotischen Verhalten ihrer sexuell unterdrückten Vorgesetzten um einer Illusion zu frönen. Oft ist der Beichtvater die Kontaktperson zur Außenwelt. Er hat freien Zugang zu den Zellen und wird zum Tröster in allen Nöten, Sehnsüchten, Träumen und Begierden[41].

Das Kloster Saint-Louis in Louviers

Im frühen 17. Jahrhundert ereignet sich im nördlichen Frankreich ein Verleumdungsprozeß, der im Zusammenhang mit einer Betrachtung der Schwarzen Messen bedeutsam ist. Der Fall erregt Aufsehen. Die Regentin Anna von Österreich nimmt davon Kenntnis und schickt ihren Vertrauensmann und Hausarzt, Yvelin, mit einem Ratsmitglied nach Rouen. Schauplatz ist das Kloster Saint-Louis in Louviers.

Um 1623 gründet die Witwe Hennequin hier ein Kloster und stellt es unter die Regel des Vielgelobten. Sie erklärt sich zur Oberin. Die Päpste Paul V. und Gregor XV. bestätigen es. Bemerkenswert ist der Anlaß der Gründung. Sie will die Seelenruhe ihres Mannes erreichen, den man 1622 u. a. wegen Unterschlagungen und anderer Gaunereien gehängt hat. Ihr Vertrauter *von der ersten Stund*e *an*, wird Pater David, der unmittelbar nach seinem Eintritt seine Geliebte, die Schwester Simone Gaugain, in die klösterliche Gemeinschaft führt. Er verfolgt eine dem Zeitgeist entsprechende Strömung antiklerikalen Verhaltens, die der Illuminaten, Luziferianer, Adamiten und Brüder des Freien Geistes. Zwei Glaubenssätze besagen, daß Sünde(n) nur durch Sünde(n) bekämpft werden können und daß die Nonnen das Gelübde der Armut am besten erfüllen, wenn sie den Mönchen alles (einschließlich ihres Körpers) zur Verfügung stellen.

Hier kommen Verhexungen, dämonische Erscheinungen, sexuelle Verwirrungen, Intrigen und merkwürdig-dubiose Verhaltensweisen an den Tag. Eine Leiche wird exhumiert und auf den Müll gekippt, ein Priester wird lebend verbrannt und eine junge Nonne fünf Jahre in einen bischöflichen Kerker gesperrt. Insgesamt sind 18 Nonnen befallen, wobei als Hauptdämonen Dagon, Putifar und Leviathan genannt werden. Die Besessenen antworten scheinbar in fremden Sprachen und zeigen Aversionen gegen die heilige Kommunion. Kirchlicherseits gilt es als untrügliches Zeichen für das Vorhandensein von Dämonen.

Hintermänner des Skandals tragen die Affaire vor das oberste Gericht. Mit Hilfe des Kardinals Mazarin wird das Verfahren unterdrückt, doch hat ihn die Geschichte eingeholt. Es stimmt nicht, daß alle Akten verbrannt sind; der Fall läßt sich rekonstruieren und dokumentieren. Die Generalbeichte der Nonne Bavent hat sich erhalten. Dazu kommen bischöfliche Urteile und Schreiben des französischen Staatsrates. Schon damals wird vorgetragen, daß es sich hier keinesfalls um Besessenheit, sondern um vorgetäuschten Betrug handelt. Nach der Zerschlagung werden die labilen Mitspieler in kirchliche und weltliche Häuser gesteckt.

Vorgeschichte

Magdalaine Bavent wird um 1607 in Rouen geboren. Als sie neun Jahre alt ist, sterben ihre Eltern. Offensichtlich wird sie streng-religiös erzogen, denn sie sagt später aus: »Von jungen Jahren an gab mir Gott ständig Gedanken über die Religion ein … ich fühlte eine besondere Verehrung für den heiligen Franziskus und habe mich darauf versteift, einem Kloster anzugehören, das seiner Regel folgt … ich schwöre, daß es meine Absicht war, Jesus Christus zu dienen und eine gute Nonne zu werden.« Bis zum 13. Lebensjahr bleibt sie bei einem Onkel. Dann nimmt sie eine Lehrstelle als Weißnäherin an. Sie verliebt sich in einen Franziskaner, der schon mehrere Näherinnen verführt hat. Mit 16 Jahren tritt Magdalaine in das Kloster; es wird ihr zum Verhängnis. In einem Vernehmungsprotokoll berichtet sie:»Sie sei auf Drängen der Familie eingetreten, da ihre körperliche Gemeinschaft mit einem Mönch als Schuld und Sünde auf ihr laste.« Bald bekommt sie Gelegenheit, einige Klosterpraktiken am eigenen Leib zu (ver)spüren.

Pater David predigt den Novizinnen und jüngeren Nonnen die vollkommene Nacktheit. Die Nonne Bavent stellt dem Beichtvater folgendes Zeugnis aus:»Mein Unglück war, David zu finden … er war ein schrecklicher Priester und eines so heiligen und

Felicien Rops: Studie zur Versuchung des heiligen Antonius, 1855.

göttlichen Standes unwürdig. Der schlechte Mensch und ekelhafte Priester hat uns scheußliche Praktiken gelehrt … Als die frommsten und tugendhaftesten Nonnen wurden die angesehen, die sich nackt auszogen und in diesem Zustand tanzten, im Chor erschienen und in den Garten gingen. Man gewöhnte uns daran, uns unzüchtig zu berühren und die infamsten Sünden wieder die Natur zu begehen. O Grauen! Ich habe gesehen, wie man die Beschneidung an einem Symbol durchführte, das aus Teig gemacht schien und das einige hinterher nahmen, um damit zu tun, was sie tun wollten. Ich leistete Widerstand, als ich nackt bis zum Gürtel ausgezogen, kommunizieren sollte. Ich mußte es dennoch tun. Dadurch galt ich als ungehorsam, störrisch und rebellisch[41].Vor allem stellten sich die Oberin, die Mutter Vikarin und die Novizinnenmutter gegen mich.«

Der fromme Pater stirbt 1628 im Ruf der obligatorischen Heiligkeit. Kurz vor seinem Tod bestimmt er Mathurin Picard, den Pfarrer von Mesnil-Jourdain, zu seinem Nachfolger und zum Beichtvater der Nonnen. Bavent hinterläßt eine Kasette, in dem man das von ihr und Picard unterschriebene Papier der Blasphemien findet. Er wirdbei der Messe verlesen und enthält. »Nichts als schauerliche Flüche gegen die heilige Dreifaltigkeit, das heilige Sakrament und verschiedene Zeremonien der Kirche.«

Während der Beichte drückt er für gewöhnlich ihre Hände auf seine bedeckten Geschlechtsteile, beginnt sie zu streicheln und unzüchtig zu berühren. Sie sagt:»Die Nachstellungen dieses Schuftes dauerten an und seine Unverschämtheit war so groß, daß er seine lüsternen Berührungen fortsetzte, als er schon mehr tot als lebendig war. Ein einziges Mal ist er zu seinem Ziel gekommen. Es war eher Gewalt, die mich in dieses Verbrechen einwilligen ließ ... zu jener Zeit wußte ich nichts von seinen infernalischen Praktiken, die mich in seine unglücklichen Ketten und verfluchte Sklaverei wickeln würden ... er hielt mich in Höllenbanden und befürchtete, daß ich schwanger sei, nachdem er mich gezungen hatte. Ich hätte lieber ein normales Leben wählen sollen, als ein so perverses und böses in der Religion.« Dieser eine Fehler genügt. Picard schwängert sie und betreibt ihre Einweisung vom Turm der Externen ins Kloster, damit sie unbeobachtet entbinden kann. Was mit dem Kind geschieht, ist unbekannt, läßt sich aber vorstellen.

Bavent gerät in den Bann eines frivolen Gottesdieners, der sich in seinem Testament als *Meister der höchsten Magie* bezeichnet. Einmal hält sie sich mit anderen im Klostergarten auf. Sie hat die Regel und verliert einige Tropfen Blut. Picard fängt sie geschickt mit einer Hostie auf. Dann führt er Magdalaine zum Friedhof und legt die mit Blut verschmierte Hostie neben einen Rosenbusch. Später sagen die Nonnen:»Dies wäre ein Zauber, der sie wollüstig mache.« Der fromme Mönch Picard folgt 1642 seinem Vorgänger in den Himmel.

Am Todestag von Picard zerspringt vor ihr eine Fensterscheibe und sie wird von Dämonen verfolgt. Sie sagt:»In der Nacht befand ich mich plötzlich vor seinem Leichnam. Er lag am Rand eines Grabes, während er mit mir sprach. Eine Menge Dämonen standen dabei. Sie befahlen mir, seine eiskalten Füße anzufassen. Man ließ mich drei Stufen in das Grab hinabsteigen ... aber ich sah schreckliche Flammen und stieg sofort wieder hinauf ... dann lag ich plötzlich (wieder) in meinem Zimmer.« Wird sie zum Opfer ihrer eigenen Phantasie?

Um diese Zeit setzen die hysterischen Zustände der Nonnen ein. Vermutlich leidet Magdalaine an einem psychischen Schaden. Sie beginnt, über Erlebnisse mit Dämonen zu sprechen, fühlt sich emporgehoben, verliert das Bewußtsein und wähnt sich auf dem Sabbat. Der Bischof von Evreux, Francois de Pericard, weiß von den Maschenschaften, hält es aber nicht für nötig, darauf zu reagieren. Mit dem Tod von Picard dringen die Vorkommnisse an die Öffentlichkeit und zwingen zu einer Stellungnahme. Er schleust eine Nonne ein; damit steht Aussage gegen Aussage.

Bavent begegnet dem Teufel

Während der heiligen Kommunion greift ihr der Geistliche Alois durch den Schleier an den Busen, gibt ihr die Hostie und sagt: »Du wirst schon sehen, was mit dir geschieht.« Bald danach erscheint ihr ein Dämon in der Gestalt einer Katze, sie beginnt Stimmen zu hören und wird verunsichert. Um 1638 meint sie mit dem Teufel einen Pakt geschlossen und ihn unterschrieben zu haben. Das dazu erforderliche Blut soll er ihr aus einer Vene gezogen haben. Dämonen treiben sie gewaltsam in die Küche. Am Ende ihres Kopfkissens entdeckt sie drei zusammengerollte Eichenblätter. Sie sagt in diesem Zusammenhang:»Als ich sie aufklappte, krabbelten mehrere schwarze Tierchen heraus. Ich warf sie aus dem Fenster, doch sie kamen immer wieder durch eine Ritze zurück.« Sie wird auf den Boden geworfen und von einer Katze verfolgt. »Der Kater lag in der unzüchtigsten Stellung, die man sich denken kann und hatte alles, was einen Mann verkörpert. Er sprang auf mich zu, warf mich brutal auf das Bett und vergewaltigte mich ... er ließ mich seltsame Qualen fühlen.« Hier sucht sich die gewaltsam unterdrückte Natur ihr Recht. Im eintönigen, teilweise widersinnigen Klosterleben verkümmert nicht nur der Geist. Ist es nicht eine Assoziation an ihre Vergewaltigung durch einen Diener Gottes? Sind es Sexualkomplexe, die die Geschichte des Christentums durchziehen?

1642 besucht der Bischof von Evreux, »einer der sanftesten und mildesten Prälaten, die die Erde getragen und die Kirche gesehen hat« das Kloster in Louviers. Bavent berichtet ihm von ihren Begegnungen, den Verfolgungen und dem teuflischen Pakt. Der gütige Gottesmann befreit sie von der drückenden Last, indem er ihr das Sakrament in die Klosterzelle bringt. Seitdem ist ihr der Kater nicht mehr erschienen.

Die Vorstellung der teuflischen Partnerschaft sitzt in ihr; schon ist sie im Bannkreis des Teufels und sagt:»Ich bin immer nachts transportiert worden, nachdem ich geschlafen hatte … gewöhnlich vor den Frühgebeten, die bei uns nach Mitternacht gesprochen werden. Ich erhob mich, um der Stimme Antwort zu geben, die mir als Nonne des Hauses erschien, und, sobald ich an der Tür meiner Zelle angekommen war, fühlte ich mich emporgehoben, ohne daß ich erkennen konnte, von wem oder wie, denn ich verlor jedes Bewußtsein, bis ich mich an jenem verfluchten Ort befand. Der Platz erschien (mir) eher klein als groß, es gab keine Sitzgelegenheiten und es herrschte Helligkeit wegen der vielen Kerzen, die als Leuchter auf dem Alter standen.

Die Versammelten erschienen nicht besonders zahlreich. Ich habe nur Priester und Nonnen bemerkt. Sie befinden sich im Kreis der Teufel und sprechen schreckliche Beleidigungen gegen die göttliche Majestät der Kirche aus[42] … die Teufel erscheinen in unterschiedlicher Gestalt … Die verwendete Hostie ist rötlich und ohne Form. Man stellt sie aus Zaubermitteln her, aus dem fallenden Blut und den wichtigsten Innereien von Kindern und anderen Toten. Sie sind wie kleine Kügelchen. Beispielsweise wurden eines Nachts zwei große, von der Kirche geweihte Hostien an einigen Stellen durchbohrt. Es flossen zwei oder drei Tropfen Blut heraus. Man hat sie aufgefangen und mit der Hostie verrührt … um daraus ein Zaubermittel zu bereiten. Außer der Kommunion praktiziert man dort Prozessionen, Abschwörungen, Verhexungen, Bisse in geweihte Hostien und liest in einer unbekannten Schrift.

Alle Handlungen, die ich auf dem Sabbat gesehen habe, waren schändlich. Die Priester brachten oft große Hostien mit, legten sie auf den Altar und lasen die Messe. Danach entfernten sie aus der Hostie ein rundes Stück (in der Größe eines Vierteltalers), legten sie auf ein gleichermaßen durchbohrtes Pergament und befestigten sie mit einer Art Fett. Dann zogen sie sie über ihre Schamteile bis an den Bauch und gaben sich in diesem Zustand der Gemeinschaft mit den Frauen hin. Der unglückselige Picard hat mich fleischlich erkannt. Außerdem hat mich der Vikar Boullé an jenem Ort beschlafen. Während dieser Schandtat hielt er mir die Hände fest. Vier Nonnen aus Louvier haben mit einem Dämon in der Gestalt des toten David Unzuchtshandlungen vollbracht.

An einem Karfreitag brachte eine Frau ihr neugeborenes Kind. Man hatte die Absicht, es zu kreuzigen. Man trieb ihm Nägel in der Form einer Krone in den Schädel und durchstach ihm die Seite. Dann nahmen sie ihr das Kind ab, um die wichtigsten Körperteile für ihre Untaten zu benutzen. Danach haben sie es verscharrt. Am Gründonnerstag wurde während des Abendmahls ein gebratenes Kind von der Versammlung gegessen … ich weiß nicht mit völliger Sicherheit, ob ich davon gekostet habe.«

Während ihrer Zeit im Kerker schildert sie dem Bußpriester den Teufel: »Er habe eine unheimlich schreckliche Gestalt. Die obere Hälfte des Körpers ist die eines Menschen, die Haare wie Hörner hochgesteckt, das Gesicht völlig schwarz. An den Ellenbogen habe er zwei Schwänzchen aus schwarzem Haar, jedes unfegähr einen halben Fuß lang. Sonst ist er nackt. Sein unterer Teil hat die Gestalt einer gewundenen und schwarzen Schlange, ohne die

Anzeichen von Schamteilen und Glanz, bis auf den seiner Augen ... Der Teufel Dagon zeigte ihr seine Schamteile ... ohne daß sie dabei ein fleischliches Empfinden verspürte, obwohl sie ihr wie die eines Mannes vorgekommen sind. Einmal habe sie der Teufel gezwungen, ihm zwei Stunden beizuwohnen.«

Verurteilung und Tod

Im Dezember 1642 tritt Anne Barré in das Kloster ein und mit ihr eine Verleumdungskampagne nach der anderen. Sie gibt vor, von Gott den Auftrag zur Aufdeckung aller Übeltaten empfangen zu haben. Sie hat Visionen und sieht den Teufel in der Gestalt eines nackten Mannes. Mehrfach wird sie über die Erhabenheit ihres Gnadenzustandes und über die Vortrefflichkeit ihrer hinreißenden Vollkommenheit befragt. Ihrer Meinung nach ist Bavent die Wurzel allen Übels. Man müsse sie darum loswerden. Sie inszeniert eine Hetzkampagne und wirft ihr vor:

- Sie sei mit der Absicht in das Kloster gekommen, um es zu verderben.
- Der Dämon Dragon habe mehrfach mit ihr geschlafen. Sie habe sich mit Teufeln und Hexen die Zeit auf ihrer Zelle vergnügt. Sie habe sich verschiedener Zaubermittel bedient, um sich daraufhin mit einem Dämon zu vereinigen. Sie habe ihre Geschlechtsteile während des Sabbats mit dem Blut Christi aus dem Kelch gewaschen und wäre dann zu schamlosen Handlungen übergegangen.
- Sie habe sich körperlich mit einem Bock verbunden und Dämonen fleischlich erkannt. Außerdem wisse sie, daß Boullé jemand beauftragte, Schamhaare von Frauen abzuschneiden, die dann in einen Kelch geschüttet wurden.
- Sie habe mehrere Kinder tot oder lebendig zum Satan gebracht. Sie habe gebärenden Frauen zugesehen, bzw. wie deren Kinder von den Müttern geschlachtet und in der Erde verscharrt wurden.

- Sie habe bei der Herstellung von Zaubermitteln geholfen. Eines davon sei auf dem Sabbat gemischt worden und dies errege die Sinnlichkeit. Zudem sei ihr das Zaubermittel *Die spirituelle Hochzeit* bekannt.

Der Bischof reagiert unerbittlich und läßt ihr den Schleier nehmen, zumal behauptet wird, sie trage ein Teufelsmal. Der tugendhafte Bischof empfiehlt den frommen Nonnen, sie zu rasieren, »denn sie waren gewohnt, sich am sinnlichen Anblick weiblicher Nacktheit zu ergötzen.« Am 22.3. bringt man sie in das bischöfliche Gefängnis von Evreux.

Daß es innerhalb der christlichen Kirchen Gefängnisse gibt, verdanken wir der Trennung in die kirchliche und weltliche Gerichtsbarkeit. Die Kleriker schaffen sich früh ein *eigenes* Rechtssystem, um die Zucht und Ordnung innerhalb der eigenen Reihen in den Griff zu bekommen. Viele Tausende Unschuldiger werden in sie gezwängt und es kommt zu Vergewaltigungen, Verbrechen und zur Einmauerung lebender Nonnen; hier wird der Geist vieler gewaltsam gebrochen und das Wort: *Du sollst Deinen Nächsten lieben wie dich selbst,* wird zur heuchlerischen Farce. Magdalaine Bavent bleiben die geistige und körperliche Tortur nicht erspart. Sie wird von einem Bußprediger gezwungen, die Aussagen der schwatzsüchtigen Schwester Barré zu bestätigen. Dann stellt der Bischof Anklagepunkte gegen sie zusammen.

- Er erklärt sie der Abtrünnigkeit, Gotteslästerung und Magie für schuldig.
- Er meint, daß sie dem Teufel Schriftstükke und Schuldscheine übergeben hat.
- Sie habe das Sakrament mißbraucht und sich mit Teufeln prostituiert.
- Gegenüber den Oberen sei sie ungehorsam gewesen und sie habe den Mitschwestern ein schlechtes Beispiel gegeben.

Die Albernheiten reichen aus, um ihn am 12.3. zu folgendem Urteil zu veranlassen:

- Als Genugtuung für solche Verbrechen soll sie künftig unwürdig sein, den Schleier zu tragen.
- Sie soll lebenslang eingesperrt bleiben, solang Gott Gefallen daran fände, ihre Tage im Verlies oder Kerker des kirchlichen Gefängnisses des Diözesangerichts zu verlängern.
- Sie soll für ihr restliches Leben an drei Tagen in der Woche bei Wasser und Brot fasten, nämlich mittwochs, freitags und samstags.
- Der Kerkermeister wird angehalten, dafür zu sorgen, daß sie die Fasten und die Strafe unter Androhung der Exkommunikation einhalte[43].

Nun wird sie in den christlichen Kerker gezerrt, wo in probater Weise ihr Lebenswille gebrochen wird. Sie ist dem Verhungern nahe. Schließlich bekennt sie gegenüber dem Bußpriester alle ihr zur Last gelegten Schandtaten. Vermutlich unfreiwillig, denn sie sagt:»Gilt ihre Generalbeichte als öffentlich. Ich sage nichts, was ich nicht für wahr halte. Ich habe es aufgeschrieben, wie ich es meinen Beichtvätern sagte, als er mich auf den Tod vorbereitete.«

Ihr schonungsloser Bericht von der Qual, ihre Versuche, sich zwischen den eigenen Exkrementen auf abenteuerliche Weise das Leben zu nehmen, ihre Verteidigung gegen gefräßige Ratten und aufdringliche Wärter, ihre wechselnde Hingabe und Suche nach Gott oder Dämonen sind der nachhaltigste Teil ihrer Bekenntnisse[44]«

Man hält sie fünf Jahre gefangen, davon dreieinhalb in einem Verlies hinter einem unterirdischen Gang. Wochenlang wird sie nicht aus dem Loch gelassen ... sie liegt im unerträglichen Schmutz und Gestank. Einmal fügt sie sich aus Verzweiflung Messerstiche bei. Ein Messer steckt vier Stunden bis zum Heft in ihrem Bauch. Ab und zu bewegt sie es, um schneller ein Ende zu finden. Sie zermalmt Glas und nimmt es mit einem Löffel ein. Sie versucht ihre Regel durch Bandagen zu unterdrücken. Dies führt zu heftigem Erbrechen und zu Erstickungsanfällen. Sie schluckt Spinnen: kleine und dicke, lebende und tote, unbe-

schädigte und zerdrückte. Sie verweigert die Nahrung und leidet an Visionen. Einmal will sie Rattengift zu sich nehmen, »da erscheint ihr ein Engel, nimmt das Arsen weg und verbietet ihr, in Zukunft daran zu denken, ihrem Leben ein Ende zu bereiten.«

Dann sagt sie:»Ich hatte wieder eine Erscheinung. Ich weiß nicht, ob es ein guter oder ein böser Engel war, der mich an die schwärzeste aller Taten in meinem Leben erinnerte ... an die Zeit, da ich eine geweihte Nonne war, hat mich Picard mit ausgebreiteten Armen gegen die Gitterstäbe in der Kapelle gedrückt und im Stehen Geschlechtsverkehr mit mir getrieben.« Während hier eine unglückliche Christin im Kerker verschmachtet, die ins Kloster ging, um Christus zu dienen, werden über ihr von Frömmigkeit triefende Reden gehalten.

Später verschafft ihr der Bischof Hafterleichterung. Nach seinem Tod wird sie in das erzbischöfliche Gefängnis von Rouen verlegt. Noch schlechter geht es dem verstorbenen Ex-Beichtvater Picard, über den die Nonne Barré gesagt hat: »Das Haus werde befreit sein, wenn er exhumiert wird.« So verfügt der Bischof: »Die geoffenbarten und (hinreichenden) Beweise, er habe mit der Bavent Mißbrauch und Gotteslästerungen getrieben und mit seinen Zaubereien die Nonnen des Klosters zu Ausschweifungen verführt. Infolgedessen hat er sich der Grabesruhe an einem heiligen Ort als unwürdig erwiesen. Als Strafe dafür, und um die Ruhe unter den Nonnen wieder herzustellen, die durch die Wirkung seiner Grablegung beunruhigt sind ... und, um die Angelegenheit geheim zu halten, und, ohne andere vom Recht verlangte Formalitäten zu berücksichtigen, die sich zu einem Skandal ausweiten und zur Entehrung der Priesterschaft, Religion und zu Vorurteilen gegen das Kloster führen könnten, ist angeordnet worden, seinen Leichnam zu exhumieren und (ihn) insgeheim zu einer profanen Stelle zu bringen.

So ordnen wir an, die Leiche Picards und Boullés heute dem Vollstrecker des Kriminalgerichts auszuliefern, um auf einem Rost über die Straßen und öffentlichen Plätze dieser Stadt gezogen zu werden.

Wenn Boullé vor das Hauptportal der Domkirche gelangt, soll er mit entblößtem Haupt, nackten Füßen, einem Strick um den Hals und mit einer brennenden Fackel von zwei Pfund Gewicht in der Hand öffentlich Abbitte und Gott, den König und die Gerechtigkeit um Verzeihung bitten. Danach sollen sie auf den Platz des Alten Marktes gezogen ... und Boullé lebendig verbrannt und der Leichnam von Picard in das Feuer geworfen werden, bis ihre Körper zu Asche zerfallen sind ... die in alle Winde geworfen werde.«

Obwohl sich dies hinter den christlichen Kulissen abspielt, erfahren die Eltern Picards davon. Sie beschweren sich beim Parlament. Es wird eine Untersuchung angeordnet und man stellt fest, daß der Bischof hinter dem Unsinn steckt. Daraufhin wird ein Prozeß gegen ihn angestrengt, was damals und heute außergewöhnlich ist. Jetzt erkennt die gütige Mutter Kirche die Gefahr für ihr sündiges Schäflein. Auf Antrag des ihm übergeordneten Erzbischofs und des Metropolitanischen Gerichtshofes von Paris gehen die Unterlagen an das kirchliche Gericht über. Noch ist der Klerus so mächtig, zu veranlassen, daß sich der König vor die Schande stellt. Am 7.9.1647 entlastet er die Kirche per Dekret und erläßt die Anweisung, »die kirchliche Würdenträgerin des Klosters, Mutter François, in keiner Weise anzutasten.« Er unterzeichnet im logischen Umkehrschluß: »Philipp Louis, von Gottes Gnaden.«

Cosmé Ruggieri

Am französischen Hof gibt man sich den Freuden des Lebens hin. Hier wird Magie betrieben und hier werden Geister beschworen. Katharina von Medici stellt 1558 Cosmé Ruggieri als Hofastrologen ein. Sie erhofft sich von *seiner* Kunst Hilfe gegen *ihre* Unfruchtbarkeit. Er soll ihr die Zukunft voraussagen, er braut Gifte und Liebestränke und erhält den Auftrag, dem Hof mißbillige Personen durch Behexungen, aus der Ferne, Schaden zuzufügen. Der Astrologe soll eng mit dem Satan zusammengear-

beitet und für ihn ein Opfer bereitet haben. Aufgrund einer Krankheit Königs Karl IX. wird ein Kind entführt und in das Laboratorium von Ruggieri nach Vincennes gebracht. Hier befindet sich ein Altar der *Mutter der Finsternis*. Kelche mit Hostien stehen parat. Nachdem drei Kreise um den Altar gezogen sind, wird Satan gerufen, um den König zu heilen. Zum Zeichen der Ergebenheit opfert man das entführte Kind. Ruggieri steckt ihm eine Hostie in den Mund. Unter Verwünschungen der heiligen Jungfrau Maria schneidet er ihm die Kehle durch. Während das Blut über den Altar läuft, wird der ohnehin kranke König ohnmächtig. Möglicherweise hat Ruggieri einen Formfehler gemacht, denn seine Zauberei, in Verbindung mit Menschenmord, bleibt wirkungslos. Er stirbt einen Tag darauf.

In der zweiten Hälfte des 17. Jahrhunderts verbreitet sich unter den französischen Adelsschichten und weiten Kreisen der Bevölkerung die Angst vor Vergiftungen. Die Kirche von l'Epine, einem Dörfchen in der Nähe von Chalons, wird *vor Zeiten* zur Beschwörung des Giftzaubers erbaut. Die Vergiftungen sollen von zahlreich wachsenden Dornen verursacht worden sein.

Montespan-Affaire[45]

Zur Zeit des französischen Königs Ludwig XIV. erfährt die *Schwarze Messe* eine Verweltlichung und Privatisierung. Ende 1679 werden mehrere Giftlieferanten verbrannt. So versuchen Ermittlungsbeamte, der beschuldigten Marquise de Brinvillier durch die Wasserfolter ein Geständnis abzuzwingen. Ihr Magen wird mit Wasser gefüllt, bis er überdehnt ist. Wenn kein Geständnis erfolgt, wird der Leib geschla-

$\Rightarrow$

Françoise Athénais de Donor-Charente, Marquise de Montespan. Sie steht im Mittelpunkt der »Montespan-Affaire« 1680 in Paris.

gen. Sechs Jahre bevor La Reynie mit seiner Untersuchung des Giftskandals beginnt, wird de Brinvillier unter der Anklage verhaftet, ihren Vater und Bruder durch Gift getötet zu haben. Sie erklärt unter der Folter: »Die Hälfte des Adels ist in diese Dinge verwickelt, und ich könnte sie ruinieren, wenn ich sprechen würde.« Sie leistet öffentliche Buße vor der Pariser Kathedrale Notre Dame. Dann wird sie zum Gréveplatz geführt, wo man sie enthauptet und ihren Körper verbrennt. Zu den weiteren Aspirantinnen gehört die hübsche Herzogin, weil sie versucht hat, ihren alten und reichen Ehemann mit Hilfe eines mit Arsen getränkten Hemdes aus dem Leben zu schaffen[46]. Die damit verankerten Rituale gelangen in die Bannmeile der französischen Aristokratie.

Ludwig XIV. hat 1679 den Pariser Polizeipräsidenten Nicholas de La Reynie[47] beauftragt, bestimmten Gerüchten über eigenartige Zusammenkünfte nachzugehen und die dahinter vermutete Verschwörung aufzudecken. Der König drängt seine Kommissare: »Den abscheulichen Gifthandel so gründlich als möglich zu durchdringen; strenge Gerechtigkeit walten zu lassen ohne Ansehen der Person, des Ranges oder des Geschlechts.«

Kurz danach macht er eine Kehrtwendung. Er ordnet an, gewisses Beweismateriel aus den Berichten zu entfernen. Die Sitzungen der Chambre ardente werden eingestellt und die Untersuchung wird auf private, doch intensive Verhöre reduziert. Der Grund ist die Nähe des Skandals zum König selbst. Von allen Mitgliedern des Hofes, die Kunden der Wahrsager und Giftschieber gewesen sind, ist keiner schuldiger als eine Frau, die 12 Jahre lang seine Geliebte gewesen ist.

Es stellt sich heraus, daß einige Personen aus der nächsten Umgebung des Königs in diese Affaire verwickelt sind. Als mehrere Giftlieferanten Mitglieder des Hofes als ihre Kunden nennen, beruft der König eine Sonderkommission ein, um dies zu untersuchen und um über die Angeklagten zu richten. Sie wird im Volksmund die *Chambre ardente* (brennende Kammer) genannt,

weil sie in einem mit schwarzen Draperien verhangenen und von Kerzen erhellten Raum zusammentritt. Die Kommission hält ihre Sitzungen im geheimen ab. Als Hauptpersonen werden ermittelt: Cathérine Voisin, eine Giftmischerin, Hebamme und Kartenlegerin, Athénais de Tonnay-Charente, Marquise de Montespan, eine Ehrendame des Königs, zeitweise Rivalin von Louis de la Valliére, der Geliebten Ludwigs XIV., ferner neben Klerikern die Priester Couret, genannt La Sage, Abbé Guiborg, Davot und Cotton. Durch die Aktivitäten des Kommissars kommen schockierende Enthüllungen über das Leben und Treiben am Hof des Sonnenkönigs zum Vorschein, der seine Selbstliebe wiedergibt. Intrigen, Aberglauben, Mißgunst, Spott und Dummheit, Hurerei, Haß und Einfalt geben sich hinter der königlichen Fassade die Hand. Das Frankreich Ludwigs XIV. ist ein Rahmen, in dem Extreme der Eleganz neben denen des Lasters bestehen. Elegant gekleidete Höflinge beschäftigen sich mit den sorgfältigsten Feinheiten von Etikette und Benehmen, sind jedoch gleichzeitig zu brutalen Grausamkeiten fähig, um ihre Ambitionen zu fördern. Hinter der Glitzerwelt verbirgt sich ein tiefer Schatten.

In den Archiven der Bastille haben sich Protokolle der Verhandlungen und der Verhöre erhalten. Es handelt sich um einen typischen Drahtzieherprozeß, aus dem die Nähe zwischen dem Hexenkult und den Schwarzen Messen deutlich wird[48]. Die Querverbindungen zur französischen Prostitution und einigen Zaubergebräuchen sind nicht schlüssig geklärt. Es kommt zu 319 Verhaftungen und 104 Verurteilungen. 36 Todesurteile werden gefällt, 34 Personen werden verbrannt und vier weitere auf Galeeren geschickt. Andere sitzen bis zu 40 Jahren im Gefängnis. 30 Angeklagte werden freigesprochen.

Im Mittelpunkt der Auseinandersetzungen steht Françoise Athénais de Donor-Charente, Marquise de Montespan, in ihrem Wechselspiel mit Cathérine Monte Voisin. Sie beschäftigt sich auch mit dem Herstellen von Liebeszaubern und okkulten Praktiken. De Montespan ist eine Ehrendame der

Königin. Sie kommt 1667 im Alter von 25 Jahren an den königlichen Hof. Die polizeiliche Untersuchung enthüllt die *mörderischen* Methoden, mit denen sie *ihre* Position zu festigen sucht. Damit dokumentiert sie ihre Naivität. Es ist ein Paradebeispiel weiblicher Eigennützigkeit und geheuchelter Ruhmessucht. Madame de Montespan setzt sich in den Kopf, die Geliebte des Sonnenkönigs, Louise de la Valliére, auszustechen, um deren Platz einzunehmen. Die aus der Verbindung stammenden sieben Kinder mit Louise werden vom Parlamentsgericht offiziell anerkannt. Des Königs schweifendes Auge fällt auch auf andere Schönheiten. Die Konkurrentin erkennt nicht, daß sie selbst, sollte es ihr gelingen, nicht mehr als eine Episode im Leben des Königs bleibt. Und doch gelingt es ihr.

Sie wird zwölf Jahre die Geliebte des Sonnenkönigs und ist damit mächtiger als die Königin. Er läßt ein Schloß für sie bauen und überhäuft sie mit Reichtum und Ehren. Die Mittel dazu hat er aus dem Volk gepreßt und aus schmutzigen Kriegen gezogen. Stets plagt die königliche Dirne die Sorge, daß er ihr überdrüssig wird und sie hat Angst vor seinen Launen. Dann packt den König die Reue wegen des Ehebruchs und die Maitresse wird vorübergehend vom Hof gebannt.

1669 wendet sich der König der nächsten Favoritin, Madame Marie-Angelique de Fontanges zu. In der Verlassenen reift der Entschluß der Rache. Die Buhlerin, war sie es doch selbst zuvor, soll mit langsam wirkenden Mitteln vergiftet werden. Das Verhängnis der de Montespan besteht darin, die Wahrsagerin Voisin zu bemühen[49]. Sie erklärt sich bereit, die Wirkung einer besonderen Art auszuprobieren, die im Ruf steht, den Erfolg in der Liebe zu fördern. Dem König wird eine Bittschrift überreicht, die ein tödliches Pulver enthält. Der Plan fliegt auf. Die geächtete de Montespan zieht sich auf ein von ihr gegründetes Kloster zurück und stirbt am 27.5.1707.

Um die königliche Gunst zu erwirken, wird in einem Pariser Haus eine Messe durch den Abbé Mariette zelebriert. Er spricht den Ritus und beschwört den heiligen Geist in einer lateinischen Hymne. Madame de Monstespan kniet vor ihm und spricht: »Ich, Tochter des … erbitte die Freundschaft des Königs und des Monseigneurs Dauphin, und daß sie für mich fortdauern möge, daß die Königin unfruchtbar sei, daß der König ihr Bett und ihren Tisch verlasse um meinetwillen, daß ich von ihm all das erlange, worum ich für mich und meine Eltern bitten werde, daß meine Bedienten und mein Gesinde ihm angenehm seien, daß ich geliebt und geachtet werde von den großen Herren, zu den Ratsversammlungen des Königs zugelassen, und das zu erfahren vermöchte, was sich dort ereignet, und daß diese Freundschaft stärker zunimmt als in der Vergangenheit, der König die Valliere verlasse und nicht mehr beachte, und daß, indem die Königin verstoßen wird, ich den König heiraten könnte[50].«

Eine weitere Messe mit dem Hintergedanken, den Tod der Rivalin herbeizuführen, wird über menschlichen Knochen gehalten. De Montespan streut Pulver in das königliche Essen, um sich seiner Liebe zu versichern[51]. Interessant sind die Aussagen im prozessualen Verlauf.

Diverse Aussagen

La Sage trägt vor: »Den Priester Davot habe ich zum erstenmal bei der Voisin gesehen. Er und sie haben mir gesagt, daß er im Zimmer der Voisin eine Messe gelesen hat, und zwar auf dem Bauch eines Mädchens oder einer Frau, an die er sich später erinnert hat. Davot sagte, daß er dabei Geschlechtsverkehr gehabt habe und daß er, während er die Messe las, ihre Scham geküßt habe.

Gerard, Priester von Saint Sauveur, hat die Messe über dem Bauch einer Kaufmannstochter aus der Rue de Saint Denis gelesen. Sie stamme aus dem gleichen Pfarrbezirk. Er hat sie verführt und glauben gemacht, daß sie durch die Zeremonie und die Beschwörungen nicht schwanger werden würde. Aber das Mädchen ist, nachdem es sich eine Zeitlang mit Gerard auf dem Hängeboden versteckt hat, schwanger geworden und Gerard hat deshalb Schwierigkeiten gehabt und ist geflohen ... einige Zeit hat er sich bei Davot in Saint-Benoit versteckt[52].«

Die Tochter der Voisin trägt vor: »La Sage und meine Mutter haben mich eines Tages losgeschickt, (um) eine weiße lebende Taube zu kaufen. Ich weiß nicht mehr genau, ob es in der Fastenzeit gewesen ist. Nachdem ich sie ihnen gebracht habe, haben wir ihr den Hals abgeschnitten und das dabei auslaufende Blut in einem Glasgefäß aufgefangen und aufbewahrt. Sie schickten mich aus dem Gartenhaus fort, wo dies geschah, und ich weiß nicht, was man damit getan hat.

Ich weiß nicht, ob das Blut und das Herz der Taube mit Weihwasser gemischt wurde. Aber es ist wahr, daß auch ein Kreuz, das man dabei hatte, in dem etwas vom echten Kreuz von Jerusalem war, bei den Zeremonien verwendet wurde, die La Sage und meine Mutter vornahmen. Ob es dieses Mal benutzt wurde, weiß ich nicht. Es stimmt, daß bei diesen Zeremonien Weihrauch, Salz, Schwefel und Weihwasser zusammengemischt wurden und daß nach der Rückkehr von La Sage von den Galeeren dies für die Heirat der Desmartes und die Affairen der Mme. Brisard und für andere, die sie noch gehabt hatte, verwandt wurde.

Ich habe zugesehen, wie Guiborg zwei Messen im Schlafzimmer meiner Mutter las. Er hat eine bei der Delaporte gelesen, hier bin ich aber erst zum Schluß eingetroffen. Ich habe den vorbereiteten Altar gesehen, das Kreuz und die brennenden Kerzen ... Guiborg hat bei meiner Mutter Messen auf dem Bauch von Damen gelesen. Ich habe ihr bei der Zurichtung der dazu nötigen Dinge geholfen; eine Matratze auf einer Unterlage, zwei Hocker zu beiden Seiten für die Leuchter mit den Kerzen ...die Kerzen seien von frischem gelben Wachs ...dem Fett eines Gehängten gewesen, dann ist Guiborg aus dem kleinen Zimmer nebenan gekommen, angetan mit einer Casel. Sodann ist die Dame, auf deren Bauch die Messe gelesen werden sollte, eingetreten

und ich bin hinausgegangen ... Als ich älter wurde, hat sich meine Mutter vor mir nicht mehr vorgesehen und ich war bei dieser Art von Messen anwesend und ich habe gesehen, daß die Dame splitternackt auf die Matratze gelegt wurde, der Kopf hing herunter und wurde durch Kissen auf einen umgedrehten Stuhl gestützt. Die Beine hingen herunter und auf dem Bauch hatte sie ein Tuch, auf dem Magen ein Kreuz und auf dem Bauch einen Kelch.

Madame de Montespan hat etwa vor drei Jahren eine dieser Messen durch Guiborg bei der Voisin lesen lassen. Sie ist um zehn Uhr abends gekommen und erst gegen Mitternacht (wieder) gegangen ... Einige Zeit später nahm ich an einer Messe teil, die Abbé Guiborg in der gleichen Weise auf dem Bauch meiner Mutter gelesen hat. Bei der Elevation hat er den Namen von Louis de Bourbon genannt und den einer Dame. Die Voisin hat andere Priester gehabt, die für den gleichen Zweck und ebenso gut wie Guiborg gearbeitet haben.

Ich erinnere mich, daß die Pelletier zwei Nachgeburten bei zwei verschiedenen Gelegenheiten zu Abbé Guiborg gebracht hat. Die eine ist von der Pelletier, die andere von der Dumesnil destilliert worden. Es ist wahr, daß eine Hebamme, die an der Ecke der Rue des Deux-Ports wohnt, die Eingeweide des Kindes destilliert hat. Die Mutter hat dort geboren, nachdem sie von meiner Mutter dorthin gebracht worden war, um bei ihr eine Frühgeburt herbeizuführen. Vor der Destillation sind die Eingeweide des Kindes und die Nachgeburt nach Saint-Denis zu Guiborg gebracht worden. Meine Mutter erzählte nach der Rückkehr, daß Guiborg auf dem Bauch der Frau die Messe gelesen habe, die zu dieser Zeit noch ganz blutig gewesen ist.

Guiborg hat bei meiner Mutter das Kind eines Mädchens getauft, bei dem die Lepere eine Frühgeburt herbeigeführt hat. Ich habe gesehen, wie man drei oder vier Kinder im Ofen verbrannte; ein anscheinend vor der Zeit geborenes Kind hat Guiborg in ein Becken gelegt, ihm die Kehle durchgeschnitten, das Blut zusammen mit der Hostie in einen Kelch gefüllt und konse-

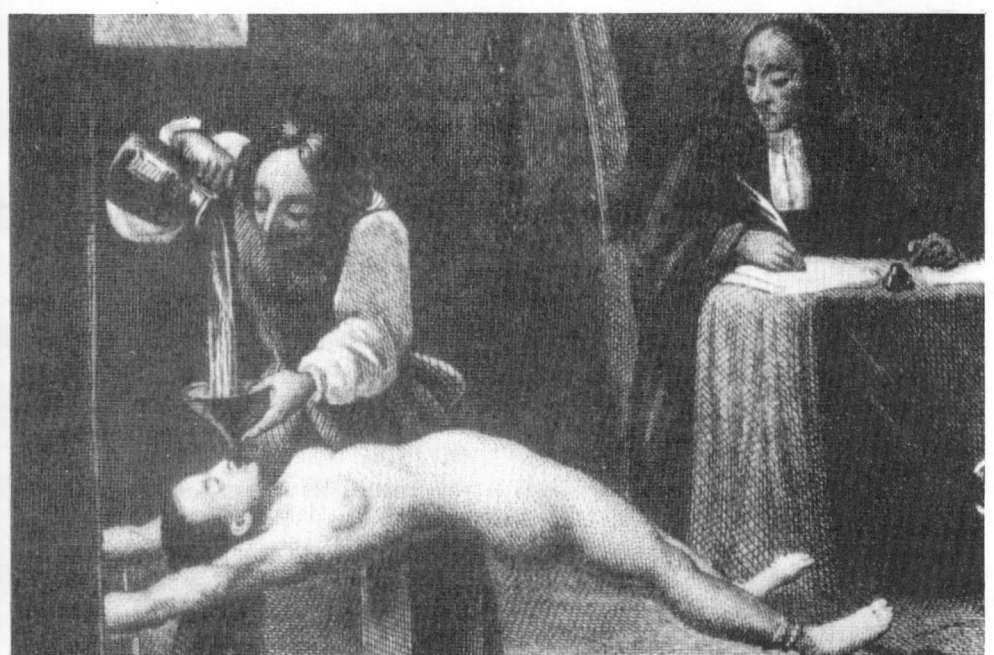

Ermittlungsbeamte versuchen, der Marquise de Brinvillier durch die Wasserfolter ein Geständnis abzuzwingen. Der Magen des Opfers wird mit Wasser gefüllt, bis er überdehnt ist. Wenn kein Geständnis erfolgt, wird auf den Leib geschlagen.

kriert. Nachdem er seine Messe beendet hatte, entnahm er die Eingeweide des Kindes. Meine Mutter hat das alles am folgenden Tag zu Dumesnil gebracht, um es zu destillieren. Das Blut und die Hostie hat Madame de Montespan in einer Glas-Phiole mitgenommen. Den Körper des Kindes hat meine Mutter im Ofen verbrannt.«

Die Filastre trägt vor: »Die Simon ließ mich am Rande des Kreises sitzen und sagte mir, daß innerhalb (von diesem) die Geister wären und daß eine Kerze für Luzifer wäre, eine andere für einen anderen Teufel . Ich habe eine Kerze aus schwarzem Pech in der Hand gehabt, obwohl eine angezündet war. Ich habe das Charisma, die Taufe und die Kirche verleugnen müssen. Die Beschwörung war von Picarts Hand geschrieben … es ist wahr, daß Cotton Priester von Saint-Paul und Schulmeister war. Er hat in der Nacht von Gründonnerstag zu Karfreitag um Mitternacht, angetan mit den priesterlichen Gewändern in einem kleinen Zimmer über dem Saal … die Messe gelesen, ich und Lavander waren anwesend. Hierbei hat Cotton eine Hostie geweiht, die Elevation vollzogen und die drei Fürsten der Dämonen mit unverständlichen Worten angerufen. Die Beschwörung, die aus einigen Worten bestand, hat er auf dem Altar niedergeschrieben. Nach der Anrufung hat er die Messe beendet und die geweihte Hostie in ein mitgebrachtes Korporale gelegt. Ich habe ihn nie gefragt, was er mit der Hostie gemacht hat.«

Der Abbé Guiborg trägt vor: »Lereoy, Vorsteher der Pagen des kleinen Marschalls, hat als erster mit mir darüber gesprochen, für Madame de Montespan zu arbeiten. Die erste Messe, die ich in dieser Absicht gelesen habe, ist in Ménil gewesen … auf dem Bauch einer Frau, die dorthin gekommen war mit einer anderen vornehmen Person. Ich habe die Beschwörung im Namen des Königs und der Madame de Montespan genannt. Das Kind, das bei der

Messe geopfert wurde, habe ich um einen Taler gekauft. Ein großes Mädchen hat es mir angeboten. Ich habe das Blut des Kindes, in dessen Kehle ich ein Federmesser gestochen habe, herauslaufen lassen und (es) in einen Kelch gegossen. Dann wurde das Kind weggenommen und an einen anderen Ort gebracht. Später brachte man mir das Herz und die Eingeweide zurück, damit ich eine zweite Messe lese, die dazu dienen sollte, Pulver für den König und Madame de Montespan herzustellen.

Die Dame, für die ich die Messe gelesen habe, hat immer herunterhängende Haare gehabt, die ihr das Gesicht und die Hälfte der Brust bedeckt haben. Ich habe eine zweite Messe in einer Ruine auf den Wällen von Saint Denis, auf der gleichen Frau mit denselben Zeremonien gelesen. Die dritte Messe habe ich in Paris bei der Voisin auf derselben Frau gelesen, es kann acht oder neun Jahre her sein, vielleicht aber auch schon 13 oder 14 Jahre. Ich habe immer die Hostie und das konsekrierte Blut der Kinder in den Gefäßen, die man mir gegeben hat, gelassen. Die Hostie war in kleine Teile zerschnitten.

Ich habe bei der Voisin, bekleidet mit der Albe, der Stola und dem Manipel, eine Beschwörung in der Gegenwart der des Oeiletts gemacht, die verlangt hat, einen Zauber für den König zu machen. Sie war begleitet von einem Mann, der mir die Formel übergab. Zu dieser Beschwörung war Sperma von beiden Geschlechtern nötig. Da aber die des Oeiletts ihre Tage hatte, habe ich etwas von ihrem Blut in den Kelch geschüttet. Dann ging ich mit ihr in ein Nebenzimmer und ihr Begleiter gab etwas Sperma dazu. Schließlich haben wir pulverisiertes Blut der Fledermaus und Mehl hinzugetan, um der Mischung eine festere Form zu geben.«

Marianne Charmillon, 22 Jahre alt, gegenwärtig freiwillige Büßerin in Saint-Pelagie, sagt in ihrem Beitrag zu diesem Thema, »daß sie durch den Subdiakon Bourges, J. B. Sebault, verführt und verdorben worden sei. Sie habe von ihm zwei Kinder gehabt. Er habe ihr vorgeschlagen, einen Pakt mit dem Teufel zu schließen.

Einmal wurde zwischen Mitternacht und ein Uhr (eine) Messe gelesen. Guignar habe sie in priesterlichen Gewändern auf dem Körper der Reumütigen zelebriert, die nackt gewesen sei. Und der gleichfalls nackte Subdiakon konsekrierte die Hostie über ihren Schamteilen, in die er ein Teilchen einführte. Nachdem die Messe beendet war, begattete sie der Subdiakon und wusch seine Hände, seine und die weiblichen Schamteile im Kelch[53].«

Das Ausmaß der Guiborg'schen Messen ist nicht geklärt. Wieviele Kinder umgebracht worden sind, weiß man nicht. Wenn die Voisin, als sie betrunken war, aussagt, daß sie mehr als 2500 Kinder abgetrieben und verbrannt hat, so ist das übertrieben. Bekannt ist, daß Guiborg seine eigenen Kinder, die er von seiner Maitresse Chanfrain hatte, getötet hat. Als die Tochter der Voisin ein Kind erwartet, flieht sie in die Provinz, bis sie es in Sicherheit weiß[54].

Der letzte in Frankreich wegen Zauberei auf einem Scheiterhaufen Verbrannte ist der Geistliche Louis Debarez, der Schwarze Messen abgehalten hat, um verborgene Schätze ausfindig zu machen[55].

Ein Sittenskandal in der Toskana[56]

Zu vergleichbaren Vorfällen wie im französischen Sprachraum kommt es 1780 in der Toskana, d. h. dringt an die Öffentlichkeit, was sich bis mindestens 1642 zurückdatieren und nachweisen läßt. Gewiß ist es eine Zufallsentdeckung und kein Einzelfall klösterlicher Unzucht, noch eine Novität. »Seit mehreren Jahren lebten zwei Dominikanernonnen in infamer Sittenverderbnis. Die eine war die Schwester Catherina Irene Bonamici, ein adeliges Fräulein aus Prato, 50 Jahre alt, die andere Clodesind Spighi, 38 Jahre alt. Daß dieser Skandal aufgerollt werden kann, ist Bischof von Ricci[57] zu verdanken, in dessen Nachlaß sich Dokumente gefunden haben.

Ricci, ein religiöser Mensch, Bischof von Pistoja und Prato, wird zum Opfer der ihn verfolgenden Geistlichkeit, denn er bringt streng verschwiegene Dinge an den Tag: die

Eine Hexe im Kampf gegen sieben Teufel oder Dämonen. Hier wird der Kampf zwischen Gut und Böse dargestellt. Holzschnitt aus dem frühen 16. Jahrhundert.

Original-Papiere des letzten Jesuitengenerals, den Bericht über die offensichtliche Vergiftung des Papstes Klemens XIV., die skandalösen Vorgänge der Sittenverderbnis in der Toskana und einen Bericht über den Mißbrauch vieler Priester, den sie im Zusammenhang mit der Ohrenbeichte bei jungen Mädchen an den Tag legen. Es kommt wie es bei einem totalitären System kommen muß: Ricci wird aus den eigenen Reihen verstoßen, weil er auf der Suche nach der christlichen Wahrheit ist.«

Aus der Zeit um 1642 hat sich eine Replik der Gemeinden an den Großherzog erhalten: »Damit man die Verwaltung der Klöster den Dominikanern abnehmen möge … wegen der Schandtaten, die sie verüben und über die man schweigen müsse, damit kein größerer Skandal entsteht.«

Eine wesentliche Quelle zur Aufhellung der mysteriösen Zustände sind die erhaltenen Briefe der Flavia Perracini, der Priorin des Katharinenklosters von Pistoja, die sie 1773 und 1781 an den Rektor des bischöflichen Seminars, T. Comparini, schreibt. Hinzu kommt eine Klageschrift, die zwei Nonnen 1775 dem Großherzog Leopold überreichen. Darin sprechen sie über die

abscheulichen Grundsätze der dominikanischen Lehren. Es kommt wie in Louvier zu Intrigen, Vertuschungsaktionen und christlichem Kompetenzgerangel. Die Beichtväter der Nonnen sind diesmal keine Franziskaner; es ist der einzige Unterschied, doch auch sie beherrschen das Szenarium der Verführung. Über den verfänglichen Weg der Ohrenbeichte wissen sie um die Intrigen hinter den Klostermauern; sie sind aktiv daran beteiligt. Bald werden die Liebeshändel offenkundig und weiten sich zu einem öffentlichen Skandal aus. Unter den Nonnen entfacht sich ein Streit über die alberne Frage, wer als Geliebte des Einzelnen anzusehen sei. Der Provinzial bezeichnet eine Nonne als *Frau Gemahlin.* »An allen öffentlichen Orten unterhielt man sich über die Exzesse, die Pfaffen und Nonnen zum Ärgernis der Gläubigen inszenierten.«

In diesem Zusammenhang bitten die Kirchenvorsteher, 200 Edelleute und Bürger von Pistoja, um *schleunige* Abhilfe der schändlichen Unordnungen, um die Ehre der Nonnen zu retten. Sie werden als abtrünnig, schismatisch und im teuflischen Bann stehend betrachtet. Mehrfach droht man, sie zu erwürgen oder zu vergiften.

Selbst das gemeinste Weib wartet mit einer Anekdote auf, wenn es aus dem Kloster kommt. »Ein Chirurgus mit Namen Santini blieb oft über eine Stunde mit einer älteren Nonne zusammen. Er stand mit dem Kloster in Verbindung, weil er eine vortreffliche Mixtur besaß.«

Bald wird die Lage der Beichtväter problematisch. Sie ziehen sich mit einem Trick aus der Verlegenheit, indem sie das Volk ablenken. Sie überreden eine Nonne vor dem Reliquienkasten, der die Überreste der angeblichen heiligen Katharina enthalten, in Ekstase zu geraten. Wem soll das Volk nun glauben? Handelt es sich um Visionen, Exorzismen oder geht es bei den Dominikanern redlich zu?

Diese Affaire ist weniger von Interesse, weil es zu sexuellen Eskapaden kommt, sondern weil einige der Nonnen Grundsätze des christlichen Glaubens in Frage stellen. Nach zahllosen Verhören werden zwei von ihnen nachts in einem Wagen fortgeschafft und im Narren-Hospital von Florenz eingesperrt. Für sie bedeutet es Glück und Unglück zugleich. Noch vor wenigen Jahrzehnten wären sie auf einem christlichen Scheiterhaufen verbrannt worden.

Das Abschieben von *abtrünnigen* Christen in Narrenhäuser bzw. psychiatrische Kliniken ist für die Kirchenleitung nicht ungewöhnlich. Noch vor 50 Jahren greift die Kirche zu diesem kaum probaten Mittelchen der Unaufrichtigkeit. Als der anerkannte Jesuit Alighiero Tondi, Professor an der Gregoriana, den Schwindel und die Gier der Kirche erkennt und sich darüber äußert, wird er nicht nur *auf die Straße* geworfen. Sein Haus wird von Häschern umstellt. Sie haben den Auftrag, ihn in ein Irrenhaus zu schaffen. Wie oft in der Kirchengeschichte werden die Falschen bestraft!

Ein Vikar schreibt am 19.6. seinem Bischof: »Die beiden Nonnen müssen entweder die ärgsten Ketzerinnen oder närrisch sein.« Er kann sich nicht vorstellen, daß ihre Verhaltensweisen durch die Kirche begründet sind. In Verhören werden die Abtrünnigen nach den christlichen Wahrheiten befragt, die man sich im Lauf der Jahrhunderte zurechtgelegt und den Christen aufgezwungen hat. Sie anerkennen Gott als den Schöpfer des Himmels, der Erde und als Inbegriff aller Dinge an und meinen:

- Der Sohn Gottes ist nicht durch die Jungfrau Maria geboren, sondern aus ihrem geschlechtlichen Umgang mit Joseph.
- Jesus hat die Sakramente nicht eingesetzt. Er ist zwar am Kreuz gestorben, weil man ihn umgebracht hat, aber nicht für die Sünden der Welt.
- Die Erbsünde bestehe lediglich in der Einbildung und könne durch die Taufe nicht reingewaschen werden.
- In der Hostie ist weder Christus, noch sein Fleisch oder Blut gegenwärtig.
- Es gebe weder ein Paradies noch eine Hölle. Das Paradies bestehe im Genuß Gottes, der von jeher geboten habe, Unzucht zu treiben.
- Das Gelübde der Keuscheit lasse sich am besten erfüllen, indem man an seinen Schamteilen spielt und sagt: »… heiliger Geist, spaziere in mein Herz hinein.«
- Man müsse sich (deshalb) mit Männern, vor allem Geistlichen, sich aber auch unter sich vermischen.«

Hier klingen illuminatische Ideen durch; verdrängte Gefühle suchen ihren Lauf und man bekommt den Eindruck, daß die Nonnen unter der Herrschaft der Geistlichen stehen, wie Millionen von Leichtgläubigen. Im Kloster gesellt sich zur geistigen Knechtschaft die körperliche Unterdrückung der menschlichen Sehnsüchte und Gefühle.

Der Bischof von Ricci weist auf den Pater Bargenelli, einen Mönch der konventualen Minoriten, der gemeinsam mit einem Laienbruder im gleichen Bett geschlafen hat, »wenn sie zur Nachtzeit einem Kranken Beistand leisten sollten.« In diesem Zusammenhang schreibt der Advokat Zanobatti an den Bischof, »daß man sich genötigt sah, die Klöster der barfüßigen Karmeliter und Karmeliterinnen bis auf die Grundmauern abzureißen, die durch unterirdische Gänge verbunden waren und in denen Mönche und Nonnen wie Mann und Frau lebten.« Die Klageschrift von 1775 vermerkt[58]: »Statt sie uns in unserer Unschuld belassen, verführen uns die Dominikaner mit Worten und Werken. Häufig kommen sie in die Sakristei. Sie hegen 1000 Unanständigkeiten so weit, daß sie ihre Schamteile durch die Gitter stecken und mit den Händen nach den Brüsten der Freundinnen greifen. Bei jeder Gelegenheit kommen sie in das Kloster und gehen mit der ihnen zugetanen Nonne auf die Kammer. Sie stoßen schändliche Redensarten aus und sagen, wie glücklich sie wären, daß wir unsere Lüste befriedigen könnten, ohne Kinder zu bekommen. Am Sprachgitter werden alle möglichen Unschicklichkeiten geübt. Sie predigen die Freuden der Welt.« Die Priorin Flavia Perracini stellt den Mönchen ein erstklassiges Zeugnis ihrer Lauterkeit aus und berichtet, was unter ihren Augen vorgefallen ist:

»Drei oder vier unter den Toten und Lebenden ausgenommen, sind alle (Mönche) vom gleichen Kaliber. Sie gehen mit den Nonnen in einer größeren Vertraulichkeit um, als wenn sie mit ihnen verheiratet wären. Es ist schon lange gebräuchlich, daß sie, um den Kranken beizustehen, mit den Nonnen zu Nacht speisen, singen, tanzen, spielen und im Kloster schlafen. Ihr Grundsatz ist, daß Gott die Liebe nicht verboten hat, daß der Mann für das Weib und umgekehrt geschaffen ist. Sie verführen die Unschuldigsten ... und was wäre es für ein Wunder, wenn sie nicht fielen. Die Pfaffen sind die Gatten der Nonnen, die Laienbrüder die der Laienschwestern. Arme Geschöpfe, die sich der Welt entziehen, um ihren Gefahren zu entgehen, stürzen sich (hier) in weit größere. Hier werden sie von Grund auf verdorben. Die Mönche sind solche Schurken, wie es keine anderen geben kann. So böse Weltkinder auch sein mögen, so können sie doch nie einen solchen Grad an Verruchtheit erlangen und in eine solche Betrügerei verfallen, mit denen Mönche die Welt und ihre Oberen betrügen. Es läßt sich nicht beschreiben ... Ist eine Nonne gestorben, so halten sie

ihr in gedruckten Zirkularien eine Lobrede und preisen sie als selig. Wenn sie uns jährlich das Weihwasser bringen, machen sie die tollsten Streiche. Einmal verkleideten sie den Pater Manji als Nonne, spielen Komödie und treiben Vergnügungen. Einer macht dem anderen die Geliebte abspenstig. Dies geht nicht nur in unserem Kloster so. Ein Mönch hat mir gesagt,daß, wenn ein Schleier am Südpol und eine Kapuze am Nordpol sei, wäre die Sympathie noch immer so groß, daß sie sich in der Mitte vereinigten. Einige der Nonnen haben die Portraits ihrer Liebhaber in den Zellen. Sie bringen ihnen die schmutzigsten Unterhosen zum waschen.«

Die Nonnen von St. Vincenz sind in zwei Parteien geteilt, wovon eine in den Pater Lupi und die andere in den Pater Borghiani verliebt ist. Der Pater Natta ist eine gute Haut. Er sagt, »daß diejenige Nonne , die den Mönchen alles gibt, das Gelübde der Armut am besten erfüllt.« Im Zusammenhang mit dem sich ausweitenden Skandal trifft der Großherzog Leopold drei Entscheidungen[59]:

- Die Nonnen sind durch einen Polizeileutnant zu verhören.
- Der Bischof Allamanni soll die Leitung der dortigen Dominikanerklöster übernehmen.
- Den Mönchen wird unter Androhung von Gefängnisstrafen verboten, sich den Nonnen zu nähern.

Die Situation spitzt sich zu und so werden die Verhöre fortgesetzt. Bischof von Ricci schickt eine Beschreibung der Vorkommnisse an den *menschlichen* Statthalter Gottes auf der *sündigen* Erde. Die aufsässigen Nonnen sollen fortgeschafft werden. Beim Verhör kommt folgendes ans Licht der Welt:

»Alle Nonnen und Laienschwestern haben ausgesagt, daß die Bonimici und Spighi von selbst ihren Unglauben zu erkennen gegeben haben, indem sie im Kloster versichert und ausgesagt haben, Jesus Christus sei nicht in der heiligen Hostie vorhanden ... auch wäre nichts an der

Jungfernschaft der heiligen Maria. Daß die Seele sterblich wäre und mit dem Körper aufhöre, daß zum Heil weder die Taufe, noch die anderen Sakramente etwas beitrügen ... daß es keine Sünde, keine Hölle und kein Fegefeuer gibt.«

Daß sie sich in den letzen Zeiten schändlich betragen haben, indem sie die übrigen Nonnen beschimpft und (sie) mit unanständig-obszönen Handlungen geärgert haben. Daß sie verdächtige Korrespondenzen geführt haben. Erstere mit einem Augustinermönch. Er besuche sie wöchentlich zwei- bis dreimal ... und schließt sich dabei fast immer mit ihr hinter dem heiligen Gitter ein; die Spighi mit einem gewissen G. Borthello, einem portugiesischen Ex-Jesuiten.

Daß die beiden Schwestern schon mehrfach ihre Irrtümer und Sünden abgeschworen haben, aber später erklärten, daß sie dies nur zum Schein und um die Freiheit zu erlangen, getan haben. Daß sie seit sechs oder sieben Jahren alles versucht hätten, um andere Nonnen in ihre Lehren und Schandtaten einzuweihen.

Geht aus dem Verhör hervor, daß die Baroni von der Bonamici und (der) Spighi verführt wurde, nicht an die Menschwerdung Christi zu glauben. Er sei lediglich ein gewöhnlicher Priester gewesen. Daß Jesus bei der Konsekration nicht gegenwärtig sei und daß die Seele mit dem Körper stirbt. Außerdem hätten sie beide zu unzüchtigen Handlungen verleitet.

Sagt die Grazzini aus: »Als sie vor sechs Jahren im Klostergarten mit der Bonamici spazierenging, habe sie ihr gesagt, es gebe weder Sünde, Hölle oder das Fegefeuer. In der Hostie ist nichts vorhanden ... wie wäre es möglich, daß zu gleicher Zeit ein Sünder, Büßender und ein Plagegeist Gott auf die gleiche Weise genössen?...Man müsse nur zum Schein beichten. Sie habe es im Vertrauen der Spighi mitgeteilt. Außerdem habe sie es dem Pater Orlandi gebeichtet. Außerdem habe sie ihm die unzüchtigsten Handlungen geschildert und ihm gesagt,daß sie ihrer Lehrerin schön öfters bemerkt habe: dies sei widernatürlich«, worauf ihr diese geantwortet hat: »es ist freilich besser, wenn man es mit Männern tut.« Die Passi sagt aus: »Ich war damals Novizin, 16 Jahre alt und der Leitung der Mütter Bonamici und Spighi anvertraut. Als mir erstere eines Abend sagte, sie wolle mich unterrichten, wie man zur vollkommen Vereinigung mit Gott gelange, wozu kein Gebet nötig sei, daß man gewisse Handlungen bestünde, die man gewöhnlich als unanständig bezeichnet und die man an sich selbst oder mit anderen beiderlei Geschlechts vornehmen könne. Hierauf antwortete die Passi erstaunt: »Wie kann man so beten?« Sie bekommt zur Antwort: »Du bist ein dummes Gänschen ... Du hast keine Erfahrung ... das sind Dinge, die Priester, Pfaffen, Nonnen, Weiber und alle Menschen tun ... es sei das wahre Gebet ... (und) ... sie solle nichts befürchten ... man könne sich nur vermittelst dieser Handlung, mit Männern und Weibern unternommen, vollkommen mit Gott vereinigen ... nur durch die persönliche Erleuchtung gelange man zu dieser Erkenntnis.«

Später begingen die Bonamici und Spighi solche Handlungen in meiner Gegenwart ... dies fast jeden Tag. Zuletzt forderten sie mich auf, gleiches zu tun. Ich mußte ihnen nachgeben und bald mußte ich es selbst mit der einen oder anderen tun. Oft hatte ich Gewissensbisse und suchte die Verführerinnen zu fliehen. Allein sie schalten und ermahnten mich, es jeden Tag mit mir selbst zu tun. Sie seien (nun) müde, mich solang darin zu unterrichten.«

Geht aus verschiedenen Aussagen hervor, daß die Bonamici Novizen und Zöglinge, die damals sieben oder acht Jahre alt waren, zu unzüchtigen Handlungen verführte. Sie habe öfters gesagt, daß die Reden der Geistlichen nur albernes Geschwätz seien,um Einfaltspinseln und unwissenden Personen etwas vorzumachen. Daß sie niemals nüchtern zur Kommunion gingen, an den Festtagen Fleisch essen und mit ihnen (den Nonnen) die Schandtaten auf die Spitze treiben. Daß sie die Hostie nach der Kommunion aus dem Mund genommen ... (sie)... auf ihre Schamteile gelegt und sie danach in das heimliche Gemach geworfen haben.«

Aus der besonderen Aussage der Schwester Cäcilia Antonia Salvi, der jetzigen Priorin, geht hervor: »Die Bonamici habe sie vor fünf Jahren mit der Bemerkung zu verführen gesucht: ie habe mit Jesus Christus als Menschen Umgang gehabt … sie habe die Milch der Heiligen Jungfrau gekostet, wodurch sie in ein Paradies von Entzücken geraten sei.«

Dazu gibt es eine interessante Parallele. Der Priorin geht es ähnlich wie der 1315 in Wien verstorbenen Christusverehrerin Agnes Blanbekin, deren Offenbarungen 1731 in Wien herausgegeben werden. Sie hat ein noch höheres Glücksgefühl. Sie hat zwar nicht mit Christus als Menschen Umgang gehabt, aber auf ihrer Zunge des öfteren seine Vorhaut gespürt. »Die Süßigkeit war beim Herunterschlucken so groß, daß sie an allen Glidern und Muskeln eine Umwandlung spürte.«

Nach den Vorwürfen folgt eine Untersuchung der Beschuldigten, die sich in Arrest befinden. Das Unglück nimmt seinen Lauf, denn *wer nicht den christlichen Glauben vertritt, verdient keine Schonung.*

Die Bonamici gesteht, »daß sie mit der heiligen Hostie Mißbrauch getrieben … und sie in das heimliche Gemach geworfen habe. Vor acht Jahren habe sie eine geweihte Hostie in den Mund genommen und sie dann in ihre Schamteile gesteckt. Sie sagt: »Ich glaubte, Jesus stecke darin. Ich tat es aus Liebe zu ihm und wollte, daß er auf diese Weise bei mir ist. Nie hätte ich Abscheu, es wieder zu tun. Die Beichtväter Gamberini, Orlandi und de Serio haben mich in diesen Dingen unterrichtet.

Einer Laienschwester lehrte ich das Gelübde der Keuschheit, daß, wenn sie sich an den Schamteilen spiele, wie ich es ihr zeigte, indem sie den heiligen Geist mit den Worten: »Heiliger Geist, spaziere in mein Herz hinein« anrufe. Um die christliche Liebe auszuüben, müsse man sich mit Männern vermischen doch auch mit Frauen. Mit der Chlodesind habe sie es häufig getan.«

Ihre Freundin Spighi gesteht: »Das Paradies in dieser Welt besteht im Genuß Gottes, indem man sich mit ihm vereinigt.«

Sie wird gefragt, wie das geschieht und sie sagt: »Wollen Sie, daß ich es Ihnen zeige?« (hier stand sie auf und hob die Röcke in die Höhe)… außerdem habe ich die Hostie in das heimliche Gemach geworfen. Ich habe sie aus Liebe (sie zeigt mit der Hand auf ihre Schamteile) hineingesteckt, so wie man sich gegenseitig mit den Händen die Schamteile berühren müsse. Mit der Passi fanden wollüstige Umarmungen statt. Außerdem habe sie beim Gitter die Schamteile des Priesters Botello in die Hand genommen. Bei diesen Berührungen war sie allein. Manchmal kam die Bonamici, um uns Gesellschaft zu leisten. Mit dem dienenden Bruder Joseph Marini haben wir uns gegenseitig an die Schamteile gegriffen. Außerdem habe ich mit den Beichtvätern unzüchtige Reden und Handlungen verübt. Ich habe am Gitter in der Sakristei meine Röcke hochgehoben und von ihnen das gleiche verlangt. Ich vereinigte mich mit der Schwester Katharina Irene … um mich mit Gott zu vereinen.«

Dieser Skandal nimmt ein typisches Ende. Die Störenfriede werden aus dem christlichen Nest geworfen und mit der Zeit wächst die Schande zu.

De Sade und das Böse

Donatien Alphonse Francois Marquis de Sades Zentralthema ist das Böse. Als Kritiker seiner Epoche fällt der Blick auf das Treiben der Geistlichkeit. In seiner *Justine* bringt er die Schilderung über das wollüstige Leben hinter den Mauern des Rekollektenklosters Sainte-Marie-des-Bois, das von vier Einsiedlern bewohnt wird. Eine dort *wundertätige* Jungfrau steht im Ruf der besonderen Heiligkeit. De Sade beschreibt die erotisch-lüsternen Exzesse, die Mönche mit Verführten anstellen und erwähnt, daß man sie bisweilen nackt auf einen großen Tisch gelegt hat, um sie zu mißbrauchen.

Er schildert in der *Juliette* eine Messe im Vatikan und sagt: »Riesige Wandschirme des heiligen Petrus … zwanzig auf den Stufen sitzende junge Mädchen und Jünglinge schmücken die vier Seiten des herrlichen Altars. Drei Priester stehen davor, bereit, daß Meßopfer zu vollziehen. Sechs nackte Chorknaben sind bereit, um ihnen zu dienen. Zwei liegen ausgestreckt auf dem Altar, ihre Hintern sollen als heilige Steine dienen ... der Papst leitet die folgende Orgie, bei der es zu verschiedenen Variationen des Geschlechtsverkehrs und zur Schändung der Hostien kommt, indem sie der Papst Juliette in einem sodomitischen Akt in den Anus einführt.«

Zum Ausgang des 19. Jahrhunderts vertritt der exkommunizierte Abbé Boullan folgende Auffassung: »Im Schoß des Klerus ist der Satanismus größer, als man ahnen kann. Ich betone, daß der heutige Satanismus gelehrter und kultivierter ist als im Mittelalter; er wird in Rom, in Frankreich, besonders in Paris, Lyon und Chalons, und in Belgien, in Brügge, ausgeübt.«

Der Kanoniker Docre

fungiert als Pariser Priester und als Beichtvater der exilierten Königin. Er hat Affairen, ist bei den Trappisten interniert, aus dem Klerus verjagt und von Rom aus exkommuniziert. Er steht mehrfach wegen Giftmischerei auf der Anklagebank, kann aber nicht überführt werden. »Er destilliert Fischextrakte und setzt Schwefelsäure bei, damit es in der Wunde kocht; dann taucht er in die Mischung die Spitze einer Lancette, mit der er sein Opfer durch einen Schwebegeist oder durch eine Larve stechen läßt ... welch Ungeheuer von einem Priester.« Und doch hat er in einem Punkt recht. Er zeigt auf, was die Wortführer der großen Ketzerbewegungen zu Beginn des 2. Jahrtausends der christlichen Geschichte versuchen: die leeren Versprechungen des Christentums.

Docre besitzt ein chemisches Kabinett und eine *ungeheure* Bibliothek. Er hat ein Brevier der Schwarzen Messe mit wunderbaren Ausmalungen. Sein Einband besteht aus der gegerbten Haut eines ungetauft verstorbenen Kindes. Auf die Deckelfläche ist als Zierrat eine Hostie gepreßt, die man während einer Schwarzen Messe geweiht

hat. Man sagt ihm nach, daß er sich habe einen Christus unter die Fußsohlen malen lassen, damit er ihn besser erniedrigen kann.

Die damit verbundenen Messen werden in einem alten Haus in Paris, wohl den Resten eines Ursulininnenklosters, durchgeführt. Die zelebrierten Messen lassen sich rekonstruieren. Ihr fehlen die Komponenten des Hexensabbats; er huldigt mehr einem Dämonenkult.

»Ein Chorknabe, rot gekleidet, schritt zum Hintergrund der Kapelle und zündete Wachskerzen an. Da trat der Altar hervor, ein gewöhnlicher Kirchenalter, überragt von einem Tabernakel, über dem sich eine schändliche Spottgeburt von Christus aufreckte. Man hat ihm das Haupt aufgerichtet und den Hals langgezogen. Falten, die man auf seine Wangen gemalt hat, wandelten sein schmerzensreiches Anlitz in eine Fratze, die ein unedles Lachen verzerrt. Er war nackt und an der Stelle, wo sonst das Leinentuch seine Hüften umgürtete, schoß aus einem Büschel von Haaren der menschliche Schmutzteil in Erregung auf.

Geleitet von zwei Chorknaben, das Haupt bedeckt mit einer scharlachroten Mütze, aus der zwei Bockshörner aufragten, trat der Abbé ein. Er verneigte sich feierlich vor dem Altar, stieg die Stufen hinab und begann mit der Messe. Unter seinen Meßgewändern war er nackt. Sein Fleisch, abgeschnürt durch hochsitzende Bänder, kam über schwarzen Strümpfen zum Vorschein. Die Chorknaben glitten hinter den Altar; der eine brachte kupferne Kohlepfannen und andere Räucherbecken zurück. Sie verteilten dies unter den Anwesenden. Die Frauen hüllten sich in Rauch. Der Priester stieg, rückwärts schreitend, die Stufen hinab, kniete auf der letzten nieder und schrie mit schwankend scharfer Stimme: »Meister der Tumulte, der Du austeilst die Wohltaten des Verbrechens, Verwalter der üppigen Sünden und der großen Laster. Satan, Dich beten wir an, Du logischer Gott, gerechter Gott, Du ... Allgemein bewunderungswürdiger Legat der falschen Ängste, Du nimmst auf die Bettelei unserer Tränen; Du rettest die Ehre von Familien durch

Abtreibung in Bäuchen, die im Vergessen schöner Erschütterung fruchtbar werden; Du gibst den Müttern die Hast der Frühgeburten ein, und Deine Geburtshilfe erspart den Kindern, die vor der Geburt sterben, die Ängste des Reifens, den Schmerz und die Abstürze.

Stütze die Armen in Erbitterung, Herzensfreund der Besiegten, Du bist es, der sie mit Heuchelei begabt, mit Undankbarkeit und Hochmut, auf daß sie sich verteidigen können, gegen die Angriffe der Gotteskinder, der Reichen! Alleinherrscher der Verachtung, Buchhalter der Demütigen, Zinsherr der alten Haßgefühle, Du allein machst fruchtbar das Hirn des Menschen, das die Ungerechtigkeit zermalmt; Du hauchst ihm ein die Idee der vorbedachten Racheakte, der unfehlbaren Missetaten; Du stachelst es auf zum Mord, Du schenkst ihm die überquellende Freude an den Gegenmaßregeln, über die es verfügt, an der guten Trunkenheit der vollstreckten Strafen, der Tränen, die es verursacht hat.

Hoffnung der Manneskräfte, Angst der gähnenden Gebärmutter, Du verlangst nicht die nutzlosen Prüfungen der keuschen Lenden, du rühmst nicht den Wahnwitz des Fastens und der Ruhetage; du allein nimmst auf das Flehen des Fleisches und seine kleinen Wünsche im Bereich der armen Familien mit all ihren Begierden.

Du bestimmst die Mutter, daß sie ihre Tochter verkaufe, ihren Sohn abtrete, Du stehst bei den unfruchtbaren, verworfenen Liebesbünden, Schutzherr der zerrenden Nerven-Leiden, bleierner Turm der Hysterien, blutiges Gefäß der Notzucht ... Meister, Deine getreuen Diener flehen auf Knien Dich an. Betteln zu Dir, daß Du die Heiterkeit jener ergötzlichen Frevel ihnen schenkst, von denen die Justiz nichts weiß, bitten Dich, bei den Missetaten zu helfen, deren unbekannte Spuren die menschliche Vernunft aus ihrer Bahn werfen; flehen Dich an, daß Du sie erhörest, wenn sie wünschen die Folterung all derer, die sie lieben und die ihnen dienen, sie erbitten endlich von Dir für Dich, König der Enterbten, für Dich, Sohn, der den unerbittlichen Vater verjagte, Ruhm, Reichtum und Macht.

Und Du, den ich in meiner priesterlichen Eigenschaft zwinge, magst Du wollen oder nicht, herabzusteigen in die Hostie, Fleisch zu werden in diesem Brote, Jesus, kunstreicher Webmeister des Betrugs, Räuber der Huldigungen, Dieb der Neigung, höre Du! Seit dem Tage, an dem Du entstiegst den Eingeweiden der Jungfrau hast Du Deine Verheißungen Lügen gestraft; Jahrhunderte harrten Deiner schluchzenden Erwartung, Du flüchtiger Gott, stummer Gott, Du. Du solltest die Menschen erlösen und hast es nicht gemacht; Du solltest erscheinen in Deiner Glorie – und bist entschlummert! Geh, lüge weiter, sage dem Unglückseligen, der nach Dir schreit: »Hoffe, gedulde Dich, leide. Das Hospital der Seelen wird Dich aufnehmen, die Engel werden Dir beistehen und der Himmel öffnet sich.

Betrüger! Du weißt wohl, daß die Engel, angewidert von deiner Trägheit, Dir entweichen. Du solltest sein der Dolmetsch unserer Tränen. Du solltest sie bringen vor den Vater, und Du hast es nicht getan; denn ohne Frage war dieses Einschreiten Deinem Schlummer eine Störung in der selig-satten Ewigkeit ... Du hast vergessen jene Armut, die Du predigst, Du in Liebe der Banken Vasall. Du hast gesehen, wie man unter der Presse des Agio die Schwachen zermalmte, hast gehört das Röcheln der Verschüchterten, die Hungersnot lähmte, der Frauen, denen der Bauch aufgähnte um ein wenig Brot- und hast, durch die Kanzlei Deiner Simonisten, durch Deine Handelsvertreter, als Antwort gesandt zögernde Entschuldigungen, ausweichende Verheißungen, Du Säckelmeister der Sakristei, Du Gott der Geschäfte ... Ungeheuer, dessen unfaßbare Roheit das Leben zeugte, um es Unschuldigen anzuhängen, die Du zu verdammen wagst im Namen einer geheimnisvollen Erbsünde, aufgrund unbestimmbarer Klauseln – wir wollen trotz allem Dich endlich zum Geständnis Deiner unverschämten Lügen bringen, Deiner unsühnbaren Verbrechen. Wir möchten Dir die Kreuznägel tiefer noch eintreiben, den Dornenkranz heftiger stacheln, den schmerzlichen Blutstrom an die Ufer Deiner trockenen Wunden treiben.

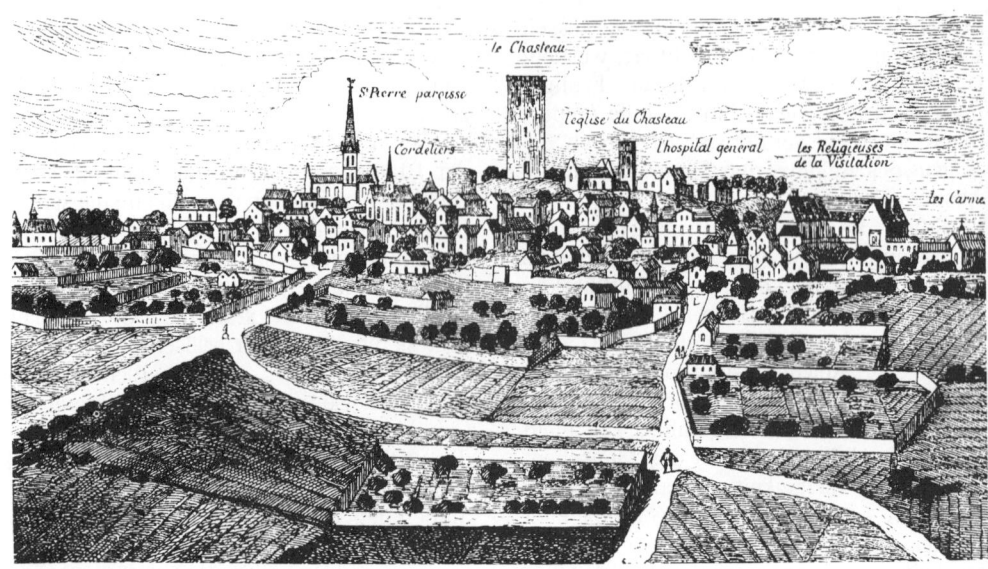

Saint-Louviers im 17. Jahrhundert. Hier spielt sich der Verleumdungsprozeß gegen die Nonne Bavent ab.

Und dieses: wir können und werden es tun, werden der Ruhe Deines Leibes Gewalt antun, Du Entweihter der üppigen Laster, Du Nebelbrauer der stumpfsinnigen Reinheit, verfluchter Nazarener, Faulpelz von König, Feigling vor Gott.

Amen ... riefen die kristallenen Stimmen der Chorknaben. Und plötzlich schwangen sie Glöckchen. Die Frauen sanken auf den Teppich und wälzten sich, eine lag auf dem Rücken ausgestreckt, knöpfte sich die Röcke auf und brachte ihren nackten Wanst zum Vorschein, verwittert, enorm und wand sich unter scheußlichen Grimassen. Der Kanonikus starrte auf Christus und spie mit ausgestreckten Armen fürchterliche Schmähungen aus ... er stand schwankend zwischen den Chorknaben, die ihm das Meßgewand hochhoben, seinen nackten Bauch zeigten und faßten, während die Hostie, die er vor sich hertrug, verletzt und beschmutzt auf die Stufen sprang.

Die Aura der großen Hysterie folgte auf die Schändung und beugte die Frauen nieder; während die Chorknaben die Nacktheit des Priestern beräucherten, stürzen sich die Frauen auf das eucharistische Brot und erkrallen es ... platt auf dem Bauch ... zerrissen es in feuchte Stücke, aßen und schlürften den göttlichen Kot. Es war eine Irrenzelle voll Erbitterung, eine ungeheuerliche Schwitzstube voll Prostituierter und Wahnsinniger. Während sich die Chorknaben mit den Männern verbanden ... stieg die Herrin des Hauses, hochgeschürzt, auf den Altar ... um mit einer Hand den Kelch zwischen ihre nackten Beine zu pressen ... da krümmte sich plötzlich im Hintergrund der Kapelle ein Schatten hervor ... und heulte tödlich wie ein kranker Hund.«

Schmitz[60] gelangt zu der Auffassung: »Ist nicht diese Messe ein einziger Schrei gegen die irrsinnige Verzichts-, Demuts-, Moral-, Sozial- und Sexuallehre der Christen. Ist sie nicht der in der seelischen wie körperlichen Vergewaltigung geborene Impulsiv-Versuch einer Demaskierung. Ist sie nicht ein Aufbäumen gegen die vom Christentum gutgeheißene und bestehende Gesellschaftsordnung der sozialen Ausbeutung?«

Exorzismus

Inhalt

Teufelsaustreibung: Während der Pater von der heiligen Jungfrau Maria erleuchtet wird, strömen aus dem Mädchen – gehalten von der priesterlichen Stola – die bösen Dämonen. Österreichische Tafelmalerei, 1512.

Exorzismus[1]

Viele Jahrtausende vor dem Einsetzen des Christentums entwickelt sich die Vorstellung, daß die Menschen die Fähigkeit besitzen, Geister zu beeinflussen. Die daraus von der katholischen Kirche abgeleitete Praxis des Exorzismus ist abergläubisches Geplänkel, das keine Grundlage hat. Man kann an Dämonen glauben, aber man muß nicht an sie glauben. Ein Lexikon für Theologie beschreibt den Exorzismus so:

»Die Dämonen herbeirufen; christlich umgebildet = sie abwehren. Ein im Namen Gottes (Jesu) an den Teufel gerichteter Befehl, Menschen und Gegenstände zu verlassen, bzw. sich eines schädigenden Einflusses auf sie zu enthalten. Der Exorzist hat seine Voraussetzungen in den Folgen des Sündenfalles ... die Vollmacht zur Vornahme leitet die Kirche vom Auftrag Christi und dem Beispiel der Apostel ab[2].« Dem steht entgegen, daß von einem glaubhaften Auftrag Christi, Fabelwesen zu vertreiben, nichts bekannt ist.

Die Theologen winden sich wie die Schlange im Paradies und meinen: »Die Austreibung von Dämonen hat in der Tätigkeit von Jesus einen wichtigen Platz eingenommen[3].« *Selbstverständlich* wird er im Kreis seiner Jünger *des öfteren* über ihre Austreibung gesprochen haben[4]. Es sind Vermutungen.

Der Dämonologe Dam unterzieht sich der Aufgabe, in den sich widersprechenden Evangelien nachzuzählen, wie oft das Wort *unreiner Geist* vorkommt. Es sagt nichts aus, denn Jesus hat die Evangelien nicht verfaßt. Nach ihm wohnen die bösen Geister im Schatten des Mondes[5]. Dam trägt vor: »Ein großer Teil der Westeuropäer hält an dem Irrtum fest, die Existenz der Dämonen und Teufel zu leugnen ... unsere westliche Welt, und ein großer Teil der christlichen Kirche ist dämonenblind geworden ... jede Dämonenaustreibung ist eine Offenbarung.« Wes Geistes Kind er ist, erkennt man daran, daß er meint, die Teufel hätten im Mittelalter die Hexenprozesse erfunden, daß er in Rotterdam Vorträge über Dämonenaustreibung hält und daß er der Auffassung ist, daß sie in Südafrika als grüne Männchen wahrgenommen werden.

Bei den frühen Israeliten ist die Dämonologie ausgeprägt. Man kennt die Strafengel Gottes[6] und die Seirim, die man sich als Dämonen in der Gestalt haariger Ziegen vorstellt. Die Seraphim werden ursprünglich als fliegend-feurige Schlangen[7] verstanden. Das Buch Henoch beinhaltet in sich eine widersprüchliche Dämonologie[8]. Die zwölf Patriarchen nennen Satan *Herr der bösen Geister* oder *Fürst des Betruges*[9].

Das Buch Tobit kennt den bösen Dämon Asmodai, der Sarah veranlaßt, ihre sieben Ehemänner umzubringen. Der Engel Raphael soll Tobias erklärt haben, daß Asmodai vor dem aufsteigenden Rauch eines im Tigris gefangenen Fisches, dessen Herz und Leber auf Weihrauchasche geräuchert werden, fliehen muß. Der Exorzist soll sich im Zeichen des Heiligen Geistes die Lippen salben[10].

Das talmudische Judentum steckt voller Dämonen. Mit dem Irrglauben an sie kommen Abwehrmittel auf. Man bedient sich dämonenaustreibender Priester, zitiert aus Heiligen Büchern, die weltliche Autoren geschrieben haben, verwendet Meteorsteinchen, Tierhaare, Federn, Pflanzen und menschliche Exkremente[11]. Hinzu kommen rituelle Waschungen. Lange vor dem Einsetzen des Christentums haben die Völker Krankheiten durch magische Praktiken und Weissagungen einzudämmen gesucht.

Ben Zakkai schlägt vor, Besessene mit Wasser zu umgeben und ihnen eine bestimme Kräuterwurzel unter die Nase zu halten. Rabbiner empfehlen religiöse und magische Abwehrmittel. Schon damals gilt der Namen Gottes als schützendes Siegel[12]. Die rabbinische Literatur entwickelt verschiedene Theorien über den Ursprung der Dämonen[13].

Dämonenaustreibung im Neuen Testament

Hier wird ein einfaches Strickmuster verfolgt. Wenn die Vorläufer des Jesus von Nazareth die Macht haben, Dämonen zu vertreiben, so hat er sie auch. Daran knüpfen sich einige Jesus zugeschriebene Wunder und Teufelsaustreibungen.

Als er vom Geist in die Wüste geführt wird, berichten die Evangelisten[14], daß ihn der Teufel versuchen wollte, aus Steinen Brot zu machen, wenn er wirklich Gottes Liebling sei. In Jerusalem stellt er ihn auf die Zinne des Tempels und versucht, ihn ohne Schaden hinabzulassen, wenn er überzeugt sei, daß ihn die Engel auffangen würden. Schließlich führt er ihn auf einen hohen Berg und zeigt ihm alle Reiche dieser Welt, ihre Herrlichkeit und spricht zu ihm: »»Das alles will ich Dir geben, so Du niederfällst und mich anbetest.« Da sprach Jesus zu ihm: »Heb' Dich von mir weg Satan.« Nun verließ ihn der Teufel; und siehe da, da traten die Engel zu ihm und dienten ihm.

Christus soll die Schwiegermutter des verheirateten Apostels Petrus vom Fieber geheilt haben[23]. Insbesondere Paulus werden dämonenaustreibende Wunder zugesprochen. »Schweißtüchlein und Binden, die er an seinem Körper trägt, strahlen eine solche Kraft aus, daß nicht nur die Krankheiten weichen, sondern böse Geister aus Besessenen fahren ... allein der Schatten des Paulus bewirkt Heilung[24].« Eine paulinische Großtat ist das Verjagen eines Dämons, der sich als Wahrsagegeist in den Leib eines Mädchens geschlichen hat. Der Kirchenvater Augustinus ist der Auffassung, daß es sich um eine Bauchrednerin gehandelt hat.

Eng ist die Beziehung zwischen noch undeutbaren Krankheiten und dem dämonischen Wirken. Krämpfe und Paroxysmen gelten im frühen Mittelalter als Beweis für Besessenheit[25]. Selbst Luther sieht die Geisteskrankheit als dämonisch verursacht an[26] und meint: »Ich beschwöre Dich, du unreiner Geist, daß Du ausfahrest und weichest aus diesem Diener Gottes[27].

Jesus von Nazareth als Teufelsaustreiber

- Er kam jenseits des Meeres, in die Gegend der Gergeneser[15]. Da liefen ihm zween Besessene entgegen, die kamen aus den Totengräbern und waren grimmig, also daß niemand dieselbige Straße wandeln konnte. Und siehe, sie schrieen und sprachen: »Ach Jesus, du Sohn Gottes, was haben wir mit Dir zu tun? Bist Du gekommen, um uns zu quälen, ehe es Zeit ist? Es war aber ferne von ihnen eine große Herde Säue an der Weide. So baten ihn die Teufel und sprachen;« willst Du uns austreiben, so erlaube uns, in die Herde zu fahren.« Und er sprach: »Fahret hin.« Da fuhren sie aus und in die Säue. Und siehe; sie stürzten sich von dem Abhang ins Meer und ersoffen im Wasser[16].«

- Als Jesus mit Petrus, Jacobus und Johannes von einem hohen Berg kamen ... trat zu ihnen ein Mensch und fiel ihnen zu Füßen und sprach: »... Herr, erbarme Dich über meinen Sohn ... denn er ist mondsüchtig und hat ein schweres Leiden; oft fällt er ins Feuer oder ins Wasser ... ich habe ihn zu Deinen Jüngern gebracht, und sie konnten ihm nicht helfen.« Jesus aber antwortete und sprach: »Oh du ungläubige und verkehrte Art, wie lange soll ich bei euch sein. Bringt ihn mir hierher« .Und Jesus bedräuete ihn; und der Teufel fuhr aus und von ihm, und der Knabe ward gesund zur derselbigen Stunde[17].«

- Auf seinem Weg nach Kapernaum[18] wird Jesus belästigt:»Es war in ihrer Schule ein Mensch besessen vom unsauberen Geist, der schrie und sprach:»Halt, was haben wir mit Dir zu schaffen, Jesus von Nazareth? Du bist gekommen, uns zu verderben? Ich weiß wer Du bist, der Heilige Gottes. Und Jesus bedräuete ihn und sprach:»... Verstumme und fahre aus von ihm.«Und der unsaubere Geist riß ihn und schrie laut, und fuhr aus ihm aus[19].«

- Als Jesus in die Gegend von Tyrus und Sidon kam:»... ging ein kanaäisch Weib aus derselbigen Grenze, schrie ihm nach und sprach:»Ach Herr, du Sohn Davids, erbarme Dich mein. Meine Tochter wird vom Teufel geplagt.« Und er antwortete ihr kein Wort. Da traten zu ihm die Jünger, baten ihn und sprachen:»Laß sie doch von Dir, denn sie schreiet uns nach.« Er antwortete und sprach:»Ich bin nicht gesandt, denn nur zu den verlorenen Schafen von dem Hause Israel« ... sie aber kam daher, und fiel vor ihn nieder und sprach:»Herr, hilf mir.« Aber er antwortete und sprach: »Es ist nicht fein, daß man den Kindern ihr Brot nehme und werfe es vor die Hunde.« »Ja, Herr, aber doch essen die Hündlein von den Brosamlein, die von ihrer Herren Tisch fallen.« Da antwortete Jesus und sprach zu ihr:»Weib, Dein Glaube ist groß. Dir geschehe, wie du willst.« Und ihre Tochter ward gesund zu der selbigen Stunde[20].«

- Und es begab sich darnach, daß Jesus reiste durch Städte und Märkte, und predigte und verkündigte das Evangelium vom Reich Gottes, und die Zwölfe mit ihm; dazu etliche Weiber, die er gesund hatte gemacht von den bösen Geistern und Krankheiten, nämlich Maria, die da Magdalena heißet, von welcher waren sieben Teufel ausgefahren[21].«

- Und er rief seine zwölf Jünger und gab ihnen Macht über die unsauberen Geister, daß sie dieselbigen austrieben und heileten allerlei Seuchen und Krankheiten[22].«

Nach der biblischen Darstellung wird der Teufel auf 1000 Jahre gebunden. Diesen Vorgang schildert hier Merian (1593-1650). Diese Fabel beeinflußt die Entwicklung und Ausbreitung der großen Ketzerbewegung zu Beginn des 2. Jahrtausends.

Später besinnt er sich eines Besseren und fällt ins andere Extrem. Plötzlich hält er die katholischen Exorzisten für *böse, verzweifelte Buben*.

Noch während der großen Pestzeiten im christlichen Abendland schieben die Ärze Undeutbares auf die Macht der Dämonen. Schon während des Urchristentums zweifelt man an den biblischen Texten und trägt vor: »Sie sind sinnbildliche Darstellungen eines inneren Erlebnisses[28].«

Die hier Beschriebenen sind nicht vom Teufel besessen, sondern dem Zeitgeist nach krank; mondsüchtig und hysterisch. In Wahrheit bedeutet das hebräische Wort *Masikim*, mit dem die Dämonen bezeichnet werden, schlechte Einflüsse (schädliche Kräfte). Das Griechische und Lateinische verwenden als Entsprechung *Pneuma aka-*

thaton und *Spiritus immundus*, oder *Daimonion* und *Daemonium*. Das hebräische Wort und die griechischen und lateinischen Termini entsprechen zwar einander in der Bedeutung nicht völlig, sind aber als Begriffe nah verwandt[29].

Position der frühen Kirchenväter

Es ist verständlich, wenn sich alte christliche Autoren dieser Kuriositäten annehmen und sie weitertragen. Tatian sagt im 2. Jahrhundert, daß die Götter Dämonen sind, die Krankheiten aller Art verursachen. Justin schließt sich dieser Denkweise an. Er spricht von Menschen, die von Dämonen *ergriffen* oder *besessen* sind[30]. Origenes unterscheidet nach einer teilweisen unvölligen Besessenheit. Minucius Felix ist der Meinung, daß bei den Heiden die Kinder von Geburt an von einem Dämon besessen sind. Dam folgt diesen Spuren im 20. Jahrhundert und sagt: »Auch Kinder aus einer gemischten christlichen Ehe sind nicht ganz frei von Dämonen[31].«

Hieronymus will einen Besessenen gekannt haben, der verschiedene Sprachen beherrschte. Tertullian bezeugt als *unbestrittene* Tatsache, daß jeder Christ böse Geister vertreiben kann. Cyprian bedient sich des Ausdrucks *Exorcistae* und bezeugt, daß die bösen Geister, beschworen beim wahren Gebet und bei Gott, gequält durch Worte und Geißelschläge, ein Geständnis ablegen und die Körper der Besessenen verlassen. Ab dem 3. Jahrhundert werden geweihtes Wasser und Öl verwendet, um Besessene vom Übel zu befreien[32].

Sulpicius Severin wartet mit einem exzellenten Beispiel auf. Zu seiner Zeit bleiben die Besessenen in der Kirche, in die Luft erhoben, mit dem Kopf nach unten hängen, ohne daß ihnen die Kleider über den Kopf rutschen. Zeno von Verona beschreibt einige Kennzeichen der Besessenheit: »Der Kranke wechselt die Farbe, verzerrt das Gesicht, Schaum kommt auf seine bläulichen Lippen, seine Glieder sind verzerrt. Er bekennt seinen Urteilstag, sein Geschlecht, seinen Namen und die Zeit seines Einfahrens[33].«

Der Exorzist: ein neuer Berufszweig

Im Lauf des 3. Jahrhunderts wird das Austreiben von Dämonen bei den christlichen Laien unüblich. »Die Kirche ist entschlossen, die Dämonenaustreibung berufenen Menschen anzutragen[34].« Dem steht gegenüber, daß damals von einer Kirche im erweiterten Sinn keine Rede sein kann.

Damals gehört der Exorzist zu den niederen Rängen der Geistlichkeit. Der Bischof Gaudentius von Rimini heilt einen Besessenen, indem er ihm eine geweihte Hostie gibt[35]. Wird ein Kleriker von bösen Dämonen angegriffen, muß er aus der Kirche ausscheiden; man überläßt ihm das Kehren des Gotteshauses[36]. Bedauerlicherweise ist man von diesem sinnvollen Brauch abgekommen. Das Amt des Exorzisten bleibt unterschwellig erhalten und so sind die Angaben darüber spärlich. »Der Besessene soll vor dem Exorzismus Diät halten … er soll die neutestamentarischen Perikopen über die Dämonenaustreibung lesen[37].« Nach einer weiteren Version sollen sich die Geistlichen einige Tage vor der Vornahme des Exorzimus der Unzucht enthalten[38]. Es fehlt an eindeutigen Kriterien, die Meinungen schwanken und die exorzistische Praxis bleibt nicht unkritisiert. Es wird empfohlen, die Besessenen in Weihwasser zu baden. Zudem bildet sich die Gewohnheit heraus, sie an eine Kirchensäule zu binden: »Auf daß sie die Pforten der Hölle nicht überwältigen[39].« Schon damals werden während der Austreibung Fragen an Dämonen gerichtet.

Noch um die Mitte des 17. Jahrhunderts sagt der Exorzist Brognoli: »Der Teufel fährt auch in Tiere … so in Pferde, daß sie nicht vorwärts gehen können (vernageln) und in Hunde, so daß sie nicht mehr bellen können. Sie sind mit Weihwasser zu besprengen, ebenso deren Ställe und das Futter.«

Taufexorzismus[40]

Die christliche Taufe hat einen *antidämonischen* Sinn und gilt als Schritt aus der Finsternis in das Licht, wärmt also den zoroastrischen Dualismus auf und gilt als der große Anfang des christlichen Lebens gegen den angenommenen Satan[41]. Der Täufling soll vom Einfluß des bösen Feindes befreit werden[42], dessen Existenz man voraussetzt.

Von Dionysius Exiguus, der sich aus Bescheidenheit *der Geringe* nennt, erfahren wir, daß die frühen Katechemenen den Teufel dreimal anhauchen sollen. Das griechische Euchologium setzt eine Anspeiung des Teufels dazu. Die Täuflinge müssen auf die Erde speien. Schon Gregor von Nazianz (um 328-390), der 380 von Kaiser

Theodosius II. zum Patriarchen von Konstantinopel ernannt wird, erwähnt die *doppelte* Anhauchung.

Eine Formel der Abschwörung des Teufels erscheint im 5. Jahrhundert bei dem Presbyter Salvianus von Marseille (um 400-480). Der Heilige Bonifazius (um 680-755) ruft nach der Abschwörung seinen Täuflingen zu: »Ihr habt jetzt dem Teufel, seinen Werken und seinem Pomp entsagt. Was aber sind die Teufels Werke? Götzendienst, Giftmischerei, Beschwörer und Looswerfer befragen, an Hexen und Werwölfe glauben[43].«

Den Beschlüssen der Synode von Leptinae (Listinese) von 743 wird neben einem Glaubensbekenntnis eine Formel der Entsagung des Teufels angehängt, die deutlich dem Heidentum abschwört. Hans Ferdinand Maßmann[44] nennt sie altniederdeutsch, ein Beweis für die Quellengemeinschaft der deutschen und nordischen Götterlehre[45].

Das Taufritual und die zu ihm gehörenden Exorzismusgebete und Beschwörungen sind nicht immer identisch. Nach den *Canones Basilii* hat der Taufexorzismus folgenden Wortlaut: »Im Namen des Herrn beschwören wir jeden unreinen Geist in jeder Tat, jedes vergängliche Wesen und jede eitle Kraft, welche dem Verleumder ist; wir beschwören euch bei dem größten Namen, der über allen ist, erhabener als alle Häupter, Mächte und Herren, dem die Heere der Engel und die Fürsten der Engel, die Cherubim und Seraphim, untertan sind, vor dem die ganze Schöpfung anbetend sich niederwirft, und dessen Befehlen niemand widerstehen und -streiten kann ... Wir beschwören euch, abzulassen von dem Mann, der mit diesem Öl gesalbt und mit diesem Wasser gebadet wird, damit er dem Herrn alle seine Tage dienen könne, denn ihm gebührt der Preis und die Kraft bis in die Ewigkeit. Amen.[46]«

Ab dem 2. Jahrhundert ist man der Ansicht, daß der Ungetaufte von unreinen Geistern besessen ist. Mit Tertullian werden die Heiden durch das Taufwasser aus der bösen Welt befreit[47]. Die aus der Erwachsenen- entstandene Kindertaufe kommt erst seit dem 4. Jahrhundert in Anwendung und es ist mehr als unwahrscheinlich, daß Johannes der Täufer den Juden Jesus von Nazareth jemals im Jordan einer christlichen Taufe unterzogen hat.

Der Theologe F. Probst[48] windet sich wie eine Schlange und macht einen theologischen Eiertanz: »Wenn auch der Täufling nicht offenkundig dämonischen Einflüssen unterliegt, so ist er doch durch die Erbsünde unter der Gewalt des Teufels stehend, für sie empfänglich. Der Taufexorzismus ist daher keine bloß symbolische Handlung, sondern er hat eine von der Taufe verschiedene Wirkung. Er weist die äußeren Einflüsse des Teufels zurück, die Taufe aber erhebt die inneren Anknüpfungspunkte, Sünde und Schuld, auf. Die Taufe macht aus dem Kind des Zorns ein Kind Gottes. Der Exorzismus entfernt die dämonischen Einflüsse, welche die Wirkungen der Taufe hindern.«

Der holländische Anabaptist von Dale sieht es klarer, wenn er behauptet: »Neugeborene sind vom Teufel besessen, daher muß er ausgetrieben werden[49].«

Weibliche und heilige Exorzisten

Auch Frauen beschäftigen sich als Exorzisten. Zu ihnen gehört Zita in Monsagrati bei Lucca. Zu Beginn des 13. Jahrhundert geboren, ist sie eine begehrte Exorzistin. Sie soll die von Dämonen geplagte Migliore befreit haben, von der sie annimmt, daß sie seit 13 Jahren von 24 Dämonen geplagt wird.

Die heilige Colette wirkt sogar noch als Tote als Exorzistin. Die Chronik berichtet, daß eine Besessene durch sie vom Satan befreit worden ist, weil sie aus einem Becher getrunken hat, den schon eine Heilige verwendet hatte. Gewiß, ein trefflicher Beweis!

Die heilige Katharina gilt als Exorzistin. Sie wird 1347 als Tochter eines Färbers in Siena geboren und gelobt in ihrem achten Lebensjahr ewige Keuschheit. Sie tritt den Dominikanerinnen bei und bewegt später Papst Gregor XI. zu seiner Rückkehr von Avignon nach Rom. Sie rühmt sich de

Umgangs mit dem in den Himmel Aufgefahrenen, der sich mit ihr verlobt haben soll, der ihr sein Blut zum Trinken gibt und der ihrem Körper fünf Wundmahle aufgedrückt hat.

»Einst wurde ein Mädchen mit dem Namen Laurentia von seinem Vater in ein Kloster gebracht. Nach einiger Zeit wird es vom bösen Geist besessen, der durch ihren Mund lateinisch spricht, obwohl sie es nie gelernt hat. Das Mädchen antwortet auf die schwierigsten Fragen, entdeckt die geheimsten Sünden und Angelegenheiten. Die Eltern, in ihrer Betrübnis Hilfe suchend, führen die Tochter zu den Reliquien verschiedener Heiliger. Da sie in die Kraft des Ambrosius besonderes Vertrauen haben, rufen sie dessen Hilfe an; leider vergebens. Schließlich wird ihr geraten, sich der heiligen Katharina anzuvertrauen ... sie allein schafft es, das besessene Mädchen von den Dämonen zu befreien[50].«

Gustav Rosskoff erwähnt einen zweiten Fall ihrer Leistungsfähigkeit: »Einst führte eine Frau ihre Tochter, die durch die teuflische Bosheit wahnwitzig geworden war und die eigene Mutter nicht mehr erkannte, an das Grab des heiligen Markus, betete inbrünstig, worauf das Mädchen gesund wurde.«

Eine andere geht zum Grab des heiligen Ambrosius. Daraufhin flieht der Teufel aus ihr. Ein Mann, der vom Teufel in einen wahnwitzigen Zustand versetzt worden war, geht zum Grab des heiligen Nikolaus, »da ward er völlig gesund.«

Ein besessener Fürst wird durch den heiligen Rudesindus von seinen Dämonen befreit. Die Chronik berichtet: »Fürst Ferdinandus Roderici de Castro bricht in das Kloster des heiligen Rudesindus ein und verwüstet es durch Brand und Plünderung. Die Mönche versammeln sich am Grab des Heiligen und bitten um seinen Schutz. Da ergreift der Teufel den Fürsten und wirft ihn ungeachtet des Widerstandes der Soldaten in das Feuer. Als sie ihn herausziehen, fängt der Teufel durch den Mund des Fürsten zu sprechen an: sie sollen den Räuber des Heiligen verbrennen lassen, denn der Fürst habe das Gebiet desselben geplündert.

Die Soldaten legen hierauf den Fürsten in die Gruft des Heiligen, wo jener halblebend die ganze Nacht lag. Des Morgens aber ergreift ihn wieder der Teufel, und auf die Frage der Anwesenden, unter welchen Bedingungen er ihn loslassen würde, antwortet er: ›Wenn der Fürst alle Beute zurückstellt und den Eid leistet, daß er und seine Söldlinge nie mehr in das Kloster einbrechen.‹ Nachdem er unter Herbeiziehung des Abtes und der Mönche das verlangte Versprechen geleistet hat, wurde der Fürst zur selbigen Stunde geheilt[51].«

Der Ritter Henricus von Falkenstein

Auch Cäsarius von Heisterbach nimmt sich solcher Praktiken an. Er berichtet von einem Ritter Henricus von Falkenstein, der an keine Dämonen glauben will: »Er bekommt sie per nicromanticum zu sehen. Da wird bei der Teufelsbeschwörung auf einem Scheideweg mit dem Schwert ein Kreis gezogen; wer den Teufel sehen will, stellt sich hinein, darf nicht heraustreten, nicht einmal ein Glied darüber hinausstrecken, sonst ist er verloren.

Der Teufelsbeschwörer gibt dabei den Rat, nichts zu geben und zu versprechen. Nach verschiedenen schrecklichen Erscheinungen, als: Wasservogel, Sturmgeheul und dergleichen, hörte man Schweine grunzen, dann einen menschlichen Schatten über die Bäume hervorragen. Dies war der Teufel, der als großer Mann, ganz schwarz, mit dunklem Kleid und so häßlichem Gesicht erschien, daß sein Anblick nicht zu ertragen war ... er begehrt nach mancherlei Antworten ... er antwortet dem Ritter: ›Es geschieht nichts Böses auf der Welt, das mir verborgen bleibt.‹ Von dieser Teufelserscheinung an blieb der Ritter immer blaß und erhielt nie wieder seine natürliche Gesichtsfarbe.«

Merkwürdig ist, daß selbst Luther am Taufexorzismus festhält. Er sagt 1525 in seinem *Taufbüchlein*: »Unter die Augen blasen, Kreuze anstreichen, Salz in den Mund geben, Speichel und Kot in die Ohren und Nase tun, mit Öl auf der Brust und

Austreibung von Dämonen. Wie allen antiken Religionsführern wird auch Jesus von Nazareth die Fähigkeit zugeschrieben, Dämonen auszutreiben. Der Glaube an diese Fabelwesen wird durch die griechische Philosophie festgeschrieben.

Schultern salben und mit Cresem die Scheitel bestreichen, Westerhemd anziehen und brennende Kerzen in die Hände geben.«

Man könnte meinen, im 18. Jh. wäre ein Wandel zur Vernunft eingetreten, da die Theologen Martin Chemnitz (1522-16), Johann Gerhard (1582-1637), David Holaz (1648-1713) u. a. inzwischen den Taufexorzismus als nützliche Mahnung an die geistige Herrschaft des Satans und an die heilsame Wirksamkeit der Taufe ansehen.

Die christliche Taufe, die der Theologe Karl Barth als Säuglingsbespritzen und kirchliche Schluckimpfung bezeichnet, ist in der Praxis eine Vergewaltigung. Sie widerspricht dem Grundrecht des Kindes auf Religionsfreiheit unter Bezug auf den Artikel 4 des Grundgesetzes: »Die Freiheit des Glaubens, des Gewissens und die des religiösen und weltanschaulichen Bekenntnisses sind unverletzlich.« Schon die Weimarer Reichsverfassung sagt dazu: »Niemand darf zu einer kirchlichen Handlung, Feierlichkeit oder zur Benutzung einer religiösen Eidesformel gezwungen werden[52].«

Bei der Taufe wird das Kleinkind zum willenlosen Objekt einer Kulthandlung anderer degradiert[53]. Deschner[54] formuliert es so: »Menschen dürfen sich anmaßen, einen anderen hilflosen ... religiös zu vergewaltigen und ihn zum Zwangsmitglied einer Organisation zu machen, die nach ihrem theologischen Selbstverständnis einen Austritt eigentlich nicht vorsieht, da Gottes

Hauch durch die Taufe am Kind unwiderruflich sei. Damit verletzt die Kindertaufe nicht nur das Grundrecht auf Religionsfreiheit, sondern auch das Recht des Kindes auf die freie Entfaltung seiner Persönlichkeit ... statt ihm zu helfen, besiegeln die Eltern mit der Taufe in Komplizenschaft mit dem Klerus die gesellschaftlich vorgegebene Unfreiheit ... sie singen das Loblied des Stärkeren ... der Mensch muß glauben, bevor er zu denken beginnt und dann muß er denken, was die Kirche lehrt[55].«

Auch hier trifft die Schuld nicht nur die Geistlichen, denn die Leichtgläubigen gehen dem Unfug ein Stück entgegen. Sie vergewaltigen ihre Kinder aus Mangel an geistiger Freiheit. Das Familienalbum ist wichtiger als der Verstand. Der unverständige Säugling wird von den christlich gesinnten Eltern hübsch herausgeputzt und in die Kirche getragen. Hier begegnet er zum erstenmal in seinem Leben einem Teufelsaustreiber.

Es ist zweifelhaft, ob man dem Baby damit etwas gutes tut. Die Vorstellung des reinigenden, ja heiligenden Wassers geht auf die früheste Menschheit zurück. Das Christentum übernimmt diesen Brauch. Selbst wenn es fehlbare Päpste weihen, bleibt Wasser stets Wasser. Bei der Taufe wird es *entdämonisiert*. Deshalb spricht der Priester:»Ich befehle Dir, unreiner Geist, weiche aus diesem Wasser ... wo es immer ausgesprengt wird, soll der böse Geist und jedes Schreckgespenst fliehen[56].«

Man darf nicht vergessen, daß bei vielen Hexenprozessen des 16.-18. Jahrhunderts, bei unzähligen Folterungen die Räume und Ruten, das Essen für die Gefangenen, ja selbst die Scheiterhaufen mit christlichem Weihwasser besprengt worden sind, anstatt sich auf die Nächstenliebe zu besinnen.

Dann spricht der Exorzist zum bösen Geist:»Ich beschwöre Dich, unreiner Geist ... im Namen des Vaters, des Sohnes und des Heiligen Geistes, daß Du ausfahrest aus diesem Diener Gottes ... erkenne dieses Urteil und das Zeichen des Heiligen Kreuzes an, das wir der Stirne dieses Kindes geben, und wage das Du, verfluchter Teufel, nie zu verletzten[57].«

Dann haucht er den Säugling dreimal an, reicht ihm geweihtes Salz, bestreicht die Ohren seines blutjungen Opfers mit Salböl, das schon in der Antike zu ähnlichen Zwecken herangezogen wird. Von nun an wird aus dem Säugling ein Kommunionskind, es wird firmiert, wird kirchlich heiraten und vermutlich bis an sein Lebensende pünktlich die Kirchensteuer zahlen. Ist es besonders fromm, wird er seine letzte Habe der Kirche vermachen.

Bereits um das Jahr 1000, doch auch davor und danach, stellen sich Oppositionelle gegen diesen Hokuspokus. Sie tragen vor, erst einmal müsse der Mensch seitens des Verstandes so weit entwickelt sein, daß er sich aus freien Stücken für die eine oder andere Zeremonie entscheide; die geistige Bevormundung wird abgelehnt. Die ab dem 11. Jahrhundert erstarkende Kirche ignoriert bis heute diesen Einwand aus für sie verständlichen Motiven.

Rituale Romanorum

Das erste Zeugnis eines christlichen Exorzismus geht in das 5. Jahrhundert zurück und wird in der kanonischen Sammlung *Status Ecclesia* beschrieben. Schutzmittel gegen die angenommenen teuflischen Anfechtungen sind Weihwasser und Reliquien. Daß der Exorzismus damals bekannt ist, vor allem in schriftlicher Form, zeigt die Legende des heiligen Eugenus aus dem 6. Jahrhundert:»Einer Besessenen wird, wie es der Brauch ist: *Exorzismus scripta* zur Heilung an den Nacken gehängt. Trotzdem will der Teufel nicht weichen.« Schließlich kann er durch einen persönlichen Brief des Heiligen vertrieben werden.

Mit dem Erstarken der Kirche bildet sich eine Flut privater Veröffentlichungen[58] heraus. Die alten Austreibungsformeln des *Sacerdotale Romanorum* werden gekürzt. U. a. werden die Beschwörungen bei Krankheiten gestrichen. Sie kommen durch eine Kirchenhintertür wieder herein. Man denke an das Aussegnen von Wöchnerinnen. Bei der Abfassung des *Rituale Romanorum* verfährt man ähnlich wie bei der der

> ## Über die Beschwörung der von einem Dämon Besessenen[61]
>
> - Der Priester ... muß sich durch Frömmigkeit und Klugheit auszeichnen ... nur wer durch die göttliche Kraft gestärkt ist und den menschlichen Begierden fernsteht, soll ein so frommes Werk aus Nächstenliebe standhaft und demütig ausführen ... er soll wegen seiner Sittenstärke zu verehren sein.
> - Merkmale der Besessenheit können sein: ausführlich in unbekannten Sprachen sprechen oder in den fremden Sprachen Redenden verstehen; Entferntes oder Verstecktes offenbaren; Übernatürliche Kraft zu zeigen.
> - Damit er die Merkmale besser erkennt ... soll er den Besessenen fragen, was er im Herzen oder Körper spürt ... er soll wissen, welche Worte den Teufel beunruhigen ... und sich diese gut einprägen ... und diese wiederholen.
> - Meist pflegt der Teufel trügerisch zu antworten und sich schwierig zu offenbaren ... dann und wann verstecken sich die überführten Dämonen, damit der Kranke glaubt, er sei erlöst; aber der Exorzist darf nicht aufhören, bis er die Zeichen der Befreiung sieht.
> - Die Teufel bereiten Hindernisse ... sie entfernen sich heimlich, damit der Kranke befreit erscheint.
> - Man muß sich hüten, bei Zauberern und Wahrsagerinnen oder bei anderen als den Dienern der Kirche Zuflucht zu nehmen oder sich irgendeines abergläubischen Brauches oder anderer Unerlaubtheiten zu bedienen.
> - Wenn der Teufel gestattet, daß der Besessene die heiligste Eucharistie empfange, so muß der Teufelsbeschwörer vorsichtig sein, damit er nicht getäuscht werde.

christlichen Bibel. Es wird so lange manipuliert und geändert, bis man der Meinung ist, die akrobatische Geistesleistung anderen aufzwingen zu können. Die Kurie setzt einen Strich unter die kleinere Unsicherheit, um eine größere zu provozieren: eine einheitliche Vorlage wird geschaffen. Das Rituale Romanorum geht auf den Reformpapst Pius V. zurück. Es ist eine Sammlung von offiziellen Texten für Sakramente, Prozessionen, Weihen *und* Exorzismen.

In der Ostkirche gibt es etwas ähnliches, das *Euchologium*. Eine weitere Parallele besteht im Ritenbuch der anglikanischen Hochkirche. Diese Literatur soll die Verhaltensweisen der Geistlichen exakter als bisher festlegen. Aus ähnlichen Gründen enstehen Buß- und Beichtbüchlein, denn das Vertrauen in die Intelligenz der Priester ist nicht sonderlich groß. Zudem sollen sie nicht denken, sondern nachplappern. Das Zauberbuch der Christen wird noch heute in modifizierter Form gehandhabt[59]. Die Statthalter Christi haben mit dem Geisterwahn giftige Keime zur Entfaltung gebracht[60] und sich dadurch geschadet.

Nach den grundsätzlichen Hinweisen folgen spezielle Anweisungen für die Durchführung des Ritus[62]. »Der Priester, der vom Ortsbischof ausgewählt wird, soll, nachdem er nach gültiger Beichte oder wenn er wenigstens dem Herzen nach seine Sünden verabscheut hat, nach dem Opfer der heiligen Messe ... und mit der Hilfe von Gebeten die Hilfe Gottes anflehen ... mit dem Mantel und einer violetten Stola angetan, vor sich den Besessenen gebunden, ihn, wenn die Gefahr besteht, sich und die Anwesenden mit Weihwasser besprengen. Er soll kniend unter den anderen die Litaneien sprechen: ›Gedenke nicht, o Herr, unser und unserer Väter Missetat und vergelte nicht unsere Sünden[63].‹ Darauf folgen unterschiedliche Gebete, wie beispielsweise: Ich befehle Dir, wer immer du bist, unreiner Geist und allen Deinen Gefährten, daß Du Deinen Namen sagst, den Tag und die Stunde des Ausgangs mit irgendwelchen Zeichen ... noch sollst Du diesem Geschöpf oder den Anwesenden oder ihren Boten schaden. Dann folgen Beschwörungen:

Über die Beschwörung der von einem Dämon Besessenen

- In der Kirche ... soll der Besessene beschworen werden. Wenn er krank ist, kann es auch in seinem Haus geschehen.
- Er soll ermahnt werden, ob er sich geistig und körperlich wohl fühlt, daß er Gott zu seinem Besten anbetet und fastet ... daß er sich im festen Glauben an Gott wendet und Rettung in aller Demut von ihm erfleht.
- Er soll das Kreuz vor sich halten. Auch Reliquien des Heiligen sollen ehrerbietig zum Kopf und der Brust des Besessenen hinbewegt werden.
- Der Exorzist soll sich nicht in weitschweifigen Reden ergehen ... er soll dem Teufel nicht glauben, wenn er vorspielt, er sei die Seele eines Heiligen oder eines Verstorbenen oder gar ein guter Engel.
- Wichtig sind die Fragen nach der Anzahl und den Namen der beherrschenden Geister ... der Exorzist soll die Possen des Teufels unbeachtet lassen.
- Er bete mit Macht und in würdiger Haltung, mit Demut und innerer Glut ... sobald er sieht, daß der Besessene von einem besonderen Körperteil ergriffen oder verletzt wird ... wenn irgendwo eine Schwellung erscheint, so mache er da ein Kreuzzeichen oder besprenge ihn mit Weihwasser, das er zur Hand hat.
- Er soll bei seinen Drohungen verharren und beten solange er kann ... bis er den Sieg erringt ... bei der Beschwörung einer Frau soll er ehrenhafte Personen dabeihaben ... während der Beschwörung soll er die Worte der Bibel mehr gebrauchen als seine eigenen oder fremde.

»Ich beschwöre Dich, alte Schlange, bei dem Richter über Lebende und Tote, bei Deinem Schöpfer ... der die Macht besitzt, Dich in die Hölle zu schicken. Ich beschwöre Dich nicht durch meine Schwachheit, sondern durch die Kraft des Heiligen Geistes, daß Du weichest von diesem Diener Gottes ... weiche also, widerstehe und fliehe eilends von diesem Menschen, denn es hat Christus gefallen, im Mensch zu wohnen.« Dann folgen Litaneien, die zu übergehen sind und dann kommt ein Gebet, das folgenermaßen lautet:

»Es gebietet Dir die Stärke des Geheimnisses des christlichen Glaubens ... weiche, Du Übertreter der Gesetze, weiche Du Verführer, erfüllt mit allen Listen und Täuschungen, Du Feind der Tugend, Verfolger der Unschuldigen, schaffe Platz, Lieblosester ... schuldig geworden bist Du am allmächtigen Gott, dessen Gebote Du übertreten hast. Ich beschwöre Dich, im Namen des Unbefleckten Lammes, das über die Schlange hinweggetreten ist, das den Löwen und Drachen mit den Füßen getreten hat ... weiche.«

Die Nonne Jeanne Féry

wirkt bei den Schwarzen Schwestern in Mons. Um sie bemühen sich Louis de Berlaymont, Erzbischof und Herzog von Cambrai mit Unterstützung des Kanonikers Mainsent. Sie wird neunzehn Monate lang exorziert, »... wobei mit Weihrauch und Schwefel geräuchert wurde.« Bei der Austreibung verliert die Befallene Blut und unter schrecklichem Gestank treten Würmer und Haarkugeln aus ihrem Mund und ihrer Nase. Sie wird der besseren Wirkung wegen drei Tage lang in ein dunkles Verlies gesteckt.

Am 9.11.1584 steckt nur noch ein Dämon in ihr, der sich Cornau nennt. Die Ursache sei ein Fluch des Vaters gewesen, der sein Kind zu allen Teufeln gewünscht hat. Die Mutter hat damals mit ihm auf dem Arm versucht, den Vater aus einem Wirtshaus zu holen. Jeanne ist damals vier Jahre alt. Um zu demonstrieren, wie gut der Teufel bislang zu seinem Opfer gewesen ist, bedeckt er den Zimmerboden mit Zuckerwerk.

Dann entsagt die Nonne dem Teufel, der beim folgenden Exorzismus aus ihr fährt. Doch nun fällt sie in ihren Kindheitszustand zurück. Sie bezeichnet den Kanoniker als Vater und den Erzbischof als Großvater. Sie spielt mit hölzernen Puppen und trinkt Milch. Wieder wird sie in Weihwasser gebadet und darin untergetaucht. Danach erscheint in ihrem Mund ein Papier, auf dem zu lesen ist, daß Maria Magdalena wünsche, daß sich von nun an wieder der Erzbischof um die Sache kümmere ...

Später kehrt die Nonne wohlbehalten in die klösterliche Gemeinschaft zurück. Sie schreibt ihre Geschichte nieder und sie wird veröffentlicht, nachdem 1586 in Paris von einem anonymen Verfasser (möglicherweise dem Kanoniker Mainsen) *Die Wahrhafte und wunderbare Geschichte von dem, was einer Nonne vom Kloster der Schwarzen Schwestern in Mons zustieße, die von Sore und Sambre stammte, 25 Jahre alt war und vom Bösen besessen und darauf erlöst wurde* erschienen war[64].

Es fällt auf, daß vor allem Nonnen von Teufeln besessen werden; vielleicht hängt es mit ihrem sexuellen Ausgehungertsein zusammen[65]. Madaleine de Demandol de la Palud wird beschuldigt, von Astaroth und 6661 anderen Teufeln bewohnt zu sein. Sie sagt 1673 vor Gericht aus, ein Priester habe sie verführt und sie dazu verleitet, sich dem Teufel zu verschreiben. Sie habe auf dem Sabbat verschiedene Male mit ihrem Verführer, dem Pater Louis, Gaufridi, besucht sie sei von ihm veranlaßt worden, Säuglingsfleisch zu essen.

Loudun[66]

Hier wird 1628 ein Konvent der Ursulininnen eingerichtet, der sich aus Töchtern adeliger und bürgerlicher Familien zusammensetzt. Als Beichtvater wird Jean Mignon, der Stiftsherr der Kirche vom Heiligen Kreuz, angenommen. Im Kloster kommt es zu Differenzen und Albernheiten. Mignon wird als ehrgeizig, intrigant und böse geschildert. Er prallt auf den schwierigen Charakter Grandiers.

Loudun untersteht den Jesuiten von Poitiers. Zur Zentralfigur einer hier inszenierten Hetz- und Exorzismuskampagne wird der Jesuit Urban Grandier, der nach hier versetzt wird, um die Stiftsstelle einzunehmen. Zeitgenossen schildern ihn so: »Er besitzt eine hohe Statur und ein hübsches Gesicht, einen standhaften und scharfsinnigen Geist, er geht immer gut gekleidet und sauber. Seine äußere Eleganz stimmt mit der inneren überein. Er drückt sich leicht und gewandt aus und predigt ungleich besser als die meisten Mönche, die die Kanzel besteigen. Seinen Freunden gegenüber ist er sanft und höflich; Feinden steht er stolz und hochmütig gegenüber ... Er hält viel auf seine Stellung ... setzt sich aber durch sein stolzes Wesen Feindschaften aus. Außer kirchlichen Rivalen muß er beleidigte Ehemänner und Väter fürchten, in deren Haus er ein- und ausgeht und mit deren Frauen bzw. Töchtern er geschlafen hat.«

Daraus wird die Anklage gewoben. Grandier wird beschuldigt: »Selbst in der Kirche hat er eine Frau mißbraucht ..., er ist gottlos und ungläubig und benutzt niemals sein Brevier.« Dann ordnet der Bischof von Poitiers, Louis Chategneur de la Rocheposey, einen Haftbefehl gegen ihn an. »Er soll, sofern er gefaßt werden kann, ohne Aufsehen in das bischöfliche Gefängnis geführt werden[67].« Ahnungslos läuft er den Häschern in die Falle. Weil keiner gegen ihn aussagt, bricht der Hauptanklagepunkt zusammen und er wird unter Auflagen freigelassen:

- Als Buße drei Monate bei Wasser und Brot zu fasten.
- Fünf Jahre wird er von den Sakramenten auf dem Gebiet der Diözese ausgeschlossen.
- Loudun soll ihm für immer verschlossen bleiben.

Grandier widerspricht dem Urteil. Er wendet sich an den Erzbischof und an das Parlament in Paris. Das Hofgericht fällt am 25.5.1631 eine Entscheidung zu seinen Gunsten. Der Komplott wird ruchbar und

Grandier sinnt nach Rache. Er beleidigt seine Gegner mit Hochmut und kehrt mit einem Lorbeerzweig in den Händen als Sieger zurück. Von den Verschwörern erwartet er die Rückerstattung seiner Unkosten, Reparationen und Pfründe gemäß dem bischöflichen Urteil. Sein Verhalten provoziert einen weiteren Zwischenfall.

Mignon redet den Nonnen ein, daß sie gottgefällig handeln, wenn sie dazu beitragen, die Ketzer in der Stadt zu verwirren und den schändlichen Jesuiten loszuwerden ... der durch die Verführung von Frauen seinen Charakter entehrt und der obendrein ein versteckter Ketzer sei. Unter der Aufsicht Mignons üben die Nonnen Verzükkungen, Ohnmachtsanfälle und körperliche Verdrehungen. Er erscheint in den liturgischen Gewändern, versehen mit Albe und Stola. Bei der Demonstration seiner pfäffischen Gelehrsamkeit klappt alles: »Schon während zweier Wochen werden die Nonnen von bösen Geistern heimgesucht ... der Teufel der Oberschwester heißt Astaroth, der der Laienschwester Sabulon.« Geschickt wird Grandier denunziert und als *teuflische Person* ausgegeben.

Er macht sich über seine Spötter lustig; doch dann treiben sie es zu weit. Am 12.10. reicht er eine Bittschrift ein, spricht von Betrug und nackter Verleumdung, die sich gegen seine Ehre richten und aus falschen Beschuldigungen resultieren.

Mignon kontert: »Er soll aufhören, mich als Verleumder hinzustellen ... ich handle im Auftrag des Bischofs und wehre mich dagegen, das als Täuschung und Betrug hinzustellen, was ich zum göttlichen Ruhm und der katholischen Kirche unternehme.«

Das Argument, neutrale Exorzisten zu bestellen, die Besessenen zu trennen und sie in bürgerlichen Häusern von rechtschaffenen Frauen und Ärzten zu untersuchen, prallt an der Oberin ab: »Sie wehrt sich wegen ihres Gelübdes des ständig abgeschlossenen Lebens gegen diese Vorstellung. Niemand außer dem Bischof kann sie aus dieser Verpflichtung freistellen.«

Während einer Beschwörung schreit die Oberin: »Grandier, Grandier, du gottloser Priester.« So nimmt das Spektakel eine gefährliche Wendung, denn schnell gehen die Gerüchte von Mund zu Mund. In einer weiteren Bittschrift legt Grandier dar: »Die Nonnen fahren fort, mich böswillig zu denunzieren und mich bei simulierten Kämpfen anzugreifen ... die von ihnen vorgetäuschte Besessenheit wird mit dem Ziel erfunden, meinen Ruf zu beschmutzen, mich anrüchig zu machen und mich für die Kirche als unhaltbar hinzustellen ... so kann man unmöglich zur Wahrheit vordringen.«

Parallel dazu verbreiten seine Gegner das Gerücht, er habe Dämonen in den Körper der Ursulininnen gehext. Der Bischof trifft eine klare Entscheidung. Er bestellt als neutrale Exorzisten den Jesuitenpater Escaje aus Poitiers und einen Pater Gau aus dem Oratorium von Tours. Er will die Besessenen getrennt von zwei oder drei katholischen Ärzten untersuchen lassen.

Plötzlich verstummt das Geschwätz zum Leidwesen Mignons und einiger Nonnen. Nun wird er von ihnen beschimpft, ... in Armut und einem so schlechten Ruf leben zu müssen, was seinen Ehrgeiz anstachelt. Er ersinnt eine Intrige, indem er versucht, Grandier eine scharfe, gegen Kardinal Richelieu gerichtete Satire in die Kutte zu schieben.

Die Folge ist ein neuer Haftbefehl. Er wird auf dem Weg zur Frühmesse verhaftet und in das Schloß von Angers gebracht. Hier verbringt er vier Monate im Gefängnis. Seine Wohnung wird aufgebrochen und durchsucht. Die Möbel erhalten das königliche Siegel. Man findet eine Aufzeichnung über den Zölibat. Alle schriftlichen Unterlagen werden beschlagnahmt; dadurch ist ihm die Möglichkeit einer Rechtfertigung genommen.

Um diese Zeit leben die Behexungen im Kloster wieder auf. Der Sündenbock ist rasch gefunden. Grandier wird in ein anderes Gefängnis gebracht und angekettet. Zimmer werden vermauert und vor dem Kamin werden Eisenstäbe angebracht, »damit die Teufel nicht kommen können, um den Zauberer aus den Ketten zu reißen.«

Grandiers Bruder, parlamentarischer Rat und Anwalt, sucht ihm ihn verschiedenen Eingaben beizustehen. Um zu verhindern, daß ihm Gehör geschenkt wird, beschuldigt ihn die Oberin der Hexerei. So bleibt er bis nach dem Ausgang des Prozesses aus der Schußlinie. Selbst seine Mutter, die ihm ein Bett, eine Bibel und die Schriften des Heiligen Thomas in das Gefängnis schafft, wird nicht beachtet. »Es ist eine beschlossene Sache: Grandier hat die Teufelei im Kloster inszeniert und muß sterben, um eine größere Schar von Schuldigen zu retten ... um nicht die Schande der Lüge über einen Bischof, Nonnen und Geistliche zu verhängen. Seine Verurteiler sind gerissene Wortverdreher[68].« Schon frohlocken die christlichen Denunzianten.

Die Exorzisten versuchen, ihre Anfechtungen gegenüber Grandier zu erhärten: »Wenn der Teufel ordnungsgemäß beschworen wird, muß er die Wahrheit gestehen ... gehorcht er, so geschieht es aufgrund der Beschwörungen. Tut er es nicht, so liegt es an der Ungläubigkeit der Zuschauer.«

Verurteilung

Die Ankläger bereiten sich durch die Beichte und die Kommunion auf die kommenden Ereignisse vor. Man erfleht die himmlische Gnade und den göttlichen Beistand, um die Realisierung eines Verbrechens zu ermöglichen. Deshalb »soll sie Gott allein in dieser Sache erleuchten.«

Am 18.8. versammeln sich die Bösewichter im Karmeliterkloster. Hier wird der Erlaß publiziert, der die Verurteilung Grandiers zum Inhalt hat. Er wird mehrfach gefoltert. Nachdem man seine zerfetzten Beine gewaschen und über ein Feuer gehalten hat, sagt er zu dem ihn folternden Barbier François Fornement: »Du grausamer Henker, bist also gekommen, um mich fertigzumachen. Du Unmensch, Du weißt allein von den Grausamkeiten, die Du meinem Körper zufügst. Los! Mach schon weiter und töte mich.«

Ein Polizist ist der Auffassung, daß man Grandier die Haare rasieren und daß man ihm die Augenbrauen und Fingernägel ausreißen soll. Schließlich kleidet man ihn in Lumpen und fährt ihn in einem geschlossenen Wagen vor das Rathaus. Mit gefesselten Händen treibt man ihn in ein Audienzimmer. Hier warten seine Häscher. Der Schreiber sagt zu ihm: »Dreh Dich um, Unglücklicher, und bete das Kruzifix über dem Richterstuhl an.« Er gehorcht unterwürfig und verharrt einige Zeit im stillen Gebet. Dann trägt man ihm das unchristliche Urteil vor:

»Wir erklären Urban Grandier zu Recht angeklagt und für schuldig an dem Verbrechen der Magie, Hexerei und der durch ihn verursachten Besessenheit in den Personen einiger Ursulininnen und weltlicher Mädchen aus dieser Stadt Loudun sowie anderer Verbrechen, die sich aus diesem ergeben. Zu deren Wiedergutmachung verurteilen wir Dich dazu, öffentlich Abbitte zu leisten, und zwar mit unbedecktem Haupt, einem Strick um den Hals und einer brennenden Fackel von zwei Pfund Gewicht in der Hand. Vor dem Hauptportal der St. Peterskirche am Marktort und vor der Kirche der heiligen Ursula, in dieser Stadt, soll er Buße tun, auf die Knie fallen und Gott, den König und die Justiz um Verzeihung bitten.

Danach soll man ihn auf den öffentlichen Heilig-Kreuz-Platz führen und an einen Pfahl an den Scheiterhaufen binden ... der eigens dazu an jenem Ort errichtet wird ... da soll er bei lebendigem Leib verbrannt werden ... zusammen mit den Pakten und magischen Schriften, die noch bei den Akten aufgehoben sind. Ebenso sein handgeschriebenes Büchlein gegen den Zölibat der Priester ... seine Asche soll in alle Winde verstreut werden. Wir erklären, daß sein gesamter Besitz für den König beschlagnahmt wird ... wovon man die Summe von 150 Pfund abziehe, um eine Kupferplatte zu kaufen, in die das vorliegende Urteil auszugsweise eingraviert wird. Sie wird an einer exponierten Stelle in der Kirche der Ursulininnen zur ständigen Bleibe aufgehängt. Bevor man ihn zur Ausführung und außerordentlichen Befragung (Folter) nach seinen wichtigsten Mittätern unterzieht. Genanntem in Loudun vorgelesen und am 18. August 1834 ausgeführt.«

Jetzt ergreift der Delinquent das Wort: »Gnädige Herren, ich rufe Gott den Vater, den Sohn, den Heiligen Geist und die Jungfrau Maria als meine Zeugen an. Nie habe ich eine Gotteslästerung begangen, nie bin ich ein Hexenmeister gewesen, ich kenne keine Magie als die der Heiligen Schrift und habe nie einem anderen Glauben angehangen, als dem der heiligen apostolisch katholischen Kirche. Ich sage dem Teufel in all seiner Pracht ab ... ich bekenne mich zu meinem Erlöser und bitte ihn, daß ich das Blut seines Kreuzes schätzen möge. Und ihr, gnädige Herren, ich bitte Euch, mildert die Härte meiner Strafe und setzt meine Seele nicht der Verzweiflung aus.«

Bei der anstehenden Folter werden seine Beine so zusammengepreßt, daß die Knochen splittern. Eifrig beschwören die Priester die Keile, Hölzer und den Folterhammer. Der Gemarterte fällt während der unmenschlichen Prozedur in sich zusammen. Als sein Knochenmark aus den Beinen rinnt, schafft man ihn hinaus und legt ihn in der Nähe des Ratszimmers auf Stroh. Grandier beharrt auf seiner Unschuld. Nachmittags zerren ihn die Henker erneut hervor. Er hält eine brennende Fackel in der Hand ... die mörderische Fahrt geht zum Festplatz der christlichen Nächstenliebe.

Da er nicht mehr stehen kann, wird er aus dem Karren gekippt. Der Henker schleift ihn zu einem Eisenreifen und dreht den Gepeinigten zur Heilig-Kreuz-Kirche. Schaulustige finden sich ein. Nun flattert ein Schwarm Tauben herum. Einfältige erkennen darin den Teufel: »Sie kommen bestimmt, um dem Teufelsbuben beizustehen.«

»Die Patres beschwören die Luft und das Holz. Einer erdreistet sich, das Henkersamt zu übernehmen und seinen Glaubensgenossen zu bedrängen. Er hält ihm eine Strohfackel vors Gesicht und schreit: »Willst Du nicht endlich bekennen, Du Verdammter. Es ist höchste Zeit, denn Du hast nur noch einen Augenblick zu leben.«

Der vom Tod Gekennzeichnete sagt: »Ich kenne den Teufel nicht ... aber ich bitte Gott um Erbarmen.« Nun legt der fanatisierte

Teufelsaustreibung. Holzschnitt zu Adam Bergs »Kurze und warhafftige Historia von einer Junckfrawen, welche mit etlich und 30 bösen Geistern leibhafftig besessen«, München 1574.

Mönch Feuer unter den Scheiterhaufen. Kapuziner schütten ihm Weihwasser ins Gesicht und rufen dem Henker zu, ... er soll Grandier doch endlich erwürgen. Das Fortschreiten der Flammen hindert ihn daran. Seine vermutlich letzten Worte sind: »Mein Gott, ich wache bei Dir, Erbarme Dich meiner[69].«

Mit dem Verbrechen wider die Menschlichkeit ist das Spektakel nicht zu Ende. Pater Lactance erblindet, verliert das Gedächtnis, wird geistesgestört und zeigt Anzeichen von Herzschwäche. Einen Monat nach Grandiers Tod stirbt er.

Nachspiel

Das Spektakel zeigt, wie wenig ein Mensch gegen eine Ideologie gilt; nicht einmal die Kutte schützt vor dem christlichen Henker in einem sinnlosen Machtkampf. Dann melden sich kritische Stimmen. Man verweist auf die Schriften von Aristoteles und Galenus. Er sagt in seinem

Brognolis Handbuch für Exorzisten

- Ketzer werden seltener als Katholiken vom Teufel besessen, weil sie ihm ohnehin gehören.

- Der Teufel erscheint als Bär, Löwe, Schlange, Drache, Hahn, Rabe, Geier, als Fliege, als Spinne oder als ein schrecklicher Mensch.

- Der Teufel verbreitet einen scheußlichen Gestank. Um in die Menschen zu fahren, benutzt er häufig Speisen und Getränke. »Am 13.8. wurde mir in Venedig ein 13jähriges Mädchen zugeführt, in das der Teufel in einen Apfel versteckt eingefahren ist. Ich trieb ihn aus und dabei erfüllte er ihren Mund mit einem schwefeligen Gestank.«

- Der Teufel zieht die Besessenen an den Ohren und Haaren und aus ihren Betten.»... am 4.9.1648 gestand mir der Teufel in Venedig, daß er von anderen Teufeln in der Hölle verspottet worden ist.«

- Daß er von Kleinkindern Besitz nimmt, ist die Schuld der Eltern, die es unterlassen, sie unter den göttlichen Schutz zu stellen oder sie mit dem Kreuz zu bezeichnen.

- Alle Theologen geben die Tatsächlichkeit des Liebeszaubers zu, wodurch jemand zu schädigender Liebe angeregt wird. »1649 erzählte mir eine Witwe, daß sie 20 Jahre lang mit einem Teufel Unzucht treibe.«

- Oft werden Feuersbrünste von Hexen gelegt. Auch Unwetter und Hagelschläge werden durch sie verbreitet.

- Die Teufel bringen Würmer, Mäuse und Heuschrecken hervor, um den Feldern zu schaden.

- Den Teufel nach seinem Namen zu fragen, ist unnötig und gefährlich. Weil die Teufel lügen, können sie leicht einen falschen Namen angeben bzw. einen, der etwas Lächerliches bedeutet.

- Dies betrifft auch die Anzahl der Teufel ... denn auch hier kann der Teufel täuschen, indem er verschiedene Stimmen imitiert.

- Die Befehle, die der Exorzist erteilt, kann er in der Muttersprache des Besessenen oder lateinisch erteilen.

- Die vom Papst geweihten Wachsbilder sind geeignet, den Teufel zu vertreiben.

Buch *Die Stadt Gottes*: »Ich habe Leute gekannt, die mit ihrem Körper Dinge tun konnten, die andere kaum zu glauben vermochten; einige konnten mit den Ohren wackeln, andere die Haare in die Stirn schieben, ohne den Kopf zu bewegen, andere Tierstimmen so imitieren, daß keiner diese Täuschung bemerken konnte, andere unbemerkt Geräusche hervorzubringen imstande waren. Ein Mann konnte schwitzen, wenn er nur wollte. Niemand hätte die Körper der Nonnen bewundert, wenn sie von Gauklern auf der Bühne vorgeführt worden wären.«

Neben den praktischen Teufelsaustreibungen treten nun theoretische Erörterungen. Kurz nach dem Skandal von Loudun greift der Minorit und Franziskaner Brognoli zur Glaubensfeder, um den nichtexistenten Teufel anzuschwärzen. Brognoli ist Lektor für Theologie. Er behandelt in Rom, Mailand und Venedig Besessene.

Inzwischen hat sich die Reformation breitgemacht und es ist die Phase der Hexenverfolgungen. Folgerichtig bezieht er sich des öfteren auf den Hexenhammer. Von Brognoli stammt die Beschreibung von der Sinneslust der Teufel, der von den Brüsten junger Mädchen in deren Geschlechtsteile wechselt, damit sie von hier aus (vom Exorzisten) aus christlicher Liebe und Frömmigkeit vertrieben werden[70].

1696 sieht ein elfjähriges Mädchen die Magd Katharine Cambell Milch aus einer Kanne trinken und droht, daß sie es ihrer Mutter erzählen werde. Die Magd erwidert zornig: »Der Teufel möge deine Seele durch die Hölle schleifen.« Dies führt zu einer Denunziationskampagne, bei der 1697 fünf Menschen den Feuertod finden. Einer der Beschuldigten, John Read, erhängt sich im Gefängnis. Das besessene Mädchen heißt Christina Shaw. Sie heiratet einen Geistlichen und stirbt 1725, von der Gemeinde ihres Mannes tief bedauert[71].

Einige markante Beispiele von Teufelsaustreibungen im französischen Sprachraum des 16. und 17. Jahrhunderts hat Cécile Ernst-Allemann[72] nach ausführlichen Protokollen in ihrer Dissertation zusammengetragen.

Der Knabe Laurent

Diesen merkwürdigen Fall beschreibt der Geistliche Charles Blendec[73]. Das Kind soll im Alter von zehn Jahren in der Abenddämmerung beim Urinieren vor dem Haus einen weißen bockähnlichen Mann gesehen haben. Es zittert vor Angst. Seine Visionen wiederholen sich und dann erscheint ihm ein gehörnter Teufel. Besprengungen mit Weihwasser durch den Ortspfarrer bleiben ohne Wirkung.

Daraufhin nehmen der Bischof von Soissons, Jean Canart und der Exorzist, Charles Blendec, die Sache in die Hand: »Nach der Benediktion wird der schreiende und wild um sich schlagende Knabe zum Altar geschleppt. Canart fragt den Teufel, warum er eingefahren ist. Er antwortet: Wegen des Onkels, der das Schaf stahl. Darauf schilt ihn der Exorzist einen Lügner und wiederholt seine Frage. Nun heißt es: Pour la glorie de ton maitre. Diese Anwort erregt beim Exorzist und dem Volk Freude. Der Teufel will ausfahren, falls Laurent die Kommunion erhält.

Der Exorzist reißt dem sich widerstrebenden Knaben den Mund auf, gibt ihm die Hostie und hält ihm dann den Mund zu, damit er sie nicht ausspuckt. Das Kind erstickt fast an diesem Gewaltakt und selbst dem Exorzisten strömen Tränen über das Gesicht ... die Zuschauer sind gerührt, der Bischof weint, und der Dämon entweicht.

Leider kommt er zurück. Der Knabe verflucht seine Mutter, zerschneidet seine Kleider und ein Agnus Dei. Er setzt sich ein Messer an den Hals, stößt Verleumdungen gegen Dorfbewohner aus und erschreckt Frauen und Kinder. Wenn man den tobenden Knaben mit Weihwasser besprengt, wird er steif wie ein Stein ... schließlich gesteht der Dämon, daß er um elf Uhr ausfährt. Endlich ist es soweit ... das Kind krümmt sich und schreit, liegt dann wie tot, erwacht und faltet die Hände, während das Volk das TeDeum singt[74].«

Interessant ist, daß der Onkel des Buben, Nicolas Facquier, von Teufeln besessen wird. Er sieht auf dem Feld eine schwarzgekleidete Frau und etwas später einen Wolf: »Er geht zum Pfarrer, um sich durch die Beichte und Kommunion vor den Visionen zu schützen; der Pfarrer ist abwesend ... da gibt ihm ein kleiner Teufel einen Stockschlag in die Seite und eine Ohrfeige.

Facquier fühlt sich wie mit Seilen aus der Kirche gezogen und rennt in den Wald ... vor Ostern erblickt er während der Messe bei der Elevation der Hostie hinter dieser ein von Engeln umgebenes Kleinkind ... drei Tage vor Pfingsten krümmt sich Facquier beim Abendessen plötzlich unter dem Tisch, hebt ihn mit seinem Kopf auf und sagt dabei zu seiner erschrockenen Frau, es geschehe mit göttlicher Erlaubnis. Am nächsten Tag tobt er so, daß die Dorfbewohner vor seiner Hütte zusammenströmen.

In der Messe schlägt er so um sich, daß ihn mehrere Männer halten müssen ... in ihn sollen die Teufel zur Bekehrung der Hugenotten eingefahren sein ... endlich entfleucht der Teufel durch den weit aufgerissenen Mund. Eine Dankprozession beendet die Austreibung[75].«

Heilige Gret von Wildenbuch

1823 werden vor dem Züricher Malefizgericht elf Personen einer Sekte aus Wildenbuch verurteilt. Es geht um Greuel im Haus des Peter in Wildenbuch, wo Elisabeth Peter durch Schläge auf den Kopf getötet und die Heilige Gret auf eigene Anweisung lebend an ein Kreuz genagelt wird. Bevor sie stirbt, verkündet sie: »Am dritten Tag werde ich wieder auferstehen.«

Margareth Peter, geboren 1794, hat seit ihrer frühen Jugend ein schwärmerisch-religiöses Gemüt, an dem ihre bigotten Eltern und die von Christen infizierte Umwelt Schuld tragen. Sie erklärt: »Mir haftet etwas Besonderes an, weil ich an Weihnachten geboren bin«, was man auch Jesus nachsagt. In ihrer Jugend erscheinen ihr Engel. Später kommt die phsychisch Angeschlagene unter den Einfluß einer Sekte in Schaffhausen. Bei den *Erweckten* wird sie als *heilig* bezeichnet.

Im Alter von 25 Jahren kommt sie mit der Baronin von Krüderer[76] aus dem benachbarten Lotstetten zusammen. Die einstige Lebedame und nunmehrige Mystikerin findet Gefallen an dem naiven Bauernmädchen. Nach einer längeren Unterredung macht sie ihr den Vorschlag, sich der Sekte anzuschließen.

Margareth fühlt sich zu Höherem berufen; sie will im Mittelpunkt stehen und dadurch alle Aufmerksamkeit auf sich lenken. Durch die Baronin tritt sie mit dem Vikar Jacob Ganz aus Embrach in Verbindung, der eine Pfarrstelle in einer aargauischen Gemeinde wegen sektiererischer Gesinnung aufgeben muß. Durch ihn lernt sie den Schuhmacher Jacob Morf aus Illnau kennen, den sie verschiedentlich besucht, wodurch seine Frau argwöhnisch wird.

In seinem Haus erlebt Margareth die Vision, daß sie und ihre Schwester lebend in den Himmel fahren würden, gleich wie Enoch und Elias. Als das angekündigte Wunder ausbleibt, verstecken sich die Geprellten eineinhalb Jahre im Haus des Schuhmachers. Offensichtlich wird nicht nur gebetet, denn die heilige Gret bekommt in der Zwischenzeit ein Kind.

Schließlich läßt sich die Frau des Schuhmachers dazu bewegen, es als ihres anzusehen und aufzuziehen. Der Betrug gelingt und das Kind wird auf den Namen Morf in das Register von Illnau eingetragen. Dann kehren die Schwestern nachts zum Haus des Vaters zurück, um sich weiter zu verbergen. Nun unternimmt die heilige Gret Buß- und Betübungen und beginnt vehement gegen einen Teufel zu kämpfen, der sie in die Klauen nehmen will.

Im väterlichen Haus leben eine Freundin, Ursula Kündig, die Schwester Susanna und Magdalena Jägglin. Zum Kreis der Sekte gehören Johannes Peter und der einzige Sohn der Familie Caspar, der sich als Sektenprediger im Land betätigt. Außerdem die Töchter Barbara und Magdalena, die mit dem Schuster Conrad Moser aus Oehrlingen verheiratet ist.

Am Mittwoch, dem 23.3.1823, beginnt das Spektakel. Früh zwischen sieben und acht Uhr versammelt die Heilige Gret die im Haus Anwesenden und erklärt, daß sie in der Nacht eine Offenbarung erlebt hat. »Wonach alle ohne Unterschied mit mir gegen den Teufel streiten müssen … ich muß kämpfen, damit eure und viele verdammte Seelen gerettet werden. Kämpft mit mir.«

Hierauf hebt Gret unter Ausrufen wie: »Du Schelm … du Seelenmörder« an, mit der Faust auf Tische und Stühle zu schlagen. Auf ihr Geheiß werden drei Fenster verhängt. In die Kammer werden Teile von Baumstämmen, Keile und andere Schlagwerkzeuge getragen. Die Anwesenden schlagen voller Wucht auf die Holzstöcke, um den vermeintlichen Seelenfeind zu vertreiben.

Der aus dem Haus dringende Lärm zieht Schaulustige an. Sie können nichts erkennen, weil der Zugang von einem Hund

⇒

Der heilige Zenobius treibt den Teufel bei zwei jungen Männern aus, die verflucht waren, ihr eigenes Fleisch zu essen. Sandro Botticelli (1444-1510).

bewacht wird. Beim Mittagessen des nächsten Tages eröffnet die heilige Gret: »Ich habe den letzten Kampf mit den Teufeln vor«, worauf am Nachmittag das Toben fortgesetzt wird.

Mit Axthieben zertrümmern die Besessenen den Fußboden und schlagen Möbel zusammen. Schließlich fällt ein Teil des Fachwerks aus der Mauer, so daß die Wütenden erkennbar werden. Noch am gleichen Abend läßt der Oberamtmann die Sippe verhaften. Am Freitag Vormittag sind sie wieder im Haus der heiligen Gret zugange. Sie eröffnet den Anwesenden, daß nun Blut fließen muß, damit viele tausend Seelen gerettet werden »Alle sollen sich auf die Brust und an die Stirn schlagen.«

Dann versetzt Gret ihrem Bruder zahlreiche Schläge mit einem eisernen Keil. Nun wird die Blutende ohnmächtig in die Stube getragen. Jetzt schlägt der Rasende auf die Köpfe ihrer Schwestern, auf den ihres Schwagers und ihrer Freudin ein. Alle tragen Blutspuren davon.

Kreuzigung und Verurteilung

Die Heilige Gret fragt Elisabeth, ob sie sich opfern will? Sogleich zeigt diese sich zum Tod bereit und sagt: »Ich will gerne sterben ... damit nicht der Satan siegt.« Sie traktiert sich mit Schlägen und legt sich dann ins Bett. Dann fordert Margareth Ursula Kündig auf, das Werk zu vollenden.

Nun drischt man mit einem eisernen Keil solange auf Elisabeth ein, bis sie den Geist aufgibt. An diesem Mord nehmen der Knecht und die Schwester Susanne teil. Noch ist die Heilige nicht ernüchtert. Sie schlägt sich solange auf den Kopf, bis sie von Blut überströmt zusammenbricht. Ursula soll mit einem Werkzeug auf sie einschlagen. Das herabfließende Blut wird in einem Becken gesammelt, denn »es wird zur Rettung vieler Seelen vergossen.« Auf Verlangen der Gret muß ihr Ursula mit einem scharfen Messer ein Kreuz auf die Stirn und einen Kreuzschnitt am Hals machen. »Jetzt will ich mich kreuzigen lassen,« sagte sie.

So stellt der Knecht ein hölzernes Kreuz her und Ursula nagelt die heilige Gret widerstrebend an. Man soll ihr einen Nagel ins Herz schlagen ... oder ihr zumindest den Kopf spalten. Ursula kann ihr zwar ein Messer in den Kopf stecken, aber da es sich krümmt, läßt sie von der Blutarbeit ab und ruft Conrad Moser zu Hilfe. Er ergreift ein Stemmeisen und schlägt der angeblichen Märtyrerin den Schädel ein. Jetzt kehrt die Besinnung der Tobsüchtigen zurück.

Sie hoffen und warten auf das angekündigte Wunder der Auferstehung der beiden Töchter. Als es ausbleibt, wie könnte es anders ein, geht der alte Peter nach Trüllikon, um dem Pfarrer die Mitteilung zu machen, daß seine Töchter Elisabeth und Margareth gestorben sind.

Bei Entscheidungen über Kapitalverbrechen setzt sich das Gericht aus einem erweiterten Kreis zusammen und wird von den beiden amtierenden Bürgermeistern präsidiert. Die Urteile werden am 4.12. gefällt: »Alle angeklagten Personen müssen am 11.12. vor das Rathaus in Zürich geführt werden ... wo sie das Urteil kniend hinnehmen müssen. Dann werden sie in das Großmünster geführt, um eine den Umständen angepaßte Rede anzuhören. Nach der Beendigung des feierlichen Aktes sollen sie in das Zuchthaus transportiert werden[77].« Das Urteil setzt fest, daß das bisherige Wohnhaus bis auf den Grund abzutragen ist. Es erweist sich als notwendig, weil bereits frömmlerische Leute Wallfahrten nach Wildenbuch unternehmen.

Justinus Kerner

Der schwäbische Arzt (1786-1862) beschäftigt sich mit spiritistischen[78], okkultischen und somnambulischen[79] Fragen. Er ist von der Besessenheit[80] so überzeugt, daß er den volkstümlichen Teufelaustreiber Dürr beschäftigt. Lee B. Jennings[81] verweist auf einige Briefe des Dichters an seine Vertraute Julie Hartmann. Schauen wir kurz hinein. »Das Rickele (Kerners Frau) wird gegenwärtig fast alle Nacht von einem Geist verfolgt. Wahrscheinlich durch den mein Pferd alle Nacht im Stall geritten wird. Als wir in Stuttgardt waren, legten wir als Wache einen Mann ins Haus, an dem der Geist ... nun auch jede Nacht gieng. Auch an die Marie kommt er öfters. Es ist eine entsetzliche Plage; das ist seit dem Austreiben der Dämonen. Mein Bruder meint, der Gaul könne durch magische Handlungen zum Reden gebracht werden, wie Bileams Esel. Sobald das ist, bring ich ihn in Ihr Theekränzchen und auch Schwab muß sich dann noch anschließen, ihm zu lieb ein Kränzchen zu halten[82].«

»Gegenwärtig ist ein Mädchen von acht Jahren bei uns, das von einem Maurer und einem Provisor besessen ist, die beyde aus ihr sprechen. Früher war ein Mann bei uns, der schon 16 Jahre lang von einem (verstorbenen) Schultheißen besessen ist, der aus ihm stolz und teuflisch sprach: ich ließ ihm aber den Laufpaß schreiben ... ein neunjähriges Mädchen, das mit einer vornehmen Person, die auch aus ihr spricht, besessen ist, habe ich in Behandlung. Diese Besessenheit ist furchtbar häufig[83].«

»Dann Nachts elf Uhr, wo ein entsetzlicher Regen und Sturm eintrat, sahen wir durchs Fenster auf den Bergen beym Weissenhof ein sonderbares Feuer ... Bewundern sie meine Aufklärung, daß ich wirklich nicht glaube, daß dieses Feuer ein Geist war, sondern ein sogenanntes Johannisfeuer, Irrlicht! Doch man kennt diese Erscheinungen auch weiter noch gar nicht und zuletzt sind sie doch vom Teufel. Sie sehen, meine lichten Augenblicke sind ganz kurz[84].«

Magdalena Grombach

Die Vorfälle ereignen sich um die Mitte des vorigen Jahrhunderts. Es handelt sich um eine lutherische Magd. Wiederholt findet sich in ihrem Haus eine neugekaufte Kuh an verschiedenen Stellen angebunden. Es wird festgestellt, daß drei Kühen mit schnell die Schwänze kunstreich verflochten werden ... dies selbst am hellen Tag. Was liegt näher, als an den allmächtigen Teufel zu glauben.

Magdalena erhält von einer unsichtbaren Hand eine Ohrfeige und wird dann von einer schwarzen Katze gebissen. Daheim bricht des öfteren Feuer aus und der Schatten einer Frau spricht zu ihr, ... das Haus muß weg ... sie verkündet Unglück ... sie schwebt ... mit dem Bösen verbunden ... nunmehr 400 Jahre herum (sie wäre dann 1412 geboren) ... Magdalena könne ihr zur Erlösung helfen.

Ein anderes Mal verkündet ihr ein Geist das Ende ihre Leiden bis zum 5.3. des kommenden Jahres unter der Voraussetzung, daß das Haus bis dahin abgerissen sei. Sie sagt: »Von nun an geht der Schwarze, nachdem er mir erst äußerlich erschienen ist ... in sie hinein, tobt und lästert mit seiner rauhen Baßstimme und verzerrt das Gesicht.«

Am 4.3. erscheint ihr die Weiße in einem langen Faltengewand und im hellen Strahl von Lichtern: »Sie ist 22 Jahre als Koch verkleidet von jenem schwarzen Geist in ein Kloster gebracht worden, hat zwei Kinder von ihm geboren und umgebracht ... zudem drei Mönche, die das Verbrechen verrieten.« Dabei steckte der Geist die Hand wie zum Abschied gegen das Mädchen aus. Schließlich wird das Haus abgerissen. Am 5.3. ist die Arbeit abgeschlossen und man findet ein tiefes und brunnenähnliches Loch, in dem sich kindliche Gebeine befinden. Der schwarze Geist hat angegeben, daß sie ihr vierzigstes Lebensjahr nicht erreichen wird. Tatsächlich stirbt sie Ende Juni 1852.

»Als der schwarze Geist des Mädchens von Orlach sah, daß ich auf dem Wege ihn zu bannen bin, faßte er das Mädchen wie rasend und flog mit ihm durch den Schornstein in die Luft und durch diesen nach Orlach, wo er nun wieder freyer in ihr herrschen kann. Das war eine furchtbare Szene, das ganze Haus erbebte. Wie ein Meteor flog er in der Gestalt eines schwarzen Mönchs mit dem Mädchen, das ein goldenes Häubchen auf dem Kopf und einen roten Rock anhatte, der im Mondschein wie eine rothe Flamme schien. Das Mädchen schrie furchtbar. Wir sahen alle durch die Fenster im Mondschein, zitternd und hell und ohne Hilfe leisten zu können, dem Teufel nach. Der Kapuziner schwang sich recht lustig wie im Tanze, aber das Wehgeschrey des Mädchens hörte man noch weit aus der Luft her. Auf dem Wildenberg gegen Eberstadt fand man auf einem Baum morgens die Haube und auf dem Eberstädter Turm einen ihrer Schuhe. Die Richtung des Fluges ging nach Orlach und ich zweifle, daß sie dort ankommen wird. Uns that ihre Entfernung und die Art, wie sie geschehen, herzlich leid[85].«

Rosskoff berichtet von einem Ochsenhirt, der im Ärger über die auseinandergelaufenen Ochsen den Teufel gerufen hat. Dieser schlüpft daraufhin in den unbedachten Hirten und führt ihn durch die Luft. Nach einiger Zeit findet man den besessenen Knecht im Wald. Sein Herr fragt ihn: »Wann wird der Dämon aus ihm fahren?« und er bekommt die kluge Antwort: »Im Hause der heiligen Margarita. Und zwar noch heute, wenn der, mit dessen Zunge ich jetzt rede, in der Grabstätte der Heiligen Kohle ausspeien wird.«

Knaben von Illfurth

Illfurth liegt im südlichen Elsaß. Im Ort steht eine zehn Meter hohe und mit einer vergoldeten Bronzefigur der Maria geschmückte Granitsäule. Sie trägt die Inschrift: »Zur immerwährenden Erinnerung an die Befreiung von zwei Besessenen, Theobald und Joseph Burner, nach Fürbitte der Heiligen Unbefleckten Jungfrau, im Jahre des Herrn 1869.«

Hier lebt die Familie Burner. Der Vater ist reisender Händler; er verkauft Zündschnüre und -hölzer. Die Mutter, Anna Maria Foltzen, kümmert sich um die fünf Kinder. Zwei von ihnen werden von einer unglaublichen Krankheit befallen. Es handelt sich um den am 21.8. geborenen Theobald und um Joseph, geboren am 29.4.1857. Der Hausarzt, Dr. Levy d'Altkirch, kann sich die merkwürdigen Symptome nicht erklären. Seine Behandlung und Medikamente schlagen nicht an. Theobald magert bis zum Skelett herab und ab dem 25.9. zeigen beide

Kinder abnorme Erscheinungen. Sie schlagen pausenlos auf ihre Betten ein und drehen sich stundenlang auf dem Rücken im Kreis herum. Sie zeigen einen regelrechten Heißhunger.

Ihre Beine verflechten sich so, daß man sie unter normalen Umständen nicht auseinanderbringen kann. Theobald erscheint ein Gespenst mit einem Entenschnabel, den Krallen einer Katze, mit Pferdehufen und einem schmutzigen, mit Federn bedeckten Körper. Bei seinen Erscheinungen fliegt der Geist über Theobalds Bett und droht ihn zu erdrosseln. Theobald reißt ihm bündelweise Federn aus und verteilt sie an die Anwesenden. Die Kinder beginnen sich zu jucken und erhalten schmerzhafte Stiche am Körper; sie erbrechen Schaum und Federn.

Später werden sie nervös und aufgeregt. Sie fuchteln mit den Armen und schreien mit geschlossenen Lippen. Pater Souquat, der später den Exorzismus vornimmt, erfährt kraft seines Amtes die Namen der Dämonen.

Christus wird als Hampelmann beschuldigt

Die Buben werden von heftigen Wutanfällen gepackt und entwickeln Abscheu vor geweihten Dingen. Die Worte Jesus, Maria, Heiliger Geist usw. lassen sie erzittern. Einmal will man ihnen Feigen schenken, die vorab ein Geistlicher geweiht hat. Sie werden mit Schrecken abgewiesen und die Buben schreien: »Werft die Mäuseköpfe fort … der Käppchenträger hat sie mit seinem Getue vergiftet.« Wenn jemand einen Rosenkranz auf ihr Bett legt, verstecken sie sich unter der Decke. An einem Fastentag sagt der Dämon zu Theobald: »Bring mir Fleisch, sonst springe ich aus dem Fenster.«

⇒

Der Teufel erscheint bei Collin de Plancy. Aus »Le Diable peint par lui-même. Quelle: Bibliotheque Nationale (Imprimés).

Exorzismus des 16 Jahrhunderts in Aix-en-Provence.

Sie bezeichnen die Kirche als Schweinestall und das Weihwasser als stinkende Salzlauge, die Katholiken als Giftsalber und den Rosenkranz als Katzenschwanz. Christus am Kreuz ist für sie ein Hampelmann. Besonderen Ekel haben sie vor dem Weihwasser. Sie merken sofort, wenn in ihren Speisen ein Tropfen davon enthalten ist ... und lassen es dann mit Verachtung stehen. Wenn in ihrem Zimmer eine unerträgliche Hitze entsteht, besprengt die Mutter die Kinder mit geweihtem Wasser. Dann sinkt die Zimmertemperatur auf das Normalmaß.

Der dämonische Haß richtet sich auch gegen die, die nicht an die teuflische Existenz glauben. So soll sich auf ihr Betreiben das Rad der Kutsche gelöst haben, in der der Pater Stumpf und der Pfarrer von Straßburg nach Illfurth fahren.

Geister dringen in das Haus von Benjamin Kleiber ein: »Er muß sogar einmal den Pfarrer holen, damit er den Stall und das Haus segnet.«

Die Dämonen vernichten 20 Bienenstöcke, indem sie allen Bienen den Kopf abhacken, ... bis Herr Borbeck die neuen Schwärme segnen läßt und dadurch die Macht der Zerstörung aufhebt. Herrn Tesch geht es nicht viel besser. Die Dämonen brechen seiner Kuh den Fuß ... dann sterben Kälber ohne erklärbare Ursache ... es müssen böse Dämonen verursacht haben.

Die Kinder sprechen und verstehen verschiedene Sprachen, französisch, lateinisch und englisch. Sie entwickeln okkulte Fähigkeiten. So werden auf Geheiß des Bischofs zwei Nonnen aus Niederbronn beauftragt, die Buben zu pflegen. Sie nennen sie sofort beim Namen, obwohl sie sie vorher nie gesehen haben und erkennen, daß die eine in ihrem Koffer ein blaues Fläschchen hat. Und doch steht der Koffer verschlossen am Bahnhof.

Sie hören die Totenglocke von Gregor Kunegel und wissen, daß die Nonnen wieder angerufen werden. Am gleichen Tag kommt ein Brief mit dem Vermerk: »Sie haben binnen 48 Stunden in Mühlhausen zu sein.«

Die Kinder beginnen, die Zukunft vorauszusehen. Theobald berichtet über Dinge, die teilweise mehr als 100 Jahre zurückliegen ... viele unbekannte Einzelheiten über Verbrechen, die die Vergangenheit von Illfurt betreffen. Manchmal sieht man die Kinder freischwebend auf Stühlen inmitten der Luft. Sie klettern wie Katzen auf Bäume und hängen sich an dünne Zweige, ohne Angst zu haben, herunterzufallen.

Manchmal wirft der böse Geist Möbelstücke durcheinander oder erschüttert das Haus wie bei einem Erdbeben. Sie versprechen Säcke voller Gold- und Silbermünzen, sehen den Tod eines tanzenden jungen Mannes voraus, der im gleichen Moment an einem Schlaganfall stirbt. Den Papst bezeichnen sie als *Vater aller Hunde*. Außerdem werden durch die Vorfälle einige Atheisten gläubig. Sie bekehren einen Offizier, den Schulinspektor von Mülhausen, zwei Herren aus der Stadt und einen *ungläubigen* Gendarmen. Bei der angestrebten Heilung der Buben kommen unglaubliche Dinge zusammen. Erst drei Jahre nach den aktuellen Vorkommnissen, im Mai 1868, entscheidet man sich zur Durchführung des Exorzismus. Der Straßburger Bischof, Msg. Raess, bleibt skeptisch, doch dann siegt der Irrglauben, denn er erteilt seine Zustimmung, vor allem wegen des Ersuchens des Domherren Lemâire, dem Dekan von Altkirch. Er ernennt am 13.4.1869 eine Kommission von drei Geistlichen, die den Fall untersuchen sollen. Sie sind von der Besessenheit der Kinder überzeugt.

Exorzismus an Theobald

Anfang September 1869 wird Theobald in das St. Karl-Waisenhaus von Schiltigheim gebracht, das dem Prior Spitz für seine Praktiken zur Verfügung gestellt wird. Der Junge wird in eine Kapelle geschleppt und vom Pater Schrantzer, Pater Hauser und dem Gärtner André festgehalten. Das Kind steht aufrecht auf dem Teppich, sein gegen den Tabernakel gerichtetes Gesicht ist rotglühend. Aus seinen Lippen dringt dickflüssiger Schlamm und tropft auf den Boden. Pater Soquat, der offizielle Exorzismus-Beauftragte, hat gerade mit der Zeremonie begonnen, als der Dämon durch den Mund des Opfers schreit: »Fort von hier, verschwinde, du schmutzige Kanaille … raus aus dem Schweinestall … ich will nichts.« Mit Mühe können die Erwachsenen das Kind halten.

Als der Geistliche ein Kreuz über Stirn, Lippen und Brust des Besessenen beschreibt, versucht er ihn zu beißen. Pater Soquat betet ununterbrochen drei Stunden und ist schweißüberströmt, so daß er die Sitzung unterbrechen muß. Als Theobald aus der Kirche geführt wird, beruhigt er sich wieder.

Am folgenden Montag wird der Exorzismus fortgesetzt. Man läßt dem Besessenen ein eisernes Korsett anlegen und bindet ihn auf einen mit roten Samt gepolsterten Stuhl. Er wird mit dem Kind in die Luft gehoben. Ununterbrochen wird gebetet. Pausenlos stellt der Pater Fragen und ruft die Dämonen auf, Theobald zu verlassen.

Immer wieder erhält er die Antwort: »Meine Stunde ist noch nicht gekommen … ich gehe nicht.« Da ergreift der Exorzist eine vom Papst geweihte Kerze und ruft: »Du hochmütiger Geist, ich lege die Kerze auf Dein Haupt, um Dir auf den Weg zu leuchten, der zur Hölle führt … dieses Licht ist das der katholischen Kirche und Du bist der Geist des Schattens, fahre zur Hölle und bleibe dort bei den Gefährten, die dort auf Dich warten.« Selbst dann gehorcht der Böse nicht.

Nun nimmt der Pater eine Statue der heiligen Jungfrau Maria und befiehlt den Dämonen erneut auszufahren: »Entferne Dich also, unsauberer Geist vor dem Anblick der Unbefleckten Jungfrau. Gehorche meinem Befehl und ziehe ab, so schnell es geht.« Da stößt der Dämon einen tiefen Schrei aus … der Knabe beginnt sich zu winden wie eine Schlange … dann geht ein leises Knistern durch seine Glieder. Der Körper streckt sich und fällt wie tot zu Boden … Theobald läßt sich ohne Schwierigkeiten aufheben und in sein Zimmer tragen. Die Mutter vergießt Tränen der Dankbarkeit und dankt Gott, der ihren Sohn befreit und der Kirche die Macht gegeben hat, die Hölle zu besiegen.

Exorzismus an Joseph

Der Pfarrer Don Brey bedrängt den Bischof, den Exorzismus bei Joseph zu gestatten. Brey ist der Meinung, daß sich von Tag zu Tag der Zustand des Jungen verschlechtert; dies könne die gütige Mutter Kirche nicht zulassen.

Bei Tagesanbruch des 27.10.1869 wird der Knabe unter strenger Geheimhaltung in die Kapelle des Friedhofs von Burnerkirch gebracht. Als Zeugen sind geladen: Professor Lachmann aus Sankt Hippolyth, Ignaz Franz aus Schlettstadt, Herr Martinot, der Bürgermeister von Illfurth und Herr Tesch.

Die heilige Katharina exorzisiert einen Teufel aus einer Frau. Gemälde von B. Fungai (1460-1516).

Die Madonna befreit einen Säugling aus den Krallen eines Dämons. Niccolò Alunno, Galerie Colonna.

Dazu kommen die Eltern des Kindes, ein Schulmeister, der Bahnhofsvorsteher als besonders wichtiger Zeitzeuge, Schwester Hilaria, die Leiterin der Mädchenschule und ein Herr Feindel.

Die Heilige Messe wird für sechs Uhr früh angesetzt. Der Besessene tobt so, daß er gebunden werden muß. Er kann die Fesseln lösen, wirft sich gegen die Zelebranten und will aus der Kirche fliehen. Er wird gefangen, dann klemmt ihn Herr Martinot fest zwischen seine Knie. Zuerst bellt Joseph wie ein Hund, dann grunzt er wie ein Ferkel und dann stößt er unverständliche Worte aus ... schließlich schreit er den Pfarrer an: »Ich werde nicht gehen.«

Der Priester spricht inzwischen die stärksten Formeln des Exorzismus, legt Reliquien auf den Kopf des Jungen und besprengt ihn mit Weihwasser. Wieder einmal muß die Unbefleckte Jungfrau Maria herhalten, um ein Kind vor Dämonen zu retten.

Hierauf reagiert er: »Muß er denn ausgerechnet die große Dame zu mir bringen? ... ob ich will oder nicht, nun muß ich weichen ... und wenn, so will ich in eine Schweineherde einziehen ... nun bin ich gezwungen zu gehen.« Daraufhin streckt sich das Kind aus, wird von unbeschreiblichen Krämpfen befallen und bleibt regungslos liegen. Plötzlich erwacht es wie aus einem Trancezustand und zeigt sich erstaunt darüber, was mit ihm geschehen ist.

Michael Zilk von der Charlottenmühle

Am 14.7.1891 wird in der Kirche von Wemding der Exorzismus an einem Besessenen vorgenommen. Es handelt sich um den 10jährigen Michael Zilk von der Charlottenmühle, der seit dem 10.2.1891 an abnormen Anfällen und schrecklichen Delirien leidet. Er kann nicht beten, ohne in qualvolle Wutausbrüche zu geraten, er mißhandelt seine Eltern und ... er kann von starken Männern nicht gehalten werden. Bischof Pankratius von Augsburg läßt sich das Kind vorführen. Er hat die Überzeugung gewonnen, daß es besessen ist. Darum gibt er die Erlaubnis zur Durchführung des Exorzismus. Wieder einmal triumphiert die Kirche und übersieht, daß sie eklatant die Menschenrechte ob der Aufrechterhaltung ihrer dubiosen Theorien verletzt. Sie mischt sich seit Jahrhunderten in nahezu alle menschlichen Belange ein und sie selbst wähnt sich gegen jede Kritik tabu. Am Nachmittag des zweiten Tages ist die Besessenheit gewichen. Der Junge wird ruhig: »Er ist seitdem ein frischer, gesunder und munterer Junge und er hat in diesem Frühjahr die Kommunion empfangen.«

Piacenza

Im Mai 1920 stellt sich eine Frau bei einem Geistlichen des Klosters St. Maria di Campania in Piacenza vor, um sich am Muttergottesaltar segnen zu lassen. Sie erzählt dem Mönch:

- Zu gewissen Tageszeiten bemächtigt sich ihres Körpers und ihrer Seele eine geheimnisvolle Macht, die ihre Kräfte übersteigt.
- Sie tanze stundenlang, bis sie erschöpft auf den Boden sinkt.
- Sie singe in einer wunderbaren Stimme Opern und Romanzen.
- Sie halte vor großen Menschenmengen lange Reden in fremden Sprachen.
- Sie sehe den Tod ihrer Schwester voraus.
- Sie zerfetze mit den Zähnen alles, was sie erreichen kann.
- Zuhause schlüpft sie in die Gestalt einer Schlange und kriecht durch Stuhllehnen.
- Sie sehe unbekannte, entfernte Dinge.
- Sie bewege sich manchmal in akrobatischen Sprüngen von Stuhl zu Stuhl oder von Tisch zu Tisch ... falle dann wie leblos zusammen und bleibe tagelang geschwollen und schwärzlich.
- In dieser Situation fühle sich außer ihr auch noch ihre Familien unwohl.

»Glauben Sie mir, Herr Pfarrer, mein Leben ist zur Hölle geworden ... obwohl ich die Mutter von zwei Kindern bin, scheint mir nur der Tod als Befreiung.«

Pater Paolo Veronensi nimmt die Erzählung gelassen hin. Er ist an der hiesigen Irrenanstalt Seelsorger und vieles gewohnt. Er denkt zunächst an hysterische Anfälle. Sie berichtet weiter: »Ich fühle mich aber weder hysterisch noch verrückt ... ich will mich Gott zuwenden und ihm anvertrauen ... denn nach dem kirchlichen Segen fühle ich mich besser ... ich wollte mit meinem Mann in einer Kutsche zu den Hügeln von Piacenza fahren, weil dort ein Pfarrer ist, der für seinen Segen berühmt ist.

Das Pferd legte einen großen Teil des Weges zurück. Ich fühlte mich auf einmal unwohl. Gleichzeitig blieb das Pferd stehen, obwohl man es bis auf das Blut peitschte ... rührte es sich nicht von der Stelle. Ich sprang außer mir aus der Kalesche und flog, etwa einem halben Meter über der Erde, den Hügel hinauf in Richtung Kirche ... die auf mich zukommenden Leute schrien vor Aufregung. Hunde bellten, Hühner flatterten erschreckt von den Feldern hoch ... ich flog durch die halboffene Kirchentür und fiel vor dem Hauptalter nieder. Der Pfarrer eilte herbei, erteilte mir den Segen und mir ging es besser.« Der Pater entgegnet: »Sicher handelt es sich um merkwürdige, äußerst merkwürdige Phänomene.«

Der Dämon Isabó

Die wichtigsten Ereignisse werden per Stenogramm von einem Ordensbruder mitgeschrieben. Die erste Zusammenkunft erfolgt am 21.5.1920 im Kloster St. Maria di Campagna. Nach der Verrichtung langer Einleitungsgebete gelangen die Geistlichen zum Kern der Sache; die Frau springt wie ein wildes Tier auf, erhebt sich in die Luft, indem sie sie mit den Zehenspitzen ergreift ... und stürzt dann, sich wie eine Schlange windend, mitten in den Saal hinab und bleibt regungslos liegen. Sie will sich auf den Exorzisten stürzen und ruft mit donnernder Stimme: »Wer bist Du, der es wagt, sich mit mir im Kampf zu messen? Weißt Du denn nicht, daß ich Isabó bin, lange Flügel und starke Fäuste habe?« Nun beginnt der Dialog zwischen den Exorzisten und dem vermeintlichen Dämon.

Es stellt sich heraus, daß er wegen einer unerwiderten Liebe in ihren Körper gefahren ist. Die Besessene bekommt während eines fürchterlichen Lachens das Gesicht einer Schweineschnauze. Der Dämon ist den christlichen Recherchen zufolge am 23.4.1913 in ihren Körper gefahren ... und zwar durch eine Wurst, einen Zauberspruch und ein Glas Weißwein ... er habe sieben Tage gebraucht, um in sie einzudringen.

Bei einem weiteren Austreibungsversuch reißt sich die Frau los, stürzt sich auf den Exorzisten, packt ihn am Gewand, reißt ihm die Stola herunter und seufzt voller Wut. Der Geistliche segnet sie mit Weihwasser, worauf sie sich auf den Boden wirft, sich krümmt und kauert. Als sie der Exorzist mit seiner Stola berührt, kriecht sie rückwärts auf dem Boden liegend wie eine Schlange fort und ruft: »Nehmt mir diese Last ab.«

Dann spuckt sie in die bereitstehende Schüssel und gesteht: »Man hat drei Pfanzen gebunden ... nun bin ich dreimal beschworen. Die Pflanzen befinden sich in einem Garten, auf dem Grund des Po und in der Nähe eines Hauses. Sie wurden mit einem Faden aus weißer Wolle gebunden.«

Erbrochene Kugel

Bemerkenswert ist die Szene mit der erbrochenen Kugel, die ihr seinerzeit durch einen Zauber eingegeben worden sein soll. Der Dämon will am 23.6. aus dem Körper der Wahnsinnigen fahren und der Exorzist spricht: »Steh auf und erbrich Dich.« Sie erhebt sich, indem sie sich fast nur noch schleppt. Gesenkten Hauptes, den Blick zum Boden gewandt, um vor der Schüssel niederzuknien.

Sie wirkt leichenblaß und erschöpft. Sie liegt auf den Knien, die Ellbogen auf zwei Stühle gestützt. Der Exorzist schaut auf die Uhr ... es ist 4.35. »Mit aller Gewalt, die

mir Gott verleiht, gebiete und verbanne ich Dich in die Wüste, mitten in die Sahara ... wenn du nicht sofort herauskommst, schicke ich Dich in die Hölle.« Alles wartet gespannt und totenbleich auf die Reaktion. Sie schiebt langsam die Kopfhaut zurück, so daß es scheint, als rutsche ihr eine riesige Perücke über den Nacken. Mit tränenerfüllten Augen starrt sie den Exorzisten an wie eine Schwachsinnige; ihre Gesichtsmuskeln sind schlaff, die Unterlippe hängt leblos herab ... dann vernimmt man eine traurige Stimme: »Ich gehe.« Sie beugt sich über die Schüssel, übergibt sich und ruft aus: »Ich bin geheilt.«

Auf ihren Lippen liegt das Lachen der Befreiung. »Und die Kugel«, ruft Pater Paolo. Das Erbrochene läßt sich mit einem Stock des Arztes zusammen wie ein Tuch heben. Auf dem Boden der Schüssel liegt eine Kugel aus Fleischwurst, so groß wie eine kleine Nuß mit sieben kleinen Hörnern.

Das 18. Jahrhundert bringt ein Abschwellen der Hexenverfolgungen mit sich. Dies setzt voraus, daß man den Teufel, den man einst den angeblichen Hexen an den Rockzipfel gehängt hat, außerhalb der Theologie anders bewertet.

Johann Joseph Gaßner[86]

Er treibt sein Wesen zur Freude Zehntausender Leichtgläubiger und zum Leidwesen einiger Bischöfe von Konstanz, Singen Salzburg und Prag, die ihm das Handwerk legen. Gaßner ist katholischer Priester und Verfasser eines Lehrbuches über Besessenheit und Teufelsaustreibung. Sein geistiges Elaborat, die *Theologia moralis,* ist zwar als Privatarbeit zu verstehen, liegt jedoch auf der klerikalen Wellenlänge. Er kommt zu der Feststellung: »Wenn dem Exorzismus nur Täuschung und Betrug zugrunde liegen, wäre die exorzistische Praxis unnütz und albern[87].«

Dies vermag er sich ebensowenig wie die Amtskirche vorzustellen. Gaßner unterscheidet nach Um- und Besessenen. Aufgrund seiner langjährigen Erfahrung ver-

---

»Praktische Vorschriften« nach Johann Joseph Gaßner

- »Man muß den Besessenen in Geduld und Güte anhören ... um die diabolische Plage auszuforschen ... gerne wählen die Dämonen den natürlichen Schmutz zur Basis ihres verderblichen Einflusses ... um sich noch behaglicher im moralischen fühlen.«
Erkennungsmerkmale der Besessenheit sind:
- Wenn einer die Heiligen lästert und den Teufel zu Hilfe ruft (flucht).
- Wenn aus dem Mund das Quaken eines Frosches zu vernehmen ist[87].
- Wenn Kinder den Priester nicht ansehen können.
- Wenn Jemand in spitzfindiger Weise über schwierige und erhabene philosophische Gegenstände zu sprechen beginnt.
- Wenn Jemand ohne vorausgegangene Ursache gegen sich selbst zu toben beginnt.

---

weist er auf Spezialkenntnisse. Es ist ein Beispiel dafür, wie intensiv man sich in Unsinn steigern kann, solange, bis man selbst daran glaubt. Er gibt den Rat: »Die guten Geister pflegen in der Regel wenig Getöse zu machen. Sie äußern sich vielmehr in demütiger Weise durch vereinzelte Atemzüge, durch Seufzen oder eine kläglich-leise Stimme, jedoch ohne Ungetüm.«

Im Gleichklang mit der Gaßner'schen Arbeit sind die deutschen Übersetzungen der in der Schweiz üblichen Teufelsbeschwörungen, Geisterbannereien, Weihungen und Zaubereien der Kapuziner zu bewerten, die der ehemalige Kapuziner Amann 1841 in Bern herausgibt. 1851 erscheint in München das *Lohbauer'sche Ritual*[88].

Gottliebin Dittus

Die Geschichte ereignet sich im Pfarrdorf Möttlingen in Württemberg während der Jahre 1840-43. Die Epoche ist kirchenkritisch. In diesem Jahren erscheinen sowohl der *Pfaffenspiegel* des Otto von Corvin wie Soldans *Hexenprozesse*. Kurz danach setzt der Bismarck'sche Kulturkampf gegen Papst Pius IX. ein. Bemerkenswert ist, daß wir eine protestantische Teufelsaustreibung vor uns haben. Pfarrer Blumhardt (1805-80) überreicht 1844 der württembergischen Kirchenbehörde eine *vertrauliche Mitteilung*. Doch wie immer dringt der Spuk an die Öffentlichkeit.

Nach der Auffassung von Blumhardt wirken bei Zaubereien die Geister von Lebenden und Verstorbenen zusammen. Vor allem wirken Schwarzkünstler mit: »Die durch Bündnisse mit dem Teufel vereint sind ... sie schaffen Geld, Wollust und Schadlosigkeit ... die Kunst zu fliegen und sich unsichtbar zu machen, Menschen zu töten ... nicht weniger auch die Kunst der Brandstiftung.«

Die erste Versuchung tritt im Februar 1840 an die Gottliebin heran. Sie geht mit einem Groschen fort, um einen Topf Mehl zu holen. Sie wünscht sich einen zweiten und findet ihn. Dann geht sie mit den zwei Groschen nachhause, weil ihr das Mehl geschenkt wird. Woher die zwei Groschen? Im Haus findet sie einen Taler auf dem Boden. Woher? Sie verbraucht das Geld und ist in teuflischer Gewalt.

Die 28jährige Gottliebin wird 1836 von einer Nervenkrankheit befallen. Später verspürt sie Nachwehen im Unterleib. Bald ereignen sich zuhause unheimliche Dinge. Sie hört Getöse, sieht Gestalten und Lichtlein, was auf Besessenheit schließen läßt. 1841 berichtet sie dem Pfarrer, daß das Gepolter häufiger wird. Sie sieht eine vor zwei Jahren verstorbene Person mit einem Kind auf dem Arm. Dr. Späth aus Merklingen behandelt die offensichtlich Kranke und bleibt mehrfach nachts zur Beobachtung bei ihr. Weil er von den Ereignissen überrascht ist, bittet er einige gebildete Männer zu einer gemeinsamen nächtlichen Beobachtung.

Die heilige Katharina von Siena empfängt die Stigmata und treibt den Teufel bei Besessenen aus. Quelle: Bibliothèque Nationale (Estampes), Paris.

Gegen zehn Uhr beginnen die Tumulte; es folgen 25 starke Schläge, so daß die Türen aufspringen und die Fenster klirren. Man verlegt das Mädchen in ein anderes Haus. Daraufhin wird es todkrank, beobachtet Flämmchen unter der Türschwelle usw. Man gräbt nach und findet in einem Topf Knochenreste. Sofort reflektiert man auf einen Kindermord. Dr. K. aus Calw erklärt sie für Vogelgebeine. Das Mädchen zeigt Konvulsionen, zittert und Schaum tritt vor ihren Mund.

»Plötzlich wars, als führe es in sie, und ihr ganzer Leib geriet in Bewegung. Ich sprach sodann einige Worte als Gebet und erwähnte dabei den Namen Jesus. Sogleich rollte sie die Augen, schlug die Hände auseinander und eine Stimme ließ sich hören, die man augenblicklich für eine fremde erkennen mußte, nicht sowohl wegen des Klagens, als wegen des Ausdrucks und der Haltung in der Rede. Es rief: ›Den Namen kann ich nicht hören.‹ Alle schauderten zusammen. Ich hatte noch nie etwas der Art gehört und wandte mich in der Stille zu Gott, er möge mir Weisheit und Vorsicht schenken und mich namentlich vor unzeitiger Neugier bewahren. Endlich wagte ich etliche Fragen, mit dem bestimmten Vorsatz, mich nur auf das Notwendigste zu beschränken, und auf eine Empfindung zu merken, wenn es etwa zu viel wäre, zunächst mit Bezug auf jenes (vor drei Jahren gestorbenes) Weib (das immer vor der Besessenen stand). Etwa so:

›Hast Du denn keine Ruhe im Grab?‹ ›Nein.‹ ›Warum nicht.‹ ›Das ist meiner Taten Lohn.‹ ›Hast Du denn mir nicht alle

Sünden gestanden? Weißt Du denn jetzt keine Hilfe mehr? Kannst Du nicht beten?‹ ›Beten kann ich nicht.‹ ›Kennst Du denn Jesus nicht, der Sünden vergibt?‹ ›Den Namen kann ich nicht hören.‹ ›Bist Du alleine?‹ ›Nein.‹ ›Wer ist bei Dir?‹ ›Der Allerärgste.‹

Die Redende klagte sich der Zauberei an, um deren Willen sie des Teufels Gebundene sei ... schon siebenmal sei sie ausgefahren, jetzt gehe es nicht mehr ... sie schien wehmütig zu flehen ... dann schlug die Gottliebin die Hände auf dem Bett nieder, womit die Besitzung vorüber schien.«

Der Schultheiß erhält Faustschläge. Die Zahl der Dämonen klettert von 14 auf 175 und dann auf 425 an. Man bemerkt Spuren einer *brennenden* Hand an ihrem Hals. Die ganze Nacht des 28.7.1842 gehen ihr Dämonen aus dem Mund. Danach beruhigt sie sich wieder.

Sie offenbart dem Pfarrer ihre Blutungen jeweils freitags und mittwochs und sagt, sie will sich selbst umbringen. Nach einem kurzen Gebet wird sie wieder ruhig. Dann wiederholen sich die dämonischen Stimmen: »Wir sind 1069, Gott geschworen und auf ewig verloren.« Oft wird ihr Leib aufgetrieben und sie erbricht einen Kübel voll Wasser.

Am 8.2.1843 wird die Gottliebin bewußtlos. Sie erzählt vom Fliegen über Länder und Meere. Dann schließt sich eine weitere Episode an. Verschiedene Gegenstände werden in sie hineingezaubert:

- 42 Nägel, zwei Schnallen, ein Eisenstück, Näh-, Strick- und Sticknadeln die aus der Nase, dem Mund und den Ohren wieder herauskommen. Stecknadeln kommen aus dem Kopf und aus den Augen.

Dies hält ein Jahr lang an. Ein Betrug scheint unmöglich, denn das Ausgehen der Gegenstände ist mit starken Schmerzen verbunden; sie ist dabei besinnungslos.

- Lebende Tiere gehen aus ihr: Vier Heuschrecken, sechs bis acht Fledermäuse und ein Frosch kommen aus ihrem Hals und diesem folgt eine Natter.

Im Dezember 1843 stellt sich Nasenbluten ein. Das Blut ist schwarz und riecht scharf. Der Arzt berichtet: »Die Gottliebin lag im Blut, welches aus Ohren, Nase und den Augen hervortrat ... ein Kübel war halbvoll ... welch gräßlicher Anblick.« Zu Weihnachten 1843 zeichnet sich eine Lösung im Sinn der protestantischen Kirche ab: »Um zwei Uhr morgens brüllte der angebliche Satansengel, wobei das Mädchen den Kopf und Oberleib über die Lehne des Stuhls zurückbog, mit einer Stimme, die man kaum bei einer menschlichen Kehle für möglich halten sollte, die Worte heraus: ›Jesus ist Sieger, Jesus ist Sieger.‹ Worte, die, soweit sie ertönten, auch verstanden wurden und auf viele Personen einen unauslöschlichen Eindruck machten. Nun schien die Macht und Kraft des Dämons mit jedem Augenblick mehr gebrochen zu werden. Er wurde immer stiller und ruhiger, konnte immer weniger Bewegungen machen und verschwand zuletzt unmerklich, wie das Lebenslicht eines Sterbenden erlischt, jedoch erst gegen acht Uhr morgens.«

Der Pfarrer ist zufrieden: »Beim Magnificat nachmittags hielt ich eine Predigt über die Sache. Jetzt ist die Gottliebin fromm und demütig. Sie wird Industriearbeiterin ... ich gab ihr die Kleinkinderschule.«

Aktuelle Situation

Schwester Magda

Hier haben wir ein klassisches Beispiel einer theolgisch-jesuitischen Profilneurose und geistiger Engstirnigkeit vor uns, deren Walten in den bewährten Händen des Jesuiten Adolf Rodewyks liegt, der nochmals, 1976, bei der sinnlosen Teufelsaustreibung bei Anneliese Michel eine unrühmliche Rolle spielt.

Der Fall Magda spielt im Standortlazarett Trier während des II. Weltkrieges ab, den ja die katholische Kirche erfolgreich mitgestaltet hat, wo Rote-Kreuz-Helferinnen zum Truppeneinsatz vorbereitet werden.

Magda ist etwa 30 Jahre alt und seit kurzen mit einem Witwer verheiratet. Rodewyk beschreibt sie: »Sie war mittelgroß, zart gebaut, hatte braunes Haar, war von sanguinischem Temperament, immer guter Dinge, flink bei der Arbeit und bei den Patienten beliebt.«

Einmal sagt sie zu Rodewyk, der den Standortpfarrer im Lazarett vertritt: »Ich möchte wieder wahr werden.« Zuerst denkt der Jesuit an Hysterie. Dann dämmert ihm, daß es sich bei einer so gewaltigen Bemerkung um einen Exorzismusfall handeln könnte. Deshalb spricht er probeweise die notwendigen Formeln über sie. Ihre Reaktionen sind fest und eindeutig. Sie zeigt ein Aber gegen Weihwasser und antwortet in klarem Deutsch auf lateinische, französische, griechische und hebräische Fragen.

Nun zieht Rodewyk einen Priester hinzu und zeigt die Angelegenheit dem Diözesanbischof, dem Erzbischof Bornewasser, an. Zudem kann er Magda eine mit Blut unterzeichnete Verschreibung an den Teufel abnehmen, auf der eine Hostie als Siegel klebt. Es ist höchst verdächtig! und wir sehen daran, wes Geistes Kind Rodewyk ist.

Am 10.12.1941 wird ihm das Amt des Exorzisten übertragen und er hält sich zunächst an das Rituale Romanorum. Jetzt meldet sich ein Dämon und bemerkt, daß Magda von ihrer Großmutter schon als kleines Kind verflucht worden ist. Damals sei der Dämon Kain in sie gefahren und er symbolisiere den Fluch: »Denn Kain ist der erste verfluchte Mensch.« So kann man das nicht stehen lassen, denn es gibt schon hunderttausende Jahre vorher Menschen.

Dann berichtet der Exorzist von einem Täuschungsmanöver: »Als die Teufel spürten, daß sie nicht durchkamen, schlugen sie einen anderen Weg ein. Kain zeigt sich gereizt und raunt Magda zu: ›Gezählt, gewogen, geteilt … das ist ein Menetekel, das einst dem König Belsazar das Ende seiner Herrschaft ankündigte.‹ Jetzt hetzt der Dämon Magda gegen den Priester auf. Rodewyk hat den Mut zu sagen: »Schließlich hetzt er sie zur Gestapo, um mich anzuzeigen und auf diese Weise loszuwerden … aber die Teufel hatten von Gott ein

Verbot erhalten, mich und meine Mitarbeiter auszuliefern.« Plötzlich teilt Kain mit, daß er nicht allein ist. Er habe noch drei andere Dämonen, Judas, Herodes und Barrabas bei sich. Judas ist ein Hauptteufel und er will am 29.1. ausfahren. An diesem Tag erfolgt der Exorzismus im Sprechzimmer des Priesters, wo Magda auf einem Sofa sitzt. Sie rutscht während der Zeremonie ab und schlägt mit dem Kopf auf den Boden. Rodewyk erinnert sich an einen zurückliegenden Fall: »1887 exorzisierte Pater Jordan, der Stifter der Salvatorianer, den besessenen Fr. Felix Bucher. Hierüber liegt ein schriftlicher Bericht vor … man hatte den von dämonischen Kräften mißhandelten Bruder auf einen Strohsack zu ebener Erde gebettet. Was sah man: wie die Dämonen seinen Kopf immerzu auf die Erde stießen, so daß man eine Erschütterung des Gehirns oder eine Kopfzerschmetterung befürchten mußte. Wir suchten ihm ein Kissen unterzulegen. Doch die dämonische Gewalt ergriff es und schleuderte es fort.«

Nun wird Magda ruhiger. Das Zimmer wird mit Weihwaser ausgesegnet. Sie bekommt Sehstörungen, fühlt sich am Hals gewürgt, der Raum erfüllt sich mit Gestank. Am nächsten Tag sind die restlichen Teufel gewichen. »Sie erlebt, wie die letzten im Rauch verschwinden.«

Rodewyk bringt ein Täuschungsmanöver ein. Kain ist zurückgeblieben und zu ihm ist ein anderer Teufel, Beelzebub, gestoßen. Er scheint mächtig zu sein, denn er versteht sich auf das Verhandeln mit Priestern und sagt zum Exorzisten: »Du bist gefährlich … sehr gefährlich … wenn Du Deine Fragen weiter so gut vorbereitest.«

Doch nach acht Tagen fährt Beelzebub mit Kain zusammen aus dem Körper der Krankenschwester. Zuvor haben die Teufel angekündigt, daß sie neue Hilfstruppen heranholen würden, u. a. Sturzkampfflieger. Ein neuer Teufel nennt sich Abu Gosch. Er schlüpft in die Rolle eines Banditenführers. Der Exorzist weiht jetzt, da ihm die Sache gefährlich erscheint, den Krankenpfleger Hans ein. Schwester Magda bekommt von unsichtbarer Hand Schläge auf den Rücken ... es zeigen sich immer mehr Wunden an ihren Körper. Nachts muß sie mehrfach Schriftstücke verfassen, die auf eine Anerkennung Luzifers und einen weiteren Kampf mit dem Exorzisten hinauslaufen. Einige dieser Dokumente sind mit Blut bedeckt. Selbst der Exorzist wird angegriffen. Ein besonders kluger Dämon versucht, ihn mit einem mit Strychnin bestrichenen Butterbrot zu vergiften: »Das ich aber vorsichtshalber nicht zu mir nahm.«

Schwester Magda versetzt ihrem Peiniger einen Schnitt mit dem Rasiermesser. Abu Gosch holt Verstärkung und kündigt den Teufel Nero an ... der bald in die labile Krankenschwester einfahren wird. Jetzt kommt die Giftkomponente dazu. In ihre Getränke und auf ihre Wunden muß sie Rattengift träufeln. Einmal sagt der Teufel Nero: »Der beste Grund für eine Besessenheit ist ein Fluch, den ein Priester oder den eine Mutter ausspricht. Ein solcher ist kaum zu lösen.« Magda wirkt immer gefährlicher. Schließlich fahren die Dämonen Nero und Abu Gosch aus ihr, ohne etwas erreicht zu haben. Dafür wird sie ab dem Passionstag von Luzifer beschlagnahmt.

Rodewyk und Magda beten abends zusammen den Rosenkranz. Dabei regt sie sich so auf, daß sie nachhause gebracht werden muß. Sie entwickelt ein Aber gegen Gebete und verfällt anläßlich einer religiösen Feier in eine merkwürdige Starre, vedreht die Augen und wirkt überempfindlich.

Magdas Leben

Der Fluch soll gelautet haben: »Verrecken und krepieren sollst Du. Ruhe und Frieden darfst Du nicht finden. Kinder und Kindeskinder sollen vergehen wie warmes Wasser. Ruhelos sollst du durch die Welt gehen, bis du stirbst.« Drei Tage vor ihrer ersten Kommunion fährt der Teufel Judas unter neuen Flüchen in sie ein, so daß sie die Kommunion unwürdig empfängt.

Nach der Schulzeit nimmt sie an einem Nähkurs teil, geht in eine Lehre und wird wegen boshafter Streiche weggeschickt. Im Haushalt eines Arztes nimmt sie Gift zu sich ... schließlich ruft sie in einer Notlage den Teufel an. Später wird sie wegen einer Kleinigkeit aus dem Krankenhaus entlassen. Sie steckt sich eine Nähnadel in den Unterleib, der operativ entfernt wird. Später entfernt man ihr die Eierstöcke, so daß sie keine Kinder mehr bekommen kann: womit ein Teil des Fluches in Erfüllung geht.

Man rät ihr, sie solle in ein Kloster gehen. Daraufhin tritt sie einer Glaubensgemeinschaft bei. Hier setzen Sakrilegien ein. Magda bricht heimlich den Tabernakel auf, nimmt Hostien und streut sie auf den Altarläufer oder füttert Hühner damit. Nach einigen Monaten wird sie eingekleidet.

Von einem Heimaturlaub kehrt sie nicht zurück und gilt daraufhin als *entsprungene* Nonne. Dann lebt sie mit einem Inspektor zusammen. Mit ihm verschreibt sie sich dem Teufel. Sie machen sich gegenseitig Schnitte in den Arm, lassen ihr Blut gemeinsam in eine Schale träufeln und unterschreiben den teuflischen Pakt.

Später wird Magda von einem anderen Mann geschlechtskrank. Ihr Freund verwirft sie und so ist sie gezwungen, »auf der Straße ihr Geld zu verdienen.« Sie entwickelt Haßgefühle gegen Nonnen und Priester. Dann wird sie Pflegerin in einer Irrenanstalt und schließlich Köchin im Haushalt einer krebskranken Frau. Aufgrund einer Anzeige heiratet sie einen jungen Witwer mit einem Kleinkind. Später wird die Ehe geschieden. Um diese Zeit fahren die Teufel wieder in sie. Magda denunziert vor den Nazis Priester, die eingezogen und verurteilt werden ... sie wird zu einem gefügigen Werkzeug Satans.

Um Ostern des Jahres 1942 scheint Magda normal zu sein. Anzeichen von Besessenheit erkennt der Geistliche nicht mehr. Bald danach steigert sich ihre innere Unruhe. Sie fühlt sich von einem schwarzen Hund gehetzt und geht mit diesem Gefühl zur Kommunion. Nun beginnt sie Hostien zu stehlen. Die Teufel Judas und

Beschwörung eines Besessenen aus Mo-scherochs »Geschichte Philanders von Sittewald«, 1540.

Beelzebub fahren wieder in sie ein und die Besessenheit beginnt von neuem. Dann fährt Abu Gosch in sie. Magda zertümmert das Zimmerkreuz im Sprechzimmer und bringt sich im Wald blutige Schnitte bei. Dann fahren Judas und Kain in sie.

Sie schluckt 40 Gramm Opium und fügt sich weitere Schnittwunden bei. Vor Pfingsten legt sie eine Generalbeichte ab, berichtet von seelischen Schmerzen, wird in den Leichenkeller des Krankenhauses getrieben, wo sie sich infizieren soll, ißt vergifteten Spargel, reißt sich frischgeklammerte Wunden auf, so daß eine Bluttransfusion notwendig wird.

Einmal berichtet Beelzebub ausführlich über die Hölle. Er ist an einem Samstag in der Fronleichnamsoktav ausgefahren. Luzi-fer spricht über die Bedeutung des Ruhmes, der Kirchen, Könige und über das Priestertum. Am Herz-Jesu Fest will der Dämon Luzifer den Prälaten Eyck sprechen.

Später fährt Luzifer aus Magda und dann werden an ihr die Taufzeremonien wiederholt. Es entsteht der Eindruck, als habe sich der verblendete Jesuitenpater Rodewyk ein Katz und Maus-Spiel ausgedacht, um seinen geistigen Verirrungen zu frönen.

Magda fühlt sich freier. Bald danach stellen sich die Teufel Judas und Kain wieder ein. Es folgt eine Phase der Umstellung. Magda unterläßt die Hostiendiebstähle und gibt der Gestapo ihre Kennmarke zurück. Rodewyk konstatiert: »Es war schwer, mit Magda über religiöse Dinge zu reden.«

Sie übernimmt die neu eröffnete Seuchenstation, die in einem anderen Gebäude liegt. Hier hat sie Zugang zum Giftschrank. Am 8.12., dem Fest der Immakulata, muß Luzifer zu seiner großen Demütigung nochmal in sie fahren. Er spricht mit dem Exorzisten über die Bedeutung der Schnitte, mit einem Arzt über medizinische Fragen und mit Prälaten über die Bedeutung der Theologie.

Es scheint die Zeit gekommen, daß man das christliche Opfer dem Bischof vorstellt, damit er seinen Segen und die Erlaubnis gibt, die bevorstehende heilige Kommunion zu vollziehen Er nimmt sie gütig auf und erkundigt sich nach vielen, denn solche Leute haben viel Zeit. Als er ihr die Hand auf den Kopf legt, durchzuckt es ihren Körper wie bei einem elektrischen Schlag. Nachher strahlt sie vor Glück und empfindet Ruhe und Geborgenheit.

»Nach der heiligen Messe reicht er ihr auf dem Zimmer den Leib des Herrn. Sogleich kann sie die als heilig angesehene Hostie schlucken. Im Hochamt erlebt sie eine Stunde der reinsten Freude und singt aus vollem Herzen mit.«

Noch einmal kommt es zu einer Begegnung mit dem Bischof: »Er betet mit ihr in seiner Privatkapelle und schenkt ihr eine Bronzemedaille, die er von Papst Pius XI. erhalten hat ... sie hat ihr in schweren

Stunden geholfen.« Später versichert der Bischof: »Aufgrund der vorliegenden, gut beglaubigten Tatsachen, meiner persönlichen Erfahrungen, nach einer gewissenhaften Prüfung der verschiedenen Auffassungen, bleibe ich bei meinem Urteil, daß es sich im Fall Magda um wahre Besessenheit handelt und nicht um Hysterie oder anhaltenden Betrug.«

Jetzt könnte man annehmen, daß Magda befreit ist, weit gefehlt. Kurz nach dem Jahreswechsel kommt Abu Gosch zurück, um ihr einen weiteren Schnitt zu versetzen. Rodewyk: »Nachmittags trieb ich Abu Gosch aus.« Der Dämon sagt mit einem Ausblick auf die Zukunft: »Am 2.2. (Maria Lichtmeß) schließt die Besessenheit. Magdalena wird es schwer haben, so daß sie in ihrem restlichen Leben nie recht wissen wird, ob sie zu euch oder zu uns gehört ... vor ihrem Tod wird die Besessenheit zurückkehren ... hier zu sein ist keine Freude für mich.«

Nachdem sie einige Wochen befreit erscheint, fühlt sie sich wieder beunruhigt. Beim Empfang der heiligen Kommunion nimmt sie *blitzschnell* eine Hostie aus dem Mund, ohne daß es die Meßdiener merken. Der Dämon Judas nutzt die Chance, wieder in Magda einzufahren. Jetzt setzen neue Plagereien ein. Danach fährt Beelzebub in sie, dann nochmals Abu Gosch. Dennoch verbessert sich ihr Zustand. Sie kann normales Wasser bereits von Weihwasser unterscheiden.

Die Morphinistin

Die Mutter Magdas berichtet einer Ordensfrau, ihre Tochter sei eine Morphinistin, weil sie des öfteren Dilaudit bekommen hat. In der Nacht vom 18. auf den 19.7. stößt sie sich eine halbe Nähnadel in den Unterleib. Eine frühere hat sich eingekapselt und muß operativ entfernt werden. Wieder fahren die Teufel Abu Gosch und Judas in sie. Magda nimmt Blausäure und Arsen ein. Mit ihrem 33. Geburtstag scheint sie endlich befreit. Dennoch fühlt sie sich von einer schwarzen Katze verfolgt, die ihr

ins Gesicht springt ... oder von Ratten, die an ihrem Körper nagen ... oder sie sieht bis zu 30 übereinanderstehende leere Eimer mit Getöse ins Zimmer fallen. Später wird Magda in ein anderes Krankenhaus gebracht. Ihr Gesundheitszustand wird überprüft und sie wird vom Chefarzt untersucht. Er sperrt sie in eine Tobsuchtszelle und erkennt in ihr eine geltungsbedürftige Psychopathin. Ihr Verhalten erklärt er für Simulation. Nochmals kehren die Teufel zurück; wieder entwendet Magda eine Hostie.

Später wechselt sie mehrere Ärzte und landet in der Universitätsklinik. Der hier tätige Arzt lehnt es ab, daß göttliche und teuflische Existenz beweisbar ist, wozu es eines medizinischen Studiums nicht bedarf. Er betrachtet Magda als schweren Fall von Masochismus und entläßt sie nach wenigen Wochen mit dem Vermerk: »Nervenleiden, gebessert.« Er bezeichnet Magda als arbeitsscheu und meint, daß sie lediglich versorgt sein möchte. Ein weiterer Arzt setzt sie unter Hypnose; in diesem Zustand schalten sich die Dämonen ein, um ein Gespräch mit ihm zu führen.

Nach diesen Torturen ist die Kraft der labilen und vom Leben gezeichneten, der religiös wie sozial angeschlagenen Frau gebrochen. Sie erhält Dilauditspritzen, obwohl sich keine Anzeichen von Süchtigkeit einstellen. Jetzt greift der Staatsanwalt ein. Ein Arzt soll sich wegen Verabreichung zu vieler Medikamente verantworten. Später wird das Verfahren eingestellt.

Magda wird in der Freiburger Universitätsklinik untersucht. Man kommt zu dem Ergebnis: hysterische Psychopathin, Morphiumsucht. Plötzlich ist sie unauffindbar, kommt dann jedoch freiwillig zurück. Dann photographiert sie ein Arzt in verschiedenen Situationen, stellt ein Tonbandgerät auf und gibt folgende Beurteilung: »Sie können ihre Diagnose so fassen, daß hier unbezweifelbare Tatsachen und Beobachtungen vorliegen, die nach dem geltenden Rituale Romanorum und den Auffassungen der Kirche einer Besessenheit entsprechen ... hier liegen dämonische Wirkungskräfte vor.«

Eine englische Teufelsaustreibung aus dem Jahr 1816.

Es ist eine schwierige Frage, denn es ist vorstellbar, daß die Schulmedizin seit Jahrhunderten auf Irrwegen wandert und eine wesentliche Komponente, die des seelischen Gleichgewichts, und damit die einer nachhaltigen Beeinflussung zu wenig oder nicht gewürdigt hat. Die Kirche hat aber nicht das Recht, daraus abzuleiten, daß es gerade die von ihr erfundenen Geister sind, die das menschliche Schicksal bestimmen. Wenn es übergeordnete Kräfte gibt, die uns heute noch nicht zugänglich sein sollten, so müssen es keinesfalls göttliche sein.

Die amerikanische Antrophologin Goodman, die im Zusammenhang mit dem Exorzismusskandal um Anneliese Michel von sich Reden macht, liefert dazu einige kritische Anmerkungen. Sie sucht den Nachweis zu führen, daß Anneliese an einer medikamentösen Vergiftung gestorben ist und sie ist der Meinung, daß religiöse Ausnahmezustände im Normal-bereich des menschlichen Verhaltens liegen. Demzufolge gibt es eine zweite, uns bislang verborgene Zwillingswelt, deren Realität sie anerkennt. Die römisch-katholische Kirche habe diese Idee aufgegriffen und behauptet aufgrund ihrer Offenbarungen, Aussagen über diese jenseitige Welt machen zu können. Nach Frau Goodman hat der abendländisch kultivierte Mensch verlernt, mit diesen Zuständen umzugehen.

Magda reist im September 1954 mit einem Pilgerzug nach Lourdes. Nur wenig später bekommt sie starke Nierenschmerzen. Am Samstag, dem 11.12. verschlimmert sich ihr Zustand. Am Montagmorgen stellt der Arzt eine Lungenentzündung fest und weist sie in eine Klinik ein. Hier stirbt sie am 15.12., kurz nach Mitternacht. Die Leiche wird seziert, Teufel werden keine gefunden. Magda wird in einem Familiengrab beigesetzt, ohne ihren Namen in die die Grabplatte zu meißeln.

Von zehn Dämonen besessen

In einem mittelitalienischen Dorf wohnt eine tiefgläubige und wohlhabende Familie. Als die Tochter das Alter von dreizehn Jahren erreicht, wird sie von einem geheimnisvollen Unwohlsein befallen, das sie nachts plagt und quält. Es stellen sich Angstzustände ein und ihr Appetit läßt nach.

Schließlich ernährt sie sich täglich nur noch von zwei Eigelb. Sie wird ärztlich untersucht und erweist sich als *körperlich* gesund. Sie wechselt den Wohnsitz und lebt zwei Jahre in einer anderen Stadt. Hier fühlt sie sich besser, ißt ordentlich und kann besser schlafen. Wenn sie das elterliche Haus betritt, fangen die alten Beschwerden wieder an; innere Erregungszustände, Appetitlosigkeit, Ansteigen der Raumtemperatur, Atembeschwerden und Schlaflosigkeit.

Während eines Aufenthaltes in der Stadt wenden sich die Mädchen an einige Nonnen. Sie erhalten den Rat, sich an einen Wallfahrtsort zu begeben, um sich hier von einem Exorzisten befreien zu lassen. Der Priester ist gern zu dieser guten Tat bereit. Die Befallene lächelt vor sich hin und beginnt zu schreien; sie fällt ohnmächtig zu Boden. Auf die Frage des Exorzisten meldet sich ein Teufel.

Der Ortspfarrer meldet die merkwürdige Sache dem Bischof und erbittet die Genehmigung zur Durchführung des Exorzismus. Später stellt sich heraus, daß die Angelegenheit schlimmer ist, als man es sich erst gedacht hat: das Mädchen ist nicht nur von einem, sondern von zehn Dämonen besessen. Nun entspinnt sich ein Dialog zwischen dem Exorzisten und den Teufeln. Einer soll sich seit zehn Jahren in ihrem rechten Arm aufgehalten haben. Ursache seien ein Mann und eine Frau gewesen: »Sie haben Blut aus den Venen genommen, eine Kröte gemahlen und daraus eine Mischung bereitet … und zwar aus Haß der Familie und aufgrund einer Verlobung.«

Beim Betreten der Kirche zuckt sie zusammen und sucht mit allen Mitteln zu fliehen. Geheiligte Wörter kann sie nicht aussprechen … ihre Schreie haben nichts Menschliches an sich … es sind die Laute eines verwundeten Tieres. Außerhalb der Kirche verhält sie sich normal. Einmal muß sie von fünf Männern gehoben und in die Kirche getragen werden. Weil sie während eines begonnenen Exorzismus in der Kirche zu schreien beginnt, werden Leute herbeigelockt und so wird der Fall ruchbar; die Kirche rühmt sich einer weiteren Sensation. In einem Gebet fahren neun Dämonen aus ihr. Nur einer bleibt hartnäckig und berichtet: »Ein einziger Tropfen des Feuers würde genügen, um 5000 Personen in Asche zu verwandeln.« Dann wird das junge Mädchen pausenlos von Exorzisten traktiert.

In diesem Zusammenhang wird der Wallfahrtsort San Vincinio in Sarsina (Provinz Forli) genannt. Die dorthin Gebrachten werden mit einem Halsband gesegnet, mit dem der als heilig angesehen Buße getan haben soll. Folgerichtig bringt es in der Einbildung wunderartige Wirkungen hervor.

Im August 1959 begibt man sich hoffnungsvoll an den Gnadenort. Hier unterzieht sich das Mädchen einem weiteren Exorzismus, der vom Ortsbischof genehmigt ist, denn sonst kann er nicht funktionieren. Der Aufenthalt bringt ihr keine Besserung. »Wenngleich die wiederholten Exorzismen und der Segen von San Vincinio die Kraft des bösen Geistes geschwächt haben.«

Im Februar 1950 kommt sie mit ihrer älteren Schwester nach Rom, um einen Psychiater aufzusuchen. Am 21.2. wird der Exorzismus an ihr wieder eingeleitet, und zwar täglich zwei Stunden; dies über zwei Monate hinweg. U. a. interessieren sich der Erzbischof A. Caricini, der Sekretär der Ritenkonkregation und der Jurist Pater F. Capello für diese Angelegenheit. Pius XII. wird in Kenntnis gesetzt und er erteilt seinen großzügigen Segen mit dem Versprechen, für das arme Mädchen zu beten.

Später wird der Exorzismus in einer anderen Kirche fortgesetzt, wo mehrere Personen einen Gestank wahrnehmen, den man sich zunächst nicht erklären kann.

Das Mädchen ist nicht anwesend, aber seit Tagen geheilt. Einfältige Christen deuten aufgrund ihres Intelligenzgrades den Gestank als Auszug des Teufels.

Im Rom redet und antwortet sie in verschiedenen Sprachen: englisch, französisch und arabisch. Sie weist Speisen und Getränke von sich, in denen sie Spuren von Weihwasser oder Wasser aus Lourdes vermutet. Hier kommt es vor, daß die Besessene das auf den Boden geschleuderte Ritual mit geschlossenen Augen und an der richtigen Stelle aufgeschlagen, dem Teufelsaustreiber reicht.

Von Christine Schredern zu Bernadette Hasler

Seit Jahrhunderten meinen Zeitgenossen, daß man den vermeintlichen Teufel ausprügeln kann. Abgesehen davon, daß es keine Teufel gibt, ist die Gesinnung primitiv, wird sie doch in der Regel an wehrlosen Opfern praktiziert.

1785 wird die 17jährige Magd Christine Schredern von Familienangehörigen verdächtigt, eine Ziege behext zu haben. Man fällt über das Mädchen her, entblößt ihre Lenden, schlägt sie erst mit einem Strick, dann mit einer Pferdepeitsche und erwartet ein Geständnis: »Schließlich hört man auf sie zu schlagen ... das Mädchen kriecht ins Bett, wo es noch am nächsten Morgen nackt und besinnungslos liegt.«

Nachmittags wird sie aus dem Bett gezogen und so lange mit einer Pferdepeitsche geschlagen, bis sie bewußtlos zu Boden stürzt: »Man schneidet ihr die Haare vom Kopf, steckt sie ins Bett und schlägt sie mit einem Strick und einem Besenstiel ... dann werden ihr mit einem stumpfen Messer fünfmal die Schienbeine zerschnitten ... man schlägt ihr eine Wunde in die Waden und Löcher in den Rücken ... schließlich zwickt man sie mit glühenden Zangen in die Nase, brennt sie auf dem Rücken, den Schenkeln und Waden.«

Aus Furcht, daß sie an den Folgen der Mißhandlungen stirbt, beginnt man ihre Wunden mit Branntwein zu waschen. Der

Fall wird ruchbar. Jetzt erwachen die Wahnsinnigen ob ihres Verbrechens. Sie bekommen Angst vor einer gerichtlichen Untersuchung. Deshalb schenken sie der Magd ein Kleid unter der Bedingung, »wenn sie der Obrigkeit gestehen würde, daß sie das Hexen gelernt hat.«

Doch ist die Zeit der großen Hexenbrände vorbei und einige Obrigkeiten sind bereits aus der Teufelslethargie erwacht. Die Täter werden bestraft. Sie müssen einige Zeit ins Zucht- und Spinnhaus, andere werden zu Wasser und Brot verurteilt. Zudem müssen sie die Gerichts- und Heilkosten für das Mädchen übernehmen. Christine bekommt ein Schmerzensgeld von hundert Talern.

1966, 180 Jahre danach, spielt sich in unserer *modernen* Zeit etwas ähnliches ab. Hier wird ein 17jähriges Mädchen totgeschlagen, weil man meint, ihr den Teufel austreiben zu müssen. Dramatischer ist das Nachspiel, denn die Angeklagte macht im gleichen Zusammenhang 1988/89 nochmals von sich reden.

Magdalena Kohler und der Pallotiner Stocker

Die Eltern von Bernadette Hasler lernen 1952 den Lehrer Fanz Roesler kennen, der aufgrund angeblicher Marienerscheinungen Wallfahrten nach Fehrbach in der Pfalz organisiert. Während eines Einkehrtages kommt es zu Kontakten mit dem Pater Stocker, Fräulein Magdalena Kohler und einem Fräulein Olga Endres. Der Pater hält im Haus des Lehrers einen Vortrag und weist ernsthaft in die Zukunft: »Ein neuer Krieg droht den Menschen ... furchtbare Katastrophen werden über die sündige Menschheit hereinbrechen. «

Dann erklärt er, daß Magdalena Kohler vom Heiland die Aufgabe erhalten hat, zusammen mit ihm und der Schwester Stella die Menschen aufzufordern, endlich Buße zu tun ... und den göttlichen Willen (der ein menschlicher ist) bis ins Detail zu erfüllen, nur so kann die Menschheit der drohenden Katastrophe entzogen werden.«

Der Pater weist auf das umstrittene zweite Fatimageheimnis (in einem portugiesischen Dorf haben 1927 drei Hirten Erscheinungen der heiligen Maria). Sie soll zur Buße aufgefordert und Zukunftsgeheimnisse preisgegeben haben. Die Pallotiner verlangen dreimal seine Rückkehr ins Kloster, doch er zeigt sich halsstarrig: »Das heilige Werk ist wichtiger ... man muß Gott mehr denn den Menschen gehorchen. Gott hat die drei zusammengeführt ... nun darf keiner zurück ... weil sie sonst in die Hölle fahren würden.« 1957 wird Stocker als abtrünnig erklärt und aus der Ordensgemeinschaft geschlossen.

Gegen Ende des Jahres wird Magdalena dicker und sagt, sie hat starke Schmerzen ... alles muß sie allein wegen der menschlichen Schlechtigkeit ertragen ... es ist ein großes Geheimnis um ihren Leib. Ein bißchen ist sie selbst an dieser Schlechtigkeit schuld, denn bei einer späteren Gerichtsverhandlung lüftet sich das Geheimnis: die von Gott berufene ist schwanger. Sie und ihr Pater geben zu, daß es dazu gekommen sei ... die Schwangerschaft sei aber nach einigen Monaten ohne ärztliche Hilfe mit Blutverlust abgegangen ... seitdem sei es nur zu Zärtlichkeiten, aber nie mehr zu sexuellen Handlungen gekommen.

Wie fanatisiert Magdalena ist, wird aus folgender Bemerkung deutlich: »Ich werde beim Jüngsten Gericht an der Seite von Heiland stehen und ein Mitspracherecht beim Urteil haben.« Stocker kann dies bestätigen.

Ab 1958 wird er wegen Betrug gesucht. Er hat in Heroldsbach eine Muttergotteserscheinung propagiert und gegen Bezahlung mit dem Bau einer Arche Noah begonnen; er verspricht die Rettung vom bevorstehenden Weltuntergang. Eigentlich müßten die Gerichte in einem solchen Fall die Betrogenen ob ihrer Einfalt strafen.

Aufgrund einer religiösen Botschaft Stellas wird eine Familiengemeinschaft zur *Förderung des Friedens* gegründet. Als Zentrum dient ein Ferienhaus in Ringwil (Schweiz). Hier wohnen die deutschen Staatsangehörigen, der 59jährige exkommunizierte katholische Priester Stocker

Häuslicher Exorzismus des 19. Jahrhunderts.

und die inzwischen 52jährige Lebensgefährtin Magdalena. Sie gelten als Haupt der Sekte und werden als *Vater und Mutter* bezeichnet.

Problematisch ist, daß sich der Vater der Bernadette Hasler bereit erklärt, die Präsidentschaft zu übernehmen. Er wohnt mit seiner Frau in Hellikon. Die Sekte besitzt in Singen das Haus *Arche Noah*. Hier führt die Schwester von Magdalene Kohler, Hildegard Röller, ein strenges Regiment. Sie beschäftigt sich mit der Erziehung von sieben jungen Mädchen. Unter ihnen befindet sich die damals 13jährige Bernadette, ihre elfjährige Schwester und vermutlich eine Cousine. Die Kinder kommen 1962 nach Singen und werden später als *Kinder des Heiligen Vaters* bezeichnet. Zwar tragen ihre leiblichen Eltern die Verantwortung, aber der Heiland bestimmt, was mit ihnen zu geschehen hat. Bernadette wird den Aberwitz mit dem Leben bezahlen.

»Sie ist ein aufgewecktes Kind, spielt Violine und tritt 1965 in die Handelsschule ein. Sie hat im Heim schlechte Erfahrungen gemacht: ›Wir durften keine Freundinnen haben, mußten immer in langen Röcken gehen, durften nicht mit anderen Kindern spielen und die Haare immer altmodisch kämmen. Jeder Gedanke war in ein Tagebuch einzutragen, das die *heiligen* Eltern kontrollierten.‹«

Nach diesen modernen pädagogisch-christlichen Grundsätzen wird Bernadette vier Jahre lang *erzogen*. Immer wieder muß sie sinn- und endlose Gewissenserforschungen betreiben und ihre angeblichen Sünden bekennen. Sie soll sich trotzig gebärdet haben und wird weiteren Repressalien unterworfen.

Christlicher Mord

Die Mitglieder der Gesellschaft sagen: »Man hat das Mädchen ständig beaufsichtigen und es wegen ihrer Redensarten und unzüchtigen Handlungen bestrafen müssen ... schließlich mußte man ihr den Teufel austreiben.«

Weil es an Bewegungsfreiheit mangelt, bringt man Bernadette vor Ostern 1966 in das Schweizer Feriendomizil, wo sie als Dienstmädchen der heiligen Eltern Arbeit findet. Öfters kommt es zu Mißhandlungen und Versuchen, den Teufel zu verjagen. Der Versammlungsraum der Sekte ist lediglich mit einer Kerze beleuchtet. 1966 telephoniert Stocker mit dem Vater von Bernadette und äußert sich empört über seine Tochter: »Sie hat Selbstbefriedigung betrieben, aber noch nie gültig gebeichtet und nicht kommuniziert ... sie hat mehr zum Teufel als zur Mutter Gottes gebetet.«

In den Augen eines katholischen Priesters sind dies schwerwiegende Gründe, die sie sich selbst eingeredet haben, um an etwas Unmögliches glauben zu können. Alles spricht, aus christlicher Sicht, für eine dämonische Besessenheit.

Am 14.5.1966 muß sich Bernadette nach dem Abendessen bekleidet auf das Bett knien und wird nacheinander von sechs Personen durchgeprügelt. Erst mit einem Spazierstock, dann mit einem stärkeren Stock, dann mit einer Reitpeitsche und dann mit einem Plastikrohr. Sie stirbt in der gleichen Nacht an einer Fettembolie als Folge der durch die übermäßige Züchtigung zustandegekommenen Zertrümmerung des Gewebes.

Anfang Mai telephoniert Stocker nachts um zwei Uhr nach Hellikon und spricht mit den ahnungslosen Eltern. Er befiehlt Hasler, sofort das ganze Haus zu wecken: »Steht auf und betet. Bernadette hat sich dem Teufel verschrieben. Geht nicht mehr ins Bett, sondern betet bis zum Morgen ... wir können nicht mehr.« Später ruft er nochmals an und befiehlt den Eltern, sofort ins Chalet zu kommen. Hier eröffnet er ihnen: »Bernadette hat mir die schwersten Sorgen bereitet ... sie hat nur mit dem Teufel gearbeitet und ihm versprochen, möglichst oft Selbstbefriedigung zu treiben ... so oft er es haben will, jedesmal, wenn sie auf das Klosett gegangen ist ... hat sie sich befriedigt ... die Männer stellt sie sich alle nackt vor. Ich ging heute morgen zu ihr ins Zimmer ... sie lag tot im Bett ... wir müssen annehmen, daß sie der Heiland in dem Moment von der Welt abgerufen hat ... damit sie für die Ewigkeit gerettet ist.« Es ist eine Ausrede, um einen Totschlag zu kaschieren.

Der Staat greift ein

Die Leiche wird in der gleichen Nacht mit einem Auto nach Wangen gebracht. Hier wird ein Arzt gerufen. Er benachrichtigt die Polizei, weil er Spuren schwerer Schläge an ihrem Körper feststellt.

Alfred Rötheli, der Gerichtspräsident, berichtet über zahlreiche alte und neue Schlagspuren und Blutungen an den Schulterblättern, auf dem Handrücken und am Unterleib. Die Gerichtsmediziner stellen Schläge als Todesursache fest.

Die Betrafung ist mild: die *heiligen* Eltern erhalten zehn Jahre Zuchthaus, fünf Jahre Ehrverlust, 15 Jahre Landesverweisung und müssen ein Viertel der Gerichtskosten zahlen. Die Mitmörder erhalten Gefängisstrafen zwischen dreieinhalb und vier Jahren. Die Schuldigen halten sich im Hintergrund; erst beim nächsten spektakulären Prozeß in Aschaffenburg werden sie von einem Gericht zu Recht verurteilt.

Anneliese Michel: Kinderbraut Christi

Peter Maslowski widmet sein Buch *Das theologische Untier … der sogenannte Teufel und seine Geschichte im Christentum* Anneliese Michel und den namenlosen, von der Kirche verketzerten, verbrannten, hingerichteten und zu Tode exorzisierten Menschen[89].

Die Pädagogikstudentin Anneliese Michel steckt wie viele in einem religiösen Korsett. Sie besitzt ein gestörtes Verhältnis zu den Eltern, leidet unter einem autoritä-

ren Vater und einer bigotten Mutter: »Der biedere Ehemann steht unter dem religiösen Einfluß seiner fast fanatischen Frau … die darin möglichweise ein Ventil aus der eigenen Verklemmtheit sucht.«

Das ständige Druckmittel ist die Verweigerung von Sexualität. Anneliese fühlt sich im elterlichen Haus mit allen Fasern des Katholizismus verwoben, schließlich sollte schon ihr Vater Priester werden[90]. Er begnügt sich wie Joseph mit einer Lehre als Zimmermann. Die Stammtischbrüder in Klingenberg sagen: »Der Sepp erzog seine Kinder streng … daheim beteten sie oft gemeinsam den Rosenkranz[91].« Die Mutter ist der Meinung: »Meine Töchter sollen unberührt wie die Jungfrau Maria in die Ehe gehen … ein Mädchen braucht vor der Ehe keinen Freund.« Mit dieser altertümlichen Einstellung handelt sie sich den Vorwurf ihrer Tochter ein: »Die anderen

Der aufgrund von Verleumdungen auf einem christlichen Scheiterhaufen verbrannte Priester Urban Grandier.

dürfen alle zum Tanzen gehen ... ich bin doch kein Kind mehr[92].« Der Tanz ist den aufrichtigen Christen schon immer ein Dorn im Auge; wie gern schleicht sich da der Leibhaftige dazwischen!

Der Aschaffenburger Pfarrer Hermann erwähnt: »Sie stammt aus einem tiefreligiösen Haus[93].« Und ein sie behandelnder Nervenarzt gelangt zu dem Schluß: »Ein klarer Fall, ein junges Mädchen, dessen Neurose sich seit längerer Zeit entwicklt hat, hervorgerufen durch einen Vater, der sie nie verstanden hat und durch eine Mutter, für die sie Abscheu empfindet, weil sie natürliche Regungen unterdrückte.«

Schon als Kind wirkt sie schmächtig: »Selbst bei der Erstkommunion war sie schwächer als die anderen Mädchen. Sehr zart sah sie aus in ihrem weißen Spitzenkleid, mit dem Schleier auf dem Scheitel, die große Kerze in der Hand, die Kinderbraut Christi[94].«

Während des späteren Prozeßverlaufes werden die familiären Spannungen deutlich; ein von bigotten Eltern falsch erzogenes Kind, das mit sich und seiner Umwelt nicht fertig wird und das nach Bezugspersonen sucht. Was ihr die Eltern nicht zu geben vermögen, sucht sie beim Pfarrer Alt: »Zu niemanden kann ich gehen, um meine Sorgen loszuwerden[95].«

Sie leidet seit 1969 an epileptischen Anfällen und glaubt bereits 1973 vom Teufel besessen zu sein. 1976 fahren ihre Eltern nach San Damiano, um kanisterweise Wunderwasser zu beschaffen. Mitte September und im August 1969 wird sie nachts ohnmächtig: »Sie kann sich nicht bewegen, eine übermächtige Kraft hält sie zusammengepreßt und ihr warmer Harn ergoß sich ins Bett. Sie kann nicht mehr atmen und ihre Zunge ist gelähmt[96].« Ein Pfarrer rät den Eltern, einen Arzt aufzusuchen[97]. Dieser schließt auf zerebrale Krampfanfälle[98].

Man entfernt ihr die Mandeln, sie bekommt eine Rippenfell- und Lungenentzündung und dann Tuberkulose. Hinzu kommen Herz- und Kreislaufstörungen. Sie wird in die Lungenheilstätte Mittelberg im Allgäu eingewiesen. Nach ihrer Entlassung erwähnt sie des öfteren, daß sie Fratzen sehe und einen schlimmen Gestank vernehme. Sie sagt gegenüber einem Nervenarzt: »Ich sehe manchmal Teufelsfratzen ... das Brandgericht wird über alle kommen ... ich muß viel grübeln[99].« Ungeklärt ist, ob ihr der Arzt den Rat gegeben hat, zu den Jesuiten zu gehen[100]. Später stellt die Direktorin der Würzburger Nervenklik bei ihr *epileptische Muster* im linken Schläfenbereich fest. Ihre Anfälle seien durch eine Psychose religiösen Inhalts verschlimmert worden[101].

Die kränkelnde Jungfrau ergreift das Studium der Pädagogik und belegt das Fach Theologie. Als Thema einer Abschlußarbeit wählt sie *Die Aufbereitung der Angst als religionspädagogische Aufgabe.* Im Studentenwohnheim lernt sie Anna Lippert kennen. Annelieses Verhalten erregt keinerlei Anstoß, wenngleich sie sich in ihrem Zimmer einen Hausaltar baut.

Dann schaltet sich Thea Hein in den Dialog ein und meint zu wissen: »Das junge Mädchen wird von Dämonen verfolgt. Wenn man soviel mit religiösen Sachen zu tun hat, weiß man, wovon man redet. Die kirchliche Behörde müßte da doch etwas unternehmen ... es gibt schließlich die Teufelsaustreibung.«

Roth, Alt, Stangl und Rodewyk

Ohne diensteifrige Priester läßt sich kein Exorzismus durchführen. Kaplan Roth, den Thea Hein um Einmischung bittet, sagt: »Ich wurde sogleich in das Wohnzimmer geführt. In ihm war ein ungeheuerlicher Gestank ... es roch penetrant nach Jauche. Fräulein Michel rannte auf mich zu. Sie blieb in starrer Haltung vor mir stehen ... plötzlich fing sie an zu toben und zu schreien. Sie rief: ›Gehen Sie raus, Sie quälen mich.‹

Sie zerfetzt einen Rosenkranz und wirft die Stücke auf den Boden. Auf Drängen ihrer Familie versuchte ich, den Segen über sie zu sprechen. Schon beim Versuch, mein Kreuz aus der Brusttasche zu nehmen, fing der Dämon in ihr zu toben an[102].«

Pfarrer Roth ist der Auffassung, daß Anneliese unter dem Einfluß dämonischer Mächte steht: »Es ist offensichtlich, daß sie dringend der Unterstützung der Kirche bedarf. Der Dämon muß ausgetrieben werden, der Teufel muß gezwungen werden … und zwar durch die einzige wohlgeprüfte Waffe, die die Kirche seit alters her anwendet, durch das feierliche Gebet des Exorzismus[103].«

Aus einem ähnlichen Holz ist der Priester Alt geschnitzt[104]. Er mißt sich telepathische Fähigkeiten bei und sagt, daß er während seiner 15jährigen Missionsarbeit in China die Vorstufen der Besessenheit kennengelernt hat. Er hat schon in Trimbach eine Kostprobe seiner Fähigkeiten zum Ruhme Gottes abgelegt. Alt steht gegen die Wissenschaft, die sich anmaßt, über Religiöses auszusagen.

Die im späteren Prozeß bestellten Psychiater sehen ihn so: »Es handelt sich im weitesten Sinn um eine abnormale Persönlichkeit. Einige Teile seiner Angaben legen die Möglichkeit des Bestehens einer Psychose des schizophrenen Formenkreises nahe.[105]« Bemerkenswert sind seine Briefe, die er an Bischof Stangl schreibt.

- »Man ist im wahrsten Sinn des Wortes in den Erlöserprozeß eingeschaltet.«
- »Anneliese Michel wurde katholisch getauft … nachdem wir Priester uns beraten haben … sind wir zu dem Schluß gekommen, Ihnen den Fall zu melden … und Sie zu bitten, Pater Renz damit zu beauftragen … inzwischen habe ich mit ihm gesprochen … er erklärte sich bereit, nur will er nicht ohne ausdrückliche Genehmigung handeln[106].«
- »Hochwürdigster Bischof, ich kann Ihnen versichern, daß ich voll und ganz hinter Ihren Entscheidungen stehe. Eines ist deutlich; es handelt sich um wirkliche Besessenheit. Deswegen muß sofort gehandelt werden. Rodewyk hat seine Dienste angeboten … diesen Brief schreibe ich in Eile und bringe ihn samt dem Bericht von mir und dem Gutachten Rodewyks nach Würzburg … mit der Bitte um Ihren Segen und Ihr Gebet verbleibe ich[107].«

Bischof Stangl erteilt die mündliche Genehmigung, den Exorzismus über Anneliese zu sprechen. Die Kirche kann triumphieren; wieder einmal haben die Pfaffen ein unschuldiges Kind aufgespürt, über es beraten, und die Beute dem Vorgesetzten hingeworfen. Schon läuft es dem Kenner der Kirchengeschichte kalt über den Rücken und die Haare sträuben sich. Wenn sie ihn schon nicht auf einen Scheiterhaufen zu zerren vermögen, so wollen sie doch zumindest Teufel jagen.

Alt geht förmlich in dieser Verblendung auf: »Am Abend während der Messe, als ich mich auf die heilige Wandlung vorbereitete, und das mir unbekannte Mädchen in mein Gebet schloß, bekam ich plötzlich einen Stoß in den Rücken. Ein kalter Luftzug überstrich meinen Kopf von hinten her. Zur gleichen Zeit roch es intensiv nach Brand … mit großer Mühe sprach ich die Wandlungsworte und den Rest des Kanons. Ich spürte, wie mich eine negative Macht umgab … die mir aber nichts anhaben konnte. In der folgenden Nacht konnte ich keine Ruhe finden … eine ganze Skala von Gestank erfüllte meine Wohnung: Brand-, Mist-, Kloaken- und Fäkaliengeruch … es stank infernalisch … hinzu kam ein lautes Gepolter im Rollschrank.

Ich versuchte zu beten, besann mich meiner priesterlichen Macht und sprach in einigen Worten den Exorzismus. Plötzlich erfüllte ein intensiver Veilchengeruch mein Zimmer. Mein Schwitzen hörte schlagartig auf und der Druck auf meinem Kopf war verschwunden[108].«

»Sie wollte beten. Nach drei Ave Maria merkte ich, daß sie nicht mehr konnte. Plötzlich fing sie an, laut zu schreien. Ich konnte eine enorme Kälte wahrnehmen, die aus ihr strömte. Schließlich habe ich mental den Exorzismus gebetet. Sie sprang sofort auf und zerriß den Rosenkranz. Ihre Haltung war drohend[109] … Sie raste springend wie ein Ziegenbock durch das Haus … kniete nieder und sprang wieder auf … ihre unaufhörlichen Schreie hallten durch das Haus. Wenn der Gipfelpunkt erreicht war, zitterte und spuckte sie … tagelang lag sie wie tot da[110]. Mit ihrer

Darstellung einer Teufelsaustreibung einer Frau.

Erregung kam eine kaum glaubhafte Muskelkraft ... im tödlichen Kampf um Luft preßte sie ihr Gesicht immer wieder gegen den Fußboden, dann richtete sie sich auf und holte Atem ... Ihr Körper brannte vor Hitze. Wie wild suchte sie nach Kühlung ... wälzte sich im schwarzen Kohlenstaub des Kellers, setzte sich in einen alten Waschkessel voll eiskalten Wassers, steckte den Kopf in die Toilette, riß sich die Kleider vom Leib und rannte nackt herum[111] ... stopfte Fliegen und Spinnen in den Mund, kaute Kohle, urinierte auf dem Küchenfußboden und leckte den Harn aus ihrem Schlüpfer ... kirchliche Handlungen waren ihr unerträglich ... vor allem konnte sie nicht beten[112].«

Rodewyk bezeichnet sich als ausgebildeten Psychiater. Als Jesuit ist er ohnehin von der teuflischen Existenz überzeugt. Er läßt sich mit seinem längst zu Staub zerfallenem Kollegen DelRio vergleichen; beide wähnen sich gebildet, sind aber fanatisch im Verfolgen absurder Ideen. Doch mit religiösen Spitzfindigkeiten ist es hier nicht

getan[113]. Beim Lesen der Bücher von Rodewyk verstärkt sich der Eindruck, daß sich hier ein Sonderling den Himmel verdienen möchte. Er ist von der Besessenheit des Opfers überzeugt. Er findet einen alten Bekannten wieder: den Dämon Judas, den er 1940 aus der ihm anvertrauten Krankenschwester Magda in Trier ausgetrieben haben will[114].

Das Spektakel beginnt[115]

Nach diesem Geplänkel soll sich der eigentliche Exorzist, Pater Arnold Renz aus Rück-Schippach, einschalten. Bischof Stangl entscheidet am 16.9.1975: »Hiermit beauftrage ich nach reiflicher Überlegung und nach guter Information Herrn Pater Renz, Salvatorianer, bei Fräulein Annelise Lieser im Sinne von CIC. c. 1151 zu verfahren. Ich danke aufrichtig für den Einsatz[116].« Renz bereitet sich durch die nicht lesenswerten Bücher Rodewyks auf sein Henkeramt vor. Gutachter bescheinigen ihm: »Es handelt sich um eine tiefgläubige und im magisch-mystischen Denken verhaftete Persönlich-keit[117].« Roth sieht ihn so: »Klug, fromm und von makellosem Charakter, frei von Habgier und reifen Alters. Er genoß Achtung wegen seines strengen Lebens-wandels[118].«

Das urchristliche Ritual wird in einem Hinterzimmer im Haus der Familie Michel inszeniert; es soll verhindert werden, daß die Schreie des Mädchens bis zu Straße gelangen. Provisorisch wird eine Kapelle eingerichtet. Die Gebetspausen werden mit Unterhaltungen, Kaffee und Kuchen ver-schönert.

Der Große Exorzismus beginnt mit einer Allerheiligen-Litanei, der Anrufung Gottes, der Engel, aller Heiligen und einem Vater Unser, dem Ave Maria, gewürzt wird das ganze mit exorzistischen Befehlen. Nur so kann man die nichtvorhandenen Dämonen bewegen, ihr Opfer zu verlassen. Inzwi-schen hat sich Renz eingearbeitet:

»Zunächst verhalten sich die Dämonen ruhig ... Anneliese wird immer stärker ge-schüttelt. Am stärksten reagiert sie auf Weihwasser ... sie fängt an zu brüllen und zu toben. Anneliese wird von drei Männern gehalten ... sie will beißen ... schlägt mit dem Fuß gegen mich und sagt, der Teufel sitze ihr im Kreuz ... von Zeit zu Zeit brüllte sie ... manchmal jault sie wie ein Hund. Wiederholt sagt sie: ›Die Drecksau ... hört mit diesem Dreckszeug auf ... gegen Schluß der Sitzung wird sie wütend[119].‹«

Der Priester Fleischmann

Im Verlauf der Sitzungen melden sich immer mehr Dämonen. Erst Judas, dann Luzifer, dann Nero und schließlich Herr Fleischmann. Der Exorzist geht der Sache auf den Grund. Alt stöbert in Kirchenakten und analysiert Hintergründe. »Der Namen von Valentin Fleischmann war mir noch nie zu Ohren gekommen. Er war von 1572 bis 1575 Pfarrer in Ettleben und wurde als *Concubinarius* ausgewiesen. Er hatte vier Kinder und galt als Schläger und Säufer. In seinem Pfarrhaus habe er einen Mann

erschlagen. Der Grabstein seiner Tochter Martha ist noch erhalten ... und an der Frontseite des ältesten Hauses von Ettleben eingemauert[120].« Doch zurück zum aktuel-len Ereignis: Gespannt warten die Beteilig-ten auf die Reaktion. Fleischmann stimmt sich mit Rodewyk ab: »Er wünschte uns Glück, gab aber zu verstehen, daß die Teufel oft Theater spielen, so daß man von vorne anfangen muß[121].«

Der Exorzist gibt zum Besten: »Nach einem endlosen Dialog weichen brüllend die Teufel. Zuerst Fleischmann, nach einem weiteren Würgen Hitler, dann Kain, dann Nero, dann Judas und dann Luzifer.« So verweist der kluge Pater professionell seine nichtvorhandenen Gegner vom Schauplatz des blutüberströmten Christentums. Viel-leicht wäre es klüger gewesen, erst einmal seine Geschichtskenntnisse aufzufrischen.

Anneliese scheint aus einem Traum zu erwachen. Wieder nimmt der Exorzist sein Geleier auf: »Großer Gott wir loben Dich ... laßt uns ein TeDeum singen.« Nach einem Marienlied kommt es zu einem Zwischenfall: »Ein wütendes Knurren, ein Schrei und eine dämonische Stimme: ›Ich bin noch nicht raus.‹ Deshalb bemüht sich der Geistliche bis weit über Mitternacht, ... um selbst diesen nichtexistenten Gegner zu bewältigem[122].«

Der Dämon Judas ist zurückgekommen. Dem Pater gelingt es mehrfach, ihn in Gespräche zu verwickeln. Der Dämon nennt seinen Beherrscher *Drecksack*[123]. Dann kommt Renz auf die Idee, dem Dämon ein Bild des Papstes Pius X. zu zeigen. Wie nicht anders zu erwarten, ist der Dämon ob solcher Raritäten verblüfft.

Jetzt bahnt sich die Leidenszeit des Mädchens an. Sie bekommt Angst und sagt: »Ich erlebe die Todesqualen des Erlösers.« Zunehmend verweigert sie die Nahrung ... manchmal stöhnt sie stundenlang ... sie quält sich unentwegt, stößt mit dem Kopf an einen Türpfosten ... die neuen Dämonen gewannen wieder die Oberhand und wuß-ten nichts zu sagen[124].

Alt sieht sein Opfer am 8.6.1976 zum letztenmal lebend. Ihr Gesicht ist ein-gesunken, die Backenknochen treten hervor, die Nase ist spitz und scharf. Nach seiner Auffasung vollzieht sich an ihr ein *Sühneleiden*, eine theologische Krankheit, die sonst unbekannt ist. Für ihn ist es ein typischer Fall von *Sühnebesessenheit*[125].

Der Teufelsexperte Rodewyk stimmt ihm bei, macht aber noch eine kritische Bemerkung: »Im Fall einer Sühnebesessenheit tun sich die Exorzisten schwer, weil man den Sinn der Sühne nicht ohne weiteres erfassen kann[126].« Immer weiter verschlechtert sich der Gesundheitszustand von Anneliese und deren Mutter hat gut aufgepaßt, denn nun versucht sie es selbst mit exorzistischen Praktiken[127]. Am 27.6. bekommt Anneliese Fieber und am 30. bitten sie Pater Renz, sie loszusprechen. »Selbstverständlich gab ich ihr sofort die erbetene Lossprechung[128].«

Felicitas Goodman[129] schildert den Ausgang des Spektakels so: »Die große Austreibungsszene wurde zu einem gigantischen Kampf zwischen der jugendlichen Kraft und der Wirkung der Medikamente … Anneliese ist allmählich erstickt … ihre roten Blutkörperchen hatten schließlich nicht mehr genügend Sauerstoff … sie sank in den Tod … die sich wie Wellen hebenden und senkenden heiseren Schreie und das wütende Knurren und Fauchen bezeugen, daß es Dämonen sind, die im Sinn der katholischen Glaubenslehre … aus der Finsternis der Welt … dem Höllenwirbel des Sündhaften, des Befleckten und des Grausigen auftauchen[130] … Priester wissen, wie man mit Dämonen umgehen muß … sie können es sich leisten, die bösen Geister auf die Probe zu stellen … denn sie sind als Geweihte mächtiger als andere Leute[131].«

Weltliche Reaktionen

Bei der Staatsanwaltschaft Aschaffenburg gehen 19 Anzeigen gegen den Würzburger Bischof ein, in dem man den eigentlich Schuldigen erkennt, weil er sein Placet zur Teufelsaustreibung gegeben hat. »Nicht diese verbohrten Menschen gehören auf die Anklagebank, sondern der Würzburger Bischof, der die Absolution zur

Teufelsaustreibung erteilt hat[132].« Hart prallen die Meinungen aufeinander und die Öffentlichkeit folgt weitgehend der Auffassung des *Spiegels*, daß man Anneliese *totgebetet* hat[133]. Gemäß dem Lutherwort, man müsse dem Volk aufs Maul schauen, werden die Leute auf der Straße gefragt, ob sie an den Teufel glauben und erst hier wird das ganze Ausmaß der intellektuellen Katastrophe erkennbar:

- Wir wurden in unserer Kindheit dazu erzogen, uns den Teufel mit zwei Hörnern vorzustellen.
- Die Kirche mischt sich sowieso in alles ein … einen Teufel gibt es nicht. Daß sie noch immer diese Lehre vertritt, liegt sicher daran, daß sie am Ende ist und keinen Rat mehr weiß.
- Nichts als Humbug … uns wird der Teufel eingeredet.
- Das ist nichts als Quatsch … die Kirche sollte mehr das Gute predigen.
- Ein Bischof lügt nicht. Wenn er sagt, daß es Teufel gibt, dann muß es stimmen.
- Selbst der Freund der Anneliese, Peter, meint: »Man hat ihr in der Schule eine übertriebene Angst vor dem Teufel eingejagt[134].«

Dann setzen strafrechtliche Ermittlungen ein. Am 13.7.1977 wird die Anklageschrift den Exorzisten und den Eltern zugestellt. Die beiden wirklich Schuldigen haben Glück, denn die Verfahren gegen Rodewyk und Stangl werden eingestellt. Bei dem einen aus Rücksicht auf sein hohes Alter, beim anderen aus Rücksicht auf seine bischöfliche Würde. Stangl wird krank. »Die ihm Nahestehenden sahen den Grund in den Gram, den ihm der Fall Klingenberg eingebracht hat. Er ist unfähig zu sprechen und stirbt am 8.4.1979, ohne sich noch einmal zu erholen[135].«

Die Gerichtsverhandlung wird auf den 30.3.1978 festgelegt. Der Saal ist brechend voll und Alt erregt sich über die anwesende Presse: »Bildberichterstatter von *Spiegel*, *Stern*, und *Quick* waren da … linke und Antikirchenblätter, Frauenmagazine und verkappte Pornoblätter.« Der katholische

Professor Sigmund aus Fulda tritt stützend auf seine Seite: »Die Journalisten äußern sich in wollüstiger Freude darüber, denen es am Willen mangelt, sich in echter Weise mit diesem Phänomen zu beschäftigen ... die sich als Journalisten für berechtigt halten, zynische Lügen, Beleidigungen und schnoddrige Urteile abzugeben.«

Plötzlich sitzen katholische Teufelsaustreiber auf der Anklagebank eines weltlichen Gerichtes. So etwas hat es bislang selten gegeben. Sonst waren doch immer sie die Verurteiler; zumindest die moralischen. Es rührt die Emotionen. Der Teufelsaustreiber Renz trägt vor: »Mediziner und Richter sind, wenn es um übernatürliche Tatsachen geht ... inkompetent ... über den Glauben kann kein weltliches Gericht ein gerechtes Urteil fällen.«

Zu Beginn der spektakulären Gerichtsverhandlung bittet der Vater der Totgebeteten darum, erst einmal zusammen ein Gebet zu sprechen. Der vorsitzende Richter kontert: »Wir sitzen in einem Gerichtssaal und nicht in der Kirche.« Die Verteidiger der Kirche beantragen eine Einstellung des Verfahrens und die Eltern der Toten verweigern die Aussagen, nachdem ihnen das die christlichen Pflichtverteidiger suggeriert haben. Der Richter fragt Pfarrer Alt: »Sie sind doch sicher unverheiratet?« und Alt versucht sich herauszureden: »Die Besessenheit ist im Glauben der katholischen Kirche verankert ... ich beziehe mich auf die Aussagen des Papstes Paul VI. und der Glaubenskongregation in Sachen Teufel[136] ... Anneliese starb den Sühnentod für die Sünden Deutschlands und seiner Jugend, für abtrünnige Priester und für alle Politiker, die sich gegen den § 218 stellen[137].«

Rodewyk trägt dem Gericht vor: »Als ich in das Haus kam, lag Anneliese längs in der Küche und war nicht anzusprechen ... dann ließ sie sich ins Zimmer führen und auf ein Sofa setzen. In ihrem Trancezustand meldet sich der Dämon Judas ... der mich mit einer tiefen Stimme angesprochen hat ... dann kam Anneliese zu sich und sah mich erstaunt an ... ich fand meine Vermutung bestätigt, daß bei dem Mädchen eine Besessenheit vorliegt. Beim Verlassen der Wohnung kam sie auf mich zu und gab mir eine Ohrfeige[138].« Rodewyk sucht sich herauszuwinden und meint: »Von 1000 registrierten Fällen ist mir keiner mit Todesfolge bekannt ... es ist unmöglich, daß jemand am Exorzismus stirbt ... denn es handelt sich lediglich um ein Gebet ... ich bin ohne Einschränkung von der Besessenheit des Mädchens überzeugt[139].«

Prof. Sattes, als sachverständiger Psychiater, sagt, man gewinne insgesamt den Eindruck einer deutlich eingenommenen psychogenen Haltung. Offensichtlich ist, daß Anneliese Michel die Rolle einer von Teufeln beherrschten Person wahrgenommen hat ... Sie litt an einem epileptoiden Anfalleiden, an Versündigungsideen und Halluzinationen ... solche Gedanken seien oft bei religiösen Menschen im Rahmen depressiver Störungen zu beobachten ... die Geistlichen haben sie in ihrer psychopatischen Haltung bestärkt. Eine Behandlung und eine gewissenhafte Ernährung hätten ihren Tod verhindern können[140].

Goodmann stellt das Gutachten als *Hypothese und Deutung* hin[141], Alt fühlt sich beleidigt und sagt: »In unserer Weise zu glauben, fielen wir aus dem Rahmen des normalen psysischen und religiösen Bewußtseins heraus[142].« Die Eltern meinen: »Man hat uns vor ein Strafgericht gestellt, obgleich wir es nur getan haben, was nach den Gesetzen der Kirche das richtige gewesen ist. Wir haben lediglich das Leben und das Schicksal unserer Tochter der Kirche und den Priestern anvertraut[143].«

An dieser Stelle setzt das Gericht ein und stellt die berechtigte Frage, warum sich die Exorzisten denn nicht um das körperliche Wohlbefinden des Opfers gekümmert haben? Der Staatsanwalt beantragt am 19.4. die Bestrafung wegen *Vergehens der fahrlässigen Tötung durch Unterlassung.* Das Gericht folgt diesem Antrag und entscheidet sich für eine jeweils sechsmonatige Freiheitsstrafe mit dreijähriger Bewährung. Es ist ein mildes Urteil und doch ein Schock für die Geistlichkeit. Der Pflichtverteidiger Schmidt-Leichner gelangt zu einer vernichtenden Erkenntnis.

Nachspiel

Inzwischen machen sich erste Gerüchte breit. Eine Karmeliterin aus dem Allgäu meint zu wissen, eine wichtige Botschaft von Anneliese erhalten zu haben. »Sie wünscht exhumiert zu werden, um den Beweis zu erbringen, daß es einen Gott und eine Gottesmutter gebe ... sie ist den Sühnetod gestorben ... und sie ist auserwählt, den Beweis für ein ewiges Leben zu erbringen ... man wird bei der Öffnung des Sarges ihre Unversehrtheit entdecken ... so werden die Gläubigen daran erinnert, daß es eine Auferstehung gibt ... der Pfarrer Renz soll dafür sorgen, daß die Exhumierung am 25.2.1978 stattfindet[144].«

Auf Wunsch der Eltern folgt man diesem Ansinnen und der ausgegrabene Sarg wird in die Leichenhalle zurückgetragen. Der Bürgermeister Riermeier sagt kurz danach zu den Eltern: »Anneliese ist, wie nach eineinhalb Jahren nicht zu verwundern, verwest ... sie sieht schrecklich aus. Ich empfehle Ihnen, gehen Sie nicht hinein[145].«

Papst Pius XI. erläßt 1934 ein Breve, das verfügt, daß alle Priester im Anschluß an die Messe vor den Gläubigen ein Gebet zu sprechen haben, da so endet: »Heiliger Erzengel Michael, Fürst der himmlischen Heerschar, stürze Satan und die anderen bösen Geister, die zum Verderben der Seelen die Welt durchstreifen, mit göttlicher Hilfe in den Abgrund der Hölle[506].«

Theodor Geiger[507] schildert in seiner Denkschrift einen besonders beweiskräftigen Fall des Exorzismus, der ihm kirchlicherseits bestätigt wird. 1954 ordnet Pius XII. Richtlinien über den Exorzismus an und läßt dazu eine Vorlage publizieren. Unter seiner Amtszeit wird der Unsinn in den *Codex Juris Canonici* aufgenommen. Man klammert sich an die Tradition.

Görres vertritt in seiner *Christlichen Mystik* die Auffassung, daß bereits ein Scherz Besessenheit hervorrufen kann. Er befaßt sich mit dem dämonischen Fliegen und der sicheren Gegenprobe für die Heilung von Besessenen. Die Ausfahrt des Teufels kennzeichnet bisweilen der *Schall eines Glöckchens.*

Wenn er erscheint, ist er entweder schwarz, stinkend, furchtbar und doch wenigstens erdunkelnd; dabei häßlichen Angesichts, mit schnabelfarbig gebogener platter Nase, flammenden Augen, krallenden Händen und Füßen, die Beine haarig, davon das eine oder andere lahm. Dem Geruch der Heiligkeit auf der guten Seite steht der Gestank der Unheiligkeit gegenüber.«

Der protestantische Pastor W. C. Dam postuliert 1970 in seinem Buch *Dämonen und Besessene*: »Meistens verläßt der Dämon sein Opfer durch den Mund. Es kommt vor, daß dabei Blut, Eiter und schwere Gegenstände ausgestoßen werden. Bei unreinen Mädchen gibt es Speien, Geifern und Erbrechen, bei Angstmächten Schluchzen und Gejammer, bei Lügengeistern starkes Schnauben, bei Rauchteufeln Hüsteln und Keuchen ... wenn der Dämon aus der Nase oder aus den Ohren geht, kommt oft ein starkes Nasenbluten vor. Dieses Blut ist schwarz und hat Schwefelgeruch ... wenn der Dämon auf dem unteren Weg verschwindet, treten heftige Schmerzen im Unterleib auf. Oft bleibt nichts als ein schwefelartiger Gestank zurück.

- 1973 fällt die Bäuerin Elisabeth Mauersberger aus Altötting in der Stiftskirche zu Boden; sie wird gefesselt und einer Teufelsaustreibung unterzogen.
- 1975 ermordet ein Mann seine Frau. Er reißt ihr bei lebendigem Leib die Augen und die Zunge aus, er zieht ihr bei seinem nächtlichen Exorzismus einen Teil der Gesichtshaut ab.
- 1976 wird in Klingenberg/Main eine 23jährige Studentin von katholischen Priestern *totgebetet.*
- 1978 im April versuchen in einem norwegischen Dorf in der Nähe von Bergen zehn Exorzisten, eine junge Frau von der ihr angedichteten Besessenheit zu befreien.
- 1979 In Eppstein bekennt sich ein evangelischer Pfarrer zu einer Teufelsaustreibung ... er hat über ein 18jähriges Mädchen die Gebete des Exorzismus gesprochen.

Zölibat

Inhalt

Zölibat

»Sei nicht über dein Vermögen tugend-
haft, damit du nicht unglücklich werdest[1] ...
von zweien, die in einem Bette schlafen,
wird der eine begnadigt und der andere
verworfen[2].«

Innerhalb der Geschichte der katholischen Kirche gibt es Hunderte von verzweifelten Geistlichen, die gegen das Eheverbot
wettern und auf seine Folgen aufmerksam
machen[3].

- Um 1780 schreibt ein junger Kleriker:
  »Mir ist eine Frau versagt, weil ich ein
  Priester bin. Gleich einem Unfruchtbaren
  muß ich mein Leben unnütz verstreichen
  lassen. Wie grausam waren meine
  Eltern, da sie mich zu diesem Stand
  erzogen.«
- Ein anderer trägt vor: »Gott, ich zittere,
  mein graues Alter läßt mich nach der
  Ruhestätte meiner Väter sehnen. Für
  meine jüngeren Brüder bedeutet der
  Zölibat Millionen stummer Sünden; wie
  lange kann es die Politik des römischen
  Hofes noch wagen, sich über die Rechte
  der Natur zu erheben[4]?«
- Ein anderer bemerkt: »Gott zum Danke
  stehe ich jetzt am Ziel meines mühsamen
  Tagewerkes ... der ehelose Stand ist eine
  verderbliche Sache, ein ohnmächtiges
  Gebäude verrosteter Mißbräuche, hinter
  deren Schutt nichts zu finden ist[5] ... Ihr
  Kenner der Welt und der Menschen,
  weinet mit mir in der Stille[6].«
- Freimütig bekennt ein katholischer Priester: »Meineide, Vergiftungen, Vertrei-
  bungen und Morde sind die Verwirrungen, die der Zölibat mit sich bringt.
  Durch dieses Gesetz gehen viele als
  unwissende Taugenichtse, leidenschaftli-
  che Trinker und unbarmherzige Geiz-
  hälse durchs Leben. Auch die Wacker-
  sten erkennen es als Gesetz ohne Zweck
  und Nutzen[7].«
- Der Priester Blancet verliert wegen der
  erzwungenen Ehelosigkeit den Verstand
  und muß zeitweise an eine Kette gelegt
  werden[8].

*Spottbild auf die Sittsamkeit des 16. Jahr-
hunderts, wobei eine nackte Frau ihren
Nachttopf auf die Bänkelsänger schüttet.*

Corvin trifft den Nagel auf den Kopf: »Die
Befriedigung des Geschlechtstriebes ist eine
Naturpflicht wie die des Durstes ... die
verkehrte Ansicht, wodurch sie zu einem
Verbrechen oder sogar einer beschämen-
den Handlung gestempelt wird ... verdan-
ken wir der verunstalteten christlichen
Religion.«

Millionen geben ihr natürliches Leben
auf, um einem unnatürlichen zu frönen.
Diese düstere Ansicht verbreitet sich über
die christliche Welt, um sie zu einem
Jammertal[9] zu machen. Die frommen
Christen halten es nicht für wert, daß sie die
Sonne bescheint; jeder Genuß erscheint
ihnen als Schritt zur Hölle und jede Qual als
einer zum Himmel.

Man nennt das Eheverbot *teuflisch*[10],
einen *politischen Kunstgriff*[11], als *willkür-
lich-krampfhaften Versuch* zur Unterdrük-
kung der Menschenwürde und meint: »Jede
weltliche Macht wird vor einem so *des-*

Beispiele des geistlichen Sittenspiegels

1250	Der Subdiakon Burchard ist mit Margaretha, der Gräfin Johanna von Flandern, verheiratet und Vater. Der Papst schleudert den Bann über ihn. Später wird er in Gent ergriffen und enthauptet. »Sein Kopf wird durch die Städte Flanderns und des Hennegaus getragen[20].«
1273	Papst Gregor X. wirft seinem Bischof Heinrich von Lüttich vor: »Er hat eine Benediktiner-Äbtissin zur Hure gemacht, in seinem Park einen Harem angelegt und sich öffentlich gerühmt, innerhalb von 22 Monaten 14 Söhne gezeugt zu haben[21].«
1284	Ein Londoner Goldschmied verwundet einen Geistlichen. Er flieht aus Angst vor der Rache in die Kirche zur Heiligen Maria. Der Kirchenvogt wird bestochen. Handwerker dringen in die Kirche, erschlagen ihn mit einem Eisen, stopfen die Wunden mit Baumwolle aus und hängen ihn auf. Die Tat wird ruchbar und die Mörder werden von Pferden zerissen[22].
1300	Ein Priester aus Zabern steht im Verdacht des unzüchtigen Umgangs mit einer vornehmen Witwe. Als es ihre Söhne merken, sucht er sich in weiblicher Kleidung davonzuschleichen. Sie entdecken ihn und schneiden ihm die Nase ab. Er stirbt an den Folgen der Kamperwunde[23].
1409	In Augsburg werden vier Priester wegen Knabenschändung in einem hölzernen Käfig an den Perlachturm gehängt[24].
1459	Dem Bischof Hermann von Augsburg wird bescheinigt: »Er hat Nonnen beschlafen und in der Kirche Ehebruch begangen[25].« Augsburger Bürger schleppen den Priester Frischhans vor den Bischof, weil er ein Kind genotzüchtigt hat[26].
1513	Papst Leo X. gestattet dem Klerus nach Hinterlegung von zehn Gulden nach Gefallen »Hurerei, Ehebruch, Blutschande und Sodomie mit Tieren zu treiben.«
1517	Während des Konzils von Bajeux verbietet Ludwig de Canossa den Geistlichen, verdächtige Weiber in ihrer Wohnung zu halten, bzw. sich von unehelichen Söhnen bedienen zu lassen.
1535	In Toledo hat ein Geistlicher zwei Frauen verführt. Angeklagt ist er zusätzlich der Gotteslästerung, des Diebstahls, weil er für Absolutionen Geld verlangt hat und zu oft ins Bordell gegangen ist. Wegen dieser Vergehen bestraft ihn das Gericht zu einer Buße von zwei Gulden und einer dreißigtägigen Kirchenhaft[27].
1889	Klagt ein Geistlicher aus Peru: »Es gibt nur wenige, die nicht im öffentlichen Konkubinat leben. Man muß Bedenken haben, ein zwölfjähriges Mädchen zur Beichte zu schicken[28].«
1975	Der Bischof von Montbauton erliegt in einem zweifelhaften Etablissement einem Herzschlag. Er trägt am Tatort seinen Bischofsring[29].
1978	Der Erzbischof Seraphim, der Primas der orthodoxen Kirchen Griechenlands, entscheidet sich, Bischof Stylianos vor einem Synodalgericht anzuklagen. Er ist der Hauptdarsteller eines Photos mit einer korpulenten Dame[30].
1980	Das Landgericht Deggendorf wirft dem Zisterzienserpater Sauer vor, daß er Spenden für von ihm verführte Jungen verwendet hat[31].
1992	Ein Priester aus Rom läßt einen mit Pornos gefüllten Koffer samt seinem Talar in einem Zug liegen. Das Fundbüro veröffentlicht eine Liste der Gegenstände; abgeholt wurde der wertvolle Koffer bislang nicht.

potischen Akt zurückschrecken[12].« Einer theologischen Monatsschrift von 1821 zufolge hat dieses *Fluchgesetz*[13] wie kein anderes die Sittsamkeit untergraben[14].

Daß die Priester gleichen sexuellen Trieben und Nöten wie gewöhnliche Menschen unterliegen, dokumentieren ihre tausendfachen Ausschweifungen. Eine profunde Sammlung klerikaler Verfehlungen haben die Theologen Johann und Augustin Theiner[15] zusammengetragen und veröffentlicht[16]. Sie stellen erdrückendes Material über die Verführung von Kindern, Sadismus, Abtreibungen, Eifersuchts- und Lustmorde durch Geistliche und Mönche zusammen[17].

Die Verfechter der zölibatären Idee sind frömmlerische Schwärmer, Glaubenshörige und -abhängige, Phantasten, die sich einbilden, einem Gott ein Opfer zu bringen, wenn *sie* zu *seiner* Ehre geistig *und* körperlich verkrüppeln. Behaupten doch die Linientreuen:»Diejenigen, die das ehelose Leben nicht verkraften, wälzen sich im Kot der Unreinheit ... sie glauben, daß ihnen der Herr zur Hilfe kommt, der dieses Gelübde von ihnen erwartet hat ...«

Die Synode von London (1125) verbietet den Priestern bei der Strafe der Absetzung das Zusammenleben mit Frauen. Der Legat des Papstes, Kardinal von Crema, hat Schwierigkeiten, diesen Beschluß durchzufechten. Am Abend des gleichen Tages, an dem es ihm gelingt, ertappt man ihn bei einer Hure. Er besitzt die Unverschämtheit zu sagen, daß er nur ein Zuchtmeister der Priester sei[18].

Der päpstliche Zeremonienmeister Burchardus, der u. a. die Ruhmestaten Papst Alexanders VI. beschreibt, geht auf einen ähnlichen Vorfall ein:»Als Angelos am Mittag durch die Kirche ging, warf er einen Blick auf die in der Ecke gelegene Kapelle des heiligen Flores. Da sah er, wie Grade unter Paolo lag und wie sie sich zusammen vergnügten. Während einer Rede vor dem versammelten Volk auf der Kanzel sagt er später: Aber tatsächlich, liebe Brüder, als ich jene Frau auf dem Boden und Paolo über ihr liegen sah und ihre Scham nackend ... und wie sie es miteinander

trieben, wie man es beim fleischlichen Akte gewöhnlich macht, da glaubte ich, sie hätten ihn ausgeübt[19].«

Tatsache ist, daß Jesus von Nazareth dieses Gelübde nicht erwartet; vielleicht ist er verheiratet. Mit Sicherheit sind es einige Führer des Urchristentums und der späteren Generationen. Es darf nicht übersehen werden, daß die Durchsetzung des Eheverbotes für die Priester der katholischen Kirche ein Produkt des 11. Jahrhunderts ist. Die Entscheidung fällt in eine Epoche, in der der sittliche Verfall des Klerus, eingebunden in politische Ränke, Simonie und Nepotismus, kaum zu überbieten ist. Der Geburtshelfer des Zölibates ist eine gravierende Notlage, denn die ungefestigte Kirche steht am Abgrund und kann nur mit eisernen Bandagen gehalten werden.

Gregor VII. spricht eine unmenschliche Verpflichtung aus, die der Natur ins Gesicht schlägt und millionenfaches Leid verursacht. Sie hat aus kirchenpolitischer Sicht einen Vorteil. Man umgeht Erbteilungen, mehrt das Kirchenvermögen und bindet die ohnehin geistig Abhängigen körperlich an sich. Die Aufrechterhaltung des Zölibates ist ein Verbrechen wider die Menschenwürde und gehört abgeschafft.

Die Kirchenhistoriker wollen selbst hier ein eigenes Süppchen kochen, denn nach dem Theologen Schillebeck neigen sie dazu, negative Aspekte zu verschweigen[32]. Köttling gelangt zu der Erkenntnis, daß es schwierig sei, dieses Thema zu erörtern[33] ... es wäre nicht die Sache der Historiker, sondern derjenigen, denen die Sorge für die Herde Christi anvertraut ist[34]. Das Kirchenlexikon von Wetzner und Welte bringt eine originale Defintion des Zölibates[35] und hebt auf die jeder anatomischen Betrachtungsweise hohnsprechende Jungfräulichkeit ab. Ein überzeugter Christ sagt:»Wer die Zölibatsvorschrift als kirchlichen Machtmißbrauch interpretiert, macht die Geschichte zur Karikatur[36].«

Tausende von Priestern halten sich Konkubinen, reagieren sich in Bordellen ab und pflegen die Homosexualität, vergehen sich an und mit Tieren, betrügen Töchter, Ehefrauen und Witwen, weil ihnen eine *offizielle* Frau versagt ist. Sie dürfen huren, aber nicht heiraten. Steht doch in den päpstlichen Dekretalen: »Den Christen soll alles gemeinsam sein, auch die Weiber.«

Die offizielle Anschauung der katholischen Kirche vertritt einen unbeugsamen und antiquierten Standpunkt:

- Die angehenden Priester stimmen von sich aus der Ehelosigkeit zu.
- Die Ehe verunreinigt sie, das Einkommen eines Geistlichen reicht nicht, um eine Familie zu ernähren.
- Zur ungestörten Amtstätigkeit ist der Zölibat unabdingbar.

Während der 692 erfolgten Trullanischen Synode unter Justinian wird orthodoxen Geistlichen die Ehe erlaubt. Unbestritten sind bei ihnen die sexuellen Ausschweifungen bedeutungslos. Kommen sie ihren seelsorgerischen Aufgaben schlechter nach als die in die Enge getriebenen *Keuschheitsheuchler* der katholischen Kirche[37]?

Die Zulassung zur Ehe schmälert den Kirchenbesitz. Geld war noch nie so schmutzig, als daß es Prälaten verweigert hätten. Es ist zur Befriedigung persönlicher Bedürfnisse so wichtig wie zum Zusammenhalt des Imperiums. Nur so ist begreiflich, weshalb die kostbare Gabe der Enthaltsamkeit nach vorn gekehrt wird.

Man sieht keine Veranlassung, die traditionelle Haltung aufzugeben[38]. Damit verbundene Unmenschlichkeiten werden in Kauf genommen, denn die Verantwortung schiebt man den Priestern in die Schuhe, die sich diesem Aberwitz beugen. Es ist der Amtskirche nicht möglich, 1000 Jahre einem Unrecht zuzusehen, um dann kleinlaut beidrehen zu müssen. Kann dies eine Religion sein, die sich der Nächstenliebe verpflichtet fühlt?

Auch hier klärt uns ein Blick in die Geschichte auf. Konstantin der Große (306-337) erhebt das Christentum zur Staatsreligion. Er gestattet den Geistlichen Schenkungen anzunehmen und dies öffnet ihrem Raffen die Himmelstür. Die Kaiser Gratian und Valentinian sehen sich gezwungen, durch Gesetze der Erbschleichung der Geistlichen Einhalt zu gebieten. Hieronymus, der Geheimschreiber des römischen Bischofs Damasus, dem das Christentum die verfälschte *Vulgata* verdankt, ruft bei der Bekanntmachung des Gesetzes aus: »Ich bedaure nicht des Kaisers Verbot, sondern mehr das, daß meine Mitbrüder es notwendig gemacht haben ... sie halten kinderlosen Greisen und alten Matronen den Nachttopf hin, stets geschäftig um ihr Lager, mit den eigenen Händen fangen sie ihren Auswurf auf, und Witwen heiraten nicht mehr; sie sind weiter frei, und Priester dienen ihnen um Geld.« Selbst der Bischof des Hieronymus, Damasus, hat sich den Beinamen *Ohrenkrabbler der Damen* erworben[39]. Das ist der zentrale Punkt: es geht nicht um die Nächstenliebe, sondern um Geld. Wo es ist, da ist die Macht.

Damasus I. (366-384), Sohn eines Priesters der Kirche S. Lorenzo, ist ein begeisterter Fürsprecher der Ehelosigkeit und trägt vor: »Mit welcher Autorität können der Bischof und der Priester den Jungfrauen Keuschheit und den Witwen die Enthaltsamkeit empfehlen, wenn ihnen selbst mehr daran liegt, Kinder für diese Welt zu erzeugen als sie zu Gott zu führen? Priester, die Kinder zeugen, sind des Priesteramtes unwürdig. Die Bischöfe, Priester und Diakone mögen wissen, daß ihr Leben nicht dem anderer Bürger sein kann. Ich mache euch daher, ihr Lieben, im Namen der der Religion geschuldeten Achtung darauf aufmerksam, daß das Priesteramt nicht Männern anvertraut werden darf, die ihren Körper im Schmutz der Unkeuschheit beflecken. Der Apostel hat gesagt, daß das Fleisch und das Blut nicht ins Himmelreich eingehen werden. Wie kann ein Priester oder Diakon, nachdem er diese Worte gelesen hat, noch nach der Art der Tiere leben? ... Wer anders handelt, soll aus der Gemeinschaft der Katholiken gestoßen und von jeder Verbindung mit dem apostolischen Stuhl abgeschnitten werden[40].«

Der Priester der katholischen Kirche soll geschlechtslos sein, und *engelgleich gereinigt* die Rolle Gottes auf der Erde übernehmen. Abgesehen davon, daß es einen solchen Gott nicht gibt, soll er sich der Braut

Kirche als sündenloser Bräutigam hingeben[41]. Eine vorurteilsfreie Betrachtung der
zölibatären Zwänge ist von Interesse, weil
sie dokumentiert, wie polar sich die
Aussagen zwischen der von der katholischen Kirche gepriesenen Sittsamkeit und
den sexuellen Ausschweifungen im eigenen
Lager gegenüberstehen.

Am 7.12.1965 wird per Dekret das
ehelose Leben der katholischen Priester
erneut zementiert. Es versteht den Zölibat
in erster Linie *um des Reiches Gottes willen*.
Diese Definition haben Geistliche getroffen.
Was der Papst zu diesem Thema sagt,
damals wie heute, hat nicht mehr Gewicht
als die Stimme eines anderen, denn er irrt
ebenso[42].

Jesus kennt den Zölibat nicht

Es ist denkbar, daß die Zeit vor Jesus von
Nazareth von der Polygamie gekennzeichnet ist. Der aus einer Priesterfamilie
stammende Rabbi Tarfon traut sich während einer Hungersnot mit 300 Frauen,
damit sie mit ihm von geweihtem Getreide
essen dürfen[43].

Aus den widersprüchlichen Evangelien
läßt sich nicht ableiten, daß Jesus von
Nazareth die Ehe untersagt[44]. Nach der
christlichen Überlieferung bezieht er keine
Stellung zu dieser Frage. Die Quellenlage ist
so unsicher, daß nichts gesagt werden kann.
Nur eines: den Zölibat kennt oder will er
nicht. Es ist denkbar, daß er verheiratet war
und es ist sicher, daß einige Apostel und
frühchristliche Würdenträger verheiratet
sind. Die Theologen scheinen sich über die
Realität der Apostelehen unsicher zu sein[45].

Wenn wir Johannes Leipoldt folgen[46],
hat Jesus von Nazareth die Vielehe abgelehnt:»Wie man über diesen Tatbestand
denken mag; in jedem Fall muß die höhere
Einschätzung der Frau in der Predigt Jesu
dazu führen, daß er die Vielweiberei
ablehnt … schon im Alten Testament wird
gelegentlich die Einehe als das Gegebene
angesehen … Jesus ist immer bedacht, die
wertvollen Ansätze des Alten Testamentes
fortzubilden[47].«

Bald macht sich der paulinische Einfluß
bemerkbar. Schreibt er doch an die Korinther:»Um der Hurerei willen habe jeglicher
Mann sein eigenes Weib, und eine jegliche
ihren Mann.« Oder:»Demnach, welcher
verheiratet ist, der tut wohl, welcher aber
nicht verheiratet ist, tut besser … der Mann
ist nicht geschaffen zu des Weibes willen,
sondern das Weib um des Mannes willen[48]).
Es ist dem Menschen gut, daß er kein Weib
berühre.«

Immerhin könnte sich Paulus auf eine
Anmerkung des Rabbi Juda ben Elay
stützen, der gesagt haben soll:»Drei
Lobpreisungen muß man jeden Tag sprechen: Gepriesen sei, der mich nicht zum
Heiden machte! Gepriesen sei, der mich
nicht zur Frau machte; Gepriesen sei, der
mich nicht zum Ungebildeten machte.« So
vernarrt kann Paulus nicht gewesen sein,
denn er schreibt weiter:»So sie aber sich
nicht mögen enthalten, so laß sie freien; es
ist besser zu freien, denn Brunst leiden.«

Nach Karl Müller[49] nennt Satornilus die
Ehe und Kindererzeugung ein *Satanswerk*.
Der Mesopotamier Tatian nennt die Ehe
eine Schändung und Unzucht. Bischof
Eustathius von Sebaste fordert um 380 das
ehelose Leben für alle Getauften.

Früh setzt sich die Auffassung durch, daß
eine Zweitehe für Priester schädlich ist und
den Weg zu den Weihen versperrt. Eine Ehe
nach dem Tod der Ehefrau gilt als Bigamie
und damit »als ein von der Priesterweihe
ausschließlicher Defekt ebenso wie uneheliche Geburt, körperliche Fehler, Epilepsie
oder Geisteskrankheit.« Die Synodalvor-
schriften sind voller Widersprüche.

Synodale Tendenzen, Jovinian

Die Synode von Valence (374) will
niemand zulassen, der ein zweitesmal
verheiratet ist und die von Orange (441) läßt
die Wiederverheiratung bis zu einer gewissen Weihestufe zu. Arles (452) schließt sich
der Auffassung an und die Synode von
Angers (453) betont den Ausschluß von
Diakonat und Priestertum. Die Synode von
Agde (506) billigt die Weihe der *Bigamis*

internuptarum maritis nicht. Die Synode von Arles (524) sieht sich veranlaßt, zu betonen, daß das Verbot der Weihespendung an zweimal Verheiratete besser beachtet werden muß. Bischöfe, die solche Bewerber weihen, sollen mit einer Teilsuspension bestraft werden, in der ihnen die Meßfeier auf ein Jahr untersagt wird. Die große Nationalsynode von Gallien, die 541 in Orléans abgehalten wird, erhöht das Strafmaß, indem sie die Suspension durchsetzt. Bereits Geweihte sind zu degradieren[50].

Auf der im Jahr 400 gehaltenen Synode von Toledo wird bestimmt, daß die Frauen der Kleriker, die Ehebruch begehen, von ihnen eingesperrt und gebunden, doch nicht getötet werden sollen. Auf einer weiteren Synode in Toledo 589 geht man schärfer vor, Kleriker, die durch den Umgang mit Frauen Verdacht erregen, sollen nach den kanonischen Gesetzen mit Deposition und Exkommunikation bestraft werden. Die Frauen seien vom Bischof zu verkaufen, und der Erlös sei für die Armen bestimmt. Die Roßkur wird ein Jahr später in Sevilla bekräftigt, weil einige Bischöfe die Vorschrift nicht befolgt haben. Gemäß der neuen Verfügung sollen die Bischöfe nicht mehr selbst die Frauen verkaufen, sondern es weltlichen Richtern überlassen, die vorher eine bischöfliche Genehmigung einholen müssen[51]. Die Männer sollen das Recht erhalten, ihnen *heilsame* Fasten aufzuerlegen.

Schon treibt der männliche Sexualneid Blüten. Frühe Synoden berichten von Frauen, die ihre mit Geistlichen im Ehebruch gezeugten Kinder umbringen[52], von Knabenschändungen[53] und der Unzucht mit Tieren[54]. Während der Synode von Elvira wird beschlossen, daß sich die im Amt befindlichen Bischöfe, Priester und Subdiakone ihrer Frauen enthalten sollen[55]. Den Geistlichen wird das Halten von Konkubinen untersagt[56]. Geistliche, die Unzucht treiben, sollen an ihrem Lebensende keine Kommunion empfangen[57].

Ähnlich wird kurze Zeit danach von den Bischöfen der Synode von Neucäsarea, der Hauptstadt der asiatischen Provinz Pole-

moniachus, argumentiert. Es wird beschlossen: »Ein Priester, der nach der Ordination heiratet, soll abgesetzt werden[58].« 386 bestimmt ein Synodalschreiben der afrikanischen Bischöfe: »Wer als Laie eine Witwe heiratet, soll nicht mehr zum Klerus zugelassen werden.« Während des Konzils von Karthago unter dem Vorsitz von Genethlius wird für gut befunden, daß sich die Bischöfe, Priester und Diakone ihrer Frauen[59] und Konkubinen[60] enthalten.

Dieser negativen Strömung steht die Auffassung der Synode von Nicäa (324) gegenüber. Der ägyptische Priester Panuptius schlägt vor, man soll keine übertriebene Strenge an den Tag legen. Einem Geistlichen dürfe nicht die Frau genommen werden, die er als Laie geheiratet hat[61].«

Es kann nicht ausbleiben, daß man ihm später von katholischer Seite aus Lügenhaftigkeit unterstellt. Die sogenannten *apostolischen* Canons, die frühestens dem 4. Jahrhundert zuzuordnen sind, bestimmen, daß ein Geistlicher, der unter einem Vorwand seine Frau verläßt, exkommuniziert wird. Es wird gesagt: »Wenn ein Geistlicher in der Ehe Greuel findet, soll er … belehrt und aus der Kirche gestoßen werden[62].«

Während der Synode von Gangra, die zwischen den Jahren 340-350 anzusetzen ist, wird verschiedentlich die Ehe der Geistlichen verteidigt. Hier werden Frauen verdammt, die aus Abscheu vor der Aufrechterhaltung der Ehe ihre Männer verlassen[63]. Scharf wettert man gegen *satanische* Jungfrauen, die sich in die priesterlichen Betten schleichen; schon damals gilt: die dem Priestertum verpflichteten sind wegen ihres absonderlichen Lebens von manchen Frauen als *sexuelle Leckerbissen* geschätzt.

348/349 wird eine Synode in Karthago abgehalten; sie nimmt einen vermittelnden Standpunkt ein. Auf bischöflichen Antrag wird im 3. Canon verordnet, daß diejenigen, die sich der Enthaltsamkeit gewidmet haben, des Verdachts enthoben sind, falls sie nicht mit anderen zusammenwohnen. Wer nicht heiraten will, soll sich danach richten. Wenn der Übertreter ein Geistlicher ist, werde er abgesetzt. Während des Konzils von Carbasussi wird dem Priester Primarius vorgeworfen, daß er den Bruder Demetrius aus der Gemeinschaft geschlossen hat, um ihn zu zwingen, seinen Sohn wegzuschaffen[64].

Ab der zweiten Hälfte des 4. Jahrhunderts zeigt sich eine verschärfte Tendenz der zölibatären Entwicklung, denn in mehreren Provinzen werden Priester genötigt, ihre als Laien geheirateten Frauen zu verstoßen bzw. künftig enthaltsam zu leben. Einen ganz besonderen Stellenwert nimmt der jovinianische Streit ein, denn er treibt den Kirchenvätern das Blut in den Kopf.

Längst ist Christus zu Staub zerfallen: mit ihm die Jünger und frühen Verbreiter der christlichen Lehre. Längst hat man sich vom Urchristentum entfernt und sitzt Reglementierungen auf. Und plötzlich stellt Jovinian die These in den Raum, ob nicht Jesus seine Zeugungsglieder benutzt hat. Wie kann ein Einzelner wagen, sich gegen eine absurde Lehrmeinung zu erheben? Papst Siricius fällt über ihn her, bezeichnet ihn als Lügner und Feind der Wahrheit. Ambrosius erkennt in ihm einen Ketzer und Hieronymus sieht die christlichen Felle wegschwimmen.

Gott-Trunken ist in gewisser Weise Sophronius Eusebius Hieronymus (340-420), denn er stellt die Frau als verabscheuungswürdig, als Pforte des Teufels, Straße des Lasters, als Skorpionstich und giftiges Insekt hin, habe er doch auf der ganzen Welt kein braves Weib finden können. Er sagt: »Es ist der menschlichen Seele schwer, gar nichts zu lieben, etwas muß geliebt werden. Die fleischliche Liebe wird durch die geistliche überwunden. Seufze daher und sprich zu deinem Bett. Und hat dich der Schlaf überfallen, so wird er durch die Wand kommen, seine Hand durch das Loch stecken und deinen Bauch berühren.«

Immer wieder kämpft er gegen den damals noch unbekannten Geschlechtsteufel: »Ich, der ich mich aus Furcht vor der Hölle zu solchem Gefängnis verdamme, der ich mich nur in der Gesellschaft von Skorpionen und wilden Tieren befand, befand mich oft in den Chören von Mädchen. Das Gesicht war blaß vom Fasten, und doch glühte der Geist von Begierden des kalten Körpers, und in dem schon gestorbenen Fleisch loderte das Feuer der Wollust ... von aller Hilfe entblößt, warf ich mich zu Füßen Christi.« Sagte er nicht auch, daß sich die Menschen während des Beischlafs in nichts von Schweinen und unvernünftigen Tieren unterscheiden?

Gregor von Nazianz spricht von *schlimmen* Bischöfen, die süßes Gift für die Weiber sind, die gegen Geringere wie Löwen, gegen Mächtigere aber wie Hunde sind. Basilius mahnt die Bischöfe: »Die Schlechtigkeit ist so groß, daß die Bewohner vieler kleiner Städte die Kirchen nicht mehr besuchen, sondern lieber unter dem freien Himmel beten.«

Der Diakon Sabinian

Schon damals gibt es Beispiele, in denen die Kirche ihre Hand über die Schützlinge hält. Sabinian besucht in Italien Hurenhäuser, vergewaltigt Jungfrauen und besudelt die Ehebetten vornehmer Familien: er wird entdeckt und verfolgt. Mit einem bischöflichen Empfehlungsschreiben wird er in ein Kloster verbracht.

Hier verliebt er sich in eine Nonne, die seinen Wünschen nachzugeben bereit ist. Bald dringen die Gerüchte bis zum Abt. Daraufhin bittet der Sünder um Gnade. Er erhält sie unter der Bedingung, daß er sich in die Wüste begibt, um unter beständigem Weinen Gott um Verzeihung zu bitten.

Um das Jahr 584 treibt ein Geistlicher aus Mans Unzucht mit einer Tochter vornehmer Eltern. Um seinen Gelüsten ungestört nachgehen zu können, bringt er sie in Männerkleidung und mit geschnittenen Haaren in eine andere Stadt. Sein Tun wird entdeckt. In der ersten Empörung soll er verkauft werden, doch keiner will den Lüstling haben; darum soll er getötet werden.

Es kommt, wie es kommen muß, denn er wird von seinem Bischof für 20 Goldstücke freigekauft. Bald danach wagt er es, eine

Mutter zu vergewaltigen und zieht sich die Ungnade seines Retters zu. Daraufhin besticht er einen Priester, damit er den Bischof mit einem Beil erschlage. Es wird ruchbar und dann beschuldigt der einst Freigekaufte seinen Retter des verbotenen Umgangs mit Weibern[65].

Affront gegen die Frauen

Immer deutlicher setzt sich in Kirchenkreisen die Erkenntnis fest, daß der Umgang mit Frauen sündhaft ist. Justinus ringt sich zu der Auffassung durch, daß der Geschlechtsverkehr gesetzwidrig sei, weil damit das Stillen einer bösen Lust verbunden ist. Ambrosius, der acht Tage nach seiner Taufe ohne Vorkenntnisse zum Bischof geweiht wird, betrachtet die Ehe als Schwachheit. Er beruft sich auf die Turteltauben, die nach dem Verlust des Gatten ebenfalls auf den Beischlaf verzichten. Gewiß wäre er ein guter Ornithologe geworden. In glühender Begeisterung schildert er die, die sich eher umbringen, als ihre Jungfräulichkeit aufzugeben[66]. Hieronymus betrachtet die Ehe als notwendiges Übel und meint, daß der Bischof als Ehebrecher anzusehen ist, falls er Kinder zeuge. Er hat in jungen Jahren nichts gegen sexuelle Ausschweifungen einzuwenden.

Augustinus, erst Jude, dann Manichäer, dann ausschweifender Jüngling, dann zum Christ geläutert und schließlich zum Bischof ernannt, berichtet freimütig über seine Verfehlungen und gesteht, daß er der Unzucht gefrönt hat. Er zeugt den Sohn Adeatus. Später duldet er in seinem Haus keinen Rockzipfel, denn nun vertritt er die Meinung, daß die aus dem sündigen Beischlaf gezeugten Kinder erst durch die Sakramente der heiligen Kirche aus der satanischen Gewalt befreit werden[67].

Immer stärker geistert das Phantom von der *sündigen* Frau durch die Geschichte des Christentums. Es wird die Theologen über Jahrhunderte, und darüber hinaus, beschäftigen. Bald verrennen sich die *keuschen Knechte Gottes* in unlauteren Erörterungen und dubiosen Theorien. Mit sophistischer Gelassenheit legen sie Halbwissen auf die Goldwaage. Obwohl sie wissen, daß einige der frühen Bischöfe und zahlreiche Priester wie Synesius[68] und Hilarius[69] verheiratet waren, werden vernünftige Meinungen nicht akzeptiert.

Erzbischof Himerius scheint sich nicht sicher zu sein, ob er seinen Geistlichen das eheliche Leben aufbürden soll oder nicht. Er versichert sich der Gunst des Papstes und schickt den Priester Bassianus zum Bischof Damasius, um Ratschläge zu erfragen. U.a. soll er erkunden, wie er sich gegenüber Nonnen und Mönchen verhalten soll, die Unzucht treiben und Kinder gezeugt haben.

Synesius bekennt[70]: »Mir hat Gott eine Frau gegeben. Allen tue ich kund und bezeuge, daß ich mich nicht von ihr trennen werde, oder heimlich, wie ein Ehebrecher, mit ihr Umgang haben werde. Jenes verträgt sich nicht mit der Frommheit, dieses nicht mit den Gesetzen. Ich will mit ihr gute Kinder zeugen[71].«

Noch hängt die Entscheidung für oder gegen die Ehe der Geistlichen vom Einzelnen ab. Deutlich wird der negative Trend. Man greift nicht die unbeherrschten Kleriker an, sondern die weitgehend rechtlosen Frauen. Einzelne Bischöfe beugen sich dem Joch der Unvernunft. Ubicus trennt sich von seiner Frau. Nach der ersten Aufregung eilt sie nachts zu seiner Wohnung und ruft: »Wie lange verschließt Du, Priester, deiner Frau die Tür. Warum verachtest Du die Gattin[72]?«

Siricius läßt wissen: »Unzüchtige Personen sollen aus den kirchlichen und klösterlichen Zusammenkünften entfernt oder in Gefängnisse eingeschlossen werden, damit sie ihre bösen Taten immerfort beweinen ... an ihrem Lebensende soll ihnen aus Barmherzigkeit die Kommunion erteilt werden[73] ... die aber behaupten, es wäre ihnen zu heiraten gestattet, sollen wissen, daß sie durch die Autorität des apostolischen Stuhles ihrer kirchlichen Würde entsetzt sind ... sie dürfen die heiligen Geheimnisse nicht mehr verwalten, da sie schändlichen Begierden anhängen ... die römische Kirche ist das Haupt des gesamten Körpers und deren Befehlen ist nachzukommen.«

Geistliche Jungfrauen

Die der menschlichen Natur entgegenstehende Enthaltsamkeit sucht sich ein Ventil und findet es in den Gott geweihten Jungfrauen. Sie schwören ewige Keuschheit und schlüpfen unter dieser günstigen Voraussetzung in die Betten der Geistlichen. Sofort wettern die Kirchenväter gegen die sich jetzt schon abzeichnende Unzucht.

Chrysostomus meint: »In unseren Tagen ist eine neue und ungewöhnliche Art von Zusammenwohnen zwischen Mann und Frau entstanden. Viele sind ihrer, die unverheiratete Jungfrauen ins Haus nehmen, mit ihnen leben und sie bis zu ihrem hohen Alter bei sich behalten. Ich preise den glücklich, der dabei keinen Schaden nimmt.« Er beschwört alle, sich diesem unsittlichen Verhältnis zu entreißen, die teuflische Gewalt zu brechen und die brüllenden Schlangen des Satans davonzujagen[74].«

Wieder schaltet sich Hieronymus in den Dialog: »Scham ergreift mich, wenn ich sehe, wieviel Jungfrauen täglich zu Fall kommen. Wenn sie nicht der schwangere Bauch oder das Geschrei der Kinder verrät, gehen sie mit gestrecktem Hals oder hüpfendem Gang einher. Andere wissen sich unfruchtbar zu machen. Fühlen sie sich in ihrer Ruchlosigkeit schwanger, treiben sie die Leibesfrucht mit Gift ab. Oft sterben sie dabei. Sie sind eines dreifachen Verbrechens schuldig. Sie gelangen als Selbstmörderin, als Ehebrecherin und als Mörder ihrer noch nicht geborenen Kinder in die Unterwelt. Ich schäme mich es zu sagen, aber es ist wahr … woher brach die Pest der Agapinnen in unseren Kirchen aus? Woher das neue Geschlecht der Konkubinen, woher die Huren, die sich unter dem Vorwand des geistlichen Trostes vereinigen, um danach fleischlichen Verkehr zu pflegen[75].

428 schreibt Coelestin I. an die gallischen Bischöfe der Provinzen Vienne und Narbonne: »Wenn ein Priester mit seiner geistlichen Tochter Unzucht treibt, soll er wissen, daß er einen schweren Ehebruch begangen hat. Er soll zwei Jahre herumreisen und Buße tun. Daraufhin soll er in ein Kloster gehen. Die Bischöfe sollen keine Unzucht mit Beichtkindern treiben.«

Simplizius, der Bischof von Autun, sieht 364 seine Frau als *Schwester* an und geht mir ihr ins Bett. Auf Anstiften des Teufels werden sie verleumdet und das Volk glaubt deren Keuschheitsbeteuerungen nicht. »Da läßt sich die Erzbischöfin glühende Kohlen reichen und hält sie eine Stunde lang unversehrt in ihrem Kleid. Bald glaubt das Volk an das unglaubliche Wunder … innerhalb von sieben Tagen lassen sich Tausende taufen[76].«

Dann gelangt man zu der sinnigen Erleuchtung, das Alter der die Priester betreuenden Frauen so hoch anzusetzen, daß sie sexuell kaum noch interessant sind. Theodosius II. verordnet, daß sie 60 Jahre alt sein sollen. Auf der Synode von Chalcedonia[77] wird es auf 40 reduziert; Justinian läßt sich auf den Kompromiß von 50 Jahren ein. So geht in Erfüllung, was der Prophet von den jüdischen Pfaffen sagte: »Sie treiben Unzucht mit geweihten Huren und das unverständige Volk wird durch sie ins Verderben gerissen[78].«

Die justinianische Gesetzgebung verdeutlicht den Einfluß, den die junge christliche Kirche gewinnt. Justinian verkündet[85]: »Ich werde zur Ehre der heiligen Kirche und dem Ruhm der heiligen Dreifaltigkeit für eine strenge Kirchenzucht sorgen.«

Der Hauptgrund ist vermögensrechtlicher Natur, denn die Verschleuderung des Kirchengutes durch Vererbung an Kinder soll ausgeschlossen werden[86]. Kinderlosigkeit des Bischofs soll erreicht werden. Den Kindern werden alle Rechte genommen und man tut so, als ob sie nicht geboren wären: sie gelten als Kirchenbesitz. Treffen will man nicht sie, sondern ihre Väter, indem man ihre Nachkommen vom kirchlichen Segen der Erbfolge ausschließt.

- Bischof kann nur werden, wer sich ausschließlich kirchlichen Angelegenheiten widmet[87].
- Sie dürfen das von der Kirche überlassene Gut nicht zum Vorteil ihrer Verwandten verwenden.

- Es wird ihnen untersagt, testamentarisch etwas zu vermachen oder zu verschenken, denn der Besitz der Kirche soll erhalten bleiben[88].
- Kinder, die in Unzucht gezeugt sind[89], werden erbunfähig ... ihre Väter verlieren die priesterlichen und bürgerlichen Rechte.

In den Jahren 531 und 541 werden ähnliche Bemerkungen nachgeschoben[90].

Wichtig werden die Beschlüsse, die während eines ökumenischen Konzils unter Justinian II.[91] 692 im kaiserlichen Palast gefaßt werden. Hier versammeln sich 217 Bischöfe unter dem Patriarchen Kallinikus von Konstantinopel. Die Beschlüsse werden im griechischen Reich eingeführt und haben bis heute Gültigkeit. Ihrzufolge dürfen die niederen Kleriker nach der Weihe heiraten. Subdiakone, Diakone und Priester können die Ehe, die sie vor der Weihe geschlossen haben, weiterführen. Aus Gründen der Frömmigkeit dürfen sie ihre Frauen nicht verlassen. Zur Zeit des heiligen Dienstes haben sie sich ihrer zu enthalten. Für die Bischöfe gilt Ehelosigkeit. Die Frauen der verheirateten Kandidaten müssen ins Kloster gehen[92].

»Ohne Zweifel hat dieses humane Gesetz Unzuchtsverbrechen verhindert[93].« Darum kann zum Beginn des 5. Jahrhunderts der byzantinische Kirchenhistoriker Sokrates Scholastikus (ca. 370-450) sagen: »Im Orient enthalten sich die ordinierten Kleriker freiwillig, durch gesetzlichen Zwang tun sie es nicht. Viele haben in der Zeit, als sie Bischöfe gewesen sind, mit ihren Frauen rechtmäßige Kinder gezeugt[94].« Der Vater des Gregor von Nazianz, genannt der Theologe (um 329- um 390), ist noch als Bischof verheiratet, obwohl das formelle Verbot, die vor der Weihe geschlossene Ehe fortzusetzen, bereits zum Beginn des 4. Jh. auf dem Konzil von Elvira in den 81 Canones zur Kirchenzucht ausgesprochen wird.

Obwohl römische Bischöfe unter den Beschlußfassern im kaiserlichen Palast sitzen und das Dokument von Trabanten des Papstes unterzeichnet ist, verweigert Sergius I. die Annahme. Die trullanischen Beschlüsse werden zur sexuellen Scheidewand zwischen der römisch-katholischen und orthodoxen Kirche.

Während im Osten klare Verhältnisse herrschen, gehen im Westen die Rangeleien weiter. Noch sind Tausende von Geistlichen verheiratet, noch mehr halten sich eine Konkubine, denn die Pfarrköchin ist unbekannt. Man verbindet das Angenehme mit dem Nützlichen.

Doch der Klerus ist nicht so schlecht, wie man ihn hinstellt, denn die Priester drängen auf ein *geregeltes* Eheverhältnis, was die Kirchenleitung als Hurerei abstempelt. Wieder zitieren die Gotteshirten die christliche Bibel, um daraus zu lesen, selbst Christus habe bei der Samariterin gesessen. Darum könne man ihnen den Umgang mit Frauen nicht versagen. Den Priestern des Abendlandes wird eingeredet:

- Die Sünde sei durch das Weib in die Welt gekommen. Hätte Adam dies vorausgesehen, würde er in Sack und Asche Buße tun.
- Jede Verbindung mit einem Weib ist feindselig. Die giftigen Nattern hauchen Krankheiten. Das Weib verbreitet die Pestilenz der Begierde. Wer durch die Liebe einer Frau abgelenkt wird, kann nicht mehr an göttliche Dinge denken[95].

Die Saat des Frauenhasses ergießt sich über das Christentum. Auf vielen Synoden und Konzilien werden Bedenken vorgetragen[96]. Und doch ist es nur ein kleiner Teil der gesamten Entwicklung.

- Die Christianisierung Europas wird systematisch vorangetrieben.
- Das Klosterwesen wird ausgebaut.
- Die politische Bedeutung des Bischofsamtes zeichnet sich ab.
- Das Verhältnis Kirche : Staat ist in einem Wandel begriffen.

Die Rechtsunsicherheit der Priesterehe bleibt erhalten. Die Bewohner von Syrakus haben einen Geistlichen zum Bischof erhoben. Er ist verheiratet und hat Kinder.

Pelagius soll die Wahl bestätigen. Da er unsicher ist, schreibt er an den Patriarchen Cethgenus, er habe aus Furcht ein Jahr mit der Ordination gezögert, daß durch dessen Familie die Kirchengüter leiden könnten und in der Hoffnung, daß sie eine bessere Wahl treffen mögen. Vom Gewählten habe er verlangt, daß er sein Vermögen aufzeichnet und verspricht, den Verwandten nichts zu hinterlassen.

Durch Schenkungen im Laufe des Mittelalters fließen der Kirche unermeßliche Reichtümer zu. Es ist vor allem Landbesitz und oft gehören die auf der Scholle Beschäftigten dazu. So wird sie fast zwangsweise Sklavenhalter; es steht im Gegensatz zur christlichen Frohbotschaft.

Knechte der Wollust

Das Mittelalter ist von dem Phänomen durchzogen, daß sich vollendete Armut und übermäßiger Luxus gegenüberstehen. Dies betrifft ebenso die Geistlichen in ihrer Hierarchie.

Papst Gregor I. (590-605) ist um die Aufrechterhaltung der Kirchenzucht bemüht. Theiner charakterisiert ihn so: »Er ist streng gegen Untergebene, würdevoll gegen die, die sich zuvorkommend an ihn wenden und unnachgiebig gegen die, die er für seine Zwecke gewinnen will[104].« Gegenüber den klerikalen Ausschweifungen vertritt er eine außerordentlich strenge Position:

- Gefallene Priester, Diakone, Mönche und Kleriker soll man in Klöster sperren[105].
- Der Enkel eines Bischofs, der die Tochter eines Diakons geschwängert hat, soll sie heiraten oder genotzüchtigt in ein Kloster gesteckt werden[106].
- Nonnen, die Hurerei getrieben haben, sollen nach ihrer Züchtigung in ein Jungfrauenkloster gesteckt werden, um anderen ein erschreckendes Beispiel zu geben[107].

Kurz danach erläßt die Synode in diesem Zusammenhang einige Gesetze und definiert:

- Die Geistlichen sollen keine Unkeuschheit treiben. Bei ihnen sollen keine Konkubinen sein.
- Die bei den Klerikern gefundenen Weiber sollen von den Bischöfen ergriffen und verkauft werden.

Bonifazius[108], der bedeutendste Missionar des deutschsprachigen Raumes, achtet sorgsam auf die Kirchenzucht. Er heftet sich die Weisung Papst Gregors I. an die Fersen, … die Priester und Bischöfe, die ein beflecktes Leben führen, wieder der Reinheit und kirchlichen Disziplin zuzuführen. Er teilt Papst Zacharias mit:

»Über 80 Jahre haben die Franken keine Kirchenversammlung gehalten, keinen Bischof gehabt, keine Kirchensatzung aufgestellt noch eine alte erneuert. Die Bistümer sind in den Händen geldgieriger Laien oder in denen ehebrecherischer Geistlicher … ich habe Diakone gefunden, die von ihrer Jugend an in Hurerei, Ehebruch und Unreinheit gelebt haben. Sie kamen ins Diakonat und hielten sich des Nachts fünf, sechs oder mehr Konkubinen … zudem habe ich Bischöfe gefunden, die, obgleich sie sagen, daß sie keine Hurer seien, dem Trunk, der Ungerechtigkeit und der Jagd ergeben sind … und die selbst Menschenblut vergießen[109].« Er fände Diakone vor, die Frauen schänden, im Ehebruch leben und dennoch ihre priesterliche Funktion ausüben. Ja, sie stiegen selbst noch zum Presbyter auf und häuften Sünde auf Sünde. Er bezeichnet die Geistlichen als *Knechte der Wollust*[110] und befiehlt ihnen:

- Wenn ein Priester Unzucht treibt, soll er gegeißelt oder gepeitscht werden.
- Mönche und Kleriker sollen, wenn sie der Sünde verfallen, nach einer dreimaligen Züchtigung in einen Kerker geworfen werden. Ebenso die Nonnen, denen das Haupthaar zu schneiden ist.
- Priester und Diakone sollen in ihren Häusern keine Weiber halten[111].

Kurz danach weist Papst Zacharias die Bischöfe an, die Priester und Diakone, die ein gottloses Leben führen, ihrer Ämter zu

Konziliare und synodale Ansichten zur Priesterehe

- Niemand kann für würdig gehalten werden, ein Diakon, Priester oder Bischof zu werden, der seine Neigung zu den Weibern nicht bezähmt hat[97].

- Mägde und freigelassene Frauen sollen vom Schlafgemach der Kleriker entfernt werden. Die Klöster der Nonnen sollen weit von denen der Mönche entfernt sein. Teils wegen der teuflischen Nachstellungen, teils wegen der üblen Nachreden[98].

- Geistliche, die in der Unzucht gezeugte Kinder nach der Geburt ermorden oder sie schon im Mutterleib durch Gift umbringen, verlieren ihr Amt. Nach der ausgestandenen Buße können sie wieder unter die Sänger aufgenommen werden[99].

- Weiber, die ihre in Hurerei gezeugten Kinder in der Erde vergraben oder sie ins Wasser werfen, sollen Buße tun[100].

- Kein Kleriker soll ein Frauenzimmer bei sich haben. Wer mit ihnen Umgang pflegt, soll abgesetzt und aus der Kirche gestoßen werden[101].

- Nonnen, die mit Geistlichen oder Laien Unzucht treiben, sollen durchgeprügelt und in ein Gefängnis gesteckt werden. Es wird ins Gedächtnis gerufen, daß es ein Majestätsverbrechen ist, eine Braut Christi zu schwächen[102].

- Da alle Gesetze die Unzucht nicht einzudämmen vermögen, müsse man nicht nur die Urheber der Verbrechen, sondern ebenso ihre Kinder strafen. Die aus einer solchen Befleckung Erzeugten sollen die Erbschaft ihrer Väter nicht erhalten ... sie sollen für immer der Kirche als Sklaven angehören. Einige der frühen Päpste nehmen sich der Sklavenfrage in besonderer Weise an[103].

entheben. Je höher die Moralvorstellungen der Statthalter nach oben klettern, desto tiefer fallen die Geistlichen in den moralischen Sumpf. Mit der zunehmenden Verdichtung des christlichen Glaubensgutes steigt die Zahl der Priester selbst in entfernten Landesteilen sprunghaft an. Sie sind schlecht zu kontrollieren, weil die Kirchen, das Kirchengut und somit das religiöse Geschehen in weltlicher Hand sind. Der Papst hat längst nicht die starke Position, die man ihm unterstellt

Nikolaus I. (856-867) richtet sein wachsames Auge auf die Kirchenzucht und ordnet in einem bischöflichen Schreiben an, daß Priester, die der Unzucht verfallen, aus dem Amt zu nehmen sind und daß Nonnen nicht mehr in die Welt zurückkehren sollen, falls sie sich mit der Unzucht befleckt haben. Ulrich von Augsburg schreibt ihm: »O, wie verworfen sind die Kopfgeschorenen, da keiner unter ihnen ist, der nicht ein Ehebrecher oder Sodomit wäre[112]. Die Tonsur des Priesters ist ein Symbol der Kastration und die Übernahme des Rockes als Priestergewand führt die alte Sitte der Astarte weiter, nach der Kastration Frauenkleider zu tragen.

Das stete Wiederholen der absurden Keuschheitsvorstellungen der Amtskirche wird zur Farce. Unter dem Abt von Fulda sind nahezu alle Mönche verheiratet[123]. In Benediktbeuren leben verheiratete Äbte. Einer von ihnen rühmt sich, neun Töchter gezeugt zu haben[124].

Gegen Ende des 10. Jahrhunderts wird Archibald zum Erzbischof von Sens ernannt[125]. Er leistet sich unerhörte Frevel und lebt mit Huren zusammen. Hubert, ein Abt aus dem Bistum Lüttich, macht aus seinem Kloster ein Waffenarsenal, legt sich eine Frau zu und zeugt Kinder[126]. Girard vom Kambria zeichnet ein schauderhaftes Bild von der englischen Geistlichkeit und bezieht sich vor allem auf das Herzogtum Wales: »Ich zweifle, daß Du weißt, was leider kein Geheimnis ist, daß fast alle unsere Chorherren unter den Fittichen der Domkirche öffentliche Hurer und Beischläfer sind. In ihren Wohnungen sieht man allenthalben Heb- und Säugammen, Wiegen und Konkubinen. Sie ahmen die Ausschweifungen mit unverschämter Pünktlichkeit nach ... Sobald ihre Söhne alt genug sind, geben sie ihnen die Töchter der Chorbrüder zur Ehe. Das Volk wählt sich aus ihrer Gemeinde nur solche Prälaten, denen weder ob der Hurerei des ganzes Volkes, noch an jener Erbfolge, noch selbst vor der Klerisei ekelt, wo diese wider das Gesetz erzeugten und geborenen Bastarde und Hurenkinder ebensoviel Rechte zur Erbschaft behaupten als andere[127].«

Priester Domenicus, der Hofkaplan von Berengar, des italienischen Königs und der Erzieher seiner Töchter Gisela und Geberta, schläft gewöhnlich mit ihrer Mutter, der Königin Willa. Als er einmal im königlichen Bett hurt, wird er von einem Hund gebissen. So wird die Sache ruchbar und der König läßt seinen treuen Beischläfer kastrieren.

Der Geistliche Erlembar löst seine Verlobung, weil sich seine Braut mit einem anderen Kleriker eingelassen hat. Zum Beginn des 9. Jahrhunderts raubt der Priester Aspulus nachts eine Nonne aus dem Peterskloster von Lucese. In Florenz leben die Kirchenoberen mit den Mädchen auf Kosten des Kapitels. Dem Bischof Tedald von Arezzo wird aus Rücksicht auf *gewisse* Neigungen der Umgang mit einer Frau empfohlen[128]. Lombardische Bischöfe lassen sich von verheirateten Priestern bestechen, die Beschlüsse der Synode von 1049, die ihre Enthaltsamkeit fordert, nicht zu veröffentlichen.

Moralisten ziehen auf

Inmitten der sexuellen Turbulenzen erhebt der Benediktiner Petrus Damiani[129] seine Stimme gegen die verlotterte Kirchenzucht. Er ist nicht mehr als ein Halm im Sturm, ein Mitläufer des fehlgeleiteten Glaubens. Als Mittel, sich die Keuschheit zu erhalten, empfiehlt er den häufigen Gebrauch des Abendmahles. Er fordert Gregor IV. auf: »Das tausendköpfige Haupt der giftigen Schlange zu zerschmettern ... und den Geiz der Bischöfe gänzlich zu unterdrücken.«

In seinem *Liber gomorrhianus* schildert er plastisch das Schandleben der Mönche, seufzt über die Hurerei der Priester, die Knabenliebe, die Unzucht mit Tieren, Beichtkindern und die gemeinschaftlichen Verbrechen: »Sie glauben ungestört sündigen zu können, weil sie sich untereinander in der Beichte absolvieren.« Sein Buch schließt mit der Bitte, die Laster mit der Wurzel auszurotten[130].

Er berichtet von einem Mönch, der von der Unzucht geplagt wird und dem nachts ein Engel die Geschlechtsteile abgeschnitten hat[131] und er wettert los, zu den jetzigen Zeiten sei es in der katholischen Kirche zur Gewohnheit geworden, daß man über andere Gegenstände der Kirchenzucht Untersuchungen anstellt. Von der Wollust des Klerus würde man nachsichtvoll schweigen. Allen Zweifel vernichten die schwangeren Bäuche und die schreienden Kinder. Die niedrigen Geistlichen straft man ob ihrer Unzucht, duldet sie aber bei den Bischöfen[132]. Wer kann den grauen Eminenzen verdenken, daß er ihnen ein Balken im christlichen Auge ist? Besonders vorteilhaft wendet sich Damiani an die

Schätzchen der Kleriker

»Indeß rede ich euch an, ihr Schätzchen der Kleriker, ihr Lockspeise des Satans, ihr Auswurf des Paradieses, ihr Gift der Geister, Schwert der Seelen, Wolfsmilch für die Trinkenden, Gift für die Essenden, Quellen der Sünde, Anlaß des Verderbens. Euch sage ich, euch rede ich an, ihr Lusthäuser des alten Feindes, ihr Wiedehopfe, Eulen, Nachtkäuze, Wölfinnen, Blutegel, Buhlerinnen, Lustdirnen, Mistpfützen fetter Scheine, ihr Ruhepolster unreiner Geister, Nymphen, Sirenen, Hexen, Dianen und was es sonst für Scheusalsnamen geben mag, die man euch beilegen möchte. Denn ihr seid die Speise des Satans und zur Flamme des ewigen Todes bestimmt.

An euch weidet sich der Teufel. Er mästet sich an der Fülle eurer Üppigkeit. Ihr seid die grimmigen Tigerinnen, deren blutiger Rachen nach Menschenblut dürstet, Harpyen, die das Opfer des Herrn umflattern, die die, die Gott geweiht sind, grausam verschlingen. Ihr seid ein wütendes Otterngezücht, die ihr vor Wollustbrunst Christus, der das Haupt der Kleriker ist, euren Buhlen ermordet[133].«

Ist Damini nicht gleich Paulus ein pfäffischer Eiferer? Er kann nicht verkannt haben, daß der Sex in der Kirche inzwischen die Chefetagen erobert hat. Wenn es ihr nunmehr nicht gelingt, sich grundlegend zu reformieren, so ist es um sie geschehen, denn inzwischen wird Rom von Huren regiert.

Pornokratie

Während die Päpste gegen die Unzucht der ihnen Untergebenen wettern, geben sie selbst in vielen Fällen ein erschreckendes Beispiel menschlicher Unzulänglichkeit. Die ihnen unterstellte Machtfülle macht es ihnen schwer, auf Luxus, Geld und Frauen zu verzichten. Sie profilieren sich an herrschaftlichen Gelüsten[134] und da ist für den Glauben wenig Platz. Sie beginnen, ihre Autorität zu untergraben. Hurerei und Macht bedeuten ihnen mehr als Glauben und Nächstenliebe. Die Zeit ist rauh. So bittet der Verbrecher Vitelli noch in dem Moment um den päpstlichen Segen, als er von einem Sohn des Papstes erwürgt wird.

Es ist eine der wenigen schändlichen Passagen, die inzwischen von der Kirche zugegeben werden. Ein Bischof und Kardinal bieten sich als Kronzeugen an. Cäsar Baronius[135], der eine Geschichte des Papsttums verfaßt, schildert diese Zeit voller Widerwärtigkeiten und Ekel[136]. Er beruft sich im wesentlichen auf die zeitgenössischen Aufzeichnungen des Bischofs Luitprand von Cremona[137]. Ihm verdanken wir die treffende Wortschöpfung *Pornokratie*.

Gregor I.[138] ist ein Heuchler, der von mönchischen Vorurteilen befangen ist; sein Bestreben ist es, Rom auf Hochglanz zu polieren[139]. Martin I.[140] wird der Verschwörung beschuldigt und Nikolaus I.[141] setzt sich unerschütterlich für die Vorrechte des apostolischen Stuhles ein.

Nach ihm besteigt Formosus[142] den Stuhl Petri. Man bezichtigt ihn des Meineides und wirft später seine Leiche in den Tiber. Auf ihn folgt Sergius II.[143], ein Spezialist für das Verschachern hoher Kirchenämter. Er erhebt seinen räuberisch veranlagten Bruder zum Bischof. Auf ihn folgt Bonifaz VI.[144], ein 15-Tage-Papst. Er wird bereits vor seinem Amtsantritt zweimal wegen seiner ausschweifenden Lebensweise der geistlichen Würde enthoben[145]. Baronius nennt ihn einen *gottlosen Schandbuben*, der nicht würdig ist, in das päpstliche Register aufgenommen zu werden[146]. Er stirbt am 26.4. 896 entweder an einem Gichtanfall oder Giftanschlag.

Mit dem Jahr 904 gewinnt die toskanische Partei die Oberhand in Rom. In diesem Zusammenhang ist Theodora, »Ein schönes, vornehmes, unzüchtiges und verworfenes Frauenzimmer,« zu erwähnen. Für ein halbes Jahrhundert führt sie mit ihren Töchtern Theodora und Marozia den Krummstab und die daran geketteten ungöttlichen Statthalter. Buhler kommen zu Würden und werden verstoßen, wenn sie den Lüsten nicht mehr dienlich sind.

Sergius III. (904-911) wird von seiner Geliebten Marozia, der Mätresse des Markgrafen Adalbert von Toskana, auf den päpstlichen Thron gesetzt. Nach seinem Tod erheben Marozia und ihre Schwester Theodora den gemeinsamen Liebhaber Anastasius III. (911-913) an seine Stelle. Bald ist das Laster nicht mehr zu beschreiben.

Johannes IX.[147] ist der uneheliche Sohn von Sergius III. Abgeschwächt konstatieren Kirchenhistoriker: »Sein Pontifikat war ohne Gewalt, des Glanzes bar, nur mit geistlichen Dingen beschäftigt.« Man kann es so kaum stehen lassen, denn er hurt nachweisbar. Johannes X. salbt Hugo, den *vollendesten Lüstling der Epoche*, zum König von Italien. Sein Königshof gleicht einem Bordell.

Im Frühjahr 932 kommt Hugo nach Rom, um seine Geliebte zu freien. Ihr Sohn, der Heilige Vater, vollzieht die Ehe mit dem göttlichen Segen, obwohl jeder weiß, daß Blutschande im Spiel ist. Die Trauung findet in der Engelsburg statt[148].

Johannes X. (914-928) wird später von Marozia gefangengesetzt und noch später läßt sie ihn umbringen. 928 sehen wir den Römer Leo VI.[149] als Papst. Er erklärt die Ehen der Geistlichen für Verbrechen und ist ansonsten ohne Bedeutung. Er wird ebenfalls ermordet. Der folgende Stephan VIII. kann sich nicht lange halten.

Dann besteigt Johannes XI. (931-935) im Alter von 25 Jahren den päpstlichen Stuhl; er verdankt ihn einem Schachzug Marozias. Sie gelangt später in den Strudel der Intrigen und versinkt zur Bedeutungslosigkeit. Sie war nichts als eine einfältige Hure. Die sittliche Verrohung und die erheblichen Mißstände im klerikalen Verhalten werden von Papst Leo VII. (936-939) offen angeprangert. In einem Brief an die Bischöfe Frankreichs und Deutschlands beruft er sich auf sein Hirtenamt und rügt die vielen Übertretungen und Verbrechen der Priester.

955 gelangt ein Enkel der Marozia namens Oktavian mit achtzehn Jahren an die päpstliche Macht. Er ist nicht einmal ein Geistlicher und nennt sich Johannes XII. (955-964). Jedes Schamgefühl ist ihm fremd. Seine Buhlerin ist Stephana. Als sie von ihm schwanger wird, früh niederkommt und stirbt, lebt er mit einer Konkubine seines Vaters zusammen.

Johannes XII. hält sich einen bescheidenen Pferdestall von 2000 Tieren und füttert sie mit Pistazien, Rosinen, Mandeln und Feigen, die man zuvor in Wein eingeweicht hat. Luitprand berichtet, daß diesem Papst die Schönsten und Häßlichsten, die Vornehmsten und Geringsten der Frauen gleich willkommen waren. Er war eine Mißgeburt, frevelte gegen die Religion und die Gottesdiener, führte das Tanzen, Gelächter und Absingen von Gassenhauern in der Kirche ein. Er macht den lateranischen Palast zum Bordell, schändet Weiber, Witwen und Jungfrauen ... selbst über den Gräbern der heiligen Apostel.

Er ordiniert einen Priester in einem Pferdstall zum Bischof und erhebt einen zehnjährigen Knaben zum Bischof von Lodi. Ein unter Kaiser Otto I. einberufenes Konzil beschuldigt ihn der Hurerei: er habe mit der Witwe Rainers, mit Stephana, der Mätresse seines Vaters, mit der Witwe Anna und seiner eigenen Nichte den Beischlaf vollzogen, er habe einen Kardinal-Subdiakon kastriert, mehrere Häuser in Brand gesteckt, beim Wein auf des Teufels Gesundheit getrunken und beim Würfelspiel Venus und Jupiter angerufen.

Als er davon erfährt, schreibt er an die Konzilsleitung: »Wir hören, daß ihr einen anderen Papst wählen wollt. Ist das eure Absicht, so exkommuniziere ich euch im Namen des allmächtigen Gottes, damit ihr außer Standes gesetzt werdet, weder einen Papst zu verdammen, noch eine Messe zu halten.« Otto I. setzt ihn kurzentschlossen ab. Johannes XII. flüchtet mit dem Kirchenschatz[150] und wird am 6.11.963 wegen zahlreicher Verbrechen abgesetzt[151].

Er stirbt in den Armen einer Ehefrau, bzw., wird von deren Mann erschlagen, da er ihn beim Ehebruch ertappt[152]. »Es war, als stachelten ihn die dunklen Elemente seiner Natur dazu an, die äußersten Grenzen seiner Macht zu erproben; ein christlicher Caligula, dessen Verbrechen durch das von ihm verwaltete Amt besonders abscheulich wurden[153].«

An seine Stelle tritt Johannes XIII. (963-966); er macht seinem Vorgänger alle Ehre. Aufgrund seiner selbstherrlichen Regierung wird er im Dezember 965 bei einem Aufstand von den Römern gefangengenommen. Papst Johannes XIV.[154] ist der Sohn eines Priesters. Er wird von der unter Bonifaz VII.[155] stehenden Gegenpartei in einen Kerker geworfen. Am 20.8.984 verschanzt er sich in der Engelsburg und wird hier möglicherweise vergiftet.

Bonifaz VI. (974-985), einer der drei gleichzeitig regierenden Päpste[156], der seinen Vorgänger erdrosseln läßt und 985 ermordet wird, gilt als *schreckliches Vieh, das alle Sterblichen an Nichtswürdigkeit übertrifft[157].*« Benedikt VIII. (1012-24) empfindet es als Beweis des höchsten Verderbens, daß die Kleriker nicht vorsichtig, sondern öffentlich Unzucht treiben[158].

Unter der Herrschaft des Papstes Benedikt IX. (1032-45) blühen die Zustände des Johannes XII. wieder auf. Der verbleibende

Beispiele der mittelalterlichen Kirchenzucht

460 Eine Synode bestimmt im 6. Kanon: »Die Kleriker bedecken ihren Körper unanständig und sollen mit den Nonnen nicht auf einem Wagen fahren[113].«

589 Droctiglius von Soissons verliert durch seine Sauferei den Verstand. Dennoch bescheinigt ihm Gregor von Tours: »Niemand hat ihm einen Ehebruch vorwerfen können[114].«

700 Der 705 gestorbene Anselm von Malmesbury verfaßt die Schrift *Lob der Jungfräulichkeit* und gelangt zu dem Schluß, daß viele Mönche ihres Namens nicht wert sind und lediglich Geistliche werden, um ihre Lüste ungestört befriedigen zu können und dabei selbst Jungfrauen mißbrauchen[115].

747 Eine Synode in Cloveshoven verfügt: »In den Nonnenklöstern sollen Unterhaltungen, die der Wollust dienen und die in Freß- und Saufgelage ausarten, unterbleiben.«

750 Der Yorker Erzbischof Egbert verfaßt die *Expertiones* und vermerkt: »Diakone, Priester und Mönche, die Sodomiterei betreiben, sollen öffentlich durchgeprügelt, im Keller in Ketten gelegt und gequält werden[116] ... wenn ein Bischof Ehebruch treibt, soll er zwölf Winter Fasten, Almosen geben und mit seinen Tränen Gottes Gnade anflehen[117].«

753 Das Konzil von Metz verordnet, daß man Geistliche, falls sie mit Nonnen, Müttern und Schwestern Unzucht treiben, durchprügeln soll.

829 Die Landessynode von Paris bemerkt: »Die Kanoniker und Mönche sollen keine Nonnenklöster besuchen ... und nach der Messe keine Gespräche mit ihnen führen.«

836 Das Konzil von Aachen bestätigt: »Die Nonnenklöster seien eher Hurenhäuser[118].«

869 Das Provinzialkonzil von Worms bestimmt: »Wenn die Eltern ihr Kind in ein Kloster geben, wird diesem nicht erlaubt, es nach erreichter Mannbarkeit zu verlassen und zu heiraten, denn es ist ein Unrecht, den von den Eltern dargebrachten Kindern die Zügel schießen zu lassen[119].«

10. Jh. Man findet in Capua einen jugendlichen Geistlichen im Beilager der Schwester einer Diakonissin. Kurz danach beklagt sich ein Priester, er sei von seinem Bischof gefangengenommen und grausam verstümmelt worden. Man habe ihm scharfe Nägel in die Geschlechtsteile geschlagen.

937 Ein Abt aus dem Kloster zur heiligen Maria im Bistum Mendonedo verwandelt sein Kloster in ein Bordell, heiratet eine Dirne und ernennt einen seiner Söhne zum Priester. Er wird während einer Synode abgesetzt.

952 Das Augsburger Konzil untersagt den Geistlichen eine Beischläferin. Sträuben sich die Frauen: »So sollen sie mit Ruten gezüchtigt und geschoren werden.«

967 Auf dem Konzil von Ravenna wird Gerold, der Erzbischof von Salzburg, wegen nachgewiesener Verbrechen abgesetzt[120].

11. Jh. Damiani sagt von Dionysius von Piacenza und Gregor von Vercelli, daß sie über die Schönheit der Frauen besser zu urteilen wüßten, als bei der Papstwahl Einsicht zu beweisen.
Der Bischof Atto II. von Vercelli sagt[121]: »Einige der Priester sind so von der Unzucht gefesselt, daß sie schändliche Huren bei sich wohnen lassen, die ihrem Haus vorstehen und die sie als Erbin einsetzen.«

1200 Ratherus von Verona[122] legt den Geistlichen nahe, sich wenigstens in der Adventszeit, vor Ostern und Pfingsten der Frauen zu enthalten.

Rest des Kirchenvermögens wird zum Unterhalt von Bordellen, für Gelage und die Unterhaltung privater Armeen genutzt[159]. Er verkauft die päpstliche Würde um 1500 Pfund Gold an seinen Taufpaten Johannes Gratianus.

So ist das entscheidende Jahrhundert der Kirchengeschichte das 10. und 11. Baronis sagt dazu: »Auf dem Stuhl Petri saßen gottlose Menschen, nicht Päpste, sondern Ungeheuer. Wie häßlich sah die Gestalt der römischen Kirche aus, als geile und unverschämte Huren Rom regierten[160].«

Kurswechsel

Allen ist klar, daß es so nicht weitergehen kann. Papst Leo IX.[161] zielt systematisch darauf ab, verheiratete Geistliche aus den Positionen und Pfründen zu drängen, ist doch inzwischen die Lebensweise der Geistlichen zum Spott des Volkes geworden. Auf zahlreichen Synoden wettert er gegen die Unzucht[162], so in Reims, Rom und Mantua. Er schleudert den Bann gegen Simonisten und Ehebrecher. Während der Synode von Mantua im Jahr 1053 kommt es zu einem Aufruhr. Pfeile und Steine werden nach dem Statthalter geworfen, so daß die Sitzung unterbrochen werden muß. Der Anlaß zu diesem Spektakel dreht sich nicht um die priesterliche Keuschheit, sondern um einen Reliquienschwindel[163]. Subicio, den Bischof von Speyer, nimmt Leon IX. wegen Ehebruch in Verwahrung. Er verbietet 1049 den verheirateten Geistlichen den Verkehr mit ihren Frauen und läßt römische Dirnen, die sich mit ihnen einlassen, als Sklavinnen dem Lateran zuweisen. Sie kommen vom Regen in die Traufe. Sie werden als Mägde, *gottgeweihte* Jungfrauen und offizielle Liebhaberinnen gehandelt.

Stephan IX.[164] arbeitet ebenfalls an der Verbesserung der Kirchenzucht und sagt der Priesterehe den Kampf an. Erst am Rand des Abgrundes erkennt man im Lateran die Gefahr und erst dann hört man den verzweifelten Schrei nach Rettung. Noch ist die Kirche nicht mehr als ein Sammelbecken sich widersprechender In-

teressen. Es handelt sich um den Fortbestand des materiellen Lebensfadens einer instabilen Institution, die Auflösungstendenzen sind unübersehbar. Wer dabei leer ausgehen wird steht fest: es ist die Kirche selbst. Sie muß reagieren, denn sie lebt inmitten einer Welt voller Zuchtlosigkeit, an der sie sich aktiv beteiligt hat[165].

Erst dann ensteht eine neue Kirche. Sie ist nicht das Werk grüblerischer Denker oder besonders frommer Christen; sie entsteht aus einer existentiellen Notlage. Erst jetzt beginnt die eigentliche Kirchengeschichte. Vorher steht sie ohne festen Halt und Konzeptionen in einem Vakuum zum Teil selbst verursachter politischer Gelüste im Wechselspiel der weltlichen Kräfte und der menschlichen Unzulänglichkeiten. Ab dem 11. Jahrhundert gelingt es der katholischen Kirche, eine stabile Hierarchie aufzurichten und ihren Einfluß wirksam zu gestalten. Ab jetzt lodern die Scheiterhaufen der Inquisitionskampagnen[166].

Im Zenit um die Durchsetzung der Ehelosigkeit[167] stehen die Reformpäpste Gregor VII. und Urban II. Klemens II.[168] ist um die Verbesserung der Kirchenzucht bemüht. Sein früher Tod hindert ihn an der Durchsetzung wirksamer Reformen. Auf Umwegen rückt der einstige Mönch Hildebrand in den Mittelpunkt des Denkens. Leo IX.[169] erhebt ihn zum Subdiakon[170]. Victor II. stirbt am 28.7.1057. Da Stephan IX. bei seiner Wahl schon zu alt ist, ernennt er Hildebrand zum Archidiakon. Dieser überwindet einige Mitbewerber und am Todestag von Papst Honorius II.[171] wird er zum Papst ausgerufen. Er nimmt die Wahl an und nennt sich ab sofort Papst Gregor VII.[172]

Der Reformpapst Gregor VII.

schlägt ein *neues* Kapitel in der Kirchengeschichte auf. Durch ihn und mit ihm beginnt sie zu werden, was sie heute ist: ein auf Zwängen errichtetes Imperium. Seine Wahl erfolgt ohne königliche Zustimmung. Daraus entwickelt sich der lang anhaltende Streit um die Investitur[173], d. h. wer das

Recht hat, höhere Geistliche in ihr Amt einzusetzen. An dieser Stelle verbucht er seinen größten politischen Erfolg.

Gregor VII. hat keine andere Chance, als mit einem eisernen Besen zu kehren. Er kämpft gleichzeitig an mehreren Fronten. Er wird zum erbitterten Gegner der Priesterehe, wettert gegen die Simonie und setzt sich gegenüber weltlichen Herrschern durch. Seine noch erhaltenen Schreiben zeigen ihn als profilierten Taktiker. Und doch hat er den Bogen überspannt. Selbst die Brachialgewalt eines Despoten vermag nichts gegen menschliche Triebe auszurichten.

Er weiß, daß die Mehrzahl der Geistlichen in geregelten Eheverhältnissen leben, daß also bei ihnen von Hurerei kaum die Rede sein kann. Diese Zäsur muß er in Kauf nehmen und auch die, nach dem unbilligen Gießkannenprinzip zu handeln. Außerdem nimmt er eine unseriöse Wertung vor, denn hier steht die Frage im Raum, ob ein tugendhafter Priester die gleichen Machtvollkommnisse besitzt wie ein sündhafter: Weihe ist Weihe, auch wenn sie auf einer Einbildung ruht.

Genial scheint sein Schachzug, die Gläubigen wider die lüsternen Pfarrer zu mobilisieren. »Niemand soll bei einem Priester eine Messe hören, vom dem er weiß, daß er eine Konkubine hat.« Oder: »Im Beisein einer Konkubine darf sich ein Priester nicht unterstehen, das Evangelium zu lesen oder eine Messe zu singen.« 1073 läßt er von Capua aus ein Schreiben an den Salzburger Erzbischof Gebhard schicken. Er fordert ihn auf, die Keuschheitsgesetze durchzusetzen, bzw. »schändlich lebende Priester mit Strenge zu bändigen.« 1074 wird bei einem Konzil festgeschrieben:

»Priestern, Diakonen und Subdiakonen, die in Unzucht leben, verbieten wir seitens des allmächtigen Gottes und durch die Gewalt des heiligen Petrus den Eintritt in die Kirche, bis sie sich gebessert haben. Wenn sie in ihrer Sünde verharren, darf ihrem Gottesdienst niemand beiwohnen. Wer sich weigert, diesem Befehl nachzukommen, begeht die Sünde des Götzendienstes[174].«

Noch kurz vor dieser Entscheidung erklären die Kapläne des Herzogs Gottfried von Tuskien den Geschlechtsgenuß der Geistlichen für zulässig. Anselm von Bistrate tritt für die Ehe seiner Geistlichen ein. Man beruft sich auf die Kirchenväter, konziliare Beschlüsse und biblische Zitatete, … wenn man den Unenthaltsamen die Ehe verbiete, mache man aus verheirateten Priestern Verbuhlte, aus dem Mann einer Frau den Liebhaber vieler Huren, falls man sie nicht zu schlimmeren Lastern und Lüsten antreibe. Niemand könne die Natur verleugnen … Gott begehre keinen erzwungenen Dienst. Die Stimme des Vernünftigen verhallt im Glaubenswahn.

Die römische Entscheidung schlägt wie eine Bombe unter den Geistlichen ein. Siegbert von Gemblours schreibt: »Der Papst belegt die Simonisten mit dem Anathem, entfernt die beweibten Priester von ihrem Amt und untersagt den Laien, deren Messen zu hören[175].«

Lucius II. widerspricht den Reformen Gregors VII. offiziell. Er sagt in einem Brief, daß man auch bei den Geistlichen, die Hurer sind, die Messe solange hören kann, bis man sie aus der Kirche verstoßen habe[176].

Unter den gehörnten Priestern erhebt sich ein Sturm des Protestes. Ein Teil der deutschen Bischöfe tritt dem Papst mutig, doch kraftlos entgegen. Der Bischof von Konstanz erlaubt seinen Priestern weiterhin, sich der Frauen anzunehmen[177]. Der Erzbischof Liemar von Bremen stellt heraus, daß nach dem deutschen Recht nicht die päpstlichen Legaten, sondern der Mainzer Erzbischof das Sagen hat.

Lambert von Aschaffenburg schreibt: »Gegen dieses Gesetz murrten die Geistlichen, denn es ist besser, als Brunst zu leiden. Wenn man den Menschen den von der Natur vorgegebenen Weg versagt, öffnet man der Hurerei das Tor. Wollte der Papst bei seiner Meinung beharren, so wollen die Priester lieber ihr Amt aufgeben, als der Ehe zu entsagen. Er möge dann sehen, woher er Engel zur Regierung des Volkes in den Kirchen bekäme[178].« Ein weiterer sagt, bezüglich der Keuschheit dürfe man die

Grenzen der Klugheit nicht überschreiten[179]. Bei dieser Schlacht kann nur einer gewinnen und es muß die Kurie sein. Von Gregor VII. bedrängt, ruft der Mainzer Erzbischof Siegfried für den Oktober 1074 eine Synode in Erfurt zusammen, auf der das päpstliche Wollen nochmals formuliert wird. Die Sitzung ist von Turbulenzen begleitet. Der Papst findet nach anfänglichem Aufmucken in Siegfried von Mainz ein gefügiges Werkzeug seiner Interessen. Der Erzbischof schwankt wie ein Halm im Wind, versucht die aufgebrachten Geistlichen zu beschwichtigen und sichert ihnen zu, in Kürze nach Rom zu reisen, um den Papst von seinem strengen Befehl abzubringen. Er macht die Rechnung ohne den Wirt, denn der geschickte Taktiker dreht den Spieß herum.

Den Mainzer Erzbischof läßt er wissen: »Bilde Dir nicht ein, daß Du oder irgendein Patriarch die Macht hat, das Urteil des Apostolischen Stuhles umzustoßen. Denke nicht daran, Dich gegen die Heilige römische Kirche anzumaßen.« Schon zieht er den Hals ein und schreibt: »Ich leide an Gicht und kann deshalb die Reise nicht antreten, werde jetzt aber dafür sorgen, daß man die päpstlichen Befehle vollstreckte[180].« Er versucht den Termin hinauszuschieben und so erreicht ihn ein zweites Schreiben aus der Glaubenszentrale: »Ich habe nunmehr, bei Verlust meines Amtes und meiner Würde, die gesamten Priester meiner Diözese zu versammeln und eine Entscheidung zugunsten der Kirchen herbeizuzwingen, d. h. die Priester anzuhalten, entweder ihre Frauen zu verlassen oder ihr Amt aufzugeben.«

Als Bischof Altmann von Passau die Kanzel besteigt, um die christliche Frohbotschaft zu verkünden, haut man ihn beinahe in Stücke[181]. Auch der Bischof von Chur gelangt in Lebensgefahr. Gregor VII. läßt nicht locker; geschickt weiß er jeden nach seinem Willen zu formen.

So schreibt er an Bischof Otto von Konstanz: »Es wurde uns vieles von Dir hinterbracht, was wir ungern und mit Betrübnis vernahmen. Wir haben Dir unsere Befehle zur Beachtung geschickt. Du aber hast, wie wir vernommen haben, die Zügel der Wollust gelöst, so daß die, die mit Weibern verbunden sind, in ihrem Verbrechen beharren und, wer noch nicht verheiratet ist, kein Verbot von Dir befürchtet. O, der Unverschämtheit, O der Erzfrechheit. Ein Bischof verachtet die Befehle des apostolischen Stuhles, vernichtet die Vorschrift der heiligen Väter, verkündet seinen Untergebenen das Gegenteil. Deshalb befehlen wir Dir mit apostolischer Vollmacht, Dich zur nächsten Synde zu stellen, Deinen Ungehorsam und auf alle Dir zur Last gelegten Taten Antwort zu geben.«

Den Kölner Erzbischof Anno läßt er wissen, es sei bekannt, daß unter den Kirchen des römischen Reiches die von Köln dem römischen Stuhl stets treu und ergeben sei, so daß sie als geliebteste Tochter der Mutter galt ... Daher vertrauen wir auf Dich und befehlen Dir durch den Herrn, damit die Einschärfung ernsthaft vorgenommen wird, damit der Braut Christi, die weder Makel noch Runzeln hat, ein angenehmes Opfer gebracht wird ... Er möge wissen, daß diese Beschlüsse nicht aus seinem Sinn entsprungen seien, sondern daß er die Verordnungen der alten Väter unter Eingebung des Heiligen Geistes kraft seines Amtes gemacht hat ... damit er nicht als träger Knecht gestraft wird[182].

Dietrich von Münster, Lehrer und Vizekanzler der Kölner Universität, klagt über die Unsittlichkeit der Prälaten: »Nur die verdorbensten Menschen besuchen die Prälatur[183].« An den Bischof von Halberstadt läßt der Papst schreiben, er habe die ihm als Bischof eingeschärften Befehle sorgfältig zu vollstrecken, das Unkraut auzujäten, die keuschen Priester zu pflegen und die Unzüchtigen vom Altardienst zu entfernen. Dem Magdeburger Erzbischof befiehlt er, »nach allen Kräften in die priesterlichen Posaunen zu blasen, um die Mauern der schmutzigen Wollust zu zerstören. Verkünde eifrig die Keuschheit der Priester, damit das Dir gebaute Haus gereinigt werde.«

An Bischof Dietwien von Lüttich schreibt er, er möge alle Priester zwingen, keusch zu bleiben und ihre Konkubinen zu verwerfen, damit er nicht mit den Übeltätern verdammt werde. Weil aber sein Lebensende nahe sei, so absolviere er ihn, aus Mitleid bewogen, von seinen Sünden.

Mit Drohbriefen und Sendschreiben allein ist es nicht getan. Der Papst besinnt sich seiner dienstfertigen Legaten und der befehlsgewohnten Hörigen. Er erteilt ihnen das Recht, Aufsässige zu exkommunizieren[184]. Zudem stachelt er die Mönche an. So werden die Klöster St. Blasien, Schaffhausen und Hirsau zu Ausgangspunkten romfreundlicher Reformen.

Ähnliche Turbulenzen ergeben sich im französischen Sprachraum. Als der Erzbischof von Rouen (1069-79) während einer Synode die verfänglichen Gesetze vorträgt, entsteht ein Tumult. Er muß unter Steinwürfen und Flüchen das Gotteshaus verlassen. Das Konzil von Paris beschließt 1074, daß man dem Papst in diesem Punkt nicht zu gehorchen brauche. Gerson, der spätere Kanzler der Pariser Universität, vereinzelt als der *allerchristlichste Doktor*[185] bezeichnet, schildert die sittliche Versunkenheit der Priester, die in tiefer Wollust schwelgen. Kühn und ohne Einschränkung spricht er von der Ersetzbarkeit des Papstes.

In der weiteren Folge wird das Zölibatsgesetz immer und immer wieder eingeschärft. »Das Elend, das durch die päpstlichen Dekrete gegen die verheirateten Priester erreicht wird, ist so schreiend, daß einzelne als Verfechter der Menschlichkeit auftreten[186].« Zu ihnen gehört Dietrich von Verdun[187], der dem Papst massive Vorhaltungen macht: Er habe als Mönch, anstatt ruhig in seinem Kloster zu bleiben, die Länder durchschwärmt und statt die Regel des Schweigens zu beachten, seiner Zunge freien Lauf gelassen. Er habe auf die höchste Würde Jagd gemacht, durch zusammengescharrtes Geld den Pöbel für sich gewonnen und sich dadurch die Freundschaft mächtiger Familien erkauft. Er habe in einer ihm erwünschten Zeit den päpstlichen Stuhl bestiegen und sich angeschickt, Kirche und Staat zu verwirren. Er habe den Frieden der Kirche vernichtet und das große Haus des himmlischen Vaters in eine greuliche Unruhe versetzt.

Ein Unbekannter trägt vor: »Ich möchte wissen, wer es verordnet hat, daß die christlichen Priester keine Ehe eingehen sollen, ob Gott oder die Menschen? Für die Priester sei es besser, sich zu verheiraten, damit sie nicht der Unzucht verfallen. Wer die Ehe verbietet, vernichtet die Ordnung und handelt gegen den göttlichen Willen.«

Gregor VII. verwickelt sich in eine Auseinandersetzung mit dem deutschen König Heinrich IV., der ihn zweimal für abgesetzt erklärt. Es regnet Bannflüche und Interdikte und hier erzielt Gregor VII. einen politischen Sieg, denn er entmachtet die deutschen weltlichen Herrscher in Bezug auf die Besetzung der Bischofsämter. Diese Entscheidung wirkt bis auf unsere Tage.

Der stete Kirchenkampf zermürbt den wohl mächtigsten aller Päpste. Es ist ihm nicht vergönnt, das Ziel seiner Bestrebungen verwirklicht zu sehen. Inzwischen ist er, hinwegschreitend über den Ruin unzählbarer Priesterfamilien und von ihren Flüchen begleitet, dem Ziel der Kirche wenigstens nähergerückt, die Ehen der Geistlichen zu vernichten[188]. Von Rom vertrieben, beschließt er sein unruhevolles Leben in Salerno.

Von katholischen Schriftstellern wird er pflichtgemäß verherrlicht: »Gregor verließ den 25. May diese Zeitlichkeit, um die ewige Krone für viele von ihm zur Wiederherstellung der kirchlichen Disziplin angewandten Mühen in Empfang zu nehmen[189].« Später wird er heiliggesprochen. Seine Wunder sind in der Kanonisationsbulle nicht aufgeführt, lassen sich aber rekonstruieren[190]. Petrus Damiani bezeichnet ihn als *heiligen Satan*[191].

⇒

Papst Sixtus V. modifiziert die Bibel 50 Jahre nach Luther an etwa 2000 Stellen und erläßt die Drohung: »Die von mir eigenhändig korrigierte Ausgabe muß als die einzig wahre und echte Bibelversion bei Strafe des Bannes von Jedermann gebraucht und allen Folgeausgaben zugrundegelegt werden.«

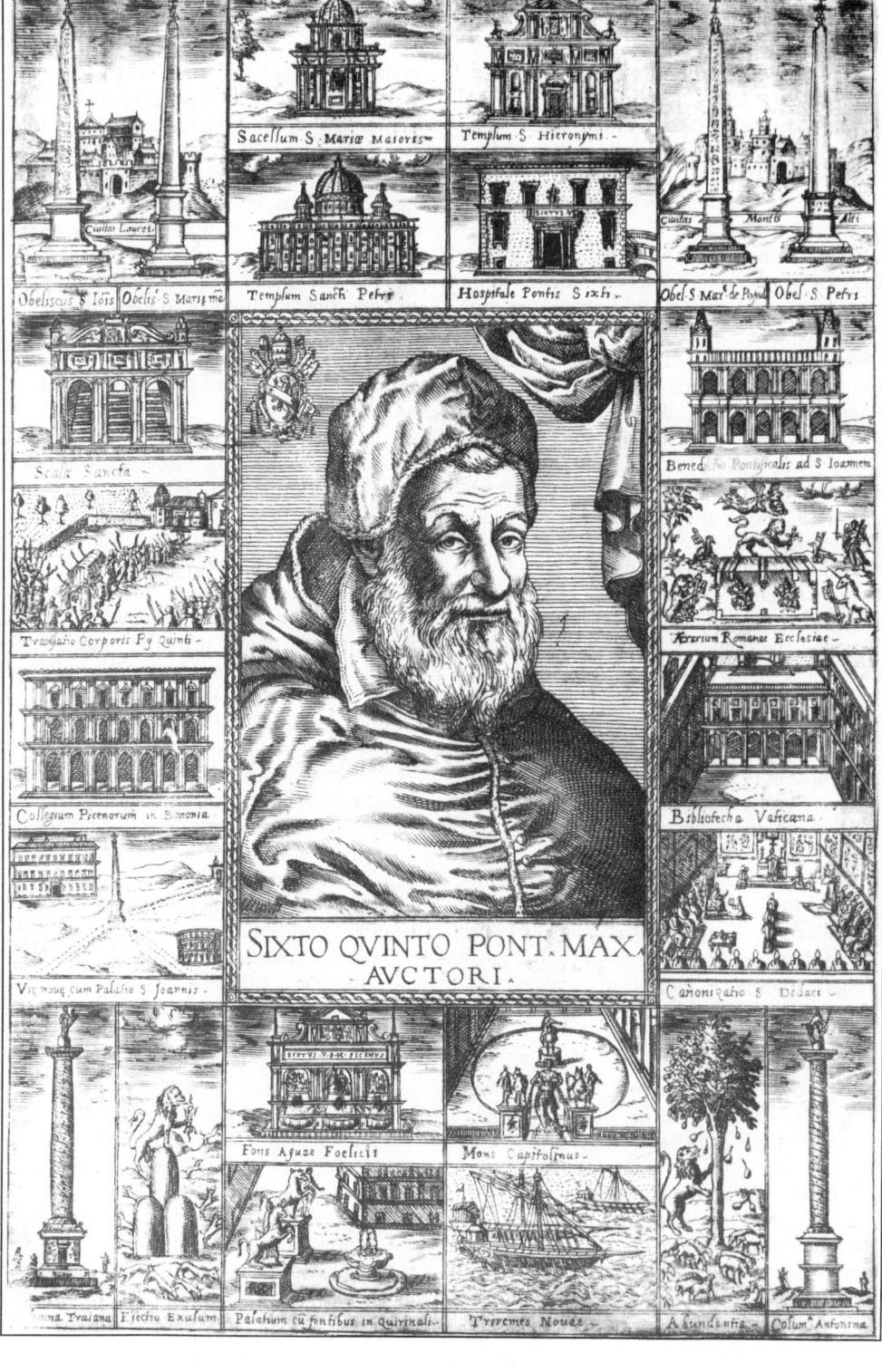

Civitas Laureti

Obeliscus S Iois   Obelis S Mariæ mæ

Sacellum S Mariæ Maioris

Templum Sancti Petri

Templum S Hieronymi

Hospitale Pontis Sixti

Civitas   Montis   Alti

Obel S Mar de Pop   Obel S Petri

Scala Sancta

Translatio Corporis Pÿ Quinti

Collegium Picenorum in Bononia

Via noua cum Palatio S Ioannis

Benedictio Pontificalis ad S Ioannem

Ærarium Romanæ Ecclesiæ

Bibliotheca Vaticana

Canonizatio S Didaci

SIXTO QVINTO PONT. MAX.
AVCTORI.

Fons Aquæ Foelicis

Mons Capitolinus

Columna Traiana   Piedro Exulum

Palatium cu fontibus in Quirinali.

Triremes Nouæ.

Abundantia   Colum Antonina

Entsprechend scharf kontern seine Gegner: »Er war der herrschsüchtigste Papst, der je auf Petri Stuhl gesessen hat[192].« So bekennt er dem Bischof Burkhard von Halberstadt, ihn dränge jenes Wort bei Jeremias 48.10: »Verflucht ist der Mann, der sein Schwert vom Blutvergießen abhält[193].« Er handelt sich den Ehrentitel Höllenbrand ein[194].

Nach seinem Tod wird der kalte Krieg fortgesetzt. Die Synoden von Melfi, Konstanz, das Konzil von Piacenza und die Kirchenversammlung von Goslar wettern umsonst gegen die Auflösung der ehelichen Gemeinschaften. Zwar versucht man, den päpstlichen Willen zu festigen, aber die Skandale reißen nicht ab. Ein weiterer Fürsprecher der Ehelosigkeit ist Papst Kalixtus II.[195] Auf den Synoden von Lüttich und Pisa wird ins gleiche Horn geblasen; immer und wieder wird die Notwendigkeit der Einhaltung der Keuschheitsgesetze unterstrichen.

1177 taucht der Prediger Lambert le Begues in Lüttich auf. Er wettert so gegen das Lotterleben der Geistlichen, daß sich Bischof Radulph gezwungen sieht, ihn aufzugreifen und auf das Kastell Rivogne zu bringen. 1178 hält Erzbischof Konrad von Salzburg eine Synode[196]. Die Originalakten sind verlorengegangen, doch ein Archidiakon hat Details festgehalten:

- Durch öffentliche Bußübungen bezähmen die Geistlichen die Hurerei und den Ehebruch der Laien. Der Geistliche wird durch keine Furcht gezügelt. Keiner zeigt den anderen an, weil alle das gleiche tun. Es wird so weit kommen, daß der Priester, der wie ein Laie nur eine Ehefrau hat und sich der anderen enthält und der die Treue eines fremden Ehebettes nicht verletzt, als Gottesfürchtiger und Heiliger gepriesen wird.

Auf der 1215 unter Innocenz III. gehaltenen Lateransynode werden die längst bekannten Verordnungen gegen die Unkeuschheit erneut hervorgezogen. Geändert hat sich an der Situation wenig, denn das päpstliche Ansinnen ist gegen die Menschenlichkeit gerichtet und zum Scheitern verurteilt. Es ändert nichts daran, Innocenz III. heiligzusprechen.

Allmählich münden die päpstlichen Vorstellungen in die Dekretaliensammlungen der Kirche. So wird aus dem despotischen Wollen eines Einzelkämpfers ein Rechtsvorgang. Gratians 1151 vollendete Sammlung der Kirchengesetze enthält eine Vielzahl von Anmerkungen über die gewollte Ehelosigkeit; daneben finden sich Vorstellungen, die den Gebrauch der Ehe gestatten.

Scholastiker mahnen zur Einsicht

Die Scholastik ist bemüht, das historisch gestaute und das theologische Wissen in neue Denkformen zu binden. Die Naturlehre wird durch sophistische Spitzfindigkeiten untergraben[197]. Dadurch wird der kirchliche Versteinerungsprozeß manifestiert. Die Gelehrsamkeit der Epoche ist, auch für diese Zeit, bestenfalls mittelmäßig. Überall zeigt sich der Mangel an biblischer Exegese und Kritikfähigkeit. Von einer einheitlichen dem Volk verständlichen Liturgie kann keine Rede sein.

Die Unkenntnis vieler Geistlichen ist erschreckend. Von einer theologischen Bildung kann, sofern man sie anerkennt, keine Rede sein. Hinzu kommt die Dürftigkeit der sprachlichen und geschichtlichen Kenntnisse; somit endet die Scholastik in einer Sackgasse. Die Kluft zwischen Verstand, Glauben und Gefühl wird deutlich.

Das Hauptwerk der damaligen Theologie verfaßt der Lombarde Petrus[198]. Er geht davon aus, daß die Ehe ein Mittel gegen die Unzucht ist, weil die Erbsünde dem Mensch »das Gesetz der tödlichen Lust« mitgeteilt hat, ohne das der Beischlaf nicht erfolgen kann. Demzufolge kann man die Ehe nicht verbieten, denn das dreifach-gute bestehe in der Treue, der Kindererzeugung und in den Sakramenten. Lombardus verteidigt die Ehelosigkeit unter den Geistlichen unter Bezug auf die päpstlichen Entscheidungen.

Thomas von Aquin[199] befürwortet den Ehestand und stellt seiner Auffassung die päpstlichen Dekretalien gegenüber. Er sucht nach einer Rechtfertigung für die kurialen Beschlüsse[200]. Andere Scholastiker gelangen zu ähnlichen Ergebnissen und stellen sich gegen die offizielle Ansicht der Kurie.

Nach Albert dem Großen[201] ist eine Weihe kein Hindernis, um eine Ehe einzugehen. Er beruft sich auf die verheirateten Priester des Alten Bundes und sagt, ... so könne man es denen des Neuen Bundes nicht versagen. Gott habe befohlen, daß die Menschen wachsen und sich vermehren. Boetius und Johannes Fidanze meinen, daß man den Geistlichen die Ehe gestatten *muß*. Johannes Scotus sieht in der Priesterehe kein Hindernis.

Die wenigen ernst zu nehmenden Geistlichen befinden sich in einer Zwickmühle, denn sie können nicht gleichzeitig zwei Herren dienen: dem Verstand und der Kirche. Will Durant[202] legt die Hand in die offene Wunde und erkennt, daß der Ärger daraus entstanden sei, daß man auf der einen Seite den Umgang mit den Frauen untersagt habe, und auf der anderen in der Nähe der Kirchen Hurenhäuser einrichtet, selbst beim Lateranischen Palast. Der päpstliche Hofmarschall und seinesgleichen sollen sich nicht von Huren und Kupplern bezahlen lassen[203]. Er will erwogen wissen, ob es nicht besser ist, die Ehe wieder zu gestatten und sich nach der morgenländischen Kirche zu richten; da alle von der katholischen ausgegangenen Verordnungen nichts gebracht hätten[204].

Mit einem neuen Seitenhieb schlägt man auf die Frauen ein, denn schließlich sind *sie* die Quelle des sittlichen Verfalls. Vincent von Beauvais stellt sie als verworfene und gefährliche Geschöpfe hin, deren Umgang zu meiden sei. Sie sind ihm *satanische Fackeln*, *süßes Gift* und *Fallstricke des Teufels*, sozusagen der unmittelbare Weg in die nichtexistente Hölle. Der Mönch Bonaventura warnt vor dem Umgang mit dem weiblichen Geschlecht [205]und macht es dadurch interessanter. 1372 schärft Bischof Sylvester in Constance in der Normandie den Geistlichen ein, Frauen von sich zu weisen, die Verdacht erregen könnten. Tatsache dürfte eher sein, daß es anders herum ist.

Aus der Diözese Salzburg meldet Propst Gerhoh von den Kanonikern, sie liefen von Haus zu Haus und suchten, selbst ohne rechtmäßige Ehefrau, fast ungestraft den Verkehr mit den Gattinnen zahlloser anderer. Keiner zeigt den andern an, beschuldigt der Verfasser der *Historia calamitarum Salisburgensis ecclesiae* die Geistlichen, da alle dasselbe tun. Heinrich von Melk, ein österreichischer Laienbruder, sagt, »wie sie die Keuschheit, die sie in der Predigt loben, mit dem bösen Leben fälschen.« Im deutschen Raum beteuert Cäsarius von Heisterbach:»Kein weibliches Wesen ist von den Nachstellungen der Kleriker sicher. Die Nonne schützt nicht ihr Stand, das Judenmädchen nicht ihre Rasse. Mädchen und Frauen, Dirnen und adelige Damen sind gleich bedroht. Jeder Ort und jede Zeit ist zur Unzucht recht; der eine treibt sie auf dem freien Feld, wenn er zu Filial geht, der andere in der Kirche, wenn er Beichte hört. Wer sich mit einer Konkubine begnügt, scheint ehrbar.«

Die Kirche drängt sich allmählich nach vorn und beginnt die abendländische Welt zu erobern; sie setzt unverdrossen die endlose Reihe ihrer synodalen Beschlüsse fort und straft sich dadurch selbst der Unfähigkeit. Noch immer kämpft sie den Existenzkampf und was ist ihr hinderlicher als ein priesterliches Kind, das später Erbansprüche geltend macht?

Avignon, Babylon an der Rhône

Francesco Petrarca, ein Kenner des päpstlichen Hofes zu Avignon, spricht offen vom *Babylon an der Rhône* und meint: »Die babylonische Hure treibt mit allen Völkern und Königen Unzucht.« Er nennt die grauenvolle Unzucht unter den Kardinälen, ihre Ehebrüche und den blutschänderischen Frevel. Er erwähnt einen siebzigjährigen Priester, dem die Dirne nur beiwohnen kann, wenn er sich im Kardinalsornat zeigt[206]. »Die Vergnügungen der Päpste waren am gemeinsten. Keuschheit war ein Tadel und Zügellosigkeit eine Tugend.«

Charles Monnet: »Die gegeißelten Büßer«, Kupferstich von D'Ambrun des 18. Jahrhunderts.

Niklaus de Clemanzis[207], ein Benediktinermönch aus Erfurt, der Geheimschreiber unter Papst Benedikt XIII.[208] in Avignon ist, schildert die Geistlichen seiner Epoche so: »Die Bischöfe sind von ihrem Bistum abwesend. Sie erpressen von Volk und Klerikern Geld, indem sie Stellen feilbieten. Die Priester leben öffentlich im Konkubinat und entrichten ihren Bischöfen den Hurenzins. Die Laien wissen an mehreren Orten den Schändungen der Jungfrauen und Ehefrauen keinen anderen Damm entgegenzustellen, als die Priester zu zwingen, sich Konkubinen zu halten ... sie besuchen fleißig die Hurenhäuser und Schenken, wo sie ihre Zeit mit Fressen, Saufen und Spielen zubringen. Betrunken, schreiend und brüllend, den Namen Gottes und der Heiligen verwünschend, bis sie endlich aus den Umarmungen ihrer Huren zum Altar kommen[209].«

»Die Domherren und Vikare sind verdorbene Menschen. Sie sind der Habsucht, dem Stolz, Müßiggang und der Schwelgerei ergeben. Sie halten ohne Scham die unehelichen Kinder und Huren gleich Eheweibern im Haus und sind ein Greuel der Kirche.«

Des öfteren werden die heiligen Bischöfe vom Unzuchtsteufel heimgesucht. Robert Scott [210]gibt dazu ein Beispiel: »Bischof Sylvester, wie seine Wollust aufgedeckt und wieder bemäntelt wurde, wie Mädchen mit gelbem Haar am meisten von Incubi heimgesucht, wie verheiratete Männer verhext werden, nach den Frauen anderer Männer zu trachten, und ihre eigenen zu verschmähen ... einmal kam gar ein Incubus an das Bett einer Dame, um sie in heißer Liebe zu umfangen ... während sie sonst willig seinen Lüsten dient, schreit sie diesmal heftig auf ... sofort eilen Nachbarn zu Hilfe ... die mutigen Männer und Frauen finden den Incubus in der Gestalt des Bischofs Sylvester unter dem Bett versteckt.«

Giovanni Boccaccio schildert die Entsittlichung der Geistlichen. Der gefeierte Theologe Nikolaus d'Oresme[211] sagt im Beisein des Papstes Urban V.[212], die Prälaten wären unzüchtige Hunde. Er prophezeit, daß es innerhalb der römischen Kirche zu weiteren Teilungen kommen werde.

1331 werden während einer Synode die dem Konkubinat verfallenen Bischöfe zu einer Buße von zehn Unzen verurteilt, die an die erzbischöfliche Kammer zu entrichten sind[213]. Als Francesco Pregnani, ein Neffe des Papstes Urban VI.[214] in Neapel auf der offenen Straße eine Nonne vergewaltigt, wird er beim Statthalter Gottes angeschwärzt. Dieser hält die christliche Hand über ihn und läßt bestellen, Francesco sei noch ein Jüngling. Augenzeugen berichten, daß er 40 Jahre alt gewesen ist[215].

Ein Diakon aus Leon in Spanien treibt mit der Freundin eines Soldaten Unzucht. Der Soldat entmannt den Geistlichen und wird daraufhin mit dem Mädchen verbrannt. Der Diakon wird geheilt und läßt sich von einem Bischof zum Priester weihen. Der Vorfall gelangt nach Rom, denn auch hier beschäftigt man sich nicht nur mit Fragen der Weltgeschichte. Der Entmannte bittet den Papst um Dispens[216].

Das Verbot der sexuellen Betätigung wird immer und immer wieder hervorgekehrt und nützt nichts, denn Sexualität läßt sich nicht mit Gesetzen verdrängen. Die Synoden von Clermont, London, Reims, London, Rouen, Lüttich und Pisa beschäftigen sich damit. Die Vorstellungen werden immer absurder. Heinrich Finke[236)] berichtet über eine Warnung des Provinzials Hermann aus dem Jahr 1289:

»So sehr wir wünschen müssen, daß in unseren Tagen das Gott dienende Volk an Verdienst und Zahl sich mehre, so ist es doch förderlich, daß zur Vermeidung von Ärgernis unsere Augenwimpern unseren Schritten auf dem Wege vorauseilen, damit die heilige Sehnsucht auch vom richtigen Rate und von gerechten Werken begleitet werde ... Ich will keine verheirateten Männer, deren Frauen noch nicht in den Klöstern sind, aufnehmen. Schweigen will ich von der großen Zahl der Kinder. Ganz unmenschlich scheint es, die Zarten und Waisen zu machen und ohne väterlichen Schutz zu lassen. Da könnte es geschehen, daß sie Sorge vom Orden heischen. Die unkluge Frömmigkeit jener würde sie zur Klage zwingen: Waisen sind ohne Vater, Witwen sind unsere Mütter. Welchen Dank und welche Ehre könnte es euch bringen, wenn solche Reben überreich an den Seiten eures Hauses hingen oder richtiger zugrundegingen? ... Deshalb ermahne ich eure Klostergemeinde, niemals Verheiratete oder sonst weniger Geeignete aufzunehmen.«

Inzwischen ist ganz Europa von den pfäffischen Sittenstrolchen infiziert und nicht nur in Avignon wird dagegen gewettert. In England tritt John Wyclef (1324-84) als Sittenprediger auf[237)]. Er erkennt in den Geistlichen die moralische Pest der Menschheit und trägt vor: »Kleriker und Mönche frönen der wildesten Unzucht. Sie treiben Wollust mit Nonnen, verführen Ehefrauen und ermorden Jungfrauen, die sich ihrer satanischen Lust nicht beugen. Sie benutzen den Beichtstuhl zu Verführungen, indem sie Frauen und Mädchen belehren, es sei eine geringere Sünde mit einem Pfaffen, denn mit einem Laien Unzucht zu treiben. Außerdem versprechen

sie ihnen, nach dem erfolgten Beischlaf die Absolution ihrer Sünden[238)].« Er sagt weiter: »So groß ist der Verderb und die Freiheit zu sündigen, daß Priester und Mönche ... Jungfrauen, die ihnen das Beisammensein verweigern, töteten. Ich übergehe ihre Sodomie, die jedes Maß übersteigt ... Unter Kapuzen, Kutten und Gewändern führen sie ihre jungen Weiber, manchmal nachdem ihr Haar geschoren war ... Die Bettelmönche mißbrauchten, wenn sie die Beichte gehört hatten, während die adeligen Männer im Kriege waren, die Geschäftsleute in Geschäften, die Handelsleute im Handel und die Bauern auf dem Feld, deren Frauen ... Prälaten besaßen Nonnen und Witwen. Und so nährten sie das Fleisch in Gelüsten[239)].«

Der englische Priester John Ball, der 1382 ermordet wird, wettert gegen die Entartung der Geistlichen und über die von ihnen verübten Kindermorde.

Von England aus springen die Funken an die Prager Universität über. Hier werden sie einen Flächenbrand auslösen. Der Böhme Johann Hus gilt als einer der markantesten Strafprediger seiner Zeit. Er klagt 1404, daß sich Prälaten, Kanoniker, Pfarrer und andere Priester Weiber halten und mit ihnen Unzucht treiben. Doch seine Angriffe erscheinen als Frechheit und rufen nach päpstlicher Rache. Als die ersten Bannflüche über ihn ergehen, ruft er aus: »Möge der Papst nicht nur an die Böhmen, sondern auch an die Franzosen, Engländer und Bayern schreiben, damit man sich im Herrn versammle und die öffentlichen und hurerischen Priester nach der Anweisung der Apostel strafe[240)].«

Es kommt keine Ruhe in die zölibatären Auseinandersetzungen. Während des Konzils von Basel (1431-48) spricht man über die sexuellen Eskapaden der Geistlichen. Vernünftige Theologen erheben während der Auseinandersetzung ihre Stimme für die Wiedereinsetzung der Priesterehe.

Aneas Sylvius Piccolomini[241)], der während des Konzils das Amt des Geheimschreibers und Zeremonienmeisters innehat, bekennt sich zu den Grundsätzen der Priesterehe und trägt mutig vor: »Warum streiten sich die Doktoren, ob ein verheira-

Beschlüsse im Zusammenhang mit dem Zölibat

1139 Unter Innocenz II.[217] findet die Zweite Lateransynode[218] statt. Der 21. Kanon besagt: »Priestersöhne werden vom Altardienst ausgeschlossen, sofern sie nicht als Mönch oder Kanoniker keusch gelebt haben.«

1148 Unter dem Papst Eugen III.[219] wird in Reims eine Synode abgehalten. Es wird verordnet: »Was von unseren Vätern mit eifriger Sorgfalt festgesetzt ist, befehlen wir zu beachten. Daß diejenigen, die vom Subdiakonat an Frauen oder Konkubinen genommen haben, Amt und Pfründe verlieren.«

1189 Heinrich, der Kardinalbischof von Albano, geht in einem Schreiben an die Erzbischöfe, Bischöfe und Prälaten die Laster der Geistlichen durch. Bei Unzucht verordnet er ihre Entlassung innerhalb von 40 Tagen. Ungehorsamen wird der Verlust von Amt und Pfründe angedroht.

1189 Alexander III. geht den Lasterkatalog durch, dessen sich die Kleriker schuldig machen. Trunkenheit, Schwelgerei, Verschleuderung der Kirchengüter, Raub, Mordbrennerei, Hochverrat, Verschwörung gegen Thron und Kirche, »und was das Höllenregister noch zu bieten vermag.«

1209 Während des Konzil von Avignon wird das Schandleben der Geistlichen angeprangert[220]. »Sie gehen den Laien in der Unzucht voran und ziehen sie wie Blinde in eine Grube ... an den Vigilien der Heiligen sollen keine Tänze in der Kirche aufgeführt werden. Man soll keine unzüchtigen Bewegungen machen und in der Kirche keine Liebeslieder singen[221].«

1212 Während des Konzils von Paris wird den Regularklerikern eingeschärft: »Die verdächtigen Türen in den Abteien, Prioraten und den Aufenthaltsorten der Religiösen sollen verrammelt werden, damit der Teufel keine Gelegenheit hat[222]. Weiber sollen die Dormitorien der Klöster nicht betreten. Mönche und regulierte Kleriker sollen nicht zusammenliegen und Sodomiterei treiben[223].«

1230 Der Bischof von Straßburg entschließt sich, mehrere Wüstlinge in ein Gefängnis zu werfen[224].

1255 Während der Synode von Coprinacium im Sprengel von Bordeaux sucht man den Konkubinat zu regeln[225].

1259 Der Erzbischof Ulrich von Straßburg zeigt sich ergrimmt von der Sittenlosigkeit unter den Geistlichen. Die Gläubigen sollen die von den Konkubinariern gehaltenen Messen nicht besuchen.

1260 klagt der Erzbischof Conrad von Köln auf einer Provinzialsynode über den Konkubinat der Geistlichen und wartet mit drakonischen Strafen auf[226].

1261 Der Erzbischof Werner von Mainz veranstaltet ein Provinzialkonzil. Den Geistlichen wird unter der Androhung des Anathems und der Versagung des kirchlichen Begräbnisses verboten, Konkubinen oder den mit ihnen erzeugten Kindern etwas von den kirchlichen Einkünften abzugeben.

teter Papst schuldig ist, der seiner Frau die eheliche Pflicht leistet? Auch ein Verheirateter kann Papst sein. Es gab, wie Ihr wißt, verheiratete Päpste und auch Petrus der Apostelführer, hatte eine Frau[242] ... vielleicht dürfte es gut sein, wenn sich die Priester verheiraten; weil jetzt viele ehelos zugrunde gehen[243].«

Lasterhafte Bischöfe

Basilius schreibt an Eusebius: »Nur die allernichtswürdigsten Menschen sind jetzt zur bischöflichen Würde gekommen ... die Schlechtigkeit der Bischöfe und Kirchenvorsteher ist (inzwischen) so groß, daß die Bewohner vieler Städte keine Kirchen mehr

Beschlüsse im Zusammenhang mit dem Zölibat

1266   In Bremen und Magdeburg finden Konzilien statt. Der päpstliche Legat Guido[227] gebietet: »Wir befehlen den Geistlichen keusch zu leben ... die im Subdiakonat oder in höheren Weihen befindlichen sind, die sich erkühnt haben, sich mit einer Hure oder unter den Namen einer Ehefrau förmlich zu verbinden, sollen auf immer ihres Amtes und ihrer Pfründe beraubt sein ... die Kinder sollen keinen Anteil am beweglichen und unbeweglichen Anteil haben. Was die Eltern auch immer hinterlassen, soll zwischen dem Bischof und der Gemeinde verteilt werden.«

1280   Elias Rubeus[228] wettert scharf gegen die verlotterte Kirchenzucht, die Verdorbenheit der Kleriker und die Ausschweifungen der Geistlichen[229]. Er agiert gegen die Vielzahl der *heimlichen* Ehen[230].

1298   Gebhardt II. erklärt: »Alle konkubinarischen Kleriker sollen dem Bann verfallen, sofern sie nicht innerhalb eines Monats Besserung zeigen[231].

1300   Der Bischof Mangold von Würzburg befiehlt während einer Synode[232] den Geistlichen, Unzucht und Sodomie zu meiden. Man soll sich der verdächtigen Weiber enthalten und nicht deren Kinder erziehen.

1304   Der Bischof Gottfried von Minden erwähnt, daß die Geistlichen ihre Pfründe verlieren, wenn sie sich nicht ihrer Konkubinen enthalten.

1307   Während der Kölner Synode geht man gegen die gefallenen Nonnen, den Konkubinat, die Unzucht mit und unter Geistlichen, Äbten, Äbtissinnen, Mönchen und Nonnen vor[233].

1326   Während eines Konzlis von Avignon wird den Geistlichen verboten, anderen Gift oder tödliche Kräuter zu verabreichen, um die Leibesfrucht von Geschwängerten abzutreiben.

1346   Der Prager Erzbischof Ernst läßt während einer Synode[234] wissen: »Viele Kleriker treiben nicht nur, überwunden durch Versuchung, Unzucht, sondern sie kommen ihr entgegen, indem sie in ihren oder den Nachbarhäusern Huren halten.«

1350   Der Naumburger Bischof Johann von Miltitz untersagt den Geistlichen, »sich in den Häusern der Huren aufzuhalten.« Später trachtet man danach sie einzukerkern, »falls sie sich nicht bessern.«

1355   findet unter dem Erzbischof Johann von Compostella eine Synode in Salamanca statt. Man untersagt den Konkubinariern das kirchliche Begräbnis: »Sie sollen nicht eher von der Diözese absolviert werden, bis sie 50 Morpetien gangbarer Münze an den Bischof bezahlt haben[235].«

1370   In Magdeburg wird den Geistlichen ans Herz gelegt, »sich der öffentlichen Bäder zu enthalten, wo sich verdächtige Weibspersonen einzufinden pflegen.«

besuchen, sondern mit Weib und Kind außerhalb der Mauern der Städte unter dem freien Himmel für sich Gebete verrichten.« Das Wüten gegen die sündigen Priester der unteren Etagen bleibt wirkungslos, solange es ihnen die Bischöfe, Erzbischöfe und Päpste vorleben. Der heilig gesprochene Eucharchius, der 434 bis 454 Bischof in Lyon ist, hat zwei Söhne. Der ältere wird zum Bischof von Vienne erhoben und der jüngere folgt dem Vater im Amt. Bonifazius schreibt an den Papst Zacharias (741-752), daß die Kleriker des nachts mit vier oder mehr Konkubinen im Bett liegen. In dieser Beschaffenheit werden sie Priester, ja selbst Bischöfe[244].

Auf der 909 tagenden Synode von Troslé, deren Leiter der Erzbischof Hervé von Reims ist, werden ausdrücklich die Bischöfe beschuldigt, gesteht man doch: »Die Pest der Unzucht befleckt, was nicht ohne Scham und ohne großen Schmerz gesagt werden kann, die kirchlichen Würden so sehr, daß die Priester, die von den anderen die Fäulnis dieser Krankheit entfernen sollen, in dem großen Unflat der Unzucht verfaulen.«

Der Bischof von Fiesole hält sich einen Schwarm von Konkubinen und ist von einer Kinderschar umgeben. Der Bischof Iuhell von Dol hält öffentlich Hochzeit und stattet seine Töchter mit Kirchengütern aus[245]. Der franziskanische Bußprediger Berthold von Regensburg[246] sagt: »Es kommt oft vor, daß ein Bischof Kinder hat, es seien viel oder wenig.« Bischof Heinrich von Basel hinterläßt im 13. Jahrhundert 20 Sprößlinge und der Bischof von Lüttich 61[247].

Der südfranzösische Bischof Sicart de Figueiras bekennt: »Wenn mir manchmal ein Gelüst nach einem Jungen oder Mädchen kommt, so kostet mich die Sünde nichts: ich gebe mir die Absolution selbst, wenn ich einmal gestrauchelt bin. Es gibt keine Gottlosigkeit und keine Todsünde, von denen ihr Urheber nicht errettet werden kann, wenn er nur zu uns kommt[248].« Zur Zeit Damianis stirbt der Mailänder Erzbischof Eribertus Gabriel. Alte Quellen berichten, daß er verheiratet war und seiner Frau Useria das Kloster S. Dionysi geschenkt hat[249].

Die hohen Würdeträger stehen in einem besonderen Konflikt. Deschner[250] belegt, daß das bischöfliche Treiben schon früh überhand nimmt. »Die Beispiele der Bischöfe und Archidiakone sind schlecht, sie verführen der Leute Frauen häufiger als andere unverständige, ungelehrte Leute[351] und schämen sich nicht, falsches Zeugnis zu reden und falsche Eide zu schwören.«

Der Status sichert ihnen gewisse Vorrechte und doch sollen sie sittsam über die anderen wachen. Udo, Erzbischof von Trier, wird beauftragt, eine Untersuchung über den Bischof von Toul durchzuführen, den man in Rom u. a. deshalb angeklagt hat, daß er öffentlich mit einer ihm sakramental angetrauten Frau lebe, von der er ein Kind hat. Udo und mit ihm 20 Bischöfe widersprechen, weil der Auftrag des Papstes bestehende Rechtsgewohnheiten verletzt. Als der Bischof von Toul die Ausage verweigert, wird er von Udo für unschuldig erklärt.

Kardinal Pierleoni, ehemaliger Kluniazensermönch und Gegenpapst von Innocenz II., hat Kinder von seiner Schwester und fährt gewöhnlich mit seiner Konkubine auf Reisen; später wird ihm der päpstliche Thron in Aussicht gestellt[252].

1061 wählen die lombardischen Bischöfe, die nahezu alle Beischläferinnen haben, Bischof Kadolaus von Parma unter dem Namen Honorius II. zum Papst. Er ist ebenfalls ein Beischläfer und dies stärkt ihre Hoffnung, daß er ihnen nicht zu sehr auf die Finger schaut[253]. Dem Erzbischof von Bordeaux hält man vor: »Die Schamhaftigkeit verbietet, seine übrigen Schandtaten zu erzählen.« Der Erzbischof von Auxitanum ist Spieler, Simonist, Blutschänder und der Unzucht verfallen. Er plündert die Güter seiner Kleriker, verjagt andere von den Pfründen und vergibt sie an Günstlinge. Der Bischof von Atogora befleckt sich mit Mord, Unzucht und Sodomiterei. Er befördert einen Mörder zum Archidiakon. Über den Bischof von Melfi wird gemunkelt, daß er seinen Vorgänger auf dem Gewissen hat.

Innocenz III. sagt über ihn: »Noch als Bischof hat er seine Frau bei sich behalten … seinen Sohn hat er zum Kantor gemacht … seine Nepoten hat er schon in den Windeln fette Pfründe angewiesen … für Geld hat er zu Ehebrüchen geschwiegen und unerlaubte Ehen gestattet … er lebt mit Konkubinen und frönt nach der Anweisung des Satans der Unzucht[254].«

1272 schreibt Gregor X. (1271-76) an Bischof Heinrich von Lüttich: »Nicht ohne große Betrübnis unseres Gemüts haben wir erfahren, daß Du Sodomie, Unzucht an andere Verbrechen treibst und Dich ganz der Wollust und den fleischlichen Begierden hingegeben hast. Du hast vor Deiner Erhebung Kinder gezeugt. Außerdem hast Du Dir eine Äbtissin aus dem Orden des heiligen Benedikt öffentlich zur Konkubine genommen und bei einem Gastmahl vor allen Anwesenden bekannt, daß Du innerhalb von 22 Monaten 14 Söhne gezeugt hast. Einigen von ihnen hast Du trotz ihrer Minderjährigkeit Kirchenpfründen mit und ohne Seelsorge verliehen ... Andere Kinder hast Du mit mächtigen und vornehmen Personen verheiratet und ihnen bischöfliches Vermögen angewiesen. Um Deine Verdammung größer zu machen, verwahrst Du in Deinem Park eine Nonne, der Du Weiber beigesellt hast. Wenn Du an diesen Ort kommst, läßt Du Deine Begleiter draußen und gehst allein hinein. Als in einem Nonnenkloster Deines Sprengels nach dem Tod der Äbtissin die Wahl der neuen vorgenommen wurde, hast Du sie vernichtet und die Tochter eines vornehmen Mannes zur Äbtissin gemacht, die von Dir blutschänderisch geschwängert wurde. Sie soll neulich zum Ärgernis der Gegend geboren haben.

Als sich eine andere Nonne, die Du zur Wollust gereizt hast, Deinem Willen nicht fügte, hast Du einen Geistlichen, weil Du ihm versprochen hast, Du würdest ihm eine Benefizium verschaffen, Gesagte, welche er lügnerisch überredet, daß sie auf eine Villa zum Besuch der Verwandten, die sie dort hatte, führen wollte, betrügerisch in einen Deiner Parks gebracht. Sie soll von Dir schon schwanger sein. Jener hat von Dir eine Präbende an der Kirche von Lüttich erhalten. Noch überdies hast Du drei Söhne, die Du mit jener Nonne gezeugt hast, in Deiner Diözese zu Klerikern und Mönchen gemacht[255].«

1391 heiratet Heinrich I., Herzog von Masuren und Bischof von Plocta, offiziell eine Prinzessin[256]. Der Bischof von Paderborn, Graf Wilhelm zu Rabensberg, verweigert 1414, als er zum Erzbischof von Köln gewählt werden soll, die Annahme des Amtes. Er begnügt sich mit Paderborn, damit er sich mit Adelheid von Tecklenburg verheiraten kann, deren Schönheit erwähnt wird[257].

Erzbischof Albrecht II. von Mainz (1514-45) verkehrt frei und öffentlich mit seinen Konkubinen Käthe Stolzenfels und Ernestine Mehandel. Albrecht Dürer hat beide als Loths Töchter verewigt, Grünewald hat Käthe als heilige Katharina in der mystischen Ehe porträtiert; Lukas Cranach die Ernestine als *heilige* Ursula und den Kardinal als heiligen Martin[258].

Kaspar Rorella, erster Kardinal am Hof Papst Alexanders VI., Bischof von St. Justa in Sardinien und päpstlicher Leibarzt, bittet die Kardinäle und Geistlichen, doch ja nicht des Morgens bald nach der Messe Unzucht zu treiben, sondern des Nachmittags und zwar nach geschehener Verdauung, sonst würden sie ihre Sündhaftigkeit mit Abzehrung, Speichelfluß und ähnlichen Krankheiten zu büßen haben, und die Kirche würde ihrer schönsten Zierden beraubt[259].

Kardinal Robert Bellarmino (1542-1621), der Hunderte von Geliebten und vier Ziegen sein eigen nennt, wird 1923 selig und 1930 heilig gesprochen; er wird zum Kirchenlehrer erhoben. Gewiß hat er im Fach Sexualkunde die besten Kenntnisse.

1577 verläßt der Graf von Isenburg, Erzbischof und Kurfürst von Köln und gleichzeitiger Bischof von Paderborn, den geistlichen Stand und heiratet die Gräfin Antonia Wilhelmina von Aremberg und trägt dadurch die Fackel des Ärgernisses der übrigen Geistlichkeit voran[260]. Gebhard von Truchseß, der Kölner Erzbischof, nimmt 1583 eine Nonne von Gernsheim, die Gräfin Agnes von Mannsfeld, zur Frau. Gleichzeitig bekennt er sich zur Reformation.

Päpste der Renaissance ...
Huren von Gottes Gnaden

Wenn es schon die Bischöfe und Erzbischöfe so schwer haben, sich sexueller Eskapaden zu enthalten, wie bitter muß es dann für die unfehlbaren Päste sein. Das Leben einiger Renaissancepäpste ist verlottert und gleicht dem sittenloser Fürsten. Obwohl sie in einer sinnlich und sittlich aufgewühlten Epoche leben, können sie dies nicht als Ausrede nutzen, denn sie sind es, die sich als Hüter der Moral bezeichnen. Sie frönen der Unzucht und zeigen mit dem Finger auf andere.

Innocenz II. überläßt sich als Jüngling allen Arten der Ausschweifung. Sein Gegenpapst Anaklet II.[261] soll auf seinen Reisen von einer hübschen Frau begleitet worden sein[262]. Prokatholische Schreiber erteilen ihm die Absolution: »Anaklet war klug und von tadelloser Lebensführung, er wird jedoch von seinen Gegnern, wie die moderne Geschichtsforschung ergibt, bedenkenlos diffamiert[263].«

Johannes XXIII. (1410-15), bekennt vor dem Konzil von Konstanz Blutschande, Ehebruch, Schändung, Totschlag und Gottlosigkeit[264]. Während seiner Zeit als Kämmerer unter Bonifaz IX. (1389-1404) hält er sich die Frau seines Bruders als Maitresse; als Kardinal wird er nach Bologna geschickt, »wo 200 Mädchen, Matronen und Witwen, einschließlich einiger Nonnen, seiner brutalen Lust zum Opfer fallen[265].«

Leo X.[266] wird als unwissend bezeichnet und vermutlich wegen seines unerträglichen Gestankes, den er wegen eines bösartigen Geschwürs zu verbreiten gezwungen ist, im hohen Alter zum Papst erhoben[267]. Am 17.11.1439 wird Herzog Amadeus VIII. von Savoyen, Fürst zu Piemont, in Basel zum Papst gekürt. Er ist verheiratet und nennt sich Felix V.[268] Nach ihm besteigt Theophylactus den päpstlichen Thron. »Unzucht, Ehebruch, Mord und Frevel bestimmen sein fluchwürdiges Leben.« Er vertritt die Auffassung, daß ein Papst verheiratet sein kann.

Kalixtus III.

Der Spanier Alonso de Borgia[269] erwirbt sich die Gunst des römischen Hofes und klettert die Erfolgsleiter systematisch nach oben. Unter dem König von Neapel ist er Geheimschreiber, unter Martin V. Bischof von Valencia und unter Eugen IV. Kardinal. Als Nikolaus V.[270] am 24.3.1455 stirbt, rückt Borgia zum göttlichen Statthalter auf. Er nennt sich Kalixtus III. Zeitgenossen sagen ihm nach, er wäre ein Mann von größter Heiligkeit. Seine Natur sei friedlich und gut[271]. Mit ihm, und das ist das Entscheidende, faßt das Geschlecht der Borgias im Kirchenstaat Fuß, der durch die Beförderung seiner Neffen eine Familiendynastie in Rom begründet, deren Walten einen dunklen Schatten über die Kirchengeschichte legt.

Kalixtus III. erhebt Don Louis[272] zum Bischof von Segorbia und Leria; danach wird er Kardinal. Rodrigo[273] wird zum Kardinal und Vizekanzler der römischen Kirche erhoben. Don Pedro Louis, der nicht zum geistlichen Stand übertritt, wird Generalkapitän der Kirche, Herzog von Spoleto und päpstlicher Vikar in Benevent und Terracina. Schließlich erhebt man ihn zum Präfekten von Rom. Kalixtus III. ist mehr ein weltlich-politischer Herrscher, denn ein Christ. Als er am 6.8.1458 stirbt, erheben seine Feinde ein Freudengeschrei und »der wütende Pöbel fällt über die Häuser der Spanier her[274].«

Auf Kalixtus III. folgt Enea Silvio Piccolomini, der sich als Papst Pius II.[275] nennt. Er berichtet freimütig, daß er in Straßburg eine junge Engländerin zu Fall gebracht hat und daß aus dieser Verbindung ein Sohn hervorgegangen ist[276]. Er wandelt auf dem tyrannischen Weg seiner Vorgänger und taumelt in der Sinnlichkeit, bis ihn sein geschwächter Körper zur Tugend zwingt[277]. Er schreibt einem befreundeten Geistlichen:

»Ich muß bekennen, die Venus ekelt mich an. Ich kann keinem Weib mehr zur Lust dienen ... von nun an wende ich mich dem Bacchus zu[278].« Er gilt als Befürworter des Ehestandes[279] und spielt damit auf den verheirateten Felix V. an. Pius II. stirbt am 15.8.1464 in Ancona. Auf ihn folgt Paul II., der eine Tochter sein eigen nennt[280]. Er wird wegen seines Stolzes und seiner Eitelkeit von den Römern gehaßt[281].

Sein Nachfolger ist Sixtus IX.[282] Er zeigt gegenüber Frauen und der Theologie Verständnis, ist also ein ganz besonderer Papst. Das Ziel seiner Politik ist die Ausstattung von Verwandten und Günstlinge aus dem Kirchentopf. Er führt ein beispielhaft wollüstiges Leben, läßt um 1488 in unmittelbarer Nähe des Vatikans Bordelle einrichten und zieht daraus jährlich etwa 80 000 Dukaten an Hurenzins. Seine Söhne erhebt er unter Decknamen zu

Kardinälen. Einer davon, Petrus, verjubelt in seiner zweijährigen Amtszeit 200 000 Dukaten bis er, wie sein Bruder, von den Anstrengungen der Ausschweifungen verzehrt wird und stirbt.

Nach dem Tod des Nepotenfürsten wird Innocenz VIII. zum Papst erhoben. Zu seinen Ruhmestaten gehört die Bulle *Summis desiderantes affectibus*, die Krämer und Sprenger dem Hexenhammer beifügen. Innocenz VIII. ist abergläubisch, denn er spricht in ihr von »vielen Personen beiderlei Geschlechts, die sich mit buhlerischen Nachtgeistern leiblich vermischen[283].« Nach einer weiteren Bulle zu urteilen, stellt er das weibliche Geschlecht mit dem Mann nicht auf die gleiche Ebene. Man sagt ihm nach, er wäre der Vater des Abendlandes und habe mit verschiedenen Frauen sieben Kinder gezeugt. »Er ist voll Niedertracht, Feigheit und Geiz, gleich einem gemeinen Schelm[284].«

In seinen Predigten vertritt er die christliche Linie und die Ansicht, daß Frauen wie Vieh zu behandeln sind. Er bekennt sich öffentlich zu seinem Sohn, der ein *kümmerlicher* Mensch gewesen sein soll. Ein Zeitgenosse trägt vor: »Hatte Sixtus durch den Verkauf von geistlichen Gnaden Geld, errichtete er mit seinem Sohn eine Bank von weltlichen Gnaden, wo gegen Hinterlegung hoher Taxen Verzeihung für Mord und Totschlag zu kaufen war; von jeder Buße kommen 150 Dukaten an die päpstliche Kammer und was darüber ist, geht an seinen Sohn[285].«

Alexander VI.

»Alle Schranken durchbricht Alexander VI., dessen Lasterleben allen menschlichen Vorstellungen Hohn spricht. Er erscheint seinen Zeitgenossen als Heuchler, Betrüger und Bösewicht ... zu grauenvoll sind die Schandtaten, als daß ich es wagen könnte, sie zu beschreiben[286].«

Als seine Geliebte gilt Giulia Farnese. Ihre Vorgängerin ist wohl die Nichte Hadriana Orsini, die seine Tochter Lucrezia erzieht. Noch in reiferen Jahren zeugt Alexander VI. ein Kind. Der 1501 mit dem Herzogtum Nepi belehnte Juan ist sein Sohn, wenngleich in der ersten Bulle jener Verleihung Cesare als Vater hingestellt wird.

Alexander VI. ist nicht nur ein kirchlicher Würdenträger, sondern ein mehr sich weltlichen Interessen hingebender, von niederen Beweggründen motivierter Heuchler[287]. Er zeigt sich als politischer Schwächling, der nur darauf aus ist, Vorteile für sich und seine Kinder zu raffen. »Gewiß war er kein so schlimmer Verbrecher wie sein Sohn Cesare; schwach und willenlos läßt er das Entsetzliche geschehen und bringt dadurch die Kirche an den Rand des Abgrundes[288].«

Rodrigo führt schon als Priester und Kardinal ohne Scheu das Leben eines Kavaliers. Seine Geliebte ist die Römerin Vannozza[289], mit der er die Kinder Cesare, Juan, Lucrezia und Goffredo zeugt. Weil er die Frauen stärker als ein Magnet das Eisen anzieht, lassen sich weitere Kinder nachweisen. So stirbt 1491 der Sohn Pedro Louis und kurz danach eine Tochter Girolama[290].

Vermutlich kommt Rodrigo durch Bestechungskampagnen ans Ziel seiner Wünsche. In einem geschickten Anlauf gewinnt er die Zustimmung von 13 Kardinälen und zugleich die des 95jährigen Gherhardo. Dies bewirkt den Ausschlag zu seinem Vorteil: er empfängt 1469 die päpstliche Würde. Bei seiner Ernennung ist er etwa 60 Jahre alt; seit mehr als 27 Jahren kennt er das Ränkespiel am päpstlichen Hof.

Obwohl ihm die naiven Deutschen mit Lobhudeleien entgegenlaufen[291], zeigt sich rasch der Wolf im Schafspelz. Lediglich in den ersten Wochen seines Pontifikates gibt er sich als Musterknabe und sucht eine strengere Justiz einzuführen[292]. Zuden will er die desolaten vatikanischen Finanzen in den Griff bekommen[293]. Immer deutlicher kommt sein Ehrgeiz zum Vorschein. Fünf Tage nach seiner Ernennung verleiht er seinem Sohn Cesare das reichdotierte Bistum Valencia. Jean, der päpstliche Neffe, wird zum Kardinal erhoben[294].«

Die Jahre seines Pontifikates sind von einer Vielzahl politischer und gesellschaftlicher Aufgaben bestimmt. Er setzt sich mit dem französischen Regenten Karl VIII. auseinander, der triumphal in Rom Einzug hält[295]. Der Papst flieht mit einigen Kardinälen in die Engelsburg[296]. Sein Agieren gegen die Orsinis ist sinnlos und auf der Kanzel wettert der Prediger Savonarola gegen ihn[297], den er zu einer Feuerprobe zwingen will[298].

Als seine Tochter Lucrezia niederkommt, findet ein originelles Gespräch zwischen dem Prinzen Pico di Mirandola und dem Papst statt. Er sagt zu ihm: »Der Glauben, Eure Heiligkeit, besteht ja darin, Unmögliches zu glauben.« »Ja, Ja«, sagte der Papst, »ich fühle wohl, daß ich nur durch den Glauben, nicht aber durch meine Werke selig werden kann … wenn ich bei meiner Tochter geschlafen, mich des Dolches und der Cantarella so oft bedient habe … wie kann Gott am Glauben Vergnügen finden? Nennen wir nicht den, der da sagt, er glaube, was er unmöglich glauben kann, einen Lügner?« Im Herbst ruft er die europäischen Fürsten zum Krieg gegen die Türken auf. Eigenmächtig richtet er eine Flotte aus, die mit 2500 Christen an Bord unter Giacopo da Pesaro in See sticht und die Insel Santa Maria erobert[299].

Dann steht das Jubeljahr 1500 ins Haus. Das ist ein künstliches Ereignis, denn dem Wüstling Pius III. hatte es beliebt zu bestimmen, daß alle 25 Jahre die Feier eines solchen zu begehen sei. Das gigantische Fest wird mit der Bulle vom 28.3.1499 eingeläutet[300]. Der Papst läßt sich dazu herab, die großen Kirchen der Stadt zu besuchen. Die damit verbundenen Einnahmen fließen in den Türkenkrieg, an seine Verwandten und in die vatikanische Schatzkammer. Burchardus berichtet von der am 20.12. an die Türen von St. Peter geschlagenen Bulle über die Verlängerung des Jubeljahres[301]. Schauen wir kurz hinein:

- Dispens bei aufgedecktem Mord und Totschlag bzw. wo eine Blutsverwandschaft infolge des unerlaubten Beischlafes unter Verwandten besteht.
- Dispens für Kleriker, die sich heimlich Konkubinen halten und für einen Ehegatten, der einen anderen ermordet hat.

Zudem erläßt Alexander VI. ein Zensuredikt zur Wahrung des rechten Glaubens. Er tritt gegen die Ketzer in Böhmen und die Maranen auf, sucht Grönland zu christianisieren und schickt Geistliche nach dem neu entdeckten Amerika, um sich gleich ein Stück des Kuchens zu sichern. Er befestigt die Engelsburg, läßt eine Straße in Rom nach sich nennen und gestaltet die Borgia-Zimmer im Vatikan aus. Der Papst erkrankt im August 1503, »möglicherweise am *römischen Fieber*. Er stirbt kurz danach und wird ohne Ehren begraben[302].«

Der päpstliche Zeremonienmeister Burchardus berichtet von einem Brief, in dem gegen den Papst Vorwürfe erhoben werden. Darin wird er als Verräter der Menschheit bezeichnet, der sein ganzes Leben mit Raub und Unzucht befleckte, der wie ein verrufenes Untier zur Vernichtung des christlichen Glaubens beigetragen hat[303] und er meldet, daß der Papst selbst im Tod von Gesinnungsgenossen bestohlen wird[304].

Cesare, Lucrezia und Juan

Cesare, der Sohn Papst Alexanders VI. »ist ein Mann von großer Willenskraft, Verschlagenheit und in allen ritterlichen Übungen erfahren. Doch ist er von einem schrankenlosen Ehrgeiz besessen, er beherrscht seinen Vater und sucht dessen rechthaberischen Pläne in die Tat umzusetzen … zu ihren Ausführungen fehlen ihm die Ruhe und Besonnenheit. Sein wildes Temperament führt oft dazu, klug ersonnene Kombinationen zu zerstören … und doch hat er etwas Gewalttätiges an sich, das ihm trotz seiner Häßlichkeit schwache Weiber unterjocht[305].«

Cesare genießt eine humanistische Ausbildung und wird früh zur geistlichen Laufbahn bestimmt. 1493 ist er als Kardinal von Santa Maria Nuova tätig. Zwei Jahre danach nimmt er als Geißel am Zug von Karl VIII. nach Neapel teil. Er flieht und lebt dann einige Jahre in Rom; sein Leben ist mit Orgien befleckt. Er gilt als der Streitsüchtigste, vor dem kein weibliches Wesen sicher ist; die Reichen zittern um ihr Geld und es gibt kein Verbrechen, das man ihm nicht zutraut. Rom zittert vor seinen Launen und keiner wagt es, sich gegen ihn zu erheben. Seit 1497 beherrscht er seinen Vater und damit den Vatikan[306]. Er kennt ihn nur allzugut und sagt: »Er ist gutmütig, doch Beleidigungen kann er nicht ertragen[307].«

Cesare heiratet am 12.5.1499 nach einigen Eskapaden Charlotte d'Albret, die Schwester des Königs von Navarra. Vier Monate später verläßt er sie. Sie bleibt in Frankreich und bringt die Tochter Louise zur Welt. Seine Frau lebt seit der Geburt des Kindes in Issodun wie eine Heilige und stirbt am 11.3.1506. Der ehemalige Kardinal kehrt zu den sinnlichen Freuden des irdischen Lebens zurück und wird 1500 Herzog von Orsini. In dieser Eigenschaft erobert er die Städte Piombino, gewinnt Pesaro, Rimini, Imola und Forli. Dann kommt er siegestrunken nach Rom. Es werden noch ein Sohn und eine Tochter des Kardinals erwähnt. Die Tochter stirbt 1573 als Nonne. Cesare stirbt 1507 in Vienna eines gewaltsamen Todes und wird hier beigesetzt[308].

Um Lucrezia ranken sich zahlreiche Legenden. Gewiß ist sie kein Tugendspiegel, sie hat sich aber nicht mit all den Greueln befleckt, die ihr zugeschrieben werden[309]. Zeitgenossen schildern sie als bescheiden, lieblich und sittsam[310]. Von Pereto, dem ersten Kämmerer des Papstes, hat sie ein uneheliches Kind. Sie wird zum Spielball politischer Interessen. Eine Zeitlang beauftragt sie ihr Vater, Papst Alexander VI., mit der Wahrnehmung der Amtsgeschäfte im Vatikan[311]. Dieser Vorgang dürfte selbst in Kirchenkreisen Einmaligkeit besitzen.

Lucrezia wird mehrfach verheiratet. Die erste Ehe geht sie am 12.6.1491 mit Giovanni Sforza aus Pesaro ein. Bald ergeben sich Schwierigkeiten. Die Ehe bleibt kinderlos und die Trennung des ungleichen Paares wird erwogen. Schließlich bezahlt der gekränkte Ehemann die Mitgift, und, gereizt durch die erzwungene Scheidung, erhebt er Angriffe gegen seinen Schwiegervater, er habe sich selbst an seiner Tochter vergriffen[312].

Die zweite Ehe geht Lucrezia am 20.7.1498 mit Alfonso di Bisceglie, einem unehelichen Sohn des neapolitanischen Königs, ein. Inzwischen schenkt der Statthalter Gottes seiner weltlichen Tochter die Städte Foligno und Nepi; währenddem flüchtet ihr Mann aus der Ewigen Stadt und läßt eine Schwangere zurück. Später kehrt er heim, um das Opfer eines Verbrechens zu werden. Alfonso wird am 15.7.1500 von Meuchelmördern angefallen. Er erholt sich von den Verletzungen und wird in dieser Zeit von seinem Schwager Cesare besucht. Da er in ihm den Anstifter des Überfalls vermutet, schießt er nach seinem Weggehen aus dem Fenster einen Pfeil auf ihn ab.

Nun ersinnt man für die zweifache Witwe nach einer politischen Verbindung. Man verheiratet Lucrezia mit dem Erbprinz Alfonso I. d'Este von Ferrara. Im September 1501, kaum ein Jahr nach dem Mord an ihrem zweiten Mann, wird eine prunkvolle Hochzeit gefeiert. Lucrezia stirbt 1519 und bittet kurz davor um den Segen Leos X.

Juan wird von seinem Vater mit den Herzogtümern Gandia und Benevent belehnt, außerdem mit den Städten Terracina und Pontenuova. Acht Tage nach seiner Belehnung wird er ermordet. Der päpstliche Zeremonienmeister beschreibt den Vorfall[313] und berichtet, wie seine Leiche in einem Flußbett gefunden wird[314]. Einige meinen, er wäre bei einem amourösen Abenteuer von einem Nebenbuhler ermordet worden. Ein Jahr später taucht das Gerücht auf, sein Bruder Cesare sei der Mörder gewesen[315]. Die Schuldfrage ist offen.

Der Zeremonienmeister berichtet

Um intimer in die Epoche und die Verhältnisse am päpstlichen Hof sehen zu können, schauen wir in das Tagebuch des Zeremonienmeisters Burchardus, das sich teilweise erhalten hat. Er zeigt in seiner Dokumentation eine gewisse Vorliebe für den Papst, hebt gern das Gute hervor, doch übermittelt auch die Grausamkeiten sachlich und trocken: In Rom geht es weltlich zu.

Mord, Unzucht, Vergewaltigungen, Intrigen, Heuchelei und Totschlag sind damals wie heute an der Tagesordnung; die sozialen Probleme der unchristlichen Stadt werden deutlich. Hören wir hinein:

- »Im September 1492 verwundet ein gewisser Salvator seinen Freund Domenico tödlich durch Stöße mit seinen Dolch. Sein Bruder wird am gleichen Tag gehängt. Der Papst zieht die Buße von den Bürgern ein.
- Im September 1492 wird König Ferdinand von Spanien von einem Bauer auf den Stufen seines Palastes mit einem Schwert schwer verwundet. Der Bauer gibt an, er habe unter einer teuflischen Vision gehandelt ... Satan habe ihn beauftragt, den König umzubringen. Daraufhin wird der Bauer derart zum Tod verurteilt, daß man ihm alle Glieder nacheinander und in Zwischenräumen, jedoch am gleichen Tag, abgehauen hat. Um ihn nicht verzweifeln zu lassen, erhält er auf Befehl der Königin einen schweren Schlag auf den Kopf, damit er eher stürbe und bei getrübtem Bewußtsein während des Abhauens seiner Glieder weniger litte.«

Er berichtet von dem triumphalen Einzug Karls VIII. von Frankreich in Rom, den päpstlichen Fluchtvorbereitungen, der Ermordung des Juan Borgia. Er trägt vor, wie der Sekretär des Papstes, Bartholomeo Florido, der ehemalige Erzbischof von Cosenza, in den Kerker der Engelsburg geworfen wird[316], weil er mehrere Breve ohne den Befehl des Papstes ausgestellt hat. Er geht auf die Fehlgeburten Lucrezias ein[317] und sagt, daß Cesare achtmal hintereinander mit dem Fräulein d'Albret den Geschlechtsverkehr vollzogen hat, daß man dem Papst einen vergifteten Brief überreichen wollte[318], wie dem Ritter und Edelmann Juan Cervillon der Kopf abgeschlagen wird[319] und wie der Papst den Juden den 20. auferlegt[320], wie Alphons von Aragonien am 18.8. in seinem Bett erdrosselt[321] und wie Lukas de Dulcibus das Glied abgeschnitten wird, weil er sich eine Konkubine gehalten hat[322], wie die spanische Dirne Ludovica gefoltert und gehängt wird[323], wie der Papst seiner Tochter die Amtsgeschäfte überträgt[324], wie ein Kleriker aus der Diözese Basel mit einer Schandmütze an den Pranger gestellt wird[325]. Er berichtet über das Gastmahl im Vatikan, an dem 50 nackte Dirnen beteiligt sind und wobei man Preise für den aussetzt, der sich am häufigsten sexuell betätigen kann[326].

Einer der Pönitentiare von St. Peter erzählt von Dingen, die täglich an ihn herangetragen werden:

- Jemand habe mit einer Jungfrau die Ehe geschlossen und sie, nachdem er sie beschlafen und eine Zeitlang mit ihr verkehrt hat, verlassen, um mit einer zweiten, dritten und vierten gleichzeitig die Ehe einzugehen.
- Ein anderer, der sich verheiratet und die fleischliche Verbindung vollzogen hat, läßt sich zum Priester weihen und schließt dann als Geweihter eine neue Ehe.
- Ein Priester beschläft seine Nichte. Sie wird von ihm schwanger und bekommt einen Sohn. Der Vater tauft ihn nach der Geburt, aber dann tötet er ihn und vergräbt ihn in einem Stall; noch nach achtzehn Jahren zelebriert er die Messe.
- Ein anderer legt das Ordensgelübde ab. Innerhalb der ersten vier Monate verläßt er das Kloster, wirft seine Kutte weg und geht mit einer verheirateten Frau eine Ehe ein, die er nach vollzogenem Beischlaf verläßt. Hintereinander beschläft er vier verheiratete Frauen und flüchtet dann aus Rom.

⇒

Johann Christoph Friedrich von Schiller (1759-1805), Historiker und Dichter, der ab 1794 eine Freundschaft zu Goethe aufbaut. Für Schiller ist der christliche Gott »eine aus vielen gebrechlichen und schiefen Vorstellungen zusammengeflossene Mißgeburt.

Alles bleibt beim alten

Nach der ersten Empörungswelle gegen das Handeln des Reformpapstes Gregor VII. und einige seiner Nachfolger ziehen sich die Probleme fünfhundert Jahre weiter. An eine Eindämmung ist nicht zu denken. In allen Jahrhunderten der christlichen Geschichte empören sich die sexuell Unterdrückten gegen die Willkür des päpstlichen Stuhles. Selbst der Wunsch, daß die Priester wieder in den Laienstand zurückkehren können, bleibt ungehört.

Man kann es keinesfalls mit der verfeinerten Kultur der italienischen und etwas später gelagerten deutschen Renaissance und den Folgeepochen abtun, denn das höhnische Treiben geht in allen Rangfolgen der römisch-katholischen Geistlichkeit weiter.

Julius II.[327] wird wegen seiner Zornausbrüche vereinzelt *der Schreckliche* genannt. Er ist ein Säufer, der seine Tochter an Johann Orsini verheiratet und sich bei seinen Ausschweifungen eine venerische Krankheit zuzieht. Vor allem sein kriegerischer Geist wird gelobt. Doch liebt er die Wollust mehr als ein hohes Amt; er ist mehrfacher Vater[328].

Paul III.[329] wird im Alter von 25 Jahren zum Papst erhoben. Seine Kinder Peter Ludwig Farnese und seine Tochter Constanze machen ihn zum päpstlichen Opa. Als Dank für diese weltliche Ehre erhebt der Papst Alexander Farnese und Guido Ascanius zu Kardinälen, obwohl keiner von ihnen das gesetzmäßige Alter erreicht hat.

Julius III.[330] (1550-55) hält sich mit dem Kardinal Creszentius gemeinschaftliche Beischläferinnen. Die Kinder werden aus einer Gemeinschaftskasse versorgt, da die Vaterschaft nicht feststellbar ist. Er macht einen Affenwärter zum Kardinal. Als ihm die anderen Kardinäle aus diesem Grund einen Vorwurf machen, soll er ausgerufen haben: »Porca de Dio! Was habt ihr an mir gefunden, daß ihr mich zum Papst machtet?« Der heilige Vater läßt in Rom öffentliche Bordelle anlegen. Man zählt damals etwa 40 000 Freudenmädchen in der Stadt.

Mahner und Reformatoren

1486 lehrt Lailier, Licentiat der Theologie in Paris, daß er einem Priester, der bei ihm beichte und gleichzeitig verheiratet sei, keine Buße auferlegen würde, weil auch die Priester der orientalischen Kirche nicht sündigen, wenn sie heiraten. Erst seit etwa 400 Jahren habe der Papst die Priesterehe untersagt, doch er wisse nicht, ob er dazu berechtigt gewesen sei[331]. Lailier gehört zu den vielen, die auf der Suche nach der christlichen Wahrheit auf der Strecke bleiben.

Der Karthäuser Dionysius von Leewis[332] klagt über den Verfall der Kirche und die lasterhaften Geistlichen; er spricht gegen die Erhebung des Hurenzinses. Johannes Trithemius stellt die Gefährlichkeit heraus, von Dirnen abhängig zu werden und schreibt an den Priester Nikolaus, ... denn am Schluß herrschen sie über Männer, suchen sich in ihre Netze zu verstricken, um Liebestränke und abergläubische Mittel anzuwenden.

Der Benediktiner Jacobus Siberti wendet sich an Trithemius und beklagt die Unsittlichkeit der Priester. Der Straßburger Domprediger Geiler von Keysersberg rügt die Verdorbenheit der Geistlichen. Die Kirchenleitung hat den Mut zu kontern: »Den Christen wird eingeschärft[333], daß sie über Prälaten und Priester auch dann nicht spotten sollen, wenn ihr Lebenswandel schlecht ist ... oft würde einem sündhaften Volk von Gott schlechte Priester gegeben[334].«

Während man in Rom und an tausenden anderer geistlicher Stätten über den Köpfen der Christen hurt, Kriege führt und die Menschen er- und auspreßt und mit Ablaßgeldern den Bau der Peterskirche finanziert, läuft in Sachsen das Glaubensfaß über. Hier fließen die Strömungen zusammen, die die Geistlichen der römisch-katholischen Kirche bezichtigen: Volksverdummung, Unsittlichkeit, Feudalismus.

All das, was sich die Geistlichkeit auf Um- und Schleichwegen, durch Hinter- und Schlupftürchen, durch Lügen und gezielte Fälschungen zurechtgelegt und erschlichen hat, wird bloßgelegt. Wie leicht erscheint uns heute die Handbewegung, mit der der päpstliche Despotismus vom Tisch des Herrn gefegt wird. Seine einst so machtvolle Stimme, seine Flüche, Exkommunikationen, Interdikte und Drohungen werden zur Farce. Die Kurie steht ihr blamiert und machtlos gegenüber.

Der Angriff kommt weniger von außen, denn das Volk ist die Knechtschaft gewöhnt, sondern aus den eigenen Reihen. Ein *abgefallener* Katholik rückt für eine Generation in den Zenit der Religionsgeschichte: der in Wittenberg lehrende Professor Martin Luther.

»Er hat zwei Sünden begangen. Er hat dem Papst an die Krone und den Pfaffen an die Bäuche gegriffen.« Dies soll Erasmus von Rotterdam dem Kurfürsten Friedrich von Sachsen auf die Frage geantwortet haben, was Luther denn eigentlich falsch gemacht hat[335]. Erasmus schreibt gleichfalls gegen den Zölibat und trägt vor, daß ihn die Päpste schwerlich abschaffen, da ihnen der Hurenzins gar zu gut tue. Der Theologe Georg Cassander (1513-66) bestätigt, daß die Unzuchtsausschweifungen der Priester unendlich sind.

Luther schreibt 1523 über seine Berufskollegen: »Aber ob er 100 eheliche Weiber geschändet, 100 Jungfrauen geschwächt und noch 100 Jungfrauen täglich bei ihm hielte auf ein Mal, so kann er wohl Priester sein, bleiben und werden, so trefflich ist dies Priestertum. Keine Sünde und Schande ist so groß und so viel in aller Welt, die da hindere Priester zu sein und werden, ohne allein die heilige Ehe ... Nun sage mir, wie reimt sich solch ein greulicher Frevel mit Sankt Petrus Lehre, der ein Witwer ist und will recht haben zu freien und gibt allen Witwen Macht zu freien, niemand ausgeschlossen, weder Priester noch Laie.«

Bald kommt zur Sprache, daß es ein Mißbrauch ist, wenn man den Priestern die Ehe vorenthält, denn erst dadurch werde die Unzucht unter den Geistlichen möglich[336]. Luther hebt in einer »Schrift an den deutschen Adel hervor: »So soll sich keiner an die falschen Vorstellungen des Papstes halten, denn durch ihn ist viel Schandleben

auf die Welt gekommen.« Die 100 Beschwerden, die 1523 auf dem Nürnberger Reichstag dem Papst zugestellt werden, gereichen den Priestern kaum zur Ehre. Möglicherweise hat Luther daraus den Stoff zu seiner Schrift *Wider die Klosterglübde* abgeleitet; später macht er darauf aufmerksam, daß sie nicht auf dem göttlichen Wort ruhen [337].

Ulrich Zwingli unterstützt die Liberalisierung mit seiner Schrift *Eine freundliche Bitte und Ermahnung etlicher Priester in der Eidgenossenschaft, daß man das heilige Evangelium zu predigen nicht abschlage, noch Unwillen darüber empfange, wenn sich die Prediger, um Ärgernis zu vermeiden, ehelich vermählen.* Zwingli weist auf die Mißstände des Zölibates und rügt den Ärger, der mit dem Lotterleben der Geistlichen verbunden ist.

Auf Zwinglis Betreiben wird vor dem Züricher Rathaus eine öffentliche Disputation angezeigt, an der sich sechshundert Bürger beteiligen. Unter ihnen befindet sich Johannes Faber, Generalvikar des Konstanzer Bischofs. Im 49. Artikel wird vorgetragen: »Ich kenne kein größeres Ärgernis, als daß man den Pfaffen nicht erlaubt, Eheweiber zu nehmen, ihnen aber gleichzeitig gestattet, Huren zu halten.«

Ebenso rechtfertigen Karlstadt, Melanchthon und weitere die Ehe der Priester. Verwirrung im katholischen Lager macht sich breit. In rascher Folge werden die schon lockeren Moralvorstellungen weiter gelockert, Klöster verweltlicht, Ansichten geändert und die katholische Lehre in Frage gestellt. In rascher Folge heiraten Geistliche, denn sie erkennen darin ein natürliches Ventil ihrer Bedürfnisse.

Bald darauf wird das im 16. Jh. erste von einem katholischen Priester rechtmäßig gezeugte Kind geboren. Es ist Johannes, Sohn des Pfarrers Johann Haller von Amsoltingen, der 1521 eine Bürgerin aus Zürich heiratet[338]. Der Danziger Mönch Jacob Knade heiratet 1518 Anna Rosenberg. Bartholomäus Bernhardi[339], Pfarrer aus Kemberg, heiratet 1521. 1523 läßt sich Wilhelm Röuble in seiner Pfarrkirche zu Wytikon mit der züchtigen Jungfrau Adelheid Leemann trauen. In Straßburg heiraten 1523 die Priester Zell und Firn unter dem Jubel des Volkes. Zwingli schließt sich 1523 an und heiratet Anna Reinhard. Luther entscheidet sich für Katharina Bora, eine aus dem Kloster Nimtsch entsprungene Nonne.

Luther proklamiert verändertes Heilsgeschehen. Plötzlich steht das Individuum Gott gegenüber, den Menschen vor tausenden Jahren aus der Taufe gehoben haben. Der Klerus steht diesen Strömungen zunächst machtlos gegenüber, denn die liberalen Bestrebungen im deutschsprachigen Raum werden von Fürsten, Professoren, Landesherren und Magistern positiv beurteilt. So entsteht ein nicht mehr löschbarer Flächenbrand.

Die Reaktion Roms

In der Glaubenszentrale erkennt man die Situation. 1520 verbietet der Bischof von Ausgburg, Christoph von Stadion, das Lesen der lutherischen Schriften. Gleichzeitig erhebt er einen Zins für die Kinder und Konkubinen der Kleriker. Am 5.1.1522 wird Hadrian VI.[340] zum Papst erhoben, der mit der religiösen Wetterlage in Deutschland kaum vertraut ist. Er ernennt Francesco Cheregatti während des Nürnberger Reichstages zum Nuntius. Sein Ziel ist klar, denn es ist auf die Vernichtung Luthers ausgerichtet, weil er die Ehe der Priester für gerecht ansieht und die Klostergelübde nicht gelten läßt. Er gebe vor, um die wollüstigen Priester, Mönche und Nonnen an sich zu ziehen, daß die Gelübde der Enthaltsamkeit unverbindlich sein sollen und daß sich die Geistlichen verheiraten können[341].

Der Nuntius klagt über die verheirateten Priester, Mönche und Nonnen, die nun scharenweise das Kloster verlassen. Es wirkt wie das zögerliche Aufmucken, wenn Papst Klemens VII. am 5.2.1526 eine Bulle nach München schickt. Darin erteilt er mehreren Äbten die Vollmacht, die sittlichen Verbrechen der Geistlichen zu strafen. Die versammelten Reichsstände fassen vierhundert Beschwerden in siebenundsiebzig

Artikeln zusammen, … damit das Papsttum sehe, was alles zu reformieren sei. Das Lasterleben der Geistlichem kommt zur Sprache. Der Konstanzer Bischof Hugo von Landenberg[342], selbst der Unzucht frönend, erläßt am 2.5. ein Schreiben, das den reformatorischen Bewegungen entgegenwirken soll. Er wird von seinen Gegnern abgekanzelt, denn das Ärgernis werde immer größer. Man hält ihm vor:

Die Strafe, die ein Priester bekommt, wenn er ein Kind gezeugt hat, wurde um einen Gulden erhöht, so daß er jetzt fünf Gulden bezahlen muß. Darum will er nicht leiden, daß die Pfaffen Kinder haben, denn jetzt ginge ihm darum ein größeres Einkommen ab. In einem Jahr sollen wohl 1500 Pfarrkinder im Kostanzer Bistum geboren werden, macht 7500 Gulden. Aber nicht nur die Kinder, sondern auch die Konkubinen müssen ihm jährlich abgekauft werden, wie ein Titel im Register zeigt. Habe nun einer eine Konkubine oder nicht, so sagt man ihm: »Was geht dies meinen gnädigen Herrn an. Warum nimmst Du Dir nicht eine?« Das Geld muß gleichwohl eingelegt werden. Deshalb nennt man die Bischöfe zu recht Hurenwirte.

Wenn einer ein reines Mädchen beschläft, so kostet das 16 Gulden für den Bischof. Auch die Nonnen und Beginen haben ihre besondere Taxe im Register. Der Fiskal darf mehr fordern, wenn ein Pfaffe reich ist und wenn er sich mindestens viermal im Jahr mit gefüllten Taschen beim Gesinde einfindet. Dies ist einer der vornehmsten Gründe, warum sie den Priestern keine Weiber gestatten … Will man einen Bastard taufen lassen, kostet das

⇒

Johann Wolfgang von Goethe sagt kurz vor seinem Tod zu Eckermann: »Es ist viel Dummes am Glauben der Kirche. Sie will herrschen und dazu braucht sie ein borniertes Volk. Sie hatte Grund genug, dem Volk die Bibel so lange vorzuenthalten.« Gemälde nach dem 1829 entstandenen Bildnis von Joseph Karl Stieler.

abermals Geld. Aber auch, wenn man ihn legitimieren will, um einen Pfaffen aus ihm zu machen. Damit hat sich die christliche Religion einen Schandfleck aufgebrannt[343].«

Ein Teil der Landesteile bleibt konservativ und etliche Würdenträger bleiben in der Tradition verhaftet, denn man könnte sie ja sonst in Frage stellen. In diesen Wirren kommt es zu Komplikationen, denn über den Weg Papst - Bischof wird massiv gegen die verheirateten Priester vorgegangen[344]. Die Trabanten fahren beharrlich fort, die bösen Geister zu bestrafen, die aus Vernunftgründen eine Ehe eingegangen sind. 1545 bricht in Straßburg eine Verfolgung der Konkubinen aus. Die katholischen Geistlichen beklagen sich darüber, daß ihnen nicht einmal eine Frau gestattet wird, während sich die Kardinäle und Bischöfe zehn und mehr Huren halten[345]. Campeggi, der Kardinallegat, vertritt die merkwürdige Auffassung, daß es für einen Priester eine größere Sünde sei zu heiraten, als Huren zu besänftigen, denn jene glaubten, daß sie recht tun, die anderen aber bekennen, daß sie sündigen.

Als 1530 die Religionszänkereien ausgeglichen werden sollen, werden die Erzkatholiken Eck, Wimpheling und Cochläus abgekanzelt. Und doch werden die Evangelischen in die Enge getrieben, denn es fällt die Entscheidung, daß alle verheirateten Priester ihrer Ämter und Pfründen enthoben seien. Lediglich wenn sie die Weiber von sich weisen, sollen sie nach der päpstlichen Absolution wieder zugelassen werden.

Der Sittenpegel bleibt unverändert, denn nach wie vor frönt man der Unzucht, was ja in den Augen der römischen katholischen Kirche schon die Ehe eines Geistlichen ist. 1537 verlangt Paul III. von einigen Kardinälen ein Gutachten über eine eventuell vorzunehmende Reform[346]. Sie wird von Luther mit beißenden Glossen versehen[347]. Man beklagt sich über die Unwissenheit der Geistlichen und die Tatsache, daß in Rom vornehme Frauen mit hochrangigen Priestern zusammenleben.

Das Glaubenslager ist unwiderbringlich gespalten. Hermann, der Kölner Kurfürst, begünstigt die reformatorischen Bewegungen und läßt 1539 Philipp Melanchthon zu sich kommen. Er meldet keine Bedenken an. Daraufhin gestattet er seinen Priestern die Ehe. Schon vorab haben diesem Schritt die Grafen, Ritter und Stadträte zugestimmt. Allein das Domkapitel, der Lehrkörper der Universität und der Rat stemmen sich dagegen. Obwohl sie der Vernunft einen Riegel vorschieben, bleiben sie auf der Unzucht sitzen.

Um weiteren Mißbräuchen im Kirchenwesen entgegenzuwirken, legt der Kaiser 1548 während des Augsburger Reichstages den Bischöfen einen Reformationsentwurf vor[384]. In ihm wird ausgeführt: »Man soll die Konkubinen mit der Exkommunikation belegen und notfalls den weltlichen Arm gegen sie in Anspruch nehmen.«

1549 findet ein Provinzialkonzil statt. Es wird ausgesprochen, daß sich die Kirchenzucht im Verfall befindet, daß die Kleriker ohne Scheu Konkubinen und Frauen bei sich führen und daß ihre Oberen dies gegen Bezahlung dulden. Daraufhin wird über die Aufnahme der *Formula reformationis* beraten. Als der Klerus davon erfährt, bittet er darum, das *Caput de concubinis* auszulassen und die Sentenz des Konzils abzuwarten. Doch die Geistlichen werden übergangen[349].

Am 16.4. 1561 schreibt Pius IV. an den Erzbischof von Sevilla und an den spanischen General, er habe nicht ohne Betrübnis seiner Seele vernommen, daß verschiedene Priester in den spanischen Königreichen, Städten und Diözesen soweit in der Gottlosigkeit versunken sind, daß sie das Sakrament der Beichte mißbrauchen und Weibpersonen zu unzüchtigen Handlungen reizen ... sie dadurch in ihrer Sündenlast beschweren und sie auf diese Weise dem Teufel überliefern ... es sei eine Beleidigung für die göttliche Majestät.

Paul VI. vertritt die Auffassung, daß man in Deutschland mit Feuer und Schwert durchgreifen muß, um alle Irrtümer abzustellen, zudem dürfe man nur päpstliche Druckereien zulassen. Er erkennt nicht, daß er es ist, der den Irrtum in die sündige Welt gesetzt hat.

Friedrich Staphylus

erstellt folgendes Gutachten:»Unter dem noch übrigen Klerus herrscht die Ehe so allgemein, daß man unter hundert Pfarrern keinen findet, der nicht heimlich oder öffentlich verheiratet ist. Falls man die verheirateten Priester vertreibt, müßten die Pfarreien ohne Seelsorge bleiben und die Verjagten wären gezwungen, zu den Sektierern überzulaufen. Ich frage mich, ob es nicht besser sei, die Ehe zu gestatten. Nur so kann man unzüchtigen Ausschweifungen entgegenwirken. Zwei Übel stehen im Vordergrund: auf der einen Seite die Verminderung der kirchlichen Würde und damit die ihrer Reichtümer. Auf der anderen Seite der immerwährende Haß des Volkes gegen den Klerus und die gefährliche Schandbarkeit unter den Geistlichen[350].

Rom ist die verdorbenste Stadt. Die Gier ihrer Prälaten ist schändlich; es sind viele Mißbräuche abzustellen, um die katholische Kirche zu erhalten.« Vor allem tadelt er die geltende Taxe für die Verbrechen und Laster, deren Befugnisse bei den Legaten liegen.

Konzil von Trient

Synoden und Konzile werden immer dann einberufen, wenn sich der Klerikalismus in Schwierigkeiten befindet. Das Konzil von Trient hat insofern mehr Bedeutung, weil es das erste ist, das sich nach der Reformation stattfindet und weil der Jesuitismus im deutschsprachigen Raum inzwischen gestärkt ist. Vom Ausschreiben des Konzils bis zu seinem Beginn am 18.1.1562 vergehen 17 Jahre.

Allein die personelle Zusammensetzung macht einiges verständlich: 187 italienische, 31 spanische, 26 französische und drei deutsche Würdenträger nehmen teil. Tendenz oder Zufall einer einseitigen Besetzung? Die Deutschen lassen sich mit Ausflüchten entschuldigen und eifern in diesem Punkt den längst zu Staub verfallenen Mainzer Erzbischof in seinem Konflikt mit dem Reformpapst Gregor VII. nach.

In Trient wird der Sieg über die Ehen der Priester und die Aufrechterhaltung eines Prinzips verfochten. So läßt Kardinal Borromäus durch Soldaten Konkubinen fangen und in ein Gefängnis schleppen. 23 Tage vor dem Konzilsende nimmt man sich der sexuellen Frage an und es ist kein Wunder, daß man die Priesterehe verdammt. Man stellt die These in den Raum, daß das Band der Ehe unauflöslich sei, habe bereits der Stammvater des menschlichen Geschlechts aus Eingebung des göttlichen Geistes entschieden, da er beim Anblick der neugeschaffenen Männin (Eva) sagte:»Die ist Bein von meinem Bein[351].«

August Baumgärtner, der Gesandte des Herzogs Albrecht von Bayern, hält vor den Konzilsteilnehmern eine Rede und stellt heraus, beim Klerus herrsche, um die übrigen Laster zu verschweigen, offensichtlich Unzucht; er wälze sich in den Lastern des Saufens. Wir halten es für den größeren Vorteil der katholischen Religion, wenn ihre Priester gezwungen wären, nicht zu dieser besudelten Herde zu gehören oder ihr ähnlich zu scheinen. Daher kommen der Mangel an gelehrten Männern im Klerus und ihre abscheuliche Unwissenheit. Deshalb haben die Protestanten an Boden gewonnen und darum werde die Kirche geschwächt.

Ferdinand I. und Maximilian II. fordern die Aufhebung des Zölibates. Sie werden von namhaften Bischöfen unterstützt[352]. Am 5.2.1563 geben die weltlichen Vertreter den Theologen acht Artikel auf. Der fünfte besagt, ob die Ehe der Ehelosigkeit vorzuziehen sei und ob Gott den Ehelichen mehr Gnade geben werde als den Unverheirateten?

Immer und immer pokern die Legaten mit der gleichen Hinhaltetaktik und sagen, daß man erst um Verhaltensmaßregeln in Rom nachsuchen müsse. Borromäus meint, sie würden lieber den Tod erleiden, als daß weitere Artikel über die Gestaltung der Priesterehe und die Schmälerung des päpstlichen Ansehens vorgetragen werden.

Die kaiserlichen Gesandten versuchen, direkt beim Papst zu intervenieren. Die Sache spitzt sich zu und schon meinen manche, das Konzil werde aufgelöst. Die Reaktion in der Glaubenszentrale ist eindeutig, denn die Befürworter der Priesterehe werden mit dem Anathem belegt[353]. Am 12.1.1565 läßt der Papst beschließen, daß die Ehe der Geistlichen untersagt wird.

Die Gründe dieser Fehlentscheidung sind bis heute nicht publiziert. Kardinal Carpi argumentiert währen des konzilaren Verlaufs: »Würde man den Priestern gestatten, sich zu verheiraten, würde das Interesse ihren Familien, Frauen und Kindern gelten … sie von der Abhängigkeit des Papstes lösen und sie gegen Fürsten unterwürfig machen. Die zärtliche Neigung zu ihren Kindern würde sie antreiben, alles zum Nachteil der Kirche zu tun. Sie würden sich bemühen, ihre Pfründe erblich zu machen und in kurzer Zeit würde die Autorität des heiligen Stuhles eingeschränkt sein.« Die Beschlüsse besagen im wesentlichen:

- Wer sagt, daß Kleriker, die sich in höheren Weihen befinden, eine Ehe eingehen können, bzw. daß die von ihnen schon eingegangene gültig ist, der sei verflucht.
- Wenn jemand behauptet, daß der Stand der Ehe dem der Jungfräulichkeit vorzuziehen sei, der sei verflucht.
- Es wird das Gebot gegeben, daß sich kein Kleriker Konkubinen oder andere verdächtige Weiber im Haus oder außerhalb desselben halten soll. Die Übeltäter müssen mit Strafen belegt werden[354].
- Wenn sie dieser Aufforderung nicht nachkommen, müsse die Sache dem Papst angezeigt werden, der nach der Beschaffenheit der Schuld die jeweilige Strafe aussprechen soll.

Der Jesuit Pisani, dessen Buch von der Enthaltsamkeit wenige Jahre nach dem Konzil erscheint, verliert sich in Kindereien: »Wer könnte es wagen, seine Sünden einem verehlichten Priester zu beichten, der sich das Geheimnis wieder von seinem Weib ablocken lassen könnte[355]?«

Auf dem Augsburger Konzil von 1567 wird folgende Verordnung erlassen: »Die Geistlichen sollen nicht mehr am gleichen Ort wie deren Söhne begraben werden … wenn auf der Grabinschrift eines Geistlichen steht, daß er einen Sohn hat, soll das letztere ausgekratzt werden.« 1568 hält Stanislaus Cracovius, der Bischof von Wladislav, eine Synode und wartet mit einem originellen Trostpflaster auf, wenn die Geistlichen von der Lust versucht werden, sollen sie sprechen: »Ich sage Dir ab Satan, und hange Dir an, Christus[356].« Ob es etwas genützt hat, konnte die historische Forschung bislang nicht beweisen.

1569 hält Johann Jacob eine Provinzialsynode. Hier wird eingestanden, daß sich der Klerus im Kot der abscheulichen Wollust wälzt und bereits darin eingefault ist. Die Geistlichen werden beim Herzen Jesu beschworen, die Unzucht mit ihren Konkubinen zu lassen.«

Die Bemühungen um die Abschaffung der Priesterehe nehmen kein Ende, denn sie sind sinnlos. Der ehemalige Protestant Wicelius schildert die Mißbräuche innerhalb der katholischen Kirche und verteidigt die Ehe mit Zitaten aus der Heiligen Schrift und der älteren Kirchengeschichte. Er beleuchtet die Vorwände der *Römlinge* und ärgert sich über die Auffassung, daß der Priester durch Hurerei mehr sündige als durch das Eingehen einer rechtmäßigen Ehe[357].

Unter Bernhard von Raesfeld, Bischof von Münster, halten sich die Domherren in aller Öffentlichkeit Konkubinen. Deren Eitelkeit schreitet so weit voran, daß sie Wert darauf legen, als *Dompröpstin, Kantorin* und *Küsterin* angesprochen zu werden. Der Papst erteilt seinem Adlatus zwar einen Verweis, doch es kommt, wie es kommen muß. Der Bischof wird ausgelacht und aufgefordert, erst einmal seine Konkubinen fortzuschaffen. Seines christlichen Lebens unsicher, legt er die bischöfliche Würde nieder, die der nie besessen hat.

1611 wird in Gegenwart eines päpstlichen Nuntius in Tyrnau eine Diözesansynode gehalten, auf der vorgetragen wird: »Von den Kleidern kommt die Motte und von den Weibern die Gottlosigkeit unter die Menschen. Alle Bosheit ist klein gegen die eines Weibes. Der Untergang vieler ermahnt uns, daß die häufigen, aber nicht notwendigen Gespräche mit ihnen vermieden werden. Sie sind ein Fallstrick, ein Netz ihr Herz und ihre Hände Fesseln[358].«

Am 30.8.1622 bestätigt Gregor XV.[359] die Konstitution seines Vorgängers Pius IV. gegen diejenigen, die andere im Beichtstuhl zur Unzucht reizen. Er untersagt den Priestern kraft apostolischer Vollmacht unzüchtige Gespräche mit Frauen[360].

1724 schärft Papst Bendikt XIII. während eines Konzils von Rom seinen Schergen ein, sie sollen den Umgang mit den Weibern meiden und nicht mit ihnen zusammenwohnen[361]. Die Umstände zwingen die Kirchenleitung zu neuen Anpassungsmanövern; doch gleich einem schlummernden Raubtier wartet sie auf den günstigsten Moment, um die anderen zu beißen und das eigene Nest zu verteidigen.

Ein denkwürdiges Klerikalschreiben

Am 7.1.1796 erläßt das Fürstbischöfliche Konsistorium von Regensburg im Namen von Joseph Konrad folgendes Schreiben an den Klerus: »Von keiner Menschengattung wird Gott schwerer beleidigt, als von jenen Priestern, die, da sie beim Volk durch besondere Tugendbeispiele leuchten sollen, ihm durch ihre Sünden Anstoß und Veranlassung zum Untergang des Geistes geben. Dies geschieht durch kein Verbrechen mehr, als wenn sich die Kleriker im Kot der Wollust befinden und unreinen Umgang mit Weibern pflegen. Man sagt, daß unsere Kleriker deswegen so häufig in Unzuchtssünden verfallen, weil die alte Kirchenzucht vernachlässigt ist oder die Geistlichen zu gelinde bestraft werden. Daher erneuern wir die Strenge der alten Satzungen.

Insbesondere rufen wir jenes allgemeine und heilige Dekret in das Gedächtnis zurück, in dem verordnet wird, daß Pfarrer und Benficiaten zu junge, geschwächte, verdächtige oder nicht genug ehrbare Weibspersonen nicht zu Wirtschafterinnen nehmen sollen. Auch schickt es sich nicht, wie ein gelehrter Papst unserer Zeit gemahnt hat, daß sich ein Weib in des Pfarrers Wohnung länger aufhalte, die dem Volk verdächtig geworden ist.

Übrigens beschuldige niemand unser Dekret der allzugroßen Strenge oder Neuheit. Noch viel weniger überrede sich jemand, als glaubten wir, daß das Laster der Unzucht in unseren Kirchen allgemein und häufig sei. Übrigens wollen wir, daß von diesen Statuten keine Nachricht unter das Volk komme, damit der Klerus nicht verachtet und verspottet wird. Wir haben uns deshalb der lateinischen Sprache bedient, damit für die Ehre des Klerus gesorgt und das Volk bei seiner guten Meinung erhalten bleibt[362].«

Aufklärerische Tendenzen

Im Umfeld der Französischen Revolution gestattet der *Code Napoleon* den Priestern die Ehe. Die antiklerikale Literatur nimmt sprunghaft zu und äußert sich teilweise in beißendem Spott. Der protestantische Jurist Thomasius bricht der Folter das Genick. Damit verschwinden die christlichen Folterstuben und die Hexerei wird eingedämmt. Becker und andere Theologen bezweifeln in kritischen Schriften die Existenz des Teufels und führen damit weiteren Zündstoff nach Rom.

Pfarrköchinnen

Immer wieder stehen die Priester in einer Zwickmühle, haben sich doch die einstigen *geistlichen* Jungfrauen im Lauf der Jahrhunderte zu Pfarrrköchinnen, Aufwärterinnen und Zugehfrauen profiliert: »Auf die Weibsleute, die in den geistlichen Häusern dienen, wenn sie nicht ganz ausgetrocknete Tiere sind, fällt der größte Teil des Argwohns und der Verachtung. Daß die Köchin ordentlicherweise dem Pfarrer gehöre und ihre Magd dem Gesellpriester, ist unter dem Volk gemeine Sage[363].«

»Die einsamen Schlafgemächer dieser Dirnen sind nur wenige Schritte vom Bett des Priesters entfernt. Sie bedient ihn abends beim Auskleiden und bringt sein Bett zurecht. Sie lächelt und plaudert mit ihm; so reizt sie seine Begierde. Wie von glühenden Kohlen Funken spritzen, so geht aus dem steten Umgang mit dem Weibergeschlecht das Gift der bösen Begierde hervor. Die Gegenwart einer Frau bringt seine Leidenschaft in Wallung. Schon Salomon sagte: »Wo kein Weib ist, da verschmachtet der Dürftige[364].«

»Gerade die mitteljährigen Weiber bringen junge und unerfahrene Priester auf Abwege. Was vermag nicht eine schamlos ausgelassene Dirne, auch wenn es ihr an blühender Jugend und Reizen mangelt? Sie führt den Unglücklichen in ihren Fesseln. Lacht die gebieterische Dirne, so lacht auch der Priester. Selig ist der Mensch, der nie in die Hände einer lustvoll verführerischen Vettel gefallen ist. Sie sucht nur den Gewinn. Solange der Herr reich ist, hat sie den gewünschten Überschuß. Sobald es in der Kasse zu fehlen beginnt, wird sie seiner satt und kriecht zu einem anderen. Manchmal ist ein Unglücklicher so tief in die törichte Liebe versunkenen, daß ihm die elende Dirne wichtiger als seine Seligkeit ist[365].«

Ein Satiriker des 16. Jahrhunderts, Johann Fischart (um 1546-90), gibt ein klassisches Beispiel über das Wirken der *Pfarrnarren* und *Kuttenhengste* und trägt vor[366]: »Sie scheuen sich nicht, ihre unzüchtigen Verhältnisse auf der Kanzel zu erwähnen und sie würzen dies gar mit rohen Späßen. An den Kirchweihen werden von ihnen die wildesten und liederlichsten Gelage gefeiert. Alle benachbarten Pfarrer mit ihren Köchinnen besuchten die Geistlichen, der ihr Kirchweihfest feierten, und dann wurde gefressen, gesoffen und andere Liederlichkeiten getrieben. Als der Bischof von Mainz einst den von Merseburg besuchte, begleitete ihn sein Leibarzt, der folgende Erzählung beisteuert:

Der Bischof steigt abe und nahet zu der Pfarrhe zu, zu seinem Handtwerk. Nun hatte der Pfarrher zehn ander Pfarren geladen zur Kirchweyhe, und ein yeglicher hatte eine köchin mit sich gebracht. Do sie aber leutte kommen sahen, lauffen die Pfaffen mit den huren alle in einen stalle, sich zu verbergen. Indes geht ein Grafe, der an des Bischofs Hofe war, seinen gefug zu tun, und da er in den stall will, derein die hüben und drüben geflohen waren, schreyt des pfarrers köchin. Nicht Junker, nicht, es sein böse hunde darinnen, sie möchten euch beissen. Er leßt nicht nach, gehet hinein und findet einen hauffen hüren und büben im stalle, da der Grafe nicht zurück in die stuben kumpt, hatt man dem Bischoff eyn feyste Ganß fürgesetzt zu essen, hebt der Grafe an, und sagt diß geschicht dem Bischoff zur Tischmerlein.

Gen abend kamen sie gen Merßburg, daselbst sagt der Bischoff von Mentz, dieß geschicht dem Bischoff von Merßburg. Da das der heylig vatter hörete betrübet er sich nicht umb das, daß die pfaffen hüren haben, sondern darumb, daß die köchin die büben im stalle hunde geheißen hätte, und spricht, Ach herre Gott, vergebe es Gott dem weibe, das die Gesalbten deß Herren hunde geheißen hat, das habe ich darum erzelet, das man sehe, wie wir Deutschen das Sprichwort so festhalten. Es ist kein Dörflein so klein, es wird des jars einmal kirmeß darinne. Das aber geschrieben steht, Es kumpt kein hurer im Himmel, des achten wir nit.«

1619 gebietet der päpstliche Nuntius den Klerikern des Bistums Fulda, sie sollten in ihren Häusern keine schönen jungen Mädchen und verdächtigen Weiber halten. In einem satirischen Flugblatt aus dem Jahr 1632 ist unter der Überschrift *Päpstliche Beichte* zu lesen: »Denn ich habe die Horas oftmals versäumet und manche finstere Messe mit der Köchin in der Kammer gelesen.« Der Begriff *Pfaffenkind* wird im deutschsprachigen Raum zum Synonym für *Bastard*. Es heißt, daß in vielen Städten die Bastarde die ehelichen Kinder übertroffen haben[367].

Während der Synode von 1589 wird im 18. Canon vorgetragen: »Unzählige Kleriker, Vorsteher der Kirchen und andere Priester in unseren Provinzen gehen unter dem Vorwand, ihre tägliche Speise zu nehmen, in öffentliche Wirtshäuser, reden über weltliche Dinge und prügeln sich mitunter bis zum Blutvergießen. Andere meiden die Schenken, mieten sich Weiber und nennen sie anstandshalber Köchinnen. Sie täuschen die Törichten durch den nichtigen Schatten der gespielten Ehrbarkeit[368] und versprechen ihnen, daß die mit ihnen gezeugten Kinder rechtmäßig seien. Nichts Absurderes, Gottloseres kann es geben[369].«

Unfruchtbare Frauen heißen in der Sprache der Klosterhengste *Steriles*. Der Schriftsteller Karl Julius Weber[370] (1767-1832) wohnt einer Unterredung bei, bei der eine Pfarrköchin mehr Lohn haben wollte. Als der Geistliche dies nicht einsehen will, stellt sie ihre zusätzlichen Vorzüge heraus und sagt: »Ja, ich bin aber auch eine *Sterrelise*.«

1802 wird eine Pfarrköchin in das Zuchthaus von Buchloe bei Augsburg gebracht und zu einer 30jährigen Haft verurteilt. Sie hat zwei Kinder ermordet, die ein Benfiziat aus Ehningen mit ihr gezeugt hat. Um den Moralvorstellungen der katholischen Kirche zu entsprechen, hat der Geistliche die Säuglinge vor der Ermordung getauft. Er wird degradiert und drei Tage auf eine Schandbühne gestellt[371].

Ein Umlaufschreiben des Bischofs Ignaz Albert von Augsburg vom 1.4.1824 sagt: »Ja, wir wissen, daß es bei einigen Pfarrern zur Gewohnheit geworden ist, an Kirchenfesten und Jahrmärkten mit ihren Konkubinen zu erscheinen und im Pfarrhaus oder den Wirtshäusern einzusprechen und in der späten Nacht vollgefressen und -gesoffen nachhause zurückzukehren.«

Weitere Entwicklung

In vielen deutschen Diözesen huldigt man der Priesterehe: so in Breslau und Straßburg. Im Bistum Konstanz besitzt, wie im Rheinland, fast jeder Priester eine Konkubine. Bei einer Überprüfung des Bistums Osnabrück 1624/25 hat der größte Teil des Klerus Frauen[372]. In Bamberger Visitationsberichten heißt es: »Keiner will Concubinarier sein, obwohl doch die Pfarrer von Pautzenfeld, Drosendorf, Reuth wie auch der Dechant selbst ihre Alte nicht weit von sich haben.« Der Bamberger Bischof läßt die weiblichen Wesen fangen und verlangt ihre Auspeitschung[373].

1644 besteigt Innocenz X.[374] den päpstlichen Stuhl. Er wird eines verdächtigen Umgangs mit Donna Olympis Maidalchini, der Witwe seines verstorbenen Bruders, bezichtigt. Sie schaltet über Bistümer, vergibt geistliche und weltliche Ämter[375]. Sie ist eine würdige Nachfolgerin des Hurenregiments aus dem 10. und 11. Jahrhunderts.

Über Pius VI. (1776-99) wird berichtet: »Er war unwissend, intolerant, stolz, hochmütig, ausschweifend, starrsinnig, habsüchtig, herrschsüchtig, jähzornig, diebisch, selbstgefällig und eitel ... er war ein guter Kommödiant und ein hübscher alter Mann; das sind alle seine Verdienste[376].« Er erläßt ein Edikt über die schändliche Lebensart der Geistlichen und verbietet ihnen, öffentlich in der Gesellschaft von Frauen zu erscheinen, sie am Arm zu führen, auf Schaubühnen zu begleiten oder nachts mit ihnen spazieren zu gehen.

Man erkennt es an den Beschlüssen der Diözesen und Landessynoden, die sich immer seltener mit dem Thema Sex in der Kirche beschäftigen: es ist müßig darüber zu reden. 1806 stellt das Salzburger Konsistorium fest, daß sich seit einiger Zeit mehr ausgelassene und in der Moralität tiefer gesunkene Kleriker im diesseitigen Kirchensprengel befinden als ehedem[377].

Leo XII. (1823-29) wird nachgesagt, daß er ein munterer Lebemann war. Papst Gregor XVI. (1831-46) erklärt sich in einem Schreiben vom 15.8.1832 und in einem Erlaß an die Oberrheinische Kirchenprovinz vom 4.10.1833 gegen alle Liberalisierungsbestrebungen. Pius IX. (1846-78), dem die katholische Kirche zwei aberwitzige Dogmen verdankt, die Unfehlbarkeit und die Unbefleckte Empfängnis Marias, soll der Vater mehrerer Kinder gewesen sein. Von Leo XIII. (1878-1903), der mit der Sozialenzyklika *Rerum novarum* zur Arbeiterfrage Stellung nimmt, vermuten Historiker, daß er von seinem Posten als Nuntius in Brüssel abgerufen wird, weil er ein Verhältnis hat[378].

Aktuelle Situation

Hubertus Mynarek, seit 1953 katholischer Priester und seit 1966 Professor der Theologie, 1971 Dekan der theologischen Fakultät Wien, und seit 1972 Gegner der katholische Kirche. Seine Trauung mit einer 20 Jahre jüngeren Frau versteht er als »ein offenes und ehrliches Zeichen des Protestes.« Er teilt Papst Paul VI. mit, es wäre grotesk, für unantastbare Menschenrechte bei ihm eine Lizenz einzuholen[379]. Mynarek greift zur Glaubensfeder[380] und gegen sein lesenswertes Buch setzt das übliche Kesseltreiben ein. Er spart keinesfalls mit seiner Kritik und sagt, die ständige Konfrontation mit der klerikalen Machtlust und dem Machtgenuß der kirchlichen Würdenträger und der grauen Eminenzen habe den Bruch herbeigeführt. In einer solchen Kirche könne keine Menschlichkeit, Mitmenschlichkeit und Selbstlosigkeit aufkommen[381]. Dem inzwischen verheirateten Kirchenrechtler Horst Hermann wird 1975 die Lehrerlaubnis entzogen, weil er es gewagt hat, die katholische Ehelehre zu kritisieren[382].

Leist bezeichnet die Zölibatsbestimmung als Verstoß gegen die Schöpfungsordnung. Sie ist unmenschlich und kann daher nicht von Gott gewollt sein. Sie zerstört den Priester und verhindert die Möglichkeiten der menschlichen Begegnung. Der Priester wird liebesunfähig und damit zum Gegenteil dessen, was er im übergeordneten Sinn sein soll. Der Zölibat ist nicht göttliches Recht, sondern willkürliches Menschenrecht. Der Schweizer Theologe Karl Barth[383] bezeichnet das Leben im Sexualverzicht als Untreue gegenüber der Schöpfungsordnung«und als Flucht vor Gott. Schillebeck spricht offen von der zölibatären Krise und dem daran geknüpften Erbschaftsproblem.

Dies bedeutet, daß ein Teil der Priester unnötige Schuldprobleme mit sich herumschleppt und daß dies einem anderen Teil gleichgültig ist. Der damit verbundene Gewissenkonflikt kann nicht wegdiskutiert werden. Die Leist- Bekenner geben unumwunden zu, daß das Zölibatsgebot theologisch und antrophologisch völliger Unsinn

ist … der Papst mit seinen dümmlichen und frömmlerischen Argumenten aus der asketischen Mottenkiste ist unglaubwürdig … sie lösen sich aus diesem Zweckverband, um zu heiraten und ein freies Leben zu führen. Tatsache ist, daß sich immer mehr Priester der katholischen Kirche vom unsinnigen Joch des Zöilbates befreien, um sich offen zu einer Partnerschaft mit einer Frau oder Lebensgefährtin zu bekennen. Sie haben erkannt:»Wir sind die Opfer eines totalitären Apparates, der seine Macht auf Drohungen und Verboten errichtet hat … hier zählen nur Autoritätsgläubige und nur solche können Karriere machen … eine solche Kirche ist unglaubwürdig.«

Vereinzelt betreibt die Amtskirche nachträglichen Rufmord. Wir sehen es am Beispiel des Benediktinerabtes Johannes Alkuin Heising aus der Abtei Siegburg. Er hat 1968 aus Protest gegen den autoritären Stil der römischen Amtskirche den Orden verlassen und seinen Beruf als Priester aufgegeben. Er heiratet in Gibraltar Maria Veit, eine Lehrerin an der deutschen Schule in Sevilla. Nachdem ihm eine fromme Ordensfrau nachsagt:»Gott wird ihn strafen«, gehen Gerüchte über ihn um.

Der Kardinal und Staatssekretär Pallavicini unter der Amtszeit Pauls V.[384] trägt vor: »Wenn man den Geistlichen die Ehe gestattet, ist die päpstliche Hierarchie zerstört, das Ansehen und die Hoheit des römischen Bischofs verloren; verheiratete Geistliche werden durch das Band der Frauen und Kinder an den Staat gefesselt und hören auf, Anhänger des römischen Stuhles zu sein. Sie werden genötigt, dem Interesse der Fürsten beizustimmen. Die Staatsklugheit legt es Ihrer Heiligkeit und dem heiligen Kollegium auf, niemals dergleichen Anträgen Gehör zu geben[389].«

Im Hinblick auf das Zweite Vatikanische Konzil veröffentlicht P. Spiazzi, ein italienischer Dominikaner, 1959 behutsam Einwände gegen die zölibatäre Strenge[439]. Es kommt zu einem Eklat. Nicht lange danach gibt Johannes XXIII. bei einer Audienz für die Generaloberen der Sulpicianer zu erkennen, daß mit einer Lockerung der Zölibatsvorschrift nicht zu rechnen ist[391].

Bischofssynode von Rom

Die am 30.9.1971 in Rom begonnene Bischofsynode beschäftigt sich u. a. mit Fragen zum Zölibat. Der Primas von Belgien, Kardinal Leo Josef Suenens bedauert, daß die Debatte fünf Jahre zu spät komme, zumal ja der Papst während der letzten Konzilssitzung die Zölibatsdebatte untersagt hat. Der Kardinalvikar des Papstes, Angelo Dell'Aqua, spricht gewiß dem bekümmerten Papst aus dem Herzen, wenn er sagt: »Die Diskussionen über den Zölibat müssen beendet werden, da sie in vielen Priestern und Priesterkandidaten nur gefährliche Illusionen hervorrufen und bei den Gläubigen Verwunderung, um nicht zu sagen, Ärgernis, erzeugen.«

In diesem Zusammenhang profiliert sich Kardinal Höffner als Fürsprecher gegen die gesunde Sexualität. Gerhard Eberts[392] berichtet über die Synode: »Einmal dabei, die Nachteile des verheirateten Priesters aufzuzählen, fehlte es nicht an solchen, die den ganzen Katalog ehelicher Fehlhaltungen zu beschwören suchen, der heute möglich ist. Von der Pille angefangen, über die Scheidungen bis zur Abtreibung wird der Teufel an die Wand der Konzielsaula gemalt ... wegen der gedrängten Zeit, wird die ursprüngliche Redezeit auf jeweils acht Minuten begrenzt. Wer englisch oder französisch argumentiert, wird gemahnt, besser lateinisch zu sprechen.« Tatsache ist, daß die Beherrschung der lateinischen Sprache selbst in diesen Kreisen kein Thema ist; viele kommen nicht über die ersten Schulstunden hinaus und machen sich lächerlich.

Der Papst ist zwar nach der klerikalen Auffassung unfehlbar, doch diesem Falle zumindest ratlos; er bleibt im althergebrachten Unsinn stecken. Das Ansinnen wird abgeschmettert und in gewisser Weise gibt sogar noch die Synode dem Papst Rückendeckung, wenn sie formuliert: »Es gibt also nicht die Möglichkeit, verheiratete Männer zur Priesterweihe zuzulassen, auch nicht in Sonderfällen, außer wenn unter Berücksichtigung des Gemeinwohls der ganzen Kirche der Papst in seinem Ermessen meint, die Sache sei zu prüfen.« Für die

Formulierung »Es stehe allein dem Papst zu, eine Ausnahmeregelung zugunsten der Priesterehe zu gestatten,« stimmen 87 Synodalen zu, 107 dagegen und zwei enthalten sich der Stimmen. Die Bischofssynode wird am 6.11. mit einer Ansprache des Papstes in lateinischer Sprache beschlossen. Er bestätigt im logischen Umkehrschluß die Gedanken der mißratenen Synode und damit ist das Thema erledigt.

Man setzt die Amtstreue leichtsinnigerweise mit dem Zölibat in Verbindung. Der Priester Thomas Braun[393] aus Passau bezeichnet die römischen Gefolgsleute als *Lügner im Hause Gottes, Religionsgauner* und *verpflichtete Volksbetrüger*. Sie sind in seinen Augen unehrenwerter als Zuchthaussträflinge: »Keine noch so schlecht beleumundete Persom, kein noch so großer Sünder flößt mir soviel Ekel ein, als ein Pfaffe des Vatikans.«

Vielleicht erinnert er sich an einen Kleriker aus dem 16. Jahrhundert, der die Auffassung hatte: »Ich möchte wissen, zu was die Pfaffen nützlich sind. Sie nehmen uns die Weiber und machen sie zu Huren. Ich möchte von einem hören, der mir sagen könnte, wo Christus, derweil er auf der Erde ging, je von Nonnen und Mönchen gesprochen hat. Wem mag dieses Volk wohl nützlich sein? Die Pfaffen treiben ihre Sache öffentlich ohne Scham und Sorge ... so will es die Zeit nicht leiden[394].«

1970 schickt der *Katholische Aktionskreis München* allen Klerikern des Bistums ein Momorandum und berichtet darin von den »geheimen eheähnlichen Verhältnissen« und der erzwungenen »Unwahrhaftigkeit« des katholischen Priesters[395].

Auch im 20. Jahrhundert trifft das sexuelle Schicksal nicht nur Landpfarrer. 1978 machen Sex-Skandale in Griechenland von sich reden. Der Erzbischof Seraphim, der Primas der orthodoxen Kirche Griechenlands, verklagt sein Glaubensschäflein, Stylianos, Bischof von Prewesa, vor einem Synodalgericht. Er ist der Hauptdarsteller bei einem Foto, das ihn »bei Sexspielen mit einer korpulenten Dame in einer Szene zeigt, die den Ehebruch-Tatbestand des Strafrechts erfüllt.«. Der *Spiegel* berichtet ausführlich darüber[396)]:»In dem die Kirche das Mittel anstrebte, die Priester zu einer engelsgleichen Vollkommenheit zu erhöhen, hat sie den Zweck aus den Augen verloren ... die Ausschweifungen der Geistlichen sind eine natürliche Folge ihrer unatürlichen Lebensweise. Die Aufrechterhaltung des Zölibats ist ein politischer und menschenunwürdiger Kunstgriff. Der Zölibat gehört abgeschafft, denn er schlägt der Menschenwürde ins Gesicht.«

Paragraph 218

Paul VI. verbietet kraft apostolischer Vollmacht den »ehrwürdigen Brüdern, geliebten Söhnen und Töchtern sowie allen Menschen guten Willens« die Pille und die Unterbrechung der Schwangerschaft, »weil das Leben heilig ist und von seinem Aufkeimen an das direkte schöpferische Eingreifen Gottes verlangt[397)].« Der Standpunkt entspricht einer ungeheuerlichen Fehleinschätzung von Geschichte und Realität.

Die Wissenschaft kommt zu anderen Ergebnissen. Der britische Anatomie-Forscher Malcolm Poots sagt:»Es gibt kein isoliertes Ereignis, das den Beginn des Lebens markiert.« Die Gynäkologen können sich über den Zeitpunkt der Menschwerdung nicht einigen.

Jacob, der Nobelpreisträger für Medizin, sagt in diesem Zusammenhang:»Niemand kann hier eine Lösung finden, weil die Frage falsch gestellt ist. Leben beginnt nie, es setzt sich fort, und dies seit drei Milliarden Jahren. Eine Eizelle oder ein Samenfaden ist genauso lebendig wie ein befruchtetes Ei. Zwischen dem Ei und dem Neugeborenen gibt es keinen besonderen Moment, keine entscheidende Stufe, bei der plötzlich die Menschenwürde beginnt. Der Mensch entwickelt sich kontinuierlich in einer Reihe von Reaktionen und Synthesen. Er erscheint nicht auf einmal ... genausowenig wie der Tag plötzlich anbricht. Wer kann entscheiden, wann das Leben des Menschen vor der Geburt beginnt? Bestimmt nicht der Biologe, der Arzt, der Bischof oder ein Richter. Der Arzt kann sagen, das Risiko der Schwangerschaftsunterbrechung ist in den ersten Monaten am geringsten. Der Biologe kann die Risiken möglicher Anomalien abschätzen. Aber letzten Endes weiß allein die Frau, ob sie ein Kind will, ob sie ihm moralisch und materiell ein Leben garantieren kann, das einem Menschen zusteht. Als Argument gegen eine Abtreibung ruft man oft die Rechte der Natur an. Es gibt keine Rechte, nur Phänomene in der Natur. Die Rechte konstruiert sich der Mensch selbst. Leben zu schenken, scheint mir eines der schönsten und reinsten Dinge im Leben zu sein. Das darf man nicht dem Zufall oder dem Zwang überlassen.«

Die Kirche hat nicht das Recht, über die sexuelle Bestimmung der Menschen zu verfügen. Der menschliche Organismus gehört ihm und nicht einer Institution. Mit großer Überheblichkeit mischt sich die Kirche in artfremde Dinge ein. Ihr Verhalten hat zwei fatale Folgen:

- Es untergräbt die Menschenwürde und das Recht des Individuums auf Selbstbestimmung.
- Es aktiviert den sich abzeichnenden Welt-Hungerkrieg; er kann nur durch eine Geburtenkontrolle verzögert werden. Die katholische Kirche konstruiert eine Zeitbombe, die nicht mehr steuerbar ist, denn mit ihrer Vernunft ist keinesfalls zu rechnen. Schon heute stirbt alle zwei Minuten ein Kind und doch entwickelt sich die Menschheit explosionsartig. Längst haben die Wissenschaftler erkannt, daß es nur wenige Alternativen des Überlebens gibt, nachdem die Vernunft auszuschließen ist. Hungersnot, Pestilenz und Kriege oder eine radikale Geburtenbeschränkung[398)]. Dies kann lediglich mit Schwangerschaftsunterbrechungen und der Empfängnisverhütung erreicht werden[399)].

Karl-Heinz Deschner trifft den Nagel auf den Kopf:»Wie viele Kinder sind ermordet worden, weil sie geboren werden mußten[400)].

Blicken wir in die Geschichte zurück: bei den alten Griechen und Römern ist die Schwangerschaftsunterbrechung natürlich. Platon (427-347 v. u. Z.) und sein Schüler Aristoteles (384-322 v. u. Z.) führen als Mittel der Bevölkerungsplanung Streitgespräche[401]. Das römische Recht kennt die Abtreibung. Der römische Kaiser Tiberius Flavius Domitianus (81-96) zwingt seine Geliebte und Nichte Julia zur Abtreibung, an der sie stirbt. Vor allem im Volk wird die Abtreibung gepflogen, indem man unerwünschte Kinder von Spezialisten gegen Bezahlung in Gewandfalten ersticken läßt.

Damals sind Rezepturen gegen ungewollte Schwangerschaften bekannt. Eusebius reimt sie zur Zeit Ovids in Verse. Die Ärzte wenden sie an, um die Gefahr einer schweren Geburt auszuschließen oder um die weibliche Schönheit zu erhalten[402]. Lehrt nicht Augustinus: »Jede Frau, die etwas unternimmt, um nicht so viele Kinder auf die Welt zu bringen wie sie könnte, macht sich ebenso vieler Morde schuldig, wie die Frau, die sich nach der Empfängnis zu verletzen sucht.«

Abtreibende gelten als Mörderinnen und haben schon nach der Synode von Elvira (306) lebenslänglich, nach späteren Kirchenverlautbarungen noch immer zehn Jahre öffentlich zu büßen, die Helfershelfer mitunter zwanzig. Im hohen Mittelalter, wo man schon den Versuch eines Schwangerschaftsabbruches wie Mord ahndet, muß der Abortus manchmal zwölf, Kindstötung mit 15 Jahren gesühnt werden, doch kann man für vorsätzlichen Säuglingsmord lebenslang in ein Kloster gesteckt werden[403]. Schon 589 schreibt eine spanische Kirchenversammlung, die Synode von Toledo: »Neben den vielen Klagen, die an die Synode kamen, ist die schrecklichste, daß in einigen Gegenden Spaniens die Eltern ihre Kinder töten, um sie nicht ernähren zu müssen.«

Die Strafmaßnahmen der vergangenen Jahrhunderte sind nicht zimperlich: schuldige Mädchen werden häufig gesäckt und dann ins Wasser geworfen. Schuldige Mütter werden mit glühenden Zangen gezwickt, lebend begraben oder gepfählt.

»Kindsvertilgerin lebendig ins Grab, ein rohr ins maul, ein stecken durchs hertz« bestimmt das Brenngenborner Weistum von 1418[404].

Die höchst peinliche Gerichtsordnung unter dem streng katholischen deutschen Kaiser Karl V. bestimmt: »Item wenn ein weib sein Kind, das Leben und Gliedmaßen empfangen hat, heimlich, boshaft und mit Willen tötet, so wird es gewöhnlich lebendig begraben oder gepfählt. Aber um hier die Verzweiflung zu verhüten, mögen diese Übeltäterinnen ertränkt werden, wenn im Ort des Gerichts die Bequemlichkeit des Wassers dazu vorhanden ist. Wo aber solche Übel oft geschehen, wollen wir diese genannte Gewohnheit des Vergrabens und Pfählens, der größeren Furcht solcher böser Weiber willen, auch zulassen, oder aber, daß vor dem Ertränken die Übeltäterin mit glühenden Zangen gerissen werde, alles nach dem Rat der rechtsverständigen Verwalter[405].« Zwar gibt es nicht mehr die Todesstrafe, doch die Verschiebung des Leides hat sich auf den seelischen Bereich übertragen:

»Aber: bewegt das die Priester? Stört es sie, daß bereits Anfang der 70er Jahre rund zwanzig Millionen Menschen jährlich verhungern[406]? Stört es sie, daß allein in der Bundesrepublik jedes Jahr fast 100 Kinder zu Tode gequält und schätzungsweise 95 Prozent aller Kindesmißhandlungen unbekannt bleiben? Daß vermutlich bei mehr als der Hälfte der erstickten Säuglinge nachgeholfen worden ist[407]? Daß Frauen mit fünf oder mehr Geburten zweimal so häufig Kinder verlieren als Mütter mit zwei bis vier Entbindungen, daß die Kindersterblichkeit nach Mehrfachgeburten das Sechsfache beträgt im Vergleich zu Frauen, die einmal geboren haben? Warum stört es sie denn nicht, daß übermäßig fruchtbare und stets schwangere Frauen an mütterlichen Gefühlen ärmer sind als die Mütter weniger Kinder[408]?

Nein, all das stört die römische-katholische Kirche, die Mutter der christlichen Nächstenliebe, nicht ... ihr ganzes Denken entspricht ihrem ureigensten Selbsterhaltungstrieb[409].«

Der Frauenarzt Fritz Kahn[410] schildert in seinem Buch, das inzwischen zwanzig Auflagen erreicht hat, die sexuellen Nöte der geschwängerten Frauen. Ein französischer Frauenarzt schildert eindrucksvoll, wie eine Frau, Mutter von vier Kindern, ihre Ängste vor einer weiteren Empfängnis verbirgt.

Denn stets zahlen die Frauen in dieser Beziehung den höheren Preis. Nicht nur die höhere Last des seelischen Erlebnisses im Leid der ungewollten Schwangerschaft, sondern auch die Last der aufgebürdeten Fürsorge. Für den Mann ist es meistens nur eine finanzielle Belastung, denn vielfach entledigt er sich der menschlichen Verpflichtung durch Treulosigkeit, Egoismus und Brutalität[411]. Sagten nicht schon einige Päpste, daß die Frauen wie Vieh zu behandeln sind und, kam nicht das gesamte Unglück der sündigen Welt allein von den Frauen?

Am schlimmsten aber betroffen sind solche Kinder, den oft mangelt es ihnen an der fehlenden Elternliebe. Hier ist die Quote der Kindesmißhandlungen besonders auffallend. Die Enzyklika *Humanae vitae* ist ein Rückschritt in die Zeit des menschlichen Despotismus.

Die katholische Schriftstellerin Luise Rinser schreibt Kardinal Döpfner einen offenen Brief und führt darin aus: »Die Sorge, die Freigabe antikonzeptioneller Mittel fördere die Unmoral, macht den realistischen Menschen lachen. Wer unmoralisch lebt, findet auch Mittel und Wege, sich der Folgen zu erwehren ... Kennnen Sie, Herr Kardinal, das Buch der Marcelle Auclair *Das tödliche Schweigen*? Kennt es der Papst? Geben Sie es ihm. Er möge sich einmal in seinem Gewissen fragen, ob er, die Empfängnisverhütung verbietend, nicht der Sünde des Mordes Tür und Tor auftut[412].«

Auf welchen Niveau sich die Katholiken bewegen, zeigen die 30 Sprengstoffanschläge auf Abtreibungskliniken und Privatambulanzen der Gynäkologen, die vom Mai 1982 bis 1984 vor amerikanischen Gerichten verhandelt worden sind. Der *Spiegel*[413] berichtet, daß die Bombenleger James Simmons und Matthew Goldsby, Mitglieder der *Pensacola Miracle Church* vor der Polizei ausgesagt haben, sie wären einem *göttlichen* Ruf gefolgt.

Die endlose Diskussion über den Paragraphen 218 wird noch lange aktuell sein. Die Vizepräsidentin des Bundestages, Lieselotte Funcke, plädiert für eine straffreie Schwangerschaftsunterbrechung in den ersten drei Monaten. Dann wird ein neuer Entwurf eines neuen Abtreibungsparagraphen vorgelegt, der den klerikalen Unwillen hervorgerufen. Der Generalsekretär des Zentral-Komitees der deutschen Katholiken, Friedrich Kronenberg, verkündet: »Am Paragraph 218 wird man die Nähe der Ferne der Parteien zur Kirche ablesen können.« Die schärfsten Geschütze werden in Rom aufgefahren. In einem Aufsatz des L'Osservatore Romano, dem Sprachrohr des päpstlichen Staatssekretariats, wird die Reform des Paragraphen 218 und die ebenfalls von Jahn geplante Möglichkeit freiwilliger Sterilisation als Mittel der Geburtenkontrolle mit nationalsozialistischer Euthanasie und Vernichtung des unnützen Lebens verglichen. Ein solcher Vergleich ist moralisch unzulässig, obwohl damals die mörderischen Befehle von Christen geplant und ausgeführt worden sind.

Trotz diesen Geplänkels wird im Juli 1974 vom deutschen Bundestag die Straflosigkeit eines Schwangerschaftsabbruches in den ersten drei Monaten nach der Empfängnis beschlossen. Sofort wird von einer Partei, die ein *C* im Parteikürzel führt, eine einstweilige Verfügung durchgesetzt. Das deutsche Verfassungsgericht erklärt am 25.2.1975 die Fristenregelung für verfassungswidrig.

Aufgrund der moralischen Vergangenheit der katholischen Kirche muß ihr das Mitspracherecht in dieser sensiblen Frage abgesprochen werden. Auch an dieser Stelle kann nur noch einmal an die Vernunft und an den gesunden Menschenverstand appelliert werden. Selbst in diesem Fall befindet sich die katholische Kirche auf einem Irrweg, denn sie verfügt im Einzelfall und als Institution nur in geringer Weise über diese Eigenschaften.

Moraltheologie

Inhalt

Christus mit der Ehebrecherin (Johannes Ev. 8.1-11). Nach dem mosaischen Gesetz soll die Ehebrecherin gesteinigt werden. Jesus soll dazu gesagt haben: »*Wer unter euch ohne Sünde ist, der werfe den ersten Stein auf sie.*« *Ölgemälde von Lukas Cranach dem Älteren, 1538.*

Moraltheologie

Jede Weltreligion oder religiöse Gemeinschaft tritt mit einer hehren Moralauffassung in das Rampenlicht der Geschichte und führt sich dadurch selbst ad absurdum, denn durch religiöse Zwangsvorstellungen lassen sich die Menschen nicht ändern. Dies betrifft alle pro- oder kontrasexuellen Vereinigungen. Alle Religionen scheitern am menschlichen Verhalten und sind ein Versuch, es zu kanalisieren. Würden sich die Massen den hochgesteckten ethischen Grundsätzen beugen, so gäbe es keine Laster, keine Gewalt, keine Morde und Verbrechen. All dies sind menschliche Züge. Sie treffen nicht nur die Geführten, sondern in erschreckender Weise die Religionsführer. Nur wenige können sich von den primitiven Vorstellungen befreien.

Es ist bemerkenswert, was Gott am sechsten Tag der widersprüchlichen Schöpfung bewirkt und was man aus einem Erdkloß machen kann. Er schafft Adam und Eva und trägt ihnen auf: »Seid fruchtbar, mehret euch ... und füllet die Erde[1].« In diesem Moment wird die weibliche Untertänigkeit festgeschrieben, denn der Herr sagt: »Und Dein Verlangen soll nach einem Mann sein ... und er soll Dein Herr sein[2].« Beiden trägt er auf: »Laß Dich nicht gelüsten Deines nächsten Weibes, noch seines Knechtes noch seiner Magd[3] ... Du sollst nicht ehebrechen[4].« Den Ehebruch will er bestraft wissen[5] und unnatürliche Sexualpraktiken lehnt er ab[6]. Und doch legt Moses das Prinzip der Scheidung einseitig zu Ungunsten der Frau aus[7], indem man sie verstößt und vor die Tür setzt. Den vorehelichen Geschlechtsverkehr scheint er zu akzeptieren[8]. Die Vielweiberei ist bekannt, falls man der Geschichte um König Salomon Glauben schenkt[9].

Früh wendet Moses sich gegen die Hurerei und sagt: »Du sollst Deine Tochter nicht zur Hurerei anhalten, daß nicht das Land Hurerei treibe und werde voll Lasters[10].« Auch der weise Salomon warnt vor solchen Damen[11]. Selbst in den Strafreden

Derber Holzschnitt eines Geißelbruders im 16. Jh. mit dem Geißelbesen und der zweispännigen Geißelrute.

Hoseas gegen die Sünden Israels steht die Hurerei obenan[12] und der Prophet Hesekiel berichtet, wie Israel und Juda mit den Huren buhlt[13]. Früh wird vor den Frauen gewarnt: »Wende Dein Angesicht von schönen Frauen und siehe nicht nach der Gestalt anderer Weiber, denn schöne Weiber haben manchen betört, und böse Lust entbrennt davon wie Feuer[14] ... Wein und Weib betören die Weisen ... und die sich an Huren hängen werden wild und kriegen Motten und Würmer zu Lohn ... und verderben, den anderen zum merklichen Beispiel[15].« Tabuiert sind von Anfang an die Geschlechtssteile[16].

Von den mosaischen und alttestamentarischen Moralvorstellungen bis zum Christentum ist es ein weiter Weg. Ebenso von hier bis zum Katholizismus in seiner gelebten Form und noch weiter bis zu den hier definierten Moralvorstellungen. Der Katholizismus lebt das Laster vor.

Die sexuellen Verfehlungen der Kleriker gehen in die Tausende und es steht ihnen kaum zu, mit dem schmutzigen Zeigefinger andere zu reglementieren. Mit dem Ausweiten der sexualfeindlichen Religionsvariante kann es nicht ausbleiben, daß man das gestaute Wollen in Formen gießt, daß man moralische Lehrsätze formuliert und daran scheitert, denn sie sind unnatürlich. Die moraltheologischen Vorstellungen der römisch-katholischen Kirche reichen weit zurück. Bereits der Wormser Bischof Burchardus[17] äußert sich dazu und meint, Mädchen folgende Fragen stellen zu müssen:

- Hast Du getan, was gewisse Weiber zu tun pflegen, hast Du irgendeinen frevelhaften Anreiz oder ein Instrument nach der Art des männlichen Gliedes an die feine Haut Deiner Wollust ... als dessen Ersatz an den Ort Deiner Schamteile oder an den einer anderen gebracht, damit Du Hurerei treibest mit anderen Frauen oder diese mit demselben Instrument mit Dir?

- Hast Du getan, was gewisse Weiber zu tun pflegen, damit Du mit dem soeben genannten Mittel zur Erregung oder irgend einem anderen Instrument selbst mir Dir allein Hurerei triebest?

- Hast Du getan, was gewisse Weiber zu tun pflegen, wenn sie die plagende Begierde befriedigen wollen, welche sich dann verbinden, soweit sie können, als wollten sie sich begatten und gegenseitig ihre Schamteile aneinanderbringen ... und so durch Reiben ihre Geilheit zu befriedigen streben?

- Hast Du getan, was gewisse Weiber zu tun pflegen, daß Du Dich unter ein Tier gelegt und durch irgendwelche Kunstgriffe zur Begattung gereizt hast?

Wir schreiben das Jahr 1000 und schon sind die Irrwege programmiert. Keiner Religion ist es gelungen, die sexuellen Bedürfnisse der Menschen dauerhaft und erfolgreich zu reglementieren. Stets bedeutet das Entlocken sexueller Geheimnisse einen gewissen erotischen Nervenkitzel und er ist besonders sinnvoll, wenn man über diese Trasse die Familien enger an sich binden kann. Auch dazu findet die katholische Kirche ein Hintertürchen.

Während des 1215 unter Papst Innocenz III. gehaltenen Vierten Laterankonzils wird im 21. Canon die Verpflichtung der jährlichen Ohrenbeichte[18] in die sündige Welt gesetzt, dessen negative Auswirkungen bis heute anhalten. Die christlichen Schäflein werden verpflichtet, an Sonn- und Feiertagen die heilige Messe zu hören, denn es wird früh erkannt, daß die Bindung zwischen den Christen und den Vermarktern diese Idee fest werden muß, um nicht zu zerbrechen; Einfalt und Intelligenz müssen zum Nutzen der Kirche aneinandergekoppelt werden. Sie kreisen wie zwei sich verfolgende Shuttles um die Erde; den Himmel werden sie nicht erreichen, denn einen solchen gibt es nur für Leichtgläubige.

Die Folge der gesetzgeberischen Akte der Kirche, die erst ab dem zweiten Jahrtausend Stabilität erhält, sind die Buß- und Beichtbüchlein als Arbeitshilfe für Kleriker. Der Kirchenlehrer Thomas von Aquin widmet in seiner *Beichtpraxis* ein Kapitel dem *Ausfluß des Samens ohne Lustgefühl.* Raymund von Pennaforte (gest.1245), der von Klemens VIII. heiliggesprochen wird, möchte mit seinen Ausführungen »die Beichtväter bezüglich des Urteils über die Seelen unterstützen und sie in den Stand versetzen, ratend und urteilend die Sünden zu erkennen,« die man leichtgläubigen Christen vorher eingeredet hat.

Nach dem Konzil von Trient (1245-63) entwickelt sich die Beichte zum besonderen Prüfstein der Rechtgläubigen und die meisten erkennen bis heute nicht, mit welcher Naivität sie ihre persönlichsten Dinge dritten preisgeben und sich als Narren damit selbst auf die Schlachtbank von solchen legen.

Bald wird die Beichte zum machtvollen Instrument, über das die Kirche verfügt, um die Gläubigen in ihren geistigen Kerker zu zwingen. Die Sünden gelten vor allem dem Sünder, dem Untergebenen und Unterwürfigen. Das gleiche Vergehen, vom Bauer auf der Scholle oder vom Kardinal begangen, erfährt eine unterschiedliche Bewertung.

Dieser Gedankengang zieht ins Rechtsleben ein, wenn man beispielsweise die Geschichte der Folter betrachtet.

Die Beichte widerspricht den menschlichen Grundrechten, denn es ist eine Vergewaltigung. Heute nehmen sie nur noch wenige in Anspruch, aber es gab Jahrhunderte, da konnte man sich einer solchen Albernheit kaum entziehen. Ihre Einführung kann aus den sich widersprechenden Evangelien nicht abgeleitet werden. Ein Priester ist ein Mensch wie jeder andere und kann de facto nur dem Sünden vergeben, der dieses Märchen als wahr ansieht und ihm ein Stück entgegengeht.

Die Priester vermarkten eine sich selbst zugewiesene Macht, deren historische Verfolgung im Nichts endet. Nicht Gott hat sie beauftragt, Sünden zu vergeben, sondern sie waren es selbst, die sich beides zur Ausbeutung zurechtgelegt haben: Gott und die Sünden. Nach diesem einfachen Denkmodell wird das Glaubensimperium der römisch-katholischen Kirche geschmiedet und es ist ein Wunder, daß es funktioniert.

Doch hier steht das Christentum in den Fußstapfen seiner Vorgänger. Antike Priester reden den Massen ein, was Sünden sind, was sie zu denken, fühlen und tun haben, um durch die religiöse Waschmaschine geschleudert zu werden. Erst dann kommen sie daher, um *diese* Sünden wieder auszutreiben und sei es mit Brachialgewalt wie 1976, als katholische Priester leibhaftige Teufel aus einer 23jährigen Studentin getrieben haben. Ob es gelungen ist, steht nicht zweifelsfrei fest, nur eines: das Mädchen ist unter ihren betenden Händen gestorben.

Der Katholizismus entwickelt sich zu einer weltweit funktionierenden Ausbeutungsmaschinerie auf Kosten der Meinungsfreiheit. Dieses wenig christliche Denken wird im Lauf der Zeit durch Geistliche aktiviert. Von dem rührenden Landpfarrer, der Zeit und Gesundheit opfert, um wirklich Bedürftigen zu helfen, bis zu den vatikanischen Hinterzimmern, wo knallharte Politik mit dem Ziel des Weltkatholizismus betrieben wird, ist es so weit wie von der Hölle in den Himmel.

Die Moralvorstellungen der katholischen Kirche unterscheiden sich wegen des daran gekoppelten Sündenbekenntnisses nach Art und Zahl; man errichtet ein mathematisch anmutendes Lehrgebäude über einer Illusion. Nach dem Jesuiten Lehmkuhl sind die Sünden nach der Art verschieden, wenn der Gegenstand, worauf sie sich erstrecken, verschieden ist. Das klingt logisch und doch schwingt jesuitische Schlauheit durch; eine widersinnige Kasuistik, der ein gewöhnlicher Mensch nicht gewachsen ist. Rasch differenziert man nach läßlichen und Todsünden. Allein die Wortschöpfung ist absurd. Da der Sündenbegriff künstlich ist, kann es keine geben, die todeswürdig ist. Hier zeigt sich der pharisäische Geist. »Das materielle Unterscheiden der Sündengewichtigkeit wird zur Quelle lähmender Angst und zum Grab der christlichen Sitten.«

Kardinal Gousset, Erzbischof von Reims, meint zu wissen: »Sünden kann man begehen durch Gedanken, Begierden, Worte, Werke und Unterlassungen. Hinsichtlich der Gedanken unterscheidet man die verweilende Lust, die Begierde, Freude und das Wohlgefallen ... die Sünden der vollendeten Unzucht zerfallen in natürliche und unnatürliche. Widernatürlich sind alle, bei denen während des Aktes die Kindererzeugung ausgeschlossen ist und wo der menschliche Samen gegen seine Bestimmung vergeudet wird.«

Der katholische Moraltheologe Heribert Jones teilt die menschlichen Körperteile in ehrbare, weniger ehrbare und unehrbare ein. Welche Bedeutung er dem gesunden Menschenverstand beimißt, ist nicht bekannt.

Nach der Auffassung der Moraltheologie darf man nicht formal zu einer Sünde beitragen, doch materiell, »wenn sie an sich nicht schlecht ist und wenn ein verhältnismäßig triftiger Grund dazu vorliegt.« Es entstehen absurde Wortklaubereien[19] und selbst hier kann man sich auf den Kirchenvater Thomas von Aquin berufen[20].

Zum Beginn des 16. Jahrhunderts toben im deutschsprachigen Raum ein Zwerg und ein Riese um die Gunst der Seelen. Eine neue theologische Spekulation wird geboren, die Europa aus den Angeln hebt. Der schwer angeschlagene und mit verfälschten Traditionen geschwängerte Glaubensriese, sich auf der sicheren und unfehlbaren Seite fühlend, verliert das makabre Spiel gegen einen Mann aus den eigenen Reihen. Doch anstatt zu reagieren, die Chance der Kritik zu nutzen, wird agiert; der Beichtstuhl wird als unentbehrliches Requisit in den Dienst der katholischen Kirche gestellt[21].

Der Mönch Jacob Philipp verfaßt das *Fragbuch vom Beichtstuhl*, das etwa 1300 Fragen des Beichtvaters an das sündige Schäflein enthält. Es ist mit einigen Wortschöpfungen der inquisitorischen Handbücher vergleichbar. Ein normaler Mensch kann das so gewobene Sündenspektrum nicht überblicken und wir schauen hier nur auf einige Fragen im Zusammenhang mit der menschlichen Sexualität, die die Geistlichen besonders interessiert:

- Ob jemand eine Frau so brennend liebt, daß er, auch wenn sie nicht seine wäre, mit ihr den Beischlaf ausführen wollte?
- Ob eine Frau mit ihrem eigenen oder einem fremden Mann sodomitisch verkehrt hat?
- Ob Frauen unter sich Unzucht getrieben haben?
- Ob eine Frau mit der Hilfe eines Instrumentes Unzucht treibe, oder ob sie zu unzüchtigen Zwecken einen Hund mit zu sich ins Bett genommen hat?
- Ob sich eine Frau ihrem Mann nackt gezeigt hat?

Immer deutlicher weiten sich die Moralvorstellungen der Christen zur *Jurisprudentia divina* und damit zu tausendfältigen Spekulationen aus. Es ist schwierig, den Geistlichen klar zu machen, daß es eben nicht nur *eine* Moral, die der römisch-katholischen Kirche gibt. Sie ist ein Teil des menschlichen Wesens. Stets paßt sie sich der Situation an und nicht die Situation der Moral.

So ist der erste Schritt der Kirchenführung, im Sünder das richtige Verständnis für den Sündenbegriff aufzubauen.

Daraus entwickelt sich im Lauf der Jahrhunderte ein Formalismus, der mit Religion nichts zu tun hat. Die daraus abgeleiteten Haarspaltereien sind seltsam, wie z. B.:

- Fällt beim Austeilen der Kommunion eine Hostie auf den Boden, so muß diese Stelle abgewaschen und das dafür benutzte Wasser in einen dazu bestimmten Behälter gegossen werden.
- Fällt sie auf oder in den Busen einer Frau, so ist die Waschung zu unterlassen. Die Frau ist in die Sakristei zu führen. Dort muß sie die Hostie aus dem Busen holen, dem Priester geben und die Hände, mit denen sie sie berührt hat, waschen.
- Fällt ein Tropfen des konsekrierten Weines in ein Faß nicht konsekrierten, so darf dessen Inhalt nur als Meßwein verwendet werden, obwohl einige sagen, er könne auch von Laien getrunken werden ... auf jeden Fall darf der Priester die konsekrierte Hostie nur mit dem Daumen und Zeigefinger anfassen.
- Eine besonders schwierige theologische Frage entsteht, wenn eine Maus in das Weihwasser gefallen ist.
- Ist es erlaubt, in einer protestantischen Kirche die Orgel zu spielen oder den Gesang zu leiten? Es ist kaum ohne Sünde möglich. Ist das Lied einem ketzerischen Gesangbuch entnommen, so ist es eine Todsünde.
- Es ist nicht erlaubt, die Glocken einer nichtchristlichen Kirche zu läuten, weil dadurch Mitglieder von Protestanten zu Predigten gerufen werden.

Das vermag man nur zu verstehen, wenn man begreift, mit welcher Naivität sich die Priester an die fiktive Idee der Verwandlung von Brot und Wein klammern, die historisch und physikalisch unhaltbar ist.

Bald eifern sich die Theologen, die sich von den gewöhnlichen spalten, mit nahezu allem, was das Menschsein betrifft: Stillen der Kinder, chirurgische Eingriffe, Wilddieberei, Abtreibung, Schwangerschaft, den Tätigkeiten des Gerichtsvollziehers, des Geschlechtslebens vor, inner- und außerhalb der Ehe, dem Zinswucher, Vorschrif-ten für Kaufleute, Regeln für Buchhändler, Buchdrucker, Gastwirte usw.[22] Der Jesuit Lehmkuhl zeichnet sich durch besondere Fachkenntnisse aus.

Die christliche Kasuistik gelangt in der nachtridentinischen Zeit zur Blüte. Die Jesuiten schaffen sich die Möglichkeit, jedes Ding gleichzeitig von mehreren Seiten zu betrachten, um es dann so auszulegen, wie es ihren Zwecken, in einer bestimmten Situation, am besten entspricht. Der Jesuit Sanchez gesteht: »Es ist von großem Nutzen, um vieles verdecken zu können, wenn nicht diese Art und Weise gestattet wäre ... man hat gerechte Ursache, sich der Zweideutigkeiten zu bedienen, um das Heil des Körpers, die Ehre und das Vermögen zu schützen ... oder zur Übung irgend einer Tugend.«

Verbunden ist dieses Denken mit unglaublichen Auswüchsen. Der Dominikaner und Moralist Zanardus sagt: »Wer unter ein und demselben Wollustantrieb mit mehreren Frauen oder mit einer allein mehrfach sündigt, begeht nur eine Sünde.« Der Theologe Rousselot erwähnt: »Unter uns ist es eine Streitfrage, ob, wer eine Jungfrau im After mißbraucht, dieses in der Beichte angeben muß, da sie eine mißbrauchte Jungfrau sei.«

Moraltheologischer Probabilismus

Allein der Begriff riecht nach jesuitischer Schläue. Er ist in der christlichen Kasuistik begründet, zumal es immer schwerer wird, die eingeimpften Sünden zu klassifizieren und gerecht zu beurteilen, so muß eine haarspalterische Dialektik die Folge sein; jetzt wird der moraltheologische Probabilismus geboren. Was ist das?

Probabel nennt man, was gute Gründe hat und einem deshalb die Zustimmung nahelegt, ohne gleichzeitig besorgt zu sein, das Gegenteil könne wahr sein, zu beseitigen. Es scheint in sich logisch und einfach, wenn man es begriffen hat. Bald unterscheidet man mehrere Varianten dieser Denkweise[23], doch in der klerikalen Praxis gewinnt der Probabilismus Oberhand, während der Tutoirismus zurückfällt. Der jesuitische Probabilismus wuchert in den theologischen Gefilden und erreicht im 17. Jahrhundert suspekte Höhepunkte des menschlichen Aberwitzes. Als Grundsatz wird ausgewiesen:

»Wo die Erlaubtheit oder Unerlaubtheit zweifelhaft ist, darf man der Ansicht, die betreffende Handlung oder Unterlassung seien erlaubt, folgen, wenn diese Ansicht noch probabel ist, obwohl es die entgegengesetzte auch ist. Selbst dann, wenn diese noch probabler ist.« Leider ist in manchen Fällen keine völlige Gewißheit über eine Handlung zu erlangen. Dann stehen sich zwei gewöhnliche Ansichten gegenüber und jede davon ist möglich. Auf diesem schmalen Pfad der Wortklauberei beißen sich geschulte, gescheit wähnende Theologen über Jahrhunderte fest; eine natürliche Folge sind ausgeklügelte Verdrehungen. Bald unterscheidet man nach einer mehr oder minder möglichen Meinung, einer sicheren, einer dem Gesetz und/oder der Freiheit günstigeren usw. »Wer einen Vertrag schließt, für dessen Erlaubtheit stärkere Gründe als dagegen sprechen, folgt der *Opinio probabilior*. Wer einen Vertrag schließt, für dessen Erlaubtheit schwächere Gründe sprechen, folgt der *Opino minus probabilis.* Doch wann kann man der sichereren oder nur eher sicheren Meinung folgen?

Daraus kann nichts Gescheites werden und doch durchzieht dieses Denken ein ganzes Jahrhundert; es scheint, als wollten einige Jesuiten ihren kanalisierten Verstand daran wetzen. Es versteht sich von selbst, daß sich die *Klügeleien* hoch, wenn nicht himmelhoch, über den Köpfen der tributpflichtigen Glaubensschäflein abspielen. Sie blicken hoch zu den frommen Jesuiten, anstatt sich ihrer Einfalt zu schämen. Doch um die Menschen zu knechten, ist den Kirchenführern jedes Mittel recht.

Sie erkennen, daß sie sich bei einer Weiterführung dieser Wortklauberei auf theologisches Glatteis begeben und so wird vorgetragen: »Das Urteil über die Probabilität steht nur gelehrten Männern zu … sie müssen in der Moraltheologie bewandert sein. Ungelehrte sollen sich nach dem Urteil der Beichtväter richten … auch ein einziger Theologe kann durch sein Ansehen, trotzt entgegengesetzter Meinung vieler, eine Ansicht probabel machen, wenn er gelehrt, rechtschaffen und klug ist.«

Diese Eigenschaften sind im Lager der Theologen selten zu finden. Gelehrt sind sie nicht, weil sie einer fiktiven Irrlehre aufsitzen, die die Bezeichnung Wissenschaft nicht verdient, folglich können sie nicht klug sein. Ob sie rechtschaffen sind, beweist nahezu jede Seite dieses Buches. Sie lassen sich dafür bezahlen, daß sie Leichtgläubigen Unwahres aufschwatzen.

Die sachgerechte Umsetzung des Probabilismus ist kompliziert. So gelangt Kardinal Aguirre zu der Auffassung: »In unserer Zeit gibt es kein göttliches, menschliches, natürliches oder positives Gesetz, dem viele unter den hohlen Schein des Probabilismus ausweichen.« Der Dominikaner Cotensen gelangt zu der Meinung: »Es gibt für sittlich schlechte Menschen kein günstigeres, erwünschteres System als den Probabilismus. Aus ihm fließen täglich unzählige Irrtümer und Schandtaten, nichts in der Sittenlehre steht durch ihn fest[24].«

Der ehemalige Kapuziner und spätere Kardinal Antonio Casini ruft aus: »Darauf laufen die verschiedenen in der Moral vorgetragenen Meinungen hinaus: den Vergehungen des gewöhnlichen Volkes Ernst und Strenge, den Verbrechen der Großen gegenüber Milde. Für jede ihrer Schandtaten findet sich eine milde Meinung und ein Prophet, der Nachsicht übt. Alle Welt wendet sich an den biegsamen Richter, den nachsichtigen Theologen, den gefälligen Beichtvater, und findet durch sie einen Vorwand, um zu sagen: Wir wissen, daß es eine Meinung gibt, die uns gestattet, dies zu tun.«

1700 überreicht Bousset eine Denkschrift, in der er über den Probabilismus sagt: »Die laxe Moral tritt offen hervor. Die angebliche Probabilität macht so große Fortschritte, daß sie die Kirche mit dem Untergang bedroht. Das Übel ist umso gefährlicher, als es zu Urhebern Priester und Ordensleute hat, die das schlechte

Mittel gewählt haben, um sich zu entschuldigen, und die sich einbilden, sie leisten Gott einen Dienst, indem sie die Seelen durch falsche Milde gewinnen.«

Abbé de Rancé, der Stifter des Ordens der Trappisten, meint: »Was meine Ansichten über die christliche Moral betrifft, bekenne ich offen, daß ich mich ausschließlich an das halte, was uns Christus in seinen Evangelien gelehrt hat, und wie es die heiligen Väter erklärt haben ... Ich kann es weder billigen noch begreifen, daß man heilige Wahrheiten abschwächt, um die Neigungen der Natur zu stärken und um deren Gelüste zu befriedigen.« In ähnlicher Weise spricht sich 1869 der Mainzer Erzbischof Ketteler gegen die moraltheologischen Ansichten des Jesuiten Gury aus[25].

Der Dominikaner Concina wendet sich gegen den Probabilismus[26]: »Seit mehr als einem halben Jahrtausend hat die christliche Sittenlehre den Ansturm schlechter Lehren ertragen ... diese Methode durchströmt den ganzen Leib der kasuistischen Theologie und es gibt kein Glied, dem sie keine Wunden beibringt. Es gibt nichts Laxeres, Unrechteres, Schändlicheres, um nicht zu sagen, Gottloseres, was nicht mit dem wunderbaren Pinsel einer schrankenlosen Probabilität als fromm und heilig hinzustellen wäre. Es ist das Schlimmste aller Übel, die pestbringende Quelle, die den Seelen Verderben bringt.«

Irrwege der christlichen Moral

»Wer sich mit Überwindung und würgendem Ekel durch den Unflat der katholischen Moraltheologie gearbeitet hat und wieder sittlichen Boden unter den Füßen trägt, stellt sich die Frage: Wie war es möglich, daß eine Moral, die sich zum Christentum bekennt, so tief sinken kann? Welchen Schmutz enthalten nicht die moraltheologischen Lehrbücher und welche Schändlichkeiten breiten sich aus?« Lodovico Segardi, ein römischer Prälat und Vertrauter von Alexander VIII. schreibt: »Die Moraltheologie ist so, daß sich sitten-

reine Jünglinge hüten sollen, mit ihr in Berührung zu kommen ... sie wenden sich sonst der Schlechtigkeit zu.« Es ist eine Tatsache, daß sich innerhalb der römisch-katholischen Kirche ein Moralsystem ausgebreitet hat, dessen Inhalte im schneidenden Gegensatz zu der natürlichen und dem Menschen angeborenen Sittlichkeit und Sexualität stehen.

Essay sur la Theologie morale

Ein Zeitgenosse von Liguori, der Trappist Debreynne, widmet sich in seinem geistigen Erguß u.a. der *Selbstbefleckung* bei Männern und Frauen, was er pastoralmedizinisch absichern will. Sein Buch trägt die Approbation des bischöflichen Ordinariates Mecheln und ist Beichtvätern gewidmet. Nach Maslowski ist es das Ekelhafteste, was ihm unter der theologischen Literatur unter die Augen gekommen ist.

Der Autor zeichnet sich durch Erfindergeist aus und berichtet: »Ich bedaure lebhaft, der Öffentlichkeit nicht ein neues und einfaches Mittel gegen den Samenerguß mitteilen zu können. Ich wende es seit Jahren an und es hat mir gute Dienste geleistet. Gründe der Schicklichkeit hindern mich daran, es zu veröffentlichen ... ich mache mir aber ein Vergnügen daraus, es Geistlichen und anderen vertrauenswerten Personen mitzuteilen, jedoch nur mündlich.« Weiter:

»Ein anderes Mittel, um sich bei Frauen zu vergewissern, ob ein gewisser Reiz an ihrem Geschlechtsteil krankhaft oder wollüstig ist, ist die Anwendung einer medizinischen Waschung, die meistens Erleichterung verschafft. Das Rezept ist: Fünf Gramm Quecksilber, aufgelöst in einem Kaffeelöffel Alkohol. Man vermischt die Lösung mit einem halben Liter heißen Waser und wäscht damit am Tag mehrmals die betreffenden Teile[27].« Weiter:

»Die Geschlechtsteile junger Mädchen sind von Natur aus mit einem vorherrschenden Drang nach Betätigung versehen, der ihre Neigungen beherrscht und sie dahin führt, sie ständig zu kitzeln, die der Sitz der

Angelo Giotto: Bestrafung eines wollüstigen Mönches. Fresko der Kapelle Srovegni in Padua.

größten Reizbarkeit sind. Doch decken wir den Schleier über die Schändlichkeiten … aus Rücksicht auf meine Leser enthalte ich mich, scheußliche Einzelheiten anzuführen.«

»Eine häufige Ursache sind die von verbrecherischen Händen leidenschaftlicher Wesen vorgenommenen Berührungen, wodurch unschuldige Kinder dem Unglück überantwortet werden. Die Kinderverderber sind meistens Kinderfräulein, junge Dienstboten oder Ammen, die den kleinen Kindern beiderlei Geschlechts das traurige Geheimis des Onanismus enthüllen.«

Den Abschnitt über die weibliche Onanie leitet er so ein: »Kennst du das herrliche Geschöpf Gottes und zugleich das Verderben der Natur? Kennst Du das Weib, das strahlende, das herrliche, das so stolz ist auf ihre gebrechlichen Reize … sie hat sich selbst bewundert und Macht an ihrer Schönheit gefunden … ihr Geist wurde gefesselt durch die Nichtigkeit, ihr Herz gefangen durch die Laster. Die Törichte, sie hat den Becher verbrecherischer Freuden getrunken … ihre Empfänglichkeit ist allzu

häufig bemerkenswert durch ihre Verirrung und Entartung.« Haben wir nicht einen klassischen Frauenhasser gleich Paulus vor uns[28], auf den die Sätze zurückgeführt werden: »Um des Himmels willen, darum habe jeder sein eigen Weib, und eine jegliche ihren eigenen Mann … Demnach, welcher verheiratet ist, handelt wohl. Welcher aber nicht verheiratet ist, der handelt besser … der Mann ist nicht geschaffen um des Weibes Willen, sondern das Weib um des Mannes Willen.«

Der Trappist schlägt auf die Menschen ein und vergißt, eine Seite des Geschlechtslebens zu berühren: die geheime Selbstbefleckung, die widernatürliche Befriedigung der unterdrückten Triebe der Priester, Mönche und Nonnen.

Leo IX. gibt seinen Ausführungen eine Bulle als Geleitwort mit auf den verführerischen Weg, in der er den Verfasser lobt und die Wahrheit seiner Ermittlungen bestätigt. Warum kehrt man in Kirchenkreisen nicht den eigenen Hof, bevor man sich um die geistig und oft auch körperlich von ihnen Abhängigen kümmert?

Alphons Maria de Liguori ...
Fürst der Moraltheologie[29]

Was Thomas von Aquin für die kirchliche Dogmatik ist, bedeutet de Liguori für die katholische Moral, obwohl sie diese Bezeichnung nicht verdient. Er wird zum Beherrscher des Beichtstuhls. Von einem wirklichen Wert seiner schriftlichen Aufzeichungen kann keine Rede sein, denn »sie stellen den tiefsten Stand moraltheologischer und asketischer Anschauungen dar[30].«

Die Ausführungen wimmeln von schriftstellerischen Liederlichkeiten. Er arbeitet unzuverlässig. Die von ihm angeführten Zitate sind der wunde Punkt, vor allem in seinen Schriften zur christlichen Moral und der Marienverehrung. Er zitiert unechte Canons und verwendet Fälschungen, auf die bereits Vorgänger hereingefallen sind[31]. Hinzu kommt, daß es sich über weite Strecken um keine originären Schreiber handelt, denn sein achtbändiges moraltheologisches Werk ist eine Erweiterung und Fortsetzung der Arbeiten des Jesuiten Hermann Busenbaum (geb. 1600), die man später in Paris wegen der darin enthaltenen Unflätigkeiten öffentlich durch einen Henker verbrennen läßt[32].

Liguori verbreitet eine Moral, die mit der menschlichen Sittlichkeit nichts gemeinsam hat[33]. Rücksichtslos wird die Frau und ihr natürliches Bedürfnis in die Enge getrieben ... sie muß dazu herhalten, um dem Mann Genüge zu tun ... denn die *Begattung* ist nach der jesuitischen Auffassung das beste und sicherste Heil- und Schutzmittel gegen die Begierde[34].

Liguori behandelt den fleischlichen Akt auf 72 Seiten seines katholischen Porno-Bestsellers. Er und seine Schüler kennen in der Ehe nur die tierische Vereinigung; sie wissen nichts vom Band der menschlichen Liebe, Zuwendung und Würde, nichts vom gegenseitigen Vertrauen und der Verantwortung; Sie verbreiten die dümmsten Katheterweisheiten im Brustton ihrer lächerlichen und theologischen Überzeugung. Heute würde man sie in eine psychiatrische Klinik einweisen.

Dieser kritische Standpunkt steht der Ehre der römisch-katholischen Kirche gegenüber. Vielleicht mehr, weil Liguori vom Wesen des Katholizismus durchdrungen ist und seine eigene Meinung an den Nagel der Unvernunft gehängt hat. Sein Leitspruch ist »Gehorche dem Papst ... ich will nicht für mich denken, weder widersprechen noch sündigen. Ich glaube, was die Kirche lehrt und hoffe, mich zu retten durch die Verdienste Jesus Christus und der seligsten Jungfrau Maria ... wer auf dem Weg Gottes fortschreiten will, unterwerfe sich einem gelehrten Beichtvater und gehorche ihm. Man soll ihm glauben, denn Gott wird nicht zulassen, daß er sich irrt.«

Wer erkennt hier nicht die geistige Knechtschaft hinter solchen Worten? Da kann nichts Eigenständiges herauskommen, denn geistiger Despotismus führt ins Abseits. Er durchzieht die Geschichte der römisch-katholischen Kirche wie ein roter Faden und führt in eine Sackgasse, an deren Ende die Niederlage des Individuums steht.

Liguori gilt als Gegner von Voltaire und Rousseau. Als er von ihrem Tod erfährt, sagt er: »Gottseidank, der in kurzer Zeit zwei Hauptfeinde der Kirche vernichtet hat[35].« Er wendet sich gegen Leibnitz und dessen kirchenfeindliche Arbeiten. Liguori äußert sich im klerikalen Sinn über die Bücherzensur und konstatiert: »Damit ein Buch vom kirchlichen Verbot getroffen wird, muß es über Religion handeln oder eine Ketzerei enthalten. Wieviel darf man in einem solchen Werk lesen, ehe man das Verbot übertritt? Einige sagen, eine Seite, andere sagen, drei oder vier. Besser ist, stößt Du beim Öffnen des Buches auf eine Stelle, die gegen den Glauben gerichtet ist und liest du sie, so entgehst du der Exkommunikation nicht ... diese kirchliche Strafe kann bereits denjenigen treffen, der lediglich das Inhaltsverzeichnis aufschlägt ... diejenigen, die ketzerische Bücher besitzen, ohne sie zu lesen, verfallen der Kirchenstrafe, wenn sie sie nicht ausliefern.« Wie groß muß die Angst der Geistlichkeit vor der gegen sie gerichteten Kritik sein?

Liguori verurteilt die Einwände derer, die der Kirche das Recht der Bücherzensur absprechen[36]. Schon 1471, kurz nach ihrer Erfindung, werden von den Franziskanern der strengen Observanz die Buchdruckerkunst und Alchemie für tadelnswert erklärt und ihre Ausübung bei der Strafe der Ungnade oder Entlassung verboten. Es bezieht sich nicht auf die Buchdruckerkunst, die das eigene Schrifttum fördert und schon daran sehen wir die Unaufrichtigkeit der Handlungsweise.

In der großen Moraltheologie Liguoris, schon in der ersten 1748 erschienenen Auflage, findet man eine Abhandlung über die Unfehlbarkeit des Papstes und hier wird seine Vorrangstellung über das Allgemeine Konzil herausgestellt. Liguori steht Zeit seines Lebens unter seinem geistigen Pantoffel und deshalb bedeuten seine Schriften nichts. Ihnen fehlt die Substanz der geistigen Freiheit, ohne die kein Buch geboren werden kann.

Die katholische Kirche ist ihm die ausschließliche Lehrmeisterin des Heils und ihr schuldet er unbedingten Gehorsam. Er läßt sich über das Zusammenwirken der menschlichen Freiheit und der göttlichen Gnade aus. Leo XIII. bescheinigt ihm: »Er hat am kräftigsten den Primat und das unfehlbare Lehramt des Papstes vertreten, die Ketzerei, die jansenistischen und febroanischen Irrtümer bekämpft ... seine Moraltheologie ist in der ganze Welt berühmt und bietet eine sichere Norm[37].«

Liguori gilt als schwärmerischer Marienverehrer. Er ist so in Maria vernarrt, daß er noch auf dem Sterbebett einen Zettel zum Lob der Unbefleckten Empfängnis verschluckt[38]. Es ist unbegreiflich, wie ein solcher Psychopath selbst als Kleriker Erfolg haben kann.

Pius VII. bestätigt am 15.5.1803 in einem Dekret der Ritenkongregation, daß an den Schriften Liguoris nichts Anstößiges zu finden ist. Leo XIII. bezeichnet seine Ausführungen als das stärkste Bollwerk gegen das Schlechte und Pius VIII.[39] läßt wissen, der Name Liguoris sei unter allen Völkern bekannt, sowohl wegen seiner vortrefflichen Taten als wegen seiner Schriften von Frömmigkeit und Gelehrsamkeit. Papst Gregor XVI. stellt heraus: »Es ist bemerkenswert, daß, obschon er ein fruchtbarer Schriftsteller war, seine Werke von den Gläubigen ohne Anstand gelesen werden ... wie es nach einer sorgfältigen Prüfung erkannt worden ist[40].« Geradezu in den Himmel gelobt wird er von Pius IX., dem die katholische Kirche ein klassisches Eigentor mit unvorhersehbaren Folgen, das Dogma der Unfehlbarkeit, verdankt[41].

In einem Dekret vom 23.3.1871 wird gesagt[42]: »Liguori hat die von den Ungläubigen und Jansenisten weit verbreitete Finsternis der Irrtümer zerstreut und beseitigt. Er hat das Dunkel aufgehellt, das Zweifelhafte klargestellt, indem er durch die verwickelten, teils laxeren, teils strengeren Meinungen der Theologen einen sicheren Weg gebahnt hat, auf dem die Christgläubigen ohne Anstoß wandeln können.«

Nach Pius IX. ist er ein Mann von ausgezeichneter Frömmigkeit, vom Geist der Einsicht erfüllt, die Aussprache seiner Weisheit wie Regenschauer strömen lassen. Er habe seinen Mund aufgetan inmitten der Kirche, um durch gelehrte und fleißige Schriften die aus der Hölle heraufgeholte Pest mit der Wurzel auszurotten und ihn vom Acker des Herrn zu vertilgen ... er habe Bücher voll heiliger Gelehrsamkeit und Frömmigkeit geschrieben. Um die Wahrheit des katholischen Glaubens zu erweisen und gegen Ketzer aller Art zu verteidigen, teils um die Rechte des katholischen Stuhles zu vertreten, teils um die Herzen der Gläubigen zu entzünden.

Was über die Unfehlbarkeit des Papstes in den Werken von Liguori gesagt wird, ist klar und mit kräftigen Gründen erwiesen:

⇒

Papst Paul III. hat vier Kinder und fördert den Nepotismus. Astrologen bestimmten die günstigen Stunden für seine Handlungen. Am 17.9.1540 bestätigt er die Bulle des Jesuitenordens und eröffnet am 13.12.1545 das 19. allgemeine Konzil von Trient; Beginn der Gegenreformation.

»Von seiner Weisheit werden die Völker erzählen und sein Lob wird verkünden die Gemeinde.[43]«

Pius XII. wertet Liguori zum himmlischen Schutzpatron aller Moraltheologen und Beichtväter auf. Noch 1954 erscheint eine vierbändige Neuausgabe seiner Werke. Das Leben dieses Mannes ist so bemerkenswert und wirft ein so krasses Licht auf die geistigen Niederungen der Theologie, daß eine kurze Würdigung angebracht ist.

Aus dem Leben eines Gottesknechtes

Alphons Maria de Liguori wird am 27.9.1796 in Marinella bei Neapel, dem Landsitz seiner Familie geboren. Sein Vater ist Kapitän der Galeeren. Er studiert Recht, wird 1713 mit Altersdispens Doktor und wirkt dann zehn Jahre als Advokat. Als er 1723 einen Prozeß verliert, gibt er die juristische Laufbahn auf und entschließt sich, Geistlicher zu werden.

Er studiert Theologie, vor allem unter der Führung des Kanonikers Giulio Torni. 1725 wird er Subdiakon, am 6.4.1726 Diakon und am 21.12.1728 Priester. Die Endstufe seiner geistigen Entwicklung ist damit abgeschlossen, denn Mitdenken ist in diesen Gremien unerwünscht. Einen geistigen Trümmerhaufen kann man nur mit Geld und Despotismus zusammenhalten; beides ist ausreichend vorhanden. Liguori tritt der Kongregation *Della Propaganda fidei* in Neapel bei, die sich weltweit der Vermarktung eines fehlgeleiteten Gaubens widmet.

Er entwickelt sich zu einem geschätzten Beichtvater. 1729 sehen wir ihn in China mit der Ausbildung von Missionaren beschäftigt. Er empfängt eine Vision der Nonne Maria Celeste Costarosa, die ihm bestimmt, die *Kongregation des Allerheiligsten Erlösers* unter dem Landvolk zu gründen. Eine bessere Zielgruppe gibt es nicht, denn es sind die Einfältigsten und zugleich Frömmsten.

Das Wappen dieser Vereinigung besteht aus einem Kreuz mit den unbekannten christlichen Leidenswerkzeugen auf drei Bergen. Nonnen und Geistliche wollen sie angeblich in einer Hostie gesehen haben. Liguori beugt sich dem Wunsch und stiftet 1732 die *Congregatio Sanctissimi Nostri Redemptoris*. Die Lehre stimmt im wesentlichen mit der der Jesuiten überein; in beiden herrscht der gleiche Geist, etwas abweichend ist die Stoßrichtung.

Am Stiftungstag besteht das kleine Häuflein aus vier Pristern und einem Laienbruder unter der Leitung Liguoris. Er schlägt einen unerbittlich harten Kurs ein: Schlafen auf einem harten Strohsack, nur fünf Stunden Nachtruhe, Essen von hartem Brot, kniendes Einnehmen der übermäßig gewürzten Speisen, Tragen von Bußhemden und Gewichten, tägliche Selbstgeißelung und strenges Fasten. Er geht vorbildlich voran und merkt nicht, daß in einem so geschundenen Körper selbst ein normaler Geist krank wird.

Im Zusammenhang mit visionären Nonnen entstehen Streitigkeiten und es kommt zu Anfeindungen mit anderen Orden. 1749 wird die von Liguori ins Leben gerufene Kongregation von Benedikt XIV. bestätigt und er zum lebenslänglichen Rektor bestellt. Zwei Jahre danach reicht der ausgetretene Pater Muscari eine Klage ein. Zerwürfnisse und Streitigkeiten bestimmen über weite Strecken das Ordensgeschehen. Sie reichen bis zum Tod des Gründers 1785.

1747 will der König von Neapel Liguori zum Erzbischof von Palermo ernennen; es kommt nicht dazu. 1762 beruft ihn Papst Klemens XIII. auf den Rat des neapolitanischen Erzbischofs, Kardinal Spinelli, zum Bischof von Sancta Agata Got. Das Bistum ist klein und verfügt nur über 30 000 Seelen; sie sind als Wirtschaftsfaktor uninteressant. Obwohl sich sechzig Kandidaten um dieses Amt bemühen, nimmt es Liguori nur widerwillig an. Er legt das geforderte Examen in der päpstlichen Gegenwart ab und wird am 14.4. präconisiert. Es versteht sich von selbst, daß er sich die Würde kaufen muß, denn in der Kirche gibt es keine Geschenke. Dreizehn Jahre bleibt er in diesem Amt. Zweimal will er aufgeben. 1775 wird ihm unter Papst Pius VI. der Rücktritt gestattet.

Selbst als Bischof bleibt Liguori mit päpstlicher Genehmigung Rector major der Redemptoristen. Später geht dieses Amt in die Hände eines P. Villani über. Liguoris enorme Sehschwäche hindert ihn daran, ordentlich zu lesen und ein Gehörschaden erschwert ihm das Vorlesen. Manchmal diktiert er Briefe, hat sich dabei nicht unter Kontrolle und macht nicht wieder gutzumachende Fehler. Ein solcher Mann ist selbst für die Kirche untragbar.

Die Redemptoristen bemühen sich um eine Anerkennung des Königs von Neapel. Die von Liguori geschickten Konsultatoren können sich nicht durchsetzen. Sie nehmen ein neues Regolamento an, das die Kongregation der Weltlichkeit unterstellt. Jetzt sitzen sie auf zwei Stühlen und stehen vor der Wahl: Annehmen des Staatsfrackes oder Kapitulation. Liguori hat dieses wichtige Dokument leichtfertig unterzeichnet. Als er den Mißgriff bemerkt, sagt er bereuend: »Ich verdiene es, geschliffen zu werden … als Oberster hatte ich die Pflicht, diese Schriftstücke zu lesen … aber ich habe mich auf meinen Beichtvater verlassen.« Sagte er nicht einmal, man solle sich unbedingt auf ihn verlassen, denn er könne sich nicht irren?

Seine Rechtfertigungsversuche stoßen in Rom auf wenig Gegenliebe. Es führt zu einem regelrechten Schisma. Am 22.9.1780 verfügt Pius IV. auf Antrag der Kongregation für die vier Häuser der Redemptoristen im Kirchenstaat einen Präses und läßt mitteilen, die Ordensmitglieder in den Häusern des Königreiches Neapel seien aller Privilegien und Indulte verlustig und so anzusehen, als ob sie nie Mitglieder des Ordens gewesen wären. Später wird Liguori kaltgestellt. Die Patres in Sizilien sagen sich von ihm los. 1790 nimmt der König die Einschränkung zurück und daraufhin werden die Neapolitaner wieder in den Orden aufgenommen.

Bemerkenswert sind die Abtötungsmethoden des Ordensgründers in den Akten zu seinem Seligsprechungsprozeß. Bereits als Geistlicher in Neapel geißelt er sich rücksichtslos, übernimmt häufige Nachtwachen und fastet bis zur Erschöpfung. 1743 legt er das Gelübde ab, Samstags bei Brot und Wasser zu fasten. An drei Tagen in der Woche ißt er lediglich Suppen und Brot, so daß er vor Hunger kaum stehen kann. Er bevorzugt Fischköpfe. Liguori ißt während seiner in den Kollegien von Scala und Villa (1732-36) verbrachten Zeit, auf eine besondere Weise: »Einen schweren Stein am Hals hängend, auf dem Boden sitzend und von Katzen umgeben, würzt er seine Speisen mit bitteren Kräutern versüßt hinunter … was vom Essen übrig bleibt, wollen nicht einmal Bettler nehmen.« Selbst als Bischof unterscheidet sich seine Tafel in nichts von der eines gewöhnlichen Pfarrers. Er hat sein Vorbild in einigen frühchristlichen Anachoreten.

Außer den in der Kongregation üblichen Kasteiungen geißelt sich Liguori, solange es sein körperlicher Zustand zuläßt: täglich zwei Stunden vor Tagesanbruch und oft nachts. Er schläft auf dem Boden mit Steinen unter den Bettüchern und hängt sich während des knapp bemessenen Schlafes Steine an die Füße[44].

Zur Bändigung des Geschlechtstriebes trägt er eine Gürtel mit spitzen Nadeln (Cilicium) um seine Lenden. Ein kleiner Koffer mit Geißelinstrumenten und Marterwerkzeugen steht unter seinem Bett[45]. Er ermahnt die Pfarrer, den Frauen aus dem Weg zu gehen. Seinem Alter und seiner Einstellung wie zum Spott quälen ihn flammende Regungen der Sinnlichkeit: »Ich alter und gebrechlicher Mann,« sagt er während einer Priesterversammlung in Nocera, »muß auf dem Weg von S. Michela bis hierher die Augen niederschlagen, um nicht Versuchungen gegen die Reinlichkeit zu bekommen.«

»Wer so lebt wie er, seine Tage zubringt, wie er, wer sich so wie dieser *heilige* Mann krampfhaft bemüht, seine Natürlichkeit zu überholen, der hat Verzückungen, Visionen und Verklärungen. Die jenseitige Welt neigt sich gnädig zu ihm hinunter und wird zur geschauten Offenbarung[46]«. Die immerwährenden Anstrengungen, verbunden mit den zahllosen Kasteiungen und Abtötungen, schwächen und erschüttern seine Gesundheit auf eine besorgniserregende Weise. Er fällt in eine schwere Krankheit, die ihn an den Rand des Grabes bringt. Der Arzt verlangt, ihm *schleunigst* die letzte Wegzehrung zu reichen. Doch Liguori begehrt, man soll ihm das Bild der seligsten Jungfrau Maria bringen, vor dem er sich zum Diener Gottes geweiht und vor dem er seinen Degen niedergelegt hat. Sobald das Bild an sein Bett gebracht wird, bessert sich sein Zustand und er wird gesund. Es ist ein medizinisches Wunder, daß er alt geworden ist.

1768 bekommt er einen Gichtanfall, demzufolge sich sein Kopf nach vorn bis zur Brust krümmt, so daß ein Beschauer von hinten meint, einen kopflosen Menschen zu sehen. Infolge dieses Leidens kann er bei der Messe stehend den Kelch nicht mehr heben. Ab 1783 ist er unfähig, die Messe zu zelebrieren. Da er sich seit langem nicht mehr rasiert , sondern sich seine Barthaare mit einer Schere schneidet[47], entzündet sich die Gesichtshaut und bildet eiternde Wunden[48].

Liguori leidet seit seiner Jugend an Skrupeln, die er zeitlebens zu unterdrücken sucht. Er legt sich gegenüber das Gelübde ab, einem Seelenführer zu folgen. In seinem Fall kann es nur die heilige Jungfrau Maria sein. Er führt ein Leben voller Angst, Zweifel und Gewissensbissen: »Die dichtesten Finsternisse legen sich um seinen Geist und bewirken, daß er sich in einem Meer von Sünden erblickt. Überall gewahrt er Sünden und bei jedem Schritt fürchtet er zu stürzen ... die namenlose Angst, in die göttliche Ungnade gefallen zu sein, verfolgt ihn auf allen Wegen.«

Er lebt in einer ständigen Gewissensangst und immer wieder hört man ihn beten: »Mein Jesus, laß mich nicht verdammt sein.« Oft kommt es ihm vor, in der Hölle zu sein. Wiederholt erscheint dem Überhitzten der Teufel in der Gestalt ihm bekannter Personen und sucht ihn durch allerhand Reden zur Eitelkeit, Verzweiflung und Einwilligung in Sünden zu verleiten. Folgerichtig ist er, gleichsam wie nahezu alle Jesuiten, vom teuflischen Wahn befangen. Liguori geht in seiner Moraltheologie darauf ein:

- Zur Bestialität rechnet man das geschlechtliche Vergehen mit dem Teufel. Diese Sünde wird zum Vergehen gegen die Religion, zur Sodomie, zum Inzest und zum Ehebruch, wenn sich die betreffende Person mit sodomitischer, ehebrecherischer und blutschänderischer Gier mit dem Teufel vermischt.
- Ist ein Vertrag mit dem Teufel unter der Bedingung geschlossen, daß sich der Vertragsschließende nicht mehr mit dem Kreuzzeichen bezeichnen oder waschen darf, ist ihm dies bis zur Auflösung des Vertrages gestattet[49].

Liguori brennt in einem heißen Verlangen nach der als heilig angesehenen Kommunion. Er beschäftigt sich mit der Eucharistie und sagt: »Eine große Streitfrage unter den Theologen ist, worin ihr Wesen besteht. Die erste Ansicht lehrt, das ihr Wesen direkt in den Gestalten von Brot und Wein besteht, und daß der Leib und das Blut Christi nur indirekt zu den Sakramenten gehören, gleichsam als äußerlich Hinzuerwähntes. Die zweite Ansicht lehrt, das Wesen der Eucharistie bestehe gleichmäßig in den Gestalten von Brot und Wein und in dem Leib und Blut Christi. Beide Ansichten sind probabel.« Manchmal ruft er weinend aus: »Gebt mir Jesus!« Seine Ängste steigern sich so, daß Zeitgenossen an seinem Verstand zweifeln. Er gestattet, während einer Predigt einen Totenschädel zu zeigen, oder, wenn wieder einmal von der höllischen Pein gesprochen wird, eine bildliche Darstellung einer Seele in den Flammen bzw. in teuflischer Gesellschaft zu bringen. Die Leiche einer ohne öffentliche Reue gestorbenen Sünderin, die nicht in geweihter Erde zu liegen verdient, läßt er hinter einer Mauer verscharren.

Er bemüht sich um eine Einigung mit seiner Diözese. Einer wird des Konkubinats beschuldigt und bei einem Handgefecht getötet. Liguori beweint den Untergang seiner Seele, will aber die Gelegenheit nicht vorübergehen lassen, ohne dem gemeinen Volk eine Warnung zu erteilen. Das Begräbnis des Unbußfertigen, der unter dem Fluch der Kirche gestorben ist, soll in aller Form das eines Gebannten sein. Seine Leiche wird auf ein Lasttier gebunden, unter der Begleitung von vier Fackelträgern zum Fluß gebracht und darin versenkt.

Liguoris steter Begleiter ist der Rosenkranz. Als Bischof ordnet er an, am Schluß jeder Predigt die Hörer aufzufordern, um eine besondere Gnade zu bitten und in allen Kirchen samstags und sonntags eine besondere Marienpredigt vor dem ausgestellten Sakrament zu halten. Er hält in seinen Seminaren geheime Spione, um jederzeit über möglichst viele Bescheid zu wissen; dadurch hat er sich als Christ disqualifiziert. Er vertritt die Meinung, daß es für Nonnen unpassend ist, das Neue Testament in der Volkssprache zu lesen[50].

Wer erkennt nicht den religiös Kranken, Neurotiker und Psychopathen, der von der römisch-katholische Kirche so hoch gefeiert wird. Er ist zur Leitung des kleinsten Gemeinwesens ungeeignet und doch Bischof. Ab 1753 wuß er wegen zunehmender Schwäche seine Teilnahme an Missionen einschränken und sie 1759 aufgeben.

Liguori als Literat

Eine Analyse seiner schriftstellerischen Tätigkeit macht deutlich, wessen Lied er singt. 1734 widmet er eine Geschichte der Ketzerei dem Marchese Tanucci. 1748 veröffentlicht er eine kleine italienische Abhandlung für Beichtväter. In mehreren Diözesen von Apulien gehört das Verfluchen von Toten zu den bischöflichen Reservatsfällen und so finden wir uns ins Mittelalter versetzt.

Liguori wähnt sich der Überzeugung, daß es diejenigen, die der Sünde ergeben sind, keinesfalls auf die Seelen der Hingeschiedenen abgesehen haben, sondern ihren Zorn gegenüber den Lebenden Luft machen und deshalb nur eine *läßliche* Sünde begehen. Dies führt zur Kontroverse. Unmittelbar darauf erscheint in Rom eine scharfe Entgegnung; sie wirft einen tiefen Schatten auf das niedrige Niveau in Kirchenkreisen, denn über eine solche Albernheit kann man sich nicht streiten.

1749 schreibt er eine vom scholastischen Geist geprägte Abhandlung über den rechten Gebrauch einer wahrscheinlichen Meinung mit einer wahrscheinlicheren. Dabei handelt es sich um eine Absage an den *Rigorismus*. Liguori wendet sich später vom Probabilismus ab. In seiner Abhandlung *De justa probitione librorum nocuae lectionis*, die in Neapel mit der Approbation des königlichen Zensors, eines Dominikaners, erscheint, spricht er sich gegen verbotene Bücher aus.

Das erste größere Werk, das er veröffentlicht, und das eine enorme Verbreitung findet, sind die *Glorie di Maria,* das 1750 erscheint. Diese *Herrlichkeiten Marias* werden noch im Oktober 1896 nachgedruckt. Darin wird festgehalten: »Sie haben so viele Sünder bekehrt, als das Werk Buchstaben hat.« In diesem Buch verbreitet er die Vorstellung, daß jede Form der göttlichen Gnade durch die heilige Maria ausgeteilt wird, so daß kein Mensch ohne ihre Vermittlung zur Seligkeit gelangen kann.

Liguori sammelt die unglaublichsten Belege, um nachzuweisen, daß die Gottesmutter die einzige und wahre Himmelskönigin ist. Er kann sich nicht vorstellen, daß es sich um eine aufgewärmte antike Legende handelt, die sich in die Herzen der Christenheit geschlichen hat. Doch wie kommt sein berühmtestes Werk, die *Moraltheologie* zustande? Liguori erzählt, daß er die ersten moraltheologischen Studien unter der Leitung von Anhängern der *strengeren* Ansicht gemacht hat. Das erste Moralwerk, das sie ihm in die Hände gegeben haben, sei das von Fr. Genet gewesen. Dieser ist ein Verfechter des Probabilismus. Später wendet sich Liguori der *Medulla* des Jesuiten Busenbaum zu. Er stellt in einem Rundschreiben an seine Ordensbrüder heraus, er habe zunächst für sie seine Moral geschrieben und verlange nicht, daß man seinen Ansichten folgt. Man möge aber die Gründe erwägen. Gewiß ist es nicht seine Absicht, sittliche Verwüstung anzurichten. Er schreibt über seine Ansichten:

»Kein Beichtvater darf das Studium der Moraltheologie unterbrechen.« Es handelt sich um kein theoretisches Lehrgebäude.

Auszüge aus dem moraltheologischen Porno-Bestseller des Redemptoristen und »doctor ecclesiae« Alphons Maria de Liguori

- Die Ehe ist das Sakrament, wodurch sich ein Mann und ein Weib gegenseitig ihre Leiber zum gemeinschaftlichen Leben, zur Kindererzeugung und als Mittel gegen die Begierlichkeit übergeben.
- Einige Theologen sagen, die Leistung der ehelichen Pflicht nach dem Mittagessen sei unerlaubt, wil dies wegen der Verdauung Schaden bringen kann. Der heilige Antonin berichtet, daß jemand aus diesem Grund schwindsüchtig geworden sei.
- Nach der allgemeinen Ansicht ist es eine läßliche Sünde zur Kommunion zu gehen, wenn man in der Nacht zuvor den ehelichen Beischlaf aus Wollust gepflogen hat; geschah er der Kindererzeugung wegen, ist es geraten, an diesem Tag die Kommunion zu erhalten.
- Die Samenausgießung außerhalb des ehelichen Beischlafes muß als Todsünde verboten sein ... jede fleischliche Ergötzung, d.h. jede Erregung des zur Zeugung dienenden Triebes ist Selbstbefleckung ... besonders bei Personen, die zum Beischlaf fähig sind.
- Das Weib sündigt schwer, wenn es nach dem Beischlaf den männlichen Samen durch Waschung oder auf eine andere Weise entfernen will ... wenn sie nach dem Beischlaf Wasser läßt oder sich aufrichtet ... sündigt sie[61].«
- Wann ist die Herbeiführung einer Fehlgeburt erlaubt? Darf eine Mutter in äußerster Lebensgefahr ein Mittel nehmen, um den unbeseelten Embryo abzutreiben? Die direkte Abtreibung ist immer sündhaft. Die Jesuiten Sanchez und Viva lehren, es sei einer vergewaltigten Frau erlaubt, den männlichen Samen auszutreiben, um ihre Schande zu vermeiden.
- Ein Ordensmann, der mit seinen Händen bei einem anderen den Samenerguß hervorruft, begeht ein Sakrileg, selbst wenn er es ohne Ergötzung tut.
- Die vollendete Unzuchtssünde besteht in der freiwilligen, fleischlichen Vermischung lediger Personen verschiedenen Geschlechts ... Eine widernatürliche Sünde ist die Sodomie. Die *vollkommene* Sodomie besteht in der fleischlichen Verbindung zweier Personen des gleichen Geschlechts.
- *Unvollkommene* Sodomie ist vorhanden, wenn sie zwar unter Personen verschiedenen Geschlechts stattfindet, die fleischliche Verbindung aber durch Körperorgane bewerkstelligt wird, die dazu nicht bestimmt sind.
- *Wahre* Sodomie ist der Beischlaf zwischen zwei Frauen, obwohl einige Theologen diesen Beischlaf, auch wenn er im After vollzogen wird, *unechte* Sodomie nennen, da ein wirklicher zwischen Frauen nicht stattfinden kann.
- Die Geschlechtsteile einer Person des gleichen Geschlechts anzusehen, ist unter Ausschluß der Gefahr fleischlicher Zustimmung nicht schwer sündhaft ... außer man neigt zur Sodomie oder der Angeschaute ist ein schöner nackter Jüngling.
- Nackte Statuen, die mit Fleischfarbe bemalt sind, reizen weit mehr zur Unzucht als nicht bemalte. Schwer sündhaft ist es, obszöne Bilder und Statuen zu bemalen, sie offen feil zu halten und sie in Häusern und Gärten aufzustellen.
- Ehrbare Teile einer schönen Frau ansehen, geschieht nicht selten ohne läßliche Sünde ... Küsse, die lange und mit Inbrunst gegeben werden, sind eine Todsünde ... wenn eine Frau ohne Widerstand das längere Berühren ihrer Brust zuläßt, ist dies für gewöhnlich eine Todsünde ... scharf zu tadeln hat es der Beichtvater, wenn sich Eheleute gegenseitig an den Geschlechtsteilen lecken ... ehelicher Beischlaf in der Kirche ist ein Sakrileg. Die Ergötzung am Wollustgefühl ist sündhaft.

Auszüge aus dem moraltheologischen Porno-Bestseller
des Redemptoristen und »doctor ecclesiae« Alphons Maria de Liguori

- Was für eine Sünde ist der Beischlaf mit einer weiblichen Leiche? ... er ist Selbstbefleckung mit dem Hang zum Beischlaf.
- Küsse und Berührungen unter den Brautleuten sind u. U. Todsünden; sie dürfen sich nicht auf den künftigen Beischlaf freuen.
- Auch der Ekel vor der Häßlichkeit der Frau, die beim Mann, die zum Beischlaf nötige Erregung einem schönen Weib gegenübersteht, kann Grund für die Nichtigkeit einer Ehe sein.
- Erfolgt der Beischlaf zwischen den Beinen, Armen oder anderen Körperteilen, kann dies gewissermaßen als *angefangener* Beischlaf bezeichnet werden.
- Wenn der Mann den Beischlaf im Mund einer Frau vollzieht, so ist das ein *begonnener* Beischlaf, wenn er im Mund eines Mannes erfolgt, Sodomie.
- Sündigt ein Ehemann schwer, der den Beischlaf im After einer Frau mit der Absicht beginnt, ihn am natürlichen Ort zu vollziehen? ... Sanchez erklärt es als Todsünde, wenn der Mann während des Beischlafs seinen Finger in den After der Frau steckt, weil das sodomitische Begierde sei (übrigens sind Eheleute, die solches tun, in der Beichte zu tadeln).
- Ist es eine Todsünde, wenn ein Mann sein Glied am After einer Frau reibt? Eine solche Berührung kann nicht ohne sodomitische Absicht geschehen!.
- Wenn nämlich der Mann sein Geschlechtsteil in dem Mund eines Weibes steckt ... hierüber in der Beichte Fragen zu stellen, halte ich für unklug ... und wenn schon, so soll der Beichtvater möglichst keusch fragen: Ob sie denn ihren Mund mißbraucht habe?
- Ist es eine Todsünde, wenn der Mann sein Glied in den Mund einer Frau steckt? Weil wegen der Wärme des Mundes die Gefahr der Selbstbefleckung vorliegt, und weil diese Handlung eine Art widernatürlicher Unzucht zu sein scheint.
- Zuweilen ist es erlaubt, uneheliche Kinder auszusetzen, um die Schande für die Eltern zu vermeiden. Man soll darauf achten, daß sie nicht durch die Kälte umkommen[62].
- Ist eine enggebaute Frau verpflichtet, sich operieren zu lassen, damit sie zum Beischlaf fähig wird? Alle Theologen sind sich darüber einig, daß sie sich einen Schnitt machen lassen muß, wenn der Ehemann wegen der Jungfernschaft nicht den Beischlaf mit ihr vollziehen kann.
- Kindermädchen, die kleine Knaben berühren, begehen keine Todsünde, da wegen des kindlichen Alters die Gefahr der Einwilligung auf die Lust gering ist. Sehr leicht ist es eine Todsünde, Kinder an den Geschlechtsteilen zu kitzeln.
- Eine Braut kann ohne Sünde Kunstmittel anwenden, um zu verhindern, daß der Bräutigam bemerkt, daß sie keine Jungfrau mehr ist ... eine Braut, die für reich, adelig, schön und jungfräulich gilt, braucht nicht zu sagen, daß sie in Wirklichkeit arm, bürgerlich, häßlich und verführt ist. Sie kann dem Bräutigam zweideutig antworten.
- Manche Theologen bejahen die Frage, daß eine Frau zu ihrem ersten Mann zurückkehren muß, obwohl ihre Geschlechtsteile durch den häufigen Beischlaf mit ihrem zweiten Mann für den ersten passend geworden sind.
- Ohne zu sündigen, dürfen Dienstboten ihrem Herrn gewisse Dinge leisten. Sie dürfen ihn zum Bodell begleiten, seiner Maitresse Geschenke bringen und ihr die Tür öffnen ... dies hat lediglich entfernte Beziehungen zur Sünde.

Alphons von Liguori.

Nach seinen und anderen Schriften werden die Priester der römisch-katholischen Kirche in Seminaren, Lehranstalten und Universitäten *herangezogen*. »Sie sollen sie täglich studieren, die die Scham verletzenden Fragen sollen sie auswendig lernen[51].«

Es ist erstaunlich, woher Liguori seine Kenntnisse über die Funktion der Sexualorgane hat, denn in seinem Heiligsprechungsprozeß wird herausgestellt, daß er sich nie mit Frauen beschäftigt hat. Etwa 200 Jahre nach ihm beschäftigt sich der Jesuit Tondi, Professor an der Gregoriana, mit einer ähnlichen Thematik: »Die spitzfindigsten Fragen der Theologen nach den kleinsten Einzelheiten des Geschlechtslebens sind unmoralisch. Einige Professoren haben in ihrem Zimmer anatomische Nachbildungen und Gipsmodelle, um den Zöglingen, die um Aufklärung bitten, den Bau der Geschlechtsorgane zu verdeutlichen … dies wäre unerläßlich, um das Priesteramt in der Beichte korrekt ausüben zu können.«

Viele Priester haben es sich in früheren Zeiten einfacher gemacht: sie gehen in ein Bordell, üben auf offener Straße Unzucht, vergehen sich hinter Klostermauern mit Nonnen, schänden und vergewaltigen Jungfrauen und Frauen im Beichtstuhl und unter der Kanzel.

Nach Tondi erscheint 1944 in Rom die *Theologia moralis* von Aertnys in zwei Bänden. Darin finden wir das Kapitel *Die Regeln des ehelichen Verkehrs* und stellen mit christlichem Erstaunen fest:

- In der Zeit der Schwangerschaft ist der Koitus erlaubt, wenn die Gefahr einer Frühgeburt ausgeschlossen ist.
- In der Zeit der Krankheit (Regel) ist der Geschlechtsakt an sich erlaubt, wenn aus bestimmten Gründen befürchtet werden muß, daß der Gesundheit im beträchtlichen Maß geschadet wird.
- In der Zeit des Wochenflusses der Frau ist der Koitus nach dem allgemeinen und wahrscheinlichen Ermessen unerlaubt.
- Die natürliche Lage beim Geschlechtsakt ist die, wenn der Körper der Frau unten und der des Mannes oben liegt … die unnatürliche Lage ist nach dem allgemeinen Urteil nur eine läßliche Sünde, weil dabei die Frau den männlichen Samen nicht passiv empfängt, sondern ihn aktiv in sich hineinzieht, wobei selten die Gefahr besteht, daß sich der Samen außerhalb der Vagina ergießt … andere halten die unnatürliche Lage der Frau für eine Todsünde.
- Die unvollkommene Sodomie ist der im hinteren Gefäß der Frau vollzogene Koitus, gleichgültig, ob der Mann den Samen außerhalb ausstößt oder nicht.
- Darf der Mann seiner Frau die eheliche Pflicht leisten, wenn ihm bekannt ist, daß sie die Vagina in der Nähe des Muttermundes mittels eines Occlusivpessars künstlich verschlossen hat?
- Es wird gefragt, ob der eheliche Beischlaf erlaubt sei, nachdem bei der Frau die Eierstöcke entfernt worden sind.

Nun liegt auf den katholischen Geistlichen die unnatürliche Last des Zölibates und von allein stellt sich die Frage: werden nicht schon in der Ausbildung durch das tägliche Studium des auf das Schild der Moral gehobenen Schmutzes Verfehlungen programmiert? Liegt es nicht nahe, Mönche und Frauen zum Ehebruch zu treiben, um persönliche Lüste zu befriedigen[52].

1762 legt Liguori eine *Kurze Abhandlung über den geregelten Gebrauch der wahrscheinlichen Meinung* vor. 1777 erscheint sein *Regentenspiegel*. In ihm will er dokumentieren, daß sich die Fürsten gegenüber Gott gehorsam verhalten müssen. Als Beispiel für das rechte Verhalten eines katholischen Weltenherrschers nennt er die Aufhebung des Ediktes von Nantes durch Ludwig XIV., demzufolge die Hugenotten in Frankreich gewaltsam ausgehoben werden.

Liguori stirbt unter schweren Gewissensnöten 1785 im gesegneten Alter von 90 Jahren. »Mir ist, als wenn mir Gott jedes meiner Worte ins Gesicht schleudere,« soll eine seiner letzten verbürgten Äußerungen gewesen sein. Unter den Deutschen, die seine Ideen aufgreifen und sie sich zu eigen machen, ist an erster Stelle Clemens Maria Hofbauer zu nennen, der Vater der österreichischen und deutschen Redemptoristen.

Literarische Gegner

Während sich die Päpste gegenseitig überbieten, seine schriftstellerischen Leistungen nach vorn kehren, wird von anderen hinter die Kulissen geschaut. In Frankreich haben einige Bischöfe Liguoris Moral für die Geistlichkeit und ihre Seminare verboten. In einem 1827 in Amiens erschienenem Buch wird gesagt: »Wir schätzen die Moraltheologie Liguoris nicht viel höher ein als die eines Rigoristen ... wir wundern uns, daß seine Moraltheologie vom Probabilismus durchsäuert ist ... da doch die bessere Lehre der belgischen Theologen von der liguorischen himmelweit entfernt ist. Möchte die Moraltheologie Liguoris nie oder nur ganz gesäubert das Licht der Welt erblicken[53].«

Der Abbé Jean Joseph Laboarde greift einige Sätze von Liguoris Moraltheologie an und protestiert 1851 offen gegen seine inzwischen erfolgte Heiligsprechung, weil die Theologen, die seine Werke geprüft haben, selbst der darin enthaltenen und verdorbenen Moral erlegen waren. Wenn seine Lehre richtig ist, wird der Weg der Christen uns ins Verderben führen[54].

1864 erklärt Kardinal Newmann in seinem Streit mit Charles Kingsley: »Ich erkläre offen, bestimmt und rückhaltlos, daß ich diesem heiligen Mann bezüglich dieses Teiles seiner Lehre nicht folge[55], seine Beförderung ist das Ungeheuerlichste, was je auf dem Gebiet der theologischen Lehre vorgekommen ist. Mir ist in der Kirchengeschichte kein Beispiel einer so furchtbaren und verderblichen Wirkung bekannt, wie diese Beförderung zum *Doctor ecclesiae*, des Mannes, dessen falsche Moral, dessen verkehrter Marienkult, dessen beständiger Gebrauch der krassesten Fabeln und Fälschungen seine Schriften zu einem Magazin von Irrtümern macht[56].«

Der Pfarrer Jeremiah Crowley sagt[57]: »Die Theologia moralis des unter die Heiligen versetzten Liguori wie auch die des Pater Gury enthalten eine Unsumme sinnlicher Abenteuer, wie sie nur die Hölle hätte als solche vorschlagen können. Der Priester ist verpflichtet, die beichtenden Mädchen und bußfertigen Frauen in der widerlichsten Weise auszufragen. Nicht nur ihre geheimen Handlungen, sondern auch ihre innersten Gedanken müssen sie in allen Einzelheiten dem im Beichtstuhl sitzenden männlichen Monstrum offenbaren. Liguori und Gury machen die jungverheiratete Frau zur geistigen, oft genug auch zur körperlichen Sklavin eines listigen und unzüchtigen Beichtvaters. Er befragt sie über die intimsten und heiligsten Beziehungen zu ihrem Gatten, die sie bis ins kleinste Detail beschreiben muß, so als ob sie sündhaft wären ... viele Männer haben keine Ahnung davon, was in den Beichtstühlen ihren Frauen abverlangt wird.«

Liguori hat schon zu Lebzeiten Gegner und die Chronisten berichten: »Diejenigen aber, die an der Verleumdung des Gottes-

Mittelalterliche Illustration einer Sage eines unkeuschen Mönches.

mannes teilgenommen haben, fielen der gerechten Strafe Gottes anheim. Mehrere starben plötzlich, andere in der Verzweiflung. Die Zunge eines Weibes, das Alphons verleugnet hatte, wurde vom Krebs zerfressen. Bei einem schlug am Tag der Abreise des heiligen Mannes der Blitz ein.«

Eine zuverlässige Quelle berichtet[58], daß unter dem Pontifikat von Pius IX. ein Professor für Moral in Rom ein Bordell für Geistliche unterhalten hat. In diesem Zusammenhang entsteht die Frage: »Ein Ordensmann hat von seinem Oberen die Erlaubnis erhalten, eine gewisse Summe Geldes auszugeben. Er vertut es beim verbotenen Spiel mit einem Freudenmädchen.«

Dubiose Heiligsprechung

Aus heutiger Sicht ist nicht erklärbar, wie die Kirche Liguori heilig sprechen konnte. Dieser Akt der menschlichen Unzulänglichkeit und Unvernunft wird schon kurz nach seinem Tod, 1785, in Aussicht gestellt. 1788 werden die bischöflichen Prozesse über seine Tugenden und Wunder eingeleitet. Die Akten werden 1793 nach Rom geschickt. Am 9.7.1794 wird die Einleitung des Seligmachungsprozesses angeordnet. Ab 1797 werden die Schriften Liguoris geprüft, die 1803 erklärt, sie hätte nichts einer Zensur würdiges gefunden.

Pius VII. bestätigt am 15.5.1803 das Urteil und dispensiert den Toten von der Bestimmung, daß die Untersuchungen über seine Tugend 50 Jahre nach seinem Tod zu beginnen haben. Sie werden 1807 abgeschlossen, die weiteren über die von ihm angeblich verrichteten Wunder 1809, während der Gefangenschaft des Papstes in Frankreich.

Am 15.9.1816 wird Liguori selig gesprochen. Später gestattet Pius VII. die Einleitung des Heiligsprechungsprozesses bzw. die Untersuchung, über die zwei dazu zu erforschenden Wunder. Am 16.5. unterzeichnet Pius VIII. das Dekret und meint, es könne mit Sicherheit zur Heiligsprechung geschritten werden. Sein Nachfolger, Gregor XVI., wollte sie erst nach dem Ablauf von fünf anderen Prozessen vornehmen, »damit die Verherrlichung der betreffenden Helden der Kirche an einem Tag gefeiert werden kann.« Deshalb muß der Moralheld neun Jahre warten. Am 26.5.1839 wird er zum *Heiligen* im Sinn der katholischen Kirche gekürt. Es wird von 39 Kardinälen, zehn Patriarchen, 125 Erzbischöfen, 544 Bischöfen, 25 Ordensoberen und vier theologischen Fakultäten beantragt, ihn zum Kirchenlehrer zu ernennen. Daraufhin werden seine Schriften nochmals geprüft. Die Ritenkongregation spricht sich am 11.3.1871 für den Antrag aus. So erscheint am 7.7.1871 das Breve des Kirchenvaters Alphonso Maria de Liguori.

Die Wunder sind die Heilung einer Antonia Tarzia von einer tödlichen Verletzung und die des Camaldulenser-Laienbruders Pietro Canali von einer fistulösen Wunde[59]. Zu den Akten des Seligmachungsprozesses werden viele andere Wunder gezählt., u. a. gibt er einer Frau ein Almosen.

Viele Wunderdinge sind von Liguori überliefert. In Foggia soll er während einer Bußpredigt eine Verzückung empfangen haben. Dem vor einem Marienbild knienden erscheint die heilige Jungfrau. Ein von ihrem Haupt ausgehender Lichtstrahl läßt sich verklärend auf seinem Haupt nieder. In einer Höhle, in der er zu beten pflegt, soll sie ihm mehrfach erschienen sein, um Anweisungen zu erteilen.

Ein besonderes Wunder ist zweifellos die durch ihn erfolgte Verwandlung eines kranken Huhnes per Kreuzzeichen in einen Seefisch. Sein Diener, Dom. Ant. Janella, hat es gesehen und unter Eid bekräftigt. Der todkranke Pater S. Rossi wird 1775 gesund, nachdem ihm Liguori einen Brief geschrieben hat. »Das Blut, das ein Diener Liguoris vor seinem Tod zur Ader gelassen hat, wird in einem Fläschchen aufgefangen … es wird zu bestimmten Zeiten flüssig und eignet sich dann umso mehr, um weitere Wunder zu wirken.«

Hinzu kommen seine ungewöhnlichen Tugenden, denn sieben Beichtväter bezeugen, sie hätten nie eine Materie für die Absolution gefunden, er habe nie das Kleid seiner Unschuld verloren, nie habe er Gott durch eine schwere Sünde beleidigt, er trank nicht eimal einen Tropfen Wasser, ohne seinen Beichtvater konsultiert zu haben.

Liguorische Moral[60)]

Liguori betrachtet, wie andere Moralisten, die gesamte Breite der menschlichen Handlungen durch die trübe Brille der Theologie. Er spricht über die sieben Hauptsünden, theologische Tugenden, vertritt Ansichten über die Zehn Gebote, über Zauberei, Verträge mit dem Teufel, äußert sich zur Eucharistie, über die Ehe, Jungfernschaft und Fehlgeburten, zur Körperhaltung beim Beischlaf und mit der Frage, wann, wieso und wie er erlaubt sei. Auch wenn er es im klerikalen Sinn gut meint, richtet er auf der Welt unermeßlichen Schaden an.

Jesuitische Moral

Die Jesuiten greifen ab der Mitte des 16. Jahrhunderts massiv und in weiser Voraussicht in das politisch-strategische Geschehen der Kirche ein. Durch den hier geschaffenen Probabilismus halten sie sich sämtliche Hintertürchen ihrer persönlichen Bedürfnisse offen: »Mit unendlichem Eifer

Ausschnitt aus Savonarolas »Compendio di rivelazione« von 1496.

haben die Jesuiten zu allen Zeiten der Unzucht oblegen. Keinen Ort, keine Verkleidung, keine Ränke haben sie gescheut, um ihre sinnlichen Triebe zu befriedigen[64)].« Es wird aus ihren Schriften deutlich:

- Zur Unterdrückung unkeuscher Versuchungen ist es zur Bezähmung der geschlechtlichen Regungen nützlich, die erregten Körperteile zu bedecken und zusammenzudrücken.

- Frauen verhalten sich nicht schwer sündhaft, wenn sie, um ihre Schönheit hervorzuheben, ihre Brüste zeigen.

- Frauen die zu heiraten wünschen oder verheiratete Frauen, dürfen Schmuck und Schönheit berücksichtigen … Ehefrauen dürfen, damit sie von ihren Männern geliebt werden und sie von anderen Frauen ablenken, durch ihren Anblick zur Vollziehung des ehelichen Werkes anzulocken … ihre Brüste zeigen.

- Der Jesuit Banzi lehrt, daß es erlaubt sei, Nonnen in die Wangen zu kneifen bzw. ihre Brüste zu betasten[65)].

- 1640 lehrt der Jesuit Hereau in Paris, es sei verheirateten Frauen und geschwängerten Mädchen erlaubt, die Leibesfrucht durch Getränke abzutreiben[66)] … was eine Ehefrau durch Unzucht erwirbt, kann sie als rechtmäßig erworbenes Gut ansehen[67)] … einem Priester sei Sodomie unbedenklich erlaubt, denn es wäre kein Verbrechen[68)].

- Beichtväter oder Theologen, die beim Beichtehören oder im Berufsleben durch die unfreiwillige Erinnerung an gehörte Sünden eine Pollution erleiden, sündigen nicht, wenn sie nicht einwilligen.

Wer wundert sich, wenn das Pariser Parlament 1761 die Schriften von mehr als 20 Jesuiten als unmoralisch, abscheulich und gotteslästerlich verdammt und einen Scharfrichter beauftragt, sie öffentlich auf einem Scheiterhaufen zu verbrennen[69].

Oft wurde der Beichtstuhl dazu benutzt, um Mädchen und verheiratete Frauen zu verführen. So hat Insirino, ein Augustinereremit aus Padua, alle seine Beichttöchter verführt. Kein Ort war ihm heilig.

- »So begann ein Kaplan von Solothurn, die Orgel zum Schauplatz seiner unerlaubten Freuden zu machen.
- Der Kaufmann Poitevin, ein unbescholtener Mann, kam in die jesuitische Kapelle und vernahm das Ächzen eines Mannes und das Stöhnen einer Frau, das aus dem Beichstuhl kam. Er fand, daß ein Jesuit mit dem Mädchen Unzucht getrieben hat.
- Mädchen haben sich beklagt, daß sie Pater Pierre Regnier durch schmutzige Fragen zum Bösen verleite indem er sie frage, ob sie bereits diese oder jene Stellung … versucht hätten … er hat fast sein ganzes Leben mit Weibern in der Kirche Unzucht getrieben[70].
- In der gleichen Kirche hat man in der Sakristei Pater Surin dicht hinter dem Altar mit einer jungen Dame gefunden.
- Manian, einer der ausgezeichnetsten Redner, die die Jesuiten an der Kirche St. Didier zu Poitiers gehabt haben, hat das Gotteshaus entheiligt, indem er eine nicht allzufromme Frau in die Kirche gelockt hat und schändete[71].
- Petiot wirft sich als zarte Brünette im Beichtstuhl vor seine Füße. Er entließ sie mit mehr Sünden, als mit denen sie eingetreten war. Später überredete er sie, in Knabenkleidung zu ihr zu kommen und sie in einem entfernten Zimmer zu halten, um bei ihm zu leben und den höchsten Taumel der Lüste zu feiern[72].«

Confessio auricularis[73]

Die Beichte gibt es Jahrhunderte vor dem Einsetzen des Christentums. In vielen antiken Mysterien ist sie bekannt. Der Isiskult verfügt über eine ausgefeilte Ablaßpraxis und im Buddhismus ist die Beichte bekannt. Auch dieses kupfert das Christentum ab.

Jesus von Nazareth weiß von dem nichts, obwohl die Theologen die Unwahrheit verbreiten, daß das Sakrament der Ohrenbeichte von ihm eingesetzt worden sei. Sie bemühen die auf wackligen Beinen stehende Bibel[74]. Bestenfalls bedeutet ihm eine Sünde ein Vergehen gegen die Gesinnung des Herzens. Ein Sündenimperium aufzurichten ergibt keinen Sinn, weil er das nahe Weltende erwartet.

Das Urchristentum kennt nur die einmalige Buße. Sie gilt als Bad, dem man rein entsteigt; glaubt man doch schon seit den Urzeiten an die reinigende Kraft des Wassers. Folgerichtig ist nach der Taufe eine zweite Buße ausgeschlossen. Deshalb behalten sich viele die Taufe bis zum Lebensende vor, so Kaiser Konstantin I. Im 4. Jahrhundert wenden sich der Theologe Pelagius und der Jurist Colestinus gegen die Dogmatisierung einer Beichte und tragen vor, sie mache den Menschen zur Marionette und hindere seine freie Entwicklung im sittlichen Handeln.

Der als Ketzer verrufene Marnix von St. Aldegonde gelangt zu der Erkenntnis: »Die Ohrenbeichte ist unzweifelhaft das Paar Augen wert; das eine braucht sie, um alle Heimlichkeiten und verborgenen Anschläge aller Könige und Fürsten dieser Welt zu erfahren … das andere, um damit in den Busen junger Mädchen und betrübter Frauen zu sehen und zu tasten.«

⇒

Aurelius Augustinus (354-430), Kirchenlehrer und katholischer Heiliger. Der heilige Augustinus und Johannes der Täufer mit dem Stifter. Gemälde des Meisters und der Himmelfahrt Mariae.

Eine Nonne steht einem Aussetzigen bei.

Corvin formuliert es schärfer: »Wie manchmal haben die Pfaffen und Mönche den betrübten und unfruchtbaren Weibern in der Ohrenbeichte den guten Rat gegeben, daß sie bald danach fröhliche Mütter gewesen sind ... und vom selben Zeitpunkt an zu ihren heiligen Beichtvätern eine so innige Liebe wie zu ihren Männern bekommen haben[75].«

Bereits 428 hat Papst Coelestin I. es für nötig gefunden, eine Strafe darauf zu setzen, wenn Geistliche ihre Beichtkinder zur Unzucht verführen[76]. Aus diesem Denken resultiert die Sollicitatio. Darunter versteht die christliche Moraltheologie die Reizung des Beichtkindes zur Unzucht.

Hundertfach wird Beichtvätern verboten, Frauen während der Beichte zur Unzucht zu reizen[77]. Es wird eingeschränkt, wenn der Geistliche danach unzüchtige Handlungen vornimmt[78]. Ungeschoren geht er aus der Sache hervor, wenn er außerhalb der Kirche mit einer Frau geschlechtlichen Umgang pflegt[79]. Will eine Geschändete Anzeige gegen ihn erstatten, so soll man ihr nicht glauben[80]. Der Priester braucht nur zu sagen, sie habe ihn zur Unzucht gereizt, so ist er frei. Ihr dagegen drohe eine Strafe wegen falscher Anklage[81].

Es wird festgeschrieben: »Muß ein Beichtvater, der sich mit einem Beichtkind unzüchtig vergangen hat, dieses in der Beichte angeben? Diese Sünde ist weder eine Blutschande noch ein Sakrileg, da dem Bußsakrament dadurch keine Unehre zugefügt wird.[82]« Laurentius, der Erzbischof von Dublin, schickt 140 unzüchtige Priester nach Rom, um sich die Lossprechung zu holen.

Johann Franz Pico, Prinz von Mirandola, der eine Unterredung mit Alexander VI. führt, schildert in einer Eingabe an Papst Leo X. (1531) den Verfall des Klerus und ist darüber empört, daß Knaben, die höheren Geistlichen zur Befriedigung der unnatürlichen Wollust dienen, zum Kirchendienst erzogen werden[83].

Pius IV. veröffentlicht am 16.4.1561 eine Bulle, in der er allen Mädchen und Frauen gestattet, die von Beichtvätern verführt worden sind, sie anzuzeigen[84], solchen Seelenmördern den Prozeß zu machen, die im Beichtstuhl Unschuldige zur Unzucht reizen. Papst Gregor XV.[85] ordnet die Strafe des Exils, das Anschmieden an eine Galeere und lebenslange Haft für Beichtväter an, die andere zur Unzucht reizen[86]. Im 6. und 7. Jahrhundert wird die Beichte lediglich empfohlen. Bis zum 11. Jahrhundert gilt als Grundsatz, daß die Bischöfe in ihrer Eigenschaft als Nachfolger der Apostel, kraft ihres Amtes in ihren Diözesen die Befugnis haben, Beichtende von den Sünden loszusprechen. Seit dem 12. Jahrhundert kann man eine auferlegte Buße durch Zahlungen aus der Welt schaffen.

Erfinder der Ohrenbeichte ist Papst Innocenz II. Man geht in der Vorstellung auf, ein Katholik *müsse* vorbehaltlos beichten, damit seine Schuld getilgt werden kann; was das ist, hat man ihm vorher aufgeschwatzt. Eine ungesühnte Schuld habe für ihn den Nachteil, daß er sie nach seinem Tod mit in die jenseitige Welt nimmt und nach der gedachten Auferstehung dafür gestraft wird.

Der Beichtstuhl ist der geheimnisvolle Mittelpunkt, von dem aus der Katholizismus in die Herzen der Christgläubigen gegraben wird: »Hier erscheint der Priester in der erhabensten Eigenschaft seines Amtes, dort schlägt die Stunde, das Herz vertrauensvoll reden zu lassen und Worte des Trostes, der Ruhe und Versöhnung zu sprechen ... allein von der jetzigen Einrichtung der Beichte behaupte ich, daß durch sie unmöglich die Früchte erhalten werden, die man zu erzielen wünscht.

Das Haupthindernis sind elende Beichtväter ohne Kenntnis. Jünglinge, die kaum die Schule verlassen haben, setzen sich in die Beichtstühle, wollen andere stärken, da sie selbst der Stärkung bedürfen und andere leiten, da sie oft im Angesicht des Volkes straucheln ... ich bin fest davon überzeugt, daß die jetzige Beichtpraxis den moralischen Tod der Gläubigen fördert ... und daß unseren Beichtvätern eine schwere Verantwortung vor Gott bevorsteht.«

Papst Alexander II. hat 1180 in einem Schreiben an den Erzbischof von Salerno den Grundsatz aufgestellt: »Ehebrüche und andere Vergehen, die geringerer Art sind, kann der Bischof den Klerikern nach vollbrachter Buße vergeben.« Papst Alexander IV. (1254-61) schreibt den Inquisitoren folgenden Reinwaschungsbrief: »Damit ihr die Sache des Glaubens vorantreiben könnt, erlauben wir, daß ihr euch gegenseitig von der Irregularität lossprecht, wenn ihr dieser Strafe in besonderen Fällen aus menschlicher Schwäche verfallen seid[87].«

Die Beichte hat die Unterjochung des Individuums zum Ziel: »Jedes Gramm des Wesens wird auf die theologische Goldwaage gelegt und in den Beichtmechanismus integriert. So ist die Beichte der logische Schlußstein des moraltheologischen Lehrgebäudes. Als Beichtvater hat der Priester den Gipfel der Übermenschlichkeit erreicht[88].« Er tritt als *göttlicher* Vertreter auf und in vielen Fällen glaubt er selbst an diese Wahnvorstellung. Die Theologen leiten daraus ab:

- Christus hat der katholischen Kirche die Vollmacht verliehen, Sünden nachzulassen.
- Christus hat den Sündern die Pflicht auferlegt, ihre Sünden einem Priester zu bekennen, falls sie Vergebung suchen.

- Christus hat die Beichte als Gesetz eingeführt. Der Beichtvater fungiert als Richter, das Beichtkind als der sich beschuldigende Teil.

Der Beichtpriester wähnt sich noch mächtiger[89]: »Er kann selbst aus einer größeren Entfernung die Beichte abnehmen, wenn beispielsweise jemand vom weitem ins Wasser fällt oder wenn er jemand von einem Dach fallen sieht, so soll er die Lossprechungsformel sprechen.« Sie ist so wirkungslos wie im Beichtstuhl, da ohne jede Logik, aus der Antike herübergerettet und wider die Menschlichkeit gemünzt. Ein Priester ist ein Mensch wie jeder andere.

Die Kette der Kritiker an diesem verfänglichen System reißt nicht ab. Hus wettert gegen die Ohrenbeichte: »Weil diese Einrichtung weder mit der Heiligen Schrift noch mit dem Geist des Christentums vereinbar ist.« Er bestreitet die angebliche Fähigkeit der Päpste, Sünden vergeben zu können, dies könne nur Gott allein und darauf würden all diejenigen rechnen, die aufrichtig ihre Sünden bereuen und Buße tun.

Obwohl die Protestanten ebenfalls Christen sind, ersparen sie sich diesen unwürdigen Akt der menschlichen Versklavung. Deshalb kann Luther sagen, die Ohrenbeichte sei von einem Erzhauptbuben erdacht, der darauf aus gewesen sei, der Weiber Herz und Heimlichkeit zu erfahren. Er wäre deshalb würdig, von allen Teufeln in 100 000 Stücke gerissen und zerpulvert zu werden.

Luther bekommt im Beichtstuhl zu hören: »Buße haben wir nicht nötig, denn wir haben ja den Ablaß gekauft.« In Streitsätzen wendet er sich gegen die Auffassung, Priester dürften Sünden vergeben. Er wendet sich gegen die Verwendung der gewonnenen Gelder zum Ausbau der Peterskirche: »Lieber soll dieser Dom zu Pulver verbrannt werden, als ihn auf eine so unwürdige Weise zu entehren.«

Freilich sträubt sich vor allem das Volk gegen diese Willkür. Das Konzil von Trient hat in der XIV. Sitzung vom 25.11.1551 alle

Der »Sündenfall« aus der »Kölner Bibel« von Heinrich Quentel aus dem Jahr 1479.

verdammt, die die Notwendigkeit der Beichte ablehnen[90]. Das tridentische Konzil bezeichnet Reue und Buße als *Schmerz der Seele.*

Sie ist nach der kirchlichen Auffassung das notwendige Bekenntnis des Beichtenden aller seit seiner Taufe begangenen Sünden. Die Lossprechungsformel hat nur Gültigkeit, wenn der Beichtende ein vollständiges Bekenntnis seiner Sünden ablegt, Reue zeigt und Besserung verspricht.

Vom Zehnten im Beichtstuhl

Corvin berichtet: »Als die christlichen Priester sich nach dem Muster der jüdischen bildeten, verlangten sie wie diese den zehnten Teil der Ernte usw. für sich. Bisher hatten sie die gläubigen Christen zur Zahlung dieser Abgabe zu überreden gewußt, und wenn schon am Ende des 7. Jahrhunderts eine fränkische Synode den Zehnten zur göttlichen Satzung erhoben und jeden mit dem Bann bedroht, der ihn nicht

bezahlen will, so ist dies nichts als ein Beweis pfäffischer Unverschämtheit, wie wir deren so viele haben.«

Karl der Große machte den Zehnten gesetzlich, und bald dehnten die Pfaffen ihn auf alles mögliche aus. So verlangten sie ihn nicht nur von den Feldfrüchten, Schafen, Ziegen, Kälbern, Hühnern und dem Erwerb, sie wollten ihn sogar von Dingen erheben, die sich für Geistliche schlecht schicken. Als Beweis mag folgender Fall dienen:

Zu Brescia belehrte ein Pfarrer die Frauen im Beichtstuhl, daß sie ihm auch den Zehnten von den ehelichen Umarmungen zu entrichten haben. Einige von ihnen ließen sich von der Notwendigkeit überzeugen und schließlich erfährt dies einer der gehörnten Ehemänner. Er sinnt auf eine derbe Rache. Er veranstaltet ein Gastmahl, zu dem der Pfarrer geladen wird. Als man in der besten Unterhaltung ist, erzählt der Gastgeber der Gesellschaft die Nichtswürdigkeit und sagt dann zu ihm: »Da du nun von meiner Frau den Zehnten von allen Dingen verlangst, so empfange auch den hier.« Dabei überreichte er ihm ein Glas voll Urin und zwingt ihn, es vor den Augen der Gesellschaft zu leeren. Seitdem wird ihm wohl der Appetit nach dem Zehnten etwas vergangen sein.

In Brescia lehrt ein Pfarrer den Frauen, die bei ihm beichten, daß sie ihm auch den Zehnten der ehelichen Beiwohnung abzugeben hätten. Um eine Äbtissin zur Unzucht zu verleiten, die das freundliche Anerbieten aus Furcht vor einer Schwangerschaft ablehnt, überredet sie der Geistliche, daß er ein Amulett besitzt, das sie, um nicht schwanger zu werden, nur an den Hals hängen muß. Es geschieht dennoch. Als sie es öffnet, findet sie auf einem Zettel die Worte: »Gib dich nicht der Unzucht hin, so wirst du keine Beschwerden haben[91].«

Ein Priester will eine Frau, die ihm beichtet, verführen, daß sie mit ihm den Beischlaf vollziehen möge. Sie weigert sich, verspricht es aber anderweitig. Zum Zeichen des Andenkens schickt sie ihm eine Torte und eine Flasche Wein. Der Priester, wahrscheinlich ein Pönitentiar an der Kathedralkirche, überreicht das vortreffliche Geschenk seinem Bischof, der die Torte bei einem Fest auftischen läßt. Beim Aufschneiden ergibt sich, daß in der Füllung Menschenkot ist; so wird die Sache ruchbar[92]. Der Franziskaner Salimbeni tadelt, daß die Frau nicht auch den Urin in einer Flasche mitgeschickt hat[93].

Deschner berichtet, daß Geistliche den Frauen einreden, daß das Schlafen mit Mönchen in Abwesenheit des Ehemannes Krankheiten verhindert und daß der Geschlechtsverkehr mit ihnen eine viel leichtere, ja eine hundertmal geringere Sünde sei, als mit einem fremden Ehemann.

Der Beichtstuhl muß dazu herhalten, die katholische Ideologie warmzuhalten. Zu diesem Zweck werden eigens Beichtspiegel verfaßt; für einzelne Berufe und Kinder[94]. Während die Kleriker allen Varianten der Unzucht frönen, legen sie an die Christgläubigen die höchsten Maßstäbe. Mit einer Vielzahl von Beicht- und Bußbüchlein werden abstruse Keuschheitsvorstellungen in die Welt gesetzt. Der Abt von Prüm trägt vor 1000 Jahren zu diesem Thema vor:

- Der Verehelichte habe sich 40 Tage vor Ostern und Weihnachten, in jeder Sonntagsnacht, am Mitwoch und Freitag sowie von der Empfängnis an bis zur Geburt des Kindes seiner Frau zu enthalten.
- Wer in der Quadragesima seiner Frau beiwohnt, muß ein Jahr Buße tun oder 16 Solidis an die Kirche zahlen.
- Vor dem Empfang des Abendmahles habe man sich seiner Frau zu enthalten.

So verfaßt der Jesuit Devis 1891 sein Gebets- und Erbauungsbuch für katholische Christen. Schauen wir kurz hinein, der Tenor ist immer der gleiche:

- Untersuche, ob Du nicht gegen den Glauben gesündigt hast! Durch vorwitziges Grübeln, durch Lesen, Kaufen, Verkaufen und Leihen solcher Bücher, welche den Glauben, die Kirche, den Staat und die guten Sitten angreifen … durch Scherz oder Tadel über Lehren und Zeremonien der Kirche.
- Hast Du unzüchtige Bücher gelesen?
- Hast Du Gott die Vollkommenheit abgesprochen? Hast Du über ihn, die Heiligen und ihre Bildnisse gespottet? Hast Du gesündigt durch die scherzhafte Anwendung der Worte der Heiligen Schrift? Hast Du gegen gottgeweihte Personen gesündigt? Hast Du nachteilig von Predigten und vom Gottesdienst gesprochen?
- Sobald ein Kind zum genügenden Gebrauch der Vernunft gelangt ist, also um sein siebzehntes Lebensjahr, soll es beichten: »Ich habe eine Wahrheit der Religion nicht geglaubt … ich habe böse Reden gegen den Glauben angehört … ich habe Widerwillen und Verachtung gegen Gott und göttliche Dinge im Herzen getragen … ich habe in unreine Begierden eingewilligt, Unkeusches getan und an mir zugelassen. Ich bin beim Ankleiden nicht schamhaft genug gewesen.«
- Eltern, die durch Bitten ihre Kinder vom Eintritt in einen Orden abhalten, begehen eine Todsünde.
- Eine Ehebrecherin soll ihr uneheliches Kind überreden, Priester zu werden und in einen Orden einzutreten[95].

Ablieferung bäuerlicher Abgaben. Holzschnitt, Augsburg 1479.

- Eine Frau ist nicht verpflichtet, den Ehebruch mit ihrem Mann und dem unrechtmäßigen Kind gegenüber zu offenbaren. Die Mutter tue Buße, das genügt.
- Die Hände und Brüste einer Frau zu berühren, sie mit den Fingern zu kneifen und zu zwacken, das sind läßliche Sünden, wenn es ein Beichtvater in der Absicht der bloßen Ergötzlichkeit tut[96].
- Wegen der Ketzerei müssen Kinder ihre Eltern, und umgekehrt, anzeigen.

Der Dominikaner Nider schreibt in seinem *Manuale Confessorum*: »Da die Fleischessünde aus gewissen Leuten, z. B. aus Weibern, nur mit äußerster Mühe herausgequetscht werden kann, so beginne der Beichtvater mit Fragen allgemeiner Art und frage dann weiter. Wenn es nötig wird, über Unkeusches zu reden, kann er zum Beichtkind sprechen: Erschrecke nicht, wenn ich über Unkeusches rede, worüber ich außerhalb der Beichte schweigen würde.

Dann wird empfohlen, daß der Beichtvater lügen kann, damit nicht die Beichtende erstaunt sei und Argwohn darüber empfinde, woher er die Sünden kenne, die einem Priester fremd sein müßten, soll er sagen, er habe diese Sachen aus medizinischen Büchern oder von den Medizinern erfahren[97].

Der Geistliche soll, um eine böse Neigung oder Gewohnheit zu entdecken, nicht über die Sache selbst, sondern zuerst über die Nebenumstände sprechen. So bleibt es der Klugheit des Beichtvaters überlassen, das Beichtkind nach seiner Begierde zum Beischlaf oder über die dabei ausgeübte Körperhaltung zu fragen.«

Der Redemptorist Aertnys sagt dazu: »Die Pfarrer und Beichtväter sollen die Eheleute zu gegebener Gelegenheit über Erlaubtes und Unerlaubtes unterrichten.« Nach der Moraltheologie Liguoris soll der Beichtvater in der Beichte Fragen der fleischlichen Begattung nur an die Frau stellen: »Unter vier Augen und hinter dem

966

Rücken des Mannes.« Von einem Beichtgeheimnis kann nicht immer gesprochen werden.

»Alle Mittel werden angewandt, um die natürliche Schamhaftigkeit der Weiber zu untergraben. Weigert sich eine und will nicht daran glauben, daß ein Pfaffe das Recht hat, ihre Entblößung zu verlangen, so berufen sie sich auf Jesus, der gesagt haben soll: Gehet hin und zeiget euch den Priestern.«

Frauen, die an einem starken Kitzel ihrer Geschlechtsteile leiden, sollen die Beichtväter mit großer Vorsicht behandeln. Die Theologen Rousselot-Sattler tragen vor: »Es gibt Frauen und Mädchen, die sich, weil sie durch das Lecken kleiner Hunde Wollustgefühle empfinden, beängstigt fühlen und es nicht in der Beichte eingestehen. Deshalb ist es gut zu fragen, ob sie etwas Unkeusches mit Tieren vorgenommen, bzw. sie zu sich ins Bett genommen haben und sich von ihnen haben lecken lassen.«

Wohl deshalb sagen die Frauen in Montreal in einer Erklärung an den Bischof Bourget über die Greuel im Beichtstuhl, daß diese so unglaublich sind, daß es den Frauen unmöglich ist, ohne Erröten daran zu denken ... wenn ihre Männer nur den zehnten Teil des Schmutzes ahnten, der aus dem Mund eines Beichtpriesters in die Seelen der Frauen fließe, sie dieselbe lieber tot als entwürdigt wissen wollten.

Besonderes Augenmerk schenken die Geistlichen den Jungfrauen. Schon Thomas von Aquin stellt die Frage, ob eine Geschändete wieder geistig und körperlich zur Jungfrau werden kann[98]. Worin besteht das äußere Zeichen der Jungfernschaft? Die Beantwortung ist schwierig. Basilius meint dazu: »Es besteht aus einem fleischlichen Häutchen, das den Jungfrauen eigentümlich ist und das durch den Beischlaf zerrissen wird«. Fragosa aber sagt, daß unter 1000 Frauen kaum eines dieses Häutchen habe, und so ist die richtige Antwort, daß das Zeichen nicht das Häutchen ist, sondern in einer gewissen Verfassung des Eingangs des weiblichen Gefäßes besteht, der durch die Annäherung des Mannes erweitert und gleichsam geöffnet wird.

»Ist derjenige, der zum erstenmal Hurerei treibt, verbunden, diesen Umstand in der Beichte zu entdecken? Jungfrauen sind hierzu wegen der Defloration verbunden, aber Jünglinge nicht. Jedoch halte ich es mit Velasquez für wahrscheinlicher, daß auch eine Jungfrau nicht dazu verbunden ist, es sei, daß sie noch unter der elterlichen Gewalt stehe. Wenn sie freiwillig einwilligt, und ihre Hurerei keine Schändung ist, begeht sie kein Unrecht. Weder gegen sich selbst noch gegen ihre Eltern, da sie die Herrin der Jungfernschaft ist[99].«

»Muß eine Jungfrau eher den Tod erleiden, als sich vergewaltigen zu lassen? Die erstere Absicht lehrt, sie könne es, brauche es aber nicht, wenn sie sich beim Beischlaf passiv verhält und ihm innerlich widerstrebt. Die zweite Ansicht bestreitet das. Nach der probalen Meinung ist die Entjungferung nicht spezifisch verschieden vom gewöhnlichen außerehelichen Geschlechtsverkehr ... die nicht gewaltsame Entjungferung enthält keine Ungerechtigkeiten[100].«

Wer ein Mädchen gewaltsam entjungfert, ist zum Schadenersatz verpflichtet; nicht aber, wenn die Vergewaltigung geheim geblieben ist. Der Jesuit Tamburin sieht es anders und meint: »Wer ein Mädchen unter Anwendung von Gewalt und List entjungfert, muß sie entweder heiraten oder durch Geld den Schaden gutmachen. Zur Heirat ist er *nicht* verpflichtet, wenn der Standesunterschied zu groß ist.«

Nach dem Redemptoristen Aertnys begeht der Mann mehrere Sünden, wenn er ein Mädchen unehrbar berührt, ohne die Absicht zu haben, den Beischlaf mit ihr zu vollziehen. Nach der Ansicht des Jesuiten Tamburini verliert ein Mädchen die Jungfernschaft durch freiwillige Samenergießung und nicht unbedingt durch einen äußeren Anreiz. Daraus folgt, daß ein Mädchen, das zwar schon seinen Samen vergossen, aber sein Jungfernhäutchen unverletzt bewahrt hat, sich einem Orden anschließen kann, der statutenmäßig nur Jungfrauen aufnimmt, obwohl sie ihre Tugend der Jungfräulichkeit verloren hat, ist sie dennoch Jungfrau.«

Wir sehen, daß der Probabilismus nicht nach dem Gewissen, sondern nach theologischen Lehrmeinungen fragt; sie liegen zum Aussuchen bereit. Es ist kein theoretisches Geplänkel. Welche Eskapaden man damit treiben kann, zeigt die Geschichte des Mädchens

Bibiana[101]

»welches ausgezeichnete Gaben des Leibes und des Geistes hatte, hat vieler Augen auf sich gezogen. Es sind mehrere, die um ihre Hand werben. Doch wird von ihr Sidonius bevorzugt; sie vollzieht mit ihm die Verlobung. Schon ist der Tag für die zu feiernde Hochzeit angezeigt. Bibiana geht zur Beichte und eröffnet dem Priester, sie habe die Jungfernschaft durch Huren verloren und habe ein Kind, wovon keiner wisse außer der Hebamme, mit deren Hilfe sie es im Krankenhaus untergebracht hat.

Sie ist nicht gehalten, zu erklären, daß sie in die Hurerei gefallen sei und ihre Jungfernschaft verloren hat, weil dieser Fehler dem Bräutigam nicht schädlich ist. Nur wenn er ihn erkennen würde, sei er berechtigt, von der Verlobung zurückzutreten. Wenn er keine Einwendungen macht, hat die Braut das aus der Verlobung folgende Recht. Wenngleich sie den Mann nicht täuschen darf, indem sie lügt, daß sie frei von jedem Fehler sei, so ist sie nicht gehalten, jeden zu offenbaren, sondern kann, auch gefragt, ihn verstecken, indem sie ihm mehrdeutig antwortet. Dann lügt sie nicht, sondern verbirgt einen Fehler.

Ebenso ist Bibiana nicht gehalten, zu erklären, sie habe ein Kind geboren und dieses im Krankenhaus oder an einem anderen Ort geheim untergebracht, sofern sie bezahlt oder geheimhält, wo das Kind ernährt wird, wenn hierfür etwas zu bezahlen ist. Der Grund ist, weil in diesem Fall dem Bräutigam kein Unrecht geschieht, da er deswegen keinen Schaden erleiden wird. Anders aber ist die Sache, wenn sie nicht so geheim ist, daß sie nicht vom Bräutigam entdeckt werden kann, weil daraus Uneinigkeit entstehen kann.

Der Fall Lambert

Die moraltheologischen Spekulationen gedeihen nicht nur im Beichtstuhl eines Landpfarrers, sondern ebenso in der *Heiligen Kongregation in Glaubensfragen*[102].

Am 7.7.1891 richtet der bischöfliche Generalvikar von Aix in der Provence folgendes Schreiben an diese Herren: »Maria Lambert verehelichte sich 1881 mit Stephan Goudion aus Avignon. 1888 hat sie ihr Mann verlassen. Die Scheidung wurde am 14.11.1889 ausgesprochen. Später ging sie eine Zivilehe mit einem älteren Mann ein, mit dem sie den ehelichen Akt vollziehen konnte. Danach packte sie die Reue ... sie wollte wieder alles gut machen und ging zum Pfarrer. Ihm sagte sie, das Ehehindernis zu ihrem ersten Mann wären seine übergroßen Geschlechtssteile gewesen ... unzählige Male hätte sie versucht, den Geschlechtsakt mit ihm zu vollziehen.«

»Eure Eminenz können sich für diesen Tatbestand aus verschiedenen Zeugenaussagen Sicherheit verschaffen: der der Maria, der ihres Mannes, den einiger Freudenmädchen, mit denen er geschlechtlichen Umgang hatte; endlich die Aussage der Pariser Hebamme. Da die gerichtliche Verhandlung über dieses Ehehindernis nicht ohne Skandal verlaufen würde, erbitte ich von Eurer Eminenz eine besondere Anweisung und vom Heiligen Stuhl die Dispens.« Als dem Papst das Schreiben vorgetragen wird, erhält der Erzbischof von Aix die Erlaubnis, mit der beigefügten Bestimmung den Prozeß zu führen.

In einem anderen Fall gibt der Konsultator Alfons Eschbach folgendes theologisches Gutachten ab: »Die Frau bezeugte ... am Abend des Hochzeitstages legen wir uns in Avignon ins Bett, um die eheliche Pflicht zu erfüllen. Mein Mann fiel wie ein Tiger über mich, er peinigte mich, um den ehelichen Akt zu vollziehen ... ungeachtet aller Versuche gelang es ihm nicht. Am folgenden Morgen war ich ganz blutig.«

Damit verlassen wir die verschlungenen Pfade der christlichen Moral mit dem Hinweis, daß es die gleiche Klientel ist, die sich heute mit dem § 218 beschäftigt.

Unfehlbarkeit

Inhalt

Unfehlbarkeit

»Das Dogma der Unfehlbarkeit, das während der Räubersynode von 1870[1] zementiert wird, ist ein Hindernis auf dem Weg zur christlichen Einheit. Es blockiert innerkirchliche Erneuerungen und unterstützt den autoritären Geist in der Gesellschaft[2].«

»Es wird klar, daß das Gebäude der päpstlichen Machtfülle und der daraus abgeleiteten Unfehlbarkeit auf Betrug und Gewalt ruhen. Die Bausteine setzen sich aus durch alle christlichen Jahrhunderte erstreckenden Fälschungen und Fiktionen bzw. daraus abgeleiteten Schlüssen zusammen[3] ... O, dieser unglückselige Papst (Pius IX.), was hat er angerichtet[4]?«

Von der Toleranz zum Glaubenszwang

Die Lehre von der Unfehlbarkeit ist nur zu verstehen, wenn man den historischen und moralischen Nährboden betrachtet, auf dem sie gewachsen ist. Das Christentum spekuliert auf servile Unterwürfigkeit. Die wesentliche Voraussetzung ist neben dem Glaubenszwang der blinde Gehorsam. Die Geschichte verdeutlicht, daß das Papsttum zu wanken beginnt, wenn sich Spuren selbständigen Denkens bei den Vasallen bemerkbar machen[5].

Bedingt durch Schenkungen und Vermächtnisse werden innerhalb der Kirche Sklaven gehalten. Päpste befürworten die *pünktliche* Anwendung der Folter und klerikale Bankiers treiben, schon in konstantinischer Zeit, unnachsichtlich Forderungen ein. Von einem sozialen Engagement der Kirche, geboren aus der inneren Überzeugung, kann über weite Strecken ihrer mit Weihwasser gekochten Geschichte keine Rede sein. Das Christentum profiliert sich zu einer Brutstätte der Laster, des Unrechts, der Gewalt, Inkompetenz und Intoleranz. Nur so wird begreiflich, wie es möglich ist, die wahnwitzige Idee der Unfehlbarkeit gewaltsam in einer Epoche

»Die neugefestete Papstmacht«; Druck von Jost Amman aus dem Jahr 1567.

durchzusetzen, wo seit langem bekannt ist, welche gravierenden Mängel das Papsttum auf sich vereinigt. Dieser Akt ist die Krönung des historisch antiquierten Papalsystems. Es ist von Interesse, die widersprüchlichen Pfade *glaubensfrei* nachzuzeichnen.

Das Urchristentum bildet keine homogene Glaubensgemeinschaft[6]. Es setzt sich aus einer Vielzahl sich rivalisierend gegenüberstehender Sekten und Gruppen zusammen. Über Generationen hinweg versammeln sie sich in Privathäusern, weil sie keine *offiziellen* Kirchen haben. Zur Zeit, als das Christentum in Rom bekannt wird, ist Italien, und vor allem seine Hauptstadt, ein Sammelbecken asiatischer, ägyptischer, armenischer, phrygischer und indischer Magier, Astrologen und Priester, die sich bettelnd herumtreiben, Sünden vergeben, Anweisungen erteilen und Frauen betrügen[7].

Erst für den Beginn des 3. Jahrhunderts läßt sich die bislang älteste Kirche für Edessa bezeugen. Der christliche Gottesdienst hat keinen kultischen Charakter im Sinn der späteren Kirche. Die apostolische Zeit kennt weder Priester, Opfer noch Altäre. Das katholische Glaubensbekenntnis kann nicht auf Jesus von Nazareth zurückgeführt werden.

Die Christen der ersten Generationen bestehen im wesentlichen aus Kleinbürgern, Bettlern und Sklaven. Das Niveau ihrer Führer darf nicht überbewertet werden. Bis zur Mitte des 2. Jahrhunderts bewegt es sich in Schichten, die von den Gebildeten unberührt bleiben. Man muß Intellektuelle gewinnen, um zu überleben. Es ist möglich unter der Anbindung an ein geläufiges philosophisches System.

Um das Jahr 150 wird der eucharistische Kult von der abendlichen Gemeindemahlzeit getrennt. »Aus dem gemeinsamen Essen und Trinken entsteht, lange vor dem Christentum, der rituelle Genuß der sakramentalen Speise. Aus dem Mahl der Brüderlichkeit wird das der Kirchlichkeit, der Urform des katholischen Gottesdienstes. Das einstige Liebesmahl das in den frühen Gemeinden täglich und später wöchentlich stattfindet, wird seit dem 4. Jahrhundert nicht mehr geduldet.

Die nachapostolische Literatur kennt die spätere kirchliche Anschauung nicht, wonach Gott durch ein von Menschen dargebrachtes Opfer gewonnen werden kann; aufgewärmt wird ein antiker Opfergedanke. Das Christentum kupfert vom Heidentum in diesem nicht unwesentlichen Punkt ab. Die als frühchristlichen Lehrer Bezeichneten zeigen eine humane Gesinnung. Habsucht, Besserwissertum und Unterdrückung scheinen ihnen so fremd wie Geldgier und Anerkennungssucht zu sein.

Man kann am Gottesdienst die Herkunft der Kirche studieren. Justin räumt ein, daß die Lehre von der übernatürlichen Geburt, der Himmelfahrt und den Wundern Christi, die Taufe und Eucharistie der heidnischen Mythologie entsprechen. Er berichtet, daß sich die Heiden beim Betreten ihrer Heiligtümer mit Wasser besprengen oder baden. Bereits die antiken Priester verwenden Weihwasser ... und auf diese Weise bringen auch die Christen Wasserbehälter

in ihren Kirchen an. Der Islam kennt die Verwendung des *reinigenden* oder *weihenden* Wassers.

Im 3. Jahrhundert nennt Origenes im Kampf gegen Celsus eine Reihe von Gemeinsamkeiten zwischen der heidnischen und christlichen Religion. Der wunderbaren Jungfrauengeburt stellt er die ähnliche Platos gegenüber, der christlichen Eucharistie die antiken Opfermahlzeiten. Die Sache mit dem Kreuz ist alt. Man kennt die Bedeutung des Kreuzholzes in der Attisreligion. Beim phrygischen Kult, den man den der *Göttermutter* nennt, wird jedes Jahr eine Fichte gefällt. Auf sie wird das Bild eines Jünglings gebunden. Es gilt als das von Attis, der nach einer Legende unter einer gestorben ist und in eine Fichte verwandelt wird. Wer wundert sich, wenn man die Fichte zum heiligen Baum stilisiert. Aus ihr entwickelt sich der Christbaum, mit dem noch heute viele Millionen einem abergläubischen Märchen huldigen, zumal über die christliche Geburt nichts bekannt ist. Cyprian bringt den Opferbegriff mit den angenommenen Leiden Jesu in Verbindung. Er deutet das Abendmahl als ein von einem Priester in der Nachahmung Christi dargebrachtes Opfer.

Die Eucharistie wird im frühen Christentum uneinheitlich vollzogen. Man feiert mit Käse, Gemüse oder Salz. Eigentlich ist es angenehm, daß die heutigen Priester der römisch-katholischen Kirche während der Eucharistie vor den Gläubigen kein Gemüse mehr verspeisen. Die Anschauung, daß bei dieser Gelegenheit Leib und Blut Christi wahrhaft, wirklich und wesentlich enthalten sind, schält sich erst im 4. Jahrhundert heraus und bleibt bis heute umstritten. Der Kirchenlehrer Irenäus verwirft die Wesensverwandlung mit dem gesunden Menschenverstand; trotzdem wird sie während des vierten Laterankonzils unter Papst Innocenz III. zum Dogma erhoben. Nach der römisch-katholischen Anschauung erfolgt das Wunder in dem Moment, in dem der Priester die letzte Silbe der Einsegnungsworte spricht. Dem kritischen Beobachter fällt der antike Einschlag des Christentums auf:

- Entsprechend der magischen Formeln der Antike sind die Worte leise zu sprechen.
- Ihre Wirkung hängt von der korrekten Wiedergabe ab.
- Der Priester zelebriert vor dem Volk eine Täuschung ... in gewisser Weise zwingt er den göttlichen Beistand zum Opferplatz.

Die Lehre von der Transsubstantation ist in den ersten christlichen Jahrhunderten unbekannt. Der christliche Gottesdienst zeigt um das Jahr 200 die Gestalt der Messe, ein anscheinend erst im 4. Jahrhundert aufgekommener und vom lateinischen *missio* (Entlassung) abgeleiteter Ausdruck. Die Bezeichnung Messe für das frühchristliche Liebesmahl ruht auf einem Mißverständnis. Am Ende des Gottesdienstes pflegte der Bischof zu sagen: »Ite, eucharistia missa est.« Gemeint sind die Helfer und Diakone, die Brot und Wein zu denen bringen, die nicht am Gottesdienst teilnehmen können. Später wird die Formel auf: »Ite, missa est« verkürzt und man versteht darunter: »Geht nach Hause, die Messe ist beendet.« Das Verb hat sich in ein Hauptwort verwandelt.

Die alte Kirche kennt keine bindenden Rituale. Um die Wende zum 3. Jahrhundert beginnt man, die Verwaltung von Abendmahl und Taufe dem Klerus vorzuenthalten. In der vorausgehenden Zeit wird die Messe mit sakramentalen Mysterien angereichert. Das Ruhen auf den Knien entspricht dem Mithraskult und das Waschen der Hände stammt aus der Welt der antiken Mysterien. Kanzeln gibt es in hellenistischen Synagogen und im 2. Jahrhundert wird der Abendmahlstisch in einen Altar verwandelt.

Der kirchliche Pomp ist heidnischen Tempelkulten abgekupfert. Seit der Erhebung des Katholizismus wirkt das kaiserliche Hofzeremoniell: Gebetkommandos entstehen. Im 4. Jahrhundert wird der Weihrauch bei der Messe eingeführt. Im gleichen Moment schimpft Cyrill von Jerusalem über das heidnische Räuchern und bezeichnet es als *Teufelsdienst*. Gregor von Nyssa bezeichnet Weihrauchgefäße als Greuel. Noch kennt man keine Meßgewänder. Erst 428 hat der Papst Coelestin I. eine besonders Kleidung für Priester ausgearbeitet. Es ist keine Schande, die historische Herkunft zuzugeben, denn wir alle schöpfen aus der Geschichte. Aber es ist eine, Fakten beliebig zu verdrehen. Wieder greift die katholische Kirche zur plumpen Fälschung.

- Bei den Christen ist alles wahr und bei den Heiden alles gelogen.
- Auch die Heiden taufen, doch mit gewöhnlichem Wasser.
- Auch sie haben ein Opfer, aber wirksam ist nur das christliche.
- Auch sie besitzen Schriften, aber die christlichen sind älter und inspiriert.
- Auch die Heiden weisen Wunder vor, aber sie werden vom Teufel vollbracht.
- Auch die Heiden verehren Gottessöhne, aber die Christen beten zum *wesenhaften* Gottessohn.

Der galiläische Lehrer wird durch die Zentralidee der antiken Philosophie interpretiert und mit deren Eigenschaften ausgestattet, die die Heiden dem Weltgedanken, dem das All durchdringende Geistwesen, beigelegt haben. Erst bei Philo von Alexandrien wird der Logos eines zweiten göttlichen Prinzips, der Sohn Gottes, Mittler, der aus der himmlischen Sphäre kommt, um als Erlöser die Menschen zu Gott zu führen.

Das Evangelium wird im 2. und 3. Jahrhundert zur Religionsphilosophie. An die Stelle einstiger Predigt tritt die griechische Wissenschaft. Damit tritt der geschichtliche Jesus bei allen älteren Apologeten, aber auch bei Clemens von Alexandria, zurück. Jetzt beginnt man ein Christentum zu proklamieren, dem alles Urchristliche fehlt. So legt man den Grundstein für die Theologie. Die Religion des römischen Imperiums wird nicht beseitigt, sondern aufgesaugt und fortgesetzt.

Früh kritisieren Kirchenväter die Entstellung der christlichen Lehre durch die Aufnahme platonischer Gedanken. Bedeutende Geister stellen Plato neben Jesus ... immer mehr bestimmt der Platonismus die christliche Kosmologie, Gotteslehre, Ethik und Liturgie.

Der Amtsverzicht Cölestins V. Fresko des 15. Jahrhunderts. Cölestin hat bereits den Mantel abgelegt und fügt die Tiara mit dem dreifachen Kronreif hinzu, die in dieser Gestalt erst Anfang des 14. Jahrhunderts aufkommt.

Plato, Plutarch, Aristoteles

Plato ist der Sohn des Ariston und der Periktione und er entstammt mütterlicherseits einem vornehmen Geschlecht Athens. Sokrates führt ihn zur Philosophie, dessen Schüler er acht Jahre ist. Früh wendet sich Plato gegen das Scheinwissen der Sophisten. Um 388 geht er nach Unteritalien und Sizilien. Hier lernt er die Lehre der Pythagoreer kennen. Dann wird Plato versklavt und später wieder freigekauft. 387 gründet er die Akademie.

Besondere Bedeutung mißt man seinen frühen Schriften zu. Die Philosophie Platos verwandelt die Dialektik, die bei seinem Lehrer Sokrates nur das Scheinwissen über das Gute und die Tugend zerstören will, in einen Weg der Erkenntnis des Guten und

der Tugend. Nach ihm ist alles Seiende miteinander verwandt und bildet eine Einheit. Durch die Differenzierung des Sinnlichen und Übersinnlichen wird Plato zum Begründer der später so genannten Metaphysik.

Aus seinen Ansichten formieren sich mehrere Schulen. Hier ist vor allem Plutarch (50-125) zu nennen. Er lehrt eine starke religiöse Betonung der absoluten Transzendenz Gottes und der Annahme einer Stufenreihe zwischen Gott und der Welt. Die geschichtliche Entwicklung der mittelalterlichen Philosophie ist weithin von der Auseinandersetzung zwischen Plato und Aristoteles bestimmt. In der Frühscholastik hat der Platonismus vor allem durch Augustin die Führung. Er steht im Bann des Neuplatonismus, der sich vom Christentum wenig unterscheidet.

Alle vom Christentum abweichenden religiösen Anschauungen werden künftig als unwahr und frevlerisch abgewiesen. Es ist ein Beispiel christlicher Unseriosität. Wieder zitieren die Geistlichen aus dem unerschöpflichen Fundus der verfälschten Bibel und handeln nach der Devise: »Wer nicht in mir bleibet, der wird weggeworfen wie eine Rebe und verdorret ... man sammelt sie und wirft sie ins Feuer, und sie müssen brennen.« Andersgläubige müssen vernichtet werden, damit der eigene Glauben Bestand hat (Johannes 15.6.). Und doch sagt Tertullian: »Die Christen kennen keine Ruhmes- und Ehrsucht, kein Bedürfnis nach einer Parteistiftung, nichts ist ihnen fremder als Politik.«

Bischof Synesius von Kyrene lehnt zum Beginn des 5. Jahrhunderts alle Dogmen ab, die mit dem Neuplatonismus nicht übereinstimmen. Denken wir an das Pseudonym Dionysius Areapagita, vielleicht ein Schüler von Paulus und seine vermutlich im 5. Jahrhundert entstandenen Fälschungen, die das christliche Mittelalter beeinflussen.

Die Berufung des Theologen Thomas von Aquin auf den Heiden Aristoteles gehört zu den Seltsamkeiten der römisch-katholischen Kirche. Dabei hat kurz zuvor Papst Gregor IX. 1233 in einem Schreiben an die Pariser Universität die aristotelische Philosophie innerhalb der Theologie als wahnwitziges und gottloses Unternehmen verdammt. Bekanntlich wird sie heute als maßgebliche Kirchenphilosophie und Theologie gelehrt.

Irrige Vorstellungen werden kirchliches Brauchtum, dann Dogmen und Gesetz. Um geschichtliche Tatsachen kümmert man sich nicht. Schon während des Ersten Vatikanischen Konzils kommt der amerikanische Bischof Augustin Vérot zu der Auffassung: »Aus dem folgt, daß die römischen Bischöfe geirrt haben in der Geschichte, der Kritik, dem Völkerrecht, in den Fragen der Sakramente und in ihrer Interpretation.« Joachim Kahl spricht von der »Manipulation autoritativer Texte für den gegenwärtigen Gebrauch« und Franz Overbeck bezeichnet die Kichenschriftstellerei als *organisierte Unehrlichkeit und Zweideutigkeit*. Die exzellent fundierten Bücher Karlheinz Deschners und anderer kann man nicht ignorieren. Sagte nicht der Theologe Eugen Drewermann im Frühjahr 1992: »Man muß die geschichtlichen Hintergründe mit historischen Methoden aufarbeiten und nicht mit theologischen. Die Amtskirche handelt starrsinnig und wirft den Klugen aus dem Nest. Solange die Theologen die Historie als Magd bezeichnen und sie nicht ernst nehmen, werden sie scheitern.«

Allmählich erkennt man das Gemeinsame der verschiedenen Anschauungen und versucht, es in eine Formel zu pressen. Daraus bildet sich das Glaubensbekenntnis. Jesus von Nazareth ist viele Jahrzehnte tot. Cyprian, der Bischof von Karthago, sagt um 250 *extra ecclesiam nulla salus* (außerhalb der Kirche kein Heil). Das älteste, vielleicht auf Tertullian zurückgehende Glaubensbekenntnis lautet: »Ich glaube an Gott, den allmächtigen Vater und an Jesus Christus, seinen einzigen Sohn unseren Herrn, geboren aus dem Heiligen Geist und der Jungfrau Maria.«

Bald nehmen die Spannungen unter den christlichen Sekten zu. Tertullian hält im 2. Jahrhundert schützend die Hand über seine Schäflein. Er nimmt sie vor sporadischen Verfolgern in Schutz und verdeut-

Heinrich IV. bittet den Abt von Cluny und die Markgräfin von Tuszien um Fürsprache beim Papst. Von Cluny aus verbreitet sich über ganz Europa ein klerikaler Reformkurs. Dieser gipfelt in der Amtszeit von Papst Gregor VII.

licht, daß die Ausübung der Religion keiner Gewalt unterliegen darf. Dazu trägt er vor: »Welchen Dienst erweist ihr euern Göttern? … mit Zwang macht ihr Widerstrebende zu Zänkern[8].«

Lactantius meint, daß die Religiosität des Volkes nicht erzwungen werden kann. Blutgier und Frömmigkeit sind verschiedene Dinge. »Vergeblich ist der Zwang, Gerechtigkeit und Grausamkeit miteinander zu verknüpfen. Religion wird nicht durch Frevel, sondern durch Glaubenstreue verteidigt[9] … willst Du mit Blutvergießen und Folterwerkzeugen die Religion verteidigen, so wirst Du sie besudeln und beschmutzen[10].« Athanasius wird zum Lobredner der Gewissens- und Religionsfreiheit. Er sagt: »Nicht mit Säbeln oder Keulen, sondern durch Lehre, Liebe und Ermahnung wird die christliche Wahrheit gepredigt. Wenn

Furcht die Herzen erfüllt, ist für die Religion kein Platz. Gott übt keinen Zwang, sondern läßt dem Willen seine Freiheit.«

Draufgängertum zeichnet sich ab. Der Historiker Marcellinus berichtet:»Mir ist keine andere Gattung von Tieren bekannt, die es so wie wild gewordene Christen miteinander treiben.« Ursächlich findet sich keine Spur, die darauf deutet, einmal Getaufte mit Zwängen zu konfrontieren. Die Bischöfe haben kein Recht Ungehorsame zu strafen[11]. Wer sich nicht mit den Lehren des Christentums identifiziert, kann austreten; seine *bürgerlichen* Rechte bleiben unberührt. Attentate auf die Gewissensfreiheit sind den frühen Christen fremd.

In Ansätzen ist bekannt, daß das Christentum um die Gunst Kaiser Konstantins buhlt. Und siehe da; es geschieht ein politisches Wunder. Der auf dem Sterbebett nach dem *arianischen* Bekenntnis Getaufte leiht den starken Arm des Weltenherrschers Kriechern und Denunzianten. Er beseitigt das Prekäre an der Lage des gespaltenen Christentums, überschüttet es mit Gunst und stattet seine Führer mit Privilegien aus. Konstantin entscheidet sich als weltlicher Herrscher für das Nicäanische Glaubensbekenntnis und setzt es gewaltsam durch. Sein Wollen bestimmt den weiteren Werdegang des Christentums; es wird staatlich und nicht christlich gelenkt.

»Was das Konsortium der Hoftheologen, Eunuchen und bevorzugter Maitressen zusammenbrauen, wird als *verbindliches* Glaubensgut deklariert und in die sündige Welt posaunt. Die Unwahrheit nimmt ihren Lauf. Intoleranz, die Verquickung von Politik und Glauben, werden spürbar. Dabei geht die ursprüngliche Anziehungskraft des Christentums verloren. Die Zuführung weiterer Mitglieder erfolgt unter Versprechungen und deren Austritt unter Strafandrohungen. Aus einer möglicherweise erst intakten Gesellschaft wird eine Institution mit zunehmenden Zwängen. Anstelle von Überzeugung tritt Unterwerfung. »Nicht der Zuspruch, sondern die Diktatur ... zelotischer Eifer für pseudo-theologische Dekrete werden höher als die Nächstenliebe bewertet.«

Nachdem die Kirche auf die Wahrheit verzichtet hat, muß sie sich des Schreckens bedienen. Die Logik führt zur Theokratie, die apostolische Mission kulminiert in der Inquisition und die kirchliche Disziplin endet auf dem Scheiterhaufen. Die Aufsicht über den Glaubensinhalt wird bischöfliches Vor- und damit Unrecht[12]. Daß Jesus von Nazareth eine auf Gewalt ruhende Kirche nicht begründet hat, lehrt der gesunde Menschenverstand, den die römisch-katholische, wie auch andere, Religion krampfhaft zu unterdrücken versucht, um ihre Lehren als wahr verkaufen zu können.

Das Blatt wendet sich

Mit Cyprian, dem Bischof von Karthago, zeigt sich behutsam die Wende zum Negativen. Er hat die Vorstellung, »daß sich der Mensch nur so lange des Wohlgefallens der Gottheit trösten kann, als er sich der bischöflichen Gunst erfreut. Er verfalle dem höllischen Feuer, wenn dieser einen Bannfluch, gleich aus welchem Grund, über ihn spricht. « Schon spielen sich Menschen über Menschen auf. Cyprian sagt in einem Brief an einen Presbyter zu diesem Thema: »Der Diener darf sich nicht über den Herrn stellen und keiner darf sich anmaßen, das zu nehmen, was der Vater dem Sohn übergeben hat[13].«

Augustin, der Bischof von Hippo, bemüht sich verschiedentlich, den kaiserlichen Gesetzen Nachdruck zu verleihen. Von ihm stammt eine 20 Foliospalten lange weltfremde und nur aus dem damaligen Gesichtskreis verständliche Abhandlung, in der er davon ausgeht, daß jede Gewalt gottbezogen ist. Es heißt im logischen Umkehrschluß, wer Widerstand leistet, widersetzt sich der angenommenen göttlichen Ordnung[14]. In diesem Punkt täuscht er sich.

Er beruft sich auf Dokumente, die später unter dem Terminus *Bibel* dazu beitragen, die Welt zu verunsichern[15]. Seine Auflistung enthält nahezu alles, was zu Gunsten der Beseitigung der Religions- und Gewissensfreiheit gesagt werden kann[16]:

- Böses würden wir mit Bösem vergelten, wenn wir die kecken, unseren Frieden störenden Feinde dulden. Wenn ein Irrsinniger in Gefahr ist, einen gefährlichen Sprung zu tun, soll man ihn ihm selbst überlassen, statt ihn aufzuhalten und zu fesseln? Wieder vernünftig geworden, wird er dem, der ihm damals lästig war, Dank abstatten.

- Man sagt, daß es viele gibt, bei denen die Gesetze, die die Keckheit zügeln, nichts fruchten. Soll man die Anwendung von Arzneimitteln unterlassen, nur weil es pestartige Krankheiten gibt, die unheilbar sind?

- Drohen ohne Konsequenzen schmeckt nach Herrschsucht ... Lehren ohne Drohung führen nicht zum Ziel. Nicht jeder, der schonend verfährt, meint es gut. Nicht jeder, der züchtigt, meint es böse.

- Lästig ist der Arzt dem Rasenden, wenn er ihm eine Zwangsjacke anlegt, der Vater seinen ungeratenen Sohne. Beide sind lästig aus Liebe. Einer grausamen Milde würden sie sich schuldig machen, wenn sie fahrlässig handelten. Pferde und Maulesel, die keinen Verstand haben, beißen und schlagen um sich, wenn man ihre Wunden verbinden will und doch unterläßt man die Bemühung nicht. Um wieviel weniger wird es sich geziemen, daß Menschen von Menschen und Brüdern im Stich gelassen werden, weil sie in ihrer Kurzsichtigkeit das eine Verfolgung nennen?

- Wer ist gütiger als Gott? Und doch läßt er nicht nur belehren, sondern flößt auch Schrecken ein. Christus hat schon bei Paulus Zwang angewendet. »Und er gab ihm das Augenlicht erst wieder, als er sich hat kirchlich einverleiben lassen[17].«

Dem Vorwurf, daß es ungerecht ist, Menschen wegen ihrer religiösen Ansichten zu verfolgen, stellt er die These entgegen: »Barmherzig ist es, sie von der Partei, bei der sie durch dämonisches Blendwerk festgehalten werden, wider ihren Willen abzubringen, damit sie in der katholischen Lehre einen gesunden Unterricht erhalten.« Das Ansehen, das Augustinus in Kirchen-

Teufel im Gespräch mit dem König. Bildnachweis: Sammlung Editions Tchou.

kreisen auf sich vereinigt, ruht auf einer oberflächlichen Sachkenntnis und macht deutlich, welch gefährliche Saat zu keimen beginnt. Merkwürdig ist, daß er selbst die Gewalt nicht will, denn er bekennt, »daß es unzweckmäßig ist, die Verbreitung einer Lehre gewaltsam durchzudrücken[18].«

Kirchenämter entstehen

Kultbischöfe gibt es bereits im 2. Jahrhundert v. u. Z. Das Wort ist heidnischen Ursprungs. Sie heißen in der Antike die Aufseher über die Taten der Menschen, bei Homer, Aischylos, Sophokles und Pindar. Die römisch-katholische Kirche übernimmt von den Römern den Titel *pontifex maximus* und die Stola, die Gewandung der heidnischen Priester.

Der von der Kirche gelehrte Zwölferkreis der Apostel ist eine Fiktion. Die Apostellisten des Neuen Testaments stimmen nicht überein. Aus der Formulierung: »Ihr aber sollt euch nicht Meister nennen, denn ein jeder ist euer Meister, ihr aber alle seid Brüder.« kann abgeleitet werden, daß Jesus nicht an hierarchische Strukturen denkt. Er

Das berühmteste allgemeine Konzil der Kirchengeschichte, das ökumenische Konzil von Nicäa: Kaiser Konstantin thront vor der Bischofsversammlung, zu seinen Füßen verurteilte arianische Ketzer.

kann es nicht, weil er das nahe Weltende proklamiert. Die ersten Gemeindebeamten sind eher im Sinn von Hausverwaltern zu verstehen, denn christliche Kirchen gibt es nicht; die Kulthandlungen werden in Privaträumen veranstaltet und hier dominiert der Gastgeber. Das monarchische Bischofsamt ist unbekannt.

Die vordringlichste Aufgabe der Interessensgemeinschaft ist, sich nach verschiedenen Seiten abzusichern. Jede Sekte verwaltet ihre Interessen autonom und von einer zentralisierten Meinung kann keine Rede sein. Wichtiger ist, das gestaute Glaubensgut zu kanalisieren. Gewiß treiben sich dubiose Elemente um und schon damals zweifelt man an den biblischen Texten. Einer trägt vor, sie seien sinnbildliche Darstellungen eines inneren Erlebnisses.

Das christliche Glaubensgut ist bis heute nicht stimmig, denn sonst hätte sich seine gewaltsame Verbreitung erübrigt. Im Lauf der folgenden Jahrzehnte übernimmt ein gewähltes Kollegium die Gemeindeführung; aus ihm schält sich später das Bischofsamt heraus. Den Aposteln ist dieser Begriff fremd.

Erst in nachpaulinischer Zeit ergibt sich eine Differenzierung in unterschiedliche Aufgaben und ab dem 2. Jahrhundert beginnen Presbyter das Vermögen der Gemeinde zu verwalten. Der möglicherweise Jesus unterstellte Satz: »Ihr sollt nicht Gold, noch Silber noch Kupfergeld in euren Gürteln tragen« ist rasch vergessen. Bereits zum Beginn des 2. Jahrhunderts werden Amtsträger bekannt, die Unterschlagungen begehen. Als Vorkämpfer des monarchischen Episkopates gilt der antiochenische Bischof Ignatius. Sieben seiner Briefe sind zum Beginn oder zur Mitte des 2. Jahrhunderts verfaßt. Zehn weitere, unter ihnen einer an die Heilige Jungfrau, nebst einer persönlichen Antwort von ihr, sind auf seinen Namen gefälscht. Ignatius bezeichnet Andersdenkende als *wilde Tiere, tolle Hunde* und *Bestien in Menschengestalt*. Ihre Ansichten sind für ihn *stinkender Unrat*. Bei ihm wird erstmals das Wort katholisch bezeugt. Nach Ignatius ist der Bischof ein Abbild Gottes, der Empfänger der himmlischen Offenbarungen und der Inbegriff der Gemeinde. Er fordert für den Bischof die Lehr- und Ordnungsgewalt, die

⇒

Thomas von Aquin (um 1225-1274), der bedeutendste Theologe und Philosoph des Mittelalters. Er wird um 1243 Dominikaner, lehrt in Paris, Viterbo und Rom. Er wird 1323 heilig gesprochen, 1567 zum Kirchenlehrer erhoben und seit dem 15. Jahrhundert mit dem Ehrentitel »doctor angelicus« ausgezeichnet. Thomas von Aquin erkannte die Berechtigung des Wissens neben dem Glauben und dem Wert einer Philosophie mit eigenen Prinzipien und Methoden gegenüber der Theologie an.

König Heinrich IV. in der »Kaiserchronik«; die Federzeichnung befindet sich im originalen Widmungsexemplar für dessen Sohn Heinrich V.

Unterwerfung der Presbyter, Diakone und den unbedingten Gehorsam der Gläubigen. Er proklamiert: »Ohne Bischof sollt ihr nichts tun ... aber wo der Hirte ist, da folgt wie Schafe.« Es ist auffallend, daß er die Stiftung des Episkopates nicht auf die Apostel zurückführt.

Innerhalb des Klerus unterscheidet man zwischen höheren Beamten und *Clerici minores*, die zum Volk zählen. Die eigentlichen Christen werden zunehmend entmündigt. Zuletzt fällt das *suffragium plebis*, das altchristliche Stimmrecht der Laien. Damit sind sie von der Entscheidung abgenabelt. Von nun an haben die Christen die Funktion von Arbeitsbienen.

Vermutlich unter dem römischen Bischof Fabian (236-250) wird dem Diakon ein Subdiakon beigegeben. Dazu kommen an weiteren Ämtern die *ordines minores*. Es sind Akoluth, Exorzist, Lektor und Ostarier. Der Akoluth entspricht dem persönlichen Diener des Bischofs, der Exorzist vertreibt

Teufel, der Lektor trägt verschwommene biblische Inhalte vor und der Ostarier wird zum Küster der aufkommenden kirchlichen Gebäude.

Eine Stärkung der bischöflichen Position wird mit Cyprian (gest. 258) erreicht. Jetzt werden die religiösen Führer zu Autoritäten; sie stehen hoch über den Laien. Immer deutlicher werden die kirchenpolitischen Kunstgriffe, doch von einer *sucessio Apostolica*, der Behauptung einer ununterbrochenen rechtmäßigen Amtsnachfolge der Bischöfe seit der Zeit der Apostel ist keine Rede, denn es gibt sie nicht. Das Papsttum liegt in weiter Ferne und kann nicht auf die Apostel Petrus und Paulus zurückgeführt werden. Tertullian sagt: »Was für Petrus gilt, gilt noch lange nicht für die Bischöfe in Rom ... die Übertragung der Schlüsselgewalt auf den Apostel sei lediglich eine persönliche Bevorzugung gewesen und habe keine Bedeutung für die widerrechtlich angemaßte Gewalt der Kirche.«

Beim genaueren Hinsehen erkennen wir eine nachträgliche Fälschung, denn für das ägyptische Christentum wird eine Bischofsliste erdichtet. Zehn Bischöfe werden im 4. Jahrhundert von Eusebius, dem Vater der Kirchengeschichte, eingefädelt; mit der antiochischen Bischofsliste verhält es sich ähnlich. Sie ist nach dem Vorbild der römischen zu Beginn des 3. Jahrhunderts von Julius Africanus entworfen. Der Traditionsbegriff ist künstlich und entbehrt der Grundlage.

In Nachahmung der römischen Reichsverwaltung erkennt man im Lauf des 3. Jahrhunderts dem Bischof der Provinzialhauptstadt, dem Metropolit, den Vorrang vor anderen zu. Zur Zeit des Kaisers Theodosius II. gibt es fünf Bischofssitze. Sie liegen in Konstantinopel, Antiochien, Jerusalem, Alexandria und Rom. Bald ringen die Kirchenfürsten um die Oberherrschaft. Erst unterwerfen sie sich schmeichlerisch, dann drehen sie den Spieß herum und nutzen den sensibel gemachten weltlichen Herrscher schamlos für ihre Interessen[19].

Der Bischofssitz wird ab dem Moment interessanter, als sich das Christentum zur Staatsreligion gemausert hat; er wird zum

Zankapfel der Geschichte. Der heidnische Statthalter Roms sagt: »Macht mich zum Bischof, dann will ich ein Christ werden. Die Bewerber liefern sich blutige Gefechte und Straßenschlachten ... längst ist es mit der Frömmigkeit und Heiligkeit vorbei ...wir sehen auf den Bischofsstühlen Mörder und Ehebrecher.« Im 3. Jahrhundert verkündet der römische Bischof Kallist, der nach einem Selbstmordversuch, einer Unterschlagung und einem Sträflingsaufenthalt in Sizilien Heiliger Vater wird, die Möglichkeit einer zweiten Buße; insbesondere bei Unzuchtsfällen. Er genehmigt »Frauen vornehmen Standes einen Beischläfer ihrer Wahl zu haben, einen Sklaven oder Freien ... und auch diesen ohne rechtmäßige Ehe für ihren Mann anzusehen.«

Die Kirchenführer stützen die Kirche nicht aus Nächstenliebe, sondern wissen, daß gefügig gemachte Untertanen besser im Zaum zu halten sind. Allein die Amtsbezeichnung *Bischof* löst bei den meisten Zeitgenossen Anerkennung, ja Unerreichbarkeit aus. Bereits im 3. Jahrhundert werden sie als *Herr* oder *Heiliger Vater* angesprochen. Im 4. Jahrhundert kommen der Handkuß und der Fußfall dazu. Cyprian erhebt die Forderung, daß man vor dem Bischof, wie einst vor heidnischen Götterbildern, aufsteht. Eine Kirchenordnung dieser Jahre nennt den Bischof *Abbild des allmächtigen Gottes, König, Herr über Leben und Tod.* Im 4. Jahrhundert tituliert ein Bischof den anderen als *Deine Heiligkeit* und spätestens ab diesem Zeitpunkt stellt man Ansprüche an die Abstammung der höheren Kleriker. Die Synode von Sardica (343) verlangt vom Bischof ein gewisses Vermögen. Die Prunk- und Putzsucht einzelner Bischöfe wächst ins Abenteuerliche.

Der Bischof erhält einen Ring als Symbol seiner Verbindung zur Gemeinde und einen Hirtenstab zum Zeichen seiner Würde und Fürsorge. Die Bischöfe anerkennen den Kaiser als Landesherrn. Doch immer mehr drängen sie sich in den Vordergrund und maßen sich den Titel eines *Patriarchen* an. Schon 341 wird auf einer in Antiochien gehaltenen Synode allen Geistlichen geringeren Grades von den Bischöfen verboten,

sich ohne deren Erlaubnis an den Kaiser zu wenden. Die Synoden sind die Vorläufer der Konzilien. Man ruft sie zur Besprechung gemeinsamer Angelegenheiten ein.

Hier genügt ein Seitenblick auf die weltlichen Herrscher. Der Adel trägt zur Verweltlichung des Klerus bei. Die herrschaftlichen Verhältnisse der Kirche werden denen des Staates angepaßt. Mit Siricius (384-399), dem ersten Papst, dessen Dekrete aus dem Jahr 385 im Stil kaiserlicher Erlasse verfaßt sind, kommt wahrscheinlich erstmals ein römischer Adeliger auf den Stuhl Petri.

Mit dem 4. Jahrhundert beginnen die Auseinandersetzungen zwischen den Stadt- und Dorfbischöfen, deren Rechte man eindämmen will. 366 streiten Damasus und Ursinus um den Bischofsstuhl in Rom und die Quellen sagen: »Man schlug in der Kirche so erbittert aufeinander ein, daß man an einem Tag 137 Leichen aus ihr entfernte.« Das erste Konzil, auf dem lediglich Bischöfe Sitz und Stimme, aber nicht das Sagen, haben, wird 325 von Kaiser Konstantin in Nicäa einberufen und von ihm eröffnet. Hier braut sich der *arianische* Streit zusammen. Später wird in dessen Folge Arius von Alexandria aus der kirchlichen Gemeinschaft geschlossen. Seine Schriften werden den Flammen übergeben. Kritiker des kurialen Regimes werden als freche, eifersüchtige Leute, als Streit- und Prahlhähne, als Heuchler und Dummköpfe diffamiert. Schon die ersten Konzilien verdammen die Wahrheitssucher. Athanasius, einst Bischof von Alexandrien gewesen, wird fünfmal hintereinander verbannt. Nestorius, Diodor, Theodoret und Ibas werden als fluchwürdig verdammt. Honorius von Rom wird als todeswürdiger Ketzer gebrandmarkt, obwohl er längst verstorben ist.

Die Entwicklung erreicht ihren Höhepunkt unter Justinian I. (552-562), der die kirchliche Gesetzgebung durch eine kaiserliche ersetzt. Er kümmert sich um innerkirchliche Belange, veräußert und verleiht Kirchengut, besetzt Bistümer, regelt den Gottesdienst, das Klosterleben, die Abhaltung von Synoden und vieles mehr.

Seinen Religionsedikten fügen sich die Päpste, die damals keine im heutigen Sinne sind. In der zweiten Hälfte des 6. Jahrhunderts fordern die byzantinischen Kaiser Anteil an der Wahl und Bestätigung des Papstes, obwohl sie Vigilius und vor allem den von ihnen abgelehnten Papst Pelagius I. der römischen Kirche aufgezwungen haben. Niemand denkt an den Primat des römischen Stuhles. Kaiser Justinan I. erklärt: »Die Kirche von Konstantinopel ist das Haupt der christlichen Kirchen.« Noch nach 883 wird der Bischof von Lyon Patriarch genannt. Er führt auf der zweiten Synode von Macon den Vorsitz.

Die Stiftung des päpstlichen Lehr- und Jurisdiktionsprimats durch Mt.16.18 wird vom Vatikanischen Konzil 1870 als *klare Lehre der Heiligen Schrift* interpretiert. Es ist aus der Luft gegriffen. Erst ein Dekret aus dem 5. Jahrhundert, der Erlaß des Gelasius (492-496) über erlaubte und unerlaubte Literatur enthält das erste überlieferte Zeugnis, das Matth. 16.18 als Stiftungsurkunde des päpstlichen Primats betrachtet.

Cyprian anerkennt die Primatansprüche nicht; weshalb man in Rom eine Stelle seiner Schriften fälscht. Nach seiner Version sind alle Bischöfe gleichrangig. Selbst der Bischof von Kleinasien, Firminian von Cäsarea, stellt sich auf die Seite Cyprians und wirft dem römischen Bischof Frechheit, Unverschämtheit und Torheit vor. Er nennt ihn albern, unerfahren und verlogen. Der Kirchenlehrer Ambrosius betont die Gleichheit aller Bischöfe[20]. Es ist davon auszugehen, daß die frühchristlichen Dogmen unter dem Einfluß von Gewalttaten entstehen[21].

Konzil von Chalcedon

Seit Papst Innocenz I. (401-417) und Papst Zosimus (417-418) beharren deren Nachfolger auffallend auf dem Kanon von Sardica, den sie als Produkt des ersten Reichskonzils ausgeben. Im Original berichtet er nichts von einer Vorrangstellung des römischen Bischofs. Innocenz I. umreißt erstmals die päpstliche Lehrentscheidung in Glaubensdingen und erklärt, sämtliche Kirchen hätten ihr Leben von der römischen erhalten, wie ein Fluß sein Wasser aus der Quelle. Er versucht den unfähigen Kaiser Honorius zu einer Verständigung mit dem in Italien vordringenden Westgotenkönig Alarich zu bewegen.

Papst Zosimus festigt den Primat und verurteilt den Pelagianismus. Er leistet sich eine Reihe innerkirchlicher Mißgriffe. Als Zeitgenosse von Augustinus versucht er, dessen These des bis heute verhängnisvoll wirkenden *Roma locuta, causa finita* (Rom hat gesprochen, die Sache ist erledigt) durchzusetzen. Etwa 100 Jahre später wird der Zusatz eingefügt: *ecclesia romana semper habuit primatum* (die römische Kirche hat immer den Primat gehabt). Während der chalcedonischen Synode im Jahr 451 wird zur Beschämung der römischen Legaten der echte Text vorgetragen[22] und die Fälschung entlarvt. Das Vierte Allgemeine Konzil von Chalcedon nennt 451 Marcion nicht nur Priester und Kaiser, sondern zudem Lehrer des Glaubens, was besonderes Gewicht hat, weil man das Konzil zur Entscheidung in Glaubensfragen zusammengerufen hat.

Vor diesem Hintergrund wird verständlich, weshalb die sich festigende Kirche immer wieder den Primat in den Vordergrund ihrer Interessen rückt. Es nützt nichts, wenn Leo I. (440-461) in diesem Sinn operiert. Seine Bedeutung liegt in seinem Wirken für die päpstliche Monarchie und in seinem Kampf gegen diverse Irrlehren[23] in den Augen des Klerus.

Theodosius II. ruft mit ihm zusammen das vorerwähnte Konzil zusammen. Inzwischen hat man dem 6. Kanon des Ersten Allgemeinen Reichskonzils, der den gleichen Rang des Patriarchen von Alexandria und des Bischofs von Rom beinhaltet, einen Passus über den absoluten Primat der Päpste eingefügt. Das Konzil hält gegen den Protest des päpstlichen Legaten an der Gleichrangigkeit von Rom und Konstantinopel fest. Entgegen der historischen Wahrheit erklärt der damalige Papst, Rom wisse nichts von dem genannten Kanon des Konzils von Konstantinopel; aus diesem

Dialog entsteht die Spaltung in eine West- und Ostkirche. Der Papst versteift sich zu der Unkorrektheit: »Petrus nahm den apostolischen Primat von Gott entgegen ... die Vollmacht, die Petrus durch Christus erteilt wurde, wurde durch ihn den Aposteln weitergegeben.«

Gott hat Petrus keinen Fürstensitz gegeben, sondern er hat möglicherweise von Jesus von Nazareth ein begrenztes Hirtenamt erhalten. Er hat seinen Mitaposteln nichts weitergegeben, sondern mit ihnen zusammen eine Aufgabe übertragen bekommen. Während des Konzils von Chalcedon läßt der Papst verkünden: »Die römische Kirche hat von jeher den Primat besessen.« Damit legt er einen gefälschten Baustein zum papokratischen Herrschaftsprinzip, auf den man bauen kann. Mit dem von ihm geprägten Wort: »Die Würde des Papstes geht auch in einem unwürdigen Erbe nicht verloren« lassen sich alle künftigen Vergehen und Verbrechen entschuldigen[24].

Prophetisch trägt er vor: »Der Frieden der Kirche wird erst Bestand haben, wenn die Gesamtheit der Menschen den Papst als Herrn und Meister anerkennt[25]. Inzwischen sind 1 500 Jahre vergangen und von einer allgemeinen Anerkennung kann keine Rede sein. Das Gegenteil zeichnet sich ab, denn immer mehr noch zahlungs- und tributwillige Christen vermögen hinter die klerikalen Kulissen zu schauen. Papst Honorius I. (625-638) hat sich offensichtlich in Glaubensfragen geirrt. Drei ökumenische Konzilien und mehrere Statthalter Gottes bezeichnen ihn als Ketzer[26]. Papst Liberius (325-366) findet in den Kirchenakten ebenfalls als Ketzer Erwähnung. Man hält ihm vor, er habe gemeinsame Sache mit der Häresie des Arianismus gemacht, die behauptet, Jesus Christus sei mit Gottvater nicht wesensgleich.

Vigilius (537-555) gilt als Irrlehrer. Unter dem Druck des byzantinischen Kaisers verurteilt er auch die sogenannten *Drei Kapitel*[27] und wird von den nordafrikanischen Bischöfen exkommuniziert. Ein treffendes Beispiel menschlicher Unzulänglichkeit bietet die Bulle *Unam Sanctam* des Papstes Bonifaz VIII. (1294-1303). Er stellt die Behauptung auf, daß es häretisch wäre anzunehmen, daß die weltliche Macht von der kirchlichen unabhängig ist. Der Papst allein sei Gott verantwortlich und könne (darum) alle richten. Wer dies nicht als wahr ansehe, sei vom ewigen Heil ausgeschlossen[28].« Geht es noch verblendeter? Das 7. Jahrhundert bringt ein Ereignis von immenser Ausstrahlung mit sich: das Wirken Mohammeds[29].

Mohammed, der Prophet Allahs

In Arabien leben seit jeher semitische Stämme als Vorfahren der heutigen Araber. Wirtschaftlich ist Arabien mit den Nachbarländern Mesopotamien, Syrien, Palästina, Ägypten und Äthiopien verbunden. Ein wichtiger Knotenpunkt der Handelsstraßen ist die Oasenstadt Mekka. Hier befindet sich das religiöse Zentrum der Araber. Im 6. Jahrhundert beginnt in Arabien der Niedergang des Karawanenhandels, weil sich die Handelsverbindungen nach Osten in das Reich der Sassaniden verlagern. Das seit Jahrhunderten existente wirtschaftliche Gleichgewicht wird gestört und nun entsteht eine Bewegung zur Verschmelzung der Stammeskulte, für die Verehrung eines einzigen obersten Gottes Allah, zumal sowohl die Juden wie die Christen das Vorbild des Monotheismus sind. Jetzt entsteht unter den Arabern die Sekte der *Chanifen*, die nur einen Gott verehren. So etwa ist das Umfeld, als Mohammed zu predigen beginnt. Seine Argumente entsprechen, wie beim Frühchristentum, den gesellschaftlichen Bedürfnissen seiner Epoche.

570 wird Abu'l-Kasim Mohammed Ibn Abdallah geboren, der sich später Mohammed Ibn Allah Ibn et Motallib Ibn Haschim el Koreichite nennt. Mohammed wird ein weiterer Religionsstifter der Menschheit und der Schöpfer des Islam. Seine Religionslehre verbreitet sich rasch in Asien und Nordafrika. Das Christentum hat bis heute, mit zunehmender Verängstigung, einen potenten Gegner gefunden. Der Islam ist

Karl der Große als Gesetzgeber. Zeichnung zum Anfang des Kapitulars vom März 779 im Codex Add of Ayscough 5411 im British Museum in London.

eine der am weitesten verbreiteten Religionen und beherrscht vor allem den arabischen Raum. Wenn man die Lage heute betrachtet, hat die islamische Glaubensbewegung die katholische überflügelt.

Der Knabe Mohammed wird früh Waise und wächst dann zusammen mit der äthiopischen Sklavin Erbe im Haus seines Onkels Abu Taleb in der Wüstenstadt Mekka auf. Mekka ist schon damals eine vielbesuchte Pilgerstadt. Der Erzvater Abraham und dessen Sohn Ismael sollen sich hier auf der Wanderung ins Gelobte Land eine Rast gegönnt haben. Als Heiligtum wird die Kaaba (Würfel) angesehen. Über die Jugendjahre Mohammeds ist wenig bekannt.

Schon früh hat er Visionen und im Alter von 14 Jahren führt er tiefsinnige Gespräche mit dem Eremiten Bahira, einem Christ, der ihm von Jesus berichtet. Auch Jesus wird unterstellt, daß er als Zwölfjähriger im Tempel mit Schriftgelehrten disputiert hat. Mohammed schließt Freundschaft mit dem blinden Goldschmied Ouraka, einem getauften Juden. Er macht ihn mit der Gedankenwelt des Talmuds, des Alten Testaments und der Evangelien vertraut. In einer Höhle im nahen Haragebirge, wo er sich zur Meditation zurückgezogen hat, wird er vom Blitz der Erkenntnis erleuchtet.

»Eines Abends streckt ihn eine, eine grüne, mit einer Leuchtschrift versehene Standarte schwingend, geflügeltes Wesen zu Boden, gibt sich als Erzengel Gabriel zu erkennen und ernennt ihn zum Propheten Allahs.« Chadidscha wird seine erste Anhängerin. Mohammed hat mit seinen Ansichten von dem einen und einzigen Gott, nicht nur Freunde. Zeitgenossen schelten ihn einen Tölpel, bespucken ihn und bewerfen ihn mit den Eingeweiden von Opfertieren.

595 wird er Sekretär und Vertrauter der Kaufmannswitwe Chadidscha. Mit ihr hat er sechs Kinder. Sie räumt ihm die Verfügungsgewalt über ihr beträchtliches Vermögen ein. Bei ihrem Tod oder kurz danach bekommt Mohammed eine zweite Vision; er sieht sich auf einem geflügelten Roß nach Jerusalem reiten und hier in den Himmel aufsteigen. Er wird nicht ernst genommen und eine Versammlung des Geldadels von Mekka beschließt daraufhin seinen Tod.

Mohammed entkommt dem Anschlag. Am 16.7.622, dem Tage Null der islamischen Zeitrechnung, setzt er sich ab, verbirgt sich einige Tage in einer Höhle und macht sich dann zu einem abenteuerlichen Ritt durch die Wüste auf, der als die Hedschra im Symbolgut des Islam einen festen Platz gefunden hat. Am 24.9.622 trifft er in der 350 Kilometer entfernten Oase Yatrib ein, die den Namen Medinet erhält. In Medina geht seine Saat auf er errichtet ein theokratisches Lehrgebäude. Er diktiert den Koran und hier wird aus dem Verkünder der Religionsstifter.

Mohammed selbst hat nichts geschrieben; er ist offenbar Analphabet gewesen: einzelne seiner Aussprüche und Lehren sind später zu verschiedenen Zeiten aufgezeichnet worden und dies hat eine Parallele in der Aufzeichnungsmethodik der widersprüchlichen Evangelien. Aus diesen Aufzeichnungen geht um 650 ein Sammelwerk hervor, das die Bezeichnung *Koran* erhält. Das Buch wird nachträglich für heilig erklärt, weil es der Prophet persönlich nach dem Diktat des Erzengels Gabriel, den auch das Christentum kennt, geschrieben haben soll.

Acht Jahre später zieht er mit Tausenden von bewaffneten Anhängern nach Mekka zurück, um die Stadt zu besetzen. Er läßt Hunderte von Götterbildern zerschlagen und erklärt die Stadt zur heiligen Stadt des Islam. Obwohl er nicht an Frauenmangel leidet, lebt er einfach in einer Hütte aus ungebrannten Ziegelsteinen. Sein Ruhm verbreitet sich. Er erläßt Gesetze und spricht im Namen Allahs Recht. Er stirbt in Medina am 7.6.632. Die christlichen Führer

beobachten diese Entwicklung sehr wohl. Als Mohammed stirbt, hat die neue Glaubenslehre keineswegs ihre endgültige Form erreicht und selbst dies findet eine Parallele im Christentum.

Der Name Islam bedeutet *Eintritt in den Stand des Heils.* Der Islam ist eine radikal monotheistische Religionsvariante. Die Lehre Mohammeds basiert auf jüdisch-christlichen Gedanken. Nach dem Koran, der Bibel der Muslims, die nach einer arabischen Legende in ihrer Urfassung auf Palmblätter, Tontafeln und gebleichten Schulterknochen von Schafen diktiert wird, ist einer der Vorgänger Mohammeds Jesus Christus. Nach der islamischen Auffassung wird er verraten und Mohammed empfängt den Auftrag vom Erzengel Gabriel, dessen Lehre zu erneuern.

Der Koran ist in 114 Kapitel eingeteilt, die man der Größe nach geordnet hat. Die dort vertretenen Gedankengänge entsprechen in etwa denen des vorausgegangenen Christentums. Allah ist zu preisen und Widerständlern wird nach dem Tod die

Kaiserkrönung Karls des Großen durch Papst Leo III.

Hölle angedroht. Die sexuelle Verklemmtheit des Christentums ist dem Islam unbekannt. Und doch: die Frau ist ein untergeordnetes Wesen, von Allah geschaffen, um dem Mann gefällig zu sein und seinen Lüsten zu dienen. Im Koran finden sich keine Spuren literarischer Bearbeitung, wie sie in den christlichen Evangelien zu erkennen sind. Der Koran ist von Fälschungen und Verdrehungen frei.

Mohammed soll gesagt haben: »Gott bezeugt, daß außer ihm kein anderer verehrungswürdig ist, und auch die Engel und die wissenden Menschen, die fest in der Wahrheit stehen, bekennen, daß keiner verehrt werden soll außer ihm, dem Starken und Weisen. Wahrlich, Frömmigkeit vor Gott ist Hingabe.«

Zur religiösen Literatur der Mohammedaner gehört die Sunna, die aus den Überlieferungen über das Leben, die Wundertaten und die Lehren Mohammeds besteht. Gesammelt wird dieses Material im 9. Jahrhundert von mohammedanischen Theologen wie Buchari, Muslim u. a. Sie wird nicht von allen Mohammedanern anerkannt. Mit Hilfe des Korans und ihr haben mohammedanische Theologen die Biographie Mohammeds zu rekonstuieren versucht. Die früheste der erhalten gebliebenen Monographien hat der aus Medina stammende Ibn Ishak im 8. Jahrhundert verfaßt. Im Gegensatz zur Darstellung des Lebens Jesu in den Evangelien ist die Biographie Mohammeds zum größten Teil frei von phantastischen und unglaubwürdigen Elementen.

Mohammed verwirft die These von der göttlichen Dreieinigkeit und proklamiert an deren Stelle einen allmächtigen Gott. Dazu erarbeitet er einfache Grundgesetze.

- Es gibt nur einen Gott, es ist Allah und Mohammed ist sein Prophet. Mohammed wird über die anderen Propheten (Adam Noah, Abraham, Moses und Jesus Christus) gestellt.
- Es gibt Engel und Geister, die der Islam aus altarabischen Glaubensvorstellungen übernommen hat. Sie unterstehen Allah und sind die Vollstrecker seines Willens.

- Am *Jüngsten Tag* werden die Toten auferstehen und ihrer Taten entsprechend behandelt. Die Gerechten werden ein herrliches Leben im Paradies führen und die Ungerechten schmoren in der Hölle.
- Man glaubt an die göttliche Vorbestimmung, denn Allah hat jedem Menschen sein Schicksal vorausbestimmt.

So einfach die Dogmatik des Islams ist, so einfach sind auch die daraus abgeleiteten praktischen und rituellen Gebote:

- Es ist täglich fünfmal zu beten.
- Vor dem Gebet und nach Verunreinigungen erfolgt die obligatorische Waschung. Für sie kann, wenn kein Wasser zur Verfügung steht, Sand oder Staub verwendet werden.
- Zugunsten der Armen ist eine Steuer zu bezahlen.
- Im zehnten Monat, dem Ramadan, ist zu fasten. Kranke und Reisende brauchen nicht zu fasten, müssen dies aber später nachholen. Die Fastenzeit bezieht sich nur auf den Tag, nicht aber auf den Abend oder die Nacht.
- Wenigstens einmal in seinem Leben soll der rechtgläubige Mohammedaner nach Mekka pilgern.

Auch die Mohammedaner kennen die Beschneidung der Knaben. Sie verzichten auf den Genuß von Schweinefleisch und darauf, Gott bildlich darzustellen sowie Menschen oder Tiere abzubilden, um keinen Anlaß zum Götzendienst zu geben.

Zu den Geboten der mohammedanischen Religion gehört der *Heilige Krieg*. Es ist verständlich, wenn man bedenkt, daß die mohammedanische Bewegung aus dem Bedürfnis der Araber nach Vereinigung und Wiedergewinnung neuen Landes hervorgegangen ist. Der Koran sagt eindeutig:

- Acht Monate im Jahr soll Krieg geführt werden gegen Polytheisten und Ungläubige, diese sollen ausgerottet und ihr Vermögen beschlagnahmt werden (Koran Kap. 2. 186 -190, Kap. 3.5.29).

- Es heißt im Kapitel 9, Vers 124: »Gläubige! Führt Krieg gegen diejenigen Ungläubigen, die für Euch erreichbar sind! Mögen sie Eure Grausamkeit kennenlernen.«

Die neue Religion weitet sich rasch aus und dies hat Auswirkungen auf das sich nun langsam stabilisierende Christentum. Kehren wir zur christlichen Führungsriege zurück.

Bischöfe im Profilierungsrausch

Die Stellung der Bischöfe gestaltet sich positiv. »Mit apostolischen Ehren überhäuft, des beschwerlichen Lebens entbunden, in prächtigen Gewändern schreitend, mit Geschenken überladen und die Macht gepachtet, drücken sie die Christen zu Befehlsempfängern herab.« Sie machen Bedürftige von ihrer Gunst abhängig und lehren, daß derjenige, über den sie in ihrer Vermessenheit einen Fluch gesprochen haben, ewigen Höllenqualen ausgeliefert ist. Sie verkaufen ein erfolgreiches Märchen. So wird aus der Gemeinde eine Herde. Die Hirten legen das Glaubensfutter bereit und die anderen haben es zu vertilgen.

Die Bischöfe haben die Priester zum blinden Gehorsam verpflichtet, denn sie sind es den später aufkommenden Kardinälen und diese wiederum dem Papst. So bildet sich nach allen Seiten eine Zangenfunktion: wie ein roter Faden schlängelt sich die Mißachtung der Menschenrechte dazwischen hindurch. Um die Korruption zu perfektionieren, fehlen nur noch bindende Verordnungen zugunsten des Christentums[30] Es macht keine Mühe, sie herbeizuschaffen. Bald entstehen kaiserliche Gesetze, die Glaubensübertretungen unter Todesstrafe stellen. Kaiser Justinian erläßt für das römische Reich ein Gesetz mit rückwirkender Kraft, das eine hundertjährige Verjährungsfrist für kirchliche Ansprüche festsetzt[31].

»Kindliche Verehrung des apostolischen Stuhles wird zum Inbegriff aller christlichen Tugend[32]. Mit dem Glauben hat es nichts

mehr gemeinsam und das Gehabe bleibt nicht unkritisiert.« Hilarius von Poitiers kontert geschickt und sagt: »Ihr Bischöfe, sagt mir doch, welches die Mittel waren, deren sich die Apostel bei der Verkündigung des Evangeliums bedienten? Haben sie mit ihrer Hofgunst geprunkt? Hat Paulus mittels königlicher Edikte die Gemeinden zusammengetrieben? Haben wir es dem kaiserlichen Schutz zu verdanken, wenn das christliche Bekenntnis über den Volkshaß siegte? Gibt man noch aus Hochmut vor, Christus zu schätzen? ... Weshalb wendet die Kirche das Mittel der Verbannung an? ... Wo sind die demütigen Männer geblieben, die dürftig gekleidet, die Eitelkeit nicht kannten und die doch Tausende mit dem Wort bekehrt haben[33]?«

Von dieser geistigen Fehlleistung aus, die das Fundament der Unfehlbarkeitsidee ist, wird verständlich, daß man das nun sich abzeichnende Glaubensimperium nur mit Zwang zusammenhalten kann. Die Kirche hat sich nicht gescheut, drastisch durchzugreifen, wenn es um die Wahrnehmung ihrer Interessen geht. So hat sie sich selbst eine feste Schlinge um den Hals gezogen, die sich durch fundierte Kritik langsam, doch immer fester zuzieht. Die Kirche geht als letzte autoritäre Bastion nicht mit der Zeit, sondern gegen sie. Sie wird diese Auseinandersetzung verlieren.

Die abendländische Geschichte und vor allem die Kirchengeschichte selbst stellen die Fehlbarkeit der Päpste unter Beweis. Sie sorgen in ihrer Unbekümmertheit und Ungebildetheit dafür, daß ihr Handeln und Verhalten angezweifelt wird. Anhand einer realen Geschichtsbetrachtung, der Dogmen unterworfen sind, ist jede Unfehlbarkeit nicht mehr als eine Anmaßung. Oft handeln die Päpste übereilt, lassen sich von Emotionen hinreißen, stets werden sie getäuscht, belogen und betrogen und durch ihr aufdringliches Verhalten in die Irre geführt. Es sind Indizien für ihre Schwäche und Beweise gegen die Unfehlbarkeit.

Die Jahrhunderte des Schreckens, sei es im Verbund mit der Niederkämpfung der angeblichen Ketzer, die Tribunale der Inquisition, die Herausbildung des Teufels-

und Hexenwahns mit ihren unvollsstellbar grausigen Folgen, das Lodern der Andersgläubigen auf von Christen geschürten Scheiterhaufen, das Quälen der Opfer in den christlichen Folterstuben und in den KZs, die Verfolgung Andersfühlender und die der religiösen Minderheiten, die Religionskriege, das Halten von Leibeigenen, die Mißachtung der Frauen, die sexuellen Eskapaden der Geistlichkeit, ihre doppelte Moral, die nachweisbaren Fälschungen und vor allem die geistige Unterdrückung des Individuums sollen nach Meinung der Kirchenhistoriker und Theologen unter den Tisch des Herrn gekehrt werden. Durch diese Fakten haben sie den von ihnen proklamierten Lebensnerv der Unfehlbarkeit durchschnitten.

Es ist an der Zeit, daß die Kirchenführung aufhört, weiterhin mit wissentlichem Betrug und offensichtlichen Fälschungen zu hantieren. Das Eingeständnis der Wahrheit erspart ihr die Notwendigkeit, weiter unterdrücken zu müssen. Sie hat die freien Infomationsmöglichkeiten wo immer sie kann, verhindert. Auf diese Weise hat sie Millionen von Gläubigen getäuscht, verdummt und entmündigt. Die römisch-katholische Kirche verbreitet Furcht und Schrecken nicht irrtümlich, sondern vorsätzlich. Niemand wird bezweifeln, daß dies unchristlich ist.

Die Zurückhaltung von wissenschaftlichen Einsichten wird in den christlichen Kirchen bis in die Gegenwart geübt, um ihre Einheit und die traditionelle Unterordnung der Laien zu dokumentieren. Dadurch hat sie den religiösen Individualismus und damit jede Freiheit im Glauben und Denken verhindert. Die Gläubigen werden in einem Gehäuse gehalten, das vom Geist des fortschrittlichen Denkens unberührt bleibt.«

Seit jeher hat die christliche Lehre verdreht, verfälscht, gelogen und betrogen. Fälschungen spielen von Anfang an eine welthistorische Rolle in der Christenheit. Briefe, Bücher, Dokumente, Urkunden, Märtyrerakten, Protokolle, Klosterurkunden, Heiligenberichte … alles wird bedenkenlos entstellt, erfunden oder ins Gegenteil verkehrt, wenn es die nachträglich erfundene Ehre Gottes verlangt.«

Die päpstliche Machtfülle ruht auf Illusionen und kann nicht auf Petrus zurückgeführt werden. Die von der Christenheit über den schändlichen Ablaßhandel finanzierte Peterskirche steht nicht zweifelsfrei auf dem Grab des Apostels Petrus. Dies bedeutet, daß die sie zierenden Goldbuchstaben aus der Luft gegriffen sind.

Jesus von Nazareth hat die christliche Kirche nicht gegründet und erst Generationen nach seinem Tod entsteht die Notwendigkeit, einen allgemeinen Glaubenskonsens zu finden[34]. Die kirchliche Autorität entwickelt sich langsam und das Christentum gelangt durch einen politischen Winkelzug zur Macht. Kirchliche Würdenträger übernehmen weltlich-politische Funktionen, Gesetze beginnen zu verschmelzen und das Kirchenrecht geht die ersten Schritte.

Um das Jahr 200 liegt mit dem *muratorischen Fragment* der erste Kanon der christlichen Schriften vor. 200 Jahre danach wird das von Fälschungen gekennzeichnete Neue Testamant näher umrissen. Die Stellung der alten Päpste ist unsicher[35] und sie verfügen über wenig Gewalt[36]. Von ihrer Unfehlbarkeit kann keine Rede sein; es dauert Jahrhunderte, bis ein Papst als göttlicher Statthalter in den Zenit der klerikalen Interessen gerückt wird.

Frühe christliche Kirchenführer erlassen allenfalls allgemeinverbindliche Glaubenssätze. Sie greifen nicht übergeordnet in das Zeitgeschehen ein. Frühe Synoden werden durch weltliche Machthaber angeordnet und das kirchliche Stimmrecht ist begrenzt. Zu diesem Thema einige Beispiele:

- Keine der damals als häretisch angesehenen Sekten berichtet von einem Vorrang der päpstlichen Autorität.
- Papst Viktor I. (ca. 189-198) versucht, die kleinasiatischen Kirchen durch Ausschluß die Annahme des römischen Brauches zu nötigen. Er kann sich *nicht* durchsetzen und wird zurückgepfiffen[37].
- Mehrere afrikanische und asiatische Kirchenführer lehren, daß auch die außerhalb der Kirche in getrennten Gemeinschaften erteilte Taufe gültig ist.

Zeittafel zur Frühgeschichte der Päpste

64 (?) – 67 (?)	Petrus	Es ist eine Fälschung, zu behaupten: »Du bist Petrus und auf diesen Felsen will ich meine Kirche bauen, und die Pforten der Hölle werden sie nicht überwältigen.«
67 (?) – 76 (?)	Linus	Der jüdische Krieg wird beendet.
76 (?) – 88 (?)	Anaclectus	(?)
88 (?) – 97 (?)	Klemens I.	Er verfaßt den ersten Klemensbrief mit 61 Kapiteln. Dieses Dokument, das noch bis ins 6. Jahrhundert in Korinth öffentlich verlesen wird, identifiziert die Einheit der römischen Gemeinde, die im 1. Jahrhundert im wesentlichen aus bekehrten hellenistischen Juden besteht, mit der Einheit in Rom.
97 (?) – 105 (?)	Evaristus	(?)
105 (?) – 115 (?)	Alexander I.	(?)
115 (?) – 125 (?)	Sixtus I.	(?)
125 (?) – 136 (?)	Telesphorus	Niederwerfung des jüdischen Aufstandes unter Simon Bar-Kochba.
136 (?) – 140 (?)	Hyginus	(?)
140 (?) – 155 (?)	Pius I.	(?)
155 (?) – 166 (?)	Anicetus	Er nimmt erstmals gegen eine Irrlehre Stellung, den eschatologischen Monotheismus, dessen größter Vertreter Tertullian ist.
166 (?) – 175 (?)	Soter	(?)
175 (?) – 189 (?)	Eleutherus	(?)
189 (?) – 199	Viktor I.	Er exkommuniziert die Gemeinden Kleinasiens im Zusammenhang mit dem Osterfeierstreit. Während seiner Amtszeit tritt Theodore von Byzanz mit der Lehre des Adoptianismus auf.
199 – 217	Zephyrinus	Erste erhaltene Erklärung zum Dogma der Trinität.
199 – 222	Kalixtus I.	Ein ehemaliger Sklave. Möglicherweise war Hippolyt der erste Gegenpapst.
222 – 230	Urban I.	In dieser Zeit wird der Manichäismus begründet.
235 – 236	Pontianus	Er wird im Zusammenhang mit Christenverfolgungen zusammen mit dem Gegenpapst Hippolyt nach Sardinien verbannt. Pontian verzichtet 235 auf die Bischofswürde.
235 – 236	Anerus	(?)
236 – 250	Fabianus	Er teilt Rom in sieben Diakonatsbezirke.
251 – 253	Kornelius	Kornelius baut die kirchliche Hierarchie aus.
253 – 254	Lucius I.	(?)
254 – 257	Stephan I.	Er lehnt die Wiedertaufe von Gläubigen ab, die zur römischen Kirche übertreten wollen.
257 – 258	Sixtus II.	Er duldet in Afrika die Wiedertaufe und wird unter Valerian hingerichtet.
259 – 268	Dionysius	In seiner Amtszeit taucht der Begriff *Homousiuos* für die Wesensgleichheit von Vater und Sohn auf.

- Der Bischof Firminian von Kappadokien sagt in einem Zirkular: »Mit Recht muß ich mich in diesem Punkt über eine so offenbare und unverkennbare Torheit des Stephanus ärgern, welcher sich seines Bischofsitzes rühmt und sich für einen Nachfolger des Petrus ausgibt.«
- Das 434 verfaßte Commonitorium des Vincenz von Lerens enthält kein Wort über die Unfehlbarkeit.
- In keiner hierarchischen Vorstellung wird die päpstliche Würde anerkannt. Der spanische Theologe Isidor von Sevilla teilt 631 die Rangstufen des Kirchenstaates in Patriarchen, Erzbischöfe und Bischöfe ein.

Bis auf Irenäus schweigen die Kirchenväter zum Thema der päpstlichen Vorzugsstellung. Selbst Exegeten beziehen sich nicht auf die Nachfolge von Christus[38] und keiner von ihnen erklärt den Felsen, auf dem Christus seine Kirche zu bauen vorgegeben haben soll, als ein an Petrus übertragenes Amt. Sie verstehen darunter entweder Christus selbst oder den von Petrus bezeugten Glauben an ihn.

Rechtfertigungsversuche

Hunderte von Geistlichen müssen herhalten, um das Unmögliche abzusichern; bislang stehen gesicherte Beweise aus, denn der Theologie ist die Beweisführung versagt. Sie berufen sich auf die von Irrtümern durchwobene Bibel. Sie zitieren im wesentlichen Matthäus[39] und Johannes[40].

Hunderte von Geistlichen rasseln mit dem Rosenkranz, um das Unmögliche salonfähig zu machen. Das gleiche gilt für bedeutende Universitäten, die den klerikalen Einfluß nicht leugnen. Manche scheuen sich nicht zu behaupten, daß alle Theologenschulen und besseren Theologen die päpstliche Unfehlbarkeit gelehrt haben. Es ist nicht wahr und bedeutet nichts[41].

Die wundersame Liste beginnt mit dem möglichen Apostelkonzil von Jerusalem. Der Erzbischof Giuseppe Caedoni sagt in diesem Zusammenhang: »Durch die Anwesenheit des Petrus habe es göttliche Autorität erhalten.« Dies würde eine göttliche Existenz voraussetzen und dies ist nach wie vor unsicher.

Viele Theologen haben ein gespanntes Verhältnis zur Geschichte. So entdeckt der Kardinal Henri Marie Gaston de Bonnechese nach langem Forschen bereits im Alten Testament Ansätze für die These der päpstlichen Unfehlbarkeit. Der Bischof Nicolas Dabert von Perigeux meint zu wissen, daß Christus schon den israelitischen Magistern eine Art Unfehlbarkeit zuerkannt hat.

Der Erzbischof Cullen von Dublin weiß zu berichten: »Bereits der heilige Patrick (385-461), der Apostel Irlands, hat die päpstliche Unfehlbarkeit verkündet, als er die dortige Landeskirche aufgebaut hat[42].« Geschickt kontert der Erzbischof Johann Baptist Purcell von Cincinnati: »Patrick hat sich sehr wohl um die kleinsten Dinge gekümmert. So hat er beispielsweise seinen Priestern eingeschärft, daß sie beim Messelesen Unterhosen tragen müssen; die päpstliche Unfehlbarkeit hat er nicht gefordert[43].«

Franz Brentano hat die angeblichen Beweise für die Unfehlbarkeit immer wieder zurückgewiesen und gesagt: »Kann ich nicht anders als mich zu der wissenschaftlichen Überzeugung bekennen, daß die theologische Meinung von der Infallibilität des Papstes unbegründet und irrig ist.«

Die Befürworter der Unfehlbarkeit bemühen etwa 40 Kirchenväter zur Absicherung des Unmöglichen. Die Auseinandersetzung konzentriert sich auf Irenäus von Lyon, Ambrosius I. von Mailand und Augustinus von Hippo. Der heilig gesprochene Irenäus schreibt: »Alle Kirchenväter müßten mit dem römischen übereinkommen, da sie einen größeren Vorrang hat.« Es ist unsicher, ob Irenäus als Primatzeuge Gewicht hat. Ambrosius soll gesagt haben: »Wo Petrus ist, da ist die Kirche.«

Von Augustinus soll der Ausspruch stammen: »Rom hat gesprochen, und die Sache ist erledigt«, was er an anderer Stelle abgekupfert hat. Es läßt sich nachweisen, daß Augustinus dieses Zitat nicht verwendet hat, denn für ihn ist der Konsens der Kirchen, und dadurch die konziliaren Definitionen, Glaubensregel.

Thomas von Aquin kann nicht als Befürworter der Unfehlbarkeit bemüht werden, weil seine Äußerungen zu sporadisch und unklar sind; er gesteht dem Papst Lehrautorität zu, spricht aber zu keinem Zeitpunkt von der Unfehlbarkeit.

431 erklären römische Legaten auf der Synode von Ephesus: »Petrus, dem Christus die Binde- und Lösegewalt verliehen hat, lebt und richtet fortwährend in seinen Synoden[44].« Dem widerspricht der 28. Canon der Synode von Chalcedon, denn hier wird gesagt, die Väter seien es gewesen, die der römischen Kirche wegen ihres politischen Ranges den Vortritt zuerkannt haben. Kurz danach stellt man heraus: »Man muß bei den Päpsten eine von Petrus ererbte Unschuld und Heiligkeit annehmen.«

495 stellt Gelasius I. die Behauptung auf: »Rom bestätigt jedes Konzil und urteilt über die anderen Kirchen ... denn die christliche habe durch Gottes Wort den Primat empfangen[45].« Papst Gregor I. (590-604) weist die damit verbundene Machtfülle zurück und duldet nicht, »daß man ihn mit einen so frevelhaften Titel belegt[46].«

845 erfolgt eine markige Fälschung im Kirchenkontor. Sie ist fast so gewichtig, wie die Entfremdung der christlichen Bibel von der historischen Wahrheit. Mit den Pseudo-Isidorischen Dekretalen werden die Grundsteine der 1000 Jahre später manifestierten Unfehlbarkeit eingefädelt. U. a. wird darin vorgetragen:

- Jede Synode bedarf der Genehmigung oder Bestätigung ihrer Beschlüsse durch den Papst. Ihm steht in Glaubenssachen die Machtfülle zu.
- Die römische Kirche bleibt bis zu ihrem Ende von jedem Irrtum befreit[47].
- Der Bischof ist ein Diener des Papstes.

Bald danach regen sich die päpstlichen Machtgelüste, denn die Bedeutung gerade dieser Position wird rasch erkannt. Während der Synode von Sardica (343) wird der Versuch unternommen, sich richterliche Gewalt beizumessen. Hier wird die Bestimmung getroffen, daß Papst Julius I. befugt sei, ein Gericht über einen Bischof in zweiter Instanz zu berufen bzw. das Urteil in letzter zu fällen. Er kann sich *nicht* durchsetzen. 419 schreiben die afrikanischen Bischöfe an Bonifaz I.: »Wir sind entschlossen, uns die Anmaßung nicht gefallen zu lassen.«

Papst Nikolaus I. der Große nützt um das Jahr 863/64 geschickt die Lage, indem er dem griechischen Kaiser, dem fränkischen König Karl und den Bischöfen mitteilen läßt, daß der Papst der oberste Richter sei. Die Bedenken der fränkischen Bischöfe schlägt er nieder und hebt hervor: »Die römische Kirche hat Beweise und besitzt die alten Dokumente[48].« Folgerichtig wird auf der in Rom gehaltenen Synode das Anathem über die gesprochen, die eine vom Papst geäußerte Lehre mißachten.

Um die Unfehlbarkeit abzustützten, besinnt man sich auf das Vierte Ökumenische Konzil von Konstantinopel (869-870) des Papstes Hormisdas (514-523), das die Formel approbiert, die besagt, »daß die katholische Religion vom apostolischen Stuhl stets unversehrt bewahrt worden ist.« Man verschweigt, daß hierbei Druck ausgeübt worden ist, was Hefele in seiner Konzilsgeschichte dokumentiert[49]. Der Charakter dieser Versammlung ist dubios[50]. Im Laufe des Konzils von Loudun (1143) wird die Verletzung der Kirche oder des Kirchhofs, die Handanlegung an einen Geistlichen und auf dem von Avignon (1209) der Meineid und die Verachtung der kirchlichen Zensuren dem päpstlichen Stuhl reserviert. Daraus muß geschlossen werden, daß bis zu diesem Zeitpunkt die Bischöfe unabhängig der päpstlichen Vorstellungen aktiv gewesen sind.

Dann wird das Zweite Ökumenische Konzil von Lyon aus dem Jahr 1274 in die Waagschale der Ungerechtigkeit geworfen. Im griechischen Glaubensbekenntnis wird der römischen Kurie der Primat des Glaubens zugeschrieben. Demzufolge müssen Glaubensstreitigkeiten per Urteil entschieden werden. Tatsache ist, daß lediglich die byzantinischen Kaiser Michael VIII. der Palaiologen (1224-82) dieses Bekenntnis angenommen hatben Ein konziliarer Beschluß läßt sich nicht nachweisen. Das Bekenntnis wird nicht rechtswirksam verkündet und mit keinem Wort ist darin die päpstliche Unfehlbarkeit erwähnt.

Unter dem Pontifikat von Nikolaus III. (1277-80) stellt der Franziskanerpater Olivi (1248/49-98) die These auf: »Für die Katholiken sei der Papst in Glaubensfragen ein untrüglicher Maßstab.« Dann wird behauptet, das Konzil von Florenz (1438-45) habe die päpstliche Unfehlbarkeit definiert, weil es erklärt, daß der Papst der höchste Lehrer aller Christen sei[51]. Selbst wenn Nikolaus von Kues (1401-64) mit dem Begriff der Unfehlbarkeit hausieren geht, besagt es nichts[52].

Auch die kühnsten Vertreter der Unfehlbarkeit kommen nicht um das Geständnis herum, daß sich Päpste irren können. Papst Innocenz IV. gibt es unumwunden zu[53].

Die Befürworter der Unfehlbarkeit werden durch einen Mann aus den eigenen Reihen der Unaufrichtigkeit bezichtigt. Der Bischof Joseph Hefele von Rottenburg, Verfasser einer umfangreichen Konzilsgeschichte sagt treffend: »... die alten Dokumente der kirchlichen Geschichte, die Schriften der Väter und die Akten der Konzilien sind mir bekannt, aber die Lehre von der Unfehlbarkeit ist dort nicht enthalten[54].«

Sklaven, Folter, Zinsfrage

Bemerkenswert ist die Haltung der Kirche gegenüber den Sklaven. In der Antike ist sie in religiöser Hinsicht in der Regel den Freien gleichgestellt. Die alte Kirche sieht in der Sklaverei eine unentbehrliche zur Ordnung der Welt gehörende Institution. Sie ist für sie selbstverständlich. Während der Sklave früher aus Ohnmacht und nackter Fucht gehorcht, bringt die katholische Kirche eine sittliche Komponente ein[55]. Das Frühchristentum gibt sich liberal. Anfänglich sind die Sklaven gleichberechtigt und ämterfähig. Gehen einst

Bischöfe aus ihrem Stand hervor, so gelten sie später als Menschen *zweiter* Klasse. Es steht im eklatanten Widerspruch zur christlichen Lehre. Seit den Zeiten des Papstes Leo I. ist die Ernennung eines Sklaven zum Bischof verboten. Gelasius I. (492-496) läßt sie nicht mehr als Kleriker zu, während einst ehemalige Sklaven wie Pius I. (um 140) oder Kalixtus I. (218-222) auf dem römischen Bischofsstuhl saßen.

Kalixtus I. lehrt, daß ein Bischof nicht abgesetzt werden kann, »wie schwer seine Sünden auch seien.« Vornehmen Frauen gestattet er einen Beischläfer nach ihrer Wahl und forciert dadurch den Ehebruch. Er spekuliert mit fremdem Kapital, begeht Unterschlagungen, feilscht und rauft mit den Juden und landet als Sträfling in einem sizilianischen Bergwerk. Von hier aus gelangt er mit Christen nach Rom, verdrängt den gebildeten Hippolyt und wird auf Umwegen der Statthalter Gottes. Es ist ein Wunder bei einem so vorbildlichen Lebenswandel.

Der erste Petrusbrief fordert den Gehorsam selbst gegenüber harten Herren und das geduldige Ertragen der Schläge. Der Bischof Ignatius schreibt: »Die Sklaven sollen sich nicht aufblähen, sondern zur Ehre Gottes noch eifriger Dienste tun, damit sie eine herrliche Freiheit vor Gott erlangen[56].« Der Kirchenlehrer Ambrosius nennt die Sklaven ein Gottesgeschenk. Er sieht darin die natürliche Ungleicheit der Menschen begründet. Er weist christliche Sklaven, die unter Berufung auf das Neue Testament nach einem sechsjährigen Dienst um ihre Freilassung bitten, zurück.

Die Synode von Karthago (419) spricht den Sklaven das Recht ab, vor Gericht aufzutreten. Noch im 5. Jahrhundert gibt es Christen, die Tausende von Sklaven beschäftigen. Selbst der Sklavenzustrom wird aktiviert. Ihre Bekehrung mit der Peitsche macht der christliche Staat dem Herrn zur Pflicht.

655 erklärt das Neunte Konzil von Toledo im Kampf gegen die Unzucht der Geistlichkeit: »Wer daher vom Bischof bis zum Subdiakon herab aus fluchwürdiger Ehe, sei es mit einem Freien oder mit einer

Sklavin Söhne zeugt, soll kanonisch bestraft werden; die aus einer solchen Befleckung erzeugten Kinder sollen immer als Sklaven der Kirche angehören, bei der ihre Väter, die sie schandmäßig erzeugten, angestellt waren.«

Im gleichen Maß besteht das Problem der rechtmäßig verheirateten Priester. Nachdem Papst Benedikt VIII. Priesterkinder, die wehrlosen Geschöpfe der zölibatären Ängste, zu *Gesetzlosen* und *Kirchensklaven* deklariert hat, erweitert Papst Leo IX. den Barbarismus dahingehend, daß er auch die Ehefrauen der Geistlichen und deren Konkubinen zu Sklavinnen der Kirche erklärt, was der Kirche Roms schon damals billige Arbeitskräfte sichert[57].

Während die Kirche nach außen Liberalität heuchelt, ist sie selbst weit davon entfernt, mit einem guten Beispiel voranzugehen. Es ist kein Geheimnis, daß man in klerikalen Kreisen weit über das Mittelalter hinaus Sklaven gehalten und verkauft hat. Die Statthalter Gottes sehen in der Sklavenhaltung kein Unrecht, denn sie ziehen am Strang der Reichen und Großgrundbesitzer. Es ist unbestritten, daß die römische Kirche in der Sklavenfrage eine unrühmliche Rolle spielt. Man darf es nicht mit Schenkungen abtun, denn Menschen kann man nicht verschenken. Die Kirche schützt nicht die Schwachen und Gebeugten, sondern die Starken, damit sie selbst die Stärkste wird. Erst im 19. Jahrhundert hat die Kirche unter Gregor XIV. die Verteidigung der Sklaverei untersagt.

889 stiftet der Fürst von Salerno der Kirche zum heiligen Maximus einen Lupus mit seiner Familie, ihrer beweglichen und unbeweglichen Habe[58]. In einer von Muratori reproduzierten Urkunde aus dem Jahr 975 vereinbaren der Bischof Andalogus und der Presbyter Arsualdus einen Sklaventausch, den sie sich wechselseitig bestätigen[59].

Daß kirchliche Sklavenhalter so unnachgiebig wie weltliche sind, versteht sich von selbst. Das Konzil von Toledo verbietet, die Sklaven zu verstümmeln[60]; somit muß es zu Mißbräuchen und Übertretungen gekommen sein.

In einer Streitsache aus dem Jahr 905 erklärt der Erzbischof von Mailand gegenüber den ihm zugeführten Sklaven: »Die gottseligen Kaiser Lothar und Karl haben euch dem Kloster des heiligen Ambrosius von Mailand überwiesen, und wie ihr deren Sklaven ward, seid ihr nun unsere … was immer wir euch heißen und befehlen, habt ihr zu tun[61].«

In den Dekretalen, einer Sammlung von Kirchengesetzen aus der Zeit um 1230, findet sich ein Titel[62], demzufolge Sklaven neben dem Acker als Bestandteile der Immobilie betrachtet werden. Im 13. Jahrhundert werden in der Umgebung Roms Sklaven verkauft[63]. In einem Streit mit der Republik Venedig erklärt Papst Klemens V. alle Venetianer für Sklaven[64].

1532 wird eine Verordnung publiziert, die den Geistlichen das Halten von Sklaven untersagt und am 9.7.1539 erklärt der Papst kraft apostolischer Machtfülle, aufgrund ihm zugespielter Nachrichten, die Indianer für *wirkliche* Menschen. Er verdammt die Behauptung, daß man sie erst zu Sklaven machen muß, ehe man daran denken kann, sie als Christen zu bezeichnen[65].

Im Zusammenhang mit der Entdeckung Amerikas kommt es zu eklatanten Ungerechtigkeiten. Der Bischof von Fonseca besitzt 800 Sklaven. Die Eroberer betrachten die Ureinwohner als wilde Tiere und machen Jagd auf sie, obwohl der Priester Las Casas vorträgt: »Die Menschen, welche die unermeßlichen Gegenden bewohnen, sind Geschöpfe ohne Falschheit und Doppelzüngigkeit … sie sind geduldig und friedfertig, unfähig sich zu empören, unfähig zu Haß und Rache. Räubereien kommen unter ihnen nicht vor. Der Diebstahl ist ihnen unbekannt. Sie sind arm, aber friedlich, Verlangen nach irdischen Gütern kennen sie nicht. Hab-, Herrsch- und Ehrsucht sind ihnen fremd … ihre Sitten sind rein. Sie zeigen die Neigungen zum Christentum.«

Doch als die Christen kommen, breitet sich ein Leichentuch von unermeßlichen Dimensionen über sie aus. Wildgewordene Fanatiker vergewaltigen Frauen, nehmen kleine Kinder an den Beinchen und schla-

»Der geistliche Schafstall«; Spottblatt auf das Papsttum. Christus als guter Hirte, neben ihm Petrus unter der Tür eines Schafstalles. Geistliche Würdenträger verwehren dem Volk den direkten Zugng zu Christus. Holzschnitt, Germanischs Nationalmuseum Nürnberg.

gen ihren Kopf unter dem Vorwand, dem Nationalheiligen Santiago de Compostella ein wohlgefälliges Opfer zu bringen, an einem Stein auf.

Papst Pius VI. erklärt am 10.3.1791 unter Bezugnahme auf den 15. Kanon des Konzils von Toledo aus dem Jahr 638, daß das, was der Kiche einmal geopfert worden sei, auch bei ihr verbleiben müsse, es seien Menschen, Tiere oder Felder[66].«

Mit dem Halten von Sklaven ist es in kirchlichen Kreisen nicht getan. Die Kirchenführung verlangt die pünktliche Anwendung der Folter, um ihre Interessen durchzusetzen. Sie wird angewendet, um die Wahrheit zu erforschen, an der die christliche Religion seit 2000 Jahren vorbeigeht. Die damit verbundenen Schwächen werden früh erkannt. In den Schriften Gregors von Tour kommt der Ausdruck *tortura* im Sinn einer Geständniserzwingung vor. Der Begriff *Marter* hat kirchliche

Bedeutung im Sinn eines Blutzeugnisses. Daraus leitet sich das Wort Märtyrer ab[67]. Selbst der Reformator Martin Luther verbürgt sich für die Anwendung der Folter[68].

Im Verbund mit den großangelegten Hexenverfolgungen wird tausendfach gefoltert. Man weiht die Ruten in den Folterkammern mit Weihwasser, um die Delinquenten gefügiger zu machen und man kocht ihre Speisen damit. Noch heute gibt es Menschen, die sich Christen nennen und unbarmherzig foltern. Auch der Zwangsglaube ist eine Folter, denn er unterbindet die freie Religionsausübung. Noch heute wird die Christianisierung Europas seitens der Kirche als Wohltat für die sündige Menschheit hingestellt. Das Missionieren ist ein zweifelhaftes Verdienst. Die Frage ist, ob sich das Abendland nicht ohne dieses Geplänkel früher, besser und freier entfaltet hätte als durch das Anlegen der geistlichen Zwangsjacke. Als bedeutender Missionar wird Bonifazius angesehen. Er hat mit unbeugsamer Kraft nördlich der Alpen dem welschen Geist zum Sieg verholfen und die moralische Autorität des Papstes auf den Thron gehoben; er wird zum Bahnbrecher des Primats. »Bonifazius ist der unterwürfigste Vasall des Papsttums, der die alte Niederlage des Varus an den späten Nachkommen in den gleichen Regionen rächt, indem er Deutschland Rom und der lateinischen Sprache unterwirft.«

Papst Gregor II. erhebt ihn zum Reichsbischof und Legaten für Deutschland. Er gründet die Klöster Würzburg, Erfurt, Eichstätt und Buraburg; ferner die Kirchsprengel Salzburg, Passau, Freising und Regensburg. 745 wird er Erzbischof von Mainz. Daraufhin gründet er das Kloster Fulda, von wo er 755 in Gemeinschaft mit 52 Gleichgesinnten auszieht, um unter den Friesen das Bekehrungswerk fortzusetzen. Es kommt zu Meinungsverschiedenheiten. Bonifazius wird zusammen mit 42 anderen erschlagen.

Um ungerecht zu sein, braucht man Geld, denn nur so kann man Abhängigkeit erzeugen. Der kirchliche Reichtum wächst auf dem Buckel des kleinen Mannes. Er ist über weite Strecken unredlich erworben. Die Mittel, um die christlichen Schatzkammern zu füllen, sind nicht immer lobenswert. Die Zinsfrage[69] ist ein so dunkler Fleck auf der Weste des Christentums wie die Proklamation der Unfehlbarkeit. Schon Cyprian beklagt die klerikale Hinterlist. Er zählt die Geistlichen zu den Wucherern und sagt, es seien tonsurierte Harpyen. Der negative Einfluß von zu viel Reichtum hat Einzelne verblendet und zu Despoten herabgewürdigt[70].

Während die Kirche auf der einen Seite das Zinsnehmen und Wuchern als Todsünde deklariert[71], durchziehen gleichzeitig kirchliche Agenten die Länder und brandschatzen wehrlos gemachte Völker und Familien. Die Päpste üben ohne Scheu und Skrupel, was sie anderen als Sünde untersagen. Es ist eine bloße Theorie, wenn Papst Benedikt XIV. verlautbaren läßt: »Jeder aus einem Darlehen gezogene Gewinn, mag er groß oder klein, von Armen oder Reichen

sein, ist mit wucherischem Schmutz behaftet. Nach der kirchlichen Lehre machen sich die Zinsnehmer der Todsünde schuldig[72]. Demzufolge müssen nach ihrem Selbstverständnis alle Banken einschließlich der Banca Vaticana geschlossen und gemeinsam der Hölle überwiesen werden.

Benedikt XIV. spricht wie ein Blinder von der Farbe. 1522 wird während des Reichstages von Nürnberg dem päpstlichen Legaten Cheregati mitgeteilt, »daß die Offizialen und Richter um eines jährlichen Zinses willen nicht nur Fleischessünden, sondern auch dem Wucher durch die Finger sehen.« So entpuppt sich der kuriale Apparat zum Tummelplatz der Korruption und der Simonie[74], wobei die Leihämter[75] als besondere Betrugsvariante anzusehen sind.

Kirchenkampf und Festigung

Der päpstliche Stuhl mit seinem Drang nach der Weltherrschaft kämpft seit jeher an verschiedenen Fronten gleichzeitig. Die Konflikte mit den weltlichen Herrschern setzen mit dem Beginn der Kirchengeschichte ein. Mehr als zehnmal haben Päpste Kaiser und Könige mit dem Bann belegt oder ihnen mit der Absetzung gedroht. Die historische Vorstellung, daß ein Zusammengehen der weltlichen Herrscher mit den geistlichen Führern für beide Seiten sinnvoll ist, wird von einzelnen Päpsten geschickt und einseitig genutzt. Und doch spielen sich viele Auseinandersetzungen im Stillen ab. Sie sind transparent genug, um beurteilt zu werden. Die Päpste haben einzelne Machtansprüche durch nachweisbare Fälschungen gerechtfertigt.

Gregor I. (590-604) zeigt sich demütig. In einem Brief an den Kaiser Mauritius schreibt er: »Wer bin ich, der ich zu meinem Herrn rede, als Staub und Wurm.« Er bezeichnet sich in diesem Zusammenhang als einen unterwürfigen Diener und nennt den Kaiser einen frommen Herrn, dem die Gewalt über alle Menschen vom Himmel herab erteilt worden ist.

Augustinus vertritt die Auffassung, daß das Priestertum über den Königen steht. Die Kirchenlehrer Chrysostomus und Ambrosius erklären, daß sich der geistliche Stand im Gegensatz zum Volk wie die Seele zum Leib oder wie das Gold zum Blei verhält.

Bischof Martin (649-655) wagt es, sich kaiserlichen Befehlen zu widersetzen und läßt sich auf verräterische Pläne ein. Er wird von Statthaltern in Rom gefangen und auf die Insel Naxos gebracht. Später wird er in Konstantinopel vor ein Gericht gestellt und verurteilt. Man hält ihm vor: »Du hast gegen den Kaiser verräterisch gehandelt ... Gott hat Dich verlassen und in unsere Hände gegeben.« Daraufhin wird ihm ein Halseisen umgelegt und man führt ihn durch die Gassen der Stadt. Vor ihm geht der Scharfrichter mit dem entblößten Schwert als Symbol, daß er als Verbrecher des Todes würdig ist.

Im 8. Jahrhundert kommt das langobardische Reich unter die fränkische Herrschaft. So werden die römischen Bischöfe zum größten Landbesitzer Italiens, wenngleich es mit Fälschungen und Unaufrichtigkeiten verbunden ist; die Beziehungen zu Gallien werden enger.

Von 715-735 sitzt Papst Gregor II. auf dem bischöflichen Stuhl. Unter seiner Herrschaft wird ein Bilderstreit inszeniert. Er nennt den Kaiser einen »Ignoranten, Tölpel, einen dummen und verrückten Menschen, ja einen gottlosen Ketzer.« Er wagt ihm zu schreiben: »Jesus Christus schicke Dir den Teufel in den Leib, damit Dein Geist zum Heil gelange.« Der weltliche Machthaber handelt konsequent; er entzieht ihm das Patrimonium und unterstellt es in der Folge dem Patriarchen von Konstantinopel.

Karl der Große betrachtet den Krieg als erlaubtes Mittel, um den Bestand des Reiches zu sichern. Er aktiviert die Christianisierung der Sachsen und setzt auf die Verweigerung der Taufe den Tod[76]. Wohl unter dem Einfluß der Geistlichkeit fällt er über die freien Sachsen her, um sie dem Christentum zuzuführen. Er lädt die sächsischen Könige und Vollfreien nach Verden an der Aller zu einer gütlichen Verhandlung. Karl der Große läßt sie von einem Heer umstellen und niedermetzeln, denn er ist katholisch. Auf diese Weise ist der sächsische Widerstand rasch und erfolgreich gebrochen.

Der Mönch Lebuin droht den Sachsen: »Dann werdet ihr endlich den Weg zum rechten Glauben finden ... folgt ihr nicht, sendet der Herr des Himmels seinen tapferen, klugen und mächtigen König über Euch. Wie ein Wildwasser wird er über euch hereinstürmen, alles zerschmetternd ... er wird eure Frauen und Kinder zu Sklaven machen[77].«

Karl der Große hält sich im Jahr 800 in Rom auf, um aufgrund seiner zweifelhaften Siege über den Langobardenkönig Desiderius die Würde eines römischen Kaisers anzunehmen. In der Peterskirche tritt ihm Papst Leo III. entgegen, setzt ihm die Krone auf den Kopf und sagt: »Carolo Augusto, dem von Gott gekrönten und friedenbringenden Kaiser der Römer ... Leben und Sieg.« Daraufhin wird er vom Papst gesalbt.

Papst Leo III. unterstreicht seine Großtat dadurch, indem er ein großes Mosaik im Saal des Lateranpalastes anfertigen läßt. Auf ihm ist Christus dargestellt, wie er dem knienden Papst die Schlüssel des Himmels und der Hölle, dem knienden Kaiser hingegen die Kreuzzugsfahne übergibt. Als Karl der Große 814 stirbt, versuchen die Kirchenführer, seinen Sohn Ludwig für ihre Zwecke zu gewinnen; doch er ist nicht wie sein Vater.

Papst Gregor III. wiegelt das Volk gegen den Kaiser auf. Nach seinem und Karl Martells Tod gelangt Zacharias an der Ruder der päpstlichen Macht. Er verdammt den Bischof Vigilius als Ketzer, weil er die Meinung vertreten hat, »daß die Erde eine Kugel ist ...und daß auf der anderen Seite derselben Menschen wohnen, die uns die Fußsohlen zukehren.«

Noch unter den Karolingern und sächsischen Kaisern regiert der Staat die Kirche. Otto I. der Große setzt deutsche Erzbischöfe ein. Doch überreicht ihm der Erzbischof von Aachen bei der Krönungszeremonie das Schwert und spricht: »Empfange es und treibe mit ihm alle Widersacher Christi, die

Heiden und schlechten Christen aus, da Dir durch Gottes Willen alle Macht des ganzen Frankenreiches übertragen ist ... zum bleibenden Frieden aller Christen[78].«

Heinrich III. setzt drei Päpste ab und befördert an deren Stelle einen Bamberger Bischof, den Sachsen Suitger von Mayenhoff, auf den römischen Stuhl. Mit der Ausweitung der Machtverhältnisse spitzt sich die Lage auf beiden Seiten zu und es wird ein Kampf um Leben und Tod. Die Päpste setzen Fälschungen und Drohungen ein, um ihr Ziel zu erreichen. So werden sie unumschränkte Gesetzgeber in geistlichen und weltlichen Angelegenheiten, so erheben sie sich über Fürsten und Völker und lassen sich als Halbgötter verehren[79].

Die Wirkung der gefälschten Dekretalen wird erkannt und genutzt; bereits unter Papst Nikolaus I. und erweitert unter Papst Johannes VIII., der ab 872 die Tiara trägt. Nach Otto von Corvin gebärdet er sich wie ein *echter* Papst. Er schreibt an Karl den Dicken: »Wenn Du sie nicht binnen 60 Tagen zurückschaffst, sollst Du gebannt sein und wenn das nicht hilft, durch derbere Schläge klüger werden[80].«

Papst Stephan V. (885-91) versteigt sich zu der Auffassung: »Die Päpste werden wie Jesus, von ihren Müttern durch die Überschattung des Heiligen Geistes empfangen; alle Päpste seien eine Art von Gott-Menschen, um das Mittleramt betreiben zu können. Ihnen sei alle Gewalt zwischen Himmel und Erde verliehen.« Papst Johannes XV. (985-996) maßt sich das ausschließliche Recht der Heiligsprechung an, das vordem jeder Bischof nach Gutdünken ausübt.

Das erste Jahrtausend der christlichen Kirchengeschichte kennt wenig substantielle Kirchenversammlungen. Das klerikale Brauchtum wächst langsam. Zum Ende es Abschnittes erkennt man, daß die römisch-katholische Kirche vor einem Trümmerhaufen steht. Die Problematik läßt sich so umreißen:

- Sie muß politisch über die weltlichen Machthaber siegen. Es gelingt ihr durch die Schlupftür der Investitur.

- Sie muß Simonie und Ämterschacher in den Griff bekommen, weil sie sonst finanziell verblutet.
- Sie muß die zölibatäre Idee durchsetzen, weil die permanenten Erbteilungen ihren wirtschaftlichen Ruin herbeiführen.
- Sie muß die gegen sie gerichteten Ketzerbewegungen gewaltsam niederhalten, um ihr System in den Vordergrund zu rücken.

Mit dem 2. Jahrtausend beginnt eine neue Ära des Papsttums. Nun beginnt die Saat der gefälschten Dokumente aufzugehen. Das Papsttum erhebt sich für einige Jahrhunderte zu seiner höchsten Machtfülle und stellt die Weichen für die kommende Zeit. Hinter dem Engagement steht

Gregor VII.

Die Urteile über Papst Gregor VII., den Sohn eines Schmiedes oder Ziegenhirten aus der Toscana, schwanken. Seine Streitbarkeit, sein dämonisches, immer forderndes Naturell und die kalte Glut seines Denkens und Wollens werden so herausgestellt wie seine Selbstlosigkeit und tiefe Frömmigkeit. Es ist unbestritten, daß er dem mittelalterlichen Papsttum die Härte, Konsequenz und geistige Durchschlagskraft verliehen hat, um es zum Zenit der Macht zu führen.

Der ehemalige Mönch Hildebrand hat vor seiner Wahl zum Apostelfürst auf die Militarisierung der Kirche hingearbeitet. Er kommandiert bei den Kämpfen mit dem Gegenpapst Honorius 1062/1063 die päpstlichen Truppen. Auf Gregor VII. gehen definitive Kreuzzugspläne zurück, die er 1074 entwickelt. Er nennt in einem Schreiben an seinen Todfeind, den Kaiser Heinrich IV. Jerusalem und das Heilige Grab als Kriegsziele. Andere Sorgen halten ihn ab, diese Pläne weiter zu verfolgen. Einer seiner wichtigen Gefolgsleute ist Bischof Anselm von Lucca, der dem Papst »zuverlässigen Gehorsam erweist, mit dem vollkommenen Haß die Partei der Gebannten haßt und die katholische Einheit liebt und verteidigt.«

Anselm aktualisiert in seiner Kanonensammlung die Lehren von Augustinus und zimmert ein stabiles Ideengebäude, das zur Begründung der Kreuzzugsidee herangezogen wird. Der Krieg ist nach ihm zwar *an sich* verwerflich, aber nicht, wenn man das Heil des Feindes im Auge hat. Dadurch wird er zu einem Akt der Güte und Milde umstilisiert. Gregors VII. militärische Planungen verlaufen im Sand und keines seiner Kriegsprojekte wird verwirklicht. Sein Lebensziel ist die Schaffung eines großen christlichen Imperiums, an deren Spitze nicht die Kaiser, sondern die Päpste stehen.

Hildebrand schmiedet die Kette, unter der die Welt seit 800 Jahren seufzt; er ist der eigentliche Begründer des Papsttums. Ein Zeitgenosse sagt: »Das Wort Papst plural zu gebrauchen, ist so gotteslästerlich, als den Namen Gottes in der Mehrzahl zu verwenden[82].« Stacke sagt in seiner Deutschen Geschichte[83]: »Gregor gehört zu den mächtigen, aber kalten und herzlosen Naturen, die als Gewaltherrscher oder Urheber einer selbstgeschaffenen Ordnung über das Glück von Millionen schreiten ... sie haben nur das Ziel ihrer Herrschaft im Auge und sind von diesen Gedanken erfüllt. Von den Menschen mit grauenvoller Bewunderung angestaunt, wandeln sie gleichsam wie völlig weltfremde Wesen durch das Leben.«

»Hildebrand war ein Mann, in dessen Gestalt sich grenzenlose Machtgier, eine zähe Energie, wie die vor keiner Vergewaltigung zurückschreckende Rücksichtslosigkeit verkörpert ist.« Sein Zeitgenosse Damiani bezeichnet ihn als *heiligen Satan*. Gregor VII. trifft alle entscheidenen Maßnahmen, um den bevorstehenden Untergang des Christentums abzuwenden.

- Er setzt den Zölibat durch.
- Er bestimmt päpstliche Legaten zur Wahrung der kirchlichen Interessen in ganz Europa.
- Er unterbindet 1075 den Ämterschacher. Widerstrebenden droht er mit dem Kirchenbann.
- Er aktiviert die päpstliche Monarchie.

Gregor VII. strebt die priesterliche Weltherrschaft an und er setzt sie durch. Sie ist in ihm personifiziert und er hat die wahnwitzige Vorstellung, daß die Kaiser und Könige künftig ihre Befugnisse vom kirchlichen Oberhaupt als Lehen empfangen und daß sie den Papst als höchsten unanfechtbaren Schiedsrichter anzuerkennen haben. Sämtliche Entscheidungen liegen bei ihm.

Immer deutlicher degradiert er die einst so mächtigen Bischöfe zu Vasallen. Er absolviert ohne ihr Wissen und Zutun und er schreibt dem Bischof von Lüttich, der sich über sein Verhalten beschwert: »Wir verwundern uns, daß Du nicht mit der geziemenden Achtung an den Apostolischen Stuhl geschrieben, sondern Uns wegen der Absolution, die wir einem Deiner Untertanen erteilten, mit beißenden Ausfällen getadelt hast, als wenn der Apostolische Stuhl nicht die Macht hätte, zu lösen und zu binden, wen und wo er will[83].« Mit diesem Freibrief in der Tasche, halten sich die Päpste für berechtigt, die bischöfliche Gewalt zu reglementieren und in ihr seitheriges Recht der Sündenvergebung einzugreifen.

Gregor VII. behauptet in seinem *Dictatus papae*, der Titel *papa* sei einzigartig und auf der ganzen Welt nur vom römischen Pontifex zu führen. Er übersieht, daß viele Millionen von Kindern ihren Vater so nennen. Tatsächlich tituliert man einzelne Bischöfe schon mindestens 150 Jahre zuvor auf diese Weise.

Gregor VII. versteht sich nicht nur als Reformer, sondern auch als der gottberufene Begründer einer früher nie dagewesenen Kirchenzucht[84]. Er kehrt mit einem eisernen Besen. Mit ihm und durch ihn beginnt das veränderte Denken wie ein breiter Strom in die neue Kirche einzudringen[85]. Die Folge ist ein neuer militanter Katholizismus, der mit dem Urchristentum, dem Glauben nichts, aber mit politischen Ambitionen viel zu tun hat.

Nun arbeitet nicht mehr jeder gegen jeden, doch die Zentralisierung der Kräfte, das Herausschälen einer gemeinsamen Stoßrichtung, bedeutet Normierung, Ausfeilen des gewünschten Hörigkeitswahnes, Reglementierungen, Kirchenstrafen, Widerstand und Gesetze. Im Schoß der Kirche ballen sich oppositionelle Kräfte.

Innerhalb der Theologie und Philosophie werden Auflösungstendenzen spürbar. Der Papst begegnet den Angriffen weder klug noch abwägend, sondern nach anfänglichem Zögern mit Despotismus und unlauteren Winkelzügen. Er setzt ab 1073 Synoden ein und bindet in geschickten Kampagnen die Bischöfe an sich. Mit ihm agiert Anselm von Lucca, der Begründer des *gregorianischen* Kirchenrechts. Gregor VII. findet in Deusderit einen treuen Vasallen, der zur Feder greift, um die angeschlagene Freiheit der Kirche zu verteidigen[86].

Sein Ausspruch »Es gibt nur wenige Kaiser und Könige, die Heilige gewesen sind, von den 153 Päpsten haben aber über 100 den höchsten Grad der Heiligkeit erklommen«, läßt erkennen, wessen Geistes Kind er ist. Im Alter ärgert er sich darüber, »daß ihm sein Leben keine Zeit gelassen hat, sich mit höheren Dingen zu beschäftigen[87].«

Bald besinnt man sich der Doktrin von der Absetzbarkeit der Monarchen. Damit nährt man die Vorstellung, daß von der Kirche gebannte Kaiser und Könige regierungsunfähig sind. Der deutsche Kaiser Heinrich III. erkennt diese Problematik, ist aber dem kurialen Ränkespiel nicht gewachsen, zumal man ihn gleichzeitig über die Schiene der Bischöfe traktiert.

Deutlicher dokumentieren sich die Ereignisse unter seinem Sohn und Nachfolger Heinrich IV. In Ulm versammelt sich während des Investiturstreites im Herbst 1076 und erneut im Februar 1077 die süddeutsche Fürstenopposition und beschließt die Wahl eines Gegenkönigs, die am 13.3.1077 in der Pfalz Forchheim erfolgt und auf den Herzog Rudolf von Schwaben fällt.

Papst Gregor VII. versteift sich zu der Behauptung: »Jeder König, selbst wenn er vorher gut und demütig ist, wird durch den Besitz der Macht schlecht. Der in gerechter Weise ordinierte Papst wird dagegen durch das ihm zugeschriebene Verdienst des Petrus heilig. Ein Exorzist ist mächtiger als

ein Monarch, da er die Dämonen bannt, deren Knechte die schlimmsten Fürsten sind[88]. Von hier zum totalitären Anspruch: »Selbst wenn ein Papst schlecht ist, darf er von niemand gerichtet werden[89]« ist es nur ein Schritt.

Die ungewohnte Machtfülle des neuen Papsttums bedeutet einen erheblichen Eingriff in die gewohnten Herrschaftsverhältnisse bei der Besetzung der hohen Kirchenämter. Im 1. Jahrtausend haben dies die weltlichen Herrscher wahrgenommen und sie hatten das Sagen. Gregor VII. wendet das Blatt zu seinen Gunsten und nun hat er das Sagen. Es bedeutet eine planmäßige Zerstörung des seitherigen Lehnssystems, das ein Grundpfeiler der mittelalterlichen Staaten ist. Von gleicher Bedeutung ist die systematisch betriebene Entmachtung der Bischöfe.

Investitur und Kirchenbann

Die römischen Kapriolen werden im deutschsprachigen Raum sorgfältig beobachtet und analysiert. Heinrich IV. ruft eine Synode aller deutschen Bischöfe ein, um über die Sache zu reden. Sie wird am 24.1.1076 in Worms unter dem Vorsitz des Erzbischofs Siegfried von Mainz in der Gegenwart des Königs eröffnet. Kardinal Hugo tritt als Gesandter auf, um eine Reihe schwerer Beschuldigungen gegen den Papst zu erheben: »Er hat nicht nur widerrechtlich den Stuhl Petri bestiegen, sondern er hat auch sein Amt durch Verbrechen geschändet. Er hat Mörder gedungen, die dem König nach dem Leben trachten.« Ein daraufhin gefaßter Beschluß, unterzeichnet von allen Bischöfen, verlangt die sofortige Absetzung Gregors VII. Heinrich IV. fügt ihm ein persönliches Schreiben bei und sagt darin:

»Heinrich, nicht durch Geld, sondern durch Gottes Gnaden heiliger Anordnung König, an Hildebrand, den falschen Mönch, nicht mehr Papst! Diese Anrede hast Du verdient wegen der Verwirrung, die Du über alle Einrichtungen und Stände der Kirche gebracht hast. Durch List und Betrug

Darstellung der »Canossa-Legende«. 1077 soll der deutsche Kaiser Heinrich IV. sein königliches Gewand mit dem Büßerhemd vertauscht haben, um den auf die Burg von Canossa geflüchteten Papst Gregor VII. um Vergebung zu bitten. Symbolisiert wird dabei lediglich der Kampf um die Investitur.

bist Du zu Deiner Stellung gelangt. Deinem Mönchsgelübde entgegen erwarbst Du Dir durch Geld Volksgunst, durch Volksgunst Waffen, durch Waffen den Stuhl des Friedens, von dem herab Du den Frieden der Welt vernichtest, indem Du die Untertanen gegen ihre Obrigkeiten aufwiegelst. Deshalb, Du mit Fluch Behafteter und durch unser und aller unserer Bischöfe abgesetzter Verdammter, steige herab von dem angemaßten Apostolischen Stuhl. Ein anderer soll ihn besteigen, der nicht unter dem Deckmantel der Religion Gewalttaten verübt, sondern (der die) reine Lehre des heiligen Petrus verkündet. Ich, Heinrich, durch Gottes Gnaden König, sowie alle unsere Bischöfe sagen Dir: Steige herab.«

Obwohl eine Synode von Piacenza die Wormser Entscheidung billigt, reagiert Gregor VII. unerbittlich. Er ruft 1076 im Lateran eine Versammlung ein, in deren Folge sowohl die in Worms wie in Piacenza anwesenden Bischöfe abgesetzt werden. Heinrich IV. wird mit dem Kirchenbann belegt. Der päpstliche Erlaß lautet sinngemäß und abgekürzt:

»Heiliger Petrus, Fürst der Apostel, zur Ehre und zum Schutz Deiner Kirche untersage ich im Namen des allmächtigen Gottes, des Vaters, des Sohnes und des Heiligen Geistes, kraft Deiner Macht und Gewalt ... dem König Heinrich ... der sich mit unerhörtem Übermut gegen Deine Kirche erhoben hat, die Leitung des ganzen Reiches der Deutschen und Italiens; alle Christen löse ich von dem Bann des Eides, den sie ihm geleistet haben und den sie ihm leisten werden ... ich verbiete, daß irgend jemand dem König diene. Er verschmäht es, wie ein Christ zu gehorchen ... er mißachtet meine Mahnungen, die ich um seines Heils willen an ihn gerichtet habe ... er sucht die Kirche zu spalten ... so binde ich ihn Deiner Statt mit dem Bann.«

Heute würde man ob eines solchen Unsinns lachen; doch damals durcheilt diese Kunde die gesamte Christenheit. Etwas Ungeheuerliches ist passiert. Ein König klagt den Stellvertrerer Gottes an. Das Volk wird unsicher und merkt, daß Politik etwas mit Religion gemeinsam hat. Wem soll es gehorchen, dem Papst oder dem König. Am besten beiden, so ist es bis heute geblieben. Dann geschieht ein zweites Wunder.

Der König entschließt sich zur Buße und tritt mit seiner Frau und seinen dreijährigen Sohn kurz vor Weihnachten 1076 von Speyer aus eine Reise nach Italien an. Die königliche Familie geht nach Canossa, einer auf einem hohen Fels gelegenen Burg der Gräfin Mathilde von Toskana, wohin sich der Papst geflüchtet hat, denn Ritter und Grafen der Lombardei haben dem König Unterstützung zugesagt und stellen ein beachtliches Heer.

In diesem Umfeld bildet sich die *Canossa-Legende* heraus. Der gedemütigte König muß sein Gewand mit einem Büßerhend vertauschen und sich den päpstlichen Entscheidungen beugen. Hampe sagt in seiner *Deutschen Kaisergeschichte im Zeitalter der Salier und Staufer*[90]: »Ein zeitweiliges Bußestehen wird sich kaum in Abrede stellen lassen, aber daß der König drei Tage und Nächte ohne Unterbrechung auf Eis und Schnee gestanden haben soll, ist eine Übertreibung, die bis in unsere Tage fortwirkt, aber haltlos ist[91].«

Schließlich wird der Bann mit dem Bemerken gelöst: »Er soll nach Deutschland zurückkehren, um abzuwarten, ob er König bleiben kann.« Heinrich IV. geht, nachdem ihm Gregor VII. die Absolution erteilt hat, noch im gleichen Jahr nach Ulm, um sich erneut die königliche Krone aufs Haupt zu setzen und um über seinen Gegner, Herzog Rudolf von Schwaben und die ihn unterstützenden Herzöge Welf von Bayern und Berthold von Kärnten, die Acht zu verhängen.

Begleitet ist das Geplänkel von massiven Hetzkampagnen. Man sagt dem deutschen Kaiser nach: »Er ist ein abscheuliches Gemisch aus Wollust und Grausamkeit ... eine Art Ritter Blaubart oder gar verloren in widernatürliche Laster. Über solchen Gelüsten und Launen habe er seine Herrschaftspflichten vernachlässigt ... und dabei jedes Recht gebrochen[92].« Tatsache ist, daß der deutsche König verketzert wird, weil er seine Interessen zu wahren sucht[93]. Der Klerus zeichnet ein widerliches Zerrbild: »Da haben Päpste und kuriale Publizisten gewetteifert, das Grauen der abergläubischen Massen vor dem Kaiser wachzurufen, indem sie ihn als Bestie der Apokalypse, als leibhaftigen Antichrist schildern, der vom Glauben abgefallen, an der Zerstörung der Christenheit arbeite ... denn seine Ketzerei, behauptet Papst Gregor IX. werde erwiesen durch die Äußerung: »Die Welt ist durch drei Schwindler (Moses, Christus und Mohammed) betrogen, und es ist einfältig zu glauben, daß von einer Jungfrau der Gott hätte geboren werden können, der die Natur und alles geschafft hat[94].

Papst Urban II. (gest. 1099) schreibt über den bereits Exkommunizierten und später Gebannten an den Grafen Robert von Flandern: »Wo immer du kannst, verfolge nach Kräften Heinrich, das Haupt der Ketzer und seine Anhänger ... wir befehlen Dir dies und Deinen Soldaten als Mittel, um Nachlaß Eurer Sünden und die Freundschaft des Apostolischen Stuhles zu erlangen, damit Du nach diesen Arbeiten und Kämpfen mit Gottes Hilfe in das himmlische Jerusalem einziehst.[95]«

Nach diesem Gerangel wird Rudolf von Schwaben zum deutschen König gewählt. Er handelt sich die Bezeichnung *Pfaffenkönig* ein, weil er der Kurie hörig ist. Um ihn in seinem Kampf gegen Heinrich IV. zu stützen, sichert der Papst allen waffenfähigen Männern die Vergebung aller jemals begangenen Sünden zu und es scheint unmöglich, daß er mit dieser Marotte einen Scheinerfolg erzielt. Heinrich IV. greift zu den Waffen und so entspinnt sich erbitterte Kämpfe unter der Beobachtung Roms. Rudolf erhält am

Heinrich IV. vor Canossa. Im Hintergrund links legt die Markgräfin Mathilde von Tuszien beim zögernden Gregor VII. ein Wort für den Büßer ein. Zeichnung von H. Plüddemann in »Die Gartenlaube« (1862).

15.10.1080 einen Stich in den Unterleib; die Schwerthand wird ihm abgeschlagen. Sterbend soll er gesprochen haben: »... das ist die Hand, mit der ich König Heinrich die Treue schwor. Ihr aber, die ihr mich überredet, sie zu brechen, fragt euch selbst, ob ihr mir Recht getan habt? Der Tod Rudolfs ist der Kurie unbequem. Gregor VII. erläßt am 27.3.1080 27 Dekrete an alle Erzbischöfe und Bischöfe. Es wird ihnen nochmals verboten, aus der Hand eines weltlichen Regenten eine Belehnung anzunehmen. Es wird bestimmt:

- Die römische Kirche ist göttlichen Ursprungs.
- Der römische Papst ist universal; sein Recht ist umfassend. Nur er kann Bischöfe ein- und absetzen.

- Die päpstlichen Legaten stehen über den Bischöfen.
- Die Fürsten dürfen nur dem Papst von Rom die Füße küssen.
- Der Papst hat das Recht, Kaiser abzusetzen.
- Kein vom Papst gefälltes Urteil darf geändert werden ... er darf von niemand zur Rechenschaft gezogen werden und niemand kann ihn verurteilen.
- Keiner darf die von ihm getroffenen Maßnahmen kritisieren oder bemängeln.
- Die römische Kirche hat nie geirrt und kann sich nach der Schrift bis in alle Ewigkeit nicht irren.
- Der römisch-katholische Bischof ist nach seiner Weihe als heilige Person zu betrachten.
- Der Papst hat das Recht, Untertanen vom Treueeid gegen verruchte Personen zu entbinden.

Nach dem Tod des Gegenkönigs ist Heinrich IV. wieder Alleinherrscher. Er setzt, den päpstlichen Bann außer acht lassend, an der Spitze eines Heeres über die Alpen, um die Frage der Investitur zu klären. Er belagert Rom und zieht siegreich ein. Er erklärt Gregor VII. für abgesetzt und läßt dessen Feind, Wibert von Ravenna, als Papst Klemens III. weihen. Von ihm läßt er sich am Ostertag 1084 zum Kaiser krönen. Gregor VII. flieht verbittert nach Salerno. Der politische Sieg des Papstes liegt darin, das Recht der Investitur für die Kirche erstritten zu haben: »Denn wo die Kirche bestimmen kann, wer im Land bei der Schar der Menschen die Gläubigen vertritt, gewinnt politischen Spielraum, erzeugt Abhängigkeiten und kann Wahlen beeinflussen.«

Der Papst hat die Rechte aller anderen Kirchen an sich gerissen, so daß deren Vorsteher zur Bedeutungslosigkeit herabsinken[96]: »Infolgedessen ist das Band der Autorität gerissen. Die Bischöfe nehmen sich wie gemalte Bilder aus und sind entbehrlich[97].«

Gregor VII., der bedeutendste Reformpapst in der Kirchengeschichte stirbt 1085. Ihm verdankt der *alte* Katholizismus das

Überleben und der *neue* die Grundlagen. Die Folgen seines kraftvollen Wirkens reichen bis in unsere Zeit. In gewisser Weise kann man den jetzigen Papst, Johannes Paul II., mit ihm in Verbindung bringen, denn auch heute steht das Papsttums selbstverschuldet für eine existentielle Krise. Es scheint so, als hätte es in den vergangenen 1000 Jahren nichts dazugelernt, sondern nur die alten Bastionen verteidigt. Mit Liberalisierung, Tolerenz und Demokratie tut sich die Kirche unendlich schwer. Auffallend ist, daß der allmächtige Gregor VII. die Unfehlbarkeit nicht für sich in Anspruch genommen, sich aber so verhalten hat.

Mit seinem Tod sind die Probleme um die Investitur nicht gelöst, denn auf der Kirchenseite ergeben sich ungewohnte Turbulenzen. Dem neu gewählten Klemens III. stehen zwei Gegenpäpste gegenüber. Viktor III. und Urban II. Sie bannen den deutschen Kaiser und verfluchen ihn: »Ein durch sie heraufbeschworener Bürgerkrieg gipfelt in einem schmählichen Vertrag des Kaisers durch seinen Sohn ... der ihn am 31.12.1105 zur Abdankung zwingt.«

Als Heinrich IV. einige Monate danach stirbt, der Bann aber nicht gelöst ist, wird seine Leiche in einem gewöhnlichen Sarg unbeerdigt auf einer kleinen Insel abgestellt. Später wird er nach Speyer überführt und in der für ihn erbauten Marienkirche beigesetzt. Dann wird die Leiche ausgegraben und in eine ungeweihte Kapelle gestellt. Erst als nach fünf Jahren die Aufhebung des Bannes erfolgt, wird der deutsche Kaiser im Dom von Speyer beigesetzt.

Unter seinem Nachfolger, Heinrich V., gehen die Auseinandersetzungen zwischen Staat und Kirche weiter. Um den Streit um die Investitur zu beenden, zieht der Kaiser mit einem Heer von 30 000 Mann über die Alpen und nimmt den Papst mit 16 Kardinälen in der Peterskirche gefangen; solange, bis ein für beide Seiten tragbares Ergebnis erreicht ist. Man findet folgende Formel:

Künftig soll die Wahl der Bischöfe und Äbte in der Gegenwart des Kaisers oder seiner Bevollmächtigten geschehen, worauf der Kaiser den Gewählten durch das Szepter mit den Regalien und den fürstlichen Rechten belehnt. Danach folgt die Weihe durch einen päpstlichen Vertreter. Das Übereinkommen wird im September 1122 in Worms besiegelt und so geht der 50jährige Streit um die Investitur zum Nachteil der Weltlichkeit zu Ende.

Stabilisierung der Kirchenmacht

Wenn es den Folgepäpsten nicht gelingt, das von Gregor VII. geschaffene Ruder fest in der Hand zu behalten, bricht das soeben gezimmerte Imperium wieder zusammen, was den Beteiligten klar ist. 1123, direkt nach dem Ausgang des Investiturstreites, veranstaltet Papst Calixtus II. eine Synode. Hier läßt er sich über den *Gottesfrieden* aus und die Bischöfe links liegen. Bei der 1139 in Rom gehaltenen Synode erscheinen sie bereits als Handlanger »um als passive Zeugen zuzusehen, wie der Papst dem von seinem Nebenbuhler Pierleoni ordinierten Prälaten unter Schimpfworten die Pallien von den Schultern reißt[98].«

Alexander III. (1159-91), Innocenz II., III. (1189-1216) und IV. gehen auf dem ausgetretenen Pfad weiter. Folgekämpfe beginnen unter Hadrian IV., der 1153 auf den Stuhl Petri gelangt. Er wendet sich gegen die Hohenstaufen. Friedrich I. tritt den päpstlichen Anmaßungen entgegen. Von Bedeutung ist die Auseinandersetzung zwischen Friedrich mit dem Papst Alexander III. Innocenz III. schürt das Feuer und behauptet:

- Die deutschen Fürsten haben das Recht der Königswahl durch den Papst bekommen. Es liegt in seinem Ermessen, Gewählte zu verwerfen.
- Wer sich dem Papst nicht beugt, hat den Tod verdient. Ungehorsame sind zu töten[99].
- Die päpstliche Gewalt verhält sich zur weltlichen wie die Sonne zum Mond, der sein Licht von ihr empfängt.
- Die beiden Schwerter gehören dem Papst.

Papst Innocenz III. und das Interdikt

Im 11. und 12. Jahrhundert haben die Bischöfe von Worms und Chartres den Vorrat der echten und unechten Gesetze willkürlich zusammengestellt. Sie dienen dem 1150 im Kloster San Felice in Bologna lebenden Mönch Gratian als Grundlage zur Schaffung eines kirchlichen Rechtsbuches, dem *Decretum Gratiani.*

Es ist die erste umfassende Sammlung der von den Päpsten erlassenen Verordnungen. In ihr sind zahlreiche Fälschungen enthalten, u. a. die Pseudo-Isidorischen Dekretalen. Das Werk von Gratian verdrängt vorausgegangene Rechtssammlungen an Wert, Umfang und Bedeutung. Obwohl es voll Widersprüche, Ungereimtheiten und Fehler steckt, wird es *das* Rechtsbuch der Kanonisten und der scholastisch orientierten Theologen.

Später wird es erweitert. Es werden all die Gesetze integriert, die von den Päpsten Urban II., Innocenz III. und Gregor IX. gegen Ketzer erlassen worden sind. Eine Kommission empfiehlt Julius III.: »Das Dekretum (Gratians) ist ein gefährliches Buch, es verringert Dein Ansehen ... es leugnet an vielen Stellen, der Papst könne zur Lehre Christi und der Apostel auch das Geringste hinzutun. Nicht ein Schatten der apostolischen Lehre ist in unserer Kirche mehr übrig, und eine ganz andere Lehre und Disziplin haben wir herbeigeführt ... das wichtigste aber ist, dahin zu streben, daß niemand auch nur das geringste aus dem Evangelium, vorzüglich in der Volkssprache, zu lesen erlaubt werde. Es genügt das wenige, das in der Messe gelesen wird. Jeder, der fleißig erwägt, was in unseren Kirchen zu geschehen pflegt, und einzeln betrachtet, wird finden, daß unsere Lehre von jener des Evangeliums sehr unterschieden, wohl ihr gerade entgegen ist. Vor allem sorge, wie Du es ohnehin zu tun pflegst, daß die zu erwählenden Bischöfe unwissend und dumm, in den Angelegenheiten der Kurie aber wohl erfahren und für Dich sehr besorgt sind. Ein Konzil meide, so viel Du kannst, mag auch der Kaiser noch so sehr darauf bestehen.«

Gratian ist der Auffassung, daß der Papst beliebig mit dem Kirchengut schalten und walten kann. Er scheut sich nicht, den Terror vor den christlichen Wagen zu spannen und stellt heraus: »... es wäre Pflicht, den Menschen zum Guten zu zwingen; dazu dürfe man Gewalt anwenden. Häretiker könne man quälen, sie des Eigentums berauben und hinrichten[100].«

1198 steigt Innocenz II. auf den päpstlichen Thron. »In seinem mönchischen Wesen, dem fanatisierten Glauben an die päpstliche Statthalterschaft auf Erden, seiner Schauheit und Rücksichtslosigkeit in der Wahl der Mittel, sind die Vorbedingungen vereinigt, um die von Gregor VII. angestrebte kuriale Weltherrschaft nicht nur in allen geistlichen, sondern ebenso in den weltlichen Dingen herbeizuführen. Walter von der Vogelweide ruft aus: »O wehe, dieser Papst ist zu jung. Hilf, O Herr, Deiner Christenheit.« Der Papst trifft vier wesentliche Entscheidungen:

- Er begründet die Lehre von der Transsubstantation. Es ist die durch nichts dokumentierbare Annahme, daß das beim Abendmahl verabreichte Brot und der dazugehörige Wein allein durch die priesterliche Handlung in Fleisch und Blut Christi verwandelt werden.
- Er erhebt die *confessio auricularis* 1215 während einer Synode im Lateran zum Kirchengesetz.
- Er erweitert den Kirchenbann um das Interdikt.
- Er ruft die Inquisition auf den Schauplatz der Geschichte.

Bereits einen Tag nach seiner Wahl schickt er dem deutschen Kaiser den in Rom weilenden Präfekten und fordert von ihm den Eid der Treue. Er bemüht sich, die in den italienischen Städten residierenden Statthalter des deutschen Herrschers, und ganz Italien, unter seinen Einfluß zu bringen.

Am 28.9. stirbt in Messina Heinrich VI. Nun geht die Kaiser- und Königswürde auf seinen kaum drei Jahre alten Sohn Friedrich über. Er wird im Frühjahr 1198 im

Dom von Palermo gekrönt. Der Papst erhebt den Anspruch, ihn sowohl den Lehnseid zu schwören und einen Lehnszins entrichten zu lassen. Bevor es zum Schwur kommt, stirbt am 27.11.1197 Konstanze, die königliche Mutter. Obwohl der verstorbene Kaiser Heinrich VI. in seinem Testament den Markgrafen von Annweiler zum Vormund seines Sohnes und zum Verwalter des Reiches bestimmt, behauptet der Papst, daß Konstanze die Vormundschaft in die päpstlichen Hände gelegt hat. Daraus formiert sich ein jahrelanger Streit, bis Friedrich im Alter von zwölf Jahren für mündig erklärt wird und die Regierungsgeschäfte übernimmt.

Der Papst präsentiert eine Unkostenrechnung von 12 800 Unzen, »Die ihm durch die Ausübung seiner Vormundschaft entstanden sind (Otto von Corvin).« Noch einmal entspannt sich der Kampf zwischen der kirchlichen und weltlichen Macht.

Friedrich II. soll durch das Auferlegen von Kirchenstrafen gezwungen werden, einen Beitrag zum zugesagten Kreuzzug zu leisten. Weil er dem nicht nachkommt, wird er am 29.9.1227 exkommuniziert. Er wird mehrfach mit dem Kirchenbann belegt. Um besser zu verstehen, was der Klerus unter der Exkommunikation versteht, genügt ein Blick in das Ritual der Diözese aus dem Jahr 1794 unter der Rubrik: Lossprechung eines bereits verstorbenen Exkommunizierten:

»Wenn jemand als Exkommunizierter aus diesem Leben geht, und das Zeichen seiner Reue gegeben hat, so kann er, damit er nicht des kirchlichen Begräbnisses entbehre, als durch die kirchlichen Bitten, soweit es möglich ist, unterstützt werden, auf folgende Weise losgesprochen werden: Wenn der Leib noch nicht begraben ist, so werde er durchgeprügelt, auf unten angebenene Weise losgesprochen und dann am heiligen Ort begraben. Wenn der Leichnam schon begraben an einem ungeweihten (profano) Ort ruht, so soll er, wenn es tunlich ist, ausgegraben werden, auf eben diese Weise durchgeprügelt, absolviert und am heiligen Ort begraben werden; kann er nicht bequem ausgegraben werden, so soll das Grab durchgeprügelt und dann die

Lossprechung erteilt werden. Liegt der Exkommunizierte schon am heiligen Ort, so grabe man ihn nicht aus, sondern prügle nur das Grab. Während der Leichnam oder das Grab geprügelt wird, spreche der Priester die Antiphonie; exultabunt domino ossa humilata, den Psalm: misere mei domine, die Absolutionsformel, den Psalm de profundis, einige Respensorien und ein kurzes Gebet.« Wer fühlt sich hier nicht ins finstere Mittelalter versetzt?

Seit der umstrittenen Wahl von Ludwig dem Bayer (1314) sind die Beziehungen zwischen dem Reich und dem Papst gespannt. Der Sieg von Mühldorf sichert dem weltlichen Herrscher die Krone, die die Kirche nicht anerkennt. Ein Jahr darauf folgt der Bruch mit Papst Johannes XXII. Aus ihm entspinnt sich ein Kampf um Leben und Tod.

Jeder erklärt den Gegner zum Ketzer. Der Papst läßt Bannflüche und Interdikte über Deutschland regnen. Ludwig verfolgt die Geistlichen mit Grausamkeit und Härte. Doch auf lange Sicht gesehen sind die meisten deutschen Herrscher zu schwach, um sich den kirchlichen Vorstellungen zu widersetzen. Die Religiosität und der Glauben sind zu empfindliche Meßlatten für viele. Die weltlichen Herrschen haben es zu akzeptieren und die Geistlichen wissen um dieses Phänomen.

Interdikt

Das Interdikt wird gegen Herrscher und Länder angewendet, die sich den päpstlichen Wünschen nicht vorbehaltlos beugen. Im Gegensatz zum Bann trifft es stets größere Gemeinwesen. »Es war ein Fluch, der von herrschsüchtigen, rücksichtslosen Pfaffen geschleudert wurde, in deren Herzen jede Spur von Liebe für ihre Mitmenschen erstorben war. Die nicht danach fragten, daß mit einem Schuldigen Millionen Unschuldige leiden müssen.«

Das Interdikt hat außer den kirchlichen Einschränkungen, wie dem Abnehmen der Kirchenglocken, dem Verhüllen der Heiligenbilder mit schwarzen Tüchern, dem

Einstellen der Sakramentsausteilung, wirtschaftliche Folgen für die Betroffenen. Das gesamte kirchliche Leben hört auf. Trauungen werden nur noch auf dem Friedhof geschlossen. Nur Priester, Bettler und Kinder werden beerdigt. Dies trifft im vollem Umfang die Kollektivseele des Volkes und dies übt einen ungeheuren Druck aus.

Der erste Monarch, der mit Papst Innocenz III. aneinandergerät, ist Philipp II. von Frankreich. Er hat sich mit Ingeborg, einer dänischen Prinzessin, vermählt und sie einen Tag später verlassen. Es ist eine durch und durch weltliche Geschichte, die den Klerus nichts angeht, der sich in seiner Vermessenheit in alles einmischt; die eigenen sexuellen Eskapaden zählen nicht. Viele wissen nicht, daß die Kirche selbst im Lauf ihrer Geschichte ein exzellenter Heiratsvermittler ist. Noch immer steckt sie ihre Nase in *Fürstenehen*, denn andere sind für sie bedeutungslos.

Nachdem Philipp II. durch den Erzbischof von Reims die Scheidung erlangt hat, vermählt er sich 1196 mit Agnes von Meran. Der Papst läßt ihm daraufhin mitteilen, daß er sie zu verstoßen hat, um wieder zu seiner rechtmäßigen Ingeborg zurückzukehren. Logischerweise weist es der König als Zumutung zurück.

Innocenz III. droht, ganz Frankreich mit einem Interdikt zu belegen. Der König weigert sich, dem päpstlichen Willen zu folgen. Dann folgen die Kirchenversammlungen von Dijon und Vienne. Tief empört setzt der König sämtliche Bischöfe und Priester, die dem Interdikt zugestimmt haben, ab. Ihre Güter läßt er einziehen. Als Innocenz III. dem König zusätzlich mit dem Bann droht, unterwirft er sich dessen Willkür, nimmt Ingeborg wieder und behält seine Beziehung zu Agnes aufrecht. Bigamie scheint die Kirche nicht zu stören.

1208 soll in England die Position des Erzbischofs von Canterbury durch den Tod des seitherigen Inhabers neu besetzt werden. Seither wählen die englischen Bischöfe ihren Erzbischof und der König bestätigt die Wahl. Nun halten die Mönche von Canterbury im Komplott mit einigen Bischöfen eine geheime Sitzung. Sie wählen ihren

Subprior und schicken ihn nach Rom, damit ihn der Papst als neuen Erzbischof bestätigt. Erbittert über das mönchische Verhalten stößt König Johann die Wahl um und veranlaßt, daß die Bischöfe seinen Günstling, den Bischof von Norwich, zum Oberhaupt der englischen Kirche ausrufen.

Papst Innocenz III. verwirft beide Wahlen und ernennt den Kardinalbischof Stephan Langton zum neuen Erzbischof. Er läßt wissen, daß diese Entscheidung des Apostolischen Stuhles einer königlichen Zustimmung nicht bedarf. Dies bringt den König in Verbitterung, Zorn und Leidenschaft.

Er verjagt die Mönche von Canterbury, zieht die Güter des Erzbistums für die Krone ein und schickt dem Papst ein trotziges Schreiben. Jetzt spitzen sich die Gegensätze so zu, wie beim zurückliegenden Konflikt zwischen Gregor VII. und dem deutschen Kaiser Heinrich IV. Am 28.3.1208 kommen die Bischöfe von London, Ely und Worchester der Forderung des Papstes nach und belegen England mit dem Interdikt.

Der König bleibt standhaft. Er belegt die bischöflichen Güter, die dem Papst gefolgt sind, mit Beschlag und er weist die weltlichen Gerichte an, gegen alle Geistlichen, ohne Ansehen ihres Ranges, ebenso wie gegen die Laien zu verfahren. Jetzt schleudert der Papst den Bann über den englischen König, erklärt ihn seines Thrones für verlustig und entbindet seine Vasallen vom Eid. Gleichzeitig fordert er den König Philipp von Frankreich wie alle geistlichen Fürsten der Christenheit auf, an dem Gebannten das Urteil zu vollstrecken.

Unter den ihm Hörigen befindet sich der Subdiakon Pandulf. Es gelingt ihm, den König von der gegen ihn aufgebotenen Machtfülle zu überzeugen. Der von der Seele Befangene entschließt sich zur Demütigung. Am 13.5.1213 gelobt König Johan in Dover dem päpstlichen Handlanger, daß er sich nicht nur dem Urteil des Papstes unterwirft, sondern voll Reue gegen Gott und die Kirche wegen seiner Sünden um Verzeihung bittet. Er anerkennt den Papst Innocenz III. wie dessen Nachfolger als Lehnsherrn über das einst königliche England. Er verpflichtet sich, die Geistlichen wieder in die alten Ämter einzusetzen und zu entschädigen. Wieder triumphiert zunächst der Klerus. Die Kirche läßt sich dazu herab, am 2.7.1214 die Aufhebung des Interdikts und die Lösung des gegen den König geschleuderten Bannes aufzuheben.

Doch hier geht die Rechnung nicht auf. Zu Weihnachten 1214 treffen sich anläßlich einer Geheimsitzung die weltlichen und geistlichen Vasallen des Königs in Worcester. Sie verlangen von ihm die Einhaltung aller Privilegien, zu denen sie der Freibrief Heinrichs I. von 1100 berechtigt, nämlich, daß sie, durch einen Handschlag besiegelt, für die sächsischen Rechte und Freiheiten sowohl mit ihren Waffen als auch mit ihrem Leben einzusetzen.

Trotz heftigen Widerstandes läßt sich der König zu einer öffentlichen Besprechung des Freibriefes bewegen. Nach einer dreijährigen Verhandlung entschließt er sich am 19.6. zur Unterzeichnung der *Magna Carta liberanum*. So erlangt der englische Klerus Freiheit in allen seinen Wahlen, deren Bestätigung der König ohne gesetzmäßig bewiesene Einwände nicht versagen darf. Kaum ist die Tinte auf dem Dokument getrocknet, entflammt im Papst die Wut der Leidenschaft. Er beschließt, den Vertrag nicht zu akzeptieren und erneuert das Interdikt.

Innocenz IV. hebt hervor: »Ein Kleriker muß dem Papst auch gehorchen, wenn er etwas Unrechtes befiehlt. Eine Ausnahme ist nur möglich, wenn der päpstliche Befehl eine Häresie enthält oder auf den Umsturz der Kirche abziele[101].« Er stellt die These in den Raum, daß die Machtfülle ausschließlich bei ihm liegt und man behauptet, daß der Papst als Statthalter Gottes auf Erden jeden Widerstand zu brechen hat[102].

Bald nimmt die päpstliche Anmaßung pathologische Züge an und Gregor X. (1271-76) glaubt bereits, seine Machtfülle aus der Lesung des Evangeliums ableiten zu können. Papst Klemens V. (1305-14) erklärt, daß aus Autorität jeder Kaiser dem Papst einen Gehorsamseid zu leisten hat, so daß er mit einem verdächtigen Fürsten kein Bündnis eingehen kann.« Wohl der anmaßendste unter den geistlichen Würdenträ-

gern ist ein in den Geschäften der Kurie ergrauter rechtsgelehrter Priester, Cajetanus, der über den Umweg der Kardinalswürde am 24.12.1294 als Bonifaz VIII. den päpstlichen Stuhl erklimmt. »Von Hochmut gebläht, reitet er auf einem kostbar gezäumten, von den Königen von Apulien und Ungarn geleiteten Schimmel zur Kirche, um sich hier die Tiara aufsetzen zu lassen. Ursprünglich hat sie nur einen Reif. Bonifaz fügt einen zweiten zum Zeichen dazu, daß er nicht nur die geistliche, sondern auch die weltliche Herrschaft innehat.«

Er belegt die ihm verhaßte Adelsfamilie der Colonna mit dem Bann und übergibt ihren Besitz den Orsinis. Daraus formieren sich endlose Streitigkeiten. Bonifaz VIII. demütigt die Gesandten des deutschen Kaisers Albrecht.

Ein Gegner von Bonifaz VIII. ist der französische König Philipp IV. Als er Krieg gegen England führt, verbietet Bonifaz III. dem französischen Klerus, den König durch eine Beisteuer zu unterstützen. Nun rächt sich der weltliche Machthaber, indem er den Geistlichen untersagt, Geld aus Frankreich auszuführen, wodurch der Papst geschädigt wird. Er protestiert gegen die Maßnahme und ruft die höhere französische Geistlichkeit auf den 1.11.1302 nach Rom, »um gemeinsam über den französischen König zu Gericht zu sitzen.«

Inzwischen läßt Philipp den päpstlichen Legaten die Bulle entreißen und sie öffentlich verbrennen. Zudem untersagt er den Geistlichen eine Reise nach Rom. Die königlichen Stände bestätigen es. »Zum erstenmal steht die Geistlichkeit eines Landes Schulter an Schulter mit einem weltlichen Herrscher *gegen* den Papst.«

Bonifaz VIII. ist verbittert und verfaßt die Bulle *Unam sanctam* an die gesamte Christenheit mit der Erklärung, daß *er* als Stellvertreter Gottes auf der Erde anzusehen ist … ihm allein stehe die Verleihung des Königtums und das Wahlrecht der Fürsten zu … selbstredend könne er die Vergünstigung jederzeit widerrufen. Es gäbe zwei Schwerter, ein geistliches und ein weltliches. Beide befinden sich in der Gewalt der Kirche. Das geistliche wird von der Kirche geführt und das weltliche müsse von den Königen und Kriegern für die Kirche gehandhabt werden, aber nur dann und solange, wie es vom Papst bestimmt wird. Die geistige Macht habe die Befugnis, die weltliche einzusetzen oder über sie zu richten, wenn sie sich deren Anordnungen nicht füge oder sich unfähig zeige.«

Hier kommt es zu dem oft zitierten Schriftwechsel, der die Standpunkte deutlich werden läßt. In der Bulle *ausculta fili* schreibt Papst Bonifaz VIII. an Philipp den Schönen: »Bonifaz, Knecht der Knechte Gottes, an Philipp, König von Frankreich. Gott hat uns über die Könige und Königreiche gesetzt, um auszurotten und zu zerstören, zu Grunde zu richten und zu zerstreuen, oder (um) zu pflanzen in seinem Namen und durch seine Lehre. Du sollst hiermit wissen, daß du uns in weltlichen Dingen unterlegen bist. Andersdenkende halten wir für Ketzer.« Philipp antwortet: »Philipp von Gottesgnaden, König von Frankreich, an Bonifaz, der sich für einen Papst ausgibt, wenig oder gar keinen Gruß. Deine allerhöchste Narrheit soll wissen, daß wir in weltlichen Dingen niemand unterworfen sind. Du Erzpinsel. Andersdenkende halten wir für Narren und Wahnsinnige. Gar keinen Gruß.«

Der König schickt seinen Vizekanzler Nogaret und andere Mitglieder der vom Papst verbannten fürstlichen Familie Colonna nach Rom. Hier stiften sie in Gemeinschaft mit anderen Unzufriedenen eine Verschwörung, überfallen den allgemein Verhaßten in seinem Schloß Agnani, setzen ihn auf ein ungesatteltes Pferd, das Gesicht dem Schwanz zugekehrt und führen ihn durch die schmutzigen Gassen von Rom. Daraufhin stecken sie ihn in ein Gefängnis.

Er wird durch die Mitglieder der Familie Orsini befreit und nach Rom gebracht, »Wo der in seiner päpstlichen Würde Gekränkte am Morgen des 11.10.1302 tot in seinem Zimmer aufgefunden wird. Da seine weißen Haare voll Blut kleben, nimmt man an, daß er in Tobsucht verfallen sei und einen Selbstmordversuch unternommen hat, indem er mit dem Kopf gegen die Wand rennt.«

Wieder entspinnt sich ein Kampf zwischen den Familien Colonna und Orsini. Der auf Bonifaz XIII. folgende Papst, der fromme Benedikt XI. sieht diesem Wüten ratlos zu. Schließlich sieht er sich gezwungen, den Bann der Colonnas zu lösen und ihnen die alten Besitzungen zurückzugeben. Alle vom Papst Bonifaz VIII. erlassenen Bullen werden widerrufen, denn er ist noch nicht unfehlbar. Benedikt XI. geht nach Orvieto, wo er im Juli 1304 stirbt.

Jetzt wird in Perugia eine Papst-Neuwahl eingeleitet. Die französische Partei überwiegt und in der weiteren Folge wird der Erzbischof von Bordeaux, Bertrand de Got, zum Papst erhoben. Er nennt sich Klemens V. und geht auf den Wunsch des französischen Königs ein, sein Büro nach Avignon zu legen. »Während des bis 1378 dauernden 70jährigen *babylonischen Exils* entartet unter dem Einfluß des französischen Lebens der päpstliche Hof in einen förmlichen Sumpf der Liederlichkeit.« Petrarca sagt: »Avignon sei ein Treibhaus der Lüge, ein Tempel der Unzucht, eine Hölle auf Erden … in der die Päpste durch ihr Verhalten anderen vorangehen.«

Kardinäle werden eingeschoben

Das 12. und 13. Jahrhundert wird von einer Steigerung der päpstliche Machtfülle begleitet. Im Zusammenhang mit den *geistlichen Bruderschaften* entstehen einflußreiche Orden und sie überschwemmen mit ihren teilweise naiv-merkwürdigen Vorstellungen die wundersüchtigen und zugleich einfältigen Menschenkinder. Jetzt wird der verfälschte Zwangsglaube in die tiefste Provinz getragen und der göttliche Statthalter in Rom erscheint in einem noch helleren Glanze.

Diese Verherrlichungswoge bemächtigt sich der Literatur, der Kanzeln und Lehrstühle. Jetzt entsteht ein *geistiger* Krieg. Wieder einmal kämpft Jeder gegen Jeden und wieder kämpfen alle um des Glaubens willen. Papst Leo setzt eine Kommission aus Mitgliedern aller geistigen Orden ein: »Damit sie über die Mittel beraten, des Papstes

Interessen zu vertreten und die ihrigen gegen die Bischöfe als gemeinschaftliche Gegner zu fördern[103].« Damals grollen viele Bischöfe über die Eingrenzung ihrer Allmacht, zumal man ihnen zusätzlich bestallte Inquisitoren vor die Nase setzt. Eine weitere Strömung von weitragender Bedeutung gesellt sich dazu:

Über den Bischöfen stehen die Erzbischöfe und über ihnen die Kardinäle. Sie werden von den Päpsten ernannt und es versteht sich von selbst, daß, damals wie heute, Günstlinge ihr Glück suchen. Papst Nikolaus II. legt 1059 in ihre Hände die Papstwahl. Zum Kennzeichen ihrer Würde erhalten sie einen roten Hut und später einen ebensolchen Leibrock.

Papst Alexander III. ordnet 1179 an, »daß zur rechtmäßigen Wahl eines Papstes die Einstimmigkeit von zwei Dritteln der gesetzlich versammelten Kardinäle gehört.« Sie verlangen Vorrang: »Begegnen sie einem Verbrecher auf dem Weg zum Galgen, so können sie ihn befreien; aber um einen Kardinal überführen zu können, sind 72 Zeugen erforderlich. Sie nehmen sich das Recht heraus, jede Königin oder Fürstin auf den Mund zu küssen; keiner von ihnen darf ein Einkommen von unter 4000 Scudi haben[104].«

Auf der Synode von 1245 wird entschieden, daß die Kardinäle gegenüber den Bischöfen ein Vorrecht haben. Sie entwickeln sich zu einflußreichen und intriganten Zeitgenossen. Sie ergehen sich, vornehm im Hintergrund bleibend, mit Reglementierungen, sie ersinnen taktische Winkelzüge, suchen ihre Macht zu festigen, halten Konkubinen und Bischöfe am Gängelband; sie führen vereinzelt ein freies und unbeschwertes Leben mit Huren. Die tributpflichtigen Gläubigen, die den Hokuspokus finanzieren, werden nicht gefragt[105]. Die Kardinäle werden vom Volk für diese Eigenschaften bezahlt. Hinzu kommt, daß sie danach trachten, selbst die reichsten Bischöfe an Prachtentfaltung und Luxus zu übertreffen; letztlich leben sie von der Korruption[106]. Der Jurist Peter Dubois kleidet es in die Worte, es sei ein Unglück für die Christenheit, daß die Kardinäle,

denen die Pfründen nicht genug sind, gleichsam vom Raub leben.« Bei der unter Papst Alexander II. veranstalteten Kirchenversammlung ist die freie Beratung untersagt und während der Synode von Vienne (1311) läßt Papst Klemens V. einen seiner Kleriker verkünden: »Wenn ein Bischof, ohne vom Papst besonders beauftragt zu sein, ein Wort redet, trifft ihn der Kirchenbann.« Zu seinen christlichen Ruhmestaten gehört die Vernichtung der Templer. Es geht so weit, daß die Bischöfe nur noch kniend mit den Kardinälen sprechen dürfen und von ihnen wie Diener behandelt werden[107].

Die Kardinäle werden zu einem späteren Zeitpunkt dem Papst gefährlich, denn sie wenden sich von Urban VI. ab, der ihnen mit der Exkommunikation droht, »falls sie nicht mit der Simonie brechen.« Sie rotten sich zusammen und wählen den ihnen angenehmen Papst Klemens VIII. Rasch ist man mit wechselseitigen Verleumdungen zur Hand. Es bestehen zwei päpstliche Kurien, zwei Kardinalkollegien und die Verwirrung ist komplett[108].«

Mit dem Erstarken der kurialen Hierarchie werden die Rechte einzelner Kirchenfürsten beschnitten, um sie in Abhängigkeit zu halten. Eine Parallele hat dieses Gebaren im Staatsverhalten. Seit Gregor VII. müssen die Erzbischöfe dem Papst den Eid des Gehorsams leisten. Sie dürfen ihr Amt nicht vor der päpstlichen Bestätigung ausüben und nicht, ehe sie aus seiner Hand das Zeichen der Würde, das Pallium, empfangen haben. Es ist sehr teuer und hat mit Religion nichts zu tun.

Daß es in Sachen Unfehlbarkeit bei den Päpsten kaum mit rechten Dingen zugeht, wird in Rom erkannt und zugegeben. Papst Hadrian IV. läßt wissen: »Der elendste Stand ist der eines Papstes, denn sein Lebensglück beinhalte nichts als Bitterkeit ... auf seinen Schultern liege eine erdrückende Last.« Papst Nikolaus sagt im Zusammenhang mit einer Klage über zwei Karthäuser: »Es gibt auf der Welt keinen unglücklicheren Menschen als ihn, denn niemand sage ihm die Wahrheit.« Nun wird die Kurie zum Sammelplatz prozeßführender Parteien, eine Kanzlei an Schreibern, Taxatoren und hörigen Befehlsempfängern. Man hat mit Privilegien, Pallien und Schutzbriefen soviel zu tun, daß man sich um die religiösen Aufgaben nicht mehr kümmern kann. Es bildet sich ein Eldorado für pfründengierige Kleriker aus ganz Europa. »Gesichert und unantastbar durch die Macht, in deren Dienst sie stehen, kümmern sich die Kurialbeamten nicht um den Haß und Hohn der ihnen zinsbar gewordenen Welt[109].«

Immer gewaltsamer verschaffen sich die Päpste Gehorsam, denn es ist ihre einzige Chance, der Sache Herr zu werden. Es kommt zu Plünderungen, Folterungen und Ausrottungen; es kommt zu endlosen Rangeleien. Ein Zeitgenosse berichtet:

»Es gibt keine Pfarrstelle, die nicht zum Gegenstand von einem Prozeß mit Rom gemacht wird. Wehe dem, der mit leeren Händen kommt. Freue Dich, Mutter Rom, über die Laster Deiner Söhne, denn Du hast den Gewinn davon … Dir fließt alles Gold und Silber zu. Nicht durch die Frömmigkeit, sondern durch die Bosheit der Menschen bist Du zur Besiegerin der Welt geworden.«

Längst wird der Konkubinat zur Selbstverständlichkeit. Längst sind Teile der Kirchenverwaltung korrupt und die Kirchenführer blind vor Glauben. Das Heucheln und Lügen sind an der Tagesordnung und längst ist der Gerissene im Vorteil. Von Rom kommende berichten, »daß in der Metropole der Christenheit, mitten im Schoß der großen Mutter und der Lehrmeisterin aller Kirchen, der Klerus ohne Ausnahme Konkubinen hat.«

Immer üppiger stellen sich die Kirchenämter dar und bald müssen sie teuer gekauft werden. »Einzelne Würdenträger sind oft damit so belastet, daß sie endlos verschuldet bleiben[110].« Immer mehr Geld wird erforderlich, um das Imperium zusammenzuhalten. Es ist eine natürliche Folge, daß man das Legatenwesen systematisiert. Geldsammler und Ablaßprediger tun das ihrige, indem sie die Kirche betrügen. Erschreckte Zeitgenossen vergleichen ihr Erscheinen mit dem Aufkommen der Pest. Jetzt zeigen sich die krassen Widersprüche.

- Man predigt dem einfachen Volk die Nächstenliebe und läßt sich gleichzeitig zu Morden und politischen Intrigen hinreißen.
- Man proklamiert die eheliche Treue und hurt auf offener Straße.
- Man predigt gegen den Wucher und die Zinsen. Geistliche treiben unnachsichtig und bewaffnet Schulden ein.

Das Unrecht wird zum Leitstern der christlichen Religion. Damit verschwinden die letzten Bastionen eines friedfertigen Kirchendenkens. Die gerechtere Gesetzgebung der alten Kirche ist nicht mehr zeitgemäß und ragt wie halbversunkene Leichensteine aus einem verödeten Friedhof … wie einzelne Trümmer einer vergangenen Ordnung hervor[111].«

Zeitgenossen bleibt das Geschehen nicht verboren und eine Flut beißender Kritik macht sich breit. Der Kardinal Jacob von Vitry sagt 1216, daß diesem Institut jeder kirchliche Geist fremd ist, daß man sich mit Politik, Hader und Prozessen beschäftigt und daß von göttlichen Dinge keine Rede sei. Robert von Großetete, der Bischof von Lincoln, sieht sich veranlaßt, das tyrannische Gebaren des Papstes in einem Brief festzuhalten.

Papst Nikolaus III. will einen Minoritengeneral zum Kardinal erheben. Dieser lehnt es mit der Begründung ab: »Die römische Kurie beschäftigt sich kaum mit anderen Dingen als mit Kriegen und Gaukelwerk … um das Heil der Seelen kümmert sie sich nicht.« Der Statthalter Gottes auf Erden erwidert: »Wir sind an diese Dinge so gewöhnt, daß wir meinen, alles was wir tun und sagen, sei nützlich[112].«

Alvaro Pelajo, Bischof und langjähriger Beamter der Kurie, sieht sich genötigt zuzugeben, daß es der päpstliche Stuhl ist, der die Kirche mit dem Gift der Habgier angesteckt hat bzw. daß die Korruption des Klerus zum größten Teil durch die Kurie verschuldet ist[113].« Petrarca bezeichnet den Klerus als »ein von Menschenblut trunkenes Weib, eine Pest des menschlichen Geschlechts.«

In zahllosen Publikationen wird die Kurie als Urheberin des Verderbens der Christenheit geschildert. Machiavelli sagt über den italienischen Klerus: »Durch ihr böses Spiel haben wir alle Religion verloren und sind ein böses Volk geworden.« Guiciardini stellt heraus: »Man kann dem römischen Hof nicht soviel Böses nachsagen, daß es nicht noch Schlimmeres gibt.« Dieser Aussage ist zuzustimmen.

Papst Hadrian VI. gibt es unumwunden zu[114]. Er wird zum göttlichen Statthalter erhoben, obgleich allgemein bekannt ist, daß er als Professor der Theologie in Löwen in seinem theologischen Hauptwerk gesagt hat: »Mehrere Päpste sind häretisch gewesen und es sei gewiß, daß ein Papst durch seine Entscheidung eine Ketzerei aufstellen kann.«

Papst Paul II. verwandelt durch seine Ausschweifungen Rom zu einer Kloake[115]. Johann Wyclef (1324-84) vertritt den Standpunkt: »Die Spaltung ist eine Folge des sittlichen Abfalls von Christen und seinem armen Leben. Kaiser und Könige haben törichterweise die Kirche mit Gütern und Herrschaften ausgestattet. Das müssen sie wiedergutmachen. Sie müssen den Knochen, um den sich die Päpste zerren, die weltliche Macht des Christentums, beseitigen.«

Hinzu kommen verschiedene Weissagungen, wohl die einzigen, die eingetroffen sind. Sie mußten eintreffen, weil das Ergebnis vorher feststand. Die als heilig bezeichnete Hildegard, die von Kaisern und Päpsten hochgehaltene Seherin vom Rhein, sagt um 1170: »Gleich reißenden Tieren fangen uns die Päpste mit ihrer Löse- und Bindegewalt ... so welkt die Kirche dahin. Die Völker werden die Hoheit der Päpste verkleinern. Nur ein geringes Gebiet wird dem Papst belassen ... teils infolge von Kriegen, teils nach Übereinkunft der Staaten.«

Die als heilig angesehene Brigitte von Schweden meint zu wissen: »Der Papst ist schlimmer als Luzifer, ein Mörder der ihm anvertrauten Seelen, der Unschuldige verdammt und auserwählte Gläubige um schmutzigen Gewinn verkauft[116].«

Unfehlbarkeitsgegner formieren sich

Es ist nicht nur so, daß man erst 1870, direkt vor der gewaltsamen Durchsetzung des Unfehlbarkeitsdogmas opponiert; schon im 14. Jahrhundert regt sich der Widerstand. Die Pariser Universität verwirft 1388 die dogmatische Unfehlbarkeit des Papstes mit der Formulierung, daß jeder Bischof nach göttlichem und menschlichem Recht befugt ist, über Glaubenssachen zu urteilen[117].« Charlier Gerson (1369-1429), ihr Kanzler, stellt heraus: »Die Glaubensregeln werden auf dem Konzil und nicht vom Papst verbreitet.«

Papst Johannes XII. meint zu wissen, daß die Seligen im Himmel vor der Auferstehung der Anschauung Gottes entbehren.« Die Theologen der Pariser Universität sind anderer Meinung und spannen den König vor ihre Interessen. Er läßt unter dem Schall von Trompeten verkünden: »Der Papst soll das Urteil der Pariser Doktoren annehmen, denn sie wüßten in Glaubenssachen besser zu urteilen als geistliche Juristen, die wenig oder nichts von Theologie verstehen[118].« Damals gilt die Pariser Universität als Denkfabrik Europas. Über die Zustände der Sorbonne schreibt ein venezianischer Gesandter:

»Hier studieren etwa 16 bis 20 000 meist armselige Studenten ... die besten Vorlesungen werden gehalten in Theologie und im griechischen, lateinischen und französischen Schrifttum. An Philosophen, Ärzten, Rechtsgelehrten, Lehrern, Mathematikern herrscht kein Mangel; doch sind die Professoren entweder wahre Jammergestalten, oder sie haben außerordentliche Lehrstühle inne, die der König bezahlt. Der Lohn ist gering und die Verpflichtungen der Professoren sind erheblich ... die Lehrer der Sorbonne haben sehr große Macht über die Ketzer; als Strafe verhängen sie den Feuertod; sie rösten sie bei lebendigem Leib.«

Nicht nur von den Hochschulen weht ein scharfer Wind. Hochgestellte Geistliche nennen das Kind beim Namen. Der Bischof von Bitonto, Cornelio Musso, einer der Redner von Trient, hebt hervor: »Der Name

Roms sei bei allen Nationen verhaßt. Selbst die Freunde könnten über die Schmach und Verachtung der römischen Kirche nur noch seufzen[119].«

Der Kardinal Anton Pucci sagt: »... Rom, die römischen Prälaten und die von dort ausgesandten Bischöfe sind die Ursachen vieler Irrtümer und Korruptionen. Wenn wir unseren guten Ruf nicht wiedergewinnen, ist alles dahin.« Cajetan, der dem Papst Leo X. als Hoftheologe zur Seite steht, schreibt: »... mit Recht werden die römischen Prälaten geplündert ... wir sind zu nichts zu gebrauchen ... darum sind wir niedergetreten durch die Knechtschaft[120].«

Caspar Contarini, den Papst Paul III. zum Kardinal erhebt, weiß zu berichten, daß das ganze Papsttum verkehrt und unchristlich sei. Bischof Ugoni von Famagusta weist gegenüber Papst Paul III. die richterliche Gewalt des Konzils über den Papst nach und Bischof Nause von Wien sagt treffend: »Es wäre zu gefährlich, unseren Glauben vom Urteil eines einzigen Menschen abhängig zu machen[121].« Päpstliche Legaten gestehen in Trient ein, daß der Ruin des Kirchenwesens und die herrschende Sittenlosigkeit auf die römische Kurie zurückzuführen sind[122].

Die Bande, die den Klerus an Rom knüpfen, sind inzwischen stark und fest. Dieses Ziel hat Gregor VII. erreicht. Rebellen droht das sichere Verderben. Die Kurie schreckt vor drastischen Strafen nicht zurück und es kommt zu grauenvollen Racheakten. Der Karmeliter Thomas Conecta, der die Mißstände des Klerus anprangert, wird von Papst Eugen IV. durch Inquisitoren gefoltert und danach lebend verbrannt. Papst Alexander VI. vollzieht das gleiche an dem gewissenhaften Mönch Savonarola und an zweien seiner Glaubensbrüder.

Noch haben die Statthalter Gottes die unchristliche Schlacht nicht gewonnen. Sie unterschätzen den Einfluß der Bischöfe, die diese auf den allgemeinen Konzilien geltend machen. Bereits auf der Basler Synode wird allgemein anerkannt, daß die Päpste gleich anderen dem Irrtum in Glaubenssachen unterworfen sind. Natürlich versuchen die Päpste auf den Konzilien ihre Position zu festigen. Auf dem Konstanzer Konzil wird festgeschrieben: »Jedes rechtmäßig einberufene Konzil hat seine Autorität unmittelbar von Christus. In der Beilegung der Spaltung und der Reformation ist ihm der Papst unterworfen.«

Es ist bemerkenswert, daß sich einige liberal gesinnte Päpste dieser richtigen Vorstellung beugen. Der auf dem Konzil gewählte Papst erklärt sich damit einverstanden und in einer Bulle gegen die Lehren des englischen Reformators Wyclef spricht er aus, daß sein Anspruch unhaltbar ist.

Eugen IV. bekennt sich zur Förderung der Konzilien. In einer Bulle vom 4.2.1433 erklärt er seine Zustimmung zum Fortbestand des Konzils von Basel und ernennt vier Kardinäle zu deren Präsidenten. Er gesteht, daß das Konzil im Recht ist und verspricht mit aller Devotion den konziliaren Beschlüssen anzuhangen.«

Offensichtlich unterliegt er einem Gesinnungswandel. Erst behauptet er, daß er als Papst jedes Konzil auflösen oder verlegen kann. Dies nimmt er zurück und behauptet das Gegenteil[123]. Später widerruft er seine Bullen abermals und behauptet, man habe sie ohne sein Wissen veröffentlicht. Und doch läßt man dem menschlichen Statthalter ein Hintertürchen und sagt: »Aus wichtigen Ursachen kann er Einwände vorbringen«, was einen scharfen Tadel der Pariser Universität zur Folge hat. Deutschland nimmt 1439 die Reformationsdekrete an und verpflichtet sich auf dem Mainzer Reichstag zum Konziliarismus.

Doch das ist nur Spiegelfechten. Papst Nikolaus V. erklärt in einer Bulle alle Zensuren seines Vorgängers für wirkungslos »als wären sie nie erlassen worden«, wie einst die Bullen des Papstes Bonifaz VIII. gegen Frankreich und dessen König auf Befehl von Papst Klemens V. vertilgt werden[124].«

Zehn Jahre danach hält es Pius II. für angebracht, in seiner Widerrufungsbulle zu vermerken, daß er die Autorität und Macht des ökumenischen Konzils anerkenne[125]. Damit ist die Verwirrung komplett und man wartet auf ein Wunder zur Klärung der päpstlichen Widersprüche. So wagt Papst

Sixtus IV. 1475 zu sagen: »Kein Vertrag kann und darf die freie Autorität eines Papstes beschränken oder binden.«

Der Abt Jacob von Junterburg meint: »Es ist mir kaum glaublich, daß es zu einer Verbesserung der Kirche komme, denn da müßte erst der römische Hof reformiert werden ... wie schwer dies sei, zeige der Verlauf der gegenwärtigen Geschichte.« Der niederländische Theologe Dionysios Ryckel berichtet, wie ihm in einer Vision gezeigt wird, wie der Chor der Seligen im Himmel Fürbitte für die von Strafgerichten bedrohte Kirche eingelegt hat. Der Dominikaner Institoris, der als Mitautor des *Hexenhammers* bekannt ist[126], bekennt 1484: »Die Welt ruft nach einem Konzil, aber wie soll ein solches zustandekommen bei den jetzigen Zuständen der Kirchenhäupter ... keine menschliche Macht reicht aus, die Kirche durch ein Konzil zu reformieren ... da muß Gott selbst helfen[127].«

Im 16. Jahrhundert, einer Epoche religiöser Gärung, ist bezüglich der Unfehlbarkeit alles offen, denn jeder zieht an einem anderen Strang; Reformation, Gegenreformation, Gründung des Jesuitenordens und andere Konflikte lassen die Lösung dieser unnötigen Frage nicht zu. In den Reden und Schriften um die Zeit der Konzilseröffnung von Trient spricht man vom Untergang der Religion und dem Leichenbegräbnis der Kirche. Man nennt die Kirche einen in Verwesung befindlichen Leichnam oder ein in Flammen stehendes oder bereits eingeäschertes Haus. Selbst dem Einfältigsten wird deutlich, daß bei solchen Fakten allein der Gedanke an die Unfehlbarkeit pathologisch ist?

Gleich die erste Rede, die der Bischof Coriolano Martirano von San Marco bei der Konzilseröffnung hält, erregt Erstaunen. Er zeichnet ein Bild vom Charakter der italienischen Kardinäle und Bischöfe, von ihrer blutrünstigen Grausamkeit, ihrer Habgier, ihrem Hochmut und der von ihnen angerichteten Verwüstung.

Das Schauspiel wird immer bunter und es gibt eine ganze Reihe von göttlichen Statthaltern, die sich nachweislich Irrtümer zu Schulden kommen lassen.

Päpstliche Irrtümer

- Papst Gelasius I. erklärt bei der westlichen und östlichen Kirche die Anrufung der Trinität bei der Taufe als erforderlich. Nach der Version des Papstes Nikolaus genügt es, wenn man den Namen Christi dabei ausspricht.
- Papst Cölestin III. erklärt Ehen für unauflösbar, wenn ein Partner häretisch geworden ist. Papst Innocenz III. verwirft die Entscheidung und der Papst Hadrian VI. nennt darum den Papst Cölestin III. einen Ketzer.
- Die Päpste Innocenz I. und Gelasius I. erklären den Empfang der Kommunion bei Kleinkindern für entbehrlich, da die, welche vor ihrem Empfang sterben, der Hölle zugewiesen sind (welch eine ungeheuerliche Behauptung). Diese Ansicht wird 100 Jahre später durch das Konzil von Trient mit dem Anathem belegt.
- Papst Stephan IX. gestattet die Auflösung der Ehe mit Leibeigenen. Andere Päpste erklären Ehen grundsätzlich für unauflösbar.
- Papst Nikolaus III. behauptet 1059 während einer Synode, daß in der Eucharistie der Leib Christi sinnenfällig (sensualiter) mit den Händen berührt, gebrochen und mit den Zähnen zermalmt wird. Die spätere Kirche verwirft diese Idee mit einer ebensolchen.
- Nikolaus III. und Clemens V. setzen sich in feierlichen Erklärungen für den Orden der Franziskaner ein. Johannes XXII. verwirft dies und handelt sich einen Tadel des Ordens ein[131].
- Papst Paul IV. läßt proklamieren: »Wenn später entdeckt wird, daß ein Papst früher einmal ketzerisch, häretisch oder schismatisch war, so ist alles, was er seitdem verrichtet hat, nichtig und ungültig[132].«

Abendmahlsbulle

Der Klerus handelt gleich einem schlummernden Raubtier. Friedlich, still und dennoch wachsam, wenn es die Not erfordert und einer reißenden Bestie gleich, wenn es einen Bissen erhaschen kann, der auf der Welle seiner Ideologie liegt. Allein darin liegt sein Erfolgskonzept; bei der Kurie denkt man nicht in Tagesereignissen, sondern in Jahren und Generationen voraus. An einmal festgebissenen Themen läßt man nicht ab und es hat seither funktioniert. Doch heute ist ein anderes Weltbild entstanden: die in Traditionen verwurzelte Geistlichkeit steht ihm machtlos gegenüber.

1516 wird ein Dekret von bedeutender Tragweite erlassen. Es ist die Bulle *Pastor aeternus* des Papstes Leo X., in der zusammen mit der Verwerfung der phragmatischen Sanktion in Frankreich zum Dogma erhoben wird: »Der Papst hat die volle Autorität und die uneingeschränkte Macht über die Konzilien. Er kann sie nach Gutdünken berufen, verlegen und auflösen[130].« Es ist die Zeit der Reformation und in Rom hat sich die Angst breitgemacht.

Als der gewaltige Geistersturm der Theologie zu wanken beginnt und die frömmlerischen Gemüter des 16. Jahrhundert erzittern läßt, glaubt die Kurie durch die frühen Erfolge der Jesuiten, durch den ihr ergebenen spanischen Hof, durch die Vorboten der Gegenreformation und die Unterwerfung von Heinrich IV. von Frankreich eine Wiedereinsetzung ihrer alten Herrschaft anstreben zu können. Tatsache ist, daß sie damals und auf einen Schlag mehr als 50 Prozent ihrer angeblichen Machfülle einbüßt, was u. a. finanzielle Konsequenzen für ihre Politik mit sich bringt. Papst Paul IV. berät sich mit den Kardinälen und erläßt die Bulle *Cum ex apostotatus officio*, in der u. a. festgeschrieben wird:

- Der Papst als *Pontifex maximus* und als Stellvertreter Gottes hat die Herrschaft über die Völker und Königreiche. Er kann alle richten und darf von niemand gerichtet werden.

- Alle Monarchen und Bischöfe sind, sobald sie der Ketzerei verfallen, unwiderruflich abgesetzt.
- Keiner darf einem häretischen Fürst Hilfe gewähren. Wer es unternimmt, ist seines Landes und Besitzes verlustig … das der Papst dann einem gehorsamen Fürsten zuteilen soll.

Pius V. hat den Inhalt dieser Publikation bekräftigt. Die dann folgende Zeit stellt die Kirchenführung vor Probleme. Vorbei ist der von ihr mitzuverantwortende Dreißigjährige Krieg und an seinem Ende steht ein neues menschliches Bewußtsein. Die barocken Kirchenbauten signalisieren den Wandel: schon keimen die Ideen der Aufklärung und rütteln zaghaft an den Kirchentüren. Alles was mit Liberalisierung, Vernunft und Aufklärung zu tun hat, ist der Kirche ein Dorn im Auge. Sie setzt auf servile Unterwürfigkeit, absoluten Gehorsam und Abhängigkeit. Schon damals zeichnet sich ab, daß sie an dieser Nahtstelle scheitern wird. Sie verlangt von ihren Mitgliedern und Sponsoren eine blühende Phantasie und den unbedingten Glauben an Unmögliches. Die Kirche vergräbt sich in Weltfremdheit und kapselt sich dadurch immer mehr von der Realität des Lebens ab. Ihr autoritäres System ist schon damals überholt.

Papst Urban VII. holt 1627 zu einem gewaltigen Schlag aus und publiziert die *Abendmahlsbulle* unter Rückbesinnung auf das Engagement der Päpste Paul IV. und Pius V. Sie führt zu einer Verstimmung der weltlichen Machthaber und verdeutlicht, mit welchem Selbstverständnis sich der Klerus in weltliche Angelegenheiten mischt. Die wesentlichen Aussagen sind:

- Alle Schismatiker und Ketzer werden verflucht … sowie diejenigen, die ihnen Hilfe oder Zuflucht gewähren.
- Alle werden exkommuniziert und verflucht, die Bücher von Andersgläubigen ohne päpstliche Erlaubnis drucken, behalten oder lesen.
- Alle werden exkommuniziert, die an ein allgemeines Konzil appelieren.

Der Papst kratzt mit dieser Publikation an den Souveränitätsrechten der Staaten. Er behält sich vor, Zölle und Steuern aufzuerlegen, Gerichtsbarkeit zu üben und geistliche Verbrechen zu strafen. Unverzüglich sträuben sich die wach gewordenen Landesherren gegen die erneuerte Manifestation der päpstlichen Willkür.

1580 ordnet das französische Parlament an, daß alle Bischöfe und Erzbischöfe, die die Bulle bekannt machen, ihre Güter verlieren und des Hochverrats beschuldigt werden. In den Niederlanden widersetzen sich selbst die Bischöfe dem despotischen Wollen. Der spanische König und der Vizekönig von Neapel unterbinden die Veröffentlichung. Rudolph II. protestiert feierlich dagegen. Der Mainzer Erzbischof ist zu einer Einführung nicht zu bewegen und der Herrscher von Venedig weigert sich.

Später weist selbst die katholische Regentin Maria Theresia für die österreichische Lombardei diese päpstliche Bulle zurück, »weil sie Bestimmungen enthalte, die sich für den priesterlichen Charakter nicht ziemen, durchaus nicht zu rechtfertigen wären und welche die fürstliche Macht schwer beleidigen.«

Das erfahrene Spiel der Kurie setzt gleichsam wie ein sich stets langsam drehender Zahnkranz ein. Theologen rükken die Verblendung ihres Arbeitgebers in die Lehrbücher, schreiben dazu Kommentare und einzelne Beichtväter verweigern wegen dieses Unsinns die Absolution.

Päpstlicher Gesinnungswandel

Wie leicht bildet sich im menschlichen Wesen die Wahnvorstellung, daß dem tatsächlich so sei, was sie sich einbilden, daß ein Papst unter der besonderen Himmelgnade steht und daß ihm demzufolge die göttliche Wahrheit mühelos in den Schoß gefallen ist.

So ist Papst Gregor XVI. nicht mehr als ein Besserwisser. Wenn ihm Cappacini einen Vortrag in Finanzangelegenheiten hält, pflegt der Papst zu antworten: »Aber er wäre ja der Papst, er könne sich nicht irren,

deshalb müsse er alles selbst am besten wissen[131].« Man darf nicht vergessen, daß Peter de Luna als Benedikt XIII. die gesamte Christenheit, die ihn nicht anerkennen will, von seinem Felsenschloß Peniscola aus verdammt hat. Als er während der Konstanzer Synode abgesetzt wird und die Zahl seiner Verehrer schmilzt, erklärt er vermessen: »In Peniscola, nicht in Konstanz, sei die ganze Kirche versammelt, wie sich einst in der Arche Noah die gesamte Menschheit befunden hat[132].«

Der Papst Pius IV. (1559-65) erlebt eine interessante Wandlung. Vor seiner Erhöhung gibt er sich human, wohltätig und uneigennützig. Als Papst ist er zornig und mißgünstig. Besonders nach dem von ihm verhaßten Konzil von Trient überläßt er sich der Sinnlichkeit und läßt gottesdienstliche Aufgaben beiseite.

Papst Innocenz X. geht es ähnlich. Einst gilt er als redlicher und unbescholtener Mann, aber als er Papst ist, bietet er der Welt das Schauspiel eines herrschsüchtigen und habgierigen Weibes. Papst Alexander VI. ist ein korrupter Geschäftsmann. Er läßt sich von dem schmeichelhaften Jesuiten Oliva bereden, daß es eine Todsünde ist, seine Nepoten nicht nach Rom zu ziehen, um sie hier reich und groß zu machen.

Jesuiten stützen die Unfehlbarkeits-Theorie

Oliva sagt um 1670: »Die Erhebung zum Papst pflegt die Erwählten in ihrem Charakter so zu verschlimmern, daß dies niemand einem guten Mann wünscht und keiner hofft, daß selbst der beste Papst die Vorsätze, die er bei seinem Antritt hegt, halten wird.«

Und doch funken jesuitische Geistesblitze dazwischen, denn sie verteten eigennützige Interessen in Bezug auf die Durchsetzung der Unfehlbarkeit. Die Kardinäle Bellarmino (1542-1621) und Caesar Baronius (1538-1608) stehen in der vordersten Front im Kampf für die Vorrechte des Papstes. Nicht umsonst gibt es das geflügelte Wort vom *weißen* und *schwarzen* Papst.

Es gibt Hunderte von Beispielen geistig blinder und gleichzeitig hochrangiger Jesuiten, die das Papsttum verherrlichen. Bellarmino hat die Gedanken Cajetans weiter gesponnen; aber er verwirft seine Hypothesen. Nach ihm ist selbst ein häretischer Papst legitimiert, solange ihn die Kirche nicht abgesetzt hat. Von Cajetan stammt die Formel:»Die Kirche ist die Magd des Papstes.«

Bellarmino schmückt diese Plattitüde und ergänzt:»Was der Papst der Kirche vorzuschreiben beliebt, muß sie annehmen ... unbesehen auf jedes eigene Urteil verzichtend, muß sie das fest glauben, was der Papst lehrt, was er gebietet ... ein Papst kann in moralischen und dogmatischen Fragen nicht irren[133] ... sein Ausspruch ist göttlich und gewiß[134].«

Nach jesuitischer Auffassung »muß die Geistesgabe der Unfehlbarkeit so beschaffen sein, daß sie selbst den unwissenden Papst momentan erleuchtet und ihn vor dem Irrtum schützt. Wenn ein Papst eine Lehre verkündet, wenn er über dogmatische und sittliche Fragen entscheidet, ist dies unantastbar, mag er darüber nachgesonnen haben oder nicht ... wozu die kümmerlichen Öllämpchen herbeiziehen, wenn er selbst den Vollgenuß des von der Geistessonne ausstrahlenden Lichtes besitzt[135]?«

Spannungen im Vorfeld des Vatikanums

Fast schon hat die alte Auffassung Oberwasser, da wird scharf gekontert. Die Gegner der Unfehlbarkeit berufen sich vereinzelt auf Jaques Bénique Bousset (1628-1704), den führenden Theologen Frankreichs im 17. Jahrhundert. Er ist der Hauptverfasser der Deklaration des französischen Klerus von 1682. Im zweiten gallikanischen Artikel wird die Hoheit des Konzils über den Papst festgestellt und im vierten die Endgültigkeit päpstlicher Glaubensbekenntnisse von der Zustimmung der Kirche abhängig gemacht. Der Protestant Leibnitz sagt dazu, daß es in der katholi-

schen Kirche unmöglich ist, sich über das wahre Subjekt oder den Hauptsitz der Unfehlbarkeit zu vereinigen[136].

Warum kommt es erst 1870 zur Dogmatisierung der päpstlichen Unfehlbarkeit? Damals ist allen Zeitgenossen, die mit der Zeit gehen, klar, auf welch tönernen Füßen die päpstlichen Ansprüche ruhen. Das in der Zeit des frühen Papsttums provozierte Papstbild hat sich über weite Strecken als Resultat von Fälschungen und Unkorrektheiten erwiesen. Es ist der Kurie klar, daß sie mit der Proklamation dieses Wunsches weit hinter dem Wissen der Zeit bleibt und daß mit erheblichem Widerstand zu rechnen ist.

1776 erfolgt die Unabhängigkeitserklärung der 13 britischen Kolonien Nordamerikas; der Gedanke der Freiheit wird installiert und dies läßt die Geistlichkeit aufhorchen. Die Idee überträgt sich nach Frankreich und führt 1789 zu einer Revolution. Es ist in den Augen der Kurie etwas Ungeheuerliches; der von ihr seit Jahrhunderten gedrückte Mensch steht auf und schon hat man Angst um die altchristlichen Strukturen. Kirchenbesitz wird Nationaleigentum, Klöster werden aufgehoben und Geistliche zum Ablegen eines Bürgereides gezwungen.

Die Staaten reagieren konservativ, so wie es der Wunsch der Kirche ist. Der Zar, die Habsburger, die Könige von Frankreich, Spanien, Preußen und Holland vereinigen sich zur Heiligen Allianz, denn der wachgewordene Freiheitssinn ist ein Pulverfaß für Staat und Kirche.

Besonders die Kirche mit ihren zementierten Strukturen steht vor unlösbaren Schwierigkeiten. Sie hat den Teufel herbeigerufen und weiß nun nicht, wie sie ihn wieder loswerden kann. Sie hat die Menschen über Jahrhunderte in ein geistiges und moralisches Korsett gezwängt.

In Deutschland führt die nach der napoleonischen Säkularisation notwendig gewordene Neuordnung zu einer engeren Bindung der Kirche an Rom. Die folgende Abflachung führt zu einer Rückbesinnung auf die altüberkommenen Autoritäten. Die theologischen Fakultäten an den deutschen

Universitäten überdauern die intellektuellen Stürme weitgehend, denn hier wirkt noch die Meinung des alten Lehrkörpers nach. Die ultramontane Bewegung zeichnet sich in Umrissen ab. Sie setzt sich für ein zentralistisches Kirchensystem und für die Ausweitung der päpstlichen Privilegien ein.

Der französische Schriftsteller Francois Réne Vicompte de Chateaubriand (1768-1848) preist die Schönheit der katholischen Dogmen und Sakramente. Der Savojarde Joseph Graf de Maistre (1753-1821) fordert den *unfehlbaren* Papst. Der Plan zur Schaffung einer Reichskirche auf dem Wiener Kongreß (1815/1815) scheitert am Widerstand der päpstlichen Unterhändler, vor allem an dem des Kardinals Ercole Consalvi (1757-1824).

Während der Aufklärung schreibt der Weihbischof von Hontheim (170?-1798) unter dem Pseudonym *Febronius* ein kritisches Buch gegen die Ansprüche Roms. Dann erschüttert ein Ereignis von beachtlicher Tragweite den Jesuitismus. Das *Breve Dominus ac redemptor noster* verfügt die Auflösung des Ordens und vermerkt als Grund, daß es beim Fortbestand der Gesellschaft Jesu nicht möglich ist, den wahren und dauernden Frieden der Kirche herzustellen. Daraus wird erkennbar, daß das eigentliche Feld der Gemeinschaft nicht der Glaube, sondern die jesuitische Politik ist.

1808 rückt General Miolis in Rom ein. Napoleon will den Papst in Frankreich haben, um ihn hier besser zu überwachen. Deshalb dringen nachts Soldaten in den Vatikan. Der heilige Vater wird in einem Lehnstuhl durch ein Fenster herabgelassen und nach Frankreich exportiert. Wenn man von einzelnen Morden und Giftanschlägen absieht, ist so etwas Ungeheuerliches in Rom noch nie geschehen. Der Papst wettert heftig über das ihm angetane Unrecht und übersieht, welch tausendfaches Leid er und seine ihm untergebenen Mannen über Jahrhunderte über die Völker gebracht haben.

Als Napoleon nach Elba verbannt wird, zieht Pius VII. im Mai 1814 nach Rom und gebärdet sich als echter Papst (Corvin).

Seine erste Tat ist die Wiedereinsetzung der Jesuiten am 7.8.1814. Später fällt er auf den Marmorboden seines Zimmers, bricht sich einen Schenkel und stirbt am 20.8.1823 im obligatorischen Ruf der Heiligkeit im Alter von 81 Jahren.

Papst Gregor XVI. (1831-46) hat in den napoleonischen Wirren als Kamaldulensermönch mit dem Namen Mauro Cappelani ein Buch mit dem Titel *Der Triumph des Heiligen Stuhles und der Kirche gegenüber den Angriffen der Neuerer* verfaßt. Darin vertritt er die Meinung, daß der Papst als Monarch unfehlbar ist. Er verurteilt in der Enzyklika *miraar vos* die Idee des Liberalismus und erkennt in der Gewissensfreiheit eine Wahnidee.

Er verabscheut die Pressefreiheit und führt innerhalb der eigenen Reihen Säuberungswellen durch. Spätere Päpste sehen in ihm ein Vorbild, denn über die Gedanken der Aufklärung, der realen Geschichtsbetrachtung und der kritischen Theologie sind rote Tücher für eine Institution, die seit Jahrhunderten versucht, ihr eigenes Geschichtssüppchen zu kochen und die auf den *blinden* Gehorsam pocht.

Am 2.2.1831 besteigt Gregor XVI. den päpstlichen Stuhl. Er drängt nach den alten Strukturen und unterbindet die wissenschaftliche Forschung. Er stirbt am 1846 und die Welt freut sich, einen Mann los zu sein, dessen ganzes Trachten gewesen ist, die Weltuhr zurückzustellen, während es im Volk überall gärt und es nach dem Fortschritt drängt[137].

Papst Pius IX.

Auf Gregor XVI. folgt Pius IX. Er ist weit davon entfernt das Unzeitgemäße der Lehren der katholischen Kirche zuzugeben. Er ist im Gegenteil eifrig bemüht, den Glauben an die im Mittelalter zur Geltung gebrachten Dogmen zu aktivieren: »Dessen von 1846-78 während Regierung gestaltet sich zu einer einzigartigen Geschichte innerhalb der römisch-katholischen Kirche[138].« Am 8.12.1864 erklärt er in der Enzyklika *quanta cura* den Syllabus, in dem er alle Wissenschaft und Philosophie verdammt, die sich nicht der kirchlichen Autorität unterwirft[139]. Er verwirft die Freiheit des Denkens und des Glaubens[140]. Der Papst lehnt die längst überfällige Versöhnung mit dem Fortschritt, dem Liberalismus und der modernen Zivilisation ab[141].

Der Syllabus ist eine Liste sämtlicher Irrtümer, die irgendwo und -wann gegen die Interessen der Kirche verstoßen haben. Zu ihnen zählen der Vernunftsglaube und alle Arten des Freidenkertums. Zu den Irrtümern zählt die Kirche alle Vereinigungen, die in irgendeiner Weise für Freiheit, Fortschritt und die Aufklärung eintreten[142]. Der Syllabus wird 300 Bischöfen vorgelegt.

Nur altes wird aufgewärmt, denn schon im 16. Jahrhundert bezeichnet Papst Klemens VIII. die Gewissensfreiheit als das Schlimmste der Welt. Théodor Béze, das Haupt der Genfer Kirche, nennt die Lehre von der freien Gewissensentscheidung ein *teuflisches* Dogma und Papst Gregor XVI. verdammt die Freiheit des Gewissens als Wahnsinn, als falsche und absurde Maxime[143].

Dem *modernen* Katholizismus sind Gewissenfreiheit und Toleranz fremd. Die in der Erklärung der Menschenrechte proklamierten Grundrechte der Gleichheit aller vor dem Gesetz, der Gedanken-, Rede- und Pressefreiheit, zumal in religiösen Dingen, wird schon in dem Breve *Quod Aliquantum* vom 10.3.1781 durch den Papst Pius VI. als Ungeheuerlichkeit verdammt und er läßt wissen: »Kann man etwas Unsinnigeres ausdenken, als eine derartige Gleichheit und Freiheit für Alle zu dekretieren?« 1832 verurteilt Papst Gregor XVI. die Gewissenfreiheit als Wahnsinn.

Papst Pius IX. hat sich zu den Worten seines Vorbeters aus *vollem Herzen* bekannt. 1864 verwirft er ausdrücklich jenen *Indifferentismus*, der jedem gestattet, die Religion zu wählen, die *er* für wahr ansieht. Er erkennt deshalb die österreichische Verfassung von 1867, in der die Preß-, Glaubens- und Lehrfreiheit verankert werden und in der alle religiösen Gesellschaften gleichwertig vom Staat angesehen werden,

in seiner Allokution vom 22.6.1868 als ein *abscheuliches* Gesetz. Das Werk eines katholischen Theologen aus der Zeit des Papstes Leo XIII. bezeichnet die Gewissensfreiheit als eine *verabscheuungswürdige Gottlosigkeit und Abgeschmacktheit[144]*.«

Verfechter der freiheitlichen Gedanken werden unterdrückt, ihre Anstifter standrechtlich erschossen oder in die Flucht getrieben. Doch das Eis ist zum Leidwesen der Kirche gebrochen. Am 22.2.1848 findet die Revolution in Paris statt. Ihr folgen Volkserhebungen in Deutschland, Österreich und Italien.

Die Revolution schockiert die Kirchenführung. Der Papst muß dem Sturm der Zeit weichen und die Verfassung von 1848 akzeptieren. In Rom kommt es zu Aufständen und zur Ermordung des von Pius IX. eingesetzten Ministers de Rossi. Der Papst wird zum Nachgeben gezwungen und muß ein demokratisches Ministerium ernennen, an dessen Spitze Graf Mamiani della Rovere steht. Da sich Pius seiner Macht beraubt sieht, hält er es für angebracht, am 25.11. unter dem Schutz des bayerischen Gesandten Graf Spaur und als Abt verkleidet , die Flucht zu ergreifen. Er stellt sich unter den Schutz des neapolitanischen Königs. Kurz danach wird Rom zur Republik erklärt; der kuriale Traum auf die Beherrschung der Welt hat einen Knick bekommen.

Im November 1848 wird Rom von Soldaten Garibaldis angegriffen. Der Papst flieht am 25.11. nach Gaeta. Am 9.2.1849 wird seine weltliche Regierung für erloschen erklärt. Papst Pius IX. wendet sich an

⇒

Carl Joseph Hefele (1809-1893), Bischof von Rottenburg. Er sagt im November 1870 im Zusammenhang mit der Unfehlbarkeitsdebatte: »Ich kann mir nicht verhehlen, daß das neue Dogma einer wahrhaften, biblischen und traditionellen Begründung entbehrt und die Kirche in unberechenbarer Weise schädigt, so daß letztere nie einen herberen und tödlicheren Schlag erlitten hat als am 18.7.1870.«

Napoleon III. und an die Herrscher von Österreich und Spanien; er bittet um Beistand in den erzkatholischen Regionen. Nach einer kriegerischen Auseinandersetzung kehrt der Papst am 12.4.1850 nach Rom zurück[145].

1861 wird aus der italienischen Republik ein Königreich und Viktor Emmanuel II. von Sardinien trägt die Verantwortung. Der größte Teil des Kirchenstaates wird ihm zugeschlagen. Napoleon III. zieht seine Truppen aus Rom ab und Viktor Emmanuel nützt die Gelegenheit für einen politischen Handstreich auf die päpstliche Residenz. Am 20.9. zieht er in Rom ein und macht das päpstliche Sommerschloß zum königlichen Palast.

Am 13.5.1871 wird ein Garantiegesetz erlassen. Es sichert dem Papst die Herrschaft über die katholische Kirche; er darf sich eine Leibwache halten und Gesandte fremder Länder empfangen. Der Vatikan, der Lateran und die Villa Castel Gandolfo werden ihm zur Verfügung gestellt; dem Papst wird eine jährliche Rente angewiesen.

Dies ist ein harter Schlag für die Ex-Herrscher und er bedeutet das Ende der machtpolitischen Gelüste des Statthalters Gottes. Der enttäuschte Pius IX. exkommuniziert den König. Tatsache ist, daß die Revolution nicht lange gefackelt hat; sie hat die Kurie mit den gleichen Waffen geschlagen. Die Kirchenführung steht ratlos da. Es ist eine Zäsur in ihrem Denken und Handeln erkennbar. Eine Schlüsselrolle nimmt der Papst Pius IX. ein.

⇐

Papst Pius IX. (1846-78); unter ihm zeichnet sich der straff geführte Einheitskurs der Kirche ab. Er besiegt weitgehend die bischöfliche Selbständigkeit und schiebt die Idee der päpstlichen Autorität in den Mittelpunkt seines Denkens. Er beruft das Erste Vatikanische Konzil für dem Dezember 1869 ein und definiert in einem Akt der Selbstgefälligkeit das Dogma, demzufolge der Papst in Glaubens- und Sittenfragen unfehlbar ist.

War Pius IX. geisteskrank?

Die Tatsache, daß Pius IX. erst 1800 Jahre nach der Begründung einer sich Christen nennenden Sekte dem totalitären Verherrlichungsgedanken der Kirche die Krone aufsetzt, läßt die Frage offen, ob er damals zurechnungsfähig gewesen ist[146]. Er kann nicht so naiv gewesen sein, die Grundzüge der eigenen Geschichte zu verkennen. Es ist zu fragen, ob Pius IX. während der konziliaren Turbulenzen zurechnungsfähig gewesen ist. Nicht ohne Grund schreibt Dupanloup in sein Tagebuch: »Oh, dieser unglückselige Papst, was hat er angerichtet?« Schauen wir uns diesen Kirchenmann etwas genauer an.

Giovanni Maria Mastai-Ferretti, der spätere Papst Pius IX., wird am 13.5. 1772 in den Wirren der Französischen Revolution in der kleinen Stadt Senigallia als letztes von neun Kindern geboren. Mit elf Jahren kommt er auf das Gymnasium von Volterra. Vier Jahre danach zeigen sich die ersten epileptischen Anfälle. Die Aufnahme in die Nobelgarde wird ihm wegen dieser Krankheit verwehrt. So entscheidet er sich 1816 zum Priesteramt und bittet 1819 um die Heiligen Weihen. Am 4.7. 1819 bekommt er den kirchlichen Gunsterweis. Er wird an die Auflage geknüpft, die Messe immer mit einem anderen gemeinsam zu lesen. In der ersten Zeit arbeitet er in einem römischen Waisenhaus.

Von 1823-25 begleitet er einen Apostolischen Delegierten nach Chile. Um 1825 berichtet er über sein Leiden und schreibt an Papst Leo XII.: »Durch die Auswirkungen der Epilepsie habe er ein schwaches Gedächtnis und könne sich nicht längere Zeit konzentrieren, ohne eine große Konfusion befürchten zu müssen.« In der Literatur ist vereinzelt von seinen Kindern die Rede; daß er kein Frauenhasser war, ist vereinzelt festgeschrieben[147].

Rasch macht der Angeschlagene im Kirchenstaat Karriere. 1827 sehen wir ihn als Direktor des Ospizio San Michele. 1832 wird er Bischof von Imola, 1840 Kardinal und relativ jung, mit 54 Jahren, tritt er am 16.6. als Pius IX. Gregors XVI. an.

Papst Pius IX. im Alter von 18 Jahren.

Der neue Papst gilt als leicht zu beeindrucken, als launenhaft, impulsiv und unberechenbar, denn die Krankheit hat ihn geprägt. Selbst diejenigen, die sich als unfehlbar wähnen, haben sich weltlichen Leiden zu stellen. Pius IX. verbindet mit seinem Sendungsbewußtsein autoritäre Züge und freut sich über Streicheleinheiten. Folglich kann sein Umfeld nur mittelmäßig wie er selbst sein. Rasch nimmt seine Herrschaft reaktionäre Züge an.

Die Ereignisse des Jahres 1848 werden sein Trauma; die Revolutionsangst sitzt ihm im Nacken und er scheint zu spüren, wie es ist, Angst zu haben. Die Millionen, die die Kirche geschunden hat, werden unter den Teppich des Herrn gefegt, denn hier steht etwas anderes auf der Tagesordnung: die neue Verteilung der Macht unter Minimalbeteiligung der Geistlichkeit. Pius IX. sieht die Kirche von allen Seiten bedroht. Der Liberalismus ist sein Todfeind. Bereits in der Enzyklika vom 15.8.1854 erklärt Pio Nono: »Die abgeschmackten und irrigen

Lehren oder Faseleien zur Verteidigung der Gewissensfreiheit sind ein außerordentlich verderblicher Irrtum, eine Pest, die zu fürchten ist.«

1848 haben die Erleuchtungen einer neapolitanischen Nonne Einfluß auf ihn. Er sagt zum Staatssekretär Antonelli: »Ich habe die Mutter Gottes auf meiner Seite.« Am 5.1.1870 hat Giovanni Don Bosco eine Vision, derzufolge für den Papst die Zeit gekommen sei, um die päpstliche Unfehlbarkeit zum Dogma zu erheben. »Er dürfe der göttlichen Hilfe und des marianischen Schutzes sicher sein.«

Im Jahr seines Amtsantritts verdammt er mit der Enzyklika 100 Fakten, die in seinen Augen Zeitirrtümer sind. Das Dokument gipfelt in der Formulierung: »Der Papst müsse sich mit dem Fortschritt, dem Liberalismus und der neuen Kultur versöhnen.« Es ist eine Kampfansage an die moderne Zeit, der die Kirche bis heute nicht gewachsen ist. Spricht doch der Papst in der gleichen Enzyklika den Bann über die, die darauf bestehen, daß die Kirche keinerlei Gewalt auszuüben hat.

Es steht die Befürchtung an, daß die politischen Streitigkeiten zwischen Frankreich und Deutschland zu einem Krieg führen; er könnte die Existenz des Kirchenstaates und das päpstliche Wollen weiter einschränken. Unter Papst Pius IX. zeichnet sich der straff geführte Einheitskurs der Kirche ab. Er beseitigt noch mehr die bischöfliche Selbständigkeit und schiebt die absurde Idee der päpstlichen Unfehlbarkeit immer mehr in den Zenit seines Denkens.

Der Papst wird von klugen Köpfen kritisch beurteilt. Augustin Theiner, Oranienpater und Präfekt des päpstlichen Geheimarchivs, vertritt die Auffassung, daß Pius IX. weder etwas vom Kirchenrecht noch von der Geschichte verstanden habe. Er habe lediglich oberflächliche Kenntnisse und zeichne sich durch den Köhlerglauben alter Weiber aus. Aufgrund seiner angeschlagenen Gesundheit neigt Pius IX. zum Mystizismus. Er vermeint Kreuzerscheinungen am Himmel zu erkennen und sieht einen Leichnam sich bewegen[148]. Der italienische Staatsmann Marco Minghetti sagt über die Zeit von 1848: »Während der Sitzung des Ministerrates öffnete der Papst das Fenster, da ein Komet am Himmel erschienen war, kniete nieder und befahl den anderen, dies ebenfalls zu tun und Gott anzubeten, damit er die Geißel abwende, für die der Komet das verhängvolle Vorzeichen war.«

Rasch unterstellt man dem wundersamen Mann wunderbare Wunderkräfte. Der Generalvikar von Nimes, Emanuel d'Alzon, verschickt päpstliche Wäschestücke zu Heilzwecken und Leon Dupont versendet päpstliche Haare. Hier formiert sich ein *moderner* Reliquienhandel, der deutlich macht, auf welch niedrigen Kulturstufe man im vatikanischen Raritätenkabinett stehen geblieben ist.

Als Pius IX. das Erste Vatikanische Konzil eröffnet, steht er im 78. Lebensjahr; seine intellektuellen Fähigkeiten haben nachgelassen. Viele Bischöfe sprechen von einem Greis, der zu seiner Kindheit zurückgekehrt ist[149]. Der Historiker Gregorovius bezeichnet den Past ganz einfach als verrückt. Der katholische Kirchenhistoriker Franz Xaver Kraus notiert in seinem Tagebuch, daß der Papst boshaft und krank sei. Altersstarrsinn, Gefühlsverflachung und kindische Wutausbrüche signalisieren den Verlust an Realitätseinschätzung[150]. Die Frage nach seiner Zurechnungsfähigkeit wird immer lauter.

Er beurteilt sich positiv und meint, daß sein Pontifikat das glänzendste zum Wohl der Kirche und der Gesellschaft tatenreichste ist[151]. Er erklärt am 18.7.1870: »... er sei der einzige Herr und das ausschließliche Organ der göttlichen Lehre[152].«

Bezüglich seiner Krankheit befindet sich der Heilige Vater im bester Gesellschaft, denn auch sein Freund Georg Talbot de Malahide, hält sich längere Zeit in Paris in einer psychiatrischen Klinik auf. Ignatius von Senestrey, der Regensburger Bischof, kann ebenfalls von religiösen Wahnvorstellungen nicht freigesprochen werden. Er legt sich mit der Seherin von Altötting für die Sünden der Welt ins Bett.

Bischof Ignatius von Senestrey

Es handelt sich um den Regensburger Bischof aus der Zeit von 1858 bis 1906. Auch er ist fehlbar. Offensichtlich läßt er sich mehrere Jahre durch ein Verhältnis mit einer neurotischen Seherin beeinflussen. Geredet wird über eine Erpressung und an einer Mitschuld des Oberhirten im Zusammenhang mit einer Abtreibung. Der Bischof Graber stellt seine lobenswerten Taten anläßlich einer Festschrift zum 150. Jubiläum heraus und nennt ihn darin eine »hoheitsvolle anerkannte Persönlichkeit ... die auch uns heutigen noch sehr viel zu sagen hat.«

Der Kollege, Bischof Manfred Müller, entdeckt anscheinend einige Ungereimtheiten. Eine Tagebuchnotiz des Freiburger Kirchenhistorikers Franz Xaver Kraus wirft aus, daß Senestrey in einen Prozeß um eine Abtreibung als Mitschuldiger angeklagt ist. Die Prozeßakten sind spurlos verschwunden; just an dem Tag, wo Senestrey zum Bischof erhoben wird.

Senestrey ist fest davon überzeugt, daß die Altöttinger Apothekerstochter Luise Beck übersinnlichen Kontakt zur Gottesmutter Maria unterhält, die ihr in ekstatischen Zuständen erschienen sein soll. Er kommt über den Orden der Redemptoristen in Gars am Inn mit der Seherin in Kontakt. Von Erpressern und Verfolgern bedrängt, verspricht er sich Erlösung durch Luise Beck und liefert sich ihrem primitiven Wollen aus. 1872 gelobt er: »Weder Menschenfurcht noch zeitliche Rücksichtsnahmen sollen mich abhalten, den Weisungen nachzukomen, welche Du mir durch den Schutzgeist zu erkennen geben wirst, der sich nach Deiner barmherzigen Fügung so wunderbar meiner angenommen hat. Habe ich noch so große Züchtigung verdient und möchten die Folgen meiner Übeltaten an und für sich auch unverzeihlich sein, so bitte ich Dich, o barmherziges Herz Jesu, Du wollest mir gnädig sein und nicht gestatten, daß meine Feinde über mich triumphieren.« Am Rande sei erwähnt, daß Senestrey, als er noch Pfarrer war, einen Vertrauten des bayerischen Königs besto-

Eine Vision: Die Versöhnung zwischen Papst Pius IX. und dem italienischen König Viktor Emmanuel II.

chen haben soll, um Bischof zu werden. Zur Person dieses Geistlichen hat sich umfangreiches Archivmaterial erhalten. Es ist bislang nicht publiziert. Wer wird da nicht stutzig?

Bischöfe im Widerstand

Pius IX. wirft seinen Gegnern *gottferne* Leidenschaften vor und beschimpft sie rücksichtslos. Den Bischof Henri Maret bezeichnet er als Viper und den Theologen Alphonse Gratry als verrückten Spießbuben. Den Pariser Erzbischof Darboy hält er für unaufrichtig und den Kardinal Joseph Othmar Rauscher aus Wien für einen bedeutungslosen Mann. Der Kölner Erzbischof Paul Melchers ist für ihn nicht mehr als ein Ignorant und den Kardinal Friedrich Schwarzenberg aus Prag bezeichnet er als *Subdiakon der Kirche.*

Die päpstlichen Widersprüche können Kompensatoren seiner Gefühlsarmut sein.

Der Bischof Dupanloup spricht in seinem Konzilstagebuch von seinem *Herz aus Stein*; er erwähnt seine berufsmäßige Heuchelei und die damit verbundene Zwiespältigkeit. Am 22.6.1870 schreibt der französische Botschafter beim Heiligen Stuhl, Gaston de Banneville: »Der Papst begegne allen mit kindlichen Zornausbrüchen, was den von ihm favorisierten Ideen entgegenstehe.« Der Kardinal Gustav von Hohenlohe sagt: »Ihm wäre in seinem ganzen Leben noch kein Mensch vorgekommen, der es mit der Wahrheit weniger genau genommen habe.«

Ereignisse von einer solchen Tragweite sprechen sich auch in Kirchenkreisen rasch herum, werden diskutiert, verstanden, nicht verstanden, gelobt und verteufelt. All dies sickert zum Volk durch und die Kurie ist sich ihrer damals schwachen Position bewußt. Der Tarnmantel des Schachzuges soll verborgen bleiben. Allein die Anlage des geplanten konziliaren Verlaufs zeigt die unlautere Absicht der Kirchenführung.

Am 4.9.1869 richten 14 deutsche Bischöfe ein vertrauliches Schreiben an den Papst und geben zu Bedenken, daß eine Festschreibung der päpstlichen Unfehlbarkeit Gefahren in sich birgt[159]. Es bilden sich theologische Gegnerschaften[160]. Der Kardinal Antonelli spricht sich aus politischen Gründen gegen eine Definition der Unfehlbarkeit aus. Gläubige bringen in einem Hirtenbrief zum Ausdruck, daß es unmöglich ist, eine Lehre auszusprechen, die weder mit den Grundsätzen der Gerechtigkeit zu vereinen, noch in der Bibel verankert ist. Selbst unter den Katholiken steigt die Empörung[161].

Den kritischen Konzilsteilnehmern bleibt nicht verborgen, daß die Definition der Unfehlbarkeit längst vor der Einberufung des Konzils beschlossen ist; es ist nicht falsch, hinter den Kulissen jesuitische Drahtzieher zu erkennen. Mit der Wiedereinsetzung des Ordens ändern sich die Verhältnisse zugunsten des Klerus auffallend rasch. Der freie und kritische Geist erfährt unter ihrem Einfluß eine erneute Niederlage. In den USA sind es Jesuiten, die dem neuen Dogma entgegensehen.

Daten zum konziliaren Umfeld

1846	Giovanni Mastai-Ferretti tritt die Nachfolge Gregors XVI. an. In der Enyklika *Quanta cura* verdammt er den Fortschritt, den Liberalismus und die Gewissensfreiheit[159].
1846	Pius IX. spricht in der Antritts-Enzyklika implizit seine Unfehlbarkeit aus.
1851	schließt er mit Königin Isabella II. ein Übereinkommen mit dem Ziel, in Spanien aussschließich das Glaubensbekenntnis der katholischen Kirche zuzulassen ... jede Ausübung einer anderen Richtung soll verboten sein.
1854	erhebt er aus eigener Machtfülle die Lehre von der unbefleckter Empfängnis zum Dogma. Kardinal Vincencio Machhi, Dekan des Heiligen Kollegs, spricht bei der feierlichen Definition vom höchsen unfehlbaren Urteil seiner Heiligkeit[158].
1862	versucht er, seine Unfehlbarkeit nachzuschieben. Ihm wird von der eigens angesetzten Bischofskonferenz widersprochen.
1862	trifft er mit der Regierung von Equador das gleiche Abkommen wie 1851 in Spanien.
1867	unternimmt er einen weiteren Versuch, die Unfehlbarkeit durchzusetzen. Diesmal scheitert er an der Indiskretion des des Bischofs Dupanloup. Daraufhin sagt der Bischof Emanuel Kettler aus Main, er habe keine Lust nach Rom zu fahren, um den päpstlichen Pomp zu erhöhen[160].
1869	Der Papst ordnet an, den normalen Konzilsverlauf zu unterbrechen, die Konstitution *Pastor Aeternus*, die beiden neuen Dogmen der päpstlichen Juriskitionsgewalt und die Unfehlbarkeit in die Debatte aufzunehmen.
1870	Der Papst legt als erster das Glaubensbekenntnis in der Aula vor dem versammelten Konzil ab. 88 Bischöfe stimmen gegen die Konstitution *Pastor Aeternus*. Einzelne Konzilsväter geben ihre Stimme unter Vorbehalt ab. 451 Teilnehmer stimmen mit einem Ja; dies sind nicht einmal die Hälfte der 1048 Stimmberechtigten[161].
1870	Die päpstliche Unfehlbarkeit wird zum Dogma erhoben.
1870	Italienische Truppen erobern die Ewige Stadt; der Papst vertagt das Konzil auf unbestimmte Zeit.

Sie proklamieren schon 1860 in Köln, das Volk an die Unfehlbarkeit zu gewöhnen. Im Sommer 1867 propagieren sie das Gelübde, um bis zum Blutvergießen[162] für die Dogmatisierung der Unfehlbarkeit zu kämpfen. Man gewinnt elf Konsultatoren. Aus einer Bemerkung des Bischofs Hefele wird deutlich, daß es dabei unseriös zugeht[163].

Der Papst macht keinen Hehl aus seinen Ambitionen und sagt zum Chefredakteur der Civilta Cattolica: »Ich bin entschlossen so vorzugehen, daß ich ggf. die Definition selbst vornehme und das Konzil entlasse, wenn es zu schweigen wünscht[164].« Der Papst will keine Diskussion und scheint nach dem Motto zu handeln: »Verschwende Deine Worte nicht, wo man nicht zu hören bereit ist[165].« Sagte nicht schon Matthäus: »Ich sage Euch, für unnütze Worte müssen die Menschen Rechenschaft ablegen.«

Der Bischof Freiherr von Ketteler spricht von einem Verbrechen gegen Kirche und Menschlichkeit[166], denn die Bischofsversammlung war nur eine Kulisse. Lord Acton schreibt am 24.12.1869 an den englischen Premierminister William Ewart Gladstone, daß man nach einem strategischen Konzept vorgehe[167]. und der Erzbischof Georges Darboy aus Paris notiert am 20.12.1870 in sein Tagebuch: »Den Wahlen gebricht es an Aufrichtigkeit.«

Kritische Punkte zur Heiligsprechung von Pius IX.

- Anläßlich der Belagerung Roms (20.9.1870) stürmen die Truppen die Porta Pia. Pius befiehlt seinem General Hermann Kanzler, symbolisch Widerstand zu leisten. In diesem Zusammenhag werden 70 Menschen getötet.
- Er empfiehlt in der Toskana die Einführung der Gefängnisstrafe für Protestanten, die ihren Glauben propagieren.
- 1867 spricht er den spanischen Inquisitor Pedro Arbues, einen Menschenschlächter des 13. Jahrhunderts, heilig.
- 1868 ordnet er auf der Piazza del Popolo die öffentliche Enthauptung der italienischen Revolutionäre Monti und Tognetti an, weil sie ein Sprengstoffattentat auf die päpstliche Kaserne verübt haben.
- Er ernennt den *notorischen* Konkubinarier Antonio Matteucci zum Kardinal[164].

Der Benediktiner Simplicio Pappalettere schreibt am 17.2.1870 an den Präfekten von Caserta, Giuseppe Colucci: »Mit der Unfehlbarkeitsadresse seien die Bischöfe an der Gurgel gepackt worden.« Der Erzbischof spricht von *Inquisitionspraktiken*. Kardinal Johan Henry Newmann bezeichnet die Weise, wie das Dogma zustandegekommen ist, als Skandal[168]. Nachweislich stemmen sich einzelne Kirchenführer gegen die Vergewaltigung, denn sie beinhaltet eine Eingrenzung ihrer Kompetenz[169].

Der Dominikanergeneral Filippe Maria Guidi behauptet, daß der Papst nur unfehlbar sei, wenn er den Rat der Bischöfe und zugleich die Tradition der Kirche wiedergibt. Noch am gleichen Tag, 18.6.1870, wird er wegen dieser Ansicht getadelt. Professor Friedrich Michelis von Braunsberg bezeichnet in einem Manifest Papst Pius IX. als Häretiker und Verwüster der Kirche. Der Rottenburger Bischof gebraucht den Ausdruck *perturbator Ecclesia*.

Ein Blick in die Geschäftsordnung zeigt das Wollen der Drahtzieher. Sie ist so konzipiert, daß nur ein vorher definiertes Ergebnis herauskommen kann. Nur die Kommissionsmitglieder haben das Recht, unmittelbare Gegenreden zu führen. Alle anderen müssen sich einen Tag vorher mit der Kongregation in Verbindung setzen, sich anmelden und dann werden sie nach der Rangfolge zugelassen. Die Bischöfe werden 1870 unter Androhung der Todesstrafe verpflichtet, über das Geschehen in der Aula zu schweigen. Durch das Druckverbot der Reden ist es unmöglich, vorgebrachte Argumente zu studieren und/oder konkret auf sie einzugehen. Die Akustik erschwert den Dialog.

Am 11.3.1870 fordern Mitglieder des Internationalen Komitees der Minderheit in einem offiziellen Schreiben an die Konzilspräsidenten die Bildung einer Kommission aus Vertretern der Minderheit und der Glaubensdeputation. Sie soll die kontroversen Punkte eingehender besprechen.

Pius IX. lehnt es ab und läßt den Sekretär Joseph Feßler, den Bischof von St. Pölten, die verletzende Antwort geben: »In Rom seien genügend ausgezeichnete Theologen, mit denen man über eventuelle Schwierigkeiten reden könne. Die Deputation leide an Arbeitsüberlastung und habe keine Zeit.«

Und doch kann man einen Blick in das stumpf-antiquierte Forum werfen. Als der Bischof Stoßmeyer am 22.3. in der Aula behauptet: »Auch unter den Protestanten gebe es manche, die Jesus lieben« bricht ein Sturm der Entrüstung aus. Als er die Möglichkeit bestreitet, dogmatische Probleme durch einen Mehrheitsbeschluß zu entscheiden, begräbt ihn die Mehrheit unter unqualifiziertem Gejohle und die Einfältigen schreien: »Er ist Luzifer, Anathema, Anathema ... er ist der zweite Luther ... laßt ihn hinausjagen.«

In einem solchen geistigen und räumlichen Klima kann von geistiger Freiheit keine Rede sein. Das Versteckspiel der

Kurie ist sinnlos. Noch mehr als den despotisch veranlagten Papst trifft es die, die so naiv sind, dieses fossile System zu verherrlichen. Sie sind blind und erkennen nicht, welch hohen Preis sie dafür zahlen. Wieder einmal wird deutlich, in welche Sackgasse die falschverstandene Theologie führt. Heute, 120 Jahre danach, hat sich diese letzte Bastion der Freiheits- und Wissensverhinderung überlebt. Es ist das letzte autoritäre System und gehört abgeschafft.

Nach der Version des Bischofs Hefele werden die widerspenstigen Bischöfe regelrecht abgeschlachtet. Papst Pius IX. zeigt sich mißgünstig und übt Druck auf die Oppositionellen, ohne sich an deren Meinung zu schärfen und vor einer Fehlentscheidung zu bewahren. Der Bischof Francois Lecourtier von Montpellier hat sich 1865 beim französischen Kultusminister Jules Baroche über die Ultramontanen beklagt. Später hat er in Zeitungsartikeln über das Fehlen der Freiheit während des Konzils geschrieben und bei seiner vorzeitigen Abreise aus Verärgerung konziliare Dokumente in den Tiber geworfen. Er wird von der Kurie verleumdet, antireligiöse Briefe an einen eben verstorbenen Pfarrer geschrieben zu haben. So wird er ins Abseits gedrängt und auf Wunsch des Papstes zum Amtsrücktritt nahezu gezwungen. Während man Kritiker niedermacht, festigt man Günstlinge und Hofnarren. 1872 geht man im Vatikan daran, die zustimmenden Briefe einzusammeln, was nicht vollständig gelingt[170].

Eine weitere Folge der gewaltsam durchgesetzten Unfehlbarkeitsdefinition ist, daß kurz nach ihrer Proklamation allein im deutschsprachigen Raum 20 Professoren und geistliche Lehrer exkommuniziert werden. Zwei Drittel aller katholischen Historiker, die an deutschen Universitäten lehren, treten aus der Kirche aus. Auch in anderen Ländern verlassen Geistliche unter Protest die Kirche.

Dieser signifikante Vorgang findet eine Parallele, als Papst Paul VI. mit seinem teuflischen Gehabe aufwartet. Dies findet 1989 eine weitere Parallele in der einzigartigen Bischofswahl von Köln; hier bleiben die Eingaben von rund 160 Professoren und Intellektuellen unbeachtet. An solchen Fixpunkten wird das wahre Gesicht der Kirche deutlich. Sie ist erzreaktionär und sucht mit Sturheit ihren Untergang zu kaschieren: auf diese Weise provoziert sie ihn.

Viele Bischöfe bemühen sich damals monatelang gegen das ihnen aufoktroierte Dogma. Die Zeit heilt viele Wunden und doch kann das Unrecht und die Wahrheit nicht eliminiert werden. Auch wenn man die damals ehrlichen Geistlichen ausgeschaltet hat, so hat doch die Geschichte den geistigen Terror aufgedeckt. Damals unterwerfen sich einige Bischöfe. Teils aus egoistischen Motiven, teils aus Angst um den Fortbestand der Kirche. Die Fuldaer Bischofskonferenz verdeutlicht die Entwicklung.

Der Bischof Hefele schreibt am 20.4.an den früheren Staatsminister, den Freiherrn von Linden: »... noch jetzt bin ich davon überzeugt, daß die für dieses Dogma angeführten Beweise nicht stichhaltig sind.« Seinen Freund Döllinger läßt er wissen: »Ich kann ja nicht Ja zu Nein sagen[171].« Doch wie immer im Leben werden die Ungerechten belohnt; manche von ihnen landen schließlich sogar im nichtexistenten Himmel.

Dubiose Heiligsprechung

Allmählich beginnen die Italiener, Papst Pius IX. zu hassen. Er hat mehr als ein Vierteljahrhundert das Szepter des Pontifikates geführt. Als Kranker ist er dieser schweren Aufgabe nicht gewachsen und man gewinnt den Eindruck, als habe er sich selbst einen aberwitzigen Menschheitstraum, den der Unfehlbarkeit, erfüllt. Dadurch hat der Einfältige einen Schatten über die Kirche gelegt und zu ihrem Niedergang beigetragen.

Als in der Nacht vom 12. zum 13. 7.1881 seine Leiche von Sankt Peter zur Kirche San Lorenzo fuori le Mura geführt wird, rufen sie: »Es lebe Italien. Nieder mit dem Papst. Nieder mit den Priestern. Werft das

Ferdinand Gregorovius, Historiker in Rom.

Schwein in den Fluß. In den Tiber mit dem Aas[172].« Es kommt anders. 1907 wird der Heiligsprechungsprozeß für ihn aufgenommen. Er schleppt sich mühsam dahin, weil man einige Flecken auf seiner grauen Weste nicht auswaschen kann. Papst Pius IX. wird der Titel *Diener Gottes* zuerkannt, obwohl es einen solchen Gott nicht gibt. Mit der Seligsprechung geht es nicht recht voran. Ehrliche Bischöfe verlangen eine historische Untersuchung und kratzen damit am wunden Punkt der Kirchengeschichte.

Dann vollzieht ein Folgepapst den antiquierten Schritt. Pius X. feiert seinen Vorgänger als Papst *der Unbefleckten Empfängnis Marias* und des *Ersten Vatikanischen Konzils*. Er bezeichnet die neuen Dogmen als *Leuchtfeuer in der 1000jährigen Entwicklung der Theologie* und als *fester Pfeiler im Sturm der Ideologien*. Hier hat die Kirche sich ein prächtiges Eigentor geschossen.

Die Unbefleckte Empfängnis ist ein klerikales Märchen. Nach Gustav Mensching sitzt man einem irrtümlichen Schriftbeweis auf und »in Wahrheit ist es ein gelungenes Betrugsmanöver (Schmitz).« Die klerikalen Manipulationen beweisen, daß sie selbst nicht an die Jungfräulichkeit Marias glauben. Die Theologie selbst, die Papst Pius X. in den Himmel hebt, ist aus dem Konsens der ernsthaften Wissenschaften zu streichen.

Dogmenkritik

Die katholische Kirche erkennt früh, wie wichtig die Verbreitung des geschriebenen und später gedruckten Wortes[173] zur Beeinflussung der Massen und zur geistigen Selbstbefriedigung ist. Die christliche Bibel hat eine Alibifunktion und kaum einer denkt daran, daß sie viel Unwahres enthält. Man sieht es vor allem 1992, dem *Jahr der Bibel*, es zeigt den Enthusiasmus des religiösen Fußvolkes. Man klammert sich an die Heilige Schrift wie ein Ertrinkender an einen Strohhalm und allein der Gedanke daran, daß dies Unsinn ist, ist sträflich. Längst ist die Bibel analysiert und historisch aufbereitet.

Der gefährlichste Angriff auf die Unfehlbarkeit ist das Buch, das unter dem Pseudonym *Janus* von dem Münchener Kirchengeschichtsprofessor Ignaz von Döllinger verfaßt ist. Er stellt die Forderung auf, die Kirche dürfe nicht zum Dogma erheben, was sich weder in der Bibel noch in der Tradition finden läßt. Dies herauszufinden, sei nicht die Aufgabe der Theologen, sondern der mit kritischen Methoden arbeitenden Wissenschaft. Er trägt vor: »Ich müßte erst meine 50 Jahre theologische,

⇒

Graf Paul von Hoensbroech, der 14 Jahre lang Jesuit gewesen ist. Er ist der fundierteste und schärfste Kritiker des Papsttums um die »aus der Luft gegriffenen« Unfehlbarkeit.

geschichtliche und praktische Studien in den Lethe tauchen und sie als unbeschriebenes Blatt hervorziehen, ehe ich diese moderne Erfindung (Unfehlbarkeit) auf die Tafel meines Geistes schreiben könnte[174].«

Wer wundert sich, wenn dieses noch heute lesenswerte Buch auf den Index der verbotenen Schrift gesetzt wird. Der Münchener Franziskanerlektor für Philosophie und Theologie, Aloys Matthias Hötzl, verteidigt Döllinger und wird daraufhin zu Zwangsexerzitien verurteilt. Auf der anderen Seite lobt Papst Pius IX. den Bischof Senestrey öffentlich, weil er dies den Studenten verboten hat, die Vorlesungen von Döllinger zu besuchen. Der Kardinal Manning macht aus einer Abneigung gegen die Historiker keinen Hehl und er hat vor allem Döllinger im Auge. Die historische Kritik untergräbt in seinen Augen den Glauben. Er versteigt sich zu der Anmerkung: »Die Tradition ist göttlich ... das göttliche Lehramt überragt jede menschliche Geschichte und hängt in keiner Weise von ihr ab.« Er spricht vom Sumpf der menschlichen Geschichte und vergißt zu erwähnen, daß die Kirchengeschichte in sie integriert und keinesfalls göttlich ist, denn der Nachweis über die Existenz eines solchen Wesens steht noch immer aus.

Der Münchener Kirchengeschichtsprofessor Johann Friedrich Weiß weist in seiner *Geschichte des Vatikanischen Konzils* Manipulationen nach. Das Buch gelangt ebenfalls auf den Index; doch die Sache ist damit nicht erledigt. Man vertritt in klerikalen Kreisen noch immer die Auffassung, daß man den Geist der Gegner ausradieren kann, wenn man die Auseinandersetzung mit ihm verbietet.

In diesem Zusammenhang ist der Oranienpater Augustin Theiner zu erwähnen. Er ist der Präfekt des päpstlichen Geheimarchivs. Weil er den Konzilsgegnern Material zuspielt, wird er seines Postens enthoben. Glücklicherweise hat sich aus seiner Feder ein dreibändiges Werk über die Ehelosigkeit des Klerus erhalten, das in beschämender Weise die sittlichen Vergehen der Priester dokumentiert.

Der Pariser Titularbischof, Dekan der theologischen Fakultät an der Sorbonne, Henri Maret, ist der Verfasser des Buches *Vom Konzil und dem religiösen Frieden*. Die Indexkongregation eröffnet ein Verfahren gegen ihn, droht mit seiner Verurteilung und sucht ihn zum Widerruf zu bewegen.

Die Schrift des Erzbischofs Peter Richard Kenrick über die Unfehlbarkeit wird nachträglich verurteilt. Die Untersuchung, die der Theologe Le Page am 14.12.1868 über Papst Honorius I. (625-638) vorlegt, wird dies auf den Index gesetzt. Er stellt heraus, daß das Sechste Ökumenische Konzil Honorius I. wegen seiner häretischen Ansichten zum Ketzer verurteilt hat.

Der Bischof Krementz von Ermland erklärt auf dem Konzil: »Aus der Geschichte ergeben sich große Schwierigkeiten für das neue Dogma. Die Verurteilung des Papstes Honorius I. lasse einen großen Zweifel an der angeblichen Unfehlbarkeit des Papstes aufkommen[175].« Das Verhältnis zur Geschichte erweist sich in der Unfehlbarkeitsdebatte als neuralgischer Punkt. Die kuriale Politik richtet sich zudem gegen den französischen Schriftsteller Charles de Montelembert und die aus Bischofskreisen stammende anonyme Publikation: *Ce qui se passé au concile*.

Der italienische Kirchengeschichtsprofessor Vincenzo Tizzani hat während des konziliaren Verlaufs umfangreiches Material gesammelt und damit begonnen, eine Geschichte des Vatikanischen Konzils zu entwerfen. Als er 1892 stirbt, kauft der Vatikan die Dokumentation von seiner Nichte, der Gräfin Lucrezia Accursi Gazzoli. Von den versprochenen 100 000 Lire wird lediglich ein Fünftel bezahlt, was zu einem Prozeß führt. Seither werden die Unterlagen im Vatikanischen Archiv unter Verschluß gehalten. Es gilt als sicher, daß Tizzani ein Gegner des Unfehlbarkeitsdogmas ist.

Bis heute liegt seitens der römisch-katholischen Kirche keine realistische Dokumentation zu diesem Thema vor und gerade dies vermittelt den Eindruck, als wolle man das Unrecht verbergen. Harry, Graf von Arnim Sukkow, spricht von einer *herzhaften* Lüge.

Eine theologische Quartalsschrift lehnt die päpstliche Unfehlbarkeit, die Anmaßung der Kirche und deren politischen Einfluß ab. Im Gegensatz dazu wird die Lehre von der Unfehlbarkeit im *Bonner Literaturblatt* als Sache von *unermeßlicher* Tragweite herausgestellt[176].

Der Papst Pius IX. greift selbst in den literarischen Kampf ein, um sein Wollen zu unterstreichen. Am 6.2. 1869 publiziert die *Civiltá Cattolica* einen vom Staatssekretär bestellten Bericht, laut dem die Katholiken Frankreichs die Dogmatisierung der Unfehlbarkeit wünschen. Der Benediktinerabt Gueranger läßt am 12.3.1870 mitteilen: »Ich habe für die Kirche ein nützliches Werk getan, indem er Gegner mit ihren Verstellungskünsten, Irreführungen und Kniffen widerlegt hat.[177]« Er wirft ihnen Torheit und Unverschämtheit vor. Die Infallibisten führen *rituelle Debatten* an Stelle von Sachgesprächen.

Rudis bezeichnet in seiner Schrift[178], die er der Unbefleckten Gottesmutter weiht, das Thema als katholische Hausfrage. Seiner Meinung nach bilden die Katholiken eine große Gottesfamilie im Haus des Herrn[179] und er sagt:»Jene feindseligen Gewalten[180] und die verlorenen Söhne der katholischen Kirche sind bereit, die römische Felsenburg zu unterminieren und das Papsttum zu zerstören. Sie arbeiten heute wie vor 1 800 Jahren rührig an diesem Werk. Tausendmal ist der Schlange der Kopf zertreten worden, aber immer hat sie, wie die lernäische Hydra, sieben andere dafür emporgereckt[181] ... weil die theologischen Offenbarungsweisheiten dem Menschen heilsam sind ...[182].«

Diese Ansicht entbehrt der historischen Logik. »Mit Zwang und Gewalt sind die neuen Dogmen zustandegekommen ...damit müssen sie fort und fort erhalten bleiben[183].« In einigen europäischen Ländern führt die Definition im ohnehin angespannten Verhältnis zwischen Kirche und Staat zu weiteren Spannungen:

- Wenige Wochen nach dem Konzilsende kündigt Österreich das 1885 mit dem Heiligen Stuhl geschlossene Konkordat.

- Die vatikanischen Dekrete lösen in Deutschland einen Kulturkampf von beachtlichen Dimensionen aus[184]. In den Jahren 1871-75 versucht der preußische Staat durch eine Reihe von Gesetzen[185] das Verhältnis zur Kirche neu zu regeln. Die Folge ist eine Stärkung der Zentrumspartei.

- In der Schweiz verschärft das Erste Vatikanische Konzil die Gegensätze von Kirche und Staat.

- In Frankreich fördern die Vatikanischen Dekrete eine Entfremdung von Kirche und Gesellschaft. 1899-1909 kommt es zur Trennung von Kirche und Staat, wobei die Dreyfus-Affaire[186] eine Rolle spielt.

Die Päpste Leo XIII. und Pius X.

Fast scheint es, als habe die Kurie den Fehler erkannt. Jetzt gelangt ein Mann an die Macht, der das seitherige Kirchendenken auf den Kopf stellt. Papst Leo XIII. schreibt das Wort Versöhnung auf die Fahne und er bemüht sich um eine Neubelebung der Theologie. Er richtet verständnisvolle Worte an die Staatsoberhäupter, weist den Klerus an, sich in politischen Fragen zurückzuhalten. Er fördert die Verehrung des Herzens Maria, gründet eine Bibelkommission und macht die Bestände der Vatikanischen Bibliothek teilweise der allgemeinen Nutzung zugänglich[187]. Er sagt in diesem Zusammenhang: »Wir haben keine Angst, wenn die Dokumente veröffentlicht werden ... wir sind davon überzeugt, daß sie bei einem vorurteilsfreien Studium für das Papsttum sprechen[188].« Der liberal Gesinnte stirbt am 20.7.1903 im gesegneten Alter von 93 Jahren.

Und doch schwelt der literarische Konflikt weiter. Der französische Theologe Alfred Loisy wirft 1902 in seinem Buch *Das Evangelium und die Kirche* die Frage auf, wie die Dogmen angesichts der Forschungsarbeiten zu rechtfertigen sind[189]. Nach ihm sind sie keine vom Himmel gefallenen Wahrheiten, sondern Symbole auf dem Weg zur christlichen Entwicklung. Der Autor wird ob seines fortschrittlichen Denkens von katholischen Theologen angefeindet und zum Ketzer degradiert.Eine der ersten Taten des Nachfolgers des Papstes Leo XIII., Papst Pius X. ist, das Buch von Loisy auf den Index zu setzen.

Der englische Theologe Georg Tyrell verfaßt 1903 das Buch *Die Kirche und die Zukunft*. Er arbeitet den Konflikt zwischen der wissenschaftlichen Kritik und dem kirchlichen Lehramt heraus. Er bekämpft die Kurie als ein konzentriertes System despotischer Autorität. Nach ihm darf sie kein offizielles Wahrheitsinstitut sein, sondern habe lediglich ohne Gewalt Inspirationen zu vermitteln.

Später schreibt Bernhard Hasler sein Buch *Wie der Papst unfehlbar wurde*. Wieder das gleiche Spiel. Der Augsburger Kirchenhistoriker Walter Bandmüller bezeichnet seine Forschungsergebnisse als *alten Trödel*; die katholische Presseagentur weist auf seine Schwierigkeiten mit der Unfehlbarkeit hin und Matthias Buschkühl stempelt sein Buch als Nazipropaganda ab.

Giuseppe Sarto, der Sohn einer Schneiderin und eines Briefträgers, wird am 4.8.1903 zum Papst Pius X. erhoben. Er besinnt sich des *alten* Kurses und bezeichnet das Dogma von der Unbefleckten Empfängnis Marias, das 1. Vatikanische Konzil, dessen Unfehlbarkeitsdefinition sowie die Wunder von Lourdes und Pompei als die Großtaten des 19. Jahrhundert

Auf dem politischen Feld nimmt er die starre Haltung von Pius IX. ein. 1904 warnt der göttliche Statthalter in zwei Enzykliken vor den Neuerern, die mit einem großen wissenschaftlichen Aufwand die Geschichte des frühen Christentums in Frage stellen. Von konservativen Kreisen unterstützt, erläßt er am 17.7.1907 die umstrittene Enzyklika *Pascendi*, in der er 65 Zeitirrtümer verurteilt. Vorrangig weist er Fakten zurück, die die Autorität des kirchlichen und päpstlichen Lehramtes schmälern und die den geschichtlichen Wert der Heiligen Schrift und verschiedener Dogmen in Frage stellen. Papst Pius X. ist ein strammer Gegner des Modernismus; er steht demokratischen Ideen feindlich gegenüber, eine Vertiefung des religiösen Lebens und der Kommunion. Er fordert die Überwachung der Professoren, verschärft die Zensur und erläßt den inzwischen gelösten Antimodernisteneid. Die Auseinandersetzung mit der Realität scheint ihm überflüssig und für die Kirche schädlich. In seinem Abwehrkampf gegen den Modernismus zeigen sich neurotische Verhaltensmuster. Wer wundert sich,wenn er am 29.5.1954 heiliggesprochen wird?

Zusammenfassung

Die Mißachtung der Geschichte kann nicht ohne Wirkung bleiben[190]. Die katholische Kirche verpaßt ab der zweiten Hälfte des 19. Jahrhunderts erneut den Anschluß an die wissenschaftliche Forschung und wird zum selbsternannten Bremsklotz auf dem Weg nach einer vorurteilsfreien Suche nach der Wahrheit. Sie entwickelt sich zum Antiquitätenkabinett und provoziert dadurch Widerstand.

Pius IX. hat mit der zwangsweisen Durchsetzung des Unfehlbarkeitsdogmas eine gravierende Fehlentscheidung getroffen. Der Schweizer Theologe Hans Urs bezeichnet die Dogmatisierung als *gigantischen* Unfall. Der niederländische Bischof Francis Simon stellt den Glauben der

⇒

Johann Joseph Ignaz von Döllinger (1799-1890) greift die Absicht des Vatikanischen Konzils von 1869/70, die Unfehlbarkeit und den Universalepiskopat des Papstes zum Dogma zu erheben, scharf an. Er hat bereits 1863 mit seinen Untersuchungen über die »Papst-Fabeln des Mittelalters« unliebsames Aufsehen erregt. Die Jesuitenzeitschrift »La Civiltà Cattolica« bezichtigt ihn »feindurchdachter Hypothesen«. Er wird 1871 exkommuniziert, verzichtet auf seine kirchlichen Funktionen und wirkt seit 1873 als Präsident der Bayerischen Akademie der Wissenschaften.

katholischen Kirche an die Unfehlbarkeit als fragwürdig hin[191] und Küng stellt mit aller Deutlichkeit die unfehlbare Instanz in Frage. »Eine Kirche, die die Wahrheit zu fürchten hat, muß ein äußerst vitales Interesse daran haben, daß sie ausgesprochen wird[192].« Sagte nicht schon Lessing, daß das Forschen nach der Wahrheit angenehmer als sie selbst ist. Hans Kühner hebt in der Basler Zeitung hervor: »Es kommt allein auf die geschichtliche Wahrheit an.«

»Das goldene Zeitalter der nur auf Autorität ausgerichteten Gesellschaft nach der alten Ordnung ist vorbei. Die Industrialisierung Europas hat einen anderen Menschenschlag hervorgebracht. Die Kirche muß ihre Führungsposition überdenken, denn sie ist nur das Herrschen und nicht das Teilen gewohnt. Sie hat sich abgekapselt und eine weltfremde Kulturlandschaft gezüchtet[193].« Johannes XXIII. spürt das Ungewisse und läßt wissen: »Die Kirche ist kein Museum ... er will die Fenster aufstoßen, um Licht in die düsteren Räume zu lassen.« In seiner Eröffnungsansprache zum Zweiten Vatikanischen Konzil erklärt er: »Die christliche Lehre müsse so dargelegt und erforscht werden, wie es die Zeit verlangt.«

Innerhalb der römischen Kurie greift die Angst um sich, denn plötzlich steht ein Papst auf der Seite der erneuerungswilligen Kräfte. Er stirbt unvorhergesehen, wobei es noch heute fraglich ist, ob eines natürlichen Todes. Die Dogmatisierung der päpstlichen Unfehlbarkeit zum Ende des 19. Jahrhunderts war einer der größten Mißgriffe, die sich die Kirche geleistet hat. Ist sie dem Wollen eines Kranken aufgesessen?

Tanzwütige auf einem Kirchhof. Nach einem Holzschnitt.

Kriegstheologie

Inhalt

Kriegstheologie

Ein Volk, ein Krieg, ein Glaube

Wenn man unter Politik versteht, einen anderen zu beeinflusssen, auch in seiner religiösen Haltung, um eigene Ziele zu erreichen, so kann dies nirgends besser als auf dem Feld der Religionsgeschichte studiert werden. Sie besteht aus konstruierten Willensbekundungen, die man anderen aufzuzwingen versucht. Die gezielte Vermarktung religiöser Absichten bringt wenigen Prosperität und vielen geistige Armut und Abhängigkeit. Millionen vermögen aufgrund ihrer geringen Intelligenz und der über Jahrhunderte geschürten Angst nicht zu erkennen, daß es an ihnen liegt, sich von dem teuflischen Würgegriff zu befreien.

In letzter Konsequenz vermarkten die Theologen Illusionen. Da der Gottglaube in der Geschichte der Menschheit jung und widersprüchlich ist, ist es absurd, auf einer solchen Vorspiegelung ein religiöses Imperium aufzubauen. Die Menschen haben sich ihre Götter selbst geschaffen, um sich unter ihrem Joch zu winden. Durch die Kirchengeschichte geht ein von vielen verkannter politischer Zug, der sich von der erschlichenen und mit weltlicher Gewalt durchgesetzten Erhebung zur Staatskirche bis heute mit steigender Vitalität dokumentieren läßt. In Kirchenkreisen wird nicht nur gebetet.

Seit Jahrhunderten fordern kluge Köpfe, die Kirche möge sich aus der Politik heraushalten, um sich gewaltlos der Verbreitung des Glaubens zu widmen, nachdem sie seine Glaubwürdigkeit nachgewiesen hat. Beide Voraussetzungen sind bis heute unerfüllt und so hat sich das Christentum von selbst in das *geistige* Abseits gestellt. Das Feld der Religion ist das der Toleranz und Nächstenliebe und nicht des Krieges.

Der Dominikaner Roguet sagt 1965[1]: »Man braucht nur den Ausdruck Religionskriege näher zu betrachten, um zu erkennen, daß er ein Unding ist. Die Verbindung des Wortes Krieg, das Kampf auf Leben und

Freund Hein an der Klosterpforte mit dem Aufhebungsdekret. Stich von J. R. Schellenberg in »Freund Heins Erscheinungen in Holbeins Manier«.

Tod, die gnadenlose und blutige Entzweiung bedeutet, mit dem Wort Religion, das Eintracht, Friedfertigkeit, Gleichgesinntheit und Gemeinschaftlichkeit heißt; ein besseres Beispiel für ein widersprüchliches Wort gibt es nicht … man tötet, verbrennt und peinigt im Namen dessen, der gesagt hat: Liebet einander, selig sind die Sanftmütigen und Friedfertigen … liebet den Nächsten wie euch selbst. Mit der Zeit setzt sich der Haß fest, er vererbt sich und bald hat man die Nächstenliebe vergessen. Die Kirchen sind nicht mehr eine Gemeinschaft des Glaubens, sie verhalten sich wie Sekten, beschränkt und zanksüchtig.«

Über den Köpfen der Christen wird mit Gleichmut, Selbstverständnis und Seelenruhe das Evangelium für politische Aktivitäten genutzt[2]. Der Jesuit Tondi gelangt zu

1037

der Erkenntnis: »Gegenwärtig ist die Kirche ein politisches Instrument im Dienst des Vatikans zur Erlangung der Weltherrschaft[3] ... der Vatikan ist im Gegensatz zur Fortführung der religiösen Botschaft gegen die Interessen der Völker gerichtet, auf eine Vereinigung des Katholizismus und auf die Vorbereitung eines Atomkrieges[4] ... das Inszenieren von Kriegen gehört in das Repertoire ihrer Taktik.« Der Begriff *katholisch* ist irreführend, denn eine wirkliche Homogenität hat es zu keinem Zeitpunkt ihrer Geschichte gegeben. Katholisch, somit allgemein, ist vieles. Es ist keine besondere Wertung.

»Ihr müßt nicht denken, wie es Euch beliebt, sondern wie Katholiken. Wer sagt, er wolle seinen Glauben, nicht aber seine Politik von St. Peter beziehen, der ist kein wahrer Christ[5].« Lachend sagt der Jesuitenpater Ourousoff: »So ist das Spiel der Kirche ... denken wir nicht an Christus ... heute ist die Zeit gekommen, wo wir andere ans Kreuz schlagen und nicht mehr selbst hinaufzusteigen brauchen[6] ... der Vatikan ist auf die Vorbereitung eines Atomschlages ausgerichtet[7].«

Der Jesuit Gerlach, zeitweilig Professor und Rektor an der Gregoriana, sagt im Frühjahr 1959: »Die Anwendung eines atomaren Krieges ist nicht absolut unsittlich ... der Papst ist sich über die Tragweite und deren Tatsachen bewußt.« Dies war vor 30 Jahren. Wer möchte bezweifeln, daß wir dem tödlichen Schlag näher gekommen sind? Und dann formuliert man weiter: »Es müssen bessere Zeiten abgewartet werden, um die Kurie wieder aus dem Staub zu heben, in den man sie gedrückt hat ... um sie wieder auf den Thron ihrer geistlich-weltlichen Universalherrschaft zu setzen[8].«

Die katholische Kirche hat wie die anderen Weltreligionen, große, lenkbare und wenig intelligente, glaubensgewohnte Massen auf ihrer Seite, die aufgrund der ihnen aufgezwungenen Gehorsamspflicht auf den Wink eines Despoten hin Verwüstungen anrichten und vor Morden und Kriegen nicht zurückschrecken. Die katholische Kirche verfügt über ein weltweit einmaliges Informationssystem. Der Vatikan verfügt über Druckmittel, die jede Beeinflussung möglich machen. Die Priester sind seit Jahrhunderten geistig geknebelt und hörig. Heinrich Heine meint: »Die Pfaffen haben keinen Verstand, sie haben nur einen Vater, einen Papa in Rom.« Das politische Engagement der Kirche spielt sich himmelhoch über den Köpfen der Leichtgläubigen ab. Sie haben die Funktion von Arbeitsbienen und das zum Feudalismus notwendige Geld wird seit Jahrhunderten aus ihnen gepreßt. Die katholische Kirche hat unter dem Druck der Verhältnisse andere in Frage gestellt. Der damit verwobene Versteinerungsprozeß hindert sie daran, die Karten der Wahrheit auf den Tisch zu legen. Längst weiß man in Kirchenkreisen um die Unglaubwürdigkeit. Um aus dem Teufelskreis zu kommen, gibt es zwei Alternativen:

- Eine friedliche Auseinandersetzung mit der Wissenschaft, Kultur und Intelligenz, selbst wenn partiell angerichtetes Unrecht eingestanden werden muß ... oder
- Eine Konfrontation unter Waffen. Der Vatikan schwankt oft in der Haltung seiner politischen Purzelbäume, doch er verfolgt beharrlich das Ziel der Glaubens-Weltherrschaft des allein seligmachenden Katholizismus.

Wer sich mit der Geschichte auseinandersetzt, was der Klerus zu unterbinden sucht, weiß, welcher Weg der wahrscheinlichere ist. Die alte Lehre, derzufolge der Kirche Gewalt über die Staaten zusteht, weil sie vorgibt, auf göttlichen Befehl zu handeln, ist lang als primitiv erkannt[9]. Sie wird nur noch im Vatikan und den Herzen Leichtgläubiger hochgehalten, weil man darin einen Strohhalm erkennt. Es wird in den Raum gestellt: »Gott hat die Welt und die Menschen erschaffen. Er hat einen Statthalter zur Vertretung seiner Interessen eingesetzt, dem zu gehorchen ist: darum muß die Kirche die Welt regieren und hat sich mit dieser Verantwortung erhebliche Bürden aufgelastet. Die weltlichen Herscher sind, wenn sie sich der Wunschvorstellung nicht beugen, zu strafen[10].«

Das Strickmuster dieser Beweiskette ist allein von seiner Simplizität her unmöglich. Und doch ist es der Virus unzähliger Kriege. Die Kirche versteht es meisterhaft, Tatsachen auf den Kopf zu stellen, um sie in ihrem Sinn auszulegen. Sie war und ist es, die Andersdenkende, -fühlende und -wissende denunzieren, unterdrücken, foltern und ermorden ließ, um ihre Theorien aufrecht zu halten. Eine solche Religion ist unglaubwürdig.

Unweigerlich denkt man an den Ausspruch von Salvadore de Madrigala: »In einem totalitären Staat sind die Historiker mächtiger als der liebe Gott. Sie können sogar die Wahrheit verändern.« Goethe trifft den Nagel auf den Kopf und meint: »Es ist noch viel Dummes am Glauben der Kirche, aber sie will eben herrschen. Ein Mischmasch von Irrtum und Gewalt.« Doch: auch über uns wird man zu Gericht sitzen. Menschtum ist Irrtum; der Beste ist nicht mehr als ein Kind seiner Zeit.« Einstein sagt in seinen Selbstzeugnissen: »Nach und nach erkannte ich, daß das geschichtliche Geschehen voll Rätsel ist und daß wir es für immer aufgeben müssen, die Vergangenheit wirklich zu verstehen.« Adolf Hitler sagt: »Die Kirche ist wie ein intrigantes Frauenzimmer, das ihren Mann erst Glauben macht, sie wäre hilflos und schwach, dann aber allmählich das Heft so fest in die Hand nimmt, daß er nach ihrer Pfeife tanzt[11].«

Johannes Scherr meint um die Mitte des 19. Jahrhunderts: »Der Vatikan stellte den Stuhl Petri, als Weltthron gedacht, auf die dauerhafteste Grundlage, auf die – wir wollen nicht sagen, auf die menschliche Dummheit, sondern vielmehr auf die Verzweiflung der Menschen am Diesseits und ihre Hoffnung auf ein Jenseits. Die Menschen glaubten – etliche Millionen glauben es noch immer, der Papst hielte die Schlüssel zum Himmel und zur Hölle in seinen Händen und besäße die Macht und Gewalt, ihre Seelen für alle Ewigkeit der Seligkeit oder der Verdammnis zu überantworten ... Erwägt man dies, kann man verstehen, daß und wie es dem Papsttum gelingen konnte, Jahrhunderte hindurch unsagbares Unglück auf unser Land zu häufen, weil das Kaisertum den päpstlichen Anspruch auf die Weltherrschaft nicht anerkennen wollte[12].«

Der römisch-katholische Glauben zeigt fossile Strukturen, ist gegenüber den Untertanen intolerant und antiquiert; er ist verbissen wie der Zerberus in der Verfolgung ausschließlich seiner Ziele und geht von falschen Voraussetzungen aus:

- Die römisch-katholische Kirche behauptet von sich, die Schatzkammer der göttlichen Wahrheit zu sein, eben weil es nur eine gibt, und das ist ihre.
- Die römisch-katholische Kirche behauptet nach wie vor, daß ihr Glaubensbuch auf soliden Füßen steht und *durch und durch* wahr ist.
- Beides zusammen, das Eingestehen der von ihr verbreiteten Unwahrheiten und zuzugeben, daß ihre Bibel menschliches Flickwerk ist, beschleunigt ihren selbstverschuldeten Niedergang.

Schopenhauer klassifiziert das Christentum so: »Ein eigentümlicher Nachteil, der seinen Ansprüchen, Weltreligion zu werden, entgegensteht, ist, daß es sich in der Hauptsache um eine einzige individuelle Begebenheit dreht und von ihr das Schicksal der Welt abhängig macht. Es ist umso anstößiger, als jeder von Haus aus berechtigt ist, eine solche zu ignorieren. Eine Religion, die eine einzige Begebenheit hat, ja aus dieser, die sich da und da, dann und dann zugetragen, den Wendepunkt der Welt und allen Daseins machen will, hat ein so schwaches Fundament, daß sie unmöglich bestehen kann, sobald einiges Nachdenken unter die Leute gekommen ... man hat Gott nach und nach, besonders in der scholastischen Periode und später, angekleidet mit allerhand Qualitäten; die Aufklärung aber hat genötigt, ihn wieder auszuziehen, ein Stück nach dem anderen, und man zöge ihn gern ganz aus, wenn nicht der Skrupel wäre, es möchte sich dann ergeben, daß es bloß Kleider wären und nichts drin.«

Die Theologen sind nicht in der Lage, die historischen Sachverhalte aufzuklären. Es ist nicht davon auszugehen, daß es ihnen nach einem 2000jährigen Suchen gelingt. Man verliert sich in sinnlosen Spekulationen, die für den Rest der Menschheit wertlos sind. Die katholische Kirche muß sich, will sie überleben und keinen Krieg riskieren, der berechtigten Kritik stellen. Da ihr Glaubenspulver naß und ihr Wissensstand rückständig ist, kann sie die geistige Auseinandersetzung nicht gewinnen.

Die historische Forschung zieht immer mehr Unrat aus dem Schutt- und Brandplatz der Kirchengeschichte. Sie dokumentiert, daß der römische Glaube mit seinen Ablegern mit Gewalt erkauft ist bzw. daß das auf ihm errichtete Imperium auf einem Zerrbild ruht. Darum kann ein Kritiker sagen:»Die Kirche ist im Blut gegründet, im Blut gewachsen und wird im Blut sterben.« Mit zunehmender Transparenz belegen Wissenschaftler, daß sich hinter der glitzernden Glaubensfassade nichts befindet. Aufgeschlossene Theologen geben es unumwunden zu. Die Kirchenführung reitet als Steckenpferd den Aberglauben.

Papst Pius IX. glaubt an die wundertätigen Ausstrahlungen aus dem Grab von Petrus. Doch nun bringt die Forschung den Nachweis, daß er die römische Gemeinde nicht geleitet hat und infolgedessen nicht unter dem Petersdom begraben ist[13]. Ein solches Ergebnis muß den Papst bestürzen, denn er sitzt einer Legende auf. Er läßt in der Peterskirche eine dreitägige Messe lesen, um den Zorn Gottes zu besänftigen, »Welcher jene treffen soll, die die Anwesenheit des Petrus in Rom bezweifeln.« Selbst wenn man Pius IX. im Alter eine verminderte geistige Zurechnungsfähigkeit zugutehält, verdeutlicht dieses Beispiel den konservativen Geist der Kirche; hier steht noch immer die Zeit still.

Die Kirche kann sich über Jahrhunderte Despotismus leisten und man hat ihn sogar von ihr erwartet. Doch ist ihre Position heute schwieriger. Das Menschenpotential ist unübersehbar. Obwohl alle zwei Minuten auf unserer Erde ein Kind stirbt, werden bald sechs Milliarden den Planeten bevölkern und ein solcher Schmelztiegel ist unregierbar. Also müßte der Papst, wollte

er etwas Konstruktives zum Erhalt des Weltfriedens tun, mit sofortiger Wirkung die Pille an die Stelle der Hostie setzen. Sein Verhalten ist unbegreiflich, denn er fördert den Hunger-, wenn nicht den nächsten Welt- oder Religionskrieg.

Andere, sich ebenfalls Weltreligionen nennende Glaubensgemeinschaften, unternehmen auch nichts gegen die Bevölkerungsexplosion. Sie versprechen den Menschen ein besseres Leben nach dem Tod und das genügt heute vielen nicht mehr. Der Mensch ist heute nicht mehr der des Mittelalters, der Renaissance oder des aufgeklärten Bürgertums. Er ist zwar noch so abergläubisch wie früher, aber er strebt nach endlicher Freiheit, Demokratie und individueller Entfaltung; just um das, was ihm die Geistlichkeit über Jahrhunderte vorenthalten hat. Da aber die Menschen bis auf wenige mit dem Begriff der Freiheit nicht umzugehen wissen, braut sich ein Hexenkessel zusammen.

Selbst die wenigen klugen Kirchenhistoriker wissen, daß sich ein solcher Drang nicht endlos niederhalten und kanalisieren läßt. Mit der rasenden Vermehrung der Menschen sinkt das Bildungspotential ins Unübersehbare und allein in den USA gibt es heute etwa 80 Millionen Analphabeten. Allein unter der Regentschaft der beiden letzten amerikanischen Präsidenten hat sich das Bildungsniveau um etwa 100 Jahre rückentwickelt. Auch in unserem Hightech-Land nehmen Dummheit und Gleichgültigkeit zu. Europaweit zeigt sich ein gefährlicher Rechtsdrall. Darin liegt die Chance für einen neuen Krieg.

Die Staaten haben sich im Lauf der Jahrhunderte, doch vor allem ab dem 19. Jahrhundert, gegenüber dem nach vorn drängenden Menschen geöffnet und sind mit ihnen gewachsen. Die römisch-katholische Kirche verschließt sich dieser Verpflichtung mit einem unverständlichen und unbeugsamen Starrsinn. Sie bleibt auf fossilen Traditionen sitzen und glaubt, daß das, was man vor 1000 Jahren als glaubenswahr angesehen hat, noch heute so ist. Sie verhält sich rückständig, wenn sie 1870, nachdem die gesamte Welt einschließlich des Vatikans um die Greueltaten weiß, den Mut hat, das Dogma der Unfehlbarkeit zu proklamieren, wenn sie die biologisch absurde Unbefleckte Empfängnis nach vorn kehrt oder wenn sie damit liebäugelt, den Teufelswahn zu dogmatisieren. Die römisch-katholische Kirche agiert aus einer längst überholten Epoche heraus. Deshalb ist es reizvoll, ihr einmal untheologisch auf die politischen Finger zu sehen.

Anfänge klerikaler Kriegspolitik

Die Annexion des mit Grausamkeiten und Obszönitäten angereicherten Alten Testaments, das nach dem katholischen Glauben der Sonne als Morgenstern vorangeht, hat verhängnisvolle Folgen. Es entsteht der Eindruck, als haben es die Theologen nicht gründlich studiert und folgende Passage überlesen: »Auch ich zog aus Feigheit und Furcht entgegen meinem Gewissen in einen wahnwitzigen Krieg und tötete vorsätzlich Unschuldige, mir völlig Unbekannte[14].« Oder meinte es der legendäre Mose so: »So spricht der Herr: Gürte ein jeder sein Schwert auf seine Lenden, und durchgehet hin und wieder von einem Tor zum andern das Lager, und erwürge ein jeglicher seinen Bruder, Freund oder Nächsten. Die Kinder Levi taten wie ihnen Moses gesagt hatte; und fielen des Tages vom Volk 3000 Mann (2. Mose 32.27-28).«

Nach der jüdischen Tradition wird das Alte Testament im 5. Jahrhundert v. u. Z. von Esra in Jerusalem von 120 Gelehrten zusammengestellt . Doch es ist wahrscheinlicher, daß die Sammlung seiner 39 Schriften als Ergebnis einer längeren jüdischen Entwicklung vom 5.-2. Jahrhundert aufgezeichnet wird. Erst dann sagt der legendäre Johannes: »Denn das Gesetz ist durch Moses gegeben; die Gnade und Wahrheit ist durch Jesu Christ geworden.«

Obwohl bekannt ist, daß die Aufzeichnungen im Alten Testament mit Religion so gut wie nichts, aber mit politischen Ambitionen viel gemeinsam haben, benutzt es die Kirche dem Zeitgeist entsprechend. Es

kommt zu intelektuellen Stilblüten. Sagt doch ein Theologe kurz nach dem Ausbruch des I. Weltkrieges: »An diesem Buch stärken und laben sich noch heute Tausende in sicherer Not und danken Gott, daß er ihnen dieses Buch des Kriegsmutes und Trostes gegeben hat.« Auf deutscher Seite hört man 1916: »Auch unsere Soldaten holen sich neuen Mut an der Kriegsfrömmigkeit des Alten Testaments.«

»Hei, wie saust es aus der Scheide! Wie es funkelt im Maienmorgensonnenschein. Das gute deutsche Schwert, siegesbewährt, segensmächtig. Gott hat Dich in unsere Hand gedrückt; wir halten Dich umfangen wie eine Braut ... Du bist die letzte Vernunft. Du lieber Schläger bist uns ein Träger des Geistes. Auch wir Priester haben teil an Dir und Du an uns. Der Pfingstgeist soll unser Schwertsegen sein. Du führst die Sprache der zerteilten Zungen. Komm Schwert, Du bist die Offenbarung des Geistes. Du sollst sie alle umbringen dürfen als meine Erschlagenen. Rüste Dich, wehre und richte ... im Namen des Herrn darfst Du sie zerhauen[15].«

156 v. u. Z. erklärt der athenische Gesandte Karneades in Rom: »Die Römer verdanken ihre Herrschaft unzähligen Kriegen, in denen sie ihre grenzenlose Habgier befriedigt und fortwährend Unrecht getan haben.« Sallust bekennt: »Von Anfang an ist alles, was sie besitzen, durch Raub zusammengebracht. Die Häuser, die Frauen, das Land und das Reich ... durch Kühnheit, Betrug und eine ununterbrochene Reihe von Angriffskriegen sind sie zu ihrer Größe gelangt.« Niccolo Machiavelli schreibt 1532 in der in Florenz erschienenen *Istorie fiorentine*: »Alle Kriege, welche zu diesen Zeiten von den Barbaren in Italien geführt wurden, waren zum größten Teil von den Päpsten verursacht, und alle Barbaren, die Italien übeschwemmten, waren von ihnen gerufen. Dies hat Italien in Uneinigkeit und Schwäche erhalten.«

Hat das erstarkende Christentum dies abgekupfert? Deschner gelangt zu der Formulierung: »Die Geschichte der christlichen Völker ist eine Geschichte der Kriege. Zu allen Zeiten wäre es dem Christentum möglich gewesen, sie zu verhindern, wenn sie es gewollt hätte[16].« Theologen und Pfarrer ersannen eine Kriegstheologie, ohne recht zu wissen, daß sie den Namen Gottes schänden und seinen Willen in das Gegenteil verkehren[17].« Wenn man den noch erhaltenen Aufzeichnungen des Urchristentums Glauben schenkt, so hat Jesus von Nazareth einen klaren Standpunkt:

- Er lehrt ohne Einschränkung: »Du sollst nicht töten.«
- Er ist an der Politik nicht interessiert und verfolgt keine Machtpläne.
- Er distanziert sich von ideologischen und nationalistischen Instinkten; er strebt keine Herrschaft an.
- Er hat mit dem auf seinen Schultern errichteten Imperium nichts zu tun, den er ahnt das bevorstehende Weltende, das bis heute glücklicherweise nicht eingetroffen ist. Dazu ist die Abfassung einer Bibel so unnötig wie der Krieg und die Gewalt.
- Er ist Pazifist und verfolgt kein strategisches Konzept. Der synoptische Jesus verfolgt den Heroismus des Duldens und Ertragens, der Güte und Nächstenliebe. Verwüstungen, Intrigen, Lügen, Verdrehungen und Geschichtsklitterungen sind ihm fremd.

Es ist klar, daß er in der rauhen Wirklichkeit mit solchen Ansichten scheitern muß und ebenso, daß man seine lauteren Absichten bis heute weltweit mißbraucht. Wo wird die doppelte Moral des Klerus deutlicher? Einige Theologen finden die Hintertür und kaschieren das politische Wollen ihres Säulenheiligen mit Jesaja 56.7 und Jeremia 7.11. Sie deuten an der Tempelaustreibung[18]. Selbst wenn dem so gewesen wäre; von diesem harmlosen Vorfall bis zu den Ketzer- und Inquisitionsprozessen, den Hexenverfolgungen, Religionskriegen, dem Juden- und Frauenhaß, bis zu den christlichen Krematorien, ist es ein weiter Weg. Jesus verkündet die Feindesliebe und nicht ihr Abschlachten. Es ist absurd, wenn Theologen herauslesen, das Wort Feind betreffe lediglich den persönlichen Gegner. Im griechischen Text steht *echthros*, was den persönlichen Gegner bezeichnet und nicht *polemos*, das den Krieg meint. Es ist ein Unterschied, ob man sich mit einem persönlichen Gegner zankt oder einen todbringenden Krieg anzettelt.

Die frühen Christen stehen dem Staatswesen feindlich, unter Vorbehalten oder gleichgültig gegenüber. Nach der Auffassung des Jesus von Nazareth beherrschen die Regenten gewaltsam die Völker, sie unterjochen und vergewaltigen sie und lassen sich im Gegenzug als Wohltäter bezeichnen. In der Apokalypse, der ersten als heilig bezeichneten Schrift des Christentums unter den neutestamentlichen Büchern, wird der Staat als abscheuliches, aus dem Meer auftauchendes Tier, als große Hure und Greuel auf der Erde genannt … als *Inbegriff der Widergöttlichkeit*. Es ist weltfremd und es ist die berühmte Frage nach der Henne und dem Ei.

Wo sich zwei so gegensätzliche Auffassungen gegenüberstehen und von zwei Machtblöcken vertreten werden, muß es zum Konflikt kommen; er durchzieht die gesamte abendländische Geschichte. Ranke sagt dazu:»Meine Idee von Kirche und Staat ist, daß der Staat erst vorhanden sein muß und danach die Kirche erscheint. Der Staat macht die Kirche möglich. Es läßt sich doch die Priorität der bürgerlichen Gewalt vor der katholischen Kirche nicht in Abrede stellen. Die bürgerliche Ordnung bestand bereits, als die kirchliche eintrat[19].« Jahrtausende entwickelt sich der Klerus unter der königlichen Herrschaft.

Der englische Historiker Henry Thomas Buckle (1821-1862) verdeutlicht die Situation in seinem Buch *History of Civilisation in England* und stellt heraus: »Ein sorgfältiges Studium der Geschichte der religiösen Toleranz wird zeigen, daß sie in jedem christlichen Land, wo man sie angenommen, der Geistlichkeit durch das Ansehen der weltlichen Stände aufgezwungen wurde. Noch heute ist sie bei den Völkern unbekannt, wo die geistliche Macht stärker als die weltliche ist. Eine vermehrte Macht der Geistlichkeit verträgt sich nicht mit den Interessen der Zivilisation. Wenn daher eine Religion die Notwendigkeit einer solchen Vermehrung zu einem Glaubensartikel erhebt, so wird es die Pflicht jedes Freundes der Menschheit, alles zu tun, was in seiner Macht steht, entweder diesen Glauben zu zerstören, oder, wenn das nicht gelingt, die Religion über den Haufen zu werfen[20].«

Hauptsächlich die Jesuiten als intellektuelle Wortführer der katholischen Kirche stellen sich gegen diese Tatsache und behaupten das Gegenteil. Sie berufen sich auf Handschriften, die bislang keiner gesehen hat. Petrus Canisius bringt erdichtete Briefe von der Jungfrau Maria herbei und wenn Alfons Pisanus eine Schrift von der Geschichte des Nicäanischen Konzils verfaßt, das auf die päpstliche Autorität abhebt, so ist es unredlich.

Der Jesuit Chr. Pesch erklärt: »Die Kirche hält an dem Satz fest, daß im Falle eines durch einen gütlichen Vergleich nicht beizulegendem Konflikt zwischen dem Staat und der Kirche nicht dem Staat, sondern ihr der Vorang zuerkannt und ihre Gesetze beachtet werden müssen[21].« Der Jesuit von Hammerstein sagt in ähnlicher Weise: »Irgendwelche Superiosität der Kirche über den Staat ist nicht zu bezweifeln; dagegen ist jedes Hoheitsrecht des Staates über die Kirche eine rechtswidrige Usurpation[22].« Es ist ein überkonfessioneller Machtkampf; der Bürger sitzt zwischen den Stühlen.

Das Frühchristentum zeichnet sich durch eine humane Haltung aus und lange bleibt die Frage offen, ob ein Christ Sodat werden kann. Noch im 3. Jahrhundert ist der Kriegsdienst für ihn die Ausnahme[23]. Justins Schüler sind wie er, Gegner des Militarismus; für sie sind Krieg und Mord Synonyma. Um das Jahr 200 bezeichnet Tertullian die Feindesliebe als christliches Hauptgebot. Er untersagt den christlichen Staatsdienern das Verhängen von Todesurteilen, die Strafe des Kerkers, die Folter und Fesselung. Bestenfalls akzeptiert er eine Geldstrafe. 50 Jahre danach bestätigt Origenes den kirchlichen Pazifismus. Wiederholt verbietet er das Soldatentum und meint: »Jesus hat das Töten eines Menschen unter keinen Umständen erlaubt[24].« Im 3. Jahrhundert sieht ein Schüler des

Irenäus, der römische Bischof und Kirchenlehrer Hippolyth, im Staat einen Vorläufer und ein Gegenstück zum Reich Jesu. Der Kirchenvater Lactanz sagt: »Wie könnte gerecht sein, wer schadet, haßt, raubt und tötet? Das tun die, die dem Vaterland zu nützen streben[25].«

Cyprian sagt zu Beginn des 4. Jahrhundert: »Denn es ist unrecht, einen Menschen zu töten, dessen Leben nach Gottes Willen unantastbar sein muß[26].« Er untersagt, sich mit Blut und Schwert zu besudeln. Zum Beginn des 4. Jahrhundert tritt uns Lactanz in seinem vor 303 verfaßten Werk *Divina Institutionis* als Pazifist entgegen; er verwirft die Teilnahme am Krieg und stellt heraus: »Wenn Gott das Töten verbietet, ist nicht nur das Ermorden von Menschen nach Räuberart verboten; das verbietet auch das staatliche Gesetz; dann ist jede andere Menschentötung verboten, selbst eine solche, die nach dem weltlichen Recht erlaubt wäre.« In einer später verkürzt erschienenen Neuausgabe fehlen diese Passagen; jetzt wird der Tod für das Vaterland gepriesen. Was ist geschehen?

Wieder fällt der Blick auf Paulus. Mit und durch ihn beginnt eine andersgeartete Qualifizierung des Staates. Er stellt die Lehren des Jesus von Nazareth auf den Kopf. »Niemand in der Antike preist den Staat mehr als er, dessen Staatstheologie das Christentum Lügen straft, denn schon im 3. Jahrhundert streiten sich christliche Gemeinden vor staatlichen Gerichten.« Die uns bekannten christlichen Schriftsteller der ersten 300 Jahre dieser Religionsvariante verwerfen das Töten aus Notwehr und die Todesstrafe. Irenäus untersagt den Christen die Notwehr und Felix betont: »Kein Christ kann die Tötung eines anderen ertragen.«

Mit Kaiser Konstantin I. gibt die junge Kirche ihr wichtigstes Ideal hin. Er gewährt im Jahr 313 Religionsfreiheit und meint damit die christliche. Ein Jahr darauf beschließt die Synode von Arelate die Exkommunikation von Fahnenflüchtigen. Dem steht die Synode von Elvira entgegen. Sie verweigert dem Christ, dessen Anzeige zur Hinrichtung oder Ächtung eines ande-

Adel und Geistlichkeit entsetzen sich über den Dritten Stand, der seine Ketten sprengt und zu den Waffen greift.

ren beiträgt, selbst in der Stunde des Todes, die heilige Kommunion. Ein Christ, der den Tod eines anderen veranlaßt, wird aus der christlichen Gemeinschaft ausgeschlossen.

Der Kirchenlehrer Athanasius, der *Vater der Rechtgläubigkeit*, gestattet um die gleiche Zeit das Töten im Kriegsfall und schreibt: »Morden ist nicht erlaubt, doch ist es gesetzlich lobenswert, einen Gegner zu töten.« Der Bischof von Nazianz lehrt: »Wo die Bosheit offenkundig ist, ist es besser, mit Feuer und Schwert, mit Geschick und Macht auf alle mögliche Weise vorzugehen, als am Sauerteig der Bosheit teilzunehmen.«

Hier wird die biblische Lehre in das Gegenteil verkehrt und es zeichnet sich ein radikaler Gesinnungswechsel ab. Der bedeutendste Schriftsteller Armeniens, Jeznik von Kolb, bemüht sich in der ersten Hälfte des 5. Jahrhunderts um eine christliche Rechtfertigung der Blutrache[27]. Thomas von Aquin dringt darauf, jeden der Gesell-

schaft gefährlichen wie ein schädliches Tier totzuschlagen.« Die katholische Kirche vertritt noch heute die Notwendigkeit und Erlaubtheit der Todesstrafe. Das Argument, sie habe zu keinem Zeitpunkt ein Todesurteil ausgesprochen, geht an der Realität vorbei, denn sie ist der geistig-moralische Träger der Zivilisation. Die Vasallen sind im christlichen Geist erzogen. Dazu gehören so maßgebliche Diktatoren wie Franco, Mussolini und Hitler. Schuld trägt zwar auch der Ausführende, aber in erster Linie der Befehlende.

Im Verbund mit der Christianisierung Europas ist der Klerus bemüht, Christinnen mit heidnischen Machthabern zu liieren, um sie und die aus diesen Verbindungen stammenden Kinder dem Katholizismus zuzuführen. Erkennbar wird es u. a. an der Geschichte der Westgoten in Gallien und Spanien, der Ostgoten in Italien, der Burgunder und Franken. Chlodwig, der König

der salischen Franken, wird durch Chlod-
hilde, der Tochter des Burgunderkönigs
Chilperich, für die Kirche gewonnen. Ihr
Mann wird zu Weihnachten 496 getauft und
der römische Statthalter verleiht ihm den
Titel *Allerchristlichster König.*

Er überträgt sich auf die Folgeherrscher
des fränkischen Reiches. Chlodwig räumt
der Kirche Landbesitz ein und der Bischof
von Vienne schreibt an ihn: »Sooft Du auf
dem Schlachtfeld siegst, so oft siegt die
Kirche mit Dir. Dein Sieg fördert unseren
Glauben.« Gleichzeitig reizt er ihn zum
Kampf gegen die in Burgund sitzenden
Anhänger des Arianismus. Der Langobardenkönig Authari wird von der Kirche aus
dem Weg geräumt und vergiftet, weil er
verboten hat, daß seine Söhne am Osterfest
katholisch getauft werden.

Die Rangeleien um Besitz und Ansprüche
gehen unter dem romfreundlichen Karl dem
Großen weiter. Und doch rügt er in einer
seiner Kapitularien, »daß sich die Geistlichen zu sehr in weltlich-politische Ange-
genheiten mischen.« Noch um das Jahr
1000 ist der Papst als römischer Bischof
primus inter pares. Im deutschsprachigen
Raum wirkt er repräsentativ und seine
Macht dient willenlos den politischen Zwek-
ken des Kaisers. Auf den Synoden hat er
oder der König das Sagen.

Papst Benedikt VIII. (1012-24) nennt den
deutschen Kaiser Heinrich II. (1002-24) in
der Urkunde für das Kloster Farfa seinen
Herrn. Der Papst erbittet vom Kaiser die
Bestätigung der Synodalbeschlüsse. Am
6.10.1028 tritt die Dominanz des Kaisers
auf der Tagung von Pöhlde in Erscheinung,
indem Konrad II. (1024-39) einen Bischofs-
streit schlichtet und die Bistumsgrenzen
definiert. Konrad II. betreibt eine grund-
satzlose Kirchenpolitik und greift nur im
Bedarfsfall ein; dann aber setzt er sich
durch. Er läßt den Erzbischof von Lyon
festnehmen und in einen Kerker stecken.

Mönch Lambert von Hersfeld schreibt:
»Die Zustimmung des Königs zur Papstwahl
sei unbedingt notwendig[28].« Die in sich
gespaltenen Adelsparteien in Rom unterstützen die moralisch und geistig verkommenen Päpste. Der Sprecher der römischen

Signoren bestätigt dem deutschen Kaiser
Heinrich III. (1039-56) das Recht, die Päpste
einzusetzen und sagt: »Wo die königliche
Majestät anwesend ist, da steht uns die
Zustimmung der Wahl nicht zu, und wo sie
abwesend ist, seid Ihr durch Euren Patricius
vertreten … wir bekennen, daß wir unver-
ständig genug waren, Idioten zu Päpsten
einzusetzen. Eurer Reichsgewalt gebührt
es, der römischen Republik die Wohltat der
Gesetze, den Schmuck der Sitten, und der
Kirche den Arm des Verteidigers zu leihen[29].«

Heinrich III. setzt drei Päpste ab und den
Bischof Suitgar von Bamberg als Papst
Klemens II. ein. Es gibt nur deshalb keinen
Streit, weil es keinen Papst gegeben hat, der
Macht und Interesse daran hat, ihn zu
beginnen[30]. Erst mit Papst Gregor VII.
beginnt sich das Blatt zugunsten der Kirche
zu wenden. Der stets auf die Erweiterung
seiner Hausmacht Bedachte trägt sich mit
dem Gedanken, das Heilige Land zu erobern. Daraus formieren sich die Kreuzzüge
als dem zentral-kriegerischen Ereignis des
Mittelalters. Er verspricht den Teilnehmern
an diesen sinnlosen Unterfangen den *ewigen himmlischen Lohn* und den *Ablaß all
ihrer Sünden.* Als Gegenleistung verpflichtet
er sie zu Mord und Totschlag. Er handelt
mit Illusionen und fordert die Realität.

Von den Ansprüchen des Papstes Gregor VII. (1073-85) sagt Napoleon in seiner
Ansprache an den erzbischöflichen Klerus
am Neujahrstag 1811: »Es ist ein ebenso-
großer Unterschied zwischen der Religon
Jesu Christi und der infamen Religion
Gregors VII., als zwischen dem Paradies
und der ewigen Finsternis.« Obwohl dieser
Reformpapst viel zur Sanierung des angeschlagenen Katholizismus getan hat, gelingt
ihm die Abnabelung von der weltlichen
Macht nicht vollständig. Indessen geht das
Morden unter den Christen weiter.

Bernhard von Clairvaux, der im Auftrag
des Papstes Eugen III. den Zweiten Kreuzzug predigt, ruft: »Umgürtet Euch mannhaft
und ergreift die glückverheißenden Waffen
im Namen Christi … Du hast jetzt, tapferer
Soldat, die Gelegenheit, ohne Gefahr zu
kämpfen, in Ehren zu siegen und mit

Gewinn zu sterben ... nimm das Kreuz und Du wirst die Verzeihung aller Sünden erlangen, die Du mit reumütigem Herzen gebeichtet hast[31].«

Längst hat man die Worte von Petrus Damiani, eines Mönches und Ratgebers mehrerer Päpste aus dem 11. Jahrhundert vergessen: »Wenn nun schon um des Glaubens willen, auf dem die Kirche ruht, das Schwert nicht erhoben werden darf, wie sollen dann für irdischen und vergänglichen Besitz die gepanzerten Waffenträger wüten dürfen[32]?« Die Epochen sind gekennzeichnet vom Beginn großer Ketzerbewegungen und den daraus resultierenden Verfolgungen. Immer mehr besudelt sich die Kirche mit Blut und so wird sie immer unglaubwürdiger.

Papst Bonifaz VIII.

Bonifaz VIII. (1294-1303) erläßt 1302 die Bulle *Unam sanctam* und manifestiert in ihr den Anspruch des Papstes auf die Weltherrschaft. Sie ergeht *ex cathedra* und ihr Schlußsatz lautet: »Wir erklären, sagen und bestimmen, daß es eine Heilsnotwendigkeit ist, daß jedes Geschöpf dem römischen Papst unterworfen sei[33].« Bonifaz VIII. liegt mit seiner einsamen Auffassung im Streit mit dem französischen König Philipp IV., der den anmaßenden Gottesdiener energisch zurückweist. Diese Traumvorstellung ist für Verherrlichungstheologen und vor allem für die Jesuiten ein gefundenes Fressen; gewissermaßen ein literarischer Leckerbissen. Der Jesuitengeneral Franz Xaver Wernz erklärt:»Bonifaz VIII. hat das richtige Verhältnis zwischen Kirche und Staat für ewige Zeiten feierlich vorgezeichnet[34].«

Der Jesuit Prof. Antonius Straub meint zu wissen:»Gemäß dieser Bulle muß das weltliche Schwert unter dem geistlichen stehen ... es muß auf den Wink eines Priesters hin für die Kirche gezogen werden ... die weltliche Gewalt muß der geistlichen unterworfen sein[35].« Der Jesuit Gerard Schneemann schreibt, »daß die Kirche nötigenfalls die physische Gewalt des Staa-

tes zur Ausführung ihrer Gesetze und Urteile beanspruchen dürfe, sagt bereits Bonifaz VIII. Die Kirche hat von Gott nicht nur über die Geistlichen, sondern auch über die Laien Gewalt empfangen[36].«

Nach der Eroberung von Konstantinopel (1453) erlebt die Kreuzzugsidee eine Renaissance. Papst Pius II. (gest. 1561) ruft die Christenheit zu einem weiteren Kreuzzug auf. Immer wieder bedrohen die bösen Türken das friedliebend-christliche Abendland und es scheint übersehen zu werden, daß die Bedrohung auf beiden Seiten liegt. 1571 kommt es zu weiteren Konflikten zwischen Mohammedanern und den aus der spanischen und venezianischen Liga bestehenden Truppen im Golf von Lepanto bei Korinth zu einer Seeschlacht. Erfreut über den glanzvollen Sieg, einem Verbrechen wider Humanität und Toleranz, dankt Pius V. dem allmächtigen Gott, »weil er mit seiner starken Hand die Wildheit seiner Feinde vernichtet hat.« Der Papst wertet das grausame Spiel als das »größte und sicherste Zeichen der göttlichen Milde und Barmherzigkeit ... man dürfe keine Gelegenheit zur Unterdrückung des Feindes versäumen[37].« Aus Dankbarkeit für den Blutrausch führt Papst Pius V. das Fest *Maria vom Sieg* ein, das Papst Gregor XIII. zum *Rosenkranzfest* umgestaltet[38].

Papst Alexander VI. zieht am 3.5.1493 im Zusammenhang mit der Eroberungspolitik des neu entdeckten amerikanischen Kontinentes eine gerade Linie auf dem Globus und behauptet, daß es rechtens ist[39]. Er schenkt die östlich gelegenen Länder der kastilischen Krone unter der Voraussetzung, daß man die dortigen Bewohner zum Christentum bekehrt. Per königlicher Ordonnanz wird festgeschrieben, daß jede Truppe Prediger mit sich führen soll, um den Eingeborenen das Evangelium zu verkünden[40]. Die Botschaft läßt nicht lange auf sich warten. 1510 trifft der Dominikanerprovinzial Peter von Cordoba ein und gründet auf Santo Domingo ein Kloster. Den Eingeborenen wird erklärt, daß man sie umbringt, falls sie nicht bereit sind, sich dem neuen Glauben anzuschließen. Es sind keine leeren Worte. Von Toleranz und

Nächstenliebe ist bei dieser blutüberströmten Kampagne nichts zu spüren. Der 1608 zum Herrscher über Ungarn und 1612 zum Kaiser des Deutschen Reiches gewordene Matthias wird durch jesuitische Ränke zum Todfeind der Reformation ... ein blinder Vollzieher des jesuitischen Willens, der dadurch der intelektuelle Urheber eines Religionskrieges, der Deutschland und Europa an den Rand des Abgrunds bringt, wird Anlaß zum 30jährigen Krieg werden die Schließung der protestantischen Kirche von Braunau auf Befehl des böhmischen Königs und der Abriß eines protestantischen Gotteshauses. So kommt es zwischen derStändeversammlung Böhmens und den kaiserlichen Räten Martinetz und Slawata in Prag zu Auseinandersetzungen. Am 23.5.1618 wird auf dem kaiserlichen Schloß (Hradschin) eine Sitzung abgehalten, in deren Folge die Räte samt dem Geheimschreiber Fabricius ergriffen und aus dem Fenster in den 18 Ellen tiefen Burggraben gestürzt werden.

Auch hier hätte der Papst opponieren können, um die grauenvollen Zerstörungen zu verhindern. Doch weder er noch ein Bischof rufen im Namen Gottes zum Ende des sinnlosen Mordens auf[41]. Das Gegenteil ist der Fall. Papst Innocenz X. protestiert gegen den Westfälischen Frieden »weil durch ihn zehn Stifte säkularisiert werden sollen.« In der Bulle *Zelus domus dei* vom 20.11.1648 erklärt er ihn für ungültig[42] und Papst Pius VI. sagt in diesem Zusammenhang: »wir haben ihn nie genehmigt.«

Papst Innocenz XI. (gest. 1689) ist der letzte Statthalter Gottes, der unter den christlichen Völkern zu einem Kreuzzug aufruft; so werden die vor Wien stehenden Türken in die Flucht geschlagen. Paul VI. erläßt die Bulle *Cum apostolatus officio* und proklamiert darin, daß er als Statthalter Gottes über Königreiche gebietet. Papst Urban VII. greift 1627 in die Souveränitätsrechte der Staaten ein und Papst Innocenz III. sieht in der *Magna Charta*, der Mutter der europäischen Verfassungen, eine Minderung der kirchlichen Rechte. Er erklärt sie für nichtig und belegt ihre Urheber mit dem Bann[43].

Dann setzt der Korse Napoleon zur Auseinandersetzung mit der römisch-katholischen Kirche an. In einem Gespräch mit dem englischen Arzt O'Meara auf St. Helena, sagt er dazu: »Ich wollte eine allgemeine Gefühlsfreiheit einführen. Mein Bestreben war, keine Religion in meinem Reich vorherrschen, sondern alle Menschen, Protestanten, Katholiken, Juden, Mohammedaner und Deisten gleiche Rechte genießen zu lassen ... und zwar so, daß ihre Religion keinen Einfluß auf irgendeine Staatsstellung hat ... nichts hing von der Religion ab ... auch die Ehe nicht; sogar die Kirchhöfe standen den Geistlichen nicht mehr nach ihrem Belieben zur Verfügung, denn sie konnten keine Beerdigung verweigern, welcher Religion der Tote auch angehörte ... ich wollte den Geistlichen jeden Einfluß und alle Macht über die Zivilangelegenheiten nehmen und sie zwingen, sich an die geistlichen zu halten, ohne sich in andere Dinge zu mischen[44].« Kurz nach der Säkularisation von 1803 bricht 1805 das *Heilige Römische Reich deutscher Nationen* in sich zusammen.

Die Schwierigkeit, daß Kirche und Staat friedlich und über einen längeren Zeitraum miteinander auskommen, ist unüberwindbar. Selbst die Herrscher, die die Religion ausgrenzen wollen, scheitern an der religiösen Sehnsucht des Individuums; es läßt sich eher als naiv verkaufen, bevor es sich zur Freigeistigkeit entscheidet. Dies ist die uneinnehmbare Festung der Religionsführer; bislang sind alle weltlichen Mächte an ihr zerschellt.

Das 19. Jahrhundert ist von der Auseinandersetzung gekennzeichnet. Kirche und Staat können sich nicht vertragen, denn sie pochen auf die gleichen Rechte. So zeichnet sich bereits im frühen 19. Jahrhundert ein Bruch ab.

Verstärkt wird er durch die jetzt rasch um sich greifende Industrialisierung mit den damit verbundenen Massenbewegungen, Protesten und Revolutionen. Es bedeutet schwere Niederlagen für den autoritären Katholizismus, denn ihre Führer, gewohnt zu herrschen und nicht zu teilen, müssen umdenken.

Das kuriale Weltbild bricht zusammen

Das 19. Jahrhundert bringt eine Umwälzung der althergebrachten Strukturen mit sich. Die Aufklärung beginnt zu keimen, weltliche Regierungen lockern ihre autoritäre Haltung gegenüber den Bürgern. Revolutionen erschüttern Europa, Päpste werden gefangen und ihrer weltlichen Macht beraubt, Klöster werden geschlossen und die um sich greifende Industrialisierung formt einen anderen Menschentyp. Es entstehen Massenbewegungen und politische Parteien. Dies geschieht in rascher Folge und die katholische Kirche steht vor unlösbaren Problemen. Wenn es nach ihr ginge, müßte man das Rad der Geschichte zurückdrehen, um ihre feudalistischen und autoritären Strukturen wieder aufleben zu lassen. Dazu ist es zu spät, denn sie selbst hat durch ihren Starrsinn die verhängnisvolle Entwicklung provoziert. Es ist unglaublich, auf welchem Niveau taktiert und traktiert wird und es ist erstaunlich, wie verbissen die Religionsführer ihre Bastionen verteidigen. Es ist falsch, anzunehmen, daß man noch heute der Auffassung des Religionsgründers folgt und für die Armen und Geschundenen sammelt.

Die Kirche und die Armut

Jesus mißt irdischen Gütern keine Bedeutung bei, denn sein Sehnen ist auf das Reich Gottes gerichtet. Er geht irrtümlicherweise davon aus, daß es unmittelbar bevorsteht. Er erkennt treffsicher: »Es ist leichter, daß ein Kamel gehe durch ein Nadelöhr, denn daß ein Reicher in das Reich Gottes komme ... Nehmet wahr die Raben; sie säen nicht, sie ernten nicht, sie haben auch keinen Keller noch Scheune und Gott nähret sie doch.« Jesus lehrt seine Jünger: »Ihr sollt nichts mit euch nehmen auf den Weg, weder Stab noch Tasche noch Brot noch Geld; es soll auch einer nicht zwei Röcke haben.« Auf einer solchen Basis läßt sich schlecht eine weltumspannende Religion errichten.

Immerhin nimmt die Kirche schon unter Leo XIII. 1891 Kenntnis von den *grauenhaften* Lebensbedingungen der Industriearbeiter ... und ihrer neuerweckten Selbständigkeit ... er redet großspurig davon, daß sich die Güter auf wenige Einzelpersonen beschränken und kehrt unter des Herren Tisch ... daß die von ihm vertretene Institutionen der größte Ausbeuter ist. Er hat Angst vor der in ihr liegenden Revolution und sie ist berechtigt ... will man etwa die überlieferten Kirchengesetze stürzen?

Er beschreibt die neue Zeit als *Entartung der Sitten* und er beklagt das *menschenunwürdige* Dasein der Arbeiter ... sie werden zunehmend zahlreich Opfer ausbeuterischer und zügelloser Großgrundbesitzer ... ja sie werden so unterdrückt, daß man schon an Skaverei denken könne ... wehe den Reichen ... wenn sie vor dem Gericht Gottes stehen müssen. Eines Tages werden sie Rechenschaft darüber ablegen müssen, wie sie ihre Güter verwaltet haben?

Papst Johannes XXIII. läßt sich zu folgender Anmerkung herab: »Man möge ferner unterscheiden zwischen dem Irrtum und den Irrenden, auch wenn es sich um solche handelt, die im Irrtun oder in ungenügender Kenntnis über Dinge der religiös-sittlichen Werte befangen sind. Denn der dem Irrtum Verfallene hört nicht auf, Mensch zu sein, und verliert nie seine persönliche Würde, die doch immer geachtet werden muß.«

Niemand hat das mehr verletzt als die Kirche gegenüber den von ihr abhängigen Glaubensschäflein. Die Enzyklika *Populorum Progressio* beschäftigt sich mit wirtschaftlichen Aspekten. Der Papst sagt überaus kühn und weltfremd: »Gott hat die Erde samt allen ihren Gütern geschaffen, damit alle Menschen gleichermaßen daran teilhaben. Die Geschenke der göttlichen Schöpfung sollen Jedermann zu gleichen Teilen zugänglich sein, denn zur Gerechtigkeit gehört untrennbar die Liebe und Sorge für den Nächsten.«

Er beruft sich auf den als heilig angesehenen Augustinus, der proklamiert: »In Wahrheit schenkst Du nicht Dein Eigentum den Armen, sondern Du gibst ihnen zurück, was ihnen gehört. Denn was Du als

Eigentum an Dich genommen hast, war ursprünglich für die Allgemeinheit bestimmt. Gott gab die Erde allen, nicht nur den Reichen.«

Und dann sagt der Papst weiter: »Wir wissen, daß es dennoch Ungerechtigkeiten gibt, die zum Himmel schreien ... die Geschichte lehrt uns, daß Revolutionen die Quelle neuer Ungerechtigkeiten sind, daß sie zu neuen Unruhen führen und neue Zerstörungen anrichten ... es sei denn, sie sind unumgänglich notwendig zur Beseitigung einer sich ausbreitenden Tyrannei, welche die Menschenrechte ernsthaft verletzt und das Wohl eines Landes gefährdet.« Sind nicht die Päpste selbst über Jahrhunderte allgewaltige Diktatoren, die die Menschenrechte permanent zu Boden drücken?

Dieser Hintergrund ist zum Verständnis des Klerikalismus notwendig. Der Mensch muß nach ihrem Selbstverständnis nicht nur geistig, sondern auch wirtschaftlich arm sein und bleiben. Nur solche Massen kann man am Gängelband führen. Über Jahrhunderte konnte man jedes Aufmucken im Keim ersticken, doch jetzt, im 19. Jahrhundert formieren sich politische Parteien, schreien die von der Kirche Unterdrückten auf und dies ist ein oft verkannter Grund, weshalb die römisch-katholische Kirche hauptsächlich den Sozialismus bekämpft; er schwächt ihre Wirtschaftsmacht.

Die katholische Kirche muß schwere Niederlagen hinnehmen; wesentlich mehr als die protestantische, denn sie ist dezentralisiert und flexibler. Im Vatikan beginnt man politische Purzelbäume zu schlagen. Hier wettert man gegen die sich abzeichnende Liberalisierung, die Säkularisierung, die Freiheit des Gewissens und gegen die Menschenrechte; man ist gegen jede Neuerung, obwohl es die Aufgabe der Religion sein sollte, die Menschen vom Joch der Ängste zu befreien.

Gewohnt, in langen Intervallen zu denken, riechen einzelne Päpste früh den für sie gefährlichen Braten. Die Kurie bezeichnet politische Gewalten, Parlamente, Wahlurnen und Zivilehen als dürre Gebeine, die auf den göttlichen Hauch der Wiederbelebung warten. Sie stellt heraus, daß von

den pestilenzischen Lehren der Universitäten Irrtümer ausgehen, sofern es keine katholischen sind ... von ihnen gehe ein verderblicher Gestank aus[45].

Der Zusammenbruch der Feudalsysteme und der sich abzeichnende Sieg des Kapitalismus lenken von altüberkommenen Vorstellungen ab. Dies versetzt den Traditionalisten, doch vor allem den Kirchen, einen Schlag[46], denn nun bricht für sie eine heil geglaubte und von ihr gelenkte Welt zusammen. Sie erkennt nicht, daß es vor allem ihre Struktur ist, die den Blick in die Zukunft versperrt hat. Auch wenn in der alten Donaumonarchie ein Anwärter für den Polizeidienst eine Empfehlung des Ortspfarrers beibringen muß, um näher in Betracht gezogen zu werden, sind ihre Karten schlecht. Die römisch-katholische Kirche schwenkt auf eine gefährliche Linie ein und schießt weit über das *evangelische* Ziel hinaus. Ihre neue Außenpolitik ist eng an den Starrsinn einiger Päpste gebunden.

Unter dem Druck der Kirche muß der Großherzog Leopold von Toskana die Unterdrückung eines Artikels verfügen, der die Gleichheit sener Landsleute vor dem Gesetz ohne Unterschied der Religion konstatiert. 1824 mahnt Papst Leo XII. den französischen König Ludwig XVIII., in der Konstitution die Artikel auszumerzen, die der Kirche zu liberal sind[47].

1832 sagt Papst Gregor XVI. der Gewissensfreiheit den Kampf an und bezeichnet sie als *aberwitzige Absurdität*. Er erkennt in der Pressefreiheit einen *pestilenzischen Irrwahn*[48] und übersieht, daß er *seiner* Presse keine Beschränkungen auferlegt.

Pius IX., Leo XIII. und Benedikt XV.

Pius IX. verwirft am 16.7.1856 die spanischen Gesetze, mit denen die Kulturfreiheit eingeläutet wird. Es ist ihm unbegreiflich, daß der österreichische Staat den Katholiken auferlegt, auf den Gottesäckern die Leichen von Ketzern zu begraben und Protestanten wie Israeliten zu gestatten, Erziehungsanstalten einzurichten[49]. Folgerichtig wird die Verfassung vom 22.7.1868

weigern, der Herrschaft Jesu Christi öffentlich Ehrfurcht und Gehorsam zu erweisen. Sie haben die Pflicht, dafür zu sorgen, daß das Volk Christi die Oberherrschaft Jesus (des Papstes) anerkennt.

In der Epoche, wo Königreiche in Europa versinken, betont er das *Königtum Christi* und führt das *Christkönigsfest* ein. Er zeichnet sich durch zahlreiche Selig- und Heiligsprechungen aus. Er läßt im Vatikan einen Bahnhof und eine Rundfunkstation errichten. Unter seinem Pontifikat werden 18 Konkordate geschlossen, die das politische Engagement der römisch-katholischen Kirche verdeutlichen. Im Winter 1937 bekommt er einen Anfall von Herzschwäche.

Er erholt sich in den Vatikanischen Gärten, was vom einfachen Landvolk der Fürbitte der von ihm heilig gesprochenen Theresa von Lisey zugeschrieben wird. Er stirbt am 20.2.1939, kurz vor Ausbruch des II. Weltkrieges. Er hat seiner Kirche ein schweres Erbe hinterlassen. Durch seine persönlich gefärbten Ansichten entsteht die Kontroverse Katholizismus : Kommunismus und somit ein Schwelbrand von unübersehbaren Folgen. Dadurch hat er auf die Weste der Kirchengeschichte einen zusätzlichen Fleck gebrannt. Seine feindliche Haltung gegenüber dem Kommunismus gipfelt in dem Dekret, in dem er »die, die sich zur materialistischen, antichristlichen Doktrin des Kommunismus bekennen, sie verteidigen oder verbreiten, exkommuniziert[63].« Kommunistische Literatur darf ohne vorherige Genehmigung des Beichtvaters nicht mehr gelesen werden,

1972 erscheinen in der französischen und italienischen Presse Vermutungen, daß Pius XI. während seiner letzten Krankheit auf Betreiben von Mussolini, den er 1931 im Gegensatz zu Hitler offiziell empfangen hat, ermordet worden ist. Es ist ungeklärt[61]. Mussolini bedauert den Tod des Kirchenfürsten nicht und sagt: »Gottseidank, dieser starrköpfige Alte ist nicht mehr[62].«

Pius XI. steuert einen reaktionären Kurs. Er entschließt sich zur Allianz mit den aus dem Boden schießenden Diktatoren. Sie haben ihr Vorbild im Geist und in der Maschinerie des Papsttums. Es gibt nur eine Partei, eine Wahrheit, eine Meinung und einen Führer. Niemand ist gestattet, gegen das Regime zu flüstern, will er sich nicht einer unangenehmen Vorfolgung aussetzen. Diese Denkweise ist primitiv und wir sehen daran, wie eng der Kommunismus und der Katholizismus beisammen liegen. Diktatorische Systeme arbeiten Hand in Hand und werten sich gegenseitig auf.

Die kerikale Allianz mit den nichtreligiösen Kräften bringt das Weltgeschehen ins Wanken. Die Kirche ist nicht mehr der Hort der Glaubenden und der Trost der Gestrauchelten. Hier wird Eroberungspolitik auf dem Rücken des kleinen Mannes betrieben. Wenn man das so sieht, trägt der Vatikan einen Teil der Verantwortung für die daraus resultierende Welttragödie des II. Weltkrieges mit etwa 60 Millionen Toten. Es läßt sich dokumentieren und die Bewertung ergibt sich für den kritischen Leser von selbst. In der klerikalen Wahnvorstellung, das Rad unserer Geschichte zurückdrehen zu wollen und die antik-feudalistischen Strukturen nach vorn zu kehren, verleugnet die römisch-katholische Kirche ihre Herkunft. Sie reicht Diktatoren und Mördern die Hand zum Bund, um sich selbst ins Rampenlicht zu stellen. Damit zieht sie sich die Schlinge der Unwahrheit um den Hals.

Die Neuordnung der Reiche und das Auftreten kirchenuntreuer Staatsmänner zwingt den Klerus zum Überdenken der Lage. Rhodes[64], ein positiv gepolter Kirchenschreiber, kontert mit dem Geistesblitz: »Die auf den Plan tretenden Diktatoren, die sich zum Atheismus bekannten, erforderten seitens der Kirche eine besondere Behandlung. Es bedurfte ungewöhnlicher Geduld, Vorsicht und diplomatischer Erfahrung, denn das alte Zuchtmittel der Exkommunikation war sinnlos geworden[65].«

Noch einmal eilt Rhodes dem angeschlagenen Vatikan zu Hilfe und sagt: »Der Vatikan konnte nur warten, bis in einem künftigen Krieg ein mächtiger Staat Rußland besiegen und er dadurch den christlichen Glauben wieder einführen könne[66].« Welch christlicher Trost und welch schreckliche Wahrheit.

Orthodoxe Kirche und der Vatikan

Die Spannungen zwischen dem Katholizismus und dem russischen Weltreich sind alt. Rom gilt als Zentrum des Katholizismus und Moskau als das der Orthodoxie. Die orthodoxe Kirche ist eine Nationalkirche und von der Gunst des Zaren und der herrschenden Schicht der Großgrundbesitzer abhängig. Der Zar ist ihr Oberhaupt. Ende des 19. Jahrhunderts trägt sich der Vatikan mit Plänen, die orthodoxe Kirche dem Katholizismus zuzuführen und sich damit einen langgehegten Wunsch zu erfüllen. Es ist interessant zu wissen, daß man sich in der Glaubenszentrale am Tiber seit geraumer Zeit auf die Missionierung des Ostens vorbereitet. Bereits Papst Benedikt XV. stellt Gelder zur Bekehrung orthodoxer Slaven zur Verfügung. Man richtet ein Protestschreiben an die zaristische Regierung und nimmt die vereinzelte Verfolgung, vor allen in den Randzonen, katholischer Geistlicher zur Kenntnis.

Als der Zar durch die Revolution 1905 gezwungen wird, Zugeständnisse auch religiöser Art zu machen, stellen sich die katholischen Christen von der Heiligen Synode der orthodoxen Kirche entgegen. Der Kardinalstaatssekretär sieht es so: »Ein Sieg des zaristischen Rußlands, dem Frankreich und England so viele Versprechungen gemacht haben, wäre für den Vatikan ein größeres Unglück als seinerzeit die Reformation.« Der Zusammenbruch des Zarismus und die Errichtung der Sowjetmacht werden zunächst vom Vatikan euphorisch begrüßt. Man freut sich darüber, daß die orthodoxe Kirche durch den Sturz ihres Herrschers der wesentlichen Stütze beraubt ist und über kurz oder lang zusammenbrechen muß.

Graf Sforza, der enge Verbindungen zum Vatikan unterhält, bemerkt dazu: »Im Vatikan wurde der Kommunismus anfangs zwar als ein schreckliches Übel angesehen, aber ebenso als notwendiges, das heilsame Folgen haben kann. Die Struktur der orthodoxen Kirche sei nicht zu überwinden gewesen, solange der Zar geherrscht hat. Auf den von den Kommunisten geschaffenen Ruinen sei alles möglich, selbst eine religiöse Wiedergeburt, in deren Verlauf der Einfluß der römischen Kirche spürbar werden kann.«

Nach dem Kriegsende nimmt der Vatikan mit der sowjetischen Regierung Kontakt auf, um ein Abkommen über die Wirkungsmöglichkeiten der katholischen Kirche im neuen Rußland zu erzielen, zumal hier die Religionsfreiheit proklamiert wird. Eines der ersten wesentlichen Manöver in dieser Richtung wird durch den Bischof von Wilna, einem Emigranten aus dem zaristischen Rußland, eingeleitet. Der Bischof Ropp schlägt 1920 sein Quartier in Berlin auf und entwickelt durch mehrere Treffen mit Emigranten die Vorstellung, man möge ihm die Rückkehr nach Rußland gestatten, man solle dort die katholische Erziehung gewährleisten und die kirchlichen Stiftungen und das übrige kirchliche Eigentum zurückgeben. Dies wird sorgsam vom Vatikan aus beobachtet, wenn nicht gesteuert, denn man läßt über den Osservatore Romano verbreiten:

»Der Augenblick scheint für eine Annäherung günstig zu sein. Der eiserne Ring des Cäsarpapismus, der Rußlands religiöses Leben bisher hermetisch vor jeglichem römischen Einfluß abgeriegelt hat, ist gesprengt worden.« Dem Fortbestand des Kommunismus gibt man wenig Chancen und liebäugelt damit »ein Land von 90 Millionen zur einzig wahren Religion zu bekehren.« Die russische Staatsführung kommt der katholischen Kirche entgegen und gestattet ihr Freiheiten und Privilegien. Doch ist es dem Vatikan ein Dorn im Auge, daß man in Rußland zur gleichen Zeit eine atheistische Bewegung fördert und anderen Religionsformen liberal gegenübersteht.

Die diplomatischen Höflichkeitsbezeugungen der katholischen Kirche gegenüber dem kommunistischen Rußland erreichen 1922 auf einer Konferenz in Genua einen Höhepunkt. Tschitscherin, der russische Delegierte und Mrsg. Sincero, ein Beauftragter des Vatikans, trinken an Bord des Kriegsschiffes *Dante Alighieri* auf das Wohl der sowjetisch-vatikanischen Zusammenarbeit[67]. Tschitscherin versichert, daß jede

Religion in Rußland die gleichen Rechte genießt, weil die Sowjetunion die Trennung von Kirche und Staat vollzogen hat. Als der Vatikan konkrete Pläne für die Katholisierung Rußlands auf den Tisch bringt, stößt er auf vorübergehendes Interesse. Für die Kirche zeigt sich eine Perspektive: »Für all die Millionen, die sich nach dem wahren Glauben sehnen.«

Bald darauf werden die Verhandlungen in Rom fortgesetzt. Der päpstliche Vertreter Pizzardo verhandelt mit dem sowjetischen Minister Worowski und dem Vatikan wird gestattet, Missionare nach Rußland zu senden, um eine Hilfsaktion für die Bevölkerung in die Wege zu leiten, doch mit dem Vorbehalt, daß keine politischen Aktivitäten damit verbunden sind und eine pro-katholische Propaganda unterbleibt. Die erste Missionsgruppe setzt sich aus elf Priestern zusammen, die etwa 100 000 Pakete mit sich führen. Auf ihnen steht gut leserlich in russischer Sprache: »Den Kindern Rußlands vom Papst in Rom.« Der Troß landet am 29.9.1922 unter der Führung des Paters Gehrmann in Odessa.

Schon vorher hat man sich in Rom auf solche Aktivitäten vorbereitet. So wird ein Kollegium zum Studium der griechisch-orthodoxen Kirche eingerichtet. In den 20er Jahren gründet der Vatikan in Belgien ein Kollegium zur Ausbildung von Geistlichen, die in Rußland Andersgläubige bekehren sollen[68]. Tondi, ein intimer Kenner der Verhältnisse[69], betont, daß sich in Rom ein russisches Kollegium befindet, das von Jesuiten geleitet wird und den unverfänglichen Namen Santa *Teresa del Bambino Gesu* trägt. Dort beschäftigt man sich mit der Vorbereitung von Propagandaschlachten zugunsten des Katholizismus, mit dem Aufbau von Karteien von Parteigängern, Spitzeln und Informanten; es ist vielleicht nicht falsch, hier vom klerikalen StaSi oder der ähnlich gelagerten Gestapo zu sprechen.

Hier erscheint die Zeitschrift *Lettres de Rome*. Es ist ein politisches Organ, das auf antikommunistische Ziele ausgerichtet ist. Außer diesem Institut leiten die Jesuiten das *Päpstliche Ostinstitut*, das *Institut des Heiligen Johannes von Damaskus*, das *Päpstliche Kollegium für Polen* und 37 andere. In ihnen wird wenig gebetet. Als Tondi Nachforschungen anstellt, bekommt er zur Antwort: »Diese Menschen riskieren ihr Leben, denn es sind Priester und sie sind es nicht[70].« Bald durchschauen die Russen das Geplänkel und erkennen: »Pius XI. flirtete in der Hoffnung mit uns, daß ihm der Weg geöffnet wird[71].«

Gleichzeitig mit der vatikanischen Hilfsaktion trifft eine amerikanische Wohltätigkeitsexpedition in Moskau ein. Nach Gesprächen mit Worowski etabliert sich eine Vertretung in Moskau. Später kommt es zu Spannungen, weil sich der Vatikan der Propaganda nicht enthält. In Rom begonnene Besprechungen zwischen dem sowjetischen Vertreter Jordanski und Monsignore Tacchi Venturi, dem Assistenten des Jesuitengenerals Ledochovski, verlaufen ergebnislos.

Aufgrund von Rangeleien müssen die katholischen Geistlichen das Land verlassen und der Jesuit Gehrmann berichtet nach Rom: »Dennoch ist die Mission von Nutzen gewesen, denn man hat Erkenntnisse über das Sowjetregime gewonnen ... es ist traurig, den Vatikan enttäuschen zu müssen, denn er sieht in absehbarer Zeit keine Möglichkeit für einen Zusammenbruch des russischen Regiments[72].«

In der Folgezeit werden in Rußland katholische Geistliche diffamiert und aus dem Weg geräumt. Man berichtet, daß Priester auf die Insel Solowetzky im Weißen Meer verbannt worden sind, wo sie bis zu den Knien im Eiswasser stehend, Eisblöcke spalten müssen. Kirchliches Gut wird beschlagnahmt oder zerstört. 1922 errichtet die *Union der militanten Gottlosen* in Leningrad ein Schafott, auf dem Puppen in der Gestalt des Papstes, der Heiligen und Propheten symbolisch enthauptet werden, um sie danach zu verbrennen.

1925 nimmt der sowjetische Außenminister Tschitscherin mit dem Nuntius Pacelli in Berlin Verbindungen auf und versichert ihm, daß die katholische Kirche ebenso wie alle anderen in der Sowjetunion Religionsfreiheit genießen. Daraufhin bricht der

Vatikan die Verbindung mit der Sowjetunion ab. 1930 verdammt der Papst das unermeßlich große Land. Er verurteilt öffentlich die Sowjetunion und beschuldigt sie einiger Religionsverfolgungen. Er bildet eine *Sonderkommission für Rußland* und läßt in London, Paris, Genf, Prag und anderen Städten antisowjetische Kundgebungen durchführen. Der Erzbischof von Canterbury, der Großrabbiner von Frankreich und andere religiöse Führer und Körperschaften schließen sich den päpstlichen Hetzkampagnen an.

Während die zivilisierte Welt die ernstgemeinten Friedensbemühungen der Sowjetunion dadurch zu honorieren sucht, daß sie in den Völkerbund aufgenommen wird, protestieren vor allem katholische Kreise und der Vatikan dagegen. Die lautesten Schreier sind die Vertreter des katholischen Irlands und des katholischen Österreichs. Der katholische Vertreter der Schweiz äußert sich ähnlich. Seine streitbare Rede gegen die Aufnahme der Sowjetunion wird in der katholischen Presse wortgetreu publiziert. Der Osservatore Romano rühmt seine »Hochherzigen Gefühle und sein entschiedenes christliches und staatsbürgerliches Gewissen.«

Im Vatikan formiert sich eine weltweit agierende Opposition gegen den Kommunismus. Vielleicht hängt es damit zusammen, daß sich die Konkordatsverhandlungen zerschlagen, weil die Sowjets beabsichtigen, das Kircheneigentum zu verwalten, den Religionsunterricht zu gestalten und die Geistlichen zu bezahlen. Es kommt zu einer diplomatischen Niederlage im Vatikan. Zudem erfährt man in Rom, daß man in Rußland beabsichtigt, eine Staatskirche zu gründen[73]. Schon sieht man die Felle davonschwimmen. Pius XI. läßt sich von der Vorstellung leiten, »daß das bedeutendste Hindernis gegen die Ausweitung des Kommunismus der Katholizismus ist[74].«

Die zu erwartende Reaktion ist eine Hetzkampagne von unbeschreiblichem Ausmaß. Am 20.2.1930 protestiert der Papst gegen die schrecklichen und gotteslästerlichen Exzesse, unter denen die katholische Kirche zu leiden hat. Kinder würden in Unkeuschheit erzogen, Arbeitern werde erklärt, Gott zu hassen und katholische Priester würden ermordet[75]. Ein Höhepunkt seines Pontifikates ist am 19.3.1930 das Lesen einer Sühnemesse im Petersdom für die in Rußland gefallenen Katholiken. Mit dieser Polemik schießt der Vatikan ein Eigentor, denn die andere Seite macht ihn auf die Greuel aufmerksam, die der katholischen Kirche im Lauf ihrer Geschichte zur Last gelegt werden. Wie bescheiden nimmt sich die russische Aggression dagegen aus, die damit nicht gerechtfertigt werden kann.

Die katholische Kirche betrachtet den Kommunismus als ein System, das keine Antwort auf die Fragen des Lebens zu geben versucht, er vertritt ihrer Auffassung nach einen militanten Atheismus[76]. Rhodes schwächt es ab und bekennt: »Die Ziele des Vatikans entsprechen nicht denen der weltlichen Staaten … das Ziel der päpstlichen Politik ist es, Menschen auf ein Leben nach dem Tod vorzubereiten[77].« Er geht an der Sache vorbei, denn während sich der Vatikan selbstredend in die Belange anderer Staaten mischt, verschließt er sich in seiner falsch verstandenen Überheblichkeit gegenüber Anderen. Wollte er wirklich die sündigen Menschen auf ein Leben nach dem Tod vorbereiten, genügen pastorale Aufgaben.

Papst Pius XII. sagt in einer Enzyklika zum Thema Kommunismus: »Er ist durch und durch schlecht. Niemand, der die christliche Zivilisation zu erhalten wünscht, kann in irgend einer Weise mit ihm zusammenarbeiten[78].« Mrsg. Tardini sagt zum Botschafter Mussolinis: »Er wäre glücklich, den Kommunismus von der Erde verschwinden zu sehen, denn er ist einer der schlimmsten Feinde der Kirche[79].« Erzbischof Constantini, das Oberhaupt der Kongregation zur Verbreitung des Glaubens, versteift sich zu folgender Argumentation: »Im bolschewistischen Rußland hat Satan seine Stellverterter und besten Mitarbeiter gefunden. Hier schlagen unsere Soldaten die größte Schlacht. Wir wünschen uns von ganzem Herzen, daß es den Sieg über den auf Vereinigung gerichteten Kommunismus bringen möge[80].«

Der Vatikan führt seine antisowjetische Kampagne an mehreren Fronten. Während der Papst gegen den gottlosen Bolschewismus wettert und die katholische Presse das *Schreckensgespenst* beschreibt, sind vatikanische Diplomaten dabei, die Bande der Freundschaft und des gegenseitigen Beistandes zwischen Frankreich und der Sowjetunion zu lockern. Das vatikanische Ziel ist klar: einen Krieg gehen die Sowjetunion anzuzetteln, um selbst dabei vornehme Blässe zu zeigen.

Während der Vatikan die kommunistische Idee ideologisch immer mehr in der Zange hält, zuckt er zusammen, als im Spätsommer 1939 der Krieg nicht, wie er es gehofft hat, an der sowjetischen Grenze ausbricht, sondern im katholischen Polen. Die Folge ist, daß er seine Kampagnen in Europa zur Vernichtung der ehemaligen UdSSR erhöht. Immer wieder bemüht sich der Papst Pius XII. um die Zusicherung, »daß die Westmächte niemals die Ausbreitung des Bolschewismus und die Eroberung Europas zuzulassen. Stalin versucht 1942 eine Verständigung mit dem Vatikan zu erreichen und erklärt, daß der Krieg nicht geführt wird, um den Kommunismus zu verbreiten oder um das sowjetische Territorium zu vergrößern. Im Vatikan geht man auf diese Äußerung nicht ein und der Osservatore Romano läßt wissen: »Die westlichen Alliierten müssen sich vor einem so gefährlichen Verbündeten vorsehen, Sowjetrußland sei in der Lage, die Struktur der westlichen Nationen zu zerstören. Sie sollen für den Kommunismus reif gemacht werden.«

Als 1942 Großbritannien und die einstige Sowjetunion einen zunächst auf zwanzig Jahre befristeten Beistandspakt schließen, protestiert der Vatikan und beschuldigt England, »das christliche Europa dem atheistischen Moskau ausgeliefert zu haben.« Als die Alliierten sagen, man möge die Störmanöver unterlassen, kontert man im Vatikan und sagt: »Niemand sei berechtigt, dem Papst vorzuwerfen, daß er Unruhe stiftet; es sei allgemein bekannt, daß die Bolschewisten ideologisch die Religion nicht anerkennen und sie überall verfolgen, wo

sie ihren Fuß hinsetzen.« Er verschweigt, daß man dort der Religionsausübung konziliant gegenübersteht und selbst den Katholizismus fördert. Doch von Maßhalten ist im Vatikan nicht die Rede. Man beschuldigt die Alliierten, »die katholische Kirche von der Ausarbeitung der Pläne für das Schicksal Nachkriegseuropas ausgeschlossen und keine Maßnahmen ergriffen zu haben … (um) das christlich-katholische Europa vor dem Bolschewismus zu schützen.« Wer kann so blind sein, um nicht zu erkennen, daß hier die Fakten auf den Kopf gestellt werden?

Noch einmal kommt die ehemalige Sowjetunion dem Vatikan entgegen und signalisiert, »man wolle Verhandlungen mit dem Ziel der Wiederherstellung normaler Kontakte und eventuell der Aufnahme diplomatischer Beziehungen mit dem Vatikan führen.« Man zeigt Rußland die kalte Schulter und nochmals versucht man hier, mit den vatikanischen Interessen zurecht zu kommen. Man läßt dem Papst ein Memorandum überreichen, »in dem man ihm vorschlägt, bestimmte soziale und ethische Fragen vor ihrer Lösung miteinander zu koordinieren[81].«

Der Vatikan weist dieses Friedensangebot mit Verachtung zurück. In einer Privataudienz, die der Papst dem polnischen General Sosnokowsi gewährt, bringt er seine Besorgnis über die Bedrohung der

⇒

Kurz nach der Krönung kommt es zu neuen Konflikten zwischen Napoleon und dem Papst. Im Februar 1808 rückt die französische Besatzung in Rom ein. Am 10.6. verkünden Herolde das Ende der Papstherrschaft. Noch am gleichen Tag spricht Pius VII. die Exkommunikation über Napoleon und die Invasoren aus. Die Bilder zeigen von oben nach unten: Die Befreiung eines von den Franzosen arrestierten Kardinals durch Pius VII.; die Verkündigung der Exkommunikation; die Abfahrt des Papstes vom Quirinal in die Verbannung; eine Versammlung französischer Prälaten unter den Augen napoleonischer Soldaten.

europäischen Zivilisation durch den Bolschewismus und seine Verwunderung über die bedauerliche Freundschaft zwischen den angelsächsischen Mächten und Rußland zum Ausdruck. Der Vatikan hat die Wiedergeburt der orthodoxen Kirche in Rußland aufmerksam verfolgt. Von den ersten Tagen der russischen Revolution an hat er gefürchtet, daß sie seine Rußlandpläne zunichte machen kann. Er registriert mit Besorgnis die Tatsache, daß die Sowjetregierung die Freiheit des Gottesdienstes gewährt. Ein Dekret der Sowjetregierung vom 23.1.1918 gewährt allen Bürgern die Freiheit des Gewissens, des Gottesdienstes und der antireligiösen Propaganda. Gleichzeitig wird die Trennung von Kirche und Staat vollzogen. Alle religiösen Organisationen werden Privatvereinigungen gleichgestellt.

Der Vatikan mobilisiert die katholischen Kräfte in der ganzen Welt gegen das einstige Sowjetregime in einer Zeit, als es ihren Bewohnern Religionsfreiheit gewährt. Wieder einmal werden historische Fakten auf den Kopf gestellt und man behauptet im Vatikan: »Dort würde die Religion verfolgt ... die Sowjetregierung habe die orthodoxe Kirche wiedererstehen lassen, um sie als Instrument für die Erreichung ihrer politischen Ziele zu mißbrauchen.«

Vom Irrlicht des Sowjetsterns

Die orthodoxe Kirche entwickelt sich unter der Sowjetmacht zu einer mächtigen Institution, die mit der Regierung zusammenarbeitet. 1943 wählt eine Bischofsversammlung der orthodoxen Kirche einen Patriarchen von Moskau und der Sowjetunion und sie ruft eine Heilige Synode ein. Im Vatikan stößt dies auf Abscheu und es entgeht selbst dem Katholiken Hitler nicht. Er fordert alle Prälaten, die dem sowjetischen Regime feindlich gegenüberstehen auf, die Moskauer Patriarchenwahl für ungültig zu erklären. In der weiteren Folge versammeln sich in Wien 30-50 Prälaten unter Serafin Lade. Sie erklären die Wahl und die von der Moskauer Synode ausge-

sprochenen Exkommunikation aller orthodoxen Priester, die sich gegenüber Rußland feindlich verhalten, für ungültig. Gleichzeitig verkünden sie, daß der Bolschewismus mit dem Christentum unvereinbar ist.«

Viele orthodoxe Geistliche erhalten Auszeichnungen. Die Kirche veranstaltet politisch-religiöse Zeremonien, öffentliche Gebete für den Schutz der Sowjetunion und für die Vernichtung der Feinde Rußlands werden gesprochen. Die russische Geistlichkeit wird nicht aufhören, für den Sieg der sowjetischen Waffen zu beten ... die russische Kirche wird mit aller Kraft ihrem geliebten Vaterland in den schweren Tagen des Krieges ebenso dienen wie in den künftigen des Wohlstandes.«

1944 findet ein Kongreß der russisch-orthodoxen Kirche in Moskau statt. An ihm nehmen 39 Bischöfe teil. Sie schicken Einladungen zur Bildung einer religiösen Union an den ökumenischen Patriarchen von Antiochia und dem ganzen Osten, an Christophoros, den Patriarchen von Antiochia, an Timotheus, den Patriarchen von Jerusalem und an Kallistratus, den Katholikos von Georgien. Die polnisch-orthodoxe Kirche schickt den Metropoliten von Lwow nach Moskau und das ökumenische Patriarchat von Konstantinopel entsendet eine Delegation. Man einigt sich darauf, den Moskauer Patriarchen als Oberhaupt der religiösen Union anzusehen. Im Vatikan beobachtet man die Konzentration mit Mißfallen. Es wird klar, daß sich religiöse Machtblöcke unversöhnlich gegenüberstehen.

Nach 1944 beginnt die orthodoxe Kirche dem Vatikan die Feindschaft gegen die Sowjetunion vorzuhalten. In der Prawda und der Iswestija erscheinen gegen den Vatikan gerichtete Aufsätze. So veröffentlicht der Patriarch der russisch-orthodoxen Kirche im Januar und Februar 1944 anläßlich eines Besuches hoher geistlicher Würdenträger eine Erklärung, in der er den Vatikan beschuldigt, Nazideutschland unterstützt zu haben und sagt: »Angesichts der gegenwärtigen internationalen Situation erheben wir unsere Stimme gegen alle, namentlich gegen den Vatikan, die sich bemühen, Hitlerdeutschland von der Verantwortung für seine Verbrechen freizusprechen und für die Hitlerleute um Gnade zu flehen ... die Betreffenden möchten dadurch faschistische, menschenverachtende, antichristliche Lehre und ihre Propagandisten in die Nachkriegszeit hinüberretten[82].«

In der Iswestija wird vorgetragen;»Der Vatikan war stets ein verläßlicher Helfer des Faschismus. Die unrühmliche Rolle, die er bei Hitlers und Mussolinis spanischem Abenteuer spielte, ist hinlänglich bekannt. Die Welt hat noch nicht vergessen, daß er sich still verhielt, als Italien im Juni 1940 Frankreich angegriffen hat. Franco ist der Liebling des Vatikans. Er träumt von einem Nachkriegseuopa, das nach dem Vorbild des klerikalen Francoregimes eingerichtet ist.«

Das Oberhaupt der orthodoxen Kirche, der Patriarch Segei, bestreitet in einer im *Moskow Bulletin* vom April 1944 veröffentlichten Erklärung, der Papst habe kein Recht, sich als Nachfolger Christi auszugeben. In der Iswestija schreibt er unter der Überschrift:»Gibt es in der Kirche einen Stellvertreter Christi.« In patriarchalischer Sicht bedeutet das Mysterium der Einheit zwischen Christus und seiner Kirche, daß die Existenz eines diese beide Teile verbindenden Stellvertreters Christi auf Erden nicht angenommen werden kann. »Das Evangelium lehrt uns, daß unser Herr Jesus, als sein Körper die Welt verließ, nicht daran dachte, die Sorge für seine Kirche irgend einem anderen zu übertragen ... Er beauftragte seine Apostel und deren Nachfolger, die rechtgläubigen Bischöfe, das Evangelium zu predigen und die Gläubigen zu leiten.«

Die gesamte katholische Weltpresse erhebt Protest gegen diese Beschuldigungen und doch bestehen sie zu Recht! Denn das Papsttums läßt sich nicht mit Sicherheit auf das apostolische Wirken des Petrus zurückführen. Wieder proklamiert und verdammt man das *bolschewistische Schreckgespenst*. Der Osservatore Romano kontert:»Der Papst ist der universelle Vater.« Er verkündet am 12.6.1939:»Wir haben das Rußland

von gestern, von heute und morgen vor Augen, jenes Rußland, für das wir niemals aufhören werden zu beten, das wir in unsere Gebete einschließen und an das wir unbeirrbar glauben.«

Der amtierende Kardinalstaatssekretär erklärt am 28.4.1945 zu den Beziehungen zwischen dem Vatikan und der orthodoxen Kirche. »Wir müssen um Gottes Hilfe bitten in dieser sich überstürzenden Zeit. Ein Ereignis vor allem würde gesunde Hoffnung für die Erzielung einer dauerhaften Lösung der Schwierigkeiten, in denen sich die heutige Welt befindet, werden: die Rückkehr Rußlands zum Glauben.« Es mutet wie ein Wunder an; heute ist das Sowjetreich vorübergehend in sich zusammengebrochen, was niemand für möglich gehalten und was doch von Nostradamus nahezu auf den Tag genau vorausgesagt worden ist. Ist dies die Chance des Vatikans, dort das Christentum zu verbreiten oder ist es ein neuer Krisenherd?

Mutter Iberia und die Kirche - Situation in Spanien

Seit Jahrhunderten bestimmen die Launen der katholischen Kirche das kulturelle, soziale, wirtschaftliche, geistliche und politische Antlitz Spaniens. Hier entfaltet sich die heilige Inquisition in all ihrer Grausamkeit und trotz einiger Versuche können sich die Spanier nicht aus der Zwangsjacke des Katholizismus befreien; der Würgegriff der Priester hält sie fest umschlossen. Wie in ganz Europa wogt hier der Kampf zwischen geistiger Freiheit und Liberalisierung gegen den klerikalen Starrsinn, verbunden mit der obligatorischen Glaubenshörigkeit und jeder Unterdrückung einer sinnvoll-geistigen Entfaltung. Die Kirche will, möglichst weltweit, die Menschen von der kurialen Gnade abhängig machen. Sie ist ein Bollwerk gegen den Fortschritt. Im Geschichtsverlauf Spaniens läßt es sich ablesen:

Im 11. Jahrhundert bemüht sich der Bischof von Compostella um die Emanzipation der spanischen Kirche. Dann revoltieren die Köngreiche von Leon und Kastilien gegen die Romanisierung Spaniens, die vor allem von Papst Gregor VII. und den Mönchen von Cluny betrieben wird. Über Jahrhunderte tobt das Glaubensgericht in Spanien. Es verbreitet noch im 19. Jahrhundert Angst und Schrecken unter der Bevölkerung. Noch zu seinem Beginn werden belegte Inquisitionsgefängnisse ausgehoben. Die Ideen des 18. Jahrhundert gefährden hier das Papsttum. Promimente spanische Politiker bewundern Voltaire, Rousseau u. a. Es sind die, welche die römisch-katholische Kirche auf den Index gebannt hat.

Während der napoleonischen Invasion versammeln sich liberale Patrioten in Cadiz. Sie beschränken die Pressefreiheit der Kirche, erheben aber den Katholizismus zur Staatsreligion. 1851 wird ein Konkordat mit dem Vatikan geschlossen. 1869 erregt die spanische Verfassung den Zorn der Kirche, weil sie die persönliche Freiheit, die Lehr- und Pressefreiheit proklamiert. 1876 setzt der Führer der Konservativen, Canovas, durch, daß niemand wegen seines Glaubens oder der Art seines Gottesdienstes verfolgt werden darf. Die Kirche lehnt sich erbittert dagegen auf und klagt ihre althergebrachten Rechte ein.

Die Folge der jahrhundertelangen klerikalen Übermacht ist eine unglaublich geistige Armut des spanischen Volkes. Noch um 1870 sind mehr als 60 Prozent Analphabeten. Der Schulunterricht erinnert an mittelalterlich-klösterliche Strukturen. Eltern beschweren sich darüber, »daß die meiste Zeit damit verbracht wird, Rosenkränze zu beten und die Geschichten der Heiligen herunterzuleiern. Die Kinder würden nicht einmal richtig lesen lernen[83].«

Murillos soll gesagt haben: »Sie wollen von mir die Genehmigung für eine Schule von 800 Arbeitern. Nicht, solange ich lebe. Wir brauchen keine Menschen, die denken, sondern Ochsen, die arbeiten.«

1910 stellt der Beichtvater der jungen Königin, Montana, fest, daß der Liberalismus zu verwerfen ist und sagt, »daß jeder Spanier, der sich mit Protestanten an einen Tisch setzt, exkommuniziert wird[84].« 1927 wird an den Grundschulen ein Katechismus

verteilt, in dem zu lesen ist: »Der Staat hat sich der Kirche unterzuordnen ... der Glauben an die Gewissens- und Pressefreiheit ist Häresie ... wer einem liberalen Kandidaten die Stimme gibt, begeht eine Todsünde und kommt in die Hölle[85].« Uns heutigen Menschen ist unbegreiflich, daß vor so albernen Drohungen die Menschen zittern und wir haben ein Beispiel für die offensichtliche Politik, die sich hinter der römisch-katholischen Kirche versteckt.

Unter dem klerikalen Einfluß hat sich Spanien in einen Kerker verwandelt. Erschießungen und die Folter sind an der Tagesordnung; die Inquisitionsmethoden sind auferstanden. Primo de Rivera errichtet eine Diktatur und dies ist mit einem Ansteigen des sozialen Elends verbunden. Das verhaßte Regime wird 1930 gestürzt. Angemaßte Rechte des Klerus werden beschnitten und der spanische König flieht nach Frankreich. Die Monarchie wird abgeschafft und Spanien zur Republik erklärt. Die Jesuiten werden ausgewiesen, Mönchen und Nonnen werden Beschränkungen auferlegt, die Ehe wird säkularisiert und die Scheidung sanktioniert; Pressefreiheit und religiöse Toleranz werden proklamiert. Es ist ein schwarzer Tag für den Vatikan und deshalb setzt der Klerus zum Sturmlauf gegen das ihm angetane Unrecht an.

Ein Hirtenbrief der Bischöfe und eine päpstliche Enzyklika vom 3.6.1933 rufen die spanische Bevölkerung zum Kreuzzug für die *Wiederherstellung der kirchlichen Rechte* auf. Inzwischen sind die Glaubensschäflein ob ihrer Ausbeutung so aggressiv, daß die Teilnahme am Gottesdienst extrem zurückgeht.

Der vatikanische Vasall Franco spielt sich zum Katholikenführer auf. Sein Staatsstreich scheitert und der spanische Konflikt nimmt internationalen Charakter an. Die Kirche stellt sich offen auf die Seite des Diktators und appelliert daran, dem katholischen Spanien zu helfen. Längst weht über dem Hauptquartier Francos in Burgos die vatikanische Flagge als Gunsterweis. Es wird deutlich, daß die Kurie auch über die Trasse von Hitler auf der Seite Francos steht:

- Der Vatikan verbindet sich mit Hitler. Als Gegenleistung für seine Spanienhilfe verpflichtet er sich zur Entfachung einer breit angelegten Kampagne gegen den Bolschewismus. Dadurch unterstützt sie ihre parallel laufenden Pläne, Hitler auf Rußland anzusetzen, damit er für die römisch-katholische Kirche den Kopf hinhält.
- Pius XI. erteilt all denen den Segen, »die die Ehre Gottes verteidigen und das alte System wieder herstellen.«

Deutschen Bischöf folgen dem päpstlichen Beispiel und publizieren am 3.1.1937 folgenden Hirtenbrief[86]: »Geliebte Diözesanen! Der Führer und Reichskanzler Adolf Hitler hat den Anmarsch des Bolschewismus von weitem gesichtet und sein Sinnen und Sorgen darauf gerichtet, die ungeheure Gefahr von unserem deutschen Volk und Abendland abzuwehren. Die deutschen Bischöfe halten es für ihre Pflicht, das Oberhaupt des deutschen Reiches in diesem Abwehrkampf mit allen Mitteln zu unterstützen, die ihnen aus dem Heiligtum zur Verfügung stehen. So gewiß der bolschewistische Todfeind der staatlichen Ordnung und zugleich und sogar in erster Linie Totengräber der religiösen Kultur ist und seine ersten Angriffe immer gegen den Diener und Heiligtümer des kirchlichen Lebens richtet, wie die Vorgänge in Spanien aufs neue beweisen ... so gewiß ist die Mitarbeit an der Abwehr dieser satanischen Macht auch eine religiöse und kirchliche Zeitaufgabe geworden. Den Bischöfen liegt es fern, die Religion in das politische Gebiet zu tragen oder gar zu einem neuen Krieg aufzurufen. Wir sind und bleiben Sendboten des Friedens und reden als solche den religiösen Menschen ins Gewissen, an der Abwehr der großen Gefahr mitzuwirken mit den Mitteln, die wir die Waffen der Kirche nennen.«

Im Frühjahr 1939 ist die spanische Republik zerschlagen und Papst Pius XI. läßt sich zu der Anmerkung herab: »Man soll Gott danken, daß er wieder einmal die Hand der göttlichen Vorsehung so offensichtlich über Spanien gehalten hat.« Mit einer verführerischen Botschaft wendet er sich an den Sieger und sagt: »Mit großer Freude wenden Wir uns an Euch, geliebte Söhne des katholischen Spaniens, um Euch Unsere väterlichen Segenswünsche für das Geschenk des Friedens und Sieges zu erteilen. Gott hat es gefallen, das christliche Heldentum Eures Glaubens und Eurer Opferbereitschaft, das sich in so vielen und großmütigen Leiden bewährt hat, mit dem Sieg zu krönen ... die gesunden, mit den Merkmalen des edelsten Geistes, mit Großmut und Kühnheit ausgestalteten Kräfte des spanischen Volkes haben sich gemeinsam erhoben, um die Ideale des Glaubens und der kirchlichen Zivilisation zu verteidigen, die in Spanien so tief verwurzelt sind. Als Ausdruck der unermeßlichen Dankbarkeit, die Euch von der Unbefleckten Jungfrau und vom Apostel Johannes, dem Schutzheiligen Spaniens, zuteil wird und die Euch alle großen Heiligen Spaniens erweisen, erteilen wir Euch, Unseren geliebten Söhnen des katholischen Spaniens, dem Haupt des Staates und seiner erlauchten Regierung, dem strebsamen Episkopat und seiner sich selbst verleugnerischen Geistlichkeit, den heroischen Kämpfern und allen Gläubigen, Unseren Apostolischen Segen.«

Aus dem bescheidenen Ansatzpunkt zur Liberalisierung, Republik und Demokratie ist ein totalitäres Staatsgebilde entstanden, das auf die moralischen und politischen Ziele des Vatikans ausgerichtet ist. Es zeigen sich alle Merkmale einer Diktatur:

- Rede-, Presse- und Meinungsfreiheit werden aufgehoben.
- Die politische Meinungsfindung wird unterbunden.
- Der Katholizismus wird wieder zur Staatsreligion erhoben.
- Der Religionsunterricht wird obligatorisch und die Lehrbücher werden kirchlich überwacht.

Der Papst schließt francotreue Rompilger in den Segen ein. Francos Schwager, Serrano Suner, wird am 20.6.1942 von ihm mit dem Großkreuz des Ordens Pius XI. und dem päpstlichen Segen ausgestattet[87]. Der katholische Intelligenzgrad Francos läßt sich daran ablesen, daß er Tausende von Oppositionellen aus christlicher Nächstenliebe erschießen läßt. Die römisch-katholische Kirche hüllt sich in das obligatorische Schweigen. Sie hat gute Gründe, denn Franco ist mehr als ein Sympathisant des Glaubensbruders Adolf Hitler. Er läßt ihn wissen: »Er werde immer sein loyaler Anhänger sein ... nur sein Sieg könne Europa retten ... Spanien würde sich nie mit einem Land verbinden, das sich nicht von den Prinzipien des Katholizismus leiten läßt.« Im Juli 1940, da Hitlers Sieg den Naiven noch sicher scheint, glorifiziert Franco in einer Ansprache zum Jahrestag seines Putsches: »Die deutschen Waffen, die jene Schlachten schlagen, auf die Europa und die Christenheit so lange gewartet haben.« Der Caudillo übergibt Hitler eine persönliche Botschaft Francos, in der seine Dankbarkeit, Sympathie und hohe Wertschätzung gegenüber ihm zum Ausdruck kommen[88].

In einem Brief vom 22.9.1940 an Hitler beteuert der spanische Diktator seine Verbundenheit mit ihm und sagt: »Ich möchte Ihnen nochmals meinen Dank für das Angebot der Solidarität aussprechen, Ich versichere Sie meiner unabänderlichen und treuen Verbundenheit, mit dem deutschen Volk und mit der Sache, für die Sie kämpfen. Ich hoffe, zur Verteidigung bald in der Lage zu sein, die es ermöglicht, die kameradschaftlichen Bande zwischen unseren Armeen zu erneuern.«

Es sind keine leeren Worte. Franco stellt eine *Blaue Division* von etwa 17 000 Mann zusammen, in die eine Luftwaffenabteilung integriert ist. Die Bischöfe und Priester segnen die Legionäre. Sie versuchen in ihnen die Begeisterung für ihre Aufgabe zu wecken und übergeben den heldenhaften katholischen Kreuzfahrern *gegen die Roten* geweihte Medaillen. Es ist christliches Kanonenfutter gegen die Ideologie des Bolschewismus. Auf spanischen Werften werden deutsche U-Boote gebaut[89].

In Spanien wird das klerikale Netz wieder geflickt. Der Erzbischof Gonzales läßt über den Vatikansender ausstrahlen:

»Wir richten unsere Augen auf Mutter Iberias und danken Gott, daß er uns hat seine Gnade zuteil werden lasen ... Dank der göttlichen Vorsehung hat Spanien seine jugendlichen Kräfte wieder erlangt ... es ist segensreich, zu sehen, wie echt und gesund sich Spaniens Wiederaufstieg auf sozialem, wirtschaftlichem und geistigen Gebiet vollzieht und vor allem im Bereich des Glaubens, dem Feld der katholischen Kirche, seinem Fundament ... Die spanische Nation ist ein Verteidiger der Wahrheit geworden und verdient Gottes Unterstützung.«

Spanien ist nach dem Ende des unglückseligen II. Weltkrieges noch immer faschistisch orientiert. Die Staatspolizei und die *Falange* werden subventioniert, denn Franco braucht Geld zur Aufrechterhaltung des inneren Friedens. Dazu ruft er mit vatikanischer Unterstützung die *Sonates*, eine Art christlicher Miliz ins Leben. Heute ist der vatikanische Einfluß in Spanien erheblich.

Situation in Italien

Vor allem in Italien versucht der Klerus auf Vorrechte zu pochen. Die Wirren Napoleons, die Besetzung Roms, die Gefangennahme des Papstes und das Ende seiner *weltlichen* Herrschaft hat man noch frisch in Erinnerung, da regen sich im Land liberale und sozialistische Kräfte.

Die katholische Kirche hat in Italien lange das Sagen. Im Gegenzug herrschen hier Not, Elend und der krasse Analphabetismus. Da läßt sich leicht herrschen und blenden. Als der Staat mit überfälligen Liberalisierungsmaßnahmen einsetzt und versucht, das Bildungsniveau anzuheben, das Erziehungswesen zu modernisieren, die Freiheit der Rede und des religiösen Bekenntnisses zu gestatten, erhebt sich aus den vatikanischen Mauern ein Sturm der Entrüstung und des Protestes.

Wie im benachbarten Spanien drohen die kurzsichtigen Geistlichen jedem, der dem Liberalismus zu nahe kommt, mit der ewigen Verdammnis. Pius XI. versteigt sich zu der These: »Wer als Gläubiger zur Wahl geht, wird exkommuniziert.« Doch seine Rechnung geht nicht auf. Tausende wenden sich vom Joch des Katholizismus ab und die Geistlichkeit bemerkt, daß die Zeit des Gängelbandes zu Ende geht. Die vatikanische Absicht ist es, den Vormarsch der Linken einzudämmen. Deshalb unterstützt er das Engagement des italienischen Pfarrers Don Sturzo, der die katholische Partei *Partito Populare* gründet. Sie hat wenig Erfolg im Spiel der Kräfte.

Und wieder geschieht ein Wunder. Der ehemalige Ex-Sozialist und Atheist Benito Mussolini, gründet die *Partito Fascita*, eine radikale Partei, die vor Gewalttaten nicht haltmacht. Die Faschisten ermorden u. a. den italienischen Pfarrer Don Minzoni. Von den politischen Gegnern wird der Name *Faschismus* zum Sammelbegriff für nationalistische Bewegungen mit autoritär-hierarchischem Aufbau, antiliberaler, antidemokratischer und antiparlamentarischer Grundrichtung erweitert, wie sie damals in einigen europäischen Ländern bestehen. Sie stehen im scharfen Gegensatz zur Sozialdemokratie und zum Kommunismus; ihr Ziel ist die Errichtung einer totalitären Staatsordnung mit einer nationalistischen Ideologie. Die politischen Gegner dieser Stoßrichtung versammeln sich im Anti-Faschismus.

Als Kardinal Ratti nach dem Tod des Papstes Benedikt XV. 1922 zum neuen Papst Pius XI. auserkoren wird, macht er zu Beginn seiner Amtszeit aus heutiger Sicht zwei entscheidende Fehler:

- Er legt die katholischen Parteien Europas auf Eis, da er der Meinung ist, daß sie den sozialen Gegenströmungen nicht standhalten können und
- Er ebnet den Faschisten den Weg zur Regierung. Sie übernehmen in Italien am 28.10.1922 aufgrund eines Angebotes des Königs Viktor Emmanuel II. die Macht.

Kurz danach setzen Geheimverhandlungen zwischen dem Kardinalstaatssekretär Gasparri und Mussolini ein. Im wesentlichen wird vereinbart:

- Die katholische Kirche verpflichtet sich, das neue Regime zu stützen, z. B. durch die Ausschaltung konkurrierender Parteien, wie es auch auch in Deutschland geschieht.
- Mussolini verpflichtet sich, die vom Vatikan gewünschte Vernichtung des Sozialismus fortzusetzen und die Rechte der katholischen Kirche zu sichern.

Daß es der Vatikan mit seiner Zusage ernst meint, sehen wir daran, daß er Sturzo, der Priester ist und darum gehorchen muß, am 9.6.1923 die Weisung zum Rücktritt erteilt. Pius XI. befiehlt allen katholischen Priestern den Austritt aus der katholischen Partei und dies kommt ihrer Auflösung gleich. So ist ein ernsthaftes Hindernis auf dem Weg Mussolinis zur Diktatur beseitigt.

Es dauert nicht lange, da wird er von Kirchenfürsten verherrlicht. Zunächst haben sie einen guten Grund; er rettet die *Bank von Rom* vor dem wirtschaftlichen Zusammenbruch, was die Steuerzahler 1,5 Milliarden Lire kostet. Hohe vatikanische und päpstliche Einlagen werden auf diese Weise gerettet.

Der Kardinal Vantuelli, der Vorsitzende des Kardinalskollegiums, lobt Mussolini öffentlich und sagt:»Wegen seiner energischen Hingabe an die Sache seines Landes ... sei der Duce auserkoren, die Nation zu retten und ihr Glück wieder herzustellen.« Immer mehr wird der hitzköpfige Diktator von Geistlichen in den nichtexistenten Himmel gelobt. In öffentlichen Reden erfleht man den Segen des Allmächtigen für ihn. Man überschüttet ihn mit Dank und er kommt beinahe in den göttlichen Genuß, als er am 19.6.1923 vom Florenzer Erzbischof, dem Kardinal Mistrangelo, umarmt und auf beide Wangen geküßt wird.

Ein Jahr darauf wird Matteotti, der Führer der Sozialisten, auf des Duces Weisung hin ermordet. Jetzt bricht eine Regierungskrise aus und wieder steht der Vatikan auf seiner Seite. Pius XI. erklärt, »daß es für einen Katholiken unmöglich ist, mit Sozialisten zusammenzuarbeiten ... das Moralgesetz verbietet eine solche Allianz ...

Rudolf Virchov, der Schöpfer des Begriffes »Kulturkampf« im Sinne der Auseinandersetzung zwischen dem Reichskanzler Bismarck und den ihm entgegenstehenden Päpsten.

jede Zusammenarbeit mit ihnen kommt einer Sünde gleich.« Zeitgleich arbeiten in Belgien mit vatikanischer Billigung Katholiken und Sozialisten zusammen.

Die Liberalen und Sozialisten, die bei der Wahl 1926 noch mehr als 50 Prozent der Stimmen auf sich vereinen, werden verboten; ihre Publikationen werden unterdrückt. Die Beziehungen zwischen dem Vatikan und Mussolini werden stabilisiert. Am 31.10.1926 erklärt Kardinal Merry de Val: »Mein Dank gilt Mussolini, der die Zügel der italienischen Regierung fest in den Händen hält und mit seinem klaren Blick für die Realität wünscht, daß die Religion respektiert, geehrt und ausgeübt wird. Sichtbar von Gott geschützt, hat er weise die Geschicke der Nation zum Guten gewendet

und ihr Ansehen in aller Welt gestärkt.« Pius XI. schließt mit ihm ein Konkordat, das mehr als vorteilhaft für die Kirche ist:

- In allen Schulen wird der katholische Religionsunterricht Pflichtfach.
- Die Lehrer dürfen nur Bücher benutzen, die kirchlicherseits genehmigt sind.
- Die kirchliche Trauung wird obligatorisch; das Sakrament der Ehe wird den Bestimmungen des kanonischen Rechts untergeordnet. Die Scheidung wird verboten.
- Antikirchliche Bücher, Presseerzeugnisse und Filme werden verboten.
- Die Kritik an der römisch-katholischen Kirche wird als Beleidigung verstanden und zur strafbaren Handlung.

Freudig leisten die italienischen Bischöfe gegenüber dem faschistischen Staat folgenden Treueeid: »Vor Gott und seinen heiligen Offenbarungen schwöre und verspreche ich anläßlich meiner Ernennung zum Bischof, dem italienischen Staat die Treue zu halten. Ich schwöre und verspreche, den König und die Regierung, die entsprechend der verfassungsmäßigen Grundlage des Staates gebildet wurde, zu achten und sie von der mir unterstellten Geistlichkeit achten zu lassen. Ich schwöre und verspreche, daß ich mich an keinen Beratungen oder Übereinkünften beteiligen werde, die dem italienischen Staat und der öffentlichen Ordnung Schaden zufügen könnten ... ich werde der mir unterstellten Geistlichkeit nicht erlauben, daran teilzunehmen. Ich werde mich um das Wohlergehen und die Interessen des italienischen Staates bemühen und mich befleißigen, allen Gefahren entgegenzutreten, die ihn bedrohen könnten.« Die kritisch-freie Meinungsbildung ist ausgeschlossen. Bis ein weltlicher Bürger die bischöfliche Würde erklommen hat, hat er das stumme Gehorchen erlernt. Unter den Tisch des Herrn gefegt wird folgendes angenommenes Bibelwort, von dem Matthäus in 5.33-37 fabuliert:

»Ich aber sage Euch, daß ihr nicht schwören sollt, weder bei dem Himmel, denn er ist Gottes Stuhl; noch bei der Erde, denn er ist seiner Füße Schemel; noch bei Jerusalem, denn sie ist des großen Königs Stadt; auch sollst Du nicht bei Deinem Haupt schwören; denn du vermagst nicht, ein einziges Haar schwarz oder weiß zu machen. Eure Rede aber sei: Ja, Nein. Was darüber ist, das ist von Übel.« Unter Umgehung dieses Schriftsatzes werden die italienischen Bischöfe zu Kettenhunden eines politischen Regimes.

Mussolini sagt nach der Unterzeichnung des Konkordates: »Wir billigen der katholischen Kirche den Vorrang im religiösen Leben des italienischen Volkes zu. Eine Tatsache, die in einem katholischen Land wie dem unsrigen und unter der Herrschaft des Faschismus natürlich ist.« Wieder scheint der Klerus sein Spiel gewonnen zu haben, zumal der Diktator kurz danach erklärt: »Ich wünsche überall in diesem Land die Religion zu sehen. Man soll die Kinder den Katholizismus lehren ... wie jung sie auch sein mögen.« Es ist nicht verwunderlich, wenn sich der Vatikan lobend über ihn äußert.

Am 17.2.1929 applaudiert die päpstliche Aristokratie anläßlich eines Empfanges im Vatikan, als Mussolini auf der Kinoleinwand erscheint und am 9.3.1929 erklären die Kardinäle in einer Botschaft an den Papst, daß der bedeutendste Staatsmann Italiens *im Auftrag der göttlichen Vorsehung* regiert. Zur Krönung des Fatalismus befiehlt Pius XI. allen italienischen Priestern zum Abschluß der täglichen Messe für den Duce zu beten.

Pius XI. erinnert sich in der Enzyklika *Non Abbiamo Bisogno* an Mussolini und läßt wissen: »Wir werden Uns immerfort dankbar daran erinnern, was zum Nutzen der Religion in Italien geschehen ist, selbst wenn die Wohltaten, die daraus der Partei und dem Regime erwuchsen, nicht geringer, ja vielleicht größer geworden sind.« Gewiß hat es den vatikanischen Interessen nicht geschadet, als Mussolini damit beginnt, die ihm unangenehme Presse zu drangsalieren. Die Kirche zeigt sich erkenntlich und verpflichtet alle Heimkinder, vor jeder Mahlzeit folgendes Gebet nachzuplappern: »Duce, ich danke Dir, daß Du mir die Möglichkeit gegeben hast, gesund und kräftig aufzuwachsen. Lieber Gott, beschütze den Duce, damit er unserem faschistischen Italien erhalten bleibt[90].«

Kardinal Gasparri, der päpstliche Legat in Italien, läßt wissen: »Die faschistische Regierung bildet die einzige Ausnahme in der politischen Anarchie der Regierungen, Parlamente und Schulen der ganzen Welt ... Mussolini hat als erster das Chaos vorausgesehen, das gegenwärtig in der Welt herrscht. Er bemüht sich, die schwerfällige Regierungsmaschinerie auf den rechten Pfad zu führen, damit sie in Übereinstimmung mit den moralischen Gesetzen Gottes arbeitet.« Am 11.2.1932 kniet Mussolini zum Gebet im Petersdom nieder.

Kurz danach läßt er Abessinien überfallen. Ein katholischer Schriftsteller sagt: »Die ganze Welt verdammt Mussolini, nur der Papst nicht[91].« Er eilt dem Glaubensbruder zu Hilfe und doziert, als am 27.8.1935 die Kriegsvorbereitungen auf Hochtouren laufen, daß ein Verteidigungskrieg zum Zweck der Expansion einer wachsenden Bevölkerung gerecht sein kann. In Teramo, wo ein eucharistischer Kongreß unter der Teilnahme des päpstlichen Legaten stattfindet, wird folgende Botschaft verlesen: »Das katholische Italien betet für die wachsende Größe seines geliebten Vaterlandes und schart sich geschlossener denn je um die Regierung.« Wieder prostituiert sich die Geistlichkeit.

- Der Bischof von San Miniato sagt: »Die Geistlichkeit sei bereit, das Gold und die Glocken der Kirche für den Sieg des faschistischen Italiens einzuschmelzen.«
- Der Bischof von Siena segnet: »Italien, unseren großen Duce, unsere Soldaten, die für den Sieg der Wahrheit und der Gerechtigkeit kämpfen.«
- Der Bischof von Nocera läßt folgenden Hirtenbrief verlesen: »Als italienischer Bürger halte ich diesen Krieg für gerecht und heilig.«
- Der Bischof von Civitá Castellana dankt dem Allmächtigen, »daß es mir vergönnt ist, diesen historischen und ruhmreichen Tag zu erleben, der unsere Einheit und Glauben besiegelt.«

Mussolinis Marsch auf Rom im Oktober 1922.

• Der Mailänder Kardinalerzbischof Schuster gibt der Kampagne den Anstrich eines Kreuzzuges und meint: »Die italienische Flagge bringt in diesem Augenblick im Triumph das Kreuz des Christentums nach Äthiopien, um den Weg für die Befreiung der Sklaverei frei zu machen und das Land unserer Missionspropaganda zu öffnen[92].«

Der Erzbischof von Neapel läßt ein Madonnenbild in einer Prozession von Pompeji nach Neapel tragen. Militärflugzeuge werfen Flugblätter ab, in denen die Jungfrau, der Faschismus und der abessinische Krieg in einem Atemzug verherrlicht werden. Der Kardinalerzbischof stellt sich bei einer Abschlußkundgebung auf einen Panzer, um den christlichen Segen zu erteilen.

Als Krönung schlägt Papst Pius XI. dem Völkerbund ins Gesicht und sagt 1936: »Er habe teil an der triumphalen Freude des ganzen großen und guten Volkes über den Frieden, der, wie man hoffen und annehmen darf, ein wirksamer Beitrag, ein Vorspiel für den wahren Frieden Europas und der Welt sein wird.«

Der Erzbischof von Tarent zelebriert eine Messe auf einem U-Boot und sagt: »Der Krieg in Äthiopien soll als heilig angesehen werden ... ein italienischer Sieg werde das Land der Ungläubigen und Schismatiker, dem katholischen Glauben öffnen.« Hier schaut die Katze aus dem Klingelbeutel, denn es ist das erklärte Ziel des Vatikans, nach der Zerschlagung des Kommunismus selbst dieses Land mit den giftigen Keimen des Christentums zu infizieren.

Papst Pius XI. nennt Mussolini einen Mann, *den uns die Vorsehung geschickt hat.* Demzufolge sagt der Dekan des heiligen Offiziums, Kardinal Vantenelli, zu Mr. Strut, dem Korrespondenten der *North American News Papers Alliance*: »Mussolini rettete Italien erst vor der schrecklichen Tagödie des Bolschewismus und konnte dann, in Zusammenarbeit mit dem Kardinal Gasparri und mit Hilfe der vom Papst und dem König Viktor Emmanuel II. erlangten Sanktionierung die Wiederherstellung der guten Beziehungen zwischen Italien und dem Heiligen Stuhl bewerkstelligen ... ich bewundere Mussolini, den Staatsmann mit dem eisernen Willen und dem überlegenen Verstand, der den Geist und die Größe Roms geerbt hat[93].«

Am 25.3.1935 sagt Kardinal Schuster in Mailand, während die Truppen Mussolinis nach Äthiopien aufbrechen: »Mit Gott wollen wir gemeinsam ans Werk gehen. Erfüllen wir unsere Pflicht als Patrioten und Katholiken ... das ist in diesem Augenblick wichtig, da die Fahne Italiens den Sieg des göttlichen Kreuzes auf die abessinischen Hochebenen trägt[94].« Schuster vergleicht Mussolini mit Cäsar Augustus und Kaiser Konstantin. Der Erzbischof Nogara sagt: »Duce, Sie haben viele Schlachten weise und kraftvoll für das Gedeihen, die Größe und den Ruhm des christlichen Italiens geführt und siegreich geschlagen[95].«

Am 12.1.1938 bitten 60 Erzbischöfe, Bischöfe und 2000 Priester von Mussolini empfangen zu werden. Sie marschieren mit Kirchenfahnen an der Spitze des Zuges zum Grab des Unbekannten Soldaten und zum Ehrenmal der in der faschistischen Revolution gefallenen Helden. Der Erzbischof von Urbino trägt vor: »Duce, Gott möge Sie beschützen. Wir richten unser Gebet an Ihn, damit er Ihnen hilft, alle Schlachten zu gewinnen, die Sie so weise und energisch für den Wohlstand, die Größe und den Ruhm des christlichen Roms ... des Zentrums der Christenheit, der Hauptstadt des römischen Imperiums, führen. Möge der Segen des Himmels über sie kommen. Die Geistlichkeit Italiens erfleht für Ihre Person, für Ihr Werk als Gründer des Imperiums und des faschistischen Regimes den Segen des Herrn. Duce, die Priester Christi erweisen Ihnen ihre Ehrerbietung und schwören Ihnen die Treue.« Im Sprechchor rufen die Geistlichen: »Duce, Duce, Duce[95].« Bei uns rufen sie Heil Hitler und die Wirkung ist die gleiche. Der Vatikan kämpft und agiert an mehreren Fronten.

In Spanien tobt der mit von ihm verursachte Bürgerkrieg und in Deutschland zertrampelt Adolf Hitler die Kultur. In all den Regionen will der Kirchenstaat zurück zu den feudalen Strukturen des Mittelalters, zur Alleinherrschaft und des absoluten Gehorsams. Er unterstützt alles, was dem geistigen Rückschritt dient. Graf Ciano, der Schwiegersohn von Mussolini, verantwortlich für einige Morde und Schiffsunglücke, hat die Befürworter der spanischen Regierung im Visier. Viktor Emmanuel erwähnt, daß in Marseille der Capitano Betrognani Bakterienkulturen erworben hat, um sie nach Barcelona zu schmuggeln[97].

Dann wird Pius XI. aus seinem arbeitsreichen Leben gerissen. Kardinal Pacelli wird am 12.3.1939 als Pius XII. ausgerufen. Bis auf die Tatsache, daß er ein besserer Diplomat ist, bleibt alles beim Alten. Kaum hat er sein Amt angetreten, erläßt Mussolini ein Dekret über die Ausweisung von 69 000 Juden aus Italien. Kurz danach läßt er Albanien überfallen. Pius XII. ereifert sich darüber, daß die Aggression an einem Karfreitag stattgefunden hat.

Am 1.9.1939 überfällt Hitler Polen und zwei Tage danach erklären Frankreich und Großbritannien Deutschland den Krieg. Wie eine Bombe schlägt die Nachricht im vatikanischen Hauptquartier ein. Was ist, wenn die Alliierten in Italien einmarschieren? Es ist das Ende des Faschismus: damit steigt die Gefahr einer neuen Liberalisierungs- und Demokratisierungswelle. Es entsteht ein typisches Verhalten; sozusagen ein klerikaler Purzelbaum und wieder erkennt man die doppelbödige Kirchenpolitik.

Als Hitler die Niederlande und Belgien okkupiert, schreibt der Papst dem belgischen König und der niederländischen Königin, »daß er die willkürliche Besetzung ihrer Länder mißbillige.« Warum tut er es nicht im Fall Polens, Abessiniens und Albaniens? Als Mussolini in Griechenland einfällt, hüllt sich Papst Pius XI. in Schweigen.

Am 10.6.1940, als Frankreich zerschlagen ist, läßt Mussolini seine Truppen in Südfrankreich eimmarschieren; Italien ist Kriegsteilnehmer. Dies, obwohl ihn Pius XII. handschriftlich bittet, Italien nicht in die Auseinandersetzung zu ziehen. Trotzdem steht er auf seiner Seite. Der Papst gewährt am 30.10.1940 200 italienischen Armee-offizieren eine Audienz und erklärt in diesem Zusammenhang, es sei ihm eine besondere Ehre, Männer zu segnen, die ihrem geliebten Vaterland in Treue und Liebe dienen. Die Kardinäle überreichen fanatisierten Christen geweihte Medaillien und verteilen Heiligenbilder an sie, die faschistische Legionen, angeführt von Engeln, auf dem *siegreichen* Vormarsch zeigen.

Und doch haben die wechselseitigen Sympathiekundgebungen der Diktatoren einen tiefen Riß bekommen. Im Vatikan ist man der Meinung, daß man Mussolini in dieser kritischen Stunde stürzen muß, zumal es ohnehin das Ziel der Alliierten ist. Drahtzieher dieser Aktion sind der Erzbischof von New York, Spellmann, der frühere Boschafter Italiens in London, Graf Grandi und der faschistische Minister Federezoni.

Am 18.5. 1943 berichtet die *New York Times*: »Der Vatikan hat der britischen und amerikanischen Regierung mitgeteilt, daß ein Zusammenbruch Italiens fürchterliche Folgen haben muß ... falls Italien nicht sofort neutralisiert und auf dem schnellsten Weg von alliierten Truppen besetzt wird.« Es bedeutet eine Umgestaltung der politischen Landschaft in Italien, gegen die selbst der Vatikan in dieser Stunde machtlos ist. Mitte 1943 erfolgt eine Revolte gegen Mussolini und danach wird er verhaftet. Die Kirche läßt den einst Hochverehrten wie eine heiße Kartoffel fallen, denn er ist zu nichts mehr zu gebrauchen.

Als die Luftangriffe der Alliierten auf Italien verdichtet werden, wird der Papst ungeduldig. Schon meint er, das italienische Volk werde *eine Beute des Bolschewismus*. Italien kapituliert am 3.9. bedingungslos. Der Marschall Badoglio übernimmt die Regierung und Mussolini ist von der politischen Bühne verschwunden. Nicht nur von ihr, denn das ganze hat ein mysteriöses Nachspiel: seine Leiche wird von Fanatikern aus dem Mailänder Friedhof geraubt ud einige Monate später wiedergefunden. Mönche haben sie in der Nacht vom 12. auf den 13.8. in einem Kloster in Padua

versteckt. Nicht sicher ist, ob man sich einen Märtyrer des katholischen Glaubens konservieren wollte.

Als der Faschismus in Italien zusammenbricht, trennt sich der Vatikan in einem stümperhaften Winkelzug von den gestrigen Herren, um sich ergeben auf die Seite des imperialistischen Amerika zu schlagen und dort die Beziehungen zu vertiefen. Dieses Verhalten liegt auf der Linie der christlichen Außenpolitik[98].

Für den Vatikan ist die Situation schwierig, weil mit dem Kriegsende die kommunistische Partei in Italien Auftrieb bekommt. Es versteht sich von selbst, daß die Kirche noch immer ihren antiquierten Kurs in ihrem durch eine grandiose Fälschung zu Unrecht erworbenen Stammland verfolgt. Es gibt kein Land in Europa, das nach dem II. Weltkrieg so viele Regierungswechsel zu verkraften hat. Ruhe wird in diesen Staat erst kommen, wenn der Vatikan in die Schranken gewiesen ist. Geschieht es nicht gewaltsam, so geschieht es am Sankt Nimmerleinstag.

Situation in Deutschland

Vorfeld

Der Vatikan muß ab der Mitte des 19. Jahrhunderts empfindliche Schläge einstecken. So sagt es zumindest 1866 der Kardinalsekretär Antonelli *Il monde vasca* nach der Schlacht von Königgrätz. Bereits 1848 hat das Ansehen der Kirche einen dunklen Schatten bekommen, als der Papst aus Rom flüchten und sich, wie man in Italien erzählt: »in den Kleidern der Gattin des bayerischen Gesandten in dessen Wagen nach Gaeta begibt.« Das französische Kaiserreich bricht am 1.9.1870 nach der Schlacht von Sedan zusammen und 1871 wird die damalige Einheit Deutschlands durch die Kaiserproklamtion in Versailles verkündet.

Die Kurie steht vor einer ungewohnten Situation, denn sie hat davon auszugehen, daß sich die neuen weltlichen Herrscher nicht mehr ohne Widerstand ihren machtpolitischen Gelüsten beugen. Am 1.7.1871 wird Rom die Hauptstadt des neuen Königreiches Italien und die klerikalen Hoffnungen schwinden dahin. Einen Tag später kommt der König Viktor Emmanuel II. aus Neapel und bezieht den Quirinalspalast. Schon im zurückliegenden Oktober wird Rom von italienischen Truppen besetzt und der Kirchenstaat hört auf zu existieren.

Nachdem die päpstliche Exkommunikation und Proteste nichts fruchten, erklärt Pius IX. im Konsortium: »Ja, ehrwürdige Brüder, wir sind von allen verlassen und können auf keine Macht mehr unsere Hoffnung setzen. Die Souveräne haben Gesandte und Glückwünsche an uns geschickt, aber es sind nichts als Worte, von Taten haben wir nichts zu erwarten. Wir haben alles mögliche getan, nichts haben wir unversucht gelassen bei den Mächtigen. Als Erwiderung erhielten wir große Komplimente, nichts weiter. Alles ist vorbei, es gibt keine Hoffnung mehr. Vielleicht werdet ihr sagen, es sei noch auf Frankreich zu hoffen. Aber dieses eben erst aus einer furchtbaren Krise hervorgegangene Reich hat noch schwere Prüfungen durchzumachen. Wenden wir uns daher immer inniger an Gott. Denn wenn nicht ein Wunder geschieht, ist alles verloren.«

Vielleicht erinnert er sich an die Weissagung der heiligen Hildegard (1098-1178). Die fromme Äbtissin hat 1170 kurz vor ihrem Tod geschrieben: »Gleich reißenden Tieren fangen sie (die Päpste) uns mit ihrer Löse- und Bindegewalt; durch sie welkt die Kirche dahin. Die Reiche der Welt wollen sie sich unterwerfen, aber die Völker werden sich gegen sie und den allzu reich und üppig gewordenen Klerus erheben und ihn auf das richtige Maß ihres Besitzes zurückführen. Die Hoheit der Päpste aber, bei denen keine Religion mehr wahrgenommen wird, werden die Menschen verkleinern; nur Rom und ein geringes darum liegendes Gebiet wird man dem Papst lassen, teils infolge vom Kriegen, teils nach gemeinschaftlicher Übereinkunft mit den Staaten.«

So arm ist der Papst auch wieder nicht. Seine damaligen Einnahmen aus dem Peterspfennig sind so erklecklich, daß er die ihm vom Staat angebotene Jahresrente von 3 225 000 Francs in Gold zurückweisen kann. Schon 1861, zehn Jahre davor, hat der römische Volkskalender geklagt: »Der Papst ist heutzutage arm und hat nichts mehr, wohin er sein Haupt legen kann. Er fordert Almosen von der katholischen Welt für sich und die Seinen. Wer ihm gibt, der gibt es unmittelbar Gott selbst. Ihm zu geben ist nur ein Leihen, denn Gott wird es mit Zinsen erstatten.« Von seinem angeblich so armen Lager verkauft man einzelne Strohhalme und »Es gab genug gläubige Toren, die sie als heilige Reliquie verehrten und dafür bezahlten.« Was soll man von Katholiken halten, die einen Fetzen von einem abgetragenen Kleidungsstück des Papstes Pius IX. oder eine Krume Weißbrot von seinem Tisch als *heilkräftige Reliquie* verehren. Bismarck kontert in einer Rede vom 18.3.1874 im Preußischen Abgeordnetenhaus: »Das Vermögen des Papstes ist groß genug. Der Peterspfennig allein, inclusive der freiwilligen Gaben, hat ihm im vorigen Jahr zwlf Millionen Francs (Gold) eingetragen; davon kann man als Bischof leben.«

Vielleicht gehörte Pius IX. den Freimaurern an, zumal ihn die Jesuiten zunächst scharf ablehnen. Ihr Ordensgeneral bezeichnet ihn als *eine Geißel Gottes* und wünscht »daß die Totenglocke diesem Papst bald läuten möge.« In der Schweiz verbreiten die Jesuiten, er sei nicht der wahre Stellvertreter Christi, sondern ein Werkzeug des Radikalismus. Pius IX. dagegen ist von sich überzeugt und behauptet im *Observateur catholique*: »Ich bin der Weg, die Wahrheit und das Leben.«

In den 1870 erschienenen *Briefen vom Konzil* hat der ungenannte Verfasser *Quirinus* Pius IX. so beschrieben: »Pius IX. ist *totus teres atque rotundus*, fest und unerschütterlich, dabei glatt und hart wie Marmor, geistig unendlich genügsam, gedankenarm und unwissend, ohne Verständnis für die geistigen Zustände und Bedürfnisse der Menschheit, ohne jede Ahnung des Wesens fremder Nationalitäten, aber gläubig und vor allem tief durchdrungen von Verehrung für die eigene Person und das Gefäß des heiligen Geistes, dabei Absolutist von der Zehe bis zum Scheitel und erfüllt von dem Gedanken; ich und außer mir niemand. Er weiß und glaubt, daß die heilige Jungfrau, mit der er auf vertrauten Füßen steht, ihn entschädigen will für die Verluste an Land und Leuten durch die Unfehlbarkeit und durch die Restauration der päpstlichen Herrschaft über die Staaten und Völker, wie über die Kirchen. Auch glaubt er fest an die wundertätigen Ausströmungen aus dem Grab Petri.«

Der Historiker Nippold beschreibt ihn so: »Der hohe Grad seiner theologischen Unwissenheit, mit einem noch höheren Grade von Eitelkeit gepaart, war nur wenigen Eingeweihten bekannt.« Scherr spottet über ihn: »Irgendeinem beliebigen willenlosen italienischen Priester stülpt man eines Tages die Tiara auf den Kopf und der Herr *urbis et orbis*, der Inbegriff aller Vollkommenheit, der Unfehlbare, der Gott, ist fertig. Tatsache dürfte sein, daß Pius IX. zum Spielball der ihn geistig führenden Jesuiten gewesen ist.«

Der bayerische Gesandte beim Vatikan, Graf Tauffkirchen, berichtet, daß übelwollende Personen dem geistig mehr als körperlich alternden Papst eingeredet haben, Bismarck habe die Absicht, in Deutschland ein protestantisches Reich zu bilden, in dem die katholische Konfession eine untergeordnete Rolle zu spielen hat. Bismarck betrachtet den Papst als von den Jesuiten abhängig und Scherr bezeichnet ihn als *Hampelmann des Jesuitengenerals.* Er geht nach der Wertung Lessings vor, der gesagt hat: »Es gibt selten Grobheiten ohne Wahrheit.« Wie dem auch sei, das Dogma der Unfehlbarkeit muß eine andere Bewertung finden, wenn die christliche Welt jesuitischem Geplänkel aufgesessen ist. Sagte nicht schon der Münchener Erzbischof Gregor von Scherr in seinem Hirtenbrief vom 6.2.1871 zum Ausbruch des Deutsch-Französischen Krieges: »Gott war mit den Waffen Deutschlands ... die Tapferkeit unserer Heere errang Sieg um Sieg. Wir freuen uns der glorreichen Siege unserer tapferen Armee und bewundern deren großartigen

Leistungen.« Es ist wie immer im Krieg: um die Geschundenen kümmert sich niemand. Waren allein die zurückliegenden Revolutionen schlimm genug; sie führen dem Katholizismus tiefe Wunden bei. Ein Strohhalm im Wind ist das katholische und vom Jesuitismus infiltrierte Bayern. Der Katholikenführer Frh. von Buß entwickelt 1851 einen teuflischen Plan und sagt: »Die Kirche rastet nicht und mit ihren Mauerbrechern wird die Burg des Protestantismus langsam zerbröckeln ... wir werden die zerstreuten Katholiken sammeln und (sie) mit Geld unterstützen, damit sie den Katholizismus erhalten und Pioniere nach vorwärts werden. Mit einem Netz von katholischen Vereinen werden wir den altprotestantischen Herd Preußen von Osten und Westen umklammern und durch eine Unzahl von Klöstern diese Klammer befestigen, damit den Protestantismus erdrücken und die katholischen Provinzen, die zur Schmach aller Katholiken der Mark Brandenburg zugeteilt sind, befreien und die Hohenzollern unschädlich machen[99].«

Was soll die Polemik zwischen Katholiken und Protestanten, wenn doch beide Christen sind? Der Dichter Friedrich Hebbel wird sich 1837 darüber klar, daß das Christentum wenig Segen und viel Unheil über die Welt gebracht hat: »Darin stimmen die edelsten Menschen überein, aber sie suchen den Grund in der christlichen Kirche ... ich finde ihn in der Religion.«

Der Papst hat momentan nur die Möglichkeit, gute Beziehungen für die Zukunft aufzubauen. Johannes Scherr sieht es so: »Die Kirche ist von einer Zähigkeit sondergleichen ... kaum war ihr Zusammengehen mit der Franzoserei durch das deutsche Siegesschwert zerhauen, so begann sie schon wieder die durchschnittenen Fäden zu Maschen zu drehen ... und dies geschah mit einer solchen Frechheit, daß es die Staatsgewalten schlechterdings sehen mußten[100].«

Der damalige Kardinalstaatssekretär Antonelli klopft bei Bismarck an, um zu fragen, ob man dem Papst in Deutschland das Asylrecht einräumen würde[101]?« Der Kanzler antwortet: »Übrigens mögen Leute mit

Phantasie, besonders Frauen, beim Anblick des Pomps und des Weihrauchs des Katholizismus und des Papstes auf seinem Thron und mit seinem Segen Neigung empfinden, katholisch zu werden ... da hat es keine große Gefahr[102].«

Bismarck weiß, daß der katholische Konservatismus ein Hindernis für die Entfaltung des vom protestantischen Preußen geführten Deutschen Reiches ist. Und doch sagt er einmal: »Nichts kann törichter sein, als mich für einen Feind des römischen Stuhles zu halten. Für mich ist der Papst an erster Stelle eine politische Figur ... ich habe einen angeborenen Respekt vor realen Mächten und Gewalten.« Im Juni des Jahres 1873 sagt er zum Botschafter von Radowitz: »Schaffen sie mir einen friedfertigen Papst, dann verständige ich mich über alles.«

Trotz positiver Einstellung des Kanzlers lehnen der deutsche König Wilhelm und sein Kronprinz Friedrich Wilhelm das päpstliche Ansinnen ab. Sie schaffen den Erzbischof Ledochowski wegen einer antistaatlichen Hetzkampagnen auf zwei Jahre in eine Festung. Einen Monat nach der Errichtung des Deutschen Reiches, am 18.2.1871, überreichen katholische Abgeordnete Wilhelm I. eine Eingabe und ersuchen ihn, den alten Kirchenstaat wieder herzustellen[103]. Sie berufen sich auf den preußischen König Wilhelm III., der auf dem Wiener Kongreß 1815 für die Wiederherstellung des Kirchenstaates eingetreten ist[104].

Eine weiterer Fürsprecher zur Wiederbelebung des Katholizismus in Deutschland ist die Königin Auguste von Preußen, die unter klerikalen Einflüssen fühlt und lebt. Sie schreibt am 20.10.1870 an Wilhelm I.: »Ich habe es für meine Pflicht gehalten, Dir dies ans Herz zu legen, weil Du die Stimme Deiner alten Freundin da zu hören gewohnt bist, wo es sich um ernste Dinge handelt ... Dein seliger Vater (Friedrich Wilhelm III.) hat 1815 die weltliche Macht (des Papstes) mit hergestellt. Dein seliger Bruder (Friedrich Wilhelm IV.) hat 1848 dem bedrängten Papst Schutz gegeben; wie könntest Du jetzt, wo es keine konfessionellen Schranken für den Patriotismus, die Opferwilligkeit und Tapferkeit Deiner Soldaten gibt und wo wichtige Neuwahlen bevorstehen, Deiner Gerechtigkeit die nicht wiederkehrende Gelegenheit versagen, wie immer königlich zu handeln?«

Der König widerlegt die Argumente in seinem Schreiben vom 27.6.1871 und stellt fest: »Täuschen Eurer Majestät sich nicht, die päpstliche Macht wird in den ersten Jahren sehr sachte auftreten, aber der Hintergedanke ist doch, die Szene von Canossa zu wiederholen.« Deutlich wird es durch ein Schreiben des Papstes Pius IX. vom 6.3.1871[105]. Dem teilweise liberal gesinnten Reichstag ist klar, daß die *ewigen* Gegensätze zwischen dem Kaiser und dem Papst die Zerrissenheit Deutschlands herbeigeführt haben. Aus diesem Konflikt entwickelt sich der so bezeichnete Kulturkampf. Er wird oft mit der Person von Bismarck und dem Papst Pius IX. in Verbindung gebracht, wenngleich ihn schon andere vor ihm, u. a. Napoleon, ausgefochten haben.

Der Begriff *Kulturkampf* wird 1873 von dem Arzt Virchov geprägt, als er als Abgeordneter der Fortschrittspartei am 17.1.1873 in der 28. Sitzung des Abgeordnetenhauses zu den *Maigesetzen* Stellung nimmt[106]. Er sagt: »Was uns interessiert, ist die Freiheit der individuellen religiösen Überzeugung oder des religiösen Glaubens.« Er verdeutlicht seine Meinung in einer Rede am 16.10.1876 in Magdeburg, wo er erwähnt: »Hier handelt es sich um keine religiöse Auseinandersetzung, sondern um einen viel höheren, die gesamte Kultur umfassenden Kampf.« Virchow setzt sich mit seinem ganzen Wissen für die Gewissens- und Glaubensfreiheit ein.

Der Klerus kann einen so naheliegenden und richtigen Standpunkt merkwürdigerweise nicht teilen. Bismarck will nicht die Freiheit der Kirche beschränken, sondern deren hochherrschaftlichen Aktionsradius. Es ist vorauszusehen, daß er auf Granit stößt. Über einen so schwachen Papst wie Pius IX. hätte er sich hinweggesetzt, doch nicht über die Drahtzieher des Konfliktes, die Jesuiten. Der Fürst Chlodwig zu Hohenlohe-Schillingsfürst sagt in einem Brief an

König Wilhelm I., der mit seinem Sohn, dem Kronprinzen Friedrich Wilhelm Freimaurer ist und der römisch-katholischen Kirche kritisch gegenübersteht.

seinen Schwager, den Fürsten Friedrich Karl zu Hohenlohe-Waldenburg: »Ich glaube, ein Jesuit würde es für eine Beleidigung ansehen, wenn man von ihm annähme, daß er ein Förderer des neuen Deutschen Reiches sein könnte[107].

Der Reichstagsabgeordnete Petri sagt in einem Brief vom 17.3.1895 an die Redaktion des *Deutschen Merkur*: »Kurz vor der Klosterdebatte im preußischen Abgeordnetenhaus erhielt ich von dem Oberamtsrichter F. Beck einen Brief, der folgende Stelle enthält: »Unser Endziel ist, die Hohenzollern zu stürzen. Behaltet das im Auge. Und wenn ihr es verratet, wird es geleugnet ... die Klöster und kirchlichen Vereine werden diese Aufgabe der Kirche zu lösen wissen ... Dies teilte mir der Pfarrer Nopper als Ohrenzeuge auf Ehrenwort mit[108].«

Hinter dem Geplänkel steht der Jesuit Roh, ein Missionsprediger und Konzilstheologe des Bischofs Martin von Paderborn, dem wir folgenden christlichen Geistesblitz verdanken: »Toleranz, schönes Wort für oberflächliche Leute und doch das höchste, worauf man sich in viereinhalb Jahrhunderten hat bringen können. Schauen wir uns das Wunderdig etwas näher an. Das Wort heißt auf deutsch einfach Duldung. Das Wort Dulden brauchen wir nur, wenn von etwas die Rede ist, das eigentlich nicht sein dürfte, das wir gern beseitigt haben möchten. So duldet jedes Tier gewisse leidige Einmieter, die die Miete nie anders bezahlen als durch Stechen und Beißen ... als ich später unter zivilisierte Menschen kam, hörte und las ich viel von Toleranz. So oft aber dieses Wort auf Menschen angewendet wird, erweckt es in mir einen unsäglichen Widerwillen, es packt mich eiskalt am Herzen. Es muß geheimen Haß, tückisch verhaltenen Groll in sich bergen. Die Erfahrung zeigt es auch ... Fort mit der Toleranz[109].«

Anmerkungen zum Jesuitengesetz

Die Jesuitenzeitung Civiltá Cattolica sagt am 7.11.1868: »Der erste und wesentliche Grund der Verwerflichkeit der Gewissensfreiheit ist nicht der Friede und die Einheit der Nation, sondern die Verpflichtung, die einzig wahre Religion zu bekennen ... die nationale Ungleichheit ist ein unvergleichlich geringeres Übel, als das Verharren in einem religiösen Irrtum. Die katholische Kirche ist nicht nur aufgrund ihrer eigenen Meinung, sondern aufgrund des göttlichen Zeugnisses davon überzeugt, da sie die Wahrheit hat, und daß die anderen Religionen irrig sind. Was die Irrgläubigen betrifft, so genießen sie, wenn sie guten Glaubens sind, dasselbe Recht wie die Geisteskranken, denen man das, was sie in diesem Zustand tun, nicht anrechnet[110].«

In dem Moment, wo sich herausstellt, daß diese Theorie falsch ist, und dies kann nicht mehr allzulange dauern, muß das antiquierte Papstsystem einem neuen und vernünftigen Christentum Platz machen, das der Lüge nicht mehr bedarf. Der Kritiker Scherr beobachtet das jesuitische Treiben mit scharfem Blick: »Die Fortschritte, die der Jesuitismus in den letzten 50 Jahren gemacht hat, sind erschreckend ... wer auf die Dummheit und Nichtswürdigkeit der Menschen spekuliert, dürfte allezeit Erfolg haben[111].«

Konstantin Schlottmann schreibt 1878 im zweiten Kapitel seines lateinisch verfaßten Werkes *Erasmus redivius*: »In der Tat hat es die Kurie, obwohl sie allen modernen Staaten abhold ist, auf nichts mehr abgesehen, als auf die Besiegung und den Untergang des Deutschen Reiches. Die Äußerungen ihres Hauses gegen dasselbe sind so offenkundig, daß man nicht begreift, daß die Redner der Zentrumspartei im Reichstag die Stirn besitzen konnten, es zu leugnen. Nur zu gut sahen die Römischen, daß Preußen etwas von seinem Geiste auf das gesamte neue Deutschland übertragen habe. Jenes Preußen, der Hort des Protestantismus auf dem europäischen Kontinent, haßte die Kurie von Anfang. Darum hat sie sich geweigert, im 18. Jahrhundert die Königswürde der Hohenzollern, ebenso wie die vorher die verschiedenen Friedensschlüsse der Konfessionen in Deutschland anzuerkennen. Sie wußte wohl warum. War es doch eine nicht üble Bemerkung, die eben damals ein französischer Zeitgenosse Friedrichs II. niederschrieb, der Preußens Aufschwung unter dem großen Könige mit ansah: Man kann sagen, den Grund zu diesem Reiche habe Luther gelegt[112].«

Und am Schluß: »Die heutigen Jesuiten und Jesuitengenossen drehen mit altgewohnter Dreistigkeit der Geschichte eine Nase, wo ihnen die Wahrheit unbequem ist[113].« Die jesuitischen Einflüsse bleiben Napoleon nicht verborgen: »Die Jesuiten sind die gefährlichste aller Gesellschaften; sie haben mehr Unheil angerichtet als alle anderen. Nein, nein, niemals hätte ich in meinem Land eine Gesellschaft geduldet, deren Oberhaupt in Rom wohnt[114].«

Auf dem 5. Deutschen Protestantentag am 4.10.1871 in Darmstadt sagt der Heidelberger Professor Joh. Kaspar Bluntschi: »Dieses neue Dogma sei ein Werk der Jesuiten ... das Konzil sei nur ein Instrument für sie ...wenn das Dogma zum Sieg komme, wäre es das Aus des gesamten Geisteslebens; der Dalai Lama wäre da. Der Jesuitenorden dürfe in Deutschland nicht länger geduldet werden.« Graf Praschma, der Führer der Zentrumspartei, erklärt noch 1913: »Die Moral der Jesuiten ist die der katholischen Kirche« und der Historiker Heinrch von Sybel ergänzt: »Wo die klerikale Partei von Freiheit und Sicherheit der Kirche redet, hat sie stets einen Zustand der Macht im Sinn.«

Die Unfehlbarkeit als politischer Zankapfel

Der katholische Historiker Alfred von Reumont (1808-87) nennt das Dogma »ein Unglück für die gesamte katholische Welt ... für den Klerus, für den Episkopat und für das Papsttum selbst.« Der deutsche Kaiser Wilhelm I. schreibt am 27.6. 1871 an die Kaiserin Augusta: »Durch die zwei Dogmen hat sich der Katholizismus einen tödlichen Stoß gegeben.« Schon am 9.8.1870 hat König Ludwig II. von Bayern von seinem verfassungsmäßigen Recht Gebrauch gemacht und die Verkündung des *ungeheuerlichen* Dogmas verhindert.

Die Altkatholiken formieren sich

Die Gegner des Dogmas versammeln sich unter dem Vorsitz des Theologen Ignaz von Döllinger (1799-1890) in Nürnberg. Döllinger übergibt dem Erzbischof von München-Freising, von Scherr, am 28.3.1871 folgende Erklärung:

»Die Theorie der Unfehlbarkeit ist nur durch eine lange Kette berechneter Erdichtungen und Fälschungen in die Kirche eingeführt, und dann durch Gewalt, durch Unterdrückung der alten Lehre und durch die mannigfaltigen, dem Herrscher zu Gebote stehenden Mittel und Künste ausgebreitet und behauptet worden ... Es ist die ganze Gewaltfülle über die gesamte Kirche

Bismarck 1871 in Versailles.

wie über jeden Einzelnen, schon wie sie die Päpste seit Gregor VII. in Anspruch genommen, wie sie in zahlreichen Bullen seit der Bulle *Unam Sanctam* ausgesprochen ist, welche fortan von jedem Katholiken geglaubt und im Leben erkannt werden soll ... Diese Gewalt ist schrankenlos, unberechenbar, so kann er überall eingreifen, wo, wie Innocenz III. sagt, Sünde ist, kann jeden treffen, duldet keine Appellation und ist souveräne Willkür, denn der Papst trägt nach dem Ausdruck Bonifaz VIII. alle Rechte im Schrein seiner Brust ... Da er nun unfehlbar geworden ist, so kann er im Momente mit dem einen Wörtchen *orbi* jede Satzung, jede Forderung zum untrüglichen und unwidersprechlichen Glaubenssatz machen. Ihm gegenüber besteht kein Recht, keine persönliche oder corporative Freiheit, der: wie es die Kanonisten sagen: das Tribunal Gottes und des Papstes ist ein und dasselbe. Dieses System trägt seinen romanischen Ursprung an der Stirne, und wird nie in germanischen Ländern durch-

zudringen vermögen. Als Christ, als Theologe, als Geschichtskundiger, als Bürger, kann ich diese Lehre nicht annehmen, denn sie ist unverträglich mit dem Geiste des Evangeliums ... Nicht als Theologie; denn die gesamte echte Tradition der Kirche steht ihr unversöhnlich entgegen. Nicht als Geschichtskenner kann ich sie annehmen, denn als solcher weiß ich, daß das beharrliche Streben, diese Theorie der Weltherrschaft, zu verwirklichen, Europa Ströme von Blut gekostet, ganze Länder verwirrt und heruntergebracht, den schönen organischen Verfassungsbau der älteren Kirche zerrüttet und die ärgsten Mißbräuche in der Kirche erzeugt, genährt und festgehalten hat. Als Bürger muß ich sie endlich von mir weisen, weil sie mit ihren Ansprüchen auf die Unterwerfung der Staaten und Monarchen und der gesamten politischen Ordnung unter die päpstliche Gewalt und durch die eximinierte Stellung, welche sie für den Klerus fordert, den Grund legt zu endloser verderblicher Zwietracht zwischen Staat und Kirche, zwischen Geistlichen und Laien. Denn das kann ich nicht verbergen, daß dieser Lehre, an deren Folgen das alte Deutsche Reich zu Grund gegangen ist, falls sie bei dem katholischen Teil der deutschen Nation herrschend würde, sofort den Keim eines unheilbaren Siechtums in das eben erbaute neue Reich verpflanzen würde.«

Döllinger ist zur Rechtfertigung seiner Ansichten vor einer Bischofsversammlung bereit, wird aber vom Erzbischof abgewiesen. Er belegt pflichtgemäß alle, die die »als göttlich geoffenbarte Unfehlbarkeit des Papstes nicht anerkennen« mit dem Kirchenbann. Die zahlreichen Anhänger Döllingers, unter ihnen 40 Universitätsprofessoren, begründen daraufhin am 23.9.1871 die selbständige Gemeinschaft der *Alt-Katholiken*.

Wenn schon das katholische Bayern gegen die Definition der Unfehlbarkeit opponiert, so noch mehr das aristokratische, protestantische und vom Großgrundbesitzertum geprägte Preußen. Warnend hebt man den Zeigefinger vor den erkennbaren päpstlichen Machtgelüsten. Obwohl das Preußentum den sozialistischen Bestrebungen nicht positiv gegenübersteht, tendiert man zu liberalen und demokratischen Gedanken. Bismarck zeigt sich bislang gegenüber der katholischen Kirche zurückhaltend und nachgiebig. Er hat im Mai 1869 den preußischen Gesandten in Rom beschieden: »Für Preußen gibt es verfassungsgemäß nur einen Standpunkt, den der vollen Freiheit der Kirche in kirchlichen Dingen, und der entschiedenen Abwehr jeden Übergriffs der Kirche auf das staatliche Gebiet. Wer die Souveränität der Gesetzgebung nicht akzeptiert, steht außerhalb[115].« Damit trifft er den klerikalen Lebensnerv. Und weiter: »Doch jetzt muß etwas geschehen. Die Zentrumspartei hat gezeigt, daß das entschiedene Ziel die Herrschaft des unfehlbaren Papstes und des blind gehorchenden Klerus ist, daß sie die Regierung bekämpft.« Damals schreibt die Donauzeitung: »Der Würfel ist gefallen. Der Sturm ist da ... Unsere Führer sind von Gott eingesetzte Oberhirten unter dem obersten Feldmarschall in Rom, dem Papst.«

Es geht nicht nur um die Unfehlbarkeit, denn inzwischen macht sich der klerikale Einfluß negativ im Schulwesen bemerkbar. Die Bischöfe gehen mit Exkommunikationen vor und fordern die Regierung auf, ihnen unangenehme Pfarrer und Lehrer abzusetzen. Es wird immer deutlicher, daß man die freie Forschung zu unterbinden sucht, um Schauermärchen der Religion nach vorn zu kehren.

Das *Ellwanger katholische Wochenblatt* schreibt am 13.8.1871: »Preußen ist seinem Ursprung und seinem ganzen Wesen nach die Verneinung des Katholizismus, der innigste Verbündete der Freimaurerei, welche der Kirche den Untergang geschworen hat und nun alle Mittel in Bewegung setzt, um das neue deutsche Reich vom Christentum zu säubern ... und es zur förmlichen Räuberhöhle umzugestalten ... dem neugebackenen deutschen Kaiserreich wird, sobald es seine Drohungen gegen die Kirche zur Tat werden läßt, die Stunde seines Unterganges schlagen[116].« Es ist eine Wortverdrehung, denn es ist die Kirche, die droht und nicht der liberale Staatsapparat.

Papst Pius IX. sagt am 18.1.1874 in einer Ansprache an deutsche Rompilger: »Bismarck ist die Schlange im Paradies der Menschheit. Durch sie wird das deutsche Volk verführt, mehr zu sein als Gott selbst ... dieser Selbstüberhebung wird eine Erniedrigung folgen, wie noch kein Volk sie hat kosten müssen. Nicht Wir, nur der Ewige weiß, ob nicht das Sandkorn an den Bergen der ewigen Vergeltung sich schon gelöst hat, das im Niedergange zum Bergsturz wachsend, in einigen Jahren an die tönernen Füße dieses Reiches anrennen und es in Trümmer wandeln wird; dieses Reich, das wie der Turm zu Babel Gott zum Trotze errichtet wurde und zur Verherrlichung Gottes vergehen wird.«

Anfänge der Zentrumspartei

Die Hetzkampagnen, vornehmlich der Zentrumspartei, eskalieren. Sie wird 1870 während des Deutsch-Französischen Krieges ins Leben gerufen. Die ersten zwanzig Jahre steht sie unter der Leitung ihres Gründers Ludwig Windthorst. Der Diplomat aus Holstein schreibt: »Man könne ihn ohne Übertreibung als Reichsfeind bezeichnen.« Gestützt wird sie von Aristokraten, hohen Staatsbeamten und führenden kirchlichen Würdenträgern. Ihr Programm ist religiös gefärbt. Da sie ideologisch dem Papst hörig ist, versteht sich die Gegnerschaft zur Bismarck'schen Politik von selbst.

Die Zentrumspartei führt eine Kampagne gegen den antichristlichen, jüdischen und liberalistischen Kapitalismus. Sie haßt die *Roten* aus naiven Gründen, weil sie sie bekämpfen muß; dies ist der jesuitisch-päpstlicher Wille. Die Zentrumspartei fährt einen antisowjetischen Kurs und unternimmt nichts, ohne vorab den päpstlichen Nuntius zu hören. Vor dem I. Weltkrieg ist sie 25 Jahre lang ungebrochen die stärkste Fraktion im deutschen Reichstag. Ihre Schwesterpartei ist die Bayerische Volkspartei. Beide gelten als klerikales Bollwerk in Europa und sind damals das mächtigste katholische Sprachrohr im deutschsprachigen Raum.

Die Hetze der Geistlichen geht so weit, daß am 16.11.1871 der bayerische Vertreter beim Bundesrat einen Zusatz zum deutschen Strafgesetzbuch fordert, damit man eine Handhabe gegen Geistliche hat, die ihre Amtsbefugnisse überschreiten, die die Kanzeln und Kirchen für ihre Agitation nutzen, strafrechtlich zu verfolgen.

Der Bundesrat befürwortet das Gesetz und der Abgeordnete Völk gibt dazu folgende Erklärung: »Am 2.11.1871 schreibt mir ein Bürgermeister, er ist nur ein Bauer, meine Herren, aber er ist ein braver und ehrlicher Mann: Neulich trug der Kaplan in einer Predigt vor, daß der Kaiser oder der König blos über den Leib des Menschen zu gebieten haben, die Kirche aber habe das Recht über Leib und Seele und könne, im Fall die weltlichen Oberhäupter die Schranken in religiösen Sachen übertreten, die Völker von ihrem Eid entbinden und gegen die Obrigkeit auflehnen ... ein Landsmann hat ihnen damit gezeigt, wie schändlich unsere Gotteshäuser auf dem Land mißbraucht werden, da auf der Kanzel politisiert wird.«

Das Gesetz wird am 28.11.1871 in der dritten Lesung mit 179 gegen 108 Stimmen vom Reichstag angenommen[117]. Es wird im Reichsgesetzblatt vom 14.12.1871 publiziert. Der Klerus reagiert scharf und man läßt wissen: »Kein Gläubiger hat das Recht, sich von der katholischen Kirche loszusagen« und der Papst droht dem Kanzler, daß der göttliche Zorn über ihn kommen werde. Es sind keine leeren Worte. Da nach der jesuitischen Kasuistik der Klerus auch physische Gewalt gegen seine Untertanen anwenden kann, kommt es zu Drohungen gegenüber Bismarck:

Zum Beginn des Jahres 1872 erhält die Polizei ernstzunehmende Warnungen über die Absichten eines katholischen Fanatikers aus Posen. Es handelt sich um den Pflegesohn des Küsters der katholischen Hedwigskirche in Berlin, Emil Westerwall. Er plant ein Attentat auf den Reichskanzler. Als er am 16.2.1872 in Berlin eintrifft, wird er verhaftet. Mangels Beweisen muß man ihn freilassen. Bemerkenswert ist, daß er in Posen bei dem Domherrn und Prälaten von Kozmian logiert. Bei einer Hausdurchsuchung wird ein Brief des radikalen Windthorst gefunden. Ein Jahr später äußert sich der Zentrumsabgeordnete Graf Stolberg: »Wenn Bismarck gehangen würde, so würde er am Stricke ziehen helfen.«

Am 13.7.1874 will Bismarck zur Saline in Bad Kissingen fahren. Zahlreiche Kurgäste säumen die Straße, um dem verehrten Reichskanzler zu huldigen. Unterwegs muß der Wagen kurz anhalten, weil ein katholischer Landgeistlicher auf der Fahrbahn steht und nicht ausweichen will. Da fällt plötzlich ein Schuß. Bismarck hat im gleichen Augenblick den Kopf seitwärts gewandt, um die Hand an die Mütze zu legen, um militärisch zu grüßen. Deshalb trifft ihn die mörderische Kugel nicht am Kopf, sondern streift nur das Gelenk der erhobenen Hand. Der Attentäter Kullmann wird festgenommen und von der aufgebrachten Menge fast gelyncht.

Bismarck geht noch am gleichen Tag ins Gefängnis, um den Täter zu fragen, welche Gründe ihn zu der Tat bewogen haben und dieser erwidert kaltblütig: »Er habe den Reichskanzler wegen der Kirchengesetze ermorden wollen.« Bei einer späteren Vernehmung erklärt er: »Ich habe mich einexerziert und schon oft, ja hundertmal aus der Pistole geschossen, aber der Kerl (Bismarck) hat eine Bewegung gemacht und so habe ich ihn verfehlt ... ich bedaure, nicht ordentlich getroffen zu haben, diesen liberalen Schuft, diesen liberalen Philister, der die Jesuiten aus dem Land vertrieb.«

Am Abend des 13.7.1874 versammeln sich vor der Wohnung Bismarcks eine große Volksmenge und verlangen ihn zu sehen. Er tritt auf den Balkon und sagt: »... weiter ein Wort über die Sache zu reden, geziemt mir nicht ... sie ist dem Urteil des Richters übergeben. Das aber darf ich wohl sagen, der Schlag, der gegen mich gerichtet war, galt nicht meiner Person, sondern der Sache, der ich mein Leben gewidmet habe; der Einheit, Unabhängigkeit und Freiheit Deutschlands. Und wenn ich auch für die große Sache hätte sterben müssen, was wäre es weiter gewesen, als was Tausenden unserer Landsleute passiert ist, die vor drei

Jahren ihr Blut und Leben auf dem Schlachtfeld ließen? Das große Werk aber, das ich mit meinen schwachen Kräften habe mit beginnen helfen, wird nicht durch solche Mittel zugrunde gerichtet werden, wie das ist, wovor mich Gott gnädig bewahrt hat. Es wird vollendet werden durch die Kraft der geeinten deutschen Nation.«

Bismarck beabsichtigt, den Kardinal Hohenlohe zum deutschen Biotschafter beim Vatikan zu ernennen. Er schreibt am 15.9. 1869 seinem Bruder Chlodwig zu Hohenlohe-Schillingsfürst: »Wie die Unfehlbarkeit auch entschieden wird, ist im Grunde einerlei. Sie (die Jesuiten) werden nach wie vor ihre falsche Moral, ihre Intrigen und ihr gottloses Treiben mit Gemütlichkeit fortsetzen ... die Patres wissen, daß sie Pius IX. nur dadurch festhalten können, daß er in die Enge getrieben wird und sich zu ihnen flüchten muß. Er muß isoliert bleiben; deshalb hetzen sie ihn gegen alle Regierungen, damit er auf keinen grünen Zweig kommt.[118]« Es nimmt nicht wunder, wenn dieser klar denkende Kardinal vom Vatikan, unter jesuitischem Einfluß, abgelehnt wird; er ist für die Kirche zu intelligent.

Bismarck erkennt: »Ein ewiger Friede mit der römischen Kirche liegt nach den gegebenen Lebensbedingungen außerhalb der Möglichkeiten ... zu den unabänderlichen Eigenschaften der Kurie gehört der Trieb des Umsichgreifens ... sie duldet keine Götter neben ihr[119].« Bismarck hält ein entschiedenes Vorgehen in der Jesuitenfrage für unerläßlich, wenngleich man ihm Symphatien in dieser Richtung vorhält. Hat er doch in einer Rede vom 18.3.1875 gesagt:»Ich habe in meinem Leben die Freundschaft manches Jesuiten genossen und bin auch heute nicht ganz ohne Fühlung damit. Aber ich will nicht so weit gehen und sagen; von Zeit zu Zeit sehe ich die Alten gern.«

Der Haß und Neid auf die Gesellschaft Jesu sind nicht neu. Papst Klemens XIV. hat den Orden aufgrund seiner Ränke am 21.7.1773 aufgelöst[120], Napoleon I. hat ihn verworfen[121] und Pius VII. hat ihn 1814 wieder eingesetzt. Die Nationalversamm-lung in der Frankfurter Paulskirche hat sich 1848 mit dieser Problematik beschäftigt; doch dieses Parlament hat keine Befugnisse und löst sich 1849 wieder auf. Der Abgeordnete Gneist sagt in diesem Zusammenhang: »Eine solche Organisation enthalte eine Gefährdung des kirchlichen Friedens[122].«

Damals gibt es eine starke Opposition der Freimaurer gegen die Jesuiten und noch vor kurzem wird festgestellt: »Die Freimaurerei ist der heimlichste und unheimlichste Feind der katholischen Kirche[123].« Doch heute hat man den Eindruck, daß diese Organisation gegenüber der jesuitischen Macht erheblich an Boden verloren hat. Damals laufen die antisowjetischen Bestrebungen der Jesuiten nicht nur im deutschsprachigen Raum, sondern europaweit.

Ein Ausweisung der Jesuiten ist sinnlos, denn ihre Stärke liegt im Christentum begründet. »Der Jesuitismus ist nicht zu beseitigen, solange es besteht; sie kommen immer wieder durch eine Hintertür herein und sind dann mächtiger als vorher.« Der Jesuit Cornely sticht in das Wespennest und sagt provokant: »In der Tat, wir gestehen offen und frei, die Jesuiten sind staatsgefährlich dem modernen atheistischen Staat, der die einzige und letzte Quelle aller Rechte, aller Gesetze sein will ... der keine Tugend kennt als äußere Legalität und der alle Laster protegiert, so lang sie nur nicht ein Staatsgesetz berühren. Nie und nimmer, und wenn man sie in allen Reichen herumhetzen würde, wie man sie jetzt in Deutschland herumhetzt, werden die Jesuiten aufhören, diesen atheistischen, antichristlichen und unsittlichen Staat zu bekämpfen, in Wort, Schrift, durch Lehre und Gebet[124].«

Bereits auf dem 5. Deutschen Protestantentag vom 4.10.1871 wird eine Erklärung über die Gefahr einer ernstzunehmenden Wirksamkeit des Jesuitenordens angegeben. Man fordert vom Staat, den Orden zu verbieten. Der evangelische Theologieprofessor Otto Zöckler (1833-1906) erkennt: »Die Jesuiten haben die ausschließliche göttliche Berechtigung auf die Spitze getrieben; im Sinn einer weltlichen Kriegsführung und Diplomatie halten sie jede Waffe, jeden

Hinterhalt, jede Täuschung für erlaubt, wenn sie nur ihrer Sache zum Sieg verhilft[125].«

Auch die Altkatholiken spüren die hetzerische Agitation der Jesuiten und richten am 8.5.1872 eine entsprechende Bittschrift an den deutschen Reichstag[126]. Im Mai 1872 erreicht die Zahl der gegen die Jesuiten gerichteten Eingaben 351 und der Staat muß handeln. Am 8.11.1871 richten die Bürger Kölns, unter ihnen zahlreiche Katholiken, eine Eingabe an den deutschen Reichstag, in der ein Verbot des Jesuitenordens gefordert wird. Man fordert gesetzliche und unverzügliche Maßnahmen der Notwehr ... damit diese feindliche Macht nicht erstarke.« Der Abgeordnete Wagener dokumentiert in einer Debatte die staatsfeindliche Tendenz der Jesuiten durch zahlreiche Zitate aus ihren Schriften und trägt vor: »Wenn es ein Mittel gibt, die mühsam errungene deutsche Einheit wieder zu zerstören, so ist es die Erregung eines religiösen Zwiespaltes[127].« Die bedeutendste Rede gegen die Jesuiten und über die damit zusammenhängende politische Gefahr hält der liberale Abgeordnete Eduard Windthorst, ein Namensvetter und Verwandter des Katholikenführers und Klerikalen Ludwig Windthorst[128].

Unmittelbar nach dem Abschluß des Ersten Vatikanischen Konzils schließen sich die Katholiken[129] zu der neuen[130] Partei des Zentrums zusammen[131], die im März 1871 mit 58 Abgeordneten in den Reichstag zieht. Sie wird zum Herz der prokatholischen Bewegung in Deutschland, bis sie von der Kurie aus politischen Zielen geköpft wird. Aufgrund der detaillierten Ausführungen von Windthorst entsteht Unruhe unter den Mitglieder der Zentrumspartei.

Endlich wird im Reichstag mit 205 gegen 84 Stimmen beschlossen, den Reichskanzler zu ersuchen, ein Gesetz über die Ausweisung der Jesuiten vorzulegen. Es wird am 19.7.1872 angenommen[132]. Der Bundesrat stimmt dem Jesuitengesetz am 25.6.1872 zu und am 4.7.1872 wird der Wortlaut im Reichsgesetzblatt von Kaiser Wilhelm I. unter- und von Bismarck gegengezeichnet.

Die Ausweisung der Jesuiten vollzieht sich bis auf einen blutigen Zwischenfall in Essen problemlos. Und doch ist es eine langfristige Fehlentscheidung, denn heute sind die Jesuiten stärker als zuvor. Eine Ausgrenzung der Intelligenz kann niemals ein Problem auf Dauer lösen. Die Jesuiten haben – man kann sie beurteilen wie man will – in vielen Generationen ein unschlagbares Bollwerk geschaffen und sie haben dazu die einzig vernünftige Karte aus dem Ärmel gezogen; die der Intelligenz. In diesem Punkt sind sie, selbst wenn sie dogmatisch infiltriert ist, nahezu allen anderen Erdenkindern haushoch überlegen. Intelligenz kann nur mit Intelligenz bekämpft werden; die weltlichen Staaten verfügen in aller Regel nicht darüber; sie hängen weltlichen Gelüsten, Parteienrangeleien, winzigen Zeitvorsprüngen, Gehaltserhöhungen und einer Machterweiterung an.

Es geschehen seltsame Wunder

Am 7.7.1873, drei Tage nach der Verkündung des Jesuitengesetzes, erblicken vier kleine Mädchen im Alter von sieben bis elf Jahren in einem Wald in der Nähe des Dorfes Gereuth (Kreis Schlettstadt im Elsaß) eine weißgekleidete Frau. Sie trägt eine goldene Krone mit einem Kreuz und droht mit einem Schwert gegen Deutschland. Es kann sich nach dem christlichen Ermessem nur um die Mutter Gottes sein. Ist sie gekommen, um die staatlichen Anmaßungen gegenüber den frommen Jesuiten zurückzuweisen?

Solch merkwürdige Erscheinungen häufen sich. Nach dem Bericht eines Pfarrers beginnt 1874 eine Dame Blut zu schwitzen und ein Schulmädchen behauptet, die Mutter Gottes gesehen zu haben. Die Blutschwitzerin wird als Betrügerin entlarvt und das Kind bekennt sich zur Lüge. Die beiden an dem Schwindel beteiligten Pfarrer werden gerichtlich belangt und zu einer Gefängnisstrafe verurteilt. Am 3.7.1876 erscheint drei achtjährigen Mädchen die Mutter Gottes im Wald von Marpingen: »Es war eine schöne Frau mit dem Jesuskindlein auf dem Arm.« Die Erscheinung kann sogar sprechen und sagt: »Sie wäre die *Unbefleckte Empfängnis* unter Berufung auf die unter den Papst Pius IX. 1854 zum Dogma erhobenen Zeugungslegende. Sie hat sich mit den gleichen Worten 1858 der 13-jährigen psychopathisch veranlagten Bernadette Sourbirons in Lourdes präsentiert. Der Papst hat die Erscheinung bestätigt, obwohl er damals noch nicht unfehlbar gewesen ist.

Es geschieht ein weiteres Wunder: »Die Kinder von Marpingen sehen, wie später der protestantische Pfarrer Längin berichtet: »Über dem Haupte der Mutter Gottes den heiligen Geist schwebend und hören die Stimme: dies mein lieber Sohn; dann folgen himmlische Personen, ein Leichenzug und der Teufel, einmal in weißer und einmal in schwarzer Ausführung. Er hat die Jungfrau aufgefordert, vor ihm niederzufallen[133].« Durch solche Eskapaden werden ohnehin Leichtgläubige fanatisiert. Rasch entwickelt sich Marpingen zum Gnadenort[134] und zur Regulierung des Besucherstromes werden Polizeieinsätze erforderlich[135]. Es fällt bei einer Betrachtung der christlichen Wundergeschichten auf, daß so merkwürdige Erscheinungen nicht vor klugen Leuten und kritischen Leuten geschehen; es sind immer religiöse Psychopaten.

Die Jesuiten Lehmkuhl, Rathgeb und Pütz erörtern die Frage, ob Bismarck vom *Leibhaftigen* besessen ist[136]. So erklärt der Professor für Moraltheologie, der Jesuit Stentrup, den Theologistudenten in Ditton Hill: »Der Bischof Korum von Trier habe ihm gesagt, als er einmal zu einer Besprechung zu Bismarck gehen mußte, er habe zuvor Gott angerufen, als ginge er zu einer Besprechung mit dem Gott-sei-bei-uns, was nach der theologischen Auffassung nur der Teufel sein kann.

Es war vorauszusehen, daß die Ausweisung der Jesuiten die gesamte katholische Kirche gegen das Deutsche Reich aufbringt. Stumm läßt darüber keinen Zweifel aufkommen[137]. Am 17.9.1872 versammeln sich die Bischöfe in Fulda und erlassen eine Denkschrift zum Frieden zwischen Kirche und Staat. Sie verwerfen das Jesuitengesetz.

Merkwürdigerweise berufen sie sich auf die Bestimmungen des Westfälischen Friedens von 1648. Sie übersehen die nicht unwesentliche Tatsache, daß seinerzeit Papst Innocenz X. diesen Frieden durch die Bulle *Zelo domus Dei* als kraftlos und ungerecht verdammt hat[138].

Die anmaßende Denkschrift wird von der antiklerikalen Presse als offene Kriegserklärung gegen das Deutsche Reich verstanden. Scherr läßt sich zu einer groben Formulierung hinreißen[139] und als Pius IX. die Kampfansage der deutschen Bischöfe zu Weihnachten 1872 bestätigt, entschließt sich Bismarck zum Rücktritt von seinem Posten als preußischer Ministerpräsident; seine Funktionen als Reichskanzler und Außenminister bleiben erhalten.

Zu früh frohlockt der Klerus, der meint, jetzt einen erbitterten Gegner vom Hals zu haben. An seine Stelle tritt der bisherige Kriegsminister Albrecht von Roon, der der Kirche die Zähne zeigt; er entscheidet sich zum Abwehrkampf gegen den päpstlichen Imperialismus. Man erkennt ein gegenseitiges Hochschaukeln der Interessen und Gefühle. Letztendlich ist die Auseinandersetzung zwischen Kirche und Staat unnötig, denn nahezu immer haben sie die Staaten verloren. Die meisten Menschen vertrauen ob ihrer geringen geistigen Fähigkeiten den Kirchen und dem daran gekoppelten Glauben. Hier liegt das eigentliche Problem; im allgemein schlechten Niveau der damaligen und heutigen Christen. Nicht umsonst ist es der Wunsch der Geistlichkeit, Bildungsanstalten zu lenken.

Die Hetzkampagnen der katholischen Geistlichkeit gehen weiter, obwohl man ihnen mit dem Kerker droht. Man doziert: »Wer den Papst und dessen Unfehlbarkeit nicht anerkennt, ist kein Christ. Diesem gegenüber besitzt die Kirche das Recht der Exkommunikation.« Vor kurzem hat Krementz, der Bischof von Ermland, die beiden Gymnasial-Professoren Wollmann und Michaelis exkommuniziert, und öffentlich als *Gottesleugner* diffamiert. Das Parlament versagt daraufhin dem Gottesmann die spärliche Jahresbesoldung von 9000 Talern, was ihn zu einer bescheidenen Lebensweise zwingt. Dem Erzbischof von Posen, Lodochowski, sperrt man ebenfalls ein, weil er gegen den Staat opponiert. Er landet in einem Gefängnis und wird daraufhin von Pius IX. *in Anerkennung seines Widerstandes gegen den Staat und dessen Gesetze* zum Kardinal erhoben. Nach der Verbüßung seiner Haft setzt er vom Ausland aus die Polemik fort. Ähnlich geht es den Bischöfen von Köln und Trier, die sich auf diese Weise als christliche Märtyrer feiern lassen. Am 15.5.1873 werden folgende *Maigesetze* erlassen:

- Die Vorbildung und Anstellung der Geistlichen.
- Die kirchliche Diziplinargewalt.
- Die Begrenzung des Rechts zum Gebrauch kirchlicher Straf- und Zuchtmittel.
- Das Austrittsrecht aus der Kirche.

Kurz danach wird die Zivilehe eingeführt. Obwohl die Geistlichen ungehindert ihren reaktionären Kurs verfolgen und permanent gegen die gegen sie erlassenen Gesetze übertreten, sagt Pius IX., er empfinde Schmerz über die ihm angetanen Beleidigungen, die die katholische Kirche in Italien erleiden muß ... er werde verstärkt durch die Verfolgungen, die sie in Deutschland zu erdulden habe[140]. In einer Weihnachtsansprache bezeichnet er Bismarck als den Nachfolger des Nero. Noch 1952 erklärt der katholische Moraltheologe Angermair:»Die katholische Moraltheologie kennt nicht nur den Tyrannenmord, sondern macht ihn unter Umständen zur Pflicht.«

Wenn man dieser unchristlichen Auffassung folgt, und gewiß hat der Klerus in Bismarck einen Tyrannen gesehen, so ist der Kullmann'sche Anschlag in ihren Augen gerechtfertigt und sinnvoll. Das fehlgeschlagene Attentat führt zu einer heftigen Reichstagsdebatte einer interessanten Anmerkung von Arthur Böthlingk[141]. Die Presse und der Zentrumsabgeordnete Windthorst versuchen das Attentat zu rechtfertigen. Windthorst beschuldigt Bismarck, daß er durch seine Unterredung mit dem Attentäter und seiner Ansprache in Bad Kissingen eine

Pressehetze gegen das Zentrum ausgelöst hat. Schlottmann schreibt,»daß es die Männer der Zentrumspartei waren ... die wütende Leidenschaft des großen Haufens zu schüren. Ja, ihr Einfluß war der stärkere, da sie neben ihrem Eifer für das Ansehen der Kirche den Ruhm der Bildung und der politischen Umsicht genossen. Wenn sie wegen der Vertreibung der Jesuiten Krieg und Leben und dem Reich den Tod ansagten, wenn sie unter dem Schutz der parlamentarischen Redefreiheit die grobe Unwahrheit verbreiteten, die *Maigesetze* seien nur zur Vernichtung der Kirche erdacht, so hallten ihre Worte durch den Mund zahlreicher *Hetzkapläne* in den katholischen Vereinen fort[142].« Der Papst richtet am 7.8.1873 ein längeres Schreiben an Wilhelm I., in dem er sich mit der momentanen Lage beschäftigt[143]. Der Kaiser widerspricht ihm am 3.9.[144] Die Lage spitzt sich zu.

Am 5.2.1875 erklärt Pius IX. in einem Rundschreiben alle bisher erlassenen preußischen Staatsgesetze für ungültig. Die Auflehnung gegen die preußischen Gesetze wird den Katholiken bei der Strafe des Kirchenbannes zur Pflicht gemacht und der Papst versteift sich zu der Behauptung:»Sie wolle die göttliche Verfassung der Kirche stürzen und die heiligen Gerechtsamen der Bischöfe zugrunde richten ... er dagegen wolle durch die *gottlose Gewalt* für die niedergetretene *kirchliche Freiheit* eintreten ... wir ermahnen die frommen Gläubigen ... damit nicht der böse Sauerteig die gute Masse verderbe[145].«

Die katholische Zeitung *Germania* begrüßt dieses Dokument und schreibt dazu:»Die Liberalen mögen daraus lernen, daß auf seiten Roms bis zur Vernichtung gekämpft wird.« Dadurch ist das Staatswesen in Gefahr und es ist ein Vergleich zum Verhalten von Pius V. möglich (1566-72), der die Bulle *Regnans in exelsis* am 25.2.1570 gegen die englische Königin Elisabeth I. schleudert.

Nach der päpstlichen Enzyklika vom 5.2.1875 macht Bismarck die Regierungen von England, Belgien, Frankreich, Italien und Österreich auf die damit verbundenen

Ansichten des Jesuiten Matteo Liberato

- Im Papst gipfelt wie in einer Spitze beide Gewalten, die geistliche und die weltliche.
- Der weltliche Fürst hört niemals auf, ein Untertan des Papstes zu sein.
- Der Papst kann die bürgerlichen Gesetzte und Urteilssprüche der weltlichen Gerichte ändern und aufheben, wenn sie dem geistlichen Wohl zuwider sind.
- Der Papst kann dem weltlichen Fürsten Handlungen gebieten ... wenn die Verteidigung der Religion das erheischt.
- Bei Streitigkeiten zwischen Kirche und Staat gebührt dem Papst die letzte Entscheidung. Auch wenn der heilige Stuhl ein kaum zu ertragendes Joch auferlegt, so ist es mit frommer Ergebung zu tragen.
- Die Kirche hat das Recht, dem Staat die Anwendung von Zwangsmitteln gewgen ihre inneren und äußeren Feinde zu gebieten.
- Die Gewissensfreiheit ist verwerflich, wenn auch unter Umständen die bürgerliche Duldung durch die Klugheit geboten ist.
- Der Friede und die nationale Einheit sind nur für dasjenige Volk gut, das im Besitz der wahren Religion ist.
- Der Klerus steht nach dem göttlichen Recht nicht unter der Gerichtsbarkeit der weltlichen Fürsten, sonern allein unter der des Papstes.
- Die Geistlichen sind zur Beachtung der bürgerlichen Gesetzte nur insoweit verpflichtet, als sie en kanonischen Gesetzen und der geistlichen Würde nicht widersprechen.
- Die Katholiken sind mehr Untertanen des Papstes, insofern er das Haupt der Kirche und ihr geistlicher Fürst ist, als ihres Königs oder Kaisers, insoern er weltlicher Fürst ist. Wir sind gezwungen, dieselbe Sache oft zu wiederholen, weil unsere Gegner etwas harthörig zu sein scheinen.

Gefahren aufmerksam und er schreibt an Zar Alexander: »Die Geschichte der wesentlich katholischen Länder ... zeigt uns, daß überall die klerikalen Aspirationen unvereinbar sind mit der Stabilität und der Ordnung und mit der glücklichen Entwicklung, deren sich akatholische Länder erfreuen.« Wieder gerät Bismarck in Zugzwang und es werden die *Brotkorb-Gesetze* erlassen. Er sagt dazu: »Es sei des Staates nicht würdig, seine erklärten Feinden gegen sich selbst zu besolden. Interventionen der hohen Geistlichkeit bei Wilhelm I. bleiben ungehört und die Folge der konträren Haltung ist in letzter Konsequenz der Kriegsausbrch 1914.

Hauptsächlich der wieder erstarkte Katholizismus in Frankreich wettert gegen das Deutsche Reich. Es wird deutlich aus einem Schreiben von Bismarcks Sohn, Herbert von Bismarck, an den deutschen Gesandten in Paris vom 30.10.1877[146]. Windthorst riecht den Braten früh und sagt am 4.12.1874 im Deutschen Reichstag: »Ich habe allerdings für mich die Überzeugung, daß wir einem Krieg entgegensteuern.« Sagte nicht schon der Jesuit Antonius Balleri: »Der Krieg ist erlaubt, wenn die Untertanen in Ketzerei oder Unglauben verfallen, andere mit sich reißen und Uneinigkeit im Staat oder in den Provinzen erregen.« Der Jesuit Paul Laymann unterstützt die Haltung und meint: »... ist Hoffnung auf die Vermehrung der Kirche vorhanden, so muß er (der Fürst) angreifen, auch wenn er selbst den Krieg nicht unternähme[147].«

Am 23.6.1891 erhält der spätere preußische Gesandte beim Vatikan, Kurt von Schlözer, aus Paris folgende Geheimmeldung: »Wir erwarten mit Ungeduld die Erneuerung des Dreibundes (Deutschland-Italien-Österreich) dann wird die Allianz

(Frankreich-Rußland) abgeschlossen. Auf den Papst Leo XIII. rechnen wir sicher, ebenso im Todesfall auf seinen Nachfolger ... wann der Krieg ausbrechen wird, wissen wir nicht, aber verbunden mit Rußland und der moralischen Macht des Papsttums haben wir alle Aussicht, einen Kampf siegreich zu bestehen, den man hinausschieben, aber nicht mehr vermeiden kann. Bleibt Italien seinem Bundesgenossen Deutschland treu, setzen wir den Papst wieder in seine unabhängige Stellung ein ... Seien Sie sicher, wir werden nicht angreifen. Das besorgt andere Macht[148].« Wer spürt nicht das jesuitische Agieren zwischen den Zeilen; wieder einmal führen aberwitzige theologische Ideologien zum Ausbruch eines Krieges.

Papstwechsel

Mit dem Tod von Pius IX. lockern sich die Spannungen und der Kurs wird vorübergehend liberaler. Beide Seiten erkennen, daß es so nicht weitergehen kann und zeigen mehr Verhandlungswillen. Hinzu kommt ein Umdenken auf der französischen Seite. Hier wird inzwischen die Auflösung der klösterlichen Institute gefordert; die Jesuiten werden ausgewiesen und der französische Innenminister Waldeck-Rousseau erklärt: »Jeder Staat müsse notwendig und dauernd antiklerikal sein.« Man sieht ein, daß es politisch klüger ist, in eine Warteschleife zu fliegen.

Nach dem Tod von Pius IX. am 7.2.1878 sagt Bismarck zum italienischen Kammerpräsidenten Francesco Crispi in Berlin: »Für mich hat es wenig zu bedeuten, wer der Nachfolger sein wird. Wer es auch immer ist, so hat er wenig oder keinen Einfluß auf die Haltung des Heiligen Stuhles. Wer im Vatikan herrscht, ist die Kurie[149].« Auf ihn folgt Graf Pecci als Papst Leo XIII., ein Jesuitenschüler. Die Ordensleute Pachtler, Aschenbrenner und Cathrein bezeichnen ihn zunächst als *schlechten* Papst und bald danach beginnt – wie unter seinem Vorgänger – das Scharmützel der Beeinflussung[150]. Erkennbar wird es u. a.

an der von ihm gegen die Freimaurer erlassenen Enzyklika *Humanum genus* vom 20.4.1884[151]. Papst Leo XIII. ernennt Kardinal Franchi zum Kardinal-Staatsekretär, der sich für eine Politik der Verständigung einsetzt, doch am 1.8.1878 unerwartet stirbt. Es gehen Gerüchte um, daß man ihn wegen seiner liberalen Haltung vergiftet hat. An seine Stelle tritt Kardinal Nine, ein von der Denkweise her ergebener Jesuit.

Leo XIII. schreibt Kaiser Wilhelm I. und macht ihn auf die schwierige Lage des Katholizismus in Deutschland aufmerksam[152]. Bismarck ist zum Einlenken bereit. Leos XIII. politische Haltung ist schwer zu bestimmen und bei manchen seiner politischen Purzelbäume denkt man an Shakespeares Hamlet: »Schreibtafel her, ich muß mir's aufschreiben, daß einer lächeln kann und doch ein Schurke sei.«

Die Zentrumspartei agiert weiter gegen die Regierung. Bismarck beschwert sich in mehreren Noten darüber und stellt fest: »Trotz der Vorbesprechungen mit dem Vatikan bekämpft die katholische Partei im Bund mit dem katholischen Adel, den Priestern und Sozialisten die Regierung nach wie vor[153].«

Im Mai 1880 reist der Zentrumsführer Majunke nach Rom, um die Weisungen des Papstes für das weitere Vorgehen einzuholen. U. a. wird ihm bestimmt: »In kirchenpolitischer Beziehung muß das Zentrum verlangen, daß die kirchenfeindlichen Gegner abgeschafft oder im Einverständnis mit dem Heiligen Stuhl geändert werden; es muß erklären, daß die Katholiken des Landes nicht ruhen, bis sie zu diesem Rechtsstandpunkt kommen[154].« Windthorst sucht den Widerstand der Kurie gegen den Kanzler zu bestärken.

Papst Leo XIII. verleiht Bismarck am 31.12.1885 den Christus-Orden[155] und bezeichnet ihn in einem lateinisch geschriebenem Brief als »hervorragenden Mann, den Fürsten Otto von Bismarck, den Kanzler des großen Deutschen Kaiserreiches[156].« Dem steht gegenüber, daß sein Vorgänger den gleichen Kanzler am 18.1.1874 als *Schlange im Paradies der Menschheit* bezeichnet hat.

Das Zentrum wird aktiv

Während des I. Weltkriegs unterstützt die Zentrumspartei das Kriegstreiben. Der Vorsitzende Peter Spahn ruft nach *Großdeutschland* und erklärt 1916 vor dem Reichstag:»Kriegsziele sind Machtziele. Wir müssen Deutschlands Grenzen nach unserem Gutdünken verändern ... Belgien muß politisch, militärisch und wirtschaftlch in deutschen Händen bleiben.« Der Kardinal Bettinger in München setzt sich für den U-Boot-Krieg ein und mobilisiert die ländliche Geistlichkeit in Bayern für die unchristliche Maßnahme. Kardinal Faulhaber, ein klerikaler Wasserträger und damals als Militärgeistlicher aktiv, sagt:»Ich bin der Meinung, daß die Kampagne in der Geschichte der Militärethik als ein hervorragendes Beispiel für einen gerechten Krieg eingehen wird.«

Dann wird der erzreaktionäre Windthorst durch Ernst Lieber abgelöst, der in die Fußstapfen seines Vorbildes tritt. Und doch kommt es im Zentrum aufgrund der weitgestreuten Zusammensetzung seiner Mitglieder zu Konflikten. Es versteht sich, daß der geistig unfrei Erzogene politisch weniger sensibel als ein kritischer Kopf ist. Die Zentrumspartei verdeutlicht das christliche Sklaventum im 19. und frühen 20. Jahrhundert. Nur so kann man verstehen,wenn Faulhaber am 6.11.1923 in seiner Funktion als Erzbischof von München sagt, daß die katholische Kirche für die Rettung der Volksseele einen großen Einfluß auszuüben imstande ist[157]. Die christliche Intelligenz wird seit eh und jeh auf der kleinsten Sparflamme gekocht und seit dem Ersten Vatikanischen Konzil wird der historische Autoritätsgedanke aufgewärmt. Es gibt Katholiken, die eine direkte Linie vom Unfehlbarkeitsdogma zum Führerstaat sehen[158].

Die Betonung der Autorität steht im Mittelpunkt des Denkens der Zentrumspartei, obwohl es eigentlich der Sinn eines Parteimitgliedes ist mitzudenken. Der Theologe Michael Schmaus, Professor für Dogmatik und Katholizismus, schreibt:»Die Betonung der Autorität ist dem Katholiken nicht wesensfremd ... gerade in unserer heiligen Kirche kommt sie durch Wort und Sinn zur Geltung ... man braucht die Führung der Kirche nicht aufzuzeigen[159] ... die Nationalsozialisten und der Katholizismus sollen Hand in Hand marschieren.«

Unter der Führung der christlichen Gewerkschaften bildet sich unter ihrem Sprecher Matthias Erzberger eine Opposition. Der Vatikan sieht in ihm den *kommenden Katholiken Deutschlands*. Er erkennt 1917, daß Deutschland keine Chance mehr hat, den von Jesuiten angezettelten I. Weltkrieg zu gewinnen. Eugenio Pacelli nimmt Kontakt zu ihm auf. Im Herbst 1917 stellt Rußland überraschend die Kampfhandlungen ein. Als Deutschland im November 1918 am Ende ist, wird Erzberger, der Initiator der Friedensresolution, beauftragt, die Verhandlungen über den Waffenstillstand zu führen. Er unterzeichnet am 1.11.1918 als Leiter der deutschen Delegation den Waffenstillstand von Compiégne. Die Deutschen haben den aberwitzigen Krieg verloren, in den sie aufgrund kirchlicher Ränke hineingeschlittert sind. Auf den Deutschen lasten milliardenschwere Reparationsleistungen an Frankreich, das sich bis zum Ende des letzten Jahrhunderts ebenfalls gegen den Klerus auflehnt. Es ist nicht abzusehen, wann sich der Verlierer von dieser Bürde befreit, zumal ihn der Sieger in der steten Abhängigkeit zu halten wünscht; hier liegt der Keim zu einem weiteren Krieg. Er wird nicht lange auf sich warten lassen.

Innerkirchlich ist die Politik des Zentrums auf die Festigung der Weimarer Republik ausgerichtet, außenpolitisch setzt sie sich für eine friedliche Revision des Versailler Vertrages ein. Das Zentrum bekämpft den Nationalsozialismus, der im Gärprozeß des deutschen Traumes nach Anerkennung immer weiter nach oben geschwemmt wird. Das Zentrum ist entscheidend am Aufbau der Weimarer Republik beteiligt.

Erzberger wird im Herbst 1921 von zwei Parteigängern einer militanten Geheimorganisation ermordet. Darauf übernimmt Dr. Marx, ein konservativer preußischer Richter, den Vorsitz der Partei. Die Wahlen im Mai zeigen einen sensationellen Links-

Der Kulturkritiker Johannes Scherr, ein nahezu vergessener Pionier der Menschlichkeit. Er beobachtet scharfsinnig das Treiben der römisch-katholischen Kirche im Verbund mit dem »Kulturkampf«.

ruck und die Sozialdemokraten ziehen als stärkste Partei in den Reichstag ein. Im Vatikan klingeln die Alarmglocken, denn er muß einen extrem hohen Stimmenverlust des Zentrums verkraften.

In dieser Situation hat die römisch-katholische Kirche das Glück, über einen exellenten Diplomaten am Krisenherd zu verfügen. Eugenio Pacelli stammt aus einer römischen Adelsfamilie und ist Absolvent von Roms Adelsschule. Erst lebt er in München und später in Berlin. Er gilt als intimer Kenner der politischen Szene und verfolgt im Interesse seines Arbeitgebers die Entwicklung des Katholizismus in Deutschland. So kann der päpstliche Nuntius die Zentrumspartei über Jahre dirigieren und als hoher geistlicher Würdenträger mit weltlicher Besoldung ungestört Politik betreiben. Der Vatikan wird in seinen Methoden stets inkonsequent sein, aber nie sein Ziel, die Machterweiterung der katholischen Kirche, aus dem Auge verlieren. Pacelli will

die demokratischen Bewegungen eingrenzen, die Autorität seiner Kirche fördern und deren Interessen weltweit respektiert wissen.

Sicher ist die römisch-katholische Geistlichkeit in ihrer Haltung nicht, denn sie boykottiert eine Zeitlang die Nationalsozialisten. Der Mainzer Erzbischof bläst zum Angriff gegen das teuflische Regime und wettert von der Kanzel: »Sie (die Nationalsozialisten) möchten eine neue Dreifaltigkeit aus Blut, Boden und Volk ... was nichts weniger als eine deutsch-nationale Kirche bedeutet[160] ... ich sage euch, kein Katholik kann Mitglied der NSDAP sein[161].« Er untersagt uniformierten NSDAPlern die Teilnahme am Gottesdienst und weist die Geistlichen an, ihnen keine Sakramente zu spenden.

Der Kardinal Bertram aus Breslau vertritt zum Neujahr 1930 die Auffassung: »Der Nationalsozialismus vertritt eine abwegige Weltanschauung und muß bekämpft werden[162]. Die Kirche verweigert Peter Gmeiner das kirchliche Begräbnis[163] und zieht sich damit auf fossile Strukturen zurück. Freilich wird es Hitler zugetragen und er sagt: »Die schwierigste Geschichte ist das Verhältnis zu den Kirchen. Die Lutherische macht mir keine Mühe, die anderen Protestantischen werden beizeiten beidrehen, aber die Katholiken. In manchen Distrikts stellen sich die Bischöfe gegen die Nationalsozialisten. Da sind Priester, die ihnen keine Absolution austeilen und ihnen die Kommunion verweigern. Eine tüchtige Tracht Prügel würde das ändern, aber das ist hier keine gute Taktik ... wir müssen abwarten[164].«

Bei den Wahlen von 1928 wendet sich eine halbe Milion Bürger von der Zentrumspartei ab und dies bedeutet ein Schwächung des Katholizismus; damit hört praktisch die Partei auf, ein wirkungsvolles Instrument in den Händen des Vatikans zu sein, zumal sie sich in zwei Fügeln gespalten hat. Der Sprecher des rechten ist der päpstliche Prälat Ludwig Kaas, Professor für Kirchengeschichte an der Bonner Universität. Er wird im Dezember 1928 Parteivorsitzender und sagt: »Die Betonung der Autorität steht im Denken und Fühlen der Zentrums-partei ... der Staat muß die autoritäre Kirche besser in ihren Postulaten begreifen.«

Das Zentrum entwickelt sich vornehmlich unter ihm[165] zur maßgeblichen Regierungspartei und stellt vier Reichskanzler. Kaas steht Stresemann kritisch gegenüber und sympathisiert mit Seipel, der die Schaffung eines katholischen Reiches in Europa anstrebt. Kaas ist ein williges Werkzeug in den Händen von Eugenio Pacelli; er steuert ihn immer weiter nach rechts und ab 1928 in die Diktatur.

Brüning wird am 31.3.1930 zum Reichskanzler ernannt. Aufgrund der Verfassung hat er die Chance über *Notverordnungen* seine Befugnisse auszuweiten, wenn es erhebliche Turbulenzen verlangen; damals kann von solchen nicht gesprochen werden. Als das Parlament seinen Rücktritt fordert, antwortet er mit der Auflösung des Reichstages. Im September stehen Neuwahlen an und hier taucht erstmals Adolf Hitlers Schatten bedrohlich am christlichen Firnament auf. Er wird Europa mit päpstlicher Absolution in eine Leichenhalle und ein Flammenmeer verwandeln. Auch ihn läßt der Vatikan fallen, als er seine Schuldigkeit getan hat[166].

Nationalsozialisten formieren sich

Der Schlosser Drexler gründet in München die Deutsche Arbeiterpartei[167]. Kurz danach schließt sich ihr Adolf Hitler an. Er wirkt als *Werbeobmann* und führt die noch junge Partei aus dem Schattendasein. Mit dem Parteimitglied Feder erarbeitet er ein 25 Punkte umfassendes Programm, das er am 24.2.1920 verkündet[168]. In ihm werden u. a. antisemitische Ideen verfochten und die Ausbürgerung der Juden verlangt. Im Juli 1921 übernimmt Hitler die Führung der inzwischen zur NSDAP avancierten Gemeinschaft, deren Ziel es wird, die Staatsordnung der Weimarer Republik zu zerstören. Kurz danach bilden sich halbmilitärische Sturmabteilungen, die gegen den Staat opponieren und revoltieren sollen, sobald sich eine Gelegenheit dazu ergibt.

Im Herbst 1923 kommt es zu einem Regierungskonflikt. Hitler sieht seine Stunde gekommen und inszeniert einen bewaffneten Aufmarsch vor der Münchener Feldherrnhalle. Der Putsch wird niedergeschlagen, führende Köpfe tauchen kleinlaut unter und Hitler wird am 1.4.1924 wegen Hochverrats zu einer Festungshaft mit Aussicht auf Bewährung verurteilt. Sein Untersuchungsrichter ist der Jesuitenzögling Hans Frank[169]. Parallel dazu bilden sich Ersatzorganisationen, die Hitler nach seiner auffallend frühen Entlassung zusammenführt. So wird am 27.2.1925 die NSDAP *neu* gegründet. Hitler gibt sich vorsichtig und bestätigt 1930 beim *Ulmer Reichswehrprozeß* unter Eid: »Seine Partei wolle nur auf dem legalen Weg an die Macht gelangen.«

Im Oktober 1930 kommt es zu einem vertraulichen Gespräch zwischen Brüning und Hitler. Es wird offensichtlich, daß das Kabinett Brüning im Einvernehmen mit ihm steht. Wähler neigen zu der Ansicht, daß sich die Weimarer Republik mit den vielen Parteispaltungen überlebt hat und nicht mehr in der Lage ist, existentielle Probleme zu lösen. Vor diesem Hintergrund vollzieht sich der kometenhafte Aufstieg der NSDAP zur Massenpartei, zumal sich Hitler als geschickter und erfolgreicher Agitator erweist.

Er verspricht die Wiederherstellung der nationalen Ehre, die Überwindung von Not und Arbeitslosigkeit, die Beseitigung der Klassengegensätze und er gilt als entschlossener Verfechter der deutschen Interessen, obwohl er Österreicher ist. Seit den Wahlen von 1924 ist die NSDAP im Reichstag vertreten und 1929 durchbricht sie die Isolation innerhalb des politischen Kräftefeldes; bald danach steht sie an der Spitze der nationalsozialistischen Kräfte.

Ende 1931 erscheint ein preußischer Beamter beim Innenminister Groener und bittet um Unterstützung bei der Organisation einer Revolte innerhalb der SA. Groener vertritt den Standpunkt: »Hitler sei ein Mann im Sinn der Gesetzlichkeit, der versprochen hat, die Verfassung zu respektieren. Man müsse ihn gegen all die anderen

Hitzköpfe unterstützen ... es wäre nicht nur seine Meinung, sondern auch die des Reichskanzlers und des gesamten Kabinetts.«

Mit der Kandidatur zu den Reichstagswahlen im März/April 1932 meldet Hitler seinen Führungsanspruch an. Er unterliegt dem alternden Hindenburg. Jetzt geschieht ein politisches Wunder. Das Zentrum, die konservative Partei, schwenkt auf die Interessen der NSDAP ein. Plötzlich arbeitet der päpstliche Geheimkämmerer Franz von Papen[170], von dem sicher ist, daß er einen antisowjetischen Kurs steuert, der Machtergreifung Hitlers zu. Die Kirche ist voll Zuversicht[171], zumal sie die nationalsozialistische Partei als Bollwerk gegen den Kommunismus betrachtet.

Brüning erklärt sich bereit, zu Gunsten Hitlers zurückzutreten und im Vatikan ist man über diese Schritte informiert. Hitler weiß, daß Brüning *politisch tot* ist, denn das Zeitalter der *alten* Zentrumspartei ist dahin. Die Nationalsozialisten vereinen auf sich 13,7 Mio. Stimmen und das Zentrum einschließlich der Bayerischen Volkspartei 5,7 Mio. Proletarier drängen an die Hebel der Macht und niemand kann sie aufhalten. So sollen sie wenigstens von einem lenkbaren Katholiken in ihr Unglück gestürzt werden. Hitler ist ein intellektuell schwacher Mensch, unfähig, den kritischen Blick in die Geschichte zu wagen. Im logischen Umkehrschluß ist er der Prototyp des klassischen Katholiken. Seine Idee des Pangermanismus ist so absurd wie die des weltumspannenden Katholizismus; beide stellen einen Fluchtversuch aus historisch gewachsenen Ängsten dar.

Joseph Lortz, Professor für Kirchengeschichte, wird nicht müde, den Katholizismus und den Nationalsozialismus auf eine Stufe zu stellen. Er erkennt eine gemeinsame Front gegen den Bolschewismus, Liberalismus und Relativismus. Der Liberalismus gilt ihm als Todkrankheit der Zeit und er erkennt darin den Hauptfeind für die kirchliche Arbeit[172]. Lortz fordert die Gläubigen auf, den Nationalsozialismus *von ganzem Herzen* zu unterstützen, dem man die Vernichtung des Bolsche-

wismus von Rom aus auf das Panier geschrieben hat. Die katholikenfreundliche *Germania* berichtet: »Das, was in Rußland vor sich geht, ist Satanswerk, das nicht ernst genug genommen werden kann ... und das von allen Katholiken bekämpft werden muß. Die Gottlosigkeit wird scheitern, wenn sich die Katholiken aller Nationen zusammentun und in geschlossener Phalanx das Werk des Teufels ausrotten ... die Kirche ist eine streitende Kirche; es gilt, mit dem ganzen Einsatz seiner Persönlichkeit zu kämpfen[173].«

Inzwischen hat die Kirche ein repräsentatives Gebäude für die Parteiarbeit bereitgestellt. Es ist das *braune Haus* der Nazis. Hitler schart seine Mannschaft um sich. Auffallenderweise sind es Katholiken, denen die Autorität nicht wesensfremd ist. Reichspropagandaleiter wird der 1920 zum Dr. phil. promovierte Joseph Goebbels, eine Schenkung der katholischen Kirche. Der Jesuitenschüler wird 1922 Reichsminister für Volksaufklärung und Propaganda. Seit 1944 ist er Generalbevollmächtigter für den totalen Kriegseinsatz.

1929 wird Heinrich Himmler, der Sohn eines Gymnasialdirektors, zum Reichsführer ernannt. Er nutzt die Aufbauorganisation der Jesuiten als Vorbild für seine *Schutzstaffel* (SS). Es ist nur wenigen bekannt, daß sich Himmlers Untergebene auf einer von Jesuiten bei Paderborn zur Verfügung gestellten Burg jährlichen Exerzitien unterziehen, um für die Parteiarbeit *geschmeidig* zu bleiben.

Hindenburg beauftragt von Papen am 1.7.1932 mit der Bildung einer neuen Regierung[174] und am 18.11. empfängt Hindenburg Kaas zu einer vertraulichen Unterredung, in deren Folge Hitler telegrafisch nach Berlin gerufen wird. Von Papen redet Hindenburg in sein Gewissen: »Die Machtübergabe an die Nationalsozialisten nicht hinauszuzögern.« Am 16.12.1932 bekennt sich von Papen vor einem Berliner Herrenklub zu einer von den Nationalsozialisten geführten Regierung. Er betont: »Der Kulturbolschewismus droht wie ein fressendes Gift die sittlichen Grundlagen der Nation zu vernichten.«

Er spricht von einem *unseligen Klassen-kampf*, dem in letzter Stunde Einhalt geboten werden muß. Man müsse Deutschland an den unveränderten Grundsätzen der christlichen Weltanschauung orientieren[178].« Während einer Rundfunkrede am 30.7.1932 hebt er hervor:»Der Kommunismus muß als revolutionäre Bewegung und Gefahr angesehen werden[176].«

Am 1.9.1932 sagt Kulturminister Baumgart während des Katholikentages in Essen: »Es ist für einen Katholiken Gewissenspflicht, das Vaterland mit seinem Blut zu verteidigen. Wir richten die Mahnung an alle Gläubigen in Waffenbrüderschaft zur Verteidigung der Front Gottes ... ohne sie ist der Untergang des Abendlandes besiegelt.« 1932 hebt Theodor Heuß hervor, daß Hitler guten Gewissens ist[177]. Er schildert den kommenden Kanzler als *motorisch-gegenwärtige* Natur, der als Soldat tapfer und gläubig seine Pflicht getan hat.« Konrad Adenauer würdigt die Situation in einem Brief an den Nazi-Innenminister, in dem er dem Regime Honig um den Bart streicht[178]. Er betont im Winter 1932/1933, daß die NSDAP unbedingt führend in der Regierung vertreten sein muß. Wir begegnen den beiden Katholiken nach dem Zusammenbruch des Dritten Reiches in verantwortungsvollen Positionen.

Von Papen arrangiert für den 4.1.1933 eine Zusammenkunft zwischen Hitler und dem Kölner Bankier Schröder. Dabei vertritt er die Auffassung, daß Deutschland einen starken Mann brauche. Nach der Auffassung einiger Historiker geht es bei dieser Unterredung auch um finanzielle Zuwendungen für die laufende Parteiarbeit; darüberhinaus soll der päpstliche Geheimkämmerer von Papen Unterstützung aus dem Vatikan zugesagt haben. Er verlangt im Gegenzug die Vernichtung der kommunistischen Partei und den Abschluß eines Konkordates. Hitler signalisiert Interesse und stellt zwei Bedingungen:

- Die Zentrumspartei muß ihn bei der Machtergreifung unterstützen und auf dem Reichstag für sein Ermächtigungsgesetz stimmen.

- Danach soll sie sich zusammen mit der Bayerischen Volkspartei und den anderen politischen Organisationen auflösen.

Über Kaas dringen die Wünsche nach Rom. Der Jesuit Pietro Tacchi-Venturi sagt dem Papst, daß es logisch sei, ein brüderliches Bündnis mit Hitler herzustellen[179]. Der Papst sichert seinem Glaubensbruder Solidarität zu, übermittelt ihm herzliche Glückwünsche zum Geburtstag, läßt Ribbentrop Geschenke überreichen und empfängt NS-Führer zu Audienzen. Einige Zeit danach erklärt von Papen auf der Kölner Katholikenversammlung:»Die Vorsehung hat mich dazu bestimmt, bei der Geburt der Regierung der nationalen Erneuerung wesentliche Dienste zu leisten.« Sie sind unheilvoll.

Bevor Hitler an die Macht gelangt, schickt er Göring am 9.5.1933 zu einer Audienz nach Rom. Die NS-Presse berichtet: »Göring versicherte seiner Heiligkeit, daß die Partei gegenüber der katholischen Kirche Rücksicht nehmen würde.« Bislang ist ungeklärt, ob hier eine Zeitungsente schwimmt, denn von Bergen, der deutsche Botschafter beim Vatikan, berichtet, daß Göring den Papst nicht zu Gesicht bekommen hat[180].

Der Vatikan entscheidet sich für die Unterstützung des Katholiken Adolf Hitler. Hindenburg beruft ihn am 30.1.1933 zum Reichskanzler. Ludendorff sagt dazu:»Sie haben durch die Ernennung Hitlers zum Reichskanzler, einem der größten Demagogen aller Zeiten, unser heiliges deutsches Vaterland ausgeliefert. Ich prophezeihe Ihnen feierlich, daß dieser unselige Mann unser Reich in den Abgrund stoßen und unsere Nation in unfaßliches Elend bringen wird. Kommende Geschlechter werden Sie wegen dieser Handlung im Grab verfluchen.«

Die erste Sitzung des Reichstages wird in der Potsdamer Garnisionskirche abgehalten. Am Morgen des 21.3. 1933 läuten die Glocken, um die Bedeutung des Tages zu unterstreichen. Hitler doziert: »Vorwärts mit Gott, der mit uns sein wird, wie er mit unseren Vätern war[180].« Kurz nach der

Machtübernahme fordert Hitler das *Ermächtigungsgesetz*. Die Mandate der kommunistischen Partei hat er bereits am 5.3. *gegen* die Verfassung aufgehoben, so daß das Zentrum das Zünglein an der Waage ist. Hitler versichert, der katholischen Kirche eine privilegierte Stellung einzuräumen, falls ihm der Vatikan die Stimmen des Zentrums sichert. Die Glaubensbrüder können sich verständigen und als am 24.3.1933 der Reichstag in der Berliner Krolloper tagt, stimmt das Zentrum unter Führung von Brüning für Kaas und Hitler.

Schon erkennt man in ihm den Träger höchster Ideale, »der alles Erforderliche tut, um die Nation vor einer Katastrophe zu bewahren.« Kaas folgert: »Hitler weiß das Staatsschiff gut zu lenken. Noch bevor er Kanzler wurde, habe ich ihn einigemale getroffen und war beeindruckt von seinen klaren Gedanken, von seiner Art, den Realitäten ins Auge zu sehen und dabei trotzdem seinen edlen Idealen treu zu bleiben … es wäre ein Fehler, sich heute darauf festzulegen, was er als Volksredner gesagt hat, wichtig ist allein, was er heute und morgen als Kanzler tun wird … es spielt keine Rolle, wer regiert, wenn nur die Ordnung aufrecht erhalten bleibt. Die Geschichte der letzten Jahre hat gezeigt, daß sich der demokratische Parlamentarismus als unfähig erwiesen hat.«

Der Papst weist die Fuldaer Bischofskonferenz an »Alle Geistlichen zu instruieren, daß sie Hitler unterstützen« und im *Annual Register*[182] wird gesagt: »Der massenhafte Übergang der katholischen Mittelschichten auf die Seite der Nazipartei hat die Macht der katholischen Mittelstandsparteien gebrochen … viele Katholiken haben gezögert, ob sie wählen sollen. Sie hassen Juden und Sozialdemokraten, wagen aber nicht, den Nationalsozialisten die Stimme zu geben. Doch aus Rom kommt die Order, »allem Streit ein Ende zu bereiten[183].«

Einer der Schritte Hitlers ist, den Reichstag aufzulösen. Dann steht das Reichstagsgebäude in Flammen und man meint, es wären die Kommunisten gewesen. Hitler schaltet die oppositionelle Presse aus und erhält bei der Wahl am 5.3.1933 die meisten Stimmen. Obwohl er unsanft mit den noch-katholischen Organisationen umspringt, hüllt sich die Geistlichkeit in Schweigen. Parallel dazu laufen Konkordatsverhandlungen zwischen Freiherr von Papen und dem Vatikan. Sie führen zu einem für ihn günstigen Abschluß. Diese Veränderungen schwächen die Zentrumspartei so, daß am 5.7.1933 die Partei den Beschluß ihrer Selbstauflösung veröffentlicht:

»Die politische Umwälzung hat das deutsche Staatsleben auf eine neue Grundlage gestellt, die für eine bis vor kurzem mögliche parteipolitische Bestätigung keinen Raum mehr läßt. Die Deutsche Zentrumspartei löst sich im Einvernehmen mit dem Herrn Reichskanzler Hitler mit sofortiger Wirkung auf[184].« Der Vatikan beschwichtigt die aufgeschreckten Katholiken und läßt ihnen sagen: »Der Entschluß der Regierung des Reichskanzlers Hitler, die katholische Partei auszuschalten, trifft sich mit dem Wunsch des Vatikans.« Kaas widmet sich daraufhin archäologischen Studien, in dem er die Ausgrabungen einer Totenstadt überwacht. Mit ihm stirbt einer der wichtigsten Kronzeugen für den Kampf Hitlers kontra Papst[185].

Der Kardinal Faulhaber ist von dem neuen Machthaber angetan. Er beglückwünscht die Regierung und stellt heraus, daß nun die Katholiken der Partei beitreten können. Er beginnt Hitler zu verherrlichen und konstatiert ihm »weltmännischen Weitblick … sein Handschlag mit dem Papsttums, der größten sittlichen Macht der Weltgeschichte, wäre eine Großtat von unermeßlichem Segen[186].«

H. D.Vries kommt zu der Erleuchtung: »Der Nationalsozialismus appelliert an das Beste im Menschen … er fordert Gehorsam ud Opfersinn.« Am 28.8.1932 hält der Theologe Aldermissen aus Hildesheim im Beethovensaal der Philharmonie einen Vortrag und erwähnt dabei: »Der Bolschewismus ist durch seine Gottlosigkeit eine Weltgefahr und wiederholt damit von Papen, der nach der vatikanischen Pfeife auch in Österreich tanzt.

Wirtschaftliches Umfeld

Hitler tanzt nach der US-$-Pfeife

Im letzten Viertel des 19. Jahrhunderts zeichnet sich eine tiefgreifende Wirtschaftskrise ab. Schon im April 1887 weisen die Herausgeber des *Quarterly Journal of Economic*[187] darauf hin und proklamieren als natürliche Folge einen Krieg. Sie erkennen den bevorstehenden Bankrott der Staaten und eine wirtschaftliche Revolution. Wird dies zur Sternstunde der internationalen Finanzmächte und der römisch-katholischen Kirche? Ihr Einfluß in Amerika ist groß und wird immer größer.

Nicht von ungefähr sagt Marquis de La Fayette, ein Verfechter der persönlichen Freiheit, zu George Washington: »Sollte der in den Jahren 1775 bis 1784 aufgerichtete Bund der Vereinigten Staaten zerstört werden, so geschehe es wahrscheinlich durch die Ränke der römischen Klerisei[188].« Chiniqui sagt zum Präsidenten Lincoln: »Ich sehe eine finstere Wolke heraufziehen. Sie kommt von Rom und ist voll blutiger Tränen. Sie wird wie ein Zyklon über unser Land brausen und Verderben bringen. Nachdem sie sich ausgetobt hat, werden Tage des Friedens und Gedeihens folgen ... da dann das Papsttum mit seinen mitleidlosen Inquisitoren für immer aus dem Land gefegt sein wird[189].« Diese Prophezeiung eilt damals weit ihrer Zeit voraus und deckt sich inzwischen mit anderen. Lincoln wird am 14.4.1865 von einem Katholiken ermordet[190]. Christliche Anschläge gelten ebenfalls dem Staatsminister Seward, dem Vizepräsidenten Johnson und dem General Grant. »Zum Leidwesen der Kirche schlagen sie fehl[191].«

Während eines 1884 in Baltimore gehaltenen Konzils wird erwähnt: »Der Gehorsam gegen eine weltliche Regierung kommt erst an zweiter Stelle. Eide, die dem Interesse der Kirche zuwiderlaufen, brauchen nicht gehalten zu werden. Wir müssen erst lernen, Katholik und dann Bürger zu sein. Wie Gott über den Menschen steht, so steht die Kirche über dem Staat[192].« Wem kommen solche Töne nicht bekannt vor?

Papst Leo XIII. erklärt am 17.2.1885 den amerikanischen Katholiken: »Alle müssen sich als tätiges Element im politischen Sinn fühlbar machen und sich bemühen, daß die Verfassung der Staaten nach den Grundsätzen der wahren Kirche umgewandelt werden. Das lebendige Blut katholischer Weisheit und Tugend muß wieder eingeführt werden, bis jeder Staat nach dem von uns beschriebenen Vorbild umgewandelt ist.«

In einem Hirtenbrief vom 10.1.1890 schärft er den Katholiken ähnliches ein[193], und von den Kanzeln wird posaunt: »Ihr müßt nicht denken, wie es euch beliebt, sondern wie Katholiken. Wer sagt, er wolle seinen Glauben, nicht aber auch seine Politik von St. Peter beziehen, der ist kein wahrer Christ[194].« Aufgrund dieser Weisheit sitzt seit 1892 ein apostolischer Legat als päpstlicher Vertreter in der amerikanischen Regierung. Er beruft sich auf ein bemerkenswertes Dekret[195] und mischt in Abstimmung mit Rom die Kriegskarten. Leo XIII. bezeichnet es verständlicherweise als Krone seiner bisherigen Erfolge. Dem steht der Taxil-Vaugham-Schwindel entgegen, mit dem er sich *unheimlich* blamiert und dies, obwohl er unfehlbar ist.

Der I. Weltkrieg verändert das Gesicht Europas; damit wandelt sich der Status der Vereinigten Staaten von Amerika. Die dortigen Banken entwickeln sich dynamisch und: »Die übrige Welt bezieht von der Wall Street Kredite.« Amerika entpuppt sich zum reichsten Land der Erde und damit zur größten Gläubigernation. Nun erreicht die Wirtschaftskrise in den Jahren 1928/29 ihren Höhepunkt. Der damit verbundene Börsenkrach gewinnt internationale Bedeutung[196]. Es bedeutet das Aus für weitere Kreditvergaben und allein Deutschland hat im April 1929 85 Milliarden Dollar Schulden bei den einst reichen Amerikanern.

Deutschland ist in einer prekären Situation. Die Verpflichtungen aus dem Versailler Vertrag halten es am Boden, denn Frankreich ist daran interessiert, den Gegner am Zaum zu führen. Amerikanische und englischer Bankiers beobachten die Entwicklung und erkennen, daß man an erster Stelle den Würgegriff der Reparationen lösen muß,

Reichswehrminister General von Schleicher und Reichskanzler von Papen auf der Tribüne beim Moderennen in Berlin.

damit sich das niedergeschlagene Deutschland wirtschaftlich erholen kann. Erst danach lassen sich neue Geschäftsbeziehungen knüpfen und erst dann kann man wirtschaftlichen Nutzen aus den zinsabhängigen Ländern erwarten.

Auch dies ist eine knallharte Kapitalpolitik, denn im Grunde genommen sind die heutigen USA nicht das reichste, sondern das ärmste Land der Erde mit unglaublichen sozialen Konflikten. Die USA leben weitgehend von der Eintreibung einst vergebener Kredite. Deshalb fördert Amerika den Kapitalismus.

Gelingt dieses Ansinnen nicht, hat es negative Auswirkungen auf die amerikanische und englische Wirtschaftspolitik; zudem wird die Tilgung der extrem hohen Schulden fraglich. Folgerichtig kommt es zwischen den *Federal-Reserve-Banken* und führenden Privatbankiers in den Vereinigten Staaten im Juni 1929 zu einem Gedankenaustausch[197].

Deutschland soll geholfen werden, doch man ist sich über die Art uneinig. Man denkt an die Aktivitäten der kommunistischen Internationale und an eine innerdeutsche Revolution[198]. Hitler weiß von diesen Überlegungen nichts und auch nichts darüber, daß die Amerikaner Frankreich eventuell helfen, falls sie von den Deutschen angegriffen werden[199].

Die Ausgangsposition für eine innerdeutsche Revolution ist, gesehen aus der Sicht der Fremdmächte, günstig. Auf der einen Seite stehen Millionen Unzufriedener und auf der anderen internationale Interessen. So sind die Massen leicht zu lenken und Hitler ist der Mann, der etwas davon versteht. Zur Aufrüstung eines niedergetretenen Landes benötigt man in erster Linie Kapital um Waffen kaufen zu können. Es ist fraglich, ob Hitler innenpolitisch gesiegt hätte, wenn er während der Zeit seines Aufstiegs ausschließlich auf eigene Mittel angewiesen wäre.

Ist er ein Exponent internationaler Machenschaften in Tateinheit mit vatikanischen Interessen? Haben fremde Geld- und Gewissensgeber das Unglück mit heraufbeschworen? Falls die Finanzierung des Zweiten Weltkrieges in seiner Komplexität auf den Tisch der Wahrheit kommt, wird die Frage zu überdenken sein, wer für die 60 Millionen Kriegstoten und den gewaltsam in den Konzentrationslagern Umgebrachten verantwortlich zeichnet. Dann ist die Schuldfrage neu zu diskutieren[200]. Lebt Deutschland um 1930 von Amerika?

Amerika und der Vatikan

Der Vatikan lenkt früh seine Blicke nach Amerika. Er folgt damit dem jahrhundertealten Gesetz seiner Politik, sich immer mit der stärksten Macht zu verbinden. Er spekuliert damit, seine Niederlagen in Europa im Land der *unbegrenzten Möglichkeiten* aufzufangen. Der Pläne der katholischen Kirche in der westlichen Hemisphäre lassen sich heute in Umrissen erkennen; ihre dortigen Erfolge sind unübersehbar. Der Vatikan erkennt in den USA den

Partner, der ihr die bestmögliche weltliche Unterstützung verspricht, Die katholische Kirche strebt langfristig die geistige Vorherrschaft über den amerikanischen Kontinent an. Die Kirche schmiedet schon heute die Waffen, die sie vielleicht erst in Jahrzehnten zu nutzen gedenkt.

Schon heute läßt sich absehen, daß sie ihrem Ziel systematisch näher rückt, denn das allgemeine Bildungsniveau sinkt kontinuierlich, Armut und Analphabetentum eskalieren, die wirtschaftliche Verschuldung steigt und die Gewalt nimmt zu. Die Präsidentschaftswahlen machen deutlich, auf welch niedrigem Niveau taktiert wird. Sie haben mit dem Kölner Rosenmontagsball mehr gemeinsam denn mit einer politisch ernsthaften Auseinandersetzung. Sie dokumentieren in erschreckender Weise den Zusammenbruch des Kapitalismus; mit seinem Niedergang wird die römisch-katholische Kirche vorübergehend triumphieren und dann selbst in sich zusammenbrechen.

Als General Washington 1775 das Kommando über die Unabhängigkeitsarmee übernimmt, gibt es in Nordamerika lediglich in Philadelphia eine katholische Kirche. Das protestantisch orientierte Amerika feiert jährlich am 5.11. den *Papsttag*, an dem sein Bild öffentlich verbrannt wird; somit ist ihre Ausgangsposition schlecht.

Ihr kometenhafter Aufstieg setzt ab der Mitte des 19. Jahrhunderts ein, als die Masseneinwanderung aus Europa Amerika überschwemmt. Schon 1910 vereinigt der Katholizismus in den USA fünf Millionen Mitglieder, Nonnen- und Mönchsorden, es entstehen geistliche Bruderschaften und es formiert sich vor allem der Jesuitismus. Zum Ende des Zweiten Weltkrieges leben etwa 24 Millionen Katholiken in Amerika.

Gemäß ihrer Strategie bemüht sich die katholische Kirche, Einfluß auf die Erziehung zu nehmen und hier verbucht sie ihre größten Erfolge. Parallel dazu wird das Netz der Geistlichen ausgebaut. 1946 gehören zur amerikanischen Hierarchie fünf Kardinäle, 22 Erzbischöfe, 136 Bischöfe und 39 000 Geistliche; die Kirche verfügt über 14 500 Gemeinden und etwa 21 600 Studenten bereiten sich auf das Priesteramt

vor. Die Kirche profiliert sich auf dem karitativen Gebiet; sie verfügt zum Kriegsende über 726 Krankenhäuser und jährlich treten etwa 85 000 Amerikaner zum katholischen Glauben über. Parallel dazu wird das Pressenetz ausgebaut. 1942 besitzt oder kontrolliert die katholische Kirche 332 Publikationen mit einer Gesamtauflage von neun Millionen. Die katholische Presse durchdringt auf diese Weise die kulturelle und politische Sphäre.

Eine spezielle Organisation widmet sich der Soziallehre; es ist die *National Catholic Welfare Conference*. Grundlage ihrer Tätigkeit sind vor allem die Äußerungen des Papstes Leo XIII. Diese Vereinigung organisiert Diskussionen über soziale Tagesfragen. Ihre Konferenzen werden als *reisende Universitäten* bezeichnet. Von 1922 bis 1945 finden mehr als 100 solcher Konferenzen in den wichtigsten Industriezentren des Landes statt.

Um der Gefahr des Sozialismus und Kommunismus besser zu begegnen, werden die Geistlichen im Fach Soziallehre unterrichtet und dadurch einseitig gepolt. 1937 leitet die katholische Hierarchie eine umfassende Offensive gegen den Kommunismus ein. In der katholischen Presse erscheinen eine Vielzahl antikommunistischer Inserate und Artikel, in denen vor einer Zusammenarbeit mit den *Roten* gewarnt wird.

1937 schafft sie unter der Führung des Kardinals Hayes, des Erzbischofs von New York, eine spezielle Organisation zur Bekämpfung des Kommunismus. Es formieren sich der *Konservative Katholische Arbeiterbund* und die *Pazifistische Katholische Arbeitergruppe*. In Amerika gibt es umfassende katholische Organisationen, wie die *Kolumbusritter* mit 650 000 Mitgliedern, den *katholischen Frontkämpferbund*, der 1946 eine Mitgliederzahl von vier Millionen erreicht, die *Nationalkonferenz katholischer Männer*, eine analog der Frauen, die Organisation der *Senior Catholic Daughters of America*, die *katholische Studentenvereinigung* und weitere.

Und doch muß man zwei weitere Strömungen beachten, die dem Katholizismus in Amerika zum Sieg verholfen haben. Die

Mehrzahl der katholischen Bevölkerung lebt in den Stadtzentren, von dem das kulturelle, soziale und politische Geschehen ausgeht. Im Gegensatz zu den in den USA mehr als 250 anerkannten Religionsgemeinschaften ist es nur dem Katholizismus gelungen, einen festen Block zu bilden. Aus ihm bildet sich der *amerikanische Katholizismus*, der etwas von der europäischen Variante abweicht.

In diesem Zusammenhang tut sich der Reverend Hecker hervor. Er bekämpft die damals unter den Nationen der katholischen Einwanderer herrschende Tendenz, eigene Nationalkirchen zu gründen in denen in der Nationalsprache Messen zelebriert werden. Noch 1929 gibt es in Chikago 124 englische katholische Kirchen, 38 polnische, 35 deutsche, 12 italienische, 10 slowakische, 8 tschechische, 9 litauische, 5 französische, 4 kroatische und 8 Kirchen anderer Nationalitäten.

Bei den Präsidentenwahlen 1928 betritt der amerikanische Katholizismus erstmals im größeren Maßstab die politische Bühne des Landes. Der Gouverneur Alfred E. Smith, der katholische Präsidentschaftskandidat, verkündet sein politisches Credo und sagt:»Folgendes ist mein Glaubensbekenntnis als amerikanischer Katholik: Ich glaube an die Anbetung Gottes gemäß der Lehre und der Praxis der römisch-katholischen Kirche. Ich erkenne keine Macht innerhalb meiner Kirche an, die sich in die Handhabung der Verfassung der Vereinigten Staaten von Amerika oder in die Durchführung der Gesetze unseres Landes einmischt. Ich glaube an die absolute Gewissensfreiheit aller Menschen und an die Gleichheit aller Kirchen ... an die völlige Trennung von Kirche und Staat.«

Die Gegenpartei läßt wissen:»Wir wünschen nicht den Papst im Weißen Haus.« Dies bedeutet zunächst einen herben Schlag ins Kirchenkontor. Der Vatikan verhält sich auch hier geschmeidig wie die Schlange im angeblichen Paradies; er duldet den *liberalen* und *fortschrittlichen* Touch der Regierung, um abzuwarten, wann *er* das nächste As aus dem Ärmel ziehen kann. Es wird der Zeitpunkt kommen, wo er die Früchte

seines Entgegenkommens erntet. Sein Ziel ist die Unterstützung des autoritären Gedankens.

Diese Auffassungen sind in dem Buch *The State and the Church* definiert , das J. A. Ryan und M. F. X. Millar geschrieben haben. Es wird 1940 unter dem Titel *Catholic Principles of Politics* neu aufgelegt. Hier wird klar gesagt, daß es in Amerika eben nur die eine Religion des Katholizismus gibt und daß sich der Katholizismus auch in den USA zur Staatskirche entwikkeln soll; dies stimme mit den fundamentalen Lehren der Päpste überein. »Der Staat muß die wahre Religion anerkennen.« Daraus kann nur geschlossen werden, daß der Vatikan in den USA das gleiche Spiel zu treiben sucht, wie in Europa.

Auch hier darf der jesuitische Einfluß nicht unterschätzt werden. Am 17.5.1941 lesen wir im Presseorgan der amerikanischen Jesuiten:»Wie haben wir Katholiken diese Zivilisation, die sich demokratisch nennt, verabscheut und verachtet ... Heute fordert man nun von den amerikanischen Katholiken, ihr Blut für die besondere Art der weltlichen Zivilisation zu opfern, die sie seit vier Jahrhunderten heroisch bekämpfen ... die christliche Religion fängt dort an, wo wir uns dazu durchringen, uns von der bestehenden sozialen Ordnung zu trennen, statt uns von ihr begraben zu lassen.«

Nun stoßen wir auf eine merkwürdige Notiz in der *Social Justice* vom 1.9.1939, in der Coughlin im Zusammenhang mit dem Ausbruch des II. Weltkrieges sagt:»Wir sagen schon heute, daß ... die amerikanischen Nationalsozialisten, unter diesem oder einem anderen Namen organisiert, voraussichtlich die Regierungsgewalt auf diesem Kontinent übernehmen werden ... das Ende der Demokratie in Amerika ist gekommen.«

1936 erklärt Bischof Gallagher, Coughlins Vorgesetzter, nach einer Rückkehr von einer Romreise, wo er mit dem Papst gesprochen hat:»Reverend Coughlin ist ein ungewöhnlicher Priester, seine Stimme ... ist die Stimme Gottes.« Am 29.7.1941 nennt ein Mönch in New York Coughlin einen *zweiten Christus*. Die Führer der katholischen Kirche der USA bekunden damals Sympathien für den Faschismus. Kardinal Hayes, der Erzbischof von New York, wird von Mussolini viermal mit hohen Orden ausgezeichnet. Kardinal O'Connel nennt Mussolini einen Genius, den Gott Italien gesandt hat.

Der damalige Kardinalstaatssekretär Pacelli reist im Herbt 1936 im Auftrag des Papstes nach Amerika. Er trifft am 9.10. 1936 in New York ein, verbringt einige Wochen in den Oststaaten und reist dann in den Mittleren und Fernen Westen weiter. Am 6.11., unmittelbar nach Roosevelts Wiederwahl, hat er eine längere Unterredung mit dem Präsidenten. Die beiden Staatsmänner sprechen über die Möglichkeiten der USA, unter dem Deckmantel der Neutralität bei der Zerschlagung der spanischen Republik mitzuwirken, und über die Aufnahme von diplomatischen Beziehungen zwischen dem Vatikan und Washington. Die Unterredungen ziehen sich ohne Ergebnis bis 1939 hin.

Da kabelt am 16.6.1939 der römische Korrespondent der *New York Times* eine Mitteilung des Vatikans nach den USA, in der gesagt wird, daß man vom Pius XII. in Kürze Schritte erwarten kann, die der Aufnahme normaler diplomatischer Beziehungen zwischen dem Heiligen Stuhl und den Vereinigten Staaten dienen sollen.

Am 29.6.1939 trifft Kardinal Enrico Gasparri in New York ein und unterhandelt drei Tage lang mit Erzbischof Spellman. Seine Mission hat den Zweck, die juristischen Grundlagen für eine mögliche Aufnahme diplomatischer Beziehungen zwischen dem *State Department* und dem *Heiligen Stuhl* vorzubereiten. Diese Dinge sind erforderlich, um zu verstehen, weshalb die USA den *deutschen* Interessen damals so positiv gegenübersteht. Es wirft ein grelles Licht auf die Warburg-Mission.

Ab 1924 fließen erhebliche Beträge amerikanischen Kapitals nach Deutschland. Sie bilden teilweise die Grundlage, auf die Hitler seine Kriegsmaschinerie baut[201]. Aufmerksamen Zeitgenossen wird klar, daß seine Beschützer immer mehr Produkte vom Band laufen lassen, die die Kriegs-

führung ermöglichen[202]. Bei Ford und Opel werden Panzer gebaut[203]. 1925 bringt Karl Duisberg, der Vorsitzende der IG Farben und Gründer der *American Bayer Company,* seinen Wunsch nach einem starken Mann[204] zum Ausdruck, der Deutschland in der Stunde der Bewährung führen soll.

Warburg-Mission

Die Finanzierung des Tausendjährigen Reiches durch ausländisches Kapital ist ein Faktum. Unbekannt ist der Umfang der Leistungen[205]. Die Dokumente, denen zufolge amerikanische Banken und Industrielle Hitler unterstützt haben, sind zugänglich[206]. Aus dem Warburg-Bericht muß geschlossen werden, daß ausländische Gelder für die Machtergreifung ausschlaggebend sind[207]. Brüning macht in diesem Zusammenhang eine interessante Anmerkung[208].

Sidney Warburg ist der Sohn eines der größten Bankiers in den Vereinigten Staaten, des Firmeninhabers im Bankhaus Kuhn, Loeb & Cie. (New York). Er hat das Bekenntnis der persönlichen Mittäterschaft abgelegt. Er übergibt dem Holländer J. G. Schoup das Manuskript mit seinen persönlichen Aufzeichnungen über drei Gespräche mit Hitler, mit der Bitte um deren Übersetzung und sagt:

»Mein Bericht ist nicht mehr als eine treue Wiedergabe von den Gesprächen, die ich mit dem kommenden Mann Europas, Adolf Hitler, geführt habe ... ich will das Verbrechen eines Systems herausstellen, das die Welt regiert.« Nach den Aufzeichnungen Warburgs haben die Amerikaner in drei Zahlungen 32 Millionen Dollar investiert, um in Deutschland die nach ihrer Auffassung sinnvolle Revolution zu aktivieren; sie selbst sollten den Nutzen davon haben, wenn es klappt. Warburg weist nach, daß Hitler um insgesamt 400 Millionen DM zur Aufrüstung seiner Organisation nachsucht.

In der *New York Times*, der *Chicago Tribune* und der *Sunday Times* erscheinen regelmäßig Berichte über Hitlers Reden und Fortkommen. Seine Botschaft findet in den

Durch den massiven Einsatz der NSDAP werden die Kirchenwahlen vom 23.7.1933 zu einem großen Erfolg für die Deutschen Christen. Wahlpropaganda vor der Kirchentür. Rechts die oppositionelle Liste »Evangelium und Kirche der Jungreformatorischen Bewegung.

Herzen von Millionen ein Echo[209] und seine mit Kraft vorgetragenen Versprechungen finden nicht nur Zuspruch bei den Deutschen, sondern auch im Reich der *unbegrenzten Möglichkeiten*. Es ist bekannt, daß Hitler zu einem psychologischen Feldzug ansetzt, um Deutschland wirtschaftlich und militärisch aufzurüsten[210].. Solche Tendenzen kommen dem amerikanischen Wollen entgegen. Sie wiederholen sich jüngst in dem merkwürdigen Krieg im Iran. Das Strickmuster ist gleich; man schreitet ein, wenn man auf der sicheren Seite ist und baut das Land dann wieder auf, um es wirtschaftlich auszubeuten.

Carter, der Aufsichtsratsvorsitzende des *Guarantee-Trust* aus New York, hört von einem Berliner Bankdirektor etwas über einen gewissen Hitler[211]. Rockefeller liest einen Bericht über die nationalsozialistische Bewegung in Deutschland unter Hitlers Führung. Im Dezember 1929 erscheint in einem Monatsblatt der Havard-University eine Studie über den Nationalsozialismus, in der Hitler als Retter des Landes in den Himmel gelobt wird. Hier wird ihm der Titel des *kommenden Mannes Europas* zugewiesen[212]. Längst hat ihn der Sand der Geschichte zugeweht. Er war ein kümmerlicher Versager, der einer Illusion aufgesessen ist. Er hat ein Pendant im Papst Pius IX. Auch er hat, aus nachträglicher Sicht, nur Unglück über die Kirche und die sündige Menschheit gebracht.

Warburg wird zu einem Gespräch in das Büro des *Guarantee-Trust* gebeten. Er spricht deutsch, internationale Bankangelegenheiten sind ihm geläufig und er weiß, daß Amerika das Ziel verfolgt, den Reparationszahlungen an Frankreich ein Ende zu setzen. Warburg soll mit Hitler Kontakt aufnehmen, um zu hinterfragen, ob er für eine finanzielle Unterstützung seitens Amerika zugänglich ist[213]. Als Gegenleistung erwartet man von ihm eine aggressive Auslandspolitik und die Konzeption einer Revanche-Idee gegenüber Frankreich.

- Warburg soll in Erfahrung bringen, welcher Betrag für den gedachten Umsturz notwendig ist.
- Warburg soll das Ergebnis in einem Geheimcode kabeln und Carter sagen, auf welche europäische Bank das Geld auf seinen Namen bereitgestellt werden soll. Er könne zur Weitergabe an Hitler frei darüber verfügen[214].

Warburg kommt mit einem Diplomatenpaß in München an und trifft Hitler mit einiger Mühe in einem Nebenraum des Bräukellers. Warburg sagt: »... er macht auf mich einen eigenartigen Eindruck ... seine kurzen und verbissenen Sätze, das zusammenhanglose Gehaspel ohne jede ernsthafte Beweisführung lassen mich annehmen, daß dieser Mann innerlich leer ist[215]. Ein Gespräch mit Hitler ist etwas Ermüdendes. Er schreit in einem fort[216] ... es gibt Augenblicke, in denen er den Eindruck eines Wahnsinnigen macht. Manchmal ist sein vom Einen und Anderen springen so närrisch, daß ich an seinem geistigen Gleichgewicht zweifeln muß[217] ... ich bin der Meinung, daß er eine übernervöse Natur hat und glaube nicht, daß er über einen großen Verstand verfügt. Er ist selten unnachgiebig und starrköpfig.

Ich glaube, daß das deutsche Volk das einzige auf der Welt ist, bei dem ein solcher Mann zu Einfluß kommen kann. Es gibt so viele schwache Punkte in seiner Person und in seinem Auftreten, daß in anderen Ländern der Mann von selbst lang verspottet und verhöhnt worden wäre[218] ... Er hat in der Judenfrage Vorstellungen, wie sie für einen Oberschuljungen in den Vereinigten Staaten lächerlich sein würden. Geschichtliche Tatsachen schiebt er gewöhnlich beiseite ... seine Taten werden beweisen, ob er der Narr ist, für den ich ihn halte. Für das deutsche Volk, das nur vor Kraftprotzen Respekt hat[219] ... hoffe ich von Herzen, daß ich mich irre[220].« Hitler sprudelt los:

- Das deutsche Volk ist durch die Bestimmungen des Versailler Vertrages in die Sklaverei getrieben. Unsere Regierungen seit 1918 sind aus Feiglingen und Verrätern zusammengesetzt[221]. Die politischen Parteien betreiben Kuhhandel ... die Regierungen lassen sich aus dem Ausland vorschreiben, was zu tun ist, anstatt die Zähne zu zeigen, daß das deutsche Volk zur Abwehr imstande ist[222].
- Wir bieten Brot und Arbeit ... die Arbeitslosigkeit muß zunehmen, dann können wir vorankommen. Die Reichswehr ist in unserer Hand ... mit genügend Geld kann man überall Waffen kaufen. Wir kleben nicht an der Utopie eines Judenstandards. Unser Programm ist deutsch ... von Verhandeln ist keine Rede[223].
- Frankreich ist unser Feind. Der Schwindel der jüdischen Banken ist zu beenden. Galizische Spekulanten streichen das Vermögen des Mittelstandes ein. Ich habe die Beseitigung der Bevormundung des Deutschen Volkes zu meiner Lebensaufgabe gemacht. Ich werde siegen oder untergehen[224].

Als ihn Warburg nach der Höhe des erforderlichen Betrages fragt, wird Hitler nervös, beginnt auf der Rückseite eines Pappkartons zu rechnen und nennt die Summe von 100 Millionen Mark. Der Betrag soll rasch verfügbar sein und auf eine ausländische Bank angewiesen werden. Nach drei Tagen kommt aus New York die Zusage über die Bereitstellung von zehn Millionen Dollar. Sie werden bei der Mendelsohn'schen Bank in Amsterdam bereitgestellt[225]. Warburg und von Heydt holen den Betrag ab.

Rasch ist das Geld zum Ausbau der nationalsozialistischen Partei verbraucht, denn Hitler kann nicht rechnen. 1931 schickt er einen Brief an Warburg. Er bittet um eine weitere Summe[226]. Warburg vermittelt und Carter erwartet einen aktuellen Bericht zur Lage. Er möchte wissen, inwieweit sich die Situation in Deutschland verändert hat. Nochmals kommt Warburg nach Deutschland. Diesmal findet die Begegnung zwischen ihm, Hitler, von Heydt und dem Rechtsanwalt Lütkebrune in der Berliner Frauenstraße 28 statt. Hitler poltert los:

- Gebt uns noch ein Jahr und die Macht ist unseren Händen wir haben einen Mobilmachungsplan ... wenn Blut fließen soll, so soll es fließen. Nur mit Gewalt kann man Verrätern Mores lehren[227].
- Wir werden uns heimlich bewaffnen. In zwei Jahren habe ich ein deutsches Heer, das stark genug ist, um Frankreich zu überfallen ... wenn ich es nicht kleinkriege, werden mir die Sowjets helfen[228].
- Alle Juden, Kommunisten und Sozialdemokraten werden verschwinden. Die Lager, in die ich sie einsperren werde, sind angewiesen[229].
- Das Volk muß Angst haben. Das geht nur durch Zur-Schau-Stellen von Macht. Es ist nur mit Waffen und Uniformen möglich. Wenn von einer Gruppe Braunhemden ein paar Kommunisten totgeprügelt werden, dann ist es für unsere Partei von ebensolchem propagandistischem Wert, wie eine Rede von mir[230]. Wir haben die Proletarier nötig[231].

- Obwohl ich Österreicher bin, sollen mich die Deutschen auf den Knien anerkennen, nicht als einen von ihnen, sondern als ihr Führer[232].

Er stellt heraus, daß er mit den ihm geschenkten 40 Millionen Mark nicht einmal die Hälfte seines *hervorragenden* Programmes durchgeführt hat und er spricht von weiteren 200 Millionen Mark[233]. Er sagt: »Die Zentrumspartei erfahre Unterstützung von der katholischen Kirche und habe Milliarden zur Verfügung[234]. Warburg soll seinen Auftraggebern klarmachen, daß sie in ihrem eigenen Interesse so schnell wie möglich weitere 200 Millionen Mark anweisen sollen. »Dann sind wir in höchstens sechs Monaten startklar[235].«

Nun kommt es zu einer Begegnung mit Streicher und Göring. wird ausfällig und sagt: »Das ist alles Schwindel. Wir haben Sie doch nicht gerufen. Erst lassen Sie vor unseren Augen einen stattlichen Betrag schimmern, und wenn wir angeben, was wir brauchen, dann ist das zu hoch und die Herren können nicht liefern ... ihr seid alle Schwindler[236].«

Noch einmal erklären sich amerikanische Bankiers zu einer Sponsoraktion bereit. Sie investieren weitere 15 Million Dollar in den Auf- und Ausbau der NSDAP; unter der Voraussetzung, daß Hitler nachhaltig auf seine Aggression gegenüber dem Ausland hingewiesen wird[237]. Die Gelder werden so verteilt:

- 5 Millionen Dollar bei der Rotterdamschen Bankvereinigung.
- 5 Millionen Dollar bei der Banca Italiana in Rom.
- 5 Millionen Dollar auf Warburg bei der Mendelsohn'schen Bank in Amsterdam.

Warburg, von Heydt, Strasser und Göring nehmen die Beträge jeweils vor Ort in Empfang. Inzwischen wendet sich Hitler schriftlich an Carter und bittet um weitere Unterstützung. »Die Hälfte der Sturmabteilungen verfügt lediglich über Gummiknüppel und altertümliche Karabiner... vergessen Sie nicht, daß wir gegen Moskau

und für die katholische Kirche kämpfen. Es sind Feinde, die wir nicht unterschätzen dürfen[238]... ich brauche noch 100 Millionen für die Verwirklichung des *deutschen* Sieges.«

Carter drahtet zurück, daß er zu einem Engagement von sieben Millionen Dollar bereit sei. Fünf Millionen Dollar werden von New York auf eine noch zu bestimmende Bank angewiesen und zwei durch die Rhenania AG an ihn überwiesen.

Konkordat

Das Reichsgesetzblatt[239] sagt in diesem Zusammenhang: »Seine Heiligkeit der Papst Pius XI. und der Deutsche Reichspräsident, von dem gemeinsamen Wunsch geleitet, die zwischen dem Heiligen Stuhl und dem Deutschen Reich bestehenden freundschaftlichen Beziehungen zu festigen und zu fördern, gewillt, das Verhältnis zwischen der katholischen Kirche und dem Staat für den Gesamtbereich des Deutschen Reiches in einer für beide Teile befriedigenden Weise dauernd zu regeln, haben beschlossen, eine feierliche Übereinkunft zu treffen, die die mit einzelnen deutschen Ländern geschlossenen Konkordate ergänzen und für die übrigen Länder eine in den Grundsätzen einheitliche Behandlung der einschlägigen Fragen sichern soll.«

Hitler bekennt sich in seinem Standardwerk *Mein Kampf* zum Christentum und schreibt: »Dem politischen Führer haben die religiösen Einrichtungen seines Volkes unantastbar zu sein[240].« Franz von Papen tut sich als Vermittler der *schwierigen* Verhandlungen hervor und schreibt in seinen Memoiren: »Pius XI. habe ihn mit väterlichen Wohlwollen empfangen und seine Freude darüber ausgedrückt, daß ein Mann wie Hitler an der Spitze steht, der sich einen kompromißlosen Kampf auf die Fahnen geschrieben hat[241].«

Am 2.7.1933 bringt von Papen in einem geheimen Schreiben an Hitler zum Ausdruck, »daß der Abschluß eines Konkordates außenpolitisch als großer Erfolg für die Regierung der nationalen Erhebung gewertet werden muß.« Das Konkordat ist nur ein Papiertiger und wird auf beiden Seiten gebrochen. Selbst Außenstehende bemerken die Oberflächlichkeit der Absichten und aus vielschichtigen Kommentaren wird das zwielichtige Umfeld deutlich. Der frühere Nuntius von Paris, Kardinal Ceretti, erkennt, daß das von seinem Dienstherrn mit Hitler geschlossene Konkordat wertlos ist. Der frühere Reichskanzler Brüning sagt nach der Unterzeichnung: »Hitler habe sich gebrüstet, einer der wenigen zu sein, die den Vatikan getäuscht haben[24].«

Weniger bekannt ist, daß vor der Unterzeichnung über Geheimklauseln gesprochen wird, auf die vor allem Papst Pius XI. Wert legt, denn sie verraten seine Absichten:

- Gemeinsames Vorgehen gegen Rußland.
- Pflichten der zur Deutschen Wehrmacht eingezogenen Priester.
- Behandlung der getauften Juden in Deutschland. Eugenio Pacelli gestattet sich den markigen Vorschlag: »Man möge sie doch als Katholiken anerkennen.«

Kaum ist die Tinte unter dem Dokument trocken, brüstet sich die NS-Presse damit. Im Sommer 1933 triumphiert der *Völkische Beobachter* und schreibt: »Durch die Unterzeichnung des Konkordates ist der Nationalsozialismus feierlich von der katholischen Kirche anerkannt ... es bedeutet eine moralische Stärkung der Regierung.«

Der Kardinal Bartram richtet im Namen aller Erzbischöfe ein Schreiben an Hitler, in dem er ihm »Anerkennung und Dank aus Anlaß des Abschlusses des Reichskonkordates ausspricht.« Hier wird gesagt: »Das Episkopat aller Diözesen Deutschlands hat, wie die öffentlichen Kundgebungen erwiesen, sobald es nach der Neugestaltung der politischen Verhältnisse durch Eurer Exzellenz Erklärungen ermöglicht wurde, sogleich die aufrichtige und freudige Bereitwilligkeit ausgesprochen, nach dem besten Können zusammenzuarbeiten mit der jetzt waltenden Regierung, die die Förderung der christlichen Volkserziehung, die Abwehr

Hitler und Franco beim Abschreiten einer Ehrenformation anläßlich ihres Treffens in Hendaye nahe der französisch-spanischen Grenze am 23.10.1940.

von Gottlosigkeit und Unsittlichkeit, den Opfersinn für das Gemeinwohl und den Schutz der Rechte der Kirche als Leitstern ihres Wirkens aufgestellt hat[244].«

Faulhaber weiß die Unterzeichnung zu schätzen, denn in einer 1936 gehaltenen Predigt bestätigt er: »Pius XI. hat als erster Souverän des Auslandes mit der neuen Reichsregierung einen ... Vertrag geschlossen ... geleitet von dem Wunsch, die zwischen dem Heiligen Stuhl und der Deutschen Nation bestehenden freundschaftlichen Beziehungen zu fördern.«

Das wesentliche Problem fast aller Konkordate liegt auf zwei Ebenen: Entweder die unterjochten Völker sind so naiv, daß sie dem geistlichen Wollen alles aus der Hand fressen und später gegen die Bevormundung aufmucken; und dadurch einen Konflikt auslösen .. oder daß es für beide Seiten um das Vorrecht der Erziehung geht. Es ist das sittliche Fundament der Zukunft der einzelnen Staaten, worauf Kirche und Staat gleichermaßen Anspruch erheben.

Münchener Konferenz 1938. Hitler und Mussolini.

Es ist auf friedlichem Weg unlösbar und nicht nur Bismarck ist daran gescheitert. Nach dem heutigen Kenntnisstand ist Hitler ohnehin nicht willens, sich an die Vereinbarungen zu halten. Wenn man seine Argumente zum Thema Kirche betrachtet, zeigt sich seine intelektuelle Instabilität und Weltfremdheit. Er prophezeit dem Verleger Arthur Dinter: »Sobald ich an der Macht bin, wird der Vatikan wenig zu Lachen haben. Aber um bis dahin zu kommen, geht es nicht ohne ihn ... ich bin bereit, mit ihm zu verhandeln, sobald er sich mit meiner Autorität abgefunden hat[245].«

Auf einer Tagung in Speyer wird betont: »Die höchste Religion steht über dem Papst und Luther, man muß dorthin gehen, wohin der Führer ruft.« Hitler proklamiert: »Obwohl die Kirche eine jüdische Angelegenheit ist, die sich nach Europa geschwindelt hat, seien die 2000 Jahre organisatorischer Erfolge arischen Ursprungs. Jesus sei ein Arier gewesen, dessen Lehre im Lauf der Jahrhunderte im Interesse der katholischen Kirche bis zur Unkenntlichkeit entstellt worden ist[246].« Hitler greift die Geistlichen an und sagt: »Weil sie, während sie von Liebe und Menschlichkeit reden, nur an der Macht über die Seelen der Menschen interessiert sind[247].« Während einer Rede vom 1.5.1937 hebt er hervor: »Die Kirche soll nicht die Moral des Staates kritisieren, wenn sie genügend Grund hat, vor der eigenen Tür zu kehren.« Gegenüber dem Statthalter von Baden-Baden sagt er: »Es ist zweckmäßig, aufzuzeigen, daß die Priester Verbrecher sind[248].« Hitler hat erwogen, Papst Pius XI. gefangenzunehmen[249] und ihn als besondere Demütigung auf die Wartburg zu bringen.

Zur Fehlinterpretation der Arier

Man versteht darunter einen Teil des Zweiges der indogermanischen Sprachfamilie; die Meder und Perser, Inder und die Träger der Kafir-Sprachen in Nordwestindien. Arier nennen sich ursprünglich indogermanische Adelsgruppen in Vorderasien und Indien. Sie sind bereits im 15. und 14. Jahrhundert v. u. Z. im Mitanni-Reich als erobernde Oberschicht nachweisbar. An archäologischen Funden lassen sich ihre Wanderwege rekonstruieren.

Der Begriff *Arier* geht in der zweiten Hälfte des 19. Jahrhunderts in die Darwin'sche Selektionstheorie und in den politischen Sprachgebrauch ein. Jetzt deutet man ihn als im Sinn eine Überlegenheit der weißen Rasse: es führt zur rassenkundlichen Geschichtsschreibung. Der Antisemitismus engt den Begriff weiter ein, indem er ihm eine antijüdische Bedeutung beilegt. In einem kühnen Atemzug wird der Arier dem Juden gegenübergestellt, wobei dem einen gute und dem anderen schlechte Attribute beigemessen werden. Während des Dritten Reiches entsteht aus dieser Fehlinterpretation eine abwegige Rassentheorie, die bar jeder historischen, moralischen und soziologischen Grundlage ist. Vereinfachte Pauschalurteile über geistesgeschichtliche Fakten treffen oft weit neben das Ziel.

Gegenseitige Diffamierungen

Ab 1936 kommt es zu weiteren Spannungen zwischen dem Vatikan und dem Nationalsozialismus, denn die römisch-katholische Kirche fühlt sich in ihrem Wirkungskreis behindert. In einer Kampagne hat es Hitler auf die klerikale Pressefreiheit abgesehen[250]. Im Herbst 1936 sagt Pacelli zu diesem Thema: »Unsere Blicke wenden sich besorgt nach Deutschland ... es ist unbegreiflich, daß die katholische Presse noch immer in ihrem apostolischen Kampf gegen den Bolschewismus behindert wird.«
Auf der Fuldaer Bischofskonferenz wird 1936 erklärt: »Wir können es nicht begreifen, daß die katholische Presse, sogar die kirchlichen Zeitschriften und Kirchenblätter, durch Verordnungen eingeschnürt werden, die den Eindruck erwecken, daß sie den Untergang der katholischen Prese bezwecken. Wir können nicht begreifen, daß man die heranwachsende deutsche Jugend christlichen Einflüssen entzieht und ihr christusfeindliche Ideen beibringt oder sie durch interkonfessionelle Vermischung in der Lebenskraft ihrer katholischen Überzeugung schädigt[251].«

- Der Kölner Erzbischof rügt 1935 die Regierung, daß die katholischen Freiheiten beschnitten und die Katholiken wie Staatsfeinde behandelt werden.
- Der Hirtenbrief der Fuldaer Bischofskonferenz vom August 1935 kritisiert die Regierung, weil sie duldet, daß die heiligen Schriften des Alten Bundes und die Evangelien und die Paulusbriefe nicht mehr gelten sollen und daß man an der Stelle der katholischen Lehre eine romfreie Nationalkirche einrichten will.
- Am Silvesterabend 1935 zieht Kardinal Faulhaber in einer Predigt über den Bolschewismus her: »Die Nazis sollen sich auf die Feinde Deutschlands konzentrieren und nicht darauf, so viel wie möglich zum Kirchenaustritt zu zwingen.
- Der Bischof von Berlin, Graf Preysing, protestiert in einem Fastenbrief dagegen, daß man der Kirche vorwirft, sich politisch zu betätigen.

- Die Bischöfe protestieren dagegen, daß man sie politischer Aktivitäten beschuldigt und tragen vor: » ...müssen wir uns denn im eigenen Vaterland alles gefallen lassen[252]?«
- Von Galen fragt im März 1936 in einer Predigt in Buer den Reichsführer »Wie Katholiken mitarbeiten sollen, wenn ihre Religion nicht respektiert wird ... wie können christliche Eltern mit ruhigem Gewissen ihre Kinder in das Landjahr, in ein Arbeitslager, in Heimabend und Schulungskurse gehen lassen, wenn sie wissen, daß ihnen dort die in der Jugend notwendige religiöse Führung und Anleitung fehlt[253].«

Hitler eskaliert sein Verhalten durch gezielte Hetzkampagnen, da Gespräche mit ihm unmöglich sind. Dazu einige Beispiele: drei Monate nach der Unterzeichnung des Konkordates werden in Bayern einige Priester verhaftet, Hirtenbriefe konfisziert und kuriale Schreiben geöffnet. 1934 gelangt ein geheimes Schreiben an den britischen Generalkonsul in München, Gainer[254]. In ihm wird betont, daß es für jedermann klar sein muß, daß der Nationalsozialismus und die Kirche Todfeinde sind. »Die orientalisch-jüdische Lehre, Christentum genannt, sei für den Verfall der nordischen Rasse und für den Aufstieg des Bolschewismus verantwortlich, der Papst wäre ein Halbjude und Freimaurer ... die Hälfte der katholischen Theologen seien Juden[255].«
Gleich läßt Pius XI. verlautbaren: »Die deutsche Regierung habe den Papst beleidigt ... man müsse immer mit dem autoritären Charakter seiner Heiligkeit rechnen[256].«
Der Gekränkte weist den Nuntius von Berlin, Orsenigo, an, eine offizielle Beschwerde über die Verletzungen des Konkordates aufzusetzen. Man läßt wissen: »Der Papst fühle sich persönlich beleidigt, da man behauptet hat, er wäre jüdischer Abstammung[257].« Im Münchener Bürgerbräukeller spricht Ludwig Engel, ein abtrünniger Jesuit, offen gegen die Kirche. Er bestätigt, daß Papst Paul III. ein Volljude gewesen ist[258]. In der nationalsozialistischen Zeitschrift *Die Sonne* steht, »daß die

---

Wesentliche Punkte der Vereibarungen Hitlers mit Pius XI.

- Der heilige Stuhl genießt in seinem Verkehr und seiner Korrespondenz mit den Bischöfen, dem Klerus und den übrigen Angehörigen der katholischen Kirche in Deutschland volle Freiheit.

- In Ausübung ihrer geistlichen Tätigkeit genießen die Geistlichen in jeglicher Weise wie die Staatsbeamten den Schutz des Staates[242].

- Bevor die Bischöfe von ihrer Diözese Besitz ergreifen, leisten sie in die Hand des Reichsstatthalters in dem zuständigen Lande bzw. des Reichspräsidenten einen Treueeid nach folgender Formel: »Vor Gott und auf die heiligen Evangelien schwöre und verspreche ich, sowie es sich für einen Bischof geziemt, dem Deutschen Reich und dem Lande ... die Treue. Ich schwöre und verspreche, die verfassungsmäßig gebildete Regierung und das Wohl und das Interesse des deutschen Staatswesens werde ich in Ausübung des mir übertragenen Amtes jeden Schaden zu verhüten trachten, der es bedrohen könnte.«

- Die katholisch-theologischen Fakultäten an en staatlichen Hochschulen bleiben erhalten.

- Der katholische Religionsunterricht in den Volks-, Berufs- und Mittelschulen, sowie an höheren Lehranstalten ist ordentliches Lehrfach und wird in Übereinstimmung mit den Grundsätzen der katholischen Kirche erteilt.

- Die Beibehaltung und Neueinrichtung katholischer Bekenntnisschulen bleibt gewährleistet.

- In allen katholischen Volksschulen werden nur solche Lehrer angestellt, die Gewähr bieten, den besonderen Erfordernissen der katholischen Bekenntnisschule zu entsprechen.

- Die kirchliche Einsegnung der Ehe darf vor der Ziviltrauung vorgenommen werden.

- Der Deutschen Reichswehr wird für die ihr zugehörenden katholischen Offiziere, Beamte und Mannschaften sowie deren Familien eine Seelsorge zugestanden ... die Leitung ... obliegt dem Militärbischof.

- Die katholische Kirche erbittet Gottes Segen für das Nazireich, weil es die Kirche zum gleichberechtigten Partner des Staates gemacht hat. »An den Sonntagen und den gebotenen Feiertagen wird in den Bischofskirchen sowie in en Pfarr-, Filial- und Klosterkirchen des Deutschen Reiches im Anschluß an den Hauptgottesdienst, entsprechend den Vorschriften der kirchlichen Liturgie, ein Gebet für das Wohlergehen des Deutschen Reiches und Volkes eingelegt.«

Großmutter des Papstes eine holländische Jüdin namens Lippmann gewesen ist.« Und wenn schon! Er müßte deshalb nicht schlecht sein. Es ist klar, daß die gegenseitigen Sympathien in Richtung Gefrierpunkt wandern.

Eugenio Pacelli begreift, daß der Nationalsozialismus unfähig ist, um als wirksames Bollwerk gegen den Bolschewismus zu gelten; trotzdem reißt er das Ruder nicht herum. Rosenberg, der Parteitheoretiker, vertritt eine konträre Meinung und glaubt zu wissen: »Die katholische Kiche ist weit davon entfernt, den Kommunismus zu bekämpfen. Sie stellt den besten Nährboden für ihn dar. Moskau ist eine Tochter Roms.«

Konfessionelle Schulen werden unterlaufen und an ihre Spitze Parteifunktionäre gesetzt. Elternvereine werden aufgehoben und katholische Lehrer entlassen. 600

Nonnen wird nahegelegt, einen Zivilberuf zu ergreifen. Baldur von Schirach, der Reichsjugendführer, stellt einem Bischof die Frage:»Ob er weiß, was ein katholischer Klimmzug oder ein evangelischer Hürdenlauf sei[259]?«

Die Hitlerjugend verbreitet Papstwitze und man beschlagnahmt kirchliches Eigentum. Die Möglichkeit der Kollekten werden eingeschränkt und im Frühsommer 1936 werden 236 Mönche eines Franziskanerklosters in Westfalen unter der Anklage homosexueller Vergehen verhaftet. Obwohl der aufgeschreckte Papst die Auflösung einer Ordensprovinz wegen *Ausschweifungen* verfügt, werden die Gerichtsverfahren fortgesetzt und in die Öffentlichkeit getragen. Der *American World Almanach* von 1939 berichtet auf Seite 236, daß man bis zum Oktober 1938 mehr als 8000 Mönche und Laienbrüder verhaftet hat.

1935 wallfahren 1700 Jugendliche nach Rom. Bei ihrer Rückkehr werden sie von deutschen Zivilbeamten durchsucht und müssen mitgebrachte Rosenkränze und Devotionalien versteuern. In Koblenz werden 170 Franziskaner wegen der Verführung Jugendlicher und der Verwandlung eines Klosters in ein Bordell verhaftet. Der Völkische Beobachter berichtet von Orgien und die Zeitschrift *Angriff* bringt eine Serie über die Zustände in den Klosterschulen, die als Brutstätten der Homosexualität bezeichnet werden.

Das *Schwarze Korps* stellt die Behauptung in den Raum, daß Priester auf den Altarstufen an verkrüppelten Kindern *versteckte* Praktiken üben. Ein Film zeigt tanzende Priester in einem Bordell und der *Völkische Beobachter* konstatiert, daß sich unter den Geistlichen mehr als 1000 Sexualverbrecher befinden. Priester werden in eindeutigen Stellungen mit halbnackten Frauen gezeigt[260] und das *Trierer Nationalblatt* greift den Papst an.

Göring nennt die katholischen Priester *Schwarze Maulwürfe* und Julius Streicher trägt während einer Versammlung Liebesbriefe vor, die der Erzbischof Gröber aus Baden an eine 20jährige Jüdin geschrieben haben soll[261]. In Königsberg werden Plakate mit der Aufschrift:»Nieder mit Rom … hinaus mit den Schwarzen Ratten … unser Volk wird durch jüdischen Betrug und päpstliche Korruption zerstört« an die Kirchentüren geheftet[262].

Geistliche berichten, daß man während einer Fronleichnamsfeier Stinkbomben geworfen hat und die Hitlerjugend grölt über die Straßen:»Kein Geld mehr für die schwarzen Schweine.« Nonnen werden wegen angeblicher Unsittlichkeit vor Gericht gestellt und zu Zwangsarbeiten verurteilt; Geistliche werden vor weltliche Gerichte gezerrt und fanatisierte Parteigängerinnen spucken Priester an[263].

Auch die Geistlichen beherrschen die ungehobelte Sprache. Faulhaber predigt im Frühjahr 1937 in der St. Michaeliskirche gegen die Machenschaften der Nationalsozialisten. Offensichtlich hat er einen Gesinnungswandel durchgemacht. Pfarrer Denzel aus Schrobenhausen sagt von der Kanzel:»Laßt die stinkenden SS-Bastarde zu mir kommen, 2000 wenn ihr wollt. Ich werde ihnen den Schädel einschlagen, daß das Hirn herausspritzt … es wird genug Soße für eine Woche geben[264].« Der Pfarrer Schumbert aus Mainz-Amöneburg läßt wissen:»Ja, Braun ist das Wort für etwas anderes, das stinkt[265].« Sicher meint er nicht die Hemden der Glaubensbrüder, die die NSDAP anbeten. Kaplan Klinkhammer aus Essen spricht während einer Maiandacht von einer Rede, die Göring vor kurzem gehalten hat, als einem *Haufen Scheiße* und der Vikar Stocker aus Bochum proklamiert, daß Göring homosexuell ist.

Wie gekränkt müssen die nationalsozialistischen und geistlichen Rädelsführer sein, wenn man ihnen solche Vorwürfe macht, die sich gegenseitig aufheben. Wieder einmal zeigt sich, daß ein akademisches Studium, ein hervortretender Dienstgrad oder -rang, ein Sternchen mehr auf der falschen Brust noch längst nicht hinreichen, um einen in sich ruhenden, toleranten und gebildeten Menschen zu formen.

Dies verdeutlicht, auf welchem Niveau der Parteigeist, zu dem man den klerikalen zählen muß, angesiedelt ist. Das Tausendjährige Reich muß eine Illusion bleiben,

Hitler beauftragt seinen Vizekanzler von Papen mit der Führung der Konkordatsverhandlungen. Hier bei einer Audienz mit einer Frau beim Papst.

denn es leidet an geistiger Armut. Verstand wird durch die Triebe ersetzt. Emotionen sprengen bei kriegerischen Auseinandersetzungen den Rahmen des Gewohnten und dokumentieren, daß unserer geistigen Entwicklung enge Grenzen gesetzt sind, denn man hat ihre Entfaltung seit Jahrhunderten, vor allem seitens der Kirche, systematisch geknebelt. Das Tausendjährige Reich dokumentiert, daß sich Millionen geistiger Nullen ob dubioser Ideologien und Illusionen, gefördert von einem völlig falsch verstandenen Glauben, von Verblendeten auf die Schlachtbank der menschlichen Narrheit legen lassen. Der Massenwahn läßt dem Individuum keine Chance.

Es wird klar, daß der Nationalsozialismus vom Ansatz her zum Scheitern verurteilt ist. Unmündige Bürger, gewohnt in politischen und religiösen Zwängen zu Denken, zu Leben und zu Fühlen, sind ungeeignet, die Tragweite ihres Handelns zu beurteilen.

Der Vatikan fühlt sich in die Enge getrieben und Eugenio Pacelli muß kleinlaut beigeben, daß die deutschen Priester kein Recht haben, eine so unklare Sprache zu verwenden. Die Kurie fühlt sich getäuscht und hintergangen, weil Hitler egoistische Pläne realisiert. Papst Pius XI. entschließt sich zur Enzyklika *Mit brennender Sorge.* Heute wird vermutet, daß Faulhaber an ihrer Abfassung beteiligt ist[266]. Ihr Text soll am Palmsonntag von den deutschen Kanzeln verlesen werden.

Der Papst spricht von einer Verdammnis des nationalsozialistischen Regimes, von geistiger Unterdrückung und einem Kult der Idole und er sagt: »Der Führer strebe Gottähnlichkeit an und er wäre wie ein verrückter Prophet ... besessen vom widerlichen Hochmut.« Was würde das Papsttum im Spiegel der Wahrheit sehen; die NDSAP unterbindet die Verlautbarung und die Gestapo untersucht eine Unmenge bischöfliche Kanzleien.

Pressekampagnen und Bannflüche reichen nicht mehr hin, um das Volk einseitig zum Kuschen zu bringen. Die Kirche nimmt schon früh Zuflucht zu weltlichen Mächten, um sich ins rechte Licht zu setzen, denn der religiös Gedemütigte paßt sich als Bürger besser an. Dazu ist der Kirche jedes Mittel recht. Der Vatikan bemüht den Diktator Mussolini, Hitler nahezulegen, die feindselige Haltung gegen die katholische Kirche aufzugeben. Man macht ihm klar, daß Kanonen allein nicht hinreichen, um das *bolschewistische Ungeheuer* zu bekämpfen. Der Vatikan will einen religiös-ideologisch gefärbten Krieg in die Wege leiten und Faulhaber läßt wissen: »Der Vatikan werde seinen Einfluß im Ausland geltend machen, um Hitlerdeutschland zu helfen.« Die Kirche fleht bis in die letzten Tage des Regimes um die Chance, an Hitlers Seite den Bolschewismus zu besiegen.

Im Dezember 1938, zwei Monate vor seinem Tod, läßt Pius XI. die Katze aus dem Sack und trägt dem Kardinalkollegium vor: »In Deutschland ist ein Religionskrieg im Gang. Man schreckt nicht davor zurück, alle Waffen anzuwenden; Lüge, Drohung, falsche Informationen und physische Gewalt[267]. Er verschweigt, daß dies seit Jahrhunderten die probate vatikanische Rezeptur ist.

Die aufgebauschten Beschwerden richten sich immer nur auf ein Detail: man reagiert, wenn die persönlichen Freiheiten der Geistlichen beschnitten, wenn ihre geistigen und materiellen Interessen auf dem Spiel stehen, obwohl sie selbst das Konkordat gebrochen haben. Die grundsätzlichen Dinge, die Konzeption des Nationalsozialismus, die Arbeits- wie die daraus resultierenden Konzentrationslager, all die Überfälle auf andere Länder, die Zerstörung von Synagogen, die Deportation, Vernichtung und Vergasung Andersdenkender; darüber hört man nichts. Das wirkliche Unrecht wird schweigend übergangen und damit akzeptiert. Konnte sich die Kirche nicht äußern, um die eigenen Ziele nicht zu gefährden?

Das Schweigen der Päpste gegenüber den weltlichen Untaten läßt ihren Anspruch auf göttliches Sein zu Boden sinken. Das Papsttum hätte aus moralischen Gründen sprechen und sich gegen das Unrecht wenden müssen. Die Entschuldigung, der Papst habe die Details nicht gekannt, wird von der historischen Forschung Lügen gestraft. Es gab Zeiten, da hat er sich um Lächerlichkeiten gekümmert.

So fragt bereits ihn im frühen 16. Jahrhundert der Agitator Karlstadt, ob er eine noch schuldige Miete zu bezahlen hat ... denn eine Anfrage aus dem fernen Wittenberg war in das ferne Rom gelangt. Tatsache ist: »die Kirche hat zum Tod vieler, vieler Unschuldiger geschwiegen und sie hat viele, viele Unschuldige zum Tod verurteilt. Damit verliert sie jeden moralischen Anspruch und dadurch hat sie sich gerichtet. Eine unwahre Religion, die auf der Konzeption der Nächstenliebe errichtet ist und gleichzeitig den Tod fördert, ist unglaubwürdig.«

Die katholische Kirche hat schon seit Jahrhunderten den Pfad der Tugend und christlichen Nächstenliebe verlassen. Mit ihrer Macht zieht das Unrecht auf und sie muß sich im Kräftefeld der Politik behaupten.

Das Fähnlein schwankt im Glaubenswind

Rom ist die Spitze des dirigistischen Eisberges; die Wellen schlagen in Deutschland. So dringt die vergängliche Saat der Beeinflussung über Tausende von Kanzeln in die Herzen des leichtgläubigen Volkes. Warum sollte ein Mensch einen anderen wegen seiner Weltanschauung hassen und verfolgen? Gewiß ist es nicht im Sinn des Jesus von Nazareth. Alle Menschen sind gleich und niemand hat das Recht, einen anderen zu diffamieren. Ist es nicht die vordringlichste Aufgabe der religiösen Führer, Sittlichkeit und Verstand anzuheben? Im Vatikan begnügt man sich mit dem Gegenteil aus politischen Gründen.

Der Öffentlichkeit ist die Haltung der Kirchen während der Kriege fremd. Man verdrängt die Fakten und sieht nicht , daß fast alle aus niederen Gelüsten, seien es weltliche oder religiöse, beginnen und in einem Inferno enden. Gelegentlich hört man vom Widerstand Einzelner, doch in der Gesamtheit haben die Kirchen damals versagt, denn eines steht fest: »In unzähligen Veröffentlichungen, abgedruckt in den kirchlichen Gesetz- und Verordnungsblättern und in Hunderten von Kirchen- und Gemeindeblättchen übertreffen die Hitler zustimmenden Verlautbarungen diejenigen, die der Reichsminister für Propaganda, Goebbels, in den Jahren 1933 bis 1945 in Wort und Schrift verbreiten läßt[268].«

Ohne die begleitende Unterstützung der Kirchen sind die Wahlerfolge der NSDAP undenkbar. Niemand kann es bezweifeln; Hitler genießt aus Kirchenkreisen weiteste Zustimmung. Sie sehen im Nationalsozialismus die Kraft, um Deutschland aus dem Chaos zu führen, in das sie es gezwungen haben. Sie erkennen bis mindestens 1944 in Adolf Hitler einen Wundermann, den Gott dem deutschen Volk geschenkt hat. Noch im Juli 1944 verkündet der Präsident der Thüringer Evangelischen Kirche in der Georgenkirche von Eisenach: »Adolf Hitler ist für unsere lutherische Frömmigkeit der Führer von Gottes Gnaden. Sein Auftrag ist Gottes Befehl[269].«

Zur Verbreitung vor allem des Katholizismus ist es von Bedeutung, Andere zu drangsalieren. An vorderster Stelle steht im frühen 20. Jahrhundert das Hirtenwort: *»Abwehr des Bolschewismus,* wie es im kirchlichen Anzeiger der Erzdiözese Köln vermerkt ist[270]: »Der Bolschewismus hat von Rußland her den Aufmarsch nach den europäischen Ländern angetreten, um hier, wie überall, die staatliche und gesellschaftliche Ordnung umzustürzen, jedes religiöse Leben zu vernichten. Wo der Bolschewismus zur Herrschaft gelangt, werden Kirchen und Klöster niedergebrannt, Priester und Ordenspersonen ermordet, die Werke der Kultur vernichtet. Die Schrecken der geheimen Offenbarung begleiten den Weg des Bolschewismus, die Kriegs-, Hungers- und Todesnot. Wir deutschen Bischöfe haben bereits im August 1936 auf die Bedrohung des christlichen Abendlandes hingewiesen ... wir halten es für unsere Pflicht, mit einem neuen Hirtenwort auf den furchtbaren Ernst der Stunde aufmerksam zu machen.

Der Führer und Reichskanzler Adolf Hitler hat den Anmarsch des Bolschewismus von weitem gesichtet und sein Sinnen und Sorgen ist darauf gerichtet, die ungeheure Gefahr von unserem deutschen Volk und dem Abendland abzuwehren. Die deutschen Bischöfe halten es für ihre Pflicht, das Oberhaupt des Deutschen Reiches in diesem Abwehrkampf mit allen Mitteln zu unterstützen. Den Bischöfen liegt es fern, die Religion in das politische Gebiet zu tragen oder gar zu einem neuen Krieg aufzurufen. Der Bolschewismus ist eine Pforte der Hölle. Die Kirche kann dieser Weltmacht nicht mit militärischen Mitteln entgegentreten. Wohl aber nimmt sie teil an der Abwehr der bolschewistischen Weltanschauung mit geistigen und moralischen Waffen. Die erste Waffe der Kirche ist der Glauben, die zweite Waffe ist das Wort, die dritte Waffe ist der Sühneeifer.

Ein deutscher Bischof hat schon 1921 auf dem Katholikentag in Salzburg den Bolschewismus als *tiefste Todeswunde unserer Zeit* angesprochen ... Die Völker sterben am Bolschwismus. Der Gegensatz zwischen Tag und Nacht, zwischen Feuer und Wasser, kann nicht größer als zwischen der katholischen Kirche und der bolschewistischen Weltanschauung sein. Der Sieg des Bolschewismus würde sich ebenso gegen die Kirche wie gegen die heutigen Staaten richten. Nur der Wahnsinn kann ihn herbeiwünschen. Der Heilige Vater Pius XI. hat in seiner Ansprache vom 14.9. als besten Schutz gegen ihn die *christliche Lehre und Lebensführung* genannt. Wenn man dem Stern der Drei Könige folgt und unter seiner Führung zu Christus findet, wird man nicht so leicht dem Irrlicht des Sowjetsterns nachlaufen[271].«

Betrachtet man dieses Zitat genauer, so stellt man fest, daß es, unter veränderten Vorzeichen, die gewaltsam durchgedrückte Geschichte des Christentums beschreibt. Die bolschewistische Gefahr ist herbeigeredet und jeder Interessierte weiß, daß Stalin mehrfach Versuche unternommen hat, um sich mit dem Vatikan zu einigen. Er war es, der ihm die kalte Schulter gezeigt hat, denn er ist es, der Angst hat. Hier prallen Ideologien aufeinander und die des Christentums ist aggressiv. Der Papst hat die Massen gegen ein Phantom gehetzt und sich dadurch des Völkermordes schuldig gemacht. Eine solche Religion ist unglaubwürdig.

Faulhaber hat dieses Dokument der Tatsachenverdrehung unterzeichnet und er hat sich in diesen wechselvollen Jahren wie ein Chamäleon verhalten[272]. Freilich stehen die Katholiken nicht isoliert im Raum, denn die Protestanten blasen in die gleichen Posaunen des Herrn. Wir haben eine Parallele in der Beurteilung der widersinnigen Hexenbrände. Auch hier wettern Katholiken und Protestanten gegenseitig aufeinander, um den jeweils anderen zu beschudigen,daß er mehr Schuld daran trage. Ein solches Verhalten ist unchristlich und geht an der historischen Wahrheit vorbei.

Noch vor den endlosen Gunstbezeugungen der katholischen Kirche ereifert sich die protestantische für das neue Regiment und gründet 1932 die *Arbeitsgemeinschaft nationalsozialistischer Pfarrer.* Der Landesbischof von Thüringen schreibt am 25.10.1933: »Schuldige Dankespflicht gegen Gott und Hitler bewegt uns ... uns hinter diesen Mann zu stellen, der unserem Volk und der Welt gesandt ist, um die Macht der Finsternis zu überwinden ... wir rufen unsere Gemeinden auf, sich hinter den Führer zu stellen.«

In der kirchlichen Rundschau für das Gesamtgebiet der Deutschen Evangelischen Kirche lesen wir im August 1933[273]: »Professor Rau weist auf die Bedeutung, die die Vernichtung des Bolschewismus und der Gottlosenpropaganda in Deutschland nicht für Europa, sondern für die ganze Welt hat ... daß in Deutschland der Kampf für Europa ... selbst für Amerika ... gekämpft wird ... das sehen diese Augen, die der Haß blind gemacht hat, nicht. Der Sieg des Kommunismus in Europa hätte denselben Amerika gefährlich näher gebracht.«

Protestantische Intelligenz verherrlicht die nationalistischen Grundbegriffe von Blut, Boden, Rasse, Volk, Vaterland, Heldentum und Hakenkreuz. Es sind Fiktionen eines mangelhaften Geschichtsbewußtseins, gepaart mit dem offenkundigen Drang nach *endlicher* Anerkennung. Sie nennen Hitler eine mächtige Persönlichkeit und übersehen seinen kümmerlichen Status, seine mangelhafte Schul)bildung, seine veschwindend geringe geistige Größe. Stolz erwähnen sie Horst Wessel als den Sohn eines Militärgeistlichen und empfehlen ihren Untergebenen: »Mit ordentlichem Gleichschritt in der SA zu marschieren.«

Makaber ist es, die Allgemeine Evangelisch-lutherische Kichenzeitung vom 12.5. 1933 aufzuschlagen. Wir lesen darin: »Der Reichskanzler Adolf Hitler hat dem Senat der Technischen Hochschule Stuttgart mitgeteilt, daß er bittet, von seiner Ernennung zum Ehrendoktor abzusehen, da er grundsätzlich Ehrendoktortitel nicht anzunehmen gedenke.« Er war Bauhilfsarbeiter, schulischer Versager und Führer des deutschen Volkes. Wer wird da nicht stutzig?

Professor Lotz referiert in der *Civilta Cattolicà*: »Es ist befreiend, daß endlich außerhalb der Kirche eine große Kraft erscheint, die verkündet und in die Wirklichkeit des Lebens einführt, was im 19. Jh. die Päpste unter dem Hohn der gebildeten Welt ablehnten, das die Forderung aller Auswüchse des individuellen Liberalismus mit dem Wesen der Freiheit verwechselte. Der Liberalismus ist eine giftige Frucht[274].«

Ein Pfarrer wettert von der Kanzel: »Ihr seid Streiter Gottes. Tag für Tag strömt das beste Blut, weil ihr mit Heldenmut eure Leiber zu einem Bollwerk gegen den Kommunismus aufgerichtet habt, um zweitausend Jahre christlicher Kultur vor dem Untergang zu retten. Ihr, die ihr auf eure roten Fahnen der Volksgemeinschaft mit dem weißen Feld der Reinheit und Treue, mit dem Runenzeichen des Sieges den bitteren Streit für deutsche Art und deutsches Wesen geschrieben habt, ihr handelt gut für euer Gewissen und für Gott.

Laßt euch nicht mißleiten, nicht unterdrücken. Christus Geist ist der des Kampfes gegen Satan und seine Hölle. Der Feind, den Christus durch seinen Kreuzestod besiegen wollte, versucht sich gegenwärtig wieder aufzurichten. Der Feind, der ewig rastlos ziehende Jude, hat beschlossen, Rache zu nehmen. Er trachtet danach, die Heiligkeit der Ehe zu vernichten, bewußt die Reinheit der Sitten und der Volksseele zu vergiften. Und da muß die christliche Nächstenliebe, weil es um Sein oder Nichtsein des Christentums geht, zum Kampf aufrufen.

Kameraden! Unser Kampf ist eine gerechte Notwehr. Unter Nationalsozialismus ist die Rettung für Volk und Vaterland. Hört nicht auf die Politiker, die ihn als Verbrechen ausmalen und verfluchen. Unser Nationalsozialismus ist derselbe wie des Pastors Wetterte, wie der eines Kardinals Mercier von Mechelen, eines Kardinals Dubois von Paris, die mit Tausenden ihrer Priester das französische Volk zur flammenden Vaterlandsliebe anfeuerten und es mit glühender Begeisterung zum Standhalten bis zum Endsieg ermunterten.

Was gut für die Franzosen und Belgier ist, ist es etwa für uns Deutschen weniger gut? Im Weltenbrand von 1914 stand der Feind an den deutschen Grenzen. Heute sitzt er mitten im Land, verknechtet unser Volk und macht es zu Sklaven ... im August

1914 zogen Millionen, gesegnet von der Kirche und unter der Hut der kirchlichen Gebete auf die Schlachtfelder, um Volk und Vaterland zu retten. Was damals erlaubt war, ja selbst Priestern geboten wurde, soll jetzt falsch, Irrtum und verboten sein?.

Kameraden! Das sind Lügen. Darum sage ich euch, Nationalsozialist zu sein bedeutet Streiter zu sein für ein Volk, seinen Gottglauben, seine Sittenreinheit, und seine Ehre bis zum letzten Atemzug zu verteidigen. Ihr seid eine Vorsehung Gottes, weil ihr das Untermenschentum mit seinem tödlichen Vernichtungsgift bannen wollt. Der Segen Gottes ruhe auf euren Kampf. Und nun die Mütze ab zum Gebet: Wir wollen, wie es die niederländischen Geusen taten, vor dem letzten entscheidenden Kampf die Hände falten und singen, daß es tausendfältig über das Land schalle: Herr, mach uns frei[275].

Die Folge dieser Freiheit sind 60 Millionen Tote. Es ist kein Wunder, wenn Kardinal Faulhaber[276] an Hitler schreibt: »Gott erhalte uns den Reichskanzler.« 1934 fordert er in einem Hirtenbrief Ehrfurcht und Gehorsam vor der staatlichen Obrigkeit und rühmt »Den unschätzbaren Dienst der Regierung, die sie auf vielen Gebieten für Volk und Kirche geleistet hat.« Hitler sieht später keinen anderen Ausweg mehr, als in den Freitod zu gehen, denn er hat seine vatikanische Rolle ausgespielt.

Am 25.4.1933 ermahnt Erzbischof Gröber die Katholiken: »Den neuen Staat nicht abzulehnen, sondern unbeirrt an seiner Verwirklichung zu arbeiten.« Anläßlich der Bischofskonferenzen in Fulda und Leipzig rufen die deutschen Bischöfe zur aktiven Unterstützung Hitlers auf. Im Mai veröffentlichen die bayerischen Bischöfe ein Hirtenwort und sagen darin: »Niemand darf sich der Aufbauarbeit entziehen.«

1933 heißt es in einem Hirtenbrief: »Wir sind weit davon entfernt, das nationale Erwachen zu unterschätzen ... die Katholiken müssen die Ziele unterstützen, denn sie liegen in der Richtung des katholischen Glaubens ... wir wollen dem Staat nicht die Kräfte entziehen[277].« Kardinal Schulte aus Köln und Bischof Matthias Ehrenfeld aus´

Würzburg sprechen ihre Bereitschaft zur Mitarbeit am Naziregiment aus. Der Bischof von Osnabrück veröffentlicht 1934 ein Hirtenwort und sagt: »Wir deutschen Katholiken sind treue Söhne des deutschen Volkes, die den Aufbau des neuen Reiches freudig mitgestalten wollen.« Wer wundert sich, wenn er auf Görings Vorschlag hin erst Staatsrat und dann Bischof von Berlin wird?

Bischof Bornewasser aus Trier appeliert an die Katholiken: »Ihre gesamten Kräfte in den Dienst des Volkes zu stellen und jedes Opfer zu bringen, das die Situation verlangt.« 1940 stellt der Feldbischof der Wehrmacht, Franz Justus Rarkowski, ein Militär- und Gesangsbuch zusammen. Wir lesen darin über Adolf Hitler: »Lasset uns beten, laßt uns ein heldenhaftes Geschlecht sein ... segne besonders unseren Führer und obersten Befehlshaber der Wehrmacht in allen Aufgaben, die ihm gestellt sind. Laßt uns unter seiner Führung in der Hingabe eine heilige Aufgabe sehen.«

In einem Vademecum für katholische Soldaten steht: »Der Führer verkörpert die Einheit des Volkes und Reiches. Er ist der oberste Träger der staatlichen Gewalt. Ihm ist zu gehorchen ... ihm ist jeder Christ ohne Eid gebunden ... dem Soldat ist die Treue zum Führer zu geloben leicht gemacht, weil er in ihm ein Vorbild wahrhaft soldatischen Lebens erkennt. Er schenkt seine Treue einem Mann, der den Sinn des Lebens in der Mehrung der Größe seines Volkes sieht.[278]«

Hitler hat Geburtstag

Besonders mildherzig zeigen sich die Geistlichen anläßlich des 50. Geburtstages des katholischen Reichskanzlers. 1939 steht im Amtsblatt der Erzdiözese Bamberg: »Am kommenden Donnerstag feiert das Deutsche Volk den 50. Geburtstag unseres Führers. Zur Feier des Tages wird am Vorabend ein Festgeläut stattfinden. Wir wollen ein gemeinsames *Vater Unser* für Führer und Vaterland beten.« In der Kirchenzeitung der Erzdiözese Köln lesen wir: »Es gibt nur wenig Männer ... und zu ihnen gehört unstreitig der, der heute seinen 50. Geburtstag feiert: Adolf Hitler. Wir versprechen ihm, daß wir unsere Kräfte zur Verfügung stellen, damit unser Volk in der Welt den Platz gewinnt, der ihm gebührt.« Dieses Gebet wird erhöht, denn diesen Platz haben wir errungen. Der aberwitzige Krieg ist verloren, das Land ist ein halbes Jahrhundert geteilt und kulturell geschädigt. Die Abhängigkeit nach mehreren Seiten ist größer als zuvor; fest sitzen der Klerus und die Jesuiten im Sattel ihrer unsichtbaren Streitrosse, um das weitere deutsche Schicksal zu beeinflussen, wenn nicht zu lenken. Jede andere Interpretation geht an den geschichtlichen Tatsachen vorbei.

Das kirchliche Amtsblatt der Kirchenprovinz Sachsen bringt eine Sonderausgabe heraus[279]. *Geburtstag des Herrn Reichskanzlers*: »Die Tat der nationalen Konzentration sowie die ungeheure Verantwortung, die gerade in der jetzigen Zeit auf dem Kanzler des Deutschen Reiches liegt, rechtfertigen es, daß die evangelische Kirche ihre Anteilnahme an diesem Tag zum Ausdruck bringt. Es soll deshalb in allen evangelischen Gemeinden einheitlich und fürbittend des Geburstages des Herrn Reichskanzlers gedacht werden. Hierfür kommt der dem Geburtstag vorangehende Gottesdienst am zweiten Osterfeiertag in Betracht.«

Kardinal von Galen

Es ist zu fragen, welche Rolle Clemens August Graf von Galen während der Zeit des Nationasozialismus gespielt hat, denn er wird von der römisch-katholischen Kirche noch immer als Paradepferd im christlichen Stall des Widerstandes geführt. Ist er ein mutiger Christ oder ein Parteigänger, wie es nahezu alle anderen? Es steht die Befürchtung ins Haus, daß am *Löwen von Münster* Abstriche notwendig sind[280]. Von Galen schwimmt nachweisbar auf der Welle des Nationalsozialismus; seine kritischen Anmerkungen reichen nicht aus, daß er die ihm Hörigen *rechtzeitig* von Verbrechen wider die Menschlichkeit abgehalten hat[281].

Er hat einen würdigen Vorgänger im Münsteraner Fürstbischof von Galen[282], der als *Kanonenbischof* in den Annalen festgeschrieben ist. Er verfügt über 42 000 Mann Infantrie, 18 000 Reiter und eine angemessene Artillerie. Wenn das nicht eines streitenden Bischofs würdig ist? Die Klöster seiner unruhigen Jahre werden dazu angehalten, mehr oder weniger bedeutende Kontingente zu stellen, um den Landesbischof zu schützen.

Graf von Galen ist seit 1929 Pfarrer an der St. Lamberti-Kirche in Münster. Er betätigt sich früh als Autor[283] und wird nach einer vierjährigen Tätigkeit von Pius XI. zum Bischof erhoben. Am 19.10.1933 legt er vor Göring den Treueeid ab. Es ist die erste Bischofsvereidigung nach dem Abschluß des Konkordates. Von Galen betont, daß er sich als Deutscher verpflichtet fühlt, für sein Vaterland zu wirken. Am 9.4. 1933 fordert er in einem Aufruf: »Es erscheint uns als Pflicht, dem Vaterland in der gegenwärtigen Schicksalsstunde die Treue zu bewahren und am 12.11. die Einmütigkeit mit den übrigen Volksgenossen zu beweisen.« Am 21.8.1934 verordnet er ein Gebet für Kirche, Volk und Vaterland.

Im Herbst 1934 bekräftigt er seine Haltung in einer Predigt bei der Weihe der St. Elisabeth-Kirche in Recklinghausen. Von der Bevölkerung wird sie bald danach *Schrecklinghausen* genannt. Hier errichtet die Gestapo eine Leitstelle für den Regierungsbezirk Münster. Die Stelleninhaber scheuen sich nicht vor Mißhandlungen. Sie werfen Albert Frank, den Betriebsratsvorsitzenden einer Zeche, aus dem Fenster und verhaften einen Kaplan, der nicht auf die Parteilinie einschwenkt. Gespannt warten die Christen, die zum großen Teil in der Partei integriert sind, auf die richtungsweisende Haltung ihres Bischofs.

Er sagt: »Treu und deutsch sind wir, denn wir sind katholisch ... es ist kein Zwiespalt in unserem Wesen ... es ist eine religiöse und nationale Pflicht ... protestieren wir nicht gegen den Staat und die Obrigkeit, sondern gegen seine Schädigung und die Untergrabung seiner Autorität.« Von Galen erteilt die Imprimatur für ein

Vademecum, indem es heißt: »Der Führer verkörpert die Einheit des Volkes und Reiches .. der christliche Deutsche ist an ihn gebunden.«.

Auffallend sind die Tage nach der Kristallnacht. Nach der Plünderung von Geschäften sollen jüdische Bürger den Caritasdirektor gebeten haben, den Bischof zu bewegen, in der Öffentlichkeit für den Schutz der Juden einzutreten. Er zeigt nur bedingt Bereitschaft. 1936 macht er in Vreden darauf aufmerksam, daß seit Jahrhunderten kein Tropfen fremdrassigen Blutes in deutschen Adern geflossen ist[284], was nur als Polemik gewertet werden kann.

Als im Herbst 1939 deutsche Truppen in Polen einfallen, haben die Geistlichen auf seine Anweisung folgendes Gebet zu sprechen: »Erleuchte Deinen Lenker mit dem Licht der Weisheit ... schütze die Angehörigen unserer Wehrmacht und erhalte sie in Deiner Gnade.« Am 9.3. 1941 proklamiert er im Kirchenblatt für das nördliche Münster: »Gott hat zugelassen, daß das Vergeltungsschwert gegen England in unsere Hände gelegt wurde ... wir sind die Vollzieher des gerechten göttlichen Willens.« Er hat keine Bedenken, den Hirtenbrief der deutschen Bischöfe vom 26.7.1941 zu unterzeichnen[285].

Dennoch tanzt er aus der Reihe. Im Gegensatz zu Tausenden seiner Amtskollegen und Untertanen hat er die Courage, einige Vorkommnisse offen zu kritisieren, wenngleich er zum deutschen Einmarsch in Österreich, dem Münchener Abkommen über die Versklavung der Tschechoslowaken und die militärischen Erpressungskampagnen durch Hitler schweigt. In den frühen Anmerkungen von Galens findet sich kaum ein Hinweis über Mißhandlungen, die an Hunderttausenden von Nazi-Gegnern praktiziert worden sind.

Dann besinnt er sich des christlichen Gewissens. Er prangert die Verfolgungsmethoden der Nationalsozialisten an, kritisiert die Zwangsbehandlung geistig Zurückgebliebener und die Euthanasie Unheilbarer. Er beklagt die Konzentrationslager. Am 13.7.1941, drei Wochen nach der Unterzeichnung des Hirtenbriefes, ruft er von der Kanzel: »Wir müssen damit rechnen, ein Kloster nach dem anderen von der Gestapo beschlagnahmt zu sehen. Ihre Insassen fliegen wie Dirnen und Geächtete auf die Straße ... sie werden wie Ungeziefer aus dem Land gejagt. Niemand ist sicher, eines Tages von der Gestapo in den Kerker oder in ein Konzentrationslager gebracht zu werden.« Dies ist sehr mutig und so stellt sich die entscheidende Frage:

Warum haben nicht alle Pfarrer, Priester, Bischöfe und Kardinäle unter dem Vorantritt des Papstes vorbehaltlos gegen die Gewalt protestiert? Den Kirchen kann der Vorwurf nicht erspart werden, daß sie auf breiter Front versagt haben. Warum haben sie sich nicht gegen die Ziele des Nationalsozialismus gestellt? Sie konnten es nicht, weil er ein Fürsprecher ihrer ureigensten gewesen ist. Die Zerschlagung des Bolschewismus stand auf den Bannern und dazu brauchte der Klerus Hitler. Selbst von Galen ist blind genug, um den Terror mitzugestalten, mitzuverantworten und mitzutragen. In diesem Zusammenhang ist der evangelische Pfarrer Bonhoeffer zu erwähnen, der 1942 in Genf erklärt: »Ich bete für die Niederlage des Vaterlandes[286].« Sein Gebet wurde erhört!

In einer Predigt vom 3.8.1941 wendet sich von Galen gegen den zwangsweisen Abtransport Geisteskranker oder als solch Deklarierter und sagt: »Es herrscht der Verdacht, daß die damit verbundenen Todesfälle nicht von selbst eintreten, sondern herbeigeführt werden, und daß man dabei jener Auffassung folgt, die behauptet, man dürfe *lebensunwertes* Leben töten, wenn man meint, es sei für Volk und Vaterland nichts wert ... eine furchtbare Lehre, die die Ermordung von Unschuldigen rechtfertigen soll.«

Von Galen erstattet eine Strafanzeige bei der Staatsanwaltschaft auf und gerät dadurch in das Kreuzfeuer der Nationalsozialisten. Sie reagieren prompt und wie fast immer mit einem statistisch fast nicht registrierbaren Niveau. Bormann schreibt: »Ich bin der Meinung, daß die Todesstrafe für von Galen angemessen wäre.« Der homosexuelle Goebbels erklärt: »Ihn einfach aufzuhängen, würde nicht genügen ... aufgeschoben ist nicht aufgehoben.« In den Tagebüchern Alfred Rosenbergs, die 1948 entdeckt werden, findet sich der Hinweis: »Nach dem siegreichen Ende des Krieges ist von Galen zu erschießen.« Hitler erwähnt in einer Tischrede, »daß er ihn nach dem Krieg für jedes seiner Worte zur Verantwortung ziehen werde, es sei denn, daß er flink genug im *Collegium Germanicum* Zuflucht findet.«

Nach dem Zusammenbruch des Nationalsozialismus erklärt sich von Galen bereit, den *neuen* Herren zu dienen und kämpft weiter in der christlichen Arena. 1945 entwirft er ein Programm, das die alten Feudalstrukturen herstellen soll. Es ist nicht abwegig anzunehmen, daß er deshalb zum Kardinal erhoben wird. Zeigt sich nicht, insgesamt und nachträglich betrachtet, ein Herrenmensch, der unfähig ist, das durch sein Denken, Handeln und Wollen mitverschuldete Unrecht zu verhindern[287]? Wird hier nicht der unlösbare Konflikt zwischen geistiger Freiheit und religiöser Knechtschaft deutlich?

Papst Pius XII.[288]

Pius XI. nimmt seine Angst vor dem Kommunismus mit ins Grab. Nun geht die päpstliche Würde auf Eugenio Pacelli über, den er als Legat um die halbe Welt geschickt hat. Pacelli beginnt seine Tätigkeit 1901 bei der Vatikanischen Abteilung und lebt seit dem Ende des I. Weltkrieges in Deutschland. Er wird Nuntius, erst in München (1919-26) und dann in Berlin (bis 1929). Er *gilt* als intimer Kenner der hiesigen Verhältnisse und bleibt sich dessen als Papst bewußt. Gewiß ist es kein Zufall, daß man ihn ausgewählt hat, denn er kennt den Krisenherd *Europa* am besten. Um seine Denkweise braucht man nicht zu fürchten, denn sie entspricht der statisch-antiquierten der Kurie.

Verherrlichungstheologen sehen in ihm *den* Diplomaten des 20. Jahrhunderts. Taddini lobt seine Weisheit: »Menschlich und göttlich, zum ewigen Ruhm des unvergleichlichen Lehrers[289].« Zeitgenossen heben hervor: »Wenn ein Mensch durch seine Herkunft und Erziehung für ein hohes kirchliches Amt bestimmt ist, so trifft es auf Pacelli zu[290] ... er besitzt die Erhabenheit eines asketischen, fast durchsichtigen Körpers, der nur dazu bestimmt ist, eine Hülle für die Seele abzugeben[291] ... er umgibt sich mit Menschen tiefreligiösen Charakters, die die Welt aus der Perspektive eines mittelalterlichen Mystizismus betrachten[292] ... an ihm falle besonders der Geruch der Heiligkeit auf[293]. Hier scheint ein Mensch in göttlicher Form zum Priesteramt berufen zu sein. In seinen Predigten und Ansprachen entwickelt er einen Stil barocker Rhetorik, die sich weit über den Köpfen seiner Zuhörer bewegt[294].« Rhodes lobt seine Ausdruckweise[295] und sagt: »Ein neuer Hauch der Hoffnung streifte die angstgefüllte Menschheit und eine Taube schien noch einmal mit einem Olivenzweig um die Welt zu fliegen[296].« Trotz dieser Hymnen gehen die Meinungen über seine Fähigkeiten auseinander. Weizäcker vom Deutschen Außenamt bekommt 1937 vom spanischen Botschafter gesagt: »Pacelli fehle der eigene Wille und Charakter[297].«

Der deutschen Presse ist seine Wahl nicht sonderlich angenehm, denn er ist in erster Linie ein *politischer* Papst. Kurz nach seiner Erhebung, am 6.5.1939, schreibt er dem Führer des Deutschen Reiches und erinnert sich mit Vergnügen an die hier verbrachten Jahre ... man wünscht den Wohlstand des Deutschen Volkes mit göttlicher Hilfe herbei[298] ... In einer seiner Amtshandlungen läßt er wissen: »Wie sehr er Deutschland schätzt« und das kann durchaus ernst gemeint sein.

Pius XII. erwägt die Einberufung einer Fünf-Mächte-Konferenz unter Beteiligung von Großbritannien, Frankreich, Deutschland, Italien und Polen. Er will beraten, wie der sich abzeichnende Krieg verhindert werden kann. Welches Auditorium ist dazu besser geeignet, als ein Hinterzimmer im Vatikan? Pius XII. kann so weltfremd nicht gewesen sein, daß er nichts über die klerikale Strategie gewußt hat und an deren Ende so oft ein Glaubenskrieg gestanden hat. Er vertritt die Kirche in einer schwierigen Phase; sie muß nicht nur an vielen Stellen gleichzeitig kämpfen, sie muß sich neu orientieren; denn sie steht vor einem kaum lösbaren Problem: einem neuen, liberal gesinnten und freiheitlich nach vorn drängendem Menschenschlag, dem Autorität, Respekt und blinder Gehorsam immer weniger bedeuten.

Es liegt auf der Linie des Christentums, wenn kirchlicherseits der neue Statthalter heroisiert wird. Der Bischof von Augsburg meint dazu:»Es ist mehr als angemessen, diesen guten Hirten in Dankbarkeit zu erwähnen, der sich als Helfer und Anwalt Deutschlands erwiesen hat[299].« Prinz Konstantin von Bayern sieht in ihm ein Symbol des Widerstandes[300]:»Das Bild eines aus kalter Staatsraison tätigen, zu den Gewaltakten des Nationalsozialimus schweigenden Papstes entspricht nicht der Wahrheit ... das tiefste Geheimnis seiner Persönlichkeit, in dem die Leuchtkraft eines Heiligen wirksam ist, wird sich nur dem gläubigen Blick eines von der Liebe zur Kirche erfüllten Menschen erschließen[301] ... historische Persönlichkeiten, die wir ehren, dürfen nicht zum Tummelplatz skrupelloser Theaterschreiber werden[302].« So kann man es sehen und doch ist es falsch. Papst Pius XII. ist ein gewöhnlicher Mensch, seiner Zeit im Leben, Denken und Fühlen verbunden. Er ist mit den gleichen Fehlern behaftet und besonders als Kirchenführer hat er sich der historischen Forschung zu stellen, denn über uns alle wird man später zu Gericht sitzen. Zu den Theaterschreibern zählen all die, die nicht vorbehaltlos im Kirchenchor mitsingen und die eine eigene Meinung von der wechselhaften Geschichte des Christentums haben; die, die den Katholizismus aus vielen guten Gründen in Frage stellen.

Pius XII. vertritt einen unchristlichen Standpunkt, weil er die politischen Interessen der römisch-katholischen Kirche, die weit über Deutschland und Europa hinausreichen, vor die christliche Nächstenliebe stellt. Er ist der Verfasser eines Rundschreibens über den *Mystischen Leib*[303], in dem er wissen läßt,»daß die menschlichen Konzilien von Christus erleuchtet werden[304].« Stimmen kann es nicht, denn Jesus von Nazareth ist weder ihr Erfinder noch der des Papsttums als letztem autoritären Herrschaftssystem auf der Mutter Erde.

Konstantin von Bayern[305] stellt ihn so hin, als wären die Katholiken, die Hitler und sein Regiment gutgeheißen haben, betrogene Idealisten, die einem Dämon zum Opfer gefallen sind[306]. Damit will er Pius XII. aus der Schlinge der Wahrheit ziehen,»denn auch er gehörte zu den Getäuschten.« Er hätte einen Exorzisten zu Hitler schicken sollen. Tatsache ist , daß nicht die Gläubigen die Kirche täuschen, sondern daß die Kirche die Leichtgläubigen mit Illusionen und uneinlösbaren Versprechungen hinhält.

Hitler'sche Expansionspolitik

Als Hitler das Saarland annektiert und am 7.3.1936 die laut dem Versailler Vertrag entmilitarisierte Zone des Rheinlandes besetzt, schickt Kardinal Schulte folgendes Telegramm an den obersten Befehlshaber der Wehrmacht, den Generaloberst Freiherr von Blomberg in Berlin:»In den denkwürdigen Stunden, da die Wehrmacht des Reiches wiederum als Hüterin des Friedens und der Ordnung in das deutsche Rheinland Einzug hält, begrüße ich die berufenen Waffenträger unseres Volkes mit ergriffener Seele und eingedenk des erhabenen Beispiels opferbereiter Vaterlandsliebe, ernster Manneszucht und aufrechter Gottesfurcht, das unser Heer von jeher der Welt gegeben hat. Kardinal Schulte[307].«

Der Bischof von Münster ermuntert die Katholiken zur Stimmabgabe für Hitler und sagt:»Da nicht wenige Katholiken die Besorgnis tragen und vor uns ausgesprochen haben, daß ihr *Ja* bei der Volksabstimmung am 29.3.1936 eine Zustimmung bedeutet oder als solche ausgelegt werden könnte zu kirchen- und christusfeindlichen Maßnahmen und Äußerungen, die uns in den letzten Jahren mit Schmerz und Trauer erfüllten, erklären wir uns im Namen der deutschen Katholiken, denen der Glauben

Richtschnur ist, wenn wir bei der bevorstehenden Abstimmung mit einem entschiedenen *Ja* antworten, so geben wir dem Vaterland unsere Stimme. Das bedeutet nicht eine Zustimmung zu Dingen, welche zu billigen das christliche Gewissen uns verbietet ... diese Erklärung soll und will die gesetzlich bestehende Freiheit der Stellungnahme zu den Gegenständen der Abstimmung nicht beschränken oder die Stellungsnahme in rein politischen Angelegenheiten beeinflussen. Sie ist, wie der Wortlaut zeugt, einzig dazu bestimmt, die uns vorgetragenen Bedenken religiöser Art zu beseitigen und dadurch den deutschen Katholiken den Weg frei zu machen, ruhigen Gewissens mit *Ja* zu stimmen, um so vor aller Welt für die Ehre, Freiheit und Sicherheit unseres deutschen Vaterlandes einzutreten[308].«

Situation in Österreich[309]

Aufgrund der jesuitischen Aktivitäten und der Geschichte der Habsburger, ist die Bindung zwischen der Kirche und dem Staat in den österreichischen Erblanden eng, aber nicht immer harmonisch. Kaiserin Maria Theresia führt das *Placetum regium* ein, das der Kirche untersagt, päpstliche Botschaften ohne kaiserliche Zustimmung auszugeben. In einem weiteren Punkt sind sie sich bis heute ähnlicher: im Hörigkeits- und Titelwahn gegenüber der Obrigkeit.

Dann stabilisiert sich die Beziehung und man gestattet dem österreichischen Kaiser bis kurz vor dem I. Weltkrieg, den in der Konklave versammelten Kardinälen die Wahl eines bestimmten Papstes zu empfehlen oder zu untersagen. Nach dem Tod Leos XIII. beauftragt Kaiser Franz Joseph Kardinal Puzyna, seinen Kollegen mitzuteilen, daß der als Nachfolger in Aussicht genommene Kardinal Rampolla nicht gewählt werden darf. Dieser Wunsch wird von den unfehlbaren Glaubenshütern selbstverständlich akzeptiert und an seine Stelle tritt der reaktionäre Patriarch von Venedig und besteigt als Papst Pius X. den Thron der Unfehlbarkeit.

Im Verbund mit einer Verschiebung der sozialen Strukturen des 19. Jahrhunderts fassen selbst in Österreich liberale und fortschrittliche Gedanken Fuß. Sie beeinflussen das politische Leben vor allem nach der Revolution von 1848. In Wien entsteht eine heftig-antikleriale Einstellung, die dazu führt, daß es einzelne Priester nicht mehr wagen, auf öffentlichen Versammlungen zu sprechen.

Lueger, Vogelsang, Seipel

Im Vatikan verfolgt man die Strömungen mit Sorge, denn man hat ja nicht nur das einst so fromm-brave Österreich zu überwachen. Um gegenzusteuern wird die österreichische katholische Partei unter Karl Lueger ins Leben gerufen. Er vertritt die Auffassung, daß sie zur politischen Massenbewegung werden kann, wenn sie den Antisemitismus fördert. Ihre Theorien bezieht die Partei hauptsächlich von dem Freiherrn von Vogelsang, einem gläubigen Katholiken, der jahrzehntelang lehrt, »der politische Katholizismus in Österreich müsse ein ebenso mächtiges Instrument der Kirche werden wie die Zentrumspartei in Deutschland.«

Vogelsang schweben ein mittelalterlicher Ständestaat und deren religiöse Strukturen vor. Die Zeit ist in seinem Kopf stehengeblieben. Lueger hegt eine tiefe Verehrung für die Kirche und das kaiserliche Haus. Kurz nach seinem 1911 erfolgtem Tod wird die von ihm geführte und geprägte Partei vernichtend geschlagen.

Wie in ganz Europa gewinnen die Sozialisten an Macht und Einfluß. Auf ihre Aktivitäten geht vor allem die Einführung des *allgemeinen* Wahlrechtes zurück und die Zeit scheint vorbei zu sein, wo ein Polizistenanwärter auf dem Land das Führungszeugnis des Ortspfarrers herbeizuschaffen hat, um angenommen zu werden.

Die hohe und niedrige Geistlichkeit erklärt die sozialistische Gesinnung für sündhaft. Nach dem I. Weltkrieg bestimmen die Sozialdemokraten und die Katholiken etwa hälftig das Feld. Um sich gegen die konservativ-katholischen Gruppen zu schützen, rufen die Sozialdemokraten den *Republikanischen Schutzbund* ins Leben.

Kurz nach der Beendigung des I. Weltkrieges tritt der Theologe Seipel an die Spitze der katholischen Partei. Er profiliert sich zum *Möchtegerndiktator*. Sein Lebensziel ist, die politische Macht der römisch-katholischen Kirche und die des Hauses Habsburg wieder herzustellen. Der tiefreligiöse Seipel ißt, betet und schläft im Kloster zum Heiligen Herzen Jesu. Obwohl er oft dringende Staatsgeschäfte wahrzunehmen hat, liest er täglich früh um sechs Uhr eine Messe im Kloster. Er besitzt jesuitische Eigenschaften, denn er kann auf eine klar gestellte Frage weder mit *Ja* noch mit *Nein* antworten. Er hegt gegen die Arbeiterbewegung eine tiefe Abscheu und alles Moderne ist ihm zuwider. Obwohl dadurch seine Kardinalstugenden zum Vorschein kommen, nennt man ihn den *Kardinal ohne Milde*. Zweimal entgeht er wegen seiner Härte nur knapp einem Anschlag.

Wer ein Feind jeder sozialen Reform ist, der ist ein Freund des Vatikans. Er wird päpstlicher Berater, da man ihm gestattet, an der Ausarbeitung einer Enzyklika mitzuwirken. Als er einmal mit einem französischen Jesuiten über soziale Reformen diskutiert, ruft er aus:»Die katholische Kirche lebt auf kapitalistische Weise.« Seine Ideen über den Aufbau der Gesellschaft sind ultrakatholisch und in ihren wesentlichen Zügen vom päpstlichen Wollen bestimmt. Er ist gleich Hitler und vieler anderer nicht mehr als ein Strohmann kurialer Interessen auf dem Glaubensacker.

Seipel entwickelt mit der Billigung des Vatikans ein außenpolitisches Programm. Er träumt von der Gründung eines neuen Heiligen Römischen Reiches, dessen Zentrum Wien sein soll. Nach seiner Vorstellung soll Jugoslawien das katholische Kroatien abtreten. Von der Tschechoslowakei soll die katholische Slowakei getrennt werden und in Ungarn soll ein ungarischer Herrscher eingesetzt werden. Er denkt an den jungen Otto von Habsburg, einen Sohn der Kaiserin Zita, der im Benediktiner-

kloster in Luxemburg erzogen worden ist. Falls die Umstände günstig sind, soll selbst Bayern in das neue und heilige Reich integriert werden. Elsaß-Lothringen bindet der Phantast in seine Überlegungen ein. In gewisser Weise zeichnet er, auf einer anderen Schiene, die Ideen des Pangermanismus vor und nach. Ab 1918 entstehen die

Heimwehren

als Selbstschutzorganisationen gegen äußere Bedrohungen. Letztlich bleiben sie zu schwach, was vor allem der leicht lenkbaren und wenig gebildeten Landbevölkerung zuzuschreiben ist. Sie tanzen unter der Pfeife des Fürsten Starhemberg und unter ihnen befinden sich Geistliche. Ihr Ziel ist die Zerschlagung der *Roten* und sie rufen: »Wir brauchen einen autoritären Staat.« Seipel verspricht ihnen Uniformen, Waffen und Löhne. Im Herbst 1928 fühlen sich die Marodeure stark genug, um die Sozialdemokraten bewaffnet anzugreifen. Wir haben eine Parallele zum Marsch Mussolinis auf Rom oder Hitlers vor die Münchener Feldherrnhalle vor uns. Die Heimwehren beabsichtigen im Oktober 1928 eine Demonstration in Wien und ziehen bewaffnete Einheiten in einem Industriebezirk südlich der Stadt zusammen.

Nach dem Rücktritt von Seipel übernimmt Schober die Verantwortung und auf ihn folgt der katholische Vizekanzler Karl Vaugoin. Er setzt sich zum Ziel, die sozialdemokratische Herrschaft unter den Eisenbahnern zu brechen. Er löst das Parlament auf und wird dabei von den nach der Diktatur schreienden Heimwehren unterstützt. Dann erfahren die Heimwehren eine empfindliche Niederlage und zerfallen.

Parallel zu Deutschland wächst in Österreich die nationalsozialistische Partei und schiebt sich vor die katholische. Unter Schwierigkeiten wird aus Katholiken und Heimwehrleuten ein Kabinett mit Dollfuß an der Spitze gebildet. Er ist der uneheliche Sohn eines katholischen Bauern. Nach dem Krieg ist er Funktionär der katholischen

Studentenbewegung und später des Bauernverbandes. Dollfuß gibt bekannt, daß er beabsichtigt, einen autoritären Ständestaat aufzurichten, der sich an den Vorstellungen der 1931 herausgegebenen Enzyklika *Quadragesimi Anno* orientiert. Kurz danach kommt es in Österreich zu einem Waffenschieberskandal, den die Sozialdemokraten an die Öffentlichkeit zerren.

Dollfuß läßt sich zu der Äußerung herab: »Die sozialistischen Wachhunde müssen zum Schweigen gebracht werden.« Nach der Regierungsumbildung löst der katholische Dollfuß das Parlament auf und verkündet am 15.3.1933: »Das alte Parlament ist verschwunden, es wird nie wiederkehren. Die liberale kapitalistische Ordnung ist verschwunden, sie wird nie wiederkommen. Der Einfluß der Sozialisten ist für immer gebrochen; hiermit gebe ich das Ableben des Parlaments bekannt. Österreich ist zum italienischen Vorbild des Faschismus übergegangen.« Dollfuß verfügt die Auflösung aller Parteien einschließlich der katholischen.

Der Antisemitismus wird staatlich anerkannt, die Presse wird geknebelt und die Opposition unterdrückt. Die Gewerkschaften werden schrittweise aufgelöst und im Land entstehen die ersten Arbeits- später: Konzentrationslager. Dollfuß beseitigt die Presse- und Versammlungsfreiheit, hebt das Postgeheimnis auf, verbietet antikatholische Veranstaltungen und bewaffnet die Heimwehren. Er ernennt Blitzgerichte und führt die Todesstrafe ein, Nun scheint die Parole des Vatikans: ein katholisches Österreich Wirklichkeit zu werden. Der Papst erkennt in Dollfuß[310] einen *Eiferer in Sachen des katholischen Glaubens* und betet für ihn[311].

Die katholische Kirche wird Staatsreligion; der Klerus wird privilegiert und das Erziehungswesen der Kirche unterstellt; nichtkatholische Einflüsse im Schulwesen werden ausgemerzt. Die evangelischen Kirchen werden systematisch verfolgt; ihre Geistlichen verfemt und verhaftet.

Dieses despotische Walten bleibt nicht ungesühnt und innerhalb kürzester Zeit treten 100 000 Bürger aus der römisch-katholischen Kirche aus. Dollfuß hegt Sympathien für Hitler und Mussolini. Er versucht, die Heimwehren in eine totalitäre Partei umzuwandeln. Er weiß, daß es den Widerstand der Bevölkerung hervorruft. Nun soll, wie in Deutschland, die Geistlichkeit das moralische Rückgrat der beabsichtigten Diktatur werden. Die österreichische Hierarchie erhält aus Rom die Weisung, das Regime von zu stützen. Das Ansinnen scheitert.

Am 15.3.1933 setzt Dollfuß die Verfassung außer Kraft. Am 26.5. verbietet er die kommunistische Partei und elf Monate danach löst er die sozialistische Partei und die Gewerkschaften auf. Dollfuß läßt Personen verurteilen, die Nazipropaganda betreiben; solche Repressalien verschärfen den Geist der Rebellion. Am 11.2.1934 läßt Dollfuß durch die Polizei das sozialdemokratische Hauptquartier in Linz besetzen.

Dollfuß gibt den Heimwehrführern freie Hand und gestattet ihnen, jeden Gefangenen vor ein Strafgericht zu bringen und aufzuhängen. Nach den Kämpfen erklärt er: »Es sind lediglich 137 Rebellen getötet worden.« Die gesamte zivilisierte Welt entrüstet sich über das Massaker. Der Vatikan hüllt sich in obligatorisches Schweigen.

Die sozialistische Partei geht in den Untergrund. Zum Ende des Jahres 1934 befinden sich 19 051 revolutionäre Arbeiter ohne richterliches Urteil in Haft. Die Verfolgung der Sozialdemokraten hält an und Nutznießer ist vor allem der Vatikan, der seine Interessen gewahrt sieht. Die Kirche ist sich ihres Schachzuges bewußt[312].

Trotz der Drahtzieheraktion von von Papen, der von 1934 bis 1938 in Wien die Machtergreifung Hitlers vorbereitet und der den Weg zu einem für den Klerus vorteilhaften Konkordat ebnet[313]. Von Papen bittet den Papst um Geld für den *Katholischen Freiheitsbund* und um die *antisemitische Arbeit* voranzubringen. Und doch bleibt der für Dollfuß erflehte Segen aus. Hitlers Forderungen führen zu Auseinandersetzungen mit seinem Kabinett. Als Nationalsozialisten das Kanzlergebäude stürmen, wird Dollfuß tödlich verwundet.

Sein Nachfolger wird Kurt Schuschnigg, ein Angehöriger des Tiroler niederen Adels. Er ist als Jesuitenzögling mit einer außergewöhnlichen religiösen Empfindsamkeit versehen. Er weicht von dem extremen Kurs von Dollfuß ab und führt einige Lockerungen ein. Auf Drängen der katholischen Kirche erläßt er ein Gesetz, das jeden Bürger zur Kirchenzugehörigkeit verpflichtet. Es führt zu einer Massenflucht aus den Fangarmen der römisch-katholischen Kirche. Der Vatikan rät Schuschnigg, einen Vertrag mit dem Ziel zu schließen, seine Außenpolitik den deutschen Interessen unterzuordnen und im Kriegsfall an seiner Seite zu stehen. Schuschnigg widersetzt sich dem Ansinnen, weil ihm klar ist, daß es das Ende Österreichs bedeutet. Doch unter dem persönlichen Druck Hitlers, der ihm die Aufmarschpläne zeigt, wird Schuschnigg zum Nachgeben gezwungen. Kardinal Innitzer redet auf ihn ein, sich Adolf Hitler zu unterwerfen: »Der Anschluß sei unvermeidlich und der Vatikan wünsche dies.«

Schuschnigg stellt es dem österreichischen Volk frei, seinen Willen durch einen Volksentscheid herbeizuführen; dies wird im Vatikan als Affront wider seine Absichten gewertet. Nochmals redet Innitzer auf ihn ein. Bevor Hitler die uneingeschränkte Unterstützung der katholischen Kirche zusichert, nimmt er ihm das Versprechen ab, »nach der Integration Österreichs die Rechte der katholischen Kirche zu achten.« In Österreich kommt es zu Turbulenzen und die Geistlichkeit scheint zu schwanken. Erzbischof Sigismund Waitz wettert von der Kanzel gegen den beabsichtigten Anschluß.

Radio Vatikan startet eine Kampagne gegen den Parteigänger Innitzer, der ihm zu schnell voranprescht. Innitzer verliert an Boden und Glaubwürdigkeit. Ende Oktober werfen Mitglieder der Hitlerjugend die Fenster seines Palais am Stephansplatz ein, dringen über eine Leiter in den ersten Stock, zerstören Kunstwerke und werfen sie auf die Straße[316].

Das Wiener Kapuzinerkloster wird enteignet, die Mönche von St. Lambert ausgewiesen und ihr Gebäude in ein HJ-Schulungsheim umgewandelt. Kurz danach werden die Priesterseminare der theologischen Fakultäten Innsbruck und Wien geschlossen, das jesuitische Internat in Feldkirch enteignet, die katholischen Frauen- und Mädchenvereine aufgelöst und die katholische Presse unterbunden. Josef Bürckel verkündet: »Er hoffe, dem Führer zu seinem 50. Geburtstag ein klosterfreies Österreich übergeben zu können[317].«

Der Primas von Österreich, Innitzer, legt Treuebekenntnisse für das Deutsche Reich ab[314]. Er würdigt Hitler bei einer Besprechung im Hotel Imperial mit dem *deutschen* Gruß und beendet einen an den Gauleiter Bürckel gerichteten Brief mit den Worten Heil Hitler[315]. Innitzer wird von Pacelli empfangen. Als die Delegation nach Österreich zurückkommt, wird der Klerus angewiesen, in den Kirchenschiffen Fahnen zu hissen.

Am 11.3.1938 okkupieren Hitler'sche Truppen Östereich und überschwemmen Wien. Sozusagen in einer Nacht- und Nebelaktion, denn der von Schuschnigg gewünschte Volksentscheid war für den 9.3., zwei Tage zuvor, beabsichtigt, wird aber mit dem Hitler'schen Machtapparat unterbunden. Innitzer hat Schuschnigg[318] im Einvernehmen mit dem Vatikan die Unterwerfung empfohlen und der geknechtete Kanzler verspricht, »an der gemeinsamen Front eines einigen gesamtdeutschen Katholizismus mitzuarbeiten[319].«

Am 12.3., einen Tag nach dem Überfall, verpflichtet Innitzer die Kirche zur Abhaltung eines Dankgottesdienstes. Als Adolf Hitler am 15.3. den Kardinal empfängt, fordern die österreichischen Bischöfe, bis auf den Linzer[320], die Österreicher auf, für Hitler zu stimmen.

Die geistlichen Würdenträger beschließen ihren Aufruf mit dem Hitlergruß und erklären feierlich: »Wir erkennen freudig an, daß die nationalsozialistische Bewegung auf dem Gebiet des völkischen und wirtschaftlichen Aufbaues ... vor allem für die ärmsten Schichten des Volkes, hervorragendes geleistet hat ... wir sind der Überzeugung, daß durch das Wirken dieser Regierung dieser Bewegung die Gefahr des alles zerstörenden gottlosen Bolschewismus abgewehrt wird ... am Tag der Volksabstimmung ist es für die Bischöfe eine nationale Pflicht, sich zum deutschen Reich zu bekennen ... wir erwarten dies auch von den Christen...sie müssen wissen, was sie ihrem Volk schuldig sind[321].«

Nun vollzieht sich eine mit Deutschland vergleichbare Entwicklung und die Protestanten stimmen in die Zaubermelodie der Kirche ein. Sie berufen sich auf ihren Stammvater, den ehemaligen Katholiken Luther und sagen: »So spricht Dr. Martin Luther; wenn Deutschland unter einem Haupt und unter einer Hand wäre, so wäre es unüberwindlich.« Es besteht kaum Zweifel, daß er das päpstliche nicht meint. Am 12.3.1938 sagen die Superintendenten Beyer, Eder, Heinzelmann und Zwersmann im Gesetzblatt der Deutschen Evangelischen Kirche[322]: »Die evangelische Kirche Österreichs steht voll Freude, einmütig und entschlossen zu der geschichtlichen Stunde. Wir glauben, daß sie von Gott gesegnet ist.«

Der Landesbischof Sasse sagt im Thüringer Kirchenblatt: »Aus Anlaß der gewaltigen geschichtlichen Ereignisse ... ist am 20.3. folgende Ankündigung von den Kanzeln zu verlesen: Der österreichische Bruderstamm hat heimgefunden zum Reich. Sichtbar hat der allmächtige Gott das Werk des Führers gesegnet ... aus den Herzen der Deutschen in aller Welt steigt heiß der Dank zum Herrn der Geschichte empor, daß das Werk der Einigung durch den Führer gelungen ist, ohne daß Bruderblut fließen mußte. Wir haben an diesen Tagen Gott wieder erfahren, als Heiland und Retter. So ruft uns diese Schicksalsstunde von neuem zum bedingungslosen Gehorsam und unerschütterlicher Treue im Dienst für Führer und Volk. Gott segne den Führer, Gott segne das Volk und das Reich ... das ganze evangelische Volk Thüringens nimmt jubelnd teil an der Einigung des deutschen Volkes durch das geniale Werk des Führers. Eisenach, den 14.3.1938.«

Der evangelische Oberkirchenrat[324] verkündet am 17.3.1938: »Gott hat dem deutschen Volk und unserer Heimat ein großes Wunder getan. Der Führer des deutschen Volkes hat es aus schwerer Drangsal befreit. Das deutsche Volk in Österreich lebt wieder mit den Brüdern innerhalb der gemeinsamen Grenzen im Großdeutschen Reich. Wir danken dem Führer für seine große Tat. Wir geloben ihm Treue.« Diese Erklärung ist im Gottesdienst am Sonntag, den 20.3.1938 in allen evangelischen Kirchen zu verlesen. Ferner ist das Begrüßungstelegramm zu verlesen, das an den Führer und Reichskanzler Adolf Hitler gerichtet wurde: »Nach einer Unterdrückung, die die schrecklichsten Zeiten der Gegenreformation wieder aufleben ließ, kommen Sie als Retter aus fünfjähriger schwerster Not aller Deutschen hier ohne allen Unterschied des Glaubens. Gott segne Ihren Weg durch dieses deutsche Land und Ihre Heimat.[325]«

Nochmals meldet sich der Landesbischof Sasse und sagt[326]: »Die ganze Welt horchte auf den Schritt der deutschen Geschichte. Das deutsche Blut erwies sich stärker als alle Gegenmächte. Gott sandte uns den Führer. Sein Glaube, seine Entschlußkraft, sein persönlicher Einsatz hat Großdeutschland geschaffen ... freudigen und dankbaren Herzens sei jeder Deutsche bereit, sein Bekenntnis zu Führer und Reich abzulegen. Unser evangelischer Glauben ruft uns zum Dienst an Volk und Reich. Zum Kampf für Freiheit und Ehre. Thüringer tut Eure Pflicht. Es gilt eine große Tat.«

Der evangelische Oberkirchenrat Kauer läßt wissen: »Als Trösterin und Helferin, die unsere Kirche in den letzten Jahren vielen Kämpfenden in Österreich war, weit über den Kreis der Glaubensgenossen hinaus, empfindet sie die ganz große Freude dieser Tage mit und nimmt sie dankbar aus Gottes Händen als Geschenk an. Wir stehen zur rettenden Tat des Führers.« Die evangelische Korrespondenz meldet[327]: »Ja, für Großdeutschland. Wir erleben eine große Zeit. Der Traum des deutschen Jünglings, die Hoffnung des volksbewußten Mannes ist Wahrheit geworden; Österreich ist ein Land des deutschen Reiches. Heil unserem Führer. Heil Adolf Hitler.«

Die Hauptleitung hat dem Führer und Reichskanzler während seines Wiener Aufenthaltes am 15.3. folgenden Gruß übermittelt: »Getreu seiner Losung evangelisch bis zum Sterben, deutsch bis in den Tod hinein – an die Arbeit Deutsch-Österreich ... huldigt dem Begründer des Großdeutschen Reiches bei seinem siegreichen Einzug in die Haupstadt der alten Ostmark. Evangelische, bekennt euch vollzählig am 10.4. zur Wiedervereinigung und werbe mit für seinen Erfolg, der es aller Welt zahlenmäßig beweise, daß Österreich im Lager Adolf Hitlers steht. Mit deutschem Evangelischen Gruß ... die Hauptleitung des Evangelischen Bundes für Österreich.«

Die evangelische Kirche in Deutsch-Österreich sagt zur Tat des Führers:»Gott hat dem deutschen Volk und unserer Heimat ein großes Wunder getan. Der Führer des Deutschen Volkes hat es aus schwerer Drangsal befreit. Wir danken dem Führer für seine große Tat. Wir geloben ihm Treue. Wir sind bereit, als Deutsche Evangelische Kirche, mit Leid und Freud unserem Volk unlösbar verbunden, an seinem Aufbau tätig mitzuwirken aus der Kraft des Evangeliums. Das Volk bekennt sich am 10.4. zu Adolf Hitler und zu seinem Werk, dem eigenen freien Großdeutschland. Ja.«

Das Gesetzblatt der Deutschen Evangelischen Kirche[328] hebt am 2.4. hervor: Die weltgeschichtliche Tat des Führers hat Großdeutschland geschaffen. Die alte Sehnsucht des deutschen Volkes ist damit erfüllt. Die deutsche evangelische Kirche dankt Gott für die Wendung, die ein Wunder ist vor unseren Augen. Sie dankt dem Führer, daß er durch sein entschlossenes Handeln die Einigung unseres Volkes vollzogen hat. Sie weiß sich freudig verpflichtet, ihren Dank für von Gott und unserem Volk durch die Tat zu beweisen[329].«

Am 10.4. wird nochmals ein Loblied gesungen: »Wenn Gott einem Volk hat helfen wollen ... wir haben wieder ein Großreich der Deutschen, wir haben wieder einen deutschen Führer, zu dessen Werk sich Gott der Herr selbst durch seinen Segen bekennt und das gesamte deutsche Volk durch sein *Ja* bekennen wird. Halte Deine Hand über unseren Führer und segne ihn, wie Du ihn bisher gesegnet hast aus dem Reichtum Deiner Gnade.«

Situation in Polen

Polen ist dem Vatikan seit Jahrhunderten in Treue verbunden. Seit 1574 sein französischer König Heinrich von Valois im Zusammenhang mit den Hugenottenkriegen nach Frankreich zurückkehrt, *die Kronjuwelen mit sich nehmend und die Jesuiten zurücklassend*, wie es Michelet ausdrückt, ist Polen ein Bollwerk des Katholizismus. Die Polen betreiben eine gegen die sowjetische Großmacht gerichtete Politik. Der erste polnische Ministerpräsident beschließt unter dem Beistand der französischen Regierung während der Versailler Friedenskonferenz, Gebiete Weißrußlands und der Ukraine von der Sowjetunion loszureißen und Polen anzugliedern.

Im Frühjahr 1919 rückt die polnische Invasionsarmee ohne Kriegserklärung auf sowjetisches Gebiet vor. Im Juni 1920 beginnt der russische Gegenschlag und bringt innerhalb weniger Wochen Polen zum Schweigen. Die Folge ist der Friedensvertrag von Riga. Zur Zeit des antisowjetischen Kreuzzuges hält sich Achille Ratti, der spätere Papst Pius XI. als diplomatischer Vertreter in Warschau auf. Die Sowjetunion verweigert 1925 einem vatikanischen Vertreter die Einreise. Dann regen sich die konservativen Kräfte in Polen und man wettert gegen *kommunistische* Tendenzen. Es setzen Verfolgungswellen gegen religiöse Minderheiten ein.

Polen gilt als religiöser Schmelztiegel. Damals leben in den annektierten Gebieten sieben bis acht Millionen Weißrussen und Ukrainer, von denen nahezu die Hälfte der russisch-orthodoxen Kirche angehören. Dazu kommen etwa eine Million Katholiken, eine Million Juden, vier Millionen Griechisch-Unierte und etwa vier Millionen antipäpstliche Katholiken. Die Auflistung zeigt das sophistische Gerangel mit den damit verbundenen Haarspaltereien. Genügt es nicht, würde die Mutter des Jesuiten Tondi sagen, wenn man ein anständiger Mensch ist?

Als sich 1923 eine Menschenmenge vor der griechischen Kathedrale in Leopol versammelt, um gegen die Religionsverfolgungen zu protestieren, wird sie mit Säbeln und Gewehrkolben auseinandergetrieben. Im Mai 1926 löst Pilsudski durch einen Staatsstreich das Parlament auf und erhebt sich zum Diktator Polens.

Das Ziel des Katholizismus in Polen ist, alle Minderheiten auszurotten, um sich selbst in den Vordergrund zu stellen. Man will die anderen *zur einzig wahren und göttlichen Religion* bekehren. Man übt Druck auf die polnische Regierung aus, besinnt sich der historischen Katholizität im Land und sperrt in kurzer Folge mehr als 1000 orthodoxe Priester ein. Den Gefängniswärtern wird befohlen, sie besonders grausam zu behandeln. Ganze Ortschaften werden durch Massaker ausgerottet[331]. Folter, Brandschatzung, Kirchenraub, Plünderungen und Massenerschießungen sind an der Tagesordnung. Orthodoxe Kirchen werden von polnischen Soldaten geplündert und als Pferdestall oder Latrine genutzt[332]. Die Religionsverfolgungen spielen sich unter den Augen und der Billigung der polnischen Bischöfe ab.

Immer deutlicher wird innerhalb einer europäisch gesehenen Ideologie, daß Polen das Zünglein an der Waage in Richtung Osten ist, wenn man den Bolschewismus schlagen will. Im Vatikan wird um die Zeit Pius XI. gegen Pius XII. getauscht. Für den Vatikan ist es eine schwierige Situation; auf der einen Seite steht dem Papst das treu ergebene Polen zur Seite und inszeniert mit *seinem* Wollen im eigenen Land einen grausamen Verfolgungskrieg gegen religiöse Minderheiten und auf der anderen Seite *muß* er es opfern, damit Hitler den Kommunismus zerschlagen kann. Dadurch trägt der Vatikan einen Teil der Verantwortung für den Ausbruch des II. Weltkrieges; zumal er vom Überfall auf Polen unterrichtet ist.

Nach einer Mitteilung des Korrespondenten der *Associated Press* beim Vatikan, Morgan, wird Pius XII. Mitte August 1939 durch den Berliner Nuntius Orsenigo in Kenntnis gesetzt. Hitler ersucht den Papst, die bevorstehende Invasion auf Polen nicht zu verurteilen und polnische Katholiken für einen Kreuzzug gegen die Sowjets zu mobilisieren. Die Kurie scheint ihrem Ziel

ein Stück näher zu sein. Schließlich sanktioniert der Papst das Verbrechen wider die Menschlichkeit und stellt drei Bedingungen:

- Er muß die Möglichkeit haben, Friedensvorschläge zu unterbreiten, um eine diplomatische Friedenskampagne einzuleiten.
- Falls der vatikanische Einfluß nicht ausreicht, eine Invasion zu vermeiden, darf Deutschland den Polen nur ein Minimum an physischem und moralischen Lasten aufbürden.
- Die polnischen Gläubigen dürfen wegen ihres Widerstandes nicht verfolgt werden; die Interessen der römisch-katholischen Kirche sind zu respektieren.
- Nie darf bekannt werden, daß der Vatikan mit Deutschland über einen Einfall in die Sowjetunion verhandelt hat.

Heute sind wir einen Schritt weiter, denn ein Pole ist Papst. Wer wird da nicht stutzig? Wieder einmal begeht die Kirche moralischen Stilbruch zugunsten ihrer egoistischen Ideologie. Von französischer Seite wird der Papst mehrmals aufgefordert, durch eine eindeutige Stellungnahme den bevorstehenden Angriff zu verhindern. Am 24.8. läßt er wissen: »Laßt die Macht der Vernunft über die Gewalt der Waffen herrschen. Eroberungen, die nicht auf Gerechtigkeit ruhen, können nicht Gottes Segen tragen[333].«

Wieviel historische Weltfremdheit steckt hinter solchen Äußerungen? Die von ihm in diesem Fall geforderte Gerechtigkeit hat die römisch-katholische Kirche seit Jahrhunderten mit Füßen getreten und einseitig in ihrem Sinn interpretiert. Es ist nicht mehr als eine Floskel; zudem in letzter Minute und selbst unter Druck gesetzt[334].

Der Papst wendet sich an den Nuntius von Warschau, Cortesi: »Er soll der polnischen Regierung mitteilen, daß der Vatikan nach einer verläßlichen Quelle Grund zu der Vermutung hat, daß Deutschland beabsichtigt, Polen anzugreifen und daß jetzt Mäßigung wichtig ist[335].« Nachdem der Vatikan mit der Unterstützung des Kardinals Hlond Druck auf die polnische Regierung ausübt, setzt Hitler am 1.9.1939 zum Überfall auf Polen an. Den Papst scheint es zu bewegen, und schon meint man, »sogar die Gesundheit seiner Heiligkeit könne darunter leiden.« An die Gesundheit der Geschundenen, an die Witwen und hungernden Kinder denkt er nicht.

Anstatt die gesamte christliche Welt zu warnen und gegen den Krieg zu mobilisieren, stellt er sich taub. Kein Wort der Verurteilung und kein Hinweis darauf, daß die kirchliche Autorität zumindest moralischen Protest erhebt. Während Warschau unter einem Bombenteppich liegt und Tausende von der deutschen Luftwaffe ermordet werden, beten der deutsche Erzbischof und die Bischöfe zu Gott, »er möge das Dritte Reich beschützen und seinen Führer erleuchten.« Auf Anweisung von von Galen ist zu sprechen:

- Laßt uns beten nach der Meinung des Heiligen Vaters um die Abwehr der Gefahr der Gottlosigkeit, um Frieden und Freiheit für unsere heilige Kirche, um Gottes Schutz und Segen für unser Volk und Vaterland[336].
- Allmächtiger ewiger Gott. Wir bitten Dich, nimm unser Vaterland in Deinen beständigen Schutz; erleuchte seine Lenker mit dem Licht der Weisheit, damit sie erkennen, was zur wahren Wohlfahrt des Volkes dient, und das, was recht ist, in Deiner Kraft vollbringen. Schütze alle Angehörigen unserer Wehrmacht und erhalte sie in Deiner Gnade ... Stärke die Kämpfenden ... Bewahre Herr, unsere Heimat vor ... Angriffen, vor Hunger und Not[337].«

Und doch hat sich Pius XII. in Hitler getäuscht. Dieser schließt wenige Tage nach seinem Einfall in Polen einen Nichtangriffspakt mit der Sowjetunion. Im November des gleichen Jahres erleidet der unfehlbare Gotteshirte einen Nervenzusammenbruch; es wird ihm zuviel und Beten allein ist nicht so anstrengend wie Krieg zu führen. Als der Vatikan drängt, Hitler soll die Sowjetunion angreifen, kontert er und meint: »Er müsse sich erst im Westen absichern.«

Der Nuntius in Paris läßt dem Papst mitteilen: »Frankreich werde stillhalten, wenn sich Deutschland weiter dem Osten zuwendet.« Es ist eine außergewöhnliche Quelle, denn üblichweise entscheiden militärische Führer über solche Anliegen! Auf beiden Seiten geht der Realitätssinn verloren.

Die Sowjets durchschauen das Geplänkel und fallen am 17.9. von Osten her in Polen ein. Der Papst sieht sich getäuscht und seine Proteste werden deutlicher. Man erkennt im Vatikan das Auf-sich-Zukommen der verhaßten Ideologie. Später bezieht der Papst Stellung zu diesem Akt der Unmenschlichkeit und sagt: »Das Blut zahlloser Menschen schreit auf im höchsten Schmerz, ein von uns so geliebtes Volk wie das polnische, dessen aufrechter Glauben an die Verdienste der christlichen Zivilisation mit unauslöschbaren Buchstaben in das Buch der Geschichte eingetragen ist, hat das Recht, die Sympathie der ganzen Welt aufzurufen[338].«

Und wieder geschieht ein Wunder. Als kurz danach der sowjetisch-finnische Krieg ausbricht, findet der Papst seine Sprache wieder und donnert über den *Osservatore Romano*: »Nach 20 Jahren bolschewistischer Tyrannei wird es klar, daß der Kommunismus, der bereits die politische Freiheit unterdrückt, jedes individuelle Denken erstickt, das Individuum auf das Niveau eines Sklaven zurückwirft ... jetzt neue Perlen in sein teuflisches Diadem fügt ... erst hat er die Menschen gejagt und jetzt jagt er die Nationen.« Offensichtlich fehlen im Vatikan seit längerer Zeit Lehrer im Grundfach Geschichte. Man tut das gleiche und sieht es durch die theologische Brille. Hier kämpfen Ideologien und darum kann es nicht gutgehen.

Im polnischen Sprachbereich kann man für diese Zeit demonstrieren, zu welch geistigen Fehlleistungen der römisch-katholische Glauben fähig ist und daß es vor allem die Jesuiten hemmungslos sind, wenn es um die Durchsetzung ihrer ideologisch gefärbten Ziele geht. Auf der einen Seite werden innerhalb Polens religiöse Minderheiten bedrängt; man beschlagnahmt kirchliches Eigentum und verwandelt die Kirche Maria Magdalena (Magdalena ist im christlichen Mittelalter die Schutzheilige der Dirnen) in einen Konzertsaal[339].

Auf der anderen Seite werden von Jesuiten unbeschreibliche Greuel begangen und wieder auf einer anderen Seite halten sie auf den Kanzeln von göttlicher Gnade träufelnde und salbungsvolle Reden. Die höchste Form der sprachlichen Verwirrung ist die jesuitische Kasuistik. Niemand versteht sie und man kann alles mit ihr erreichen.

Polnische Jesuiten sind aktiv

Nachdem der Vatikan eine Verbindung mit dem Marschall Pilsudski, dem *ungekrönten* Diktator Polens, hergestellt hat, werden polnische Jesuiten aktiv, um über die Wiederherstellung der *alten* Diözesangrenzen zu verhandeln. Sie tarnen sich als Popen und treten mit wallenden Bärten auf. Auf ihren Altar steht *plötzlich* das griechische Kreuz, die Messe wird auf Kirchenslawisch gelesen und die Kommunion mit dem Löffel gereicht. Nach dem östlichen Brauch verschränken die Geistlichen die Hände über der Brust.

Im Gebet heben sie immer wieder hervor:»Lasset uns für den allerheiligsten Weltpatriarchen Pius XII., den Papst in Rom, beten[340].« Der polnische Marschall durchschaut das fromme Geplänkel, wie etwa zeitgleich die Sowjets, das seine Pläne durchkreuzt, eine eigenständige Kirche zu gründen, in der andere Gesetze als die des Vatikans gelten. Die Geistlichen sollen gewöhnliche Bürger sein, die einen Zivilberuf ausüben und in ihrer Freizeit unentgeltlich priesterliche Aufgaben wahrnehmen. Es wäre eine Rückkehr in apostolische Zeiten, da die Religion noch nicht mit dem Begriff der Gewinn- und Machtmaximierung verwoben ist. Dies stellt heute einen massiven Affront gegen die vatikanischen Interessen dar.

General Lubienski, der Sektretär des Marschalls, veröffentlicht unter dem Titel *Die Straße Roms im Osten* ein Buch, in dem der Vatikan als *scheinheilig* hingestellt wird. Der Krakauer Erzbischof verbietet die Verbreitung des lesenswerten Werkes; die christliche Zensur unterbindet die Bekanntgabe historischer Wahrheiten. Pilsudski stirbt 1935 und wird in der Kathedrale beigesetzt. Nach zwei Jahren läßt ihn der Krakauer Bischof, Fürst Saphiae, exhumieren und außerhalb des Gotteshauses mit der Bemerkung verscharren:»Der Leichnam habe an Feuchtigkeit gelitten und den beständigen Besucherstrom in der Kirche gestört.« Er besinnt sich inquisitorischer Praktiken, denn die römisch-katholische Kirche duldet keinen Widerstand, gleich ob man tot oder lebendig ist.

Das Greuel nimmt seinen Lauf. Priester werden eingekerkert und Dörfer durch Massaker entvölkert. Von den etwa 35 Millionen polnischer Bürger kommen in den von deutschbesetzten Gebieten sechs Millionen durch Kriegshandlungen, Widerstand, Vergeltung, Deportation, Internierung und Gas ums Leben. Viele werden in Ghettos gepfercht, wobei wir nicht vergessen dürfen, daß das Ghetto eine christliche Errungenschaft des Mittelalters ist.

Im Lager Sztowa treiben deutsche Christen alle 30 Minuten die Opfer in Gaskammern, hängen sie oder töten sie mit Phenolspritzen. In Auschwitz werden Tausende vergast. In Belzec 600 000, in Treblinka 730 000 und Majdanek 1 400 000. Welch grausiges Schauspiel vor der Kulisse des entarteten Christentums. Es ist unbegreiflich, weshalb die Christen zu diesen Greueln geschwiegen und alle Mordbefehle willenlos ausgeführt haben. Sie sind die eigentlich Schuldigen, denn sie haben es versäumt, ihre geistlichen Führer zu bestürmen, von den Verbrechen abzulassen.

Der Krakauer Erzbischof berichtet im Februar 1942 über die Unterdrückung der Menschenrechte und über die Festnahme von Geistlichen. Am 2.7., dem Fest des Sankt Eugenius, sagt Pius XII. vor dem Kardinalkollegium:»Niemand, der mit der Geschichte des christlichen Europa vertraut ist, kann die Heiligen und Helden Polens vergessen ... für dieses so schwer heimgesuchte Volk möge eine neue Zukunft dämmern … in einem Europa, das auf christlichen Grundsätzen ruht[341].« Ein solches Europa ist unvorstellbar, denn es würde von geistiger Unterdrückung und einem fatalen Rückschritt geprägt sein. Inzwischen scheint der Freiheitsgedanke Europas so weit fortgeschritten, daß er sich wie eine Phalanx gegen die klerikalen Gelüste stellen wird. Zuerst sind die Staaten monarchistisch und von autoritären Prinzipien geleitet. Dann kommen neue Staaten mit Weltanschauungen dazu, die der Vatikan verdrängen will, sie aber dann unvernünftigerweise bekämpft. In allen gärt es nach Freiheit, Toleranz und Unabhängigkeit. Jetzt schließen sich die europäischen Staaten zu einem Verbundsystem zusammen. Es ist ein Bollwerk, das selbst für jesuitische Ränke zum Problem wird. Es kulminiert mit der Vorstellung bedeutender Seher, die erkannt haben, daß die Kirche über diese Klippe stürzen wird.

Papst Pius XII. läßt sich zu der Marginale hinreißen:»Beenden wir den Bruderkrieg und vereinigen wir unsere Kräfte gegen den Atheismus.« Der Militärbischof Rarkowski spricht auf der Kanzel über die im Polenfeldzug gefallenen Deutschen:»Ihr Opfer für Deutschlands Zukunft war nicht nur schön und erhaben, sondern es war ein heiliger Tod … er wird in den Annalen Gottes festgehalten und in den Archiven der Ewigkeit aufbewahrt[342].« Es ist ein Unterschied, ob man auf der Kanzel oder im Schützengraben steht. Nach dem Zusammenbruch Polens erklärt der ins Ausland geflüchtete Außenminister Beck:»Einer der Hauptverantwortlichen für die Tragödie meines Landes war der Vatikan … zu spät erkannte ich, daß wir eine Außenpolitik im Interesse der katholischen Kirche betrieben haben[343].« Am 1.9.1939 schließt sich Danzig Deutschland an; die Netze werden im Vatikan gesponnen, indem der Danziger Bischof O'Rourke gegen den Deutschen Schlett ausgetauscht wird.

Unverständlich ist die Argumentation von John A. Morehaed aus New York, dem Präsidenten des lutherischen Weltkonvents, der sich über die veränderte Lage in Deutschland folgendermaßen äußert:

»Die deutsche Revolution sei mit einem bemerkenswerten Minimum an Unordnung und Gewalt durchgeführt worden … die Anforderungen des neuen Regimes an die Kirche Deutschlands gebe ihnen in der Tat Gelegenheit, einen Dienst von tiefer Bedeutung für die Christenheit zu leisten.« Vom menschlichen Unrecht erwähnt er nichts und auch nicht darüber, daß es Christen gewesen sind, die das Unrecht eingeläutet und verwirklicht haben.

Situation in der Tschechoslowakei

Hussitenrepublik

Die römisch-kathlische Kirche steht Böhmen seit dem Aufmucken des Jan Hus kritisch gegenüber, den sie auf dem Konstanzer Konzil wegen seiner berechtigten Kritik zu Unrecht verbrannt hat. Im Dreißigjährigen Krieg wird das einst blühende Böhmen entvölkert und gerät unter die Herrschaft der Habsburger in Österreich. Der Vormarsch der Gegenreformation und die Errichtung der katholischen Oberherrschaft über die Länder der tschechischen Krone kosten das tschechische Volk die Unabhängigkeit.

Die guten Beziehungen zwischen Kirche und Staat reichen bis in das Jahr 1918 zurück und der damalige Außenminister

⇒

Leo XIII. (1878-1903, oben links) verschaffte dem seiner weltlichen Macht entkleideten Papsttum durch seine Enzykliken zu den politisch-sozialen Fragen der modernen Welt über den Katholizismus hinaus Gehör. Pius X. (1903-1914, oben rechts) gab eine Kodifizierung des kanonischen Rechts in Auftrag. Mit dem Namen Benedikts XV. (1914-1922, unten links) sind vor allem die Friedensbemühungen während des I. Weltkrieges verbunden. Unter Pius XI. (1922-1939, unten rechts) kam es zur Lösung der »römischen« Frage und zum Ausgleich mit dem italienischen Staat.

Hacha und Hitler.

Benesch erkennt die Bedeutung des Katholizismus für das Gefüge des jungen Staatswesens, schätzt es jedoch falsch ein. Diplomatische Beziehungen werden aufgenommen. Beim Vatikan wird eine tschechoslowakische Legation eingerichtet und in Prag ein päpstlicher Nuntius akkreditiert. Der Staat verhält sich in religiösen Angelegenheiten neutral. Die Verfassung garantiert die Freiheit des Gewissens und des religiösen Bekenntnisses; eine Staatsreligion gibt es nicht. Die unterschiedlich gelagerten Kirchen werden vom Staat respektiert und subventioniert. Seine einzige Forderung an die Kirchen ist, sich nicht in politische und staatliche Angelegenheiten zu mischen. Wie überall in der Welt, so kann dies auch hier nicht funktionieren.

In den Volks- und Mittelschulen wird offiziell Religionsunterricht erteilt, die Theologen verfügen über eigene Fakultäten an den Universitäten und die kirchlichen Semi-nare werden mit öffentlichen Geldern unterhalten. 1920 wird die 1000-Jahr-Feier des als heilig angesehen Wenzel begangen. Zu den kirchlichen Feiertagen gehört das Fest der als heilig angesehenen Kyrill und Methodios, der Schutzheiligen der tschechoslowakischen Nation. Daneben steht der Gedenktag für Hus. Wieder entzündet sich ein Streit um ihn:

1925 findet eine Veranstaltung im Zusammenhang mit diesen tschechischen Nationalhelden statt. Die römisch-katholische Kirche hat ihn ein halbes Jahrtausend vorher als Häretiker verbrannt. Der Vatikan verlangt die Absage der Feierlichkeiten: »Man dürfe der Kirche und den tschechischen Katholiken nicht durch die Glorifizierung eines Häretikers, der es gewagt habe, den Befehlen des Vatikans zu trotzen, Ärgernis bereiten.« Wieder einmal verdreht man die Karten der Geschichte, denn Hus ist kein Häretiker gewesen; er hat sich zu

Recht gegen das klerikale Unrecht erhoben. Der tschechische Staat lehnt das kirchliche Ansinnen ab und so wird es bis zum Politikum hochgeschaukelt. Der Vatikan weist den päpstlichen Nuntius in Prag an, *offiziell* gegen das Ärgernis, das man der katholischen Kirche durch die Ehrung eines Häretikers widerfahren ließ, zu protestieren und nach der Überreichung eines Protestschreibens Prag zu verlassen.

Der Nuntius kommt der Anordnung am 6.7.1925 nach. Der Vatikan bricht wegen einer solchen Lächerlichkeit, wo er noch selbst im Unrecht bleibt, die diplomatischen Beziehungen zu einem ihm positiv gegenüberstehenden Staat ab. Es ist unverständlich.

Die Tschechoslowakei steht zur Sowjetunion in einem freundschaftlichen Verhältnis und sieht in ihr im wesentlichen eine Schutzmacht, was sich allein aus der geographischen Lage und den Größenordnungen ergibt. Katholischen Kreisen stößt dies auf und sie versuchen vereinzelt, die tschechoslowakische Regierung als *Agentur des Bolschewismus in Europa* zu diskriminieren. Folglich nimmt der vatikanische Druck auf die Politik zu. Der Vatikan hetzt die separatistische Bewegung der slowakischen Katholiken gegen die Regierung auf, die unter der Leitung eines katholischen Priesters steht.

Da die Aktion wenig erfolgreich ist, legt man im Vatikan Kohlen ins Feuer. Das neue Ziel heißt: Zerstörung der *Hussitenrepublik* unter Zuhilfenahme von Adolf Hitler, polnischer und österreichischer Katholiken und französischer Reaktionäre. Das katholische Sprachrohr in der Tschechoslowakei ist die Slowakische Volkspartei unter der Führung des Prälaten Hlinka.

Der katholische Klerus sieht in den verbesserten Bildungsmöglichkeiten für die Bevölkerung eine *ernste Bedrohung* der privilegierten Stellung der katholischen Kirche und Masaryks Lehrsatz: »Es gibt keine Demokratie ohne Erziehung« gefällt der Kirche nicht. Auch hier ist es ihr erstes Anliegen, das Erziehungswesen zu bestimmen. Die katholischen Slowaken unter Hlinka setzen die antitschechischen Agita-

tionen fort, selbst dann, als das Land unter der Bedrohung von Hitler steht. Hitler gibt zur Rechtfertigung seiner Invasion vor, die Sudetendeutschen schützen zu müssen. Die Sudetendeutsche Partei steht unter der Führung des Katholiken Henlein[344]. Hitler versichert ihm, »daß er alle Rechte und Privilegien der katholischen Gläubigen des Sudetengaues achten werde.«

Hitler möchte scheibchenweise vorgehen und begnügt sich erst mit der Okkupation des Sudetenlandes. Pater Hlinka stirbt 1938. Sein Nachfolger wird Tiso, ebenfalls ein Priester und treuer Gefolgsmann Hlinkas. Er stammt aus einer Bauernfamilie und wird in Ungarn erzogen. Er neigt zu den vatikanischen Interessen und erhält daraufhin den Ehrentitel Monsignore.

1939 fallen Deutsche in die Tschechoslowakei ein und Papst Pius XII. ignoriert den Akt der Unmenschlichkeit. Im April 1939 wird der neue slowakische Staat vom Vatikan als Partner anerkannt. Gleichzeitig verleiht die Kurie Tiso, einem Professor der Theologie, den Rang eines päpstlichen Kammerherrn.

Unter den merkwürdigsten Umständen wird er Staatspräsident. Er schränkt die Meinungs-, Presse- und Redefreiheit ein, verbietet Parteien und bedrängt Andersdenkende. Nach einer 1941 in London erschienenen Publikation des tschechischen Außenministers haben 90 Prozent der slowakischen Geistlichen für Hitler gebetet[345]. Ihr Gebet wird erhöht.

Eine der ersten Amtshandlungen Tisos als Ministerpräsident der Slowakei ist, die Unabhängigkeit seines Landes zu fordern. Der Präsident der Republik, dem Tiso kurz zuvor den Eid der Treue geleistet hat, enthebt ihn seines Amtes. Daraufhin reist Tiso nach Berlin, um mit Hitler, Ribbentrop und vatikanischen Vertretern zu verhandeln. Wenige Tage nach seiner Ankunft veröffentlicht die Nazipresse Schreckensmeldungen über angebliche Untaten der tschechoslowakischen Regierung an der slowakischen Bevölkerung.

Hitler gibt die Zusage, daß er Tiso unterstützen wird und die ungarische Regierung schaltet sich ein. Das katholische

Bei feierlichen Anlässen wird der Papst auf der »Sedia gestatoria« oft getragen. Hier wird die Vorstellung der »Erhöhung« deutlich und man redet sich damit heraus, daß man ermöglichen wolle, daß möglichst viele den Papst sehen.

Polen schlägt sich offen auf die Seite von Hitler und fördert die Auflösung der *Hussitenrepublik*. Die Tragödie nimmt ihren Lauf. Hitler ruft den Präsidenten der tschechoslowakischen Republik zu sich. Hacha trifft am 15.3.1938 früh um ein Uhr in Berlin ein. Ihm wird befohlen, seine Unterschrift unter ein vorbereitetes Dokument zu setzen, das die Auflösung seines Landes zum Inhalt hat: »Im Fall seiner Weigerung würden siebenhundert Bomber innerhalb von vier Stunden Prag dem Erdboden gleichmachen«, Hacha unterzeichnet und die *New York Times* bezeichnet dies als »Dämmerstunde der Freiheit im Mitteleuropa.« Nazitruppen besetzen Prag und das übrige Land. Böhmen und Mähren werden *Protektorat* der Nationalsozialisten.

Jetzt beginnt Tiso mit der Umgestaltung des Landes nach dem vatikanischen Strickmuster. Sein Wahlspruch wird: *Für Gott und Vaterland*. Er prägt Münzen mit den angeblichen Portraits der slawischen Heiligen Kyrill und Methodios, nimmt zum Vatikan diplomatische Beziehungen auf, erläßt antikommunistische Gesetze und solche gegen die Sozialisten, Liberale und weitere politische Gruppierungen. Er unterdrückt deren Publikationen. Die Meinungs-, Presse- und Redefreiheit wird aufgehoben und es gilt nur noch die Meinung des Vatikans über Tisos Sprachrohr.

Die Jugenderziehung orientiert sich am Vorbild der Hitler-Jugend. Die Schulen geraten unter Kontrolle der römisch-katholischen Kirche. Selbst die nazistischen Sturmabteilungen werden übernommen und später in eine Legion katholischer Freiwilliger umgebildet, die an der Seite des Naziregimes gegen die Sowjetunion kämpft. Trotz seiner staatlichen Aufgaben kommt Tiso seinen priesterlichen Handlungen nach. Jede Woche läßt er, ähnlich wie sein Kollege Seipel, seinen Dienst für einen Tag ruhen, um in Banovce seinen Pflichten als Gemeindepfarrer nachzukommen. Dem unwissenden Volk läßt er mitteilen: »Die slowakischen Arbeiter können versichert sein, daß es nicht nötig ist, von einem sogenannten bolschewistischen Paradies zu träumen oder vom östlichen Ausland eine gerechtere soziale Ordnung zu erwarten. Die Lehren der Religion werden ihnen klarmachen, was unter einer gerechten sozialen Ornung zu verstehen ist ... die Familie ist die Grundzelle des menschlichen Lebens und wird den vollen Schutz des Staates genießen, wie es das allgemeine Wohlergehen und die katholische Religion fordern.«

Tiso orientiert sich an dem Katholiken Hitler. Aus der *Hitlerjugend* wird die *Hlinkagarde* und das Führungsprinzip ist das gleiche. Tisos Regierungserklärungen werden nach Hitler'schen Vorlagen abgekupfert: eiserne Disziplin, unbedingter Gehorsam und bewußte Pflichterfüllung stehen im Vordergrund seines Denkens. Wieder kommt das deutsche Trauma zum Vorschein. In dieser Fähigkeit zur Perfektion liegen das Gute und das Schlechte; es ist eine Frage der Polarisierung und diese ist steuerbar.

Nur wer sich als eifriger Katholik erweist, kann mit einer Anstellung im Staat rechnen. Bald sind die Gefängnisse mit politischen Häftlingen überfüllt. Bezüglich der Judenverfolgung tritt Tiso in die blutigen Fußstapfen Hitlers. Einigen Katholiken, denen das spanisch vorkommt, erklärt er: »Was die jüdische Frage anbelangt, so fragen manche, ob das, was wir tun, christlich und human ist. Ich frage so: »Ist es christlich, wenn die Slowaken sich von ihren ewigen Feinden, den Juden, befreien wollen? Die Liebe zu unserem Nächsten ist Gottes Gebot. Seine Liebe macht es mir zur Pflicht, alles zu beseitigen, was meinem Nächsten Böses antun will[346].«

Tiso haßt auftragsgemäß die Kommunisten und läßt proklamieren: »Die bolschewistischen Welteroberungspläne machen jedem Slowaken klar, daß er kämpfen muß, nicht nur, um selbst zu überleben, sondern ebenso, um die europäische Kultur und die christliche Zivilisation vor den Kräften der bolschewistischen Barberei und Brutalität zu retten und zu schützen[347] … der apokalyptische Bolschewismus, freigesetzt vom Kapitalismus, bringt Tod und Zerstörung mit sich. Wir Slowaken sind Katholiken und haben immer für die Sache der Menschheit gefochten[348].« Genau dies tut die römisch-katholische Kirche nicht. Sie kämpft für die Durchsetzung des Welt-Katholizismus. Die Wahrung der Menschenrechte spielt keine Rolle. Am 20.10.1944 nennt Tiso Nazideutschland den Retter Europas: »Deutschland ist als der Bannerträger der progressivsten sozialen Ideen allein fähig, den sozialen Ansprüchen aller Nationen gerecht zu werden.«

Dann kommt es zu einem politischen Zwischenfall. Der Katholik Heydrich, der unter dem Katholiken Himmler Chef der Sicherheitspolizei und des Sicherheitsdienstes ist, wird erschossen. Er ist gleich dem Katholiken Hitler ein menschlicher Versager. Als er aus der Marine ausgestoßen wird, geht er 1931 zur SS und wird daraufhin die rechte Hand Himmlers, einer

Schenkung der römisch-katholischen Kirche. Er baut ab 1933 den Spitzelstaat auf. Während des Krieges ist Heydrich stellvertretender Reichsprotektor in Böhmen und Mähren: ein mächtiger Mann mit einem geringen geistigen Potential.

Die Nationalsozialisten reagieren unerbittlich auf die Ermordung ihres Bannerträgers und vergessen, daß er tausendmal unmenschlicher gehandelt hat. Das tschechische Dorf Lidice wird dem Erdboden gleichgemacht. 194 Männer und sieben Frauen werden erschossen. 203 weitere und 104 Kinder werden in ein KZ geschleppt; nur 16 überleben das christliche Inferno und der Vatikan schweigt.

Der Krieg verläuft nicht so, wie es sich der Vatikan, Hitler und Tiso wünschen. Die sowjetische Armee überschreitet die Grenzen Deutschlands und der früheren tschechoslowakischen Republik. Als Präsident Benesch 1944 nach Moskau fährt, um den Freundschaftspakt mit der Sowjetunion zu unterzeichnen, schlägt Tiso verzweifelt die Hände über dem Kopf zusammen. Man jammert über das *monströse Verbrechen des Hussiten Benesch*, der die Slowakei an die *gottlosen Bolschewiken* verkauft hat. Die katholischen Bischöfe und die daran gekoppelte Geistlichkeit des Protektorates Böhmen und Mähren schließt sich der Meinung Tisos an. Sie predigen gegen Benesch und die Exilregierung in London.

Der neue katholische Ständestaat der Slowakei bricht mit der militärischen Niederlage Deutschlands zusammen. Tiso fliegt 1945 nach Deutschland, denn er wird in seiner Heimat zum Kriegsverbrecher deklariert. Wer wundert sich, wenn in einer katholisch gefärbten Enzyklopädie festgehalten wird. »Er war ein vorbildlicher Priester und er führte ein unbescholtenes Leben. Er starb als Verteidiger der christlichen Zivilisation gegen den Kommunismus.«

Es ist eine historische Lüge, denn Tiso war ein Rebell, der Slowaken an Hitler verheizt hat … er war ein rabiater Antisemit[349]. Sein Ehrgeiz beschleunigt den Ausbruch des Krieges, der die Menschheit in ein Meer von Blut getaucht hat.

Überfall auf Norwegen

1940 läßt Hitler Norwegen überfallen. Der Papst hüllt sich in das obligatorische Schweigen und läßt über den *Osservatore Romano* erklären:»In Norwegen leben nur 2619 Katholiken, doch in Deutschland 30 Millionen.« In einem persönlichen Brief bedauert er die Okkupation der Niederlande, Belgiens und Frankreichs, weist aber gleichzeitig den deutschen Episkopat an, in den Kirchen Gottesdienste für den Führer abzuhalten. Später segnet er den französischen Marschall Pétain und versichert dem Botschafter beimVatikan:»Er werde das Werk der moralischen Wiedergeburt in Frankreich warmherzig unterstützen.«

Situation in Jugoslawien

Mit Jugoslawien wird ein Konkordat eingefädelt, an dessen Ausarbeitung Pacelli beteiligt ist. Schon glaubt man in Rom, die Schlacht gewonnen zu haben, da protestieren am 20.7.1937 Tausende von Serben gegen den Akt der ideologischen Vergewaltigung. Repressalien verhindern die Unterzeichnung des Dokumentes. Die Gegner werden mit Knüppeln und Bajonetten auseinandergetrieben. Später wird mit kurialer Vehemenz der Ministerpräsident mit 25 Abgeordneten exkommuniziert und Pacelli läßt sich zu der Drohung herab:»Es kommt der Tag, wo bedauert wird, ein so großmütiges Werk abgeschlagen zu haben, das der Statthalter Christi ihrem Land angeboten hat.«

Am 6.4. marschieren deutsche Truppen in Jugoslawien ein, um es in ein Chaos zu verwandeln. Auf ihren Koppelschlössern steht *Gott mit uns* und in ihrem Tornister steckt ein christlich-militärisches Gesangsbuch. Die Waffen sind gesegnet und Militärgeistliche versprühen Trost. Doch was bedeutet ein Sieg, wenn er auf den Leibern Geschundener, Unschuldiger und Gemordeter erzwungen wird, wenn religiöse Bannerträger die Gesetze der Humanität untergraben und politische Interessen vertreten. Es gibt nur einen Sieg, es ist der des humanen Geistes über das Elend der Menschheit. Alle Anstrengungen müssen unternommen werden, um dieses Ziel zu erreichen. Dazu gehörten demokratische Gedanken, Toleranz und eine angemessene Bildung; es sind die Todfeinde des Christentums und noch immer schläft die Menschheit so fest und tief, daß sie die klerikale Vergewaltigung anstandslos über sich ergehen läßt.

Die vatikanisch-jugoslawischen Beziehungen bleiben ungeregelt, bis der faschistische Diktator Ante Pavelic das Ruder an sich reißt und das Ansehen der römisch-katholischen Kirche beschmutzt. Pavelic ist Katholik und hält sich seit 1928 öfters in Italien auf, wo das Attentat auf den jugoslawischen König Alexander II. vorbereitet wird. Dieser wird am 9.10.1934 im Hafenviertel von Marseille von kroatischen Spitzeln zusammen mit dem französischen Außenminister Barthou ermordet.

Danach empfängt Pavelic der Papst zu einer Audienz. Wegen des Doppelmordes wird er 1941 von einem französischen Gerichtshof in Abwesenheit zum Tod verurteilt. Die Kurie wird ob ihrer liberalen Haltung scharf angegriffen. Der britische Außenminister Eden kann nicht verstehen, weshalb der Papst einen Mörder schützt[350]. Der Heilige Vater ist anderer Meinung und sagt:»Pavelic sei ein vielfach verleumdeter Mann, der mit den Anschlag nichts zu tun hat.«

In der weiteren Folge schart er katholische Ratgeber um sich, verfügt über einen persönlichen Beichtvater und erfreut sich in seinem Palast über eine Hauskapelle. Nach dem Einmarsch der deutschen Truppen avanciert der Mörder zum Staatschef des *unabhängigen* Kroatien. Er arbeitet eng mit den deutschen Bischöfen zusammen, vor allem mit dem Primas, dem Erzbischof Stephinac von Zagreb. Er läßt am 18.4.1941 in einem Hirtenwort verlautbaren:»Wer könnte uns einen Vorwurf machen, daß wir als geistliche Hirten die Begeisterung des Volkes unterstützen… es ist leicht, an diesem Werk die göttliche Hand zu erkennen … unsere Augen sind voller Bewunderung. Wir sind überzeugt, daß die Kirche die unfehlbaren Grundsätze der Wahrheit und der ewigen Gerechtigkeit verkündet.« Pavelic entpuppt sich zum Glaubensfanatiker und geht rücksichtslos gegen orthodoxe Serben vor, die er der katholischen Religion verpflichtet wissen will. Hier zeigt sich sein einfältiges Handeln, denn über den *rechten* Glauben kann man nicht streiten. Immer haben Glaubenskriege neue Glaubenskriege provoziert und stets ist das damit verbundene Unrecht größer geworden. Es gibt tausend Religionen und es genügt, wenn man ein anständiger Mensch ist. Die Bibel, ein Zwangsglauben oder die Kirchensteuer, der Glauben an Unmögliches, wie an die menschliche Unfehlbarkeit oder an eine Unbefleckte Empfängnis, sind dazu unnötig.

Um der Religionswut zu entgehen, treten Tausende von Orthodoxen dem katholischen Zwangsglauben bei. Der Kittel ist ihnen näher als die Hose und wenn es darauf ankommt, ist das Glaubensbekenntnis für fast alle nur ein leeres Wort. Dies wissen bereits frühchristliche Märtyrer, die man nachträglich zu Helden deklariert hat. Wenn es noch in der Barockzeit einem Fürsten oder seiner ungebildeten Maitresse beliebte, den Glauben wie die Unterhosen zu wechseln, so müssen es auch die Landeskinder tun[351]. Die Ustascha-Bewegung wärmt die christlichen Inquisitionsmethoden im fortschrittlichen 20. Jahrhundert auf. Dazu einige Beispiele:

- Hunderte von Ustascha-Anhängern umzingeln mehrere von Serben bewohnte Dörfer und treiben 250 Menschen, unter ihnen einige Priester, zusammen. Sie werden auf ein Feld geführt, müssen ein Grab ausheben, werden hineingestoßen und lebend zugeschüttet.
- In den Provinzen Lika, Kokum und Banja werden 172 Kirchen ausgeraubt und vernichtet.
- Am 14.5.1941 versammeln sich Serben in der Kirche von Glina. Nun werden die Türen verrammelt und die Kirche wird in ein Schlachthaus verwandelt[352]. Man treibt es soweit, daß die Schlächter die Uniformen wechseln müssen.

- In Vakovar (Donau) schneiden Ustascha-Männer 180 Serben die Kehlen durch und werfen ihre Leichen in den Fluß.
- In Otovac verhaftet man 320 Serben und läßt sie, mit Äxten ausgerüstet, zu einem Grab marschieren. Während man die jüngeren schlägt, zwingt man die älteren zum Sprechen orthodoxer Gebete. Danach reißt man ihnen die Bärte ab. Schließlich werden ihnen die Augen ausgestochen.
- Fanatiker beschlagen dem 84jährigen Monsignore Platov die Füße mit Hufeisen und zwingen ihn, darauf zu gehen. Als er vor Schmerz zusammenbricht, reißen sie ihm den Bart ab und entzünden auf seiner Brust ein Feuer. Was sind das für Christen?
- Der Pater Augustino Cievola erscheint mit einem Revolver unter der Kutte und wiegelt das Volk auf, sich an der Ermordung der Serben zu beteiligen.
- Sein Bruder Miroslaw Majstrovic nimmt einen Posten im Konzentrationslager Jasenovac an, das wegen seiner Massenenthauptungen berüchtigt ist.
- In diesem Todeslager hat der Franziskaner Brzia in der Nacht vom 29. auf den 30.8.1942 1 360 Menschen zur Ehre Gottes mit einem Spezialmesser geköpft.
- Der Geistliche Bozidar Bralo berauscht sich am Blut der Opfer, rennt mit einem Maschinengewehr durch das Land und brüllt: »Nieder mit den Serben.« Er nimmt an der Ermordung von 180 Menschen teil und veranstaltet einen Freudentanz um die Leichen.

Heute gesteht die katholische Kirche die Greuel ein und gibt abgeschwächt zu: »Eine Zeitlang verursachten kroatische Franziskaner einiges Ungehagen ... sie entstammten den primitivsten Teilen der Bevölkerung ... es waren ungeeignete Männer, denen Ustascha-Agenten die Idee von Pavelic eingeimpft haben. Ein Scherge der Ustascha-Bewegung namens Majstrovic, der große Grausamkeiten begangen hat, konnte als früherer Mönch, als Pater Filippo, identifiziert werden[353].« Es ist keine akzeptable Entschuldigung.

Von den etwa zwei Millionen Kroaten werden ein Drittel Opfer des Glaubenswahnes. Der Erzbischof Stephinac weiß um die Zusammenhänge und sieht dem Massaker vier Jahre zu. Danach wird er von Tito zur Verantwortung gezogen und zu einer lebenslangen Freiheitsstrafe verurteilt. Nach seiner Inhaftierung wird er wegen seiner Verdienste vom Vatikan zum Kardinal erhoben.

Diese Vorfälle finden in jüngster Zeit eine bemerkenswerte Parallele. Und wieder hält sich die Kirchenführung bedeckt im Hintergrund. Warum verbietet sie ihren dort lebenden Christen nicht den Völkermord? Warum begibt sich der Papst nicht nach Sarajewo, sondern nach Kolumbien? Es ist kaum abwegig anzunehmen, daß auch dieser Schwelbrand systematisch vom Vatikan eingefädelt worden ist, um langfristig kuriale Interessen zu frönen.

Einfall in die Sowjetunion

Hitler bricht die Zusage gegenüber der Sowjetunion und überfällt das Land in einer Nacht- und Nebelaktion am 22.6.1941. Im Vatikan kann man frohlocken. Als die christlichen Soldaten tief in sowjetisches Gebiet eingedrungen sind, veranlaßt der Vatikan eine publizistische Hetzkampagne und Kardinal Faulhaber läßt wissen: »Die gesamte zivilisierte Welt, vor allem die katholische Nationen, müssen sich zu einem heiligen Kreuzzug gegen das atheistische Rußland vereinen und den Bolschwismus zerschmettern, wo immer sie ihn treffen.«

Graf von Galen, der Bischof von Münster, erklärt: »... jeder Katholik und jede zivilisierte Nation hat die Pflicht, den *gottlosen* Kommunismus, der im atheistischen Sowjetrußland seine Verkörperung findet, zu besiegen und zu vernichten.« Warum, so ist zu fragen, soll ein *angeblich* gottloses Volk schlechter sein als ein solches, das an den christlichen glaubt und dessen Existenz nach 2000 Jahren noch immer nicht nachweisen kann? Wieso soll ein Atheist schlechter denn ein Christ sein? Im Grunde genommen ist er ihm geistig überlegen, weil er sich Gedanken über die Religion und den Glauben gemacht hat. Wo ist die Toleranz geblieben? Und: sind nicht alle Menschen gleich? Möglicherweise vor einem möglichen Gott, doch niemals für die Kirchen!

Bischöfe melden am 10.12.1941: »Mit Genugtuung verfolgen wir den Kampf gegen die Macht des Bolschewismus ... ein Sieg über ihn wäre gleichbedeutend mit einem Triumph der Lehren Jesus über die Ungläubigen.«

Der Nuntius von Berlin, Orsenigo, wird zwei Tage vor dem Einmarsch zu einer privaten Unterredung mit Hitlers Außenminister Ribbentrop von dem Vorhaben in Kenntnis gesetzt. Der Papst hüllt sich in Schweigen. Muß er die Idee der Nächstenliebe seinem politischen Wollen unterordnen? Billigt deshalb der Vatikan den Einmarsch der deutschen Truppen[354]? Der Papst teilt Osborne mit, daß der Kampf gegen Rußland in vielen Ländern als ein religiöser Kreuzzug betrachtet wird[355].

Msg. Maglio sagt am 9.9.1941 zu Mr. Taylor: »Der Vatikan hoffe, daß aus dem gegenwärtig in Rußland tobenden Krieg die Kommunisten besiegt und NS-Deutschland *geschwächt* hervorgeht, so daß anschließend die Nationalsozialisten vernichtet werden können[356]. Dies ist bemerkenswert, denn schon damals weiß man in der vatikanischen Kommandozentrale, daß ein deutscher Sieg unmöglich ist. Ungeachtet dessen, wird der vertragsbrüchige Einmarsch der deutschen Truppen in die Sojwjetunion von christlichen Propagandaschlachten begleitet.

Der Jesuit Robert Albrecht sagt im September 1939: »Der Krieg sagt dem Vatikan letzlich zu. Das ist doch nur ein Vorwand. Morgen wird man wieder gegen den sowjetischen Bolschewismus kämpfen. Wenn wir verlieren, werden sich in Zukunft der Vatikan und Deutschland wieder vereinen, um das Abenteuer nochmals zu wagen[357].«

Am 30.6. bekommt Hitler folgendes Telegramm von der Deutschen Evangelischen Kirche: »Wir versichern Ihnen in diesen bewegten Stunden aufs Neue die unvergeßliche Treue und Einsatzbereitschaft der gesamten evangelischen Christenheit des Reiches ... das Volk und mit ihm alle christlichen Glieder, danken Ihnen für diese Tat.«

Deutsche und österreichische Bischöfe versammeln sich 1941 in Berlin. In einem Hirtenwort prophezeien sie den Endsieg Hitlers:»Der Sieg der Wehrmacht werde den Frieden auf Jahre hinaus sicherstellen ... die deutschen Bischöfe bringen zum Ausdruck, daß es der katholischen Kirche gestattet sei, ihren Teil zum inneren Aufbau Großdeutschlands beizutragen.«

Im *Weihnachtshirtenbrief* 1942 betont der Feldbischof:»Die Anstrengungen, aus denen der Sieg erwächst, werden von uns Kraft und Hingabe verlangen. Unser Führer steht als leuchtendes Vorbild vor uns ... in unerschütterlichem Vertrauen auf ihn werden wir das Ziel erreichen.« Nach den Opfern erkundigt er sich nicht.

Die Kriegsfolgen in Rußland sind verheerend. Die Zahl der Toten und Deportierten beträgt etwa sieben Millionen. Zu ihnen kommen etwa zehn Millionen Zivilisten. Die Methoden der christlichen Soldaten sind mit deutscher Gründlichkeit einstudiert: Erschießen mit Schnellfeuergewehren, Vergasen, Verbreiten von künstlichen Epidemien. Man viertelt Einzelne wie im Mittelalter, benutzt sie als Zielscheiben, wie bei den 300 Bürgern in Gracew im März 1943. Man vergiftet sie, wie einen Großteil der Bevölkerung von Georgiewsk, wo auf dem Markt Methanylalkohol und Oxalsäure als Branntwein und Selterswasser verkauft werden. Zur gleichen Zeit liefern deutsche Chemiewerke Blausäure an Konzentrationslager.

Ganze Dörfer werden dem Erdboden gleichgemacht. Im Wald von Liwenitz werden 7 000 Leichen ausgegraben, 35 000 in Smolensk, 46 500 im Wald von Birkenau, 70 000 im Todesfort Kowno und 102 000 bei Rowno. Andere werden zu Zwangsarbeiten verurteilt und im Fall ihrer Erschöpfung erschossen. Man läßt Menschen verhungern, jagt sie über Minenfelder, spritzt ihnen Gift, lädt sie auf Waggons, um sie danach anzuzünden. In Sewastopol schleppt man 2000 Verwundete auf Barken und versenkt sie im Meer.

So haben die Deutschen in Percaje mit 210 Männern und 97 Frauen 60 Kinder lebend verbrannt. In Borwska werden Männer, Frauen und 23 Kinder erschossen. Aus dem Kombinat Domatschew werden 54 Kinder im Alter von drei bis sieben Jahren in einem Graben erschossen und teilweise lebend verbrannt. Im Lager Bobruisk hat man 200 Kinder zu Blutspenden für verwundete deutsche Soldaten herangezogen und sie bei nahender Erschöpfung ermordet.

Die Gestapo befiehlt am 17.6.1941 die Tötung aller sowjetischen Kriegsgefangenen, die dem Nationalsozialismus gefährlich werden könnten. Kann das der Sinn einer christlichen Religion sein? Immerhin ist Deutschland nach dem prokatholischen Schreiber Rhodes das Land der intelligentesten Katholiken[358].

Judenfrage

Im Zusammenhang mit den kriegerischen Wirren steht die Frage im Raum, ob die Ausrottung der Juden ausschließlich ein Ziel Hitlers und seiner Schergen, bzw. Hinter- und Dunkelmänner gewesen ist bzw. ob er selbst in diesem heiklen Punkt vatikanischen Interessen hörig ist.

Da der Vatikan seit Jahrhunderten mit Geschick und der ihm eigenen Schläue die politischen Karten Europas mischt, ist davon auszugehen, daß er als Initiator vieler Ungerechtigkeiten über ein exzellentes Informationssystem verfügt. Es kann angenommen werden, daß er zumindest als moralischer Koordinator nicht unbeteiligt ist.

Es ist nur eine klerikale These, daß die Juden einen Jesus von Nazareth genannten Mann umgebracht haben. Wenn die historischen Fundamente tragfähig sind, wird er von einem römischen Statthalter wegen aufwieglerischer Aggressionen zu Recht zur Kreuzigung verteilt, die damals eine zwar übliche, doch nach dem *weltlichen* Recht die wohl grausamste Strafe ist und nur bei schwerwiegenden Verbrechen zur Anwendung kommt. Daraus folgt, daß die Juden nicht das Geringste mit diesem Rechtsakt zu tun haben. Es ist eine bis heute wachgehaltene christliche Lüge. Die historischen Juden kennen die Kreuzigung nur als Opfer. Sie steinigen ihre Widersacher, so wie man den christlichen Märtyrer Stephanus gesteinigt haben soll und so wie man noch heute im arabischen Raum ehebrecherische Frauen steinigt.

Alles, was die katholische Kirche in diesem Punkt zu glauben vorgibt, sind spätere Einlassungen. Nicht Jesus von Nazareth hat in Gleichnissen gesprochen, sondern man hat sie ihm nachträglich in die Sandalen geschoben. Die Angelegenheit mit dem Verräter Judas ist eine Ausschmükkung und kann übergangen werden. Sagte nicht schon Origenes: »Und daher fällt das Blut Jesu *nicht* auf die Juden, sondern auf alle Generationen bis ans Ende der Welt.«

Auch das Mittelalter kennt Phasen, die von einem tiefen Judenhaß geprägt sind. Schon im 2. Jahrhundert ordnen kirchliche Versammlungen an, daß die Juden einen gelben Stern tragen müssen und daß sie sich nicht mit Christen vermischen sollen.«

1555 erläßt Papst Paul VI. eine *antisemitische* Bulle. Er läßt in Italien Ghettos errichten und ordnet an, daß die Juden keine Häuser besitzen dürfen. Sie dürfen keine christlichen Diener beschäftigen, nur mit Knochen, Hadern und Alteisen handeln sowie mit dem Verleihen von Geld.

Darum ist es nicht verwunderlich, sagt der Jude Isaac, daß aus dem deutschen Nationalsozialismus die grausamsten und rücksichtslosesten Vorkämpfer der Rassenidee hervorgehen sollten, wie Himmler, Eichmann, Heydrich, Bormann und Hitler? Sie stehen in einer Traditionskette wie Jesus von Nazareth und haben gedanklich zu Ende geführt, was sie von ihren Vätern übernommen haben und was seit dem Mittelalter unter dem klerikalen Einfluß in der christlichen Welt verbreitet ist[359].«

Es ist unverständlich, wenn Pius XI. am 20.9.1938 zu einer Pilgergruppe sagt: »Es ist für einen Christen unmöglich, sich am Antisemitismus zu beteiligen[360]. Er hätte sich in der Kirchengeschichte umsehen müssen, um zu einer anderen Auffassung

zu gelangen. Sie dokumentiert, daß das Morden und Ausrotten von Andersdenkenden dem Papsttum keineswegs fremd ist. Wer sich ein Leben lang in theologischen Gefilden tummelt und biblische Inhalte als glaubenswahr ansieht und auch noch den Mut hat, sie als solche zu verbreiten, beginnt theologisch zu handeln und zu denken. Er stellt sich außerhalb der Realität und nur auf diese Weise kann man einen Mord sittlich rechtfertigen.

Der Bischof von Glouchester äußert sich so zur Judenfrage: »Die Juden sind keineswegs ein angenehmes Element im deutschen Leben. Viele seien nicht an ihrem Glauben interessiert, sie seien Freidenker und gebrauchen das Judentum im größten Maß zu Angriffen gegen den christlichen Glauben.« So wird der Nährboden seitens der Geistlichkeit parallel zur Nazi-Propaganda gedüngt.

Mr. Tittmann, ein amerikanischer Geschäftsträger beim Vatikan, berichtet im September 1941, »daß er von vatikanischen Würdenträgern erfahren hat, der Papst wolle die Endlösung nicht einfach verurteilen, um die Situation der Katholiken in Deutschland nicht zu verschlimmern ... man müsse eine Untersuchungskommission einsetzen, um festzustellen, was an den Behauptungen wahr ist[361].« Kann man weltfremder argumentieren?

Während der Wannsee-Konferenz 1942 in Berlin werden unmenschliche Beschlüsse gefaßt, wenngleich es noch immer Stimmen gibt, die es verleugnen. Am Verhandlungstisch sitzen Christen. Gunther Levy, ein deutscher Jude[362] ,behauptet, daß man im Vatikan bereits zum Ende des Jahres 1942 grundlegende Kenntnisse von den Vergasungen und der Vernichtung der Ostpolen besessen hat, was er dokumentarisch untermauert[363]. Taylor gibt im November 1942 dem Vatikan in diesem Zusammenhang Informationen[364].

Im April 1943 entkommen zwei slowakische Juden den Gaskammern von Auschwitz. Sie schildern dem päpstlichen Vertreter die Situation in den dortigen Krematorien[365] und Pius XII. schickt ein Telegramm folgenden Inhalts an Admiral

Horthy: »In Übereinstimmung mit unserem Dienst der Liebe, der sich auf jedes menschliche Wesen erstreckt ... kann unser väterliches Herz nicht ungerührt bleiben. Wir wenden uns an Eure Durchlaucht und appellieren an Ihre edlen Gefühle ... daß Ihr alles in Eurer Macht stehende unternehmen werdet, um viele unglückliche Menschen vor weiterem Kummer zu bewahren[366].«

Warum hat er nicht sofort, weltweit und laut die Christen gegen das Unrecht mobilisiert, um dem fortschreitenden Morden ein Ende zu bereiten. Warum hat er die Christenheit nicht gegen das Unrecht aufgerufen? Konnte er sie nicht auf die Bergpredigt einstimmen, weil heute jedes Schulkind weiß, daß sie nicht stattgefunden hat? Auch dies findet eine bemerkenswerte Parallele in den jüngsten Vorkommnissen Rest-Jugoslawiens.

Im Sommer des gleichen Jahres überreicht Taylor Kardinal Maglione ein Memorandum des jüdischen Vertreters in Palästina mit detaillierten Unterlagen über die Massenvernichtung in Polen. Er fragt, ob der Heilige Vater irgendwelche Vorschläge hätte, wie die barbarischen Verbrechen verhindert werden können[367].« Am 1.10. läßt der Vatikan wissen, »daß man bezweifle, ob die Darstellungen wahr sind[368].«

Ein Protest des Erzbischofs von Westminster, Kardinal Hinsley, kann nicht überhört werden. Am 8.7.1942 spricht er im BBC über die Verbrechen, die von den Deutschen in Polen begangen werden und von den 700 000 Juden, die seit dem Kriegsbeginn niedergemetzelt worden sind: »Das unschuldige Blut schreit nach Rache ... wir verfügen über Beweise, einschließlich der Kopien deutscher Dokumente, die die Ausrottung betreiben[369].«

Pius XII. äußert sich am 7.4.1942 gegenüber der slowakischen Regierung: »Es war für den Heiligen Stuhl schmerzlich, von weiteren Transporten dieser Art zu erfahren[370].« Man muß sich in diesem Fall fragen, ob man sich nicht nicht dümmer hinstellt, als man ist, denn der von Eichmann veranlaßte Todesmarsch der 20 000 Juden von Budapest nach Theresienstadt wird von vatikanischen Hilfsfahrzeugen begleitet. Pius XII. will die Exkommunikation Hitlers erwogen haben: »Doch nach langen Gebeten und Tränen erkennt er, daß seine Verdammung den Juden nicht helfen kann[371].« Er hätte aufschreien und nicht phantasieren müssen! Eine Exkommunikation ist sinnlos. Es ist ein antiquiertes Scharmützel. Ein lächerliches Requisit aus dem kurialen Antiquitätenkabinett im Angesicht des Todes?

Pius XII. schreibt am 30.4.1943 an den Berliner Bischof Preysing: »Es ist für mich ein großer Trost zu erfahren, daß die Katholiken ein solches Mitgefühl gegenüber den Leiden der Juden bewiesen haben. Wir drücken Msg. Lichtenberg unseren verbindlichen Dank und unsere aufrichtige Zuneigung aus, der aufforderte, das Los der Juden in den Konzentrationslagern zu teilen ... und der von der Kanzel herunter gegen ihre Verfolgungen gesprochen hat.« Warum hat es der Papst nicht getan?

Es ist eine historische Wortverdrehung. Preysing spricht nur von Katholiken. Es geht aber um die, die tausendfach am Morden beteiligt sind. Die katholischen und protestantischen Soldaten, Schergen und Häscher, die die Opfer in die Todeslager getrieben, entwürdigt, entmündigt und umgebracht haben. Es sind Christen, die eine solche Bezeichnung nicht verdienen. Auf ihren Koppelschlössern und in ihrem Herzen steht *Gott mit uns*.

Der Papst verteidigt lieber ein himmlisches Luftschloß, als sich um Ungerechtigkeiten auf der sündhaften Erde zu kümmern. Erst im Oktober 1944, als nahezu alles verloren ist, drückt er seine Sympathie für die Verfolgten aus und betont: »Nach dem Gesetz kann man einen Menschen nicht bestrafen, der kein Verbrechen begangen hat ... die Kirche hat immer die Opfer solcher Ungerechtigkeiten geschützt und wird es immer tun ... wir bezweifeln nicht, daß das Judentum einen verbrecherischen und zersetzenden Einfluß auf das wirtschaftliche und moralische Leben ausgeübt hat. Wir wollen nicht bezweifeln, daß man die Judenfrage auf eine gesetzliche und gerechte Art regeln muß ... unseren ungarischen und katholischen Glaubensgenossen soll keine Ungerechtigkeit entstehen[372].« Spürt man nicht zwischen den Zeilen, daß er nur an seine Schützlinge denkt. Und die anderen? Sind es Menschen zweiter Klasse?

Es gibt nur wenig positive Stimmen zum Verhalten der Christen während der Zeit des II. Weltkrieges und dies erklärt sich aus der psychologischen Grundhaltung der Epoche. So sagt der Jude Pinchas L. Lapide zu ihrer Ehrenrettung, »daß die katholische Kirche während des Krieges mehr Juden gerettet hat, als anderen religiösen Institutionen zusammengenommen[373].« Dies mag in sich logisch sein, denn die römisch-katholische Kiche ist ja auch die größte Gemeinschaft. Und doch geht es an der historischen Wahrheit vorbei.

Prinz Konstantin von Bayern erkennt in Pius XII. ein Symbol des Widerstandes und betont:»Sein Schweigen war nichts anderes als eine entsetzliche Pflicht um Schlimmeres zu verhüten.« Dem steht die realistische Auffassung der Philosophin Hanna Arendt gegenüber:»Sie wurden dadurch mitschuldig am Tod vieler Juden ... bis heute versuchen die Verantwortlichen und ihre Drahtzieher ihre ungeheuerliche Blutschuld vergessen zu machen.«

Vatikanischer Gesinnungswandel und Zusammenbruch

Seitens Amerika beobachtet man die Entwicklung genau, zumal man die innerdeutsche Revolution mit aus der Taufe gehoben hat. Jetzt schalten sich die USA mit dem Ziel in das Geschehen ein, den Krieg zu gewinnen. Als deutlich wird, daß das Vorgehen der deutschen Wehrmacht gebremst wird, das schon besiegt geglaubte Rußland zum Gegenschlag ausholt und die Erfolge der sowjetischen Armee dazukommen, steigt die Nervosität im Vatikan und im Führerhauptquartier.

Roosevelt läßt dem Papst mitteilen:»Er wäre mit den Verbündeten übereingekommen, den Nationalsozialismus und Faschismus auszurotten ... es spiele keine Rolle, wieviel Zeit und Geld das kostet, da Amerika beabsichtigt, den Krieg zu gewinnen. Ruß-

land soll einen Teil zur Neuordnung der Welt beitragen. Die Idee des Kommunismus sei über die ganze Welt verbreitet und Millionen von Menschen glauben daran[374].«

Diese Nachricht schlägt im Vatikan wie eine Bombe ein. In Rom muß man erkennen, daß der lang gehegte Plan, den Bolschewismus für immer vom Tisch der Geschichte zu fegen, illusionär ist. Oder war er nur zu schwach, um dieses unnötige Ziel zu erreichen? Man windet sich wie die biblische Schlange im niemals stattgefundenen Sündenfall.

Maglioni gesteht:»Bezüglich der Bösartigkeit von Kommunismus und Nationalsozialismus gebe der Vatikan inzwischen zu, daß ihm der Kommunismus weniger gefährlich erscheint. Seine Heiligkeit gesteht ein, daß beide Systeme für die Religion gefährlich sind; sie sind Feinde des Vatikans und er hofft, beide besiegen zu können.[375]«

In einem vatikanischen Weißbuch ist festgehalten, daß Pius XII. beigepflichtet hat, »daß Hitler der gefährlichere Feind sei, der geschlagen werden muß, selbst wenn es ein Zusammengehen mit Rußland bedeutet[376] ... nun stellt der Nationalsozialismus die schlimmste Bedrohung für die Zivilisation ... und vor allem für die katholische Kirche dar[377].« Wer wird ob dieses Glaubenswandels nicht stutzig?

Und doch sehen wir die zielorientierte Politik des Vatikans, sich immer mit dem jeweils stärksten Partner zu verbinden. Da spielt es keine Rolle mehr, auf die katholischen und protestantischen Geistlichen zu sehen, die die Massen in die Fangarme von Hitler getrieben haben. Nach einem Bericht des britischen Botschafters vom Oktober 1942 soll Pius XII. erklärt haben: »... wenn die Deutschen gewinnen, bedeutet es eine Zeit der größten Christenverfolgungen[378].«

In der Weihnachtsansprache von 1942 wirft der Papst dem deutschen Volk Unrecht an Polen und Juden vor[379]; ein schlagender Beweis für seinen Kenntnisstand. Ribbentrop erkennt die damit verbundene Problematik und weist von Bergen an, unverzüglich eine Audienz beim Papst zu erwirken, »denn es gibt Anzeichen, daß er seine Haltung aufgeben könnte, um einen *gegen*

Deutschland gerichteten Standpunkt einzunehmen[380].« Hier ist die Nahtstelle, um zu erkennen, wie einfach es für eine Weltreligion ist, einen anderen Maßstab anzulegen. Da die meisten Bürger auf einen Wink von ihr spontan reagieren, denn es betrifft das sensible Feld ihres Glaubens, müssen die weltlichen Herrscher diese Komponente im Auge behalten.

Hitler wird unsicher und die Spannungen bleiben ihm nicht verborgen. Er droht mit einem Vergeltungsschlag, zumal bekannt wird, daß Pius XII. schon zu Beginn des Jahres 1940 über eine Verschwörung des Deutschen Generalstabes unterrichtet ist, die beabsichtigt, Hitler durch einen Staatsstreich abzulösen. Eine frühe Anspielung taucht in britischen Dokumenten auf[381].

Osborne sagt in einem Brief: »Heute morgen hat der Papst gesagt, daß der deutsche Generalstab das NS-Regime beseitigen und es durch eine verhandlungsfähige Regierung ersetzen wird … er gibt diese Angelegenheit als Zwischenhändler weiter … die Sache ist vertraulich zu behandeln[382].« Am 7.2. wird Osborne erneut vom Papst empfangen. Er verfügt über Informationen, aus denen er zitiert: »Der Generalstab beabsichtigt, Hitler zu verhaften und vor ein Gericht zu stellen … anfangs wäre geplant, auf der Basis einer Militärdiktatur zu regieren[383].«

Es ist denkbar, daß man im Vatikan darum zu den Kriegsverbrechen geschwiegen hat, weil man parallel dazu die Möglichkeit eruiert, Hitler zu eliminieren; dies hätte automatisch ein Ende der Greuel bedeutet. Durch den Kriegseintritt von Italien sinkt das Ansehen des Papsttums und der Vatikan wird infolge der Kriegswirren von ausländischen Diplomaten unterlaufen. Schon bezeichnet ihn die italienische Regierung als *Nest von Spionen*[384].«

Nun gewinnen die Alliierten die Oberhand. Zu Beginn des Jahres 1943 beginnt der Krieg auf Italien überzugreifen. Rom wird zur *offenen* Stadt erklärt und im Juli bombardiert. In den Hitler'schen Lagebesprechungen vom 9.9.1943 findet sich der Eintrag: »Das alliierte Diplomatenpack hole ich aus dem Vatikan heraus[385]« … nach

Kardinal Spellmann aus New York führt amerikanische Pilger nach Rom.

dem Krieg wird es keine Versuche der Kirche mehr geben, sich in die Angelegenheiten des Staates zu mischen[386].«

Die Lage wird für alle Beteiligten prekär. Durch die vatikanische Schaukelpolitik sinkt das Ansehen des Heiligen Stuhles vor allem in Amerika[388] und man erkennt an allen Ecken das Inferno, in das man sich hineingestürzt hat und es ist es klar, daß man nun einen *Schwarzen Peter* sucht: es kann nur Hitler sein.

Seit langem bezieht der Vatikan erhebliche Gelder aus Amerika[389]. Doch anstatt dankbar zu sein, wird Roosevelt später von vatikanischen Diplomaten vorgworfen. »Es habe ihm von vornherein an Aufrichtigkeit gefehlt und er habe ein falsches Spiel getrieben[390].« Jetzt häufen sich die wechselseitigen Vorwürfe und man sagt: »Roosevelt habe sein eigenes Land in einen Krieg verwickelt[391].« Der italienische Geistliche Don Calcani wirft dem Papst vor: »Er würde für Polen und Belgien beten, aber nicht für sein Heimatland. Das Geschehen in Neuseeland sei ihm wichtiger als das in Italien.« Er wird wegen seiner richtigen Ansicht auf die Straße geworfen[392].

Seit 1943 zeichnet sich in den vom Krieg geschundenen Ländern eine neue politische Woge ab. Nicht nur im Vatikan wird erkannt, daß man das falsche Pferd geritten hat; der Zusammenbruch des Tausendjährigen Reiches steht unmittelbar bevor und selbst in Deutschland werden – trotz einer gigantischen Propagandaschlacht – kritische Stimmen deutlich. Alle am Krieg Beteiligten haben zu hoch gepokert und Pius XII. läßt seine Glaubensbrüder wissen: »Alle Verhandlungen wären sinnlos, solange Hitler an der Macht bleibt. Er würde eine große Tat vollbringen, gäbe er den Weg für eine deutsche Regierung frei, die Frieden mit den Alliierten schließt und dadurch eine Besetzung Deutschlands durch die bolschewistische Armee verhindert.«

Der Strohmann wird beseite geschoben; man läßt ihn fallen und sucht nach neuen Partnern. Hitler, der einmal gesagt hat: »Ich werde dem Vatikan zeigen, daß ich ihn getäuscht habe«, sitzt in der Falle. Der Vatikan schwenkt sein Fähnchen im Glaubenswind und läßt verbreiten: »Laßt uns alles tun, damit der Frieden so schnell wie möglich kommt. Er ist die einzige Wohltat, auf die wir hoffen.«

Das Bemühen, Hitler aus der sündigen Welt zu schaffen, scheint kompliziert. Er ist unberechenbar und aggressiv. Er schirmt sich weitgehend ab und es ist schwer, in seine Nähe zu kommen. Er zeigt das Verhalten des Ängstlichen. Zunächst ist es schwer, einen *freiwilligen* Mörder zu finden. Schließlich erklären sich Generalmajor Hellmuth Stieff, Major Kuhn und Leutnant Albrecht von Hagen dazu bereit.

Die Angst vor dem Vordringen des Kommunismus *und* der Alliierten treibt die Verschwörer zur Eile. Dann ist der tiefgläubige Graf Claus von Stauffenberg bereit, Hitler aus dem Weg zu räumen. Wider Erwarten schlägt das Attentat fehl und Hitler überlebt es. Stauffenberg und Olbricht werden gestellt und auf der Stelle

erschossen. Dem Generaloberst Beck als Mitverschwörer räumt man die Chance des Freitodes ein. Hitler erkennt, daß sich nahezu die gesamte Welt gegen ihn wendet und daß seine blutübertrömte Ära vor dem Zusammenbruch steht.

Noch einmal geschieht ein Wunder: unmittelbar nach dem Bekanntwerden des Anschlages auf ihn beglückwünscht Kardinal Faulhaber Hitler persönlich im Namen seiner Bischöfe zur Rettung. Er läßt in der Münchener Frauenkirche zu seinen Ehren ein Te Deum singen.

Bald überschlagen sich die Ereignisse und Hitler entzieht sich der Verantwortung durch Freitod. Nach dem Zusammenbruch schwenkt die Kurie das Fähnchen noch einmal im Wind des Glaubens und beginnt, das einst geförderte Naziregiment zu verteufeln. Von Interesse ist der klerikale Gesinnungswandel nach dem 12.5.1945, dem Tag des Zusammenbruchs[393].

Die gleichen Würdenträger, die Hitler ab 1933 gestützt haben, die immer und immer wieder Leichtgläubige zur unbeirrbaren Pflichterfüllung gegenüber den Nazis aufgerufen haben, diejenigen, die die Bürger zur aktiven Teilnahme am Krieg angefeuert haben, verstummen nicht beschämt, sondern behaupten plötzlich das Gegenteil. Sie tun so, als wären es gerade sie gewesen, die den Nationalsozialismus immer verdammt haben. Deutlich läßt sich die Doppelbödigkeit an den vielschichtigen Äußerungen Kardinals Faulhaber ablesen:

- Er unterschreibt den Hitler glorifizierenden Hirtenbrief.
- Er versichert 1933 in seinem Schreiben an Hitler: »Gott erhalte unserem Volk den Reichskanzler.«

⇒

Der Katholik Adolf Hitler (1889-1945) sagt über die Kirche: »Sie ist wie ein intrigantes Frauenzimmer, das ihrem Mann erst Glauben macht, sie wäre hilflos und schwach, dann aber allmählich das Heft so fest in die Hand nimmt, daß er nach ihrer Pfeife tanzt.«

- Er doziert in einem Hirtenbrief von 1934 an die bayerischen Katholiken: »Die kirchliche Sittenlehre kommt der staatlichen Ordnung zugute ... sie hat dem sittlichen Leben des Volkes einen unschätzbaren Dienst erwiesen.«
- Er gibt 1941 das Einverständnis zum Abliefern der Kirchenglocken, damit der Krieg fortgesetzt werden kann und sagt: »Für das Vaterland wollen wir auch dieses Opfer bringen ... wenn es zum glücklichen Ausgang des Krieges notwendig ist.«
- Nach dem Zusammenbruch beschimpft er vor amerikanischen Journalisten das Hitler-Regime und sagt: »Der Nazismus darf nie wieder aufleben ... die deutschen Bischöfe haben von Anfang an vor den Irrlehren des Nationalsozialismus gewarnt und immer wieder darauf hingewiesen.«
- Faulhaber spricht nach dem Zusammenbruch vom schrecklichsten aller Kriege und läßt unerwähnt, daß er ihn gefördert hat. Er reagiert von der warmen und sicheren Stube aus. Warum ist er nicht auf das Feld gezogen, um gegen den Krieg zu agieren, wie es eines Kardinals würdig gewesen wäre?
- Faulhaber behauptet im Vorwort des Buches von Prälat Neuhäuser von der Verlogenheit und Gehässigkeit der nationalsozialistischen Stellen gegenüber der Kirche: »Die Kundgebungen der Kirchen gegen das Naziregiment sind weit verstreut.« Es hat sich inzwischen als Irrtum herausgestellt[394].

Ähnlich argumentiert Erzbischof Gröber. Zuerst gestattet er das Aufstellen von Hakenkreuzfahnen in den Kirchenschiffen und nach dem Zusammenbruch weiß er zu sagen, daß alles falsch gewesen sei. Neuhäuser berichtet pathetisch: »Der Kampf ist zu Ende, der Weltkrieg mit seinen tausend Mordwaffen, der Kulturkampf mit seinem Ansturm gegen Gott, Christus, seiner Menschenvergötterung, -versklavung und -vernichtung. Leichen und Ruinen bedecken das Feld.« Der Vatikan wäscht wie schon Pontius Pilatus seine Hände in Unschuld.

Der Vatikan setzt sich für Kriegsverbrecher ein

Nach dem Zusammenbruch erhalten schwer belastete Deutsche vorübergehend Asyl im Vatikan und SS-Führer entkommen über die Schaltstelle Rom ins Ausland. Unter den Schützlingen befindet sich Adolf Eichmann, der mit der Hilfe des Kurienpaters Bendetti flieht. Auf der Ruhmesliste steht Martin Bormann. Ante Pavelic, der Initiator des Doppelmordes von Marseille, der mehr als eine halbe Millionen Menschen auf dem Gewissen hat, findet nach dem Zusmmenbruch Unterschlupf in den Klöstern von St. Gilgen und Bad Ischl. In einer Sutane verkleidet gelangt er nach Rom, wie er bis 1948 als Pater Benerez in einem Kloster lebt. Dann besteigt er ein Schiff nach Buenos Aires und stirbt unbehelligt, versehen mit einem christlichen Begräbnis, im katholischen Franco-Spanien. Nach dem russischen Autor Scheymann verschwindet der Geistliche Gragonivis, der an der Ermordung von 60 000 Menschen beteiligt ist, nach dem Krieg in Rom. Hier wirkt er als Professor an einem katholischen Seminar.

Am 2.7.1945 bringt es Pius XII. fertig »Vom *satanischen* Nationalsozialismus zu sprechen, der in Deutschland und Polen einige tausend Priester getötet hat.« Sind sie ihm wertvoller, als die Millionen anderer, die zur Ausfechtung seiner Ideologie das Leben auf die Schlachtbank gelegt haben. Hat man vergessen, daß der Vatikan ausgebildete Spitzel über die östlichen Grenzen geschickt hat, um die riesigen Landesteile der Sowjetunion mit der Glücksader des Katholizismus zu überziehen. Ein Triumph für den Papst!

Militärgeistliche begleiten die Truppen und sie segnen die Waffen; sie flehen den Sieg herbei und geben sich so, als würden sie die Daheimgebliebenen trösten. Es ist eine Illusion, denn die Kirchen leihen dem Staat das Gewissen. Sagte nicht schon General Adolf von Thiele: »Denn Gott darf in keinem Kriege fehlen.« Die historischen Abläufe widerlegen das religiöse Denken. Das Christentum hat in allen seitherigen kriegerischen Auseinandersetzungen versagt. Es hat Kriege inszeniert, um Nutzen daraus zu schlagen. Ein solches Verhalten ist unsittlich und widerspricht den Auffassungen ihres möglichen Gründers.

Alle Klagen der römisch-katholischen Kirche gelten der Verletzung ihrer individuellen Interessen. Nie wenden sich die deutschen Bischöfe gegen die Justizmorde an ihren Gegnern, gegen die Verfolgung Andersdenkender. Nie protestieren sie gegen Hitlers Überfall auf Österreich, die Tschechoslowakei, Polen, Dänemark, Norwegen, Belgien, Holland, Frankreich oder auf die Sowjetunion.

Nie gegen die Zerstörung von mehr als 200 Synagogen, gegen die Demütigung, Verschleppung und Vergasung der Juden und der religiösen und völkischen Minderheiten. Nie gegen das System des Nationalsozialismus als solches; vielmehr erklären hohe geistliche Wüdenträger wie Kardinal Faulhaber aus München, Kardinal Schulte aus Köln und Matthias Ehrenfried aus Würzburg 1935 ihre Bereitschaft zur Mitarbeit an den Zielen des Nationalsozialismus[396]. Es versteht sich von selbst, daß über diese Trasse ein erheblicher Teil der Bevölkerung in die Arme Hitlers getrieben wird.

Aufstieg eines neuen Katholizismus

Kardinal Frings fordert nach dem Zusammenbruch des Dritten Reiches, am 16.12.1945, ein allein vom Christentum geprägtes Abendland. Am 23.6.1950 fordert er während des Bonner Katholikentages die Wiederaufrüstung der Deutschen. Sechs Monate vorher erklärt Konrad Adenauer: »Die gebildete Öffentlichkeit soll ein für allemal wissen, daß ich aus Prinzip gegen die Wiederaufrüstung der Bundesrepublik und folglich gegen die Aufstellung einer Wehrmacht bin.«

In der dem Erzbischof von Freiburg nahestehenden *Badischen Volkszeitung* lesen wir zum Ende des Jahres 1954: »Der Glaube an die friedliche Koexistenz beider Systeme muß sich auf Dauer als Illusion erweisen ... es mag schön klingen, wenn

man vom Frieden spricht und ihn durch Verhandlungen zu erreichen sucht. Wer aber solches gegenüber Moskau als Ziel und Notwendigkeit betrachtet, irrt sich in der Beurteilung des östlichen Systems.«

Wer wundert sich, wenn Konrad Adenauer am 13.11.1955 in der Kaserne von Andernach vor den ersten 1000 frischgebackenen Bundeswehrsoldaten steht und daß deren Potential systematisch auf etwa 500 000 gesteigert wird. Schon wieder stehen die *modernen* Kreuzritter *Gewehr bei Fuß* und auf ihren Koppelschlössern steht schon wieder *Gott mit uns*. Hat man die schrecklichen Jahre vergessen? Wo sind die Gesinnungsgenossen, die über Nacht verschwunden sind, als die Alliierten einmarschiert sind? Sie tauchen im Staat unter.

Nach dem Ende des II. Weltkrieges stehen wieder Politiker in den vorderen Reihen, die *ein C* im Parteikürzel tragen. Adenauer sagt 1958: »Daher stehen wir der östlichen Welt, die im Grunde genommen unser Todfeind ist, mit größter Wachsamkeit gegenüber.« Wem fällt nicht auf, daß er in einer prekären Situation den Verhandlungswillen einer Siegermacht ignoriert, die möglicherweise die politische Großwetterlage in eine andere Richtung gelenkt hätte?

Die deutschen Bischöfe sehen es anläßlich der Landtagswahl in Nordrhein-Westfalen als eine unerläßliche Pflicht an, darauf hinzuweisen: »Ein Heer aufzustellen, in dem nichts fehlen darf, was für eine rasche und entschlossene Aktion zur Verteidigung des Vaterlandes erforderlich ist.« Wie sehr man sich in Rom die Aufrüstung wünscht, hören wir von dem damals jungen Politiker Strauß im Bonner Presseclub: »Mit erhobenen Händen habe ihn der Papst gebeten, seine Sicherungspolitik zu betreiben.«

Man darf sich nicht wundern, wenn sich Kardinal Wendle persönlich nach Rott am Inn begibt, um die Ehe des Verteidigungsministers einzusegnen, zumal er 1959 mit dem Militärbischof eine Wallfahrt zur Muttergottes nach Lourdes unternimmt. Später läßt er wissen: »Wir wissen, daß die Macht hinter dem Eisernen Vorhang in den Händen von Männern ist, für die Verantwortung keine Rolle spielt.« Er irrt, denn selbst hinter diesem heute nicht mehr existenten Vorhang leben religiöse, einfältige und kluge Menschen. Doch solange die Theologen darüber streiten, welcher Gott der Richtige ist, kann es keinen Frieden geben.

Als Soldaten über Hiroshima und Nagasaki mit der todbringenden Ladung fliegen, spricht ein Geistlicher an Bord zum Schutz der Besatzung: »Allmächtiger Vater, der Du die Gebete jener erhörst, die Dich lieben, wir bitten Dich darum, denen beizustehen, die sich in die Höhe Deines Himmels wagen und den Kampf zu unseren Feinden vorantreiben … im Vertrauen auf Dich werden wir unseren Weg weitergehen.«

Das Ergebnis dieses verbrecherischen Aktes sind 280 000 Leichen; in Sekunden ausgelöscht. Der I. Weltkrieg fordert 10 Millionen Tote, der II. 60 Millionen und der gewiß folgende hunderte Millionen, sofern unsere Erde nicht vernichtet wird. Der Vatikan hüllt sich in Schweigen, denn hier wird fieberhaft an der Zukunft des Christentums gearbeitet. Wie bescheiden nehmen sich vor dieser Kulisse die Kommunistenhasser Pius XI. und Pius XII. aus. Ihre persönlich gefärbten Ansichten tragen große und verderbliche Früchte.

Zusammenfassung

»Millionen denkender Menschen bemühen sich heute, eine Welt aufzubauen, in der der Krieg geächtet ist. Neue, lebendigere Kräfte sind am Werk. Wohl ist die katholische Kirche Zeuge des Aufstieges und des Niederganges zahlloser Länder und Völker, wohl hat sie viele mächtige Herrscher und ihre Reiche überdauert … und doch hat sie den Bogen überspannt.«

Heute ist die römisch-katholische Kirche das noch einzige weltweit und egoistisch agierende Autoritätszentrum unter dem Vorwand eines fehlgeleiteten Glaubens. Sie hat sich aus eigennützigen Gründen an der Einfalt der Massen orientiert und dabei übersehen, daß das Weltbild einer permanenten Änderung unterliegt. Eines kommt hinzu: ihr angeblicher Status, die Theologie

in die vorderste Reihe zu stellen, wurde im Laufe der Zeit aufgeweicht. Heute weiß nahezu jedes Schulkind, daß die christlichen Bibeln auf Sand gebaut sind. Im Grunde genommen betreiben die Theologen keine Wissenschaft im klassischen Sinn; sie legen Ausgelegtes immer wieder aufs neue aus, ohne wirkliches Wissen zu besitzen. In Wirklichkeit wissen sie nichts! Es ist ihnen gelungen, mit diesem Hokuspokus über Jahrhunderte die Menschen zum Narren zu halten.

Den wirklich Gläubigen stört dies nicht, aber die Millionen von Wahrheitssuchenden, denen vor allem die katholische Kirche etwas vorgekaukelt hat. Die Kirche kann ihr auf Unwahrheiten gebautes Imperium nur mit weiteren Klitterungen und Gewalt zusammenhalten. Sie selbst hat sich die Schlinge um den Hals gezogen. Es wäre zu wünschen, daß sich zumindest der mündige Bürger von dieser unnötigen und mörderischen Fessel befreit. Sie unterdrückt seine Meinungsfreiheit und Menschenwürde. Die Kirche vermarktet Illusionen gegen Bezahlung. All das hat mit dem gelebten Christentums nichts gemeinsam.

Die hier zusammengetragenen Fakten basieren auf einem etwa zehnjährigen Quellenstudium. Die Quellen stehen jedermann zur Verfügung und jeder, der sich ernsthaft und unvoreingenommen mit dieser Thematik beschäftigt, wird zu ähnlichen Ergebnissen kommen. Allein das weiterführende Literaturverzeichnis nennt etwa 2400 Titel. Hinzu kommen 3500 Anmerkungen und etwa 4000 Begriffe im Sach- und Ortsregister. Das zusammengestellte Material stellt lediglich einen winzigen Bruchteil des von den Kirchen begangenen Unrechts im Laufe ihrer Geschichte dar. Es dürfte jedoch hinreichen, um sich beschämt von dieser Institution abzuwenden. Auch ich wurde katholisch erzogen und war eine Zeitlang von der Lauterkeit des Christentums überzeugt. Weit zurückliegende Zweifel haben sich inzwischen verstärkt und heute habe ich die innere Gewißheit, daß es sich um eine Institution handelt, deren Ziele ausschließlich auf egoistische Parteizwecke ausgerichtet sind.

Anmerkungen

Vorspann und Einführung

1) Entnommen aus: So wurde Hitler finanziert, Das verschollene Dokument von Warburg über die internationalen Geldgeber des Dritten Reiches, Vorwort, Hrsg. und eingeleitet von Ekkehard Franke-Grieksch, 1983
2) Johannes 8.32
3) Leonardo da Vinci
4) Corvin:»Ich schreibe mit der unverhüllt ausgesprochenen Absicht, den als Aberglauben charakterisierten religiösen Glauben zu vernichten ... es betrifft auch die päpstliche Autorität, indem ich auf geschichtlichem Weg die Quellen der Glaubenssätze nachweise und dokumentiere, daß die Gläubigen den Aussagen von Menschen vertrauen, die ihres Vertrauens unwürdig sind.« a.a.O. S. 113
5) Wolf: Neuer Pfaffenspiegel, a.a.O. S. 17
6) Schwaiger: Der päpstliche Primat in der Geschichte der Kirche, Zeitschrift für Kirchengeschichte, 82, 1971/78. Schwaiger ist Kirchenhistoriker und Professor der Theologie.
7) Hoensbroech: Das Papsttum, a.a.O. S. 166/167
8) Dazu gibt es eine Reihe ausgezeichneter Arbeiten. Allen voran die Bücher von Deschner: Kriminalgeschichte des Christentums, und die Vorläuferbände; sie sollten zur Lektüre herangezogen werden, da sich viele Aussagen verdichten. Zudem das Buch von Buggle: Denn sie wissen nicht, was sie glauben. Hier als Ansatz eine vergessene Schrift zum Thema: Mannhardt: Verrat um Gottes Lohn, Hintergründe des Diktates von Versailles, Schulddokumente neuzeitlicher Konfessionspolitik, Forschungsreihe: Historische Faksimiles, Abteilungen Flugschriften der Weimarer Zeit/Versailler Vertrag/Kirchenkampf, Dresden 1938
9) Dedijer: Jasenovac - das jugoslawische Auschwitz und der Vatikan, Reihe: Unerwünschte Bücher zum Faschismus, Nr. 1, Freiburg 1988
10. Deschner: Abermals.a.a.O. S. 457
11) Maslowski: a.a.O. S. 3
12) Wolf: Weltgeschichte, 5.Aufl.a.a.O. S. 137. »... Der Gedanke an die Erlösung des heiligen Grabes gehört zu den Wahnideen des Christentums ... er hat Hunderttausenden das Leben gekostet und nichts gebracht.«
13) Hoensbroech: Das Papsttum, a.a.O. S. 171
14) Diese Geschichte ist merkwürdig. Der Papst fordert in seiner Enzyklika vom 21.11.1873 alle Patriarchen, Erzbischöfe und Bischöfe auf, die Larve der Freimaurerei herunterzureißen, indem die bösen Geister, die sich gegen Gott empört haben, in ihrer unbändigsten Treulosigkeit und Heuchelei wieder aufleben. Vergl.: Freimaurerische Dichtungen, 6. Aufl., S. 111, Leipzig 1897
15) Hoensbroech: Das Papsttum, a.a.O. S. 100
16) Hoensbroech: Das Papsttum, a.a.O. S. 97
17) Maslowski: a.a.O. S.184
18) Bergmann: Kathechismus der Jesuitenmoral. Forschungsreihe Historische Faksimiles, Abteilung: Bünde und Orden/ Jesuiten, a.a.O. S. 1, § 46. »Wenn die unnatürliche Sünde der Unzucht auch häßlicher erscheinen und den Stempel der größeren Schändlichkeit an sich trage, so muß man doch sagen, daß sie an sich geringer sind als die Sünden des Diebstahls.« Gebr. Vaquez. Com. et. disput in prm.

sec.T. Thomae, I. Quest. 73. art. 4. n. 3, 1620. »Der Diebstahl von 30 Realen ist eine größere Sünde als die Sodomie« Amad. Guimenius (Moyal) Opusculum, S. 25, 1664
19) Hoensbroech: a.a.O. S. 315
20) Maslowski: a.a.O. S. 235
21) Maslowski: a.a.O. S. 234
22) Denzler: a.a.O. S. 39
23) Notiz aus der Südwest-Presse in Ulm vom 21.08.86: Vatikan entzieht prominenten Theologen die Lehrerlaubnis. Kardinal Ratzinger lehnt Kompromißvorschlag des amerikanischen Dozenten Curran ab. Vatikanstadt: Der Vatikan hat dem US- amerikanischen Charles E.Curran die kirchliche Lehrerlaubnis entzogen. Das geht aus einem im Vatikan veröffentlichten Schreiben des Präfekten der römischen Glaubenskongregation Kardinal Joseph Ratzinger an den Dozenten an der katholischen Universität Washington lehrenden Curran hervor. Es ist der erste Entzug einer Lehrerlaubnis seit dem Fall Küng, 1979
24) Siehe Fußnote 18); hier: 94.31: Airault Propos dictees au collegé a Paris, S. 322, 1644
25) Siehe Fußnote 18); hier: Ant de Escobar. Univ. theol. mor, IV., S. 373, 1652-63
26) Siehe Fußnote 18); hier: S. 95. 31., Joh. Martin Theol., sepc. et mor, II. S. 428, Venedig 1720
27) Tondi: Die geheime Macht, 1. Aufl., 1960
28) Zitiert nach dem Klosterspiegel
29) Maslowski: a.a.O. S. 239
30) Corvin:»Dieses vortreffliche Buch, das Resultat eines 23jährigen Fleißes, tat dem Papsttum unendlich viel Schaden an und rief eine Menge ähnlicher Schriften hervor. Alle in seinem Buch enthaltenen Beweise verlieren nicht an Bedeutung, widerlegt hat sie bislang keiner.« a.a.O. S. 189
31) Zitiert nach Bromme
32) In seiner Vorgeschichte Friedrichs des Großen
33) Müller: Vorwort
34) Maslowski: a.a.O. S. 232
35) n. n.
36) De Rosa: Gottes erste Diener, Die dunkle Seite des Papsttums
37) Hoensbroech: Das Papsttum: a.a.O. S. 109
38) Corvin: a.a.O. S. 194
39) Corvin: a.a.O. S. 61
40) Gottfried Arnold (1644-1714). In seiner 1700 erschienenen Unparteiischen Kirchen- und Ketzergeschichte Maslowski: a.a.O. S. 213

Sünden der Kirche

1) Corvin bezieht sich auf Papst Pius VII., der am 7.8.1814 erneut den Orden der Jesuiten zugelassen hat.
2) Kanones 127/128
3) Hoensbroech: Das Papsttum, a.a.O. S. 170
4) Es handelt sich um eine weiße Wollbinde mit scharlachroten Streifen (im Totenkult = schwarze Streifen), bei den Römern als infulae der Kopfschmuck der Priester und Vestalinnen.
   Durch das Tragen der infulae sind die Priester profaner Störung und Verletzung entzogen, daher gilt sie als Zeichen der Heiligkeit und Unverletzlichkeit. Später dienen sie kaiserlichen Statthaltern als Zeichen ihrer Würde. Zitiert nach dem Großen Brockhaus, 17. Ausgabe
5) Hoensbroech: Das Papsttum, a.a.O. S. 170

6) Dr. Stölzle aus Würzburg in den historisch-politischen Blättern, S. 492, 1899

7) Darwin: Die Entwicklung des Priestertums und der Priesterreiche, Faksimiledruck der Ausgabe von 1919, S. 382

8) Darwin: a.a.O. S. 385

9) Dringende Vorstellungen an Vernunft und Menschlichkeit, S. 477, 1782

10) Über den ehelosen Stand, S.279, 1782

11) n. n.

12) Bromme: Untergang des Christentums, Korrekturen der Welt-und Religionsgeschichte, 5 Bände, Band. 1, S.17, Berlin 1979

13) Bromme: a.a.O. 2. Band, S. 44

14) Bromme:.a.a.O. 2. Band, S. 514

15) Sammlung Mittelalterliche Rechtspflege von Rothenburg ob der Tauber. Rheingräfliche Ordnung gegen den Kirchenschlaf. 1696; Freie Religion. Monatsschrift für religiöse Selbstbestimmung, Heft 7, S. 123, Juli 1980

16) Deschner: Abermals, a.a.O. S. 239

17) Das Wort geht zurück auf got. guth, im germ. = angerufenes Wesen, verwandt mit dem altindischen Hutás = angerufen. Altpersisch wird Gott baga genannt und slawisch bog = Nahrungsspender. Das griech. Wort theos = der Heilige, gehört wohl zum lat. fanum = der Heilige und dem lat. feria = Feiertag, aber nicht zum lat. deus = der Himmlische.

18) Kammeier: Die Fälschungen des Urchristentums, Nach der Kopie des Originalmanuskriptes, 1. - 4. Heft, Vorwort

19) Bromme: a.a.O., 5. Band, S. 196

20) Abraham soll vom Herrn folgende Anweisung empfangen haben: »Das ist aber mein Bund, den ihr halten sollt; alles was männlich unter euch ist, soll beschnitten werden. Ihr sollt die Vorhaut an Eurem Fleisch beschneiden, denn das soll ein Zeichen sein zwischen mir und euch. Ein jegliches Knäblein sollt ihr, wenn es acht Tage alt ist, beschneiden bei euren Nachkommen.«

21) Zitiert nach Bromme

22) Kyros II., der Große. wird 59 v.u.Z. zum König der Perser erhoben und gründet die Pfalz Pasargadai. Kyros besiegt Medien, durch den Überlauf eines Heerführers, und Lydien. Die Feldherren von Kyros II. unterwerfen sich die griech. Städte in Kleinasien und die dritte Großmacht Babylonien wird sieben Jahre später beseitigt, begünstigt durch die Mißstimmung der heimischen Priesterschaft gegen den König Nabonid. Babylon fällt im Oktober 539. Der König Nabonis wird gefangengenommen.

23) Tiberius Claudius (Nero Germanicus), römischer Kaiser und der jüngste Sohn des älteren Drusus und der jungen Antonia. Geboren 10 v.u.Z. in Lyon, gestorben 54. Körperlich schwächlich, in seinem Wesen linkisch und ein typischer Einzelgänger, wird er von Augustus und Tiberias von jeder politischen Tätigkeit ferngehalten. Nach der Ermordung des Caligula erheben ihn die Prätorianer, als den einzig noch lebenden männlichen Angehörigen des Kaiserhauses auf den Thron.

24) Nero, römischer Kaiser, eigentlich Lucius Domitius Athenobarbus, geb.37 in Antium, gest. 68 in Rom, Sohn der jüngeren Agrippina und des Gnaeus Domitius. Er wird im Jahr 50 von Kaiser Claudius adoptiert. Nero überwirft sich mit seiner Mutter und läßt sie 59 ermorden. Man unterstellt ihm Cäsarenwahnsinn. 64 läßt er einige Bezirke Roms niederbrennen. Er umgibt sich mit Günstlingen und gilt als Verfolger der christlichen Sekten. 65 schlägt er die Pisonische Verschwörung nieder. Er wird geächtet und begeht Selbstmord.

25) Siehe Fußnote 11)

26) Im Bereich des personalen Gottglaubens werden unterschieden: Polytheismus: Glauben an viele Götter, Henothismus: Glauben eines Volkes an einen Gott, Sondergötter: z.B. im alten Rom, Monotheismus: Glauben an einen absoluten und allein existierenden Gott, der merkwürdigerweise in abgewandelter Form und neben anderen Gottesvorstellungen der Naturreligionen auftritt.

27) Seit über 600 000 Jahren gibt es auf der Erde Kulturmenschen. Der Glauben an menschengestaltige Götter ist wesentlich jünger und setzt im wesentlichen erst mit den israelitischen Glaubensströmungen ein.

28) Nach § 167 StGB wird die Störung des Gottesdienstes mit Gefängnis bis zu drei Jahren bestraft. § 167 erfaßt sowohl denjenigen, der durch Tätigkeit oder Drohung jemand hindert, den Gottesdienst einer im Staat bestehenden Religionsgemeinschaft auszuüben, als auch denjenigen, der durch die Erregung von Lärm und Unordnung den Gottesdienst in einer Kirche oder in einem anderen religiösen Versammlungsraum hindert oder stört.

29) Nach den Ausführungen des Weihbischofs R. Graber, Zitiert nach Bromme

30) Brenningkmeyer (JS); In: Berliner Petrusblatt

31) Weihbischof Walter Kampe

32) Kardinal Döpfner; In: Berliner Petrusblatt 30/58

33) Johannes XXII. in der Enzyklika Ad Petri Cathedram; In: Berliner Petrusblatt 32/59.

34) Zitiert nach Hontheim

35) Zitiert nach Kammeier

36) Deschner: Abermals, a.a.O. S. 17

37) Wolf: Angewandte Geschichte, Band 4, Weltgeschichte der Lüge, 5. verbess. Aufl., S. 32, Leipzig 1937

38) Moses, hebr.: Moscheh, aus dem ägypt.: Der Gott ist es, der ihn geboren hat. Nach dem AT Stifter der Jahwereligion als eines Bundes zwischen Gott und Israel sowie als Befreier der Israeliten aus der ägyptischen Knechtschaft. Durch den Abschluß eines Bundes mit Gott vereint, wandert das Volk Israels unter der Führung von Moses 40 Jahre durch die Wüste und gelangt nach Kanaan. Moses soll schon vorher auf dem Berg Nebo gestorben sein.

39) Unter einem Testament (lat.: Vereinbarung oder Anordnung) versteht man bibelgeschichtlich (griech.: Diatheke) das von der Septuaginta für den hebr. Ausdruck des Bundes Jahwe mit Israel gebrauchte Wort, dem dann im Christentum der Neue Bund (Hebr. 9.15) gegenübertritt (2. Kor. 3.6).

40) Selbst der Große Brockhaus bekennt: »Ob Moses geschichtlich als Religionsstifter angesehen werden kann, ist strittig. Wahrscheinlich gehört er als Retter und Führungsgestalt zu der Gruppe israelitischer Stämme, die den Auszug Ägyptens erlebten.« Nach Morgan, in seiner Schrift: The moral Philosopher, 1737; Lelands Schriften, übersetzt 1. Th., S. 247 ff) ist das mosaische Gesetz ein elendes System des Aberglaubens, der Blindheit und Sklaverei. Die jüdischen Priester sind Betrüger, die Propheten Urheber der Zerrüttung und der Bürgerkriege in den beiden Königreichen. Nach Chubb: Posthomous Works, 2. Vol. 1, 1748. Bei Leland 1. S. 412 ff, kann die jüdische Religion unmöglich von einem Gott geoffenbart worden sein. Nach den Recherchen von Bromme liegt seine Lebenszeit etwa 750 Jahre nach den bislang angenommenen Hinweisen. Er gehört der chaldäischen und persischen Geschichte des 3. Drittels des 6. Jh. v.u.Z. an. Seine Lebenszeit hängt eng mit der babylonischen Gefangenschaft zusammen.

41) Flavius, Name einer römisch-plebejischen Familie, insbesondere Geschlechtername der von den Kaisern Vespasian und Constantinus I. begründeten flavischen Dynastie.

42) Zu den alchemistischen Schriften des Moses: Zauberpapyri des 3. Jh. überliefern apokryphe Mosesbücher mit der Zählung 6-10. 1797 ist der noch heute geläufige Titel eines 6. und 7. Buches Moses in der okkulten Kolportageliteratur bekannt. Sie gehen auf Sensationsmache zurück und sind wertlos, da sie aus abergläubischen Quellen schöpfen.

43) 2. Moses 21.10

44) In der Bibliothek Assurbanipals (669-630 v.u.Z.) haben sich etwa 20 000 Bruchstücke von Tontafeln erhalten. Es sind Abschriften von der Literatur Assyriens und Babyloniens.

45) Weil einem der Söhne der Schwester seines Vaters, der Dewaki, der Tod droht, ordnet König Kamsa die Ermordung der Kinder an. Deshalb wird Krischna mit der gleichzeitig geborenen Tochter eines Hirten vertauscht, die für ihn sterben muß.

46) Sie werden ausgesetzt und bleiben während einer Überschwemmung des Tibers an einem Feigenbaum hängen. Hier werden sie von einem Hirten gefunden.

47) Beide werden wegen eines Orakelspruches in einen Kasten versteckt und in das Meer geworfen, aber an Land getrieben und gerettet.

48) Matthäus 2.; Bromme: a.a.O. 2. Band, S. 392

49) Bromme: a.a.O. 4. Band, S. 62 ·

50) Deschner: Abermals, a.a.O. S. 115

51) Bereits 1753 vermutet der französische Arzt und Professor der Medizin, Astruc, daß Moses zur Abfassung des ersten nach ihm benannten Buches (Genesis) zwei ältere Quellen benutzt hat. Er weist nach, daß Gott in einigen Teilen der Genesis Jahwe und in anderen Elohim genannt wird. Bromme: a.a.O. 1. Band, S. 152. Tokarew: a.a.O. S. 470

52) David (hebr.: der Geliebte), ein israelitischer König der, zitiert nach dem Großen Brockhaus, etwa 1004/1003 bis 965/964 v.u.Z. regiert. Er erwirbt sich die Freundschaft des Prinzen Jonathan und wird des Königs Schwiegersohn (1. Sam. 18). Später wird er König von Juda und Hebron (2. Sam. 2.1 f). Als König unterwirft er die Philister und gliedert die kananäischen Statthalterschaften seinem Staatsgebilde ein. Die von David geschaffene Stellung Jerusalems (Überführung der Bundeslade) und die sich an seine Dynastie knüpfenden messianischen Hoffnungen (2. Sam. 7) haben die israelitische Religion bis in das Neue Testament hinein stark beeinflußt. Seine Regierung gilt für Israel und das Judentum als goldenes Zeitalter.

53) Israel, Israeliten, Kinder Israels: Die semitischen Stämme, die in mehreren Wellen vom 15. bis zum 13. Jh. v.u.Z. von Süden und Osten in Palästina eindringen und bis etwa 1000 die Herrschaft im Gebirge und der Jesreel-Ebene bis auf das Küstenland an sich bringen. Der Name Israel (für den Gott streitet), 1. Mos. 32.29, begegnet uns zuerst auf einer Siegesstele des Pharaos Merenptha. Nach dem babylonischen Exil (537) werden die Israeliten Juden genannt. Ihre religiöse Geschichte ist eng mit der politischen verbunden.

54) Bromme: a.a.O. 1. Band, S. 159

55) Nach Bromme verschwindet das alte jüdische Volk mit der babylonischen Gefangenschaft aus dem Blickfeld der Geschichte. Historisch gilt der Begriff Jude ausschließlich für die Bevölkerung im Bereich des Königreichs Juda. Es

erlischt 587 v.u.Z., und zwar nach der Einnahme von Jerusalem durch Nebukadnezar II. Danach setzt die babylonische Gefangenschaft ein und Bevölkerungsteile werden deportiert. Dies bedeutet, die Richtigkeit dieser Überlegungen vorausgesetzt, daß der Begriff Jude nach der Vertreibung und erst recht im Judäa der Römerzeit falsch angewendet ist. Korrekter müßte man Israeliter sagen. Die gewohnte Bezeichnung Jude geht auf den Evangelisten Lukas zurück, der in seiner Apostelgeschichte die Judäer fälschlicherweise Juden nennt. Die Aggressionen, die ihnen die Christen entgegenbringen, sind grundlos.

56) Bromme: a.a.O. 1. Band, S. 45
57) Bromme: a.a.O. 1. Band, S. 45
58) Bromme: a.a.O. 1. Band, S. 131
59) Deschner: Abermals, a.a.O. S. 99
60) Tokarew: a.a. O. S. 490
61) Tokarew: a.a. O. S. 491
62) Tokarew: a.a. O. S. 491
63) Zitiert nach Wolf: Weltgeschichte der Lüge
64) Genesis. Kap. 2.7-2
65) Genesis. Kap. 1.20.27
66) Bromme. a.a.O. 2. Band, S. 427
67) Der Geistliche Hubert Muschalek
68) Nietzsche
69) Darwin: Die Entwicklung des Priestertums und der Priesterreiche, Faksimiledruck der Ausgabe von 1919
70) Darwin: a.a.O. S. 383
71) Darwin: a.a.O. S. 384
72) Darwin: a.a.O. S. 384
73) Darwin: a.a.O. S. 384
74) Darwin: a.a.O. S. 384
75) Zusammengestellt nach Deschner
76) Deschner: Abermals, a.a.O. S. 25
77) n.n.
78) Deschner: Abermals, a.a.O. S. 71
79) Deschner: Abermals, a.a.O. S. 71
80) Nach dem Theologen Hermann Raschke ist die Kreuzigung von Jesus eine Entwicklungsform der Kreuzigung des Dionysios. Deschner: Abermals, a.a.O. S. 74
81) Euripides (ca. 480-406 v.u.Z.), Bei der Darstellung der Diony-sos-Mysterien in seinen Bakchen; Deschner: Abermals, a.a.O. S. 73
82) Deschner: Abermals, a.a.O. S. 64
83) Deschner: Abermals, a.a.O. S. 67
84) Deschner: Abermals, a.a.O. S. 40
85) Der Begriff Synoptiker wird 1774 durch Griesbach geprägt, wegen ihrer teilweisen Übereinstimmung in der Zusamengehörigkeit = Synopsis.
86) Wolf: Weltgeschichte, a.a.O. S. 8
87) Deschner: Abermals, a.a.O. S. 57
88) Deschner: Abermals, a.a.O. S. 61
89) Deschner: Abermals, a.a.O. S. 63, unter Bezug auf den Theologen Bauer
90) Deschner: Abermals, a.a.O. S. 98
91) Deschner: Abermals, a.a.O. S. 103
92) Deschner: Abermals, a.a.O. S. 115
93) Deschner: Abermals, a.a.O. S. 123
94) Deschner: Abermals, a.a.O. S. 77
95) Deschner: Abermals, a.a.O. S. 92
96) Die Ursprünge des Gnostizismus sind umstritten. Dennoch werden gnostische Tendenzen bereits im Urchristentum deutlich (Johanneische Schriften) und erreichen im 2. Jh. ihren Höhepunkt, zumal die Rechtgläubigkeit damals noch fließend ist. Die maßgeblichen Gnostiker stammen aus dem Orient. Saturnil wirkt in Rom, Basilides

in Alexandrien, Valentin ebenfalls in Rom. Die alte Kirche überwindet den Gnostizismus durch das Alte Testament und das im Kampf abgegrenzte Neue Testament durch eine feste Organisation (monarchisches Bischofsamt) und durch die Aufnahme der antiken geistlichen und politischen Kultur. Unter Gnostizismus versteht man eine zusammenfassende Bezeichnung einer Reihe spätantiker religiöser Bewegungen und altkirchlicher Sekten. Ihre Originalhandschriften sind bislang fast nur aus Zitaten der sie bekämpfenden Kirchenväter bekannt. Neuerdings wurden umfangreiche gnostische Originalhandschriften entdeckt.

98) Greber: a.a.O. S. 16
99) Schubert: a.a.O. S. 176; Apg. 23.8
100) Tokarew: a.a.O. S. 497
101) Apg. 26.5
102) Tokarew: a.a.O. S. 498
103) Schubert: Die Kultur der Griechen im Altertum, a.a.O. S. 170, 1980
104) Bromme: a.a.O. 4. Band, S. 54
105) Ölberg: Bergkette bei Jerusalem mit mehreren Anhöhen. Sie beginnt im Norden der Stadt, verläuft dann östlich von ihr und fällt südlich des Dorfes Silwan ins Kidriontal ab. In der christlichen Kunst wird oft auf das Gebet Christi auf dem Ölberg hingewiesen; der Realitätsgehalt ist umstritten.
106) Bromme: a.a.O. 4. Band, S. 54
107) Der Jüdische Krieg wird von Josephus Flavius in seinen Altertümern beschrieben.
108) Schubert: a.a.O. S. 167/173
109) Bromme: a.a.O. 4. Band, S. 33
110) Schubert: a.a.O. S. 170/173
111) Bromme: a.a.O. 4. Band, S. 32
112) Bromme: a.a.O. 4. Band, S. 51
113) Schubert: a.a. S. 165
114) Josephus Flavius: Jüdischer Krieg, 1. Kap., 33.2-4
115) Bromme: a.a.O. 4. Band
116) Deschner: Abermals, a.a.O. S. 145
117) Bienert: Der älteste christliche Jesusbericht von Josephus, Halle 1945
118) Altertümer,XVI. 3.3
119) Wolf: Weltgeschichte, a.a.O. S. 124
120) Kammeier: a.a.O. 4. Heft, S. 22
121) Zu nennen ist die Ur-Evangelien-Theorie. Dann folgt die Traditionshypothese, d.h. hier nimmt man ein mündliches Evangelium an. Ihr folgt die Benutzungshypothese. Dann folgt die Griesbach'sche Hypothese von 1789. Er sieht in Matthäus den ersten Evangelisten. Dieser habe ohne Benutzung älterer Quellen aus seinen Erinnerungen geschöpft und seine Erkenntnisse niedergeschrieben. Der nächste Synoptiker ist Lukas, der das Evangelium des Matthäus als Vorlage kannte und benützt. Dann folgt die Hypothese des Philologen Lachmann aus dem Jahr 1835. Er nimmt an der Entstehungsreihenfolge eine Korrektur vor, indem er die Griesbach'sche These auf den Kopf stellt. Für seine Ansicht sprechen sich 1883 die Forscher Wilke und Weiße aus. Dann gibt es eine Zwei-Quellen-Theorie, deren Urheber Holtzmann ist.
122) Wette de: Kritik der mosaischen Geschichte, Einl., S. 10 ff
123) Strauß in seiner Vorrede.
124) Die wesentlichen Aussagen von Kammeier sind:
1. Die Evangelien sind das einheitliche Gemeinschaftserzeugnis einer dichterischen Aktion des hohen Mittelalters. Sie stehen literaturgeschichtlich mit dem damaligen Volkssagen (Faustbuch, Till Eulenspiegel, Legende Aurea) auf einer Linie.

2. Die Evangelien sind keine natürlich entstandenen Traditionsniederschläge. Sie sind Tendenzdichtungen, die als historische Biographien getarnt werden. Einen historischen Jesus gibt es nicht; die auf ihn begründete Religion ist eine Fiktion.
3. Der Zweck der Fälschung liegt darin, der Masse die Notwendigkeit eines bevorzugten Priesterstandes klarzumachen, d.h. den christlichen Glauben als durch die Autorität eines Jesus historisch als begründet und durch einen Priester ausgelegt erscheinen zu lassen.
4. Dieser römisch-katholischen Priesterschaft wird eine Führungsaufgabe zugewiesen. Verbunden damit ist ein elitäres Führungsdenken. Das Christentum schließt von Anfang an eine geistige Bevormundung ein (Anm.: Das ist eine Schwachstelle der Kammeier'schen Argumentation, das gleiche geschieht bereits bei den antiken Religionsformen).
5. Es geht um die Verwirklichung machtpolitischer Ansprüche; nicht um Religion oder gar (christliche) Nächstenliebe.

125) Strauß: a.a.O. Einleitung, S. 12
126) Toland: Anonym; Lelands Abriß deistischer Schriften; Übers. von Schmidt 1. Th. S. 83 ff, 1698
127) Kants moralische Interpretationen; Religion innerhalb der Grenzen der bloßen Vernunft, Drittes Stück, Nr. VI
128) Deschner: Abermals, a.a.O. S. 44
129) Deschner: Abermals, a.a.O. S. 48
130) Brockhaus: Ausgabe 17, 8. Band, S. 408
131) Pausianus, 23.6
132) Pfister: Der Reliquienkult des Altertums.1.Hb: Das Objekt des Reliquienkultes, Religionsgeschichtliche Versuche und Vorarbeiten, V. Band, S.3 14, Gießen
133) Kammeier: a.a.O. 1. Heft, S. 59; Matthäus 6.9.-15 und Lukas 11.1-14
134) Feine: Jesus Christus, D. 23, 1930
135) Kammeier: a.a.O.
136) Kenyon, S. 254
137) Kammeier: a.a.O. 4. Heft, S. 32
138) Fascher: S. 80
139) Deschner: Abermals, a.a.O. S. 100
140) Deschner: Abermals, a.a.O. S. 101
141) Deschner: Abermals, a.a.O. S. 13
142) Deschner: Abermals, a.a.O. S. 103

Historische Kritik

1) Toynbee: A Study of History
2) Deschner: Abermals, a.a.O. S. 393
3) Döllinger: Der Papst, a.a.O. S. 246
4) Kahl: Das Elend des Christentums oder Plädoyer für eine Humanität ohne Gott, S. 64, Reinbek bei Hamburg 1969
5) Denzler: Im Namen Gottes, belastendes Material aus der Kirchengeschichte, S. 10, Stuttgart 1973
6) Dedjier: Das jugoslawische Auschwitz und der Vatikan, S. VII, Vorwort des Hrsg., Freiburg i.B. 1989
7) Döllinger; In: Kühner: Das Imperium der Päpste, Kirchengeschichte, Weltgeschichte, Zeitgeschichte, Vorwort, 1977
8) Hoensbroech: Das Papsttum, a.a.O. S. 180
9) Wolf: Weltgeschichte der Lüge. 4. Band, a.a.O. S. 118 und 145Sein Buch ist nationalsozialistisch gefärbt. Im Vorwort zu seiner ersten Auflage sagt er: »Mir geht es darum, zu zeigen, daß die Weltgeschichte ein Kampf der Nichtarier gegen die Arier ist, wobei die Hauptwaffen der äußeren und inneren Feinde in Schein, Heuchelei und

Lüge bestehen.« Man hat ihn zum Katholikenhasser abgestempelt, der die Jugend vergiftet. Im Vorwort zu seiner 5. Auflage stellt er heraus: »Die Menschheitsapostel haben mich mehr als drei Jahrzehnte verfolgt ... noch im Januar 1934 sprach mir der vatikanische Osservatore Romano in einer Besprechung der Geschichte der katholischen Staatsidee den letzten Rest des christlichen Glaubens ab.« Für ihn ist die Theokratie eine Herrschaft der Lüge und des Teufels, der die Maske Gottes trägt (a.a.O. S. 21). So ist es nicht verwunderlich, wenn ihm die Geistlichkeit Streicheleinheiten versagt.

10) Hoensbroech: a.a.O. S. VI
11) Döllinger: a.a.O. S. IV
12) Hoensbroech: a.a.O. S. VII
13) Döllinger: a.a.O. S. 224
14) Deschner: Abermals, a.a.O. S. 22
15) Denzler: a.a.O.
16) Kühner: a. a.O. S. 128
17) Wolf: Weltgeschichte, a.a.O. S. 136
18) Hase: Polemik, a.a.O. S. 75
19) Corvin: Pfaffenspiegel, a.a.O S. 200
20) Politische Fähigkeiten beweist er im Zusammenhang mit den Einfällen der Hunnen und Vandalen. Möglicherweise ist er an der Spitze einer Gesandschaft in Mantua, wo Hunnenkönig Attila zur Umkehr bewegt wird; ein Ereignis, das später zielbewußt zur Ausgestaltung der Legende genutzt wird. Geschichtlich rekonstruierbar sind die Vorgänge nicht. Der Papst hat Rom vor der Zerstörung durch die Vandalen Geiserichs gerettet.
Kühner: a.a.O. S. 46/47
21) Wolf: Weltgeschichte, a.a.O. S. 426
22) Corvin: a.a.O. S. 173
23) Corvin: a.a.O. S. 173
24) 1. Kor. 4.10
25) Matthäus 11.25
26) Nigg: a.a.O. S. 13
27) 1. Kor. 3.18
28) 1. Kor. 3.19
29) 1. Kor. 1.20 und 21
30) Nigg: a.a.O. S. 16
31) Christus (griech.: Der Gesalbte). Die Übersetzung des hebr. Messias, sowohl im griech. Alten wie im Neuen Testament. Die Bezeichnung Gesalbter wird im Neuen Testament Priestern und Fürsten beigelegt. Im Neuen Testament ist Christus der Würdenamen, der Jesus von Nazareth der von Gott Auferweckten (Apg. 2.36) als dem im Alten Testament verheißenen Messias kennzeichnet; er wird bereits in den Apostelbriefen zum Eigennamen.
32) Deusen: Allgemeine Geschichte der Philosophie mit besonderer Berücksichtigung der Religionen, 2.Aufl., 2 Bände. S. 189, Leipzig 1919
33) Renan: Les Apôtres, Paris 1866
34) Craveri: Er meint Johannes, Chrysostomus, Augustinus, Hieronymus u.a.
35) Jesaja 53.14.-K. 53. V. 1.2-3. Er meint Justinus Martyrius, Irenäus, Clemens Alexandrinus, Origenes, Tertullian u.a.
36) Lukas 2.40 ff
37) Großer Brockhaus, 17. Ausgabe, S. 455 ff
38) Lukas 2.46-47
39) Maslowski: Das theologische Untier, S. 195
40) Mayer: Der zensierte Jesus. Soziologie des Neuen Testaments, Olten und Freiburg i.B. 1982/1983
41) Zahrnt: Es begann mit Jesus von Nazareth, S. 67 ff, 3. Aufl., 1969
42) Holl: Jesus in schlechter Gesellschaft, 3. Aufl., 1971

43) Klausner: Jesus von Nazareth, seine Zeit, sein Leben und seine Lehre, Übersetzt aus dem Hebräischen, 3.Aufl., Jerusalem 1952
44) Holl: a.a.O. S. 163 ff
45) Markus 3.21.
46) Buch 18.200
47) Buch 15.44
48) Nigg: a.a.O. S. 14
49) Zitiert nach Detlef Nielsen
50) Denzler: Im Namen Gottes. Belastendes Material aus der Kirchengeschichte, S. 11, Stuttgart 1973
51) Wolf: Weltgeschichte, a.a.O. S. 84/85
52) Matthäus 72,24; Johannes 18,31
53) Matthäus 27.46
54) Joachim Günther in seiner Besprechung zum Buch von Gerhard Stubbe, Hrsg.: Wer war Jesus von Nazareth? Berlin 11.2.1973
55) Großer Brockhaus, a.a.O. S. 455 ff
56) Strauß: Das Leben Jesus, Kritisch beleuchtet, 2 Bände, S. 23, Tübingen 1835
57) Tert. Apol. c. 21 und 23
58) Wolf: Weltgeschichte, a.a.O. S. 86
59) Keller: Schrieb Gott die Bibel? In: Bunte, 15. S. 54, 1986
60) n.n.
61) Lukas 1.26-50, 56-65
62) Lukas 2.1-7
63) Lukas 3.23
64) »Am dritten Tag geht Chairea am frühen Morgen zum Grab der Kallirhoe. Er ist voll Verzweiflung. Aber siehe ... der Stein ist weggewälzt und der Eingang des Grabes frei. Vor Schreck wagt es Chairea nicht, das Grab zu betreten. Auf das Gerücht hin eilen einige Leute herbei. Sie sind voll Furcht, bis endlich einer hineingeht und das Wunder bemerkt. Die Tote ist fort und das Grab ist leer. Nun tritt Chairea ein und findet das Wunder bestätigt.«
65) Arthur Drews, Philosoph, geboren 1.11.1865 in Uetersen, gestorben 19,7.1935 in Achern. Seit 1898 Professor an der TH Karlsruhe. Er bestreitet unter dem Einfluß des theologischen Radikalismus in seinem Buch Die Christusmythe (1909/11) die historische Existenz von Jesus. Seine Hauptwerke sind: Die Entstehung des Christentums aus dem Gnostizismus,1924
Die Bedeutung der Geschichtlichkeit Jesus, 1926
66) Deschner: Abermals. a.a.O. S. 13
67) Deschner: Abermals. a.a.O. S. 382
68) Strauß: a.a.O. S. 39
69) n.n.
70) Johann Gottlieb Fichte. Philosoph, geboren 19.5.1752 in Rammenau in der Lausitz, gestorben 29.1.1814 in Berlin. Er studiert erst Theologie und wird dann mit den Lehren Kants vertraut. Seine Philosophie lernt er 1790 kennen. Sein anonymer Versuch einer Kritik aller Offenbarung (1792) wird lange als religionsphilosophische Schrift Kants angesehen, die 1793 als Die Religion innerhalb der Grenzen der bloßen Vernunft erscheint.
71) Feuerbach: Sein Hauptwerk 1841: Das Wesen des Christentums. Er begreift Gott als ein vom Menschen gemachtes Wesen, auf das der Mensch zum Zweck der eigenen Glückseligkeit und Luststeigerung seine menschlichen Ideale, Nöte und Wünsche projiziert.
72) The Resurrection of Jesus consendered by a moral philosopher, Lelens.1. S. 350, 1744
73) Wollston: Six Discourses of the miracles of Saviour, Einzeln herausgegeben, 1727
74) Schröckh: Kirchengeschichte seit der Reformation, 6. Th., S. 191

75) In Lessings Beiträgen zur Geschichte der Literatur das Fragment im 3. Beitrag, S. 155 ff. und im 4. Beitrag das erste Fragment, S. 265. und das zweite, S. 288 (hier grundsätzlich gegen die geoffenbarte Religion gerichtet). In Lessings 4. Beitrag das dritte und vierte Fragment, S. 366 und 384 und die von Schmidt 1787 herausgegebenen übrigen und ungedruckten Werke der Wolfenbüttelschen Fragmentisten. Er greift auch das Neue Testament an. In Lessings 4. Beitrag das 5. Fragment über die Auferstehungsgeschichte und das Fragment über den Zweck Jesu und seiner Jünger, von Lessing besonders herausgegeben, 1778

76) Paulus: Das Leben Jesu, 2 Bände, Heidelberg 1828
Er erkennt in Jesus einen weisen und tugendhaften Menschen, der keine Wunder, sondern Taten vollbringt. Als literarischer Vorläufer von Paulus kann Barth genannt werden. Vergl. seine Briefe über die Bibel im Volkston; Hrsg. seit 1782

77) Venturini ist der Verfasser der natürlichen Geschichte des großen Propheten von Nazareth (seit 1800). Von der Tendenz geht es darauf hinaus, im Leben von Jesus alles natürlich hinzustellen.

78) Eichhorn: Recension der übrigen, noch ungedruckten Werke der Wolfenbüteler Fragmentisten, in Eichhorns allgemeiner Bibliothek, 1. Band, 1. und 2. Stück.

79) Strauß: a.a.O. Strauß ist überzeugter Christ und stellt die Frage:»Christi übernatürliche Geburt, seine Wunder, seine Auferstehung und Himmelfahrt, bleiben ewige Weisheiten.«

80) Vergl. hierzu die Arbeiten von Kammeier und die Fußnote 155) in diesem Kapitel.

81) Drews: Die wahre göttliche Komödie

82) Ronner: Die Kirche und der Keuschheitswahn, S. 177 ff, 1971. Er ist der Auffassung, daß diese päpstliche Betrachtungsweise aus dem apokryphen Jacobus-Evangelium ersichtlich ist. In ihm wird Maria zunächst von Gott erwählt und dann dem durch ein Wunderzeichen ausgelosten Joseph in Obhut gegeben.

83) Craveri: unter Verweis auf P. Saintyres: Le discerniment du miracle, Paris 1909

84) Paulus: Das Leben Jesus, a.a.O

85) Venturini: a.a.O. 1. Band, 1806

86) Markus 6.3.; Matthäus 13.55; Lukas 2.27. 33.42 und 48

87) n.n.

88) Beauvoir: Das andere Geschlecht, a.a.O. S. 292

89) Er beruft sich auf den Prophet Ezechiel:»Die Tür wird verschlossen sein und nicht aufgemacht werden.« Corvin:a.a.O. S. 85

90) Johannes 2.4

91) Siehe Fußnote 89) dieses Kapitels

92) Hieronymus: Ausgewählte historische, homiletische und dogmatische Schriften, Übersetzer Schrade, 1914

93) Corvin: a.a.O. S. 85

94) Wolf: Neuer Pfaffenspiegel, a.a.O. S. 112

95) Corvin: a.a.O. S. 87

96) Corvin: unter Bezug auf Lukas 1.37

97) Maslowski. a.a.O. S. 47

98) Um Jovinian ranken sich viele Legenden. Es soll sich um einen legendären christlichen König gehandelt haben. Ein Engel habe ihn wegen seines Hochmutes im Bad seiner Kleider beraubt und sich an seine Stelle gesetzt. Von seinen Angehörigen und seinem Volk nicht erkannt, sei Jovinian erst nach einer langen Zeit der Buße und Einkehr wieder in sein Amt eingesetzt worden. Weselki führt diese Erzählung einschließlich der parallelen Salomo-Legende auf die biblische Geschichte des Königs

Nebukadnezar (Daniel 3.31-4.34), den Zug der Stellvertretung durch ein höheres Wesen, auf Traditionen zurück. Es handelt sich um ein Märchen. Inwieweit Parallelen zwischen ihm und dem Kirchenkritiker Jovinian bestehen, ist unklar.

99) Jovinian reagiert gegenüber dem späteren Kirchenvater Hieronymus so:»Aber wozu sind unsere Zeugungsglieder geschaffen, wozu sind wir vom Schöpfer so gebaut, daß wir gegenseitig Verlangen empfinden und uns nach der naturgemäßen Vereinigung sehnen? So wie der hintere Kanal des Leibes und der Kanal, durch den der Kot des Unterleibes fortgeschafft wird, von den Augen anderer entfernt und auf dem Rücken angebracht ist ... so ist der Teil, der sich unter dem Bauch befindet, von Gott geschaffen, um den Flüssigkeiten und Getränken, mit denen die Gefäße des Körpers bewässert sind, einen Ausfluß zu verschaffen. Auf das, was die Geschlechtsorgane selbst, den Bau der Zeugungsteile zwischen Mann und Frau betrifft ... will ich in Kürze antworten: ... Wenn wir aufhören die Wollust zu frönen, tragen wir diese Glieder vergebens mit uns herum. Wie es das Geschäft der Zähne ist, das Zerkaute in den Magen hinterzuschicken ... und der kein Verbrechen begeht, der seiner Frau ein Stück Brot gibt, so können auch, wenn es das Geschäft der Zeugungsglieder ist ... daß sie immer in Ordnung sind, fremde Kräfte seine Schlaffheit ersetzen, und der nächste beste mag dann sozusagen den brennenden Durst meiner Frau löschen (ex uxotris, ut ita dixerim ardentiisiman gulam, fortuide libido resiagut). Was will da der Apostel, der zur Keuschheit auffordert, wenn sie gegen die Natur ist? Warum schwellen sich dir nicht die Brüste, erweitern sich nicht die Lenden, steigt dir nicht der Busen? Vergeblich hast du die männlichen Glieder, wenn Du nicht die Umarmungen der Weiber genießt. Laßt uns Christi nachahmen, der Zeugungsglieder hatte.« Theiner: a.a.O. 1. Band, S. 216/217

100) Man wird an den Christus unterstellten Satz erinnert:»Viele werden in Schafskleidern zu euch kommen.« Matthäus 7.15-16

101) Neben dem ihm verhaßten Jovinian auch Auxtentius, Germianor, Plotius, Genialis, Marzianus, Januarius und Ingeniosus

102) Theiner: a.a.O. 1. Band, S. 219

103) Das weitere Schicksal Jovinians ist ungeklärt. Kaiser Honorius erläßt 412 ein Gesetz gegen einen Gleichnamigen, in dem befohlen wird: »Denselben wegen sakrilegischer Zusammenkünfte außerhalb der Stadt mit Geißeln, an denen bleierne Kugeln befestigt sind, auszupeitschen und ihn daraufhin auf die Insel Boas in Dalmatien zu schicken.« Unbekannt ist, ob die Personen identisch sind.

104) Theiner: a.a.O. 1. Band, S. 219

105) Theiner: a.a.O. 1. Band, S. 228

106) Vigilantius Calagurris, dem ehemaligen Calohorra. Er widmet sich dem Lehrstand. 395 schickt ihn Sulpicius Severus an Paulinus, den Bischof von Nola. Von dort zurückgekommen, übernimmt er das Amt eines Priesters und verwaltet es in Barcelona. 396 reist er nach Palästina. Hier lernt er Hieronymus kennen. Später entwickelt sich daraus eine tiefgreifende Kontroverse.

107) Müller: Die hochheilige Vorhaut Christi, Vorwort

108) Marangoni: Istoria dell ... Sancta Sanctorum, S. 32, 1747

109) Müller: Die hochheilige, a.a.O. S. 6

110) Bericht des Paters Jubaru:»La porte de bronce s'ouvre en frottant sur se marbre avec la sonorite d'un chloche. On apercoitalors un coffre armoire á deux compardiments

superposés. Il est sculpté de rosaces et de moulures; en haut se lisent graveé dans le bois une incsriptione Leon III. (795-816) et une autre inscription peinte plus moderne: Sancta santorum: C'est l'arche de cyprés dont fait mention Jean Diacr; elle est ausso bien con serveé qu'au temps de Charlemagne. On retire avec grand soin des charnieé res d'un cote, les longs clous d'airain nullement oxydés; le compardiment inferieur est ainsi ouvert sans qu'on touche aux serrures qui ferment ses battants. Dans Saprofandeur se de couvre unams de sachets en invoire, un pyxide en cristal de roche. Sans nous attarde á examiner nos ouvrans la comparziment supérieur. Tout le trésor montré il y a quatre siecles par leon X. doit entre encore lá. Cesont quinze a vingt coffrent malques un d'ivoire la polupart d'argent. Il y a des objects tres anziques, uné énorme croix d'or massif orneé de pierreries, des Broderies d'une conservation et tonnante.« Etudes religieuses, 905. Band, 104. S. 721-731, Paris

111) In der Sitzung der Gesellschaft für Erdkunde am 8.4.1882 in Berlin

112) Müller: Die hochheilige, a.a.O. Anmerkung, S. 13

113) Toleti (SJ) Commentarii in prima XII. capitula Sacro-Santi Evangelii secumdem Lucam, S. 180. Anotatio XXXI; Questions et Responsiones par Anastasius (Ende 13. Jh.) Migne P. Gr., Band 89, col. 799...zur Quaestio 145; Theophylact (um 1150), cap. II, Rom 1600. Müller: Die hochheilige, a.a.O. S. 22

114) Prälat Marangoni: Istoria dell.... Sancta Sanctorum, Rom 1747

115) Müller: Die hochheilige, a.a.O. S. 28/29

116) Englisch: Geschichte der erotischen Literatur, S. 93, Stuttgart 1927

117) Specht: Geschichte des Unterrichtswesens von den ältesten Zeiten bis zur Mitte des 13. Jh, Stuttgart 1885. Pilitz,O: Die Dramen der Roswitha von Gandersheim, Leipzig o.J. K.A.: Die Werke der Roswitha, Nürnberg 1857. Creiznach: Geschichte des neuen Dramas, 2. Aufl., I., 1911

118) Avertissement tres utile ... Ouvres francaises de Calvin, Ed. Jac, Paris.1842. S. 141

119) Commentarii in Evang. historium Coloniae, 1.3. Tractat XXXVI. p. 230 et ss, 1601

120) Hoensbroech: a.a.O. S. 85

121) Vergl. die 14. Betrachtung

122) Hoensbroech: a.a.O.

123) Müller.: Die hochheilige, a.a.O. S. 42

124) Summa theologiae: Band III, S. 654 Tractatus de Mysteriis Christi Dissertatione V, Venedig 1718

125) Lettere ecclesiastice, S. 79, Venedig 1781

126) Johannes Ferrandus, Disquisitio Reliquiare, S. 7 und 12, Lyon 1647

127) De Conanziatione Sanctorum, IV.pag. 803, Rom 1749

128) Müller: Die hochheilige, a.a.O. S. 86

129) Griech.: Petros, aramäisch Kephas.

130) Matthäus 81.19. Kühner: Das Imperium, a.a.O. S. 25

131) Großer Brockhaus, 17. Ausgabe

132) Markus 1.29 ff

133) Apg. 12

134) Gal. 2.11 ff

135) Markus 14.66 ff

136) Josephus Flavius: Jüdischer Krieg, II.17.2

137) Dem römischen Kaiser Nero wird vereinzelt Cäsarenwahnsinn vorgeworfen, beispielsweise als er im Jahr 64 mehrere Stadtbezirke von Rom niederbrennen läßt oder in seiner Verhaltensweise gegenüber Andersdenkenden.

138) Lukas 24.31; 1. Kor.15.5

139) Deschner: Abermals, a.a.O. S. 244

140) Apg.18.3 und 22.3.; Gal. 1.13 ff

141) Bruno Bauer, evangelischer Theologe und Publizist. geboren am 6.9.1809 in Eisenburg (Thüringen), gestorben am 15.4.1882 in Rixdorf bei Berlin als Inhaber eines Gemüseladens. 1842 wird ihm die Lehrbefugnis wegen seiner Kritik an den Evangelien entzogen. Diese entstammen seiner Auffassung nach aus dem Selbstbewußtsein der Verfasser; der Urevangelist sei der Schöpfer des Christentums. Die Geschichtlichkeit des Person Jesus Christus wird von ihm bestritten. Seine Hauptwerke sind: Kritik an der evangelischen Geschichte des Johannes, 1840. Die Apostelgeschichte, 1850. Der Ursprung des Christentums aus dem römischen Griechentum, 1877

142) Deschner: Abermals, a.a.O. S. 168

143) Clem. Röm. ad Corinth I.5. p.98 k

144) Pfister, S. 278

145) Cap.1.-3. Pfister, S. 268

146) Wolf: Hexenwahn, a.a.O.

147) Weizäcker

148) Kammeier: a.a.O. 2. Heft

149) So der Erzbischof Bengsch in seiner Ansprache zum Berliner Bistumstag

150) Grebner: Der Verkehr mit der Geisterwelt Gottes, Seine Gesetze und sein Zweck, Einleitung, 1983

151) Er sagt: ».Bekanntlich haben es schon viele unternommen, einen Bericht über die vollbeglaubigten Begebenheiten, die sich bei uns zugetragen haben, so abzufassen, wie sie uns von den ursprünglichen Augenzeugen und Dienern des Wortes überliefert worden ... so habe denn auch ich mich entschlossen, nachdem ich allen Tatsachen von Anfang an sorgfältig nachgeforscht habe, alles für Dich, hochgeschätzter Theophilus, nach der geschichtlichen Reihenfolge niedergeschrieben.« Grebner: a.a.O.

152) Grebner: a.a.O. S. 9

153) Grebner: a.a.O. S. 9

154) Dies bestätigt u.a. Eugen Huehn in seinem Hilfsbuch zum Verständnis der Bibel:»Wer von uns nur sein geglättetes Testament kennt, wird es nie für möglich halten, daß viele Tausende verschiedener Lesearten existieren. Grebner: a.a.O.

155) Wilhelm Kammeier ist Amateurhistoriker. Vor dem II. Weltkrieg ist er Rechtsanwalt in Hannover. Er nimmt am Krieg teil und gerät in Gefangenschaft. Später zieht er mit seiner Frau nach Arnstadt in Thüringen. Als er den 3. Teil seiner Arbeiten über die Fälschung des Urchristentum veröffentlichen will, werden die ehemaligen DDR-Behörden auf ihn aufmerksam. Es beginnt ein Kesseltreiben; man entzieht ihm die Arbeits- und damit die Lebensmöglichkeiten. Kammeier verhungert 1959, »... so sehr fürchtete man diesen Mann.« Zitiert nach Roland Bohlinger

156) Kammeier: a.a.O.

157) Deschner: Abermals, a.a.O. S. 125

158) Hieronymus: Lat. Kirchenlehrer, geboren in Strido (Dalmatien) um 347, gestorben 30.9.419 oder 420 in Bethlehem. Nach dem Großen Brockhaus handelt es sich um den kenntnisreichsten und fruchtbarsten aller lat. Kirchenväter. Asketisch veranlagt, bereist er den Osten und geht dann nach Rom. Von dort vertrieben, läßt er sich als Klostervorsteher in Bethlehem nieder und kämpft gegen die Origenisten und Pelagianer. Seine größte Leistung liegt in der gutgemeinten Übersetzung der Bibel (Vulgata) und deren Kommentierung. Zudem verfaßt er Streitschriften, Mönchsbiographien und die erste christli-

che Literaturgeschichte De viris illustribus (Berühmte Männer). Er pflegt einen ausgedehnten Schriftwechsel. Sein heiliger Tag ist der 30.9.

159) Verum nonesse quod variat etiam malediocorum testimonio conprobatur.

160) Deschner: Der gefälschte, a.a.O. S. 19, einschließlich Ergänzung durch die Fußnote

161) Wolf: Hexenwahn. a.a.O.

162) Deschner: Abermals: a.a.O. S. 144

163) Didache (griech.Lehre) der Zwölf Apostel, die älteste erhaltene christliche Kirchenordnung aus der ersten Häfte des 2. Jh., mit dem Katechismus der Zwei Wege.

164) Deschner: Abermals a.a.O. S. 144

165) Als der Kirchenlehrer der ersten sechs Jahrhunderte. Nach Gregor dem Großen gibt es für lange Zeit keinen Kirchenvater mehr. Döllinger: Der Papst, a.a.O. S. 15

166) Döllinger: Der Papst, a.a.O. S. 222

167) Bellarmin rühmt sich bei dieser Gelegenheit, dem Papst aus einer Klemme geholfen zu haben. Sixtus läßt das Hauptwerk Bellarmins, die Kontroversen, auf den Index setzen, weil Bellarmin in ihnen nur auf die indirekte, aber nicht auf die direkte Weltherrschaft des Papstes abhebt. Er hätte also selbst Grund gehabt, über den rechthaberischen Akt des Papstes verärgert zu sein. Kardinal Azzolini schlägt vor, die Autobiographie von Bellarmin zu unterschlagen, damit der Lapsus der Sixtinischen Bibelübertragung unbekannt bleibt.

168) Döllinger: Der Papst, a.a.O. S. 236

169) Döllinger: Der Papst, a.a.O. S. 229

170) Döllinger: Der Papst, a.a.O. S. 192

171) Wolf: Hexenwahn, a.a.O. S. 346

172) Visitations- und Konsitorialordnung aus dem Jahr 1571, Artikel 11

173) Kammeier.: 1. Heft

174) So der Theologe Lietzmann

175) Tokarew: Die Religion in der Geschichte der Völker, Köln/Berlin, 1968

176) Zunächst auf dem Konzil von Florenz. Bulle vom 4.2.1443. Dann auf dem Konzil von Trient. 4. Sitzung vom 8.4. und dann auf dem Vatikanischen Konzil, 3. Sitzung vom 24.2.1870.

177) Wolf: Weltgeschichte, a.a.O. S. 138

178) Papst Leo XIII. in seiner Enzyklika Providentissimus Deus 1893

179) Brunner: Die heilige Schrift. Gottes Wort oder Menschenwort. Was gilt uns heute noch die Bibel? In: Petrusblatt, Katholische Kirchenzeitung für das Bistum Berlin 1., 66

180) Vergl. seine Enzyklika Divino afflante 1943

181) Lacordaire, gestorben 1861

182) Bischof Ketteler, ca. 1850

183) Der Theologe P.Werle; Kammeier, 1. Heft, S. 7

184) Deschner: Der gefälschte, a.a.O. S. 22

185) Markus 16.16

186) 12. Johannes 20.29

187) Deschner: Abermals, a.a.O. S. 133

188) Großer Brockhaus, 17. Ausgabe, a.a.O. Kapitel Bibel, S. 675-681

189) Tondi: »Ein solcher Kirchenmann ist untragbar für den Lehrkörper der Gregoriana: Er wird verworfen und verliert sein Lehramt. An einem 21.4. gelingt ihm die Flucht aus dem Vatikan. Er sagt dazu: ... Das Haus, in das ich geflohen war, wurde von der politischen Partei umstellt. Im Auftrag der Jesuiten sollte ich in ein Irrenhaus gebracht werden. Die beste Lösung, um mich mundtot zu machen und die vielen Dinge, die mir im Verlauf meiner 16jährigen Zugehörigkeit zum Orden der Jesuiten bekannt geworden waren, als wertlos hinzustellen. Daraufhin wird er von der Vatikanischen Presse diffamiert, auf der Straße angefallen und von Klerikern mit dem Tod bedroht. Er wendet sich dem Kommunismus zu und geht nach Ostdeutschland.

191) Strauß bleibt nicht allein mit seinen Ansichten. Weitere Träger seiner Gedanken sind: Bauer, der Bremer Pastor Kalthoff, der Karlsruher Philosoph Drews, Friedrich Pszillas und 1960 der Theologe Leonhardt Roth. Hinzu kommen Wilhelm Kammeier und Erich Bromme, in jüngster Zeit vor allem Karl-Heinz Deschner, der Voltaire des 20. Jh.

191) Johannes Grebner wird am 2.5.1873 in Wernigerath/Bernkastel geboren. 1900 wird er zum Priester geweiht. 1914 hat er eine Vision, ... denn er sah in einem Film Tausende halbverhungerter Kinder vor sich ...ein Finger deutete auf ihn und sprach: ... das ist deine Arbeit. 1923 hat er eine weitere Offenbarung; derzufolge verläßt er 1925 die katholische Kirche und arbeitet für den von ihm gegründeten Hilfsbund. 1929 wandert er nach Amerika aus, läßt sich in New York nieder und gründet eine Kirche.

192) Siehe Fußnote 155) dieses Kapitels

193) Erich Bromme, geboren am 10.8.1906 in Großbockedra/Thüringen, 1926-30 Studium der Geschichte und der alten Geschichte, 1932 zum Dr. phil. in Jena promoviert. Seit 1970 hält er Vorträge über die Reiselegenden von Jesus und über seine Forschungsergebnisse aus der Entschlüsselung der Bibel. Entscheidend ist seine 5bändige Arbeit über den Untergang des Christentums.

194) Strauß im Vorwort: Das Leben Jesu, a.a.O.

195) Trinität (lat. trinitas, die Dreiheit), Dreifaltigkeit. In der christlichen Glaubenslehre die Lehre von der Dreiheit der göttlichen Personen (= Vater, Sohn und Heiliger Geist). Sie wurde aufgrund der Aussagen des Neuen Testaments über Jesus als Sohn Gottes und ewigen Logos und über den Geist, dessen Sendung Jesus nach Johannes 14. verhieß. Die Dreiheit in der Einheit wurde im 3. Jh. gegen die Monarchianer festgelegt und besteht nach kirchlicher Auffassung darin, daß die drei Personen ihrer göttlichen Natur oder Substanz nach ein einziger Gott sind. Sie sind in ihrer Wesensgleichheit auch gleich ewig in einer sich gegenseitig durchdringenden Lebenseinheit (Perichorese). Das Dogma der Trinität wird auf dem ökumenischen Konzilien von Nikaia 325 und Konstantinopel 381 festgelegt; es ist der östlichen und westlichen Kirche gemeinsam.

196) Der christliche Fluch spricht für sich: »Verflucht seist Du immer und überall; verflucht bei Tag und Nacht zu jeder Stunde, wenn Du schläfst und wenn Du wachst; verflucht, wenn Du fastest und wenn Du issest und trinkest; verflucht sei Deine Rede und Dein Schweigen; verflucht seist Du von drinnen und draußen; auf dem Feld und auf dem Wasser, verflucht von dem Wirbel des Hauptes bis zu den Sohlen Deiner Füße. Deine Augen sollen blind, Deine Ohren taub, Dein Mund stumm werden; die Zunge soll in Deinem Gaumen stocken; Deine Hände sollen sich nicht bewegen; noch Deine Füße gehen. Verflucht seien die Glieder Deines Körpers, stehend, liegend, seien sie von jetzt an verflucht; und so mögen Deine Lichter bei der Erscheinung des Herren am Tage des Gerichts ausgelöscht werden. Dein Begräbnis geschehe mit den Hunden und mit den Eseln; Deinen Leichnam mögen gefräßige Wölfe verzehren; der Teufel mit seinen Engeln soll Dein Begleiter sein immerdar.«

197) Hoensbroech: Das Papsttum, a.a.O. S. 152

198) Hoensbroech: Das Papsttum, a.a.O. S. 153

199) Kühner: Das Imperium, a.a.O. S. 55

200) Hoensbroech: Das Papsttum, a.a.O. S. 59

201) So wie es beispielsweise Xystus III. laut der Gesta bezüglich seiner Unschuld der von Bassian gegen ihn erhobenen Anklage der Unzucht getan haben soll. Hoensbroech: Das Papsttum, a.a.O. S. 60

202) Hoensbroech: Das Papsttum. a.a.O. S. 53

204) So verschiedene Dominikaner wie Vincenz von Beauvais und Thomas von Chantinpres (auch Zisterzienser). Martin Polonus erwähnt es ebenfalls, wenngleich von ihm mehrere Irrtümer ausgehen.

205) »Want er lius daz babesthum und die würdigkeit wider der Cardinal willen, und fur mit den XI. tüsing megden gen Colen, und wart gemartert, darum die cardinal sinen namen abe der babiste buche.« Um 1330. Oberrheinische Chronik, Hrsg.: Grishaber, S. 5, 1850

206) Er bedrängt die Juden Roms, sät als gehässiger Aristokrat überall Haß und Streit. Getragen vom schrankenlosen Hochmut, Maßlosigkeit und Machtgelüsten ... hinzu kommen seine pathologische Eitelkeit und Rachsucht ... mit ihm versinkt die Achtung vor dem Papsttum. Er verkündet das erste, alle 100 Jahre zu begehende Jubeljahr. Zu seinen Ruhmestaten gehört die Exkommunikation von Philipp dem Schönen. Kühner, a.a.O. S. 212, stellt fest: »... am Ende blieb nur noch der Hohlraum seiner eingebildeten Macht.«

207) Döllinger: Die Papst-Fabeln, a.a.O.

208) Baronius ist der Auffassung, die Sage sei als Satire auf Papst Johann VII. entstanden. Andere bringen sie in Verbindung mit der Herrschaft der Theodora und Marozia. Der Jesuit Sechii äußert in Rom, es wäre eine von den Griechen ausgegangene Verleumdung. Leo Allatius denkt an eine falsche Prophetin im 9. Jh. und Leibnitz meint in seiner Kirchengeschichte, es könne sich durchaus um einen falschen Bischof gehandelt haben ... der ein Weib gewesen ...und während einer Prozession ein Kind geboren habe. Noch 1843 verfaßt der niederländische Professor Kist eine Schrift, in der er den Nachweis führen will, daß es wirklich eine Päpstin Johanna gegeben hat. Er wird von seinem Landsmann, dem Professor Wending (Warmond) widerlegt.

209) Es handelt sich um einen französischen Dominikaner, geboren Ende des 12. Jh. und gestorben 1261. Er schreibt um die Mitte des 13. Jh. eine Chronik von den sieben Gaben des Heiligen Geistes. Darin erwähnt er die Päpstin Johanna in einer Notiz, die er in einer Chronik gefunden zu haben behauptet.

210) Er schreibt eine synchronistische Geschichte der Päpste und Kaiser anhand kritiklos übernommener biographischer Notizen; diese Schrift übt einen erheblichen Einfluß auf die Denkweise des Mittelalters aus. Die Einrückung in seinen Text ist wohl in der Zeit von 1278 bis 1312 erfolgt.

211) Die unter den Namen Martinus Minorita, Hermannus Januensis und Hermannus Gigas in zahlreiche Handschriften einfließt.

212) Döllinger: Papst-Fabeln, a.a.O. S. 19

213) Döllinger: Papst-Fabeln, a.a.O. S. 22

214) Döllinger: Papst-Fabeln, a.a.O. S. 22

215) Döllinger: Papst-Fabeln, a.a.O. S. 22

216) Unter ihnen Trithemius, Felix Hemmerlin, Coccius Sabellicus, Pico de Mirandola, Kardinal Domenico Jacobazzi, Hadrian von Utrecht, der spätere Papst Hadrian VI.; Deutsche, Italiener, Franzosen und Spanier.

217) Döllinger: Papst-Fabeln, a.a.O. S. 27

218) Ap. Wolf. Lection Memorab. ed. 1671. p. 177

219) Döllinger: Papst-Fabeln, a.a.O. S. 224

220) Hoensbroech, a.a.O. S. 11, sagt: »... die konstantinische Schenkung, die geräumige und unerschöpfliche Schatzkammer, aus der man je nach dem Bedürfnis politische und andere Befugnisse herausziehen konnte.«

221) Nach der Anlage des Textes liegen dem Fälscher oder den Fälschern (?) die Farben der klerikalen Kleidung, die Titel und Ehrenbezeugungen besonders am Herzen. Der Verfasser der Schenkung legt Wert darauf, ›daß den römischen Klerikern das Recht zusteht, ihre Reitpferde mit weißen Decken zu behängen. Darum wohl meldet Gregor der Große dem Erzbischof von Ravenna, ... der Klerus zu Rom wolle durchaus nicht zugeben, daß der Gebrauch von Pferdedecken (mapulae) den Geistlichen in Ravenna gestattet wird.

222) Kühner: Das Imperium, a.a.O. S. 53

223) Kühner: Das Imperium, a.a.O. S. 53

224) Der erste Byzantiner, der sie erwähnt, ist Balsamon, der als Patriarch von Antiochien 1180 gestorben ist.

225) Hoensbroech: Das Papsttum, a.a.O. S. 88

226) Wir sehen es auch daran, daß von 685 bis 741 zehn Päpste aufeinander folgen, die, bis auf einen, teils Syrer (= Johann V. Sergius, Sinius, Constantin und Gregor III.) teils Griechen (= Konon, Johann VI. und VII.) sind. Der einzige Römer unter ihnen ist Papst Gregor II.

227) Karl der Große erklärt, daß er als ein neuer Konstantin durch seine Schenkung der Kirche zwar das ihrige gegeben, aber noch mehr von den alten kaiserlichen Schenkungen zu restituieren habe. Döllinger: a.a.O. S. 31

228) Döllinger: Der Papst, a.a.O. S. 32

229) Das Ganze ist rasch entlarvt. So erhebt Gregor VII. (1073-85) Ansprüche auf Sardinien, das ihm ja nach der fingierten Schenkung schon längst gehört, und hebt hervor, ... daß die Sardinier bisher mit dem päpstlichen Stuhl in keinem Verkehr gestanden haben, vielmehr durch die Nachlässigkeit seiner Vorgänger, wie er meint, dem selben fremder geworden sei, als die Völker am äußersten Ende der Welt.« Döllinger: a.a.O. S. 32

230) Wolf: Weltgeschichte, a.a.O. S. 127

231) Kühner: Das Imperium, a.a.O. S. 53

232) Großer Brockhaus, 10. Band, a.a.O. S. 477 ff

233) Darwin: Die Entwicklung des Priestertums und der Priesterreiche, Faksimiledruck der Ausgabe von 1929, S. 251

234) Catholic Enric., IV.523. Enric of Bibl. Theol., Ecoles Literature II. 575-581, New York

235) Deschner: Abermals, a.a.O. S. 378

236) Deschner: Abermals, a.a.O. S. 378

237) Deschner: Abermals, a.a.O. S. 507

238) Deschner: Abermals, a.a.O. S. 510

239) Deschner, a.a.O.

240) So sagt der Dominikaner Johannes Quidort von Paris, gestorben 1306, Magister der dortigen theol. Fakultät in seinem Buch Von der königlichen und päpstlichen Gewalt über die konstantinische Schenkung, ... sie sei nicht rechtmäßig, da nach der Meinung der Rechtsgelehrten ein Kaiser sein Reich nur mehren und nicht teilen darf.

241) Im christlichen Mittelalter wird ihm vorgeworfen, er habe Heilige geschändet, Kindern das zuckende Herz aus dem Leib gerissen und schwangeren Müttern den Leib aufgeschnitten.

242) Hoensbroech: Das Papsttum, a.a.O. S. 68

243) Hoensbroech: Das Papsttum, a.a.O. S. 90

244) Kühner: Das Imperium, a.a.O. S. 151

245) Kühner: Das Imperium, a.a O. S. 152

246) Gottfried, ein in Bamberg ausgebildeter deutscher Kaplan und Notar der drei hohenstaufischen Herrscher Konrad, Friedrich und Heinrich IV., der zuletzt als Kanonikus in Viterbo lebt, meint dies in seinem Papst Urban II. gewidmeten Pantheon.

247) Konstantinus habe mit den kaiserlichen Insignien Rom mit seinem Ducatus und das Imperium der Sorge der Päpste für immer überlassen. Darauf haben sie das Tribunal des Kaisertums errichtet, es auf die Deutschen übertragen und pflegen die Gewalt des Schwertes in der Krönung zu bewilligen. Hoensbroech: Das Papsttum, a.a.O. S. 102

248) Daß er alle Rechte, die zuerst der Kaiser Konstantin der römischen Kirche hätte, schützen und erhalten zu wollen, ohne jedoch anzugeben, worin denn diese nun im wirklichen bestehe. Hoensbroech: Das Papsttum, a.a.O. S. 107

249) Es wäre ein Irrtum, daß Konstantin dem römischen Stuhl zuerst die weltliche Gewalt gegeben habe; vielmehr hat Christus selbst dem Petrus und dessen Nachfolgern beide Gewalten, die priesterliche und die königliche, und die Zügel beider Reiche, des irdischen und himmlischen, übergeben. Konstantin habe also nur seine unrechtmäßig besessene Gewalt in die Hände der legitimen Besitzer zurückgegeben und sie von ihnen zurückerhalten. Hoensbroech: Das Papsttum, a.a.O. S. 103

250) Hoensbroech: Das Papsttum, a.a.O. S. 101

251) Hoensbroech: Das Papsttum, a.a.O. S. 120

252) Ap. Martena apol. Coll. 556

253) Gregorovius: a.a.O. VII. S. 545

254) Wolf: Weltgeschichte, a.a.O. S. 128

255) Döllinger: Der Papst, a.a.O. S. 227

256) Döllinger: Der Papst, a.a.O. S. 36

257) Döllinger: Der Papst, a.a.O. S. 37

258) Döllinger: Der Papst, a.a.O. S. 45

259) Döllinger: Der Papst, a.a.O. S. 47

260) Döllinger: Der Papst, a.a.O. S. 131

261) Döllinger: Der Papst, a.a.O. S. 131

262) Döllinger: Der Papst, a.a.O. S. 134

263) Döllinger: Der Papst, a.a.O. S. 135

264) Döllinger: Der Papst, a.a.O. S. 140

Kreuzzüge

1) Die wichtigsten Chronisten sind: Der Autor der Gesta Francorum. Er beschreibt seine Teil-nahme an Kämpfen, aber nennt seinen Namen nicht. Er steht dem norman-nischen Anführer Bohemund nahe. Der Anonymus beendet seine Niederschrift um 1100. Der Kleriker Raimund von Aguilers. Er steht den Anführer der Südfranzosen, Raimund von Toulouse, nahe. Auch er beendet seine Niederschrift um 1100. Fulcher von Chartres, dem Papst Urban II. nahestehend. Er beginnt mit der Niederschrift um 1101. Albert von Aachen benutzt die Gesta Francorum, mündliche Berichte und verschollene schriftliche Augenzeugenberichte. Er berich-tet vor allem über den Vorkreuzzug der Armen. Er beginnt mit seinen Aufzeichnungen um 1101. Der Kleriker Robert der Mönch (aus der Gegend um Reims) erhält um 1106 von seinem Abt den Auftrag, die Gesta zu ergänzen, weil der Aufruf von Clermont zu kurz gekommen sei. Aus byzantinischer Sicht liegt ein Bericht der Anna Comnena vor. Sie ist die Tochter des byzantinischen Kaisers Alexios. Sie beginnt um 1118 mit ihrer Niederschrift.

2) Der Chronist Ekkehard von Aura schreibt: »Zur Zeit des römischen Kaisers Heinrich IV. und des Kaisers von Konstantinopel, erhoben sich nach der Weissagung des Evangeliums überall Volk gegen Volk und Reich gegen Reich, große Erdbeben ereigneten sich an verschiedenen Orten, auch Seuchen, Hunger und Schrecken vom Himmel und große Zeichen; und da bereits bei allen Völkern die Posaunen aus dem Evangelium die Ankunft des gerechten Richters verkündeten, da warf auch die allgemeine Kirche einen Blick auf die gesamte Welt im Umkreis, die die prophezeiten Zeichen aufwies.«

3) Lehmann: Die Kreuzfahrer, a.a.O.

4) »Dies aber geschah, damit das Wort des Propheten erfüllet werde, der da spricht: Jerusalem, siehe dein König kommt zu dir sanftmütig geritten auf einer Eselin.«

5) Fulcher von Chartres

6) Mönch Robert

7) Fulcher von Chartres

8) Fulcher von Chartres

9) Abt Ekkehard

10) Lehmann: a.a.O.

11) Offb. 20.7 ff

12) Pörtner

13) Jaques Le Goff

14) Albert von Aachen

15) Pörtner

16) Lambert von Arras

17) Fulcher von Chartres

18) Autors der Gesta

19) Autors der Gesta

20) Albert von Aachen

21) Albert von Aachen

22) Fulcher von Chartres

22) Autor der Gesta

23) Autors der Gesta

24) Albert von Aachens

25) Raimund von Aguilers

26) Kamal ad-Dins

27) Wilhelm von Tyrus

28) Autor der Gesta

29) Raimund von Aguilers

30) Albert von Aachen

31) Albert von Aachen

32) Albert von Aachen

33) Raimund von Aguliers

34) Fulcher von Chartres

35) Wilhelm von Tyrus

36) Ibn-al Atir

37) Milger: a.a.O.

38) Albert von Aachen

39) Fulcher von Chartres

40) Pörtner

41) Raimund von Aguliers

42) Albert von Aachen

43) Ibn al-Qalanisi

44) Milger: a.a.O. S. 135 ff

45) Fulcher von Chartres

46) Fulcher von Chartres

47) Albert von Aachen

48) Fulcher von Chartres

49) Einige der Predigten und schriftlichen Aufrufe des Abtes Bernhard von Claireveaux haben sich erhalten.

50) Nach den Ausführungen des Odo von Deuil

51) So der Chronist Otto von Freising

52) So der unbekannte Würzburger Annalist

53) Wilhelm von Tyrus

54) Nach Ibn al-Qalanisi
55) Nach Ibn al Qalanisi
56) Peter Milger: a.a.O. S. 225
57) Nach dem Kölner Chronisten
58) Chronist Richard von Devizes
59) Chronist Richard von Devizes
60) Gottfried von Villehardouin
61) Gottfried von Villehardouin
62) Niketas Choniates
63) Niketas Choniates
64) Robert von Clari
65) Gottfried von Villehardouin
66) Dana C. Munro hat zahlreiche Stadtchroniken nach dieser Klärung durchforscht, die sich sich auf Aussagen von Augenzeugen berufen.
67) Milger: a.a.O.
68) Lehmann: a.a.O. S. 333 ff

Ketzerei

1) Bedeutende Quellen zur Geschichte der Ketzerei haben sich in den päpstlichen Briefsammlungen erhalten, so von Innocenz III., Bernard von Clairveaux, Abt Peter dem Ehrwürdigen, Papst Honorius u.a. Ihnen schließen sich verschiedene Chroniken an. Wichtig sind der Augenzeugenbericht von Puy-Laurens und die Geschichte der Albigenserkriege. Hinzu kommen konziliare Beschlüsse und Anmerkungen, so die des 4. Laterankonzils. Der Dominikaner Peinerius Sacconi aus der Lombardei (gest.1258/59) verfaßt eine Schrift gegen die Ketzer. Zu erwähnen sind die Arbeiten des Dominikaners Yvonerus.

2) Vergl.: Über die Anrufung der Heiligen (1226?); Vermutlich später, denn sie beinhaltet Punkte, die sich auf den sog. Antichrist beziehen und darum wohl als Exkurs zu versehen sind. Dies unterstellt, ist die Publikation um die Mitte des 12. Jh. anzusiedeln.

3) Er stammt aus Katalonien und gilt als Führer der waldensischen Ketzerei in Aragonien. Er wird bekehrt und geht daraufhin nach Spanien und Italien zum ursprünglichen, dem katholischen Glauben, zurück. Sachlich korrekt ist das nicht, denn er ist nichts weiter als eine Mischform antiker Gedanken, die man nachträglich zu einer Religionsvariante verwoben hat.

4) Wolf: Hexenwahn, a.a.O. S. 99
5) Abgedruckt bei Mansi,19. Sp. 742
6) Müller: Inquisitio, a.a.O.
7) Müller: Inquisitio, a.a.O. S. 61
8) So etwa bei der Entdeckung von Katharern in Köln; Johannes Trithemius Annales Hirsauensis, S. 450-452; In: Frederic (Hrsg.) Corpus documentorum inquisitionis haereticae pravitatis Neerlandicae, 1. Band, Sp.41-43, 1889-1903
9) Noch 1143 beweisen in Köln angeklagte Ketzer dem Erzbischof durch die Wasserprobe ihre Unschuld.
Köhler: Die Ketzerpolitik der deutschen Kaiser und Könige in den Jahren 1152-1254; Jenaer Historische Schriften, Hrsg.: Cartellieri und Judeich. Heft 6, a.a.O. S. 3, Bonn 1913
10) Abgedruckt bei Mansi, Sp. 849, v.a.c.3
11) Abgedruckt bei Mansi, Sp. 849, v.a.c.3
12) Müller: Inquisitio, a.a.O. S. 53
13) Lea: a.a.O. 1. Band S. 297
14) Buchmann: a.a.O. S. 294
15) Theloe: Die Ketzerverfolgung im 11. und 12. Jh., a.a.O. S. 15, Berlin und Leipzig 1913

16) Zur Ketzerei in Orleans speziell: Bautier: L' hérésie d'Orléans et le mouvement intelectuel au début du XI.siécle. Actes du 95 Congrés national des Societés. Enseignements et vie intelectuelle, t.1, Paris 1975
17) So sieht es Brunner; In: Grundzüge der deutschen Rechtsgeschichte, 8. Aufl., a.a.O. S. 173, Leipzig 1930; Anm. 1: Die Ketzerverbrennung als Anschluß der an den germ. Brauch, Zauberer zu verbrennen, während L.Tanon: Historie des tribuneaux de l 'Inquisition en France, a.a.O. S.474, Paris 1893, die Verbrennung als besonders scheußliche Todesart ansieht, durch die der Ketzer körperlich ausgerottet werden soll.
18) Synode Atrebatensis; abgedruckt in: J.D. Mansi, Sacrorum consiliorum nova et amplissimsa collectio, Band 19, Sp. 423 ff, Florenz und Venedig 1762
19) Bericht Landulfus Senior Historaria Mediolensis; In: MGHSS VIII. lib. II. cap. 27, a.a.O. S. 65 ff
20) Walther: Haeretica pravitas und Ecclesiologie; zum Verhältnis vom kirchlichen Ketzerbegriff und der päpstlichen Ketzerpolitik von der 2. Hälfte des 12. Jh. bis ins 1. Drittel des 13. Jh.; In: Die Mächte des Guten & Bösen; Miscelanae Mediavalia 13, S. 286-315; bes. 289, Berlin/ New York 1977
21) S.Y.M.J. Congar: Les laics et l' ecclesiologie des ordines chez les théologiens du XI. et XII. siécles; In: I laici societa christiana dei secoli XI. und XII., a.a.O. S.83-117, Mailand 1968. Ders. L'eccle-siologie á la désunion entre Bycance e Rome, Paris 1968.   Grundlegend noch immer für die Gregorianische Reform:
Tellenbach: Libertas, Forschungen zur Kirchen- und Geistesgeschichte 7, Stuttgart 1936
22) 24.C. 23 q.4. dictum p.c. 54: »Es his omnibus colligutur, quod vindicta est inferende non mare ipsius vindicate, sed zelo iusticiae; non ut odium exerceatur; sed ut pravitas corrigatur. Sed cum vindicta aliquando inferatur dampnis rerum, aliquando morte: queritur, an sit peccatum iudici vel ministro reos morti tradere.«
23) Ibid.c.16. Schon vor dem Decretum Gratiani hat es eine Konzilsentscheidung gegeben, die sich für eine Mitwirkung des weltlichen Arms bei der Ketzerverfolgung ausgesprochen hat. 1119 fordert das Konzil von Toulouse die staatliche Unterstützung an.
24) Mansi: 21, Sp. 535
25) Dictatus Papae § 26: »... quod catholicus non habeatur quinon concordat ecclesiae Romanae« ed Caspar, MGH Epsel.ii. und sch. II.1. S. 207; zur Sache vergl.: Fuhrmann: Quod catholicus non habeantur...; In: Festschrift für Beumann, a.a.O. S. 263-287, Sigmaringen 1977
26) Müller: a.a.O. S. 55
27) V.a.c.27; In: Mansi 22, Sp. 231 ff; Vergl.: Theloe S. 118-122; speziell zum Ketzerkreuzzug.
Pissard: La Guerre Sainte en Pays Cretiens, Paris 1912
28) 32. MG SS XXVI. a.a.O. S. 450
29) Mansi: 22, Sp. 476 ff
30) So auch Theloe, a.a.O. S. 128; so auch Kolmer, S. 211: Ausgangspunkt und Grundlage war das vom bischöflichen Gericht bei der Ketzerverfolgung verwendete Verfahren des Sendgerichts, das aus dem germanisch-rechtlichen Rügeverfahren stammt.
31) Vergl. die Ausführungen zum Purgationsverfahren bei Müller, Inquisitio, a.a.O. S. 263 sowie grundlegend Jacobi: Der Prozeß im Drecretum Gratinai; In: ZRK. Kan. Abt.3. 1913, a.a.O. S. 262. Der Purgationseid gilt als gescheitert, wenn der Beschuldigte die ihm auferlegte Anzahl von Eidhelfern nicht erbringen kann.

32) Als relapsus gilt auch der, der nach der Reinigung wegen Verdachts der Häresie später der Ketzerei wegen überführt wird.
Vergl.: Theloe, a.a.O. S. 128. Auch hier Teil II, a.a.O. S. 24

33) Daß die Verbannung zunächst die eigentliche Ketzerstrafe ist, wird u.a. deutlich aus der Ermahnung, die der französische König Ludwig VII. und König Heinrich II. von England ihren Rittern 1178 mit auf den Weg nach Südfrankreich geben: entweder sollten sie die Ketzer bekehren oder vertreiben.

34) Zum Konzil: Handbuch der Kirchengeschichte, Hrsg.: Jedin, Band III/2, 2. Aufl., Kap. 22., S. 206-213, Freiburg 1968. Die folgenden Ausführungen zum Ketzerkanon beziehen sich auf die Ausgabe: Constitutiones Concilii quarti Lateranensis una cum Commentariis glossatorum; Hrsg.: Antonius Garcia y Garcia. Cittádel Vaticano,1981, Monumenta Iuris Canonici, Ser. A. Corpus glossatorum, Vol. 2, a.a.O., S. 47-52

35) Wörtlich meint Innocenz: »Quum enim secundum legitimas sancti sanctiones, reis laesae majestatis punitis capite, bona conviscentur eorum, filiis suis vita solummodo ex misericorda conservata; quanto magis qui aberantes in fide Domini Dei filium Jesum Christum offendunt, a capite nostro, quod est Christus, ecclesiastica debent districtione praecendi, est bonis temporalibus spoliari, quum longe sit gravius aeternam quam temporalem laedere majestatem?«.

36) Hahn: a.a.O. S. 174

37) Er beruft sich auf das Zeugnis von l'Orente (1756-1823)

38) Vergentis = X.5.7, 10. Ausgabe, Friedberg t.II. Ad Eliminendam, in Migne PL. 215, 1226-27; zur Textgeschichte Müller: Inquisitio, a.a.O. S. 256 ff

39) Gerade in diesem Punkt greift Innocenz III. rigoros durch, wie die vielen Amtsenthebungen von Bischöfen in Südfrankreich zeigen. So etwa 1203 die Absetzung des Bischofs von Toulouse; Migne, Hrsg.: Patrologiae cursus completus, series latina 1844-64, Band 217, 159, des Bischof von Rodez 1211; Migne, PL 216,408 f. Es darf nicht vergessen werden, daß die meisten Bischöfe dem lokalen Adel entstammen, und in dieser mannigfachen Weise mit den heterodoxen Katharern verbunden, ja oft verwandt sind und gerade deshalb ihr Eifer bei der Ketzerverfolgung nicht sonderlich ausgeprägt ist; geht es doch oftmals gegen Freunde und Verwandte einzuschreiten. Zitiert nach Recherchen von Müller, Inquisitio, a.a.O.

40) Const. II. 85, Kap. 6

41) Const. II. 158.
Zur Sache: Köhler, a.a.O. S. 36-38

42) Zur Rezeption und Wirkung s.v.a. Selge, a.a.O. S. 330-332

43) Manegoldi ad Gebehardum lib.cap. 33 (MG Lib. de tite, I.369 ff). Gerade die von ihm erwähnten Strafen bezeugen, daß die römischen Gesetze schon zu Mangolds Zeiten bekannt sind.

44) Müller: Inquisitio, a.a.O. S. 61

45) Hahn: a.a.O. S. 167

46) Hahn: a.a.O. S. 185

47) Vergl. den ausführlichen Bericht bei Vaisette, a.a.O. S. 401-409 ff

48) Müller: Inquisitio, a.a.O.

49) So trägt es Diakon Heinrich, einer seiner Jünger, vor. Während des Konzils von Reims (1148) wird er zu lebenslänglicher Haft verurteilt und stirbt kurz danach.

50) Entnommen aus der Schrift: Über die Anrufung der Heiligen aus dem Jahr 1226 (?).Vermutlich später, denn sie beinhaltet Punkte, die sich auf den sog. Antichrist beziehen und darum wohl als Exkurs zu verstehen sind. Dies unterstellt, ist die Publikation um die Mitte des 12. Jh. anzusetzen.

51) Hoensbroech, a.a.O. S. 36

52) Hier handelt es sich um die Propaganda fide extirpando haereticis

53) Der Name Passagier = Pasagii, Pasagenii, Pasagerii, Pasagii, Passageres, Pasagieri wird erstmals während des Konzil von Verona gebraucht und deutet auf das herumschweifende Wanderleben der so Bezeichneten hin. Auch ist die Ableitung vom Begriff passagium = Passage denkbar, was auf Reisen in das Heilige Land zurückgehen kann.

54) Unter dem Begriff circumcisi kann auf die Beibehaltung der Beschneidung geschlossen werden. Die Ansichten dieser Sekte sind vor allem in der Schrift Adversus Hareticos qui Passigi nuncupantur von Bonacursus zu entnehmen.

55) Amalrich = Almaricus, Amaury, Elmericus. A. norricus, nennen ihn die Quellen. Geboren in Bena bei Chartres, stirbt er 1207 in Paris, nachdem man ihn zu einem Widerruf gezwungen hat.

56) Wolf: Hexenwahn, a.a.O. S. 111

Inquisition

1) Hoensbroech: a.a.O. S. 7

2) Hoensbroech: a.a.O. S. 8

3) Hoensbroech: a.a.O. S. 9

4) Hoensbroech: a.a.O. S. 7

5) Hoensbroech: a.a.O. S. 26

6) Es handelt sich um die Analecta ecclesiastica Revue Romaine, Ausgabe vom Januar 1895
Hoensbroech: a.a.O. S. 53

7) Diefenbach: a.a.O. S. 142

8) Hefele beruft sich auf ein Zeugnis von l'Lorente (1756-1823).
Wolf: Hexenwahn, a.a.O. S. 143

9) Einem Franzosen, der seit 1265 als Papst Clemens IV. herrscht. Er verfaßt die Consulationes ad inquisitio haereticae pravitatis, die in fünfzehn Fragen eingeteilt ist und die Cäsar Carena abdruckt.

10) Hoensbroech: a.a. O. S. 90

11) Hoensbroech: a.a. O. S. 8

12) Hoensbroech: a.a. O. S. 9

13) Bei der Accusatio gibt es einen Ankläger, der verantwortlich zeichnet und im Falle des Mißerfolges seiner Anklage zum Schadensersatz, Tallio, verpflichtet ist.
Die Dennuncacio ist eine amtliche Handlung, beispielsweise die Testis synodalis oder des Archidiakonus. Er ruft den Gerichtshof zusammen und bittet darum, gegen die zu seiner Erkenntnis gelangten Vorkommnisse und Täter ein Strafverfahren einzuleiten.

14) Er sagt:»Wir sehen euch verstrickt in einen Wirrwarr von Sorgen und kaum imstande, unter dem Druck der überwältigenden Unruhen zu atmen. Deshalb halten wir es für gut, Eure Lasten zu teilen, damit sie leichter getragen werden können. Wir haben beschlossen, Predigermönche gegen die Ketzer Frankreichs und der benachbarten Provinzen auszusenden.«

15) Lea: a.a.O. 1. Band, S. 377

16) Buchmann: a.a.O. S. 199

17) 1. Lat.: Verbot. Im römischen Recht ein Ge- oder Verbot des Prätors zur Aufrechterhaltung, bzw. zum Schutz des tatsächlichen Besitzstandes.

18) Buchmann: a.a.O. S. 199

19) Buchmann: a.a.O. S. 202

20) Lea: a.a.O. 1. Band, S. 447

21) Lea: a.a.O. 1. Band, S. 485

22) Lea: a.a.O. 1. Band, S. 562

23) Besser: Allod (althochdeutsch = eigen). Volleigenes Vermögen im Unterschied zum Lehen. In Deutschland verschwindet das Allod im Adelsbesitz zu keiner Zeit und wird oft als Rodungsland neu begründet. Allodialgrafschaften sind Hochgerichtsbezirke, die nicht vom König beliehen (lehnsrührig) sind. Ihre Inhaber nennt man Allodialherren (Sonnenlehen). Allodialgut ist später das Privatvermögen einer fürstlichen Familie im Unterschied zum fiskalischen Besitz (Staatsgut).

24) Lea: a.a.O. 1. Band, S. 571

25) Lea: a.a.O. 1. Band, S. 575

26) Er sagt: »Wir verordnen, daß alle Machthaber, Konsuln, Rektoren, welches Amt sie auch immer bekleiden, zur Verteidigung des rechten Glaubens einen öffentlichen Eid leisten sollen, daß sie in ihren Ländern alle von der Kirche bezeichneten Ketzer nach Kräften auszurotten bemüht sind. Vernachlässigt ein Gewalthaber, sein Land von der ketzerischen Bosheit zu reinigen, so geben wir dieses nach Ablauf eines Jahres von der Mahnung an gerechnet, den Katholischen. Sie sollen es nach (der) Ausrottung der Ketzerei ohne Widerspruch besetzt halten und es in der Reinheit des Glaubens bewahren.«

27) Fickler verweist darauf, daß sich Bischof Guala von Brescia, ein Dominikaner, während dieser Zeit beim Kaiser aufgehalten hat.
Riezler: a.a.O. S. 61

28) Hoensbroech: a.a.O. S. 10

29) Hoensbroech: a.a.O. S. 137

30) Hoensbroech: a.a.O. S. 11

31) »Literae apostolicae de officio Sanctissima inquisitionis.«

32) Syllabus 77, 23 und 24

33) Extrav. comm. I.tit. 8 cap. 1
Spitzer: a.a.O. S. IV

34) Dinstinc. 40.c an. si papa

35) Caus. XXV.2. can. si quius

36) Distinc. X. can. lege imperatorum can lege imperatorum

37) In einer Bulle vom 5.12.1303

38) Buchmann: a.a.O. S. 149

39) Buchmann: a.a.O. S. 330

40) Dazu einige Beispiele aus späterer Zeit: Pius V. erklärt die englische Königin für regierungsunfähig und spricht den Bann über sie. Clemens XI. nennt die Erhebung des Brandenburger Markgrafen zum König in Preußen 1701 durch den Kaiser »Eine Anmaßung und Verachtung der Autorität der Kirche Gottes.« Pius VII. ruft 1809 in einer Bulle den Monarchen zu, sie sollten erfahren, daß sie seiner Herrschaft und seinem Thron nach dem Gesetz Christi unterworfen sind. Spitzer: a.a.O. S. VII

41) C. inter sollitidines de lib. prohib. in cap. 7
Spitzer: a.a.O. S. VII

42) Sie haben sich geweigert, Hühner zu schlachten, denn es entspricht ihrer religiösen Haltung, niemand zu töten.

43) Der Mönch Caesarius von Heisterbach erzählt es mit großer Behaglichkeit.

44) Längin: a.a.O. S. 6

45) Hoensbroech: a.a.O. S. 35

46) Also entweder das Herzogtum Bayern, in der Reichsstadt Regensburg oder in der Oberpfalz.

47) Riezler: a.a.O. S. 63

48) Hoensbroech: a.a.O. S. 37

49) Lea: a.a O. 1. Band, S. 373

50) Alberici Monachii Chronicum ed. ann. 1233. bzw. Chron. Hirsau, ad.ann. 1233
Hier ist vermerkt, daß er die Probe des heißen Eisens angewandt hat, obwohl es bereits zu diesem Zeitpunkt durch ein lateranisches Konzil untersagt ist.

51) Im wesentlichen wird gesagt: »Wenn ein Neuling angenommen wird, erscheint ihm eine Art Frosch, den manche eine Kröte nennen. Einige geben ihm einen schmachwürdigen Kuß auf den Hintern und ziehen die Zunge und den Speichel des Tieres in ihren Mund. Das Tier erscheint zuweilen in gehöriger Größe, manchmal so groß wie eine Gans oder Ente, meistens jedoch nimmt es die Größe eines Backofens an. Wenn der Novize weitergeht, begegnet ihm ein Mann von wunderbarer Blässe, mit schwarzen Augen, so abgezehrt und mager, daß alles Fleisch geschwunden und nur noch die Häute und Knochen an ihm zu hängen scheinen. Dieser küßt den Novizen und fühlt, daß er kalt wie Eis ist; nach dem Kuß verschwindet sofort jede Erinnerung an den katholischen Glauben … bis auf die letzte Spur in seinem Herzen … hierauf setzt man sich zum Mahl, und, wenn man sich wieder erhebt, so steigt eine Statue, die in solchen Schulen zu sein pflegt, ein schwarzer Kater von der Größe eines mittelmäßigen Hundes mit rückwärts zurückgebogenem Schwanz herab. Diesen küßt der Novize auf den Hintern, dann der Meister und alle übrigen der Reihe nach, jedoch nur solche, die würdig und vollkommen sind.
Nach den Verhandlungen werden die Lichter gelöscht und man schreitet ohne Rücksicht auf die Verwandtschaft zur abscheulichen Unzucht. Findet sie statt, daß mehr Männer als Weiber zugegen sind, so befriedigen auch die Männer mit den anderen Männern ihre schändliche Lust. Ebenso verwandeln die Weiber durch solche Begegnungen den natürlichen Geschlechtsverkehr in einen unnatürlichen. Wenn die Ruchlosigkeit vollbracht ist, werden die Lichter (wieder) angezündet … (dann) … tritt aus einem dunklen Winkel der Schule ein Mann hervor, oberhalb der Hüften glänzend und strahlender, als die Sonne und unterhalb rauh wie ein Kater. Auch empfangen sie jährlich zu Ostern den Leib des Herrn aus der Hand des Priesters, tragen ihn im Mund heim und werfen ihn zur Schändung des Erlösers in den Unrat. Die Unglückseligen behaupten in ihrem Wahnwitz, daß der Herr gewalttätig, arglistig und ungerecht den Luzifer aus der Hölle gestürzt hat. An ihn glauben diese Elenden und sagen, er sei der Schöpfer des Weltalls und (er) werde einst, nach dem Sturz des Herrn, zur Glorie zurückkehren.« Raynald Annal. eccles. ad. ann. 1233. Görres: Christliche Mystik, Band III, a.a.O. S. 51. Spitzer: a.a.O. Teufelsbanner

52) Längin: a.a.O. S. 5

53) Vierdot: Geschichte der Reformation in Baden. 1. Band, a.a.O. S. 42

54) Lea: a.a.O. 1. Band, S. 388

55) Lea: a.a.O. 1. Band, S. 388

56) Hausrath: Konrad von Marburg, a.a.O. S. 53

57) Halens: Die Geschichte des Herzogtums Oldenburg, 1. Band, 1. Ritter, Viteb. 1751

58) Längin: a.a.O. S. 5

59) Albert Standens: Chron. ad. ann. 1233

60) Chron. Stadens. ad. ann. 1207.

61) Buchmann: a.a.O. S. 217

62) Er sagt:»Deshalb gewähren wir euch die Bitte nicht, auch in den anderen Teilen des Königreiches Inquisitoren einzusetzen, weil ihr dort schon welche habt, die nach der

Gewohnheit der römischen Kirche, durch die Vorsteher des Predigerordens eingesetzt sind, so daß die Einsetzung anderer nicht ohne Schimpf und Verletzung der Vorrechte geschehen kann. Wir ermahnen euch, diesem unserem Befehl nachzukommen und den Inquisitoren in der Ausübung ihres Amtes zu helfen, wie es sich für katholische Könige geziemt. Hoensbroech: a.a.O. S. 47

63) Hoensbroech: a.a.O. S. 42
64) Buchmann: a.a.O. S. 152
65) Buchmann: a.a.O. S. 153
66) Hoensbroech: a.a.O. S. 20
67) Hoensbroech: a.a.O. S. 25
68) Hoensbroech: a.a.O. S. 45
69) Die hochwürdigen Herren Inquisitoren ersuchen die edlen Herren von Sentistevan, daß er barmherzig verfahre, bzw. daß er ihn nicht töte oder durch Verstümmelung sein Blut vergieße ... und doch soll er mit dem Verurteilten tun, was er von rechts wegen tun müsse.
70) Hoensbroech: a.a.O. S. 48
71) Nähere Angaben dazu macht Hoensbroech auf den Seiten 50 und 51 seines noch immer aktuellen und brisanten Werkes.
72) Hoensbroech: a.a.O. S. 24
73) Diese Verfügung erneuert Papst Innocenz VIII. in einer Bulle vom 11.2.1485
74) Helbing: a.a.O. S. 120
75) Hoensbroech: a.a.O. S. 46
76) Hoensbroech: a.a.O. S. 46
77) Es handelt sich um die Analecta ecclesiastica Revue Romaine, Ausgabe vom Januar 1895
78) Buchmann: a.a.O. S. 219
79) Hoensbroech: a.a.O. S. 30
80) Es ist lediglich ein Auftakt zu einer großangelegten Hetzkampagne, der Hunderte zum Opfer fallen. Aus einer Liste des Inquisitionstribunals von Carcasonne aus dem Jahr 1454 ergibt sich, daß zwischen 1318 und 1358 ... 113 Brüder vom armen Leben verbrannt worden sind.
81) Hoensbroech: a.a.O.
82) Der Räuberhauptmann heißt Girardo Burgatone
83) Es bewirkt per 4.1.1559 vom Papst ein Breve: ... das die Auslieferung an den weltlichen Arm, d.h. das Verbrennen solcher gestattet, die des Luthertums verdächtig, aber entweder rückfällig oder hartnäckig sind.
84) Hoensbroech: a.a.O. S. 48
85) So der katholische Anstaltgeistliche am Landesgefängnis von Freiburg, Karl Kreuß
86) Hoensbroech: a.a.O. S. 12
87) Historie de l'Inquisition, a.a.O.
88) Helbing: a.a.O. S. 136
89) Hoensbroech: a.a.O. S. 32
90) Hoensbroech: a.a.O. S. 31
91) Hoensbroech: a.a.O. S. 33
92) Riezler: a.a.O. S. 39
93) Hoensbroech: a.a.O. S. 33
94) Riezler: a.a.O. S. 39
95) Riezler: a.a.O. S. 63 und 68. Er bezieht sich auf den römischen Chronisten Stefano.
96) In dem Bericht heißt es darüber: »... die vom Papst Eugen IV. bestellten Untersuchungsrichter, die Kardinäle von Rouen und Navarra, fanden ihn als Ketzer des Todes schuldig; er wurde vom Volk verbrannt.«
97) Hoensbroech: a.a.O. S. 43
98) Hoensbroech: a.a.O. S. 34
99) Hoensbroech: a.a.O. S. 356

100) Hoensbroech: a.a.O. S. 35
101) Hoensbroech: a.a.O. S. 44
102) Hoensbroech: a.a.O. S. 28
103) Geboren um 1320; Er wird mit 37 Jahren päpstlicher Generalinquisitor für Aragonien.
104) Hoensbroech: a.a.O. S. 15
105) »Excommunicatio latae sententie facto incurrendae.« Buchmann: a.a.O. S. 153
106) »Tractatus de officio santissimae inquisitioni.«
107) Hoensbroech: a.a.O. S. 33
108) Hoensbroech: a.a.O. S. 14
109) Hoensbroech: a.a.O. S. 14
110) Geboren 1261 in Royers. Er tritt 18jährig in den Orden der Dominikaner. Hier macht er Karriere und wird 1306 zum päpstlichen Inquisitor von Toulouse ernannt. Als solcher stirbt er Dezember 1331. Limborch hat ein Teil seiner Urteile veröffentlicht.
111) Hoensbroech: a.a.O. S. 15
112) Hoensbroech: a.a.O. S. 15
113) Hoensbroech: a.a.O. S. 16
114) Er sagt: »Wer immer Ketzer und ihre Begünstiger beerdigt hat, verfällt der Exkommunikation und wird nicht eher losgesprochen, als daß er mit den eigenen Händen den Leichnam ausgegraben hat, der dann weggeworfen werden soll.«
115) Hoensbroech: a.a.O. S. 17
116) Hoensbroech: a.a.O. S. 19
117) Hoensbroech: a.a.O. S. 23

Simonie und Nepotismus

1) Simonie ist im katholischen Kirchenrecht der vorsätzliche Austausch geistigen oder geistlich-weltlichen Gutes gegen Vermögenswerte oder geistigen, geistlich-weltlichen und, soweit verboten, auch weltlichen Ämtern.
2) Matthäus 19.21
3) 5. Moses 23.20
4) Letztlich begründet sich die Simonie auf eine Bibelstelle. Apg; die hier sinngemäß in der Übersetzung Luthers wiedergegeben ist. Dresdner: Kultur- und Sittengeschichte der italienischen Geistlichkeit im 10. und 11. Jh., Breslau 1890
5) Papst Urban II. definiert in einem Brief an die Geistlichen und das Volk von Bergamo im April/Juni 1089, bei Löwenfeld ep. pont. ineod Nr.128, S. 62, die Simonisten als solche, die durch einen Kaufpreis ein Versprechen in der Absicht getan haben, kirchliche Ehren oder Ämter zu erkaufen. Silvester II. sieht in dem einen Simonisten, der durch die Gabe des Heiligen Geistes um einen Preis kauft/ oder weitergibt. Petrus Damiani rechnet die Erkaufung und das Erkaufenlassen geistlicher Stimmen auf den Synoden und die Bestechung an geistlichen Gerichten dazu. Dresdner: a.a.O. S. 35
6) Döllinger: Der Papst, a.a.O. S. 109
7) Dresdner: a.a.O. S. 61
8) Döllinger: Der Papst, a.a.O. S. 107
9) Dresdner: a.a.O. S. 42
10) Dresdner: a.a.O. S. 80
11) In einer Wiener Handschrift; Hist. eccl. 29. fol. 64. aus dem 13. Jh.
12) Hoensbroech: Das Papsttum, a.a.O. S. 124

13) Wolf: Weltgeschichte der Lüge, a.a.O. S. 169

14) Atto Vercelli. de press. eccles. II. Copp. II. 35

15) Urkunden Heinrichs, Hrsg: Joppi; In: MJÖG. I. 296

16) Wolf: Weltgeschichte der Lüge, a.a.O. S. 171

17) Dresdner dazu: »… was diese Vorwürfe angeht, so halte ich es in der Tat nicht für unmöglich, daß bei der Wahl von Reformpäpsten, als Hildebrand Leiter der Reformpartei war, Bestechungen des Volkes vorgekommen sind.« Dresdner: a.a.O. S. 53

18) Z.B.: Die der päpstlichen Gesandten am 1.8.1067 in Mailand. Siehe die Verfügung des B. Mainard von Selva Candida und des Kardinalspriesters Johannes; Bei Murat. Scr. IV. 32; besser bei Pflugk-Hartung, Ital. 427

19) Dresdner: a.a.O. S. 51

20) Corvin: a.a.O. S. 154

21) Beispielsweise der Patriarch Poppo von Aquileja, der als Verbündeter seines Amtsgenossen von Grado und eines Freundes, des Herzogs von Venedig in Grado Einlaß begehrt. Er wird abgewiesen und plündert daraufhin das Gebiet.

22) Döllinger: Der Papst, a.a.O. S 107

23) Dresdner: a.a.O. S. 130

24) Dresdner: a.a.O. S. 88

25) Schönneshöfer: Geschichte des bergischen Landes, S. 112 ff, Elberfeld 1895

26) Dresdner: a.a.O. S. 101

27) Dresdner: a.a.O. S. 154/155

28) Deshalb finden wir in der späteren kirchlichen Gesetzgebung Maßregeln, die das Mindestalter zu diversen Weihen festsetzen. So erlaubt die Bestimmung eines vatikanischen Konzils aus dem Jahr 1040, die Erlangung des Presbyterats, bzw. Diakonats erst vom 30. bzw. 24. Lebensjahr an. Die Ostersynode von 1059 und ein Konzil von Melfi unter Papst Urban II. verordnen ziemlich übereinstimmend, daß vor 14-15 Jahren niemand Subdiakon, vor 24-25 Jahren Diakon und vor 30 Jahren Presbyter werden darf.

29) Dresdner: a.a.O. S. 93

30) Dresdner: a.a.O. S. 104

31) Luitprand hist. Otto. 10 scr. III. 343

32) Döllinger: Der Papst, a.a.O. S. 263

33) Kühner: a.a.O. S. 173

34) Wolf: Weltgeschichte der Lüge, a.a.O. S. 132

35) Kühner: a.a.O. S.180

36) Kühner: a.a.O. S.181

37) Gräbner: The dark Age, a.a.O. S. 169

38) Treveyan: England in the Age of Wicleffe, London 1910

39) Corvin: a.a.O. S. 159

40) Corvin: a.a.O.

41) Kühner: a.a.O. S. 239

42) Ebrad: Kirchen- und Dogmengeschichte

43) Corvin: a.a.O. S. 162

44) Kühner: a.a.O. S. 255

45) Creighton: The Papacy during the Period of the reformation, 3. Band, 1892
Corvin: a.a.O. S. 164

46) Joseph Barth, a.a.O.
Kühner: a.a.O. S. 261

47) Joseph Barth, a.a.O.
Kühner: a.a.O. S. 261

48) Kühner: a.a.O. S. 264

49) Kühner: a.a.O. S. 263

50) Kühner: a.a.O. S. 270

51) Kühner: a.a.O. S. 272

52) Kühner: a.a.O. S. 276

53) Zöckler: Handbuch der theologischen Wissenschaften

54) Kühner: a.a.O. S. 276

55) Dresdner: a.a.O. S. 159

56) Rydberg: Magic of the Middle Age, p. 62

57) Behringer: Ablässe, Wesen und Gebrauch, Paderborn 1893; von der Ablaßkongregation am 31.1.1893 als für diese Fragen authentisch erklärtes Buch.

58) Hoensbroech: Das Papsttum, a.a.O. S. 179

59) Corvin: a.a.O. S. 96

60) Corvin: a.a.O. S. 112

61) Corvin: a.a.O. S. 105

62) Maslowski: a.a.O. S. 65

63) Baum, F.: Kirchengeschichte, a.a.O. S. 254, München 1889

64) Corvin: a.a.O. S. 105

65) Wolf: Schwarze Kunst, a.a.O.
Wolf: Geschichte der Druckverfahren, a.a.O. 1992
Wolf: Geschichte des Papiers, a.a.O. 1992

66) Dieser Ablaßbrief ist ausgestellt von H. Johannes von Ytstein, Doktor der Theologie vom Orden der Zisterzienser, für Friedrich Schulen, einen Priester der Nürnberger Sebalduskirche.

67) Hoensbroech: Das Papsttum, a.a.O.

68) Hoensbroech: Das Papsttum, a.a.O.

69) Hoensbroech: Das Papsttum, a.a.O. S. 88

70) Gueranger: Bedeutung, Ursprung und Privilegien der Medaille des Heiligen Benedikt. Gueranger war ein Benediktinerabt.

71) Entscheidung der Ablaßkongregation vom 29.3.1886

72) Hoensbroech: Das Papsttum, a.a.O. S. 173

73) Corvin: a.a.O. S. 106

74) Corvin: a.a.O. S. 107

75) Corvin: a.a.O. S. 100/101

Das falsche Weltbild

1) Schindler, a.a.O.

2) Maslowski: a.a.O. S. 180

3) Maslowski: a.a.O. S. 180

4) Maslowski: a.a.O. S. 181

5) Oberndorfer: Kurzer und klarer Bericht von der Natur und den Ursachen der ungerischen Krankheit, wie dieselbige recht erkennet, ordentlich und eygentlich curiert werden möge, sampt angehängter Präservation, Frankfurt am Main 1607

6. Lammert: a.a.O. S. 29

7) Lammert: a.a.O. S. 39

8) Schickfuß: Schlesische Chronik, 1. Buch, S. 168-171, Leipzig 1625

9) Opol. Nic., gestorben, 1682, in seinen Jahrbüchern der Stadt Breslau

10) Duhr: a.a.O. S. 101, 1913

11) Duhr: a.a.O. S. 103, 1913

Juden- und Frauenhaß

1) Die Juden werden 1614 aus Frankfurt am Main vertrieben. Hier besteht bis zum Ende des 18. Jh. für sie ein Grußzwang. Sobald ein Christ einem Juden auf der Straße zuruft: »Mach Mores, Jud«, hat dieser seinen Hut zu ziehen.

2) Deschner: Abermals, a.a.O. S. 463

3) Tatsächlich berichtet das Alte Testament nur von zwei Prophetenmördern. Deschner: a.a.O. S. 444

4) Maslowski: a.a.O. S. 253

5) Hitler: Mein Kampf, Zentralverlag der NSDAP, 922-926. Aufl., München 1944

6) Siehe Fußnote 5) dieses Kapitels

7) Deschner: a.a.O. S. 443

8) Deschner: a.a.O. S. 449

9) Dazu sagt Otto von Corvin: »... die anderen Bischöfe meinten, es rapple ihren Kollegen unter der Mütze ... denn von seiner Oberhoheit schienen die anderen nichts zu wissen.«

10) Deschner: a.a.O. S. 451

11) Deschner: a.a.O. S. 448

12) Deschner: a.a.O. S. 553

13) Conciliorum oecumenicorum decrete, a.a.O. S. 200, Freiburg 1962

14) Conciliorum oecumenicorum decrete, a.a.O. S. 202, Freiburg 1962

15) Noch heute hängt in der Deggendorfer Kirche zur Erinnerung an den dortigen Judenmord vom 30.9.1337 eine Bildtafel mit der Unterschrift: »Die Juden werden von den Christen aus rechtmäßigem gottgefälligem Eifer ermordet und ausgestreuet. Gott gebe das von diesem Höllengeschmeiß unser Vaterland jederzeit befreyet bleibe.« Im Sommer 1961 hat man die Unterschrift übermalt; die Schande ist damit keinesfalls ausgelöscht.

16) Deschner: a.a.O. S. 454

17) Deschner: a.a.O. S. 454

18) Deschner: a.a.O. S. 454

19) Lapide: Rom und die Juden, S. 31, Freiburg 1976

20) Deschner: a.a.O. S. 453

21) Deschner: a.a.O. S. 460

22) Denzler: a.a.O. S. 23

23) Deschner: a.a.O. S. 457

24) Deschner: a.a.O.

25) Deschner: a.a.O. S. 454

26) Denzler: a.a.O. S. 24

27) Deschner: a.a.O. S. 459

28) Rahner-Vorgrimler: Kleines Konzilskompendium, 359. Erklärung über das Verhältnis der Kirche zu den nichtchristlichen Religionen.

29) Deschner: a.a.O. S. 461

30) Verweis auf die Passagen in folgenden Büchern: Wolf: Hexenwahn, a.a.O. Wolf: Neuer Pfaffenspiegel, a.a.O.

Teufelstheologie

1) Fehr: a.a.O. S. 2

2) Lippert: Allgemeine Geschichte des Priestertums, 1. Band, S. 47, Berlin 1883
Sartory: Th. und G.: In der Hölle brennt kein Feuer, München 1968
Stuhr: Die Religionssysteme der heidnischen Völker des Orients
Meiner: Kritische Geschichte der Religion, 1806

3) Schott: Magia universalis naturae et artis, 1657

4) Lippert: a.a.O. S. 1

5) 1. Moses 2.7

6) Maslowski: a.a.O. S. 29

7) Müller, J.: Geschichte der amerikanischen Urreligion, Basel 1855

8) Haßler: Rätselhaftes Wissen, 1977

9) n.n.

10) De nat. Deor. n. 31

11) Luther: Eine andere Predigt am Tag der Himmelfahrt Christi; In: Gesammelte Werke 12. Band. S. 183

12) Schwager: a.a.O. S. 24, 1782

13) Lippert: a.a.O.

14) Lenormant: a.a.O. S. 71

15) Lenormant: a.a.O. S. 39

16) Wolf: Hexenwahn, a.a.O.

17) Rene-Fülöp-Miller: a.a.O. S. 85

18) Wolf: Neuer Pfaffenspiegel, a.a.O. S. 157

19) »Der Erfinder der Zauberkunst soll Zoroaster gewesen sein ... ob er ein Persianer oder ein Chaldäer, ob er ein Sternseher oder Sterndeuter, oder ob er ein Urheber der natürlichen oder teuflischen Zauberey sey, in welchen Zeiten er gelebet, darin können die Gelehrten nicht übereinstimmen.«

20) Hansen: a.a.O. S. 31

21) Längin: a.a.O. S. 23

22) Hansen: a.a.O. S. 65

23) »Es haben die zitternden Berge; Erschütternd bewegte sich die heulende Erde. Der Toten Schatten steiget aus zerspaltenen Gräbern. Ich ziehe durch Lieder den Mond gehorsam vom Himmel. Ich sah die Hexen fliegen durch nächtliche Schatten. Umirren. Federn bedeckten den runzelnden Körper.«

24) Gesetz Nr. 14, Tafel VII

25) »Nullis vero criminalibus implicanda sunt remidia humanis quaestia corporibus, aut in agrestibus locis, de naturis adhibita suffragi«   Cod. Theod. 9.16.3
Vergl. das Gesetz des Sulla: De veneficiis & ficariis

26) Rosskoff: a.a.O. S. 151

27) Rufium, I. 123-132

28) Rufium, I. 454-457

29) n.n.

30) 4. Moses 15.30

31) 3. Moses 20.27

32) Deuteremonium C. XVIII und XX

33) Jesaja 34.14

34) Rosskoff: a.a.O. S. 252 ff

35) Sirach 21.27

36) Buch der Weisheit 2.24

37) 5. Moses 32.32

38) Jellinek: I.149
M. Gatser: Journal of the royal asiatic Society, 1893
Blau: Das altjüdische Zauberwesen, Straßburg 1898

39) Talmud, Baba Mezia, 58 b

40) Beauvais: Speculum hist. L. 27. c. 91

41) Rosskoff: a.a.O. S. 205

42) Wolf: Hexenwahn, a.a.O.

43) Landau: a.a.O. S. 96

44) Winklhofer: a.a.O. S. 29

45) Röm. 5.12

46) 2. Kor. 4.4; Ephes. 2.1; Tim. 2.26

47) Lukas 8.12; Kor. 4.4

48) 1. Kor. 5.5

49) 1. Tim.1.20

50) Apg. 26; 18; Kol. 1.13

51) 2. Kor. 2.11.14; 2. Tim 2.26

52) Matthäus 13.25-39

53) 2. Thess. 2.9-10

54) Rosskoff: a.a.O. S. 288
. Kor. 15.26 und Hebr. 2.14

55) Winklhofer: a.a.O. S. 33

56) Rosskoff: a.a.O. S. 238

57) Tertull. Apol. c. 13

58) Tertull ad Marcion III. 18. De coc.c. 3.11. De idol. c.2.

59) Paracelsus, a.a.O.

60) Paed. II.1.174

61) Maslowski: a.a.O. S. 52

62) Clemens Alex. Strom: 5. a.a.O. S. 650

63) Hoensbroech: Das Papsttum, a.a.O. S. 71
64) Hoensbroech: Das Papsttum, a.a.O. S. 71
65) Schindler: a.a.O. S. 3
66) Winklhofer: a.a.O. S. 24
67) Cochem: Himmelschlüssel, Druckerlaubnis 1691
68) Gumpelzhaimer: Regensburgs Geschichte, Sagen und Merkwürdigkeiten, 2. Abt. S. 1010 ff, 1837
69) Ubbiente dell Òsa, a.a.O. S. 97
70) Petrus Apokalypse, Kap. 12/13
71) Wright: St. Patricks Purgatory, S. 119, London 1844
72) Graf: a.a.O. S. 196
73) Wolf: Hexenwahn, a.a.O.
74) Migne: Patrologia cursus completus graeca, S. 122, Paris 1857-66
75) Graf,A.: Geschichte des Teufelsglaubens S. A. 58, 1893
76) Rosskoff: a.a.O. 1. Band, S. 319
    Seligmann, K.: a.a.O. S. 178 ff
77) Maslowski: a.a.O. S. 36
78) Hoensbroech: Das Pasttum, a.a.O. S. 75
79) Maslowski: a.a.O. S. 36
80) Wolf: Hexenwahn, a.a.O.
81) Lancre, P. de: Tableau de l'Inconstance des mauvais Agnes et Démons, 2.Aufl., S. 188 ff, Paris 1613
82) Kaiser: Geschichte des Volksschulwesens in Württemberg, 1895
83) Schwager, a.a.O. S. 24, 1782
84) Dr.Martins Luthers ausführliche Erklärung des Epistel an die Galater anno 1531, Aus dem lateinischen ins deutsche übersetzt von Justus Menius, Halle-Magdeburger Ausgabe VII
85) Nachlese aus Luthers Schriften; In: Martin Luthers Werke, XI. S. 633, Mainz 1827
86) Hoensbroech: Das Papsttum, a.a.O. S. 73
87) Wolf: Neuer Pfaffenspiegel, a.a.O.
88) Wolf: Neuer Pfaffenspiegel, a.a.O.
89) Maslowski: a.a.O. S. 31
90) Hoensbroech: Das Papsttum, a.a.O. S. 84
91) Rosskoff: a.a.O. S. 286
92) Schmitz: Dämonen im Dschungel der Dummheit.
93) Schmitz: Dämonen im Dschungel der Dummheit
94) Hoensbroech: Das Papsttum, a.a.O. S. 94
95) Hoensbroech: Das Papsttum, a.a.O. S. 94
96) Wetzer und Welte: Kirchenlexikon, V. Band, S. 284 ff
97) In: Mercellini palingenii Stallati Zodiacus vita L.X. 1.57, Erste Ausgabe 1531
98) Catechismus romanus ex decreto Concilii Tridentinii, S. 56, Bielefeld und Leipzig 1867
98) Catechismus romanus, a.a.O. S. 56
99) In: Marcellini Paligenii, a.a.O.
100) Rusca, A: De inferno et statu daemonum ante exitiumn libri quinque, Mailand 1621
101) Mew: The Hell, a.a.O. S. 324-325
102) Recherces su la nature de feu de enfer et du lieu il est situe par. M. Swinden, traduit de lànglais par m. Bion, Amsterdam 1757
103) Hoensbroech: Das Papsttum, a.a.O. S. 81
104) Maslowski: a.a.O. S. 244
105) Maslowski: a.a.O. S. 244
106) Dialogus. Dis. XII. 40
107) Schmitz: Dämonen im Dschungel der Dummheit
108) Diefenbach: Der Hexenwahn vor und nach der Glaubensspaltung in Deutschland, 1886, Neudruck 1978
109) Christiani, L.: Présence de Satan dans le monde moderne, Paris 1959
110) Winklhofer: Traktat über den Teufel, 1961
111) Panneton, Dt.: Die Hölle, Innsbruck 1963
112) Winklhofer: a.a.O. Maslowski: a.a.O. S. 241
113) Papst Paul VI. am 12.11.1972 während einer Generalaudienz. Maslowski: a.a.O. S. XIX
114) Maslowski: a.a.O. S. 51
115) Maslowski: a.a.O. S. 55
116) Maslowski: a.a.O. S. 56
117) Lukas 23.43
118) Schmitz: Dämonen im Dschungel der Dummheit.
119) Panneton, Dt.: Die Hölle, Innsbruck 1963
120) Böhm,A.: Epoche des Teufels, Ein Versuch 1955
121) Balthasar, H.U. von: Eschatologie; Seperatdruck aus: Fragen nach der Theologie heute, Hrsg.: von Feiner, Trütsch, Böckle 1954
122) Pfister: Das Christentum und die Angst, Zürich 1944
123) Heer, Fr.: Abschied von Höllen und Himmeln, S. 233 f, 1970
124) Heer: a.a.O. S. 243
125) Sartory, Th. und G.: In der Hölle brennt kein Feuer, 1968

Klostergeschichten

1) Markus 1,12-13; Matthäus 4,1-2; Lukas 4,1-2
2) Dieser Zeitraum ist symbolisch zu verstehen. Er bedeutet im dokumentarischen Amtsblatt der Christen sehr oft eine ziemlich lange Zeit. Vierzig Tage dauerte die Sintflut, vierzig Jahre irrten die Juden durch die Wüste, vierzig Tage dauerte das Fasten Mose auf dem Berg Sinai und das des Elias, 40 Tage wurden auf die Einbalsamierung des Leichnams Jacobus verwendet.
3) Craveri: a.a.O. S. 85, unter Hinweis auf: Tacitus, Historiae, V.6.
4) Alfano: Vita di Gesund, S. 77 Anmerkung, Neapel 1961
5) Schmitz: Dämonen im Dschungel der Dummheit, 1984
6) Theiner: a.a.O. 1. Band, S. 98
7) Misch: Die Elite Gottes, Heilige zwischen Wahn und Heldentum, S. 34 f, 1978
8) Matthäus 24.29-31
9) Theiner: a.a.O. 1. Band, S. 302; auch Otto von Corvin bringt dieses Beispiel.
10) Matthäus 5.29-30
11) Theiner: a.a.O. 1. Band, S. 303
12) Wiggers: De Joanni Cassiano, Rostock 1824
13) Frank, Suso: Begriffsanalytische und begriffsgeschichtliche Untersuchung zum englischen Leben im frühen Mönchtum, Heft 26, Beiträge zur Geschichte des alt. Mönchtums und des Benediktinerordens, 1964
14) Obermayr: Bildergalerie klösterlicher Mißbräuche, 1784; 2. Band, 1784, Satirische Bibliothek, Hrsg: Maußner, 1913
15) Corvin: a.a.O.
16) Lacarriére: Les hommes livres de Die, 1961; dt.: Die Gott-Trunkenen, 1967
17) Leipoldt: Schenute von Atripe und die Entstehung des nationalägyptischen Christentum, 1903 Schmitz: Das Weiße und das Rote Kloster; In: Die Antike, 3, S. 326 ff, 1927
18) Amelineau, Übersetzer und Hrsg.: Zitate, nach Lacarriére, aus dem koptischen Leben des Schenute von seinem Schüler Visa und den Predigten des Schenute, Monuments pour servir a l'Historie de l'Egypte chrétienne; In: Annalen des Museé Guimet.
19) Griech.: Koinos bios, d.h. gemeinsames Leben; diese Mönchssiedlung, die aus einzelnen dorfartig um einen gemeinsamen Mittelpunkt gruppierten Zellen bestand, hieß in der orientalischen Kirche Laura.

20) Grützmacher: Pachomius und das älteste Klosterleben, P.S. Frank. a.a.O. S. 116, 1896

21) Lacarriére: a.a.O.

22) Schmitz: Dämonen a.a.O. Lacarriére: a.a.O.

23) Lacarriére: a.a.O.

24) Urkirche: Vorsteher der christlichen Ordensgemeinden mit gottesdienstlichen Aufgaben: Hier im katholischen Kirchenrecht die Priester.

25) Theiner: a.a.O. 1. Band, S. 102

26) Theiner: a.a.O. 1. Band, S. 114

27) Epiphanii ep. ad Johannem Hierosylm. opp. t.II.p. 312 et Dionys Petavius, Paris 1622

28) Theod. Philozh. c.5. 1165

29) Corvin: a.a.O.

30) Marténe: Commentarius in regulam sancti Benedicti. Paris 1690

31) Meyers Konversations-Lexikon, 2. Band, 5. Aufl. 1897

32) Corvin: a.a.O.

33) Portiuncula genannt, weil der Ort einen kleinen Teil des Eigentums der Benediktiner auf dem Berg Subazo ausmacht.

34) Corvin: a.a.O.

35) In den Statuten vieler Klöster heißt es darüber:»Wenn die Mönche die Geißelung an sich selbst ausüben, so sollen sie sich an Jesus, ihren liebenswürdigen Herrn erinnern, wie er an die Säule gebunden und gegeißelt ward, und sollen sich bemühen, wenigstens einige geringe von den unausprechlichen Schmerzen und Leiden selbst zu erfahren, welche er erdulden mußte.«

36) Deschner: a.a.O. S. 111 ff

37) Schubart: Religion und Eros, S. 179, 1966

38) Beauvoir: a.a.O. S. 1054, 1961

39) Schubert: a.a.O. S. 180

40) Epist. LXXXV.; In: Codice Carolina ap. Cennion in Monumentalis dominat. Pontif. t.1.p. 519

41) Synode von Aachen, 17. Canon

42) Synode von Aachen, 22. Canon

43) Hilpisch: Die Doppelklöster, Entstehung und Organisation, S. 19 ff, 1928
   Deschner: a.a.O. S. 129

44) Taylor: Im Garten der Lüste, S. 44, 1977

45) Römer 1,26-27

46) Bauer: a.a.O. S. 80

47) Benedict. reg. c.22. Chron. Regula canonicorum 3. Synode Tours (567) c.14. Synode Paris (1212) c.21. 4. Lateransynode (1215) c.14

48) Bayley: Homosexuality and the western Christian tradition, London 1955

49) Taylor: a.a.O. S. 60

50) Friedberg: Aus Deutschen Bußbüchern, Ein Beitrag zur deutschen Culturgeschichte, S. 9, 1868

51) Markus e: Obszön - Geschichte einer Entrüstung, S. 137, 1962

52) Deschner: a.a.O. S. 309

53) Pfister: Das Christentum und die Angst.1944. S. 420 ff, 1944

54) Giese und Jäger, Sexualität und Verbrechen, Beiträge zur Strafrechtsreform; Hochheimer, In: Bauer, Bürger, Prinz, S. 87, 1963

55) Hilpisch: a.a.O. S. 11

56) Ambr. Expos, in Luc. 7.86

57) Bebel: Facetiae, 1506

58) Frei: Die Garten-Gesellschaft, 1556; zitiert bei Riess: Erotisches Lesebuch, S. 128, 1969

59) Es ist dies keine erfundene Anekdote´des Autors. Poggio Bracciolini: Liber facetiarum, Straßburg 1513

60) Corvin: a.a.O. S. 316
   Zöckler: Askese und Mönchtum, S. 543, 1897
   Bauer. Das Geschlechtsleben, a.a.O. S. 79

61) Deschner: a.a.O. S. 135

62) Bauer: Das Geschlechtsleben, a.a.O. S. 28 f
   Ders.: Die deutsche Frau in der Vergangenheit, S. 84 f, 1907

63) Unter Hinweis auf Mehnert

64) Unter Hinweis auf Dufour

65) Unter Hinweis auf Mehnert

66) Unter Hinweis auf Mehnert

67) Kober: Die körperliche Züchtigung als kirchliches Strafmittel gegen Cleriker und Mönche; In: Theol. Quartalsschrift, S. 249, 1875
   Menzel: Geschichte der Deutschen, 2. Band, S. 24, 1872

68) Bauer: Das Geschlechtsleben, a.a.O. S. 76 ff

69) Menzel: a.a.O. S. 245 ff

70) Menzel: a.a.O.

71) Bauer: Das Geschlechtsleben, a.a.O. S. 87 ff

72) Der traurige Siegeszug dieser über alle Grenzen hinweg völkerverbindenden Krankheit beginnt mit dem Franzosenkönig Karl VIII. (1483-98), dem stolze Spanier aus dem Gefolge des Kolumbus das galante Präsent aus dem neu entdeckten Amerika mitbrachten. Nachdem man ihn in der Kathedrale von Saint Denis zu Paris eine Statue errichtet hatte, sah man vor ihm, erzählt der Klatsch, oft Männer im Dankgebet knien, als stelle sie keinen König dar, sondern einen Schutzheiligen. Wenn man diese Männer aber auf ihren Irrtum aufmerksam machte, dann erwiderten sie: Für uns ist er ein Heiliger, denn für unsere Stadt hat er viel getan. Wir sind nämlich Ärzte! Mostar: Weltgeschichte höchst privat, 17. Aufl., S. 75

73) Kaiser: Giordano Bruno; In: Deschner, Hrsg.: Das Christentum im Urteil seiner Gegner, 1. Band, S. 60, 1969

74) Leistner: Wie das Volk über die Pfaffen spricht, Neuer Kloster-und Pfaffenspiegel; Enthaltend: Sprichwörter, geschichtliche Aussprüche von Volksredensarten über Klöster und geistliche Orden, Rom und Klerisei, Pfaffen, Mönche und Nonnen sowie deren Leben und Treiben, Lahr, S. 77, 154 und 186, 1877

75) Unter Hinweis auf Mehnert

76) Stoll: Das Geschlechtsleben in der Völkerpsychologie, S. 976, 1908

77) Bornemann: a.a.O. 1. Band, S. 162

78) Johann Busch, Propst der regulierten Augustinerchorherren aus Soltau in der Nähe von Hildesheim und gleichzeitig Visitor von Magdeburg.

79) Felix Hämmerle, geboren 1389 in Zürich und gestorben nach 1457, Chorherr von Zürich und Zofingen, Propst von Solothurn. Besonders reich ist Hämmerlin in seinen Schilderungen von der Verdorbenheit des Mönchtums. Vergl. seine Ausführungen in dem Buch De pecunis pro praebanda.

80) Busch, lib. II. c.23. pag. 929

81) Theiner: a.a.O. 2. Band, S. 753

82) Küchenbuch des altbayerischen Klosters Benediktbeuren, vom Pater Küchenmeister 1714 unter dem Titel »Absonderliche Anmerkungen, so in unserer Klosterküche das ganze Jahr hindurch zu beachten sind.«

83) Leistner: Wie das Volk, a.a.O. S. 137

84) Rafaelo Ciocci: Ungerechtigkeiten und Grausamkeit der römischen Kirche im neunzehnten Jahrhundert, Erzählung, Altenburg, wohl zwischen 1835-1845 erschienen
   Corvin: a.a.O. S. 286/287

85) Riess: Erotisches Lesebuch, a.a.O. S. 45 ff, 1969

86) Meiner und Spittler: Göttingensches Museum, Hannover

87) Westenrieder: Historischer Kalender für das Jahr 1801

88) Winter: a.a.O. S. 119

89) Viele Mönche und Nonnen pflegten zusammen nackt zu baden; Menzel: Geschichte der Deutschen, 2. Band, S. 246, Anm. 1, 1872

90) Deschner: a.a.O. S. 127, 421

91) Dabei vertreten sie oft, namentlich in späterer Zeit, den durchaus vernünftigen Standpunkt, daß der Sex unmöglich Sünde sein könne, da er doch von Gott gewollt sei. Deschner verweist in diesem Zusammenhang auf die Aussage einer im 18. Jh. lebenden jungen Äbtissin des Dominikanerinnenklosters Zur Heiligen Katharina von Prato bei einem Verfahren:»Da unser Geist frei ist, macht nur die Absicht eine Handlung böse. Es genügt also, sich geistig zu Gott zu erheben, damit nichts Sünde werde. Sie setzte das Aufgehen in Gott der Kopula der Liebenden gleich und erblickte das ewige Leben der Seele und des Paradieses auf dieser Welt in der Transsubstantation der Vereinigung des Mannes mit der Frau. Man genießt Gott durch den Akt »mittels des Zusammenwirkens von Mann und Frau«, des »Mannes, in dem ich Gott erkenne«. Sie schloß: »Das tun, was wir irrigerweise Unreinheit nennen, ist die wahre Reinheit; es ist die Reinheit, die Gott uns befiehlt, und die wir nach seinem Willen ausüben sollen; ohne diese gibt es keinen Weg, Gott zu finden, der die Wahrheit ist.« Evola: Metaphysik des Sexus, a.a.O. S. 302 f, 1962

92) Mueller: History and Antiquites of the Doric Race, Murray 1830

93) Poenitentiale Ecclesiarum Germaniae, S. 105 ff

94) Poenitentiale Ecclesiarum Germaniae, S. 120, 124

95) So veranlaßten die Onanie-Gegner unter anderem »eine ständige Kontrolle der Heranwachsenden, vor allem auf den Toiletten, die niedrige Türen haben mußten.« Stern, B.: a.a.O. S. 599 ff
Stupperich, Hrsg.: Die Russische Orthodoxe Kirche in Lehre und Leben, S. 41, 1966

96) Karpff: Warnung eines Jugendfreundes vor dem gefährlichen Jugendfeind oder Belehrung über geheime Sünden, ihre Folgen, Heilung und Verhütung, S. 26 f

97) Guha: a.a.O. S. 73

98) Neumann: Voltaire; In: Deschner, Hrsg.: Das Christentum im Urteil seiner Gegner, S. 89, 1969

Jesuiten

1) Wegen der Machtfülle des jeweils auf Lebzeit gewählten Jesuitengenerals wird er auch schwarzer Papst genannt. Der Orden der Jesuiten ist eine Nachbildung der klerikalen Hierarchie. Der General ist für die Ordensmitglieder das, was der Papst für die Katholiken ist.

2) Denzler: a.a.O. S. VI

3) Hoensbroech: Das Papsttum, a.a.O. S. 36

4) Opera. Tom. II. p.21, Regensburg 1738

5) Juliuas Cosata Rosetti. De spiritur Societas Jesu, a.a.O. S. 258, Freiburg 1888

6) Es handelt sich um eine religiöse Bewegung des 16. Jh. in Spanien. Sie strebt nach mystischer Vereinigung mit Gott durch Visionen und Ekstase und nach einer Reform der Kirche.

7) Deppen: Demagogie der Jesuiten durch die Urteile ausgezeichneter Personen und die eigenen Schriften der Ordensmitglieder bewiesen, ein politisch-historischer Versuch, allen Fürsten und Völkern, ganz vorzüglich dem Deutschen Bunde, gewidmet, S. 16, Altenburg 1826

8) Deppen: a.a.O. S. 35

9) Deppen: a.a.O.

10) René-Fülöp-Miller: a.a.O. S. 25

11) Tondi: a.a.O.

12) Deppen: a.a.O. S. 26

13) Phragm. Geschichte der vornehmsten Mönchsorden, Leipzig 1782

14) Tondi: Die geheime Macht, a.a.O. S. 6

15) Hoensbroech: Das Papsttum, a.a.O. S. 218

16) René-Fülöp-Miller: a.a.O. S. 25

17) Verordnung des Ordensgenerals Aquaviva, Monum. Germ. paed. 5. S. 12 ff

18) Tondi: Die geheime Macht, a.a.O. S. 137

19) Tursellini. Vita S. Xaverii 1.5. Imago primi suculi Societas Jesu etc. VIII. 11. pag. 388

20) Phragm. Geschichte der vornehmen Mönchsorden, Leipzig 1782

21) In der Epistula de virtute obodientiae vom 26.5.1553

22) Tondi: Die geheime Macht, a.a.O. S. 158

23) Döllinger: Der Papst und das Konzil, a.a.O. S. 217

24) Tondi: Die geheime Macht, a.a.O. S. 14

25) Tondi: Die geheime Macht,,a.a.O. S. 16

26) Tondi: Die geheime Macht, a.a.O. S. 175

27) Hoensbroech: a.a.O.

28) Castro-Palao: Opus. mor., Pars. 1. Tract. 21. disc. 3 punct. 3, Lyon 1631-38

29) Tondi: a.a.O.

30) René-Fülöp-Miller: a.a.O. S. 2

31) René-Fülöp-Miller: a.a.O. S. 16

32) Secretis monitis; unter der Überschrift: Wie es anzufangen sei, um die Gunst der Fürsten zu erlangen
Deppen: a.a.O. S. 54

33) Wernz: Jud. Decretalium, 1. Band, S. 13, Rom 1898

34) Philippson: Westeuropa im Zeitalter Philipp II., S. 24 ff, Berlin 1882

35) Wolf: Hexenwahn, a.a.O.

36) Mannhardt: a.a.O., Dresden 1938

37) Imago primi Saeculi Societas Jesu, S. 18 f, Antwerpen 1640

38) Längin: a.a.O. S. 112

39) 1570 in Fulda und Eichsfeld, 1574 in Mainz, etwas später in Westfalen, Paderborn und Münster, 1586 unter Fürstbischof Julius II. in Würzburg und Bamberg

40) Vierdot: a.a.O. 2. Band, S. 56

41) n.n.

42) Bergmann: Katechismus der Jesuitenmoral, Forschungsreihe Historische Faksimiles, Abteilungen Bünde und Orden/Jesuiten, Unveränderter Nachdruck der Ausgabe, S. 28, Leipzig 1936

43) Der Jansenismus ist eine der größten Bewegungen der nachtridentinischen katholischen Theologie, vor allem in Frankreich. Es ist ein vielgestaltiger Begriff. Er geht vom Augustianismus des Jansen aus, der, an den großen Gnadenstreit (Molinismus, Thomismus, Bajus) anknüpfend, mit seinem Freund J. Duvergier de Haurane unter starker Betonung der augustinischen Gnadenlehre einen Kompromiß suchte zwischen dem extremen Augustinismus und dem scholastischen Rationalismus, zwischen Calvinismus und der herkömmlichen katholischen Lehre. Aus der jansenitischen Gnadenlehre entsteht in Frankreich eine weite Kreise umfassende Reformbewegung von großem sittlichen Ernst. Ihr Führer Pascal zog im Kloster Port Royal, bei Versailles, viele bedeutende Geister an sich. 1665 werden kirchlicherseits fünf Sätze von ihnen als häretisch verurteilt. 1713 ergeht die Bulle Unigenetus gegen den Oratorianer P. Quesnel, einer der scharfsinnig-

sten Verteidiger des Jansenismus. An dieser Bulle scheiden sich im scharfen Kampf die Jansenisten in Akzeptanten und Appellanten. Viele der letzteren fliehen vor der Verfolgung durch die Regierung in die Niederlande und gründen die schismatische Utrechter Kirche. Politisch stellte der Jansenismus das geistliche über die Welt; das ließ ihm zwar die Möglichkeit, sich gegen die römische Kurie auch auf staatliche (gallikanische) Hilfe zu stützen. Doch weil er den Gallikanismus als eine in der Wurzel politische Einfügung der Kirche in das System des absoluten Staates ablehnt, gerät er im Gegensatz zum französischen Königtum, das seinen äußeren Untergang besiegelt. Trotzdem sind die Auswirkungen des Jansenismus beträchtlich: Ausweisung der Jesuiten 1764; und ein bis in die Gegenwart fortwirkender Antiklerikalismus.

44) Blaise Pascal: Französischer Religionsphilosoph, Mathematiker und Physiker, 1623-62. Pascal zieht sich später in das Kloster Port Royal, dem Mittelpunkt des Jansenismus, zurück und unterwirft sich hier, trotz schwerer Erkrankungen, harten Bußübungen. Er widmet sich theologischen Studien und religiösen Meditationen. Er eröffnet die Polemik gegen die Jesuiten im 4. Brief einer in Briefform dargestellten Streitschrift. Vor allem greift er die jesuitische Kasuistik an. Wegen seiner Krankheit kann Pascal eine geplante Schrift zur Verteidigung des Christentums nur bruchstückhaft ausführen.

45) Bergmann: a.a.O.

46) »Wem der Zweck erlaubt ist, dem sei auch das Mittel erlaubt, welches durch seine natürliche Beschaffenheit zu diesem Zwecke führt.« Jaq. Illsung: Arbor. scientiae. a.a.O. S. 205, Mainz 1692

47) Thom. Tamburini. Opera a.a.O. S. 205, Mainz 1692

48) Böhmer. a.a.O. S. 140

49) Dazu ein Beispiel: Kindesaussetzung ist erlaubt. »Es ist zuweilen erlaubt, geborene Kinder auszusetzen, wenn es zur Vermeidung großer Schande nötig ist; man muß aber Vorsicht anwenden, daß das Kind nicht erfriert und daß es vorher getauft wird. Ihm ist ein Zettel beizufügen, denn mit der Gefahr der Schande ist eine Mutter nicht verpflichtet, ein Kind zu erhalten, und sie kann es in der angegebenen Weise aussetzen.« Paul Laymann, Theol. amor. comp., S. 708, Mainz 1673

50) Compte rendu de constituiones des Jesuites, Par M.Louis-rené des Caradeux de la Chalotais, procureur general du roi au paelem, de Bretagne etc.en execution de l'arret de la cour du 17.8. precedent; nouv, edit. 1762. pag. 87 und 90

51) Compte rendu de constituiones.a.a.O. S. 90

52) Deppen: a.a.O. S. 112

53) Deppen: a.a.O. S. 114
Franz Suarez: Defensio fidei. cathol. 1614. Nr. 14

54) Mariani ibid. rege et regis institutione. Lib. I. Cap. III.

55) Busenbaum: Med. Theol. mor. L III.Tract. IV. D.V. et VIII. Praec. n.X.

56) Einen Tyrann darf jeder Bürger eines unterdrückten Staates erlaubterweise umbringen.

57) Hoensbroech: Das Papsttum, a.a.O. S. 64

58) Hoensbroech: Das Papsttum, a.a.O. S. 64

59) Deppen: a.a.O. S. 63

60) Deppen: a.a.O. S. 6

61) Deppen: a.a.O. S. 121
Chalotais: Compte rendu des constitutions des Jesuites

62) Secretis monitis, a.a.O.
Deppen: a.a.O. S. 54

63) Allgemeine katholisch-christliche Sittenlehre oder wahre Glückseligkeitslehre aus hinreichenden Gründen der göttlichen Offenbarung und der Philosophie für die obersten Schulen der pfalz-bayerischen Lycéen auf höchsten churfürstlichen Befehl verfaßt von Ben. Sattler, 2 Bände, München 1790

64) Car. Ant. Casnedi Crisis theol. 1.2. S. 178, 1711

65) Siehe Fußnote 49) dieses Kapitels

66) Siehe Fußnote 49) dieses Kapitels

67) De justica et jure, Nr.42, pag. 84
Deppen: a.a.O. S. 50

68) De justicia et jure, Nr.41, pag. 84
Deppen: a.a.O. S. 50

69) Theol. moral. tract. 5 exempl Nr. 120

70) Theol. moral. tract. 5 exempl Nr. 35

71) Les provinciales, ou lettres ecrites par Louis de Montalte, Tome, II.1.6. sect. 3. pag. 387

72) Am 1.12.1554 erwidert die Sorbonne ein jesuitisches Dekret, Mercure Jesuite, pag. 278

73) Vergl. die Ausführungen bei Mercure Jesuite

74) Thuani hist.sui temps lib. 37, pag 432; Hist. generale de la comp. de Jes. I. art. 5. pag. 118. generale de la Comp. de Jes. Tome I. art.14. Pag. 302. etc.

75) Deppen: a.a.O. S. 74

76) Joh. Marinana, De rege, a.a.O. S. 53, 1605

77) Deppen: a.a. O. S. 114 /115

78) n.n.

79) Wolf: Neuer Pfaffenspiegel, a.a.O.

80) Les. Jes. crim. Part II. pag. 227/230, Relation of all such things as passed at the exekution of Garnet, pag. 224, The arraignment of H. Garnet, pag. 173/219

81) Der erste Satz ist, daß die weltlichen Fürsten keine Gewalt über die in ihren Ländern wohnenden Geistlichen haben, weder nach dem göttlichen, noch nach dem menschlichen Recht. Jacobus Greter: Opera, VII., S. 450, 1738-63. Die Geistlichen stehen nicht unter der Gerichtsbarkeit des Königs. Jacobus Greter: Opera, VII., S. 468, 1738-63

82) Jeder Getaufte ist dem Papst mehr untertan als irgendeinem irdischem Herrscher. Matteo Liberatore: La Chiesa e lo Stato, S. 34, Neapel 1871

83) Vergl. die vorgenannten Ausführungen

84) Joh. Marinana: De rege., a.a.O. S. 56, 1605

85) Joh. Marinana: De rege., a.a.O. S. 64, 1605

86) n.n.

87) Andr. Philopater: Resp. quad Elisab. Ed., S. 106 f, 1595

88) Hoensbroech: a.a.O. S. 60

89) Laurentius: Instit. jur. ecclesias, S. 648, Freiburg 1903

90) De Lura: Instit. iuris eccles. publici., I. S. 143, 45 f, 261 ff, Rom 1901

91) Wenig: Über die kirchliche und politische Inquisition, S. 74, 1875

92) Deppen: a.a.O. S. 2

93) Deppen: a.a.O. S. 2

94) Phragmatische Geschichte der vornehmen Mönchsorden, 9. Band, S. 208, Leipzig 1782

95) Deppen: a.a.O. S. 4

96) Deppen: a.a.O. S. 7/8

97) Deppen: a.a.O. S. 27

98) Deppen: a.a.O. S. 63

99) Deppen: a.a.O. S. 43

100) Seabra da Sylvia, recueil chronoloquie. Tome. I. cap. 7, 253 pag. 260

101) Epistcola ad Patres Frartres Societ. 5 prov. Aquitanieae edit. Inprensis, 1611

102) In einer Bittschrift der Stände der Jesuiten von Kärnten und Steiermark vom Jahr 1599 an den deutschen Kaiser; In: Haneureri relat persecutionis, qua in Styria etc. furore

Jesuitarum institute est. pag.8-24.; oder: Lucius: Jesuiten-geschichte. 4. Cap. 1. S. 819 und 840

103) Er sagt: »Ich verachte die Jesuiten allzusehr, als daß ich ihre Schriften lesen sollte. Ein schlechtes Herz verdunkelt bei mir alle Fähigkeiten des Geistes.« Deppen: a.a.O. S. 38

104) Mémories concernat Christine, reine de Sude. pag. 295. Tome II.

105) Deppen: a.a.O.

106) Beitrag zur Geschichte der Jesuiten in Ostindien, S. 111

107) Kühner: a.a.O. S. 351

108) Das Leben und die Memoiren des Scipio von Ricci. Bischof von Pistoja, Reformator des Catholicismus in Toscana unter der Regierung Leopolds. Nach eigenhändigen Manuscripten dieses Prälaten und anderer berühmter Männer des vorigen Jahrhunderts bearbeitet und mit rechtmäßigen Urkunden aus den Archiven des Herrn Commandeur von Ricci zu Florenz versehen, von Herr von Potter, 1. Band, aus dem Französischen, S. 19, Stuttgart.1826.

109) »Von ihm selbst hören wir, daß er den Entschluß gefaßt hatte, um sich einer Stelle im Himmel zu versichern, indem er glaubte, daß diese Belohnung allen Mitgliedern der Gesellschaft Jesu ... durch die Prophezeiung des heiligen Franziskus Borgia versprochen worden sei, weil sie Jesuiten geworden wären.«

110) Potter: Das Leben von Ricci, a.a.O. S. 9

111) Potter: Das Leben von Ricci, a.a.O. S. 9

112) Potter: Das Leben von Ricci, a.a.O. S. 21

113) In den Papieren von Ricci wird ein Aktenstück gefunden. Es stimmt mit dem in italienischer und lateinischer Sprache bekannt gemachten Bericht »Die Lebensgeschichte und (die) Handlungen Clemens XIV.; Storia della vita azioni e virtu di Clemente XIV. überein, der 1778 in Florenz gedruckt wird.

114) Die Berichte über seine Krankheit und seinen Tod, die durch den spanischen Gesandten nach Madrid geschickt werden, liefern den Beweis, daß man Ganganelli vergiftet hat. Es wird dem »umständlichen Bericht,« gefolgt, »die letzte Krankheit und den Tod des Papstes Clemens XIV. betreffend, durch den spanischen Gesandten an seinen Hof geschickt.«

115) Bergmann: a.a.O. S. 7/9

116) n.n.

117) Am 2.7. schreibt der General an seinen Verwandten, den Kanoniker Ricci, um sein Leidwesen zu bezeugen. Er führt aus: »... die Ungewißheit wegen der Zeit, in der mich Gott zu sich nehmen wird, und die Gewißheit, daß dieses, wegen meines hohen Alters und der großen Dauer meiner vielen Leiden ... nicht mehr lange ausbleiben kann ... so schreibe ich folgende Protestation nieder: Zuerst versichere ich und erkläre, daß die Gesellschaft Jesu keinen Grund, auch nicht den kleinsten, zur Aufhebung des Ordens gegeben hat ... ich erkläre dies mit der moralischen Gewißheit, die ein Oberer haben kann, der genau von dem unterrichtet ist, was in seinem Orden vorgeht. Ich erkläre, daß ich nicht den mindesten Grund zur Veranlassung zu meiner Verhaftung gegeben habe ... ich verzeihe denen, die mir Schaden und Kummer zugefügt haben, indem sie der Gesellschaft schadeten und ihre Mitglieder mit Härte behandelten ... ich bitte den Herrn, mir meine Sünden zu verzeihen ... mit diesem Gefühl im Herzen will ich sterben.«

118) Er läßt sich bei seiner Heiligkeit Papst Pius VI. für die besondere Aufmerksamkeit bedanken, die er in der Engelsburg gehabt hat. Er möchte in der Kirche Jesu aus christlicher Liebe begraben werden. Er bittet darum,

möglichst viele Seelenmessen für ihn zu lesen ... er will dem Kanoniker Don Scipio Ricci als Andenken ein silbernes Kruzifix hinterlassen ... das sich noch in der Engelsburg befindet.

119) Unter dem Dokument, das die Verteilung seiner letzten Habe betrifft, steht als Anmerkung:»Der Herr Vizekommandant wird gebeten, alles, was sich an Schokolade vorfindet, anzunehmen ... der Herr Major Pescatori wird gebeten, alles, was sich von Zucker, Kaffee, Wein, Tabak samt Schachteln und Tassen vorfindet, anzunehmen ... man wird dem Herrn Ammanati sechs seidene Schnupftücher und vierundzwanzig baumwolle geben ... dem Exjesuit die Standuhr von Messing, den adeligen Überrock, die Kastorweste, die feinen Hemden, wollene Strümpfe und Handschuhe, die feinen Hemden, die Handtücher und die Barbierschärpe ...dem Soldaten Paselini sechs Tücher. Man überläßt dem Herrn Kommandanten, die anderen Kleinigkeiten nach Gutdünken zu verteilen.«

120) Potter: a.a.O. S. 132 (Anmerkung)

121) Ricci sagt dazu: »Der Urheber dieser verfluchten und gotteslästerlichen Tat hat sich vor den Augen der Welt verborgen ... allein er wird der Gerechtigkeit des Schöpfers nicht entgehen, von dem ich wünsche, daß sie ihm noch im Leben zuteil wird.« Potter: a.a.O. S. 27

122) So schreibt der Abt von Bellegarde mehrfach an Scipio von Ricci, z.B. am 2.3.1775 von Paris aus: »... wir erwarten nicht, daß die Wahl auf den Kardinal Braschi fällt ... ich fürchte, daß er mehr Politiker als Geistlicher sein wird.« Oder am 22.12.1777: »Man zeigt uns von mehreren Stellen an, daß der Papst den Entwurf einer Bulle geschickt hat, die sich auf die Ausrottung der Jesuiten bezieht und in der man die Ex-Jesuiten als Schismatiker und im Bann stehende Widerspenstige behandelt.«

123) Potter: a.a.O. S. 28

Heiligen- und Reliquienkult

1) Aus den nachgelassenen Papieren des 1731 verstorbenen Priesters Meslier

2) Corvin: a.a.O.

3) Corvin und Schmitz: a.a.O

4) Wolf: Neuer Pfaffenspiegel, a.a.O. S. 165

5) Wolf: Hexenwahn, a.a.O.

6) Wolf: Neuer Pfaffenspiegel, a.a.O. S. 165

7) Wolf: Neuer Pfaffenspiegel, a.a.O. S. 166

8) Wolf: Neuer Pfaffenspiegel, a.a.O. S. 166

9) Wolf: Neuer Pfaffenspiegel, a.a.O. S. 166

10) Wolf: Neuer Pfaffenspiegel, a.a.O. S. 166

11) Wolf: Neuer Pfaffenspiegel, a.a.O. S. 166

12) Wolf: Neuer Pfaffenspiegel, a.a.O. S. 166

13) Wolf: Neuer Pfaffenspiegel, a.a.O. S. 166

14) Deschner: Abermals, a.a.O. S. 358

15) Darwin: Entwicklung, a.a.O. S. 252

16) Kurze Aufzählung der in der Schatzkammer und im Innern des Liebfrauen-Münsters zu Aachen enthaltenen Reliquien und Sehenswürdigkeiten

17) Obgleich Lucas Cranach d.Ä. die Wittenberger Heiligtümer nach plastischen Arbeiten aus der Manier des 14.-16. Jh. wiedergibt, zeigen sie eine eigentümliche Formsprache. Der Titel heißt: »Zaigung des hochlobwirdigen heiligtums der Stiftskirchen aler hailigen zu Wittenberg.« und am Ende: »Getruckt in der Churfürstlichen Stat Wittenbergk. Anno fünfhundert und neun ...«

Im ganzen besaß das Stift 1509 5 005 Partikel. Das Heiltumsbuch wird nachgedruckt. Die zweite Auflage enthält eine Zueignung des Buchdruckers Georg Rhau an seine Töchter Anna Weisgerber, Christina, Otilia und Margeretha: »So befinde ich keinen besseren Weg, dann so ich euch die Artikel unseren Christen Glaubens, furlegte, vnd versteen lerete. So dann die Kinder, aller wege am besten behalten, vnd lange zu gedencken pflegen, was sie von jren Eltren hören und lernen, hab ich für gut angesehen, daß ich etliche Exemplaria dieses Büchlins, für euch drücken lies, welches ich aus vielen unserer lieben Beter- Büchlin zusammengetragen hab.«

18) Siehe Fußnote 17) dieses Kapitels

19) Gelenius: De admiranda sacra etcivilii magnutine, Coloniae 1645

20) Darwin: a.a.O. S. 257

21) Deschner: Abermals, a.a.O. S. 357

22) Corvin: a.a.O. S. 91

23) Röhricht und Meisner: Deutsche Pilgerreisen nach dem Heiligen Land, S. 35, 1880

24) Corvin: a.a.O. S. 89

25) Nach einer schriftlichen Anfrage beim Bischöflichen Ordinariat erfolgte diese freundliche Auskunft.

26) n.n.

27) Corvin: a.a.O.

28) Hoensbroech: Das Papsttum, a.a.O. S. 85

29) Ian Wilson: Eine Spur von Jesus, Herkunft und Echtheit des Turiner Grabtuches, Freiburg 1980

30) Corvin, a.a.O.

31) Corvin: a.a.O. S. 94

32) Theiner: Schlesien, a.a.O. S. 244
Die Jesuiten und ihr Benehmen gegen geistliche und weltliche Fürsten, Grimma 1825

33) A la Coque? oder de la Coque?

34) Bullar. Rom. Luxemburg. T.I.p.79. Raynaldus ad ann. 1237. n. Acta Sanct. T. II. Octobr. p. 654

35) Baronius in annota, ad summ. martyrol. Rom.

36) Brückner: Die Verehrung des heiligen Blutes in Walldürn, Volkskundlich soziologische Untersuchungen zum Strukturwandel barocken Wallfahrens, 1958; Als 5. Band der Veröffentlichung der Geschichte und des Kunstvereins; Aschaffenburg e.V.; Es ist das grundlegende Werk zu diesem Thema. Pater Assion, Hrsg.: 650 Jahre Wallfahrt Walldürn, Karlsruhe 1980; Insbesondere wegen des Ausspruchs des Bürgermeisters Hollerbach

37) Wolf: Neuer Pfaffenspiegel, a.a.O. S. 167

38) Wolf: Hexenwahn, a.a.O. S. 285

39) Wolf: Hexenwahn, a.a.O. S. 286

40) Wolf: Hexenwahn, a.a.O.

41) Wolf: Hexenwahn, a.a.O.

42) Herodot: 4. Buch, Kap. 68

43) Darwin: a.a.O. S. 294

44) Darwin: a.a.O. S. 294

45) Anselmsche Chronik, Hrsg: Stierling, 3. Band 369 und 4. Band S. 1

46) Historia mirabilis quatour haeresiarchum ordinis Praedicatorum de observantia ap. Bernenses combustorum an. 1519. cum figuris.

47) Hume: History of England, II
Gräbner: The Dark Ages, a.a.O. S. 19

48) Pfister: Der Reliquienkult im Altertum, 1. Halbband, Das Objekt des Reliquienkultes, Gießen 1909; In: Religionsgeschichtliche Vorarbeiten und Versuche, V. Band, S. 240 Rauschen: Die Legende Karl des Großen im 11. und 12. Jh., Publikationen der Gesellschaft für rhein. Geschichtskunde, VIII., 1890

49) Acta Apostolorum, XXVIII. 31

50) Darwin: a.a.O. S. 245

51) Die Abschrift befindet sich 1468 im Besitz des in Venedig ansässigen gewordenen deutschen Druckers Johannes von Speyer (= de Spiro), der sie vervielfältigt.

52) Deschner: Abermals, a.a.O. 355

53) Eusebius: V. 2

54) Passio St.: Agnetis virginis et martyriis

55) Englisch: Geschichte der erotischen Literatur, S. 98, Stuttgart 1927

56) Deschner: Abermals, a.a.O. S. 351

57) Deschner: Abermals, a.a.O. S. 351

58) Deschner: Abermals, a.a.O.

59) Götzinger: Reallexikon der deutschen Altertümer, S. 772, Leipzig 1881

60) Deschner: Abermals, a.a.O. S. 359

61) Corvin: Aus der Vorrede zur dritten und vierten Auflage, a.a.O. S. 86

62) Müller: Die hochheilige Vorhaut, a.a.O. S. 114

Hexenhaß

1) Vergl. das Literaturverzeichnis, in das etwa 1000 Titel zum Thema eingebunden und auf das Buch: Hexenwahn; Hexen in Geschichte und Gegenwart, Dornstadt 1981

2) Niess: Hexenprozesse in der Grafschaft Büdingen. Protokolle, Ursachen, Hintergründe, 1984

3) Eschenröder: a.a.O. S. 13

4) Haltrich

5) Sutter: Der Hexenprozeß gegen Katharina Kepler. 2. Aufl., a.a.O. S. 1, Weil der Stadt 1984

6) Schindler: a.a.O. S. 317

7) Hier ist die Quellenlage nicht eindeutig. Kirchner lehnt sich an die Überlieferung der Lehrner'schen Chronik an. Vermutlich handelt es sich um einen versteckten Zaubereiprozeß. Kirchner: Geschichte Frankfurts, a.a.O. 1. Band, S. 504

8) Sutter: a.a.O. S. 16

9) Vergl. folgende Titel: Wolf: Geschichte der Druckverfahren 1992. Wolf: Geschichte des Papiers, Oberelchingen 1992

10) Sutter: a.a.O. S. 8

11) Formulierungen wie: »Von 1400 bis 1700 sind dem Hexenwahn in Europa eine Million Menschen zum Opfer gefallen«, sind als unsachlich abzuweisen. Der Quedlinburger Stadtsyndikus Voigt überzeichnet, wenn er die Behauptung aufstellt: »...Rechnet man seit dem 6. Jh., als Papst Gregor der Große (genannt: der Heilige) die Strafe des Feuers auf die Hexerei setzt und mit Eifer dagegen wütet, einen Zeitraum von elf Jahrhunderten und nimmt für Deutschland, Frankreich, England, Italien und Spanien etwa 71 Millionen Menschen an, so kommen auf jedes Jahrhundert 854 454. Rechnet man dies auf unsere Stadt zurück, die damals etwa 12 000 Einwohner hat, so bedeutet dies pro Jahr 133 Opfer. Hochgerechnet auf elf Jahrhunderte bedeutet dies, daß in Europa 9 442 992 Menschen unschuldig verbrannt worden sind.« Soldan-Heppe, a.a.O., 1. Band, S. 452, Anm. 2

12) Sutter: a.a.O. S. 8

13) Spielmann: a.a.O. S. 11

14) Wolf: a.a.O. S. 26

15) Schindler: a.a.O. S. 325

16) Fehr: a.a.O. S. 164
Wolf: a.a.O. S. 24

17) Wolf: a.a.O. S. 21

18) Beispielsweise: »Ein Priester ist ein besserer Mensch. Hoch-gestellte Personen sind von der Folter ausgenommen.« Mit dieser Vorstellung wird später gebrochen, indem man sie heimlich und mit besonderen Zeremonien aus der Welt schafft. Es sind nur wenige solcher Fälle bekannt. Die Reichen und Einflußreichen, von denen das Unrecht ausgeht, bedienen sich schon immer ihrer größeren Schutzmöglichkeiten.
19) König in seinem Vorwort
20) Spielmann: a.a.O. S. 240
21) Simon: a.a.O. S. 16
22) Wolf: Neuer Pfaffenspiegel, Das Geschäft mit dem Glauben, Dornstadt 1989
23) Baumgarten: Die deutschen Hexenprozesse; In: Frankfurter zeitgenössische Broschüren, Hrsg.: Haffner, NF, Band IV, S. 143, Frankfurt am Main 1883
24) Soldan-Heppe, a.a.O. 2. Band, S. 350/351
25) Längin: a.a.O. S. 126; Gury § 4
26) Wolf: Hexenwahn, a.a.a.O. S. 20
27) Schindler: a.a.O. S. 317
28) Siehe Fußnote 11) dieses Kapitels
29) Lambreg: a.a.O. S. 23 und 27
30) Soldan-Heppe: a.a.O. 2. Band, S. 124
31) Soldan-Heppe: a.a.O. 2. Band, S. 389
32) Spielmann in seiner Einleitung
33) Riezler: a.a.O. S. 1, 1896
34) Haas: a.a.O. S. 32
35) Merzbacher: a.a.O. S. 1
36) Buchmann: a.a.O. S. 453
37) Meyer: a.a.O. S.40
38) Soldan-Heppe: a.a.O. 2. Band, S. 101
39) Hoensbroech.: a.a.O. 1. Band, S. 540
    Ohle: a.a.O. S. 42
40) Schindler: a.a.O. S. 325
41) Meyer: a.a.O. S. 31/32
    Lambreg: Lit.Beilage F
42) Snell: a.a.O. S. 73
43) Meyer: a.a.O. S. 31/32
44) Grimm: Deutsche Mythologie, a.a.O. S. 587 ff, Göttingen 1835
45) Wolf: Hexenwahn
46) Snell: a.a.O. S. 73
    Wolf: Hexenwahn. a.a.O. S. 36
47) »Der Erfinder der Zauberkunst soll Zoroaster gewesen sein ... ob er ein Priester oder Chaldäer, ob er ein Sternseher oder -deuter, oder ob er ein Urheber der natürlichen oder teuflischen Zauberey gewesen sey, in welchen Zeiten er gelebet ... darin können die Gelehrten nicht übereinstimmen.«
    Weyer (Wier) sagt zu Beginn des 16. Jh.: »... der Erfinder der Zauberkunst soll Zoroaster gewesen sein. Aber andere machen zum Urheber den Cham, andere den Namrod oder den Assur. Wenn der Ursprung zweifelhaft ist, ist das Zeugnis verdächtig.«.
48) Lehmann: a.a.O. S. 37
49) Wolf: Hexenwahn a.a.O. S. 48
50) Plato im 2. Buch, Kap. 772, seiner Schrift über die Gesetze
51) Längin: a.a.O. S. 25
52) Längin: a.a.O. S. 26
53) Fehr: a.a.O. S. 103
54) Fehr: a.a.O.S. 103
55) Längin: a.a.O. S. 26
56) Fehr: a.a.O. S. 115
57) Buchmann: a.a.O. S. 260
58) Cod. Theod. Lib. XII.

59) Imp. Leon. Const. (?) L. XL.
60) Fehr: a.a.O. S. 121
61) Hartlieb (gestorben zwischen 1471 und 1474) ist herzoglicher Rat und Leibarzt Herzogs Albrecht III. bzw. dessen Sohnes Sigmund. Er stammt aus Neuburg/Donau und ist u.a. der Verfasser astrologischer Werke. Er schreibt für Anna von Braunschweig eine Chiromantie, übersetzt den Alexanderroman und verfaßt für den Herzog Sigmund eine Schrift Über die Geheimnisse der Frauen.
62) Riezler: a.a.O. S. 65
63) Riezler: a.a.O. S. 67
64) Riezler: a.a.O. S. 69
65) Wolf: Hexenwahn a.a.O. S. 147
66) n.n.
67) Der Dichter lebt als Pfleger des Gerichts Stein auf dem Ritten bei Bozen und stirbt 1419. Er benützt für sein Gedicht als Vorlage eine um 1320 entstandene, Thomas Leoni zugeschriebene italienische Schrift.
68) Scholtz: a.a.O. S. 21/22; Flagellum malificorum auctore Petr. Marmor Lemociensi (Limoges), Canonico in alm. universalis. Th. professore. Cap. XVII
69) Riezler: a.a.O. S. 74
70) Es handelt sich um einen schwäbischen Dominikaner, der gleichzeitig Professor der Theologie in Wien und Prior des Nürnberger Predigerklosters ist. Ein gefeierter Kanzelredner, ein eifriger Reformator seines Ordens. Seine Bezugsperson ist der Richter Peter von Bern, von dem die ersten Anhaltspunkte über Hexenverbrennungen in dieser Region stammen.
71) Übersetzt und interpretiert nach Rosskoff
72) Meyer: a.a.O. S. 10
73) Ein Chronist berichtet:»Agnes Angelam appelabant, Bernauerin venutissima pucelle, Augsburgensis belnatoris filia. Frei übersetzt: Agnes Bernauerin, gewöhnlich Engel genannt, die schöne Jungfrau, war die Tochter eines Augsburger Baders. Vergl. Wolf: Hexenwahn, a.a.O. S. 151, 1980
74) König: a.a.O. S. 179
75) »Ein Herr Amtsbruder der beiden Bluthunde, ein gewisser Cumanus, ließ 1485 in der Grafschaft Wormserbad 41 Opfer des Wahns verbrennen.« König: a.a.O. S. 69
76) Dionysius von Ryckel, gestorben 1471 in Nuremonde
77) Theiner: a.a.O. 3. Band, S. 789
78) Du Pin: Nouvelle Biblio ... des aucters eccles. T. XII.Paris 1700, S. 194
79) Christian Thomasius wird 1655 in Leipzig als Sohn des Philosophen Jacob Thomasius geboren. Er studiert Cartesanische Philosophie und hält diesbezügliche Vorträge. Mit der Zeit entwickelt er sich zu einem der bedeutendsten Rechtsgelehrten der Epoche und trägt wesentlich dazu bei, die Anwendung der Folter im deutschsprachigen Raum einzugrenzen. Er stirbt, gehaßt von den Theologen, 1728.
80) »Innocenz, Bischof, Knecht der Knechte Gottes, Zukünftigen der Sache Gedächtnis. Indem wir mit der höchsten Begierde verlangen, wie es die Sorge unseres Hirtenamtes erfordert, daß der katholische Glauben fürnehmlich zu unseren Zeiten allenthalben vermehret werden möge und blühe, und alle ketzerische Bosheit von den Herzen der Gläubigen weit hinweggetrieben werde, so erlauben wir gerne, daß dasjenige ... setzen uns auch von neuem, wodurch solches unser gottseliges Verlangen die erwünschte Wirkung erlangen mag. Und dannenhero indeme, durch den Dienst unserer Arbeit, als durch ire

Rathaue (?) eines vorsichtigen Arbeiters aller Irrtümer gänzlich ausgerottet werden, der Eifer und die Beobachtung eben desselben Glaubens in die Herzen der Gläubigen umso stärker eingedruckt werde …

Gewißlich ist es neulich nicht ohne große Beschwerung zu unseren Ohren gekommen, daß wird an einigen Teilen von Oberdeutschland, wie auch im Mainzischen, Köllnischen, Trierischen, Salzburgischen und Bremischen Erzbistümern, Städten, Ländern, Orten und Bistümern sehr viele Personen beiderlei Geschlechts, ihre eigene Seligkeit vergessend und von dem katholischen Glauben abfallend, mit denen Teufel, die sich als Männer oder als Weiber mit ihnen vermischen, Mißbrauch machen, und mit ihnen Bezauberungen, Lieder und Beschwerungen, und anderen abscheulichen Aberglauben und zauberische Übertretungen, Laster und Verbrechen, die Geburten der Weiber, die Jungen der Tiere, die Früchte der Erde, die Weintrauben und die Baumfrüchte, wie auch die Menschen, die Frauen, die Tiere, die Weinberge, Obstgärten, Wiesen, Weiden, Korn und andere Erdfrüchte, das Vieh und andere unterschiedliche Arten Tiere verderben, ersticken oder umkommen machen, und selbst die Menschen, die Weiber, allerhand groß und klein Vieh mit grausamen, sowohl innerlichen als äußerlichen Schmerzen und Plagen belegen und peinigen, und daß eben dieselbe Menschen, daß sie nicht zeugen, und die Frauen, daß sie nicht empfangen, und die Männer, daß sie den Weibern, und die Weiber, daß sie den Männern die ehelichen Werke nicht leisten können, verhindern …

Überdies den Glauben selbst, welchen sie bei Empfangung der heiligen Taufe angenommen haben, mit eidbrüchigem Mund verleugnen. Und andere, überaus viele Leichtfertigkeiten, Sünden und Laster, durch Anstiftung des Feindes der menschlichen Gesellschaft zu begehren und zu vollbringen, sich nicht fürchten, und der Ge-fahr der Seelen, der Beleidigung göttlicher Majestät und sehr vieler schändlicher Exempel und Ärgernis. Und daß, obschon die gelieb-ten Söhne Henricus Institoris in den obengenannten Teilen Oberdeutschlands, in welchen auch solche Erzbistümer, Städte, Länder, Bistümer und andere Orte begriffen zu sein erhalten werden, wie auch Jacobis Sprenger, durch gewisse Striche des Rheinstroms, des Predigerordens und Professores theologia zu Inquisitoren des ketzerischen Unwesens durch apostolische Briefe bestellt worden, wie sie auch noch sind, dennoch einige Geistliche und Gemeine derselben Länder, welche mehr verstehen wollen, als nötig wäre, deswegen, weil in den Briefen ihrer Bestellung solche Erzbistümer, Städte, Bistümer, Länder und andere obengenannte Orte und solche Personen und solche Laster nicht namentlich ausgedrucket worden, dahero solch auch gar nicht darunter begriffen, und also denen vorgenannten Inquisitoren in solchen Erzbistümern, Städten, Bistümern, Ländern und Orten, vorgenannt, solches Amt der Inquisition zu verrichten nicht erlaubt sein, und dieselbe zu Bestrafung, Inhaftnehmung und Besserung solcher Personen, über denen vorgenannten Verbrechen und Lastern nicht müssen zugelassen werden, halsstarrig zu bewahren und sich nicht schämen. Deswegen dann in denen Erzbistümern, Städten, Bistümern, Ländern und Orten vorgenannte solcherlei Verbrechen und Laster, nicht ohne offenbaren Verlust solcher Seelen und ewiger Seelengefahr ungestraft bleiben … derohalben haben wir, indem wir alle und jeder Hindernisse, durch welche die Verrichtung des Amts der Inquisition auf irgendeine Weise verzögert werden könnte, aus dem Wege räumen, und damit nicht die Seuche des ketzerischen Unwesens und anderer Sachen ihr Gift zu dem Verderben anderer Unschuldiger ausbreiten möge, durch taugliche Hilfsmittel, wie solches unserem Amt obliegt, versorgen wollen, da der Eifer des Glaubens uns fürnemlich dazu antreibt, damit nicht dahero geschehen möge, daß die Erzbistümer, Städte, Bistümer, Länder und obengenannte in denselben Teilen des Oberdeutschlands, ohne das nötige Amt der Inquisition darinnen zu errichten erlaubt sein, und daß sie zur Besserung, Inhaftnehmung und Bestrafung solcher Personen über den vorgenannten Verbrechen und Lastern hinzugelassen werden sollen, durchgehends und in allen eben so, als wenn in den vorgenannten Briefen, solche Erzbistümer, Städte, Länder und Orten und Personen und Verbrechen namentlich und in Sonderheit ausgedruckt wären, krafft Unseres Briefes …

Und indem wir, um der Sorgfalt willen, vorgemeldte Briefe und Bestellung auf solche Erzbistümer, Städte, Bistümer, Länder und Orte, dergleichen solche Personen und Laster, ausstrecken, so geben wir denen vorgesagten Inquisitoren, daß sie und einer derselben, wann sie den geliebten Sohn Johannes Gremper, einen Geistlichen des Konstanzer Bistums, Meister in den Künsten, ihren damaligen oder einen jeden anderen Notarium publicum zu sich gerufen haben, der von ihnen und einem jeglichen derselben zu der Zeit wird verordnet werden, in den vorgenannten Erzbistümern, Städten, Bistümern und Orten, wider alle und jede Personen, wes Standes und Vorzuges sie sein mögen, solches Amt der Inquisition zu vollziehen, und die Personen selbst, welche in den vorgemeldten werden sich schuldig befunden haben, nach ihrem Vergehen züchtigen, an Leib und Vermögen strafen, nicht weniger in allen und jeden Pfarrkirchen solcher Länder das Wort Gottes dem gläubigen Volk so oft, als es nützlich sei, und ihnen gutdünken wird, vortragen und predigen, auch alles und jedes, was zu und in obigen Dingen nötig und nützlich sein wird, frei und ungehindert tun und also vollziehen mögen, aus eben derselben Hoheit, vom Neuen völlige und freie Gewalt …

Und befehlen wir nicht weniger unserem ehrwürdigen Bruder, dem Bischof zu Straßburg, durch Apostolische Briefe, daß er durch sich selbst, oder durch einen anderen oder etliche andere, das vorgemeldte, wo, wann und so oft er es für nützlich erkennen wird, und er von Seiten solcher Inquisitoren oder eines derselben gebührend wird ersucht sein, öffentlich kund zu tun, und nicht gestatten solle, daß sie oder einer derselben über diesen, wider den Inhalt deren gedachten und gegenwärtigen Briefe durch keinerlei Gewalt beeinträchtigt oder sonst auf irgendeine Weise gehindert werden … alle diejenigen, so ohne Eintracht tun, und sie verhindern und widersprechen und rebellieren werden, von was für Würden, Ämtern, Vorzügen, Adel und Hoheit oder Standes, und mit was für Privilegien sie versehen sein mögen durch den Bann, die Aufhebung und Verbot und andere noch schrecklichere Urteile, Andeutungen und Strafen, welche ihm belieben werden mit Hintansetzung aller Appellation bezäumen, und nach denen von ihm zu haltenden rechtlichen Prozesse und die Urteile, so oft es nötig sein wird, durch unser Ansehen ein und allemal schärfen lasse, und dazu, wenn es von Nöthen sein wird, die Hilfe des weltlichen Armes anrufe … ungeachtet aller und jeder vorigen und dieser zuwider seienden Ratschlüssen und Verordnungen.

Oder wann einigen insgemein oder in Sonderheit von dem Apostolischen Stuhl nachgeben worden, daß wider sie keine Verbote, Aufhebung und Bann solle ergehen können, durch Apostolische Briefe, in welcher solcher Nachgebung nicht völlig und ausdrückliche Meldung geschieht, dergleichen alle ander allgemeine oder besondere Idulgenzien des gemeldten Stuhles, von was von Inhalt sie seien, oder nicht ganz einverleibt werden, die Wirkung dieser Gnade auf eine Weise verhindert oder aufgeschoben werden möchte, und von jeder jeglichen ... von geschiehet nach dem ganzen Inhalt in unserem Brief besondere Meldung. Es soll also gar keinem Menschen erlaubt sein, dieses Blatt unserer Verordnung, Ausdehnung, Bewilligung und Befehls zu übertreten oder derselben aus verwegener Kühnheit entgegen zu handeln. Wann aber jemand sich dieses zu erkühnen unternehmen würde, der soll wissen, daß er den Zorn des Allmächtigen Gottes und seiner heiligen Apostel Petri und Pauli auf sich laden werde. Gegeben zu Rom zu St.Peter im Jahre der Menschwerdung des Herrn, Tausend vierhundert und vier und achtzig, den 5. Dezember, im ersten Jahre unserer päpstlichen Regierung.« Zitiert nach Moritz Schwager

81) So beispielsweise Waldbrühl
82) Schwager: a.a.O. S. 32
83) Diefenbach: a.a.O. S. 50, 1893
84) Duhr: a.a.O. S. 16, 1900
85) »Dem erbärmlichen und geldgierigen Bischof von Straßburg, Albert von Bayern, hatte der Papst befohlen, streng auf die Beschützer der Inquisition zu achten. Damit wurde der Willkür der Richter Tür und Tor geöffnet.« König: a.a.O. S. 68
86) Institoris, Heinrich: Dominikanertheologe. Geboren 1430 in Schlettstadt (?), gestorben 1505 in Mähren. Als von Papst Sixtus ernannter Inquisitor für Oberdeutschland findet er Widerstand beim Bischof Golser von Brixen. Institoris verfaßt neben anderen Werken den Hexenhammer und stirbt als Inquisitor gegen die böhmischen Brüder; nach dem Großen Brockhaus.
87) Veröffentlicht 1890 vom Chorherr Hartmann Amann im Kloster Neustift, Zeitschrift des Ferdinandeums für Tirol und Vorarlberg, III. Folge XXXXIV
88) siehe Fußnote 87)
89) Wolf: Hexenwahn, a.a.O. S. 167, 1980
90) Zeugen dieses Aktes sind neben einigen Bürgern zwei weltliche Beamte: der Richter von Rohr, Andreas Schweybrer von Eberstall und der Landshuter Ratsschreiber Konrad Stöt.
91) Gleichbedeutend mit Abgötterei und/oder Götzendienst.
92) Wolf: Hexenwahn, a.a.O. S. 167, 1980
93) »St. Romanae fidei defensionis clippeum adversus Waldensiium seu Pickardorum potentatis virulente contagione sparsim inficantes (sic) sanctissimi (!) Alexander VI. pontificiuse iusse, redactum.« Dazu verfaßt er eine Schrift über die Gewalt des Papstes und Kaisers gegen die Lehrsätze von Roselli.
94) Sprenger, Jacob, Dominikaner: Geboren um 1436 in Rheinfelden, gestorben am 6.12.1495 in Straßburg. Er ist 1472-88 Prior seines Ordens in Köln, seit 1481 Inquisitor für Mainz, Köln und Trier. Er ist vermutlich an der Abfassung des Hexenhammers sowie an der (gefälschten?) Approbation beteiligt.
95) U.a. Kaiser Friedrich III., dessen Sohn Maximilian I., der päpstliche Legat Alexander und der Bischof von Forli.
96) »Den Hauptteil übernahm Sprenger, der alle Elemente des Hexenwahns schuf, das weit über die Bulle vom

5.12.1484 zum Teufelssabbat und der geschlechtlichen Vermischung mit dem Teufel als wesentliches Moment des Hexenwesens feststellte.« Hansen, a.a.O. S. 257

97) Siebel: a.a.O. S. 39
98) Siebel: a.a.O. S. 39
99) Sein voller Namen ist: L. de Monte Domini (= von Heerenberg). Hartzheim Bibio Coloniensis, 1747
100) Malleus Maleficarum, Teil III, Frage 17
101) »Denn ich darf es doch wohl nicht erst beweisen, daß Mönche alle die Fabeln aushecken und unter die Leute brachten. Daß Mönche diese lächerlichen und abgeschmackten Legenden ausgebrütet haben ... und daß es bis zu dieser Stunde Mönche und Nonnen sind, die die Vita Sanctorum schreiben.« Schwager: a.a.O. S. 21.
102) Zu Peter Drach die Ausführungen in: Wolf: Geschichte der graphischen Verfahren, Kapitel: Sozialgeschichte, Dornstadt 1990
103) Zauberwahn, Inquisition und Exorzismus, S. 481, München 1900. »Für diese schmachvolle Wendung im Hexenprozeß ist der vom Hexenhammer eingenommene und mit theologischen Argumenten gestützte Standpunkt ausschlaggebend geworden, und er hat auf diesem Gebiet eine unberechenbare Schädigung der Menschheit bewirkt.«
104) n.n.
105) »Vor 100 Jahren, da des Papstes Tyrannei in Deutschland noch in Schwang ging, und schier aufs Höchste gekommen war, hatte er zwei Dominikaner- oder Predigermönchen Gewalt gegeben, die Ketzer auszuforschen und zu strafen. Diese wüteten grausam und unmenschlich wider die Weiber. An solchem Brandmord hatten viele verständige Leute ein herrliches Mißfallen. (Sie) predigten, schrieben und redeten darwider, so lange und so viel, daß die Brandmeister genötigt wurden, ihre Sache öffentlich zu verteidigen. Ließen ein Buch ausgehen, nannten es Malleus Maleficorum, ein Hammer, der die Zauberinnen zerknirst ... in welchem viel Unwahrheit, viel abergläubiges widersinniges Ding ... ist mit Bäpstlicher Bulle bestetiget.«
106) König: a.a.O. S. 72
107) Schwager: a.a.O. S. 34
108) Siebel: a.a.O. S. 38
109) Ohle: a.a.O. S. 7
110) Görres: Christliche Mystik, IV. Band, a.a.O. S. 585
111) Spitzer: a.a.O. S. 58
112) Reich: a.a.O. S. 18
113) Hansen: a.a.O. S. 257
114) Malleus Maleficarum, 1. Teil, Fragen 1 und 2
115) Unter Bezug auf die bekannte Stelle im Exodus
116) Isidorius. Erythm. Lib. VIII. 9
117) Malleus Maleficarum, 2. Teil, Frage 3
118) Altes Testament, Moses 6. Wolf: Hexenwahn, a.a.O. S. 178, 1980
119) Malleus Maleficarum, 1. Teil, Frage 18
120) Malleus Maleficarum, 1. Teil, Frage 8
121) Malleus Maleficarum, 1. und 2. Teil, Frage 12
122) Malleus Maleficarum, 1. und 2. Teil, Kap. 4
123) Agrippa von Nettesheym, geboren am 14.9.1486 in Köln. Neben der Rechtswissenschaft, seinem vornehmlichen Studienfeld, widmet er sich der klassischen Literatur. 20jährig geht er nach Paris und gründet eine Gesellschaft zum Studium der Geheimwissenschaften. 1509 treffen wir ihn in Burgund. Daraufhin wird er Lehrer der Theologie an der Akademie von Dole, aber bald von der dortigen Geistlichkeit vertrieben, die Ketzerei in seinem Tun wittert, denn es begegnet ihr Unverständliches. 1510

geht er nach London und daraufhin nach Würzburg zum Abt Tritheim. 23jährig macht er sich an die Abfassung der Occulta philosopioca. Das Werk verursacht erhebliches Aufsehen und wird in vielen, teilweise schlechten Abschriften verbreitet.

Dann geht Agrippa in den kaiserlichen Kriegsdienst, nimmt am Kampf gegen die Venetianer teil und wird wegen Tapferkeit zum Ritter geschlagen. In Turin und Padua hält er Vorlesungen über Theologie, scheint jedoch erneut mit Geistlichen in Konflikt zu geraten, so daß er zur Flucht veranlaßt wird. Dann wird er Syndikus in Metz, wo er 1519 erfolgreich eine der Hexerei angeklagte Frau verteidigt. Im gleichen Jahr verläßt er die Stadt und heiratet nach einigen Jahren wieder. 1524 wird er in Lyon Leibarzt der Mutter von Franz I. Hier gibt er Prophezeiungen von sich, die nicht eintreffen und wird daraufhin in Ungnade entlassen. Um diese Zeit entsteht sein Werk De vanitate scientiarium, in dem er sich spöttisch gegen die Wissenschaften erhebt.

Danach wird er Historiograph bei Margaretha von Österreich, der Statthalterin der Niederlande. In den Jahren 1530-33 hält er sich mit Unterbrechungen in Köln auf. Trotz hier erheblicher inquisitorischer Strömungen gelingt es ihm, den Druck seiner Occulta philosophica durchzusetzen. Daraufhin geht er nach Lyon und stirbt 1535 im Haus eines Freundes, des Generalsteuereinnehmers der Dauphiné.

124) Diefenbach deckt einen weiteren Irrtum Soldans auf. Hier handelt es sich um Agrippas Occulta philosophica. Dieses Buch wird 1510 von ihm geschrieben und zunächst handschriftlich verbreitet. Erst 1531 wird es gedruckt und kommt danach auf den Index der verbotenen Schriften.

125) Brennon in einem Brief vom 27.9.1520 an Agrippa

126) Johannes Trithemius (= J. Heidenberg) wird 1462 in Trittenheim an der Mosel geboren. Von 1483-1503 ist er Abt des Klosters der Benediktiner in Sponheim bei Kreuznach, von 1506 bis 1516 (seinem Todesjahr) ist er Abt des Schottenklosters St. Jacob bei Würzburg.

127) Dies geht aus einem Brief hervor, den er dem Mönch Arnold Bostius aus Gent überreicht und der nach seinem Ableben von dem dortigen Abt geöffnet wird. Dies bringt Trithemius in den Ruf eines Zauberers.

128) Heidel aus Worms entdeckt, daß es einen Sinn ergibt, wenn man jedes zweite Wort streicht und den übrigbleibenden, die man sich alle in einer Reihe hintereinander vorstellt, alle Buchstaben an den ungeraden Stellen streicht, also den 1, 3 und 5 usw.

129) Johannes Reuchlin wird 1455 in Schwaben geboren und studiert in Paris klassische Sprachen. Später lernt er in Italien einige gelehrte Juden kennen und wird von ihnen in die hebräische Schrift eingeweiht. Daraufhin beginnt er mit dem Studium der Kabbala und meint in ihr die Kenntnis der christlichen Dogmatik wieder zu entdecken. Seine Ansichten darüber vermittelt er in seinem Werk De verbo mirificio aus dem Jahr 1494.

130) In seiner Schrift De arte cabbalistica aus dem Jahr 1517 gibt er eine präzise Darstellung der kabbalistischen Hauptlehren und ihrer Methoden.

131) Wolf: Hexenwahn, a.a.O. S. 158, 1980

132) Das Malefizbuch der Stadt Augsburg aus dem Jahr 1567. Riezler: a.a.O. S. 207

133) König: a.a.O. S. 167

134) Hier kann ein weiterer Fehler von Soldan ausgemerzt werden. Geiler schöpft nicht etwa aus dem erwähnten Ameisenbuch, sondern aus der Niderschen Dekalogser-

klärung. Das Ameisenbuch stammt aus der Zeit zwischen 1435 und 1437. Der eigentliche Titel heißt Emeis, unter dem die Geilersche Fastenpredigten sechs Jahre nach seinem Tod von dem Franziskaner Johann Pauk veröffentlicht werden.

135) Plantsch: Opusculum de sagis maleficis Martine Plantsch concionatoris Tubingensis, Phorce (= Pforzheim) 1571

136) Wolf: Hexenwahn, a.a.O. S. 520, 1980

137) »Zum ersten spech ich, daß sie hin -und herfahren und bleiben doch an einer Statt; aber sie wähnen, daß sie fahren, denn der Teufel kann ihnen einen Splendor also in den Kopf machen und eine Phantasei ... und das kann er allermeist denen tun, die mit ihm zu schaffen haben. Ich lese, daß ein Prediger in der Dorf kam. Da war eine Frau, die sagte, wie sie also zur Nacht umführe. Der Prediger kam zu ihr und strafte sie darum; sie solle endlich davon abstehen, denn sie führe nicht und würde nur betrogen. Sie sprach: ... wollt ihr es nicht glauben, so will ich es euch zeigen, Da sie nach ward, da rief sie ihn ... sie legte sich in eine Mulde auf die Bank, da man den Teig einmacht. Da lag sie also in der Mulde, daß sie sich mit Öl salbte, und da sprach sie die Worte, die sie sprechen sollte, da entschlief sie also sitzend und sie wähnte, daß sie führe. Sie fiel von der Bank und schlug sich ein Loch in den Kopf.« Das gleiche Beispiel bei Nider: Preceptorium, 10. Kap. und in dessen Formicarius, 1.2. c.4

138) Precept. c.10

139) Emeis. 44.b

140) Precept. c.10

141) Paulus: a.a.O. S. 19

142) Wolf: Hexenwahn, a.a.O.

143) Auch die Augsburger Synodalbeschlüsse aus dem Jahr 1452 erwähnen nichts über die Zauberei.

144) 1526 sehen wir ihn als Professor der Theologie und Pfarrer in Luzern. Er stirbt 1536.

145) Erbka: a.a.O. S. 1

146) Wolf: Hexenwahn, a.a.O. S. 187

147) Wolf: Hexenwahn, a.a.O. S. 323

148) De praestigiis Daemonum, ca. 23, Deutsche (Frankfurter) Ausgabe von 1568, a.a.O. S. 208/209

149) Fleischwerdung; Verkörperung: In manchen Erlösungsreligionen die angenommene Gestaltwerdung göttlicher Wesen; der gnostische Erlösungsmythos spricht allgemein von der Inkarnation des Erlösers in Menschengestalt, der die Seelen aus ihrer körperlichen Gebundenheit erlösen und in eine Lichtwelt zurückführen soll. Bei der christlichen Theologie versteht man unter der Inkarnation das Eingehen Gottes in die Geschichte im Zusammenhang mit Jesus von Nazareth, Johannes 1.14

150) »Die Teufel haben nicht ihre Strafe und Pein. Bis zum Jüngsten Tag ist kein Ort, da sich die Verdammten aufhalten. Die Teufel sind ja nicht in der Hölle.« Nachlese aus Luthers Schriften; In: Martin Luthers Werk, XI. Band, a.a.O. S. 633, Mainz 1827

151) »Wir sind endlich hier angekommen, (wowohl) mich der Satan durch mehr als eine Krankheit zu verhindern gesucht hat. Denn den ganzen Weg von Eisenach bis hierher bin ich immer schwach gewesen und bin es auch noch jetzt auf eine solche Art, die ich früher nicht erfahren.« Das Neujahrsblatt des Frankfurter Geschichts- und Altertumsvereins von 1861, S. 40

152) »Ich glaube, daß die Krankheiten nicht natürlich sind, sondern daß Junker Satan seinen Mutwillen an mir kühlet. Keine Krankheit kommt von Gott, der gut ist; es ist der Teufel, der alles Unglück stiftet, der sich in alle Spiele

und Künste mengt ... der Pestilenz anschießt ... das Franzosenfieber (Geschechtskrankheiten) macht usw.«

153) Dr. Martin Luthers ausführliche Erklärung der Epistel an die Galater Anno 1531; Aus dem Lateinischen ins Deutsche übersetzt von Justus Menicus, Halle-Magdeburgische Ausgabe VIII.

154) Diefenbach: a.a.O. S. 297

155) Schindler: a.a.O. S. 34

156) Schindler: a.a.O. S. 35

157) De anima, Vitebergae annq. 1540

158) Schindler: a.a.O. S. 38

159) Wolf: Hexenwahn, a.a.O. S. 191

160) Steinhausen: Geschichte der deutschen Kultur, a.a.O. S. 518, Leipzig 1940

161) Schwager: a.a.O. S. 24

162) Paulus: a.a.O. S. 25

163) Paulus: a.a.O. S. 24

164) Luthers Werke, Band X, a.a.O. S. 339, Erlangen 1826

165) Luthers Werke, Band X, Erlangen, LX 17, 23, 27, 50

166) Luthers Werke, Weimarer Ausgabe, XVI, a.a.O. S. 551

167) Luthers Werke, Weimarer Ausgabe, XXIX, S. 401/443

168) Luthers Werke, Erlanger Ausgabe, XXI, a.a.O. S. 121

169) Com. in ep. ad Galatus, Erlanger Ausgabe I.a.a.O. S. 127

170) Opery exegetica, Erlanger Ausgabe, II, a.a.O. S. 127

171) Geboren in Amberg und zum Beginn der religiösen Wirren nach Wittenberg gekommen. 1563 veröffentlicht er drei Predigten von den Engeln, dem Teufel und der Menschen Seele. Mit des Herrn Ph. Melanchthons Definitio und Erklerung. Gepredigt durch M. Sebastianum Fröschel von Amberg. Diener des heiligen Evangelii zu Wittenberg, Wittenberg 1563

172) Im Spätjahr 1536 wird die Geschichte folgendermaßen erzählt:»Der Teufel kam dem Pomerono ins Haus, daß die Frau und Mägde sich müd butterten, ohne etwas Milch zu gewinnen. Da fuhr der Pommer (da)zu, verhöhnte den Teufel und schoß ins Butterfaß. Da ließ der Teufel ab, denn er ist hoffärtig und will nicht verhöhnt werden.«

173) Von den heiligen Engeln. Vom Teufel und der Menschen Seele. Mit des Herr Ph. Melanchthons Definitio und Erklerung. Gepredigt durch Sebastianum Fröschel von Amberg. Diener des heiligen Evangelii zu Wittenberg, Wittenberg 1563

174) Luthers Werke, Erlanger Ausgabe XXV, a.a.O. S. 378/382

175) Luthers Werke, von Irmscher. Band.LXII, a.a.O. S. 228

176) Luthers Werke, von Walsch.Band.XXII, a.a.O. S. 1207

177) Luthers Werke, von Walsch. Band.XXII, a.a.O. S. 1208

178) Wolf: Hexenwahn, a.a.O. S. 199

179) Fischer: a.a.O. S. 113, 1791

180) Göbel: Andreas Bodenstein von Carlstadt nach seinem Charakter und Verhältnis zu Luther; In: Theol. Studien und Kritiken, 1841

181) Von Abthuung der Bylder. Und daß keyn Bettler unther den Christen seyn soll, Wittenberg 1522

182) Diefenbach: a.a.O. S. 3

183) Piper: Geschichte der diplomatischen Vertretung des päpstlichen Stuhles in Deutschland, a.a.O. S. 114

184) Riezler: Geschichte Bayerns, Band IV, a.a.O. S. 348

185) Diefenbach: a.a.O. S. 18

186) Troß: Zeitschrift für Kulturgeschichte, a.a.O. S. 208, 1859

187) Kaiser: Geschichte des Volksschulwesens a.a.O.

188) Schwager: a.a.O. S. 124, 1784

189) Milichius: Der Zauberteufel; In: Theatrum de diabolicum

190) Siegfried: Richtige Antwort auf die Frage, ob Zauberer und Zauberinnen mit ihrem Pulver Kranckheiten oder den Todt selbiger beybringen können ... Erfurt 1593

191) Paulus: a.a.O. S. 81

192) Meder: Acht Hexenpredigten von des Teufels Mordkindern, den Hexen, Unholden, zauberisch und erschrecklichem Abfall, Lastern und Übeltätern, Leipzig 1606

193) Schindler: a.a.O. S. 111

194) Bernhardt Albrecht: Christlicher Bericht von der Zauberey und Hexerey insgemein und dero zwölf Sorten und Sorten insonderheit

195) Waldschmidt, Hrsg.: 28 Hexen-und Gespensterpredigten, welche er gehalten zu den Barfüßern in Frankfurt und nun mit nützlichen Anmerkungen ...Pythonissia endoria.

196) Hexen-Coppe ... das ist (die) uralte Ankunft und große Zunft der Unholdseligen oder Hexen

197) In seinem Buch auf Seite 832

198) Johannes Offenbarungen 12.12

199) Es handelt sich um M. Helnig, J. Schelhamer, L. Dumhofer, J. Kaufmann und M. Sallinger.

200) Er beruft sich auf das mosaische Gesetz und Zanchiss Opera theologica. VII., Genevae 1619

201) Es handelt sich im Nucilaus Litichius, Pfarrer von Ramholz und um seine Erklärung vom 3.4.1567, wie um den Superintendenten Nicolaus Krug, der 1553 als Pfarrer in Hanau erscheint.

202) Paulus: a.a.O. S. 72

203) Ohle: a.a.O. S. 34

204) Ohle: a.a.O. S. 41

205) Ohle: a.a.O. S. 21

206) Rhamm: Hexenglaube und -prozesse. a. a.O. S. 53

207) Anhänger der Lehre Zwinglis; Ulrich (Huldrych) Zwingli, Reformator der deutschen Schweiz, geboren am 1.1.1484 in der Grafschaft Toggenburg, gefallen am 11.10.1531 bei Kappel. Er studiert in Wien und Basel und ist von 1506-16 Pfarrer in Glarus und nimmt während dieser Zeit auch als Feldprediger an den Schlachten von Novara (1515) und Marignano (1516) teil. 1516 wird er Leutpriester in Maria-Einsiedeln, 1519 am Großmünster zu Zürich. Während einer Pest wird er krank.
Er wendet sich durch das Studium Augustins und Paulus mehr und mehr den Schriften Luthers zu. Sein Weg der Reformation ist konsequenter als der lutherische. Er legt verschiedene Disputationen vor. Zwingli fordert die Abnahme der heiligen Bilder (1524), die Aufhebung der Klöster (1525), die Abschaffung der Prozessionen, des Orgelspiels, der Firmung, der letzten Ölung und eine Beschränkung der Feiertage. Zwingli mischt sich aktiv in das Geschehen. Gemeinsam mit dem Landgrafen Philipp von Hessen wendet er sich gegen die von den Habsburgern getätigte Politik. In diesem Zusammenhang ist auch das Marburger Gespräch zu bewerten. Zwinglis Versuch, eine Reformation in der Schweiz durchzusetzen, führt zu politischen Konflikten und schließlich zum zweiten Kappeler Krieg, bei dem Zwingli fällt. Der sich daraus ergebende Rückschlag für die Reformation in der Schweiz wird durch Bullinger und Calvin wieder ausgeglichen.

208) Diefenbach: a.a.O. S. 151

209) Wolf: Hexenwahn, a.a.O.

210) Diefenbach: a.a.O. S. 159

211) Dettling: Die Hexenprozesse im Kanton Schwyz, 1907

212) Walter: Homiliae in Evangelium Secundum Marcum, Tiguri 1577; Secundum Lucam 1579; Secundum Mattheam, Tiguri 1581

213) Wolf: Malchim, id est; Regum libri duo postericos cim commentariis, Tiguri 1571

214) Theodor Beza: Iobus commentariis illustratus, Genf 1589

215) Daneau ist ein französischer Jurist und Theologe, geboren um 1530 in Beaugency. Er studiert Recht in Orleans, Paris und Bourges. Hier promoviert er 1559 zum Doktor und läßt sich daraufhin als Advokat nieder. 1560 geht er nach Genf, um Calvins Vorträge zu hören. Dann kommt er nach Frankreich zurück, um zehn Jahre als Prediger zu wirken. Ende August 1572, nach der Bartholomäusnacht, flüchtet er nach Genf, wo er Professor der Theologie wird. 1581 folgt er einem Ruf nach Leiden. 1581 wandert er nach Genf und lehrt bis 1583 Theologie. Er stirbt am 11.11.1595

216) Bassäus oder Baseus

217) Hier handelt es sich sicher um eine Anspielung auf den Arzt Wier (Weyer).

218) Franz Hotoman: Consilia exedudebat, E. Vignon Altresbatensis 1586

219) Wolf: Hexenwahn, a.a.O.

220) Weder Plato noch Aristoteles können die Frage nach dem Verhältnis des menschlichen Willens zur göttlichen Allmacht befriedigend beantworten, wenngleich der Denker von Stagira als der klassische Verkünder der Willenskraft angesehen wird. Plato und Aristoteles gehen von dem Bestreben aus, zwischen den menschlichen Handlungen zu unterscheiden, die frei seien und solchen, denen unverkennbar Determinität zugesprochen werden muß. Plato sieht die Freiheit in der Vernunft und kommt zu dem Ergebnis, daß der von ihr geleitete Mensch als frei und der von seinen Begierden beherrschte als unfrei anzusehen ist. Demgemäß sieht er die Erlösung des Menschen aus dem Zustand der Gebundenheit im Sieg der Vernunft über die Begierde an.
Aristoteles widerspricht der Auffassung Platos im 3. Buch seiner Nikromantischen Ethik, indem er darauf verweist, daß das Nachgeben gegenüber den Begierden einem freien Willen gleichkommt, er läßt nur als unfreiwillig gelten, was der Mensch gezwungen oder unwissentlich tut. Alle Handlungen des Menschen sind freiwillig, die in sich selbst ihren Anfang haben und die daher ebenso wohlgetan als unterlassen werden können.

221) René-Fülöp-Miller: a.a.O. S. 2

222) Theologia moralis, S. 515, 1626

223) Längin: a.a.O. S. 111

224) Duhr: Vorspann und S. 22/23, 1900

225) Brief vom 26.3., Aquaviva an den Provinzial der rheinischen Provinz, P. Jacob Ernfelder

226) Duhr: a.a.O.S. 490, 1900

227) René-Fülöp-Miller: a.a.O. S. 16

228) Neue auserlesene und wohlgegründete Hexen-Predigt ... durch Herrn Samsonium, Riga 1626

229) Melchior Leonhard: Zwei Predigten über die Hexe von Endor.1599

230) Tanner: Geboren 1572 in Innsbruck, 1590, mit 18 Jahren tritt er der Gesellschaft Jesu bei. Sechs Jahre danach treffen wir ihn als Lehrer in Ingolstadt und später in München, Wien und Prag. Er stirbt in dem salzburgischen Dorf Unken am 25.3.1632.

231) Universa theologica scholastica, speculativa, practica, ad methodum, sanctii Thomae 4 tomi, Ingolstadt. 1626. Der Ingolstädter Bürger und Ratsherr Johann Bayr hat die Druckkosten übernommen.

232) Sein Ordensgenosse überliefert die Anekdote, derzufolge Bauern unter den Habseligkeiten des Verstorbenen ein Mikroskop entdeckt haben und ihn deswegen der Hexerei bezichtigen.

233) Riezler: a.a.O. S. 250

234) Duhr: a.a.O. S. 48, 1900

235) Riezler: a.a.O. S. 252

236) Duhr: a.a.O. S. 53, 1900

237) Er ist Sohn spanischer Eltern und wird 1551 in Antwerpen geboren, beherrscht von den alten Sprachen Latein, Griechisch, Hebräisch und Chaldäisch; von den neueren Flämisch, Italienisch, Französisch und Deutsch. Kaum 20jährig beginnt er seine schriftstellerische Laufbahn. Sein Hauptarbeitsfeld ist das Zivilrecht. 1574 wird er Dr. der Rechte in Salamanca. Daraufhin wird er Regierungsrat von Brabant. Schließlich sehen wir ihn als Vizekanzler der Generalprokurators. Mit 29 Jahren tritt er in Valladolid in die Gesellschaft Jesu ein. Nach einem längeren Studium der Philosophie und Theologie wird er Professor der Philosophie in Douay. Später lehrt er Theologie in Lüttich, Löwen und Graz. Er gehört bis zu seinem Lebensende (1608) dem Orden der Jesuiten an.

238) Disquisitoionem magicarum libri sex, quibus continetur accrrata curiosam artium et venarum superstitionem confutatio, utiliis theologis, Jurus consultis, Medicis, Philogicis, Auctore Del Rio. Societ.Presbytet et. Theolog. Doc. Mainz 1599
Es erscheint in Löwen; Folgeausgaben 1600 und 1603 nochmals in Mainz. Die Approbation des Ordens stammt vom 6. 7.1598 (Lüttich) und ist vom belgischen Provinzial Olivierus Manareus unterzeichnet. Die königliche Approbation stammt vom 8.2.1599 (Löwen).

239) Seine Gewährsmänner sind Nider, Cumanus, Sprenger, Remigius, Binsfeld, Torreblanca, Bodin und Trithemius. Hinzu kommen Ulrich Molitoris und Weyers Schrift über die Blendwerke der Dämonen aus dem Jahr 1563.

240) Duhr: a.a.O. S. 40, 1900

241) Hier bezieht er sich wieder auf Sprenger, Remigius, Bodin, Trithemius und Caesarius von Heisterbach, vor allem auf die Ausführungen des Hexenhammers.

242) Längin: a.a.O. S. 136

243) »Anathema maranthana«

244) Er ist Prior von St. Germain de Laye und spricht sich auf der Kanzel gegen die Wirksamkeit der Hexenfahrten aus. Deshalb muß er sich vor einem geistlichen Gericht verantworten und bekennen, daß er mit dem Teufel einen Bund geschlossen hat. 1453 wird er zu ewigen Gefängnis begnadigt. Soldan-Heppe, a.a.O., 1. Band, S. 247

245) Längin: a.a.O. S. 146

246) Duhr: a.a.O. S. 43, 1900

247) Wolf: Hexenwahn, a.a.O.

248) Diefenbach: a.a.O. S. 147, 1886

249) Friedrich von Spee von Langenfeld wird am 25.2.1591 auf der Feste Kaiserswerth geboren, der Residenz seines Vaters, des kurkölnischen Burgvogtes und Amtmannes Peter von Spee. Er besucht in Köln das von den Jesuiten geleitete Dreikönigsgymnasium und tritt 1610 mit 19 Jahren als Scholastikernovize in das Trierer Noviziat der Gesellschaft Jesu ein. In Fulda, wohin wegen des Pestausbruchs in Trier das Noviziat verlegt wird, legt Spee im Herbst 1612 die ersten Ordensgelübde ab. Nach zwei Noviziatsjahren schickt man ihn zum Studium an die Würzburger Universität. Hier studiert er drei Jahre Philosophie und erwirbt sich den Grad eines Magister Artium. Daraufhin übernimmt er ein Lehramt an einem Gymnasium, wie es der jesuitischen Gepflogenheit entspricht. Wir sehen ihn 1616 in Speyer und 1617/18 in Worms. Dann folgen vier Schuljahre in den Lateinklassen des Jesuitengymnasiums in Mainz, währenddem er Theologie studiert. Im Herbst 1620 wird er zum Priester geweiht. Von da an führen ihn die Ordenskataloge als Katecheten zu St. Pancraz in Paderborn und zugleich als

Professor der Philosophie an der dortigen Jesuiten-Universität. 1624 als Professor für Logik, 1625 als Professor der Physik und 1626 als Professor der Metaphysik; ein geläufiges Schema.

Während des Auftretens der Pest 1626 in Paderborn die Dozenten auf andere Kollegien verteilt werden, wird Spee im Herbst diesen Jahres nach Speyer versetzt. Dann erscheint sein Name in der Präsenzliste der Beichtväter in Wesel; dann wird ihm vertretungsweise die Leitung der oberen Gymnasialklasse im Kölner Dreikönigsgymnasium anvertraut. Im November 1628 erhält er einen Auftrag im Dienst der damals Religions-Reformation genannten Gegenreformation und wird als Missionar in das 1530 protestantisch gewordene Städtchen Peine bei Hannover geschickt, um es zu rekatholisieren. Im April 1629 wird dort ein auf ihn noch nicht völlig geklärter Mordversuch unternommen. Er wird erheblich verletzt; dies zwingt ihn für elf Wochen in das Stiftsgut Falkenhagen, ein ehemaliges Benediktinerkloster, zur Genesung. Im Herbst 1629 nimmt er seine Tätigkeit wieder auf. 1630 erhält er in Paderborn einen Lehrstuhl für Moraltheologie. Der Ordenskatalog von 1631 bezeichnet ihn, nach dem ihm der Rektor des Paderborner Jesuitenkollegs im Januar den Lehrauftrag entzieht, als Beichtvater.

250) Ritter: Friedrich von Spee (1591-1635), Ein Edelmann, Mahner und Dichter, Trier 1977

251) Ritter: a.a.O. S. XXVII

252) Ritter: a.a.O. S. XXV

253) Er sagt: »Etwas behutsamer hatte ein gewisser Rechtsgelehrter ... Cautionen Criminalum herausgegeben. Dieser Autor leugnet weder den Teufel noch die Hexen. Und gewiß dieses Traktätlein scheint mit von solcher Wichtigkeit zu sein, daß es bishero von niemanden angefochten, und ich nicht bereden kann, daß ein verständiger Rechtsgelehrter oder ein kluger Politicus gefunden werden sollte, der nach Durchlesung dessen noch einige Zweifel wegen des unbilligen Verfahrens, so wieder die Hexen verübt zu werden pflegt, haben könnte, geschweige, daß er solches zu widerlegen sich unterfangen könnte.« Thomasius: Kurtzer Tractat. Laster der Zauberey (§ 4) Christian Thomasius. De origenes et progressu inquisitorii contra saga. S. 66, Halle 1712

254) »Es seien um die Hälfte des vorigen Jahrhunderts einem nach dem anderen die Augen aufgegangen und hat allsonderlich ein Autor Anonymus eine cautio criminalum herausgegeben, in der er sich so bescheiden, vernünftig und gelehrt aufgeführt und die meisten Indicis, woraus man gewöhnlich eine Zauberei erzwingen wollte, als schlüpfrig, falsch und ungewiß ausgegeben und erwiesen.« Brunnemann-Discours: Vom Betrüglichen Kennzeichen der Zauberei, Vorrede des Buches aus dem Jahr 1708

255) Buchmann: a.a.O. S. 326

256) Postilissimus liber

257) Sein Güldenes Tugendbuch von 1649 ist ein belehrendes Erbauungsbuch mit eingestreuten Liedern, das die Tugenden Glaube, Liebe, Treue und Hoffnung im Geist mystischer Gefühlssublimierung meditiert. Das dichterische Hauptwerk, die Trutz-Nachtigall von 1649 ist ebenfalls ein Werk lyrischer Versenkung, das der Seele Zugang zu der Person und den Leiden Jesu, zu den Geheimnissen der Trinität und zur Erkenntnis der in der Natur glorifizierten Schöpfungsmacht Gottes öffnen will. Das neutrale Hirtenmotiv, aus dem geistlichen Hohelied (Evangelium) und der lyrischen Tradition (Vergils Eklogen) übernommen, verleiht dem Zyklus die Gestalt

des geistlichen Schäfergedichtes, das als Gegenstück zum ovidischen Schäferspiel vielfache Nachahmung gefunden hat. Auch als Kirchenlieddichter nimmt Spee einen Rang ein; so sind z.B. das Lied O, Heiland, reiß den Himmel auf oder Vom Himmel hoch, ihr Englein kommt ihm zuzuschreiben. Spee zählt zu den bedeutenden Poeten des 17. Jh.

258) Spee: Cautio criminalis, quaest, XX. Ne, 12, § 26

259) Spee: Cautio criminalis, quaest, CC. Dub, 30

260) Spee: Cautio criminalis, quaest, XX. Nr. 16, Nr. 12, § 26

261) In der Freien Reichsstadt Speyer ist der Rat seit Ende des 13. Jh. im Besitz des Blutbannes. Den seit 1314 monatlich wechselnden Stadtrichtern wird die Anweisung erteilt, »Sie sollen bei Mord und Totschlag sofort amtlich eingreifen und darüber hinaus öffentlich und heimlich ... nach allen Straftaten forschen und fragen.«

262) 1274 Halsgerichtsordnung I. Übersiebung bei Straftat des schädlichen Mannes.

263) Wolf: Hexenwahn, a.a.O.

264) Rechenbuch im Frankfurter Stadtarchiv, Bl. 44. »S. a. assunt 40 hl. Frydancke, als he uff die thurme gieng die Gefanghin zu fultern.«

265) Wahrscheinlich findet die praktische Anwendung der Folter in Bamberg vor der in Nürnberg statt. Auch hier entwickelt sie sich zwangsweise aus dem Leumundsverfahren. Für die Situation in Bamberg ist das Ringen um den Blutbann typisch. Der Bischof und der Rat stehen sich hier im Kompetenzverlangen gegenüber. Schließlich bleibt das Blutgericht das bischöfliche Zentgericht. Das Stadtgericht ist nicht zuständig, es verfügt lediglich über die Erkenungsstrafen.

266) Quellen zur Geschichte der Stadt Köln Hrsg: Ennen und Eckertz, 6. Band, S. 436, 1879: »Gevangen, biterlingen gefoltert und gepeyniget«.

267) Oberschwäbische Stadtrechte, Hrsg: K.O. Müller, 1. Band, S. 207, 1914: »Ain schändlichen man mit fölrit in turm gichtigen.«

268) Schlettstadter Stadtrechtsquellen, Hrsg: Geny, S. 633: »Gefangen, geturnet und gefoltert".

269) Das Liber proscriptiorum von 1416 zeigt folgenden Eintrag: »Hannus Wyker von Reichenbach betelte und konde nicht reden, bis der her in den Stock quam, da ward er redende.«

270) Nikolaus Muffel bekleidet eines der höchsten in Nürnberg zu vergebenden Ämter. Nach einem neunmonatigen Zögern des Rates wird er festgenommen, gefoltert und trotz Fürsprache hingerichtet.

271) Der Sachsen in Siebenbürgen oder eigen Landrecht 1591: »Die Hauptlaster, so den Hals angehen, pfleget man zwar durch Folterung oder durch die peinliche Frage zu ergründen.«

272) Quellen zur Frankfurter Geschichte, Hrsg: Grotefend, Band II, a.a.O. S. 336, 1888

273) Wolf: Hexenwahn, a.a.O. S. 218

274) Duhr: a.a.O.S. 524, 1900

275) Duhr: Paul Laymann und die Hexenprozesse; In: Zeitschrift für katholische Theologie, S. 736, 1899. Paul Laymann wird in Innsbruck geboren (1575). Er lehrt kanonisches Recht in München und Dillingen. 1635 stirbt er an den Folgen der Pest.

276) Der vollständige Text lautet: »Progressus juridicus contra saga = Rechtlicher Prozeß gegen die Unholden und zauberischen Personen ... ist mit guten Fleiß und gründlicher Probation durch Laymann in lateinischer Sprache beschrieben ...jetzt den Berichtshaltern und guter Justiz zum besten verdeutscht, auch mit bewährten

Historien und anderen Umständen vermehrt und ordentlich abgetheilet « 1629. Der Aschaffenburger Drucker Quirin Botzer scheint sich auf die Herausgabe von Hexenbüchern spezialisiert zu haben.

277) Duhr: Geschichte der Jesuiten im 17. Jh., a.a.O. S. 461

278) Dazu ein Beispiel: Der Mainzer Kurfürst Schweikhard erläßt 1615 eine Verordnung, aus der ersichtlich wird, wie sich seine Untertanen in Stadt und Land auf Tauf- und Patenschmäusen und bei den Hochzeiten gegenseitig zu überbieten suchen, dadurch so in Schulden geraten, aus denen sie nicht mehr herausfinden. Diese Mainzer Luxusgesetze regeln bis ins Detail die Anzahl der Gäste und die Höhe der genehmigten Aufwendungen bei den verschiedenen Ständen.
Ein weiterer Mißbrauch besteht im Anziehen kostbarer Trachten, wobei die menschliche Eitelkeit durchschlägt. Drexel gibt ein Beispiel:»Im Jahr Christi 1505, nit länger, dann vor 130 Jahren ohngefehr ... predigt auf Aschermittwoch zu Straßburg der Thumbprediger Johannes Geiler von Keysersberg, ein sehr gelehrter und freisprechiger Mann. Der hatte angefangen, die Unmäßigkeit der Menge der vielen Speisen zu strafen und sagte: .. .in der Fasten hatt die Supp den Vorzug, druff folgen ordentlich die gebratene Hering, bald danach der gesottene Fisch, danach ein gehackt Kraut, nach sich zeugt ein Pfeffer oder Brei. Endlich kommt der Käs, also daß fünf oder sechs Essen ufgetragen werden ... wer könnte hierbei mäßig bleiben?«

279) Theologia moralis. Monach ... a.a.O. S. 519, 1625

280) Riezler: a.a.O. S. 235

281) Riezler: a.a.O. S. 71

282) Binsfeld ist Zögling des Germanicums. Steinhuber: Geschichte des Collegiums Germanicum Hungaricum, Band.1. S. 211 ff, Freiburg 1895

283) Riezler: a.a.O. S. 171

284) Längin: a.a.O. S. 131

285) Geboren in Gouda (Niederlande)

286) »De vera et valsa magia«

287) Riezler: a.a.O. S. 245

288) Außerdem sind die Kommissare Dr.theol. Helfenstein, Dr. jur. Collmann, ein Notar, Zeugen und Schreiber anwesend.

289) In dem von ihm herausgegebenen Enchiridon christiane institutionis

290) Zeitschrift für Kulturgeschichte, Band. IV. S. 765, 1859, Aus den überlieferten Quellen Weinsbergs läßt sich erkennen, daß in der Zeit zwischen 1520-70 wenige (Hexen)prozesse geführt worden sind.

291) Wolf: Hexenwahn, a.a.O. S. 361

292) Von einen gleichgelagerten Fall berichtet der sächsische Altertumsverein, über ihnen Jacob Pechtenau aus dem Jahr 1570 aus Wurzen. Er wird mit glühenden Zangen gezwickt, auf einen Wagen gebunden und lebend auf ein Rad geflochten. Mitteilungen des sächsischen Altertumsvereins, Heft III. S. 81, 1846

293) Siebel: a.a.O. S. 48

294) Siebel: a.a.O. S. 53

295) Siebel: a.a.O. S. 53

296) Siebel: a.a.O. S. 53

297) Brief der Catharina Henot aus dem Gefängnis des Hohen Gerichts an ihren Bruder: »Die Gnad Gottes sei mit uns allen. Amen. Gestern seint alle die Scheffen hier(r) gewesen, haben mich den Morgen und den Nachmittag viell seltzsame Sachen sonder Peinigen abgefragt, die Gott gelob gelogen seindt. Vorerst hette ich Wallraff bezaubert, daß er daruber gestorben. Da laßt alßbalt seinen Doctor hollen. Der sol Zeugnus geben, daß, ehe wir ihne gekant, ein fluissiger, schwacher Herr gewesen, und ist doch am Flecksfieber oder (der) Pest gestorben.
Zum zwetten hette ich Pastor Lucas Weyendall auch blindt unndt todt gezaubert. Seint doß nit große Lugen? Der Pastor Lucas hat mir geklagt, daß er den Fluß uf die Augen zu Woringen hette bekommen, als er vom Capittel dahin geschickt. Dah hette er in der Kelte und bey den Bauern zugesehen mit paßen. Davon hat er mir allezeit geklagt. Doch bin ich nit bey ihme gewest. Und das hatte ich auch bey ihne wollen schaffen - er hat mit der Zeit noch die beicht allemahl gehyrt - ist erlogen.
Zum dritten hette ich den Welschen Doctor zu den predigern auch todt gezaubert. Als er von den Claren kommen wehre, hette ich ihme ein Schnaupfduich geben. Damit hette ihnen bezaubert. Ach Gott, was großer Lugen ist diß. Es ist wahr, daß ihme und seinen Mitgesellen ein Schnupftduich in meinem Hauß vor den Predigern gegeben. Da quam er langs mein Hauß. Dabevorn war der Subprior mit Herrn Georgius Neef bey mir gewest und sagte mir, der Welsche Doctor were zu Claren zum Visitator verordnet, und anderen Herrn, und wehr da gewest und hette Suster Margrett visitiert, und hette den Mittag dah gessen und wehre ihnen davon so uebell worden und hette ein groß Geschwer anstundt ans Hindern bekommen. Als ich diß hort, daß er zue Claren war gewest und sahe ihnen langs mein hauß kommen, rieff ich ihnen herein und fragte ihnen, daß hatte er die Kranckheit als - wie es mit meinem Suster wehr abgegangen, da sagt er, er hette sie nit konnen verstehen; man hett es im al mussen zu Latein sagen. So kont er mir nit davon sagen. Er hett die andere lasen gewerden. Damit scheiden wir voneinander. Nun müst ihr nit lasen und schicken den Subprior in Pott und fragen ihn, ob er nit zu mir gewest, das der Doctor von dem Essen zu Claren wer so kranck worden. In Eweren Hauß und den im Sal hat er mir gesagt. Schickt dem prior und dem Subprior Bot, in Eul; die Scheffen wolle sey auch apfragen. Ach mein Gott, wie beligen mich die Menschen und böse feindt.
Zum vierden hatt der Welffer Halffmann gesagt, ich hette sein Kindt, so er mit der ersten Frawen gehabt, auch dott gezaubert. Das ist auch gelogen. Schickt in Eil Bott und nembt Zeugnuß von ihm. Zudem fragten sey mich, ob ich nit den Zanck und Hader zwischen dem Capittel St. Andrea und dem Halfmann zu Welffen gemacht. Da sagt, ich weiß von keinem Zanck. Ich hette dem capittel über 1500 Morgens Lands bey brächt. derhalben mach mir der Halfmann nit gunstig seyn - welches ich mit den Büchern will beweisen. So müst ihr nicht lasen und schicken ein der versiegelten Bücher, da die Scheffen von Dormagen ihr Siegel ahn haben gehangen, mit Züge ins Gericht. Darauß kunen sey sehn, ob ich dem Kapittel St. Andrea Schaden oder Nutzen gedahn hab.
Zum funften hette ich des Schulmeisters Fraw zu St. Severin, als sy in die Probstey gewohnet, ein Drunck Wein Geschenk(t). Herre drey oder vier Monat ein Kindt getragen. Sobalt als sie den Drunk gedruncken, were sie in den kram komen und hett in dott Kindt auff die Welt bracht. Das ist auch gelogen, wie Johannes weiss. Der hat mir hier geredt, das sey ein Sohn drage, und sey ist darnach alsbalt glücklich in den kram kommen.
Da hat der meister gesagt, ich hett die Probstey eins so vol Ruppen gezaubert, das ey den garden verdorben, und die Rupe wehren als die Wendt zum Schornstein herauf gekrochen.

Zum dritten hat der meister gesagt, ich het ein Zweig mit zwey Zacken von einem Appelbaum geschnitten, hette das dem Meister in die Handt gegeben und het ihm geweist, wie er damit verborgen Schatz solt finden. Ob diß nit Zuberwerck were? Darauff ich geantwordt, das hette ich nicht gedahn, sondern Johannes hette so in Geckerey mit dem Schulmeister gehabt. Wo oder von wehm diß Jannes das erstmals mit dem Appelzweig gesehn oder gelehrt, mach er sich bedencken und mich verdeigen. Cito, cito, cito mit allem Beweis.

Die Mandalin hat gesagt, daß ich bey ihr gewest mit etliche stattliche, vernomet, und hette sey gekratzt und hette sey willen zwingen zur Widerruff, hette die böses Geister ihr auch eingegeben; sey solt alles von mir, so sey gesagt, widerruffen. Ich bin nit bey ihr noch beim bosen Geist gewest. Ist alles erlogen.

Und ich solt bey underscheidliche Graffen gebolteret haben, daß etliche große Heren,so daß gezugt, gesehn und bey den Graffen in Bøt fonden. Ach was falscher Lügen. Es stündt den Schaffen vil zu beweisen, wan sey alles, was sei mir vorgehalten, dardohn sollten. Also hab ich in allem, allem die Warheit, bey meiner Sehlen, Heill, darauff bekendt, so sey von mir bloß gezeuget. Schick mir dem Doctor her. Ich bin sehr kranck.

Zuletzt, als die Scheffen ein Weg wolte gehn, so heilten sey erst Ratt in ein ander Kamer und kamen dabey mich al wieder und lasen mir durch den Griffen anzeigen, sey wolten mit der Justicia fortfaren, ob ich schon nicht bekennen wolten. Da batt ich sey, sey solten mich auf Bürschafft loß lasen... Daruf wolten sey mir keine Antwordt geben. Ich bin dreymal vor sey auf die Knie gefalle und sey gebetten, damit ich die grobe Lügen selber mochte verdedigen. Ach wehr ich darauß. Ich wolt sey balt verdedigt haben. Von Anna Maria und Margrit Zegenus haben sey mihr auch vorgehalten. Da fragte sey, ob ich es Concept gemacht. Da sagt ich, nein, das hett ich auf Franckenthorn lasen machen. Vom Creutz haben sey mir al wider vorgehalten und anders Sachgen mehr. Romerswinckel führt gar spottlich herauß; sehet, her Camp hat die Hollers loß begert und wolt die vor sein Dochter halten, und Peter (Pater?) Claß Nargrett; sehet, wie es innen das geluick.

Halt an, daß wir uns moge verdedigen, damit ich nit unschuldig umbkom. Bit her Kamp, das er helfft. Hiemit Got befollen. In Eil ...Coln in des Griffe Gefengnus. 16. Metzt. 1627.«

298) Die Dissertation von Friedrich Wilhelm Siebel: Hexenverfolgung in Köln, Bonn 1959, liegt zugrunde.

299) Siebel: a.a.O. S. 66

300) Merzbacher: a.a.O. S. 40

301) Generalinstruktion von den Trutten, St.A. Bamberg., Rep. B. 260. Nr.44

302) Merzbacher: a.a.O. S. 42. Er beruft sich auf die Chronik der Dominikanerin Anna Junius, einer Tochter des während des hingerichteten Bürgermeisters Junius.

303) Soldan-Heppe: a.a.O., 2. Band, S. 3

304) »Nachfolgende Personen seindt durch unerhörte Speis alls hering mit lauter Saltz und Pfeffer zum Prey gesotten, so sie ohne ainichen trunck essen müssen. Item mit einem Wannen Baadt von siedheißem Wasser mit Kalch, Saltz, Pfeffer vnd andere scharfen Matherie zugerichtet, neben andern erfundenen Torturen auch Hungers Noth ohne einichen christlichen Trost, Urtl oder Rat ellendtlich vmd ihr Leben kommen.«

305) »Panoplia armaturae Dei. Conciones contra ommes Superstitiones et praestigiis diaboli« Ingolstadt 1628

306) Längin.

307) Beiträge zur Geschichte des Hexenwahns in Franken, a.a.O. S. 49/55, Bamberg 1883

308) Es handelt sich um die Rechtskundler Schwartzcontz und Herrnberger

309) Der Kanzler Dr. Haan und sein Sohn werden ebenfalls hingerichtet. Archiv für katholisches Kirchenrecht, Band 50, S. 192 ff.

310) Dr. Georg Haan

311) Es handelt sich um eine Stelle im Hauptmoorswald.

312) Es handelt sich um den Bischof Johann Georg II.

313) Im Original tauf-dotten, wohl ein Lokaldialekt.

314) Es handelt sich um seinen jüngsten Sohn Georg, seine Töchter Veronika, der er den Brief schreibt, und um Anna Maria.

315) Ohne Zweifel handelt es sich um den Bürgermeister Georg Neudecker, der von 1612 bis zu seiner am 28.4. erfolgten Verhaftung einer der vier Bürgermeister von Bamberg gewesen ist. Dazu kommt die Tochter des fürstbischöflichen Zahlmeisters Wolfgang Hofmeister namens Ursula; außerdem die Hopfen Els(e).

316) Es handelt sich um eine andere Tochter, eine Nonne zum Heiligen Grab zu Bamberg. Sie schreibt in ihrer Chronik von 1627:»Als nun solches (das Drudenhaus) ausgebaut gewesen, hat man allhier am Tage der unschuldigen Kindlein die Kanzlerin, ihre Tochter, auch zwei Bürgermeisterweiber zum Ersten ins Trutenhaus geführt, nach diesen sind fast die allerstattlichsten und fürnehmsten Leute allhie ins Trutenhaus geführt worden, allda sind etliche hundert gerichtet und verbrannt worden. Darunter sind viele vornehme schöne Jungfrauen und junge Gesellen gewesen. Ob nun allen recht geschehen ist, ist Gott allein bewußt.« Haas: Geschichte der Pfarrei zu St. Martin zum Bamberg, a.a.O. S. 266, Bamberg 1845

317) Lambreg: a.a.O. S. 26

318) Der württembergische Staatsrat Ludwig Freiherr von Breitschwert hat die von ihm gefundenen Prozeßakten in seiner 1831 erschienenen Kepler-Biographie verwertet. Christian Frisch hat sich 1870 mit der gleichen Thematik befaßt.

Hier wird der Arbeit von Berthold Sutter: Der Hexenprozeß gegen Katharina Kepler, 2. Auflage, Weil der Stadt 1984, gefolgt. Der Autor untersucht vor allem die rechtliche Seite des Prozesses, so daß dieser ein völlig anderes Gesicht erhält. Er sagt:»Was bei der Durchsicht der Prozeßakten vor uns entsteht, ist ein Bild des kleinen Gemeinwesens mit all seinen Reibereien, mit dem aus Kleinigkeiten bestehenden Hader und Alltagsärger, begründet durch das Zusammenleben auf einem engen Raum. Nichtigkeiten, die an Größe gewannen, seit die Reinbolds sich bemühte, dieses aufzubauschen.« Sutter: a.a.O. S. 114

319) Salzmann hat in verdienstvoller Weise die Hexenprozesse im Esslinger Raum erforscht.

320) Heerbrand: Disputatio de magia, Tubingiae 499 (?)

321) Bidenbach: Manuale ministrum Ecclesiasia, Handbuch für junge angehende Kirchendiener im Herzogtum Württemberg zugericht, Frankfurt am Main 1613

322) Bocer: Tractatus de sagarum impietate nocendi imbelitate et poena gravitate, Tubingiae 1621

323) Naegeorgus, Thomas, eigentlich Kirchmayr oder Kirchmaier, ein neulat. Dichter: Geboren 1511 in Hubelschmeiß bei Straubing, gestorben 29.12.1563 als protestantischer Pfarrer. Er gilt als leidenschaftlicher Bekämpfer des Papsttums. 1546 folgt sein Bruch mit den Lutheranern.

324) Wie der Korrektor (?) Johann Hiltenbrandt bemerkt.

325) Zum Briefwechsel Brenz/Weyer: »Concio I. Brentii germaniae, a Wiero latina fideliter reditta.« Iohan Wieri: »De praestigiis daemonum et incantationibus et veneficiis libri sex. Basiliae.« 1583

326) Johannes Brenz: Predigt vom Hagel, Donner und allem Ungewitter. Straßburg und Eisleben, bzw. Homilia de gandine, habita anno 1539; Abgedruckt in: Pericopae evangeliorum ... expositae per. D.I. Brientium, Francoforte 1556/57

327) Thummius:»Tractatus theologicus de sagarum impietate, nocendi imbellitate et poena gravitte.« Tubingiae 1621

328) »Es ist kein Zweifel, daß sich der Teufel mit göttlicher Zulassung in ein Weib oder einen Mann verwandeln kann. Unter einer solchen Gestalt kann er, wie schon Augustin bemerkt, als In-oder Sucub mit den Menschen fleischlichen Umgang pflegen.« De civita Dei 123

329) Eine Summe etlicher Predigten vom Hagel und Unholden, gethan in der Pfarrkirch zu Stuttgarten im Monat Augusto anno M.D.LXX. Durch Matheum Alberum und D. Wilhelmium Bidenbach, sehr nutzlich und tröstlich zu dieser Zeit zu lesen, Tubingiae 1562

330) Cod. 1.9. tit. 18.1. Imperator populam

331) Konrad Platz: »Kurtzer, nothwendiger und wohlbegründeter Bericht vom zauberischen Beschweren und Segensprechen« Tübingen 1565

332) Zur Nürnberger Kirchenordnung. Lange: Neuere Geschichte des Fürstbisthumbs Bayreuth. II. 30, Luthers Briefe von De Witte, S. 388, 1827

333) Die Kinderpredigten in der Fassung von 1540 sind abgedruckt bei Mylius Corpus Constitutionem Marchinarum. Vol. Nr.2., während der mitgeteilte Passus aus den Nürnberger Kinderpredigten einem in der Nürnberger Stadtbibliothek befindlichen Werk Kirchenordnung entnommen ist. In meiner gnädigen Herrn der Markgrafen zu Brandenburg und eines Erbarn Rats der Stadt Nürnberg Obrigkeit und gepieten. Wie man sie bayde mit der Leer und Ceremonien halten solle. M.D.XXXIII, gedruckt zu Nürnberg durch Christoph Gutknecht,.

334) Siehe Fußnote 318) dieses Kapitels

335) Sutter: a.a.O. S. 35

336) Sutter: a.a.O. S. 36

337) Die Keplerin gibt arglos vor dem Gericht zu, daß sie dem ihr bekannten Segensspruch über ihren Kindern gesprochen habe, in dem der Schulmeister angeraten und ihn nach ihrer Verhaftung Werner Feucht diktiert hatte.

338) Sutter: a.a.O. S. 38

339) Sutter: a.a.O. S. 39

340) Sutter: a.a.O. S. 38

341) Sutter: a.a.O. S. 42

342) Sutter: a.a.O. S. 50

343) Sutter: a.a.O. S. 56

344) Sutter: a.a.O. S. 63

345) Seine Suppplikation wird von Konsilium abgelehnt, das am 23.6.1618 darauf drängt, daß der nunmehrige Prozeß der Glaserin gegen die Keplerin vorangetrieben werde.

346) Sutter: a.a.O. S. 112

347) Sutter: a.a.O. S. 76

348) Sutter: a.a.O. S. 66

349) Die Keplerin sagt darauf: »Im Gefängnis von Leonberg habe ihr eine Weibsperson, ehe diese justifiziert worden sei, das Messer in Pelzlegin (?) geschoben, dann allerdings stellte sie selbst richtig, daß nicht die Weibsperson, sondern deren Mann, den man hingerichtet hat, die Frau aber entlassen worden sei ... und ihr deshalb das Messer zugesteckt habe.«

350) Das interessanteste an der Arbeit von Sutter ist, daß er die rechtliche Seite des Prozesses analysiert. Sie veranschaulicht den Stand der Jurisprudenz zum Beginn des 30jährigen Krieges, Verteidigung und Anklage versuchen sich auf allgemeine Rechtsgrundsätze, Sentenzen und nahezu 50 verschiedene Autoritäten zu stützen. So wird Jean Bodin von den Parteien nahezu gleich häufig zitiert. Die Anklage stützt sich in einem Punkt auf Petrus Binsfeld, den katholischen Weihbischof von Trier. Sofort wird von der anderen Seite zurückgepfiffen und hervorgehoben, daß dieser ein Doctor Romano-catholici sei. Sutter: a.a.O. S. 91

351) Vergl. zu dieser Problematik die 1937 und 1938 erschienene Arbeit von Paul Gehring: Der Hexenprozeß und die Tübinger Juristenfakultät. Daraus wird ersichtlich, daß rund die Hälfte all der vielen vom Tübinger Rechtskollegium abgegebenen Konzilien sich mit der Frage der Zulässigkeit der vom klagenden Vogt beantragten Verhängung der Tortur befaßte, bedurfte doch damals jede Folterung einer besonderen gerichtlichen Zulassungserkenntnis.

352) Sutter: a.a.O. S. 63

353) In der Hexenliteratur wird dieser Prozeß unterschiedlich gewertet. Zuverlässige Quellen sind: Magazin von Meiner und Spittler, Band II, Hannover 1787. Christliche Anred, nächst dem Scheiter-Hauffen, worauf der Leichnnam der Mariae-Renatae, einer durchs Schwerdt hingerichteten Zauberin, den 21. Juli 1749 außer der Stadt Wirzburg verbrannt worden, an ein zahlreich versammeltes Volk gethan und hernach auf gnädigsten Befehl einer hohen Obrigkeit in öffentlichen Druck gegeben von P.Georgio Gaar (SJ). Außerdem hat der 1785 verstorbene Abt des Klosters Oberzell, Oswald Lorschert, eine »umständliche und wahrhafte Nachricht von dem Zufalle, so eine Jungfräuliche ... Kloster Unterzell bei Wirzburg getroffen« hinterlassen.

354) Man unterscheidet die Dämonomanie (die Vorstellung, von einem Teufel oder Dämonen besessen zu sein) von der Dämonophobie (eine plötzlich auftretende Ekstase oder Halluzination).

355) Der heilige Angela de Foligno wurde jeweils von einem heißen Dämon besucht. Andere sagen, daß er stets bei den dämonischen Besuchen unter kalten Schauern leiden mußte.

356) Wolf: Hexenwahn, a.a.O.

357) Masters: a.a.O. S. 113

358) Von incubere, auch insultor, griech. ephialtes

359) Philosophieprofessor 1019-79 in Konstantinopel

360) Traitée et conferences d'un Bureau d'Adress, l. Recueil general des questiones, Paris 1656

361) Hoefler: Medizinischer Historismus; In: Zentralblatt für Antroplogie, 1900

362) So argumentieren die Autoren des Hexenhammers.

363) Paulus: a.a.O. S. 211

364) Luthers Werke, Weimarer Ausgabe, I. S. 406 ff

365) Kaspar Huberinus: Spiegel der Hauszucht Jesu Sirach genannt, Samt einer kurtzen Auslegung, Nürnberg 1565

366) De praestigiis daemonum, Basiliae 1583

367) Masters: a.a.O. S. 59

368) Das weiß allerdings bereits Caesarius von Heisterbach; Rosskoff: Geschichte des Teufels, a.a.O. 2. Band, S. 319

369) Rapp: Die Hexenprozesse und ihre Gegner in Tirol, aus den ältesten Akten von Hexenprozessen in Deutschland, Innsbruck 1874

370) Lambreg: a.a.O. S. 37

371) Lambreg: a.a.O. S. 7

372) Calmeil: a.a.O. S. 463
373) Calmeil: a.a.O. S. 463
374) Boquet: Nach Calmeil de la folie, a.a.O., 1. Band, S. 319, Paris 1845
375) Dies entspricht dem Triphallus der Antike.
376) Masters: a.a.O.S. 103
377) Sinistrari; De Daemonaita, Isidore Lisieux, Paris 1879; Er ist in erster Linie eine Abhandlung über die sexuellen Aspekte des Hexenwesens. Sinistrari: Peccatum Mutum, The Secret Sin, Colection Le Ballet de Muses, New York 1958
378) Aristoteles erklärt, daß die Seele nicht im menschlichen Samen enthalten ist. Jamblichius schreibt, daß der assyrischen und ägyptischen Theologie zufolge der stoffliche Körper erst durch den Geschlechtsakt entsteht, während sein Charakter durch eine größere Ursache gebildet wird. Seneca ist der Meinung, daß der Geist göttlichen Ursprungs sei. Der heilige Augustinus lehrt, daß Gott die Seelen geschaffen habe und daß er ihr die Gabe der Vernunft verleihe.
379) Soldan-Heppe: a.a.O. 1. Band, S. 309
380) Schwager: a.a.O. S. 247

Schwarze Messen

1) Massignon: Les Yezidis du Mont Sindjar adoratuers d'Iblis; In: Satan, Etudes Carmélitaines, S. 1755 ff, Paris 1948
2) Zacharias: a.a.O. S. 25
3) Zacharias: a.a.O. S. 9
   Robbins: The Encyclopedia of Whitchcraft and Demonology, 2. Aufl., S. 50, London 1960
4) Robbins: 2. Aufl., S. 50, London 1960
5) Zacharias: a.a.O. S. 9
6) Zacharias: a.a.O. S. 14
7) Zacharias: Satanskult und Schwarze Messe, Ein Beitrag zur Phänomenologie der Religion, 1. Aufl. 1964, 2. Auflage 1979
8) Baudelaire schließt sich 1846 in Paris einer Gruppe junger Leute an, die im Zeichen der Revolte gegen die geistigen und sozialen Normen jeweils am Sonntag einen Satanskult einberufen. Seine Fleurs du Mal erscheinen 1857 in Paris.
9) Leopardi stirbt 1839 im Alter von 39 Jahren und gibt kurz davor eine satanische Hymne heraus.
10) Carducci spielt in der italienischen Freimaurerei eine maßgebliche Rolle.
11) Schmitz: a.a.O. S. 322
12) Deschner: Das Kreuz mit der Kirche, a.a.O. S. 35 ff, 1974
13) Ringgren und von Ström: Die Religionen der Völker, S. 389, 1959
    de Vries. Keltische Religion, S. 244, 1961
14) Deschner: a.a.O. S. 39 f
15) Clemen: Die Religionen Europas, 1. Band, S. 179, 1926
    Ringgren und von Ström: a.a.O. S. 148, 210, 358, 409 f
    Heiler: Erscheinungsformen und Wesen der Religionen, S. 205, 243, 1961
    Hermann: Symbolik der Religionen der Naturvölker, S. 219, 1961
16) Bornemann: Lexikon der Liebe, 2. Band, S. 148 f
17) Evola: Metaphysik des Sexus, S. 304, 1962
18) McCabe: A History of Satanism, Gérard/Kansas 1849
    Przybszewski: Die Synagoge Satans, 1897. G. Legué: La Messe noire, Paris 1903. Caufeynon et Jaf, Les Messes noires - Le culte de Satan-Dieu, Paris 1905.
19) Livius: Römische Geschichte, Bacchanalien, München 1831 Dreikandt: a.a.O. S. 77 ff. Gelzer: Die Unterdrückung der Bacchanalien bei Livius; In: Hermes 1937. Turchi: Religion de Roma Antica, S. ff, 1939
20) Epiphanius: Panarcion haer. XXVI. 4. 5. et Holl. 1. S. 2800 ff, (Migne PG XII. 337), S. 190 ff
21) Leidegang: a.a.O. S. 111 ff
22) Epipharchius: Panarion haer. XXXVII-5-; In: K. Holl. a.a.O. S. 57 ff
23) Zacharias: a.a.O. S. 40
24) Migne: Patrologia cursus completus - Series graeca.Paris 1857-66, LVIII. S. 491; In: von Bardenhever u.a., (Hrsg.) Bibliothek der Kirchenväter. 1911-28, 26. Band. S. 72
25) Zacharias: a.a.O. S. 42
26) Zacharias: a.a.O. S. 55
27) Sachs: Eine Weltgeschichte des Tanzes, S. 170 ff, 1933
    Backmann: Religious Dances in the Christian Church and in the Popular Medicine, S. 170 ff, London 1952
28) Es handelt sich um einen wilden Tanz, der ursprünglich zur Heilung bei Vergiftungserscheinungen, die durch den Biß der apulischen Erdspinne Lycosa tarantula hervorgerufen wird. Eine Spätform ist die Tarantella.
29) Du Cange: Glossarium mediuae et infirmae Latinitatis, nova editio, 4. Band, S. 4 81 ff, Paris 1938
30) Du Cange. a.a.O. 3. Band, S. 460 f, Paris 1938
31) Ludovikus archiepiscopus Gemensis in Stat. ann. 1445. tom 12. Christ. col. 96.
32) Michelet: a.a.O. S. 25 f
33) Guibert von Nogent: De vita sua. III.17.
34) Gesta Synodi Aurelinensis an. MXXII. adversus novos Manichaeos. Bouquet u.a.: Recucie des historiens des Gaules et de la France, S. 538, Paris 1738-1904
35) Aus dem Verhör des Huguet de Bure vom 24.4.1310, ed. Michelet I. S. 205 ff
36) Schottmüller: Der Untergang des Templerordens. 2 Bände, 1887
37) Zacharias: a.a.O. S. 99 f
38) Zacharias: a.a.O. S. 53
39) Zacharias: a.a.O. S. 65
40) Geboren 1553 in Bordeaux. Er wird von König Heinrich IV. beauftragt, in Labourd in den Westpyrenäen Untersuchungen über das Hexenwesen anzustellen. Diese Tätigkeit nimmt er 1619 auf. Er ist der Verfasser des Buches Tableau de l'Incinstante
41) Walter: Bekenntnisse, a.a.O. S. 47
42) Walter: Bekenntnisse, a.a.O. S. 69
43) Walter: Bekenntnisse, a.a.O. S. 138
44) Walter: Bekenntnisse, a.a.O. S. 13
45) Als mehrere Giftlieferanten Mitglieder des Französischen Hofes als Kunden benennen, ruft der König eine Kommission ein, um die Untersuchung fortzuführen und um über die Angeklagten zu richten. Sie tagt im geheimen und tritt in einer mit schwarzen Draperien ausgeschlagenen, mit Kerzen erleuchteten Kammer zusammen. Der König drängt darauf, »Den abscheulichen Gifthandel so gründlich als möglich zu durchdringen, strenge Gerechtigkeit walten zu lassen ... ohne Ansehen der Person, des Ranges und des Geschlechtes.«
46) Zacharias: a.a.O. S. 115
47) Der Pariser Polizeipräfekt Nicholas de la Reynie wird im März 1679 von Ludwig XIV. beauftragt, bestimmten Gerüchten über eigenartige Zusammenkünfte und eine dahinter vermutete Verschwörung aufzudecken. Dabei kommt zutage, daß Personen aus der nächsten Umgebung des Königs in die Affaire verwickelt sind. Francois Revaisson: Die Messen des Abbé Guiborg, 1970

48) Rossel Hope Robbins erklärt, daß die Chambre-Ardente-Affaire möglicherweise der einzige Hexenprozeß ist, der auf einem Element faktischer Wahrheit ruht, statt auf den wilden Phantasien junger Neurotiker oder der morbiden Logik perverser Hexenrichter und Inquisitoren.

49) La Voisons Tochter Marguerite bestätigt den Richter, jedesmal, wenn Madame de Montespan etwas neues zustieß, oder sie eine Verringerung der Gunst des Königs befürchtete, sagte sie ihrer Mutter Bescheid, damit sie Abhilfe schaffe. Ihre Mutter suchte sofort Zuflucht bei Priestern, daß sie eine Messe lesen ließen und ihr Pulver gaben, das dem König verabreicht werden sollte.

50) Dreikandt: Schwarze Messen, a.a.O. S. 76, 1970

51) Solche Pulver enthielten den Staub von getrockneten Leberflecken Fledermausblut, Kantharidin (hergestellt aus feingemahlenen Ölkäfern), der spanischen Fliege und weiteren Giftsubstanzen.

52) Schwarze Messen, a.a.O. S. 70, 1970

53) Auszug aus dem Verhör des Abbé Guiborg vom 10.1.1680 in Vincennes

54) Zacharias: a.a.O. S. 122

55) Zacharias: a.a.O. S. 125

56) Das Leben und die Memoiren des Scipio von Ricci, Bischof von Pistoja, Reformator des Catholizismus in der Toscana unter der Regierung Leopolds ...nach eigenhändigen Manuskripten dieses Prälaten und anderer berühmter Männer des vorigen Jahrhunderts bearbeitet, und mit rechtmäßigen Urkunden aus dem Archiv des Herrn Commandeur Lap. von Ricci zu Florenz versehen. Von Herrn V. Potter, aus dem Französischen, Stuttgart 1826

57) Siehe Fußnote 56)

58) »Bezeugung der Aufführung der P.P. des heiligen Dominikaners, bei uns Nonnen zu St. Katharina von Pistoja. 1775 dem Großherzog Leopold überreicht. Unterschrieben: Ich Schwester A.T. Mertine, manua properia. Ich Schwester B. Parracini, manua properia. Ich Schwester M.C. Bambi (manua properia). Ich Schwester G. Poggiani (m.p.). Ich Schwester C.G. Botti (m.p.)«

59) Das Verhör trägt das Datum vom 6. und 10. 9.1774

60) Schmitz: Dämonen im Dschungel der Dummheit

Exorzismus

1) Das interessante Buch zum Thema ist: Allen: Dämonische Besessenheit in der Gegenwart und wie man davon befreit wird, Leonberg 1954

2) Markus 1.25; Lukas 4,35; 16.17

3) Dam: a.a.O. S. 68

4) Dam: a.a.O. S. 68

5) Dam: a.a.O. S. 50 ff

6) 2. Moses 12.23; 2. Sam. 24.16

7) 4. Moses 21.6

8) 1. Version: »Vor der Schöpfung existieren der Satan und die Engel. Sie haben, wie Moses berichtet, Frauen verführt und mit ihnen zusammen Riesen erweckt. Diese kommen bei einer späteren Sintflut um und werden zu bösen Geistern, die die Menschen angreifen.« 1. Hen. 21.8.-9
2. Version: »Die gefallenen Engel verführen die Menschen und bringen ihnen Gesetzlosigkeit, Blutvergießen und Okkultismus bei. Dies macht die Sintflut als Strafe notwendig.« 1. Hen. 40-.7.7.65.6.

9) Aser 6.9; Sim. 4.9 und 6.6; Levi 18.12; Seb. 9.9; Napth. 3.3

10) Tobit 2.10 und 18.20

11) n.n.

12) Chull. 68 a

13) Es sind die Geister verstorbener Riesen.
Gott hatte, als er am sechsten Schöpfungstag die Menschen schuf, noch einige Seelen übrig. Das Eintreffen Satans hindert ihn daran, ihnen rechtzeitig Körper zu geben.
Gott hat einen Teil der Turmbauer von Babel zur Strafe im Geister und Nachtgespenster verwandelt.
Die Dämonen stammen von Disteln, Vampyren und Dornen ab.
Es sind Geister verstorbener schlechter Menschen, die sich während ihres Lebens nicht vor Gott beugen wollten.
Dam: a.a.O. S. 23

14) Matthäus 4.1.-11; Lukas 4.1-13

15) Markus 5.1.-20; Matthäus 8.28-34; Lukas 8.38-39

16) Matthäus 8.28-32; Markus 5.1.20; Lukas 8.26-40

17) Matthäus 17.14-21; Markus 9.14-30; Lukas 9,37-43

18) Markus 1.21.28; Lukas 31.37

19) Markus 1.21; .2.29; Lukas 4.31-37

20) Matthäus 15.21; Markus 7.24-30

21) Lukas 8.2

22) Matthäus 10.1; Markus 3.14-15

23) Lukas 4.38.39

24) Dam: a.a.O. S. 74

25) Matthäus 16.18

26) In seinen Tischreden
Oesterreich: a.a.O. S. 181
Michaelis: Geisterreich und Geistermacht, a.a.O. S. 41, Bern o.J.

27) In der 2. Auflage seines Beichtbüchleins von 1526

28) Strauß: a.a.O. 1. Band, S. 403 ff
Roskoff: a.a.O. S. 199 ff
Klein: Geschichte Jesu, S. 315, 1876
Meyer, E: Ursprung und Anfänge des Christentums, 1. Band, S. 94 ff, 1924
Grundmann: Jesus der Galiläer und das Judentum, 1949

29) Craveri: a.a.O. S. 96

30) Dam: a.a.O. S. 87

31) Dam: a.a.O. S. 88

32) Const. Apostlg. VIII. 29

33) Dam: a.a.O. S. 89

34) Dam: a.a.O. S. 95

35) Binterim: a.a.O. VII. Band, Th. 2, S. 267; Hier finden sich weitere Beispiele.

36) Dam: a.a.O. S. 96

37) Dam: a.a.O. S. 100

38) Dam: a.a.O. S. 101

39) Matthäus 16.18

40) So der Theologe Karl Barth

41) Winklhofer: a.a.O. S. 159

42) Bichlmeyer: Urchristentum und katholische Kirche, 1924

43) Görres: Die christliche Mystik, 3. Band, S. 47, 1836-42

44) Maßmann: Die deutschen Abschwörungs-, Glaubens-, Beicht- und Betformeln vom 8.-12. Jh; In: Bibliothek der gesamtdeutschen Nationalität, 7. Band

45) Roskoff: a.a.O. S. 1. Band, 291 f

46) Riedel: Die Kirchenrechtsquellen des Patriarchates Alexandrien, a.a.O. S. 280 f, 1900

47) Schmitz: Dämonen im Dschungel der Dummheit, S. 173

48) Probst: Exorzismus; In: Wetzer und Welte: Kirchenlexikon, 4. Band, S. 1144

49) Binterim: a.a.O. 7. Band, S. 289

50) Roskoff: a.a.O. 2. Band, S. 187 ff

51) Roskoff: a.a.O. 2. Band, S.189

52) Artikel 136, Absatz 4

53) Deschner: Der gefälschte Glaube, a.a.O. S. 102

54) Deschner: Der gefälschte Glaube, a.a.O. S. 102 f

55) Schmitz: Dämonen im Dschungel der Dummheit, S. 184

56) Hoensbroech: Das Papsttum, a.a.O. S. 68

57) Hophan: Die Engel, Luzern 1958

58) Einige berühmte Exorzismusbücher sind:
Compendio dell arte exorcistica, Menghi, 1606
Practica exorcistaricum, Poliodorus, 1606
Complementum artis Exorcistae, Vicecomes, 1606
Jugum ferrum Luciferi, Gomez, 1676
Manuale exorcistaricum, Broghnoli, 1720
Gran Dizionario infernale, Pigue, 1871
De Livre des grands exorcismes et benedictiones, Abbé Julio, 1908

59) Rituale Romanorum: Römisches Ritenverzeichnis, Auf Befehl des höchsten Pontifex, Paul V. herausgegeben unter Fürsorge anderer Päpste geprüft und angepaßt den Vorschriften des Kodex Iuris Canonici ... In Vollmacht Unseres Heiligsten Herrn Papst Pius XII. gedruckt und vermehrt, Erste Ausgabe nach der Urschrift, In der vielsprachigen Druckerei des Vatikans im Jahre des Herrn 1954

60) Hoensbroech: Das Papsttum: a.a.O. S. 69

61) Abschnitt II. des Rituale Romanorum in der neuen Fassung, 1. Kapitel: Richtlinien zur Beschwörung des bösen Geistes.

62) 2. Kapitel der Sammlung im Rituale Romanorum, Ausgabe 1954

63) Maslowski:a.a.O.S.159.

64) Delaqour: Agape Satan! S.94 ff, 1975

65) Schmitz: Dämonen im Dschungel der Dummheit, S. 224

66) Nicolas Aubin: Geschichte der Teufel von Loudun ... oder die Besessenheit der Ursulininnen vor der Verdammung und Bestrafung von Urban Grandier, Pfarrer derselben Stadt, Berlin 1981

67) Das Dokument trägt die Unterschrift des Bischofs und das Datum vom 22.10.1629

68) Nicolas Aubin: a.a.O.

69) De meus, ad te vigilo, mesere mei Deus.

70) Hoensbroech: Das Papsttum: a.a.O. S. 77

71) Seligmann: a.a.O. A. 221

72) Ernst-Allemann: Teufelsaustreibungen, Die Praxis der katholischen Kirche um 16. und 17. Jh., Bern 1972

73) Ch. Blendec: Cinq histories admirables, esquelles est montré comme miraculeusement par la vertu et puissance du S. Sacrement de L'Autel a esté chasseé Beelzebub ... hiors de corps de quadre diverses personnes, Paris 1582

74) Ernst-Alleman: a.a.O. S. 51 ff

75) Ernst-Alleman: a.a.O. S. 64 ff

76) Barbara Juliane Freifrau von Krüdener, geb. Baronin von Viettinghoff, geboren 1766 in Riga und gestorben 1824 in Karasbugar/Krim. Sie verbringt eine ihrer Herkunft entsprechende Jugend; Reisen in Europa, Aufenthalt in Paris, mit 18 Jahren standesgemäße Heirat mit dem russischen Gesandten von Venedig.
Als Bekehrte sammelt sie rasch eine Gemeinde um sich und wird eine der ersten Prophetinnen, denn bis dahin haben Frauen in der religiösen Bewegung wenig zu sagen. Frau von Krüderer vertritt einen Pietismus, der stark zum Mystizismus neigt. Auf der anderen Seite hilft sie in den Kriegsjahren den Armen materiell.
Der Zustrom ist überwältigend. Die Ersten und Letzten Europas drängen sich zu ihren Versammlungen, was die Obrigkeit veranlaßt, sie über die Grenze abzuschieben.
Ein eigentliches Emigrantenschicksal bleibt ihr dank hoher Freundschaften, wie der mit Alexander I. und der Königin Louise von Preußen, erspart. Sie erwartet vor ihrem Tod die Wiederkehr des Herrn. Sie stirbt, aus Petersburg vertrieben, am 14.12.1824 in Südrußland.
Jung-Stilling, ein Freund Lavaters und ein zurückhaltender Pietist, sagt von ihr: »Frau von Krüderer ist eine weitgeförderte Christin, ihre Liebe zum Herrn ist stärker als der Tod. Sie wirkt erstaunlich und lebt wie eine Heilige; allein hat sie sich durch eine verdächtige Schwärmerei verführen lassen und verschiedene Irrtümer angenommen.«

77) Ursula Kündig erhält 16 Jahre, Conrad Moser und sein Vater Johannes sowie Peter jeweils 8 Jahre, Susanna 6 Jahre, Magdalena Jägglin und Magdalena Moser jeweils 6 Monate Zuchthaus.

78) Kerner: Eine Erscheinung aus dem Nachtgebiet der Natur, 1836

79) Die somnambulen Erscheinungen der von ihm mehrere Jahre beherbergten und beobachteten Kaufmannsfrau Friederike Hauff verarbeitet er in seinem Roman Die Seherin von Prevorst
Kerner: Geschichte zweyer Somnambulen, 1824

80) Kerner: Geschichten Besessener neuester Zeit, 1834
Ders.; Nachrichten von dem Vorkommen des Besessenseyns, 1836

81) Jennings: Geister und Germanisten: Literarisch-parapsychologische Betrachtungen zum Fall Kerner-Mörike; In: PSI und Psyche von E.Bauer, S-95 ff, 100 f, 1974

82) Brief vom 21.11.1833

83) Brief vom 18.3.1835

84) Brief vom 12.4.1831

85) Brief vom 13.1.1833

86) Johann Gaßner ist ein katholischer Priester, der später Pfarrer in Klosterle (Schwaben) wird. Er stirbt 1779. Im Zeichen seiner Zeit unterscheidet er noch zwischen Liebes- und Gifthexerey (maleficorum amaorium und maleficium veneficium).

87) Dam: a.a.O. S. 137
Er sagt:»Bei einem Mädchen aus Lewenburg ... in ihrem Mund und auf ihre Zunge tanzte ein Frosch, der dann wieder in ihrem Körper verschwand.«

88) Rituale ecclesiaticus ad usum Clericorum ord. S. Francisis ref. Prof. Antoniae Bavaricae, Franz Xaver Lohbauer, München 1851

89) Peter Maslowski wird am 25.4. 1893 in Berlin geboren. Er besucht das dortige Lessing-Gymnasium und studiert Geschichte und Philosophie an der Humboldt-Universität. Später arbeitet er für die KPD. Während dieser Jahre entsteht seine Schrift Gotteslästerung. Er tritt 1991 aus der Kirche aus und wird in eine Gotteslästerungsprozeß verwickelt. Während der Weimarer Republik sehen wir ihn 1928-39 als Reichstagsabgeordneten auf dem Feld der Innen-und Kulturpolitik aktiv. Er ist Mitglied des Strafrechtsausschusses.

90) Er soll auf elterlichen Wunsch hin Priester werden, wird jedoch Handwerker und kommt zum Kriegsende in amerikanische Gefangenschaft. Er wird im Juni 1945 entlassen, besucht ab Herbst 1946 die Bauhandwerkerschule in München und legt im Sommer 1948 die Meisterprüfung ab. Daraufhin übernimmt er den väterlichen Betrieb.

91) Goodmann: a.a.O.S. 34

92) Goodmann: a.a.O.S. 35

93) Goodmann: a.a.O.S. 69

94) Goodmann: a.a.O.S. 33

95) Goodmann: a.a.O.S. 90

96) Goodmann: a.a.O.S. 36

97) Dies wird aus einer protokollarischen Aussage von Pfarrer Habgier im Oktober 1976 deutlich: »... Ich gab den Eheleuten Michel den Rat, mit ihrer Tochter zu einem Facharzt zu gehen, um sie untersuchen zu lassen.« Goodmann: a.a.O.S. 63

98) Goodmann: a.a.O.S. 38

99) Goodmann: a.a.O.S. 58

100) Dr. Lüthi wehrt sich in seinem Verhör am 9.2. energisch dagegen, je dergleichen gesagt zu haben. »Es sei nochmals betont, daß ich Fräulein Michel weder zu einem Jesuitenpater oder zu entsprechenden kirchlichen Stellen verwiesen habe.« Goodmann: a.a.O. S. 59

101) Bei der Öffnung der Leiche wird festgestellt, daß das Gehirn in Ordnung war.

102) Goodmann: a.a.O. S. 109

103) Goodmann: a.a.O. S. 111

104) Zu Pfarrer Alt: 1937 in Eppelborn (Saar) geboren. Er wird in Deutschland und den Niederlanden als Pfarrer ausgebildet. Später arbeitet er in Bonn bei der Jugendseelsorge. 1977 kommt er nach Aschaffenburg als Kaplan zur St. Agatha-Kirche. Er ist Wünschelruten-gänger und gesteht sich selbst ein: »Ich habe telepathi-sche Fähigkeiten und die Fähigkeit der Vorahnung.«

105) Die beiden Ulmer Psychiater Dr. Alfred Lingershausen und Dr. Georg Klaus Köhler, die auf Vorschlag der Verteidigerin, Frau Marianne Thora und zugleich im Auftrag des Gerichts im März 1978 ein Gutachten über ihn verfassen

106) Goodmann: a.a.O. S. 121

107) Goodmann: a.a.O. S. 212

108) Goodmann: a.a.O. S. 73

109) Goodmann: a.a.O. S. 100

110) Goodmann: a.a.O. S. 113

111) Goodmann: a.a.O. S. 114

112) Goodmann: a.a.O. S. 115

113) Wolf: Hexenwahn, a.a.O. S. 595

114) Vergl. dazu seine Bemühungen im Exorzismusfall Schwester Magda, einer Krankenschwester aus Trier in den Jahren 1940/1941

115) Maslowski: a.a.O. S. 259

116) Goodmann: a.a.O. S. 122

117) Zu Renz: geboren 1911 in Hinterweiler (Tettnang). Er besucht das Gymnasium des Ordens der Salvatorianer und studiert an der Ordens-Philosophieschule Klausheide und dann an der philosophisch-theologischen Hochschule in Passau. Hier wird er 1938 zum Priester geweiht. Danach geht er für 15 Jahre als Missionar nach China. Nach seiner Rückkehr arbeitet er als Seelsorger in verschiedenen bayerischen Gemeinden. 1965 übernimmt er die Pfarrei Schippach. 1976 wird er abberufen.

118) Die erste Sitzung erfolgt am Nachmittag des 24.9.1975. Sie beginnt um 16.00 h und dauert bis etwa 21.30 h. Goodmann: a.a.O. S. 128

Zölibat und Sexualität

1) Sal. 7.17

2) Lukas 17.34, 36

3) Auszug aus der Grundlagenliteratur:
Rodericus Fernandus de Santa Ella: Dialogus contra impugnatorum coelibatus, et castitis Presbyterorum ad Sixtum IV.
Saigner (lat. Saginetus), lebt um 142o, ließ mit der Hand abschreiben: Lamentation coelibatum Sacerdotum oder

Dialogus Nicenae constitiones & naturae re conquerentis. Es handelt sich um ein von Johannes Gerson widerlegtes Gespräch.

Justus Jonas: Defensio conigio sacerdotali wider Johann Faber, Württemberg 1523

Melanchthon: Defensio, conjugii Sacerdorum, gerichtet an den König von England, vermutlich um 1530-40

Magistri Nostri, er nannte sich Gottfried Boussat: De continantia sub hac que quaestiones Papa possit Sacerdoto dispensare nubat? Ein sehr rares Traktätlein, Paris, MDV

Probertus, Arc. von Oristagini; Pro tuendo sacro colibatur axomia Catholicum, Parisiis 1545

P. Kilian Leib, ein Augustiner: Coelibatu atque castimonia epistola, 1547

Johann Anton Delphinus: De matrimonis & coelibatu contra horum temporum impios & haereticos homines ... zu Camerino 1553

Thomas Campegius: Die coelibatu Sacerdotum non abrogando, Venetiis 1554

Petrus Martyr: Defensio ad Ricardi Smithei duos libellos de coelibatu Sacerdotum & votis Monasticis, Basel 1559

Franciscus Turannius: De coelibatund, Venetiis 1563

Johannes von Lugdena: Disputatio de coelibatu Sacer-dotum exhibitia, 1563

Martin Cromer: De coniugio & coelibatu Sacerdotum, Cöln 1564

Susannis Tracht: De coelibatu sacerdotum non abro-gando, Venetiis 1565

Claudius Espencäus: De continentia, Lib.Vi., Parisi 1565

Michael von Medina: De Sacrorum hominum continentia, libri V., Venetiis 1568

Franciscus von Guzmann: De sacris Ministris Altaris & coelibatund, Venetiis 1569

Ambrosius von Pisa: De abstiantia & continentia, seu de Jeunio & ciberum delectu et de Apostolica coelibatund, Cöln 1579

Franciscus Agricola: De coniugio coelibatu Sacerdotum, Cöln 1581

Ambrosius Catharinus: De coelibatu adversus ipium Erasmus, Siena 1581

Eduardus Coßinus: De coelibatu Sacerdotum wider Joseph Hall, Pseudodekanus von Wignon zu St.Omer, 1619

Johann Ulrich Preziger: Antiforesus sive, disputi de coelibatu & votis, Tübingen 1623

Georgius Calixtus: Tractatus de coniugio Clericorum, Helmstedt 1631 und Frankfurt am Main 1653; »Die Protestanten rühmen das Werk des Calixtus über jedes andere Buch in dieser Materie«

Michael Alford: Britannia illustrata, sive lucii, Helenae, Constantinii patria & fides cum appendice de tribus hodie controversis de Paschate Britanicorum, de Clericorum neptis & cum Britannia coluerit Romanorum Ecclesiam, Antwerpen 1641

Heinrich Müller: Coniugii Clecicorum patrocinium, Ro-stock 1655 und Frankfurt am Main 1667

Johann Adam Osiander: Examen de coelibatu Clericorum, Tübingen 1664

Warton: Historia des Cölibates, London 1688

Gotthart Günther: Historica cleromagniae ad concilium usque Nicaeanum, Lipsiae 1701

Löscher: Historie des römischen Hurenregiments, 2. Aufl., Leipzig 1704

Löscher: Historie der mittleren Zeiten als ein Licht aus der Finsternis, 1725

Christiani Lupi: De latinum Episcorum & Clericorum continentia, Venedig 1725; wohl eine Dissertation

Emanuel von Schelstraten: De coniugio Sacerdotum; Es ist das dritte der aus dem Werk des berühmten Acta Orientalis Ecclesiae contra Lutheri haeresin pag.839. seg., Romae 1739 einverleibten Dissertation

Joseph Biner: De coelibatu Clericorum; Sie steht im 5. Teil seines Apparatus eruditionis ad Jurisprudentiam praetertim Ecclesiasticum, pag. 30 der Augsburgischen Edition von 1751

P. D. Franciscus Dugnani: Über den Ursprung des Cölibats von Chr. Reg. Sie steht im VIII. Teil der neuen Sammlung der gelehrten und philosophischen Werke, Venedig 1751

Natali Alexandro: De historia Paphnuthi cum Canone III. concilianda & de Sacerdotum Ministorum coelibatu; eine Dissertation; befindet sich im 12. Band. des Theologischen Thesaurus, Venedig 1763

...dazu kommt ein ungenannter Autor mit dem Titel: Von den Nachtheilen des Cölibats ... erstlich im Jahr 1765. Im Neapolitanischen gedruckt ...hernach im 1766. Zu Venedig von Antonio Graziosi unter dem Titel: Vom Cölibate oder Reformation... der Römischen Clerisei theologisch-politischer Tractat von C.C.S.R.

Die Notwendigkeit, den Gebrauch der katholischen Kirche, die Geistlichen ihres Standes niemals oder gar schwerlich zu entlasten, Eine italienische Handschrift ins Deutsche übersetzt, Rom und Florenz 1775

Polemische Historie des heiligen Zölibates. Von dem Ex-Jesuiten Zacharias, auszugsweise übersetzt von Joh. Christ. Dreyssig, Bamberg und Würzburg 1791

Gegenwärtige Schrift ist eine freie Übersetzung des französischen Werkes, das 1772 in Douay unter dem Titel Avantages du Mariage et combien it est necessaire et salutaire aux pretres et aux aveques de ce temps d'epouser une fille Chretinenne erschien. Der Verfasser ist Kleriker der Kollegiatskirche in Douay (Forges). Das Buch wird noch im Jahr seines Erscheinens in das Verzeichnis der verbotenen Bücher aufgenommen. Der Autor wird verfolgt und muß auf lange Zeit sein Vaterland verlassen. Die deutsche Übersetzung läßt einzelne Teile weg und ergänzt andere, so daß es eigentlich als Neuprodukt zu verstehen ist. Der Übersetzer ist ein 70jähriger Greis. Er war lange Beichtvater an einer deutschen Domkirche. Seine lange und traurige Erfahrung von den mannigfachen Übeln, die der Zölibat der Geistlichkeit, in der Kirche, im Staate, in den Familien, für die Geistlichen selbst und bei ihren Nebenmenschen anrichtet ... zu sammeln gehabt hat. Der heiße Wunsch, die Quellen solcher Übel zu stopfen und der Trieb, etwas Gutes in der Kirche Gottes zu stiften, haben ihn zu der Abfassung dieser Schrift bewogen.

Über den ehelosen Stand der römisch-katholischen Geistlichkeit. Von einem katholischen Priester zu Westphalen, Göttingen 1782

Dringende Vorstellungen an Menschlichkeit und Vernunft um Aufhebung des ehelosen Standes der katholischen Geistlichkeit, 1782; Vermutlich stammt das Buch von Westenrieder in Münster

Polemische Historie des Heiligen Cölibates, welche einigen zu diesen Zeiten herausgekommenen Schriften entgegengesetzt wird, Ein Werk des Abtes Franz Anton Zaccharias. Auszugsweise aus dem italienischen von Johann Christoph Dreyssig, Königlich-Preußischem Regierungs-Referendarius, Mit Erlaubnis der Obern, Bamberg und Würzburg 1781

Danksagungsschreiben der gesamten katholischen Geistlichkeit an seine kaiserliche Majestät Joseph II. für die Verweigerung der Priesterehe, 1787

Freimüthige Gedanken über die Priesterehe als Grundlage einer höchst nothwendigen Reformation der katholischen Geistlichkeit, in einer nähern Beleuchtung der neuesten fürstbischöflichen Consistorialverfügung wider die unenthaltsamen Kleriker des Regensburger Kirchensprengels, von einem bayerischen Professor der Theologie, 1796

Bitte an die Fürsten Deutschlands über die Aufhebung des Cölibats ihrer katholischen Geistlichkeit, Deutschland 1801

Unterricht für das katholischen Volk in Deutschland ... über die Aufhebung der Ehelosigkeit seiner Priester, Deutschland 1803

Wirtz: Helvetische Kirchengeschichte, Zürich 1808

Huber: Freimüthige Darstellung der Ursachen des Mangels an katholischen Geistlichen, Ein Gutachten der theol. Fac. zu Landshut, mit kritischen Anmerkungen begleitet von Dr. Huber, Rottweil; das Gutachten stammt vom 17.6.1816

Beiträge zur Geschichte der katholischen Kirche im 19. Jh. in Beziehung auf die neuesten Verhältnisse derselben gegen die römische Kurie, Heidelberg 1818

Freimütige Darstellung des Mangels an katholischen Geistlichen, nebst den sichersten Mitteln zur Abhülfe, Ein Gutachten der theologischen Fakultät Landshut, Mit Anmerkungen herausgegeben von D. Huber, Pfarrer in Deißlingen, Rottweil 1818

Versuch einer Beantwortung der Frage, ob die Aufhebung des Cölibats überhaupt zu gegenwärtiger Zeit insbesondere zweckmäßig sei, und ob Ständeversammlungen befugt seien, in dieser Angelegenheit mitzusprechen? Untersucht auf Veranlassung eines in der Württembergischen Ständeversammlung gemachten Antrages auf die Aufhebung des Gesetzes, Ulm 1824

Denkstück für die Aufhebung des den katholischen Geistlichen vorgeschriebenen Cölibates, Mit drei Aktenstücken, Freiburg i.B. 1828

Hefele: Die Entwicklung des Cölibates und die kirchliche Gesetzgebung über denselben, sowohl bei den Griechen als bei den Lateinern; In: Hefele: Beiträge zur Kirchengeschichte. I, Tübingen 1864

Bickel: Der Zölibat, eine apostolische Anordnung; In: Zeitschrift für katholische Theologie, II. S. 26/64, 1878

von Holtzendorff: Der Priester-Zölibat; In: Deutsche Zeit- und Streitfragen, Flugschriften zur Kenntnis der Gegenwart. Jg. IV. Heft 63, Berlin 1875

Funk: Coelibat und Priesterehe im christlichen Abendland, Kirchengeschichtliche Abhandlungen und Untersuchungen, I. Paderborn 1897

Fehrle: Die kultische Keuschheit im Altertum, Gießen 1910

Böhmer: Die Entstehung des Zölibats, Geschichtliche Studien, Albert Hauck zum 70. Geburtstag, Leipzig 1916

Koch: Ad huc virgo, Mariens Jungfrauschaft und Ehe in der altkirchlichen Überlieferung bis zum Ende des 4. Jh., Tübingen 1929

Virgo Eva, Virgo Maria, Neue Untersuchungen über die Lehre von der Jungfrauschaft und der Ehe Mariens in der älteren Kirche, Berlin 1937

Vasella: Über den Konkubinat des Klerus im Spätmittelalter; In: Melangers Chr. Gilliard, Paris 1944

Vasella: Reform und Reformation in der Schweiz, Münster 1958

1177

Nussbaum: Kloster, Priestermönch und Privatmesse, Bonn 1961

Hermann: Condition de petre. Mariage ou celibat, Paris 1963

Celibaatscrisis, Suggesties van een priester, Den Haag 1963

Kardinal Alfrink: Over her priesterliyck celibaat; In der Analecta voor het Artsbisdom, 66, S. 166 -181, 1963

Schillebeeck: Der Amtszölibat, Eine historische Besinnung, Düsseldorf 1967

Leist: Zum Thema Zölibat, Bekenntnisse von Betroffenen, München 1973

Köttling: Der Zölibat in der Alten Kirche, Münster i.W. 1968

Schmitz: Gottes Ärger mit dem Sex

4) Über den ehelosen Stand (1782) a.a.O. S. 279

5) Dringende Vorstellungen an Menschlichkeit und Vernunft, a.a.O. S. 477, 1782

6) Über den ehelosen Stand, a.a.O. S. 24, 1782

7) Dringende Vorstellungen, a.a.O. S. 190

8) Dringende Vorstellungen, a.a.O. S. 200

9) Schmitz: Gottes Ärger mit dem Sex

10) Z.B. Ratherius Veron: De contentu cononum; Petrus Damiani, opus c. VI.26 und vor allem Liber gomorrhianus; Bernhardus (?) Clavallensis serm. de Convers ad clericos. c. 20002 de laudibus V, M. homil. IV. de consid. 1000 c. 5. serm. 33. Nicolaus de Clemanglis de corrupto ecclesiae statun; Der Brief Alexanders IV. an den Erzbischof von Straßburg aus dem Jahr 1207 c.7; Die Schriften des Gerohus von Reigersberg, Matthäus von Krakau (identisch mit dem von Paris), Petrarca, Tritheim, Savonarola, Geiler von Keysersberg, Gerson, Petrus d'Ailly, Dietrich von Riem, Johannes von Salisbury, Hemmerlin, Achilles de Gratis. Schweizer in Hottingers Kirchengeschichte. Hinzu kommen zahlreiche Schriften, die sich kritisch zum Thema äußern; vor allem sind die Insider-Publikationen von Interesse.

11) Dringende Vorstellungen, a.a.O. S. 165

12) von Holtzendorff, a.a.O. S. 9

13) Theiner: Die katholische Kirche in Schlesien. a.a.O. S. 66

14) Theologische Quartalsschrift, Heft 1., a.a.O. S. 43/44, Tübingen 1821

15) Augustin Theiner, der Verwalter des päpstlichen Geheimarchives wird auch in einem anderen Zusammenhang bekannt. Während des Vatikanischen Konzils 1870 gelangt er in den Verdacht, die Bischöfe der Opposition mit Dokumentationsmaterial gegen die Unfehlbarkeit versorgt zu haben. Er wird daraufhin abgesetzt. Man mauert die Verbindungstüren zwischen seiner Wohnung und den Archiven zu. Er wird seiner Professur enthoben und daraufhin Dorfpfarrer. Schließlich lebt er in Armut als Sekretär an der Breslauer Universitätsbibliothek. Es ist naheliegend, daß er der Verfasser des Buches Die Gebrechen der katholischen Kirche in Schlesien ist, das sich ebenfalls kritisch mit diesem Thema auseinandersetzt. Theiner: a.a.O. S. 358 ff

16) Die Kirche hat das Theinersche Buch weitgehend aufgekauft und vernichtet. Das von ihm sorgsam zusammengetragene Material ist ein Hohn wider die Nächstenliebe innerhalb der römisch- katholischen Kirche.

17) Theiner: a.a.O. S. 352 ff

18) Caveus ad ann. 1125. Vol. II. p. 263
Corvin: a.a.O. S. 266

19) Memoiren Bibliothek, IV. Serie, 3. Band, a.a.O. S. 299

20) Theiner: a.a.O. 1. Band, S. 410

21) Theiner: a.a.O. 1. Band, S. 464
Harduin Concil, T.XI. p.1. p. 930

22) Annales Ecclesiae Wirgonmensis, Bei Wahrton,t.1. S. 507/508

23) Chron. Senosiens. lib. V.c.1, d'Archery, spcil.t .II.n. 645/659 24) Zschocke: Der Bayerischen Geschichten drittes und viertes Buch, 2. Band, a.a.O. S. 372, Aarau 1815

25) Theiner: Die Gebrechen, a.a.O. S. 67/68

26) Deschner: Abermals, a.a.O. S. 200

27) Lea: A History of Sacerdotal Celibacy in the Christian Church, 1907

28) Deschner: a.a.O.

29) Schmitz: Gottes Ärger mit dem Sex

30) Nichten und Neffen: Die Athener Regierung läßt Sex-Skandale untersuchen, in die Bischöfe der Staatskirche verwickelt sind; In: Der Spiegel, 41, S. 185 ff, 1978

31) MIZ (= Materialien und Informationen zur Zeit.) 10. Jg., Nr. 4/81

32) Schillebeeck: a.a.O. S. 25

33) Köttling: a.a.O. S. 8

34) Köttling: a.a.O. S. 35

35) Im Freiburger Kirchenlexikon von Wetzner und Welte steht unter dem Stichwort Zölibat: Das Priesterzölibat liegt in der Virginität der Kirche. Die jungfräuliche Kirche will ein jungfräuliches Priestertum haben. Der von der Jungfrau gebotene Hohepriester Christus hat die Kirche gegründet und in ihr an die Stelle der fleischlichen Generation die jungfräuliche gesetzt. Die Virginität gehört spezifisch zum Priestertum. In diesem Prinzip ist die Basis aller Zölibatsgesetze zu suchen.

36) Schillebeeck: a.a.O. S. 47; Dieses Zugeständnis paßt nicht zu seinen sonst kritischen Anmerkungen.

37) Innerhalb des kanonischen Rechts gibt es eine Bestimmung, daß die unehelichen Kinder der Priester aus dem kirchlichen Vermögen zu unterhalten sind. Eine diesbezügliche Anfrage beim Bistum Limburg blieb unbeantwortet.

38) Schillebeeck: a.a.O. S. 79

39) Corvin: a.a.O.

40) Buonaiuti: Geschichte des Christentums, 1. Band, S. 310 f, Bern 1948

41) Catholicus (Hans Kühner): Um den Zölibat, S. 68, 1966

42) Über den ehelosen Stand, a.a.O. S. 196, 1782

43) Bacher: Die Agade der Tannaiten, 2. Aufl., 1903

44) Mundt: Italienische Zustände, a.a.O. S. 16, 1859
Rumpf: Kirchenglaube und Erfahrung

45) Schmitz: Gottes Ärger mit dem Sex

46) Leipoldt: Schenute von Atripe und die Entstehung des nationalägyptischen Christentums, 1903

47) Es ist nicht nachweisbar, ob er diese Schriften gekannt hat. Leipoldt folgt einer theologischen Spekulation.

48) 1. Kor. 11.9

49) Müller: Ehelosigkeit aller Getauften in der alten Kirche, 1927

50) Boelens: Die Klerikerehe in der Gesetzgebung der Kirche, 1968

51) Hefele und Leclerq: Historie des concils, 8 Bände, 3. Band, Paris 1907-21

52) Deschner: Abermals, a.a.O. S. 200

53) Deschner: a.a.O.

54) MIZ 10. Jg., Nr. 4/81

55) Harduin: Concil.T .XI.P.1.p. 930

56) Theiner: Die Gebrechen, a.a.O. S. 67/68

57) Deschner: Abermals, a.a.O. S. 200

58) Caveus ad. ann. 1125. Vol. II. p. 263

59) c. 63

60) Cons. Elis. c.7

61) Benedikt XIV: De synodo diocesan, lib. XIII .24 und 21 ed.p. 424, Augsburg 1767

62) C. 27, vergl. C. 33

63) Theiner: a.a.O. 1. Band, S. 93/94

64) Conc.Ancyr.c.16. und 17

65) Theiner: a.a.O. 1. Band, S. 396

66) De virginib. lib.III.c.7.p. 219

67) n.n.

68) Synesius, gestorben 420, Spiridion, Bischof von Trimythuis auf der Insel Cypern. Eustachius, Bischof von Sebaste. Sein Vater ist Eulalius, der Bischof von Cäserena und Kappadokien. Dessen Vater ist Gregor von Nazianz. Schon hier erkennt man den sich anbahnenden Ämterschacher innerhalb der Kurie. Er weitet sich in der Folgezeit zu einem Krebsgeschwür aus.

69) Hilarius, der Bischof von Poitiers, war verheiratet und zeugte die Tochter Abra.
Oudini: Commentarius de scriptoribus Ecclesiae antiquis, Lipsiae 1723

70) Innocenz I. (402-417); Die Leier ist die alte: Priester und Leviten sollen mit ihren Frauen keinen Geschlechtsverkehr pflegen.
Concilia Rotomagnesis Privinciae opera Guilemi Besin, Rotomagi 1727

71) Theiner: a.a.O. 1. Band, S. 270

72) Theiner: a.a.O. 1. Band, S. 299

73) Sieben der Beschlüsse der Synode von Elvira: Eine der ersten Vorschriften, in der sich der apostolische Stuhl über Gebühr Machtvollkommenheiten einräumt und sich dadurch auf das Pferd der Illusionen setzt.

74) Theiner: a.a.O. 1. Band, S. 285

75) Er schreibt dies an Eustachius.
Theiner: a.a.O. 1. Band, S. 290/291

76) Gregor. Tur. de gloria Confessorum, c.66. op de, Theodor Ruinart, Luit. f.p. 956 und 957, Paris 1699

77) 14. Canon

78) AT.Hos.6.14

79) 3. Canon der Trullianischen Synode von 692

80) 6. Canon der Trullianischen Synode

81) 17. und 18. Canon der Trullianischen Synode

82) 48. Canon der Trullianischen Synode

83) 13. Canon der Trullianischen Synode

84) Theiner: a.a.O. 2. Band, S. 320

85) Justinian I. (527-565), geboren 11.5.483 in Tauresium, gestorben 4.11.565 in Konstantinopel. Er tritt später mit Autorität als Herr der Kirche auf. Er bekämpft Häretiker und Heiden: Schließung der Universität Athen im Jahr 529. 553 beruft er das 5. Ökumenische Konzil nach Konstantinopel ein. Verurteilung der Drei Kapitel. Er zwingt Papst Vigilius zum Kompromiß. In Prokop von Caesarena findet Justinian seinen Lobredner und Tadler.

86) Knecht: System des Justiniäischen Kirchenvermögensrecht, 1922

87) Theiner: a.a.O. 1. Band, S. 309

88) Theiner: a.a.O. 1. Band, S. 310

89) Theiner: a.a.O. 1. Band

90) Theiner: a.a.O. 1. Band, S. 313

91) Justinian II. Rhinotmetos = griech.: mit abgeschnittener Nase. Er regiert 685-695 und 705-711, geboren um 670, gestorben 711 in Sinope. Ein Sohn von Konstantin IV. (691/692), hält er ein Konzil ab (Trullanum oder Quinisextum), das in der Verurteilung westlicher Bräuche (Sabbatfasten, Zölibat) die wachsende Trennung zwi-

schen der westlichen und östlichen Kirche aufzeigt. Später wird Justinius II. aufgrund einer gegen ihn gerichteten Militärrevolte nach Cherson verbannt. Später wird er mit seinem Sohn Tiberios ermordet.

92) Kötting: a.a.O.

93) Theiner: a.a.O. 1. Band, S. 322

94) Theiner: a.a.O. 1. Band, S. 388
Rechtlich wird eigentlich das Heiratsverbot für die Kleriker der drei höheren Weihen (Majoristen) schon von Hippolyt, also zum Beginn des 3.Jh., als feste Ordnung betrachtet, wenn es auch nur sehr ungleichmäßig eingehalten wurde.

95) 1. Kor. 7.32

96) Tours, Agde, Olerda, Arles, Toledo und Rouen

97) Papst Leo I. (460-461) in einem Schreiben an Anastasius von Thessalonien
Theiner: a.a.O. 1. Band, S. 333

98) Beschluß der Synode von Agde 506; vergl. den 28. Canon.

99) 2. Canon der Synode von Herda 524

100) Konzil von Arles, t.VIII, 631

101) Theiner: a.a.O. 1. Band, S. 345

102) Theiner: a.a.O. 1. Band, S. 367

103) Leo I. (460-461), Hilarius (461-465), Gregor I. (590-605) und Martin (649-654)

104) Theiner: a.a.O. 1. Band, S 356

105) Papst Gregor I. in einem Brief an den Subdiakon Petrus in Sizilien

106) Papst Gregor I. in einem Brief an den Notarius Pentaleon

107) Papst Gregor I. in einem Schreiben an Bischof Januarius von Cagliari

108) Wolf: Hexenwahn, a.a.O. 1989

109) Weisung Papst Gregors II. an Bonifazius; Cap. 12

110) Bonifazius: Adversus Bojore, 1. III. c .8. p. 254

111) Vergl. den 7. Canon

112) Uldarici Episcopi, Augustani pro conjugio, clericorum ad Nicolaum primum, Romanorum Pontificem epistola

113) Theiner: a.a.O. 1. Band, S. 177

114) Nach dem Zeugnis Gregor von Tours, lib.IX. cap.2. 36. p. 589

115) Theiner: a.a.O. 1. Band, S. 384

116) Vergl. 67. Canon

117) Vergl. 5. Canon

118) n.12.-16: Monasterio prellorum, qua in quibusdam locis lupanaria poitus vidnetur esse, quem Monastereia

119) Theiner: a.a.O. 1. Band, S. 448

120) Nach dem Zeugnis Gregor von Tours, lib.V. can. 41.p. 257

121) Dresdner: Vercelli. II. Seit 945 Bischof von Vercelli, gestorben 960

122) Er ist zum Beginn des 10. Jh. in der Gegend von Lüttich, das damals zu Lothringen gehört, geboren, wird dann Mönch im Kloster Laubes im Bistum Lüttich. Er erwirbt sich Kenntnisse und zeichnet sich durch rednerisches Talent aus.

123) Caspar Bruschius: Chronologie Monasterior, Germaniae, Sulbacis, t.4., 1682

124) Apend ad Monumenta Hitor. Monaster. Benedictor, Augsburg 1724

125) Friedrich Gramlich (892-910) zeugt mit einer vornehmen Frau drei Söhne. Theobald Gramlich (892-927/928) wird wegen seines schändlichen Umgangs mit einer Frau beiseite geschafft. Gieselfried Breitblat (1044-48) ist in seinen Amtshandlungen ebenso geschickt wie wollüstig.

126) Fulconis, Gesta Abbat. Leobins. cap.12. apud d'Archery Spicil. t.II.p. 734.

127) Friedrich Whaton; In: Anglica Sacro: Dringende Vorstellungen, a.a.O. S. 94, 1729

128) Dresdner: Kultur- und Sittengeschichte, a.a.O. S. 309

129) Damiani wird 1002 in Ravenna geboren; seine Eltern sind arm. Die Mutter will ihn aussetzen, wird aber von der Frau eines Priesters abgehalten (was vermutlich eine Legende ist). Die Eltern sterben früh. Nun übernehmen die älteren Brüder die Erziehung. Er hütet Schweine und bekommt auf Umwegen eine schulische Ausbildung in Ravenna, Faenca und Parma. Hier wird er Lehrer und gewinnt zunehmend Anklang.

130) Theiner: a.a.O. 1. Band, S. 78

131) Opuscul. 51. de vita eremitica et probatis. p. 729-735. Theiner: a.a.O. 1. Band

132) Theiner: a.a.O. 1. Band, S. 75

133) Damiani in einem Schreiben an Bischof Cunibert von Turin (um 1068)

134) Memorien Bibliothek. IV. Serie. Alexander VI. und sein Hof, von Joh. Burchardus; nach dem Tagebuch seines Zeremonienmeisters Burchardus, Hrsg: Ludwig Geiger, S. 11, Stuttgart

135) Baronius: Annales ecclesiastici a Christo ad annum 1198, 12 Bände, Rom 1588-1607

136) Cäsar Baronius: »In diesem Jahrhundert war der Greuel an Verwüstung im Tempel und Heiligtum des Herrn zu sehen, und auf dem Stuhl Petri saßen die gottlosesten Menschen, nicht Päpste, sondern Ungeheuer. Wie häßlich sah die Gestalt der römischen Kirche aus, als geile und unverschämte Huren zu Rom alles regierten, mit den bischöflichen Stühlen nach Willkür schalteten und ihre Galane und Beischläfer auf Petri Stuhl setzten.«

137) Luitprand von Cremona, Opera; Antapodosis; Historia Ottonis Magni Imperatoris; De legatione Constantinopolitana, Hrsg: J. Bekker; In: MGH, Script rer. Germ. 41, 3. Aufl., 1915

138) Papst Gregor I., der Große, der 64. Papst der Kirchengeschichte. Er kommt 30jährig als Prätor nach Rom und verfügt über einen riesigen Landbesitz, der bis nach Sizilien reicht. Teils stiftet er ihn für Klostergründungen, teils für wohltätige Zwecke. Unter Papst Pelagius II. wird er Nuntius in Konstantinopel. Widerstrebend nimmt er die päpstliche Würde an und wird am 3.9.590 zum Bischof von Rom geweiht. Wegen seiner theologischen Schriften wird er zu den vier großen lateinischen Kirchenvätern gezählt.
Gregor I. betont die Unauflöslichkeit der Ehe. Viele Kirchenzeremonien stammen aus seiner Epoche (Ewiges Licht, brennende Kerzen am Tag), zudem erteilt er den Befehl, die päpstlichen Bullen von der Geburt Christi an zu datieren, was sachlich unmöglich ist. Der Papst stirbt am 12.3.604 und wird in der Peterskirche begraben.

139) Theiner: a.a.O. 1. Band, S. 356

140) Papst Martin I. der 74. Papst der Kirchengeschichte. Geboren in Todi (Umbrien). Er ist gleichfalls Nuntius in Konstantinopel. Er hält im Oktober 649 die von Theodor I. (642-649) vorbereitete Lateransynode ab. Aufgrund politischer Auseinandersetzungen mit Konstanz II. wird er später im Lateran gefangen und nach Naxos gebracht. »Man brachte ihn in ein Gefängnis, wo er 93 Tage schmachtete.« Er wird der Verschwörung gegen den Kaiser angeklagt, für schuldig befunden und zum Tod verurteilt. Auf die Fürbitte des Patriarchen Paulos III. entgeht er dem Henker. Im Frühjahr 654 deportiert man ihn nach Cherson in Südrußland, wo er am 16.9.655 stirbt. Seine Leiche gelangt erst spät nach Rom. Er war ein Papst der Verbannung, was von den prokatholischen Kirchenhistorikern gern unter den Tisch des Herrn gekehrt wird.

141) Papst Nikolaus I., der 105. Papst der Kirchengeschichte. Geboren am 24.4.858. In Abwesenheit des Kaisers Ludwig II. zum Nachfolger des Papstes Benedikt III. (855-858) gewählt. Er setzt sich unerschütterlich für die sittlichen Grundsätze des Christentums ein. Besonders beharrlich agiert er gegen Walrada, die Maitresse des Königs Lothar II. 867 wird er abgesetzt und stirbt am 13.11.867

142) Papst Formosus, der 111. Papst der Kirchengeschichte. Geboren im Jahr 816 als Sohn eines römischen Bürgers. Er wird am 6.10.891 zum Papst erhoben und stirbt am 4.4.896. Um ihn rankt sich die Legende mit der makabren Leichenschändung. Man erklärt den Toten nachträglich für abgesetzt, da er sich eines Meineides schuldig gemacht haben soll. Seine Leiche wird in den Tiber geworfen, doch wieder herausgefischt. Die Leichenteile werden später ehrenvoll in St. Peter beigesetzt.

143) Theiner: a.a.O. 1. Band, S. 485

144) Papst Sergius II. der 101. Papst der Kirchengeschichte, 5. Papst aus dem Hause Colonna, besteigt im Januar 844 den römischen Bischofsstuhl, ohne jedoch dem Kaiser den Treueeid geleistet zu haben. Unter seiner Regierung blüht der Handel mit den kirchlichen Ämtern. Der Papst verfällt dem Nepotismus und ernennt einen räuberischen Bruder zum Bischof. Er stirbt am 27.1.847 in Rom.

145) Vatikan Intim: Beweis höchsten Verderbens; In: Der Spiegel, 44., S. 158 ff, 1974

146) Papst Bonifazius VI. der 112. Papst der Kirchengeschichte. Wegen seiner Unwürdigkeit wird er schon vorab von Johannes VII. seines Priesterstandes enthoben. Seine Wahl ist nach wie vor umstritten. Er gelangt ausschließlich mit der bewaffneten Unterstützung des Pöbels an die Macht. Er stirbt am 26.4.896, möglicherweise an einem Gichtanfall, oder einem Giftanschlag. Seine Gebeine ruhen im Vatikan.

147) Papst Johannes XI. der 126. Papst der Kirchengeschichte, eigentlich Alexander, Sohn der mächtigen Herrscherin Marozia. Ihr Vater soll Papst Sergius III. gewesen sein. Im März 931 gelangt er auf den päpstlichen Thron. Er läßt seinen Halbbruder Johannes in den Kerker werfen und im Dezember 935 umbringen. Flodoard beschreibt sein Pontifikat so: »Ohne Gewalt, des Glanzes bar, nur mit geistlichen Dingen beschäftigt.«

148) Chamberlin: Unheilige Päpste, a.a.O. S. 49, 1969

149) Papst Leo III. der 127. Papst der Kirchengeschichte. Er stammt aus dem Orden der Benediktiner und gelangt am 3.1.926 auf den Stuhl Petri. Leo stirbt am 13. Juli 939.

150) Dresdner: Kultur-und Sittengeschichte der italienischen Geistlichkeit im 10. und 11. Jh., S. 97 f, 1890

151) Der Kaiser läßt einen Lasterkatalog zusammenstellen.

152) Die Chroniken berichten: »Schwerlich würde der Papst der verdienten Züchtigung entgangen sein, wäre er nicht in einer Nacht, als er in der Nähe Roms mit einer Ehefrau der Lust frönte, vom Teufel (wie sich Luitbrand ausdrückt), d.h. von ihrem Ehemann, so stark an der Schläfe getroffen worden, daß er acht Tage darauf, ohne das Abendmahl genommen zu haben, verstorben sei.«

153) Chamberlin: a.a.O. S. 57

154) Papst Johannes XIV. Der 137. Papst der Kirchengeschichte. Zunächst sehen wir ihn als Bischof von Pavia. Er wird im Dezember 983 auf den päpstlichen Stuhl gehoben.

155) Papst Bonifaz VII. der 138. Papst der Kirchengeschichte. Er gelangt im Juni 974 gewaltsam auf den päpstlichen Thron, nachdem er Papst Benedikt VI. in einem Kerker erwürgen läßt.

156) Chamberlin: a.a.O. S. 188

157) Dresdner: a.a.O. S. 97 ff

158) Deschner: a.a.O. S. 166 f

159) Chamberlin: a.a.O. S. 88 f

160) Theiner: a.a.O. 1. Band, S. 72

161) Papst Leo IX. Der 152. Papst der Kirchengeschichte, eigentlich Bruno, Graf von Egisheim und Dagsburg im Elsaß, Vetter Heinrichs II., geboren am 21.6.1002 in Egisheim. Mit 24 Jahren ist er Bischof von Toul. Er wird auf dem Wormser Reichstag im Dezember 1048 mit Hilfe des Kaisers Heinrich III. zum Papst gewählt. Die Krönung findet am 12.2.1049 im Lateran statt.

162) Akten der Synode, die ein gewisser Anselm, ein Mönch aus Reims und ein Zeitgenosse unter dem Namen Itenearium noni Papa a Roma in Gallia verfaßt hat, Sigbertus Gembacensis de scriptoribus ecclesiae c.12.152 p. III.es. Alb. Fabrici, Am korrektesten findet man diese Darstellung bei Mabillon. Acta SS. O.S. B.t.VI.p.1.p.624-638, Venetiis 1738

163) Man behauptet, er habe in Mantua die Leiche des Longinus gefunden, der Christus in die Seite gestochen haben soll. Außerdem findet man eine kleine Büchse, in der man das christliche Blut aufgefangen haben will. Weil der Papst Prioritätsansprüche geltend macht, entsteht eine Rangelei um nichts.

164) Papst Stephan IX. Der 154. Papst der Kirchengeschichte, eigentlich Friedrich, Sohn Gonzelos I., des Herzogs von Lothringen. Kardinal und Abt von Monte Cassino. Er wird vier Tage nach dem Tod Victors II. am 2.8.1057 zum Papst gewählt. Er arbeitet an der Verbesserung der Kirchenzucht und sagt vor allem der Priesterehe den Kampf an. Mit der Unterstützung von Damian will er die Reform vorantreiben. Selbst zum Nepotismus neigend, überträgt der Papst seinem Bruder Gottfried die Verwaltung des Herzogtums Spoleto und der Mark Ancona. Er stirbt am 29.3.1058 auf einer Reise in Florenz und wird in der Kirche S. Reparate beigesetzt.

165) Dresdner: a.a.O. S. 371

166) Wolf, Hexenwahn, a.a.O.

167) Dresdner: a.a.O. S. 331

168) Theiner: a.a.O. 1. Band, S. 1

169) Auf seinem Weg nach Süden begegnet ihm Hugo, der Abt von Cluny und dessen Mönch Hildebrand. Der Mönch rät ihm ab, nach Rom zu ziehen und merkt an, daß Leo kein apostolischer Hirte sei, wenn er auf den kaiserlichen Befehl hin den päpstlichen Stuhl einnimmt. Das Unmögliche passiert: Bruno legt die Zeichen seiner Würde ab und eilt in einem einfachen Gewand nach Rom. Bonizo lib. ad. amicum ap. Hefele t. II. p. 83

170) Papst Victor II. der 153. Papst der Kirchengeschichte. Er stammt aus der Familie der Grafen von Hirschberg, ein Verwandter des Kaisers und Mann von strenger Tugend. Er wird auf Betreiben Hildebrands am 13.4.1055 zum Papst erhoben. Seit 1042 hat er das Amt des Bischofs von Eichstätt inne. Er wendet sich scharf gegen die Priesterehe, gegen Simonie und die Entfremdung des Kirchengutes. Im Oktober 1056 finden wir ihn am Sterbelager des Kaisers in Bodfeld, er am 28.10. in Speyer beisetzt. Im November des gleichen Jahres krönt der Papst den ihm anvertrauten Kaisersohn Heinrich IV. im Dom von Aachen. Auf der Rückreise nach Italien stirbt am 28.7.1057 Papst Victor in Arezzo und wird in St. Maria Rotua in Ravenna beigesetzt.

171) Papst Honorius II., Gegenpapst, eigentlich Cadalus von Parma. 1010 bei Verona geboren, stammt er aus einer reichen veronesischen Familie und wird bereits als Kind Mitglied des Domkapitels seiner Vaterstadt. Mit 18 Jahren tritt er zu den Klerikern über und wird 1045 zum Gegenpapst Alexander II. erhoben. Zweimal versucht er, Rom mit Waffengewalt einzunehmen. 1064 läßt ihn die Kaiserin Agnes fallen und erkennt Alexander II. als rechtmäßigen Papst an. Honorius II. stirbt 1072.

172) Papst Gregor VII. der 158. Papst der Kirchengeschichte. Er wird um 1020/52 in Soana (Toskana) geboren, in Rom erzogen und geht als Mönch nach Cluny. Er besteigt am 22.4.1073 den Stuhl Petri. Er wendet sich scharf gegen Simonisten und die Ehen der Priester. Er belegt einige deutsche Bischöfe mit dem Bann und erläßt das Investiturdekret. Es besagt (in Kürze), daß nicht der Kaiser, sondern der Papst die Konzilien einberuft. Der 12. Artikel bestimmt, daß der Papst den Kaiser absetzen kann; im 14. Artikel hebt er hervor, daß der Papst von niemand gerichtet werden kann. Die Machtprobe wird vorbereitet. Kaiser Heinrich setzt daraufhin Gregor auf der Wormser Reichssynode 1076 ab und befiehlt, in Rom einen neuen Papst zu wählen. Gregor VII. reagiert unerbittlich, denn er exkommuniziert Heinrich und läßt seine Absetzung verkünden. Gleichzeitig wird der Kaiser mit dem Interdikt belegt. Letztlich soll es zu einer Begegnung in Canossa gekommen sein. Hier trifft der Abgekanzelte mit dem Papst zusammen, der sich auf einer Reise nach Augsburg befindet. Am 18.1.1077 wird der päpstliche Bann gelöst, doch zu einem späteren Zeitpunkt wieder erneuert. Daraufhin erhebt der Kaiser seinen Kanzler in Italien, den Erzbischof Wibert von Ravenna, zum Gegenspieler. Mit ihm erobert er Rom und läßt sich am 31.3.1084 von ihm zum Kaiser krönen. In der Zwischenzeit verschanzt sich Gregor VII. in der Engelsburg, wird aber hier von den Römern vertrieben. Einsam und verbannt stirbt Gregor VII. am 25.5. in Salerno, wo er begraben wird. Unter ihm hat die alte Kirche den Höhepunkt ihrer verfänglichen Macht erreicht.

173) Investitur (= lat. Einkleidung): Einsetzung des Bischofs oder eines hochgestellten Klerikers in sein Amt. Ende des 9. Jh. setzen Laien die Bischöfe und Äbte in ihre Ämter ein. So überträgt der König den Bischöfen durch die Übergabe eines Stabes und Ringes die Regalien (= die weltlichen Güter und Rechte) und damit auch die geistlichen Amtsrechte. 1059 verbietet die Kirche die Investitur durch Laien; folglich kommt es zum Investiturstreit. Das Bestreben der Kirche war es, die weltlichen Rechte von den geistlichen zu trennen. Mit dem Wormser Konkordat vom 23.9.1122 wird der Investiturstreit beendet. Darin verzichtet der Kaiser auf die Einsetzung und die Wahl der Bischöfe und Äbte. Das 1123 abgehaltene Laterankonzil bestätigt die Wormser Beschlüsse und behandelt mehrere Kirchenreformen. Endgültig ist es der Kirche gelungen, in geschickten Schachzügen die weltliche Führung zu überlisten.

174) Theiner: a.a.O. 1. Band, S. 172

175) Siegbert von Gemblours

176) Papst Lucius III. sitzt lediglich von 1181-85 auf dem päpstlichen Thron. Theiner: a.a.O. 1. Band, S. 387

177) Hottinger: hist. eccl. sec. XVI. p. IV.c.7. p. 1023

178) Theiner: a.a.O. 1. Band, S. 174

179) Theiner: a.a.O. 1. Band, S. 208

180) Theiner: a.a.O. 1. Band, S. 180

181) Theiner: a.a.O. 1. Band

182) Theiner: a.a.O. 1. Band, S. 196

183) Besondere Bedeutung erlangen Pater d'Ailly (1350-1425) und Johann Charlier (1363-1429).

184) Theiner: a.a.O. 1. Band, S. 201

185) Gerson, Johannes, eigentlich Jean Charlier, französischer Theologe, geboren am 14.12.1363 in Gerson bei Reims, gestorben 12.7.1427 in Lyon. Seit 1395 Kanzler der Sorbonne. Verfechter, vor allem auf dem Konzil in Konstanz, der These von der Überordnung eines allgemeinen Konzils über den Papst (Konzilarismus). Er neigt in der Theologie mehr zur Mystik als zur Scholastik. Sein Hauptwerk ist die Mystica theologia aus dem Jahr 1408.

186) Theiner: a.a.O. 1. Band, S. 252

187) Er ist erst Scholasticus in Trier, dann Bischof von Vercelli.

188) Theiner: a.a.O. 1. Band, S. 271

189) Polemische Historie, a.a.O. S. 349, 1791

190) Die Hildebrandschen Wunder sind in der Kanonisationsbulle nicht enthalten.

191) Opp. Tom.1. ep. 16.p. 15. Gregor VII. rd. 1584

192) Über den ehelosen Stand, a.a.O. S. 246, 1782

193) Gschwind: Die Priesterehe und der Zölibatszwang, S. 46 ff, 1875

194) Hildebrand = Höllenbrand. So genannt nach dem Buch Leistners: Wie das Volk über die Pfaffen spricht.

195) Papst Calixtus II. der 163. Papst der Kirchengeschichte, eigentlich Guido Graf von Burgund. Er ist seit 1088 Erzbischof von Vienne und wird am 2.2. in Cluny zum Papst erhoben. Schon im Oktober 1119 bannt Calixtus auf der Synode vom Reims Kaiser Heinrich und geht 1120 nach Rom. Sein Gegenpapst ist Gregor VIII., den die Normannen in Sutri festnehmen. Sie übergeben ihn Calixtus, der ihn für den Rest seines Lebens einsperren läßt. Calixtus stirbt am 13.12.1124 und wird im Lateran begraben.

196) Die Sitten schildert der Verfasser der Historia calamitarum Salisbetgensis ecclesiae, ein Archidiakon aus Salzburg. Der Veranstalter der Synode ist Konrad, Erzbischof von Salzburg.

197) Geboren in Bagnara in der Toskana. Mitglied der Franziskaner seit 1243, nachher General des Ordens, dann zum Kardinal erhoben und 1274 verstorben. Vergl. seine Schrift De praelatis malis

198) De libri IV. sentantiarium. Er hat in Bologna, Reims und Paris studiert und wird 1159 Bischof von Paris. Er stirbt 1164.

199) Geboren 1224 zu Roccasicco im Neapolitinischen. Dominikaner, Schüler von Albert, Lehrer in Paris und in weiteren italienischen Städten, gestorben 1274.

200) Theiner: a.a.O. 1. Band, S. 499

201) Albert der Große (= Albertus Magnus), geboren in Lauingen, studiert in Padua, lehrt in Paris und Köln, wird Provinzial des Dominikanerordens und 1260 Bischof von Regensburg. Nach drei Jahren legt er sein Amt nieder. Er ist bereits über 80 Jahre alt und stirbt unter Kölner Dominikanern.

202) Normalerweise Durantus, seit 1296 Bischof von Mende in der Languedoc.

203) Tractatus de modo celebrandi consilio generalis.

204) Tractatus illustrius in utraque tum Pontifici tum Ecclastici juris facultate Jurisconsultorum des potestate ecclesiastica, Venetiis 1584

205) Demulierum avidate fallcies, stultioquio.

206) Theiner: a.a.O. 1. Band, S. 621

207) So genannt nach dem Städtchen im Kirchensprengel von Chalons in der Champagne. Seit 1386 Lehrer der Theologie in Paris, um 1393 Rektor der Universität, dann Kanoniker und Schatzmeister der Kirche von Lengres, Kantor und Archidiakonus von Lesieux, gestorben um 1440.

208) Papst Benedikt XIII. der 198. Papst der Kirchengeschichte, eigentlich Jaques Fournier. Um 1285 in Saverdun in der Languedoc geboren. Er tritt in den Orden der Zisterzienser ein, wird 1317 Bischof von Pamier, 1326 Bischof von Mirepois und 1327 Kardinalpriester von Santa Prisca. Am 20.12.1334 wird er von den Kardinälen im Bischofspalast zu Avignon zum Papst erhoben. Er bemüht sich um eine Reform der Kirche und wäre gerne nach Rom zurückgekommen. Er ist in dieser Richtung wenig erfolgreich, gibt den Plan auf und beginnt mit dem Bau des Papstpalastes in Avignon. Hier stirbt Benedikt am 25.4.1342. Die Zisterzienser verehren ihn als Seligen.

209) Theiner: a.a.O. 1. Band, S. 688

210) Selbst die Frau eines Bischofs verunglimpfte er als Kuh, auf welcher der Bischof geackert, bis sie dann geworfen habe.

211) Er ist seit 1356 Vorsteher des berühmten Collegiums Novarra in Paris, Archidiakon zu Bajeux, Dechant in Rouen und Erzieher des Königs Karl V. 1377 wird er Bischof von Liseux und verwaltet das Amt mit Ruhm bis 1382. Biographie universelle ancienne et moderne. T. XXII. p. 62 sq., Paris 1822

212) Papst Urban V. der 201. Papst der Kirchengeschichte. 1309 in Grisac in der Languedoc geboren; den Quellen zufolge ein sittenstrenger kluger Mann. Seit 1361 Abt im Kloster der Benediktiner von St. Victor in Marseille. Er wird am 28.9.1362 zum Papst erhoben. Auf Drängen der heiligen Brigitta von Schweden, Petrarcas und Kaiser Karls IV. entschließt er sich, Avignon zu verlassen und 1367 nach Rom zurückzugehen. Er versucht, die Stadt wieder zum Zentrum des Christentums zu machen und greift scharf bei Mißständen durch. Urban bricht 1307 wieder nach Frankreich auf, um nach Avignon zu gehen. Nach einer kurzen Krankheit stirbt er am 19.12. in Avignon, wie die Heilige prophezeit hatte. Pius IX. spricht ihn 1870 selig.

213) Synod. Benevent. p. 175

214) Papst Urban VI. der 203. Papst der Kirchengeschichte. Erzbischof von Bari, am 8.4.1378 von den Kardinälen zum Papst erhoben. Als Gegner jeglicher Simonie und Verweltlichung des Klerus geht er rücksichtslos, ja tyrannisch, selbst gegen Kardinäle vor. Dies führt schon im August 1378 zu einem Aufruhr und zum Abfall von dreizehn französischen Kardinälen. Sie erklären Urbans Wahl für ungültig. Sie sind der Meinung, daß er geisteskrank und amtsunfähig sei. Darum wählen sie Clemens VII. zum Gegenpapst, womit das große abendländische Schisma beginnt. Clemens bezieht seine Residenz in Avignon.

1385 verschwören sich mehrere Kardinäle gegen den tyrannischen Urban; sie wird rechtzeitig aufgedeckt. Er läßt fünf der Kardinäle grausam foltern und hinrichten. Wiederholt soll er den Henkern zugerufen haben: »Martert sie, so daß ich ihr Schreien höre.« Dabei marschierte er in seinem Garten herum und las in einem Brevier. Bei einem Zug nach Neapel stürzt er vom Pferd und erleidet schwere Verletzungen. Krank wird er nach Rom gebracht, wo er 72jährig am 15.10.1387 stirbt.

215) Historia sui temporis. lib. 1.c.33. p.36. Argentinae 1609

216) Theiner: a.a.O. 1. Band

217) Vergl. 4. Canon des 1130 in Clermont gehaltenen Konzils.

218) Papst Innocenz II. der 165. Papst in Kirchengeschichte, eigentlich Gregorio Papareschi, ein gebürtiger Römer. Er wird am 14.2.1130 von 20 Kardinälen nach dem Tod des Honorius II. zum neuen Papst erhoben. Einige Stunden später wählen 21 Kardinäle (die Mehrheit!) Petrus

Pierleoni zum Papst, der sich Anaklet II. nennt. Innocenz flieht daraufhin nach Frankreich. Wenngleich Anaklet 1139 stirbt, wird in Victor IV. sogleich ein neuer Gegenpapst ausgerufen, der sich nach einigen Monaten Innocenz II. unterwirft. Innocenz wird von Roger II. von Sizilien gefangengenommen. Knapp vor seinem Tod erheben sich die Römer gegen die päpstliche Herrschaft. Inmitten dieser Wirren stirbt Innocenz II. am 24.9.1143 und wird im Lateran beigesetzt.

219) Papst Eugen III. der 168. Papst der Kirchengeschichte, eigentlich Bernhard Paganelli, ein Italiener aus Montemagno bei Pisa. Er wird am 15.2.1145 zum Papst erhoben, muß aber unmittelbar darauf Rom verlassen und wird erst außerhalb der Stadt im Kloster Farfa konsekriert. In der Regel hält sich der Papst in Viterbo auf. Außerdem hält er sich in Paris, Reims und Trier auf. Er sorgt für einige Reformen in Kirchen und Klöstern. Unter dem Schutz von Friedrich Barbarossa kann er 1152 endgültig nach Rom zurückkehren. Eugen III. stirbt am 8.7.1153 in Tivoli und wird im Vatikan beigesetzt. Papst Pius IX. spricht ihn 1872 selig.

220) Vergl. 18. Canon

221) Theiner: a.a.O. 1. Band, S. 421

222) p.II.c.3.

223) c.10

224) Theiner: a.a.O. 1. Band, S. 409

225) n.n.

226) Bullarium Franciscam t.II.p. 326-328

227) tit. S. Laurentii in Lucina.

228) Ruberus ist bei Triplaix in der Grafschaft Cambridge geboren und lebt nach Studien auf den Stammgütern seines Geschlechts. Seine Schrift stammt aus der Zeit um 1280.

229) Theiner: a.a.O. 1. Band, S. 482

230) Geboren in Bagnara in der Toskana, Mitglied der Franziskaner seit 1243, nachher General des Ordens, dann zum Kardinal erhoben und 1274 verstorben. Vergl. seine Schrift De praelatis malis.

231) Theiner: a.a.O. 1. Band, S. 479

232) Theiner: a.a.O. 1. Band, S. 479

233) Theiner: a.a.O. 1. Band, S. 595

234) Vergl. die Artikel De vita honestate cleric und De choabitat, clerivcor et mulierum

235) Theiner: a.a.O. 1. Band.1. S. 605

236) Finke: Ungedruckte Dominikanerbriefe des 13. Jahrhunderts, 1891

237) Er ist Lehrer am Martinskollegium von Oxford und Pfarrer in Luttersworth

238) Theiner: a.a.O. 1. Band, S. 624

239) Deschner: a.a.O. S. 127, unter Hinweis auf Mehnert

240) Theiner: a.a.O. 1. Band, S. 641

241) Piccolomini: Adelsgeschlecht aus Siena, das mit Enea Silvio Piccolomini (Papst Pius II.) 1464 erlischt.

242) Dies berichtet Gabriel Fiamma.

243) Theiner: a.a.O. 1. Band, S. 695

244) Unter Hinweis auf: Ep. Bonif. ad Zachar. c.5

245) Haller: Das Papsttum, Idee und Wirklichkeit. 2. Bände, S. 198, 1965

246) Unter Hinweis auf Mehnert.

247) Bauer: Das Geschlechtsleben der deutschen Vergangenheit, S. 68 ff, o.J.

248) Koch: Frauenfrage und Ketzertum im Mittelalter, 1962

249) Dies berichtet Gabriel Fiamma.

250) Deschner: a.a.O. S. 184

251) Schmitz: »Der Klerus hat es seit eh und je verstanden, sein Glaubenssystem als gelehrte Wissenschaft hinzustellen. Dabei fragt sich jeder vernünftige Mensch: Was hat eigentlich Glauben mit Wissen zu tun? Noch heute bevölkern Tausende solcher Glaubenswissenschaftler die Universitäten und behindern oft mit ihrem durch Steuergelder finanzierten Humbug die wahre Forschung und Wissenschaft.«

252) Taylor: Im Garten der Lüste, a.a.O. S. 143, 1970

253) Dringende Vorstellungen, a.a.O. S. 79, 1782

254) Theiner: a.a.O. 1. Band

255) Theiner: a.a.O. 1. Band, S. 464

256) Friese: Beiträge zur Reformationsgeschichte von Polen und Littauen, Th. 2, 1. Band, Breslau 1786

257) Theiner: a.a.O. 1. Band, S. 676

258) Deschner: Das Kreuz mit der Kirche, a.a.O. S. 190, 1974

259) Corvin: a.a.O. S. 279

260) Dringende Vorstellungen, a.a.O. S. 123, 1782

261) Papst Anaklet II. (Gegenpapst), eigentlich Petrus Pierleoni. Er entstammt einer reichen, ursprünglich jüdischen Familie in Rom, die die gregorianische Partei maßgeblich unterstützt. In Paris, wo er seine Studien absolviert, wird er zusammen mit Ludwig VI. von Frankreich erzogen und tritt später in das Kloster von Cluny ein. 1120 wird er von Calixtus II. zum Kardinalpriester erhoben. Wenige Stunden nach der Wahl von Innocenz II. (1130-43), der in der Eile von nur 14 Kardinälen gewählt wird, erhebt die Mehrheit Pierleoni am 14.11.1130 als Anaklet II. zum Statthalter Gottes. Er konnte sich bis zu seinem Tod am 25. Januar 1138 in Rom behaupten. Anaklet war klug und von tadelloser Lebensführung, er wurde jedoch von seinen Gegnern diffamiert (so ein positiv gepolter Kirchenschreiber).

262) Arnuphius de schis. Innocentium II. et Petrum Antipapam a.3. c.4. d'Archey spicileg T.II.Bower Th.7. S. 164

263) Fichtinger: Lexikon der Heiligen und Päpste, Göttingen 1980

264) Richtiger muß es wohl heißen: man hatte seine Verbrechen in 70 Artikeln zusammengefaßt und gab sie dem Heiligen Vater zur Durchsicht. Er äußerte aber kein Verlangen, sein Sündenregister zu lesen und versuchte lieber das Konzil durch seine Flucht zu sprengen, was aber mißlang. Mit Hilfe des Herzogs Friedrich von Tirol gelang es ihm nämlich, als verkleideter Postknecht zu fliehen. Aber seine Taten wurden öffentlich verlesen, d.h. nur 54 Artikel davon, »da man sich schämte, die anderen vor aller Welt auszusprechen.« 37 Zeugen bewiesen, daß Johannes nicht nur Hurerei, Ehebruch, Blutschande, Sodomiterei, Freigeisterei, Räuberei und Mord verschuldet, sondern auch 300 Nonnen verführt oder genotzüchtigt und sie dann zum Lohn zu Äbtissinnen und Priorinnen gemacht hatte (Corvin).

265) Lea: History of Sacerdotal Celibacy in the Christian Church, 1907

266) Papst Leo X., der 218. Papst der Kirchengeschichte, eigentlich Giovanni de Medici, als zweiter Sohn des Lorenzo il Magnifico am 11.12.1475 in Florenz geboren und früh zum geistlichen Stand bestimmt. Mit 14 Jahren wird er von seinem Vater zum Kardinal erhoben und mit reichen Pfründen ausgestattet. Nach dem Sturz seiner Familie im Jahr 1494 flieht er nach Bologna und bereist daraufhin Deutschland, Frankreich und die Niederlande, wo er sich mit Erasmus von Rotterdam befreundet. Als Gegner des Papstes Alexander VI. (1492-1503) kann sich Giovanni de Medici erst nach dessen Tod in Rom entfalten. Julius II. (1503-13) bestellt ihn zum päpstlichen Legaten von Bologna und der Romagna. Als Befehlshaber des spanisch-päpstlichen Heeres, das die Franzosen aus

Italien vertreiben soll, gerät Giovanni nach der verlorenen Schlacht von Ravenna in Gefangenschaft. Er kann nach Mailand fliehen. Bis zu seiner Wahl zum Papst Leo X. am 11.3.1513, regiert er zusammen mit seinem Bruder Giulio in seiner Heimatstadt Florenz.

Leo X., um Frieden bemüht, war nicht sonderlich erfolgreich. Als Oberhaupt des Hauses Medici neigt er zum übertriebenen Nepotismus und verbindet die Politik von Florenz mit der von Rom. Er gilt als unzuverlässig und doppelzüngig. Schließlich soll er das Opfer einer Verschwörung werden. Der Anschlag wird rechtzeitig entdeckt und er läßt einige Kardinäle foltern. Der Anstifter wird am 23.6. nachts im Kerker erwürgt. Den weltlichen Vergnügungen zugetan, vernachlässigt der Papst die Durchführung der dringenden kirchlichen Reformen. In seine Zeit fällt die Aktivität Luthers.»... Der Lebemann auf dem Papstthron und seine Berater erkennen deren Ernst und die Tragweite der Ereignisse im fernen Deutschland nicht ... Die Bannbulle Decret Romanorum Pontificem vom 3.1.1521 gegen die Reformatoren kann der Entwicklung keinen Einhalt mehr gebieten.«

267) Jovinus vita Leo X. Varillas Anédotes de Florence óu historie secréte de la Maisin de Medici. T. VI.p. 257. Bayle iniquit beschuldigt ihn des Atheismus. Bower: Th. 10, S. 90

268) Papst Felix V. (Gegenpapst), eigentlich Graf Amadeus VIII. von Savoyen. Er wird auf dem Konzil von Basel am 5.11.1439 zum 39. und letzten Gegenpapst erhoben, kann sich jedoch nicht durchsetzen. Nach 1449 dankt Felix V. ab, weil ihm Nikolaus V. einen ehrenvollen Rücktritt ermöglicht. Er erhält den Titel eines Kardinals von Sabina und, neben einer lebenslangen Pension den ersten Rang im Heiligen Kollegium. Als päpstlicher Legat stirbt er am 7.11.1451 in Genf.

269) Die Familie Borgia stammt aus dem spanischen Städtchen Xativa bei Valencia. Sie siedelt sich später in Borgia an und erscheint 1238 bewaffnet unter den Fahnen des Don Jayme. Domingo und Francina de Borgia haben einen Sohn namens Alonzo. Er wird 1378 in Xativa geboren. Später erhält er eine gelehrte Ausbildung und wird Professor der Jurisprudenz. Außerdem gilt er als hervorragender Rechtsgelehrter. Er wird mit geistlichen Würden belehnt und so aus seinem kleinen Dorf und ländlichen Verhältnissen gerissen. Seine Beziehungen zum König Alfons von Neapel werden fester. Schließlich wird er sein Geheimschreiber. Er bewährt sich in vielen Geschäften und geht im Auftrag von Alfonso nach Rom. Hier erwirbt er sich die Gunst des Papstes.

270) Papst Nikolaus V. (Gegenpapst), eigentlich Pietro Rainalducci, ein Minorit und der letzte kaiserliche Gegenpapst. Er wird am 12.5.1328 auf Betreiben Ludwigs IV. von Bayern in Aracoli vom Volk gewählt. Er war fünf Jahre verheiratet, bevor er sich dem Orden der Minderen Brüder des heiligen Franz von Assisi anschließt. Er wird am 22.5 in St. Peter zum Papst erhoben. Nikolaus, der wenig Anklang findet, zieht mit dem Kaiser nach Pisa und unterwirft sich am 25.8.1330 in Avignon seinem Gegner Johannes XXII. Dieser nimmt ihn in Haft, in der er 16.10.1333 stirbt.

271) Memoiren Bibliothek, IV. Serie, 3. Band

272) Ein Sohn seiner Schwester Catharina, die mit Juan de Mila verheiratet ist

273) Ein Sohn seiner Schwester Isabella

274) Memoiren Bibliothek, IV.Serie, 3. Band, S. 9

275) Papst Pius II., der 211. Papst der Kirchengeschichte, eigentlich Enea Silvio de Piccolomini. Der 1405 in dem nach ihm benannten Pienza, vormals: Corsignano, bei Siena geborene Humanist verficht den Konziliarismus und wird von der Baseler Synode 1442 zum Frankfurter Reichstag entsandt. Kaiser Friedrich III. krönt ihn zum Dichter und ernennt ihn zum Sekretär der kaiserlichen Kanzlei. 1445 empfängt er die Weihe zum Priester. Er hält an der Wiener Universität Vorträge über antike Dichter. Seine Verdienste um das sog: Wiener Konkordat und den Aschaffenburger Fürstentag bringen ihm 1447 das Bistum Triest ein. Zwei Jahre später kommt das Bistum Siena dazu. 1456 erlangt er die Kardinalswürde von S. Sabina. Seine Hauptaufgabe sieht er in der Bekämpfung der Türken, ja er will sich selbst an die Spitze eines Kreuzfahrerheeres stellen. Von einem starken Gichtleiden geplagt, reist der Papst nach Ancona, wo seine kleine venetianische Flotte in See stechen soll. Er stirbt kurz vor der Abreise am 15.8.1464. Pius II. ist ein Freund des Kardinals Nikolaus von Cues und gilt als einer der bedeutendsten Päpste der Renaissance.

276) Böhmer: Magazin für Kirchenrecht, Die Kirchen- und Gelehrtengeschichte Göttingens, 1. Band, S. 62, 1787

277) Epist. ad Joannem Freund, op. omn. p.572, »faetor plenus sum, stomachatus annum, nauseam mibi Venus fecit. Tum quaque ed illud verum est, languescere vires meas. Canis aspersus sum, aridi nervi parebo. Sed. hereule; patrum mibi est in castitate. Nempe magis de Venus fugiat, quam ego illeam horreo«

278) Theiner: a.a.O. 2. Band, S. 719

279) Theiner: a.a.O. 2. Band, S. 696

280) Papst Paul II., der 212. Papst der Kirchengeschichte, eigentlich Petro Barbo, 1418 in Venedig geboren. Er soll ursprünglich Großkaufmann werden, doch sein Onkel, Papst Eugen IV. bestimmt ihn für die geistliche Laufbahn. Er besteigt am 30.8.1464 als Paul II. den Stuhl Petri. Er sollte die Türkenkriege fortführen, binnen dreier Jahre ein Konzil einberufen und unter Ausschluß von Nepoten die Zahl des Kardinalkollegiums auf 24 Mitglieder beschränken.

Er löst seine Versprechen nicht ein und zieht sich dadurch die Mißgunst der anderen zu. Außerdem beherrscht er die italienische Sprache nicht. Seine Gegner bezeichnen ihn als Barbar, als Feind der Wissenschaft und der Künste. Er gilt als der Begründer der päpstlichen Antikensammlung und ist ein Widersacher von Hus. Unter Paul II. kommen die ersten Buchdrucker nach Rom; so gilt er als Begründer der vatikanischen Druckerei. Er mißachtet dringende Kirchenreformen und führt stattdessen für alle 25 Jahre das sog. Jubeljahr ein. Am 26.6.1471 stirbt er unerwartet.

281) Memoiren Bibliothek, IV. Serie, 3. Band, a.a.O. S. 25

282) Papst Sixtus IV., der 213. Papst der Kirchengeschichte, eigentlich Francesco della Rovere. 1414 in Celle bei Savona als Kind verarmter Adeliger geboren, wird er früh in ein Minoritenkloster gesteckt. Später wirkt er als Professor an den Universitäten Padua, Bologna, Siena und Perugia. Rovere erkauft am 9.8.1417 durch Versprechungen seine Wahl zum Papst und pflegt einen übertriebenen Nepotismus. Unter ihm entstehen in Rom die ersten Bordelle (Milchzins).

Duellanten seiner Leibgarde müssen sich unter seinem Fenster schlagen, während er ihnen den Segen erteilt. Er stimmt der Wiedereinführung der Inquisition in Aragonien zu. Unter ihm entsteht die Sixtinische Kapelle. Er führt das Fest der Empfängnis Mariens ein. Sixtus IV. stirbt am 12.8.1484.

283) Stoll: Das Geschlechtsleben in der Völkerpsychologie, a.a.O. S. 573 f, 1908

284) Memoiren Bibliothek, IV. Serie, 3. Band, a.a.O. S. 29

285) Memoiren Bibliothek, IV. Serie, 3. Band, a.a.O. S. 28

286) Vergl.: La vie du papa Alexandré VI. et sons fils Cesar Borgia, Amsterdam 1732

287) n.n.

288) Memoiren Bibliothek, IV. Serie, 3. Band, a.a.O. S. 75

289) Verkleinerungsform von Giovanna. Sie wird 1442 geboren und stirbt, nachdem sie dreimal (1470, 1480 und 1486) verheiratet wird, 1518: »Sie hatte in ihrem Alter genügend Zeit, um die Sünden ihrer Jugend durch Frömmigkeit zu büßen.«

290) Memoiren Bibliothek, IV. Serie, 3. Band, a.a.O. S. 32

291) »Der neue Mann ist ein groß Gemüths und großer Klugheit fürsichtiglich und (von) weltwitzigkeyt. In seiner Jugend ist er zu der lernung in der hohen schul zu Bonania gestanden und wuchs in ruhm und tugent, im lobe der lernung und in solcher geschicklichkeit in allen Dingen also auf, daß er durch den Papst Calixtum den dritten seiner Mutter bruder zu einem cardinal gemacht war und eine offenbare anzaigung seiner tüchtigkeit und schickerlichkeit ... was (er) da noch jüngere und in die zal und versammlung der hochwirdigen und übertrefflichen cardinal gekommen war und die stat eines Viezekanzlers erlangt.

Aus Erfahrung und erkündung dieser Ding aller ist er billich vor andern zu gubernierung und leytung sant Peters Schifflein zuvordern gewesen... und wiewohl er von angesycht ein herrlich man ist, so meret doch sein lob erstlich seyn hispanisch nation. Zum andern Valenta und zum dritten sein durchleichtiges Geslecht. Er ist ein Nachfolger bapst Calixti seines Vaters seliger gedechtnus in schriftlicher weisheit, erfahrung in kunst und aufrichtigen Leben. In ime ist holdseligkeit, glaubwirdigkeit, heilperar rat, gotesdienstlichkeit und kuntschaft aller der ding, die zu einer solchen wirdigkeit und in die höhe solcher oberheit erhebt. Wir hoffen, daß er dem gemaynen christlichen Stand fürderlich und nutzper sein und durch die wütenden anfelle des wallwegs und über die hohen und geferlichen merfelsen wandern und den begerten fußsteig in der himmlischen glori ergreifen kann.«

292) Zitiert nach Burchardus.

293) Memoiren Bibliothek, IV. Serie, 3. Band, a.a.O. S. 35

294) Zeitgenossen berichten: »Sein einziger Gedanke war, seine Kinder groß zu machen; anderes kümmerte ihn nicht.« Auch sonst bildete das Leben dieses Papstes einen krassen Gegensatz zu dem eines geistlichen Hirten. Der französische Kardinal Peraudy ruft aus: »... wenn ich an das Leben des Papstes und an das seiner Kardinäle denke; so schaudert mir vor dem Aufenthalt bei der Kurie. Wenn Gott nicht seine Kirche reformiert, so will ich nichts mehr davon wissen ... dieser neue Papst erlaubt sich außerordentliches und unerträgliches.«

295) »Am Montag, 17.11.1494, zog Karl VIII. von Frankreich mit der größten triumphalen Ehre in Florenz ein ... und brachte verschiedene Vertragspunkte mit den Florentinern zum Abschluß ... in diesen Tagen erließ er zur Würdigung seines Zuges nach Rom in Florenz ein offenes Schreiben, das er bekanntmachen ließ.«

296) Der Papst läßt dem königlichen Gesandten mitteilen: »Sie können ihrem König nach Belieben melden, daß ich nicht gewillt bin, ihm Durchzug und Lebensmittel zur Verfügung zu stellen.«

297) Girolamo Savanarola, geboren 21.9.1452.

298) Dienstag, 10.4.1498 kommen Nachrichten nach Rom, es sei am vergangenen Samstag ein Feuer auf dem Hauptplatz von Florenz vorbereitet gewesen, um eine Feuerprobe zu vollziehen. Die Sache war jedoch nicht zur Ausführung gekommen ... einige hatten den Verdacht, daß vielleicht der eine oder der andere der Brüder einen Zauber bei sich hatte, entweder in der Kutte oder sonstwo, der sie vor der Macht des Feuers unverletzt bewahre, so ließen die Herren zwei neue Kutten nebst Zubehör machen und sie den Brüdern zustellen. Bruder Francesco erbot sich sogar, nackt durch das Feuer zu gehen ... es kommt zu Ausflüchten, man möchte mit dem Bild des Gekreuzigten durch das Feuer gehen ... sonst nicht ... man möge mit dem Leib des Herrn durch das Feuer gehen ... sich aber sonstfalls keinesfalls dieser Gefahr aussetzen. Daraufhin entstand ein großer Unwille und Verdacht.

Am Montag, 9.4, stürmt das Volk des Abends mit großem Ungestüm zum Markuskloster, wo Savonarola wohnt. Seine Mönche haben es gut verschanzt und waren mit Bombarden und anderen Geschützen versehen, die sie auf das Volk richten. Dieses erzwang den Eintritt ins Kloster, wobei auf der einen Seite fünf und auf der anderen drei getötet werden ... ein leiblicher Bruder Savonarolas und zwei andere ... andere nahmen sie gefangen und warfen sie in das Gefängnis.

299) Memoiren Bibliothek IV, Serie. 3. Band. S. 61

300) Sie hat, gekürzt, folgenden Wortlaut: »Bischof Alexander, Knecht der Knechte Gottes, zu künftigem Gedächtnis; unter den vielfachen Sorgen, die uns das Apostolische Amt auferlegt, liegt uns dieses besonders am Herzen, wenn während des bevorstehenden Jubeljahres die von den römischen Päpsten, unseren Vorgängern und von uns zur Sühne früherer Sünden gewährten Abschlüsse reichlicher erzielt werden ... es soll den Christgläubigen rascher verschafft werden ... daß sie der Ablässe besser und leichter teilhaftig werden und dank dem Allerhöchsten die Belohnung der ewigen Seligkeit erlangen können ...

Es steht ein Jubeljahr bevor, an dem alle Christgläubigen, die irgendwelcher, auch der schwersten Vergehen schuldig sind, bei aufrichtiger Reue und Beichte durch den Besuch der Basiliken und Kirchen Roms ... sowie ihrer Hauptaltäre willen den höchsten Ablaß erreichen können ... von ganzem Herzen wünschen wir den Seelen dem Schöpfer zu gewinnen ... und das Jubeljahr mit besonderer Frömmigkeit gefeiert werde; daß sie von allen Seiten persönlich vorbeikommen nach Rom, um die heiligen Apostel Petrus und Paulus zu verehren ... damit nun niemand in Unwissenheit oder Zweifel gerate, welche und wieviel Kirchen zur Erlangung des vollen Ablasses besucht werden müssen und an wieviel Tagen gewillt durch den Ausspruch unserer Erklärung gebührend vorzusorgen, kraft apostolischer Autorität und aus sicherer Wissenschaft durch den Wortlaut diesen Schreibens an alle und jeden Christgläubigen beiderlei Geschlechts überall in der Welt die Verkündigung und Erklärung:

Das Jubeljahr beginnt an der Vigile und mit den ersten Vespern des bevorstehenden Geburtstagsfestes. Zu dieser Zeit werden wir die Pforte der Peterskirche in Anwesenheit des Kardinalkollegiums sowie einer großen Menge von Prälaten, Geistlichen und dem Volk eigenhändig öffnen ... und auch die Pforten anderer Kirchen und deren Hauptaltäre von den Römern und den in den Rom weilenden Auswärtigen 15 Tage lang hintereinander oder in Zwischenräumen einmal täglich besucht werden ... diejenigen, die unterwegs aufgehalten werden ... bei aufrichtiger Reue und Beichte den gleichen vollen Ablaß erhalten sollen, als wenn sie selbst nach Rom gekommen wären, damit alle Christgläubigen mit Gottes Gnade des vollsten Ablasses leichter teilhaftig werden können ... haben wir in St. Peter Pönitentiare bestimmt, denen wir das volle und freie Recht übertragen haben, aufgrund eines besonderen ausführlichen Schriftstückes sie in solchen Fällen zu absolvieren, zum größeren Seelenheil und zu mehreren Bequemlichkeit der Christgläubigen, die sich nicht so leicht an uns wenden können.

Von dem Wunsch beseelt, in väterlicher Liebe, soweit mit Gottes Hilfe möglich ist, die Seelen aus dem Fegefeuer zu holen, die durch die Gnade mit Christus vereint aus diesem Leben geschieden sind, und die bei ihren Lebzeiten dazu gekommen wären, sich solchen Ablaß zu versichern, geht unser Wille und Gewähr. Um das Heil dieser Seelen kräftiger zu fördern ... wenn Verwandte und Freunde oder andere Gläubige aus Pietät für die Seelen im Fegefeuer während des Jubiläumsjahres beim frommen Besuch der genannten Kirchen auf Anordnung der erwähnten Pönitentiare irgendein Almosen für die Reparatur von St.Peter in die Truhe niederlegen ... so wird derselbe vollste Ablaß den Seelen im Fegefeuer ... zur völligen Befreiung von ihren Strafen zuteil ... so mögen die Christgläubigen sich bereit machen ... ihren Wandel zu verbessern, sich ihrer Übeltaten zu enthalten, dem Herrn Genugtuung gegen den Schmerz der Reue, den Geist der Demut, das Opfer der Zerknirschung mit Hilfe von Almosen und Pilgerfahrten ... auf daß sie würdig wären ... um nach der Beichte die glorreichsten und der heiligen Apostel selbst als Mittler beim Herrn zu haben und vollsten Ablaß und Versöhnung mit unserem Erlöser erlangen und dank göttlicher Barmherzigkeit, durch die Bitten und Verdienste der Apostel und Heiligen und durch ihre guten Werke.

Es sei aber ganz und gar niemanden gestattet, dies Blatt unserer Verkündigung zu entkräften ... oder in vermessener Weise zuwider zu handeln. Wer aber einen solchen Versuch unternimmt, der soll der Zorn des allmächtigen Gottes und der heiligen Apostel Petrus und Paulus zu gewärtigen haben.

Gegeben zu Rom bei St. Peter. Im Jahr der Fleischwerdung des Herrn. 1499. 20. Dezember unseres Pontifkates im 8. A. Draco, Johannes Mutiensis. Registriert im apostolischen Sekretariat: P. Duba.«

301) Memoiren Bibliothek, IV. Serie, 3. Band, S. 291/294

302) »Am Samstag, 12.8., fühlte sich der Papstes des Morgens unwohl. Nach der Vesperstunde, zwischen 6 und 7 Uhr, trat Fieber ein, das dauernd blieb. Am 15.8. wurden ihm 13 Unzen Blut entzogen und das dreitägige Fieber kam hinzu. Am Donnerstag, 17.8., 9 Uhr vormittags, nahm er Medizin. Am Freitag, den 18., zwischen 9 und 10 Uhr morgens, legte er dem Bischof Gamboa von Garnola die Beichte ab, der dann vor ihm die Messe laß; nach seiner Kommunion gab er dem im Bett liegenden Papst die Sakramente der Eucharistie. Der Papst sagte darauf, es gehe ihm schlecht. Zur Vesperstunde verschied er nach der letzten Ölung ... Cesare erschien während der ganzen Krankheit und auch beim Tod nicht beim Papst, und auch dieser gedachte selbst in der Krankheit nicht mit dem kleinsten Wörtchen Cesares oder Lukrecias.

Ein Sakristeidiener und ein päpstlicher Diener wuschen den Papst. Sie zogen ihm Altargewänder an und einen weißen Rock, den er zu Lebzeiten noch nie getragen

hatte, darüber ein Chorhemd. Sie legen ihn in einem Vorzimmer zum Sterbesaal auf eine Bahre, die Kardinäle der Stadt hatten noch keine Mitteilung erhalten. (Dann beschreibt Burchardus Details der Aufbewahrung, die hier übergangen werden) Das Gesicht des Papstes wurde immer entstellter und schwärzer, so daß er bald aussah wie der dunkelste Neger, vollständig fleckig, die Nase geschwollen, den Mund ganz breit, die Zunge wie doppelt, so daß sie über die Lippen hervorquoll ... der Mund ganz offen. Kurz: so entsetzlich, wie noch nie jemand etwas ähnliches sah oder zu kennen erklärte.

Die beiden Zimmermeister hatten den Sarg zu eng und kurz gemacht. Sie legten ihm eine Mitra an die Seite, bedeckten ihn mit einem alten Teppich und halfen mit den Fäusten nach, damit er in den Sarg ginge, ohne Fackeln und sonstige Beleuchtung, ohne einen Priester oder eine Person, die sich um seinen Leib kümmerte. So erzählte mir Herr Chrispolit von St.Peter.«

303) Ein aus Deutschland stammender Brief war Kardinal Ferrari in die Hände gefallen und vermutlich dem Papst vorgelesen worden. Der Brief stammt aus Tarent vom königlichen Lager und trägt das Datum des 15.11.1501. Gerichtet ist er an den Herrn Silvia Savelli beim durchlauchtigsten römischen König.

304) »Aber einer von ihnen zückte den Dolch und bedrohte den Kardinal; wenn er ihm nicht die Schlüssel und das Geld des Papstes gebe, werde er ihn erstechen und ihn aus dem Fenster werfen. So gab der erschrockene Kardinal die Schlüssel heraus, Sie drangen nun nacheinander in den Raum hinter dem Zimmer des Papstes und nahmen alles Silber, das sie fanden sowie zwei Kassetten mit etwa 100 000 Dukaten ... außerdem hatten Diener den toten Papst bestohlen.«

305) Memoiren Bibliothek, IV. Serie, 3. Band, S. 42

306) Memoiren Bibliothek, IV. Serie, 3. Band, S. 37/38

307) Memoiren Bibliothek, IV. Serie, 3. Band, S. 40

308) Memoiren Bibliothek, IV. Serie, 3. Band, S. 41

309) Memoiren Bibliothek, IV. Serie, 3. Band, S. 44

310) Memoiren Bibliothek, IV. Serie, 3. Band, S. 44

311) Burchardus berichtet: »Am Morgen des 27.7.1501 ... am folgenden Donnerstag, bzw. an diesem Wochenende, bereitete der Papst seine Abreise vor. Davor übergab er seine Kammer, den ganzen Palast, die laufenden Geschäfte seiner Tochter Lukrecia, die während seiner Abwesenheit die päpstlichen Gemächer bewohnte. Auch gab er ihr den Auftrag, die an ihn gerichteten Briefe zu öffnen.«

312) Memoiren Bibliothek, IV. Serie, 3. Band, S. 49

313) Burchardus berichtet: »Am Mittwoch, 14.6.1497, speisten Cesare und Juan Borgia ... die liebsten Söhne des Papstes im Haus der Frau Vanozza ... nach der Mahlzeit, als es Nacht geworden war, trieb Cesare seinen Bruder zur Rückkehr in den apostolischen Palast ... kurz danach wurde er ermordet. Der Leichnam wurde an jener Stelle neben oder bei dem Hospital des heiligen Hieronymus der Slavonier auf dem Weg, wo es von der Engelsbrücke geradewegs zur Kirche der heiligen Maria des Popolo geht, neben dem Brunnen, da wo der Straßenschmutz gewöhnlich in das Wasser geschüttet wird, in den Fluß geworfen ... Als am nächsten Morgen der Herzog nicht in seinen Palast zurückkehrte, gerieten die vertrauten Diener in Unruhe, und einer von ihnen meldete den späten Ausgang des Herzogs und Cesares in der Frühe dem Papst. Er war darüber bestürzt, er redete sich zunächst ein, der Herzog vergnüge sich irgendwo mit einem Mädchen und scheue sich deshalb, am hellen Tag

das Haus zu verlassen ... hoffe aber, daß er zurückkommen werde ... als auch dies nicht geschah, wurde der Papst von einem tödlichen Schreck ergriffen.« Daraufhin wurde ermittelt: »Es war nachts gegen zwei Uhr, als zwei Männer aus dem Gäßchen neben dem Hospital auf den öffentlichen Weg beim Fluß heraustraten; sie schauten sich vorsichtig um, ob jemand vorbeikäme und verschwanden, als sie niemand sahen, wieder in dem Gäßchen. Nach einer kleinen Weile kamen zwei andere hervor, hielten gleichfalls Umschau und gaben, als sie niemand entdeckten, den Genossen ein Zeichen. Nun erschien ein Reiter, der auf einem Schimmel hinter sich den Leichnam hatte ... der Zug begab sich zu der Stelle, wo man den Kehrricht in den Fluß wirft ... Dann packte der eine die Leiche an den Händen und Armen, der andere an den Füßen und Schenkeln, zogen sie vom Pferd herunter und schleuderten sie mit aller Kraft und Macht in den Fluß ... dann warf der Reiter noch einen Blick auf den Fluß und fragte, als er den Mantel der Leiche auf dem Wasser schwimmen sag, seinen Begleiter, was man dort Schwarzes schimmern sehe, worauf er einen Stein auf das Kleidungsstück warf, damit es in der Tiefe unterginge. Hierauf verschwanden die fünf.«

Der Berichterstatter wird gefragt, warum er dieses Verbrechen nicht gleich zur Anzeige gebracht habe. Und er gibt die Antwort: »... ich habe in meinen Lebtagen an jeder Stelle in den verschiedensten Nächten wohl hundert Leichen in den Fluß werfen sehen, ohne daß sich einer darum gekümmert hätte. Deswegen habe ich dieser Sache keine weitere Bedeutung beigemessen.«

314) Nun werden die Fischer von Rom zusammengerufen und ihnen unter der Zusicherung einer großen Belohnung für ihre Mühe das Auffinden der Leiche aufgetragen. 300 Fischer und Schiffer kommen zusammen, die mit ihren Gerätschaften das Flußbett durchsuchten und einen Mann auffischten. Noch vor der Vesperstunde fanden sie den Herzog in der vollständigen Kleidung ... unter dem Gürtel hatte er noch die Brieftasche mit 30 Dukaten. Er war durch neun Wunden verletzt, eine am Hals durch die Kehle, die anderen acht am Kopf, Körper und den Schenkeln. Der Herzog wurde auf ein Schiff gelegt, in die Engelsburg gefahren und entkleidet; der Leichnam wurde gewaschen und mit fürstlichen Gewändern bedeckt ... Am Abend dieses Tages wurde der Leichnam des Herzogs von der Engelsburg nach der Kirche der Heiligen Maria del Popolo gebracht, unter dem Voranritt von etwa 120 Fackelträgern und allen Palastprälaten. Unter lautem Weinen und Wehklagen schritten sie ohne alle Ordnung einher. Der Leichnam wurde öffentlich und prunkvoll auf einer Bahre getragen und sah mehr wie ein Schlafender denn wie ein Toter aus. In der genannten Kirche wurde er zur Gruft bestattet, wo er ruht bis auf den heutigen Tag. Als der Papst erfuhr, der Herzog sei ermordet und wie Unrat in den Fluß geworfen und darin aufgefunden worden, befiel ihn ein heftiger Schmerz ... er verschloß sich in seiner Kammer und weinte bitterlich.

315) Memoiren Bibliothek, IV. Serie, 3. Band. S. 50

316) »Am Abend des 28.10.1497 mußte der Sekretär des Papstes, Bartholomeo Florido, ehemals Erzbischof von Cosenza, dem nämlich in der Engelsburg alle Ehren, Würden, Ränge und Benefizien entzogen worden waren, sämtliche Gewänder ablegen. Über sein Hemd wurde ihm anstelle des Überrocks eine Kutte aus grobem weißen Doppeltuch gezogen, die eine halbe Spanne breit über die Knie hing; er bekam ein paar Schuhe aus dem derbsten

Leder, einen fast bis auf die Erde reichenden Mantel aus grünem Tuch, rauh und doppelt, und eine grobe weiße Mütze. In die Hände gab man ihm ein ziemlich großes hölzernes Kruzifix. In diesem Aufzug wurde er aus der Kammer, in der er bis dahin gefangen gehalten worden war, in die Grabstätte des Kaisers Hadrian gebracht ... die ihm zum lebenslangen Gefängnis bestimmt war ... er erhielt ein Brevier, eine Bibel und die Briefe des heiligen Petrus. Außerdem bekam er ein Faß Wasser, drei Laib Brot, einen Becher Öl und eine Lampe zur Beleuchtung. Daraufhin wurde er auf Lebenszeit eingeschlossen. Der Papst hatte (wie ich hörte) den Befehl gegeben, daß der Burgkastellan oder sein Stellvertreter den Gefangenen täglich oder alle drei Tage besuche ... und ihm Wasser und Brot für den Unterhalt und Öl zur Beleuchtung zuteilen solle. Der allmächtige Gott möge mit aller Barmherzigkeit und Milde dem Ärmsten in seiner Einsamkeit gnädig die Gabe der Geduld einflößen und gewähren, damit er seine Seele retten könne.«

317) Memoiren Bibliothek, IV. Serie, 3. Band, S. 44

318) »Am Abend des 21.11. wurde ein päpstlicher Musiker namens Thomasius aus Forli mit seinen Genossen gefangengenommen und in der Engelsburg eingekerkert. Dieser war mit einem vergifteten Brief, den er in ein Rohr gesteckt hatte, nach Rom gekommen, um ihn dem Papst zu überreichen ... hätte er ihn genommen, so wäre er vergiftet worden, so daß er rettungslos nach wenigen Tagen oder Stunden tot umgefallen wäre ... hier wurde ein Portalwächter des päpstlichen Palastes bestochen ... beide wurden ermordet.«

319) »In der Nacht von Sonntag auf Montag hatte der Edelmann, Ritter von Chervillon aus Katalonien, ehemals Kapitän der päpstlichen Soldaten, der mit vielen Feindschaften lebte, in dem Haus des Edelmannes Elisäus de Pignatello aus Neapel, eines Johanniterritters, ein Mahl bestellt (einer seiner Freunde war Kardinal Sforza); er wußte um eine Feindschaften und ermahnte ihn, an diesem Abend das Haus nicht mehr zu verlassen. Trotzdem verließ er es ... so trat er mit einem Schwert bewaffnet, gegen ein Uhr nachts aus dem Haus ... es kamen zwei Männer heran ... sie sprangen auf ihn los, der eine versetzte ihm mit einem Dolch oder mit einem Schwert zwei Stöße in die Brust; der andere schlug ihm mit einem Hieb das Haupt ab ... beide flohen ... andere fanden Juan Chervillon an der Mauer liegen, den Kopf ein Stück weiter auf der Erde. Von den Tätern keine Spur. So endete der Arme Chervillon eines bitteren Todes; seine Leiche wurde alsbald von seinen Dienern nach der Kirche der Heiligen Transportina gebracht und ohne Pomp bestattet.«

320) »In den ersten Tagen des 20. Juni legte der Papst auf drei Jahre den Juden jährlich den 20. und dem Klerus den 10. aufgrund des folgenden päpstlichen Schreibens auf: Bischof Alexander, Knecht der Knechte Gottes, zu künftigem Gedächtnis. Wie sehr sich Unsere Überlegung erstreckt auf die Vermehrung des Vorteils aller Kirchen ... wie aber dennoch gegen unsere Gepflogenheit und Absicht die schwere Not der Zeit und das grausame Wüten der ruchlosen Türken, der Feinde des Namens Christi ... das sieht jener höchste und erhabene Prüfer der Herzen. Wir sind in großer Unruhe und beraten uns ... da die Not des christlichen Gemeinwesens und die Verteidigung des orthodoxen Glaubens drängt ... denn die ruchlosen Türken, die Feinde des Namens Christi, täglich nach dem christlichen Blut dürsten und bedacht, auf alle Weise die Länder der Christen ihrer Tyrannei und höchst

einfältigen Sekte zu unterwerfen ... haben wir im vergangenen Jahr eine machtvolle Seeflotte und ein gewaltiges Landheer gerüstet, um den Staat, die Länder und Gebiete unserer lieben Söhne ... haben verschiedene Einfälle in den Staaten unternommen und viele tausend Seelen in Gefangenschaft und jammervolle Sklaverei gesteckt ... zahlreiche Dörfer und Ortschaften mit Feuer und Schwert vernichtet ... verschiedene Seestädte mit Waffengewalt genommen, wobei alle Christen, die Mönche, Nonnen und Priester und die schwangeren Weiber mitsamt ihres Leibesfrucht aufs Grausamste hinschlachteten und andere in die härteste Sklaverei schleppten, die Tempel unseres Heilands befleckten und zerstörten ... wenn dem nicht rasch begegnet wird, wie es die Sache erfordert, ist zu fürchten, daß diese ruchlosen Türken, gebläht vom Sinnenstolz im Anblick der katholischen Könige, Fürsten und Staaten, den Christen noch größeren und unersetzlichen Schaden zufügen ... Wir als Statthalter auf Erden, der zum Heil der Welt von höchsten Himmelsthron herabgestiegen und nicht davor schreckte, Menschengestalt anzunehmen und den Tod zu erleiden ... man die katholischen Könige und Fürsten diesem Wahnsinn und Wüten nicht rasch entgegentreten, werden die Verluste wahrscheinlich von Tag zu Tag größer werden.

Wir sind bereit zur Verteidigung des Glaubens. Sogar persönlich an dieser heiligen und hochnotwendigen Expedition teilzunehmen, und, falls erforderlich, das eigene Blut zu vergießen. Da aber die Bewältigung dieser gewaltigen Aufgabe unserer und der Kirche Vermögen nicht ausreicht ... so bestehen wir nach reiflicher Überlegung auf Rat und Zustimmung der Kardinäle kraft apostolischer Autorität (dann folgt eine langatmige Aufzählung, die übergangen wird) ... Dieser Zehnte ist einzusammeln, zu erheben und innerhalb einer bestimmten Frist ... gegen die Zuwiderhandelnden, Ungehorsamen und Widerspenstigen oder wissentlich Betrügenden und die, die diesen nicht ungeteilt entrichten ... welchen Standes, Grades, Ranges, und Ansehens sie seien ... soll das Urteil und die Strafe der Exkommunikation eintreten. Gegeben zu Rom bei St. Peter im Jahr der Fleischwerdung des Herrn, 1500 am 1. Juni, im 9. Jahr unseres Pontifikates.«

321) »Am Dienstag, den 18.8., wurde Alphons von Aragonien, der nach einer neuerlichen Verwundung in den Neuen Turm über den päpstlichen Keller im Hauptgarten des Vatikans gebracht und sorgfältig bewacht worden war, nachmittags um vier Uhr in seinem Bett erdrosselt, da er an seinen Wunden nicht sterben wollte ... die Ärzte des Verstorbenen und ein Buckeliger, die ihn gewöhnlich gepflegt hatten, wurden verhaftet.«

322) »Am selben Tag und fast zur selben Stunde wurde Lucas de Dulcibus, der Kämmerer des Kardinals della Rovere und dem Magister des Bullenregisters, auf seinem Maultier vor der Wohnung des römischen Bürgers Domenico de Massimi tödlich verwundet und ihm das Glied abgeschnitten von einem Theatiner, dessen Frau er sich als Konkubine gehalten hatte.«

323) »Am Dienstag, 6.7.1501, wurde eine spanische Dirne, die ihr Quartier beim Weißen Brunnen hatte, verhaftet, in den Sabbelinischen Kerker gebracht, sofort der Folter unterworfen und binnen drei Stunden aufgeknüpft. Sie bestahl ihre Besucher aus Leibeskräften und hatte verschiedene erdolchen lassen.«

324) Siehe Fußnote 311) dieses Kapitels

325) »Am Mittwoch, 6. Juli, früh neun Uhr, wurde ein Kleriker aus der Diözese Basel, namens Hieronymus, mit der Schandmütze auf eine hölzerne Leiter gestellt, die an der Segenssäule auf den Treppen von St.Peter vor dem Audienzpalast angelehnt war. Er hatte gestanden, er habe elf Bittschriften mit den Namen der Kardinäle Pallavicini und St. Giorgio unterzeichnet und datiert ... auch habe er die dies Kammerklerikers hinzugesetzt, als ob sie von diesem zu den Weihen zugelassen worden sei.«

326) »Am Abend des letzten Oktober 1501 veranstaltete Cesare Borja in seinem Gemach im Vatikan ein Gelage von 50 erhabenen Dirnen, Kurtisanen genannt, die nach dem Mahl mit den Dienern und anderen Anwesenden tanzten. Zuerst in ihren Kleidern und dann nackt. Nach dem Mahl wurden die Tischleuchter mit den brennenden Kerzen auf den Boden gestellt und ringsherum Kastanien gestreut, die die nackten Dirnen herumkriechend aufsammelten, wobei der Papst, Cesare und Lukrecia zuschauten. Schließlich wurden Preise ausgesetzt, seidene Unterröcke, Barette, Schuhe usw., für die, welche den Akt am häufigsten vollziehen konnten. Das Schauspiel fand öffentlich im Saal statt. An die Sieger wurden Preise verteilt.«

327) Papst Julius II. Er gilt als einer der gewaltigen Päpste der Renaissance, ist jedoch eher Staatsmann, als Priester. Sein Bestreben gilt der Rückgewinnung des zersplitterten Kirchenstaates. 1512 ruft er das 5. Allgemeine Laterankonzil zusammen. Er beschäftigt Bramante, Michelangelo und Raffael. Vom Volk wird er das öfteren der Schreckliche genannt. Der Feldherr auf dem Thron Petri stirbt am 21. 2.1513. Julius II. gründet die Schweizer Garde.

328) Theiner: a.a.O. 2. Band

329) Papst Paul III., der 221. Papst der Kirchengeschichte, eigentlich Allesandro Farnese. 1468 in Rom oder Carino bei Viterbo geboren. Unter Alexander VI. beginnt sein steiler Aufstieg, da Allesandros Schwester Guilia, genannt La Bella, die Maitresse des Borgia-Papstes ist. Dieser ernennt ihn 1492 zum Generalschatzmeister der römischen Kirche und erhebt ihn ein Jahr danach zum Kardinaldiakon von SS Cosma e Damiano.

Erst 1519 wird er zum Priester geweiht. Er hat vier uneheliche Kinder. Zwei davon werden vom Papst Julius III. legitimiert. Paul III. war ein Kind der Renaissance und förderte vor allem Michelangelo, der zu dieser Zeit die Kuppel der Peterskirche schuf. Er bestätigt am 27.9.1540 den Orden der Jesuiten und unter ihm wird das Allgemeine Konzil von Trient eröffnet. Die wichtigsten dogmatischen Beschlüsse dieser Versammlung sind:

Die Tradition (Überlieferung) gilt weiterhin neben der Bibel als Glaubensquelle.

Die Festlegung der Canons (Verzeichnis) der Heiligen Schrift.

Lehre von der Erbsünde.

Wegen schwerer Zerwürfnisse mit Kaiser Karl V. wird das Konzil nach Bologna verlegt und am 14.9.1549 vom Papst aufgehoben. Paul III. läßt 1542 die römische Inquisition neu organisieren, die streng gegen Irrlehren vorgehen soll, verkennt aber, daß er selbst einer solchen verfallen ist. Er neigt zum übertriebenen Nepotismus. Seinen Sohn Pier Luigi macht er zum Bannerträger der Kirche; er wird 1547 von kaiserlichen Verschwörern aus dem Leben geschafft. Am 10.11.1549 stirbt der Farnese-Papst. Noch in der letzten Stunde quält ihn die Reue, der Gedanke an seine Kinder; er könnte ruhiger sterben, meint er, wenn er nie Vater geworden wäre. Tizian hat Paul III. in mehreren Gemälden festgehalten.

330) Siehe Fußnote 327) dieses Kapitels

331) Theiner: a.a.O. 2. Band, S. 785

332) Auch: Dionysios von Ryckel. So genannt nach seinen Geburtsort, einem kleinen Flecken im Bistum Lüttich. Er wird von seinen Zeitgenossen als Heiliger angesehen.

333) Constit. LVII. c.4.

334) Leistner: a.a.O.

335) Leistner: a.a.O.

336) Merkwürdig ist das 1519 zusammengetragene und 1524 in Landshut gedruckte Werk Omnus ecclesiae, dessen Verfasser der Bischof Johann von Chiemsee ist.

337) Luther stimmt der Arbeit und der Vorgehensweise Karlstadts nicht zu und berichtigt seine Auffassung in der Schrift: Von den geistlichen und (den) Klostergelübden.

338) Theiner: a.a.O. 2. Band, S. 823

339) Friese: Beiträge zur Reformationsgeschichte in Polen und Littauen, Teil 2, 2. Band, Breslau 1786

340) Papst Hadrian VI., der 219. Papst der Kirchengeschichte, eigentlich Hadrian Florensz. Als Sohn armer Eltern am 2.3.1459 in Utrecht geboren. Er studiert an der Universität Löwen, lehrt mit Erfolg 1491-1507 Theologie und gilt als Erzieher und späterer Ratgeber von Kaiser Karl V. 1517 wird er zum Kardinal erhoben und am 9.1.1522 in Abwesenheit zum Papst erhoben. Als der Ausländer in Rom eintrifft, sind die Römer wenig begeistert. Zum Reichstag von Nürnberg 1522/23 entsendet er einen Legaten, der die Durchführung des Wormser Edikts fordert. Luther verfaßt ein Phamplet gegen Hadrian. Am 14.9. stirbt er, der, wie ein Kritiker sagt, »... ein Brandopfer des römischen Hohnes war« Sein Grabmahl befindet sich in der Kirche Santa Maria dell'Anima, wo die Inschrift angebracht ist: »Wehe, wieviel kommt es darauf an, in welche Zeit auch des trefflichsten Mannes Wirken fällt.«

341) Theiner: a.a.O. 3. Band, S. 842

342) Hottinger: Geschichte der Eidgenossen während der Zeit der Kirchentrennung, 1. Abt.

343) Wirtz: Helvetische Kirchengeschichte, 4. Theil, 1. Band, S. 247

344) Theiner: a.a.O. 3. Band, S. 837

345) Litanei Germanorum S. Patriot, Archiv für Deutschland. 7. Band, Mannheim und Leipzig 1787

346) n.n.

347) Georgii Wicelli via regia, Helmsdorff, p.160

348) Formula reformazionis, Juni 1548

349) Theiner: a.a.O. 3. Band, S. 902/877

350) Theiner: a.a.O. 3. Band, S. 902

351) Dringende Vorstellungen, a.a.O. S. 181, 1782

352) Hilding von Merseburg, Julius Pflug von Naumburg, Friedrich Nausea von Wienerisch-Neustadt und Georg Wiccelius erstellen ein positives Gutachten. Auch der Erzbischof von Salzburg versammelt seine Bischöfe (Passau, Freising, Regensburg und Brixen). Auf einer Synode wird beschlossen, man soll auf dem Konzil für die Priesterehe eifern.

353) Sess. VIII. c.4

354) Nach der Entscheidung des jeweiligen Bischofs bedeutet das: Streichung des 3. Teiles der Einkünfte; Verlieren aller Einkünfte; Verlust der Pfründe und ggf. die Exkommunikation.

355) Dringende Vorstellungen, a.a.O. S. 181, 1782

356) Theiner: a.a.O. 3. Band, S. 941

357) Theiner: a.a.O. 3. Band, S. 877

358) Theiner: a.a.O. 3. Band, S. 978

359) Papst Gregor XV., eigentlich Alessandro Ludovisi, geboren 9.1.1534 in Bologna, gestorben 8.7.1623. Der Papst kauft seiner Familie für über eine Million Gold-Skudi zwei Herzogtümer. Er übergibt im wesentlichen die Regierungsgeschäfte seinem 25jährigen Kardinal-Nepoten Ludovico Ludovisi. Hauptaufgabe ist die Stärkung der katholischen Liga. Dem Papst liegt viel an der religiösen Erneuerung. Im engen Zusammenhang hiermit steht die Gründung der propaganda fide, der Kongregation für Missionen.
Er gibt am 20.3.1623 einen Erlaß gegen die Hexen heraus, womit er der einst von Innocenz VIII. legalisierten, doch wohl unbeabsichtigten Hexenverfolgung einen neuen erschreckenden Auftrieb gibt. »Ein bedenkliches Zeichen in einer religiös fanatisierten Zeit und im diametralen Widerspruch zu den eigenen Tendenzen religiöser Erneuerung, wie sie dem Papst vorschwebten.«

360) Theiner: a.a.O. 3. Band, S. 983

361) tit. 16. c.3

362) Theiner: a.a.O. 3. Band, S. 1021

363) Dringende Vorstellungen, a.a.O. S. 289, 1782

364) Dringende Vorstellungen, a.a.O. S. 308/309, 1782

365) Dringende Vorstellungen, a.a.O. S. 333, 1782

366) Wir wollen den Leser aufklären: sie wetteten unter anderem um den Besitz der größten Genitalien. Deschner: a.a.O. S. 190, unter Hinweis auf Mehnert

367) Taylor: a.a.O. S. 44 f

368) Fatuas illas muliericulas vanissima quadam honestatis umbra ludificantes.

369) Theiner: a.a.O. 3. Band, S. 943

370) Weber: Deutschland oder Briefe eines in Deutschland reisenden Deutschen, 4 Bände, 1826-28. Ders.: Demokritos oder hinterlassene Papiere eines lachenden Philosophen,12 Bände, 1822-40

371) Oberdeutsche Allgem. Literaturzeitung, St. 56, 1802

372) Denzler: a.a.O. S. 48

373) Denzler: a.a.O. S. 47 f

374) Papst Innocenz X. der 237. Papst der Kirchengeschichte, eigentlich Giambattista Pamfili, am 6.5.1574 in Rom geboren. Nuntius in Spanien, seit 1627 Kardinalpriester von S. Eusebio. Berühmt wird Innocenz durch Donna Olympia Maidalchni, die Witwe seines Bruders, die den Papst beherrscht. Die Römer verhöhnen ihn deswegen. Vergeblich protestiert Innovcenz gegen die Bestimmungen des Westfälischen Friedens, der am 24.10.1648 zum Nachteil der Katholiken geschlossen wird. Durch die Bulle Cum occasionem libri vom 31.5.1653 verurteilt der Papst den Jansenismus in Frankreich.
Der häßliche, mißtrauische und launenhafte Papst stirbt am 7.1.1655, wobei Olympia alles zusammenrafft, dessen sie habhaft werden kann. Als es um die Bezahlung des Sarges für den Toten geht, will sie nichts davon wissen und bezeichnet sich als mittellose Witwe. Tagelang bleibt der Tote unbestattet, bis er ein armseliges Grab erhält. Velasquez hat ein meisterhaftes Portrait des Papstes geschaffen.

375) Theiner: a.a.O. 3. Band, S. 393 ff

376) Corvin: a.a.O. S. 221

377) Riess: Kirche und Keuschheit, S. 208, 1922

378) Vatikan Intim-Beweis höchsten Verderbens; In: Der Spiegel, 81/66, S. 158 ff, 1974

379) Küß mich Priester, In: Der Spiegel, S. 99, 1972

380) Mynarek: Herren und Knechte der Kirche, 1973

381) Scheller: Ich will mich nicht rächen, Ein Gespräch mit dem umstrittenen Theologieprofessor Hubertus Mynarek; In: Badische Zeitung, Nr. 276, S. 12, 19.11.1973

382) Theiner: a.a.O. 1. Band, S. 349

383) Bart: Christliche Dogmatik, S. 194/197, 1957

384) Cassander: Consultatio de articulis religionis inter Catholicos et Protestantes controversis, 1577. Ders.: Opera omnia, Paris 1616

385) n.n.

386) n.n.

387) n.n.

388) n.n.

389) Theiner: a.a.O. 3. Band, S. 1031

390) In: Monitor Ecclesiaticus 84 f, 1959; Doc.c athol, 57. 1960

391) Schillebeeck: a.a.O. S. 37

392) Eberts: Bald verheiratete Priester? In: Weltbild, 23, S. 21 ff, 1971

393) Braun: Keine Priesterheirat, 1878

394) Theiner: a.a.O. 2. Band, S. 761, unter Bezug auf eine Privatarbeit von Friedrich II.

395) Die Welt, 10.2.1970

396) Nichten und Neffen, Die Athener Regierung läßt die Sex-Skandale untersuchen, in die Bischöfe der Staatskirche verwickelt sind; In: Der Spiegel, 41., S. 185 ff, 1978

397) Kavanaugh: A Modern Priest Looks at his outdated Church, 1967; dt. Protest aus Liebe, Ein moderner Priester klagt seine unzeitgemäße Kirche an, S. 18 ff, 1969

398) Huxley: Dreißig Jahre danach oder Wiedersehen mit der Schönen neuen Welt, S. 145, 1960

399) Das ist selbstverständlich nur die eine Seite der Medaille. In manchen Ländern findet auch eine rückläufige Entwicklung statt. Eine solche macht sich heute schon in einigen Ländern bemerkbar. Denn der katholische Glauben, meistens ohnehin nur als Lippenbekenntnis praktiziert, hindert die Menschen nicht, ihren persönlichen Egoismus voranzustellen, der sie immer mehr auf eine große Kinderzahl verzichten läßt. So zeigt z.B. ein Bericht aus den USA, daß dort in den 60er Jahren schon 21 % der katholischen Frauen unter 45 Jahren Pillen zur Geburtenkontrolle einnehmen.

400) Deschner: a.a.O. S. 283 ff

401) Herzler: The Crisis in World Population, S. 241, 1956

402) Fischer: Die Gynäkologie bei Diskurides und Plinius, Wien 1927

403) Ziegler: Die Ehelehre der Pönitentialsummen von 1200 bis 1350, S. 132 f, 1956

404) Bauer: Das Geschlechtsleben in der deutschen Vergangenheit, S. 57, o.J.

405) Carolina, Artikel 13

406) Das freigeistige Wort. Nürnberg, 6, S. 5, 1971

407) Becker: Problem 218., S. 111 f, 1972

408) Ricoeur: a.a.O. S. 229

409) Dieses christlich erwünschte Menschenmaterial für die Schlachtfelder wurde ja früher sogar beim Soldatenhandel der Mächtigen als Finanzquelle genutzt

410) Kahn: Unser Geschlechtsleben, 21. Aufl., 1937

411) Schmitz: Gottes Ärger mit dem Sex, a.a.O. S. 260

412) Hunold: a.a.O. S. 147 ff

413) Bereits vor dem II. Weltkrieg wurde nach F. Kahn (siehe Fußnote 410) vermutet, daß die Zahl der Abtreibungen die der Geburten mindestens erreicht hat und daß es auf einen den Strafverfolgungsbehörden bekannt werdenden Fall 100 bis 200 (nach anderen Schätzungen sogar 1000) unentdeckte Abtreibungen kommen und daß an jedem Tag mehr als 500 Frauen auf der Welt an den Folgen der Fruchtabtreibung sterben. Nach den Schätzungen der Sachkenner wurden in den ungefähr zwölf Staaten Westeuropas jährlich etwa fünf Millionen Abtreibungen vorgenommen. Ein fast unermeßlicher Verlust an zukünftigen Soldaten (Schmitz).

Moraltheologie

1) 1. Moses 1.27

2) 1. Moses 3.16

3) 2. Moses 20.17

4) 2. Moses 2.14

5) Wenn jemand gefunden wird, der bei einem Weibe schläft, die einen Ehemann hat, so sollen sie beide sterben, der Mann und das Weib, bei dem er geschlafen hat. Wenn eine Dirne jemand verlobet ist, und ein Mann kriegt sie in der Stadt, und er schläft bei ihr, so sollt ihr sie beide zu der Stadt Tor ausführen und sollt sie beide steinigen, daß sie sterben; die Dirne darum, daß sie nicht geschrien hat, weil sie in der Stadt war; der Mann darum, daß er seines Nächsten Weib geschändet hat.

Wenn aber jemand eine verlobte Dirne auf dem Felde krieget, und ergreift sie, und schläft bei ihr, so soll der Mann allein sterben, der bei ihr geschlafen hat, und der Dirne sollst du nichts tun; denn sie hat keine Sünde des Todes wert getan, sondern gleich wie jemand sich wider seinen Nächsten erhübe, und schlüge seine Seele tot, so ist dies auch.

Wenn jemand an eine Jungfrau kommt, die nicht verlobet ist, und ergreift sie, und schläft bei ihr, und es findet sich also, so soll der, der bei ihr geschlafen hat, ihrem Vater 50 Silberlinge geben, und sie soll zum Weibe haben, darum daß er sie geschwächt hat: er kann sie nicht lassen sein Leben lang. 5. Moses 22,22-29

6) Du sollst nicht bei Knaben liegen wie beim Weibe, denn es ist ein Greuel. 3. Moses 18.22

Du sollst auch bei keinem Tier liegen, daß du mit ihm verunreiniget werdest. Und kein Weib soll mit einem Tier zu schaffen haben, denn es ist ein Greuel. 3. Moses 18.23.9

Denn welche diese Frevel tun, deren Seelen sollen ausgerottet werden von ihrem Volk. 3. Moses 18.29

7) Wenn jemand ein Weib nimmt und ehelicht sie, und sie nicht Gnade findet vor seinen Augen, weil er etwas Schändliches an ihr gefunden hat, so soll er einen Scheidebrief schreiben, und ihr in die Hand geben, und sie aus seinem Hause lassen.

Wenn sie dann aus seinem Hause gegangen ist, und hingehet, und wird eines anderes Weib, und derselbe andere Mann ihr auch gram wird, und einen Scheidebrief schreibt, und ihr die Hand gibt, und sie aus seinem Hause läßt, oder so derselbe andere Mann stirbt, der sie zum Weibe genommen hatte, so kann sie ihr erster Mann, der sie ausließ, nicht wiederum nehmen, daß sie sein Weib sei, nachdem sie unrein ist; denn solches ist ein Greuel vor dem Herrn; auf daß der nicht eine Sünde über das Land bringet, das dir der Herr dein Gott, zum Erbe gegeben hat.

8) Wie Gordon Rattey Taylor feststellt: »Finden wir im Alten Testament nirgends ein Verbot der spontanen, ohne Gewinnsucht betriebenen Kopulation, abgesehen von Raub und vorbehaltlich des väterlichen Rechts auf ein finanzielles Interesse an der Jungfräulichkeit seiner Tochter. Sobald ein Mädchen das Alter von 12 1/2 Jahren erreichte, war es frei, sexuelle Beziehungen einzugehen, es sei denn, sein Vater hätte es ihm ausdrücklich untersagt. Die Prostitution ist, obwohl nicht geschätzt, allgemein und in Jerusalem gibt es so viele Huren, daß sie einen eigenen Markt haben.« Taylor: Im Garten der Lüste, a.a.O. S. 228, 1970

9) Er liebte viel ausländische Weiber, die Tochter Pharaos und moabitische, ammonitische, edomitische, sidonit-

ische und hethitische, von allen Völkern, davon der Herr gesagt hatte den Kindern Israels; gehet nicht zu ihnen und laßt sie nicht zu euch kommen; sie werden gewiß eure Herzen neigen ihren Göttern nach. An diesen hing Salomo mit Liebe ... und er hatte siebenhundert Weiber zu Frauen und dreihundert Kebsweiber; und diese Weiber neigten sein Herz. 1. Könige 11.1.3

10) 3. Moses 19.29

11) Mein Kind merke auf meine Weisheit; neige dein Ohr meiner Lehre, daß du bewahrest guten Rat, und dein Mund wisse Unterschied zu halten: denn die Lippen der Hure sind süß wie Honigwein. Und ihre Kehle ist glätter den Öl; aber hernach bitter wie Wermut und scharf wie ein zweischneidiges Schwert. Ihre Füße laufen zum Tod hinunter, ihre Gänge erlangen die Hölle. Sie gehet nicht stracks auf dem Weg des Lebens; unstet sind ihre Tritte, daß sie nicht weiß, wo sie gehet. So gehorchet mir nun, um meine Kinder, und weiche nicht von der ... ihres Mundes. Laß deine Wege fern von ihr sein, und nahe nicht zur Tür ihres Hauses ... laß dein Herz nicht weichen au ihrem Weg, und laß dich nicht verführen auf ihre Bahn, denn sie hat viele verwundet und gefället, und sind allerlei Mächtige von ihr erwürget. Ihr Haus sind Wege zur Hölle, da man hinunterfähret in des Todes Kammer. Sprüche Salomons 1.1.5; 1.8., 7.25-27

12) Höret, ihr Kinder Israels, des Herrn Wort, denn der Herr hat Ursache, zu schelten, die im Lande wohnen, denn es keine Treue, keine Liebe, keine Erkenntnis Gottes im Land, sondern Gotteslästern, Lügen, Morden, Stehlen und Ehebrechen hat überhand genommen, und kommt eine Blutschuld nach der andern ... darum soll es dem Volk gleich wie dem Priester gehen; denn ich will ihr Tun heimsuchen und ihnen vergelten, wie sie verdienen, daß sie werden essen, und nicht satt werden, Hurerei treiben, und sich nicht ausbreiten; daß darum sie den Herrn verlassen haben und nicht achten ... Hurerei, Wein und Most machen toll ... Mein Volk traget sein Holz, und sein Gott soll ihn predigen, denn der Hurerei Geist verführet sie, daß sie wider ihren Gott Hurerei treiben. Oben auf den Bergen opfern sie, und auf den Hügeln räuchern sie, unter den Eichen, Linden und Buchen, denn sie haben feine Schatten. Darum werden eure Töchter auch zu Huren und alle Bräute Ehebrecherinnen werden.
Und ich wills auch nicht wehren, wenn eure Töchter und Bräute geschändet und zu Huren werden, weil ihr einen anderen Gottesdienst anrichtet mit den Huren und opfert mit den Bübinnen, denn das törichte Volk will geschlagen sein. Hosea 4.1.2-9-14

13) Und des Herrn Wort geschah zu mir und sprach: Du Menschenkind, es waren zwei Weiber, einer Mutter Töchter. Die trieben Hurerei in Ägypten in ihrer Jugend; daselbst ließen sie ihre Brüste begreifen, und den Busen ihrer Jungfernschaft betasten. Die große heißt Ohola und ihre Schwester Oholiba. Und ich nahm sie zur Ehe, und sie gebaren mir Söhne und Töchter. Und Ohola heißt Samatia, und Oholiba Jerusalem.
Ohola trieb Hurerei, als ich sie genommen hatte, und gramte gegen ihre Buhlen, nämlich gegen die Assyrer, die zu ihr kamen, gegen die Fürsten und Herren, die mit Purpur gekleidet waren, und alle jungen, lieblichen Gesellen, Reisige, so auf Rossen ritten. Und buhlte mit allen schönen Gesellen in Assyrien, und verunreinigte sich mit all ihren Götzen, wo sie auf einen entbrannte. Dazu verließ sie auch nicht ihre Hurerei in Ägypten, die bei ihr gelegen waren von ihrer Jugend auf, und die Brüste ihrer Jungfrauschaft betastet, und große Hurerei

mit ihr getrieben hatten. Da übergab ich sie in die Hand ihrer Buhlen, den Kindern Assur, gegen welche sie brannte vor Lust. Sie deckten ihre Blöße auf, und nahmen ihre Söhne und Töchter weg; aber sie töteten sie mit dem Schwert. Und es kam aus unter den Weibern, wie sie gestrafet wären. Da es aber ihre Schwester Oholiba sah, entbrannte sie noch viel ärger denn je, und trieb der Hurerei mehr denn ihre Schwester; und entbrannte gegen die Kinder Assur, nämlich die Fürsten und Herren, die zu ihr kamen wohl gekleidet. Reisige, so auf Rossen ritten und junge, liebliche Gesellen. Aber diese trieb ihre Hurerei mehr, denn sie sah gemalte Männer an der Wand in roter Farbe, die Bilder der Chaldäer, um ihre Lenden gegürtet und bunte Kogeln (hohe,lang herunterhängende Kopfbünde) auf ihren Köpfen, und alle gleich anzusehen wie gewaltige Leute, wie denn die Kinder Babels, die Chaldäer, tragen in ihrem Vaterland; entbrannte sie gegen sie; sobald sie ihrer gewahr ward, und schickte Botschaft zu ihnen nach Chaldäa. Als nun die Kinder Babels zu ihr kamen, bei ihr zu schlafen nach der Liebe, verunreinigten sie sich mit ihrer Hurerei, und sie verunreinigten sich mit ihnen, daß sie ihrer müde ward. Und da ihrer Hurerei und Schande so gar offenbar war, ward ich ihrer auch überdrüssig, wie ich ihrer Schwester auch war müde geworden. Sie aber trieb ihre Hurerei immer mehr, und gedachte um die Zeit ihrer Jugend, da sie in Ägyptenland Hurerei getrieben hat; und entbrannte gegen ihre Buhlen, welcher Brunst war wie der Esel und der Hengste Brunst: und du bestellest deine Unzucht wie in deiner Jugend, da die in Ägypten deine Brüste begriffen, und deinen Busen betasteten. Hesekiel 23,1.21

14) Sirach 9.8-10

15) Sirach 19.2.3

16) Wenn zween Männer miteinander hadern, und des einen Weib läßt zu, daß sie ihren Mann errettet von der Hand des, der ihn schlägt, und streckt ihre Hand aus und ergreift ihn bei der Scham, so sollst Du ihr die Hand abhauen und dein Auge soll ihrer nicht verschonen. 5. Moses 25.11-12

17) Burchard. Compen. Theol. moralis. a.a.O. S. 118

18) Das 4. Laterankonzil 1215 unter Innocenz III. bestimmt: »Jeder Gläubige beiderlei Geschlechts soll, nachdem er zu den Jahren der Unterscheidung gelangt ist, alle seine Sünden einmal im Jahr gewissenhaft seinem zuständigen Priester beichten ... und soll trachten, die ihm auferlegte Buße nach Kräften zu erfüllen ... sonst soll er zu Lebzeiten vom Betreten der Kirche abgehalten werden und nach dem Tod des christlichen Begräbnisses entbehren. Deshalb soll dieses heilsame Gesetz in allen Kirchen verkündet werden, damit niemand Blindheit und Unkenntnis vorschützen kann.
Der Priester soll bei der Beichte verschwiegen und vorsichtig sein, damit er wie ein erfahrener Arzt Wein und Öl über die Wunden des Verletzten gießen kann; sorgsam erforsche er die Umstände des Sünders und der Sünde, aus welcher er ersieht, welchen Rat er ihm geben und welches Heilmittel er gegenüber dem Kranken anwenden muß.«

19) Z.B.: »Ist es einem ketzerischen Geistlichen erlaubt, einen sterbenden Religionsgenossen zu trösten? Das heilige Offizium hat auf die Frage, ob dies Krankenschwestern in Krankenhäusern erlaubt sei, geantwortet: Nein, sie sollen sich dabei passiv verhalten ... denn einen ketzerischen Geistlichen herbeirufen ... damit er eine Kulthandlung vornehme, hieße nichts anderes, als etwas von ihm zu verlangen, was er ohne Sünde nicht tun darf.«

20) Er sagt, aus drei Gründen kann man dem Nächsten zeitliches Übel wünschen:
Zu seiner Besserung
Insofern sein Glück zum Schaden der Allgemeinheit ist
Zur Aufrechterhaltung der göttlichen Gerechtigkeit
Daraus folgert Liguori: »... deshalb dürfen wir Türken und Kirchenfeinden den Tod wünschen, auch wenn wir voraussetzen müssen, daß sie durch den zeitlichen Tod in die ewige Verdammnis geraten.«

21) Der heilig gesprochene Karl Borromeo, Erzbischof von Mailand, hat die praktische Einrichtung ersonnen, bei der der Beichtvater in einem abgedunkelten Raum auf einem Stuhl sitzt, und das Beichtkind vor dem Stuhl kniend, diesem seine Sünden in das Ohr flüstern muß.

22) Hoensbroech: Das Papsttum, a.a.O. S. 19

23) So den
Absoluten Tutiorismus
Gemäßigten Tutiorismus
Probalierismus
Gleichgewichtsprobalierismus
Diese werden einzeln untergliedert, so in die:
Spekulative und praktische Probabilität
Die sich auf ein Recht oder eine Tatsache beziehende Probabilität
Die innere und äußere Probabilität
Die absolute und relative Probabilität

24) In seiner Theologica mentis et cordis

25) 1869 sagt der Mainzer Bischof Ketteler: »Es fällt mir gar nicht ein, jeden einzelnen Satz und jede Ansicht Gurys für die allein Richtige zu halten.«
Keller: Die Moraltheologie des Jesuiten Pater Gury als Lehrbuch am Priesterseminar des Bistums Basel, a.a.O. S. 380, Aarau 1869; Die erste Auflage ist in zehn Tagen vergriffen.

26) Theologica christiana dogmatico-moralis, S. 51, Romae 1749

27) Ein Kaplan hat geschrieben: »Ein 25jähriges Mädchen leidet seit vier Jahren an einem Kitzel ihrer Geschlechtsteile, der sie veranlaßt, diesen Reiz durch unnatürliche Berührungen zu stillen. Gewöhnlich macht sich der Kitzel 2-3mal täglich bemerkbar. Das Lustgefühl dauert jedesmal etwa drei Minuten. Die Frage, wodurch dieser Kitzel entstanden ist, erregt bei ihr große Gewissensverängstigung. Ihr früherer Beichtvater glaubte, die Sache käme von der Leidenschaft des Mädchens. Ein anderer meinte, es wäre ein krankhafter Zustand, obwohl, wie sie sagt, keine Flechte wäre ... ich bitte Sie anzugeben, aus welcher Ursache der Kitzel entstanden ist.«

28) Wolf: Neuer Pfaffenspiegel a.a.O. S. 285

29) Dilgskron: Leben des hl. Bischofs und Kirchenlehrers Alfonsus Maria de Liguori, Regensburg, 2 Bände 1887
von Döllinger und Reusch: Geschichte der Moralstreitigkeiten in der römisch-katholischen Kirche seit dem 16. Jh., Mit Beiträgen zur Geschichte und Charakteristik des Jesuitenordens, Aufgrund ungedruckter Aktenbestände bearbeitet, 3 Bände, Nördlingen 1888 (?)
Grisler, Pfarrer in Lengau/Schweiz, Hrsg.: Lebensbeschreibung des hl. Alphons, Einsiedeln 1887
Liguori und die Liguorianer; In: Haucks Realenzyklopädie für die protestantische Theologie und Kirche, III. Aufl., 11. Band, S. 489-501, Leipzig 1902
Die Jesuiten im Spiegel ihrer Sexualethik, Auszüge aus der Moraltheologie, Das ist eine gottgefällige Lehre von den Sitten des Heiligen Dr. Alphons Maria de Liguori und deren Gefahr für die Sittsamkeit und den Bestand der Völker, Nach Robert Graßmann. Stettin, Neu hrsg. von Heinrich Borninger, 16, Dresden 1937
Alphonsus Maria de Liguori, Theologia moralis, Editio secu.a, Band.I.-VIII., Regensburg 1879-81
Gury: Casus conscientiae, Ratisbonae.1865, Neuaufl. 1891
Debreyne: Moechialogie ou traité des péchés contre le 6 et 9 commendements du décalogue, Brüssel 1853 (Moechialogie = das Wissen um Ehebruch und Buhlschaft)

30) Hoensbroech: Das Papsttum a.a.O.

31) Vor allem im Opusculum contra Graecos, aus dem Libellus des Bonacursius entnommen. Von den pseudoisidorischen Papstbriefen gab bereits Bellarmin (De Rom.2.- 14) zu, darin haben sich einige Irrtümer eingeschlichen, und diese seien nicht unbestritten.
Er muß Natalis Kirchengeschichte gekannt haben und er hätte sich von der Unechtheit dieser Briefe überzeugen können. Gleichwohl sagt er in der Dissertation (Moral n.115.): »... daß die dogmatischen Dekrete des Papstes unfehlbar sind, haben sich viele Päpste ausdrücklich erklärt. Auch in der Berita werden die pseudoisidorischen Papstbriefe fleißig zitiert.«
Döllinger hat sich in einer Erklärung vom 28.3.1871 erboten, nachzuweisen, daß die in den beiden Hauptwerken und Lieblingsbüchern der heutigen moraltheologischen Schulen und Seminaren, der Moraltheologie des heiligen Alphons Liguori (speziell in dem darin befindlichen Traktat über den Papst, und der Theologie des Jesuiten Peronne angeführten Beweisstellen für die Unfehlbarkeit des Papstes größtenteils falsch, erdichtet und entstellt sind.
Zusammen mit Reusch hat er sich das Verdienst erworben, die Zitate Liguoris einer exakten Prüfung zu unterziehen. Das Ergebnis ist für den Kirchenlehrer vernichtend.

32) Hermann Busenbaum wird 1600 in Notteln (Westfalen) geboren. Er ist Lehrer der Theologie in Köln, später Rektor am Jesuitenkolleg in Hildesheim und Münster. Seine Schriften werden wegen der in ihnen enthaltenen Unflätigkeiten in Paris öffentlich durch einen Henker, zusammen mit anderen, verbrannt.
Die zweite Auflage seines Moralwerkes erscheint 1753-55 in Neapel in zwei Bänden unter dem veränderten Titel Theologia moralis concinnata a.R.P. Alphonso Liguori ... per appendices in medullam P.H. Busenbaum. Ed. II. in pluribus melius explicata, uberius locupleta ... didacta. Benedicto XVI.
So sagt Cretenay-Joly: »Die Lehre Liguoris ist identisch mit der der Theologen der Gesellschaft Jesu«. Der Jesuit Montezon unterstreicht: »... denn wenn die Jesuiten auch nicht ausdrücklich genannt werden, so betrifft das Urteil doch unmittelbar ihre Theologie, die der ehrwürdige Bischof zu der seinigen gemacht hat.«

33) Die Jesuiten im Spiegel ihrer eigenen Sexualethik, Einleitung, a.a.O. S. 3

34) Die Jesuiten im Spiegel ihrer eigenen Sexualethik, a.a.O. S. 12

35) Dilgskron: a.a.O. S. 338

36) In der Schrift De justa probitione librorum nocuare lectionis

37) Papst Leo XIII. in einem Schreiben vom 28.8.1879

38) Hoensbroech: Das Papsttum. a.a.O. S. 392

39) Decretum super dubio an constet de miraculis, 3.12.1829

40) In der Heiligsprechungsbulle vom 26.5.1839

41) In den Dekreten vom 11.3. und 7.6.1871 wird gesagt: »In diesen unseren Tagen rühmen die Völker so sehr die

Weisheit und ist die Kirche so voll seines Lobes, daß die meisten Kardinäle der römischen Kirche, fast alle Bischöfe der gesamten Welt, die Generaloberen der religiösen Orden, die Theologen berühmter Lehranstalten, hochgeachtete Kollegiatsstifte und gelehrte Männer aus allen Kreisen ... Bittschriften eingereicht haben, in denen sie gemeinsam den Wunsch aussprachen, daß Liguori durch den Titel eines Lehrers der Kirche ausgezeichnet werde. Wir wollen und befehlen, daß alle Bücher, Kommentare, Werke und Schriften des Kirchengelehrten Liguori öffentlich auf Gymnasien, Kollegien, in Vorlesungen, Disputationen, Predigten usw. zitiert, vorgelesen und benutzt werden.« Hoensbroech. a.a.O. S. 72

42) Super confessio tituli Doctoris

43) Sirach 39.13.-14

44) In seinem Zimmer in Villa sah man die Blutspuren noch 1780

45) Exkurs: Damit steht Liguori in einer probaten Tradition. Die Bußgürtel sind uralt und damals genauso sinnlos wie heute. Das berühmte Beichtkind des P. Avila, Sancia Carigla, trägt ein härenes Bußkleid, das vom Hals bis zu den Knien reicht, die heilige Rosa von Lima einen mit Nadeln durchflochtenen Bußgürtel um die Lenden. Der heilige Petrus von Alcantara hat eine große eiserne und durchlöcherte Platte auf den Schultern, die ihm das Fleisch zerreißt. Vom heiligen Aloysius erzählt man, er habe sich oft dreimal bis auf das Blut gegeißelt.
Wie sagten doch schon die alten Griechen:»Nur in einem gesunden Körper kann sich ein gesunder Geist entfalten.«

46) Die Jesuiten im Spiegel ihrer eigenen Sexualethik, a.a.O.S. 4

47) Nach den Akten n. 525 und Giattini p. 87 hat er sich von seinem 36. Lebensjahr an nur dreimal rasieren lassen. Einmal auf Befehl des Bischofs, dann als er zum Bischof geweiht wird und als er von Ferdinand IV. zur Tafel geladen wird.

48) Zum Thema Reinlichkeit:»Im mittelalterlichen Spanien wurden selbst entsagungsvolle Gläubige unter die Heiligen der römisch-katholischen Kirche aufgenommen (consecriert = kanonisiert), deren Verdienst darin bestand, sich niemals gewaschen zu haben. Nicht etwa wegen der damit verbundenen Unsauberkeit, sondern weil sie es nicht ertragen konnten, sich nackt zu sehen.
von Boehn: Spanien, Geschichte, Kultur, Kunst, Berlin 1924

49) Hoensbroech: Das Papsttum, a.a.O. S. 72

50) In einem Brief an eine Nonne aus dem Jahr 1772, Raccolta. 1.122

51) Die Jesuiten im Spiegel ihrer eigenen Sexualethik, a.a.O. S. 6/7

52) Die Jesuiten im Spiegel ihrer eigenen Sexualethik, a.a.O. S. 17

53) Tractatus de justicia, Diss. 3. cap. 3. bei Gousset, Justification, p.3

54) In einem Breve der Redemptoristen Dujardin und Jaques, die eine französische Ausgabe der Werke Liguoris besorgt haben.

55) Er bezieht sich auf Zweideutigkeiten.

56) Die Jesuiten im Spiegel ihrer eigenen Sexualethik, a.a.O. S. 48, unter Bezug auf von Döllinger

57) Aurora Missouri, a.a.O. S. 24, 1913

58) Prof. Friedrich: Tagebuch des Vatikanischen Konzils, a.a.O. S. 308, 1873

59) Ritum Congregatione, Card. Odesalco Relatore, Nucerina Paganorum, Canziationes. B. Alphonsi M. de Liguori, Nova Positio super miraculis, Rom 1829.

60) Im wesentlichen wird der Theologie moralis und der Homa apostolicus gefolgt. Basis ist die erste Auflage des Redemptoristen Haringer.

61) So der Jesuit Sanchez

62) So der Jesuit Laymann

63) Hoensbroech: Das Papsttum, a.a.O. S. 141

64) Deppe: a.a.O. S. 57

65) Harenbergs phragmatische Geschichte des Ordens der Jesuiten, 2. Band, 2. Cap., 7. Abschnitt, 12,437, S. 1412

66) Hist. Generale de la Comp. de Jes. Tom. II. pag. 290

67) Leß, Leonhard, Jesuit: De justicia et jure, Nr.41. pag. 35

68) Ders.: Les provinciales, ou lettres ecrites par Lonis de Montalte. Tome II.-1-6-sect. pag. 387
Reverendi in Christo patris Jacobi Marelli amores:»... hat nämlich den Ritter von Lang zu Ansbach aus dem königl. Archiv zu München ein Werckchen herausgegeben, das gedachten Jesuiten als einen der ärgsten Knabenschänder dargestellt, den man, statt aller Strafe, lediglich in ein anderes Collegium versetzte.«

69) Vorläufige Darstellung des heutigen Jesuitismus in Deutschland, Nicolaus Nicolai (?) Berlin 1786
Deppen: a.a.O. S. 53

70) Jarrige: Les Jesuites sur Pechafaud pour plusieurs crimes capitéaux qi'la ont commis etc. Par Pierre Jarrige, ca daveant devant Jesuite, profes du quatieme vou etc. Touche le imprime a Leiden 1678
Deppen: a.a.O. S. 59

71) Jarrige: a.a.O. S. 57

72) Jarrige: a.a.O. S. 61
Adelung: Geschichte des jesuitischen Ordens
Ritter von Lang: Reverendi in Christi patris Jacobi Matelli amores
Und wegen der jesuitischen Unzuchten vor allem:
Wolf: Geschichte der Jesuiten

73) Chiniqui: Der Priester, die Frau und die Ohrenbeichte, a.a.O. Barmen 1889

74) Matth. 18.18; Matth. 61.19.: Was immer ihr gebunden haben werdet auf der Erde, wird gebunden sein im Himmel. Was immer ihr gelöset haben werdet auf der Erde, wird gelöset sein im Himmel.
Joh. 20.22: Empfanget den Heiligen Geist, welchen ihr die Sünden erlassen werdet, denen sind sie erlassen und denen, denen ihr sie erhalten werdet, denen sind sie erhalten.
Die Priester der römisch-katholischen Kirche sitzen hier einer Illusion auf, denn sie können keine Sünden vergeben, da sie Menschen wie alle anderen sind.

75) Corvin: a.a.O. S. 304

76) Maslowski: a.a.O.

77) Liguori: Theologie moralis, V. Band, a.a.O. S. 766/767
Der Beichtvater soll zur Anzeige gebracht werden, wenn er nach dem Beginn vor dem Abschluß einer Beichte eine Frau oder ein Mädchen unzüchtig erregt.
Der Beichtvater soll zur Anzeige gebracht werden, wenn er während der Beichte Dinge einfließen läßt, aus denen erkannt werden muß, daß er sie des geschlechtlichen Reizes wegen erwähnt.
Der Beichtvater soll zur Anzeige gebracht werden, wenn er der beichtenden Frau eine Karte zusteckt, die sie später lesen soll ... und mittels der er sie zur Unzucht reizt.
Der Beichtvater soll zur Anzeige gebracht werden, wenn er unmittelbar nach der Beichte der Beichtenden sagt: Erwarte mich gleich nachher ... und nach einer kurzen Zwischenzeit kommt und sich geschlechtlich mit ihr abgibt (!)

Der Beichtvater soll zur Anzeige gebracht werden, wenn er eine Beichtende nach angehörter Beichte schimpflich berührt.

78) Man soll den Beichtvater nicht anzeigen:
Wenn eine weibliche Person um die Entgegennahme einer Beichte nachsucht und der Beichtvater im Verlauf der Unterredung in Versuchung gerät, sie geschlechtlich zu erregen (zur Unzucht reizt).
Wenn sich der Beichtvater beim Sakrament der Beichte geschlechtlich erregt, nachdem sich die Beichtende zurückgezogen hat ... oder
Wenn er sagt: Erwarte mich etwas später ... und er danach Unzüchtigkeiten mit ihr vornimmt oder sie zu solchen reizt.
Desgleichen braucht ein Beichtvater nicht angezeigt zu werden, der mit einer Frau darin übereinkommt, daß er sich, um die Dienstboten zu täuschen, krank stellt und jener begibt sich zu ihr ins Haus, um eine Sünde zu begehen.
Desgleichen soll er nicht angezeigt werden, wenn seine Berührungen nur verzeihlich unanständig sind.

79) Liguori: Theol. moralis, V. Band, a.a.O. S. 734
Ganz frei von einer Anzeige soll der Beichtvater bleiben, wenn er an einem anderen Tag einer Frau an einem nicht zur Beichte dienenden Ort, also außerhalb der Kirche, zusammenkommt, und hier geschlechtlich zur Unzucht schreitet.
Alle sagen, daß der Beichtvater über die Worte des Beichtkindes, deren Verbreitung ihm Schaden bringen könnte, durch die Fesseln des natürlichen Geheimnisses zu schweigen gehalten ist.

80) Liguori: Theologie moralis. V. Band, a.a.O. S. 781
Judices non facile erdunt cuique mulierulae accusanti = die Richter glauben nicht leicht einem jeden beliebigen Weiblein. Gury beantwortet die Frage, ob denn Weiber, die einen Priester wegen Reizung zur Unzucht anklagen, leicht Glauben geschenkt werden soll, mit nein.
Gury: Comp. Th. moralis I. a.a. O. S. 596

81) Gury: Comp. Th. moralis II. a.a.O. S. 953

82) Nach den Ausführungen des Jesuiten Benzi

83) Corvin: a.a.O. S. 242

84) Er ermächtigt eine hohe Anzahl von kirchlichen Beamten, die Angaben der infolge der Ohrenbeichte und im Beichtstuhl gefallenen Frauen entgegenzunehmen. Man versucht es zuerst in Sevilla. Gleich nach der Veröffentlichung des Edikts war die Zahl derjenigen, die sich an ihr Gewissen gebunden fühlen und eine Anzeige erstatten, in der vorgeschriebenen Frist zu erfassen. Es stellt sich heraus, daß die Zahl der Priester, die die Keuschheit ihrer Beichtkinder verletzt hatten, so groß war, daß man unmöglich alle bestrafen konnte. Die Untersuchung wird eingestellt. d.h. die Schuldigen gehen straffrei aus.
Napoleon I. läßt eine ähnliche Untersuchung im Rheinland zwischen Köln und Aachen vornehmen. Sie wird von dem Staatsrat Le Clerq und dem Professor Sall geleitet, doch aus dem gleichen Grund abgebrochen.

85) Papst Gregor XV. der 235. Papst in der Kirchengeschichte, eigentlich Allesandro Ludovisi, Sohn des Grafen Pompeo Ludovisi. Am 9.1.1554 in Bologna geboren, studiert er bei den Jesuiten Philosophie und Theologie. 1575 wird er Doktor, 1612 Erzbischof. Am 9.2.1621 wählt ihn das Kardinalkollegium zum Nachfolger des Papstes Paul V.
Gregor XV., schon alt und kränklich, überläßt den erheblichen Teil seiner Geschäfte seinem 25jährigen Neffen Ludovico Ludovisi, den er zum Kardinal erhebt.

Beide widmen sich insbesondere der Stärkung und Durchführung der Gegenreformation. 1622 gründen sie die Kongregation propagande Fidei, der Zentralbehörde für missionarische Belange. Für künftige Papstwahlen erläßt Gregor XV. die Bestimmungen einer geheimen Stimmzettelwahl und ein Verfahren zur Verhinderung einer Selbstwahl. Am 8.7.1623 stirbt Gregor XV. im Quirinal. Er ruht seit Ende des 17. Jh. in St. Ignazio.

86) Bullarium mahnum ed. Luxemburg. Tom. o.48. n.31. Tom. III. p. 484 n. 34

87) Maslowski: a.a.O. S. 299

88) Der Redemptorist Müller schreibt: »So groß ist die Gewalt des Priesters, daß selbst des Himmels Urteil seiner Entscheidung unterworfen ist. Gott spricht zum Priester: Dieser Mensch ist ein Sünder ... er hat mich schwer beleidigt, und ich könnte ihn aburteilen ... allein ich überlasse die Aburteilung dir. Ich werde ihm verzeihen, sobald du ihm Verzeihung gewährst ... ich werde ihm die Tore des Himmels öffnen, sobald du ihn befreit hast von den Ketten der Sünde und der Hölle ... Der Priester kann antworten: In der Tat Herr, wenn ich ihm vergebe, so ist mein Arm so stark wie deiner, denn ich breche die Ketten der Sünde. Meine Stimme donnert wie die deinige, denn sie sprengt die höllischen Bande. Mein Wort macht von deinem Feind zu einem Freund. Die Macht im Himmel und auf der Erden. Ein irdischer Richter hat die große Gewalt, aber er kann doch nur einen, der fälschlich angeklagt ist, für unschuldig erklären. Der katholische Priester hat die Gewalt, den Schuldigen zum Unschuldigen zu machen.«

89) Z.B. den 1900 in Paderborn erschienenen Kinder-Beichtspiegel

90) Wenn jemand sagen sollte, die Beichte aller Sünden, die die Kirche beobachtet, sei unmöglich und nur eine mündliche Überlieferung, der sei verflucht.
Wenn jemand leugnen sollte, daß das Sakrament der Beichte nach dem göttlichen Recht eingesetzt sei ... und behauptet ... dies wäre eine menschliche Erfindung ... der sei verflucht.
Wenn jemand sagen sollte, im Sakrament der Buße sei es zur notwendigen Vergebung der Sünden nach dem göttlichen Recht nicht notwendig ... der sei verflucht.

91) n.n.

92) Raumer: Hohenstaufen, Theil 6, a.a.O. S. 558

93) Theiner: a.a.O. 1. Band, S. 455

94) siehe Fußnote 89) dieses Kapitels

95) So der Jesuit Laymann

96) Escobar Theol. mor. Tract.V. Exam. II. Cap. V. n. 110. pag. 608

97) Die Jesuiten im Spiegel ihrer eigenen Sexualethik, a.a.O. S. 28

98) Er bezieht sich auf folgendes Märchen: »Um ihre Tugend zu schützen, ließ sie der Vater bei sich im Bett schlafen. Als ihm aber-im Schlafe der Samenerguß erfolgte, floß der Samen in ihre Gebärmutter, und das Mädchen wurde schwanger.«

99) Escbar. Theol. mor. Exam. II. Cap. VI.n. 41. pag. 13

100) So der Jesuit Laymann

101) Alfons Maria de Liguori: IV. Band, a.a.O. S. 201-203. Gury: Casus consciensitatione, S. 595/596. d sponsalibus Cas.X.n. 869-870, Regensburg 1865

102) Mehrere solcher Beispiele sind zu entnehmen aus den Analecta ecclesiastica, einer römischen Monatsschrift, geleitet vom Hausprälaten Leos XIII, Felix Cadena, und aus der Analecta juris Pontifici, einer päpstlich-amtlichen Veröffentlichung. Hoensbroech: Papsttum, a.a.O. S. 146

Unfehlbarkeit

1) Erzbischof Georges Darboy hält das Konzil für eine frivole Sache und spricht von einer Räubersynode

2) Hasler: Wie der Papst unfehlbar wurde, Macht und Ohnmacht eines Dogmas, Mit einem Geleitwort von Hans Küng, Vorwort, München 1979

3) Der gefährlichste Angriff auf die Unfehlbarkeit ist vermutlich das Buch, das unter dem Pseudonym Janus mit dem Titel Der Papst und das Konzil vom Münchener Kirchengeschichtsprofessor von Döllinger verfaßt ist. Es kommt bereits am 26.11, direkt nach seinem Erscheinen, auf den Index. Widerlegt ist es darum nicht.

4) Der Bischof Dupanloup in seinem Tagebuch.

5) Buchmann: Unfreie und freie Kirche in seinen Beziehungen zur Sklaverei, zur Glaubens- und Gewissenstyrannei und zum Dämonismus, S. 67, Breslau 1873

6) Die Galiläer und Eboniten, die Entsagung signalisieren und in Armut als fromme Christen leben, verehren Gott lediglich in der Form eines Menschen, der bei seiner Taufe mit göttlichen Kräften ausgestattet worden ist und als Messias wiederkommen werde, um ein neues irdisches Reich aufzurichten.

Die Gnostiker stellen mehr den Gegensatz zwischen Gut und Böse heraus. Dazu kommen die Montanisten, wilde überspannte Schwarmgeister, die sich neuer Offenbarungen rühmen und ihren Namen von dem Phrygier Montanus ableiten. Hinzu gesellen sich die Manichäer, Doketisten, Sabellianer, Modaliten, Patripasianer, Novatianer, Meletianer und weitere.

7) Buchmann: a.a.O.

8) Idem ad Scapulum. c.2

9) Buchmann: a.a.O. S. 101.

10) Lac. divinus V.20 ed. Nicl. Lenglet Dufresnoy, T.1. a.a.O. S. 412, Paris 1748

11) Buchmann: a.a.O. S. 107

12) Buchmann: a.a.O. S. 143

13) Buchmann: a.a.O. S. 102/103

14) Buchmann: a.a.O. S. 128

15) Er sagt in seiner Abhandlung: »Du siehst also, der Zwang ist nicht immer zu verwerfen; es kommt alles darauf an, zu was man gezwungen wird. Zum Guten oder zum Schlechten.«

16) Buchmann: a.a.O. S. 126

17) Hier handelt es sich aller Voraussicht um eine Legende. Solche Schlüsselerlebnisse sind in der Kirchengeschichte nicht selten. Luther und Adolf Hitler treffen bei ähnlichen Vorkommnissen ähnliche Entscheidungen.

18) In einem Brief an seinen Jugendfreund Vincentius erklärt er: »Meine anfängliche Meinung war nicht, daß irgend jemand durch Zwang dem Christentum zuzuführen ist. Meiner Ansicht nach sollte über die Lehre, vernünftige Vorstellung und Beweisführung nicht hinausgegangen werden, um verstellten Übertritten vorzubeugen.« Buchmann: a.a.O. S. 132

19) Im Jahr 390 spielt sich in der Mailänder Kathedrale eine merkwürdige Szene ab. Mit dem kaiserlichen Purpur angetan, hat sich Theodosius dorthin begeben. Angekommen, wird ihm der Eintritt in das Gotteshaus vom Erzbischof Ambrosius verwehrt. Der Kaiser räumt ein, daß er sich der Menschentötung und des Ehebruchs schuldig gemacht hat. Er soll Buße tun und hat die Wahl zwischen dem Verlust des kirchlichen Rechts und der öffentlichen Kirchenbuße, die er von nun an mit Pünktlichkeit leistet. Nach acht Monaten wird er wieder zur kirchlichen Gemeinschaft zugelassen.

20) Maslowski: a.a.O. S. 26

21) Kühner: Das Imperium, a.a.O. S. 54/55

22) Döllinger: Der Papst, a.a.O. S. 22

23) So gegen den Manichäismus, den Pelagianismus, den Priszillianismus und vor allem gegen den neu auftretenden Monophysitismus, den der Archimandrit Eutyches von Konstantinopel verkündet, indem er erklärt, Christus habe nur eine einzige und keine menschliche Natur. Eutyches vertritt seine Thesen auf der Räubersynode von Ephesus. Der Monophysitismus verbreitet sich von Byzanz bis nach Ägypten, verursacht schwere Unruhen und bildet in der Folgezeit eine stete Bedrohung für Rom. Kühner: a.a.O. S. 47

24) Kühner: a.a.O. S. 49

25) In einem Edikt von 445 läßt er Valentin mitteilen: »Nachdem durch das Verdienst des heiligen Petrus, der der erste ist im Kranz der Bischöfe, durch die Würde der Stadt Rom und den Beschluß der heiligen Synode, der Vorrang des Apostolischen Stuhles festgestellt ist, wage fürderhin niemand, dieses Ansehen mit dreisten Ansprüchen anzutasten. Dann erst wird die Kirche überall Bestand haben, wenn sie die Gesamtheit als Herrn und Meister anerkennt.«

26) Georg Kreuzer, 1975: »Diese Tatsache kann selbst mit noch so geschickten Interpretationen nicht aus der Welt geschafft werden. Die historische gesicherte Tatsache, daß Honorius I. vom Konstantinopulum in aller Form als Ketzer verurteilt wird, weil er nach den Vorstellungen dieses Konzils ein Häretiker ist, muß nachdrücklich gegen sämtliche Versuche, die über ihn verhängte Sentenz zu verharmlosen, betont werden. Seit der Mitte des 17. Jh. verhindert die römische Kurie während mehr als zweihundert Jahren die Publikation des Liber Diurnus Pontificem Romanorum, dessen Formular 84 das Anathem über Papst Honorius ausspricht. Noch heute ist nicht zu sehen, wie die Verurteilung mit dem damaligen Glauben an die päpstliche Unfehlbarkeit zu vereinigen wäre.«

27) Werke von drei Theologen aus der Zeit zwischen den Konzilen von Ephesus 431 und Chalcedon 541

28) Döllinger: a.a.O.S. 68

29) Mohammed wird 570 in Mekka, einer alten Kultstätte, geboren, in der man zu antiken Zeiten Hobal, den Sonnengott der Araber, verehrt. Hier nehmen die Priester der Koreisch das Monopol des angenommenen Verkehrs mit den Göttern in die Hände. Die Mitglieder dieser Gesellschaft verrichten alle im Zusammenhang mit dem Kult stehenden Handlungen. Diesem Geschlecht entspringt Mohammed; er wird einer der erfolgreichsten Religionsstifter. Wie die Geburt von Jesus, so sind auch die Anfänge seines Lebens im Dunkel der Geschichte verborgen. Als er zum erstenmal die Augen öffnet, soll er gerufen haben: »... Allah ist groß ... da ist kein Gott außer Allah und ich bin sein Prophet.«

Mohammed erkennt den Nachteil des Polytheismus. Er bekennt sich zum Monotheismus und begründet eine kleine Gemeinde. Er erlangt starke Anfeindungen seitens anderer religiöser Gemeinschaften und ist insoweit mit den Anfängen des Christentums vergleichbar. Mohammed zieht im Juli 622 mit Anhängern nach Medina und errichtet eine Moschee, das erste Heiligtum der Sekte wird. Von dieser Hedschra genannten Auswanderung Mohammeds an datieren die Bekenner des Islam ihre Zeitrechnung. Mohammed läßt seine Offenbarungen und Gebote niederschreiben, woraus der Koran entsteht

30) Buchmann: a.a.O. S. 120

31) Procopius: Hist. arcana. c. 28

32) Buchmann: a.a.O. S. 141

33) Buchmann: a.a.O. S. 121

34) Hasler: a.a.O. S. 4/5

35) Döllinger: a.a.O.

36) Eine zur Regierung erforderliche Kurie, geistliche Behörden, Kongregationen, ein unterwürfiges Heer eigener Beamten (die Priester in allen Abstufungen) und umfassende Kirchengesetze gibt es nicht. Tausend Jahre später wird seitens der römisch-katholischen Kirche kein wirklicher Versuch unternommen, eine Sammlung grundsätzlicher Canons zusammenzustellen. Man beschränkt sich im wesentlichen auf Flickschusterei.

37) Döllinger: a.a.O. S. 16

38) Döllinger: a.a.O.

39) »Du bist Petrus der Fels, und auf diesen werde ich meine Kirche bauen, und die Pforten der Hölle werden sie nicht überwältigen ... ich werde Dir den Schlüssel des Himmelreiches geben. Was immer Du auf Erden binden wirst, das wird auch im Himmel gebunden sein.« Es ist nichts als eine Behauptung!

40) »Weide meine Lämmer, weide meine Schafe.«

41) »Theologen ohne eindeutige Zeugnisse der göttlichen Tradition gelten zwar für den Ausweis der damals scholastischen Meinungen, können aber von keiner Bedeutung sein, wo es um die Gewißheit des göttlichen Glaubens geht.«
So Erzbischof Conolly von Halifax in der Konzilsaula.

42) Hasler: a.a.O. S. 134

43) Hasler: a.a.O. S. 134

44) Döllinger: a.a.O.

45) Döllinger: a.a.O. S. 24

46) Döllinger: a.a.O. S. 20

47) Döllinger: a.a.O.

48) Döllinger: a.a.O. S. 39

49) »Alle griechischen Bischöfe, die vorher auf der Seite des Photius standen, mußten die Formel unterschreiben, bevor sie zum Konzil zugelassen wurden. Nachher reute sie es, die Unterschriften geleistet zu haben; sie stahlen das Dokument mit den Unterschriften. Ob eine solche Unterschriftensammlung große Beweiskraft für die päpstliche Unfehlbarkeit hat, weiß ich nicht.«

50) Am 26.1. des Jahres 880 annullieren die päpstlichen Legaten im Namen des Papstes Johannes VIII. das 4. Konzil von Konstantinopel und lassen es aus der Liste der ökumenischen Konzile streichen. Erst zum Ende des 11. Jh. wird es durch einen Irrtum der Kanonisten wieder aufgenommen, und erst Ende des 16. Jh. wird der Titel 8. Ökumenisches Konzil für das 4. Konstantinopolum üblich.
Hasler: a.a.O. S. 122

51) In Wirklichkeit kommt das Unionsdekret unter politischem Druck zustande. Der damalige byzantinische Kaiser braucht die päpstliche Hilfe gegen die Türken, die Byzanz einzunehmen drohen. Wegen dieser Pression auf die orientalischen Mitglieder der Kirchenversammlung wird Florenz in der Folgezeit nicht mehr zu den ökumenischen Konzilien gezählt.

52) Hasler: a.a.O. S. 8

53) Döllinger: a.a.O. S. 139

54) Hasler: a.a.O. S. 139

55) Deschner: Abermals, a.a.O. S. 439

56) Er sagt, ... die Sklaven und Sklavinnen sollen nicht übermütig werden ... sie sollen umso emsiger dienen und dies für eine Ehrensache halten, desto zahlreicher sie der Freiheit, die von Gott kommt, teilhaftig werden. Sie sollen es nicht darauf anlegen, durch die Gemeindekasse losgekauft zu werden.

57) Kühner: a.a.O. S. 136

58) Buchmann: a.a.O. S. 31

59) Muratori. Antiquitates ital. Mediol, T.1. pag. 763, 1738

60) Conc. Toletan an. 675. c.6

61) Buchmann: a.a.O.S. 35

62) Lib. III. tit. 13

63) Historica Miscella Bonum ad ann. 1256

64) Buchmann: a.a.O. S. 65

65) Buchmann: a.a.O. S. 90

66) Buchmann: a.a.O. S. 68

67) Märtyrer, Martyrer, griech. Zeuge; der Christ, der bis in den Tod an seinem durch Verfolgung bedrohten Glauben festhält (= Blutzeuge). Anfänglich bezeichnete Märtyrer die Zeugen des Lebens Jesu, die Apostel. Um 100 wurde der Begriff auf alle Christen übertragen, die trotz ihrer Verfolgung ihren Glauben bezeugt haben.
Offb. Joh. 2.13
Im 2. Jh. wird die Bezeichnung auf diejenigen eingeschränkt, die im Unterschied zu den Bekennern (Confessor) für ihr Bekenntnis den Tod erlitten haben.
Das Martyrium gilt als in der Kraft des Heiligen Geistes vollendet. Die Aussprüche der Märtyrer gelten daher als von Gott eingegeben. Die Todestage der Märtyrer werden bereits im 2. Jh. gefeiert. Seit dem 3. Jh. werden die Märtyrer als himmlische Fürsprecher und als Heilige verehrt.
Die kirchliche Anerkennung als Märtyrer läßt sich begrifflich nicht auf die ersten christlichen Jahrhunderte beschränken; sie umfaßt im weitesten Sinne alle um ihres Glaubens willen getöteten Christen.

68) Dazu ein Beispiel: »Magister Spalatino zeigte Dr. Martino 1538 an, wie ein Mägdlein zu Altenburg bezaubert wäre, daß sie Blut weinete. Daraufhin sprach Dr. Martinus: Da sollte man mit solcher zur Strafe eilen. Die Juristen wollen zuviel Zeugnisse und Beweisungen haben, verachten die öffentlichen. Ich habe dieser Tage einen Ehehandel gehabt, da das Weib wollte dem Mann mit Gift umbringen, daß er Eidechsen von sich gebrochen und, das sie peinlich befragt, hat sie sich wollen bekennen. Denn solche Zauberinnen sind gar stumm und verachten die Pein; der Teufel läßt sie nicht reden. Solche Taten aber geben Zeugnis genug, daß man sie soll billig hart bestrafen, zum Exempel, damit andere abgeschreckt werden vor solch teuflischem Benehmen.«
Im Frühjahr 1526 predigt Luther über Exodus 22.18. und vertritt dabei die Auffassung, daß man die Hexen töten soll. »... es ist ein sehr gerechtes Gesetz, daß man die Hexen töten soll ...ich selber habe etliche gesehen ... man töte sie nur.«
Bemerkenswert ist die lutherische Auffassung, daß man arme und blödsinnige Kinder, die er für Wechselbälge und Teufelskinder ansieht, ertränken soll.

69) Zur kirchlichen Zinsfrage gibt es zwei interessante Bücher:
Carolus Molianeus: Commerciorum et usuarum reditumque pecunia, Paris 1555
Das Lesen dieses Werkes wurde streng untersagt; selbst der Generalinquisitor darf nach der von Clemens 1602 erlassenen Constitutio sedis apostolocae auctoritate die spezielle Erlaubnis des Papstes dazu.
Carolus Molianeus: Consilium super commodis et imcommodis novae sactae seu facitae religionis Jesuitarum, 1605 unter dem Titel Commentarii ad edictum Henrici II. erschienen. Die noch greifbaren Exemplare werden von den Jesuiten aufgekauft. Es ist eine bemerkenswerte

Arbeit über den Wucher innerhalb der Kurie.

70) Buchmann: a.a.O. S. 60

71) Wir sehen es aus einem 313 in Illiberius abgehaltenem Konzil, daß die wegen Wucher überführten Laien nur dann nachsichtig behandelt werden sollen, wenn sie Besserung geloben. Wenn sie in ihrer Unbilligkeit verharren, wird der Ausschluß aus der kirchlichen Gemeinschaft über sie verhängt.
Conc. Elib. an. 305. c. 20
Noch das zweite Konzil von Lyon belegt, daß Staaten und Kommunen, die den Wucher gestatten, mit einem Interdikt belegt werden und daß notorische Wucherer des Testierrechts beraubt werden.
Lugd.II.c. 26, 1274
Das Konzil von Ravenna von 1317 erneuert die Strafe gegen Wucherer und legt ihnen die Verpflichtung auf, wegen des künftig guten Verhaltens Kautionen zu hinterlegen.
Conc. Ravennat IV. Rubr.15. Mansi XXV. 613
Ein Beschluß der Synode von Vaux aus dem Jahr 1368 verfügt, daß diejenigen Richter exkommuniziert sein sollen, die Schuldner zur Zinszahlung oder von der Rückforderung derselben anhalten.
Conc. Vaurensec.c. 120 Mansi XVI. 538
Clemens V. erläßt 1312 auf dem Konzil von Vienne eine bemerkenswerte Verordnung; danach werden Wucherer zur Vermeidung kirchlicher Zensuren zur Herausgabe der Rechnungsbücher verpflichtet. Wenn sie hartnäckig behaupten, das Zinsnehmen sei nicht sündhaft, werden sie als Ketzer bestraft.
Diese Verordnung befindet sich im Corpus jur. can. Clem. Lex de usuris. V. 5.

72) Buchmann: a.a.O. S. 52

73) 63 Beschwerden von insgesamt 100 gegen den Klerus gerichteten.

74) Buchmann: a.a.O. S. 60

75) Dabei werden gegen Pfand Darlehen verabreicht. Da dieses verzinst werden muß und dies wiederum den kirchlichen Vorstellungen damals nicht entspricht, nach denen ja die Zinserhebung Wucher ist, werden diese Institute von den Theologen verdammt, von den Päpsten aber mit der Erklärung in Schutz genommen, daß, da die Zinsen nur zur Deckung der Verwaltungskosten bestimmt sind, die labes usuarius, vorhanden sei. Der erste Erlaß über die kirchlichen Leihämter stammt aus dem Jahr 1467 unter Papst Paul II.

76) Kühner: a.a.O. S. 16

77) Vita Lebuini; In: Analecta Bollandia. Band 34/35, S. 325-327, Paris 1915/16
Prinz: Klerus und Krieg im frühen Mittelalter, Stuttgart 1871

78) Läpple: Kirchengeschichte in Dokumenten, 100, Düsseldorf 1967

79) Corvin: a.a.O. S. 134

80) Corvin: a.a.O. S. 135

81) Corvin: a.a.O. S. 147

82) Döllinger: a.a.O. S. 379

83) Lib. VI.ep.4 ann. 1078

84) Döllinger: a.a.O. S. 103

85) Hasler: a.a.O.S. 7

86) Er stellt heraus:
Die römische Kirche sei die Mutter der anderen
Widersprüche bedürfen der päpstlichen Zustimmung
Konzile bedürfen der päpstlichen Zustimmung
Widersprüche müssen durch das Prinzip beseitigt werden, daß die geringere Autorität der größeren zu weichen hat

87) Döllinger: a.a.O. S. 106

88) Döllinger: a.a.O. S. 110

89) Döllinger: a.a.O. S. 48

90) Hampe: a.a.O. S. 39

91) Hampe: a.a.O. S. 54

92) Hampe: a.a.O. S. 39

93) Pfliegler: Dokumente zur Geschichte der Kirche

94) Wolf: Weltgeschichte, a.a.O. S. 133

95) Denzler: a.a.O. S. 27

96) So der Kardinal Zarabella

97) So der Kanzler Gerson

98) Döllinger: a.a.O. S. 88

99) Döllinger: a.a.O. S. 65

100) Döllinger: a.a.O. S. 58

101) Döllinger: a.a.O. S. 68

102) Döllinger: a.a.O. S. 61

103) Döllinger: a.a.O. S. 79

104) Corvin: a.a.O. S. 143

105) »Das geist- und oft willenlose Heer der Gläubigen sieht das zwar, läßt aber fast alles mit sich geschehen. Es läßt sich ermorden und mordet selbst, es läßt sich erniedrigen und erniedrigt sich selbst, es wird verhört und verhört andere, es wird verhöhnt und verhöhnt andere, es wird beschimpft und beschimpft andere, es läßt sich zu Verbrechen bewegen, verängstigen und verunsichern. Um einer Handvoll Despoten zu Willen zu sein, werden ganze Völker hin- und hergeschoben. Dies allein ist der Macht der Religion zuzuschreiben; wobei es um den Glauben letztendlich nicht geht.«

106) Döllinger: a.a.O. S. 100

107) Döllinger: a.a.O. S. 96

108) Döllinger: a.a.O. S. 152

109) Döllinger: a.a.O. S. 105

110) So der Kardinal Tudeschi

111) Döllinger: a.a.O. S. 84

112) Döllinger: a.a.O. S. 105

113) Döllinger: a.a.O. S. 110

114) Er läßt durch seinen Legaten Chieregatti der deutschen Nation mitteilen, ... allerdings seien am römischen Hof seit Jahren viele Abscheulichkeiten vorgekommen und man habe alles zum Bösen verkehrt ... vom Papst habe sich das Verderben über die Prälaten verbreitet.
Döllinger: a.a.O. S. 191

115) Ein Zeitgenosse hält fest, ... er sei eigens nach Rom gegangen und habe sich Eintritt in die verschiedenen geistlichen Körperschaften verschafft ... habe aber nirgends einen auch im Leben wirklich anständigen religiösen Menschen finden können. Döllinger: a.a.O.

116) Döllinger: a.a.O. S. 106

117) Döllinger: a.a.O. S. 140

118) Döllinger: a.a.O. S. 139

119) Döllinger: a.a.O. S. 192

120) Döllinger: a.a.O. S. 203

121) Döllinger: a.a.O. S. 212

122) Döllinger: a.a.O. S. 196

123) Döllinger: a.a.O. S. 164

124) Döllinger: a.a.O. S. 176

125) Döllinger: a.a.O. S. 179

126) Wolf: Hexenwahn, a.a.O.

127) Döllinger: a.a.O. S. 181

128) Die Franziskaner beschuldigen Papst Johann XXIII. der Häresie, da das »was durch die Schlüssel der Weisheit im Glauben und in den Worten von den Päpsten einmal definiert worden sei, nicht durch ihre Nachfolger in Zweifel gezogen werden kann.« Döllinger: a.a.O. S. 207

129) In der Bulle Cum ex apostolatus officio vom 158
130) Döllinger: a.a.O. S. 185
131) Döllinger: a.a.O. S. 235
132) Döllinger: a.a.O. S. 265
133) Döllinger: a.a.O. S. 219
134) Döllinger: a.a.O. S. 220
135) Döllinger: a.a.O. S. 230
136) Hepta Romana, oder die Lehre von der Unfehlbarkeit des Papstes, Zeitgemäß beleuchtet und gewürdigt von R. R. Rudis., 2. Aufl. mit Prolog und Epilog, S. 29, 1869
137) Corvin: a.a.O. S. 196
138) Darwin: Die Entwicklung, a.a.O. S. 371
139) Syllabus, 1.14.57
140) Syllabus,15.18
141) Syllabus, 80
142) Darwin: a.a.O. S. 374
143) Denzler: a.a.O. S. 45
144) Deschner: Abermals, a.a.O. S. 483
145) Darwin: a.a.O. S. 372
146) Professor Dr.Paul Matussek, Leiter der Forschungsstelle für Psychopathologie und Physiotherapie bei der Max-Planck-Gesellschaft, erklärt am 10.9.1975 im Zusammenhang eines Gutachtens:»Das unterbreitete Material läßt auf eine abnorme Persönlichkeit schließen.« Hasler: a.a.O.
147) Das ist besonders delikat, weil der polnische Graf Ladislaus Kulczychi in mehreren Depeschen an den italienischen Außenminister Visconti Venosta behauptet, daß der Dominikanergeneral Filippe Maria Guidi ein Sohn des Papstes sei. Kulczycki konnte das wissen, denn er lebte seit 1855 in Rom und gehörte seit 1862 zur päpstlichen Familie. Er ist eng mit dem Archivpräfekt Augustin Theiner befreundet. Auch Prof. Denzler bringt 1976 die Nachricht vom päpstlichen Sohn zur Sprache.
148) Den der heiligen Klara von Montefalco (um 1275 -1308)
149) Man erzählt sich folgende Anekdote: Der Papst habe auf einem Spaziergang einem Paraythischen zugerufen: Erhebe Dich und wandle! Der arme Teufel hat es versucht und ist gestürzt. Dieses hat den Vizegott verstimmt. Hasler: a.a.O. S. 92
150) Siehe Fußnote 146) dieses Kapitels
151) Döllinger: a.a.O. S. 255
152) Döllinger: a.a.O. S. 273
153) Hasler: a.a.O. S. 88
154) Die Päpste können die Grenze ihrer Gewalt nicht überschreiten. Sie können nach Gutdünken Kaiser und Könige absetzen, ja ganze Reiche und Nationen verschenken. Hasler: a.a.O. S. 273
155) Hasler: a.a.O. S. 17
156) Hasler: a.a.O. S. 150
157) Letztlich bleiben etwa 20 % der Bischöfe der feierlichen Konzilsession fern, weil deren Bedenken nicht ausgeräumt sind.
158) Weber: Kardinäle und Prälaten, a.a.O. S. 273
159) Hasler: a.a.O. S. 20
160) Vor allem die Kardinäle Maria Guidi und Gustav Panebianco, Guiseppe Barardi, Angelo Qualia, Camilio di Petro, De Silvestri und Domenico Carafa
161) Koblenzer Laienadresse, Bonner Adresse, Stellungnahme katholischer Mitglieder des Zollparlaments
162) Usque ad effusionem sanguinus
163) Er schreibt am 27.12. an seinen Kollegen in Tübingen, Prof. Johann Kuhn:»Je länger ich hier bin, desto deutlicher sehe ich, daß meiner Berufung als Consultor Concilii ein unehrliches Spiel zugrunde liegt. In Wirklichkeit weiß ich nicht, was ich hier zu schaffen habe. Ich glaube, die schlauen Jesuiten lachen sich eins ins Fäustchen über den Tübinger Professor, der hier so hübsch lahmgelegt ist.«
164) Hasler: a.a.O. S. 52
165) So zum Kardinal Luigio Bilio
166) Hasler: a.a.O. S. 102
167) Er zieht Parallelen zur Geschichte des Konzils von Trient; bzw. den Arbeiten von Sarpi.
168) The letters and diaries of John Henry Newmann, Edited at the Birmingham oratory with notes and introductions by Charles Stephan Dessioan, London 1961
169) Der päpstliche Almosenmeister Francois Xavier de Merode, der päpstliche Hofprediger Luigi Puecher-Pasavali sind eindeutige Gegner des Dogmas. In diesem Zusammenhang sind Guilielmo Audision, Rechtslehrer an der Universität von Rom und Kanoniker von St. Peter zu erwähnen, die gleichfalls zu den Gegnern zählen.
170) Die große Ausgabe der Konzilsakten von Mansi druckt einige Dokumente nicht ab und verschweigt so einen für die Kirche peinlichen Tatbestand. Der Wiener Nuntius Serafino Vantunelli stellt 1883 fest, daß es den drei Bischöfen Stephan Pankovics von Munkács, Smiciklas von Kreutz und Alexander Bonnaz von Csasnad und Temesvár gelungen ist, sich stets vor einer schriftlichen Erklärung zu drücken.
171) Hasler: a.a.O. S. 177
172) »Viva l'Italia. Morte al papa. Morte al Petri. Al Fiume il Porco. Al trevere la carogna.«
173) Wolf: Geschichte der Druckverfahren, Oberelchingen 1992
174) So noch vor dem Konzil an den Bischof Johann Baptist Greith
175) Hasler: a.a.O. S. 172
176) 1869, Spalte 75
177) Hasler: a.a.O. S. 31
178) Hepta Romana, a.a.O.
179) Hepta Romana, a.a.O. S. 7
180) Heiden, Türken und Juden, Neuheiden, Pharisäer und die Schriftgelehrten des Muckertums
181) Hepta Romana, a.a.O. S. 21
182) Hepta Romana, a.a.O. S. 33
183) Döllinger am 1.3.1887 an Anton von Streichele, Erzbischof von München
Döllinger: Briefe und Erklärungen über die Vatikanischen Dekrete von 1869, Hrsg.: Reus. Darmstadt.1969, Nachdruck.a.a.O. S. 141, 1887
184) Bismarck und die Nationalliberalen sehen in der Zentrumspartei nach dem Konzil noch mehr als vorher den Sammelpunkt der großdeutschen und preußenfeindlichen Gegnerschaft gegen das kleindeutsche Reich.
185) Kanzlerparagraph: Verbot des Jesuitenordens, Oberaufsicht über alle Schulen, Bedingungen für die Einstellung katholischer Geistlicher, Einführung der Zivilehe.
186) Dreyfuß, jüdischer Abkunft, wird im Dezember 1894 von einem Militärgericht in einem regelwidrigen Verfahren des Landesverrates zugunsten des Deutschen Reiches für schuldig befunden und zu lebenslänglicher Deportation auf die Teufelsinsel Cayenne, Französisch-Guyana, verurteilt. Seit sich die Beweise gegen ihn als konstruiert und gefälscht herausstellen, wird die Affaire zunehmend zum Politikum zwischen der klerikalen und antisemitisch eingestellten Rechten. Es folgt eine schwere Staatskrise. Sie endet mit dem Sieg des Bloc republicain der Linken, Radikale und Sozialisten, und führt in den Jahren 1899-1909 zur Trennung von Staat und Kirche in Frankreich.
187) Non abbiamo paura delle publicita dei documenti.

188) Brief Sapenuero vom 18.8.1883 an verschiedene Kardinäle, Scta Leonis III. 259/260

189) Er findet ein geschicktes Hintertürchen und sagt, die Kirche sei auf die messianische Heilserfüllung ausgerichtet und habe die Erwartung auf das göttliche Reich gleichsam institutionalisiert. Aus dieser Situation will er die Entstehung der Dogmen erklären. Diese seien so zu verstehen, aus der Anpassung an die variablen Bedingungen von Ort und Zeit. Da die Kirche gezwungen wurde, sich auf eine veränderte Endzeit einzustellen, habe sich ein Lehrsystem, eine hierarchische Struktur, sakramentale Riten und Dogmen geschaffen.

Loisy sieht das Wesen des Christentums nicht in einem festen Kern, sondern im Werden, so daß Raum für neue Entwicklungen geschaffen sind. So würden die Dogmen jeweils nur den neuesten Stand der Entwicklung markieren. Dies bedeutet, daß bei einer wesentlichen Änderung der wissenschaftlichen Einsicht eine neue Interpretation der alten Formel notwendig wird.

190) Hasler: a.a.O. S. 205

191) Simon: Infallibity and the Evidence, Springfield 1968

192) Hasler: a.a.O. S. XV

193) Hasler: a.a.O. S. 204

Kriegstheologie

1) Coudy: Vorwort, a.a.O. S. 23

2) Tondi: Bekenntnisse, S. 39 und S. 49
Ders. Die geheime Macht der Jesuiten, a.a.O. S. 5

3) Tondi: Die geheime Macht, a.a.O. S. 69

4) Tondi: Die geheime Macht, a.a.O. S. 83

5) So der New Yorker Generalvikar Preston während einer am Neujahrstag 1888 gehaltenen Predigt.

6) Tondi: Die geheime Macht, a.a.O. S. 31

7) Tondi: Bekenntnisse, a.a.O. S. 83

8) Döllinger: Der Papst, a.a.O. S. 280

9) »Die politischen Tugenden der Kirche sind nicht mit dem von ihr gepriesenen Evangelien in Einklang zu bringen.« Tondi: Bekenntnisse, a.a.O. S. 49

10) n.n.

11) Rhodes: a.a.O. S. 146
Hitlers Table Talk, 1941

12) Scherr: a.a.O. S. 102

13) Lipsius: a.a.O.
Lutterbeck: Die Clementinen und ihr Verhältnis zur Unfehlbarkeitsfrage, Gießen 1872

14) 2. Moses. 20.13.

15) Deschner: Abermals, a.a.O. S. 514

16) Deschner: Abermals, a.a.O. S. 10/11

17) Misella: Gott mit uns, Die deutsche katholische Kriegspredigt 1914-18, München 1968

18) Deschner: Abermals, a.a.O. S. 495

19) Ranke: 1. Band.1, S. 7 und Anmerkung zur Einleitung, CXIV

20) »A careful study of religious toleration will prove, that in every Christian country where it has been adopted, it has been forced upon the clergy by the authority of the secular classes. At the present day, it is still unknown to those nations among whom the ecclesiastical power is stronger than the temporal power ... The increase of the power of the clergy is incombatible with the interests of civilisation. If, therefore, any religion adopts as its creed the necessity, of such an increase, it becomes the bounden duty of every friend to humanity to do his utmost, either to destroy the creed, or, failing in that, of civilisation in England.«

21) Pesch (SJ): a.a.O. S. 50 f

22) Hammerstein (SJ): a.a. O. S. 117

23) Deschner: Abermals, a.a.O. S. 505

24) Deschner: Abermals, a.a.O. S. 505

25) Deschner: Abermals, a.a.O. S. 501

26) Deschner: Abermals, a.a.O. S. 509

27) Deschner: Abermals, a.a.O. S. 508

28) Die Jahrbücher von Hersfeld. z.J. 1058, S. 47, Berlin 1855

29) Gregorovius: a.a.O. 4. Band, S. 55

30) Hauck: a.a.O. S. 579, schreibt dazu: »Mit einem Wort; wie es in Rom eine Regierungstradition des römischen Bischofs gab, die eine von dem jeweiligen Papst gewissermaßen unabhängige Existenz hatte, ebenso gab es in Deutschland eine Ansicht über die Rechte des Königs in der Kirche, die aufrecht erhalten wurde, mochte der König persönlich so oder so gesinnt sein. Es kam nur deshalb nicht zum Streit, weil es keinen Papst gab, der Macht und Interesse daran hatte, ihn zu beginnen.«

31) Denzler: a.a.O. S. 20

32) Denzler: a.a.O. S. 17

33) »Subesse Romano Pontifici omni humanae creaturae declaramus, definimus et pronunciamus omnio esse de necessitate salutis.«

34) Jus Decretalium, Prati 1907.I. 15. und 16.

35) Straub (SJ): De ecclesia Christi, II. 496/503 n. 1090-95, Innsbruck 1912

36) Es wird gefolgt dem Jesuiten Schneemann in den Stimmen aus Maria Laach, Serie 1., Heft 7

37) Schwarz: a.a.O. S. 187-188

38) Denzler: a.a. O. S. 21.

39) Buchmann: a.a.O. S. 74

40) Buchmann: a.a.O. S. 79

41) Denzler: a.a.O. S. 33

42) Innocenz X. läßt verlautbaren: »Niemand, und hätte er sie auch mit einem Eid versprochen, ist zur Beachtung dieser Friedensschlüsse und Satzungen verpflichtet.« Döllinger: Der Papst, a.a.O. S. 279

43) Döllinger: Der Papst, a.a.O. S. 274

44) O'Meara: Napoleon in exile, or a voice from St. Helena, London 1822.

45) »Die christlichen Staaten haben aufgehört ... die menschliche Gesellschaft ist wieder heimisch geworden und gleicht einen von der Erde gebildeten Körper, der auf den göttlichen Hauch wartet. Er belebt selbst dürre Gebeine ... es sind die politischen Gewalten, Parlamente, Wahlurnen und Zivilehen. Nicht nur dürre, sondern stinkende Gebeine sind die Universitäten ... so groß ist der Gestank ... der von ihren verderblichen und pestilenzischen Lehren ausgeht. Aber sie können wieder zum Leben erweckt werden, wenn sie auf Gottes Wort hören, d.h. wenn sie das göttliche Gesetz annehmen ... das ihn vom höchsten Doktor, dem Papst, verkündet wird.« Döllinger: Der Papst, a.a.O. S. 274

46) Tondi: Bekenntnisse, a.a.O.

47) In seinem Schreiben an die deutschen Erzbischöfe Pacem Westphalicum ecclesiae unquam probavit = Die Kirche hat diesen Frieden nicht genehmigt.

48) Döllinger: Der Papst, a.a.O. S. 275

49) Döllinger: Der Papst, a.a.O. S. 278

50) Döllinger: Der Papst, a.a.O. S. 278

51) Wernz: X. Jus Decretalium, Romae 1898. t.1. pag. 13; Pius IX. Cuanta Cura vom 8.12.1864. Syllabus 24. Ecclesia vos inferendae potestatem non habet, neque potestam ullam temporalem directam vel indirectam. Dazu sagt der Jesuit Schrader: »Nicht bloß die Geister sind in der Gewalt der Kirche unterworfen.«

52) Tondi: Bekenntnisse, a.a.O. S. 55

53) Tondi: Bekenntnisse, a.a.O. S. 55

54) Graf von Salis, der britische Botschafter beim Vatikan, schreibt über ihn: »Alles wird von der Angst des Papstes vor dem russischen Kommunismus beherrscht ... man hat Angst, daß die Sowjets nach Westeuropa vordringen könnten.«

55) Löde: Das päpstliche Rom und das Deutsche Reich, Hannover 1964

56) Rhodes: a.a.O. S. 14: »Der neue Papst war 65 Jahre alt, stattlich, mit einem runden Schädel ... hinter gold-gefaßten Brillengläsern blitzten kleine durchdringende Augen.«

57) Der Diplomat Baron Breyens schreibt in seinem Buch: »Als er Papst wurde, hörte man nur noch das eine Wort Obbediere (Gehorchen) ... er befahl instinktiv, und wurde sich dessen offensichtlich nicht bewußt.«

58) Seine Finanzverwaltung wird mit der des als heilig angesehenen Franz von Assisi in Beziehung gesetzt. Sir Rusell, der britische Vertreter beim Vatikan, meint dazu: »Es wäre leichter der Schluß zu ziehen, daß seine Heiligkeit die Finanzen in einer Art verwaltet, die an den heiligen Franz von Assisi erinnert.«

59) Tondi: Bekenntnisse, a.a.O.

60) Rhodes: a.a.O. S. 181

61) Man bezieht sich auf Enthüllungen, die sich in den Memoiren von Kardinal Tisserants befinden, wonach ein Dr. Petacci, der Vater von Mussolinis Maitresse, an das Krankenlager des Papstes gelangt sein soll, um ihm eine tödliche Injektion zu verabreichen.

62) Wall: Bericht über den Vatikan, Weidenfeld 1956

63) n.n.

64) Rhodes: a.a.O.; Er verweist auf neuere Quellen. Vor allem auf die Unterlagen des Auswärtigen Amtes in Bonn, die 1945 von den Alliierten unversehrt in Beschlag genom-men werden und zugänglich sind. Hinzu kommen verschiedene Dokumente des British Foreign Office aus der Zeit von 1922-45.

65) Rhodes, a.a.O. S. 41; »Pius XI. sammelte frühzeitig in Warschau politische Erfahrungen ... diese sollten für den Rest seines Lebens seine Haltung gegenüber dem Kommunismus bestimmen.«

66) Rhodes: a.a.O. S. 119

67) Rhodes: a.a.O. S. 112

68) Rhodes: a.a.O. S. 112

69) Tondi: Bekenntnisse, a.a.O. S. 27; erkennt die Unzu-länglichkeit der römisch-katholischen Kirche und wendet sich von seiner Professur an der Gregoriana, und seiner indirekten Beteiligungen an den jesuitischen Ränken ab. Darauf wird er von der Kirche kalt gestellt und wie jüngst, Drewermann 1992, auf die Straße geworfen.

70) Antwort von Pater Leon Hudon, Sekretär an der Gregoriana, der Päpstlichen Hochschule. Tondi: Bekenntnisse, a.a.O.S. 24

71) A.A.: Beziehungen des Vatikans zu England/Geheim-Depesche von Brockhoff-Rantzau, 29.8.1927

72) Rhodes: a.a.O. S. 114

73) 1923 gelangt per Zufall ein Zirkular des Zentral-kommitees der Ukraine in die Hände Hodgsons, des britischen Geschäftsträgers in Moskau. Es beinhaltet Anweisungen, wie man sich gegenüber der Religion zu verhalten hat. Sie wird in diesem Umfeld für nicht weniger gefährlich als Alkohol und Prostitution bezeich-net.

74) Graf von Salis, der britische Botschafter beim Vatikan, schreibt über ihn: »Alles wird von der Angst des Papstes

vor dem russischen Kommunismus beherrscht ... man hat Angst, daß die Sowjets nach Westeuropa vordringen könnten.«

75) Rhodes: a.a.O. S. 118

76) Rhodes: a.a.O. S. 217

77) Rhodes: a.a.O. S. 310

78) Rhodes: a.a.O. S. 217

79) Actes des Documents du Saint Siécle, Vol. 5. pag. Nr. 62

80) Rhodes: a.a.O. S. 219

81) Osservatore Romano vom 14.8.1944

82) Veröffentlicht in sowjetischen Zeitungen in der ersten Februarwoche des Jahres 1944

83) Brenan: The Spanish Labyrinth, S. 51

84) Clarke: a.a.O.

85) Clarke: a.a.O.

86) Kirchliches Amtsblatt für die Diözese Münster Nr. 34

87) Bulletin of Spanish Studies, Januar 1943

88) Fünfzehn Dokumente über die Kollaboration zwischen den Achsenmächten und Spanien, Hrsg.: US State Department, 4.3.1946

89) Angabe von Mr. A. Sidney Aldermann, US-Staatsanwalt am Nürnberger Internationalen.

90) New York Times, 20.1.1938 Gardini: Towards the New Italy, S. 195

91) Teeling: a.a.O. S. 129

92) Gardini: a.a.O. S. 183

93) Aus der Zeitung Mattini Mattino, Neapel 13.3.1930

94) Tondi:Die geheime Macht, a.a.O.S. 36

95) Tondi:Die geheime Macht, a.a.O.S. 37

96) Corriere della Sera vom 10.1.1938

97) Daily Telegraph vom 1.2.1945

98) n.n.

99) Derartige Äußerungen konnte man in den folgenden Jahren noch oft hören. Daher hat auch Franz Xaver Kraus in seiner Jugend etwas davon erfahren. Löhde: a.a.O. S. 45

100) Sommertagebuch 1872, S. 128, Zürich 1873

101) Bismarck erklärt dazu: »Er (der Papst) hat bei uns schon gebeten, wir möchten bei Italien vermittelnd anfragen, ob man ihn einreisen lassen würde, und ob es mit der ihm gebührenden Würde geschehen könne. Wir haben das getan, und sie (die Italiener) haben geantwortet, man würde seine Stellung durchaus achten und danach verfahren, wenn er fort wolle ... Wohin aber? Nach Frankreich kann er nicht, da ist Garibaldi. Nach Österreich mag er nicht! Nach Spanien? Ich habe ihm Bayern vorgeschlagen.« Busch: Tagebuchblätter, 1. Band, S. 372/374, Leipzig 1899

103) In dieser Bittschrift heißt es u.a.: »Rom, ihr Rom, der letzte Rest des Kirchenstaates, ist okkupiert, der Papst seiner weltlichen Herrschaft beraubt, die älteste der legitimen Mächte der Christenheit vernichtet ... Für das Papsttum gibt es keine andere Unabhängigkeit als die Souveränität; nur in ihr ist er in seiner Würde vollkommen gesichert. Ein entthronter Papst ist immer ein Gefangener oder ein Verbannter. Was keiner Macht gleichgültig sein kann, müßte folgen. Die Gewissensfrei-heit der Katholiken, von der souveränen Freiheit des Papstes zuletzt getragen, wäre geknechtet mit der tödlichen Verletzung ihres Rechtes, jeder Autorität in ihren Grundfesten erschüttern.«

104) Böhtlingk: a.a.O. S. 167

105) Es lautet: »Papst Pius IX. dem Allerdurchlauchtesten Großmächtigsten Kaiser Gruß! Durch das geneigte Schreiben Ew. Majestät ist Uns eine Mitteilung geworden der Art, daß sie von selbst Unseren Glückwunsch

hervorruft, sowohl wegen der Ew. Majestät dargebotenen höchsten Würde, als wegen der allgemeinen Einstimmigkeit, mit welcher die Fürsten und freien Städte Deutschlands sie Ew. Majestät übertragen haben. Mit großer Freude haben Wir daher die Mitteilung dieses Ereignisses entgegengenommen, welches, wie Wir vertrauen, unter dem Beistande Gottes für das auf das allgemeine Beste gerichtete Bestreben, Ew. Majestät nicht allein für Deutschland, sondern für ganz Europa zum Heil gereichen wird, ganz besonderen Dank aber sagen wir Ew. Majestät für den Ausdruck ihrer Freundschaft für Uns, da Wir hoffen dürfen, daß dieselbe nicht wenig beitragen wird zum Schutz der Freiheit und der Rechte der katholischen Religion. Dagegen bitten Wir auch Ew. Majestät überzeugt zu sein, daß Wir nichts unterlassen werden, wodurch Wir bei gegebener Gelegenheit Ew. Majestät nützlich sein können. Inzwischen bitten Wir den Geber aller Güter, daß er Ew. kaiserlichen und königlichen Majestät jenes wahre Glück reichlich verleihe und sie mit Uns durch das Band vollkommener Liebe verbinde. Gegeben zu Rom bei St.Peter am 6.3.1871 im 25. Jahre unseres Pontifikates.

106) Er erklärt: »Nie habe ich von mir aus gesagt, noch werde ich es sagen, daß ich Materialist sei. Im Gegenteil, als die jüngste Schule des Materialismus in Frankreich mich als den ihrigen betrachtete und mich aufforderte, mich für sie zu erklären und meinen Namen in ihre Listen einzureihen, da bin ich offen aufgetreten und habe mich dagegen verwahrt, daß man aus dem Materialismus ein neues System der Dogmatik mache. Was uns interessiert, ist die Freiheit der individuellen religiösen Überzeugung oder des religiösen Glaubens. Denn die Hierarchie hat zuletzt keinen anderen Zweck als den Selbstzweck ... Was diese Gesetze verfolgen ... und zwar ehrlich, offen, ausdrücklich verfolgen, das ist die Emanzipation des Staates.«

107) »Der Jesuitenorden kann gar nicht anders, als ein Reich bekämpfen, dessen Grundlage die Parität der Religionen ist. Folglich ist ihm die protestantische Hohenzollerndynastie an der Spitze von Deutschland verhaßt. Ich glaube, ein Jesuit würde es für eine Beleidigung ansehen, wenn man von ihm annähme, daß er ein Förderer des neuen deutschen Reiches sein könnte.«

108) Deutscher Merkur, S. 101 vom 30.3.1895

109) Roh (SJ): a.a.O. S. 61

110) Civilta Cattolica, S. 264, vom 7.11.1868

111) Scherr: Blätter im Wind, a.a.O. S. 96/97

112) Schlottmann: Der deutsche Gewissenskampf gegen den Vatikanismus, Aus dessen Erasmus redivius, 2. Kap., S. 75/76, ins Deutsche übersetzt von Jacobi, Halle a.d.S. 1882

113) Siehe die Fußnote 112) in diesem Kapitel, Vorwort S. XLVI.

114) O'Meara: a.a.O. S. 203, Nr. 169

115) Stenographierte Berichte über die Verhandlungen des Deutschen Reichstages, 1 Leg. Periode, III. Session vom 14.5.1872

116) Im gleichen Blatt, Nr. 28

117) Es lautet in der endgültigen Fassung: Hinter § 130 des Strafgesetzbuches für das Deutsche Reich wird folgender § eingestellt: Ein Geistlicher oder anderer Religionsdiener, welcher in Ausübung oder in Veranlassung der Ausübung seines Berufes öffentlich vor einer Menschenmenge, oder welcher in einer Kirche oder an einem anderen für religiöse Versammlungen bestimmten Orte vor mehreren Angelegenheiten des Staates in einer den öffentlichen Frieden gefährdenden Weise zum Gegenstand einer Verkündigung oder Erörterung macht, wird mit Gefängnis oder Festungshaft bis zu zwei Jahren bestraft. Reichsgesetzblatt vom 4.12.1871

118) Curtius, Hrsg.: Denkwürdigkeiten, a.a.O. S. 393

119) Bismarck: a.a.O. S. 207

120) Papst Clemens XIV. erklärt im Auflösungsbreve Dominis ac Redemptor noster vom 21.7.1773: »Da es kaum möglich ist, so lange (die) besagte Gesellschaft (Jesu) besteht, der Kirche einen wahren und dauerhaften Frieden wiederzugeben ... (imo fieri aut vix nullo modo ut ea incolume manenta, vera pax ac diuturna ecclesiae restituatur).«

121) O'Meara: Napoleon in exile, a.a.O. S. 204/205, Nr. 171

122) Blum: a.a.O. S. 74/75, Stenographische Berichte des Deutschen Reichstages nebst den dazugehörigen Drucksachen von 1872

123) Rost: a.a.O. S. 24

124) Cornely(SJ): a.a.O. S. 18 ff

125) Er sagt: »Es liegt im Prinzip der römischen Kirche, daß sie im Bewußtsein ihrer vermeintlich ausschließlichen göttlichen Berechtigung den Andersgläubigen alles Recht abspricht und darum ihnen gegenüber keine gemeinsame Rechtsbasis anerkennt, sondern es auf die Spitze treibt; im Sinne einer weltlichen Kriegsführung und Diplomatie halten sie jede Waffe, jeden Hinterhalt, jede Täuschung für erlaubt, wenn sie nur ihrer Sache zum Sieg verhilft.

126) »Hoher Deutscher Reichstag! Einem Hohen Reichstage erlauben sich die Unterzeichneten nachstehende Petition, betreffend den Ausschluß des Jesuitenordens oder der sog. Gesellschaft Jesu aus dem Deutschen Reiche zur geneigten Berücksichtigung und weiteren Veranlassung ehrerbietigst vorzulegen. Die Grundsätze und Bestrebungen dieses Ordens sind in neuester Zeit so unverhohlen zu Tage getreten, daß es nur weniger Erfahrungen bedarf, um dieselben als staats- und kulturfeindlich überhaupt und insbesondere als grundverderblich für unser deutsches Vaterland erkennen zu lassen. Über die Lehren der Jesuiten in Betreff des Verhältnisses von Kirche und Staat und der verschiedenen Konfessionen kann kein Zweifel mehr bestehen. Wir erlauben uns auf einige besondere charakteristische Sätze dieser Art hinzuweisen.« Dann folgen Passagen aus der Civilta Catholica, die hier übergangen wird.

127) Es heißt in der betreffenden Schrift:»Bei dem Menschen, der zugleich Katholik und Staatsbürger ist, steht die Pflicht, der Kirche zu gehorchen, höher als die, dem Staate zu gehorchen; denn man muß Gott mehr gehorchen als dem Menschen. Im Syllabus heißt es; bei Konflikten haben die Vorschriften der Kirche vor allen anderen den Vorzug. In Westfalen wurde an einen Beamten von der Geistlichkeit die Frage gerichtet, wie er sich zu den Beschlüssen des vatikanischen Konzils stelle; der Beamte erwiderte, daß der Glauben an die Unfehlbarkeit und der Diensteid schließlich unvereinbar sei, worauf ihm geantwortet wurde, ... das ließe sich ganz gut vereinigen, denn der Diensteid werde doch immer mit einer gewissen reservatio mentalis (= einem heimlichen inneren Vorbehalt) geleistet.

Diesen Vorgängen gegenüber ist es unmöglich, daß die Reichsregierung noch länger die Hände in den Schoß gefaltet, zusieht, einer Bewegung gegenüber, welche die Fundamente des Staates in Frage stellt. Sie berufen sich auf die Verfassung? Wie kommen Sie dazu, meine Herren, möchte ich beinahe fragen, wenn sie den Grund des Staates zerstören, wie können Sie sich da auf das

Grundgesetz berufen? Beabsichtigt die Verfassung die Untergrabung des Staates? Die Verfassung ist für den Untertan da, für den, der seine staatsbürgerlichen Pflichten erfüllt. Wer über die Schranken hinausgeht, welche der in der Verfassung garantierten religiösen Freiheit gesetzt sind, der steht nicht mehr auf dem Boden der Verfassung. Sie machen sich dann einen Staat im Staate, noch dazu unter einem auswärtigen Oberhaupte. So werden sie den Staat entweder anerkennen müssen, oder ihn zwingen, zu den äußersten Mitteln zu greifen, seine äußere Freiheit zu wahren. Wir alle wissen, was das frühere Deutsche Reich zugrunde gerichtet hat. Ebenso wissen wir, daß die jetzigen kirchlichen Zerwürfnisse genau mit der Errichtung des Deutschen Reiches zusammenfallen. Und wenn es überhaupt ein Mittel gibt, die mühsam errungene Deutsche Einheit wieder zu zerstören, so ist es die Erregung eines religiösen Zwiespaltes.«

128) Eduard Windthorst ist zwar katholisch, aber ein politischer Gegner des Zentrums. Er ist Kreisrichter in Werne (Lippe) und liberaler Abgeordneter für den 3. Berliner Wahlkreis. Den Abdruck seiner Rede findet man nach den stenographischen Berichten des Deutschen Reichstages von 1872 bei: Eckert: Hundert Stimmen aus vier Jahrhunderten über den Jesuitenorden, 1. Band, S. 141-176, Leipzig

129) Vor allem im Rheinland und in Westfalen unter der Führung von P. Reichensperger, C.F. von Savigny, H. von Malleinkrodt und Bischof E. von Ketteler

130) In der Frankfurter Nationalversammlung bildet sich 1848 ein interfraktioneller katholischer Verein unter J. von Radowitz, im preußischen Landtag 1852 eine katholische Fraktion mit 62 Abgeordneten unter der Führung von August Reichesberger, die unter dem Namen Zentrum besteht und 1862 aufgerieben wird.

131) Man proklamiert das Prinzip des Rechtsstaates, das der religiösen Freiheit, die alle Konfessionen umfassen soll ... doch bleiben die Nichtkatholiken stets in der Minderheit. Man streitet darüber, ob man sich zu einer rein katholischen Partei (Berliner Richtung) oder auf eine überkonfessionelle politische Partei auf christlicher Grundlage (Kölner Richtung) einigen soll.

132) § 1: Der Orden der Gesellschaft Jesu und die ihm verwandten und ordensähnlichen Kongregationen sind vom Gebiete des Deutschen Reiches ausgeschlossen. Die Errichtung von Niederlassungen ist untersagt. Die zur Zeit bestehenden Niederlassungen sind binnen einer vom Bundesrat zu bestimmenden Frist, welche sechs Monate nicht übersteigen darf, aufzulösen.
§ 2: Die Angehörigen des Ordens der Gesellschaft Jesu oder der ihm verwandten Orden oder ordensähnlicher Kongregationen können, wenn sie Ausländer sind, aus dem Bundesgebiet ausgewiesen werden; wenn sie Inländer sind, kann ihnen der Aufenthalt in bestimmten Bezirken oder Orten versagt oder angewiesen werden.
§ 3: Die zur Ausführung und zur Sicherstellung des Vollzuges dieses Gesetzes erforderlichen Anordnungen werden vom Bundesrat erlassen.

133) Längin: Der Wunder- und Dämonenglauben der Gegenwart im Zusammenhang mit Religion und Christentum, S. 19, Leipzig 1887

134) »Bald strömten Tausende zu dem neuen Gnadenorte und schöpften aus der sich alsbald als heilkräftig erwiesenen Quelle. Der Klerus der Umgegend errichtete einen schwunghaften Handel mit der Versendung des Gnadenwassers bis nach Amerika, und die Germania war unermüdlich in der Anpreisung des großen Wunders. Bei den wiederholt aufgenommenen gerichtlichen Verhandlungen wurden zwar im Jahre 1879 die Kinder und die Helfershelfer beim Obergericht freigesprochen; allein es wurden ausdrücklich die angeblichen Erscheinungen für schädliche Täuschung erkannt. Die Wunderheilungen aber ergaben sich bei der gerichtlichen Untersuchung teils als ganz natürliche Handlungen und Heilungen, teils als schwindlerische, auf bloßer Einbildung oder nackter Erfahrung beruhende Agitationsmittel. Den Versuchen, auf sechs anderen benachbarten Dörfern ähnliche Erscheinungen und Wunder ins Werk zu setzen, trat der Klerus selber entgegen, vielleicht um Marpingen vor gefährlicher Konkurrenz zu bewahren oder weil zu viele Wundererscheinungen in einer Gegend die ganze Sache nur in Mißkredit bringen konnte.« a.a.O. S. 18/19

135) Böthlingk, a.a.O. S. 335/336, schreibt dazu: »Die Aufregung, welche sich im Gefolge dieser Vorgänge besonders der Gemeinde Marpingen bemächtigte, die auf dem besten Wege war, ein Gnadenort zu werden, bewirkte, daß selbst Militär ins Quartier gelegt wurde, bis es mit der Erscheinung der Mutter Gottes vorüber war. Die Polizeibehörden schritten umso energischer ein, als die Bewegung sich als Kundgebung gegen die Maigesetze und damit gegen das preußische Staatswesen kennzeichnete ... Ohne die Intervention des bösen Bürgermeisters und des von ihm requirierten Militärs mit nachfolgender Gerichtsverhandlung, wären die Marpinger schwerlich um ihre Madonna gekommen.«

136) Jener Theologiestudent, der dies berichtet, war der später aus dem Orden getretene und ihn bekämpfende Graf Paul von Hoensbroech.

137) Er sagt: »Im Vatikan ist man augenblicklich ganz besonders entrüstet über die kaiserliche Regierung und vor allem über seine Durchlaucht, den Fürsten Reichskanzler, und ist es in Auslegung und Abwendung des Gesetzes gegen die Jesuiten, welche diese Entrüstung neuerdings hervorgerufen haben. Man glaubt, in dem Verbot jeder seelsorgerischen Tätigkeit, vor allem des Messelesens, den deutlichen Beweis zu finden, daß es der kaiserlichen Regierung, ihren Versicherungen nicht entsprechend, auf eine Verfolgung der Kirche, des katholischen Glaubens, ankomme. Diese Ansicht ist mir selbst von einem Prälaten ausgesprochen worden, der den Jesuiten übrigens nicht das Wort redet.
Aus sicherer Quelle erfahre ich, daß man im Vatikan den Beschluß gefaßt hat, einen Teil der aus Deutschland ausgewiesenen Jesuiten nach Amerika zu dirigieren. Man besorgt nämlich, daß durch alle zahlreichen Niederlassungen der Vertriebenen in anderen Ländern Europas die betreffenden Regierungen zu ähnlichen Maßregeln wie die Kaiserlich-Deutsche herausgefordert werden könnten.« Die Vorgeschichte des Kulturkampfes, a.a.O. S. 304, Ne. 231

138) Ideoque pacta et conventa illa ipse iure nulla, irrita, invalida, iniqua insuta, damnata, reprobata, inania.

139) »Man muß Gott mehr gehorchen als den Menschen, sagten die Pfaffen der Aschera-Astarte im alten Syrien, wenn sie Mädchen und Frauen anwiesen, der Göttin der Unzucht zu dienen. Dasselbe sagten die Pfaffen des Moloch, wenn sie die verzweifelten Mütter zwangen, in Karthago und im Tale Ben-Hinnom bei Jerusalem ihre Kinder auf die glühenden Erzarme der Stiergottstatue zu legen. Dasselbe im Mittelalter die Kreuzzügler, die Albigenser- und Judenschlächter, die Inquisitoren, die Hexenverbrenner. Dieselbe Litanei stimmen in unseren

Tagen die deutschen Bischöfe an, wenn sie dem von den Jesuiten gekneteten Aftergott im Vatikan ihre vaterlandsverleugnenden Kniebeugungen und Räucherungen darbringen.« Scherr: Hammerschläge, a.a.O. 3. Aufl. S. 384/385, Zürich 1878

140) n.n.

141) Dieser denkwürdige Vorgang, der selbst in Bismarcks Geschichte an dramatischer Zuspitzung und Tragik seinesgleichen sucht. Der germanische Recke, der Schöpfer des Reiches, von eigenen Volksgenossen bis aufs Blut befehdet, Selbständigkeit zu wahren trachtet. Wie dereinst Hermann der Cherusker, so hätten auch ihn die Römlinge deutscher Zunge am liebsten kurzerhand erschlagen, Da ein von ihnen fanatisierter Ruchloser ihn wirklich, ihrem innersten Herzenswunsche entsprechend, niederzuknallen unternimmt, haben sie mit diesem angeblich nichts gemeinsam, fügen sie zu dem Mordanschlag noch Hohn und Spott ... Indes letzten Endes siegt die Wahrheit. Den fanatisch-klerikalen Mordbuben konnten sie deswegen nicht von sich abschütteln. Er bleibt nicht nur an ihren Rockschößen hängen, sondern war ihres Geistes Geschöpf, ihre Kreatur, seine Tat und ihre Tat. Als solche wird sie in den Annalen der Geschichte verzeichnet bleiben.« Böthlingk: a.a.O. S. 285/286

142) Schlottmann: a.a.O. S. 127

143) Pius IX.1 läßt mitteilen: »Sämtliche Maßregeln, welche seit einiger Zeit von Eurer Majestät Regierung ergriffen sind, zielen mehr und mehr auf die Vernichtung des Katholizismus ab ... Ursachen für diese sehr harte Maßregel vermag ich nicht aufzufinden ... Andererseits wird Mir mitgeteilt, daß Eure Majestät das Verfahren Ihrer Regierung nicht billigen und die Härte der Maßregeln wider die katholische Religion nicht gutheißen. Wenn das wahr ist, werden dann Eure Majestät nicht die Überzeugung gewinnen, daß diese Maßregeln keine andere Wirkung haben, als diejenige, den eigenen Thron Eurer Majestät zu untergraben? Ich rede in Freimut, denn mein Panier ist die Wahrheit und ich erfülle Meine Pflicht, allein die Wahrheit zu sagen, auch denen, die nicht Katholiken sind. Denn jeder, der die Taufe empfangen hat, gehört in irgend einer Beziehung oder auf irgendeine Weise, welch hier darzulegen nicht am Orte ist, gehört sagte ich, dem Papste an.«

144) U.a. heißt es in diesem Briefe: »Wenn diese Berichte nur Wahrheit meldeten, so wäre es nicht möglich, daß Eure Heiligkeit der Vermutung Raum geben könnten, daß Meine Regierung Bahnen einschlägt, welche Ihr nicht billigt. Nach der Verfassung Meiner Staaten kann ein solcher Fall nicht eintreten, da die Gesetze und Regierugsmaßregeln in Preußen Meiner landesherrlichen Zustimmung bedürfen. Zu meinem tiefen Schmerze hat ein Teil meiner katholischen Untertanen seit zwei Jahren eine politische Partei (das Zentrum) organisiert, welche den in Preußen seit Jahrhunderten bestehenden konfessionellen Frieden durch staatsfeindliche Umtriebe zu stören sucht. Leider haben höhere katholische Geistliche diese Bewegung nicht nur gebilligt, sondern sich ihr bis zur offenen Auflehnung gegen die bestehenden Landesgesetze angeschlossen.
Ich mache mich gern der Hoffnung hin, daß Eure Heiligkeit, wenn von der wahren Lage der Dinge unterrichtet, Ihre Autorität werden anwenden wollen, um der unter bedauerlicher Entstellung der Wahrheit und unter Mißbrauch des priesterlichen Ansehens betriebenen Situation ein Ende zu machen. Die Religion Jesu Christo

hat, wie ich Eurer Heiligkeit vor Gott bezeuge, mit diesen Umtrieben nichts zu tun, auch nicht ihre Wahrheit, zu deren von Eurer Heiligkeit angerufenen Manier ich mich rückhaltlos bekenne. Noch eine Äußerung in dem Schreiben Eurer Heiligkeit kann ich nicht ohne Widerspruch übergehen, nämlich, daß jeder, der die Taufe empfangen hat, dem Papste angehöre. Der evangelische Glauben, zu dem ich mich, wie Eurer Heiligkeit bekannt sein muß, gleich Meinen Vorfahren und der Mehrzahl Meiner Untertanen bekenne, gestattet uns nicht, in dem Verhältnis zu Gott einen anderen Vermittler als unseren Herrn Christus anzunehmen.«
Zitat dieser Briefstelle: Hans Blum: Das Deutsche Reich zur Zeit Bismarcks, Politische Geschichte von 1871-90, S. 89, Leipzig

145) Schließlich wendet sich der Papst gegen die gottlosen Menschen, die, allein gestützt auf den Schutz der bürgerlichen Gewalt, verwegen Pfarrkirchen in Besitz genommen und den heiligen Dienst in denselben auszuüben wagen. »Im Gegenteil erklären wir jene Gottlosen und alle, welche in Zukunft sich durch ein ähnliches Verbrechen in die Regierung der Kirchen eingedrängt haben, rechtlich und tatsächlich der größeren Exkommunikation verfallen; und Wir ermahnen die frommen Gläubigen, daß sie sich von dem Gottesdienst derselben fernhalten, von ihnen die Sakramente nicht empfangen und sich so vorsichtig des Umgangs mit denselben enthalten, damit nicht der böse Sauerteig die gute Masse verderbe.«

146) Aus Bismarcks Briefwechsel, S. 495/496, Stuttgart 1901

147) Antonius Ballerini (SJ): Opus theologicuim morale, edicet Dominicus Palmieri. Ed. II. Pratii 1892. II.670; P.Laymann (SJ): Theologia moralis Monachii 1625. lib.2, tr. 3.12. n.5.

148) Kurd von Schlözer: Letzte römische Briefe, S. 167/168, Berlin 1924

148) Palamenghi-Crispi, Hrsg.: Francesco Crispi - Memoiren, Erinnerungen und Dokumente, S. 57 ff, dt. von Wichmann, Berlin 1912

150) Koch: a.a.O. S. 27/29

151) Darin wird gesagt: »Es ist schon so weit gekommen, daß in Zukunft alles zu befürchten ist, zwar nicht für die Kirche, denn sie hat ein viel zu festes Fundament, als daß sie durch Machenschaften erschüttert werden könnte, wohl aber für jene Staaten, in denen die Freimaurersekte, oder andere ähnliche Geheimbünde, die sich nur als Büttel und Handlanger jener ersten entpuppt haben gar mächtig sind ... Wie es unsere Vorgänger des öfteren bestimmt haben, möge niemand es für erlaubt halten, aus irgend welchem Grunde dem Freimaurerbunde beizutreten, wenn er auf sein Seelenheil den Wert legt, den er ihm beimessen muß.«

152) n.n.

153) Heute haben die Nachkommen dieses katholischen Adels, der zumal in Schlesien saß, ihre Güter infolge der politischen Entwicklung, die damals begann, verloren. Unerbittlich schreitet die Nemesis durch die Geschichte.

154) Majunke: Geschichte des Kulturkampfes in Preußen, S. 663/665, a.a.O. S. 728, Paderborn 1886

155) Johannes Scherr schreibt dazu im Jahr 1886: »Es sah fast wie eine Reminiszenz an jene päpstliche Teilung der Erde aus, wenn der deutsche Reichskanzler den Papst als Schiedsrichter in jener Streitsache anrief. Ein diplomatischer Schachzug? Wohl, aber es gibt bekanntlich Schachzüge, die viel weniger harmlos sind und wirken, als sie aussehen. Canossa liegt in der Welt sehr verstreut.

Ein Stück davon könnte ja gelegentlich auch einmal in der Wilhelmstraße (der Reichskanzlei) liegen.« Gestalten und Geschichten, S. 25, Anmerkung, Berlin 1886

156) Darin heißt es, »daß auf Deinen Rat und Antrieb hin Uns die sehr willkommene Gelegenheit geboten wurde, der Eintracht halber ein sehr edles Amt zu verwalten ... wodurch insbesondere die Katholiken auf dem ganzen Erdkreise erfreut waren, die es mit Staunen erfüllen wird, daß ihrem Vater und Hirten eine derartige Ehre erwiesen wurde. Deine Staatsklugheit hat sehr viel dazu beigetragen, dem Deutschen Reiche seine Größe zu verschaffen, welche heute die Welt zugesteht und anerkennt. Das aber, was Du zur Zeit ins Auge fassest, ist selbstverständlich, daß das Reich von Tag zu Tag fester stehe und blühe, mit Macht und Dauer und mit Hilfsmitteln ausgestattet ... Wir flehen inständigst, daß Dir alles glücklich gelingen möge ...« Mirbt, Karl: Lateinischer Text bei: Quellen zur Geschichte des Papsttums und des römische Katholizismus, Tübingen 1901; dt. Hans Blum: a.a.O. S. 622, Leipzig 1893

157) MIZ , a.a.O. 4/81, S. 2

158) »Als 1870 die Unfehlbarkeit eingeführt wurde, nahm die Kirche auf einer höheren Ebene jene geschichtlichen Entscheidungen voraus, die heute auf der politischen Ebene gefällt werden; für die Autorität und gegen die Diskussion, für den Führer und gegen das Parlament. Die Grundlage einer christlichen Politik der deutschen Katholiken. Die Schildgenossen, Katholische Zweimonatszeitschrift 13. Jg., 1933/34, S. 48

159) Schmaus: a.a.O. S. 42

160) Rhodes: a.a.O. S. 142

161) Rhodes: a.a.O. S. 142

162) A.A.: Beziehungen des Heiligen Stuhles zu Deutschland, 4. Band

163) Rhodes: a.a.O. S. 143

164) Warburg: a.a.O. S. 102

165) Kaas, Ludwig, katholischer Theologe und Politiker, geboren am 23.5.1881 in Trier, gestorben ebda 1924. Domkapitular. Frühzeitig Mitglied des Zentrums, war er 1911-19 Abgeordneter in der Nationalversammlung. 1920-33 im Reichstag, wo er besonders in außenpolitischen Fragen hervortritt. Von 1928-33 ist er Vorsitzender des Zentrums und in dieser Funktion seit 1930 eine Stütze der Regierung von Brüning. Die Politik von von Papens lehnt er ab und trägt dadurch zu ihrem Scheitern bei. Im März 1933 söhnt er sich mit von Papen aus, stimmt dem Ermächtigungsgesetz für Hitler zu und geht anschließend nach Rom, um den Abschluß des Reichskonkordates 1933 herbeizuführen.

166) 1889 als Sohn eines Zollbeamten im österreichischen Braunau am Inn geboren. Er besucht die Realschulen von Linz und Steyr; die Reifeprüfung besteht er nicht. 1908 wird er Bauhilfsarbeiter und geht als Zeichner nach Wien und 1913 nach München. 1914 rückt er freiwillig in ein bayerisches Infanterieregiment ein. Gegen Kriegsende erblindet er an Giftgas und wird im Lazarett von Pasewalk geheilt. Weil er darin eine göttliche Fügung sieht, beschließt er, Politiker zu werden.

167) Führende Mitglieder der DAP sind um diese Zeit der Schriftsteller D. Eckart, der Ingenieur G. Feder, der Reichswehroffizier E.Röhm. Später treten A. Rosenberg und J. Streicher bei.

168) Dieses Programm ist eine agitatorisch geschickte Kombination von populären Formeln, wie sie damals vor allem in der politischen Rechten üblich sind: Anschluß Österreichs, Erwerbung von Kolonien, Gleichberechti- gung Deutschlands im internationalen Bereich, mit sozialistischen Forderungen: Einzug der Kriegsgewinne, Bodenreform, Enteignung von Boden für gemeinnützige Zwecke.

169) Seit 1933 ist Frank bayerischer Justizminister, seit Dezember 1934 Reichsjustizminister und seit 1939 Generalgouverneur im besetzten Polen.

170) 1879 als Sohn katholischer Eltern in Werl/Westfalen geboren, wird er von 1912 bis 1915 Militärattaché in Mexiko und Washington, danach Stabschef der 4. Türkischen Armee in Palästina und von 1921 bis 1932 Abgeordneter des Zentrums im Preußischen Landtag. Von Papen wettert bereits in seiner Regierungserklärung gegen den Bolschewismus und betreibt eine leicht durchschaubare Winkelpolitik. Das Kabinett von Papen faßt am 3.6.1932 den Beschluß, Hindenburg um die Auflösung des Reichstages zu bitten. Am kommenden Tag unterzeichnet der Reichstagspräsident das Auflösungsdekret, »weil die Zusammensetzung des Reichstages dem politischen Willen des deutschen Volkes nicht mehr entspricht.«

171) n.n.

172) Hasler: a.a.O. S. 218

173) Zudem steht in der Germania: »Der alles überragende Leitstern der Tagung war, die katholischen Massen in der ganzen Welt aufzurufen und zu sammeln im Kampf gegen die Gottlosenbewegung. Das, was in Rußland geschieht, ist Satanswerk, das nicht ernst genommen werden kann und das mit allen Mitteln von jedem Katholiken bekämpft werden muß. Die Gottlosigkeit wird scheitern, wenn die Katholiken aller Nationen ohne Rücksicht ... sich zusammentun und in geschlossener Phalanx das Werk des Teufels ausrotten ... die Kirche ist eine streitende Kirche. Nochmals: es gilt zu kämpfen mit dem ganzen Einsatz der Persönlichkeit. Jeder muß auf dem Platz sein, wohin er gehört.«

174) MIZ, a.a.O. 4/81

175) MIZ, a.a.O. 4/81. DS. 5

176) Germania, Band Juli/August 1932

177) In seinem Buch: Hitlers Weg, Stuttgart 1932

178) »Ich habe die NSDAP immer korrekt behandelt und mich deshalb wiederholt über ministerielle Anweisungen ... und über die Anschauungen der Zentrumsfraktion der Kölner Stadtverordnetenversammlung hinweggesetzt. Ich habe der NSDAP die städtischen Sportplätze zur Verfügung gestellt und ihnen gestattet, Hakenkreuzfahnen an den städtischen Flaggenmasten zu hissen.«

179) n.n.

180) Sein Gespräch findet möglicherweise mit Msg. Pizzardo, einem Unterstaatssekretär, statt.

181) Nach einer Aussage von F.B. Conrad, Wien

182) 1933, S. 169

183) Nach der katholischen Revues du deux Mondes; Le Catholicisme et la politique mondiale vom 15.1.1935

184) Germania vom 6.7.1933

185) n.n.

186) Binder: Irrtum und Widerstand, Die deutschen Katholiken in der Auseinandersetzung mit dem Nationalsozialismus, München 1968. Cramer: Bücherkunde a.a.O.

187) »Ein ausführlicher Überblick über die öffentliche Verschuldung Europas zeigt eine Summe von 5 343 Milliarden US $ jährlich an Zinsen und Tilgungszahlungen. Die Finanzen Europas sind so in Anspruch genommen, daß sich die Regierungen fragen möchten, ob nicht ein Krieg mit all seinen schrecklichen Aussichten die Aufrechterhaltung eines so kostspieligen Friedens

vorzuziehen sei. Wenn die militärischen Vorbereitungen in Europa nicht in einen Krieg enden, können sie zu einem Bankrott der Staaten führen ... sie weisen auf eine bevorstehende Revolution. Warburg: a.a.O. S. 13

188) Deschner: Abermals, a.a.O. S 358

189) In seinem Buch: Fifty years in the Church of Rome, S. 715

190) Während er mit seiner Familie einer Theatervorstellung beiwohnt, wird er von dem in die Loge eindringenden Schauspieler John Wilkens Booth niedergeschossen und stirbt am nächsten Morgen. Der erkrankte Staatsminister Seward wird in seinem Bett überfallen und durch Messerstiche verletzt. Deschner: Abermals, a.a.O. S. 368

191) Deschner: Abermals, a.a.O. S. 368

192) Der Papst sagt: »Der Gehorsam gegen eine weltliche Regierung kommt erst an zweiter Stelle (und) ...daß keine der Regierung geleisteten Eide gehalten zu werden brauchen, die den Interessen der Kirche zuwiderlaufen ... wie Gott über den Menschen steht, so steht die Kirche über dem Staat.« Döllinger: Der Papst, a.a.O. S. 359

193) Darin: »Es ist unrecht, die Gesetze der Kirche zu brechen, um Verordnungen der weltlichen Behörden zu folgen. Stehen die Bestimmungen eines Staates im Widerspruch mit den Erlassen der Kirche, oder schädigen oder stellen sie die Autorität des Papstes in Frage, so ist es die Pflicht eines jeden Katholiken, sich ihnen zu widersetzen.«

194) So der New Yorker Generalvikar Preston während einer am Neujahrstag 1888 gehaltenen Predigt.

195) Um seine Stellung zu festigen, beruft er sich auf folgendes Dekret: »Wir gebieten allen, welches es angeht, unserem im Apostolischen Glauben Gesandten als die erste Macht anzuerkennen ... und ihnen in allen Dingen Hilfe, Gehorsam und Unterstützung zu leisten und in Ehrfurcht ihre heilsamen Verordnungen und Befehle entgegenzunehmen. Alle Urteile oder Strafen, die sie über diejenigen fällen oder verhängen, die sich ihrer Autorität widersetzen, sollen von uns bestätigt werden ... Kraft der Uns von Gott verliehenen Autorität werden wir für ihre unverletzliche Bestrafung, bis genügend Genugtuung erlangt ist, gleichviel ob diese gegen Verfassungen, apostolischen Vorschriften oder irgendeine Verordnung verstößt.«

196) Warburg: a.a.O. S. 57

197) Warburg: a.a.O. S. 62

198) Warburg, a.a.O. S. 64

199) Warburg: a.a.O.

200) Warburg: a.a.O. S. 147

201) Warburg: a.a.O. S. 44

202) Warburg: a.a.O. S. 51

203) Sutton: Wallstreet on the Rise of Hitler, 1936

204) Garry Allen: Die Insider, Wiesbaden 1971

205) Warburg: a.a.O. S. 152

206) Der Bericht über Kartelle, Hrsg.: House Temporary National Economic Comitee, dt.: Vorläufiger Nationaler Wirtschaftsausschuß des Kongresses, 1941 sowie vom Senat Subcommitee on War Mobilization, dt.: Senatsunterausschuß für die Mobilmachung, 1946

207) Warburg: a.a.O. S. 152

208) »Das Finanzieren der Nazipartei ist ein Kapitel für sich. Ich habe nie öffentlich darüber gesprochen, aber im Interesse Deutschlands könnte dies notwendig werden, um aufzudecken, wie dieselben Bankiers im Herbst 1931 den amerikanischen Botschafter gegen meine Regierung zugunsten der Nazipartei zu beeinflussen suchten.« Brüning in einem Brief an den Hrsg. der Deutschen Rundschau, Dr. Rudolf Fechel, Heft 7, Juli 1947

209) Warburg: a.a.O. S. 44

210) Warburg: a.a.O. S. 50

211) Warburg: a.a.O. S. 65

212) Warburg: a.a.O. S. 82

213) Warburg: a.a.O. S. 65

214) Warburg: a.a.O. S. 66

215) Warburg: a.a.O. S. 69

216) Warburg: a.a.O. S. 117

217) Warburg: a.a.O. S. 133

218) Warburg: a.a.O. S. 134

219) Warburg: a.a.O. S. 128

220) Warburg: a.a.O. S. 139

221) Warburg: a.a.O. S. 68

222) Warburg: a.a.O. S. 68

223) Warburg: a.a.O. S. 69

224) Warburg: a.a.O. S. 70

225) Die Bankiers werden gebeten, zehn Schecks zu je 1 Million US $ auszustellen, ausgeschrieben auf den Mark-Gegenwert und verteilt auf zehn deutsche Städte. Die Schecks sollen dann auf zehn verschiedene Namen ausgeschrieben sein und an von Heydt, der mit nach Amsterdam fahren sollte, abgehoben werden. Warburg: a.a.O. S. 78

226) Im Oktober 1931 wendet sich Hitler mit einem Bettelbrief an Warburg und trägt vor: »... unsere Bewegung wächst über ganz Deutschland mit einer Geschwindigkeit, die hohe Anforderungen an die finanzielle Organisation stellt. Ich habe den Betrag, der mir durch Sie vermittelt wurde, zum Ausbau der Partei verbraucht und sehe jetzt, daß ich in absehbarer Zeit festsitzen werde, wenn keine neuen Einkünfte gefunden werden. Ich verfüge nicht etwa wie unsere Feinde, die Kommunisten und Sozialdemokraten, über die großen Finanzquellen der Regierungen, sondern bin ausschließlich auf die Erträge aus der Partei angewiesen. Von dem Betrag, den ich erhalten habe, ist nichts mehr übrig.« Er möchte hinterfragen, wieviel an weiterer Unterstützung möglich ist. Warburg: a.a.O. S. 88

227) Warburg: a.a.O. S. 96

228) Warburg: a.a.O. S. 97

229) Warburg: a.a.O. S. 98

230) Warburg: a.a.O. S. 98

231) Warburg: a.a.O. S. 100

232) Warburg: a.a.O. S. 101

233) Warburg: a.a.O. S. 101

234) Warburg: a.a.O. S.1 04

235) Warburg: a.a.O. S. 105

236) Warburg: a.a.O. S. 108

237) Warburg: a.a.O. S. 112

238) Warburg: a.a.O. S. 131

239) RgBl: II. S. 679 ff

240) Bereits sechs Wochen nach der Machtergreifung wird in Karlsruhe der päpstliche Nuntius von Deutschland, Orsenigo, zu einem Essen eingeladen. Der Gastgeber, der badische Ministerpräsident, ein überzeugter Katholik, erscheint dazu in Schutzhaft und wird nach dem Essen in ein Gefängnis gesteckt.

241) Rapen: Der Wahrheit eine Gasse, 1952

242) Rhodes: a.a.O. S. 151

243) Die Kirche greift nie bestehende Institutionen an, auch dann nicht, wenn sie zu verurteilen sind. Sie zieht es vor, abzuwarten, bis sie zusammenbrechen und hofft auf die Wirksamkeit einer höheren Gerechtigkeit. Vermutlich ist dies ein Aspekt ihrer damaligen Haltung gegenüber der NSDAP. La Nouvelle vom 14.9.1933

244) Wolf: Neuer Pfaffenspiegel, a.a.O.

245) Rhodes: a.a.O. S. 144

246) Rhodes: a.a.O. S. 144

247) Rhodes: a.a.O. S. 146
248) F.O., 371/216692, Jahresbericht für 1937 von Sir Henderson an Mr. Chamberlain vom 1.10.1938
249) Gefangenschaft des Papstes, Warburg, Oggi 19.9.1983
250) Vergl.: Kreuz und Hakenkreuz, S. 12
251) Kirchliches Amtsblatt für die Diözese Münster Jg. LXX., Nr.21.
252) Amtsblatt des Bischöflichen Ordinariats, 7. Jg., Stück. 11, Berlin
253) Kirchlichen Amtsblatt für die Diözese Münster vom 27.3. 1936, Beilage
254) Depesche F.O.von Mr. Gainer, 16.11.1934
255) Rhodes: a.a.O. S. 164, vollständiger Wortlaut des Briefes
256) Rhodes: a.a.O. S. 161
257) Rhodes: a.a.O. S. 169
258) F.O.3 71/19938. Diese Vorfälle berichtet der Generalkonsul St. Clair Gainer aus München, 17.5.1935
259) Roth: Katholische Jugend in der Nazi-Zeit, Altenberg 1959
260) Leider haben sich die Originaldokumente nicht erhalten. Im September 1944, als die alliierten Armeen gegen das zerschlagene Reich vordringen, werden die Dokumente bezüglich der Sittlichkeitsprozesse auf Befehl der SS vernichtet. Vergl. dazu den Brief des Franziskanerbruders Willigius an Herrn Engelhardt vom 17.2.1961
261) F.O. 371/19938 vom 15.4.1935
262) Rhodes: a.a.O. S. 166
263) Am Rande sei erwähnt, daß in der nationalsozialistisch gefärbten Zeitung Die Sonne geschrieben wird, daß die Großmutter des Papstes eine holländische Jüdin namens Lippmann gewesen sei. A.A.: Pol. Beziehungen des heiligen Stuhles zu Deutschland, 2.Band, Telegramm von Bergens am 21.8.1937, F.O. 371/19938
264) Rhodes: a.a.O. S. 170
265) Rhodes: a.a.O. S. 170
266) Angelo Martini: Il Cardinale Faulhabere l'Enziklika Mit brennender Sorge, Archivum Historiae Pontificiae, 2,1964
267) Bundesarchiv Koblenz, Reichskanzlei, Aktenbündel 4311/ 15040
268)
269) Preradowich/Stingl: a.a.O.
270) Kirchlicher Anzeiger für die Erzdiözese Köln, Stück 1.11.1937, 77. Jg., Hirtenwort zur Abwehr des Bolschewismus
271) Preradowich/Stingl: a.a.O.
272) Neuhäuser: Der Kampf des Nationalsozialismus gegen die katholische Kirche und der kirchliche Widerstand, 2.Aufl., 16, 1946
273) Das Evangelische Deutschland, Kirchliche Rundschau für das Gesamtgebiet der Deutschen Evangelischen Kirche, X. Jg., Nr. 34, Berlin 20.8.1933
274) Hasler: a.a.O.S. 218
275) Warburg: a.a.O. S. 110/112
276) Faulhaber, Michael von: Er ist eines der sieben Kinder des Bäckermeisters Faulhaber in Heidenfeld. Die an sich bürgerliche Familie läßt sich im Gebiet der oberen Bleichach, nordöstlich von Würzburg, bis zum Jahr 1303 zurückverfolgen. Die Stammreihe beginnt 1637 mit Kaspar Faulhaber, Bauer, Wirt und Bürgermeister in Oberbleichfeld. Michael von Faulhaber wird am 5.3.1868 in Klosterheidenfeld (Unterfranken), gestorben 12.6.1952 in München.
277) Deschner: Abermals, a.a.O. S. 536
278) In einem Vademecum für katholische Soldaten mit der Imprimatur des bischöflichen Ordinariates Münster/von Galen vom 8.11.1938
279) Sonderausgabe, Kirchliches Amtsblatt der Kirchenprovinz Sachsen, Nr. 9, 65. Jg., Magdeburg, 12.4.1933 - Geburtstag des Herrn Reichskanzler
280) Daß auch CDU-Mitglieder die Vergangenheit falsch einschätzen, wird u.a. bei Dr. Franz Wuermeling, ehem. Familienminister, deutlich, der vorschlägt, von Galen zum 50. Todestages am 22.3.1976 in Anbetracht seines furchtlosen Kampfes für die Menschenrechte und die Gewissensfreiheit gegen die totalitäre Naziherrschaft ein Denkmal zu setzen. Westfälische Nachrichten, Münster 18.10.1975
281) Schmidt, Reinhold: Der Kardinal und das Dritte Reich, S. 11
282) Christoph Bernhard von Galen, geboren 12.10.1606 in Haus Bisping, Kreis Münster, gestorben 19.9.1678 in Ahaus, Bischof von Münster, seit 1661 zugleich Administrator des Stiftes Corvey. Seine kirchlichen und politischen Ansprüche setzt er mit Entschlossenheit und Waffengewalt durch, was ihm den Beinamen Kanonenbischof einträgt; so im Krieg gegen die Stadt Münster 1655-61. Als fürstlicher Heerführer zieht er 1644 gegen die Türken, 1665 und 1672 gegen die Niederlande und erobert 1676 das Stift Bremen. 1668 besetzt er die Grafschaft Bentheim.
283) Max Bierbaum: Nicht Lob nicht Furcht, Das Leben des Kardinals von Galen, Nach unveröffentlichten Briefen und Dokumenten, S. 199 ff, Münster 1966
284) Heinrich Portmann: Kardinal von Galen. Wer hört nicht die Nazi-Argumente Raus mit den Juden?
285) Vollständig abgedruckt im Kirchlichen Amtsblatt für die Diözese Münster, Jg 73, Nr. 25
286) n.n.
287) Preradowich/Stingl: a.a.O., Vorwort
288) Rhodes: a.a.O. S. 186
289) Tarduni, Domenico: Memoirs of Pius XII., 1961
290) Rhodes: a.a.O. S. 186
291) Rhodes: a.a.O. S. 187
292) So Mr. Kirkpatrick, der britische Geschäftsträger beim Vatikan, F.O. 371/17759 vom 20.3.1933
293) F.O.371/30174., Mr. Osborne and Mr. Nichols, 13.6.1941
294) Rhodes: a.a.O. S. 189
295) A.A.: Büro des Staatssekretärs, Vol. 3, Bericht von Menhausen, 12.9.1941
296) Rhodes: a.a.O. S. 205
297) So Weizäcker vom deutschen Außenamt.
298) Pius XII. schreibt Hitler einen Brief, den er nicht beantwortet.
299) Konstantin: a.a.O. S. 138
300) Konstantin: a.a.O. Einleitung
301) Konstantin: a.a.O. Einleitung
302) Konstantin: a.a.O. Geleitwort
303) Konstant in: a.a.O. Geleitwort
304) Acta Apostolica, S. 210/216, 1943
305) Konstantin, Prinz von Bayern, ist Wittelsbacher und absolviert u.a. die Klosterschule in Ettal, wo er das Abitur macht.
306) Konstantin: a.a.O.
307) Kölner Aktenstücke, S. 118
308) Kirchliches Amtsblatt für die Diözese Münster, Jg LXX., Nr. 8
309) RgBl: II. S. 679 ff
310) Dollfuß, Engelbert, Österreichischer Politiker, geboren 4.10.1892 in Texing, ermordet 25.7.1934 in Wien; war Sekretär des niederösterreichischen Bauernbundes und seit 1927 Kammeramtsdirektor. 1931 wird er Generaldirektor der Eisenbahnen und bald darauf im Kabinett

Ender und Buresch Landwirtschaftsminister, im Mai 1932 Bundeskanzler und Außenminister. Er bekämpft, in enger Anlehnung an Italien, energisch den Anschluß an Deutschland. Das Parlament läßt er nach dessen Selbstausschaltung im März 1933 nicht wieder einberufen. Er schlägt den sozialdemokratischen Februaraufstand 1934 nieder, gestaltet die Verfassung auf autoritärer und christlich-ständischer Grundlage neu; Sozialdemokraten und Nationalsozialisten werden ausgeschaltet, die christlich-soziale Partei zur Selbstauflösung veranlaßt. Dollfuß fällt als Opfer eines nationalsozialistischen Putschversuches im Bundeskanzleramt.

311) A.A.: Politische Beziehungen des Vatikans zu Österreich, 1. Band, Depesche von Bergens vom 31.10.1933

312) Rhodes: a.a.O. S. 126

313) A.A.: Politische Beziehungen des Vatikans zu Österreich, 1. Band, Depesche der Deutschen Gesandtschaft in Wien, Dez. 1935

314) MIZ: a.a.O.

315) Rhodes: a.a.O. S. 128

316) Rhodes: a.a.O. S. 130

317) Rhodes: a.a.O. S. 131

318) Schuschnigg, Kurt, geboren 14.12.1897 in Riva am Gardasee. Er wird nach der Ermordung von Dollfuß Bundeskanzler und leitet von 1934-38 das Außenministerium. Er bemüht sich, stets die Unabhängigkeit Österreichs zu sichern. In der Fortsetzung der Politik von Dollfuß sucht er durch die Pflege guter Beziehungen zum faschistischen Italien, die Unabhängigkeit seines Landes gegen das nationalsozialistische Deutschland zu stärken. Später bekennt er sich zur Politik des deutschen Weges und am 12.2.1938 schließt er in Berchtesgaden mit Hitler ein Abkommen. Die unmittelbar darauf von ihm kurzfristig angeordnete Volksabstimmung für die österreichische Unabhängigkeit, wird von Hitler als Bruch des Abkommens ausgelegt und ist der Vorwand für den deutschen Einmarsch am 12.3.1938. Am 11.3.1938 zieht sich Schuschnigg zum Rücktritt gezwungen. Er ist bis Kriegsende in Haft, zuletzt in einem KZ. 1945 geht er in die Vereinigten Staaten und wird 1948 Professor in St. Louis.

319) MIZ: a.a.O.4 /81 S. 7

320) Die einzige Ausnahme macht der Bischof von Linz, der die Gesamtlage realistisch beurteilt.

321) Feierliche Erklärung, unterzeichnet Wien am 18.3.1938, von: Heftner, Th. Innitzer, Pawlikowskis, Waitz, Memelauer, Gföllner. Es handelt sich um die Erzbischöfe von Wien und Salzburg sowie um die Bischöfe von Klagenfurt, Gurk, Graz-Seckau, St. Pölten und Linz.

322) Gesetzblatt der Deutschen Evangelischen Kirche, Ausgabe zu Berlin, den 15.3.1938; Ausgabe A, Kundgebung, Wien, den 12.3.1938, die Superintendenten Beyer, Heinzelmann, Zwernemann

323) Thüringer Kirchenblatt und Kirchlicher Anzeiger, Gesetz- und Nachrichtenblatt der Thüringer Evangelischen Kirche, Kanzleiankündigung. Eisenach den 14.3.1938. Der Landeskirchenrat. Sasse.

324) Evangelischer Oberkirchenrat, A. und H.B. in Wien, 17.3.1938. Diese Erklärung ist im Gottesdienst am Sonntag, den 20.3.1938 in allen Evangelischen Kirchen zu verlesen. Ferner ist das Begrüßungstelegramm zu verlesen, das an den Führer und Reichskanzler Adolf Hitler gerichtet wurde.

325) Wien, den 13.3.1938, Dr. Robert Knauer

326) Thüringer Kirchenblatt, a.a.O. Nr. 6, 1938, Aufruf des Landesbischofs der Thüringer Evangelischen Kirche zur Deutschen Wahl am 10.4.1938. Eisenach, den 21.3.1938, Heil Hitler, Sasse, Landesbischof

327) Deutsch-Evangelische Korrespondenz (dek) Berlin, den 30.3.1939. Jg. 13; Die Hauptleitung hat an den Führer und Reichskanzler während seines Wiener Aufenthaltes am 15.3. folgenden Drahtgruß übermittelt: »Getreu seiner Losung, evangelisch bis zum Sterben, deutsch bis in den Tod hinein, an die Arbeit in Deutschösterreich, huldigt dem Begründer des Großdeutschen Reiches bei seinem siegreichen Einzug in die Hauptstadt der alten Ostmark ... des Evangelischen Bundes.«

328) Gesetzblatt der Deutschen Evangelischen Kirchen, 1938, Ausgegeben zu Berlin, den 2.4., Nr. 8, Ausgabe A (Reich). Der Leiter der Deutschen Kirchenkanzlei, Präsident Dr. Werner

329) Siehe Fußnote 328) dieses Kapitels

330) Das Evangelische Deutschland, Kirchliche Rundschau für das Gesamtgebiet der Deutschen Evangelischen Kirche, 15. Jahr, Nr.15, Berlin 10.4.1938

331) Emil Revyuk, Hrsg: Atrocties in the Ukraine, S. 25., 1931 in den USA erschienen; Les Atrocite's polonaises en Galicie Ukrainienne von V. Tennytski und J. Bouratsch (British Museum). Die Schrift wurde als dokumentarisches Beweismaterial für die polnischen Verfolgungsmaßnahmen 1919 Clemenceau überreicht.

332) Revyuk: Atrocties, a.a.O. S. 25

333) Burckhardt Schneider: Der Friedensappell Pius XII. vom 24.8.1939. Archivum Historiae Pontificae 6/1968

334) A.A.: Büro des Staatssekretärs von Bergen 21.2.1942

335) Msg. Borognoni, der Nuntius am Quirinal, sagt zu Graf Ciano, daß für die nächsten sechs Monate keine Gefahr bestehe, da Deutschland nicht die Absicht habe, Polen anzugreifen. Innerhalb dieser Zeit könne alles auf dem diplomatischen Weg geregelt werden. Die einzige Gefahr, sagt Ciano, sei, daß Polen etwas Dummes unternähme und Hitler provoziere. Rhodes: a.a.O. S. 197

336) Kirchliche Amtsblatt der Diözese Münster, Jg. LXXIII., Nr. 25

337) ebda.

338) Rhodes: a.a.O. S. 201

339) Rhodes: a.a.O. S. 203

340) Tondi: Bekenntnisse, a.a.O.

341) Die Rede des Osservatore Romano unter der Überschrift: Die Leiden des polnischen Volkes infolge Nationalität und Rasse, Die schwermütige Größe und die Hoffnungen der kleineren Nationen, 1943

342) Rhodes: a.a.O. S. 254

343) »Einer der Hauptverantwortlichen für die Tragödie meines Landes ist der Vatikan. Zu spät erkannte ich, daß wir eine Außenpolitik betrieben haben, die lediglich der egoistischen Zielsetzung der katholischen Kirche diente. Wir hätten nicht die Unterstützung Hitlers, sondern die Freundschaft der Sowjetunion suchen sollen.«

344) Henlein steht bereits seit 1933 in Hitlers Sold: Erklärung des britischen Oberstaatsanwaltes beim Internationalen Militärtribunal Nürnberg am 3.12.1945

345) Deschner: Abermals, a.a.O. S. 556

346) Tiso am 28.8.1942

347) Tiso am 25.5.1944

348) Tisos Weihnachtsbotschaft 1944

349) Deschner: Abermals, a.a.O. S. 556

350) Er sagt gegenüber dem apostolischen Legaten Godfrey: »Ich bin sehr bestürzt über diesen Empfang und kann der Bezeichnung des Herrn Pawelic als Staatsmann seitens des Vatikans nicht beipflichten. In meinen Augen ist er ein Königsmörder. Es ist unglaublich, daß seine Heiligkeit

einen solchen Mann empfangen will.« F.O.371/30174. Zusammenkunft zwischen Mr. Eden und Msg. Godmann vom 23.5.1941. Desgl. von Mr. Osborne an Mr. Nichols vom 13.6.1941

351) Carlo Falconi: Le Silance de Pie XII., 1965, So ein Telegramm der Deutschen Gesandtschaft in Agram von 1941

352) Kroaten-Aufstand. Eine radikale Organisation entsteht in Kroatien 1929 nach Errichtung der Königsdiktatur. Sie kämpft für ein unabhängiges Kroatien und steht unter dem Einfluß des italienischen Faschismus. Mit Grausamkeit verfolgt die Bewegung Juden und orthodoxe Christen (meist Serben). Sie treibt damit viele Menschen in die von Tito geführte Partisanenbewegung. Seit 1945 arbeiten Überlebende und Neugewonnene vom Exil aus gegen das kommunistische Jugoslawien. Enzyklopädie Britannica: Das Massaker unter den Serben während des II. Weltkrieges wird in seiner Grausamkeit von den Massenvernichtungen polnischer Juden übertroffen. Man schätzt die Zahl der Opfer auf 700 000: 1/10 der Bevölkerung.

353) Rhodes: a.a.O. S. 285

354) Wolf: Neuer Pfaffenspiegel, a.a.O. S. 566

355) F.O.372/29486

356) Rhodes: a.a.O. S. 223

357) n.n.

358) n.n.

359) Rhodes: a.a.O. S. 294

360) A.A.: III. Judenfrage, Stellungsnahme des Heiligen Stuhles, Depesche von Bergen, 20.9.1938

361) Robert A.Graham, ausführlicher Bericht: Papst Pius XII. und die Juden von Ungarn im Jahr 1944; als King Lecture überreicht an die US. Catholics Historical Society

362) Gunther Levy wirft sich zum Hauptankläger auf. Ein deutscher Jude, der 1939 das Land verläßt und nach Palästina, später in die USA geht. Er ist der Verfasser des Buches The Catholic Church and the Third Reich. In ihm führt er aus, daß der Vatikan schon Ende 1942 grundlegende Kenntnisse von den Vergasungen und Vernichtungen der Ostpolen besessen hat.

363) Rhodes, a.a.O.

364) Jules Isaac: The Teaching of Contempt: the Christian Roots of Anti-Semitism

365) A.A.: Pol. III. Actes Repertorium; Bericht von der deutschen Legation, Budapest 25.1.1934; Bericht von R.S.H.S. Obersturmführer Mylius.

366) La Parochia, April 1964

367) US Diplomatics Papers, III. S. 776, 1943

368) Tittmann: Bericht über die Erwiderung durch den Vatikan. Rhodes: a.a.O. S. 301

369) Nobecourt: Le Vicaire et l'Historie

370) Rhodes: a.a.O. S. 302

371) US State Department. F.R., Diplomatic Papers. 11912 und 740.000116 European War. 1939.

372) A.A.:Pol.III. Akten Repertorium, OO31, Ungarn 29.6.1944

373) Lapide: The Last Three Popes and the Jews

374) Mr.Taylor hat mehrfach Unterredungen im Auftrag von Roosevelt mit dem Papst. So am 20.9.1942 und am 26. des gleichen Monats

375) Rhodes: a.a.O. S. 223

376) Actes et Documents du Saint Siécle, F.I., ebda 25/26

377) F.O. 371/375538, Depesche von Mr. J. Bowker, 10.5.1943

378) F.O. 371/33412, Sir S. Hoare an Mr. Eden, 28.10.1942

379) A.A.: Abteilung Inland, 17. Band, R.S. S. H.A. Bericht vom 22.1.1943

380) A.A.: Pol. III. Büro des Staatssekretärs, 6. Band, 24.1.1943

381) In einem persönlichen Brief Mr.Osbornes vom 12.1. an den britischen Außenminister Lord Halifax: »Heute morgen habe ich dem Papst gesagt, daß der deutsche Generalstab das NS-Regime beseitigen und durch eine regierungsfähige Spitze ersetzen wolle ... der Papst gibt diese Angelegenheit als Zwischenhändler weiter. Die Sache ist absolut vertraulich zu behandeln.« Rhodes: a.a.O. S. 204

382) Rhodes: a.a.O. S. 204

383) Rhodes: a.a.O. S. 204

384) Rhodes: a.a.O. S. 215

385) Hitler sagt: »Das alliierte Diplomatenpack hole ich aus dem Vatikan heraus ... wir führen dort einen Krieg.«

386) Rhodes: a.a.O. S. 298

387) Rhodes: a.a.O. S. 240

388) A-A.: Pol. III. des Staatssekretäres, 3. Band, Von dem Verbindungsmann der deutschen Informationsstelle

389) A.A.: Pol. I., Amt Ausland, Abw. III., 12.7.1941

390) A.A.: Pol. III., Büro des Staatssekretärs, Telegramm von Bergens, 11.12.1941

391) Die Begründung ist so einfach wie falsch: Der Überfall der Japaner auf Pearl Harbour.

392) Calcani sagt:»Wir können nicht außerhalb des Kampfgetümmels stehen, wie der Heilige Stuhl ... zwar betet der Papst für die Polen und Belgier, nicht aber für die Italiener ... das Geschehen in Neuseeland ist ihm wichtiger als das hiesige.«

393) Preradovich/Stingl: Gott segne den Führer, Die Kirchen im III. Reich, Eine Dokumentation von Bekenntnissen und Selbstzeugnissen, 1985

394) n.n.

395) Tondi: Bekenntnisse; a.a.O. S. 44

396) Deschner: Abermals, a.a.O. S. 541

Literaturverzeichnis

A

A.v.M.: Neuester Hexenprozeß aus dem aufgeklärten Jahrhundert, oder: So dumm liegt mein bayerisches Vaterland noch unter dem Joch der Mönche und des Aberglaubens, 1786

Aallen, W.C.: A critical and exegetical Commentary on the Gospel according to Matthew, Edinburgh 1912

Abano, Petrus von: Heinrich Cornelius Agrippa's von Nettesheim Magische Werke: samt den geheimnisvollen Schriften des Petrus von A(l)bano, Pictorius von Villingen, Gerhard von Cremona, Abt Tritheim von Sponheim, dem Buches Arbatel, der sog. Heil-Geist-Kunst und verschiedenen anderen zum ersten Male vollständig ins Deutsche übersetzt; vollständig in fünf Theilen, 4. Auflage, Berlin 1921

Abraham von Worms: Buch der wahren Praktik in der uralten göttlichen Magie, 2. Anhang: Die Beschwörungen der Kapuziner, Köln 1725

Abt, A.: Die Apologie des Apuleius von Madaure und die antike Zauberei, Gießen 1907

Ackermann, H.: Entstehung und Klärung der Botschaft Jesu, 1961

Actes des Documents du Saint Siécle, Vol 5

Acxtelmeier, S.R.: Misantropus Audax, das ist: Der alles anbellende Menschen-Hund; Wider die Fehler, Irrthumer, Missbräuche, und aberglaubische, Gotts-lästerliche, teufflische Zauber-Wercke, und andere Laster, welche leider heutigen Tages häufig im Schwung gehen, durch untadelhaftigen Tadel denen Irrgehenden zu Gemüth gelegt, und im Reisen zusammen getragen, Augsburg 1710

Adam, A.: Antike Berichte über die Essener, 1972

Adam, H.A.: Über Geisteskrankheit in alter und neuer Zeit; Ein Stück Kulturgeschichte in Wort und Bild, Regensburg 1928

Adolph, W.: Unveröffentlichte Borman-Akten über den Kirchenkampf; Wichmann Jahrbuch, 1954. Verfälschte Geschichte; Antwort an Rolf Hochmuth, Berlin 1963. Hirtenamt und Hitlerdiktatur, Berlin 1965

Afanasjew, Georg: Moses ist an allem schuld; Irrtürmer der Bibel, München 1972

Agobard von Lyon: Liber contra insulam vulgi opinionem de gradine et tonitris (840)

Agricola(e), Fr.: De coniugio coelibatu Sacerdotum, Köln 1581

Agricola, Franz: Gründlicher Bericht, ob Zauberey die argste und greulichste Sünd auf Erden sey, Zum andern, ob die Zauberer noch Büsz thün und selig werden mögen, Zum dritten, ob die hohe Obrigkeit, so lieb ihr Gott und Seligkeit ist, die Zauberer und Hexen an Leib und Leben zu strafen schuldig ist; Mit Ableitung allerley Einreden, Köln 1597 und Dillingen 1613

Agricolae, Ign.: Historia Provinciae Societatis Jesu Germaniae superioris, ab anno 1540 ad 1609, Pars. I. et II. Augsburg 1727-29

Agrippa von Nettesheim: De incertitudine et venitate scientierium, Köln 1527

Agrippa von Nettesheim: De occulta Philosphia, Köln 1510

Aharoni, Yohanan/Avi-Yonah, Michael: Der Bibel Atlas, Augsburg 1980

Alban-Stolz: Die Hexen-Angst der aufgeklärten Welt; Unversiegelter Brief an Herrn Bluntschli und Gebrüder, Freiburg i.Br. 1871

Albert, H.: Das Elend der Theologie; Kritische Auseinandersetzung mit Hans Küng, Hamburg 1979

Albert, H.: Theologische Holzwege; Gerhard Ebeling und der rechte Gebrauch der Vernunft, Tübingen 1973

Alberti, V.: Academische Abhandlung von den Hexen und dem Bündnis, so sie mit dem Teufel haben ... nebst Erörterung einiger andern curieusen Fragen, ob die bekannte Pucelle d'Orleans, ingleichen das rasende Weib, das den Attilam erschrecket, eine Hexe gewesen sei? Frankfurt a.m. und Leipzig 1723

Albrecht, M. Bernhard: Magie: das ist: Christlicher Bericht von der Zauberey und Hexerey insgemein, und dero zwölferlei Sorten und Arten (insonderheit): Was es für ein Greuel vor Gott sey: und wie schwerlich beyde, die Zauberer selber, und dann diejenige, so sich fersündigen, welche bei ihnen Rath und Hilfe suchen; Item: Daß eine christliche Obrigkeit recht daran thue, wann sie die Hexen und Zauberer am Leben strafet ... aus heiliger Göttlicher Schrift von andern bewährten Historien gestellet, Leipzig 1628

Alcatius, Andreas: Paregon iuris Lib-VIII., 1510, 1530 gedruckt

Aldenbergers: Fewer Spiegel, 1610

Alegambe, Ph.: Bibliotheca Scriptorium Societas Jesu, Rom 1676

Alexander, G.M.: Hexenbesen; Ihre Morphologie, Anatomie und Entstehung, Diss., Utrecht und Rotterdam 1922

Alexander, Pat: The Lion Encyclopedia of the Bible, Tring 1978

Alfano, G.B.: Vita di Gesti, Neapel 1961

Alford, M.: Britannia illustrata, sive lucii, Helenae, Constantinii patria & fides cum appendice de tribus hodie controversis de Paschate Britanicorum, de Clericorum neptis & cum Britania coluerit Romanorum Ecclesiam, Antwerpen 1641

Alfrink, B., Kardinal: Over het priesterliyk celibaat; In Analecta voor het Artibisdom 66, 1963

Allan/Schiff/Kramer: Von falschen Geistern und echten Schwindlern; Die Macht des Aberglaubens, München 1973

Allen, A.: Dämonische Besessenheit in der Gegenwart und wie man davon befreit wird, Leonberg 1954

Allen, Gary: Die Insider, Wiesbaden 1971

Allesch, Johannes von: Die geistesgeschichtliche Lage Tirols im XV. Jh., Deutsche Vierteljahresschrift für Literaturwissenschaft und Geistesgeschichte, S. 711-744, 9/1931

Allgäuer, E.: Zeugnisse zum Hexenwahn des 17. Jh.; Ein Beitrag zur Volkskunde, Salzburg 1914

Allgemeine Moden-Zeitung für 1825, Nr. 70 - Pans Wörterbuch der Mode: Vergl. dort den Artikel Jesuiten

Allinger, E.: Darstellung des Hexenglaubens ab 1950 in Deutschland anhand von Materialien aus dem Kruse-Archiv in Hamburg; Magisterschrift, unpubl. Typoscript, Fachbereich Philosophie und Sozialwissenschaften II der Freien Universität, Berlin 1986

Allwohn, A.: Das heilende Wort; Übersetzung aus dem niederländischen: Her Genezende Woord, Nijkerk 1959

Alt, Franz: Friede ist möglich; Die Politik der Bergpredigt, München 1983

Althaus, Paul: Die Theologie Martin Luthers; Gütersloh 1962

Altmeyer, K.A.: Katholische Presse unter der NS-Diktatur; Die katholischen Zeitungen und Zeitschriften Deutschlands in den Jahren 1833-45, Berlin 1962

Altona: Die Stellung des Reichskammergerichts zu den Hexenprozessen; In: Zeitschrift für die gesamte Strafrechtswissenschaft, Band 12, S. 909, Berlin 1892

Ammann, Hartmann: Der Innsbrucker Hexenprozeß des Jahres 1485; In: Zeitschrift des Ferdinandeums in Innsbruck, 3. Folge, S. 1-87, Innsbruck 1890

Anders, G.: Ketzereien, München 1982

Andersen, Leif Esper: Hexenfieber; Dänemark zur Zeit der Hexenverbrennungen, 1977

Andreae, Johannes: Additationes ad Durandi speculum, Venedig 1518

Andreas, Willy: Deutschland vor der Reformation; Eine Zeitenwende, 7. Auflage, Berlin 1972

Literaturverzeichnis

Andresen, K.: Die Kirchen der alten Christenheit, Stuttgart 1971

Angstmann, E.: Der Henker in der Volksmeinung; Seine Namen und sein Vorkommen in der mündlichen Volksüberlieferung, Bonn 1928

Anisimov, A.F.: The Shaman's Tent of the Events and the Origin in the Shamanism, Toronto 1963

Ankarloo, Bengt: Trolldomsprocesserna i Sverige, Skrifter utg. av Institutet för Rättshistorik Forskning, Serie 1; Rättshistoriskt Bibliotek, 17, Stockholm 1971

Appelius, J.: De sortiariis et vera amicitia, zwey Tractätlein: das erste von den Hexen und Zauberern, das andere von der rechten wahren Freundschaft, Han. 1614

Arends, Johann: Volkstümliche Namen der Arzneimittel, Drogen, Heilkräuter und Chemikalien, Berlin 1971

Aretin, K.O. von: The Papacy and the modern World, London 1970 - Deutsch: Das Papsttum und moderne Welt, 1970

Arnold, Gottfried: Die erste Liebe der Gemeinden Jesu Christi, d.i. wahre Abbildung der ersten Christen nach ihrem lebendigen Glauben und heiligen Leben, Frankfurt a.M. 1696

Arnold, Gottfried: Unpartheiische Kirchen- und Ketzerhistorie, 1699-1700

Assunto, Rosario: Die Theorie des Schönen im Mittelalter, Köln 1693

Atiya, Aziz S.: Kreuzfahrer und Kaufleute; Die Begegnung von Christentum und Islam, Stuttgart 1964

Augstein, Rudolf: Jesus Menschensohn, 1972

Auhofer, H.: Aberglaube und Hexenwahn heute; Aus der Unterwelt unserer Zivilisation, Freiburg i.Br./Basel/Wien 1960

Ausführliche Erzählung des Verhörs und der Hinrichtung des im Jahre 1722 der Hexerey beschuldigten Georg Pröls von Pfettrach in Bayern; Herausgezogen aus den Gerichts-Akten und begleitet mit kritischen Anmerkungen zu Bayerns Aufklärung, 1806

Auzou, Georges: Als Gott zu unseren Vätern sprach; Die Geschichte der heiligen Schriften des Gottesvolkes, Freiburg i.Br./Basel/Wien 1957

B

Baader, J.: Eine bayerische Verordnung gegen Zauberer, Hexen und Wahrsager vom Jahre 1611

Bachem, Karl: Vorgeschichte, Geschichte und Politik der deutschen Zentrumspartei, Köln 1926-32

Bachofen, Johann: Das Mutterrecht; Eine Untersuchung über die Gynäokratie der alten Welt und ihrer religiösen und rechtlichen Natur, Stuttgart 1861

Bacmeister, Karl A.W.: Zur Geschichte des Hexenprozesses; Concept Bedenkens über die zu Niedernthal um Hexerei und Zauberei in verhaft liegende Susann, deren Aussage und noch weiters angegebene Personen; In: Württembergische Vierteljahreshefte für Landesgeschichte, S. 282-92, 1886

Bader, G. und K.S.: Der Pranger; Ein Strafwerkzeug und Rechtswahrzeichen des Mittelalters, Freiburg i.Br. 1935

Bächthold-Stäubli, Hanns/Hoffmann-Krayer, Eduard: Handwörterbuch des deutschen Aberglaubens, Berlin 1927, Neuauflage als Taschenbuch 1987

Baetzmann, F.: Hexevaesen og troldskab i Norge; Meddelt til laesning for menigman, Christiana 1865

Bailey, D.Sh.: Homosexuality and the Western Christian Tradition, London 1935

Baker, Derek, Hrsg.: Relations between East and West in the Middle Ages, Edinburgh 1973

Baldi, A.: Die Hexenprozesse in Deutschland und ihre hervorragendsten Bekämpfer; Eine kulturhistorische Abhandlung, Würzburg 1874

Baldinger, E.G.: Ein Beitrag zur Geschichte des Ausbruchs des bayerischen Hexenkrieges im Jahr 1766

Balducci, C.: Priester, Magie und Psychopathen, Aschaffenburg 1976

Baldung genannt Grien, Hans: Hexenbilder; Werksmonographie; Einführung von Gustav Friedrich Hartlaub, Stuttgart 1961

Baleus, Joh.: De Scriptoribus magnae Britanniae, um 1553

Baludicci, C.: Priester, Magier, Psychopathen

Balzer, E.: Die Bräunlinger Hexenprozesse; In: Alemannia, 3. Folge, 2. Band, Freiburg i.Br. 1910

Bamm, Peter: Frühe Stätten der Christenheit, München 1955

Bankhofer, H.: Gespenster, Geister, Aberglauben, 1974

Bantle, F.X.: Unfehlbarkeit der Kirche in Aufklärung und Romantik; Eine dogmengeschichtliche Untersuchung für die Zeit der Wende vom 18. zum 19. Jh.; Freiburger Theologische Studien, 103, Freiburg i.Br. 1976

Bar, Ludwig von: Geschichte des deutschen Strafrechts und der Strafrechtstheorien; In: Handbuch des Deutschen Strafrechts 1, Berlin 1882

Bardt, C.F.: Ausführungen des Plans und Zwecks Jesu; In Briefen an wahrheitssuchende Leser, 1784

Baroja, Julio Caro: Die Hexen und ihre Welt - Las Brujas y su Mundo; Mit einer Einführung und einem ergänzenden Kapitel von Will.-Erich Peuckert, Stuttgart 1967

Barth, Hans-Martin: Der Teufel und Jesus Christus in der Theologie Martin Luthers; Forschungen zur Kirchen- und Dogmengeschichte 19, Göttingen 1967

Barth, Hans-Martin: Zur inneren Entwicklung von Luthers Teufelsglauben; Kergyma und Dogma 13, S. 201-11, Göttingen 1967

Barth, K.: Kirchliche Dogmatik, 3. Auflage, Gütersloh 1976

Barthel, Manfred: Was wirklich in der Bibel steht, Düsseldorf 1980

Bartholomäus, W.: Glut der Begierde; Sprache der Liebe; Unterwegs zur ganzen Sexualität, München

Bartholomäus, W.: Unterwegs zum Lieben; Erfahrungsfelder der Sexualität, München

Bartholomäus: Über Hexenprozesse; In: Zeitschrift für die Strafrechtswissenschaft, Band XXI, Berlin 1901

Baschwitz, K.: Der Massenwahn, 3. Auflage, 1932

Bassaeus, Hrsg.: Theatrum de veneficiis ... das ist: von Teufelsgespenst, Zauberern und Giftbereitern, Schwartzkünstlern, Hexen und Unholden vieler fürnemlicher Historien und Exempel, Frankfurt a.M. 1586

Bauer, Bruno: Der Ursprung des Christentums aus dem römischen Griechentum, 1877

Bauer, Bruno: Die Apostelgeschichte, 1850

Bauer, Bruno: Kritik an der evangelischen Geschichte der Synoptiker, 1841/42

Bauer, Fr.: Schmid, Franz Josef und der Satz: Teuflische Magie existiert, besteht noch; In einer Antwort des katholischen Weltmannes auf die von einem Herrn Landpfarrer herausgegebene Apologie der Professor Weber'schen Hexenreformation, Augsburg 1791

Bauer, J.: Rechtsverhältnisse der katalanischen Klöster

Bauer, M.: Das Geschlechtsleben in der deutschen Vergangenheit, 5. Auflage

Bauer, M.: Die deutsche Frau in der Vergangenheit, 1907

Bauer, W.: Rechtsgläubigkeit und Ketzerei im ältesten Christentum, 1934

Bauernfeind, O.: Die Apostelgeschichte, Leipzig 1939

Bauernfeind, O.: Die Worte der Dämonen im Markus-Evangelium, Stuttgart 1926

Baumann, H.: Schöpfung und Urzeit des Menschen im Mythus der afrikanischen Völker, Berlin 1936

Baumgarten, P.M.: Die deutschen Hexenprozesse; In: Frankfurter zeitgem. Broschüren; Hrsg. P. Haffner, NF, Band IV, Frankfurt a.M. 1883

Baumhauser, Joachim: Johann Kruse und der neuzeitliche Hexenwahn, Neumünster 1984

Baumont, J.: Historisch-Physiologischer und Theologischer Tractat von Geistern, Erscheinungen, Hexerei und anderen Zauberhändeln, Halle 1721

Bautz, J.: Die Hölle; Im Anschluß an die Scholastik dargestellt, 2. Auflage, Mainz 1905

Bayle, Petrus: Reponse aux Questions d'un Provincial, 1696

Beauvoir, Simone de: Das andere Geschlecht; Sitte und Sexus der Frau, 1961

Becan Controversia anglicana de postestate regis et pontifex; Anglikanische Streitschrift über die Macht des Königs und Priesters (= Papst), Mainz 1612

Bechstein, L.: Hexen-Geschichte; Sammlung, auf der Grundlage von alten Hexenprozessen rekonstruiert, 1986

Bechthold, A.: Beiträge zur Geschichte der Würzburger Hexenprozesse; In: Frankenkalender, Würzburg 1940

Beck, Kurt: Zur Phänomenologie des Teufels; Ungedruckte Bonner phil. Diss. 1950

Beck, Paul: Hexenprozesse aus dem Fränkischen; In: Württembergische Vierteljahreshefte, S. 1883 247-253, 304-310, 1884 76-80, 157-160, 297-302

Beck, Paul: Hexenprozesse im Limpurgischen; In: Ipf- und Jagstzeitung, Nr. 41,5, Ellwangen 1909

Beck, Paul: Zwei Hexenprozesse aus dem Fränkischen; In: 43. Jahresbericht des Historischen Vereins für Mittelfranken, S. 7-25, 1889

Becker, A.: Pfälzer Hexensagen; In: Pfälzer Heimat, Beilage zum Pfälzer Kurier vom 8.5.1926

Becker, C.L.: Der Gottesstaat der Philosophen des 18. Jh., Dt. 1946

Becker, Gabriele, u.a.: Aus der Zeit der Verzweiflung; Zur Genese und Aktualität des Hexenbildes, Frankfurt a.M. 1977

Becker, M.: Die Chancen Gottes, 1971

Beckwith, B.P.: Religion, Philosophy and Sciences, New York 1971

Beda, A.: Exorzismus; Befreiung aus Satans Tyrannei, Wien 1974

Bedenken an die königliche Majestät in Frankreich, über der Jesuiten bei deroselben gesuchten Aussöhnung und Wiedereinkommung in Frankreich, Aus dem Französischen, Heidelberg 1603

Beemelmann, Wilhelm: Hexenwesen und Hexenprozesse; Ein Vortrag; In: Bulletin de Museé historique de Mulhouse, Mülhausen 1908 und 1909

Behringer, Fr.: Die Ablässe; Ihr Wesen und ihr Gebrauch, Paderborn 1893

Behringer, Wolfgang: Hexenverfolgung in Bayern; Volksmagie, Glaubenseifer und Staatsräson in der Frühen Neuzeit, München 1987

Beinhoff, Johannes: Der Hexenglaube in der Walpurgisnacht und die Blocksbergsage, Diss. phil., Leipzig 1923

Beissel, S.: Geschichte der Verehrung Marias in Deutschland während des Mittelalters; Ein Beitrag zur Religionswissenschaft und Kunstgeschichte, Freiburg i.Br. 1909

Beiträge zur Geschichte der Katholischen Kirche im 19. Jh. in Beziehung auf die neuesten Verhältnisse derselben gegen die römische Kurie, Heidelberg 1818

Bekker, Balthasar: De betoverde Weereld, 4 Bände, 1691 - Deutsch: Die bezauberte Welt, 1693

Bellonici, M.: Lukrezia Borgia, Rom 1952

Benesch, Kurt: Magie; Von Hexen, Alchimisten und Wundertätern, Gütersloh 1979

Berg, W.: Die Wahrheit im Zauber- und Hexenwesen; In: Die Übersinnliche Welt, Leipzig 1961

Bergmann, E.: Katechismus der Jesuitenmoral; Historische Faksimile, Abteilungen Bünde und Orden/Jesuiten

Beringe, K.: Hexen- und Aberglauben im Schwarzwald; In: Zeitschrift für die Neurologie und Psychiatrie 161. Band, 1938

Berlindus: Die Reise der Hexen nach dem Blocksberge und die Walpurgisnacht mit poetischer Feder ..., 1732

Bernards, Matthäus: Speculum Virginum; Geistigkeit und Seelenleben der Frau im Hochmittelalter; Forschungen zur Volkskunde 36/38, Graz 1955

Bernhart, J.: Der Vatikan als Weltmacht, München 1951

Bernsdorf, W.: Soziologie der Prostitution; In: H. Giese, Hrsg.: Die Sexualität des Menschen, Handbuch der medizinischen Sexualforschung, 1953

Berthold, L.: Sprachliche Niederschläge absinkenden Hexenglaubens; In: Gießener Beiträge zur deutschen Philologie, Gießen 1938

Beschreibung des Oberamts Leonberg, Hrsg. Württembergisches Statistisches Landesamt, 1. Band, Stuttgart 1930

Beumann, H., Hrsg.: Heidenmission und Kreuzzugsidee in der deutschen Ostpolitik des Mittelalters, Darmstadt 1963

Beyer, K.: Kulturgeschichtliche Bilder aus Mecklenburg; Zauberei und Hexenprozesse im evangelischen Mecklenburg, Berlin 1903

Beyschlag, F.: Ein Speyrer Ketzerprozeß vom Jahre 1392; In: Blätter für pfälzische Kirchengeschichte, 3. Jg. 3. Heft, Speyer 1927

Beyschlag, Karlmann: Die verborgene Überlieferung von Christus, München/Hamburg 1969

Bezold, Friedrich von: Aus Mittelalter und Renaissance; Kulturgeschichtliche Studien, München 1961

Bezold, Friedrich von: Jean Bodin als Okkultist und seine Démonomanie; In: Historische Zeitschrift 105, S. 1-64, 1910

Bezold, Friedrich von: Jean Bodin Colloquium Heptaplomeres und der Atheismus des 16. Jh.; In: Historische Zeitschrift 113, 1914 S. 260-315, 114, 1915; S. 237-301

Bezold, Friedrich von: Staat und Gesellschaft des Reformationszeitalters; Die Kultur der Gegenwart, 2. Teil, 5. Abt., 1. Band, S. 1-136, Berlin/Leipzig 1908

Bichlmeyer: Urchristentum und katholische Kirche, 1924

Bickel, G.: Der Zölibat, eine apostolische Anordnung; In: Zeitschrift für katholische Theologie, II, S. 26/64, 1878

Bidenbach, F.: Manuale Ministrorum Ecclesiae; Handbuch für junge, angehende Kirchendiener im Herzogthumb Württemberg zugericht., Frankfurt a.M. 1613

Bidenbach, W.: (?) Eine Summe von etlichen Predigten vom Hagel und Unholden (gehalten in Stuttgart), Tübingen 1562

Bieberbach, Ludwig: Galilei und die Inquisition, München 1938

Biedenfeld, F. von: Ursprung, Aufleben, Größe und Herrschaft, Verfall und jetzige Zustände sämtlicher Mönchs- und Klosterfrauenorden im Orient und Occident, 2 Bände, 1837-39

Bieder, W.: Die Vorstellung von der Höllenfahrt Jesu Christi, Zürich, 1949

Biedermann, Hans: Auf den Spuren eines Phänomens; Traditionen, Mythen, Fakten, Graz 1974

Biedermann, Hans: Handlexikon der magischen Künste von der Spätantike bis zum 19. Jh., 2. Auflage, Graz 1973 und München 1976

Biéler, André: L'homme et la femme dans la morale caviniste; La doctrine réformée sur l'amour, le mariage, le célibat, le divorce, l'adultére et la prostitution, considérée dabs son cadre historique; Nouvelle série théologique, Genf 1963

Biener: Beiträge zur Geschichte des Inquisitions-Process, Leipzig 1827

Bierbaum, Max: Nicht Lob nicht Furcht; Das Leben des Kardinals von Galen, Münster 1966

Biermann, G.: Zwei Hexenprozesse zu Braunau; In: Geschichte der Deutschen in Böhmen, Mitteilungen, 33. Jg., Nr. 3, Prag 1895

Bietenhard, H.: Die himmlische Welt im Urchristentum und Spätjudentum, 1951

Bihlmeyer-Tüchler: Kirchengeschichte, Paderborn 1962

Binchy, D.A.: Church and State in modern Italy 1870-1913

Binder, Nicolaum: Drey wahrhafftige grundtliche Zeitungen, die erste von ettlichen Hexen und Zauberin, welche hin und wider in Ungern und Teutschland grossen Schaden angericht haben; Erstlich getruckt in Ingern, nachmahls aber zu Freyburg, 1610

Biner, J.: De coelibatu Clericorum; Sie steht im 5. Theil seines Apparatus eruditionis ad Jurisprudentuiam praetertim Ecclesiasticum, Pag. 30 der Augsburgischen Edition, 1751

Binsfeld, Petrus: Tractat von Bekanntnuss der Zauberer und Hexen, Trier 1590

Binsfeld, Petrus: Tractatvs de confessionibvs maleficorvm et sagarvm, Köln 1623

Binterim, A.J.: Die vorzüglichsten Denkwürdigkeiten der Christlichen Katholischen Kirche, Mainz 1838

Binz, Carl: Apologetische Versuche in der Geschichtsschreibung der Hexenprozesse, Berlin 1901

Binz, Carl: Doctor Johann Weyer (1515-88); Eine Nachlese, Sonderdruck aus dem 24. Band der Zeitschrift des Bergischen Geschichtsvereins, Düsseldorf 1889

Binz, Carl: Doctor Johannes Weyer, ein rheinischer Arzt, der erste Bekämpfer des Hexenwahns; Ein Beitrag zur Geschichte der Aufklärung und der Heilkunde; Neudruck der Ausgabe von 1896, Schaan 1982

Binz, Carl: Wier oder Weyer? Düsseldorf 1887

Birlinger: Hexenprozessen von Königseggwald, einige Auszüge, die Dr. Buck, Oberamtsarzt in Ulm, gemacht und mit Anmerkungen versehen hat; In: Alemania, 11. Band, 2. Heft, um 1883 oder 1884

Birlinger, Anton: Aus Schwaben; Sagen, Legenden, Aberglauben, Sitten, Rechtsbräuche, Ortsneckereien, Lieder, Kinderreime; Neue Sammlung, Band 1-2; Auch: Der Teufelskratz oder Hexenmahl, Wiesbaden 1874

Bischoff, E.: Die Kabbala, 2. Auflage, 1917

Bismarck, Fürst Otto von: Gedanken und Erinnerungen, Stuttgart 1998

Bitte an die Fürsten Deutschlands über die Aufhebung des Zölibats ihrer katholische Geistlichkeit, Deutschland, 1801

Bittmer, Wilhelm, Hrsg.: Massenwahn in Geschichte und Gegenwart, Stuttgart 1965

Bizer, Ernst: Kirchengeschichte Deutschlands, I: Von den Anfängen bis zum Vorabend der Reformation, Frankfurt a.M./Berlin/Wien 1970

Blanck, Walter: Zur Entstehung des Grotesken; In: Deutsche Literatur des späten Mittelalters, S. 35-46; Publications of the Institute of Germanic Studies, University of London 22, Hamburger Colloquium 1973, Berlin 1975

Blank, J.: Der Christus des Glaubens und der historische Jesus; In: Ein Mann aus Galiläa, 1971

Blanke, F.: Kirchen und Sekten, Zürich 1955

Blau: Das altjüdische Zauberwesen, Straßburg 1898

Blersch, Konrad: Wesen und Entstehung des Sexus im Denken der Antike; Tübinger Beiträge zur Altertumswissenschaft 29, Stuttgart/Berlin 1937

Bloch, M.: Geschichte der Entwicklung der Kabbala, 1894

Blomberg, Hugo von: Studien zur Kunstgeschichte und Aestetik; 1. Der Teufel und seine Gesellen in der bildenden Kunst, Berlin 1867

Blum, H.: Das deutsche Reich zur Zeit Bismarcks, Leipzig 1893

Blumenberg, H.: Einleitung zu: Giordano Bruno, Das Aschermittwochsmahl, 1969

Blumhardt, J.C.: Blumhardts Kampf; Nach seinen eigenen Aufzeichnungen, o.J.

Bobbe, J.B.G.: Vermischte Anmerkungen über Sr. Hochehrwürdigen des Herrn Propstes in Kempberg, Herrn Gottlieb Müllern Gründlichen Nachricht und deren Anhang von einer begeisterten Weibsperson Anna Elisabeth Lohmännin, mitgetheilt von Antidämoniacus, Bernburg 1760

Bodin, Jean: De la Dèmonomanie des Sorciers aveque la rèfutation des opinions de Jean Wier, Paris 1580

Bodin, Jean: Daemonomanie; oder, Ausführliche Erzehlung des wütenden Teuffels in seinen dahmaligen rasenden Hexen und Hexenmeistern dero Bezauberungen, Beschwerungen, Vergifftungen, Gauckel- und Possen-Wercke ..., Hamburg 1698

Böcher, O.: Dämonenfurcht und Dämonenabwehr, 1970

Böhm, A.: Epoche des Teufels, Ein Versuch, 1955, Niederländische Übersetzung: De Eeuw van de Duivel, s'Gravenhagen 1956

Böhmer, G.W.: Die Kirchen- und Gelehrtengeschichte Göttingens; Magazin für Kirchenrecht, Band 1, 1787

Böhmer, H.: Die Entstehung des Zölibats; Geschichtliche Studien; Albert Hauck zum 70. Geburtstag, Leipzig 1916

Boehmer, Heinrich: Der junge Luther; Mit erweitertem Nachwort von Heinrich Bornkamm, 6. Auflage, Stuttgart 1971

Boehmer, Heinrich: Luthers Ehe; Jahrbuch, S. 40-76, 1925

Bölsche, W.: Die Abstammung des Menschen, 1905

Böthlingk, A.. Bismarck und das päpstliche Rom, Berlin 1911

Bog, Rosemarie: Die Hexe: Schön wie der Mond - häßlich wie die Nacht, 1987

Bohlen, C.B.V.: Geschichte der Erotik, 4. Auflage, 1967

Bohn, M. von: Die Mode; Menschen und Mode im Mittelalter, 1925

Bohne, R.: Das katholische System, Zürich/Einsiedeln/Köln 1972

Bolkestein, M.H.: Het verborgen Rijk, Het Evangelie naar Marcus, Nijwerk 1954

Bols, K.: Papstgeschichte als Problem historischer Theorie und Methode; Miszellen; In: Zeitschrift für Bayerische Landesgeschichte, Band 33, Heft 3, München 1970

Bonfanti, Leo: The Witchcraft Hysteria of 1692, Volume I and II; New England Historical Series, Mass. 1971 und Wakefield 1977

Bonhöfer, J.E.: Erbauliche Abhandlung von dem erschröcklichen und Jammervollen Zustand der geist- und leiblichen Besitzung des Teufels; In: Zweyen Betrachtungen aus Hl. Schrift, erwiesen und mit historischen Exempeln erleutert; Mit einer Vorrede von Gustav Georg Zeltner; Nürnberg 1733

Bonifatius, P.: Satan, der Widersacher Gottes, 1972

Bonnet, H.: Reallexikon der ägyptischen Religionsgeschichte, 1952

Bornemann, Ernest: Lexikon der Liebe, 1. Band, 1968

Bornhak: Zur Geschichte der Hexenprozesse; In: Gesetz und Recht, Zeitschrift für allgemeine Rechts- und Staatskunde, Berlin 1919

Bornkamm, Heinrich: Das Jahrhundert der Reformation, Gestalten und Kräfte, 2. Auflage, Göttingen 1966

Borsenius, P.: Im Zeichen der drei Ringe, München 1966

Borst, Arno: Die Katharer; Schriften der Monumenta Germaniae historica 12, Stuttgart 1953

Bosl, Karl: Das Problem der Armut in der hochmittelalterlichen Gesellschaft; Österreichische Akademie der Wissenschaften, Sittenberichte, Phil. Hist. Klasse 294, Wien 1974

Bosl, Karl: Die Grundlagen der modernen Gesellschaft im Mittelalter; Eine deutsche Gesellschaftsgeschichte des Mittelalters, Teil 1, 2; Monographien zur Geschichte des Mittelalters 4/1, 2; Stuttgart 1972

Bosl, Karl: Gesellschaftswandel, Religion und Kunst im hohen Mittelalter; Bayerische Akademie der Wissenschaften, Sitzungsberichte, Phil. Hist. Klasse Jg. 1976, München 1976

Bossi, E.: Gesú Christo nella storia, nella Biblia, nella mitologia, Bellinzona 1935

Boudroit, Wilhelm: Die altgermanische Religion in der amtlichen kirchlichen Literatur des Abendlandes vom 5.-15. Jh.; Untersuchungen zur Religionsgeschichte 2, Bonn 1928

Boulaeze: Thesaurus und vollständige Geschichte vom glorreichen Sieg des Corpus Christi über den bösen Geist Beelzebub in Laon, 1566

Bousset, W.: Apothegama-Studien zur Geschichte des ältesten Mönchtums, 1923

Bousset, W.: Der Antichrist in der Überlieferung des Judentums, des Neuen Testaments und der alten Kirche, 1895

Bousset, W.: Religion des Judentums, Hrsg. H. Grossmann, 3. Auflage, 1926

Bovet, Th.: Die Angst vor dem lebendigen Gott; Niederländische Übersetzung: Overwinning op de Angst, Amsterdam 1952

Brander, V.: Julius Echter von Mespelbrunn, Würzburg 1917

Brauchitsch, C.: Zauberei und Hexerei; In: Die Grenzboten, Zeitschrift für Politik, Literatur und Kunst, 36. Jg, Leipzig 1877

Braun, Birgit: Luthers Stellung zur Medizin aus seinen Tischreden; Diss. Med. Fak., Düsseldorf 1967

Braun, H. (?): Drey Fragen zur Vertheidigung der Hexerey, München 1767

Braun, St.: Vortrag über Hexerei; Freiburger Katholisches Kirchenblatt, Nr. 37 und 38, 1882

Braun, Th.: Keine Priesterheirat, 1878

Breiden, Heribert: Die Hexenprozesse in der Grafschaft Blankenheim von 1589 bis 1643, Diss. jur., Bonn 1954

Breitschwert, J. Ludwig C. Freiherr von: Keplers Leben und Wirken nach neuerlich aufgefundenen Manuskripten, Stuttgart 1831

Brenan: The Spanish Labyrinth

Brenner, F.: Geschichtliche Darstellung der Verrichtung und Ausspendung der Eucharistie von Christen bis auf unsere Zeit, Bamberg 1824

Brentjes, Burchard: Die Söhne Ismaels; Geschichte und Kultur der Araber, Leipzig 1971

Brieger, Th.: Das Wesen des Ablaß am Ausgang des Mittelalters, 1897

Brik, H.Th.: Gibt es noch Engel und Teufel? Aschaffenburg 1975

Brik, H.Th.: Das Rätsel der Schöpfung, 1977

Brillenberg, G.: De Rol van het Demonische, Kampen 1961

Brönegard, Vagn: Pflanzen im Brauchtum, in der Geschichte und Volksmedizin, Berlin 1985

Bromme, Erich R.: Fälschung und Irrtum in Geschichte und Theologie, 1975

Bromme, Erich R.: Untergang des Christentums; Korrekturen der Welt- und Religionsgeschichte, 5 Bände, Berlin 1979

Browe, Peter S.J.: Die Eucharistie als Zaubermittel im Mittelalter, S. 134-154; Archiv für Kulturgeschichte 20, 1930

Browe, Peter S.J.: Die letzte Ölung in der abendländischen Kirche des Mittelalters; In: Zeitschrift für katholische Theologie 55, S. 515-561, 1931

Bruckner, W.H.: De magicis personis et ertibvs disserit, et eas omnio dari ostendit; Von zauberischen Leuten und Künsten, Jena (?) 1723

Brückner, W.: Die Verehrung des heiligen Blutes in Walldürn; Volkskundlich soziologische Untersuchung zum Strukturwandel barocken Wallfahrens, 1958

Brückner, Wolfgang, Hrsg.: Das Wirken des Teufels; Theologie und Sage im 16. Jh; Forschungsprobleme der Satanologie und Teufelserzählungen; In: Volkserzählung und Reformation; Ein Handbuch zur Tradierung und Funktion von Erzählstoffen und Erzählliteratur im Protestantismus, S. 393-416, Berlin 1974

Brüggeboes, Wilhelm: Geschichte der Kirche; 1. Teil: Kirchliches Altertum und Mittelalter, Düsseldorf 1961

Brüggeboes, Wilhelm: Geschichte der Kirche; 2. Teil: Die kirchliche Neuzeit, Düsseldorf 1962

Brunnemann, Jacob: Alosii Chartinii; Pseud. Discurs von trüglichen Kennzeichen der Zauberey, worinnen viel abergläubische Meinungen vernunfftmäßig untersucht und verworffen; Stargard 1708 und Halle 1727

Brunnemann, Johann: De processu tum civili tum criminali inquisitorio, 1647

Brunner, B.: Die heilige Schrift; Wort Gottes oder Menschenwort! Was gilt uns heute noch die Bibel? In: Petrusblatt, Katholische Kirchenzeitung für das Bistum Berlin, 1/66

Bucher, A.: Entwicklung von Religiosität; Freiburg i.d. Schweiz 1989

Buchheim, H.: Glaubenskrise im Dritten Reich, Stuttgart 1953

Buchmann: Freie und unfreie Kirche in seinen Beziehungen zur Sklaverei, zur Glaubens- und Gewissenstyrannei und zum Dämonismus, Breslau 1873

Buchner, E.: Medien, Hexen- und Geisterseher; Kulturhistorisch interessante Dokumente aus alten deutschen Zeitschriften und Zeitungen des 16.-18. Jh., München 1926

Buchrucker, Armin-Ernst: Die Bedeutung des Teufels für die Theologie Luthers; Nullus Diabolusnullus Redemptor; Theologische Zeitschrift 29, S. 385-399, Basel 1873

Budensieg, R.: Johann Wiclif und seine Zeit, 1885

Bücher, K.: Die Frauenfrage im Mittelalter, 1910

Bühler, Franz: Heimatbuch Leonberg; Stadtführung, Geschichte, Kulturgeschichtliches, Bietigheim 1954

Bühler, J.: Klosterleben im deutschen Mittelalter, 1923

Bühler, Johannes: Die Kultur des Mittelalters, 6. Auflage, Stuttgart 1954

Bürger: Beitrag zum Hexenwesen; Auszug aus dem Kirchenbuch zu Unterregenbach; In: Zeitschrift für Württembergisch-Franken, 8. Band, 3. Heft, S. 502-4504, Weinsberg 1870

Buggle, Franz: Denn sie wissen nicht, was sie glauben; Oder warum man redlicherweise nicht mehr Christ sein kann, Reinbek 1992

Bull, Norman J.: Das Abenteuer Bibel, München 1975

Bullock, Allen: Hitler; Eine Studie der Tyrannei, 3. Auflage, Düsseldorf 1954

Bulst, W.: Das Grabtuch von Turin; Zugang zum historischen Jesus; Der neue Stand der Forschung, 1978

Bultmann, R.. Jesus Christus und die Mythologie, Hamburg 1964

Bultmann, R.: Das Urchristentum, 1962

Buonaiuti, E.: Die exkommunizierte Kirche, 1966

Buonaiuti, E.: Geschichte des Christentums, Bern 1948

Burdach, K.: Reformation, Renaissance, Humanismus; Zwei Abhandlungen über die Grundlage moderner Bildung und Sprachkunst, 2. Auflage, Berlin/Leipzig 1926

Burke, McCarty: The supressed Truth about the Assassination of Abraham Lincoln, Washington 1922

Burr, George: The Fate of Dietrich Flade; In: Papers of the American Historical Asociation, Vol. 5, Nr. 3, 1891

Burrows, M.: Mehr Klarheit über die Schriftrollen, 1958

Busch, M.: Tagebuchblätter, Leipzig 1899

Busenbaum, H.: Medulla theologiae moralis, facili ac perspicua methodo resol. Casus conscient, ex varfiee probatisque auctoribus concinnata, 1652 und London 1686

Busenbaum, H.: Medulla theologiae moralis, Ludg. 1686

Byloff, Fritz: Das Verbrechen der Zauberei (crimen magiae); Ein Beitrag zur Geschichte der Strafrechtspflege in Steiermark, Graz 1902

Byloff, Fritz: Hexenglaube und Hexenverfolgung in den österreichischen Alpenländern; Quellen zur deutschen Volkskunde 6, Berlin 1934

C

Cäsar, A.J.: Ist die Nichtigkeit der Zauberey ganz erwiesen? München 1789

Cahagnet, L.A.: Die Geheimnisse des Jenseits oder die Fortdauer nach dem Tode und die Berufung und Befragung der Verstorbenen auf magnetisch-ekstatischen Wege, Grimma und Leipzig 1851

Cahagnet, L.A.: Magie magnétique: ou, Traite historique et practique des fascinations, miroirs cabalistiques, apports, suspensions, pactes, talismans ... 2. ed. corr. et augm., Paris 1858

Calixtus, G.: Tractatus de coniugio Clericorum; Helmstedt 1631/ Frankfurt a.M. 1653 (Anm.: Die Protestanten rühmen das Werk des Calixtus über jedes andere Buch in dieser Materie.)

Camerarius, E.: Unpartheische Gedancken über die Kurtze Lehr-Sätze/von dem laster der Zauberey ...; Von einem Membro des Celegii Curiosum Teutschland, anno 1703

Campbell, G.A.: Die Tempelritter; Aufstieg und Verfall, Stuttgart o.J.

Campbell, H.J.: The Pleasure Areas - Der Irrtum mit der Seele, 1973

Campegius, Th.: Di coelibatus Sacerdotum non abrogando, Venedig 1554

Campion, E.: Lod Aactum and the Vatican Council, Sydney 1975

Canaan, T.: Dämonenglaube im Lande der Bibel, Leipzig 1929

Cardanus, H.: Friedrich Spee; Frankfurt a.M. 1884

Carmin, E.R.: Guru Hitler; Die Geburt des Nationalsozialismus aus dem Geiste der Mystik und Magie, Zürich 1985

Carové, F.W.: Vollständige Sammlung der Zölibatsgesetze für die katholische Weltgeistlichen von den ältesten bis auf die neuesten Zeiten; mit Anmerkungen, 1833

Carpzov, Benedict: Practicae novae imperialis saconicae rerum criminalium pars 1, Frankfurt a.M./Wittenberg 1658

Carpzov, Benedict: Practivae novae imperialis saxoniae rerum criminalium Benedicti Carpzovii synopsis, Leipzig 1655

Carrichter, B.: Kräuterbuch, darin begriffen unter welchen Zeichen Zadiaci auch in welchem Grade ein jedes Kraut stehe ..., Straßburg 1589

Cartellieri, Alexander: Der Vorrang des Papsttums zur Zeit der ersten Kreuzzüge 1095-1150; In: Weltgeschichte als Machtgeschichte Band 4, Neudruck der Ausgabe München 1941, Aalen 1972

Caspar, E.: Geschichte des Papsttums, 2 Bände, Tübingen 1930-33

Caspar, E.: Primatus Petri, Weimar 1927

Caspar, Max: Johannes Kepler, 3. Auflage, Stuttgart 1958

Cassel, C.: Eine Hexeprozess-Akte vom Jahre 1547; In: Hannover'sche Geschichtsblätter, 2. Jg. Nr. 17, Hannover 1899

Catharinus, A.: De Coelibatus adversus ipium Erasmus, Siena 1581

Cathrain, V. (SJ): Die Aufgaben der Staatsgewalt und ihre Grenzen, Freiburg i.Br. 1882

Cathrain, V. (SJ): Moralphilosophie, Leipzig 1924

Cautio Criminalis seu de Processibus contra sagas liber, 1631 - Hochnotpeinliche Vorsichtsmaßregel oder Warnungsschrift über die Hexenprozesse; Weitere Ausgabe 1632 bei Gronäus in Frankfurt a.M.; Deutsche Übersetzung im Auszug von J. Seiffert, Bremen 1647; Erste vollständige deutsche Übersetzung durch Joh. Schmidt, Frankfurt a.M., 1648/49; 1695 eine weitere Textausgabe, Sulzbach; Französische Ausgabe, Lyon 1600

Cavendish, R.: Die Schwarze Messe, Frankfurt a.M. 1967

Celibaatscris Suggesties van een priester, Den Haag 1963

Celichius, A.: Notwendige Erinnerung; Von des Sathans letzten Zornsturm, und was es auff sich habe ... Wittenberg 1594

Chamberlin, E.R.: Unheilige Päpste, 1969

Chardin, Teilhard de: Das Auftreten des Menschen, 1964

Charpentier, J.: Die Templer, Stuttgart 1965

Charroux, R.: Verratene Geheimnisse, 1967

Chiniqui: Der Priester, die Frau und die Ohrenbeichte, Barmen 1889

Christiani, L.: Présence de Satan dans la Monde moderne, Paris, 1959

Christliche Anred nächst dem Scheiterhaufen, worauf der Leichnam der Mariae Renatae, einer durch's Schwerdt hingerichteten Zauberin, den 21. Juni 1749 außer der Stadt Wirtzburg verbrannt worden ... in öffentlichen Druck gegeben, in der Hofdruckerei, Würzburg

Clauss, M.: Die Beziehunges des Vatikans zu Polen während des Zweiten Weltkrieges, Köln 1979

Clemen, C.: Religionsgeschichte Europas, Band 1, Heidelberg 1926

Cloos, August: Summarische Rechnung für Hexenprozesse und Hinrichtungen; In: Literaturwissen, Jahrbuch der Görres-Gesellschaft, S. 51 ff, Berlin 1971

Cobben, Jan Jacob: Johannes Wier, zijn opvattingen over bezetenheid, hekserij en magie, Assen 1960

Colesie, Georg: Hexenprozesse am Hochgericht Nalbach; In: Zeitschrift für die Geschichte der Saargegend, Jg. 17/18, S. 229, Saarbrücken 1969/70

Colquohon, J.C.: Historische Enthüllungen über die geheimen Wissenschaften aller Zeiten und aller Völker, oder vollständige Geschichte der Magie, Zauberei, des thierischen Magnetismus, des Glaubens an Hexerei, an Dämonen und Teufel sowie des Aberglaubens überhaupt; Bearbeitet von Hugo Hartmann, 1853

Como, Bernhardus de: De strigibus, Lucerna inquisitorum haereticae pravitatis, 1566

Congar, Y.M.J.: Die Lehre von der Kirche; Von Augustinus bis zum Abendländischen Schisma; Handbuch der Dogmengeschichte 3, Freiburg i.Br. 1971

Conrad, Rolf: Der Teufel bei Hans Sachs, Ungedruckte Tübinger phil. Diss., 1926

Conrad, W.: Der Kampf um die Kanzeln, Berlin 1957

Conring, Hermann: De origine Juris Germanici, 1643

Consilia vnd Bedencken etlicher zu vnsern Zeiten rechtsgelehrter Juristen, von Hexen vnd Vnholden; In: Theatrum de veneficiis, Frankfurt a.M. 1586

Conversation ob die Jesuiter zweyn Studenten, einem Katholischen und einen Calvinisten, ob die Jesuiter an allerlei Empörungen im Röm. Reich und sonderlich in Böhmen schuldig seyen, Prag 1620

Conzemius, V.: Katholizismus ohne Rom; Die altkatholische Kirchengemeinschaft, Zürich/Einsiedeln/Köln 1969

Cooper, W.M.: Flaggelation and the Flaggelants, London 1896

Corbach, Gottfried: Hexenprozesse in der Herrschaft Homburg; In: Romerike Berg, Jg. 19, S. 15, Burg a.d. Wupper 1969

Cornely R. (SJ): Das Jesuitengesetz und der Notstand des Deutschen Reiches; Stimmen aus Maria-Laach, Freiburg i.B., 1873

Corte, N.: Unser Widersacher der Teufel; Der Christ in der Welt, 5. Reihe, 5. Band, 2. Auflage, Aschaffenburg 1962

Corvin, Otto von: Die Geißler, 3. Auflage, 1891, München 1972

Corvin, Otto von: Pfaffenspiegel, 1. Ausgabe, Leipzig 1845

Coßinus, E.: De Coelibatu Sacerdotum wider Joseph Hall, Pseudodekanus von Wingnon, zu St. Omer 1619

Cottonis, P.: Erklärungs-Schreiben an die Königl. Wittib und Regentin in Frankreich, in welchem er zu beweisen und darzuthun sich unterstehet, daß der Jesuiten-Lehre, dem im Jahre 1415 im Concilio zu Costnitz ergangenen Decret gemäß sei; Aus dem Parisischen Exemplar verdeutscht, Straßburg 1610

Couchoud, P.L.: Il Mistero di Gesi, Mailand 1945

Coudy, Julien: Die Hugenottenkriege in Augenzeugenberichten

Cramer, C.V.: Bücherkunde zur Geschichte der katholischen Bewegungen in Deutschland im 19. Jh., 1927

Craveri, Mario: La Vita de Gesú; Das Leben Jesus von Nazareth, 1970

Creighton, M.: The Papacy during the Period of the Reformation

Cremer, H.: Weissagung und Wunder im Zusammenhang der Heilsgeschichte, 1900

Cremer, T.: Eine Hexenverbrennung in der Eifel; Kulturbild aus der Zeit des Dreißigjährigen Krieges; In: Rheinische Geschichtsblätter, Jg. 11/12, Bonn 1904

Crespet, P.: Deux livres de la haine de Satan et de malins esprits contre l'homme, Paris 1590

Crohns, H.-J.: Zwei Förderer des Hexenwahns und ihre Ehrenrettung durch die ultramontane Wissenschaft, Stuttgart 1905

Croissant, Werner: Die Berücksichtigung geburts- und berufsständischer und soziologischer Unterschiede im deutschen Hexenprozeß; Masch. Schrift, Mainzer Rechts- und wirtschaftswiss. Fak. Diss. 1953

Crombie, A.C.: Von Augustinus bis Galilei; Die Emanzipation der Naturwissenschaft, Köln 1959

Cromer, M.: De coniugo & coelibatu Sacerdotum, Köln 1564

Crusius, Christopherus: De Indiciis delictorum specialibus, 1636

Cunow, H.: Ursprung der Religion und des Gottesglaubens, Berlin 1913

Curtius, Friedrich, Hrsg.: Denkwürdigkeiten des Fürsten Chlodwig zu Hohenlohe-Schillingsfürst, Stuttgart 1906

D

Daemonolatria, das ist, von Unholden und Zauber-Geistern, des Edlen Ehrenvesten und hochgelarten Herrn Nicolai Remigii, von welcher wunderbarlichen Historien so sich mit den Hexen zugetragen, aus dem latein in hoch Teutsch übersetzt durch Teucridem Annaeum Privatum; Mit Kais. Maj. Privileg, Frankfurt a.M.

Dahl, J.: Nachtfrauen und Galsterweiber; Eine Naturgeschichte der Hexe, Ebenhausen bei München 1960

Dahlerup, V.: Hexe or Hexeprocessor i Danmark; Et Foredrag holt in Foreningen til Oplysingens Fremme blandt Kjobenhavns Arbejdere, Kopenhagen 1888

Dale, Antonius van: De origine et progeressu Idolatria et superstitionum, Amsterdam 1696

Dalmann, G.: Orte und Wege Jesu, 1924

Dam, W.C.: Dämonen und Besessene; Die Dämonen in Geschichte und Gegenwart und ihre Austreibung, Aschaffenburg, 2. Auflage, 1975 und 1979

Damiani, P.: Liber Gomorrhianus, um 1070

Dander, Franz (S.J.): Gottes Bild und Gleichnis in der Schöpfung nach der Lehre des hl. Thomas von Aquin; In: Zeitschrift für katholische Theologie 53, S. 1-40, 206-246, 1929

Daneau, L.: De veneficiis, quos olim sortilegos, nunc sortiarios vocant, Paris 1574

Daneau, L.: De veneficis, qvos olim sortilegos, nvnc avtem vvigo sortiearios vocant ... Per Lambert Danaeum, Köln 1575

Daneau, L.: Les Sorciers; Dialogue trés utile et nécessaire pour ce temps, Genf 1574

Daneau, L.: Von den Zauberern, Hexen vnd Vnholden, drei christliche verschiedene vnnd zu diesen vnsern vngefährlichen Zeiten nothwendige Bericht ..., Köln 1576

Dangelmayr, Siegfried: Gotteserkenntnis und Gottesbegriff in den philosophischen Schriften des Nikolaus von Kues; Monographie zur philosophischen Forschung 54, Meisenheim a.d. Glan 1969

Daniel-Rops, H.: Die Kirche im Frühmittelalter, Innsbruck 1953

Danilou, J.: The Scrolls and primitive Christianity, New York 1962

Danksagungsschreiben der gesamten katholischen Geistlichkeit an seine kaiserliche Majestät Joseph II. für die Verweigerung der Priesterehe, 1787

Darmstädter, E.: Hexen, Hexenchemie und Narkose, Berlin 1930

Darwin, C.: Die Entstehung der Arten, 1976

Darwin, R.Ch.B.: Die Entwicklung des Priestertums und der Priesterreiche oder Schamanen, Wundertäter und Gottmenschen als Beherrscher der Welt; Ein Warnruf an alle freiheitsliebenden Völker, 1929

Das Evangelium der Jesuiten, Leipzig 1822

Das Hexenwesen in Ungarn; In: Das Ausland, 52. Jg. Nr. 41, Stuttgart 1879

Das mündliche Evangelium; Der Kampf um den geschichtlichen Kern der Evangelien, 1941

Dausch, P.: Die drei älteren Evangelien, Bonn 1913

De auctoritate et potentia romani pontificis ac de rebus feliciter gesties victoriae que Clementis ejus nominis octavi summi pontifices de Henrico quarto ... rege gloriose triumphatis

Debrumer, Hans-W.: Der Einfluß des Hexenglaubens; In: Theologie und Kirche in Afrika, S. 114, Stuttgart 1968

Decker, Rainer: Die Hexenverfolgungen im Herzogtum Westfalen; In: Westfälische Zeitschrift 131/132, S. 339-485, 1982

Decker, Rainer: Die Hexenverfolgungen im Hochstift Paderborn; In: Westfälische Zeitschrift 128, S. 314-356, 1978

Decker-Hauff, Hans-Martin: Die geistige Führungsschicht Württembergs; In: Beamtentum und Pfarrerstand 1400-1800; In: Büdinger Vorträge 1967, S. 51-80; Deutsche Führungsschichten in der Neuzeit 5, Limburg/Lahn 1972

Decker-Hauff, Hans-Martin: Geschichte der Stadt Stuttgart, Band 1, Stuttgart 1966

Deckert, J.: Inquisitions- und Hexenprozesse; Greuel der katholischen Kirche; Sendboten des hl. Joseph, Wien 1896

Dedijer, V.: Jasenovac, das jugoslawische Auschwitz und der Vatikan, Freiburg i.Br. 1659

Dee, J.: Ein wahrer und getreulicher Bericht über das, was sich lange Jahre hindurch zwischen Dr. Dee und einigen Geistern zutrug, 1659

Defoe, Daniel: Der übernatürliche Philosoph, oder die Geheimnisse der Magie, nach allen ihre Arten deutlich erkläret ...; Aus dem Englischen ins Deutsche übersetzt und mit einigen nöthigen und dienlichen Anmerckungen versehen, Berlin 1742

Defoe, Daniel: Gründliche historische Nachricht vom Teufel ...; Aus dem Englischen und Französischen in das Teutsche übersetzt, Göthen 1748

Deissler, A.: Die Grundbotschaft des Alten Testaments; Ein theologischer Durchblick, 9. Auflage, Freiburg i.Br. 1984

Deku, H.: Die Konkurrenzlosigkeit des Christentums, 1979

Delacour, J.B.: Agage Satan; Das Brevier der Teufelsaustreibung, Genf 1975

Dell'Ossa, Ardonio Ubbidente (= Pseudonym für Jordan Simon, ein Mönch): Das große weltbetrügerische Nichts oder die heutige Hexerei und Zauberkunst, Frankfurt a.M. 1761

Delphinus, J.A.: De matrimonis & coelibatu contra horum temporum & haereticos homines ... zu Camerino 1553

Del Rio, Martinus: Disquisitorum magicarum VI. quibus contiantur accurata cuzriosarum artium et vanarum superstitionum confutatio, utilis Theologis, Jurisconsultis, Medicis, Philologis, Mainz 1593, 1600, 1606, 1624, Löwen 1599, 1601, Köln 1633, 1657, Oberursel 1606

Del Rio, Martinus: Les controverses et recherches magiques, Paris 1611

Delumeau, Jean: Angst im Abendland; Die Geschichte kollektiver Ängste in Europa des 14. bis 18. Jh., Band 2, 1985

Literaturverzeichnis

Demandt, K.E.: Der Altenstädter Raum im Wandel der Jahrhunderte; Schriften der Altenstäder Gesellschaft für Geschichte und Kultur, Gießen 1977

Demandt, K.E.: Lindheimer Chronik; Schriften der Altenstädter Gesellschaft für Geschichte und Kultur, Gießen 1977

Dempf, Alois: Sacrum Imperium; Geschichte und Staatsphilosophie des Mittelalters und der politischen Renaissance, München/Berlin 1929, Darmstadt 1954

Denkstück für die Aufhebung des den katholischen Geistlichen vorgeschriebenen Zölibats; Mit drei Aktenstücken, Freiburg i.Br. 1828

Dennler, J.: Ein Hexenprozeß im Elsaß vom Jahre 1616; Ein Beitrag zur Kulturgeschichte des Elsasses; Nach dem Rotbuch von Enzheim, 1896

Denzler, G.: Das Papsttum in der Diskussion; Sammelband, Regensburg 1974

Denzler, G.: Das Papsttum und der Amtszölibat, 2 Bände; In: Päpste und Papsttum, Stuttgart 1973-76

Denzler, G.: Im Namen Gottes; Belastendes Material aus der Kirchengeschichte; In: Wille Gottes, Stuttgart 1973

Denzler, G.: Papsttum heute und morgen; Sammelband, Regensburg 1975

Deppen, Otto von: Demagogie der Jesuiten durch die Urtheile ausgezeichneter Personen und die eigenen Schriften der Ordensmitglieder bewiesen; Ein politisch-historischer Versuch, allen Fürsten und Völkern, ganz vorzüglich dem deutschen Bunde gewidmet, Altenburg 1826

Der churfürstl. Durchlaucht Herzog Maximilian Joseph in Bayern ... erneuertes Land-Gebott wider die Aberglauben, Zauberey, Hexerey, und andere straffliche Teuffels-Künsten, München 1746

Der einheitliche Ursprung der Evangelien, 1942/43

Der Hexenprozeß und die Blutschwitzprozedur; Zwei Fälle aus der Criminalpraxis des Kantons Zug aus den Jahren 1737/38 und 1849, Zug 1849

Der Hexenwahn und die Hexenprozesse, Barmen 1891

Der Jesuitenorden; Eine Enzyklopädie, Bern 1926

Der portugiesische Hochverrath und Prozeß der verurtheilten und hingerichteten Personen, wie ihn der Hof selbst öffentlich bekannt hat machen lassen; Nebst dem Dekret des Cardinals Saldanha (?), 1759

Der Wahre geistliche Schild, so vor 300 Jahren von dem hl. Papst Leo X. bestätigt worden, wider alle gefährliche böse Menschen sowohl als aller Hexerei und Teufelswerk entgegengesetzt; darinn sehr kräftige Gebete und Segen ... Nebst einem Anhang heiliger Segen, 1849 (?)

Der weltberühmten Universität zu Paris treuherzige Erinnerung an Königl. Wittib und Regentin ... wegen der Jesuiten und ihrer Lehre; Aus dem zu Paris gedruckten Exemplar verdeutschet, 1610

Deschner, Karlheinz: Abermals krähte der Hahn; Kritische Kirchengeschichte von den Evangelien zu den Faschisten, 1980

Deschner, Karlheinz: Das Christentum im Urteil seiner Gegner, Ismaning 1986

Deschner, Karlheinz: Das Kreuz mit der Kirche; Eine Sexualgeschichte des Christentums, 1974

Deschner, Karlheinz: Der gefälschte Glaube; Eine Kritik des Unfehlbarkeitdogmas und anderer christlichen Glaubenslehren, 1980

Deschner, Karlheinz: Kirche des Un-Heils, 1974

Deschner, Karlheinz: Kriminalgeschichte des Christentums, 1-3 ff, Reinbek 1986 ff

Deschner, Karlheinz: Mit Gott und den Faschisten; Vatikan und Faschismus, Stuttgart 1965

Dettling, A.: Die Hexenprozesse im Kanton Schwyz, Schwyz 1907

Deurlein, E.: Der deutsche Katholizismus, 1933

Deussen, P.: Allgemeine Geschichte der Philosophie mit besonderer Berücksichtigung der Religionen, 2. Auflage, 2. Band, Leipzig 1919

Dévereux, Georges: Baubo; Die mythische Vulva, Frankfurt a.M. 1981

Dhorme, E.: Les Religions de Babylonie et d'Assyrie, Paris 1945

Dibelius, M.: Die Geisterwelt im Glauben des Paulus, 1909

Die geistlichen Uebungen; Exerzitia spiritualis, Ignatii Lojolae, Rom 1548

Die gottlosen und aufrührerischen Irrthümer, welche die Geistlichen von der Gesellschaft Jesu den hingerichteten Missethätern beigebracht; Auf Befehl des Königs publiciert, 1760

Die handschriftlichen Überlieferungen im Neuen Testament, 1939

Die Herzjesuandacht nach theologischen und historischen Gründen geprüft von Herrn Hallerbruck, Pfarrer zu Gleidsbrunn; Aftersturz bei Caspar Wermuth, 1782

Die Jahrbücher von Hersfeld zum Jahr 1058, Berlin 1855

Die Jesuiten erklären die Aufhebung ihres Ordens für null, suchen den Chatolizismus unter allerlei Gestalten zu verbreiten, und vermehren sich vorzüglich in Rußland; In der Berliner Monatsschrift, S. 378, Jg. April 1785

Die Jesuiten und ihr Benehmen gegen geistliche und weltliche Regenten ... von Ernst Freidmann (?), Grimma 1825

Die katholische Kirche in Utrecht; In: Theologische Quartalszeitschrift, Jg. 1826 1. und 2. Heft, Tübingen (Wichtig wegen der jesuitischen Ränke, die die Trennung der Utrechter Kirche von Rom bewirkt haben.)

Die Notwendigkeit den Gebrauch der katholischen Kirche, die Geistlichen ihres Standes niemals oder gar schwerlich zu entlasten; Eine italienische Handschrift ins Deutsche übersetzt, Rom und Florenz, 1775

Die Rockefeller-Papiere, Wiesbaden 1978

Dieckhoff, A.W.: Der Ablaßstreit; Dogmengeschichtlich dargestellt, 1886

Diefenbach, Johann: Der Hexenwahn vor und nach der Glaubensspaltung in Deutschland, 1886; Neudruck 1978

Diefenbach, Johann: Der Zauberglaube des 16. Jh. nach den Katechismen Dr. Martin Luters und des Petrus Canisius, 1900

Diehl, J.B.M.: Friedrich von Spee; Eine historische und literaturhistorische Skizze, Freiburg i.Br. 1872, 2. Auflage, 1901

Diepgen, Paul:; Frauen und Frauenheilkunde in der Kultur des Mittelalters, Stuttgart 1963

Diestel, E.: Der Teufel als Sinnbild des Bösen im Kirchenglauben, in den Hexenprozessen und als Bundesgenosse der Freimaurer, Berlin 1921

Dietrich, E.I.K.: Das Judentum im Zeitalter der Kreuzzüge; In: Saculum, Freiburg i.Br. 1952

Diggelmann, Walter M.: Hexenprozeß; Die Teufelsaustreiber von Ringwil, Bern 1969

Dilgskron, P.C.: Leben des hl. Bischofs und Kirchenlehrer Alfonsus Maria de Liguori, 2 Bände, Regensburg 1887

Dilthey, Wilhelm: Weltanschauung und Analyse des Menschen seit Renaissance und Reformation, 2. Auflage; Gesammelte Schriften 2, Leipzig/Berlin 1923

Di Maria, S.: Die Muttergottes in San Damiano, Schweiz 1979

Dinkler, E.: Die Petrus-Rom-Frage; In: Theologische Rundschau, Tübingen 25, 1959 und 27, 1916

Dirr, P., Hrsg.: Bayerische Dokumente zum Kriegsausbruch und zum Versailler Schuldspruch, im Auftrag des Bayerischen Landtages herausgegeben, München 1925

Ditwald, Hellmut: Anspruch auf Mündigkeit um 1400-1555; Propyläen Geschichte Europas 1, Frankfurt a.M./Berlin/Wien 1975

Do Duca, J.H.: Die Geschichte der Erotik, 1965

Doebert, H.: Das Charisma der Krankenheilung, Hamburg 1960

Döbler, Hansferdinand: Hexenwahn; Die Geschichte einer Verfolgung, München 1977

Dölger, F.J.: Der Einfluß des Origenes auf die Beurteilung von Epilepsie und Mondsucht; Antike und Christentum, IV, 1934

Döllinger, Ignaz von: Der Papst und das Konzil

Döllinger, Ignaz von/Reusch, H.R.: Geschichte der Moralstreitigkeiten in der römisch-katholischen Kirche seit dem 16. Jh.; Mit Beiträgen zur Geschichte und Charakteristik des Jesuitenordens; Aufgrund ungedruckter Aktenbeständе bearbeitet, 3 Bände, Nördlingen 1888

Döllinger, Ignaz von: Beiträge zur Sektengeschichte des Mittelalters, 2 Bände, 1890

Döllinger, Ignaz von: Das Papsttum; Neubearbeitung des Janus, Der Papst und das Concil, durch F. Friedrich, München 1892

Döllinger, Ignaz von: Die Papst-Fabeln des Mittelalters; Ein Beitrag zur Kirchengeschichte, 2. Auflage, Stuttgart 1891

Dolezal, Th.: Adam zeugte Adam; Abstammung und Urgeschichte des Menschen, 1979

Dommershausen, W.: Die Umwelt Jesu; Politik und Kultur in neutestamentlicher Zeit, 1987

Donovan, Frank: Zauberglaube und Hexensabbat; Ein historischer Abriß; Geschichte, Riten und Requisiten des Hexenkultes, München 1976

Dopatka, Ulrich: Das Spiegelbild der Götter, 1975

Dorries, H.: Konstantin der Große, Stuttgart 1958

Douglas, Mary, Hrsg.: Witchcraft-Conessions and Accusations, London 1970

Dover, K.J.: Homosexualität in der griechischen Antike, 1983

Dreikandt, Ulrich, Hrsg.: Schwarze Messen; Dichtungen und Dokumente, München 1975

Dresdner, A.: Kultur- und Sittengeschichte der italienischen Geistlichkeit im 10. und 11. Jh, Breslau 1890

Drews, Arthur: Die Bedeutung der Geschichtlichkeit Jesu, 1926

Drews, Arthur: Die Christusmyythe, 1909/11

Drews, Arthur: Die Entstehung des Christentums aus dem Gonostizismus, 1924

Drews, Arthur: Die Petruslegende, Frankfurt a.M. 1910

Drews, Arthur: Die wahre göttliche Kommödie

Dreyer, A.: Der Teufel in der deutschen Dichtung des Mittelalters, Diss., Rostock 1884

Droß, Annemarie: Die erste Walpurgisnacht; Hexenverfolgung in Deutschland, Frankfurt a.M. 1985

Duchesne, L.: Liber pontifikalis, Paris 1955-57

Düfel, Hans: Luthers Stellung zur Marienverehrung; Kirche und Konfession 13, Göttingen 1968

Dülmen, Richard van, Hrsg.: Hexenwelten, Frankfurt a.M. 1987

Düntzer, H.: Die Sage von Doktor Faust, 1846

Duerr, Hans-Peter: Traumzeit; Über die Grenze zwischen Zivilisation und Wildnis, Frankfurt a.M. 1978

Dürr, O.: Der Hexenbischof von Würzburg; In: Frankenwarte Nr. 42 vom 22.10.1937

Dugnani, P.D. Franciscus: Chr. Reg., Über den ursprung des Cölibats; VIII. Theil der neuen Sammlung der gelehrten und philosophischen Werke, Venedig 1751

Duhr, B. (S.J.): Die Stellung der Jesuiten in den deutschen Hexenprozessen, Köln 1900

Duhr, B. (S.J.): Neue Daten und Briefe zum Leben des P. Friedrich Spee; In: Görres-Gesellschaft zur Pflege des Wissen im katholischen Deutschland; Hist. Jahrbuch, 21. Band, München 1900

Dumcke, B.: Zauberei und Hexenprozesse, Berlin 1912

Dumeige, C./Bacht, H.: Geschichte der ökumenischen Konzilien, Mainz 1963-75

Durant, Will: Kulturgeschichte der Menschheit, 7. Band, Cäsar und Christus, o.J.

E

Eberle, A.: Vom Teufel besessen; In: Medical-Tribune, Beilage Nr. 15, 1975

Ebert, H.: Der verlorene Gott, 1971

Ebinger, Chr.: Daemonologie, oder, Etwas Neues vom Teufel; Das ist: Wahrhafftiger historischer Bericht von einem sonderund wunderbaren Casu, Anfechtungs-Fall, und satanischer Versuchung; Augsburg 1681

Ebner, Theodor: Friedrich von Spee und die Hexenprozesse seiner Zeit; In: Sammlung gemeinverständlicher wissenschaftlicher Vorträge, NF 13, Set. 291. Heft, Hamburg 1898

Eckartshausen, von: Aufrufung und Warnung an die Großen der Welt, sich vor der Gefahr zu sichern, die durch das falsche System der heutigen Aufklärung und die kecken Anmaßungen s.g. Philosphen ff den Thronen der Staaten und dem Christentum den gänzlichen Verfall droht, 1792

Eckert, Rud.: Hundert Stimmen aus vier Jahrhunderten über den Jesuitenorden, Leipzig

Eder, Karl: Deutsche Geisteswende zwischen Mittelalter und Neuzeit; Bücherei der Salzburger Hochschulwochen 8, Salzburg/Leipzig 1937

Edersheim, A.: The Life and Times of Jesus the Messiah, 1883

Edey, M.A.: Vom Menschenaffen zum Menschen, 1977

Ehmke, Holger/Juling, Peter, Hrsg.: Martin Luther heute, Bonn 1983

Ehrenreich, Barbara/English, Deirdre: Hexen, Hebammen und Krankenschwestern, München 1975

Ehrlich, P.: Die Bevölkerungsbombe, 1971

Eibl-Eibesfeldt, Irenäus: Menschenforschung auf neuen Wegen; Die naturwissenschaftliche Betrachtung kultureller Verhaltensweisen; Wien 1976

Eichelsbacher, J.A.: Hexenprozesse im Freigericht Alzenau; In: Frankenwarte, Nr. 13/14, 1930

Eichler, M.: Tempel-Annecke, die letzte Hexe von Braunschweig, Hamburg (?)

Eine bayerische Verordnung gegen Zauberer, Hexen und Wahrsager vom Jahre 1611

Eine Summe Predigten vom Hagel und Unholden; Gethan in der Pfarrkirch zu Stuttgarten im Monat Augusto, Anno MDLXII, Durch Matheum Alberum und D. Wilhelm Bidenbach, sehr nützlich und tröstlich zu dieser Zeit zu lesen, Tübingen 1562

Eine Warhafftige Zeitung von etlichen Hexen und Unholden, welche man kürtzlich im Stifft Mäntz, zu Ascheburg, Dipperck, Ostum, Rönnshofen, auch andern Orten verbrendt, was Übels sie gestifft, und bekandt haben, Frankfurt a.M. 1603

Eines polnischen Edelmanns Anrede an die Großen in Polen, die Ruhe und Einigkeit des Königreiches durch die Wegschaffung derer Jesuiten zu befördern, ins Teutsche übersetzt und mit Erläuterungen vermehrt, 1727

Eines Weimarischen Medici muthmaßliche Gedanken von denen Vampyren oder sogenannten Blug-Saugern, welchen zuletzt das Gutachten der königlichen Preussischen Societät der Wissenschaft von den gedachten Vampyren beygefügt ist, Leipzig 1732

Einzing(er), J.M.M.: Dämonologie oder systematische Abhandlung von der Natur und Macht des Teufels, 1775

Eisenmenger, Joh. Andreas: Entdecktes Judenthum; nach kaiserl. Konfiskation aufgelegt, 2. Band, Königsberg 1711

Eitrim, S.: Some Notes on the Demonolgy in the New Testament, 1950

Elert, Werner: Morphologie des Luthertums, Band 1,2, Nachdruck der 1. Auflage 1958, München 1962

Elichius, Philippus Ludovicus: De Daemonomagia, seu de daemonis cacurgia, cacomagurgum et lamiarum energia, Frankfurt a.M. 1607

Ellendorf: Moral und Politik der Jesuiten, Darmstadt 1840

Ellinger, J.: Hexen-Coppel, das ist: Uhralte Ankunft und große Zunft der Unholdseligen, Unholden und Hexen, welche in einer Coppel von einem ganzen Dutzend auf die Schau und Musterung geführet; Frankfurt a.M. 1629

Ellinger, Katharina: Die Hexen; In: Herbert Haag: Teufelsglaube, S. 440-76, Sh. 196, Tübingen 1974

Emrich, Gertrud: Formen und Grundlagen des gegenwärtigen Hexenglaubens; aufgrund einer Untersuchung eines westpfälzischen Dorfes, Phil. Diss., Mainz 1953

Engelhardt, Ingeborg: Hexen in der Stadt, 1971

Englert, A.: Ein kleiner Beitrag zur Geschichte der Hexenprozesse; In: Hessische Blätter für Volkskunde, 5. Band, Leipzig 1905/06

Englisch, P.: Geschichte der erotischen Literatur, Stuttgart 1927

Ennen, Leonhard: Geschichte der Stadt Köln, Band V, Düsseldorf 1880

Erasmus von Rotterdamm: Epistolarum Opus, Ecomion morias, Colloquia

Erastus, Thomas: Repetition de lamiis seu strigibus; in qua plene, solide et persique de arte, potentate itemque poena discepatur; Basel 1572 und 1578

Erdmann, K.: Die Entstehung des Kreuzzugsgedanken, Neudruck von 1935, Darmstadt 1965

Erich, Oswald A.: Die Darstellung des Teufels in der christlichen Kunst; Kunstwissenschaftliche Studien, Band 8, Berlin 1931

Erikson, Erik Homburger: Der junge Mann Luther; Eine psychoanalytische und historische Studie - Young Man Luther; A Study in Psychanalysis and History, Frankfurt a.M. 1975

Erinnerungen von der Jesuiten-Practiken, bei Anlaß des im Jahre 1595 an Heinrich IV. tentierten Königsmordes, aus dem Französischen, 1607

Erman, A.: Die Religion der Ägypter, Berlin-Leipzig 1934

Ermattinger, E.: Hexenglaube und Massenwahn; In: Frankenwarte Nr. 6 vom 9.2.1933

Ernst-Allermann, Cécile: Teufelsaustreibungen; Die Praxis der katholischen Kirchen im 16. und 17. Jh., Bern/Stuttgart/Wien 1972

Erschreckliche newe Zeitung, welche sich begeben und zugethan in diesem 1650. Jahr, im der Osternacht, im Schweitzer Gebirge, bey der Stadt Dillhofen auf einem Dorfe Dinndurff genandt, in welchem drey Hexen gewohnt ... Dillhofen 1650

Erschröckliche doch warhaffte Geschicht, die sich in der spanischen Stadt Madrilechos genannt, mit einer verheuratheten Weibs-Person zugetragen, welche von einer gantzen Legion Teuffel siben Jar lang besessen gewest; Und durch Patrem Ludovium de Torre widerum erledigt worden, München 1608

Eschbach, H.: Johannes Wier, der Leibarzt des Herzogs Wilhelm III. von Jülich-Cleve-Berg; In: Beiträge zur Geschichte des Niederrheins, Düsseldorf 1886

Eschbaumer, Gloria: Bescheidentliche Tortur; Der ehrbare Rat der Stadt Nördlingen im Hexenprozeß 1593/94 gegen die Kronenwirtin Maria Holl, Nördlingen 1973

Eschenmayer, C.A. von: Charakteristik des Unglaubens, Halbglaubens und Volksglaubens, in Beziehung auf die neuen Geschichten besessener Personen; Nebst Beleuchtung der Kritik im Christboten, Tübingen 1838

Eschenröder, W.: Hexenwahn und Hexenprozesse in Frankfurt a.M., Diss. jur., Gelnhausen 1932

Espencäus, Cl.: De continentia Lib. IV, Paris 1565

Esser, Kajetan, O.F.M.: Die religiösen Bewegungen des Hochmittelalters und Franziskus von Assisi; Festgabe Joseph Lorz, Band 2, Glaube und Geschichte, S. 287-315, Baden-Baden 1958

Evans, E.P.: Ein Trierer Hexenprozeß; In: Augsburger Allgemeine Zeitung, 86, Beilage, Augsburg 1892

Evans-Pritchard, Edward E.: Hexerei, Orakel und Magie bei den Azande, Frankfurt a.M. 1978

Ewich, J.: De sagarum natura, arte viribus ... Bremen 1584 - Deutsch: Von der Hexen, die man gemeiniglich Zauberin nennt ...; In: Theatrum de veneficiis, Frankfurt a.M. 1586

Extraits des Assertiationes dangereuses et perniceuses en tout genre, que les soi-disans Jesuites on, dans tous les temps et perseveramant soutenues ...; A. Paris 1762

Eysenck, Hans J./Sargent, Carl: Explained the Unexplained; Mysteries of the Paranormal, London 1982

F

Faber, J.J.: Muster und Prob eines recht theologischen Eifers wieder die Zauberer und Hexen, Stuttgart 1667

Faber, R.: Der Vatikan, 1968

Fabricius, G.: Freundschaftliches Sendschreiben, worin die wieder das höchste Interesse Sr. Churfürstl. Durchlaucht von Cöln von den Jesuiten in dem Estendischen Jurisdictionsstreit gespielten Streiche entdeckt werden, 1751

Falconi, Carlo: Le Silence de Pius XII., 1965

Falkenhausen, Friedrich Freiherr von: Dantes Vergeltungsidee; Deutsches Dante-Jahrbuch 14, NF 5, S. 61-81, Weimar 1932

Farson, Daniel: Vampire und andere Monster; Die Welt des Übersinnlichen, Frankfurt a.M./Berlin/Wien 1978

Fassmann, Kurt, Hrsg.: Die Großen der Weltgeschichte, Band III.: Harun ar-Raschid bis Petrarca, München 1973

Faulhaber: Deutsches Ehrgefühl und katholisches Gewissen, München 1925

Favret-Saada, Jeanne: Die Wörter der Zauber, der Tod; Hexenglaube im Hainland von Westfrankreich, Frankfurt a.M. 1979

Fehr, Hans: Gottesurteil und Folter; Eine Studie zur Dämonologie des Mittelalters und der neueren Zeit; Festgabe für Rudolf Stammler zum 70. Geburtstag, S. 231-54, Berlin/Leipzig 1926

Fehr, Hans: Kunst und Recht, Band 1; Das Recht im Bilde, Erlenbach/Zürich 1923

Fehr, Hans: Massenkunst im 16. Jh.; Flugblätter aus der Sammlung Wickiana; Denkmale der Volkskunst 1, Berlin 1924

Fehr, Hans: Tod und Teufel im alten Recht; In: Zeitschrift für Rechtsgeschichte, Germanische Abt. 67, S. 50-75, Weimar 1950

Fehr, Hans: Zur Lehre vom Folterprozeß; In: Zeitschrift für Rechtsgeschichte 66, Germanische Abt. 53, S. 317/18, Weimar 1933

Fehr, J.: Der Aberglaube und die katholische Kirche des Mittelalters; Ein Beitrag zur Kultur- und Sittengeschichte, Stuttgart 1857

Fehr, J.: Die deutsche Kirche des Mittelalters im Kampfe gegen den zeitweiligen Aberglauben; In: Österreichische Vierteljahresschrift für katholische Theologie, 1. Band, 1862

Fehrle, E.G.: Die kultische Keuschheit im Altertum, Gießen 1910

Feiner, J./Vischer, L.: Neues Glaubensbuch; Der gemeinsame christliche Glaube, Freiburg i.Br./Zürich 1973

Feist, Elisabeth: Weltbild und Satansidee bei Jean Bodin, Halle 1930

Felder, H.: Jesus von Nazareth; Ein Christusbuch, 1938

Fenner, F.: Die Krankheiten im Neuen Testament, 1930

Fest, Joachim: Hitler; Eine Biographie, Frankfurt a.M./Berlin/Wien 1973

Feuerbach, L.: Das Wesen des Christentums (1849), 1841 und Stuttgart 1980

Feussi, I.: Das Institut der Gottgeweihten Jungfrauen; Sein Fortleben im Mittelalter, 1917

Feyerabend, S.: Theatrum Diabolorum, 1569

Fichard, Johannes: Consiliorum tomus alter; Teutscher Ratschläge, Frankfurt a.M. 1590

Fichte, J.G.: Versuch einer Kritik aller Offenbarung, 1792

Fichtiger, Chr.: Lexikon der Heiligen und Päpste, Göttingen 1980

Ficker, Heinrich: Die gesetzliche Einführung der Todesstrafe für Ketzerei; Mitteilungen Institut österreichische Geschichtsforschung 1, S. 177-226, 1880

Fides Jesu et Jesuitarum, hoc est collation doctrinae Domini et Salvatoris nostri Jesu, cum doctrina Jesuitarum ...; Marbach, Christingae 1573

Fiebig, P.: Antike Wundergeschichten zum Studium der Wunder des Neuen Testaments, 1911

Fiebig, P.: Rabbinische Wundergeschichten des neutestamentlichen Zeitalters, 1911

Figge, Horst H.: Geisterkult, Besessenheit und Magie in der Religion Brasiliens, Freiburg i.Br. 1973

Findeisen, Hans: Schamanentum, Stuttgart 1957

Findeisen, Hans: Schamane, dargestellt am Beispiel der Besessenheitspriester nordeurasischer Völker, Zürich 1957

Finke, H.: Ungedruckte Dominikanerbriefe des 13. Jh., 1891

Finke, Heinrich: Die Frau im Mittelalter; Mit einem Kapitel: Die heiligen Frauen im Mittelalter von A. Lenné, Kempten, Sammlung Kösel 62, München 1913

Finke, Heinrich: Papsttum und Untergang des Templerordens, München 1907

Fiorelli, Piero: La tortura giudiziaria nel diritto comune; Jus nostru, Studi e test pubblicati dall'Istituto di storia del diritto italiano dell'Università di Roma 1, Vol 1-2, Mailand 1953/54

Fischer, E.: Die Basler Hexenprozesse des 16. und 17. Jh., Basel 1840

Fischer, E.: Die Licht- und Schattenseiten der Inquisition; nebst einer Geschichte der Hexenprozesse und historischen Rückblicken auf die Geisselgesellschaften; Aus geschichtlichen Quellen geschöpft und parteilos, Wien 1881

Fischer, J.: Die Gynäkologie bei Dioskurides an Plinius, Wien 1927

Fischer, P. Pius: Hinter Klostermauern, Landsberg am Lech 1975

Fischer, W.: Die Geschichte der Teufelsbündnisse, der Besessenheit, des Hexensabbats und der Satansanbetung, Stuttgart 1907

Fischer-Fabian, Siegfried: Die Macht des Gewissens: Von Sokrates bis Sophie Scholl; Enthält ein Kapitel über Friedrich von Spee, 1987

Flacke, O.: Der letzte Gott; Das Ende des theologischen Denkens, 1961

Flade, P.: Das römische Inquisitionsverfahren in Deutschland bis zu den Hexenprozessen, 1902

Flavius, Josephus: De bello iudaico libri, 6. Buch - Geschichte des Jüdischen Krieges, 1977

Fleischmann, Max: Christian Thomasius; Leben und Lebenswerk, Halle 1931

Florenza, F.P.: Die Abwesenheit Gottes als ein theologisches Problem; In: Hörgl. u Rauh, Grenzfragen des Glaubens, Zürich 1967

Flotti, A.: Historiae Provinciae Jesu; Seu Pars III Germaniae superioris ab anno 1601 ad 1610 id. 1734

Flotti, A.: Historiae Provinciae Societatis Jesu Germanieae superioris, ab anno 1540 ad 1609, Pars I et II, Augsburg 1727-29

Flusser, David: Jesus, in Selbstzeugnissen und Bilddokumenten, Reinbek 1968

Foerster, Werner: Grundriß des Neuen Testaments; Kurzgefaßtes Repetitorium der urchristlichen Schriften, 2. Auflage, Hamburg 1966

Förstermann, E.: Die christlichen Geißlergesellschaften, 1828

Foertsch, E.: Im Namen der heiligen Inquisition; Die Vernichtung der Lutheraner in Spanien, 1970

Fohrer, G.: Erzähler und Propheten im Alten Testament, 1988

Forbes, Thomas R.: The Midwife and the Witch, New Haven 1966

Ford, C.S./Beach, F.A.: Formen der Sexualität; Das Sexualverhalten bei Mensch und Tier, 1968

Forel, A.: The Sexual Question, 1931

Franck, J.: Geschichte des Wortes Hexe, Bonn 1901

Franck, J.Chr.: Gottfrieds Warlieb (pseud.) Deutliche Vorstellungen der Nichtigkeit derer vermeynten Hexereyen und des ungegründeten Hexen-Processes ... Nach Erfindung der Hexerey im dritten Seculo, und nach Einführung des Hexenprozesses im Jahr, 236. pref. Amsterdam 1720

Franck: Der Hexenprozeß gegen den Fürstenbergischen Registrator, Obervogteiverwesers und Notar Mathias Tinctorius und Consorten zu Hüfingen; Ein Sittenbild aus den 1630er Jahren, Freiburg i.Br. 1870

Frank, P.S.: Begriffsanalytische und begriffsgeschichtliche Untersuchung zum englischen Leben im frühen Mönchstum; Heft 26 aus Beitrag zur Geschichte des alten Mönchtums und des Benediktinerordens, 1964

Frankfort, A.: Ancient Egyptian Religion, New York 1948

Franz, A.: Die Kirchliche Benediktionen im Mittelalter, Band 1 und 2, Freiburg i.Br. 1908

Franz, Adolph: Die Messe im deutschen Mittelalter; Beiträge zur Geschichte der Liturgie und des religiösen Volkslebens, Freiburg i.Br. 1902

Franz, Georg: Kulturkampf, München o.J.

Franz, H.: Der Hexenglaube in Hessen; In: Zeitschrift Hessenland, 30./31. Jg., Kassel 1916/17

Franzii, Wolfgang: Oratio de Jesuitarum cruentis machinationibus adversus principes a Romano Pontifice alieniores etc. habita anno 1611, Wittenberg 1612

Frazer, J.: Der goldene Zweig; Das Geheimnis von Glauben und Sitten der Völker, Leipzig 1928

Frazer: Folklore in the Old Testament, Band 1, London 1919

Freiberger, L.: Die Kirche der Zukunft wird in den Händen der Laien liegen, 1971

Freiding, M.: Gewissens-Fragen oder gründlicher Bericht von Zauberei und Zauberern; Frankfurt a.M. 1671

Freie Religion - Monatsschrift für religiöse Selbstbestimmung, 1980

Freimark, H.: Okkultismus und Sexualität; Beiträge zur Kulturgeschichte der Vergangenheit und Gegenwart, Leipzig 1909

Freimütige Gedanken über die Priesterehe als Grundlage einer höchst notwendigen Reformation der katholischen Geistlichkeit ...; Von einem bayerischen Professor der Theologie, 1796

Freud, Sigmund: Eine Teufelsneurose im 17. Jh.; In: Gesammelte Werke, XII. S. 315, Frankfurt a.M. 1964

Freybe, A.: Der deutsche Volksglaube in seinem Verhältnis zum Christentum und im Unterschiede von der Zauberei, Gotha 1910

Friedberg, E.: Aus deutschen Bußbüchern; Ein Beitrag zur Kulturgeschichte, 1868

Friedenthal, R.: Ketzer und Rebell; Jan Hus und das Jahrhundert der Revolutionskriege, 1972

Friedlander, S.: Pius XII. and the Third Reich, New York 1966

Friedrich, J.: Geschichte des vatikanischen Konzils, 3 Bände, Bonn 1887; Neudruck Hildesheim 1971

Friedrich, Paul, übertragen und hrsg.: Die Hexenbulle Papst Innocenz VIII. Summis desiderantes aus dem Bullarium magnum, Leipzig 1905

Friedrich, R.: Medizin von morgen; Niederländische Übersetzung: Geneeskunde in Opmars, Antwerpen

Friese, Victor: Das Strafrecht des Sachsenspiegels, Breslau 1898

Friese: Christliche Beiträge zur Religionsgeschichte in Polen und Littauen, 2 Bände, Breslau 1786

Frischbier, Hermann K.: Hexenspruch und Zauberbann; Ein Beitrag zur Geschichte des Aberglaubens in der Provinz Preussen, Berlin 1870

Frischler, Kurt: Die Abenteuer der Kreuzzüge; Heilige und Sünder und Narren, München/Berlin 1973

Frisius, P.: Von des Teufels Nebelkappen, das ist: ein kurtzer Begriff, den ganzen Handel von der Hexerey belangend; In: Theatrum de veneficiis, Frankfurt a.M. 1586

Froehner, Reinhard: Von Hexen und Viehverzauberung; Abhandlungen aus der Geschichte der Veterinärmedizin 7, Leipzig 1925

Fry, Christopher: Die Dame ist nicht fürs Feuer; Kommödie, 1986

Fuchs, E.: Die Weiberherrschaft in der Geschichte der Menschheit, 1913

Fuchs, E.: Illustrierte Sittengeschichte vom Mittelalter bis zur Gegenwart, 1921

Fühner, Heinrich: Solanceen als Berauschungsmittel; In: Archiv für experimentielle Pathologie und Pharmakologie, 1926

Fünf Sendschreiben eines Layen an seinen Freund, einen Weltgeistlichen über das während der Jesuitenepoche ausgestreute Unkraut, verschiedene merkwürdige deutschgeistliche Geschichtsumstände enthaltend, 1785

Fürst, W.: Ein Prozeß gegen Nicolaus von Gülchen, Ratskonsulenten und Advokaten zu Nürnberg, 1605; In: Mitteilungen des Vereins für Geschichte der Stadt Nürnberg, 2o. Heft, 1913

Fürstauer, J.: Eros im alten Orient

Fuhrmann, H.: Einfluß und Verbreitung der pseudoisidorischen Fälschungen; Von ihrem Auftauchen bis in die neue Zeit, 3 Bände, Stuttgart 1972-74

Funk, F.X.: Coelibat und Priesterehe im christlichen Abendland; Kirchengeschichtliche Abhandlungen und Untersuchungen I, Paderborn 1897

G

Gaar, Georg: Christliche Anred, nächst dem Scheiterhaufen, worauff der Leichnam Mariä Renatä ... 1749 verbrennt worden, Würzburg 1749

Gaar, Georg: Heylsame Lehr-Stück, und Zauberey betreffende Anmerckungen in der christlichen, nach Hinrichtung Mariae Renatae, einer Zauberin, gehaltenen Anred ... Anjetzo mit einem Zusatz vermehrt, Würzburg 1750

Gabrieli, Francesco: Die Kreuzzüge aus arabischer Sicht; Aus den arabischen Quellen ausgewählt, Zürich 1973

Gale, Thomas: Jamblichius de Mysteriis Aegyptiorum, Oxford 1678

Gams: Zur Geschichte der spanischen Staats-Inquisition, Regensburg 1871

Ganser, B.: Sendschreiben an einen gelehrten Freund, betreffend die heutigen Streitschriften von der Hexerey; Vom Donau-Strohm, 1767 (?)

Gardini, T.L.: Towards the new Italy

Gardner, Gerald B.: Ursprung und Wirklichkeit der Hexen; Einführung von M. Murray; Originaltitel: Witchcraft today; Weilheim/ObB. 1965

Gaspers, J.: Hexenwahn und Hexenglauben in Erkelenz, Erkelenz 1921

Gaube, Karin/Pechmann, Alexander von: Magie, Matriarchat und Marienkult, Reinbeck 1986

Gauß, J.: Ost und West in der Kirchen- und Papstgeschichte des 11. Jh., Zürich 1967

Gebhardt: Friedrich Spee von Langenfeld, Hildesheim 1893

Gefährliche Anschläge der Jesuiten wider könig- und fürstliche Personen, Hanau 1611

Geheimniß und Ceremonien, welche die Jesuiten gebrauchen, wenn sie einen einfältigen Menschen dahin bewegt, daß er sich zum Mörder an Königen brauchen zu lasse, begeben und entschlossen; Aus dem Französischen 1610

Gehring, Paul: Der Hexenprozeß und die Tübinger Juristenfakultät; Untersuchungen zur württembergischen Kriminalrechtspflege im 16. und 17. Jh.; In: Zeitschrift für württ. Landesgeschichte 1, S. 157-188, 370-405, 2, 15-47, 1937/ 38

Geiger, Th.: Maria im Kampf mit dem Drachen; Erfahrungen eines Exorzisten, 1935

Geilen, Hans-Peter: Die Auswirkung der Cautio Criminalis von Friedrich von Spee auf den Hexenprozeß in Deutschland, Diss. Rechts- und staatswiss. Fak., Bonn 1963

Geiler von Kaisersberg, J.: De emeis; Dis ist das Buch von den omeissen, vnd auch der künnig ich diente gern, Vnd sagt von eigenschaft der omeissen ... in ein quadragesimal gepredigt worden alle sontag in der fasten ... Straßburg 1517

Gerdemann, W./Winfried, H.: Christenkreuz und Hakenkreuz, Köln 1931

Gérest, Claudia: Der Teufel in der theologischen Landschaft der Hexenjäger des 15. Jh.; In: Concilium, Internationale Zeitschrift für Theologie, 11. Jg., S. 173-83, 1975

Gerstenkorn, Hans-Robert: Weltlich Regiment zwischen Gottesreich und Teufelsmacht; Die staatstheoretischen Anschauungen Martin Luthers und ihre poltische Bedeutung; Schriften zur Rechtslehre und Politik 7, Bonn 1956

Gervasius, Tilberiensis: Otia imperialia - Kaiserliche Musestunden, Kaiser Otto IV. gewidmet, 1214

Geschichte der Jesuiten in Portugal, unter der Staatsverwaltung des Marquis von Pombal; Aus Handschriften und sicheren Nachrichten herausgegeben und mit Anmerkungen begleitet; Von Chr. Gottl. von Murt, 2 Theile, Nürnberg 1787 und 1788

Geschwind, P.: Die Priesterehe und der Zölibatszwang, 1875

Gewalt, Dieter: Sonderpädagogische Anthropologie und Luther; Lutherjahrbuch 41, Göttingen 1974

Gförer, A.F.: Papst Gregorius VII. und sein Zeitalter, 1859

Ginzburg, Carlo: De Benandati; Feldkulte und Hexenwesen im 16. und 17. Jh., Frankfurt a.M. 1980

Ginzburg, Carlo: Nächtliche Zusammenkünfte; Die lange Geschichte des Hexensabbats; In: Freibeuter, Vierteljahresschrift für Kultur und Politik, Heft 25, S. 20 ff, 1985

Giovanetti, A.: Der Vatikan und der Krieg, Köln 1962

Glanvill, Joseph: Saducismus Triumphatus, London 1689, reprinted 1966

Glanvill, Joseph: Weil. Königl. Englischen Hof-Predigers und vornehmen Mitgliedes der Societät gelahrter Leute, Saducismus Triumphatus, oder vollkommener und clarer Beweis von Hexen und Gespenstern, oder Geister-Erscheinungen, in zween Theilen verfasset ... Zum erstenmahl aus dem Englischen ins Teutsche übersetzt, Hamburg 1701

Gockelinus, E.: Tractatus polyhistoricus Magico-medicus Curiosus, oder ein kurtzer mit vielen wunderlichen Historien untermengter Bericht von dem Beschreyen und Verzaubern, auch denen daraus entspringenden Krankheiten und zauberischen Schäden ... Frankfurt a.M./Leipzig 1699

Godet, Alain: Hexenglaube, Rationalität und Aufklärung: Glanvill, Joseph/Schwager, Johann Moritz: Deutsche Vierteljahreshefte für Literaturwissenschaft und Geistesgeschichte, 1978

Gödelmann, Johann: Tractatus de magis, veneficis et lamiis deque his recte cognoscendi et puniendis, Nürnberg 1584 - Deutsch: Von Zauberern, Hexen und Unholden, 1592

Goedelmann, J.G.: Von Zauberern vnd Vnholden, warhafftiger vnd wolgegründeter Bericht ... wie dieselbigen zuerkennen vnd zu straffen; Frankfurt a.M. 1692

Goehausen, Hermann: Processus juridicus contra saga et venefices, das ist: Rechtlicher Process, wie man gegen Unholden und Zauberische Personen verfahren soll, Rinteln 1630

Goekel, H.: Die Messias Legitimation Jesus; Er überlebte Golgatha, 1982

Göpfert, F.A.: Moraltheologie, 2 Bände 1897

Gordon, Cyrus H.: Geschichtliche Grundlagen des Alten Testaments, Einsiedeln/Zürich/Köln 1961

Görres, Joseph von: Christliche Mystik, Band IV, 1842

Görres, Joseph von: Kirche und Staat nach Ablauf der Kölner Irrung, 1842

Gössmann, Elisabeth: Anthropologie und soziale Stellung der Frau nach Summen und Sentenzkommentaren des 13. Jh.; In: Soziale Ordnungen im Selbstverständnis des Mittelalters, 1 Halbband, Berlin/New York 1979

Göttner-Abendroth, Heide: Die Göttin und ihr Heros, München 1980

Götze, L.. Urteil über Hexenprozesse 1582, Grafen von Nassau-Dillenburg; In: Verein für Nassauische Altertumskunde und Geschichtsforschung, 13. Band, Wiesbaden 1874

Götzinger, E.: Reallexikon der deutschen Altertümer, Leipzig 1881

Goguel, M.: La Vie de Jesus, Paris 1912

Goldammer, Kurt: Die Formenwelt des Religiösen, Stuttgart 1960

Goldast, M.: Rechtliches Bedenken, von Confisacation der Zauberer- und Hexen-Güter; Veber die Frage: Ob die Zauberer und Hexen, Leib und Guth mit und zugleich verwürcken ... Bremen 1661

Goldschmidt, Petrus: Höllischer Morpheus, daraus erwiesen, das Gespenster seien, namentlich wider D. Bekkern in der bezauberten Welt, Hamburg 1698

Goldschmidt, Petrus: Verworffener Hexen- und Zauberadvokat; Das ist: Wohlbegründete Vernichtung des thörichten Vorhabens Hn. Christiani Thomasii, Hamburg 1705

Golowin, Sergius: Die Magie der verbotenen Märchen; Von Hexenkräutern und Feendrogen, Hamburg 1973

Gomez Jugum ferrum luciferi, 1676

Gontard, F.: Die Päpste; Regenten zwischen Himmel und Hölle, München 1959

Gonzenbach, V.: Mitteilungen aus St. Gallischen Hexenakten seit 1600; In: Annalen der Criminalrechtspflege, 1855

Goodman, F.: Anneliese Michel und ihre Dämonen, Stein am Rhein 1980

Goodmann, F.D.: Disturbances in the Apostolic Church: A trance-based Upheaval in Yukatan; Three Field Studies in religious Experience, New York 1974

Goodmann, F.D.: Triggering of the altered States of Consciousness as Group from Yucatan; Confinia Psychiatrice, in press 1980

Gosler, Sieglinde: Hexenwahn und Hexenprozesse in Kärnten von der Mitte des 15. Jh. bis zum ersten Drittel des 18. Jh.; Ungedruckte phil. Diss., Graz 1955

Gothofredus, Jacobus: Codex Theodosianus, Lyon 1665

Graef, H.: Maria, eine Geschichte der Lehre und Verehrung, 1964

Grässe, J.Th.: Bibliotheca magica et pneumatica oder wissenschaftlich geordnete Bibliographie ... Leipzig 1843

Graeter, M.J.: Hexen oder Unholden Predigten; Darinnen zweyen vnterschiedliche Predigten, auff das kürzest und ordentlichst angezeigt würdt, was in diesen allgemeinen Landklagen, vber die Hexen vnd Vnholden, von selbigen warhafftig vnnd Gottseeliglich zuhalten, Tübingen 1589/1592

Grätzer, J.: Die Moral der Jesuiten quellen aus ihren Schriften; Von einem Katholiken, Celle 1874 - Die 1. Auflage erschien unter dem Titel: Blüten der Jesuitenmoral, in ihren Gärten gesammelt und den gebildeten Katholiken, besonders den Priestern gewidmet, von einem Katholiken, Celle 1873

Graf, A.: Geschichte des Teufelsglaubens, 1893

Graham, Robert A.: Papst Pius XII. und die Juden von Ungarn im Jahr 1944

Graichen, Gisela: Die neuen Hexen; Gespräche mit Hexen, Hamburg 1986

Graminaeus, Diederich: Inductio sive direcorium; Anleitung, wie ein Richter in Criminal- und peinlichen Sachen der Zauberer und Hexen sich zu verhalten, Köln 1594

Granderath, Th.: Geschichte des Vatikanischen Konzils von seiner ersten Ankündigung bis zu seiner Vertagung; Nach den authentischen Dokumenten dargestellt; 3 Bände, Freiburg i.Br. 1903-06

Graner, Ferdinand: Erasmus von Rotterdam und die Feuersbrunst im wirtembergischen Städtchen Schiltach; In: Zeitschrift für württembergische Landesgeschichte, 2. S. 215-219, Stuttgart 1938

Grant, Michael: Jesus; Leben und Welt des Jesus von Nazareth, Bergisch Gladbach 1981

Graßers, J.B.: Vertheidigung der critischen Anmerkungen über des Pater George Gaars Rede von der Hexe Maria Renata, Bayreuth 1754

Grave, M.G.: Von der Wasser-Probe oder dem Hexen-Bade, Osnabrück 1640

Gravina, Gian Vincenco: Originum iuris civilis libri tres, 1701-07

Grebner, J.: Der Verkehr mit der Geisterwelt Gottes; Seine Gesetze und sein Zweck, 1983

Gregorovius, Ferdinand: Geschichte der Stadt Rom im Mittelalter, 3 Bände, Basel 1953-57

Greiner, J.: Hexenprozesse in Dinkelsbühl; In: Alt-Dinkelsbühl, Mitteilungen aus der Geschichte Dinkelsbühl und seiner Umgebung

Grieksch, Ekkehard, Hrsg.: So wurde Hitler finanziert ... Das verschollene Dokument von Sidney Warburg über die Internationalen Geldgeber des Dritten Reiches, 1983

Grieshaber, S.A., Hrsg.: Oberrheinische Chronik, 1850

Griesler, O., Hrsg.: Lebensbeschreibung des hl. Alphons, Einsiedeln 1887

Griffin, Des: Die Herrscher, Wiesbaden 1980

Grigulévic, I.R.: Ketzer, Hexen, Inquisitoren (Istorija inkvizii) 13.-20. Jh.; Mit einem Vorwort von Hubert Mohr, 2 Bände, Berlin 1976

Grillandus, Paulus: De Haereticis et Sortilegiis eorumque poenis, 1525/1592

Grillandus, Paulus: Tractatus de hereticis et sortilegiis omnifariam coitu eorumque penis, London 1536

Grimm, Heinrich: Die deutschen Teufelsbücher des 16. Jh.; Ihre Rolle im Buchwesen und ihre Bedeutung; Archiv Geschichte Buchwesen 2, 1960

Gröne, H.: Tetzel und Luther oder Lebensgeschichte und Rechtfertigung des Ablaßpredigers und Inquisitors Dr. Johann Tetzel, 1860

Gross, Chr.: Christlicher Bericht von und wider Zauberey, was solche schröckliche Sünde sey, wo sie herkommen, und wie man in allen Ständen derselben steuren und wehren könne und solle; auss Gottes Wort verfasset und Herfür gegeben, Kolberg 1661

Grossmann, Eberhard: Beitrag zur psychlogischen Analyse der Persönlichkeit Dr. Martin Luthers; Monatsschrift für Psychiatrie und Neurologie 132, 1956

Grote, Frh.C.: Ortia Lindemann: oder der Zaubereiprozess zu Egeln 1612; mit Benutzung geschichtlicher Quellen bearbeitet, Osterwieck a.H. 1877

Grousset, René: Das Heldenlied der Kreuzzüge, Stuttgart 1951

Gründlicher Bericht/Ob Zauberey die ärgste und grewlichste Sünd auf Erden sey; zum andern/ob die Zauberer noch Buß thun/und selig werden mögen, Würzburg 1627

Grünther, Ralf Achim: Was ist wahres an Hexensalben? In: Gehlen, Rolf/Wolf, Bernd, Hrsg.: Der gläserne Zaun; Aufsätze zu Hans Pater Duerrs Traumzeit, Frankfurt a.M. 1625

Grützmann, L.: Pachomius und das älteste Klosterleben, 1896

Grundling, N.H.: Gründliche Abfertigung der unpartheiischen Gedanken eines ungenannten Auctoris, die er von der Lehre De crimen magiae des hochberühmten Herrn D. Christian Thomasii, neulichst heraus gegeben, Franfurt a.M. 1701-03

Grundmann, Herbert: Die Frauen und die Literatur im Mittelalter; Ein Beitrag zur Frage nach der Entstehung des Schrifttums in der Volkssprache; Archiv für Kulturgeschichte, 26, S. 129-161, 1936

Grundmann, Herbert: Religiöse Bewegungen im Mittelalter; Untersuchungen über die geschichtlichen Zusammenhänge zwischen der Ketzerei, den Bettelorden und der religiösen Frauenbewegung im 12. und 13. Jh. und über die geschichtlichen Grundlagen der deutsche Mystik, Berlin 1970

Grundmann, Peter: Ketzergeschichten des Mittelalters; In: Die Kirche in ihrer Geschichte, Band 2, G 1, Göttingen 1967

Grundmann, W.: Jesus der Galiläer und das Judentum, 1940

Grunewald, Matthias: Der Notenwechsel zwischen dem Heiligen Stuhl und der Regierung, Mainz 1956

Grupp, G.: Kulturgeschichte des Mittelalters, 2 Bände, 1907

Gryhiander, Johann: De Weichbildnis Saxonicis, sive colossis Rulandinis urbium quarundam Saxonicarum, commentarius histor-iur., Frankfurt a.M. 1625

Guardini, R.: Von heiligen Zeichen, 1927

Günther, G.: Historica cleromagniae ad concilium usque Nicaeneum, Leipzig 1701

Günther, Ludwig: Ein Hexenprozeß; Ein Kapitel aus der Geschichte des dunkelsten Aberglaubens; Archiv für Kriminal-Anthropologie und Kriminalistik, 19, S. 298-356, Leipzig 1905

Günther: Ein westdeutscher Hexenprozeß aus dem Jahre 1648; In: Mitteilungen des westpreußischen Geschichtsverein, 1. Jg, Danzig 1902

Günthert, J.E. von: Agnes; Eine Hexengeschichte aus dem 16. Jh., Stuttgart 1887

Guggenberger, Alfred: Die Templer im Wandel der Zeit, Augsburg 1977

Guggenheim: Geschichte der Jesuiten bis zur Aufhebung ihres Ordens 1540-1773, Frankfurt a.M. 1847

Guha, A.A.: Sexualität und Pornographie, 1971

Guignebert, J.: Gesú, Turin 1950

Guillemain, B.: La Cour Pontificale d'Avignon 1309-76, Paris 1966

Gundolf, Hubert: Massenmord, München 1981

Gurian, W.: Der Kampf um die Kirche im Dritten Reich, Luzern 1936

Gury-Ballerini (SJ): Compenidum theologiae moralis, Rom 1882

Gury: Casus conscientiae, Regensburg 1865

Gury: Compendium theol. moralis, Regensburg 1868 und 1890

Guzmann, Fr. von: De sacris Ministris Altaris & coelibatu, Venedig 1569

H

Haack, Friedrich Wilhelm: Aberglaube, Magie, Zauberei; 2. Auflage, Münchener Reihe, München 1979

Haack, Friedrich Wilhelm: Astrologie; 4. Auflage, Münchener Reihe, München 1982

Haack, Friedrich Wilhelm: Psi Parapsychologie; 3. Auflage, Münchener Reihe, München 1979

Haaf, Ernst: Hexenwahn in Afrika; In: Bild der Wissenschaft, 71. Jg., Heft 6

Haag, H.: Biblische Schöpfungslehre und kirchliche Erbsündenlehre; Katholisches Bibelwerk, 1966

Haag, H.: Vor dem Bösen ratlos? München 1978

Haag, Herbert: Teufelsglaube, Tübingen 1974, 2. Auflage 1980

Haan, J.: Von Hexen und wildem Gejäg; Mit mittelalterlichen Holzschnitten und Kupferstichen sowie Zeichnungen ... Luxemburg 1971

Haas, A.: Aus pommerschen Hexenprozeßakten; Ein Beitrag zur Geschichte des pommerschen Volksglaubens; Programm des Städtischen Schiller-Realgymnasiums, Stettin 1896

Haas, Carl: Die Hexenprozesse; Ein culturhistorischer Versuch nebst Dokumenten, Tübingen 1865

Hacker, F.X.: Die Hexenrichter von Würzburg; Historische Novelle von Seeburg (Pseud.), 3. Auflage, Regensburg 1894

Hader, M.: Zauber-, Hexen- und Gespensterglaube im Frankenwald; Heimatbilder aus Oberfranken; In: Volkskundliche Vierteljahreszeitschrift, 1. Jg. 4. Heft, 1913

Hämmerle, Georg: Aus der Geschichte der Stadt Saulgau, Band 1: Die Saulgauer Hexenprozesse, o.J.

Häring, B.: Das Gesetz Christi; Moraltheologie; Dargestellt für Priester und Laien, 3. Band, 7. Auflage, 1963

Hagenbuch, K.R.: Die Baseler Hexenprozesse im 16. und 17. Jh.; Einladungsschrift zu der Rede des zeit. Rector magn., Basel 1840

Hagenmeyer, Heinrich: Die Kreuzzugsbriefe aus den Jahren 1088-1100; Eine Quellensammlung zur Geschichte des Ersten Kreuzzuges, Innsbruck 1901

Hagenmeyer, Heinrich: Peter der Eremite; Ein kritischer Beitrag zur Geschichte des Ersten Kreuzzuges, Leipzig 1879

Hagspiel, Gereon H.: Die Führerpersönlichkeit im Kreuzzug, Zürich 1963

Hahn, L.: Geschichte des Kulturkampfes in Preußen, Berlin 1881

Haidacher, A.: Geschichte der Päpste in Bildern, Heidelberg 1965

Haining, Peter: An illustrated History of Witchcraft, 1975

Haining, Peter: Wahn und Wirklichkeit in Mittelalter und Gegenwart, Oldenburg 1977

Haisch, Erich O.: Psychiatrische Aspekte der Hexenprozesse; In: Massenwahn in Geschichte und Gegenwart; Ein Tagungsbericht, Stuttgart 1965

Hall, Karl Alfred: Die Lehre vom Corpus delicti; Eine dogmatische Quellenexegese zur Theorie des gemeinen deutschen Inquisitionsprozesses, Stuttgart 1933

Haller, J.: Geschichte der Päpste, Darmstadt 1962

Haller, J.: Das Papsttum; Idee und Wirklichkeit; Erstausgabe, 3 Bände, Stuttgart 1934-45; Nachdruck 5 Bände, München 1965

Hamer, St.: Eine erschröckliche Geschicht vom Tewel und einer Unhulden, beschehen zu Schilta bey Rotweil in der Karwochen, Jahr 1533 (?)

Hammer, J.: Als Jesus lebte, 1943

Hammers, A.J.: Parapsychologie und Theologie; Europäische Hochschulschriften, Reihe XXIII, Band 47, Bern/Frankfurt a.M. 1975

Hammers, A.J./Rosin, U.: Die Parapsychologie im Urteil deutscher Theologen

Hammers, A.J./Rosin, U.: Fragen über den Teufel; In: Bauer, E., Hrsg.: Psi und Psyche, Stuttgart 1974

Hammerstein, von (SJ): Kirche und Staat, Freiburg i.Br. 1883

Hampp, Irmgard: Beschwörung, Segen, Gebet; Untersuchungen zum Zauberspruch im Bereich der Volksheilkunde, Stuttgart 1961

Hane, Ph.Fr.: Leben und Thaten Ignatii Lojolae, berühmten Stifters des Jesuitenordens, nebst einer Vorrede Erdmann Neumeisters, Rostock 1721

Hansen, Josef: Die Kontroverse über den Hexenhammer und seine Kölner Approbation vom Jahre 1487; In: Westdeutsche Zeitschrift für Geschichte und Kunst, 27, S. 366, Trier 1908

Hansen, Josef: Heinrich Institoris, der Verfasser des Hexenhammers und seine Tätigkeit an der Mosel im Jahre 1488; In: Westdeutsche Zeitschrift für Geschichte und Kunst 26, S. 110, Trier 1907

Hansen, Josef: Quellen und Untersuchungen zur Geschichte des Hexenwesens und der Hexenverfolgung im Mittelalter; Mit einer Untersuchung zur Geschichte des Wortes Hexe von Johann Franck, Bonn 1901, Neudruck 1963

Hansen, Josef: Zauberwahn, Inquisition und Hexenprozeß im Mittelalter und die Entstehung der großen Hexenverfolgung, Leipzig/München 1900

Hansen, Joseph: Der Hexenhammer, seine Bedeutung und die gefälschte Kölner Approbation vom Jahre 1487; In: Westdeutsche Zeitschrift für Geschichte und Kunst 26, S. 372, Trier 1907

Hansen, Joseph: Der Malleus Maleficarum, seine Drucklegung und die gefälschte Kölner Approbation vom Jahre 1487; In: Westdeutsche Zeitschrift für Geschichte und Kunst 17, S. 119, Leipzig und München 1900

Harbach, L.: Gründtlicher Bericht, die von Hexerey und Zauberey zu dieser Zeit, sehr nothwendige drei Hauptfragen betreffend ... 1630

Hardt, Hermann von der: Von Gesichtern und Offenbarungen, 1692

Hardy, A.: Der Mensch - das betende Tier; Religiosität als Faktor der Evolution, Stuttgart 1979

Harenberg, J.Chr.: Phragmatische Geschichte des Ordens der Jesuiten seit ihrem Ursprunge bis auf die gegenwärtige Zeit, 2 Bände, Halle 1760

Harnack, A. von: Das Wesen des Christentums, 1900

Harnack, A. von: Das Mönchtum, seine Ideale und seine Geschichte, 3. Auflage, 1886

Harnack, Th.: Der Kampf gegen die Dämonen; In: Die Mission und Ausbreitung des Christentums in den ersten drei Jahrhunderten, Berlin 1915

Hartlaub, F.G.: Hans Baldungs Hexenbilder, 1961

Hartmann, Wilhelm: Die Hexenprozesse in der Stadt Hildesheim; Quellen und Darstellungen zur Geschichte Niedersachsens, 35. Band, Hildesheim/Leipzig 1927

Hase, Karl von: Handbuch der protestantischen Polemik, Jena 1878

Hasenmüller, E.: Historia Jesuitarii Ordinis; Das ist: gründliche und ausführliche Beschreibung des jesuitischen Ordens und ihrer Soceität; ins Teutsche gebracht durch Melchior Leorinum, Frankfurt a.M. 1594

Hasler, August Bernhard: Wie der Papst unfehlbar wurde; Macht und Ohnmacht eines Dogmas; Mit einem Geleitwort von Hans Küng, München 1979

Haßler, G. von: Rätselhaftes Wissen, 1977

Hauber, Eberhard David: Bibliothca, Acta et scripta magica und Urtheile von solchen Büchern und Handlungen, Lemgo 1736-1741

Hauck, F.: Das Evangelium des Markus, 1931

Hauck, Friedrich, Hrsg.: Theologisches Fach- und Fremdwörterbuch, Göttingen 1950 und 1967

Hauschild, Thomas/Staschen, Heide/Troschke, Regina: Hexen; Ausstellungskatalog, Hamburg 1979

Hauschild, Thomas: Die alten und die neuen Hexen; Die Geschichte der Frauen auf der Grenze, München 1987

Hauschild, Thomas: Johann Kruses Beitrag zur Erforschung des neuzeitlichen Hexenglaubens; Mitteilungen aus dem Museum für Völkerkunde, NF, Band X, S. 139, Hamburg

Hausrath, Adolf: Der Ketzermeister Konrad von Marburg, Heidelberg 1861

Hauth, Rüdiger: Vereinigungskirche; Tong-Il Kyo im Angriff; 6. Auflage, Münchener Reihe, München 1981

Havemann, Elisabeth: Die Frau der Renaissance, Berlin 1927

Hays, H.R.: Mythos Frau; Das gefährliche Geschlecht, 1969

Hebel, Johann Peter: Biblische Geschichten, Zürich 1981

Hecker, J.F.K.: Die Tanzwut, eine Volkskrankheit des Mittelalters, Berlin 1832

Hecker, J.F.K.: Volkskrankheiten des Mittelalters, 1865

Heer, F.: Abschied von Höllen und Himmeln, München/Esslingen 1970

Heer, F.: Der Glaube Adolf Hitlers, 1968

Heer, F.: Die dritte Kraft, Frankfurt a.M. 1959

Heer, F.: Gottes erste Liebe; 2000 Jahre Judentum und Christentum; Genesis des österreichischen Katholiken Adolf Hitler, Frankfurt a.M./Berlin (1967) 1986

Heer, F.: Sieben Kapitel aus der Geschichte des Schreckens, Zürich 1946

Heer, Friedrich: Kreuzzüge; Gestern, Heute, Morgen? Luzern/ Frankfurt a.M. 1969

Hefel, Leclerc H.: Historie des Concils, 8 Bände, Paris 1907-21

Hefele, C.J.: Die Entwicklung des Zölibates und die kirchliche Gesetzgebung über denselben, sowohl bei den Griechen als bei den Lateinern; In: Beiträge zur Kirchengeschichte I, Tübingen 1864

Hegler, August: Die praktische Tätigkeit der Juristenfakultäten des 17. und 18. Jh. in ihrem Einfluß auf die Entwicklung des deutschen Strafrechts von Carpzovan, Freiburg i.Br. 1899; zugleich Jur. Diss. Tübingen 1899

Heiber, Helmut: Hitlers Lagebesprechungen, Stuttgart 1962

Heid, Gertraud: Die Darstellung der Hölle in der deutschen Literatur des ausgehenden Mittelalters; Ungedruckte Phil. Diss., Wien 1957

Heidel, A.: The Babylonien Genesis; The Story of the Creation, 1951

Heigl, Ferdinand: Der Hexenglaube; Ein Rückblick als Perspektive für die Spiritisten unserer Zeit, 2. Auflage, Hamburg 1899

Heikbauer, Joachim: Hexen-Graphiken aus sechs Jahrhunderten, Nauheim 1964

Heiler, F.: Alfred Loisy, der Vater des katholischen Modernismus, München 1947

Heiler, F.: Altkirchliche Autonomie und päpstlicher Zentralismus, München 1941

Heiler, F.: Erscheinungsformen und Wesen der Religionen, 1916

Heilmann, Karl Eugen: Kräuterbücher in Bild und Geschichte, München 1964

Heimbucher, Max: Die Orden und Kongregationen der katholischen Kirche, Paderborn 1933

Heinemann, Franz: Der Richter und die Rechtsgelehrten, Leipzig 1900

Heinemann, Franz: Inquisition, Intoleranz, Exkommunikation, Index, Zensur, Sektenwesen, Hexenwahn und Hexenprozesse; Rechtsanschauungen, Bern 1908-09

Heinsohn, Gunnar/Steiger, Otto: Die Vernichtung der weisen Frauen; Beiträge zur Theorie und Geschichte von Bevölkerung und Kindheit, Herbstein 1985

Heisterbach, Caesarius von: Dialogus magnus visionum et miraculorum, Hrsg. von Strange, 1851

Heisterbach, Caesarius von: Dialogus miraculorum, VIII libri miraculorum

Helbing, Franz: Die Tortur; Geschichte der Folter im Kriminalverfahren aller Völker und Zeiten; Band 1: Vom Altertum bis zur Reformation; Band 2: Von der Reformation bis zur Gegenwart, Berlin 1902

Held, Hch.: Artikel Hexen in M. Buchbergers Lexikon für Theologie und Kirche, V. Band, 1933

Hellwig, Albert: Ein moderner Hexenprozeß in Posen; In: Mitteilungen der Schlesischen Gesellschaft für Volkskunde, XII. Band, Breslau 1910

Henne am Rhyn, Otto: Die Kreuzzüge und die Kultur ihrer Zeit, Leipzig 1884

Henne am Rhyn, Der: Teufels- und Hexenglaube, seine Entwicklung, seine Herrschaft und sein Sturz, Leipzig 1892

Hennen, G.: Ein Hexenprozeß aus der Umgebung von Trier aus dem Jahre 1572; Ein Beitrag zur Kulturgeschichte des Mosellandes, St. Wendel 1887

Henrici, J.: Hochwichtiger Rathschlag und Bedenken von Hintertreibung der blutdürstigen gefährlichen Anschläge der Jesuiten, Frankfurt a.M. 1632

Henrion, M.R.A.: Allgemeine Geschichte der Mönchsorden, Dt. 1845

Henß, K.: Ein Beitrag zur Geschichte der Hexenprozesse; In: Unterhaltungsbeilage der Hanauer Zeitung, Hanau 1902

Hentig, Hans von: Die Strafe, Band 1, 2, Heidelberg 1954

Hentig, Hans von: Über das Indiz der Tränenlosigkeit im Hexenprozeß, Schweizerische Zeitschrift für Strafrecht 48, Bern 1934

Her: Ein Hexenprozeß zu Schongau vom Jahre 1587; Aus den Originalacten geschichtlich dargestellt von Rat Her, München 1849

Herbig, R.: Pan, der griechische Bocksgott, 1949

Hermann, E.: Die Hexen von Baden-Baden; Nach den Original-Akten des allgemeinen großherzoglichen Landes-Archives in Karlsruhe, 1890

Hermann, F.: Symbolik der Religionen der Naturvölker, 1961

Hermann, H.: Ein unmoralisches Verhältnis, Düsseldorf 1974

Hermann, H.: Papst Wojtyla; Der heilige Narr, 1983

Hermann, K.J.: Das Tuskulanerpapsttum; In: Päpste und Papsttum, Stuttgart 1973

Hermann, L.: Hexenprozesse aus der ehemaligen Cent Spessart und Bachgau (aus aktenmäßigen Urkunden gezogen); In: Erheiterungen, Bellestristisches Beiblatt zur Aschaffenburger Zeitung Nr. 11 bis 32, vom 12.1. bis 6.2.1866

Hermann, P.: Condition de petre; Mariage ou celibat, Paris 1963

Hernegger, R.: Macht ohne Auftrag, Olten/Freiburg 1963

Herrmann, H.: Die Kirche und unser Geld; Daten, Tatsachen, Hintergründe, Hamburg 1990

Herrmann, Horst: Ketzer in Deutschland, München 1978

Herter, H.: Böse Dämonen im griechischen Volksglauben; Rheinisches Jahrbuch für Volkskunde, 1, 1950

Hertz, Wilhelm: Der Werwolf, 1862

Herzog-Haucksches Realenzyklopädie für protestantische Theologie

Herzog: Hexe, Hexerei, Leipzig 1830

Hesse, W.: Ueber einen Hexenprozeß in Mönchen-Gladbach; In: Rheinische Geschichtsblätter, 3. Jg. Nr. 8, Bonn 1897

Hessler, M.: Verhörprotokoll über einen der Hexerei Angeklagten, Frötstedt, den 27. July 1680; In: Aus der Heimat; Blätter der Vereinigung für Gothaische Geschichte und Altertumsforschung, 1. Jg. Nr. 3, Gotha 1897

Heßler, Hans Wolfgang, Hrsg.: Protestanten und ihre Kirche, München 1976

Heuser, K.W.: Hexenglaube und Hexenverfolgung; Geistliche Voraussetzung und geschichtlicher Verlauf; Bergischer Geschichtsverein, Remscheid 1976

Heussi, K.: Kompendium der Kirchengeschichte, Tübingen 1960

Heussi, K.: War Petrus in Rom? Gotha/Stuttgart/Göttingen 1936

Heussi, K.: War Petrus wirklich ein römischer Märtyrer? Stuttgart/Göttingen 1937

Hexen - Ausstellungskatalog des Stadtmuseums Erlangen, 1985

Hexen und Hexenprozesse; Zur Geschichte des Aberglaubens und des inquisitorischen Prozesses, 1855

Hexen, Hexenwahn und Hexenverfolgung in und um Schwäbisch Hall - Ausstellungskatalog des Hällisch-Fränkischen Museums 18.6.-7.8.1988, Schwäbisch Hall

Hexen-Büchlein, das ist Ware entdeckung vnd erkärung oder Declaration fürnämlicher Artikel der Zauberey und was von Zauberern, Unholden, Hengsten, Nachtschaden etc. zu halten sei; Allen Vögten, Schultheißen etc. nützlich zu lesen: Ettwann durch - Jac. Feryherrn von Lichtenberg - erfahren und jetzt durch einen gelehrten Doctor beschrieben; S. 4

Hexenbrände und Hexenprozesse unter der Regierung Philipp von Ehrenberg 1623-31; In: Frankenwarte Nr. 22/23, 1973

Hexenprozesse aus dem Steinthal, 107-1675, Elsaß (?)

Hexenprozesse zu Cösnitz in Sachsen vom Jahre 1657; Aus den in der Registratur zu Cösnitz noch befindlichen Original-Aken; In: Staats-Anzeigen, IV. Band, 15. Heft, Göttingen 1784

Hexenturm wird 500 Jahre alt; In: Studier mal Marburg, 2. Teile, 3. Jg., Mai/Juni 1978

Hexenwelten: Magie und Imagination vom 16.-20. Jh.; Begleitband zu einer Ausstellung der Staatsgalerie Saarbrücken, 1987

Hiem, K.: Jesus, der Herr

Hieronymus: Ausgewählte historische, homiletische und dogmatische Schriften, 1914

Hieronymus: De viris illustribus - Berühmte Männer

Hietmüller, W.: Im Namen Jesus, 1903

Hilgenfeld, A.: Die Ketzergeschichte des Urchristentums, Darmstadt 1966

Hiller, Helmut: Lexikon des Aberglaubens, 1986

Hilpisch, St.: Die Doppelklöster; Entstehung und Organisation, 1928

Hinschius, P.: Die Orden und Kongregationen der katholischen Kirche in Preußen, 1874

His, Rudolf: Geschichte des deutschen Strafrechts bis zur Carolina; Handbuch der mittelalterlichen und neueren Geschichte, Abt. 3, München/Berlin 1928

Historie der Magdalaine Bavent ... Religieuses du Monastere de Saint Louis de Louviers, Paris 1762

Historische Nachricht vom Blocksberge und der Hexenzusammenkunft auf demselben, Braunschweig 1726

Historische Notizen ... über die Besetzung der bischöflichen Stühle, Heidelberg 1821

Hitler, Adolf: Mein Kampf, München 1934

Hoensbroech, Graf Paul von: Das Papsttum in seiner sozialkulturellen Wirksamkeit; Band 1: Inquisition, Aberglaube, Teufelsspuk und Hexenwahn, Leipzig 1900

Hoensbroech, Graf Paul von: Der Jesuitenorden, Bern 1926

Höfler, Max: Deutsches Krankheitsnamen-Buch, München 1899

Höhn, W.: Hexenprozesse in den hennebergischen Ämter Schleusingen, Suhl und Ilmenau; In: Schriften des Hennebergischen Geschichtsvereins, 4. Jg., 1911

Hölscher, O.: Friedrich Spee von Langenfeld; Sein Leben und seine Schriften, Düsseldorf 1871

Hörmann, K.: Lexikon der christlichen Moral, 1969

Hörningk, L.V.: Von der Pestilenz; Namen, Eigenschaft, Ursachen, Zeichen, usw., Frankfurt a.M. 1644

Hössli, H.: Hexenprocess und Glauben, Pfaffen und Teufel; Als Beitrag zur Sitten- und Kulturgeschichte der Jahrhunderte, Leipzig 1892

Hoffmann, Birgit: Die Hexenverfolgung in Schleswig-Holstein zwischen Reformation und Aufklärung; In: Schriften des Vereins für Schleswig-Holsteinische Kirchengeschichte, II. Reihe, Beiträge und Mitteilungen, 34./35. Band, S. 110-72, 1978/79

Hoffmann, W.: Der Hexen- und Besessenheitsglaube im 15. und 16. Jh. im Spiegel des Psychiaters, Greifswald 1935

Hoffmann-Krayer, E.: Ein Zauberprozeß in Basel 1719; In: Luzerner Akten zum Hexen- und Zauberwesen; In: Schweizerisches Archiv für Volkskunde, 3. Jg., Zürich 1898

Hoffmann-Krayer, E.: Luzerner Akten zum Hexen- und Zauberwesen; In: Schweizerisches Archiv für Volkskunde, 2. Jg. 4. Heft, Zürich 1898

Hofmann, M.F.G.: Lebensbeschreibung des Ablaßpredigers D. Johann Tezel, 1844

Hohlfeld, Johannes, Hrsg.: Deutsche Reichsgeschichte in Dokumenten, 1848-1934, 3. Auflage, Berlin 1934

Holl, Adolf: Jesus in schlechter Gesellschaft, 3. Auflage, 1971

Holl, Adolf: Wo Gott wohnt; Die Geschichte einer langen Bekanntschaft, Frankfurt a.M./Berlin/Wien 1976

Holl, Alfred: Tod und Teufel, Stuttgart 1973

Holroyd, Stuart: Traumwelten; Die Welt des Übersinnlichen, Frankfurt a.M./Berlin Wien 1979

Holroyd, Stuart: Zaubersprüche und Zahlenmagie; Die Welt des Übersinnlichen, Frankfurt a.M./Berlin/Wien 1978

Holtzendorff, Franz von: Der Priester-Zölibat; In: Deutsche Zeit und Streitfragen, Flugschriften zur Kenntnis der Gegenwart, Jg. IV, Heft 63, Berlin 1875

Holtzmann, D.: Die synoptischen Evangelien und ihr geschichtlicher Charakter, 1863

Holtzmann, O.: War Jesus Estatiker? 1908

Holtzmann, R.: Zum Attentat von Anagni; In: Festschrift für A. Brackmann, S. 492, Weimar 1931

Holtzmann: Lehrbuch der historisch-kritischen Einleitung in das Neue Testament, 1885

Holzinger, J.B.: Zur Naturgeschichte der Hexen; Vortrag, gehalten in der Jahresversammlung des naturwissenschaftlichen Vereins für die Steiermark, 16.12.1882

Hommel, J.: Umkämpfter Glaube; Ein Beitrag zur Religionsphilosophie, 1971

Honegger, Claudia, Hrsg.: Schrift und Materie der Geschichte; Vorschläge zur systematischen Aneignung historischer Prozesse, Frankfurt a.M. 1977

Honselmann, Klement: Friedrich von Spee und die Drucklegung seiner Mahnschrift gegen die Hexenprozesse; In: Westfälische Zeitschrift 113, S. 427-54, 1963

Hophan, O.: Die Engel, Luzern 1958

Horna, R.: Zwei Hexenprozesse in Preßburg, Preßburg 1933

Horneffer, A.: Der Priester, seine Vergangenheit und Zukunft, 2 Bände, 1912

Horst, G.C.: Dämonolgie, oder Geschichte des Glaubens an Zauberei und dämonische Wunder, mit besonderer Berücksichtigung des Hexenprozesses seit den Zeiten Innocentius des Achten; Nebst einer ausführlichen, nach Inquisitionsacten bearbeiteten Beschreibung des Hexenthurms zu Lindheim in der Wetterau, Mit Kupfern, Frankfurt a.M. 1818

Horst, G.C.: Zauber-Bibliothek; oder, Von Zauberei, Theurgie und Mantik, Zauberern, Hexen und Hexenprozessen, Dämonen, Gespenstern, und Geistererscheinungen; Zur Beförderung einer rein geschichtlichen, von Aberglauben und Unglauben freien Beurtheilung dieser Gegenstände, Mainz 1826

Hory-Broszat, V.: Der kroatische Ustascha-Staat

Hospiniani, R.: Historia Jesuitica, sive de origine, regulis, constuonibus, privilegiie, incrementiis, progressu et progantione Ordinis Jesuitarum, Tiguri 1619

Hossmann, Abraham: De tornitur & tempestate, das ist: Nothwendiger Bericht, von Donnern und Hagel-Wettern, wanen vnd woher sich die selben verursachen, ob sie natürlich: Item, ob Teuffel vnd Zäuberer auch Wetter machen können ... Leipzig 1612

Housse, D.: Die Faustsage und der historische Faust, Luxemburg 1862

Hülsen, Hans von: Tragödie der Ritterorden; Templer, Deutsche Herren, Malteser, München o.J. (nach 1945)

Hümmeler, H.: Helden und Heilige; Die Geschichte ihres wahren Lebens; Dargestellt für jeden Tag des Jahres, 1979

Hults, Linda: Baldungs bewitched Groom revisited; In: Sixteenth Century Journal, XV, 33, S. 259 ff, 1984

Humann, A.: Herzog Johann Casimirs von Sachsen-Coburg Gerichts-Ordnung die Hexerei betreffend vom 21.2.1629; In: Schriften zur Sachsen-Meiningensche Geschichte und Landeskunde, Hildburghausen 1898

Humborg, L.: Die Hexenprozesse der Stadt Münster; Ein Beitrag zur Kulturgeschichte, Münster i.W. 1914

Hunke, Sigrid: Glaube und Wissen, 1979

Hutchinson, Francois: An historical Essay concerning Witchcraft, London 1718

Hutten, Kurt: Die Glaubenswelt des Sektierers; Anspruch und Tragödie, Hamburg 1962

Huxley, Aldous: Der Teufel von Loudon; Studie über Massenwahn, Exorzismus und Totalitarismus, 1978

Huxley, Aldous: Heaven and Hell, London 1955

I

Iersel, B.M. von: Jezus, Duivel en Demonea, in Engelen en Duivels, Annalen van het Thijmgenootschap, April 1968

Ilges-Schmid: Hochverrat des Zentrums am Rhein, Berlin 1934

Imagines Praepositorum Generalium Societatis Jesu delinaetae et areis formis expressae ab Anroldo van Westberbout, additia perbrevi uniuscjusque vitae descitione a Nic. Galeotti; Editio secunda auctios et emendatior, Rom 1751

Institoris, Heinrich/Sprenger, Jacob: Der Hexenhammer; Nachdruck der deutschen Übersetzung des Malleus Maleficarum; zum ersten Male ins Deutsche übertragen und eingeleitet von J.W.R. Schmidt, 1906; Neuausgaben des Malleus und des Kelheimer Hammers, 1974, 3. Auflage, München 1983

Isaac, Jules: The Teaching of Contempt: The Christian Roots of Antisemitism

J

Jacobs I. Königs von England Rede, die er anno 1605 im Parlament gehalten; Beschreibung der wider ihn angestellten Verrätherei, Hamburg 1606

Jacobs, W.: Ursprung, Ausbildung und Ende der Hexenprozesse; In: Annalen der deutschen und ausländischen Criminal-Rechtspflege, Berlin 1843

Jäger, F.A.: Geschichte des Hexenbrennens in Franken im 17. Jh.; Aus Original-Prozess-Akten; Archiv des historischen Vereins, 2. Band, 3. Heft, Würzburg 1834

Jäger, K.: Die Hexenverfolgungen im Amte Homburg; Auf Grund der Akten aus dem Staatsarchiv zu Wiesbaden, 1931

Jahn, Ulrich: Hexenwesen und Zauberei in Pommern, Breslau 1886

Jam: Die katholische Kirche als Gefahr für den Staat, Leipzig 1936

James, I.: Demonologie, Edinburgh 1597

Jansen, Johannes/Pastor, Ludwig: Geschichte des deutschen Volkes seit dem Ausgang des Mittelalters, Band VI.-VIII., 14. Auflage, Freiburg i.Br. 1903

Jansen, M.: Papst Bonifazius IX. und seine Beziehungen zur deutschen Kirche, 1904

Janssen, J.: Geschichte des deutschen Volkes seit dem Ausgang des Mittelalters

Jaquerius, Nicolaus: Flagellum Haereticorum Fascinariorum, Frankfurt a.M. 1581

Jaracewsky, A.: Zur Geschichte der Hexenprozesse in Erfurt und Umgebung; Ein Beitrag zur Culturgeschichte des 17. Jh., Erfurt 1876

Jedin, H.: Geschichte des Konzils von Trient, Freiburg i.Br.

Jellinek, Adolph, Hrsg.: Zur Geschichte der Kreuzzüge nach handschriftlichen hebräischen Quellen, Leipzig 1864

Jellinek, Adolph: Beiträge zur Geschichte der Kabbala, 1851

Jens, W., Hrsg.: Warum ich Christ bin, München 1979

Jens, W.: Das A und O; Die Offenbarung des Johannes, 3. Auflage, Stuttgart 1988

Jeremias, J.: Jerusalem zur Zeit Jesu, Göttingen 1958

Jeremias, J.: Unbekannte Jesusworte, 1963

Jesuitenmoral; Ein Album für Freunde der frommen Väter; Zusammengestellt nach mehr als 300 Stellen aus jesuitischen Kasuisten, Leipzig 1854

Jesuiter vorhabender Gesang und noch andauernder Klag; Durch eine unpassionierte Röm. Cathol. Ordensperson in Italienischer Sprache geschrieben, jetzo ins Deutsche übersetzt, 1620

Jesuiter-Spiegel darin der Jesuiter Antichristlicher Lehr und blutgieriger Geist, aus ihren eigenen Schriften zu erkennen, und wird zugleich die jesuitische Apologia an König von Frankreich, wie auch Conrad Vötters Antwort wider den unschuldigen Luther und des Maynhofers Prädicanten Spiegel, alles unterschiedlich angefertigt, 1601

Jesuitische Practiken, das ist: Gründlicher Bericht über allerley heimlichen verborgenen Händeln, Practiken und abscheulichen Thaten der Jesuiten; Aus dem latein an den Tag gegeben durch Liborum Longinum Tirolensium, Frankfurt a.M. 1633

Jesuitischer Vogelheerd oder Erläuterung der Frage: ob christlich-evangelische Eltern mit guten und unverletzten Gewissen ihre Kinder den Jesuitern zu unterweisen übergeben können? Warnemünde 1663

Joesten, Josef: Zur Geschichte der Hexen und Juden in Bonn; Eine kulturhistorische Studie, Bonn 1900/01

Johnson, Eyvind: Träume von Rosen und Feuer; Schicksal eines mutigen Priesters z.Zt. der Hexenprozesse und Inquisition in Frankreich

Jonas, J.: Defensio conigio sacerdotali wider Johann Faber, Württemberg 1523

Jone, H.: Katholische Moraltheologie, 15. Auflage, 1953

Jong, H.W.M. de: Doemonische Ziekten in Babylon en Bijbel, 1959

Jordan-Simon: Die heutige Hexerei- und Zauberkunst, Frankfurt a.M./Leipzig 1766

Jordaneus, Johannes: Disputatio brevis et categorica de proba Stigmatica, Köln 1630

Juhl, E.: Im Ringen mit Satans Reich, 1926

Jungnitz, I.: Materialien zur Exorzistenfrage - Fall Klingenberg, Bischöfliches Ordinariat, Mainz 1978

Junker, D.: Die deutsche Zentrumspartei und Hitler, Stuttgart 1969

K

Kämpfer, E.. Dummheit, Hexenwahn, Teufelsspuk und Religionsschwindel, München 1937

Kämpfer, P.J.: Hexen & Hexenprozesse in Wallis; nach bewährten Quellen bearbeitet und kritisch beleuchtet, Stans 1867

Kahl, J.: Christliche oder nachchristliche Erziehung? Eine Bilanz und eine Perspektive; In: Scherf, D. 1984

Kahl, J.: Das Elend des Christentums oder Plädoyer für eine Humanität ohne Gott, Hamburg 1969

Kahl, J.: Der Mißbrauch der Säuglingstaufe; Der manipulierte Glaube, 1971

Kaiser, A.: Giordano Bruno; In: Karlheinz Deschner: Das Christentum im Urteil seiner Gegner, 1. Band, 1969

Kaiser, B.: Geschichte des Volksschulwesens in Württemberg, 1885

Kalbfleisch, K.: Die Hexenprozesse in Gelnhausen; In: Unterhaltungsteil des Gelnhauser Tageblatts, Gelnhausen 1988

Kammeier, Wilhelm: Das mündliche Evangelium, 2. Heft

Kammeier, Wilhelm: Der einheitliche Ursprung der Evangelien, 4. Heft, 1942/43

Kammeier, Wilhelm: Der Kampf um den geschichtlichen Kern der Evangelien, 3. Heft, 1941

Kammeier, Wilhelm: Die handschriftlichen Überlieferungen im Neuen Testament, 1. Heft, 1939

Kant, Immanuel: Allgemeine Naturgeschichte und Theorie des Himmels, 1755

Kant, Immanuel: Die Religion innerhalb der Grenzen der bloßen Vernunft, 1793

Kant, Immanuel: Einzig möglicher Beweis einer Demonstration des Daseins Gottes, 1763

Kardiner, A.: Sex and Morality, New York 1954

Karpff: Warnung eines Jugendfreundes vor dem gefährlichsten Jugendfeind oder Belehrung über heimliche Sünden; Ihre Folgen, Heilung und Verhütung

Kasper, W./Lehmann, K., Hrsg.: Teufel, Dämonen, Besessenheit; Zur Wirklichkeit des Bösen, Mainz 1978

Kasper, W.: Das theologische Problem des Bösen, 1978

Kastein, J.: Eine Geschichte der Juden, Hamburg 1931

Katzer, J.: Ein Hexenprozeß in Gutenstein; In: Unsere Heimat, Monatsblatt für Niederösterreich, 41. Jg., 1970

Kaufmann, J.: Die Stellung der Kirche zu den Hexenprozessen im 17. Jh.; In: Mitteilungen des Westpreußischen Geschichtsvereins, 2. Jg., Danzig 1903

Kaufmann, W.: Der Glaube eines Ketzers, München 1965

Kausch, Fr.: Hexenglaube und Hexenprozesse in unserer Heimat; Ein Beitrag zur Geschichte der Provinz Sachsen und des Harzgebiets, Leipzig und Burg bei Magdeburg 1927

Kavanaugh, J.: A modern Priest looks in his Church, 1967 - Deutsch: Protest aus Liebe; Ein moderner Prediger klagt seine unzeitgemäße Kirche an, 1969

Keefe, O.Daniel: Stolen Lightning; The social Theory of Magic, Oxford 1921

Keller, A.: Die Moraltheologie des Jesuiten Pater Gury als Lehrbuch am Priesterseminar des Bistums Basel, 1869

Keller, E.: Les Congregation religieuses en France, 1880

Keller, H.: Reclams Lexikon der Heiligen und biblischen Gestalten, Stuttgart 1970

Keller, J.G.G.E.: Theologi ad Ludovicum XIII. Galliae etc. regem admonitio ...; Heidelberg 1575 und Augsburg 1625

Keller, K.: Bosheit und Wahnglaube: oder, der Hexenprozeß; Sittengemälde aus der Mitte des 17. Jh., Bunzlau 1831

Keller, Werner: Schrieb Gott die Bibel? In: Bunte 15, S. 54, 1986

Keller, Werner: Und die Bibel hat doch recht; Forscher beweisen die historische Wahrheit, 1960

Kemper, J.: Hexenwahn und Hexenprozesse in Deutschland, Regensburg 1908

Kempf, O.: Hexenprozesse in Amerika; In: Die Krit; Wochenschau des öffentlichen Lebens Nr. 16, Berlin 1895

Ken, H.: Jesus lebte in Indien, 1983/84

Kenyon, E.E.: De wonderbare Naam van Jezus, 1962

Kepel, G.: Die Rache Gottes; Radikale Moslems, Christen und Juden auf dem Vormarsch, München 1991

Kerényi, Karl: Die Mythologie der Griechen, Band 1: Die Götter- und Menschheitsgeschichten, 10. Auflage, München 1988

Keres, H.: Der Götterglaube im alten Ägypten, 1945

Kern, L.: Die Flagellanten; In: Festschrift G. Schnürer, 1930

Kern, O.: Über die Anfänge der hellenistischen Religion, Berlin 1902

Kerner, J.: Geschichten Besessener neuerer Zeit, 1834

Kerner, J.: Nachrichten von dem Vorkommen des Besessenseins, 1836

Kertelge, Kersten: Die Wunder Jesu im Markus-Evangelium; Eine redaktionsgeschichtliche Untersuchung, 1970

Kertelge, Kersten: Teufel, Dämonen, Exorzismen in biblischer Sicht, 1978

Ketter, P.: Christus und die Frauen, 1933

Keussen, H.: Zwei Hexenprozesse aus der Crefelder Gegend; In: Historischer Verein für den Niederrhein Nr. 63, Köln 1867

Keyser, G.A.: Uhuhu-, Hexen-, Gespenster-, Schatzgräber- und Erscheinungs-Geschichten, Erfurt 1785-92

Keysser: Über Loos: de vera et falsia magia; In: Zentralblatt für Bibliothekswesen, S. 445, 1888

Khaynach: Der Separatismus und die Karawane Lojolas, Düsseldorf 1935

Kiesling, Edith: Zauberei in den Germanischen Volksrechten; Beiträge zur mittelalterlichen, neueren und allgemeinen Geschichte, 17, Jena 1941

Kindliman, S.: Die Eroberung von Konstantinopel als politische Forderung des Westens im Hochmittelalter, Zürich 1969

King, Francis: Die Macht des Kosmos; Die Welt des Übersinnlichen, Frankfurt a.M./Berlin/Wien 1979

Kingston, Jeremy: Hexenzauber, Hexenwerk; Die Welt des Übersinnlichen, Frankfurt a.M./Berlin/Wien 1978

Kinsey, A.C.: Das seuxelle Verhalten des Mannes, 1970

Kinsey, A.C.: Das sexuelle Verhalten der Frau, 1970

Kircheisen, Friedrich M.: Napoleon, der Feldherr, Staatsmann und Mensch in seinen Werken, Stuttgart 1907

Kirchhoff, Th.: Beziehung des Dämonen- und Hexenwesens zur deutschen Irrenpflege; In: Allgemeine Zeitschrift für Psychiatrie und ihre Grenzgebiete, 44. Band, Berlin 1888

Kittel: Kurmainzische peinliche Hexeninquisition vom Jahr 1624; In: Anzeiger für Kunde der deutschen Vorzeit, Nr. 10/11, Nürnberg 1865

Kittredge, G.: Witchcraft in Old and New England, New York 1956

Klausner, J.: Jesus of Nazareth; Seine Zeit, sein Leben und seine Lehre, 3. Auflage, Jerusalem 1952

Klein, Herbert: Die ältesten Hexenprozesse im Lande Salzburg; Mitteilungen der Gesellschaft Salzburger Landeskunde 97, S. 17-50, 1957

Klein, Th.: Geschichte Jesu, 1876

Kleinpaul, R.: Modernes Hexenwesen, Leipzig 1900

Kleinwegener, Günter: Die Hexenprozesse von Lemgo, Diss. jur., Bonn 1954

Kléle: Hexenwahn und Hexenprozeß in Hagenau, Hagenau im Elsaß 1893

Klingner, Erich: Luther und der deutsche Volksaberglaube; Palaestra 56, Berlin 1912

Klostermann, E.: Das Markus-Evangelium, 4. Auflage, Tübingen 1950

Klug, Hermann: Katholische Kirchengeschichte; Kurzgefaßt für Schule und Haus, 7. Auflage, Jestetten 1972

Knaut, H.: Das Testament des Bösen, 3. Auflage, 1979

Kneubühler, H.P.: Die Überwindung von Hexenwahn und Hexenprozeß; Jur. Diss. der Rechts- und staatswissenschaftlichen Facultät Zürich, Diessenhofen 1977

Knoll, A.M.: Katholische Kirche und scholastisches Naturrecht; Zur Frage der Freiheit, 1962

Knortz, Karl: Hexen, Teufel und Blocksbergspuk in Sage, Geschichte und Literatur, Annaberg 1914

Kober, F.: Die körperliche Züchtigung als kirchliches Strafmittel gegen Kleriker und Mönche; Theologische Quartalsschrift, 1875

Kobold, Gelasius, Hrsg.: Hexerei, Zauberei, Wahrsagerei, Lotterie, Traum und Geisterspuk, Regensburg (?)   •

Koch, G.: Frauenfrage und Ketzertum im Mittelalter; Die Frauenbewegung im Rahmen des Katharismus und Waldensertums und ihre sozialen Wurzeln 12.-14. Jh., 1962

Koch, H.: Ad huc virgo; Mariens Jungfernschaft und Ehe in der altkirchlichen Überlieferung bis zum Ende des 4. Jh., Tübingen 1929

Koch, H.: Katholizismus und Jesuitismus, München 1913

Koch, K.E.: Besessenheit, 2. Auflage, Berghausen o.J.

Koch, K.E.: Der Okkultismus, 7. Auflage, Berghausen o.J.

Koch, K.E.: Der Spiritismus, 2. Auflage, Berghausen 1961

Koch, K.E.: Seeelsorge und Okkultismus, 7. Auflage, Berghausen o.J.

Koch, K.E.: Unter der Führung Jesu, Berghausen o.J.

Koch, Karl: Die Zeichnungen Hans Baldung Grien, Berlin 1941

Koch, Klaus: Das Buch der Bücher; Die Entstehungsgeschichte der Bibel, Berlin/Göttingen/Heidelberg 1963

Kodalle, K., Hrsg.: Gott und Politik in USA; Über den Einfluß des Religiösen; Eine Bestandsaufnahme, Frankfurt a.M. 1988

Köberle, A.: Die Welt des Übersinnlichen; Hindernisse, oder Hilfe auf dem Weg zum Glauben; In: Neue Zeitschrift für systematische Theologie und Religionsphilosophie, 1971

Koehler, F.: Geist und Wunder; Eine Auseinandersetzung zwischen Glaubenschaft und Wissenschaft, 1927

Köhler, K.: Luther und die Juristen, Gotha 1873

Köhler, O.: Bewußtseinsstörungen im Katholizismus, Frankfurt a.M., 1972

König, E.E.: Ausgeburten des Menschenwahns

Königer, A.M.: Der Hexenwahn in neuester Beleuchtung, Köln 1908

Königer, A.M.: Die Kirche und der Hexenwahn; In: Literatur-Beilage der Kölner Volkszeitung, Nr. 31, Köln 1907

Königl. Leib-Medici in Frankreich lesenswürdige Briefe an einige seiner Freunde, über die Materie und das Werk der Zauberey, den Übelthaten, so dadurch angestiftet werden, und von den Zauberern und Hexen insbesondere, worinnen er die wunderbarsten Würckungen, die man gemeiniglich den Teufeln zuschreibt, deutlich erkläret, und dabei zeiget, daß diese Geister oft nicht den geringsten Antheil daran haben ..., Leipzig 1727

Koenigswald, F.R. von: Begegnungen mit dem Vormenschen, 1955

Könnecke, M.: Zwei Hexenprozesse aus der Grafschaft Mansfeld; In: Mansfelder Blätter, 10. Jg., Eisleben 1896

Köppen, K.Fr.: Hexen und Hexenprozesse; Zur Geschichte des Aberglaubens und des inquisitorischen Prozesses, 2. Auflage, Leipzig 1858

Koetschau, P.: Des Origenes acht Bücher gegen Celsu; Bibliothek der Kirchenväter, Band 52 und 53, 1926/27

Köttling, B.: Der Zölibat in der alten Kirche; In: Schriften der Gesellschaft zur Förderung der Westfälischen Wilhelm-Universität, Heft 61, Münster i.W. 1988

Köttling, B.: Die Beurteilung der zweiten Ehe in Antike und Christentum, Diss., Bonn 1940

Kohler, Josef: Bodinus und die Hexenverfolgung; Archiv für Strafrecht und Strafprozeß 66, Berlin 1919

Kohler, Josef: Die Peinliche Gerichtsordnung Karls V.: Constitutio Criminalis Carolina, Halle 1900

Konstantin, Prinz von Bayern: Pius XII; Ein Helfer; Ein Lebensbild, Stein am Rhein

Krämer, W.: Kurtrierische Hexenprozesse im 16. und 17. Jh. vornehmlich an der unteren Mosel; Beitrag zur Kulturgeschichte, München 1959

Krafft, W.: Ausführliche Historie vom Exorzismus, 1750

Krauss, F.S.: Südslawische Hexensagen, Wien 1884

Kretzenbacher, Leopold: Schlangenteufel und Satan im Paradeisspiel; Zur Kulturgeschichte der Teufelsmasken im Volksschauspiel; In: Masken in Mitteleuropa; Volkskundliche Beiträge zur europäischen Maskenforschung; Sonderschriften des Vereins für Volkskunde 1, Wien 1955

Kretzenbacher, Leopold: Teufelsbündner und Faustgestalten im Abendlande; Buchreihe Landesmuseum für Kärnten 23, Klagenfurt 1968

Kries, A. von: Der Beweis im Strafprozeß des Mittelalters, Weimar 1878

Krönert, Georg: Luther und das Okkulte; Neue Wissenschaftliche Zeitschrift für Grenzgebiete des Seelenlebens, 7, 1958

Kropp, A.: Ausgewählte koptische Zaubertexte, Brüssel 1930/31

Kruse, Johann: Hexen unter uns? Magie und Zauberglauben in unserer Zeit, Hamburg 1951

Kühn, H.: Erwachen und Aufstieg des Menschen, 1966

Kühnau, R.: Hexen und Hexenzauber, nebst einem Anhang über Zauberer und Hexenmeister: In: Schlesische Gesellschaft für Volkskunde, Band 7, 13. Heft, Breslau 1905

Kühner, H.: Antisemitismus der Kirche; Genese; Geschichte und Gefahr, Zürich 1976

Kühner, H.: Das Imperium der Päpste; Kirchengeschichte; Weltgeschichte; Zeitgeschichte; Von Petrus bis heute, 1977

Kühner, H.: Der Deutschritter-Orden ohne Heiligenschein; In: Werkhefte, Heft 4 und 5, München 1968

Kühner, H.: Die römisch-katholische Kirche als konservative Großmacht im 19. und 20. Jh.; In: Rekonstruktionen des Konservatismus, Freiburg i.Br. 1972

Kühner, H.: Index Romanus; Auseinandersetzung oder Verbot? Nürnberg 1963

Kühner, H.: Ketzer-Opfer-Denker; Ein Abriß; Sonderdruck der Nationalzeitung Basel, Basel 1975

Kühner, H.: Neues Papstlexikon von Petrus bis Paul IV., Frankfurt a.M. 1965

Kühner, H.: Tabus der Kirchengeschichte, Nürnberg 1971

Kuisel, Fritz: Die Hexen von Werdenfels; Hexenwahn im Werdenfelser Land; Rekonstruiert an Hand der Prozeßunterlagen von 1589-96, Garmisch-Partenkirchen o.J.

Küng, H.: Christ sein, 3. Auflage, München 1978

Küng, H.: Das sogenannte und das wahrhaft Christliche, 1979

Küng, H.: Die Kirche, Freiburg i.Br./Basel/Wien, 1969

Küng, H.: Existiert Gott? Antwort auf die Gottesfrage der Neuzeit, München 1978

Küng, H.: Religion - das letzte Tabu? Über die Verdrängung der Religiosität, 1988

Küng, H.: Strukturen der Kirche, Freiburg i.Br./Basel/Wien 1969

Küng, H.: Theologie im Aufbruch; Eine ökumenische Grundlegung, München/Zürich 1987

Küng, H.: Unfehlbar? Eine Anfrage, Einsiedeln/Zürich/Köln 1970

Küng, H.: Wahrhaftigkeit; Zur Zukunft der Kirche, Freiburg i.Br./Basel/Wien 1970

Kugler, Bernhard: Geschichte der Kreuzzüge, 2. Auflage, 1891

Kuhn, Hans: Der Teufel im Nibelungenlied; Zu Gunthers und Kriemhilds Tod; Zeitschrift für deutsches Altertum und deutsche Literatur, 94, 1965

Kuhn, Hildegard: Hexen (F)liegen in der Luft; In: Das gute Jugendbuch; Jg. 19, S. 1, Ratingen 1969

Kunstmann, Hartmut Heinrich: Zauberwahn und Hexenprozeß in der Reichsstadt Nürnberg, Mainzer rechtswissenschaftliche Diss., Nürnberg/Erlangen 1970

Kunth, Hans: Newe Zeitung, von einer erschrecklichen That, welche zu Dillingen, von einem Jhesuidwider, vnd einer Hexen, geschehen ist, welche denn offentlich, durch strenge Martern, bekand haben, wie sie es getrieben, vnd was sie für grossen Schaden gethan ... Basel 1579

Kunze, Michael: Straße ins Feuer; Vom Leben und Sterben in der Zeit des Hexenwahns, 1982

Kuoni, M.: Die Hexengerichte im Prättigau; Kulturhistorische Skizze aus dem 17. Jh.; In: Alpenrosen; Ein Schweizer Sonntagsblatt, 15. Jg., Bern 1885

Kurth, W.: Das Phänomen des Hexenwahns als massenpsychologischer Ausdruck psychischer Epidemien; In: Berichte der physikalischen medizinischen Gesellschaft; Band 76, S. 39, Würzburg 1968

Kurtz, O.: Beiträge zur Erklärung des volkstümlichen Hexenglaubens in Schlesien, Diss., Greifswald 1916

L

La Barre, Weston: The Ghost Dance; The Origins of Religion, Garden City/New York 1970

Lacarriere, J.: Les Hommes ivres de Dieu, 1961 - Deutsch: Die Gott-Trunkenen, 1967

Laehr, G.: Die Konstantinische Schenkung in der abendländischen Literatur des Mittelalters, Diss., Königsberg 1926

Längin, G.: Die biblischen Vorstellungen vom Teufel und ihr religiöser Werth, 1890

Längin, G.: Religion und Hexenprozeß; Zur Würdigung des 400. Jubiläums der Hexenbulle und des Hexenhammers sowie der neuesten katholischen Geschichtsschreibung auf diesem Gebiete, Leipzig 1888

Läpple, A.: Auferstehung; Tod und ewiges Leben; Der Glaube vom Leben nach dem Tod, 1985

Lama, R.: Papst und Kurie in der Politik nach dem Weltkrieg, 1925

Lammers, W.: Chronik oder die Geschichte der zwei Staaten; Ausgewähle Quellen zur Geschichte des Mittelalters, 16, Darmstadt 1961

La morale de Jesuits, extraite fidellement de leurs livres, imprimez avec la permission et l'approbation des superiers de leur Compagnie, par un Docteur de Sorbonne, a Mons 1667

Lampe, H.S.: Die Darstellung des Teufels in den geistlichen Spielen Deutschlands; Von den Anfängen bis zum Ende des 16. Jh., Diss., München 1963

Lampenhausen, H. von: Aszetische Heimatlosigkeit, 1930

Lance, Pierre de: L'Incrédulité et Mécréances du sortilége plainement convaincu, Paris 1622

Lance, Pierre de: Tableau de l'inconstance des mauvais anges et démons, Paris 1613

Lancelottus, Joannes Paulus: Institutiones Juris Canonici, Basel 1566

Lanczkowski, G.: Heilige Schriften, Stuttgart 1956

Landau, Marcus: Hölle und Fegefeuer in Volksglaube, Dichtung und Kirchenlehre, Heidelberg 1909

Landmann, S.: Jesus und die Juden; Oder die Folgen einer Verstrickung? 1987

Lane-Poole, Stanley: Saladin and the Fall of the Kingdom of Jerusalem, London 1926, Beirut 1964

Lange, Ursula: Untersuchungen zu Bodins Demonomanie; Das Abendland, 8, Frankfurt a.M. 1970

Lange-Eichbaum, Wilhelm-Kurth: Genie, Irrsinn und Ruhm, 6. Auflage, München/Basel 1967

Langemann: Der Kampf des Papsttums gegen das protestantische deutsche Kaisertum, Leipzig 1891

Lans-Gebott ... Erneuerte Land-Gerichts-Ordnung gegen Aberglauben, Zauberey und Hexerey und andere sträfliche Teufelskünste - erlassen durch Herzog Ferdinand Maria, 1603

Lapide, Pinchas: Rom und die Juden, Freiburg i.Br. 1976

Lapide, Pinchas: The last three Popes and the Jews, 1967

Larrey, Isaac de: Historie d'Angleterre d'Ecosse et d'Irelande jusqua á Guillaume

Lau, F.: Das Buch Weinsberg; Kölner Denkwürdigkeiten aus dem 16. Jh., Bonn 1897

Lauen, H.: Die Hexenprozesse in Trier und Umgebung; In: Trierische Chronik, Jg. 4, S. 113, Trier 1908

Lauffer, O.: Die Hexe als Zaunreiterin; In: Gießener Beiträge zur deutschen Philologie, 60, Gießen 1938

Lautbacher, K.: Die Essäer, 1857

La Vie S. Agnace fondateur de la Compagnie de Jesus et de Peres Jac. Lainez et Franc, de Borgia, Tournay 1613

Laymann, Paulus: (Laymann ist nicht der Verfasser, der Verleger hat mit diesem Namen spekuliert) Processus juridicus ... das ist ein rechtlicher Prozeß gegen die Unholden und zauberischen Personen, Köln 1629

Lea, Henry Charles: A History of Sacerdotal Celibacy in the Christian Church, 1907

Lea, Henry Charles: Geschichte der Inquisition im Mittelalter, 3 Bände, Band 1905-13

Lea, Henry Charles: Materials toward a History of Witchcraft, 3 Bände, Philadelphia 1939

Leben des Papstes Clemens XIV. Ganganelli; Aus dem Französischen des Herrn Caracioli übersetzt, 2. Auflage, Frankfurt a.M. 1776

Lechler, A.: Der Dämon im Menschen, Stuttgart o.J.

Lecler, J.: Geschichte der Religionsfreiheit, 1965

Lehmann, Hartmut: Hexenverfolgungen und Hexenprozesse im Alten Reich zwischen Reformation und Aufklärung; In: Jahrbuch des Instituts für Deutsche Geschichte, Band 7, S. 13 ff, 1978

Lehmann, J.: Das Geheimnis des Rabbi J.; Was die Urchristen versteckten, verfälschten und vertuschten, 1985

Lehmann, J.: Die Jesus GmbH; Was Jesus wirklich wollte, Wien/Düsseldorf 1972

Lehmann, J.: Moses, der Mann aus Ägypten, 1983

Lehmann, Johannes: Die Kreuzfahrer, München 1976

Lehmann, Johannes: Jesus Report; Protokoll einer Verfälschung, Düsseldorf 1970

Lehmann, Johannes: Religion ungenügend; Ein feste Burg mit Rissen, Ravensburg 1974

Leib, K. (ein Augustiner): Coelibatu atque castimonia epistolae, 1547

Leibnitz, Gottfried Wilhelm: Essais de théoldices sur la bonté de Dieu et la liberté de l'homme et l'origine du mal, Amsterdam 1710

Leibrand-Wettley, Annemarie: Die Frau als Hexe; In: Formen des Eros; Kultur und Geistesgeschichte der Liebe, I., S. 627, Freiburg i.Br. 1972

Leibrand-Wettley, Annemarie: Der Wahnsinn; Geschichte der abendländischen Psychopathologie; Orbis academicus 2,12, Freiburg i.Br./München 1972

Leibrand-Wettley, Annemarie: Psychopathologie und Dämonologie von Paracelsus und Johannes Weyer, Melamata; Festschrift für Werner Leibrand zum 70. Geburtstag, Mannheim 1967

Leipoldt, J.: Jesus und die Frauen, 1921

Leipoldt, J.: Schenute von Atripe und die Entstehung des nationalägyptischen Christentums, 1903

Leist, F.: Der sexuelle Notstand der Kirchen, 1972

Leist, F.: Zum Thema Zölibat; Bekenntnisse von Betroffenen, 1973

Leistner, E.: Wie das Volk über die Pfaffen spricht; Neuer Kloster- und Pfaffenspiegel, Lahr 1877

Leitmaier, Charlotte: Die Kirche und die Gottesurteile; Eine rechtshistorische Studie; Wiener Rechtsgeschichtliche Arbeiten, 2, Wien 1953

Leitschuh, Friedrich: Beiträge zur Geschichte des Hexenwesens in Franken, Bamberg 1883

Leland, Charles G.: Die Lehre der Hexen, München 1979

Lembert, R.: Das Wunder bei den römischen Historikern, 1905

Lempens, C.: Geschichte der Hexen und Hexenprozesse, St. Gallen 1880

Lenhardt, L.: Das Franz-Brentano Gutachten über die päpstliche Infallibität; In: Archiv für mittelrheinische Kirchengeschichte, 1955

Lenzmann, J.Dt.: Wie das Christentum entstand, 1974

Leonhard, R.W.: Wer wirft den ersten Stein? 1969

Leroi-Gourhan, A.: Les religions de la préhistorique, Paris 1964

Les Jesuites mis sur l'èchataut pour plusiers crimes capiteaux par eux commis dans la Province de Guienne, avec la reponse aux calomnies de Jaques Beaufes, 8, Leiden 1648

Leubuscher: Über die Werwölfe und Tierverwandlungen im Mittelalter, Berlin 1850

Leuchtenberger, Hans: Zauberdrogen; Reisen ins Weltall der Seele, Stuttgart 1969

Leutenbauer, Siegfried: Hexerei- und Zaubereidelikte in der Literatur von 1450 bis 1550; Mit Hinwesien auf die Praxis im Herzogtum Bayern; Münchener Universitätsschriften, Jur. Fak.; Abhandlungen zur rechtswissenschaftlichen Grundlagenforschung, 3, Berlin 1972

Levin, David, Hrsg.: What happened in Salem? 2. Auflage, New York 1960

Levron, Jaques: Le Diable dans l'Art, Paris 1935

Levy, Gunther: Die katholische Kirche und das Dritte Reich, München 1965

Levy-Brühl: La Mythologie primitive, Paris 1935

Lewinsohn, r. (Morus): Eine Weltgeschichte der Sexualität, 1965

Lewis, H.Sp.: Das mystische Leben Jesu, 1975

Licht, H.: Sittengeschichte Griechenlands, 2. Auflage, 1960

Lichtenberg, J. Frh. von: Hexenbüchlein, das ist: die wahre Entdeckung und Erklärung oder Deklaration für nämlicher Artikel der Zauberey, und das von Zauberern, Unholden, Hengsten, Nachtschadin, Schützen etc., Köln (?) 1544/75

Liebe der Messalina, gewesener König von Albion, worin der heimliche Betrug mit dem Prinzen von Wallis und mit der französischen Ligue aufgedeckt wird; Die andere Edition nach dem englischen Original verbessert und vermehrt, Leiden 1690

Liebelt K.: Geschichte des Hexenprozesses in Hessen-Kassel; In: Zeitschrift des Vereins für hessische Geschichte und Landeskunde, Nr. 58, 1932

Liebherr, M. von: Ueber Hexerei; Vortrag am 21.11.1870, Universität Rostock 1871

Liel, A.F.L.: Die Verfolgung der Zauberer und Hexen in dem Kurfürstenthume Trier; Ein Beitrag zur vaterländischen Geschichte; In: Archiv für rheinische Geschichte, Koblenz 1833

Liguori, A.M. de: Theologia moralis, 2. Ausgabe, Regensburg 1879-81

Lilienthal, J.: Die Hexenprozesse der beiden Städte Braunsberg, nach den Criminalacten des Braunsberger Archivs, Königsberg 1861

Limbeck, Meinrad: Die Wurzeln der bisherigen Auffasung vom Teufel und den Dämonen; In: Concilium, Internationale Zeitschrift für Theologie, 11. Jg., Heft 4, 1975

Limborch, Philipp van: Historia inquisitionis hispanicae cum libro Sententiarum Inquisitionis Tholosanae ab A.C. 1307 ab 1323

Lippert, Elsbeth: Glockenläuten als Rechtsbrauch; Das Rechtswahrzeichen, 3, Freiburg i.Br. 1939

Lippert, J.: Allgemeine Geschichte des Priestertums, 2 Bände, 1883

Lipsius, Justus: Physiologiae Stoicorum libri tres, Antwerpen 1604

Lithi (Chr. Som i.e. Sim. Stenii) Vita Ignatii Lojolae, qui religionem Clericorum Societatis Jelqsu institut, ante aliquod annos descript a Pet. Ribadeneira, nunc in honorem totius Societatis brevissimis ut issimis scholiis illustrata, 1969

Littell, Franklin H.: Atlas zur Geschichte des Christentums, 1989

Llewellyn, P.: Rome in the dark Ages, London 1917

Llorca, B.: La Inquisition en Espana, 2. Auflage, 1946

Lobau, E.: Spaziergänge mit Planitz, dessen Ideen und Ansichten über Faust und Hexe; Tagebuchnotizen, Wittenberg 1924

Lobbauer, F.X.: Rituale ecclesiasticus ad usum Clericorum ourd. S. Francisi ref. Prof. Antoniae Bavaricae, München 1851

Lodtmann, Fr.: Die letzten Hexen Osnabrücks und ihre Richter, Osnabrück 1875

Löbsack, Th.: Wunder, Wahn und Wirklichkeit, 1976

Löhde, Das päpstliche Rom und das Deutsche Reich, Hannover 1964

Löher, Hermann: Hochnötige, Underthanige, Wemütige Klage der frommen Unschuldigen, Amsterdam 1676

Loelens, M.: Die Klerikerehe in der Gesetzgebung der Kirche, 1968

Löscher: Historie des römischen Hurenregiments, 2. Auflage; Historie der mittleren Zeiten als ein Licht aus der Finsternis, Leipzig 1725

Loewenisch, W.: Der moderne Katholizismus vor und nach dem Konzil, Witten 1970

Loewenisch, W.: Die Geschichte der Kirche, München 1948

Löwith, K.: Christentum und Gesellschaft, 1971

Lohmeyer, Wolfgang: Das Kölner Tribunal; Fortsetzung von: Die Hexe und Der Hexenanwalt, 1981

Lohmeyer, Wolfgang: Die Hexe; Hexenverfolgungen in Köln zur Zeit des 30jährigen Krieges, 1976

Loos, Cornelius: De vera et flasia magia; nur teilweise gedruckt, daraufhin konfisziert, Köln 1591

Loos, Cornelius: Nachricht von einer wichtigen Schrifft eines Römisch-Catholischen wider den herrn-Proceß, und die gemeine Lehre von der Gewalt des Teufels ... Tractat von der wahren und falschen Magie, Luxemburg 572; In: Horst Zauberbibliothek, 1. Band, X. Stück

Lorenz, K.: Das sogenannte Böse; Zur Naturgeschichte der Aggression, 5. Auflage, München 1977

Lortz, Joseph/Iserloh, Erwin: Kleine Reformationsgeschichte, Freiburg i.Br. 1969

Lortz, Joseph: Die Reformation in Deutschland, 4. Auflage, Band 1,2, Freiburg i.Br. 1962

Lory, K.: Hexenprozesse im Gebiet des ehemaligen Markgrafenlandes; In: Festgabe Karl Theodor von Heigel zum 60. Geburtstag, München 1903

Loschert, O.: Vorgängerischer Versuch zu Erwürckung eines Vertrages zwischen dem in dem bisherigen Hexerey-Kriege verwickelten Gelehrten ... Bamberg 1767

Loyer (de Loger), Petrus: Discours et histories es spectres visions et apparitions de esprits anges, demons et ames etc.

Lubkoll, Hans-Georg/Wiesnet, Eugen: Wie liest man die Bibel? München 1980/82

Lucanus (Pseud.): Ein merckwürdiger Hexenprozeß; In: Neue gemeinn. Blätter, Halberstadt 1800

Lucius, P.E.: Der Essenismus in seinem Verhältnis zum Judentum, 1881

Luck, Georg: Hexen und Zauberei in der römischen Dichtung, Zürich 1962

Lucke, E.: Torquemada und die spanische Inquisition, Wien/ Leipzig 1926

Lübbe, H.: Religion nach der Aufklärung; Graz 1986

Lückert, Heinz Rolf: Konfliktpsychologie, München 1957

Lüscher, A.: Im Bannkreis des Aberglaubens und der Zauberei, 4. Auflage, 1943

Lugdena, J. von: Disputatio de coelibatu Sacerdotum exhibitia, 1563

Luther, Martin, Übersetzer: Die Bibel oder die ganze Heilige Schrift des Alten und Neuen Testaments nach der deutschen Übersetzung, Stuttgart 1952

Lutterbeck, A.: Die Clementinen und ihr Verhältnis zur Unfehlbarkeitsfrage, Gießen 1872

Lutz: R.: Warhafftige Zeitung von den gottlosen Hexen, auch ketzerischen und Teufels-Weibern, die zu der heiligen römischen Reichstatt Schlettstatt im Elsaß des 1570. Jahres von wegen ihrer schändlichen Teufelsverpflichtung ... sind verbrannt worden ... 1571; auch in: Theatrum veneficiis, Frankfurt a.M. 1586

M

Maack, Walter, Hrsg.: Cautio Criminalis seu de processibus contra sagas Liber (Friedrich Spee von Langenfeld), Rinteln 1971

Maag, V.: Der Antichrist als Symbol des Bösen; In: Das Böse; Studien aus dem C.G.-Jung-Institut, XIII, Zürich 1961

MacFarlane, Alan: Witchcraft in Tudor and Stuart England; a regional and comparative Study, London 1907

Macoby, H.: König Jesus; Die Geschichte eines jüdischen Rebellen, 1982

Madaule, Jacques: Das Drama von Albi; Der Kreuzzug gegen die Albigenser und das Schicksal Frankreichs, Olten/Freiburg i.Br. 1964

März, Angelus: Kurze Verteidigung der tätigen Hex- und Zauberei wider eine dem hl. Kreuz zu Scheiern nachteilige akademische Rede, 1767 oder 1768

Maffai, J.P.: De vita et moribus Ignatii Lojolae Libri III, Rom 1585

Magistri Nostri (nannte sich Gottfried Boussat): De continentia sub hac que quaestiones papst possit Sacerdoto dispensare nubat? Paris

Magnusson, Magnus: Auf den Spuren der Bibel, München 1977

Magri, F.: Christo; La Vie, la Dottrina, le Opera nella Storia e nella Critica, Mailand 1945

Mahal, Günther: Mephistos Metamorphosen, Göppingen 1972

Mahnke, D.: Das Hexenunwesen in Verden und sein Ende, Stade (?), 1923

Maier, H.: Revolution und Kirche, Freiburg i.Br. 1965

Maisch, H.: Inzest, 1968

Majunke, P.: Geschichte des Kulturkampfes in Preußen, Paderborn 1886

Malander, Philoxenus: Anklag wider die Jesuiten als Friedensstörer und geschworene Feinde des Heil. Röm. Reichs; oder treumeinende Erinnerung, was wegen der Jesuiten jetziger Zeit sowohl von Papisten als Evangelischen Ständen zu beratschlagen sey, 1632

Malebranchius (Malebranche): Recherche de la Véréte 1. Band 1673, 2. und 3. Band 1674

Malinowski, B.: Magie, Wissenschaft und Religion, 1973

Malleus maleficarum in tres partes divisus, in quibus I. Concurrentia ad Maleficia; II. Maleficorumeffectus; III. Remedia adversus Maleficia, et modus denique proccoendi ac puniendi Malificos abunde contientur, praecipue autem omnibus inquisitoribus et divine verbi concinatoribus utilis ac neccesairus, Köln 1489

Mandrou, Robert: Magistrats et sorciers en France au XVIIe siécle; Une analyse de psychologie historique, Paris 1968

Mannhardt, W.: Die Korndämonen, Berlin 1868

Mannhardt, W.: Roggenwolf und Roggenhund, Danzig 1865

Mannhardt, W.: Wald- und Feldkulte, Berlin 1875-78

Mannhardt: Verrat um Gottes Lohn; Hintergründe des Diktates von Versailles, 3. Auflage, Dresden 1938

Manns, P., Hrsg.: Die Heiligen in ihrer Zeit, Mainz 1966

Manser, Gallus: Thomas von Aquin und der Maxenwahn; Divus Thomas 9; Jahrbuch für Philosophie und spekulative Theologie, 2. Serie, Band 36, Wien 1922

Mantegazza, P.: Die Geschlechtsverhältnisse des Menschen, 9. Auflage

Manteuffel, T.: Die Geburt der Ketzerei, Wien/Frankfurt a.M./ Zürich 1965

Maple, Eric: Hexensabbat; Schwarze Kunst und Zauberei im Spiegel der Jahrtausende, 1978

Marangoni: Istoria dell ... Sancta Sanctorum, 1747

Marcuse, L.: Oszön; Geschichte eine Entrüstung, 1962

Marschall, W.: Karthago und Rom; Die Stellung der nordafrikanischen Kirche zum Apostolischen Stuhl in Rom; In: Päpste und Papsttum, Stuttgart 1971

Martyr, P.: Defensio ad Ricardi Smithei duos libellos de coelibatu Sacerdotum & Votis Monasticis, Basel 1559

Marwick, Maxwell Gay: Witchcraft; Encyclopedia Britannica, 15. Auflage, Vol. 19, S. 895-900, 1974

Marx, Josef: Geschichte des Erzstifts Trier, 5. Band, Trier 1859

Maslowski, Peter: Das theologische Untier; Der sogenannte Teufel und seine Geschichte im Christentum, Berlin 1978

Masters, R.E.L.: Die teuflische Wollust, 1968

Matthaei, Antonius: Andr. Alciati epistolam ad Bernhard Mattium contra vitam monasticam, cum sylloga epistolarum virorum clarissimorum, qua variam doctrinam continent, nec non veteribis aliquot testamentis seculo 12 et initio sequentis scriptis

Mauch: Notizen über das bei der Verhandlung der Hexenprozesse im Limpurgischen beobachtete Verfahren; In: Württembergisch Franken, 2, S. 62-72, 1848

Mauther, F.: Der Atheismus und seine Geschichte im Abendland, Neudruck 1989

Mayer, A.: Der zensierte Jesus; Soziologie des Neuen Testaments, Olten/Freiburg i.Br. 1882/83

Mayer, Anton: Erdmutter und Hexe; Untersuchung zur Geschichte des Hexenglaubens und zur Vorgeschichte der Hexenprozesse; Historische Forschungen und Quellen, 12, Freising 1936

Mayer, Hans Eberhard: Bibliographie zur Geschichte der Kreuzzüge, Hannover 1960

Mayer, Hans Eberhard: Geschichte der Kreuzzüge, Stuttgart 1965

Mayer, Hans Eberhard: Idee und Wirklichkeit der Kreuzzüge; In: Historische Texte, Germering 1965

Mayer, Hellmuth: Die Strafrechtstheorie bei Luther und Melanchthon; In: Rechtsidee und Staatsgedanke; Festgabe für Julius Binder, Berlin 1930

Mazaheri, A.: So lebten die Muselmanen im Mittelalter, 1957

Mederus, D.: Acht Hexenpredigten ... von des Teufels Mordkindern, den Hexen, den Unholden, zauberisch und erschrecklichem Abfalle ... Leipzig 1606, 1614, 1646

Medina, M. von; De Sacrorum hominum contientae libri V, Venedig 1568

Meier-Lemgo, K.: Hexen, Henker und Tyrannen; Die letzte und blutigste Hexenverfolgung in Lemgo 1665-81, Lemgo/Lippe 1949

Meier: Ein Beitrag über Hexenprozesse; In: Württembergisch Franken, 8.2, S. 314-17, 1869

Meinders, H.A.: Gedanken und Monita, wie ohne Uebereil, mit den Hexenprocessen und der Inquisition wegen der Zauberei von Seiten des Richters, Königl. Fiscals und Defensors in den Preußischen und Brandenburgischen Landen, 1. Edikt vom 13.12.1714 zu verfahren sey, Lemgo 1716

Meiner: Kritische Geschichte der Religion, 1806

Meinhold, W.: Maria Schwedler, die Bernsteinhexe; Der interessanteste aller bisher bekannten Hexenprozesse nach einer defecten Handschrift ihres Vaters, des Pfarrers Abraham Schwedler in Coserow auf Usdemom, Hrsg.: Elisabeth Kinderlein, Frankfurt a.M. 1978

Meinhold, W.: Maria Schwedler, die Bernsteinhexe; Novelle, in der Sprache des 17. Jh., 2. Auflage, 1846

Meinhold, W.: Sidonia von Bork, die Klosterhexe, angebliche Vertilgerin des gesamten herzoglich-pommerschen Regentenhauses, Leipzig 1847/48

Mejer, L.: Die Periode der Hexenprozesse, Hannover 1882

Melanchthon, Philipp: Defensio, conjugii Sacerdotum , gerichtet an den König von England, vermutlich um 1540

Melchers, E.: Das große Buch der Heiligen, München 1979

Mell, A.: Zur Geschiche des Hexenwesens; Ein Beitrag aus steirischen Quellen, Berlin (?) 1891

Memminger, A.: Das verhexte Kloster, 2. Auflage, Würzburg 1904

Menghi: Compendio dell arte exorciste, 1606

Mensching, G.: Das Wunder im Glauben und Aberglauben der Völker, 1957

Mensching, G.: Der Irrtum in der Religion, 1969

Merkwürdige Nachrichten von den Jesuiten in Weißpreußen; Aus dem Italienischen, 2. Auflage, Frankfurt a.M./Leipzig 1786

Merz, Agnellus: Urteil ohne Vorurteil über die wirkend-tätige Hexerei, Sterzingen 1766

Merzbacher, Friedrich: Die Hexenprozesse im Hochstift Bamberg; Zeitschrift für Rechtsgeschichte 81, NF 68, Kan. Ant. 37, S. 376-89, Weimar 1951

Merzbacher, Friedrich: Witchcraft; New Catholic Encyclopaedia 12, S. 977-79, New York 1967

Mesnard, Pierre: La Dèmonomanie de Jean Bodin; In: L'Opera e il pensiero di Giovanni Pico della Mirandola nella storia dell'Umanismo, 2, Florenz 1965

Meyer, B.: Mahnung aus dem Jenseits; Über die Kirche in unserer Zeit, Trimbach/Olten 1977

Meyer, E.: Ursprünge und Anfänge des Christentums, 1924

Meyer, Friedrich Walter: Christoph Besold als Staatsrechtler, Ungedruckte Jur. Diss. Erlangen 1957

Meyer, H.: Ein Hexenprozeß aus dem 17. Jh.; aus den Akten dargestellt, Hannover 1867

Meyer, J.: Trilogie altindischer Mächte und Feste der Vegetation, 1937

Meyer, L.: Die Beziehungen der Geisteskranken zu den Besessenen und Hexen; In: Westermann Illustrierte deutsche Monatshefte, Nr. 57, Juni, Wiesbaden 1861

Meyer, L.: Die Periode der Hexenprozesse, Hannover 1882

Meyer: Joachim II. von Brandenburg und der Hexenglaube; In: Der Bär; Berliner historische Wochenschrift, 16.10.1886

Meyfart, Johann: Christliche Erinnerung an gewaltige Regenten und gewissenhafte Potentaten, wie das abschewliche Laster der Hexerei mit Ernst auszurotten aber in Verfolgung desselbigen auf Cantzeln und in Gerichtshäusern sehr bescheidentlich zu behandeln sei, Halle 1703

Michaelis, E.: Geisterreich und Geistermacht, Bern o.J.

Michelet, Jules: Die Hexe, München 1974

Midelfort, Hans Christian Erick: Witch Hunting in Southwestern Germany 1562-1684; The social and intellectual Foundations, Bibliographie S. 261-300, Stanford California 1972

Milchius, Ludwig: Der Zauber Teuffel, Sagen, Aberglauben, Hexerey und mancherley Wercken des Teuffels, Frankfurt a.M. 1563

Milger, Peter: Die Kreuzzüge; Krieg im Namen Gottes, München 1988

Miller, Arthur: Hexenjagd; Drama, 1987

Minder, Robert: Der Hexenglaube bei den Jatrochemikern des 17. Jh., Zürich 1963

Mirbt, Carl/Aland, K.: Quellen zur Geschichte des Papsttums und des römischen Katholizismus, Band 1: Von den Anfängen bis zum Tridentium, Tübingen 1967

Mirbt, Carl: Die Publizistik im Zeitalter Gregors, VII, 1894

Mirbt, Carl: Quellen zur Geschichte des Papsttums und des römischen Katholizismus, Tübingen 1924

Mischo, J.: Die Elite Gottes; Heilige zwischen Wahn und Heldentum, 1978

Mischo, J.: Interdisziplinäre diagnostische und psychologische Perspektiven bei Fällen von dämonischer Besessenheit, Concilium 11.3.1975

Misella, H.: Gott mit uns; Die deutsche katholische Kriegspredigt 1914-18, München 1968

Mislin, H.: Die Abstammungslehre; In: Der Mensch mit den Tieren, 1965

Mitscherlich, A.: Auf dem Weg zur vaterlosen Gesellschaft, 1963

Model, Johann Michael: Beantwortete Frage: Ob man die Ausfahrt der Hexen zulassen könne? Wider den heutigen Hexenstürmer P. Ferdinand Sterzinger, München 1769

Möller, Daniel: Commentar zur Praefation der Const. elect. Ordinationes et Constituones Augusti de processu iudiciario dubissque aliquot, et in iure controversiis casibus, Leipzig 1599

Mönnich, Conrad Willem: Wege der Christenheit; Kirchengeschichte in Auswahl, Stuttgart/Gelnhausen 1960

Möstl, Fr.: Ein Szegediner Hexenprozess; Culturhistorische Studie, Graz 1879

Mohler, L.: Kirchengeschichte, Bonn 1927

Molianeus, C.: Commerciorum et usuarum reditumque pecunia, Paris 1555

Molianeus, C.: Consilium super commodis et incommodis novae sectae seu facitae religionis, Jesuitarum, 1605

Molitoris, Ulrich: Von Hexen und Unholden; Ein christlicher, nuetzlicher und zu diesen unsern gefaehrlichen Zeiten nothwendiger Bericht, auß Gottes Wort, Geistlichen und Weltlichen Rechten; In: Haubers Zauberbibliothek, 1. Band, 2. Stück XIV., Straßburg 1575

Moltmann, J.: Der gekreuzigte Gott; Das Kreuz Christi als Grund und Kritik christlicher Theologie, 4. Auflage, München 1981

Moltmann-Wendel, E., Hrsg.: Frau und Religion; Gotteserfahrungen im Patriarchat, Frankfurt a.M. 1983

Mommert, Carl: Menschenopfer bei den alten Hebräern, Leipzig 1905

Montalembert, Ch. F. de: Le moins d'Occident depuis Saint Benoit jesque à Saint Bernard, 7 Bände, 5. Auflage, 1874-77

Monter, William E.: The Historiography of European Witchcraft; Progress and Prospects; Journal of Interdisciplinary, History 2, 1971/72

Morale practique des Jesuits, óu elle est representee en plusieurs Histories arrivees dans toutes les parties du monde, VIII. Tomes, Amsterdam 1746

Morgner, Irmtraud: Amanda; Ein Hexenroman, 1983

Morin, G.: Mönchtum und Urkirche, 1922

Morley, H.: Cornelius Agrippa, London 1856

Mornaeus (Mornay), Philipp de: De Ecclesia, Lausanne 1587

Morschel, Max: Der Kampf um die Abschaffung der Folter; Jur. Diss., Gießen 1920/26

Morton, R.S.: Geschlechtskrankheiten; Tabuierte Infektionen, 1969

Moser, F.. Hirsul, die Hexe der Bielhöhle, Merseburg 1823

Moser, T.: Gottesvergiftung, Frankfurt a.M. 1976

Moser: Geschichte der päpstlichen Nuntien in Deutschland, 2 Bände, Frankfurt a.M./Leipzig 1788

Mudrak, E.: Grundlagen des Hexenwahns; In: Reden und Aufsätze zum nordischen Gedanken, 37. Heft, Leipzig 1936

Mühlmann, Wilhelm-Emil: Weiblicher Schamanismus und Dichtung, Berlin 1981

Mühr, A.: Das Kabinett Gottes, 1971

Müldener, Joh. Christian: Collationem omnium capitulationum a prima Caroli Viuxta josephinam

Müller, A. von: Die hochheilige Vorhaut Christi in Kult und Theologie der Papstkirche, Berlin 1907

Müller, A.: Beiträge zum künftigen deutsch-katholischen Kirchenrecht; Oder staats- und kirchenrechtliche Erörterungen des großherzoglich-weimarischen Gesetzes vom 7.10.1823, Neustadt a.d. Orla 1825

Müller, Daniela: Aufsatz Katharer; In: TRE Theologische Realenzyklopädie Sonderdruck, Band XVIII, Lieferung 1/2, 1989

Müller, Daniela: Inquisition haereticae pravitatis; Ketzerei und Ketzerbekämpfung vom 11. bis 1. Hälfte des 14. Jh.: In: Heresis, S. 49-63, 1987

Müller, F.: Beiträge zur Geschichte des Hexenglaubens und des Hexenprozesses in Siebenbürgen, Braunschweig 1854

Müller, G.: Die Lehre des hl. Augustinus von der Paradiesehe und ihre Auswirkungen in der Sexualethik des 12. und 13. Jh. bis Thomas von Aquin, 1954

Müller, H.: Coniugii Clericorum patrocinium, Rostock 1665 und Frankfurt a.M. 1667

Müller, H.: Katholische Kirche und Nationalsozialismus, München 1965

Müller, J.: Geschichte der amerikanischen Urreligion, Basel 1855

Müller, K.: Ehelosigkeit aller Getauften in der alten Kirche, 1927

Müller, Karl-Otto: Heinrich Institoris, der Verfasser des Hexenhammers und seine Tätigkeit als Hexeninquisitor in Ravensburg im Herbst 1484; In: Württembergische Vierteljahreshefte für Landesgeschichte, Nr. 4, Stuttgart 1910

Müller, M.: Lectures on the Origin and Growth of Religion, London 1901

Müller, M.F.J.: Kleiner Beitrag zur Geschichte des Hexenwesens im XVI. Jh. aus authentischen Akten ausgehoben, Trier 1830

Müller, Michael: Die Lehre des hl. Augustinus von der Paradiesehe und ihre Auswirkung in der Sexualethik des 12. und 13. Jh., Regensburg 1954

Müller-Reimardes, Fr.: Der christliche Hexenwahn; Gedanken zum religiösen Freiheitskampf der deutschen Frau, Leipzig 1935

Müller: Hexenprozeß in Forchtenberg 1617; In: Hohenloher Chronik 22, 1. 1-2, 1974

Murray, Margaret Alice: The God of the Witches, New York 1952

Murray, Margaret Alice: The Witchcult in Western Europe, London 1921, Nachdruck Oxford 1963 und 1971

Muthreich, M.: Theologischer Bericht von dem sehr schrecklichen Zornsturm des Teufels, welchen er zu diesen letzten Zeiten auch durch seine Getreue, die Zauberer, Hexen und dergleichen Unholden spüren lässet, Franfurt an der Oder 1649

Mynarek, H.: Herren und Knechte der Kirche, 1973

N

Nadasi, J.: Annus dierum momorabilium Soc. Jesu, Antwerpen 1665

Nagoldanus, Paulus: Von deß Teuffels Nebelkappen, Das ist: Ein kurtzer Begriff, den gantzen Handel von der Zauberey belangend, zusammengelesen, Frankfurt a.M. 1583

Narratives of the Witchcraft Cases: 1648-1706, New York 1914, Nachdruck 1959

Natali, Alexandro: De historia Paphnuthi com Canone III. concilianda & de sacerdotum Ministorum coelibatu; Diss.. In: Theologischer Thesaurus, 12. Band, Venedig 1763 - Dazu kommt ein ungenannter Autor mit dem Titel: Von den Nachteilen des Zölibats, erstlich im Jahr 1765 im Neapolitanischen gedruckt, hernach im 1766 zu Venedig von Antonio Grazioso unter dem Titel: Vom Zölibate oder Reformation der Römischen Clerisei theologisch-politischer Tractat.

Naudaeus (Naudè), Gabriel: Apologie pour tous grands personages, qui ont esté soupconnez de magie, Paris 1625

Neander, J.A.W.: Das Leben Jesu Christi in seinem geschichtlichen Zusammenhang, 1837

Neding, L.: Geschichte der Klostergründungen der frühen Merowingerzeit, 1935

Nehring: Von der Wasserprobe der Hexen, Jena 1714

Neuhäuser, Johann: Der Kampf des Nationalsozialismus gegen die katholische Kirche und der kirchliche Widerstand, 2. Auflage

Neumair, Helmut: Hexenwahn im badischen Frankenland; Württembergisches Franken, Jahrbuch, S. 264-77, 1976

Neumann, Erich: Die große Mutter; Eine Phänomenologie des Unbewußten, Zürich 1956

Neumann, K.J.: Kaiser Julians Bücher gegen die Christen, 1880

Neuner, J./Roos, H.: Der Glaube der Kirche in den Urkunden der Lehrverkündigung, 12. Auflage, Regensburg 1986

Neuwalt, Hermann: Berichte von Erforschung, prob und erkenntniß der Zauberinnen, durch's kalte Wasser, Helmstedt 1584

Newald, Richard: Die Teufelsliteratur und die Antike; Bayerische Blätter für das Gymnasial-Schulwesen 63, 1927

Nichols, P.: Die Politik des Vatikans, Bergisch-Gladbach 1969

Nichten und Neffen - Die Athener Regierung läßt Sex-Skandale untersuchen, in die Bischöfe der Staatskirche verwickelt sind; In: Der Spiegel, 41, S. 185 ff, 1978

Nicolai, N.: Vorläufige Darstellung des heutigen Jesuitismus Deutschlands, Berlin 1786

Nider, Johann: Formicarius de maleficiis earumque praestigiis ac deceptationibus ad exemplum sapientae de formicis, 1517

Niehues, Bernhard: Zur Geschichte des Hexenglaubens und der Hexenprozesse vornehmlich im ehemaligen Fürstbistum Münster, Münster 1875

Niesert, Joseph: Merkwürdiger Hexen-Process gegen den Kaufmann G. Köbing, an dem Stadtgerichte zu Coesfeld im Jahre 1632 geführt; Vollständig aus den Original-Acten mitgetheilt, Coesfeld 1827 und 1828

Niess, Walter: Hexenprozesse in der Grafschaft Büdingen; Protokolle, Ursachen, Hintergründe, Büdingen 1982

Nigg, W.: Das Buch der Ketzer, 1949, 4. Auflage 1962

Nigg, W.: Das ewige Reich; Geschichte einer Sehnsucht und einer Enttäuschung, 1944

Nigg, W.: Der christliche Narr, Zürich 1956

Nigg, W.: Vom Geheimnis der Mönche, 1953

Nippold, F.: Die gegenwärtige Wiederbelebung des Hexenglaubens; Mit einem literarisch-kritischen Anhang über die Quellen und Bearbeitungen der Hexenprozesse, Berlin 1875

Nippold, F.: Die Thümmelschen Religionsprozesse vom kirchengeschichtlichen und kirchenrechtlichen Standpunkte beleuchtet, Halle 1887

Noack, P.: Satanaes und Soteria, Kopenhagen 1948

Nobecourt, J.. Le Vicaire et l'Historie

Nolte, J.: Dogma in der Geschichte; Versuch einer Kritik des Dogmatismus in der Glaubensdarstellung; Ökumenische Forschungen III, Soteriologische Abt., Band 3, Freiburg i.Br./Basel/Wien 1970

Noonan, J.T.: Empfängnisverhütung; Geschichtliche Beurteilung in der katholischen Theologie und im kanonischen Recht, 1969

Notovitch, N.: La Vie inconnue de Jesus Christ, 1894 - Deutsch: Die Lücke im Leben Jesu, 1894

Nowack, M.: Eheliche Praxis; Kirchliche Lehre, 1966

Nussbaum, O.: Kloster, Priestermönch und Privatmesse, Bonn 1961

O

Obendieck, Harmannus: Der Teufel bei Luther; Eine theologische Untersuchung, Furche-Studien 4, Berlin 1931

Obermayr, V.: Bildergalerie klösterlicher Mißbräuche, 1784

Obermeier, S.: Starb Jesus in Kaschmir? Das Geheimnis seine Lebens und Wirkens in Indien, 2. Auflage, 1983

Oberndorfer, J.: Kurzer und klarer Bericht von der Natur und den Ursachen der ungarischen Krankheit, wie dieselbige recht erkennet, ordentlich und eigentlich currirt werden möge, sampt angehängter Präservation, Frankfurt a.M. 1607

Oberthür, D.F.: Meine Ansichten von der Bestimmung der Domcapitel und von dem Gottesdienste der Kathedralkirchen, Würzburg 1826

Oeser, R.: Die Schreckensjahre von Lindheim; Ein Beitrag zur Sittengeschichte des 17. Jh.; Für das Volk erzählt von O. Glaubrecht (Pseud.), 4. Auflage, Frankfurt a.M./Erlangen 1862

Oesterley, W.O.E.: The Jews and Judaism during the Greek Period, London 1942

Ohle, R.: Der Hexenwahn; In: Religionsgeschichtliche Volksbücher, IV. Reihe, 8. Heft, Tübingen 1908

Ohlig, K.H.: Braucht die Kirche einen Papst? Düsseldorf 1973

Ohse, Bernhard: Die Teufelsliteratur zwischen Brant und Luther; Ein Beitrag zur näheren Bestimmung der Abkunft und des geistigen Orts der Teufelsbücher, besonders im Hinblick auf ihre Ansichten über das Böse, Phil. Diss., Berlin 1961

Oldenburg, Z.: Die Kreuzzüge; Traum und Wirklichkeit eines Jahrhunderts, Frankfurt a.M. 1967

Olliver, C.W.: An Analysis of Magic and Witchcraft, London 1928

O'Meara, B.E.: Napoleon in Exile, or a Voice from St. Helena, London 1822

Oristagini, Pr.A. von: Pro tuendo sacro colibatur axomalia Catholicum, Paris 1545

Orzekowa, Eliza: Die Hexe; Roman, 1982

Osborn, Max: Die Teufelsliteratur des 16. Jh., Berlin 1893

Osenbrüggen, E.: Der letzte Hexenprozeß, Leipzig 1893

Osiander, J.A.: Examen de coelibatu Clericorum, Tübingen 1664

Osiander, L.: Warnung vor der Jesuiter blutdurstigen Anschlägen und bösen practiken, durch welche sie die reine evangelische Lehre auszutilgen sich unterstehen, Tübingen 1585

Osiandrum, Johann: Tractatus theologicus de magie

Ostermann, Peter: Commentarius iuridicus ad L. Stigmata, Köln 1629

Osterreich, K.T.: Die Besessenheit, Langensalza 1921

Oswald, A.O.E.: Die Darstellung des Teufels in der christlichen Kunst, 1931

Otto, Gert: Sachkunde Religion, 2. Auflage, Düsseldorf 1970

Oudini Commentarius de scriptoribus Ecclesiae antiquis, Leipzig 1723

P

Paillard, Jean: Vier Evanglisten, Vier Welten, Frankfurt a.M. 1961

Paine, L.: Sex in the Witchcraft, New York 1972

Palacky, F.: Documenta Joannis Hus vitam, doctrinam, causam in Constantinensi concilio actam illustratia, Prag 1869

Palamenghi-Crispi, C.: Francesco Crispi; Memoiren, Erinnerungen und Dokumente, Berlin 1912

Palina, F.: Dummheit als gesellschaftliches Phänomen, Homo stultus, Wien 1972

Palingh, Abraham: Het af gerukt Mom-aangezicht der Tooverij - Die abgerissene Maske der Zauberer, Amsterdam 1659

Pancirollus, Guido: De origine et auctoritate Icorum et de vicis illustribus maximine in iure seu de claris iuris interpretibus libros IV.

Pannenberg, W.: Jesu Geschichte und unsere Geschichte; In: Radius, 1960

Panneton, G.: Der Himmel, Innsbruck 1961

Panneton, G.: Die Hölle, 1963

Papen, Franz von: Der Wahrheit eine Gasse, 1952

Parkes, J.: Antisemitismus, München 1964

Parpert, F.: Der monaistische Gedanke, 1966

Paseul, B.: Die Sittenlehre und Politique der Jesuiten, verfassend die XVIII. Brief der Provinciales; Mit Anmerkungen, 1740

Pasewaldt, E.: Die heilende Kraft des christlichen Glaubens, 1979

Paullini, Christina Franciscus: Annales Corbeiiensis, 1688

Pauls, Emil: Zauberwesen und Hexenwahn am Niederrhein; In: Beiträge zur Geschichte des Niederrheins, Band XIII, S. 134, Düsseldorf 1898

Paulus, H.E.G.: Das Leben Jesu als Grundlage einer reinen Geschichte des Urchristentums, 3 Bände, 1. Band 1928

Paulus, N.: Geschichte des Ablasses im Mittelalter vom Ursprung bis zur Mitte des 14. Jh., 1922/23

Paulus, Nikolaus: Bibel und protestantische Hexenverfolgung; In: Wissenschaftliche Beilage zur Germania, Nr. 44, Jg. 1907, Berlin 1907

Paulus, Nikolaus: Die Rolle der Frau in der Geschichte des Hexenwahns; In: Historisches Jahrbuch der Görres-Gesellschaft, S. 72, 1908

Paulus, Nikolaus: Hexenwahn und Hexenprozeß, vornehmlich im 16. Jh., Freiburg i.Br. 1910

Paulus, Nikolaus: Johannes Brenz und die Hexenfrage; In: Wissenschaftliche Beilage zur Germania, Nr. 26, Berlin 1909

Paulus, Nikolaus: Protestantismus und Toleranz im 16. Jh., Freiburg i.Br. 1911

Paulus, Nikolaus: Rom und die Blütezeit der Hexenprozesse; In: Historische politische Blätter für das katholische Deutschland, 141. Band, 1. Heft, München 1908

Paulus, Nikolaus: Württembergische Hexenpredigten aus dem 16. Jh.; In: Diözesanarchiv von Schwaben, 15, Nr. 6, 1897

Paulus, Nikolaus: Zur Kontroverse über den Hexenhammer; Historisches Jahrbuch 29, S. 559-74, 1908

Paulus: Das Leben Jesu, 2 Bände, Heidelberg 1828

Pax, Wolfgang E.: In the Footsteps of Jesus; A Pilgrimage to the Scenes of Christ's Life, Tel Aviv 1970

Pennethorne, Hughes: Witchcraft, London 1952

Peradovich, V./Stingl: Gott segne den Führer; Die Kirchen im Dritten Reich; Eine Dokumentation von Bekenntnissen und Selbstzeugnissen, 1985

Perecin: Das Vatikanische Concil und die Priesterehe, 1870

Pereira, A.: Von der Macht der Bischöfe, Frankfurt a.M./Leipzig 1773

Pernaud, Régine: Die Kreuzzüge in Augenzeugenberichten, Düsseldorf 1961 und 1975

Pertsch, Dietmar u.a.: Kleines Lexion der Reformation, München 1983

Pesch, Chr. (SJ): Die christliche Staatslehre nach den Grundsätzen der Enzyklika vom 1.11.1885, Aachen 1887

Petersdorff, Egon von: Dämonen, Hexen, Spiritisten und Mächte der Finsternis; Einst und jetzt; Eine Dämonenlehre aller Zeiten, 2 Bände, Wiesbaden 1960

Peucerus, Caspar: Commentarius de praecipius divinationum generibus, Wittenberg 1553

Peuckert, Will.-Erich: Deutscher Volksglauben des Spätmittelalters, Stuttgart 1942

Peuckert, Will.-Erich: Die große Wende; Das apokalyptische Saeculum und Luther; Geistesgeschichte und Volkskunde, Hamburg 1948

Peuckert, Will.-Erich: Hexen- und Weiberbünde; In: Kairos Band 2, Theorie des Hexenglaubens und des im Hexenglauben weiterlebenden weiberzeitlichen Weltbildes, S. 101 ff, 1960

Peuckert, Will.-Erich: Hexensalben; In: Medizinische Monatsspiegel, Darmstadt 1960

Pfannenschmid, H.: Erklärungsversuch einiger französischer, auf das Hexenwesen des Mittelalters bezüglichen Ausdrücke: Genot, Genocherie, Criage; In: La Revue nouvelle d'Alscae-Lorraine, Colmar, Juni 1884

Pfaundler, I.: Ueber die Hexenprozesse des Mittelalters mit spezieller Beziehung auf Tirol; Nebst einer aktenmäßigen Darstellung eines Hexenprozesses vom Jahre 1680, Innsbruck 1843

Pfeifer, Hans: Die Brüder des Schattens, Zürich 1982

Pfeiffer, W.M.: Rites of the Catholic Church as revised by the Second Vatican Ecumenic Council - Original: Rituale Romanorum 1614, New York 1976

Pfeiffer, W.M.: Transkulturelle Psychiatrie, Stuttgart 1917

Pfister, O.: Calvins Eingreifen in die Hexenprocesse von Peney 1545 nach seiner Bedeutung für Geschichte & Gegenwart; Ein kritischer Beitrag zur Charakteristik & zur gegenwärtigen Calvin-Renaissance, Zürich 1947

Pfister, O.: Das Christentum und die Angst, 1944

Pflug, W.: Anna, eine Hexengeschichte, Dessau 1929

Pfrang, Michael: Der Prozeß gegen die der Hexerei angeklagte Margaretha Köninger; Ein Hexenverfahren in der Zent Gerolzhofen; In: Würzburger Diözesangeschichtsblätter 49, S. 155-65, 1987

Phragmatische Geschichte der vornehmsten Mönchsorden, Band 9, Leipzig 1782

Pietsch, P.: Die Doruchower Hexenverbrennung vom Jahre 1775

Pilbeam, D.: Die Abstammung von Hominoiden und Hominiden; In: Spektrum der Wissenschaft, 5, 1984

Pilitz, O.: Die Dramen der Roswitha von Gandersheim, Leipzig o.J.

Piman, Benn: The Assassination of President Lincoln and the Trial of the Conspirators, Washington 1865

Pirckmayr, Fr.: Der Hexenturm in Salzburg, 1885

Pisa, A. von: De abstinantia & continenia, seu de Jeunio & ciborumdelectu et de Apostolica coelibatu, Köln 1579

Placius, Vincentius: Theatrum Anonymorum et Pseudonymoreum psotum, Hamburg 1708

Plack, A.: Die Gesellschaft und das Böse; Eine Kritik der herrschenden Moral, 1967

Planck: Geschichte der christlich-kirchlichen Gesellschaftsverfassung, Hannover 1805

Planitz, E.A.: Die Hexe von Goslar, Wittenberg 1924

Plenkers, W.: Das Hexenwesen in Dänemark; In: Stimmen aus Maria-Laach, LV., 1896

Pörtner, Rudolf: Operation Heiliges Grab; Legende und Wirklichkeit der Kreuzzüge, Düsseldorf/Wien 1977

Pohl, Josef: Ein Hexenprozeß zu Linz am Rhein vom Jahre 1631; In: Bonner Archiv, Jg. 5, Nr. 5, 1893

Pokorny, P.: Kirche und Mächte; In: Communion Viatorum, 1859

Pollack, H.: Mitteilungen über den Hexenprozeß in Deutschland, Berlin 1885

Pomponatius (Pomponazzi), Petrus: Philosophi de naturalium Renaissance; Philosophi de naturalium effectuum causis sive de incantationibus, 1520, erst veröffentlicht 1566

Portmann, H.: Dokumente um den Bischof von Münster, 1948

Portmann, H.: Kardinal von Galen, 1959

Poschmann, B.: Der Ablaß in der Bußgeschichte, 1948

Potter, von: Leben und Memoiren des Scipio von Ricci, Bischof von Pistoja, Reformator des Katholicismus in der Toskana unter der Regierung Leopolds ... Aus dem Französischen, Stuttgart 1826

Pottmeyer, H.J.: Unfehlbarkeit und Souveränität; Die päpstliche Unfehlbarkeit der ultramontanen Ekklesiologie des 19. Jh.; Tübinger Studien, Band 5, Mainz 1975

Praetorius (Pseud. Sculteus), Antonius: Von Zauberey und Zauberern, gründlicher Bericht, 1598 bereits unter Pseudonym erschienen, Heidelberg 1613 und 1629

Pranaitis, I.B.: Christo i christiani nel talmud, Rom 1939

Prause, Gerhard: Die kleine Welt des Jesus Christus, Hamburg 1981

Prawer, Joshua: Die Welt der Kreuzfahrer, Wiesbaden 1974

Praz, N.: Liebe, Tod und Teufel; Die schwarze Romantik, 1963

Preime, H.: Die Frau in den altfranzösischen Faiblaux, 1901

Preisigke, S.F.: Die Gotteskraft der frühchristlichen Zeit; Schriften des Papyrusinstitutes Heidelberg, 6, 1922

Preradovich/Stingl: Gott segne den Führer; Die Kirchen im Dritten Reich; Eine Dokumentation von Bekenntnissen und Selbstzeugnissen, 1985

Pressel, W.: Hexen und Hexenmeister, oder, Vollständige und getreue Schilderung und Beurtheilung des Hexenwesens, Stuttgart 1860

Preuschen, E.: Mönchtum und Serapiskult, 1903

Preuss, H.: Die Vorstellungen vom Antichrist im späten Mittelalter bei Luther und in der konfessionellen Polemik, 1906

Preziger, J.U.: Antiforesus sive, disputi de coelibatu 8 votis, Tübingen 1623

Prince, D.: Das Austreiben der Dämonen, o.J.

Prinz, P.: Klerus und Krieg im frühen Mittelalter, Stuttgart 1871

Prokop, Otto, Hrsg.: Medizinischer Okkultismus; Paramedizin, Jena 1964

Protokolle von Hexenprozessen in Flamersheim, Flamersheim (?) 1629/30

Prutz, Hans: Die geistlichen Ritterorden, Berlin 1908

Prutz, Hans: Kulturgeschichte der Kreuzzüge, Berlin 1883

Prutz, R.: Der Hexenglaube in der Universitätsaula; In: Deutsches Museum, 7. Jg., Leipzig 1857

Purdy, W.A.: Die Politik der katholischen Kirche, Gütersloh 1966

Putter, N.: Juristische Untersuchung über das gerichtliche Bekenntnis der Hexen, daß sie aus der schändlichen Buhlschaft mit dem Satan ein menschliches Wesen erzeugt hätten, Diss., 1698

Q

Quanter, Rudolf: Die Folter in der deutschen Rechtspflege einst und jetzt; Ein Beitrag zur Geschichte des deutschen Strafrechts, Dresden 1900

R

Radbruch, Gustav: Hans Baldungs Hexenbilder; In: Elegantiae juris criminalis; Vierzehn Studien zur Geschichte des Strafrechts, 2. Auflage, Basel 1950

Radbruch, Gustav/Gwinner, Heinrich: Geschichte des Verbrechens; Versuch einer historischen Kriminologie, Stuttgart 1951

Rade, Martin: Zum Teufelsglauben Luthers; Marburger Theologische Studien, 2, Gotha 1931

Rahn, O.: Kreuzzug gegen den Gral; Die Tragödie des Katharismus, Stuttgart 1964

Rahner, K.: Besessenheit; Theologische Aspekte; In: Lexikon für Theologie und Kirche, 2. Band, Freiburg i.Br. 1958

Rahner, K.: Grundkurs des Glaubens; Einführung in den Begriff des Christentums, Freiburg i.Br. 1984

Rahner, K.: Vom Mut zum kirchlichen Christentum, 1979

Rahner-Vorgrimler: Kleines Konzilskompendium, 359; Erklärung über das Verhältnis zu den nichtchristlichen Religionen

Ranke, Leopold von: Das Zeitalter der Kreuzzüge und das späte Mittelalter, Berlin 1948

Ranke, Leopold von: Die römischen Päpste in den letzten vier Jahrhunderten, 3 Bände, Wiesbaden 1957

Ranke, Leopold von: Die römischen Päpste, Freiburg i.Br. 1933

Ranle, Leopold von: Deutsche Geschichte im Zeitalter der Reformation, München 1925

Rapp, L.: Die Hexenprozesse und ihre Gegner aus/in Tirol, Innsbruck 1874, 2. Auflage, Brixen 1891

Rathjen, Hans-Wilhelm: Die Höllenvorstellungen in der mittelhochdeutschen Literatur, Ungedruckte Phil. Diss., Freiburg i.Br. 1956

Ratzinger, Josef: Dogma und Verkündigung; darin: Abschied vom Teufel, München 1973

Raumer, G.W. von: Actenmäßige Nachrichten von Hexenprozessen und Zaubereien in der Mark Brandenburg vom 16. bis ins 18. Jh.; In: Märkische Forschungen 1, S. 236, Berlin 1841

Rautert, Fr.: Blos für die Scribenten; Etwas näheres über die Hexenprozesse der Vorzeit, aus authentischer Quelle, Essen 1827

Rauth, F.: Das sittliche Leben des Menschen im Licht der vergleichenden Verhaltensforschung, 1969

Rawson, Ph./Confort, H., Hrsg.: Weltgeschiche der erotischen Kunst des Ostens, 1969

Reban, John: Christus wurde lebendig begraben; Zürich 1976

Rede Sr. Eminenz des Cardinals Carl Adalbert Guido Boni Cavalchini, decanus des h. Collegiums, welcher er in der Congregation des heiligen Offici wegen der Vertreibung der Jesuiten aus Spanien gehalten hat; Aus dem Lateinischen übersetzt, Halle 1769

Redlich: Kardinal Albrecht und das neue Stift in Halle

Regnet, C.A.: Von Zauberapparaten und Hexenakten im Reichsarchiv zu München; In: Archivalische Zeitschrift, VI. Band, München 1881

Reich, Felix: Hexenprozesse in Danzig und in den westpreußischen Grenzgebieten, Diss., München 1940

Reich, W.: Die Entdeckung des Organs; Die Funktion des Orgasmus; Sexualökonomische Grundprobleme der biologischen Energie, 1972

Reiche, J.: Unterschiedliche Schriften vom Unfug des Hexenprozesses, zu fernerer Untersuchung der Zauberer, Halle 1703

Reichel, R.: Ein Marburger Hexenprozeß vom Jahre 1546; In: Historischer Verein für Steiermark; Mitteilungen, 27. Heft, Graz 1879

Reimarius, H.S.: Abhandlungen von den vornehmsten Wahrheiten der natürlichen Religion, 6. Auflage, 1719

Reimarius, H.S.: Von Duldung der Deisten; Fragment eines Ungenannten, 1774

Reinhold, G.: Der alte und der neue Glaube, Wien 1911

Reiss, L.: Doppelmoral, Freizügigkeit, Enthaltsamkeit; Verhaltensmuster der Sexualität, 1970

Reiss, Wolfgang: Die Hexenprozesse in der Stadt Baden-Baden; Freiburger Diözesan-Archiv, 91, 3. Folge 23, Freiburg i.Br. 1971

Remigius, Nicolaus: Daemonolatriae libri tres. Lugduni, 1594

Renan, E.: Les Aptres, Paris 1866

Rengstorf, Karl Heinrich/Kortzfleisch, Siegfried von, Hrsg.: Kirche und Synagoge; Handbuch zur Geschichte von Christen und Juden; Darstellung mit Quellen, Band I, Stuttgart 1968

Rengstorf, Karl Heinrich: Das Evangelium des Lukas, Göttingen 1962

Resenhöffl, Wilhelm: Existenzerhellung des Hexentums in Goethes Faust; Grundlinien axiomatisch-psychologischer Deutung, Bern 1970

Rest, J.: Ettenheimer Hexenprozesse im 17. Jh.; In: Die Ortenau, Mitteilungen des historischen Vereins für Mittelbaden, 3. Heft, Offenburg 1912

Rest, J.: Illuminierte Ablaßurkunden aus Rom und Avignon aus der Zeit von 1282-1364; In: Abhandlungen aus dem Gebiet der mittleren und neueren Geschichte und ihre Hilfswissenschaften, S. 147 ff, 1925

Reunig, Wilhelm: Balthasar Bekker; Der Bekämpfer des Teufels- und Hexenglaubens, Ungedruckte Phil. Diss., Gießen 1925

Reuß: Hexenwesen unter den Studierenden zu Würzburg; In: Anzeiger für Kunde der deutschen Vorzeit; NF Organ. des Germanischen Museums, 2 Bände, Jg. 1855, Leipzig 1855

Rhamm, A.: Hexenglaube und Hexenprozesse, vornehmlich in den braunschweigischen Landen, Wolfenbüttel 1882

Rhodes, A.: Der Papst und die Diktatoren; Der Vatikan zwischen Revolution und Faschismus, Wien/Graz/Köln 1980

Ribadeneira, P.: Catalogus Scriptorum Societas Jesu, Antwerpen 1613

Rice, Tamara Talbot: Die Seldschuken, Köln 1963

Richter, H.E.: Der Gotteskomplex, Reinbek 1979

Richter, J.: Bildergalerie klösterlicher Mißbräuche, 1913

Riciotti, G.: Vita de Christo, Vatikanstadt 1948

Riedel, A.J.: Ein Hexenprozeß, verhandelt bei dem Amtsgerichte zu Neustadt an der Dosse im Jahre 1667, Berlin 1826

Riegler, Ferdinand: Hexenprozesse, mit besonderer Berücksichtigung des Landes Steiermark; In: Zur Steiermärkischen Kultur, Graz 1926

Ries, J.: Kirche und Keuschheit; Die geschlechtliche Reinheit und die Verdienste der Kirche um dieselbe, 1922

Riess, Curt: Erotisches Lesebuch, 1969

Riezler, Sigmund: Geschichte der Hexenprozesse in Bayern, Stuttgart 1896

Riezler, Sigmund: Paul Laymann und die Hexenprozesse; Zur Abwehr; Historische Zeitschrift 84, 1900

Rinder, J.Chr.: Eine Hexe nach ihrer greslichen Gestalt und gerechten Strafe ... Jena 175?

Risco, V.: Satanas, Historia del Diablo, Barcelona 1956

Rissel, R./Böker, W.: Verhexungswahn; In: Bibliotheca psychiatr. neurol. Band 124, Basel 1964

Ritter, Gerhard: Romantische und revolutionäre Elemente in der deutschen Theologie am Vorabend der Reformation; Deutsche Vierteljahresschrift für Literaturwissenschaft und Geistesgeschichte, 5, 1927

Ritzer, E.: Eheschließung; Formen, Riten und religiöses Brauchtum in den christlichen Kirchen des ersten Jahrhunderts, 1951

Robbins/Rosell/Hope: The Encyclopedia of Witchcraft and Demonology, New York 1960

Robertson, A.: The Origin of Christiany, London 1954

Rocca, A.. Über den Teufel und sein Wirken, Gröbenzell 1966

Rock, J.: Geburtenkontrolle; Vorschläge eines katholischen Arztes, 1964

Röder von Diersburg, Felix Freiherr von: Verhöre und Verurteilung in einem Hexenprozesse zu Triersperg im Jahre 1486; Nach den Mitteilungen aus dem Röderschen Archiv, Freiburger Diözesanarchiv, Band 15, S. 95 ff, 1882

Rodericus Fernandus de Santa Ella dialogus contra impugnatorum coelibatus, et castitis Presbyterorum ad Sixtum IV.

Rodewyk, A.: Dämonische Besessenheit heute, Aschaffenburg 1964

Rodewyk, A.: Die dämonische Besessenheit, Aschaffenburg 1966

Rodingi, Guil. Hassi: Contra impias Scholas Jesuitarum et eos, qui suos pueros ipsis mandandos commitunt, ad Christianos homines oratio, Heidelberg 1575

Röhr, J.: Der okkulte Kraftbegriff im Altertum, 1923

Röhricht, Reinhold: Geschichte der Kreuzzüge im Umriß, Innsbruck 1898

Röhricht, Reinhold/Meisner, H.: Deutsche Pilgerreisen nach dem Heiligen Land, 1880

Römer, Wilhelm: Die Hexenbulle, nebst Auszügen aus dem Hexenhammer; Aus dem Lateinischen ins Deutsche übersetzt und mit erläuternden Anmerkungen versehen, 2. Auflage, Schaffhausen 1889

Rönckendorff, Edda: Hexen haben's heute schwer; 13 zauberhafte Geschichten, 1987

Roesgen, Manfred von: Kardinal Albrecht von Brandenburg; Ein Renaissancefürst auf dem Mainzer Bischofsthron, Moers 1980

Rogerson, John: Land der Bibel; Weltatlas der alten Kulturen, München 1985

Rogge-Ludwig: Hexenprozesse in Eschwege 1657; In: Zeitschrift des Vereins für hessische Geschichte, 1884

Roh, P. (SJ): Die Grundirrtümer unserer Zeit, 4. Auflage, Freiburg i.Br. 1869

Romanus, Carl Friedrich: Tractatus an dentur Spectra, Magi et Sagae, Leipzig 1703

Romeßwinckel, Joanne/Blankenbergh, Walramo: Defensio probae stimaticae et magistratum, 2. Processus et forma procedendi per stigmatica contra sagas, 3. Alia defensio ... Köln 1630

Ronner, W.: Die Kirche und der Keuschheitswahn, 1971

Rosa, P. de: Gottes erste Diener; Die dunkle Seite des Papsttums, 1989

Roscher, H.: Papst Innocenz III. und die Kreuzzüge, Göttingen 1968

Rosenberg, A.: Praktiken des Satanismus, 1965

Rosenow, E.: Wider die Pfaffenherrschaft, 2 Bände, 1904/05

Rossetus, Franciscus: Thetrum tragicum

Rosskoff, G.: Geschichte des Teufels, 1869, Nachdruck 1986

Rost, H.: Der Liberalismus als Feind der Kirche, Augsburg 1958

Rost, H.: Die katholische Kirche, die Führer in der Menschheit; Eine Kultursoziologie, 1949

Roth, H.: Katholische Jugend in der Nazi-Zeit; Daten und Dokumente, Altenburg/Düsseldorf 1959

Rothenberg, F.S.: Theologische Fremdwörter, Wuppertal 1965

Rudeck, W.: Geschichte der öffentlichen Sittsamkeit in Deutschland, 1897

Rudolph, K.: Gnosis und Gnostizismus; In: Theologische Rund

Rübel, C.: Hexenaberglaube, Hexenprozesse und Zauberwahn in Dortmund; In: Beiträge zur Geschichte Dortmunds und der Grafschaft Mark, Dortmund 1913

Rückert, G.: Der Hexenwahn, ein Kulturbild aus Lauingens Vergangenheit; In: Alt-Lauingen, Organ des Alterumvereins, 2. Jg., Lauingen 1907

Rülling, G.E. von: Auszüge einiger merkwürdiger Hexenprozesse aus der Mitte des 17. Jh. im Fürstenthum Calenberg ausgeführet, Göttingen 1706 (1786?)

Runciman, Steven: Geschichte der Kreuzzüge, 3 Bände, München 1957-60 und 1975

Ruppert: Ein badischer Hexenrichter; In: Zeitschrift der Gesellschaft für Geschichtskunde von Freiburg i.Br., V. 1880

Ruska, A.: De inferno et statu daemonum ante exitium libri quinque, Mailand 1621

Russel, Bertrand: Warum ich kein Christ bin, 1968

Russell, Jeffrey B.: A History of Witchcraft, Sorcerers, Heretics and Pagans, London 1980

Russwurm, J. (Iru): Im Heiligtum der Klosterzelle, 1933

Rymen-Serkau: Die Verworfenheit der jesuitischen Sittenlehre, quellenmäßig bearbeitet, Berlin 1904

S

Sacerdate, G.: Cesare Borghia, Mailand 1950

Sagittarius, Caspar: Antiquitates gentilismi et Christianismi Thuringici, 3 Bände, Jena 1685

Saigner (lat. Saginetus), G.: Ließ mit der Hand abschreiben: Lamentation coelibatum Sacerdotum, oder Dialogus Nicenae constituiones & Naturae re conquerentis; Ein von Johann Gerson widerlegtes Gespräch

Salibi, K.: Die Bibel kam aus dem Land Asir; Eine neue These über den Ursprung Israels, 1983

Salvatorelli: Die Politik des Heiligen Stuhles nach dem Krieg

Salzmann, der Ältere: Die Hexenprozesse der Reichsstadt Esslingen; Nach einem am 5.3.1887 im württembergischen Altertumsverein gehaltenem Vortrag, Esslingen

Sammlung der merkwürdigsten Schriften, die Aufhebung des Jesuiter-Ordens betreffend, 5 Stücke, 1773-82

Santarell, A.: Tractatus de haeresi, schismate, apostasia et sollicitat; Rom 1625

Sarpi, P.: Von dem Kirchengute; Aus dem Italienischen übersetzt von Steel (?), Frankfurt a.M./Leipzig 1786

Sarthory, Th.: Gibt es noch Teufelsaustreibungen? Interview im Stern 3, 1969

Sarthory, Th.: Fragen an die Kirche; Probleme des Christen in der Gegenwart, 1965

Sarthory, Th.und G.: In der Hölle brennt kein Feuer, 1968

Saur(ius), Abraham(us): Eine kurtze, trewe Warnung, Anzeige und Underricht: Ob auch zu dieser unserer Zeit unter uns Christen Hexen, Zauberer und Unholden vorhanden, unnd was sie außrichten; In: Theatrum veneficorum, Frankfurt a.M. 1582 und 1786

Sauter, Johann Georg: Zur Hexenbulle 1484; Die Hexerei, mit besonderer Berücksichtigung Oberschwabens; Eine kulturhistorische Studie, Ulm 1884

Savramis, D.: Theologie und Gesellschaft, 1971

Sciascia, Leonardo: Das Hexengericht; 3 Erzählungen zu 3 Prozessen in Italien aus dem 17., 19. und 20. Jh., 1968

Scot, Reginald: Detectio artis Magicae, London 1665

Scot, Reginald: Letters on Demonologie and Witchcraft, London 1584

Scott, W.: Briefe über Dämonologie und Hexerei, 2 Theile, 1853

Scribonius, Wilhelm Adolf: De Sagarum natura et protestate deque his rechte congnoscendis et puniendis, Contra Joannem Euvichium in Republica Bremensi, Marburg 1588

Sebald, Hans: Hexen damals, Hexen heute? Frankfurt a.M. 1987

Sebald, Hans: Witchcraft; The Heritage of a Heresy, New York 1978

Seebacher-Mesaritsch, A.: Hexen-Report; Bericht über eine Massentragödie in der Steiermark 1425-1746, Graz 1972

Seeber, D.A.: Paul; Papst im Widerstreit, 2. Auflage, 1972

Seeberg, E: Die Apologie der heiligen Katharina, 1924

Seeberg, R.: Luthers Anschauung von dem Geschlechtsleben und der Ehe und ihre geschichtliche Stellung; In: Luther Jahrbuch, 1952

Seemann, O.: Über einige Hexenprozesse im Stift Essen; In: Historischer Verein für Stadt und Stift Essen; Beiträge zur Geschichte von Stadt und Stift Essen, 10. Heft, Essen 1886

Seidlmayer, Michael: Wege und Wandlungen des Humanismus; Studien zu seinen politischen, ethischen, religiösen Problemen, Göttingen 1965

Seiffert, J.: Gewissensbuch von den Prozessen gegen die Hexen, Bremen 1647

Séjourné, P.: Sorcellerie, Dictionnaire de Théologie Catholique 14/2, paris 1941

Seligmann, K.: Das Weltreich der Magie, 1948

Sell, Karl: Neuestes über Papsttum, Inquisition, Aberglauben, Hexenwesen; In: Preußische Jahrbücher, S. 531, 1900

Semmler, J.S.: Abfertigung der neuen Geister und alten Irrthümer in der Lohmannischen Begeisterung nebst theologischem Unterricht von den leiblichen Beziehungen des Teufels und Bezauberungen der Christen, 1759

Sendschreiben eines Portugiesen aus Lissabon an einen seiner Freunde in Rom über das von den Jesuiten an den regierenden Papst Klemens XIII. übergebene Memorie; Mit Anmerkungen, 1759

Sendschreiben Königl. Majestät in Großbritannien wieder alle Recusanten, Jesuiten ... in England; Aus dem Englischen, Straßburg 1616

Senestrey, I. von; Wie es zur Definition der päpstliche Unfehlbarkeit kam; Tagebuch vom 1. Vatikanischen Konzil; Hrsg. und kommentiert K. Schatz; Frankfurter Theologische Studien, 24, Frankfurt a.M. 1977

Seppelt, F.X.: Geschichte der Päpste von den Anfängen bis zur Mitte des 20. Jh., 5 Bände, München 1954-59

Seppelt, F.X.: Papstgeschichte, München 1964

Siebel, Friedrich Wilhelm: Die Hexenverfolgung in Köln, Jur. Diss., Bonn 1959

Siegfried, T.: Richtige Antwort auf die Frage: Ob Zauberer und Zauberinnen mit ihrem Zauber Pulver Kranckheiten oder den Todt beybringen können, Erfurt 1593

Sincerus, Theophil: Nord-schwedische Hexerey, oder Simia Dei, Gottes Affe, Das ist: Ausführliche Beschreibung der schändlichen Verführungen des leidigen Satans ..., Augsburg (?) 1677

Smolitsch, I.: Russisches Mönchtum, 1953

Smyth, Frank: Geister und Poltergeister; Die Welt des Übersinnlichen, Frankfurt a.M./Berlin/Wien 1978

Snell, O.: Hexenprozesse und Geistesstörung; Psychiatrische Untersuchung, München 1891

Söderberg, H.: La Religion des Cathares, Upsala 1949

Sölle, D.: Atheistisch an Gott glauben; Theologische Beiträge, Olten 1968

Sölle, D.: Christ bin ich wegen Christus, 1979

Soldan, Wilhelm Gottlieb: Ein Beitrag zur Geschichte der Hexenprozesse; In: Zeitschrift für deutsche Strafverfahren, 3. Band, Karlsruhe 1843

Soldan, Wilhelm Gottlieb: Geschichte der Hexenprozesse; Aus den Quellen dargestellt, Stuttgart 1843 - Neubearbeitung von Heinrich Heppe, Stuttgart 1880 - Neuarbeitung und Hrsg. Max Bauer, München 1912

Soll, K.: Neuestes über Papsttum, Inquisition, Aberglauben und Hexenwesen; In: Preussisches Jahrbuch, 1900

Solleder, Fridolin: Hexenwahn, Zauberei und Wunderglauben in Franken; In: Frankenland, 1. Jg., S. 115-126 und 176-183, 2.-4. Heft, 1914

Soman, Alfred: Les procés de sorcellerie au Parlament de Paris 1565-1640; Annales Economies, Sociétés, Civilisations, 32, S. 790-814, Paris 1977

Sontheimer, K.: Warum sollte ich nicht Christ sein? 1979

Spach, L.A.: Das Hexenwesen im Elsass, ca. 1871

Specht, Fr.A.: Geschichte des Unterrichtswesen von den ältesten Zeiten bis zur Mitte des 13. Jh., Stuttgart 1885

Spee, Friedrich von (möglicherweise?): Theologischer Prozeß wie mit Hexen und zauberischen Personen zu verfahren seye; Auß H. Göttlicher Schrifft zu behuf der Pastorn, so mit dergleichen personen umbgehen, absolvieren und trösten müssen, zusammengetragen 1631

Spee, Friedrich von: Cautio criminalis, seu de Processibus contra saga. liber, 1631

Speicher, G.: Die großen Tabus, 1969

Spesz, Okkultismus und Wunder, 1929

Spielmann, Karl-Heinz: Die Hexenprozesse in Kurhessen; Nach den Quellen dargestellt, 2. Auflage, Marburg 1932

Spies, J.: Historia von D. Johann Fausten, dem weitbeschreiten Zauberer und Schwarzkünstler, 1587

Spina (Spineus), Bartholomäus de: Novus Malleus Maleficrum sub quaestione de strigibus seu Maleficis, 1523

Spina (Spineus), Bartholomäus de: Qaestio de Strigibus et Lamiis, 1523

Spitzer: Teufelsbündner, Zauber- und Hexenglauben und dessen kirchliche Ausbeutung der Menschheit, Leipzig 1871

Spizelius, Theophilus: Expugnation Orci: Die gebrochene Macht der Finsterniß oder zerstörte teufflische Bunds- und Buhl-Freundschaft mit den Menschen ... Augsburg 1687

Sprecher, M.: Ehemalige Priester erzählen; Wir wählten die Ehe; In: Elle, 12, S. 87 ff, Basel 1973

Sprenger, Jacob: siehe Institoris

Suarez, defensio fidei cathol. et post, adversus anlicanae sectae errores, Köln 1614

Süßmuth, H.: Heiliger Krieg; Barriere des Friedens; In: Saeculum, 4, Freiburg i.Br. 1971

Suhl, A.: Der Wunderbegriff im Neuen Testament, 1980

Summers, Montague: Geography of Witchcraft, London 1927

Susannis Tract de coelibatu sacerdotum non abrogando, Venedig 1565

Sutter, Berthold: Der Hexenprozeß gegen Katharina Kepler, 2. Auflage, Weil der Stadt 1984

Sutter, Berthold: Johannes Kepler und Graz; Im Spannungsfeld zwischen geistigem Fortschritt und Politik; Ein Beitrag zur Geschichte Innerösterreichs, Graz 1975

Sutter, Berthold: Wissenschaft und geistige Strömungen zwischem dem Augsburger Religionsfrieden und dem 30jährigen Krieg; Wissenschaftsgeschichte um Wilhelm Schikkard; Contubernium 26, S. 153-240, Tübingen 1981

Sutton, A.C.: Wallstreet on the Rise of Hitler

Svátek, J.: Hexenprozesse in Böhmen u.a.; In: Culturhistorische Bilder aus Böhmen, Wien 1879

Szasz, Thomas S.: Die Fabrikation des Wahnsinns, Olten 1974

SCH

Schacher, J. von: Das Hexenwesen im Kanton Luzern nach den Prozessen von Luzern und Sursee 1400-1675, Phil. Diss., Freiburg i.Br. (?), Luzern 1947

Schade, Sigfried: Schadenzauber und die Magie des Körpers, Worms 1983

Schadewaldt, H.: Der Medizinmann bei den Naturvölkern, 1968

Schäfer, Georg: Die Hexe von Bingenheim; Oberhessischer Volksroman, unter Benutzung von vorhandenen Originalakten von 1652-60, 1978

Schäfer, Herbert: Aus den Prozeßakten eines Hexenbanners; In: Kriminalistik, Band 7, S. 347, 1964

Schäfer, Herbert: Der Okkultäter - Hexenbanner, magischer Heiler, Erdenstrahler, Diss. jur. Bonn 1958, Hamburg 1959

Schäfer, Herbert: Ein typischer Hexenbanner; In: Kriminalistik, Band 13, S, 158 ff, 1959

Schäfer, Herbert: Hexenmacht und Hexenjagd; Ein Beitrag zum Problem der kriminellen Folgen des Hexenaberglaubens, Hamburg 1955

Schaller, C.B.: Unsere nächsten Verwandten, 1968

Schamoni, W.: Auferweckung vom Tode; Aus Heiligsprechungsakten übersetzt, 1968

Schamoni, W.: Das wahre Gesicht der Heiligen, München 1950

Scharold, C.G.: Zur Geschichte des Hexenwesens im ehemaligen Fürstenthume Würzburg; In: Archiv des Historischen Vereins für Unterfranken, 5, S. 165-73 1839, 6, S. 128-34 1840

Schatz, O., Hrsg.: Hat die Religion Zukunft? Graz 1971

Scheffer, Johann: De natura et constitutione philosophiae italcae seu Pythagoricae librum prodonum magni operis de philosophia Pythagorica et de clariy Paythagiricis, Upsala 1664

Scheible, J.: Das Kloster, 1845

Schelen, Hermann: Frauen im Reich Äskulaps, Leipzig 1900

Schelkle, Karl Hermann: Das Neue Testament; Seine literarische und theologische Geschichte, 4. Auflage, Kevelaer 1970

Scheller, W.: Ich will mich nicht rächen; Ein Gespräch mit dem unstrittenen Theologieprofessor Hubertus Mynarek; In: Badische Zeitung Nr. 276, S. 12, vom 19.11.1973

Schelstraten, E. von: De cuniugio Sacerdotum; Es ist die dritte deren aus dem Werk des berühmten Acta Orientalis Ecclesia contra Lutheri haeresin, pg. 839, seg. Romae, 1739 einverleibte Dissertation.

Schenker, H.: Antisexuelle Propaganda; Sexualpolitik der Kirche, 1969

Scherf, D., Hrsg.: Der liebe Gott sieht alles; Erfahrungen mit religiöser Erziehung, Frankfurt a.M. 1984

Scherr, Johannes: Blätter im Winde, Leipzig 1875

Scherr, Johannes: Die letzte Reichshexe; In: Hammerschläge und Historien, Zürich 1878

Scherr, Johannes: Geschichte der deutschen Frauenwelt, Leipzig 1898

Scherr, Johannes: Gestalten und Geschichten, Berlin 1886

Scherr, Johannes: Neues Historienbuch, Leipzig o.J.

Schickfuß: Schlesische Chronik, Leipzig 1625

Schiess, E.: Das Gerichtswesen und die Hexenprozesse in Appenzell, Trogen 1919

Schild, Wolfgang: Alte Gerichtsbarkeit, München 1985

Schille, G.: Die urchristliche Wundertradition; Ein Beitrag zur Frage nach dem irdischen Jesus, 1967

Schillebeck, E.: Der Amtszölibat; Eine historische Besinnung, Düsseldorf 1967

Schilling, A.: Die Hexenverbrennungen in Ulm, Stuttgart 1883

Schilling, W.: Newer Tractat von der verführten Kinder-Zauberey, in welchem mit reiflichem Discours ... vorgehalten wirdt ..., Aschaffenburg 1630

Schillinger, J.: Die Hexenprozesse im ehemaligen Fürstbistum Basel; Vom Jura zum Schwarzwald, 8. Band, 1. Heft, Aarau 1891

Schilter, Joh.: De libertate eccelsiarum Germaniae, cum libro de prudentia iuris christianorum et de fatis ecclesiase S. Joanni Evengelistae revelatis

Schindler, Alfred, Hrsg.: Apokryphen zum Alten und Neuen Testament, 3. Auflage, Zürich 1989

Schlager: Wiener Skizzen aus dem Mittelalter

Schlatter, A.: Der Evangelist Matthäus, 1929

Schlatter, A.: Erläuterungen zum Neuen Testament, 5. Auflage, 1936

Schlecht, I.: Andrea Zamometic und der Basler Konzilsversuch vom Jahre 1482, 1903

Schletter: Zauber- und Hexenprozesse; In: Annalen zur deutschen und ausländigen Criminal-Rechts-Pflege, Berlin

Schlözer, A.L.: Hexen-Prozesse aus dem Hennebergischen; In: Staats-Anzeigen, 2 Bände, 6. Heft, Göttingen 1782

Schlözer, Kurt von: Letzte römische Briefe, Berlin 1924

Schlottmann, Konstantin: Der deutsche Gewissenskampf gegen den Vatikanismus, Halle 1882

Schmaus, M.: Begegnungen zwischen katholischem Christentum und nationalistischer Weltanschauung; Reich und Kirche; Eine Schriftenreihe, Münster 1943

Schmid von Kirchberg: Der Kaibenturm; Eine Hexengeschichte; Nach Schweizer Prozeßakten der 30er Jahren des 18. Jh., Dresden 1903

Schmidlin, J.: Papstgeschichte der neuesten Zeit, 4 Bände, München 1933-39

Schmidt, Eberhard: Inquisitionsprozeß und Rezeption, 1940

Schmidt, F.J.: Und der Satz: Teufflische Magie existiert besteht noch: In einer Antwort des katholischen Weltmannes auf die von einem Herrn Landpfarrer herausgegebene Apologie der Prof. Weber'schen Hexenreformation, Augsburg 1791

Schmidt, Gerhard: Sinn und Bedeutung der Constitutio Criminalis Carolina als Ordnung des materiellen und prozessualen Rechts; Zeitschrift für Rechtsgeschichte 96, Germanische Abteilung, 1966

Schmidt, J.: Histroca Societas Jesu Provincinae Bohemiae ab anno 1555 a annum 1615

Schmidt, K.D.: Grundriß der Kirchengeschichte, Göttingen 1979

Schmidt, W.: Anhaltische Hexenprozesse; In: Unser Anhaltland, 2. Jg., 1.-2. Heft, Dessau 1902

Schmidt: Der Ursprung der Gottesidee, Münster 1912

Schmidtchen, G.: Was den Deutschen heilig ist; Religiöse und politische Strömungen in der BRD, München 1979

Schmied, G.: Religion - eine List der Gene? Soziobiologie contra Schöpfung, Zürich 1989

Schmiedel, P.W.: Die Person Jesu im Streite der Meinungen der Gegenwart; Vortrag bei der 17. Hauptversammlung des schweizerischen Vereins für Freies Christentum zu Chur, 11.6.1906

Schmitz, C.A., Hrsg.: Religions-Ethnologie, Frankfurt a.M. 1964

Schmitz, E.H.: Dämonen im Dschungel der Dummheit, 1984

Schmitz, E.H.: Sie predigten Liebe - aber Kain war immer dabei (in Vorbereitung)

Schmitz, E.H.: Wunder im Wandel (in Vorbereitung)

Schmitz, H.J.: Die Bußbücher und die Bußdisziplin der Kirche; nach handschriftlichen Quellen dargestellt, 1883

Schmölzer, Hilde: Phänomen Hexe, Wahn und Wirklichkeit im Lauf der Jahrhunderte, München 1986

Schnabel, F.: Die katholische Kirche in Deutschland, Freiburg i.Br. 1965

Schnabel, J.: I. Hexenprozess, II. Folgen des 30jährigen Krieges; Nach den besten Quellen bearbeitet, Brilon 1864

Schnackenburg, Artikel in L. Th. K. Sp. 294 ff

Schneegans, K.: Die Geißler; Namentlich die Geißelfahrt nach Straßburg 1349, 1840

Schneider, C.: Geistesgeschichte des antiken Christentums, 2 Bände, 1954

Schneider, H.: Die Hexenliteratursammlung der Cornell Universität, Ithaca, New York; In: Hessesiche Blätter für Volkskunde, XLI. Band, Gießen 1950

Schneider, Ulrich Friedrich: Das Werk De praestigiis Daemonum von Weyer und seine Auswirkungen auf die Bekämpfung des Hexenwahns; Ungedruckte Diss. jur., Bonn 1951

Schneller, J.: Das Hexenwesen im 16. Jh.; Nach den Turmbüchern Lucerns; In: Der Geschichtsfreund, 23. Band, Einsiedeln 1868

Schnitzer, Katharina: Die Darstellung der Hölle in der erzählenden Dichtung der Barockzeit, Ungedruckte Diss. Phil., Band 1, 2, Wien 1961

Schöck, Inge: Hexenglaube in der Gegenwart; Empirische Untersuchungen in Südwestdeutschland; Untersuchungen des Ludwig-Uhland-Instituts der Universität Tübingen, 45, Tübingen 1978

Schönach, L.: Zur Geschichte des ältesten Hexenwesens in Tirol; In: Foprschungen und Mitteilungen zur Geschichte Tirols und Vorarlbergs, XI, 1904

Schöne, Albrecht: Götterzeichen, Satanskult und Liebeszauber; Neue Einblicke in alte Goethetexte, Göttingen 1982

Schönfeldt, S.: Kulturgeschichte des Herrn, 1969

Schöpf, Hans: Zauberkräuter, 1986

Schoeps, Hans-Joachim: Das Judenchristentum, Bern 1964

Schoetensack, August: Der Strafprozeß der Karolina, Diss. jur., Leipzig 1904

Scholz, P.: Götzendienst und Zauberwesen bei den alten Hebräern, 1877

Schonfield, Hugh J.: Der lange Weg nach Golgatha; Jesus von Nazareth, Mensch und Messias, Bergisch-Gladbach 1978

Schopen, E.: Geschichte des Judentums im Abendland, Bern/München 1961

Schormann, Gerhard: Hexenprozesse in Deutschland, Göttingen 1981

Schormann, Gerhard: Hexenprozesse in Nordwestdeutschland; Quellen und Darstellungen zur Geschichte Niedersachsens, 87, Hildesheim 1977

Schormann, Gerhard: Hexenprozesse in Schaumburg; Niedersächsisches Jahrbuch 45, S. 145-69, 1973

Schottmüller, H.: Ein Lieser Hexenprocess von 1740, Posen 1902

Schottmüller, K.: Der Untergang des Templerordens, 1887

Schrader, L.W.: Die Sagen von den Hexen des Brockens und deren Entstehen in vorchristlicher Zeit durch die Verehrung des Melybogs und der Frau Holle; Historisch bearbeitet, Quedlinburg/Leipzig 1839

Schreiber, H., Hrsg.: Die Hexenprozesse im Breisgau, Offenburg, der Ortenau und Bräunlingen auf dem Schwarzwalde, Freiburg i.Br. 1837

Schreiber, H., Hrsg.: Die Hexenprozesse zu Freiburg, Freiburg i.Br. 1837

Schreiber, Hermann: Wie die Deutschen Christen wurden; Von Heiligen und Helden, Bergisch-Gladbach 1984

Schrittenloher, Joseph: Aus der Gutachter- und Urteilstätigkeit der Ingolstädter Juristenfakultät im Zeitalter der Hexenverfolgungen; Jahrbuch für Fränkische Landesforschung, 23, S. 315-53, Neustadt a.d. Aisch, 1963

Schröckh: Kirchengeschichte seit der Reformation, 6 Th.

Schroeder, O.: Aufbruch und Mißverständnis; Zur Geschichte der reformkatholischen Bewegung, Graz/Wien 1967

Schubart, W.: Religion und Eros, 1966

Schubert, H. von: Geschichte der christlichen Kirche im Frühmittelalter, 2 Bände, 1921

Schubert, K.: Die Qumram-Esssener; Texte zur Schriftrollen und Lebensbild der Gemeinde, 1973

Schubert, K.: War Jesus ein Essener? Fehlinterpretationen der Handschriftenfunde am Toten Meer, 1956

Schubert: Die Kultur der Griechen im Altertum

Schünke, Wolfgang: Die Folter im deutschen Strafverfahren des 13. bis 16. Jh., Diss. jur., Münster 1952

Schürer, E.: Geschichte des jüdischen Volkes im Zeitalter Jesu Christi, 1809

Schürer, E.: Zur Vorstellung der Besessenheit im Neuen Testament; In: Jahrbuch Prot. Theol. 1892

Schütz, Siegfried: Die Unholdenzunft zu Weil; Die Hexenjustiz zu Weil der Stadt und in den süddeutschen Reichsstädten; Heimatverein; Berichte und Mitteilungen, 24. Heft 1/2, Weil der Stadt 1973

Schütz, W.: Ein Hexenprocess vom Jahre 1705, Jena 1853

Schulte, A.: Die Fugger in Rom 1495-1523; Mit Studien zur Geschichte des kirchlichen Finanzwesens jener Zeit, 1904

Schultheis, Hinrich: Eine außführliche Instruction Wie in Inquisition Sachen des grewlichen Lasters der Zeuberey ohn gefahr der Unschueldigen zu procediren, Köln 1634

Schultz, J.: Was ist das eigentlich: Gott? 1969

Schulze, W.A.: Ein Bischof sei eines Weibes Mann; In: Kerygma und Dogma, 1958

Schumacher, Hermann A.: Die Stedinger, Nachdruck der Ausgabe 1865, Bremen

Schumann, Helmut: Krankhafte Färbungen der Gemütslage in den schwäbischen Hexenprozessen; In: Kriminologische Wegzeichen; Festschrift für Hans von Hentig zum 80. Geburtstag; Kriminologische Schriftenreihe aus der Deutschen Kriminologischen Gesellschaft 29, S. 43-52, Hamburg 1967

Schumm, Marianne: Fürstliche Frauen als Apothekerinnen; In: Württembergisches Franken 69, S. 99-125, 1985

Schwager, Johann Moritz: Versuch einer Geschichte der Hexenprozesse, Berlin 1784

Schwaiger, G.: Geschichte der Päpste, München 1964

Schwann, Johann: Zwo gründtliche und warhafftige newe Zeitung, die erste von den Hexen und Unholden Mann und Weibs Person ... die ander Zeitung, von dem erschröcklichen Jammer, so sich im Westerreich im Städtlein Sarwerth, begeben hatt ..., Gießen 1612

Schwartz, Fr.L.W.: Zwei Hexengeschichten aus Waltershausen in Thüringen nebst eines mythologischen Excurs über Hexen und ähnliche Versammlungen, Berlin 1888

Schwarz, Paul: Die Hexenverfolgungen im Mittelalter; In: Der Haalsquell 14, S. 5-8, 1962

Schwarz, W.E.: Der Briefwechsel Mximilians I. mit Pius V., Paderborn 1869

Schwarzer, Alice: 374 Frauen bekennen sich vor der Öffentlichkeit: Wir haben abgetrieben; In: Stern, 24, S. 16 ff, 1971

Schweitzer, P.: Der Hexenprozeß und seine Anwendung in Zürich; In: Züricher Taschenbuch, NF, XXV. 1902

Schwerin, Ursula: Die Aufrufe der Päpste zur Befreiung des Heiligen Landes, von den Anfängen bis zum Ausgang Innozenz IV.; Ein Beitrag zur Geschichte der kurialen Kreuzzugspropaganda und der päpstlichen Epistelographie; In: Historische Studien, Berlin 1937

Schwillus, Harald: Der Bischof läßt nit nach bis er die gantze Statt verbrennt hat; In: Würzberger Diözesangeschichtsblätter 49, S. 145-54, 1987

ST

Stade, Reinald, Hrsg.: Barbara Elisabeth Schulzin; Ein Arnstädter Hexenprozeß vom Jahre 1669; Nach den Originalprozeßakten, Arnstadt 1905

Stadler, J.: Vollständiges Heiligenlexikon, Augsburg 1858-62

Stählin, G.: Die Apostelgeschichte, Göttingen 1962

Stark: Zentrumsherrschaft und Jesuitenpolitik, München 1932

Starobinski, Jean: Besessenheit und Exorzismus; Drei Figuren der Umnachtung, Percha 1976

Staschen, Heidi: Das Johann-Kruse-Archiv; In: Mitteilungen aus dem Hamburger Museum für Völkerkunde, NF, Band 10, S. 117 ff

Staufer, E.: Theologie des Neuen Testaments, Genf 1945

Stauffer, Ethelbert: Christus und die Caesaren; Historische Skizzen, Hamburg 1952

Steck, R.: Der Berner Ketzerprozeß 1507-09; In neuer Beleuchtung nebst Mitteilungen aus den noch ungedruckten Akten, Bern 1902

Steidle, B.: Die Kirchenväter, Regensburg 1939

Steiner, F.K.: Das Zauber- und Hexenwesen der Stadt Lohr, Lohr a.M. 1982

Steingießer, F.: Das Geschlechtsleben der Heiligen, 1901

Steinhausen, Georg: Quellen und Studien zur Geschichte der Hexenprozesse; 2. Ergänzungsschrift zur Zeitschrift für Kulturgeschichte, 1898

Steinhäuser, G.R.: Das Geheimnis der sterbenden Steine, 1972

Steinhäuser, G.R.: Heimkehr zur den Göttern; Chrononauten durchbrechen die Zeitmauer, 1971

Steinhäuser, G.R.: Jesus Christus - Erbe der Astronauten, 1973

Steinlein, St.: Astrologie, Sexualkrankheiten und Aberglaube in ihrem inneren Zusammenhang, München/Leipzig 1925

Steinmann, A.: Die Apostelgeschichte, Bonn 1934

Stemberger, Günter: 2000 Jahre Christentum, Salzburg 1983

Stemman, Roy: Die Welt der Seelen und Geister; Die Welt des Übersinnlichen, Frankfurt a.M./Berlin/Wien 1979

Stemvoort, P.A. von: Und in ihrem Herzen blieben sie blind; Dichtung und Wahrheit in den neutestamentlichen Apokryphen, 1956

Stephenson, Gunther, Hrsg.: Der Religionswandel unserer Zeit im Spiegel der Religionswissenschaft, Darmstadt 1976

Stephenson, Gunther, Hrsg.: Leben und Tod in den Religionen; Symbol und Wirklichkeit, Darmstadt 1980

Sterly, Joachim: Hexer und Hexen in Neu-Guinea, München 1987

Stern, B.: Geschichte der öffentlichen Sittsamkeit in Rußland, 1907/08

Sterzinger, Ferdinand: Akademische Rede von dem gemeinen Vorurtheil der wirkenden und thätigen Hexerei ..., München 1766

Sterzinger, Ferdinand: Betrügende Zauberkunst und träumende Hexerey, oder Vertheidigung der akademischen Rede, von dem gemeinen Vorurtheile der wirkenden und thätigen Hexerey wider das Urtheil ohne Vorurtheil, München 1767

Sterzinger, Ferdinand: Der Hexenprocess: ein Traum erzählt von einer unpartheischen Feder im Jahr 1767, München (?) 1767

Sterzinger, Ferdinand: Gedanken über die Wercke des Liebhabers der Wahrheit von der Hexerey, München 1767

Steuer, A.: Die Gottes- und Logoslehre des Taitianus, 1893

Stockums, W.: Das Priestertum, 1934

Stöber, A.: Die Hexenprozesse im Elsaß; In: Alsatia, S. 265, Mühlhausen 1857

Stojentin, M. von: Actenmäßige Nachrichten von Hexenprocessen im ehemaligen Herzogtum Pommern; In: Beiträge zur Kulturgeschichte, Ergänzungshefte, Z. Zfk, 2. Heft, Weimar 1898

Stolberg, Fr.L.: Geschichte der Religion Jesu Christi, Wien 1825

Stoll, O.: Das Geschlechtsleben in der Völkerpsychologie, 1908

Strack/Billerbeck: Kommentar zum Neuen Testament aus Talmud und Midrasch, 1922-28

Strahtmann, H.: Das Evangelium nach Johannes, Göttingen 1959

Straub, A. (SJ): De ecclesia Christi, Innsbruck 1912

Strauß, David Friedrich: Das Leben Jesu; kritisch beleuchtet, 2 Bände, Tübingen 1835

Struker: Die Kundgebungen Papst Benedikt XV. zum Weltfrieden, Freiburg i.Br. 1917

Stubbe, Gerhard, Hrsg.: Wer war Jesus von Nazareth? Berlin 1973

Stüler, Moritz von: Urkunden über Hexenprozesse aus dem Staatsarchiv, Basel 1854

Stuhr: Die Religionssysteme der heidnischen Völker des Orients

Stutz, J.: Eine kirchliche Instruktion über die Führung von Hexenprozessen; In: Katholisch-Schweizerisches Blätter für Wissenschaft, Kunst und Leben, S. 601, 1888

Stutz, U.: Der Geist des Kodex Iuris canonici; Eine Einführung in das auf Geheiß von Pius X. verfaßte und von Papst Benedikt XI. erlassene Gesetzbuch der katholischen Kirche, 1918

T

Tanneri, M.: Societas Jesu ad sanguiniis et vitae Profusionem niitans in Europa, Africa, Asia et America, contra Gentiles, Mahometanos, Juaeos, Haetericos, impios, pro Deo, fide, ecclesia, pietate, Prag 1775

Tardini, Domenico: Memoires of Pius XII., 1961

Taylor, V.: The Gospel according St. Mark, London 1952

Teeling: The Pope in Politics

Thamm, M.: Femgericht und Hexenprozesse, Leipzig/Wien 1903

The Resusection of Jesus by a moral Philosopher, Leland, 1744

Theiner, J. und A.: Die Einführung der erzwungenen Ehelosigkeit bei christlichen Geistlichen und ihre Folgen; Ein Beitrag zur Kirchengeschichte, 1893

Theiner, J.A.: Die katholische Kirche in ihren Gebrechen, dargestellt von einem katholischen Geistlichen, 2. Auflage, Altenburg 1827

Thiel, Helga: Des Teufels Netz; Beobachtungen zur spätmittelalterlichen geistlichen Dialektik; Ungedruckte Phil. Diss., München 1953

Thielicke, Helmut: Wie die Welt begann; Der Mensch in der Urgeschichte der Bibel, Stuttgart 1960

Thomasius, Christian: Disputatio juris canoni de origine ac Progressu processus inquisitorii contra sagas, Halle 1712

Thomasius, Christian: Dissertation de Tortura ex Foris Christianorum Proscribenda, Leipzig 1705

Thomasius, Christian: Francis Hutchinsons Historischer Versuch von der Hexerey; Nebst einer Vorrede des Herrn Geheimbden Raths Thomasii; Aus dem Englischen ins Teutsche übersetzt von Theodoro Arnold, Leipzig 1726

Thomasius, Christian: Johann Websters Untersuchung von der vermeinten und so genannten Hexereyen; Aus dem Englischen, Halle 1719

Thomasius, Christian: Kurtze Lehrsätze von dem Laster der Zauberei ... Halle 1703

Thomasius, Christian: Über die Hexenprozesse; Hrsg.: Rolf Lieberwirth, Weimar 1967

Thomasius, Christian: Versuch vom Wesen des Geistes, Halle 1708

Thomus, Keith/Vivian: Religion and the Decline of Magic; Studies in popular Beliefs in 16. and 17. Century England, London 1971

Tillig, P.: Die religiöse Deutung der Gegenwart, 1968

Titius, A.: Über die Heilung von Dämonischen im Neuen Testament; In: Festschrift für Bonwetsch, 1918

Titz, Herbert: Schlesien und der Hexenwahn; In: Sagen Sprottauer Heimatbriefe, Jg. 17, S. 224, Detmold 1966

Toeppen, R.: Chronik der vier Orden von Jerusalem, Marienburg 1895

Tokarew, S.A.: Die Religion in der Geschichte der Völker, Leipzig/Köln/Berlin 1968

Toland, John: Adolf Hitler, Bergisch Gladbach 1977

Toleti (SJ): Commentarii in prima XII. capitula Sacrosanti Evangelii secundem Lucam, Rom 1600

Tondi, A.: Bekenntnisse

Tondi, A.: Die geheime Macht der Jesuiten, Jena/Leipzig 1960

Torreblanca, Franciscus: Daemonologia, sive des Magia naturali daemoniaca licita et illicita, Mainz 1623

Toynbee, A.J.: A Study of History

Tractatis illustrius ... in utraque tum Pontifici tum Ecclesiatici juris facultate Iurisconsultorum de potestate ecclesiatici, Venedig 1584

Trechsel, Fr.: Das Hexenwesen im Kanton Bern; Aus archivalischen Quellen dargestellt; In: Berner Taschenbuch, 19. Jg., Bern 1870

Trede, Th.: Wunderglaube im Heidentum und in der Alten Kirche, 1901

Treffzt, J.: Ein Hexenprozeß aus dem Jahr 1676; In: Verein für thüringische Geschichte und Altertumskunde, 29. Band, 1. Heft, Jena 1912

Treichsel: Ein Beitrag zur Hexengeschichte Westpreußens; In: Zeitschrift des Historischen Vereins für den Reg.Bez. Marienwerder, 5. Heft, Marienwerder 1881

Treuherzige Erinnerungen an die wohlverordneten Herren des Königl. Parlaments zu Paris, in welcher mit unwidertreiblichen Gründen dargethan und erwiesen wird, daß an der verrätherischen Mordthat König Heinrichs des Großen niemand anders, als die jesuitische Societät ... schuldig sey; Aus dem Französischen verteutscht, Straßburg 1610

Trever, J.C.: Das Abenteuer von Qumran; Die erregende Geschichte der Schriftfunde vom Toten Meer, 1967

Treveyan, G.M.: England in the Age of Wicleffe, London 1910

Trevor-Roper, Hugh-Redwald: Der europäische Hexenwahn des 16. und 17. Jh.; In: Religion, Reformation und sozialer Umbruch; Die Krisis des 17. Jh., Frankfurt a.M./Berlin/Wien 1967

Trevor-Roper, Hugh-Redwald: The European Witch Craze of the 16th and 18th Centuries, Harmondsworth 1969

Trithemius, Johannes: Antipalus maleficorum

Trithemius, Johannes: Joannis Trithemii octo quastionum ad Maximilianum Caesarem; Frankfurt a.M. 1550

Trummer, C.: Vorträge über Tortur, Hexenverfolgungen und andere merkwürdige Erscheinungen in der Hamburgischen Rechtsgeschichte; Gehalten in der juristischen Sektion des geschichtlichen Vereins in Hamburg, Hamburg 1844-50

Tubeuf, C.Fr.: Biologie, praktische Bedeutung und Bekämpfung des Kirschhexenbesens, Berlin 1900

Tupet, Anne-Marie: La Magie dans la Poésie latine, 1.: Des origines á la fin du régne d'Auguste; Collections d'Etudes anciennes, Paris 1976

Turcotti, A.: Vita politica di Gesú, 1. Band, Turin 1879/80

Tyrell, G.: Das Christentum am Scheidewege, München/Basel 1959

U

Über den ehelosen Stand der Römisch-katholischen Geistlichkeit; Von einem katholischen Priester zu Westphalen, Göttingen 1782

Uhlhorn, G.: Die christliche Liebestätigkeit, 2. Auflage, 1959

Ullerstam, L.: Die sexuellen Minderheiten, 1965

Ullmann, W.: Die Machtstellung des Papsttums im Mittelalter, Graz/Wien/Köln 1970

Unger, Fr.: Die schwarze Magie; Ihre Meister und ihre Opfer, Köthen 1904

Unnik, von: Evangelien aus dem Nilsand; Aus dem Niederländischen, 1960

Unterricht für das katholische Volk in Deutschland ... über die Aufhebung der Ehelosigkeit seiner Priester, Deutschland 1803

V

Valentiner: Die Hysterie und ihre Heilung, Erlangen 1852

Valentinitsch, Helfried/Schwarzkogler, Ileane, Hrsg.: Hexen und Zauberer; Katalog zur Steirischen Landesausstellung, Riegersburg, Oststeiermark, 1.5.-26.10., Graz 1987

Vallinck, J.: Von Zauberern und Unholden; In: Theatrum de veneficiis, Frankfurt a.M. 1586

Varnhagen, H.: Zur Geschichte der Legende der Katharina von Alexandria, 1891

Vasella, O.: Über den Konkubinat des Klerus im Spätmittelalter; In: Melangers hr. Gilliard, S. 269 ff, Paris 1944

Vatikan intim: Beweise höchsten Verderbens; In: Spiegel, 44, S. 158 ff, 1974

Venedy, Michael: Der Bund der Teufelsbeschwörer, Köln 1840

Venturini, K.H.: Natürliche Geschichte des großen Propheten von Nazareth, 4 Bände, 1 Band 1806

Versuch einer Beantwortung der Frage, ob die Aufhebung des Zölibats überhaupt zur gegenwärtiger Zeit insbesondere zweckmäßig sei, und ob Ständeversammlungen befugt seien, auf Veranlassung eines in der Württembergischen Ständeversammlung gemachten Antrages auf die Aufhebung des Gesetzes; Ulm 1824

Versuch einer neuen Geschichte des Jesuitenordens von dessen ersten Stiftung bis auf die gegenwärtigen Zeiten, Berlin/Halle 1769/1770

Vieten, Günter C.: Herbstzeit des Glaubens, Zürich 1980

Villeneuve, Roland: Grausamkeit und Ssexualität, Paris 1968

Villeneuve, Roland: Le Diable dans l'Art; Essai d'iconographie comparée á propos des rapports entre l'art et le satanismue, Paris 1967

Viller, M./Rahner, K.: Aszese und Mystik in der Väterzeit, 1933

Vincke, J.: Zur Vorgeschichte der spanischen Inquisition, 1941

Virgo, Eva, Virgo Maria; Untersuchungen über die Lehre von der Jungfrauschaft und die Ehe Mariens in der älteren Kirche, Berlin 1937

Visitations- und Konsistorialordnung von 1571

Vives, Ludovicus: De disciplinis, 1531

Voet, Gisbert: Disputationes Selectae, 5 Bände, 1648

Vögtle, A.: Das öffentliche Wirken Jesu auf dem Hintergrund der Qumran-Bewegung, 1958

Völter, D.: Der Ursprung des Mönchtums, 1900

Volk, F.: Hexen in der Landvogtei Ortenau und Reichsstadt Offenburg; Ein Beitrag zur Sittengeschichte, Lahr 1882

Vollert, A.: Die Hexen und Hexenprozesse; Eine criminalhistorische Skizze, Leipzig 1871

Von der Jesuiten-Sekte, besonders in Frankreich, Hanau 1611

Vorläufige Darstellung des heutigen Jesuitismus, der Rosenkranzerey, Proselytenmaxtheorie und der Religionsvereinigung, Augsburg 1625 und 1786

Voss(ius), Gerhard Johann: De historicis Latinis, Amsterdam 1627, Neu Joh. Alb. Fabricius 1709

Voyer, A.: La Tyrannomanie Jesuitique, 1648

Vries, J. de: Keltische Religionen, 1961

Vulpio, J.R.: Idem liber ex optimis editionibus repraesentatus; Accesit de D. Ignatii Lojolas gloria singularis; Jos. Roelle Vulpio auctore, Patav. 1727

W

Waach, M.M.: Weiblicher Ordensberuf und Kleris; In: E. Hesse, Hrsg.: Jungfräulichkeit und Zölibat, 1964

Waal, A. de: Das heilige Jahr, 2. Auflage, 1900

Waal, de: Papst Benedikt XI., Hamm 1915

Waas, Adolf: Das Rätsel der Kreuzzüge; In: Zeitschrift für Deutsche Geisteswissenschaft, 6. Jahr, 1943

Waas, Adolf: Geschichte der Kreuzzüge, 2 Bände, Freiburg i.Br. 1956

Wächter, C.G. von: Die gerichtlichen Verfolgungen der Hexen und Zauberer in Deutschland vom 15. bis 18. Jh.; In: Beiträge zur deutschen Geschichte, insbesondere des deutschen Strafrechts, Tübingen 1845

Wächter, Oskar: Vehmgerichte und Hexenprozesse in Deutschland, nach den Quellen, Stuttgart 1882

Wagemann, J.: Entwicklungsstufen des ältesten Mönchtums, 1929

Wagner, Eberhard: Hexenglaube in Frankreich heute; In: Jahrbuch für fränkische Landesforschung, Band 30, S. 343, 1970

Wagner, S.: Die Essenerforschung im 19. Jh., Diss., Leipzig

Wagstaff(e), John: Gründlich ausgeführte Materie von der Hexerey; Aus dem Englischen, Halle 1711

Wahrhafter Bericht, was sich in der Stadt Trojes in Frankreich bei der von den Jesuiten daselbst gesuchten Einkommung von 1603-11 zugetragen; Aus dem Französischen; Mit einem Mandat der Generalstaaten gegen diesen Orden vermehrt

Wahrlieb, Gottfried: Deutliche Vorstellung der Nichtigkeit derer vermeynten Hexerejen und des ungegründeten Hexenprocesses, Amsterdam, Halle 1720

Waider, Heribert: Der Kampf um die Cautio Criminalis des Friedrich Spee von Langenfeld 1632/33; Jahrbuch des Kölnischen Geschichtsvereins 49, S. 53-66, 1971

Waider, Heribert: Die Bedeutung der Entstehung der Cautio Criminalis des Friedrich Spee von Langenfeld für die Strafrechtsentwicklung in Deutschland; Zeitschrift für gesamte Strafrechtswissenschaft, 83, 1971

Waldbrühl, W. von: Naturforschung und Hexenglaube; In: Melaten und der Galgenberg; In: Kölner Zeitung, 3.1.1875

Waldkirch, J.R. von: Die gerechte Folter-Banck; das ist: Eine rechtliche und gründtliche Anweisung und Untersuchung, wie man eine christliche Obrigkeit die verdächtigen Maleficanten könne oder solle peinlich befragen, Bern 1710

Waldschmidt, B.: Pytonnissa Endorae, das ist: Acht vnd zwantzig Hexen- und Gespenster-Predigten, genommen auss der Histori von der Zauberin zu Endor ..., Frankfurt a.M. 1660

Walker, K.: Die andere Wirklichkeit, Zürich/Stuttgart 1964

Wall, B.: Bericht über den Vatikan, Weidenfeld 1956

Wallmann, Johannes: Kirchengeschichte Deutschlands, II.: Von der Reformation bis zur Gegenwart, Berlin/Wien 1973

Walter, Th.: Die Hexenplätze der Rufacher Hexenurkunden; In: Jahrbuch für Geschichte, Sprache und Literatur, Elsaß-Lothringen, 12. Jg., Straßburg 1896

Waltermann, L.: Rom, Platz des hl. Offiziums, Nr. 11, Graz/Wien/Köln 1970

Walterscheid-Giertah: Kirchengeschichte, Kevelaer 1961

Warburg, Sidney: So wurde Hitler finanziert

Warner, M.: Maria Geburt; Triumph, Niedergang, Rückkehr eines Mythos, 1982

Warton: Historie des Zölibates, London 1688

Waschinski: Ein Beitrag zur Geschichte der Hexenprozesse; In: Mitteilungen des westpreußischen Geschichtsverein, II. Jg., Danzig 1903

Washburn, S.L.: Die Evolution des Menschen; In: Spektrum der Wissenschaft, 8, 1979

Weber, Hellmuth von: Die peinliche Halsgerichtsordnung Kaiser Karls V.; Zeitschrift für Rechtsgeschichte, 90, Germanische Abteilung, 1960

Weber, J.: Ungrund des Hexen- und Gespenster-Glaubens, in ökonomischen Lehr-Stunden dargestellt, 2. Auflage, Augsburg (oder Dillingen?) 1787

Weber, K.J.: Demokritos oder hinterlassene Papiere eines lachenden Philosophen, 12 Bände, 1832-40

Weber, K.J.: Deutschland oder Briefe eines in Deutschland reisenden Deutschen, 4 Bände, 1826-28

Weber, K.J.: Die Möncherei oder geschichtliche Darstellung der Klosterwelt, 3 Bände, 2. Auflage, 1834

Weber, Marianne: Ehefrau und Mutter in der Rechtsentwicklung; Eine Einführung, Tübingen 1907

Weber, Richard: Der Zauberer Paracelsus; Festschrift für Will.-Erich Peuckert zum 60. Geburtstag, Berlin/Bielefeld/München 1955

Webster, John: Displaying of supposed Witchcraft, London 1673 - Deutsch: Untersuchung der vermeinten und so genannten Hexereijen; Mit einer Vorrede von Chr. Thomasius, Halle 1719

Wecker, Johann Jacob: Wahre und eigentliche Entdeckung und Declaration der Erklärung fürnehmer Artikul der Zauberey ... Bearbeiter: Wolfgang Hildebrand, Leipzig 1631

Weier, Johann: Von den Teuffeln/Zauberern/Schwartzkünstlern/ Hexen oder Unholden und Giftbereitern, Frankfurt a.M. 1575

Weiler, Garda: Der enteignete Mythos, 1985

Weinel, H.: Die Wirkungen des Geistes und der Geister im nachapostolischen Zeitalter bis auf Irenäus, Tübingen 1899

Weinhold, K.: Die deutschen Frauen im Mittelalter, 2 Bände, 1882

Weinmann, J.G.: Soll der Zölibat der katholischen Geistlichen ferner fortbestehen oder soll er aufgehoben werden? Tübingen 1828

Weinreich, O.: Antike Heilungswunder; Untersuchungen zum Wunderglauben der Griechen und Römer, 1909

Weinreich, O.: Memekrates, Zeus und Salomoneus; Religionsgeschichtliche Studien zur Psychopathologie des Gottmenschentums in Antike und Neuzeit, 1953

Weinstock, Heinrich: Die Tragödie des Humanismus; Wahrheit und Trug im abendländischen Menschenbild, 3. Auflage, Heidelberg 1956

Weiser-Aall, Lilly: Artikel Hexe; In: Bächthold/Stäublin, Hrsg.: Handwörterbuch des deutschen Aberglaubens, III. Band, Leipzig 1930

Weiss, B.: Das Leben Jesu, 1902

Weizäcker, C.F. von: Biologische Basis der Glaubenserfahrung, 2. Auflage, Weinheim 1978

Welch, A.C.: Prophet and Priest in Old Israel, 2. Auflage, 1953

Weller, Karl und Arnold: Württembergische Geschichte im süddeutschen Raum, 7. Auflage, Stutgart/Aalen 1972

Wendelinus, Gottfried: Leges Salicas illustratas cum Glossario Salico vocum Advaticanum, Antwerpen 1649

Wendland, J.: Der Teufel in der Literatur, 1935

Wendland, J.: Der Wunderglaube im Christentum, 1910

Wendt, H.H.: Die Apostelgeschichte, 9. Auflage, 1913

Weng, Fr.J.: Die Hexen-Prozesse der ehemaligen Reichsstadt Nördlingen in den Jahren 1590-94; Aus den Kriminalakten des Nördlinger Archivs gezogen, Nördlingen 1938

Werminghoff, A.: Verfassungsgeschichte der deutschen Kirche im Mittelalter; In: Grundriß der Geschichtswissenschaft, Leipzig 1907

Werner, M.: Die Entstehung des christlichen Dogmas; Problemgeschichtlich dargestellt, Stuttgart 1959

Wernz, Fr.X.: Jus Decretalium, Rom 1898

Wessely, J.E.: Die Gestalten des Todes und des Teufels in der darstellenden Kunst, 1876

Westenrieder/Münster (vermutlich): Dringende Vorstellungen an Menschlichkeit und Vernunft um Aufhebung des ehelosen Standes der katholischen Geistlichkeit, 1782

Westermack, E.A.: Christianity and Moral, 1939

White, E./Brown, D.: Die ersten Menschen, 1977

Whitehead, A.M.: Religion in the making (1926), New York 1960

Wichert, Wolfram: Hexentreiben; Roman; Die historischen Vorgänge der Hexenprozesse in Lemgo, 1979

Wichmann, Jörg: Die magische Kunst der Hexen; Geschichte, Mythen, Rituale, Berlin 1984

Wickler, W.: Die Biologie der Zehn Gebote, 1971

Wickler, W.: Sind wir Sünder? Zürich 1969

Wier, J.: Von Verzauberungen, Verblendungen, auch sonst viel mancherlei gegenüber des Teufels, Basel 1565

Wigand, P.: Die Hexenprozesse und das Einschreiten des Kammergerichtes gegen die dabei eingerissenen Missbräuche, Leipzig 1854

Wigand, P.: Zur Geschichte der Hexenprozesse; Ein Hexenprozeß vor dem Criminalgericht zu Horn im Fürstentum Lippe 1554, Leipzig 1854

Wilhelm: Hexenprozesse aus dem 17. Jh.; Mit höherer Genehmigung aus dem Archiv des königl. Hannoverschen Amtsgerichtes Diepholz, Hannover 1862

Williams, Charles: Witchcraft, London 1941

Wilson, Colin: Rätselhafte Mystik; Die Welt des Übersinnlichen, Frankfurt a.M./Berlin/Wien 1979

Wilson, I.: Eine Spur von Jesus; Herkunft und Echtheit des Turiner Grabtuches, Freiburg i.Br. 1980

Winckler, H.: Die babylonische Weltschöpfung, 1907

Winkenhauser, A.: Die Apostelgeschichte, Regensburg 1951

Winkler, C.: Die Hexenprozesse in Türkheim in den Jahren 1628-30; Nach dem Originalprotokollen der Stadt Türkheim, Colmar 1904

Winkler, R.: Über Hexenwahn und Hexenprozesse in Estland während der Schwedenherrschaft; In: Baltische Monatsschrift, 51. Jg., 5. Heft, Riga 1909

Winklhofer, A.: Traktat über den Teufel, Frankfurt a.M. 1961

Winter, V.A.: Versuche zur Verbesserung der katholischen Liturgie; Prüfung des Werthes und Unwerthes unserer liturgischen Bücher, Landshut 1814

Winterer, H.: Zur Priesterehe in Spanien bis zum Ausgang des Mittelalters; In: Zeitschrift der Savigny-Stiftung für Rechtsgeschichte; Kanonische Abteilung, 1966

Wirz, L.: Helvetische Kirchengeschichte, Theol. 3, Zürich 1801

Witekind, Hermann: siehe Lerchheimer, Augustin

Witte, J.: Die ostasiatischen Kulturreligionen, Leipzig 1922

Wittig, G.C.: Hexenaberglaube in Schlesien; In: Psychische Studien, 23. Jg., 9. Heft, Leipzig 1898

Wittmann, Alfred: Die Gestalt der Hexe in der deutschen Sage, Heidelberger Phil. Diss., Bruchsal 1933

Wittmann, P.: Die Bamberger Hexen-Justiz 1595 bis 1631; In: Archiv für katholisches Kirchenrecht, Band 50, Mainz 1883

Witz, Ch.A.: Keine Lücke im Leben Jesu; Antwort auf die Schrift von Nik. Notowitsch, Wien, 1895

Wohlenberg, G.: Das Evangelium des Marcus, Leipzig 1910

Wohlgemeinte Warnung an alle christlichen Potentaten und Obrigkeiten wider des Papstes und seiner Jesuiten hoch gefährlichen Lehr und Practiken ...

Wolf, Hans-Jürgen: Hexenwahn und Exorzismus; Ein Beitrag zur Kulturgeschichte, Kriftel 1980

Wolf, Hans-Jürgen: Hexenwahn; Hexen in Geschichte und Gegenwart, Dornstadt 1989

Wolf, Hans-Jürgen: Neuer Pfaffenspiegel; Vermarktete Illusionen; Das Geschäft mit dem Glauben, Dornstadt 1989

Wolf, Heinrich: Angewandte Kirchengeschichte, 3. Auflage, Leipzig 1934

Wolf, M.: Opfer des Aberglaubens, Irrthums und Wahns; Erzählungen und Enthüllungen aus uralter Zeit bis auf unsere Tage, Leipzig 1880

Wolf, Werner: Der Mond im deutschen Volksglauben, Bühl 1929

Wolf: Weltgeschichte der Lüge, Band 4, 5. Auflage, Leipzig 1937

Wolff, H.: Jesus als Psychotherapeut; Jesu Menschenbehandlung als Modell moderner Psychotherapie, 6. Auflage, 1985

Wolff, H.: Jesus, der Mann; die Gestalt Jesu in tiefenpsychologischer Sicht, 3. Auflage, 1977

Wollschläger, Hans. Die bewaffneten Wallfahrten gen Jerusalem; Geschichte der Kreuzzüge, Zürich 1973

Wollston, T.: Six Discourses of the Miracles of Saviour; Einzeln herausgegeben 1727; Nebst zwei Verteidigungsschriften aus dem Jahr 1727

Wood, B./Caselli, G.: Die Welt des Urmenschen, 1976

Woodward, W. Elliot: Records of Salem Witchcraft, 2 Bände, Roxbury/Mass., 1864

Wrede, Richard: Die Körperstrafen bei allen Völkern von den ältesten Zeiten bis Ende des 19. Jh., Kulturgeschichtliche Studien, Frankfurt a.M.

Wrede, W.: Das Messiasgeheimnis in den Evangelien, zugleich ein Beitrag zum Verständnis des Marcus-Evangeliums, Göttingen 1901

Wucher, Albert: Kleine Papstgeschichte, Frankfurt a.M.

Wünsche, August: Der Sagenkreis vom geprellten Teufel, Leipzig/Wien 1905

Wüst, H.Th.: Teufel, Hexenwahn und Dummheit; Der Weg des deutschen Volkes aus finsterem Aberglauben zum Lichte der Vernunft; In: Rhein-Mainische Sonntagszeitung vom 30.3.1941

Wulf, J.: Martin Borman, Hitlers Schatten, Gütersloh 1962

Wulz, Gustav: Der Prozeß gegen die Hexe Rebekka Lemp; In: Rieser Heimatbote, Nr. 131, 1937

Wulz, Gustav: Die Nördlinger Hexen und ihre Richter; Eine familiengeschichtliche Studie; In: Rieser Heimatbote, Nr. 142-147, 1939

Wulz, Gustav: Nördlinger Hexenprozesse vor 1589; In: Rieser Heimatbote, Nr. 140, 1938

Wulz, Gustav: Nördlinger Hexenprozesse; In: Rieser Heimatbote, Jahrbuch 20, S. 42-72 1937; 21, S. 95-121 1938

Wunder, Gerd: Bäuerliche Oberschichten im alten Wirtenberg; In: Bauernschaft und Bauernstand 1500-1970; Büdinger Vorträge 1971, Limburg a.d. Lahn 1974

Wunder, Gerd: Benedikt Beutelspacher; Bürgermeister von Leonberg, um 1482 bis 1561; Lebensbilder aus Schwaben und Franken 8, Stuttgart 1962

Wynen, A.: Die päpstliche Diplomatie, Freiburg i.Br. 1922

Z

Zacharias, G.: Satanskult und Schwarze Messe; Ein Beitrag zur Phänomenologie der Religion, 1. Auflage 1964, 2. Auflage 1979

Zacharias, H.: Die Sache mit Gott, 1966

Zahrnt, H.: Es begann mit Jesus von Nazareth, 3. Auflage, 1969

Zahrnt, H.: Warum ich glaube; Meine Sache mit Gott, München 1980

Zeeden, Ernst Walter: Hegemonialkämpfe und und Glaubenskämpfe 1556-1648, Frankfurt a.M./Berlin/Wien 1977

Zehner, Joachim: Fünff Predigten von den Hexen, Ihren Anfang, Mittel vnd End in sich haltend vnd erklärend, Leipzig 1613

Zeipel, Carl von: Karl XI. Rabenius und der Hexenprozeß; Historischer Roman; Aus dem Schwedischen, Stuttgart 1846

Zenz, E.: Ein Opfer des Hexenwahns; Das Schicksal des Dr. Dietrich Flade aus Trier, Trier 1977

Ziegeler, Wolfgang: Möglichkeiten der Kritik am Hexen- und Zauberwesen im ausgehenden Mittelalter; Zeitgenössische Stimmen und ihre soziale Zugehörigkeit; In: Kollektive Einstellungen und sozialer Wandel im Mittelalter, Köln/Wien 1973

Ziegler, Caspar: Commentarius in Joh. Lancelotti Institutiones Juris Canonici, Wittenberg 1669

Ziegler, J.G.: Die Ehelehre der Pönitentialsummen von 1200 bis 1350; Eine Untersuchung zur Geschichte der Moral- und Pastoraltheologie, 1956

Ziemer, M.T.: Die Idsteiner Hexenjagd von 1676; In: Idsteiner Heimatschau, Idstein 1928

Ziemer, M.T.: Hexenverfolgungen in den Gebieten der Grafen von Nassau vor dem Jahre 1675; In: Idsteiner Heimatschau, 1926-28

Zieren, Helene: Studien zum Teufelsbild in der deutschen Dichtung von 1050-1250, Phil. Diss. Bonn 1937

Zimmermann, J.A.: Johann Joseph Gaßner, der berühmte Exorzist, 1878

Zingerle, Ignaz von: Ein Beitrag zu den Hexenprozessen in Tirol im 17. Jh., Innsbruck 1882

Zinnhobler, R.: Pius IX. in der katholischen Literatur seiner Zeit; Ein Baustein zur Geschichte des Triumphalismus; In: Konzil und Papst, Sammelband, München/Paderborn/Wien 1975

Zipfel, F.: Kirchenkampf in Deutschland, Berlin 1965

Zirngiebl: Studien über das Institut der Gesellschaft Jesu mit besonderer Berücksichtigung der pädagogischen Wirksamkeit des Ordens

Zoepfl, Friedrich: Hexenwahn und Hexenverfolgung in Dillingen; In: Zeitschrift Bayerische Landesgeschichte, 27, S. 235-44, 1964

Zündel, F.: Pfarrer Joh. Chr. Blumhardt, Zürich 1882

Zumkeller, A.: Das Mönchtum des hl. Augustin, 1950

Zween erscheckliche Geschicht, gesangsweise; Die erste, von einem Wirt im Allergaw, Bastian Schönmund genannt ... Die ander, eine erschreckliche und warhafftige newe Zeitung, wie sich im 1596. Jahres hat zugetragen, das ein schwanger Weib vom Teuffel besessen, ihrem Mann sampt drey Kindern, auch sich selbs mit ihrer Leibesfrucht ermordt vnd umgebracht hat, 1596

Zwei Hexenprozesse aus dem Jahre 1688, geführt bei dem hochfürstlichen Amte in Ballenstedt, Qudelinburg 1863

Zwei Hexenzeitung, die erste Von dreyen Hexen-Pfaffen unnd einen Organisten zu Ellwang, wie dieselbe Christo abgesagt ... Die ander, von einer Undholdin oder Hexen, wie sie mit iren Gespilen alles zu verderben unterstanden ... Nürnberg 1615

Zwo warhafftige Zeitung; Die erste ist ein warhafftige Propheceyung was sich diss tausent sechzehenhundert und 28. Jahr wird verlauffen und zugetragen ... Die ander Zeitung ist aus dem Bistumb Würtzburg und Bamberg, auch sonst aus anderen Herrschaften, wie man viel Hexen und Gabelreutern verbrennen lest, und noch viel gefangen liegen, Würzburg 1627

Namens- und Ortsregister

Wir empfehlen Ihnen den Korrespondenzband:

Geschichte der Hexenprozesse

Holocaust und Massenpsychose vom 16.–18. Jahrhundert

Gleicher Autor
Gleicher Verlag
Gleiche Kompetenz

Hardcover-Fadenheftung, mit Lesebändchen, bedruckte Vorsätze, 1056
Seiten, Format 15 x 23 cm, 400 Abbildungen s/w, ca. 60 überaus seltene
Farbdokumente
DM 89,–/ÖS 668,–/SFr 89,–
ISBN 3-88776-078-6

Geschichte der Prostitution

In der Historia-Reihe des EFB-Verlages wird zur Buchmesse '96 Wolfs „Geschichte der Prostitution" erscheinen; es ist der dritte Band. Wer seine „Geschichte der Hexenprozesse" bzw. seine „Sünden der Kirche" kennt, weiß, daß auch dies ein fundiertes Sachbuch werden wird.

Die Prostitution begleitet, gewollt oder ungewollt – und es geht keinesfalls „nur" um die käufliche Liebe – die Geschichte der Menschheit. Wolfs neues Buch fügt sich harmonisch in seine Buchreihe ein.

Sie können diesen Titel schon heute ordern.

„Die Geschichte der Prostitution", ca. 800 Seiten
DM 69,–/ÖS 520,–/SFr 69,–
ISBN 3–88776–079–4

Geschichte des Okkultismus

Etwas weiter vorausschauend können wir Ihnen mitteilen, daß zur Buchmesse '97 ein vierter Band von H.-J. Wolf bei uns erscheinen wird, die „Geschichte des Okkultismus". Als Historiker hat er sich viele Jahre mit dem Phänomen der Sozial- und Sittengeschichte auseinandergesetzt. Da seine Bücher recherchiert und nicht abgekupfert sind, läßt auch dieser Titel neue Ergebnisse erwarten.

Eine seiner wichtigsten Interpretationen ist: die meisten Menschen nutzen das ihnen vermittelte Wissen nicht oder in ungeschickter Weise aus; das ihnen von der Obrigkeit aufgezwungene bleibt ihnen leicht verdaulich, doch es macht sie unzufrieden. In dieser Nebelwolke verbergen sich viele Phänomene des Okkulten, Übersinnlichen und Hexischen.

Sie können diesen Titel schon heute ordern.

„Die Geschichte des Okkultismus", ca. 800 Seiten
DM 69,–/ÖS 520,–/SFr 69,–
ISBN 3–88776–080–8